中国人口普查
CHINA POPULATION CENSUS

2020

# 浙江省人口普查年鉴

(第2册)

ZHEJIANG POPULATION CENSUS YEARBOOK 2020

( BOOK 2)

浙　江　省　统　计　局
浙江省人民政府第七次人口普查领导小组办公室 编

*Compiled by*
Zhejiang Provincial Bureau of Statistics
Office of the Leading Group of Zhejiang Province for the Seventh National Population Census

中国统计出版社
China Statistics Press

© 中国统计出版社有限公司 2022
版权所有。未经许可，本书的任何部分不得以任何方式在世界任何地区以任何文字翻印、拷贝、仿制或转载。

© 2022 China Statistics Press Co.,Ltd.
All rights reserved. No part of the publication may be reproduced or transmitted in any form or by any means, electronic or mechanical, including photocopying, recording, or any information storage and retrieval system, without written permission from the publisher.

图书在版编目（CIP）数据

浙江省人口普查年鉴. 2020. 第 2 册 / 浙江省统计局, 浙江省人民政府第七次人口普查领导小组办公室编. -- 北京 : 中国统计出版社, 2022.8
ISBN 978-7-5037-9858-0

Ⅰ. ①浙… Ⅱ. ①浙… ②浙… Ⅲ. ①人口普查－统计资料－浙江－2020－年鉴 Ⅳ. ①C924.255.5-54

中国版本图书馆 CIP 数据核字(2022)第 124127 号

浙江省人口普查年鉴-2020（第 2 册）
**Zhejiang Population Census Yearbook 2020 (Book 2)**

作　　者/浙江省统计局　浙江省人民政府第七次人口普查领导小组办公室
责任编辑/熊丹书
封面设计/李雪燕
出版发行/中国统计出版社有限公司
通信地址/北京市丰台区西三环南路甲 6 号　邮政编码/100073
发行电话/邮购（010）63376909　书店（010）68783171
网　　址/http://www.zgtjcbs.com/
印　　刷/河北鑫兆源印刷有限公司
经　　销/新华书店
开　　本/880mm×1230mm　1/16
字　　数/1620 千字
印　　张/51.25
版　　别/2022 年 8 月第 1 版
版　　次/2022 年 8 月第 1 次印刷
定　　价/980.00 元（全四册附光盘）

版权所有，侵权必究。
如有印装差错，请与发行部联系退换。本书附 CD-ROM 一张，如有差异，以图书内容为准。

# 目　录

## 第2册

### 第一部分　全部数据资料（续）

**第五卷　家庭**



**第六卷　死亡**

**第七卷 户口登记状况**

**第八卷 住房**

## 第二部分　长表数据资料

### 第一卷　概要



### 第二卷　民族



### 第三卷　教育

# 第一部分　全部数据资料

## 第五卷　家庭

# 5-1　全省不同规模的家庭户类别

单位：户

| 家庭户规模 | 家庭户户　数 | 一代户 | 二代户 | 三代户 | 四代户 | 五代及以上户 |
|---|---|---|---|---|---|---|
| **总　计** | **25008606** | **14720779** | **7524177** | **2651582** | **111958** | **110** |
| 一人户 | 7713848 | 7713848 | | | | |
| 二人户 | 8098038 | 6693099 | 1404939 | | | |
| 三人户 | 4783169 | 210313 | 4390472 | 182384 | | |
| 四人户 | 2484481 | 59995 | 1554412 | 866146 | 3928 | |
| 五人户 | 1203164 | 22469 | 141737 | 1012831 | 26126 | 1 |
| 六人户 | 563053 | 9412 | 22888 | 486004 | 44732 | 17 |
| 七人户 | 110538 | 4207 | 5938 | 71058 | 29295 | 40 |
| 八人户 | 30637 | 2447 | 2086 | 19853 | 6218 | 33 |
| 九人户 | 11563 | 1413 | 817 | 8199 | 1119 | 15 |
| 十人及以上户 | 10115 | 3576 | 888 | 5107 | 540 | 4 |

# 5-1a　全省不同规模的家庭户类别(城市)

单位：户

| 家庭户规模 | 家庭户户　数 | 一代户 | 二代户 | 三代户 | 四代户 | 五代及以上户 |
|---|---|---|---|---|---|---|
| **总　计** | **12575815** | **7394945** | **3899917** | **1240561** | **40358** | **34** |
| 一人户 | 3996925 | 3996925 | | | | |
| 二人户 | 3891487 | 3238990 | 652497 | | | |
| 三人户 | 2510069 | 102182 | 2332097 | 75790 | | |
| 四人户 | 1260197 | 33406 | 824932 | 400558 | 1301 | |
| 五人户 | 582754 | 12866 | 74028 | 487415 | 8444 | 1 |
| 六人户 | 265813 | 5256 | 11781 | 232646 | 16124 | 6 |
| 七人户 | 47457 | 2213 | 2963 | 30883 | 11386 | 12 |
| 八人户 | 12735 | 1167 | 968 | 8141 | 2450 | 9 |
| 九人户 | 4642 | 569 | 337 | 3297 | 434 | 5 |
| 十人及以上户 | 3736 | 1371 | 314 | 1831 | 219 | 1 |

# 5-1b 全省不同规模的家庭户类别(镇)

单位：户

| 家庭户规模 | 家庭户户数 | 一代户 | 二代户 | 三代户 | 四代户 | 五代及以上户 |
|---|---|---|---|---|---|---|
| **总 计** | **5128200** | **2971481** | **1601876** | **532613** | **22206** | **24** |
| 一人户 | 1554680 | 1554680 | | | | |
| 二人户 | 1662221 | 1362628 | 299593 | | | |
| 三人户 | 977251 | 31742 | 908748 | 36761 | | |
| 四人户 | 532623 | 11324 | 352969 | 167582 | 748 | |
| 五人户 | 246784 | 5278 | 32827 | 203628 | 5051 | |
| 六人户 | 117069 | 2333 | 5375 | 100360 | 8998 | 3 |
| 七人户 | 24221 | 1086 | 1362 | 16050 | 5717 | 6 |
| 八人户 | 7328 | 740 | 537 | 4757 | 1282 | 12 |
| 九人户 | 3057 | 488 | 217 | 2081 | 269 | 2 |
| 十人及以上户 | 2966 | 1182 | 248 | 1394 | 141 | 1 |

# 5-1c 全省不同规模的家庭户类别(乡村)

单位：户

| 家庭户规模 | 家庭户户数 | 一代户 | 二代户 | 三代户 | 四代户 | 五代及以上户 |
|---|---|---|---|---|---|---|
| **总 计** | **7304591** | **4354353** | **2022384** | **878408** | **49394** | **52** |
| 一人户 | 2162243 | 2162243 | | | | |
| 二人户 | 2544330 | 2091481 | 452849 | | | |
| 三人户 | 1295849 | 76389 | 1149627 | 69833 | | |
| 四人户 | 691661 | 15265 | 376511 | 298006 | 1879 | |
| 五人户 | 373626 | 4325 | 34882 | 321788 | 12631 | |
| 六人户 | 180171 | 1823 | 5732 | 152998 | 19610 | 8 |
| 七人户 | 38860 | 908 | 1613 | 24125 | 12192 | 22 |
| 八人户 | 10574 | 540 | 581 | 6955 | 2486 | 12 |
| 九人户 | 3864 | 356 | 263 | 2821 | 416 | 8 |
| 十人及以上户 | 3413 | 1023 | 326 | 1882 | 180 | 2 |

# 5-2　各地区分年龄、性别的一人户

单位：户

| 地　　区 | 合　　计 | | | 14岁及以下 | | |
|---|---|---|---|---|---|---|
| | 合计 | 男 | 女 | 小计 | 男 | 女 |
| **合计** | **7713848** | **4448698** | **3265150** | **171378** | **93959** | **77419** |
| **杭州市** | **1466354** | **856440** | **609914** | **20887** | **11021** | **9866** |
| 上城区 | 32951 | 14648 | 18303 | 617 | 322 | 295 |
| 下城区 | 53086 | 23660 | 29426 | 758 | 360 | 398 |
| 江干区 | 174016 | 98914 | 75102 | 2118 | 1125 | 993 |
| 拱墅区 | 78402 | 40334 | 38068 | 1104 | 555 | 549 |
| 西湖区 | 128837 | 73089 | 55748 | 2044 | 1052 | 992 |
| 滨江区 | 60970 | 34542 | 26428 | 959 | 490 | 469 |
| 萧山区 | 278229 | 173137 | 105092 | 2947 | 1593 | 1354 |
| 余杭区 | 359978 | 230371 | 129607 | 4195 | 2243 | 1952 |
| 富阳区 | 80091 | 47340 | 32751 | 1239 | 664 | 575 |
| 临安区 | 73104 | 42608 | 30496 | 1323 | 684 | 639 |
| 桐庐县 | 52967 | 28975 | 23992 | 1130 | 605 | 525 |
| 淳安县 | 49172 | 25456 | 23716 | 1289 | 679 | 610 |
| 建德市 | 44551 | 23366 | 21185 | 1164 | 649 | 515 |
| **宁波市** | **1235292** | **711535** | **523757** | **18648** | **10191** | **8457** |
| 海曙区 | 127109 | 70123 | 56986 | 1761 | 969 | 792 |
| 江北区 | 62355 | 36101 | 26254 | 916 | 479 | 437 |
| 北仑区 | 128475 | 82725 | 45750 | 1727 | 938 | 789 |
| 镇海区 | 67444 | 42836 | 24608 | 898 | 486 | 412 |
| 鄞州区 | 205828 | 111565 | 94263 | 3026 | 1658 | 1368 |
| 奉化区 | 68787 | 37469 | 31318 | 992 | 529 | 463 |
| 象山县 | 80190 | 42616 | 37574 | 1431 | 781 | 650 |
| 宁海县 | 102792 | 56398 | 46394 | 2644 | 1472 | 1172 |
| 余姚市 | 150667 | 86800 | 63867 | 2242 | 1252 | 990 |
| 慈溪市 | 241645 | 144902 | 96743 | 3011 | 1627 | 1384 |
| **温州市** | **1153746** | **668085** | **485661** | **43113** | **24200** | **18913** |
| 鹿城区 | 145050 | 81501 | 63549 | 2835 | 1599 | 1236 |
| 龙湾区 | 91197 | 61513 | 29684 | 1646 | 950 | 696 |
| 瓯海区 | 134407 | 85690 | 48717 | 2614 | 1460 | 1154 |
| 洞头区 | 15506 | 7921 | 7585 | 604 | 328 | 276 |
| 永嘉县 | 103490 | 59103 | 44387 | 7056 | 3989 | 3067 |
| 平阳县 | 95476 | 51584 | 43892 | 4054 | 2206 | 1848 |
| 苍南县 | 83923 | 43682 | 40241 | 4208 | 2364 | 1844 |
| 文成县 | 39646 | 22764 | 16882 | 2348 | 1302 | 1046 |
| 泰顺县 | 36885 | 21444 | 15441 | 3129 | 1753 | 1376 |
| 瑞安市 | 174585 | 100336 | 74249 | 4812 | 2697 | 2115 |
| 乐清市 | 193957 | 111349 | 82608 | 8227 | 4645 | 3582 |
| 龙港市 | 39624 | 21198 | 18426 | 1580 | 907 | 673 |
| **嘉兴市** | **579948** | **358078** | **221870** | **7335** | **3947** | **3388** |
| 南湖区 | 92562 | 53428 | 39134 | 1345 | 690 | 655 |
| 秀洲区 | 67168 | 41867 | 25301 | 940 | 525 | 415 |
| 嘉善县 | 81226 | 52392 | 28834 | 1147 | 633 | 514 |
| 海盐县 | 38885 | 23238 | 15647 | 616 | 317 | 299 |
| 海宁市 | 124977 | 79838 | 45139 | 1150 | 627 | 523 |
| 平湖市 | 70883 | 44025 | 26858 | 860 | 450 | 410 |
| 桐乡市 | 104247 | 63290 | 40957 | 1277 | 705 | 572 |
| **湖州市** | **312084** | **182249** | **129835** | **6165** | **3301** | **2864** |
| 吴兴区 | 85211 | 48399 | 36812 | 1680 | 918 | 762 |
| 南浔区 | 56984 | 34785 | 22199 | 870 | 469 | 401 |
| 德清县 | 46259 | 27972 | 18287 | 726 | 361 | 365 |
| 长兴县 | 59901 | 33266 | 26635 | 1416 | 738 | 678 |
| 安吉县 | 63729 | 37827 | 25902 | 1473 | 815 | 658 |

5-2 续表 1

单位：户

| 地区 | 合计 | | | 14岁及以下 | | |
|---|---|---|---|---|---|---|
| | 合计 | 男 | 女 | 小计 | 男 | 女 |
| **绍兴市** | **550889** | **295635** | **255254** | **10257** | **5508** | **4749** |
| 越城区 | 95564 | 47940 | 47624 | 1831 | 980 | 851 |
| 柯桥区 | 118218 | 70972 | 47246 | 1355 | 738 | 617 |
| 上虞区 | 87205 | 44875 | 42330 | 1241 | 664 | 577 |
| 新昌县 | 49220 | 26527 | 22693 | 1230 | 652 | 578 |
| 诸暨市 | 121146 | 61760 | 59386 | 2863 | 1572 | 1291 |
| 嵊州市 | 79536 | 43561 | 35975 | 1737 | 902 | 835 |
| **金华市** | **970227** | **568493** | **401734** | **20721** | **11580** | **9141** |
| 婺城区 | 127439 | 72083 | 55356 | 2446 | 1339 | 1107 |
| 金东区 | 64902 | 39188 | 25714 | 1273 | 717 | 556 |
| 武义县 | 70939 | 43744 | 27195 | 1866 | 1022 | 844 |
| 浦江县 | 54518 | 29079 | 25439 | 1196 | 665 | 531 |
| 磐安县 | 26302 | 13974 | 12328 | 1197 | 682 | 515 |
| 兰溪市 | 61843 | 33638 | 28205 | 1445 | 786 | 659 |
| 义乌市 | 282332 | 169968 | 112364 | 4662 | 2593 | 2069 |
| 东阳市 | 146814 | 83355 | 63459 | 3174 | 1762 | 1412 |
| 永康市 | 135138 | 83464 | 51674 | 3462 | 2014 | 1448 |
| **衢州市** | **263789** | **144151** | **119638** | **9784** | **5274** | **4510** |
| 柯城区 | 51218 | 27281 | 23937 | 1001 | 515 | 486 |
| 衢江区 | 40671 | 24734 | 15937 | 1358 | 720 | 638 |
| 常山县 | 32030 | 17454 | 14576 | 2012 | 1113 | 899 |
| 开化县 | 32174 | 15945 | 16229 | 1628 | 916 | 712 |
| 龙游县 | 49307 | 26928 | 22379 | 1899 | 1014 | 885 |
| 江山市 | 58389 | 31809 | 26580 | 1886 | 996 | 890 |
| **舟山市** | **150105** | **80896** | **69209** | **1536** | **789** | **747** |
| 定海区 | 61838 | 33879 | 27959 | 820 | 423 | 397 |
| 普陀区 | 50826 | 27673 | 23153 | 431 | 231 | 200 |
| 岱山县 | 27726 | 14402 | 13324 | 215 | 102 | 113 |
| 嵊泗县 | 9715 | 4942 | 4773 | 70 | 33 | 37 |
| **台州市** | **719045** | **405089** | **313956** | **18962** | **10530** | **8432** |
| 椒江区 | 78744 | 44982 | 33762 | 1411 | 747 | 664 |
| 黄岩区 | 70208 | 40838 | 29370 | 1489 | 810 | 679 |
| 路桥区 | 64385 | 39084 | 25301 | 1113 | 609 | 504 |
| 三门县 | 40973 | 21567 | 19406 | 1703 | 922 | 781 |
| 天台县 | 51840 | 26291 | 25549 | 2435 | 1384 | 1051 |
| 仙居县 | 39893 | 20747 | 19146 | 2620 | 1488 | 1132 |
| 温岭市 | 180775 | 102490 | 78285 | 3367 | 1864 | 1503 |
| 临海市 | 105579 | 55392 | 50187 | 3556 | 2036 | 1520 |
| 玉环市 | 86648 | 53698 | 32950 | 1268 | 670 | 598 |
| **丽水市** | **312369** | **178047** | **134322** | **13970** | **7618** | **6352** |
| 莲都区 | 65546 | 38462 | 27084 | 2143 | 1147 | 996 |
| 青田县 | 71897 | 40479 | 31418 | 3145 | 1733 | 1412 |
| 缙云县 | 56078 | 31205 | 24873 | 2954 | 1650 | 1304 |
| 遂昌县 | 21033 | 12042 | 8991 | 632 | 348 | 284 |
| 松阳县 | 21920 | 12661 | 9259 | 880 | 474 | 406 |
| 云和县 | 15266 | 9305 | 5961 | 579 | 328 | 251 |
| 庆元县 | 17013 | 9195 | 7818 | 1101 | 585 | 516 |
| 景宁畲族自治县 | 16419 | 9610 | 6809 | 1188 | 661 | 527 |
| 龙泉市 | 27197 | 15088 | 12109 | 1348 | 692 | 656 |

5-2 续表 2

单位：户

| 地 区 | 15—19岁 | | | 20—24岁 | | |
|---|---|---|---|---|---|---|
| | 小计 | 男 | 女 | 小计 | 男 | 女 |
| **合计** | **180473** | **109479** | **70994** | **671925** | **402142** | **269783** |
| **杭州市** | **25119** | **15039** | **10080** | **184836** | **104122** | **80714** |
| 上城区 | 452 | 222 | 230 | 2987 | 1350 | 1637 |
| 下城区 | 757 | 394 | 363 | 5618 | 2548 | 3070 |
| 江干区 | 2979 | 1654 | 1325 | 28999 | 14835 | 14164 |
| 拱墅区 | 1037 | 596 | 441 | 11751 | 5964 | 5787 |
| 西湖区 | 2271 | 1350 | 921 | 22406 | 12418 | 9988 |
| 滨江区 | 907 | 528 | 379 | 11638 | 6281 | 5357 |
| 萧山区 | 5241 | 3275 | 1966 | 35209 | 21162 | 14047 |
| 余杭区 | 6501 | 4089 | 2412 | 47716 | 28711 | 19005 |
| 富阳区 | 1512 | 890 | 622 | 5949 | 3489 | 2460 |
| 临安区 | 1352 | 836 | 516 | 5020 | 3061 | 1959 |
| 桐庐县 | 1110 | 622 | 488 | 3788 | 2224 | 1564 |
| 淳安县 | 554 | 334 | 220 | 2015 | 1091 | 924 |
| 建德市 | 446 | 249 | 197 | 1740 | 988 | 752 |
| **宁波市** | **30491** | **19207** | **11284** | **108456** | **67624** | **40832** |
| 海曙区 | 2445 | 1382 | 1063 | 10973 | 6174 | 4799 |
| 江北区 | 1714 | 1040 | 674 | 5559 | 3418 | 2141 |
| 北仑区 | 2770 | 1823 | 947 | 11459 | 7690 | 3769 |
| 镇海区 | 1489 | 961 | 528 | 5763 | 3872 | 1891 |
| 鄞州区 | 4023 | 2404 | 1619 | 24358 | 13031 | 11327 |
| 奉化区 | 1128 | 690 | 438 | 3364 | 2100 | 1264 |
| 象山县 | 1470 | 881 | 589 | 3989 | 2310 | 1679 |
| 宁海县 | 2719 | 1613 | 1106 | 7178 | 4476 | 2702 |
| 余姚市 | 4606 | 3024 | 1582 | 13727 | 9341 | 4386 |
| 慈溪市 | 8127 | 5389 | 2738 | 22086 | 15212 | 6874 |
| **温州市** | **30123** | **18404** | **11719** | **79533** | **49423** | **30110** |
| 鹿城区 | 3591 | 2002 | 1589 | 11458 | 6456 | 5002 |
| 龙湾区 | 2312 | 1493 | 819 | 7881 | 5301 | 2580 |
| 瓯海区 | 2984 | 1814 | 1170 | 10806 | 6579 | 4227 |
| 洞头区 | 329 | 206 | 123 | 786 | 514 | 272 |
| 永嘉县 | 2961 | 1801 | 1160 | 6650 | 4002 | 2648 |
| 平阳县 | 1999 | 1197 | 802 | 4414 | 2724 | 1690 |
| 苍南县 | 1882 | 1096 | 786 | 3743 | 2261 | 1482 |
| 文成县 | 918 | 525 | 393 | 1525 | 845 | 680 |
| 泰顺县 | 828 | 468 | 360 | 1438 | 813 | 625 |
| 瑞安市 | 4728 | 2928 | 1800 | 12652 | 7930 | 4722 |
| 乐清市 | 6525 | 4226 | 2299 | 15730 | 10442 | 5288 |
| 龙港市 | 1066 | 648 | 418 | 2450 | 1556 | 894 |
| **嘉兴市** | **13908** | **8576** | **5332** | **53378** | **33510** | **19868** |
| 南湖区 | 2172 | 1308 | 864 | 10778 | 6240 | 4538 |
| 秀洲区 | 1626 | 1032 | 594 | 6268 | 3980 | 2288 |
| 嘉善县 | 2255 | 1455 | 800 | 8086 | 5319 | 2767 |
| 海盐县 | 739 | 443 | 296 | 2581 | 1742 | 839 |
| 海宁市 | 3088 | 1945 | 1143 | 10958 | 7020 | 3938 |
| 平湖市 | 1496 | 891 | 605 | 5496 | 3503 | 1993 |
| 桐乡市 | 2532 | 1502 | 1030 | 9211 | 5706 | 3505 |
| **湖州市** | **6073** | **3635** | **2438** | **20500** | **12351** | **8149** |
| 吴兴区 | 1686 | 973 | 713 | 6411 | 3642 | 2769 |
| 南浔区 | 1006 | 624 | 382 | 2843 | 1778 | 1065 |
| 德清县 | 744 | 432 | 312 | 3064 | 1879 | 1185 |
| 长兴县 | 1182 | 699 | 483 | 3420 | 2095 | 1325 |
| 安吉县 | 1455 | 907 | 548 | 4762 | 2957 | 1805 |

5-2 续表 3

单位：户

| 地　区 | 15-19岁 | | | 20-24岁 | | |
|---|---|---|---|---|---|---|
| | 小计 | 男 | 女 | 小计 | 男 | 女 |
| **绍兴市** | **10690** | **6188** | **4502** | **30834** | **18406** | **12428** |
| 越城区 | 1939 | 1116 | 823 | 6114 | 3447 | 2667 |
| 柯桥区 | 2504 | 1556 | 948 | 8623 | 5533 | 3090 |
| 上虞区 | 1265 | 747 | 518 | 4473 | 2726 | 1747 |
| 新昌县 | 685 | 379 | 306 | 1624 | 992 | 632 |
| 诸暨市 | 2257 | 1297 | 960 | 6536 | 3689 | 2847 |
| 嵊州市 | 2040 | 1093 | 947 | 3464 | 2019 | 1445 |
| **金华市** | **29005** | **17420** | **11585** | **100333** | **60617** | **39716** |
| 婺城区 | 3267 | 1845 | 1422 | 14596 | 8152 | 6444 |
| 金东区 | 1807 | 1146 | 661 | 6245 | 4031 | 2214 |
| 武义县 | 2727 | 1680 | 1047 | 6087 | 4098 | 1989 |
| 浦江县 | 1527 | 904 | 623 | 3856 | 2308 | 1548 |
| 磐安县 | 534 | 332 | 202 | 1368 | 825 | 543 |
| 兰溪市 | 739 | 468 | 271 | 2043 | 1284 | 759 |
| 义乌市 | 8570 | 4924 | 3646 | 37507 | 21505 | 16002 |
| 东阳市 | 4315 | 2581 | 1734 | 13716 | 8464 | 5252 |
| 永康市 | 5519 | 3540 | 1979 | 14915 | 9950 | 4965 |
| **衢州市** | **5371** | **3061** | **2310** | **13318** | **7504** | **5814** |
| 柯城区 | 1026 | 511 | 515 | 4284 | 2214 | 2070 |
| 衢江区 | 729 | 428 | 301 | 1948 | 1237 | 711 |
| 常山县 | 704 | 426 | 278 | 1213 | 700 | 513 |
| 开化县 | 861 | 512 | 349 | 1448 | 794 | 654 |
| 龙游县 | 775 | 462 | 313 | 1786 | 1045 | 741 |
| 江山市 | 1276 | 722 | 554 | 2639 | 1514 | 1125 |
| **舟山市** | **1900** | **1092** | **808** | **6025** | **3563** | **2462** |
| 定海区 | 1076 | 635 | 441 | 3206 | 1926 | 1280 |
| 普陀区 | 480 | 278 | 202 | 1738 | 1009 | 729 |
| 岱山县 | 267 | 139 | 128 | 858 | 513 | 345 |
| 嵊泗县 | 77 | 40 | 37 | 223 | 115 | 108 |
| **台州市** | **20504** | **12550** | **7954** | **55039** | **34064** | **20975** |
| 椒江区 | 1970 | 1143 | 827 | 8749 | 4962 | 3787 |
| 黄岩区 | 2016 | 1354 | 662 | 5144 | 3553 | 1591 |
| 路桥区 | 1843 | 1203 | 640 | 5508 | 3635 | 1873 |
| 三门县 | 929 | 550 | 379 | 2114 | 1283 | 831 |
| 天台县 | 1583 | 915 | 668 | 2834 | 1604 | 1230 |
| 仙居县 | 1312 | 775 | 537 | 2857 | 1528 | 1329 |
| 温岭市 | 5489 | 3383 | 2106 | 14145 | 8880 | 5265 |
| 临海市 | 3075 | 1784 | 1291 | 7420 | 4329 | 3091 |
| 玉环市 | 2287 | 1443 | 844 | 6268 | 4290 | 1978 |
| **丽水市** | **7289** | **4307** | **2982** | **19673** | **10958** | **8715** |
| 莲都区 | 1758 | 1079 | 679 | 6666 | 3590 | 3076 |
| 青田县 | 1377 | 756 | 621 | 3617 | 2033 | 1584 |
| 缙云县 | 1407 | 858 | 549 | 3124 | 1843 | 1281 |
| 遂昌县 | 442 | 249 | 193 | 1007 | 559 | 448 |
| 松阳县 | 528 | 335 | 193 | 1045 | 601 | 444 |
| 云和县 | 257 | 156 | 101 | 786 | 497 | 289 |
| 庆元县 | 461 | 262 | 199 | 957 | 523 | 434 |
| 景宁畲族自治县 | 524 | 291 | 233 | 873 | 463 | 410 |
| 龙泉市 | 535 | 321 | 214 | 1598 | 849 | 749 |

5-2　续表 4

单位：户

| 地　　区 | 25-29岁 | | | 30-34岁 | | | 35-39岁 | | |
|---|---|---|---|---|---|---|---|---|---|
| | 小计 | 男 | 女 | 小计 | 男 | 女 | 小计 | 男 | 女 |
| **合计** | **915342** | **575028** | **340314** | **895813** | **590726** | **305087** | **628478** | **415779** | **212699** |
| **杭州市** | **271404** | **162421** | **108983** | **213678** | **137529** | **76149** | **122405** | **80893** | **41512** |
| 上城区 | 4524 | 2074 | 2450 | 3497 | 1713 | 1784 | 2012 | 1055 | 957 |
| 下城区 | 9448 | 4219 | 5229 | 7226 | 3337 | 3889 | 4067 | 2079 | 1988 |
| 江干区 | 40208 | 21873 | 18335 | 29616 | 18269 | 11347 | 15689 | 10187 | 5502 |
| 拱墅区 | 17173 | 9045 | 8128 | 10957 | 6224 | 4733 | 5750 | 3284 | 2466 |
| 西湖区 | 32742 | 19394 | 13348 | 19941 | 12493 | 7448 | 9557 | 6097 | 3460 |
| 滨江区 | 20403 | 12246 | 8157 | 10048 | 6344 | 3704 | 4158 | 2566 | 1592 |
| 萧山区 | 48233 | 31204 | 17029 | 41774 | 28490 | 13284 | 25063 | 17561 | 7502 |
| 余杭区 | 72848 | 46275 | 26573 | 64470 | 43506 | 20964 | 37925 | 26122 | 11803 |
| 富阳区 | 8534 | 5338 | 3196 | 8359 | 5569 | 2790 | 5959 | 4038 | 1921 |
| 临安区 | 7042 | 4556 | 2486 | 7144 | 4813 | 2331 | 5229 | 3502 | 1727 |
| 桐庐县 | 4732 | 2920 | 1812 | 5149 | 3339 | 1810 | 3472 | 2252 | 1220 |
| 淳安县 | 2851 | 1663 | 1188 | 2667 | 1648 | 1019 | 1721 | 1018 | 703 |
| 建德市 | 2666 | 1614 | 1052 | 2830 | 1784 | 1046 | 1803 | 1132 | 671 |
| **宁波市** | **142242** | **91668** | **50574** | **147943** | **98079** | **49864** | **105170** | **69186** | **35984** |
| 海曙区 | 15016 | 9298 | 5718 | 15175 | 9884 | 5291 | 11080 | 7138 | 3942 |
| 江北区 | 7462 | 4815 | 2647 | 7484 | 5007 | 2477 | 5181 | 3505 | 1676 |
| 北仑区 | 17030 | 11889 | 5141 | 19359 | 14057 | 5302 | 13451 | 9680 | 3771 |
| 镇海区 | 8081 | 5755 | 2326 | 8621 | 6216 | 2405 | 5771 | 4106 | 1665 |
| 鄞州区 | 32159 | 18062 | 14097 | 28040 | 16860 | 11180 | 17510 | 10770 | 6740 |
| 奉化区 | 4858 | 3117 | 1741 | 5867 | 3800 | 2067 | 4522 | 2837 | 1685 |
| 象山县 | 5597 | 3419 | 2178 | 6648 | 4196 | 2452 | 5668 | 3573 | 2095 |
| 宁海县 | 9250 | 5888 | 3362 | 9830 | 6366 | 3464 | 8034 | 5099 | 2935 |
| 余姚市 | 15769 | 10778 | 4991 | 16580 | 11021 | 5559 | 11970 | 7733 | 4237 |
| 慈溪市 | 27020 | 18647 | 8373 | 30339 | 20672 | 9667 | 21983 | 14745 | 7238 |
| **温州市** | **115346** | **73796** | **41550** | **124558** | **83057** | **41501** | **103005** | **68493** | **34512** |
| 鹿城区 | 17630 | 10667 | 6963 | 20878 | 13712 | 7166 | 16202 | 10738 | 5464 |
| 龙湾区 | 10970 | 7641 | 3329 | 12709 | 9195 | 3514 | 10164 | 7476 | 2688 |
| 瓯海区 | 16181 | 10427 | 5754 | 19699 | 13427 | 6272 | 16627 | 11565 | 5062 |
| 洞头区 | 1123 | 746 | 377 | 1278 | 880 | 398 | 1055 | 721 | 334 |
| 永嘉县 | 9134 | 5604 | 3530 | 9009 | 5833 | 3176 | 8180 | 5366 | 2814 |
| 平阳县 | 7494 | 4691 | 2803 | 7404 | 4935 | 2469 | 6037 | 3915 | 2122 |
| 苍南县 | 6249 | 3738 | 2511 | 5539 | 3423 | 2116 | 4858 | 2939 | 1919 |
| 文成县 | 2275 | 1368 | 907 | 2343 | 1420 | 923 | 2689 | 1651 | 1038 |
| 泰顺县 | 2427 | 1520 | 907 | 1906 | 1242 | 664 | 1948 | 1217 | 731 |
| 瑞安市 | 17120 | 10987 | 6133 | 18907 | 12532 | 6375 | 15792 | 10393 | 5399 |
| 乐清市 | 20533 | 13757 | 6776 | 21110 | 14040 | 7070 | 16406 | 10628 | 5778 |
| 龙港市 | 4210 | 2650 | 1560 | 3776 | 2418 | 1358 | 3047 | 1884 | 1163 |
| **嘉兴市** | **72874** | **47806** | **25068** | **81640** | **54609** | **27031** | **54087** | **36134** | **17953** |
| 南湖区 | 13614 | 8306 | 5308 | 12227 | 7866 | 4361 | 7311 | 4771 | 2540 |
| 秀洲区 | 8499 | 5648 | 2851 | 9476 | 6381 | 3095 | 6207 | 4156 | 2051 |
| 嘉善县 | 10504 | 7323 | 3181 | 11291 | 7879 | 3412 | 7296 | 5102 | 2194 |
| 海盐县 | 3966 | 2695 | 1271 | 3677 | 2472 | 1205 | 2516 | 1671 | 845 |
| 海宁市 | 15412 | 10200 | 5212 | 19880 | 13431 | 6449 | 13789 | 9574 | 4215 |
| 平湖市 | 8396 | 5628 | 2768 | 9940 | 6910 | 3030 | 5943 | 3944 | 1999 |
| 桐乡市 | 12483 | 8006 | 4477 | 15149 | 9670 | 5479 | 11025 | 6916 | 4109 |
| **湖州市** | **29890** | **18956** | **10934** | **32966** | **21484** | **11482** | **22576** | **14641** | **7935** |
| 吴兴区 | 10131 | 6141 | 3990 | 11110 | 7112 | 3998 | 6682 | 4224 | 2458 |
| 南浔区 | 4292 | 2846 | 1446 | 5137 | 3516 | 1621 | 3632 | 2492 | 1140 |
| 德清县 | 4464 | 2937 | 1527 | 4751 | 3129 | 1622 | 3516 | 2342 | 1174 |
| 长兴县 | 4847 | 3021 | 1826 | 5062 | 3230 | 1832 | 3636 | 2259 | 1377 |
| 安吉县 | 6156 | 4011 | 2145 | 6906 | 4497 | 2409 | 5110 | 3324 | 1786 |

5-2 续表 5

单位：户

| 地区 | 25-29岁 | | | 30-34岁 | | | 35-39岁 | | |
|---|---|---|---|---|---|---|---|---|---|
| | 小计 | 男 | 女 | 小计 | 男 | 女 | 小计 | 男 | 女 |
| **绍兴市** | **44092** | **27467** | **16625** | **48464** | **31351** | **17113** | **34994** | **22541** | **12453** |
| 越城区 | 8980 | 5191 | 3789 | 9595 | 5743 | 3852 | 6811 | 4175 | 2636 |
| 柯桥区 | 12480 | 8259 | 4221 | 15183 | 10459 | 4724 | 10682 | 7339 | 3343 |
| 上虞区 | 6513 | 4127 | 2386 | 6441 | 4177 | 2264 | 4568 | 2936 | 1632 |
| 新昌县 | 2471 | 1640 | 831 | 2721 | 1943 | 778 | 2555 | 1771 | 784 |
| 诸暨市 | 8931 | 5366 | 3565 | 9686 | 5956 | 3730 | 6521 | 3908 | 2613 |
| 嵊州市 | 4717 | 2884 | 1833 | 4838 | 3073 | 1765 | 3857 | 2412 | 1445 |
| **金华市** | **122454** | **78940** | **43514** | **123966** | **82920** | **41046** | **88032** | **58769** | **29263** |
| 婺城区 | 16769 | 10248 | 6521 | 14386 | 9517 | 4869 | 9775 | 6568 | 3207 |
| 金东区 | 7490 | 5238 | 2252 | 7625 | 5514 | 2111 | 5630 | 3920 | 1710 |
| 武义县 | 6979 | 4932 | 2047 | 7586 | 5364 | 2222 | 6123 | 4333 | 1790 |
| 浦江县 | 5142 | 3274 | 1868 | 5362 | 3454 | 1908 | 4590 | 2929 | 1661 |
| 磐安县 | 1672 | 1062 | 610 | 1306 | 911 | 395 | 1234 | 823 | 411 |
| 兰溪市 | 2989 | 1853 | 1136 | 3249 | 2140 | 1109 | 2609 | 1665 | 944 |
| 义乌市 | 48533 | 30151 | 18382 | 49621 | 32145 | 17476 | 31989 | 20924 | 11065 |
| 东阳市 | 17092 | 11153 | 5939 | 17765 | 11843 | 5922 | 12908 | 8547 | 4361 |
| 永康市 | 15788 | 11029 | 4759 | 17066 | 12032 | 5034 | 13174 | 9060 | 4114 |
| **衢州市** | **18006** | **11116** | **6890** | **15213** | **10132** | **5081** | **12280** | **7695** | **4585** |
| 柯城区 | 6023 | 3423 | 2600 | 4420 | 2774 | 1646 | 3380 | 2052 | 1328 |
| 衢江区 | 2765 | 1917 | 848 | 2510 | 1777 | 733 | 1983 | 1346 | 637 |
| 常山县 | 1749 | 1125 | 624 | 1530 | 1029 | 501 | 1300 | 834 | 466 |
| 开化县 | 1679 | 1023 | 656 | 1345 | 879 | 466 | 1071 | 619 | 452 |
| 龙游县 | 2597 | 1699 | 898 | 2743 | 1940 | 803 | 2308 | 1514 | 794 |
| 江山市 | 3193 | 1929 | 1264 | 2665 | 1733 | 932 | 2238 | 1330 | 908 |
| **舟山市** | **9895** | **6276** | **3619** | **12455** | **8321** | **4134** | **9640** | **6620** | **3020** |
| 定海区 | 5052 | 3215 | 1837 | 6035 | 3950 | 2085 | 4177 | 2773 | 1404 |
| 普陀区 | 3083 | 1885 | 1198 | 4148 | 2753 | 1395 | 3562 | 2436 | 1126 |
| 岱山县 | 1275 | 883 | 392 | 1797 | 1308 | 489 | 1420 | 1089 | 331 |
| 嵊泗县 | 485 | 293 | 192 | 475 | 310 | 165 | 481 | 322 | 159 |
| **台州市** | **65435** | **42131** | **23304** | **71418** | **47959** | **23459** | **55902** | **37339** | **18563** |
| 椒江区 | 10235 | 6203 | 4032 | 9992 | 6519 | 3473 | 7162 | 4650 | 2512 |
| 黄岩区 | 6145 | 4314 | 1831 | 7250 | 5361 | 1889 | 5592 | 4053 | 1539 |
| 路桥区 | 6725 | 4545 | 2180 | 7551 | 5208 | 2343 | 6093 | 4178 | 1915 |
| 三门县 | 2613 | 1636 | 977 | 2885 | 1971 | 914 | 2636 | 1756 | 880 |
| 天台县 | 3134 | 1879 | 1255 | 3061 | 1808 | 1253 | 2578 | 1527 | 1051 |
| 仙居县 | 3123 | 1842 | 1281 | 1923 | 1173 | 750 | 1505 | 896 | 609 |
| 温岭市 | 17385 | 11386 | 5999 | 20897 | 14041 | 6856 | 15577 | 10467 | 5110 |
| 临海市 | 8190 | 4833 | 3357 | 7837 | 4875 | 2962 | 6711 | 4249 | 2462 |
| 玉环市 | 7885 | 5493 | 2392 | 10022 | 7003 | 3019 | 8048 | 5563 | 2485 |
| **丽水市** | **23704** | **14451** | **9253** | **23512** | **15285** | **8227** | **20387** | **13468** | **6919** |
| 莲都区 | 7392 | 4476 | 2916 | 6698 | 4474 | 2224 | 4925 | 3352 | 1573 |
| 青田县 | 5462 | 3341 | 2121 | 6380 | 3896 | 2484 | 6306 | 3874 | 2432 |
| 缙云县 | 3739 | 2377 | 1362 | 3727 | 2604 | 1123 | 3139 | 2223 | 916 |
| 遂昌县 | 1080 | 654 | 426 | 1040 | 665 | 375 | 928 | 617 | 311 |
| 松阳县 | 1259 | 796 | 463 | 1289 | 882 | 407 | 999 | 675 | 324 |
| 云和县 | 1041 | 641 | 400 | 1068 | 718 | 350 | 1031 | 724 | 307 |
| 庆元县 | 1140 | 649 | 491 | 926 | 615 | 311 | 903 | 616 | 287 |
| 景宁畲族自治县 | 934 | 571 | 363 | 900 | 569 | 331 | 909 | 586 | 323 |
| 龙泉市 | 1657 | 946 | 711 | 1484 | 862 | 622 | 1247 | 801 | 446 |

5-2　续表 6　　　　单位：户

| 地　区 | 40-44岁 | | | 45-49岁 | | | 50-54岁 | | |
|---|---|---|---|---|---|---|---|---|---|
| | 小计 | 男 | 女 | 小计 | 男 | 女 | 小计 | 男 | 女 |
| **合计** | **590482** | **372732** | **217750** | **681460** | **416641** | **264819** | **639827** | **400975** | **238852** |
| **杭州市** | **99625** | **63811** | **35814** | **108441** | **66879** | **41562** | **99248** | **63247** | **36001** |
| 上城区 | 1493 | 777 | 716 | 1704 | 867 | 837 | 1778 | 940 | 838 |
| 下城区 | 2739 | 1419 | 1320 | 2854 | 1480 | 1374 | 2599 | 1403 | 1196 |
| 江干区 | 11327 | 7285 | 4042 | 11121 | 7004 | 4117 | 8937 | 5727 | 3210 |
| 拱墅区 | 4040 | 2375 | 1665 | 3863 | 2145 | 1718 | 3768 | 2154 | 1614 |
| 西湖区 | 6754 | 4040 | 2714 | 6836 | 3860 | 2976 | 6047 | 3488 | 2559 |
| 滨江区 | 2403 | 1450 | 953 | 2173 | 1204 | 969 | 1829 | 998 | 831 |
| 萧山区 | 21736 | 14550 | 7186 | 24925 | 16077 | 8848 | 21409 | 14247 | 7162 |
| 余杭区 | 30045 | 20575 | 9470 | 29849 | 19524 | 10325 | 23289 | 15679 | 7610 |
| 富阳区 | 5961 | 3796 | 2165 | 7554 | 4783 | 2771 | 7399 | 5068 | 2331 |
| 临安区 | 5086 | 3216 | 1870 | 6649 | 4112 | 2537 | 7169 | 4769 | 2400 |
| 桐庐县 | 3367 | 1965 | 1402 | 4328 | 2437 | 1891 | 4866 | 2999 | 1867 |
| 淳安县 | 2702 | 1327 | 1375 | 3739 | 1925 | 1814 | 5590 | 3202 | 2388 |
| 建德市 | 1972 | 1036 | 936 | 2846 | 1461 | 1385 | 4568 | 2573 | 1995 |
| **宁波市** | **98596** | **61607** | **36989** | **115465** | **69562** | **45903** | **107242** | **66658** | **40584** |
| 海曙区 | 9960 | 6354 | 3606 | 11410 | 6815 | 4595 | 10357 | 6308 | 4049 |
| 江北区 | 4651 | 3018 | 1633 | 5228 | 3348 | 1880 | 5057 | 3249 | 1808 |
| 北仑区 | 11640 | 7743 | 3897 | 12590 | 8199 | 4391 | 10620 | 7184 | 3436 |
| 镇海区 | 5470 | 3795 | 1675 | 6955 | 4705 | 2250 | 6443 | 4524 | 1919 |
| 鄞州区 | 14718 | 8890 | 5828 | 16194 | 9464 | 6730 | 14621 | 9015 | 5606 |
| 奉化区 | 4612 | 2841 | 1771 | 5682 | 3470 | 2212 | 6708 | 4216 | 2492 |
| 象山县 | 5833 | 3385 | 2448 | 7967 | 4446 | 3521 | 8554 | 4930 | 3624 |
| 宁海县 | 7926 | 4571 | 3355 | 9561 | 5374 | 4187 | 9872 | 5669 | 4203 |
| 余姚市 | 12009 | 7290 | 4719 | 14294 | 8263 | 6031 | 12735 | 7730 | 5005 |
| 慈溪市 | 21777 | 13720 | 8057 | 25584 | 15478 | 10106 | 22275 | 13833 | 8442 |
| **温州市** | **103126** | **65501** | **37625** | **116636** | **72294** | **44342** | **99287** | **61965** | **37322** |
| 鹿城区 | 13801 | 8672 | 5129 | 13567 | 8075 | 5492 | 10367 | 5995 | 4372 |
| 龙湾区 | 9916 | 7106 | 2810 | 11606 | 8197 | 3409 | 9019 | 6335 | 2684 |
| 瓯海区 | 15529 | 10610 | 4919 | 15905 | 10788 | 5117 | 11540 | 7827 | 3713 |
| 洞头区 | 1063 | 671 | 392 | 1357 | 796 | 561 | 1443 | 820 | 623 |
| 永嘉县 | 8604 | 5587 | 3017 | 9804 | 6189 | 3615 | 8468 | 5399 | 3069 |
| 平阳县 | 7241 | 4232 | 3009 | 8974 | 5146 | 3828 | 8506 | 4998 | 3508 |
| 苍南县 | 5787 | 3242 | 2545 | 7140 | 3908 | 3232 | 7331 | 4369 | 2962 |
| 文成县 | 3091 | 1899 | 1192 | 3694 | 2254 | 1440 | 3745 | 2298 | 1447 |
| 泰顺县 | 2548 | 1494 | 1054 | 3506 | 2183 | 1323 | 3512 | 2189 | 1323 |
| 瑞安市 | 16341 | 10161 | 6180 | 18783 | 11398 | 7385 | 15703 | 9833 | 5870 |
| 乐清市 | 15868 | 9952 | 5916 | 18415 | 11169 | 7246 | 16276 | 9930 | 6346 |
| 龙港市 | 3337 | 1875 | 1462 | 3885 | 2191 | 1694 | 3377 | 1972 | 1405 |
| **嘉兴市** | **47234** | **29955** | **17279** | **52510** | **32395** | **20115** | **46545** | **30009** | **16536** |
| 南湖区 | 5896 | 3586 | 2310 | 6743 | 4126 | 2617 | 6532 | 4071 | 2461 |
| 秀洲区 | 5415 | 3425 | 1990 | 6140 | 3891 | 2249 | 5320 | 3495 | 1825 |
| 嘉善县 | 6429 | 4318 | 2111 | 7528 | 4926 | 2602 | 6822 | 4571 | 2251 |
| 海盐县 | 2523 | 1519 | 1004 | 3445 | 2002 | 1443 | 3829 | 2429 | 1400 |
| 海宁市 | 12421 | 8137 | 4284 | 12627 | 7903 | 4724 | 9875 | 6541 | 3334 |
| 平湖市 | 4931 | 3105 | 1826 | 5840 | 3463 | 2377 | 6046 | 3805 | 2241 |
| 桐乡市 | 9619 | 5865 | 3754 | 10187 | 6084 | 4103 | 8121 | 5097 | 3024 |
| **湖州市** | **21835** | **13786** | **8049** | **26517** | **16473** | **10044** | **28227** | **18109** | **10118** |
| 吴兴区 | 5771 | 3633 | 2138 | 6529 | 4015 | 2514 | 6798 | 4169 | 2629 |
| 南浔区 | 3926 | 2609 | 1317 | 4691 | 3032 | 1659 | 5115 | 3359 | 1756 |
| 德清县 | 3339 | 2178 | 1161 | 4397 | 2752 | 1645 | 4540 | 2941 | 1599 |
| 长兴县 | 3772 | 2316 | 1456 | 4937 | 3038 | 1899 | 5476 | 3541 | 1935 |
| 安吉县 | 5027 | 3050 | 1977 | 5963 | 3636 | 2327 | 6298 | 4099 | 2199 |

5-2 续表 7 单位：户

| 地区 | 40-44岁 | | | 45-49岁 | | | 50-54岁 | | |
|---|---|---|---|---|---|---|---|---|---|
| | 小计 | 男 | 女 | 小计 | 男 | 女 | 小计 | 男 | 女 |
| **绍兴市** | **37095** | **22320** | **14775** | **46084** | **26654** | **19430** | **48174** | **29036** | **19138** |
| 越城区 | 6276 | 3686 | 2590 | 7624 | 4280 | 3344 | 7736 | 4363 | 3373 |
| 柯桥区 | 10255 | 6772 | 3483 | 12090 | 7750 | 4340 | 11212 | 7457 | 3755 |
| 上虞区 | 5383 | 2979 | 2404 | 7228 | 3825 | 3403 | 7873 | 4460 | 3413 |
| 新昌县 | 3094 | 1860 | 1234 | 3545 | 2062 | 1483 | 4362 | 2711 | 1651 |
| 诸暨市 | 7317 | 4146 | 3171 | 9366 | 5167 | 4199 | 10057 | 5617 | 4440 |
| 嵊州市 | 4770 | 2877 | 1893 | 6231 | 3570 | 2661 | 6934 | 4428 | 2506 |
| **金华市** | **80303** | **51282** | **29021** | **83156** | **50835** | **32321** | **75116** | **46226** | **28890** |
| 婺城区 | 9821 | 6255 | 3566 | 10413 | 6447 | 3966 | 9817 | 6263 | 3554 |
| 金东区 | 5384 | 3601 | 1783 | 5428 | 3530 | 1898 | 5010 | 3372 | 1638 |
| 武义县 | 6183 | 4098 | 2085 | 6677 | 4333 | 2344 | 6408 | 4218 | 2190 |
| 浦江县 | 4604 | 2687 | 1917 | 4679 | 2648 | 2031 | 4574 | 2586 | 1988 |
| 磐安县 | 1647 | 997 | 650 | 2430 | 1395 | 1035 | 2648 | 1544 | 1104 |
| 兰溪市 | 3415 | 2031 | 1384 | 4716 | 2732 | 1984 | 6543 | 4017 | 2526 |
| 义乌市 | 24592 | 15726 | 8866 | 22470 | 13784 | 8686 | 16880 | 10426 | 6454 |
| 东阳市 | 12180 | 7496 | 4684 | 13526 | 7690 | 5836 | 12928 | 7220 | 5708 |
| 永康市 | 12477 | 8391 | 4086 | 12817 | 8276 | 4541 | 10308 | 6580 | 3728 |
| **衢州市** | **14855** | **8761** | **6094** | **21543** | **12561** | **8982** | **25400** | **15573** | **9827** |
| 柯城区 | 3222 | 1868 | 1354 | 4285 | 2413 | 1872 | 4323 | 2603 | 1720 |
| 衢江区 | 2141 | 1384 | 757 | 2990 | 2012 | 978 | 3780 | 2617 | 1163 |
| 常山县 | 1787 | 1058 | 729 | 2434 | 1439 | 995 | 3140 | 1942 | 1198 |
| 开化县 | 1768 | 941 | 827 | 2759 | 1367 | 1392 | 3447 | 1802 | 1645 |
| 龙游县 | 2852 | 1721 | 1131 | 4041 | 2489 | 1552 | 4654 | 3013 | 1641 |
| 江山市 | 3085 | 1789 | 1296 | 5034 | 2841 | 2193 | 6056 | 3596 | 2460 |
| **舟山市** | **9509** | **6103** | **3406** | **13321** | **8376** | **4945** | **15244** | **9782** | **5462** |
| 定海区 | 3945 | 2453 | 1492 | 5449 | 3326 | 2123 | 5838 | 3598 | 2240 |
| 普陀区 | 3591 | 2292 | 1299 | 4929 | 3077 | 1852 | 5780 | 3788 | 1992 |
| 岱山县 | 1482 | 1044 | 438 | 2086 | 1414 | 672 | 2547 | 1669 | 878 |
| 嵊泗县 | 491 | 314 | 177 | 857 | 559 | 298 | 1079 | 727 | 352 |
| **台州市** | **55293** | **35030** | **20263** | **68249** | **42130** | **26119** | **64950** | **41055** | **23895** |
| 椒江区 | 6161 | 3792 | 2369 | 7158 | 4347 | 2811 | 6496 | 4184 | 2312 |
| 黄岩区 | 5250 | 3459 | 1791 | 6311 | 3992 | 2319 | 6033 | 3799 | 2234 |
| 路桥区 | 5895 | 3859 | 2036 | 6884 | 4385 | 2499 | 6098 | 4011 | 2087 |
| 三门县 | 2618 | 1638 | 980 | 3810 | 2307 | 1503 | 3930 | 2424 | 1506 |
| 天台县 | 3173 | 1876 | 1297 | 3952 | 2307 | 1645 | 4387 | 2563 | 1824 |
| 仙居县 | 1722 | 983 | 739 | 3104 | 1844 | 1260 | 3440 | 2114 | 1326 |
| 温岭市 | 14988 | 9580 | 5408 | 16746 | 10356 | 6390 | 15225 | 9757 | 5468 |
| 临海市 | 7025 | 4208 | 2817 | 9559 | 5615 | 3944 | 9569 | 5610 | 3959 |
| 玉环市 | 8461 | 5635 | 2826 | 10725 | 6977 | 3748 | 9772 | 6593 | 3179 |
| **丽水市** | **23011** | **14576** | **8435** | **29538** | **18482** | **11056** | **30394** | **19315** | **11079** |
| 莲都区 | 4759 | 3060 | 1699 | 5698 | 3686 | 2012 | 5754 | 3819 | 1935 |
| 青田县 | 7001 | 4279 | 2722 | 7682 | 4788 | 2894 | 6979 | 4362 | 2617 |
| 缙云县 | 3787 | 2526 | 1261 | 4871 | 3096 | 1775 | 5006 | 3125 | 1881 |
| 遂昌县 | 1116 | 706 | 410 | 1979 | 1180 | 799 | 2414 | 1539 | 875 |
| 松阳县 | 1326 | 847 | 479 | 2145 | 1372 | 773 | 2395 | 1608 | 787 |
| 云和县 | 1201 | 809 | 392 | 1643 | 1073 | 570 | 1757 | 1155 | 602 |
| 庆元县 | 1075 | 699 | 376 | 1486 | 854 | 632 | 1531 | 860 | 671 |
| 景宁畲族自治县 | 1221 | 737 | 484 | 1530 | 904 | 626 | 1709 | 1075 | 634 |
| 龙泉市 | 1525 | 913 | 612 | 2504 | 1529 | 975 | 2849 | 1772 | 1077 |

5-2　续表 8

单位：户

| 地　区 | 55-59岁 | | | 60-64岁 | | | 65岁及以上 | | |
|---|---|---|---|---|---|---|---|---|---|
| | 小计 | 男 | 女 | 小计 | 男 | 女 | 小计 | 男 | 女 |
| **合计** | **506659** | **321302** | **185357** | **356817** | **212952** | **143865** | **1475194** | **536983** | **938211** |
| **杭州市** | **81368** | **52081** | **29287** | **53167** | **31930** | **21237** | **186176** | **67467** | **118709** |
| 上城区 | 2260 | 1175 | 1085 | 2352 | 1149 | 1203 | 9275 | 3004 | 6271 |
| 下城区 | 2940 | 1509 | 1431 | 2778 | 1338 | 1440 | 11302 | 3574 | 7728 |
| 江干区 | 6809 | 4265 | 2544 | 4391 | 2477 | 1914 | 11822 | 4213 | 7609 |
| 拱墅区 | 3955 | 2192 | 1763 | 3462 | 1810 | 1652 | 11542 | 3990 | 7552 |
| 西湖区 | 5242 | 2970 | 2272 | 3482 | 1801 | 1681 | 11515 | 4126 | 7389 |
| 滨江区 | 1499 | 776 | 723 | 930 | 468 | 462 | 4023 | 1191 | 2832 |
| 萧山区 | 14126 | 9650 | 4476 | 7315 | 4699 | 2616 | 30251 | 10629 | 19622 |
| 余杭区 | 15406 | 10342 | 5064 | 7693 | 4881 | 2812 | 20041 | 8424 | 11617 |
| 富阳区 | 6163 | 4358 | 1805 | 4288 | 2854 | 1434 | 17174 | 6493 | 10681 |
| 临安区 | 6828 | 4561 | 2267 | 4740 | 2961 | 1779 | 15522 | 5537 | 9985 |
| 桐庐县 | 4643 | 2966 | 1677 | 3153 | 2011 | 1142 | 13229 | 4635 | 8594 |
| 淳安县 | 6181 | 3956 | 2225 | 4412 | 2860 | 1552 | 15451 | 5753 | 9698 |
| 建德市 | 5316 | 3361 | 1955 | 4171 | 2621 | 1550 | 15029 | 5898 | 9131 |
| **宁波市** | **78882** | **49485** | **29397** | **55529** | **31722** | **23807** | **226628** | **76546** | **150082** |
| 海曙区 | 8108 | 4806 | 3302 | 5897 | 3068 | 2829 | 24927 | 7927 | 17000 |
| 江北区 | 4211 | 2553 | 1658 | 3193 | 1764 | 1429 | 11699 | 3905 | 7794 |
| 北仑区 | 7322 | 5012 | 2310 | 4406 | 2648 | 1758 | 16101 | 5862 | 10239 |
| 镇海区 | 4493 | 3120 | 1373 | 2860 | 1694 | 1166 | 10600 | 3602 | 6998 |
| 鄞州区 | 11301 | 6765 | 4536 | 8020 | 4248 | 3772 | 31858 | 10398 | 21460 |
| 奉化区 | 5701 | 3650 | 2051 | 4653 | 2859 | 1794 | 20700 | 7360 | 13340 |
| 象山县 | 7303 | 4325 | 2978 | 5546 | 3257 | 2289 | 20184 | 7113 | 13071 |
| 宁海县 | 7534 | 4517 | 3017 | 5778 | 3370 | 2408 | 22466 | 7983 | 14483 |
| 余姚市 | 9246 | 5852 | 3394 | 7007 | 3995 | 3012 | 30482 | 10521 | 19961 |
| 慈溪市 | 13663 | 8885 | 4778 | 8169 | 4819 | 3350 | 37611 | 11875 | 25736 |
| **温州市** | **73245** | **44647** | **28598** | **49762** | **27830** | **21932** | **216012** | **78475** | **137537** |
| 鹿城区 | 8208 | 4540 | 3668 | 5815 | 2908 | 2907 | 20698 | 6137 | 14561 |
| 龙湾区 | 5175 | 3777 | 1398 | 2229 | 1457 | 772 | 7570 | 2585 | 4985 |
| 瓯海区 | 6620 | 4540 | 2080 | 3431 | 2114 | 1317 | 12471 | 4539 | 7932 |
| 洞头区 | 1316 | 716 | 600 | 1066 | 450 | 616 | 4086 | 1073 | 3013 |
| 永嘉县 | 6484 | 3903 | 2581 | 4887 | 2700 | 2187 | 22253 | 8730 | 13523 |
| 平阳县 | 7252 | 4338 | 2914 | 5756 | 3343 | 2413 | 26345 | 9859 | 16486 |
| 苍南县 | 6130 | 3528 | 2602 | 5151 | 2889 | 2262 | 25905 | 9925 | 15980 |
| 文成县 | 3367 | 2086 | 1281 | 2405 | 1490 | 915 | 11246 | 5626 | 5620 |
| 泰顺县 | 2872 | 1778 | 1094 | 2594 | 1594 | 1000 | 10177 | 5193 | 4984 |
| 瑞安市 | 11144 | 6851 | 4293 | 7215 | 4113 | 3102 | 31388 | 10513 | 20875 |
| 乐清市 | 11912 | 7042 | 4870 | 7456 | 3848 | 3608 | 35499 | 11670 | 23829 |
| 龙港市 | 2765 | 1548 | 1217 | 1757 | 924 | 833 | 8374 | 2625 | 5749 |
| **嘉兴市** | **37986** | **26045** | **11941** | **24976** | **16663** | **8313** | **87475** | **38429** | **49046** |
| 南湖区 | 5863 | 3706 | 2157 | 4188 | 2512 | 1676 | 15893 | 6246 | 9647 |
| 秀洲区 | 4262 | 2958 | 1304 | 2719 | 1752 | 967 | 10296 | 4624 | 5672 |
| 嘉善县 | 5206 | 3626 | 1580 | 2878 | 1972 | 906 | 11784 | 5268 | 6516 |
| 海盐县 | 3778 | 2648 | 1130 | 2492 | 1644 | 848 | 8723 | 3656 | 5067 |
| 海宁市 | 7214 | 5096 | 2118 | 4494 | 3094 | 1400 | 14069 | 6270 | 7799 |
| 平湖市 | 5409 | 3756 | 1653 | 3956 | 2697 | 1259 | 12570 | 5873 | 6697 |
| 桐乡市 | 6254 | 4255 | 1999 | 4249 | 2992 | 1257 | 14140 | 6492 | 7648 |
| **湖州市** | **26034** | **17488** | **8546** | **18247** | **12127** | **6120** | **73054** | **29898** | **43156** |
| 吴兴区 | 6239 | 3891 | 2348 | 4261 | 2613 | 1648 | 17913 | 7068 | 10845 |
| 南浔区 | 5090 | 3654 | 1436 | 3838 | 2823 | 1015 | 16544 | 7583 | 8961 |
| 德清县 | 4186 | 2933 | 1253 | 3075 | 2081 | 994 | 9457 | 4007 | 5450 |
| 长兴县 | 5217 | 3449 | 1768 | 3713 | 2422 | 1291 | 17223 | 6458 | 10765 |
| 安吉县 | 5302 | 3561 | 1741 | 3360 | 2188 | 1172 | 11917 | 4782 | 7135 |

5-2 续表 9

单位：户

| 地 区 | 55-59岁 | | | 60-64岁 | | | 65岁及以上 | | |
|---|---|---|---|---|---|---|---|---|---|
| | 小计 | 男 | 女 | 小计 | 男 | 女 | 小计 | 男 | 女 |
| **绍兴市** | **42541** | **26494** | **16047** | **35402** | **21405** | **13997** | **162262** | **58265** | **103997** |
| 越城区 | 6347 | 3561 | 2786 | 4979 | 2530 | 2449 | 27332 | 8868 | 18464 |
| 柯桥区 | 7615 | 5227 | 2388 | 4300 | 2698 | 1602 | 21919 | 7184 | 14735 |
| 上虞区 | 7154 | 4287 | 2867 | 6549 | 3915 | 2634 | 28517 | 10032 | 18485 |
| 新昌县 | 4618 | 2926 | 1692 | 4674 | 2855 | 1819 | 17641 | 6736 | 10905 |
| 诸暨市 | 9487 | 5615 | 3872 | 8066 | 4854 | 3212 | 40059 | 14573 | 25486 |
| 嵊州市 | 7320 | 4878 | 2442 | 6834 | 4553 | 2281 | 26794 | 10872 | 15922 |
| **金华市** | **55172** | **34431** | **20741** | **34569** | **20608** | **13961** | **157400** | **54865** | **102535** |
| 婺城区 | 8111 | 5129 | 2982 | 5456 | 3129 | 2327 | 22582 | 7191 | 15391 |
| 金东区 | 3791 | 2573 | 1218 | 2462 | 1515 | 947 | 12757 | 4031 | 8726 |
| 武义县 | 4597 | 3103 | 1494 | 2929 | 1830 | 1099 | 12777 | 4733 | 8044 |
| 浦江县 | 3479 | 2011 | 1468 | 2408 | 1343 | 1065 | 13101 | 4270 | 8831 |
| 磐安县 | 2289 | 1359 | 930 | 1658 | 922 | 736 | 8319 | 3122 | 5197 |
| 兰溪市 | 6381 | 4089 | 2292 | 5115 | 3339 | 1776 | 22599 | 9234 | 13365 |
| 义乌市 | 10615 | 6785 | 3830 | 5188 | 3155 | 2033 | 21705 | 7850 | 13855 |
| 东阳市 | 9223 | 5263 | 3960 | 5546 | 3133 | 2413 | 24441 | 8203 | 16238 |
| 永康市 | 6686 | 4119 | 2567 | 3807 | 2242 | 1565 | 19119 | 6231 | 12888 |
| **衢州市** | **24488** | **15868** | **8620** | **20853** | **13317** | **7536** | **82678** | **33289** | **49389** |
| 柯城区 | 3965 | 2421 | 1544 | 3098 | 1838 | 1260 | 12191 | 4649 | 7542 |
| 衢江区 | 3733 | 2637 | 1096 | 3470 | 2406 | 1064 | 13264 | 6253 | 7011 |
| 常山县 | 3073 | 2024 | 1049 | 2636 | 1689 | 947 | 10452 | 4075 | 6377 |
| 开化县 | 3315 | 1899 | 1416 | 2821 | 1657 | 1164 | 10032 | 3536 | 6496 |
| 龙游县 | 4705 | 3122 | 1583 | 3730 | 2305 | 1425 | 17217 | 6604 | 10613 |
| 江山市 | 5697 | 3765 | 1932 | 5098 | 3422 | 1676 | 19522 | 8172 | 11350 |
| **舟山市** | **14963** | **9495** | **5468** | **12424** | **6997** | **5427** | **43193** | **13482** | **29711** |
| 定海区 | 5570 | 3505 | 2065 | 4479 | 2522 | 1957 | 16191 | 5553 | 10638 |
| 普陀区 | 5363 | 3402 | 1961 | 4145 | 2316 | 1829 | 13576 | 4206 | 9370 |
| 岱山县 | 2871 | 1804 | 1067 | 2837 | 1609 | 1228 | 10071 | 2828 | 7243 |
| 嵊泗县 | 1159 | 784 | 375 | 963 | 550 | 413 | 3355 | 895 | 2460 |
| **台州市** | **46612** | **29286** | **17326** | **33344** | **19149** | **14195** | **163337** | **53866** | **109471** |
| 椒江区 | 4435 | 2791 | 1644 | 2684 | 1521 | 1163 | 12291 | 4123 | 8168 |
| 黄岩区 | 4463 | 2763 | 1700 | 3340 | 1893 | 1447 | 17175 | 5487 | 11688 |
| 路桥区 | 3941 | 2614 | 1327 | 2078 | 1257 | 821 | 10656 | 3580 | 7076 |
| 三门县 | 3088 | 1864 | 1224 | 2643 | 1434 | 1209 | 12004 | 3782 | 8222 |
| 天台县 | 3986 | 2438 | 1548 | 3654 | 2098 | 1556 | 17063 | 5892 | 11171 |
| 仙居县 | 2953 | 1807 | 1146 | 2727 | 1664 | 1063 | 12607 | 4633 | 7974 |
| 温岭市 | 10060 | 6353 | 3707 | 7052 | 3923 | 3129 | 39844 | 12500 | 27344 |
| 临海市 | 7454 | 4387 | 3067 | 6078 | 3488 | 2590 | 29105 | 9978 | 19127 |
| 玉环市 | 6232 | 4269 | 1963 | 3088 | 1871 | 1217 | 12592 | 3891 | 8701 |
| **丽水市** | **25368** | **15982** | **9386** | **18544** | **11204** | **7340** | **76979** | **32401** | **44578** |
| 莲都区 | 4791 | 3087 | 1704 | 3050 | 1863 | 1187 | 11912 | 4829 | 7083 |
| 青田县 | 5486 | 3256 | 2230 | 3988 | 2318 | 1670 | 14474 | 5843 | 8631 |
| 缙云县 | 4153 | 2611 | 1542 | 3471 | 2069 | 1402 | 16700 | 6223 | 10477 |
| 遂昌县 | 2230 | 1471 | 759 | 1806 | 1188 | 618 | 6359 | 2866 | 3493 |
| 松阳县 | 2008 | 1333 | 675 | 1560 | 957 | 603 | 6486 | 2781 | 3705 |
| 云和县 | 1341 | 858 | 483 | 897 | 557 | 340 | 3665 | 1789 | 1876 |
| 庆元县 | 1413 | 848 | 565 | 1039 | 562 | 477 | 4981 | 2122 | 2859 |
| 景宁畲族自治县 | 1440 | 953 | 487 | 1042 | 661 | 381 | 4149 | 2139 | 2010 |
| 龙泉市 | 2506 | 1565 | 941 | 1691 | 1029 | 662 | 8253 | 3809 | 4444 |

# 5–2a　各地区分年龄、性别的一人户(城市)

单位：户

| 地　区 | 合　计 | | | 14岁及以下 | | |
|---|---|---|---|---|---|---|
| | 合计 | 男 | 女 | 小计 | 男 | 女 |
| **合计** | **3996925** | **2305763** | **1691162** | **64599** | **34835** | **29764** |
| **杭州市** | **1121892** | **649913** | **471979** | **14664** | **7684** | **6980** |
| 上城区 | 32951 | 14648 | 18303 | 617 | 322 | 295 |
| 下城区 | 53086 | 23660 | 29426 | 758 | 360 | 398 |
| 江干区 | 174016 | 98914 | 75102 | 2118 | 1125 | 993 |
| 拱墅区 | 78402 | 40334 | 38068 | 1104 | 555 | 549 |
| 西湖区 | 126254 | 71709 | 54545 | 1967 | 1014 | 953 |
| 滨江区 | 60970 | 34542 | 26428 | 959 | 490 | 469 |
| 萧山区 | 218611 | 134714 | 83897 | 2304 | 1243 | 1061 |
| 余杭区 | 273868 | 170368 | 103500 | 3200 | 1704 | 1496 |
| 富阳区 | 54120 | 32396 | 21724 | 706 | 361 | 345 |
| 临安区 | 36430 | 22020 | 14410 | 646 | 348 | 298 |
| 桐庐县 | | | | | | |
| 淳安县 | | | | | | |
| 建德市 | 13184 | 6608 | 6576 | 285 | 162 | 123 |
| **宁波市** | **684795** | **389288** | **295507** | **9854** | **5316** | **4538** |
| 海曙区 | 104774 | 57842 | 46932 | 1481 | 803 | 678 |
| 江北区 | 48010 | 26934 | 21076 | 759 | 402 | 357 |
| 北仑区 | 88357 | 56053 | 32304 | 1291 | 703 | 588 |
| 镇海区 | 53662 | 33533 | 20129 | 744 | 399 | 345 |
| 鄞州区 | 124814 | 62357 | 62457 | 2015 | 1100 | 915 |
| 奉化区 | 29827 | 15782 | 14045 | 449 | 228 | 221 |
| 象山县 | | | | | | |
| 宁海县 | | | | | | |
| 余姚市 | 95611 | 56274 | 39337 | 1370 | 753 | 617 |
| 慈溪市 | 139740 | 80513 | 59227 | 1745 | 928 | 817 |
| **温州市** | **571780** | **337806** | **233974** | **13063** | **7357** | **5706** |
| 鹿城区 | 132468 | 73756 | 58712 | 2453 | 1379 | 1074 |
| 龙湾区 | 55855 | 37119 | 18736 | 1046 | 605 | 441 |
| 瓯海区 | 109279 | 69815 | 39464 | 2012 | 1125 | 887 |
| 洞头区 | 6180 | 2874 | 3306 | 160 | 98 | 62 |
| 永嘉县 | | | | | | |
| 平阳县 | | | | | | |
| 苍南县 | | | | | | |
| 文成县 | | | | | | |
| 泰顺县 | | | | | | |
| 瑞安市 | 111890 | 63796 | 48094 | 2551 | 1438 | 1113 |
| 乐清市 | 120161 | 71052 | 49109 | 3457 | 1915 | 1542 |
| 龙港市 | 35947 | 19394 | 16553 | 1384 | 797 | 587 |
| **嘉兴市** | **245744** | **144521** | **101223** | **3388** | **1786** | **1602** |
| 南湖区 | 73934 | 41091 | 32843 | 1144 | 589 | 555 |
| 秀洲区 | 32164 | 20117 | 12047 | 475 | 254 | 221 |
| 嘉善县 | | | | | | |
| 海盐县 | | | | | | |
| 海宁市 | 45124 | 26920 | 18204 | 468 | 247 | 221 |
| 平湖市 | 29313 | 17304 | 12009 | 402 | 218 | 184 |
| 桐乡市 | 65209 | 39089 | 26120 | 899 | 478 | 421 |
| **湖州市** | **68184** | **38545** | **29639** | **1299** | **671** | **628** |
| 吴兴区 | 49016 | 26448 | 22568 | 946 | 500 | 446 |
| 南浔区 | 19168 | 12097 | 7071 | 353 | 171 | 182 |
| 德清县 | | | | | | |
| 长兴县 | | | | | | |
| 安吉县 | | | | | | |

5-2a 续表 1

单位：户

| 地区 | 合计 | | | 14岁及以下 | | |
|---|---|---|---|---|---|---|
| | 合计 | 男 | 女 | 小计 | 男 | 女 |
| **绍兴市** | **292107** | **158714** | **133393** | **4963** | **2659** | **2304** |
| 越城区 | 78421 | 39275 | 39146 | 1522 | 816 | 706 |
| 柯桥区 | 80854 | 49642 | 31212 | 981 | 539 | 442 |
| 上虞区 | 51215 | 27456 | 23759 | 889 | 480 | 409 |
| 新昌县 | | | | | | |
| 诸暨市 | 50381 | 25613 | 24768 | 982 | 526 | 456 |
| 嵊州市 | 31236 | 16728 | 14508 | 589 | 298 | 291 |
| **金华市** | **477779** | **283660** | **194119** | **8289** | **4553** | **3736** |
| 婺城区 | 94001 | 54045 | 39956 | 1510 | 820 | 690 |
| 金东区 | 15896 | 9634 | 6262 | 200 | 102 | 98 |
| 武义县 | | | | | | |
| 浦江县 | | | | | | |
| 磐安县 | | | | | | |
| 兰溪市 | 26009 | 13681 | 12328 | 564 | 291 | 273 |
| 义乌市 | 192817 | 116241 | 76576 | 2940 | 1629 | 1311 |
| 东阳市 | 64276 | 36303 | 27973 | 1381 | 757 | 624 |
| 永康市 | 84780 | 53756 | 31024 | 1694 | 954 | 740 |
| **衢州市** | **77248** | **41507** | **35741** | **1619** | **837** | **782** |
| 柯城区 | 39231 | 20382 | 18849 | 631 | 325 | 306 |
| 衢江区 | 14230 | 8846 | 5384 | 332 | 167 | 165 |
| 常山县 | | | | | | |
| 开化县 | | | | | | |
| 龙游县 | 218 | 129 | 89 | 5 | 3 | 2 |
| 江山市 | 23569 | 12150 | 11419 | 651 | 342 | 309 |
| **舟山市** | **65387** | **33714** | **31673** | **816** | **426** | **390** |
| 定海区 | 37961 | 19733 | 18228 | 587 | 302 | 285 |
| 普陀区 | 27426 | 13981 | 13445 | 229 | 124 | 105 |
| 岱山县 | | | | | | |
| 嵊泗县 | | | | | | |
| **台州市** | **335479** | **196264** | **139215** | **5404** | **2905** | **2499** |
| 椒江区 | 62386 | 35051 | 27335 | 999 | 511 | 488 |
| 黄岩区 | 43703 | 26827 | 16876 | 657 | 348 | 309 |
| 路桥区 | 33242 | 19671 | 13571 | 557 | 305 | 252 |
| 三门县 | | | | | | |
| 天台县 | | | | | | |
| 仙居县 | | | | | | |
| 温岭市 | 95311 | 56219 | 39092 | 1420 | 786 | 634 |
| 临海市 | 38466 | 19753 | 18713 | 862 | 463 | 399 |
| 玉环市 | 62371 | 38743 | 23628 | 909 | 492 | 417 |
| **丽水市** | **56530** | **31831** | **24699** | **1240** | **641** | **599** |
| 莲都区 | 44433 | 25693 | 18740 | 866 | 451 | 415 |
| 青田县 | | | | | | |
| 缙云县 | | | | | | |
| 遂昌县 | | | | | | |
| 松阳县 | | | | | | |
| 云和县 | | | | | | |
| 庆元县 | | | | | | |
| 景宁畲族自治县 | | | | | | |
| 龙泉市 | 12097 | 6138 | 5959 | 374 | 190 | 184 |

5−2a　续表 2　　　　单位：户

| 地　区 | 15−19岁 | | | 20−24岁 | | |
|---|---|---|---|---|---|---|
| | 小计 | 男 | 女 | 小计 | 男 | 女 |
| **合计** | **98064** | **58580** | **39484** | **452835** | **260861** | **191974** |
| **杭州市** | **19690** | **11648** | **8042** | **163701** | **90206** | **73495** |
| 上城区 | 452 | 222 | 230 | 2987 | 1350 | 1637 |
| 下城区 | 757 | 394 | 363 | 5618 | 2548 | 3070 |
| 江干区 | 2979 | 1654 | 1325 | 28999 | 14835 | 14164 |
| 拱墅区 | 1037 | 596 | 441 | 11751 | 5964 | 5787 |
| 西湖区 | 2244 | 1333 | 911 | 22139 | 12293 | 9846 |
| 滨江区 | 907 | 528 | 379 | 11638 | 6281 | 5357 |
| 萧山区 | 4173 | 2582 | 1591 | 31199 | 18217 | 12982 |
| 余杭区 | 4989 | 3067 | 1922 | 39929 | 23277 | 16652 |
| 富阳区 | 1162 | 676 | 486 | 5029 | 2905 | 2124 |
| 临安区 | 827 | 510 | 317 | 3587 | 2105 | 1482 |
| 桐庐县 | | | | | | |
| 淳安县 | | | | | | |
| 建德市 | 163 | 86 | 77 | 825 | 431 | 394 |
| **宁波市** | **18206** | **11302** | **6904** | **72484** | **43388** | **29096** |
| 海曙区 | 2069 | 1132 | 937 | 9979 | 5485 | 4494 |
| 江北区 | 1423 | 826 | 597 | 4677 | 2754 | 1923 |
| 北仑区 | 2040 | 1311 | 729 | 8566 | 5578 | 2988 |
| 镇海区 | 1291 | 821 | 470 | 5022 | 3312 | 1710 |
| 鄞州区 | 2411 | 1344 | 1067 | 18463 | 9053 | 9410 |
| 奉化区 | 516 | 300 | 216 | 1885 | 1118 | 767 |
| 象山县 | | | | | | |
| 宁海县 | | | | | | |
| 余姚市 | 3341 | 2200 | 1141 | 10516 | 7175 | 3341 |
| 慈溪市 | 5115 | 3368 | 1747 | 13376 | 8913 | 4463 |
| **温州市** | **15318** | **9320** | **5998** | **46848** | **28705** | **18143** |
| 鹿城区 | 3289 | 1823 | 1466 | 10825 | 6039 | 4786 |
| 龙湾区 | 1214 | 776 | 438 | 4423 | 2912 | 1511 |
| 瓯海区 | 2349 | 1433 | 916 | 9315 | 5602 | 3713 |
| 洞头区 | 96 | 56 | 40 | 228 | 135 | 93 |
| 永嘉县 | | | | | | |
| 平阳县 | | | | | | |
| 苍南县 | | | | | | |
| 文成县 | | | | | | |
| 泰顺县 | | | | | | |
| 瑞安市 | 3116 | 1881 | 1235 | 8979 | 5475 | 3504 |
| 乐清市 | 4305 | 2777 | 1528 | 10802 | 7107 | 3695 |
| 龙港市 | 949 | 574 | 375 | 2276 | 1435 | 841 |
| **嘉兴市** | **6543** | **3888** | **2655** | **27550** | **16198** | **11352** |
| 南湖区 | 1740 | 1023 | 717 | 9144 | 5087 | 4057 |
| 秀洲区 | 824 | 514 | 310 | 3773 | 2308 | 1465 |
| 嘉善县 | | | | | | |
| 海盐县 | | | | | | |
| 海宁市 | 1410 | 875 | 535 | 4759 | 2837 | 1922 |
| 平湖市 | 782 | 442 | 340 | 3112 | 1851 | 1261 |
| 桐乡市 | 1787 | 1034 | 753 | 6762 | 4115 | 2647 |
| **湖州市** | **1422** | **831** | **591** | **5673** | **3147** | **2526** |
| 吴兴区 | 967 | 544 | 423 | 4193 | 2258 | 1935 |
| 南浔区 | 455 | 287 | 168 | 1480 | 889 | 591 |
| 德清县 | | | | | | |
| 长兴县 | | | | | | |
| 安吉县 | | | | | | |

5-2a 续表 3 单位：户

| 地 区 | 15-19岁 | | | 20-24岁 | | |
|---|---|---|---|---|---|---|
| | 小计 | 男 | 女 | 小计 | 男 | 女 |
| **绍兴市** | **6608** | **3830** | **2778** | **22422** | **13054** | **9368** |
| 越城区 | 1669 | 951 | 718 | 5433 | 3012 | 2421 |
| 柯桥区 | 1957 | 1187 | 770 | 6986 | 4396 | 2590 |
| 上虞区 | 967 | 569 | 398 | 3620 | 2188 | 1432 |
| 新昌县 | | | | | | |
| 诸暨市 | 1355 | 759 | 596 | 4282 | 2276 | 2006 |
| 嵊州市 | 660 | 364 | 296 | 2101 | 1182 | 919 |
| **金华市** | **15528** | **8984** | **6544** | **64534** | **37117** | **27417** |
| 婺城区 | 2840 | 1594 | 1246 | 13354 | 7352 | 6002 |
| 金东区 | 385 | 239 | 146 | 2181 | 1277 | 904 |
| 武义县 | | | | | | |
| 浦江县 | | | | | | |
| 磐安县 | | | | | | |
| 兰溪市 | 374 | 221 | 153 | 1138 | 702 | 436 |
| 义乌市 | 5857 | 3256 | 2601 | 29374 | 16326 | 13048 |
| 东阳市 | 2377 | 1340 | 1037 | 7417 | 4234 | 3183 |
| 永康市 | 3695 | 2334 | 1361 | 11070 | 7226 | 3844 |
| **衢州市** | **1812** | **952** | **860** | **6727** | **3595** | **3132** |
| 柯城区 | 867 | 425 | 442 | 3913 | 1984 | 1929 |
| 衢江区 | 321 | 192 | 129 | 1260 | 796 | 464 |
| 常山县 | | | | | | |
| 开化县 | | | | | | |
| 龙游县 | | | | 5 | 3 | 2 |
| 江山市 | 624 | 335 | 289 | 1549 | 812 | 737 |
| **舟山市** | **1091** | **604** | **487** | **3512** | **1924** | **1588** |
| 定海区 | 775 | 425 | 350 | 2363 | 1309 | 1054 |
| 普陀区 | 316 | 179 | 137 | 1149 | 615 | 534 |
| 岱山县 | | | | | | |
| 嵊泗县 | | | | | | |
| **台州市** | **10281** | **6258** | **4023** | **32788** | **20066** | **12722** |
| 椒江区 | 1527 | 850 | 677 | 7464 | 4093 | 3371 |
| 黄岩区 | 1316 | 926 | 390 | 3882 | 2748 | 1134 |
| 路桥区 | 943 | 592 | 351 | 3159 | 1947 | 1212 |
| 三门县 | | | | | | |
| 天台县 | | | | | | |
| 仙居县 | | | | | | |
| 温岭市 | 3563 | 2163 | 1400 | 10011 | 6154 | 3857 |
| 临海市 | 1220 | 666 | 554 | 3377 | 1867 | 1510 |
| 玉环市 | 1712 | 1061 | 651 | 4895 | 3257 | 1638 |
| **丽水市** | **1565** | **963** | **602** | **6596** | **3461** | **3135** |
| 莲都区 | 1345 | 840 | 505 | 5747 | 3040 | 2707 |
| 青田县 | | | | | | |
| 缙云县 | | | | | | |
| 遂昌县 | | | | | | |
| 松阳县 | | | | | | |
| 云和县 | | | | | | |
| 庆元县 | | | | | | |
| 景宁畲族自治县 | | | | | | |
| 龙泉市 | 220 | 123 | 97 | 849 | 421 | 428 |

5-2a 续表 4

单位：户

| 地区 | 25-29岁 | | | 30-34岁 | | | 35-39岁 | | |
|---|---|---|---|---|---|---|---|---|---|
| | 小计 | 男 | 女 | 小计 | 男 | 女 | 小计 | 男 | 女 |
| **合计** | **621415** | **377882** | **243533** | **572113** | **366413** | **205700** | **374863** | **242221** | **132642** |
| **杭州市** | **242338** | **142429** | **99909** | **181332** | **114260** | **67072** | **99288** | **64251** | **35037** |
| 上城区 | 4524 | 2074 | 2450 | 3497 | 1713 | 1784 | 2012 | 1055 | 957 |
| 下城区 | 9448 | 4219 | 5229 | 7226 | 3337 | 3889 | 4067 | 2079 | 1988 |
| 江干区 | 40208 | 21873 | 18335 | 29616 | 18269 | 11347 | 15689 | 10187 | 5502 |
| 拱墅区 | 17173 | 9045 | 8128 | 10957 | 6224 | 4733 | 5750 | 3284 | 2466 |
| 西湖区 | 32237 | 19120 | 13117 | 19601 | 12301 | 7300 | 9366 | 5970 | 3396 |
| 滨江区 | 20403 | 12246 | 8157 | 10048 | 6344 | 3704 | 4158 | 2566 | 1592 |
| 萧山区 | 42677 | 27056 | 15621 | 34970 | 23334 | 11636 | 19834 | 13638 | 6196 |
| 余杭区 | 61625 | 38090 | 23535 | 51630 | 33774 | 17856 | 28974 | 19281 | 9693 |
| 富阳区 | 7467 | 4597 | 2870 | 7239 | 4755 | 2484 | 4929 | 3270 | 1659 |
| 临安区 | 5247 | 3325 | 1922 | 5160 | 3381 | 1779 | 3645 | 2385 | 1260 |
| 桐庐县 | | | | | | | | | |
| 淳安县 | | | | | | | | | |
| 建德市 | 1329 | 784 | 545 | 1388 | 828 | 560 | 864 | 536 | 328 |
| **宁波市** | **93846** | **58043** | **35803** | **92668** | **58931** | **33737** | **62660** | **39694** | **22966** |
| 海曙区 | 13692 | 8334 | 5358 | 13489 | 8673 | 4816 | 9632 | 6103 | 3529 |
| 江北区 | 6241 | 3876 | 2365 | 5998 | 3865 | 2133 | 3997 | 2606 | 1391 |
| 北仑区 | 12272 | 8283 | 3989 | 14168 | 9957 | 4211 | 9786 | 6839 | 2947 |
| 镇海区 | 6988 | 4926 | 2062 | 7142 | 5063 | 2079 | 4686 | 3252 | 1434 |
| 鄞州区 | 24237 | 12473 | 11764 | 18769 | 10135 | 8634 | 10693 | 5931 | 4762 |
| 奉化区 | 2856 | 1752 | 1104 | 3436 | 2041 | 1395 | 2529 | 1440 | 1089 |
| 象山县 | | | | | | | | | |
| 宁海县 | | | | | | | | | |
| 余姚市 | 11974 | 8112 | 3862 | 12308 | 8099 | 4209 | 8422 | 5359 | 3063 |
| 慈溪市 | 15586 | 10287 | 5299 | 17358 | 11098 | 6260 | 12915 | 8164 | 4751 |
| **温州市** | **67425** | **42932** | **24493** | **75568** | **50139** | **25429** | **60220** | **40127** | **20093** |
| 鹿城区 | 16522 | 9908 | 6614 | 19478 | 12723 | 6755 | 14814 | 9767 | 5047 |
| 龙湾区 | 6428 | 4380 | 2048 | 7171 | 5120 | 2051 | 5884 | 4326 | 1558 |
| 瓯海区 | 13979 | 8942 | 5037 | 16517 | 11280 | 5237 | 13590 | 9463 | 4127 |
| 洞头区 | 381 | 233 | 148 | 473 | 290 | 183 | 416 | 255 | 161 |
| 永嘉县 | | | | | | | | | |
| 平阳县 | | | | | | | | | |
| 苍南县 | | | | | | | | | |
| 文成县 | | | | | | | | | |
| 泰顺县 | | | | | | | | | |
| 瑞安市 | 12373 | 7847 | 4526 | 13496 | 8778 | 4718 | 10996 | 7167 | 3829 |
| 乐清市 | 13789 | 9121 | 4668 | 14857 | 9674 | 5183 | 11660 | 7392 | 4268 |
| 龙港市 | 3953 | 2501 | 1452 | 3576 | 2274 | 1302 | 2860 | 1757 | 1103 |
| **嘉兴市** | **36566** | **22609** | **13957** | **37552** | **23920** | **13632** | **24416** | **15582** | **8834** |
| 南湖区 | 11609 | 6822 | 4787 | 10029 | 6222 | 3807 | 5830 | 3692 | 2138 |
| 秀洲区 | 5200 | 3392 | 1808 | 5565 | 3749 | 1816 | 3381 | 2329 | 1052 |
| 嘉善县 | | | | | | | | | |
| 海盐县 | | | | | | | | | |
| 海宁市 | 6075 | 3683 | 2392 | 6603 | 4127 | 2476 | 4694 | 3063 | 1631 |
| 平湖市 | 4595 | 2962 | 1633 | 4447 | 2979 | 1468 | 2633 | 1670 | 963 |
| 桐乡市 | 9087 | 5750 | 3337 | 10908 | 6843 | 4065 | 7878 | 4828 | 3050 |
| **湖州市** | **8774** | **5328** | **3446** | **8707** | **5561** | **3146** | **5570** | **3503** | **2067** |
| 吴兴区 | 6451 | 3825 | 2626 | 6076 | 3831 | 2245 | 3783 | 2305 | 1478 |
| 南浔区 | 2323 | 1503 | 820 | 2631 | 1730 | 901 | 1787 | 1198 | 589 |
| 德清县 | | | | | | | | | |
| 长兴县 | | | | | | | | | |
| 安吉县 | | | | | | | | | |

5-2a 续表 5

单位：户

| 地区 | 25-29岁 | | | 30-34岁 | | | 35-39岁 | | |
|---|---|---|---|---|---|---|---|---|---|
| | 小计 | 男 | 女 | 小计 | 男 | 女 | 小计 | 男 | 女 |
| **绍兴市** | **32403** | **19802** | **12601** | **35541** | **22281** | **13260** | **24770** | **15621** | **9149** |
| 越城区 | 8162 | 4643 | 3519 | 8691 | 5066 | 3625 | 6076 | 3675 | 2401 |
| 柯桥区 | 9865 | 6437 | 3428 | 11684 | 7921 | 3763 | 8123 | 5558 | 2565 |
| 上虞区 | 5460 | 3464 | 1996 | 5440 | 3452 | 1988 | 3812 | 2447 | 1365 |
| 新昌县 | | | | | | | | | |
| 诸暨市 | 5929 | 3457 | 2472 | 6502 | 3820 | 2682 | 4273 | 2412 | 1861 |
| 嵊州市 | 2987 | 1801 | 1186 | 3224 | 2022 | 1202 | 2486 | 1529 | 957 |
| **金华市** | **77906** | **48316** | **29590** | **75648** | **49136** | **26512** | **49829** | **32454** | **17375** |
| 婺城区 | 14936 | 9050 | 5886 | 12466 | 8194 | 4272 | 8185 | 5396 | 2789 |
| 金东区 | 2667 | 1730 | 937 | 2247 | 1587 | 660 | 1469 | 1003 | 466 |
| 武义县 | | | | | | | | | |
| 浦江县 | | | | | | | | | |
| 磐安县 | | | | | | | | | |
| 兰溪市 | 1820 | 1094 | 726 | 2130 | 1334 | 796 | 1686 | 1008 | 678 |
| 义乌市 | 37504 | 22745 | 14759 | 36689 | 23430 | 13259 | 22361 | 14552 | 7809 |
| 东阳市 | 9393 | 5762 | 3631 | 9949 | 6190 | 3759 | 6927 | 4281 | 2646 |
| 永康市 | 11586 | 7935 | 3651 | 12167 | 8401 | 3766 | 9201 | 6214 | 2987 |
| **衢州市** | **9140** | **5357** | **3783** | **7384** | **4675** | **2709** | **5633** | **3346** | **2287** |
| 柯城区 | 5401 | 3015 | 2386 | 3991 | 2460 | 1531 | 2960 | 1728 | 1232 |
| 衢江区 | 1795 | 1230 | 565 | 1748 | 1208 | 540 | 1278 | 827 | 451 |
| 常山县 | | | | | | | | | |
| 开化县 | | | | | | | | | |
| 龙游县 | 12 | 9 | 3 | 19 | 14 | 5 | 14 | 12 | 2 |
| 江山市 | 1932 | 1103 | 829 | 1626 | 993 | 633 | 1381 | 779 | 602 |
| **舟山市** | **5955** | **3489** | **2466** | **7031** | **4256** | **2775** | **5007** | **3064** | **1943** |
| 定海区 | 3951 | 2329 | 1622 | 4397 | 2674 | 1723 | 2894 | 1757 | 1137 |
| 普陀区 | 2004 | 1160 | 844 | 2634 | 1582 | 1052 | 2113 | 1307 | 806 |
| 岱山县 | | | | | | | | | |
| 嵊泗县 | | | | | | | | | |
| **台州市** | **39737** | **25251** | **14486** | **44234** | **29089** | **15145** | **32876** | **21579** | **11297** |
| 椒江区 | 8854 | 5253 | 3601 | 8353 | 5312 | 3041 | 5785 | 3649 | 2136 |
| 黄岩区 | 4793 | 3391 | 1402 | 5866 | 4299 | 1567 | 4251 | 3069 | 1182 |
| 路桥区 | 3907 | 2468 | 1439 | 4186 | 2733 | 1453 | 3303 | 2150 | 1153 |
| 三门县 | | | | | | | | | |
| 天台县 | | | | | | | | | |
| 仙居县 | | | | | | | | | |
| 温岭市 | 12138 | 7741 | 4397 | 14300 | 9255 | 5045 | 10289 | 6708 | 3581 |
| 临海市 | 3937 | 2209 | 1728 | 3852 | 2310 | 1542 | 3192 | 1902 | 1290 |
| 玉环市 | 6108 | 4189 | 1919 | 7677 | 5180 | 2497 | 6056 | 4101 | 1955 |
| **丽水市** | **7325** | **4326** | **2999** | **6448** | **4165** | **2283** | **4594** | **3000** | **1594** |
| 莲都区 | 6321 | 3769 | 2552 | 5486 | 3620 | 1866 | 3816 | 2535 | 1281 |
| 青田县 | | | | | | | | | |
| 缙云县 | | | | | | | | | |
| 遂昌县 | | | | | | | | | |
| 松阳县 | | | | | | | | | |
| 云和县 | | | | | | | | | |
| 庆元县 | | | | | | | | | |
| 景宁畲族自治县 | | | | | | | | | |
| 龙泉市 | 1004 | 557 | 447 | 962 | 545 | 417 | 778 | 465 | 313 |

5-2a 续表 6 单位：户

| 地　　区 | 40-44岁 | | | 45-49岁 | | | 50-54岁 | | |
|---|---|---|---|---|---|---|---|---|---|
| | 小计 | 男 | 女 | 小计 | 男 | 女 | 小计 | 男 | 女 |
| **合计** | **326245** | **202312** | **123933** | **353110** | **210767** | **142343** | **298446** | **182091** | **116355** |
| **杭州市** | **76043** | **48297** | **27746** | **78393** | **47744** | **30649** | **65119** | **40745** | **24374** |
| 上城区 | 1493 | 777 | 716 | 1704 | 867 | 837 | 1778 | 940 | 838 |
| 下城区 | 2739 | 1419 | 1320 | 2854 | 1480 | 1374 | 2599 | 1403 | 1196 |
| 江干区 | 11327 | 7285 | 4042 | 11121 | 7004 | 4117 | 8937 | 5727 | 3210 |
| 拱墅区 | 4040 | 2375 | 1665 | 3863 | 2145 | 1718 | 3768 | 2154 | 1614 |
| 西湖区 | 6634 | 3969 | 2665 | 6696 | 3768 | 2928 | 5887 | 3392 | 2495 |
| 滨江区 | 2403 | 1450 | 953 | 2173 | 1204 | 969 | 1829 | 998 | 831 |
| 萧山区 | 16648 | 11038 | 5610 | 18492 | 11715 | 6777 | 15416 | 10180 | 5236 |
| 余杭区 | 21875 | 14609 | 7266 | 20938 | 13226 | 7712 | 15346 | 9893 | 5453 |
| 富阳区 | 4801 | 2952 | 1849 | 5672 | 3491 | 2181 | 4972 | 3299 | 1673 |
| 临安区 | 3183 | 1971 | 1212 | 3758 | 2306 | 1452 | 3297 | 2109 | 1188 |
| 桐庐县 | | | | | | | | | |
| 淳安县 | | | | | | | | | |
| 建德市 | 900 | 452 | 448 | 1122 | 538 | 584 | 1290 | 650 | 640 |
| **宁波市** | **55683** | **33897** | **21786** | **62170** | **36287** | **25883** | **54381** | **32927** | **21454** |
| 海曙区 | 8398 | 5291 | 3107 | 9393 | 5487 | 3906 | 8328 | 4981 | 3347 |
| 江北区 | 3506 | 2169 | 1337 | 3860 | 2367 | 1493 | 3691 | 2298 | 1393 |
| 北仑区 | 8409 | 5387 | 3022 | 8885 | 5611 | 3274 | 7127 | 4655 | 2472 |
| 镇海区 | 4259 | 2870 | 1389 | 5237 | 3404 | 1833 | 4829 | 3304 | 1525 |
| 鄞州区 | 7849 | 4286 | 3563 | 7982 | 4221 | 3761 | 7012 | 3905 | 3107 |
| 奉化区 | 2377 | 1362 | 1015 | 2744 | 1483 | 1261 | 2939 | 1649 | 1290 |
| 象山县 | | | | | | | | | |
| 宁海县 | | | | | | | | | |
| 余姚市 | 8095 | 4860 | 3235 | 9373 | 5314 | 4059 | 7883 | 4661 | 3222 |
| 慈溪市 | 12790 | 7672 | 5118 | 14696 | 8400 | 6296 | 12572 | 7474 | 5098 |
| **温州市** | **57000** | **36369** | **20631** | **61954** | **38601** | **23353** | **48997** | **30576** | **18421** |
| 鹿城区 | 12476 | 7780 | 4696 | 12299 | 7197 | 5102 | 9357 | 5291 | 4066 |
| 龙湾区 | 5915 | 4227 | 1688 | 7282 | 5156 | 2126 | 5807 | 4124 | 1683 |
| 瓯海区 | 12597 | 8590 | 4007 | 12905 | 8699 | 4206 | 9363 | 6300 | 3063 |
| 洞头区 | 487 | 265 | 222 | 652 | 335 | 317 | 664 | 340 | 324 |
| 永嘉县 | | | | | | | | | |
| 平阳县 | | | | | | | | | |
| 苍南县 | | | | | | | | | |
| 文成县 | | | | | | | | | |
| 泰顺县 | | | | | | | | | |
| 瑞安市 | 11197 | 6805 | 4392 | 12559 | 7490 | 5069 | 10058 | 6203 | 3855 |
| 乐清市 | 11216 | 6970 | 4246 | 12659 | 7708 | 4951 | 10637 | 6516 | 4121 |
| 龙港市 | 3112 | 1732 | 1380 | 3598 | 2016 | 1582 | 3111 | 1802 | 1309 |
| **嘉兴市** | **20509** | **12496** | **8013** | **21588** | **12763** | **8825** | **17532** | **10632** | **6900** |
| 南湖区 | 4573 | 2704 | 1869 | 4993 | 2971 | 2022 | 4836 | 2877 | 1959 |
| 秀洲区 | 2741 | 1746 | 995 | 2720 | 1746 | 974 | 2156 | 1372 | 784 |
| 嘉善县 | | | | | | | | | |
| 海盐县 | | | | | | | | | |
| 海宁市 | 4372 | 2739 | 1633 | 4650 | 2769 | 1881 | 3408 | 2133 | 1275 |
| 平湖市 | 2123 | 1275 | 848 | 2395 | 1321 | 1074 | 2211 | 1253 | 958 |
| 桐乡市 | 6700 | 4032 | 2668 | 6830 | 3956 | 2874 | 4921 | 2997 | 1924 |
| **湖州市** | **4985** | **3122** | **1863** | **5710** | **3532** | **2178** | **5596** | **3400** | **2196** |
| 吴兴区 | 3202 | 1903 | 1299 | 3675 | 2168 | 1507 | 3786 | 2177 | 1609 |
| 南浔区 | 1783 | 1219 | 564 | 2035 | 1364 | 671 | 1810 | 1223 | 587 |
| 德清县 | | | | | | | | | |
| 长兴县 | | | | | | | | | |
| 安吉县 | | | | | | | | | |

5－2a 续表 7 单位：户

| 地 区 | 40－44岁 | | | 45－49岁 | | | 50－54岁 | | |
|---|---|---|---|---|---|---|---|---|---|
| | 小计 | 男 | 女 | 小计 | 男 | 女 | 小计 | 男 | 女 |
| **绍兴市** | **24120** | **14201** | **9919** | **28065** | **15795** | **12270** | **25241** | **14723** | **10518** |
| 越城区 | 5425 | 3126 | 2299 | 6397 | 3547 | 2850 | 6254 | 3472 | 2782 |
| 柯桥区 | 7400 | 4929 | 2471 | 8526 | 5551 | 2975 | 7422 | 4993 | 2429 |
| 上虞区 | 4195 | 2307 | 1888 | 5094 | 2689 | 2405 | 4574 | 2613 | 1961 |
| 新昌县 | | | | | | | | | |
| 诸暨市 | 4144 | 2146 | 1998 | 4674 | 2297 | 2377 | 4148 | 2078 | 2070 |
| 嵊州市 | 2956 | 1693 | 1263 | 3374 | 1711 | 1663 | 2843 | 1567 | 1276 |
| **金华市** | **42106** | **26387** | **15719** | **40876** | **24303** | **16573** | **32693** | **19543** | **13150** |
| 婺城区 | 7874 | 4896 | 2978 | 7959 | 4743 | 3216 | 6813 | 4127 | 2686 |
| 金东区 | 1302 | 875 | 427 | 1274 | 774 | 500 | 1058 | 667 | 391 |
| 武义县 | | | | | | | | | |
| 浦江县 | | | | | | | | | |
| 磐安县 | | | | | | | | | |
| 兰溪市 | 2085 | 1130 | 955 | 2501 | 1332 | 1169 | 2793 | 1542 | 1251 |
| 义乌市 | 16235 | 10413 | 5822 | 14277 | 8823 | 5454 | 10404 | 6417 | 3987 |
| 东阳市 | 6217 | 3525 | 2692 | 6226 | 3191 | 3035 | 5131 | 2658 | 2473 |
| 永康市 | 8393 | 5548 | 2845 | 8639 | 5440 | 3199 | 6494 | 4132 | 2362 |
| **衢州市** | **5867** | **3242** | **2625** | **7742** | **4181** | **3561** | **7418** | **4273** | **3145** |
| 柯城区 | 2790 | 1552 | 1238 | 3540 | 1906 | 1634 | 3317 | 1919 | 1398 |
| 衢江区 | 1296 | 796 | 500 | 1532 | 972 | 560 | 1393 | 934 | 459 |
| 常山县 | | | | | | | | | |
| 开化县 | | | | | | | | | |
| 龙游县 | 12 | 8 | 4 | 21 | 13 | 8 | 21 | 16 | 5 |
| 江山市 | 1769 | 886 | 883 | 2649 | 1290 | 1359 | 2687 | 1404 | 1283 |
| **舟山市** | **4635** | **2570** | **2065** | **6292** | **3439** | **2853** | **6678** | **3765** | **2913** |
| 定海区 | 2586 | 1428 | 1158 | 3462 | 1880 | 1582 | 3542 | 1977 | 1565 |
| 普陀区 | 2049 | 1142 | 907 | 2830 | 1559 | 1271 | 3136 | 1788 | 1348 |
| 岱山县 | | | | | | | | | |
| 嵊泗县 | | | | | | | | | |
| **台州市** | **30835** | **19044** | **11791** | **34988** | **20932** | **14056** | **29870** | **18572** | **11298** |
| 椒江区 | 4960 | 2935 | 2025 | 5612 | 3254 | 2358 | 5015 | 3125 | 1890 |
| 黄岩区 | 3897 | 2515 | 1382 | 4409 | 2720 | 1689 | 3811 | 2352 | 1459 |
| 路桥区 | 3138 | 1975 | 1163 | 3550 | 2192 | 1358 | 3118 | 1970 | 1148 |
| 三门县 | | | | | | | | | |
| 天台县 | | | | | | | | | |
| 仙居县 | | | | | | | | | |
| 温岭市 | 9315 | 5786 | 3529 | 9471 | 5610 | 3861 | 7386 | 4562 | 2824 |
| 临海市 | 3246 | 1750 | 1496 | 4050 | 2082 | 1968 | 3423 | 1833 | 1590 |
| 玉环市 | 6279 | 4083 | 2196 | 7896 | 5074 | 2822 | 7117 | 4730 | 2387 |
| **丽水市** | **4462** | **2687** | **1775** | **5332** | **3190** | **2142** | **4921** | **2935** | **1986** |
| 莲都区 | 3559 | 2212 | 1347 | 3984 | 2478 | 1506 | 3658 | 2275 | 1383 |
| 青田县 | | | | | | | | | |
| 缙云县 | | | | | | | | | |
| 遂昌县 | | | | | | | | | |
| 松阳县 | | | | | | | | | |
| 云和县 | | | | | | | | | |
| 庆元县 | | | | | | | | | |
| 景宁畲族自治县 | | | | | | | | | |
| 龙泉市 | 903 | 475 | 428 | 1348 | 712 | 636 | 1263 | 660 | 603 |

5-2a　续表 8　　　　单位：户

| 地　区 | 55-59岁 | | | 60-64岁 | | | 65岁及以上 | | |
|---|---|---|---|---|---|---|---|---|---|
| | 小计 | 男 | 女 | 小计 | 男 | 女 | 小计 | 男 | 女 |
| **合计** | **215998** | **131237** | **84761** | **132863** | **73605** | **59258** | **486374** | **164959** | **321415** |
| **杭州市** | **49393** | **30282** | **19111** | **30600** | **17049** | **13551** | **101331** | **35318** | **66013** |
| 上城区 | 2260 | 1175 | 1085 | 2352 | 1149 | 1203 | 9275 | 3004 | 6271 |
| 下城区 | 2940 | 1509 | 1431 | 2778 | 1338 | 1440 | 11302 | 3574 | 7728 |
| 江干区 | 6809 | 4265 | 2544 | 4391 | 2477 | 1914 | 11822 | 4213 | 7609 |
| 拱墅区 | 3955 | 2192 | 1763 | 3462 | 1810 | 1652 | 11542 | 3990 | 7552 |
| 西湖区 | 5084 | 2863 | 2221 | 3375 | 1742 | 1633 | 11024 | 3944 | 7080 |
| 滨江区 | 1499 | 776 | 723 | 930 | 468 | 462 | 4023 | 1191 | 2832 |
| 萧山区 | 9759 | 6588 | 3171 | 4490 | 2851 | 1639 | 18649 | 6272 | 12377 |
| 余杭区 | 9692 | 6153 | 3539 | 4580 | 2716 | 1864 | 11090 | 4578 | 6512 |
| 富阳区 | 3486 | 2368 | 1118 | 1971 | 1225 | 746 | 6686 | 2497 | 4189 |
| 临安区 | 2575 | 1648 | 927 | 1378 | 774 | 604 | 3127 | 1158 | 1969 |
| 桐庐县 | | | | | | | | | |
| 淳安县 | | | | | | | | | |
| 建德市 | 1334 | 745 | 589 | 893 | 499 | 394 | 2791 | 897 | 1894 |
| **宁波市** | **38758** | **23252** | **15506** | **25596** | **13618** | **11978** | **98489** | **32633** | **65856** |
| 海曙区 | 6360 | 3686 | 2674 | 4464 | 2212 | 2252 | 17489 | 5655 | 11834 |
| 江北区 | 3168 | 1805 | 1363 | 2486 | 1314 | 1172 | 8204 | 2652 | 5552 |
| 北仑区 | 4731 | 3140 | 1591 | 2583 | 1488 | 1095 | 8499 | 3101 | 5398 |
| 镇海区 | 3415 | 2248 | 1167 | 2218 | 1246 | 972 | 7831 | 2688 | 5143 |
| 鄞州区 | 5793 | 3053 | 2740 | 4328 | 2004 | 2324 | 15262 | 4852 | 10410 |
| 奉化区 | 2461 | 1426 | 1035 | 1589 | 868 | 721 | 6046 | 2115 | 3931 |
| 象山县 | | | | | | | | | |
| 宁海县 | | | | | | | | | |
| 余姚市 | 5141 | 3126 | 2015 | 3338 | 1844 | 1494 | 13850 | 4771 | 9079 |
| 慈溪市 | 7689 | 4768 | 2921 | 4590 | 2642 | 1948 | 21308 | 6799 | 14509 |
| **温州市** | **33684** | **20540** | **13144** | **19659** | **10581** | **9078** | **72044** | **22559** | **49485** |
| 鹿城区 | 7469 | 4060 | 3409 | 5333 | 2637 | 2696 | 18153 | 5152 | 13001 |
| 龙湾区 | 3531 | 2567 | 964 | 1530 | 993 | 537 | 5624 | 1933 | 3691 |
| 瓯海区 | 5336 | 3640 | 1696 | 2656 | 1635 | 1021 | 8660 | 3106 | 5554 |
| 洞头区 | 584 | 300 | 284 | 458 | 179 | 279 | 1581 | 388 | 1193 |
| 永嘉县 | | | | | | | | | |
| 平阳县 | | | | | | | | | |
| 苍南县 | | | | | | | | | |
| 文成县 | | | | | | | | | |
| 泰顺县 | | | | | | | | | |
| 瑞安市 | 6784 | 4076 | 2708 | 4071 | 2165 | 1906 | 15710 | 4471 | 11239 |
| 乐清市 | 7447 | 4471 | 2976 | 4040 | 2146 | 1894 | 15292 | 5255 | 10037 |
| 龙港市 | 2533 | 1426 | 1107 | 1571 | 826 | 745 | 7024 | 2254 | 4770 |
| **嘉兴市** | **13145** | **8218** | **4927** | **8247** | **4882** | **3365** | **28708** | **11547** | **17161** |
| 南湖区 | 4417 | 2637 | 1780 | 3190 | 1798 | 1392 | 12429 | 4669 | 7760 |
| 秀洲区 | 1512 | 991 | 521 | 892 | 507 | 385 | 2925 | 1209 | 1716 |
| 嘉善县 | | | | | | | | | |
| 海盐县 | | | | | | | | | |
| 海宁市 | 2437 | 1583 | 854 | 1467 | 896 | 571 | 4781 | 1968 | 2813 |
| 平湖市 | 1666 | 1025 | 641 | 1083 | 650 | 433 | 3864 | 1658 | 2206 |
| 桐乡市 | 3113 | 1982 | 1131 | 1615 | 1031 | 584 | 4709 | 2043 | 2666 |
| **湖州市** | **4846** | **2905** | **1941** | **3043** | **1784** | **1259** | **12559** | **4761** | **7798** |
| 吴兴区 | 3600 | 2012 | 1588 | 2429 | 1332 | 1097 | 9908 | 3593 | 6315 |
| 南浔区 | 1246 | 893 | 353 | 614 | 452 | 162 | 2651 | 1168 | 1483 |
| 德清县 | | | | | | | | | |
| 长兴县 | | | | | | | | | |
| 安吉县 | | | | | | | | | |

5-2a 续表 9

单位：户

| 地 区 | 55-59岁 | | | 60-64岁 | | | 65岁及以上 | | |
|---|---|---|---|---|---|---|---|---|---|
| | 小计 | 男 | 女 | 小计 | 男 | 女 | 小计 | 男 | 女 |
| **绍兴市** | **18677** | **11233** | **7444** | **12399** | **6827** | **5572** | **56898** | **18688** | **38210** |
| 越城区 | 5043 | 2784 | 2259 | 3849 | 1878 | 1971 | 19900 | 6305 | 13595 |
| 柯桥区 | 4677 | 3278 | 1399 | 2165 | 1346 | 819 | 11068 | 3507 | 7561 |
| 上虞区 | 3386 | 2046 | 1340 | 2615 | 1473 | 1142 | 11163 | 3728 | 7435 |
| 新昌县 | | | | | | | | | |
| 诸暨市 | 3259 | 1765 | 1494 | 2081 | 1127 | 954 | 8752 | 2950 | 5802 |
| 嵊州市 | 2312 | 1360 | 952 | 1689 | 1003 | 686 | 6015 | 2198 | 3817 |
| **金华市** | **21769** | **13255** | **8514** | **11214** | **6536** | **4678** | **37387** | **13076** | **24311** |
| 婺城区 | 5197 | 3094 | 2103 | 3005 | 1617 | 1388 | 9862 | 3162 | 6700 |
| 金东区 | 799 | 520 | 279 | 472 | 274 | 198 | 1842 | 586 | 1256 |
| 武义县 | | | | | | | | | |
| 浦江县 | | | | | | | | | |
| 磐安县 | | | | | | | | | |
| 兰溪市 | 2480 | 1436 | 1044 | 1696 | 1003 | 693 | 6742 | 2588 | 4154 |
| 义乌市 | 6253 | 3995 | 2258 | 2652 | 1648 | 1004 | 8271 | 3007 | 5264 |
| 东阳市 | 3194 | 1806 | 1388 | 1592 | 882 | 710 | 4472 | 1677 | 2795 |
| 永康市 | 3846 | 2404 | 1442 | 1797 | 1112 | 685 | 6198 | 2056 | 4142 |
| **衢州市** | **5899** | **3543** | **2356** | **4129** | **2435** | **1694** | **13878** | **5071** | **8807** |
| 柯城区 | 2868 | 1662 | 1206 | 1941 | 1059 | 882 | 7012 | 2347 | 4665 |
| 衢江区 | 926 | 616 | 310 | 617 | 396 | 221 | 1732 | 712 | 1020 |
| 常山县 | | | | | | | | | |
| 开化县 | | | | | | | | | |
| 龙游县 | 18 | 9 | 9 | 13 | 4 | 9 | 78 | 38 | 40 |
| 江山市 | 2087 | 1256 | 831 | 1558 | 976 | 582 | 5056 | 1974 | 3082 |
| **舟山市** | **6171** | **3457** | **2714** | **4591** | **2346** | **2245** | **13608** | **4374** | **9234** |
| 定海区 | 3290 | 1858 | 1432 | 2482 | 1274 | 1208 | 7632 | 2520 | 5112 |
| 普陀区 | 2881 | 1599 | 1282 | 2109 | 1072 | 1037 | 5976 | 1854 | 4122 |
| 岱山县 | | | | | | | | | |
| 嵊泗县 | | | | | | | | | |
| **台州市** | **19539** | **12126** | **7413** | **11054** | **6268** | **4786** | **43873** | **14174** | **29699** |
| 椒江区 | 3490 | 2127 | 1363 | 2057 | 1166 | 891 | 8270 | 2776 | 5494 |
| 黄岩区 | 2488 | 1508 | 980 | 1579 | 865 | 714 | 6754 | 2086 | 4668 |
| 路桥区 | 2009 | 1297 | 712 | 1014 | 609 | 405 | 4358 | 1433 | 2925 |
| 三门县 | | | | | | | | | |
| 天台县 | | | | | | | | | |
| 仙居县 | | | | | | | | | |
| 温岭市 | 4418 | 2670 | 1748 | 2476 | 1377 | 1099 | 10524 | 3407 | 7117 |
| 临海市 | 2557 | 1412 | 1145 | 1823 | 959 | 864 | 6927 | 2300 | 4627 |
| 玉环市 | 4577 | 3112 | 1465 | 2105 | 1292 | 813 | 7040 | 2172 | 4868 |
| **丽水市** | **4117** | **2426** | **1691** | **2331** | **1279** | **1052** | **7599** | **2758** | **4841** |
| 莲都区 | 2973 | 1793 | 1180 | 1665 | 919 | 746 | 5013 | 1761 | 3252 |
| 青田县 | | | | | | | | | |
| 缙云县 | | | | | | | | | |
| 遂昌县 | | | | | | | | | |
| 松阳县 | | | | | | | | | |
| 云和县 | | | | | | | | | |
| 庆元县 | | | | | | | | | |
| 景宁畲族自治县 | | | | | | | | | |
| 龙泉市 | 1144 | 633 | 511 | 666 | 360 | 306 | 2586 | 997 | 1589 |

# 5-2b　各地区分年龄、性别的一人户(镇)

单位：户

| 地　　区 | 合　　计 | | | 14岁及以下 | | |
|---|---|---|---|---|---|---|
| | 合计 | 男 | 女 | 小计 | 男 | 女 |
| **合计** | **1554680** | **900172** | **654508** | **35831** | **19627** | **16204** |
| **杭州市** | **126925** | **74576** | **52349** | **2170** | **1131** | **1039** |
| 上城区 | | | | | | |
| 下城区 | | | | | | |
| 江干区 | | | | | | |
| 拱墅区 | | | | | | |
| 西湖区 | 86 | 39 | 47 | 3 | 1 | 2 |
| 滨江区 | | | | | | |
| 萧山区 | 14911 | 9979 | 4932 | 152 | 78 | 74 |
| 余杭区 | 33405 | 21548 | 11857 | 484 | 251 | 233 |
| 富阳区 | 3592 | 2274 | 1318 | 54 | 31 | 23 |
| 临安区 | 9747 | 5514 | 4233 | 193 | 89 | 104 |
| 桐庐县 | 37785 | 21076 | 16709 | 748 | 391 | 357 |
| 淳安县 | 18626 | 9727 | 8899 | 335 | 183 | 152 |
| 建德市 | 8773 | 4419 | 4354 | 201 | 107 | 94 |
| **宁波市** | **251444** | **145757** | **105687** | **4053** | **2257** | **1796** |
| 海曙区 | 2875 | 1356 | 1519 | 30 | 21 | 9 |
| 江北区 | | | | | | |
| 北仑区 | 5729 | 3822 | 1907 | 67 | 39 | 28 |
| 镇海区 | 5396 | 3555 | 1841 | 81 | 44 | 37 |
| 鄞州区 | 38238 | 22867 | 15371 | 514 | 280 | 234 |
| 奉化区 | 5671 | 2878 | 2793 | 87 | 44 | 43 |
| 象山县 | 47804 | 24922 | 22882 | 883 | 492 | 391 |
| 宁海县 | 63351 | 34678 | 28673 | 1293 | 714 | 579 |
| 余姚市 | 28424 | 16574 | 11850 | 393 | 230 | 163 |
| 慈溪市 | 53956 | 35105 | 18851 | 705 | 393 | 312 |
| **温州市** | **235192** | **132923** | **102269** | **9130** | **5109** | **4021** |
| 鹿城区 | 775 | 442 | 333 | 29 | 14 | 15 |
| 龙湾区 | 35145 | 24266 | 10879 | 585 | 340 | 245 |
| 瓯海区 | 2927 | 1791 | 1136 | 61 | 31 | 30 |
| 洞头区 | 720 | 308 | 412 | 27 | 14 | 13 |
| 永嘉县 | 51995 | 30651 | 21344 | 2282 | 1308 | 974 |
| 平阳县 | 52500 | 27636 | 24864 | 1883 | 1027 | 856 |
| 苍南县 | 48550 | 24787 | 23763 | 2281 | 1264 | 1017 |
| 文成县 | 13322 | 7142 | 6180 | 584 | 322 | 262 |
| 泰顺县 | 13046 | 7033 | 6013 | 847 | 483 | 364 |
| 瑞安市 | 3154 | 1511 | 1643 | 95 | 54 | 41 |
| 乐清市 | 11181 | 6442 | 4739 | 360 | 201 | 159 |
| 龙港市 | 1877 | 914 | 963 | 96 | 51 | 45 |
| **嘉兴市** | **186499** | **118869** | **67630** | **2518** | **1379** | **1139** |
| 南湖区 | 7296 | 4656 | 2640 | 98 | 47 | 51 |
| 秀洲区 | 14822 | 9186 | 5636 | 207 | 123 | 84 |
| 嘉善县 | 61400 | 39571 | 21829 | 932 | 521 | 411 |
| 海盐县 | 25683 | 15228 | 10455 | 420 | 215 | 205 |
| 海宁市 | 43672 | 29398 | 14274 | 450 | 255 | 195 |
| 平湖市 | 17210 | 10980 | 6230 | 254 | 133 | 121 |
| 桐乡市 | 16416 | 9850 | 6566 | 157 | 85 | 72 |
| **湖州市** | **147320** | **85330** | **61990** | **3021** | **1589** | **1432** |
| 吴兴区 | 14068 | 8287 | 5781 | 273 | 162 | 111 |
| 南浔区 | 14347 | 8499 | 5848 | 176 | 94 | 82 |
| 德清县 | 32950 | 19423 | 13527 | 544 | 271 | 273 |
| 长兴县 | 42309 | 23354 | 18955 | 977 | 500 | 477 |
| 安吉县 | 43646 | 25767 | 17879 | 1051 | 562 | 489 |

5-2b 续表 1

单位：户

| 地区 | 合计 | | | 14岁及以下 | | |
|---|---|---|---|---|---|---|
| | 合计 | 男 | 女 | 小计 | 男 | 女 |
| **绍兴市** | **66408** | **37184** | **29224** | **1215** | **638** | **577** |
| 越城区 | 439 | 228 | 211 | 5 | 1 | 4 |
| 柯桥区 | 14075 | 8955 | 5120 | 98 | 57 | 41 |
| 上虞区 | 4938 | 2425 | 2513 | 58 | 29 | 29 |
| 新昌县 | 21285 | 11674 | 9611 | 441 | 224 | 217 |
| 诸暨市 | 16731 | 9010 | 7721 | 400 | 223 | 177 |
| 嵊州市 | 8940 | 4892 | 4048 | 213 | 104 | 109 |
| **金华市** | **216767** | **131104** | **85663** | **4056** | **2250** | **1806** |
| 婺城区 | 7643 | 4327 | 3316 | 199 | 102 | 97 |
| 金东区 | 22771 | 14202 | 8569 | 395 | 225 | 170 |
| 武义县 | 42436 | 26711 | 15725 | 833 | 443 | 390 |
| 浦江县 | 23781 | 12636 | 11145 | 482 | 271 | 211 |
| 磐安县 | 11900 | 6427 | 5473 | 398 | 223 | 175 |
| 兰溪市 | 7869 | 4473 | 3396 | 159 | 90 | 69 |
| 义乌市 | 46821 | 28540 | 18281 | 675 | 366 | 309 |
| 东阳市 | 40779 | 25791 | 14988 | 612 | 353 | 259 |
| 永康市 | 12767 | 7997 | 4770 | 303 | 177 | 126 |
| **衢州市** | **62835** | **33301** | **29534** | **2029** | **1063** | **966** |
| 柯城区 | 1151 | 687 | 464 | 25 | 13 | 12 |
| 衢江区 | 3960 | 2285 | 1675 | 110 | 62 | 48 |
| 常山县 | 13976 | 7337 | 6639 | 558 | 279 | 279 |
| 开化县 | 13129 | 6273 | 6856 | 494 | 272 | 222 |
| 龙游县 | 22541 | 12095 | 10446 | 588 | 299 | 289 |
| 江山市 | 8078 | 4624 | 3454 | 254 | 138 | 116 |
| **舟山市** | **29805** | **15680** | **14125** | **244** | **118** | **126** |
| 定海区 | 4000 | 2236 | 1764 | 37 | 14 | 23 |
| 普陀区 | 4234 | 2437 | 1797 | 26 | 13 | 13 |
| 岱山县 | 15686 | 8030 | 7656 | 132 | 65 | 67 |
| 嵊泗县 | 5885 | 2977 | 2908 | 49 | 26 | 23 |
| **台州市** | **123203** | **66207** | **56996** | **3421** | **1881** | **1540** |
| 椒江区 | 1114 | 806 | 308 | 6 | 2 | 4 |
| 黄岩区 | 2813 | 1468 | 1345 | 59 | 29 | 30 |
| 路桥区 | 11015 | 6842 | 4173 | 149 | 80 | 69 |
| 三门县 | 20584 | 11049 | 9535 | 578 | 294 | 284 |
| 天台县 | 22204 | 10918 | 11286 | 869 | 502 | 367 |
| 仙居县 | 17466 | 8689 | 8777 | 758 | 412 | 346 |
| 温岭市 | 32941 | 18776 | 14165 | 566 | 303 | 263 |
| 临海市 | 13171 | 6487 | 6684 | 413 | 248 | 165 |
| 玉环市 | 1895 | 1172 | 723 | 23 | 11 | 12 |
| **丽水市** | **108282** | **59241** | **49041** | **3974** | **2212** | **1762** |
| 莲都区 | 2827 | 1825 | 1002 | 88 | 56 | 32 |
| 青田县 | 31283 | 16479 | 14804 | 1159 | 658 | 501 |
| 缙云县 | 27822 | 15309 | 12513 | 1170 | 634 | 536 |
| 遂昌县 | 10297 | 5550 | 4747 | 283 | 159 | 124 |
| 松阳县 | 9447 | 5255 | 4192 | 220 | 120 | 100 |
| 云和县 | 10225 | 6137 | 4088 | 294 | 168 | 126 |
| 庆元县 | 7962 | 4083 | 3879 | 342 | 183 | 159 |
| 景宁畲族自治县 | 6748 | 3669 | 3079 | 337 | 190 | 147 |
| 龙泉市 | 1671 | 934 | 737 | 81 | 44 | 37 |

5-2b　续表 2

单位：户

| 地　区 | 15-19岁 | | | 20-24岁 | | |
|---|---|---|---|---|---|---|
| | 小计 | 男 | 女 | 小计 | 男 | 女 |
| **合计** | **36972** | **22698** | **14274** | **115358** | **72260** | **43098** |
| **杭州市** | **2360** | **1422** | **938** | **9865** | **6161** | **3704** |
| 上城区 | | | | | | |
| 下城区 | | | | | | |
| 江干区 | | | | | | |
| 拱墅区 | | | | | | |
| 西湖区 | 2 | 1 | 1 | 5 | 3 | 2 |
| 滨江区 | | | | | | |
| 萧山区 | 264 | 178 | 86 | 1219 | 866 | 353 |
| 余杭区 | 638 | 405 | 233 | 3169 | 2143 | 1026 |
| 富阳区 | 30 | 21 | 9 | 180 | 104 | 76 |
| 临安区 | 189 | 122 | 67 | 556 | 354 | 202 |
| 桐庐县 | 943 | 517 | 426 | 3407 | 1995 | 1412 |
| 淳安县 | 206 | 123 | 83 | 1079 | 560 | 519 |
| 建德市 | 88 | 55 | 33 | 250 | 136 | 114 |
| **宁波市** | **6421** | **4039** | **2382** | **19810** | **12760** | **7050** |
| 海曙区 | 34 | 24 | 10 | 86 | 56 | 30 |
| 江北区 | | | | | | |
| 北仑区 | 85 | 60 | 25 | 642 | 417 | 225 |
| 镇海区 | 82 | 58 | 24 | 313 | 232 | 81 |
| 鄞州区 | 838 | 540 | 298 | 3271 | 2159 | 1112 |
| 奉化区 | 97 | 59 | 38 | 289 | 167 | 122 |
| 象山县 | 1053 | 624 | 429 | 2865 | 1597 | 1268 |
| 宁海县 | 1868 | 1107 | 761 | 5422 | 3309 | 2113 |
| 余姚市 | 840 | 545 | 295 | 2127 | 1441 | 686 |
| 慈溪市 | 1524 | 1022 | 502 | 4795 | 3382 | 1413 |
| **温州市** | **5653** | **3441** | **2212** | **14720** | **9228** | **5492** |
| 鹿城区 | 20 | 9 | 11 | 44 | 30 | 14 |
| 龙湾区 | 1087 | 711 | 376 | 3438 | 2376 | 1062 |
| 瓯海区 | 91 | 52 | 39 | 172 | 108 | 64 |
| 洞头区 | 11 | 6 | 5 | 17 | 12 | 5 |
| 永嘉县 | 1285 | 770 | 515 | 3657 | 2207 | 1450 |
| 平阳县 | 1023 | 629 | 394 | 2608 | 1584 | 1024 |
| 苍南县 | 1083 | 616 | 467 | 2271 | 1359 | 912 |
| 文成县 | 238 | 134 | 104 | 478 | 249 | 229 |
| 泰顺县 | 258 | 146 | 112 | 528 | 289 | 239 |
| 瑞安市 | 82 | 62 | 20 | 97 | 44 | 53 |
| 乐清市 | 399 | 259 | 140 | 1314 | 906 | 408 |
| 龙港市 | 76 | 47 | 29 | 96 | 64 | 32 |
| **嘉兴市** | **4518** | **2876** | **1642** | **16987** | **11251** | **5736** |
| 南湖区 | 210 | 143 | 67 | 674 | 467 | 207 |
| 秀洲区 | 327 | 207 | 120 | 1242 | 860 | 382 |
| 嘉善县 | 1870 | 1199 | 671 | 6726 | 4360 | 2366 |
| 海盐县 | 495 | 301 | 194 | 1968 | 1316 | 652 |
| 海宁市 | 962 | 620 | 342 | 4006 | 2689 | 1317 |
| 平湖市 | 316 | 194 | 122 | 1191 | 806 | 385 |
| 桐乡市 | 338 | 212 | 126 | 1180 | 753 | 427 |
| **湖州市** | **3204** | **1939** | **1265** | **11099** | **6746** | **4353** |
| 吴兴区 | 365 | 216 | 149 | 1194 | 720 | 474 |
| 南浔区 | 209 | 129 | 80 | 639 | 413 | 226 |
| 德清县 | 565 | 325 | 240 | 2588 | 1561 | 1027 |
| 长兴县 | 941 | 565 | 376 | 2869 | 1739 | 1130 |
| 安吉县 | 1124 | 704 | 420 | 3809 | 2313 | 1496 |

5-2b 续表 3

单位：户

| 地区 | 15-19岁 | | | 20-24岁 | | |
|---|---|---|---|---|---|---|
| | 小计 | 男 | 女 | 小计 | 男 | 女 |
| **绍兴市** | **970** | **603** | **367** | **2933** | **1902** | **1031** |
| 越城区 | 5 | 4 | 1 | 15 | 10 | 5 |
| 柯桥区 | 238 | 164 | 74 | 771 | 537 | 234 |
| 上虞区 | 38 | 26 | 12 | 131 | 82 | 49 |
| 新昌县 | 295 | 171 | 124 | 989 | 629 | 360 |
| 诸暨市 | 277 | 174 | 103 | 779 | 500 | 279 |
| 嵊州市 | 117 | 64 | 53 | 248 | 144 | 104 |
| **金华市** | **6617** | **4140** | **2477** | **20715** | **13234** | **7481** |
| 婺城区 | 93 | 55 | 38 | 381 | 222 | 159 |
| 金东区 | 843 | 512 | 331 | 2548 | 1684 | 864 |
| 武义县 | 1384 | 911 | 473 | 4255 | 2829 | 1426 |
| 浦江县 | 703 | 387 | 316 | 1949 | 1108 | 841 |
| 磐安县 | 223 | 148 | 75 | 835 | 464 | 371 |
| 兰溪市 | 72 | 51 | 21 | 284 | 195 | 89 |
| 义乌市 | 1460 | 889 | 571 | 4684 | 2905 | 1779 |
| 东阳市 | 1273 | 813 | 460 | 4445 | 2880 | 1565 |
| 永康市 | 566 | 374 | 192 | 1334 | 947 | 387 |
| **衢州市** | **1205** | **713** | **492** | **3051** | **1703** | **1348** |
| 柯城区 | 12 | 8 | 4 | 55 | 39 | 16 |
| 衢江区 | 48 | 28 | 20 | 120 | 76 | 44 |
| 常山县 | 289 | 166 | 123 | 654 | 339 | 315 |
| 开化县 | 340 | 187 | 153 | 802 | 409 | 393 |
| 龙游县 | 391 | 248 | 143 | 1140 | 666 | 474 |
| 江山市 | 125 | 76 | 49 | 280 | 174 | 106 |
| **舟山市** | **306** | **158** | **148** | **984** | **559** | **425** |
| 定海区 | 57 | 29 | 28 | 152 | 97 | 55 |
| 普陀区 | 24 | 12 | 12 | 132 | 70 | 62 |
| 岱山县 | 170 | 88 | 82 | 558 | 323 | 235 |
| 嵊泗县 | 55 | 29 | 26 | 142 | 69 | 73 |
| **台州市** | **3330** | **1932** | **1398** | **8515** | **4952** | **3563** |
| 椒江区 | 36 | 25 | 11 | 166 | 131 | 35 |
| 黄岩区 | 62 | 33 | 29 | 178 | 101 | 77 |
| 路桥区 | 374 | 249 | 125 | 950 | 637 | 313 |
| 三门县 | 453 | 255 | 198 | 1249 | 721 | 528 |
| 天台县 | 774 | 430 | 344 | 1467 | 783 | 684 |
| 仙居县 | 508 | 273 | 235 | 1512 | 737 | 775 |
| 温岭市 | 729 | 449 | 280 | 1822 | 1190 | 632 |
| 临海市 | 349 | 189 | 160 | 1030 | 546 | 484 |
| 玉环市 | 45 | 29 | 16 | 141 | 106 | 35 |
| **丽水市** | **2388** | **1435** | **953** | **6679** | **3764** | **2915** |
| 莲都区 | 40 | 27 | 13 | 119 | 74 | 45 |
| 青田县 | 579 | 326 | 253 | 1751 | 949 | 802 |
| 缙云县 | 737 | 471 | 266 | 1968 | 1136 | 832 |
| 遂昌县 | 257 | 136 | 121 | 718 | 397 | 321 |
| 松阳县 | 226 | 142 | 84 | 568 | 323 | 245 |
| 云和县 | 149 | 88 | 61 | 604 | 388 | 216 |
| 庆元县 | 183 | 108 | 75 | 478 | 254 | 224 |
| 景宁畲族自治县 | 195 | 123 | 72 | 406 | 209 | 197 |
| 龙泉市 | 22 | 14 | 8 | 67 | 34 | 33 |

5−2b 续表 4

单位：户

| 地区 | 25−29岁 | | | 30−34岁 | | | 35−39岁 | | |
|---|---|---|---|---|---|---|---|---|---|
| | 小计 | 男 | 女 | 小计 | 男 | 女 | 小计 | 男 | 女 |
| **合计** | **161878** | **105786** | **56092** | **176870** | **118253** | **58617** | **133130** | **86914** | **46216** |
| **杭州市** | **14238** | **9259** | **4979** | **15915** | **10722** | **5193** | **10798** | **7196** | **3602** |
| 上城区 | | | | | | | | | |
| 下城区 | | | | | | | | | |
| 江干区 | | | | | | | | | |
| 拱墅区 | | | | | | | | | |
| 西湖区 | 15 | 7 | 8 | 12 | 6 | 6 | 5 | 2 | 3 |
| 滨江区 | | | | | | | | | |
| 萧山区 | 1812 | 1320 | 492 | 2065 | 1540 | 525 | 1463 | 1106 | 357 |
| 余杭区 | 4796 | 3302 | 1494 | 5655 | 3954 | 1701 | 3630 | 2534 | 1096 |
| 富阳区 | 274 | 193 | 81 | 278 | 211 | 67 | 251 | 201 | 50 |
| 临安区 | 805 | 535 | 270 | 907 | 596 | 311 | 762 | 481 | 281 |
| 桐庐县 | 4300 | 2623 | 1677 | 4663 | 2999 | 1664 | 3129 | 2011 | 1118 |
| 淳安县 | 1783 | 1010 | 773 | 1761 | 1055 | 706 | 1127 | 621 | 506 |
| 建德市 | 453 | 269 | 184 | 574 | 361 | 213 | 431 | 240 | 191 |
| **宁波市** | **27642** | **18412** | **9230** | **30657** | **20567** | **10090** | **22622** | **14699** | **7923** |
| 海曙区 | 122 | 82 | 40 | 167 | 105 | 62 | 124 | 74 | 50 |
| 江北区 | | | | | | | | | |
| 北仑区 | 1332 | 964 | 368 | 1184 | 930 | 254 | 526 | 396 | 130 |
| 镇海区 | 517 | 399 | 118 | 667 | 504 | 163 | 454 | 346 | 108 |
| 鄞州区 | 4343 | 3007 | 1336 | 4799 | 3365 | 1434 | 3392 | 2328 | 1064 |
| 奉化区 | 396 | 251 | 145 | 494 | 304 | 190 | 383 | 206 | 177 |
| 象山县 | 4352 | 2540 | 1812 | 5122 | 3043 | 2079 | 4285 | 2504 | 1781 |
| 宁海县 | 7208 | 4468 | 2740 | 7619 | 4745 | 2874 | 5880 | 3532 | 2348 |
| 余姚市 | 2432 | 1700 | 732 | 2866 | 1946 | 920 | 2311 | 1530 | 781 |
| 慈溪市 | 6940 | 5001 | 1939 | 7739 | 5625 | 2114 | 5267 | 3783 | 1484 |
| **温州市** | **22903** | **14591** | **8312** | **23936** | **15838** | **8098** | **20044** | **12845** | **7199** |
| 鹿城区 | 55 | 29 | 26 | 74 | 48 | 26 | 80 | 48 | 32 |
| 龙湾区 | 4524 | 3248 | 1276 | 5509 | 4052 | 1457 | 4263 | 3139 | 1124 |
| 瓯海区 | 275 | 202 | 73 | 355 | 230 | 125 | 367 | 258 | 109 |
| 洞头区 | 47 | 32 | 15 | 36 | 21 | 15 | 34 | 22 | 12 |
| 永嘉县 | 5498 | 3388 | 2110 | 6270 | 4067 | 2203 | 5407 | 3455 | 1952 |
| 平阳县 | 4672 | 2912 | 1760 | 4627 | 3053 | 1574 | 3734 | 2327 | 1407 |
| 苍南县 | 4100 | 2448 | 1652 | 3679 | 2258 | 1421 | 3153 | 1872 | 1281 |
| 文成县 | 856 | 483 | 373 | 831 | 488 | 343 | 918 | 520 | 398 |
| 泰顺县 | 960 | 575 | 385 | 751 | 434 | 317 | 754 | 425 | 329 |
| 瑞安市 | 171 | 89 | 82 | 155 | 98 | 57 | 160 | 71 | 89 |
| 乐清市 | 1602 | 1101 | 501 | 1539 | 1011 | 528 | 1067 | 639 | 428 |
| 龙港市 | 143 | 84 | 59 | 110 | 78 | 32 | 107 | 69 | 38 |
| **嘉兴市** | **23743** | **16357** | **7386** | **27150** | **18782** | **8368** | **17958** | **12322** | **5636** |
| 南湖区 | 765 | 543 | 222 | 879 | 645 | 234 | 618 | 430 | 188 |
| 秀洲区 | 1711 | 1179 | 532 | 1927 | 1299 | 628 | 1348 | 860 | 488 |
| 嘉善县 | 8715 | 6026 | 2689 | 9268 | 6413 | 2855 | 5887 | 4052 | 1835 |
| 海盐县 | 3108 | 2121 | 987 | 2768 | 1866 | 902 | 1871 | 1224 | 647 |
| 海宁市 | 5806 | 4066 | 1740 | 7388 | 5246 | 2142 | 5056 | 3664 | 1392 |
| 平湖市 | 2029 | 1393 | 636 | 2835 | 1952 | 883 | 1684 | 1135 | 549 |
| 桐乡市 | 1609 | 1029 | 580 | 2085 | 1361 | 724 | 1494 | 957 | 537 |
| **湖州市** | **15939** | **10078** | **5861** | **17994** | **11437** | **6557** | **12439** | **7831** | **4608** |
| 吴兴区 | 2102 | 1256 | 846 | 2895 | 1763 | 1132 | 1599 | 1008 | 591 |
| 南浔区 | 977 | 677 | 300 | 1219 | 859 | 360 | 878 | 583 | 295 |
| 德清县 | 3696 | 2371 | 1325 | 3915 | 2494 | 1421 | 2777 | 1780 | 997 |
| 长兴县 | 4163 | 2587 | 1576 | 4407 | 2765 | 1642 | 3097 | 1883 | 1214 |
| 安吉县 | 5001 | 3187 | 1814 | 5558 | 3556 | 2002 | 4088 | 2577 | 1511 |

5－2b 续表 5　　　　单位：户

| 地区 | 25－29岁 | | | 30－34岁 | | | 35－39岁 | | |
|---|---|---|---|---|---|---|---|---|---|
| | 小计 | 男 | 女 | 小计 | 男 | 女 | 小计 | 男 | 女 |
| **绍兴市** | **4830** | **3274** | **1556** | **5640** | **3961** | **1679** | **4587** | **3052** | **1535** |
| 越城区 | 28 | 21 | 7 | 34 | 27 | 7 | 21 | 13 | 8 |
| 柯桥区 | 1272 | 897 | 375 | 1721 | 1264 | 457 | 1370 | 947 | 423 |
| 上虞区 | 183 | 116 | 67 | 198 | 140 | 58 | 151 | 82 | 69 |
| 新昌县 | 1849 | 1259 | 590 | 1904 | 1390 | 514 | 1685 | 1159 | 526 |
| 诸暨市 | 1155 | 762 | 393 | 1406 | 908 | 498 | 1001 | 638 | 363 |
| 嵊州市 | 343 | 219 | 124 | 377 | 232 | 145 | 359 | 213 | 146 |
| **金华市** | **26522** | **17844** | **8678** | **28726** | **19538** | **9188** | **22256** | **14827** | **7429** |
| 婺城区 | 742 | 452 | 290 | 825 | 515 | 310 | 566 | 385 | 181 |
| 金东区 | 2923 | 2053 | 870 | 3200 | 2253 | 947 | 2480 | 1673 | 807 |
| 武义县 | 5063 | 3512 | 1551 | 5420 | 3764 | 1656 | 4411 | 3060 | 1351 |
| 浦江县 | 2738 | 1667 | 1071 | 2767 | 1707 | 1060 | 2362 | 1404 | 958 |
| 磐安县 | 1043 | 641 | 402 | 886 | 593 | 293 | 799 | 509 | 290 |
| 兰溪市 | 402 | 262 | 140 | 461 | 317 | 144 | 387 | 270 | 117 |
| 义乌市 | 6539 | 4302 | 2237 | 8088 | 5319 | 2769 | 6038 | 3867 | 2171 |
| 东阳市 | 5675 | 3916 | 1759 | 5565 | 3973 | 1592 | 3976 | 2801 | 1175 |
| 永康市 | 1397 | 1039 | 358 | 1514 | 1097 | 417 | 1237 | 858 | 379 |
| **衢州市** | **4379** | **2693** | **1686** | **4091** | **2689** | **1402** | **3319** | **1947** | **1372** |
| 柯城区 | 60 | 38 | 22 | 87 | 62 | 25 | 74 | 52 | 22 |
| 衢江区 | 172 | 107 | 65 | 149 | 102 | 47 | 118 | 83 | 35 |
| 常山县 | 1051 | 629 | 422 | 924 | 577 | 347 | 757 | 434 | 323 |
| 开化县 | 1075 | 617 | 458 | 836 | 524 | 312 | 624 | 312 | 312 |
| 龙游县 | 1663 | 1059 | 604 | 1781 | 1193 | 588 | 1489 | 895 | 594 |
| 江山市 | 358 | 243 | 115 | 314 | 231 | 83 | 257 | 171 | 86 |
| **舟山市** | **1745** | **1117** | **628** | **2191** | **1517** | **674** | **1739** | **1219** | **520** |
| 定海区 | 246 | 188 | 58 | 365 | 270 | 95 | 258 | 190 | 68 |
| 普陀区 | 266 | 147 | 119 | 290 | 197 | 93 | 313 | 222 | 91 |
| 岱山县 | 902 | 589 | 313 | 1195 | 841 | 354 | 839 | 608 | 231 |
| 嵊泗县 | 331 | 193 | 138 | 341 | 209 | 132 | 329 | 199 | 130 |
| **台州市** | **10891** | **6691** | **4200** | **11654** | **7527** | **4127** | **9616** | **6011** | **3605** |
| 椒江区 | 158 | 134 | 24 | 162 | 119 | 43 | 117 | 87 | 30 |
| 黄岩区 | 185 | 132 | 53 | 205 | 144 | 61 | 179 | 109 | 70 |
| 路桥区 | 1159 | 821 | 338 | 1383 | 991 | 392 | 1119 | 797 | 322 |
| 三门县 | 1752 | 1042 | 710 | 1964 | 1281 | 683 | 1777 | 1100 | 677 |
| 天台县 | 1812 | 1034 | 778 | 1911 | 1082 | 829 | 1534 | 823 | 711 |
| 仙居县 | 1858 | 1032 | 826 | 1260 | 722 | 538 | 998 | 559 | 439 |
| 温岭市 | 2515 | 1700 | 815 | 3360 | 2376 | 984 | 2734 | 1886 | 848 |
| 临海市 | 1243 | 646 | 597 | 1171 | 628 | 543 | 991 | 531 | 460 |
| 玉环市 | 209 | 150 | 59 | 238 | 184 | 54 | 167 | 119 | 48 |
| **丽水市** | **9046** | **5470** | **3576** | **8916** | **5675** | **3241** | **7752** | **4965** | **2787** |
| 莲都区 | 178 | 139 | 39 | 223 | 165 | 58 | 208 | 154 | 54 |
| 青田县 | 2804 | 1654 | 1150 | 2958 | 1737 | 1221 | 2673 | 1531 | 1142 |
| 缙云县 | 2432 | 1537 | 895 | 2444 | 1667 | 777 | 1972 | 1355 | 617 |
| 遂昌县 | 813 | 477 | 336 | 757 | 467 | 290 | 640 | 409 | 231 |
| 松阳县 | 773 | 463 | 310 | 785 | 523 | 262 | 565 | 376 | 189 |
| 云和县 | 830 | 508 | 322 | 835 | 549 | 286 | 786 | 555 | 231 |
| 庆元县 | 644 | 351 | 293 | 457 | 285 | 172 | 454 | 300 | 154 |
| 景宁畲族自治县 | 504 | 302 | 202 | 408 | 254 | 154 | 384 | 244 | 140 |
| 龙泉市 | 68 | 39 | 29 | 49 | 28 | 21 | 70 | 41 | 29 |

5-2b 续表 6 单位：户

| 地 区 | 40-44岁 | | | 45-49岁 | | | 50-54岁 | | |
|---|---|---|---|---|---|---|---|---|---|
| | 小计 | 男 | 女 | 小计 | 男 | 女 | 小计 | 男 | 女 |
| **合计** | **134317** | **80899** | **53418** | **157581** | **91955** | **65626** | **146413** | **88059** | **58354** |
| **杭州市** | **10769** | **6341** | **4428** | **12487** | **7209** | **5278** | **12433** | **7558** | **4875** |
| 上城区 | | | | | | | | | |
| 下城区 | | | | | | | | | |
| 江干区 | | | | | | | | | |
| 拱墅区 | | | | | | | | | |
| 西湖区 | 3 | 2 | 1 | 6 | 2 | 4 | 5 | | 5 |
| 滨江区 | | | | | | | | | |
| 萧山区 | 1412 | 919 | 493 | 1647 | 1103 | 544 | 1451 | 1014 | 437 |
| 余杭区 | 3205 | 2115 | 1090 | 3222 | 2065 | 1157 | 2674 | 1761 | 913 |
| 富阳区 | 236 | 172 | 64 | 378 | 267 | 111 | 395 | 289 | 106 |
| 临安区 | 855 | 495 | 360 | 1084 | 601 | 483 | 1062 | 648 | 414 |
| 桐庐县 | 2878 | 1654 | 1224 | 3480 | 1890 | 1590 | 3522 | 2091 | 1431 |
| 淳安县 | 1725 | 761 | 964 | 2004 | 953 | 1051 | 2323 | 1283 | 1040 |
| 建德市 | 455 | 223 | 232 | 666 | 328 | 338 | 1001 | 472 | 529 |
| **宁波市** | **22198** | **13300** | **8898** | **26475** | **15235** | **11240** | **24207** | **14149** | **10058** |
| 海曙区 | 153 | 105 | 48 | 205 | 121 | 84 | 231 | 135 | 96 |
| 江北区 | | | | | | | | | |
| 北仑区 | 354 | 240 | 114 | 285 | 181 | 104 | 254 | 163 | 91 |
| 镇海区 | 497 | 369 | 128 | 644 | 477 | 167 | 526 | 364 | 162 |
| 鄞州区 | 3300 | 2123 | 1177 | 3719 | 2256 | 1463 | 3277 | 2070 | 1207 |
| 奉化区 | 364 | 191 | 173 | 464 | 248 | 216 | 618 | 338 | 280 |
| 象山县 | 4325 | 2291 | 2034 | 5598 | 2843 | 2755 | 5336 | 2800 | 2536 |
| 宁海县 | 5660 | 3038 | 2622 | 6507 | 3393 | 3114 | 6124 | 3228 | 2896 |
| 余姚市 | 2485 | 1496 | 989 | 3095 | 1807 | 1288 | 2809 | 1712 | 1097 |
| 慈溪市 | 5060 | 3447 | 1613 | 5958 | 3909 | 2049 | 5032 | 3339 | 1693 |
| **温州市** | **21346** | **12721** | **8625** | **24893** | **14485** | **10408** | **21754** | **12892** | **8862** |
| 鹿城区 | 72 | 43 | 29 | 105 | 65 | 40 | 63 | 44 | 19 |
| 龙湾区 | 3987 | 2871 | 1116 | 4302 | 3023 | 1279 | 3193 | 2199 | 994 |
| 瓯海区 | 343 | 220 | 123 | 349 | 231 | 118 | 245 | 170 | 75 |
| 洞头区 | 34 | 14 | 20 | 74 | 34 | 40 | 74 | 36 | 38 |
| 永嘉县 | 5412 | 3377 | 2035 | 5891 | 3605 | 2286 | 4700 | 2933 | 1767 |
| 平阳县 | 4412 | 2419 | 1993 | 5418 | 2889 | 2529 | 4969 | 2723 | 2246 |
| 苍南县 | 3778 | 1993 | 1785 | 4604 | 2341 | 2263 | 4515 | 2536 | 1979 |
| 文成县 | 1055 | 581 | 474 | 1399 | 801 | 598 | 1381 | 776 | 605 |
| 泰顺县 | 1055 | 525 | 530 | 1435 | 799 | 636 | 1390 | 780 | 610 |
| 瑞安市 | 215 | 113 | 102 | 291 | 151 | 140 | 310 | 184 | 126 |
| 乐清市 | 866 | 492 | 374 | 882 | 469 | 413 | 768 | 423 | 345 |
| 龙港市 | 117 | 73 | 44 | 143 | 77 | 66 | 146 | 88 | 58 |
| **嘉兴市** | **16060** | **10224** | **5836** | **18255** | **11241** | **7014** | **16073** | **10350** | **5723** |
| 南湖区 | 570 | 366 | 204 | 740 | 455 | 285 | 698 | 465 | 233 |
| 秀洲区 | 1227 | 733 | 494 | 1582 | 935 | 647 | 1350 | 832 | 518 |
| 嘉善县 | 5142 | 3381 | 1761 | 5912 | 3819 | 2093 | 5073 | 3301 | 1772 |
| 海盐县 | 1835 | 1068 | 767 | 2532 | 1395 | 1137 | 2571 | 1535 | 1036 |
| 海宁市 | 4481 | 2987 | 1494 | 4429 | 2846 | 1583 | 3536 | 2444 | 1092 |
| 平湖市 | 1400 | 884 | 516 | 1514 | 866 | 648 | 1448 | 926 | 522 |
| 桐乡市 | 1405 | 805 | 600 | 1546 | 925 | 621 | 1397 | 847 | 550 |
| **湖州市** | **11926** | **7204** | **4722** | **14064** | **8284** | **5780** | **13702** | **8348** | **5354** |
| 吴兴区 | 1184 | 722 | 462 | 1166 | 637 | 529 | 1037 | 577 | 460 |
| 南浔区 | 1059 | 674 | 385 | 1227 | 711 | 516 | 1448 | 857 | 591 |
| 德清县 | 2622 | 1640 | 982 | 3465 | 2070 | 1395 | 3276 | 2012 | 1264 |
| 长兴县 | 3107 | 1843 | 1264 | 3816 | 2280 | 1536 | 3774 | 2299 | 1475 |
| 安吉县 | 3954 | 2325 | 1629 | 4390 | 2586 | 1804 | 4167 | 2603 | 1564 |

5-2b 续表 7

单位：户

| 地　区 | 40-44岁 | | | 45-49岁 | | | 50-54岁 | | |
|---|---|---|---|---|---|---|---|---|---|
| | 小计 | 男 | 女 | 小计 | 男 | 女 | 小计 | 男 | 女 |
| **绍兴市** | **5426** | **3139** | **2287** | **6565** | **3661** | **2904** | **6731** | **4038** | **2693** |
| 越城区 | 27 | 12 | 15 | 44 | 18 | 26 | 37 | 23 | 14 |
| 柯桥区 | 1516 | 975 | 541 | 1884 | 1149 | 735 | 1752 | 1166 | 586 |
| 上虞区 | 281 | 139 | 142 | 397 | 183 | 214 | 471 | 259 | 212 |
| 新昌县 | 1941 | 1048 | 893 | 2086 | 1056 | 1030 | 2144 | 1185 | 959 |
| 诸暨市 | 1226 | 713 | 513 | 1530 | 869 | 661 | 1560 | 896 | 664 |
| 嵊州市 | 435 | 252 | 183 | 624 | 386 | 238 | 767 | 509 | 258 |
| **金华市** | **21402** | **13308** | **8094** | **21982** | **13132** | **8850** | **18602** | **11286** | **7316** |
| 婺城区 | 613 | 372 | 241 | 769 | 483 | 286 | 774 | 504 | 270 |
| 金东区 | 2215 | 1378 | 837 | 2155 | 1349 | 806 | 1654 | 1044 | 610 |
| 武义县 | 4444 | 2840 | 1604 | 4682 | 2932 | 1750 | 3970 | 2490 | 1480 |
| 浦江县 | 2388 | 1257 | 1131 | 2299 | 1149 | 1150 | 2167 | 1113 | 1054 |
| 磐安县 | 972 | 521 | 451 | 1340 | 682 | 658 | 1329 | 746 | 583 |
| 兰溪市 | 491 | 319 | 172 | 652 | 400 | 252 | 829 | 512 | 317 |
| 义乌市 | 5174 | 3190 | 1984 | 4695 | 2674 | 2021 | 3366 | 1984 | 1382 |
| 东阳市 | 3842 | 2599 | 1243 | 4021 | 2586 | 1435 | 3481 | 2244 | 1237 |
| 永康市 | 1263 | 832 | 431 | 1369 | 877 | 492 | 1032 | 649 | 383 |
| **衢州市** | **4344** | **2307** | **2037** | **5983** | **3241** | **2742** | **6389** | **3759** | **2630** |
| 柯城区 | 84 | 59 | 25 | 104 | 68 | 36 | 104 | 77 | 27 |
| 衢江区 | 183 | 124 | 59 | 262 | 178 | 84 | 391 | 252 | 139 |
| 常山县 | 991 | 521 | 470 | 1287 | 697 | 590 | 1372 | 833 | 539 |
| 开化县 | 998 | 439 | 559 | 1356 | 586 | 770 | 1432 | 712 | 720 |
| 龙游县 | 1691 | 904 | 787 | 2271 | 1263 | 1008 | 2231 | 1348 | 883 |
| 江山市 | 397 | 260 | 137 | 703 | 449 | 254 | 859 | 537 | 322 |
| **舟山市** | **1903** | **1206** | **697** | **2803** | **1734** | **1069** | **3214** | **1967** | **1247** |
| 定海区 | 304 | 197 | 107 | 394 | 234 | 160 | 407 | 249 | 158 |
| 普陀区 | 337 | 227 | 110 | 478 | 306 | 172 | 523 | 355 | 168 |
| 岱山县 | 902 | 573 | 329 | 1344 | 841 | 503 | 1579 | 919 | 660 |
| 嵊泗县 | 360 | 209 | 151 | 587 | 353 | 234 | 705 | 444 | 261 |
| **台州市** | **10014** | **5894** | **4120** | **12424** | **7135** | **5289** | **11808** | **7000** | **4808** |
| 椒江区 | 94 | 68 | 26 | 97 | 67 | 30 | 114 | 87 | 27 |
| 黄岩区 | 214 | 123 | 91 | 231 | 132 | 99 | 264 | 154 | 110 |
| 路桥区 | 1110 | 712 | 398 | 1192 | 702 | 490 | 1012 | 651 | 361 |
| 三门县 | 1694 | 1001 | 693 | 2243 | 1256 | 987 | 2093 | 1249 | 844 |
| 天台县 | 1843 | 947 | 896 | 2129 | 1064 | 1065 | 1998 | 1016 | 982 |
| 仙居县 | 1058 | 552 | 506 | 1780 | 979 | 801 | 1614 | 889 | 725 |
| 温岭市 | 2865 | 1866 | 999 | 3374 | 2186 | 1188 | 3367 | 2241 | 1126 |
| 临海市 | 973 | 519 | 454 | 1143 | 601 | 542 | 1157 | 591 | 566 |
| 玉环市 | 163 | 106 | 57 | 235 | 148 | 87 | 189 | 122 | 67 |
| **丽水市** | **8929** | **5255** | **3674** | **11650** | **6598** | **5052** | **11500** | **6712** | **4788** |
| 莲都区 | 223 | 169 | 54 | 317 | 232 | 85 | 328 | 237 | 91 |
| 青田县 | 2825 | 1581 | 1244 | 3278 | 1842 | 1436 | 3151 | 1798 | 1353 |
| 缙云县 | 2265 | 1349 | 916 | 2824 | 1591 | 1233 | 2685 | 1536 | 1149 |
| 遂昌县 | 710 | 423 | 287 | 1148 | 601 | 547 | 1184 | 706 | 478 |
| 松阳县 | 721 | 417 | 304 | 1096 | 645 | 451 | 1068 | 641 | 427 |
| 云和县 | 941 | 617 | 324 | 1237 | 778 | 459 | 1271 | 808 | 463 |
| 庆元县 | 586 | 345 | 241 | 845 | 436 | 409 | 804 | 405 | 399 |
| 景宁畲族自治县 | 571 | 301 | 270 | 738 | 362 | 376 | 794 | 442 | 352 |
| 龙泉市 | 87 | 53 | 34 | 167 | 111 | 56 | 215 | 139 | 76 |

5-2b 续表 8 单位：户

| 地 区 | 55-59岁 | | | 60-64岁 | | | 65岁及以上 | | |
|---|---|---|---|---|---|---|---|---|---|
| | 小计 | 男 | 女 | 小计 | 男 | 女 | 小计 | 男 | 女 |
| **合计** | **112067** | **69952** | **42115** | **72961** | **43520** | **29441** | **271302** | **100249** | **171053** |
| **杭州市** | **10021** | **6374** | **3647** | **5997** | **3797** | **2200** | **19872** | **7406** | **12466** |
| 上城区 | | | | | | | | | |
| 下城区 | | | | | | | | | |
| 江干区 | | | | | | | | | |
| 拱墅区 | | | | | | | | | |
| 西湖区 | 6 | 5 | 1 | 3 | 2 | 1 | 21 | 8 | 13 |
| 滨江区 | | | | | | | | | |
| 萧山区 | 1025 | 750 | 275 | 559 | 363 | 196 | 1842 | 742 | 1100 |
| 余杭区 | 1840 | 1177 | 663 | 1026 | 649 | 377 | 3066 | 1192 | 1874 |
| 富阳区 | 295 | 218 | 77 | 256 | 181 | 75 | 965 | 386 | 579 |
| 临安区 | 874 | 559 | 315 | 566 | 355 | 211 | 1894 | 679 | 1215 |
| 桐庐县 | 2911 | 1784 | 1127 | 1668 | 1045 | 623 | 6136 | 2076 | 4060 |
| 淳安县 | 2020 | 1267 | 753 | 1113 | 714 | 399 | 3150 | 1197 | 1953 |
| 建德市 | 1050 | 614 | 436 | 806 | 488 | 318 | 2798 | 1126 | 1672 |
| **宁波市** | **17154** | **10439** | **6715** | **11117** | **6382** | **4735** | **39088** | **13518** | **25570** |
| 海曙区 | 238 | 121 | 117 | 246 | 138 | 108 | 1239 | 374 | 865 |
| 江北区 | | | | | | | | | |
| 北仑区 | 207 | 117 | 90 | 158 | 82 | 76 | 635 | 233 | 402 |
| 镇海区 | 348 | 277 | 71 | 242 | 159 | 83 | 1025 | 326 | 699 |
| 鄞州区 | 2469 | 1565 | 904 | 1653 | 945 | 708 | 6663 | 2229 | 4434 |
| 奉化区 | 538 | 292 | 246 | 391 | 227 | 164 | 1550 | 551 | 999 |
| 象山县 | 4014 | 2180 | 1834 | 2590 | 1429 | 1161 | 7381 | 2579 | 4802 |
| 宁海县 | 4332 | 2457 | 1875 | 2875 | 1578 | 1297 | 8563 | 3109 | 5454 |
| 余姚市 | 1932 | 1254 | 678 | 1392 | 819 | 573 | 5742 | 2094 | 3648 |
| 慈溪市 | 3076 | 2176 | 900 | 1570 | 1005 | 565 | 6290 | 2023 | 4267 |
| **温州市** | **16299** | **9605** | **6694** | **11112** | **6161** | **4951** | **43402** | **16007** | **27395** |
| 鹿城区 | 49 | 27 | 22 | 46 | 25 | 21 | 138 | 60 | 78 |
| 龙湾区 | 1632 | 1203 | 429 | 696 | 461 | 235 | 1929 | 643 | 1286 |
| 瓯海区 | 120 | 88 | 32 | 58 | 36 | 22 | 491 | 165 | 326 |
| 洞头区 | 71 | 35 | 36 | 52 | 19 | 33 | 243 | 63 | 180 |
| 永嘉县 | 3138 | 1922 | 1216 | 1897 | 1065 | 832 | 6558 | 2554 | 4004 |
| 平阳县 | 4272 | 2410 | 1862 | 3059 | 1705 | 1354 | 11823 | 3958 | 7865 |
| 苍南县 | 3688 | 2045 | 1643 | 2858 | 1521 | 1337 | 12540 | 4534 | 8006 |
| 文成县 | 1260 | 735 | 525 | 838 | 470 | 368 | 3484 | 1583 | 1901 |
| 泰顺县 | 1151 | 650 | 501 | 921 | 526 | 395 | 2996 | 1401 | 1595 |
| 瑞安市 | 267 | 139 | 128 | 248 | 136 | 112 | 1063 | 370 | 693 |
| 乐清市 | 539 | 287 | 252 | 348 | 154 | 194 | 1497 | 500 | 997 |
| 龙港市 | 112 | 64 | 48 | 91 | 43 | 48 | 640 | 176 | 464 |
| **嘉兴市** | **12290** | **8479** | **3811** | **7011** | **4813** | **2198** | **23936** | **10795** | **13141** |
| 南湖区 | 550 | 379 | 171 | 320 | 218 | 102 | 1174 | 498 | 676 |
| 秀洲区 | 1067 | 724 | 343 | 619 | 424 | 195 | 2215 | 1010 | 1205 |
| 嘉善县 | 3596 | 2405 | 1191 | 1811 | 1192 | 619 | 6468 | 2902 | 3566 |
| 海盐县 | 2170 | 1450 | 720 | 1274 | 798 | 476 | 4671 | 1939 | 2732 |
| 海宁市 | 2393 | 1787 | 606 | 1321 | 977 | 344 | 3844 | 1817 | 2027 |
| 平湖市 | 1271 | 899 | 372 | 812 | 575 | 237 | 2456 | 1217 | 1239 |
| 桐乡市 | 1243 | 835 | 408 | 854 | 629 | 225 | 3108 | 1412 | 1696 |
| **湖州市** | **11386** | **7367** | **4019** | **7027** | **4506** | **2521** | **25519** | **10001** | **15518** |
| 吴兴区 | 682 | 421 | 261 | 359 | 237 | 122 | 1212 | 568 | 644 |
| 南浔区 | 1518 | 1035 | 483 | 1033 | 745 | 288 | 3964 | 1722 | 2242 |
| 德清县 | 2638 | 1744 | 894 | 1724 | 1089 | 635 | 5140 | 2066 | 3074 |
| 长兴县 | 3358 | 2122 | 1236 | 2165 | 1346 | 819 | 9635 | 3425 | 6210 |
| 安吉县 | 3190 | 2045 | 1145 | 1746 | 1089 | 657 | 5568 | 2220 | 3348 |

5-2b 续表 9　　单位：户

| 地　区 | 55-59岁 | | | 60-64岁 | | | 65岁及以上 | | |
|---|---|---|---|---|---|---|---|---|---|
| | 小计 | 男 | 女 | 小计 | 男 | 女 | 小计 | 男 | 女 |
| **绍兴市** | **5731** | **3592** | **2139** | **4384** | **2637** | **1747** | **17396** | **6687** | **10709** |
| 越城区 | 40 | 24 | 16 | 23 | 15 | 8 | 160 | 60 | 100 |
| 柯桥区 | 1130 | 825 | 305 | 493 | 330 | 163 | 1830 | 644 | 1186 |
| 上虞区 | 507 | 307 | 200 | 439 | 270 | 169 | 2084 | 792 | 1292 |
| 新昌县 | 1854 | 1068 | 786 | 1476 | 811 | 665 | 4621 | 1674 | 2947 |
| 诸暨市 | 1323 | 789 | 534 | 1073 | 620 | 453 | 5001 | 1918 | 3083 |
| 嵊州市 | 877 | 579 | 298 | 880 | 591 | 289 | 3700 | 1599 | 2101 |
| **金华市** | **12440** | **7823** | **4617** | **6849** | **4174** | **2675** | **26600** | **9548** | **17052** |
| 婺城区 | 615 | 421 | 194 | 419 | 256 | 163 | 1647 | 560 | 1087 |
| 金东区 | 1134 | 734 | 400 | 603 | 398 | 205 | 2621 | 899 | 1722 |
| 武义县 | 2546 | 1681 | 865 | 1316 | 805 | 511 | 4112 | 1444 | 2668 |
| 浦江县 | 1517 | 825 | 692 | 905 | 516 | 389 | 3504 | 1232 | 2272 |
| 磐安县 | 987 | 599 | 388 | 592 | 341 | 251 | 2496 | 960 | 1536 |
| 兰溪市 | 745 | 488 | 257 | 627 | 396 | 231 | 2760 | 1173 | 1587 |
| 义乌市 | 2022 | 1260 | 762 | 930 | 588 | 342 | 3150 | 1196 | 1954 |
| 东阳市 | 2262 | 1452 | 810 | 1133 | 691 | 442 | 4494 | 1483 | 3011 |
| 永康市 | 612 | 363 | 249 | 324 | 183 | 141 | 1816 | 601 | 1215 |
| **衢州市** | **6043** | **3806** | **2237** | **4532** | **2754** | **1778** | **17470** | **6626** | **10844** |
| 柯城区 | 97 | 64 | 33 | 76 | 51 | 25 | 373 | 156 | 217 |
| 衢江区 | 419 | 286 | 133 | 366 | 238 | 128 | 1622 | 749 | 873 |
| 常山县 | 1329 | 868 | 461 | 1013 | 619 | 394 | 3751 | 1375 | 2376 |
| 开化县 | 1225 | 677 | 548 | 910 | 525 | 385 | 3037 | 1013 | 2024 |
| 龙游县 | 2149 | 1359 | 790 | 1391 | 798 | 593 | 5756 | 2063 | 3693 |
| 江山市 | 824 | 552 | 272 | 776 | 523 | 253 | 2931 | 1270 | 1661 |
| **舟山市** | **3257** | **2030** | **1227** | **2718** | **1521** | **1197** | **8701** | **2534** | **6167** |
| 定海区 | 397 | 242 | 155 | 277 | 154 | 123 | 1106 | 372 | 734 |
| 普陀区 | 492 | 356 | 136 | 340 | 222 | 118 | 1013 | 310 | 703 |
| 岱山县 | 1673 | 979 | 694 | 1556 | 841 | 715 | 4836 | 1363 | 3473 |
| 嵊泗县 | 695 | 453 | 242 | 545 | 304 | 241 | 1746 | 489 | 1257 |
| **台州市** | **8605** | **5237** | **3368** | **6074** | **3382** | **2692** | **26851** | **8565** | **18286** |
| 椒江区 | 53 | 38 | 15 | 22 | 16 | 6 | 89 | 32 | 57 |
| 黄岩区 | 225 | 140 | 85 | 170 | 102 | 68 | 841 | 269 | 572 |
| 路桥区 | 663 | 443 | 220 | 312 | 201 | 111 | 1592 | 558 | 1034 |
| 三门县 | 1514 | 911 | 603 | 1120 | 605 | 515 | 4147 | 1334 | 2813 |
| 天台县 | 1601 | 895 | 706 | 1232 | 679 | 553 | 5034 | 1663 | 3371 |
| 仙居县 | 1243 | 702 | 541 | 1008 | 544 | 464 | 3869 | 1288 | 2581 |
| 温岭市 | 2260 | 1501 | 759 | 1531 | 864 | 667 | 7818 | 2214 | 5604 |
| 临海市 | 931 | 523 | 408 | 623 | 343 | 280 | 3147 | 1122 | 2025 |
| 玉环市 | 115 | 84 | 31 | 56 | 28 | 28 | 314 | 85 | 229 |
| **丽水市** | **8841** | **5200** | **3641** | **6140** | **3393** | **2747** | **22467** | **8562** | **13905** |
| 莲都区 | 240 | 171 | 69 | 151 | 95 | 56 | 712 | 306 | 406 |
| 青田县 | 2496 | 1326 | 1170 | 1819 | 941 | 878 | 5790 | 2136 | 3654 |
| 缙云县 | 1989 | 1162 | 827 | 1409 | 772 | 637 | 5927 | 2099 | 3828 |
| 遂昌县 | 1003 | 619 | 384 | 675 | 399 | 276 | 2109 | 757 | 1352 |
| 松阳县 | 801 | 511 | 290 | 544 | 292 | 252 | 2080 | 802 | 1278 |
| 云和县 | 869 | 546 | 323 | 538 | 314 | 224 | 1871 | 818 | 1053 |
| 庆元县 | 686 | 387 | 299 | 487 | 273 | 214 | 1996 | 756 | 1240 |
| 景宁畲族自治县 | 592 | 372 | 220 | 383 | 233 | 150 | 1436 | 637 | 799 |
| 龙泉市 | 165 | 106 | 59 | 134 | 74 | 60 | 546 | 251 | 295 |

# 5–2c 各地区分年龄、性别的一人户(乡村)

单位：户

| 地区 | 合计 | | | 14岁及以下 | | |
|---|---|---|---|---|---|---|
| | 合计 | 男 | 女 | 小计 | 男 | 女 |
| **合计** | **2162243** | **1242763** | **919480** | **70948** | **39497** | **31451** |
| **杭州市** | **217537** | **131951** | **85586** | **4053** | **2206** | **1847** |
| 上城区 | | | | | | |
| 下城区 | | | | | | |
| 江干区 | | | | | | |
| 拱墅区 | | | | | | |
| 西湖区 | 2497 | 1341 | 1156 | 74 | 37 | 37 |
| 滨江区 | | | | | | |
| 萧山区 | 44707 | 28444 | 16263 | 491 | 272 | 219 |
| 余杭区 | 52705 | 38455 | 14250 | 511 | 288 | 223 |
| 富阳区 | 22379 | 12670 | 9709 | 479 | 272 | 207 |
| 临安区 | 26927 | 15074 | 11853 | 484 | 247 | 237 |
| 桐庐县 | 15182 | 7899 | 7283 | 382 | 214 | 168 |
| 淳安县 | 30546 | 15729 | 14817 | 954 | 496 | 458 |
| 建德市 | 22594 | 12339 | 10255 | 678 | 380 | 298 |
| **宁波市** | **299053** | **176490** | **122563** | **4741** | **2618** | **2123** |
| 海曙区 | 19460 | 10925 | 8535 | 250 | 145 | 105 |
| 江北区 | 14345 | 9167 | 5178 | 157 | 77 | 80 |
| 北仑区 | 34389 | 22850 | 11539 | 369 | 196 | 173 |
| 镇海区 | 8386 | 5748 | 2638 | 73 | 43 | 30 |
| 鄞州区 | 42776 | 26341 | 16435 | 497 | 278 | 219 |
| 奉化区 | 33289 | 18809 | 14480 | 456 | 257 | 199 |
| 象山县 | 32386 | 17694 | 14692 | 548 | 289 | 259 |
| 宁海县 | 39441 | 21720 | 17721 | 1351 | 758 | 593 |
| 余姚市 | 26632 | 13952 | 12680 | 479 | 269 | 210 |
| 慈溪市 | 47949 | 29284 | 18665 | 561 | 306 | 255 |
| **温州市** | **346774** | **197356** | **149418** | **20920** | **11734** | **9186** |
| 鹿城区 | 11807 | 7303 | 4504 | 353 | 206 | 147 |
| 龙湾区 | 197 | 128 | 69 | 15 | 5 | 10 |
| 瓯海区 | 22201 | 14084 | 8117 | 541 | 304 | 237 |
| 洞头区 | 8606 | 4739 | 3867 | 417 | 216 | 201 |
| 永嘉县 | 51495 | 28452 | 23043 | 4774 | 2681 | 2093 |
| 平阳县 | 42976 | 23948 | 19028 | 2171 | 1179 | 992 |
| 苍南县 | 35373 | 18895 | 16478 | 1927 | 1100 | 827 |
| 文成县 | 26324 | 15622 | 10702 | 1764 | 980 | 784 |
| 泰顺县 | 23839 | 14411 | 9428 | 2282 | 1270 | 1012 |
| 瑞安市 | 59541 | 35029 | 24512 | 2166 | 1205 | 961 |
| 乐清市 | 62615 | 33855 | 28760 | 4410 | 2529 | 1881 |
| 龙港市 | 1800 | 890 | 910 | 100 | 59 | 41 |
| **嘉兴市** | **147705** | **94688** | **53017** | **1429** | **782** | **647** |
| 南湖区 | 11332 | 7681 | 3651 | 103 | 54 | 49 |
| 秀洲区 | 20182 | 12564 | 7618 | 258 | 148 | 110 |
| 嘉善县 | 19826 | 12821 | 7005 | 215 | 112 | 103 |
| 海盐县 | 13202 | 8010 | 5192 | 196 | 102 | 94 |
| 海宁市 | 36181 | 23520 | 12661 | 232 | 125 | 107 |
| 平湖市 | 24360 | 15741 | 8619 | 204 | 99 | 105 |
| 桐乡市 | 22622 | 14351 | 8271 | 221 | 142 | 79 |
| **湖州市** | **96580** | **58374** | **38206** | **1845** | **1041** | **804** |
| 吴兴区 | 22127 | 13664 | 8463 | 461 | 256 | 205 |
| 南浔区 | 23469 | 14189 | 9280 | 341 | 204 | 137 |
| 德清县 | 13309 | 8549 | 4760 | 182 | 90 | 92 |
| 长兴县 | 17592 | 9912 | 7680 | 439 | 238 | 201 |
| 安吉县 | 20083 | 12060 | 8023 | 422 | 253 | 169 |

5-2c 续表 1

单位：户

| 地区 | 合计 | | | 14岁及以下 | | |
| --- | --- | --- | --- | --- | --- | --- |
| | 合计 | 男 | 女 | 小计 | 男 | 女 |
| **绍兴市** | **192374** | **99737** | **92637** | **4079** | **2211** | **1868** |
| 越城区 | 16704 | 8437 | 8267 | 304 | 163 | 141 |
| 柯桥区 | 23289 | 12375 | 10914 | 276 | 142 | 134 |
| 上虞区 | 31052 | 14994 | 16058 | 294 | 155 | 139 |
| 新昌县 | 27935 | 14853 | 13082 | 789 | 428 | 361 |
| 诸暨市 | 54034 | 27137 | 26897 | 1481 | 823 | 658 |
| 嵊州市 | 39360 | 21941 | 17419 | 935 | 500 | 435 |
| **金华市** | **275681** | **153729** | **121952** | **8376** | **4777** | **3599** |
| 婺城区 | 25795 | 13711 | 12084 | 737 | 417 | 320 |
| 金东区 | 26235 | 15352 | 10883 | 678 | 390 | 288 |
| 武义县 | 28503 | 17033 | 11470 | 1033 | 579 | 454 |
| 浦江县 | 30737 | 16443 | 14294 | 714 | 394 | 320 |
| 磐安县 | 14402 | 7547 | 6855 | 799 | 459 | 340 |
| 兰溪市 | 27965 | 15484 | 12481 | 722 | 405 | 317 |
| 义乌市 | 42694 | 25187 | 17507 | 1047 | 598 | 449 |
| 东阳市 | 41759 | 21261 | 20498 | 1181 | 652 | 529 |
| 永康市 | 37591 | 21711 | 15880 | 1465 | 883 | 582 |
| **衢州市** | **123706** | **69343** | **54363** | **6136** | **3374** | **2762** |
| 柯城区 | 10836 | 6212 | 4624 | 345 | 177 | 168 |
| 衢江区 | 22481 | 13603 | 8878 | 916 | 491 | 425 |
| 常山县 | 18054 | 10117 | 7937 | 1454 | 834 | 620 |
| 开化县 | 19045 | 9672 | 9373 | 1134 | 644 | 490 |
| 龙游县 | 26548 | 14704 | 11844 | 1306 | 712 | 594 |
| 江山市 | 26742 | 15035 | 11707 | 981 | 516 | 465 |
| **舟山市** | **54913** | **31502** | **23411** | **476** | **245** | **231** |
| 定海区 | 19877 | 11910 | 7967 | 196 | 107 | 89 |
| 普陀区 | 19166 | 11255 | 7911 | 176 | 94 | 82 |
| 岱山县 | 12040 | 6372 | 5668 | 83 | 37 | 46 |
| 嵊泗县 | 3830 | 1965 | 1865 | 21 | 7 | 14 |
| **台州市** | **260363** | **142618** | **117745** | **10137** | **5744** | **4393** |
| 椒江区 | 15244 | 9125 | 6119 | 406 | 234 | 172 |
| 黄岩区 | 23692 | 12543 | 11149 | 773 | 433 | 340 |
| 路桥区 | 20128 | 12571 | 7557 | 407 | 224 | 183 |
| 三门县 | 20389 | 10518 | 9871 | 1125 | 628 | 497 |
| 天台县 | 29636 | 15373 | 14263 | 1566 | 882 | 684 |
| 仙居县 | 22427 | 12058 | 10369 | 1862 | 1076 | 786 |
| 温岭市 | 52523 | 27495 | 25028 | 1381 | 775 | 606 |
| 临海市 | 53942 | 29152 | 24790 | 2281 | 1325 | 956 |
| 玉环市 | 22382 | 13783 | 8599 | 336 | 167 | 169 |
| **丽水市** | **147557** | **86975** | **60582** | **8756** | **4765** | **3991** |
| 莲都区 | 18286 | 10944 | 7342 | 1189 | 640 | 549 |
| 青田县 | 40614 | 24000 | 16614 | 1986 | 1075 | 911 |
| 缙云县 | 28256 | 15896 | 12360 | 1784 | 1016 | 768 |
| 遂昌县 | 10736 | 6492 | 4244 | 349 | 189 | 160 |
| 松阳县 | 12473 | 7406 | 5067 | 660 | 354 | 306 |
| 云和县 | 5041 | 3168 | 1873 | 285 | 160 | 125 |
| 庆元县 | 9051 | 5112 | 3939 | 759 | 402 | 357 |
| 景宁畲族自治县 | 9671 | 5941 | 3730 | 851 | 471 | 380 |
| 龙泉市 | 13429 | 8016 | 5413 | 893 | 458 | 435 |

5-2c　续表 2　　　　单位：户

| 地　区 | 15-19岁 | | | 20-24岁 | | |
|---|---|---|---|---|---|---|
| | 小计 | 男 | 女 | 小计 | 男 | 女 |
| **合计** | **45437** | **28201** | **17236** | **103732** | **69021** | **34711** |
| **杭州市** | **3069** | **1969** | **1100** | **11270** | **7755** | **3515** |
| 上城区 | | | | | | |
| 下城区 | | | | | | |
| 江干区 | | | | | | |
| 拱墅区 | | | | | | |
| 西湖区 | 25 | 16 | 9 | 262 | 122 | 140 |
| 滨江区 | | | | | | |
| 萧山区 | 804 | 515 | 289 | 2791 | 2079 | 712 |
| 余杭区 | 874 | 617 | 257 | 4618 | 3291 | 1327 |
| 富阳区 | 320 | 193 | 127 | 740 | 480 | 260 |
| 临安区 | 336 | 204 | 132 | 877 | 602 | 275 |
| 桐庐县 | 167 | 105 | 62 | 381 | 229 | 152 |
| 淳安县 | 348 | 211 | 137 | 936 | 531 | 405 |
| 建德市 | 195 | 108 | 87 | 665 | 421 | 244 |
| **宁波市** | **5864** | **3866** | **1998** | **16162** | **11476** | **4686** |
| 海曙区 | 342 | 226 | 116 | 908 | 633 | 275 |
| 江北区 | 291 | 214 | 77 | 882 | 664 | 218 |
| 北仑区 | 645 | 452 | 193 | 2251 | 1695 | 556 |
| 镇海区 | 116 | 82 | 34 | 428 | 328 | 100 |
| 鄞州区 | 774 | 520 | 254 | 2624 | 1819 | 805 |
| 奉化区 | 515 | 331 | 184 | 1190 | 815 | 375 |
| 象山县 | 417 | 257 | 160 | 1124 | 713 | 411 |
| 宁海县 | 851 | 506 | 345 | 1756 | 1167 | 589 |
| 余姚市 | 425 | 279 | 146 | 1084 | 725 | 359 |
| 慈溪市 | 1488 | 999 | 489 | 3915 | 2917 | 998 |
| **温州市** | **9152** | **5643** | **3509** | **17965** | **11490** | **6475** |
| 鹿城区 | 282 | 170 | 112 | 589 | 387 | 202 |
| 龙湾区 | 11 | 6 | 5 | 20 | 13 | 7 |
| 瓯海区 | 544 | 329 | 215 | 1319 | 869 | 450 |
| 洞头区 | 222 | 144 | 78 | 541 | 367 | 174 |
| 永嘉县 | 1676 | 1031 | 645 | 2993 | 1795 | 1198 |
| 平阳县 | 976 | 568 | 408 | 1806 | 1140 | 666 |
| 苍南县 | 799 | 480 | 319 | 1472 | 902 | 570 |
| 文成县 | 680 | 391 | 289 | 1047 | 596 | 451 |
| 泰顺县 | 570 | 322 | 248 | 910 | 524 | 386 |
| 瑞安市 | 1530 | 985 | 545 | 3576 | 2411 | 1165 |
| 乐清市 | 1821 | 1190 | 631 | 3614 | 2429 | 1185 |
| 龙港市 | 41 | 27 | 14 | 78 | 57 | 21 |
| **嘉兴市** | **2847** | **1812** | **1035** | **8841** | **6061** | **2780** |
| 南湖区 | 222 | 142 | 80 | 960 | 686 | 274 |
| 秀洲区 | 475 | 311 | 164 | 1253 | 812 | 441 |
| 嘉善县 | 385 | 256 | 129 | 1360 | 959 | 401 |
| 海盐县 | 244 | 142 | 102 | 613 | 426 | 187 |
| 海宁市 | 716 | 450 | 266 | 2193 | 1494 | 699 |
| 平湖市 | 398 | 255 | 143 | 1193 | 846 | 347 |
| 桐乡市 | 407 | 256 | 151 | 1269 | 838 | 431 |
| **湖州市** | **1447** | **865** | **582** | **3728** | **2458** | **1270** |
| 吴兴区 | 354 | 213 | 141 | 1024 | 664 | 360 |
| 南浔区 | 342 | 208 | 134 | 724 | 476 | 248 |
| 德清县 | 179 | 107 | 72 | 476 | 318 | 158 |
| 长兴县 | 241 | 134 | 107 | 551 | 356 | 195 |
| 安吉县 | 331 | 203 | 128 | 953 | 644 | 309 |

5-2c 续表 3 单位：户

| 地区 | 15-19岁 | | | 20-24岁 | | |
|---|---|---|---|---|---|---|
| | 小计 | 男 | 女 | 小计 | 男 | 女 |
| **绍兴市** | **3112** | **1755** | **1357** | **5479** | **3450** | **2029** |
| 越城区 | 265 | 161 | 104 | 666 | 425 | 241 |
| 柯桥区 | 309 | 205 | 104 | 866 | 600 | 266 |
| 上虞区 | 260 | 152 | 108 | 722 | 456 | 266 |
| 新昌县 | 390 | 208 | 182 | 635 | 363 | 272 |
| 诸暨市 | 625 | 364 | 261 | 1475 | 913 | 562 |
| 嵊州市 | 1263 | 665 | 598 | 1115 | 693 | 422 |
| **金华市** | **6860** | **4296** | **2564** | **15084** | **10266** | **4818** |
| 婺城区 | 334 | 196 | 138 | 861 | 578 | 283 |
| 金东区 | 579 | 395 | 184 | 1516 | 1070 | 446 |
| 武义县 | 1343 | 769 | 574 | 1832 | 1269 | 563 |
| 浦江县 | 824 | 517 | 307 | 1907 | 1200 | 707 |
| 磐安县 | 311 | 184 | 127 | 533 | 361 | 172 |
| 兰溪市 | 293 | 196 | 97 | 621 | 387 | 234 |
| 义乌市 | 1253 | 779 | 474 | 3449 | 2274 | 1175 |
| 东阳市 | 665 | 428 | 237 | 1854 | 1350 | 504 |
| 永康市 | 1258 | 832 | 426 | 2511 | 1777 | 734 |
| **衢州市** | **2354** | **1396** | **958** | **3540** | **2206** | **1334** |
| 柯城区 | 147 | 78 | 69 | 316 | 191 | 125 |
| 衢江区 | 360 | 208 | 152 | 568 | 365 | 203 |
| 常山县 | 415 | 260 | 155 | 559 | 361 | 198 |
| 开化县 | 521 | 325 | 196 | 646 | 385 | 261 |
| 龙游县 | 384 | 214 | 170 | 641 | 376 | 265 |
| 江山市 | 527 | 311 | 216 | 810 | 528 | 282 |
| **舟山市** | **503** | **330** | **173** | **1529** | **1080** | **449** |
| 定海区 | 244 | 181 | 63 | 691 | 520 | 171 |
| 普陀区 | 140 | 87 | 53 | 457 | 324 | 133 |
| 岱山县 | 97 | 51 | 46 | 300 | 190 | 110 |
| 嵊泗县 | 22 | 11 | 11 | 81 | 46 | 35 |
| **台州市** | **6893** | **4360** | **2533** | **13736** | **9046** | **4690** |
| 椒江区 | 407 | 268 | 139 | 1119 | 738 | 381 |
| 黄岩区 | 638 | 395 | 243 | 1084 | 704 | 380 |
| 路桥区 | 526 | 362 | 164 | 1399 | 1051 | 348 |
| 三门县 | 476 | 295 | 181 | 865 | 562 | 303 |
| 天台县 | 809 | 485 | 324 | 1367 | 821 | 546 |
| 仙居县 | 804 | 502 | 302 | 1345 | 791 | 554 |
| 温岭市 | 1197 | 771 | 426 | 2312 | 1536 | 776 |
| 临海市 | 1506 | 929 | 577 | 3013 | 1916 | 1097 |
| 玉环市 | 530 | 353 | 177 | 1232 | 927 | 305 |
| **丽水市** | **3336** | **1909** | **1427** | **6398** | **3733** | **2665** |
| 莲都区 | 373 | 212 | 161 | 800 | 476 | 324 |
| 青田县 | 798 | 430 | 368 | 1866 | 1084 | 782 |
| 缙云县 | 670 | 387 | 283 | 1156 | 707 | 449 |
| 遂昌县 | 185 | 113 | 72 | 289 | 162 | 127 |
| 松阳县 | 302 | 193 | 109 | 477 | 278 | 199 |
| 云和县 | 108 | 68 | 40 | 182 | 109 | 73 |
| 庆元县 | 278 | 154 | 124 | 479 | 269 | 210 |
| 景宁畲族自治县 | 329 | 168 | 161 | 467 | 254 | 213 |
| 龙泉市 | 293 | 184 | 109 | 682 | 394 | 288 |

5-2c　续表 4　　　　　　　　　　　　　　　　　　　　　　　　　　单位：户

| 地　区 | 25-29岁 | | | 30-34岁 | | | 35-39岁 | | |
|---|---|---|---|---|---|---|---|---|---|
| | 小计 | 男 | 女 | 小计 | 男 | 女 | 小计 | 男 | 女 |
| **合计** | **132049** | **91360** | **40689** | **146830** | **106060** | **40770** | **120485** | **86644** | **33841** |
| **杭州市** | **14828** | **10733** | **4095** | **16431** | **12547** | **3884** | **12319** | **9446** | **2873** |
| 上城区 | | | | | | | | | |
| 下城区 | | | | | | | | | |
| 江干区 | | | | | | | | | |
| 拱墅区 | | | | | | | | | |
| 西湖区 | 490 | 267 | 223 | 328 | 186 | 142 | 186 | 125 | 61 |
| 滨江区 | | | | | | | | | |
| 萧山区 | 3744 | 2828 | 916 | 4739 | 3616 | 1123 | 3766 | 2817 | 949 |
| 余杭区 | 6427 | 4883 | 1544 | 7185 | 5778 | 1407 | 5321 | 4307 | 1014 |
| 富阳区 | 793 | 548 | 245 | 842 | 603 | 239 | 779 | 567 | 212 |
| 临安区 | 990 | 696 | 294 | 1077 | 836 | 241 | 822 | 636 | 186 |
| 桐庐县 | 432 | 297 | 135 | 486 | 340 | 146 | 343 | 241 | 102 |
| 淳安县 | 1068 | 653 | 415 | 906 | 593 | 313 | 594 | 397 | 197 |
| 建德市 | 884 | 561 | 323 | 868 | 595 | 273 | 508 | 356 | 152 |
| **宁波市** | **20754** | **15213** | **5541** | **24618** | **18581** | **6037** | **19888** | **14793** | **5095** |
| 海曙区 | 1202 | 882 | 320 | 1519 | 1106 | 413 | 1324 | 961 | 363 |
| 江北区 | 1221 | 939 | 282 | 1486 | 1142 | 344 | 1184 | 899 | 285 |
| 北仑区 | 3426 | 2642 | 784 | 4007 | 3170 | 837 | 3139 | 2445 | 694 |
| 镇海区 | 576 | 430 | 146 | 812 | 649 | 163 | 631 | 508 | 123 |
| 鄞州区 | 3579 | 2582 | 997 | 4472 | 3360 | 1112 | 3425 | 2511 | 914 |
| 奉化区 | 1606 | 1114 | 492 | 1937 | 1455 | 482 | 1610 | 1191 | 419 |
| 象山县 | 1245 | 879 | 366 | 1526 | 1153 | 373 | 1383 | 1069 | 314 |
| 宁海县 | 2042 | 1420 | 622 | 2211 | 1621 | 590 | 2154 | 1567 | 587 |
| 余姚市 | 1363 | 966 | 397 | 1406 | 976 | 430 | 1237 | 844 | 393 |
| 慈溪市 | 4494 | 3359 | 1135 | 5242 | 3949 | 1293 | 3801 | 2798 | 1003 |
| **温州市** | **25018** | **16273** | **8745** | **25054** | **17080** | **7974** | **22741** | **15521** | **7220** |
| 鹿城区 | 1053 | 730 | 323 | 1326 | 941 | 385 | 1308 | 923 | 385 |
| 龙湾区 | 18 | 13 | 5 | 29 | 23 | 6 | 17 | 11 | 6 |
| 瓯海区 | 1927 | 1283 | 644 | 2827 | 1917 | 910 | 2670 | 1844 | 826 |
| 洞头区 | 695 | 481 | 214 | 769 | 569 | 200 | 605 | 444 | 161 |
| 永嘉县 | 3636 | 2216 | 1420 | 2739 | 1766 | 973 | 2773 | 1911 | 862 |
| 平阳县 | 2822 | 1779 | 1043 | 2777 | 1882 | 895 | 2303 | 1588 | 715 |
| 苍南县 | 2149 | 1290 | 859 | 1860 | 1165 | 695 | 1705 | 1067 | 638 |
| 文成县 | 1419 | 885 | 534 | 1512 | 932 | 580 | 1771 | 1131 | 640 |
| 泰顺县 | 1467 | 945 | 522 | 1155 | 808 | 347 | 1194 | 792 | 402 |
| 瑞安市 | 4576 | 3051 | 1525 | 5256 | 3656 | 1600 | 4636 | 3155 | 1481 |
| 乐清市 | 5142 | 3535 | 1607 | 4714 | 3355 | 1359 | 3679 | 2597 | 1082 |
| 龙港市 | 114 | 65 | 49 | 90 | 66 | 24 | 80 | 58 | 22 |
| **嘉兴市** | **12565** | **8840** | **3725** | **16938** | **11907** | **5031** | **11713** | **8230** | **3483** |
| 南湖区 | 1240 | 941 | 299 | 1319 | 999 | 320 | 863 | 649 | 214 |
| 秀洲区 | 1588 | 1077 | 511 | 1984 | 1333 | 651 | 1478 | 967 | 511 |
| 嘉善县 | 1789 | 1297 | 492 | 2023 | 1466 | 557 | 1409 | 1050 | 359 |
| 海盐县 | 858 | 574 | 284 | 909 | 606 | 303 | 645 | 447 | 198 |
| 海宁市 | 3531 | 2451 | 1080 | 5889 | 4058 | 1831 | 4039 | 2847 | 1192 |
| 平湖市 | 1772 | 1273 | 499 | 2658 | 1979 | 679 | 1626 | 1139 | 487 |
| 桐乡市 | 1787 | 1227 | 560 | 2156 | 1466 | 690 | 1653 | 1131 | 522 |
| **湖州市** | **5177** | **3550** | **1627** | **6265** | **4486** | **1779** | **4567** | **3307** | **1260** |
| 吴兴区 | 1578 | 1060 | 518 | 2139 | 1518 | 621 | 1300 | 911 | 389 |
| 南浔区 | 992 | 666 | 326 | 1287 | 927 | 360 | 967 | 711 | 256 |
| 德清县 | 768 | 566 | 202 | 836 | 635 | 201 | 739 | 562 | 177 |
| 长兴县 | 684 | 434 | 250 | 655 | 465 | 190 | 539 | 376 | 163 |
| 安吉县 | 1155 | 824 | 331 | 1348 | 941 | 407 | 1022 | 747 | 275 |

5-2c 续表 5 单位：户

| 地 区 | 25-29岁 | | | 30-34岁 | | | 35-39岁 | | |
|---|---|---|---|---|---|---|---|---|---|
| | 小计 | 男 | 女 | 小计 | 男 | 女 | 小计 | 男 | 女 |
| **绍兴市** | **6859** | **4391** | **2468** | **7283** | **5109** | **2174** | **5637** | **3868** | **1769** |
| 越城区 | 790 | 527 | 263 | 870 | 650 | 220 | 714 | 487 | 227 |
| 柯桥区 | 1343 | 925 | 418 | 1778 | 1274 | 504 | 1189 | 834 | 355 |
| 上虞区 | 870 | 547 | 323 | 803 | 585 | 218 | 605 | 407 | 198 |
| 新昌县 | 622 | 381 | 241 | 817 | 553 | 264 | 870 | 612 | 258 |
| 诸暨市 | 1847 | 1147 | 700 | 1778 | 1228 | 550 | 1247 | 858 | 389 |
| 嵊州市 | 1387 | 864 | 523 | 1237 | 819 | 418 | 1012 | 670 | 342 |
| **金华市** | **18026** | **12780** | **5246** | **19592** | **14246** | **5346** | **15947** | **11488** | **4459** |
| 婺城区 | 1091 | 746 | 345 | 1095 | 808 | 287 | 1024 | 787 | 237 |
| 金东区 | 1900 | 1455 | 445 | 2178 | 1674 | 504 | 1681 | 1244 | 437 |
| 武义县 | 1916 | 1420 | 496 | 2166 | 1600 | 566 | 1712 | 1273 | 439 |
| 浦江县 | 2404 | 1607 | 797 | 2595 | 1747 | 848 | 2228 | 1525 | 703 |
| 磐安县 | 629 | 421 | 208 | 420 | 318 | 102 | 435 | 314 | 121 |
| 兰溪市 | 767 | 497 | 270 | 658 | 489 | 169 | 536 | 387 | 149 |
| 义乌市 | 4490 | 3104 | 1386 | 4844 | 3396 | 1448 | 3590 | 2505 | 1085 |
| 东阳市 | 2024 | 1475 | 549 | 2251 | 1680 | 571 | 2005 | 1465 | 540 |
| 永康市 | 2805 | 2055 | 750 | 3385 | 2534 | 851 | 2736 | 1988 | 748 |
| **衢州市** | **4487** | **3066** | **1421** | **3738** | **2768** | **970** | **3328** | **2402** | **926** |
| 柯城区 | 562 | 370 | 192 | 342 | 252 | 90 | 346 | 272 | 74 |
| 衢江区 | 798 | 580 | 218 | 613 | 467 | 146 | 587 | 436 | 151 |
| 常山县 | 698 | 496 | 202 | 606 | 452 | 154 | 543 | 400 | 143 |
| 开化县 | 604 | 406 | 198 | 509 | 355 | 154 | 447 | 307 | 140 |
| 龙游县 | 922 | 631 | 291 | 943 | 733 | 210 | 805 | 607 | 198 |
| 江山市 | 903 | 583 | 320 | 725 | 509 | 216 | 600 | 380 | 220 |
| **舟山市** | **2195** | **1670** | **525** | **3233** | **2548** | **685** | **2894** | **2337** | **557** |
| 定海区 | 855 | 698 | 157 | 1273 | 1006 | 267 | 1025 | 826 | 199 |
| 普陀区 | 813 | 578 | 235 | 1224 | 974 | 250 | 1136 | 907 | 229 |
| 岱山县 | 373 | 294 | 79 | 602 | 467 | 135 | 581 | 481 | 100 |
| 嵊泗县 | 154 | 100 | 54 | 134 | 101 | 33 | 152 | 123 | 29 |
| **台州市** | **14807** | **10189** | **4618** | **15530** | **11343** | **4187** | **13410** | **9749** | **3661** |
| 椒江区 | 1223 | 816 | 407 | 1477 | 1088 | 389 | 1260 | 914 | 346 |
| 黄岩区 | 1167 | 791 | 376 | 1179 | 918 | 261 | 1162 | 875 | 287 |
| 路桥区 | 1659 | 1256 | 403 | 1982 | 1484 | 498 | 1671 | 1231 | 440 |
| 三门县 | 861 | 594 | 267 | 921 | 690 | 231 | 859 | 656 | 203 |
| 天台县 | 1322 | 845 | 477 | 1150 | 726 | 424 | 1044 | 704 | 340 |
| 仙居县 | 1265 | 810 | 455 | 663 | 451 | 212 | 507 | 337 | 170 |
| 温岭市 | 2732 | 1945 | 787 | 3237 | 2410 | 827 | 2554 | 1873 | 681 |
| 临海市 | 3010 | 1978 | 1032 | 2814 | 1937 | 877 | 2528 | 1816 | 712 |
| 玉环市 | 1568 | 1154 | 414 | 2107 | 1639 | 468 | 1825 | 1343 | 482 |
| **丽水市** | **7333** | **4655** | **2678** | **8148** | **5445** | **2703** | **8041** | **5503** | **2538** |
| 莲都区 | 893 | 568 | 325 | 989 | 689 | 300 | 901 | 663 | 238 |
| 青田县 | 2658 | 1687 | 971 | 3422 | 2159 | 1263 | 3633 | 2343 | 1290 |
| 缙云县 | 1307 | 840 | 467 | 1283 | 937 | 346 | 1167 | 868 | 299 |
| 遂昌县 | 267 | 177 | 90 | 283 | 198 | 85 | 288 | 208 | 80 |
| 松阳县 | 486 | 333 | 153 | 504 | 359 | 145 | 434 | 299 | 135 |
| 云和县 | 211 | 133 | 78 | 233 | 169 | 64 | 245 | 169 | 76 |
| 庆元县 | 496 | 298 | 198 | 469 | 330 | 139 | 449 | 316 | 133 |
| 景宁畲族自治县 | 430 | 269 | 161 | 492 | 315 | 177 | 525 | 342 | 183 |
| 龙泉市 | 585 | 350 | 235 | 473 | 289 | 184 | 399 | 295 | 104 |

5−2c　续表 6　　　　单位：户

| 地　区 | 40−44岁 | | | 45−49岁 | | | 50−54岁 | | |
|---|---|---|---|---|---|---|---|---|---|
| | 小计 | 男 | 女 | 小计 | 男 | 女 | 小计 | 男 | 女 |
| **合计** | **129920** | **89521** | **40399** | **170769** | **113919** | **56850** | **194968** | **130825** | **64143** |
| **杭州市** | **12813** | **9173** | **3640** | **17561** | **11926** | **5635** | **21696** | **14944** | **6752** |
| 上城区 | | | | | | | | | |
| 下城区 | | | | | | | | | |
| 江干区 | | | | | | | | | |
| 拱墅区 | | | | | | | | | |
| 西湖区 | 117 | 69 | 48 | 134 | 90 | 44 | 155 | 96 | 59 |
| 滨江区 | | | | | | | | | |
| 萧山区 | 3676 | 2593 | 1083 | 4786 | 3259 | 1527 | 4542 | 3053 | 1489 |
| 余杭区 | 4965 | 3851 | 1114 | 5689 | 4233 | 1456 | 5269 | 4025 | 1244 |
| 富阳区 | 924 | 672 | 252 | 1504 | 1025 | 479 | 2032 | 1480 | 552 |
| 临安区 | 1048 | 750 | 298 | 1807 | 1205 | 602 | 2810 | 2012 | 798 |
| 桐庐县 | 489 | 311 | 178 | 848 | 547 | 301 | 1344 | 908 | 436 |
| 淳安县 | 977 | 566 | 411 | 1735 | 972 | 763 | 3267 | 1919 | 1348 |
| 建德市 | 617 | 361 | 256 | 1058 | 595 | 463 | 2277 | 1451 | 826 |
| **宁波市** | **20715** | **14410** | **6305** | **26820** | **18040** | **8780** | **28654** | **19582** | **9072** |
| 海曙区 | 1409 | 958 | 451 | 1812 | 1207 | 605 | 1798 | 1192 | 606 |
| 江北区 | 1145 | 849 | 296 | 1368 | 981 | 387 | 1366 | 951 | 415 |
| 北仑区 | 2877 | 2116 | 761 | 3420 | 2407 | 1013 | 3239 | 2366 | 873 |
| 镇海区 | 714 | 556 | 158 | 1074 | 824 | 250 | 1088 | 856 | 232 |
| 鄞州区 | 3569 | 2481 | 1088 | 4493 | 2987 | 1506 | 4332 | 3040 | 1292 |
| 奉化区 | 1871 | 1288 | 583 | 2474 | 1739 | 735 | 3151 | 2229 | 922 |
| 象山县 | 1508 | 1094 | 414 | 2369 | 1603 | 766 | 3218 | 2130 | 1088 |
| 宁海县 | 2266 | 1533 | 733 | 3054 | 1981 | 1073 | 3748 | 2441 | 1307 |
| 余姚市 | 1429 | 934 | 495 | 1826 | 1142 | 684 | 2043 | 1357 | 686 |
| 慈溪市 | 3927 | 2601 | 1326 | 4930 | 3169 | 1761 | 4671 | 3020 | 1651 |
| **温州市** | **24780** | **16411** | **8369** | **29789** | **19208** | **10581** | **28536** | **18497** | **10039** |
| 鹿城区 | 1253 | 849 | 404 | 1163 | 813 | 350 | 947 | 660 | 287 |
| 龙湾区 | 14 | 8 | 6 | 22 | 18 | 4 | 19 | 12 | 7 |
| 瓯海区 | 2589 | 1800 | 789 | 2651 | 1858 | 793 | 1932 | 1357 | 575 |
| 洞头区 | 542 | 392 | 150 | 631 | 427 | 204 | 705 | 444 | 261 |
| 永嘉县 | 3192 | 2210 | 982 | 3913 | 2584 | 1329 | 3768 | 2466 | 1302 |
| 平阳县 | 2829 | 1813 | 1016 | 3556 | 2257 | 1299 | 3537 | 2275 | 1262 |
| 苍南县 | 2009 | 1249 | 760 | 2536 | 1567 | 969 | 2816 | 1833 | 983 |
| 文成县 | 2036 | 1318 | 718 | 2295 | 1453 | 842 | 2364 | 1522 | 842 |
| 泰顺县 | 1493 | 969 | 524 | 2071 | 1384 | 687 | 2122 | 1409 | 713 |
| 瑞安市 | 4929 | 3243 | 1686 | 5933 | 3757 | 2176 | 5335 | 3446 | 1889 |
| 乐清市 | 3786 | 2490 | 1296 | 4874 | 2992 | 1882 | 4871 | 2991 | 1880 |
| 龙港市 | 108 | 70 | 38 | 144 | 98 | 46 | 120 | 82 | 38 |
| **嘉兴市** | **10665** | **7235** | **3430** | **12667** | **8391** | **4276** | **12940** | **9027** | **3913** |
| 南湖区 | 753 | 516 | 237 | 1010 | 700 | 310 | 998 | 729 | 269 |
| 秀洲区 | 1447 | 946 | 501 | 1838 | 1210 | 628 | 1814 | 1291 | 523 |
| 嘉善县 | 1287 | 937 | 350 | 1616 | 1107 | 509 | 1749 | 1270 | 479 |
| 海盐县 | 688 | 451 | 237 | 913 | 607 | 306 | 1258 | 894 | 364 |
| 海宁市 | 3568 | 2411 | 1157 | 3548 | 2288 | 1260 | 2931 | 1964 | 967 |
| 平湖市 | 1408 | 946 | 462 | 1931 | 1276 | 655 | 2387 | 1626 | 761 |
| 桐乡市 | 1514 | 1028 | 486 | 1811 | 1203 | 608 | 1803 | 1253 | 550 |
| **湖州市** | **4924** | **3460** | **1464** | **6743** | **4657** | **2086** | **8929** | **6361** | **2568** |
| 吴兴区 | 1385 | 1008 | 377 | 1688 | 1210 | 478 | 1975 | 1415 | 560 |
| 南浔区 | 1084 | 716 | 368 | 1429 | 957 | 472 | 1857 | 1279 | 578 |
| 德清县 | 717 | 538 | 179 | 932 | 682 | 250 | 1264 | 929 | 335 |
| 长兴县 | 665 | 473 | 192 | 1121 | 758 | 363 | 1702 | 1242 | 460 |
| 安吉县 | 1073 | 725 | 348 | 1573 | 1050 | 523 | 2131 | 1496 | 635 |

5-2c 续表 7

单位：户

| 地 区 | 40-44岁 | | | 45-49岁 | | | 50-54岁 | | |
|---|---|---|---|---|---|---|---|---|---|
| | 小计 | 男 | 女 | 小计 | 男 | 女 | 小计 | 男 | 女 |
| **绍兴市** | **7549** | **4980** | **2569** | **11454** | **7198** | **4256** | **16202** | **10275** | **5927** |
| 越城区 | 824 | 548 | 276 | 1183 | 715 | 468 | 1445 | 868 | 577 |
| 柯桥区 | 1339 | 868 | 471 | 1680 | 1050 | 630 | 2038 | 1298 | 740 |
| 上虞区 | 907 | 533 | 374 | 1737 | 953 | 784 | 2828 | 1588 | 1240 |
| 新昌县 | 1153 | 812 | 341 | 1459 | 1006 | 453 | 2218 | 1526 | 692 |
| 诸暨市 | 1947 | 1287 | 660 | 3162 | 2001 | 1161 | 4349 | 2643 | 1706 |
| 嵊州市 | 1379 | 932 | 447 | 2233 | 1473 | 760 | 3324 | 2352 | 972 |
| **金华市** | **16795** | **11587** | **5208** | **20298** | **13400** | **6898** | **23821** | **15397** | **8424** |
| 婺城区 | 1334 | 987 | 347 | 1685 | 1221 | 464 | 2230 | 1632 | 598 |
| 金东区 | 1867 | 1348 | 519 | 1999 | 1407 | 592 | 2298 | 1661 | 637 |
| 武义县 | 1739 | 1258 | 481 | 1995 | 1401 | 594 | 2438 | 1728 | 710 |
| 浦江县 | 2216 | 1430 | 786 | 2380 | 1499 | 881 | 2407 | 1473 | 934 |
| 磐安县 | 675 | 476 | 199 | 1090 | 713 | 377 | 1319 | 798 | 521 |
| 兰溪市 | 839 | 582 | 257 | 1563 | 1000 | 563 | 2921 | 1963 | 958 |
| 义乌市 | 3183 | 2123 | 1060 | 3498 | 2287 | 1211 | 3110 | 2025 | 1085 |
| 东阳市 | 2121 | 1372 | 749 | 3279 | 1913 | 1366 | 4316 | 2318 | 1998 |
| 永康市 | 2821 | 2011 | 810 | 2809 | 1959 | 850 | 2782 | 1799 | 983 |
| **衢州市** | **4644** | **3212** | **1432** | **7818** | **5139** | **2679** | **11593** | **7541** | **4052** |
| 柯城区 | 348 | 257 | 91 | 641 | 439 | 202 | 902 | 607 | 295 |
| 衢江区 | 662 | 464 | 198 | 1196 | 862 | 334 | 1996 | 1431 | 565 |
| 常山县 | 796 | 537 | 259 | 1147 | 742 | 405 | 1768 | 1109 | 659 |
| 开化县 | 770 | 502 | 268 | 1403 | 781 | 622 | 2015 | 1090 | 925 |
| 龙游县 | 1149 | 809 | 340 | 1749 | 1213 | 536 | 2402 | 1649 | 753 |
| 江山市 | 919 | 643 | 276 | 1682 | 1102 | 580 | 2510 | 1655 | 855 |
| **舟山市** | **2971** | **2327** | **644** | **4226** | **3203** | **1023** | **5352** | **4050** | **1302** |
| 定海区 | 1055 | 828 | 227 | 1593 | 1212 | 381 | 1889 | 1372 | 517 |
| 普陀区 | 1205 | 923 | 282 | 1621 | 1212 | 409 | 2121 | 1645 | 476 |
| 岱山县 | 580 | 471 | 109 | 742 | 573 | 169 | 968 | 750 | 218 |
| 嵊泗县 | 131 | 105 | 26 | 270 | 206 | 64 | 374 | 283 | 91 |
| **台州市** | **14444** | **10092** | **4352** | **20837** | **14063** | **6774** | **23272** | **15483** | **7789** |
| 椒江区 | 1107 | 789 | 318 | 1449 | 1026 | 423 | 1367 | 972 | 395 |
| 黄岩区 | 1139 | 821 | 318 | 1671 | 1140 | 531 | 1958 | 1293 | 665 |
| 路桥区 | 1647 | 1172 | 475 | 2142 | 1491 | 651 | 1968 | 1390 | 578 |
| 三门县 | 924 | 637 | 287 | 1567 | 1051 | 516 | 1837 | 1175 | 662 |
| 天台县 | 1330 | 929 | 401 | 1823 | 1243 | 580 | 2389 | 1547 | 842 |
| 仙居县 | 664 | 431 | 233 | 1324 | 865 | 459 | 1826 | 1225 | 601 |
| 温岭市 | 2808 | 1928 | 880 | 3901 | 2560 | 1341 | 4472 | 2954 | 1518 |
| 临海市 | 2806 | 1939 | 867 | 4366 | 2932 | 1434 | 4989 | 3186 | 1803 |
| 玉环市 | 2019 | 1446 | 573 | 2594 | 1755 | 839 | 2466 | 1741 | 725 |
| **丽水市** | **9620** | **6634** | **2986** | **12556** | **8694** | **3862** | **13973** | **9668** | **4305** |
| 莲都区 | 977 | 679 | 298 | 1397 | 976 | 421 | 1768 | 1307 | 461 |
| 青田县 | 4176 | 2698 | 1478 | 4404 | 2946 | 1458 | 3828 | 2564 | 1264 |
| 缙云县 | 1522 | 1177 | 345 | 2047 | 1505 | 542 | 2321 | 1589 | 732 |
| 遂昌县 | 406 | 283 | 123 | 831 | 579 | 252 | 1230 | 833 | 397 |
| 松阳县 | 605 | 430 | 175 | 1049 | 727 | 322 | 1327 | 967 | 360 |
| 云和县 | 260 | 192 | 68 | 406 | 295 | 111 | 486 | 347 | 139 |
| 庆元县 | 489 | 354 | 135 | 641 | 418 | 223 | 727 | 455 | 272 |
| 景宁畲族自治县 | 650 | 436 | 214 | 792 | 542 | 250 | 915 | 633 | 282 |
| 龙泉市 | 535 | 385 | 150 | 989 | 706 | 283 | 1371 | 973 | 398 |

5-2c 续表 8

单位：户

| 地 区 | 55-59岁 | | | 60-64岁 | | | 65岁及以上 | | |
|---|---|---|---|---|---|---|---|---|---|
| | 小计 | 男 | 女 | 小计 | 男 | 女 | 小计 | 男 | 女 |
| **合计** | **178594** | **120113** | **58481** | **150993** | **95827** | **55166** | **717518** | **271775** | **445743** |
| **杭州市** | **21954** | **15425** | **6529** | **16570** | **11084** | **5486** | **64973** | **24743** | **40230** |
| 上城区 | | | | | | | | | |
| 下城区 | | | | | | | | | |
| 江干区 | | | | | | | | | |
| 拱墅区 | | | | | | | | | |
| 西湖区 | 152 | 102 | 50 | 104 | 57 | 47 | 470 | 174 | 296 |
| 滨江区 | | | | | | | | | |
| 萧山区 | 3342 | 2312 | 1030 | 2266 | 1485 | 781 | 9760 | 3615 | 6145 |
| 余杭区 | 3874 | 3012 | 862 | 2087 | 1516 | 571 | 5885 | 2654 | 3231 |
| 富阳区 | 2382 | 1772 | 610 | 2061 | 1448 | 613 | 9523 | 3610 | 5913 |
| 临安区 | 3379 | 2354 | 1025 | 2796 | 1832 | 964 | 10501 | 3700 | 6801 |
| 桐庐县 | 1732 | 1182 | 550 | 1485 | 966 | 519 | 7093 | 2559 | 4534 |
| 淳安县 | 4161 | 2689 | 1472 | 3299 | 2146 | 1153 | 12301 | 4556 | 7745 |
| 建德市 | 2932 | 2002 | 930 | 2472 | 1634 | 838 | 9440 | 3875 | 5565 |
| **宁波市** | **22970** | **15794** | **7176** | **18816** | **11722** | **7094** | **89051** | **30395** | **58656** |
| 海曙区 | 1510 | 999 | 511 | 1187 | 718 | 469 | 6199 | 1898 | 4301 |
| 江北区 | 1043 | 748 | 295 | 707 | 450 | 257 | 3495 | 1253 | 2242 |
| 北仑区 | 2384 | 1755 | 629 | 1665 | 1078 | 587 | 6967 | 2528 | 4439 |
| 镇海区 | 730 | 595 | 135 | 400 | 289 | 111 | 1744 | 588 | 1156 |
| 鄞州区 | 3039 | 2147 | 892 | 2039 | 1299 | 740 | 9933 | 3317 | 6616 |
| 奉化区 | 2702 | 1932 | 770 | 2673 | 1764 | 909 | 13104 | 4694 | 8410 |
| 象山县 | 3289 | 2145 | 1144 | 2956 | 1828 | 1128 | 12803 | 4534 | 8269 |
| 宁海县 | 3202 | 2060 | 1142 | 2903 | 1792 | 1111 | 13903 | 4874 | 9029 |
| 余姚市 | 2173 | 1472 | 701 | 2277 | 1332 | 945 | 10890 | 3656 | 7234 |
| 慈溪市 | 2898 | 1941 | 957 | 2009 | 1172 | 837 | 10013 | 3053 | 6960 |
| **温州市** | **23262** | **14502** | **8760** | **18991** | **11088** | **7903** | **100566** | **39909** | **60657** |
| 鹿城区 | 690 | 453 | 237 | 436 | 246 | 190 | 2407 | 925 | 1482 |
| 龙湾区 | 12 | 7 | 5 | 3 | 3 | | 17 | 9 | 8 |
| 瓯海区 | 1164 | 812 | 352 | 717 | 443 | 274 | 3320 | 1268 | 2052 |
| 洞头区 | 661 | 381 | 280 | 556 | 252 | 304 | 2262 | 622 | 1640 |
| 永嘉县 | 3346 | 1981 | 1365 | 2990 | 1635 | 1355 | 15695 | 6176 | 9519 |
| 平阳县 | 2980 | 1928 | 1052 | 2697 | 1638 | 1059 | 14522 | 5901 | 8621 |
| 苍南县 | 2442 | 1483 | 959 | 2293 | 1368 | 925 | 13365 | 5391 | 7974 |
| 文成县 | 2107 | 1351 | 756 | 1567 | 1020 | 547 | 7762 | 4043 | 3719 |
| 泰顺县 | 1721 | 1128 | 593 | 1673 | 1068 | 605 | 7181 | 3792 | 3389 |
| 瑞安市 | 4093 | 2636 | 1457 | 2896 | 1812 | 1084 | 14615 | 5672 | 8943 |
| 乐清市 | 3926 | 2284 | 1642 | 3068 | 1548 | 1520 | 18710 | 5915 | 12795 |
| 龙港市 | 120 | 58 | 62 | 95 | 55 | 40 | 710 | 195 | 515 |
| **嘉兴市** | **12551** | **9348** | **3203** | **9718** | **6968** | **2750** | **34831** | **16087** | **18744** |
| 南湖区 | 896 | 690 | 206 | 678 | 496 | 182 | 2290 | 1079 | 1211 |
| 秀洲区 | 1683 | 1243 | 440 | 1208 | 821 | 387 | 5156 | 2405 | 2751 |
| 嘉善县 | 1610 | 1221 | 389 | 1067 | 780 | 287 | 5316 | 2366 | 2950 |
| 海盐县 | 1608 | 1198 | 410 | 1218 | 846 | 372 | 4052 | 1717 | 2335 |
| 海宁市 | 2384 | 1726 | 658 | 1706 | 1221 | 485 | 5444 | 2485 | 2959 |
| 平湖市 | 2472 | 1832 | 640 | 2061 | 1472 | 589 | 6250 | 2998 | 3252 |
| 桐乡市 | 1898 | 1438 | 460 | 1780 | 1332 | 448 | 6323 | 3037 | 3286 |
| **湖州市** | **9802** | **7216** | **2586** | **8177** | **5837** | **2340** | **34976** | **15136** | **19840** |
| 吴兴区 | 1957 | 1458 | 499 | 1473 | 1044 | 429 | 6793 | 2907 | 3886 |
| 南浔区 | 2326 | 1726 | 600 | 2191 | 1626 | 565 | 9929 | 4693 | 5236 |
| 德清县 | 1548 | 1189 | 359 | 1351 | 992 | 359 | 4317 | 1941 | 2376 |
| 长兴县 | 1859 | 1327 | 532 | 1548 | 1076 | 472 | 7588 | 3033 | 4555 |
| 安吉县 | 2112 | 1516 | 596 | 1614 | 1099 | 515 | 6349 | 2562 | 3787 |

5-2c 续表 9　　单位：户

| 地区 | 55-59岁 | | | 60-64岁 | | | 65岁及以上 | | |
|---|---|---|---|---|---|---|---|---|---|
| | 小计 | 男 | 女 | 小计 | 男 | 女 | 小计 | 男 | 女 |
| **绍兴市** | **18133** | **11669** | **6464** | **18619** | **11941** | **6678** | **87968** | **32890** | **55078** |
| 越城区 | 1264 | 753 | 511 | 1107 | 637 | 470 | 7272 | 2503 | 4769 |
| 柯桥区 | 1808 | 1124 | 684 | 1642 | 1022 | 620 | 9021 | 3033 | 5988 |
| 上虞区 | 3261 | 1934 | 1327 | 3495 | 2172 | 1323 | 15270 | 5512 | 9758 |
| 新昌县 | 2764 | 1858 | 906 | 3198 | 2044 | 1154 | 13020 | 5062 | 7958 |
| 诸暨市 | 4905 | 3061 | 1844 | 4912 | 3107 | 1805 | 26306 | 9705 | 16601 |
| 嵊州市 | 4131 | 2939 | 1192 | 4265 | 2959 | 1306 | 17079 | 7075 | 10004 |
| **金华市** | **20963** | **13353** | **7610** | **16506** | **9898** | **6608** | **93413** | **32241** | **61172** |
| 婺城区 | 2299 | 1614 | 685 | 2032 | 1256 | 776 | 11073 | 3469 | 7604 |
| 金东区 | 1858 | 1319 | 539 | 1387 | 843 | 544 | 8294 | 2546 | 5748 |
| 武义县 | 2051 | 1422 | 629 | 1613 | 1025 | 588 | 8665 | 3289 | 5376 |
| 浦江县 | 1962 | 1186 | 776 | 1503 | 827 | 676 | 9597 | 3038 | 6559 |
| 磐安县 | 1302 | 760 | 542 | 1066 | 581 | 485 | 5823 | 2162 | 3661 |
| 兰溪市 | 3156 | 2165 | 991 | 2792 | 1940 | 852 | 13097 | 5473 | 7624 |
| 义乌市 | 2340 | 1530 | 810 | 1606 | 919 | 687 | 10284 | 3647 | 6637 |
| 东阳市 | 3767 | 2005 | 1762 | 2821 | 1560 | 1261 | 15475 | 5043 | 10432 |
| 永康市 | 2228 | 1352 | 876 | 1686 | 947 | 739 | 11105 | 3574 | 7531 |
| **衢州市** | **12546** | **8519** | **4027** | **12192** | **8128** | **4064** | **51330** | **21592** | **29738** |
| 柯城区 | 1000 | 695 | 305 | 1081 | 728 | 353 | 4806 | 2146 | 2660 |
| 衢江区 | 2388 | 1735 | 653 | 2487 | 1772 | 715 | 9910 | 4792 | 5118 |
| 常山县 | 1744 | 1156 | 588 | 1623 | 1070 | 553 | 6701 | 2700 | 4001 |
| 开化县 | 2090 | 1222 | 868 | 1911 | 1132 | 779 | 6995 | 2523 | 4472 |
| 龙游县 | 2538 | 1754 | 784 | 2326 | 1503 | 823 | 11383 | 4503 | 6880 |
| 江山市 | 2786 | 1957 | 829 | 2764 | 1923 | 841 | 11535 | 4928 | 6607 |
| **舟山市** | **5535** | **4008** | **1527** | **5115** | **3130** | **1985** | **20884** | **6574** | **14310** |
| 定海区 | 1883 | 1405 | 478 | 1720 | 1094 | 626 | 7453 | 2661 | 4792 |
| 普陀区 | 1990 | 1447 | 543 | 1696 | 1022 | 674 | 6587 | 2042 | 4545 |
| 岱山县 | 1198 | 825 | 373 | 1281 | 768 | 513 | 5235 | 1465 | 3770 |
| 嵊泗县 | 464 | 331 | 133 | 418 | 246 | 172 | 1609 | 406 | 1203 |
| **台州市** | **18468** | **11923** | **6545** | **16216** | **9499** | **6717** | **92613** | **31127** | **61486** |
| 椒江区 | 892 | 626 | 266 | 605 | 339 | 266 | 3932 | 1315 | 2617 |
| 黄岩区 | 1750 | 1115 | 635 | 1591 | 926 | 665 | 9580 | 3132 | 6448 |
| 路桥区 | 1269 | 874 | 395 | 752 | 447 | 305 | 4706 | 1589 | 3117 |
| 三门县 | 1574 | 953 | 621 | 1523 | 829 | 694 | 7857 | 2448 | 5409 |
| 天台县 | 2385 | 1543 | 842 | 2422 | 1419 | 1003 | 12029 | 4229 | 7800 |
| 仙居县 | 1710 | 1105 | 605 | 1719 | 1120 | 599 | 8738 | 3345 | 5393 |
| 温岭市 | 3382 | 2182 | 1200 | 3045 | 1682 | 1363 | 21502 | 6879 | 14623 |
| 临海市 | 3966 | 2452 | 1514 | 3632 | 2186 | 1446 | 19031 | 6556 | 12475 |
| 玉环市 | 1540 | 1073 | 467 | 927 | 551 | 376 | 5238 | 1634 | 3604 |
| **丽水市** | **12410** | **8356** | **4054** | **10073** | **6532** | **3541** | **46913** | **21081** | **25832** |
| 莲都区 | 1578 | 1123 | 455 | 1234 | 849 | 385 | 6187 | 2762 | 3425 |
| 青田县 | 2990 | 1930 | 1060 | 2169 | 1377 | 792 | 8684 | 3707 | 4977 |
| 缙云县 | 2164 | 1449 | 715 | 2062 | 1297 | 765 | 10773 | 4124 | 6649 |
| 遂昌县 | 1227 | 852 | 375 | 1131 | 789 | 342 | 4250 | 2109 | 2141 |
| 松阳县 | 1207 | 822 | 385 | 1016 | 665 | 351 | 4406 | 1979 | 2427 |
| 云和县 | 472 | 312 | 160 | 359 | 243 | 116 | 1794 | 971 | 823 |
| 庆元县 | 727 | 461 | 266 | 552 | 289 | 263 | 2985 | 1366 | 1619 |
| 景宁畲族自治县 | 848 | 581 | 267 | 659 | 428 | 231 | 2713 | 1502 | 1211 |
| 龙泉市 | 1197 | 826 | 371 | 891 | 595 | 296 | 5121 | 2561 | 2560 |

# 5-3　各地区家庭户中民族混合户户数

单位：户、%

| 地　区 | 家庭户户　数 | 单一民族户 | | 二个民族户 | | 三个民族户 | | 四个及以上民族户 | |
|---|---|---|---|---|---|---|---|---|---|
| | | 户数 | 占家庭户比重 | 户数 | 占家庭户比重 | 户数 | 占家庭户比重 | 户数 | 占家庭户比重 |
| **合计** | **25008606** | **24603008** | **98.38** | **397474** | **1.59** | **7634** | **0.03** | **490** | |
| **杭州市** | **4435927** | **4376932** | **98.67** | **58351** | **1.32** | **622** | **0.01** | **22** | |
| 上城区 | 130550 | 129505 | 99.20 | 1028 | 0.79 | 17 | 0.01 | | |
| 下城区 | 185118 | 183373 | 99.06 | 1712 | 0.92 | 33 | 0.02 | | |
| 江干区 | 501905 | 497387 | 99.10 | 4486 | 0.89 | 31 | 0.01 | 1 | |
| 拱墅区 | 243511 | 241185 | 99.04 | 2303 | 0.95 | 23 | 0.01 | | |
| 西湖区 | 371991 | 368085 | 98.95 | 3871 | 1.04 | 35 | 0.01 | | |
| 滨江区 | 165654 | 163389 | 98.63 | 2219 | 1.34 | 44 | 0.03 | 2 | |
| 萧山区 | 842362 | 826621 | 98.13 | 15561 | 1.85 | 174 | 0.02 | 6 | |
| 余杭区 | 952450 | 940915 | 98.79 | 11433 | 1.20 | 99 | 0.01 | 3 | |
| 富阳区 | 301415 | 296071 | 98.23 | 5255 | 1.74 | 83 | 0.03 | 6 | |
| 临安区 | 244625 | 240972 | 98.51 | 3630 | 1.48 | 22 | 0.01 | 1 | |
| 桐庐县 | 177731 | 173751 | 97.76 | 3941 | 2.22 | 38 | 0.02 | 1 | |
| 淳安县 | 146646 | 145895 | 99.49 | 748 | 0.51 | 3 | | | |
| 建德市 | 171969 | 169783 | 98.73 | 2164 | 1.26 | 20 | 0.01 | 2 | |
| **宁波市** | **3932712** | **3868986** | **98.38** | **62644** | **1.59** | **1047** | **0.03** | **35** | |
| 海曙区 | 429765 | 424492 | 98.77 | 5183 | 1.21 | 87 | 0.02 | 3 | |
| 江北区 | 200572 | 198430 | 98.93 | 2090 | 1.04 | 51 | 0.03 | 1 | |
| 北仑区 | 356755 | 351461 | 98.52 | 5218 | 1.46 | 74 | 0.02 | 2 | |
| 镇海区 | 217598 | 214423 | 98.54 | 3139 | 1.44 | 32 | 0.01 | 4 | |
| 鄞州区 | 656977 | 649812 | 98.91 | 7057 | 1.07 | 105 | 0.02 | 3 | |
| 奉化区 | 243392 | 239402 | 98.36 | 3844 | 1.58 | 145 | 0.06 | 1 | |
| 象山县 | 248090 | 246594 | 99.40 | 1486 | 0.60 | 10 | | | |
| 宁海县 | 304001 | 300222 | 98.76 | 3721 | 1.22 | 57 | 0.02 | 1 | |
| 余姚市 | 512274 | 499029 | 97.41 | 12966 | 2.53 | 266 | 0.05 | 13 | |
| 慈溪市 | 763288 | 745121 | 97.62 | 17940 | 2.35 | 220 | 0.03 | 7 | |
| **温州市** | **3662213** | **3594306** | **98.15** | **66219** | **1.81** | **1552** | **0.04** | **136** | |
| 鹿城区 | 445227 | 438278 | 98.44 | 6749 | 1.52 | 161 | 0.04 | 39 | 0.01 |
| 龙湾区 | 260653 | 253709 | 97.34 | 6836 | 2.62 | 100 | 0.04 | 8 | |
| 瓯海区 | 353336 | 347538 | 98.36 | 5631 | 1.59 | 160 | 0.05 | 7 | |
| 洞头区 | 52359 | 51099 | 97.59 | 1212 | 2.31 | 40 | 0.08 | 8 | 0.02 |
| 永嘉县 | 324380 | 320719 | 98.87 | 3541 | 1.09 | 109 | 0.03 | 11 | |
| 平阳县 | 335523 | 327942 | 97.74 | 7374 | 2.20 | 193 | 0.06 | 14 | |
| 苍南县 | 312559 | 306018 | 97.91 | 6442 | 2.06 | 96 | 0.03 | 3 | |
| 文成县 | 115523 | 113230 | 98.02 | 2281 | 1.97 | 12 | 0.01 | | |
| 泰顺县 | 111839 | 109107 | 97.56 | 2706 | 2.42 | 21 | 0.02 | 5 | |
| 瑞安市 | 583733 | 571618 | 97.92 | 11643 | 1.99 | 442 | 0.08 | 30 | 0.01 |
| 乐清市 | 603363 | 593416 | 98.35 | 9765 | 1.62 | 174 | 0.03 | 8 | |
| 龙港市 | 163718 | 161632 | 98.73 | 2039 | 1.25 | 44 | 0.03 | 3 | |
| **嘉兴市** | **2029982** | **1999856** | **98.52** | **29721** | **1.46** | **394** | **0.02** | **11** | |
| 南湖区 | 319065 | 315217 | 98.79 | 3815 | 1.20 | 32 | 0.01 | 1 | |
| 秀洲区 | 253962 | 249124 | 98.09 | 4740 | 1.87 | 94 | 0.04 | 4 | |
| 嘉善县 | 256527 | 252217 | 98.32 | 4239 | 1.65 | 68 | 0.03 | 3 | |
| 海盐县 | 166916 | 165426 | 99.11 | 1467 | 0.88 | 22 | 0.01 | 1 | |
| 海宁市 | 402359 | 396770 | 98.61 | 5530 | 1.37 | 59 | 0.01 | | |
| 平湖市 | 256354 | 253335 | 98.82 | 2991 | 1.17 | 28 | 0.01 | | |
| 桐乡市 | 374799 | 367767 | 98.12 | 6939 | 1.85 | 91 | 0.02 | 2 | |
| **湖州市** | **1197973** | **1179104** | **98.42** | **18367** | **1.53** | **460** | **0.04** | **42** | |
| 吴兴区 | 335671 | 331915 | 98.88 | 3668 | 1.09 | 83 | 0.02 | 5 | |
| 南浔区 | 209372 | 205854 | 98.32 | 3442 | 1.64 | 74 | 0.04 | 2 | |
| 德清县 | 185013 | 181491 | 98.10 | 3436 | 1.86 | 80 | 0.04 | 6 | |
| 长兴县 | 250093 | 247484 | 98.96 | 2566 | 1.03 | 39 | 0.02 | 4 | |
| 安吉县 | 217824 | 212360 | 97.49 | 5255 | 2.41 | 184 | 0.08 | 25 | 0.01 |

5-3 续表

单位：户、%

| 地　　区 | 家庭户户　数 | 单一民族户 | | 二个民族户 | | 三个民族户 | | 四个及以上民族户 | |
|---|---|---|---|---|---|---|---|---|---|
| | | 户数 | 占家庭户比重 | 户数 | 占家庭户比重 | 户数 | 占家庭户比重 | 户数 | 占家庭户比重 |
| **绍兴市** | **2005360** | **1978634** | **98.67** | **25986** | **1.30** | **683** | **0.03** | **57** | |
| 越城区 | 373968 | 370062 | 98.96 | 3836 | 1.03 | 68 | 0.02 | 2 | |
| 柯桥区 | 414436 | 405428 | 97.83 | 8879 | 2.14 | 126 | 0.03 | 3 | |
| 上虞区 | 327020 | 322283 | 98.55 | 4600 | 1.41 | 127 | 0.04 | 10 | |
| 新昌县 | 172387 | 171453 | 99.46 | 911 | 0.53 | 19 | 0.01 | 4 | |
| 诸暨市 | 439757 | 434106 | 98.71 | 5348 | 1.22 | 276 | 0.06 | 27 | 0.01 |
| 嵊州市 | 277792 | 275302 | 99.10 | 2412 | 0.87 | 67 | 0.02 | 11 | |
| **金华市** | **2830918** | **2768242** | **97.79** | **60556** | **2.14** | **1977** | **0.07** | **143** | **0.01** |
| 婺城区 | 377314 | 370594 | 98.22 | 6621 | 1.75 | 93 | 0.02 | 6 | |
| 金东区 | 195230 | 190700 | 97.68 | 4226 | 2.16 | 275 | 0.14 | 29 | 0.01 |
| 武义县 | 200628 | 191865 | 95.63 | 8629 | 4.30 | 132 | 0.07 | 2 | |
| 浦江县 | 182596 | 178914 | 97.98 | 3533 | 1.93 | 135 | 0.07 | 14 | 0.01 |
| 磐安县 | 79138 | 78402 | 99.07 | 728 | 0.92 | 8 | 0.01 | | |
| 兰溪市 | 224501 | 221798 | 98.80 | 2670 | 1.19 | 28 | 0.01 | 5 | |
| 义乌市 | 748257 | 733579 | 98.04 | 14094 | 1.88 | 556 | 0.07 | 28 | |
| 东阳市 | 435653 | 426416 | 97.88 | 9037 | 2.07 | 188 | 0.04 | 12 | |
| 永康市 | 387601 | 375974 | 97.00 | 11018 | 2.84 | 562 | 0.14 | 47 | 0.01 |
| **衢州市** | **916430** | **904126** | **98.66** | **12242** | **1.34** | **60** | **0.01** | **2** | |
| 柯城区 | 197414 | 194430 | 98.49 | 2967 | 1.50 | 16 | 0.01 | 1 | |
| 衢江区 | 144671 | 142485 | 98.49 | 2173 | 1.50 | 13 | 0.01 | | |
| 常山县 | 109104 | 108238 | 99.21 | 862 | 0.79 | 4 | | | |
| 开化县 | 109504 | 108535 | 99.12 | 963 | 0.88 | 6 | 0.01 | | |
| 龙游县 | 157781 | 154276 | 97.78 | 3494 | 2.21 | 11 | 0.01 | | |
| 江山市 | 197956 | 196162 | 99.09 | 1783 | 0.90 | 10 | 0.01 | 1 | |
| **舟山市** | **489082** | **486604** | **99.49** | **2445** | **0.50** | **29** | **0.01** | **4** | |
| 定海区 | 208734 | 207706 | 99.51 | 1008 | 0.48 | 19 | 0.01 | 1 | |
| 普陀区 | 166776 | 165859 | 99.45 | 912 | 0.55 | 5 | | | |
| 岱山县 | 82444 | 82100 | 99.58 | 338 | 0.41 | 3 | | 3 | |
| 嵊泗县 | 31128 | 30939 | 99.39 | 187 | 0.60 | 2 | 0.01 | | |
| **台州市** | **2510062** | **2475790** | **98.63** | **33581** | **1.34** | **665** | **0.03** | **26** | |
| 椒江区 | 287887 | 285123 | 99.04 | 2733 | 0.95 | 29 | 0.01 | 2 | |
| 黄岩区 | 260913 | 257949 | 98.86 | 2888 | 1.11 | 74 | 0.03 | 2 | |
| 路桥区 | 231778 | 228427 | 98.55 | 3251 | 1.40 | 94 | 0.04 | 6 | |
| 三门县 | 149711 | 148465 | 99.17 | 1237 | 0.83 | 7 | | 2 | |
| 天台县 | 178608 | 177903 | 99.61 | 692 | 0.39 | 10 | 0.01 | 3 | |
| 仙居县 | 154647 | 153615 | 99.33 | 1021 | 0.66 | 10 | 0.01 | 1 | |
| 温岭市 | 575879 | 563885 | 97.92 | 11683 | 2.03 | 303 | 0.05 | 8 | |
| 临海市 | 404502 | 400241 | 98.95 | 4196 | 1.04 | 64 | 0.02 | 1 | |
| 玉环市 | 266137 | 260182 | 97.76 | 5880 | 2.21 | 74 | 0.03 | 1 | |
| **丽水市** | **997947** | **970428** | **97.24** | **27362** | **2.74** | **145** | **0.01** | **12** | |
| 莲都区 | 207310 | 198986 | 95.98 | 8272 | 3.99 | 50 | 0.02 | 2 | |
| 青田县 | 203422 | 201997 | 99.30 | 1409 | 0.69 | 12 | 0.01 | 4 | |
| 缙云县 | 171575 | 170002 | 99.08 | 1554 | 0.91 | 19 | 0.01 | | |
| 遂昌县 | 78203 | 73753 | 94.31 | 4439 | 5.68 | 10 | 0.01 | 1 | |
| 松阳县 | 81817 | 79870 | 97.62 | 1935 | 2.37 | 11 | 0.01 | 1 | |
| 云和县 | 52929 | 49727 | 93.95 | 3179 | 6.01 | 20 | 0.04 | 3 | 0.01 |
| 庆元县 | 58774 | 58052 | 98.77 | 720 | 1.23 | 2 | | | |
| 景宁畲族自治县 | 47298 | 44543 | 94.18 | 2744 | 5.80 | 10 | 0.02 | 1 | |
| 龙泉市 | 96619 | 93498 | 96.77 | 3110 | 3.22 | 11 | 0.01 | | |

# 5-3a 各地区家庭户中民族混合户户数(城市)

单位：户、%

| 地 区 | 家庭户户 数 | 单一民族户 | | 二个民族户 | | 三个民族户 | | 四个及以上民族户 | |
|---|---|---|---|---|---|---|---|---|---|
| | | 户数 | 占家庭户比重 | 户数 | 占家庭户比重 | 户数 | 占家庭户比重 | 户数 | 占家庭户比重 |
| **合计** | **12575815** | **12397461** | **98.58** | **175947** | **1.40** | **2271** | **0.02** | **136** | |
| **杭州市** | **3262706** | **3224816** | **98.84** | **37475** | **1.15** | **400** | **0.01** | **15** | |
| 上城区 | 130550 | 129505 | 99.20 | 1028 | 0.79 | 17 | 0.01 | | |
| 下城区 | 185118 | 183373 | 99.06 | 1712 | 0.92 | 33 | 0.02 | | |
| 江干区 | 501905 | 497387 | 99.10 | 4486 | 0.89 | 31 | 0.01 | 1 | |
| 拱墅区 | 243511 | 241185 | 99.04 | 2303 | 0.95 | 23 | 0.01 | | |
| 西湖区 | 362236 | 358447 | 98.95 | 3754 | 1.04 | 35 | 0.01 | | |
| 滨江区 | 165654 | 163389 | 98.63 | 2219 | 1.34 | 44 | 0.03 | 2 | |
| 萧山区 | 626907 | 616998 | 98.42 | 9801 | 1.56 | 103 | 0.02 | 5 | |
| 余杭区 | 681600 | 674393 | 98.94 | 7153 | 1.05 | 54 | 0.01 | | |
| 富阳区 | 198994 | 195824 | 98.41 | 3114 | 1.56 | 50 | 0.03 | 6 | |
| 临安区 | 111543 | 110155 | 98.76 | 1383 | 1.24 | 5 | | | |
| 桐庐县 | | | | | | | | | |
| 淳安县 | | | | | | | | | |
| 建德市 | 54688 | 54160 | 99.03 | 522 | 0.95 | 5 | 0.01 | 1 | |
| **宁波市** | **2222813** | **2190150** | **98.53** | **32234** | **1.45** | **413** | **0.02** | **16** | |
| 海曙区 | 356863 | 353078 | 98.94 | 3733 | 1.05 | 51 | 0.01 | 1 | |
| 江北区 | 161770 | 160398 | 99.15 | 1360 | 0.84 | 12 | 0.01 | | |
| 北仑区 | 246778 | 243414 | 98.64 | 3320 | 1.35 | 44 | 0.02 | | |
| 镇海区 | 177304 | 175031 | 98.72 | 2250 | 1.27 | 21 | 0.01 | 2 | |
| 鄞州区 | 399605 | 397019 | 99.35 | 2556 | 0.64 | 29 | 0.01 | 1 | |
| 奉化区 | 116323 | 115048 | 98.90 | 1256 | 1.08 | 19 | 0.02 | | |
| 象山县 | | | | | | | | | |
| 宁海县 | | | | | | | | | |
| 余姚市 | 314900 | 306862 | 97.45 | 7902 | 2.51 | 126 | 0.04 | 10 | |
| 慈溪市 | 449270 | 439300 | 97.78 | 9857 | 2.19 | 111 | 0.02 | 2 | |
| **温州市** | **1769585** | **1740659** | **98.37** | **28452** | **1.61** | **435** | **0.02** | **39** | |
| 鹿城区 | 406436 | 400518 | 98.54 | 5832 | 1.43 | 75 | 0.02 | 11 | |
| 龙湾区 | 168884 | 165209 | 97.82 | 3614 | 2.13 | 56 | 0.03 | 5 | |
| 瓯海区 | 284519 | 280276 | 98.51 | 4185 | 1.47 | 56 | 0.02 | 2 | |
| 洞头区 | 24968 | 24322 | 97.41 | 644 | 2.58 | | | 2 | 0.01 |
| 永嘉县 | | | | | | | | | |
| 平阳县 | | | | | | | | | |
| 苍南县 | | | | | | | | | |
| 文成县 | | | | | | | | | |
| 泰顺县 | | | | | | | | | |
| 瑞安市 | 372514 | 366258 | 98.32 | 6138 | 1.65 | 108 | 0.03 | 10 | |
| 乐清市 | 361644 | 355374 | 98.27 | 6167 | 1.71 | 97 | 0.03 | 6 | |
| 龙港市 | 150620 | 148702 | 98.73 | 1872 | 1.24 | 43 | 0.03 | 3 | |
| **嘉兴市** | **847115** | **835430** | **98.62** | **11560** | **1.36** | **123** | **0.01** | **2** | |
| 南湖区 | 256089 | 253109 | 98.84 | 2959 | 1.16 | 21 | 0.01 | | |
| 秀洲区 | 115706 | 113939 | 98.47 | 1750 | 1.51 | 16 | 0.01 | 1 | |
| 嘉善县 | | | | | | | | | |
| 海盐县 | | | | | | | | | |
| 海宁市 | 158327 | 156501 | 98.85 | 1805 | 1.14 | 21 | 0.01 | | |
| 平湖市 | 110184 | 108983 | 98.91 | 1190 | 1.08 | 11 | 0.01 | | |
| 桐乡市 | 206809 | 202898 | 98.11 | 3856 | 1.86 | 54 | 0.03 | 1 | |
| **湖州市** | **268916** | **266401** | **99.06** | **2467** | **0.92** | **46** | **0.02** | **2** | |
| 吴兴区 | 202704 | 201081 | 99.20 | 1590 | 0.78 | 32 | 0.02 | 1 | |
| 南浔区 | 66212 | 65320 | 98.65 | 877 | 1.32 | 14 | 0.02 | 1 | |
| 德清县 | | | | | | | | | |
| 长兴县 | | | | | | | | | |
| 安吉县 | | | | | | | | | |

5-3a 续表

单位：户、%

| 地　区 | 家庭户户　数 | 单一民族户 | | 二个民族户 | | 三个民族户 | | 四个及以上民族户 | |
|---|---|---|---|---|---|---|---|---|---|
| | | 户数 | 占家庭户比重 | 户数 | 占家庭户比重 | 户数 | 占家庭户比重 | 户数 | 占家庭户比重 |
| **绍兴市** | **1111937** | **1097056** | **98.66** | **14558** | **1.31** | **298** | **0.03** | **25** | |
| 越城区 | 310502 | 307670 | 99.09 | 2774 | 0.89 | 57 | 0.02 | 1 | |
| 柯桥区 | 292126 | 286063 | 97.92 | 5974 | 2.05 | 88 | 0.03 | 1 | |
| 上虞区 | 195185 | 192513 | 98.63 | 2621 | 1.34 | 49 | 0.03 | 2 | |
| 新昌县 | | | | | | | | | |
| 诸暨市 | 191430 | 189194 | 98.83 | 2149 | 1.12 | 72 | 0.04 | 15 | 0.01 |
| 嵊州市 | 122694 | 121616 | 99.12 | 1040 | 0.85 | 32 | 0.03 | 6 | |
| **金华市** | **1288574** | **1264746** | **98.15** | **23495** | **1.82** | **306** | **0.02** | **27** | |
| 婺城区 | 262658 | 257669 | 98.10 | 4911 | 1.87 | 73 | 0.03 | 5 | |
| 金东区 | 49770 | 49145 | 98.74 | 616 | 1.24 | 9 | 0.02 | | |
| 武义县 | | | | | | | | | |
| 浦江县 | | | | | | | | | |
| 磐安县 | | | | | | | | | |
| 兰溪市 | 94304 | 93407 | 99.05 | 880 | 0.93 | 14 | 0.01 | 3 | |
| 义乌市 | 480802 | 473391 | 98.46 | 7307 | 1.52 | 93 | 0.02 | 11 | |
| 东阳市 | 180979 | 177108 | 97.86 | 3818 | 2.11 | 51 | 0.03 | 2 | |
| 永康市 | 220061 | 214026 | 97.26 | 5963 | 2.71 | 66 | 0.03 | 6 | |
| **衢州市** | **278400** | **275395** | **98.92** | **2989** | **1.07** | **15** | **0.01** | **1** | |
| 柯城区 | 145099 | 143477 | 98.88 | 1612 | 1.11 | 9 | 0.01 | 1 | |
| 衢江区 | 48134 | 47362 | 98.40 | 768 | 1.60 | 4 | 0.01 | | |
| 常山县 | | | | | | | | | |
| 开化县 | | | | | | | | | |
| 龙游县 | 591 | 584 | 98.82 | 7 | 1.18 | | | | |
| 江山市 | 84576 | 83972 | 99.29 | 602 | 0.71 | 2 | | | |
| **舟山市** | **243541** | **242472** | **99.56** | **1051** | **0.43** | **17** | **0.01** | **1** | |
| 定海区 | 139864 | 139284 | 99.59 | 566 | 0.40 | 13 | 0.01 | 1 | |
| 普陀区 | 103677 | 103188 | 99.53 | 485 | 0.47 | 4 | | | |
| 岱山县 | | | | | | | | | |
| 嵊泗县 | | | | | | | | | |
| **台州市** | **1085272** | **1070134** | **98.61** | **14951** | **1.38** | **180** | **0.02** | **7** | |
| 椒江区 | 218071 | 216464 | 99.26 | 1593 | 0.73 | 13 | 0.01 | 1 | |
| 黄岩区 | 150897 | 149392 | 99.00 | 1484 | 0.98 | 20 | 0.01 | 1 | |
| 路桥区 | 114436 | 113486 | 99.17 | 927 | 0.81 | 21 | 0.02 | 2 | |
| 三门县 | | | | | | | | | |
| 天台县 | | | | | | | | | |
| 仙居县 | | | | | | | | | |
| 温岭市 | 269586 | 263562 | 97.77 | 5960 | 2.21 | 61 | 0.02 | 3 | |
| 临海市 | 144991 | 143682 | 99.10 | 1282 | 0.88 | 27 | 0.02 | | |
| 玉环市 | 187291 | 183548 | 98.00 | 3705 | 1.98 | 38 | 0.02 | | |
| **丽水市** | **196956** | **190202** | **96.57** | **6715** | **3.41** | **38** | **0.02** | **1** | |
| 莲都区 | 145475 | 140059 | 96.28 | 5380 | 3.70 | 35 | 0.02 | 1 | |
| 青田县 | | | | | | | | | |
| 缙云县 | | | | | | | | | |
| 遂昌县 | | | | | | | | | |
| 松阳县 | | | | | | | | | |
| 云和县 | | | | | | | | | |
| 庆元县 | | | | | | | | | |
| 景宁畲族自治县 | | | | | | | | | |
| 龙泉市 | 51481 | 50143 | 97.40 | 1335 | 2.59 | 3 | 0.01 | | |

# 5-3b　各地区家庭户中民族混合户户数(镇)

单位：户、%

| 地　　区 | 家庭户户　数 | 单一民族户 | | 二个民族户 | | 三个民族户 | | 四个及以上民族户 | |
|---|---|---|---|---|---|---|---|---|---|
| | | 户数 | 占家庭户比重 | 户数 | 占家庭户比重 | 户数 | 占家庭户比重 | 户数 | 占家庭户比重 |
| **合计** | **5128200** | **5040801** | **98.30** | **86005** | **1.68** | **1269** | **0.02** | **125** | |
| **杭州市** | **406367** | **400268** | **98.50** | **6030** | **1.48** | **65** | **0.02** | **4** | |
| 上城区 | | | | | | | | | |
| 下城区 | | | | | | | | | |
| 江干区 | | | | | | | | | |
| 拱墅区 | | | | | | | | | |
| 西湖区 | 197 | 194 | 98.48 | 3 | 1.52 | | | | |
| 滨江区 | | | | | | | | | |
| 萧山区 | 44204 | 42986 | 97.24 | 1207 | 2.73 | 10 | 0.02 | 1 | |
| 余杭区 | 103641 | 102270 | 98.68 | 1358 | 1.31 | 11 | 0.01 | 2 | |
| 富阳区 | 11474 | 11307 | 98.54 | 164 | 1.43 | 3 | 0.03 | | |
| 临安区 | 29478 | 29054 | 98.56 | 419 | 1.42 | 5 | 0.02 | | |
| 桐庐县 | 121821 | 119486 | 98.08 | 2306 | 1.89 | 28 | 0.02 | 1 | |
| 淳安县 | 62069 | 61821 | 99.60 | 246 | 0.40 | 2 | | | |
| 建德市 | 33483 | 33150 | 99.01 | 327 | 0.98 | 6 | 0.02 | | |
| **宁波市** | **782231** | **770137** | **98.45** | **11962** | **1.53** | **127** | **0.02** | **5** | |
| 海曙区 | 11251 | 11097 | 98.63 | 152 | 1.35 | 2 | 0.02 | | |
| 江北区 | | | | | | | | | |
| 北仑区 | 17939 | 17694 | 98.63 | 244 | 1.36 | 1 | 0.01 | | |
| 镇海区 | 16540 | 16187 | 97.87 | 347 | 2.10 | 4 | 0.02 | 2 | 0.01 |
| 鄞州区 | 125864 | 124253 | 98.72 | 1591 | 1.26 | 20 | 0.02 | | |
| 奉化区 | 21909 | 21550 | 98.36 | 354 | 1.62 | 5 | 0.02 | | |
| 象山县 | 149385 | 148733 | 99.56 | 648 | 0.43 | 4 | | | |
| 宁海县 | 186178 | 183847 | 98.75 | 2316 | 1.24 | 14 | 0.01 | 1 | |
| 余姚市 | 99192 | 96658 | 97.45 | 2491 | 2.51 | 42 | 0.04 | 1 | |
| 慈溪市 | 153973 | 150118 | 97.50 | 3819 | 2.48 | 35 | 0.02 | 1 | |
| **温州市** | **805036** | **789260** | **98.04** | **15470** | **1.92** | **281** | **0.03** | **25** | |
| 鹿城区 | 2585 | 2551 | 98.68 | 34 | 1.32 | | | | |
| 龙湾区 | 91253 | 88016 | 96.45 | 3192 | 3.5 | 42 | 0.05 | 3 | |
| 瓯海区 | 6788 | 6630 | 97.67 | 157 | 2.31 | 1 | 0.01 | | |
| 洞头区 | 2959 | 2934 | 99.16 | 25 | 0.84 | | | | |
| 永嘉县 | 162120 | 160135 | 98.78 | 1900 | 1.17 | 77 | 0.05 | 8 | |
| 平阳县 | 198290 | 194831 | 98.26 | 3397 | 1.71 | 58 | 0.03 | 4 | |
| 苍南县 | 201414 | 197606 | 98.11 | 3740 | 1.86 | 66 | 0.03 | 2 | |
| 文成县 | 45411 | 44616 | 98.25 | 789 | 1.74 | 6 | 0.01 | | |
| 泰顺县 | 45021 | 43712 | 97.09 | 1286 | 2.86 | 18 | 0.04 | 5 | 0.01 |
| 瑞安市 | 11533 | 11417 | 98.99 | 111 | 0.96 | 3 | 0.03 | 2 | 0.02 |
| 乐清市 | 30595 | 29842 | 97.54 | 742 | 2.43 | 10 | 0.03 | 1 | |
| 龙港市 | 7067 | 6970 | 98.63 | 97 | 1.37 | | | | |
| **嘉兴市** | **614160** | **604840** | **98.48** | **9203** | **1.50** | **111** | **0.02** | **6** | |
| 南湖区 | 23298 | 22928 | 98.41 | 364 | 1.56 | 5 | 0.02 | 1 | |
| 秀洲区 | 55051 | 53992 | 98.08 | 1036 | 1.88 | 22 | 0.04 | 1 | |
| 嘉善县 | 187433 | 184262 | 98.31 | 3140 | 1.68 | 28 | 0.01 | 3 | |
| 海盐县 | 108779 | 107800 | 99.10 | 960 | 0.88 | 18 | 0.02 | 1 | |
| 海宁市 | 122400 | 120440 | 98.40 | 1942 | 1.59 | 18 | 0.01 | | |
| 平湖市 | 59569 | 58887 | 98.86 | 676 | 1.13 | 6 | 0.01 | | |
| 桐乡市 | 57630 | 56531 | 98.09 | 1085 | 1.88 | 14 | 0.02 | | |
| **湖州市** | **514512** | **507112** | **98.56** | **7240** | **1.41** | **137** | **0.03** | **23** | |
| 吴兴区 | 51255 | 50582 | 98.69 | 650 | 1.27 | 22 | 0.04 | 1 | |
| 南浔区 | 51971 | 51218 | 98.55 | 740 | 1.42 | 12 | 0.02 | 1 | |
| 德清县 | 117420 | 115607 | 98.46 | 1773 | 1.51 | 34 | 0.03 | 6 | 0.01 |
| 长兴县 | 161555 | 160291 | 99.22 | 1236 | 0.77 | 26 | 0.02 | 2 | |
| 安吉县 | 132311 | 129414 | 97.81 | 2841 | 2.15 | 43 | 0.03 | 13 | 0.01 |

5-3b 续表

单位：户、%

| 地区 | 家庭户户数 | 单一民族户 | | 二个民族户 | | 三个民族户 | | 四个及以上民族户 | |
|---|---|---|---|---|---|---|---|---|---|
| | | 户数 | 占家庭户比重 | 户数 | 占家庭户比重 | 户数 | 占家庭户比重 | 户数 | 占家庭户比重 |
| **绍兴市** | **243694** | **240643** | **98.75** | **2949** | **1.21** | **93** | **0.04** | **9** | |
| 越城区 | 1660 | 1642 | 98.92 | 18 | 1.08 | | | | |
| 柯桥区 | 41764 | 40592 | 97.19 | 1160 | 2.78 | 12 | 0.03 | | |
| 上虞区 | 19147 | 18832 | 98.35 | 295 | 1.54 | 19 | 0.10 | 1 | 0.01 |
| 新昌县 | 95472 | 94879 | 99.38 | 572 | 0.60 | 17 | 0.02 | 4 | |
| 诸暨市 | 58651 | 57932 | 98.77 | 695 | 1.18 | 22 | 0.04 | 2 | |
| 嵊州市 | 27000 | 26766 | 99.13 | 209 | 0.77 | 23 | 0.09 | 2 | 0.01 |
| **金华市** | **621500** | **604802** | **97.31** | **16339** | **2.63** | **325** | **0.05** | **34** | **0.01** |
| 婺城区 | 27781 | 27381 | 98.56 | 395 | 1.42 | 5 | 0.02 | | |
| 金东区 | 59934 | 57892 | 96.59 | 1884 | 3.14 | 137 | 0.23 | 21 | 0.04 |
| 武义县 | 120792 | 115492 | 95.61 | 5254 | 4.35 | 44 | 0.04 | 2 | |
| 浦江县 | 80979 | 79734 | 98.46 | 1217 | 1.50 | 24 | 0.03 | 4 | |
| 磐安县 | 38215 | 37880 | 99.12 | 328 | 0.86 | 7 | 0.02 | | |
| 兰溪市 | 26046 | 25717 | 98.74 | 324 | 1.24 | 4 | 0.02 | 1 | |
| 义乌市 | 120507 | 117289 | 97.33 | 3178 | 2.64 | 38 | 0.03 | 2 | |
| 东阳市 | 109918 | 107294 | 97.61 | 2591 | 2.36 | 31 | 0.03 | 2 | |
| 永康市 | 37328 | 36123 | 96.77 | 1168 | 3.13 | 35 | 0.09 | 2 | 0.01 |
| **衢州市** | **218510** | **215521** | **98.63** | **2970** | **1.36** | **18** | **0.01** | **1** | |
| 柯城区 | 4447 | 4329 | 97.35 | 116 | 2.61 | 2 | 0.04 | | |
| 衢江区 | 13584 | 13451 | 99.02 | 132 | 0.97 | 1 | 0.01 | | |
| 常山县 | 49525 | 49218 | 99.38 | 304 | 0.61 | 3 | 0.01 | | |
| 开化县 | 50461 | 50060 | 99.21 | 398 | 0.79 | 3 | 0.01 | | |
| 龙游县 | 73741 | 72003 | 97.64 | 1731 | 2.35 | 7 | 0.01 | | |
| 江山市 | 26752 | 26460 | 98.91 | 289 | 1.08 | 2 | 0.01 | 1 | |
| **舟山市** | **94549** | **94229** | **99.66** | **313** | **0.33** | **5** | **0.01** | **2** | |
| 定海区 | 13365 | 13293 | 99.46 | 69 | 0.52 | 3 | 0.02 | | |
| 普陀区 | 9641 | 9624 | 99.82 | 17 | 0.18 | | | | |
| 岱山县 | 51567 | 51400 | 99.68 | 163 | 0.32 | 2 | | 2 | |
| 嵊泗县 | 19976 | 19912 | 99.68 | 64 | 0.32 | | | | |
| **台州市** | **449776** | **445394** | **99.03** | **4310** | **0.96** | **61** | **0.01** | **11** | |
| 椒江区 | 2389 | 2327 | 97.40 | 62 | 2.60 | | | | |
| 黄岩区 | 12571 | 12449 | 99.03 | 117 | 0.93 | 4 | 0.03 | 1 | 0.01 |
| 路桥区 | 37935 | 37245 | 98.18 | 684 | 1.80 | 5 | 0.01 | 1 | |
| 三门县 | 75380 | 74871 | 99.32 | 502 | 0.67 | 5 | 0.01 | 2 | |
| 天台县 | 85562 | 85381 | 99.79 | 174 | 0.20 | 4 | | 3 | |
| 仙居县 | 74133 | 73654 | 99.35 | 474 | 0.64 | 4 | 0.01 | 1 | |
| 温岭市 | 107436 | 105635 | 98.32 | 1767 | 1.64 | 31 | 0.03 | 3 | |
| 临海市 | 47986 | 47594 | 99.18 | 386 | 0.80 | 6 | 0.01 | | |
| 玉环市 | 6384 | 6238 | 97.71 | 144 | 2.26 | 2 | 0.03 | | |
| **丽水市** | **377865** | **368595** | **97.55** | **9219** | **2.44** | **46** | **0.01** | **5** | |
| 莲都区 | 8442 | 8010 | 94.88 | 431 | 5.11 | 1 | 0.01 | | |
| 青田县 | 98312 | 97583 | 99.26 | 721 | 0.73 | 7 | 0.01 | 1 | |
| 缙云县 | 91604 | 90637 | 98.94 | 958 | 1.05 | 9 | 0.01 | | |
| 遂昌县 | 40693 | 38363 | 94.27 | 2324 | 5.71 | 6 | 0.01 | | |
| 松阳县 | 36685 | 36042 | 98.25 | 639 | 1.74 | 4 | 0.01 | | |
| 云和县 | 37328 | 35332 | 94.65 | 1980 | 5.30 | 13 | 0.03 | 3 | 0.01 |
| 庆元县 | 34032 | 33646 | 98.87 | 385 | 1.13 | 1 | | | |
| 景宁畲族自治县 | 24589 | 23019 | 93.62 | 1564 | 6.36 | 5 | 0.02 | 1 | |
| 龙泉市 | 6180 | 5963 | 96.49 | 217 | 3.51 | | | | |

# 5-3c　各地区家庭户中民族混合户户数(乡村)

单位：户、%

| 地　　区 | 家庭户户　数 | 单一民族户 | | 二个民族户 | | 三个民族户 | | 四个及以上民族户 | |
|---|---|---|---|---|---|---|---|---|---|
| | | 户数 | 占家庭户比重 | 户数 | 占家庭户比重 | 户数 | 占家庭户比重 | 户数 | 占家庭户比重 |
| **合计** | **7304591** | **7164746** | **98.09** | **135522** | **1.86** | **4094** | **0.06** | **229** | |
| **杭州市** | **766854** | **751848** | **98.04** | **14846** | **1.94** | **157** | **0.02** | **3** | |
| 上城区 | | | | | | | | | |
| 下城区 | | | | | | | | | |
| 江干区 | | | | | | | | | |
| 拱墅区 | | | | | | | | | |
| 西湖区 | 9558 | 9444 | 98.81 | 114 | 1.19 | | | | |
| 滨江区 | | | | | | | | | |
| 萧山区 | 171251 | 166637 | 97.31 | 4553 | 2.66 | 61 | 0.04 | | |
| 余杭区 | 167209 | 164252 | 98.23 | 2922 | 1.75 | 34 | 0.02 | 1 | |
| 富阳区 | 90947 | 88940 | 97.79 | 1977 | 2.17 | 30 | 0.03 | | |
| 临安区 | 103604 | 101763 | 98.22 | 1828 | 1.76 | 12 | 0.01 | 1 | |
| 桐庐县 | 55910 | 54265 | 97.06 | 1635 | 2.92 | 10 | 0.02 | | |
| 淳安县 | 84577 | 84074 | 99.41 | 502 | 0.59 | 1 | | | |
| 建德市 | 83798 | 82473 | 98.42 | 1315 | 1.57 | 9 | 0.01 | 1 | |
| **宁波市** | **927668** | **908699** | **97.96** | **18448** | **1.99** | **507** | **0.05** | **14** | |
| 海曙区 | 61651 | 60317 | 97.84 | 1298 | 2.11 | 34 | 0.06 | 2 | |
| 江北区 | 38802 | 38032 | 98.02 | 730 | 1.88 | 39 | 0.10 | 1 | |
| 北仑区 | 92038 | 90353 | 98.17 | 1654 | 1.80 | 29 | 0.03 | 2 | |
| 镇海区 | 23754 | 23205 | 97.69 | 542 | 2.28 | 7 | 0.03 | | |
| 鄞州区 | 131508 | 128540 | 97.74 | 2910 | 2.21 | 56 | 0.04 | 2 | |
| 奉化区 | 105160 | 102804 | 97.76 | 2234 | 2.12 | 121 | 0.12 | 1 | |
| 象山县 | 98705 | 97861 | 99.14 | 838 | 0.85 | 6 | 0.01 | | |
| 宁海县 | 117823 | 116375 | 98.77 | 1405 | 1.19 | 43 | 0.04 | | |
| 余姚市 | 98182 | 95509 | 97.28 | 2573 | 2.62 | 98 | 0.10 | 2 | |
| 慈溪市 | 160045 | 155703 | 97.29 | 4264 | 2.66 | 74 | 0.05 | 4 | |
| **温州市** | **1087592** | **1064387** | **97.87** | **22297** | **2.05** | **836** | **0.08** | **72** | **0.01** |
| 鹿城区 | 36206 | 35209 | 97.25 | 883 | 2.44 | 86 | 0.24 | 28 | 0.08 |
| 龙湾区 | 516 | 484 | 93.8 | 30 | 5.81 | 2 | 0.39 | | |
| 瓯海区 | 62029 | 60632 | 97.75 | 1289 | 2.08 | 103 | 0.17 | 5 | 0.01 |
| 洞头区 | 24432 | 23843 | 97.59 | 543 | 2.22 | 40 | 0.16 | 6 | 0.02 |
| 永嘉县 | 162260 | 160584 | 98.97 | 1641 | 1.01 | 32 | 0.02 | 3 | |
| 平阳县 | 137233 | 133111 | 97.00 | 3977 | 2.90 | 135 | 0.10 | 10 | 0.01 |
| 苍南县 | 111145 | 108412 | 97.54 | 2702 | 2.43 | 30 | 0.03 | 1 | |
| 文成县 | 70112 | 68614 | 97.86 | 1492 | 2.13 | 6 | 0.01 | | |
| 泰顺县 | 66818 | 65395 | 97.87 | 1420 | 2.13 | 3 | | | |
| 瑞安市 | 199686 | 193943 | 97.12 | 5394 | 2.70 | 331 | 0.17 | 18 | 0.01 |
| 乐清市 | 211124 | 208200 | 98.62 | 2856 | 1.35 | 67 | 0.03 | 1 | |
| 龙港市 | 6031 | 5960 | 98.82 | 70 | 1.16 | 1 | 0.02 | | |
| **嘉兴市** | **568707** | **559586** | **98.40** | **8958** | **1.58** | **160** | **0.03** | **3** | |
| 南湖区 | 39678 | 39180 | 98.74 | 492 | 1.24 | 6 | 0.02 | | |
| 秀洲区 | 83205 | 81193 | 97.58 | 1954 | 2.35 | 56 | 0.07 | 2 | |
| 嘉善县 | 69094 | 67955 | 98.35 | 1099 | 1.59 | 40 | 0.06 | | |
| 海盐县 | 58137 | 57626 | 99.12 | 507 | 0.87 | 4 | 0.01 | | |
| 海宁市 | 121632 | 119829 | 98.52 | 1783 | 1.47 | 20 | 0.02 | | |
| 平湖市 | 86601 | 85465 | 98.69 | 1125 | 1.30 | 11 | 0.01 | | |
| 桐乡市 | 110360 | 108338 | 98.17 | 1998 | 1.81 | 23 | 0.02 | 1 | |
| **湖州市** | **414545** | **405591** | **97.84** | **8660** | **2.09** | **277** | **0.07** | **17** | |
| 吴兴区 | 81712 | 80252 | 98.21 | 1428 | 1.75 | 29 | 0.04 | 3 | |
| 南浔区 | 91189 | 89316 | 97.95 | 1825 | 2.00 | 48 | 0.05 | | |
| 德清县 | 67593 | 65884 | 97.47 | 1663 | 2.46 | 46 | 0.07 | | |
| 长兴县 | 88538 | 87193 | 98.48 | 1330 | 1.50 | 13 | 0.01 | 2 | |
| 安吉县 | 85513 | 82946 | 97.00 | 2414 | 2.82 | 141 | 0.16 | 12 | 0.01 |

5−3c　续表　　　　　　　　　　　　　　　　　　　　　　　　　　　　　　　　　单位：户、%

| 地　区 | 家庭户户　数 | 单一民族户 | | 二个民族户 | | 三个民族户 | | 四个及以上民族户 | |
|---|---|---|---|---|---|---|---|---|---|
| | | 户数 | 占家庭户比重 | 户数 | 占家庭户比重 | 户数 | 占家庭户比重 | 户数 | 占家庭户比重 |
| **绍兴市** | **649729** | **640935** | **98.65** | **8479** | **1.31** | **292** | **0.04** | **23** | |
| 越城区 | 61806 | 60750 | 98.29 | 1044 | 1.69 | 11 | 0.02 | 1 | |
| 柯桥区 | 80546 | 78773 | 97.80 | 1745 | 2.17 | 26 | 0.03 | 2 | |
| 上虞区 | 112688 | 110938 | 98.45 | 1684 | 1.49 | 59 | 0.05 | 7 | 0.01 |
| 新昌县 | 76915 | 76574 | 99.56 | 339 | 0.44 | 2 | | | |
| 诸暨市 | 189676 | 186980 | 98.58 | 2504 | 1.32 | 182 | 0.10 | 10 | 0.01 |
| 嵊州市 | 128098 | 126920 | 99.08 | 1163 | 0.91 | 12 | 0.01 | 3 | |
| **金华市** | **920844** | **898694** | **97.59** | **20722** | **2.25** | **1346** | **0.15** | **82** | **0.01** |
| 婺城区 | 86875 | 85544 | 98.47 | 1315 | 1.51 | 15 | 0.02 | 1 | |
| 金东区 | 85526 | 83663 | 97.82 | 1726 | 2.02 | 129 | 0.15 | 8 | 0.01 |
| 武义县 | 79836 | 76373 | 95.66 | 3375 | 4.23 | 88 | 0.11 | | |
| 浦江县 | 101617 | 99180 | 97.60 | 2316 | 2.28 | 111 | 0.11 | 10 | 0.01 |
| 磐安县 | 40923 | 40522 | 99.02 | 400 | 0.98 | 1 | | | |
| 兰溪市 | 104151 | 102674 | 98.58 | 1466 | 1.41 | 10 | 0.01 | 1 | |
| 义乌市 | 146948 | 142899 | 97.24 | 3609 | 2.46 | 425 | 0.29 | 15 | 0.01 |
| 东阳市 | 144756 | 142014 | 98.11 | 2628 | 1.82 | 106 | 0.07 | 8 | 0.01 |
| 永康市 | 130212 | 125825 | 96.63 | 3887 | 2.99 | 461 | 0.35 | 39 | 0.03 |
| **衢州市** | **419520** | **413210** | **98.50** | **6283** | **1.50** | **27** | **0.01** | | |
| 柯城区 | 47868 | 46624 | 97.40 | 1239 | 2.59 | 5 | 0.01 | | |
| 衢江区 | 82953 | 81672 | 98.46 | 1273 | 1.53 | 8 | 0.01 | | |
| 常山县 | 59579 | 59020 | 99.06 | 558 | 0.94 | 1 | | | |
| 开化县 | 59043 | 58475 | 99.04 | 565 | 0.96 | 3 | 0.01 | | |
| 龙游县 | 83449 | 81689 | 97.89 | 1756 | 2.10 | 4 | | | |
| 江山市 | 86628 | 85730 | 98.96 | 892 | 1.03 | 6 | 0.01 | | |
| **舟山市** | **150992** | **149903** | **99.28** | **1081** | **0.72** | **7** | | **1** | |
| 定海区 | 55505 | 55129 | 99.32 | 373 | 0.67 | 3 | 0.01 | | |
| 普陀区 | 53458 | 53047 | 99.23 | 410 | 0.77 | 1 | | | |
| 岱山县 | 30877 | 30700 | 99.43 | 175 | 0.57 | 1 | | 1 | |
| 嵊泗县 | 11152 | 11027 | 98.88 | 123 | 1.10 | 2 | 0.02 | | |
| **台州市** | **975014** | **960262** | **98.49** | **14320** | **1.47** | **424** | **0.04** | **8** | |
| 椒江区 | 67427 | 66332 | 98.38 | 1078 | 1.60 | 16 | 0.02 | 1 | |
| 黄岩区 | 97445 | 96108 | 98.63 | 1287 | 1.32 | 50 | 0.05 | | |
| 路桥区 | 79407 | 77696 | 97.85 | 1640 | 2.07 | 68 | 0.09 | 3 | |
| 三门县 | 74331 | 73594 | 99.01 | 735 | 0.99 | 2 | | | |
| 天台县 | 93046 | 92522 | 99.44 | 518 | 0.56 | 6 | 0.01 | | |
| 仙居县 | 80514 | 79961 | 99.31 | 547 | 0.68 | 6 | 0.01 | | |
| 温岭市 | 198857 | 194688 | 97.90 | 3956 | 1.99 | 211 | 0.11 | 2 | |
| 临海市 | 211525 | 208965 | 98.79 | 2528 | 1.20 | 31 | 0.01 | 1 | |
| 玉环市 | 72462 | 70396 | 97.15 | 2031 | 2.80 | 34 | 0.05 | 1 | |
| **丽水市** | **423126** | **411631** | **97.28** | **11428** | **2.70** | **61** | **0.01** | **6** | |
| 莲都区 | 53393 | 50917 | 95.36 | 2461 | 4.61 | 14 | 0.03 | 1 | |
| 青田县 | 105110 | 104414 | 99.34 | 688 | 0.65 | 5 | | 3 | |
| 缙云县 | 79971 | 79365 | 99.24 | 596 | 0.75 | 10 | 0.01 | | |
| 遂昌县 | 37510 | 35390 | 94.35 | 2115 | 5.64 | 4 | 0.01 | 1 | |
| 松阳县 | 45132 | 43828 | 97.11 | 1296 | 2.87 | 7 | 0.02 | 1 | |
| 云和县 | 15601 | 14395 | 92.27 | 1199 | 7.69 | 7 | 0.04 | | |
| 庆元县 | 24742 | 24406 | 98.64 | 335 | 1.35 | 1 | | | |
| 景宁畲族自治县 | 22709 | 21524 | 94.78 | 1180 | 5.20 | 5 | 0.02 | | |
| 龙泉市 | 38958 | 37392 | 95.98 | 1558 | 4.00 | 8 | 0.02 | | |

# 5-4　各地区有60岁及以上人口的家庭户户数

单位：户

| 地　　区 | 合　计 | 有一个60岁及以上人口的户 | | | | 有二个60岁及以上人口的户 | | | | 有三个60岁及以上人口的户 |
|---|---|---|---|---|---|---|---|---|---|---|
| | | 小计 | 独自居住 | 只与未成年人口共同居住 | 其他 | 小计 | 只有一对60岁及以上夫妇居住 | 只有一对60岁及以上夫妇与未成年人口共同居住 | 其他 | |
| **合计** | **7957768** | **4198581** | **1832011** | **44915** | **2321655** | **3667933** | **2102553** | **78562** | **1486818** | **91254** |
| **杭州市** | **1294361** | **658169** | **239343** | **6244** | **412582** | **616478** | **301313** | **13014** | **302151** | **19714** |
| 上城区 | 54612 | 26080 | 11627 | 244 | 14209 | 27619 | 15620 | 536 | 11463 | 913 |
| 下城区 | 70451 | 32317 | 14080 | 256 | 17981 | 36984 | 21260 | 711 | 15013 | 1150 |
| 江干区 | 104042 | 51286 | 16213 | 348 | 34725 | 50979 | 24800 | 763 | 25416 | 1777 |
| 拱墅区 | 72017 | 36172 | 15004 | 217 | 20951 | 34855 | 19521 | 576 | 14758 | 990 |
| 西湖区 | 98330 | 47481 | 14997 | 429 | 32055 | 48987 | 21063 | 790 | 27134 | 1862 |
| 滨江区 | 33549 | 16446 | 4953 | 132 | 11361 | 16694 | 7396 | 246 | 9052 | 409 |
| 萧山区 | 239535 | 118639 | 37566 | 705 | 80368 | 116932 | 48286 | 1591 | 67055 | 3964 |
| 余杭区 | 197885 | 103894 | 27734 | 720 | 75440 | 89919 | 32895 | 1339 | 55685 | 4072 |
| 富阳区 | 109343 | 56358 | 21462 | 505 | 34391 | 51585 | 27089 | 1133 | 23363 | 1400 |
| 临安区 | 92912 | 48238 | 20262 | 533 | 27443 | 43588 | 25503 | 1186 | 16899 | 1086 |
| 桐庐县 | 69234 | 36810 | 16382 | 474 | 19954 | 31745 | 18268 | 971 | 12506 | 679 |
| 淳安县 | 68532 | 37930 | 19863 | 968 | 17099 | 30107 | 19550 | 1890 | 8667 | 495 |
| 建德市 | 83919 | 46518 | 19200 | 713 | 26605 | 36484 | 20062 | 1282 | 15140 | 917 |
| **宁波市** | **1106662** | **552191** | **282157** | **3610** | **266424** | **544832** | **374478** | **7173** | **163181** | **9639** |
| 海曙区 | 120816 | 58992 | 30824 | 350 | 27818 | 61001 | 45361 | 794 | 14846 | 823 |
| 江北区 | 54444 | 27854 | 14892 | 169 | 12793 | 26197 | 19489 | 346 | 6362 | 393 |
| 北仑区 | 79269 | 40295 | 20507 | 247 | 19541 | 38346 | 26249 | 483 | 11614 | 628 |
| 镇海区 | 52089 | 26519 | 13460 | 145 | 12914 | 25174 | 18193 | 319 | 6662 | 396 |
| 鄞州区 | 163706 | 79317 | 39878 | 467 | 38972 | 83290 | 60916 | 1040 | 21334 | 1099 |
| 奉化区 | 88383 | 44598 | 25353 | 304 | 18941 | 43306 | 32881 | 645 | 9780 | 479 |
| 象山县 | 90855 | 48904 | 25730 | 519 | 22655 | 41341 | 26538 | 868 | 13935 | 610 |
| 宁海县 | 95418 | 52644 | 28244 | 563 | 23837 | 42294 | 29508 | 918 | 11868 | 480 |
| 余姚市 | 161120 | 78781 | 37489 | 444 | 40848 | 80312 | 49942 | 880 | 29490 | 2027 |
| 慈溪市 | 200562 | 94287 | 45780 | 402 | 48105 | 103571 | 65401 | 880 | 37290 | 2704 |
| **温州市** | **1066072** | **596548** | **265774** | **8793** | **321981** | **460239** | **271443** | **12792** | **176004** | **9285** |
| 鹿城区 | 121987 | 62775 | 26513 | 569 | 35693 | 57761 | 33808 | 1053 | 22900 | 1451 |
| 龙湾区 | 47635 | 25817 | 9799 | 246 | 15772 | 21327 | 11354 | 426 | 9547 | 491 |
| 瓯海区 | 74844 | 39525 | 15902 | 350 | 23273 | 34504 | 18296 | 740 | 15468 | 815 |
| 洞头区 | 19496 | 11675 | 5152 | 158 | 6365 | 7640 | 4554 | 218 | 2868 | 181 |
| 永嘉县 | 111471 | 61247 | 27140 | 1371 | 32736 | 49265 | 28342 | 1823 | 19100 | 959 |
| 平阳县 | 117150 | 67526 | 32101 | 1010 | 34415 | 48782 | 30232 | 1440 | 17110 | 842 |
| 苍南县 | 111278 | 65946 | 31056 | 958 | 33932 | 44429 | 27251 | 1257 | 15921 | 903 |
| 文成县 | 47575 | 29361 | 13651 | 697 | 15013 | 17830 | 9011 | 816 | 8003 | 384 |
| 泰顺县 | 43432 | 27992 | 12771 | 670 | 14551 | 15157 | 8985 | 572 | 5600 | 283 |
| 瑞安市 | 166135 | 91352 | 38603 | 1267 | 51482 | 73201 | 40594 | 2137 | 30470 | 1582 |
| 乐清市 | 160892 | 88293 | 42955 | 1239 | 44099 | 71532 | 47761 | 1831 | 21940 | 1067 |
| 龙港市 | 44177 | 25039 | 10131 | 258 | 14650 | 18811 | 11255 | 479 | 7077 | 327 |
| **嘉兴市** | **674535** | **335743** | **112451** | **1943** | **221349** | **323332** | **148754** | **4219** | **170359** | **15460** |
| 南湖区 | 98835 | 48530 | 20081 | 273 | 28176 | 48756 | 29962 | 653 | 18141 | 1549 |
| 秀洲区 | 75521 | 38746 | 13015 | 250 | 25481 | 35239 | 16041 | 520 | 18678 | 1536 |
| 嘉善县 | 78433 | 38599 | 14662 | 231 | 23706 | 38216 | 18939 | 498 | 18779 | 1618 |
| 海盐县 | 67629 | 31430 | 11215 | 174 | 20041 | 34623 | 17278 | 481 | 16864 | 1576 |
| 海宁市 | 129687 | 62160 | 18563 | 328 | 43269 | 63799 | 24664 | 748 | 38387 | 3728 |
| 平湖市 | 96116 | 48448 | 16526 | 288 | 31634 | 45449 | 21518 | 525 | 23406 | 2219 |
| 桐乡市 | 128314 | 67830 | 18389 | 399 | 49042 | 57250 | 20352 | 794 | 36104 | 3234 |
| **湖州市** | **467354** | **241371** | **91301** | **1774** | **148296** | **216363** | **111595** | **3752** | **101016** | **9620** |
| 吴兴区 | 116300 | 60422 | 22174 | 498 | 37750 | 53748 | 28999 | 960 | 23789 | 2130 |
| 南浔区 | 96288 | 50532 | 20382 | 314 | 29836 | 42983 | 20904 | 679 | 21400 | 2773 |
| 德清县 | 79142 | 39732 | 12532 | 248 | 26952 | 37237 | 15621 | 615 | 21001 | 2173 |
| 长兴县 | 100507 | 51340 | 20936 | 391 | 30013 | 47564 | 28394 | 762 | 18408 | 1603 |
| 安吉县 | 75117 | 39345 | 15277 | 323 | 23745 | 34831 | 17677 | 736 | 16418 | 941 |

5−4 续表 单位：户

| 地区 | 合计 | 有一个60岁及以上人口的户 | | | | 有二个60岁及以上人口的户 | | | | 有三个60岁及以上人口的户 |
|---|---|---|---|---|---|---|---|---|---|---|
| | | 小计 | 独自居住 | 只与未成年人口共同居住 | 其他 | 小计 | 只有一对60岁及以上夫妇居住 | 只有一对60岁及以上夫妇与未成年人口共同居住 | 其他 | |
| **绍兴市** | **788603** | **420024** | **197664** | **3576** | **218784** | **362151** | **222937** | **6578** | **132636** | **6428** |
| 越城区 | 138536 | 70187 | 32311 | 446 | 37430 | 67181 | 43134 | 919 | 23128 | 1168 |
| 柯桥区 | 121774 | 66294 | 26219 | 342 | 39733 | 54391 | 29788 | 667 | 23936 | 1089 |
| 上虞区 | 139634 | 72589 | 35066 | 518 | 37005 | 65609 | 40124 | 914 | 24571 | 1436 |
| 新昌县 | 73712 | 42166 | 22315 | 393 | 19458 | 31243 | 22028 | 536 | 8679 | 303 |
| 诸暨市 | 184482 | 99161 | 48125 | 1039 | 49997 | 84003 | 54006 | 2063 | 27934 | 1318 |
| 嵊州市 | 130465 | 69627 | 33628 | 838 | 35161 | 59724 | 33857 | 1479 | 24388 | 1114 |
| **金华市** | **759157** | **421117** | **191969** | **4798** | **224350** | **332312** | **197055** | **7804** | **127453** | **5728** |
| 婺城区 | 107600 | 58927 | 28038 | 553 | 30336 | 47838 | 30550 | 955 | 16333 | 835 |
| 金东区 | 56173 | 30441 | 15219 | 240 | 14982 | 25370 | 16641 | 460 | 8269 | 362 |
| 武义县 | 55667 | 30697 | 15706 | 436 | 14555 | 24598 | 16581 | 592 | 7425 | 372 |
| 浦江县 | 59250 | 32674 | 15509 | 307 | 16858 | 26248 | 15364 | 571 | 10313 | 328 |
| 磐安县 | 29926 | 17006 | 9977 | 226 | 6803 | 12791 | 9856 | 282 | 2653 | 129 |
| 兰溪市 | 106709 | 63127 | 27714 | 947 | 34466 | 42867 | 23052 | 1517 | 18298 | 715 |
| 义乌市 | 125418 | 69182 | 26893 | 648 | 41641 | 55095 | 30474 | 1026 | 23595 | 1141 |
| 东阳市 | 130997 | 70023 | 29987 | 949 | 39087 | 59687 | 31524 | 1761 | 26402 | 1287 |
| 永康市 | 87417 | 49040 | 22926 | 492 | 25622 | 37818 | 23013 | 640 | 14165 | 559 |
| **衢州市** | **391502** | **218539** | **103531** | **3459** | **111549** | **169720** | **109499** | **5842** | **54379** | **3243** |
| 柯城区 | 71407 | 37643 | 15289 | 327 | 22027 | 33000 | 19526 | 686 | 12788 | 764 |
| 衢江区 | 66173 | 37206 | 16734 | 519 | 19953 | 28263 | 17700 | 838 | 9725 | 704 |
| 常山县 | 47474 | 27054 | 13088 | 559 | 13407 | 20143 | 14120 | 852 | 5171 | 277 |
| 开化县 | 49831 | 26998 | 12853 | 762 | 13383 | 22505 | 14587 | 1344 | 6574 | 328 |
| 龙游县 | 65876 | 36658 | 20947 | 326 | 15385 | 28760 | 22598 | 493 | 5669 | 458 |
| 江山市 | 90741 | 52980 | 24620 | 966 | 27394 | 37049 | 20968 | 1629 | 14452 | 712 |
| **舟山市** | **189847** | **98054** | **55617** | **652** | **41785** | **90140** | **64959** | **1017** | **24164** | **1653** |
| 定海区 | 74863 | 38627 | 20670 | 281 | 17676 | 35605 | 25223 | 434 | 9948 | 631 |
| 普陀区 | 63239 | 32606 | 17721 | 256 | 14629 | 29995 | 20488 | 390 | 9117 | 638 |
| 岱山县 | 37842 | 19535 | 12908 | 78 | 6549 | 18030 | 14389 | 138 | 3503 | 277 |
| 嵊泗县 | 13903 | 7286 | 4318 | 37 | 2931 | 6510 | 4859 | 55 | 1596 | 107 |
| **台州市** | **858985** | **452380** | **196681** | **6235** | **249464** | **399168** | **206204** | **10652** | **182312** | **7437** |
| 椒江区 | 81675 | 41056 | 14975 | 365 | 25716 | 39763 | 18938 | 758 | 20067 | 856 |
| 黄岩区 | 96601 | 49541 | 20515 | 449 | 28577 | 46039 | 23443 | 877 | 21719 | 1021 |
| 路桥区 | 68133 | 34930 | 12734 | 293 | 21903 | 32497 | 14543 | 521 | 17433 | 706 |
| 三门县 | 56067 | 29438 | 14647 | 506 | 14285 | 26317 | 16545 | 744 | 9028 | 312 |
| 天台县 | 77910 | 45554 | 20717 | 1005 | 23832 | 31853 | 16462 | 1355 | 14036 | 503 |
| 仙居县 | 67236 | 36820 | 15334 | 1195 | 20291 | 29944 | 14181 | 1848 | 13915 | 472 |
| 温岭市 | 183158 | 95375 | 46896 | 875 | 47604 | 86148 | 50666 | 1672 | 33810 | 1635 |
| 临海市 | 161694 | 83692 | 35183 | 1278 | 47231 | 76779 | 35913 | 2488 | 38378 | 1223 |
| 玉环市 | 66511 | 35974 | 15680 | 269 | 20025 | 29828 | 15513 | 389 | 13926 | 709 |
| **丽水市** | **360690** | **204445** | **95523** | **3831** | **105091** | **153198** | **94316** | **5719** | **53163** | **3047** |
| 莲都区 | 64206 | 34575 | 14962 | 636 | 18977 | 28980 | 16459 | 1195 | 11326 | 651 |
| 青田县 | 67310 | 40920 | 18462 | 863 | 21595 | 25861 | 13318 | 1312 | 11231 | 529 |
| 缙云县 | 65822 | 36857 | 20171 | 723 | 15963 | 28605 | 19272 | 985 | 8348 | 360 |
| 遂昌县 | 35386 | 19384 | 8165 | 265 | 10954 | 15576 | 9500 | 474 | 5602 | 426 |
| 松阳县 | 32837 | 18396 | 8046 | 332 | 10018 | 14208 | 8913 | 407 | 4888 | 233 |
| 云和县 | 17986 | 10498 | 4562 | 167 | 5769 | 7291 | 4709 | 130 | 2452 | 197 |
| 庆元县 | 21804 | 12126 | 6020 | 173 | 5933 | 9555 | 6922 | 271 | 2362 | 123 |
| 景宁畲族自治县 | 18129 | 10617 | 5191 | 285 | 5141 | 7287 | 4704 | 387 | 2196 | 225 |
| 龙泉市 | 37210 | 21072 | 9944 | 387 | 10741 | 15835 | 10519 | 558 | 4758 | 303 |

# 5-4a 各地区有60岁及以上人口的家庭户户数(城市)

单位：户

| 地 区 | 合 计 | 有一个60岁及以上人口的户 | | | | 有二个60岁及以上人口的户 | | | | 有三个60岁及以上人口的户 |
|---|---|---|---|---|---|---|---|---|---|---|
| | | 小计 | 独自居住 | 只与未成年人口共同居住 | 其他 | 小计 | 只有一对60岁及以上夫妇居住 | 只有一对60岁及以上夫妇与未成年人口共同居住 | 其他 | |
| **合计** | **3055669** | **1559680** | **619237** | **12969** | **927474** | **1460057** | **820472** | **24346** | **615239** | **35932** |
| **杭州市** | **780951** | **387726** | **131931** | **2942** | **252853** | **380682** | **181627** | **6005** | **193050** | **12543** |
| 上城区 | 54612 | 26080 | 11627 | 244 | 14209 | 27619 | 15620 | 536 | 11463 | 913 |
| 下城区 | 70451 | 32317 | 14080 | 256 | 17981 | 36984 | 21260 | 711 | 15013 | 1150 |
| 江干区 | 104042 | 51286 | 16213 | 348 | 34725 | 50979 | 24800 | 763 | 25416 | 1777 |
| 拱墅区 | 72017 | 36172 | 15004 | 217 | 20951 | 34855 | 19521 | 576 | 14758 | 990 |
| 西湖区 | 93896 | 45174 | 14399 | 415 | 30360 | 46966 | 20382 | 770 | 25814 | 1756 |
| 滨江区 | 33549 | 16446 | 4953 | 132 | 11361 | 16694 | 7396 | 246 | 9052 | 409 |
| 萧山区 | 147623 | 72424 | 23139 | 430 | 48855 | 72969 | 31291 | 885 | 40793 | 2230 |
| 余杭区 | 109394 | 57952 | 15670 | 441 | 41841 | 49284 | 18578 | 682 | 30024 | 2158 |
| 富阳区 | 53039 | 27248 | 8657 | 190 | 18401 | 25105 | 12267 | 469 | 12369 | 686 |
| 临安区 | 23332 | 12605 | 4505 | 124 | 7976 | 10473 | 5497 | 157 | 4819 | 254 |
| 桐庐县 | | | | | | | | | | |
| 淳安县 | | | | | | | | | | |
| 建德市 | 18996 | 10022 | 3684 | 145 | 6193 | 8754 | 5015 | 210 | 3529 | 220 |
| **宁波市** | **537958** | **260720** | **124085** | **1565** | **135070** | **272199** | **183695** | **3414** | **85090** | **5039** |
| 海曙区 | 91670 | 44457 | 21953 | 281 | 22223 | 46522 | 33452 | 633 | 12437 | 691 |
| 江北区 | 42934 | 21446 | 10690 | 136 | 10620 | 21136 | 15254 | 304 | 5578 | 352 |
| 北仑区 | 45045 | 23463 | 11082 | 152 | 12229 | 21232 | 14187 | 261 | 6784 | 350 |
| 镇海区 | 40741 | 20575 | 10049 | 126 | 10400 | 19841 | 14110 | 271 | 5460 | 325 |
| 鄞州区 | 92440 | 44169 | 19590 | 288 | 24291 | 47564 | 32453 | 657 | 14454 | 707 |
| 奉化区 | 32360 | 15820 | 7635 | 119 | 8066 | 16296 | 11585 | 274 | 4437 | 244 |
| 象山县 | | | | | | | | | | |
| 宁海县 | | | | | | | | | | |
| 余姚市 | 78183 | 37766 | 17188 | 230 | 20348 | 39524 | 24774 | 461 | 14289 | 893 |
| 慈溪市 | 114585 | 53024 | 25898 | 233 | 26893 | 60084 | 37880 | 553 | 21651 | 1477 |
| **温州市** | **404385** | **218042** | **91703** | **2277** | **124062** | **182729** | **108134** | **3783** | **70812** | **3614** |
| 鹿城区 | 108055 | 55478 | 23486 | 501 | 31491 | 51350 | 30648 | 900 | 19802 | 1227 |
| 龙湾区 | 34030 | 18339 | 7154 | 176 | 11009 | 15366 | 8456 | 290 | 6620 | 325 |
| 瓯海区 | 53856 | 28280 | 11316 | 245 | 16719 | 25049 | 13441 | 578 | 11030 | 527 |
| 洞头区 | 8303 | 5024 | 2039 | 62 | 2923 | 3222 | 1889 | 96 | 1237 | 57 |
| 永嘉县 | | | | | | | | | | |
| 平阳县 | | | | | | | | | | |
| 苍南县 | | | | | | | | | | |
| 文成县 | | | | | | | | | | |
| 泰顺县 | | | | | | | | | | |
| 瑞安市 | 85355 | 47016 | 19781 | 554 | 26681 | 37690 | 22328 | 805 | 14557 | 649 |
| 乐清市 | 75876 | 41976 | 19332 | 522 | 22122 | 33363 | 21545 | 687 | 11131 | 537 |
| 龙港市 | 38910 | 21929 | 8595 | 217 | 13117 | 16689 | 9827 | 427 | 6435 | 292 |
| **嘉兴市** | **212710** | **107086** | **36955** | **745** | **69386** | **102090** | **55792** | **1492** | **44806** | **3534** |
| 南湖区 | 74015 | 36139 | 15619 | 232 | 20288 | 36822 | 24215 | 531 | 12076 | 1054 |
| 秀洲区 | 24054 | 12200 | 3817 | 85 | 8298 | 11533 | 6577 | 175 | 4781 | 321 |
| 嘉善县 | | | | | | | | | | |
| 海盐县 | | | | | | | | | | |
| 海宁市 | 42980 | 20732 | 6248 | 133 | 14351 | 21282 | 9697 | 303 | 11282 | 966 |
| 平湖市 | 30047 | 15240 | 4947 | 124 | 10169 | 14343 | 7637 | 171 | 6535 | 464 |
| 桐乡市 | 41614 | 22775 | 6324 | 171 | 16280 | 18110 | 7666 | 312 | 10132 | 729 |
| **湖州市** | **83832** | **42489** | **15602** | **325** | **26562** | **40033** | **22795** | **728** | **16510** | **1310** |
| 吴兴区 | 66216 | 33098 | 12337 | 256 | 20505 | 32129 | 19014 | 617 | 12498 | 989 |
| 南浔区 | 17616 | 9391 | 3265 | 69 | 6057 | 7904 | 3781 | 111 | 4012 | 321 |
| 德清县 | | | | | | | | | | |
| 长兴县 | | | | | | | | | | |
| 安吉县 | | | | | | | | | | |

5-4a 续表

单位：户

| 地 区 | 合 计 | 有一个60岁及以上人口的户 | | | | 有二个60岁及以上人口的户 | | | | 有三个60岁及以上人口的户 |
|---|---|---|---|---|---|---|---|---|---|---|
| | | 小计 | 独自居住 | 只与未成年人口共同居住 | 其他 | 小计 | 只有一对60岁及以上夫妇居住 | 只有一对60岁及以上夫妇与未成年人口共同居住 | 其他 | |
| **绍兴市** | **333273** | **170044** | **69297** | **1303** | **99444** | **160168** | **94481** | **2475** | **63212** | **3061** |
| 越城区 | 105997 | 52508 | 23749 | 317 | 28442 | 52541 | 34190 | 719 | 17632 | 948 |
| 柯桥区 | 72333 | 38476 | 13233 | 166 | 25077 | 33158 | 17291 | 346 | 15521 | 699 |
| 上虞区 | 62211 | 31367 | 13778 | 224 | 17365 | 30223 | 17951 | 397 | 11875 | 621 |
| 新昌县 | | | | | | | | | | |
| 诸暨市 | 54217 | 28131 | 10833 | 349 | 16949 | 25671 | 15184 | 624 | 9863 | 415 |
| 嵊州市 | 38515 | 19562 | 7704 | 247 | 11611 | 18575 | 9865 | 389 | 8321 | 378 |
| **金华市** | **224344** | **123509** | **48601** | **1284** | **73624** | **98768** | **53529** | **1999** | **43240** | **2067** |
| 婺城区 | 55530 | 29980 | 12867 | 285 | 16828 | 25030 | 15251 | 450 | 9329 | 520 |
| 金东区 | 11317 | 6089 | 2314 | 46 | 3729 | 5126 | 2775 | 81 | 2270 | 102 |
| 武义县 | | | | | | | | | | |
| 浦江县 | | | | | | | | | | |
| 磐安县 | | | | | | | | | | |
| 兰溪市 | 34961 | 19832 | 8438 | 241 | 11153 | 14833 | 8012 | 371 | 6450 | 296 |
| 义乌市 | 55970 | 31200 | 10923 | 281 | 19996 | 24254 | 12720 | 408 | 11126 | 516 |
| 东阳市 | 33920 | 18032 | 6064 | 243 | 11725 | 15473 | 6689 | 460 | 8324 | 415 |
| 永康市 | 32646 | 18376 | 7995 | 188 | 10193 | 14052 | 8082 | 229 | 5741 | 218 |
| **衢州市** | **82055** | **44855** | **18007** | **521** | **26327** | **36410** | **20858** | **859** | **14693** | **790** |
| 柯城区 | 43037 | 22248 | 8953 | 185 | 13110 | 20365 | 12105 | 393 | 7867 | 424 |
| 衢江区 | 11578 | 6668 | 2349 | 84 | 4235 | 4779 | 2515 | 88 | 2176 | 131 |
| 常山县 | | | | | | | | | | |
| 开化县 | | | | | | | | | | |
| 龙游县 | 251 | 140 | 91 | 1 | 48 | 109 | 99 | | 10 | 2 |
| 江山市 | 27189 | 15799 | 6614 | 251 | 8934 | 11157 | 6139 | 378 | 4640 | 233 |
| **舟山市** | **74349** | **38119** | **18199** | **312** | **19608** | **35584** | **23985** | **525** | **11074** | **646** |
| 定海区 | 42231 | 21454 | 10114 | 191 | 11149 | 20395 | 13925 | 293 | 6177 | 382 |
| 普陀区 | 32118 | 16665 | 8085 | 121 | 8459 | 15189 | 10060 | 232 | 4897 | 264 |
| 岱山县 | | | | | | | | | | |
| 嵊泗县 | | | | | | | | | | |
| **台州市** | **272178** | **140200** | **54927** | **1253** | **84020** | **129088** | **63088** | **2227** | **63773** | **2890** |
| 椒江区 | 55980 | 28339 | 10327 | 247 | 17765 | 27027 | 13094 | 461 | 13472 | 614 |
| 黄岩区 | 42194 | 21310 | 8333 | 123 | 12854 | 20444 | 10264 | 304 | 9876 | 440 |
| 路桥区 | 28511 | 14747 | 5372 | 109 | 9266 | 13462 | 6288 | 227 | 6947 | 302 |
| 三门县 | | | | | | | | | | |
| 天台县 | | | | | | | | | | |
| 仙居县 | | | | | | | | | | |
| 温岭市 | 59934 | 30809 | 13000 | 293 | 17516 | 28494 | 14816 | 512 | 13166 | 631 |
| 临海市 | 43904 | 22335 | 8750 | 311 | 13274 | 21165 | 9827 | 463 | 10875 | 404 |
| 玉环市 | 41655 | 22660 | 9145 | 170 | 13345 | 18496 | 8799 | 260 | 9437 | 499 |
| **丽水市** | **49634** | **26890** | **9930** | **442** | **16518** | **22306** | **12488** | **839** | **8979** | **438** |
| 莲都区 | 34946 | 18467 | 6678 | 299 | 11490 | 16146 | 8705 | 627 | 6814 | 333 |
| 青田县 | | | | | | | | | | |
| 缙云县 | | | | | | | | | | |
| 遂昌县 | | | | | | | | | | |
| 松阳县 | | | | | | | | | | |
| 云和县 | | | | | | | | | | |
| 庆元县 | | | | | | | | | | |
| 景宁畲族自治县 | | | | | | | | | | |
| 龙泉市 | 14688 | 8423 | 3252 | 143 | 5028 | 6160 | 3783 | 212 | 2165 | 105 |

# 5-4b 各地区有60岁及以上人口的家庭户户数(镇)

单位：户

| 地区 | 合计 | 有一个60岁及以上人口的户 | | | | 有二个60岁及以上人口的户 | | | | 有三个60岁及以上人口的户 |
|---|---|---|---|---|---|---|---|---|---|---|
| | | 小计 | 独自居住 | 只与未成年人口共同居住 | 其他 | 小计 | 只有一对60岁及以上夫妇居住 | 只有一对60岁及以上夫妇与未成年人口共同居住 | 其他 | |
| **合计** | **1489158** | **802767** | **344263** | **10438** | **448066** | **669242** | **376945** | **16568** | **275729** | **17149** |
| **杭州市** | **122247** | **65339** | **25869** | **860** | **38610** | **55509** | **29455** | **1538** | **24516** | **1399** |
| 上城区 | | | | | | | | | | |
| 下城区 | | | | | | | | | | |
| 江干区 | | | | | | | | | | |
| 拱墅区 | | | | | | | | | | |
| 西湖区 | 81 | 47 | 24 | 1 | 22 | 33 | 20 | | 13 | 1 |
| 滨江区 | | | | | | | | | | |
| 萧山区 | 13424 | 6815 | 2401 | 41 | 4373 | 6413 | 2787 | 109 | 3517 | 196 |
| 余杭区 | 25189 | 12874 | 4092 | 78 | 8704 | 11916 | 5493 | 180 | 6243 | 399 |
| 富阳区 | 5308 | 2749 | 1221 | 33 | 1495 | 2503 | 1308 | 82 | 1113 | 56 |
| 临安区 | 10075 | 5447 | 2460 | 84 | 2903 | 4515 | 2619 | 150 | 1746 | 113 |
| 桐庐县 | 35802 | 18977 | 7804 | 253 | 10920 | 16491 | 9145 | 463 | 6883 | 334 |
| 淳安县 | 17749 | 10047 | 4263 | 239 | 5545 | 7565 | 4676 | 351 | 2538 | 137 |
| 建德市 | 14619 | 8383 | 3604 | 131 | 4648 | 6073 | 3407 | 203 | 2463 | 163 |
| **宁波市** | **198568** | **102756** | **50205** | **851** | **51700** | **94008** | **61546** | **1380** | **31082** | **1804** |
| 海曙区 | 4947 | 2346 | 1485 | 14 | 847 | 2576 | 2116 | 35 | 425 | 25 |
| 江北区 | | | | | | | | | | |
| 北仑区 | 3879 | 1879 | 793 | 15 | 1071 | 1969 | 1230 | 25 | 714 | 31 |
| 镇海区 | 4022 | 2178 | 1267 | 6 | 905 | 1825 | 1446 | 19 | 360 | 19 |
| 鄞州区 | 31561 | 15311 | 8316 | 59 | 6936 | 16057 | 12476 | 178 | 3403 | 193 |
| 奉化区 | 7296 | 3737 | 1941 | 33 | 1763 | 3531 | 2607 | 68 | 856 | 28 |
| 象山县 | 37871 | 20835 | 9971 | 276 | 10588 | 16773 | 10181 | 342 | 6250 | 263 |
| 宁海县 | 43325 | 24308 | 11438 | 301 | 12569 | 18748 | 11740 | 422 | 6586 | 269 |
| 余姚市 | 32704 | 15965 | 7134 | 69 | 8762 | 16209 | 9316 | 143 | 6750 | 530 |
| 慈溪市 | 32963 | 16197 | 7860 | 78 | 8259 | 16320 | 10434 | 148 | 5738 | 446 |
| **温州市** | **228866** | **130592** | **54514** | **2356** | **73722** | **96233** | **53606** | **3216** | **39411** | **2041** |
| 鹿城区 | 843 | 424 | 184 | 5 | 235 | 410 | 221 | 12 | 177 | 9 |
| 龙湾区 | 13527 | 7431 | 2625 | 69 | 4737 | 5930 | 2882 | 135 | 2913 | 166 |
| 瓯海区 | 1738 | 969 | 549 | 14 | 406 | 747 | 483 | 14 | 250 | 22 |
| 洞头区 | 1263 | 735 | 295 | 14 | 426 | 515 | 311 | 17 | 187 | 13 |
| 永嘉县 | 41419 | 22275 | 8455 | 520 | 13300 | 18727 | 9505 | 701 | 8521 | 417 |
| 平阳县 | 60191 | 34164 | 14882 | 507 | 18775 | 25593 | 15225 | 719 | 9649 | 434 |
| 苍南县 | 62698 | 36771 | 15398 | 534 | 20839 | 25412 | 14712 | 783 | 9917 | 515 |
| 文成县 | 17638 | 10359 | 4322 | 300 | 5737 | 7096 | 3305 | 418 | 3373 | 183 |
| 泰顺县 | 14796 | 9438 | 3917 | 220 | 5301 | 5223 | 2900 | 194 | 2129 | 135 |
| 瑞安市 | 5380 | 2945 | 1311 | 92 | 1542 | 2353 | 1202 | 117 | 1034 | 82 |
| 乐清市 | 6851 | 3599 | 1845 | 62 | 1692 | 3208 | 2174 | 82 | 952 | 44 |
| 龙港市 | 2522 | 1482 | 731 | 19 | 732 | 1019 | 686 | 24 | 309 | 21 |
| **嘉兴市** | **177585** | **89353** | **30947** | **512** | **57894** | **84260** | **38514** | **1100** | **44646** | **3972** |
| 南湖区 | 6855 | 3559 | 1494 | 19 | 2046 | 3202 | 1870 | 33 | 1299 | 94 |
| 秀洲区 | 14234 | 7601 | 2834 | 32 | 4735 | 6356 | 2877 | 93 | 3386 | 277 |
| 嘉善县 | 44641 | 22609 | 8279 | 158 | 14172 | 21202 | 10610 | 298 | 10294 | 830 |
| 海盐县 | 35105 | 16673 | 5945 | 83 | 10645 | 17746 | 9542 | 232 | 7972 | 686 |
| 海宁市 | 33956 | 16742 | 5165 | 88 | 11489 | 16155 | 5646 | 185 | 10324 | 1059 |
| 平湖市 | 20734 | 10284 | 3268 | 61 | 6955 | 9909 | 4217 | 135 | 5557 | 541 |
| 桐乡市 | 22060 | 11885 | 3962 | 71 | 7852 | 9690 | 3752 | 124 | 5814 | 485 |
| **湖州市** | **155654** | **82287** | **32546** | **610** | **49131** | **70643** | **38081** | **1169** | **31393** | **2724** |
| 吴兴区 | 9867 | 5444 | 1571 | 54 | 3819 | 4186 | 1613 | 67 | 2506 | 237 |
| 南浔区 | 21450 | 11890 | 4997 | 91 | 6802 | 9135 | 4795 | 171 | 4169 | 425 |
| 德清县 | 38184 | 19839 | 6864 | 128 | 12847 | 17561 | 8302 | 302 | 8957 | 784 |
| 长兴县 | 53480 | 27478 | 11800 | 200 | 15478 | 25150 | 15742 | 371 | 9037 | 852 |
| 安吉县 | 32673 | 17636 | 7314 | 137 | 10185 | 14611 | 7629 | 258 | 6724 | 426 |

5-4b 续表 单位：户

| 地区 | 合计 | 有一个60岁及以上人口的户 | | | | 有二个60岁及以上人口的户 | | | | 有三个60岁及以上人口的户 |
|---|---|---|---|---|---|---|---|---|---|---|
| | | 小计 | 独自居住 | 只与未成年人口共同居住 | 其他 | 小计 | 只有一对60岁及以上夫妇居住 | 只有一对60岁及以上夫妇与未成年人口共同居住 | 其他 | |
| **绍兴市** | **85327** | **46691** | **21780** | **441** | **24470** | **37917** | **23186** | **769** | **13962** | **719** |
| 越城区 | 751 | 422 | 183 | | 239 | 321 | 192 | 9 | 120 | 8 |
| 柯桥区 | 8488 | 4920 | 2323 | 40 | 2557 | 3511 | 2216 | 51 | 1244 | 57 |
| 上虞区 | 9009 | 4885 | 2523 | 30 | 2332 | 4036 | 2613 | 65 | 1358 | 88 |
| 新昌县 | 28875 | 15577 | 6097 | 125 | 9355 | 13072 | 7742 | 198 | 5132 | 226 |
| 诸暨市 | 22975 | 12474 | 6074 | 143 | 6257 | 10326 | 6520 | 273 | 3533 | 175 |
| 嵊州市 | 15229 | 8413 | 4580 | 103 | 3730 | 6651 | 3903 | 173 | 2575 | 165 |
| **金华市** | **138058** | **76005** | **33449** | **917** | **41639** | **60962** | **34340** | **1530** | **25092** | **1091** |
| 婺城区 | 8040 | 4465 | 2066 | 53 | 2346 | 3530 | 2154 | 95 | 1281 | 45 |
| 金东区 | 11618 | 6482 | 3224 | 72 | 3186 | 5040 | 3186 | 107 | 1747 | 96 |
| 武义县 | 22844 | 12445 | 5428 | 187 | 6830 | 10233 | 6107 | 257 | 3869 | 166 |
| 浦江县 | 19907 | 10652 | 4409 | 96 | 6147 | 9109 | 4812 | 202 | 4095 | 146 |
| 磐安县 | 10444 | 5959 | 3088 | 87 | 2784 | 4419 | 3143 | 101 | 1175 | 66 |
| 兰溪市 | 12048 | 7280 | 3387 | 101 | 3792 | 4699 | 2574 | 207 | 1918 | 69 |
| 义乌市 | 17791 | 9875 | 4080 | 93 | 5702 | 7752 | 4368 | 146 | 3238 | 164 |
| 东阳市 | 27217 | 14355 | 5627 | 180 | 8548 | 12562 | 5861 | 339 | 6362 | 300 |
| 永康市 | 8149 | 4492 | 2140 | 48 | 2304 | 3618 | 2135 | 76 | 1407 | 39 |
| **衢州市** | **81229** | **45956** | **22002** | **857** | **23097** | **34624** | **22655** | **1259** | **10710** | **649** |
| 柯城区 | 2045 | 1105 | 449 | 11 | 645 | 901 | 522 | 16 | 363 | 39 |
| 衢江区 | 7204 | 4034 | 1988 | 64 | 1982 | 3092 | 2012 | 95 | 985 | 78 |
| 常山县 | 17930 | 10216 | 4764 | 192 | 5260 | 7589 | 5176 | 307 | 2106 | 125 |
| 开化县 | 17054 | 9359 | 3947 | 288 | 5124 | 7564 | 4640 | 403 | 2521 | 131 |
| 龙游县 | 23665 | 13425 | 7147 | 149 | 6129 | 10080 | 7314 | 184 | 2582 | 160 |
| 江山市 | 13331 | 7817 | 3707 | 153 | 3957 | 5398 | 2991 | 254 | 2153 | 116 |
| **舟山市** | **35697** | **18614** | **11419** | **101** | **7094** | **16813** | **13025** | **154** | **3634** | **270** |
| 定海区 | 4572 | 2398 | 1383 | 9 | 1006 | 2156 | 1612 | 18 | 526 | 18 |
| 普陀区 | 3573 | 1982 | 1353 | 15 | 614 | 1561 | 1253 | 15 | 293 | 30 |
| 岱山县 | 19723 | 10176 | 6392 | 49 | 3735 | 9400 | 7446 | 84 | 1870 | 147 |
| 嵊泗县 | 7829 | 4058 | 2291 | 28 | 1739 | 3696 | 2714 | 37 | 945 | 75 |
| **台州市** | **146755** | **77753** | **32925** | **1354** | **43474** | **67712** | **33891** | **2138** | **31683** | **1290** |
| 椒江区 | 319 | 184 | 111 | 2 | 71 | 133 | 85 | 3 | 45 | 2 |
| 黄岩区 | 5319 | 2740 | 1011 | 43 | 1686 | 2500 | 1133 | 64 | 1303 | 79 |
| 路桥区 | 10363 | 5231 | 1904 | 45 | 3282 | 5008 | 2130 | 81 | 2797 | 124 |
| 三门县 | 22043 | 11643 | 5267 | 192 | 6184 | 10248 | 5784 | 300 | 4164 | 152 |
| 天台县 | 29645 | 16697 | 6266 | 386 | 10045 | 12679 | 5562 | 462 | 6655 | 269 |
| 仙居县 | 25783 | 13344 | 4877 | 389 | 8078 | 12199 | 5246 | 590 | 6363 | 240 |
| 温岭市 | 33932 | 17979 | 9349 | 147 | 8483 | 15687 | 9693 | 308 | 5686 | 266 |
| 临海市 | 17727 | 9108 | 3770 | 137 | 5201 | 8473 | 3796 | 317 | 4360 | 146 |
| 玉环市 | 1624 | 827 | 370 | 13 | 444 | 785 | 462 | 13 | 310 | 12 |
| **丽水市** | **119172** | **67421** | **28607** | **1579** | **37235** | **50561** | **28646** | **2315** | **19600** | **1190** |
| 莲都区 | 3119 | 1666 | 863 | 64 | 739 | 1417 | 839 | 79 | 499 | 36 |
| 青田县 | 32175 | 18758 | 7609 | 558 | 10591 | 13020 | 5918 | 952 | 6150 | 397 |
| 缙云县 | 27128 | 14950 | 7336 | 398 | 7216 | 11991 | 7668 | 416 | 3907 | 187 |
| 遂昌县 | 13582 | 7402 | 2784 | 92 | 4526 | 6007 | 3430 | 150 | 2427 | 173 |
| 松阳县 | 11480 | 6307 | 2624 | 90 | 3593 | 5080 | 2948 | 149 | 1983 | 93 |
| 云和县 | 10847 | 6331 | 2409 | 79 | 3843 | 4387 | 2662 | 88 | 1637 | 129 |
| 庆元县 | 10501 | 5910 | 2483 | 97 | 3330 | 4528 | 2930 | 156 | 1442 | 63 |
| 景宁畲族自治县 | 7731 | 4585 | 1819 | 170 | 2596 | 3054 | 1588 | 261 | 1205 | 92 |
| 龙泉市 | 2609 | 1512 | 680 | 31 | 801 | 1077 | 663 | 64 | 350 | 20 |

# 5-4c　各地区有60岁及以上人口的家庭户户数(乡村)

单位：户

| 地　　区 | 合　计 | 有一个60岁及以上人口的户 | | | | 有二个60岁及以上人口的户 | | | | 有三个60岁及以上人口的户 |
|---|---|---|---|---|---|---|---|---|---|---|
| | | 小计 | 独自居住 | 只与未成年人口共同居住 | 其他 | 小计 | 只有一对60岁及以上夫妇居住 | 只有一对60岁及以上夫妇与未成年人口共同居住 | 其他 | |
| **合计** | **3412941** | **1836134** | **868511** | **21508** | **946115** | **1538634** | **905136** | **37648** | **595850** | **38173** |
| **杭州市** | **391163** | **205104** | **81543** | **2442** | **121119** | **180287** | **90231** | **5471** | **84585** | **5772** |
| 上城区 | | | | | | | | | | |
| 下城区 | | | | | | | | | | |
| 江干区 | | | | | | | | | | |
| 拱墅区 | | | | | | | | | | |
| 西湖区 | 4353 | 2260 | 574 | 13 | 1673 | 1988 | 661 | 20 | 1307 | 105 |
| 滨江区 | | | | | | | | | | |
| 萧山区 | 78488 | 39400 | 12026 | 234 | 27140 | 37550 | 14208 | 597 | 22745 | 1538 |
| 余杭区 | 63302 | 33068 | 7972 | 201 | 24895 | 28719 | 8824 | 477 | 19418 | 1515 |
| 富阳区 | 50996 | 26361 | 11584 | 282 | 14495 | 23977 | 13514 | 582 | 9881 | 658 |
| 临安区 | 59505 | 30186 | 13297 | 325 | 16564 | 28600 | 17387 | 879 | 10334 | 719 |
| 桐庐县 | 33432 | 17833 | 8578 | 221 | 9034 | 15254 | 9123 | 508 | 5623 | 345 |
| 淳安县 | 50783 | 27883 | 15600 | 729 | 11554 | 22542 | 14874 | 1539 | 6129 | 358 |
| 建德市 | 50304 | 28113 | 11912 | 437 | 15764 | 21657 | 11640 | 869 | 9148 | 534 |
| **宁波市** | **370136** | **188715** | **107867** | **1194** | **79654** | **178625** | **129237** | **2379** | **47009** | **2796** |
| 海曙区 | 24199 | 12189 | 7386 | 55 | 4748 | 11903 | 9793 | 126 | 1984 | 107 |
| 江北区 | 11510 | 6408 | 4202 | 33 | 2173 | 5061 | 4235 | 42 | 784 | 41 |
| 北仑区 | 30345 | 14953 | 8632 | 80 | 6241 | 15145 | 10832 | 197 | 4116 | 247 |
| 镇海区 | 7326 | 3766 | 2144 | 13 | 1609 | 3508 | 2637 | 29 | 842 | 52 |
| 鄞州区 | 39705 | 19837 | 11972 | 120 | 7745 | 19669 | 15987 | 205 | 3477 | 199 |
| 奉化区 | 48727 | 25041 | 15777 | 152 | 9112 | 23479 | 18689 | 303 | 4487 | 207 |
| 象山县 | 52984 | 28069 | 15759 | 243 | 12067 | 24568 | 16357 | 526 | 7685 | 347 |
| 宁海县 | 52093 | 28336 | 16806 | 262 | 11268 | 23546 | 17768 | 496 | 5282 | 211 |
| 余姚市 | 50233 | 25050 | 13167 | 145 | 11738 | 24579 | 15852 | 276 | 8451 | 604 |
| 慈溪市 | 53014 | 25066 | 12022 | 91 | 12953 | 27167 | 17087 | 179 | 9901 | 781 |
| **温州市** | **432821** | **247914** | **119557** | **4160** | **124197** | **181277** | **109703** | **5793** | **65781** | **3630** |
| 鹿城区 | 13089 | 6873 | 2843 | 63 | 3967 | 6001 | 2939 | 141 | 2921 | 215 |
| 龙湾区 | 78 | 47 | 20 | 1 | 26 | 31 | 16 | 1 | 14 | |
| 瓯海区 | 19250 | 10276 | 4037 | 91 | 6148 | 8708 | 4372 | 148 | 4188 | 266 |
| 洞头区 | 9930 | 5916 | 2818 | 82 | 3016 | 3903 | 2354 | 105 | 1444 | 111 |
| 永嘉县 | 70052 | 38972 | 18685 | 851 | 19436 | 30538 | 18837 | 1122 | 10579 | 542 |
| 平阳县 | 56959 | 33362 | 17219 | 503 | 15640 | 23189 | 15007 | 721 | 7461 | 408 |
| 苍南县 | 48580 | 29175 | 15658 | 424 | 13093 | 19017 | 12539 | 474 | 6004 | 388 |
| 文成县 | 29937 | 19002 | 9329 | 397 | 9276 | 10734 | 5706 | 398 | 4630 | 201 |
| 泰顺县 | 28636 | 18554 | 8854 | 450 | 9250 | 9934 | 6085 | 378 | 3471 | 148 |
| 瑞安市 | 75400 | 41391 | 17511 | 621 | 23259 | 33158 | 17064 | 1215 | 14879 | 851 |
| 乐清市 | 78165 | 42718 | 21778 | 655 | 20285 | 34961 | 24042 | 1062 | 9857 | 486 |
| 龙港市 | 2745 | 1628 | 805 | 22 | 801 | 1103 | 742 | 28 | 333 | 14 |
| **嘉兴市** | **284240** | **139304** | **44549** | **686** | **94069** | **136982** | **54448** | **1627** | **80907** | **7954** |
| 南湖区 | 17965 | 8832 | 2968 | 22 | 5842 | 8732 | 3877 | 89 | 4766 | 401 |
| 秀洲区 | 37233 | 18945 | 6364 | 133 | 12448 | 17350 | 6587 | 252 | 10511 | 938 |
| 嘉善县 | 33792 | 15990 | 6383 | 73 | 9534 | 17014 | 8329 | 200 | 8485 | 788 |
| 海盐县 | 32524 | 14757 | 5270 | 91 | 9396 | 16877 | 7736 | 249 | 8892 | 890 |
| 海宁市 | 52751 | 24686 | 7150 | 107 | 17429 | 26362 | 9321 | 260 | 16781 | 1703 |
| 平湖市 | 45335 | 22924 | 8311 | 103 | 14510 | 21197 | 9664 | 219 | 11314 | 1214 |
| 桐乡市 | 64640 | 33170 | 8103 | 157 | 24910 | 29450 | 8934 | 358 | 20158 | 2020 |
| **湖州市** | **227868** | **116595** | **43153** | **839** | **72603** | **105687** | **50719** | **1855** | **53113** | **5586** |
| 吴兴区 | 40217 | 21880 | 8266 | 188 | 13426 | 17433 | 8372 | 276 | 8785 | 904 |
| 南浔区 | 57222 | 29251 | 12120 | 154 | 16977 | 25944 | 12328 | 397 | 13219 | 2027 |
| 德清县 | 40958 | 19893 | 5668 | 120 | 14105 | 19676 | 7319 | 313 | 12044 | 1389 |
| 长兴县 | 47027 | 23862 | 9136 | 191 | 14535 | 22414 | 12652 | 391 | 9371 | 751 |
| 安吉县 | 42444 | 21709 | 7963 | 186 | 13560 | 20220 | 10048 | 478 | 9694 | 515 |

5-4c 续表

单位：户

| 地区 | 合计 | 有一个60岁及以上人口的户 | | | | 有二个60岁及以上人口的户 | | | | 有三个60岁及以上人口的户 |
|---|---|---|---|---|---|---|---|---|---|---|
| | | 小计 | 独自居住 | 只与未成年人口共同居住 | 其他 | 小计 | 只有一对60岁及以上夫妇居住 | 只有一对60岁及以上夫妇与未成年人口共同居住 | 其他 | |
| **绍兴市** | **370003** | **203289** | **106587** | **1832** | **94870** | **164066** | **105270** | **3334** | **55462** | **2648** |
| 越城区 | 31788 | 17257 | 8379 | 129 | 8749 | 14319 | 8752 | 191 | 5376 | 212 |
| 柯桥区 | 40953 | 22898 | 10663 | 136 | 12099 | 17722 | 10281 | 270 | 7171 | 333 |
| 上虞区 | 68414 | 36337 | 18765 | 264 | 17308 | 31350 | 19560 | 452 | 11338 | 727 |
| 新昌县 | 44837 | 26589 | 16218 | 268 | 10103 | 18171 | 14286 | 338 | 3547 | 77 |
| 诸暨市 | 107290 | 58556 | 31218 | 547 | 26791 | 48006 | 32302 | 1166 | 14538 | 728 |
| 嵊州市 | 76721 | 41652 | 21344 | 488 | 19820 | 34498 | 20089 | 917 | 13492 | 571 |
| **金华市** | **396755** | **221603** | **109919** | **2597** | **109087** | **172582** | **109186** | **4275** | **59121** | **2570** |
| 婺城区 | 44030 | 24482 | 13105 | 215 | 11162 | 19278 | 13145 | 410 | 5723 | 270 |
| 金东区 | 33238 | 17870 | 9681 | 122 | 8067 | 15204 | 10680 | 272 | 4252 | 164 |
| 武义县 | 32823 | 18252 | 10278 | 249 | 7725 | 14365 | 10474 | 335 | 3556 | 206 |
| 浦江县 | 39343 | 22022 | 11100 | 211 | 10711 | 17139 | 10552 | 369 | 6218 | 182 |
| 磐安县 | 19482 | 11047 | 6889 | 139 | 4019 | 8372 | 6713 | 181 | 1478 | 63 |
| 兰溪市 | 59700 | 36015 | 15889 | 605 | 19521 | 23335 | 12466 | 939 | 9930 | 350 |
| 义乌市 | 51657 | 28107 | 11890 | 274 | 15943 | 23089 | 13386 | 472 | 9231 | 461 |
| 东阳市 | 69860 | 37636 | 18296 | 526 | 18814 | 31652 | 18974 | 962 | 11716 | 572 |
| 永康市 | 46622 | 26172 | 12791 | 256 | 13125 | 20148 | 12796 | 335 | 7017 | 302 |
| **衢州市** | **228218** | **127728** | **63522** | **2081** | **62125** | **98686** | **65986** | **3724** | **28976** | **1804** |
| 柯城区 | 26325 | 14290 | 5887 | 131 | 8272 | 11734 | 6899 | 277 | 4558 | 301 |
| 衢江区 | 47391 | 26504 | 12397 | 371 | 13736 | 20392 | 13173 | 655 | 6564 | 495 |
| 常山县 | 29544 | 16838 | 8324 | 367 | 8147 | 12554 | 8944 | 545 | 3065 | 152 |
| 开化县 | 32777 | 17639 | 8906 | 474 | 8259 | 14941 | 9947 | 941 | 4053 | 197 |
| 龙游县 | 41960 | 23093 | 13709 | 176 | 9208 | 18571 | 15185 | 309 | 3077 | 296 |
| 江山市 | 50221 | 29364 | 14299 | 562 | 14503 | 20494 | 11838 | 997 | 7659 | 363 |
| **舟山市** | **79801** | **41321** | **25999** | **239** | **15083** | **37743** | **27949** | **338** | **9456** | **737** |
| 定海区 | 28060 | 14775 | 9173 | 81 | 5521 | 13054 | 9686 | 123 | 3245 | 231 |
| 普陀区 | 27548 | 13959 | 8283 | 120 | 5556 | 13245 | 9175 | 143 | 3927 | 344 |
| 岱山县 | 18119 | 9359 | 6516 | 29 | 2814 | 8630 | 6943 | 54 | 1633 | 130 |
| 嵊泗县 | 6074 | 3228 | 2027 | 9 | 1192 | 2814 | 2145 | 18 | 651 | 32 |
| **台州市** | **440052** | **234427** | **108829** | **3628** | **121970** | **202368** | **109225** | **6287** | **86856** | **3257** |
| 椒江区 | 25376 | 12533 | 4537 | 116 | 7880 | 12603 | 5759 | 294 | 6550 | 240 |
| 黄岩区 | 49088 | 25491 | 11171 | 283 | 14037 | 23095 | 12046 | 509 | 10540 | 502 |
| 路桥区 | 29259 | 14952 | 5458 | 139 | 9355 | 14027 | 6125 | 213 | 7689 | 280 |
| 三门县 | 34024 | 17795 | 9380 | 314 | 8101 | 16069 | 10761 | 444 | 4864 | 160 |
| 天台县 | 48265 | 28857 | 14451 | 619 | 13787 | 19174 | 10900 | 893 | 7381 | 234 |
| 仙居县 | 41453 | 23476 | 10457 | 806 | 12213 | 17745 | 8935 | 1258 | 7552 | 232 |
| 温岭市 | 89292 | 46587 | 24547 | 435 | 21605 | 41967 | 26157 | 852 | 14958 | 738 |
| 临海市 | 100063 | 52249 | 22663 | 830 | 28756 | 47141 | 22290 | 1708 | 23143 | 673 |
| 玉环市 | 23232 | 12487 | 6165 | 86 | 6236 | 10547 | 6252 | 116 | 4179 | 198 |
| **丽水市** | **191884** | **110134** | **56986** | **1810** | **51338** | **80331** | **53182** | **2565** | **24584** | **1419** |
| 莲都区 | 26141 | 14442 | 7421 | 273 | 6748 | 11417 | 6915 | 489 | 4013 | 282 |
| 青田县 | 35135 | 22162 | 10853 | 305 | 11004 | 12841 | 7400 | 360 | 5081 | 132 |
| 缙云县 | 38694 | 21907 | 12835 | 325 | 8747 | 16614 | 11604 | 569 | 4441 | 173 |
| 遂昌县 | 21804 | 11982 | 5381 | 173 | 6428 | 9569 | 6070 | 324 | 3175 | 253 |
| 松阳县 | 21357 | 12089 | 5422 | 242 | 6425 | 9128 | 5965 | 258 | 2905 | 140 |
| 云和县 | 7139 | 4167 | 2153 | 88 | 1926 | 2904 | 2047 | 42 | 815 | 68 |
| 庆元县 | 11303 | 6216 | 3537 | 76 | 2603 | 5027 | 3992 | 115 | 920 | 60 |
| 景宁畲族自治县 | 10398 | 6032 | 3372 | 115 | 2545 | 4233 | 3116 | 126 | 991 | 133 |
| 龙泉市 | 19913 | 11137 | 6012 | 213 | 4912 | 8598 | 6073 | 282 | 2243 | 178 |

# 5-5　各地区有65岁及以上人口的家庭户户数

单位：户

| 地　区 | 合　计 | 有一个65岁及以上人口的户 | | | | 有二个65岁及以上人口的户 | | | | 有三个65岁及以上人口的户 |
|---|---|---|---|---|---|---|---|---|---|---|
| | | 小计 | 独自居住 | 只与未成年人口共同居住 | 其他 | 小计 | 只有一对65岁及以上夫妇居住 | 只有一对65岁及以上夫妇与未成年人口共同居住 | 其他 | |
| **合计** | **5965869** | **3574288** | **1475194** | **27125** | **2071969** | **2358799** | **1445890** | **33826** | **879083** | **32782** |
| **杭州市** | **947202** | **551112** | **186176** | **3689** | **361247** | **389485** | **207307** | **5644** | **176534** | **6605** |
| 上城区 | 41095 | 22601 | 9275 | 155 | 13171 | 18186 | 10939 | 292 | 6955 | 308 |
| 下城区 | 53254 | 27783 | 11302 | 163 | 16318 | 25053 | 15478 | 407 | 9168 | 418 |
| 江干区 | 71133 | 39661 | 11822 | 197 | 27642 | 30879 | 16724 | 351 | 13804 | 593 |
| 拱墅区 | 51167 | 28938 | 11542 | 122 | 17274 | 21912 | 13390 | 287 | 8235 | 317 |
| 西湖区 | 72418 | 39572 | 11515 | 251 | 27806 | 32197 | 15236 | 440 | 16521 | 649 |
| 滨江区 | 22885 | 12972 | 4023 | 67 | 8882 | 9767 | 5115 | 101 | 4551 | 146 |
| 萧山区 | 177515 | 102304 | 30251 | 407 | 71646 | 73881 | 33940 | 625 | 39316 | 1330 |
| 余杭区 | 141003 | 85906 | 20041 | 415 | 65450 | 53894 | 21410 | 452 | 32032 | 1203 |
| 富阳区 | 81106 | 47717 | 17174 | 317 | 30226 | 32867 | 18551 | 479 | 13837 | 522 |
| 临安区 | 67075 | 40050 | 15522 | 281 | 24247 | 26657 | 16600 | 421 | 9636 | 368 |
| 桐庐县 | 52700 | 31595 | 13229 | 287 | 18079 | 20832 | 12804 | 415 | 7613 | 273 |
| 淳安县 | 51704 | 31970 | 15451 | 588 | 15931 | 19571 | 13411 | 783 | 5377 | 163 |
| 建德市 | 64147 | 40043 | 15029 | 439 | 24575 | 23789 | 13709 | 591 | 9489 | 315 |
| **宁波市** | **809706** | **460599** | **226628** | **1994** | **231977** | **345582** | **253173** | **2741** | **89668** | **3525** |
| 海曙区 | 88416 | 48612 | 24927 | 202 | 23483 | 39494 | 31111 | 330 | 8053 | 310 |
| 江北区 | 39153 | 22639 | 11699 | 92 | 10848 | 16346 | 12918 | 140 | 3288 | 168 |
| 北仑区 | 57291 | 32865 | 16101 | 129 | 16635 | 24197 | 17812 | 185 | 6200 | 229 |
| 镇海区 | 37346 | 21043 | 10600 | 86 | 10357 | 16149 | 12450 | 122 | 3577 | 154 |
| 鄞州区 | 117544 | 63840 | 31858 | 226 | 31756 | 53283 | 41523 | 430 | 11330 | 421 |
| 奉化区 | 66380 | 38154 | 20700 | 179 | 17275 | 28033 | 22282 | 225 | 5526 | 193 |
| 象山县 | 66218 | 40314 | 20184 | 265 | 19865 | 25683 | 17469 | 340 | 7874 | 221 |
| 宁海县 | 69876 | 43397 | 22466 | 345 | 20586 | 26312 | 19538 | 368 | 6406 | 167 |
| 余姚市 | 120273 | 68992 | 30482 | 254 | 38256 | 50569 | 33233 | 304 | 17032 | 712 |
| 慈溪市 | 147209 | 80743 | 37611 | 216 | 42916 | 65516 | 44837 | 297 | 20382 | 950 |
| **温州市** | **799151** | **502066** | **216012** | **5429** | **280625** | **293642** | **186789** | **5775** | **101078** | **3443** |
| 鹿城区 | 88820 | 51658 | 20698 | 326 | 30634 | 36706 | 22760 | 501 | 13445 | 456 |
| 龙湾区 | 33982 | 20807 | 7570 | 141 | 13096 | 13015 | 7633 | 175 | 5207 | 160 |
| 瓯海区 | 54229 | 32388 | 12471 | 209 | 19708 | 21589 | 12629 | 313 | 8647 | 252 |
| 洞头区 | 14397 | 9638 | 4086 | 100 | 5452 | 4698 | 2916 | 99 | 1683 | 61 |
| 永嘉县 | 85653 | 52988 | 22253 | 905 | 29830 | 32290 | 19953 | 923 | 11414 | 375 |
| 平阳县 | 88324 | 56737 | 26345 | 593 | 29799 | 31258 | 20873 | 627 | 9758 | 329 |
| 苍南县 | 84411 | 55968 | 25905 | 541 | 29522 | 28062 | 18510 | 539 | 9013 | 381 |
| 文成县 | 38096 | 25740 | 11246 | 483 | 14011 | 12198 | 6507 | 405 | 5286 | 158 |
| 泰顺县 | 33633 | 24060 | 10177 | 445 | 13438 | 9475 | 5783 | 295 | 3397 | 98 |
| 瑞安市 | 123227 | 76622 | 31388 | 755 | 44479 | 46012 | 27831 | 902 | 17279 | 593 |
| 乐清市 | 121829 | 74860 | 35499 | 771 | 38590 | 46517 | 33633 | 792 | 12092 | 452 |
| 龙港市 | 32550 | 20600 | 8374 | 160 | 12066 | 11822 | 7761 | 204 | 3857 | 128 |
| **嘉兴市** | **522035** | **299977** | **87475** | **1124** | **211378** | **216587** | **101439** | **1661** | **113487** | **5471** |
| 南湖区 | 74141 | 41424 | 15893 | 170 | 25361 | 32224 | 20675 | 274 | 11275 | 493 |
| 秀洲区 | 58140 | 34312 | 10296 | 157 | 23859 | 23304 | 10843 | 218 | 12243 | 524 |
| 嘉善县 | 62112 | 34515 | 11784 | 133 | 22598 | 26910 | 13289 | 214 | 13407 | 687 |
| 海盐县 | 52577 | 28564 | 8723 | 88 | 19753 | 23446 | 11715 | 185 | 11546 | 567 |
| 海宁市 | 100170 | 56780 | 14069 | 183 | 42528 | 42077 | 16728 | 268 | 25081 | 1313 |
| 平湖市 | 75260 | 43753 | 12570 | 166 | 31017 | 30732 | 14479 | 210 | 16043 | 775 |
| 桐乡市 | 99635 | 60629 | 14140 | 227 | 46262 | 37894 | 13710 | 292 | 23892 | 1112 |
| **湖州市** | **360522** | **212051** | **73054** | **1066** | **137931** | **144866** | **77635** | **1451** | **65780** | **3605** |
| 吴兴区 | 87934 | 51575 | 17913 | 291 | 33371 | 35571 | 20437 | 360 | 14774 | 788 |
| 南浔区 | 77283 | 46180 | 16544 | 203 | 29433 | 30051 | 14900 | 273 | 14878 | 1052 |
| 德清县 | 60295 | 35337 | 9457 | 138 | 25742 | 24226 | 10241 | 233 | 13752 | 732 |
| 长兴县 | 78144 | 45126 | 17223 | 247 | 27656 | 32355 | 20045 | 300 | 12010 | 663 |
| 安吉县 | 56866 | 33833 | 11917 | 187 | 21729 | 22663 | 12012 | 285 | 10366 | 370 |

5-5 续表 单位：户

| 地区 | 合计 | 有一个65岁及以上人口的户 | | | | 有二个65岁及以上人口的户 | | | | 有三个65岁及以上人口的户 |
|---|---|---|---|---|---|---|---|---|---|---|
| | | 小计 | 独自居住 | 只与未成年人口共同居住 | 其他 | 小计 | 只有一对65岁及以上夫妇居住 | 只有一对65岁及以上夫妇与未成年人口共同居住 | 其他 | |
| **绍兴市** | **597461** | **361358** | **162262** | **2118** | **196978** | **233655** | **154758** | **2730** | **76167** | **2448** |
| 越城区 | 105728 | 62038 | 27332 | 245 | 34461 | 43251 | 30346 | 383 | 12522 | 439 |
| 柯桥区 | 92123 | 57513 | 21919 | 193 | 35401 | 34242 | 21005 | 263 | 12974 | 368 |
| 上虞区 | 106939 | 63059 | 28517 | 293 | 34249 | 43334 | 28080 | 340 | 14914 | 546 |
| 新昌县 | 53351 | 34424 | 17641 | 233 | 16550 | 18834 | 14122 | 207 | 4505 | 93 |
| 诸暨市 | 141212 | 85178 | 40059 | 632 | 44487 | 55483 | 38254 | 886 | 16343 | 551 |
| 嵊州市 | 98108 | 59146 | 26794 | 522 | 31830 | 38511 | 22951 | 651 | 14909 | 451 |
| **金华市** | **577648** | **358073** | **157400** | **2979** | **197694** | **217404** | **138592** | **3490** | **75322** | **2171** |
| 婺城区 | 79790 | 48846 | 22582 | 343 | 25921 | 30632 | 20896 | 435 | 9301 | 312 |
| 金东区 | 42621 | 26192 | 12757 | 144 | 13291 | 16285 | 11489 | 184 | 4612 | 144 |
| 武义县 | 41517 | 25623 | 12777 | 267 | 12579 | 15745 | 11384 | 227 | 4134 | 149 |
| 浦江县 | 45706 | 28341 | 13101 | 195 | 15045 | 17247 | 11036 | 277 | 5934 | 118 |
| 磐安县 | 23124 | 14500 | 8319 | 139 | 6042 | 8577 | 6856 | 116 | 1605 | 47 |
| 兰溪市 | 83457 | 55010 | 22599 | 608 | 31803 | 28161 | 16119 | 684 | 11358 | 286 |
| 义乌市 | 93285 | 57258 | 21705 | 400 | 35153 | 35603 | 21663 | 475 | 13465 | 424 |
| 东阳市 | 101034 | 60542 | 24441 | 552 | 35549 | 40025 | 22757 | 777 | 16491 | 467 |
| 永康市 | 67114 | 41761 | 19119 | 331 | 22311 | 25129 | 16392 | 315 | 8422 | 224 |
| **衢州市** | **299973** | **188928** | **82678** | **2151** | **104099** | **109958** | **74478** | **2595** | **32885** | **1087** |
| 柯城区 | 53450 | 31877 | 12191 | 193 | 19493 | 21325 | 13375 | 336 | 7614 | 248 |
| 衢江区 | 51034 | 32636 | 13264 | 317 | 19055 | 18185 | 11830 | 358 | 5997 | 213 |
| 常山县 | 36323 | 23401 | 10452 | 370 | 12579 | 12823 | 9374 | 378 | 3071 | 99 |
| 开化县 | 37405 | 23230 | 10032 | 450 | 12748 | 14078 | 9652 | 526 | 3900 | 97 |
| 龙游县 | 51638 | 32141 | 17217 | 200 | 14724 | 19325 | 15671 | 214 | 3440 | 172 |
| 江山市 | 70123 | 45643 | 19522 | 621 | 25500 | 24222 | 14576 | 783 | 8863 | 258 |
| **舟山市** | **137104** | **80119** | **43193** | **341** | **36585** | **56388** | **42461** | **366** | **13561** | **597** |
| 定海区 | 54241 | 31370 | 16191 | 145 | 15034 | 22624 | 16966 | 164 | 5494 | 247 |
| 普陀区 | 45057 | 26423 | 13576 | 145 | 12702 | 18420 | 13158 | 136 | 5126 | 214 |
| 岱山县 | 27724 | 16291 | 10071 | 37 | 6183 | 11335 | 9281 | 43 | 2011 | 98 |
| 嵊泗县 | 10082 | 6035 | 3355 | 14 | 2666 | 4009 | 3056 | 23 | 930 | 38 |
| **台州市** | **639543** | **384375** | **163337** | **3794** | **217244** | **252501** | **144911** | **4714** | **102876** | **2667** |
| 椒江区 | 60238 | 34524 | 12291 | 217 | 22016 | 25397 | 13277 | 370 | 11750 | 317 |
| 黄岩区 | 73411 | 42852 | 17175 | 291 | 25386 | 30179 | 16763 | 409 | 13007 | 380 |
| 路桥区 | 51872 | 30537 | 10656 | 193 | 19688 | 21097 | 10371 | 223 | 10503 | 238 |
| 三门县 | 41056 | 24657 | 12004 | 335 | 12318 | 16282 | 11138 | 316 | 4828 | 117 |
| 天台县 | 58049 | 38299 | 17063 | 634 | 20602 | 19582 | 11410 | 600 | 7572 | 168 |
| 仙居县 | 50159 | 31303 | 12607 | 758 | 17938 | 18698 | 10085 | 862 | 7751 | 158 |
| 温岭市 | 137119 | 81651 | 39844 | 464 | 41343 | 54849 | 35889 | 718 | 18242 | 619 |
| 临海市 | 120512 | 71523 | 29105 | 743 | 41675 | 48568 | 25432 | 1060 | 22076 | 421 |
| 玉环市 | 47127 | 29029 | 12592 | 159 | 16278 | 17849 | 10546 | 156 | 7147 | 249 |
| **丽水市** | **275524** | **175630** | **76979** | **2440** | **96211** | **98731** | **64347** | **2659** | **31725** | **1163** |
| 莲都区 | 47513 | 28809 | 11912 | 378 | 16519 | 18453 | 11302 | 565 | 6586 | 251 |
| 青田县 | 50346 | 33949 | 14474 | 502 | 18973 | 16211 | 9041 | 599 | 6571 | 186 |
| 缙云县 | 50709 | 31593 | 16700 | 461 | 14432 | 18973 | 13516 | 484 | 4973 | 143 |
| 遂昌县 | 27003 | 17152 | 6359 | 174 | 10619 | 9695 | 6084 | 197 | 3414 | 156 |
| 松阳县 | 24990 | 15921 | 6486 | 244 | 9191 | 8976 | 5864 | 183 | 2929 | 93 |
| 云和县 | 13740 | 8988 | 3665 | 117 | 5206 | 4671 | 3161 | 60 | 1450 | 81 |
| 庆元县 | 17395 | 11082 | 4981 | 132 | 5969 | 6270 | 4692 | 124 | 1454 | 43 |
| 景宁畲族自治县 | 14321 | 9357 | 4149 | 182 | 5026 | 4880 | 3273 | 199 | 1408 | 84 |
| 龙泉市 | 29507 | 18779 | 8253 | 250 | 10276 | 10602 | 7414 | 248 | 2940 | 126 |

# 5-5a 各地区有65岁及以上人口的家庭户户数(城市)

单位：户

| 地区 | 合计 | 有一个65岁及以上人口的户 | | | | 有二个65岁及以上人口的户 | | | | 有三个65岁及以上人口的户 |
|---|---|---|---|---|---|---|---|---|---|---|
| | | 小计 | 独自居住 | 只与未成年人口共同居住 | 其他 | 小计 | 只有一对65岁及以上夫妇居住 | 只有一对65岁及以上夫妇与未成年人口共同居住 | 其他 | |
| **合计** | **2199080** | **1271382** | **486374** | **7389** | **777619** | **915122** | **559426** | **10470** | **345226** | **12576** |
| **杭州市** | **556677** | **314793** | **101331** | **1684** | **211778** | **237654** | **125806** | **2791** | **109057** | **4230** |
| 上城区 | 41095 | 22601 | 9275 | 155 | 13171 | 18186 | 10939 | 292 | 6955 | 308 |
| 下城区 | 53254 | 27783 | 11302 | 163 | 16318 | 25053 | 15478 | 407 | 9168 | 418 |
| 江干区 | 71133 | 39661 | 11822 | 197 | 27642 | 30879 | 16724 | 351 | 13804 | 593 |
| 拱墅区 | 51167 | 28938 | 11542 | 122 | 17274 | 21912 | 13390 | 287 | 8235 | 317 |
| 西湖区 | 68947 | 37462 | 11024 | 241 | 26197 | 30868 | 14746 | 432 | 15690 | 617 |
| 滨江区 | 22885 | 12972 | 4023 | 67 | 8882 | 9767 | 5115 | 101 | 4551 | 146 |
| 萧山区 | 106939 | 60919 | 18649 | 237 | 42033 | 45258 | 22072 | 337 | 22849 | 762 |
| 余杭区 | 74938 | 45520 | 11090 | 241 | 34189 | 28762 | 12133 | 237 | 16392 | 656 |
| 富阳区 | 37292 | 21681 | 6686 | 122 | 14873 | 15360 | 8284 | 191 | 6885 | 251 |
| 临安区 | 15307 | 9121 | 3127 | 55 | 5939 | 6101 | 3594 | 60 | 2447 | 85 |
| 桐庐县 | | | | | | | | | | |
| 淳安县 | | | | | | | | | | |
| 建德市 | 13720 | 8135 | 2791 | 84 | 5260 | 5508 | 3331 | 96 | 2081 | 77 |
| **宁波市** | **386330** | **212507** | **98489** | **866** | **113152** | **171948** | **124221** | **1358** | **46369** | **1875** |
| 海曙区 | 66357 | 36070 | 17489 | 163 | 18418 | 30039 | 22903 | 277 | 6859 | 248 |
| 江北区 | 30435 | 17200 | 8204 | 74 | 8922 | 13089 | 10054 | 126 | 2909 | 146 |
| 北仑区 | 31613 | 18467 | 8499 | 77 | 9891 | 13032 | 9411 | 96 | 3525 | 114 |
| 镇海区 | 28959 | 16151 | 7831 | 76 | 8244 | 12679 | 9623 | 111 | 2945 | 129 |
| 鄞州区 | 65088 | 34797 | 15262 | 167 | 19368 | 30031 | 21882 | 299 | 7850 | 260 |
| 奉化区 | 23117 | 12807 | 6046 | 64 | 6697 | 10202 | 7664 | 98 | 2440 | 108 |
| 象山县 | | | | | | | | | | |
| 宁海县 | | | | | | | | | | |
| 余姚市 | 56947 | 31995 | 13850 | 117 | 18028 | 24632 | 16482 | 169 | 7981 | 320 |
| 慈溪市 | 83814 | 45020 | 21308 | 128 | 23584 | 38244 | 26202 | 182 | 11860 | 550 |
| **温州市** | **290415** | **176183** | **72044** | **1337** | **102802** | **113017** | **72748** | **1613** | **38656** | **1215** |
| 鹿城区 | 77977 | 45217 | 18153 | 287 | 26777 | 32390 | 20420 | 435 | 11535 | 370 |
| 龙湾区 | 24427 | 14937 | 5624 | 101 | 9212 | 9380 | 5719 | 114 | 3547 | 110 |
| 瓯海区 | 37976 | 22464 | 8660 | 146 | 13658 | 15345 | 9065 | 248 | 6032 | 167 |
| 洞头区 | 5872 | 3989 | 1581 | 37 | 2371 | 1865 | 1169 | 35 | 661 | 18 |
| 永嘉县 | | | | | | | | | | |
| 平阳县 | | | | | | | | | | |
| 苍南县 | | | | | | | | | | |
| 文成县 | | | | | | | | | | |
| 泰顺县 | | | | | | | | | | |
| 瑞安市 | 60007 | 37354 | 15710 | 307 | 21337 | 22434 | 14859 | 309 | 7266 | 219 |
| 乐清市 | 55935 | 34414 | 15292 | 331 | 18791 | 21303 | 14838 | 296 | 6169 | 218 |
| 龙港市 | 28221 | 17808 | 7024 | 128 | 10656 | 10300 | 6678 | 176 | 3446 | 113 |
| **嘉兴市** | **156057** | **88885** | **28708** | **409** | **59768** | **65946** | **38226** | **617** | **27103** | **1226** |
| 南湖区 | 55041 | 30264 | 12429 | 139 | 17696 | 24422 | 16950 | 230 | 7242 | 355 |
| 秀洲区 | 17005 | 9682 | 2925 | 48 | 6709 | 7223 | 4435 | 66 | 2722 | 100 |
| 嘉善县 | | | | | | | | | | |
| 海盐县 | | | | | | | | | | |
| 海宁市 | 31808 | 17740 | 4781 | 75 | 12884 | 13724 | 6643 | 117 | 6964 | 344 |
| 平湖市 | 22034 | 12729 | 3864 | 60 | 8805 | 9142 | 5126 | 78 | 3938 | 163 |
| 桐乡市 | 30169 | 18470 | 4709 | 87 | 13674 | 11435 | 5072 | 126 | 6237 | 264 |
| **湖州市** | **61855** | **35331** | **12559** | **181** | **22591** | **26015** | **16023** | **268** | **9724** | **509** |
| 吴兴区 | 48539 | 27336 | 9908 | 138 | 17290 | 20830 | 13280 | 223 | 7327 | 373 |
| 南浔区 | 13316 | 7995 | 2651 | 43 | 5301 | 5185 | 2743 | 45 | 2397 | 136 |
| 德清县 | | | | | | | | | | |
| 长兴县 | | | | | | | | | | |
| 安吉县 | | | | | | | | | | |

5–5a 续表 单位：户

| 地区 | 合计 | 有一个65岁及以上人口的户 | | | | 有二个65岁及以上人口的户 | | | | 有三个65岁及以上人口的户 |
|---|---|---|---|---|---|---|---|---|---|---|
| | | 小计 | 独自居住 | 只与未成年人口共同居住 | 其他 | 小计 | 只有一对65岁及以上夫妇居住 | 只有一对65岁及以上夫妇与未成年人口共同居住 | 其他 | |
| **绍兴市** | **245911** | **143657** | **56898** | **748** | **86011** | **101102** | **65485** | **1029** | **34588** | **1152** |
| 越城区 | 79858 | 45894 | 19900 | 197 | 25797 | 33596 | 23756 | 312 | 9528 | 368 |
| 柯桥区 | 53559 | 33023 | 11068 | 91 | 21864 | 20302 | 12100 | 130 | 8072 | 234 |
| 上虞区 | 46353 | 26578 | 11163 | 125 | 15290 | 19531 | 12544 | 162 | 6825 | 244 |
| 新昌县 | | | | | | | | | | |
| 诸暨市 | 38885 | 22605 | 8752 | 195 | 13658 | 16102 | 10471 | 267 | 5364 | 178 |
| 嵊州市 | 27256 | 15557 | 6015 | 140 | 9402 | 11571 | 6614 | 158 | 4799 | 128 |
| **金华市** | **161007** | **98574** | **37387** | **765** | **60422** | **61697** | **36149** | **888** | **24660** | **736** |
| 婺城区 | 39248 | 23517 | 9862 | 172 | 13483 | 15559 | 10095 | 196 | 5268 | 172 |
| 金东区 | 7994 | 4955 | 1842 | 25 | 3088 | 3009 | 1778 | 36 | 1195 | 30 |
| 武义县 | | | | | | | | | | |
| 浦江县 | | | | | | | | | | |
| 磐安县 | | | | | | | | | | |
| 兰溪市 | 26615 | 17017 | 6742 | 166 | 10109 | 9480 | 5408 | 162 | 3910 | 118 |
| 义乌市 | 39114 | 24073 | 8271 | 163 | 15639 | 14853 | 8738 | 180 | 5935 | 188 |
| 东阳市 | 24232 | 14376 | 4472 | 127 | 9777 | 9708 | 4480 | 200 | 5028 | 148 |
| 永康市 | 23804 | 14636 | 6198 | 112 | 8326 | 9088 | 5650 | 114 | 3324 | 80 |
| **衢州市** | **59314** | **36187** | **13878** | **297** | **22012** | **22868** | **14070** | **405** | **8393** | **259** |
| 柯城区 | 31234 | 18140 | 7012 | 109 | 11019 | 12956 | 8234 | 193 | 4529 | 138 |
| 衢江区 | 7988 | 5172 | 1732 | 31 | 3409 | 2774 | 1606 | 28 | 1140 | 42 |
| 常山县 | | | | | | | | | | |
| 开化县 | | | | | | | | | | |
| 龙游县 | 190 | 118 | 78 | | 40 | 70 | 65 | | 5 | 2 |
| 江山市 | 19902 | 12757 | 5056 | 157 | 7544 | 7068 | 4165 | 184 | 2719 | 77 |
| **舟山市** | **50834** | **29305** | **13608** | **167** | **15530** | **21306** | **15258** | **188** | **5860** | **223** |
| 定海区 | 29327 | 16652 | 7632 | 106 | 8914 | 12535 | 9090 | 113 | 3332 | 140 |
| 普陀区 | 21507 | 12653 | 5976 | 61 | 6616 | 8771 | 6168 | 75 | 2528 | 83 |
| 岱山县 | | | | | | | | | | |
| 嵊泗县 | | | | | | | | | | |
| **台州市** | **195861** | **114667** | **43873** | **707** | **70087** | **80196** | **43270** | **968** | **35958** | **998** |
| 椒江区 | 40412 | 23195 | 8270 | 137 | 14788 | 16992 | 8961 | 219 | 7812 | 225 |
| 黄岩区 | 31057 | 17752 | 6754 | 70 | 10928 | 13147 | 7205 | 138 | 5804 | 158 |
| 路桥区 | 21130 | 12495 | 4358 | 64 | 8073 | 8535 | 4378 | 94 | 4063 | 100 |
| 三门县 | | | | | | | | | | |
| 天台县 | | | | | | | | | | |
| 仙居县 | | | | | | | | | | |
| 温岭市 | 43454 | 25450 | 10524 | 155 | 14771 | 17798 | 10188 | 222 | 7388 | 206 |
| 临海市 | 31029 | 17990 | 6927 | 180 | 10883 | 12898 | 6755 | 194 | 5949 | 141 |
| 玉环市 | 28779 | 17785 | 7040 | 101 | 10644 | 10826 | 5783 | 101 | 4942 | 168 |
| **丽水市** | **34819** | **21293** | **7599** | **228** | **13466** | **13373** | **8170** | **345** | **4858** | **153** |
| 莲都区 | 24080 | 14391 | 5013 | 153 | 9225 | 9572 | 5634 | 268 | 3670 | 117 |
| 青田县 | | | | | | | | | | |
| 缙云县 | | | | | | | | | | |
| 遂昌县 | | | | | | | | | | |
| 松阳县 | | | | | | | | | | |
| 云和县 | | | | | | | | | | |
| 庆元县 | | | | | | | | | | |
| 景宁畲族自治县 | | | | | | | | | | |
| 龙泉市 | 10739 | 6902 | 2586 | 75 | 4241 | 3801 | 2536 | 77 | 1188 | 36 |

# 5-5b　各地区有65岁及以上人口的家庭户户数(镇)

单位：户

| 地区 | 合计 | 有一个65岁及以上人口的户 | | | | 有二个65岁及以上人口的户 | | | | 有三个65岁及以上人口的户 |
|---|---|---|---|---|---|---|---|---|---|---|
| | | 小计 | 独自居住 | 只与未成年人口共同居住 | 其他 | 小计 | 只有一对65岁及以上夫妇居住 | 只有一对65岁及以上夫妇与未成年人口共同居住 | 其他 | |
| **合计** | **1096345** | **667736** | **271302** | **5966** | **390468** | **422233** | **253229** | **6796** | **162208** | **6376** |
| **杭州市** | **89051** | **53718** | **19872** | **457** | **33389** | **34843** | **19919** | **592** | **14332** | **490** |
| 上城区 | | | | | | | | | | |
| 下城区 | | | | | | | | | | |
| 江干区 | | | | | | | | | | |
| 拱墅区 | | | | | | | | | | |
| 西湖区 | 65 | 40 | 21 | 1 | 18 | 25 | 15 | | 10 | |
| 滨江区 | | | | | | | | | | |
| 萧山区 | 10176 | 5972 | 1842 | 24 | 4106 | 4138 | 1918 | 45 | 2175 | 66 |
| 余杭区 | 18010 | 10573 | 3066 | 44 | 7463 | 7315 | 3714 | 52 | 3549 | 122 |
| 富阳区 | 4100 | 2440 | 965 | 22 | 1453 | 1636 | 903 | 31 | 702 | 24 |
| 临安区 | 7283 | 4502 | 1894 | 42 | 2566 | 2748 | 1712 | 46 | 990 | 33 |
| 桐庐县 | 26210 | 15540 | 6136 | 135 | 9269 | 10534 | 6338 | 193 | 4003 | 136 |
| 淳安县 | 12319 | 7696 | 3150 | 121 | 4425 | 4571 | 3047 | 145 | 1379 | 52 |
| 建德市 | 10888 | 6955 | 2798 | 68 | 4089 | 3876 | 2272 | 80 | 1524 | 57 |
| **宁波市** | **141282** | **82828** | **39088** | **461** | **43279** | **57806** | **40477** | **514** | **16815** | **648** |
| 海曙区 | 3662 | 2006 | 1239 | 8 | 759 | 1643 | 1406 | 12 | 225 | 13 |
| 江北区 | | | | | | | | | | |
| 北仑区 | 2706 | 1547 | 635 | 6 | 906 | 1147 | 805 | 7 | 335 | 12 |
| 镇海区 | 2945 | 1711 | 1025 | 3 | 683 | 1230 | 1033 | 4 | 193 | 4 |
| 鄞州区 | 22624 | 12372 | 6663 | 25 | 5684 | 10168 | 8388 | 66 | 1714 | 84 |
| 奉化区 | 5238 | 3065 | 1550 | 17 | 1498 | 2159 | 1688 | 24 | 447 | 14 |
| 象山县 | 25858 | 15840 | 7381 | 141 | 8318 | 9924 | 6385 | 133 | 3406 | 94 |
| 宁海县 | 29841 | 18630 | 8563 | 177 | 9890 | 11116 | 7517 | 176 | 3423 | 95 |
| 余姚市 | 24579 | 14174 | 5742 | 44 | 8388 | 10214 | 6122 | 38 | 4054 | 191 |
| 慈溪市 | 23829 | 13483 | 6290 | 40 | 7153 | 10205 | 7133 | 54 | 3018 | 141 |
| **温州市** | **167991** | **107454** | **43402** | **1348** | **62704** | **59765** | **36003** | **1408** | **22354** | **772** |
| 鹿城区 | 593 | 322 | 138 | 3 | 181 | 271 | 158 | 6 | 107 | |
| 龙湾区 | 9501 | 5833 | 1929 | 39 | 3865 | 3618 | 1903 | 60 | 1655 | 50 |
| 瓯海区 | 1403 | 878 | 491 | 7 | 380 | 515 | 377 | 4 | 134 | 10 |
| 洞头区 | 931 | 604 | 243 | 8 | 353 | 322 | 205 | 7 | 110 | 5 |
| 永嘉县 | 30299 | 18337 | 6558 | 309 | 11470 | 11816 | 6551 | 332 | 4933 | 146 |
| 平阳县 | 43502 | 27645 | 11823 | 282 | 15540 | 15690 | 10145 | 290 | 5255 | 167 |
| 苍南县 | 45654 | 30109 | 12540 | 277 | 17292 | 15339 | 9652 | 318 | 5369 | 206 |
| 文成县 | 13816 | 8988 | 3484 | 189 | 5315 | 4756 | 2337 | 208 | 2211 | 72 |
| 泰顺县 | 10876 | 7723 | 2996 | 123 | 4604 | 3110 | 1799 | 86 | 1225 | 43 |
| 瑞安市 | 4177 | 2609 | 1063 | 59 | 1487 | 1525 | 857 | 51 | 617 | 43 |
| 乐清市 | 5161 | 3056 | 1497 | 38 | 1521 | 2083 | 1502 | 34 | 547 | 22 |
| 龙港市 | 2078 | 1350 | 640 | 14 | 696 | 720 | 517 | 12 | 191 | 8 |
| **嘉兴市** | **136533** | **78691** | **23936** | **287** | **54468** | **56371** | **26262** | **418** | **29691** | **1471** |
| 南湖区 | 5100 | 2994 | 1174 | 14 | 1806 | 2074 | 1248 | 14 | 812 | 32 |
| 秀洲区 | 10829 | 6612 | 2215 | 16 | 4381 | 4117 | 1925 | 33 | 2159 | 100 |
| 嘉善县 | 33915 | 19194 | 6468 | 81 | 12645 | 14364 | 7299 | 116 | 6949 | 357 |
| 海盐县 | 26808 | 14516 | 4671 | 34 | 9811 | 12025 | 6634 | 96 | 5295 | 267 |
| 海宁市 | 26278 | 15308 | 3844 | 55 | 11409 | 10622 | 3748 | 76 | 6798 | 348 |
| 平湖市 | 16475 | 9451 | 2456 | 42 | 6953 | 6837 | 2879 | 43 | 3915 | 187 |
| 桐乡市 | 17128 | 10616 | 3108 | 45 | 7463 | 6332 | 2529 | 40 | 3763 | 180 |
| **湖州市** | **115916** | **69099** | **25519** | **352** | **43228** | **45784** | **26071** | **420** | **19293** | **1033** |
| 吴兴区 | 7280 | 4523 | 1212 | 38 | 3273 | 2669 | 1094 | 19 | 1556 | 88 |
| 南浔区 | 16445 | 10161 | 3964 | 53 | 6144 | 6132 | 3324 | 57 | 2751 | 152 |
| 德清县 | 27796 | 16469 | 5140 | 62 | 11267 | 11049 | 5563 | 107 | 5379 | 278 |
| 长兴县 | 40665 | 23501 | 9635 | 123 | 13743 | 16824 | 11028 | 143 | 5653 | 340 |
| 安吉县 | 23730 | 14445 | 5568 | 76 | 8801 | 9110 | 5062 | 94 | 3954 | 175 |

5－5b　续表　　　　　　　　　　　　　　　　　　　　　　　　　　　　　单位：户

| 地　区 | 合　计 | 有一个65岁及以上人口的户 | | | | 有二个65岁及以上人口的户 | | | | 有三个65岁及以上人口的户 |
|---|---|---|---|---|---|---|---|---|---|---|
| | | 小计 | 独自居住 | 只与未成年人口共同居住 | 其他 | 小计 | 只有一对65岁及以上夫妇居住 | 只有一对65岁及以上夫妇与未成年人口共同居住 | 其他 | |
| **绍兴市** | **62222** | **38396** | **17396** | **256** | **20744** | **23524** | **15323** | **299** | **7902** | **302** |
| 越城区 | 600 | 379 | 160 | | 219 | 217 | 133 | 4 | 80 | 4 |
| 柯桥区 | 6186 | 3926 | 1830 | 19 | 2077 | 2235 | 1538 | 21 | 676 | 25 |
| 上虞区 | 6862 | 4232 | 2084 | 13 | 2135 | 2590 | 1764 | 22 | 804 | 40 |
| 新昌县 | 19394 | 11841 | 4621 | 66 | 7154 | 7481 | 4784 | 71 | 2626 | 72 |
| 诸暨市 | 17524 | 10720 | 5001 | 89 | 5630 | 6723 | 4561 | 103 | 2059 | 81 |
| 嵊州市 | 11656 | 7298 | 3700 | 69 | 3529 | 4278 | 2543 | 78 | 1657 | 80 |
| **金华市** | **102515** | **63050** | **26600** | **536** | **35914** | **39055** | **23663** | **657** | **14735** | **410** |
| 婺城区 | 5795 | 3587 | 1647 | 32 | 1908 | 2197 | 1468 | 42 | 687 | 11 |
| 金东区 | 8680 | 5424 | 2621 | 38 | 2765 | 3210 | 2185 | 43 | 982 | 46 |
| 武义县 | 16008 | 9736 | 4112 | 110 | 5514 | 6211 | 4020 | 98 | 2093 | 61 |
| 浦江县 | 14704 | 8811 | 3504 | 57 | 5250 | 5835 | 3337 | 102 | 2396 | 58 |
| 磐安县 | 7623 | 4781 | 2496 | 46 | 2239 | 2821 | 2101 | 37 | 683 | 21 |
| 兰溪市 | 9324 | 6270 | 2760 | 62 | 3448 | 3021 | 1771 | 85 | 1165 | 33 |
| 义乌市 | 13156 | 8005 | 3150 | 56 | 4799 | 5091 | 3073 | 69 | 1949 | 60 |
| 东阳市 | 20904 | 12502 | 4494 | 100 | 7908 | 8299 | 4216 | 149 | 3934 | 103 |
| 永康市 | 6321 | 3934 | 1816 | 35 | 2083 | 2370 | 1492 | 32 | 846 | 17 |
| **衢州市** | **60927** | **38819** | **17470** | **491** | **20858** | **21902** | **15060** | **515** | **6327** | **206** |
| 柯城区 | 1573 | 946 | 373 | 5 | 568 | 614 | 370 | 8 | 236 | 13 |
| 衢江区 | 5675 | 3655 | 1622 | 38 | 1995 | 1999 | 1328 | 31 | 640 | 21 |
| 常山县 | 13289 | 8559 | 3751 | 121 | 4687 | 4690 | 3354 | 126 | 1210 | 40 |
| 开化县 | 12195 | 7650 | 3037 | 145 | 4468 | 4509 | 2914 | 156 | 1439 | 36 |
| 龙游县 | 17814 | 11177 | 5756 | 83 | 5338 | 6586 | 4998 | 77 | 1511 | 51 |
| 江山市 | 10381 | 6832 | 2931 | 99 | 3802 | 3504 | 2096 | 117 | 1291 | 45 |
| **舟山市** | **25344** | **14901** | **8701** | **42** | **6158** | **10328** | **8219** | **51** | **2058** | **115** |
| 定海区 | 3294 | 1898 | 1106 | 5 | 787 | 1384 | 1088 | 8 | 288 | 12 |
| 普陀区 | 2522 | 1570 | 1013 | 4 | 553 | 944 | 773 | 3 | 168 | 8 |
| 岱山县 | 13982 | 8168 | 4836 | 23 | 3309 | 5746 | 4667 | 25 | 1054 | 68 |
| 嵊泗县 | 5546 | 3265 | 1746 | 10 | 1509 | 2254 | 1691 | 15 | 548 | 27 |
| **台州市** | **106285** | **64415** | **26851** | **797** | **36767** | **41383** | **23195** | **920** | **17268** | **487** |
| 椒江区 | 241 | 133 | 89 | 1 | 43 | 108 | 71 | 2 | 35 | |
| 黄岩区 | 4035 | 2381 | 841 | 28 | 1512 | 1614 | 809 | 27 | 778 | 40 |
| 路桥区 | 7927 | 4582 | 1592 | 28 | 2962 | 3296 | 1565 | 40 | 1691 | 49 |
| 三门县 | 15379 | 9289 | 4147 | 111 | 5031 | 6036 | 3771 | 118 | 2147 | 54 |
| 天台县 | 21192 | 13605 | 5034 | 232 | 8339 | 7501 | 3731 | 204 | 3566 | 86 |
| 仙居县 | 18410 | 10985 | 3869 | 231 | 6885 | 7340 | 3610 | 263 | 3467 | 85 |
| 温岭市 | 24879 | 15057 | 7818 | 79 | 7160 | 9703 | 6645 | 133 | 2925 | 119 |
| 临海市 | 13069 | 7716 | 3147 | 77 | 4492 | 5301 | 2666 | 129 | 2506 | 52 |
| 玉环市 | 1153 | 667 | 314 | 10 | 343 | 484 | 327 | 4 | 153 | 2 |
| **丽水市** | **88279** | **56365** | **22467** | **939** | **32959** | **31472** | **19037** | **1002** | **11433** | **442** |
| 莲都区 | 2478 | 1500 | 712 | 34 | 754 | 962 | 615 | 30 | 317 | 16 |
| 青田县 | 23533 | 15435 | 5790 | 308 | 9337 | 7957 | 3936 | 406 | 3615 | 141 |
| 缙云县 | 20200 | 12385 | 5927 | 248 | 6210 | 7740 | 5261 | 193 | 2286 | 75 |
| 遂昌县 | 9823 | 6178 | 2109 | 50 | 4019 | 3580 | 2129 | 51 | 1400 | 65 |
| 松阳县 | 8334 | 5232 | 2080 | 59 | 3093 | 3068 | 1889 | 62 | 1117 | 34 |
| 云和县 | 7968 | 5209 | 1871 | 49 | 3289 | 2708 | 1736 | 38 | 934 | 51 |
| 庆元县 | 8053 | 5169 | 1996 | 68 | 3105 | 2860 | 1954 | 68 | 838 | 24 |
| 景宁畲族自治县 | 5818 | 3879 | 1436 | 98 | 2345 | 1910 | 1067 | 128 | 715 | 29 |
| 龙泉市 | 2072 | 1378 | 546 | 25 | 807 | 687 | 450 | 26 | 211 | 7 |

# 5–5c　各地区有65岁及以上人口的家庭户户数(乡村)

单位：户

| 地　区 | 合　计 | 有一个65岁及以上人口的户 | | | | 有二个65岁及以上人口的户 | | | | 有三个65岁及以上人口的户 |
|---|---|---|---|---|---|---|---|---|---|---|
| | | 小计 | 独自居住 | 只与未成年人口共同居住 | 其他 | 小计 | 只有一对65岁及以上夫妇居住 | 只有一对65岁及以上夫妇与未成年人口共同居住 | 其他 | |
| **合计** | **2670444** | **1635170** | **717518** | **13770** | **903882** | **1021444** | **633235** | **16560** | **371649** | **13830** |
| **杭州市** | **301474** | **182601** | **64973** | **1548** | **116080** | **116988** | **61582** | **2261** | **53145** | **1885** |
| 上城区 | | | | | | | | | | |
| 下城区 | | | | | | | | | | |
| 江干区 | | | | | | | | | | |
| 拱墅区 | | | | | | | | | | |
| 西湖区 | 3406 | 2070 | 470 | 9 | 1591 | 1304 | 475 | 8 | 821 | 32 |
| 滨江区 | | | | | | | | | | |
| 萧山区 | 60400 | 35413 | 9760 | 146 | 25507 | 24485 | 9950 | 243 | 14292 | 502 |
| 余杭区 | 48055 | 29813 | 5885 | 130 | 23798 | 17817 | 5563 | 163 | 12091 | 425 |
| 富阳区 | 39714 | 23596 | 9523 | 173 | 13900 | 15871 | 9364 | 257 | 6250 | 247 |
| 临安区 | 44485 | 26427 | 10501 | 184 | 15742 | 17808 | 11294 | 315 | 6199 | 250 |
| 桐庐县 | 26490 | 16055 | 7093 | 152 | 8810 | 10298 | 6466 | 222 | 3610 | 137 |
| 淳安县 | 39385 | 24274 | 12301 | 467 | 11506 | 15000 | 10364 | 638 | 3998 | 111 |
| 建德市 | 39539 | 24953 | 9440 | 287 | 15226 | 14405 | 8106 | 415 | 5884 | 181 |
| **宁波市** | **282094** | **165264** | **89051** | **667** | **75546** | **115828** | **88475** | **869** | **26484** | **1002** |
| 海曙区 | 18397 | 10536 | 6199 | 31 | 4306 | 7812 | 6802 | 41 | 969 | 49 |
| 江北区 | 8718 | 5439 | 3495 | 18 | 1926 | 3257 | 2864 | 14 | 379 | 22 |
| 北仑区 | 22972 | 12851 | 6967 | 46 | 5838 | 10018 | 7596 | 82 | 2340 | 103 |
| 镇海区 | 5442 | 3181 | 1744 | 7 | 1430 | 2240 | 1794 | 7 | 439 | 21 |
| 鄞州区 | 29832 | 16671 | 9933 | 34 | 6704 | 13084 | 11253 | 65 | 1766 | 77 |
| 奉化区 | 38025 | 22282 | 13104 | 98 | 9080 | 15672 | 12930 | 103 | 2639 | 71 |
| 象山县 | 40360 | 24474 | 12803 | 124 | 11547 | 15759 | 11084 | 207 | 4468 | 127 |
| 宁海县 | 40035 | 24767 | 13903 | 168 | 10696 | 15196 | 12021 | 192 | 2983 | 72 |
| 余姚市 | 38747 | 22823 | 10890 | 93 | 11840 | 15723 | 10629 | 97 | 4997 | 201 |
| 慈溪市 | 39566 | 22240 | 10013 | 48 | 12179 | 17067 | 11502 | 61 | 5504 | 259 |
| **温州市** | **340745** | **218429** | **100566** | **2744** | **115119** | **120860** | **78038** | **2754** | **40068** | **1456** |
| 鹿城区 | 10250 | 6119 | 2407 | 36 | 3676 | 4045 | 2182 | 60 | 1803 | 86 |
| 龙湾区 | 54 | 37 | 17 | 1 | 19 | 17 | 11 | 1 | 5 | |
| 瓯海区 | 14850 | 9046 | 3320 | 56 | 5670 | 5729 | 3187 | 61 | 2481 | 75 |
| 洞头区 | 7594 | 5045 | 2262 | 55 | 2728 | 2511 | 1542 | 57 | 912 | 38 |
| 永嘉县 | 55354 | 34651 | 15695 | 596 | 18360 | 20474 | 13402 | 591 | 6481 | 229 |
| 平阳县 | 44822 | 29092 | 14522 | 311 | 14259 | 15568 | 10728 | 337 | 4503 | 162 |
| 苍南县 | 38757 | 25859 | 13365 | 264 | 12230 | 12723 | 8858 | 221 | 3644 | 175 |
| 文成县 | 24280 | 16752 | 7762 | 294 | 8696 | 7442 | 4170 | 197 | 3075 | 86 |
| 泰顺县 | 22757 | 16337 | 7181 | 322 | 8834 | 6365 | 3984 | 209 | 2172 | 55 |
| 瑞安市 | 59043 | 36659 | 14615 | 389 | 21655 | 22053 | 12115 | 542 | 9396 | 331 |
| 乐清市 | 60733 | 37390 | 18710 | 402 | 18278 | 23131 | 17293 | 462 | 5376 | 212 |
| 龙港市 | 2251 | 1442 | 710 | 18 | 714 | 802 | 566 | 16 | 220 | 7 |
| **嘉兴市** | **229445** | **132401** | **34831** | **428** | **97142** | **94270** | **36951** | **626** | **56693** | **2774** |
| 南湖区 | 14000 | 8166 | 2290 | 17 | 5859 | 5728 | 2477 | 30 | 3221 | 106 |
| 秀洲区 | 30306 | 18018 | 5156 | 93 | 12769 | 11964 | 4483 | 119 | 7362 | 324 |
| 嘉善县 | 28197 | 15321 | 5316 | 52 | 9953 | 12546 | 5990 | 98 | 6458 | 330 |
| 海盐县 | 25769 | 14048 | 4052 | 54 | 9942 | 11421 | 5081 | 89 | 6251 | 300 |
| 海宁市 | 42084 | 23732 | 5444 | 53 | 18235 | 17731 | 6337 | 75 | 11319 | 621 |
| 平湖市 | 36751 | 21573 | 6250 | 64 | 15259 | 14753 | 6474 | 89 | 8190 | 425 |
| 桐乡市 | 52338 | 31543 | 6323 | 95 | 25125 | 20127 | 6109 | 126 | 13892 | 668 |
| **湖州市** | **182751** | **107621** | **34976** | **533** | **72112** | **73067** | **35541** | **763** | **36763** | **2063** |
| 吴兴区 | 32115 | 19716 | 6793 | 115 | 12808 | 12072 | 6063 | 118 | 5891 | 327 |
| 南浔区 | 47522 | 28024 | 9929 | 107 | 17988 | 18734 | 8833 | 171 | 9730 | 764 |
| 德清县 | 32499 | 18868 | 4317 | 76 | 14475 | 13177 | 4678 | 126 | 8373 | 454 |
| 长兴县 | 37479 | 21625 | 7588 | 124 | 13913 | 15531 | 9017 | 157 | 6357 | 323 |
| 安吉县 | 33136 | 19388 | 6349 | 111 | 12928 | 13553 | 6950 | 191 | 6412 | 195 |

5-5c 续表

单位：户

| 地区 | 合计 | 有一个65岁及以上人口的户 | | | | 有二个65岁及以上人口的户 | | | | 有三个65岁及以上人口的户 |
|---|---|---|---|---|---|---|---|---|---|---|
| | | 小计 | 独自居住 | 只与未成年人口共同居住 | 其他 | 小计 | 只有一对65岁及以上夫妇居住 | 只有一对65岁及以上夫妇与未成年人口共同居住 | 其他 | |
| **绍兴市** | **289328** | **179305** | **87968** | **1114** | **90223** | **109029** | **73950** | **1402** | **33677** | **994** |
| 越城区 | 25270 | 15765 | 7272 | 48 | 8445 | 9438 | 6457 | 67 | 2914 | 67 |
| 柯桥区 | 32378 | 20564 | 9021 | 83 | 11460 | 11705 | 7367 | 112 | 4226 | 109 |
| 上虞区 | 53724 | 32249 | 15270 | 155 | 16824 | 21213 | 13772 | 156 | 7285 | 262 |
| 新昌县 | 33957 | 22583 | 13020 | 167 | 9396 | 11353 | 9338 | 136 | 1879 | 21 |
| 诸暨市 | 84803 | 51853 | 26306 | 348 | 25199 | 32658 | 23222 | 516 | 8920 | 292 |
| 嵊州市 | 59196 | 36291 | 17079 | 313 | 18899 | 22662 | 13794 | 415 | 8453 | 243 |
| **金华市** | **314126** | **196449** | **93413** | **1678** | **101358** | **116652** | **78780** | **1945** | **35927** | **1025** |
| 婺城区 | 34747 | 21742 | 11073 | 139 | 10530 | 12876 | 9333 | 197 | 3346 | 129 |
| 金东区 | 25947 | 15813 | 8294 | 81 | 7438 | 10066 | 7526 | 105 | 2435 | 68 |
| 武义县 | 25509 | 15887 | 8665 | 157 | 7065 | 9534 | 7364 | 129 | 2041 | 88 |
| 浦江县 | 31002 | 19530 | 9597 | 138 | 9795 | 11412 | 7699 | 175 | 3538 | 60 |
| 磐安县 | 15501 | 9719 | 5823 | 93 | 3803 | 5756 | 4755 | 79 | 922 | 26 |
| 兰溪市 | 47518 | 31723 | 13097 | 380 | 18246 | 15660 | 8940 | 437 | 6283 | 135 |
| 义乌市 | 41015 | 25180 | 10284 | 181 | 14715 | 15659 | 9852 | 226 | 5581 | 176 |
| 东阳市 | 55898 | 33664 | 15475 | 325 | 17864 | 22018 | 14061 | 428 | 7529 | 216 |
| 永康市 | 36989 | 23191 | 11105 | 184 | 11902 | 13671 | 9250 | 169 | 4252 | 127 |
| **衢州市** | **179732** | **113922** | **51330** | **1363** | **61229** | **65188** | **45348** | **1675** | **18165** | **622** |
| 柯城区 | 20643 | 12791 | 4806 | 79 | 7906 | 7755 | 4771 | 135 | 2849 | 97 |
| 衢江区 | 37371 | 23809 | 9910 | 248 | 13651 | 13412 | 8896 | 299 | 4217 | 150 |
| 常山县 | 23034 | 14842 | 6701 | 249 | 7892 | 8133 | 6020 | 252 | 1861 | 59 |
| 开化县 | 25210 | 15580 | 6995 | 305 | 8280 | 9569 | 6738 | 370 | 2461 | 61 |
| 龙游县 | 33634 | 20846 | 11383 | 117 | 9346 | 12669 | 10608 | 137 | 1924 | 119 |
| 江山市 | 39840 | 26054 | 11535 | 365 | 14154 | 13650 | 8315 | 482 | 4853 | 136 |
| **舟山市** | **60926** | **35913** | **20884** | **132** | **14897** | **24754** | **18984** | **127** | **5643** | **259** |
| 定海区 | 21620 | 12820 | 7453 | 34 | 5333 | 8705 | 6788 | 43 | 1874 | 95 |
| 普陀区 | 21028 | 12200 | 6587 | 80 | 5533 | 8705 | 6217 | 58 | 2430 | 123 |
| 岱山县 | 13742 | 8123 | 5235 | 14 | 2874 | 5589 | 4614 | 18 | 957 | 30 |
| 嵊泗县 | 4536 | 2770 | 1609 | 4 | 1157 | 1755 | 1365 | 8 | 382 | 11 |
| **台州市** | **337397** | **205293** | **92613** | **2290** | **110390** | **130922** | **78446** | **2826** | **49650** | **1182** |
| 椒江区 | 19585 | 11196 | 3932 | 79 | 7185 | 8297 | 4245 | 149 | 3903 | 92 |
| 黄岩区 | 38319 | 22719 | 9580 | 193 | 12946 | 15418 | 8749 | 244 | 6425 | 182 |
| 路桥区 | 22815 | 13460 | 4706 | 101 | 8653 | 9266 | 4428 | 89 | 4749 | 89 |
| 三门县 | 25677 | 15368 | 7857 | 224 | 7287 | 10246 | 7367 | 198 | 2681 | 63 |
| 天台县 | 36857 | 24694 | 12029 | 402 | 12263 | 12081 | 7679 | 396 | 4006 | 82 |
| 仙居县 | 31749 | 20318 | 8738 | 527 | 11053 | 11358 | 6475 | 599 | 4284 | 73 |
| 温岭市 | 68786 | 41144 | 21502 | 230 | 19412 | 27348 | 19056 | 363 | 7929 | 294 |
| 临海市 | 76414 | 45817 | 19031 | 486 | 26300 | 30369 | 16011 | 737 | 13621 | 228 |
| 玉环市 | 17195 | 10577 | 5238 | 48 | 5291 | 6539 | 4436 | 51 | 2052 | 79 |
| **丽水市** | **152426** | **97972** | **46913** | **1273** | **49786** | **53886** | **37140** | **1312** | **15434** | **568** |
| 莲都区 | 20955 | 12918 | 6187 | 191 | 6540 | 7919 | 5053 | 267 | 2599 | 118 |
| 青田县 | 26813 | 18514 | 8684 | 194 | 9636 | 8254 | 5105 | 193 | 2956 | 45 |
| 缙云县 | 30509 | 19208 | 10773 | 213 | 8222 | 11233 | 8255 | 291 | 2687 | 68 |
| 遂昌县 | 17180 | 10974 | 4250 | 124 | 6600 | 6115 | 3955 | 146 | 2014 | 91 |
| 松阳县 | 16656 | 10689 | 4406 | 185 | 6098 | 5908 | 3975 | 121 | 1812 | 59 |
| 云和县 | 5772 | 3779 | 1794 | 68 | 1917 | 1963 | 1425 | 22 | 516 | 30 |
| 庆元县 | 9342 | 5913 | 2985 | 64 | 2864 | 3410 | 2738 | 56 | 616 | 19 |
| 景宁畲族自治县 | 8503 | 5478 | 2713 | 84 | 2681 | 2970 | 2206 | 71 | 693 | 55 |
| 龙泉市 | 16696 | 10499 | 5121 | 150 | 5228 | 6114 | 4428 | 145 | 1541 | 83 |

# 5-6 各地区有80岁及以上人口的家庭户户数

单位：户

| 地区 | 合计 | 有一个80岁及以上人口的户 | | | | 有二个80岁及以上人口的户 | | | | 有三个80岁及以上人口的户 |
|---|---|---|---|---|---|---|---|---|---|---|
| | | 小计 | 独自居住 | 只与未成年人口共同居住 | 其他 | 小计 | 只有一对80岁及以上夫妇居住 | 只有一对80岁及以上夫妇与未成年人口共同居住 | 其他 | |
| **合计** | **1497561** | **1310903** | **521366** | **3687** | **785850** | **185937** | **127720** | **583** | **57634** | **721** |
| **杭州市** | **238895** | **206034** | **65860** | **433** | **139741** | **32736** | **20539** | **90** | **12107** | **125** |
| 上城区 | 12588 | 10252 | 4010 | 16 | 6226 | 2327 | 1568 | 12 | 747 | 9 |
| 下城区 | 16507 | 13084 | 4844 | 24 | 8216 | 3409 | 2275 | 11 | 1123 | 14 |
| 江干区 | 17234 | 14295 | 4435 | 22 | 9838 | 2931 | 1903 | 9 | 1019 | 8 |
| 拱墅区 | 14324 | 11914 | 4813 | 14 | 7087 | 2405 | 1641 | 2 | 762 | 5 |
| 西湖区 | 19953 | 15988 | 4497 | 36 | 11455 | 3945 | 2258 | 14 | 1673 | 20 |
| 滨江区 | 4665 | 4028 | 1479 | 7 | 2542 | 635 | 449 | | 186 | 2 |
| 萧山区 | 41877 | 37027 | 10718 | 34 | 26275 | 4829 | 2878 | 8 | 1943 | 21 |
| 余杭区 | 32195 | 28958 | 5962 | 52 | 22944 | 3228 | 1673 | 3 | 1552 | 9 |
| 富阳区 | 20636 | 18262 | 5955 | 42 | 12265 | 2367 | 1487 | 6 | 874 | 7 |
| 临安区 | 16011 | 14313 | 5013 | 30 | 9270 | 1689 | 1083 | 2 | 604 | 9 |
| 桐庐县 | 13089 | 11598 | 4495 | 34 | 7069 | 1480 | 1023 | 4 | 453 | 11 |
| 淳安县 | 12912 | 11348 | 4950 | 71 | 6327 | 1562 | 1120 | 5 | 437 | 2 |
| 建德市 | 16904 | 14967 | 4689 | 51 | 10227 | 1929 | 1181 | 14 | 734 | 8 |
| **宁波市** | **188672** | **164007** | **77995** | **206** | **85806** | **24598** | **19310** | **36** | **5252** | **67** |
| 海曙区 | 20573 | 17440 | 8799 | 19 | 8622 | 3122 | 2555 | 4 | 563 | 11 |
| 江北区 | 8973 | 7853 | 4066 | 11 | 3776 | 1119 | 923 | 2 | 194 | 1 |
| 北仑区 | 12725 | 11044 | 5436 | 12 | 5596 | 1679 | 1359 | 2 | 318 | 2 |
| 镇海区 | 8423 | 7234 | 3476 | 10 | 3748 | 1185 | 990 | 1 | 194 | 4 |
| 鄞州区 | 25166 | 21524 | 10694 | 23 | 10807 | 3627 | 2974 | 4 | 649 | 15 |
| 奉化区 | 14372 | 12698 | 6621 | 16 | 6061 | 1670 | 1413 | 3 | 254 | 4 |
| 象山县 | 16481 | 14482 | 7017 | 21 | 7444 | 1993 | 1476 | 4 | 513 | 6 |
| 宁海县 | 17681 | 15469 | 7829 | 33 | 7607 | 2208 | 1767 | 2 | 439 | 4 |
| 余姚市 | 28172 | 24815 | 10075 | 42 | 14698 | 3346 | 2380 | 9 | 957 | 11 |
| 慈溪市 | 36106 | 31448 | 13982 | 19 | 17447 | 4649 | 3473 | 5 | 1171 | 9 |
| **温州市** | **212945** | **186682** | **82923** | **879** | **102880** | **26199** | **18885** | **132** | **7182** | **64** |
| 鹿城区 | 23131 | 19702 | 7884 | 45 | 11773 | 3427 | 2354 | 10 | 1063 | 2 |
| 龙湾区 | 7954 | 7039 | 2657 | 22 | 4360 | 914 | 577 | 4 | 333 | 1 |
| 瓯海区 | 13206 | 11643 | 4776 | 30 | 6837 | 1562 | 1092 | 3 | 467 | 1 |
| 洞头区 | 3758 | 3360 | 1376 | 13 | 1971 | 396 | 246 | 2 | 148 | 2 |
| 永嘉县 | 24365 | 20954 | 9112 | 165 | 11677 | 3405 | 2448 | 29 | 928 | 6 |
| 平阳县 | 24309 | 21404 | 10409 | 95 | 10900 | 2900 | 2225 | 15 | 660 | 5 |
| 苍南县 | 23018 | 20459 | 10202 | 112 | 10145 | 2538 | 1871 | 8 | 659 | 21 |
| 文成县 | 11296 | 10006 | 4173 | 68 | 5765 | 1289 | 773 | 10 | 506 | 1 |
| 泰顺县 | 10026 | 9074 | 3543 | 79 | 5452 | 951 | 597 | 8 | 346 | 1 |
| 瑞安市 | 31914 | 28088 | 11678 | 121 | 16289 | 3813 | 2642 | 25 | 1146 | 13 |
| 乐清市 | 32708 | 28463 | 14155 | 102 | 14206 | 4241 | 3475 | 16 | 750 | 4 |
| 龙港市 | 7260 | 6490 | 2958 | 27 | 3505 | 763 | 585 | 2 | 176 | 7 |
| **嘉兴市** | **124711** | **108893** | **26005** | **140** | **82748** | **15730** | **8021** | **21** | **7688** | **88** |
| 南湖区 | 18929 | 16062 | 5708 | 10 | 10344 | 2865 | 2073 | 4 | 788 | 2 |
| 秀洲区 | 13628 | 12055 | 3154 | 23 | 8878 | 1571 | 819 | 2 | 750 | 2 |
| 嘉善县 | 14735 | 12505 | 3552 | 20 | 8933 | 2204 | 1102 | 5 | 1097 | 26 |
| 海盐县 | 12530 | 10722 | 2552 | 19 | 8151 | 1803 | 900 | 4 | 899 | 5 |
| 海宁市 | 23963 | 20973 | 4172 | 19 | 16782 | 2967 | 1312 | | 1655 | 23 |
| 平湖市 | 17829 | 15737 | 3277 | 20 | 12440 | 2088 | 954 | 2 | 1132 | 4 |
| 桐乡市 | 23097 | 20839 | 3590 | 29 | 17220 | 2232 | 861 | 4 | 1367 | 26 |
| **湖州市** | **90288** | **80708** | **22552** | **177** | **57979** | **9527** | **5446** | **19** | **4062** | **53** |
| 吴兴区 | 21842 | 19106 | 5988 | 43 | 13075 | 2730 | 1770 | 5 | 955 | 6 |
| 南浔区 | 20288 | 18343 | 5089 | 35 | 13219 | 1934 | 956 | 6 | 972 | 11 |
| 德清县 | 15656 | 14154 | 2826 | 27 | 11301 | 1483 | 687 | 3 | 793 | 19 |
| 长兴县 | 19164 | 17081 | 5173 | 49 | 11859 | 2075 | 1283 | 2 | 790 | 8 |
| 安吉县 | 13338 | 12024 | 3476 | 23 | 8525 | 1305 | 750 | 3 | 552 | 9 |

5-6 续表

单位：户

| 地区 | 合计 | 有一个80岁及以上人口的户 | | | | 有二个80岁及以上人口的户 | | | | 有三个80岁及以上人口的户 |
|---|---|---|---|---|---|---|---|---|---|---|
| | | 小计 | 独自居住 | 只与未成年人口共同居住 | 其他 | 小计 | 只有一对80岁及以上夫妇居住 | 只有一对80岁及以上夫妇与未成年人口共同居住 | 其他 | |
| **绍兴市** | **136060** | **121929** | **53917** | **215** | **67797** | **14080** | **10540** | **31** | **3509** | **51** |
| 越城区 | 24632 | 21769 | 9794 | 25 | 11950 | 2851 | 2206 | 4 | 641 | 12 |
| 柯桥区 | 20727 | 18881 | 7306 | 24 | 11551 | 1843 | 1375 | 3 | 465 | 3 |
| 上虞区 | 24891 | 22124 | 9317 | 24 | 12783 | 2754 | 2012 | 4 | 738 | 13 |
| 新昌县 | 12008 | 10736 | 5850 | 28 | 4858 | 1269 | 1021 | 4 | 244 | 3 |
| 诸暨市 | 32750 | 29579 | 13140 | 59 | 16380 | 3164 | 2389 | 10 | 765 | 7 |
| 嵊州市 | 21052 | 18840 | 8510 | 55 | 10275 | 2199 | 1537 | 6 | 656 | 13 |
| **金华市** | **145022** | **127660** | **56215** | **382** | **71063** | **17300** | **12673** | **51** | **4576** | **62** |
| 婺城区 | 20631 | 18014 | 8154 | 45 | 9815 | 2613 | 2023 | 5 | 585 | 4 |
| 金东区 | 10447 | 9291 | 4662 | 19 | 4610 | 1154 | 916 | 1 | 237 | 2 |
| 武义县 | 11098 | 9654 | 4946 | 32 | 4676 | 1438 | 1158 | 2 | 278 | 6 |
| 浦江县 | 10884 | 9599 | 4685 | 27 | 4887 | 1284 | 998 | 2 | 284 | 1 |
| 磐安县 | 6039 | 5279 | 2970 | 24 | 2285 | 756 | 614 | 2 | 140 | 4 |
| 兰溪市 | 19597 | 17817 | 6742 | 58 | 11017 | 1771 | 1214 | 9 | 548 | 9 |
| 义乌市 | 22592 | 19763 | 7733 | 55 | 11975 | 2821 | 1976 | 6 | 839 | 8 |
| 东阳市 | 26709 | 23332 | 9056 | 75 | 14201 | 3364 | 2183 | 16 | 1165 | 13 |
| 永康市 | 17025 | 14911 | 7267 | 47 | 7597 | 2099 | 1591 | 8 | 500 | 15 |
| **衢州市** | **76314** | **68833** | **25652** | **252** | **42929** | **7442** | **5116** | **27** | **2299** | **39** |
| 柯城区 | 14144 | 12410 | 4137 | 18 | 8255 | 1723 | 1169 | 3 | 551 | 11 |
| 衢江区 | 12731 | 11601 | 3593 | 39 | 7969 | 1129 | 688 | 2 | 439 | 1 |
| 常山县 | 8904 | 8123 | 3111 | 33 | 4979 | 776 | 565 | 4 | 207 | 5 |
| 开化县 | 9536 | 8602 | 3307 | 48 | 5247 | 928 | 673 | 6 | 249 | 6 |
| 龙游县 | 12818 | 11646 | 5277 | 17 | 6352 | 1172 | 931 | 2 | 239 | |
| 江山市 | 18181 | 16451 | 6227 | 97 | 10127 | 1714 | 1090 | 10 | 614 | 16 |
| **舟山市** | **33008** | **28456** | **14644** | **40** | **13772** | **4540** | **3610** | **2** | **928** | **12** |
| 定海区 | 12942 | 10973 | 5376 | 7 | 5590 | 1959 | 1574 | | 385 | 10 |
| 普陀区 | 11331 | 9780 | 4758 | 26 | 4996 | 1550 | 1179 | 2 | 369 | 1 |
| 岱山县 | 6422 | 5661 | 3372 | 6 | 2283 | 760 | 633 | | 127 | 1 |
| 嵊泗县 | 2313 | 2042 | 1138 | 1 | 903 | 271 | 224 | | 47 | |
| **台州市** | **174305** | **150068** | **67483** | **621** | **81964** | **24129** | **16765** | **119** | **7245** | **108** |
| 椒江区 | 15434 | 13136 | 4956 | 31 | 8149 | 2286 | 1444 | 14 | 828 | 12 |
| 黄岩区 | 21254 | 18315 | 7425 | 55 | 10835 | 2917 | 1913 | 12 | 992 | 22 |
| 路桥区 | 13748 | 11844 | 4574 | 39 | 7231 | 1903 | 1212 | 10 | 681 | 1 |
| 三门县 | 11248 | 9806 | 4822 | 62 | 4922 | 1437 | 1105 | 10 | 322 | 5 |
| 天台县 | 14221 | 12628 | 6210 | 88 | 6330 | 1579 | 1135 | 7 | 437 | 14 |
| 仙居县 | 13739 | 11810 | 5056 | 138 | 6616 | 1928 | 1329 | 23 | 576 | 1 |
| 温岭市 | 39238 | 33349 | 17706 | 64 | 15579 | 5845 | 4495 | 23 | 1327 | 44 |
| 临海市 | 32284 | 27910 | 11579 | 113 | 16218 | 4369 | 2787 | 16 | 1566 | 5 |
| 玉环市 | 13139 | 11270 | 5155 | 31 | 6084 | 1865 | 1345 | 4 | 516 | 4 |
| **丽水市** | **77341** | **67633** | **28120** | **342** | **39171** | **9656** | **6815** | **55** | **2786** | **52** |
| 莲都区 | 12944 | 11034 | 4518 | 50 | 6466 | 1898 | 1329 | 7 | 562 | 12 |
| 青田县 | 14555 | 12830 | 5533 | 71 | 7226 | 1711 | 1101 | 12 | 598 | 14 |
| 缙云县 | 14510 | 12461 | 6595 | 62 | 5804 | 2043 | 1619 | 14 | 410 | 6 |
| 遂昌县 | 7828 | 6959 | 2122 | 25 | 4812 | 868 | 543 | 2 | 323 | 1 |
| 松阳县 | 6506 | 5785 | 2127 | 42 | 3616 | 721 | 467 | 2 | 252 | |
| 云和县 | 3910 | 3466 | 1266 | 11 | 2189 | 441 | 290 | 3 | 148 | 3 |
| 庆元县 | 4277 | 3806 | 1544 | 24 | 2238 | 470 | 362 | 2 | 106 | 1 |
| 景宁畲族自治县 | 4144 | 3678 | 1380 | 21 | 2277 | 458 | 316 | 7 | 135 | 8 |
| 龙泉市 | 8667 | 7614 | 3035 | 36 | 4543 | 1046 | 788 | 6 | 252 | 7 |

# 5-6a 各地区有80岁及以上人口的家庭户户数(城市)

单位：户

| 地区 | 合计 | 有一个80岁及以上人口的户 | | | | 有二个80岁及以上人口的户 | | | | 有三个80岁及以上人口的户 |
|---|---|---|---|---|---|---|---|---|---|---|
| | | 小计 | 独自居住 | 只与未成年人口共同居住 | 其他 | 小计 | 只有一对80岁及以上夫妇居住 | 只有一对80岁及以上夫妇与未成年人口共同居住 | 其他 | |
| **合计** | **527683** | **452001** | **172984** | **767** | **278250** | **75394** | **52505** | **175** | **22714** | **288** |
| **杭州市** | **140738** | **118186** | **38301** | **188** | **79697** | **22460** | **14345** | **56** | **8059** | **92** |
| 上城区 | 12588 | 10252 | 4010 | 16 | 6226 | 2327 | 1568 | 12 | 747 | 9 |
| 下城区 | 16507 | 13084 | 4844 | 24 | 8216 | 3409 | 2275 | 11 | 1123 | 14 |
| 江干区 | 17234 | 14295 | 4435 | 22 | 9838 | 2931 | 1903 | 9 | 1019 | 8 |
| 拱墅区 | 14324 | 11914 | 4813 | 14 | 7087 | 2405 | 1641 | 2 | 762 | 5 |
| 西湖区 | 19075 | 15193 | 4318 | 32 | 10843 | 3862 | 2219 | 14 | 1629 | 20 |
| 滨江区 | 4665 | 4028 | 1479 | 7 | 2542 | 635 | 449 | | 186 | 2 |
| 萧山区 | 24454 | 21392 | 6933 | 24 | 14435 | 3043 | 1960 | 3 | 1080 | 19 |
| 余杭区 | 16286 | 14514 | 3274 | 24 | 11216 | 1768 | 964 | 2 | 802 | 4 |
| 富阳区 | 8746 | 7597 | 2289 | 11 | 5297 | 1146 | 729 | 3 | 414 | 3 |
| 临安区 | 3225 | 2829 | 910 | 6 | 1913 | 393 | 259 | | 134 | 3 |
| 桐庐县 | | | | | | | | | | |
| 淳安县 | | | | | | | | | | |
| 建德市 | 3634 | 3088 | 996 | 8 | 2084 | 541 | 378 | | 163 | 5 |
| **宁波市** | **86583** | **73920** | **33280** | **83** | **40557** | **12624** | **9890** | **18** | **2716** | **39** |
| 海曙区 | 15262 | 12773 | 6060 | 16 | 6697 | 2480 | 1982 | 2 | 496 | 9 |
| 江北区 | 6609 | 5689 | 2563 | 6 | 3120 | 919 | 733 | 2 | 184 | 1 |
| 北仑区 | 6408 | 5570 | 2653 | 7 | 2910 | 838 | 664 | 1 | 173 | |
| 镇海区 | 6483 | 5490 | 2489 | 6 | 2995 | 990 | 817 | 1 | 172 | 3 |
| 鄞州区 | 13755 | 11466 | 5207 | 19 | 6240 | 2278 | 1782 | 3 | 493 | 11 |
| 奉化区 | 4626 | 3982 | 1798 | 3 | 2181 | 640 | 517 | 1 | 122 | 4 |
| 象山县 | | | | | | | | | | |
| 宁海县 | | | | | | | | | | |
| 余姚市 | 13156 | 11385 | 4594 | 13 | 6778 | 1765 | 1304 | 5 | 456 | 6 |
| 慈溪市 | 20284 | 17565 | 7916 | 13 | 9636 | 2714 | 2091 | 3 | 620 | 5 |
| **温州市** | **68887** | **60265** | **25652** | **172** | **34441** | **8607** | **6227** | **25** | **2355** | **15** |
| 鹿城区 | 19962 | 17000 | 6697 | 38 | 10265 | 2961 | 2029 | 8 | 924 | 1 |
| 龙湾区 | 5683 | 5027 | 1990 | 18 | 3019 | 655 | 444 | 3 | 208 | 1 |
| 瓯海区 | 8580 | 7567 | 3184 | 18 | 4365 | 1012 | 710 | 1 | 301 | 1 |
| 洞头区 | 1328 | 1213 | 504 | 4 | 705 | 113 | 64 | 1 | 48 | 2 |
| 永嘉县 | | | | | | | | | | |
| 平阳县 | | | | | | | | | | |
| 苍南县 | | | | | | | | | | |
| 文成县 | | | | | | | | | | |
| 泰顺县 | | | | | | | | | | |
| 瑞安市 | 13732 | 12175 | 5425 | 33 | 6717 | 1555 | 1205 | 3 | 347 | 2 |
| 乐清市 | 13573 | 11887 | 5423 | 44 | 6420 | 1685 | 1299 | 7 | 379 | 1 |
| 龙港市 | 6029 | 5396 | 2429 | 17 | 2950 | 626 | 476 | 2 | 148 | 7 |
| **嘉兴市** | **36475** | **30933** | **9680** | **27** | **21226** | **5505** | **3720** | **8** | **1777** | **37** |
| 南湖区 | 14288 | 11901 | 4679 | 10 | 7212 | 2385 | 1833 | 4 | 548 | 2 |
| 秀洲区 | 3469 | 2945 | 961 | 5 | 1979 | 524 | 359 | 1 | 164 | |
| 嘉善县 | | | | | | | | | | |
| 海盐县 | | | | | | | | | | |
| 海宁市 | 7326 | 6180 | 1546 | 2 | 4632 | 1126 | 672 | | 454 | 20 |
| 平湖市 | 5147 | 4457 | 1267 | 6 | 3184 | 687 | 469 | 1 | 217 | 3 |
| 桐乡市 | 6245 | 5450 | 1227 | 4 | 4219 | 783 | 387 | 2 | 394 | 12 |
| **湖州市** | **14938** | **12793** | **4507** | **15** | **8271** | **2132** | **1495** | **3** | **634** | **13** |
| 吴兴区 | 11933 | 10124 | 3618 | 11 | 6495 | 1805 | 1279 | 3 | 523 | 4 |
| 南浔区 | 3005 | 2669 | 889 | 4 | 1776 | 327 | 216 | | 111 | 9 |
| 德清县 | | | | | | | | | | |
| 长兴县 | | | | | | | | | | |
| 安吉县 | | | | | | | | | | |

5-6a　续表　　　　　　　　　　　　　　　　　　　　　　　　　　　　　　　　　　单位：户

| 地　　区 | 合　计 | 有一个80岁及以上人口的户 | | | | 有二个80岁及以上人口的户 | | | | 有三个80岁及以上人口的户 |
|---|---|---|---|---|---|---|---|---|---|---|
| | | 小计 | 独自居住 | 只与未成年人口共同居住 | 其他 | 小计 | 只有一对80岁及以上夫妇居住 | 只有一对80岁及以上夫妇与未成年人口共同居住 | 其他 | |
| **绍兴市** | **54104** | **47782** | **19331** | **67** | **28384** | **6300** | **4650** | **11** | **1639** | **22** |
| 越城区 | 18537 | 16213 | 7190 | 22 | 9001 | 2313 | 1772 | 4 | 537 | 11 |
| 柯桥区 | 11424 | 10432 | 3698 | 11 | 6723 | 992 | 731 | 1 | 260 | |
| 上虞区 | 10326 | 9073 | 3633 | 10 | 5430 | 1245 | 923 | 2 | 320 | 8 |
| 新昌县 | | | | | | | | | | |
| 诸暨市 | 8030 | 7063 | 2729 | 9 | 4325 | 965 | 689 | 3 | 273 | 2 |
| 嵊州市 | 5787 | 5001 | 2081 | 15 | 2905 | 785 | 535 | 1 | 249 | 1 |
| **金华市** | **38620** | **33353** | **12796** | **81** | **20476** | **5252** | **3596** | **14** | **1642** | **15** |
| 婺城区 | 10422 | 8764 | 3643 | 19 | 5102 | 1656 | 1238 | 4 | 414 | 2 |
| 金东区 | 1860 | 1616 | 622 | 4 | 990 | 242 | 166 | | 76 | 2 |
| 武义县 | | | | | | | | | | |
| 浦江县 | | | | | | | | | | |
| 磐安县 | | | | | | | | | | |
| 兰溪市 | 6292 | 5608 | 2137 | 10 | 3461 | 684 | 467 | 1 | 216 | |
| 义乌市 | 8784 | 7624 | 2860 | 19 | 4745 | 1159 | 779 | 4 | 376 | 1 |
| 东阳市 | 5831 | 4999 | 1463 | 13 | 3523 | 827 | 457 | 4 | 366 | 5 |
| 永康市 | 5431 | 4742 | 2071 | 16 | 2655 | 684 | 489 | 1 | 194 | 5 |
| **衢州市** | **15355** | **13432** | **4889** | **22** | **8521** | **1908** | **1327** | **6** | **575** | **15** |
| 柯城区 | 8313 | 7144 | 2562 | 9 | 4573 | 1163 | 842 | 2 | 319 | 6 |
| 衢江区 | 1817 | 1659 | 508 | | 1151 | 158 | 88 | | 70 | |
| 常山县 | | | | | | | | | | |
| 开化县 | | | | | | | | | | |
| 龙游县 | 44 | 39 | 25 | | 14 | 5 | 5 | | | |
| 江山市 | 5181 | 4590 | 1794 | 13 | 2783 | 582 | 392 | 4 | 186 | 9 |
| **舟山市** | **11841** | **9891** | **4365** | **8** | **5518** | **1941** | **1504** | | **437** | **9** |
| 定海区 | 6850 | 5637 | 2414 | 5 | 3218 | 1205 | 945 | | 260 | 8 |
| 普陀区 | 4991 | 4254 | 1951 | 3 | 2300 | 736 | 559 | | 177 | 1 |
| 岱山县 | | | | | | | | | | |
| 嵊泗县 | | | | | | | | | | |
| **台州市** | **51109** | **43716** | **17355** | **94** | **26267** | **7376** | **4799** | **30** | **2547** | **17** |
| 椒江区 | 10231 | 8708 | 3265 | 15 | 5428 | 1517 | 946 | 9 | 562 | 6 |
| 黄岩区 | 8354 | 7131 | 2769 | 14 | 4348 | 1222 | 788 | 5 | 429 | 1 |
| 路桥区 | 5403 | 4698 | 1737 | 18 | 2943 | 705 | 449 | 4 | 252 | |
| 三门县 | | | | | | | | | | |
| 天台县 | | | | | | | | | | |
| 仙居县 | | | | | | | | | | |
| 温岭市 | 11780 | 10052 | 4324 | 18 | 5710 | 1723 | 1171 | 8 | 544 | 5 |
| 临海市 | 7880 | 6692 | 2637 | 8 | 4047 | 1186 | 775 | 1 | 410 | 2 |
| 玉环市 | 7461 | 6435 | 2623 | 21 | 3791 | 1023 | 670 | 3 | 350 | 3 |
| **丽水市** | **9033** | **7730** | **2828** | **10** | **4892** | **1289** | **952** | **4** | **333** | **14** |
| 莲都区 | 5921 | 5022 | 1820 | 8 | 3194 | 891 | 640 | 4 | 247 | 8 |
| 青田县 | | | | | | | | | | |
| 缙云县 | | | | | | | | | | |
| 遂昌县 | | | | | | | | | | |
| 松阳县 | | | | | | | | | | |
| 云和县 | | | | | | | | | | |
| 庆元县 | | | | | | | | | | |
| 景宁畲族自治县 | | | | | | | | | | |
| 龙泉市 | 3112 | 2708 | 1008 | 2 | 1698 | 398 | 312 | | 86 | 6 |

# 5-6b　各地区有80岁及以上人口的家庭户户数(镇)

单位：户

| 地　　区 | 合　计 | 有一个80岁及以上人口的户 | | | | 有二个80岁及以上人口的户 | | | | 有三个80岁及以上人口的户 |
|---|---|---|---|---|---|---|---|---|---|---|
| | | 小计 | 独自居住 | 只与未成年人口共同居住 | 其他 | 小计 | 只有一对80岁及以上夫妇居住 | 只有一对80岁及以上夫妇与未成年人口共同居住 | 其他 | |
| **合计** | **264492** | **232686** | **90709** | **574** | **141403** | **31599** | **21187** | **85** | **10327** | **207** |
| **杭州市** | **21489** | **18923** | **6513** | **24** | **12386** | **2553** | **1754** | **1** | **798** | **13** |
| 上城区 | | | | | | | | | | |
| 下城区 | | | | | | | | | | |
| 江干区 | | | | | | | | | | |
| 拱墅区 | | | | | | | | | | |
| 西湖区 | 24 | 24 | 11 | | 13 | | | | | |
| 滨江区 | | | | | | | | | | |
| 萧山区 | 2341 | 2116 | 539 | 1 | 1576 | 225 | 135 | | 90 | |
| 余杭区 | 4388 | 3822 | 1058 | 4 | 2760 | 565 | 404 | | 161 | 1 |
| 富阳区 | 1055 | 938 | 307 | 2 | 629 | 117 | 65 | 1 | 51 | |
| 临安区 | 1722 | 1531 | 583 | 4 | 944 | 191 | 136 | | 55 | |
| 桐庐县 | 6294 | 5520 | 2087 | 6 | 3427 | 766 | 530 | | 236 | 8 |
| 淳安县 | 2893 | 2496 | 1063 | 5 | 1428 | 395 | 290 | | 105 | 2 |
| 建德市 | 2772 | 2476 | 865 | 2 | 1609 | 294 | 194 | | 100 | 2 |
| **宁波市** | **31673** | **27766** | **12765** | **23** | **14978** | **3893** | **2885** | **7** | **1001** | **14** |
| 海曙区 | 892 | 763 | 468 | | 295 | 129 | 108 | 1 | 20 | |
| 江北区 | | | | | | | | | | |
| 北仑区 | 541 | 481 | 225 | | 256 | 60 | 48 | | 12 | |
| 镇海区 | 714 | 641 | 377 | 1 | 263 | 73 | 67 | | 6 | |
| 鄞州区 | 4588 | 4031 | 2058 | 1 | 1972 | 555 | 480 | | 75 | 2 |
| 奉化区 | 1039 | 943 | 497 | | 446 | 96 | 78 | | 18 | |
| 象山县 | 5731 | 5006 | 2320 | 6 | 2680 | 722 | 514 | 2 | 206 | 3 |
| 宁海县 | 6756 | 5911 | 2750 | 9 | 3152 | 842 | 631 | 2 | 209 | 3 |
| 余姚市 | 5610 | 4998 | 1807 | 3 | 3188 | 609 | 381 | 2 | 226 | 3 |
| 慈溪市 | 5802 | 4992 | 2263 | 3 | 2726 | 807 | 578 | | 229 | 3 |
| **温州市** | **41758** | **36874** | **15523** | **154** | **21197** | **4873** | **3385** | **24** | **1464** | **11** |
| 鹿城区 | 144 | 123 | 52 | | 71 | 21 | 16 | | 5 | |
| 龙湾区 | 2252 | 1996 | 660 | 4 | 1332 | 256 | 131 | 1 | 124 | |
| 瓯海区 | 426 | 377 | 224 | | 153 | 49 | 42 | | 7 | |
| 洞头区 | 254 | 226 | 71 | | 155 | 28 | 19 | | 9 | |
| 永嘉县 | 7382 | 6456 | 2377 | 37 | 4042 | 925 | 627 | 4 | 294 | 1 |
| 平阳县 | 10632 | 9384 | 4298 | 23 | 5063 | 1247 | 955 | 5 | 287 | 1 |
| 苍南县 | 10889 | 9713 | 4504 | 49 | 5160 | 1170 | 840 | 5 | 325 | 6 |
| 文成县 | 3857 | 3363 | 1216 | 13 | 2134 | 493 | 274 | 6 | 213 | 1 |
| 泰顺县 | 2889 | 2597 | 960 | 13 | 1624 | 291 | 185 | 1 | 105 | 1 |
| 瑞安市 | 1119 | 991 | 366 | 4 | 621 | 127 | 85 | 1 | 41 | 1 |
| 乐清市 | 1324 | 1129 | 546 | 8 | 575 | 195 | 153 | 1 | 41 | |
| 龙港市 | 590 | 519 | 249 | 3 | 267 | 71 | 58 | | 13 | |
| **嘉兴市** | **32045** | **27864** | **7007** | **31** | **20826** | **4139** | **2123** | **3** | **2013** | **42** |
| 南湖区 | 1217 | 1075 | 386 | | 689 | 142 | 94 | | 48 | |
| 秀洲区 | 2675 | 2373 | 686 | 1 | 1686 | 301 | 172 | | 129 | 1 |
| 嘉善县 | 7424 | 6295 | 1848 | 8 | 4439 | 1104 | 579 | | 525 | 25 |
| 海盐县 | 6455 | 5402 | 1488 | 5 | 3909 | 1050 | 640 | 2 | 408 | 3 |
| 海宁市 | 6384 | 5665 | 1134 | 7 | 4524 | 717 | 283 | | 434 | 2 |
| 平湖市 | 3744 | 3336 | 565 | 4 | 2767 | 408 | 157 | | 251 | |
| 桐乡市 | 4146 | 3718 | 900 | 6 | 2812 | 417 | 198 | 1 | 218 | 11 |
| **湖州市** | **28252** | **25124** | **7885** | **47** | **17192** | **3100** | **1969** | **7** | **1124** | **28** |
| 吴兴区 | 1564 | 1405 | 332 | 4 | 1069 | 159 | 89 | 1 | 69 | |
| 南浔区 | 4059 | 3647 | 1229 | 7 | 2411 | 411 | 245 | 1 | 165 | 1 |
| 德清县 | 6879 | 6115 | 1663 | 11 | 4441 | 750 | 445 | 2 | 303 | 14 |
| 长兴县 | 10197 | 8996 | 2972 | 20 | 6004 | 1196 | 816 | 1 | 379 | 5 |
| 安吉县 | 5553 | 4961 | 1689 | 5 | 3267 | 584 | 374 | 2 | 208 | 8 |

5-6b 续表

单位：户

| 地 区 | 合 计 | 有一个80岁及以上人口的户 | | | | 有二个80岁及以上人口的户 | | | | 有三个80岁及以上人口的户 |
|---|---|---|---|---|---|---|---|---|---|---|
| | | 小计 | 独自居住 | 只与未成年人口共同居住 | 其他 | 小计 | 只有一对80岁及以上夫妇居住 | 只有一对80岁及以上夫妇与未成年人口共同居住 | 其他 | |
| **绍兴市** | **13465** | **12129** | **5347** | **24** | **6758** | **1329** | **942** | | **387** | **7** |
| 越城区 | 139 | 118 | 46 | | 72 | 21 | 10 | | 11 | |
| 柯桥区 | 1304 | 1190 | 537 | 1 | 652 | 114 | 91 | | 23 | |
| 上虞区 | 1649 | 1497 | 670 | | 827 | 151 | 114 | | 37 | 1 |
| 新昌县 | 3910 | 3449 | 1426 | 11 | 2012 | 459 | 318 | | 141 | 2 |
| 诸暨市 | 3962 | 3617 | 1564 | 7 | 2046 | 343 | 246 | | 97 | 2 |
| 嵊州市 | 2501 | 2258 | 1104 | 5 | 1149 | 241 | 163 | | 78 | 2 |
| **金华市** | **24250** | **21311** | **9084** | **46** | **12181** | **2924** | **2043** | **3** | **878** | **15** |
| 婺城区 | 1343 | 1204 | 585 | 2 | 617 | 139 | 115 | | 24 | |
| 金东区 | 1990 | 1756 | 879 | 5 | 872 | 234 | 174 | | 60 | |
| 武义县 | 3777 | 3261 | 1479 | 7 | 1775 | 516 | 386 | | 130 | |
| 浦江县 | 3112 | 2727 | 1108 | 5 | 1614 | 384 | 267 | | 117 | 1 |
| 磐安县 | 1931 | 1651 | 869 | 6 | 776 | 278 | 207 | | 71 | 2 |
| 兰溪市 | 2156 | 1975 | 818 | 3 | 1154 | 175 | 118 | 1 | 56 | 6 |
| 义乌市 | 3012 | 2651 | 1018 | 3 | 1630 | 358 | 247 | | 111 | 3 |
| 东阳市 | 5363 | 4710 | 1656 | 11 | 3043 | 650 | 380 | 1 | 269 | 3 |
| 永康市 | 1566 | 1376 | 672 | 4 | 700 | 190 | 149 | 1 | 40 | |
| **衢州市** | **15141** | **13699** | **5477** | **38** | **8184** | **1432** | **1023** | **5** | **404** | **10** |
| 柯城区 | 432 | 388 | 132 | | 256 | 43 | 26 | | 17 | 1 |
| 衢江区 | 1386 | 1278 | 413 | 3 | 862 | 108 | 68 | | 40 | |
| 常山县 | 3253 | 2951 | 1187 | 11 | 1753 | 299 | 222 | 2 | 75 | 3 |
| 开化县 | 3054 | 2713 | 1029 | 6 | 1678 | 336 | 245 | 2 | 89 | 5 |
| 龙游县 | 4411 | 3974 | 1840 | 4 | 2130 | 437 | 338 | | 99 | |
| 江山市 | 2605 | 2395 | 876 | 14 | 1505 | 209 | 124 | 1 | 84 | 1 |
| **舟山市** | **5644** | **4947** | **2822** | **3** | **2122** | **696** | **578** | | **118** | **1** |
| 定海区 | 731 | 638 | 383 | | 255 | 92 | 83 | | 9 | 1 |
| 普陀区 | 632 | 553 | 359 | | 194 | 79 | 68 | | 11 | |
| 岱山县 | 3054 | 2670 | 1521 | 2 | 1147 | 384 | 316 | | 68 | |
| 嵊泗县 | 1227 | 1086 | 559 | 1 | 526 | 141 | 111 | | 30 | |
| **台州市** | **26854** | **23088** | **10441** | **95** | **12552** | **3721** | **2570** | **18** | **1133** | **45** |
| 椒江区 | 90 | 62 | 31 | | 31 | 28 | 25 | | 3 | |
| 黄岩区 | 1121 | 952 | 349 | 4 | 599 | 152 | 94 | 1 | 57 | 17 |
| 路桥区 | 2051 | 1740 | 661 | 4 | 1075 | 311 | 203 | 1 | 107 | |
| 三门县 | 3910 | 3386 | 1579 | 13 | 1794 | 521 | 373 | 5 | 143 | 3 |
| 天台县 | 4662 | 4134 | 1687 | 29 | 2418 | 519 | 330 | 3 | 186 | 9 |
| 仙居县 | 4604 | 3855 | 1455 | 25 | 2375 | 748 | 484 | 3 | 261 | 1 |
| 温岭市 | 6718 | 5749 | 3264 | 7 | 2478 | 957 | 743 | 5 | 209 | 12 |
| 临海市 | 3379 | 2944 | 1286 | 9 | 1649 | 432 | 279 | | 153 | 3 |
| 玉环市 | 319 | 266 | 129 | 4 | 133 | 53 | 39 | | 14 | |
| **丽水市** | **23921** | **20961** | **7845** | **89** | **13027** | **2939** | **1915** | **17** | **1007** | **21** |
| 莲都区 | 675 | 573 | 230 | 1 | 342 | 101 | 56 | | 45 | 1 |
| 青田县 | 6528 | 5708 | 1994 | 29 | 3685 | 807 | 455 | 4 | 348 | 13 |
| 缙云县 | 5434 | 4671 | 2239 | 20 | 2412 | 759 | 573 | 5 | 181 | 4 |
| 遂昌县 | 2768 | 2446 | 725 | 5 | 1716 | 322 | 206 | 1 | 115 | |
| 松阳县 | 2167 | 1924 | 733 | 7 | 1184 | 243 | 156 | 1 | 86 | |
| 云和县 | 2155 | 1921 | 641 | 5 | 1275 | 231 | 138 | 2 | 91 | 3 |
| 庆元县 | 1935 | 1720 | 632 | 9 | 1079 | 215 | 152 | 2 | 61 | |
| 景宁畲族自治县 | 1701 | 1505 | 486 | 7 | 1012 | 196 | 137 | 2 | 57 | |
| 龙泉市 | 558 | 493 | 165 | 6 | 322 | 65 | 42 | | 23 | |

# 5-6c 各地区有80岁及以上人口的家庭户户数(乡村)

单位：户

| 地区 | 合计 | 有一个80岁及以上人口的户 | | | | 有二个80岁及以上人口的户 | | | | 有三个80岁及以上人口的户 |
|---|---|---|---|---|---|---|---|---|---|---|
| | | 小计 | 独自居住 | 只与未成年人口共同居住 | 其他 | 小计 | 只有一对80岁及以上夫妇居住 | 只有一对80岁及以上夫妇与未成年人口共同居住 | 其他 | |
| **合计** | **705386** | **626216** | **257673** | **2346** | **366197** | **78944** | **54028** | **323** | **24593** | **226** |
| **杭州市** | **76668** | **68925** | **21046** | **221** | **47658** | **7723** | **4440** | **33** | **3250** | **20** |
| 上城区 | | | | | | | | | | |
| 下城区 | | | | | | | | | | |
| 江干区 | | | | | | | | | | |
| 拱墅区 | | | | | | | | | | |
| 西湖区 | 854 | 771 | 168 | 4 | 599 | 83 | 39 | | 44 | |
| 滨江区 | | | | | | | | | | |
| 萧山区 | 15082 | 13519 | 3246 | 9 | 10264 | 1561 | 783 | 5 | 773 | 2 |
| 余杭区 | 11521 | 10622 | 1630 | 24 | 8968 | 895 | 305 | 1 | 589 | 4 |
| 富阳区 | 10835 | 9727 | 3359 | 29 | 6339 | 1104 | 693 | 2 | 409 | 4 |
| 临安区 | 11064 | 9953 | 3520 | 20 | 6413 | 1105 | 688 | 2 | 415 | 6 |
| 桐庐县 | 6795 | 6078 | 2408 | 28 | 3642 | 714 | 493 | 4 | 217 | 3 |
| 淳安县 | 10019 | 8852 | 3887 | 66 | 4899 | 1167 | 830 | 5 | 332 | |
| 建德市 | 10498 | 9403 | 2828 | 41 | 6534 | 1094 | 609 | 14 | 471 | 1 |
| **宁波市** | **70416** | **62321** | **31950** | **100** | **30271** | **8081** | **6535** | **11** | **1535** | **14** |
| 海曙区 | 4419 | 3904 | 2271 | 3 | 1630 | 513 | 465 | 1 | 47 | 2 |
| 江北区 | 2364 | 2164 | 1503 | 5 | 656 | 200 | 190 | | 10 | |
| 北仑区 | 5776 | 4993 | 2558 | 5 | 2430 | 781 | 647 | 1 | 133 | 2 |
| 镇海区 | 1226 | 1103 | 610 | 3 | 490 | 122 | 106 | | 16 | 1 |
| 鄞州区 | 6823 | 6027 | 3429 | 3 | 2595 | 794 | 712 | 1 | 81 | 2 |
| 奉化区 | 8707 | 7773 | 4326 | 13 | 3434 | 934 | 818 | 2 | 114 | |
| 象山县 | 10750 | 9476 | 4697 | 15 | 4764 | 1271 | 962 | 2 | 307 | 3 |
| 宁海县 | 10925 | 9558 | 5079 | 24 | 4455 | 1366 | 1136 | | 230 | 1 |
| 余姚市 | 9406 | 8432 | 3674 | 26 | 4732 | 972 | 695 | 2 | 275 | 2 |
| 慈溪市 | 10020 | 8891 | 3803 | 3 | 5085 | 1128 | 804 | 2 | 322 | 1 |
| **温州市** | **102300** | **89543** | **41748** | **553** | **47242** | **12719** | **9273** | **83** | **3363** | **38** |
| 鹿城区 | 3025 | 2579 | 1135 | 7 | 1437 | 445 | 309 | 2 | 134 | 1 |
| 龙湾区 | 19 | 16 | 7 | | 9 | 3 | 2 | | 1 | |
| 瓯海区 | 4200 | 3699 | 1368 | 12 | 2319 | 501 | 340 | 2 | 159 | |
| 洞头区 | 2176 | 1921 | 801 | 9 | 1111 | 255 | 163 | 1 | 91 | |
| 永嘉县 | 16983 | 14498 | 6735 | 128 | 7635 | 2480 | 1821 | 25 | 634 | 5 |
| 平阳县 | 13677 | 12020 | 6111 | 72 | 5837 | 1653 | 1270 | 10 | 373 | 4 |
| 苍南县 | 12129 | 10746 | 5698 | 63 | 4985 | 1368 | 1031 | 3 | 334 | 15 |
| 文成县 | 7439 | 6643 | 2957 | 55 | 3631 | 796 | 499 | 4 | 293 | |
| 泰顺县 | 7137 | 6477 | 2583 | 66 | 3828 | 660 | 412 | 7 | 241 | |
| 瑞安市 | 17063 | 14922 | 5887 | 84 | 8951 | 2131 | 1352 | 21 | 758 | 10 |
| 乐清市 | 17811 | 15447 | 8186 | 50 | 7211 | 2361 | 2023 | 8 | 330 | 3 |
| 龙港市 | 641 | 575 | 280 | 7 | 288 | 66 | 51 | | 15 | |
| **嘉兴市** | **56191** | **50096** | **9318** | **82** | **40696** | **6086** | **2178** | **10** | **3898** | **9** |
| 南湖区 | 3424 | 3086 | 643 | | 2443 | 338 | 146 | | 192 | |
| 秀洲区 | 7484 | 6737 | 1507 | 17 | 5213 | 746 | 288 | 1 | 457 | 1 |
| 嘉善县 | 7311 | 6210 | 1704 | 12 | 4494 | 1100 | 523 | 5 | 572 | 1 |
| 海盐县 | 6075 | 5320 | 1064 | 14 | 4242 | 753 | 260 | 2 | 491 | 2 |
| 海宁市 | 10253 | 9128 | 1492 | 10 | 7626 | 1124 | 357 | | 767 | 1 |
| 平湖市 | 8938 | 7944 | 1445 | 10 | 6489 | 993 | 328 | 1 | 664 | 1 |
| 桐乡市 | 12706 | 11671 | 1463 | 19 | 10189 | 1032 | 276 | 1 | 755 | 3 |
| **湖州市** | **47098** | **42791** | **10160** | **115** | **32516** | **4295** | **1982** | **9** | **2304** | **12** |
| 吴兴区 | 8345 | 7577 | 2038 | 28 | 5511 | 766 | 402 | 1 | 363 | 2 |
| 南浔区 | 13224 | 12027 | 2971 | 24 | 9032 | 1196 | 495 | 5 | 696 | 1 |
| 德清县 | 8777 | 8039 | 1163 | 16 | 6860 | 733 | 242 | 1 | 490 | 5 |
| 长兴县 | 8967 | 8085 | 2201 | 29 | 5855 | 879 | 467 | 1 | 411 | 3 |
| 安吉县 | 7785 | 7063 | 1787 | 18 | 5258 | 721 | 376 | 1 | 344 | 1 |

5–6c 续表 单位：户

| 地区 | 合计 | 有一个80岁及以上人口的户 | | | | 有二个80岁及以上人口的户 | | | | 有三个80岁及以上人口的户 |
|---|---|---|---|---|---|---|---|---|---|---|
| | | 小计 | 独自居住 | 只与未成年人口共同居住 | 其他 | 小计 | 只有一对80岁及以上夫妇居住 | 只有一对80岁及以上夫妇与未成年人口共同居住 | 其他 | |
| **绍兴市** | **68491** | **62018** | **29239** | **124** | **32655** | **6451** | **4948** | **20** | **1483** | **22** |
| 越城区 | 5956 | 5438 | 2558 | 3 | 2877 | 517 | 424 | | 93 | 1 |
| 柯桥区 | 7999 | 7259 | 3071 | 12 | 4176 | 737 | 553 | 2 | 182 | 3 |
| 上虞区 | 12916 | 11554 | 5014 | 14 | 6526 | 1358 | 975 | 2 | 381 | 4 |
| 新昌县 | 8098 | 7287 | 4424 | 17 | 2846 | 810 | 703 | 4 | 103 | 1 |
| 诸暨市 | 20758 | 18899 | 8847 | 43 | 10009 | 1856 | 1454 | 7 | 395 | 3 |
| 嵊州市 | 12764 | 11581 | 5325 | 35 | 6221 | 1173 | 839 | 5 | 329 | 10 |
| **金华市** | **82152** | **72996** | **34335** | **255** | **38406** | **9124** | **7034** | **34** | **2056** | **32** |
| 婺城区 | 8866 | 8046 | 3926 | 24 | 4096 | 818 | 670 | 1 | 147 | 2 |
| 金东区 | 6597 | 5919 | 3161 | 10 | 2748 | 678 | 576 | 1 | 101 | |
| 武义县 | 7321 | 6393 | 3467 | 25 | 2901 | 922 | 772 | 2 | 148 | 6 |
| 浦江县 | 7772 | 6872 | 3577 | 22 | 3273 | 900 | 731 | 2 | 167 | |
| 磐安县 | 4108 | 3628 | 2101 | 18 | 1509 | 478 | 407 | 2 | 69 | 2 |
| 兰溪市 | 11149 | 10234 | 3787 | 45 | 6402 | 912 | 629 | 7 | 276 | 3 |
| 义乌市 | 10796 | 9488 | 3855 | 33 | 5600 | 1304 | 950 | 2 | 352 | 4 |
| 东阳市 | 15515 | 13623 | 5937 | 51 | 7635 | 1887 | 1346 | 11 | 530 | 5 |
| 永康市 | 10028 | 8793 | 4524 | 27 | 4242 | 1225 | 953 | 6 | 266 | 10 |
| **衢州市** | **45818** | **41702** | **15286** | **192** | **26224** | **4102** | **2766** | **16** | **1320** | **14** |
| 柯城区 | 5399 | 4878 | 1443 | 9 | 3426 | 517 | 301 | 1 | 215 | 4 |
| 衢江区 | 9528 | 8664 | 2672 | 36 | 5956 | 863 | 532 | 2 | 329 | 1 |
| 常山县 | 5651 | 5172 | 1924 | 22 | 3226 | 477 | 343 | 2 | 132 | 2 |
| 开化县 | 6482 | 5889 | 2278 | 42 | 3569 | 592 | 428 | 4 | 160 | 1 |
| 龙游县 | 8363 | 7633 | 3412 | 13 | 4208 | 730 | 588 | 2 | 140 | |
| 江山市 | 10395 | 9466 | 3557 | 70 | 5839 | 923 | 574 | 5 | 344 | 6 |
| **舟山市** | **15523** | **13618** | **7457** | **29** | **6132** | **1903** | **1528** | **2** | **373** | **2** |
| 定海区 | 5361 | 4698 | 2579 | 2 | 2117 | 662 | 546 | | 116 | 1 |
| 普陀区 | 5708 | 4973 | 2448 | 23 | 2502 | 735 | 552 | 2 | 181 | |
| 岱山县 | 3368 | 2991 | 1851 | 4 | 1136 | 376 | 317 | | 59 | 1 |
| 嵊泗县 | 1086 | 956 | 579 | | 377 | 130 | 113 | | 17 | |
| **台州市** | **96342** | **83264** | **39687** | **432** | **43145** | **13032** | **9396** | **71** | **3565** | **46** |
| 椒江区 | 5113 | 4366 | 1660 | 16 | 2690 | 741 | 473 | 5 | 263 | 6 |
| 黄岩区 | 11779 | 10232 | 4307 | 37 | 5888 | 1543 | 1031 | 6 | 506 | 4 |
| 路桥区 | 6294 | 5406 | 2176 | 17 | 3213 | 887 | 560 | 5 | 322 | 1 |
| 三门县 | 7338 | 6420 | 3243 | 49 | 3128 | 916 | 732 | 5 | 179 | 2 |
| 天台县 | 9559 | 8494 | 4523 | 59 | 3912 | 1060 | 805 | 4 | 251 | 5 |
| 仙居县 | 9135 | 7955 | 3601 | 113 | 4241 | 1180 | 845 | 20 | 315 | |
| 温岭市 | 20740 | 17548 | 10118 | 39 | 7391 | 3165 | 2581 | 10 | 574 | 27 |
| 临海市 | 21025 | 18274 | 7656 | 96 | 10522 | 2751 | 1733 | 15 | 1003 | |
| 玉环市 | 5359 | 4569 | 2403 | 6 | 2160 | 789 | 636 | 1 | 152 | 1 |
| **丽水市** | **44387** | **38942** | **17447** | **243** | **21252** | **5428** | **3948** | **34** | **1446** | **17** |
| 莲都区 | 6348 | 5439 | 2468 | 41 | 2930 | 906 | 633 | 3 | 270 | 3 |
| 青田县 | 8027 | 7122 | 3539 | 42 | 3541 | 904 | 646 | 8 | 250 | 1 |
| 缙云县 | 9076 | 7790 | 4356 | 42 | 3392 | 1284 | 1046 | 9 | 229 | 2 |
| 遂昌县 | 5060 | 4513 | 1397 | 20 | 3096 | 546 | 337 | 1 | 208 | 1 |
| 松阳县 | 4339 | 3861 | 1394 | 35 | 2432 | 478 | 311 | 1 | 166 | |
| 云和县 | 1755 | 1545 | 625 | 6 | 914 | 210 | 152 | 1 | 57 | |
| 庆元县 | 2342 | 2086 | 912 | 15 | 1159 | 255 | 210 | | 45 | 1 |
| 景宁畲族自治县 | 2443 | 2173 | 894 | 14 | 1265 | 262 | 179 | 5 | 78 | 8 |
| 龙泉市 | 4997 | 4413 | 1862 | 28 | 2523 | 583 | 434 | 6 | 143 | 1 |

# 第一部分　全部数据资料

## 第六卷　死亡

# 6-1　各地区分年龄、性别的死亡人口

(2019.11.1—2020.10.31)

单位：人

| 地　区 | 死亡人口 | | | 0岁 | | |
|---|---|---|---|---|---|---|
| | 合计 | 男 | 女 | 小计 | 男 | 女 |
| **合计** | **306953** | **176936** | **130017** | **644** | **361** | **283** |
| **杭州市** | **44715** | **25135** | **19580** | **103** | **52** | **51** |
| 上城区 | 2354 | 1238 | 1116 | 3 | 3 | |
| 下城区 | 2430 | 1360 | 1070 | 5 | 4 | 1 |
| 江干区 | 2598 | 1472 | 1126 | 11 | 3 | 8 |
| 拱墅区 | 2204 | 1221 | 983 | 4 | 2 | 2 |
| 西湖区 | 3022 | 1732 | 1290 | 12 | 8 | 4 |
| 滨江区 | 975 | 566 | 409 | 6 | | 6 |
| 萧山区 | 8024 | 4418 | 3606 | 14 | 6 | 8 |
| 余杭区 | 6612 | 3653 | 2959 | 18 | 12 | 6 |
| 富阳区 | 3935 | 2246 | 1689 | 10 | 5 | 5 |
| 临安区 | 3369 | 1894 | 1475 | 3 | 1 | 2 |
| 桐庐县 | 2673 | 1560 | 1113 | 6 | 1 | 5 |
| 淳安县 | 2923 | 1674 | 1249 | 5 | 3 | 2 |
| 建德市 | 3596 | 2101 | 1495 | 6 | 4 | 2 |
| **宁波市** | **38644** | **22080** | **16564** | **110** | **71** | **39** |
| 海曙区 | 3654 | 2116 | 1538 | 7 | 5 | 2 |
| 江北区 | 1504 | 897 | 607 | 8 | 6 | 2 |
| 北仑区 | 2467 | 1386 | 1081 | 4 | 2 | 2 |
| 镇海区 | 1530 | 881 | 649 | 1 | | 1 |
| 鄞州区 | 5319 | 3002 | 2317 | 28 | 17 | 11 |
| 奉化区 | 2924 | 1681 | 1243 | 2 | 2 | |
| 象山县 | 3660 | 2152 | 1508 | 14 | 7 | 7 |
| 宁海县 | 4164 | 2451 | 1713 | 26 | 17 | 9 |
| 余姚市 | 6222 | 3550 | 2672 | 9 | 9 | |
| 慈溪市 | 7200 | 3964 | 3236 | 11 | 6 | 5 |
| **温州市** | **48669** | **29024** | **19645** | **121** | **69** | **52** |
| 鹿城区 | 4726 | 2771 | 1955 | 2 | 1 | 1 |
| 龙湾区 | 1795 | 994 | 801 | 4 | 3 | 1 |
| 瓯海区 | 2631 | 1440 | 1191 | 8 | 4 | 4 |
| 洞头区 | 925 | 564 | 361 | 1 | 1 | |
| 永嘉县 | 5748 | 3433 | 2315 | 15 | 10 | 5 |
| 平阳县 | 5613 | 3423 | 2190 | 12 | 10 | 2 |
| 苍南县 | 6006 | 3647 | 2359 | 12 | 5 | 7 |
| 文成县 | 2799 | 1805 | 994 | 20 | 13 | 7 |
| 泰顺县 | 2518 | 1598 | 920 | 12 | 7 | 5 |
| 瑞安市 | 6921 | 4128 | 2793 | 11 | 7 | 4 |
| 乐清市 | 7069 | 4088 | 2981 | 21 | 6 | 15 |
| 龙港市 | 1918 | 1133 | 785 | 3 | 2 | 1 |
| **嘉兴市** | **25002** | **13885** | **11117** | **43** | **22** | **21** |
| 南湖区 | 3159 | 1813 | 1346 | 2 | 1 | 1 |
| 秀洲区 | 2717 | 1530 | 1187 | 7 | 3 | 4 |
| 嘉善县 | 3092 | 1740 | 1352 | 3 | | 3 |
| 海盐县 | 2560 | 1383 | 1177 | 6 | 4 | 2 |
| 海宁市 | 5040 | 2666 | 2374 | 9 | 2 | 7 |
| 平湖市 | 3755 | 2045 | 1710 | 5 | 5 | |
| 桐乡市 | 4679 | 2708 | 1971 | 11 | 7 | 4 |
| **湖州市** | **17623** | **9942** | **7681** | **12** | **5** | **7** |
| 吴兴区 | 4316 | 2456 | 1860 | 2 | 2 | |
| 南浔区 | 3490 | 1929 | 1561 | 1 | | 1 |
| 德清县 | 3171 | 1760 | 1411 | 5 | 2 | 3 |
| 长兴县 | 3820 | 2179 | 1641 | 3 | 1 | 2 |
| 安吉县 | 2826 | 1618 | 1208 | 1 | | 1 |

6–1 续表 1 单位：人

| 地区 | 死亡人口 | | | 0岁 | | |
|---|---|---|---|---|---|---|
| | 合计 | 男 | 女 | 小计 | 男 | 女 |
| **绍兴市** | **28487** | **16129** | **12358** | **40** | **21** | **19** |
| 越城区 | 4005 | 2247 | 1758 | 7 | 1 | 6 |
| 柯桥区 | 4003 | 2199 | 1804 | 6 | 4 | 2 |
| 上虞区 | 5615 | 3133 | 2482 | 6 | 3 | 3 |
| 新昌县 | 3225 | 1854 | 1371 | 3 | 3 | |
| 诸暨市 | 6717 | 3811 | 2906 | 9 | 4 | 5 |
| 嵊州市 | 4922 | 2885 | 2037 | 9 | 6 | 3 |
| **金华市** | **29140** | **17040** | **12100** | **66** | **36** | **30** |
| 婺城区 | 3052 | 1818 | 1234 | 3 | 1 | 2 |
| 金东区 | 1775 | 979 | 796 | 2 | | 2 |
| 武义县 | 2568 | 1579 | 989 | 9 | 8 | 1 |
| 浦江县 | 2518 | 1441 | 1077 | 7 | 2 | 5 |
| 磐安县 | 1219 | 740 | 479 | 2 | | 2 |
| 兰溪市 | 3448 | 2034 | 1414 | 5 | 2 | 3 |
| 义乌市 | 4507 | 2665 | 1842 | 11 | 6 | 5 |
| 东阳市 | 5894 | 3356 | 2538 | 14 | 11 | 3 |
| 永康市 | 4159 | 2428 | 1731 | 13 | 6 | 7 |
| **衢州市** | **15616** | **9251** | **6365** | **34** | **25** | **9** |
| 柯城区 | 2666 | 1567 | 1099 | 3 | 2 | 1 |
| 衢江区 | 2507 | 1517 | 990 | 6 | 3 | 3 |
| 常山县 | 2113 | 1278 | 835 | 7 | 5 | 2 |
| 开化县 | 2022 | 1158 | 864 | 6 | 4 | 2 |
| 龙游县 | 2471 | 1437 | 1034 | 4 | 4 | |
| 江山市 | 3837 | 2294 | 1543 | 8 | 7 | 1 |
| **舟山市** | **7110** | **4056** | **3054** | **4** | **1** | **3** |
| 定海区 | 2507 | 1450 | 1057 | 1 | 1 | |
| 普陀区 | 2469 | 1427 | 1042 | 2 | | 2 |
| 岱山县 | 1595 | 872 | 723 | 1 | | 1 |
| 嵊泗县 | 539 | 307 | 232 | | | |
| **台州市** | **36367** | **20827** | **15540** | **76** | **39** | **37** |
| 椒江区 | 2881 | 1568 | 1313 | 5 | 4 | 1 |
| 黄岩区 | 4052 | 2338 | 1714 | 9 | 4 | 5 |
| 路桥区 | 2890 | 1630 | 1260 | 6 | 3 | 3 |
| 三门县 | 2313 | 1341 | 972 | 2 | 2 | |
| 天台县 | 3657 | 2129 | 1528 | 7 | 2 | 5 |
| 仙居县 | 2960 | 1733 | 1227 | 6 | 2 | 4 |
| 温岭市 | 7968 | 4470 | 3498 | 7 | 5 | 2 |
| 临海市 | 6708 | 3891 | 2817 | 20 | 9 | 11 |
| 玉环市 | 2938 | 1727 | 1211 | 14 | 8 | 6 |
| **丽水市** | **15580** | **9567** | **6013** | **35** | **20** | **15** |
| 莲都区 | 1875 | 1092 | 783 | 11 | 7 | 4 |
| 青田县 | 3158 | 2004 | 1154 | 6 | 4 | 2 |
| 缙云县 | 2858 | 1717 | 1141 | 4 | 2 | 2 |
| 遂昌县 | 1501 | 916 | 585 | 3 | 2 | 1 |
| 松阳县 | 1524 | 973 | 551 | 2 | | 2 |
| 云和县 | 780 | 491 | 289 | 1 | 1 | |
| 庆元县 | 1018 | 588 | 430 | | | |
| 景宁畲族自治县 | 1118 | 728 | 390 | 4 | 3 | 1 |
| 龙泉市 | 1748 | 1058 | 690 | 4 | 1 | 3 |

6-1　续表 2　　　　单位：人

| 地　区 | 1-4岁 | | | 5-9岁 | | | 10-14岁 | | |
|---|---|---|---|---|---|---|---|---|---|
| | 小计 | 男 | 女 | 小计 | 男 | 女 | 小计 | 男 | 女 |
| **合计** | **433** | **238** | **195** | **267** | **172** | **95** | **348** | **209** | **139** |
| **杭州市** | **68** | **35** | **33** | **44** | **29** | **15** | **54** | **33** | **21** |
| 上城区 | 2 | | 2 | 2 | 1 | 1 | | | |
| 下城区 | 1 | 1 | | 1 | | 1 | | | |
| 江干区 | 5 | 1 | 4 | 1 | 1 | | 4 | 2 | 2 |
| 拱墅区 | 4 | 1 | 3 | | | | 3 | 2 | 1 |
| 西湖区 | | | | 3 | 2 | 1 | 3 | 2 | 1 |
| 滨江区 | 2 | 1 | 1 | 3 | 3 | | 1 | 1 | |
| 萧山区 | 12 | 10 | 2 | 5 | 4 | 1 | 10 | 4 | 6 |
| 余杭区 | 14 | 7 | 7 | 12 | 6 | 6 | 12 | 6 | 6 |
| 富阳区 | 7 | 4 | 3 | 6 | 4 | 2 | 5 | 5 | |
| 临安区 | 4 | | 4 | 3 | 3 | | 3 | 3 | |
| 桐庐县 | 4 | 4 | | 3 | 3 | | 6 | 2 | 4 |
| 淳安县 | 6 | 4 | 2 | 3 | 2 | 1 | 3 | 2 | 1 |
| 建德市 | 7 | 2 | 5 | 2 | | 2 | 4 | 4 | |
| **宁波市** | **36** | **21** | **15** | **28** | **20** | **8** | **45** | **25** | **20** |
| 海曙区 | 4 | 2 | 2 | 1 | | 1 | 4 | 2 | 2 |
| 江北区 | 3 | | 3 | 3 | 3 | | 5 | 3 | 2 |
| 北仑区 | 1 | 1 | | | | | 1 | 1 | |
| 镇海区 | | | | 4 | 3 | 1 | 3 | 2 | 1 |
| 鄞州区 | 6 | 4 | 2 | 7 | 5 | 2 | 3 | 1 | 2 |
| 奉化区 | 2 | 2 | | | | | 2 | 1 | 1 |
| 象山县 | 3 | 2 | 1 | | | | 4 | 3 | 1 |
| 宁海县 | 7 | 6 | 1 | 2 | 1 | 1 | 7 | 3 | 4 |
| 余姚市 | 3 | 2 | 1 | 2 | 1 | 1 | 8 | 3 | 5 |
| 慈溪市 | 7 | 2 | 5 | 9 | 7 | 2 | 8 | 6 | 2 |
| **温州市** | **84** | **48** | **36** | **48** | **30** | **18** | **65** | **44** | **21** |
| 鹿城区 | 5 | 4 | 1 | 2 | 2 | | 4 | 4 | |
| 龙湾区 | 2 | 2 | | 1 | 1 | | 4 | 2 | 2 |
| 瓯海区 | 2 | 1 | 1 | 4 | 3 | 1 | 6 | 2 | 4 |
| 洞头区 | 3 | 2 | 1 | 1 | | 1 | 2 | 1 | 1 |
| 永嘉县 | 10 | 5 | 5 | 6 | 3 | 3 | 7 | 5 | 2 |
| 平阳县 | 10 | 8 | 2 | 5 | 3 | 2 | 7 | 5 | 2 |
| 苍南县 | 8 | 5 | 3 | 3 | 2 | 1 | 8 | 8 | |
| 文成县 | 4 | 2 | 2 | 2 | | 2 | 2 | 1 | 1 |
| 泰顺县 | 3 | 1 | 2 | 4 | 3 | 1 | 5 | 3 | 2 |
| 瑞安市 | 18 | 10 | 8 | 8 | 5 | 3 | 8 | 4 | 4 |
| 乐清市 | 15 | 8 | 7 | 8 | 6 | 2 | 9 | 7 | 2 |
| 龙港市 | 4 | | 4 | 4 | 2 | 2 | 3 | 2 | 1 |
| **嘉兴市** | **27** | **14** | **13** | **12** | **10** | **2** | **15** | **9** | **6** |
| 南湖区 | 1 | 1 | | 2 | 2 | | | | |
| 秀洲区 | 2 | 1 | 1 | 3 | 2 | 1 | 1 | | 1 |
| 嘉善县 | 1 | | 1 | | | | 6 | 4 | 2 |
| 海盐县 | 4 | 2 | 2 | | | | 1 | | 1 |
| 海宁市 | 9 | 5 | 4 | 1 | 1 | | 6 | 5 | 1 |
| 平湖市 | 5 | 3 | 2 | 4 | 4 | | | | |
| 桐乡市 | 5 | 2 | 3 | 2 | 1 | 1 | 1 | | 1 |
| **湖州市** | **11** | **8** | **3** | **14** | **11** | **3** | **16** | **10** | **6** |
| 吴兴区 | 3 | 2 | 1 | 2 | 1 | 1 | 2 | | 2 |
| 南浔区 | 1 | | 1 | 4 | 3 | 1 | 1 | | 1 |
| 德清县 | 5 | 4 | 1 | 3 | 3 | | 5 | 4 | 1 |
| 长兴县 | 1 | 1 | | 2 | 2 | | 5 | 3 | 2 |
| 安吉县 | 1 | 1 | | 3 | 2 | 1 | 3 | 3 | |

6–1 续表 3

单位：人

| 地 区 | 1–4岁 | | | 5–9岁 | | | 10–14岁 | | |
|---|---|---|---|---|---|---|---|---|---|
| | 小计 | 男 | 女 | 小计 | 男 | 女 | 小计 | 男 | 女 |
| **绍兴市** | **21** | **13** | **8** | **27** | **15** | **12** | **23** | **11** | **12** |
| 越城区 | 6 | 3 | 3 | 1 | 1 | | 1 | 1 | |
| 柯桥区 | 3 | 2 | 1 | 7 | 4 | 3 | 2 | 2 | |
| 上虞区 | 3 | 3 | | 5 | 2 | 3 | 7 | 5 | 2 |
| 新昌县 | 2 | 2 | | 1 | 1 | | 2 | | 2 |
| 诸暨市 | 3 | 1 | 2 | 9 | 4 | 5 | 9 | 3 | 6 |
| 嵊州市 | 4 | 2 | 2 | 4 | 3 | 1 | 2 | | 2 |
| **金华市** | **90** | **53** | **37** | **31** | **19** | **12** | **47** | **24** | **23** |
| 婺城区 | 5 | 3 | 2 | 3 | 1 | 2 | 4 | 2 | 2 |
| 金东区 | 3 | 3 | | 2 | 1 | 1 | 4 | 2 | 2 |
| 武义县 | 7 | 4 | 3 | 2 | 1 | 1 | 3 | 1 | 2 |
| 浦江县 | 3 | 3 | | 1 | 1 | | 5 | 2 | 3 |
| 磐安县 | 1 | 1 | | 2 | 1 | 1 | 2 | 2 | |
| 兰溪市 | 6 | 4 | 2 | 2 | 2 | | 1 | 1 | |
| 义乌市 | 15 | 6 | 9 | 5 | 3 | 2 | 6 | 3 | 3 |
| 东阳市 | 18 | 11 | 7 | 6 | 5 | 1 | 10 | 6 | 4 |
| 永康市 | 32 | 18 | 14 | 8 | 4 | 4 | 12 | 5 | 7 |
| **衢州市** | **22** | **10** | **12** | **19** | **9** | **10** | **13** | **6** | **7** |
| 柯城区 | 8 | 3 | 5 | 3 | 1 | 2 | | | |
| 衢江区 | 2 | 1 | 1 | 5 | 2 | 3 | 1 | | 1 |
| 常山县 | 3 | 2 | 1 | 2 | 1 | 1 | 2 | | 2 |
| 开化县 | 4 | 2 | 2 | 2 | 1 | 1 | 3 | 3 | |
| 龙游县 | | | | 3 | 1 | 2 | 4 | 1 | 3 |
| 江山市 | 5 | 2 | 3 | 4 | 3 | 1 | 3 | 2 | 1 |
| **舟山市** | **5** | **2** | **3** | **5** | **3** | **2** | **3** | | **3** |
| 定海区 | 2 | | 2 | 4 | 3 | 1 | 1 | | 1 |
| 普陀区 | 3 | 2 | 1 | 1 | | 1 | | | |
| 岱山县 | | | | | | | 1 | | 1 |
| 嵊泗县 | | | | | | | 1 | | 1 |
| **台州市** | **41** | **16** | **25** | **29** | **19** | **10** | **44** | **30** | **14** |
| 椒江区 | 3 | | 3 | 1 | 1 | | 3 | 2 | 1 |
| 黄岩区 | 1 | | 1 | 2 | 1 | 1 | 2 | 2 | |
| 路桥区 | 3 | 2 | 1 | | | | 2 | 1 | 1 |
| 三门县 | 3 | 1 | 2 | 3 | 2 | 1 | 3 | 2 | 1 |
| 天台县 | 7 | 2 | 5 | 3 | 1 | 2 | 6 | 6 | |
| 仙居县 | 7 | 2 | 5 | 3 | 3 | | 2 | 1 | 1 |
| 温岭市 | 8 | 5 | 3 | 5 | 3 | 2 | 9 | 5 | 4 |
| 临海市 | 6 | 3 | 3 | 7 | 6 | 1 | 11 | 8 | 3 |
| 玉环市 | 3 | 1 | 2 | 5 | 2 | 3 | 6 | 3 | 3 |
| **丽水市** | **28** | **18** | **10** | **10** | **7** | **3** | **23** | **17** | **6** |
| 莲都区 | 2 | 1 | 1 | | | | | | |
| 青田县 | 5 | 4 | 1 | 5 | 4 | 1 | 9 | 8 | 1 |
| 缙云县 | 6 | 3 | 3 | 2 | 1 | 1 | 4 | 2 | 2 |
| 遂昌县 | 3 | 2 | 1 | | | | 3 | 2 | 1 |
| 松阳县 | 4 | 2 | 2 | 2 | 1 | 1 | 3 | 3 | |
| 云和县 | 3 | 3 | | | | | | | |
| 庆元县 | | | | | | | 1 | | 1 |
| 景宁畲族自治县 | 3 | 2 | 1 | | | | 3 | 2 | 1 |
| 龙泉市 | 2 | 1 | 1 | 1 | 1 | | | | |

6-1 续表 4 单位：人

| 地区 | 15-19岁 | | | 20-24岁 | | | 25-29岁 | | |
|---|---|---|---|---|---|---|---|---|---|
| | 小计 | 男 | 女 | 小计 | 男 | 女 | 小计 | 男 | 女 |
| **合计** | **519** | **340** | **179** | **779** | **522** | **257** | **988** | **679** | **309** |
| **杭州市** | **69** | **46** | **23** | **103** | **66** | **37** | **147** | **103** | **44** |
| 上城区 | 1 | | 1 | 1 | | 1 | 4 | 2 | 2 |
| 下城区 | 2 | 1 | 1 | 2 | | 2 | 4 | 1 | 3 |
| 江干区 | 4 | 3 | 1 | 7 | 4 | 3 | 9 | 2 | 7 |
| 拱墅区 | 2 | | 2 | 2 | 1 | 1 | 10 | 7 | 3 |
| 西湖区 | 5 | 3 | 2 | 9 | 7 | 2 | 9 | 6 | 3 |
| 滨江区 | 4 | 3 | 1 | 4 | 1 | 3 | 10 | 8 | 2 |
| 萧山区 | 12 | 11 | 1 | 12 | 9 | 3 | 19 | 12 | 7 |
| 余杭区 | 15 | 11 | 4 | 34 | 21 | 13 | 45 | 37 | 8 |
| 富阳区 | 10 | 5 | 5 | 10 | 8 | 2 | 4 | 2 | 2 |
| 临安区 | 3 | 2 | 1 | 6 | 6 | | 9 | 7 | 2 |
| 桐庐县 | 5 | 3 | 2 | 7 | 4 | 3 | 8 | 7 | 1 |
| 淳安县 | 4 | 3 | 1 | 3 | 1 | 2 | 6 | 3 | 3 |
| 建德市 | 2 | 1 | 1 | 6 | 4 | 2 | 10 | 9 | 1 |
| **宁波市** | **61** | **41** | **20** | **97** | **68** | **29** | **110** | **74** | **36** |
| 海曙区 | 3 | 2 | 1 | 7 | 6 | 1 | 10 | 6 | 4 |
| 江北区 | 6 | 5 | 1 | 3 | 2 | 1 | 2 | 1 | 1 |
| 北仑区 | 5 | 3 | 2 | 11 | 6 | 5 | 5 | 3 | 2 |
| 镇海区 | 2 | 2 | | 6 | 2 | 4 | 6 | 5 | 1 |
| 鄞州区 | 8 | 6 | 2 | 6 | 5 | 1 | 10 | 7 | 3 |
| 奉化区 | 5 | 3 | 2 | 6 | 4 | 2 | 8 | 7 | 1 |
| 象山县 | 6 | 4 | 2 | 17 | 15 | 2 | 14 | 9 | 5 |
| 宁海县 | 9 | 6 | 3 | 11 | 10 | 1 | 11 | 7 | 4 |
| 余姚市 | 6 | 3 | 3 | 15 | 7 | 8 | 19 | 12 | 7 |
| 慈溪市 | 11 | 7 | 4 | 15 | 11 | 4 | 25 | 17 | 8 |
| **温州市** | **89** | **68** | **21** | **129** | **89** | **40** | **203** | **136** | **67** |
| 鹿城区 | 5 | 3 | 2 | 8 | 2 | 6 | 9 | 5 | 4 |
| 龙湾区 | 7 | 3 | 4 | 2 | 1 | 1 | 10 | 7 | 3 |
| 瓯海区 | 7 | 6 | 1 | 5 | 5 | | 11 | 5 | 6 |
| 洞头区 | 2 | 2 | | 4 | 4 | | 2 | 1 | 1 |
| 永嘉县 | 11 | 9 | 2 | 20 | 13 | 7 | 28 | 13 | 15 |
| 平阳县 | 13 | 10 | 3 | 17 | 9 | 8 | 26 | 20 | 6 |
| 苍南县 | 9 | 8 | 1 | 17 | 10 | 7 | 19 | 15 | 4 |
| 文成县 | | | | 6 | 5 | 1 | 11 | 4 | 7 |
| 泰顺县 | 4 | 4 | | 3 | 3 | | 5 | 3 | 2 |
| 瑞安市 | 14 | 12 | 2 | 32 | 27 | 5 | 31 | 20 | 11 |
| 乐清市 | 15 | 11 | 4 | 10 | 8 | 2 | 40 | 35 | 5 |
| 龙港市 | 2 | | 2 | 5 | 2 | 3 | 11 | 8 | 3 |
| **嘉兴市** | **54** | **28** | **26** | **62** | **39** | **23** | **78** | **55** | **23** |
| 南湖区 | 8 | 5 | 3 | 7 | 6 | 1 | 5 | 4 | 1 |
| 秀洲区 | 4 | 2 | 2 | 3 | 1 | 2 | 6 | 3 | 3 |
| 嘉善县 | 12 | 9 | 3 | 10 | 6 | 4 | 14 | 12 | 2 |
| 海盐县 | 4 | 1 | 3 | 6 | 3 | 3 | 6 | 3 | 3 |
| 海宁市 | 7 | 4 | 3 | 21 | 15 | 6 | 16 | 11 | 5 |
| 平湖市 | 8 | 2 | 6 | 6 | 4 | 2 | 15 | 9 | 6 |
| 桐乡市 | 11 | 5 | 6 | 9 | 4 | 5 | 16 | 13 | 3 |
| **湖州市** | **26** | **13** | **13** | **47** | **34** | **13** | **55** | **34** | **21** |
| 吴兴区 | 8 | 5 | 3 | 8 | 4 | 4 | 17 | 13 | 4 |
| 南浔区 | 3 | 1 | 2 | 4 | 3 | 1 | 6 | 4 | 2 |
| 德清县 | 4 | 3 | 1 | 13 | 10 | 3 | 9 | 7 | 2 |
| 长兴县 | 7 | 3 | 4 | 15 | 10 | 5 | 14 | 8 | 6 |
| 安吉县 | 4 | 1 | 3 | 7 | 7 | | 9 | 2 | 7 |

6-1 续表 5 单位：人

| 地区 | 15-19岁 | | | 20-24岁 | | | 25-29岁 | | |
|---|---|---|---|---|---|---|---|---|---|
| | 小计 | 男 | 女 | 小计 | 男 | 女 | 小计 | 男 | 女 |
| **绍兴市** | **30** | **19** | **11** | **52** | **32** | **20** | **66** | **40** | **26** |
| 越城区 | 4 | 3 | 1 | 5 | 4 | 1 | 14 | 6 | 8 |
| 柯桥区 | 8 | 5 | 3 | 11 | 7 | 4 | 9 | 6 | 3 |
| 上虞区 | 4 | 4 | | 13 | 6 | 7 | 11 | 6 | 5 |
| 新昌县 | 7 | 2 | 5 | 1 | 1 | | 4 | 1 | 3 |
| 诸暨市 | 3 | 3 | | 10 | 7 | 3 | 14 | 9 | 5 |
| 嵊州市 | 4 | 2 | 2 | 12 | 7 | 5 | 14 | 12 | 2 |
| **金华市** | **80** | **55** | **25** | **114** | **79** | **35** | **146** | **105** | **41** |
| 婺城区 | 6 | 4 | 2 | 8 | 6 | 2 | 10 | 6 | 4 |
| 金东区 | 1 | | 1 | 1 | | 1 | 2 | 1 | 1 |
| 武义县 | 6 | 5 | 1 | 9 | 5 | 4 | 15 | 11 | 4 |
| 浦江县 | 5 | 5 | | 3 | 3 | | 5 | 5 | |
| 磐安县 | 2 | | 2 | 2 | 2 | | 2 | 2 | |
| 兰溪市 | 6 | 6 | | 8 | 7 | 1 | 7 | 5 | 2 |
| 义乌市 | 13 | 11 | 2 | 28 | 21 | 7 | 38 | 27 | 11 |
| 东阳市 | 17 | 9 | 8 | 28 | 19 | 9 | 30 | 24 | 6 |
| 永康市 | 24 | 15 | 9 | 27 | 16 | 11 | 37 | 24 | 13 |
| **衢州市** | **27** | **16** | **11** | **24** | **18** | **6** | **44** | **27** | **17** |
| 柯城区 | 7 | 4 | 3 | 2 | 2 | | 12 | 5 | 7 |
| 衢江区 | 6 | 4 | 2 | 1 | 1 | | 5 | 3 | 2 |
| 常山县 | 5 | 2 | 3 | 5 | 3 | 2 | 6 | 6 | |
| 开化县 | 3 | 1 | 2 | 7 | 4 | 3 | 7 | 4 | 3 |
| 龙游县 | 2 | 1 | 1 | 1 | 1 | | 4 | 2 | 2 |
| 江山市 | 4 | 4 | | 8 | 7 | 1 | 10 | 7 | 3 |
| **舟山市** | **7** | **3** | **4** | **10** | **8** | **2** | **11** | **7** | **4** |
| 定海区 | 4 | 2 | 2 | 2 | | 2 | 4 | 3 | 1 |
| 普陀区 | 2 | 1 | 1 | 4 | 4 | | 7 | 4 | 3 |
| 岱山县 | | | | 1 | 1 | | | | |
| 嵊泗县 | 1 | | 1 | 3 | 3 | | | | |
| **台州市** | **49** | **32** | **17** | **102** | **68** | **34** | **84** | **62** | **22** |
| 椒江区 | 4 | 3 | 1 | 6 | 3 | 3 | 8 | 6 | 2 |
| 黄岩区 | 3 | 2 | 1 | 17 | 10 | 7 | 8 | 7 | 1 |
| 路桥区 | 2 | 2 | | 10 | 7 | 3 | 10 | 7 | 3 |
| 三门县 | 4 | 1 | 3 | 6 | 5 | 1 | 1 | 1 | |
| 天台县 | 5 | 2 | 3 | 9 | 7 | 2 | 8 | 5 | 3 |
| 仙居县 | 6 | 5 | 1 | 10 | 10 | | 7 | 5 | 2 |
| 温岭市 | 13 | 8 | 5 | 22 | 14 | 8 | 17 | 15 | 2 |
| 临海市 | 9 | 7 | 2 | 12 | 6 | 6 | 16 | 12 | 4 |
| 玉环市 | 3 | 2 | 1 | 10 | 6 | 4 | 9 | 4 | 5 |
| **丽水市** | **27** | **19** | **8** | **39** | **21** | **18** | **44** | **36** | **8** |
| 莲都区 | 1 | 1 | | 5 | 2 | 3 | 3 | 3 | |
| 青田县 | 3 | 3 | | 11 | 7 | 4 | 13 | 12 | 1 |
| 缙云县 | 3 | 2 | 1 | 6 | 3 | 3 | 11 | 8 | 3 |
| 遂昌县 | 3 | 1 | 2 | | | | 2 | 2 | |
| 松阳县 | 3 | 3 | | 3 | 2 | 1 | 6 | 4 | 2 |
| 云和县 | 1 | 1 | | 4 | 2 | 2 | 2 | 2 | |
| 庆元县 | 1 | 1 | | 1 | | 1 | 2 | 2 | |
| 景宁畲族自治县 | 6 | 5 | 1 | 3 | 2 | 1 | 2 | 1 | 1 |
| 龙泉市 | 6 | 2 | 4 | 6 | 3 | 3 | 3 | 2 | 1 |

6-1　续表 6　　　　单位：人

| 地　　区 | 30–34岁 | | | 35–39岁 | | | 40–44岁 | | |
|---|---|---|---|---|---|---|---|---|---|
| | 小计 | 男 | 女 | 小计 | 男 | 女 | 小计 | 男 | 女 |
| **合计** | **1444** | **987** | **457** | **1928** | **1337** | **591** | **3225** | **2212** | **1013** |
| **杭州市** | **191** | **123** | **68** | **248** | **163** | **85** | **351** | **222** | **129** |
| 上城区 | 10 | 4 | 6 | 7 | 5 | 2 | 16 | 8 | 8 |
| 下城区 | 5 | 2 | 3 | 7 | 4 | 3 | 15 | 8 | 7 |
| 江干区 | 11 | 7 | 4 | 15 | 9 | 6 | 14 | 8 | 6 |
| 拱墅区 | 8 | 6 | 2 | 11 | 7 | 4 | 14 | 9 | 5 |
| 西湖区 | 14 | 8 | 6 | 23 | 12 | 11 | 34 | 24 | 10 |
| 滨江区 | 7 | 2 | 5 | 9 | 5 | 4 | 13 | 6 | 7 |
| 萧山区 | 26 | 15 | 11 | 32 | 19 | 13 | 49 | 32 | 17 |
| 余杭区 | 45 | 34 | 11 | 62 | 44 | 18 | 69 | 43 | 26 |
| 富阳区 | 12 | 10 | 2 | 27 | 17 | 10 | 45 | 28 | 17 |
| 临安区 | 16 | 8 | 8 | 12 | 9 | 3 | 24 | 18 | 6 |
| 桐庐县 | 8 | 7 | 1 | 14 | 10 | 4 | 19 | 12 | 7 |
| 淳安县 | 14 | 7 | 7 | 14 | 9 | 5 | 19 | 14 | 5 |
| 建德市 | 15 | 13 | 2 | 15 | 13 | 2 | 20 | 12 | 8 |
| **宁波市** | **177** | **113** | **64** | **235** | **158** | **77** | **329** | **216** | **113** |
| 海曙区 | 20 | 10 | 10 | 25 | 16 | 9 | 28 | 20 | 8 |
| 江北区 | 6 | 4 | 2 | 10 | 6 | 4 | 15 | 9 | 6 |
| 北仑区 | 15 | 11 | 4 | 18 | 11 | 7 | 30 | 17 | 13 |
| 镇海区 | 14 | 7 | 7 | 13 | 7 | 6 | 16 | 7 | 9 |
| 鄞州区 | 21 | 13 | 8 | 30 | 20 | 10 | 32 | 19 | 13 |
| 奉化区 | 6 | 6 | | 12 | 9 | 3 | 10 | 7 | 3 |
| 象山县 | 16 | 8 | 8 | 33 | 21 | 12 | 34 | 30 | 4 |
| 宁海县 | 23 | 18 | 5 | 44 | 33 | 11 | 51 | 34 | 17 |
| 余姚市 | 28 | 15 | 13 | 20 | 13 | 7 | 56 | 37 | 19 |
| 慈溪市 | 28 | 21 | 7 | 30 | 22 | 8 | 57 | 36 | 21 |
| **温州市** | **259** | **184** | **75** | **447** | **314** | **133** | **778** | **553** | **225** |
| 鹿城区 | 13 | 7 | 6 | 35 | 29 | 6 | 59 | 40 | 19 |
| 龙湾区 | 13 | 10 | 3 | 22 | 14 | 8 | 32 | 21 | 11 |
| 瓯海区 | 10 | 8 | 2 | 21 | 8 | 13 | 41 | 29 | 12 |
| 洞头区 | 6 | 4 | 2 | 3 | 3 | | 12 | 8 | 4 |
| 永嘉县 | 28 | 21 | 7 | 46 | 31 | 15 | 89 | 65 | 24 |
| 平阳县 | 29 | 20 | 9 | 57 | 40 | 17 | 68 | 48 | 20 |
| 苍南县 | 28 | 17 | 11 | 63 | 45 | 18 | 125 | 90 | 35 |
| 文成县 | 11 | 10 | 1 | 24 | 19 | 5 | 46 | 29 | 17 |
| 泰顺县 | 13 | 8 | 5 | 17 | 14 | 3 | 49 | 37 | 12 |
| 瑞安市 | 50 | 36 | 14 | 58 | 39 | 19 | 128 | 93 | 35 |
| 乐清市 | 44 | 36 | 8 | 79 | 55 | 24 | 90 | 63 | 27 |
| 龙港市 | 14 | 7 | 7 | 22 | 17 | 5 | 39 | 30 | 9 |
| **嘉兴市** | **125** | **82** | **43** | **105** | **69** | **36** | **141** | **91** | **50** |
| 南湖区 | 14 | 6 | 8 | 18 | 13 | 5 | 21 | 9 | 12 |
| 秀洲区 | 10 | 6 | 4 | 5 | 4 | 1 | 14 | 12 | 2 |
| 嘉善县 | 19 | 10 | 9 | 10 | 5 | 5 | 17 | 12 | 5 |
| 海盐县 | 8 | 6 | 2 | 5 | 3 | 2 | 11 | 6 | 5 |
| 海宁市 | 36 | 27 | 9 | 44 | 28 | 16 | 39 | 30 | 9 |
| 平湖市 | 22 | 15 | 7 | 14 | 8 | 6 | 11 | 5 | 6 |
| 桐乡市 | 16 | 12 | 4 | 9 | 8 | 1 | 28 | 17 | 11 |
| **湖州市** | **75** | **58** | **17** | **76** | **58** | **18** | **112** | **70** | **42** |
| 吴兴区 | 12 | 8 | 4 | 22 | 16 | 6 | 20 | 9 | 11 |
| 南浔区 | 12 | 8 | 4 | 9 | 7 | 2 | 13 | 10 | 3 |
| 德清县 | 16 | 15 | 1 | 13 | 12 | 1 | 27 | 19 | 8 |
| 长兴县 | 13 | 10 | 3 | 20 | 14 | 6 | 25 | 15 | 10 |
| 安吉县 | 22 | 17 | 5 | 12 | 9 | 3 | 27 | 17 | 10 |

6–1　续表 7　　　　单位：人

| 地　区 | 30–34岁 | | | 35–39岁 | | | 40–44岁 | | |
|---|---|---|---|---|---|---|---|---|---|
| | 小计 | 男 | 女 | 小计 | 男 | 女 | 小计 | 男 | 女 |
| **绍兴市** | **95** | **58** | **37** | **121** | **76** | **45** | **216** | **141** | **75** |
| 越城区 | 13 | 7 | 6 | 16 | 11 | 5 | 21 | 13 | 8 |
| 柯桥区 | 14 | 8 | 6 | 15 | 6 | 9 | 24 | 14 | 10 |
| 上虞区 | 15 | 7 | 8 | 22 | 14 | 8 | 38 | 30 | 8 |
| 新昌县 | 14 | 13 | 1 | 18 | 11 | 7 | 31 | 20 | 11 |
| 诸暨市 | 23 | 14 | 9 | 26 | 17 | 9 | 59 | 38 | 21 |
| 嵊州市 | 16 | 9 | 7 | 24 | 17 | 7 | 43 | 26 | 17 |
| **金华市** | **200** | **149** | **51** | **216** | **163** | **53** | **443** | **327** | **116** |
| 婺城区 | 9 | 4 | 5 | 16 | 15 | 1 | 44 | 25 | 19 |
| 金东区 | 6 | 5 | 1 | 9 | 4 | 5 | 29 | 21 | 8 |
| 武义县 | 21 | 11 | 10 | 14 | 14 | | 34 | 25 | 9 |
| 浦江县 | 9 | 9 | | 18 | 11 | 7 | 36 | 26 | 10 |
| 磐安县 | 6 | 3 | 3 | 10 | 7 | 3 | 13 | 12 | 1 |
| 兰溪市 | 12 | 9 | 3 | 15 | 11 | 4 | 29 | 21 | 8 |
| 义乌市 | 62 | 46 | 16 | 50 | 39 | 11 | 76 | 61 | 15 |
| 东阳市 | 33 | 28 | 5 | 43 | 33 | 10 | 91 | 69 | 22 |
| 永康市 | 42 | 34 | 8 | 41 | 29 | 12 | 91 | 67 | 24 |
| **衢州市** | **51** | **32** | **19** | **77** | **50** | **27** | **161** | **114** | **47** |
| 柯城区 | 3 | 3 | | 16 | 9 | 7 | 24 | 17 | 7 |
| 衢江区 | 7 | 3 | 4 | 18 | 12 | 6 | 23 | 16 | 7 |
| 常山县 | 5 | 3 | 2 | 12 | 11 | 1 | 19 | 14 | 5 |
| 开化县 | 12 | 9 | 3 | 3 | 2 | 1 | 22 | 15 | 7 |
| 龙游县 | 13 | 7 | 6 | 7 | 5 | 2 | 31 | 21 | 10 |
| 江山市 | 11 | 7 | 4 | 21 | 11 | 10 | 42 | 31 | 11 |
| **舟山市** | **28** | **14** | **14** | **38** | **27** | **11** | **71** | **50** | **21** |
| 定海区 | 10 | 4 | 6 | 17 | 11 | 6 | 32 | 23 | 9 |
| 普陀区 | 6 | 3 | 3 | 12 | 7 | 5 | 17 | 11 | 6 |
| 岱山县 | 6 | 3 | 3 | 7 | 7 | | 16 | 13 | 3 |
| 嵊泗县 | 6 | 4 | 2 | 2 | 2 | | 6 | 3 | 3 |
| **台州市** | **167** | **121** | **46** | **248** | **171** | **77** | **387** | **256** | **131** |
| 椒江区 | 22 | 15 | 7 | 31 | 17 | 14 | 38 | 23 | 15 |
| 黄岩区 | 10 | 8 | 2 | 30 | 26 | 4 | 34 | 28 | 6 |
| 路桥区 | 18 | 11 | 7 | 14 | 8 | 6 | 21 | 11 | 10 |
| 三门县 | 8 | 6 | 2 | 17 | 11 | 6 | 33 | 22 | 11 |
| 天台县 | 21 | 16 | 5 | 32 | 23 | 9 | 47 | 29 | 18 |
| 仙居县 | 11 | 7 | 4 | 12 | 9 | 3 | 34 | 24 | 10 |
| 温岭市 | 32 | 21 | 11 | 46 | 31 | 15 | 65 | 40 | 25 |
| 临海市 | 26 | 22 | 4 | 32 | 21 | 11 | 73 | 47 | 26 |
| 玉环市 | 19 | 15 | 4 | 34 | 25 | 9 | 42 | 32 | 10 |
| **丽水市** | **76** | **53** | **23** | **117** | **88** | **29** | **236** | **172** | **64** |
| 莲都区 | 6 | 5 | 1 | 10 | 6 | 4 | 26 | 17 | 9 |
| 青田县 | 14 | 8 | 6 | 37 | 33 | 4 | 44 | 33 | 11 |
| 缙云县 | 15 | 10 | 5 | 17 | 13 | 4 | 55 | 34 | 21 |
| 遂昌县 | 7 | 5 | 2 | 22 | 13 | 9 | 22 | 18 | 4 |
| 松阳县 | 7 | 5 | 2 | 11 | 9 | 2 | 28 | 21 | 7 |
| 云和县 | 9 | 4 | 5 | 3 | 2 | 1 | 7 | 6 | 1 |
| 庆元县 | 4 | 4 | | 5 | 2 | 3 | 14 | 10 | 4 |
| 景宁畲族自治县 | 6 | 5 | 1 | 4 | 3 | 1 | 16 | 14 | 2 |
| 龙泉市 | 8 | 7 | 1 | 8 | 7 | 1 | 24 | 19 | 5 |

6-1 续表 8 单位：人

| 地区 | 45-49岁 | | | 50-54岁 | | | 55-59岁 | | |
|---|---|---|---|---|---|---|---|---|---|
| | 小计 | 男 | 女 | 小计 | 男 | 女 | 小计 | 男 | 女 |
| **合计** | **5681** | **3885** | **1796** | **9815** | **6727** | **3088** | **13398** | **9344** | **4054** |
| **杭州市** | **678** | **460** | **218** | **1194** | **782** | **412** | **1872** | **1319** | **553** |
| 上城区 | 15 | 12 | 3 | 22 | 11 | 11 | 70 | 50 | 20 |
| 下城区 | 21 | 17 | 4 | 41 | 26 | 15 | 86 | 64 | 22 |
| 江干区 | 36 | 26 | 10 | 56 | 36 | 20 | 107 | 74 | 33 |
| 拱墅区 | 24 | 10 | 14 | 54 | 35 | 19 | 76 | 51 | 25 |
| 西湖区 | 47 | 34 | 13 | 52 | 29 | 23 | 99 | 70 | 29 |
| 滨江区 | 16 | 12 | 4 | 19 | 9 | 10 | 45 | 33 | 12 |
| 萧山区 | 109 | 63 | 46 | 195 | 116 | 79 | 334 | 235 | 99 |
| 余杭区 | 142 | 106 | 36 | 209 | 147 | 62 | 279 | 187 | 92 |
| 富阳区 | 54 | 36 | 18 | 123 | 82 | 41 | 148 | 109 | 39 |
| 临安区 | 60 | 49 | 11 | 108 | 73 | 35 | 175 | 123 | 52 |
| 桐庐县 | 48 | 29 | 19 | 92 | 59 | 33 | 111 | 77 | 34 |
| 淳安县 | 58 | 36 | 22 | 128 | 98 | 30 | 161 | 118 | 43 |
| 建德市 | 48 | 30 | 18 | 95 | 61 | 34 | 181 | 128 | 53 |
| **宁波市** | **674** | **437** | **237** | **1179** | **788** | **391** | **1626** | **1132** | **494** |
| 海曙区 | 58 | 37 | 21 | 96 | 75 | 21 | 172 | 123 | 49 |
| 江北区 | 21 | 11 | 10 | 46 | 27 | 19 | 63 | 54 | 9 |
| 北仑区 | 35 | 25 | 10 | 70 | 43 | 27 | 92 | 59 | 33 |
| 镇海区 | 21 | 13 | 8 | 34 | 26 | 8 | 65 | 46 | 19 |
| 鄞州区 | 77 | 44 | 33 | 158 | 104 | 54 | 220 | 154 | 66 |
| 奉化区 | 44 | 28 | 16 | 88 | 54 | 34 | 115 | 71 | 44 |
| 象山县 | 60 | 38 | 22 | 142 | 99 | 43 | 160 | 119 | 41 |
| 宁海县 | 114 | 85 | 29 | 165 | 116 | 49 | 169 | 114 | 55 |
| 余姚市 | 108 | 75 | 33 | 173 | 114 | 59 | 264 | 175 | 89 |
| 慈溪市 | 136 | 81 | 55 | 207 | 130 | 77 | 306 | 217 | 89 |
| **温州市** | **1108** | **793** | **315** | **1777** | **1264** | **513** | **2324** | **1661** | **663** |
| 鹿城区 | 77 | 54 | 23 | 120 | 89 | 31 | 227 | 164 | 63 |
| 龙湾区 | 32 | 24 | 8 | 53 | 33 | 20 | 88 | 55 | 33 |
| 瓯海区 | 46 | 30 | 16 | 88 | 59 | 29 | 119 | 74 | 45 |
| 洞头区 | 33 | 26 | 7 | 38 | 32 | 6 | 72 | 57 | 15 |
| 永嘉县 | 131 | 99 | 32 | 201 | 153 | 48 | 250 | 182 | 68 |
| 平阳县 | 123 | 77 | 46 | 219 | 146 | 73 | 274 | 193 | 81 |
| 苍南县 | 126 | 93 | 33 | 236 | 156 | 80 | 290 | 220 | 70 |
| 文成县 | 61 | 48 | 13 | 94 | 70 | 24 | 130 | 93 | 37 |
| 泰顺县 | 65 | 48 | 17 | 96 | 72 | 24 | 102 | 66 | 36 |
| 瑞安市 | 199 | 140 | 59 | 281 | 205 | 76 | 341 | 255 | 86 |
| 乐清市 | 159 | 114 | 45 | 275 | 191 | 84 | 318 | 228 | 90 |
| 龙港市 | 56 | 40 | 16 | 76 | 58 | 18 | 113 | 74 | 39 |
| **嘉兴市** | **339** | **198** | **141** | **634** | **434** | **200** | **925** | **630** | **295** |
| 南湖区 | 40 | 24 | 16 | 72 | 54 | 18 | 127 | 85 | 42 |
| 秀洲区 | 41 | 28 | 13 | 60 | 40 | 20 | 102 | 71 | 31 |
| 嘉善县 | 52 | 26 | 26 | 68 | 49 | 19 | 110 | 74 | 36 |
| 海盐县 | 30 | 20 | 10 | 86 | 62 | 24 | 109 | 74 | 35 |
| 海宁市 | 67 | 34 | 33 | 143 | 87 | 56 | 203 | 138 | 65 |
| 平湖市 | 54 | 36 | 18 | 79 | 51 | 28 | 115 | 79 | 36 |
| 桐乡市 | 55 | 30 | 25 | 126 | 91 | 35 | 159 | 109 | 50 |
| **湖州市** | **210** | **129** | **81** | **486** | **317** | **169** | **678** | **465** | **213** |
| 吴兴区 | 51 | 29 | 22 | 111 | 71 | 40 | 159 | 98 | 61 |
| 南浔区 | 18 | 12 | 6 | 76 | 45 | 31 | 118 | 83 | 35 |
| 德清县 | 44 | 26 | 18 | 89 | 58 | 31 | 98 | 71 | 27 |
| 长兴县 | 66 | 42 | 24 | 112 | 75 | 37 | 156 | 106 | 50 |
| 安吉县 | 31 | 20 | 11 | 98 | 68 | 30 | 147 | 107 | 40 |

6-1 续表 9 单位：人

| 地 区 | 45-49岁 | | | 50-54岁 | | | 55-59岁 | | |
|---|---|---|---|---|---|---|---|---|---|
| | 小计 | 男 | 女 | 小计 | 男 | 女 | 小计 | 男 | 女 |
| **绍兴市** | **457** | **302** | **155** | **838** | **558** | **280** | **1235** | **827** | **408** |
| 越城区 | 58 | 40 | 18 | 103 | 67 | 36 | 165 | 105 | 60 |
| 柯桥区 | 49 | 29 | 20 | 119 | 75 | 44 | 173 | 109 | 64 |
| 上虞区 | 76 | 52 | 24 | 139 | 104 | 35 | 229 | 145 | 84 |
| 新昌县 | 53 | 39 | 14 | 105 | 75 | 30 | 177 | 128 | 49 |
| 诸暨市 | 143 | 90 | 53 | 210 | 133 | 77 | 253 | 171 | 82 |
| 嵊州市 | 78 | 52 | 26 | 162 | 104 | 58 | 238 | 169 | 69 |
| **金华市** | **610** | **438** | **172** | **1033** | **702** | **331** | **1260** | **865** | **395** |
| 婺城区 | 47 | 29 | 18 | 111 | 85 | 26 | 136 | 85 | 51 |
| 金东区 | 28 | 15 | 13 | 64 | 40 | 24 | 95 | 71 | 24 |
| 武义县 | 52 | 38 | 14 | 88 | 69 | 19 | 138 | 98 | 40 |
| 浦江县 | 49 | 30 | 19 | 95 | 71 | 24 | 97 | 57 | 40 |
| 磐安县 | 33 | 24 | 9 | 69 | 43 | 26 | 56 | 39 | 17 |
| 兰溪市 | 50 | 37 | 13 | 115 | 75 | 40 | 147 | 107 | 40 |
| 义乌市 | 110 | 85 | 25 | 148 | 103 | 45 | 204 | 138 | 66 |
| 东阳市 | 115 | 86 | 29 | 190 | 113 | 77 | 240 | 171 | 69 |
| 永康市 | 126 | 94 | 32 | 153 | 103 | 50 | 147 | 99 | 48 |
| **衢州市** | **302** | **211** | **91** | **480** | **322** | **158** | **641** | **453** | **188** |
| 柯城区 | 49 | 32 | 17 | 73 | 44 | 29 | 114 | 85 | 29 |
| 衢江区 | 57 | 34 | 23 | 88 | 51 | 37 | 96 | 73 | 23 |
| 常山县 | 49 | 39 | 10 | 61 | 42 | 19 | 102 | 77 | 25 |
| 开化县 | 37 | 26 | 11 | 60 | 41 | 19 | 77 | 55 | 22 |
| 龙游县 | 39 | 28 | 11 | 65 | 47 | 18 | 94 | 59 | 35 |
| 江山市 | 71 | 52 | 19 | 133 | 97 | 36 | 158 | 104 | 54 |
| **舟山市** | **100** | **75** | **25** | **209** | **152** | **57** | **380** | **281** | **99** |
| 定海区 | 38 | 29 | 9 | 76 | 55 | 21 | 119 | 91 | 28 |
| 普陀区 | 47 | 35 | 12 | 72 | 51 | 21 | 150 | 112 | 38 |
| 岱山县 | 12 | 9 | 3 | 35 | 28 | 7 | 78 | 56 | 22 |
| 嵊泗县 | 3 | 2 | 1 | 26 | 18 | 8 | 33 | 22 | 11 |
| **台州市** | **795** | **541** | **254** | **1343** | **946** | **397** | **1656** | **1152** | **504** |
| 椒江区 | 53 | 37 | 16 | 107 | 64 | 43 | 129 | 83 | 46 |
| 黄岩区 | 76 | 51 | 25 | 139 | 96 | 43 | 195 | 139 | 56 |
| 路桥区 | 46 | 26 | 20 | 110 | 68 | 42 | 92 | 60 | 32 |
| 三门县 | 65 | 42 | 23 | 74 | 57 | 17 | 116 | 82 | 34 |
| 天台县 | 88 | 55 | 33 | 141 | 99 | 42 | 201 | 143 | 58 |
| 仙居县 | 86 | 58 | 28 | 119 | 90 | 29 | 151 | 95 | 56 |
| 温岭市 | 134 | 89 | 45 | 271 | 182 | 89 | 330 | 224 | 106 |
| 临海市 | 157 | 115 | 42 | 256 | 188 | 68 | 286 | 209 | 77 |
| 玉环市 | 90 | 68 | 22 | 126 | 102 | 24 | 156 | 117 | 39 |
| **丽水市** | **408** | **301** | **107** | **642** | **462** | **180** | **801** | **559** | **242** |
| 莲都区 | 52 | 39 | 13 | 75 | 51 | 24 | 86 | 65 | 21 |
| 青田县 | 88 | 58 | 30 | 128 | 98 | 30 | 182 | 129 | 53 |
| 缙云县 | 68 | 50 | 18 | 121 | 85 | 36 | 153 | 111 | 42 |
| 遂昌县 | 31 | 24 | 7 | 68 | 48 | 20 | 84 | 57 | 27 |
| 松阳县 | 46 | 36 | 10 | 65 | 53 | 12 | 93 | 65 | 28 |
| 云和县 | 17 | 12 | 5 | 33 | 24 | 9 | 34 | 25 | 9 |
| 庆元县 | 32 | 24 | 8 | 37 | 28 | 9 | 46 | 21 | 25 |
| 景宁畲族自治县 | 28 | 25 | 3 | 39 | 28 | 11 | 45 | 33 | 12 |
| 龙泉市 | 46 | 33 | 13 | 76 | 47 | 29 | 78 | 53 | 25 |

6-1　续表 10　　　　单位：人

| 地　区 | 60-64岁 | | | 65-69岁 | | | 70-74岁 | | |
|---|---|---|---|---|---|---|---|---|---|
| | 小计 | 男 | 女 | 小计 | 男 | 女 | 小计 | 男 | 女 |
| **合计** | **18446** | **12999** | **5447** | **26325** | **17939** | **8386** | **32363** | **21091** | **11272** |
| **杭州市** | **2570** | **1801** | **769** | **3562** | **2422** | **1140** | **4413** | **2821** | **1592** |
| 上城区 | 133 | 101 | 32 | 159 | 108 | 51 | 177 | 126 | 51 |
| 下城区 | 134 | 88 | 46 | 144 | 101 | 43 | 192 | 123 | 69 |
| 江干区 | 147 | 111 | 36 | 200 | 133 | 67 | 224 | 142 | 82 |
| 拱墅区 | 126 | 92 | 34 | 142 | 105 | 37 | 169 | 109 | 60 |
| 西湖区 | 161 | 114 | 47 | 178 | 113 | 65 | 250 | 157 | 93 |
| 滨江区 | 64 | 43 | 21 | 69 | 47 | 22 | 86 | 48 | 38 |
| 萧山区 | 453 | 305 | 148 | 661 | 447 | 214 | 878 | 556 | 322 |
| 余杭区 | 343 | 240 | 103 | 510 | 344 | 166 | 639 | 394 | 245 |
| 富阳区 | 243 | 170 | 73 | 287 | 208 | 79 | 402 | 266 | 136 |
| 临安区 | 209 | 146 | 63 | 309 | 187 | 122 | 353 | 212 | 141 |
| 桐庐县 | 159 | 113 | 46 | 261 | 181 | 80 | 298 | 194 | 104 |
| 淳安县 | 197 | 136 | 61 | 280 | 195 | 85 | 333 | 216 | 117 |
| 建德市 | 201 | 142 | 59 | 362 | 253 | 109 | 412 | 278 | 134 |
| **宁波市** | **2524** | **1790** | **734** | **3310** | **2272** | **1038** | **4197** | **2726** | **1471** |
| 海曙区 | 231 | 171 | 60 | 325 | 222 | 103 | 352 | 234 | 118 |
| 江北区 | 100 | 71 | 29 | 140 | 87 | 53 | 163 | 109 | 54 |
| 北仑区 | 169 | 113 | 56 | 214 | 147 | 67 | 258 | 170 | 88 |
| 镇海区 | 86 | 60 | 26 | 138 | 94 | 44 | 161 | 110 | 51 |
| 鄞州区 | 321 | 221 | 100 | 472 | 337 | 135 | 566 | 364 | 202 |
| 奉化区 | 198 | 143 | 55 | 267 | 182 | 85 | 343 | 214 | 129 |
| 象山县 | 236 | 180 | 56 | 282 | 199 | 83 | 395 | 286 | 109 |
| 宁海县 | 261 | 174 | 87 | 330 | 224 | 106 | 431 | 286 | 145 |
| 余姚市 | 455 | 312 | 143 | 555 | 400 | 155 | 764 | 484 | 280 |
| 慈溪市 | 467 | 345 | 122 | 587 | 380 | 207 | 764 | 469 | 295 |
| **温州市** | **3175** | **2262** | **913** | **4164** | **2885** | **1279** | **4728** | **3117** | **1611** |
| 鹿城区 | 328 | 251 | 77 | 395 | 272 | 123 | 472 | 309 | 163 |
| 龙湾区 | 113 | 68 | 45 | 153 | 116 | 37 | 173 | 109 | 64 |
| 瓯海区 | 192 | 124 | 68 | 206 | 127 | 79 | 254 | 141 | 113 |
| 洞头区 | 61 | 54 | 7 | 96 | 78 | 18 | 85 | 60 | 25 |
| 永嘉县 | 369 | 260 | 109 | 487 | 324 | 163 | 572 | 384 | 188 |
| 平阳县 | 337 | 246 | 91 | 515 | 367 | 148 | 514 | 370 | 144 |
| 苍南县 | 400 | 287 | 113 | 525 | 360 | 165 | 582 | 392 | 190 |
| 文成县 | 177 | 119 | 58 | 216 | 144 | 72 | 300 | 212 | 88 |
| 泰顺县 | 163 | 128 | 35 | 239 | 173 | 66 | 255 | 174 | 81 |
| 瑞安市 | 439 | 311 | 128 | 561 | 392 | 169 | 657 | 423 | 234 |
| 乐清市 | 445 | 304 | 141 | 588 | 405 | 183 | 660 | 424 | 236 |
| 龙港市 | 151 | 110 | 41 | 183 | 127 | 56 | 204 | 119 | 85 |
| **嘉兴市** | **1202** | **816** | **386** | **2070** | **1394** | **676** | **2858** | **1851** | **1007** |
| 南湖区 | 155 | 103 | 52 | 271 | 186 | 85 | 357 | 245 | 112 |
| 秀洲区 | 104 | 75 | 29 | 243 | 151 | 92 | 315 | 201 | 114 |
| 嘉善县 | 141 | 95 | 46 | 251 | 177 | 74 | 343 | 244 | 99 |
| 海盐县 | 114 | 75 | 39 | 224 | 150 | 74 | 315 | 201 | 114 |
| 海宁市 | 262 | 167 | 95 | 374 | 246 | 128 | 543 | 345 | 198 |
| 平湖市 | 198 | 137 | 61 | 327 | 220 | 107 | 435 | 279 | 156 |
| 桐乡市 | 228 | 164 | 64 | 380 | 264 | 116 | 550 | 336 | 214 |
| **湖州市** | **841** | **605** | **236** | **1417** | **940** | **477** | **1913** | **1248** | **665** |
| 吴兴区 | 226 | 154 | 72 | 345 | 222 | 123 | 467 | 331 | 136 |
| 南浔区 | 133 | 98 | 35 | 259 | 185 | 74 | 366 | 245 | 121 |
| 德清县 | 148 | 114 | 34 | 248 | 162 | 86 | 311 | 187 | 124 |
| 长兴县 | 180 | 124 | 56 | 304 | 203 | 101 | 428 | 274 | 154 |
| 安吉县 | 154 | 115 | 39 | 261 | 168 | 93 | 341 | 211 | 130 |

6-1 续表 11 单位：人

| 地 区 | 60-64岁 | | | 65-69岁 | | | 70-74岁 | | |
|---|---|---|---|---|---|---|---|---|---|
| | 小计 | 男 | 女 | 小计 | 男 | 女 | 小计 | 男 | 女 |
| **绍兴市** | **1809** | **1228** | **581** | **2648** | **1757** | **891** | **3467** | **2240** | **1227** |
| 越城区 | 215 | 143 | 72 | 333 | 215 | 118 | 447 | 291 | 156 |
| 柯桥区 | 215 | 135 | 80 | 341 | 225 | 116 | 504 | 312 | 192 |
| 上虞区 | 339 | 235 | 104 | 502 | 348 | 154 | 650 | 427 | 223 |
| 新昌县 | 268 | 178 | 90 | 262 | 175 | 87 | 387 | 257 | 130 |
| 诸暨市 | 373 | 265 | 108 | 634 | 412 | 222 | 852 | 549 | 303 |
| 嵊州市 | 399 | 272 | 127 | 576 | 382 | 194 | 627 | 404 | 223 |
| **金华市** | **1599** | **1096** | **503** | **2592** | **1805** | **787** | **3071** | **2033** | **1038** |
| 婺城区 | 201 | 143 | 58 | 315 | 210 | 105 | 335 | 229 | 106 |
| 金东区 | 103 | 71 | 32 | 169 | 119 | 50 | 183 | 122 | 61 |
| 武义县 | 155 | 109 | 46 | 244 | 174 | 70 | 268 | 185 | 83 |
| 浦江县 | 134 | 84 | 50 | 194 | 130 | 64 | 287 | 182 | 105 |
| 磐安县 | 94 | 63 | 31 | 120 | 83 | 37 | 117 | 72 | 45 |
| 兰溪市 | 192 | 137 | 55 | 361 | 272 | 89 | 436 | 303 | 133 |
| 义乌市 | 228 | 158 | 70 | 370 | 253 | 117 | 440 | 265 | 175 |
| 东阳市 | 282 | 192 | 90 | 465 | 322 | 143 | 574 | 385 | 189 |
| 永康市 | 210 | 139 | 71 | 354 | 242 | 112 | 431 | 290 | 141 |
| **衢州市** | **930** | **679** | **251** | **1522** | **1044** | **478** | **1765** | **1201** | **564** |
| 柯城区 | 140 | 96 | 44 | 241 | 179 | 62 | 305 | 194 | 111 |
| 衢江区 | 162 | 115 | 47 | 236 | 166 | 70 | 281 | 206 | 75 |
| 常山县 | 134 | 104 | 30 | 217 | 144 | 73 | 222 | 152 | 70 |
| 开化县 | 142 | 100 | 42 | 205 | 134 | 71 | 197 | 124 | 73 |
| 龙游县 | 136 | 100 | 36 | 265 | 170 | 95 | 310 | 207 | 103 |
| 江山市 | 216 | 164 | 52 | 358 | 251 | 107 | 450 | 318 | 132 |
| **舟山市** | **542** | **416** | **126** | **643** | **455** | **188** | **776** | **497** | **279** |
| 定海区 | 165 | 128 | 37 | 211 | 143 | 68 | 280 | 188 | 92 |
| 普陀区 | 211 | 163 | 48 | 240 | 179 | 61 | 254 | 167 | 87 |
| 岱山县 | 132 | 100 | 32 | 133 | 88 | 45 | 185 | 104 | 81 |
| 嵊泗县 | 34 | 25 | 9 | 59 | 45 | 14 | 57 | 38 | 19 |
| **台州市** | **2309** | **1611** | **698** | **2964** | **1997** | **967** | **3699** | **2370** | **1329** |
| 椒江区 | 158 | 100 | 58 | 197 | 133 | 64 | 280 | 172 | 108 |
| 黄岩区 | 232 | 160 | 72 | 331 | 220 | 111 | 386 | 239 | 147 |
| 路桥区 | 131 | 92 | 39 | 222 | 134 | 88 | 275 | 175 | 100 |
| 三门县 | 142 | 94 | 48 | 186 | 128 | 58 | 250 | 148 | 102 |
| 天台县 | 287 | 193 | 94 | 335 | 241 | 94 | 391 | 240 | 151 |
| 仙居县 | 222 | 158 | 64 | 251 | 153 | 98 | 322 | 211 | 111 |
| 温岭市 | 490 | 334 | 156 | 660 | 476 | 184 | 809 | 537 | 272 |
| 临海市 | 437 | 323 | 114 | 558 | 352 | 206 | 717 | 486 | 231 |
| 玉环市 | 210 | 157 | 53 | 224 | 160 | 64 | 269 | 162 | 107 |
| **丽水市** | **945** | **695** | **250** | **1433** | **968** | **465** | **1476** | **987** | **489** |
| 莲都区 | 113 | 88 | 25 | 162 | 98 | 64 | 178 | 115 | 63 |
| 青田县 | 194 | 138 | 56 | 258 | 185 | 73 | 278 | 202 | 76 |
| 缙云县 | 198 | 139 | 59 | 265 | 179 | 86 | 255 | 169 | 86 |
| 遂昌县 | 84 | 58 | 26 | 127 | 91 | 36 | 157 | 116 | 41 |
| 松阳县 | 114 | 89 | 25 | 157 | 118 | 39 | 161 | 104 | 57 |
| 云和县 | 40 | 32 | 8 | 83 | 52 | 31 | 79 | 54 | 25 |
| 庆元县 | 63 | 40 | 23 | 117 | 68 | 49 | 102 | 60 | 42 |
| 景宁畲族自治县 | 69 | 59 | 10 | 110 | 79 | 31 | 102 | 64 | 38 |
| 龙泉市 | 70 | 52 | 18 | 154 | 98 | 56 | 164 | 103 | 61 |

6-1　续表 12

单位：人

| 地　　区 | 75-79岁 | | | 80-84岁 | | | 85-89岁 | | |
|---|---|---|---|---|---|---|---|---|---|
| | 小计 | 男 | 女 | 小计 | 男 | 女 | 小计 | 男 | 女 |
| **合计** | **35275** | **21833** | **13442** | **52302** | **29385** | **22917** | **57984** | **28490** | **29494** |
| **杭州市** | **4799** | **2906** | **1893** | **7593** | **4169** | **3424** | **9166** | **4516** | **4650** |
| 上城区 | 194 | 120 | 74 | 380 | 193 | 187 | 593 | 268 | 325 |
| 下城区 | 233 | 144 | 89 | 391 | 215 | 176 | 609 | 317 | 292 |
| 江干区 | 245 | 150 | 95 | 436 | 256 | 180 | 551 | 295 | 256 |
| 拱墅区 | 189 | 123 | 66 | 374 | 208 | 166 | 533 | 264 | 269 |
| 西湖区 | 330 | 189 | 141 | 541 | 280 | 261 | 660 | 363 | 297 |
| 滨江区 | 107 | 67 | 40 | 138 | 90 | 48 | 217 | 105 | 112 |
| 萧山区 | 868 | 506 | 362 | 1313 | 729 | 584 | 1569 | 762 | 807 |
| 余杭区 | 743 | 407 | 336 | 1079 | 581 | 498 | 1298 | 620 | 678 |
| 富阳区 | 383 | 250 | 133 | 609 | 335 | 274 | 863 | 421 | 442 |
| 临安区 | 377 | 218 | 159 | 622 | 360 | 262 | 640 | 306 | 334 |
| 桐庐县 | 321 | 221 | 100 | 446 | 249 | 197 | 510 | 241 | 269 |
| 淳安县 | 372 | 235 | 137 | 534 | 265 | 269 | 487 | 236 | 251 |
| 建德市 | 437 | 276 | 161 | 730 | 408 | 322 | 636 | 318 | 318 |
| **宁波市** | **4301** | **2646** | **1655** | **5945** | **3272** | **2673** | **7549** | **3742** | **3807** |
| 海曙区 | 390 | 240 | 150 | 503 | 273 | 230 | 751 | 370 | 381 |
| 江北区 | 179 | 118 | 61 | 215 | 126 | 89 | 292 | 157 | 135 |
| 北仑区 | 271 | 159 | 112 | 373 | 217 | 156 | 422 | 204 | 218 |
| 镇海区 | 155 | 89 | 66 | 251 | 142 | 109 | 303 | 149 | 154 |
| 鄞州区 | 609 | 369 | 240 | 813 | 424 | 389 | 1076 | 528 | 548 |
| 奉化区 | 342 | 220 | 122 | 470 | 267 | 203 | 604 | 298 | 306 |
| 象山县 | 408 | 255 | 153 | 583 | 319 | 264 | 739 | 365 | 374 |
| 宁海县 | 497 | 308 | 189 | 699 | 395 | 304 | 752 | 392 | 360 |
| 余姚市 | 666 | 412 | 254 | 941 | 521 | 420 | 1154 | 590 | 564 |
| 慈溪市 | 784 | 476 | 308 | 1097 | 588 | 509 | 1456 | 689 | 767 |
| **温州市** | **5410** | **3429** | **1981** | **8218** | **4721** | **3497** | **8425** | **4316** | **4109** |
| 鹿城区 | 503 | 294 | 209 | 804 | 459 | 345 | 922 | 474 | 448 |
| 龙湾区 | 181 | 111 | 70 | 340 | 164 | 176 | 298 | 139 | 159 |
| 瓯海区 | 274 | 158 | 116 | 463 | 251 | 212 | 460 | 230 | 230 |
| 洞头区 | 106 | 60 | 46 | 150 | 83 | 67 | 133 | 46 | 87 |
| 永嘉县 | 603 | 371 | 232 | 974 | 545 | 429 | 1003 | 519 | 484 |
| 平阳县 | 629 | 421 | 208 | 1013 | 630 | 383 | 931 | 463 | 468 |
| 苍南县 | 710 | 476 | 234 | 994 | 576 | 418 | 984 | 522 | 462 |
| 文成县 | 322 | 234 | 88 | 440 | 295 | 145 | 489 | 295 | 194 |
| 泰顺县 | 290 | 198 | 92 | 406 | 251 | 155 | 429 | 246 | 183 |
| 瑞安市 | 786 | 498 | 288 | 1152 | 654 | 498 | 1231 | 602 | 629 |
| 乐清市 | 772 | 466 | 306 | 1174 | 644 | 530 | 1255 | 628 | 627 |
| 龙港市 | 234 | 142 | 92 | 308 | 169 | 139 | 290 | 152 | 138 |
| **嘉兴市** | **3275** | **2063** | **1212** | **4644** | **2602** | **2042** | **4780** | **2227** | **2553** |
| 南湖区 | 384 | 240 | 144 | 573 | 332 | 241 | 628 | 307 | 321 |
| 秀洲区 | 378 | 234 | 144 | 529 | 309 | 220 | 525 | 264 | 261 |
| 嘉善县 | 407 | 274 | 133 | 576 | 342 | 234 | 598 | 259 | 339 |
| 海盐县 | 335 | 206 | 129 | 470 | 244 | 226 | 495 | 211 | 284 |
| 海宁市 | 586 | 337 | 249 | 871 | 475 | 396 | 927 | 425 | 502 |
| 平湖市 | 522 | 354 | 168 | 653 | 342 | 311 | 772 | 347 | 425 |
| 桐乡市 | 663 | 418 | 245 | 972 | 558 | 414 | 835 | 414 | 421 |
| **湖州市** | **2215** | **1275** | **940** | **3250** | **1799** | **1451** | **3679** | **1854** | **1825** |
| 吴兴区 | 497 | 293 | 204 | 791 | 446 | 345 | 913 | 483 | 430 |
| 南浔区 | 451 | 262 | 189 | 731 | 396 | 335 | 789 | 375 | 414 |
| 德清县 | 413 | 231 | 182 | 544 | 287 | 257 | 694 | 344 | 350 |
| 长兴县 | 511 | 287 | 224 | 673 | 388 | 285 | 745 | 389 | 356 |
| 安吉县 | 343 | 202 | 141 | 511 | 282 | 229 | 538 | 263 | 275 |

6–1 续表 13

单位：人

| 地区 | 75–79岁 | | | 80–84岁 | | | 85–89岁 | | |
|---|---|---|---|---|---|---|---|---|---|
| | 小计 | 男 | 女 | 小计 | 男 | 女 | 小计 | 男 | 女 |
| **绍兴市** | **3245** | **1992** | **1253** | **4748** | **2653** | **2095** | **5381** | **2612** | **2769** |
| 越城区 | 465 | 304 | 161 | 693 | 383 | 310 | 820 | 417 | 403 |
| 柯桥区 | 459 | 294 | 165 | 689 | 379 | 310 | 769 | 369 | 400 |
| 上虞区 | 674 | 408 | 266 | 944 | 510 | 434 | 1138 | 516 | 622 |
| 新昌县 | 371 | 216 | 155 | 560 | 300 | 260 | 556 | 264 | 292 |
| 诸暨市 | 739 | 451 | 288 | 1089 | 626 | 463 | 1239 | 631 | 608 |
| 嵊州市 | 537 | 319 | 218 | 773 | 455 | 318 | 859 | 415 | 444 |
| **金华市** | **3386** | **2131** | **1255** | **5088** | **2933** | **2155** | **5313** | **2527** | **2786** |
| 婺城区 | 321 | 206 | 115 | 520 | 315 | 205 | 544 | 275 | 269 |
| 金东区 | 196 | 119 | 77 | 335 | 169 | 166 | 323 | 144 | 179 |
| 武义县 | 279 | 168 | 111 | 446 | 259 | 187 | 477 | 252 | 225 |
| 浦江县 | 315 | 193 | 122 | 449 | 260 | 189 | 469 | 231 | 238 |
| 磐安县 | 139 | 95 | 44 | 226 | 132 | 94 | 208 | 107 | 101 |
| 兰溪市 | 449 | 294 | 155 | 623 | 346 | 277 | 605 | 250 | 355 |
| 义乌市 | 498 | 312 | 186 | 741 | 445 | 296 | 829 | 414 | 415 |
| 东阳市 | 719 | 436 | 283 | 1050 | 600 | 450 | 1106 | 508 | 598 |
| 永康市 | 470 | 308 | 162 | 698 | 407 | 291 | 752 | 346 | 406 |
| **衢州市** | **1720** | **1084** | **636** | **2810** | **1643** | **1167** | **2873** | **1452** | **1421** |
| 柯城区 | 261 | 149 | 112 | 464 | 280 | 184 | 550 | 299 | 251 |
| 衢江区 | 281 | 181 | 100 | 430 | 256 | 174 | 474 | 245 | 229 |
| 常山县 | 253 | 161 | 92 | 367 | 213 | 154 | 389 | 200 | 189 |
| 开化县 | 241 | 141 | 100 | 406 | 239 | 167 | 364 | 176 | 188 |
| 龙游县 | 270 | 182 | 88 | 472 | 274 | 198 | 423 | 198 | 225 |
| 江山市 | 414 | 270 | 144 | 671 | 381 | 290 | 673 | 334 | 339 |
| **舟山市** | **829** | **509** | **320** | **1126** | **593** | **533** | **1351** | **594** | **757** |
| 定海区 | 291 | 184 | 107 | 383 | 209 | 174 | 478 | 218 | 260 |
| 普陀区 | 277 | 160 | 117 | 418 | 211 | 207 | 433 | 197 | 236 |
| 岱山县 | 176 | 121 | 55 | 245 | 132 | 113 | 350 | 138 | 212 |
| 嵊泗县 | 85 | 44 | 41 | 80 | 41 | 39 | 90 | 41 | 49 |
| **台州市** | **4458** | **2732** | **1726** | **6151** | **3408** | **2743** | **6729** | **3187** | **3542** |
| 椒江区 | 360 | 211 | 149 | 510 | 286 | 224 | 534 | 246 | 288 |
| 黄岩区 | 462 | 284 | 178 | 662 | 384 | 278 | 818 | 413 | 405 |
| 路桥区 | 358 | 238 | 120 | 484 | 277 | 207 | 597 | 314 | 283 |
| 三门县 | 291 | 184 | 107 | 403 | 227 | 176 | 422 | 186 | 236 |
| 天台县 | 447 | 288 | 159 | 621 | 338 | 283 | 609 | 268 | 341 |
| 仙居县 | 354 | 231 | 123 | 506 | 291 | 215 | 511 | 221 | 290 |
| 温岭市 | 984 | 570 | 414 | 1334 | 721 | 613 | 1530 | 705 | 825 |
| 临海市 | 849 | 512 | 337 | 1180 | 655 | 525 | 1167 | 567 | 600 |
| 玉环市 | 353 | 214 | 139 | 451 | 229 | 222 | 541 | 267 | 274 |
| **丽水市** | **1637** | **1066** | **571** | **2729** | **1592** | **1137** | **2738** | **1463** | **1275** |
| 莲都区 | 179 | 111 | 68 | 335 | 184 | 151 | 348 | 184 | 164 |
| 青田县 | 355 | 237 | 118 | 546 | 327 | 219 | 523 | 273 | 250 |
| 缙云县 | 335 | 210 | 125 | 462 | 255 | 207 | 485 | 263 | 222 |
| 遂昌县 | 127 | 87 | 40 | 263 | 155 | 108 | 297 | 149 | 148 |
| 松阳县 | 149 | 97 | 52 | 245 | 139 | 106 | 240 | 133 | 107 |
| 云和县 | 72 | 51 | 21 | 138 | 88 | 50 | 154 | 87 | 67 |
| 庆元县 | 117 | 68 | 49 | 180 | 108 | 72 | 178 | 101 | 77 |
| 景宁畲族自治县 | 118 | 79 | 39 | 228 | 130 | 98 | 171 | 102 | 69 |
| 龙泉市 | 185 | 126 | 59 | 332 | 206 | 126 | 342 | 171 | 171 |

6-1　续表 14　　　　单位：人

| 地　区 | 90-94岁 | | | 95-99岁 | | | 100岁及以上 | | |
|---|---|---|---|---|---|---|---|---|---|
| | 小计 | 男 | 女 | 小计 | 男 | 女 | 小计 | 男 | 女 |
| **合计** | **33868** | **14356** | **19512** | **9670** | **3452** | **6218** | **1251** | **378** | **873** |
| **杭州市** | **5546** | **2388** | **3158** | **1694** | **604** | **1090** | **250** | **75** | **175** |
| 上城区 | 410 | 174 | 236 | 136 | 45 | 91 | 19 | 7 | 12 |
| 下城区 | 376 | 172 | 204 | 142 | 68 | 74 | 19 | 4 | 15 |
| 江干区 | 359 | 154 | 205 | 132 | 46 | 86 | 24 | 9 | 15 |
| 拱墅区 | 333 | 139 | 194 | 106 | 44 | 62 | 20 | 6 | 14 |
| 西湖区 | 416 | 232 | 184 | 149 | 67 | 82 | 27 | 12 | 15 |
| 滨江区 | 112 | 72 | 40 | 40 | 10 | 30 | 3 | | 3 |
| 萧山区 | 1072 | 453 | 619 | 327 | 111 | 216 | 54 | 13 | 41 |
| 余杭区 | 770 | 321 | 449 | 252 | 82 | 170 | 22 | 3 | 19 |
| 富阳区 | 539 | 240 | 299 | 127 | 35 | 92 | 21 | 6 | 15 |
| 临安区 | 337 | 129 | 208 | 88 | 32 | 56 | 8 | 2 | 6 |
| 桐庐县 | 268 | 110 | 158 | 63 | 25 | 38 | 16 | 8 | 8 |
| 淳安县 | 248 | 79 | 169 | 46 | 12 | 34 | 2 | | 2 |
| 建德市 | 306 | 113 | 193 | 86 | 27 | 59 | 15 | 5 | 10 |
| **宁波市** | **4635** | **1950** | **2685** | **1328** | **472** | **856** | **148** | **46** | **102** |
| 海曙区 | 515 | 247 | 268 | 140 | 51 | 89 | 12 | 4 | 8 |
| 江北区 | 158 | 70 | 88 | 63 | 27 | 36 | 3 | 1 | 2 |
| 北仑区 | 356 | 157 | 199 | 99 | 34 | 65 | 18 | 3 | 15 |
| 镇海区 | 200 | 97 | 103 | 44 | 18 | 26 | 7 | 2 | 5 |
| 鄞州区 | 647 | 281 | 366 | 183 | 71 | 112 | 26 | 8 | 18 |
| 奉化区 | 298 | 125 | 173 | 96 | 35 | 61 | 6 | 3 | 3 |
| 象山县 | 381 | 141 | 240 | 122 | 50 | 72 | 11 | 2 | 9 |
| 宁海县 | 439 | 176 | 263 | 104 | 43 | 61 | 12 | 3 | 9 |
| 余姚市 | 739 | 291 | 448 | 219 | 70 | 149 | 18 | 4 | 14 |
| 慈溪市 | 902 | 365 | 537 | 258 | 73 | 185 | 35 | 16 | 19 |
| **温州市** | **5254** | **2321** | **2933** | **1634** | **636** | **998** | **229** | **84** | **145** |
| 鹿城区 | 562 | 242 | 320 | 153 | 58 | 95 | 21 | 8 | 13 |
| 龙湾区 | 199 | 84 | 115 | 58 | 20 | 38 | 10 | 7 | 3 |
| 瓯海区 | 318 | 141 | 177 | 84 | 31 | 53 | 12 | 3 | 9 |
| 洞头区 | 84 | 30 | 54 | 29 | 12 | 17 | 2 | | 2 |
| 永嘉县 | 642 | 305 | 337 | 225 | 104 | 121 | 31 | 12 | 19 |
| 平阳县 | 583 | 258 | 325 | 206 | 71 | 135 | 25 | 8 | 17 |
| 苍南县 | 652 | 273 | 379 | 176 | 72 | 104 | 39 | 15 | 24 |
| 文成县 | 333 | 169 | 164 | 96 | 38 | 58 | 15 | 5 | 10 |
| 泰顺县 | 258 | 128 | 130 | 86 | 28 | 58 | 14 | 3 | 11 |
| 瑞安市 | 685 | 305 | 380 | 202 | 80 | 122 | 29 | 10 | 19 |
| 乐清市 | 786 | 324 | 462 | 280 | 113 | 167 | 26 | 12 | 14 |
| 龙港市 | 152 | 62 | 90 | 39 | 9 | 30 | 5 | 1 | 4 |
| **嘉兴市** | **2791** | **1033** | **1758** | **746** | **200** | **546** | **76** | **18** | **58** |
| 南湖区 | 356 | 156 | 200 | 106 | 31 | 75 | 12 | 3 | 9 |
| 秀洲区 | 291 | 108 | 183 | 68 | 13 | 55 | 6 | 2 | 4 |
| 嘉善县 | 349 | 122 | 227 | 93 | 17 | 76 | 12 | 3 | 9 |
| 海盐县 | 267 | 94 | 173 | 59 | 17 | 42 | 5 | 1 | 4 |
| 海宁市 | 665 | 221 | 444 | 194 | 60 | 134 | 17 | 3 | 14 |
| 平湖市 | 386 | 119 | 267 | 111 | 23 | 88 | 13 | 3 | 10 |
| 桐乡市 | 477 | 213 | 264 | 115 | 39 | 76 | 11 | 3 | 8 |
| **湖州市** | **1954** | **819** | **1135** | **494** | **179** | **315** | **42** | **11** | **31** |
| 吴兴区 | 513 | 220 | 293 | 134 | 46 | 88 | 13 | 3 | 10 |
| 南浔区 | 403 | 157 | 246 | 82 | 33 | 49 | 10 | 2 | 8 |
| 德清县 | 369 | 163 | 206 | 105 | 36 | 69 | 8 | 2 | 6 |
| 长兴县 | 416 | 177 | 239 | 116 | 45 | 71 | 8 | 2 | 6 |
| 安吉县 | 253 | 102 | 151 | 57 | 19 | 38 | 3 | 2 | 1 |

6-1 续表 15 单位：人

| 地区 | 90-94岁 | | | 95-99岁 | | | 100岁及以上 | | |
|---|---|---|---|---|---|---|---|---|---|
| | 小计 | 男 | 女 | 小计 | 男 | 女 | 小计 | 男 | 女 |
| **绍兴市** | **3075** | **1239** | **1836** | **788** | **271** | **517** | **105** | **24** | **81** |
| 越城区 | 492 | 190 | 302 | 111 | 38 | 73 | 15 | 4 | 11 |
| 柯桥区 | 457 | 173 | 284 | 118 | 37 | 81 | 11 | 4 | 7 |
| 上虞区 | 629 | 263 | 366 | 143 | 41 | 102 | 28 | 4 | 24 |
| 新昌县 | 313 | 125 | 188 | 81 | 41 | 40 | 9 | 2 | 7 |
| 诸暨市 | 749 | 295 | 454 | 243 | 80 | 163 | 28 | 8 | 20 |
| 嵊州市 | 435 | 193 | 242 | 92 | 34 | 58 | 14 | 2 | 12 |
| **金华市** | **2911** | **1218** | **1693** | **740** | **257** | **483** | **104** | **25** | **79** |
| 婺城区 | 310 | 139 | 171 | 92 | 33 | 59 | 12 | 2 | 10 |
| 金东区 | 171 | 58 | 113 | 45 | 14 | 31 | 4 | | 4 |
| 武义县 | 244 | 117 | 127 | 52 | 23 | 29 | 5 | 2 | 3 |
| 浦江县 | 259 | 115 | 144 | 67 | 20 | 47 | 11 | 1 | 10 |
| 磐安县 | 86 | 43 | 43 | 26 | 9 | 17 | 3 | | 3 |
| 兰溪市 | 318 | 125 | 193 | 56 | 19 | 37 | 5 | 1 | 4 |
| 义乌市 | 491 | 212 | 279 | 130 | 51 | 79 | 14 | 6 | 8 |
| 东阳市 | 663 | 271 | 392 | 171 | 50 | 121 | 29 | 7 | 22 |
| 永康市 | 369 | 138 | 231 | 101 | 38 | 63 | 21 | 6 | 15 |
| **衢州市** | **1605** | **689** | **916** | **441** | **149** | **292** | **55** | **17** | **38** |
| 柯城区 | 295 | 128 | 167 | 87 | 34 | 53 | 9 | 1 | 8 |
| 衢江区 | 255 | 122 | 133 | 60 | 19 | 41 | 13 | 4 | 9 |
| 常山县 | 195 | 81 | 114 | 51 | 16 | 35 | 7 | 2 | 5 |
| 开化县 | 195 | 68 | 127 | 28 | 9 | 19 | 1 | | 1 |
| 龙游县 | 235 | 95 | 140 | 88 | 33 | 55 | 5 | 1 | 4 |
| 江山市 | 430 | 195 | 235 | 127 | 38 | 89 | 20 | 9 | 11 |
| **舟山市** | **724** | **276** | **448** | **231** | **85** | **146** | **17** | **8** | **9** |
| 定海区 | 275 | 112 | 163 | 108 | 43 | 65 | 6 | 3 | 3 |
| 普陀区 | 243 | 97 | 146 | 66 | 21 | 45 | 4 | 2 | 2 |
| 岱山县 | 165 | 54 | 111 | 45 | 15 | 30 | 7 | 3 | 4 |
| 嵊泗县 | 41 | 13 | 28 | 12 | 6 | 6 | | | |
| **台州市** | **3742** | **1617** | **2125** | **1124** | **403** | **721** | **170** | **49** | **121** |
| 椒江区 | 328 | 125 | 203 | 86 | 33 | 53 | 18 | 4 | 14 |
| 黄岩区 | 477 | 202 | 275 | 136 | 55 | 81 | 22 | 7 | 15 |
| 路桥区 | 357 | 161 | 196 | 113 | 30 | 83 | 19 | 3 | 16 |
| 三门县 | 225 | 112 | 113 | 55 | 26 | 29 | 4 | 2 | 2 |
| 天台县 | 292 | 133 | 159 | 88 | 30 | 58 | 12 | 8 | 4 |
| 仙居县 | 256 | 130 | 126 | 74 | 25 | 49 | 10 | 2 | 8 |
| 温岭市 | 873 | 376 | 497 | 281 | 99 | 182 | 48 | 10 | 38 |
| 临海市 | 658 | 259 | 399 | 206 | 76 | 130 | 25 | 8 | 17 |
| 玉环市 | 276 | 119 | 157 | 85 | 29 | 56 | 12 | 5 | 7 |
| **丽水市** | **1631** | **806** | **825** | **450** | **196** | **254** | **55** | **21** | **34** |
| 莲都区 | 221 | 91 | 130 | 52 | 21 | 31 | 10 | 3 | 7 |
| 青田县 | 330 | 180 | 150 | 111 | 54 | 57 | 18 | 7 | 11 |
| 缙云县 | 282 | 137 | 145 | 100 | 36 | 64 | 11 | 5 | 6 |
| 遂昌县 | 163 | 70 | 93 | 34 | 15 | 19 | 1 | 1 | |
| 松阳县 | 147 | 73 | 74 | 34 | 14 | 20 | 4 | 2 | 2 |
| 云和县 | 81 | 35 | 46 | 18 | 10 | 8 | 1 | | 1 |
| 庆元县 | 89 | 38 | 51 | 26 | 12 | 14 | 3 | 1 | 2 |
| 景宁畲族自治县 | 128 | 76 | 52 | 30 | 15 | 15 | 3 | 1 | 2 |
| 龙泉市 | 190 | 106 | 84 | 45 | 19 | 26 | 4 | 1 | 3 |

# 6-1a　各地区分年龄、性别的死亡人口
## (2019.11.1-2020.10.31)(城市)

单位：人

| 地　　区 | 死亡人口 | | | 0岁 | | |
|---|---|---|---|---|---|---|
| | 合计 | 男 | 女 | 小计 | 男 | 女 |
| **合计** | **97677** | **55745** | **41932** | **227** | **122** | **105** |
| **杭州市** | **24342** | **13551** | **10791** | **66** | **34** | **32** |
| 上城区 | 2354 | 1238 | 1116 | 3 | 3 | |
| 下城区 | 2430 | 1360 | 1070 | 5 | 4 | 1 |
| 江干区 | 2598 | 1472 | 1126 | 11 | 3 | 8 |
| 拱墅区 | 2204 | 1221 | 983 | 4 | 2 | 2 |
| 西湖区 | 2892 | 1662 | 1230 | 11 | 8 | 3 |
| 滨江区 | 975 | 566 | 409 | 6 | | 6 |
| 萧山区 | 4958 | 2711 | 2247 | 9 | 4 | 5 |
| 余杭区 | 3196 | 1733 | 1463 | 11 | 7 | 4 |
| 富阳区 | 1498 | 867 | 631 | 4 | 2 | 2 |
| 临安区 | 616 | 353 | 263 | | | |
| 桐庐县 | | | | | | |
| 淳安县 | | | | | | |
| 建德市 | 621 | 368 | 253 | 2 | 1 | 1 |
| **宁波市** | **16173** | **9173** | **7000** | **38** | **23** | **15** |
| 海曙区 | 2589 | 1514 | 1075 | 6 | 4 | 2 |
| 江北区 | 1172 | 697 | 475 | 8 | 6 | 2 |
| 北仑区 | 1193 | 677 | 516 | 3 | 1 | 2 |
| 镇海区 | 1096 | 617 | 479 | 1 | | 1 |
| 鄞州区 | 2599 | 1467 | 1132 | 14 | 7 | 7 |
| 奉化区 | 740 | 422 | 318 | 1 | 1 | |
| 象山县 | | | | | | |
| 宁海县 | | | | | | |
| 余姚市 | 2715 | 1560 | 1155 | 2 | 2 | |
| 慈溪市 | 4069 | 2219 | 1850 | 3 | 2 | 1 |
| **温州市** | **15439** | **9014** | **6425** | **36** | **16** | **20** |
| 鹿城区 | 4089 | 2411 | 1678 | 2 | 1 | 1 |
| 龙湾区 | 1308 | 718 | 590 | 1 | 1 | |
| 瓯海区 | 1511 | 818 | 693 | 5 | 3 | 2 |
| 洞头区 | 316 | 204 | 112 | 1 | 1 | |
| 永嘉县 | | | | | | |
| 平阳县 | | | | | | |
| 苍南县 | | | | | | |
| 文成县 | | | | | | |
| 泰顺县 | | | | | | |
| 瑞安市 | 3090 | 1871 | 1219 | 6 | 3 | 3 |
| 乐清市 | 3505 | 2034 | 1471 | 18 | 5 | 13 |
| 龙港市 | 1620 | 958 | 662 | 3 | 2 | 1 |
| **嘉兴市** | **6953** | **3955** | **2998** | **16** | **9** | **7** |
| 南湖区 | 2263 | 1306 | 957 | 2 | 1 | 1 |
| 秀洲区 | 648 | 374 | 274 | 4 | 3 | 1 |
| 嘉善县 | | | | | | |
| 海盐县 | | | | | | |
| 海宁市 | 1633 | 859 | 774 | 7 | 2 | 5 |
| 平湖市 | 989 | 555 | 434 | 1 | 1 | |
| 桐乡市 | 1420 | 861 | 559 | 2 | 2 | |
| **湖州市** | **2616** | **1505** | **1111** | **1** | **1** | |
| 吴兴区 | 2239 | 1284 | 955 | 1 | 1 | |
| 南浔区 | 377 | 221 | 156 | | | |
| 德清县 | | | | | | |
| 长兴县 | | | | | | |
| 安吉县 | | | | | | |

6-1a 续表 1

单位：人

| 地 区 | 死亡人口 | | | 0岁 | | |
|---|---|---|---|---|---|---|
| | 合计 | 男 | 女 | 小计 | 男 | 女 |
| **绍兴市** | **9935** | **5557** | **4378** | **17** | **7** | **10** |
| 越城区 | 2726 | 1555 | 1171 | 7 | 1 | 6 |
| 柯桥区 | 2071 | 1111 | 960 | 4 | 4 | |
| 上虞区 | 2688 | 1498 | 1190 | 4 | 2 | 2 |
| 新昌县 | | | | | | |
| 诸暨市 | 1482 | 835 | 647 | 1 | | 1 |
| 嵊州市 | 968 | 558 | 410 | 1 | | 1 |
| **金华市** | **6722** | **4053** | **2669** | **19** | **9** | **10** |
| 婺城区 | 1104 | 644 | 460 | 1 | | 1 |
| 金东区 | 257 | 144 | 113 | 1 | | 1 |
| 武义县 | | | | | | |
| 浦江县 | | | | | | |
| 磐安县 | | | | | | |
| 兰溪市 | 764 | 470 | 294 | 2 | 1 | 1 |
| 义乌市 | 1798 | 1102 | 696 | 5 | 3 | 2 |
| 东阳市 | 1318 | 760 | 558 | 6 | 4 | 2 |
| 永康市 | 1481 | 933 | 548 | 4 | 1 | 3 |
| **衢州市** | **2527** | **1472** | **1055** | **5** | **4** | **1** |
| 柯城区 | 1391 | 821 | 570 | 2 | 2 | |
| 衢江区 | 258 | 144 | 114 | 1 | 1 | |
| 常山县 | | | | | | |
| 开化县 | | | | | | |
| 龙游县 | 14 | 12 | 2 | | | |
| 江山市 | 864 | 495 | 369 | 2 | 1 | 1 |
| **舟山市** | **2232** | **1282** | **950** | **2** | **1** | **1** |
| 定海区 | 1241 | 710 | 531 | 1 | 1 | |
| 普陀区 | 991 | 572 | 419 | 1 | | 1 |
| 岱山县 | | | | | | |
| 嵊泗县 | | | | | | |
| **台州市** | **9842** | **5648** | **4194** | **22** | **14** | **8** |
| 椒江区 | 1823 | 980 | 843 | 3 | 2 | 1 |
| 黄岩区 | 1428 | 834 | 594 | 2 | | 2 |
| 路桥区 | 1118 | 634 | 484 | 4 | 2 | 2 |
| 三门县 | | | | | | |
| 天台县 | | | | | | |
| 仙居县 | | | | | | |
| 温岭市 | 2304 | 1318 | 986 | 3 | 3 | |
| 临海市 | 1351 | 804 | 547 | 2 | 2 | |
| 玉环市 | 1818 | 1078 | 740 | 8 | 5 | 3 |
| **丽水市** | **896** | **535** | **361** | **5** | **4** | **1** |
| 莲都区 | 596 | 348 | 248 | 5 | 4 | 1 |
| 青田县 | | | | | | |
| 缙云县 | | | | | | |
| 遂昌县 | | | | | | |
| 松阳县 | | | | | | |
| 云和县 | | | | | | |
| 庆元县 | | | | | | |
| 景宁畲族自治县 | | | | | | |
| 龙泉市 | 300 | 187 | 113 | | | |

6−1a 续表 2

单位：人

| 地 区 | 1−4岁 | | | 5−9岁 | | | 10−14岁 | | |
|---|---|---|---|---|---|---|---|---|---|
| | 小计 | 男 | 女 | 小计 | 男 | 女 | 小计 | 男 | 女 |
| **合计** | **140** | **68** | **72** | **103** | **64** | **39** | **115** | **65** | **50** |
| **杭州市** | **37** | **19** | **18** | **19** | **13** | **6** | **27** | **16** | **11** |
| 上城区 | 2 | | 2 | 2 | 1 | 1 | | | |
| 下城区 | 1 | 1 | | 1 | | 1 | | | |
| 江干区 | 5 | 1 | 4 | 1 | 1 | | 4 | 2 | 2 |
| 拱墅区 | 4 | 1 | 3 | | | | 3 | 2 | 1 |
| 西湖区 | | | | 3 | 2 | 1 | 3 | 2 | 1 |
| 滨江区 | 2 | 1 | 1 | 3 | 3 | | 1 | 1 | |
| 萧山区 | 10 | 8 | 2 | 4 | 3 | 1 | 9 | 3 | 6 |
| 余杭区 | 5 | 4 | 1 | 3 | 2 | 1 | 3 | 2 | 1 |
| 富阳区 | 4 | 2 | 2 | 2 | 1 | 1 | 2 | 2 | |
| 临安区 | 1 | | 1 | | | | 1 | 1 | |
| 桐庐县 | | | | | | | | | |
| 淳安县 | | | | | | | | | |
| 建德市 | 3 | 1 | 2 | | | | 1 | 1 | |
| **宁波市** | **11** | **3** | **8** | **15** | **10** | **5** | **16** | **10** | **6** |
| 海曙区 | 2 | 1 | 1 | 1 | | 1 | 3 | 2 | 1 |
| 江北区 | 2 | | 2 | 2 | 2 | | 2 | 2 | |
| 北仑区 | | | | | | | | | |
| 镇海区 | | | | 1 | | 1 | 2 | 1 | 1 |
| 鄞州区 | 2 | | 2 | 4 | 2 | 2 | 2 | 1 | 1 |
| 奉化区 | | | | | | | | | |
| 象山县 | | | | | | | | | |
| 宁海县 | | | | | | | | | |
| 余姚市 | 2 | 1 | 1 | | | | 5 | 2 | 3 |
| 慈溪市 | 3 | 1 | 2 | 7 | 6 | 1 | 2 | 2 | |
| **温州市** | **32** | **15** | **17** | **16** | **10** | **6** | **24** | **14** | **10** |
| 鹿城区 | 3 | 2 | 1 | | | | 4 | 4 | |
| 龙湾区 | | | | | | | 3 | 2 | 1 |
| 瓯海区 | 2 | 1 | 1 | 2 | 1 | 1 | 5 | 1 | 4 |
| 洞头区 | 1 | | 1 | | | | 1 | | 1 |
| 永嘉县 | | | | | | | | | |
| 平阳县 | | | | | | | | | |
| 苍南县 | | | | | | | | | |
| 文成县 | | | | | | | | | |
| 泰顺县 | | | | | | | | | |
| 瑞安市 | 15 | 8 | 7 | 7 | 4 | 3 | 6 | 2 | 4 |
| 乐清市 | 7 | 4 | 3 | 4 | 3 | 1 | 3 | 3 | |
| 龙港市 | 4 | | 4 | 3 | 2 | 1 | 2 | 2 | |
| **嘉兴市** | **6** | **4** | **2** | **6** | **5** | **1** | **5** | **3** | **2** |
| 南湖区 | | | | 1 | 1 | | | | |
| 秀洲区 | | | | 3 | 2 | 1 | | | |
| 嘉善县 | | | | | | | | | |
| 海盐县 | | | | | | | | | |
| 海宁市 | 3 | 2 | 1 | | | | 4 | 3 | 1 |
| 平湖市 | | | | 2 | 2 | | | | |
| 桐乡市 | 3 | 2 | 1 | | | | 1 | | 1 |
| **湖州市** | **1** | **1** | | **3** | **2** | **1** | **1** | | **1** |
| 吴兴区 | 1 | 1 | | 2 | 1 | 1 | 1 | | 1 |
| 南浔区 | | | | 1 | 1 | | | | |
| 德清县 | | | | | | | | | |
| 长兴县 | | | | | | | | | |
| 安吉县 | | | | | | | | | |

6-1a 续表 3

单位：人

| 地　区 | 1-4岁 | | | 5-9岁 | | | 10-14岁 | | |
|---|---|---|---|---|---|---|---|---|---|
| | 小计 | 男 | 女 | 小计 | 男 | 女 | 小计 | 男 | 女 |
| **绍兴市** | **7** | **5** | **2** | **13** | **4** | **9** | **7** | **5** | **2** |
| 越城区 | 1 | 1 | | | | | | | |
| 柯桥区 | 3 | 2 | 1 | 6 | 3 | 3 | 2 | 2 | |
| 上虞区 | 1 | 1 | | 4 | 1 | 3 | 2 | 2 | |
| 新昌县 | | | | | | | | | |
| 诸暨市 | 2 | 1 | 1 | 2 | | 2 | 3 | 1 | 2 |
| 嵊州市 | | | | 1 | | 1 | | | |
| **金华市** | **31** | **15** | **16** | **18** | **12** | **6** | **18** | **8** | **10** |
| 婺城区 | 1 | | 1 | 2 | 1 | 1 | 1 | | 1 |
| 金东区 | | | | | | | | | |
| 武义县 | | | | | | | | | |
| 浦江县 | | | | | | | | | |
| 磐安县 | | | | | | | | | |
| 兰溪市 | 1 | | 1 | 1 | 1 | | 1 | 1 | |
| 义乌市 | 7 | 4 | 3 | 3 | 2 | 1 | 5 | 3 | 2 |
| 东阳市 | 3 | 1 | 2 | 4 | 4 | | 5 | 2 | 3 |
| 永康市 | 19 | 10 | 9 | 8 | 4 | 4 | 6 | 2 | 4 |
| **衢州市** | **2** | | **2** | **2** | **1** | **1** | **1** | **1** | |
| 柯城区 | 2 | | 2 | 2 | 1 | 1 | | | |
| 衢江区 | | | | | | | | | |
| 常山县 | | | | | | | | | |
| 开化县 | | | | | | | | | |
| 龙游县 | | | | | | | | | |
| 江山市 | | | | | | | 1 | 1 | |
| **舟山市** | **2** | **1** | **1** | **3** | **2** | **1** | **1** | | **1** |
| 定海区 | | | | 2 | 2 | | 1 | | 1 |
| 普陀区 | 2 | 1 | 1 | 1 | | 1 | | | |
| 岱山县 | | | | | | | | | |
| 嵊泗县 | | | | | | | | | |
| **台州市** | **9** | **4** | **5** | **8** | **5** | **3** | **15** | **8** | **7** |
| 椒江区 | 1 | | 1 | 1 | 1 | | 3 | 2 | 1 |
| 黄岩区 | | | | 1 | 1 | | 1 | 1 | |
| 路桥区 | 2 | 2 | | | | | | | |
| 三门县 | | | | | | | | | |
| 天台县 | | | | | | | | | |
| 仙居县 | | | | | | | | | |
| 温岭市 | 3 | 1 | 2 | 1 | 1 | | 7 | 3 | 4 |
| 临海市 | | | | | | | | | |
| 玉环市 | 3 | 1 | 2 | 5 | 2 | 3 | 4 | 2 | 2 |
| **丽水市** | **2** | **1** | **1** | | | | | | |
| 莲都区 | 1 | | 1 | | | | | | |
| 青田县 | | | | | | | | | |
| 缙云县 | | | | | | | | | |
| 遂昌县 | | | | | | | | | |
| 松阳县 | | | | | | | | | |
| 云和县 | | | | | | | | | |
| 庆元县 | | | | | | | | | |
| 景宁畲族自治县 | | | | | | | | | |
| 龙泉市 | 1 | 1 | | | | | | | |

6−1a　续表 4　　　　单位：人

| 地　区 | 15−19岁 | | | 20−24岁 | | | 25−29岁 | | |
|---|---|---|---|---|---|---|---|---|---|
| | 小计 | 男 | 女 | 小计 | 男 | 女 | 小计 | 男 | 女 |
| **合计** | **198** | **123** | **75** | **283** | **176** | **107** | **357** | **237** | **120** |
| **杭州市** | **41** | **25** | **16** | **58** | **35** | **23** | **83** | **52** | **31** |
| 上城区 | 1 | | 1 | 1 | | 1 | 4 | 2 | 2 |
| 下城区 | 2 | 1 | 1 | 2 | | 2 | 4 | 1 | 3 |
| 江干区 | 4 | 3 | 1 | 7 | 4 | 3 | 9 | 2 | 7 |
| 拱墅区 | 2 | | 2 | 2 | 1 | 1 | 10 | 7 | 3 |
| 西湖区 | 5 | 3 | 2 | 9 | 7 | 2 | 9 | 6 | 3 |
| 滨江区 | 4 | 3 | 1 | 4 | 1 | 3 | 10 | 8 | 2 |
| 萧山区 | 9 | 8 | 1 | 8 | 6 | 2 | 8 | 5 | 3 |
| 余杭区 | 6 | 4 | 2 | 16 | 9 | 7 | 21 | 16 | 5 |
| 富阳区 | 6 | 1 | 5 | 5 | 4 | 1 | 3 | 1 | 2 |
| 临安区 | 1 | 1 | | 3 | 3 | | 3 | 2 | 1 |
| 桐庐县 | | | | | | | | | |
| 淳安县 | | | | | | | | | |
| 建德市 | 1 | 1 | | 1 | | 1 | 2 | 2 | |
| **宁波市** | **26** | **18** | **8** | **40** | **25** | **15** | **35** | **24** | **11** |
| 海曙区 | 3 | 2 | 1 | 6 | 5 | 1 | 4 | 3 | 1 |
| 江北区 | 3 | 3 | | 1 | 1 | | 2 | 1 | 1 |
| 北仑区 | 2 | 1 | 1 | 8 | 4 | 4 | 3 | 2 | 1 |
| 镇海区 | 1 | 1 | | 6 | 2 | 4 | 3 | 2 | 1 |
| 鄞州区 | 7 | 5 | 2 | 2 | 2 | | 5 | 4 | 1 |
| 奉化区 | | | | 3 | 3 | | 2 | 2 | |
| 象山县 | | | | | | | | | |
| 宁海县 | | | | | | | | | |
| 余姚市 | 3 | 1 | 2 | 6 | 3 | 3 | 7 | 3 | 4 |
| 慈溪市 | 7 | 5 | 2 | 8 | 5 | 3 | 9 | 7 | 2 |
| **温州市** | **35** | **24** | **11** | **43** | **29** | **14** | **75** | **52** | **23** |
| 鹿城区 | 5 | 3 | 2 | 7 | 2 | 5 | 6 | 3 | 3 |
| 龙湾区 | 3 | 1 | 2 | 2 | 1 | 1 | 8 | 5 | 3 |
| 瓯海区 | 5 | 5 | | 4 | 4 | | 8 | 4 | 4 |
| 洞头区 | 1 | 1 | | 1 | 1 | | | | |
| 永嘉县 | | | | | | | | | |
| 平阳县 | | | | | | | | | |
| 苍南县 | | | | | | | | | |
| 文成县 | | | | | | | | | |
| 泰顺县 | | | | | | | | | |
| 瑞安市 | 9 | 7 | 2 | 20 | 16 | 4 | 24 | 16 | 8 |
| 乐清市 | 10 | 7 | 3 | 5 | 3 | 2 | 21 | 17 | 4 |
| 龙港市 | 2 | | 2 | 4 | 2 | 2 | 8 | 7 | 1 |
| **嘉兴市** | **19** | **8** | **11** | **21** | **14** | **7** | **23** | **17** | **6** |
| 南湖区 | 6 | 4 | 2 | 6 | 5 | 1 | 4 | 3 | 1 |
| 秀洲区 | 3 | 1 | 2 | | | | 2 | 1 | 1 |
| 嘉善县 | | | | | | | | | |
| 海盐县 | | | | | | | | | |
| 海宁市 | 3 | | 3 | 11 | 7 | 4 | 6 | 5 | 1 |
| 平湖市 | 3 | | 3 | 2 | 1 | 1 | 5 | 4 | 1 |
| 桐乡市 | 4 | 3 | 1 | 2 | 1 | 1 | 6 | 4 | 2 |
| **湖州市** | **7** | **4** | **3** | **4** | **1** | **3** | **6** | **5** | **1** |
| 吴兴区 | 5 | 3 | 2 | 4 | 1 | 3 | 4 | 4 | |
| 南浔区 | 2 | 1 | 1 | | | | 2 | 1 | 1 |
| 德清县 | | | | | | | | | |
| 长兴县 | | | | | | | | | |
| 安吉县 | | | | | | | | | |

6-1a 续表 5 单位：人

| 地区 | 15-19岁 | | | 20-24岁 | | | 25-29岁 | | |
|---|---|---|---|---|---|---|---|---|---|
| | 小计 | 男 | 女 | 小计 | 男 | 女 | 小计 | 男 | 女 |
| **绍兴市** | **8** | **7** | **1** | **26** | **14** | **12** | **29** | **17** | **12** |
| 越城区 | 2 | 2 | | 3 | 2 | 1 | 11 | 5 | 6 |
| 柯桥区 | 4 | 3 | 1 | 10 | 7 | 3 | 4 | 4 | |
| 上虞区 | | | | 9 | 3 | 6 | 5 | 3 | 2 |
| 新昌县 | | | | | | | | | |
| 诸暨市 | 1 | 1 | | 2 | 1 | 1 | 5 | 3 | 2 |
| 嵊州市 | 1 | 1 | | 2 | 1 | 1 | 4 | 2 | 2 |
| **金华市** | **34** | **23** | **11** | **54** | **41** | **13** | **66** | **46** | **20** |
| 婺城区 | 1 | 1 | | 5 | 4 | 1 | 6 | 4 | 2 |
| 金东区 | | | | | | | | | |
| 武义县 | | | | | | | | | |
| 浦江县 | | | | | | | | | |
| 磐安县 | | | | | | | | | |
| 兰溪市 | 1 | 1 | | 2 | 2 | | 2 | 2 | |
| 义乌市 | 7 | 6 | 1 | 17 | 14 | 3 | 20 | 15 | 5 |
| 东阳市 | 8 | 2 | 6 | 10 | 8 | 2 | 8 | 7 | 1 |
| 永康市 | 17 | 13 | 4 | 20 | 13 | 7 | 30 | 18 | 12 |
| **衢州市** | **6** | **2** | **4** | **1** | | **1** | **6** | **3** | **3** |
| 柯城区 | 5 | 2 | 3 | | | | 4 | 2 | 2 |
| 衢江区 | 1 | | 1 | | | | | | |
| 常山县 | | | | | | | | | |
| 开化县 | | | | | | | | | |
| 龙游县 | | | | | | | | | |
| 江山市 | | | | 1 | | 1 | 2 | 1 | 1 |
| **舟山市** | **6** | **3** | **3** | **2** | | **2** | **6** | **3** | **3** |
| 定海区 | 4 | 2 | 2 | 2 | | 2 | 2 | 1 | 1 |
| 普陀区 | 2 | 1 | 1 | | | | 4 | 2 | 2 |
| 岱山县 | | | | | | | | | |
| 嵊泗县 | | | | | | | | | |
| **台州市** | **12** | **7** | **5** | **34** | **17** | **17** | **27** | **17** | **10** |
| 椒江区 | 2 | 1 | 1 | 4 | 1 | 3 | 2 | 1 | 1 |
| 黄岩区 | 1 | | 1 | 9 | 4 | 5 | 3 | 3 | |
| 路桥区 | | | | 7 | 6 | 1 | 4 | 2 | 2 |
| 三门县 | | | | | | | | | |
| 天台县 | | | | | | | | | |
| 仙居县 | | | | | | | | | |
| 温岭市 | 4 | 3 | 1 | 4 | 3 | 1 | 8 | 6 | 2 |
| 临海市 | 3 | 2 | 1 | 3 | | 3 | 2 | 2 | |
| 玉环市 | 2 | 1 | 1 | 7 | 3 | 4 | 8 | 3 | 5 |
| **丽水市** | **4** | **2** | **2** | | | | **1** | **1** | |
| 莲都区 | 1 | 1 | | | | | 1 | 1 | |
| 青田县 | | | | | | | | | |
| 缙云县 | | | | | | | | | |
| 遂昌县 | | | | | | | | | |
| 松阳县 | | | | | | | | | |
| 云和县 | | | | | | | | | |
| 庆元县 | | | | | | | | | |
| 景宁畲族自治县 | | | | | | | | | |
| 龙泉市 | 3 | 1 | 2 | | | | | | |

6-1a 续表 6

单位：人

| 地区 | 30-34岁 | | | 35-39岁 | | | 40-44岁 | | |
|---|---|---|---|---|---|---|---|---|---|
| | 小计 | 男 | 女 | 小计 | 男 | 女 | 小计 | 男 | 女 |
| **合计** | **524** | **348** | **176** | **713** | **473** | **240** | **1061** | **710** | **351** |
| **杭州市** | **96** | **55** | **41** | **141** | **87** | **54** | **207** | **123** | **84** |
| 上城区 | 10 | 4 | 6 | 7 | 5 | 2 | 16 | 8 | 8 |
| 下城区 | 5 | 2 | 3 | 7 | 4 | 3 | 15 | 8 | 7 |
| 江干区 | 11 | 7 | 4 | 15 | 9 | 6 | 14 | 8 | 6 |
| 拱墅区 | 8 | 6 | 2 | 11 | 7 | 4 | 14 | 9 | 5 |
| 西湖区 | 14 | 8 | 6 | 22 | 11 | 11 | 33 | 23 | 10 |
| 滨江区 | 7 | 2 | 5 | 9 | 5 | 4 | 13 | 6 | 7 |
| 萧山区 | 14 | 9 | 5 | 19 | 10 | 9 | 37 | 24 | 13 |
| 余杭区 | 22 | 14 | 8 | 28 | 20 | 8 | 38 | 20 | 18 |
| 富阳区 | 3 | 2 | 1 | 18 | 12 | 6 | 15 | 8 | 7 |
| 临安区 | 1 | | 1 | 2 | 1 | 1 | 8 | 6 | 2 |
| 桐庐县 | | | | | | | | | |
| 淳安县 | | | | | | | | | |
| 建德市 | 1 | 1 | | 3 | 3 | | 4 | 3 | 1 |
| **宁波市** | **82** | **47** | **35** | **104** | **68** | **36** | **133** | **84** | **49** |
| 海曙区 | 17 | 7 | 10 | 17 | 10 | 7 | 20 | 14 | 6 |
| 江北区 | 6 | 4 | 2 | 8 | 5 | 3 | 12 | 7 | 5 |
| 北仑区 | 7 | 5 | 2 | 13 | 7 | 6 | 15 | 9 | 6 |
| 镇海区 | 10 | 5 | 5 | 11 | 6 | 5 | 9 | 4 | 5 |
| 鄞州区 | 13 | 9 | 4 | 21 | 15 | 6 | 18 | 12 | 6 |
| 奉化区 | 2 | 2 | | 5 | 3 | 2 | 1 | | 1 |
| 象山县 | | | | | | | | | |
| 宁海县 | | | | | | | | | |
| 余姚市 | 14 | 5 | 9 | 11 | 8 | 3 | 23 | 17 | 6 |
| 慈溪市 | 13 | 10 | 3 | 18 | 14 | 4 | 35 | 21 | 14 |
| **温州市** | **101** | **74** | **27** | **165** | **115** | **50** | **259** | **182** | **77** |
| 鹿城区 | 10 | 5 | 5 | 32 | 26 | 6 | 55 | 37 | 18 |
| 龙湾区 | 7 | 6 | 1 | 15 | 9 | 6 | 21 | 13 | 8 |
| 瓯海区 | 4 | 4 | | 15 | 6 | 9 | 26 | 19 | 7 |
| 洞头区 | 4 | 2 | 2 | | | | 7 | 5 | 2 |
| 永嘉县 | | | | | | | | | |
| 平阳县 | | | | | | | | | |
| 苍南县 | | | | | | | | | |
| 文成县 | | | | | | | | | |
| 泰顺县 | | | | | | | | | |
| 瑞安市 | 40 | 30 | 10 | 35 | 27 | 8 | 67 | 48 | 19 |
| 乐清市 | 25 | 21 | 4 | 48 | 32 | 16 | 53 | 36 | 17 |
| 龙港市 | 11 | 6 | 5 | 20 | 15 | 5 | 30 | 24 | 6 |
| **嘉兴市** | **42** | **27** | **15** | **37** | **24** | **13** | **53** | **33** | **20** |
| 南湖区 | 12 | 5 | 7 | 13 | 9 | 4 | 19 | 7 | 12 |
| 秀洲区 | 1 | 1 | | 4 | 3 | 1 | 7 | 6 | 1 |
| 嘉善县 | | | | | | | | | |
| 海盐县 | | | | | | | | | |
| 海宁市 | 16 | 11 | 5 | 14 | 7 | 7 | 13 | 11 | 2 |
| 平湖市 | 6 | 6 | | 3 | 2 | 1 | 5 | 3 | 2 |
| 桐乡市 | 7 | 4 | 3 | 3 | 3 | | 9 | 6 | 3 |
| **湖州市** | **7** | **7** | | **16** | **11** | **5** | **16** | **7** | **9** |
| 吴兴区 | 7 | 7 | | 16 | 11 | 5 | 16 | 7 | 9 |
| 南浔区 | | | | | | | | | |
| 德清县 | | | | | | | | | |
| 长兴县 | | | | | | | | | |
| 安吉县 | | | | | | | | | |

6-1a 续表 7

单位：人

| 地　区 | 30-34岁 | | | 35-39岁 | | | 40-44岁 | | |
|---|---|---|---|---|---|---|---|---|---|
| | 小计 | 男 | 女 | 小计 | 男 | 女 | 小计 | 男 | 女 |
| **绍兴市** | **37** | **19** | **18** | **44** | **27** | **17** | **68** | **41** | **27** |
| 越城区 | 8 | 5 | 3 | 9 | 8 | 1 | 12 | 8 | 4 |
| 柯桥区 | 8 | 4 | 4 | 11 | 4 | 7 | 13 | 7 | 6 |
| 上虞区 | 9 | 3 | 6 | 13 | 9 | 4 | 24 | 17 | 7 |
| 新昌县 | | | | | | | | | |
| 诸暨市 | 8 | 5 | 3 | 4 | 2 | 2 | 14 | 7 | 7 |
| 嵊州市 | 4 | 2 | 2 | 7 | 4 | 3 | 5 | 2 | 3 |
| **金华市** | **82** | **63** | **19** | **83** | **66** | **17** | **152** | **119** | **33** |
| 婺城区 | 5 | 4 | 1 | 7 | 7 | | 19 | 13 | 6 |
| 金东区 | | | | 3 | | 3 | 5 | 4 | 1 |
| 武义县 | | | | | | | | | |
| 浦江县 | | | | | | | | | |
| 磐安县 | | | | | | | | | |
| 兰溪市 | 2 | | 2 | 7 | 6 | 1 | 4 | 4 | |
| 义乌市 | 38 | 29 | 9 | 25 | 20 | 5 | 36 | 30 | 6 |
| 东阳市 | 5 | 5 | | 14 | 12 | 2 | 32 | 24 | 8 |
| 永康市 | 32 | 25 | 7 | 27 | 21 | 6 | 56 | 44 | 12 |
| **衢州市** | **7** | **6** | **1** | **11** | **5** | **6** | **25** | **15** | **10** |
| 柯城区 | 2 | 2 | | 6 | 2 | 4 | 11 | 8 | 3 |
| 衢江区 | 1 | | 1 | 1 | 1 | | 1 | | 1 |
| 常山县 | | | | | | | | | |
| 开化县 | | | | | | | | | |
| 龙游县 | | | | | | | | | |
| 江山市 | 4 | 4 | | 4 | 2 | 2 | 13 | 7 | 6 |
| **舟山市** | **9** | **4** | **5** | **12** | **6** | **6** | **28** | **21** | **7** |
| 定海区 | 6 | 2 | 4 | 7 | 5 | 2 | 22 | 17 | 5 |
| 普陀区 | 3 | 2 | 1 | 5 | 1 | 4 | 6 | 4 | 2 |
| 岱山县 | | | | | | | | | |
| 嵊泗县 | | | | | | | | | |
| **台州市** | **56** | **42** | **14** | **97** | **63** | **34** | **107** | **78** | **29** |
| 椒江区 | 14 | 9 | 5 | 23 | 13 | 10 | 21 | 14 | 7 |
| 黄岩区 | 5 | 4 | 1 | 13 | 12 | 1 | 13 | 12 | 1 |
| 路桥区 | 7 | 5 | 2 | 9 | 5 | 4 | 8 | 4 | 4 |
| 三门县 | | | | | | | | | |
| 天台县 | | | | | | | | | |
| 仙居县 | | | | | | | | | |
| 温岭市 | 10 | 6 | 4 | 16 | 8 | 8 | 20 | 12 | 8 |
| 临海市 | 5 | 5 | | 13 | 9 | 4 | 14 | 13 | 1 |
| 玉环市 | 15 | 13 | 2 | 23 | 16 | 7 | 31 | 23 | 8 |
| **丽水市** | **5** | **4** | **1** | **3** | **1** | **2** | **13** | **7** | **6** |
| 莲都区 | 2 | 1 | 1 | 2 | | 2 | 9 | 5 | 4 |
| 青田县 | | | | | | | | | |
| 缙云县 | | | | | | | | | |
| 遂昌县 | | | | | | | | | |
| 松阳县 | | | | | | | | | |
| 云和县 | | | | | | | | | |
| 庆元县 | | | | | | | | | |
| 景宁畲族自治县 | | | | | | | | | |
| 龙泉市 | 3 | 3 | | 1 | 1 | | 4 | 2 | 2 |

6−1a　续表 8　　　　单位：人

| 地　区 | 45−49岁 | | | 50−54岁 | | | 55−59岁 | | |
|---|---|---|---|---|---|---|---|---|---|
| | 小计 | 男 | 女 | 小计 | 男 | 女 | 小计 | 男 | 女 |
| **合计** | **1777** | **1200** | **577** | **2846** | **1858** | **988** | **4306** | **3000** | **1306** |
| **杭州市** | **339** | **231** | **108** | **531** | **317** | **214** | **950** | **665** | **285** |
| 上城区 | 15 | 12 | 3 | 22 | 11 | 11 | 70 | 50 | 20 |
| 下城区 | 21 | 17 | 4 | 41 | 26 | 15 | 86 | 64 | 22 |
| 江干区 | 36 | 26 | 10 | 56 | 36 | 20 | 107 | 74 | 33 |
| 拱墅区 | 24 | 10 | 14 | 54 | 35 | 19 | 76 | 51 | 25 |
| 西湖区 | 45 | 33 | 12 | 49 | 28 | 21 | 91 | 65 | 26 |
| 滨江区 | 16 | 12 | 4 | 19 | 9 | 10 | 45 | 33 | 12 |
| 萧山区 | 65 | 36 | 29 | 112 | 58 | 54 | 213 | 148 | 65 |
| 余杭区 | 64 | 48 | 16 | 92 | 57 | 35 | 139 | 91 | 48 |
| 富阳区 | 25 | 16 | 9 | 52 | 33 | 19 | 59 | 45 | 14 |
| 临安区 | 16 | 11 | 5 | 20 | 14 | 6 | 33 | 25 | 8 |
| 桐庐县 | | | | | | | | | |
| 淳安县 | | | | | | | | | |
| 建德市 | 12 | 10 | 2 | 14 | 10 | 4 | 31 | 19 | 12 |
| **宁波市** | **271** | **167** | **104** | **438** | **285** | **153** | **671** | **473** | **198** |
| 海曙区 | 40 | 24 | 16 | 68 | 54 | 14 | 117 | 85 | 32 |
| 江北区 | 15 | 9 | 6 | 35 | 19 | 16 | 46 | 41 | 5 |
| 北仑区 | 20 | 16 | 4 | 34 | 20 | 14 | 48 | 32 | 16 |
| 镇海区 | 17 | 10 | 7 | 24 | 17 | 7 | 40 | 26 | 14 |
| 鄞州区 | 42 | 22 | 20 | 81 | 53 | 28 | 108 | 74 | 34 |
| 奉化区 | 9 | 8 | 1 | 14 | 8 | 6 | 25 | 17 | 8 |
| 象山县 | | | | | | | | | |
| 宁海县 | | | | | | | | | |
| 余姚市 | 51 | 36 | 15 | 84 | 55 | 29 | 118 | 78 | 40 |
| 慈溪市 | 77 | 42 | 35 | 98 | 59 | 39 | 169 | 120 | 49 |
| **温州市** | **360** | **253** | **107** | **551** | **399** | **152** | **832** | **587** | **245** |
| 鹿城区 | 59 | 41 | 18 | 106 | 78 | 28 | 207 | 149 | 58 |
| 龙湾区 | 25 | 19 | 6 | 36 | 23 | 13 | 71 | 43 | 28 |
| 瓯海区 | 21 | 16 | 5 | 54 | 37 | 17 | 81 | 47 | 34 |
| 洞头区 | 10 | 9 | 1 | 5 | 5 | | 26 | 20 | 6 |
| 永嘉县 | | | | | | | | | |
| 平阳县 | | | | | | | | | |
| 苍南县 | | | | | | | | | |
| 文成县 | | | | | | | | | |
| 泰顺县 | | | | | | | | | |
| 瑞安市 | 108 | 70 | 38 | 142 | 106 | 36 | 178 | 142 | 36 |
| 乐清市 | 87 | 62 | 25 | 140 | 100 | 40 | 168 | 121 | 47 |
| 龙港市 | 50 | 36 | 14 | 68 | 50 | 18 | 101 | 65 | 36 |
| **嘉兴市** | **104** | **62** | **42** | **178** | **118** | **60** | **263** | **179** | **84** |
| 南湖区 | 34 | 19 | 15 | 47 | 38 | 9 | 100 | 66 | 34 |
| 秀洲区 | 9 | 8 | 1 | 12 | 6 | 6 | 29 | 20 | 9 |
| 嘉善县 | | | | | | | | | |
| 海盐县 | | | | | | | | | |
| 海宁市 | 30 | 18 | 12 | 49 | 25 | 24 | 63 | 45 | 18 |
| 平湖市 | 10 | 5 | 5 | 23 | 16 | 7 | 29 | 20 | 9 |
| 桐乡市 | 21 | 12 | 9 | 47 | 33 | 14 | 42 | 28 | 14 |
| **湖州市** | **37** | **22** | **15** | **68** | **42** | **26** | **111** | **71** | **40** |
| 吴兴区 | 36 | 21 | 15 | 56 | 38 | 18 | 97 | 61 | 36 |
| 南浔区 | 1 | 1 | | 12 | 4 | 8 | 14 | 10 | 4 |
| 德清县 | | | | | | | | | |
| 长兴县 | | | | | | | | | |
| 安吉县 | | | | | | | | | |

6—1a 续表 9

单位：人

| 地　区 | 45—49岁 | | | 50—54岁 | | | 55—59岁 | | |
|---|---|---|---|---|---|---|---|---|---|
| | 小计 | 男 | 女 | 小计 | 男 | 女 | 小计 | 男 | 女 |
| **绍兴市** | **162** | **106** | **56** | **257** | **154** | **103** | **430** | **280** | **150** |
| 越城区 | 40 | 28 | 12 | 67 | 41 | 26 | 122 | 84 | 38 |
| 柯桥区 | 28 | 13 | 15 | 56 | 30 | 26 | 83 | 54 | 29 |
| 上虞区 | 38 | 27 | 11 | 67 | 47 | 20 | 97 | 54 | 43 |
| 新昌县 | | | | | | | | | |
| 诸暨市 | 34 | 24 | 10 | 30 | 19 | 11 | 71 | 52 | 19 |
| 嵊州市 | 22 | 14 | 8 | 37 | 17 | 20 | 57 | 36 | 21 |
| **金华市** | **210** | **153** | **57** | **272** | **176** | **96** | **313** | **212** | **101** |
| 婺城区 | 19 | 9 | 10 | 32 | 24 | 8 | 49 | 24 | 25 |
| 金东区 | 5 | 1 | 4 | 9 | 3 | 6 | 15 | 10 | 5 |
| 武义县 | | | | | | | | | |
| 浦江县 | | | | | | | | | |
| 磐安县 | | | | | | | | | |
| 兰溪市 | 12 | 10 | 2 | 28 | 23 | 5 | 33 | 20 | 13 |
| 义乌市 | 54 | 41 | 13 | 73 | 48 | 25 | 96 | 64 | 32 |
| 东阳市 | 34 | 26 | 8 | 45 | 23 | 22 | 70 | 56 | 14 |
| 永康市 | 86 | 66 | 20 | 85 | 55 | 30 | 50 | 38 | 12 |
| **衢州市** | **40** | **27** | **13** | **73** | **45** | **28** | **104** | **72** | **32** |
| 柯城区 | 19 | 14 | 5 | 35 | 22 | 13 | 59 | 43 | 16 |
| 衢江区 | 5 | 2 | 3 | 7 | 2 | 5 | 8 | 5 | 3 |
| 常山县 | | | | | | | | | |
| 开化县 | | | | | | | | | |
| 龙游县 | | | | 1 | 1 | | | | |
| 江山市 | 16 | 11 | 5 | 30 | 20 | 10 | 37 | 24 | 13 |
| **舟山市** | **33** | **23** | **10** | **66** | **44** | **22** | **119** | **89** | **30** |
| 定海区 | 21 | 15 | 6 | 39 | 27 | 12 | 54 | 40 | 14 |
| 普陀区 | 12 | 8 | 4 | 27 | 17 | 10 | 65 | 49 | 16 |
| 岱山县 | | | | | | | | | |
| 嵊泗县 | | | | | | | | | |
| **台州市** | **194** | **137** | **57** | **371** | **252** | **119** | **460** | **334** | **126** |
| 椒江区 | 32 | 19 | 13 | 69 | 39 | 30 | 87 | 61 | 26 |
| 黄岩区 | 19 | 14 | 5 | 52 | 36 | 16 | 68 | 45 | 23 |
| 路桥区 | 18 | 11 | 7 | 40 | 25 | 15 | 44 | 31 | 13 |
| 三门县 | | | | | | | | | |
| 天台县 | | | | | | | | | |
| 仙居县 | | | | | | | | | |
| 温岭市 | 33 | 23 | 10 | 76 | 49 | 27 | 96 | 68 | 28 |
| 临海市 | 29 | 22 | 7 | 55 | 40 | 15 | 67 | 54 | 13 |
| 玉环市 | 63 | 48 | 15 | 79 | 63 | 16 | 98 | 75 | 23 |
| **丽水市** | **27** | **19** | **8** | **41** | **26** | **15** | **53** | **38** | **15** |
| 莲都区 | 18 | 14 | 4 | 31 | 20 | 11 | 32 | 25 | 7 |
| 青田县 | | | | | | | | | |
| 缙云县 | | | | | | | | | |
| 遂昌县 | | | | | | | | | |
| 松阳县 | | | | | | | | | |
| 云和县 | | | | | | | | | |
| 庆元县 | | | | | | | | | |
| 景宁畲族自治县 | | | | | | | | | |
| 龙泉市 | 9 | 5 | 4 | 10 | 6 | 4 | 21 | 13 | 8 |

6-1a　续表 10　　单位：人

| 地　区 | 60-64岁 | | | 65-69岁 | | | 70-74岁 | | |
|---|---|---|---|---|---|---|---|---|---|
| | 小计 | 男 | 女 | 小计 | 男 | 女 | 小计 | 男 | 女 |
| **合计** | **5820** | **4063** | **1757** | **7883** | **5341** | **2542** | **9770** | **6284** | **3486** |
| **杭州市** | **1358** | **956** | **402** | **1750** | **1180** | **570** | **2197** | **1407** | **790** |
| 上城区 | 133 | 101 | 32 | 159 | 108 | 51 | 177 | 126 | 51 |
| 下城区 | 134 | 88 | 46 | 144 | 101 | 43 | 192 | 123 | 69 |
| 江干区 | 147 | 111 | 36 | 200 | 133 | 67 | 224 | 142 | 82 |
| 拱墅区 | 126 | 92 | 34 | 142 | 105 | 37 | 169 | 109 | 60 |
| 西湖区 | 155 | 109 | 46 | 172 | 110 | 62 | 235 | 145 | 90 |
| 滨江区 | 64 | 43 | 21 | 69 | 47 | 22 | 86 | 48 | 38 |
| 萧山区 | 281 | 190 | 91 | 402 | 268 | 134 | 547 | 346 | 201 |
| 余杭区 | 163 | 111 | 52 | 235 | 158 | 77 | 304 | 186 | 118 |
| 富阳区 | 96 | 69 | 27 | 106 | 73 | 33 | 132 | 89 | 43 |
| 临安区 | 28 | 19 | 9 | 63 | 36 | 27 | 68 | 48 | 20 |
| 桐庐县 | | | | | | | | | |
| 淳安县 | | | | | | | | | |
| 建德市 | 31 | 23 | 8 | 58 | 41 | 17 | 63 | 45 | 18 |
| **宁波市** | **1042** | **729** | **313** | **1413** | **946** | **467** | **1652** | **1056** | **596** |
| 海曙区 | 161 | 118 | 43 | 225 | 151 | 74 | 230 | 161 | 69 |
| 江北区 | 70 | 48 | 22 | 110 | 70 | 40 | 129 | 87 | 42 |
| 北仑区 | 87 | 57 | 30 | 112 | 74 | 38 | 122 | 80 | 42 |
| 镇海区 | 61 | 43 | 18 | 102 | 68 | 34 | 109 | 73 | 36 |
| 鄞州区 | 152 | 105 | 47 | 242 | 171 | 71 | 251 | 155 | 96 |
| 奉化区 | 46 | 31 | 15 | 78 | 47 | 31 | 88 | 55 | 33 |
| 象山县 | | | | | | | | | |
| 宁海县 | | | | | | | | | |
| 余姚市 | 200 | 129 | 71 | 227 | 159 | 68 | 298 | 186 | 112 |
| 慈溪市 | 265 | 198 | 67 | 317 | 206 | 111 | 425 | 259 | 166 |
| **温州市** | **1068** | **776** | **292** | **1308** | **906** | **402** | **1547** | **978** | **569** |
| 鹿城区 | 287 | 224 | 63 | 329 | 228 | 101 | 414 | 270 | 144 |
| 龙湾区 | 79 | 50 | 29 | 107 | 82 | 25 | 131 | 81 | 50 |
| 瓯海区 | 117 | 76 | 41 | 116 | 66 | 50 | 160 | 89 | 71 |
| 洞头区 | 24 | 23 | 1 | 40 | 30 | 10 | 38 | 27 | 11 |
| 永嘉县 | | | | | | | | | |
| 平阳县 | | | | | | | | | |
| 苍南县 | | | | | | | | | |
| 文成县 | | | | | | | | | |
| 泰顺县 | | | | | | | | | |
| 瑞安市 | 197 | 145 | 52 | 265 | 190 | 75 | 290 | 189 | 101 |
| 乐清市 | 232 | 162 | 70 | 301 | 208 | 93 | 340 | 225 | 115 |
| 龙港市 | 132 | 96 | 36 | 150 | 102 | 48 | 174 | 97 | 77 |
| **嘉兴市** | **319** | **221** | **98** | **584** | **401** | **183** | **768** | **517** | **251** |
| 南湖区 | 109 | 68 | 41 | 181 | 120 | 61 | 250 | 182 | 68 |
| 秀洲区 | 26 | 20 | 6 | 63 | 42 | 21 | 69 | 42 | 27 |
| 嘉善县 | | | | | | | | | |
| 海盐县 | | | | | | | | | |
| 海宁市 | 72 | 53 | 19 | 134 | 86 | 48 | 168 | 103 | 65 |
| 平湖市 | 45 | 33 | 12 | 93 | 66 | 27 | 109 | 74 | 35 |
| 桐乡市 | 67 | 47 | 20 | 113 | 87 | 26 | 172 | 116 | 56 |
| **湖州市** | **137** | **100** | **37** | **204** | **118** | **86** | **260** | **189** | **71** |
| 吴兴区 | 117 | 81 | 36 | 171 | 96 | 75 | 223 | 165 | 58 |
| 南浔区 | 20 | 19 | 1 | 33 | 22 | 11 | 37 | 24 | 13 |
| 德清县 | | | | | | | | | |
| 长兴县 | | | | | | | | | |
| 安吉县 | | | | | | | | | |

6-1a 续表 11 单位：人

| 地 区 | 60-64岁 | | | 65-69岁 | | | 70-74岁 | | |
|---|---|---|---|---|---|---|---|---|---|
| | 小计 | 男 | 女 | 小计 | 男 | 女 | 小计 | 男 | 女 |
| **绍兴市** | **547** | **362** | **185** | **858** | **575** | **283** | **1138** | **694** | **444** |
| 越城区 | 150 | 103 | 47 | 231 | 147 | 84 | 294 | 184 | 110 |
| 柯桥区 | 112 | 67 | 45 | 166 | 109 | 57 | 256 | 149 | 107 |
| 上虞区 | 146 | 97 | 49 | 242 | 169 | 73 | 298 | 199 | 99 |
| 新昌县 | | | | | | | | | |
| 诸暨市 | 72 | 52 | 20 | 120 | 80 | 40 | 171 | 87 | 84 |
| 嵊州市 | 67 | 43 | 24 | 99 | 70 | 29 | 119 | 75 | 44 |
| **金华市** | **374** | **246** | **128** | **524** | **359** | **165** | **684** | **463** | **221** |
| 婺城区 | 65 | 38 | 27 | 96 | 54 | 42 | 126 | 88 | 38 |
| 金东区 | 24 | 17 | 7 | 23 | 20 | 3 | 22 | 17 | 5 |
| 武义县 | | | | | | | | | |
| 浦江县 | | | | | | | | | |
| 磐安县 | | | | | | | | | |
| 兰溪市 | 43 | 36 | 7 | 76 | 54 | 22 | 87 | 65 | 22 |
| 义乌市 | 97 | 62 | 35 | 136 | 96 | 40 | 172 | 106 | 66 |
| 东阳市 | 74 | 42 | 32 | 95 | 66 | 29 | 124 | 78 | 46 |
| 永康市 | 71 | 51 | 20 | 98 | 69 | 29 | 153 | 109 | 44 |
| **衢州市** | **138** | **92** | **46** | **221** | **167** | **54** | **280** | **185** | **95** |
| 柯城区 | 71 | 48 | 23 | 128 | 97 | 31 | 154 | 97 | 57 |
| 衢江区 | 18 | 13 | 5 | 16 | 13 | 3 | 30 | 21 | 9 |
| 常山县 | | | | | | | | | |
| 开化县 | | | | | | | | | |
| 龙游县 | 2 | 1 | 1 | 2 | 2 | | 3 | 3 | |
| 江山市 | 47 | 30 | 17 | 75 | 55 | 20 | 93 | 64 | 29 |
| **舟山市** | **187** | **138** | **49** | **188** | **134** | **54** | **240** | **155** | **85** |
| 定海区 | 76 | 56 | 20 | 84 | 56 | 28 | 136 | 86 | 50 |
| 普陀区 | 111 | 82 | 29 | 104 | 78 | 26 | 104 | 69 | 35 |
| 岱山县 | | | | | | | | | |
| 嵊泗县 | | | | | | | | | |
| **台州市** | **603** | **409** | **194** | **746** | **497** | **249** | **919** | **585** | **334** |
| 椒江区 | 100 | 66 | 34 | 117 | 78 | 39 | 170 | 101 | 69 |
| 黄岩区 | 81 | 56 | 25 | 120 | 73 | 47 | 130 | 84 | 46 |
| 路桥区 | 49 | 34 | 15 | 80 | 43 | 37 | 95 | 57 | 38 |
| 三门县 | | | | | | | | | |
| 天台县 | | | | | | | | | |
| 仙居县 | | | | | | | | | |
| 温岭市 | 142 | 91 | 51 | 177 | 132 | 45 | 221 | 151 | 70 |
| 临海市 | 99 | 61 | 38 | 115 | 72 | 43 | 129 | 86 | 43 |
| 玉环市 | 132 | 101 | 31 | 137 | 99 | 38 | 174 | 106 | 68 |
| **丽水市** | **47** | **34** | **13** | **87** | **58** | **29** | **85** | **55** | **30** |
| 莲都区 | 35 | 24 | 11 | 63 | 39 | 24 | 55 | 36 | 19 |
| 青田县 | | | | | | | | | |
| 缙云县 | | | | | | | | | |
| 遂昌县 | | | | | | | | | |
| 松阳县 | | | | | | | | | |
| 云和县 | | | | | | | | | |
| 庆元县 | | | | | | | | | |
| 景宁畲族自治县 | | | | | | | | | |
| 龙泉市 | 12 | 10 | 2 | 24 | 19 | 5 | 30 | 19 | 11 |

6–1a　续表 12　　　　单位：人

| 地　区 | 75–79岁 | | | 80–84岁 | | | 85–89岁 | | |
|---|---|---|---|---|---|---|---|---|---|
| | 小计 | 男 | 女 | 小计 | 男 | 女 | 小计 | 男 | 女 |
| **合计** | **10780** | **6624** | **4156** | **16061** | **8954** | **7107** | **18905** | **9484** | **9421** |
| **杭州市** | **2461** | **1477** | **984** | **4005** | **2204** | **1801** | **5263** | **2661** | **2602** |
| 上城区 | 194 | 120 | 74 | 380 | 193 | 187 | 593 | 268 | 325 |
| 下城区 | 233 | 144 | 89 | 391 | 215 | 176 | 609 | 317 | 292 |
| 江干区 | 245 | 150 | 95 | 436 | 256 | 180 | 551 | 295 | 256 |
| 拱墅区 | 189 | 123 | 66 | 374 | 208 | 166 | 533 | 264 | 269 |
| 西湖区 | 313 | 181 | 132 | 521 | 268 | 253 | 634 | 353 | 281 |
| 滨江区 | 107 | 67 | 40 | 138 | 90 | 48 | 217 | 105 | 112 |
| 萧山区 | 536 | 321 | 215 | 818 | 461 | 357 | 957 | 458 | 499 |
| 余杭区 | 365 | 198 | 167 | 509 | 271 | 238 | 631 | 307 | 324 |
| 富阳区 | 153 | 101 | 52 | 226 | 127 | 99 | 294 | 164 | 130 |
| 临安区 | 64 | 32 | 32 | 94 | 55 | 39 | 118 | 62 | 56 |
| 桐庐县 | | | | | | | | | |
| 淳安县 | | | | | | | | | |
| 建德市 | 62 | 40 | 22 | 118 | 60 | 58 | 126 | 68 | 58 |
| **宁波市** | **1810** | **1091** | **719** | **2455** | **1354** | **1101** | **3201** | **1615** | **1586** |
| 海曙区 | 276 | 170 | 106 | 349 | 189 | 160 | 534 | 275 | 259 |
| 江北区 | 145 | 92 | 53 | 162 | 91 | 71 | 238 | 130 | 108 |
| 北仑区 | 136 | 86 | 50 | 185 | 104 | 81 | 185 | 95 | 90 |
| 镇海区 | 108 | 57 | 51 | 191 | 109 | 82 | 221 | 107 | 114 |
| 鄞州区 | 276 | 164 | 112 | 419 | 220 | 199 | 528 | 264 | 264 |
| 奉化区 | 96 | 57 | 39 | 141 | 91 | 50 | 145 | 68 | 77 |
| 象山县 | | | | | | | | | |
| 宁海县 | | | | | | | | | |
| 余姚市 | 305 | 193 | 112 | 414 | 244 | 170 | 513 | 270 | 243 |
| 慈溪市 | 468 | 272 | 196 | 594 | 306 | 288 | 837 | 406 | 431 |
| **温州市** | **1667** | **998** | **669** | **2519** | **1400** | **1119** | **2628** | **1277** | **1351** |
| 鹿城区 | 427 | 254 | 173 | 709 | 402 | 307 | 793 | 406 | 387 |
| 龙湾区 | 136 | 86 | 50 | 248 | 117 | 131 | 209 | 90 | 119 |
| 瓯海区 | 151 | 86 | 65 | 241 | 120 | 121 | 251 | 128 | 123 |
| 洞头区 | 33 | 22 | 11 | 46 | 29 | 17 | 43 | 16 | 27 |
| 永嘉县 | | | | | | | | | |
| 平阳县 | | | | | | | | | |
| 苍南县 | | | | | | | | | |
| 文成县 | | | | | | | | | |
| 泰顺县 | | | | | | | | | |
| 瑞安市 | 363 | 222 | 141 | 470 | 273 | 197 | 495 | 229 | 266 |
| 乐清市 | 357 | 209 | 148 | 551 | 316 | 235 | 590 | 274 | 316 |
| 龙港市 | 200 | 119 | 81 | 254 | 143 | 111 | 247 | 134 | 113 |
| **嘉兴市** | **871** | **542** | **329** | **1271** | **729** | **542** | **1293** | **637** | **656** |
| 南湖区 | 255 | 155 | 100 | 410 | 237 | 173 | 464 | 237 | 227 |
| 秀洲区 | 89 | 48 | 41 | 121 | 77 | 44 | 120 | 61 | 59 |
| 嘉善县 | | | | | | | | | |
| 海盐县 | | | | | | | | | |
| 海宁市 | 175 | 110 | 65 | 306 | 159 | 147 | 278 | 123 | 155 |
| 平湖市 | 133 | 92 | 41 | 162 | 85 | 77 | 202 | 92 | 110 |
| 桐乡市 | 219 | 137 | 82 | 272 | 171 | 101 | 229 | 124 | 105 |
| **湖州市** | **305** | **189** | **116** | **449** | **255** | **194** | **580** | **302** | **278** |
| 吴兴区 | 268 | 166 | 102 | 376 | 213 | 163 | 489 | 257 | 232 |
| 南浔区 | 37 | 23 | 14 | 73 | 42 | 31 | 91 | 45 | 46 |
| 德清县 | | | | | | | | | |
| 长兴县 | | | | | | | | | |
| 安吉县 | | | | | | | | | |

6-1a 续表 13 单位：人

| 地 区 | 75-79岁 | | | 80-84岁 | | | 85-89岁 | | |
|---|---|---|---|---|---|---|---|---|---|
| | 小计 | 男 | 女 | 小计 | 男 | 女 | 小计 | 男 | 女 |
| **绍兴市** | **1156** | **729** | **427** | **1650** | **924** | **726** | **1920** | **985** | **935** |
| 越城区 | 311 | 207 | 104 | 461 | 264 | 197 | 534 | 280 | 254 |
| 柯桥区 | 242 | 157 | 85 | 353 | 190 | 163 | 390 | 186 | 204 |
| 上虞区 | 329 | 201 | 128 | 455 | 239 | 216 | 542 | 270 | 272 |
| 新昌县 | | | | | | | | | |
| 诸暨市 | 189 | 115 | 74 | 232 | 145 | 87 | 276 | 155 | 121 |
| 嵊州市 | 85 | 49 | 36 | 149 | 86 | 63 | 178 | 94 | 84 |
| **金华市** | **709** | **489** | **220** | **1077** | **638** | **439** | **1132** | **557** | **575** |
| 婺城区 | 119 | 84 | 35 | 187 | 101 | 86 | 207 | 111 | 96 |
| 金东区 | 30 | 22 | 8 | 42 | 17 | 25 | 46 | 22 | 24 |
| 武义县 | | | | | | | | | |
| 浦江县 | | | | | | | | | |
| 磐安县 | | | | | | | | | |
| 兰溪市 | 84 | 64 | 20 | 141 | 83 | 58 | 150 | 60 | 90 |
| 义乌市 | 172 | 114 | 58 | 289 | 182 | 107 | 300 | 154 | 146 |
| 东阳市 | 150 | 96 | 54 | 223 | 133 | 90 | 211 | 101 | 110 |
| 永康市 | 154 | 109 | 45 | 195 | 122 | 73 | 218 | 109 | 109 |
| **衢州市** | **234** | **148** | **86** | **455** | **254** | **201** | **524** | **273** | **251** |
| 柯城区 | 136 | 77 | 59 | 243 | 148 | 95 | 305 | 164 | 141 |
| 衢江区 | 15 | 9 | 6 | 57 | 32 | 25 | 51 | 21 | 30 |
| 常山县 | | | | | | | | | |
| 开化县 | | | | | | | | | |
| 龙游县 | 3 | 3 | | 2 | 1 | 1 | 1 | 1 | |
| 江山市 | 80 | 59 | 21 | 153 | 73 | 80 | 167 | 87 | 80 |
| **舟山市** | **270** | **158** | **112** | **363** | **190** | **173** | **396** | **187** | **209** |
| 定海区 | 158 | 94 | 64 | 198 | 108 | 90 | 238 | 117 | 121 |
| 普陀区 | 112 | 64 | 48 | 165 | 82 | 83 | 158 | 70 | 88 |
| 岱山县 | | | | | | | | | |
| 嵊泗县 | | | | | | | | | |
| **台州市** | **1215** | **753** | **462** | **1654** | **906** | **748** | **1826** | **913** | **913** |
| 椒江区 | 242 | 141 | 101 | 328 | 180 | 148 | 309 | 142 | 167 |
| 黄岩区 | 163 | 107 | 56 | 234 | 134 | 100 | 287 | 152 | 135 |
| 路桥区 | 141 | 96 | 45 | 183 | 109 | 74 | 232 | 122 | 110 |
| 三门县 | | | | | | | | | |
| 天台县 | | | | | | | | | |
| 仙居县 | | | | | | | | | |
| 温岭市 | 306 | 184 | 122 | 387 | 216 | 171 | 441 | 218 | 223 |
| 临海市 | 153 | 92 | 61 | 239 | 130 | 109 | 235 | 121 | 114 |
| 玉环市 | 210 | 133 | 77 | 283 | 137 | 146 | 322 | 158 | 164 |
| **丽水市** | **82** | **50** | **32** | **163** | **100** | **63** | **142** | **77** | **65** |
| 莲都区 | 51 | 31 | 20 | 103 | 59 | 44 | 89 | 49 | 40 |
| 青田县 | | | | | | | | | |
| 缙云县 | | | | | | | | | |
| 遂昌县 | | | | | | | | | |
| 松阳县 | | | | | | | | | |
| 云和县 | | | | | | | | | |
| 庆元县 | | | | | | | | | |
| 景宁畲族自治县 | | | | | | | | | |
| 龙泉市 | 31 | 19 | 12 | 60 | 41 | 19 | 53 | 28 | 25 |

6-1a 续表 14

单位：人

| 地区 | 90-94岁 | | | 95-99岁 | | | 100岁及以上 | | |
|---|---|---|---|---|---|---|---|---|---|
| | 小计 | 男 | 女 | 小计 | 男 | 女 | 小计 | 男 | 女 |
| **合计** | **11781** | **5121** | **6660** | **3517** | **1282** | **2235** | **510** | **148** | **362** |
| **杭州市** | **3414** | **1523** | **1891** | **1121** | **421** | **700** | **178** | **50** | **128** |
| 上城区 | 410 | 174 | 236 | 136 | 45 | 91 | 19 | 7 | 12 |
| 下城区 | 376 | 172 | 204 | 142 | 68 | 74 | 19 | 4 | 15 |
| 江干区 | 359 | 154 | 205 | 132 | 46 | 86 | 24 | 9 | 15 |
| 拱墅区 | 333 | 139 | 194 | 106 | 44 | 62 | 20 | 6 | 14 |
| 西湖区 | 401 | 225 | 176 | 140 | 63 | 77 | 27 | 12 | 15 |
| 滨江区 | 112 | 72 | 40 | 40 | 10 | 30 | 3 | | 3 |
| 萧山区 | 657 | 269 | 388 | 207 | 68 | 139 | 36 | 8 | 28 |
| 余杭区 | 393 | 161 | 232 | 133 | 47 | 86 | 15 | | 15 |
| 富阳区 | 228 | 94 | 134 | 57 | 19 | 38 | 8 | 2 | 6 |
| 临安区 | 78 | 31 | 47 | 14 | 6 | 8 | | | |
| 桐庐县 | | | | | | | | | |
| 淳安县 | | | | | | | | | |
| 建德市 | 67 | 32 | 35 | 14 | 5 | 9 | 7 | 2 | 5 |
| **宁波市** | **2045** | **915** | **1130** | **604** | **207** | **397** | **71** | **23** | **48** |
| 海曙区 | 400 | 199 | 201 | 100 | 37 | 63 | 10 | 3 | 7 |
| 江北区 | 127 | 59 | 68 | 46 | 19 | 27 | 3 | 1 | 2 |
| 北仑区 | 164 | 67 | 97 | 41 | 15 | 26 | 8 | 2 | 6 |
| 镇海区 | 141 | 73 | 68 | 32 | 12 | 20 | 6 | 1 | 5 |
| 鄞州区 | 298 | 131 | 167 | 97 | 46 | 51 | 17 | 5 | 12 |
| 奉化区 | 63 | 25 | 38 | 20 | 4 | 16 | 1 | | 1 |
| 象山县 | | | | | | | | | |
| 宁海县 | | | | | | | | | |
| 余姚市 | 317 | 136 | 181 | 108 | 32 | 76 | 7 | | 7 |
| 慈溪市 | 535 | 225 | 310 | 160 | 42 | 118 | 19 | 11 | 8 |
| **温州市** | **1633** | **700** | **933** | **471** | **180** | **291** | **69** | **29** | **40** |
| 鹿城区 | 479 | 213 | 266 | 134 | 55 | 79 | 21 | 8 | 13 |
| 龙湾区 | 157 | 68 | 89 | 40 | 15 | 25 | 9 | 6 | 3 |
| 瓯海区 | 187 | 86 | 101 | 50 | 18 | 32 | 6 | 1 | 5 |
| 洞头区 | 25 | 8 | 17 | 8 | 5 | 3 | 2 | | 2 |
| 永嘉县 | | | | | | | | | |
| 平阳县 | | | | | | | | | |
| 苍南县 | | | | | | | | | |
| 文成县 | | | | | | | | | |
| 泰顺县 | | | | | | | | | |
| 瑞安市 | 274 | 116 | 158 | 67 | 22 | 45 | 12 | 6 | 6 |
| 乐清市 | 387 | 161 | 226 | 144 | 58 | 86 | 14 | 7 | 7 |
| 龙港市 | 124 | 48 | 76 | 28 | 7 | 21 | 5 | 1 | 4 |
| **嘉兴市** | **805** | **327** | **478** | **240** | **73** | **167** | **29** | **5** | **24** |
| 南湖区 | 255 | 120 | 135 | 84 | 27 | 57 | 11 | 2 | 9 |
| 秀洲区 | 68 | 28 | 40 | 16 | 4 | 12 | 2 | 1 | 1 |
| 嘉善县 | | | | | | | | | |
| 海盐县 | | | | | | | | | |
| 海宁市 | 212 | 69 | 143 | 60 | 19 | 41 | 9 | 1 | 8 |
| 平湖市 | 110 | 41 | 69 | 40 | 11 | 29 | 6 | 1 | 5 |
| 桐乡市 | 160 | 69 | 91 | 40 | 12 | 28 | 1 | | 1 |
| **湖州市** | **311** | **137** | **174** | **84** | **39** | **45** | **8** | **2** | **6** |
| 吴兴区 | 266 | 114 | 152 | 75 | 34 | 41 | 8 | 2 | 6 |
| 南浔区 | 45 | 23 | 22 | 9 | 5 | 4 | | | |
| 德清县 | | | | | | | | | |
| 长兴县 | | | | | | | | | |
| 安吉县 | | | | | | | | | |

6-1a 续表 15

单位：人

| 地　区 | 90-94岁 | | | 95-99岁 | | | 100岁及以上 | | |
|---|---|---|---|---|---|---|---|---|---|
| | 小计 | 男 | 女 | 小计 | 男 | 女 | 小计 | 男 | 女 |
| **绍兴市** | **1206** | **488** | **718** | **310** | **104** | **206** | **45** | **10** | **35** |
| 越城区 | 370 | 151 | 219 | 81 | 30 | 51 | 12 | 4 | 8 |
| 柯桥区 | 251 | 93 | 158 | 61 | 21 | 40 | 8 | 2 | 6 |
| 上虞区 | 308 | 130 | 178 | 80 | 22 | 58 | 15 | 2 | 13 |
| 新昌县 | | | | | | | | | |
| 诸暨市 | 175 | 64 | 111 | 62 | 20 | 42 | 8 | 1 | 7 |
| 嵊州市 | 102 | 50 | 52 | 26 | 11 | 15 | 2 | 1 | 1 |
| **金华市** | **665** | **283** | **382** | **174** | **66** | **108** | **31** | **9** | **22** |
| 婺城区 | 118 | 62 | 56 | 34 | 14 | 20 | 4 | 1 | 3 |
| 金东区 | 24 | 8 | 16 | 7 | 3 | 4 | 1 | | 1 |
| 武义县 | | | | | | | | | |
| 浦江县 | | | | | | | | | |
| 磐安县 | | | | | | | | | |
| 兰溪市 | 73 | 31 | 42 | 12 | 5 | 7 | 2 | 1 | 1 |
| 义乌市 | 195 | 87 | 108 | 42 | 18 | 24 | 9 | 4 | 5 |
| 东阳市 | 141 | 52 | 89 | 49 | 16 | 33 | 7 | 2 | 5 |
| 永康市 | 114 | 43 | 71 | 30 | 10 | 20 | 8 | 1 | 7 |
| **衢州市** | **292** | **137** | **155** | **88** | **32** | **56** | **12** | **3** | **9** |
| 柯城区 | 154 | 72 | 82 | 47 | 20 | 27 | 6 | | 6 |
| 衢江区 | 35 | 20 | 15 | 9 | 3 | 6 | 2 | 1 | 1 |
| 常山县 | | | | | | | | | |
| 开化县 | | | | | | | | | |
| 龙游县 | | | | | | | | | |
| 江山市 | 103 | 45 | 58 | 32 | 9 | 23 | 4 | 2 | 2 |
| **舟山市** | **218** | **91** | **127** | **75** | **28** | **47** | **6** | **4** | **2** |
| 定海区 | 133 | 59 | 74 | 54 | 20 | 34 | 3 | 2 | 1 |
| 普陀区 | 85 | 32 | 53 | 21 | 8 | 13 | 3 | 2 | 1 |
| 岱山县 | | | | | | | | | |
| 嵊泗县 | | | | | | | | | |
| **台州市** | **1089** | **473** | **616** | **319** | **121** | **198** | **59** | **13** | **46** |
| 椒江区 | 219 | 82 | 137 | 62 | 24 | 38 | 14 | 3 | 11 |
| 黄岩区 | 185 | 81 | 104 | 34 | 14 | 20 | 7 | 1 | 6 |
| 路桥区 | 155 | 67 | 88 | 35 | 11 | 24 | 5 | 2 | 3 |
| 三门县 | | | | | | | | | |
| 天台县 | | | | | | | | | |
| 仙居县 | | | | | | | | | |
| 温岭市 | 234 | 103 | 131 | 97 | 35 | 62 | 18 | 2 | 16 |
| 临海市 | 137 | 67 | 70 | 43 | 22 | 21 | 8 | 4 | 4 |
| 玉环市 | 159 | 73 | 86 | 48 | 15 | 33 | 7 | 1 | 6 |
| **丽水市** | **103** | **47** | **56** | **31** | **11** | **20** | **2** | | **2** |
| 莲都区 | 77 | 32 | 45 | 19 | 7 | 12 | 2 | | 2 |
| 青田县 | | | | | | | | | |
| 缙云县 | | | | | | | | | |
| 遂昌县 | | | | | | | | | |
| 松阳县 | | | | | | | | | |
| 云和县 | | | | | | | | | |
| 庆元县 | | | | | | | | | |
| 景宁畲族自治县 | | | | | | | | | |
| 龙泉市 | 26 | 15 | 11 | 12 | 4 | 8 | | | |

# 6-1b　各地区分年龄、性别的死亡人口
## (2019.11.1—2020.10.31)(镇)

单位：人

| 地　　区 | 死亡人口 | | | 0岁 | | |
|---|---|---|---|---|---|---|
| | 合计 | 男 | 女 | 小计 | 男 | 女 |
| **合计** | **57867** | **33855** | **24012** | **152** | **86** | **66** |
| **杭州市** | **4623** | **2745** | **1878** | **11** | **5** | **6** |
| 上城区 | | | | | | |
| 下城区 | | | | | | |
| 江干区 | | | | | | |
| 拱墅区 | | | | | | |
| 西湖区 | 5 | 3 | 2 | | | |
| 滨江区 | | | | | | |
| 萧山区 | 543 | 305 | 238 | 1 | | 1 |
| 余杭区 | 1019 | 636 | 383 | 4 | 3 | 1 |
| 富阳区 | 301 | 187 | 114 | | | |
| 临安区 | 391 | 225 | 166 | | | |
| 桐庐县 | 1316 | 758 | 558 | 4 | 1 | 3 |
| 淳安县 | 475 | 294 | 181 | 2 | 1 | 1 |
| 建德市 | 573 | 337 | 236 | | | |
| **宁波市** | **8197** | **4732** | **3465** | **44** | **28** | **16** |
| 海曙区 | 232 | 125 | 107 | | | |
| 江北区 | | | | | | |
| 北仑区 | 116 | 68 | 48 | | | |
| 镇海区 | 136 | 84 | 52 | | | |
| 鄞州区 | 1130 | 625 | 505 | 7 | 4 | 3 |
| 奉化区 | 311 | 192 | 119 | | | |
| 象山县 | 1261 | 775 | 486 | 10 | 6 | 4 |
| 宁海县 | 1735 | 1032 | 703 | 21 | 14 | 7 |
| 余姚市 | 1929 | 1087 | 842 | 3 | 3 | |
| 慈溪市 | 1347 | 744 | 603 | 3 | 1 | 2 |
| **温州市** | **9890** | **5968** | **3922** | **33** | **20** | **13** |
| 鹿城区 | 37 | 22 | 15 | | | |
| 龙湾区 | 479 | 272 | 207 | 3 | 2 | 1 |
| 瓯海区 | 117 | 60 | 57 | | | |
| 洞头区 | 43 | 22 | 21 | | | |
| 永嘉县 | 1678 | 987 | 691 | 6 | 3 | 3 |
| 平阳县 | 2458 | 1511 | 947 | 7 | 5 | 2 |
| 苍南县 | 3084 | 1857 | 1227 | 9 | 5 | 4 |
| 文成县 | 747 | 487 | 260 | 6 | 5 | 1 |
| 泰顺县 | 537 | 331 | 206 | 2 | | 2 |
| 瑞安市 | 182 | 114 | 68 | | | |
| 乐清市 | 388 | 223 | 165 | | | |
| 龙港市 | 140 | 82 | 58 | | | |
| **嘉兴市** | **6999** | **3931** | **3068** | **13** | **6** | **7** |
| 南湖区 | 163 | 99 | 64 | | | |
| 秀洲区 | 565 | 335 | 230 | 1 | | 1 |
| 嘉善县 | 1394 | 808 | 586 | 2 | | 2 |
| 海盐县 | 1174 | 618 | 556 | 3 | 3 | |
| 海宁市 | 1724 | 931 | 793 | 2 | | 2 |
| 平湖市 | 966 | 548 | 418 | 1 | 1 | |
| 桐乡市 | 1013 | 592 | 421 | 4 | 2 | 2 |
| **湖州市** | **5682** | **3202** | **2480** | **7** | **1** | **6** |
| 吴兴区 | 343 | 207 | 136 | | | |
| 南浔区 | 667 | 332 | 335 | | | |
| 德清县 | 1453 | 815 | 638 | 4 | 1 | 3 |
| 长兴县 | 1939 | 1110 | 829 | 2 | | 2 |
| 安吉县 | 1280 | 738 | 542 | 1 | | 1 |

6-1b 续表 1 单位：人

| 地区 | 死亡人口 | | | 0岁 | | |
|---|---|---|---|---|---|---|
| | 合计 | 男 | 女 | 小计 | 男 | 女 |
| **绍兴市** | **3574** | **2117** | **1457** | **4** | **3** | **1** |
| 越城区 | 26 | 15 | 11 | | | |
| 柯桥区 | 389 | 224 | 165 | | | |
| 上虞区 | 730 | 423 | 307 | | | |
| 新昌县 | 918 | 520 | 398 | 2 | 2 | |
| 诸暨市 | 930 | 565 | 365 | | | |
| 嵊州市 | 581 | 370 | 211 | 2 | 1 | 1 |
| **金华市** | **5185** | **3085** | **2100** | **16** | **11** | **5** |
| 婺城区 | 197 | 127 | 70 | 1 | 1 | |
| 金东区 | 305 | 175 | 130 | 1 | | 1 |
| 武义县 | 817 | 509 | 308 | 3 | 3 | |
| 浦江县 | 633 | 385 | 248 | 2 | 1 | 1 |
| 磐安县 | 323 | 181 | 142 | 1 | | 1 |
| 兰溪市 | 482 | 281 | 201 | 1 | | 1 |
| 义乌市 | 658 | 387 | 271 | 2 | 1 | 1 |
| 东阳市 | 1381 | 828 | 553 | 4 | 4 | |
| 永康市 | 389 | 212 | 177 | 1 | 1 | |
| **衢州市** | **3017** | **1825** | **1192** | **5** | **3** | **2** |
| 柯城区 | 94 | 60 | 34 | | | |
| 衢江区 | 295 | 187 | 108 | | | |
| 常山县 | 755 | 462 | 293 | 3 | 2 | 1 |
| 开化县 | 497 | 293 | 204 | 1 | | 1 |
| 龙游县 | 728 | 425 | 303 | 1 | 1 | |
| 江山市 | 648 | 398 | 250 | | | |
| **舟山市** | **1354** | **760** | **594** | **1** | | **1** |
| 定海区 | 145 | 81 | 64 | | | |
| 普陀区 | 200 | 122 | 78 | | | |
| 岱山县 | 758 | 421 | 337 | 1 | | 1 |
| 嵊泗县 | 251 | 136 | 115 | | | |
| **台州市** | **5619** | **3232** | **2387** | **9** | **5** | **4** |
| 椒江区 | 31 | 16 | 15 | | | |
| 黄岩区 | 208 | 123 | 85 | | | |
| 路桥区 | 429 | 245 | 184 | 2 | 1 | 1 |
| 三门县 | 699 | 400 | 299 | 1 | 1 | |
| 天台县 | 948 | 559 | 389 | 1 | | 1 |
| 仙居县 | 757 | 444 | 313 | 2 | 1 | 1 |
| 温岭市 | 1816 | 1019 | 797 | | | |
| 临海市 | 651 | 382 | 269 | 3 | 2 | 1 |
| 玉环市 | 80 | 44 | 36 | | | |
| **丽水市** | **3727** | **2258** | **1469** | **9** | **4** | **5** |
| 莲都区 | 94 | 52 | 42 | 1 | | 1 |
| 青田县 | 896 | 542 | 354 | 3 | 2 | 1 |
| 缙云县 | 917 | 538 | 379 | 1 | | 1 |
| 遂昌县 | 503 | 305 | 198 | | | |
| 松阳县 | 347 | 216 | 131 | 1 | | 1 |
| 云和县 | 296 | 181 | 115 | 1 | 1 | |
| 庆元县 | 292 | 183 | 109 | | | |
| 景宁畲族自治县 | 242 | 157 | 85 | 1 | 1 | |
| 龙泉市 | 140 | 84 | 56 | 1 | | 1 |

6-1b　续表 2　　　　单位：人

| 地　区 | 1-4岁 | | | 5-9岁 | | | 10-14岁 | | |
|---|---|---|---|---|---|---|---|---|---|
| | 小计 | 男 | 女 | 小计 | 男 | 女 | 小计 | 男 | 女 |
| **合计** | **94** | **53** | **41** | **43** | **29** | **14** | **77** | **49** | **28** |
| **杭州市** | **9** | **6** | **3** | **5** | **3** | **2** | **11** | **5** | **6** |
| 上城区 | | | | | | | | | |
| 下城区 | | | | | | | | | |
| 江干区 | | | | | | | | | |
| 拱墅区 | | | | | | | | | |
| 西湖区 | | | | | | | | | |
| 滨江区 | | | | | | | | | |
| 萧山区 | | | | | | | | | |
| 余杭区 | 3 | 2 | 1 | 4 | 2 | 2 | 7 | 4 | 3 |
| 富阳区 | 1 | | 1 | | | | | | |
| 临安区 | 1 | | 1 | | | | | | |
| 桐庐县 | 4 | 4 | | 1 | 1 | | 4 | 1 | 3 |
| 淳安县 | | | | | | | | | |
| 建德市 | | | | | | | | | |
| **宁波市** | **16** | **11** | **5** | **6** | **5** | **1** | **9** | **6** | **3** |
| 海曙区 | 1 | | 1 | | | | | | |
| 江北区 | | | | | | | | | |
| 北仑区 | | | | | | | | | |
| 镇海区 | | | | 3 | 3 | | | | |
| 鄞州区 | 4 | 4 | | 1 | 1 | | | | |
| 奉化区 | 1 | 1 | | | | | | | |
| 象山县 | 1 | | 1 | | | | 2 | 2 | |
| 宁海县 | 5 | 4 | 1 | 2 | 1 | 1 | 5 | 2 | 3 |
| 余姚市 | 1 | 1 | | | | | 1 | 1 | |
| 慈溪市 | 3 | 1 | 2 | | | | 1 | 1 | |
| **温州市** | **22** | **12** | **10** | **9** | **6** | **3** | **17** | **13** | **4** |
| 鹿城区 | | | | | | | | | |
| 龙湾区 | 2 | 2 | | 1 | 1 | | 1 | | 1 |
| 瓯海区 | | | | | | | | | |
| 洞头区 | 1 | 1 | | | | | | | |
| 永嘉县 | 5 | 2 | 3 | 3 | 2 | 1 | 3 | 1 | 2 |
| 平阳县 | 6 | 4 | 2 | 1 | 1 | | 4 | 4 | |
| 苍南县 | 4 | 2 | 2 | 2 | 1 | 1 | 6 | 6 | |
| 文成县 | 1 | | 1 | | | | | | |
| 泰顺县 | 2 | | 2 | | | | | | |
| 瑞安市 | | | | | | | 1 | 1 | |
| 乐清市 | 1 | 1 | | 1 | 1 | | 2 | 1 | 1 |
| 龙港市 | | | | 1 | | 1 | | | |
| **嘉兴市** | **6** | **1** | **5** | **3** | **2** | **1** | **4** | **3** | **1** |
| 南湖区 | | | | | | | | | |
| 秀洲区 | | | | | | | | | |
| 嘉善县 | 1 | | 1 | | | | 3 | 2 | 1 |
| 海盐县 | 1 | | 1 | | | | | | |
| 海宁市 | 2 | | 2 | 1 | 1 | | 1 | 1 | |
| 平湖市 | 1 | 1 | | 1 | 1 | | | | |
| 桐乡市 | 1 | | 1 | 1 | | 1 | | | |
| **湖州市** | **6** | **5** | **1** | **6** | **4** | **2** | **8** | **7** | **1** |
| 吴兴区 | | | | | | | | | |
| 南浔区 | | | | 2 | 1 | 1 | | | |
| 德清县 | 5 | 4 | 1 | 2 | 2 | | 3 | 2 | 1 |
| 长兴县 | | | | | | | 3 | 3 | |
| 安吉县 | 1 | 1 | | 2 | 1 | 1 | 2 | 2 | |

6-1b 续表 3

单位：人

| 地 区 | 1-4岁 | | | 5-9岁 | | | 10-14岁 | | |
|---|---|---|---|---|---|---|---|---|---|
| | 小计 | 男 | 女 | 小计 | 男 | 女 | 小计 | 男 | 女 |
| **绍兴市** | **4** | **3** | **1** | **4** | **3** | **1** | **3** | **1** | **2** |
| 越城区 | | | | | | | | | |
| 柯桥区 | | | | | | | | | |
| 上虞区 | 1 | 1 | | 1 | 1 | | 1 | 1 | |
| 新昌县 | 1 | 1 | | | | | 1 | | 1 |
| 诸暨市 | 1 | | 1 | 3 | 2 | 1 | | | |
| 嵊州市 | 1 | 1 | | | | | 1 | | 1 |
| **金华市** | **16** | **10** | **6** | **2** | **1** | **1** | **6** | **3** | **3** |
| 婺城区 | 1 | | 1 | | | | | | |
| 金东区 | | | | | | | 2 | 1 | 1 |
| 武义县 | 3 | 2 | 1 | 1 | | 1 | | | |
| 浦江县 | | | | | | | 2 | 1 | 1 |
| 磐安县 | | | | | | | | | |
| 兰溪市 | 1 | 1 | | | | | | | |
| 义乌市 | 3 | 2 | 1 | | | | | | |
| 东阳市 | 7 | 4 | 3 | 1 | 1 | | 2 | 1 | 1 |
| 永康市 | 1 | 1 | | | | | | | |
| **衢州市** | **2** | | **2** | **4** | **3** | **1** | **3** | **1** | **2** |
| 柯城区 | | | | | | | | | |
| 衢江区 | 1 | | 1 | 1 | 1 | | | | |
| 常山县 | | | | | | | 1 | | 1 |
| 开化县 | 1 | | 1 | | | | | | |
| 龙游县 | | | | 1 | 1 | | 2 | 1 | 1 |
| 江山市 | | | | 2 | 1 | 1 | | | |
| **舟山市** | | | | **1** | | **1** | **2** | | **2** |
| 定海区 | | | | 1 | | 1 | | | |
| 普陀区 | | | | | | | | | |
| 岱山县 | | | | | | | 1 | | 1 |
| 嵊泗县 | | | | | | | 1 | | 1 |
| **台州市** | **5** | **1** | **4** | **2** | **1** | **1** | **8** | **6** | **2** |
| 椒江区 | 1 | | 1 | | | | | | |
| 黄岩区 | | | | | | | 1 | 1 | |
| 路桥区 | | | | | | | 2 | 1 | 1 |
| 三门县 | | | | 1 | | 1 | 1 | 1 | |
| 天台县 | 1 | | 1 | 1 | 1 | | 2 | 2 | |
| 仙居县 | 2 | | 2 | | | | 1 | | 1 |
| 温岭市 | 1 | 1 | | | | | | | |
| 临海市 | | | | | | | 1 | 1 | |
| 玉环市 | | | | | | | | | |
| **丽水市** | **8** | **4** | **4** | **1** | **1** | | **6** | **4** | **2** |
| 莲都区 | | | | | | | | | |
| 青田县 | 1 | 1 | | | | | 4 | 4 | |
| 缙云县 | 3 | | 3 | 1 | 1 | | 1 | | 1 |
| 遂昌县 | | | | | | | | | |
| 松阳县 | 1 | | 1 | | | | | | |
| 云和县 | 1 | 1 | | | | | | | |
| 庆元县 | | | | | | | | | |
| 景宁畲族自治县 | 2 | 2 | | | | | 1 | | 1 |
| 龙泉市 | | | | | | | | | |

6-1b　续表 4　　　　单位：人

| 地　区 | 15-19岁 | | | 20-24岁 | | | 25-29岁 | | |
|---|---|---|---|---|---|---|---|---|---|
| | 小计 | 男 | 女 | 小计 | 男 | 女 | 小计 | 男 | 女 |
| **合计** | **124** | **83** | **41** | **173** | **127** | **46** | **219** | **148** | **71** |
| **杭州市** | **14** | **10** | **4** | **20** | **14** | **6** | **30** | **24** | **6** |
| 上城区 | | | | | | | | | |
| 下城区 | | | | | | | | | |
| 江干区 | | | | | | | | | |
| 拱墅区 | | | | | | | | | |
| 西湖区 | | | | | | | | | |
| 滨江区 | | | | | | | | | |
| 萧山区 | 1 | 1 | | | | | 1 | | 1 |
| 余杭区 | 7 | 5 | 2 | 13 | 10 | 3 | 21 | 18 | 3 |
| 富阳区 | | | | 1 | 1 | | | | |
| 临安区 | | | | | | | | | |
| 桐庐县 | 5 | 3 | 2 | 5 | 3 | 2 | 3 | 2 | 1 |
| 淳安县 | 1 | 1 | | 1 | | 1 | 2 | 1 | 1 |
| 建德市 | | | | | | | 3 | 3 | |
| **宁波市** | **14** | **10** | **4** | **32** | **25** | **7** | **32** | **21** | **11** |
| 海曙区 | | | | | | | | | |
| 江北区 | | | | | | | | | |
| 北仑区 | | | | 2 | 1 | 1 | | | |
| 镇海区 | | | | | | | 2 | 2 | |
| 鄞州区 | 1 | 1 | | 1 | 1 | | 2 | | 2 |
| 奉化区 | | | | | | | 1 | 1 | |
| 象山县 | 3 | 2 | 1 | 9 | 7 | 2 | 6 | 4 | 2 |
| 宁海县 | 5 | 4 | 1 | 8 | 7 | 1 | 7 | 4 | 3 |
| 余姚市 | 1 | 1 | | 7 | 4 | 3 | 7 | 6 | 1 |
| 慈溪市 | 4 | 2 | 2 | 5 | 5 | | 7 | 4 | 3 |
| **温州市** | **23** | **19** | **4** | **23** | **15** | **8** | **40** | **27** | **13** |
| 鹿城区 | | | | | | | | | |
| 龙湾区 | 4 | 2 | 2 | | | | 2 | 2 | |
| 瓯海区 | | | | | | | | | |
| 洞头区 | | | | 1 | 1 | | 1 | | 1 |
| 永嘉县 | 3 | 3 | | 3 | 2 | 1 | 9 | 4 | 5 |
| 平阳县 | 10 | 8 | 2 | 10 | 6 | 4 | 14 | 11 | 3 |
| 苍南县 | 5 | 5 | | 7 | 4 | 3 | 6 | 6 | |
| 文成县 | | | | 1 | 1 | | 1 | | 1 |
| 泰顺县 | | | | | | | 2 | 1 | 1 |
| 瑞安市 | 1 | 1 | | | | | 1 | | 1 |
| 乐清市 | | | | 1 | 1 | | 2 | 2 | |
| 龙港市 | | | | | | | 2 | 1 | 1 |
| **嘉兴市** | **20** | **11** | **9** | **17** | **12** | **5** | **30** | **19** | **11** |
| 南湖区 | | | | | | | | | |
| 秀洲区 | | | | 1 | 1 | | 3 | 1 | 2 |
| 嘉善县 | 8 | 6 | 2 | 5 | 4 | 1 | 9 | 7 | 2 |
| 海盐县 | 4 | 1 | 3 | 2 | | 2 | 5 | 3 | 2 |
| 海宁市 | 4 | 4 | | 7 | 6 | 1 | 8 | 4 | 4 |
| 平湖市 | 2 | | 2 | 1 | 1 | | 3 | 2 | 1 |
| 桐乡市 | 2 | | 2 | 1 | | 1 | 2 | 2 | |
| **湖州市** | **14** | **7** | **7** | **21** | **17** | **4** | **21** | **12** | **9** |
| 吴兴区 | | | | 1 | 1 | | 3 | 2 | 1 |
| 南浔区 | | | | | | | | | |
| 德清县 | 3 | 3 | | 11 | 9 | 2 | 6 | 4 | 2 |
| 长兴县 | 7 | 3 | 4 | 7 | 5 | 2 | 8 | 5 | 3 |
| 安吉县 | 4 | 1 | 3 | 2 | 2 | | 4 | 1 | 3 |

6−1b 续表 5

单位：人

| 地 区 | 15−19岁 | | | 20−24岁 | | | 25−29岁 | | |
|---|---|---|---|---|---|---|---|---|---|
| | 小计 | 男 | 女 | 小计 | 男 | 女 | 小计 | 男 | 女 |
| **绍兴市** | **5** | **3** | **2** | **6** | **6** | | **6** | **3** | **3** |
| 越城区 | | | | | | | | | |
| 柯桥区 | 1 | 1 | | | | | 2 | 1 | 1 |
| 上虞区 | 1 | 1 | | | | | 3 | 2 | 1 |
| 新昌县 | 2 | | 2 | 1 | 1 | | 1 | | 1 |
| 诸暨市 | 1 | 1 | | 3 | 3 | | | | |
| 嵊州市 | | | | 2 | 2 | | | | |
| **金华市** | **13** | **9** | **4** | **23** | **15** | **8** | **31** | **22** | **9** |
| 婺城区 | | | | | | | 1 | | 1 |
| 金东区 | 1 | | 1 | 1 | | 1 | 1 | | 1 |
| 武义县 | 4 | 3 | 1 | 6 | 2 | 4 | 8 | 6 | 2 |
| 浦江县 | 1 | 1 | | | | | | | |
| 磐安县 | | | | 1 | 1 | | | | |
| 兰溪市 | | | | 2 | 2 | | 2 | 1 | 1 |
| 义乌市 | 4 | 3 | 1 | 4 | 4 | | 4 | 3 | 1 |
| 东阳市 | 3 | 2 | 1 | 9 | 6 | 3 | 12 | 10 | 2 |
| 永康市 | | | | | | | 3 | 2 | 1 |
| **衢州市** | **5** | **3** | **2** | **5** | **4** | **1** | **6** | **4** | **2** |
| 柯城区 | | | | | | | | | |
| 衢江区 | 1 | 1 | | | | | 1 | 1 | |
| 常山县 | 2 | 1 | 1 | 1 | 1 | | | | |
| 开化县 | 1 | | 1 | 2 | 1 | 1 | 2 | 1 | 1 |
| 龙游县 | | | | | | | 1 | 1 | |
| 江山市 | 1 | 1 | | 2 | 2 | | 2 | 1 | 1 |
| **舟山市** | | | | **2** | **2** | | | | |
| 定海区 | | | | | | | | | |
| 普陀区 | | | | 1 | 1 | | | | |
| 岱山县 | | | | | | | | | |
| 嵊泗县 | | | | 1 | 1 | | | | |
| **台州市** | **9** | **5** | **4** | **14** | **11** | **3** | **11** | **8** | **3** |
| 椒江区 | | | | | | | | | |
| 黄岩区 | | | | | | | | | |
| 路桥区 | 1 | 1 | | 1 | 1 | | 2 | 2 | |
| 三门县 | 1 | | 1 | 3 | 2 | 1 | | | |
| 天台县 | 2 | 1 | 1 | 5 | 4 | 1 | 4 | 2 | 2 |
| 仙居县 | 2 | 1 | 1 | 1 | 1 | | | | |
| 温岭市 | 1 | | 1 | 4 | 3 | 1 | 3 | 3 | |
| 临海市 | 2 | 2 | | | | | 2 | 1 | 1 |
| 玉环市 | | | | | | | | | |
| **丽水市** | **7** | **6** | **1** | **10** | **6** | **4** | **12** | **8** | **4** |
| 莲都区 | | | | | | | | | |
| 青田县 | 1 | 1 | | 3 | 2 | 1 | 4 | 3 | 1 |
| 缙云县 | 1 | 1 | | 2 | 1 | 1 | 5 | 3 | 2 |
| 遂昌县 | 1 | 1 | | | | | | | |
| 松阳县 | | | | | | | | | |
| 云和县 | | | | 2 | 1 | 1 | 1 | 1 | |
| 庆元县 | 1 | 1 | | | | | 1 | 1 | |
| 景宁畲族自治县 | 2 | 2 | | 2 | 1 | 1 | | | |
| 龙泉市 | 1 | | 1 | 1 | 1 | | 1 | | 1 |

6-1b　续表 6　　　　单位：人

| 地　区 | 30–34岁 | | | 35–39岁 | | | 40–44岁 | | |
|---|---|---|---|---|---|---|---|---|---|
| | 小计 | 男 | 女 | 小计 | 男 | 女 | 小计 | 男 | 女 |
| **合计** | **341** | **232** | **109** | **377** | **272** | **105** | **672** | **466** | **206** |
| **杭州市** | **36** | **26** | **10** | **53** | **38** | **15** | **43** | **35** | **8** |
| 上城区 | | | | | | | | | |
| 下城区 | | | | | | | | | |
| 江干区 | | | | | | | | | |
| 拱墅区 | | | | | | | | | |
| 西湖区 | | | | | | | | | |
| 滨江区 | | | | | | | | | |
| 萧山区 | 5 | 1 | 4 | 4 | 3 | 1 | 2 | 2 | |
| 余杭区 | 16 | 14 | 2 | 29 | 20 | 9 | 21 | 17 | 4 |
| 富阳区 | | | | 2 | 1 | 1 | 5 | 5 | |
| 临安区 | 4 | 3 | 1 | 2 | 2 | | | | |
| 桐庐县 | 5 | 4 | 1 | 7 | 4 | 3 | 9 | 6 | 3 |
| 淳安县 | 3 | 1 | 2 | 5 | 4 | 1 | 3 | 3 | |
| 建德市 | 3 | 3 | | 4 | 4 | | 3 | 2 | 1 |
| **宁波市** | **42** | **31** | **11** | **53** | **39** | **14** | **82** | **52** | **30** |
| 海曙区 | | | | 1 | 1 | | 5 | 3 | 2 |
| 江北区 | | | | | | | | | |
| 北仑区 | | | | 3 | 3 | | 1 | | 1 |
| 镇海区 | 2 | 2 | | 1 | 1 | | 3 | 1 | 2 |
| 鄞州区 | 4 | 1 | 3 | 4 | 2 | 2 | 3 | 2 | 1 |
| 奉化区 | | | | 3 | 3 | | 2 | 1 | 1 |
| 象山县 | 8 | 5 | 3 | 9 | 6 | 3 | 20 | 19 | 1 |
| 宁海县 | 10 | 10 | | 21 | 17 | 4 | 22 | 10 | 12 |
| 余姚市 | 12 | 8 | 4 | 6 | 3 | 3 | 18 | 11 | 7 |
| 慈溪市 | 6 | 5 | 1 | 5 | 3 | 2 | 8 | 5 | 3 |
| **温州市** | **52** | **35** | **17** | **82** | **61** | **21** | **158** | **112** | **46** |
| 鹿城区 | | | | | | | | | |
| 龙湾区 | 6 | 4 | 2 | 7 | 5 | 2 | 11 | 8 | 3 |
| 瓯海区 | | | | 1 | 1 | | | | |
| 洞头区 | | | | | | | 1 | 1 | |
| 永嘉县 | 6 | 5 | 1 | 7 | 4 | 3 | 22 | 14 | 8 |
| 平阳县 | 16 | 9 | 7 | 25 | 21 | 4 | 34 | 26 | 8 |
| 苍南县 | 16 | 9 | 7 | 30 | 22 | 8 | 54 | 37 | 17 |
| 文成县 | 3 | 3 | | 8 | 5 | 3 | 9 | 7 | 2 |
| 泰顺县 | 1 | 1 | | 1 | | 1 | 14 | 11 | 3 |
| 瑞安市 | | | | | | | 1 | | 1 |
| 乐清市 | 3 | 3 | | 3 | 3 | | 7 | 5 | 2 |
| 龙港市 | 1 | 1 | | | | | 5 | 3 | 2 |
| **嘉兴市** | **42** | **27** | **15** | **38** | **26** | **12** | **40** | **27** | **13** |
| 南湖区 | 1 | | 1 | 1 | 1 | | | | |
| 秀洲区 | 4 | 2 | 2 | 1 | 1 | | 1 | | 1 |
| 嘉善县 | 12 | 6 | 6 | 4 | 3 | 1 | 7 | 6 | 1 |
| 海盐县 | 2 | 2 | | 2 | 1 | 1 | 8 | 4 | 4 |
| 海宁市 | 13 | 9 | 4 | 21 | 15 | 6 | 18 | 14 | 4 |
| 平湖市 | 7 | 5 | 2 | 7 | 4 | 3 | 1 | | 1 |
| 桐乡市 | 3 | 3 | | 2 | 1 | 1 | 5 | 3 | 2 |
| **湖州市** | **39** | **33** | **6** | **23** | **20** | **3** | **50** | **31** | **19** |
| 吴兴区 | 2 | 1 | 1 | | | | | | |
| 南浔区 | 2 | 1 | 1 | 1 | | 1 | 2 | 2 | |
| 德清县 | 13 | 12 | 1 | 9 | 8 | 1 | 19 | 13 | 6 |
| 长兴县 | 9 | 7 | 2 | 9 | 9 | | 12 | 6 | 6 |
| 安吉县 | 13 | 12 | 1 | 4 | 3 | 1 | 17 | 10 | 7 |

6-1b 续表 7 单位：人

| 地区 | 30-34岁 | | | 35-39岁 | | | 40-44岁 | | |
|---|---|---|---|---|---|---|---|---|---|
| | 小计 | 男 | 女 | 小计 | 男 | 女 | 小计 | 男 | 女 |
| **绍兴市** | **9** | **6** | **3** | **11** | **4** | **7** | **36** | **25** | **11** |
| 越城区 | | | | | | | | | |
| 柯桥区 | | | | | | | 4 | 3 | 1 |
| 上虞区 | 3 | 1 | 2 | 1 | | 1 | 2 | 2 | |
| 新昌县 | 1 | 1 | | 6 | 2 | 4 | 10 | 7 | 3 |
| 诸暨市 | 3 | 2 | 1 | 2 | 1 | 1 | 11 | 7 | 4 |
| 嵊州市 | 2 | 2 | | 2 | 1 | 1 | 9 | 6 | 3 |
| **金华市** | **55** | **36** | **19** | **48** | **33** | **15** | **83** | **62** | **21** |
| 婺城区 | | | | 1 | 1 | | 2 | 2 | |
| 金东区 | 2 | 2 | | | | | 8 | 5 | 3 |
| 武义县 | 15 | 8 | 7 | 9 | 9 | | 16 | 14 | 2 |
| 浦江县 | 1 | 1 | | 7 | 2 | 5 | 10 | 6 | 4 |
| 磐安县 | 3 | | 3 | 4 | 2 | 2 | 3 | 2 | 1 |
| 兰溪市 | 4 | 4 | | 2 | 1 | 1 | 5 | 4 | 1 |
| 义乌市 | 13 | 7 | 6 | 5 | 5 | | 11 | 9 | 2 |
| 东阳市 | 15 | 12 | 3 | 16 | 10 | 6 | 24 | 18 | 6 |
| 永康市 | 2 | 2 | | 4 | 3 | 1 | 4 | 2 | 2 |
| **衢州市** | **14** | **5** | **9** | **11** | **7** | **4** | **35** | **28** | **7** |
| 柯城区 | | | | | | | 2 | 1 | 1 |
| 衢江区 | 1 | | 1 | 4 | 1 | 3 | 4 | 3 | 1 |
| 常山县 | 3 | 1 | 2 | 4 | 4 | | 4 | 4 | |
| 开化县 | 4 | 2 | 2 | | | | 6 | 6 | |
| 龙游县 | 4 | 1 | 3 | 1 | 1 | | 11 | 9 | 2 |
| 江山市 | 2 | 1 | 1 | 2 | 1 | 1 | 8 | 5 | 3 |
| **舟山市** | **6** | **4** | **2** | **9** | **7** | **2** | **17** | **13** | **4** |
| 定海区 | | | | 3 | 1 | 2 | 2 | 1 | 1 |
| 普陀区 | | | | 2 | 2 | | 2 | 1 | 1 |
| 岱山县 | 1 | 1 | | 2 | 2 | | 10 | 9 | 1 |
| 嵊泗县 | 5 | 3 | 2 | 2 | 2 | | 3 | 2 | 1 |
| **台州市** | **21** | **10** | **11** | **22** | **16** | **6** | **71** | **42** | **29** |
| 椒江区 | | | | | | | | | |
| 黄岩区 | | | | 1 | 1 | | | | |
| 路桥区 | 4 | 1 | 3 | | | | 2 | 2 | |
| 三门县 | 2 | | 2 | 2 | 1 | 1 | 11 | 5 | 6 |
| 天台县 | 2 | 2 | | 8 | 8 | | 20 | 10 | 10 |
| 仙居县 | 1 | 1 | | 4 | 2 | 2 | 11 | 8 | 3 |
| 温岭市 | 8 | 4 | 4 | 4 | 2 | 2 | 17 | 12 | 5 |
| 临海市 | 3 | 2 | 1 | 2 | 1 | 1 | 10 | 5 | 5 |
| 玉环市 | 1 | | 1 | 1 | 1 | | | | |
| **丽水市** | **25** | **19** | **6** | **27** | **21** | **6** | **57** | **39** | **18** |
| 莲都区 | | | | | | | 2 | 1 | 1 |
| 青田县 | 2 | 2 | | 7 | 7 | | 6 | 3 | 3 |
| 缙云县 | 9 | 6 | 3 | 9 | 7 | 2 | 20 | 13 | 7 |
| 遂昌县 | 1 | 1 | | 6 | 3 | 3 | 10 | 10 | |
| 松阳县 | 3 | 2 | 1 | 4 | 3 | 1 | 9 | 5 | 4 |
| 云和县 | 5 | 3 | 2 | | | | 1 | 1 | |
| 庆元县 | 1 | 1 | | | | | 5 | 4 | 1 |
| 景宁畲族自治县 | 3 | 3 | | | | | 2 | 1 | 1 |
| 龙泉市 | 1 | 1 | | 1 | 1 | | 2 | 1 | 1 |

6-1b 续表 8

单位：人

| 地区 | 45-49岁 | | | 50-54岁 | | | 55-59岁 | | |
|---|---|---|---|---|---|---|---|---|---|
| | 小计 | 男 | 女 | 小计 | 男 | 女 | 小计 | 男 | 女 |
| **合计** | **1108** | **754** | **354** | **1939** | **1345** | **594** | **2548** | **1779** | **769** |
| **杭州市** | **92** | **65** | **27** | **161** | **113** | **48** | **210** | **150** | **60** |
| 上城区 | | | | | | | | | |
| 下城区 | | | | | | | | | |
| 江干区 | | | | | | | | | |
| 拱墅区 | | | | | | | | | |
| 西湖区 | | | | | | | | | |
| 滨江区 | | | | | | | | | |
| 萧山区 | 3 | 3 | | 6 | 4 | 2 | 19 | 13 | 6 |
| 余杭区 | 37 | 32 | 5 | 52 | 42 | 10 | 49 | 38 | 11 |
| 富阳区 | 5 | 3 | 2 | 6 | 4 | 2 | 9 | 7 | 2 |
| 临安区 | 4 | 3 | 1 | 15 | 10 | 5 | 22 | 16 | 6 |
| 桐庐县 | 26 | 15 | 11 | 45 | 29 | 16 | 55 | 34 | 21 |
| 淳安县 | 11 | 7 | 4 | 25 | 16 | 9 | 30 | 22 | 8 |
| 建德市 | 6 | 2 | 4 | 12 | 8 | 4 | 26 | 20 | 6 |
| **宁波市** | **155** | **107** | **48** | **281** | **183** | **98** | **359** | **257** | **102** |
| 海曙区 | 5 | 2 | 3 | 8 | 7 | 1 | 7 | 3 | 4 |
| 江北区 | | | | | | | | | |
| 北仑区 | 2 | 2 | | 5 | 4 | 1 | 5 | 2 | 3 |
| 镇海区 | 1 | | 1 | 2 | 2 | | 9 | 6 | 3 |
| 鄞州区 | 12 | 6 | 6 | 29 | 15 | 14 | 37 | 27 | 10 |
| 奉化区 | 3 | 3 | | 7 | 3 | 4 | 7 | 4 | 3 |
| 象山县 | 29 | 17 | 12 | 58 | 39 | 19 | 70 | 60 | 10 |
| 宁海县 | 43 | 36 | 7 | 77 | 51 | 26 | 70 | 43 | 27 |
| 余姚市 | 33 | 23 | 10 | 52 | 37 | 15 | 91 | 62 | 29 |
| 慈溪市 | 27 | 18 | 9 | 43 | 25 | 18 | 63 | 50 | 13 |
| **温州市** | **207** | **150** | **57** | **371** | **261** | **110** | **458** | **318** | **140** |
| 鹿城区 | 2 | 1 | 1 | | | | | | |
| 龙湾区 | 7 | 5 | 2 | 17 | 10 | 7 | 16 | 12 | 4 |
| 瓯海区 | 4 | 3 | 1 | 2 | 1 | 1 | 5 | 1 | 4 |
| 洞头区 | 1 | | 1 | 1 | 1 | | 7 | 5 | 2 |
| 永嘉县 | 35 | 31 | 4 | 59 | 48 | 11 | 74 | 57 | 17 |
| 平阳县 | 51 | 30 | 21 | 113 | 77 | 36 | 124 | 84 | 40 |
| 苍南县 | 65 | 48 | 17 | 114 | 73 | 41 | 136 | 93 | 43 |
| 文成县 | 17 | 16 | 1 | 25 | 20 | 5 | 43 | 32 | 11 |
| 泰顺县 | 13 | 10 | 3 | 20 | 14 | 6 | 23 | 14 | 9 |
| 瑞安市 | 3 | 2 | 1 | 3 | 3 | | 10 | 7 | 3 |
| 乐清市 | 5 | 2 | 3 | 12 | 9 | 3 | 16 | 11 | 5 |
| 龙港市 | 4 | 2 | 2 | 5 | 5 | | 4 | 2 | 2 |
| **嘉兴市** | **117** | **69** | **48** | **196** | **143** | **53** | **264** | **183** | **81** |
| 南湖区 | 4 | 3 | 1 | 5 | 3 | 2 | 3 | 3 | |
| 秀洲区 | 13 | 9 | 4 | 14 | 11 | 3 | 23 | 19 | 4 |
| 嘉善县 | 31 | 15 | 16 | 37 | 27 | 10 | 51 | 37 | 14 |
| 海盐县 | 21 | 13 | 8 | 40 | 29 | 11 | 50 | 37 | 13 |
| 海宁市 | 25 | 15 | 10 | 54 | 38 | 16 | 71 | 45 | 26 |
| 平湖市 | 11 | 6 | 5 | 14 | 12 | 2 | 36 | 24 | 12 |
| 桐乡市 | 12 | 8 | 4 | 32 | 23 | 9 | 30 | 18 | 12 |
| **湖州市** | **77** | **50** | **27** | **165** | **114** | **51** | **211** | **143** | **68** |
| 吴兴区 | 2 | 1 | 1 | 3 | 2 | 1 | 10 | 7 | 3 |
| 南浔区 | 2 | 1 | 1 | 15 | 8 | 7 | 31 | 21 | 10 |
| 德清县 | 24 | 16 | 8 | 52 | 37 | 15 | 35 | 25 | 10 |
| 长兴县 | 34 | 23 | 11 | 51 | 35 | 16 | 73 | 43 | 30 |
| 安吉县 | 15 | 9 | 6 | 44 | 32 | 12 | 62 | 47 | 15 |

6－1b　续表 9　　　　　　　　　　　　　　　　　　　　　　　　　　　　单位：人

| 地　　区 | 45－49岁 | | | 50－54岁 | | | 55－59岁 | | |
|---|---|---|---|---|---|---|---|---|---|
| | 小计 | 男 | 女 | 小计 | 男 | 女 | 小计 | 男 | 女 |
| **绍兴市** | **55** | **39** | **16** | **106** | **66** | **40** | **170** | **119** | **51** |
| 越城区 | 1 | 1 | | | | | 1 | 1 | |
| 柯桥区 | 3 | 3 | | 11 | 5 | 6 | 27 | 16 | 11 |
| 上虞区 | 8 | 4 | 4 | 16 | 14 | 2 | 33 | 20 | 13 |
| 新昌县 | 17 | 15 | 2 | 31 | 20 | 11 | 51 | 37 | 14 |
| 诸暨市 | 19 | 10 | 9 | 32 | 15 | 17 | 30 | 23 | 7 |
| 嵊州市 | 7 | 6 | 1 | 16 | 12 | 4 | 28 | 22 | 6 |
| **金华市** | **119** | **88** | **31** | **176** | **121** | **55** | **229** | **155** | **74** |
| 婺城区 | 2 | 2 | | 3 | 3 | | 12 | 9 | 3 |
| 金东区 | 6 | 5 | 1 | 5 | 3 | 2 | 20 | 15 | 5 |
| 武义县 | 22 | 16 | 6 | 31 | 25 | 6 | 45 | 37 | 8 |
| 浦江县 | 15 | 7 | 8 | 22 | 14 | 8 | 29 | 14 | 15 |
| 磐安县 | 12 | 7 | 5 | 25 | 14 | 11 | 20 | 14 | 6 |
| 兰溪市 | 9 | 9 | | 14 | 9 | 5 | 25 | 18 | 7 |
| 义乌市 | 19 | 17 | 2 | 21 | 18 | 3 | 27 | 14 | 13 |
| 东阳市 | 30 | 23 | 7 | 44 | 29 | 15 | 38 | 25 | 13 |
| 永康市 | 4 | 2 | 2 | 11 | 6 | 5 | 13 | 9 | 4 |
| **衢州市** | **53** | **38** | **15** | **89** | **66** | **23** | **127** | **93** | **34** |
| 柯城区 | 3 | 3 | | 4 | 3 | 1 | 6 | 5 | 1 |
| 衢江区 | 6 | 3 | 3 | 13 | 10 | 3 | 10 | 8 | 2 |
| 常山县 | 15 | 13 | 2 | 24 | 16 | 8 | 38 | 27 | 11 |
| 开化县 | 7 | 4 | 3 | 13 | 11 | 2 | 21 | 17 | 4 |
| 龙游县 | 12 | 9 | 3 | 15 | 12 | 3 | 29 | 19 | 10 |
| 江山市 | 10 | 6 | 4 | 20 | 14 | 6 | 23 | 17 | 6 |
| **舟山市** | **15** | **13** | **2** | **50** | **36** | **14** | **68** | **50** | **18** |
| 定海区 | | | | 6 | 3 | 3 | 8 | 6 | 2 |
| 普陀区 | 6 | 6 | | 5 | 3 | 2 | 6 | 4 | 2 |
| 岱山县 | 7 | 6 | 1 | 20 | 17 | 3 | 40 | 33 | 7 |
| 嵊泗县 | 2 | 1 | 1 | 19 | 13 | 6 | 14 | 7 | 7 |
| **台州市** | **130** | **72** | **58** | **194** | **128** | **66** | **249** | **164** | **85** |
| 椒江区 | 1 | 1 | | 2 | 1 | 1 | 1 | 1 | |
| 黄岩区 | 2 | 1 | 1 | 4 | 3 | 1 | 6 | 3 | 3 |
| 路桥区 | 9 | 6 | 3 | 16 | 8 | 8 | 12 | 7 | 5 |
| 三门县 | 23 | 11 | 12 | 27 | 21 | 6 | 28 | 16 | 12 |
| 天台县 | 23 | 10 | 13 | 31 | 20 | 11 | 47 | 32 | 15 |
| 仙居县 | 27 | 15 | 12 | 28 | 17 | 11 | 43 | 28 | 15 |
| 温岭市 | 28 | 18 | 10 | 67 | 43 | 24 | 77 | 54 | 23 |
| 临海市 | 12 | 6 | 6 | 17 | 14 | 3 | 32 | 21 | 11 |
| 玉环市 | 5 | 4 | 1 | 2 | 1 | 1 | 3 | 2 | 1 |
| **丽水市** | **88** | **63** | **25** | **150** | **114** | **36** | **203** | **147** | **56** |
| 莲都区 | 3 | 1 | 2 | 5 | 4 | 1 | 6 | 5 | 1 |
| 青田县 | 17 | 11 | 6 | 32 | 27 | 5 | 38 | 27 | 11 |
| 缙云县 | 20 | 17 | 3 | 40 | 27 | 13 | 58 | 49 | 9 |
| 遂昌县 | 12 | 6 | 6 | 19 | 15 | 4 | 37 | 22 | 15 |
| 松阳县 | 14 | 11 | 3 | 11 | 9 | 2 | 22 | 16 | 6 |
| 云和县 | 9 | 6 | 3 | 12 | 9 | 3 | 15 | 9 | 6 |
| 庆元县 | 3 | 2 | 1 | 14 | 12 | 2 | 10 | 7 | 3 |
| 景宁畲族自治县 | 7 | 6 | 1 | 10 | 8 | 2 | 10 | 6 | 4 |
| 龙泉市 | 3 | 3 | | 7 | 3 | 4 | 7 | 6 | 1 |

6-1b　续表 10　　　　单位：人

| 地　区 | 60-64岁 | | | 65-69岁 | | | 70-74岁 | | |
|---|---|---|---|---|---|---|---|---|---|
| | 小计 | 男 | 女 | 小计 | 男 | 女 | 小计 | 男 | 女 |
| **合计** | **3479** | **2452** | **1027** | **4904** | **3349** | **1555** | **6246** | **4083** | **2163** |
| **杭州市** | **267** | **190** | **77** | **410** | **295** | **115** | **515** | **345** | **170** |
| 上城区 | | | | | | | | | |
| 下城区 | | | | | | | | | |
| 江干区 | | | | | | | | | |
| 拱墅区 | | | | | | | | | |
| 西湖区 | | | | | | | 2 | 2 | |
| 滨江区 | | | | | | | | | |
| 萧山区 | 38 | 27 | 11 | 48 | 33 | 15 | 54 | 36 | 18 |
| 余杭区 | 54 | 40 | 14 | 83 | 64 | 19 | 92 | 61 | 31 |
| 富阳区 | 20 | 16 | 4 | 20 | 16 | 4 | 37 | 27 | 10 |
| 临安区 | 30 | 15 | 15 | 35 | 24 | 11 | 42 | 28 | 14 |
| 桐庐县 | 62 | 45 | 17 | 132 | 89 | 43 | 148 | 95 | 53 |
| 淳安县 | 31 | 23 | 8 | 41 | 35 | 6 | 69 | 51 | 18 |
| 建德市 | 32 | 24 | 8 | 51 | 34 | 17 | 71 | 45 | 26 |
| **宁波市** | **536** | **382** | **154** | **649** | **456** | **193** | **950** | **608** | **342** |
| 海曙区 | 19 | 14 | 5 | 15 | 9 | 6 | 28 | 19 | 9 |
| 江北区 | | | | | | | | | |
| 北仑区 | 6 | 4 | 2 | 9 | 6 | 3 | 10 | 8 | 2 |
| 镇海区 | 5 | 3 | 2 | 13 | 11 | 2 | 22 | 15 | 7 |
| 鄞州区 | 80 | 54 | 26 | 108 | 75 | 33 | 138 | 90 | 48 |
| 奉化区 | 17 | 15 | 2 | 28 | 21 | 7 | 32 | 18 | 14 |
| 象山县 | 72 | 55 | 17 | 82 | 62 | 20 | 136 | 98 | 38 |
| 宁海县 | 115 | 77 | 38 | 133 | 87 | 46 | 164 | 109 | 55 |
| 余姚市 | 140 | 100 | 40 | 155 | 111 | 44 | 279 | 168 | 111 |
| 慈溪市 | 82 | 60 | 22 | 106 | 74 | 32 | 141 | 83 | 58 |
| **温州市** | **645** | **447** | **198** | **841** | **575** | **266** | **952** | **638** | **314** |
| 鹿城区 | 6 | 5 | 1 | 4 | 3 | 1 | 5 | 4 | 1 |
| 龙湾区 | 34 | 18 | 16 | 45 | 33 | 12 | 41 | 28 | 13 |
| 瓯海区 | 9 | 4 | 5 | 7 | 4 | 3 | 10 | 3 | 7 |
| 洞头区 | 3 | 1 | 2 | 1 | 1 | | 2 | 2 | |
| 永嘉县 | 97 | 70 | 27 | 138 | 91 | 47 | 175 | 115 | 60 |
| 平阳县 | 150 | 108 | 42 | 220 | 151 | 69 | 213 | 149 | 64 |
| 苍南县 | 218 | 161 | 57 | 271 | 182 | 89 | 314 | 208 | 106 |
| 文成县 | 45 | 30 | 15 | 60 | 40 | 20 | 78 | 54 | 24 |
| 泰顺县 | 34 | 23 | 11 | 35 | 27 | 8 | 48 | 31 | 17 |
| 瑞安市 | 18 | 14 | 4 | 17 | 12 | 5 | 19 | 13 | 6 |
| 乐清市 | 24 | 9 | 15 | 29 | 19 | 10 | 27 | 15 | 12 |
| 龙港市 | 7 | 4 | 3 | 14 | 12 | 2 | 20 | 16 | 4 |
| **嘉兴市** | **382** | **259** | **123** | **574** | **382** | **192** | **775** | **502** | **273** |
| 南湖区 | 8 | 7 | 1 | 19 | 13 | 6 | 16 | 6 | 10 |
| 秀洲区 | 33 | 21 | 12 | 53 | 30 | 23 | 58 | 40 | 18 |
| 嘉善县 | 81 | 59 | 22 | 113 | 80 | 33 | 144 | 104 | 40 |
| 海盐县 | 50 | 34 | 16 | 109 | 72 | 37 | 145 | 83 | 62 |
| 海宁市 | 93 | 59 | 34 | 114 | 80 | 34 | 198 | 129 | 69 |
| 平湖市 | 65 | 42 | 23 | 91 | 58 | 33 | 109 | 75 | 34 |
| 桐乡市 | 52 | 37 | 15 | 75 | 49 | 26 | 105 | 65 | 40 |
| **湖州市** | **250** | **185** | **65** | **443** | **294** | **149** | **597** | **381** | **216** |
| 吴兴区 | 17 | 14 | 3 | 22 | 16 | 6 | 47 | 33 | 14 |
| 南浔区 | 29 | 18 | 11 | 48 | 32 | 16 | 56 | 39 | 17 |
| 德清县 | 68 | 53 | 15 | 110 | 68 | 42 | 138 | 88 | 50 |
| 长兴县 | 73 | 53 | 20 | 147 | 103 | 44 | 207 | 129 | 78 |
| 安吉县 | 63 | 47 | 16 | 116 | 75 | 41 | 149 | 92 | 57 |

6-1b 续表 11

单位：人

| 地 区 | 60-64岁 | | | 65-69岁 | | | 70-74岁 | | |
|---|---|---|---|---|---|---|---|---|---|
| | 小计 | 男 | 女 | 小计 | 男 | 女 | 小计 | 男 | 女 |
| **绍兴市** | **249** | **173** | **76** | **334** | **230** | **104** | **458** | **287** | **171** |
| 越城区 | 1 | 1 | | 1 | | 1 | | | |
| 柯桥区 | 18 | 13 | 5 | 36 | 24 | 12 | 46 | 23 | 23 |
| 上虞区 | 48 | 38 | 10 | 64 | 43 | 21 | 106 | 61 | 45 |
| 新昌县 | 78 | 49 | 29 | 77 | 54 | 23 | 110 | 65 | 45 |
| 诸暨市 | 60 | 43 | 17 | 80 | 58 | 22 | 111 | 74 | 37 |
| 嵊州市 | 44 | 29 | 15 | 76 | 51 | 25 | 85 | 64 | 21 |
| **金华市** | **274** | **181** | **93** | **446** | **320** | **126** | **555** | **374** | **181** |
| 婺城区 | 17 | 14 | 3 | 19 | 17 | 2 | 21 | 13 | 8 |
| 金东区 | 20 | 13 | 7 | 27 | 21 | 6 | 35 | 21 | 14 |
| 武义县 | 51 | 32 | 19 | 74 | 53 | 21 | 78 | 51 | 27 |
| 浦江县 | 29 | 18 | 11 | 44 | 32 | 12 | 86 | 62 | 24 |
| 磐安县 | 28 | 14 | 14 | 28 | 22 | 6 | 32 | 18 | 14 |
| 兰溪市 | 28 | 17 | 11 | 59 | 46 | 13 | 60 | 38 | 22 |
| 义乌市 | 31 | 23 | 8 | 45 | 31 | 14 | 64 | 41 | 23 |
| 东阳市 | 49 | 34 | 15 | 111 | 75 | 36 | 143 | 106 | 37 |
| 永康市 | 21 | 16 | 5 | 39 | 23 | 16 | 36 | 24 | 12 |
| **衢州市** | **179** | **132** | **47** | **292** | **195** | **97** | **345** | **238** | **107** |
| 柯城区 | 3 | 2 | 1 | 4 | 3 | 1 | 8 | 5 | 3 |
| 衢江区 | 10 | 7 | 3 | 30 | 22 | 8 | 43 | 33 | 10 |
| 常山县 | 47 | 34 | 13 | 80 | 56 | 24 | 85 | 59 | 26 |
| 开化县 | 34 | 25 | 9 | 41 | 21 | 20 | 49 | 32 | 17 |
| 龙游县 | 45 | 37 | 8 | 72 | 47 | 25 | 89 | 57 | 32 |
| 江山市 | 40 | 27 | 13 | 65 | 46 | 19 | 71 | 52 | 19 |
| **舟山市** | **88** | **66** | **22** | **121** | **86** | **35** | **167** | **98** | **69** |
| 定海区 | 14 | 10 | 4 | 17 | 13 | 4 | 10 | 8 | 2 |
| 普陀区 | 8 | 6 | 2 | 23 | 18 | 5 | 27 | 19 | 8 |
| 岱山县 | 53 | 41 | 12 | 57 | 38 | 19 | 102 | 55 | 47 |
| 嵊泗县 | 13 | 9 | 4 | 24 | 17 | 7 | 28 | 16 | 12 |
| **台州市** | **382** | **275** | **107** | **443** | **290** | **153** | **593** | **385** | **208** |
| 椒江区 | | | | 3 | | 3 | 1 | 1 | |
| 黄岩区 | 9 | 7 | 2 | 25 | 19 | 6 | 15 | 8 | 7 |
| 路桥区 | 15 | 10 | 5 | 26 | 17 | 9 | 48 | 33 | 15 |
| 三门县 | 53 | 37 | 16 | 52 | 31 | 21 | 74 | 47 | 27 |
| 天台县 | 79 | 55 | 24 | 91 | 63 | 28 | 104 | 62 | 42 |
| 仙居县 | 61 | 42 | 19 | 70 | 40 | 30 | 71 | 53 | 18 |
| 温岭市 | 114 | 82 | 32 | 141 | 100 | 41 | 202 | 131 | 71 |
| 临海市 | 49 | 40 | 9 | 31 | 18 | 13 | 74 | 49 | 25 |
| 玉环市 | 2 | 2 | | 4 | 2 | 2 | 4 | 1 | 3 |
| **丽水市** | **227** | **162** | **65** | **351** | **226** | **125** | **339** | **227** | **112** |
| 莲都区 | 4 | 4 | | 10 | 4 | 6 | 8 | 4 | 4 |
| 青田县 | 54 | 36 | 18 | 68 | 42 | 26 | 65 | 45 | 20 |
| 缙云县 | 53 | 36 | 17 | 96 | 61 | 35 | 89 | 58 | 31 |
| 遂昌县 | 31 | 19 | 12 | 46 | 36 | 10 | 44 | 31 | 13 |
| 松阳县 | 26 | 19 | 7 | 35 | 28 | 7 | 37 | 26 | 11 |
| 云和县 | 11 | 10 | 1 | 36 | 21 | 15 | 32 | 25 | 7 |
| 庆元县 | 20 | 15 | 5 | 38 | 18 | 20 | 36 | 22 | 14 |
| 景宁畲族自治县 | 20 | 18 | 2 | 16 | 12 | 4 | 17 | 8 | 9 |
| 龙泉市 | 8 | 5 | 3 | 6 | 4 | 2 | 11 | 8 | 3 |

6−1b　续表 12　　　　单位：人

| 地　区 | 75−79岁 | | | 80−84岁 | | | 85−89岁 | | |
|---|---|---|---|---|---|---|---|---|---|
| | 小计 | 男 | 女 | 小计 | 男 | 女 | 小计 | 男 | 女 |
| **合计** | **6710** | **4217** | **2493** | **9841** | **5656** | **4185** | **10738** | **5347** | **5391** |
| **杭州市** | **485** | **296** | **189** | **775** | **439** | **336** | **853** | **426** | **427** |
| 上城区 | | | | | | | | | |
| 下城区 | | | | | | | | | |
| 江干区 | | | | | | | | | |
| 拱墅区 | | | | | | | | | |
| 西湖区 | | | | | | | 3 | 1 | 2 |
| 滨江区 | | | | | | | | | |
| 萧山区 | 67 | 33 | 34 | 90 | 54 | 36 | 113 | 52 | 61 |
| 余杭区 | 75 | 47 | 28 | 137 | 69 | 68 | 185 | 92 | 93 |
| 富阳区 | 27 | 17 | 10 | 57 | 33 | 24 | 67 | 38 | 29 |
| 临安区 | 42 | 20 | 22 | 80 | 52 | 28 | 71 | 34 | 37 |
| 桐庐县 | 153 | 99 | 54 | 221 | 125 | 96 | 250 | 121 | 129 |
| 淳安县 | 48 | 33 | 15 | 75 | 44 | 31 | 69 | 35 | 34 |
| 建德市 | 73 | 47 | 26 | 115 | 62 | 53 | 95 | 53 | 42 |
| **宁波市** | **898** | **548** | **350** | **1256** | **696** | **560** | **1561** | **794** | **767** |
| 海曙区 | 23 | 13 | 10 | 35 | 18 | 17 | 45 | 20 | 25 |
| 江北区 | | | | | | | | | |
| 北仑区 | 9 | 5 | 4 | 16 | 9 | 7 | 19 | 9 | 10 |
| 镇海区 | 13 | 7 | 6 | 23 | 13 | 10 | 21 | 10 | 11 |
| 鄞州区 | 129 | 70 | 59 | 161 | 84 | 77 | 224 | 113 | 111 |
| 奉化区 | 43 | 24 | 19 | 48 | 29 | 19 | 70 | 42 | 28 |
| 象山县 | 145 | 86 | 59 | 195 | 107 | 88 | 248 | 140 | 108 |
| 宁海县 | 208 | 142 | 66 | 271 | 147 | 124 | 325 | 177 | 148 |
| 余姚市 | 187 | 111 | 76 | 285 | 162 | 123 | 351 | 171 | 180 |
| 慈溪市 | 141 | 90 | 51 | 222 | 127 | 95 | 258 | 112 | 146 |
| **温州市** | **1140** | **761** | **379** | **1725** | **1025** | **700** | **1670** | **861** | **809** |
| 鹿城区 | 7 | 4 | 3 | 5 | 3 | 2 | 5 | 2 | 3 |
| 龙湾区 | 45 | 25 | 20 | 89 | 45 | 44 | 88 | 49 | 39 |
| 瓯海区 | 13 | 7 | 6 | 30 | 16 | 14 | 19 | 10 | 9 |
| 洞头区 | 5 | 3 | 2 | 6 | 4 | 2 | 8 | 2 | 6 |
| 永嘉县 | 181 | 112 | 69 | 283 | 150 | 133 | 309 | 150 | 159 |
| 平阳县 | 272 | 185 | 87 | 452 | 293 | 159 | 401 | 197 | 204 |
| 苍南县 | 384 | 267 | 117 | 527 | 302 | 225 | 470 | 248 | 222 |
| 文成县 | 82 | 62 | 20 | 105 | 75 | 30 | 144 | 81 | 63 |
| 泰顺县 | 75 | 48 | 27 | 94 | 56 | 38 | 104 | 62 | 42 |
| 瑞安市 | 16 | 10 | 6 | 35 | 25 | 10 | 27 | 11 | 16 |
| 乐清市 | 44 | 25 | 19 | 72 | 45 | 27 | 79 | 44 | 35 |
| 龙港市 | 16 | 13 | 3 | 27 | 11 | 16 | 16 | 5 | 11 |
| **嘉兴市** | **879** | **560** | **319** | **1245** | **699** | **546** | **1343** | **638** | **705** |
| 南湖区 | 25 | 22 | 3 | 18 | 13 | 5 | 35 | 17 | 18 |
| 秀洲区 | 75 | 57 | 18 | 94 | 48 | 46 | 116 | 66 | 50 |
| 嘉善县 | 175 | 119 | 56 | 229 | 147 | 82 | 286 | 123 | 163 |
| 海盐县 | 144 | 82 | 62 | 227 | 113 | 114 | 216 | 94 | 122 |
| 海宁市 | 184 | 91 | 93 | 305 | 174 | 131 | 305 | 147 | 158 |
| 平湖市 | 138 | 97 | 41 | 162 | 86 | 76 | 183 | 90 | 93 |
| 桐乡市 | 138 | 92 | 46 | 210 | 118 | 92 | 202 | 101 | 101 |
| **湖州市** | **696** | **390** | **306** | **1029** | **548** | **481** | **1206** | **620** | **586** |
| 吴兴区 | 30 | 16 | 14 | 72 | 40 | 32 | 72 | 43 | 29 |
| 南浔区 | 74 | 33 | 41 | 140 | 73 | 67 | 150 | 66 | 84 |
| 德清县 | 187 | 110 | 77 | 242 | 123 | 119 | 312 | 146 | 166 |
| 长兴县 | 261 | 142 | 119 | 353 | 198 | 155 | 398 | 220 | 178 |
| 安吉县 | 144 | 89 | 55 | 222 | 114 | 108 | 274 | 145 | 129 |

6-1b 续表 13 单位：人

| 地区 | 75-79岁 | | | 80-84岁 | | | 85-89岁 | | |
|---|---|---|---|---|---|---|---|---|---|
| | 小计 | 男 | 女 | 小计 | 男 | 女 | 小计 | 男 | 女 |
| **绍兴市** | **369** | **243** | **126** | **632** | **386** | **246** | **630** | **308** | **322** |
| 越城区 | 3 | 2 | 1 | 7 | 3 | 4 | 9 | 6 | 3 |
| 柯桥区 | 38 | 28 | 10 | 69 | 49 | 20 | 75 | 33 | 42 |
| 上虞区 | 71 | 50 | 21 | 127 | 76 | 51 | 140 | 65 | 75 |
| 新昌县 | 99 | 58 | 41 | 169 | 94 | 75 | 149 | 66 | 83 |
| 诸暨市 | 96 | 63 | 33 | 166 | 106 | 60 | 176 | 97 | 79 |
| 嵊州市 | 62 | 42 | 20 | 94 | 58 | 36 | 81 | 41 | 40 |
| **金华市** | **647** | **401** | **246** | **844** | **507** | **337** | **957** | **473** | **484** |
| 婺城区 | 23 | 13 | 10 | 32 | 18 | 14 | 27 | 16 | 11 |
| 金东区 | 35 | 23 | 12 | 55 | 29 | 26 | 40 | 19 | 21 |
| 武义县 | 91 | 55 | 36 | 128 | 73 | 55 | 146 | 75 | 71 |
| 浦江县 | 85 | 56 | 29 | 96 | 64 | 32 | 122 | 68 | 54 |
| 磐安县 | 33 | 19 | 14 | 53 | 31 | 22 | 54 | 28 | 26 |
| 兰溪市 | 48 | 28 | 20 | 75 | 40 | 35 | 92 | 39 | 53 |
| 义乌市 | 95 | 57 | 38 | 93 | 53 | 40 | 138 | 70 | 68 |
| 东阳市 | 186 | 120 | 66 | 226 | 147 | 79 | 268 | 129 | 139 |
| 永康市 | 51 | 30 | 21 | 86 | 52 | 34 | 70 | 29 | 41 |
| **衢州市** | **372** | **232** | **140** | **554** | **332** | **222** | **527** | **271** | **256** |
| 柯城区 | 12 | 8 | 4 | 23 | 11 | 12 | 19 | 11 | 8 |
| 衢江区 | 38 | 31 | 7 | 45 | 30 | 15 | 48 | 22 | 26 |
| 常山县 | 90 | 61 | 29 | 116 | 68 | 48 | 146 | 71 | 75 |
| 开化县 | 69 | 40 | 29 | 112 | 68 | 44 | 87 | 50 | 37 |
| 龙游县 | 83 | 47 | 36 | 145 | 83 | 62 | 116 | 59 | 57 |
| 江山市 | 80 | 45 | 35 | 113 | 72 | 41 | 111 | 58 | 53 |
| **舟山市** | **155** | **93** | **62** | **215** | **113** | **102** | **264** | **112** | **152** |
| 定海区 | 15 | 9 | 6 | 23 | 12 | 11 | 25 | 11 | 14 |
| 普陀区 | 15 | 12 | 3 | 34 | 16 | 18 | 36 | 15 | 21 |
| 岱山县 | 87 | 56 | 31 | 123 | 69 | 54 | 163 | 65 | 98 |
| 嵊泗县 | 38 | 16 | 22 | 35 | 16 | 19 | 40 | 21 | 19 |
| **台州市** | **682** | **430** | **252** | **931** | **538** | **393** | **1070** | **514** | **556** |
| 椒江区 | 1 | 1 | | 8 | 7 | 1 | 10 | 4 | 6 |
| 黄岩区 | 31 | 19 | 12 | 33 | 24 | 9 | 49 | 28 | 21 |
| 路桥区 | 59 | 45 | 14 | 61 | 31 | 30 | 83 | 49 | 34 |
| 三门县 | 86 | 53 | 33 | 120 | 70 | 50 | 120 | 54 | 66 |
| 天台县 | 100 | 69 | 31 | 154 | 90 | 64 | 178 | 87 | 91 |
| 仙居县 | 76 | 50 | 26 | 131 | 73 | 58 | 139 | 62 | 77 |
| 温岭市 | 225 | 129 | 96 | 292 | 164 | 128 | 357 | 158 | 199 |
| 临海市 | 91 | 56 | 35 | 115 | 68 | 47 | 117 | 65 | 52 |
| 玉环市 | 13 | 8 | 5 | 17 | 11 | 6 | 17 | 7 | 10 |
| **丽水市** | **387** | **263** | **124** | **635** | **373** | **262** | **657** | **330** | **327** |
| 莲都区 | 8 | 7 | 1 | 15 | 10 | 5 | 16 | 6 | 10 |
| 青田县 | 116 | 77 | 39 | 165 | 104 | 61 | 163 | 80 | 83 |
| 缙云县 | 89 | 56 | 33 | 137 | 68 | 69 | 148 | 75 | 73 |
| 遂昌县 | 38 | 28 | 10 | 97 | 59 | 38 | 104 | 51 | 53 |
| 松阳县 | 30 | 22 | 8 | 54 | 31 | 23 | 52 | 26 | 26 |
| 云和县 | 26 | 17 | 9 | 49 | 28 | 21 | 54 | 28 | 26 |
| 庆元县 | 33 | 22 | 11 | 42 | 28 | 14 | 56 | 33 | 23 |
| 景宁畲族自治县 | 30 | 22 | 8 | 51 | 28 | 23 | 33 | 18 | 15 |
| 龙泉市 | 17 | 12 | 5 | 25 | 17 | 8 | 31 | 13 | 18 |

6-1b　续表 14　　　　单位：人

| 地　区 | 90-94岁 | | | 95-99岁 | | | 100岁及以上 | | |
|---|---|---|---|---|---|---|---|---|---|
| | 小计 | 男 | 女 | 小计 | 男 | 女 | 小计 | 男 | 女 |
| **合计** | **6165** | **2654** | **3511** | **1708** | **618** | **1090** | **209** | **56** | **153** |
| **杭州市** | **468** | **197** | **271** | **134** | **55** | **79** | **21** | **8** | **13** |
| 上城区 | | | | | | | | | |
| 下城区 | | | | | | | | | |
| 江干区 | | | | | | | | | |
| 拱墅区 | | | | | | | | | |
| 西湖区 | | | | | | | | | |
| 滨江区 | | | | | | | | | |
| 萧山区 | 66 | 31 | 35 | 22 | 10 | 12 | 3 | 2 | 1 |
| 余杭区 | 96 | 45 | 51 | 32 | 11 | 21 | 2 | | 2 |
| 富阳区 | 29 | 14 | 15 | 10 | 3 | 7 | 5 | 2 | 3 |
| 临安区 | 33 | 13 | 20 | 8 | 5 | 3 | 2 | | 2 |
| 桐庐县 | 134 | 57 | 77 | 35 | 16 | 19 | 8 | 4 | 4 |
| 淳安县 | 46 | 13 | 33 | 13 | 4 | 9 | | | |
| 建德市 | 64 | 24 | 40 | 14 | 6 | 8 | 1 | | 1 |
| **宁波市** | **942** | **375** | **567** | **255** | **91** | **164** | **25** | **7** | **18** |
| 海曙区 | 30 | 11 | 19 | 9 | 4 | 5 | 1 | 1 | |
| 江北区 | | | | | | | | | |
| 北仑区 | 21 | 10 | 11 | 8 | 5 | 3 | | | |
| 镇海区 | 11 | 6 | 5 | 5 | 2 | 3 | | | |
| 鄞州区 | 147 | 64 | 83 | 34 | 10 | 24 | 4 | 1 | 3 |
| 奉化区 | 37 | 23 | 14 | 12 | 4 | 8 | | | |
| 象山县 | 114 | 42 | 72 | 40 | 18 | 22 | 4 | | 4 |
| 宁海县 | 177 | 70 | 107 | 43 | 20 | 23 | 3 | | 3 |
| 余姚市 | 238 | 86 | 152 | 57 | 16 | 41 | 5 | 2 | 3 |
| 慈溪市 | 167 | 63 | 104 | 47 | 12 | 35 | 8 | 3 | 5 |
| **温州市** | **1053** | **478** | **575** | **320** | **119** | **201** | **49** | **15** | **34** |
| 鹿城区 | 3 | | 3 | | | | | | |
| 龙湾区 | 41 | 15 | 26 | 18 | 5 | 13 | 1 | 1 | |
| 瓯海区 | 16 | 9 | 7 | 1 | 1 | | | | |
| 洞头区 | 3 | | 3 | 2 | | 2 | | | |
| 永嘉县 | 192 | 93 | 99 | 59 | 27 | 32 | 9 | 3 | 6 |
| 平阳县 | 243 | 112 | 131 | 81 | 26 | 55 | 11 | 4 | 7 |
| 苍南县 | 340 | 138 | 202 | 89 | 36 | 53 | 17 | 4 | 13 |
| 文成县 | 87 | 43 | 44 | 26 | 11 | 15 | 6 | 2 | 4 |
| 泰顺县 | 49 | 27 | 22 | 17 | 6 | 11 | 3 | | 3 |
| 瑞安市 | 22 | 11 | 11 | 6 | 3 | 3 | 2 | 1 | 1 |
| 乐清市 | 45 | 24 | 21 | 15 | 3 | 12 | | | |
| 龙港市 | 12 | 6 | 6 | 6 | 1 | 5 | | | |
| **嘉兴市** | **779** | **294** | **485** | **211** | **65** | **146** | **21** | **3** | **18** |
| 南湖区 | 24 | 11 | 13 | 4 | | 4 | | | |
| 秀洲区 | 57 | 25 | 32 | 16 | 4 | 12 | 2 | | 2 |
| 嘉善县 | 152 | 54 | 98 | 40 | 9 | 31 | 4 | | 4 |
| 海盐县 | 114 | 38 | 76 | 29 | 9 | 20 | 2 | | 2 |
| 海宁市 | 230 | 75 | 155 | 64 | 23 | 41 | 4 | 1 | 3 |
| 平湖市 | 98 | 34 | 64 | 29 | 7 | 22 | 6 | 2 | 4 |
| 桐乡市 | 104 | 57 | 47 | 29 | 13 | 16 | 3 | | 3 |
| **湖州市** | **640** | **280** | **360** | **161** | **57** | **104** | **12** | **3** | **9** |
| 吴兴区 | 51 | 28 | 23 | 10 | 2 | 8 | 1 | 1 | |
| 南浔区 | 95 | 33 | 62 | 17 | 4 | 13 | 3 | | 3 |
| 德清县 | 160 | 74 | 86 | 49 | 17 | 32 | 1 | | 1 |
| 长兴县 | 219 | 100 | 119 | 60 | 25 | 35 | 6 | 1 | 5 |
| 安吉县 | 115 | 45 | 70 | 25 | 9 | 16 | 1 | 1 | |

6－1b 续表 15

单位：人

| 地区 | 90－94岁 | | | 95－99岁 | | | 100岁及以上 | | |
|---|---|---|---|---|---|---|---|---|---|
| | 小计 | 男 | 女 | 小计 | 男 | 女 | 小计 | 男 | 女 |
| **绍兴市** | **374** | **164** | **210** | **96** | **40** | **56** | **13** | **5** | **8** |
| 越城区 | 3 | 1 | 2 | | | | | | |
| 柯桥区 | 42 | 18 | 24 | 15 | 5 | 10 | 2 | 2 | |
| 上虞区 | 80 | 37 | 43 | 15 | 4 | 11 | 9 | 2 | 7 |
| 新昌县 | 87 | 34 | 53 | 25 | 14 | 11 | | | |
| 诸暨市 | 104 | 46 | 58 | 30 | 13 | 17 | 2 | 1 | 1 |
| 嵊州市 | 58 | 28 | 30 | 11 | 4 | 7 | | | |
| **金华市** | **512** | **224** | **288** | **120** | **37** | **83** | **13** | **2** | **11** |
| 婺城区 | 28 | 17 | 11 | 5 | 1 | 4 | 2 | | 2 |
| 金东区 | 38 | 15 | 23 | 8 | 3 | 5 | | | |
| 武义县 | 70 | 36 | 34 | 15 | 8 | 7 | 1 | 1 | |
| 浦江县 | 68 | 35 | 33 | 13 | 3 | 10 | 1 | | 1 |
| 磐安县 | 20 | 8 | 12 | 4 | 1 | 3 | 2 | | 2 |
| 兰溪市 | 47 | 20 | 27 | 8 | 4 | 4 | | | |
| 义乌市 | 56 | 23 | 33 | 22 | 6 | 16 | 1 | | 1 |
| 东阳市 | 152 | 61 | 91 | 36 | 10 | 26 | 5 | 1 | 4 |
| 永康市 | 33 | 9 | 24 | 9 | 1 | 8 | 1 | | 1 |
| **衢州市** | **296** | **136** | **160** | **83** | **32** | **51** | **10** | **2** | **8** |
| 柯城区 | 7 | 6 | 1 | 3 | 2 | 1 | | | |
| 衢江区 | 27 | 11 | 16 | 11 | 3 | 8 | 1 | | 1 |
| 常山县 | 72 | 36 | 36 | 21 | 7 | 14 | 3 | 1 | 2 |
| 开化县 | 40 | 12 | 28 | 6 | 3 | 3 | 1 | | 1 |
| 龙游县 | 73 | 28 | 45 | 27 | 12 | 15 | 1 | | 1 |
| 江山市 | 77 | 43 | 34 | 15 | 5 | 10 | 4 | 1 | 3 |
| **舟山市** | **128** | **49** | **79** | **40** | **16** | **24** | **5** | **2** | **3** |
| 定海区 | 14 | 5 | 9 | 7 | 2 | 5 | | | |
| 普陀区 | 26 | 16 | 10 | 9 | 3 | 6 | | | |
| 岱山县 | 69 | 20 | 49 | 17 | 7 | 10 | 5 | 2 | 3 |
| 嵊泗县 | 19 | 8 | 11 | 7 | 4 | 3 | | | |
| **台州市** | **585** | **274** | **311** | **166** | **53** | **113** | **22** | **4** | **18** |
| 椒江区 | 3 | | 3 | | | | | | |
| 黄岩区 | 26 | 8 | 18 | 5 | 1 | 4 | 1 | | 1 |
| 路桥区 | 49 | 24 | 25 | 31 | 5 | 26 | 6 | 1 | 5 |
| 三门县 | 78 | 40 | 38 | 16 | 10 | 6 | | | |
| 天台县 | 67 | 31 | 36 | 26 | 9 | 17 | 2 | 1 | 1 |
| 仙居县 | 69 | 43 | 26 | 17 | 7 | 10 | 1 | | 1 |
| 温岭市 | 218 | 99 | 119 | 50 | 16 | 34 | 7 | | 7 |
| 临海市 | 66 | 26 | 40 | 21 | 5 | 16 | 3 | | 3 |
| 玉环市 | 9 | 3 | 6 | | | | 2 | 2 | |
| **丽水市** | **388** | **183** | **205** | **122** | **53** | **69** | **18** | **5** | **13** |
| 莲都区 | 11 | 5 | 6 | 4 | 1 | 3 | 1 | | 1 |
| 青田县 | 101 | 50 | 51 | 40 | 17 | 23 | 6 | 1 | 5 |
| 缙云县 | 97 | 45 | 52 | 31 | 11 | 20 | 7 | 3 | 4 |
| 遂昌县 | 45 | 17 | 28 | 12 | 6 | 6 | | | |
| 松阳县 | 39 | 14 | 25 | 7 | 3 | 4 | 2 | 1 | 1 |
| 云和县 | 32 | 15 | 17 | 8 | 5 | 3 | 1 | | 1 |
| 庆元县 | 23 | 12 | 11 | 9 | 5 | 4 | | | |
| 景宁畲族自治县 | 27 | 17 | 10 | 8 | 4 | 4 | | | |
| 龙泉市 | 13 | 8 | 5 | 3 | 1 | 2 | 1 | | 1 |

# 6-1c　各地区分年龄、性别的死亡人口
## (2019.11.1-2020.10.31)(乡村)

单位：人

| 地　　区 | 死亡人口 | | | 0岁 | | |
|---|---|---|---|---|---|---|
| | 合计 | 男 | 女 | 小计 | 男 | 女 |
| **合计** | **151409** | **87336** | **64073** | **265** | **153** | **112** |
| **杭州市** | **15750** | **8839** | **6911** | **26** | **13** | **13** |
| 上城区 | | | | | | |
| 下城区 | | | | | | |
| 江干区 | | | | | | |
| 拱墅区 | | | | | | |
| 西湖区 | 125 | 67 | 58 | 1 | | 1 |
| 滨江区 | | | | | | |
| 萧山区 | 2523 | 1402 | 1121 | 4 | 2 | 2 |
| 余杭区 | 2397 | 1284 | 1113 | 3 | 2 | 1 |
| 富阳区 | 2136 | 1192 | 944 | 6 | 3 | 3 |
| 临安区 | 2362 | 1316 | 1046 | 3 | 1 | 2 |
| 桐庐县 | 1357 | 802 | 555 | 2 | | 2 |
| 淳安县 | 2448 | 1380 | 1068 | 3 | 2 | 1 |
| 建德市 | 2402 | 1396 | 1006 | 4 | 3 | 1 |
| **宁波市** | **14274** | **8175** | **6099** | **28** | **20** | **8** |
| 海曙区 | 833 | 477 | 356 | 1 | 1 | |
| 江北区 | 332 | 200 | 132 | | | |
| 北仑区 | 1158 | 641 | 517 | 1 | 1 | |
| 镇海区 | 298 | 180 | 118 | | | |
| 鄞州区 | 1590 | 910 | 680 | 7 | 6 | 1 |
| 奉化区 | 1873 | 1067 | 806 | 1 | 1 | |
| 象山县 | 2399 | 1377 | 1022 | 4 | 1 | 3 |
| 宁海县 | 2429 | 1419 | 1010 | 5 | 3 | 2 |
| 余姚市 | 1578 | 903 | 675 | 4 | 4 | |
| 慈溪市 | 1784 | 1001 | 783 | 5 | 3 | 2 |
| **温州市** | **23340** | **14042** | **9298** | **52** | **33** | **19** |
| 鹿城区 | 600 | 338 | 262 | | | |
| 龙湾区 | 8 | 4 | 4 | | | |
| 瓯海区 | 1003 | 562 | 441 | 3 | 1 | 2 |
| 洞头区 | 566 | 338 | 228 | | | |
| 永嘉县 | 4070 | 2446 | 1624 | 9 | 7 | 2 |
| 平阳县 | 3155 | 1912 | 1243 | 5 | 5 | |
| 苍南县 | 2922 | 1790 | 1132 | 3 | | 3 |
| 文成县 | 2052 | 1318 | 734 | 14 | 8 | 6 |
| 泰顺县 | 1981 | 1267 | 714 | 10 | 7 | 3 |
| 瑞安市 | 3649 | 2143 | 1506 | 5 | 4 | 1 |
| 乐清市 | 3176 | 1831 | 1345 | 3 | 1 | 2 |
| 龙港市 | 158 | 93 | 65 | | | |
| **嘉兴市** | **11050** | **5999** | **5051** | **14** | **7** | **7** |
| 南湖区 | 733 | 408 | 325 | | | |
| 秀洲区 | 1504 | 821 | 683 | 2 | | 2 |
| 嘉善县 | 1698 | 932 | 766 | 1 | | 1 |
| 海盐县 | 1386 | 765 | 621 | 3 | 1 | 2 |
| 海宁市 | 1683 | 876 | 807 | | | |
| 平湖市 | 1800 | 942 | 858 | 3 | 3 | |
| 桐乡市 | 2246 | 1255 | 991 | 5 | 3 | 2 |
| **湖州市** | **9325** | **5235** | **4090** | **4** | **3** | **1** |
| 吴兴区 | 1734 | 965 | 769 | 1 | 1 | |
| 南浔区 | 2446 | 1376 | 1070 | 1 | | 1 |
| 德清县 | 1718 | 945 | 773 | 1 | 1 | |
| 长兴县 | 1881 | 1069 | 812 | 1 | 1 | |
| 安吉县 | 1546 | 880 | 666 | | | |

6–1c 续表 1

单位：人

| 地 区 | 死亡人口 | | | 0岁 | | |
|---|---|---|---|---|---|---|
| | 合计 | 男 | 女 | 小计 | 男 | 女 |
| **绍兴市** | **14978** | **8455** | **6523** | **19** | **11** | **8** |
| 越城区 | 1253 | 677 | 576 | | | |
| 柯桥区 | 1543 | 864 | 679 | 2 | | 2 |
| 上虞区 | 2197 | 1212 | 985 | 2 | 1 | 1 |
| 新昌县 | 2307 | 1334 | 973 | 1 | 1 | |
| 诸暨市 | 4305 | 2411 | 1894 | 8 | 4 | 4 |
| 嵊州市 | 3373 | 1957 | 1416 | 6 | 5 | 1 |
| **金华市** | **17233** | **9902** | **7331** | **31** | **16** | **15** |
| 婺城区 | 1751 | 1047 | 704 | 1 | | 1 |
| 金东区 | 1213 | 660 | 553 | | | |
| 武义县 | 1751 | 1070 | 681 | 6 | 5 | 1 |
| 浦江县 | 1885 | 1056 | 829 | 5 | 1 | 4 |
| 磐安县 | 896 | 559 | 337 | 1 | | 1 |
| 兰溪市 | 2202 | 1283 | 919 | 2 | 1 | 1 |
| 义乌市 | 2051 | 1176 | 875 | 4 | 2 | 2 |
| 东阳市 | 3195 | 1768 | 1427 | 4 | 3 | 1 |
| 永康市 | 2289 | 1283 | 1006 | 8 | 4 | 4 |
| **衢州市** | **10072** | **5954** | **4118** | **24** | **18** | **6** |
| 柯城区 | 1181 | 686 | 495 | 1 | | 1 |
| 衢江区 | 1954 | 1186 | 768 | 5 | 2 | 3 |
| 常山县 | 1358 | 816 | 542 | 4 | 3 | 1 |
| 开化县 | 1525 | 865 | 660 | 5 | 4 | 1 |
| 龙游县 | 1729 | 1000 | 729 | 3 | 3 | |
| 江山市 | 2325 | 1401 | 924 | 6 | 6 | |
| **舟山市** | **3524** | **2014** | **1510** | **1** | | **1** |
| 定海区 | 1121 | 659 | 462 | | | |
| 普陀区 | 1278 | 733 | 545 | 1 | | 1 |
| 岱山县 | 837 | 451 | 386 | | | |
| 嵊泗县 | 288 | 171 | 117 | | | |
| **台州市** | **20906** | **11947** | **8959** | **45** | **20** | **25** |
| 椒江区 | 1027 | 572 | 455 | 2 | 2 | |
| 黄岩区 | 2416 | 1381 | 1035 | 7 | 4 | 3 |
| 路桥区 | 1343 | 751 | 592 | | | |
| 三门县 | 1614 | 941 | 673 | 1 | 1 | |
| 天台县 | 2709 | 1570 | 1139 | 6 | 2 | 4 |
| 仙居县 | 2203 | 1289 | 914 | 4 | 1 | 3 |
| 温岭市 | 3848 | 2133 | 1715 | 4 | 2 | 2 |
| 临海市 | 4706 | 2705 | 2001 | 15 | 5 | 10 |
| 玉环市 | 1040 | 605 | 435 | 6 | 3 | 3 |
| **丽水市** | **10957** | **6774** | **4183** | **21** | **12** | **9** |
| 莲都区 | 1185 | 692 | 493 | 5 | 3 | 2 |
| 青田县 | 2262 | 1462 | 800 | 3 | 2 | 1 |
| 缙云县 | 1941 | 1179 | 762 | 3 | 2 | 1 |
| 遂昌县 | 998 | 611 | 387 | 3 | 2 | 1 |
| 松阳县 | 1177 | 757 | 420 | 1 | | 1 |
| 云和县 | 484 | 310 | 174 | | | |
| 庆元县 | 726 | 405 | 321 | | | |
| 景宁畲族自治县 | 876 | 571 | 305 | 3 | 2 | 1 |
| 龙泉市 | 1308 | 787 | 521 | 3 | 1 | 2 |

6-1c 续表 2

单位：人

| 地区 | 1-4岁 | | | 5-9岁 | | | 10-14岁 | | |
|---|---|---|---|---|---|---|---|---|---|
| | 小计 | 男 | 女 | 小计 | 男 | 女 | 小计 | 男 | 女 |
| **合计** | **199** | **117** | **82** | **121** | **79** | **42** | **156** | **95** | **61** |
| **杭州市** | **22** | **10** | **12** | **20** | **13** | **7** | **16** | **12** | **4** |
| 上城区 | | | | | | | | | |
| 下城区 | | | | | | | | | |
| 江干区 | | | | | | | | | |
| 拱墅区 | | | | | | | | | |
| 西湖区 | | | | | | | | | |
| 滨江区 | | | | | | | | | |
| 萧山区 | 2 | 2 | | 1 | 1 | | 1 | 1 | |
| 余杭区 | 6 | 1 | 5 | 5 | 2 | 3 | 2 | | 2 |
| 富阳区 | 2 | 2 | | 4 | 3 | 1 | 3 | 3 | |
| 临安区 | 2 | | 2 | 3 | 3 | | 2 | 2 | |
| 桐庐县 | | | | 2 | 2 | | 2 | 1 | 1 |
| 淳安县 | 6 | 4 | 2 | 3 | 2 | 1 | 3 | 2 | 1 |
| 建德市 | 4 | 1 | 3 | 2 | | 2 | 3 | 3 | |
| **宁波市** | **9** | **7** | **2** | **7** | **5** | **2** | **20** | **9** | **11** |
| 海曙区 | 1 | 1 | | | | | 1 | | 1 |
| 江北区 | 1 | | 1 | 1 | 1 | | 3 | 1 | 2 |
| 北仑区 | 1 | 1 | | | | | 1 | 1 | |
| 镇海区 | | | | | | | 1 | 1 | |
| 鄞州区 | | | | 2 | 2 | | 1 | | 1 |
| 奉化区 | 1 | 1 | | | | | 2 | 1 | 1 |
| 象山县 | 2 | 2 | | | | | 2 | 1 | 1 |
| 宁海县 | 2 | 2 | | | | | 2 | 1 | 1 |
| 余姚市 | | | | 2 | 1 | 1 | 2 | | 2 |
| 慈溪市 | 1 | | 1 | 2 | 1 | 1 | 5 | 3 | 2 |
| **温州市** | **30** | **21** | **9** | **23** | **14** | **9** | **24** | **17** | **7** |
| 鹿城区 | 2 | 2 | | 2 | 2 | | | | |
| 龙湾区 | | | | | | | | | |
| 瓯海区 | | | | 2 | 2 | | 1 | 1 | |
| 洞头区 | 1 | 1 | | 1 | | 1 | 1 | 1 | |
| 永嘉县 | 5 | 3 | 2 | 3 | 1 | 2 | 4 | 4 | |
| 平阳县 | 4 | 4 | | 4 | 2 | 2 | 3 | 1 | 2 |
| 苍南县 | 4 | 3 | 1 | 1 | 1 | | 2 | 2 | |
| 文成县 | 3 | 2 | 1 | 2 | | 2 | 2 | 1 | 1 |
| 泰顺县 | 1 | 1 | | 4 | 3 | 1 | 5 | 3 | 2 |
| 瑞安市 | 3 | 2 | 1 | 1 | 1 | | 1 | 1 | |
| 乐清市 | 7 | 3 | 4 | 3 | 2 | 1 | 4 | 3 | 1 |
| 龙港市 | | | | | | | 1 | | 1 |
| **嘉兴市** | **15** | **9** | **6** | **3** | **3** | | **6** | **3** | **3** |
| 南湖区 | 1 | 1 | | 1 | 1 | | | | |
| 秀洲区 | 2 | 1 | 1 | | | | 1 | | 1 |
| 嘉善县 | | | | | | | 3 | 2 | 1 |
| 海盐县 | 3 | 2 | 1 | | | | 1 | | 1 |
| 海宁市 | 4 | 3 | 1 | | | | 1 | 1 | |
| 平湖市 | 4 | 2 | 2 | 1 | 1 | | | | |
| 桐乡市 | 1 | | 1 | 1 | 1 | | | | |
| **湖州市** | **4** | **2** | **2** | **5** | **5** | | **7** | **3** | **4** |
| 吴兴区 | 2 | 1 | 1 | | | | 1 | | 1 |
| 南浔区 | 1 | | 1 | 1 | 1 | | 1 | | 1 |
| 德清县 | | | | 1 | 1 | | 2 | 2 | |
| 长兴县 | 1 | 1 | | 2 | 2 | | 2 | | 2 |
| 安吉县 | | | | 1 | 1 | | 1 | 1 | |

6−1c 续表 3

单位：人

| 地 区 | 1−4岁 | | | 5−9岁 | | | 10−14岁 | | |
|---|---|---|---|---|---|---|---|---|---|
| | 小计 | 男 | 女 | 小计 | 男 | 女 | 小计 | 男 | 女 |
| **绍兴市** | **10** | **5** | **5** | **10** | **8** | **2** | **13** | **5** | **8** |
| 越城区 | 5 | 2 | 3 | 1 | 1 | | 1 | 1 | |
| 柯桥区 | | | | 1 | 1 | | | | |
| 上虞区 | 1 | 1 | | | | | 4 | 2 | 2 |
| 新昌县 | 1 | 1 | | 1 | 1 | | 1 | | 1 |
| 诸暨市 | | | | 4 | 2 | 2 | 6 | 2 | 4 |
| 嵊州市 | 3 | 1 | 2 | 3 | 3 | | 1 | | 1 |
| **金华市** | **43** | **28** | **15** | **11** | **6** | **5** | **23** | **13** | **10** |
| 婺城区 | 3 | 3 | | 1 | | 1 | 3 | 2 | 1 |
| 金东区 | 3 | 3 | | 2 | 1 | 1 | 2 | 1 | 1 |
| 武义县 | 4 | 2 | 2 | 1 | 1 | | 3 | 1 | 2 |
| 浦江县 | 3 | 3 | | 1 | 1 | | 3 | 1 | 2 |
| 磐安县 | 1 | 1 | | 2 | 1 | 1 | 2 | 2 | |
| 兰溪市 | 4 | 3 | 1 | 1 | 1 | | | | |
| 义乌市 | 5 | | 5 | 2 | 1 | 1 | 1 | | 1 |
| 东阳市 | 8 | 6 | 2 | 1 | | 1 | 3 | 3 | |
| 永康市 | 12 | 7 | 5 | | | | 6 | 3 | 3 |
| **衢州市** | **18** | **10** | **8** | **13** | **5** | **8** | **9** | **4** | **5** |
| 柯城区 | 6 | 3 | 3 | 1 | | 1 | | | |
| 衢江区 | 1 | 1 | | 4 | 1 | 3 | 1 | | 1 |
| 常山县 | 3 | 2 | 1 | 2 | 1 | 1 | 1 | | 1 |
| 开化县 | 3 | 2 | 1 | 2 | 1 | 1 | 3 | 3 | |
| 龙游县 | | | | 2 | | 2 | 2 | | 2 |
| 江山市 | 5 | 2 | 3 | 2 | 2 | | 2 | 1 | 1 |
| **舟山市** | **3** | **1** | **2** | **1** | **1** | | | | |
| 定海区 | 2 | | 2 | 1 | 1 | | | | |
| 普陀区 | 1 | 1 | | | | | | | |
| 岱山县 | | | | | | | | | |
| 嵊泗县 | | | | | | | | | |
| **台州市** | **27** | **11** | **16** | **19** | **13** | **6** | **21** | **16** | **5** |
| 椒江区 | 1 | | 1 | | | | | | |
| 黄岩区 | 1 | | 1 | 1 | | 1 | | | |
| 路桥区 | 1 | | 1 | | | | | | |
| 三门县 | 3 | 1 | 2 | 2 | 2 | | 2 | 1 | 1 |
| 天台县 | 6 | 2 | 4 | 2 | | 2 | 4 | 4 | |
| 仙居县 | 5 | 2 | 3 | 3 | 3 | | 1 | 1 | |
| 温岭市 | 4 | 3 | 1 | 4 | 2 | 2 | 2 | 2 | |
| 临海市 | 6 | 3 | 3 | 7 | 6 | 1 | 10 | 7 | 3 |
| 玉环市 | | | | | | | 2 | 1 | 1 |
| **丽水市** | **18** | **13** | **5** | **9** | **6** | **3** | **17** | **13** | **4** |
| 莲都区 | 1 | 1 | | | | | | | |
| 青田县 | 4 | 3 | 1 | 5 | 4 | 1 | 5 | 4 | 1 |
| 缙云县 | 3 | 3 | | 1 | | 1 | 3 | 2 | 1 |
| 遂昌县 | 3 | 2 | 1 | | | | 3 | 2 | 1 |
| 松阳县 | 3 | 2 | 1 | 2 | 1 | 1 | 3 | 3 | |
| 云和县 | 2 | 2 | | | | | | | |
| 庆元县 | | | | | | | 1 | | 1 |
| 景宁畲族自治县 | 1 | | 1 | | | | 2 | 2 | |
| 龙泉市 | 1 | | 1 | 1 | 1 | | | | |

6-1c　续表 4　　　　单位：人

| 地　区 | 15-19岁 | | | 20-24岁 | | | 25-29岁 | | |
|---|---|---|---|---|---|---|---|---|---|
| | 小计 | 男 | 女 | 小计 | 男 | 女 | 小计 | 男 | 女 |
| **合计** | **197** | **134** | **63** | **323** | **219** | **104** | **412** | **294** | **118** |
| **杭州市** | **14** | **11** | **3** | **25** | **17** | **8** | **34** | **27** | **7** |
| 上城区 | | | | | | | | | |
| 下城区 | | | | | | | | | |
| 江干区 | | | | | | | | | |
| 拱墅区 | | | | | | | | | |
| 西湖区 | | | | | | | | | |
| 滨江区 | | | | | | | | | |
| 萧山区 | 2 | 2 | | 4 | 3 | 1 | 10 | 7 | 3 |
| 余杭区 | 2 | 2 | | 5 | 2 | 3 | 3 | 3 | |
| 富阳区 | 4 | 4 | | 4 | 3 | 1 | 1 | 1 | |
| 临安区 | 2 | 1 | 1 | 3 | 3 | | 6 | 5 | 1 |
| 桐庐县 | | | | 2 | 1 | 1 | 5 | 5 | |
| 淳安县 | 3 | 2 | 1 | 2 | 1 | 1 | 4 | 2 | 2 |
| 建德市 | 1 | | 1 | 5 | 4 | 1 | 5 | 4 | 1 |
| **宁波市** | **21** | **13** | **8** | **25** | **18** | **7** | **43** | **29** | **14** |
| 海曙区 | | | | 1 | 1 | | 6 | 3 | 3 |
| 江北区 | 3 | 2 | 1 | 2 | 1 | 1 | | | |
| 北仑区 | 3 | 2 | 1 | 1 | 1 | | 2 | 1 | 1 |
| 镇海区 | 1 | 1 | | | | | 1 | 1 | |
| 鄞州区 | | | | 3 | 2 | 1 | 3 | 3 | |
| 奉化区 | 5 | 3 | 2 | 3 | 1 | 2 | 5 | 4 | 1 |
| 象山县 | 3 | 2 | 1 | 8 | 8 | | 8 | 5 | 3 |
| 宁海县 | 4 | 2 | 2 | 3 | 3 | | 4 | 3 | 1 |
| 余姚市 | 2 | 1 | 1 | 2 | | 2 | 5 | 3 | 2 |
| 慈溪市 | | | | 2 | 1 | 1 | 9 | 6 | 3 |
| **温州市** | **31** | **25** | **6** | **63** | **45** | **18** | **88** | **57** | **31** |
| 鹿城区 | | | | 1 | | 1 | 3 | 2 | 1 |
| 龙湾区 | | | | | | | | | |
| 瓯海区 | 2 | 1 | 1 | 1 | 1 | | 3 | 1 | 2 |
| 洞头区 | 1 | 1 | | 2 | 2 | | 1 | 1 | |
| 永嘉县 | 8 | 6 | 2 | 17 | 11 | 6 | 19 | 9 | 10 |
| 平阳县 | 3 | 2 | 1 | 7 | 3 | 4 | 12 | 9 | 3 |
| 苍南县 | 4 | 3 | 1 | 10 | 6 | 4 | 13 | 9 | 4 |
| 文成县 | | | | 5 | 4 | 1 | 10 | 4 | 6 |
| 泰顺县 | 4 | 4 | | 3 | 3 | | 3 | 2 | 1 |
| 瑞安市 | 4 | 4 | | 12 | 11 | 1 | 6 | 4 | 2 |
| 乐清市 | 5 | 4 | 1 | 4 | 4 | | 17 | 16 | 1 |
| 龙港市 | | | | 1 | | 1 | 1 | | 1 |
| **嘉兴市** | **15** | **9** | **6** | **24** | **13** | **11** | **25** | **19** | **6** |
| 南湖区 | 2 | 1 | 1 | 1 | 1 | | 1 | 1 | |
| 秀洲区 | 1 | 1 | | 2 | | 2 | 1 | 1 | |
| 嘉善县 | 4 | 3 | 1 | 5 | 2 | 3 | 5 | 5 | |
| 海盐县 | | | | 4 | 3 | 1 | 1 | | 1 |
| 海宁市 | | | | 3 | 2 | 1 | 2 | 2 | |
| 平湖市 | 3 | 2 | 1 | 3 | 2 | 1 | 7 | 3 | 4 |
| 桐乡市 | 5 | 2 | 3 | 6 | 3 | 3 | 8 | 7 | 1 |
| **湖州市** | **5** | **2** | **3** | **22** | **16** | **6** | **28** | **17** | **11** |
| 吴兴区 | 3 | 2 | 1 | 3 | 2 | 1 | 10 | 7 | 3 |
| 南浔区 | 1 | | 1 | 4 | 3 | 1 | 4 | 3 | 1 |
| 德清县 | 1 | | 1 | 2 | 1 | 1 | 3 | 3 | |
| 长兴县 | | | | 8 | 5 | 3 | 6 | 3 | 3 |
| 安吉县 | | | | 5 | 5 | | 5 | 1 | 4 |

6-1c 续表 5　　单位：人

| 地区 | 15-19岁 | | | 20-24岁 | | | 25-29岁 | | |
|---|---|---|---|---|---|---|---|---|---|
| | 小计 | 男 | 女 | 小计 | 男 | 女 | 小计 | 男 | 女 |
| **绍兴市** | **17** | **9** | **8** | **20** | **12** | **8** | **31** | **20** | **11** |
| 越城区 | 2 | 1 | 1 | 2 | 2 | | 3 | 1 | 2 |
| 柯桥区 | 3 | 1 | 2 | 1 | | 1 | 3 | 1 | 2 |
| 上虞区 | 3 | 3 | | 4 | 3 | 1 | 3 | 1 | 2 |
| 新昌县 | 5 | 2 | 3 | | | | 3 | 1 | 2 |
| 诸暨市 | 1 | 1 | | 5 | 3 | 2 | 9 | 6 | 3 |
| 嵊州市 | 3 | 1 | 2 | 8 | 4 | 4 | 10 | 10 | |
| **金华市** | **33** | **23** | **10** | **37** | **23** | **14** | **49** | **37** | **12** |
| 婺城区 | 5 | 3 | 2 | 3 | 2 | 1 | 3 | 2 | 1 |
| 金东区 | | | | | | | 1 | 1 | |
| 武义县 | 2 | 2 | | 3 | 3 | | 7 | 5 | 2 |
| 浦江县 | 4 | 4 | | 3 | 3 | | 5 | 5 | |
| 磐安县 | 2 | | 2 | 1 | 1 | | 2 | 2 | |
| 兰溪市 | 5 | 5 | | 4 | 3 | 1 | 3 | 2 | 1 |
| 义乌市 | 2 | 2 | | 7 | 3 | 4 | 14 | 9 | 5 |
| 东阳市 | 6 | 5 | 1 | 9 | 5 | 4 | 10 | 7 | 3 |
| 永康市 | 7 | 2 | 5 | 7 | 3 | 4 | 4 | 4 | |
| **衢州市** | **16** | **11** | **5** | **18** | **14** | **4** | **32** | **20** | **12** |
| 柯城区 | 2 | 2 | | 2 | 2 | | 8 | 3 | 5 |
| 衢江区 | 4 | 3 | 1 | 1 | 1 | | 4 | 2 | 2 |
| 常山县 | 3 | 1 | 2 | 4 | 2 | 2 | 6 | 6 | |
| 开化县 | 2 | 1 | 1 | 5 | 3 | 2 | 5 | 3 | 2 |
| 龙游县 | 2 | 1 | 1 | 1 | 1 | | 3 | 1 | 2 |
| 江山市 | 3 | 3 | | 5 | 5 | | 6 | 5 | 1 |
| **舟山市** | **1** | | **1** | **6** | **6** | | **5** | **4** | **1** |
| 定海区 | | | | | | | 2 | 2 | |
| 普陀区 | | | | 3 | 3 | | 3 | 2 | 1 |
| 岱山县 | | | | 1 | 1 | | | | |
| 嵊泗县 | 1 | | 1 | 2 | 2 | | | | |
| **台州市** | **28** | **20** | **8** | **54** | **40** | **14** | **46** | **37** | **9** |
| 椒江区 | 2 | 2 | | 2 | 2 | | 6 | 5 | 1 |
| 黄岩区 | 2 | 2 | | 8 | 6 | 2 | 5 | 4 | 1 |
| 路桥区 | 1 | 1 | | 2 | | 2 | 4 | 3 | 1 |
| 三门县 | 3 | 1 | 2 | 3 | 3 | | 1 | 1 | |
| 天台县 | 3 | 1 | 2 | 4 | 3 | 1 | 4 | 3 | 1 |
| 仙居县 | 4 | 4 | | 9 | 9 | | 7 | 5 | 2 |
| 温岭市 | 8 | 5 | 3 | 14 | 8 | 6 | 6 | 6 | |
| 临海市 | 4 | 3 | 1 | 9 | 6 | 3 | 12 | 9 | 3 |
| 玉环市 | 1 | 1 | | 3 | 3 | | 1 | 1 | |
| **丽水市** | **16** | **11** | **5** | **29** | **15** | **14** | **31** | **27** | **4** |
| 莲都区 | | | | 5 | 2 | 3 | 2 | 2 | |
| 青田县 | 2 | 2 | | 8 | 5 | 3 | 9 | 9 | |
| 缙云县 | 2 | 1 | 1 | 4 | 2 | 2 | 6 | 5 | 1 |
| 遂昌县 | 2 | | 2 | | | | 2 | 2 | |
| 松阳县 | 3 | 3 | | 3 | 2 | 1 | 6 | 4 | 2 |
| 云和县 | 1 | 1 | | 2 | 1 | 1 | 1 | 1 | |
| 庆元县 | | | | 1 | | 1 | 1 | 1 | |
| 景宁畲族自治县 | 4 | 3 | 1 | 1 | 1 | | 2 | 1 | 1 |
| 龙泉市 | 2 | 1 | 1 | 5 | 2 | 3 | 2 | 2 | |

6−1c　续表 6　　单位：人

| 地　区 | 30−34岁 | | | 35−39岁 | | | 40−44岁 | | |
|---|---|---|---|---|---|---|---|---|---|
| | 小计 | 男 | 女 | 小计 | 男 | 女 | 小计 | 男 | 女 |
| **合计** | **579** | **407** | **172** | **838** | **592** | **246** | **1492** | **1036** | **456** |
| **杭州市** | **59** | **42** | **17** | **54** | **38** | **16** | **101** | **64** | **37** |
| 上城区 | | | | | | | | | |
| 下城区 | | | | | | | | | |
| 江干区 | | | | | | | | | |
| 拱墅区 | | | | | | | | | |
| 西湖区 | | | | 1 | 1 | | 1 | 1 | |
| 滨江区 | | | | | | | | | |
| 萧山区 | 7 | 5 | 2 | 9 | 6 | 3 | 10 | 6 | 4 |
| 余杭区 | 7 | 6 | 1 | 5 | 4 | 1 | 10 | 6 | 4 |
| 富阳区 | 9 | 8 | 1 | 7 | 4 | 3 | 25 | 15 | 10 |
| 临安区 | 11 | 5 | 6 | 8 | 6 | 2 | 16 | 12 | 4 |
| 桐庐县 | 3 | 3 | | 7 | 6 | 1 | 10 | 6 | 4 |
| 淳安县 | 11 | 6 | 5 | 9 | 5 | 4 | 16 | 11 | 5 |
| 建德市 | 11 | 9 | 2 | 8 | 6 | 2 | 13 | 7 | 6 |
| **宁波市** | **53** | **35** | **18** | **78** | **51** | **27** | **114** | **80** | **34** |
| 海曙区 | 3 | 3 | | 7 | 5 | 2 | 3 | 3 | |
| 江北区 | | | | 2 | 1 | 1 | 3 | 2 | 1 |
| 北仑区 | 8 | 6 | 2 | 2 | 1 | 1 | 14 | 8 | 6 |
| 镇海区 | 2 | | 2 | 1 | | 1 | 4 | 2 | 2 |
| 鄞州区 | 4 | 3 | 1 | 5 | 3 | 2 | 11 | 5 | 6 |
| 奉化区 | 4 | 4 | | 4 | 3 | 1 | 7 | 6 | 1 |
| 象山县 | 8 | 3 | 5 | 24 | 15 | 9 | 14 | 11 | 3 |
| 宁海县 | 13 | 8 | 5 | 23 | 16 | 7 | 29 | 24 | 5 |
| 余姚市 | 2 | 2 | | 3 | 2 | 1 | 15 | 9 | 6 |
| 慈溪市 | 9 | 6 | 3 | 7 | 5 | 2 | 14 | 10 | 4 |
| **温州市** | **106** | **75** | **31** | **200** | **138** | **62** | **361** | **259** | **102** |
| 鹿城区 | 3 | 2 | 1 | 3 | 3 | | 4 | 3 | 1 |
| 龙湾区 | | | | | | | | | |
| 瓯海区 | 6 | 4 | 2 | 5 | 1 | 4 | 15 | 10 | 5 |
| 洞头区 | 2 | 2 | | 3 | 3 | | 4 | 2 | 2 |
| 永嘉县 | 22 | 16 | 6 | 39 | 27 | 12 | 67 | 51 | 16 |
| 平阳县 | 13 | 11 | 2 | 32 | 19 | 13 | 34 | 22 | 12 |
| 苍南县 | 12 | 8 | 4 | 33 | 23 | 10 | 71 | 53 | 18 |
| 文成县 | 8 | 7 | 1 | 16 | 14 | 2 | 37 | 22 | 15 |
| 泰顺县 | 12 | 7 | 5 | 16 | 14 | 2 | 35 | 26 | 9 |
| 瑞安市 | 10 | 6 | 4 | 23 | 12 | 11 | 60 | 45 | 15 |
| 乐清市 | 16 | 12 | 4 | 28 | 20 | 8 | 30 | 22 | 8 |
| 龙港市 | 2 | | 2 | 2 | 2 | | 4 | 3 | 1 |
| **嘉兴市** | **41** | **28** | **13** | **30** | **19** | **11** | **48** | **31** | **17** |
| 南湖区 | 1 | 1 | | 4 | 3 | 1 | 2 | 2 | |
| 秀洲区 | 5 | 3 | 2 | | | | 6 | 6 | |
| 嘉善县 | 7 | 4 | 3 | 6 | 2 | 4 | 10 | 6 | 4 |
| 海盐县 | 6 | 4 | 2 | 3 | 2 | 1 | 3 | 2 | 1 |
| 海宁市 | 7 | 7 | | 9 | 6 | 3 | 8 | 5 | 3 |
| 平湖市 | 9 | 4 | 5 | 4 | 2 | 2 | 5 | 2 | 3 |
| 桐乡市 | 6 | 5 | 1 | 4 | 4 | | 14 | 8 | 6 |
| **湖州市** | **29** | **18** | **11** | **37** | **27** | **10** | **46** | **32** | **14** |
| 吴兴区 | 3 | | 3 | 6 | 5 | 1 | 4 | 2 | 2 |
| 南浔区 | 10 | 7 | 3 | 8 | 7 | 1 | 11 | 8 | 3 |
| 德清县 | 3 | 3 | | 4 | 4 | | 8 | 6 | 2 |
| 长兴县 | 4 | 3 | 1 | 11 | 5 | 6 | 13 | 9 | 4 |
| 安吉县 | 9 | 5 | 4 | 8 | 6 | 2 | 10 | 7 | 3 |

6-1c 续表 7 单位：人

| 地区 | 30-34岁 | | | 35-39岁 | | | 40-44岁 | | |
|---|---|---|---|---|---|---|---|---|---|
| | 小计 | 男 | 女 | 小计 | 男 | 女 | 小计 | 男 | 女 |
| **绍兴市** | **49** | **33** | **16** | **66** | **45** | **21** | **112** | **75** | **37** |
| 越城区 | 5 | 2 | 3 | 7 | 3 | 4 | 9 | 5 | 4 |
| 柯桥区 | 6 | 4 | 2 | 4 | 2 | 2 | 7 | 4 | 3 |
| 上虞区 | 3 | 3 | | 8 | 5 | 3 | 12 | 11 | 1 |
| 新昌县 | 13 | 12 | 1 | 12 | 9 | 3 | 21 | 13 | 8 |
| 诸暨市 | 12 | 7 | 5 | 20 | 14 | 6 | 34 | 24 | 10 |
| 嵊州市 | 10 | 5 | 5 | 15 | 12 | 3 | 29 | 18 | 11 |
| **金华市** | **63** | **50** | **13** | **85** | **64** | **21** | **208** | **146** | **62** |
| 婺城区 | 4 | | 4 | 8 | 7 | 1 | 23 | 10 | 13 |
| 金东区 | 4 | 3 | 1 | 6 | 4 | 2 | 16 | 12 | 4 |
| 武义县 | 6 | 3 | 3 | 5 | 5 | | 18 | 11 | 7 |
| 浦江县 | 8 | 8 | | 11 | 9 | 2 | 26 | 20 | 6 |
| 磐安县 | 3 | 3 | | 6 | 5 | 1 | 10 | 10 | |
| 兰溪市 | 6 | 5 | 1 | 6 | 4 | 2 | 20 | 13 | 7 |
| 义乌市 | 11 | 10 | 1 | 20 | 14 | 6 | 29 | 22 | 7 |
| 东阳市 | 13 | 11 | 2 | 13 | 11 | 2 | 35 | 27 | 8 |
| 永康市 | 8 | 7 | 1 | 10 | 5 | 5 | 31 | 21 | 10 |
| **衢州市** | **30** | **21** | **9** | **55** | **38** | **17** | **101** | **71** | **30** |
| 柯城区 | 1 | 1 | | 10 | 7 | 3 | 11 | 8 | 3 |
| 衢江区 | 5 | 3 | 2 | 13 | 10 | 3 | 18 | 13 | 5 |
| 常山县 | 2 | 2 | | 8 | 7 | 1 | 15 | 10 | 5 |
| 开化县 | 8 | 7 | 1 | 3 | 2 | 1 | 16 | 9 | 7 |
| 龙游县 | 9 | 6 | 3 | 6 | 4 | 2 | 20 | 12 | 8 |
| 江山市 | 5 | 2 | 3 | 15 | 8 | 7 | 21 | 19 | 2 |
| **舟山市** | **13** | **6** | **7** | **17** | **14** | **3** | **26** | **16** | **10** |
| 定海区 | 4 | 2 | 2 | 7 | 5 | 2 | 8 | 5 | 3 |
| 普陀区 | 3 | 1 | 2 | 5 | 4 | 1 | 9 | 6 | 3 |
| 岱山县 | 5 | 2 | 3 | 5 | 5 | | 6 | 4 | 2 |
| 嵊泗县 | 1 | 1 | | | | | 3 | 1 | 2 |
| **台州市** | **90** | **69** | **21** | **129** | **92** | **37** | **209** | **136** | **73** |
| 椒江区 | 8 | 6 | 2 | 8 | 4 | 4 | 17 | 9 | 8 |
| 黄岩区 | 5 | 4 | 1 | 16 | 13 | 3 | 21 | 16 | 5 |
| 路桥区 | 7 | 5 | 2 | 5 | 3 | 2 | 11 | 5 | 6 |
| 三门县 | 6 | 6 | | 15 | 10 | 5 | 22 | 17 | 5 |
| 天台县 | 19 | 14 | 5 | 24 | 15 | 9 | 27 | 19 | 8 |
| 仙居县 | 10 | 6 | 4 | 8 | 7 | 1 | 23 | 16 | 7 |
| 温岭市 | 14 | 11 | 3 | 26 | 21 | 5 | 28 | 16 | 12 |
| 临海市 | 18 | 15 | 3 | 17 | 11 | 6 | 49 | 29 | 20 |
| 玉环市 | 3 | 2 | 1 | 10 | 8 | 2 | 11 | 9 | 2 |
| **丽水市** | **46** | **30** | **16** | **87** | **66** | **21** | **166** | **126** | **40** |
| 莲都区 | 4 | 4 | | 8 | 6 | 2 | 15 | 11 | 4 |
| 青田县 | 12 | 6 | 6 | 30 | 26 | 4 | 38 | 30 | 8 |
| 缙云县 | 6 | 4 | 2 | 8 | 6 | 2 | 35 | 21 | 14 |
| 遂昌县 | 6 | 4 | 2 | 16 | 10 | 6 | 12 | 8 | 4 |
| 松阳县 | 4 | 3 | 1 | 7 | 6 | 1 | 19 | 16 | 3 |
| 云和县 | 4 | 1 | 3 | 3 | 2 | 1 | 6 | 5 | 1 |
| 庆元县 | 3 | 3 | | 5 | 2 | 3 | 9 | 6 | 3 |
| 景宁畲族自治县 | 3 | 2 | 1 | 4 | 3 | 1 | 14 | 13 | 1 |
| 龙泉市 | 4 | 3 | 1 | 6 | 5 | 1 | 18 | 16 | 2 |

6-1c　续表 8　　　　单位：人

| 地　区 | 45-49岁 | | | 50-54岁 | | | 55-59岁 | | |
|---|---|---|---|---|---|---|---|---|---|
| | 小计 | 男 | 女 | 小计 | 男 | 女 | 小计 | 男 | 女 |
| **合计** | **2796** | **1931** | **865** | **5030** | **3524** | **1506** | **6544** | **4565** | **1979** |
| **杭州市** | **247** | **164** | **83** | **502** | **352** | **150** | **712** | **504** | **208** |
| 上城区 | | | | | | | | | |
| 下城区 | | | | | | | | | |
| 江干区 | | | | | | | | | |
| 拱墅区 | | | | | | | | | |
| 西湖区 | 2 | 1 | 1 | 3 | 1 | 2 | 8 | 5 | 3 |
| 滨江区 | | | | | | | | | |
| 萧山区 | 41 | 24 | 17 | 77 | 54 | 23 | 102 | 74 | 28 |
| 余杭区 | 41 | 26 | 15 | 65 | 48 | 17 | 91 | 58 | 33 |
| 富阳区 | 24 | 17 | 7 | 65 | 45 | 20 | 80 | 57 | 23 |
| 临安区 | 40 | 35 | 5 | 73 | 49 | 24 | 120 | 82 | 38 |
| 桐庐县 | 22 | 14 | 8 | 47 | 30 | 17 | 56 | 43 | 13 |
| 淳安县 | 47 | 29 | 18 | 103 | 82 | 21 | 131 | 96 | 35 |
| 建德市 | 30 | 18 | 12 | 69 | 43 | 26 | 124 | 89 | 35 |
| **宁波市** | **248** | **163** | **85** | **460** | **320** | **140** | **596** | **402** | **194** |
| 海曙区 | 13 | 11 | 2 | 20 | 14 | 6 | 48 | 35 | 13 |
| 江北区 | 6 | 2 | 4 | 11 | 8 | 3 | 17 | 13 | 4 |
| 北仑区 | 13 | 7 | 6 | 31 | 19 | 12 | 39 | 25 | 14 |
| 镇海区 | 3 | 3 | | 8 | 7 | 1 | 16 | 14 | 2 |
| 鄞州区 | 23 | 16 | 7 | 48 | 36 | 12 | 75 | 53 | 22 |
| 奉化区 | 32 | 17 | 15 | 67 | 43 | 24 | 83 | 50 | 33 |
| 象山县 | 31 | 21 | 10 | 84 | 60 | 24 | 90 | 59 | 31 |
| 宁海县 | 71 | 49 | 22 | 88 | 65 | 23 | 99 | 71 | 28 |
| 余姚市 | 24 | 16 | 8 | 37 | 22 | 15 | 55 | 35 | 20 |
| 慈溪市 | 32 | 21 | 11 | 66 | 46 | 20 | 74 | 47 | 27 |
| **温州市** | **541** | **390** | **151** | **855** | **604** | **251** | **1034** | **756** | **278** |
| 鹿城区 | 16 | 12 | 4 | 14 | 11 | 3 | 20 | 15 | 5 |
| 龙湾区 | | | | | | | 1 | | 1 |
| 瓯海区 | 21 | 11 | 10 | 32 | 21 | 11 | 33 | 26 | 7 |
| 洞头区 | 22 | 17 | 5 | 32 | 26 | 6 | 39 | 32 | 7 |
| 永嘉县 | 96 | 68 | 28 | 142 | 105 | 37 | 176 | 125 | 51 |
| 平阳县 | 72 | 47 | 25 | 106 | 69 | 37 | 150 | 109 | 41 |
| 苍南县 | 61 | 45 | 16 | 122 | 83 | 39 | 154 | 127 | 27 |
| 文成县 | 44 | 32 | 12 | 69 | 50 | 19 | 87 | 61 | 26 |
| 泰顺县 | 52 | 38 | 14 | 76 | 58 | 18 | 79 | 52 | 27 |
| 瑞安市 | 88 | 68 | 20 | 136 | 96 | 40 | 153 | 106 | 47 |
| 乐清市 | 67 | 50 | 17 | 123 | 82 | 41 | 134 | 96 | 38 |
| 龙港市 | 2 | 2 | | 3 | 3 | | 8 | 7 | 1 |
| **嘉兴市** | **118** | **67** | **51** | **260** | **173** | **87** | **398** | **268** | **130** |
| 南湖区 | 2 | 2 | | 20 | 13 | 7 | 24 | 16 | 8 |
| 秀洲区 | 19 | 11 | 8 | 34 | 23 | 11 | 50 | 32 | 18 |
| 嘉善县 | 21 | 11 | 10 | 31 | 22 | 9 | 59 | 37 | 22 |
| 海盐县 | 9 | 7 | 2 | 46 | 33 | 13 | 59 | 37 | 22 |
| 海宁市 | 12 | 1 | 11 | 40 | 24 | 16 | 69 | 48 | 21 |
| 平湖市 | 33 | 25 | 8 | 42 | 23 | 19 | 50 | 35 | 15 |
| 桐乡市 | 22 | 10 | 12 | 47 | 35 | 12 | 87 | 63 | 24 |
| **湖州市** | **96** | **57** | **39** | **253** | **161** | **92** | **356** | **251** | **105** |
| 吴兴区 | 13 | 7 | 6 | 52 | 31 | 21 | 52 | 30 | 22 |
| 南浔区 | 15 | 10 | 5 | 49 | 33 | 16 | 73 | 52 | 21 |
| 德清县 | 20 | 10 | 10 | 37 | 21 | 16 | 63 | 46 | 17 |
| 长兴县 | 32 | 19 | 13 | 61 | 40 | 21 | 83 | 63 | 20 |
| 安吉县 | 16 | 11 | 5 | 54 | 36 | 18 | 85 | 60 | 25 |

6－1c 续表 9 单位：人

| 地区 | 45－49岁 | | | 50－54岁 | | | 55－59岁 | | |
|---|---|---|---|---|---|---|---|---|---|
| | 小计 | 男 | 女 | 小计 | 男 | 女 | 小计 | 男 | 女 |
| **绍兴市** | **240** | **157** | **83** | **475** | **338** | **137** | **635** | **428** | **207** |
| 越城区 | 17 | 11 | 6 | 36 | 26 | 10 | 42 | 20 | 22 |
| 柯桥区 | 18 | 13 | 5 | 52 | 40 | 12 | 63 | 39 | 24 |
| 上虞区 | 30 | 21 | 9 | 56 | 43 | 13 | 99 | 71 | 28 |
| 新昌县 | 36 | 24 | 12 | 74 | 55 | 19 | 126 | 91 | 35 |
| 诸暨市 | 90 | 56 | 34 | 148 | 99 | 49 | 152 | 96 | 56 |
| 嵊州市 | 49 | 32 | 17 | 109 | 75 | 34 | 153 | 111 | 42 |
| **金华市** | **281** | **197** | **84** | **585** | **405** | **180** | **718** | **498** | **220** |
| 婺城区 | 26 | 18 | 8 | 76 | 58 | 18 | 75 | 52 | 23 |
| 金东区 | 17 | 9 | 8 | 50 | 34 | 16 | 60 | 46 | 14 |
| 武义县 | 30 | 22 | 8 | 57 | 44 | 13 | 93 | 61 | 32 |
| 浦江县 | 34 | 23 | 11 | 73 | 57 | 16 | 68 | 43 | 25 |
| 磐安县 | 21 | 17 | 4 | 44 | 29 | 15 | 36 | 25 | 11 |
| 兰溪市 | 29 | 18 | 11 | 73 | 43 | 30 | 89 | 69 | 20 |
| 义乌市 | 37 | 27 | 10 | 54 | 37 | 17 | 81 | 60 | 21 |
| 东阳市 | 51 | 37 | 14 | 101 | 61 | 40 | 132 | 90 | 42 |
| 永康市 | 36 | 26 | 10 | 57 | 42 | 15 | 84 | 52 | 32 |
| **衢州市** | **209** | **146** | **63** | **318** | **211** | **107** | **410** | **288** | **122** |
| 柯城区 | 27 | 15 | 12 | 34 | 19 | 15 | 49 | 37 | 12 |
| 衢江区 | 46 | 29 | 17 | 68 | 39 | 29 | 78 | 60 | 18 |
| 常山县 | 34 | 26 | 8 | 37 | 26 | 11 | 64 | 50 | 14 |
| 开化县 | 30 | 22 | 8 | 47 | 30 | 17 | 56 | 38 | 18 |
| 龙游县 | 27 | 19 | 8 | 49 | 34 | 15 | 65 | 40 | 25 |
| 江山市 | 45 | 35 | 10 | 83 | 63 | 20 | 98 | 63 | 35 |
| **舟山市** | **52** | **39** | **13** | **93** | **72** | **21** | **193** | **142** | **51** |
| 定海区 | 17 | 14 | 3 | 31 | 25 | 6 | 57 | 45 | 12 |
| 普陀区 | 29 | 21 | 8 | 40 | 31 | 9 | 79 | 59 | 20 |
| 岱山县 | 5 | 3 | 2 | 15 | 11 | 4 | 38 | 23 | 15 |
| 嵊泗县 | 1 | 1 | | 7 | 5 | 2 | 19 | 15 | 4 |
| **台州市** | **471** | **332** | **139** | **778** | **566** | **212** | **947** | **654** | **293** |
| 椒江区 | 20 | 17 | 3 | 36 | 24 | 12 | 41 | 21 | 20 |
| 黄岩区 | 55 | 36 | 19 | 83 | 57 | 26 | 121 | 91 | 30 |
| 路桥区 | 19 | 9 | 10 | 54 | 35 | 19 | 36 | 22 | 14 |
| 三门县 | 42 | 31 | 11 | 47 | 36 | 11 | 88 | 66 | 22 |
| 天台县 | 65 | 45 | 20 | 110 | 79 | 31 | 154 | 111 | 43 |
| 仙居县 | 59 | 43 | 16 | 91 | 73 | 18 | 108 | 67 | 41 |
| 温岭市 | 73 | 48 | 25 | 128 | 90 | 38 | 157 | 102 | 55 |
| 临海市 | 116 | 87 | 29 | 184 | 134 | 50 | 187 | 134 | 53 |
| 玉环市 | 22 | 16 | 6 | 45 | 38 | 7 | 55 | 40 | 15 |
| **丽水市** | **293** | **219** | **74** | **451** | **322** | **129** | **545** | **374** | **171** |
| 莲都区 | 31 | 24 | 7 | 39 | 27 | 12 | 48 | 35 | 13 |
| 青田县 | 71 | 47 | 24 | 96 | 71 | 25 | 144 | 102 | 42 |
| 缙云县 | 48 | 33 | 15 | 81 | 58 | 23 | 95 | 62 | 33 |
| 遂昌县 | 19 | 18 | 1 | 49 | 33 | 16 | 47 | 35 | 12 |
| 松阳县 | 32 | 25 | 7 | 54 | 44 | 10 | 71 | 49 | 22 |
| 云和县 | 8 | 6 | 2 | 21 | 15 | 6 | 19 | 16 | 3 |
| 庆元县 | 29 | 22 | 7 | 23 | 16 | 7 | 36 | 14 | 22 |
| 景宁畲族自治县 | 21 | 19 | 2 | 29 | 20 | 9 | 35 | 27 | 8 |
| 龙泉市 | 34 | 25 | 9 | 59 | 38 | 21 | 50 | 34 | 16 |

6-1c 续表 10 单位：人

| 地区 | 60-64岁 | | | 65-69岁 | | | 70-74岁 | | |
|---|---|---|---|---|---|---|---|---|---|
| | 小计 | 男 | 女 | 小计 | 男 | 女 | 小计 | 男 | 女 |
| **合计** | **9147** | **6484** | **2663** | **13538** | **9249** | **4289** | **16347** | **10724** | **5623** |
| **杭州市** | **945** | **655** | **290** | **1402** | **947** | **455** | **1701** | **1069** | **632** |
| 上城区 | | | | | | | | | |
| 下城区 | | | | | | | | | |
| 江干区 | | | | | | | | | |
| 拱墅区 | | | | | | | | | |
| 西湖区 | 6 | 5 | 1 | 6 | 3 | 3 | 13 | 10 | 3 |
| 滨江区 | | | | | | | | | |
| 萧山区 | 134 | 88 | 46 | 211 | 146 | 65 | 277 | 174 | 103 |
| 余杭区 | 126 | 89 | 37 | 192 | 122 | 70 | 243 | 147 | 96 |
| 富阳区 | 127 | 85 | 42 | 161 | 119 | 42 | 233 | 150 | 83 |
| 临安区 | 151 | 112 | 39 | 211 | 127 | 84 | 243 | 136 | 107 |
| 桐庐县 | 97 | 68 | 29 | 129 | 92 | 37 | 150 | 99 | 51 |
| 淳安县 | 166 | 113 | 53 | 239 | 160 | 79 | 264 | 165 | 99 |
| 建德市 | 138 | 95 | 43 | 253 | 178 | 75 | 278 | 188 | 90 |
| **宁波市** | **946** | **679** | **267** | **1248** | **870** | **378** | **1595** | **1062** | **533** |
| 海曙区 | 51 | 39 | 12 | 85 | 62 | 23 | 94 | 54 | 40 |
| 江北区 | 30 | 23 | 7 | 30 | 17 | 13 | 34 | 22 | 12 |
| 北仑区 | 76 | 52 | 24 | 93 | 67 | 26 | 126 | 82 | 44 |
| 镇海区 | 20 | 14 | 6 | 23 | 15 | 8 | 30 | 22 | 8 |
| 鄞州区 | 89 | 62 | 27 | 122 | 91 | 31 | 177 | 119 | 58 |
| 奉化区 | 135 | 97 | 38 | 161 | 114 | 47 | 223 | 141 | 82 |
| 象山县 | 164 | 125 | 39 | 200 | 137 | 63 | 259 | 188 | 71 |
| 宁海县 | 146 | 97 | 49 | 197 | 137 | 60 | 267 | 177 | 90 |
| 余姚市 | 115 | 83 | 32 | 173 | 130 | 43 | 187 | 130 | 57 |
| 慈溪市 | 120 | 87 | 33 | 164 | 100 | 64 | 198 | 127 | 71 |
| **温州市** | **1462** | **1039** | **423** | **2015** | **1404** | **611** | **2229** | **1501** | **728** |
| 鹿城区 | 35 | 22 | 13 | 62 | 41 | 21 | 53 | 35 | 18 |
| 龙湾区 | | | | 1 | 1 | | 1 | | 1 |
| 瓯海区 | 66 | 44 | 22 | 83 | 57 | 26 | 84 | 49 | 35 |
| 洞头区 | 34 | 30 | 4 | 55 | 47 | 8 | 45 | 31 | 14 |
| 永嘉县 | 272 | 190 | 82 | 349 | 233 | 116 | 397 | 269 | 128 |
| 平阳县 | 187 | 138 | 49 | 295 | 216 | 79 | 301 | 221 | 80 |
| 苍南县 | 182 | 126 | 56 | 254 | 178 | 76 | 268 | 184 | 84 |
| 文成县 | 132 | 89 | 43 | 156 | 104 | 52 | 222 | 158 | 64 |
| 泰顺县 | 129 | 105 | 24 | 204 | 146 | 58 | 207 | 143 | 64 |
| 瑞安市 | 224 | 152 | 72 | 279 | 190 | 89 | 348 | 221 | 127 |
| 乐清市 | 189 | 133 | 56 | 258 | 178 | 80 | 293 | 184 | 109 |
| 龙港市 | 12 | 10 | 2 | 19 | 13 | 6 | 10 | 6 | 4 |
| **嘉兴市** | **501** | **336** | **165** | **912** | **611** | **301** | **1315** | **832** | **483** |
| 南湖区 | 38 | 28 | 10 | 71 | 53 | 18 | 91 | 57 | 34 |
| 秀洲区 | 45 | 34 | 11 | 127 | 79 | 48 | 188 | 119 | 69 |
| 嘉善县 | 60 | 36 | 24 | 138 | 97 | 41 | 199 | 140 | 59 |
| 海盐县 | 64 | 41 | 23 | 115 | 78 | 37 | 170 | 118 | 52 |
| 海宁市 | 97 | 55 | 42 | 126 | 80 | 46 | 177 | 113 | 64 |
| 平湖市 | 88 | 62 | 26 | 143 | 96 | 47 | 217 | 130 | 87 |
| 桐乡市 | 109 | 80 | 29 | 192 | 128 | 64 | 273 | 155 | 118 |
| **湖州市** | **454** | **320** | **134** | **770** | **528** | **242** | **1056** | **678** | **378** |
| 吴兴区 | 92 | 59 | 33 | 152 | 110 | 42 | 197 | 133 | 64 |
| 南浔区 | 84 | 61 | 23 | 178 | 131 | 47 | 273 | 182 | 91 |
| 德清县 | 80 | 61 | 19 | 138 | 94 | 44 | 173 | 99 | 74 |
| 长兴县 | 107 | 71 | 36 | 157 | 100 | 57 | 221 | 145 | 76 |
| 安吉县 | 91 | 68 | 23 | 145 | 93 | 52 | 192 | 119 | 73 |

6－1c　续表 11　　单位：人

| 地　区 | 60－64岁 | | | 65－69岁 | | | 70－74岁 | | |
|---|---|---|---|---|---|---|---|---|---|
| | 小计 | 男 | 女 | 小计 | 男 | 女 | 小计 | 男 | 女 |
| **绍兴市** | **1013** | **693** | **320** | **1456** | **952** | **504** | **1871** | **1259** | **612** |
| 越城区 | 64 | 39 | 25 | 101 | 68 | 33 | 153 | 107 | 46 |
| 柯桥区 | 85 | 55 | 30 | 139 | 92 | 47 | 202 | 140 | 62 |
| 上虞区 | 145 | 100 | 45 | 196 | 136 | 60 | 246 | 167 | 79 |
| 新昌县 | 190 | 129 | 61 | 185 | 121 | 64 | 277 | 192 | 85 |
| 诸暨市 | 241 | 170 | 71 | 434 | 274 | 160 | 570 | 388 | 182 |
| 嵊州市 | 288 | 200 | 88 | 401 | 261 | 140 | 423 | 265 | 158 |
| **金华市** | **951** | **669** | **282** | **1622** | **1126** | **496** | **1832** | **1196** | **636** |
| 婺城区 | 119 | 91 | 28 | 200 | 139 | 61 | 188 | 128 | 60 |
| 金东区 | 59 | 41 | 18 | 119 | 78 | 41 | 126 | 84 | 42 |
| 武义县 | 104 | 77 | 27 | 170 | 121 | 49 | 190 | 134 | 56 |
| 浦江县 | 105 | 66 | 39 | 150 | 98 | 52 | 201 | 120 | 81 |
| 磐安县 | 66 | 49 | 17 | 92 | 61 | 31 | 85 | 54 | 31 |
| 兰溪市 | 121 | 84 | 37 | 226 | 172 | 54 | 289 | 200 | 89 |
| 义乌市 | 100 | 73 | 27 | 189 | 126 | 63 | 204 | 118 | 86 |
| 东阳市 | 159 | 116 | 43 | 259 | 181 | 78 | 307 | 201 | 106 |
| 永康市 | 118 | 72 | 46 | 217 | 150 | 67 | 242 | 157 | 85 |
| **衢州市** | **613** | **455** | **158** | **1009** | **682** | **327** | **1140** | **778** | **362** |
| 柯城区 | 66 | 46 | 20 | 109 | 79 | 30 | 143 | 92 | 51 |
| 衢江区 | 134 | 95 | 39 | 190 | 131 | 59 | 208 | 152 | 56 |
| 常山县 | 87 | 70 | 17 | 137 | 88 | 49 | 137 | 93 | 44 |
| 开化县 | 108 | 75 | 33 | 164 | 113 | 51 | 148 | 92 | 56 |
| 龙游县 | 89 | 62 | 27 | 191 | 121 | 70 | 218 | 147 | 71 |
| 江山市 | 129 | 107 | 22 | 218 | 150 | 68 | 286 | 202 | 84 |
| **舟山市** | **267** | **212** | **55** | **334** | **235** | **99** | **369** | **244** | **125** |
| 定海区 | 75 | 62 | 13 | 110 | 74 | 36 | 134 | 94 | 40 |
| 普陀区 | 92 | 75 | 17 | 113 | 83 | 30 | 123 | 79 | 44 |
| 岱山县 | 79 | 59 | 20 | 76 | 50 | 26 | 83 | 49 | 34 |
| 嵊泗县 | 21 | 16 | 5 | 35 | 28 | 7 | 29 | 22 | 7 |
| **台州市** | **1324** | **927** | **397** | **1775** | **1210** | **565** | **2187** | **1400** | **787** |
| 椒江区 | 58 | 34 | 24 | 77 | 55 | 22 | 109 | 70 | 39 |
| 黄岩区 | 142 | 97 | 45 | 186 | 128 | 58 | 241 | 147 | 94 |
| 路桥区 | 67 | 48 | 19 | 116 | 74 | 42 | 132 | 85 | 47 |
| 三门县 | 89 | 57 | 32 | 134 | 97 | 37 | 176 | 101 | 75 |
| 天台县 | 208 | 138 | 70 | 244 | 178 | 66 | 287 | 178 | 109 |
| 仙居县 | 161 | 116 | 45 | 181 | 113 | 68 | 251 | 158 | 93 |
| 温岭市 | 234 | 161 | 73 | 342 | 244 | 98 | 386 | 255 | 131 |
| 临海市 | 289 | 222 | 67 | 412 | 262 | 150 | 514 | 351 | 163 |
| 玉环市 | 76 | 54 | 22 | 83 | 59 | 24 | 91 | 55 | 36 |
| **丽水市** | **671** | **499** | **172** | **995** | **684** | **311** | **1052** | **705** | **347** |
| 莲都区 | 74 | 60 | 14 | 89 | 55 | 34 | 115 | 75 | 40 |
| 青田县 | 140 | 102 | 38 | 190 | 143 | 47 | 213 | 157 | 56 |
| 缙云县 | 145 | 103 | 42 | 169 | 118 | 51 | 166 | 111 | 55 |
| 遂昌县 | 53 | 39 | 14 | 81 | 55 | 26 | 113 | 85 | 28 |
| 松阳县 | 88 | 70 | 18 | 122 | 90 | 32 | 124 | 78 | 46 |
| 云和县 | 29 | 22 | 7 | 47 | 31 | 16 | 47 | 29 | 18 |
| 庆元县 | 43 | 25 | 18 | 79 | 50 | 29 | 66 | 38 | 28 |
| 景宁畲族自治县 | 49 | 41 | 8 | 94 | 67 | 27 | 85 | 56 | 29 |
| 龙泉市 | 50 | 37 | 13 | 124 | 75 | 49 | 123 | 76 | 47 |

6-1c 续表 12

单位：人

| 地区 | 75-79岁 | | | 80-84岁 | | | 85-89岁 | | |
|---|---|---|---|---|---|---|---|---|---|
| | 小计 | 男 | 女 | 小计 | 男 | 女 | 小计 | 男 | 女 |
| **合计** | **17785** | **10992** | **6793** | **26400** | **14775** | **11625** | **28341** | **13659** | **14682** |
| **杭州市** | **1853** | **1133** | **720** | **2813** | **1526** | **1287** | **3050** | **1429** | **1621** |
| 上城区 | | | | | | | | | |
| 下城区 | | | | | | | | | |
| 江干区 | | | | | | | | | |
| 拱墅区 | | | | | | | | | |
| 西湖区 | 17 | 8 | 9 | 20 | 12 | 8 | 23 | 9 | 14 |
| 滨江区 | | | | | | | | | |
| 萧山区 | 265 | 152 | 113 | 405 | 214 | 191 | 499 | 252 | 247 |
| 余杭区 | 303 | 162 | 141 | 433 | 241 | 192 | 482 | 221 | 261 |
| 富阳区 | 203 | 132 | 71 | 326 | 175 | 151 | 502 | 219 | 283 |
| 临安区 | 271 | 166 | 105 | 448 | 253 | 195 | 451 | 210 | 241 |
| 桐庐县 | 168 | 122 | 46 | 225 | 124 | 101 | 260 | 120 | 140 |
| 淳安县 | 324 | 202 | 122 | 459 | 221 | 238 | 418 | 201 | 217 |
| 建德市 | 302 | 189 | 113 | 497 | 286 | 211 | 415 | 197 | 218 |
| **宁波市** | **1593** | **1007** | **586** | **2234** | **1222** | **1012** | **2787** | **1333** | **1454** |
| 海曙区 | 91 | 57 | 34 | 119 | 66 | 53 | 172 | 75 | 97 |
| 江北区 | 34 | 26 | 8 | 53 | 35 | 18 | 54 | 27 | 27 |
| 北仑区 | 126 | 68 | 58 | 172 | 104 | 68 | 218 | 100 | 118 |
| 镇海区 | 34 | 25 | 9 | 37 | 20 | 17 | 61 | 32 | 29 |
| 鄞州区 | 204 | 135 | 69 | 233 | 120 | 113 | 324 | 151 | 173 |
| 奉化区 | 203 | 139 | 64 | 281 | 147 | 134 | 389 | 188 | 201 |
| 象山县 | 263 | 169 | 94 | 388 | 212 | 176 | 491 | 225 | 266 |
| 宁海县 | 289 | 166 | 123 | 428 | 248 | 180 | 427 | 215 | 212 |
| 余姚市 | 174 | 108 | 66 | 242 | 115 | 127 | 290 | 149 | 141 |
| 慈溪市 | 175 | 114 | 61 | 281 | 155 | 126 | 361 | 171 | 190 |
| **温州市** | **2603** | **1670** | **933** | **3974** | **2296** | **1678** | **4127** | **2178** | **1949** |
| 鹿城区 | 69 | 36 | 33 | 90 | 54 | 36 | 124 | 66 | 58 |
| 龙湾区 | | | | 3 | 2 | 1 | 1 | | 1 |
| 瓯海区 | 110 | 65 | 45 | 192 | 115 | 77 | 190 | 92 | 98 |
| 洞头区 | 68 | 35 | 33 | 98 | 50 | 48 | 82 | 28 | 54 |
| 永嘉县 | 422 | 259 | 163 | 691 | 395 | 296 | 694 | 369 | 325 |
| 平阳县 | 357 | 236 | 121 | 561 | 337 | 224 | 530 | 266 | 264 |
| 苍南县 | 326 | 209 | 117 | 467 | 274 | 193 | 514 | 274 | 240 |
| 文成县 | 240 | 172 | 68 | 335 | 220 | 115 | 345 | 214 | 131 |
| 泰顺县 | 215 | 150 | 65 | 312 | 195 | 117 | 325 | 184 | 141 |
| 瑞安市 | 407 | 266 | 141 | 647 | 356 | 291 | 709 | 362 | 347 |
| 乐清市 | 371 | 232 | 139 | 551 | 283 | 268 | 586 | 310 | 276 |
| 龙港市 | 18 | 10 | 8 | 27 | 15 | 12 | 27 | 13 | 14 |
| **嘉兴市** | **1525** | **961** | **564** | **2128** | **1174** | **954** | **2144** | **952** | **1192** |
| 南湖区 | 104 | 63 | 41 | 145 | 82 | 63 | 129 | 53 | 76 |
| 秀洲区 | 214 | 129 | 85 | 314 | 184 | 130 | 289 | 137 | 152 |
| 嘉善县 | 232 | 155 | 77 | 347 | 195 | 152 | 312 | 136 | 176 |
| 海盐县 | 191 | 124 | 67 | 243 | 131 | 112 | 279 | 117 | 162 |
| 海宁市 | 227 | 136 | 91 | 260 | 142 | 118 | 344 | 155 | 189 |
| 平湖市 | 251 | 165 | 86 | 329 | 171 | 158 | 387 | 165 | 222 |
| 桐乡市 | 306 | 189 | 117 | 490 | 269 | 221 | 404 | 189 | 215 |
| **湖州市** | **1214** | **696** | **518** | **1772** | **996** | **776** | **1893** | **932** | **961** |
| 吴兴区 | 199 | 111 | 88 | 343 | 193 | 150 | 352 | 183 | 169 |
| 南浔区 | 340 | 206 | 134 | 518 | 281 | 237 | 548 | 264 | 284 |
| 德清县 | 226 | 121 | 105 | 302 | 164 | 138 | 382 | 198 | 184 |
| 长兴县 | 250 | 145 | 105 | 320 | 190 | 130 | 347 | 169 | 178 |
| 安吉县 | 199 | 113 | 86 | 289 | 168 | 121 | 264 | 118 | 146 |

6–1c 续表 13

单位：人

| 地区 | 75–79岁 | | | 80–84岁 | | | 85–89岁 | | |
|---|---|---|---|---|---|---|---|---|---|
| | 小计 | 男 | 女 | 小计 | 男 | 女 | 小计 | 男 | 女 |
| **绍兴市** | **1720** | **1020** | **700** | **2466** | **1343** | **1123** | **2831** | **1319** | **1512** |
| 越城区 | 151 | 95 | 56 | 225 | 116 | 109 | 277 | 131 | 146 |
| 柯桥区 | 179 | 109 | 70 | 267 | 140 | 127 | 304 | 150 | 154 |
| 上虞区 | 274 | 157 | 117 | 362 | 195 | 167 | 456 | 181 | 275 |
| 新昌县 | 272 | 158 | 114 | 391 | 206 | 185 | 407 | 198 | 209 |
| 诸暨市 | 454 | 273 | 181 | 691 | 375 | 316 | 787 | 379 | 408 |
| 嵊州市 | 390 | 228 | 162 | 530 | 311 | 219 | 600 | 280 | 320 |
| **金华市** | **2030** | **1241** | **789** | **3167** | **1788** | **1379** | **3224** | **1497** | **1727** |
| 婺城区 | 179 | 109 | 70 | 301 | 196 | 105 | 310 | 148 | 162 |
| 金东区 | 131 | 74 | 57 | 238 | 123 | 115 | 237 | 103 | 134 |
| 武义县 | 188 | 113 | 75 | 318 | 186 | 132 | 331 | 177 | 154 |
| 浦江县 | 230 | 137 | 93 | 353 | 196 | 157 | 347 | 163 | 184 |
| 磐安县 | 106 | 76 | 30 | 173 | 101 | 72 | 154 | 79 | 75 |
| 兰溪市 | 317 | 202 | 115 | 407 | 223 | 184 | 363 | 151 | 212 |
| 义乌市 | 231 | 141 | 90 | 359 | 210 | 149 | 391 | 190 | 201 |
| 东阳市 | 383 | 220 | 163 | 601 | 320 | 281 | 627 | 278 | 349 |
| 永康市 | 265 | 169 | 96 | 417 | 233 | 184 | 464 | 208 | 256 |
| **衢州市** | **1114** | **704** | **410** | **1801** | **1057** | **744** | **1822** | **908** | **914** |
| 柯城区 | 113 | 64 | 49 | 198 | 121 | 77 | 226 | 124 | 102 |
| 衢江区 | 228 | 141 | 87 | 328 | 194 | 134 | 375 | 202 | 173 |
| 常山县 | 163 | 100 | 63 | 251 | 145 | 106 | 243 | 129 | 114 |
| 开化县 | 172 | 101 | 71 | 294 | 171 | 123 | 277 | 126 | 151 |
| 龙游县 | 184 | 132 | 52 | 325 | 190 | 135 | 306 | 138 | 168 |
| 江山市 | 254 | 166 | 88 | 405 | 236 | 169 | 395 | 189 | 206 |
| **舟山市** | **404** | **258** | **146** | **548** | **290** | **258** | **691** | **295** | **396** |
| 定海区 | 118 | 81 | 37 | 162 | 89 | 73 | 215 | 90 | 125 |
| 普陀区 | 150 | 84 | 66 | 219 | 113 | 106 | 239 | 112 | 127 |
| 岱山县 | 89 | 65 | 24 | 122 | 63 | 59 | 187 | 73 | 114 |
| 嵊泗县 | 47 | 28 | 19 | 45 | 25 | 20 | 50 | 20 | 30 |
| **台州市** | **2561** | **1549** | **1012** | **3566** | **1964** | **1602** | **3833** | **1760** | **2073** |
| 椒江区 | 117 | 69 | 48 | 174 | 99 | 75 | 215 | 100 | 115 |
| 黄岩区 | 268 | 158 | 110 | 395 | 226 | 169 | 482 | 233 | 249 |
| 路桥区 | 158 | 97 | 61 | 240 | 137 | 103 | 282 | 143 | 139 |
| 三门县 | 205 | 131 | 74 | 283 | 157 | 126 | 302 | 132 | 170 |
| 天台县 | 347 | 219 | 128 | 467 | 248 | 219 | 431 | 181 | 250 |
| 仙居县 | 278 | 181 | 97 | 375 | 218 | 157 | 372 | 159 | 213 |
| 温岭市 | 453 | 257 | 196 | 655 | 341 | 314 | 732 | 329 | 403 |
| 临海市 | 605 | 364 | 241 | 826 | 457 | 369 | 815 | 381 | 434 |
| 玉环市 | 130 | 73 | 57 | 151 | 81 | 70 | 202 | 102 | 100 |
| **丽水市** | **1168** | **753** | **415** | **1931** | **1119** | **812** | **1939** | **1056** | **883** |
| 莲都区 | 120 | 73 | 47 | 217 | 115 | 102 | 243 | 129 | 114 |
| 青田县 | 239 | 160 | 79 | 381 | 223 | 158 | 360 | 193 | 167 |
| 缙云县 | 246 | 154 | 92 | 325 | 187 | 138 | 337 | 188 | 149 |
| 遂昌县 | 89 | 59 | 30 | 166 | 96 | 70 | 193 | 98 | 95 |
| 松阳县 | 119 | 75 | 44 | 191 | 108 | 83 | 188 | 107 | 81 |
| 云和县 | 46 | 34 | 12 | 89 | 60 | 29 | 100 | 59 | 41 |
| 庆元县 | 84 | 46 | 38 | 138 | 80 | 58 | 122 | 68 | 54 |
| 景宁畲族自治县 | 88 | 57 | 31 | 177 | 102 | 75 | 138 | 84 | 54 |
| 龙泉市 | 137 | 95 | 42 | 247 | 148 | 99 | 258 | 130 | 128 |

6−1c　续表 14　　　　　　　　　　　　　　　　　　　　单位：人

| 地　区 | 90−94岁 | | | 95−99岁 | | | 100岁及以上 | | |
|---|---|---|---|---|---|---|---|---|---|
| | 小计 | 男 | 女 | 小计 | 男 | 女 | 小计 | 男 | 女 |
| **合计** | **15922** | **6581** | **9341** | **4445** | **1552** | **2893** | **532** | **174** | **358** |
| **杭州市** | **1664** | **668** | **996** | **439** | **128** | **311** | **51** | **17** | **34** |
| 上城区 | | | | | | | | | |
| 下城区 | | | | | | | | | |
| 江干区 | | | | | | | | | |
| 拱墅区 | | | | | | | | | |
| 西湖区 | 15 | 7 | 8 | 9 | 4 | 5 | | | |
| 滨江区 | | | | | | | | | |
| 萧山区 | 349 | 153 | 196 | 98 | 33 | 65 | 15 | 3 | 12 |
| 余杭区 | 281 | 115 | 166 | 87 | 24 | 63 | 5 | 3 | 2 |
| 富阳区 | 282 | 132 | 150 | 60 | 13 | 47 | 8 | 2 | 6 |
| 临安区 | 226 | 85 | 141 | 66 | 21 | 45 | 6 | 2 | 4 |
| 桐庐县 | 134 | 53 | 81 | 28 | 9 | 19 | 8 | 4 | 4 |
| 淳安县 | 202 | 66 | 136 | 33 | 8 | 25 | 2 | | 2 |
| 建德市 | 175 | 57 | 118 | 58 | 16 | 42 | 7 | 3 | 4 |
| **宁波市** | **1648** | **660** | **988** | **469** | **174** | **295** | **52** | **16** | **36** |
| 海曙区 | 85 | 37 | 48 | 31 | 10 | 21 | 1 | | 1 |
| 江北区 | 31 | 11 | 20 | 17 | 8 | 9 | | | |
| 北仑区 | 171 | 80 | 91 | 50 | 14 | 36 | 10 | 1 | 9 |
| 镇海区 | 48 | 18 | 30 | 7 | 4 | 3 | 1 | 1 | |
| 鄞州区 | 202 | 86 | 116 | 52 | 15 | 37 | 5 | 2 | 3 |
| 奉化区 | 198 | 77 | 121 | 64 | 27 | 37 | 5 | 3 | 2 |
| 象山县 | 267 | 99 | 168 | 82 | 32 | 50 | 7 | 2 | 5 |
| 宁海县 | 262 | 106 | 156 | 61 | 23 | 38 | 9 | 3 | 6 |
| 余姚市 | 184 | 69 | 115 | 54 | 22 | 32 | 6 | 2 | 4 |
| 慈溪市 | 200 | 77 | 123 | 51 | 19 | 32 | 8 | 2 | 6 |
| **温州市** | **2568** | **1143** | **1425** | **843** | **337** | **506** | **111** | **40** | **71** |
| 鹿城区 | 80 | 29 | 51 | 19 | 3 | 16 | | | |
| 龙湾区 | 1 | 1 | | | | | | | |
| 瓯海区 | 115 | 46 | 69 | 33 | 12 | 21 | 6 | 2 | 4 |
| 洞头区 | 56 | 22 | 34 | 19 | 7 | 12 | | | |
| 永嘉县 | 450 | 212 | 238 | 166 | 77 | 89 | 22 | 9 | 13 |
| 平阳县 | 340 | 146 | 194 | 125 | 45 | 80 | 14 | 4 | 10 |
| 苍南县 | 312 | 135 | 177 | 87 | 36 | 51 | 22 | 11 | 11 |
| 文成县 | 246 | 126 | 120 | 70 | 27 | 43 | 9 | 3 | 6 |
| 泰顺县 | 209 | 101 | 108 | 69 | 22 | 47 | 11 | 3 | 8 |
| 瑞安市 | 389 | 178 | 211 | 129 | 55 | 74 | 15 | 3 | 12 |
| 乐清市 | 354 | 139 | 215 | 121 | 52 | 69 | 12 | 5 | 7 |
| 龙港市 | 16 | 8 | 8 | 5 | 1 | 4 | | | |
| **嘉兴市** | **1207** | **412** | **795** | **295** | **62** | **233** | **26** | **10** | **16** |
| 南湖区 | 77 | 25 | 52 | 18 | 4 | 14 | 1 | 1 | |
| 秀洲区 | 166 | 55 | 111 | 36 | 5 | 31 | 2 | 1 | 1 |
| 嘉善县 | 197 | 68 | 129 | 53 | 8 | 45 | 8 | 3 | 5 |
| 海盐县 | 153 | 56 | 97 | 30 | 8 | 22 | 3 | 1 | 2 |
| 海宁市 | 223 | 77 | 146 | 70 | 18 | 52 | 4 | 1 | 3 |
| 平湖市 | 178 | 44 | 134 | 42 | 5 | 37 | 1 | | 1 |
| 桐乡市 | 213 | 87 | 126 | 46 | 14 | 32 | 7 | 3 | 4 |
| **湖州市** | **1003** | **402** | **601** | **249** | **83** | **166** | **22** | **6** | **16** |
| 吴兴区 | 196 | 78 | 118 | 49 | 10 | 39 | 4 | | 4 |
| 南浔区 | 263 | 101 | 162 | 56 | 24 | 32 | 7 | 2 | 5 |
| 德清县 | 209 | 89 | 120 | 56 | 19 | 37 | 7 | 2 | 5 |
| 长兴县 | 197 | 77 | 120 | 56 | 20 | 36 | 2 | 1 | 1 |
| 安吉县 | 138 | 57 | 81 | 32 | 10 | 22 | 2 | 1 | 1 |

6-1c 续表 15 单位：人

| 地区 | 90-94岁 | | | 95-99岁 | | | 100岁及以上 | | |
|---|---|---|---|---|---|---|---|---|---|
| | 小计 | 男 | 女 | 小计 | 男 | 女 | 小计 | 男 | 女 |
| **绍兴市** | **1495** | **587** | **908** | **382** | **127** | **255** | **47** | **9** | **38** |
| 越城区 | 119 | 38 | 81 | 30 | 8 | 22 | 3 | | 3 |
| 柯桥区 | 164 | 62 | 102 | 42 | 11 | 31 | 1 | | 1 |
| 上虞区 | 241 | 96 | 145 | 48 | 15 | 33 | 4 | | 4 |
| 新昌县 | 226 | 91 | 135 | 56 | 27 | 29 | 9 | 2 | 7 |
| 诸暨市 | 470 | 185 | 285 | 151 | 47 | 104 | 18 | 6 | 12 |
| 嵊州市 | 275 | 115 | 160 | 55 | 19 | 36 | 12 | 1 | 11 |
| **金华市** | **1734** | **711** | **1023** | **446** | **154** | **292** | **60** | **14** | **46** |
| 婺城区 | 164 | 60 | 104 | 53 | 18 | 35 | 6 | 1 | 5 |
| 金东区 | 109 | 35 | 74 | 30 | 8 | 22 | 3 | | 3 |
| 武义县 | 174 | 81 | 93 | 37 | 15 | 22 | 4 | 1 | 3 |
| 浦江县 | 191 | 80 | 111 | 54 | 17 | 37 | 10 | 1 | 9 |
| 磐安县 | 66 | 35 | 31 | 22 | 8 | 14 | 1 | | 1 |
| 兰溪市 | 198 | 74 | 124 | 36 | 10 | 26 | 3 | | 3 |
| 义乌市 | 240 | 102 | 138 | 66 | 27 | 39 | 4 | 2 | 2 |
| 东阳市 | 370 | 158 | 212 | 86 | 24 | 62 | 17 | 4 | 13 |
| 永康市 | 222 | 86 | 136 | 62 | 27 | 35 | 12 | 5 | 7 |
| **衢州市** | **1017** | **416** | **601** | **270** | **85** | **185** | **33** | **12** | **21** |
| 柯城区 | 134 | 50 | 84 | 37 | 12 | 25 | 3 | 1 | 2 |
| 衢江区 | 193 | 91 | 102 | 40 | 13 | 27 | 10 | 3 | 7 |
| 常山县 | 123 | 45 | 78 | 30 | 9 | 21 | 4 | 1 | 3 |
| 开化县 | 155 | 56 | 99 | 22 | 6 | 16 | | | |
| 龙游县 | 162 | 67 | 95 | 61 | 21 | 40 | 4 | 1 | 3 |
| 江山市 | 250 | 107 | 143 | 80 | 24 | 56 | 12 | 6 | 6 |
| **舟山市** | **378** | **136** | **242** | **116** | **41** | **75** | **6** | **2** | **4** |
| 定海区 | 128 | 48 | 80 | 47 | 21 | 26 | 3 | 1 | 2 |
| 普陀区 | 132 | 49 | 83 | 36 | 10 | 26 | 1 | | 1 |
| 岱山县 | 96 | 34 | 62 | 28 | 8 | 20 | 2 | 1 | 1 |
| 嵊泗县 | 22 | 5 | 17 | 5 | 2 | 3 | | | |
| **台州市** | **2068** | **870** | **1198** | **639** | **229** | **410** | **89** | **32** | **57** |
| 椒江区 | 106 | 43 | 63 | 24 | 9 | 15 | 4 | 1 | 3 |
| 黄岩区 | 266 | 113 | 153 | 97 | 40 | 57 | 14 | 6 | 8 |
| 路桥区 | 153 | 70 | 83 | 47 | 14 | 33 | 8 | | 8 |
| 三门县 | 147 | 72 | 75 | 39 | 16 | 23 | 4 | 2 | 2 |
| 天台县 | 225 | 102 | 123 | 62 | 21 | 41 | 10 | 7 | 3 |
| 仙居县 | 187 | 87 | 100 | 57 | 18 | 39 | 9 | 2 | 7 |
| 温岭市 | 421 | 174 | 247 | 134 | 48 | 86 | 23 | 8 | 15 |
| 临海市 | 455 | 166 | 289 | 142 | 49 | 93 | 14 | 4 | 10 |
| 玉环市 | 108 | 43 | 65 | 37 | 14 | 23 | 3 | 2 | 1 |
| **丽水市** | **1140** | **576** | **564** | **297** | **132** | **165** | **35** | **16** | **19** |
| 莲都区 | 133 | 54 | 79 | 29 | 13 | 16 | 7 | 3 | 4 |
| 青田县 | 229 | 130 | 99 | 71 | 37 | 34 | 12 | 6 | 6 |
| 缙云县 | 185 | 92 | 93 | 69 | 25 | 44 | 4 | 2 | 2 |
| 遂昌县 | 118 | 53 | 65 | 22 | 9 | 13 | 1 | 1 | |
| 松阳县 | 108 | 59 | 49 | 27 | 11 | 16 | 2 | 1 | 1 |
| 云和县 | 49 | 20 | 29 | 10 | 5 | 5 | | | |
| 庆元县 | 66 | 26 | 40 | 17 | 7 | 10 | 3 | 1 | 2 |
| 景宁畲族自治县 | 101 | 59 | 42 | 22 | 11 | 11 | 3 | 1 | 2 |
| 龙泉市 | 151 | 83 | 68 | 30 | 14 | 16 | 3 | 1 | 2 |

# 6-2　各地区分性别、受教育程度的3岁及以上死亡人口
## (2019.11.1-2020.10.31)

单位：人

| 地　区 | 3岁及以上死亡人口 | | | 未上过学 | | |
|---|---|---|---|---|---|---|
| | 合计 | 男 | 女 | 小计 | 男 | 女 |
| **合计** | **306076** | **176440** | **129636** | **83889** | **31163** | **52726** |
| **杭州市** | **44577** | **25062** | **19515** | **10077** | **3392** | **6685** |
| 上城区 | 2349 | 1235 | 1114 | 212 | 46 | 166 |
| 下城区 | 2424 | 1355 | 1069 | 227 | 73 | 154 |
| 江干区 | 2585 | 1469 | 1116 | 439 | 142 | 297 |
| 拱墅区 | 2199 | 1218 | 981 | 300 | 94 | 206 |
| 西湖区 | 3010 | 1724 | 1286 | 312 | 102 | 210 |
| 滨江区 | 968 | 566 | 402 | 212 | 102 | 110 |
| 萧山区 | 8003 | 4406 | 3597 | 2141 | 717 | 1424 |
| 余杭区 | 6585 | 3635 | 2950 | 2112 | 824 | 1288 |
| 富阳区 | 3920 | 2237 | 1683 | 906 | 283 | 623 |
| 临安区 | 3365 | 1893 | 1472 | 491 | 136 | 355 |
| 桐庐县 | 2667 | 1559 | 1108 | 792 | 262 | 530 |
| 淳安县 | 2916 | 1670 | 1246 | 982 | 265 | 717 |
| 建德市 | 3586 | 2095 | 1491 | 951 | 346 | 605 |
| **宁波市** | **38514** | **21993** | **16521** | **7481** | **2469** | **5012** |
| 海曙区 | 3646 | 2110 | 1536 | 498 | 147 | 351 |
| 江北区 | 1494 | 891 | 603 | 218 | 76 | 142 |
| 北仑区 | 2462 | 1383 | 1079 | 511 | 162 | 349 |
| 镇海区 | 1529 | 881 | 648 | 225 | 76 | 149 |
| 鄞州区 | 5287 | 2981 | 2306 | 804 | 237 | 567 |
| 奉化区 | 2921 | 1678 | 1243 | 417 | 111 | 306 |
| 象山县 | 3644 | 2143 | 1501 | 989 | 368 | 621 |
| 宁海县 | 4133 | 2430 | 1703 | 771 | 281 | 490 |
| 余姚市 | 6211 | 3539 | 2672 | 1338 | 460 | 878 |
| 慈溪市 | 7187 | 3957 | 3230 | 1710 | 551 | 1159 |
| **温州市** | **48498** | **28926** | **19572** | **19340** | **8316** | **11024** |
| 鹿城区 | 4722 | 2768 | 1954 | 865 | 291 | 574 |
| 龙湾区 | 1790 | 990 | 800 | 795 | 317 | 478 |
| 瓯海区 | 2621 | 1435 | 1186 | 1272 | 502 | 770 |
| 洞头区 | 923 | 563 | 360 | 339 | 110 | 229 |
| 永嘉县 | 5728 | 3419 | 2309 | 2273 | 932 | 1341 |
| 平阳县 | 5593 | 3407 | 2186 | 2533 | 1163 | 1370 |
| 苍南县 | 5988 | 3638 | 2350 | 2945 | 1403 | 1542 |
| 文成县 | 2779 | 1792 | 987 | 897 | 453 | 444 |
| 泰顺县 | 2503 | 1590 | 913 | 1027 | 526 | 501 |
| 瑞安市 | 6897 | 4115 | 2782 | 3296 | 1470 | 1826 |
| 乐清市 | 7041 | 4078 | 2963 | 2385 | 886 | 1499 |
| 龙港市 | 1913 | 1131 | 782 | 713 | 263 | 450 |
| **嘉兴市** | **24941** | **13851** | **11090** | **6020** | **2129** | **3891** |
| 南湖区 | 3156 | 1811 | 1345 | 516 | 170 | 346 |
| 秀洲区 | 2709 | 1527 | 1182 | 908 | 356 | 552 |
| 嘉善县 | 3088 | 1740 | 1348 | 753 | 277 | 476 |
| 海盐县 | 2551 | 1377 | 1174 | 663 | 235 | 428 |
| 海宁市 | 5025 | 2659 | 2366 | 1246 | 353 | 893 |
| 平湖市 | 3747 | 2037 | 1710 | 1070 | 368 | 702 |
| 桐乡市 | 4665 | 2700 | 1965 | 864 | 370 | 494 |
| **湖州市** | **17607** | **9934** | **7673** | **2989** | **1103** | **1886** |
| 吴兴区 | 4314 | 2454 | 1860 | 680 | 269 | 411 |
| 南浔区 | 3489 | 1929 | 1560 | 733 | 264 | 469 |
| 德清县 | 3163 | 1756 | 1407 | 446 | 155 | 291 |
| 长兴县 | 3817 | 2178 | 1639 | 692 | 270 | 422 |
| 安吉县 | 2824 | 1617 | 1207 | 438 | 145 | 293 |

6-2 续表 1

单位：人

| 地 区 | 3岁及以上死亡人口 | | | 未上过学 | | |
|---|---|---|---|---|---|---|
| | 合计 | 男 | 女 | 小计 | 男 | 女 |
| **绍兴市** | **28436** | **16100** | **12336** | **4821** | **1502** | **3319** |
| 越城区 | 3995 | 2244 | 1751 | 541 | 184 | 357 |
| 柯桥区 | 3996 | 2195 | 1801 | 1022 | 322 | 700 |
| 上虞区 | 5607 | 3128 | 2479 | 1320 | 414 | 906 |
| 新昌县 | 3221 | 1850 | 1371 | 457 | 160 | 297 |
| 诸暨市 | 6706 | 3806 | 2900 | 980 | 262 | 718 |
| 嵊州市 | 4911 | 2877 | 2034 | 501 | 160 | 341 |
| **金华市** | **29027** | **16979** | **12048** | **8583** | **2795** | **5788** |
| 婺城区 | 3045 | 1815 | 1230 | 925 | 364 | 561 |
| 金东区 | 1770 | 976 | 794 | 496 | 157 | 339 |
| 武义县 | 2555 | 1569 | 986 | 717 | 247 | 470 |
| 浦江县 | 2510 | 1438 | 1072 | 839 | 250 | 589 |
| 磐安县 | 1217 | 740 | 477 | 354 | 127 | 227 |
| 兰溪市 | 3442 | 2031 | 1411 | 1223 | 424 | 799 |
| 义乌市 | 4487 | 2656 | 1831 | 1177 | 384 | 793 |
| 东阳市 | 5867 | 3339 | 2528 | 1632 | 409 | 1223 |
| 永康市 | 4134 | 2415 | 1719 | 1220 | 433 | 787 |
| **衢州市** | **15569** | **9222** | **6347** | **5354** | **2051** | **3303** |
| 柯城区 | 2660 | 1565 | 1095 | 684 | 236 | 448 |
| 衢江区 | 2500 | 1514 | 986 | 1114 | 467 | 647 |
| 常山县 | 2104 | 1272 | 832 | 848 | 358 | 490 |
| 开化县 | 2014 | 1153 | 861 | 816 | 312 | 504 |
| 龙游县 | 2467 | 1433 | 1034 | 979 | 375 | 604 |
| 江山市 | 3824 | 2285 | 1539 | 913 | 303 | 610 |
| **舟山市** | **7104** | **4054** | **3050** | **1638** | **544** | **1094** |
| 定海区 | 2505 | 1449 | 1056 | 450 | 153 | 297 |
| 普陀区 | 2466 | 1426 | 1040 | 574 | 198 | 376 |
| 岱山县 | 1594 | 872 | 722 | 476 | 146 | 330 |
| 嵊泗县 | 539 | 307 | 232 | 138 | 47 | 91 |
| **台州市** | **36270** | **20780** | **15490** | **12787** | **4849** | **7938** |
| 椒江区 | 2876 | 1564 | 1312 | 1183 | 430 | 753 |
| 黄岩区 | 4042 | 2334 | 1708 | 1018 | 319 | 699 |
| 路桥区 | 2883 | 1626 | 1257 | 1143 | 465 | 678 |
| 三门县 | 2310 | 1339 | 971 | 1256 | 552 | 704 |
| 天台县 | 3646 | 2126 | 1520 | 804 | 268 | 536 |
| 仙居县 | 2950 | 1730 | 1220 | 1006 | 388 | 618 |
| 温岭市 | 7958 | 4464 | 3494 | 2551 | 876 | 1675 |
| 临海市 | 6682 | 3879 | 2803 | 2266 | 902 | 1364 |
| 玉环市 | 2923 | 1718 | 1205 | 1560 | 649 | 911 |
| **丽水市** | **15533** | **9539** | **5994** | **4799** | **2013** | **2786** |
| 莲都区 | 1862 | 1084 | 778 | 745 | 283 | 462 |
| 青田县 | 3150 | 1999 | 1151 | 701 | 321 | 380 |
| 缙云县 | 2851 | 1713 | 1138 | 682 | 224 | 458 |
| 遂昌县 | 1496 | 912 | 584 | 493 | 189 | 304 |
| 松阳县 | 1520 | 972 | 548 | 500 | 232 | 268 |
| 云和县 | 778 | 489 | 289 | 288 | 143 | 145 |
| 庆元县 | 1018 | 588 | 430 | 324 | 133 | 191 |
| 景宁畲族自治县 | 1114 | 725 | 389 | 417 | 201 | 216 |
| 龙泉市 | 1744 | 1057 | 687 | 649 | 287 | 362 |

6–2　续表 2　　单位：人

| 地　区 | 学前教育 | | | 小　学 | | |
|---|---|---|---|---|---|---|
| | 小计 | 男 | 女 | 小计 | 男 | 女 |
| **合计** | **3111** | **1439** | **1672** | **162283** | **100920** | **61363** |
| **杭州市** | **282** | **130** | **152** | **22402** | **13097** | **9305** |
| 上城区 | 7 | 3 | 4 | 998 | 429 | 569 |
| 下城区 | 7 | 3 | 4 | 760 | 356 | 404 |
| 江干区 | 10 | 5 | 5 | 1040 | 562 | 478 |
| 拱墅区 | 17 | 7 | 10 | 923 | 462 | 461 |
| 西湖区 | 8 | 3 | 5 | 1250 | 650 | 600 |
| 滨江区 | 3 | 3 | | 431 | 245 | 186 |
| 萧山区 | 59 | 31 | 28 | 4608 | 2764 | 1844 |
| 余杭区 | 41 | 16 | 25 | 3296 | 1967 | 1329 |
| 富阳区 | 11 | 5 | 6 | 2298 | 1425 | 873 |
| 临安区 | 33 | 8 | 25 | 2152 | 1205 | 947 |
| 桐庐县 | 22 | 16 | 6 | 1373 | 915 | 458 |
| 淳安县 | 30 | 13 | 17 | 1301 | 890 | 411 |
| 建德市 | 34 | 17 | 17 | 1972 | 1227 | 745 |
| **宁波市** | **354** | **156** | **198** | **22944** | **13584** | **9360** |
| 海曙区 | 21 | 10 | 11 | 1953 | 1069 | 884 |
| 江北区 | 7 | 3 | 4 | 826 | 480 | 346 |
| 北仑区 | 36 | 24 | 12 | 1434 | 846 | 588 |
| 镇海区 | 9 | 4 | 5 | 908 | 528 | 380 |
| 鄞州区 | 51 | 24 | 27 | 2952 | 1666 | 1286 |
| 奉化区 | 27 | 13 | 14 | 2037 | 1218 | 819 |
| 象山县 | 56 | 24 | 32 | 2051 | 1323 | 728 |
| 宁海县 | 34 | 19 | 15 | 2599 | 1547 | 1052 |
| 余姚市 | 62 | 19 | 43 | 3791 | 2304 | 1487 |
| 慈溪市 | 51 | 16 | 35 | 4393 | 2603 | 1790 |
| **温州市** | **363** | **195** | **168** | **21602** | **14807** | **6795** |
| 鹿城区 | 15 | 5 | 10 | 1954 | 1089 | 865 |
| 龙湾区 | 12 | 10 | 2 | 753 | 490 | 263 |
| 瓯海区 | 20 | 10 | 10 | 992 | 678 | 314 |
| 洞头区 | 3 | 3 | | 411 | 295 | 116 |
| 永嘉县 | 40 | 18 | 22 | 2758 | 1939 | 819 |
| 平阳县 | 29 | 19 | 10 | 2346 | 1673 | 673 |
| 苍南县 | 22 | 13 | 9 | 2489 | 1795 | 694 |
| 文成县 | 31 | 19 | 12 | 1557 | 1076 | 481 |
| 泰顺县 | 19 | 13 | 6 | 1248 | 888 | 360 |
| 瑞安市 | 45 | 30 | 15 | 2626 | 1873 | 753 |
| 乐清市 | 100 | 41 | 59 | 3528 | 2346 | 1182 |
| 龙港市 | 27 | 14 | 13 | 940 | 665 | 275 |
| **嘉兴市** | **306** | **130** | **176** | **14913** | **8786** | **6127** |
| 南湖区 | 28 | 10 | 18 | 1761 | 1007 | 754 |
| 秀洲区 | 22 | 8 | 14 | 1450 | 907 | 543 |
| 嘉善县 | 42 | 16 | 26 | 1854 | 1111 | 743 |
| 海盐县 | 35 | 15 | 20 | 1497 | 846 | 651 |
| 海宁市 | 68 | 27 | 41 | 2840 | 1624 | 1216 |
| 平湖市 | 40 | 22 | 18 | 2234 | 1341 | 893 |
| 桐乡市 | 71 | 32 | 39 | 3277 | 1950 | 1327 |
| **湖州市** | **215** | **87** | **128** | **11760** | **6775** | **4985** |
| 吴兴区 | 60 | 23 | 37 | 2712 | 1556 | 1156 |
| 南浔区 | 37 | 15 | 22 | 2402 | 1406 | 996 |
| 德清县 | 33 | 18 | 15 | 2248 | 1251 | 997 |
| 长兴县 | 53 | 21 | 32 | 2487 | 1442 | 1045 |
| 安吉县 | 32 | 10 | 22 | 1911 | 1120 | 791 |

6-2 续表 3 单位：人

| 地　区 | 学前教育 | | | 小　学 | | |
|---|---|---|---|---|---|---|
| | 小计 | 男 | 女 | 小计 | 男 | 女 |
| **绍兴市** | **341** | **140** | **201** | **17550** | **10250** | **7300** |
| 越城区 | 79 | 36 | 43 | 2604 | 1465 | 1139 |
| 柯桥区 | 59 | 22 | 37 | 2424 | 1467 | 957 |
| 上虞区 | 60 | 22 | 38 | 3367 | 2031 | 1336 |
| 新昌县 | 65 | 30 | 35 | 2024 | 1159 | 865 |
| 诸暨市 | 19 | 7 | 12 | 4163 | 2403 | 1760 |
| 嵊州市 | 59 | 23 | 36 | 2968 | 1725 | 1243 |
| **金华市** | **207** | **102** | **105** | **14056** | **9236** | **4820** |
| 婺城区 | 13 | 4 | 9 | 1397 | 922 | 475 |
| 金东区 | 7 | 4 | 3 | 971 | 590 | 381 |
| 武义县 | 17 | 7 | 10 | 1286 | 905 | 381 |
| 浦江县 | 21 | 9 | 12 | 1119 | 757 | 362 |
| 磐安县 | 7 | 3 | 4 | 630 | 423 | 207 |
| 兰溪市 | 23 | 16 | 7 | 1616 | 1106 | 510 |
| 义乌市 | 18 | 9 | 9 | 2257 | 1433 | 824 |
| 东阳市 | 35 | 14 | 21 | 2813 | 1813 | 1000 |
| 永康市 | 66 | 36 | 30 | 1967 | 1287 | 680 |
| **衢州市** | **213** | **109** | **104** | **7118** | **4806** | **2312** |
| 柯城区 | 42 | 19 | 23 | 1168 | 741 | 427 |
| 衢江区 | 28 | 17 | 11 | 1005 | 743 | 262 |
| 常山县 | 19 | 12 | 7 | 811 | 572 | 239 |
| 开化县 | 44 | 25 | 19 | 842 | 569 | 273 |
| 龙游县 | 24 | 12 | 12 | 1113 | 770 | 343 |
| 江山市 | 56 | 24 | 32 | 2179 | 1411 | 768 |
| **舟山市** | **123** | **59** | **64** | **4262** | **2630** | **1632** |
| 定海区 | 55 | 25 | 30 | 1580 | 953 | 627 |
| 普陀区 | 30 | 15 | 15 | 1445 | 898 | 547 |
| 岱山县 | 36 | 17 | 19 | 908 | 569 | 339 |
| 嵊泗县 | 2 | 2 | | 329 | 210 | 119 |
| **台州市** | **524** | **237** | **287** | **17705** | **11570** | **6135** |
| 椒江区 | 44 | 22 | 22 | 1231 | 809 | 422 |
| 黄岩区 | 80 | 29 | 51 | 2263 | 1456 | 807 |
| 路桥区 | 40 | 19 | 21 | 1389 | 906 | 483 |
| 三门县 | 16 | 7 | 9 | 740 | 531 | 209 |
| 天台县 | 39 | 13 | 26 | 2110 | 1312 | 798 |
| 仙居县 | 46 | 23 | 23 | 1373 | 916 | 457 |
| 温岭市 | 110 | 50 | 60 | 4380 | 2804 | 1576 |
| 临海市 | 130 | 60 | 70 | 3295 | 2126 | 1169 |
| 玉环市 | 19 | 14 | 5 | 924 | 710 | 214 |
| **丽水市** | **183** | **94** | **89** | **7971** | **5379** | **2592** |
| 莲都区 | 7 | 4 | 3 | 735 | 509 | 226 |
| 青田县 | 33 | 19 | 14 | 1962 | 1285 | 677 |
| 缙云县 | 45 | 19 | 26 | 1501 | 988 | 513 |
| 遂昌县 | 16 | 7 | 9 | 731 | 513 | 218 |
| 松阳县 | 14 | 6 | 8 | 742 | 506 | 236 |
| 云和县 | 10 | 8 | 2 | 340 | 236 | 104 |
| 庆元县 | 19 | 8 | 11 | 553 | 340 | 213 |
| 景宁畲族自治县 | 9 | 7 | 2 | 558 | 412 | 146 |
| 龙泉市 | 30 | 16 | 14 | 849 | 590 | 259 |

6-2 续表 4

单位：人

| 地区 | 初中 | | | 高中 | | | 大学专科 | | |
|---|---|---|---|---|---|---|---|---|---|
| | 小计 | 男 | 女 | 小计 | 男 | 女 | 小计 | 男 | 女 |
| **合计** | **40943** | **30957** | **9986** | **10900** | **8307** | **2593** | **2945** | **2162** | **783** |
| **杭州市** | **7365** | **5209** | **2156** | **2721** | **2012** | **709** | **898** | **628** | **270** |
| 上城区 | 691 | 467 | 224 | 294 | 196 | 98 | 80 | 53 | 27 |
| 下城区 | 803 | 473 | 330 | 324 | 232 | 92 | 153 | 109 | 44 |
| 江干区 | 645 | 430 | 215 | 267 | 195 | 72 | 86 | 63 | 23 |
| 拱墅区 | 598 | 405 | 193 | 219 | 152 | 67 | 74 | 48 | 26 |
| 西湖区 | 627 | 404 | 223 | 373 | 259 | 114 | 192 | 125 | 67 |
| 滨江区 | 196 | 134 | 62 | 57 | 39 | 18 | 29 | 18 | 11 |
| 萧山区 | 821 | 617 | 204 | 260 | 199 | 61 | 73 | 50 | 23 |
| 余杭区 | 673 | 471 | 202 | 353 | 281 | 72 | 63 | 45 | 18 |
| 富阳区 | 507 | 377 | 130 | 134 | 101 | 33 | 38 | 28 | 10 |
| 临安区 | 542 | 419 | 123 | 113 | 95 | 18 | 25 | 22 | 3 |
| 桐庐县 | 356 | 272 | 84 | 84 | 63 | 21 | 23 | 18 | 5 |
| 淳安县 | 441 | 370 | 71 | 122 | 103 | 19 | 29 | 20 | 9 |
| 建德市 | 465 | 370 | 95 | 121 | 97 | 24 | 33 | 29 | 4 |
| **宁波市** | **5553** | **4122** | **1431** | **1459** | **1104** | **355** | **412** | **315** | **97** |
| 海曙区 | 761 | 571 | 190 | 261 | 200 | 61 | 82 | 61 | 21 |
| 江北区 | 307 | 229 | 78 | 89 | 65 | 24 | 21 | 14 | 7 |
| 北仑区 | 372 | 271 | 101 | 68 | 52 | 16 | 25 | 16 | 9 |
| 镇海区 | 257 | 179 | 78 | 90 | 68 | 22 | 22 | 17 | 5 |
| 鄞州区 | 976 | 679 | 297 | 300 | 218 | 82 | 114 | 87 | 27 |
| 奉化区 | 345 | 266 | 79 | 69 | 49 | 20 | 13 | 10 | 3 |
| 象山县 | 424 | 334 | 90 | 90 | 69 | 21 | 27 | 21 | 6 |
| 宁海县 | 508 | 400 | 108 | 152 | 120 | 32 | 44 | 39 | 5 |
| 余姚市 | 796 | 581 | 215 | 176 | 139 | 37 | 28 | 20 | 8 |
| 慈溪市 | 807 | 612 | 195 | 164 | 124 | 40 | 36 | 30 | 6 |
| **温州市** | **5351** | **4202** | **1149** | **1315** | **1005** | **310** | **355** | **263** | **92** |
| 鹿城区 | 1277 | 924 | 353 | 407 | 305 | 102 | 125 | 92 | 33 |
| 龙湾区 | 165 | 129 | 36 | 47 | 32 | 15 | 13 | 7 | 6 |
| 瓯海区 | 263 | 190 | 73 | 52 | 37 | 15 | 10 | 7 | 3 |
| 洞头区 | 138 | 128 | 10 | 23 | 21 | 2 | 7 | 5 | 2 |
| 永嘉县 | 512 | 425 | 87 | 109 | 78 | 31 | 29 | 22 | 7 |
| 平阳县 | 519 | 423 | 96 | 121 | 94 | 27 | 32 | 24 | 8 |
| 苍南县 | 417 | 342 | 75 | 76 | 53 | 23 | 29 | 23 | 6 |
| 文成县 | 211 | 175 | 36 | 69 | 57 | 12 | 11 | 10 | 1 |
| 泰顺县 | 165 | 133 | 32 | 35 | 23 | 12 | 7 | 5 | 2 |
| 瑞安市 | 724 | 590 | 134 | 142 | 104 | 38 | 48 | 33 | 15 |
| 乐清市 | 798 | 612 | 186 | 182 | 156 | 26 | 30 | 25 | 5 |
| 龙港市 | 162 | 131 | 31 | 52 | 45 | 7 | 14 | 10 | 4 |
| **嘉兴市** | **2667** | **2044** | **623** | **710** | **530** | **180** | **194** | **144** | **50** |
| 南湖区 | 536 | 406 | 130 | 215 | 146 | 69 | 49 | 36 | 13 |
| 秀洲区 | 253 | 195 | 58 | 45 | 39 | 6 | 16 | 12 | 4 |
| 嘉善县 | 340 | 265 | 75 | 61 | 47 | 14 | 23 | 16 | 7 |
| 海盐县 | 268 | 212 | 56 | 54 | 43 | 11 | 26 | 21 | 5 |
| 海宁市 | 652 | 491 | 161 | 163 | 123 | 40 | 35 | 27 | 8 |
| 平湖市 | 294 | 229 | 65 | 79 | 53 | 26 | 19 | 15 | 4 |
| 桐乡市 | 324 | 246 | 78 | 93 | 79 | 14 | 26 | 17 | 9 |
| **湖州市** | **1939** | **1437** | **502** | **511** | **398** | **113** | **114** | **76** | **38** |
| 吴兴区 | 612 | 438 | 174 | 167 | 110 | 57 | 46 | 32 | 14 |
| 南浔区 | 262 | 200 | 62 | 38 | 34 | 4 | 9 | 4 | 5 |
| 德清县 | 287 | 205 | 82 | 115 | 102 | 13 | 24 | 16 | 8 |
| 长兴县 | 451 | 344 | 107 | 98 | 76 | 22 | 20 | 14 | 6 |
| 安吉县 | 327 | 250 | 77 | 93 | 76 | 17 | 15 | 10 | 5 |

6-2 续表 5 单位：人

| 地　区 | 初　中 | | | 高　中 | | | 大学专科 | | |
|---|---|---|---|---|---|---|---|---|---|
| | 小计 | 男 | 女 | 小计 | 男 | 女 | 小计 | 男 | 女 |
| **绍兴市** | **4587** | **3376** | **1211** | **862** | **633** | **229** | **182** | **126** | **56** |
| 越城区 | 551 | 402 | 149 | 148 | 104 | 44 | 44 | 33 | 11 |
| 柯桥区 | 400 | 317 | 83 | 62 | 47 | 15 | 20 | 13 | 7 |
| 上虞区 | 669 | 523 | 146 | 146 | 111 | 35 | 36 | 22 | 14 |
| 新昌县 | 520 | 390 | 130 | 126 | 86 | 40 | 19 | 15 | 4 |
| 诸暨市 | 1273 | 925 | 348 | 215 | 166 | 49 | 34 | 25 | 9 |
| 嵊州市 | 1174 | 819 | 355 | 165 | 119 | 46 | 29 | 18 | 11 |
| **金华市** | **4635** | **3595** | **1040** | **1168** | **954** | **214** | **257** | **207** | **50** |
| 婺城区 | 441 | 321 | 120 | 165 | 129 | 36 | 63 | 46 | 17 |
| 金东区 | 253 | 190 | 63 | 33 | 28 | 5 | 4 | 3 | 1 |
| 武义县 | 413 | 313 | 100 | 102 | 81 | 21 | 11 | 9 | 2 |
| 浦江县 | 410 | 314 | 96 | 94 | 83 | 11 | 19 | 19 | |
| 磐安县 | 162 | 133 | 29 | 50 | 42 | 8 | 12 | 10 | 2 |
| 兰溪市 | 457 | 377 | 80 | 89 | 80 | 9 | 26 | 22 | 4 |
| 义乌市 | 757 | 611 | 146 | 220 | 174 | 46 | 47 | 37 | 10 |
| 东阳市 | 1056 | 829 | 227 | 254 | 210 | 44 | 56 | 47 | 9 |
| 永康市 | 686 | 507 | 179 | 161 | 127 | 34 | 19 | 14 | 5 |
| **衢州市** | **2176** | **1692** | **484** | **530** | **418** | **112** | **117** | **97** | **20** |
| 柯城区 | 510 | 367 | 143 | 182 | 143 | 39 | 47 | 35 | 12 |
| 衢江区 | 290 | 232 | 58 | 53 | 45 | 8 | 8 | 8 | |
| 常山县 | 322 | 246 | 76 | 81 | 64 | 17 | 16 | 15 | 1 |
| 开化县 | 238 | 189 | 49 | 54 | 40 | 14 | 15 | 13 | 2 |
| 龙游县 | 274 | 213 | 61 | 56 | 48 | 8 | 9 | 8 | 1 |
| 江山市 | 542 | 445 | 97 | 104 | 78 | 26 | 22 | 18 | 4 |
| **舟山市** | **807** | **611** | **196** | **173** | **139** | **34** | **67** | **47** | **20** |
| 定海区 | 283 | 215 | 68 | 88 | 70 | 18 | 31 | 19 | 12 |
| 普陀区 | 326 | 245 | 81 | 55 | 44 | 11 | 26 | 19 | 7 |
| 岱山县 | 146 | 115 | 31 | 18 | 15 | 3 | 9 | 9 | |
| 嵊泗县 | 52 | 36 | 16 | 12 | 10 | 2 | 1 | | 1 |
| **台州市** | **3893** | **3077** | **816** | **990** | **765** | **225** | **243** | **183** | **60** |
| 椒江区 | 285 | 210 | 75 | 80 | 55 | 25 | 29 | 20 | 9 |
| 黄岩区 | 474 | 364 | 110 | 146 | 117 | 29 | 43 | 33 | 10 |
| 路桥区 | 215 | 159 | 56 | 70 | 56 | 14 | 15 | 11 | 4 |
| 三门县 | 218 | 187 | 31 | 59 | 47 | 12 | 15 | 12 | 3 |
| 天台县 | 553 | 424 | 129 | 112 | 87 | 25 | 24 | 18 | 6 |
| 仙居县 | 407 | 315 | 92 | 92 | 69 | 23 | 18 | 14 | 4 |
| 温岭市 | 687 | 559 | 128 | 167 | 129 | 38 | 38 | 27 | 11 |
| 临海市 | 722 | 582 | 140 | 196 | 152 | 44 | 46 | 37 | 9 |
| 玉环市 | 332 | 277 | 55 | 68 | 53 | 15 | 15 | 11 | 4 |
| **丽水市** | **1970** | **1592** | **378** | **461** | **349** | **112** | **106** | **76** | **30** |
| 莲都区 | 262 | 203 | 59 | 91 | 69 | 22 | 17 | 12 | 5 |
| 青田县 | 374 | 306 | 68 | 58 | 50 | 8 | 15 | 11 | 4 |
| 缙云县 | 511 | 401 | 110 | 81 | 61 | 20 | 22 | 14 | 8 |
| 遂昌县 | 187 | 156 | 31 | 49 | 32 | 17 | 15 | 11 | 4 |
| 松阳县 | 187 | 167 | 20 | 65 | 50 | 15 | 10 | 9 | 1 |
| 云和县 | 99 | 70 | 29 | 33 | 27 | 6 | 7 | 5 | 2 |
| 庆元县 | 99 | 86 | 13 | 18 | 16 | 2 | 1 | 1 | |
| 景宁畲族自治县 | 94 | 74 | 20 | 28 | 24 | 4 | 5 | 4 | 1 |
| 龙泉市 | 157 | 129 | 28 | 38 | 20 | 18 | 14 | 9 | 5 |

6-2 续表 6

单位：人

| 地 区 | 大学本科 | | | 硕士研究生 | | | 博士研究生 | | |
|---|---|---|---|---|---|---|---|---|---|
| | 小计 | 男 | 女 | 小计 | 男 | 女 | 小计 | 男 | 女 |
| **合计** | **1915** | **1431** | **484** | **71** | **45** | **26** | **19** | **16** | **3** |
| **杭州市** | **787** | **564** | **223** | **34** | **21** | **13** | **11** | **9** | **2** |
| 上城区 | 64 | 39 | 25 | 3 | 2 | 1 | | | |
| 下城区 | 145 | 106 | 39 | 4 | 3 | 1 | 1 | | 1 |
| 江干区 | 86 | 63 | 23 | 9 | 6 | 3 | 3 | 3 | |
| 拱墅区 | 68 | 50 | 18 | | | | | | |
| 西湖区 | 234 | 170 | 64 | 8 | 6 | 2 | 6 | 5 | 1 |
| 滨江区 | 32 | 23 | 9 | 7 | 1 | 6 | 1 | 1 | |
| 萧山区 | 40 | 27 | 13 | 1 | 1 | | | | |
| 余杭区 | 45 | 29 | 16 | 2 | 2 | | | | |
| 富阳区 | 26 | 18 | 8 | | | | | | |
| 临安区 | 9 | 8 | 1 | | | | | | |
| 桐庐县 | 17 | 13 | 4 | | | | | | |
| 淳安县 | 11 | 9 | 2 | | | | | | |
| 建德市 | 10 | 9 | 1 | | | | | | |
| **宁波市** | **297** | **233** | **64** | **12** | **8** | **4** | **2** | **2** | |
| 海曙区 | 68 | 50 | 18 | 2 | 2 | | | | |
| 江北区 | 26 | 24 | 2 | | | | | | |
| 北仑区 | 14 | 12 | 2 | 2 | | 2 | | | |
| 镇海区 | 17 | 8 | 9 | | | | 1 | 1 | |
| 鄞州区 | 84 | 65 | 19 | 5 | 4 | 1 | 1 | 1 | |
| 奉化区 | 12 | 11 | 1 | 1 | | 1 | | | |
| 象山县 | 7 | 4 | 3 | | | | | | |
| 宁海县 | 25 | 24 | 1 | | | | | | |
| 余姚市 | 20 | 16 | 4 | | | | | | |
| 慈溪市 | 24 | 19 | 5 | 2 | 2 | | | | |
| **温州市** | **161** | **130** | **31** | **9** | **6** | **3** | **2** | **2** | |
| 鹿城区 | 76 | 59 | 17 | 2 | 2 | | 1 | 1 | |
| 龙湾区 | 4 | 4 | | 1 | 1 | | | | |
| 瓯海区 | 10 | 9 | 1 | 1 | 1 | | 1 | 1 | |
| 洞头区 | 2 | 1 | 1 | | | | | | |
| 永嘉县 | 7 | 5 | 2 | | | | | | |
| 平阳县 | 11 | 10 | 1 | 2 | 1 | 1 | | | |
| 苍南县 | 9 | 8 | 1 | 1 | 1 | | | | |
| 文成县 | 2 | 2 | | 1 | | 1 | | | |
| 泰顺县 | 2 | 2 | | | | | | | |
| 瑞安市 | 16 | 15 | 1 | | | | | | |
| 乐清市 | 17 | 12 | 5 | 1 | | 1 | | | |
| 龙港市 | 5 | 3 | 2 | | | | | | |
| **嘉兴市** | **127** | **86** | **41** | **3** | **2** | **1** | **1** | | **1** |
| 南湖区 | 48 | 34 | 14 | 2 | 2 | | 1 | | 1 |
| 秀洲区 | 15 | 10 | 5 | | | | | | |
| 嘉善县 | 15 | 8 | 7 | | | | | | |
| 海盐县 | 8 | 5 | 3 | | | | | | |
| 海宁市 | 21 | 14 | 7 | | | | | | |
| 平湖市 | 10 | 9 | 1 | 1 | | 1 | | | |
| 桐乡市 | 10 | 6 | 4 | | | | | | |
| **湖州市** | **77** | **57** | **20** | **2** | **1** | **1** | | | |
| 吴兴区 | 36 | 26 | 10 | 1 | | 1 | | | |
| 南浔区 | 8 | 6 | 2 | | | | | | |
| 德清县 | 10 | 9 | 1 | | | | | | |
| 长兴县 | 16 | 11 | 5 | | | | | | |
| 安吉县 | 7 | 5 | 2 | 1 | 1 | | | | |

6−2 续表 7 单位：人

| 地区 | 大学本科 | | | 硕士研究生 | | | 博士研究生 | | |
|---|---|---|---|---|---|---|---|---|---|
| | 小计 | 男 | 女 | 小计 | 男 | 女 | 小计 | 男 | 女 |
| **绍兴市** | **90** | **71** | **19** | **3** | **2** | **1** | | | |
| 越城区 | 27 | 19 | 8 | 1 | 1 | | | | |
| 柯桥区 | 9 | 7 | 2 | | | | | | |
| 上虞区 | 8 | 5 | 3 | 1 | | 1 | | | |
| 新昌县 | 9 | 9 | | 1 | 1 | | | | |
| 诸暨市 | 22 | 18 | 4 | | | | | | |
| 嵊州市 | 15 | 13 | 2 | | | | | | |
| **金华市** | **117** | **87** | **30** | **2** | **1** | **1** | **2** | **2** | |
| 婺城区 | 40 | 29 | 11 | 1 | | 1 | | | |
| 金东区 | 6 | 4 | 2 | | | | | | |
| 武义县 | 8 | 6 | 2 | 1 | 1 | | | | |
| 浦江县 | 8 | 6 | 2 | | | | | | |
| 磐安县 | 2 | 2 | | | | | | | |
| 兰溪市 | 8 | 6 | 2 | | | | | | |
| 义乌市 | 11 | 8 | 3 | | | | | | |
| 东阳市 | 21 | 17 | 4 | | | | | | |
| 永康市 | 13 | 9 | 4 | | | | 2 | 2 | |
| **衢州市** | **58** | **47** | **11** | **3** | **2** | **1** | | | |
| 柯城区 | 25 | 22 | 3 | 2 | 2 | | | | |
| 衢江区 | 2 | 2 | | | | | | | |
| 常山县 | 6 | 5 | 1 | 1 | | 1 | | | |
| 开化县 | 5 | 5 | | | | | | | |
| 龙游县 | 12 | 7 | 5 | | | | | | |
| 江山市 | 8 | 6 | 2 | | | | | | |
| **舟山市** | **32** | **23** | **9** | **2** | **1** | **1** | | | |
| 定海区 | 17 | 13 | 4 | 1 | 1 | | | | |
| 普陀区 | 9 | 7 | 2 | 1 | | 1 | | | |
| 岱山县 | 1 | 1 | | | | | | | |
| 嵊泗县 | 5 | 2 | 3 | | | | | | |
| **台州市** | **126** | **97** | **29** | **1** | **1** | | **1** | **1** | |
| 椒江区 | 23 | 17 | 6 | | | | 1 | 1 | |
| 黄岩区 | 18 | 16 | 2 | | | | | | |
| 路桥区 | 11 | 10 | 1 | | | | | | |
| 三门县 | 6 | 3 | 3 | | | | | | |
| 天台县 | 4 | 4 | | | | | | | |
| 仙居县 | 8 | 5 | 3 | | | | | | |
| 温岭市 | 25 | 19 | 6 | | | | | | |
| 临海市 | 26 | 19 | 7 | 1 | 1 | | | | |
| 玉环市 | 5 | 4 | 1 | | | | | | |
| **丽水市** | **43** | **36** | **7** | | | | | | |
| 莲都区 | 5 | 4 | 1 | | | | | | |
| 青田县 | 7 | 7 | | | | | | | |
| 缙云县 | 9 | 6 | 3 | | | | | | |
| 遂昌县 | 5 | 4 | 1 | | | | | | |
| 松阳县 | 2 | 2 | | | | | | | |
| 云和县 | 1 | | 1 | | | | | | |
| 庆元县 | 4 | 4 | | | | | | | |
| 景宁畲族自治县 | 3 | 3 | | | | | | | |
| 龙泉市 | 7 | 6 | 1 | | | | | | |

# 6–2a　各地区分性别、受教育程度的3岁及以上死亡人口(2019.11.1–2020.10.31)(城市)

单位：人

| 地　　区 | 3岁及以上死亡人口 | | | 未上过学 | | |
|---|---|---|---|---|---|---|
| | 合计 | 男 | 女 | 小计 | 男 | 女 |
| **合计** | **97378** | **55587** | **41791** | **21152** | **7316** | **13836** |
| **杭州市** | **24255** | **13504** | **10751** | **4525** | **1530** | **2995** |
| 上城区 | 2349 | 1235 | 1114 | 212 | 46 | 166 |
| 下城区 | 2424 | 1355 | 1069 | 227 | 73 | 154 |
| 江干区 | 2585 | 1469 | 1116 | 439 | 142 | 297 |
| 拱墅区 | 2199 | 1218 | 981 | 300 | 94 | 206 |
| 西湖区 | 2881 | 1654 | 1227 | 282 | 94 | 188 |
| 滨江区 | 968 | 566 | 402 | 212 | 102 | 110 |
| 萧山区 | 4944 | 2703 | 2241 | 1363 | 442 | 921 |
| 余杭区 | 3181 | 1722 | 1459 | 977 | 373 | 604 |
| 富阳区 | 1492 | 863 | 629 | 316 | 100 | 216 |
| 临安区 | 616 | 353 | 263 | 86 | 23 | 63 |
| 桐庐县 | | | | | | |
| 淳安县 | | | | | | |
| 建德市 | 616 | 366 | 250 | 111 | 41 | 70 |
| **宁波市** | **16133** | **9149** | **6984** | **2637** | **789** | **1848** |
| 海曙区 | 2583 | 1510 | 1073 | 300 | 92 | 208 |
| 江北区 | 1163 | 691 | 472 | 155 | 53 | 102 |
| 北仑区 | 1190 | 676 | 514 | 204 | 65 | 139 |
| 镇海区 | 1095 | 617 | 478 | 163 | 51 | 112 |
| 鄞州区 | 2585 | 1460 | 1125 | 296 | 73 | 223 |
| 奉化区 | 739 | 421 | 318 | 114 | 33 | 81 |
| 象山县 | | | | | | |
| 宁海县 | | | | | | |
| 余姚市 | 2712 | 1557 | 1155 | 520 | 163 | 357 |
| 慈溪市 | 4066 | 2217 | 1849 | 885 | 259 | 626 |
| **温州市** | **15381** | **8988** | **6393** | **4818** | **1868** | **2950** |
| 鹿城区 | 4086 | 2409 | 1677 | 588 | 191 | 397 |
| 龙湾区 | 1307 | 717 | 590 | 537 | 196 | 341 |
| 瓯海区 | 1504 | 814 | 690 | 656 | 248 | 408 |
| 洞头区 | 314 | 203 | 111 | 73 | 19 | 54 |
| 永嘉县 | | | | | | |
| 平阳县 | | | | | | |
| 苍南县 | | | | | | |
| 文成县 | | | | | | |
| 泰顺县 | | | | | | |
| 瑞安市 | 3072 | 1862 | 1210 | 1350 | 625 | 725 |
| 乐清市 | 3483 | 2027 | 1456 | 1021 | 370 | 651 |
| 龙港市 | 1615 | 956 | 659 | 593 | 219 | 374 |
| **嘉兴市** | **6932** | **3943** | **2989** | **1193** | **361** | **832** |
| 南湖区 | 2261 | 1305 | 956 | 289 | 84 | 205 |
| 秀洲区 | 644 | 371 | 273 | 216 | 87 | 129 |
| 嘉善县 | | | | | | |
| 海盐县 | | | | | | |
| 海宁市 | 1623 | 855 | 768 | 313 | 61 | 252 |
| 平湖市 | 988 | 554 | 434 | 222 | 69 | 153 |
| 桐乡市 | 1416 | 858 | 558 | 153 | 60 | 93 |
| **湖州市** | **2615** | **1504** | **1111** | **384** | **142** | **242** |
| 吴兴区 | 2238 | 1283 | 955 | 297 | 108 | 189 |
| 南浔区 | 377 | 221 | 156 | 87 | 34 | 53 |
| 德清县 | | | | | | |
| 长兴县 | | | | | | |
| 安吉县 | | | | | | |

6−2a 续表 1 单位：人

| 地 区 | 3岁及以上死亡人口 | | | 未上过学 | | |
|---|---|---|---|---|---|---|
| | 合计 | 男 | 女 | 小计 | 男 | 女 |
| **绍兴市** | **9914** | **5547** | **4367** | **1785** | **599** | **1186** |
| 越城区 | 2718 | 1553 | 1165 | 284 | 101 | 183 |
| 柯桥区 | 2066 | 1107 | 959 | 618 | 216 | 402 |
| 上虞区 | 2683 | 1495 | 1188 | 617 | 201 | 416 |
| 新昌县 | | | | | | |
| 诸暨市 | 1480 | 834 | 646 | 161 | 43 | 118 |
| 嵊州市 | 967 | 558 | 409 | 105 | 38 | 67 |
| **金华市** | **6691** | **4041** | **2650** | **1440** | **475** | **965** |
| 婺城区 | 1102 | 644 | 458 | 199 | 71 | 128 |
| 金东区 | 256 | 144 | 112 | 71 | 22 | 49 |
| 武义县 | | | | | | |
| 浦江县 | | | | | | |
| 磐安县 | | | | | | |
| 兰溪市 | 762 | 469 | 293 | 223 | 83 | 140 |
| 义乌市 | 1788 | 1097 | 691 | 365 | 114 | 251 |
| 东阳市 | 1310 | 756 | 554 | 272 | 68 | 204 |
| 永康市 | 1473 | 931 | 542 | 310 | 117 | 193 |
| **衢州市** | **2521** | **1468** | **1053** | **481** | **167** | **314** |
| 柯城区 | 1388 | 819 | 569 | 197 | 66 | 131 |
| 衢江区 | 257 | 143 | 114 | 131 | 60 | 71 |
| 常山县 | | | | | | |
| 开化县 | | | | | | |
| 龙游县 | 14 | 12 | 2 | 1 | 1 | |
| 江山市 | 862 | 494 | 368 | 152 | 40 | 112 |
| **舟山市** | **2230** | **1281** | **949** | **382** | **126** | **256** |
| 定海区 | 1240 | 709 | 531 | 205 | 66 | 139 |
| 普陀区 | 990 | 572 | 418 | 177 | 60 | 117 |
| 岱山县 | | | | | | |
| 嵊泗县 | | | | | | |
| **台州市** | **9816** | **5631** | **4185** | **3272** | **1167** | **2105** |
| 椒江区 | 1820 | 978 | 842 | 691 | 243 | 448 |
| 黄岩区 | 1426 | 834 | 592 | 235 | 65 | 170 |
| 路桥区 | 1113 | 631 | 482 | 416 | 157 | 259 |
| 三门县 | | | | | | |
| 天台县 | | | | | | |
| 仙居县 | | | | | | |
| 温岭市 | 2299 | 1314 | 985 | 745 | 241 | 504 |
| 临海市 | 1349 | 802 | 547 | 353 | 141 | 212 |
| 玉环市 | 1809 | 1072 | 737 | 832 | 320 | 512 |
| **丽水市** | **890** | **531** | **359** | **235** | **92** | **143** |
| 莲都区 | 590 | 344 | 246 | 144 | 52 | 92 |
| 青田县 | | | | | | |
| 缙云县 | | | | | | |
| 遂昌县 | | | | | | |
| 松阳县 | | | | | | |
| 云和县 | | | | | | |
| 庆元县 | | | | | | |
| 景宁畲族自治县 | | | | | | |
| 龙泉市 | 300 | 187 | 113 | 91 | 40 | 51 |

6-2a　续表 2　　　　单位：人

| 地　　区 | 学前教育 | | | 小　　学 | | |
|---|---|---|---|---|---|---|
| | 小计 | 男 | 女 | 小计 | 男 | 女 |
| **合计** | **702** | **315** | **387** | **48848** | **28718** | **20130** |
| **杭州市** | **104** | **52** | **52** | **11188** | **6164** | **5024** |
| 上城区 | 7 | 3 | 4 | 998 | 429 | 569 |
| 下城区 | 7 | 3 | 4 | 760 | 356 | 404 |
| 江干区 | 10 | 5 | 5 | 1040 | 562 | 478 |
| 拱墅区 | 17 | 7 | 10 | 923 | 462 | 461 |
| 西湖区 | 7 | 3 | 4 | 1170 | 602 | 568 |
| 滨江区 | 3 | 3 | | 431 | 245 | 186 |
| 萧山区 | 36 | 19 | 17 | 2739 | 1644 | 1095 |
| 余杭区 | 9 | 3 | 6 | 1690 | 1010 | 680 |
| 富阳区 | 6 | 4 | 2 | 787 | 488 | 299 |
| 临安区 | | | | 335 | 185 | 150 |
| 桐庐县 | | | | | | |
| 淳安县 | | | | | | |
| 建德市 | 2 | 2 | | 315 | 181 | 134 |
| **宁波市** | **93** | **39** | **54** | **8925** | **5051** | **3874** |
| 海曙区 | 12 | 7 | 5 | 1259 | 655 | 604 |
| 江北区 | 2 | | 2 | 622 | 350 | 272 |
| 北仑区 | 15 | 11 | 4 | 689 | 394 | 295 |
| 镇海区 | 6 | 2 | 4 | 584 | 326 | 258 |
| 鄞州区 | 9 | 3 | 6 | 1197 | 622 | 575 |
| 奉化区 | 5 | 2 | 3 | 485 | 290 | 195 |
| 象山县 | | | | | | |
| 宁海县 | | | | | | |
| 余姚市 | 27 | 9 | 18 | 1560 | 943 | 617 |
| 慈溪市 | 17 | 5 | 12 | 2529 | 1471 | 1058 |
| **温州市** | **120** | **56** | **64** | **6789** | **4326** | **2463** |
| 鹿城区 | 7 | 1 | 6 | 1695 | 910 | 785 |
| 龙湾区 | 8 | 6 | 2 | 589 | 386 | 203 |
| 瓯海区 | 10 | 4 | 6 | 609 | 394 | 215 |
| 洞头区 | | | | 162 | 115 | 47 |
| 永嘉县 | | | | | | |
| 平阳县 | | | | | | |
| 苍南县 | | | | | | |
| 文成县 | | | | | | |
| 泰顺县 | | | | | | |
| 瑞安市 | 15 | 8 | 7 | 1140 | 795 | 345 |
| 乐清市 | 55 | 25 | 30 | 1803 | 1169 | 634 |
| 龙港市 | 25 | 12 | 13 | 791 | 557 | 234 |
| **嘉兴市** | **50** | **16** | **34** | **3995** | **2320** | **1675** |
| 南湖区 | 15 | 4 | 11 | 1187 | 656 | 531 |
| 秀洲区 | | | | 287 | 173 | 114 |
| 嘉善县 | | | | | | |
| 海盐县 | | | | | | |
| 海宁市 | 15 | 5 | 10 | 892 | 498 | 394 |
| 平湖市 | 7 | 4 | 3 | 584 | 355 | 229 |
| 桐乡市 | 13 | 3 | 10 | 1045 | 638 | 407 |
| **湖州市** | **17** | **6** | **11** | **1486** | **851** | **635** |
| 吴兴区 | 16 | 6 | 10 | 1261 | 712 | 549 |
| 南浔区 | 1 | | 1 | 225 | 139 | 86 |
| 德清县 | | | | | | |
| 长兴县 | | | | | | |
| 安吉县 | | | | | | |

6-2a 续表 3

单位：人

| 地 区 | 学前教育 | | | 小 学 | | |
|---|---|---|---|---|---|---|
| | 小计 | 男 | 女 | 小计 | 男 | 女 |
| **绍兴市** | **103** | **43** | **60** | **5921** | **3375** | **2546** |
| 越城区 | 37 | 18 | 19 | 1757 | 966 | 791 |
| 柯桥区 | 30 | 14 | 16 | 1195 | 713 | 482 |
| 上虞区 | 21 | 7 | 14 | 1577 | 939 | 638 |
| 新昌县 | | | | | | |
| 诸暨市 | 7 | 1 | 6 | 861 | 465 | 396 |
| 嵊州市 | 8 | 3 | 5 | 531 | 292 | 239 |
| **金华市** | **47** | **31** | **16** | **3152** | **1973** | **1179** |
| 婺城区 | 4 | 1 | 3 | 480 | 280 | 200 |
| 金东区 | 1 | 1 | | 136 | 85 | 51 |
| 武义县 | | | | | | |
| 浦江县 | | | | | | |
| 磐安县 | | | | | | |
| 兰溪市 | 3 | 2 | 1 | 343 | 234 | 109 |
| 义乌市 | 9 | 5 | 4 | 912 | 571 | 341 |
| 东阳市 | 3 | 2 | 1 | 597 | 347 | 250 |
| 永康市 | 27 | 20 | 7 | 684 | 456 | 228 |
| **衢州市** | **40** | **13** | **27** | **1190** | **693** | **497** |
| 柯城区 | 19 | 5 | 14 | 606 | 338 | 268 |
| 衢江区 | 2 | 1 | 1 | 95 | 63 | 32 |
| 常山县 | | | | | | |
| 开化县 | | | | | | |
| 龙游县 | 1 | 1 | | 11 | 9 | 2 |
| 江山市 | 18 | 6 | 12 | 478 | 283 | 195 |
| **舟山市** | **34** | **15** | **19** | **1309** | **771** | **538** |
| 定海区 | 19 | 9 | 10 | 727 | 426 | 301 |
| 普陀区 | 15 | 6 | 9 | 582 | 345 | 237 |
| 岱山县 | | | | | | |
| 嵊泗县 | | | | | | |
| **台州市** | **89** | **42** | **47** | **4513** | **2951** | **1562** |
| 椒江区 | 20 | 11 | 9 | 798 | 505 | 293 |
| 黄岩区 | 9 | 3 | 6 | 819 | 498 | 321 |
| 路桥区 | 10 | 5 | 5 | 535 | 356 | 179 |
| 三门县 | | | | | | |
| 天台县 | | | | | | |
| 仙居县 | | | | | | |
| 温岭市 | 35 | 15 | 20 | 1124 | 753 | 371 |
| 临海市 | 5 | 2 | 3 | 610 | 368 | 242 |
| 玉环市 | 10 | 6 | 4 | 627 | 471 | 156 |
| **丽水市** | **5** | **2** | **3** | **380** | **243** | **137** |
| 莲都区 | 3 | 1 | 2 | 253 | 154 | 99 |
| 青田县 | | | | | | |
| 缙云县 | | | | | | |
| 遂昌县 | | | | | | |
| 松阳县 | | | | | | |
| 云和县 | | | | | | |
| 庆元县 | | | | | | |
| 景宁畲族自治县 | | | | | | |
| 龙泉市 | 2 | 1 | 1 | 127 | 89 | 38 |

6-2a 续表 4

单位：人

| 地 区 | 初 中 | | | 高 中 | | | 大学专科 | | |
|---|---|---|---|---|---|---|---|---|---|
| | 小计 | 男 | 女 | 小计 | 男 | 女 | 小计 | 男 | 女 |
| **合计** | **17224** | **12334** | **4890** | **5959** | **4368** | **1591** | **1926** | **1370** | **556** |
| **杭州市** | **4888** | **3262** | **1626** | **2007** | **1417** | **590** | **769** | **529** | **240** |
| 上城区 | 691 | 467 | 224 | 294 | 196 | 98 | 80 | 53 | 27 |
| 下城区 | 803 | 473 | 330 | 324 | 232 | 92 | 153 | 109 | 44 |
| 江干区 | 645 | 430 | 215 | 267 | 195 | 72 | 86 | 63 | 23 |
| 拱墅区 | 598 | 405 | 193 | 219 | 152 | 67 | 74 | 48 | 26 |
| 西湖区 | 613 | 394 | 219 | 369 | 255 | 114 | 192 | 125 | 67 |
| 滨江区 | 196 | 134 | 62 | 57 | 39 | 18 | 29 | 18 | 11 |
| 萧山区 | 523 | 390 | 133 | 193 | 142 | 51 | 56 | 40 | 16 |
| 余杭区 | 314 | 202 | 112 | 119 | 89 | 30 | 39 | 26 | 13 |
| 富阳区 | 250 | 178 | 72 | 82 | 57 | 25 | 29 | 21 | 8 |
| 临安区 | 134 | 97 | 37 | 40 | 30 | 10 | 15 | 13 | 2 |
| 桐庐县 | | | | | | | | | |
| 淳安县 | | | | | | | | | |
| 建德市 | 121 | 92 | 29 | 43 | 30 | 13 | 16 | 13 | 3 |
| **宁波市** | **2979** | **2140** | **839** | **965** | **723** | **242** | **279** | **208** | **71** |
| 海曙区 | 627 | 463 | 164 | 241 | 185 | 56 | 76 | 56 | 20 |
| 江北区 | 256 | 192 | 64 | 82 | 59 | 23 | 20 | 13 | 7 |
| 北仑区 | 211 | 153 | 58 | 45 | 36 | 9 | 16 | 9 | 7 |
| 镇海区 | 223 | 150 | 73 | 82 | 63 | 19 | 20 | 16 | 4 |
| 鄞州区 | 651 | 445 | 206 | 250 | 177 | 73 | 97 | 74 | 23 |
| 奉化区 | 89 | 62 | 27 | 29 | 20 | 9 | 6 | 5 | 1 |
| 象山县 | | | | | | | | | |
| 宁海县 | | | | | | | | | |
| 余姚市 | 450 | 319 | 131 | 120 | 95 | 25 | 19 | 14 | 5 |
| 慈溪市 | 472 | 356 | 116 | 116 | 88 | 28 | 25 | 21 | 4 |
| **温州市** | **2585** | **1932** | **653** | **733** | **556** | **177** | **213** | **153** | **60** |
| 鹿城区 | 1205 | 865 | 340 | 394 | 293 | 101 | 120 | 88 | 32 |
| 龙湾区 | 124 | 97 | 27 | 33 | 22 | 11 | 12 | 6 | 6 |
| 瓯海区 | 176 | 128 | 48 | 37 | 26 | 11 | 5 | 4 | 1 |
| 洞头区 | 60 | 54 | 6 | 13 | 11 | 2 | 6 | 4 | 2 |
| 永嘉县 | | | | | | | | | |
| 平阳县 | | | | | | | | | |
| 苍南县 | | | | | | | | | |
| 文成县 | | | | | | | | | |
| 泰顺县 | | | | | | | | | |
| 瑞安市 | 423 | 331 | 92 | 95 | 67 | 28 | 36 | 24 | 12 |
| 乐清市 | 452 | 341 | 111 | 117 | 97 | 20 | 22 | 18 | 4 |
| 龙港市 | 145 | 116 | 29 | 44 | 40 | 4 | 12 | 9 | 3 |
| **嘉兴市** | **1103** | **823** | **280** | **396** | **279** | **117** | **108** | **82** | **26** |
| 南湖区 | 473 | 355 | 118 | 198 | 134 | 64 | 48 | 36 | 12 |
| 秀洲区 | 95 | 73 | 22 | 27 | 23 | 4 | 9 | 8 | 1 |
| 嘉善县 | | | | | | | | | |
| 海盐县 | | | | | | | | | |
| 海宁市 | 285 | 212 | 73 | 84 | 54 | 30 | 21 | 16 | 5 |
| 平湖市 | 113 | 81 | 32 | 43 | 29 | 14 | 13 | 10 | 3 |
| 桐乡市 | 137 | 102 | 35 | 44 | 39 | 5 | 17 | 12 | 5 |
| **湖州市** | **491** | **342** | **149** | **158** | **108** | **50** | **46** | **31** | **15** |
| 吴兴区 | 444 | 308 | 136 | 146 | 97 | 49 | 42 | 29 | 13 |
| 南浔区 | 47 | 34 | 13 | 12 | 11 | 1 | 4 | 2 | 2 |
| 德清县 | | | | | | | | | |
| 长兴县 | | | | | | | | | |
| 安吉县 | | | | | | | | | |

6-2a 续表 5

单位：人

| 地 区 | 初 中 | | | 高 中 | | | 大学专科 | | |
|---|---|---|---|---|---|---|---|---|---|
| | 小计 | 男 | 女 | 小计 | 男 | 女 | 小计 | 男 | 女 |
| **绍兴市** | **1527** | **1115** | **412** | **401** | **291** | **110** | **114** | **75** | **39** |
| 越城区 | 448 | 329 | 119 | 129 | 92 | 37 | 35 | 27 | 8 |
| 柯桥区 | 170 | 128 | 42 | 33 | 22 | 11 | 13 | 8 | 5 |
| 上虞区 | 349 | 263 | 86 | 83 | 65 | 18 | 29 | 16 | 13 |
| 新昌县 | | | | | | | | | |
| 诸暨市 | 334 | 239 | 95 | 86 | 62 | 24 | 20 | 14 | 6 |
| 嵊州市 | 226 | 156 | 70 | 70 | 50 | 20 | 17 | 10 | 7 |
| **金华市** | **1362** | **1014** | **348** | **469** | **382** | **87** | **145** | **109** | **36** |
| 婺城区 | 225 | 144 | 81 | 105 | 85 | 20 | 54 | 37 | 17 |
| 金东区 | 36 | 27 | 9 | 9 | 7 | 2 | | | |
| 武义县 | | | | | | | | | |
| 浦江县 | | | | | | | | | |
| 磐安县 | | | | | | | | | |
| 兰溪市 | 126 | 92 | 34 | 41 | 36 | 5 | 19 | 16 | 3 |
| 义乌市 | 344 | 280 | 64 | 124 | 103 | 21 | 26 | 19 | 7 |
| 东阳市 | 291 | 224 | 67 | 102 | 78 | 24 | 31 | 25 | 6 |
| 永康市 | 340 | 247 | 93 | 88 | 73 | 15 | 15 | 12 | 3 |
| **衢州市** | **512** | **369** | **143** | **202** | **148** | **54** | **65** | **50** | **15** |
| 柯城区 | 341 | 237 | 104 | 153 | 116 | 37 | 46 | 34 | 12 |
| 衢江区 | 20 | 13 | 7 | 5 | 2 | 3 | 4 | 4 | |
| 常山县 | | | | | | | | | |
| 开化县 | | | | | | | | | |
| 龙游县 | 1 | 1 | | | | | | | |
| 江山市 | 150 | 118 | 32 | 44 | 30 | 14 | 15 | 12 | 3 |
| **舟山市** | **330** | **240** | **90** | **108** | **83** | **25** | **41** | **26** | **15** |
| 定海区 | 171 | 122 | 49 | 73 | 55 | 18 | 28 | 17 | 11 |
| 普陀区 | 159 | 118 | 41 | 35 | 28 | 7 | 13 | 9 | 4 |
| 岱山县 | | | | | | | | | |
| 嵊泗县 | | | | | | | | | |
| **台州市** | **1287** | **977** | **310** | **443** | **330** | **113** | **123** | **92** | **31** |
| 椒江区 | 202 | 145 | 57 | 59 | 38 | 21 | 26 | 18 | 8 |
| 黄岩区 | 222 | 156 | 66 | 99 | 77 | 22 | 27 | 22 | 5 |
| 路桥区 | 100 | 70 | 30 | 36 | 28 | 8 | 9 | 8 | 1 |
| 三门县 | | | | | | | | | |
| 天台县 | | | | | | | | | |
| 仙居县 | | | | | | | | | |
| 温岭市 | 268 | 208 | 60 | 88 | 69 | 19 | 20 | 13 | 7 |
| 临海市 | 231 | 179 | 52 | 103 | 75 | 28 | 28 | 22 | 6 |
| 玉环市 | 264 | 219 | 45 | 58 | 43 | 15 | 13 | 9 | 4 |
| **丽水市** | **160** | **120** | **40** | **77** | **51** | **26** | **23** | **15** | **8** |
| 莲都区 | 115 | 84 | 31 | 59 | 42 | 17 | 12 | 8 | 4 |
| 青田县 | | | | | | | | | |
| 缙云县 | | | | | | | | | |
| 遂昌县 | | | | | | | | | |
| 松阳县 | | | | | | | | | |
| 云和县 | | | | | | | | | |
| 庆元县 | | | | | | | | | |
| 景宁畲族自治县 | | | | | | | | | |
| 龙泉市 | 45 | 36 | 9 | 18 | 9 | 9 | 11 | 7 | 4 |

6–2a 续表 6

单位：人

| 地区 | 大学本科 | | | 硕士研究生 | | | 博士研究生 | | |
|---|---|---|---|---|---|---|---|---|---|
| | 小计 | 男 | 女 | 小计 | 男 | 女 | 小计 | 男 | 女 |
| **合计** | **1490** | **1113** | **377** | **59** | **38** | **21** | **18** | **15** | **3** |
| **杭州市** | **729** | **520** | **209** | **34** | **21** | **13** | **11** | **9** | **2** |
| 上城区 | 64 | 39 | 25 | 3 | 2 | 1 | | | |
| 下城区 | 145 | 106 | 39 | 4 | 3 | 1 | 1 | | 1 |
| 江干区 | 86 | 63 | 23 | 9 | 6 | 3 | 3 | 3 | |
| 拱墅区 | 68 | 50 | 18 | | | | | | |
| 西湖区 | 234 | 170 | 64 | 8 | 6 | 2 | 6 | 5 | 1 |
| 滨江区 | 32 | 23 | 9 | 7 | 1 | 6 | 1 | 1 | |
| 萧山区 | 33 | 25 | 8 | 1 | 1 | | | | |
| 余杭区 | 31 | 17 | 14 | 2 | 2 | | | | |
| 富阳区 | 22 | 15 | 7 | | | | | | |
| 临安区 | 6 | 5 | 1 | | | | | | |
| 桐庐县 | | | | | | | | | |
| 淳安县 | | | | | | | | | |
| 建德市 | 8 | 7 | 1 | | | | | | |
| **宁波市** | **243** | **191** | **52** | **10** | **6** | **4** | **2** | **2** | |
| 海曙区 | 66 | 50 | 16 | 2 | 2 | | | | |
| 江北区 | 26 | 24 | 2 | | | | | | |
| 北仑区 | 8 | 8 | | 2 | | 2 | | | |
| 镇海区 | 16 | 8 | 8 | | | | 1 | 1 | |
| 鄞州区 | 80 | 62 | 18 | 4 | 3 | 1 | 1 | 1 | |
| 奉化区 | 10 | 9 | 1 | 1 | | 1 | | | |
| 象山县 | | | | | | | | | |
| 宁海县 | | | | | | | | | |
| 余姚市 | 16 | 14 | 2 | | | | | | |
| 慈溪市 | 21 | 16 | 5 | 1 | 1 | | | | |
| **温州市** | **116** | **91** | **25** | **5** | **4** | **1** | **2** | **2** | |
| 鹿城区 | 74 | 58 | 16 | 2 | 2 | | 1 | 1 | |
| 龙湾区 | 3 | 3 | | 1 | 1 | | | | |
| 瓯海区 | 9 | 8 | 1 | 1 | 1 | | 1 | 1 | |
| 洞头区 | | | | | | | | | |
| 永嘉县 | | | | | | | | | |
| 平阳县 | | | | | | | | | |
| 苍南县 | | | | | | | | | |
| 文成县 | | | | | | | | | |
| 泰顺县 | | | | | | | | | |
| 瑞安市 | 13 | 12 | 1 | | | | | | |
| 乐清市 | 12 | 7 | 5 | 1 | | 1 | | | |
| 龙港市 | 5 | 3 | 2 | | | | | | |
| **嘉兴市** | **84** | **60** | **24** | **2** | **2** | | **1** | | **1** |
| 南湖区 | 48 | 34 | 14 | 2 | 2 | | 1 | | 1 |
| 秀洲区 | 10 | 7 | 3 | | | | | | |
| 嘉善县 | | | | | | | | | |
| 海盐县 | | | | | | | | | |
| 海宁市 | 13 | 9 | 4 | | | | | | |
| 平湖市 | 6 | 6 | | | | | | | |
| 桐乡市 | 7 | 4 | 3 | | | | | | |
| **湖州市** | **32** | **24** | **8** | **1** | | **1** | | | |
| 吴兴区 | 31 | 23 | 8 | 1 | | 1 | | | |
| 南浔区 | 1 | 1 | | | | | | | |
| 德清县 | | | | | | | | | |
| 长兴县 | | | | | | | | | |
| 安吉县 | | | | | | | | | |

6-2a 续表 7 单位：人

| 地 区 | 大学本科 | | | 硕士研究生 | | | 博士研究生 | | |
|---|---|---|---|---|---|---|---|---|---|
| | 小计 | 男 | 女 | 小计 | 男 | 女 | 小计 | 男 | 女 |
| **绍兴市** | **62** | **48** | **14** | **1** | **1** | | | | |
| 越城区 | 27 | 19 | 8 | 1 | 1 | | | | |
| 柯桥区 | 7 | 6 | 1 | | | | | | |
| 上虞区 | 7 | 4 | 3 | | | | | | |
| 新昌县 | | | | | | | | | |
| 诸暨市 | 11 | 10 | 1 | | | | | | |
| 嵊州市 | 10 | 9 | 1 | | | | | | |
| **金华市** | **74** | **56** | **18** | **1** | | **1** | **1** | **1** | |
| 婺城区 | 34 | 26 | 8 | 1 | | 1 | | | |
| 金东区 | 3 | 2 | 1 | | | | | | |
| 武义县 | | | | | | | | | |
| 浦江县 | | | | | | | | | |
| 磐安县 | | | | | | | | | |
| 兰溪市 | 7 | 6 | 1 | | | | | | |
| 义乌市 | 8 | 5 | 3 | | | | | | |
| 东阳市 | 14 | 12 | 2 | | | | | | |
| 永康市 | 8 | 5 | 3 | | | | 1 | 1 | |
| **衢州市** | **29** | **26** | **3** | **2** | **2** | | | | |
| 柯城区 | 24 | 21 | 3 | 2 | 2 | | | | |
| 衢江区 | | | | | | | | | |
| 常山县 | | | | | | | | | |
| 开化县 | | | | | | | | | |
| 龙游县 | | | | | | | | | |
| 江山市 | 5 | 5 | | | | | | | |
| **舟山市** | **24** | **19** | **5** | **2** | **1** | **1** | | | |
| 定海区 | 16 | 13 | 3 | 1 | 1 | | | | |
| 普陀区 | 8 | 6 | 2 | 1 | | 1 | | | |
| 岱山县 | | | | | | | | | |
| 嵊泗县 | | | | | | | | | |
| **台州市** | **87** | **70** | **17** | **1** | **1** | | **1** | **1** | |
| 椒江区 | 23 | 17 | 6 | | | | 1 | 1 | |
| 黄岩区 | 15 | 13 | 2 | | | | | | |
| 路桥区 | 7 | 7 | | | | | | | |
| 三门县 | | | | | | | | | |
| 天台县 | | | | | | | | | |
| 仙居县 | | | | | | | | | |
| 温岭市 | 19 | 15 | 4 | | | | | | |
| 临海市 | 18 | 14 | 4 | 1 | 1 | | | | |
| 玉环市 | 5 | 4 | 1 | | | | | | |
| **丽水市** | **10** | **8** | **2** | | | | | | |
| 莲都区 | 4 | 3 | 1 | | | | | | |
| 青田县 | | | | | | | | | |
| 缙云县 | | | | | | | | | |
| 遂昌县 | | | | | | | | | |
| 松阳县 | | | | | | | | | |
| 云和县 | | | | | | | | | |
| 庆元县 | | | | | | | | | |
| 景宁畲族自治县 | | | | | | | | | |
| 龙泉市 | 6 | 5 | 1 | | | | | | |

# 6−2b　各地区分性别、受教育程度的3岁及以上死亡人口 (2019.11.1−2020.10.31)(镇)

单位：人

| 地区 | 3岁及以上死亡人口 | | | 未上过学 | | |
|---|---|---|---|---|---|---|
| | 合计 | 男 | 女 | 小计 | 男 | 女 |
| **合计** | **57658** | **33737** | **23921** | **14900** | **5681** | **9219** |
| **杭州市** | **4608** | **2738** | **1870** | **944** | **331** | **613** |
| 上城区 | | | | | | |
| 下城区 | | | | | | |
| 江干区 | | | | | | |
| 拱墅区 | | | | | | |
| 西湖区 | 5 | 3 | 2 | | | |
| 滨江区 | | | | | | |
| 萧山区 | 542 | 305 | 237 | 102 | 37 | 65 |
| 余杭区 | 1013 | 631 | 382 | 200 | 81 | 119 |
| 富阳区 | 300 | 187 | 113 | 73 | 32 | 41 |
| 临安区 | 390 | 225 | 165 | 35 | 13 | 22 |
| 桐庐县 | 1312 | 757 | 555 | 330 | 113 | 217 |
| 淳安县 | 473 | 293 | 180 | 98 | 21 | 77 |
| 建德市 | 573 | 337 | 236 | 106 | 34 | 72 |
| **宁波市** | **8143** | **4695** | **3448** | **1624** | **583** | **1041** |
| 海曙区 | 232 | 125 | 107 | 32 | 6 | 26 |
| 江北区 | | | | | | |
| 北仑区 | 116 | 68 | 48 | 17 | 6 | 11 |
| 镇海区 | 136 | 84 | 52 | 23 | 9 | 14 |
| 鄞州区 | 1119 | 617 | 502 | 212 | 77 | 135 |
| 奉化区 | 311 | 192 | 119 | 38 | 7 | 31 |
| 象山县 | 1251 | 769 | 482 | 229 | 87 | 142 |
| 宁海县 | 1710 | 1015 | 695 | 263 | 100 | 163 |
| 余姚市 | 1925 | 1083 | 842 | 456 | 169 | 287 |
| 慈溪市 | 1343 | 742 | 601 | 354 | 122 | 232 |
| **温州市** | **9844** | **5942** | **3902** | **3922** | **1735** | **2187** |
| 鹿城区 | 37 | 22 | 15 | 9 | 1 | 8 |
| 龙湾区 | 475 | 269 | 206 | 255 | 120 | 135 |
| 瓯海区 | 117 | 60 | 57 | 67 | 27 | 40 |
| 洞头区 | 43 | 22 | 21 | 15 | 2 | 13 |
| 永嘉县 | 1670 | 983 | 687 | 618 | 222 | 396 |
| 平阳县 | 2446 | 1503 | 943 | 926 | 411 | 515 |
| 苍南县 | 3072 | 1851 | 1221 | 1380 | 647 | 733 |
| 文成县 | 741 | 482 | 259 | 185 | 100 | 85 |
| 泰顺县 | 533 | 331 | 202 | 214 | 106 | 108 |
| 瑞安市 | 182 | 114 | 68 | 69 | 33 | 36 |
| 乐清市 | 388 | 223 | 165 | 122 | 47 | 75 |
| 龙港市 | 140 | 82 | 58 | 62 | 19 | 43 |
| **嘉兴市** | **6982** | **3924** | **3058** | **1710** | **639** | **1071** |
| 南湖区 | 163 | 99 | 64 | 48 | 24 | 24 |
| 秀洲区 | 564 | 335 | 229 | 169 | 70 | 99 |
| 嘉善县 | 1391 | 808 | 583 | 343 | 139 | 204 |
| 海盐县 | 1170 | 615 | 555 | 309 | 99 | 210 |
| 海宁市 | 1722 | 931 | 791 | 416 | 128 | 288 |
| 平湖市 | 964 | 546 | 418 | 214 | 81 | 133 |
| 桐乡市 | 1008 | 590 | 418 | 211 | 98 | 113 |
| **湖州市** | **5671** | **3198** | **2473** | **909** | **325** | **584** |
| 吴兴区 | 343 | 207 | 136 | 87 | 40 | 47 |
| 南浔区 | 667 | 332 | 335 | 133 | 40 | 93 |
| 德清县 | 1446 | 812 | 634 | 181 | 63 | 118 |
| 长兴县 | 1937 | 1110 | 827 | 358 | 135 | 223 |
| 安吉县 | 1278 | 737 | 541 | 150 | 47 | 103 |

6—2b 续表 1

单位：人

| 地　　区 | 3岁及以上死亡人口 | | | 未上过学 | | |
|---|---|---|---|---|---|---|
| | 合计 | 男 | 女 | 小计 | 男 | 女 |
| **绍兴市** | **3567** | **2112** | **1455** | **493** | **142** | **351** |
| 越城区 | 26 | 15 | 11 | 12 | 4 | 8 |
| 柯桥区 | 389 | 224 | 165 | 62 | 12 | 50 |
| 上虞区 | 729 | 422 | 307 | 179 | 57 | 122 |
| 新昌县 | 916 | 518 | 398 | 85 | 27 | 58 |
| 诸暨市 | 929 | 565 | 364 | 117 | 27 | 90 |
| 嵊州市 | 578 | 368 | 210 | 38 | 15 | 23 |
| **金华市** | **5157** | **3066** | **2091** | **1332** | **439** | **893** |
| 婺城区 | 195 | 126 | 69 | 55 | 23 | 32 |
| 金东区 | 304 | 175 | 129 | 60 | 22 | 38 |
| 武义县 | 812 | 504 | 308 | 164 | 58 | 106 |
| 浦江县 | 631 | 384 | 247 | 168 | 62 | 106 |
| 磐安县 | 322 | 181 | 141 | 78 | 24 | 54 |
| 兰溪市 | 480 | 280 | 200 | 164 | 51 | 113 |
| 义乌市 | 655 | 385 | 270 | 176 | 65 | 111 |
| 东阳市 | 1371 | 821 | 550 | 362 | 104 | 258 |
| 永康市 | 387 | 210 | 177 | 105 | 30 | 75 |
| **衢州市** | **3011** | **1822** | **1189** | **902** | **360** | **542** |
| 柯城区 | 94 | 60 | 34 | 19 | 3 | 16 |
| 衢江区 | 294 | 187 | 107 | 117 | 53 | 64 |
| 常山县 | 752 | 460 | 292 | 222 | 92 | 130 |
| 开化县 | 496 | 293 | 203 | 153 | 58 | 95 |
| 龙游县 | 727 | 424 | 303 | 244 | 95 | 149 |
| 江山市 | 648 | 398 | 250 | 147 | 59 | 88 |
| **舟山市** | **1353** | **760** | **593** | **338** | **111** | **227** |
| 定海区 | 145 | 81 | 64 | 22 | 10 | 12 |
| 普陀区 | 200 | 122 | 78 | 56 | 24 | 32 |
| 岱山县 | 757 | 421 | 336 | 205 | 58 | 147 |
| 嵊泗县 | 251 | 136 | 115 | 55 | 19 | 36 |
| **台州市** | **5607** | **3227** | **2380** | **1804** | **666** | **1138** |
| 椒江区 | 31 | 16 | 15 | 14 | 6 | 8 |
| 黄岩区 | 208 | 123 | 85 | 49 | 16 | 33 |
| 路桥区 | 427 | 244 | 183 | 130 | 48 | 82 |
| 三门县 | 698 | 399 | 299 | 331 | 140 | 191 |
| 天台县 | 946 | 559 | 387 | 166 | 60 | 106 |
| 仙居县 | 753 | 443 | 310 | 212 | 75 | 137 |
| 温岭市 | 1816 | 1019 | 797 | 650 | 219 | 431 |
| 临海市 | 648 | 380 | 268 | 198 | 78 | 120 |
| 玉环市 | 80 | 44 | 36 | 54 | 24 | 30 |
| **丽水市** | **3715** | **2253** | **1462** | **922** | **350** | **572** |
| 莲都区 | 93 | 52 | 41 | 33 | 7 | 26 |
| 青田县 | 893 | 540 | 353 | 187 | 78 | 109 |
| 缙云县 | 915 | 538 | 377 | 201 | 64 | 137 |
| 遂昌县 | 503 | 305 | 198 | 147 | 55 | 92 |
| 松阳县 | 345 | 216 | 129 | 83 | 36 | 47 |
| 云和县 | 294 | 179 | 115 | 73 | 28 | 45 |
| 庆元县 | 292 | 183 | 109 | 85 | 38 | 47 |
| 景宁畲族自治县 | 241 | 156 | 85 | 70 | 30 | 40 |
| 龙泉市 | 139 | 84 | 55 | 43 | 14 | 29 |

6–2b　续表 2　　　单位：人

| 地　　区 | 学前教育 | | | 小　　学 | | |
|---|---|---|---|---|---|---|
| | 小计 | 男 | 女 | 小计 | 男 | 女 |
| **合计** | **468** | **233** | **235** | **31261** | **19326** | **11935** |
| **杭州市** | **40** | **22** | **18** | **2391** | **1425** | **966** |
| 上城区 | | | | | | |
| 下城区 | | | | | | |
| 江干区 | | | | | | |
| 拱墅区 | | | | | | |
| 西湖区 | | | | 3 | 2 | 1 |
| 滨江区 | | | | | | |
| 萧山区 | 3 | 1 | 2 | 343 | 195 | 148 |
| 余杭区 | 11 | 4 | 7 | 394 | 217 | 177 |
| 富阳区 | | | | 180 | 115 | 65 |
| 临安区 | 2 | 1 | 1 | 270 | 149 | 121 |
| 桐庐县 | 16 | 12 | 4 | 674 | 420 | 254 |
| 淳安县 | 3 | | 3 | 196 | 132 | 64 |
| 建德市 | 5 | 4 | 1 | 331 | 195 | 136 |
| **宁波市** | **76** | **37** | **39** | **4986** | **2968** | **2018** |
| 海曙区 | | | | 144 | 78 | 66 |
| 江北区 | | | | | | |
| 北仑区 | 1 | | 1 | 67 | 38 | 29 |
| 镇海区 | | | | 96 | 60 | 36 |
| 鄞州区 | 17 | 9 | 8 | 715 | 413 | 302 |
| 奉化区 | 6 | 4 | 2 | 209 | 132 | 77 |
| 象山县 | 16 | 7 | 9 | 735 | 463 | 272 |
| 宁海县 | 8 | 5 | 3 | 1027 | 590 | 437 |
| 余姚市 | 18 | 7 | 11 | 1202 | 719 | 483 |
| 慈溪市 | 10 | 5 | 5 | 791 | 475 | 316 |
| **温州市** | **51** | **33** | **18** | **4566** | **3121** | **1445** |
| 鹿城区 | | | | 23 | 17 | 6 |
| 龙湾区 | 4 | 4 | | 159 | 101 | 58 |
| 瓯海区 | 1 | | 1 | 44 | 31 | 13 |
| 洞头区 | 1 | 1 | | 16 | 10 | 6 |
| 永嘉县 | 11 | 5 | 6 | 815 | 565 | 250 |
| 平阳县 | 8 | 5 | 3 | 1085 | 745 | 340 |
| 苍南县 | 8 | 7 | 1 | 1379 | 958 | 421 |
| 文成县 | 5 | 4 | 1 | 439 | 282 | 157 |
| 泰顺县 | 7 | 4 | 3 | 246 | 169 | 77 |
| 瑞安市 | 1 | 1 | | 84 | 57 | 27 |
| 乐清市 | 5 | 2 | 3 | 210 | 134 | 76 |
| 龙港市 | | | | 66 | 52 | 14 |
| **嘉兴市** | **76** | **38** | **38** | **4095** | **2405** | **1690** |
| 南湖区 | | | | 98 | 64 | 34 |
| 秀洲区 | 2 | 2 | | 297 | 190 | 107 |
| 嘉善县 | 16 | 8 | 8 | 748 | 446 | 302 |
| 海盐县 | 7 | 3 | 4 | 645 | 356 | 289 |
| 海宁市 | 28 | 11 | 17 | 989 | 565 | 424 |
| 平湖市 | 6 | 5 | 1 | 655 | 391 | 264 |
| 桐乡市 | 17 | 9 | 8 | 663 | 393 | 270 |
| **湖州市** | **35** | **12** | **23** | **3741** | **2114** | **1627** |
| 吴兴区 | | | | 224 | 142 | 82 |
| 南浔区 | 2 | 1 | 1 | 459 | 242 | 217 |
| 德清县 | 15 | 7 | 8 | 939 | 500 | 439 |
| 长兴县 | 13 | 4 | 9 | 1224 | 715 | 509 |
| 安吉县 | 5 | | 5 | 895 | 515 | 380 |

6-2b 续表 3

单位：人

| 地区 | 学前教育 | | | 小学 | | |
|---|---|---|---|---|---|---|
| | 小计 | 男 | 女 | 小计 | 男 | 女 |
| **绍兴市** | **39** | **21** | **18** | **2102** | **1253** | **849** |
| 越城区 | | | | 8 | 6 | 2 |
| 柯桥区 | 16 | 7 | 9 | 245 | 150 | 95 |
| 上虞区 | 10 | 6 | 4 | 419 | 273 | 146 |
| 新昌县 | 7 | 5 | 2 | 525 | 271 | 254 |
| 诸暨市 | 3 | 2 | 1 | 563 | 351 | 212 |
| 嵊州市 | 3 | 1 | 2 | 342 | 202 | 140 |
| **金华市** | **30** | **13** | **17** | **2519** | **1631** | **888** |
| 婺城区 | 1 | 1 | | 98 | 66 | 32 |
| 金东区 | | | | 163 | 96 | 67 |
| 武义县 | 5 | 1 | 4 | 363 | 234 | 129 |
| 浦江县 | | | | 308 | 211 | 97 |
| 磐安县 | 1 | | 1 | 162 | 99 | 63 |
| 兰溪市 | 4 | 2 | 2 | 226 | 149 | 77 |
| 义乌市 | 1 | | 1 | 325 | 203 | 122 |
| 东阳市 | 11 | 6 | 5 | 678 | 453 | 225 |
| 永康市 | 7 | 3 | 4 | 196 | 120 | 76 |
| **衢州市** | **18** | **6** | **12** | **1384** | **906** | **478** |
| 柯城区 | 2 | | 2 | 55 | 39 | 16 |
| 衢江区 | 1 | | 1 | 123 | 90 | 33 |
| 常山县 | 1 | | 1 | 293 | 194 | 99 |
| 开化县 | 6 | 2 | 4 | 208 | 133 | 75 |
| 龙游县 | 5 | 2 | 3 | 328 | 212 | 116 |
| 江山市 | 3 | 2 | 1 | 377 | 238 | 139 |
| **舟山市** | **11** | **7** | **4** | **799** | **485** | **314** |
| 定海区 | 1 | | 1 | 101 | 57 | 44 |
| 普陀区 | 1 | 1 | | 111 | 73 | 38 |
| 岱山县 | 9 | 6 | 3 | 438 | 270 | 168 |
| 嵊泗县 | | | | 149 | 85 | 64 |
| **台州市** | **52** | **22** | **30** | **2813** | **1828** | **985** |
| 椒江区 | | | | 13 | 7 | 6 |
| 黄岩区 | 8 | 5 | 3 | 115 | 72 | 43 |
| 路桥区 | 6 | 2 | 4 | 235 | 150 | 85 |
| 三门县 | 1 | | 1 | 235 | 160 | 75 |
| 天台县 | 7 | 1 | 6 | 519 | 315 | 204 |
| 仙居县 | 2 | 1 | 1 | 367 | 242 | 125 |
| 温岭市 | 16 | 9 | 7 | 953 | 635 | 318 |
| 临海市 | 12 | 4 | 8 | 357 | 233 | 124 |
| 玉环市 | | | | 19 | 14 | 5 |
| **丽水市** | **40** | **22** | **18** | **1865** | **1190** | **675** |
| 莲都区 | | | | 41 | 31 | 10 |
| 青田县 | 13 | 7 | 6 | 532 | 327 | 205 |
| 缙云县 | 15 | 6 | 9 | 437 | 265 | 172 |
| 遂昌县 | 3 | 1 | 2 | 218 | 146 | 72 |
| 松阳县 | 1 | 1 | | 165 | 101 | 64 |
| 云和县 | 4 | 3 | 1 | 136 | 93 | 43 |
| 庆元县 | 1 | 1 | | 161 | 103 | 58 |
| 景宁畲族自治县 | 1 | 1 | | 108 | 78 | 30 |
| 龙泉市 | 2 | 2 | | 67 | 46 | 21 |

6-2b　续表 4　　单位：人

| 地　区 | 初　中 | | | 高　中 | | | 大学专科 | | |
|---|---|---|---|---|---|---|---|---|---|
| | 小计 | 男 | 女 | 小计 | 男 | 女 | 小计 | 男 | 女 |
| **合计** | **8059** | **6205** | **1854** | **2141** | **1651** | **490** | **548** | **422** | **126** |
| **杭州市** | **791** | **605** | **186** | **338** | **277** | **61** | **60** | **43** | **17** |
| 上城区 | | | | | | | | | |
| 下城区 | | | | | | | | | |
| 江干区 | | | | | | | | | |
| 拱墅区 | | | | | | | | | |
| 西湖区 | 2 | 1 | 1 | | | | | | |
| 滨江区 | | | | | | | | | |
| 萧山区 | 72 | 59 | 13 | 15 | 13 | 2 | 4 | | 4 |
| 余杭区 | 190 | 147 | 43 | 191 | 161 | 30 | 14 | 10 | 4 |
| 富阳区 | 39 | 32 | 7 | 6 | 6 | | 1 | 1 | |
| 临安区 | 71 | 51 | 20 | 7 | 6 | 1 | 2 | 2 | |
| 桐庐县 | 207 | 152 | 55 | 52 | 35 | 17 | 18 | 13 | 5 |
| 淳安县 | 114 | 90 | 24 | 43 | 36 | 7 | 12 | 8 | 4 |
| 建德市 | 96 | 73 | 23 | 24 | 20 | 4 | 9 | 9 | |
| **宁波市** | **1087** | **813** | **274** | **251** | **195** | **56** | **82** | **68** | **14** |
| 海曙区 | 48 | 35 | 13 | 6 | 4 | 2 | 2 | 2 | |
| 江北区 | | | | | | | | | |
| 北仑区 | 23 | 17 | 6 | 4 | 4 | | 3 | 3 | |
| 镇海区 | 13 | 12 | 1 | 3 | 2 | 1 | 1 | 1 | |
| 鄞州区 | 136 | 87 | 49 | 25 | 21 | 4 | 12 | 9 | 3 |
| 奉化区 | 47 | 39 | 8 | 8 | 7 | 1 | 1 | 1 | |
| 象山县 | 193 | 153 | 40 | 53 | 40 | 13 | 20 | 16 | 4 |
| 宁海县 | 270 | 205 | 65 | 91 | 68 | 23 | 30 | 27 | 3 |
| 余姚市 | 207 | 155 | 52 | 34 | 28 | 6 | 6 | 4 | 2 |
| 慈溪市 | 150 | 110 | 40 | 27 | 21 | 6 | 7 | 5 | 2 |
| **温州市** | **971** | **800** | **171** | **241** | **176** | **65** | **68** | **55** | **13** |
| 鹿城区 | 4 | 3 | 1 | | | | 1 | 1 | |
| 龙湾区 | 41 | 32 | 9 | 14 | 10 | 4 | 1 | 1 | |
| 瓯海区 | 5 | 2 | 3 | | | | | | |
| 洞头区 | 9 | 8 | 1 | | | | 1 | 1 | |
| 永嘉县 | 170 | 148 | 22 | 40 | 29 | 11 | 12 | 10 | 2 |
| 平阳县 | 308 | 249 | 59 | 87 | 67 | 20 | 22 | 17 | 5 |
| 苍南县 | 243 | 197 | 46 | 39 | 23 | 16 | 16 | 13 | 3 |
| 文成县 | 73 | 63 | 10 | 30 | 25 | 5 | 8 | 7 | 1 |
| 泰顺县 | 51 | 44 | 7 | 11 | 5 | 6 | 3 | 2 | 1 |
| 瑞安市 | 21 | 18 | 3 | 5 | 4 | 1 | 2 | 1 | 1 |
| 乐清市 | 38 | 28 | 10 | 12 | 11 | 1 | 1 | 1 | |
| 龙港市 | 8 | 8 | | 3 | 2 | 1 | 1 | 1 | |
| **嘉兴市** | **819** | **632** | **187** | **195** | **149** | **46** | **58** | **43** | **15** |
| 南湖区 | 13 | 9 | 4 | 4 | 2 | 2 | | | |
| 秀洲区 | 80 | 62 | 18 | 9 | 7 | 2 | 4 | 1 | 3 |
| 嘉善县 | 210 | 162 | 48 | 47 | 35 | 12 | 16 | 11 | 5 |
| 海盐县 | 139 | 104 | 35 | 42 | 31 | 11 | 21 | 18 | 3 |
| 海宁市 | 222 | 172 | 50 | 49 | 43 | 6 | 12 | 9 | 3 |
| 平湖市 | 69 | 56 | 13 | 18 | 12 | 6 | 1 | 1 | |
| 桐乡市 | 86 | 67 | 19 | 26 | 19 | 7 | 4 | 3 | 1 |
| **湖州市** | **671** | **500** | **171** | **233** | **187** | **46** | **51** | **35** | **16** |
| 吴兴区 | 26 | 20 | 6 | 4 | 3 | 1 | 1 | 1 | |
| 南浔区 | 57 | 35 | 22 | 11 | 11 | | 2 | 1 | 1 |
| 德清县 | 186 | 138 | 48 | 96 | 83 | 13 | 19 | 12 | 7 |
| 长兴县 | 246 | 187 | 59 | 66 | 46 | 20 | 17 | 13 | 4 |
| 安吉县 | 156 | 120 | 36 | 56 | 44 | 12 | 12 | 8 | 4 |

6–2b 续表 5

单位：人

| 地 区 | 初 中 | | | 高 中 | | | 大学专科 | | |
|---|---|---|---|---|---|---|---|---|---|
| | 小计 | 男 | 女 | 小计 | 男 | 女 | 小计 | 男 | 女 |
| **绍兴市** | **756** | **565** | **191** | **136** | **95** | **41** | **26** | **23** | **3** |
| 越城区 | 5 | 5 | | 1 | | 1 | | | |
| 柯桥区 | 57 | 47 | 10 | 7 | 7 | | 1 | 1 | |
| 上虞区 | 95 | 69 | 26 | 22 | 14 | 8 | 3 | 3 | |
| 新昌县 | 209 | 153 | 56 | 65 | 40 | 25 | 15 | 12 | 3 |
| 诸暨市 | 216 | 158 | 58 | 25 | 22 | 3 | 3 | 3 | |
| 嵊州市 | 174 | 133 | 41 | 16 | 12 | 4 | 4 | 4 | |
| **金华市** | **988** | **755** | **233** | **220** | **173** | **47** | **44** | **36** | **8** |
| 婺城区 | 31 | 27 | 4 | 8 | 7 | 1 | | | |
| 金东区 | 70 | 49 | 21 | 7 | 6 | 1 | 2 | 1 | 1 |
| 武义县 | 200 | 149 | 51 | 62 | 48 | 14 | 9 | 7 | 2 |
| 浦江县 | 114 | 78 | 36 | 31 | 24 | 7 | 5 | 5 | |
| 磐安县 | 55 | 37 | 18 | 18 | 15 | 3 | 7 | 5 | 2 |
| 兰溪市 | 75 | 68 | 7 | 8 | 7 | 1 | 3 | 3 | |
| 义乌市 | 124 | 98 | 26 | 21 | 11 | 10 | 7 | 7 | |
| 东阳市 | 254 | 201 | 53 | 52 | 46 | 6 | 10 | 8 | 2 |
| 永康市 | 65 | 48 | 17 | 13 | 9 | 4 | 1 | | 1 |
| **衢州市** | **524** | **403** | **121** | **127** | **99** | **28** | **34** | **31** | **3** |
| 柯城区 | 13 | 13 | | 5 | 5 | | | | |
| 衢江区 | 44 | 35 | 9 | 6 | 6 | | 1 | 1 | |
| 常山县 | 170 | 123 | 47 | 48 | 35 | 13 | 12 | 12 | |
| 开化县 | 94 | 73 | 21 | 20 | 13 | 7 | 11 | 10 | 1 |
| 龙游县 | 104 | 77 | 27 | 31 | 27 | 4 | 6 | 5 | 1 |
| 江山市 | 99 | 82 | 17 | 17 | 13 | 4 | 4 | 3 | 1 |
| **舟山市** | **153** | **119** | **34** | **31** | **25** | **6** | **14** | **9** | **5** |
| 定海区 | 16 | 10 | 6 | 4 | 4 | | 1 | | 1 |
| 普陀区 | 22 | 18 | 4 | 4 | 3 | 1 | 5 | 2 | 3 |
| 岱山县 | 84 | 69 | 15 | 13 | 10 | 3 | 7 | 7 | |
| 嵊泗县 | 31 | 22 | 9 | 10 | 8 | 2 | 1 | | 1 |
| **台州市** | **689** | **529** | **160** | **178** | **134** | **44** | **52** | **36** | **16** |
| 椒江区 | 3 | 2 | 1 | 1 | 1 | | | | |
| 黄岩区 | 25 | 23 | 2 | 6 | 5 | 1 | 4 | 1 | 3 |
| 路桥区 | 35 | 28 | 7 | 17 | 14 | 3 | 2 | 1 | 1 |
| 三门县 | 89 | 70 | 19 | 28 | 20 | 8 | 10 | 7 | 3 |
| 天台县 | 193 | 137 | 56 | 46 | 34 | 12 | 12 | 9 | 3 |
| 仙居县 | 120 | 87 | 33 | 38 | 29 | 9 | 10 | 7 | 3 |
| 温岭市 | 156 | 126 | 30 | 29 | 21 | 8 | 9 | 7 | 2 |
| 临海市 | 61 | 50 | 11 | 13 | 10 | 3 | 5 | 4 | 1 |
| 玉环市 | 7 | 6 | 1 | | | | | | |
| **丽水市** | **610** | **484** | **126** | **191** | **141** | **50** | **59** | **43** | **16** |
| 莲都区 | 16 | 12 | 4 | 2 | 1 | 1 | 1 | 1 | |
| 青田县 | 118 | 94 | 24 | 25 | 19 | 6 | 11 | 8 | 3 |
| 缙云县 | 190 | 154 | 36 | 48 | 34 | 14 | 17 | 11 | 6 |
| 遂昌县 | 88 | 70 | 18 | 30 | 20 | 10 | 12 | 9 | 3 |
| 松阳县 | 59 | 51 | 8 | 31 | 22 | 9 | 5 | 4 | 1 |
| 云和县 | 53 | 32 | 21 | 22 | 20 | 2 | 5 | 3 | 2 |
| 庆元县 | 30 | 28 | 2 | 10 | 8 | 2 | 1 | 1 | |
| 景宁畲族自治县 | 39 | 27 | 12 | 15 | 13 | 2 | 5 | 4 | 1 |
| 龙泉市 | 17 | 16 | 1 | 8 | 4 | 4 | 2 | 2 | |

6-2b　续表 6　　　　单位：人

| 地　区 | 大学本科 | | | 硕士研究生 | | | 博士研究生 | | |
|---|---|---|---|---|---|---|---|---|---|
| | 小计 | 男 | 女 | 小计 | 男 | 女 | 小计 | 男 | 女 |
| **合计** | **275** | **215** | **60** | **6** | **4** | **2** | | | |
| **杭州市** | **44** | **35** | **9** | | | | | | |
| 上城区 | | | | | | | | | |
| 下城区 | | | | | | | | | |
| 江干区 | | | | | | | | | |
| 拱墅区 | | | | | | | | | |
| 西湖区 | | | | | | | | | |
| 滨江区 | | | | | | | | | |
| 萧山区 | 3 | | 3 | | | | | | |
| 余杭区 | 13 | 11 | 2 | | | | | | |
| 富阳区 | 1 | 1 | | | | | | | |
| 临安区 | 3 | 3 | | | | | | | |
| 桐庐县 | 15 | 12 | 3 | | | | | | |
| 淳安县 | 7 | 6 | 1 | | | | | | |
| 建德市 | 2 | 2 | | | | | | | |
| **宁波市** | **36** | **30** | **6** | **1** | **1** | | | | |
| 海曙区 | | | | | | | | | |
| 江北区 | | | | | | | | | |
| 北仑区 | 1 | | 1 | | | | | | |
| 镇海区 | | | | | | | | | |
| 鄞州区 | 2 | 1 | 1 | | | | | | |
| 奉化区 | 2 | 2 | | | | | | | |
| 象山县 | 5 | 3 | 2 | | | | | | |
| 宁海县 | 21 | 20 | 1 | | | | | | |
| 余姚市 | 2 | 1 | 1 | | | | | | |
| 慈溪市 | 3 | 3 | | 1 | 1 | | | | |
| **温州市** | **24** | **21** | **3** | **1** | **1** | | | | |
| 鹿城区 | | | | | | | | | |
| 龙湾区 | 1 | 1 | | | | | | | |
| 瓯海区 | | | | | | | | | |
| 洞头区 | 1 | | 1 | | | | | | |
| 永嘉县 | 4 | 4 | | | | | | | |
| 平阳县 | 9 | 8 | 1 | 1 | 1 | | | | |
| 苍南县 | 7 | 6 | 1 | | | | | | |
| 文成县 | 1 | 1 | | | | | | | |
| 泰顺县 | 1 | 1 | | | | | | | |
| 瑞安市 | | | | | | | | | |
| 乐清市 | | | | | | | | | |
| 龙港市 | | | | | | | | | |
| **嘉兴市** | **29** | **18** | **11** | | | | | | |
| 南湖区 | | | | | | | | | |
| 秀洲区 | 3 | 3 | | | | | | | |
| 嘉善县 | 11 | 7 | 4 | | | | | | |
| 海盐县 | 7 | 4 | 3 | | | | | | |
| 海宁市 | 6 | 3 | 3 | | | | | | |
| 平湖市 | 1 | | 1 | | | | | | |
| 桐乡市 | 1 | 1 | | | | | | | |
| **湖州市** | **31** | **25** | **6** | | | | | | |
| 吴兴区 | 1 | 1 | | | | | | | |
| 南浔区 | 3 | 2 | 1 | | | | | | |
| 德清县 | 10 | 9 | 1 | | | | | | |
| 长兴县 | 13 | 10 | 3 | | | | | | |
| 安吉县 | 4 | 3 | 1 | | | | | | |

6－2b　续表 7　　　　单位：人

| 地　区 | 大学本科 | | | 硕士研究生 | | | 博士研究生 | | |
|---|---|---|---|---|---|---|---|---|---|
| | 小计 | 男 | 女 | 小计 | 男 | 女 | 小计 | 男 | 女 |
| **绍兴市** | **13** | **12** | **1** | **2** | **1** | **1** | | | |
| 越城区 | | | | | | | | | |
| 柯桥区 | 1 | | 1 | | | | | | |
| 上虞区 | | | | 1 | | 1 | | | |
| 新昌县 | 9 | 9 | | 1 | 1 | | | | |
| 诸暨市 | 2 | 2 | | | | | | | |
| 嵊州市 | 1 | 1 | | | | | | | |
| **金华市** | **23** | **18** | **5** | **1** | **1** | | | | |
| 婺城区 | 2 | 2 | | | | | | | |
| 金东区 | 2 | 1 | 1 | | | | | | |
| 武义县 | 8 | 6 | 2 | 1 | 1 | | | | |
| 浦江县 | 5 | 4 | 1 | | | | | | |
| 磐安县 | 1 | 1 | | | | | | | |
| 兰溪市 | | | | | | | | | |
| 义乌市 | 1 | 1 | | | | | | | |
| 东阳市 | 4 | 3 | 1 | | | | | | |
| 永康市 | | | | | | | | | |
| **衢州市** | **21** | **17** | **4** | **1** | | **1** | | | |
| 柯城区 | | | | | | | | | |
| 衢江区 | 2 | 2 | | | | | | | |
| 常山县 | 5 | 4 | 1 | 1 | | 1 | | | |
| 开化县 | 4 | 4 | | | | | | | |
| 龙游县 | 9 | 6 | 3 | | | | | | |
| 江山市 | 1 | 1 | | | | | | | |
| **舟山市** | **7** | **4** | **3** | | | | | | |
| 定海区 | | | | | | | | | |
| 普陀区 | 1 | 1 | | | | | | | |
| 岱山县 | 1 | 1 | | | | | | | |
| 嵊泗县 | 5 | 2 | 3 | | | | | | |
| **台州市** | **19** | **12** | **7** | | | | | | |
| 椒江区 | | | | | | | | | |
| 黄岩区 | 1 | 1 | | | | | | | |
| 路桥区 | 2 | 1 | 1 | | | | | | |
| 三门县 | 4 | 2 | 2 | | | | | | |
| 天台县 | 3 | 3 | | | | | | | |
| 仙居县 | 4 | 2 | 2 | | | | | | |
| 温岭市 | 3 | 2 | 1 | | | | | | |
| 临海市 | 2 | 1 | 1 | | | | | | |
| 玉环市 | | | | | | | | | |
| **丽水市** | **28** | **23** | **5** | | | | | | |
| 莲都区 | | | | | | | | | |
| 青田县 | 7 | 7 | | | | | | | |
| 缙云县 | 7 | 4 | 3 | | | | | | |
| 遂昌县 | 5 | 4 | 1 | | | | | | |
| 松阳县 | 1 | 1 | | | | | | | |
| 云和县 | 1 | | 1 | | | | | | |
| 庆元县 | 4 | 4 | | | | | | | |
| 景宁畲族自治县 | 3 | 3 | | | | | | | |
| 龙泉市 | | | | | | | | | |

# 6-2c 各地区分性别、受教育程度的3岁及以上死亡人口 (2019.11.1-2020.10.31)(乡村)

单位：人

| 地区 | 3岁及以上死亡人口 | | | 未上过学 | | |
| --- | --- | --- | --- | --- | --- | --- |
| | 合计 | 男 | 女 | 小计 | 男 | 女 |
| **合计** | **151040** | **87116** | **63924** | **47837** | **18166** | **29671** |
| **杭州市** | **15714** | **8820** | **6894** | **4608** | **1531** | **3077** |
| 上城区 | | | | | | |
| 下城区 | | | | | | |
| 江干区 | | | | | | |
| 拱墅区 | | | | | | |
| 西湖区 | 124 | 67 | 57 | 30 | 8 | 22 |
| 滨江区 | | | | | | |
| 萧山区 | 2517 | 1398 | 1119 | 676 | 238 | 438 |
| 余杭区 | 2391 | 1282 | 1109 | 935 | 370 | 565 |
| 富阳区 | 2128 | 1187 | 941 | 517 | 151 | 366 |
| 临安区 | 2359 | 1315 | 1044 | 370 | 100 | 270 |
| 桐庐县 | 1355 | 802 | 553 | 462 | 149 | 313 |
| 淳安县 | 2443 | 1377 | 1066 | 884 | 244 | 640 |
| 建德市 | 2397 | 1392 | 1005 | 734 | 271 | 463 |
| **宁波市** | **14238** | **8149** | **6089** | **3220** | **1097** | **2123** |
| 海曙区 | 831 | 475 | 356 | 166 | 49 | 117 |
| 江北区 | 331 | 200 | 131 | 63 | 23 | 40 |
| 北仑区 | 1156 | 639 | 517 | 290 | 91 | 199 |
| 镇海区 | 298 | 180 | 118 | 39 | 16 | 23 |
| 鄞州区 | 1583 | 904 | 679 | 296 | 87 | 209 |
| 奉化区 | 1871 | 1065 | 806 | 265 | 71 | 194 |
| 象山县 | 2393 | 1374 | 1019 | 760 | 281 | 479 |
| 宁海县 | 2423 | 1415 | 1008 | 508 | 181 | 327 |
| 余姚市 | 1574 | 899 | 675 | 362 | 128 | 234 |
| 慈溪市 | 1778 | 998 | 780 | 471 | 170 | 301 |
| **温州市** | **23273** | **13996** | **9277** | **10600** | **4713** | **5887** |
| 鹿城区 | 599 | 337 | 262 | 268 | 99 | 169 |
| 龙湾区 | 8 | 4 | 4 | 3 | 1 | 2 |
| 瓯海区 | 1000 | 561 | 439 | 549 | 227 | 322 |
| 洞头区 | 566 | 338 | 228 | 251 | 89 | 162 |
| 永嘉县 | 4058 | 2436 | 1622 | 1655 | 710 | 945 |
| 平阳县 | 3147 | 1904 | 1243 | 1607 | 752 | 855 |
| 苍南县 | 2916 | 1787 | 1129 | 1565 | 756 | 809 |
| 文成县 | 2038 | 1310 | 728 | 712 | 353 | 359 |
| 泰顺县 | 1970 | 1259 | 711 | 813 | 420 | 393 |
| 瑞安市 | 3643 | 2139 | 1504 | 1877 | 812 | 1065 |
| 乐清市 | 3170 | 1828 | 1342 | 1242 | 469 | 773 |
| 龙港市 | 158 | 93 | 65 | 58 | 25 | 33 |
| **嘉兴市** | **11027** | **5984** | **5043** | **3117** | **1129** | **1988** |
| 南湖区 | 732 | 407 | 325 | 179 | 62 | 117 |
| 秀洲区 | 1501 | 821 | 680 | 523 | 199 | 324 |
| 嘉善县 | 1697 | 932 | 765 | 410 | 138 | 272 |
| 海盐县 | 1381 | 762 | 619 | 354 | 136 | 218 |
| 海宁市 | 1680 | 873 | 807 | 517 | 164 | 353 |
| 平湖市 | 1795 | 937 | 858 | 634 | 218 | 416 |
| 桐乡市 | 2241 | 1252 | 989 | 500 | 212 | 288 |
| **湖州市** | **9321** | **5232** | **4089** | **1696** | **636** | **1060** |
| 吴兴区 | 1733 | 964 | 769 | 296 | 121 | 175 |
| 南浔区 | 2445 | 1376 | 1069 | 513 | 190 | 323 |
| 德清县 | 1717 | 944 | 773 | 265 | 92 | 173 |
| 长兴县 | 1880 | 1068 | 812 | 334 | 135 | 199 |
| 安吉县 | 1546 | 880 | 666 | 288 | 98 | 190 |

6-2c 续表 1 单位：人

| 地　　区 | 3岁及以上死亡人口 | | | 未上过学 | | |
|---|---|---|---|---|---|---|
| | 合计 | 男 | 女 | 小计 | 男 | 女 |
| **绍兴市** | **14955** | **8441** | **6514** | **2543** | **761** | **1782** |
| 越城区 | 1251 | 676 | 575 | 245 | 79 | 166 |
| 柯桥区 | 1541 | 864 | 677 | 342 | 94 | 248 |
| 上虞区 | 2195 | 1211 | 984 | 524 | 156 | 368 |
| 新昌县 | 2305 | 1332 | 973 | 372 | 133 | 239 |
| 诸暨市 | 4297 | 2407 | 1890 | 702 | 192 | 510 |
| 嵊州市 | 3366 | 1951 | 1415 | 358 | 107 | 251 |
| **金华市** | **17179** | **9872** | **7307** | **5811** | **1881** | **3930** |
| 婺城区 | 1748 | 1045 | 703 | 671 | 270 | 401 |
| 金东区 | 1210 | 657 | 553 | 365 | 113 | 252 |
| 武义县 | 1743 | 1065 | 678 | 553 | 189 | 364 |
| 浦江县 | 1879 | 1054 | 825 | 671 | 188 | 483 |
| 磐安县 | 895 | 559 | 336 | 276 | 103 | 173 |
| 兰溪市 | 2200 | 1282 | 918 | 836 | 290 | 546 |
| 义乌市 | 2044 | 1174 | 870 | 636 | 205 | 431 |
| 东阳市 | 3186 | 1762 | 1424 | 998 | 237 | 761 |
| 永康市 | 2274 | 1274 | 1000 | 805 | 286 | 519 |
| **衢州市** | **10037** | **5932** | **4105** | **3971** | **1524** | **2447** |
| 柯城区 | 1178 | 686 | 492 | 468 | 167 | 301 |
| 衢江区 | 1949 | 1184 | 765 | 866 | 354 | 512 |
| 常山县 | 1352 | 812 | 540 | 626 | 266 | 360 |
| 开化县 | 1518 | 860 | 658 | 663 | 254 | 409 |
| 龙游县 | 1726 | 997 | 729 | 734 | 279 | 455 |
| 江山市 | 2314 | 1393 | 921 | 614 | 204 | 410 |
| **舟山市** | **3521** | **2013** | **1508** | **918** | **307** | **611** |
| 定海区 | 1120 | 659 | 461 | 223 | 77 | 146 |
| 普陀区 | 1276 | 732 | 544 | 341 | 114 | 227 |
| 岱山县 | 837 | 451 | 386 | 271 | 88 | 183 |
| 嵊泗县 | 288 | 171 | 117 | 83 | 28 | 55 |
| **台州市** | **20847** | **11922** | **8925** | **7711** | **3016** | **4695** |
| 椒江区 | 1025 | 570 | 455 | 478 | 181 | 297 |
| 黄岩区 | 2408 | 1377 | 1031 | 734 | 238 | 496 |
| 路桥区 | 1343 | 751 | 592 | 597 | 260 | 337 |
| 三门县 | 1612 | 940 | 672 | 925 | 412 | 513 |
| 天台县 | 2700 | 1567 | 1133 | 638 | 208 | 430 |
| 仙居县 | 2197 | 1287 | 910 | 794 | 313 | 481 |
| 温岭市 | 3843 | 2131 | 1712 | 1156 | 416 | 740 |
| 临海市 | 4685 | 2697 | 1988 | 1715 | 683 | 1032 |
| 玉环市 | 1034 | 602 | 432 | 674 | 305 | 369 |
| **丽水市** | **10928** | **6755** | **4173** | **3642** | **1571** | **2071** |
| 莲都区 | 1179 | 688 | 491 | 568 | 224 | 344 |
| 青田县 | 2257 | 1459 | 798 | 514 | 243 | 271 |
| 缙云县 | 1936 | 1175 | 761 | 481 | 160 | 321 |
| 遂昌县 | 993 | 607 | 386 | 346 | 134 | 212 |
| 松阳县 | 1175 | 756 | 419 | 417 | 196 | 221 |
| 云和县 | 484 | 310 | 174 | 215 | 115 | 100 |
| 庆元县 | 726 | 405 | 321 | 239 | 95 | 144 |
| 景宁畲族自治县 | 873 | 569 | 304 | 347 | 171 | 176 |
| 龙泉市 | 1305 | 786 | 519 | 515 | 233 | 282 |

6–2c　续表 2　　单位：人

| 地　区 | 学前教育 | | | 小　学 | | |
|---|---|---|---|---|---|---|
| | 小计 | 男 | 女 | 小计 | 男 | 女 |
| **合计** | **1941** | **891** | **1050** | **82174** | **52876** | **29298** |
| **杭州市** | **138** | **56** | **82** | **8823** | **5508** | **3315** |
| 上城区 | | | | | | |
| 下城区 | | | | | | |
| 江干区 | | | | | | |
| 拱墅区 | | | | | | |
| 西湖区 | 1 | | 1 | 77 | 46 | 31 |
| 滨江区 | | | | | | |
| 萧山区 | 20 | 11 | 9 | 1526 | 925 | 601 |
| 余杭区 | 21 | 9 | 12 | 1212 | 740 | 472 |
| 富阳区 | 5 | 1 | 4 | 1331 | 822 | 509 |
| 临安区 | 31 | 7 | 24 | 1547 | 871 | 676 |
| 桐庐县 | 6 | 4 | 2 | 699 | 495 | 204 |
| 淳安县 | 27 | 13 | 14 | 1105 | 758 | 347 |
| 建德市 | 27 | 11 | 16 | 1326 | 851 | 475 |
| **宁波市** | **185** | **80** | **105** | **9033** | **5565** | **3468** |
| 海曙区 | 9 | 3 | 6 | 550 | 336 | 214 |
| 江北区 | 5 | 3 | 2 | 204 | 130 | 74 |
| 北仑区 | 20 | 13 | 7 | 678 | 414 | 264 |
| 镇海区 | 3 | 2 | 1 | 228 | 142 | 86 |
| 鄞州区 | 25 | 12 | 13 | 1040 | 631 | 409 |
| 奉化区 | 16 | 7 | 9 | 1343 | 796 | 547 |
| 象山县 | 40 | 17 | 23 | 1316 | 860 | 456 |
| 宁海县 | 26 | 14 | 12 | 1572 | 957 | 615 |
| 余姚市 | 17 | 3 | 14 | 1029 | 642 | 387 |
| 慈溪市 | 24 | 6 | 18 | 1073 | 657 | 416 |
| **温州市** | **192** | **106** | **86** | **10247** | **7360** | **2887** |
| 鹿城区 | 8 | 4 | 4 | 236 | 162 | 74 |
| 龙湾区 | | | | 5 | 3 | 2 |
| 瓯海区 | 9 | 6 | 3 | 339 | 253 | 86 |
| 洞头区 | 2 | 2 | | 233 | 170 | 63 |
| 永嘉县 | 29 | 13 | 16 | 1943 | 1374 | 569 |
| 平阳县 | 21 | 14 | 7 | 1261 | 928 | 333 |
| 苍南县 | 14 | 6 | 8 | 1110 | 837 | 273 |
| 文成县 | 26 | 15 | 11 | 1118 | 794 | 324 |
| 泰顺县 | 12 | 9 | 3 | 1002 | 719 | 283 |
| 瑞安市 | 29 | 21 | 8 | 1402 | 1021 | 381 |
| 乐清市 | 40 | 14 | 26 | 1515 | 1043 | 472 |
| 龙港市 | 2 | 2 | | 83 | 56 | 27 |
| **嘉兴市** | **180** | **76** | **104** | **6823** | **4061** | **2762** |
| 南湖区 | 13 | 6 | 7 | 476 | 287 | 189 |
| 秀洲区 | 20 | 6 | 14 | 866 | 544 | 322 |
| 嘉善县 | 26 | 8 | 18 | 1106 | 665 | 441 |
| 海盐县 | 28 | 12 | 16 | 852 | 490 | 362 |
| 海宁市 | 25 | 11 | 14 | 959 | 561 | 398 |
| 平湖市 | 27 | 13 | 14 | 995 | 595 | 400 |
| 桐乡市 | 41 | 20 | 21 | 1569 | 919 | 650 |
| **湖州市** | **163** | **69** | **94** | **6533** | **3810** | **2723** |
| 吴兴区 | 44 | 17 | 27 | 1227 | 702 | 525 |
| 南浔区 | 34 | 14 | 20 | 1718 | 1025 | 693 |
| 德清县 | 18 | 11 | 7 | 1309 | 751 | 558 |
| 长兴县 | 40 | 17 | 23 | 1263 | 727 | 536 |
| 安吉县 | 27 | 10 | 17 | 1016 | 605 | 411 |

6-2c 续表 3 单位：人

| 地区 | 学前教育 | | | 小学 | | |
|---|---|---|---|---|---|---|
| | 小计 | 男 | 女 | 小计 | 男 | 女 |
| **绍兴市** | **199** | **76** | **123** | **9527** | **5622** | **3905** |
| 越城区 | 42 | 18 | 24 | 839 | 493 | 346 |
| 柯桥区 | 13 | 1 | 12 | 984 | 604 | 380 |
| 上虞区 | 29 | 9 | 20 | 1371 | 819 | 552 |
| 新昌县 | 58 | 25 | 33 | 1499 | 888 | 611 |
| 诸暨市 | 9 | 4 | 5 | 2739 | 1587 | 1152 |
| 嵊州市 | 48 | 19 | 29 | 2095 | 1231 | 864 |
| **金华市** | **130** | **58** | **72** | **8385** | **5632** | **2753** |
| 婺城区 | 8 | 2 | 6 | 819 | 576 | 243 |
| 金东区 | 6 | 3 | 3 | 672 | 409 | 263 |
| 武义县 | 12 | 6 | 6 | 923 | 671 | 252 |
| 浦江县 | 21 | 9 | 12 | 811 | 546 | 265 |
| 磐安县 | 6 | 3 | 3 | 468 | 324 | 144 |
| 兰溪市 | 16 | 12 | 4 | 1047 | 723 | 324 |
| 义乌市 | 8 | 4 | 4 | 1020 | 659 | 361 |
| 东阳市 | 21 | 6 | 15 | 1538 | 1013 | 525 |
| 永康市 | 32 | 13 | 19 | 1087 | 711 | 376 |
| **衢州市** | **155** | **90** | **65** | **4544** | **3207** | **1337** |
| 柯城区 | 21 | 14 | 7 | 507 | 364 | 143 |
| 衢江区 | 25 | 16 | 9 | 787 | 590 | 197 |
| 常山县 | 18 | 12 | 6 | 518 | 378 | 140 |
| 开化县 | 38 | 23 | 15 | 634 | 436 | 198 |
| 龙游县 | 18 | 9 | 9 | 774 | 549 | 225 |
| 江山市 | 35 | 16 | 19 | 1324 | 890 | 434 |
| **舟山市** | **78** | **37** | **41** | **2154** | **1374** | **780** |
| 定海区 | 35 | 16 | 19 | 752 | 470 | 282 |
| 普陀区 | 14 | 8 | 6 | 752 | 480 | 272 |
| 岱山县 | 27 | 11 | 16 | 470 | 299 | 171 |
| 嵊泗县 | 2 | 2 | | 180 | 125 | 55 |
| **台州市** | **383** | **173** | **210** | **10379** | **6791** | **3588** |
| 椒江区 | 24 | 11 | 13 | 420 | 297 | 123 |
| 黄岩区 | 63 | 21 | 42 | 1329 | 886 | 443 |
| 路桥区 | 24 | 12 | 12 | 619 | 400 | 219 |
| 三门县 | 15 | 7 | 8 | 505 | 371 | 134 |
| 天台县 | 32 | 12 | 20 | 1591 | 997 | 594 |
| 仙居县 | 44 | 22 | 22 | 1006 | 674 | 332 |
| 温岭市 | 59 | 26 | 33 | 2303 | 1416 | 887 |
| 临海市 | 113 | 54 | 59 | 2328 | 1525 | 803 |
| 玉环市 | 9 | 8 | 1 | 278 | 225 | 53 |
| **丽水市** | **138** | **70** | **68** | **5726** | **3946** | **1780** |
| 莲都区 | 4 | 3 | 1 | 441 | 324 | 117 |
| 青田县 | 20 | 12 | 8 | 1430 | 958 | 472 |
| 缙云县 | 30 | 13 | 17 | 1064 | 723 | 341 |
| 遂昌县 | 13 | 6 | 7 | 513 | 367 | 146 |
| 松阳县 | 13 | 5 | 8 | 577 | 405 | 172 |
| 云和县 | 6 | 5 | 1 | 204 | 143 | 61 |
| 庆元县 | 18 | 7 | 11 | 392 | 237 | 155 |
| 景宁畲族自治县 | 8 | 6 | 2 | 450 | 334 | 116 |
| 龙泉市 | 26 | 13 | 13 | 655 | 455 | 200 |

6-2c 续表 4

单位：人

| 地 区 | 初 中 | | | 高 中 | | | 大学专科 | | |
|---|---|---|---|---|---|---|---|---|---|
| | 小计 | 男 | 女 | 小计 | 男 | 女 | 小计 | 男 | 女 |
| **合计** | **15660** | **12418** | **3242** | **2800** | **2288** | **512** | **471** | **370** | **101** |
| **杭州市** | **1686** | **1342** | **344** | **376** | **318** | **58** | **69** | **56** | **13** |
| 上城区 | | | | | | | | | |
| 下城区 | | | | | | | | | |
| 江干区 | | | | | | | | | |
| 拱墅区 | | | | | | | | | |
| 西湖区 | 12 | 9 | 3 | 4 | 4 | | | | |
| 滨江区 | | | | | | | | | |
| 萧山区 | 226 | 168 | 58 | 52 | 44 | 8 | 13 | 10 | 3 |
| 余杭区 | 169 | 122 | 47 | 43 | 31 | 12 | 10 | 9 | 1 |
| 富阳区 | 218 | 167 | 51 | 46 | 38 | 8 | 8 | 6 | 2 |
| 临安区 | 337 | 271 | 66 | 66 | 59 | 7 | 8 | 7 | 1 |
| 桐庐县 | 149 | 120 | 29 | 32 | 28 | 4 | 5 | 5 | |
| 淳安县 | 327 | 280 | 47 | 79 | 67 | 12 | 17 | 12 | 5 |
| 建德市 | 248 | 205 | 43 | 54 | 47 | 7 | 8 | 7 | 1 |
| **宁波市** | **1487** | **1169** | **318** | **243** | **186** | **57** | **51** | **39** | **12** |
| 海曙区 | 86 | 73 | 13 | 14 | 11 | 3 | 4 | 3 | 1 |
| 江北区 | 51 | 37 | 14 | 7 | 6 | 1 | 1 | 1 | |
| 北仑区 | 138 | 101 | 37 | 19 | 12 | 7 | 6 | 4 | 2 |
| 镇海区 | 21 | 17 | 4 | 5 | 3 | 2 | 1 | | 1 |
| 鄞州区 | 189 | 147 | 42 | 25 | 20 | 5 | 5 | 4 | 1 |
| 奉化区 | 209 | 165 | 44 | 32 | 22 | 10 | 6 | 4 | 2 |
| 象山县 | 231 | 181 | 50 | 37 | 29 | 8 | 7 | 5 | 2 |
| 宁海县 | 238 | 195 | 43 | 61 | 52 | 9 | 14 | 12 | 2 |
| 余姚市 | 139 | 107 | 32 | 22 | 16 | 6 | 3 | 2 | 1 |
| 慈溪市 | 185 | 146 | 39 | 21 | 15 | 6 | 4 | 4 | |
| **温州市** | **1795** | **1470** | **325** | **341** | **273** | **68** | **74** | **55** | **19** |
| 鹿城区 | 68 | 56 | 12 | 13 | 12 | 1 | 4 | 3 | 1 |
| 龙湾区 | | | | | | | | | |
| 瓯海区 | 82 | 60 | 22 | 15 | 11 | 4 | 5 | 3 | 2 |
| 洞头区 | 69 | 66 | 3 | 10 | 10 | | | | |
| 永嘉县 | 342 | 277 | 65 | 69 | 49 | 20 | 17 | 12 | 5 |
| 平阳县 | 211 | 174 | 37 | 34 | 27 | 7 | 10 | 7 | 3 |
| 苍南县 | 174 | 145 | 29 | 37 | 30 | 7 | 13 | 10 | 3 |
| 文成县 | 138 | 112 | 26 | 39 | 32 | 7 | 3 | 3 | |
| 泰顺县 | 114 | 89 | 25 | 24 | 18 | 6 | 4 | 3 | 1 |
| 瑞安市 | 280 | 241 | 39 | 42 | 33 | 9 | 10 | 8 | 2 |
| 乐清市 | 308 | 243 | 65 | 53 | 48 | 5 | 7 | 6 | 1 |
| 龙港市 | 9 | 7 | 2 | 5 | 3 | 2 | 1 | | 1 |
| **嘉兴市** | **745** | **589** | **156** | **119** | **102** | **17** | **28** | **19** | **9** |
| 南湖区 | 50 | 42 | 8 | 13 | 10 | 3 | 1 | | 1 |
| 秀洲区 | 78 | 60 | 18 | 9 | 9 | | 3 | 3 | |
| 嘉善县 | 130 | 103 | 27 | 14 | 12 | 2 | 7 | 5 | 2 |
| 海盐县 | 129 | 108 | 21 | 12 | 12 | | 5 | 3 | 2 |
| 海宁市 | 145 | 107 | 38 | 30 | 26 | 4 | 2 | 2 | |
| 平湖市 | 112 | 92 | 20 | 18 | 12 | 6 | 5 | 4 | 1 |
| 桐乡市 | 101 | 77 | 24 | 23 | 21 | 2 | 5 | 2 | 3 |
| **湖州市** | **777** | **595** | **182** | **120** | **103** | **17** | **17** | **10** | **7** |
| 吴兴区 | 142 | 110 | 32 | 17 | 10 | 7 | 3 | 2 | 1 |
| 南浔区 | 158 | 131 | 27 | 15 | 12 | 3 | 3 | 1 | 2 |
| 德清县 | 101 | 67 | 34 | 19 | 19 | | 5 | 4 | 1 |
| 长兴县 | 205 | 157 | 48 | 32 | 30 | 2 | 3 | 1 | 2 |
| 安吉县 | 171 | 130 | 41 | 37 | 32 | 5 | 3 | 2 | 1 |

6-2c 续表 5 单位：人

| 地　区 | 初　中 | | | 高　中 | | | 大学专科 | | |
|---|---|---|---|---|---|---|---|---|---|
| | 小计 | 男 | 女 | 小计 | 男 | 女 | 小计 | 男 | 女 |
| **绍兴市** | **2304** | **1696** | **608** | **325** | **247** | **78** | **42** | **28** | **14** |
| 越城区 | 98 | 68 | 30 | 18 | 12 | 6 | 9 | 6 | 3 |
| 柯桥区 | 173 | 142 | 31 | 22 | 18 | 4 | 6 | 4 | 2 |
| 上虞区 | 225 | 191 | 34 | 41 | 32 | 9 | 4 | 3 | 1 |
| 新昌县 | 311 | 237 | 74 | 61 | 46 | 15 | 4 | 3 | 1 |
| 诸暨市 | 723 | 528 | 195 | 104 | 82 | 22 | 11 | 8 | 3 |
| 嵊州市 | 774 | 530 | 244 | 79 | 57 | 22 | 8 | 4 | 4 |
| **金华市** | **2285** | **1826** | **459** | **479** | **399** | **80** | **68** | **62** | **6** |
| 婺城区 | 185 | 150 | 35 | 52 | 37 | 15 | 9 | 9 | |
| 金东区 | 147 | 114 | 33 | 17 | 15 | 2 | 2 | 2 | |
| 武义县 | 213 | 164 | 49 | 40 | 33 | 7 | 2 | 2 | |
| 浦江县 | 296 | 236 | 60 | 63 | 59 | 4 | 14 | 14 | |
| 磐安县 | 107 | 96 | 11 | 32 | 27 | 5 | 5 | 5 | |
| 兰溪市 | 256 | 217 | 39 | 40 | 37 | 3 | 4 | 3 | 1 |
| 义乌市 | 289 | 233 | 56 | 75 | 60 | 15 | 14 | 11 | 3 |
| 东阳市 | 511 | 404 | 107 | 100 | 86 | 14 | 15 | 14 | 1 |
| 永康市 | 281 | 212 | 69 | 60 | 45 | 15 | 3 | 2 | 1 |
| **衢州市** | **1140** | **920** | **220** | **201** | **171** | **30** | **18** | **16** | **2** |
| 柯城区 | 156 | 117 | 39 | 24 | 22 | 2 | 1 | 1 | |
| 衢江区 | 226 | 184 | 42 | 42 | 37 | 5 | 3 | 3 | |
| 常山县 | 152 | 123 | 29 | 33 | 29 | 4 | 4 | 3 | 1 |
| 开化县 | 144 | 116 | 28 | 34 | 27 | 7 | 4 | 3 | 1 |
| 龙游县 | 169 | 135 | 34 | 25 | 21 | 4 | 3 | 3 | |
| 江山市 | 293 | 245 | 48 | 43 | 35 | 8 | 3 | 3 | |
| **舟山市** | **324** | **252** | **72** | **34** | **31** | **3** | **12** | **12** | |
| 定海区 | 96 | 83 | 13 | 11 | 11 | | 2 | 2 | |
| 普陀区 | 145 | 109 | 36 | 16 | 13 | 3 | 8 | 8 | |
| 岱山县 | 62 | 46 | 16 | 5 | 5 | | 2 | 2 | |
| 嵊泗县 | 21 | 14 | 7 | 2 | 2 | | | | |
| **台州市** | **1917** | **1571** | **346** | **369** | **301** | **68** | **68** | **55** | **13** |
| 椒江区 | 80 | 63 | 17 | 20 | 16 | 4 | 3 | 2 | 1 |
| 黄岩区 | 227 | 185 | 42 | 41 | 35 | 6 | 12 | 10 | 2 |
| 路桥区 | 80 | 61 | 19 | 17 | 14 | 3 | 4 | 2 | 2 |
| 三门县 | 129 | 117 | 12 | 31 | 27 | 4 | 5 | 5 | |
| 天台县 | 360 | 287 | 73 | 66 | 53 | 13 | 12 | 9 | 3 |
| 仙居县 | 287 | 228 | 59 | 54 | 40 | 14 | 8 | 7 | 1 |
| 温岭市 | 263 | 225 | 38 | 50 | 39 | 11 | 9 | 7 | 2 |
| 临海市 | 430 | 353 | 77 | 80 | 67 | 13 | 13 | 11 | 2 |
| 玉环市 | 61 | 52 | 9 | 10 | 10 | | 2 | 2 | |
| **丽水市** | **1200** | **988** | **212** | **193** | **157** | **36** | **24** | **18** | **6** |
| 莲都区 | 131 | 107 | 24 | 30 | 26 | 4 | 4 | 3 | 1 |
| 青田县 | 256 | 212 | 44 | 33 | 31 | 2 | 4 | 3 | 1 |
| 缙云县 | 321 | 247 | 74 | 33 | 27 | 6 | 5 | 3 | 2 |
| 遂昌县 | 99 | 86 | 13 | 19 | 12 | 7 | 3 | 2 | 1 |
| 松阳县 | 128 | 116 | 12 | 34 | 28 | 6 | 5 | 5 | |
| 云和县 | 46 | 38 | 8 | 11 | 7 | 4 | 2 | 2 | |
| 庆元县 | 69 | 58 | 11 | 8 | 8 | | | | |
| 景宁畲族自治县 | 55 | 47 | 8 | 13 | 11 | 2 | | | |
| 龙泉市 | 95 | 77 | 18 | 12 | 7 | 5 | 1 | | 1 |

6–2c　续表 6　　　　单位：人

| 地　区 | 大学本科 | | | 硕士研究生 | | | 博士研究生 | | |
|---|---|---|---|---|---|---|---|---|---|
| | 小计 | 男 | 女 | 小计 | 男 | 女 | 小计 | 男 | 女 |
| **合计** | **150** | **103** | **47** | **6** | **3** | **3** | **1** | **1** | |
| **杭州市** | **14** | **9** | **5** | | | | | | |
| 上城区 | | | | | | | | | |
| 下城区 | | | | | | | | | |
| 江干区 | | | | | | | | | |
| 拱墅区 | | | | | | | | | |
| 西湖区 | | | | | | | | | |
| 滨江区 | | | | | | | | | |
| 萧山区 | 4 | 2 | 2 | | | | | | |
| 余杭区 | 1 | 1 | | | | | | | |
| 富阳区 | 3 | 2 | 1 | | | | | | |
| 临安区 | | | | | | | | | |
| 桐庐县 | 2 | 1 | 1 | | | | | | |
| 淳安县 | 4 | 3 | 1 | | | | | | |
| 建德市 | | | | | | | | | |
| **宁波市** | **18** | **12** | **6** | **1** | **1** | | | | |
| 海曙区 | 2 | | 2 | | | | | | |
| 江北区 | | | | | | | | | |
| 北仑区 | 5 | 4 | 1 | | | | | | |
| 镇海区 | 1 | | 1 | | | | | | |
| 鄞州区 | 2 | 2 | | 1 | 1 | | | | |
| 奉化区 | | | | | | | | | |
| 象山县 | 2 | 1 | 1 | | | | | | |
| 宁海县 | 4 | 4 | | | | | | | |
| 余姚市 | 2 | 1 | 1 | | | | | | |
| 慈溪市 | | | | | | | | | |
| **温州市** | **21** | **18** | **3** | **3** | **1** | **2** | | | |
| 鹿城区 | 2 | 1 | 1 | | | | | | |
| 龙湾区 | | | | | | | | | |
| 瓯海区 | 1 | 1 | | | | | | | |
| 洞头区 | 1 | 1 | | | | | | | |
| 永嘉县 | 3 | 1 | 2 | | | | | | |
| 平阳县 | 2 | 2 | | 1 | | 1 | | | |
| 苍南县 | 2 | 2 | | 1 | 1 | | | | |
| 文成县 | 1 | 1 | | 1 | | 1 | | | |
| 泰顺县 | 1 | 1 | | | | | | | |
| 瑞安市 | 3 | 3 | | | | | | | |
| 乐清市 | 5 | 5 | | | | | | | |
| 龙港市 | | | | | | | | | |
| **嘉兴市** | **14** | **8** | **6** | **1** | | **1** | | | |
| 南湖区 | | | | | | | | | |
| 秀洲区 | 2 | | 2 | | | | | | |
| 嘉善县 | 4 | 1 | 3 | | | | | | |
| 海盐县 | 1 | 1 | | | | | | | |
| 海宁市 | 2 | 2 | | | | | | | |
| 平湖市 | 3 | 3 | | 1 | | 1 | | | |
| 桐乡市 | 2 | 1 | 1 | | | | | | |
| **湖州市** | **14** | **8** | **6** | **1** | **1** | | | | |
| 吴兴区 | 4 | 2 | 2 | | | | | | |
| 南浔区 | 4 | 3 | 1 | | | | | | |
| 德清县 | | | | | | | | | |
| 长兴县 | 3 | 1 | 2 | | | | | | |
| 安吉县 | 3 | 2 | 1 | 1 | 1 | | | | |

6-2c 续表 7

单位：人

| 地 区 | 大学本科 | | | 硕士研究生 | | | 博士研究生 | | |
|---|---|---|---|---|---|---|---|---|---|
| | 小计 | 男 | 女 | 小计 | 男 | 女 | 小计 | 男 | 女 |
| **绍兴市** | **15** | **11** | **4** | | | | | | |
| 越城区 | | | | | | | | | |
| 柯桥区 | 1 | 1 | | | | | | | |
| 上虞区 | 1 | 1 | | | | | | | |
| 新昌县 | | | | | | | | | |
| 诸暨市 | 9 | 6 | 3 | | | | | | |
| 嵊州市 | 4 | 3 | 1 | | | | | | |
| **金华市** | **20** | **13** | **7** | | | | **1** | **1** | |
| 婺城区 | 4 | 1 | 3 | | | | | | |
| 金东区 | 1 | 1 | | | | | | | |
| 武义县 | | | | | | | | | |
| 浦江县 | 3 | 2 | 1 | | | | | | |
| 磐安县 | 1 | 1 | | | | | | | |
| 兰溪市 | 1 | | 1 | | | | | | |
| 义乌市 | 2 | 2 | | | | | | | |
| 东阳市 | 3 | 2 | 1 | | | | | | |
| 永康市 | 5 | 4 | 1 | | | | 1 | 1 | |
| **衢州市** | **8** | **4** | **4** | | | | | | |
| 柯城区 | 1 | 1 | | | | | | | |
| 衢江区 | | | | | | | | | |
| 常山县 | 1 | 1 | | | | | | | |
| 开化县 | 1 | 1 | | | | | | | |
| 龙游县 | 3 | 1 | 2 | | | | | | |
| 江山市 | 2 | | 2 | | | | | | |
| **舟山市** | **1** | | **1** | | | | | | |
| 定海区 | 1 | | 1 | | | | | | |
| 普陀区 | | | | | | | | | |
| 岱山县 | | | | | | | | | |
| 嵊泗县 | | | | | | | | | |
| **台州市** | **20** | **15** | **5** | | | | | | |
| 椒江区 | | | | | | | | | |
| 黄岩区 | 2 | 2 | | | | | | | |
| 路桥区 | 2 | 2 | | | | | | | |
| 三门县 | 2 | 1 | 1 | | | | | | |
| 天台县 | 1 | 1 | | | | | | | |
| 仙居县 | 4 | 3 | 1 | | | | | | |
| 温岭市 | 3 | 2 | 1 | | | | | | |
| 临海市 | 6 | 4 | 2 | | | | | | |
| 玉环市 | | | | | | | | | |
| **丽水市** | **5** | **5** | | | | | | | |
| 莲都区 | 1 | 1 | | | | | | | |
| 青田县 | | | | | | | | | |
| 缙云县 | 2 | 2 | | | | | | | |
| 遂昌县 | | | | | | | | | |
| 松阳县 | 1 | 1 | | | | | | | |
| 云和县 | | | | | | | | | |
| 庆元县 | | | | | | | | | |
| 景宁畲族自治县 | | | | | | | | | |
| 龙泉市 | 1 | 1 | | | | | | | |

# 6-3 各地区分性别、婚姻状况的15岁及以上死亡人口
## (2019.11.1-2020.10.31)

单位：人

| 地区 | 15岁及以上死亡人口 | | | 未婚 | | |
|---|---|---|---|---|---|---|
| | 合计 | 男 | 女 | 小计 | 男 | 女 |
| **合计** | **305261** | **175956** | **129305** | **11718** | **10374** | **1344** |
| **杭州市** | **44446** | **24986** | **19460** | **1699** | **1397** | **302** |
| 上城区 | 2347 | 1234 | 1113 | 72 | 52 | 20 |
| 下城区 | 2423 | 1355 | 1068 | 65 | 42 | 23 |
| 江干区 | 2577 | 1465 | 1112 | 56 | 40 | 16 |
| 拱墅区 | 2193 | 1216 | 977 | 42 | 32 | 10 |
| 西湖区 | 3004 | 1720 | 1284 | 77 | 63 | 14 |
| 滨江区 | 963 | 561 | 402 | 37 | 27 | 10 |
| 萧山区 | 7983 | 4394 | 3589 | 205 | 180 | 25 |
| 余杭区 | 6556 | 3622 | 2934 | 440 | 307 | 133 |
| 富阳区 | 3907 | 2228 | 1679 | 173 | 156 | 17 |
| 临安区 | 3356 | 1887 | 1469 | 141 | 136 | 5 |
| 桐庐县 | 2654 | 1550 | 1104 | 103 | 92 | 11 |
| 淳安县 | 2906 | 1663 | 1243 | 126 | 120 | 6 |
| 建德市 | 3577 | 2091 | 1486 | 162 | 150 | 12 |
| **宁波市** | **38425** | **21943** | **16482** | **1299** | **1139** | **160** |
| 海曙区 | 3638 | 2107 | 1531 | 103 | 82 | 21 |
| 江北区 | 1485 | 885 | 600 | 52 | 47 | 5 |
| 北仑区 | 2461 | 1382 | 1079 | 83 | 70 | 13 |
| 镇海区 | 1522 | 876 | 646 | 59 | 48 | 11 |
| 鄞州区 | 5275 | 2975 | 2300 | 123 | 106 | 17 |
| 奉化区 | 2918 | 1676 | 1242 | 115 | 106 | 9 |
| 象山县 | 3639 | 2140 | 1499 | 170 | 155 | 15 |
| 宁海县 | 4122 | 2424 | 1698 | 162 | 144 | 18 |
| 余姚市 | 6200 | 3535 | 2665 | 241 | 213 | 28 |
| 慈溪市 | 7165 | 3943 | 3222 | 191 | 168 | 23 |
| **温州市** | **48351** | **28833** | **19518** | **1833** | **1633** | **200** |
| 鹿城区 | 4713 | 2760 | 1953 | 114 | 82 | 32 |
| 龙湾区 | 1784 | 986 | 798 | 53 | 37 | 16 |
| 瓯海区 | 2611 | 1430 | 1181 | 60 | 52 | 8 |
| 洞头区 | 918 | 560 | 358 | 36 | 33 | 3 |
| 永嘉县 | 5710 | 3410 | 2300 | 190 | 162 | 28 |
| 平阳县 | 5579 | 3397 | 2182 | 260 | 238 | 22 |
| 苍南县 | 5975 | 3627 | 2348 | 271 | 253 | 18 |
| 文成县 | 2771 | 1789 | 982 | 219 | 211 | 8 |
| 泰顺县 | 2494 | 1584 | 910 | 129 | 119 | 10 |
| 瑞安市 | 6876 | 4102 | 2774 | 202 | 183 | 19 |
| 乐清市 | 7016 | 4061 | 2955 | 231 | 206 | 25 |
| 龙港市 | 1904 | 1127 | 777 | 68 | 57 | 11 |
| **嘉兴市** | **24905** | **13830** | **11075** | **697** | **601** | **96** |
| 南湖区 | 3154 | 1809 | 1345 | 88 | 75 | 13 |
| 秀洲区 | 2704 | 1524 | 1180 | 74 | 68 | 6 |
| 嘉善县 | 3082 | 1736 | 1346 | 112 | 98 | 14 |
| 海盐县 | 2549 | 1377 | 1172 | 52 | 43 | 9 |
| 海宁市 | 5015 | 2653 | 2362 | 133 | 114 | 19 |
| 平湖市 | 3741 | 2033 | 1708 | 107 | 87 | 20 |
| 桐乡市 | 4660 | 2698 | 1962 | 131 | 116 | 15 |
| **湖州市** | **17570** | **9908** | **7662** | **488** | **428** | **60** |
| 吴兴区 | 4307 | 2451 | 1856 | 100 | 84 | 16 |
| 南浔区 | 3483 | 1926 | 1557 | 78 | 73 | 5 |
| 德清县 | 3153 | 1747 | 1406 | 85 | 76 | 9 |
| 长兴县 | 3809 | 2172 | 1637 | 141 | 122 | 19 |
| 安吉县 | 2818 | 1612 | 1206 | 84 | 73 | 11 |

6-3 续表 1 单位：人

| 地　区 | 15岁及以上死亡人口 | | | 未　婚 | | |
|---|---|---|---|---|---|---|
| | 合计 | 男 | 女 | 小计 | 男 | 女 |
| **绍兴市** | **28376** | **16069** | **12307** | **1100** | **1001** | **99** |
| 越城区 | 3990 | 2241 | 1749 | 105 | 90 | 15 |
| 柯桥区 | 3985 | 2187 | 1798 | 141 | 123 | 18 |
| 上虞区 | 5594 | 3120 | 2474 | 208 | 197 | 11 |
| 新昌县 | 3217 | 1848 | 1369 | 134 | 126 | 8 |
| 诸暨市 | 6687 | 3799 | 2888 | 264 | 239 | 25 |
| 嵊州市 | 4903 | 2874 | 2029 | 248 | 226 | 22 |
| **金华市** | **28906** | **16908** | **11998** | **1446** | **1286** | **160** |
| 婺城区 | 3037 | 1811 | 1226 | 144 | 128 | 16 |
| 金东区 | 1764 | 973 | 791 | 76 | 68 | 8 |
| 武义县 | 2547 | 1565 | 982 | 155 | 140 | 15 |
| 浦江县 | 2502 | 1433 | 1069 | 116 | 111 | 5 |
| 磐安县 | 1212 | 736 | 476 | 55 | 50 | 5 |
| 兰溪市 | 3434 | 2025 | 1409 | 244 | 237 | 7 |
| 义乌市 | 4470 | 2647 | 1823 | 225 | 198 | 27 |
| 东阳市 | 5846 | 3323 | 2523 | 259 | 219 | 40 |
| 永康市 | 4094 | 2395 | 1699 | 172 | 135 | 37 |
| **衢州市** | **15528** | **9201** | **6327** | **843** | **796** | **47** |
| 柯城区 | 2652 | 1561 | 1091 | 94 | 87 | 7 |
| 衢江区 | 2493 | 1511 | 982 | 149 | 144 | 5 |
| 常山县 | 2099 | 1270 | 829 | 123 | 114 | 9 |
| 开化县 | 2007 | 1148 | 859 | 85 | 74 | 11 |
| 龙游县 | 2460 | 1431 | 1029 | 137 | 131 | 6 |
| 江山市 | 3817 | 2280 | 1537 | 255 | 246 | 9 |
| **舟山市** | **7093** | **4050** | **3043** | **245** | **216** | **29** |
| 定海区 | 2499 | 1446 | 1053 | 110 | 95 | 15 |
| 普陀区 | 2463 | 1425 | 1038 | 61 | 55 | 6 |
| 岱山县 | 1593 | 872 | 721 | 52 | 48 | 4 |
| 嵊泗县 | 538 | 307 | 231 | 22 | 18 | 4 |
| **台州市** | **36177** | **20723** | **15454** | **1161** | **1033** | **128** |
| 椒江区 | 2869 | 1561 | 1308 | 81 | 63 | 18 |
| 黄岩区 | 4038 | 2331 | 1707 | 139 | 120 | 19 |
| 路桥区 | 2879 | 1624 | 1255 | 91 | 83 | 8 |
| 三门县 | 2302 | 1334 | 968 | 71 | 62 | 9 |
| 天台县 | 3634 | 2118 | 1516 | 164 | 152 | 12 |
| 仙居县 | 2942 | 1725 | 1217 | 123 | 118 | 5 |
| 温岭市 | 7939 | 4452 | 3487 | 207 | 178 | 29 |
| 临海市 | 6664 | 3865 | 2799 | 200 | 186 | 14 |
| 玉环市 | 2910 | 1713 | 1197 | 85 | 71 | 14 |
| **丽水市** | **15484** | **9505** | **5979** | **907** | **844** | **63** |
| 莲都区 | 1862 | 1084 | 778 | 85 | 81 | 4 |
| 青田县 | 3133 | 1984 | 1149 | 151 | 137 | 14 |
| 缙云县 | 2842 | 1709 | 1133 | 161 | 146 | 15 |
| 遂昌县 | 1492 | 910 | 582 | 91 | 86 | 5 |
| 松阳县 | 1513 | 967 | 546 | 110 | 107 | 3 |
| 云和县 | 776 | 487 | 289 | 65 | 61 | 4 |
| 庆元县 | 1017 | 588 | 429 | 41 | 37 | 4 |
| 景宁畲族自治县 | 1108 | 721 | 387 | 82 | 79 | 3 |
| 龙泉市 | 1741 | 1055 | 686 | 121 | 110 | 11 |

6-3　续表 2　　单位：人

| 地　区 | 有配偶 | | | 离　婚 | | | 丧　偶 | | |
|---|---|---|---|---|---|---|---|---|---|
| | 小计 | 男 | 女 | 小计 | 男 | 女 | 小计 | 男 | 女 |
| **合计** | **165030** | **118362** | **46668** | **5346** | **4416** | **930** | **123167** | **42804** | **80363** |
| **杭州市** | **24087** | **17145** | **6942** | **786** | **615** | **171** | **17874** | **5829** | **12045** |
| 上城区 | 1147 | 792 | 355 | 44 | 34 | 10 | 1084 | 356 | 728 |
| 下城区 | 1406 | 994 | 412 | 54 | 42 | 12 | 898 | 277 | 621 |
| 江干区 | 1490 | 1084 | 406 | 56 | 35 | 21 | 975 | 306 | 669 |
| 拱墅区 | 1294 | 890 | 404 | 47 | 35 | 12 | 810 | 259 | 551 |
| 西湖区 | 1761 | 1210 | 551 | 66 | 49 | 17 | 1100 | 398 | 702 |
| 滨江区 | 603 | 410 | 193 | 15 | 12 | 3 | 308 | 112 | 196 |
| 萧山区 | 4461 | 3165 | 1296 | 92 | 67 | 25 | 3225 | 982 | 2243 |
| 余杭区 | 3291 | 2307 | 984 | 72 | 56 | 16 | 2753 | 952 | 1801 |
| 富阳区 | 1995 | 1474 | 521 | 76 | 62 | 14 | 1663 | 536 | 1127 |
| 临安区 | 1766 | 1253 | 513 | 84 | 66 | 18 | 1365 | 432 | 933 |
| 桐庐县 | 1471 | 1072 | 399 | 46 | 41 | 5 | 1034 | 345 | 689 |
| 淳安县 | 1523 | 1108 | 415 | 67 | 57 | 10 | 1190 | 378 | 812 |
| 建德市 | 1879 | 1386 | 493 | 67 | 59 | 8 | 1469 | 496 | 973 |
| **宁波市** | **20829** | **15099** | **5730** | **848** | **683** | **165** | **15449** | **5022** | **10427** |
| 海曙区 | 1995 | 1480 | 515 | 101 | 80 | 21 | 1439 | 465 | 974 |
| 江北区 | 864 | 639 | 225 | 58 | 46 | 12 | 511 | 153 | 358 |
| 北仑区 | 1364 | 974 | 390 | 64 | 47 | 17 | 950 | 291 | 659 |
| 镇海区 | 818 | 587 | 231 | 37 | 31 | 6 | 608 | 210 | 398 |
| 鄞州区 | 2981 | 2147 | 834 | 126 | 96 | 30 | 2045 | 626 | 1419 |
| 奉化区 | 1504 | 1096 | 408 | 69 | 59 | 10 | 1230 | 415 | 815 |
| 象山县 | 1911 | 1437 | 474 | 92 | 78 | 14 | 1466 | 470 | 996 |
| 宁海县 | 2180 | 1576 | 604 | 83 | 65 | 18 | 1697 | 639 | 1058 |
| 余姚市 | 3354 | 2438 | 916 | 90 | 76 | 14 | 2515 | 808 | 1707 |
| 慈溪市 | 3858 | 2725 | 1133 | 128 | 105 | 23 | 2988 | 945 | 2043 |
| **温州市** | **26823** | **19230** | **7593** | **829** | **705** | **124** | **18866** | **7265** | **11601** |
| 鹿城区 | 2774 | 2009 | 765 | 99 | 79 | 20 | 1726 | 590 | 1136 |
| 龙湾区 | 1026 | 702 | 324 | 27 | 19 | 8 | 678 | 228 | 450 |
| 瓯海区 | 1435 | 962 | 473 | 30 | 23 | 7 | 1086 | 393 | 693 |
| 洞头区 | 507 | 405 | 102 | 18 | 15 | 3 | 357 | 107 | 250 |
| 永嘉县 | 3024 | 2118 | 906 | 78 | 65 | 13 | 2418 | 1065 | 1353 |
| 平阳县 | 3135 | 2272 | 863 | 103 | 88 | 15 | 2081 | 799 | 1282 |
| 苍南县 | 3094 | 2233 | 861 | 95 | 89 | 6 | 2515 | 1052 | 1463 |
| 文成县 | 1493 | 1056 | 437 | 79 | 67 | 12 | 980 | 455 | 525 |
| 泰顺县 | 1216 | 855 | 361 | 58 | 52 | 6 | 1091 | 558 | 533 |
| 瑞安市 | 4049 | 2960 | 1089 | 105 | 93 | 12 | 2520 | 866 | 1654 |
| 乐清市 | 3937 | 2831 | 1106 | 110 | 91 | 19 | 2738 | 933 | 1805 |
| 龙港市 | 1133 | 827 | 306 | 27 | 24 | 3 | 676 | 219 | 457 |
| **嘉兴市** | **13058** | **9144** | **3914** | **339** | **267** | **72** | **10811** | **3818** | **6993** |
| 南湖区 | 1759 | 1247 | 512 | 64 | 42 | 22 | 1243 | 445 | 798 |
| 秀洲区 | 1423 | 1025 | 398 | 41 | 34 | 7 | 1166 | 397 | 769 |
| 嘉善县 | 1596 | 1128 | 468 | 47 | 42 | 5 | 1327 | 468 | 859 |
| 海盐县 | 1336 | 909 | 427 | 28 | 22 | 6 | 1133 | 403 | 730 |
| 海宁市 | 2590 | 1751 | 839 | 60 | 49 | 11 | 2232 | 739 | 1493 |
| 平湖市 | 1915 | 1313 | 602 | 30 | 22 | 8 | 1689 | 611 | 1078 |
| 桐乡市 | 2439 | 1771 | 668 | 69 | 56 | 13 | 2021 | 755 | 1266 |
| **湖州市** | **9191** | **6576** | **2615** | **253** | **207** | **46** | **7638** | **2697** | **4941** |
| 吴兴区 | 2360 | 1665 | 695 | 56 | 44 | 12 | 1791 | 658 | 1133 |
| 南浔区 | 1714 | 1260 | 454 | 41 | 32 | 9 | 1650 | 561 | 1089 |
| 德清县 | 1647 | 1160 | 487 | 33 | 30 | 3 | 1388 | 481 | 907 |
| 长兴县 | 1991 | 1421 | 570 | 65 | 52 | 13 | 1612 | 577 | 1035 |
| 安吉县 | 1479 | 1070 | 409 | 58 | 49 | 9 | 1197 | 420 | 777 |

6-3 续表 3

单位：人

| 地 区 | 有配偶 | | | 离 婚 | | | 丧 偶 | | |
|---|---|---|---|---|---|---|---|---|---|
| | 小计 | 男 | 女 | 小计 | 男 | 女 | 小计 | 男 | 女 |
| **绍兴市** | **15466** | **10963** | **4503** | **370** | **303** | **67** | **11440** | **3802** | **7638** |
| 越城区 | 2207 | 1602 | 605 | 38 | 25 | 13 | 1640 | 524 | 1116 |
| 柯桥区 | 2199 | 1569 | 630 | 38 | 32 | 6 | 1607 | 463 | 1144 |
| 上虞区 | 2919 | 2127 | 792 | 68 | 60 | 8 | 2399 | 736 | 1663 |
| 新昌县 | 1766 | 1215 | 551 | 28 | 22 | 6 | 1289 | 485 | 804 |
| 诸暨市 | 3607 | 2586 | 1021 | 108 | 88 | 20 | 2708 | 886 | 1822 |
| 嵊州市 | 2768 | 1864 | 904 | 90 | 76 | 14 | 1797 | 708 | 1089 |
| **金华市** | **15658** | **11324** | **4334** | **491** | **408** | **83** | **11311** | **3890** | **7421** |
| 婺城区 | 1715 | 1277 | 438 | 58 | 44 | 14 | 1120 | 362 | 758 |
| 金东区 | 961 | 683 | 278 | 27 | 22 | 5 | 700 | 200 | 500 |
| 武义县 | 1358 | 978 | 380 | 51 | 50 | 1 | 983 | 397 | 586 |
| 浦江县 | 1340 | 934 | 406 | 34 | 26 | 8 | 1012 | 362 | 650 |
| 磐安县 | 679 | 473 | 206 | 22 | 20 | 2 | 456 | 193 | 263 |
| 兰溪市 | 1779 | 1334 | 445 | 54 | 51 | 3 | 1357 | 403 | 954 |
| 义乌市 | 2459 | 1792 | 667 | 82 | 60 | 22 | 1704 | 597 | 1107 |
| 东阳市 | 2988 | 2164 | 824 | 96 | 83 | 13 | 2503 | 857 | 1646 |
| 永康市 | 2379 | 1689 | 690 | 67 | 52 | 15 | 1476 | 519 | 957 |
| **衢州市** | **8247** | **6145** | **2102** | **308** | **270** | **38** | **6130** | **1990** | **4140** |
| 柯城区 | 1477 | 1087 | 390 | 57 | 47 | 10 | 1024 | 340 | 684 |
| 衢江区 | 1374 | 1031 | 343 | 48 | 43 | 5 | 922 | 293 | 629 |
| 常山县 | 1114 | 842 | 272 | 48 | 44 | 4 | 814 | 270 | 544 |
| 开化县 | 1064 | 789 | 275 | 40 | 34 | 6 | 818 | 251 | 567 |
| 龙游县 | 1246 | 910 | 336 | 54 | 50 | 4 | 1023 | 340 | 683 |
| 江山市 | 1972 | 1486 | 486 | 61 | 52 | 9 | 1529 | 496 | 1033 |
| **舟山市** | **3740** | **2746** | **994** | **225** | **196** | **29** | **2883** | **892** | **1991** |
| 定海区 | 1331 | 971 | 360 | 64 | 61 | 3 | 994 | 319 | 675 |
| 普陀区 | 1341 | 979 | 362 | 104 | 84 | 20 | 957 | 307 | 650 |
| 岱山县 | 782 | 585 | 197 | 42 | 40 | 2 | 717 | 199 | 518 |
| 嵊泗县 | 286 | 211 | 75 | 15 | 11 | 4 | 215 | 67 | 148 |
| **台州市** | **19765** | **14174** | **5591** | **564** | **469** | **95** | **14687** | **5047** | **9640** |
| 椒江区 | 1628 | 1101 | 527 | 32 | 27 | 5 | 1128 | 370 | 758 |
| 黄岩区 | 2191 | 1603 | 588 | 57 | 44 | 13 | 1651 | 564 | 1087 |
| 路桥区 | 1551 | 1114 | 437 | 41 | 29 | 12 | 1196 | 398 | 798 |
| 三门县 | 1283 | 922 | 361 | 28 | 26 | 2 | 920 | 324 | 596 |
| 天台县 | 1914 | 1358 | 556 | 68 | 59 | 9 | 1488 | 549 | 939 |
| 仙居县 | 1595 | 1099 | 496 | 50 | 45 | 5 | 1174 | 463 | 711 |
| 温岭市 | 4276 | 3078 | 1198 | 115 | 99 | 16 | 3341 | 1097 | 2244 |
| 临海市 | 3731 | 2691 | 1040 | 96 | 81 | 15 | 2637 | 907 | 1730 |
| 玉环市 | 1596 | 1208 | 388 | 77 | 59 | 18 | 1152 | 375 | 777 |
| **丽水市** | **8166** | **5816** | **2350** | **333** | **293** | **40** | **6078** | **2552** | **3526** |
| 莲都区 | 1019 | 711 | 308 | 43 | 36 | 7 | 715 | 256 | 459 |
| 青田县 | 1653 | 1208 | 445 | 60 | 53 | 7 | 1269 | 586 | 683 |
| 缙云县 | 1505 | 1067 | 438 | 62 | 53 | 9 | 1114 | 443 | 671 |
| 遂昌县 | 779 | 567 | 212 | 35 | 35 | | 587 | 222 | 365 |
| 松阳县 | 792 | 577 | 215 | 31 | 26 | 5 | 580 | 257 | 323 |
| 云和县 | 392 | 285 | 107 | 14 | 12 | 2 | 305 | 129 | 176 |
| 庆元县 | 560 | 365 | 195 | 21 | 19 | 2 | 395 | 167 | 228 |
| 景宁畲族自治县 | 550 | 392 | 158 | 28 | 27 | 1 | 448 | 223 | 225 |
| 龙泉市 | 916 | 644 | 272 | 39 | 32 | 7 | 665 | 269 | 396 |

# 6—3a　各地区分性别、婚姻状况的15岁及以上死亡人口 (2019.11.1—2020.10.31)(城市)

单位：人

| 地　区 | 15岁及以上死亡人口 | | | 未　婚 | | |
|---|---|---|---|---|---|---|
| | 合计 | 男 | 女 | 小计 | 男 | 女 |
| **合计** | **97092** | **55426** | **41666** | **3017** | **2380** | **637** |
| **杭州市** | **24193** | **13469** | **10724** | **899** | **663** | **236** |
| 上城区 | 2347 | 1234 | 1113 | 72 | 52 | 20 |
| 下城区 | 2423 | 1355 | 1068 | 65 | 42 | 23 |
| 江干区 | 2577 | 1465 | 1112 | 56 | 40 | 16 |
| 拱墅区 | 2193 | 1216 | 977 | 42 | 32 | 10 |
| 西湖区 | 2875 | 1650 | 1225 | 74 | 60 | 14 |
| 滨江区 | 963 | 561 | 402 | 37 | 27 | 10 |
| 萧山区 | 4926 | 2693 | 2233 | 118 | 103 | 15 |
| 余杭区 | 3174 | 1718 | 1456 | 339 | 223 | 116 |
| 富阳区 | 1486 | 860 | 626 | 63 | 53 | 10 |
| 临安区 | 614 | 352 | 262 | 17 | 17 | |
| 桐庐县 | | | | | | |
| 淳安县 | | | | | | |
| 建德市 | 615 | 365 | 250 | 16 | 14 | 2 |
| **宁波市** | **16093** | **9127** | **6966** | **438** | **357** | **81** |
| 海曙区 | 2577 | 1507 | 1070 | 74 | 54 | 20 |
| 江北区 | 1158 | 687 | 471 | 29 | 25 | 4 |
| 北仑区 | 1190 | 676 | 514 | 38 | 31 | 7 |
| 镇海区 | 1092 | 616 | 476 | 40 | 30 | 10 |
| 鄞州区 | 2577 | 1457 | 1120 | 53 | 41 | 12 |
| 奉化区 | 739 | 421 | 318 | 23 | 20 | 3 |
| 象山县 | | | | | | |
| 宁海县 | | | | | | |
| 余姚市 | 2706 | 1555 | 1151 | 87 | 74 | 13 |
| 慈溪市 | 4054 | 2208 | 1846 | 94 | 82 | 12 |
| **温州市** | **15331** | **8959** | **6372** | **413** | **332** | **81** |
| 鹿城区 | 4080 | 2404 | 1676 | 92 | 63 | 29 |
| 龙湾区 | 1304 | 715 | 589 | 42 | 29 | 13 |
| 瓯海区 | 1497 | 812 | 685 | 39 | 35 | 4 |
| 洞头区 | 313 | 203 | 110 | 13 | 12 | 1 |
| 永嘉县 | | | | | | |
| 平阳县 | | | | | | |
| 苍南县 | | | | | | |
| 文成县 | | | | | | |
| 泰顺县 | | | | | | |
| 瑞安市 | 3056 | 1854 | 1202 | 61 | 54 | 7 |
| 乐清市 | 3473 | 2019 | 1454 | 110 | 92 | 18 |
| 龙港市 | 1608 | 952 | 656 | 56 | 47 | 9 |
| **嘉兴市** | **6920** | **3934** | **2986** | **179** | **144** | **35** |
| 南湖区 | 2260 | 1304 | 956 | 58 | 48 | 10 |
| 秀洲区 | 641 | 369 | 272 | 12 | 9 | 3 |
| 嘉善县 | | | | | | |
| 海盐县 | | | | | | |
| 海宁市 | 1619 | 852 | 767 | 52 | 38 | 14 |
| 平湖市 | 986 | 552 | 434 | 25 | 20 | 5 |
| 桐乡市 | 1414 | 857 | 557 | 32 | 29 | 3 |
| **湖州市** | **2610** | **1501** | **1109** | **58** | **48** | **10** |
| 吴兴区 | 2234 | 1281 | 953 | 43 | 35 | 8 |
| 南浔区 | 376 | 220 | 156 | 15 | 13 | 2 |
| 德清县 | | | | | | |
| 长兴县 | | | | | | |
| 安吉县 | | | | | | |

6-3a 续表 1 单位：人

| 地区 | 15岁及以上死亡人口 | | | 未婚 | | |
| --- | --- | --- | --- | --- | --- | --- |
| | 合计 | 男 | 女 | 小计 | 男 | 女 |
| **绍兴市** | **9891** | **5536** | **4355** | **296** | **255** | **41** |
| 越城区 | 2718 | 1553 | 1165 | 66 | 57 | 9 |
| 柯桥区 | 2056 | 1100 | 956 | 73 | 61 | 12 |
| 上虞区 | 2677 | 1492 | 1185 | 83 | 75 | 8 |
| 新昌县 | | | | | | |
| 诸暨市 | 1474 | 833 | 641 | 45 | 38 | 7 |
| 嵊州市 | 966 | 558 | 408 | 29 | 24 | 5 |
| **金华市** | **6636** | **4009** | **2627** | **335** | **268** | **67** |
| 婺城区 | 1099 | 643 | 456 | 34 | 25 | 9 |
| 金东区 | 256 | 144 | 112 | 8 | 7 | 1 |
| 武义县 | | | | | | |
| 浦江县 | | | | | | |
| 磐安县 | | | | | | |
| 兰溪市 | 759 | 467 | 292 | 47 | 47 | |
| 义乌市 | 1778 | 1090 | 688 | 88 | 75 | 13 |
| 东阳市 | 1300 | 749 | 551 | 80 | 56 | 24 |
| 永康市 | 1444 | 916 | 528 | 78 | 58 | 20 |
| **衢州市** | **2517** | **1466** | **1051** | **63** | **56** | **7** |
| 柯城区 | 1385 | 818 | 567 | 26 | 22 | 4 |
| 衢江区 | 257 | 143 | 114 | 6 | 5 | 1 |
| 常山县 | | | | | | |
| 开化县 | | | | | | |
| 龙游县 | 14 | 12 | 2 | 1 | 1 | |
| 江山市 | 861 | 493 | 368 | 30 | 28 | 2 |
| **舟山市** | **2224** | **1278** | **946** | **63** | **46** | **17** |
| 定海区 | 1237 | 707 | 530 | 44 | 32 | 12 |
| 普陀区 | 987 | 571 | 416 | 19 | 14 | 5 |
| 岱山县 | | | | | | |
| 嵊泗县 | | | | | | |
| **台州市** | **9788** | **5617** | **4171** | **254** | **198** | **56** |
| 椒江区 | 1815 | 975 | 840 | 49 | 38 | 11 |
| 黄岩区 | 1424 | 832 | 592 | 41 | 30 | 11 |
| 路桥区 | 1112 | 630 | 482 | 31 | 28 | 3 |
| 三门县 | | | | | | |
| 天台县 | | | | | | |
| 仙居县 | | | | | | |
| 温岭市 | 2290 | 1310 | 980 | 59 | 45 | 14 |
| 临海市 | 1349 | 802 | 547 | 28 | 23 | 5 |
| 玉环市 | 1798 | 1068 | 730 | 46 | 34 | 12 |
| **丽水市** | **889** | **530** | **359** | **19** | **13** | **6** |
| 莲都区 | 590 | 344 | 246 | 8 | 6 | 2 |
| 青田县 | | | | | | |
| 缙云县 | | | | | | |
| 遂昌县 | | | | | | |
| 松阳县 | | | | | | |
| 云和县 | | | | | | |
| 庆元县 | | | | | | |
| 景宁畲族自治县 | | | | | | |
| 龙泉市 | 299 | 186 | 113 | 11 | 7 | 4 |

6-3a　续表 2　　　　单位：人

| 地　区 | 有配偶 | | | 离　婚 | | | 丧　偶 | | |
|---|---|---|---|---|---|---|---|---|---|
| | 小计 | 男 | 女 | 小计 | 男 | 女 | 小计 | 男 | 女 |
| **合计** | **55263** | **39512** | **15751** | **1717** | **1293** | **424** | **37095** | **12241** | **24854** |
| **杭州市** | **13367** | **9390** | **3977** | **429** | **313** | **116** | **9498** | **3103** | **6395** |
| 上城区 | 1147 | 792 | 355 | 44 | 34 | 10 | 1084 | 356 | 728 |
| 下城区 | 1406 | 994 | 412 | 54 | 42 | 12 | 898 | 277 | 621 |
| 江干区 | 1490 | 1084 | 406 | 56 | 35 | 21 | 975 | 306 | 669 |
| 拱墅区 | 1294 | 890 | 404 | 47 | 35 | 12 | 810 | 259 | 551 |
| 西湖区 | 1685 | 1161 | 524 | 63 | 47 | 16 | 1053 | 382 | 671 |
| 滨江区 | 603 | 410 | 193 | 15 | 12 | 3 | 308 | 112 | 196 |
| 萧山区 | 2812 | 1983 | 829 | 60 | 39 | 21 | 1936 | 568 | 1368 |
| 余杭区 | 1452 | 988 | 464 | 34 | 25 | 9 | 1349 | 482 | 867 |
| 富阳区 | 788 | 579 | 209 | 32 | 25 | 7 | 603 | 203 | 400 |
| 临安区 | 357 | 257 | 100 | 9 | 8 | 1 | 231 | 70 | 161 |
| 桐庐县 | | | | | | | | | |
| 淳安县 | | | | | | | | | |
| 建德市 | 333 | 252 | 81 | 15 | 11 | 4 | 251 | 88 | 163 |
| **宁波市** | **9163** | **6558** | **2605** | **363** | **280** | **83** | **6129** | **1932** | **4197** |
| 海曙区 | 1460 | 1081 | 379 | 74 | 60 | 14 | 969 | 312 | 657 |
| 江北区 | 685 | 502 | 183 | 49 | 40 | 9 | 395 | 120 | 275 |
| 北仑区 | 694 | 496 | 198 | 23 | 15 | 8 | 435 | 134 | 301 |
| 镇海区 | 592 | 415 | 177 | 24 | 21 | 3 | 436 | 150 | 286 |
| 鄞州区 | 1540 | 1101 | 439 | 72 | 51 | 21 | 912 | 264 | 648 |
| 奉化区 | 408 | 293 | 115 | 14 | 12 | 2 | 294 | 96 | 198 |
| 象山县 | | | | | | | | | |
| 宁海县 | | | | | | | | | |
| 余姚市 | 1561 | 1122 | 439 | 40 | 29 | 11 | 1018 | 330 | 688 |
| 慈溪市 | 2223 | 1548 | 675 | 67 | 52 | 15 | 1670 | 526 | 1144 |
| **温州市** | **9109** | **6560** | **2549** | **255** | **198** | **57** | **5554** | **1869** | **3685** |
| 鹿城区 | 2410 | 1762 | 648 | 90 | 71 | 19 | 1488 | 508 | 980 |
| 龙湾区 | 745 | 510 | 235 | 19 | 11 | 8 | 498 | 165 | 333 |
| 瓯海区 | 846 | 564 | 282 | 15 | 10 | 5 | 597 | 203 | 394 |
| 洞头区 | 189 | 152 | 37 | 9 | 6 | 3 | 102 | 33 | 69 |
| 永嘉县 | | | | | | | | | |
| 平阳县 | | | | | | | | | |
| 苍南县 | | | | | | | | | |
| 文成县 | | | | | | | | | |
| 泰顺县 | | | | | | | | | |
| 瑞安市 | 1940 | 1431 | 509 | 48 | 41 | 7 | 1007 | 328 | 679 |
| 乐清市 | 1998 | 1434 | 564 | 54 | 41 | 13 | 1311 | 452 | 859 |
| 龙港市 | 981 | 707 | 274 | 20 | 18 | 2 | 551 | 180 | 371 |
| **嘉兴市** | **3846** | **2709** | **1137** | **112** | **78** | **34** | **2783** | **1003** | **1780** |
| 南湖区 | 1313 | 917 | 396 | 48 | 31 | 17 | 841 | 308 | 533 |
| 秀洲区 | 378 | 272 | 106 | 9 | 6 | 3 | 242 | 82 | 160 |
| 嘉善县 | | | | | | | | | |
| 海盐县 | | | | | | | | | |
| 海宁市 | 843 | 564 | 279 | 22 | 18 | 4 | 702 | 232 | 470 |
| 平湖市 | 503 | 359 | 144 | 14 | 10 | 4 | 444 | 163 | 281 |
| 桐乡市 | 809 | 597 | 212 | 19 | 13 | 6 | 554 | 218 | 336 |
| **湖州市** | **1500** | **1056** | **444** | **42** | **30** | **12** | **1010** | **367** | **643** |
| 吴兴区 | 1295 | 908 | 387 | 36 | 25 | 11 | 860 | 313 | 547 |
| 南浔区 | 205 | 148 | 57 | 6 | 5 | 1 | 150 | 54 | 96 |
| 德清县 | | | | | | | | | |
| 长兴县 | | | | | | | | | |
| 安吉县 | | | | | | | | | |

6–3a 续表 3

单位：人

| 地　区 | 有配偶 | | | 离　婚 | | | 丧　偶 | | |
|---|---|---|---|---|---|---|---|---|---|
| | 小计 | 男 | 女 | 小计 | 男 | 女 | 小计 | 男 | 女 |
| **绍兴市** | **5486** | **3935** | **1551** | **113** | **86** | **27** | **3996** | **1260** | **2736** |
| 越城区 | 1526 | 1111 | 415 | 25 | 16 | 9 | 1101 | 369 | 732 |
| 柯桥区 | 1151 | 807 | 344 | 14 | 12 | 2 | 818 | 220 | 598 |
| 上虞区 | 1414 | 1037 | 377 | 30 | 28 | 2 | 1150 | 352 | 798 |
| 新昌县 | | | | | | | | | |
| 诸暨市 | 814 | 583 | 231 | 24 | 19 | 5 | 591 | 193 | 398 |
| 嵊州市 | 581 | 397 | 184 | 20 | 11 | 9 | 336 | 126 | 210 |
| **金华市** | **3996** | **2919** | **1077** | **95** | **70** | **25** | **2210** | **752** | **1458** |
| 婺城区 | 674 | 480 | 194 | 18 | 12 | 6 | 373 | 126 | 247 |
| 金东区 | 149 | 109 | 40 | 4 | 2 | 2 | 95 | 26 | 69 |
| 武义县 | | | | | | | | | |
| 浦江县 | | | | | | | | | |
| 磐安县 | | | | | | | | | |
| 兰溪市 | 420 | 332 | 88 | 15 | 14 | 1 | 277 | 74 | 203 |
| 义乌市 | 1068 | 782 | 286 | 23 | 14 | 9 | 599 | 219 | 380 |
| 东阳市 | 697 | 503 | 194 | 17 | 15 | 2 | 506 | 175 | 331 |
| 永康市 | 988 | 713 | 275 | 18 | 13 | 5 | 360 | 132 | 228 |
| **衢州市** | **1425** | **1036** | **389** | **50** | **41** | **9** | **979** | **333** | **646** |
| 柯城区 | 814 | 597 | 217 | 33 | 28 | 5 | 512 | 171 | 341 |
| 衢江区 | 143 | 97 | 46 | 3 | 3 | | 105 | 38 | 67 |
| 常山县 | | | | | | | | | |
| 开化县 | | | | | | | | | |
| 龙游县 | 8 | 8 | | | | | 5 | 3 | 2 |
| 江山市 | 460 | 334 | 126 | 14 | 10 | 4 | 357 | 121 | 236 |
| **舟山市** | **1255** | **911** | **344** | **76** | **62** | **14** | **830** | **259** | **571** |
| 定海区 | 690 | 498 | 192 | 28 | 27 | 1 | 475 | 150 | 325 |
| 普陀区 | 565 | 413 | 152 | 48 | 35 | 13 | 355 | 109 | 246 |
| 岱山县 | | | | | | | | | |
| 嵊泗县 | | | | | | | | | |
| **台州市** | **5575** | **4041** | **1534** | **160** | **119** | **41** | **3799** | **1259** | **2540** |
| 椒江区 | 1052 | 714 | 338 | 23 | 18 | 5 | 691 | 205 | 486 |
| 黄岩区 | 809 | 594 | 215 | 23 | 17 | 6 | 551 | 191 | 360 |
| 路桥区 | 599 | 438 | 161 | 13 | 8 | 5 | 469 | 156 | 313 |
| 三门县 | | | | | | | | | |
| 天台县 | | | | | | | | | |
| 仙居县 | | | | | | | | | |
| 温岭市 | 1299 | 940 | 359 | 28 | 23 | 5 | 904 | 302 | 602 |
| 临海市 | 799 | 582 | 217 | 24 | 19 | 5 | 498 | 178 | 320 |
| 玉环市 | 1017 | 773 | 244 | 49 | 34 | 15 | 686 | 227 | 459 |
| **丽水市** | **541** | **397** | **144** | **22** | **16** | **6** | **307** | **104** | **203** |
| 莲都区 | 358 | 262 | 96 | 17 | 12 | 5 | 207 | 64 | 143 |
| 青田县 | | | | | | | | | |
| 缙云县 | | | | | | | | | |
| 遂昌县 | | | | | | | | | |
| 松阳县 | | | | | | | | | |
| 云和县 | | | | | | | | | |
| 庆元县 | | | | | | | | | |
| 景宁畲族自治县 | | | | | | | | | |
| 龙泉市 | 183 | 135 | 48 | 5 | 4 | 1 | 100 | 40 | 60 |

# 6-3b　各地区分性别、婚姻状况的15岁及以上死亡人口 (2019.11.1-2020.10.31)(镇)

单位：人

| 地　区 | 15岁及以上死亡人口 | | | 未　婚 | | |
|---|---|---|---|---|---|---|
| | 合计 | 男 | 女 | 小计 | 男 | 女 |
| **合计** | **57501** | **33638** | **23863** | **2037** | **1812** | **225** |
| **杭州市** | **4587** | **2726** | **1861** | **179** | **153** | **26** |
| 上城区 | | | | | | |
| 下城区 | | | | | | |
| 江干区 | | | | | | |
| 拱墅区 | | | | | | |
| 西湖区 | 5 | 3 | 2 | | | |
| 滨江区 | | | | | | |
| 萧山区 | 542 | 305 | 237 | 21 | 17 | 4 |
| 余杭区 | 1001 | 625 | 376 | 41 | 31 | 10 |
| 富阳区 | 300 | 187 | 113 | 14 | 14 | |
| 临安区 | 390 | 225 | 165 | 23 | 22 | 1 |
| 桐庐县 | 1303 | 751 | 552 | 44 | 36 | 8 |
| 淳安县 | 473 | 293 | 180 | 11 | 10 | 1 |
| 建德市 | 573 | 337 | 236 | 25 | 23 | 2 |
| **宁波市** | **8122** | **4682** | **3440** | **306** | **278** | **28** |
| 海曙区 | 231 | 125 | 106 | 3 | 3 | |
| 江北区 | | | | | | |
| 北仑区 | 116 | 68 | 48 | 4 | 3 | 1 |
| 镇海区 | 133 | 81 | 52 | 9 | 9 | |
| 鄞州区 | 1118 | 616 | 502 | 27 | 25 | 2 |
| 奉化区 | 310 | 191 | 119 | 11 | 11 | |
| 象山县 | 1248 | 767 | 481 | 48 | 42 | 6 |
| 宁海县 | 1702 | 1011 | 691 | 59 | 55 | 4 |
| 余姚市 | 1924 | 1082 | 842 | 97 | 88 | 9 |
| 慈溪市 | 1340 | 741 | 599 | 48 | 42 | 6 |
| **温州市** | **9809** | **5917** | **3892** | **330** | **298** | **32** |
| 鹿城区 | 37 | 22 | 15 | 1 | 1 | |
| 龙湾区 | 472 | 267 | 205 | 11 | 8 | 3 |
| 瓯海区 | 117 | 60 | 57 | 1 | 1 | |
| 洞头区 | 42 | 21 | 21 | 3 | 2 | 1 |
| 永嘉县 | 1661 | 979 | 682 | 40 | 33 | 7 |
| 平阳县 | 2440 | 1497 | 943 | 89 | 80 | 9 |
| 苍南县 | 3063 | 1843 | 1220 | 104 | 96 | 8 |
| 文成县 | 740 | 482 | 258 | 42 | 42 | |
| 泰顺县 | 533 | 331 | 202 | 17 | 15 | 2 |
| 瑞安市 | 181 | 113 | 68 | 7 | 5 | 2 |
| 乐清市 | 384 | 220 | 164 | 10 | 10 | |
| 龙港市 | 139 | 82 | 57 | 5 | 5 | |
| **嘉兴市** | **6973** | **3919** | **3054** | **193** | **165** | **28** |
| 南湖区 | 163 | 99 | 64 | 3 | 2 | 1 |
| 秀洲区 | 564 | 335 | 229 | 16 | 15 | 1 |
| 嘉善县 | 1388 | 806 | 582 | 52 | 46 | 6 |
| 海盐县 | 1170 | 615 | 555 | 18 | 12 | 6 |
| 海宁市 | 1718 | 929 | 789 | 47 | 43 | 4 |
| 平湖市 | 963 | 545 | 418 | 30 | 23 | 7 |
| 桐乡市 | 1007 | 590 | 417 | 27 | 24 | 3 |
| **湖州市** | **5655** | **3185** | **2470** | **152** | **128** | **24** |
| 吴兴区 | 343 | 207 | 136 | 12 | 10 | 2 |
| 南浔区 | 665 | 331 | 334 | 10 | 9 | 1 |
| 德清县 | 1439 | 806 | 633 | 48 | 42 | 6 |
| 长兴县 | 1934 | 1107 | 827 | 60 | 49 | 11 |
| 安吉县 | 1274 | 734 | 540 | 22 | 18 | 4 |

6－3b 续表 1

单位：人

| 地区 | 15岁及以上死亡人口 | | | 未婚 | | |
|---|---|---|---|---|---|---|
| | 合计 | 男 | 女 | 小计 | 男 | 女 |
| **绍兴市** | **3559** | **2107** | **1452** | **133** | **119** | **14** |
| 越城区 | 26 | 15 | 11 | | | |
| 柯桥区 | 389 | 224 | 165 | 11 | 10 | 1 |
| 上虞区 | 727 | 420 | 307 | 39 | 37 | 2 |
| 新昌县 | 914 | 517 | 397 | 19 | 15 | 4 |
| 诸暨市 | 926 | 563 | 363 | 41 | 36 | 5 |
| 嵊州市 | 577 | 368 | 209 | 23 | 21 | 2 |
| **金华市** | **5145** | **3060** | **2085** | **239** | **215** | **24** |
| 婺城区 | 195 | 126 | 69 | 6 | 6 | |
| 金东区 | 302 | 174 | 128 | 10 | 8 | 2 |
| 武义县 | 810 | 504 | 306 | 56 | 46 | 10 |
| 浦江县 | 629 | 383 | 246 | 35 | 33 | 2 |
| 磐安县 | 322 | 181 | 141 | 7 | 6 | 1 |
| 兰溪市 | 480 | 280 | 200 | 26 | 26 | |
| 义乌市 | 653 | 384 | 269 | 40 | 37 | 3 |
| 东阳市 | 1367 | 818 | 549 | 47 | 42 | 5 |
| 永康市 | 387 | 210 | 177 | 12 | 11 | 1 |
| **衢州市** | **3003** | **1818** | **1185** | **171** | **158** | **13** |
| 柯城区 | 94 | 60 | 34 | 6 | 6 | |
| 衢江区 | 293 | 186 | 107 | 26 | 25 | 1 |
| 常山县 | 751 | 460 | 291 | 42 | 40 | 2 |
| 开化县 | 495 | 293 | 202 | 22 | 17 | 5 |
| 龙游县 | 724 | 422 | 302 | 27 | 24 | 3 |
| 江山市 | 646 | 397 | 249 | 48 | 46 | 2 |
| **舟山市** | **1350** | **760** | **590** | **50** | **46** | **4** |
| 定海区 | 144 | 81 | 63 | 7 | 7 | |
| 普陀区 | 200 | 122 | 78 | 8 | 8 | |
| 岱山县 | 756 | 421 | 335 | 21 | 20 | 1 |
| 嵊泗县 | 250 | 136 | 114 | 14 | 11 | 3 |
| **台州市** | **5595** | **3219** | **2376** | **147** | **132** | **15** |
| 椒江区 | 30 | 16 | 14 | | | |
| 黄岩区 | 207 | 122 | 85 | 6 | 6 | |
| 路桥区 | 425 | 243 | 182 | 8 | 8 | |
| 三门县 | 696 | 398 | 298 | 20 | 16 | 4 |
| 天台县 | 943 | 556 | 387 | 35 | 31 | 4 |
| 仙居县 | 752 | 443 | 309 | 29 | 26 | 3 |
| 温岭市 | 1815 | 1018 | 797 | 32 | 29 | 3 |
| 临海市 | 647 | 379 | 268 | 15 | 15 | |
| 玉环市 | 80 | 44 | 36 | 2 | 1 | 1 |
| **丽水市** | **3703** | **2245** | **1458** | **137** | **120** | **17** |
| 莲都区 | 93 | 52 | 41 | 1 | 1 | |
| 青田县 | 888 | 535 | 353 | 15 | 13 | 2 |
| 缙云县 | 911 | 537 | 374 | 43 | 36 | 7 |
| 遂昌县 | 503 | 305 | 198 | 23 | 22 | 1 |
| 松阳县 | 345 | 216 | 129 | 15 | 13 | 2 |
| 云和县 | 294 | 179 | 115 | 12 | 10 | 2 |
| 庆元县 | 292 | 183 | 109 | 10 | 10 | |
| 景宁畲族自治县 | 238 | 154 | 84 | 9 | 8 | 1 |
| 龙泉市 | 139 | 84 | 55 | 9 | 7 | 2 |

6-3b 续表 2

单位：人

| 地区 | 有配偶 | | | 离婚 | | | 丧偶 | | |
|---|---|---|---|---|---|---|---|---|---|
| | 小计 | 男 | 女 | 小计 | 男 | 女 | 小计 | 男 | 女 |
| **合计** | **31330** | **22476** | **8854** | **997** | **835** | **162** | **23137** | **8515** | **14622** |
| **杭州市** | **2598** | **1894** | **704** | **76** | **65** | **11** | **1734** | **614** | **1120** |
| 上城区 | | | | | | | | | |
| 下城区 | | | | | | | | | |
| 江干区 | | | | | | | | | |
| 拱墅区 | | | | | | | | | |
| 西湖区 | 3 | 3 | | | | | 2 | | 2 |
| 滨江区 | | | | | | | | | |
| 萧山区 | 291 | 208 | 83 | 5 | 4 | 1 | 225 | 76 | 149 |
| 余杭区 | 628 | 464 | 164 | 15 | 12 | 3 | 317 | 118 | 199 |
| 富阳区 | 151 | 118 | 33 | 5 | 5 | | 130 | 50 | 80 |
| 临安区 | 204 | 143 | 61 | 12 | 10 | 2 | 151 | 50 | 101 |
| 桐庐县 | 743 | 525 | 218 | 21 | 17 | 4 | 495 | 173 | 322 |
| 淳安县 | 298 | 227 | 71 | 7 | 7 | | 157 | 49 | 108 |
| 建德市 | 280 | 206 | 74 | 11 | 10 | 1 | 257 | 98 | 159 |
| **宁波市** | **4251** | **3069** | **1182** | **160** | **129** | **31** | **3405** | **1206** | **2199** |
| 海曙区 | 110 | 77 | 33 | 9 | 6 | 3 | 109 | 39 | 70 |
| 江北区 | | | | | | | | | |
| 北仑区 | 59 | 45 | 14 | 1 | | 1 | 52 | 20 | 32 |
| 镇海区 | 70 | 49 | 21 | 6 | 4 | 2 | 48 | 19 | 29 |
| 鄞州区 | 598 | 412 | 186 | 20 | 18 | 2 | 473 | 161 | 312 |
| 奉化区 | 157 | 120 | 37 | 8 | 6 | 2 | 134 | 54 | 80 |
| 象山县 | 686 | 517 | 169 | 40 | 34 | 6 | 474 | 174 | 300 |
| 宁海县 | 911 | 653 | 258 | 30 | 21 | 9 | 702 | 282 | 420 |
| 余姚市 | 972 | 706 | 266 | 25 | 22 | 3 | 830 | 266 | 564 |
| 慈溪市 | 688 | 490 | 198 | 21 | 18 | 3 | 583 | 191 | 392 |
| **温州市** | **5459** | **3887** | **1572** | **143** | **122** | **21** | **3877** | **1610** | **2267** |
| 鹿城区 | 21 | 16 | 5 | 1 | 1 | | 14 | 4 | 10 |
| 龙湾区 | 275 | 188 | 87 | 8 | 8 | | 178 | 63 | 115 |
| 瓯海区 | 62 | 36 | 26 | 2 | 2 | | 52 | 21 | 31 |
| 洞头区 | 19 | 14 | 5 | 1 | 1 | | 19 | 4 | 15 |
| 永嘉县 | 891 | 630 | 261 | 19 | 15 | 4 | 711 | 301 | 410 |
| 平阳县 | 1444 | 1054 | 390 | 39 | 29 | 10 | 868 | 334 | 534 |
| 苍南县 | 1626 | 1152 | 474 | 36 | 34 | 2 | 1297 | 561 | 736 |
| 文成县 | 430 | 304 | 126 | 20 | 19 | 1 | 248 | 117 | 131 |
| 泰顺县 | 287 | 193 | 94 | 8 | 6 | 2 | 221 | 117 | 104 |
| 瑞安市 | 109 | 85 | 24 | 2 | 2 | | 63 | 21 | 42 |
| 乐清市 | 227 | 162 | 65 | 2 | 1 | 1 | 145 | 47 | 98 |
| 龙港市 | 68 | 53 | 15 | 5 | 4 | 1 | 61 | 20 | 41 |
| **嘉兴市** | **3759** | **2619** | **1140** | **111** | **87** | **24** | **2910** | **1048** | **1862** |
| 南湖区 | 90 | 68 | 22 | 4 | 3 | 1 | 66 | 26 | 40 |
| 秀洲区 | 319 | 237 | 82 | 14 | 10 | 4 | 215 | 73 | 142 |
| 嘉善县 | 736 | 517 | 219 | 28 | 26 | 2 | 572 | 217 | 355 |
| 海盐县 | 667 | 441 | 226 | 16 | 11 | 5 | 469 | 151 | 318 |
| 海宁市 | 920 | 628 | 292 | 24 | 17 | 7 | 727 | 241 | 486 |
| 平湖市 | 497 | 343 | 154 | 7 | 6 | 1 | 429 | 173 | 256 |
| 桐乡市 | 530 | 385 | 145 | 18 | 14 | 4 | 432 | 167 | 265 |
| **湖州市** | **2984** | **2117** | **867** | **85** | **66** | **19** | **2434** | **874** | **1560** |
| 吴兴区 | 176 | 125 | 51 | 2 | 2 | | 153 | 70 | 83 |
| 南浔区 | 332 | 227 | 105 | 8 | 6 | 2 | 315 | 89 | 226 |
| 德清县 | 782 | 556 | 226 | 11 | 9 | 2 | 598 | 199 | 399 |
| 长兴县 | 1006 | 715 | 291 | 41 | 31 | 10 | 827 | 312 | 515 |
| 安吉县 | 688 | 494 | 194 | 23 | 18 | 5 | 541 | 204 | 337 |

6-3b 续表 3 单位：人

| 地　区 | 有配偶 | | | 离　婚 | | | 丧　偶 | | |
|---|---|---|---|---|---|---|---|---|---|
| | 小计 | 男 | 女 | 小计 | 男 | 女 | 小计 | 男 | 女 |
| **绍兴市** | **2032** | **1467** | **565** | **45** | **38** | **7** | **1349** | **483** | **866** |
| 越城区 | 15 | 12 | 3 | | | | 11 | 3 | 8 |
| 柯桥区 | 208 | 157 | 51 | 5 | 5 | | 165 | 52 | 113 |
| 上虞区 | 378 | 277 | 101 | 9 | 6 | 3 | 301 | 100 | 201 |
| 新昌县 | 553 | 376 | 177 | 10 | 8 | 2 | 332 | 118 | 214 |
| 诸暨市 | 527 | 397 | 130 | 10 | 8 | 2 | 348 | 122 | 226 |
| 嵊州市 | 351 | 248 | 103 | 11 | 11 | | 192 | 88 | 104 |
| **金华市** | **2815** | **2048** | **767** | **97** | **80** | **17** | **1994** | **717** | **1277** |
| 婺城区 | 94 | 75 | 19 | 8 | 6 | 2 | 87 | 39 | 48 |
| 金东区 | 176 | 123 | 53 | 4 | 3 | 1 | 112 | 40 | 72 |
| 武义县 | 465 | 335 | 130 | 18 | 18 | | 271 | 105 | 166 |
| 浦江县 | 362 | 261 | 101 | 8 | 5 | 3 | 224 | 84 | 140 |
| 磐安县 | 186 | 126 | 60 | 1 | 1 | | 128 | 48 | 80 |
| 兰溪市 | 260 | 193 | 67 | 7 | 7 | | 187 | 54 | 133 |
| 义乌市 | 332 | 243 | 89 | 16 | 10 | 6 | 265 | 94 | 171 |
| 东阳市 | 738 | 549 | 189 | 32 | 28 | 4 | 550 | 199 | 351 |
| 永康市 | 202 | 143 | 59 | 3 | 2 | 1 | 170 | 54 | 116 |
| **衢州市** | **1607** | **1213** | **394** | **70** | **60** | **10** | **1155** | **387** | **768** |
| 柯城区 | 50 | 39 | 11 | 3 | 2 | 1 | 35 | 13 | 22 |
| 衢江区 | 152 | 120 | 32 | 7 | 5 | 2 | 108 | 36 | 72 |
| 常山县 | 413 | 317 | 96 | 17 | 16 | 1 | 279 | 87 | 192 |
| 开化县 | 275 | 203 | 72 | 12 | 11 | 1 | 186 | 62 | 124 |
| 龙游县 | 388 | 285 | 103 | 20 | 17 | 3 | 289 | 96 | 193 |
| 江山市 | 329 | 249 | 80 | 11 | 9 | 2 | 258 | 93 | 165 |
| **舟山市** | **705** | **509** | **196** | **40** | **37** | **3** | **555** | **168** | **387** |
| 定海区 | 82 | 58 | 24 | 3 | 2 | 1 | 52 | 14 | 38 |
| 普陀区 | 106 | 77 | 29 | 7 | 7 | | 79 | 30 | 49 |
| 岱山县 | 388 | 291 | 97 | 24 | 23 | 1 | 323 | 87 | 236 |
| 嵊泗县 | 129 | 83 | 46 | 6 | 5 | 1 | 101 | 37 | 64 |
| **台州市** | **3057** | **2182** | **875** | **95** | **82** | **13** | **2296** | **823** | **1473** |
| 椒江区 | 15 | 11 | 4 | | | | 15 | 5 | 10 |
| 黄岩区 | 105 | 86 | 19 | 2 | 1 | 1 | 94 | 29 | 65 |
| 路桥区 | 230 | 162 | 68 | 7 | 5 | 2 | 180 | 68 | 112 |
| 三门县 | 381 | 266 | 115 | 11 | 10 | 1 | 284 | 106 | 178 |
| 天台县 | 520 | 375 | 145 | 19 | 18 | 1 | 369 | 132 | 237 |
| 仙居县 | 423 | 283 | 140 | 14 | 14 | | 286 | 120 | 166 |
| 温岭市 | 958 | 702 | 256 | 30 | 23 | 7 | 795 | 264 | 531 |
| 临海市 | 385 | 269 | 116 | 10 | 9 | 1 | 237 | 86 | 151 |
| 玉环市 | 40 | 28 | 12 | 2 | 2 | | 36 | 13 | 23 |
| **丽水市** | **2063** | **1471** | **592** | **75** | **69** | **6** | **1428** | **585** | **843** |
| 莲都区 | 48 | 35 | 13 | 1 | | 1 | 43 | 16 | 27 |
| 青田县 | 478 | 341 | 137 | 12 | 12 | | 383 | 169 | 214 |
| 缙云县 | 505 | 354 | 151 | 26 | 23 | 3 | 337 | 124 | 213 |
| 遂昌县 | 289 | 211 | 78 | 6 | 6 | | 185 | 66 | 119 |
| 松阳县 | 187 | 137 | 50 | 11 | 10 | 1 | 132 | 56 | 76 |
| 云和县 | 182 | 132 | 50 | 6 | 5 | 1 | 94 | 32 | 62 |
| 庆元县 | 174 | 121 | 53 | 4 | 4 | | 104 | 48 | 56 |
| 景宁畲族自治县 | 133 | 93 | 40 | 4 | 4 | | 92 | 49 | 43 |
| 龙泉市 | 67 | 47 | 20 | 5 | 5 | | 58 | 25 | 33 |

# 6-3c　各地区分性别、婚姻状况的15岁及以上死亡人口 (2019.11.1-2020.10.31)(乡村)

单位：人

| 地　区 | 15岁及以上死亡人口 | | | 未　婚 | | |
|---|---|---|---|---|---|---|
| | 合计 | 男 | 女 | 小计 | 男 | 女 |
| **合计** | **150668** | **86892** | **63776** | **6664** | **6182** | **482** |
| **杭州市** | **15666** | **8791** | **6875** | **621** | **581** | **40** |
| 上城区 | | | | | | |
| 下城区 | | | | | | |
| 江干区 | | | | | | |
| 拱墅区 | | | | | | |
| 西湖区 | 124 | 67 | 57 | 3 | 3 | |
| 滨江区 | | | | | | |
| 萧山区 | 2515 | 1396 | 1119 | 66 | 60 | 6 |
| 余杭区 | 2381 | 1279 | 1102 | 60 | 53 | 7 |
| 富阳区 | 2121 | 1181 | 940 | 96 | 89 | 7 |
| 临安区 | 2352 | 1310 | 1042 | 101 | 97 | 4 |
| 桐庐县 | 1351 | 799 | 552 | 59 | 56 | 3 |
| 淳安县 | 2433 | 1370 | 1063 | 115 | 110 | 5 |
| 建德市 | 2389 | 1389 | 1000 | 121 | 113 | 8 |
| **宁波市** | **14210** | **8134** | **6076** | **555** | **504** | **51** |
| 海曙区 | 830 | 475 | 355 | 26 | 25 | 1 |
| 江北区 | 327 | 198 | 129 | 23 | 22 | 1 |
| 北仑区 | 1155 | 638 | 517 | 41 | 36 | 5 |
| 镇海区 | 297 | 179 | 118 | 10 | 9 | 1 |
| 鄞州区 | 1580 | 902 | 678 | 43 | 40 | 3 |
| 奉化区 | 1869 | 1064 | 805 | 81 | 75 | 6 |
| 象山县 | 2391 | 1373 | 1018 | 122 | 113 | 9 |
| 宁海县 | 2420 | 1413 | 1007 | 103 | 89 | 14 |
| 余姚市 | 1570 | 898 | 672 | 57 | 51 | 6 |
| 慈溪市 | 1771 | 994 | 777 | 49 | 44 | 5 |
| **温州市** | **23211** | **13957** | **9254** | **1090** | **1003** | **87** |
| 鹿城区 | 596 | 334 | 262 | 21 | 18 | 3 |
| 龙湾区 | 8 | 4 | 4 | | | |
| 瓯海区 | 997 | 558 | 439 | 20 | 16 | 4 |
| 洞头区 | 563 | 336 | 227 | 20 | 19 | 1 |
| 永嘉县 | 4049 | 2431 | 1618 | 150 | 129 | 21 |
| 平阳县 | 3139 | 1900 | 1239 | 171 | 158 | 13 |
| 苍南县 | 2912 | 1784 | 1128 | 167 | 157 | 10 |
| 文成县 | 2031 | 1307 | 724 | 177 | 169 | 8 |
| 泰顺县 | 1961 | 1253 | 708 | 112 | 104 | 8 |
| 瑞安市 | 3639 | 2135 | 1504 | 134 | 124 | 10 |
| 乐清市 | 3159 | 1822 | 1337 | 111 | 104 | 7 |
| 龙港市 | 157 | 93 | 64 | 7 | 5 | 2 |
| **嘉兴市** | **11012** | **5977** | **5035** | **325** | **292** | **33** |
| 南湖区 | 731 | 406 | 325 | 27 | 25 | 2 |
| 秀洲区 | 1499 | 820 | 679 | 46 | 44 | 2 |
| 嘉善县 | 1694 | 930 | 764 | 60 | 52 | 8 |
| 海盐县 | 1379 | 762 | 617 | 34 | 31 | 3 |
| 海宁市 | 1678 | 872 | 806 | 34 | 33 | 1 |
| 平湖市 | 1792 | 936 | 856 | 52 | 44 | 8 |
| 桐乡市 | 2239 | 1251 | 988 | 72 | 63 | 9 |
| **湖州市** | **9305** | **5222** | **4083** | **278** | **252** | **26** |
| 吴兴区 | 1730 | 963 | 767 | 45 | 39 | 6 |
| 南浔区 | 2442 | 1375 | 1067 | 53 | 51 | 2 |
| 德清县 | 1714 | 941 | 773 | 37 | 34 | 3 |
| 长兴县 | 1875 | 1065 | 810 | 81 | 73 | 8 |
| 安吉县 | 1544 | 878 | 666 | 62 | 55 | 7 |

6-3c 续表 1 单位：人

| 地区 | 15岁及以上死亡人口 | | | 未婚 | | |
|---|---|---|---|---|---|---|
| | 合计 | 男 | 女 | 小计 | 男 | 女 |
| **绍兴市** | **14926** | **8426** | **6500** | **671** | **627** | **44** |
| 越城区 | 1246 | 673 | 573 | 39 | 33 | 6 |
| 柯桥区 | 1540 | 863 | 677 | 57 | 52 | 5 |
| 上虞区 | 2190 | 1208 | 982 | 86 | 85 | 1 |
| 新昌县 | 2303 | 1331 | 972 | 115 | 111 | 4 |
| 诸暨市 | 4287 | 2403 | 1884 | 178 | 165 | 13 |
| 嵊州市 | 3360 | 1948 | 1412 | 196 | 181 | 15 |
| **金华市** | **17125** | **9839** | **7286** | **872** | **803** | **69** |
| 婺城区 | 1743 | 1042 | 701 | 104 | 97 | 7 |
| 金东区 | 1206 | 655 | 551 | 58 | 53 | 5 |
| 武义县 | 1737 | 1061 | 676 | 99 | 94 | 5 |
| 浦江县 | 1873 | 1050 | 823 | 81 | 78 | 3 |
| 磐安县 | 890 | 555 | 335 | 48 | 44 | 4 |
| 兰溪市 | 2195 | 1278 | 917 | 171 | 164 | 7 |
| 义乌市 | 2039 | 1173 | 866 | 97 | 86 | 11 |
| 东阳市 | 3179 | 1756 | 1423 | 132 | 121 | 11 |
| 永康市 | 2263 | 1269 | 994 | 82 | 66 | 16 |
| **衢州市** | **10008** | **5917** | **4091** | **609** | **582** | **27** |
| 柯城区 | 1173 | 683 | 490 | 62 | 59 | 3 |
| 衢江区 | 1943 | 1182 | 761 | 117 | 114 | 3 |
| 常山县 | 1348 | 810 | 538 | 81 | 74 | 7 |
| 开化县 | 1512 | 855 | 657 | 63 | 57 | 6 |
| 龙游县 | 1722 | 997 | 725 | 109 | 106 | 3 |
| 江山市 | 2310 | 1390 | 920 | 177 | 172 | 5 |
| **舟山市** | **3519** | **2012** | **1507** | **132** | **124** | **8** |
| 定海区 | 1118 | 658 | 460 | 59 | 56 | 3 |
| 普陀区 | 1276 | 732 | 544 | 34 | 33 | 1 |
| 岱山县 | 837 | 451 | 386 | 31 | 28 | 3 |
| 嵊泗县 | 288 | 171 | 117 | 8 | 7 | 1 |
| **台州市** | **20794** | **11887** | **8907** | **760** | **703** | **57** |
| 椒江区 | 1024 | 570 | 454 | 32 | 25 | 7 |
| 黄岩区 | 2407 | 1377 | 1030 | 92 | 84 | 8 |
| 路桥区 | 1342 | 751 | 591 | 52 | 47 | 5 |
| 三门县 | 1606 | 936 | 670 | 51 | 46 | 5 |
| 天台县 | 2691 | 1562 | 1129 | 129 | 121 | 8 |
| 仙居县 | 2190 | 1282 | 908 | 94 | 92 | 2 |
| 温岭市 | 3834 | 2124 | 1710 | 116 | 104 | 12 |
| 临海市 | 4668 | 2684 | 1984 | 157 | 148 | 9 |
| 玉环市 | 1032 | 601 | 431 | 37 | 36 | 1 |
| **丽水市** | **10892** | **6730** | **4162** | **751** | **711** | **40** |
| 莲都区 | 1179 | 688 | 491 | 76 | 74 | 2 |
| 青田县 | 2245 | 1449 | 796 | 136 | 124 | 12 |
| 缙云县 | 1931 | 1172 | 759 | 118 | 110 | 8 |
| 遂昌县 | 989 | 605 | 384 | 68 | 64 | 4 |
| 松阳县 | 1168 | 751 | 417 | 95 | 94 | 1 |
| 云和县 | 482 | 308 | 174 | 53 | 51 | 2 |
| 庆元县 | 725 | 405 | 320 | 31 | 27 | 4 |
| 景宁畲族自治县 | 870 | 567 | 303 | 73 | 71 | 2 |
| 龙泉市 | 1303 | 785 | 518 | 101 | 96 | 5 |

6–3c　续表 2　　　　　　　　　　　　　　　　　　　　　　　　单位：人

| 地　　区 | 有配偶 | | | 离　　婚 | | | 丧　　偶 | | |
|---|---|---|---|---|---|---|---|---|---|
| | 小计 | 男 | 女 | 小计 | 男 | 女 | 小计 | 男 | 女 |
| **合计** | **78437** | **56374** | **22063** | **2632** | **2288** | **344** | **62935** | **22048** | **40887** |
| **杭州市** | **8122** | **5861** | **2261** | **281** | **237** | **44** | **6642** | **2112** | **4530** |
| 上城区 | | | | | | | | | |
| 下城区 | | | | | | | | | |
| 江干区 | | | | | | | | | |
| 拱墅区 | | | | | | | | | |
| 西湖区 | 73 | 46 | 27 | 3 | 2 | 1 | 45 | 16 | 29 |
| 滨江区 | | | | | | | | | |
| 萧山区 | 1358 | 974 | 384 | 27 | 24 | 3 | 1064 | 338 | 726 |
| 余杭区 | 1211 | 855 | 356 | 23 | 19 | 4 | 1087 | 352 | 735 |
| 富阳区 | 1056 | 777 | 279 | 39 | 32 | 7 | 930 | 283 | 647 |
| 临安区 | 1205 | 853 | 352 | 63 | 48 | 15 | 983 | 312 | 671 |
| 桐庐县 | 728 | 547 | 181 | 25 | 24 | 1 | 539 | 172 | 367 |
| 淳安县 | 1225 | 881 | 344 | 60 | 50 | 10 | 1033 | 329 | 704 |
| 建德市 | 1266 | 928 | 338 | 41 | 38 | 3 | 961 | 310 | 651 |
| **宁波市** | **7415** | **5472** | **1943** | **325** | **274** | **51** | **5915** | **1884** | **4031** |
| 海曙区 | 425 | 322 | 103 | 18 | 14 | 4 | 361 | 114 | 247 |
| 江北区 | 179 | 137 | 42 | 9 | 6 | 3 | 116 | 33 | 83 |
| 北仑区 | 611 | 433 | 178 | 40 | 32 | 8 | 463 | 137 | 326 |
| 镇海区 | 156 | 123 | 33 | 7 | 6 | 1 | 124 | 41 | 83 |
| 鄞州区 | 843 | 634 | 209 | 34 | 27 | 7 | 660 | 201 | 459 |
| 奉化区 | 939 | 683 | 256 | 47 | 41 | 6 | 802 | 265 | 537 |
| 象山县 | 1225 | 920 | 305 | 52 | 44 | 8 | 992 | 296 | 696 |
| 宁海县 | 1269 | 923 | 346 | 53 | 44 | 9 | 995 | 357 | 638 |
| 余姚市 | 821 | 610 | 211 | 25 | 25 | | 667 | 212 | 455 |
| 慈溪市 | 947 | 687 | 260 | 40 | 35 | 5 | 735 | 228 | 507 |
| **温州市** | **12255** | **8783** | **3472** | **431** | **385** | **46** | **9435** | **3786** | **5649** |
| 鹿城区 | 343 | 231 | 112 | 8 | 7 | 1 | 224 | 78 | 146 |
| 龙湾区 | 6 | 4 | 2 | | | | 2 | | 2 |
| 瓯海区 | 527 | 362 | 165 | 13 | 11 | 2 | 437 | 169 | 268 |
| 洞头区 | 299 | 239 | 60 | 8 | 8 | | 236 | 70 | 166 |
| 永嘉县 | 2133 | 1488 | 645 | 59 | 50 | 9 | 1707 | 764 | 943 |
| 平阳县 | 1691 | 1218 | 473 | 64 | 59 | 5 | 1213 | 465 | 748 |
| 苍南县 | 1468 | 1081 | 387 | 59 | 55 | 4 | 1218 | 491 | 727 |
| 文成县 | 1063 | 752 | 311 | 59 | 48 | 11 | 732 | 338 | 394 |
| 泰顺县 | 929 | 662 | 267 | 50 | 46 | 4 | 870 | 441 | 429 |
| 瑞安市 | 2000 | 1444 | 556 | 55 | 50 | 5 | 1450 | 517 | 933 |
| 乐清市 | 1712 | 1235 | 477 | 54 | 49 | 5 | 1282 | 434 | 848 |
| 龙港市 | 84 | 67 | 17 | 2 | 2 | | 64 | 19 | 45 |
| **嘉兴市** | **5453** | **3816** | **1637** | **116** | **102** | **14** | **5118** | **1767** | **3351** |
| 南湖区 | 356 | 262 | 94 | 12 | 8 | 4 | 336 | 111 | 225 |
| 秀洲区 | 726 | 516 | 210 | 18 | 18 | | 709 | 242 | 467 |
| 嘉善县 | 860 | 611 | 249 | 19 | 16 | 3 | 755 | 251 | 504 |
| 海盐县 | 669 | 468 | 201 | 12 | 11 | 1 | 664 | 252 | 412 |
| 海宁市 | 827 | 559 | 268 | 14 | 14 | | 803 | 266 | 537 |
| 平湖市 | 915 | 611 | 304 | 9 | 6 | 3 | 816 | 275 | 541 |
| 桐乡市 | 1100 | 789 | 311 | 32 | 29 | 3 | 1035 | 370 | 665 |
| **湖州市** | **4707** | **3403** | **1304** | **126** | **111** | **15** | **4194** | **1456** | **2738** |
| 吴兴区 | 889 | 632 | 257 | 18 | 17 | 1 | 778 | 275 | 503 |
| 南浔区 | 1177 | 885 | 292 | 27 | 21 | 6 | 1185 | 418 | 767 |
| 德清县 | 865 | 604 | 261 | 22 | 21 | 1 | 790 | 282 | 508 |
| 长兴县 | 985 | 706 | 279 | 24 | 21 | 3 | 785 | 265 | 520 |
| 安吉县 | 791 | 576 | 215 | 35 | 31 | 4 | 656 | 216 | 440 |

6–3c 续表 3 单位：人

| 地区 | 有配偶 | | | 离婚 | | | 丧偶 | | |
|---|---|---|---|---|---|---|---|---|---|
| | 小计 | 男 | 女 | 小计 | 男 | 女 | 小计 | 男 | 女 |
| **绍兴市** | **7948** | **5561** | **2387** | **212** | **179** | **33** | **6095** | **2059** | **4036** |
| 越城区 | 666 | 479 | 187 | 13 | 9 | 4 | 528 | 152 | 376 |
| 柯桥区 | 840 | 605 | 235 | 19 | 15 | 4 | 624 | 191 | 433 |
| 上虞区 | 1127 | 813 | 314 | 29 | 26 | 3 | 948 | 284 | 664 |
| 新昌县 | 1213 | 839 | 374 | 18 | 14 | 4 | 957 | 367 | 590 |
| 诸暨市 | 2266 | 1606 | 660 | 74 | 61 | 13 | 1769 | 571 | 1198 |
| 嵊州市 | 1836 | 1219 | 617 | 59 | 54 | 5 | 1269 | 494 | 775 |
| **金华市** | **8847** | **6357** | **2490** | **299** | **258** | **41** | **7107** | **2421** | **4686** |
| 婺城区 | 947 | 722 | 225 | 32 | 26 | 6 | 660 | 197 | 463 |
| 金东区 | 636 | 451 | 185 | 19 | 17 | 2 | 493 | 134 | 359 |
| 武义县 | 893 | 643 | 250 | 33 | 32 | 1 | 712 | 292 | 420 |
| 浦江县 | 978 | 673 | 305 | 26 | 21 | 5 | 788 | 278 | 510 |
| 磐安县 | 493 | 347 | 146 | 21 | 19 | 2 | 328 | 145 | 183 |
| 兰溪市 | 1099 | 809 | 290 | 32 | 30 | 2 | 893 | 275 | 618 |
| 义乌市 | 1059 | 767 | 292 | 43 | 36 | 7 | 840 | 284 | 556 |
| 东阳市 | 1553 | 1112 | 441 | 47 | 40 | 7 | 1447 | 483 | 964 |
| 永康市 | 1189 | 833 | 356 | 46 | 37 | 9 | 946 | 333 | 613 |
| **衢州市** | **5215** | **3896** | **1319** | **188** | **169** | **19** | **3996** | **1270** | **2726** |
| 柯城区 | 613 | 451 | 162 | 21 | 17 | 4 | 477 | 156 | 321 |
| 衢江区 | 1079 | 814 | 265 | 38 | 35 | 3 | 709 | 219 | 490 |
| 常山县 | 701 | 525 | 176 | 31 | 28 | 3 | 535 | 183 | 352 |
| 开化县 | 789 | 586 | 203 | 28 | 23 | 5 | 632 | 189 | 443 |
| 龙游县 | 850 | 617 | 233 | 34 | 33 | 1 | 729 | 241 | 488 |
| 江山市 | 1183 | 903 | 280 | 36 | 33 | 3 | 914 | 282 | 632 |
| **舟山市** | **1780** | **1326** | **454** | **109** | **97** | **12** | **1498** | **465** | **1033** |
| 定海区 | 559 | 415 | 144 | 33 | 32 | 1 | 467 | 155 | 312 |
| 普陀区 | 670 | 489 | 181 | 49 | 42 | 7 | 523 | 168 | 355 |
| 岱山县 | 394 | 294 | 100 | 18 | 17 | 1 | 394 | 112 | 282 |
| 嵊泗县 | 157 | 128 | 29 | 9 | 6 | 3 | 114 | 30 | 84 |
| **台州市** | **11133** | **7951** | **3182** | **309** | **268** | **41** | **8592** | **2965** | **5627** |
| 椒江区 | 561 | 376 | 185 | 9 | 9 | | 422 | 160 | 262 |
| 黄岩区 | 1277 | 923 | 354 | 32 | 26 | 6 | 1006 | 344 | 662 |
| 路桥区 | 722 | 514 | 208 | 21 | 16 | 5 | 547 | 174 | 373 |
| 三门县 | 902 | 656 | 246 | 17 | 16 | 1 | 636 | 218 | 418 |
| 天台县 | 1394 | 983 | 411 | 49 | 41 | 8 | 1119 | 417 | 702 |
| 仙居县 | 1172 | 816 | 356 | 36 | 31 | 5 | 888 | 343 | 545 |
| 温岭市 | 2019 | 1436 | 583 | 57 | 53 | 4 | 1642 | 531 | 1111 |
| 临海市 | 2547 | 1840 | 707 | 62 | 53 | 9 | 1902 | 643 | 1259 |
| 玉环市 | 539 | 407 | 132 | 26 | 23 | 3 | 430 | 135 | 295 |
| **丽水市** | **5562** | **3948** | **1614** | **236** | **208** | **28** | **4343** | **1863** | **2480** |
| 莲都区 | 613 | 414 | 199 | 25 | 24 | 1 | 465 | 176 | 289 |
| 青田县 | 1175 | 867 | 308 | 48 | 41 | 7 | 886 | 417 | 469 |
| 缙云县 | 1000 | 713 | 287 | 36 | 30 | 6 | 777 | 319 | 458 |
| 遂昌县 | 490 | 356 | 134 | 29 | 29 | | 402 | 156 | 246 |
| 松阳县 | 605 | 440 | 165 | 20 | 16 | 4 | 448 | 201 | 247 |
| 云和县 | 210 | 153 | 57 | 8 | 7 | 1 | 211 | 97 | 114 |
| 庆元县 | 386 | 244 | 142 | 17 | 15 | 2 | 291 | 119 | 172 |
| 景宁畲族自治县 | 417 | 299 | 118 | 24 | 23 | 1 | 356 | 174 | 182 |
| 龙泉市 | 666 | 462 | 204 | 29 | 23 | 6 | 507 | 204 | 303 |

# 6-4　全省分年龄、性别的死亡人口状况
## (2019.11.1-2020.10.31)

单位：人、‰

| 年　龄 | 平均人口 | | | 死亡人口 | | | 死亡率 | | |
|---|---|---|---|---|---|---|---|---|---|
| | 合计 | 男 | 女 | 合计 | 男 | 女 | 合计 | 男 | 女 |
| **总　计** | **64509199** | **33657971** | **30851228** | **306953** | **176936** | **130017** | **4.76** | **5.26** | **4.21** |
| **0-4岁** | **3005192** | **1580389** | **1424803** | **1077** | **599** | **478** | **0.36** | **0.38** | **0.34** |
| 0 | 523090 | 274149 | 248941 | 644 | 361 | 283 | 1.23 | 1.32 | 1.14 |
| 1 | 555839 | 291515 | 264324 | 117 | 69 | 48 | 0.21 | 0.24 | 0.18 |
| 2 | 638484 | 335159 | 303325 | 116 | 66 | 50 | 0.18 | 0.20 | 0.16 |
| 3 | 729682 | 383989 | 345693 | 114 | 59 | 55 | 0.16 | 0.15 | 0.16 |
| 4 | 558097 | 295577 | 262520 | 86 | 44 | 42 | 0.15 | 0.15 | 0.16 |
| **5-9岁** | **3032140** | **1619295** | **1412845** | **267** | **172** | **95** | **0.09** | **0.11** | **0.07** |
| 5 | 651118 | 345237 | 305881 | 72 | 45 | 27 | 0.11 | 0.13 | 0.09 |
| 6 | 586362 | 311858 | 274504 | 43 | 28 | 15 | 0.07 | 0.09 | 0.05 |
| 7 | 630943 | 336785 | 294158 | 46 | 32 | 14 | 0.07 | 0.10 | 0.05 |
| 8 | 606542 | 324777 | 281765 | 46 | 32 | 14 | 0.08 | 0.10 | 0.05 |
| 9 | 557175 | 300638 | 256537 | 60 | 35 | 25 | 0.11 | 0.12 | 0.10 |
| **10-14岁** | **2702864** | **1442885** | **1259979** | **348** | **209** | **139** | **0.13** | **0.14** | **0.11** |
| 10 | 551280 | 296871 | 254409 | 63 | 39 | 24 | 0.11 | 0.13 | 0.09 |
| 11 | 549657 | 293356 | 256301 | 60 | 35 | 25 | 0.11 | 0.12 | 0.10 |
| 12 | 545009 | 290605 | 254404 | 64 | 38 | 26 | 0.12 | 0.13 | 0.10 |
| 13 | 524874 | 279077 | 245797 | 75 | 44 | 31 | 0.14 | 0.16 | 0.13 |
| 14 | 532044 | 282976 | 249068 | 86 | 53 | 33 | 0.16 | 0.19 | 0.13 |
| **15-19岁** | **2852110** | **1547092** | **1305018** | **519** | **340** | **179** | **0.18** | **0.22** | **0.14** |
| 15 | 575381 | 307134 | 268247 | 94 | 64 | 30 | 0.16 | 0.21 | 0.11 |
| 16 | 531535 | 288049 | 243486 | 91 | 57 | 34 | 0.17 | 0.20 | 0.14 |
| 17 | 563159 | 306107 | 257052 | 105 | 66 | 39 | 0.19 | 0.22 | 0.15 |
| 18 | 566898 | 309341 | 257557 | 118 | 84 | 34 | 0.21 | 0.27 | 0.13 |
| 19 | 615137 | 336461 | 278676 | 111 | 69 | 42 | 0.18 | 0.21 | 0.15 |
| **20-24岁** | **3862753** | **2119619** | **1743134** | **779** | **522** | **257** | **0.20** | **0.25** | **0.15** |
| 20 | 649611 | 356754 | 292857 | 136 | 92 | 44 | 0.21 | 0.26 | 0.15 |
| 21 | 689335 | 379459 | 309876 | 144 | 98 | 46 | 0.21 | 0.26 | 0.15 |
| 22 | 768793 | 422361 | 346432 | 158 | 98 | 60 | 0.21 | 0.23 | 0.17 |
| 23 | 836755 | 458920 | 377835 | 175 | 121 | 54 | 0.21 | 0.26 | 0.14 |
| 24 | 918259 | 502125 | 416134 | 166 | 113 | 53 | 0.18 | 0.23 | 0.13 |
| **25-29岁** | **4968665** | **2693187** | **2275478** | **988** | **679** | **309** | **0.20** | **0.25** | **0.14** |
| 25 | 925573 | 505111 | 420462 | 171 | 118 | 53 | 0.18 | 0.23 | 0.13 |
| 26 | 939582 | 509665 | 429917 | 194 | 137 | 57 | 0.21 | 0.27 | 0.13 |
| 27 | 972650 | 526612 | 446038 | 196 | 131 | 65 | 0.20 | 0.25 | 0.15 |
| 28 | 1004170 | 543091 | 461079 | 187 | 130 | 57 | 0.19 | 0.24 | 0.12 |
| 29 | 1126690 | 608708 | 517982 | 240 | 163 | 77 | 0.21 | 0.27 | 0.15 |

6–4　续表 1　　单位：人、‰

| 年　龄 | 平均人口 | | | 死亡人口 | | | 死亡率 | | |
|---|---|---|---|---|---|---|---|---|---|
| | 合计 | 男 | 女 | 合计 | 男 | 女 | 合计 | 男 | 女 |
| **30–34岁** | **6015859** | **3198469** | **2817390** | **1444** | **987** | **457** | **0.24** | **0.31** | **0.16** |
| 30 | 1264654 | 679587 | 585067 | 282 | 194 | 88 | 0.22 | 0.29 | 0.15 |
| 31 | 1211998 | 646044 | 565954 | 276 | 194 | 82 | 0.23 | 0.30 | 0.14 |
| 32 | 1290802 | 685290 | 605512 | 306 | 207 | 99 | 0.24 | 0.30 | 0.16 |
| 33 | 1218213 | 643672 | 574541 | 306 | 208 | 98 | 0.25 | 0.32 | 0.17 |
| 34 | 1030192 | 543876 | 486316 | 274 | 184 | 90 | 0.27 | 0.34 | 0.19 |
| **35–39岁** | **5024182** | **2645091** | **2379091** | **1928** | **1337** | **591** | **0.38** | **0.51** | **0.25** |
| 35 | 950525 | 502766 | 447759 | 311 | 219 | 92 | 0.33 | 0.44 | 0.21 |
| 36 | 1002966 | 528235 | 474731 | 312 | 203 | 109 | 0.31 | 0.38 | 0.23 |
| 37 | 1090635 | 573910 | 516725 | 410 | 285 | 125 | 0.38 | 0.50 | 0.24 |
| 38 | 1116016 | 585154 | 530862 | 484 | 329 | 155 | 0.43 | 0.56 | 0.29 |
| 39 | 864040 | 455026 | 409014 | 411 | 301 | 110 | 0.48 | 0.66 | 0.27 |
| **40–44岁** | **4994191** | **2599750** | **2394441** | **3225** | **2212** | **1013** | **0.65** | **0.85** | **0.42** |
| 40 | 968662 | 509439 | 459223 | 520 | 345 | 175 | 0.54 | 0.68 | 0.38 |
| 41 | 979937 | 511429 | 468508 | 596 | 407 | 189 | 0.61 | 0.80 | 0.40 |
| 42 | 995647 | 516306 | 479341 | 657 | 454 | 203 | 0.66 | 0.88 | 0.42 |
| 43 | 997869 | 517801 | 480068 | 651 | 454 | 197 | 0.65 | 0.88 | 0.41 |
| 44 | 1052076 | 544775 | 507301 | 801 | 552 | 249 | 0.76 | 1.01 | 0.49 |
| **45–49岁** | **5761907** | **2977958** | **2783949** | **5681** | **3885** | **1796** | **0.99** | **1.30** | **0.65** |
| 45 | 1042920 | 538364 | 504556 | 837 | 572 | 265 | 0.80 | 1.06 | 0.53 |
| 46 | 1126744 | 582109 | 544635 | 985 | 670 | 315 | 0.87 | 1.15 | 0.58 |
| 47 | 1181776 | 611027 | 570749 | 1121 | 748 | 373 | 0.95 | 1.22 | 0.65 |
| 48 | 1194156 | 618341 | 575815 | 1270 | 859 | 411 | 1.06 | 1.39 | 0.71 |
| 49 | 1216311 | 628117 | 588194 | 1468 | 1036 | 432 | 1.21 | 1.65 | 0.73 |
| **50–54岁** | **5770387** | **2988401** | **2781986** | **9815** | **6727** | **3088** | **1.70** | **2.25** | **1.11** |
| 50 | 1232080 | 636177 | 595903 | 1679 | 1179 | 500 | 1.36 | 1.85 | 0.84 |
| 51 | 1234523 | 640185 | 594338 | 1789 | 1231 | 558 | 1.45 | 1.92 | 0.94 |
| 52 | 1094717 | 566819 | 527898 | 1904 | 1281 | 623 | 1.74 | 2.26 | 1.18 |
| 53 | 1050052 | 543971 | 506081 | 1952 | 1362 | 590 | 1.86 | 2.50 | 1.17 |
| 54 | 1159015 | 601249 | 557766 | 2491 | 1674 | 817 | 2.15 | 2.78 | 1.46 |
| **55–59岁** | **4641840** | **2389686** | **2252154** | **13398** | **9344** | **4054** | **2.89** | **3.91** | **1.80** |
| 55 | 1108331 | 572146 | 536185 | 2591 | 1792 | 799 | 2.34 | 3.13 | 1.49 |
| 56 | 1164222 | 601231 | 562991 | 3042 | 2141 | 901 | 2.61 | 3.56 | 1.60 |
| 57 | 1173048 | 605884 | 567164 | 3393 | 2347 | 1046 | 2.89 | 3.87 | 1.84 |
| 58 | 621019 | 317134 | 303885 | 2230 | 1550 | 680 | 3.59 | 4.89 | 2.24 |
| 59 | 575220 | 293291 | 281929 | 2142 | 1514 | 628 | 3.72 | 5.16 | 2.23 |
| **60–64岁** | **3521865** | **1800594** | **1721271** | **18446** | **12999** | **5447** | **5.24** | **7.22** | **3.16** |
| 60 | 636822 | 327673 | 309149 | 2660 | 1863 | 797 | 4.18 | 5.69 | 2.58 |
| 61 | 627164 | 323265 | 303899 | 2990 | 2148 | 842 | 4.77 | 6.64 | 2.77 |
| 62 | 797610 | 411512 | 386098 | 3942 | 2788 | 1154 | 4.94 | 6.78 | 2.99 |
| 63 | 767254 | 389552 | 377702 | 4408 | 3080 | 1328 | 5.75 | 7.91 | 3.52 |
| 64 | 693015 | 348592 | 344423 | 4446 | 3120 | 1326 | 6.42 | 8.95 | 3.85 |

6-4　续表 2　　　　单位：人、‰

| 年　龄 | 平均人口 | | | 死亡人口 | | | 死亡率 | | |
|---|---|---|---|---|---|---|---|---|---|
| | 合计 | 男 | 女 | 合计 | 男 | 女 | 合计 | 男 | 女 |
| **65—69岁** | **3177430** | **1579490** | **1597940** | **26325** | **17939** | **8386** | **8.28** | **11.36** | **5.25** |
| 65 | 746989 | 376881 | 370108 | 4923 | 3418 | 1505 | 6.59 | 9.07 | 4.07 |
| 66 | 694563 | 346343 | 348220 | 5173 | 3584 | 1589 | 7.45 | 10.35 | 4.56 |
| 67 | 628360 | 311281 | 317079 | 5288 | 3630 | 1658 | 8.42 | 11.66 | 5.23 |
| 68 | 590380 | 290070 | 300310 | 5531 | 3723 | 1808 | 9.37 | 12.83 | 6.02 |
| 69 | 517138 | 254915 | 262223 | 5410 | 3584 | 1826 | 10.46 | 14.06 | 6.96 |
| **70—74岁** | **2207880** | **1090270** | **1117610** | **32363** | **21091** | **11272** | **14.66** | **19.34** | **10.09** |
| 70 | 514233 | 256312 | 257921 | 5987 | 4034 | 1953 | 11.64 | 15.74 | 7.57 |
| 71 | 494873 | 245325 | 249548 | 6386 | 4184 | 2202 | 12.90 | 17.05 | 8.82 |
| 72 | 458117 | 225852 | 232265 | 6682 | 4335 | 2347 | 14.59 | 19.19 | 10.10 |
| 73 | 400163 | 196610 | 203553 | 6763 | 4392 | 2371 | 16.90 | 22.34 | 11.65 |
| 74 | 340494 | 166171 | 174323 | 6545 | 4146 | 2399 | 19.22 | 24.95 | 13.76 |
| **75—79岁** | **1229588** | **605256** | **624332** | **35275** | **21833** | **13442** | **28.69** | **36.07** | **21.53** |
| 75 | 294912 | 145584 | 149328 | 6720 | 4194 | 2526 | 22.79 | 28.81 | 16.92 |
| 76 | 285022 | 140204 | 144818 | 6939 | 4335 | 2604 | 24.35 | 30.92 | 17.98 |
| 77 | 233772 | 115338 | 118434 | 6655 | 4155 | 2500 | 28.47 | 36.02 | 21.11 |
| 78 | 213183 | 104581 | 108602 | 7080 | 4323 | 2757 | 33.21 | 41.34 | 25.39 |
| 79 | 202699 | 99549 | 103150 | 7881 | 4826 | 3055 | 38.88 | 48.48 | 29.62 |
| **80—84岁** | **935861** | **442520** | **493341** | **52302** | **29385** | **22917** | **55.89** | **66.40** | **46.45** |
| 80 | 189610 | 91476 | 98134 | 8098 | 4767 | 3331 | 42.71 | 52.11 | 33.94 |
| 81 | 197523 | 94603 | 102920 | 9672 | 5527 | 4145 | 48.97 | 58.42 | 40.27 |
| 82 | 203505 | 96995 | 106510 | 11366 | 6481 | 4885 | 55.85 | 66.82 | 45.86 |
| 83 | 176960 | 82773 | 94187 | 11329 | 6300 | 5029 | 64.02 | 76.11 | 53.39 |
| 84 | 168263 | 76673 | 91590 | 11837 | 6310 | 5527 | 70.35 | 82.30 | 60.35 |
| **85—89岁** | **577366** | **250431** | **326935** | **57984** | **28490** | **29494** | **100.43** | **113.76** | **90.21** |
| 85 | 154282 | 69253 | 85029 | 12464 | 6456 | 6008 | 80.79 | 93.22 | 70.66 |
| 86 | 139609 | 61099 | 78510 | 12577 | 6290 | 6287 | 90.09 | 102.95 | 80.08 |
| 87 | 117823 | 50312 | 67511 | 12469 | 6146 | 6323 | 105.83 | 122.16 | 93.66 |
| 88 | 96521 | 40960 | 55561 | 11136 | 5285 | 5851 | 115.37 | 129.03 | 105.31 |
| 89 | 69131 | 28807 | 40324 | 9338 | 4313 | 5025 | 135.08 | 149.72 | 124.62 |
| **90—94岁** | **188404** | **74362** | **114042** | **33868** | **14356** | **19512** | **179.76** | **193.06** | **171.09** |
| 90 | 56805 | 23178 | 33627 | 8686 | 3858 | 4828 | 152.91 | 166.45 | 143.58 |
| 91 | 49151 | 19558 | 29593 | 8175 | 3470 | 4705 | 166.32 | 177.42 | 158.99 |
| 92 | 37631 | 14643 | 22988 | 7339 | 3101 | 4238 | 195.03 | 211.77 | 184.36 |
| 93 | 26078 | 10039 | 16039 | 5349 | 2233 | 3116 | 205.12 | 222.43 | 194.28 |
| 94 | 18739 | 6944 | 11795 | 4319 | 1694 | 2625 | 230.48 | 243.95 | 222.55 |
| **95—99岁** | **35519** | **12270** | **23249** | **9670** | **3452** | **6218** | **272.25** | **281.34** | **267.45** |
| 95 | 13614 | 4904 | 8710 | 3307 | 1295 | 2012 | 242.91 | 264.07 | 231.00 |
| 96 | 9511 | 3252 | 6259 | 2538 | 874 | 1664 | 266.85 | 268.76 | 265.86 |
| 97 | 6073 | 2081 | 3992 | 1777 | 618 | 1159 | 292.61 | 296.97 | 290.33 |
| 98 | 3830 | 1228 | 2602 | 1256 | 405 | 851 | 327.94 | 329.80 | 327.06 |
| 99 | 2491 | 805 | 1686 | 792 | 260 | 532 | 317.94 | 322.98 | 315.54 |
| **100岁及以上** | **3196** | **956** | **2240** | **1251** | **378** | **873** | **391.43** | **395.40** | **389.73** |

# 6-4a 全省分年龄、性别的死亡人口状况
## (2019.11.1-2020.10.31)(城市)

单位：人、‰

| 年龄 | 平均人口 | | | 死亡人口 | | | 死亡率 | | |
|---|---|---|---|---|---|---|---|---|---|
| | 合计 | 男 | 女 | 合计 | 男 | 女 | 合计 | 男 | 女 |
| **总计** | **33023842** | **17136163** | **15887679** | **97677** | **55745** | **41932** | **2.96** | **3.25** | **2.64** |
| **0-4岁** | **1636035** | **860019** | **776016** | **367** | **190** | **177** | **0.22** | **0.22** | **0.23** |
| 0 | 280720 | 146679 | 134041 | 227 | 122 | 105 | 0.81 | 0.83 | 0.78 |
| 1 | 297650 | 156276 | 141374 | 34 | 14 | 20 | 0.11 | 0.09 | 0.14 |
| 2 | 345340 | 180963 | 164377 | 38 | 22 | 16 | 0.11 | 0.12 | 0.10 |
| 3 | 405585 | 213144 | 192441 | 37 | 17 | 20 | 0.09 | 0.08 | 0.10 |
| 4 | 306740 | 162957 | 143783 | 31 | 15 | 16 | 0.10 | 0.09 | 0.11 |
| **5-9岁** | **1639980** | **876035** | **763945** | **103** | **64** | **39** | **0.06** | **0.07** | **0.05** |
| 5 | 363666 | 192848 | 170818 | 26 | 17 | 9 | 0.07 | 0.09 | 0.05 |
| 6 | 322134 | 171512 | 150622 | 14 | 10 | 4 | 0.04 | 0.06 | 0.03 |
| 7 | 341237 | 182358 | 158879 | 20 | 13 | 7 | 0.06 | 0.07 | 0.04 |
| 8 | 321419 | 171930 | 149489 | 19 | 13 | 6 | 0.06 | 0.08 | 0.04 |
| 9 | 291524 | 157387 | 134137 | 24 | 11 | 13 | 0.08 | 0.07 | 0.10 |
| **10-14岁** | **1332669** | **712827** | **619842** | **115** | **65** | **50** | **0.09** | **0.09** | **0.08** |
| 10 | 278652 | 150242 | 128410 | 21 | 14 | 7 | 0.08 | 0.09 | 0.05 |
| 11 | 272649 | 145685 | 126964 | 27 | 16 | 11 | 0.10 | 0.11 | 0.09 |
| 12 | 270474 | 144384 | 126090 | 20 | 9 | 11 | 0.07 | 0.06 | 0.09 |
| 13 | 250643 | 133859 | 116784 | 19 | 10 | 9 | 0.08 | 0.07 | 0.08 |
| 14 | 260251 | 138657 | 121594 | 28 | 16 | 12 | 0.11 | 0.12 | 0.10 |
| **15-19岁** | **1769013** | **941783** | **827230** | **198** | **123** | **75** | **0.11** | **0.13** | **0.09** |
| 15 | 320700 | 170828 | 149872 | 32 | 22 | 10 | 0.10 | 0.13 | 0.07 |
| 16 | 311875 | 168282 | 143593 | 30 | 18 | 12 | 0.10 | 0.11 | 0.08 |
| 17 | 337722 | 181353 | 156369 | 44 | 31 | 13 | 0.13 | 0.17 | 0.08 |
| 18 | 368157 | 195214 | 172943 | 49 | 31 | 18 | 0.13 | 0.16 | 0.10 |
| 19 | 430559 | 226106 | 204453 | 43 | 21 | 22 | 0.10 | 0.09 | 0.11 |
| **20-24岁** | **2401283** | **1283839** | **1117444** | **283** | **176** | **107** | **0.12** | **0.14** | **0.10** |
| 20 | 437681 | 231605 | 206076 | 68 | 40 | 28 | 0.16 | 0.17 | 0.14 |
| 21 | 439200 | 234755 | 204445 | 58 | 37 | 21 | 0.13 | 0.16 | 0.10 |
| 22 | 471026 | 252729 | 218297 | 44 | 27 | 17 | 0.09 | 0.11 | 0.08 |
| 23 | 505928 | 271406 | 234522 | 55 | 33 | 22 | 0.11 | 0.12 | 0.09 |
| 24 | 547448 | 293344 | 254104 | 58 | 39 | 19 | 0.11 | 0.13 | 0.07 |
| **25-29岁** | **2929204** | **1562166** | **1367038** | **357** | **237** | **120** | **0.12** | **0.15** | **0.09** |
| 25 | 547157 | 293271 | 253886 | 58 | 41 | 17 | 0.11 | 0.14 | 0.07 |
| 26 | 553752 | 295341 | 258411 | 63 | 42 | 21 | 0.11 | 0.14 | 0.08 |
| 27 | 571286 | 304666 | 266620 | 70 | 42 | 28 | 0.12 | 0.14 | 0.11 |
| 28 | 591757 | 315162 | 276595 | 69 | 48 | 21 | 0.12 | 0.15 | 0.08 |
| 29 | 665252 | 353726 | 311526 | 97 | 64 | 33 | 0.15 | 0.18 | 0.11 |

6-4a 续表 1

单位：人、‰

| 年 龄 | 平均人口 | | | 死亡人口 | | | 死亡率 | | |
|---|---|---|---|---|---|---|---|---|---|
| | 合计 | 男 | 女 | 合计 | 男 | 女 | 合计 | 男 | 女 |
| **30–34岁** | **3535178** | **1850225** | **1684953** | **524** | **348** | **176** | **0.15** | **0.19** | **0.10** |
| 30 | 747776 | 395894 | 351882 | 100 | 58 | 42 | 0.13 | 0.15 | 0.12 |
| 31 | 715877 | 375357 | 340520 | 106 | 79 | 27 | 0.15 | 0.21 | 0.08 |
| 32 | 758828 | 396873 | 361955 | 112 | 78 | 34 | 0.15 | 0.20 | 0.09 |
| 33 | 710013 | 368954 | 341059 | 105 | 69 | 36 | 0.15 | 0.19 | 0.11 |
| 34 | 602684 | 313147 | 289537 | 101 | 64 | 37 | 0.17 | 0.20 | 0.13 |
| **35–39岁** | **2881078** | **1498750** | **1382328** | **713** | **473** | **240** | **0.25** | **0.32** | **0.17** |
| 35 | 555746 | 290316 | 265430 | 129 | 82 | 47 | 0.23 | 0.28 | 0.18 |
| 36 | 582715 | 302627 | 280088 | 140 | 84 | 56 | 0.24 | 0.28 | 0.20 |
| 37 | 630649 | 326761 | 303888 | 134 | 92 | 42 | 0.21 | 0.28 | 0.14 |
| 38 | 632351 | 327684 | 304667 | 165 | 112 | 53 | 0.26 | 0.34 | 0.17 |
| 39 | 479617 | 251362 | 228255 | 145 | 103 | 42 | 0.30 | 0.41 | 0.18 |
| **40–44岁** | **2676379** | **1392448** | **1283931** | **1061** | **710** | **351** | **0.40** | **0.51** | **0.27** |
| 40 | 535715 | 280020 | 255695 | 183 | 118 | 65 | 0.34 | 0.42 | 0.25 |
| 41 | 534587 | 277943 | 256644 | 210 | 137 | 73 | 0.39 | 0.49 | 0.28 |
| 42 | 531409 | 275017 | 256392 | 219 | 148 | 71 | 0.41 | 0.54 | 0.28 |
| 43 | 527683 | 274965 | 252718 | 187 | 132 | 55 | 0.35 | 0.48 | 0.22 |
| 44 | 546985 | 284503 | 262482 | 262 | 175 | 87 | 0.48 | 0.62 | 0.33 |
| **45–49岁** | **2872081** | **1490313** | **1381768** | **1777** | **1200** | **577** | **0.62** | **0.81** | **0.42** |
| 45 | 533759 | 277182 | 256577 | 257 | 183 | 74 | 0.48 | 0.66 | 0.29 |
| 46 | 567460 | 294834 | 272626 | 300 | 204 | 96 | 0.53 | 0.69 | 0.35 |
| 47 | 590536 | 306473 | 284063 | 343 | 221 | 122 | 0.58 | 0.72 | 0.43 |
| 48 | 590450 | 306794 | 283656 | 421 | 276 | 145 | 0.71 | 0.90 | 0.51 |
| 49 | 589876 | 305030 | 284846 | 456 | 316 | 140 | 0.77 | 1.04 | 0.49 |
| **50–54岁** | **2641470** | **1360135** | **1281335** | **2846** | **1858** | **988** | **1.08** | **1.37** | **0.77** |
| 50 | 583357 | 300584 | 282773 | 509 | 339 | 170 | 0.87 | 1.13 | 0.60 |
| 51 | 578932 | 299288 | 279644 | 546 | 363 | 183 | 0.94 | 1.21 | 0.65 |
| 52 | 501066 | 257777 | 243289 | 535 | 354 | 181 | 1.07 | 1.37 | 0.74 |
| 53 | 466814 | 240151 | 226663 | 545 | 349 | 196 | 1.17 | 1.45 | 0.86 |
| 54 | 511301 | 262335 | 248966 | 711 | 453 | 258 | 1.39 | 1.73 | 1.04 |
| **55–59岁** | **2074387** | **1050566** | **1023821** | **4306** | **3000** | **1306** | **2.08** | **2.86** | **1.28** |
| 55 | 489424 | 248853 | 240571 | 778 | 530 | 248 | 1.59 | 2.13 | 1.03 |
| 56 | 526081 | 267753 | 258328 | 964 | 684 | 280 | 1.83 | 2.55 | 1.08 |
| 57 | 525294 | 266761 | 258533 | 1159 | 811 | 348 | 2.21 | 3.04 | 1.35 |
| 58 | 278368 | 139867 | 138501 | 727 | 499 | 228 | 2.61 | 3.57 | 1.65 |
| 59 | 255220 | 127332 | 127888 | 678 | 476 | 202 | 2.66 | 3.74 | 1.58 |
| **60–64岁** | **1496399** | **749718** | **746681** | **5820** | **4063** | **1757** | **3.89** | **5.42** | **2.35** |
| 60 | 283437 | 142417 | 141020 | 872 | 594 | 278 | 3.08 | 4.17 | 1.97 |
| 61 | 271193 | 137105 | 134088 | 966 | 673 | 293 | 3.56 | 4.91 | 2.19 |
| 62 | 340363 | 171837 | 168526 | 1220 | 874 | 346 | 3.58 | 5.09 | 2.05 |
| 63 | 312956 | 155361 | 157595 | 1329 | 929 | 400 | 4.25 | 5.98 | 2.54 |
| 64 | 288450 | 142998 | 145452 | 1433 | 993 | 440 | 4.97 | 6.94 | 3.03 |

6-4a 续表 2

单位：人、‰

| 年 龄 | 平均人口 | | | 死亡人口 | | | 死亡率 | | |
|---|---|---|---|---|---|---|---|---|---|
| | 合计 | 男 | 女 | 合计 | 男 | 女 | 合计 | 男 | 女 |
| **65-69岁** | **1236289** | **605937** | **630352** | **7883** | **5341** | **2542** | **6.38** | **8.81** | **4.03** |
| 65 | 300711 | 149065 | 151646 | 1491 | 1038 | 453 | 4.96 | 6.96 | 2.99 |
| 66 | 272531 | 134040 | 138491 | 1560 | 1050 | 510 | 5.72 | 7.83 | 3.68 |
| 67 | 241520 | 117864 | 123656 | 1494 | 1018 | 476 | 6.19 | 8.64 | 3.85 |
| 68 | 225127 | 109457 | 115670 | 1632 | 1094 | 538 | 7.25 | 9.99 | 4.65 |
| 69 | 196400 | 95511 | 100889 | 1706 | 1141 | 565 | 8.69 | 11.95 | 5.60 |
| **70-74岁** | **816898** | **398873** | **418025** | **9770** | **6284** | **3486** | **11.96** | **15.75** | **8.34** |
| 70 | 194484 | 95602 | 98882 | 1747 | 1145 | 602 | 8.98 | 11.98 | 6.09 |
| 71 | 181180 | 88045 | 93135 | 1911 | 1235 | 676 | 10.55 | 14.03 | 7.26 |
| 72 | 169142 | 82489 | 86653 | 2005 | 1280 | 725 | 11.85 | 15.52 | 8.37 |
| 73 | 147637 | 72267 | 75370 | 2095 | 1368 | 727 | 14.19 | 18.93 | 9.65 |
| 74 | 124455 | 60470 | 63985 | 2012 | 1256 | 756 | 16.17 | 20.77 | 11.82 |
| **75-79岁** | **449767** | **217097** | **232670** | **10780** | **6624** | **4156** | **23.97** | **30.51** | **17.86** |
| 75 | 108397 | 52998 | 55399 | 2022 | 1243 | 779 | 18.65 | 23.45 | 14.06 |
| 76 | 104169 | 50256 | 53913 | 2123 | 1324 | 799 | 20.38 | 26.35 | 14.82 |
| 77 | 87418 | 42071 | 45347 | 2055 | 1267 | 788 | 23.51 | 30.12 | 17.38 |
| 78 | 77487 | 37119 | 40368 | 2174 | 1330 | 844 | 28.06 | 35.83 | 20.91 |
| 79 | 72296 | 34653 | 37643 | 2406 | 1460 | 946 | 33.28 | 42.13 | 25.13 |
| **80-84岁** | **335391** | **156002** | **179389** | **16061** | **8954** | **7107** | **47.89** | **57.40** | **39.62** |
| 80 | 67115 | 31546 | 35569 | 2414 | 1430 | 984 | 35.97 | 45.33 | 27.66 |
| 81 | 70165 | 32803 | 37362 | 2860 | 1602 | 1258 | 40.76 | 48.84 | 33.67 |
| 82 | 71879 | 33561 | 38318 | 3486 | 1936 | 1550 | 48.50 | 57.69 | 40.45 |
| 83 | 63950 | 29751 | 34199 | 3495 | 1957 | 1538 | 54.65 | 65.78 | 44.97 |
| 84 | 62282 | 28341 | 33941 | 3806 | 2029 | 1777 | 61.11 | 71.59 | 52.36 |
| **85-89岁** | **213732** | **94871** | **118861** | **18905** | **9484** | **9421** | **88.45** | **99.97** | **79.26** |
| 85 | 56787 | 25585 | 31202 | 3899 | 2031 | 1868 | 68.66 | 79.38 | 59.87 |
| 86 | 51746 | 23101 | 28645 | 4058 | 2068 | 1990 | 78.42 | 89.52 | 69.47 |
| 87 | 43283 | 19100 | 24183 | 4154 | 2116 | 2038 | 95.97 | 110.79 | 84.27 |
| 88 | 35860 | 15807 | 20053 | 3692 | 1795 | 1897 | 102.96 | 113.56 | 94.60 |
| 89 | 26056 | 11278 | 14778 | 3102 | 1474 | 1628 | 119.05 | 130.70 | 110.16 |
| **90-94岁** | **71416** | **29189** | **42227** | **11781** | **5121** | **6660** | **164.96** | **175.44** | **157.72** |
| 90 | 21494 | 9007 | 12487 | 3012 | 1348 | 1664 | 140.13 | 149.66 | 133.26 |
| 91 | 18349 | 7632 | 10717 | 2837 | 1246 | 1591 | 154.61 | 163.26 | 148.46 |
| 92 | 14416 | 5901 | 8515 | 2565 | 1132 | 1433 | 177.93 | 191.83 | 168.29 |
| 93 | 9917 | 3918 | 5999 | 1848 | 785 | 1063 | 186.35 | 200.36 | 177.20 |
| 94 | 7240 | 2731 | 4509 | 1519 | 610 | 909 | 209.81 | 223.36 | 201.60 |
| **95-99岁** | **13877** | **4948** | **8929** | **3517** | **1282** | **2235** | **253.44** | **259.09** | **250.31** |
| 95 | 5265 | 1956 | 3309 | 1139 | 463 | 676 | 216.33 | 236.71 | 204.29 |
| 96 | 3655 | 1307 | 2348 | 949 | 340 | 609 | 259.64 | 260.14 | 259.37 |
| 97 | 2394 | 870 | 1524 | 654 | 235 | 419 | 273.18 | 270.11 | 274.93 |
| 98 | 1535 | 487 | 1048 | 470 | 141 | 329 | 306.19 | 289.53 | 313.93 |
| 99 | 1028 | 328 | 700 | 305 | 103 | 202 | 296.69 | 314.02 | 288.57 |
| **100岁及以上** | **1316** | **422** | **894** | **510** | **148** | **362** | **387.54** | **350.71** | **404.92** |

# 6-4b　全省分年龄、性别的死亡人口状况
## (2019.11.1-2020.10.31)(镇)

单位：人、‰

| 年　龄 | 平均人口 | | | 死亡人口 | | | 死亡率 | | |
|---|---|---|---|---|---|---|---|---|---|
| | 合计 | 男 | 女 | 合计 | 男 | 女 | 合计 | 男 | 女 |
| **总　计** | **13500953** | **7063965** | **6436988** | **57867** | **33855** | **24012** | **4.29** | **4.79** | **3.73** |
| **0-4岁** | **646495** | **340944** | **305551** | **246** | **139** | **107** | **0.38** | **0.41** | **0.35** |
| 0 | 108802 | 57459 | 51343 | 152 | 86 | 66 | 1.40 | 1.50 | 1.29 |
| 1 | 118738 | 62214 | 56524 | 30 | 22 | 8 | 0.25 | 0.35 | 0.14 |
| 2 | 138409 | 72924 | 65485 | 27 | 10 | 17 | 0.20 | 0.14 | 0.26 |
| 3 | 159146 | 84119 | 75027 | 22 | 14 | 8 | 0.14 | 0.17 | 0.11 |
| 4 | 121400 | 64228 | 57172 | 15 | 7 | 8 | 0.12 | 0.11 | 0.14 |
| **5-9岁** | **682675** | **364557** | **318118** | **43** | **29** | **14** | **0.06** | **0.08** | **0.04** |
| 5 | 141467 | 74934 | 66533 | 14 | 11 | 3 | 0.10 | 0.15 | 0.05 |
| 6 | 130377 | 69295 | 61082 | 8 | 4 | 4 | 0.06 | 0.06 | 0.07 |
| 7 | 143462 | 76372 | 67090 | 5 | 3 | 2 | 0.03 | 0.04 | 0.03 |
| 8 | 139741 | 75064 | 64677 | 5 | 3 | 2 | 0.04 | 0.04 | 0.03 |
| 9 | 127628 | 68892 | 58736 | 11 | 8 | 3 | 0.09 | 0.12 | 0.05 |
| **10-14岁** | **646846** | **343918** | **302928** | **77** | **49** | **28** | **0.12** | **0.14** | **0.09** |
| 10 | 129110 | 69462 | 59648 | 15 | 9 | 6 | 0.12 | 0.13 | 0.10 |
| 11 | 129248 | 68811 | 60437 | 13 | 6 | 7 | 0.10 | 0.09 | 0.12 |
| 12 | 128312 | 68161 | 60151 | 17 | 11 | 6 | 0.13 | 0.16 | 0.10 |
| 13 | 125938 | 66629 | 59309 | 16 | 13 | 3 | 0.13 | 0.20 | 0.05 |
| 14 | 134238 | 70855 | 63383 | 16 | 10 | 6 | 0.12 | 0.14 | 0.09 |
| **15-19岁** | **624514** | **343543** | **280971** | **124** | **83** | **41** | **0.20** | **0.24** | **0.15** |
| 15 | 160207 | 84843 | 75364 | 15 | 9 | 6 | 0.09 | 0.11 | 0.08 |
| 16 | 149164 | 79746 | 69418 | 29 | 19 | 10 | 0.19 | 0.24 | 0.14 |
| 17 | 132183 | 72361 | 59822 | 26 | 13 | 13 | 0.20 | 0.18 | 0.22 |
| 18 | 93606 | 53873 | 39733 | 26 | 23 | 3 | 0.28 | 0.43 | 0.08 |
| 19 | 89354 | 52720 | 36634 | 28 | 19 | 9 | 0.31 | 0.36 | 0.25 |
| **20-24岁** | **694686** | **395551** | **299135** | **173** | **127** | **46** | **0.25** | **0.32** | **0.15** |
| 20 | 100669 | 59039 | 41630 | 27 | 20 | 7 | 0.27 | 0.34 | 0.17 |
| 21 | 119116 | 68766 | 50350 | 38 | 29 | 9 | 0.32 | 0.42 | 0.18 |
| 22 | 141695 | 80601 | 61094 | 34 | 24 | 10 | 0.24 | 0.30 | 0.16 |
| 23 | 156673 | 88222 | 68451 | 36 | 26 | 10 | 0.23 | 0.29 | 0.15 |
| 24 | 176533 | 98923 | 77610 | 38 | 28 | 10 | 0.22 | 0.28 | 0.13 |
| **25-29岁** | **1001148** | **545985** | **455163** | **219** | **148** | **71** | **0.22** | **0.27** | **0.16** |
| 25 | 181708 | 100709 | 80999 | 32 | 22 | 10 | 0.18 | 0.22 | 0.12 |
| 26 | 186271 | 101922 | 84349 | 50 | 34 | 16 | 0.27 | 0.33 | 0.19 |
| 27 | 196281 | 106674 | 89607 | 45 | 30 | 15 | 0.23 | 0.28 | 0.17 |
| 28 | 205067 | 111442 | 93625 | 39 | 23 | 16 | 0.19 | 0.21 | 0.17 |
| 29 | 231821 | 125238 | 106583 | 53 | 39 | 14 | 0.23 | 0.31 | 0.13 |

6－4b 续表 1

单位：人、‰

| 年 龄 | 平均人口 | | | 死亡人口 | | | 死亡率 | | |
|---|---|---|---|---|---|---|---|---|---|
| | 合计 | 男 | 女 | 合计 | 男 | 女 | 合计 | 男 | 女 |
| **30－34岁** | **1259752** | **668357** | **591395** | **341** | **232** | **109** | **0.27** | **0.35** | **0.18** |
| 30 | 261649 | 140560 | 121089 | 67 | 50 | 17 | 0.26 | 0.36 | 0.14 |
| 31 | 252000 | 134584 | 117416 | 65 | 47 | 18 | 0.26 | 0.35 | 0.15 |
| 32 | 269466 | 142213 | 127253 | 74 | 52 | 22 | 0.27 | 0.37 | 0.17 |
| 33 | 258465 | 136143 | 122322 | 77 | 48 | 29 | 0.30 | 0.35 | 0.24 |
| 34 | 218172 | 114857 | 103315 | 58 | 35 | 23 | 0.27 | 0.30 | 0.22 |
| **35－39岁** | **1080270** | **562284** | **517986** | **377** | **272** | **105** | **0.35** | **0.48** | **0.20** |
| 35 | 200972 | 105779 | 95193 | 49 | 39 | 10 | 0.24 | 0.37 | 0.11 |
| 36 | 212025 | 110559 | 101466 | 61 | 42 | 19 | 0.29 | 0.38 | 0.19 |
| 37 | 231158 | 120425 | 110733 | 83 | 51 | 32 | 0.36 | 0.42 | 0.29 |
| 38 | 243577 | 125933 | 117644 | 95 | 67 | 28 | 0.39 | 0.53 | 0.24 |
| 39 | 192538 | 99588 | 92950 | 89 | 73 | 16 | 0.46 | 0.73 | 0.17 |
| **40－44岁** | **1125176** | **576940** | **548236** | **672** | **466** | **206** | **0.60** | **0.81** | **0.38** |
| 40 | 215237 | 111624 | 103613 | 106 | 73 | 33 | 0.49 | 0.65 | 0.32 |
| 41 | 218958 | 112277 | 106681 | 135 | 96 | 39 | 0.62 | 0.86 | 0.37 |
| 42 | 225468 | 114850 | 110618 | 130 | 88 | 42 | 0.58 | 0.77 | 0.38 |
| 43 | 226157 | 115627 | 110530 | 142 | 100 | 42 | 0.63 | 0.86 | 0.38 |
| 44 | 239356 | 122562 | 116794 | 159 | 109 | 50 | 0.66 | 0.89 | 0.43 |
| **45－49岁** | **1296470** | **666044** | **630426** | **1108** | **754** | **354** | **0.85** | **1.13** | **0.56** |
| 45 | 237016 | 121298 | 115718 | 174 | 118 | 56 | 0.73 | 0.97 | 0.48 |
| 46 | 255715 | 131025 | 124690 | 190 | 131 | 59 | 0.74 | 1.00 | 0.47 |
| 47 | 266313 | 136870 | 129443 | 219 | 145 | 74 | 0.82 | 1.06 | 0.57 |
| 48 | 266357 | 137285 | 129072 | 251 | 175 | 76 | 0.94 | 1.27 | 0.59 |
| 49 | 271069 | 139566 | 131503 | 274 | 185 | 89 | 1.01 | 1.33 | 0.68 |
| **50－54岁** | **1259565** | **654375** | **605190** | **1939** | **1345** | **594** | **1.54** | **2.06** | **0.98** |
| 50 | 273199 | 141164 | 132035 | 343 | 254 | 89 | 1.26 | 1.80 | 0.67 |
| 51 | 270223 | 140499 | 129724 | 366 | 251 | 115 | 1.35 | 1.79 | 0.89 |
| 52 | 238251 | 123749 | 114502 | 345 | 216 | 129 | 1.45 | 1.75 | 1.13 |
| 53 | 227980 | 118686 | 109294 | 368 | 263 | 105 | 1.61 | 2.22 | 0.96 |
| 54 | 249912 | 130277 | 119635 | 517 | 361 | 156 | 2.07 | 2.77 | 1.30 |
| **55－59岁** | **966519** | **502147** | **464372** | **2548** | **1779** | **769** | **2.64** | **3.54** | **1.66** |
| 55 | 236120 | 122807 | 113313 | 487 | 337 | 150 | 2.06 | 2.74 | 1.32 |
| 56 | 243204 | 126642 | 116562 | 583 | 414 | 169 | 2.40 | 3.27 | 1.45 |
| 57 | 243019 | 126760 | 116259 | 661 | 462 | 199 | 2.72 | 3.64 | 1.71 |
| 58 | 128465 | 66144 | 62321 | 423 | 284 | 139 | 3.29 | 4.29 | 2.23 |
| 59 | 115711 | 59794 | 55917 | 394 | 282 | 112 | 3.41 | 4.72 | 2.00 |
| **60－64岁** | **681899** | **352605** | **329294** | **3479** | **2452** | **1027** | **5.10** | **6.95** | **3.12** |
| 60 | 125847 | 66008 | 59839 | 476 | 335 | 141 | 3.78 | 5.08 | 2.36 |
| 61 | 123845 | 64760 | 59085 | 539 | 386 | 153 | 4.35 | 5.96 | 2.59 |
| 62 | 153244 | 79938 | 73306 | 760 | 529 | 231 | 4.96 | 6.62 | 3.15 |
| 63 | 148462 | 76080 | 72382 | 858 | 600 | 258 | 5.78 | 7.89 | 3.56 |
| 64 | 130501 | 65819 | 64682 | 846 | 602 | 244 | 6.48 | 9.15 | 3.77 |

6-4b　续表 2　　　　单位：人、‰

| 年　龄 | 平均人口 | | | 死亡人口 | | | 死亡率 | | |
|---|---|---|---|---|---|---|---|---|---|
| | 合计 | 男 | 女 | 合计 | 男 | 女 | 合计 | 男 | 女 |
| **65-69岁** | **596577** | **296800** | **299777** | **4904** | **3349** | **1555** | **8.22** | **11.28** | **5.19** |
| 65 | 141992 | 72015 | 69977 | 932 | 640 | 292 | 6.56 | 8.89 | 4.17 |
| 66 | 130764 | 65226 | 65538 | 991 | 687 | 304 | 7.58 | 10.53 | 4.64 |
| 67 | 118191 | 58780 | 59411 | 963 | 669 | 294 | 8.15 | 11.38 | 4.95 |
| 68 | 109289 | 53295 | 55994 | 1005 | 680 | 325 | 9.20 | 12.76 | 5.80 |
| 69 | 96341 | 47484 | 48857 | 1013 | 673 | 340 | 10.51 | 14.17 | 6.96 |
| **70-74岁** | **404440** | **200201** | **204239** | **6246** | **4083** | **2163** | **15.44** | **20.39** | **10.59** |
| 70 | 94474 | 46957 | 47517 | 1183 | 810 | 373 | 12.52 | 17.25 | 7.85 |
| 71 | 90892 | 45022 | 45870 | 1241 | 802 | 439 | 13.65 | 17.81 | 9.57 |
| 72 | 83724 | 41325 | 42399 | 1282 | 830 | 452 | 15.31 | 20.08 | 10.66 |
| 73 | 72953 | 36155 | 36798 | 1290 | 860 | 430 | 17.68 | 23.79 | 11.69 |
| 74 | 62397 | 30742 | 31655 | 1250 | 781 | 469 | 20.03 | 25.40 | 14.82 |
| **75-79岁** | **224336** | **111074** | **113262** | **6710** | **4217** | **2493** | **29.91** | **37.97** | **22.01** |
| 75 | 53749 | 26912 | 26837 | 1287 | 807 | 480 | 23.94 | 29.99 | 17.89 |
| 76 | 51859 | 25902 | 25957 | 1328 | 855 | 473 | 25.61 | 33.01 | 18.22 |
| 77 | 42493 | 20995 | 21498 | 1266 | 811 | 455 | 29.79 | 38.63 | 21.16 |
| 78 | 39034 | 19104 | 19930 | 1350 | 823 | 527 | 34.59 | 43.08 | 26.44 |
| 79 | 37201 | 18161 | 19040 | 1479 | 921 | 558 | 39.76 | 50.71 | 29.31 |
| **80-84岁** | **167380** | **78732** | **88648** | **9841** | **5656** | **4185** | **58.79** | **71.84** | **47.21** |
| 80 | 34672 | 16666 | 18006 | 1616 | 966 | 650 | 46.61 | 57.96 | 36.10 |
| 81 | 35306 | 16770 | 18536 | 1850 | 1084 | 766 | 52.40 | 64.64 | 41.32 |
| 82 | 36514 | 17283 | 19231 | 2106 | 1237 | 869 | 57.68 | 71.57 | 45.19 |
| 83 | 31241 | 14567 | 16674 | 2146 | 1214 | 932 | 68.69 | 83.34 | 55.90 |
| 84 | 29647 | 13446 | 16201 | 2123 | 1155 | 968 | 71.61 | 85.90 | 59.75 |
| **85-89岁** | **101983** | **44306** | **57677** | **10738** | **5347** | **5391** | **105.29** | **120.68** | **93.47** |
| 85 | 26990 | 12165 | 14825 | 2351 | 1216 | 1135 | 87.11 | 99.96 | 76.56 |
| 86 | 24767 | 10966 | 13801 | 2259 | 1161 | 1098 | 91.21 | 105.87 | 79.56 |
| 87 | 20887 | 8843 | 12044 | 2271 | 1139 | 1132 | 108.73 | 128.80 | 93.99 |
| 88 | 16976 | 7217 | 9759 | 2054 | 992 | 1062 | 120.99 | 137.45 | 108.82 |
| 89 | 12363 | 5115 | 7248 | 1803 | 839 | 964 | 145.84 | 164.03 | 133.00 |
| **90-94岁** | **33318** | **13252** | **20066** | **6165** | **2654** | **3511** | **185.04** | **200.27** | **174.97** |
| 90 | 9996 | 4080 | 5916 | 1526 | 707 | 819 | 152.66 | 173.28 | 138.44 |
| 91 | 8832 | 3513 | 5319 | 1472 | 649 | 823 | 166.67 | 184.74 | 154.73 |
| 92 | 6637 | 2587 | 4050 | 1376 | 551 | 825 | 207.32 | 212.99 | 203.70 |
| 93 | 4613 | 1853 | 2760 | 1022 | 442 | 580 | 221.55 | 238.53 | 210.14 |
| 94 | 3240 | 1219 | 2021 | 769 | 305 | 464 | 237.35 | 250.21 | 229.59 |
| **95-99岁** | **6308** | **2176** | **4132** | **1708** | **618** | **1090** | **270.77** | **284.01** | **263.79** |
| 95 | 2376 | 839 | 1537 | 565 | 236 | 329 | 237.79 | 281.29 | 214.05 |
| 96 | 1694 | 601 | 1093 | 472 | 157 | 315 | 278.63 | 261.23 | 288.20 |
| 97 | 1098 | 364 | 734 | 309 | 107 | 202 | 281.42 | 293.96 | 275.20 |
| 98 | 656 | 215 | 441 | 217 | 79 | 138 | 330.79 | 367.44 | 312.93 |
| 99 | 484 | 157 | 327 | 145 | 39 | 106 | 299.59 | 248.41 | 324.16 |
| **100岁及以上** | **596** | **174** | **422** | **209** | **56** | **153** | **350.67** | **321.84** | **362.56** |

# 6-4c 全省分年龄、性别的死亡人口状况 (2019.11.1-2020.10.31)(乡村)

单位：人、‰

| 年龄 | 平均人口 | | | 死亡人口 | | | 死亡率 | | |
|---|---|---|---|---|---|---|---|---|---|
| | 合计 | 男 | 女 | 合计 | 男 | 女 | 合计 | 男 | 女 |
| **总计** | **17984404** | **9457843** | **8526561** | **151409** | **87336** | **64073** | **8.42** | **9.23** | **7.51** |
| **0-4岁** | **722662** | **379426** | **343236** | **464** | **270** | **194** | **0.64** | **0.71** | **0.57** |
| 0 | 133568 | 70011 | 63557 | 265 | 153 | 112 | 1.98 | 2.19 | 1.76 |
| 1 | 139451 | 73025 | 66426 | 53 | 33 | 20 | 0.38 | 0.45 | 0.30 |
| 2 | 154735 | 81272 | 73463 | 51 | 34 | 17 | 0.33 | 0.42 | 0.23 |
| 3 | 164951 | 86726 | 78225 | 55 | 28 | 27 | 0.33 | 0.32 | 0.35 |
| 4 | 129957 | 68392 | 61565 | 40 | 22 | 18 | 0.31 | 0.32 | 0.29 |
| **5-9岁** | **709485** | **378703** | **330782** | **121** | **79** | **42** | **0.17** | **0.21** | **0.13** |
| 5 | 145985 | 77455 | 68530 | 32 | 17 | 15 | 0.22 | 0.22 | 0.22 |
| 6 | 133851 | 71051 | 62800 | 21 | 14 | 7 | 0.16 | 0.20 | 0.11 |
| 7 | 146244 | 78055 | 68189 | 21 | 16 | 5 | 0.14 | 0.20 | 0.07 |
| 8 | 145382 | 77783 | 67599 | 22 | 16 | 6 | 0.15 | 0.21 | 0.09 |
| 9 | 138023 | 74359 | 63664 | 25 | 16 | 9 | 0.18 | 0.22 | 0.14 |
| **10-14岁** | **723349** | **386140** | **337209** | **156** | **95** | **61** | **0.22** | **0.25** | **0.18** |
| 10 | 143518 | 77167 | 66351 | 27 | 16 | 11 | 0.19 | 0.21 | 0.17 |
| 11 | 147760 | 78860 | 68900 | 20 | 13 | 7 | 0.14 | 0.16 | 0.10 |
| 12 | 146223 | 78060 | 68163 | 27 | 18 | 9 | 0.18 | 0.23 | 0.13 |
| 13 | 148293 | 78589 | 69704 | 40 | 21 | 19 | 0.27 | 0.27 | 0.27 |
| 14 | 137555 | 73464 | 64091 | 42 | 27 | 15 | 0.31 | 0.37 | 0.23 |
| **15-19岁** | **458583** | **261766** | **196817** | **197** | **134** | **63** | **0.43** | **0.51** | **0.32** |
| 15 | 94474 | 51463 | 43011 | 47 | 33 | 14 | 0.50 | 0.64 | 0.33 |
| 16 | 70496 | 40021 | 30475 | 32 | 20 | 12 | 0.45 | 0.50 | 0.39 |
| 17 | 93254 | 52393 | 40861 | 35 | 22 | 13 | 0.38 | 0.42 | 0.32 |
| 18 | 105135 | 60254 | 44881 | 43 | 30 | 13 | 0.41 | 0.50 | 0.29 |
| 19 | 95224 | 57635 | 37589 | 40 | 29 | 11 | 0.42 | 0.50 | 0.29 |
| **20-24岁** | **766784** | **440229** | **326555** | **323** | **219** | **104** | **0.42** | **0.50** | **0.32** |
| 20 | 111261 | 66110 | 45151 | 41 | 32 | 9 | 0.37 | 0.48 | 0.20 |
| 21 | 131019 | 75938 | 55081 | 48 | 32 | 16 | 0.37 | 0.42 | 0.29 |
| 22 | 156072 | 89031 | 67041 | 80 | 47 | 33 | 0.51 | 0.53 | 0.49 |
| 23 | 174154 | 99292 | 74862 | 84 | 62 | 22 | 0.48 | 0.62 | 0.29 |
| 24 | 194278 | 109858 | 84420 | 70 | 46 | 24 | 0.36 | 0.42 | 0.28 |
| **25-29岁** | **1038313** | **585036** | **453277** | **412** | **294** | **118** | **0.40** | **0.50** | **0.26** |
| 25 | 196708 | 111131 | 85577 | 81 | 55 | 26 | 0.41 | 0.49 | 0.30 |
| 26 | 199559 | 112402 | 87157 | 81 | 61 | 20 | 0.41 | 0.54 | 0.23 |
| 27 | 205083 | 115272 | 89811 | 81 | 59 | 22 | 0.39 | 0.51 | 0.24 |
| 28 | 207346 | 116487 | 90859 | 79 | 59 | 20 | 0.38 | 0.51 | 0.22 |
| 29 | 229617 | 129744 | 99873 | 90 | 60 | 30 | 0.39 | 0.46 | 0.30 |

6-4c　续表 1　　　　单位：人、‰

| 年　龄 | 平均人口 | | | 死亡人口 | | | 死亡率 | | |
|---|---|---|---|---|---|---|---|---|---|
| | 合计 | 男 | 女 | 合计 | 男 | 女 | 合计 | 男 | 女 |
| **30-34岁** | **1220929** | **679887** | **541042** | **579** | **407** | **172** | **0.47** | **0.60** | **0.32** |
| 30 | 255229 | 143133 | 112096 | 115 | 86 | 29 | 0.45 | 0.60 | 0.26 |
| 31 | 244121 | 136103 | 108018 | 105 | 68 | 37 | 0.43 | 0.50 | 0.34 |
| 32 | 262508 | 146204 | 116304 | 120 | 77 | 43 | 0.46 | 0.53 | 0.37 |
| 33 | 249735 | 138575 | 111160 | 124 | 91 | 33 | 0.50 | 0.66 | 0.30 |
| 34 | 209336 | 115872 | 93464 | 115 | 85 | 30 | 0.55 | 0.73 | 0.32 |
| **35-39岁** | **1062834** | **584057** | **478777** | **838** | **592** | **246** | **0.79** | **1.01** | **0.51** |
| 35 | 193807 | 106671 | 87136 | 133 | 98 | 35 | 0.69 | 0.92 | 0.40 |
| 36 | 208226 | 115049 | 93177 | 111 | 77 | 34 | 0.53 | 0.67 | 0.36 |
| 37 | 228828 | 126724 | 102104 | 193 | 142 | 51 | 0.84 | 1.12 | 0.50 |
| 38 | 240088 | 131537 | 108551 | 224 | 150 | 74 | 0.93 | 1.14 | 0.68 |
| 39 | 191885 | 104076 | 87809 | 177 | 125 | 52 | 0.92 | 1.20 | 0.59 |
| **40-44岁** | **1192636** | **630362** | **562274** | **1492** | **1036** | **456** | **1.25** | **1.64** | **0.81** |
| 40 | 217710 | 117795 | 99915 | 231 | 154 | 77 | 1.06 | 1.31 | 0.77 |
| 41 | 226392 | 121209 | 105183 | 251 | 174 | 77 | 1.11 | 1.44 | 0.73 |
| 42 | 238770 | 126439 | 112331 | 308 | 218 | 90 | 1.29 | 1.72 | 0.80 |
| 43 | 244029 | 127209 | 116820 | 322 | 222 | 100 | 1.32 | 1.75 | 0.86 |
| 44 | 265735 | 137710 | 128025 | 380 | 268 | 112 | 1.43 | 1.95 | 0.87 |
| **45-49岁** | **1593356** | **821601** | **771755** | **2796** | **1931** | **865** | **1.75** | **2.35** | **1.12** |
| 45 | 272145 | 139884 | 132261 | 406 | 271 | 135 | 1.49 | 1.94 | 1.02 |
| 46 | 303569 | 156250 | 147319 | 495 | 335 | 160 | 1.63 | 2.14 | 1.09 |
| 47 | 324927 | 167684 | 157243 | 559 | 382 | 177 | 1.72 | 2.28 | 1.13 |
| 48 | 337349 | 174262 | 163087 | 598 | 408 | 190 | 1.77 | 2.34 | 1.17 |
| 49 | 355366 | 183521 | 171845 | 738 | 535 | 203 | 2.08 | 2.92 | 1.18 |
| **50-54岁** | **1869352** | **973891** | **895461** | **5030** | **3524** | **1506** | **2.69** | **3.62** | **1.68** |
| 50 | 375524 | 194429 | 181095 | 827 | 586 | 241 | 2.20 | 3.01 | 1.33 |
| 51 | 385368 | 200398 | 184970 | 877 | 617 | 260 | 2.28 | 3.08 | 1.41 |
| 52 | 355400 | 185293 | 170107 | 1024 | 711 | 313 | 2.88 | 3.84 | 1.84 |
| 53 | 355258 | 185134 | 170124 | 1039 | 750 | 289 | 2.92 | 4.05 | 1.70 |
| 54 | 397802 | 208637 | 189165 | 1263 | 860 | 403 | 3.17 | 4.12 | 2.13 |
| **55-59岁** | **1600934** | **836973** | **763961** | **6544** | **4565** | **1979** | **4.09** | **5.45** | **2.59** |
| 55 | 382787 | 200486 | 182301 | 1326 | 925 | 401 | 3.46 | 4.61 | 2.20 |
| 56 | 394937 | 206836 | 188101 | 1495 | 1043 | 452 | 3.79 | 5.04 | 2.40 |
| 57 | 404735 | 212363 | 192372 | 1573 | 1074 | 499 | 3.89 | 5.06 | 2.59 |
| 58 | 214186 | 111123 | 103063 | 1080 | 767 | 313 | 5.04 | 6.90 | 3.04 |
| 59 | 204289 | 106165 | 98124 | 1070 | 756 | 314 | 5.24 | 7.12 | 3.20 |
| **60-64岁** | **1343567** | **698271** | **645296** | **9147** | **6484** | **2663** | **6.81** | **9.29** | **4.13** |
| 60 | 227538 | 119248 | 108290 | 1312 | 934 | 378 | 5.77 | 7.83 | 3.49 |
| 61 | 232126 | 121400 | 110726 | 1485 | 1089 | 396 | 6.40 | 8.97 | 3.58 |
| 62 | 304003 | 159737 | 144266 | 1962 | 1385 | 577 | 6.45 | 8.67 | 4.00 |
| 63 | 305836 | 158111 | 147725 | 2221 | 1551 | 670 | 7.26 | 9.81 | 4.54 |
| 64 | 274064 | 139775 | 134289 | 2167 | 1525 | 642 | 7.91 | 10.91 | 4.78 |

6－4c 续表 2

单位：人、‰

| 年　龄 | 平均人口 | | | 死亡人口 | | | 死亡率 | | |
|---|---|---|---|---|---|---|---|---|---|
| | 合计 | 男 | 女 | 合计 | 男 | 女 | 合计 | 男 | 女 |
| **65－69岁** | **1344564** | **676753** | **667811** | **13538** | **9249** | **4289** | **10.07** | **13.67** | **6.42** |
| 65 | 304286 | 155801 | 148485 | 2500 | 1740 | 760 | 8.22 | 11.17 | 5.12 |
| 66 | 291268 | 147077 | 144191 | 2622 | 1847 | 775 | 9.00 | 12.56 | 5.37 |
| 67 | 268649 | 134637 | 134012 | 2831 | 1943 | 888 | 10.54 | 14.43 | 6.63 |
| 68 | 255964 | 127318 | 128646 | 2894 | 1949 | 945 | 11.31 | 15.31 | 7.35 |
| 69 | 224397 | 111920 | 112477 | 2691 | 1770 | 921 | 11.99 | 15.81 | 8.19 |
| **70－74岁** | **986542** | **491196** | **495346** | **16347** | **10724** | **5623** | **16.57** | **21.83** | **11.35** |
| 70 | 225275 | 113753 | 111522 | 3057 | 2079 | 978 | 13.57 | 18.28 | 8.77 |
| 71 | 222801 | 112258 | 110543 | 3234 | 2147 | 1087 | 14.52 | 19.13 | 9.83 |
| 72 | 205251 | 102038 | 103213 | 3395 | 2225 | 1170 | 16.54 | 21.81 | 11.34 |
| 73 | 179573 | 88188 | 91385 | 3378 | 2164 | 1214 | 18.81 | 24.54 | 13.28 |
| 74 | 153642 | 74959 | 78683 | 3283 | 2109 | 1174 | 21.37 | 28.14 | 14.92 |
| **75－79岁** | **555485** | **277085** | **278400** | **17785** | **10992** | **6793** | **32.02** | **39.67** | **24.40** |
| 75 | 132766 | 65674 | 67092 | 3411 | 2144 | 1267 | 25.69 | 32.65 | 18.88 |
| 76 | 128994 | 64046 | 64948 | 3488 | 2156 | 1332 | 27.04 | 33.66 | 20.51 |
| 77 | 103861 | 52272 | 51589 | 3334 | 2077 | 1257 | 32.10 | 39.73 | 24.37 |
| 78 | 96662 | 48358 | 48304 | 3556 | 2170 | 1386 | 36.79 | 44.87 | 28.69 |
| 79 | 93202 | 46735 | 46467 | 3996 | 2445 | 1551 | 42.87 | 52.32 | 33.38 |
| **80－84岁** | **433090** | **207786** | **225304** | **26400** | **14775** | **11625** | **60.96** | **71.11** | **51.60** |
| 80 | 87823 | 43264 | 44559 | 4068 | 2371 | 1697 | 46.32 | 54.80 | 38.08 |
| 81 | 92052 | 45030 | 47022 | 4962 | 2841 | 2121 | 53.90 | 63.09 | 45.11 |
| 82 | 95112 | 46151 | 48961 | 5774 | 3308 | 2466 | 60.71 | 71.68 | 50.37 |
| 83 | 81769 | 38455 | 43314 | 5688 | 3129 | 2559 | 69.56 | 81.37 | 59.08 |
| 84 | 76334 | 34886 | 41448 | 5908 | 3126 | 2782 | 77.40 | 89.61 | 67.12 |
| **85－89岁** | **261651** | **111254** | **150397** | **28341** | **13659** | **14682** | **108.32** | **122.77** | **97.62** |
| 85 | 70505 | 31503 | 39002 | 6214 | 3209 | 3005 | 88.14 | 101.86 | 77.05 |
| 86 | 63096 | 27032 | 36064 | 6260 | 3061 | 3199 | 99.21 | 113.24 | 88.70 |
| 87 | 53653 | 22369 | 31284 | 6044 | 2891 | 3153 | 112.65 | 129.24 | 100.79 |
| 88 | 43685 | 17936 | 25749 | 5390 | 2498 | 2892 | 123.38 | 139.27 | 112.32 |
| 89 | 30712 | 12414 | 18298 | 4433 | 2000 | 2433 | 144.34 | 161.11 | 132.97 |
| **90－94岁** | **83670** | **31921** | **51749** | **15922** | **6581** | **9341** | **190.30** | **206.17** | **180.51** |
| 90 | 25315 | 10091 | 15224 | 4148 | 1803 | 2345 | 163.86 | 178.67 | 154.03 |
| 91 | 21970 | 8413 | 13557 | 3866 | 1575 | 2291 | 175.97 | 187.21 | 168.99 |
| 92 | 16578 | 6155 | 10423 | 3398 | 1418 | 1980 | 204.97 | 230.38 | 189.96 |
| 93 | 11548 | 4268 | 7280 | 2479 | 1006 | 1473 | 214.67 | 235.71 | 202.34 |
| 94 | 8259 | 2994 | 5265 | 2031 | 779 | 1252 | 245.91 | 260.19 | 237.80 |
| **95－99岁** | **15334** | **5146** | **10188** | **4445** | **1552** | **2893** | **289.88** | **301.59** | **283.96** |
| 95 | 5973 | 2109 | 3864 | 1603 | 596 | 1007 | 268.37 | 282.60 | 260.61 |
| 96 | 4162 | 1344 | 2818 | 1117 | 377 | 740 | 268.38 | 280.51 | 262.60 |
| 97 | 2581 | 847 | 1734 | 814 | 276 | 538 | 315.38 | 325.86 | 310.27 |
| 98 | 1639 | 526 | 1113 | 569 | 185 | 384 | 347.16 | 351.71 | 345.01 |
| 99 | 979 | 320 | 659 | 342 | 118 | 224 | 349.34 | 368.75 | 339.91 |
| **100岁及以上** | **1284** | **360** | **924** | **532** | **174** | **358** | **414.33** | **483.33** | **387.45** |

# 第一部分　全部数据资料

## 第七卷　户口登记状况

# 7-1 全省按现住地、户口登记地、

| 现住地 | 合计 | | | 户口 省内 | | |
|---|---|---|---|---|---|---|
| | 合计 | 男 | 女 | 小计 | 男 | 女 |
| **合计** | **30107815** | **16424000** | **13683815** | **13921361** | **6954151** | **6967210** |
| **杭州市** | **6220973** | **3393497** | **2827476** | **3015992** | **1506255** | **1509737** |
| 上城区 | 177688 | 92699 | 84989 | 89320 | 41783 | 47537 |
| 下城区 | 235382 | 116793 | 118589 | 146766 | 69098 | 77668 |
| 江干区 | 972638 | 515809 | 456829 | 506392 | 250881 | 255511 |
| 拱墅区 | 339370 | 173767 | 165603 | 211971 | 102548 | 109423 |
| 西湖区 | 575795 | 310232 | 265563 | 305864 | 153363 | 152501 |
| 滨江区 | 285902 | 153474 | 132428 | 157258 | 78910 | 78348 |
| 萧山区 | 1225505 | 693142 | 532363 | 443696 | 222264 | 221432 |
| 余杭区 | 1389268 | 786240 | 603028 | 508635 | 264325 | 244310 |
| 富阳区 | 380904 | 209986 | 170918 | 225589 | 113418 | 112171 |
| 临安区 | 267515 | 148389 | 119126 | 158905 | 81384 | 77521 |
| 桐庐县 | 176129 | 93478 | 82651 | 104618 | 51460 | 53158 |
| 淳安县 | 91797 | 46040 | 45757 | 81510 | 39950 | 41560 |
| 建德市 | 103080 | 53448 | 49632 | 75468 | 36871 | 38597 |
| **宁波市** | **5038559** | **2742149** | **2296410** | **1905829** | **938783** | **967046** |
| 海曙区 | 613007 | 324660 | 288347 | 294862 | 145553 | 149309 |
| 江北区 | 297419 | 162938 | 134481 | 129715 | 64204 | 65511 |
| 北仑区 | 500987 | 289606 | 211381 | 128142 | 67038 | 61104 |
| 镇海区 | 322474 | 180937 | 141537 | 113243 | 57030 | 56213 |
| 鄞州区 | 908026 | 475779 | 432247 | 446822 | 216620 | 230202 |
| 奉化区 | 249184 | 135081 | 114103 | 113204 | 55828 | 57376 |
| 象山县 | 233293 | 121833 | 111460 | 133138 | 64738 | 68400 |
| 宁海县 | 308223 | 164728 | 143495 | 168989 | 85571 | 83418 |
| 余姚市 | 619007 | 336794 | 282213 | 169062 | 81832 | 87230 |
| 慈溪市 | 986939 | 549793 | 437146 | 208652 | 100369 | 108283 |
| **温州市** | **4417751** | **2447975** | **1969776** | **2123431** | **1089838** | **1033593** |
| 鹿城区 | 700859 | 380113 | 320746 | 351733 | 173426 | 178307 |
| 龙湾区 | 504238 | 295991 | 208247 | 151604 | 81650 | 69954 |
| 瓯海区 | 633943 | 355179 | 278764 | 295990 | 150576 | 145414 |
| 洞头区 | 54577 | 33036 | 21541 | 24425 | 13488 | 10937 |
| 永嘉县 | 291352 | 163808 | 127544 | 160873 | 84554 | 76319 |
| 平阳县 | 298163 | 161387 | 136776 | 188067 | 96425 | 91642 |
| 苍南县 | 251750 | 134150 | 117600 | 180590 | 92784 | 87806 |
| 文成县 | 33178 | 17660 | 15518 | 26440 | 13077 | 13363 |
| 泰顺县 | 51164 | 26014 | 25150 | 45532 | 22695 | 22837 |
| 瑞安市 | 695836 | 386671 | 309165 | 275568 | 142678 | 132890 |
| 乐清市 | 610443 | 336868 | 273575 | 205013 | 105004 | 100009 |
| 龙港市 | 292248 | 157098 | 135150 | 217596 | 113481 | 104115 |
| **嘉兴市** | **2575153** | **1417461** | **1157692** | **850813** | **413225** | **437588** |
| 南湖区 | 457278 | 244770 | 212508 | 202886 | 96422 | 106464 |
| 秀洲区 | 355538 | 196424 | 159114 | 99782 | 49102 | 50680 |
| 嘉善县 | 346722 | 196243 | 150479 | 89378 | 43704 | 45674 |
| 海盐县 | 156559 | 86884 | 69675 | 53663 | 26209 | 27454 |
| 海宁市 | 517275 | 291341 | 225934 | 162797 | 80781 | 82016 |
| 平湖市 | 283029 | 156295 | 126734 | 100685 | 48818 | 51867 |
| 桐乡市 | 458752 | 245504 | 213248 | 141622 | 68189 | 73433 |
| **湖州市** | **1386855** | **756142** | **630713** | **624570** | **306241** | **318329** |
| 吴兴区 | 563890 | 300667 | 263223 | 257560 | 124296 | 133264 |
| 南浔区 | 173219 | 98748 | 74471 | 42118 | 21536 | 20582 |
| 德清县 | 212109 | 119634 | 92475 | 96700 | 48674 | 48026 |
| 长兴县 | 209374 | 110831 | 98543 | 129458 | 62871 | 66587 |
| 安吉县 | 228263 | 126262 | 102001 | 98734 | 48864 | 49870 |

# 性别分的户口登记地在外乡镇街道的人口

单位：人

| 登记地 | | | | | | | | | |
|---|---|---|---|---|---|---|---|---|---|
| | 市辖区内人户分离 | | | 省内流动人口 | | | 省外 | | |
| | 小计 | 男 | 女 | 小计 | 男 | 女 | 小计 | 男 | 女 |
| | **4550365** | **2203266** | **2347099** | **9370996** | **4750885** | **4620111** | **16186454** | **9469849** | **6716605** |
| | **1480138** | **721499** | **758639** | **1535854** | **784756** | **751098** | **3204981** | **1887242** | **1317739** |
| | 53352 | 24969 | 28383 | 35968 | 16814 | 19154 | 88368 | 50916 | 37452 |
| | 84274 | 39592 | 44682 | 62492 | 29506 | 32986 | 88616 | 47695 | 40921 |
| | 189091 | 92372 | 96719 | 317301 | 158509 | 158792 | 466246 | 264928 | 201318 |
| | 110301 | 53062 | 57239 | 101670 | 49486 | 52184 | 127399 | 71219 | 56180 |
| | 135637 | 66370 | 69267 | 170227 | 86993 | 83234 | 269931 | 156869 | 113062 |
| | 60442 | 29963 | 30479 | 96816 | 48947 | 47869 | 128644 | 74564 | 54080 |
| | 289947 | 138744 | 151203 | 153749 | 83520 | 70229 | 781809 | 470878 | 310931 |
| | 246305 | 121957 | 124348 | 262330 | 142368 | 119962 | 880633 | 521915 | 358718 |
| | 188526 | 93163 | 95363 | 37063 | 20255 | 16808 | 155315 | 96568 | 58747 |
| | 122263 | 61307 | 60956 | 36642 | 20077 | 16565 | 108610 | 67005 | 41605 |
| | | | | 104618 | 51460 | 53158 | 71511 | 42018 | 29493 |
| | | | | 81510 | 39950 | 41560 | 10287 | 6090 | 4197 |
| | | | | 75468 | 36871 | 38597 | 27612 | 16577 | 11035 |
| | **728907** | **349814** | **379093** | **1176922** | **588969** | **587953** | **3132730** | **1803366** | **1329364** |
| | 157564 | 75345 | 82219 | 137298 | 70208 | 67090 | 318145 | 179107 | 139038 |
| | 79332 | 38616 | 40716 | 50383 | 25588 | 24795 | 167704 | 98734 | 68970 |
| | 79026 | 38781 | 40245 | 49116 | 28257 | 20859 | 372845 | 222568 | 150277 |
| | 60751 | 29094 | 31657 | 52492 | 27936 | 24556 | 209231 | 123907 | 85324 |
| | 257999 | 122498 | 135501 | 188823 | 94122 | 94701 | 461204 | 259159 | 202045 |
| | 94235 | 45480 | 48755 | 18969 | 10348 | 8621 | 135980 | 79253 | 56727 |
| | | | | 133138 | 64738 | 68400 | 100155 | 57095 | 43060 |
| | | | | 168989 | 85571 | 83418 | 139234 | 79157 | 60077 |
| | | | | 169062 | 81832 | 87230 | 449945 | 254962 | 194983 |
| | | | | 208652 | 100369 | 108283 | 778287 | 449424 | 328863 |
| | **460653** | **226754** | **233899** | **1662778** | **863084** | **799694** | **2294320** | **1358137** | **936183** |
| | 226784 | 109601 | 117183 | 124949 | 63825 | 61124 | 349126 | 206687 | 142439 |
| | 77665 | 39458 | 38207 | 73939 | 42192 | 31747 | 352634 | 214341 | 138293 |
| | 143729 | 71637 | 72092 | 152261 | 78939 | 73322 | 337953 | 204603 | 133350 |
| | 12475 | 6058 | 6417 | 11950 | 7430 | 4520 | 30152 | 19548 | 10604 |
| | | | | 160873 | 84554 | 76319 | 130479 | 79254 | 51225 |
| | | | | 188067 | 96425 | 91642 | 110096 | 64962 | 45134 |
| | | | | 180590 | 92784 | 87806 | 71160 | 41366 | 29794 |
| | | | | 26440 | 13077 | 13363 | 6738 | 4583 | 2155 |
| | | | | 45532 | 22695 | 22837 | 5632 | 3319 | 2313 |
| | | | | 275568 | 142678 | 132890 | 420268 | 243993 | 176275 |
| | | | | 205013 | 105004 | 100009 | 405430 | 231864 | 173566 |
| | | | | 217596 | 113481 | 104115 | 74652 | 43617 | 31035 |
| | **189476** | **88979** | **100497** | **661337** | **324246** | **337091** | **1724340** | **1004236** | **720104** |
| | 124704 | 58294 | 66410 | 78182 | 38128 | 40054 | 254392 | 148348 | 106044 |
| | 64772 | 30685 | 34087 | 35010 | 18417 | 16593 | 255756 | 147322 | 108434 |
| | | | | 89378 | 43704 | 45674 | 257344 | 152539 | 104805 |
| | | | | 53663 | 26209 | 27454 | 102896 | 60675 | 42221 |
| | | | | 162797 | 80781 | 82016 | 354478 | 210560 | 143918 |
| | | | | 100685 | 48818 | 51867 | 182344 | 107477 | 74867 |
| | | | | 141622 | 68189 | 73433 | 317130 | 177315 | 139815 |
| | **222636** | **105951** | **116685** | **401934** | **200290** | **201644** | **762285** | **449901** | **312384** |
| | 193108 | 91606 | 101502 | 64452 | 32690 | 31762 | 306330 | 176371 | 129959 |
| | 29528 | 14345 | 15183 | 12590 | 7191 | 5399 | 131101 | 77212 | 53889 |
| | | | | 96700 | 48674 | 48026 | 115409 | 70960 | 44449 |
| | | | | 129458 | 62871 | 66587 | 79916 | 47960 | 31956 |
| | | | | 98734 | 48864 | 49870 | 129529 | 77398 | 52131 |

7-1 续表

| 现住地 | 户口 | | | | | |
|---|---|---|---|---|---|---|
| | 合计 | | | 省内 | | |
| | 合计 | 男 | 女 | 小计 | 男 | 女 |
| **绍兴市** | **2209933** | **1183650** | **1026283** | **1151194** | **566809** | **584385** |
| 越城区 | 492866 | 255788 | 237078 | 284507 | 136336 | 148171 |
| 柯桥区 | 584354 | 330342 | 254012 | 178171 | 89189 | 88982 |
| 上虞区 | 280056 | 150613 | 129443 | 137928 | 67660 | 70268 |
| 新昌县 | 165193 | 86609 | 78584 | 141226 | 72405 | 68821 |
| 诸暨市 | 502715 | 263870 | 238845 | 277617 | 135399 | 142218 |
| 嵊州市 | 184749 | 96428 | 88321 | 131745 | 65820 | 65925 |
| **金华市** | **3599609** | **1978888** | **1620721** | **1413939** | **718892** | **695047** |
| 婺城区 | 490850 | 257754 | 233096 | 310179 | 154479 | 155700 |
| 金东区 | 252875 | 143505 | 109370 | 95463 | 49721 | 45742 |
| 武义县 | 241060 | 133670 | 107390 | 96040 | 49097 | 46943 |
| 浦江县 | 185891 | 98886 | 87005 | 85336 | 42963 | 42373 |
| 磐安县 | 42730 | 22748 | 19982 | 30699 | 15314 | 15385 |
| 兰溪市 | 119145 | 61182 | 57963 | 80522 | 38663 | 41859 |
| 义乌市 | 1242891 | 691055 | 551836 | 362667 | 189050 | 173617 |
| 东阳市 | 518885 | 282970 | 235915 | 210589 | 106002 | 104587 |
| 永康市 | 505282 | 287118 | 218164 | 142444 | 73603 | 68841 |
| **衢州市** | **687948** | **348572** | **339376** | **583484** | **286536** | **296948** |
| 柯城区 | 242824 | 122294 | 120530 | 208123 | 101445 | 106678 |
| 衢江区 | 108872 | 57718 | 51154 | 89317 | 45993 | 43324 |
| 常山县 | 56428 | 28015 | 28413 | 48284 | 23280 | 25004 |
| 开化县 | 56728 | 27336 | 29392 | 51435 | 24181 | 27254 |
| 龙游县 | 98826 | 51525 | 47301 | 77319 | 38474 | 38845 |
| 江山市 | 124270 | 61684 | 62586 | 109006 | 53163 | 55843 |
| **舟山市** | **528031** | **298455** | **229576** | **296055** | **146136** | **149919** |
| 定海区 | 233323 | 124198 | 109125 | 145516 | 70906 | 74610 |
| 普陀区 | 182937 | 97389 | 85548 | 107766 | 52514 | 55252 |
| 岱山县 | 92680 | 66069 | 26611 | 31445 | 16911 | 14534 |
| 嵊泗县 | 19091 | 10799 | 8292 | 11328 | 5805 | 5523 |
| **台州市** | **2468723** | **1350369** | **1118354** | **1151421** | **577492** | **573929** |
| 椒江区 | 407749 | 223355 | 184394 | 210641 | 106625 | 104016 |
| 黄岩区 | 274872 | 150587 | 124285 | 125536 | 62967 | 62569 |
| 路桥区 | 293579 | 163341 | 130238 | 109266 | 55225 | 54041 |
| 三门县 | 98956 | 52897 | 46059 | 70728 | 36090 | 34638 |
| 天台县 | 116911 | 60156 | 56755 | 97093 | 48324 | 48769 |
| 仙居县 | 133210 | 68657 | 64553 | 114964 | 57844 | 57120 |
| 温岭市 | 551663 | 308443 | 243220 | 173050 | 86482 | 86568 |
| 临海市 | 294298 | 155815 | 138483 | 182230 | 90320 | 91910 |
| 玉环市 | 297485 | 167118 | 130367 | 67913 | 33615 | 34298 |
| **丽水市** | **974280** | **506842** | **467438** | **804633** | **403944** | **400689** |
| 莲都区 | 325648 | 172524 | 153124 | 252844 | 127828 | 125016 |
| 青田县 | 127882 | 66414 | 61468 | 97594 | 48466 | 49128 |
| 缙云县 | 99974 | 52689 | 47285 | 75147 | 37588 | 37559 |
| 遂昌县 | 52135 | 26808 | 25327 | 47452 | 23890 | 23562 |
| 松阳县 | 59097 | 30100 | 28997 | 47969 | 23456 | 24513 |
| 云和县 | 71390 | 37670 | 33720 | 60247 | 31014 | 29233 |
| 庆元县 | 64934 | 32922 | 32012 | 61476 | 31008 | 30468 |
| 景宁畲族自治县 | 53733 | 27057 | 26676 | 50701 | 25132 | 25569 |
| 龙泉市 | 119487 | 60658 | 58829 | 111203 | 55562 | 55641 |

单位：人

| 登记地 | | | | | | | | |
|---|---|---|---|---|---|---|---|---|
| 市辖区内人户分离 | | | 省内流动人口 | | | 省外 | | |
| 小计 | 男 | 女 | 小计 | 男 | 女 | 小计 | 男 | 女 |
| **419012** | **198777** | **220235** | **732182** | **368032** | **364150** | **1058739** | **616841** | **441898** |
| 206524 | 98108 | 108416 | 77983 | 38228 | 39755 | 208359 | 119452 | 88907 |
| 105977 | 50357 | 55620 | 72194 | 38832 | 33362 | 406183 | 241153 | 165030 |
| 106511 | 50312 | 56199 | 31417 | 17348 | 14069 | 142128 | 82953 | 59175 |
| | | | 141226 | 72405 | 68821 | 23967 | 14204 | 9763 |
| | | | 277617 | 135399 | 142218 | 225098 | 128471 | 96627 |
| | | | 131745 | 65820 | 65925 | 53004 | 30608 | 22396 |
| **227985** | **112436** | **115549** | **1185954** | **606456** | **579498** | **2185670** | **1259996** | **925674** |
| 179314 | 88369 | 90945 | 130865 | 66110 | 64755 | 180671 | 103275 | 77396 |
| 48671 | 24067 | 24604 | 46792 | 25654 | 21138 | 157412 | 93784 | 63628 |
| | | | 96040 | 49097 | 46943 | 145020 | 84573 | 60447 |
| | | | 85336 | 42963 | 42373 | 100555 | 55923 | 44632 |
| | | | 30699 | 15314 | 15385 | 12031 | 7434 | 4597 |
| | | | 80522 | 38663 | 41859 | 38623 | 22519 | 16104 |
| | | | 362667 | 189050 | 173617 | 880224 | 502005 | 378219 |
| | | | 210589 | 106002 | 104587 | 308296 | 176968 | 131328 |
| | | | 142444 | 73603 | 68841 | 362838 | 213515 | 149323 |
| **209626** | **102173** | **107453** | **373858** | **184363** | **189495** | **104464** | **62036** | **42428** |
| 142068 | 68008 | 74060 | 66055 | 33437 | 32618 | 34701 | 20849 | 13852 |
| 67558 | 34165 | 33393 | 21759 | 11828 | 9931 | 19555 | 11725 | 7830 |
| | | | 48284 | 23280 | 25004 | 8144 | 4735 | 3409 |
| | | | 51435 | 24181 | 27254 | 5293 | 3155 | 2138 |
| | | | 77319 | 38474 | 38845 | 21507 | 13051 | 8456 |
| | | | 109006 | 53163 | 55843 | 15264 | 8521 | 6743 |
| **191152** | **91419** | **99733** | **104903** | **54717** | **50186** | **231976** | **152319** | **79657** |
| 102858 | 48745 | 54113 | 42658 | 22161 | 20497 | 87807 | 53292 | 34515 |
| 88294 | 42674 | 45620 | 19472 | 9840 | 9632 | 75171 | 44875 | 30296 |
| | | | 31445 | 16911 | 14534 | 61235 | 49158 | 12077 |
| | | | 11328 | 5805 | 5523 | 7763 | 4994 | 2769 |
| **286112** | **139000** | **147112** | **865309** | **438492** | **426817** | **1317302** | **772877** | **544425** |
| 111155 | 53831 | 57324 | 99486 | 52794 | 46692 | 197108 | 116730 | 80378 |
| 98658 | 48015 | 50643 | 26878 | 14952 | 11926 | 149336 | 87620 | 61716 |
| 76299 | 37154 | 39145 | 32967 | 18071 | 14896 | 184313 | 108116 | 76197 |
| | | | 70728 | 36090 | 34638 | 28228 | 16807 | 11421 |
| | | | 97093 | 48324 | 48769 | 19818 | 11832 | 7986 |
| | | | 114964 | 57844 | 57120 | 18246 | 10813 | 7433 |
| | | | 173050 | 86482 | 86568 | 378613 | 221961 | 156652 |
| | | | 182230 | 90320 | 91910 | 112068 | 65495 | 46573 |
| | | | 67913 | 33615 | 34298 | 229572 | 133503 | 96069 |
| **134668** | **66464** | **68204** | **669965** | **337480** | **332485** | **169647** | **102898** | **66749** |
| 134668 | 66464 | 68204 | 118176 | 61364 | 56812 | 72804 | 44696 | 28108 |
| | | | 97594 | 48466 | 49128 | 30288 | 17948 | 12340 |
| | | | 75147 | 37588 | 37559 | 24827 | 15101 | 9726 |
| | | | 47452 | 23890 | 23562 | 4683 | 2918 | 1765 |
| | | | 47969 | 23456 | 24513 | 11128 | 6644 | 4484 |
| | | | 60247 | 31014 | 29233 | 11143 | 6656 | 4487 |
| | | | 61476 | 31008 | 30468 | 3458 | 1914 | 1544 |
| | | | 50701 | 25132 | 25569 | 3032 | 1925 | 1107 |
| | | | 111203 | 55562 | 55641 | 8284 | 5096 | 3188 |

# 7-1a 全省按现住地、户口登记地、

| 现住地 | 户口 | | | | | |
| --- | --- | --- | --- | --- | --- | --- |
| | 合计 | | | 省内 | | |
| | 合计 | 男 | 女 | 小计 | 男 | 女 |
| **合计** | **19454456** | **10466564** | **8987892** | **9571684** | **4752381** | **4819303** |
| **杭州市** | **5228536** | **2823321** | **2405215** | **2602095** | **1295769** | **1306326** |
| 上城区 | 177688 | 92699 | 84989 | 89320 | 41783 | 47537 |
| 下城区 | 235382 | 116793 | 118589 | 146766 | 69098 | 77668 |
| 江干区 | 972638 | 515809 | 456829 | 506392 | 250881 | 255511 |
| 拱墅区 | 339370 | 173767 | 165603 | 211971 | 102548 | 109423 |
| 西湖区 | 565207 | 303729 | 261478 | 301335 | 150990 | 150345 |
| 滨江区 | 285902 | 153474 | 132428 | 157258 | 78910 | 78348 |
| 萧山区 | 1004332 | 560131 | 444201 | 401019 | 200432 | 200587 |
| 余杭区 | 1071989 | 594690 | 477299 | 419134 | 215863 | 203271 |
| 富阳区 | 325336 | 177762 | 147574 | 198172 | 99441 | 98731 |
| 临安区 | 193707 | 105919 | 87788 | 124192 | 63375 | 60817 |
| 桐庐县 | | | | | | |
| 淳安县 | | | | | | |
| 建德市 | 56985 | 28548 | 28437 | 46536 | 22448 | 24088 |
| **宁波市** | **3163836** | **1691898** | **1471938** | **1322995** | **646197** | **676798** |
| 海曙区 | 535692 | 281892 | 253800 | 267593 | 131551 | 136042 |
| 江北区 | 246096 | 132886 | 113210 | 120651 | 59287 | 61364 |
| 北仑区 | 368113 | 209426 | 158687 | 102959 | 53459 | 49500 |
| 镇海区 | 266766 | 147264 | 119502 | 103702 | 51851 | 51851 |
| 鄞州区 | 567531 | 285988 | 281543 | 357587 | 171314 | 186273 |
| 奉化区 | 157586 | 82637 | 74949 | 87324 | 42934 | 44390 |
| 象山县 | | | | | | |
| 宁海县 | | | | | | |
| 余姚市 | 445990 | 241540 | 204450 | 137930 | 67367 | 70563 |
| 慈溪市 | 576062 | 310265 | 265797 | 145249 | 68434 | 76815 |
| **温州市** | **2844561** | **1569534** | **1275027** | **1361114** | **695330** | **665784** |
| 鹿城区 | 649244 | 349292 | 299952 | 340878 | 167927 | 172951 |
| 龙湾区 | 326405 | 189456 | 136949 | 119888 | 63024 | 56864 |
| 瓯海区 | 556891 | 310004 | 246887 | 275861 | 140022 | 135839 |
| 洞头区 | 26268 | 14371 | 11897 | 13382 | 6504 | 6878 |
| 永嘉县 | | | | | | |
| 平阳县 | | | | | | |
| 苍南县 | | | | | | |
| 文成县 | | | | | | |
| 泰顺县 | | | | | | |
| 瑞安市 | 535275 | 295395 | 239880 | 233964 | 121435 | 112529 |
| 乐清市 | 470081 | 260150 | 209931 | 165689 | 85994 | 79695 |
| 龙港市 | 280397 | 150866 | 129531 | 211452 | 110424 | 101028 |
| **嘉兴市** | **1316517** | **700452** | **616065** | **573741** | **273843** | **299898** |
| 南湖区 | 396268 | 209574 | 186694 | 190406 | 90256 | 100150 |
| 秀洲区 | 195078 | 107321 | 87757 | 80376 | 39224 | 41152 |
| 嘉善县 | | | | | | |
| 海盐县 | | | | | | |
| 海宁市 | 237277 | 126902 | 110375 | 109815 | 52424 | 57391 |
| 平湖市 | 150298 | 79023 | 71275 | 77601 | 36585 | 41016 |
| 桐乡市 | 337596 | 177632 | 159964 | 115543 | 55354 | 60189 |
| **湖州市** | **406831** | **212474** | **194357** | **231220** | **109679** | **121541** |
| 吴兴区 | 315691 | 161036 | 154655 | 211744 | 99835 | 111909 |
| 南浔区 | 91140 | 51438 | 39702 | 19476 | 9844 | 9632 |
| 德清县 | | | | | | |
| 长兴县 | | | | | | |
| 安吉县 | | | | | | |

# 性别分的户口登记地在外乡镇街道的人口(城市)

单位：人

| 登记地 | 市辖区内人户分离 | | | 省内流动人口 | | | 省外 | | |
|---|---|---|---|---|---|---|---|---|---|
| | 小计 | 男 | 女 | 小计 | 男 | 女 | 小计 | 男 | 女 |
| | **4112400** | **1991948** | **2120452** | **5459284** | **2760433** | **2698851** | **9882772** | **5714183** | **4168589** |
| | **1369019** | **667425** | **701594** | **1233076** | **628344** | **604732** | **2626441** | **1527552** | **1098889** |
| | 53352 | 24969 | 28383 | 35968 | 16814 | 19154 | 88368 | 50916 | 37452 |
| | 84274 | 39592 | 44682 | 62492 | 29506 | 32986 | 88616 | 47695 | 40921 |
| | 189091 | 92372 | 96719 | 317301 | 158509 | 158792 | 466246 | 264928 | 201318 |
| | 110301 | 53062 | 57239 | 101670 | 49486 | 52184 | 127399 | 71219 | 56180 |
| | 133176 | 65192 | 67984 | 168159 | 85798 | 82361 | 263872 | 152739 | 111133 |
| | 60442 | 29963 | 30479 | 96816 | 48947 | 47869 | 128644 | 74564 | 54080 |
| | 265344 | 127639 | 137705 | 135675 | 72793 | 62882 | 603313 | 359699 | 243614 |
| | 202926 | 100400 | 102526 | 216208 | 115463 | 100745 | 652855 | 378827 | 274028 |
| | 173392 | 85721 | 87671 | 24780 | 13720 | 11060 | 127164 | 78321 | 48843 |
| | 96721 | 48515 | 48206 | 27471 | 14860 | 12611 | 69515 | 42544 | 26971 |
| | | | | 46536 | 22448 | 24088 | 10449 | 6100 | 4349 |
| | **635377** | **305438** | **329939** | **687618** | **340759** | **346859** | **1840841** | **1045701** | **795140** |
| | 146581 | 70166 | 76415 | 121012 | 61385 | 59627 | 268099 | 150341 | 117758 |
| | 75228 | 36576 | 38652 | 45423 | 22711 | 22712 | 125445 | 73599 | 51846 |
| | 65304 | 32074 | 33230 | 37655 | 21385 | 16270 | 265154 | 155967 | 109187 |
| | 57105 | 27428 | 29677 | 46597 | 24423 | 22174 | 163064 | 95413 | 67651 |
| | 213832 | 101820 | 112012 | 143755 | 69494 | 74261 | 209944 | 114674 | 95270 |
| | 77327 | 37374 | 39953 | 9997 | 5560 | 4437 | 70262 | 39703 | 30559 |
| | | | | 137930 | 67367 | 70563 | 308060 | 174173 | 133887 |
| | | | | 145249 | 68434 | 76815 | 430813 | 241831 | 188982 |
| | **444899** | **219002** | **225897** | **916215** | **476328** | **439887** | **1483447** | **874204** | **609243** |
| | 221648 | 107148 | 114500 | 119230 | 60779 | 58451 | 308366 | 181365 | 127001 |
| | 77665 | 39458 | 38207 | 42223 | 23566 | 18657 | 206517 | 126432 | 80085 |
| | 136424 | 68027 | 68397 | 139437 | 71995 | 67442 | 281030 | 169982 | 111048 |
| | 9162 | 4369 | 4793 | 4220 | 2135 | 2085 | 12886 | 7867 | 5019 |
| | | | | 233964 | 121435 | 112529 | 301311 | 173960 | 127351 |
| | | | | 165689 | 85994 | 79695 | 304392 | 174156 | 130236 |
| | | | | 211452 | 110424 | 101028 | 68945 | 40442 | 28503 |
| | **172456** | **80922** | **91534** | **401285** | **192921** | **208364** | **742776** | **426609** | **316167** |
| | 117196 | 54833 | 62363 | 73210 | 35423 | 37787 | 205862 | 119318 | 86544 |
| | 55260 | 26089 | 29171 | 25116 | 13135 | 11981 | 114702 | 68097 | 46605 |
| | | | | 109815 | 52424 | 57391 | 127462 | 74478 | 52984 |
| | | | | 77601 | 36585 | 41016 | 72697 | 42438 | 30259 |
| | | | | 115543 | 55354 | 60189 | 222053 | 122278 | 99775 |
| | **179581** | **84248** | **95333** | **51639** | **25431** | **26208** | **175611** | **102795** | **72816** |
| | 165571 | 77549 | 88022 | 46173 | 22286 | 23887 | 103947 | 61201 | 42746 |
| | 14010 | 6699 | 7311 | 5466 | 3145 | 2321 | 71664 | 41594 | 30070 |

7-1a 续表

| 现住地 | 户口 | | | | | |
|---|---|---|---|---|---|---|
| | 合计 | | | 省内 | | |
| | 合计 | 男 | 女 | 小计 | 男 | 女 |
| **绍兴市** | **1668903** | **883821** | **785082** | **898123** | **439142** | **458981** |
| 越城区 | 453751 | 233447 | 220304 | 274953 | 131667 | 143286 |
| 柯桥区 | 462770 | 256527 | 206243 | 157449 | 78102 | 79347 |
| 上虞区 | 229319 | 123767 | 105552 | 118579 | 58915 | 59664 |
| 新昌县 | | | | | | |
| 诸暨市 | 368443 | 189578 | 178865 | 231831 | 112601 | 119230 |
| 嵊州市 | 154620 | 80502 | 74118 | 115311 | 57857 | 57454 |
| **金华市** | **2176927** | **1182539** | **994388** | **964749** | **489463** | **475286** |
| 婺城区 | 421467 | 219678 | 201789 | 267817 | 133125 | 134692 |
| 金东区 | 90292 | 48868 | 41424 | 60034 | 30792 | 29242 |
| 武义县 | | | | | | |
| 浦江县 | | | | | | |
| 磐安县 | | | | | | |
| 兰溪市 | 91137 | 46470 | 44667 | 66637 | 32167 | 34470 |
| 义乌市 | 895529 | 494584 | 400945 | 302410 | 157394 | 145016 |
| 东阳市 | 310740 | 164409 | 146331 | 145586 | 72378 | 73208 |
| 永康市 | 367762 | 208530 | 159232 | 122265 | 63607 | 58658 |
| **衢州市** | **413588** | **209805** | **203783** | **358034** | **176930** | **181104** |
| 柯城区 | 226799 | 113823 | 112976 | 195916 | 95419 | 100497 |
| 衢江区 | 90043 | 48067 | 41976 | 75627 | 39376 | 36251 |
| 常山县 | | | | | | |
| 开化县 | | | | | | |
| 龙游县 | 221 | 124 | 97 | 156 | 87 | 69 |
| 江山市 | 96525 | 47791 | 48734 | 86335 | 42048 | 44287 |
| **舟山市** | **325546** | **165344** | **160202** | **223960** | **107549** | **116411** |
| 定海区 | 183772 | 94115 | 89657 | 129020 | 62222 | 66798 |
| 普陀区 | 141774 | 71229 | 70545 | 94940 | 45327 | 49613 |
| 岱山县 | | | | | | |
| 嵊泗县 | | | | | | |
| **台州市** | **1514097** | **823323** | **690774** | **704122** | **352961** | **351161** |
| 椒江区 | 343065 | 184458 | 158607 | 198236 | 99746 | 98490 |
| 黄岩区 | 220529 | 121061 | 99468 | 103155 | 52317 | 50838 |
| 路桥区 | 173672 | 94696 | 78976 | 83109 | 41968 | 41141 |
| 三门县 | | | | | | |
| 天台县 | | | | | | |
| 仙居县 | | | | | | |
| 温岭市 | 349009 | 193674 | 155335 | 115156 | 58071 | 57085 |
| 临海市 | 199514 | 101856 | 97658 | 147865 | 72631 | 75234 |
| 玉环市 | 228308 | 127578 | 100730 | 56601 | 28228 | 28373 |
| **丽水市** | **395114** | **204053** | **191061** | **331531** | **165518** | **166013** |
| 莲都区 | 288409 | 150186 | 138223 | 230969 | 115487 | 115482 |
| 青田县 | | | | | | |
| 缙云县 | | | | | | |
| 遂昌县 | | | | | | |
| 松阳县 | | | | | | |
| 云和县 | | | | | | |
| 庆元县 | | | | | | |
| 景宁畲族自治县 | | | | | | |
| 龙泉市 | 106705 | 53867 | 52838 | 100562 | 50031 | 50531 |

单位：人

登记地

| 市辖区内人户分离 | | | 省内流动人口 | | | 省外 | | |
|---|---|---|---|---|---|---|---|---|
| 小计 | 男 | 女 | 小计 | 男 | 女 | 小计 | 男 | 女 |
| **386112** | **183788** | **202324** | **512011** | **255354** | **256657** | **770780** | **444679** | **326101** |
| 200749 | 95628 | 105121 | 74204 | 36039 | 38165 | 178798 | 101780 | 77018 |
| 92245 | 43428 | 48817 | 65204 | 34674 | 30530 | 305321 | 178425 | 126896 |
| 93118 | 44732 | 48386 | 25461 | 14183 | 11278 | 110740 | 64852 | 45888 |
| | | | 231831 | 112601 | 119230 | 136612 | 76977 | 59635 |
| | | | 115311 | 57857 | 57454 | 39309 | 22645 | 16664 |
| **185507** | **91785** | **93722** | **779242** | **397678** | **381564** | **1212178** | **693076** | **519102** |
| 151124 | 74570 | 76554 | 116693 | 58555 | 58138 | 153650 | 86553 | 67097 |
| 34383 | 17215 | 17168 | 25651 | 13577 | 12074 | 30258 | 18076 | 12182 |
| | | | 66637 | 32167 | 34470 | 24500 | 14303 | 10197 |
| | | | 302410 | 157394 | 145016 | 593119 | 337190 | 255929 |
| | | | 145586 | 72378 | 73208 | 165154 | 92031 | 73123 |
| | | | 122265 | 63607 | 58658 | 245497 | 144923 | 100574 |
| **192388** | **94258** | **98130** | **165646** | **82672** | **82974** | **55554** | **32875** | **22679** |
| 134033 | 64298 | 69735 | 61883 | 31121 | 30762 | 30883 | 18404 | 12479 |
| 58355 | 29960 | 28395 | 17272 | 9416 | 7856 | 14416 | 8691 | 5725 |
| | | | 156 | 87 | 69 | 65 | 37 | 28 |
| | | | 86335 | 42048 | 44287 | 10190 | 5743 | 4447 |
| **172722** | **81921** | **90801** | **51238** | **25628** | **25610** | **101586** | **57795** | **43791** |
| 92410 | 43546 | 48864 | 36610 | 18676 | 17934 | 54752 | 31893 | 22859 |
| 80312 | 38375 | 41937 | 14628 | 6952 | 7676 | 46834 | 25902 | 20932 |
| **249155** | **121745** | **127410** | **454967** | **231216** | **223751** | **809975** | **470362** | **339613** |
| 106448 | 51461 | 54987 | 91788 | 48285 | 43503 | 144829 | 84712 | 60117 |
| 82249 | 40653 | 41596 | 20906 | 11664 | 9242 | 117374 | 68744 | 48630 |
| 60458 | 29631 | 30827 | 22651 | 12337 | 10314 | 90563 | 52728 | 37835 |
| | | | 115156 | 58071 | 57085 | 233853 | 135603 | 98250 |
| | | | 147865 | 72631 | 75234 | 51649 | 29225 | 22424 |
| | | | 56601 | 28228 | 28373 | 171707 | 99350 | 72357 |
| **125184** | **61416** | **63768** | **206347** | **104102** | **102245** | **63583** | **38535** | **25048** |
| 125184 | 61416 | 63768 | 105785 | 54071 | 51714 | 57440 | 34699 | 22741 |
| | | | 100562 | 50031 | 50531 | 6143 | 3836 | 2307 |

# 7-1b 全省按现住地、户口登记地、

| 现住地 | 户口 | | | | | |
|---|---|---|---|---|---|---|
| | 合计 | | | 省内 | | |
| | 合计 | 男 | 女 | 小计 | 男 | 女 |
| **合计** | **6593618** | **3617406** | **2976212** | **3203597** | **1614569** | **1589028** |
| **杭州市** | **518150** | **283432** | **234718** | **271232** | **135287** | **135945** |
| 上城区 | | | | | | |
| 下城区 | | | | | | |
| 江干区 | | | | | | |
| 拱墅区 | | | | | | |
| 西湖区 | 184 | 91 | 93 | 79 | 31 | 48 |
| 滨江区 | | | | | | |
| 萧山区 | 70685 | 43695 | 26990 | 13955 | 7979 | 5976 |
| 余杭区 | 147387 | 84253 | 63134 | 53702 | 28049 | 25653 |
| 富阳区 | 6856 | 4098 | 2758 | 2543 | 1337 | 1206 |
| 临安区 | 29095 | 15684 | 13411 | 14715 | 7266 | 7449 |
| 桐庐县 | 161153 | 84843 | 76310 | 97435 | 47753 | 49682 |
| 淳安县 | 79295 | 38672 | 40623 | 71736 | 34442 | 37294 |
| 建德市 | 23495 | 12096 | 11399 | 17067 | 8430 | 8637 |
| **宁波市** | **1071044** | **589951** | **481093** | **407206** | **203378** | **203828** |
| 海曙区 | 11495 | 6011 | 5484 | 5584 | 2739 | 2845 |
| 江北区 | | | | | | |
| 北仑区 | 34062 | 20875 | 13187 | 8502 | 4464 | 4038 |
| 镇海区 | 25206 | 15020 | 10186 | 4538 | 2486 | 2052 |
| 鄞州区 | 172869 | 94719 | 78150 | 53752 | 26680 | 27072 |
| 奉化区 | 16078 | 8854 | 7224 | 6382 | 3208 | 3174 |
| 象山县 | 193220 | 98913 | 94307 | 117672 | 56977 | 60695 |
| 宁海县 | 252924 | 133528 | 119396 | 147000 | 73990 | 73010 |
| 余姚市 | 110004 | 60146 | 49858 | 19383 | 9278 | 10105 |
| 慈溪市 | 255186 | 151885 | 103301 | 44393 | 23556 | 20837 |
| **温州市** | **960587** | **528776** | **431811** | **558431** | **288811** | **269620** |
| 鹿城区 | 2145 | 1205 | 940 | 698 | 358 | 340 |
| 龙湾区 | 176972 | 105999 | 70973 | 31659 | 18584 | 13075 |
| 瓯海区 | 8393 | 4958 | 3435 | 1604 | 861 | 743 |
| 洞头区 | 1321 | 707 | 614 | 453 | 196 | 257 |
| 永嘉县 | 239686 | 134238 | 105448 | 136743 | 71919 | 64824 |
| 平阳县 | 215714 | 115330 | 100384 | 152881 | 78093 | 74788 |
| 苍南县 | 198342 | 104929 | 93413 | 155743 | 79979 | 75764 |
| 文成县 | 23786 | 12302 | 11484 | 19760 | 9597 | 10163 |
| 泰顺县 | 42801 | 21406 | 21395 | 39441 | 19490 | 19951 |
| 瑞安市 | 9239 | 4676 | 4563 | 7299 | 3495 | 3804 |
| 乐清市 | 33757 | 18610 | 15147 | 7491 | 3888 | 3603 |
| 龙港市 | 8431 | 4416 | 4015 | 4659 | 2351 | 2308 |
| **嘉兴市** | **824043** | **467300** | **356743** | **206754** | **103374** | **103380** |
| 南湖区 | 29133 | 16362 | 12771 | 5951 | 2936 | 3015 |
| 秀洲区 | 78536 | 43644 | 34892 | 11432 | 5781 | 5651 |
| 嘉善县 | 290060 | 162369 | 127691 | 80591 | 39130 | 41461 |
| 海盐县 | 122715 | 67531 | 55184 | 46258 | 22460 | 23798 |
| 海宁市 | 176103 | 104785 | 71318 | 37500 | 20126 | 17374 |
| 平湖市 | 70704 | 40992 | 29712 | 11930 | 6320 | 5610 |
| 桐乡市 | 56792 | 31617 | 25175 | 13092 | 6621 | 6471 |
| **湖州市** | **740706** | **400969** | **339737** | **334184** | **165049** | **169135** |
| 吴兴区 | 163570 | 88281 | 75289 | 27844 | 14434 | 13410 |
| 南浔区 | 36787 | 20338 | 16449 | 12787 | 6370 | 6417 |
| 德清县 | 171335 | 94656 | 76679 | 86189 | 42948 | 43241 |
| 长兴县 | 183673 | 96357 | 87316 | 119458 | 57868 | 61590 |
| 安吉县 | 185341 | 101337 | 84004 | 87906 | 43429 | 44477 |

# 性别分的户口登记地在外乡镇街道的人口(镇)

单位：人

| 登记地 | | | | | | | | |
|---|---|---|---|---|---|---|---|---|
| 市辖区内人户分离 | | | 省内流动人口 | | | 省外 | | |
| 小计 | 男 | 女 | 小计 | 男 | 女 | 小计 | 男 | 女 |
| **201474** | **98502** | **102972** | **3002123** | **1516067** | **1486056** | **3390021** | **2002837** | **1387184** |
| **49772** | **24501** | **25271** | **221460** | **110786** | **110674** | **246918** | **148145** | **98773** |
| 47 | 18 | 29 | 32 | 13 | 19 | 105 | 60 | 45 |
| 7401 | 3813 | 3588 | 6554 | 4166 | 2388 | 56730 | 35716 | 21014 |
| 27938 | 13680 | 14258 | 25764 | 14369 | 11395 | 93685 | 56204 | 37481 |
| 1641 | 824 | 817 | 902 | 513 | 389 | 4313 | 2761 | 1552 |
| 12745 | 6166 | 6579 | 1970 | 1100 | 870 | 14380 | 8418 | 5962 |
| | | | 97435 | 47753 | 49682 | 63718 | 37090 | 26628 |
| | | | 71736 | 34442 | 37294 | 7559 | 4230 | 3329 |
| | | | 17067 | 8430 | 8637 | 6428 | 3666 | 2762 |
| **47942** | **22643** | **25299** | **359264** | **180735** | **178529** | **663838** | **386573** | **277265** |
| 4137 | 1961 | 2176 | 1447 | 778 | 669 | 5911 | 3272 | 2639 |
| 5918 | 2874 | 3044 | 2584 | 1590 | 994 | 25560 | 16411 | 9149 |
| 2063 | 987 | 1076 | 2475 | 1499 | 976 | 20668 | 12534 | 8134 |
| 31238 | 14637 | 16601 | 22514 | 12043 | 10471 | 119117 | 68039 | 51078 |
| 4586 | 2184 | 2402 | 1796 | 1024 | 772 | 9696 | 5646 | 4050 |
| | | | 117672 | 56977 | 60695 | 75548 | 41936 | 33612 |
| | | | 147000 | 73990 | 73010 | 105924 | 59538 | 46386 |
| | | | 19383 | 9278 | 10105 | 90621 | 50868 | 39753 |
| | | | 44393 | 23556 | 20837 | 210793 | 128329 | 82464 |
| **1654** | **809** | **845** | **556777** | **288002** | **268775** | **402156** | **239965** | **162191** |
| 449 | 224 | 225 | 249 | 134 | 115 | 1447 | 847 | 600 |
| | | | 31659 | 18584 | 13075 | 145313 | 87415 | 57898 |
| 923 | 457 | 466 | 681 | 404 | 277 | 6789 | 4097 | 2692 |
| 282 | 128 | 154 | 171 | 68 | 103 | 868 | 511 | 357 |
| | | | 136743 | 71919 | 64824 | 102943 | 62319 | 40624 |
| | | | 152881 | 78093 | 74788 | 62833 | 37237 | 25596 |
| | | | 155743 | 79979 | 75764 | 42599 | 24950 | 17649 |
| | | | 19760 | 9597 | 10163 | 4026 | 2705 | 1321 |
| | | | 39441 | 19490 | 19951 | 3360 | 1916 | 1444 |
| | | | 7299 | 3495 | 3804 | 1940 | 1181 | 759 |
| | | | 7491 | 3888 | 3603 | 26266 | 14722 | 11544 |
| | | | 4659 | 2351 | 2308 | 3772 | 2065 | 1707 |
| **9937** | **4740** | **5197** | **196817** | **98634** | **98183** | **617289** | **363926** | **253363** |
| 3996 | 1873 | 2123 | 1955 | 1063 | 892 | 23182 | 13426 | 9756 |
| 5941 | 2867 | 3074 | 5491 | 2914 | 2577 | 67104 | 37863 | 29241 |
| | | | 80591 | 39130 | 41461 | 209469 | 123239 | 86230 |
| | | | 46258 | 22460 | 23798 | 76457 | 45071 | 31386 |
| | | | 37500 | 20126 | 17374 | 138603 | 84659 | 53944 |
| | | | 11930 | 6320 | 5610 | 58774 | 34672 | 24102 |
| | | | 13092 | 6621 | 6471 | 43700 | 24996 | 18704 |
| **25008** | **12213** | **12795** | **309176** | **152836** | **156340** | **406522** | **235920** | **170602** |
| 15321 | 7563 | 7758 | 12523 | 6871 | 5652 | 135726 | 73847 | 61879 |
| 9687 | 4650 | 5037 | 3100 | 1720 | 1380 | 24000 | 13968 | 10032 |
| | | | 86189 | 42948 | 43241 | 85146 | 51708 | 33438 |
| | | | 119458 | 57868 | 61590 | 64215 | 38489 | 25726 |
| | | | 87906 | 43429 | 44477 | 97435 | 57908 | 39527 |

7-1b 续表

| 现住地 | 户口 | | | | | |
|---|---|---|---|---|---|---|
| | 合计 | | | 省内 | | |
| | 合计 | 男 | 女 | 小计 | 男 | 女 |
| **绍兴市** | **321592** | **178759** | **142833** | **180391** | **93143** | **87248** |
| 越城区 | 1016 | 548 | 468 | 349 | 168 | 181 |
| 柯桥区 | 79393 | 49854 | 29539 | 13273 | 7838 | 5435 |
| 上虞区 | 13353 | 7060 | 6293 | 5758 | 2730 | 3028 |
| 新昌县 | 146824 | 76618 | 70206 | 127164 | 65139 | 62025 |
| 诸暨市 | 72261 | 39943 | 32318 | 28732 | 14742 | 13990 |
| 嵊州市 | 8745 | 4736 | 4009 | 5115 | 2526 | 2589 |
| **金华市** | **895522** | **497075** | **398447** | **324505** | **166864** | **157641** |
| 婺城区 | 36775 | 19476 | 17299 | 26309 | 13120 | 13189 |
| 金东区 | 106910 | 62081 | 44829 | 22959 | 12549 | 10410 |
| 武义县 | 191994 | 105676 | 86318 | 82060 | 41933 | 40127 |
| 浦江县 | 113356 | 59545 | 53811 | 68651 | 34847 | 33804 |
| 磐安县 | 36543 | 19086 | 17457 | 27129 | 13381 | 13748 |
| 兰溪市 | 13502 | 7326 | 6176 | 5811 | 2788 | 3023 |
| 义乌市 | 206038 | 115515 | 90523 | 37062 | 19892 | 17170 |
| 东阳市 | 143190 | 81413 | 61777 | 48415 | 25113 | 23302 |
| 永康市 | 47214 | 26957 | 20257 | 6109 | 3241 | 2868 |
| **衢州市** | **204045** | **102527** | **101518** | **173789** | **84214** | **89575** |
| 柯城区 | 3046 | 1727 | 1319 | 1829 | 944 | 885 |
| 衢江区 | 5071 | 2546 | 2525 | 3874 | 1857 | 2017 |
| 常山县 | 49210 | 24602 | 24608 | 42913 | 20879 | 22034 |
| 开化县 | 51105 | 24317 | 26788 | 47134 | 21866 | 25268 |
| 龙游县 | 83828 | 43325 | 40503 | 68486 | 33995 | 34491 |
| 江山市 | 11785 | 6010 | 5775 | 9553 | 4673 | 4880 |
| **舟山市** | **107776** | **70489** | **37287** | **46299** | **24111** | **22188** |
| 定海区 | 12676 | 6798 | 5878 | 5251 | 2598 | 2653 |
| 普陀区 | 7014 | 4141 | 2873 | 3618 | 2144 | 1474 |
| 岱山县 | 73727 | 51940 | 21787 | 27928 | 14631 | 13297 |
| 嵊泗县 | 14359 | 7610 | 6749 | 9502 | 4738 | 4764 |
| **台州市** | **492400** | **263782** | **228618** | **312706** | **157253** | **155453** |
| 椒江区 | 4207 | 2666 | 1541 | 664 | 447 | 217 |
| 黄岩区 | 9933 | 5197 | 4736 | 4926 | 2312 | 2614 |
| 路桥区 | 47874 | 27222 | 20652 | 13434 | 6848 | 6586 |
| 三门县 | 84614 | 44790 | 39824 | 63105 | 32102 | 31003 |
| 天台县 | 97348 | 49835 | 47513 | 84177 | 42130 | 42047 |
| 仙居县 | 111458 | 56515 | 54943 | 100032 | 49988 | 50044 |
| 温岭市 | 102699 | 58917 | 43782 | 30918 | 15717 | 15201 |
| 临海市 | 28110 | 15178 | 12932 | 14280 | 7160 | 7120 |
| 玉环市 | 6157 | 3462 | 2695 | 1170 | 549 | 621 |
| **丽水市** | **457753** | **234346** | **223407** | **388100** | **193085** | **195015** |
| 莲都区 | 9066 | 5200 | 3866 | 5487 | 2948 | 2539 |
| 青田县 | 110326 | 56380 | 53946 | 86845 | 42798 | 44047 |
| 缙云县 | 86025 | 45155 | 40870 | 66308 | 33197 | 33111 |
| 遂昌县 | 43521 | 22008 | 21513 | 40285 | 20017 | 20268 |
| 松阳县 | 45236 | 22692 | 22544 | 38530 | 18664 | 19866 |
| 云和县 | 60886 | 31981 | 28905 | 51997 | 26677 | 25320 |
| 庆元县 | 55864 | 28038 | 27826 | 53752 | 26953 | 26799 |
| 景宁畲族自治县 | 43318 | 21098 | 22220 | 41744 | 20252 | 21492 |
| 龙泉市 | 3511 | 1794 | 1717 | 3152 | 1579 | 1573 |

单位：人

| 登记地 | | | | | | | | |
|---|---|---|---|---|---|---|---|---|
| 市辖区内人户分离 | | | 省内流动人口 | | | 省外 | | |
| 小计 | 男 | 女 | 小计 | 男 | 女 | 小计 | 男 | 女 |
| **14057** | **7502** | **6555** | **166334** | **85641** | **80693** | **141201** | **85616** | **55585** |
| 254 | 122 | 132 | 95 | 46 | 49 | 667 | 380 | 287 |
| 9551 | 5412 | 4139 | 3722 | 2426 | 1296 | 66120 | 42016 | 24104 |
| 4252 | 1968 | 2284 | 1506 | 762 | 744 | 7595 | 4330 | 3265 |
| | | | 127164 | 65139 | 62025 | 19660 | 11479 | 8181 |
| | | | 28732 | 14742 | 13990 | 43529 | 25201 | 18328 |
| | | | 5115 | 2526 | 2589 | 3630 | 2210 | 1420 |
| **28203** | **13959** | **14244** | **296302** | **152905** | **143397** | **571017** | **330211** | **240806** |
| 18762 | 9214 | 9548 | 7547 | 3906 | 3641 | 10466 | 6356 | 4110 |
| 9441 | 4745 | 4696 | 13518 | 7804 | 5714 | 83951 | 49532 | 34419 |
| | | | 82060 | 41933 | 40127 | 109934 | 63743 | 46191 |
| | | | 68651 | 34847 | 33804 | 44705 | 24698 | 20007 |
| | | | 27129 | 13381 | 13748 | 9414 | 5705 | 3709 |
| | | | 5811 | 2788 | 3023 | 7691 | 4538 | 3153 |
| | | | 37062 | 19892 | 17170 | 168976 | 95623 | 73353 |
| | | | 48415 | 25113 | 23302 | 94775 | 56300 | 38475 |
| | | | 6109 | 3241 | 2868 | 41105 | 23716 | 17389 |
| **3946** | **1838** | **2108** | **169843** | **82376** | **87467** | **30256** | **18313** | **11943** |
| 901 | 429 | 472 | 928 | 515 | 413 | 1217 | 783 | 434 |
| 3045 | 1409 | 1636 | 829 | 448 | 381 | 1197 | 689 | 508 |
| | | | 42913 | 20879 | 22034 | 6297 | 3723 | 2574 |
| | | | 47134 | 21866 | 25268 | 3971 | 2451 | 1520 |
| | | | 68486 | 33995 | 34491 | 15342 | 9330 | 6012 |
| | | | 9553 | 4673 | 4880 | 2232 | 1337 | 895 |
| **5701** | **3005** | **2696** | **40598** | **21106** | **19492** | **61477** | **46378** | **15099** |
| 3402 | 1611 | 1791 | 1849 | 987 | 862 | 7425 | 4200 | 3225 |
| 2299 | 1394 | 905 | 1319 | 750 | 569 | 3396 | 1997 | 1399 |
| | | | 27928 | 14631 | 13297 | 45799 | 37309 | 8490 |
| | | | 9502 | 4738 | 4764 | 4857 | 2872 | 1985 |
| **12612** | **5988** | **6624** | **300094** | **151265** | **148829** | **179694** | **106529** | **73165** |
| 281 | 181 | 100 | 383 | 266 | 117 | 3543 | 2219 | 1324 |
| 3977 | 1799 | 2178 | 949 | 513 | 436 | 5007 | 2885 | 2122 |
| 8354 | 4008 | 4346 | 5080 | 2840 | 2240 | 34440 | 20374 | 14066 |
| | | | 63105 | 32102 | 31003 | 21509 | 12688 | 8821 |
| | | | 84177 | 42130 | 42047 | 13171 | 7705 | 5466 |
| | | | 100032 | 49988 | 50044 | 11426 | 6527 | 4899 |
| | | | 30918 | 15717 | 15201 | 71781 | 43200 | 28581 |
| | | | 14280 | 7160 | 7120 | 13830 | 8018 | 5812 |
| | | | 1170 | 549 | 621 | 4987 | 2913 | 2074 |
| **2642** | **1304** | **1338** | **385458** | **191781** | **193677** | **69653** | **41261** | **28392** |
| 2642 | 1304 | 1338 | 2845 | 1644 | 1201 | 3579 | 2252 | 1327 |
| | | | 86845 | 42798 | 44047 | 23481 | 13582 | 9899 |
| | | | 66308 | 33197 | 33111 | 19717 | 11958 | 7759 |
| | | | 40285 | 20017 | 20268 | 3236 | 1991 | 1245 |
| | | | 38530 | 18664 | 19866 | 6706 | 4028 | 2678 |
| | | | 51997 | 26677 | 25320 | 8889 | 5304 | 3585 |
| | | | 53752 | 26953 | 26799 | 2112 | 1085 | 1027 |
| | | | 41744 | 20252 | 21492 | 1574 | 846 | 728 |
| | | | 3152 | 1579 | 1573 | 359 | 215 | 144 |

# 7-1c 全省按现住地、户口登记地、

| 现住地 | 户口 | | | | | |
|---|---|---|---|---|---|---|
| | 合计 | | | 省内 | | |
| | 合计 | 男 | 女 | 小计 | 男 | 女 |
| **合计** | **4059741** | **2340030** | **1719711** | **1146080** | **587201** | **558879** |
| **杭州市** | **474287** | **286744** | **187543** | **142665** | **75199** | **67466** |
| 上城区 | | | | | | |
| 下城区 | | | | | | |
| 江干区 | | | | | | |
| 拱墅区 | | | | | | |
| 西湖区 | 10404 | 6412 | 3992 | 4450 | 2342 | 2108 |
| 滨江区 | | | | | | |
| 萧山区 | 150488 | 89316 | 61172 | 28722 | 13853 | 14869 |
| 余杭区 | 169892 | 107297 | 62595 | 35799 | 20413 | 15386 |
| 富阳区 | 48712 | 28126 | 20586 | 24874 | 12640 | 12234 |
| 临安区 | 44713 | 26786 | 17927 | 19998 | 10743 | 9255 |
| 桐庐县 | 14976 | 8635 | 6341 | 7183 | 3707 | 3476 |
| 淳安县 | 12502 | 7368 | 5134 | 9774 | 5508 | 4266 |
| 建德市 | 22600 | 12804 | 9796 | 11865 | 5993 | 5872 |
| **宁波市** | **803679** | **460300** | **343379** | **175628** | **89208** | **86420** |
| 海曙区 | 65820 | 36757 | 29063 | 21685 | 11263 | 10422 |
| 江北区 | 51323 | 30052 | 21271 | 9064 | 4917 | 4147 |
| 北仑区 | 98812 | 59305 | 39507 | 16681 | 9115 | 7566 |
| 镇海区 | 30502 | 18653 | 11849 | 5003 | 2693 | 2310 |
| 鄞州区 | 167626 | 95072 | 72554 | 35483 | 18626 | 16857 |
| 奉化区 | 75520 | 43590 | 31930 | 19498 | 9686 | 9812 |
| 象山县 | 40073 | 22920 | 17153 | 15466 | 7761 | 7705 |
| 宁海县 | 55299 | 31200 | 24099 | 21989 | 11581 | 10408 |
| 余姚市 | 63013 | 35108 | 27905 | 11749 | 5187 | 6562 |
| 慈溪市 | 155691 | 87643 | 68048 | 19010 | 8379 | 10631 |
| **温州市** | **612603** | **349665** | **262938** | **203886** | **105697** | **98189** |
| 鹿城区 | 49470 | 29616 | 19854 | 10157 | 5141 | 5016 |
| 龙湾区 | 861 | 536 | 325 | 57 | 42 | 15 |
| 瓯海区 | 68659 | 40217 | 28442 | 18525 | 9693 | 8832 |
| 洞头区 | 26988 | 17958 | 9030 | 10590 | 6788 | 3802 |
| 永嘉县 | 51666 | 29570 | 22096 | 24130 | 12635 | 11495 |
| 平阳县 | 82449 | 46057 | 36392 | 35186 | 18332 | 16854 |
| 苍南县 | 53408 | 29221 | 24187 | 24847 | 12805 | 12042 |
| 文成县 | 9392 | 5358 | 4034 | 6680 | 3480 | 3200 |
| 泰顺县 | 8363 | 4608 | 3755 | 6091 | 3205 | 2886 |
| 瑞安市 | 151322 | 86600 | 64722 | 34305 | 17748 | 16557 |
| 乐清市 | 106605 | 58108 | 48497 | 31833 | 15122 | 16711 |
| 龙港市 | 3420 | 1816 | 1604 | 1485 | 706 | 779 |
| **嘉兴市** | **434593** | **249709** | **184884** | **70318** | **36008** | **34310** |
| 南湖区 | 31877 | 18834 | 13043 | 6529 | 3230 | 3299 |
| 秀洲区 | 81924 | 45459 | 36465 | 7974 | 4097 | 3877 |
| 嘉善县 | 56662 | 33874 | 22788 | 8787 | 4574 | 4213 |
| 海盐县 | 33844 | 19353 | 14491 | 7405 | 3749 | 3656 |
| 海宁市 | 103895 | 59654 | 44241 | 15482 | 8231 | 7251 |
| 平湖市 | 62027 | 36280 | 25747 | 11154 | 5913 | 5241 |
| 桐乡市 | 64364 | 36255 | 28109 | 12987 | 6214 | 6773 |
| **湖州市** | **239318** | **142699** | **96619** | **59166** | **31513** | **27653** |
| 吴兴区 | 84629 | 51350 | 33279 | 17972 | 10027 | 7945 |
| 南浔区 | 45292 | 26972 | 18320 | 9855 | 5322 | 4533 |
| 德清县 | 40774 | 24978 | 15796 | 10511 | 5726 | 4785 |
| 长兴县 | 25701 | 14474 | 11227 | 10000 | 5003 | 4997 |
| 安吉县 | 42922 | 24925 | 17997 | 10828 | 5435 | 5393 |

# 性别分的户口登记地在外乡镇街道的人口(乡村)

单位：人

| 登记地 | 市辖区内人户分离 |  |  | 省内流动人口 |  |  | 省外 |  |  |
|---|---|---|---|---|---|---|---|---|---|
|  | 小计 | 男 | 女 | 小计 | 男 | 女 | 小计 | 男 | 女 |
|  | **236491** | **112816** | **123675** | **909589** | **474385** | **435204** | **2913661** | **1752829** | **1160832** |
|  | **61347** | **29573** | **31774** | **81318** | **45626** | **35692** | **331622** | **211545** | **120077** |
|  | 2414 | 1160 | 1254 | 2036 | 1182 | 854 | 5954 | 4070 | 1884 |
|  | 17202 | 7292 | 9910 | 11520 | 6561 | 4959 | 121766 | 75463 | 46303 |
|  | 15441 | 7877 | 7564 | 20358 | 12536 | 7822 | 134093 | 86884 | 47209 |
|  | 13493 | 6618 | 6875 | 11381 | 6022 | 5359 | 23838 | 15486 | 8352 |
|  | 12797 | 6626 | 6171 | 7201 | 4117 | 3084 | 24715 | 16043 | 8672 |
|  |  |  |  | 7183 | 3707 | 3476 | 7793 | 4928 | 2865 |
|  |  |  |  | 9774 | 5508 | 4266 | 2728 | 1860 | 868 |
|  |  |  |  | 11865 | 5993 | 5872 | 10735 | 6811 | 3924 |
|  | **45588** | **21733** | **23855** | **130040** | **67475** | **62565** | **628051** | **371092** | **256959** |
|  | 6846 | 3218 | 3628 | 14839 | 8045 | 6794 | 44135 | 25494 | 18641 |
|  | 4104 | 2040 | 2064 | 4960 | 2877 | 2083 | 42259 | 25135 | 17124 |
|  | 7804 | 3833 | 3971 | 8877 | 5282 | 3595 | 82131 | 50190 | 31941 |
|  | 1583 | 679 | 904 | 3420 | 2014 | 1406 | 25499 | 15960 | 9539 |
|  | 12929 | 6041 | 6888 | 22554 | 12585 | 9969 | 132143 | 76446 | 55697 |
|  | 12322 | 5922 | 6400 | 7176 | 3764 | 3412 | 56022 | 33904 | 22118 |
|  |  |  |  | 15466 | 7761 | 7705 | 24607 | 15159 | 9448 |
|  |  |  |  | 21989 | 11581 | 10408 | 33310 | 19619 | 13691 |
|  |  |  |  | 11749 | 5187 | 6562 | 51264 | 29921 | 21343 |
|  |  |  |  | 19010 | 8379 | 10631 | 136681 | 79264 | 57417 |
|  | **14100** | **6943** | **7157** | **189786** | **98754** | **91032** | **408717** | **243968** | **164749** |
|  | 4687 | 2229 | 2458 | 5470 | 2912 | 2558 | 39313 | 24475 | 14838 |
|  |  |  |  | 57 | 42 | 15 | 804 | 494 | 310 |
|  | 6382 | 3153 | 3229 | 12143 | 6540 | 5603 | 50134 | 30524 | 19610 |
|  | 3031 | 1561 | 1470 | 7559 | 5227 | 2332 | 16398 | 11170 | 5228 |
|  |  |  |  | 24130 | 12635 | 11495 | 27536 | 16935 | 10601 |
|  |  |  |  | 35186 | 18332 | 16854 | 47263 | 27725 | 19538 |
|  |  |  |  | 24847 | 12805 | 12042 | 28561 | 16416 | 12145 |
|  |  |  |  | 6680 | 3480 | 3200 | 2712 | 1878 | 834 |
|  |  |  |  | 6091 | 3205 | 2886 | 2272 | 1403 | 869 |
|  |  |  |  | 34305 | 17748 | 16557 | 117017 | 68852 | 48165 |
|  |  |  |  | 31833 | 15122 | 16711 | 74772 | 42986 | 31786 |
|  |  |  |  | 1485 | 706 | 779 | 1935 | 1110 | 825 |
|  | **7083** | **3317** | **3766** | **63235** | **32691** | **30544** | **364275** | **213701** | **150574** |
|  | 3512 | 1588 | 1924 | 3017 | 1642 | 1375 | 25348 | 15604 | 9744 |
|  | 3571 | 1729 | 1842 | 4403 | 2368 | 2035 | 73950 | 41362 | 32588 |
|  |  |  |  | 8787 | 4574 | 4213 | 47875 | 29300 | 18575 |
|  |  |  |  | 7405 | 3749 | 3656 | 26439 | 15604 | 10835 |
|  |  |  |  | 15482 | 8231 | 7251 | 88413 | 51423 | 36990 |
|  |  |  |  | 11154 | 5913 | 5241 | 50873 | 30367 | 20506 |
|  |  |  |  | 12987 | 6214 | 6773 | 51377 | 30041 | 21336 |
|  | **18047** | **9490** | **8557** | **41119** | **22023** | **19096** | **180152** | **111186** | **68966** |
|  | 12216 | 6494 | 5722 | 5756 | 3533 | 2223 | 66657 | 41323 | 25334 |
|  | 5831 | 2996 | 2835 | 4024 | 2326 | 1698 | 35437 | 21650 | 13787 |
|  |  |  |  | 10511 | 5726 | 4785 | 30263 | 19252 | 11011 |
|  |  |  |  | 10000 | 5003 | 4997 | 15701 | 9471 | 6230 |
|  |  |  |  | 10828 | 5435 | 5393 | 32094 | 19490 | 12604 |

7-1c 续表

| 现住地 | 户口 | | | | | |
| --- | --- | --- | --- | --- | --- | --- |
| | 合计 | | | 省内 | | |
| | 合计 | 男 | 女 | 小计 | 男 | 女 |
| **绍兴市** | **219438** | **121070** | **98368** | **72680** | **34524** | **38156** |
| 越城区 | 38099 | 21793 | 16306 | 9205 | 4501 | 4704 |
| 柯桥区 | 42191 | 23961 | 18230 | 7449 | 3249 | 4200 |
| 上虞区 | 37384 | 19786 | 17598 | 13591 | 6015 | 7576 |
| 新昌县 | 18369 | 9991 | 8378 | 14062 | 7266 | 6796 |
| 诸暨市 | 62011 | 34349 | 27662 | 17054 | 8056 | 8998 |
| 嵊州市 | 21384 | 11190 | 10194 | 11319 | 5437 | 5882 |
| **金华市** | **527160** | **299274** | **227886** | **124685** | **62565** | **62120** |
| 婺城区 | 32608 | 18600 | 14008 | 16053 | 8234 | 7819 |
| 金东区 | 55673 | 32556 | 23117 | 12470 | 6380 | 6090 |
| 武义县 | 49066 | 27994 | 21072 | 13980 | 7164 | 6816 |
| 浦江县 | 72535 | 39341 | 33194 | 16685 | 8116 | 8569 |
| 磐安县 | 6187 | 3662 | 2525 | 3570 | 1933 | 1637 |
| 兰溪市 | 14506 | 7386 | 7120 | 8074 | 3708 | 4366 |
| 义乌市 | 141324 | 80956 | 60368 | 23195 | 11764 | 11431 |
| 东阳市 | 64955 | 37148 | 27807 | 16588 | 8511 | 8077 |
| 永康市 | 90306 | 51631 | 38675 | 14070 | 6755 | 7315 |
| **衢州市** | **70315** | **36240** | **34075** | **51661** | **25392** | **26269** |
| 柯城区 | 12979 | 6744 | 6235 | 10378 | 5082 | 5296 |
| 衢江区 | 13758 | 7105 | 6653 | 9816 | 4760 | 5056 |
| 常山县 | 7218 | 3413 | 3805 | 5371 | 2401 | 2970 |
| 开化县 | 5623 | 3019 | 2604 | 4301 | 2315 | 1986 |
| 龙游县 | 14777 | 8076 | 6701 | 8677 | 4392 | 4285 |
| 江山市 | 15960 | 7883 | 8077 | 13118 | 6442 | 6676 |
| **舟山市** | **94709** | **62622** | **32087** | **25796** | **14476** | **11320** |
| 定海区 | 36875 | 23285 | 13590 | 11245 | 6086 | 5159 |
| 普陀区 | 34149 | 22019 | 12130 | 9208 | 5043 | 4165 |
| 岱山县 | 18953 | 14129 | 4824 | 3517 | 2280 | 1237 |
| 嵊泗县 | 4732 | 3189 | 1543 | 1826 | 1067 | 759 |
| **台州市** | **462226** | **263264** | **198962** | **134593** | **67278** | **67315** |
| 椒江区 | 60477 | 36231 | 24246 | 11741 | 6432 | 5309 |
| 黄岩区 | 44410 | 24329 | 20081 | 17455 | 8338 | 9117 |
| 路桥区 | 72033 | 41423 | 30610 | 12723 | 6409 | 6314 |
| 三门县 | 14342 | 8107 | 6235 | 7623 | 3988 | 3635 |
| 天台县 | 19563 | 10321 | 9242 | 12916 | 6194 | 6722 |
| 仙居县 | 21752 | 12142 | 9610 | 14932 | 7856 | 7076 |
| 温岭市 | 99955 | 55852 | 44103 | 26976 | 12694 | 14282 |
| 临海市 | 66674 | 38781 | 27893 | 20085 | 10529 | 9556 |
| 玉环市 | 63020 | 36078 | 26942 | 10142 | 4838 | 5304 |
| **丽水市** | **121413** | **68443** | **52970** | **85002** | **45341** | **39661** |
| 莲都区 | 28173 | 17138 | 11035 | 16388 | 9393 | 6995 |
| 青田县 | 17556 | 10034 | 7522 | 10749 | 5668 | 5081 |
| 缙云县 | 13949 | 7534 | 6415 | 8839 | 4391 | 4448 |
| 遂昌县 | 8614 | 4800 | 3814 | 7167 | 3873 | 3294 |
| 松阳县 | 13861 | 7408 | 6453 | 9439 | 4792 | 4647 |
| 云和县 | 10504 | 5689 | 4815 | 8250 | 4337 | 3913 |
| 庆元县 | 9070 | 4884 | 4186 | 7724 | 4055 | 3669 |
| 景宁畲族自治县 | 10415 | 5959 | 4456 | 8957 | 4880 | 4077 |
| 龙泉市 | 9271 | 4997 | 4274 | 7489 | 3952 | 3537 |

单位：人

| 市辖区内人户分离 | | | 省内流动人口 | | | 省外 | | |
|---|---|---|---|---|---|---|---|---|
| 小计 | 男 | 女 | 小计 | 男 | 女 | 小计 | 男 | 女 |
| **18843** | **7487** | **11356** | **53837** | **27037** | **26800** | **146758** | **86546** | **60212** |
| 5521 | 2358 | 3163 | 3684 | 2143 | 1541 | 28894 | 17292 | 11602 |
| 4181 | 1517 | 2664 | 3268 | 1732 | 1536 | 34742 | 20712 | 14030 |
| 9141 | 3612 | 5529 | 4450 | 2403 | 2047 | 23793 | 13771 | 10022 |
| | | | 14062 | 7266 | 6796 | 4307 | 2725 | 1582 |
| | | | 17054 | 8056 | 8998 | 44957 | 26293 | 18664 |
| | | | 11319 | 5437 | 5882 | 10065 | 5753 | 4312 |
| | | | | | | | | |
| **14275** | **6692** | **7583** | **110410** | **55873** | **54537** | **402475** | **236709** | **165766** |
| 9428 | 4585 | 4843 | 6625 | 3649 | 2976 | 16555 | 10366 | 6189 |
| 4847 | 2107 | 2740 | 7623 | 4273 | 3350 | 43203 | 26176 | 17027 |
| | | | 13980 | 7164 | 6816 | 35086 | 20830 | 14256 |
| | | | 16685 | 8116 | 8569 | 55850 | 31225 | 24625 |
| | | | 3570 | 1933 | 1637 | 2617 | 1729 | 888 |
| | | | 8074 | 3708 | 4366 | 6432 | 3678 | 2754 |
| | | | 23195 | 11764 | 11431 | 118129 | 69192 | 48937 |
| | | | 16588 | 8511 | 8077 | 48367 | 28637 | 19730 |
| | | | 14070 | 6755 | 7315 | 76236 | 44876 | 31360 |
| | | | | | | | | |
| **13292** | **6077** | **7215** | **38369** | **19315** | **19054** | **18654** | **10848** | **7806** |
| 7134 | 3281 | 3853 | 3244 | 1801 | 1443 | 2601 | 1662 | 939 |
| 6158 | 2796 | 3362 | 3658 | 1964 | 1694 | 3942 | 2345 | 1597 |
| | | | 5371 | 2401 | 2970 | 1847 | 1012 | 835 |
| | | | 4301 | 2315 | 1986 | 1322 | 704 | 618 |
| | | | 8677 | 4392 | 4285 | 6100 | 3684 | 2416 |
| | | | 13118 | 6442 | 6676 | 2842 | 1441 | 1401 |
| | | | | | | | | |
| **12729** | **6493** | **6236** | **13067** | **7983** | **5084** | **68913** | **48146** | **20767** |
| 7046 | 3588 | 3458 | 4199 | 2498 | 1701 | 25630 | 17199 | 8431 |
| 5683 | 2905 | 2778 | 3525 | 2138 | 1387 | 24941 | 16976 | 7965 |
| | | | 3517 | 2280 | 1237 | 15436 | 11849 | 3587 |
| | | | 1826 | 1067 | 759 | 2906 | 2122 | 784 |
| | | | | | | | | |
| **24345** | **11267** | **13078** | **110248** | **56011** | **54237** | **327633** | **195986** | **131647** |
| 4426 | 2189 | 2237 | 7315 | 4243 | 3072 | 48736 | 29799 | 18937 |
| 12432 | 5563 | 6869 | 5023 | 2775 | 2248 | 26955 | 15991 | 10964 |
| 7487 | 3515 | 3972 | 5236 | 2894 | 2342 | 59310 | 35014 | 24296 |
| | | | 7623 | 3988 | 3635 | 6719 | 4119 | 2600 |
| | | | 12916 | 6194 | 6722 | 6647 | 4127 | 2520 |
| | | | 14932 | 7856 | 7076 | 6820 | 4286 | 2534 |
| | | | 26976 | 12694 | 14282 | 72979 | 43158 | 29821 |
| | | | 20085 | 10529 | 9556 | 46589 | 28252 | 18337 |
| | | | 10142 | 4838 | 5304 | 52878 | 31240 | 21638 |
| | | | | | | | | |
| **6842** | **3744** | **3098** | **78160** | **41597** | **36563** | **36411** | **23102** | **13309** |
| 6842 | 3744 | 3098 | 9546 | 5649 | 3897 | 11785 | 7745 | 4040 |
| | | | 10749 | 5668 | 5081 | 6807 | 4366 | 2441 |
| | | | 8839 | 4391 | 4448 | 5110 | 3143 | 1967 |
| | | | 7167 | 3873 | 3294 | 1447 | 927 | 520 |
| | | | 9439 | 4792 | 4647 | 4422 | 2616 | 1806 |
| | | | 8250 | 4337 | 3913 | 2254 | 1352 | 902 |
| | | | 7724 | 4055 | 3669 | 1346 | 829 | 517 |
| | | | 8957 | 4880 | 4077 | 1458 | 1079 | 379 |
| | | | 7489 | 3952 | 3537 | 1782 | 1045 | 737 |

# 7-2 全省按户口登记地、年龄、性别分的

| 年龄 | 合计 | | | 户口 省内 | | |
|---|---|---|---|---|---|---|
| | 合计 | 男 | 女 | 小计 | 男 | 女 |
| **总计** | **30107815** | **16424000** | **13683815** | **13921361** | **6954151** | **6967210** |
| **0—4岁** | **1130773** | **597995** | **532778** | **621952** | **327065** | **294887** |
| 0 | 129536 | 67988 | 61548 | 79725 | 41786 | 37939 |
| 1 | 217448 | 114770 | 102678 | 119876 | 62882 | 56994 |
| 2 | 234916 | 124026 | 110890 | 128038 | 67314 | 60724 |
| 3 | 279483 | 147624 | 131859 | 153602 | 80655 | 72947 |
| 4 | 269390 | 143587 | 125803 | 140711 | 74428 | 66283 |
| **5—9岁** | **1242497** | **674596** | **567901** | **628018** | **333714** | **294304** |
| 5 | 247649 | 132978 | 114671 | 124220 | 65950 | 58270 |
| 6 | 251825 | 136099 | 115726 | 128421 | 68036 | 60385 |
| 7 | 241894 | 131115 | 110779 | 119599 | 63227 | 56372 |
| 8 | 261109 | 142954 | 118155 | 132796 | 70779 | 62017 |
| 9 | 240020 | 131450 | 108570 | 122982 | 65722 | 57260 |
| **10—14岁** | **1035426** | **566547** | **468879** | **582677** | **310278** | **272399** |
| 10 | 222422 | 122546 | 99876 | 114528 | 61543 | 52985 |
| 11 | 222982 | 122523 | 100459 | 117502 | 62945 | 54557 |
| 12 | 203199 | 110810 | 92389 | 115444 | 61202 | 54242 |
| 13 | 196241 | 106658 | 89583 | 118564 | 62826 | 55738 |
| 14 | 190582 | 104010 | 86572 | 116639 | 61762 | 54877 |
| **15—19岁** | **1921176** | **1046395** | **874781** | **1266103** | **649153** | **616950** |
| 15 | 291709 | 156837 | 134872 | 223244 | 116676 | 106568 |
| 16 | 412730 | 222790 | 189940 | 318015 | 165440 | 152575 |
| 17 | 396217 | 217356 | 178861 | 272623 | 141043 | 131580 |
| 18 | 367204 | 203807 | 163397 | 211096 | 108090 | 103006 |
| 19 | 453316 | 245605 | 207711 | 241125 | 117904 | 123221 |
| **20—24岁** | **2600746** | **1440837** | **1159909** | **1025815** | **503700** | **522115** |
| 20 | 485122 | 264129 | 220993 | 234187 | 114121 | 120066 |
| 21 | 479008 | 264153 | 214855 | 201212 | 98195 | 103017 |
| 22 | 518741 | 290707 | 228034 | 185393 | 91567 | 93826 |
| 23 | 542232 | 303267 | 238965 | 195043 | 97040 | 98003 |
| 24 | 575643 | 318581 | 257062 | 209980 | 102777 | 107203 |
| **25—29岁** | **3224590** | **1766960** | **1457630** | **1167274** | **561913** | **605361** |
| 25 | 629770 | 347375 | 282395 | 233059 | 113535 | 119524 |
| 26 | 605907 | 331724 | 274183 | 229219 | 111401 | 117818 |
| 27 | 649850 | 354660 | 295190 | 240053 | 115228 | 124825 |
| 28 | 657425 | 359203 | 298222 | 233633 | 111287 | 122346 |
| 29 | 681638 | 373998 | 307640 | 231310 | 110462 | 120848 |

# 户口登记地在外乡镇街道的人口

单位：人

| 登记地 | | | | | |
|---|---|---|---|---|---|
| 其中市辖区内人户分离 | | | 省外 | | |
| 小计 | 男 | 女 | 小计 | 男 | 女 |
| **4550365** | **2203266** | **2347099** | **16186454** | **9469849** | **6716605** |
| **222671** | **116239** | **106432** | **508821** | **270930** | **237891** |
| 30068 | 15638 | 14430 | 49811 | 26202 | 23609 |
| 43229 | 22576 | 20653 | 97572 | 51888 | 45684 |
| 45338 | 23576 | 21762 | 106878 | 56712 | 50166 |
| 53861 | 28095 | 25766 | 125881 | 66969 | 58912 |
| 50175 | 26354 | 23821 | 128679 | 69159 | 59520 |
| **210237** | **110153** | **100084** | **614479** | **340882** | **273597** |
| 43899 | 23076 | 20823 | 123429 | 67028 | 56401 |
| 44624 | 23378 | 21246 | 123404 | 68063 | 55341 |
| 39162 | 20396 | 18766 | 122295 | 67888 | 54407 |
| 42789 | 22499 | 20290 | 128313 | 72175 | 56138 |
| 39763 | 20804 | 18959 | 117038 | 65728 | 51310 |
| **185483** | **96688** | **88795** | **452749** | **256269** | **196480** |
| 37342 | 19650 | 17692 | 107894 | 61003 | 46891 |
| 38071 | 19898 | 18173 | 105480 | 59578 | 45902 |
| 37104 | 19143 | 17961 | 87755 | 49608 | 38147 |
| 37705 | 19680 | 18025 | 77677 | 43832 | 33845 |
| 35261 | 18317 | 16944 | 73943 | 42248 | 31695 |
| **331035** | **170644** | **160391** | **655073** | **397242** | **257831** |
| 67119 | 34532 | 32587 | 68465 | 40161 | 28304 |
| 100876 | 51400 | 49476 | 94715 | 57350 | 37365 |
| 84160 | 42957 | 41203 | 123594 | 76313 | 47281 |
| 43556 | 23259 | 20297 | 156108 | 95717 | 60391 |
| 35324 | 18496 | 16828 | 212191 | 127701 | 84490 |
| **211750** | **103127** | **108623** | **1574931** | **937137** | **637794** |
| 35418 | 18032 | 17386 | 250935 | 150008 | 100927 |
| 34465 | 17364 | 17101 | 277796 | 165958 | 111838 |
| 39665 | 19339 | 20326 | 333348 | 199140 | 134208 |
| 48076 | 23171 | 24905 | 347189 | 206227 | 140962 |
| 54126 | 25221 | 28905 | 365663 | 215804 | 149859 |
| **345626** | **156721** | **188905** | **2057316** | **1205047** | **852269** |
| 63408 | 29199 | 34209 | 396711 | 233840 | 162871 |
| 65109 | 29711 | 35398 | 376688 | 220323 | 156365 |
| 71483 | 32279 | 39204 | 409797 | 239432 | 170365 |
| 71925 | 32430 | 39495 | 423792 | 247916 | 175876 |
| 73701 | 33102 | 40599 | 450328 | 263536 | 186792 |

7−2 续表 1

| 年龄 | 户口 | | | | | |
|---|---|---|---|---|---|---|
| | 合计 | | | 省内 | | |
| | 合计 | 男 | 女 | 小计 | 男 | 女 |
| **30−34岁** | **3887962** | **2141706** | **1746256** | **1348961** | **649326** | **699635** |
| 30 | 832378 | 459832 | 372546 | 266821 | 128427 | 138394 |
| 31 | 804520 | 442440 | 362080 | 272700 | 131207 | 141493 |
| 32 | 754073 | 414535 | 339538 | 263394 | 126454 | 136940 |
| 33 | 813881 | 447157 | 366724 | 298829 | 143481 | 155348 |
| 34 | 683110 | 377742 | 305368 | 247217 | 119757 | 127460 |
| **35−39岁** | **2914852** | **1617023** | **1297829** | **1155187** | **563694** | **591493** |
| 35 | 577358 | 321623 | 255735 | 203342 | 98972 | 104370 |
| 36 | 577336 | 321403 | 255933 | 218806 | 107071 | 111735 |
| 37 | 569685 | 315733 | 253952 | 236066 | 115704 | 120362 |
| 38 | 641462 | 354533 | 286929 | 273673 | 133052 | 140621 |
| 39 | 549011 | 303731 | 245280 | 223300 | 108895 | 114405 |
| **40−44岁** | **2692449** | **1476516** | **1215933** | **1097148** | **543054** | **554094** |
| 40 | 493111 | 273044 | 220067 | 191227 | 94178 | 97049 |
| 41 | 554691 | 305744 | 248947 | 231564 | 114211 | 117353 |
| 42 | 543057 | 296274 | 246783 | 226769 | 112066 | 114703 |
| 43 | 526499 | 287084 | 239415 | 219643 | 108846 | 110797 |
| 44 | 575091 | 314370 | 260721 | 227945 | 113753 | 114192 |
| **45−49岁** | **2994088** | **1636552** | **1357536** | **1143390** | **573617** | **569773** |
| 45 | 573230 | 312101 | 261129 | 216786 | 107690 | 109096 |
| 46 | 603782 | 329593 | 274189 | 217209 | 108259 | 108950 |
| 47 | 616839 | 336787 | 280052 | 237944 | 119183 | 118761 |
| 48 | 603683 | 329700 | 273983 | 230699 | 116274 | 114425 |
| 49 | 596554 | 328371 | 268183 | 240752 | 122211 | 118541 |
| **50−54岁** | **2564791** | **1415958** | **1148833** | **1113086** | **563216** | **549870** |
| 50 | 599059 | 327844 | 271215 | 243144 | 123322 | 119822 |
| 51 | 544570 | 299698 | 244872 | 237181 | 120639 | 116542 |
| 52 | 541486 | 300209 | 241277 | 225316 | 114189 | 111127 |
| 53 | 426144 | 235568 | 190576 | 191401 | 96611 | 94790 |
| 54 | 453532 | 252639 | 200893 | 216044 | 108455 | 107589 |
| **55−59岁** | **1656244** | **904066** | **752178** | **957975** | **476291** | **481684** |
| 55 | 418234 | 230753 | 187481 | 220114 | 110092 | 110022 |
| 56 | 379312 | 207205 | 172107 | 211150 | 105111 | 106039 |
| 57 | 406711 | 223155 | 183556 | 241984 | 120667 | 121317 |
| 58 | 298125 | 161945 | 136180 | 181495 | 89782 | 91713 |
| 59 | 153862 | 81008 | 72854 | 103232 | 50639 | 52593 |
| **60−64岁** | **862490** | **453197** | **409293** | **648205** | **324759** | **323446** |
| 60 | 175924 | 92586 | 83338 | 131350 | 65794 | 65556 |
| 61 | 149604 | 79154 | 70450 | 112709 | 56806 | 55903 |
| 62 | 178329 | 95111 | 83218 | 132024 | 66790 | 65234 |
| 63 | 193645 | 101521 | 92124 | 145909 | 72984 | 72925 |
| 64 | 164988 | 84825 | 80163 | 126213 | 62385 | 63828 |

单位：人

| 登记地 | | | | | |
|---|---|---|---|---|---|
| 其中市辖区内人户分离 | | | 省　　外 | | |
| 小计 | 男 | 女 | 小计 | 男 | 女 |
| **456527** | **207327** | **249200** | **2539001** | **1492380** | **1046621** |
| 87417 | 39638 | 47779 | 565557 | 331405 | 234152 |
| 92829 | 42216 | 50613 | 531820 | 311233 | 220587 |
| 90133 | 40647 | 49486 | 490679 | 288081 | 202598 |
| 101969 | 46334 | 55635 | 515052 | 303676 | 211376 |
| 84179 | 38492 | 45687 | 435893 | 257985 | 177908 |
| **389709** | **179375** | **210334** | **1759665** | **1053329** | **706336** |
| 67581 | 31048 | 36533 | 374016 | 222651 | 151365 |
| 72336 | 33188 | 39148 | 358530 | 214332 | 144198 |
| 80696 | 37338 | 43358 | 333619 | 200029 | 133590 |
| 94633 | 43402 | 51231 | 367789 | 221481 | 146308 |
| 74463 | 34399 | 40064 | 325711 | 194836 | 130875 |
| **358024** | **168497** | **189527** | **1595301** | **933462** | **661839** |
| 62793 | 29369 | 33424 | 301884 | 178866 | 123018 |
| 77596 | 36252 | 41344 | 323127 | 191533 | 131594 |
| 74443 | 34967 | 39476 | 316288 | 184208 | 132080 |
| 71090 | 33478 | 37612 | 306856 | 178238 | 128618 |
| 72102 | 34431 | 37671 | 347146 | 200617 | 146529 |
| **366959** | **176847** | **190112** | **1850698** | **1062935** | **787763** |
| 68206 | 32358 | 35848 | 356444 | 204411 | 152033 |
| 67068 | 31828 | 35240 | 386573 | 221334 | 165239 |
| 75928 | 36477 | 39451 | 378895 | 217604 | 161291 |
| 75649 | 36954 | 38695 | 372984 | 213426 | 159558 |
| 80108 | 39230 | 40878 | 355802 | 206160 | 149642 |
| **369519** | **180877** | **188642** | **1451705** | **852742** | **598963** |
| 81503 | 39872 | 41631 | 355915 | 204522 | 151393 |
| 78445 | 38336 | 40109 | 307389 | 179059 | 128330 |
| 76121 | 37266 | 38855 | 316170 | 186020 | 130150 |
| 62424 | 30666 | 31758 | 234743 | 138957 | 95786 |
| 71026 | 34737 | 36289 | 237488 | 144184 | 93304 |
| **345735** | **170077** | **175658** | **698269** | **427775** | **270494** |
| 74831 | 36675 | 38156 | 198120 | 120661 | 77459 |
| 74549 | 36797 | 37752 | 168162 | 102094 | 66068 |
| 89331 | 43908 | 45423 | 164727 | 102488 | 62239 |
| 66596 | 32780 | 33816 | 116630 | 72163 | 44467 |
| 40428 | 19917 | 20511 | 50630 | 30369 | 20261 |
| **252427** | **124568** | **127859** | **214285** | **128438** | **85847** |
| 51678 | 25516 | 26162 | 44574 | 26792 | 17782 |
| 43971 | 21730 | 22241 | 36895 | 22348 | 14547 |
| 51032 | 25420 | 25612 | 46305 | 28321 | 17984 |
| 56686 | 27922 | 28764 | 47736 | 28537 | 19199 |
| 49060 | 23980 | 25080 | 38775 | 22440 | 16335 |

7-2 续表 2

| 年龄 | 户口 | | | | | |
|---|---|---|---|---|---|---|
| | 合计 | | | 省内 | | |
| | 合计 | 男 | 女 | 小计 | 男 | 女 |
| **65-69岁** | **633665** | **321399** | **312266** | **502031** | **249187** | **252844** |
| 65 | 154242 | 79328 | 74914 | 118679 | 58953 | 59726 |
| 66 | 150439 | 76347 | 74092 | 118445 | 58567 | 59878 |
| 67 | 121352 | 61006 | 60346 | 95836 | 47237 | 48599 |
| 68 | 114225 | 57909 | 56316 | 91735 | 45879 | 45856 |
| 69 | 93407 | 46809 | 46598 | 77336 | 38551 | 38785 |
| **70-74岁** | **341234** | **173716** | **167518** | **295848** | **150908** | **144940** |
| 70 | 83149 | 42239 | 40910 | 69990 | 35526 | 34464 |
| 71 | 78429 | 39987 | 38442 | 67356 | 34304 | 33052 |
| 72 | 68845 | 34720 | 34125 | 60434 | 30525 | 29909 |
| 73 | 59862 | 30442 | 29420 | 52821 | 27009 | 25812 |
| 74 | 50949 | 26328 | 24621 | 45247 | 23544 | 21703 |
| **75-79岁** | **171380** | **86074** | **85306** | **151697** | **77303** | **74394** |
| 75 | 41826 | 21339 | 20487 | 37025 | 19110 | 17915 |
| 76 | 39544 | 20313 | 19231 | 35032 | 18241 | 16791 |
| 77 | 33662 | 16903 | 16759 | 29899 | 15279 | 14620 |
| 78 | 27784 | 13603 | 14181 | 24487 | 12197 | 12290 |
| 79 | 28564 | 13916 | 14648 | 25254 | 12476 | 12778 |
| **80-84岁** | **117600** | **54971** | **62629** | **106919** | **50364** | **56555** |
| 80 | 25058 | 12061 | 12997 | 22276 | 10861 | 11415 |
| 81 | 22509 | 10470 | 12039 | 20350 | 9579 | 10771 |
| 82 | 25442 | 11867 | 13575 | 23240 | 10900 | 12340 |
| 83 | 23203 | 10707 | 12496 | 21326 | 9886 | 11440 |
| 84 | 21388 | 9866 | 11522 | 19727 | 9138 | 10589 |
| **85-89岁** | **80033** | **34997** | **45036** | **75070** | **32858** | **42212** |
| 85 | 20426 | 9129 | 11297 | 19079 | 8549 | 10530 |
| 86 | 18210 | 8002 | 10208 | 16943 | 7435 | 9508 |
| 87 | 17021 | 7408 | 9613 | 16006 | 6970 | 9036 |
| 88 | 13801 | 5930 | 7871 | 13045 | 5609 | 7436 |
| 89 | 10575 | 4528 | 6047 | 9997 | 4295 | 5702 |
| **90-94岁** | **28887** | **11934** | **16953** | **27472** | **11348** | **16124** |
| 90 | 8677 | 3743 | 4934 | 8188 | 3527 | 4661 |
| 91 | 6810 | 2823 | 3987 | 6493 | 2689 | 3804 |
| 92 | 6123 | 2466 | 3657 | 5875 | 2372 | 3503 |
| 93 | 4229 | 1724 | 2505 | 4041 | 1648 | 2393 |
| 94 | 3048 | 1178 | 1870 | 2875 | 1112 | 1763 |
| **95-99岁** | **6248** | **2335** | **3913** | **5904** | **2193** | **3711** |
| 95 | 2315 | 906 | 1409 | 2198 | 858 | 1340 |
| 96 | 1597 | 587 | 1010 | 1532 | 561 | 971 |
| 97 | 1077 | 404 | 673 | 1024 | 385 | 639 |
| 98 | 715 | 245 | 470 | 676 | 223 | 453 |
| 99 | 544 | 193 | 351 | 474 | 166 | 308 |
| **100岁及以上** | **684** | **226** | **458** | **629** | **210** | **419** |

单位：人

| 登记地 | | | | | |
|---|---|---|---|---|---|
| 其中市辖区内人户分离 | | | 省外 | | |
| 小计 | 男 | 女 | 小计 | 男 | 女 |
| **205262** | **99619** | **105643** | **131634** | **72212** | **59422** |
| 47864 | 23293 | 24571 | 35563 | 20375 | 15188 |
| 48325 | 23392 | 24933 | 31994 | 17780 | 14214 |
| 38819 | 18654 | 20165 | 25516 | 13769 | 11747 |
| 37750 | 18442 | 19308 | 22490 | 12030 | 10460 |
| 32504 | 15838 | 16666 | 16071 | 8258 | 7813 |
| **128911** | **64309** | **64602** | **45386** | **22808** | **22578** |
| 29728 | 14736 | 14992 | 13159 | 6713 | 6446 |
| 29010 | 14460 | 14550 | 11073 | 5683 | 5390 |
| 26405 | 13031 | 13374 | 8411 | 4195 | 4216 |
| 23794 | 11963 | 11831 | 7041 | 3433 | 3608 |
| 19974 | 10119 | 9855 | 5702 | 2784 | 2918 |
| **68889** | **33727** | **35162** | **19683** | **8771** | **10912** |
| 16646 | 8301 | 8345 | 4801 | 2229 | 2572 |
| 15658 | 7820 | 7838 | 4512 | 2072 | 2440 |
| 13613 | 6650 | 6963 | 3763 | 1624 | 2139 |
| 11352 | 5476 | 5876 | 3297 | 1406 | 1891 |
| 11620 | 5480 | 6140 | 3310 | 1440 | 1870 |
| **49107** | **22409** | **26698** | **10681** | **4607** | **6074** |
| 9822 | 4623 | 5199 | 2782 | 1200 | 1582 |
| 9390 | 4275 | 5115 | 2159 | 891 | 1268 |
| 10678 | 4847 | 5831 | 2202 | 967 | 1235 |
| 9937 | 4468 | 5469 | 1877 | 821 | 1056 |
| 9280 | 4196 | 5084 | 1661 | 728 | 933 |
| **36258** | **15603** | **20655** | **4963** | **2139** | **2824** |
| 9049 | 3983 | 5066 | 1347 | 580 | 767 |
| 8278 | 3592 | 4686 | 1267 | 567 | 700 |
| 7724 | 3254 | 4470 | 1015 | 438 | 577 |
| 6362 | 2713 | 3649 | 756 | 321 | 435 |
| 4845 | 2061 | 2784 | 578 | 233 | 345 |
| **13199** | **5376** | **7823** | **1415** | **586** | **829** |
| 3999 | 1696 | 2303 | 489 | 216 | 273 |
| 3070 | 1270 | 1800 | 317 | 134 | 183 |
| 2797 | 1129 | 1668 | 248 | 94 | 154 |
| 1927 | 770 | 1157 | 188 | 76 | 112 |
| 1406 | 511 | 895 | 173 | 66 | 107 |
| **2771** | **1012** | **1759** | **344** | **142** | **202** |
| 1019 | 380 | 639 | 117 | 48 | 69 |
| 756 | 276 | 480 | 65 | 26 | 39 |
| 495 | 191 | 304 | 53 | 19 | 34 |
| 308 | 97 | 211 | 39 | 22 | 17 |
| 193 | 68 | 125 | 70 | 27 | 43 |
| **266** | **71** | **195** | **55** | **16** | **39** |

# 7-2a 全省按户口登记地、年龄、性别分的

| 年龄 | 户口 | | | | | |
|---|---|---|---|---|---|---|
| | 合计 | | | 省内 | | |
| | 合计 | 男 | 女 | 小计 | 男 | 女 |
| **总计** | **19454456** | **10466564** | **8987892** | **9571684** | **4752381** | **4819303** |
| **0-4岁** | **717175** | **379071** | **338104** | **410584** | **215846** | **194738** |
| 0 | 84367 | 44172 | 40195 | 53846 | 28120 | 25726 |
| 1 | 138235 | 72829 | 65406 | 79304 | 41539 | 37765 |
| 2 | 147620 | 77915 | 69705 | 83246 | 43706 | 39540 |
| 3 | 176026 | 93038 | 82988 | 100618 | 52871 | 47747 |
| 4 | 170927 | 91117 | 79810 | 93570 | 49610 | 43960 |
| **5-9岁** | **763522** | **415125** | **348397** | **409331** | **218455** | **190876** |
| 5 | 154544 | 83166 | 71378 | 81885 | 43618 | 38267 |
| 6 | 156193 | 84577 | 71616 | 84395 | 44934 | 39461 |
| 7 | 147691 | 80215 | 67476 | 77691 | 41316 | 36375 |
| 8 | 159168 | 87140 | 72028 | 85952 | 45984 | 39968 |
| 9 | 145926 | 80027 | 65899 | 79408 | 42603 | 36805 |
| **10-14岁** | **628136** | **344573** | **283563** | **369601** | **197461** | **172140** |
| 10 | 134807 | 74443 | 60364 | 73542 | 39641 | 33901 |
| 11 | 134193 | 73868 | 60325 | 74662 | 40084 | 34578 |
| 12 | 123032 | 67168 | 55864 | 73208 | 38832 | 34376 |
| 13 | 120287 | 65638 | 54649 | 75523 | 40197 | 35326 |
| 14 | 115817 | 63456 | 52361 | 72666 | 38707 | 33959 |
| **15-19岁** | **1295006** | **693781** | **601225** | **871876** | **442634** | **429242** |
| 15 | 177797 | 95614 | 82183 | 135206 | 70663 | 64543 |
| 16 | 257909 | 138957 | 118952 | 197083 | 102374 | 94709 |
| 17 | 252272 | 137822 | 114450 | 173600 | 89929 | 83671 |
| 18 | 258835 | 139505 | 119330 | 159064 | 79777 | 79287 |
| 19 | 348193 | 181883 | 166310 | 206923 | 99891 | 107032 |
| **20-24岁** | **1885396** | **1011235** | **874161** | **837028** | **406819** | **430209** |
| 20 | 373942 | 195996 | 177946 | 204401 | 98159 | 106242 |
| 21 | 357130 | 189622 | 167508 | 171101 | 82285 | 88816 |
| 22 | 369784 | 200509 | 169275 | 149258 | 73027 | 76231 |
| 23 | 382626 | 207992 | 174634 | 152230 | 75048 | 77182 |
| 24 | 401914 | 217116 | 184798 | 160038 | 78300 | 81738 |
| **25-29岁** | **2181893** | **1183195** | **998698** | **853106** | **416976** | **436130** |
| 25 | 435583 | 236130 | 199453 | 174690 | 85704 | 88986 |
| 26 | 414346 | 223997 | 190349 | 169110 | 83123 | 85987 |
| 27 | 440268 | 238042 | 202226 | 175109 | 85351 | 89758 |
| 28 | 439644 | 238743 | 200901 | 168404 | 81967 | 86437 |
| 29 | 452052 | 246283 | 205769 | 165793 | 80831 | 84962 |

# 户口登记地在外乡镇街道的人口(城市)

单位：人

| 登记地 | | | | | |
|---|---|---|---|---|---|
| 其中市辖区内人户分离 | | | 省　　外 | | |
| 小计 | 男 | 女 | 小计 | 男 | 女 |
| **4112400** | **1991948** | **2120452** | **9882772** | **5714183** | **4168589** |
| **200122** | **104605** | **95517** | **306591** | **163225** | **143366** |
| 26995 | 14027 | 12968 | 30521 | 16052 | 14469 |
| 38600 | 20166 | 18434 | 58931 | 31290 | 27641 |
| 40464 | 21038 | 19426 | 64374 | 34209 | 30165 |
| 48673 | 25412 | 23261 | 75408 | 40167 | 35241 |
| 45390 | 23962 | 21428 | 77357 | 41507 | 35850 |
| **191946** | **100787** | **91159** | **354191** | **196670** | **157521** |
| 39712 | 20861 | 18851 | 72659 | 39548 | 33111 |
| 40617 | 21372 | 19245 | 71798 | 39643 | 32155 |
| 35827 | 18692 | 17135 | 70000 | 38899 | 31101 |
| 39240 | 20691 | 18549 | 73216 | 41156 | 32060 |
| 36550 | 19171 | 17379 | 66518 | 37424 | 29094 |
| **169867** | **88833** | **81034** | **258535** | **147112** | **111423** |
| 34121 | 18009 | 16112 | 61265 | 34802 | 26463 |
| 34812 | 18283 | 16529 | 59531 | 33784 | 25747 |
| 33994 | 17599 | 16395 | 49824 | 28336 | 21488 |
| 34728 | 18131 | 16597 | 44764 | 25441 | 19323 |
| 32212 | 16811 | 15401 | 43151 | 24749 | 18402 |
| **285605** | **147341** | **138264** | **423130** | **251147** | **171983** |
| 57562 | 29691 | 27871 | 42591 | 24951 | 17640 |
| 85082 | 43436 | 41646 | 60826 | 36583 | 24243 |
| 71227 | 36497 | 34730 | 78672 | 47893 | 30779 |
| 38661 | 20554 | 18107 | 99771 | 59728 | 40043 |
| 33073 | 17163 | 15910 | 141270 | 81992 | 59278 |
| **196576** | **95720** | **100856** | **1048368** | **604416** | **443952** |
| 33475 | 16963 | 16512 | 169541 | 97837 | 71704 |
| 32415 | 16256 | 16159 | 186029 | 107337 | 78692 |
| 36878 | 17940 | 18938 | 220526 | 127482 | 93044 |
| 44275 | 21311 | 22964 | 230396 | 132944 | 97452 |
| 49533 | 23250 | 26283 | 241876 | 138816 | 103060 |
| **312966** | **144619** | **168347** | **1328787** | **766219** | **562568** |
| 57632 | 26890 | 30742 | 260893 | 150426 | 110467 |
| 59141 | 27409 | 31732 | 245236 | 140874 | 104362 |
| 64646 | 29771 | 34875 | 265159 | 152691 | 112468 |
| 64982 | 29975 | 35007 | 271240 | 156776 | 114464 |
| 66565 | 30574 | 35991 | 286259 | 165452 | 120807 |

7-2a 续表 1

| 年龄 | 户口 | | | | | |
|---|---|---|---|---|---|---|
| | 合计 | | | 省内 | | |
| | 合计 | 男 | 女 | 小计 | 男 | 女 |
| **30-34岁** | **2516410** | **1376448** | **1139962** | **951875** | **465855** | **486020** |
| 30 | 545267 | 299033 | 246234 | 190024 | 93330 | 96694 |
| 31 | 523081 | 285789 | 237292 | 193554 | 94939 | 98615 |
| 32 | 488136 | 266580 | 221556 | 186137 | 90875 | 95262 |
| 33 | 524084 | 285688 | 238396 | 210027 | 102253 | 107774 |
| 34 | 435842 | 239358 | 196484 | 172133 | 84458 | 87675 |
| **35-39岁** | **1849703** | **1018894** | **830809** | **799668** | **393355** | **406313** |
| 35 | 366461 | 202427 | 164034 | 141715 | 69623 | 72092 |
| 36 | 367574 | 203244 | 164330 | 152475 | 75343 | 77132 |
| 37 | 363233 | 199857 | 163376 | 163869 | 80991 | 82878 |
| 38 | 407632 | 223446 | 184186 | 189337 | 92592 | 96745 |
| 39 | 344803 | 189920 | 154883 | 152272 | 74806 | 77466 |
| **40-44岁** | **1669133** | **911396** | **757737** | **739377** | **367544** | **371833** |
| 40 | 306571 | 168971 | 137600 | 129588 | 64215 | 65373 |
| 41 | 347749 | 190327 | 157422 | 158034 | 78219 | 79815 |
| 42 | 337477 | 183492 | 153985 | 152741 | 75831 | 76910 |
| 43 | 325710 | 176925 | 148785 | 147655 | 73328 | 74327 |
| 44 | 351626 | 191681 | 159945 | 151359 | 75951 | 75408 |
| **45-49岁** | **1822695** | **987754** | **834941** | **754075** | **377073** | **377002** |
| 45 | 348693 | 188882 | 159811 | 143471 | 71365 | 72106 |
| 46 | 364539 | 197544 | 166995 | 142599 | 70924 | 71675 |
| 47 | 376047 | 203542 | 172505 | 156779 | 78263 | 78516 |
| 48 | 368289 | 199312 | 168977 | 152298 | 76448 | 75850 |
| 49 | 365127 | 198474 | 166653 | 158928 | 80073 | 78855 |
| **50-54岁** | **1575347** | **851921** | **723426** | **726548** | **360944** | **365604** |
| 50 | 366638 | 197762 | 168876 | 159902 | 80220 | 79682 |
| 51 | 334516 | 180784 | 153732 | 154930 | 77698 | 77232 |
| 52 | 332048 | 180041 | 152007 | 147737 | 73275 | 74462 |
| 53 | 261913 | 141497 | 120416 | 123895 | 61235 | 62660 |
| 54 | 280232 | 151837 | 128395 | 140084 | 68516 | 71568 |
| **55-59岁** | **1062154** | **559588** | **502566** | **639037** | **307635** | **331402** |
| 55 | 261716 | 140103 | 121613 | 143625 | 69754 | 73871 |
| 56 | 241586 | 127490 | 114096 | 140281 | 67671 | 72610 |
| 57 | 263326 | 139073 | 124253 | 162808 | 78456 | 84352 |
| 58 | 193543 | 101278 | 92265 | 122070 | 58493 | 63577 |
| 59 | 101983 | 51644 | 50339 | 70253 | 33261 | 36992 |
| **60-64岁** | **580457** | **293767** | **286690** | **442067** | **213701** | **228366** |
| 60 | 117624 | 59299 | 58325 | 89471 | 43001 | 46470 |
| 61 | 100606 | 51225 | 49381 | 77023 | 37503 | 39520 |
| 62 | 119925 | 61617 | 58308 | 90000 | 43935 | 46065 |
| 63 | 130236 | 65845 | 64391 | 99093 | 47859 | 51234 |
| 64 | 112066 | 55781 | 56285 | 86480 | 41403 | 45077 |

单位：人

| 登记地 | | | | | |
|---|---|---|---|---|---|
| 其中市辖区内人户分离 | | | 省外 | | |
| 小计 | 男 | 女 | 小计 | 男 | 女 |
| **413240** | **190618** | **222622** | **1564535** | **910593** | **653942** |
| 78875 | 36470 | 42405 | 355243 | 205703 | 149540 |
| 83866 | 38822 | 45044 | 329527 | 190850 | 138677 |
| 81629 | 37413 | 44216 | 301999 | 175705 | 126294 |
| 92359 | 42563 | 49796 | 314057 | 183435 | 130622 |
| 76511 | 35350 | 41161 | 263709 | 154900 | 108809 |
| **357251** | **165559** | **191692** | **1050035** | **625539** | **424496** |
| 61957 | 28696 | 33261 | 224746 | 132804 | 91942 |
| 66453 | 30722 | 35731 | 215099 | 127901 | 87198 |
| 73937 | 34470 | 39467 | 199364 | 118866 | 80498 |
| 86682 | 40011 | 46671 | 218295 | 130854 | 87441 |
| 68222 | 31660 | 36562 | 192531 | 115114 | 77417 |
| **327847** | **154684** | **173163** | **929756** | **543852** | **385904** |
| 57496 | 27003 | 30493 | 176983 | 104756 | 72227 |
| 71202 | 33347 | 37855 | 189715 | 112108 | 77607 |
| 68137 | 32080 | 36057 | 184736 | 107661 | 77075 |
| 65062 | 30693 | 34369 | 178055 | 103597 | 74458 |
| 65950 | 31561 | 34389 | 200267 | 115730 | 84537 |
| **333477** | **160893** | **172584** | **1068620** | **610681** | **457939** |
| 62410 | 29673 | 32737 | 205222 | 117517 | 87705 |
| 61180 | 29154 | 32026 | 221940 | 126620 | 95320 |
| 68895 | 33076 | 35819 | 219268 | 125279 | 93989 |
| 68456 | 33448 | 35008 | 215991 | 122864 | 93127 |
| 72536 | 35542 | 36994 | 206199 | 118401 | 87798 |
| **333070** | **162331** | **170739** | **848799** | **490977** | **357822** |
| 73684 | 35973 | 37711 | 206736 | 117542 | 89194 |
| 70761 | 34446 | 36315 | 179586 | 103086 | 76500 |
| 68806 | 33506 | 35300 | 184311 | 106766 | 77545 |
| 56078 | 27456 | 28622 | 138018 | 80262 | 57756 |
| 63741 | 30950 | 32791 | 140148 | 83321 | 56827 |
| **312859** | **152482** | **160377** | **423117** | **251953** | **171164** |
| 67169 | 32699 | 34470 | 118091 | 70349 | 47742 |
| 67301 | 32862 | 34439 | 101305 | 59819 | 41486 |
| 81052 | 39481 | 41571 | 100518 | 60617 | 39901 |
| 60481 | 29489 | 30992 | 71473 | 42785 | 28688 |
| 36856 | 17951 | 18905 | 31730 | 18383 | 13347 |
| **229417** | **111628** | **117789** | **138390** | **80066** | **58324** |
| 47061 | 22925 | 24136 | 28153 | 16298 | 11855 |
| 40099 | 19535 | 20564 | 23583 | 13722 | 9861 |
| 46433 | 22842 | 23591 | 29925 | 17682 | 12243 |
| 51353 | 24914 | 26439 | 31143 | 17986 | 13157 |
| 44471 | 21412 | 23059 | 25586 | 14378 | 11208 |

7-2a 续表 2

| 年 龄 | 户口 | | | | | |
|---|---|---|---|---|---|---|
| | 合 计 | | | 省 内 | | |
| | 合计 | 男 | 女 | 小计 | 男 | 女 |
| **65-69岁** | **426129** | **210911** | **215218** | **338551** | **164004** | **174547** |
| 65 | 104684 | 52249 | 52435 | 81058 | 39083 | 41975 |
| 66 | 101794 | 50400 | 51394 | 80411 | 38839 | 41572 |
| 67 | 81081 | 39748 | 41333 | 64152 | 30861 | 33291 |
| 68 | 76291 | 37867 | 38424 | 61377 | 30020 | 31357 |
| 69 | 62279 | 30647 | 31632 | 51553 | 25201 | 26352 |
| **70-74岁** | **224010** | **111509** | **112501** | **194437** | **96640** | **97797** |
| 70 | 55331 | 27537 | 27794 | 46637 | 23179 | 23458 |
| 71 | 51666 | 25887 | 25779 | 44379 | 22124 | 22255 |
| 72 | 45060 | 22213 | 22847 | 39626 | 19498 | 20128 |
| 73 | 39083 | 19363 | 19720 | 34536 | 17142 | 17394 |
| 74 | 32870 | 16509 | 16361 | 29259 | 14697 | 14562 |
| **75-79岁** | **109469** | **52854** | **56615** | **97318** | **47406** | **49912** |
| 75 | 26825 | 13228 | 13597 | 23837 | 11804 | 12033 |
| 76 | 25125 | 12342 | 12783 | 22307 | 11050 | 11257 |
| 77 | 21508 | 10368 | 11140 | 19199 | 9368 | 9831 |
| 78 | 17870 | 8408 | 9462 | 15850 | 7554 | 8296 |
| 79 | 18141 | 8508 | 9633 | 16125 | 7630 | 8495 |
| **80-84岁** | **74005** | **33508** | **40497** | **67530** | **30742** | **36788** |
| 80 | 15472 | 7231 | 8241 | 13763 | 6495 | 7268 |
| 81 | 14271 | 6430 | 7841 | 12956 | 5899 | 7057 |
| 82 | 16021 | 7223 | 8798 | 14701 | 6637 | 8064 |
| 83 | 14663 | 6557 | 8106 | 13556 | 6078 | 7478 |
| 84 | 13578 | 6067 | 7511 | 12554 | 5633 | 6921 |
| **85-89岁** | **51034** | **21940** | **29094** | **48012** | **20635** | **27377** |
| 85 | 12841 | 5656 | 7185 | 12041 | 5318 | 6723 |
| 86 | 11625 | 5010 | 6615 | 10850 | 4665 | 6185 |
| 87 | 10832 | 4593 | 6239 | 10212 | 4326 | 5886 |
| 88 | 8898 | 3745 | 5153 | 8414 | 3534 | 4880 |
| 89 | 6838 | 2936 | 3902 | 6495 | 2792 | 3703 |
| **90-94岁** | **18368** | **7508** | **10860** | **17493** | **7160** | **10333** |
| 90 | 5608 | 2376 | 3232 | 5290 | 2238 | 3052 |
| 91 | 4278 | 1760 | 2518 | 4092 | 1690 | 2402 |
| 92 | 3846 | 1561 | 2285 | 3711 | 1503 | 2208 |
| 93 | 2731 | 1103 | 1628 | 2610 | 1056 | 1554 |
| 94 | 1905 | 708 | 1197 | 1790 | 673 | 1117 |
| **95-99岁** | **3976** | **1449** | **2527** | **3770** | **1372** | **2398** |
| 95 | 1478 | 542 | 936 | 1406 | 516 | 890 |
| 96 | 1026 | 381 | 645 | 990 | 370 | 620 |
| 97 | 698 | 271 | 427 | 665 | 260 | 405 |
| 98 | 446 | 147 | 299 | 422 | 135 | 287 |
| 99 | 328 | 108 | 220 | 287 | 91 | 196 |
| **100岁及以上** | **438** | **137** | **301** | **400** | **124** | **276** |

单位：人

| 登记地 | | | | | |
|---|---|---|---|---|---|
| 其中市辖区内人户分离 | | | 省　　外 | | |
| 小计 | 男 | 女 | 小计 | 男 | 女 |
| **184446** | **88427** | **96019** | **87578** | **46907** | **40671** |
| 43287 | 20804 | 22483 | 23626 | 13166 | 10460 |
| 43492 | 20808 | 22684 | 21383 | 11561 | 9822 |
| 34801 | 16454 | 18347 | 16929 | 8887 | 8042 |
| 33828 | 16350 | 17478 | 14914 | 7847 | 7067 |
| 29038 | 14011 | 15027 | 10726 | 5446 | 5280 |
| **113662** | **55803** | **57859** | **29573** | **14869** | **14704** |
| 26496 | 12964 | 13532 | 8694 | 4358 | 4336 |
| 25665 | 12636 | 13029 | 7287 | 3763 | 3524 |
| 23247 | 11288 | 11959 | 5434 | 2715 | 2719 |
| 20814 | 10267 | 10547 | 4547 | 2221 | 2326 |
| 17440 | 8648 | 8792 | 3611 | 1812 | 1799 |
| **60411** | **28864** | **31547** | **12151** | **5448** | **6703** |
| 14505 | 7080 | 7425 | 2988 | 1424 | 1564 |
| 13657 | 6649 | 7008 | 2818 | 1292 | 1526 |
| 11957 | 5703 | 6254 | 2309 | 1000 | 1309 |
| 10052 | 4720 | 5332 | 2020 | 854 | 1166 |
| 10240 | 4712 | 5528 | 2016 | 878 | 1138 |
| **43252** | **19348** | **23904** | **6475** | **2766** | **3709** |
| 8646 | 4010 | 4636 | 1709 | 736 | 973 |
| 8266 | 3680 | 4586 | 1315 | 531 | 784 |
| 9380 | 4163 | 5217 | 1320 | 586 | 734 |
| 8732 | 3842 | 4890 | 1107 | 479 | 628 |
| 8228 | 3653 | 4575 | 1024 | 434 | 590 |
| **31997** | **13671** | **18326** | **3022** | **1305** | **1717** |
| 7994 | 3484 | 4510 | 800 | 338 | 462 |
| 7259 | 3113 | 4146 | 775 | 345 | 430 |
| 6818 | 2864 | 3954 | 620 | 267 | 353 |
| 5603 | 2367 | 3236 | 484 | 211 | 273 |
| 4323 | 1843 | 2480 | 343 | 144 | 199 |
| **11695** | **4770** | **6925** | **875** | **348** | **527** |
| 3559 | 1515 | 2044 | 318 | 138 | 180 |
| 2700 | 1113 | 1587 | 186 | 70 | 116 |
| 2491 | 1012 | 1479 | 135 | 58 | 77 |
| 1708 | 675 | 1033 | 121 | 47 | 74 |
| 1237 | 455 | 782 | 115 | 35 | 80 |
| **2453** | **901** | **1552** | **206** | **77** | **129** |
| 906 | 329 | 577 | 72 | 26 | 46 |
| 670 | 252 | 418 | 36 | 11 | 25 |
| 440 | 178 | 262 | 33 | 11 | 22 |
| 269 | 84 | 185 | 24 | 12 | 12 |
| 168 | 58 | 110 | 41 | 17 | 24 |
| **241** | **64** | **177** | **38** | **13** | **25** |

# 7-2b 全省按户口登记地、年龄、性别分的

| 年龄 | 户口 | | | | | |
|---|---|---|---|---|---|---|
| | 合计 | | | 省内 | | |
| | 合计 | 男 | 女 | 小计 | 男 | 女 |
| **总计** | **6593618** | **3617406** | **2976212** | **3203597** | **1614569** | **1589028** |
| **0-4岁** | **263324** | **139479** | **123845** | **156348** | **82339** | **74009** |
| 0 | 29112 | 15382 | 13730 | 19014 | 10036 | 8978 |
| 1 | 49488 | 26125 | 23363 | 29211 | 15309 | 13902 |
| 2 | 54515 | 28876 | 25639 | 32344 | 17042 | 15302 |
| 3 | 67145 | 35440 | 31705 | 40241 | 21150 | 19091 |
| 4 | 63064 | 33656 | 29408 | 35538 | 18802 | 16736 |
| **5-9岁** | **313387** | **169466** | **143921** | **171982** | **91016** | **80966** |
| 5 | 59557 | 31855 | 27702 | 32122 | 16974 | 15148 |
| 6 | 62235 | 33533 | 28702 | 34280 | 18073 | 16207 |
| 7 | 61581 | 33120 | 28461 | 33163 | 17353 | 15810 |
| 8 | 67461 | 36878 | 30583 | 37427 | 19938 | 17489 |
| 9 | 62553 | 34080 | 28473 | 34990 | 18678 | 16312 |
| **10-14岁** | **278929** | **151176** | **127753** | **171831** | **91139** | **80692** |
| 10 | 58373 | 32051 | 26322 | 32823 | 17663 | 15160 |
| 11 | 59255 | 32323 | 26932 | 34291 | 18308 | 15983 |
| 12 | 54938 | 29680 | 25258 | 33852 | 17967 | 15885 |
| 13 | 53333 | 28631 | 24702 | 34987 | 18408 | 16579 |
| 14 | 53030 | 28491 | 24539 | 35878 | 18793 | 17085 |
| **15-19岁** | **450848** | **248234** | **202614** | **317015** | **164711** | **152304** |
| 15 | 88192 | 46890 | 41302 | 73100 | 38046 | 35054 |
| 16 | 120789 | 64333 | 56456 | 100379 | 52035 | 48344 |
| 17 | 107773 | 58283 | 49490 | 81622 | 41932 | 39690 |
| 18 | 70183 | 40848 | 29335 | 38272 | 20648 | 17624 |
| 19 | 63911 | 37880 | 26031 | 23642 | 12050 | 11592 |
| **20-24岁** | **434351** | **256346** | **178005** | **136114** | **69309** | **66805** |
| 20 | 67085 | 40192 | 26893 | 21042 | 10902 | 10140 |
| 21 | 73666 | 44130 | 29536 | 21659 | 11155 | 10504 |
| 22 | 90347 | 53638 | 36709 | 26446 | 13349 | 13097 |
| 23 | 97481 | 57126 | 40355 | 31149 | 15987 | 15162 |
| 24 | 105772 | 61260 | 44512 | 35818 | 17916 | 17902 |
| **25-29岁** | **634003** | **354313** | **279690** | **221516** | **107438** | **114078** |
| 25 | 118146 | 67322 | 50824 | 41502 | 20509 | 20993 |
| 26 | 116734 | 65633 | 51101 | 42448 | 20950 | 21498 |
| 27 | 127303 | 70786 | 56517 | 45454 | 22091 | 23363 |
| 28 | 132389 | 73188 | 59201 | 45928 | 21838 | 24090 |
| 29 | 139431 | 77384 | 62047 | 46184 | 22050 | 24134 |

# 户口登记地在外乡镇街道的人口(镇)

单位：人

| 登记地 | | | | | |
|---|---|---|---|---|---|
| 其中市辖区内人户分离 | | | 省外 | | |
| 小计 | 男 | 女 | 小计 | 男 | 女 |
| **201474** | **98502** | **102972** | **3390021** | **2002837** | **1387184** |
| **10068** | **5173** | **4895** | **106976** | **57140** | **49836** |
| 1382 | 715 | 667 | 10098 | 5346 | 4752 |
| 1961 | 998 | 963 | 20277 | 10816 | 9461 |
| 2030 | 1070 | 960 | 22171 | 11834 | 10337 |
| 2437 | 1251 | 1186 | 26904 | 14290 | 12614 |
| 2258 | 1139 | 1119 | 27526 | 14854 | 12672 |
| **9234** | **4701** | **4533** | **141405** | **78450** | **62955** |
| 1986 | 1027 | 959 | 27435 | 14881 | 12554 |
| 1965 | 981 | 984 | 27955 | 15460 | 12495 |
| 1715 | 852 | 863 | 28418 | 15767 | 12651 |
| 1891 | 978 | 913 | 30034 | 16940 | 13094 |
| 1677 | 863 | 814 | 27563 | 15402 | 12161 |
| **8720** | **4399** | **4321** | **107098** | **60037** | **47061** |
| 1804 | 940 | 864 | 25550 | 14388 | 11162 |
| 1794 | 895 | 899 | 24964 | 14015 | 10949 |
| 1682 | 833 | 849 | 21086 | 11713 | 9373 |
| 1642 | 862 | 780 | 18346 | 10223 | 8123 |
| 1798 | 869 | 929 | 17152 | 9698 | 7454 |
| **23808** | **11569** | **12239** | **133833** | **83523** | **50310** |
| 5179 | 2557 | 2622 | 15092 | 8844 | 6248 |
| 8632 | 4146 | 4486 | 20410 | 12298 | 8112 |
| 7316 | 3462 | 3854 | 26151 | 16351 | 9800 |
| 2069 | 1045 | 1024 | 31911 | 20200 | 11711 |
| 612 | 359 | 253 | 40269 | 25830 | 14439 |
| **6590** | **3377** | **3213** | **298237** | **187037** | **111200** |
| 704 | 419 | 285 | 46043 | 29290 | 16753 |
| 858 | 460 | 398 | 52007 | 32975 | 19032 |
| 1296 | 665 | 631 | 63901 | 40289 | 23612 |
| 1740 | 905 | 835 | 66332 | 41139 | 25193 |
| 1992 | 928 | 1064 | 69954 | 43344 | 26610 |
| **13310** | **5763** | **7547** | **412487** | **246875** | **165612** |
| 2382 | 1096 | 1286 | 76644 | 46813 | 29831 |
| 2482 | 1109 | 1373 | 74286 | 44683 | 29603 |
| 2740 | 1169 | 1571 | 81849 | 48695 | 33154 |
| 2791 | 1197 | 1594 | 86461 | 51350 | 35111 |
| 2915 | 1192 | 1723 | 93247 | 55334 | 37913 |

7－2b 续表 1

| 年龄 | 合计 | | | 户口 省内 | | |
| --- | --- | --- | --- | --- | --- | --- |
| | 合计 | 男 | 女 | 小计 | 男 | 女 |
| **30－34岁** | **832928** | **459327** | **373601** | **288840** | **138351** | **150489** |
| 30 | 173142 | 96282 | 76860 | 54860 | 26357 | 28503 |
| 31 | 170145 | 93832 | 76313 | 56808 | 27223 | 29585 |
| 32 | 161486 | 88782 | 72704 | 56087 | 26801 | 29286 |
| 33 | 176897 | 97237 | 79660 | 65261 | 31176 | 34085 |
| 34 | 151258 | 83194 | 68064 | 55824 | 26794 | 29030 |
| **35－39岁** | **653661** | **359514** | **294147** | **269623** | **130001** | **139622** |
| 35 | 128244 | 71159 | 57085 | 46144 | 22259 | 23885 |
| 36 | 128075 | 70768 | 57307 | 49900 | 24017 | 25883 |
| 37 | 127210 | 69786 | 57424 | 54485 | 26381 | 28104 |
| 38 | 144485 | 79287 | 65198 | 64478 | 31067 | 33411 |
| 39 | 125647 | 68514 | 57133 | 54616 | 26277 | 28339 |
| **40－44岁** | **622996** | **337040** | **285956** | **274951** | **134551** | **140400** |
| 40 | 113836 | 62263 | 51573 | 47521 | 23135 | 24386 |
| 41 | 127288 | 69387 | 57901 | 56805 | 27726 | 29079 |
| 42 | 125763 | 67451 | 58312 | 56923 | 27788 | 29135 |
| 43 | 121985 | 65673 | 56312 | 55068 | 27055 | 28013 |
| 44 | 134124 | 72266 | 61858 | 58634 | 28847 | 29787 |
| **45－49岁** | **686660** | **372845** | **313815** | **291917** | **146498** | **145419** |
| 45 | 132358 | 71261 | 61097 | 55502 | 27425 | 28077 |
| 46 | 139595 | 75623 | 63972 | 56305 | 28090 | 28215 |
| 47 | 141732 | 76873 | 64859 | 60996 | 30536 | 30460 |
| 48 | 137487 | 74586 | 62901 | 58417 | 29408 | 29009 |
| 49 | 135488 | 74502 | 60986 | 60697 | 31039 | 29658 |
| **50－54岁** | **581883** | **322914** | **258969** | **282201** | **144834** | **137367** |
| 50 | 135866 | 74546 | 61320 | 61442 | 31509 | 29933 |
| 51 | 124056 | 68661 | 55395 | 60604 | 31171 | 29433 |
| 52 | 121918 | 68010 | 53908 | 56537 | 29111 | 27426 |
| 53 | 96975 | 53876 | 43099 | 48865 | 24986 | 23879 |
| 54 | 103068 | 57821 | 45247 | 54753 | 28057 | 26696 |
| **55－59岁** | **365879** | **202148** | **163731** | **227381** | **115743** | **111638** |
| 55 | 94806 | 52785 | 42021 | 54824 | 28054 | 26770 |
| 56 | 84062 | 46539 | 37523 | 50620 | 25839 | 24781 |
| 57 | 88831 | 49483 | 39348 | 56421 | 28907 | 27514 |
| 58 | 65314 | 35786 | 29528 | 42261 | 21268 | 20993 |
| 59 | 32866 | 17555 | 15311 | 23255 | 11675 | 11580 |
| **60－64岁** | **183797** | **98862** | **84935** | **143274** | **74010** | **69264** |
| 60 | 38065 | 20687 | 17378 | 29454 | 15338 | 14116 |
| 61 | 31998 | 17326 | 14672 | 24982 | 12942 | 12040 |
| 62 | 37910 | 20734 | 17176 | 29149 | 15262 | 13887 |
| 63 | 41249 | 22034 | 19215 | 32318 | 16598 | 15720 |
| 64 | 34575 | 18081 | 16494 | 27371 | 13870 | 13501 |

单位：人

| 登记地 | | | | | |
|---|---|---|---|---|---|
| 其中市辖区内人户分离 | | | 省　　外 | | |
| 小计 | 男 | 女 | 小计 | 男 | 女 |
| **18902** | **8225** | **10677** | **544088** | **320976** | **223112** |
| 3610 | 1558 | 2052 | 118282 | 69925 | 48357 |
| 3862 | 1729 | 2133 | 113337 | 66609 | 46728 |
| 3694 | 1576 | 2118 | 105399 | 61981 | 43418 |
| 4192 | 1796 | 2396 | 111636 | 66061 | 45575 |
| 3544 | 1566 | 1978 | 95434 | 56400 | 39034 |
| **15997** | **7186** | **8811** | **384038** | **229513** | **154525** |
| 2582 | 1156 | 1426 | 82100 | 48900 | 33200 |
| 2774 | 1204 | 1570 | 78175 | 46751 | 31424 |
| 3299 | 1493 | 1806 | 72725 | 43405 | 29320 |
| 4112 | 1833 | 2279 | 80007 | 48220 | 31787 |
| 3230 | 1500 | 1730 | 71031 | 42237 | 28794 |
| **15553** | **7419** | **8134** | **348045** | **202489** | **145556** |
| 2729 | 1302 | 1427 | 66315 | 39128 | 27187 |
| 3336 | 1587 | 1749 | 70483 | 41661 | 28822 |
| 3338 | 1563 | 1775 | 68840 | 39663 | 29177 |
| 3040 | 1459 | 1581 | 66917 | 38618 | 28299 |
| 3110 | 1508 | 1602 | 75490 | 43419 | 32071 |
| **16687** | **8164** | **8523** | **394743** | **226347** | **168396** |
| 2870 | 1409 | 1461 | 76856 | 43836 | 33020 |
| 2894 | 1394 | 1500 | 83290 | 47533 | 35757 |
| 3523 | 1739 | 1784 | 80736 | 46337 | 34399 |
| 3581 | 1713 | 1868 | 79070 | 45178 | 33892 |
| 3819 | 1909 | 1910 | 74791 | 43463 | 31328 |
| **17546** | **8931** | **8615** | **299682** | **178080** | **121602** |
| 3860 | 1973 | 1887 | 74424 | 43037 | 31387 |
| 3790 | 1957 | 1833 | 63452 | 37490 | 25962 |
| 3532 | 1764 | 1768 | 65381 | 38899 | 26482 |
| 2947 | 1487 | 1460 | 48110 | 28890 | 19220 |
| 3417 | 1750 | 1667 | 48315 | 29764 | 18551 |
| **15062** | **7902** | **7160** | **138498** | **86405** | **52093** |
| 3520 | 1791 | 1729 | 39982 | 24731 | 15251 |
| 3349 | 1800 | 1549 | 33442 | 20700 | 12742 |
| 3829 | 2017 | 1812 | 32410 | 20576 | 11834 |
| 2770 | 1439 | 1331 | 23053 | 14518 | 8535 |
| 1594 | 855 | 739 | 9611 | 5880 | 3731 |
| **9803** | **5323** | **4480** | **40523** | **24852** | **15671** |
| 2075 | 1096 | 979 | 8611 | 5349 | 3262 |
| 1634 | 918 | 716 | 7016 | 4384 | 2632 |
| 1881 | 1027 | 854 | 8761 | 5472 | 3289 |
| 2220 | 1210 | 1010 | 8931 | 5436 | 3495 |
| 1993 | 1072 | 921 | 7204 | 4211 | 2993 |

7-2b 续表 2

| 年龄 | 户口 | | | | | |
|---|---|---|---|---|---|---|
| | 合计 | | | 省内 | | |
| | 合计 | 男 | 女 | 小计 | 男 | 女 |
| **65-69岁** | **134438** | **68736** | **65702** | **110126** | **55189** | **54937** |
| 65 | 32351 | 16839 | 15512 | 25869 | 13063 | 12806 |
| 66 | 31721 | 16206 | 15515 | 25880 | 12903 | 12977 |
| 67 | 26120 | 13293 | 12827 | 21374 | 10693 | 10681 |
| 68 | 24302 | 12392 | 11910 | 20118 | 10114 | 10004 |
| 69 | 19944 | 10006 | 9938 | 16885 | 8416 | 8469 |
| **70-74岁** | **71912** | **36550** | **35362** | **63331** | **32279** | **31052** |
| 70 | 17473 | 8855 | 8618 | 15037 | 7592 | 7445 |
| 71 | 16703 | 8530 | 8173 | 14616 | 7479 | 7137 |
| 72 | 14682 | 7356 | 7326 | 13053 | 6544 | 6509 |
| 73 | 12414 | 6356 | 6058 | 11057 | 5695 | 5362 |
| 74 | 10640 | 5453 | 5187 | 9568 | 4969 | 4599 |
| **75-79岁** | **36227** | **18550** | **17677** | **32261** | **16815** | **15446** |
| 75 | 8883 | 4599 | 4284 | 7923 | 4176 | 3747 |
| 76 | 8343 | 4364 | 3979 | 7437 | 3967 | 3470 |
| 77 | 7113 | 3682 | 3431 | 6385 | 3368 | 3017 |
| 78 | 5815 | 2919 | 2896 | 5145 | 2610 | 2535 |
| 79 | 6073 | 2986 | 3087 | 5371 | 2694 | 2677 |
| **80-84岁** | **25274** | **11873** | **13401** | **23074** | **10903** | **12171** |
| 80 | 5594 | 2687 | 2907 | 5035 | 2434 | 2601 |
| 81 | 4707 | 2213 | 2494 | 4261 | 2018 | 2243 |
| 82 | 5475 | 2548 | 2927 | 5028 | 2360 | 2668 |
| 83 | 4942 | 2313 | 2629 | 4529 | 2127 | 2402 |
| 84 | 4556 | 2112 | 2444 | 4221 | 1964 | 2257 |
| **85-89岁** | **16065** | **7129** | **8936** | **15111** | **6703** | **8408** |
| 85 | 4247 | 1861 | 2386 | 3984 | 1751 | 2233 |
| 86 | 3650 | 1629 | 2021 | 3402 | 1511 | 1891 |
| 87 | 3439 | 1553 | 1886 | 3257 | 1463 | 1794 |
| 88 | 2681 | 1193 | 1488 | 2546 | 1139 | 1407 |
| 89 | 2048 | 893 | 1155 | 1922 | 839 | 1083 |
| **90-94岁** | **5764** | **2397** | **3367** | **5491** | **2276** | **3215** |
| 90 | 1703 | 738 | 965 | 1612 | 698 | 914 |
| 91 | 1389 | 568 | 821 | 1325 | 536 | 789 |
| 92 | 1238 | 500 | 738 | 1186 | 482 | 704 |
| 93 | 818 | 333 | 485 | 781 | 318 | 463 |
| 94 | 616 | 258 | 358 | 587 | 242 | 345 |
| **95-99岁** | **1174** | **465** | **709** | **1099** | **424** | **675** |
| 95 | 445 | 190 | 255 | 422 | 177 | 245 |
| 96 | 287 | 101 | 186 | 272 | 93 | 179 |
| 97 | 195 | 74 | 121 | 185 | 68 | 117 |
| 98 | 135 | 53 | 82 | 127 | 47 | 80 |
| 99 | 112 | 47 | 65 | 93 | 39 | 54 |
| **100岁及以上** | **118** | **42** | **76** | **111** | **40** | **71** |

单位：人

| 登记地 | | | | | |
|---|---|---|---|---|---|
| 其中市辖区内人户分离 | | | 省　　外 | | |
| 小计 | 男 | 女 | 小计 | 男 | 女 |
| **8302** | **4321** | **3981** | **24312** | **13547** | **10765** |
| 1896 | 976 | 920 | 6482 | 3776 | 2706 |
| 2019 | 1055 | 964 | 5841 | 3303 | 2538 |
| 1588 | 860 | 728 | 4746 | 2600 | 2146 |
| 1549 | 792 | 757 | 4184 | 2278 | 1906 |
| 1250 | 638 | 612 | 3059 | 1590 | 1469 |
| **5461** | **2825** | **2636** | **8581** | **4271** | **4310** |
| 1194 | 623 | 571 | 2436 | 1263 | 1173 |
| 1190 | 612 | 578 | 2087 | 1051 | 1036 |
| 1143 | 558 | 585 | 1629 | 812 | 817 |
| 1079 | 595 | 484 | 1357 | 661 | 696 |
| 855 | 437 | 418 | 1072 | 484 | 588 |
| **2917** | **1552** | **1365** | **3966** | **1735** | **2231** |
| 756 | 408 | 348 | 960 | 423 | 537 |
| 680 | 375 | 305 | 906 | 397 | 509 |
| 557 | 286 | 271 | 728 | 314 | 414 |
| 436 | 232 | 204 | 670 | 309 | 361 |
| 488 | 251 | 237 | 702 | 292 | 410 |
| **1820** | **918** | **902** | **2200** | **970** | **1230** |
| 376 | 169 | 207 | 559 | 253 | 306 |
| 341 | 180 | 161 | 446 | 195 | 251 |
| 402 | 217 | 185 | 447 | 188 | 259 |
| 372 | 195 | 177 | 413 | 186 | 227 |
| 329 | 157 | 172 | 335 | 148 | 187 |
| **1229** | **561** | **668** | **954** | **426** | **528** |
| 308 | 146 | 162 | 263 | 110 | 153 |
| 291 | 135 | 156 | 248 | 118 | 130 |
| 275 | 119 | 156 | 182 | 90 | 92 |
| 204 | 96 | 108 | 135 | 54 | 81 |
| 151 | 65 | 86 | 126 | 54 | 72 |
| **378** | **162** | **216** | **273** | **121** | **152** |
| 125 | 51 | 74 | 91 | 40 | 51 |
| 84 | 30 | 54 | 64 | 32 | 32 |
| 74 | 40 | 34 | 52 | 18 | 34 |
| 55 | 26 | 29 | 37 | 15 | 22 |
| 40 | 15 | 25 | 29 | 16 | 13 |
| **80** | **30** | **50** | **75** | **41** | **34** |
| 31 | 13 | 18 | 23 | 13 | 10 |
| 19 | 6 | 13 | 15 | 8 | 7 |
| 14 | 2 | 12 | 10 | 6 | 4 |
| 11 | 6 | 5 | 8 | 6 | 2 |
| 5 | 3 | 2 | 19 | 8 | 11 |
| **7** | **1** | **6** | **7** | **2** | **5** |

# 7-2c 全省按户口登记地、年龄、性别分的

| 年 龄 | 户口 | | | | | |
|---|---|---|---|---|---|---|
| | 合 计 | | | 省 内 | | |
| | 合计 | 男 | 女 | 小计 | 男 | 女 |
| **总 计** | **4059741** | **2340030** | **1719711** | **1146080** | **587201** | **558879** |
| **0-4岁** | **150274** | **79445** | **70829** | **55020** | **28880** | **26140** |
| 0 | 16057 | 8434 | 7623 | 6865 | 3630 | 3235 |
| 1 | 29725 | 15816 | 13909 | 11361 | 6034 | 5327 |
| 2 | 32781 | 17235 | 15546 | 12448 | 6566 | 5882 |
| 3 | 36312 | 19146 | 17166 | 12743 | 6634 | 6109 |
| 4 | 35399 | 18814 | 16585 | 11603 | 6016 | 5587 |
| **5-9岁** | **165588** | **90005** | **75583** | **46705** | **24243** | **22462** |
| 5 | 33548 | 17957 | 15591 | 10213 | 5358 | 4855 |
| 6 | 33397 | 17989 | 15408 | 9746 | 5029 | 4717 |
| 7 | 32622 | 17780 | 14842 | 8745 | 4558 | 4187 |
| 8 | 34480 | 18936 | 15544 | 9417 | 4857 | 4560 |
| 9 | 31541 | 17343 | 14198 | 8584 | 4441 | 4143 |
| **10-14岁** | **128361** | **70798** | **57563** | **41245** | **21678** | **19567** |
| 10 | 29242 | 16052 | 13190 | 8163 | 4239 | 3924 |
| 11 | 29534 | 16332 | 13202 | 8549 | 4553 | 3996 |
| 12 | 25229 | 13962 | 11267 | 8384 | 4403 | 3981 |
| 13 | 22621 | 12389 | 10232 | 8054 | 4221 | 3833 |
| 14 | 21735 | 12063 | 9672 | 8095 | 4262 | 3833 |
| **15-19岁** | **175322** | **104380** | **70942** | **77212** | **41808** | **35404** |
| 15 | 25720 | 14333 | 11387 | 14938 | 7967 | 6971 |
| 16 | 34032 | 19500 | 14532 | 20553 | 11031 | 9522 |
| 17 | 36172 | 21251 | 14921 | 17401 | 9182 | 8219 |
| 18 | 38186 | 23454 | 14732 | 13760 | 7665 | 6095 |
| 19 | 41212 | 25842 | 15370 | 10560 | 5963 | 4597 |
| **20-24岁** | **280999** | **173256** | **107743** | **52673** | **27572** | **25101** |
| 20 | 44095 | 27941 | 16154 | 8744 | 5060 | 3684 |
| 21 | 48212 | 30401 | 17811 | 8452 | 4755 | 3697 |
| 22 | 58610 | 36560 | 22050 | 9689 | 5191 | 4498 |
| 23 | 62125 | 38149 | 23976 | 11664 | 6005 | 5659 |
| 24 | 67957 | 40205 | 27752 | 14124 | 6561 | 7563 |
| **25-29岁** | **408694** | **229452** | **179242** | **92652** | **37499** | **55153** |
| 25 | 76041 | 43923 | 32118 | 16867 | 7322 | 9545 |
| 26 | 74827 | 42094 | 32733 | 17661 | 7328 | 10333 |
| 27 | 82279 | 45832 | 36447 | 19490 | 7786 | 11704 |
| 28 | 85392 | 47272 | 38120 | 19301 | 7482 | 11819 |
| 29 | 90155 | 50331 | 39824 | 19333 | 7581 | 11752 |

# 户口登记地在外乡镇街道的人口(乡村)

单位：人

| 登记地 | | | | | |
|---|---|---|---|---|---|
| 其中市辖区内人户分离 | | | 省外 | | |
| 小计 | 男 | 女 | 小计 | 男 | 女 |
| **236491** | **112816** | **123675** | **2913661** | **1752829** | **1160832** |
| **12481** | **6461** | **6020** | **95254** | **50565** | **44689** |
| 1691 | 896 | 795 | 9192 | 4804 | 4388 |
| 2668 | 1412 | 1256 | 18364 | 9782 | 8582 |
| 2844 | 1468 | 1376 | 20333 | 10669 | 9664 |
| 2751 | 1432 | 1319 | 23569 | 12512 | 11057 |
| 2527 | 1253 | 1274 | 23796 | 12798 | 10998 |
| **9057** | **4665** | **4392** | **118883** | **65762** | **53121** |
| 2201 | 1188 | 1013 | 23335 | 12599 | 10736 |
| 2042 | 1025 | 1017 | 23651 | 12960 | 10691 |
| 1620 | 852 | 768 | 23877 | 13222 | 10655 |
| 1658 | 830 | 828 | 25063 | 14079 | 10984 |
| 1536 | 770 | 766 | 22957 | 12902 | 10055 |
| **6896** | **3456** | **3440** | **87116** | **49120** | **37996** |
| 1417 | 701 | 716 | 21079 | 11813 | 9266 |
| 1465 | 720 | 745 | 20985 | 11779 | 9206 |
| 1428 | 711 | 717 | 16845 | 9559 | 7286 |
| 1335 | 687 | 648 | 14567 | 8168 | 6399 |
| 1251 | 637 | 614 | 13640 | 7801 | 5839 |
| **21622** | **11734** | **9888** | **98110** | **62572** | **35538** |
| 4378 | 2284 | 2094 | 10782 | 6366 | 4416 |
| 7162 | 3818 | 3344 | 13479 | 8469 | 5010 |
| 5617 | 2998 | 2619 | 18771 | 12069 | 6702 |
| 2826 | 1660 | 1166 | 24426 | 15789 | 8637 |
| 1639 | 974 | 665 | 30652 | 19879 | 10773 |
| **8584** | **4030** | **4554** | **228326** | **145684** | **82642** |
| 1239 | 650 | 589 | 35351 | 22881 | 12470 |
| 1192 | 648 | 544 | 39760 | 25646 | 14114 |
| 1491 | 734 | 757 | 48921 | 31369 | 17552 |
| 2061 | 955 | 1106 | 50461 | 32144 | 18317 |
| 2601 | 1043 | 1558 | 53833 | 33644 | 20189 |
| **19350** | **6339** | **13011** | **316042** | **191953** | **124089** |
| 3394 | 1213 | 2181 | 59174 | 36601 | 22573 |
| 3486 | 1193 | 2293 | 57166 | 34766 | 22400 |
| 4097 | 1339 | 2758 | 62789 | 38046 | 24743 |
| 4152 | 1258 | 2894 | 66091 | 39790 | 26301 |
| 4221 | 1336 | 2885 | 70822 | 42750 | 28072 |

7-2c 续表 1

| 年 龄 | 户口 | | | | | |
|---|---|---|---|---|---|---|
| | 合 计 | | | 省 内 | | |
| | 合计 | 男 | 女 | 小计 | 男 | 女 |
| **30-34岁** | **538624** | **305931** | **232693** | **108246** | **45120** | **63126** |
| 30 | 113969 | 64517 | 49452 | 21937 | 8740 | 13197 |
| 31 | 111294 | 62819 | 48475 | 22338 | 9045 | 13293 |
| 32 | 104451 | 59173 | 45278 | 21170 | 8778 | 12392 |
| 33 | 112900 | 64232 | 48668 | 23541 | 10052 | 13489 |
| 34 | 96010 | 55190 | 40820 | 19260 | 8505 | 10755 |
| **35-39岁** | **411488** | **238615** | **172873** | **85896** | **40338** | **45558** |
| 35 | 82653 | 48037 | 34616 | 15483 | 7090 | 8393 |
| 36 | 81687 | 47391 | 34296 | 16431 | 7711 | 8720 |
| 37 | 79242 | 46090 | 33152 | 17712 | 8332 | 9380 |
| 38 | 89345 | 51800 | 37545 | 19858 | 9393 | 10465 |
| 39 | 78561 | 45297 | 33264 | 16412 | 7812 | 8600 |
| **40-44岁** | **400320** | **228080** | **172240** | **82820** | **40959** | **41861** |
| 40 | 72704 | 41810 | 30894 | 14118 | 6828 | 7290 |
| 41 | 79654 | 46030 | 33624 | 16725 | 8266 | 8459 |
| 42 | 79817 | 45331 | 34486 | 17105 | 8447 | 8658 |
| 43 | 78804 | 44486 | 34318 | 16920 | 8463 | 8457 |
| 44 | 89341 | 50423 | 38918 | 17952 | 8955 | 8997 |
| **45-49岁** | **484733** | **275953** | **208780** | **97398** | **50046** | **47352** |
| 45 | 92179 | 51958 | 40221 | 17813 | 8900 | 8913 |
| 46 | 99648 | 56426 | 43222 | 18305 | 9245 | 9060 |
| 47 | 99060 | 56372 | 42688 | 20169 | 10384 | 9785 |
| 48 | 97907 | 55802 | 42105 | 19984 | 10418 | 9566 |
| 49 | 95939 | 55395 | 40544 | 21127 | 11099 | 10028 |
| **50-54岁** | **407561** | **241123** | **166438** | **104337** | **57438** | **46899** |
| 50 | 96555 | 55536 | 41019 | 21800 | 11593 | 10207 |
| 51 | 85998 | 50253 | 35745 | 21647 | 11770 | 9877 |
| 52 | 87520 | 52158 | 35362 | 21042 | 11803 | 9239 |
| 53 | 67256 | 40195 | 27061 | 18641 | 10390 | 8251 |
| 54 | 70232 | 42981 | 27251 | 21207 | 11882 | 9325 |
| **55-59岁** | **228211** | **142330** | **85881** | **91557** | **52913** | **38644** |
| 55 | 61712 | 37865 | 23847 | 21665 | 12284 | 9381 |
| 56 | 53664 | 33176 | 20488 | 20249 | 11601 | 8648 |
| 57 | 54554 | 34599 | 19955 | 22755 | 13304 | 9451 |
| 58 | 39268 | 24881 | 14387 | 17164 | 10021 | 7143 |
| 59 | 19013 | 11809 | 7204 | 9724 | 5703 | 4021 |
| **60-64岁** | **98236** | **60568** | **37668** | **62864** | **37048** | **25816** |
| 60 | 20235 | 12600 | 7635 | 12425 | 7455 | 4970 |
| 61 | 17000 | 10603 | 6397 | 10704 | 6361 | 4343 |
| 62 | 20494 | 12760 | 7734 | 12875 | 7593 | 5282 |
| 63 | 22160 | 13642 | 8518 | 14498 | 8527 | 5971 |
| 64 | 18347 | 10963 | 7384 | 12362 | 7112 | 5250 |

单位：人

| 登记地 | | | | | |
|---|---|---|---|---|---|
| 其中市辖区内人户分离 | | | 省外 | | |
| 小计 | 男 | 女 | 小计 | 男 | 女 |
| **24385** | **8484** | **15901** | **430378** | **260811** | **169567** |
| 4932 | 1610 | 3322 | 92032 | 55777 | 36255 |
| 5101 | 1665 | 3436 | 88956 | 53774 | 35182 |
| 4810 | 1658 | 3152 | 83281 | 50395 | 32886 |
| 5418 | 1975 | 3443 | 89359 | 54180 | 35179 |
| 4124 | 1576 | 2548 | 76750 | 46685 | 30065 |
| **16461** | **6630** | **9831** | **325592** | **198277** | **127315** |
| 3042 | 1196 | 1846 | 67170 | 40947 | 26223 |
| 3109 | 1262 | 1847 | 65256 | 39680 | 25576 |
| 3460 | 1375 | 2085 | 61530 | 37758 | 23772 |
| 3839 | 1558 | 2281 | 69487 | 42407 | 27080 |
| 3011 | 1239 | 1772 | 62149 | 37485 | 24664 |
| **14624** | **6394** | **8230** | **317500** | **187121** | **130379** |
| 2568 | 1064 | 1504 | 58586 | 34982 | 23604 |
| 3058 | 1318 | 1740 | 62929 | 37764 | 25165 |
| 2968 | 1324 | 1644 | 62712 | 36884 | 25828 |
| 2988 | 1326 | 1662 | 61884 | 36023 | 25861 |
| 3042 | 1362 | 1680 | 71389 | 41468 | 29921 |
| **16795** | **7790** | **9005** | **387335** | **225907** | **161428** |
| 2926 | 1276 | 1650 | 74366 | 43058 | 31308 |
| 2994 | 1280 | 1714 | 81343 | 47181 | 34162 |
| 3510 | 1662 | 1848 | 78891 | 45988 | 32903 |
| 3612 | 1793 | 1819 | 77923 | 45384 | 32539 |
| 3753 | 1779 | 1974 | 74812 | 44296 | 30516 |
| **18903** | **9615** | **9288** | **303224** | **183685** | **119539** |
| 3959 | 1926 | 2033 | 74755 | 43943 | 30812 |
| 3894 | 1933 | 1961 | 64351 | 38483 | 25868 |
| 3783 | 1996 | 1787 | 66478 | 40355 | 26123 |
| 3399 | 1723 | 1676 | 48615 | 29805 | 18810 |
| 3868 | 2037 | 1831 | 49025 | 31099 | 17926 |
| **17814** | **9693** | **8121** | **136654** | **89417** | **47237** |
| 4142 | 2185 | 1957 | 40047 | 25581 | 14466 |
| 3899 | 2135 | 1764 | 33415 | 21575 | 11840 |
| 4450 | 2410 | 2040 | 31799 | 21295 | 10504 |
| 3345 | 1852 | 1493 | 22104 | 14860 | 7244 |
| 1978 | 1111 | 867 | 9289 | 6106 | 3183 |
| **13207** | **7617** | **5590** | **35372** | **23520** | **11852** |
| 2542 | 1495 | 1047 | 7810 | 5145 | 2665 |
| 2238 | 1277 | 961 | 6296 | 4242 | 2054 |
| 2718 | 1551 | 1167 | 7619 | 5167 | 2452 |
| 3113 | 1798 | 1315 | 7662 | 5115 | 2547 |
| 2596 | 1496 | 1100 | 5985 | 3851 | 2134 |

7-2c 续表 2

| 年龄 | 户口 | | | | | |
|---|---|---|---|---|---|---|
| | 合计 | | | 省内 | | |
| | 合计 | 男 | 女 | 小计 | 男 | 女 |
| **65-69岁** | **73098** | **41752** | **31346** | **53354** | **29994** | **23360** |
| 65 | 17207 | 10240 | 6967 | 11752 | 6807 | 4945 |
| 66 | 16924 | 9741 | 7183 | 12154 | 6825 | 5329 |
| 67 | 14151 | 7965 | 6186 | 10310 | 5683 | 4627 |
| 68 | 13632 | 7650 | 5982 | 10240 | 5745 | 4495 |
| 69 | 11184 | 6156 | 5028 | 8898 | 4934 | 3964 |
| **70-74岁** | **45312** | **25657** | **19655** | **38080** | **21989** | **16091** |
| 70 | 10345 | 5847 | 4498 | 8316 | 4755 | 3561 |
| 71 | 10060 | 5570 | 4490 | 8361 | 4701 | 3660 |
| 72 | 9103 | 5151 | 3952 | 7755 | 4483 | 3272 |
| 73 | 8365 | 4723 | 3642 | 7228 | 4172 | 3056 |
| 74 | 7439 | 4366 | 3073 | 6420 | 3878 | 2542 |
| **75-79岁** | **25684** | **14670** | **11014** | **22118** | **13082** | **9036** |
| 75 | 6118 | 3512 | 2606 | 5265 | 3130 | 2135 |
| 76 | 6076 | 3607 | 2469 | 5288 | 3224 | 2064 |
| 77 | 5041 | 2853 | 2188 | 4315 | 2543 | 1772 |
| 78 | 4099 | 2276 | 1823 | 3492 | 2033 | 1459 |
| 79 | 4350 | 2422 | 1928 | 3758 | 2152 | 1606 |
| **80-84岁** | **18321** | **9590** | **8731** | **16315** | **8719** | **7596** |
| 80 | 3992 | 2143 | 1849 | 3478 | 1932 | 1546 |
| 81 | 3531 | 1827 | 1704 | 3133 | 1662 | 1471 |
| 82 | 3946 | 2096 | 1850 | 3511 | 1903 | 1608 |
| 83 | 3598 | 1837 | 1761 | 3241 | 1681 | 1560 |
| 84 | 3254 | 1687 | 1567 | 2952 | 1541 | 1411 |
| **85-89岁** | **12934** | **5928** | **7006** | **11947** | **5520** | **6427** |
| 85 | 3338 | 1612 | 1726 | 3054 | 1480 | 1574 |
| 86 | 2935 | 1363 | 1572 | 2691 | 1259 | 1432 |
| 87 | 2750 | 1262 | 1488 | 2537 | 1181 | 1356 |
| 88 | 2222 | 992 | 1230 | 2085 | 936 | 1149 |
| 89 | 1689 | 699 | 990 | 1580 | 664 | 916 |
| **90-94岁** | **4755** | **2029** | **2726** | **4488** | **1912** | **2576** |
| 90 | 1366 | 629 | 737 | 1286 | 591 | 695 |
| 91 | 1143 | 495 | 648 | 1076 | 463 | 613 |
| 92 | 1039 | 405 | 634 | 978 | 387 | 591 |
| 93 | 680 | 288 | 392 | 650 | 274 | 376 |
| 94 | 527 | 212 | 315 | 498 | 197 | 301 |
| **95-99岁** | **1098** | **421** | **677** | **1035** | **397** | **638** |
| 95 | 392 | 174 | 218 | 370 | 165 | 205 |
| 96 | 284 | 105 | 179 | 270 | 98 | 172 |
| 97 | 184 | 59 | 125 | 174 | 57 | 117 |
| 98 | 134 | 45 | 89 | 127 | 41 | 86 |
| 99 | 104 | 38 | 66 | 94 | 36 | 58 |
| **100岁及以上** | **128** | **47** | **81** | **118** | **46** | **72** |

单位：人

| 登记地 | | | | | |
|---|---|---|---|---|---|
| 其中市辖区内人户分离 | | | 省　外 | | |
| 小计 | 男 | 女 | 小计 | 男 | 女 |
| **12514** | **6871** | **5643** | **19744** | **11758** | **7986** |
| 2681 | 1513 | 1168 | 5455 | 3433 | 2022 |
| 2814 | 1529 | 1285 | 4770 | 2916 | 1854 |
| 2430 | 1340 | 1090 | 3841 | 2282 | 1559 |
| 2373 | 1300 | 1073 | 3392 | 1905 | 1487 |
| 2216 | 1189 | 1027 | 2286 | 1222 | 1064 |
| **9788** | **5681** | **4107** | **7232** | **3668** | **3564** |
| 2038 | 1149 | 889 | 2029 | 1092 | 937 |
| 2155 | 1212 | 943 | 1699 | 869 | 830 |
| 2015 | 1185 | 830 | 1348 | 668 | 680 |
| 1901 | 1101 | 800 | 1137 | 551 | 586 |
| 1679 | 1034 | 645 | 1019 | 488 | 531 |
| **5561** | **3311** | **2250** | **3566** | **1588** | **1978** |
| 1385 | 813 | 572 | 853 | 382 | 471 |
| 1321 | 796 | 525 | 788 | 383 | 405 |
| 1099 | 661 | 438 | 726 | 310 | 416 |
| 864 | 524 | 340 | 607 | 243 | 364 |
| 892 | 517 | 375 | 592 | 270 | 322 |
| **4035** | **2143** | **1892** | **2006** | **871** | **1135** |
| 800 | 444 | 356 | 514 | 211 | 303 |
| 783 | 415 | 368 | 398 | 165 | 233 |
| 896 | 467 | 429 | 435 | 193 | 242 |
| 833 | 431 | 402 | 357 | 156 | 201 |
| 723 | 386 | 337 | 302 | 146 | 156 |
| **3032** | **1371** | **1661** | **987** | **408** | **579** |
| 747 | 353 | 394 | 284 | 132 | 152 |
| 728 | 344 | 384 | 244 | 104 | 140 |
| 631 | 271 | 360 | 213 | 81 | 132 |
| 555 | 250 | 305 | 137 | 56 | 81 |
| 371 | 153 | 218 | 109 | 35 | 74 |
| **1126** | **444** | **682** | **267** | **117** | **150** |
| 315 | 130 | 185 | 80 | 38 | 42 |
| 286 | 127 | 159 | 67 | 32 | 35 |
| 232 | 77 | 155 | 61 | 18 | 43 |
| 164 | 69 | 95 | 30 | 14 | 16 |
| 129 | 41 | 88 | 29 | 15 | 14 |
| **238** | **81** | **157** | **63** | **24** | **39** |
| 82 | 38 | 44 | 22 | 9 | 13 |
| 67 | 18 | 49 | 14 | 7 | 7 |
| 41 | 11 | 30 | 10 | 2 | 8 |
| 28 | 7 | 21 | 7 | 4 | 3 |
| 20 | 7 | 13 | 10 | 2 | 8 |
| **18** | **6** | **12** | **10** | **1** | **9** |

# 7-3 全省按现住地、性别分的户口登记地在外省的人口

单位：人

| 现住地 | 户口登记地 | | | | | |
|---|---|---|---|---|---|---|
| | 合计 | | | 北京 | | |
| | 合计 | 男 | 女 | 小计 | 男 | 女 |
| **合计** | **16186454** | **9469849** | **6716605** | **11491** | **6697** | **4794** |
| **杭州市** | **3204981** | **1887242** | **1317739** | **6335** | **3639** | **2696** |
| 上城区 | 88368 | 50916 | 37452 | 307 | 163 | 144 |
| 下城区 | 88616 | 47695 | 40921 | 310 | 174 | 136 |
| 江干区 | 466246 | 264928 | 201318 | 844 | 510 | 334 |
| 拱墅区 | 127399 | 71219 | 56180 | 369 | 197 | 172 |
| 西湖区 | 269931 | 156869 | 113062 | 1319 | 737 | 582 |
| 滨江区 | 128644 | 74564 | 54080 | 885 | 512 | 373 |
| 萧山区 | 781809 | 470878 | 310931 | 577 | 363 | 214 |
| 余杭区 | 880633 | 521915 | 358718 | 1398 | 797 | 601 |
| 富阳区 | 155315 | 96568 | 58747 | 156 | 101 | 55 |
| 临安区 | 108610 | 67005 | 41605 | 73 | 37 | 36 |
| 桐庐县 | 71511 | 42018 | 29493 | 36 | 19 | 17 |
| 淳安县 | 10287 | 6090 | 4197 | 31 | 15 | 16 |
| 建德市 | 27612 | 16577 | 11035 | 30 | 14 | 16 |
| **宁波市** | **3132730** | **1803366** | **1329364** | **1374** | **820** | **554** |
| 海曙区 | 318145 | 179107 | 139038 | 171 | 102 | 69 |
| 江北区 | 167704 | 98734 | 68970 | 123 | 65 | 58 |
| 北仑区 | 372845 | 222568 | 150277 | 98 | 59 | 39 |
| 镇海区 | 209231 | 123907 | 85324 | 89 | 45 | 44 |
| 鄞州区 | 461204 | 259159 | 202045 | 507 | 312 | 195 |
| 奉化区 | 135980 | 79253 | 56727 | 39 | 24 | 15 |
| 象山县 | 100155 | 57095 | 43060 | 35 | 19 | 16 |
| 宁海县 | 139234 | 79157 | 60077 | 38 | 24 | 14 |
| 余姚市 | 449945 | 254962 | 194983 | 78 | 47 | 31 |
| 慈溪市 | 778287 | 449424 | 328863 | 196 | 123 | 73 |
| **温州市** | **2294320** | **1358137** | **936183** | **766** | **420** | **346** |
| 鹿城区 | 349126 | 206687 | 142439 | 207 | 113 | 94 |
| 龙湾区 | 352634 | 214341 | 138293 | 82 | 47 | 35 |
| 瓯海区 | 337953 | 204603 | 133350 | 98 | 55 | 43 |
| 洞头区 | 30152 | 19548 | 10604 | 12 | 11 | 1 |
| 永嘉县 | 130479 | 79254 | 51225 | 37 | 20 | 17 |
| 平阳县 | 110096 | 64962 | 45134 | 27 | 16 | 11 |
| 苍南县 | 71160 | 41366 | 29794 | 17 | 9 | 8 |
| 文成县 | 6738 | 4583 | 2155 | 10 | 6 | 4 |
| 泰顺县 | 5632 | 3319 | 2313 | 8 | 3 | 5 |
| 瑞安市 | 420268 | 243993 | 176275 | 143 | 71 | 72 |
| 乐清市 | 405430 | 231864 | 173566 | 103 | 53 | 50 |
| 龙港市 | 74652 | 43617 | 31035 | 22 | 16 | 6 |
| **嘉兴市** | **1724340** | **1004236** | **720104** | **779** | **468** | **311** |
| 南湖区 | 254392 | 148348 | 106044 | 258 | 166 | 92 |
| 秀洲区 | 255756 | 147322 | 108434 | 106 | 62 | 44 |
| 嘉善县 | 257344 | 152539 | 104805 | 60 | 38 | 22 |
| 海盐县 | 102896 | 60675 | 42221 | 59 | 34 | 25 |
| 海宁市 | 354478 | 210560 | 143918 | 104 | 64 | 40 |
| 平湖市 | 182344 | 107477 | 74867 | 71 | 43 | 28 |
| 桐乡市 | 317130 | 177315 | 139815 | 121 | 61 | 60 |
| **湖州市** | **762285** | **449901** | **312384** | **262** | **165** | **97** |
| 吴兴区 | 306330 | 176371 | 129959 | 134 | 84 | 50 |
| 南浔区 | 131101 | 77212 | 53889 | 19 | 14 | 5 |
| 德清县 | 115409 | 70960 | 44449 | 43 | 27 | 16 |
| 长兴县 | 79916 | 47960 | 31956 | 32 | 21 | 11 |
| 安吉县 | 129529 | 77398 | 52131 | 34 | 19 | 15 |

7−3　续表 1　　　　单位：人

| 现住地 | 户口登记地 | | | | | |
|---|---|---|---|---|---|---|
| | 合计 | | | 北京 | | |
| | 合计 | 男 | 女 | 小计 | 男 | 女 |
| **绍兴市** | **1058739** | **616841** | **441898** | **548** | **332** | **216** |
| 越城区 | 208359 | 119452 | 88907 | 180 | 109 | 71 |
| 柯桥区 | 406183 | 241153 | 165030 | 114 | 71 | 43 |
| 上虞区 | 142128 | 82953 | 59175 | 59 | 36 | 23 |
| 新昌县 | 23967 | 14204 | 9763 | 26 | 16 | 10 |
| 诸暨市 | 225098 | 128471 | 96627 | 117 | 67 | 50 |
| 嵊州市 | 53004 | 30608 | 22396 | 52 | 33 | 19 |
| **金华市** | **2185670** | **1259996** | **925674** | **611** | **378** | **233** |
| 婺城区 | 180671 | 103275 | 77396 | 134 | 73 | 61 |
| 金东区 | 157412 | 93784 | 63628 | 34 | 23 | 11 |
| 武义县 | 145020 | 84573 | 60447 | 14 | 11 | 3 |
| 浦江县 | 100555 | 55923 | 44632 | 30 | 18 | 12 |
| 磐安县 | 12031 | 7434 | 4597 | 7 | 5 | 2 |
| 兰溪市 | 38623 | 22519 | 16104 | 20 | 12 | 8 |
| 义乌市 | 880224 | 502005 | 378219 | 210 | 140 | 70 |
| 东阳市 | 308296 | 176968 | 131328 | 95 | 60 | 35 |
| 永康市 | 362838 | 213515 | 149323 | 67 | 36 | 31 |
| **衢州市** | **104464** | **62036** | **42428** | **175** | **105** | **70** |
| 柯城区 | 34701 | 20849 | 13852 | 87 | 52 | 35 |
| 衢江区 | 19555 | 11725 | 7830 | 9 | 6 | 3 |
| 常山县 | 8144 | 4735 | 3409 | 11 | 7 | 4 |
| 开化县 | 5293 | 3155 | 2138 | 8 | 4 | 4 |
| 龙游县 | 21507 | 13051 | 8456 | 23 | 13 | 10 |
| 江山市 | 15264 | 8521 | 6743 | 37 | 23 | 14 |
| **舟山市** | **231976** | **152319** | **79657** | **146** | **92** | **54** |
| 定海区 | 87807 | 53292 | 34515 | 85 | 52 | 33 |
| 普陀区 | 75171 | 44875 | 30296 | 48 | 31 | 17 |
| 岱山县 | 61235 | 49158 | 12077 | 12 | 9 | 3 |
| 嵊泗县 | 7763 | 4994 | 2769 | 1 | | 1 |
| **台州市** | **1317302** | **772877** | **544425** | **362** | **208** | **154** |
| 椒江区 | 197108 | 116730 | 80378 | 104 | 62 | 42 |
| 黄岩区 | 149336 | 87620 | 61716 | 32 | 19 | 13 |
| 路桥区 | 184313 | 108116 | 76197 | 25 | 14 | 11 |
| 三门县 | 28228 | 16807 | 11421 | 17 | 11 | 6 |
| 天台县 | 19818 | 11832 | 7986 | 12 | 8 | 4 |
| 仙居县 | 18246 | 10813 | 7433 | 6 | 3 | 3 |
| 温岭市 | 378613 | 221961 | 156652 | 58 | 27 | 31 |
| 临海市 | 112068 | 65495 | 46573 | 69 | 43 | 26 |
| 玉环市 | 229572 | 133503 | 96069 | 39 | 21 | 18 |
| **丽水市** | **169647** | **102898** | **66749** | **133** | **70** | **63** |
| 莲都区 | 72804 | 44696 | 28108 | 55 | 31 | 24 |
| 青田县 | 30288 | 17948 | 12340 | 23 | 7 | 16 |
| 缙云县 | 24827 | 15101 | 9726 | 14 | 6 | 8 |
| 遂昌县 | 4683 | 2918 | 1765 | 7 | 5 | 2 |
| 松阳县 | 11128 | 6644 | 4484 | 7 | 5 | 2 |
| 云和县 | 11143 | 6656 | 4487 | 1 | 1 | |
| 庆元县 | 3458 | 1914 | 1544 | 1 | 1 | |
| 景宁畲族自治县 | 3032 | 1925 | 1107 | 6 | 4 | 2 |
| 龙泉市 | 8284 | 5096 | 3188 | 19 | 10 | 9 |

7—3 续表 2

单位：人

| 现住地 | 户口登记地 | | | | | | | | |
|---|---|---|---|---|---|---|---|---|---|
| | 天津 | | | 河北 | | | 山西 | | |
| | 小计 | 男 | 女 | 小计 | 男 | 女 | 小计 | 男 | 女 |
| **合计** | **8924** | **5055** | **3869** | **86561** | **51530** | **35031** | **65714** | **39674** | **26040** |
| **杭州市** | **4308** | **2384** | **1924** | **28703** | **16691** | **12012** | **24316** | **14218** | **10098** |
| 上城区 | 113 | 51 | 62 | 543 | 300 | 243 | 384 | 205 | 179 |
| 下城区 | 198 | 105 | 93 | 1089 | 584 | 505 | 770 | 439 | 331 |
| 江干区 | 865 | 464 | 401 | 6046 | 3331 | 2715 | 5338 | 3014 | 2324 |
| 拱墅区 | 245 | 130 | 115 | 1622 | 909 | 713 | 1253 | 709 | 544 |
| 西湖区 | 775 | 400 | 375 | 3703 | 2091 | 1612 | 3311 | 1942 | 1369 |
| 滨江区 | 493 | 282 | 211 | 1864 | 1048 | 816 | 1953 | 1091 | 862 |
| 萧山区 | 570 | 350 | 220 | 4449 | 2775 | 1674 | 3911 | 2437 | 1474 |
| 余杭区 | 818 | 462 | 356 | 7211 | 4276 | 2935 | 5138 | 2999 | 2139 |
| 富阳区 | 107 | 71 | 36 | 1015 | 676 | 339 | 774 | 508 | 266 |
| 临安区 | 67 | 39 | 28 | 573 | 336 | 237 | 648 | 359 | 289 |
| 桐庐县 | 27 | 11 | 16 | 350 | 223 | 127 | 595 | 355 | 240 |
| 淳安县 | 9 | 6 | 3 | 70 | 45 | 25 | 57 | 37 | 20 |
| 建德市 | 21 | 13 | 8 | 168 | 97 | 71 | 184 | 123 | 61 |
| **宁波市** | **1400** | **791** | **609** | **13700** | **8094** | **5606** | **10347** | **6340** | **4007** |
| 海曙区 | 114 | 57 | 57 | 1415 | 797 | 618 | 980 | 554 | 426 |
| 江北区 | 89 | 55 | 34 | 919 | 563 | 356 | 624 | 369 | 255 |
| 北仑区 | 156 | 98 | 58 | 1968 | 1267 | 701 | 1846 | 1199 | 647 |
| 镇海区 | 140 | 88 | 52 | 1257 | 784 | 473 | 792 | 490 | 302 |
| 鄞州区 | 480 | 252 | 228 | 3067 | 1678 | 1389 | 2126 | 1197 | 929 |
| 奉化区 | 44 | 23 | 21 | 412 | 264 | 148 | 481 | 316 | 165 |
| 象山县 | 45 | 27 | 18 | 362 | 204 | 158 | 322 | 225 | 97 |
| 宁海县 | 50 | 26 | 24 | 443 | 247 | 196 | 365 | 205 | 160 |
| 余姚市 | 75 | 44 | 31 | 1166 | 717 | 449 | 874 | 546 | 328 |
| 慈溪市 | 207 | 121 | 86 | 2691 | 1573 | 1118 | 1937 | 1239 | 698 |
| **温州市** | **470** | **263** | **207** | **5153** | **3009** | **2144** | **4412** | **2535** | **1877** |
| 鹿城区 | 112 | 64 | 48 | 884 | 547 | 337 | 799 | 450 | 349 |
| 龙湾区 | 37 | 23 | 14 | 782 | 481 | 301 | 519 | 322 | 197 |
| 瓯海区 | 80 | 48 | 32 | 932 | 538 | 394 | 713 | 400 | 313 |
| 洞头区 | 7 | 5 | 2 | 133 | 101 | 32 | 123 | 63 | 60 |
| 永嘉县 | 22 | 10 | 12 | 302 | 161 | 141 | 242 | 131 | 111 |
| 平阳县 | 41 | 19 | 22 | 236 | 128 | 108 | 271 | 145 | 126 |
| 苍南县 | 24 | 12 | 12 | 196 | 109 | 87 | 283 | 140 | 143 |
| 文成县 | 11 | 8 | 3 | 46 | 28 | 18 | 40 | 29 | 11 |
| 泰顺县 | 1 | | 1 | 57 | 29 | 28 | 28 | 10 | 18 |
| 瑞安市 | 53 | 29 | 24 | 731 | 413 | 318 | 460 | 283 | 177 |
| 乐清市 | 71 | 40 | 31 | 668 | 373 | 295 | 678 | 402 | 276 |
| 龙港市 | 11 | 5 | 6 | 186 | 101 | 85 | 256 | 160 | 96 |
| **嘉兴市** | **692** | **394** | **298** | **12362** | **7558** | **4804** | **7629** | **4789** | **2840** |
| 南湖区 | 187 | 109 | 78 | 2060 | 1219 | 841 | 1659 | 1006 | 653 |
| 秀洲区 | 65 | 39 | 26 | 1741 | 1060 | 681 | 851 | 541 | 310 |
| 嘉善县 | 52 | 32 | 20 | 1238 | 769 | 469 | 1616 | 1054 | 562 |
| 海盐县 | 38 | 27 | 11 | 483 | 315 | 168 | 388 | 254 | 134 |
| 海宁市 | 155 | 84 | 71 | 3579 | 2208 | 1371 | 1888 | 1216 | 672 |
| 平湖市 | 75 | 47 | 28 | 874 | 596 | 278 | 566 | 378 | 188 |
| 桐乡市 | 120 | 56 | 64 | 2387 | 1391 | 996 | 661 | 340 | 321 |
| **湖州市** | **273** | **161** | **112** | **3768** | **2172** | **1596** | **2524** | **1541** | **983** |
| 吴兴区 | 138 | 82 | 56 | 2113 | 1115 | 998 | 1203 | 706 | 497 |
| 南浔区 | 18 | 12 | 6 | 478 | 286 | 192 | 297 | 195 | 102 |
| 德清县 | 39 | 30 | 9 | 495 | 341 | 154 | 438 | 276 | 162 |
| 长兴县 | 42 | 22 | 20 | 356 | 241 | 115 | 300 | 184 | 116 |
| 安吉县 | 36 | 15 | 21 | 326 | 189 | 137 | 286 | 180 | 106 |

7-3 续表 3

单位：人

| 现住地 | 户口登记地 | | | | | | | | |
|---|---|---|---|---|---|---|---|---|---|
| | 天津 | | | 河北 | | | 山西 | | |
| | 小计 | 男 | 女 | 小计 | 男 | 女 | 小计 | 男 | 女 |
| **绍兴市** | **397** | **239** | **158** | **5622** | **3366** | **2256** | **3887** | **2393** | **1494** |
| 越城区 | 107 | 60 | 47 | 1582 | 912 | 670 | 979 | 615 | 364 |
| 柯桥区 | 84 | 47 | 37 | 2001 | 1195 | 806 | 1365 | 814 | 551 |
| 上虞区 | 63 | 39 | 24 | 646 | 412 | 234 | 694 | 446 | 248 |
| 新昌县 | 32 | 20 | 12 | 159 | 102 | 57 | 118 | 74 | 44 |
| 诸暨市 | 60 | 38 | 22 | 890 | 509 | 381 | 567 | 335 | 232 |
| 嵊州市 | 51 | 35 | 16 | 344 | 236 | 108 | 164 | 109 | 55 |
| **金华市** | **721** | **386** | **335** | **9434** | **5467** | **3967** | **7297** | **4327** | **2970** |
| 婺城区 | 139 | 56 | 83 | 1310 | 641 | 669 | 709 | 398 | 311 |
| 金东区 | 51 | 31 | 20 | 835 | 498 | 337 | 582 | 366 | 216 |
| 武义县 | 7 | 2 | 5 | 259 | 149 | 110 | 224 | 132 | 92 |
| 浦江县 | 9 | 3 | 6 | 235 | 137 | 98 | 140 | 68 | 72 |
| 磐安县 | 4 | 3 | 1 | 54 | 39 | 15 | 86 | 48 | 38 |
| 兰溪市 | 14 | 12 | 2 | 194 | 118 | 76 | 165 | 87 | 78 |
| 义乌市 | 300 | 176 | 124 | 4264 | 2521 | 1743 | 3678 | 2181 | 1497 |
| 东阳市 | 141 | 74 | 67 | 1502 | 920 | 582 | 1164 | 713 | 451 |
| 永康市 | 56 | 29 | 27 | 781 | 444 | 337 | 549 | 334 | 215 |
| **衢州市** | **100** | **65** | **35** | **1044** | **669** | **375** | **760** | **521** | **239** |
| 柯城区 | 48 | 32 | 16 | 564 | 385 | 179 | 297 | 212 | 85 |
| 衢江区 | 16 | 10 | 6 | 132 | 76 | 56 | 117 | 89 | 28 |
| 常山县 | 8 | 6 | 2 | 79 | 49 | 30 | 57 | 41 | 16 |
| 开化县 | 4 | 2 | 2 | 44 | 24 | 20 | 28 | 19 | 9 |
| 龙游县 | 12 | 9 | 3 | 138 | 78 | 60 | 168 | 110 | 58 |
| 江山市 | 12 | 6 | 6 | 87 | 57 | 30 | 93 | 50 | 43 |
| **舟山市** | **203** | **133** | **70** | **2257** | **1721** | **536** | **1302** | **1010** | **292** |
| 定海区 | 118 | 77 | 41 | 736 | 466 | 270 | 360 | 218 | 142 |
| 普陀区 | 34 | 22 | 12 | 284 | 186 | 98 | 198 | 127 | 71 |
| 岱山县 | 49 | 32 | 17 | 1188 | 1037 | 151 | 733 | 660 | 73 |
| 嵊泗县 | 2 | 2 | | 49 | 32 | 17 | 11 | 5 | 6 |
| **台州市** | **291** | **197** | **94** | **3642** | **2263** | **1379** | **2675** | **1638** | **1037** |
| 椒江区 | 89 | 60 | 29 | 832 | 519 | 313 | 590 | 355 | 235 |
| 黄岩区 | 21 | 15 | 6 | 292 | 195 | 97 | 259 | 163 | 96 |
| 路桥区 | 33 | 22 | 11 | 588 | 367 | 221 | 340 | 222 | 118 |
| 三门县 | 8 | 4 | 4 | 127 | 73 | 54 | 108 | 65 | 43 |
| 天台县 | 19 | 15 | 4 | 132 | 83 | 49 | 90 | 46 | 44 |
| 仙居县 | 25 | 22 | 3 | 117 | 88 | 29 | 46 | 35 | 11 |
| 温岭市 | 35 | 21 | 14 | 753 | 463 | 290 | 438 | 260 | 178 |
| 临海市 | 35 | 24 | 11 | 399 | 245 | 154 | 463 | 284 | 179 |
| 玉环市 | 26 | 14 | 12 | 402 | 230 | 172 | 341 | 208 | 133 |
| **丽水市** | **69** | **42** | **27** | **876** | **520** | **356** | **565** | **362** | **203** |
| 莲都区 | 34 | 19 | 15 | 413 | 228 | 185 | 270 | 161 | 109 |
| 青田县 | 5 | 3 | 2 | 80 | 45 | 35 | 79 | 44 | 35 |
| 缙云县 | 7 | 6 | 1 | 107 | 73 | 34 | 65 | 45 | 20 |
| 遂昌县 | 2 | 2 | | 56 | 37 | 19 | 17 | 14 | 3 |
| 松阳县 | 4 | 4 | | 46 | 30 | 16 | 35 | 25 | 10 |
| 云和县 | 1 | | 1 | 56 | 37 | 19 | 17 | 12 | 5 |
| 庆元县 | 4 | 3 | 1 | 18 | 11 | 7 | 12 | 8 | 4 |
| 景宁畲族自治县 | 9 | 2 | 7 | 42 | 22 | 20 | 40 | 32 | 8 |
| 龙泉市 | 3 | 3 | | 58 | 37 | 21 | 30 | 21 | 9 |

7-3 续表 4　　　　单位：人

| 现住地 | 户口登记地 | | | | | | | | |
|---|---|---|---|---|---|---|---|---|---|
| | 内蒙古 | | | 辽宁 | | | 吉林 | | |
| | 小计 | 男 | 女 | 小计 | 男 | 女 | 小计 | 男 | 女 |
| **合计** | **35153** | **19807** | **15346** | **65583** | **37370** | **28213** | **85747** | **48510** | **37237** |
| **杭州市** | **12834** | **7021** | **5813** | **23698** | **12745** | **10953** | **24723** | **13267** | **11456** |
| 上城区 | 225 | 114 | 111 | 618 | 306 | 312 | 633 | 307 | 326 |
| 下城区 | 479 | 232 | 247 | 1076 | 507 | 569 | 1021 | 479 | 542 |
| 江干区 | 2485 | 1331 | 1154 | 4516 | 2308 | 2208 | 4468 | 2255 | 2213 |
| 拱墅区 | 773 | 394 | 379 | 1421 | 719 | 702 | 1436 | 717 | 719 |
| 西湖区 | 1722 | 966 | 756 | 3153 | 1681 | 1472 | 2990 | 1582 | 1408 |
| 滨江区 | 1100 | 622 | 478 | 1930 | 1012 | 918 | 1766 | 943 | 823 |
| 萧山区 | 2084 | 1171 | 913 | 4104 | 2307 | 1797 | 4115 | 2307 | 1808 |
| 余杭区 | 2809 | 1530 | 1279 | 5167 | 2918 | 2249 | 5805 | 3184 | 2621 |
| 富阳区 | 469 | 283 | 186 | 715 | 426 | 289 | 1112 | 679 | 433 |
| 临安区 | 264 | 141 | 123 | 412 | 233 | 179 | 516 | 310 | 206 |
| 桐庐县 | 316 | 171 | 145 | 337 | 187 | 150 | 579 | 345 | 234 |
| 淳安县 | 25 | 15 | 10 | 81 | 52 | 29 | 124 | 60 | 64 |
| 建德市 | 83 | 51 | 32 | 168 | 89 | 79 | 158 | 99 | 59 |
| **宁波市** | **5941** | **3407** | **2534** | **11102** | **6412** | **4690** | **15187** | **8849** | **6338** |
| 海曙区 | 592 | 325 | 267 | 990 | 502 | 488 | 1318 | 689 | 629 |
| 江北区 | 296 | 166 | 130 | 662 | 371 | 291 | 858 | 485 | 373 |
| 北仑区 | 957 | 592 | 365 | 1916 | 1240 | 676 | 2601 | 1627 | 974 |
| 镇海区 | 350 | 197 | 153 | 1111 | 665 | 446 | 1080 | 668 | 412 |
| 鄞州区 | 1379 | 753 | 626 | 2386 | 1265 | 1121 | 2850 | 1485 | 1365 |
| 奉化区 | 216 | 126 | 90 | 455 | 273 | 182 | 530 | 318 | 212 |
| 象山县 | 284 | 159 | 125 | 396 | 252 | 144 | 489 | 281 | 208 |
| 宁海县 | 234 | 122 | 112 | 352 | 199 | 153 | 566 | 312 | 254 |
| 余姚市 | 538 | 316 | 222 | 809 | 492 | 317 | 1537 | 1009 | 528 |
| 慈溪市 | 1095 | 651 | 444 | 2025 | 1153 | 872 | 3358 | 1975 | 1383 |
| **温州市** | **2269** | **1243** | **1026** | **3797** | **2145** | **1652** | **4952** | **2823** | **2129** |
| 鹿城区 | 386 | 199 | 187 | 774 | 392 | 382 | 744 | 393 | 351 |
| 龙湾区 | 322 | 199 | 123 | 554 | 336 | 218 | 637 | 379 | 258 |
| 瓯海区 | 414 | 227 | 187 | 573 | 326 | 247 | 775 | 458 | 317 |
| 洞头区 | 52 | 33 | 19 | 126 | 81 | 45 | 78 | 49 | 29 |
| 永嘉县 | 137 | 71 | 66 | 195 | 105 | 90 | 267 | 144 | 123 |
| 平阳县 | 135 | 72 | 63 | 193 | 116 | 77 | 260 | 137 | 123 |
| 苍南县 | 67 | 38 | 29 | 155 | 82 | 73 | 196 | 112 | 84 |
| 文成县 | 18 | 8 | 10 | 72 | 41 | 31 | 55 | 35 | 20 |
| 泰顺县 | 25 | 13 | 12 | 25 | 14 | 11 | 24 | 11 | 13 |
| 瑞安市 | 282 | 156 | 126 | 367 | 219 | 148 | 628 | 374 | 254 |
| 乐清市 | 363 | 190 | 173 | 607 | 342 | 265 | 948 | 543 | 405 |
| 龙港市 | 68 | 37 | 31 | 156 | 91 | 65 | 340 | 188 | 152 |
| **嘉兴市** | **3793** | **2254** | **1539** | **6714** | **3909** | **2805** | **8736** | **4975** | **3761** |
| 南湖区 | 863 | 507 | 356 | 1276 | 735 | 541 | 1859 | 985 | 874 |
| 秀洲区 | 379 | 213 | 166 | 722 | 400 | 322 | 1339 | 768 | 571 |
| 嘉善县 | 644 | 385 | 259 | 661 | 398 | 263 | 1298 | 787 | 511 |
| 海盐县 | 267 | 161 | 106 | 332 | 202 | 130 | 445 | 257 | 188 |
| 海宁市 | 761 | 473 | 288 | 1378 | 819 | 559 | 1858 | 1082 | 776 |
| 平湖市 | 296 | 184 | 112 | 706 | 458 | 248 | 803 | 465 | 338 |
| 桐乡市 | 583 | 331 | 252 | 1639 | 897 | 742 | 1134 | 631 | 503 |
| **湖州市** | **1305** | **741** | **564** | **3023** | **1775** | **1248** | **3336** | **1924** | **1412** |
| 吴兴区 | 586 | 322 | 264 | 1474 | 836 | 638 | 1401 | 791 | 610 |
| 南浔区 | 159 | 95 | 64 | 635 | 364 | 271 | 508 | 297 | 211 |
| 德清县 | 231 | 124 | 107 | 354 | 227 | 127 | 581 | 337 | 244 |
| 长兴县 | 166 | 101 | 65 | 322 | 207 | 115 | 395 | 233 | 162 |
| 安吉县 | 163 | 99 | 64 | 238 | 141 | 97 | 451 | 266 | 185 |

7-3　续表 5　　单位：人

| 现住地 | 户口登记地 | | | | | | | | |
|---|---|---|---|---|---|---|---|---|---|
| | 内蒙古 | | | 辽宁 | | | 吉林 | | |
| | 小计 | 男 | 女 | 小计 | 男 | 女 | 小计 | 男 | 女 |
| **绍兴市** | **1932** | **1086** | **846** | **3670** | **2149** | **1521** | **10024** | **5641** | **4383** |
| 越城区 | 419 | 239 | 180 | 825 | 462 | 363 | 1380 | 773 | 607 |
| 柯桥区 | 667 | 393 | 274 | 1433 | 841 | 592 | 6055 | 3421 | 2634 |
| 上虞区 | 347 | 193 | 154 | 422 | 266 | 156 | 717 | 430 | 287 |
| 新昌县 | 76 | 43 | 33 | 107 | 71 | 36 | 158 | 92 | 66 |
| 诸暨市 | 316 | 157 | 159 | 680 | 372 | 308 | 1397 | 746 | 651 |
| 嵊州市 | 107 | 61 | 46 | 203 | 137 | 66 | 317 | 179 | 138 |
| **金华市** | **4103** | **2292** | **1811** | **6955** | **3877** | **3078** | **10985** | **6141** | **4844** |
| 婺城区 | 743 | 385 | 358 | 763 | 422 | 341 | 1048 | 569 | 479 |
| 金东区 | 314 | 184 | 130 | 484 | 283 | 201 | 827 | 470 | 357 |
| 武义县 | 149 | 82 | 67 | 168 | 96 | 72 | 267 | 158 | 109 |
| 浦江县 | 70 | 42 | 28 | 127 | 77 | 50 | 177 | 94 | 83 |
| 磐安县 | 46 | 21 | 25 | 48 | 35 | 13 | 66 | 35 | 31 |
| 兰溪市 | 76 | 47 | 29 | 118 | 57 | 61 | 184 | 103 | 81 |
| 义乌市 | 1654 | 913 | 741 | 3542 | 1955 | 1587 | 6304 | 3491 | 2813 |
| 东阳市 | 666 | 398 | 268 | 1243 | 685 | 558 | 1511 | 860 | 651 |
| 永康市 | 385 | 220 | 165 | 462 | 267 | 195 | 601 | 361 | 240 |
| **衢州市** | **401** | **233** | **168** | **706** | **431** | **275** | **821** | **458** | **363** |
| 柯城区 | 185 | 104 | 81 | 413 | 249 | 164 | 397 | 216 | 181 |
| 衢江区 | 55 | 35 | 20 | 89 | 56 | 33 | 107 | 71 | 36 |
| 常山县 | 22 | 14 | 8 | 29 | 18 | 11 | 68 | 33 | 35 |
| 开化县 | 16 | 8 | 8 | 22 | 15 | 7 | 43 | 23 | 20 |
| 龙游县 | 54 | 29 | 25 | 73 | 48 | 25 | 93 | 53 | 40 |
| 江山市 | 69 | 43 | 26 | 80 | 45 | 35 | 113 | 62 | 51 |
| **舟山市** | **866** | **548** | **318** | **2709** | **1999** | **710** | **2792** | **1982** | **810** |
| 定海区 | 289 | 164 | 125 | 704 | 447 | 257 | 856 | 499 | 357 |
| 普陀区 | 186 | 97 | 89 | 593 | 381 | 212 | 557 | 328 | 229 |
| 岱山县 | 383 | 284 | 99 | 1382 | 1154 | 228 | 1331 | 1130 | 201 |
| 嵊泗县 | 8 | 3 | 5 | 30 | 17 | 13 | 48 | 25 | 23 |
| **台州市** | **1286** | **749** | **537** | **2574** | **1523** | **1051** | **3434** | **2004** | **1430** |
| 椒江区 | 323 | 192 | 131 | 705 | 427 | 278 | 877 | 526 | 351 |
| 黄岩区 | 123 | 75 | 48 | 268 | 168 | 100 | 361 | 210 | 151 |
| 路桥区 | 171 | 91 | 80 | 311 | 200 | 111 | 459 | 260 | 199 |
| 三门县 | 62 | 40 | 22 | 111 | 72 | 39 | 93 | 50 | 43 |
| 天台县 | 61 | 28 | 33 | 91 | 51 | 40 | 100 | 55 | 45 |
| 仙居县 | 29 | 16 | 13 | 84 | 48 | 36 | 69 | 38 | 31 |
| 温岭市 | 196 | 115 | 81 | 450 | 260 | 190 | 459 | 275 | 184 |
| 临海市 | 179 | 114 | 65 | 320 | 169 | 151 | 508 | 280 | 228 |
| 玉环市 | 142 | 78 | 64 | 234 | 128 | 106 | 508 | 310 | 198 |
| **丽水市** | **423** | **233** | **190** | **635** | **405** | **230** | **757** | **446** | **311** |
| 莲都区 | 218 | 116 | 102 | 307 | 206 | 101 | 350 | 200 | 150 |
| 青田县 | 60 | 30 | 30 | 90 | 52 | 38 | 73 | 43 | 30 |
| 缙云县 | 39 | 24 | 15 | 81 | 47 | 34 | 94 | 58 | 36 |
| 遂昌县 | 18 | 9 | 9 | 20 | 11 | 9 | 42 | 23 | 19 |
| 松阳县 | 20 | 12 | 8 | 42 | 25 | 17 | 31 | 13 | 18 |
| 云和县 | 14 | 8 | 6 | 50 | 37 | 13 | 82 | 54 | 28 |
| 庆元县 | 11 | 5 | 6 | 11 | 7 | 4 | 19 | 9 | 10 |
| 景宁畲族自治县 | 28 | 21 | 7 | 10 | 4 | 6 | 27 | 17 | 10 |
| 龙泉市 | 15 | 8 | 7 | 24 | 16 | 8 | 39 | 29 | 10 |

7-3 续表 6

单位：人

| 现住地 | 户口登记地 | | | | | | | | |
|---|---|---|---|---|---|---|---|---|---|
| | 黑龙江 | | | 上海 | | | 江苏 | | |
| | 小计 | 男 | 女 | 小计 | 男 | 女 | 小计 | 男 | 女 |
| **合计** | **135807** | **73751** | **62056** | **45335** | **25354** | **19981** | **477819** | **297749** | **180070** |
| **杭州市** | **46959** | **24429** | **22530** | **12070** | **6726** | **5344** | **144790** | **87595** | **57195** |
| 上城区 | 1017 | 483 | 534 | 577 | 282 | 295 | 4774 | 2624 | 2150 |
| 下城区 | 2240 | 1075 | 1165 | 704 | 388 | 316 | 8401 | 4518 | 3883 |
| 江干区 | 8931 | 4522 | 4409 | 1920 | 1111 | 809 | 27180 | 15739 | 11441 |
| 拱墅区 | 3038 | 1516 | 1522 | 917 | 518 | 399 | 9482 | 5361 | 4121 |
| 西湖区 | 5580 | 2874 | 2706 | 2057 | 1118 | 939 | 15242 | 8823 | 6419 |
| 滨江区 | 3191 | 1565 | 1626 | 1253 | 679 | 574 | 6675 | 3980 | 2695 |
| 萧山区 | 7792 | 4236 | 3556 | 1397 | 824 | 573 | 23416 | 15376 | 8040 |
| 余杭区 | 11474 | 6105 | 5369 | 2176 | 1215 | 961 | 38418 | 23674 | 14744 |
| 富阳区 | 1472 | 854 | 618 | 427 | 241 | 186 | 4604 | 3171 | 1433 |
| 临安区 | 925 | 490 | 435 | 334 | 193 | 141 | 3351 | 2234 | 1117 |
| 桐庐县 | 769 | 422 | 347 | 163 | 89 | 74 | 1790 | 1091 | 699 |
| 淳安县 | 197 | 104 | 93 | 50 | 23 | 27 | 586 | 405 | 181 |
| 建德市 | 333 | 183 | 150 | 95 | 45 | 50 | 871 | 599 | 272 |
| **宁波市** | **28261** | **15625** | **12636** | **9070** | **4903** | **4167** | **101638** | **62816** | **38822** |
| 海曙区 | 2764 | 1451 | 1313 | 957 | 509 | 448 | 10781 | 6310 | 4471 |
| 江北区 | 1826 | 993 | 833 | 684 | 344 | 340 | 6450 | 3952 | 2498 |
| 北仑区 | 6029 | 3521 | 2508 | 690 | 402 | 288 | 13167 | 8545 | 4622 |
| 镇海区 | 2009 | 1133 | 876 | 720 | 405 | 315 | 8775 | 5642 | 3133 |
| 鄞州区 | 5599 | 2858 | 2741 | 2374 | 1263 | 1111 | 22996 | 13711 | 9285 |
| 奉化区 | 873 | 470 | 403 | 538 | 256 | 282 | 3803 | 2494 | 1309 |
| 象山县 | 858 | 494 | 364 | 283 | 160 | 123 | 2679 | 1766 | 913 |
| 宁海县 | 1033 | 529 | 504 | 488 | 257 | 231 | 4078 | 2429 | 1649 |
| 余姚市 | 2344 | 1356 | 988 | 1080 | 567 | 513 | 7985 | 4864 | 3121 |
| 慈溪市 | 4926 | 2820 | 2106 | 1256 | 740 | 516 | 20924 | 13103 | 7821 |
| **温州市** | **7859** | **4325** | **3534** | **2153** | **1217** | **936** | **26549** | **17422** | **9127** |
| 鹿城区 | 1466 | 772 | 694 | 631 | 353 | 278 | 4885 | 3180 | 1705 |
| 龙湾区 | 1336 | 810 | 526 | 141 | 93 | 48 | 3474 | 2436 | 1038 |
| 瓯海区 | 1336 | 727 | 609 | 308 | 167 | 141 | 4278 | 2789 | 1489 |
| 洞头区 | 148 | 90 | 58 | 67 | 38 | 29 | 614 | 496 | 118 |
| 永嘉县 | 410 | 248 | 162 | 108 | 62 | 46 | 1673 | 1081 | 592 |
| 平阳县 | 431 | 228 | 203 | 110 | 59 | 51 | 967 | 616 | 351 |
| 苍南县 | 284 | 148 | 136 | 119 | 70 | 49 | 941 | 613 | 328 |
| 文成县 | 52 | 25 | 27 | 22 | 9 | 13 | 155 | 106 | 49 |
| 泰顺县 | 57 | 26 | 31 | 39 | 25 | 14 | 125 | 69 | 56 |
| 瑞安市 | 867 | 462 | 405 | 221 | 118 | 103 | 3648 | 2366 | 1282 |
| 乐清市 | 1240 | 672 | 568 | 317 | 181 | 136 | 4862 | 3035 | 1827 |
| 龙港市 | 232 | 117 | 115 | 70 | 42 | 28 | 927 | 635 | 292 |
| **嘉兴市** | **14403** | **8003** | **6400** | **10870** | **6091** | **4779** | **78846** | **49043** | **29803** |
| 南湖区 | 3296 | 1767 | 1529 | 2895 | 1632 | 1263 | 13731 | 8280 | 5451 |
| 秀洲区 | 1851 | 1028 | 823 | 1180 | 659 | 521 | 12143 | 7309 | 4834 |
| 嘉善县 | 2249 | 1314 | 935 | 2308 | 1248 | 1060 | 11701 | 7672 | 4029 |
| 海盐县 | 525 | 306 | 219 | 633 | 373 | 260 | 3725 | 2476 | 1249 |
| 海宁市 | 2811 | 1555 | 1256 | 886 | 506 | 380 | 13773 | 8695 | 5078 |
| 平湖市 | 1414 | 816 | 598 | 2162 | 1242 | 920 | 8742 | 5715 | 3027 |
| 桐乡市 | 2257 | 1217 | 1040 | 806 | 431 | 375 | 15031 | 8896 | 6135 |
| **湖州市** | **4968** | **2782** | **2186** | **2558** | **1447** | **1111** | **35820** | **22323** | **13497** |
| 吴兴区 | 1726 | 926 | 800 | 1263 | 713 | 550 | 15513 | 9582 | 5931 |
| 南浔区 | 902 | 529 | 373 | 513 | 285 | 228 | 8414 | 5097 | 3317 |
| 德清县 | 868 | 505 | 363 | 236 | 148 | 88 | 4817 | 3252 | 1565 |
| 长兴县 | 652 | 373 | 279 | 310 | 171 | 139 | 4074 | 2532 | 1542 |
| 安吉县 | 820 | 449 | 371 | 236 | 130 | 106 | 3002 | 1860 | 1142 |

7-3　续表 7　　　　单位：人

| 现住地 | 户口登记地 黑龙江 小计 | 男 | 女 | 上海 小计 | 男 | 女 | 江苏 小计 | 男 | 女 |
|---|---|---|---|---|---|---|---|---|---|
| **绍兴市** | **6725** | **3733** | **2992** | **3229** | **1834** | **1395** | **25726** | **16148** | **9578** |
| 越城区 | 1626 | 915 | 711 | 661 | 386 | 275 | 6893 | 4168 | 2725 |
| 柯桥区 | 2414 | 1362 | 1052 | 547 | 319 | 228 | 8600 | 5480 | 3120 |
| 上虞区 | 914 | 498 | 416 | 781 | 436 | 345 | 3632 | 2369 | 1263 |
| 新昌县 | 268 | 161 | 107 | 111 | 66 | 45 | 828 | 565 | 263 |
| 诸暨市 | 1171 | 628 | 543 | 890 | 488 | 402 | 4574 | 2766 | 1808 |
| 嵊州市 | 332 | 169 | 163 | 239 | 139 | 100 | 1199 | 800 | 399 |
| **金华市** | **15197** | **8278** | **6919** | **2008** | **1199** | **809** | **27553** | **16962** | **10591** |
| 婺城区 | 1657 | 877 | 780 | 439 | 260 | 179 | 3358 | 2062 | 1296 |
| 金东区 | 1268 | 698 | 570 | 342 | 165 | 177 | 2608 | 1720 | 888 |
| 武义县 | 569 | 340 | 229 | 63 | 35 | 28 | 1031 | 649 | 382 |
| 浦江县 | 348 | 190 | 158 | 85 | 53 | 32 | 993 | 589 | 404 |
| 磐安县 | 61 | 32 | 29 | 15 | 11 | 4 | 201 | 130 | 71 |
| 兰溪市 | 236 | 121 | 115 | 97 | 57 | 40 | 701 | 430 | 271 |
| 义乌市 | 8066 | 4326 | 3740 | 555 | 360 | 195 | 12505 | 7594 | 4911 |
| 东阳市 | 2031 | 1123 | 908 | 280 | 165 | 115 | 3900 | 2364 | 1536 |
| 永康市 | 961 | 571 | 390 | 132 | 93 | 39 | 2256 | 1424 | 832 |
| **衢州市** | **1018** | **538** | **480** | **387** | **238** | **149** | **3398** | **2176** | **1222** |
| 柯城区 | 459 | 245 | 214 | 191 | 121 | 70 | 1526 | 1002 | 524 |
| 衢江区 | 153 | 87 | 66 | 35 | 20 | 15 | 566 | 362 | 204 |
| 常山县 | 54 | 20 | 34 | 14 | 6 | 8 | 237 | 138 | 99 |
| 开化县 | 60 | 35 | 25 | 17 | 11 | 6 | 228 | 140 | 88 |
| 龙游县 | 180 | 98 | 82 | 42 | 27 | 15 | 456 | 293 | 163 |
| 江山市 | 112 | 53 | 59 | 88 | 53 | 35 | 385 | 241 | 144 |
| **舟山市** | **3297** | **2076** | **1221** | **1243** | **670** | **573** | **11931** | **9362** | **2569** |
| 定海区 | 1038 | 585 | 453 | 775 | 389 | 386 | 3877 | 2657 | 1220 |
| 普陀区 | 901 | 510 | 391 | 226 | 115 | 111 | 3029 | 2246 | 783 |
| 岱山县 | 1289 | 946 | 343 | 121 | 78 | 43 | 4566 | 4088 | 478 |
| 嵊泗县 | 69 | 35 | 34 | 121 | 88 | 33 | 459 | 371 | 88 |
| **台州市** | **5872** | **3238** | **2634** | **1403** | **822** | **581** | **18148** | **11629** | **6519** |
| 椒江区 | 1616 | 879 | 737 | 387 | 223 | 164 | 3589 | 2369 | 1220 |
| 黄岩区 | 513 | 280 | 233 | 175 | 95 | 80 | 1730 | 1108 | 622 |
| 路桥区 | 836 | 484 | 352 | 134 | 83 | 51 | 2822 | 1828 | 994 |
| 三门县 | 171 | 82 | 89 | 71 | 45 | 26 | 563 | 353 | 210 |
| 天台县 | 146 | 75 | 71 | 106 | 65 | 41 | 732 | 474 | 258 |
| 仙居县 | 133 | 65 | 68 | 38 | 18 | 20 | 459 | 302 | 157 |
| 温岭市 | 896 | 505 | 391 | 235 | 139 | 96 | 4697 | 2947 | 1750 |
| 临海市 | 817 | 448 | 369 | 143 | 86 | 57 | 1870 | 1172 | 698 |
| 玉环市 | 744 | 420 | 324 | 114 | 68 | 46 | 1686 | 1076 | 610 |
| **丽水市** | **1248** | **724** | **524** | **344** | **207** | **137** | **3420** | **2273** | **1147** |
| 莲都区 | 592 | 338 | 254 | 151 | 88 | 63 | 1672 | 1123 | 549 |
| 青田县 | 171 | 103 | 68 | 12 | 6 | 6 | 372 | 234 | 138 |
| 缙云县 | 158 | 93 | 65 | 51 | 37 | 14 | 499 | 335 | 164 |
| 遂昌县 | 57 | 30 | 27 | 26 | 20 | 6 | 135 | 91 | 44 |
| 松阳县 | 72 | 43 | 29 | 21 | 15 | 6 | 224 | 147 | 77 |
| 云和县 | 59 | 33 | 26 | 25 | 10 | 15 | 117 | 72 | 45 |
| 庆元县 | 25 | 16 | 9 | 7 | 4 | 3 | 91 | 61 | 30 |
| 景宁畲族自治县 | 37 | 25 | 12 | 16 | 9 | 7 | 92 | 59 | 33 |
| 龙泉市 | 77 | 43 | 34 | 35 | 18 | 17 | 218 | 151 | 67 |

7-3 续表 8

单位：人

| 现住地 | 户口登记地 安徽 小计 | 安徽 男 | 安徽 女 | 福建 小计 | 福建 男 | 福建 女 | 江西 小计 | 江西 男 | 江西 女 |
|---|---|---|---|---|---|---|---|---|---|
| **合计** | **3138770** | **1818308** | **1320462** | **247586** | **144962** | **102624** | **1580314** | **923648** | **656666** |
| **杭州市** | **774850** | **450444** | **324406** | **54221** | **31055** | **23166** | **342052** | **197917** | **144135** |
| 上城区 | 11176 | 5697 | 5479 | 1849 | 982 | 867 | 5542 | 3006 | 2536 |
| 下城区 | 19520 | 10066 | 9454 | 2488 | 1361 | 1127 | 9743 | 5106 | 4637 |
| 江干区 | 113041 | 63353 | 49688 | 10438 | 5809 | 4629 | 61921 | 35083 | 26838 |
| 拱墅区 | 29678 | 16153 | 13525 | 3047 | 1639 | 1408 | 16664 | 9077 | 7587 |
| 西湖区 | 55145 | 31452 | 23693 | 5801 | 3267 | 2534 | 25375 | 14824 | 10551 |
| 滨江区 | 24544 | 13839 | 10705 | 3530 | 1996 | 1534 | 11174 | 6478 | 4696 |
| 萧山区 | 201686 | 119172 | 82514 | 10072 | 5936 | 4136 | 55366 | 33413 | 21953 |
| 余杭区 | 236292 | 139415 | 96877 | 12069 | 7144 | 4925 | 124844 | 72082 | 52762 |
| 富阳区 | 27191 | 17152 | 10039 | 2071 | 1229 | 842 | 12678 | 7783 | 4895 |
| 临安区 | 34100 | 21004 | 13096 | 1164 | 702 | 462 | 7016 | 4354 | 2662 |
| 桐庐县 | 14846 | 8550 | 6296 | 1001 | 584 | 417 | 6928 | 4034 | 2894 |
| 淳安县 | 2662 | 1603 | 1059 | 227 | 138 | 89 | 1449 | 817 | 632 |
| 建德市 | 4969 | 2988 | 1981 | 464 | 268 | 196 | 3352 | 1860 | 1492 |
| **宁波市** | **724372** | **412294** | **312078** | **29547** | **16955** | **12592** | **245094** | **140454** | **104640** |
| 海曙区 | 77682 | 43656 | 34026 | 4820 | 2780 | 2040 | 34203 | 19268 | 14935 |
| 江北区 | 43124 | 24780 | 18344 | 1851 | 1106 | 745 | 10508 | 6257 | 4251 |
| 北仑区 | 88410 | 51792 | 36618 | 2265 | 1370 | 895 | 18052 | 10848 | 7204 |
| 镇海区 | 54198 | 31368 | 22830 | 2072 | 1195 | 877 | 11121 | 6669 | 4452 |
| 鄞州区 | 115507 | 64893 | 50614 | 6710 | 3810 | 2900 | 41082 | 23282 | 17800 |
| 奉化区 | 24539 | 14230 | 10309 | 974 | 523 | 451 | 8496 | 5039 | 3457 |
| 象山县 | 28056 | 15761 | 12295 | 1097 | 605 | 492 | 21348 | 11552 | 9796 |
| 宁海县 | 21738 | 12508 | 9230 | 2077 | 1189 | 888 | 9046 | 5298 | 3748 |
| 余姚市 | 99608 | 55745 | 43863 | 3346 | 1840 | 1506 | 19830 | 11463 | 8367 |
| 慈溪市 | 171510 | 97561 | 73949 | 4335 | 2537 | 1798 | 71408 | 40778 | 30630 |
| **温州市** | **311253** | **183967** | **127286** | **49611** | **29514** | **20097** | **315162** | **187869** | **127293** |
| 鹿城区 | 49409 | 29419 | 19990 | 7599 | 4833 | 2766 | 50181 | 29778 | 20403 |
| 龙湾区 | 41536 | 25026 | 16510 | 4070 | 2530 | 1540 | 30516 | 18830 | 11686 |
| 瓯海区 | 54791 | 33270 | 21521 | 8176 | 5029 | 3147 | 61655 | 37520 | 24135 |
| 洞头区 | 3230 | 2136 | 1094 | 397 | 243 | 154 | 1911 | 1263 | 648 |
| 永嘉县 | 13495 | 8346 | 5149 | 3317 | 2055 | 1262 | 20773 | 12678 | 8095 |
| 平阳县 | 9246 | 5565 | 3681 | 3079 | 1774 | 1305 | 11493 | 6964 | 4529 |
| 苍南县 | 7182 | 4321 | 2861 | 8896 | 4915 | 3981 | 3191 | 2021 | 1170 |
| 文成县 | 526 | 367 | 159 | 354 | 187 | 167 | 612 | 417 | 195 |
| 泰顺县 | 463 | 307 | 156 | 1453 | 767 | 686 | 341 | 229 | 112 |
| 瑞安市 | 46000 | 26762 | 19238 | 6225 | 3706 | 2519 | 79037 | 45651 | 33386 |
| 乐清市 | 71846 | 40705 | 31141 | 3318 | 1899 | 1419 | 52268 | 30531 | 21737 |
| 龙港市 | 13529 | 7743 | 5786 | 2727 | 1576 | 1151 | 3184 | 1987 | 1197 |
| **嘉兴市** | **331604** | **192909** | **138695** | **24248** | **14662** | **9586** | **104281** | **61157** | **43124** |
| 南湖区 | 42267 | 24805 | 17462 | 5699 | 3419 | 2280 | 14648 | 8688 | 5960 |
| 秀洲区 | 41527 | 23654 | 17873 | 2726 | 1669 | 1057 | 12158 | 7176 | 4982 |
| 嘉善县 | 53482 | 31490 | 21992 | 4660 | 2724 | 1936 | 9688 | 5963 | 3725 |
| 海盐县 | 16406 | 9707 | 6699 | 907 | 565 | 342 | 2963 | 1916 | 1047 |
| 海宁市 | 76754 | 45306 | 31448 | 4425 | 2805 | 1620 | 38252 | 22426 | 15826 |
| 平湖市 | 50680 | 29428 | 21252 | 2379 | 1460 | 919 | 7021 | 4217 | 2804 |
| 桐乡市 | 50488 | 28519 | 21969 | 3452 | 2020 | 1432 | 19551 | 10771 | 8780 |
| **湖州市** | **241688** | **138081** | **103607** | **7422** | **4530** | **2892** | **29364** | **17767** | **11597** |
| 吴兴区 | 124156 | 68053 | 56103 | 3844 | 2324 | 1520 | 15228 | 8900 | 6328 |
| 南浔区 | 36406 | 21282 | 15124 | 945 | 574 | 371 | 3122 | 1935 | 1187 |
| 德清县 | 26222 | 16190 | 10032 | 1025 | 628 | 397 | 5357 | 3437 | 1920 |
| 长兴县 | 22712 | 13252 | 9460 | 744 | 459 | 285 | 2128 | 1339 | 789 |
| 安吉县 | 32192 | 19304 | 12888 | 864 | 545 | 319 | 3529 | 2156 | 1373 |

7-3　续表 9　　单位：人

| 现住地 | 户口登记地 | | | | | | | | |
|---|---|---|---|---|---|---|---|---|---|
| | 安徽 | | | 福建 | | | 江西 | | |
| | 小计 | 男 | 女 | 小计 | 男 | 女 | 小计 | 男 | 女 |
| **绍兴市** | **199231** | **114743** | **84488** | **19602** | **11568** | **8034** | **71936** | **42106** | **29830** |
| 越城区 | 37115 | 21255 | 15860 | 3040 | 1727 | 1313 | 13013 | 7383 | 5630 |
| 柯桥区 | 80710 | 47288 | 33422 | 10298 | 6241 | 4057 | 23665 | 14066 | 9599 |
| 上虞区 | 25206 | 14607 | 10599 | 1907 | 1069 | 838 | 5419 | 3317 | 2102 |
| 新昌县 | 2744 | 1649 | 1095 | 391 | 219 | 172 | 2991 | 1770 | 1221 |
| 诸暨市 | 45763 | 25450 | 20313 | 3413 | 1972 | 1441 | 22721 | 13171 | 9550 |
| 嵊州市 | 7693 | 4494 | 3199 | 553 | 340 | 213 | 4127 | 2399 | 1728 |
| **金华市** | **240766** | **138233** | **102533** | **37550** | **21995** | **15555** | **326612** | **189681** | **136931** |
| 婺城区 | 28303 | 16114 | 12189 | 3657 | 2101 | 1556 | 17166 | 10112 | 7054 |
| 金东区 | 18635 | 11012 | 7623 | 2945 | 1786 | 1159 | 17786 | 10602 | 7184 |
| 武义县 | 10598 | 6366 | 4232 | 920 | 534 | 386 | 12310 | 7420 | 4890 |
| 浦江县 | 10054 | 5677 | 4377 | 1080 | 626 | 454 | 9498 | 5318 | 4180 |
| 磐安县 | 1276 | 823 | 453 | 203 | 112 | 91 | 1004 | 645 | 359 |
| 兰溪市 | 4477 | 2631 | 1846 | 478 | 255 | 223 | 3359 | 1917 | 1442 |
| 义乌市 | 108360 | 61081 | 47279 | 19699 | 11618 | 8081 | 172458 | 98569 | 73889 |
| 东阳市 | 32363 | 18519 | 13844 | 5161 | 2940 | 2221 | 54544 | 31524 | 23020 |
| 永康市 | 26700 | 16010 | 10690 | 3407 | 2023 | 1384 | 38487 | 23574 | 14913 |
| **衢州市** | **12615** | **7616** | **4999** | **4455** | **2497** | **1958** | **17568** | **9822** | **7746** |
| 柯城区 | 4215 | 2573 | 1642 | 1757 | 940 | 817 | 5591 | 3139 | 2452 |
| 衢江区 | 2527 | 1530 | 997 | 532 | 301 | 231 | 2788 | 1594 | 1194 |
| 常山县 | 1087 | 641 | 446 | 248 | 146 | 102 | 1693 | 879 | 814 |
| 开化县 | 792 | 473 | 319 | 134 | 80 | 54 | 1122 | 624 | 498 |
| 龙游县 | 2589 | 1572 | 1017 | 468 | 292 | 176 | 2937 | 1779 | 1158 |
| 江山市 | 1405 | 827 | 578 | 1316 | 738 | 578 | 3437 | 1807 | 1630 |
| **舟山市** | **78296** | **47910** | **30386** | **3076** | **1805** | **1271** | **7190** | **4517** | **2673** |
| 定海区 | 28082 | 17016 | 11066 | 1381 | 749 | 632 | 3325 | 2013 | 1312 |
| 普陀区 | 34895 | 20030 | 14865 | 1150 | 672 | 478 | 2242 | 1290 | 952 |
| 岱山县 | 12749 | 9165 | 3584 | 446 | 329 | 117 | 1389 | 1062 | 327 |
| 嵊泗县 | 2570 | 1699 | 871 | 99 | 55 | 44 | 234 | 152 | 82 |
| **台州市** | **209262** | **122743** | **86519** | **11427** | **6664** | **4763** | **105831** | **62869** | **42962** |
| 椒江区 | 33626 | 19531 | 14095 | 2495 | 1511 | 984 | 10090 | 6057 | 4033 |
| 黄岩区 | 42006 | 24461 | 17545 | 1099 | 627 | 472 | 9112 | 5520 | 3592 |
| 路桥区 | 32290 | 18816 | 13474 | 1498 | 892 | 606 | 12319 | 7298 | 5021 |
| 三门县 | 3592 | 2131 | 1461 | 323 | 186 | 137 | 1391 | 818 | 573 |
| 天台县 | 2780 | 1699 | 1081 | 374 | 204 | 170 | 1250 | 756 | 494 |
| 仙居县 | 1834 | 1155 | 679 | 229 | 124 | 105 | 1937 | 1136 | 801 |
| 温岭市 | 45686 | 27021 | 18665 | 2901 | 1727 | 1174 | 45683 | 26801 | 18882 |
| 临海市 | 15253 | 9009 | 6244 | 1214 | 653 | 561 | 6261 | 3720 | 2541 |
| 玉环市 | 32195 | 18920 | 13275 | 1294 | 740 | 554 | 17788 | 10763 | 7025 |
| **丽水市** | **14833** | **9368** | **5465** | **6427** | **3717** | **2710** | **15224** | **9489** | **5735** |
| 莲都区 | 7232 | 4692 | 2540 | 1857 | 1034 | 823 | 6466 | 4106 | 2360 |
| 青田县 | 2735 | 1626 | 1109 | 673 | 398 | 275 | 3188 | 1883 | 1305 |
| 缙云县 | 2097 | 1309 | 788 | 555 | 345 | 210 | 2155 | 1350 | 805 |
| 遂昌县 | 459 | 294 | 165 | 353 | 224 | 129 | 441 | 282 | 159 |
| 松阳县 | 782 | 501 | 281 | 257 | 138 | 119 | 713 | 448 | 265 |
| 云和县 | 627 | 384 | 243 | 527 | 354 | 173 | 723 | 451 | 272 |
| 庆元县 | 233 | 126 | 107 | 1075 | 558 | 517 | 244 | 147 | 97 |
| 景宁畲族自治县 | 190 | 135 | 55 | 181 | 113 | 68 | 192 | 131 | 61 |
| 龙泉市 | 478 | 301 | 177 | 949 | 553 | 396 | 1102 | 691 | 411 |

7-3 续表 10

单位：人

| 现住地 | 户口登记地 山东 小计 | 山东 男 | 山东 女 | 河南 小计 | 河南 男 | 河南 女 | 湖北 小计 | 湖北 男 | 湖北 女 |
|---|---|---|---|---|---|---|---|---|---|
| **合计** | **260105** | **158812** | **101293** | **2465900** | **1511316** | **954584** | **561085** | **320269** | **240816** |
| **杭州市** | **74191** | **44044** | **30147** | **653725** | **407082** | **246643** | **104353** | **58752** | **45601** |
| 上城区 | 1295 | 700 | 595 | 38991 | 24169 | 14822 | 1371 | 688 | 683 |
| 下城区 | 2309 | 1267 | 1042 | 16462 | 9995 | 6467 | 2871 | 1380 | 1491 |
| 江干区 | 14003 | 7996 | 6007 | 85030 | 51302 | 33728 | 14287 | 7813 | 6474 |
| 拱墅区 | 3210 | 1785 | 1425 | 25760 | 15733 | 10027 | 4159 | 2141 | 2018 |
| 西湖区 | 8122 | 4703 | 3419 | 67152 | 41454 | 25698 | 10140 | 5709 | 4431 |
| 滨江区 | 4082 | 2421 | 1661 | 28256 | 17567 | 10689 | 4797 | 2656 | 2141 |
| 萧山区 | 12597 | 7787 | 4810 | 166323 | 103891 | 62432 | 19205 | 11283 | 7922 |
| 余杭区 | 22802 | 13795 | 9007 | 162499 | 101465 | 61034 | 35728 | 19933 | 15795 |
| 富阳区 | 2736 | 1747 | 989 | 33767 | 21915 | 11852 | 3352 | 2082 | 1270 |
| 临安区 | 1394 | 838 | 556 | 12888 | 8822 | 4066 | 4755 | 2897 | 1858 |
| 桐庐县 | 978 | 591 | 387 | 11528 | 7295 | 4233 | 2600 | 1535 | 1065 |
| 淳安县 | 253 | 162 | 91 | 1418 | 952 | 466 | 324 | 170 | 154 |
| 建德市 | 410 | 252 | 158 | 3651 | 2522 | 1129 | 764 | 465 | 299 |
| **宁波市** | **65684** | **40070** | **25614** | **423878** | **255999** | **167879** | **76994** | **42392** | **34602** |
| 海曙区 | 4492 | 2694 | 1798 | 42173 | 25087 | 17086 | 7468 | 3981 | 3487 |
| 江北区 | 4901 | 2847 | 2054 | 33302 | 20784 | 12518 | 3914 | 2174 | 1740 |
| 北仑区 | 19407 | 12185 | 7222 | 57128 | 35834 | 21294 | 12061 | 6797 | 5264 |
| 镇海区 | 6398 | 4145 | 2253 | 28791 | 18378 | 10413 | 4975 | 2729 | 2246 |
| 鄞州区 | 9041 | 5323 | 3718 | 48435 | 28607 | 19828 | 13168 | 6893 | 6275 |
| 奉化区 | 3104 | 1853 | 1251 | 14265 | 8918 | 5347 | 2773 | 1505 | 1268 |
| 象山县 | 1839 | 1173 | 666 | 10965 | 6616 | 4349 | 2138 | 1159 | 979 |
| 宁海县 | 1928 | 1125 | 803 | 17798 | 10721 | 7077 | 6057 | 3367 | 2690 |
| 余姚市 | 5277 | 3035 | 2242 | 64672 | 37640 | 27032 | 10025 | 5573 | 4452 |
| 慈溪市 | 9297 | 5690 | 3607 | 106349 | 63414 | 42935 | 14415 | 8214 | 6201 |
| **温州市** | **9733** | **5970** | **3763** | **245504** | **152110** | **93394** | **154187** | **89895** | **64292** |
| 鹿城区 | 1612 | 972 | 640 | 41798 | 25678 | 16120 | 30875 | 17337 | 13538 |
| 龙湾区 | 1516 | 980 | 536 | 50439 | 31725 | 18714 | 25831 | 15721 | 10110 |
| 瓯海区 | 1861 | 1105 | 756 | 30267 | 18887 | 11380 | 30184 | 18171 | 12013 |
| 洞头区 | 307 | 212 | 95 | 6449 | 4264 | 2185 | 1954 | 1238 | 716 |
| 永嘉县 | 529 | 302 | 227 | 10873 | 6964 | 3909 | 9126 | 5461 | 3665 |
| 平阳县 | 431 | 266 | 165 | 14463 | 8960 | 5503 | 6142 | 3522 | 2620 |
| 苍南县 | 379 | 222 | 157 | 7833 | 4948 | 2885 | 3042 | 1703 | 1339 |
| 文成县 | 66 | 43 | 23 | 945 | 724 | 221 | 427 | 321 | 106 |
| 泰顺县 | 54 | 23 | 31 | 635 | 443 | 192 | 246 | 151 | 95 |
| 瑞安市 | 1105 | 670 | 435 | 26862 | 16589 | 10273 | 14411 | 8292 | 6119 |
| 乐清市 | 1481 | 927 | 554 | 46973 | 28036 | 18937 | 28884 | 16154 | 12730 |
| 龙港市 | 392 | 248 | 144 | 7967 | 4892 | 3075 | 3065 | 1824 | 1241 |
| **嘉兴市** | **41098** | **24881** | **16217** | **288961** | **172542** | **116419** | **37965** | **21790** | **16175** |
| 南湖区 | 9337 | 5467 | 3870 | 40509 | 24712 | 15797 | 5493 | 3137 | 2356 |
| 秀洲区 | 5470 | 3267 | 2203 | 43522 | 25923 | 17599 | 5534 | 3198 | 2336 |
| 嘉善县 | 4073 | 2539 | 1534 | 38821 | 23443 | 15378 | 5553 | 3397 | 2156 |
| 海盐县 | 2250 | 1434 | 816 | 20995 | 12522 | 8473 | 1712 | 1029 | 683 |
| 海宁市 | 8259 | 5058 | 3201 | 51132 | 31616 | 19516 | 11186 | 6301 | 4885 |
| 平湖市 | 6608 | 4109 | 2499 | 36908 | 21979 | 14929 | 3338 | 1915 | 1423 |
| 桐乡市 | 5101 | 3007 | 2094 | 57074 | 32347 | 24727 | 5149 | 2813 | 2336 |
| **湖州市** | **13309** | **7974** | **5335** | **108940** | **68174** | **40766** | **15285** | **9038** | **6247** |
| 吴兴区 | 4657 | 2766 | 1891 | 44243 | 26889 | 17354 | 6145 | 3518 | 2627 |
| 南浔区 | 1883 | 1127 | 756 | 16283 | 10163 | 6120 | 2919 | 1747 | 1172 |
| 德清县 | 1694 | 1066 | 628 | 19578 | 12615 | 6963 | 2995 | 1843 | 1152 |
| 长兴县 | 3473 | 2060 | 1413 | 14333 | 9248 | 5085 | 1293 | 754 | 539 |
| 安吉县 | 1602 | 955 | 647 | 14503 | 9259 | 5244 | 1933 | 1176 | 757 |

7-3　续表 11　　　　单位：人

| 现住地 | 户口登记地 | | | | | | | | |
|---|---|---|---|---|---|---|---|---|---|
| | 山东 | | | 河南 | | | 湖北 | | |
| | 小计 | 男 | 女 | 小计 | 男 | 女 | 小计 | 男 | 女 |
| **绍兴市** | **18664** | **11390** | **7274** | **151677** | **92606** | **59071** | **27769** | **15827** | **11942** |
| 越城区 | 5535 | 3272 | 2263 | 33798 | 20501 | 13297 | 7909 | 4362 | 3547 |
| 柯桥区 | 5053 | 3202 | 1851 | 60632 | 37658 | 22974 | 11675 | 6776 | 4899 |
| 上虞区 | 4645 | 2854 | 1791 | 18527 | 11487 | 7040 | 2712 | 1608 | 1104 |
| 新昌县 | 367 | 230 | 137 | 3975 | 2499 | 1476 | 672 | 399 | 273 |
| 诸暨市 | 2436 | 1464 | 972 | 28114 | 16327 | 11787 | 3555 | 1967 | 1588 |
| 嵊州市 | 628 | 368 | 260 | 6631 | 4134 | 2497 | 1246 | 715 | 531 |
| **金华市** | **17097** | **10223** | **6874** | **318280** | **187579** | **130701** | **51955** | **29210** | **22745** |
| 婺城区 | 1925 | 1053 | 872 | 30820 | 18357 | 12463 | 3966 | 2202 | 1764 |
| 金东区 | 1446 | 904 | 542 | 23172 | 14440 | 8732 | 3843 | 2239 | 1604 |
| 武义县 | 519 | 323 | 196 | 8083 | 5026 | 3057 | 3752 | 2188 | 1564 |
| 浦江县 | 503 | 306 | 197 | 8075 | 4746 | 3329 | 1399 | 746 | 653 |
| 磐安县 | 101 | 60 | 41 | 1458 | 1002 | 456 | 282 | 174 | 108 |
| 兰溪市 | 425 | 255 | 170 | 4010 | 2600 | 1410 | 1008 | 596 | 412 |
| 义乌市 | 8560 | 5117 | 3443 | 184201 | 106845 | 77356 | 22495 | 12376 | 10119 |
| 东阳市 | 2309 | 1400 | 909 | 33695 | 19606 | 14089 | 6910 | 3830 | 3080 |
| 永康市 | 1309 | 805 | 504 | 24766 | 14957 | 9809 | 8300 | 4859 | 3441 |
| **衢州市** | **1894** | **1229** | **665** | **12180** | **8142** | **4038** | **3222** | **1855** | **1367** |
| 柯城区 | 973 | 622 | 351 | 4769 | 3240 | 1529 | 1121 | 619 | 502 |
| 衢江区 | 317 | 207 | 110 | 2669 | 1757 | 912 | 522 | 284 | 238 |
| 常山县 | 104 | 65 | 39 | 834 | 575 | 259 | 222 | 117 | 105 |
| 开化县 | 75 | 51 | 24 | 519 | 365 | 154 | 237 | 153 | 84 |
| 龙游县 | 193 | 140 | 53 | 2187 | 1458 | 729 | 771 | 482 | 289 |
| 江山市 | 232 | 144 | 88 | 1202 | 747 | 455 | 349 | 200 | 149 |
| **舟山市** | **8677** | **6871** | **1806** | **45868** | **32611** | **13257** | **5971** | **3657** | **2314** |
| 定海区 | 2113 | 1320 | 793 | 19895 | 12728 | 7167 | 2439 | 1382 | 1057 |
| 普陀区 | 1830 | 1298 | 532 | 11969 | 7780 | 4189 | 1863 | 1054 | 809 |
| 岱山县 | 4313 | 3940 | 373 | 12835 | 11252 | 1583 | 1473 | 1141 | 332 |
| 嵊泗县 | 421 | 313 | 108 | 1169 | 851 | 318 | 196 | 80 | 116 |
| **台州市** | **8125** | **5138** | **2987** | **190748** | **117769** | **72979** | **75674** | **43226** | **32448** |
| 椒江区 | 1937 | 1227 | 710 | 41901 | 26121 | 15780 | 7712 | 4342 | 3370 |
| 黄岩区 | 860 | 560 | 300 | 20511 | 12727 | 7784 | 3912 | 2252 | 1660 |
| 路桥区 | 1150 | 744 | 406 | 33666 | 20478 | 13188 | 5835 | 3315 | 2520 |
| 三门县 | 261 | 182 | 79 | 4141 | 2707 | 1434 | 1154 | 683 | 471 |
| 天台县 | 274 | 159 | 115 | 3132 | 2084 | 1048 | 748 | 369 | 379 |
| 仙居县 | 122 | 80 | 42 | 1965 | 1352 | 613 | 680 | 405 | 275 |
| 温岭市 | 1361 | 850 | 511 | 59030 | 35766 | 23264 | 25092 | 14360 | 10732 |
| 临海市 | 1224 | 743 | 481 | 13869 | 8778 | 5091 | 3516 | 2033 | 1483 |
| 玉环市 | 936 | 593 | 343 | 12533 | 7756 | 4777 | 27025 | 15467 | 11558 |
| **丽水市** | **1633** | **1022** | **611** | **26139** | **16702** | **9437** | **7710** | **4627** | **3083** |
| 莲都区 | 804 | 487 | 317 | 14167 | 8971 | 5196 | 3505 | 2104 | 1401 |
| 青田县 | 268 | 160 | 108 | 5517 | 3421 | 2096 | 1920 | 1139 | 781 |
| 缙云县 | 223 | 149 | 74 | 2552 | 1664 | 888 | 685 | 413 | 272 |
| 遂昌县 | 70 | 52 | 18 | 465 | 321 | 144 | 162 | 100 | 62 |
| 松阳县 | 92 | 58 | 34 | 1303 | 813 | 490 | 455 | 280 | 175 |
| 云和县 | 48 | 30 | 18 | 701 | 461 | 240 | 369 | 228 | 141 |
| 庆元县 | 22 | 12 | 10 | 292 | 196 | 96 | 79 | 39 | 40 |
| 景宁畲族自治县 | 35 | 18 | 17 | 441 | 356 | 85 | 203 | 144 | 59 |
| 龙泉市 | 71 | 56 | 15 | 701 | 499 | 202 | 332 | 180 | 152 |

7-3 续表 12

单位：人

| 现住地 | 户口登记地 | | | | | | | | |
|---|---|---|---|---|---|---|---|---|---|
| | 湖南 | | | 广东 | | | 广西 | | |
| | 小计 | 男 | 女 | 小计 | 男 | 女 | 小计 | 男 | 女 |
| **合计** | **716215** | **414426** | **301789** | **77702** | **44061** | **33641** | **187145** | **102107** | **85038** |
| **杭州市** | **119508** | **68556** | **50952** | **24073** | **13621** | **10452** | **42741** | **22842** | **19899** |
| 上城区 | 1093 | 550 | 543 | 613 | 347 | 266 | 564 | 295 | 269 |
| 下城区 | 2325 | 1157 | 1168 | 945 | 519 | 426 | 894 | 396 | 498 |
| 江干区 | 11751 | 6393 | 5358 | 4368 | 2373 | 1995 | 5625 | 2696 | 2929 |
| 拱墅区 | 3032 | 1555 | 1477 | 1412 | 776 | 636 | 1318 | 574 | 744 |
| 西湖区 | 7150 | 3959 | 3191 | 3555 | 2028 | 1527 | 3300 | 1640 | 1660 |
| 滨江区 | 3927 | 2164 | 1763 | 1941 | 1107 | 834 | 1872 | 922 | 950 |
| 萧山区 | 47595 | 27834 | 19761 | 3964 | 2379 | 1585 | 15914 | 9192 | 6722 |
| 余杭区 | 23570 | 13578 | 9992 | 5520 | 3112 | 2408 | 7932 | 4239 | 3693 |
| 富阳区 | 12066 | 7167 | 4899 | 704 | 404 | 300 | 2481 | 1378 | 1103 |
| 临安区 | 2930 | 1833 | 1097 | 434 | 240 | 194 | 1230 | 642 | 588 |
| 桐庐县 | 2608 | 1511 | 1097 | 333 | 183 | 150 | 993 | 550 | 443 |
| 淳安县 | 329 | 159 | 170 | 94 | 48 | 46 | 156 | 73 | 83 |
| 建德市 | 1132 | 696 | 436 | 190 | 105 | 85 | 462 | 245 | 217 |
| **宁波市** | **153994** | **86672** | **67322** | **10339** | **5925** | **4414** | **32334** | **17682** | **14652** |
| 海曙区 | 19516 | 10578 | 8938 | 1222 | 695 | 527 | 2706 | 1366 | 1340 |
| 江北区 | 6638 | 3733 | 2905 | 535 | 297 | 238 | 1203 | 629 | 574 |
| 北仑区 | 15099 | 8876 | 6223 | 729 | 405 | 324 | 2791 | 1587 | 1204 |
| 镇海区 | 10187 | 5976 | 4211 | 509 | 290 | 219 | 1270 | 697 | 573 |
| 鄞州区 | 27755 | 14907 | 12848 | 2327 | 1328 | 999 | 3969 | 2049 | 1920 |
| 奉化区 | 5302 | 2906 | 2396 | 331 | 180 | 151 | 929 | 485 | 444 |
| 象山县 | 3446 | 1930 | 1516 | 275 | 138 | 137 | 646 | 350 | 296 |
| 宁海县 | 7280 | 4100 | 3180 | 505 | 264 | 241 | 1615 | 851 | 764 |
| 余姚市 | 30598 | 17239 | 13359 | 1768 | 1051 | 717 | 5679 | 3173 | 2506 |
| 慈溪市 | 28173 | 16427 | 11746 | 2138 | 1277 | 861 | 11526 | 6495 | 5031 |
| **温州市** | **122272** | **73032** | **49240** | **7314** | **4065** | **3249** | **22695** | **12587** | **10108** |
| 鹿城区 | 24750 | 14698 | 10052 | 1498 | 910 | 588 | 3251 | 1773 | 1478 |
| 龙湾区 | 18338 | 11135 | 7203 | 817 | 459 | 358 | 4210 | 2472 | 1738 |
| 瓯海区 | 22192 | 13488 | 8704 | 1186 | 676 | 510 | 3023 | 1647 | 1376 |
| 洞头区 | 1207 | 781 | 426 | 94 | 50 | 44 | 191 | 99 | 92 |
| 永嘉县 | 9438 | 5656 | 3782 | 385 | 198 | 187 | 1403 | 788 | 615 |
| 平阳县 | 5434 | 3295 | 2139 | 504 | 271 | 233 | 1116 | 618 | 498 |
| 苍南县 | 2146 | 1260 | 886 | 528 | 296 | 232 | 986 | 499 | 487 |
| 文成县 | 412 | 309 | 103 | 64 | 29 | 35 | 103 | 60 | 43 |
| 泰顺县 | 170 | 115 | 55 | 54 | 30 | 24 | 59 | 21 | 38 |
| 瑞安市 | 20957 | 12252 | 8705 | 966 | 522 | 444 | 3409 | 1934 | 1475 |
| 乐清市 | 14214 | 8293 | 5921 | 898 | 434 | 464 | 2615 | 1357 | 1258 |
| 龙港市 | 3014 | 1750 | 1264 | 320 | 190 | 130 | 2329 | 1319 | 1010 |
| **嘉兴市** | **60480** | **34654** | **25826** | **7238** | **4144** | **3094** | **15488** | **8556** | **6932** |
| 南湖区 | 6238 | 3601 | 2637 | 1346 | 757 | 589 | 1931 | 993 | 938 |
| 秀洲区 | 6981 | 4007 | 2974 | 850 | 500 | 350 | 1199 | 621 | 578 |
| 嘉善县 | 9894 | 5962 | 3932 | 950 | 567 | 383 | 2250 | 1337 | 913 |
| 海盐县 | 1994 | 1247 | 747 | 296 | 175 | 121 | 721 | 433 | 288 |
| 海宁市 | 10756 | 6370 | 4386 | 1515 | 922 | 593 | 4409 | 2528 | 1881 |
| 平湖市 | 4572 | 2664 | 1908 | 634 | 389 | 245 | 2357 | 1310 | 1047 |
| 桐乡市 | 20045 | 10803 | 9242 | 1647 | 834 | 813 | 2621 | 1334 | 1287 |
| **湖州市** | **17011** | **10246** | **6765** | **2939** | **1681** | **1258** | **5096** | **2856** | **2240** |
| 吴兴区 | 6180 | 3618 | 2562 | 1412 | 834 | 578 | 1736 | 910 | 826 |
| 南浔区 | 3786 | 2261 | 1525 | 398 | 232 | 166 | 736 | 436 | 300 |
| 德清县 | 3459 | 2150 | 1309 | 425 | 233 | 192 | 1264 | 733 | 531 |
| 长兴县 | 1230 | 755 | 475 | 270 | 152 | 118 | 520 | 293 | 227 |
| 安吉县 | 2356 | 1462 | 894 | 434 | 230 | 204 | 840 | 484 | 356 |

7-3 续表 13 单位：人

| 现住地 | 户口登记地 | | | | | | | | |
|---|---|---|---|---|---|---|---|---|---|
| | 湖南 | | | 广东 | | | 广西 | | |
| | 小计 | 男 | 女 | 小计 | 男 | 女 | 小计 | 男 | 女 |
| **绍兴市** | **54464** | **31344** | **23120** | **5083** | **2987** | **2096** | **20703** | **11506** | **9197** |
| 越城区 | 12109 | 6686 | 5423 | 929 | 542 | 387 | 2996 | 1591 | 1405 |
| 柯桥区 | 19960 | 11927 | 8033 | 2356 | 1446 | 910 | 9818 | 5732 | 4086 |
| 上虞区 | 7638 | 4267 | 3371 | 455 | 251 | 204 | 4088 | 2203 | 1885 |
| 新昌县 | 1169 | 669 | 500 | 126 | 64 | 62 | 223 | 111 | 112 |
| 诸暨市 | 11224 | 6446 | 4778 | 895 | 516 | 379 | 2780 | 1490 | 1290 |
| 嵊州市 | 2364 | 1349 | 1015 | 322 | 168 | 154 | 798 | 379 | 419 |
| **金华市** | **110743** | **64063** | **46680** | **13653** | **7710** | **5943** | **29304** | **16094** | **13210** |
| 婺城区 | 8232 | 4596 | 3636 | 1067 | 526 | 541 | 2328 | 1152 | 1176 |
| 金东区 | 8219 | 4888 | 3331 | 921 | 527 | 394 | 2308 | 1297 | 1011 |
| 武义县 | 8977 | 5291 | 3686 | 367 | 177 | 190 | 2935 | 1675 | 1260 |
| 浦江县 | 4205 | 2382 | 1823 | 309 | 169 | 140 | 1064 | 610 | 454 |
| 磐安县 | 519 | 312 | 207 | 60 | 34 | 26 | 150 | 72 | 78 |
| 兰溪市 | 1963 | 1171 | 792 | 235 | 132 | 103 | 699 | 358 | 341 |
| 义乌市 | 47890 | 27220 | 20670 | 7965 | 4595 | 3370 | 11473 | 6244 | 5229 |
| 东阳市 | 15122 | 8849 | 6273 | 1760 | 991 | 769 | 3747 | 2062 | 1685 |
| 永康市 | 15616 | 9354 | 6262 | 969 | 559 | 410 | 4600 | 2624 | 1976 |
| **衢州市** | **4748** | **2882** | **1866** | **1064** | **569** | **495** | **1977** | **968** | **1009** |
| 柯城区 | 1531 | 913 | 618 | 432 | 239 | 193 | 670 | 298 | 372 |
| 衢江区 | 746 | 450 | 296 | 151 | 81 | 70 | 318 | 154 | 164 |
| 常山县 | 356 | 210 | 146 | 98 | 47 | 51 | 166 | 80 | 86 |
| 开化县 | 237 | 148 | 89 | 54 | 20 | 34 | 110 | 56 | 54 |
| 龙游县 | 1354 | 850 | 504 | 146 | 80 | 66 | 343 | 188 | 155 |
| 江山市 | 524 | 311 | 213 | 183 | 102 | 81 | 370 | 192 | 178 |
| **舟山市** | **7761** | **4334** | **3427** | **1005** | **627** | **378** | **1477** | **831** | **646** |
| 定海区 | 3130 | 1602 | 1528 | 422 | 255 | 167 | 639 | 328 | 311 |
| 普陀区 | 2473 | 1216 | 1257 | 358 | 215 | 143 | 314 | 139 | 175 |
| 岱山县 | 1927 | 1431 | 496 | 201 | 146 | 55 | 441 | 336 | 105 |
| 嵊泗县 | 231 | 85 | 146 | 24 | 11 | 13 | 83 | 28 | 55 |
| **台州市** | **56163** | **33134** | **23029** | **3934** | **2173** | **1761** | **13113** | **7135** | **5978** |
| 椒江区 | 7085 | 4214 | 2871 | 740 | 427 | 313 | 2239 | 1195 | 1044 |
| 黄岩区 | 7381 | 4466 | 2915 | 484 | 300 | 184 | 861 | 486 | 375 |
| 路桥区 | 9650 | 5663 | 3987 | 486 | 261 | 225 | 1884 | 1069 | 815 |
| 三门县 | 1128 | 679 | 449 | 93 | 46 | 47 | 279 | 145 | 134 |
| 天台县 | 624 | 344 | 280 | 193 | 95 | 98 | 251 | 129 | 122 |
| 仙居县 | 990 | 571 | 419 | 84 | 44 | 40 | 228 | 125 | 103 |
| 温岭市 | 12038 | 7104 | 4934 | 920 | 515 | 405 | 3696 | 2050 | 1646 |
| 临海市 | 5810 | 3412 | 2398 | 523 | 292 | 231 | 1596 | 802 | 794 |
| 玉环市 | 11457 | 6681 | 4776 | 411 | 193 | 218 | 2079 | 1134 | 945 |
| **丽水市** | **9071** | **5509** | **3562** | **1060** | **559** | **501** | **2217** | **1050** | **1167** |
| 莲都区 | 3632 | 2204 | 1428 | 458 | 255 | 203 | 911 | 413 | 498 |
| 青田县 | 2422 | 1457 | 965 | 118 | 62 | 56 | 360 | 184 | 176 |
| 缙云县 | 1272 | 790 | 482 | 242 | 124 | 118 | 467 | 230 | 237 |
| 遂昌县 | 263 | 167 | 96 | 36 | 15 | 21 | 76 | 39 | 37 |
| 松阳县 | 420 | 242 | 178 | 68 | 36 | 32 | 120 | 54 | 66 |
| 云和县 | 461 | 282 | 179 | 25 | 14 | 11 | 94 | 50 | 44 |
| 庆元县 | 115 | 70 | 45 | 21 | 9 | 12 | 25 | 14 | 11 |
| 景宁畲族自治县 | 121 | 77 | 44 | 24 | 10 | 14 | 39 | 11 | 28 |
| 龙泉市 | 365 | 220 | 145 | 68 | 34 | 34 | 125 | 55 | 70 |

7-3 续表 14 单位：人

| 现住地 | 户口登记地 | | | | | | | | |
|---|---|---|---|---|---|---|---|---|---|
| | 海南 | | | 重庆 | | | 四川 | | |
| | 小计 | 男 | 女 | 小计 | 男 | 女 | 小计 | 男 | 女 |
| **合计** | **9629** | **4319** | **5310** | **581957** | **337313** | **244644** | **1357995** | **778415** | **579580** |
| **杭州市** | **3216** | **1505** | **1711** | **91824** | **53855** | **37969** | **154387** | **89121** | **65266** |
| 上城区 | 78 | 35 | 43 | 940 | 516 | 424 | 1491 | 784 | 707 |
| 下城区 | 184 | 72 | 112 | 1873 | 1031 | 842 | 2920 | 1484 | 1436 |
| 江干区 | 743 | 355 | 388 | 11902 | 6674 | 5228 | 14961 | 8286 | 6675 |
| 拱墅区 | 181 | 88 | 93 | 2426 | 1365 | 1061 | 4286 | 2308 | 1978 |
| 西湖区 | 438 | 217 | 221 | 4757 | 2724 | 2033 | 8649 | 4762 | 3887 |
| 滨江区 | 247 | 119 | 128 | 2441 | 1505 | 936 | 4458 | 2504 | 1954 |
| 萧山区 | 491 | 249 | 242 | 26940 | 16029 | 10911 | 52521 | 30646 | 21875 |
| 余杭区 | 605 | 267 | 338 | 26421 | 15506 | 10915 | 46856 | 27411 | 19445 |
| 富阳区 | 101 | 44 | 57 | 6686 | 4058 | 2628 | 8681 | 5251 | 3430 |
| 临安区 | 69 | 28 | 41 | 5331 | 3178 | 2153 | 4987 | 3024 | 1963 |
| 桐庐县 | 40 | 20 | 20 | 1341 | 812 | 529 | 2937 | 1693 | 1244 |
| 淳安县 | 7 | 3 | 4 | 194 | 118 | 76 | 405 | 237 | 168 |
| 建德市 | 32 | 8 | 24 | 572 | 339 | 233 | 1235 | 731 | 504 |
| **宁波市** | **1823** | **813** | **1010** | **80256** | **45392** | **34864** | **365650** | **206503** | **159147** |
| 海曙区 | 211 | 99 | 112 | 15128 | 8368 | 6760 | 39980 | 22179 | 17801 |
| 江北区 | 121 | 51 | 70 | 3326 | 1875 | 1451 | 17474 | 10004 | 7470 |
| 北仑区 | 157 | 74 | 83 | 12236 | 7137 | 5099 | 47344 | 27130 | 20214 |
| 镇海区 | 180 | 81 | 99 | 7541 | 4305 | 3236 | 37669 | 21429 | 16240 |
| 鄞州区 | 547 | 252 | 295 | 9838 | 5416 | 4422 | 58693 | 32345 | 26348 |
| 奉化区 | 86 | 29 | 57 | 3170 | 1846 | 1324 | 16675 | 9726 | 6949 |
| 象山县 | 52 | 21 | 31 | 2327 | 1374 | 953 | 6209 | 3585 | 2624 |
| 宁海县 | 90 | 27 | 63 | 2105 | 1153 | 952 | 12119 | 6817 | 5302 |
| 余姚市 | 146 | 72 | 74 | 9104 | 5065 | 4039 | 34438 | 19210 | 15228 |
| 慈溪市 | 233 | 107 | 126 | 15481 | 8853 | 6628 | 95049 | 54078 | 40971 |
| **温州市** | **781** | **344** | **437** | **144791** | **84525** | **60266** | **193340** | **112754** | **80586** |
| 鹿城区 | 135 | 55 | 80 | 12388 | 7282 | 5106 | 23347 | 13663 | 9684 |
| 龙湾区 | 113 | 61 | 52 | 45477 | 27018 | 18459 | 28455 | 16967 | 11488 |
| 瓯海区 | 126 | 56 | 70 | 12369 | 7487 | 4882 | 25626 | 15244 | 10382 |
| 洞头区 | 23 | 12 | 11 | 1223 | 805 | 418 | 4222 | 2566 | 1656 |
| 永嘉县 | 56 | 28 | 28 | 4982 | 2910 | 2072 | 6990 | 4206 | 2784 |
| 平阳县 | 45 | 20 | 25 | 5099 | 3037 | 2062 | 7381 | 4304 | 3077 |
| 苍南县 | 44 | 15 | 29 | 6671 | 3864 | 2807 | 4929 | 2915 | 2014 |
| 文成县 | 3 | 3 | | 242 | 175 | 67 | 408 | 272 | 136 |
| 泰顺县 | 10 | 4 | 6 | 230 | 154 | 76 | 238 | 149 | 89 |
| 瑞安市 | 81 | 29 | 52 | 18375 | 10591 | 7784 | 54178 | 31179 | 22999 |
| 乐清市 | 114 | 48 | 66 | 34501 | 19276 | 15225 | 27415 | 15373 | 12042 |
| 龙港市 | 31 | 13 | 18 | 3234 | 1926 | 1308 | 10151 | 5916 | 4235 |
| **嘉兴市** | **814** | **366** | **448** | **75407** | **43254** | **32153** | **250651** | **142628** | **108023** |
| 南湖区 | 252 | 109 | 143 | 10306 | 5874 | 4432 | 47856 | 27079 | 20777 |
| 秀洲区 | 68 | 32 | 36 | 12997 | 7346 | 5651 | 42324 | 24258 | 18066 |
| 嘉善县 | 106 | 53 | 53 | 13661 | 7812 | 5849 | 39248 | 22464 | 16784 |
| 海盐县 | 51 | 28 | 23 | 3288 | 1920 | 1368 | 24226 | 13640 | 10586 |
| 海宁市 | 141 | 63 | 78 | 9488 | 5647 | 3841 | 38829 | 22639 | 16190 |
| 平湖市 | 59 | 19 | 40 | 4545 | 2679 | 1866 | 18655 | 10500 | 8155 |
| 桐乡市 | 137 | 62 | 75 | 21122 | 11976 | 9146 | 39513 | 22048 | 17465 |
| **湖州市** | **244** | **103** | **141** | **19395** | **11521** | **7874** | **48214** | **28344** | **19870** |
| 吴兴区 | 84 | 33 | 51 | 8941 | 5277 | 3664 | 21027 | 12319 | 8708 |
| 南浔区 | 24 | 12 | 12 | 3102 | 1828 | 1274 | 13042 | 7594 | 5448 |
| 德清县 | 48 | 20 | 28 | 2729 | 1662 | 1067 | 6792 | 4091 | 2701 |
| 长兴县 | 26 | 10 | 16 | 1751 | 1037 | 714 | 3828 | 2260 | 1568 |
| 安吉县 | 62 | 28 | 34 | 2872 | 1717 | 1155 | 3525 | 2080 | 1445 |

7-3　续表 15　　　　单位：人

| 现住地 | 户口登记地 | | | | | | | | |
|---|---|---|---|---|---|---|---|---|---|
| | 海南 | | | 重庆 | | | 四川 | | |
| | 小计 | 男 | 女 | 小计 | 男 | 女 | 小计 | 男 | 女 |
| **绍兴市** | **517** | **227** | **290** | **55636** | **31915** | **23721** | **85264** | **48570** | **36694** |
| 越城区 | 157 | 69 | 88 | 18522 | 10316 | 8206 | 16189 | 8958 | 7231 |
| 柯桥区 | 144 | 69 | 75 | 26338 | 15364 | 10974 | 45451 | 26082 | 19369 |
| 上虞区 | 69 | 33 | 36 | 4813 | 2776 | 2037 | 12488 | 7184 | 5304 |
| 新昌县 | 17 | 7 | 10 | 414 | 233 | 181 | 932 | 547 | 385 |
| 诸暨市 | 107 | 42 | 65 | 4461 | 2536 | 1925 | 7019 | 3883 | 3136 |
| 嵊州市 | 23 | 7 | 16 | 1088 | 690 | 398 | 3185 | 1916 | 1269 |
| **金华市** | **1228** | **546** | **682** | **47609** | **27674** | **19935** | **78702** | **44600** | **34102** |
| 婺城区 | 190 | 71 | 119 | 8510 | 4955 | 3555 | 9974 | 5584 | 4390 |
| 金东区 | 68 | 37 | 31 | 3168 | 1937 | 1231 | 6273 | 3739 | 2534 |
| 武义县 | 67 | 21 | 46 | 3033 | 1828 | 1205 | 7606 | 4301 | 3305 |
| 浦江县 | 29 | 10 | 19 | 1237 | 739 | 498 | 3244 | 1846 | 1398 |
| 磐安县 | 15 | 3 | 12 | 307 | 194 | 113 | 587 | 368 | 219 |
| 兰溪市 | 42 | 15 | 27 | 769 | 441 | 328 | 2283 | 1314 | 969 |
| 义乌市 | 560 | 270 | 290 | 14801 | 8399 | 6402 | 27743 | 15291 | 12452 |
| 东阳市 | 148 | 59 | 89 | 7158 | 4081 | 3077 | 9760 | 5557 | 4203 |
| 永康市 | 109 | 60 | 49 | 8626 | 5100 | 3526 | 11232 | 6600 | 4632 |
| **衢州市** | **157** | **64** | **93** | **2165** | **1270** | **895** | **5806** | **3477** | **2329** |
| 柯城区 | 55 | 28 | 27 | 704 | 410 | 294 | 1769 | 1086 | 683 |
| 衢江区 | 21 | 10 | 11 | 409 | 255 | 154 | 1213 | 740 | 473 |
| 常山县 | 21 | 5 | 16 | 210 | 118 | 92 | 638 | 357 | 281 |
| 开化县 | 7 | 3 | 4 | 138 | 76 | 62 | 356 | 216 | 140 |
| 龙游县 | 14 | 6 | 8 | 423 | 253 | 170 | 1178 | 718 | 460 |
| 江山市 | 39 | 12 | 27 | 281 | 158 | 123 | 652 | 360 | 292 |
| **舟山市** | **136** | **75** | **61** | **2275** | **1406** | **869** | **14574** | **9103** | **5471** |
| 定海区 | 87 | 50 | 37 | 867 | 497 | 370 | 6836 | 3953 | 2883 |
| 普陀区 | 27 | 13 | 14 | 596 | 307 | 289 | 3144 | 1796 | 1348 |
| 岱山县 | 21 | 11 | 10 | 699 | 536 | 163 | 3961 | 2966 | 995 |
| 嵊泗县 | 1 | 1 | | 113 | 66 | 47 | 633 | 388 | 245 |
| **台州市** | **566** | **217** | **349** | **55456** | **31989** | **23467** | **150912** | **86865** | **64047** |
| 椒江区 | 104 | 42 | 62 | 6145 | 3596 | 2549 | 27970 | 16200 | 11770 |
| 黄岩区 | 68 | 24 | 44 | 12089 | 6777 | 5312 | 8497 | 4837 | 3660 |
| 路桥区 | 75 | 26 | 49 | 10012 | 5740 | 4272 | 25289 | 14393 | 10896 |
| 三门县 | 23 | 8 | 15 | 979 | 598 | 381 | 2611 | 1566 | 1045 |
| 天台县 | 19 | 7 | 12 | 541 | 284 | 257 | 1289 | 766 | 523 |
| 仙居县 | 16 | 8 | 8 | 834 | 462 | 372 | 802 | 493 | 309 |
| 温岭市 | 98 | 37 | 61 | 12813 | 7448 | 5365 | 35064 | 20272 | 14792 |
| 临海市 | 104 | 41 | 63 | 3791 | 2262 | 1529 | 10601 | 6064 | 4537 |
| 玉环市 | 59 | 24 | 35 | 8252 | 4822 | 3430 | 38789 | 22274 | 16515 |
| **丽水市** | **147** | **59** | **88** | **7143** | **4512** | **2631** | **10495** | **6450** | **4045** |
| 莲都区 | 61 | 27 | 34 | 2741 | 1722 | 1019 | 4150 | 2577 | 1573 |
| 青田县 | 19 | 5 | 14 | 1485 | 886 | 599 | 2066 | 1224 | 842 |
| 缙云县 | 20 | 6 | 14 | 588 | 380 | 208 | 1225 | 767 | 458 |
| 遂昌县 | | | | 202 | 136 | 66 | 262 | 161 | 101 |
| 松阳县 | 5 | 2 | 3 | 1055 | 697 | 358 | 1054 | 653 | 401 |
| 云和县 | 20 | 14 | 6 | 355 | 223 | 132 | 641 | 382 | 259 |
| 庆元县 | 4 | 1 | 3 | 149 | 84 | 65 | 163 | 96 | 67 |
| 景宁畲族自治县 | 9 | 2 | 7 | 180 | 123 | 57 | 179 | 111 | 68 |
| 龙泉市 | 9 | 2 | 7 | 388 | 261 | 127 | 755 | 479 | 276 |

7-3 续表 16 单位：人

| 现住地 | 户口登记地 | | | | | | | | |
|---|---|---|---|---|---|---|---|---|---|
| | 贵州 | | | 云南 | | | 西藏 | | |
| | 小计 | 男 | 女 | 小计 | 男 | 女 | 小计 | 男 | 女 |
| **合计** | **2827541** | **1646342** | **1181199** | **693614** | **387394** | **306220** | **1631** | **717** | **914** |
| **杭州市** | **242877** | **146766** | **96111** | **68424** | **39466** | **28958** | **695** | **315** | **380** |
| 上城区 | 10670 | 6526 | 4144 | 578 | 309 | 269 | 1 | | 1 |
| 下城区 | 4794 | 2898 | 1896 | 1092 | 570 | 522 | 16 | 4 | 12 |
| 江干区 | 18323 | 10913 | 7410 | 7412 | 4410 | 3002 | 182 | 84 | 98 |
| 拱墅区 | 5049 | 3174 | 1875 | 1354 | 751 | 603 | 4 | 3 | 1 |
| 西湖区 | 14100 | 8564 | 5536 | 3280 | 1860 | 1420 | 187 | 58 | 129 |
| 滨江区 | 6299 | 3868 | 2431 | 1963 | 1141 | 822 | 142 | 95 | 47 |
| 萧山区 | 77058 | 46711 | 30347 | 16802 | 9978 | 6824 | 26 | 15 | 11 |
| 余杭区 | 43235 | 26491 | 16744 | 23355 | 13310 | 10045 | 35 | 17 | 18 |
| 富阳区 | 22997 | 13923 | 9074 | 4353 | 2479 | 1874 | 25 | 10 | 15 |
| 临安区 | 18421 | 11134 | 7287 | 3664 | 2079 | 1585 | 60 | 19 | 41 |
| 桐庐县 | 15130 | 8597 | 6533 | 2753 | 1595 | 1158 | 12 | 7 | 5 |
| 淳安县 | 947 | 558 | 389 | 254 | 113 | 141 | 1 | | 1 |
| 建德市 | 5854 | 3409 | 2445 | 1564 | 871 | 693 | 4 | 3 | 1 |
| **宁波市** | **528110** | **301893** | **226217** | **88694** | **49062** | **39632** | **114** | **43** | **71** |
| 海曙区 | 32857 | 18548 | 14309 | 5075 | 2614 | 2461 | 19 | 7 | 12 |
| 江北区 | 20380 | 12225 | 8155 | 2468 | 1422 | 1046 | 16 | 5 | 11 |
| 北仑区 | 38356 | 22332 | 16024 | 10628 | 6060 | 4568 | 17 | 8 | 9 |
| 镇海区 | 16584 | 9807 | 6777 | 3398 | 1926 | 1472 | 25 | 2 | 23 |
| 鄞州区 | 50333 | 28554 | 21779 | 9097 | 4945 | 4152 | 16 | 12 | 4 |
| 奉化区 | 39665 | 22631 | 17034 | 4113 | 2330 | 1783 | 5 | 2 | 3 |
| 象山县 | 10170 | 5993 | 4177 | 3227 | 1768 | 1459 | 1 | | 1 |
| 宁海县 | 25391 | 14441 | 10950 | 11136 | 5946 | 5190 | 2 | | 2 |
| 余姚市 | 125165 | 70517 | 54648 | 14510 | 7899 | 6611 | 6 | 3 | 3 |
| 慈溪市 | 169209 | 96845 | 72364 | 25042 | 14152 | 10890 | 7 | 4 | 3 |
| **温州市** | **553603** | **326829** | **226774** | **64764** | **35602** | **29162** | **113** | **51** | **62** |
| 鹿城区 | 76522 | 45668 | 30854 | 9894 | 5440 | 4454 | 11 | 7 | 4 |
| 龙湾区 | 81756 | 49378 | 32378 | 6174 | 3507 | 2667 | 6 | 2 | 4 |
| 瓯海区 | 64363 | 39143 | 25220 | 6774 | 3772 | 3002 | 63 | 28 | 35 |
| 洞头区 | 6408 | 4128 | 2280 | 534 | 351 | 183 | | | |
| 永嘉县 | 40646 | 24813 | 15833 | 2989 | 1593 | 1396 | 3 | 2 | 1 |
| 平阳县 | 36663 | 21335 | 15328 | 4715 | 2558 | 2157 | 4 | 2 | 2 |
| 苍南县 | 15303 | 8821 | 6482 | 6188 | 3369 | 2819 | 4 | 1 | 3 |
| 文成县 | 1593 | 1045 | 548 | 228 | 126 | 102 | 1 | 1 | |
| 泰顺县 | 1006 | 555 | 451 | 124 | 72 | 52 | 1 | | 1 |
| 瑞安市 | 127337 | 73603 | 53734 | 7635 | 4135 | 3500 | 3 | 1 | 2 |
| 乐清市 | 87408 | 49857 | 37551 | 14332 | 7784 | 6548 | 15 | 7 | 8 |
| 龙港市 | 14598 | 8483 | 6115 | 5177 | 2895 | 2282 | 2 | | 2 |
| **嘉兴市** | **155849** | **89068** | **66781** | **136536** | **76603** | **59933** | **57** | **27** | **30** |
| 南湖区 | 16578 | 9504 | 7074 | 14344 | 8043 | 6301 | 38 | 16 | 22 |
| 秀洲区 | 32177 | 18001 | 14176 | 22554 | 12513 | 10041 | 4 | 1 | 3 |
| 嘉善县 | 21295 | 12492 | 8803 | 22206 | 12647 | 9559 | 2 | 2 | |
| 海盐县 | 8557 | 4964 | 3593 | 8875 | 5021 | 3854 | 2 | 2 | |
| 海宁市 | 33899 | 19993 | 13906 | 27787 | 15737 | 12050 | 2 | 1 | 1 |
| 平湖市 | 14715 | 8422 | 6293 | 7144 | 4115 | 3029 | 6 | 2 | 4 |
| 桐乡市 | 28628 | 15692 | 12936 | 33626 | 18527 | 15099 | 3 | 3 | |
| **湖州市** | **134204** | **78846** | **55358** | **47527** | **27238** | **20289** | **371** | **148** | **223** |
| 吴兴区 | 28771 | 17201 | 11570 | 9444 | 5596 | 3848 | 70 | 30 | 40 |
| 南浔区 | 25046 | 14369 | 10677 | 9708 | 5462 | 4246 | 300 | 118 | 182 |
| 德清县 | 18491 | 10996 | 7495 | 14842 | 8440 | 6402 | | | |
| 长兴县 | 14573 | 8439 | 6134 | 4678 | 2734 | 1944 | 1 | | 1 |
| 安吉县 | 47323 | 27841 | 19482 | 8855 | 5006 | 3849 | | | |

7-3 续表 17

单位：人

| 现住地 | 户口登记地 | | | | | | | | |
|---|---|---|---|---|---|---|---|---|---|
| | 贵州 | | | 云南 | | | 西藏 | | |
| | 小计 | 男 | 女 | 小计 | 男 | 女 | 小计 | 男 | 女 |
| **绍兴市** | **216896** | **125545** | **91351** | **47167** | **26304** | **20863** | **43** | **24** | **19** |
| 越城区 | 32984 | 18844 | 14140 | 4869 | 2703 | 2166 | 17 | 13 | 4 |
| 柯桥区 | 65010 | 38470 | 26540 | 14081 | 8135 | 5946 | 7 | 3 | 4 |
| 上虞区 | 31945 | 18208 | 13737 | 10560 | 5857 | 4703 | 10 | 4 | 6 |
| 新昌县 | 6595 | 3756 | 2839 | 954 | 515 | 439 | 1 | 1 | |
| 诸暨市 | 63316 | 36830 | 26486 | 13535 | 7447 | 6088 | 7 | 3 | 4 |
| 嵊州市 | 17046 | 9437 | 7609 | 3168 | 1647 | 1521 | 1 | | 1 |
| **金华市** | **640111** | **369200** | **270911** | **141654** | **78028** | **63626** | **130** | **55** | **75** |
| 婺城区 | 40736 | 23466 | 17270 | 8129 | 4518 | 3611 | 73 | 29 | 44 |
| 金东区 | 47405 | 27900 | 19505 | 10824 | 6232 | 4592 | 1 | 1 | |
| 武义县 | 61252 | 35541 | 25711 | 19841 | 11054 | 8787 | 1 | | 1 |
| 浦江县 | 39867 | 22092 | 17775 | 16567 | 8723 | 7844 | 1 | | 1 |
| 磐安县 | 4370 | 2641 | 1729 | 861 | 490 | 371 | 3 | 2 | 1 |
| 兰溪市 | 12471 | 7156 | 5315 | 3590 | 2043 | 1547 | 5 | 2 | 3 |
| 义乌市 | 159003 | 90883 | 68120 | 29843 | 16174 | 13669 | 17 | 8 | 9 |
| 东阳市 | 107182 | 61356 | 45826 | 10994 | 5933 | 5061 | 11 | 4 | 7 |
| 永康市 | 167825 | 98165 | 69660 | 41005 | 22861 | 18144 | 18 | 9 | 9 |
| **衢州市** | **18167** | **10675** | **7492** | **6024** | **3346** | **2678** | **35** | **20** | **15** |
| 柯城区 | 4378 | 2655 | 1723 | 1259 | 683 | 576 | 21 | 12 | 9 |
| 衢江区 | 4361 | 2575 | 1786 | 1120 | 619 | 501 | 1 | | 1 |
| 常山县 | 1209 | 737 | 472 | 312 | 177 | 135 | 1 | 1 | |
| 开化县 | 652 | 386 | 266 | 203 | 108 | 95 | 3 | 2 | 1 |
| 龙游县 | 4474 | 2640 | 1834 | 2471 | 1400 | 1071 | 4 | 3 | 1 |
| 江山市 | 3093 | 1682 | 1411 | 659 | 359 | 300 | 5 | 2 | 3 |
| **舟山市** | **13256** | **8611** | **4645** | **7583** | **4697** | **2886** | **7** | **2** | **5** |
| 定海区 | 5360 | 3280 | 2080 | 2061 | 1197 | 864 | 4 | | 4 |
| 普陀区 | 3568 | 2185 | 1383 | 3220 | 1930 | 1290 | 1 | | 1 |
| 岱山县 | 3581 | 2699 | 882 | 2160 | 1505 | 655 | 1 | 1 | |
| 嵊泗县 | 747 | 447 | 300 | 142 | 65 | 77 | 1 | 1 | |
| **台州市** | **278996** | **161736** | **117260** | **75907** | **42198** | **33709** | **57** | **27** | **30** |
| 椒江区 | 26783 | 15687 | 11096 | 10553 | 5989 | 4564 | 9 | 4 | 5 |
| 黄岩区 | 22177 | 12883 | 9294 | 12987 | 7256 | 5731 | 4 | 3 | 1 |
| 路桥区 | 29281 | 17106 | 12175 | 8687 | 4939 | 3748 | 3 | 1 | 2 |
| 三门县 | 7245 | 4185 | 3060 | 2800 | 1518 | 1282 | 1 | | 1 |
| 天台县 | 4954 | 2941 | 2013 | 1049 | 618 | 431 | 7 | 4 | 3 |
| 仙居县 | 6157 | 3516 | 2641 | 936 | 463 | 473 | 2 | 1 | 1 |
| 温岭市 | 94589 | 54999 | 39590 | 20358 | 11248 | 9110 | 3 | 2 | 1 |
| 临海市 | 29803 | 17020 | 12783 | 9576 | 5338 | 4238 | 27 | 11 | 16 |
| 玉环市 | 58007 | 33399 | 24608 | 8961 | 4829 | 4132 | 1 | 1 | |
| **丽水市** | **45472** | **27173** | **18299** | **9334** | **4850** | **4484** | **9** | **5** | **4** |
| 莲都区 | 17659 | 10767 | 6892 | 3057 | 1624 | 1433 | 5 | 3 | 2 |
| 青田县 | 6667 | 3944 | 2723 | 1221 | 634 | 587 | 1 | | 1 |
| 缙云县 | 8341 | 4936 | 3405 | 2714 | 1540 | 1174 | | | |
| 遂昌县 | 1043 | 634 | 409 | 315 | 153 | 162 | | | |
| 松阳县 | 3321 | 1927 | 1394 | 723 | 327 | 396 | 2 | 2 | |
| 云和县 | 5576 | 3240 | 2336 | 371 | 176 | 195 | 1 | | 1 |
| 庆元县 | 548 | 305 | 243 | 194 | 76 | 118 | | | |
| 景宁畲族自治县 | 548 | 348 | 200 | 244 | 58 | 186 | | | |
| 龙泉市 | 1769 | 1072 | 697 | 495 | 262 | 233 | | | |

7–3 续表 18 单位：人

| 现住地 | 户口登记地 | | | | | | | | |
|---|---|---|---|---|---|---|---|---|---|
| | 陕西 | | | 甘肃 | | | 青海 | | |
| | 小计 | 男 | 女 | 小计 | 男 | 女 | 小计 | 男 | 女 |
| **合计** | **252731** | **153834** | **98897** | **153285** | **89238** | **64047** | **14080** | **7623** | **6457** |
| **杭州市** | **50282** | **31235** | **19047** | **59700** | **34599** | **25101** | **3256** | **1724** | **1532** |
| 上城区 | 1231 | 684 | 547 | 1308 | 597 | 711 | 105 | 56 | 49 |
| 下城区 | 1451 | 782 | 669 | 1840 | 827 | 1013 | 164 | 83 | 81 |
| 江干区 | 9615 | 5833 | 3782 | 16564 | 9363 | 7201 | 700 | 352 | 348 |
| 拱墅区 | 1958 | 1134 | 824 | 2535 | 1421 | 1114 | 118 | 61 | 57 |
| 西湖区 | 5335 | 3315 | 2020 | 5541 | 3095 | 2446 | 443 | 235 | 208 |
| 滨江区 | 3346 | 2044 | 1302 | 3350 | 1831 | 1519 | 207 | 120 | 87 |
| 萧山区 | 9810 | 6326 | 3484 | 10550 | 6642 | 3908 | 600 | 327 | 273 |
| 余杭区 | 12139 | 7553 | 4586 | 13438 | 8042 | 5396 | 542 | 298 | 244 |
| 富阳区 | 2362 | 1621 | 741 | 1704 | 1052 | 652 | 165 | 87 | 78 |
| 临安区 | 1198 | 788 | 410 | 1352 | 850 | 502 | 75 | 32 | 43 |
| 桐庐县 | 1251 | 803 | 448 | 1075 | 629 | 446 | 59 | 34 | 25 |
| 淳安县 | 149 | 83 | 66 | 142 | 72 | 70 | 24 | 11 | 13 |
| 建德市 | 437 | 269 | 168 | 301 | 178 | 123 | 54 | 28 | 26 |
| **宁波市** | **73001** | **43206** | **29795** | **26113** | **15379** | **10734** | **3050** | **1681** | **1369** |
| 海曙区 | 7335 | 4184 | 3151 | 2380 | 1295 | 1085 | 335 | 181 | 154 |
| 江北区 | 4006 | 2370 | 1636 | 1016 | 612 | 404 | 135 | 71 | 64 |
| 北仑区 | 10037 | 6405 | 3632 | 6820 | 4166 | 2654 | 662 | 388 | 274 |
| 镇海区 | 5165 | 3064 | 2101 | 2250 | 1426 | 824 | 234 | 131 | 103 |
| 鄞州区 | 15409 | 8887 | 6522 | 3448 | 1883 | 1565 | 566 | 289 | 277 |
| 奉化区 | 3079 | 1869 | 1210 | 805 | 481 | 324 | 100 | 48 | 52 |
| 象山县 | 1883 | 1101 | 782 | 550 | 294 | 256 | 63 | 29 | 34 |
| 宁海县 | 10583 | 5874 | 4709 | 1773 | 966 | 807 | 142 | 70 | 72 |
| 余姚市 | 6158 | 3658 | 2500 | 2470 | 1424 | 1046 | 320 | 195 | 125 |
| 慈溪市 | 9346 | 5794 | 3552 | 4601 | 2832 | 1769 | 493 | 279 | 214 |
| **温州市** | **25569** | **15364** | **10205** | **11259** | **6242** | **5017** | **1253** | **682** | **571** |
| 鹿城区 | 3073 | 1745 | 1328 | 1152 | 603 | 549 | 319 | 164 | 155 |
| 龙湾区 | 3611 | 2287 | 1324 | 1444 | 862 | 582 | 189 | 110 | 79 |
| 瓯海区 | 3261 | 2035 | 1226 | 1449 | 821 | 628 | 218 | 112 | 106 |
| 洞头区 | 352 | 250 | 102 | 213 | 137 | 76 | 22 | 10 | 12 |
| 永嘉县 | 1340 | 828 | 512 | 461 | 255 | 206 | 92 | 50 | 42 |
| 平阳县 | 853 | 554 | 299 | 614 | 311 | 303 | 25 | 12 | 13 |
| 苍南县 | 552 | 320 | 232 | 855 | 463 | 392 | 30 | 20 | 10 |
| 文成县 | 165 | 133 | 32 | 87 | 65 | 22 | 5 | 4 | 1 |
| 泰顺县 | 81 | 53 | 28 | 58 | 36 | 22 | 2 | 1 | 1 |
| 瑞安市 | 4757 | 2739 | 2018 | 1147 | 627 | 520 | 181 | 113 | 68 |
| 乐清市 | 7005 | 4117 | 2888 | 1719 | 949 | 770 | 152 | 79 | 73 |
| 龙港市 | 519 | 303 | 216 | 2060 | 1113 | 947 | 18 | 7 | 11 |
| **嘉兴市** | **23071** | **14481** | **8590** | **19807** | **11817** | **7990** | **1552** | **850** | **702** |
| 南湖区 | 3789 | 2367 | 1422 | 3988 | 2427 | 1561 | 539 | 295 | 244 |
| 秀洲区 | 2557 | 1575 | 982 | 1665 | 976 | 689 | 193 | 103 | 90 |
| 嘉善县 | 5819 | 3674 | 2145 | 3262 | 1972 | 1290 | 171 | 87 | 84 |
| 海盐县 | 1185 | 753 | 432 | 1371 | 800 | 571 | 64 | 38 | 26 |
| 海宁市 | 4418 | 2877 | 1541 | 4843 | 2962 | 1881 | 273 | 148 | 125 |
| 平湖市 | 3357 | 2121 | 1236 | 2954 | 1789 | 1165 | 165 | 97 | 68 |
| 桐乡市 | 1946 | 1114 | 832 | 1724 | 891 | 833 | 147 | 82 | 65 |
| **湖州市** | **6495** | **4198** | **2297** | **5628** | **3398** | **2230** | **331** | **197** | **134** |
| 吴兴区 | 2142 | 1385 | 757 | 2054 | 1219 | 835 | 144 | 90 | 54 |
| 南浔区 | 770 | 478 | 292 | 497 | 308 | 189 | 75 | 44 | 31 |
| 德清县 | 1311 | 872 | 439 | 934 | 630 | 304 | 36 | 21 | 15 |
| 长兴县 | 1052 | 687 | 365 | 495 | 311 | 184 | 41 | 21 | 20 |
| 安吉县 | 1220 | 776 | 444 | 1648 | 930 | 718 | 35 | 21 | 14 |

7-3　续表 19　　单位：人

| 现住地 | 户口登记地 | | | | | | | | |
|---|---|---|---|---|---|---|---|---|---|
| | 陕西 | | | 甘肃 | | | 青海 | | |
| | 小计 | 男 | 女 | 小计 | 男 | 女 | 小计 | 男 | 女 |
| **绍兴市** | **12585** | **7638** | **4947** | **6681** | **3824** | **2857** | **597** | **329** | **268** |
| 越城区 | 2357 | 1405 | 952 | 1573 | 846 | 727 | 117 | 71 | 46 |
| 柯桥区 | 4551 | 2830 | 1721 | 1799 | 1064 | 735 | 142 | 79 | 63 |
| 上虞区 | 1770 | 1120 | 650 | 1211 | 756 | 455 | 117 | 65 | 52 |
| 新昌县 | 258 | 172 | 86 | 161 | 103 | 58 | 22 | 11 | 11 |
| 诸暨市 | 3045 | 1741 | 1304 | 1551 | 829 | 722 | 156 | 78 | 78 |
| 嵊州市 | 604 | 370 | 234 | 386 | 226 | 160 | 43 | 25 | 18 |
| **金华市** | **21576** | **12714** | **8862** | **11731** | **6464** | **5267** | **2628** | **1385** | **1243** |
| 婺城区 | 2026 | 1167 | 859 | 1552 | 776 | 776 | 783 | 387 | 396 |
| 金东区 | 1872 | 1134 | 738 | 784 | 456 | 328 | 154 | 82 | 72 |
| 武义县 | 1351 | 786 | 565 | 474 | 287 | 187 | 68 | 40 | 28 |
| 浦江县 | 575 | 321 | 254 | 479 | 265 | 214 | 81 | 39 | 42 |
| 磐安县 | 143 | 85 | 58 | 81 | 46 | 35 | 15 | 8 | 7 |
| 兰溪市 | 538 | 329 | 209 | 227 | 131 | 96 | 37 | 19 | 18 |
| 义乌市 | 10217 | 5917 | 4300 | 5755 | 3112 | 2643 | 1025 | 556 | 469 |
| 东阳市 | 2580 | 1591 | 989 | 1488 | 859 | 629 | 278 | 140 | 138 |
| 永康市 | 2274 | 1384 | 890 | 891 | 532 | 359 | 187 | 114 | 73 |
| **衢州市** | **1873** | **1143** | **730** | **1073** | **670** | **403** | **210** | **108** | **102** |
| 柯城区 | 607 | 361 | 246 | 369 | 227 | 142 | 86 | 47 | 39 |
| 衢江区 | 276 | 176 | 100 | 248 | 151 | 97 | 21 | 10 | 11 |
| 常山县 | 157 | 103 | 54 | 167 | 124 | 43 | 18 | 8 | 10 |
| 开化县 | 102 | 64 | 38 | 46 | 29 | 17 | 8 | 4 | 4 |
| 龙游县 | 520 | 320 | 200 | 106 | 64 | 42 | 41 | 19 | 22 |
| 江山市 | 211 | 119 | 92 | 137 | 75 | 62 | 36 | 20 | 16 |
| **舟山市** | **3722** | **2648** | **1074** | **3309** | **2369** | **940** | **320** | **197** | **123** |
| 定海区 | 1232 | 764 | 468 | 738 | 425 | 313 | 101 | 55 | 46 |
| 普陀区 | 895 | 571 | 324 | 386 | 238 | 148 | 87 | 45 | 42 |
| 岱山县 | 1353 | 1172 | 181 | 2146 | 1684 | 462 | 123 | 93 | 30 |
| 嵊泗县 | 242 | 141 | 101 | 39 | 22 | 17 | 9 | 4 | 5 |
| **台州市** | **32171** | **19729** | **12442** | **6667** | **3731** | **2936** | **692** | **373** | **319** |
| 椒江区 | 6373 | 3834 | 2539 | 1332 | 743 | 589 | 170 | 101 | 69 |
| 黄岩区 | 2640 | 1621 | 1019 | 699 | 394 | 305 | 47 | 23 | 24 |
| 路桥区 | 5545 | 3285 | 2260 | 730 | 411 | 319 | 49 | 27 | 22 |
| 三门县 | 543 | 367 | 176 | 262 | 153 | 109 | 27 | 10 | 17 |
| 天台县 | 375 | 222 | 153 | 302 | 168 | 134 | 102 | 55 | 47 |
| 仙居县 | 228 | 147 | 81 | 123 | 63 | 60 | 22 | 10 | 12 |
| 温岭市 | 8957 | 5590 | 3367 | 1580 | 883 | 697 | 149 | 82 | 67 |
| 临海市 | 2911 | 1833 | 1078 | 858 | 481 | 377 | 94 | 46 | 48 |
| 玉环市 | 4599 | 2830 | 1769 | 781 | 435 | 346 | 32 | 19 | 13 |
| **丽水市** | **2386** | **1478** | **908** | **1317** | **745** | **572** | **191** | **97** | **94** |
| 莲都区 | 1153 | 713 | 440 | 642 | 366 | 276 | 74 | 31 | 43 |
| 青田县 | 375 | 213 | 162 | 218 | 106 | 112 | 10 | 6 | 4 |
| 缙云县 | 315 | 219 | 96 | 184 | 114 | 70 | 35 | 18 | 17 |
| 遂昌县 | 71 | 50 | 21 | 45 | 23 | 22 | 14 | 9 | 5 |
| 松阳县 | 145 | 92 | 53 | 70 | 35 | 35 | 16 | 8 | 8 |
| 云和县 | 133 | 77 | 56 | 22 | 10 | 12 | 12 | 7 | 5 |
| 庆元县 | 43 | 22 | 21 | 35 | 24 | 11 | 11 | 6 | 5 |
| 景宁畲族自治县 | 73 | 44 | 29 | 39 | 30 | 9 | 11 | 7 | 4 |
| 龙泉市 | 78 | 48 | 30 | 62 | 37 | 25 | 8 | 5 | 3 |

7-3 续表 20

单位：人

| 现住地 | 户口登记地 宁夏 小计 | 男 | 女 | 新疆 小计 | 男 | 女 |
|---|---|---|---|---|---|---|
| **合计** | **14362** | **8246** | **6116** | **26673** | **13002** | **13671** |
| **杭州市** | **4076** | **2188** | **1888** | **7794** | **3440** | **4354** |
| 上城区 | 102 | 59 | 43 | 179 | 81 | 98 |
| 下城区 | 154 | 85 | 69 | 283 | 111 | 172 |
| 江干区 | 1048 | 502 | 546 | 1739 | 753 | 986 |
| 拱墅区 | 224 | 123 | 101 | 428 | 188 | 240 |
| 西湖区 | 556 | 326 | 230 | 1053 | 463 | 590 |
| 滨江区 | 306 | 163 | 143 | 652 | 290 | 362 |
| 萧山区 | 478 | 273 | 205 | 1396 | 649 | 747 |
| 余杭区 | 837 | 454 | 383 | 1500 | 643 | 857 |
| 富阳区 | 125 | 70 | 55 | 219 | 106 | 113 |
| 临安区 | 152 | 73 | 79 | 227 | 96 | 131 |
| 桐庐县 | 75 | 49 | 26 | 61 | 33 | 28 |
| 淳安县 | 3 | 3 |  | 19 | 8 | 11 |
| 建德市 | 16 | 8 | 8 | 38 | 19 | 19 |
| **宁波市** | **1376** | **843** | **533** | **4287** | **2051** | **2236** |
| 海曙区 | 95 | 50 | 45 | 366 | 181 | 185 |
| 江北区 | 67 | 37 | 30 | 188 | 92 | 96 |
| 北仑区 | 321 | 225 | 96 | 897 | 399 | 498 |
| 镇海区 | 103 | 62 | 41 | 238 | 110 | 128 |
| 鄞州区 | 309 | 181 | 128 | 1190 | 529 | 661 |
| 奉化区 | 49 | 27 | 22 | 129 | 61 | 68 |
| 象山县 | 28 | 17 | 11 | 82 | 42 | 40 |
| 宁海县 | 55 | 27 | 28 | 147 | 63 | 84 |
| 余姚市 | 121 | 80 | 41 | 218 | 122 | 96 |
| 慈溪市 | 228 | 137 | 91 | 832 | 452 | 380 |
| **温州市** | **572** | **309** | **263** | **2164** | **1024** | **1140** |
| 鹿城区 | 104 | 47 | 57 | 320 | 152 | 168 |
| 龙湾区 | 77 | 52 | 25 | 175 | 93 | 82 |
| 瓯海区 | 90 | 51 | 39 | 772 | 326 | 446 |
| 洞头区 | 18 | 12 | 6 | 37 | 24 | 13 |
| 永嘉县 | 46 | 19 | 27 | 142 | 69 | 73 |
| 平阳县 | 28 | 18 | 10 | 90 | 40 | 50 |
| 苍南县 | 23 | 13 | 10 | 96 | 47 | 49 |
| 文成县 | 1 | 1 |  | 15 | 6 | 9 |
| 泰顺县 | 4 | 2 | 2 | 14 | 7 | 7 |
| 瑞安市 | 44 | 24 | 20 | 158 | 83 | 75 |
| 乐清市 | 123 | 61 | 62 | 292 | 146 | 146 |
| 龙港市 | 14 | 9 | 5 | 53 | 31 | 22 |
| **嘉兴市** | **1523** | **961** | **562** | **2886** | **1402** | **1484** |
| 南湖区 | 558 | 361 | 197 | 592 | 288 | 304 |
| 秀洲区 | 150 | 95 | 55 | 723 | 328 | 395 |
| 嘉善县 | 156 | 100 | 56 | 220 | 117 | 103 |
| 海盐县 | 45 | 30 | 15 | 93 | 46 | 47 |
| 海宁市 | 257 | 167 | 90 | 660 | 292 | 368 |
| 平湖市 | 218 | 137 | 81 | 320 | 181 | 139 |
| 桐乡市 | 139 | 71 | 68 | 278 | 150 | 128 |
| **湖州市** | **315** | **200** | **115** | **670** | **330** | **340** |
| 吴兴区 | 147 | 91 | 56 | 354 | 161 | 193 |
| 南浔区 | 23 | 15 | 8 | 93 | 53 | 40 |
| 德清县 | 56 | 42 | 14 | 49 | 24 | 25 |
| 长兴县 | 37 | 20 | 17 | 82 | 44 | 38 |
| 安吉县 | 52 | 32 | 20 | 92 | 48 | 44 |

7-3　续表 21　　　　单位：人

| 现住地 | 户口登记地 | | | | | |
|---|---|---|---|---|---|---|
| | 宁　夏 | | | 新　疆 | | |
| | 小计 | 男 | 女 | 小计 | 男 | 女 |
| **绍兴市** | **350** | **207** | **143** | **2114** | **1260** | **854** |
| 越城区 | 53 | 33 | 20 | 425 | 236 | 189 |
| 柯桥区 | 102 | 56 | 46 | 1111 | 722 | 389 |
| 上虞区 | 58 | 41 | 17 | 215 | 121 | 94 |
| 新昌县 | 33 | 21 | 12 | 39 | 18 | 21 |
| 诸暨市 | 75 | 39 | 36 | 263 | 134 | 129 |
| 嵊州市 | 29 | 17 | 12 | 61 | 29 | 32 |
| **金华市** | **5293** | **3066** | **2227** | **4184** | **2169** | **2015** |
| 婺城区 | 217 | 88 | 129 | 717 | 278 | 439 |
| 金东区 | 80 | 48 | 32 | 163 | 85 | 78 |
| 武义县 | 28 | 18 | 10 | 87 | 43 | 44 |
| 浦江县 | 23 | 11 | 12 | 51 | 26 | 25 |
| 磐安县 | 3 | 1 | 2 | 5 | 3 | 2 |
| 兰溪市 | 19 | 11 | 8 | 183 | 99 | 84 |
| 义乌市 | 4648 | 2735 | 1913 | 2433 | 1338 | 1095 |
| 东阳市 | 190 | 105 | 85 | 363 | 200 | 163 |
| 永康市 | 85 | 49 | 36 | 182 | 97 | 85 |
| **衢州市** | **108** | **56** | **52** | **313** | **193** | **120** |
| 柯城区 | 49 | 28 | 21 | 178 | 111 | 67 |
| 衢江区 | 13 | 6 | 7 | 23 | 13 | 10 |
| 常山县 | 7 | 4 | 3 | 17 | 9 | 8 |
| 开化县 | 3 | 1 | 2 | 25 | 15 | 10 |
| 龙游县 | 11 | 7 | 4 | 38 | 22 | 16 |
| 江山市 | 25 | 10 | 15 | 32 | 23 | 9 |
| **舟山市** | **194** | **139** | **55** | **533** | **316** | **217** |
| 定海区 | 30 | 13 | 17 | 227 | 111 | 116 |
| 普陀区 | 36 | 19 | 17 | 61 | 34 | 27 |
| 岱山县 | 127 | 107 | 20 | 235 | 164 | 71 |
| 嵊泗县 | 1 | | 1 | 10 | 7 | 3 |
| **台州市** | **447** | **221** | **226** | **1467** | **669** | **798** |
| 椒江区 | 80 | 34 | 46 | 652 | 263 | 389 |
| 黄岩区 | 32 | 20 | 12 | 96 | 55 | 41 |
| 路桥区 | 57 | 29 | 28 | 88 | 52 | 36 |
| 三门县 | 24 | 15 | 9 | 20 | 15 | 5 |
| 天台县 | 25 | 8 | 17 | 40 | 20 | 20 |
| 仙居县 | 20 | 7 | 13 | 31 | 16 | 15 |
| 温岭市 | 83 | 48 | 35 | 295 | 146 | 149 |
| 临海市 | 74 | 31 | 43 | 160 | 61 | 99 |
| 玉环市 | 52 | 29 | 23 | 85 | 41 | 44 |
| **丽水市** | **108** | **56** | **52** | **261** | **148** | **113** |
| 莲都区 | 56 | 32 | 24 | 112 | 58 | 54 |
| 青田县 | 22 | 10 | 12 | 38 | 23 | 15 |
| 缙云县 | 9 | 5 | 4 | 33 | 18 | 15 |
| 遂昌县 | 2 | 1 | 1 | 24 | 15 | 9 |
| 松阳县 | 6 | 1 | 5 | 19 | 11 | 8 |
| 云和县 | 5 | 4 | 1 | 10 | 5 | 5 |
| 庆元县 | | | | 6 | 4 | 2 |
| 景宁畲族自治县 | 2 | 2 | | 14 | 10 | 4 |
| 龙泉市 | 6 | 1 | 5 | 5 | 4 | 1 |

# 7-3a 全省按现住地、性别分的户口登记地在外省的人口(城市)

单位：人

| 现住地 | 户口登记地 | | | | | |
|---|---|---|---|---|---|---|
| | 合计 | | | 北京 | | |
| | 合计 | 男 | 女 | 小计 | 男 | 女 |
| **合计** | **9882772** | **5714183** | **4168589** | **9956** | **5779** | **4177** |
| **杭州市** | **2626441** | **1527552** | **1098889** | **6069** | **3490** | **2579** |
| 上城区 | 88368 | 50916 | 37452 | 307 | 163 | 144 |
| 下城区 | 88616 | 47695 | 40921 | 310 | 174 | 136 |
| 江干区 | 466246 | 264928 | 201318 | 844 | 510 | 334 |
| 拱墅区 | 127399 | 71219 | 56180 | 369 | 197 | 172 |
| 西湖区 | 263872 | 152739 | 111133 | 1304 | 728 | 576 |
| 滨江区 | 128644 | 74564 | 54080 | 885 | 512 | 373 |
| 萧山区 | 603313 | 359699 | 243614 | 554 | 349 | 205 |
| 余杭区 | 652855 | 378827 | 274028 | 1274 | 722 | 552 |
| 富阳区 | 127164 | 78321 | 48843 | 151 | 97 | 54 |
| 临安区 | 69515 | 42544 | 26971 | 55 | 30 | 25 |
| 桐庐县 | | | | | | |
| 淳安县 | | | | | | |
| 建德市 | 10449 | 6100 | 4349 | 16 | 8 | 8 |
| **宁波市** | **1840841** | **1045701** | **795140** | **1097** | **652** | **445** |
| 海曙区 | 268099 | 150341 | 117758 | 170 | 102 | 68 |
| 江北区 | 125445 | 73599 | 51846 | 123 | 65 | 58 |
| 北仑区 | 265154 | 155967 | 109187 | 82 | 51 | 31 |
| 镇海区 | 163064 | 95413 | 67651 | 86 | 43 | 43 |
| 鄞州区 | 209944 | 114674 | 95270 | 461 | 286 | 175 |
| 奉化区 | 70262 | 39703 | 30559 | 27 | 16 | 11 |
| 象山县 | | | | | | |
| 宁海县 | | | | | | |
| 余姚市 | 308060 | 174173 | 133887 | 66 | 40 | 26 |
| 慈溪市 | 430813 | 241831 | 188982 | 82 | 49 | 33 |
| **温州市** | **1483447** | **874204** | **609243** | **602** | **326** | **276** |
| 鹿城区 | 308366 | 181365 | 127001 | 206 | 113 | 93 |
| 龙湾区 | 206517 | 126432 | 80085 | 64 | 33 | 31 |
| 瓯海区 | 281030 | 169982 | 111048 | 93 | 52 | 41 |
| 洞头区 | 12886 | 7867 | 5019 | 4 | 3 | 1 |
| 永嘉县 | | | | | | |
| 平阳县 | | | | | | |
| 苍南县 | | | | | | |
| 文成县 | | | | | | |
| 泰顺县 | | | | | | |
| 瑞安市 | 301311 | 173960 | 127351 | 135 | 67 | 68 |
| 乐清市 | 304392 | 174156 | 130236 | 78 | 42 | 36 |
| 龙港市 | 68945 | 40442 | 28503 | 22 | 16 | 6 |
| **嘉兴市** | **742776** | **426609** | **316167** | **565** | **336** | **229** |
| 南湖区 | 205862 | 119318 | 86544 | 233 | 148 | 85 |
| 秀洲区 | 114702 | 68097 | 46605 | 93 | 56 | 37 |
| 嘉善县 | | | | | | |
| 海盐县 | | | | | | |
| 海宁市 | 127462 | 74478 | 52984 | 82 | 50 | 32 |
| 平湖市 | 72697 | 42438 | 30259 | 58 | 35 | 23 |
| 桐乡市 | 222053 | 122278 | 99775 | 99 | 47 | 52 |
| **湖州市** | **175611** | **102795** | **72816** | **125** | **81** | **44** |
| 吴兴区 | 103947 | 61201 | 42746 | 112 | 71 | 41 |
| 南浔区 | 71664 | 41594 | 30070 | 13 | 10 | 3 |
| 德清县 | | | | | | |
| 长兴县 | | | | | | |
| 安吉县 | | | | | | |

7-3a　续表 1　　　　单位：人

| 现住地 | 户口登记地 | | | | | |
|---|---|---|---|---|---|---|
| | 合计 | | | 北京 | | |
| | 合计 | 男 | 女 | 小计 | 男 | 女 |
| **绍兴市** | **770780** | **444679** | **326101** | **482** | **291** | **191** |
| 越城区 | 178798 | 101780 | 77018 | 177 | 106 | 71 |
| 柯桥区 | 305321 | 178425 | 126896 | 102 | 64 | 38 |
| 上虞区 | 110740 | 64852 | 45888 | 57 | 35 | 22 |
| 新昌县 | | | | | | |
| 诸暨市 | 136612 | 76977 | 59635 | 98 | 56 | 42 |
| 嵊州市 | 39309 | 22645 | 16664 | 48 | 30 | 18 |
| **金华市** | **1212178** | **693076** | **519102** | **443** | **265** | **178** |
| 婺城区 | 153650 | 86553 | 67097 | 118 | 64 | 54 |
| 金东区 | 30258 | 18076 | 12182 | 22 | 15 | 7 |
| 武义县 | | | | | | |
| 浦江县 | | | | | | |
| 磐安县 | | | | | | |
| 兰溪市 | 24500 | 14303 | 10197 | 17 | 10 | 7 |
| 义乌市 | 593119 | 337190 | 255929 | 181 | 119 | 62 |
| 东阳市 | 165154 | 92031 | 73123 | 45 | 24 | 21 |
| 永康市 | 245497 | 144923 | 100574 | 60 | 33 | 27 |
| **衢州市** | **55554** | **32875** | **22679** | **115** | **71** | **44** |
| 柯城区 | 30883 | 18404 | 12479 | 85 | 51 | 34 |
| 衢江区 | 14416 | 8691 | 5725 | 8 | 5 | 3 |
| 常山县 | | | | | | |
| 开化县 | | | | | | |
| 龙游县 | 65 | 37 | 28 | | | |
| 江山市 | 10190 | 5743 | 4447 | 22 | 15 | 7 |
| **舟山市** | **101586** | **57795** | **43791** | **114** | **69** | **45** |
| 定海区 | 54752 | 31893 | 22859 | 82 | 50 | 32 |
| 普陀区 | 46834 | 25902 | 20932 | 32 | 19 | 13 |
| 岱山县 | | | | | | |
| 嵊泗县 | | | | | | |
| **台州市** | **809975** | **470362** | **339613** | **274** | **160** | **114** |
| 椒江区 | 144829 | 84712 | 60117 | 97 | 59 | 38 |
| 黄岩区 | 117374 | 68744 | 48630 | 29 | 18 | 11 |
| 路桥区 | 90563 | 52728 | 37835 | 20 | 12 | 8 |
| 三门县 | | | | | | |
| 天台县 | | | | | | |
| 仙居县 | | | | | | |
| 温岭市 | 233853 | 135603 | 98250 | 43 | 20 | 23 |
| 临海市 | 51649 | 29225 | 22424 | 52 | 33 | 19 |
| 玉环市 | 171707 | 99350 | 72357 | 33 | 18 | 15 |
| **丽水市** | **63583** | **38535** | **25048** | **70** | **38** | **32** |
| 莲都区 | 57440 | 34699 | 22741 | 52 | 29 | 23 |
| 青田县 | | | | | | |
| 缙云县 | | | | | | |
| 遂昌县 | | | | | | |
| 松阳县 | | | | | | |
| 云和县 | | | | | | |
| 庆元县 | | | | | | |
| 景宁畲族自治县 | | | | | | |
| 龙泉市 | 6143 | 3836 | 2307 | 18 | 9 | 9 |

7–3a 续表 2

单位：人

| 现住地 | 户口登记地 | | | | | | | | |
|---|---|---|---|---|---|---|---|---|---|
| | 天津 | | | 河北 | | | 山西 | | |
| | 小计 | 男 | 女 | 小计 | 男 | 女 | 小计 | 男 | 女 |
| **合计** | **7277** | **4050** | **3227** | **62243** | **36067** | **26176** | **45610** | **26662** | **18948** |
| **杭州市** | **4104** | **2248** | **1856** | **25560** | **14594** | **10966** | **21576** | **12393** | **9183** |
| 上城区 | 113 | 51 | 62 | 543 | 300 | 243 | 384 | 205 | 179 |
| 下城区 | 198 | 105 | 93 | 1089 | 584 | 505 | 770 | 439 | 331 |
| 江干区 | 865 | 464 | 401 | 6046 | 3331 | 2715 | 5338 | 3014 | 2324 |
| 拱墅区 | 245 | 130 | 115 | 1622 | 909 | 713 | 1253 | 709 | 544 |
| 西湖区 | 758 | 393 | 365 | 3642 | 2049 | 1593 | 3282 | 1924 | 1358 |
| 滨江区 | 493 | 282 | 211 | 1864 | 1048 | 816 | 1953 | 1091 | 862 |
| 萧山区 | 531 | 320 | 211 | 3689 | 2258 | 1431 | 3184 | 1935 | 1249 |
| 余杭区 | 754 | 417 | 337 | 5736 | 3312 | 2424 | 4238 | 2393 | 1845 |
| 富阳区 | 80 | 48 | 32 | 766 | 479 | 287 | 548 | 335 | 213 |
| 临安区 | 50 | 27 | 23 | 476 | 276 | 200 | 506 | 267 | 239 |
| 桐庐县 | | | | | | | | | |
| 淳安县 | | | | | | | | | |
| 建德市 | 17 | 11 | 6 | 87 | 48 | 39 | 120 | 81 | 39 |
| **宁波市** | **1025** | **574** | **451** | **9245** | **5367** | **3878** | **6536** | **3877** | **2659** |
| 海曙区 | 112 | 56 | 56 | 1310 | 734 | 576 | 921 | 521 | 400 |
| 江北区 | 81 | 53 | 28 | 794 | 486 | 308 | 580 | 343 | 237 |
| 北仑区 | 122 | 76 | 46 | 1517 | 965 | 552 | 1373 | 885 | 488 |
| 镇海区 | 135 | 84 | 51 | 1106 | 669 | 437 | 669 | 412 | 257 |
| 鄞州区 | 431 | 224 | 207 | 2405 | 1277 | 1128 | 1407 | 748 | 659 |
| 奉化区 | 32 | 19 | 13 | 283 | 178 | 105 | 297 | 189 | 108 |
| 象山县 | | | | | | | | | |
| 宁海县 | | | | | | | | | |
| 余姚市 | 60 | 35 | 25 | 805 | 484 | 321 | 599 | 364 | 235 |
| 慈溪市 | 52 | 27 | 25 | 1025 | 574 | 451 | 690 | 415 | 275 |
| **温州市** | **315** | **180** | **135** | **3368** | **1983** | **1385** | **2828** | **1649** | **1179** |
| 鹿城区 | 110 | 63 | 47 | 820 | 504 | 316 | 767 | 425 | 342 |
| 龙湾区 | 31 | 20 | 11 | 496 | 306 | 190 | 294 | 186 | 108 |
| 瓯海区 | 76 | 44 | 32 | 779 | 445 | 334 | 653 | 363 | 290 |
| 洞头区 | 2 | 1 | 1 | 66 | 45 | 21 | 50 | 20 | 30 |
| 永嘉县 | | | | | | | | | |
| 平阳县 | | | | | | | | | |
| 苍南县 | | | | | | | | | |
| 文成县 | | | | | | | | | |
| 泰顺县 | | | | | | | | | |
| 瑞安市 | 35 | 20 | 15 | 522 | 297 | 225 | 357 | 215 | 142 |
| 乐清市 | 50 | 27 | 23 | 503 | 286 | 217 | 460 | 287 | 173 |
| 龙港市 | 11 | 5 | 6 | 182 | 100 | 82 | 247 | 153 | 94 |
| **嘉兴市** | **448** | **247** | **201** | **7901** | **4774** | **3127** | **3434** | **2091** | **1343** |
| 南湖区 | 178 | 104 | 74 | 1874 | 1106 | 768 | 1415 | 859 | 556 |
| 秀洲区 | 62 | 37 | 25 | 1453 | 888 | 565 | 676 | 435 | 241 |
| 嘉善县 | | | | | | | | | |
| 海盐县 | | | | | | | | | |
| 海宁市 | 76 | 44 | 32 | 2516 | 1548 | 968 | 568 | 363 | 205 |
| 平湖市 | 38 | 23 | 15 | 498 | 334 | 164 | 270 | 182 | 88 |
| 桐乡市 | 94 | 39 | 55 | 1560 | 898 | 662 | 505 | 252 | 253 |
| **湖州市** | **118** | **70** | **48** | **1141** | **640** | **501** | **637** | **362** | **275** |
| 吴兴区 | 106 | 61 | 45 | 821 | 449 | 372 | 526 | 299 | 227 |
| 南浔区 | 12 | 9 | 3 | 320 | 191 | 129 | 111 | 63 | 48 |
| 德清县 | | | | | | | | | |
| 长兴县 | | | | | | | | | |
| 安吉县 | | | | | | | | | |

7-3a　续表 3　　　　单位：人

| 现住地 | 户口登记地 | | | | | | | | |
|---|---|---|---|---|---|---|---|---|---|
| | 天津 | | | 河北 | | | 山西 | | |
| | 小计 | 男 | 女 | 小计 | 男 | 女 | 小计 | 男 | 女 |
| **绍兴市** | **324** | **190** | **134** | **4589** | **2700** | **1889** | **3153** | **1909** | **1244** |
| 越城区 | 101 | 55 | 46 | 1441 | 808 | 633 | 897 | 549 | 348 |
| 柯桥区 | 77 | 42 | 35 | 1752 | 1039 | 713 | 1148 | 682 | 466 |
| 上虞区 | 55 | 32 | 23 | 554 | 352 | 202 | 633 | 399 | 234 |
| 新昌县 | | | | | | | | | |
| 诸暨市 | 46 | 29 | 17 | 555 | 312 | 243 | 343 | 192 | 151 |
| 嵊州市 | 45 | 32 | 13 | 287 | 189 | 98 | 132 | 87 | 45 |
| **金华市** | **533** | **273** | **260** | **6343** | **3530** | **2813** | **4862** | **2822** | **2040** |
| 婺城区 | 124 | 46 | 78 | 1159 | 549 | 610 | 615 | 338 | 277 |
| 金东区 | 30 | 19 | 11 | 249 | 141 | 108 | 135 | 78 | 57 |
| 武义县 | | | | | | | | | |
| 浦江县 | | | | | | | | | |
| 磐安县 | | | | | | | | | |
| 兰溪市 | 10 | 8 | 2 | 147 | 83 | 64 | 121 | 56 | 65 |
| 义乌市 | 237 | 132 | 105 | 3516 | 2043 | 1473 | 2816 | 1659 | 1157 |
| 东阳市 | 92 | 46 | 46 | 637 | 360 | 277 | 734 | 430 | 304 |
| 永康市 | 40 | 22 | 18 | 635 | 354 | 281 | 441 | 261 | 180 |
| **衢州市** | **65** | **42** | **23** | **685** | **446** | **239** | **422** | **287** | **135** |
| 柯城区 | 43 | 28 | 15 | 507 | 342 | 165 | 259 | 179 | 80 |
| 衢江区 | 12 | 8 | 4 | 114 | 62 | 52 | 91 | 70 | 21 |
| 常山县 | | | | | | | | | |
| 开化县 | | | | | | | | | |
| 龙游县 | | | | 1 | | 1 | | | |
| 江山市 | 10 | 6 | 4 | 63 | 42 | 21 | 72 | 38 | 34 |
| **舟山市** | **130** | **83** | **47** | **684** | **411** | **273** | **362** | **202** | **160** |
| 定海区 | 108 | 70 | 38 | 554 | 338 | 216 | 274 | 150 | 124 |
| 普陀区 | 22 | 13 | 9 | 130 | 73 | 57 | 88 | 52 | 36 |
| 岱山县 | | | | | | | | | |
| 嵊泗县 | | | | | | | | | |
| **台州市** | **180** | **122** | **58** | **2303** | **1389** | **914** | **1535** | **911** | **624** |
| 椒江区 | 79 | 55 | 24 | 730 | 446 | 284 | 529 | 309 | 220 |
| 黄岩区 | 13 | 12 | 1 | 226 | 142 | 84 | 196 | 118 | 78 |
| 路桥区 | 22 | 13 | 9 | 380 | 236 | 144 | 167 | 109 | 58 |
| 三门县 | | | | | | | | | |
| 天台县 | | | | | | | | | |
| 仙居县 | | | | | | | | | |
| 温岭市 | 24 | 15 | 9 | 435 | 263 | 172 | 261 | 153 | 108 |
| 临海市 | 29 | 20 | 9 | 218 | 126 | 92 | 159 | 86 | 73 |
| 玉环市 | 13 | 7 | 6 | 314 | 176 | 138 | 223 | 136 | 87 |
| **丽水市** | **35** | **21** | **14** | **424** | **233** | **191** | **265** | **159** | **106** |
| 莲都区 | 32 | 18 | 14 | 378 | 207 | 171 | 239 | 142 | 97 |
| 青田县 | | | | | | | | | |
| 缙云县 | | | | | | | | | |
| 遂昌县 | | | | | | | | | |
| 松阳县 | | | | | | | | | |
| 云和县 | | | | | | | | | |
| 庆元县 | | | | | | | | | |
| 景宁畲族自治县 | | | | | | | | | |
| 龙泉市 | 3 | 3 | | 46 | 26 | 20 | 26 | 17 | 9 |

7-3a 续表 4

单位：人

| 现住地 | 户口登记地 | | | | | | | | |
|---|---|---|---|---|---|---|---|---|---|
| | 内蒙古 | | | 辽宁 | | | 吉林 | | |
| | 小计 | 男 | 女 | 小计 | 男 | 女 | 小计 | 男 | 女 |
| **合计** | **24878** | **13647** | **11231** | **47571** | **26012** | **21559** | **59251** | **32430** | **26821** |
| **杭州市** | **11595** | **6269** | **5326** | **21492** | **11361** | **10131** | **21813** | **11488** | **10325** |
| 上城区 | 225 | 114 | 111 | 618 | 306 | 312 | 633 | 307 | 326 |
| 下城区 | 479 | 232 | 247 | 1076 | 507 | 569 | 1021 | 479 | 542 |
| 江干区 | 2485 | 1331 | 1154 | 4516 | 2308 | 2208 | 4468 | 2255 | 2213 |
| 拱墅区 | 773 | 394 | 379 | 1421 | 719 | 702 | 1436 | 717 | 719 |
| 西湖区 | 1702 | 956 | 746 | 3106 | 1649 | 1457 | 2958 | 1566 | 1392 |
| 滨江区 | 1100 | 622 | 478 | 1930 | 1012 | 918 | 1766 | 943 | 823 |
| 萧山区 | 1829 | 1004 | 825 | 3628 | 1995 | 1633 | 3548 | 1928 | 1620 |
| 余杭区 | 2345 | 1243 | 1102 | 4243 | 2331 | 1912 | 4519 | 2421 | 2098 |
| 富阳区 | 397 | 236 | 161 | 569 | 328 | 241 | 969 | 578 | 391 |
| 临安区 | 217 | 113 | 104 | 302 | 165 | 137 | 391 | 226 | 165 |
| 桐庐县 | | | | | | | | | |
| 淳安县 | | | | | | | | | |
| 建德市 | 43 | 24 | 19 | 83 | 41 | 42 | 104 | 68 | 36 |
| **宁波市** | **3733** | **2087** | **1646** | **7706** | **4369** | **3337** | **9395** | **5414** | **3981** |
| 海曙区 | 553 | 302 | 251 | 959 | 483 | 476 | 1159 | 606 | 553 |
| 江北区 | 268 | 147 | 121 | 605 | 342 | 263 | 753 | 418 | 335 |
| 北仑区 | 772 | 479 | 293 | 1576 | 1020 | 556 | 2099 | 1292 | 807 |
| 镇海区 | 302 | 170 | 132 | 953 | 566 | 387 | 879 | 520 | 359 |
| 鄞州区 | 1003 | 524 | 479 | 1971 | 1008 | 963 | 1974 | 1003 | 971 |
| 奉化区 | 122 | 63 | 59 | 283 | 172 | 111 | 329 | 182 | 147 |
| 象山县 | | | | | | | | | |
| 宁海县 | | | | | | | | | |
| 余姚市 | 401 | 236 | 165 | 624 | 375 | 249 | 1308 | 877 | 431 |
| 慈溪市 | 312 | 166 | 146 | 735 | 403 | 332 | 894 | 516 | 378 |
| **温州市** | **1501** | **809** | **692** | **2549** | **1424** | **1125** | **3375** | **1905** | **1470** |
| 鹿城区 | 363 | 185 | 178 | 746 | 377 | 369 | 703 | 366 | 337 |
| 龙湾区 | 211 | 130 | 81 | 368 | 216 | 152 | 375 | 224 | 151 |
| 瓯海区 | 374 | 201 | 173 | 479 | 273 | 206 | 694 | 398 | 296 |
| 洞头区 | 17 | 7 | 10 | 50 | 26 | 24 | 35 | 16 | 19 |
| 永嘉县 | | | | | | | | | |
| 平阳县 | | | | | | | | | |
| 苍南县 | | | | | | | | | |
| 文成县 | | | | | | | | | |
| 泰顺县 | | | | | | | | | |
| 瑞安市 | 230 | 124 | 106 | 273 | 165 | 108 | 485 | 296 | 189 |
| 乐清市 | 243 | 129 | 114 | 481 | 277 | 204 | 744 | 418 | 326 |
| 龙港市 | 63 | 33 | 30 | 152 | 90 | 62 | 339 | 187 | 152 |
| **嘉兴市** | **1971** | **1146** | **825** | **3781** | **2125** | **1656** | **4984** | **2719** | **2265** |
| 南湖区 | 804 | 474 | 330 | 1187 | 676 | 511 | 1719 | 907 | 812 |
| 秀洲区 | 294 | 159 | 135 | 507 | 273 | 234 | 1051 | 597 | 454 |
| 嘉善县 | | | | | | | | | |
| 海盐县 | | | | | | | | | |
| 海宁市 | 311 | 192 | 119 | 747 | 428 | 319 | 873 | 476 | 397 |
| 平湖市 | 151 | 88 | 63 | 326 | 195 | 131 | 422 | 238 | 184 |
| 桐乡市 | 411 | 233 | 178 | 1014 | 553 | 461 | 919 | 501 | 418 |
| **湖州市** | **487** | **253** | **234** | **1004** | **558** | **446** | **960** | **534** | **426** |
| 吴兴区 | 390 | 199 | 191 | 483 | 268 | 215 | 612 | 328 | 284 |
| 南浔区 | 97 | 54 | 43 | 521 | 290 | 231 | 348 | 206 | 142 |
| 德清县 | | | | | | | | | |
| 长兴县 | | | | | | | | | |
| 安吉县 | | | | | | | | | |

7-3a　续表 5

单位：人

| 现住地 | 户口登记地 内蒙古 小计 | 男 | 女 | 辽宁 小计 | 男 | 女 | 吉林 小计 | 男 | 女 |
|---|---|---|---|---|---|---|---|---|---|
| **绍兴市** | **1400** | **780** | **620** | **3021** | **1717** | **1304** | **6533** | **3625** | **2908** |
| 越城区 | 388 | 219 | 169 | 782 | 436 | 346 | 1285 | 709 | 576 |
| 柯桥区 | 471 | 271 | 200 | 1243 | 710 | 533 | 3767 | 2104 | 1663 |
| 上虞区 | 245 | 135 | 110 | 351 | 215 | 136 | 644 | 378 | 266 |
| 新昌县 | | | | | | | | | |
| 诸暨市 | 205 | 102 | 103 | 524 | 280 | 244 | 582 | 296 | 286 |
| 嵊州市 | 91 | 53 | 38 | 121 | 76 | 45 | 255 | 138 | 117 |
| **金华市** | **2602** | **1408** | **1194** | **4999** | **2706** | **2293** | **8281** | **4556** | **3725** |
| 婺城区 | 490 | 240 | 250 | 689 | 377 | 312 | 914 | 496 | 418 |
| 金东区 | 118 | 66 | 52 | 164 | 90 | 74 | 240 | 133 | 107 |
| 武义县 | | | | | | | | | |
| 浦江县 | | | | | | | | | |
| 磐安县 | | | | | | | | | |
| 兰溪市 | 39 | 21 | 18 | 74 | 31 | 43 | 150 | 80 | 70 |
| 义乌市 | 1357 | 739 | 618 | 2944 | 1605 | 1339 | 5539 | 3035 | 2504 |
| 东阳市 | 328 | 181 | 147 | 776 | 402 | 374 | 968 | 525 | 443 |
| 永康市 | 270 | 161 | 109 | 352 | 201 | 151 | 470 | 287 | 183 |
| **衢州市** | **253** | **145** | **108** | **506** | **308** | **198** | **532** | **297** | **235** |
| 柯城区 | 171 | 95 | 76 | 394 | 238 | 156 | 358 | 194 | 164 |
| 衢江区 | 37 | 23 | 14 | 67 | 41 | 26 | 79 | 50 | 29 |
| 常山县 | | | | | | | | | |
| 开化县 | | | | | | | | | |
| 龙游县 | 3 | 1 | 2 | | | | | | |
| 江山市 | 42 | 26 | 16 | 45 | 29 | 16 | 95 | 53 | 42 |
| **舟山市** | **318** | **171** | **147** | **627** | **344** | **283** | **830** | **445** | **385** |
| 定海区 | 232 | 133 | 99 | 424 | 238 | 186 | 566 | 301 | 265 |
| 普陀区 | 86 | 38 | 48 | 203 | 106 | 97 | 264 | 144 | 120 |
| 岱山县 | | | | | | | | | |
| 嵊泗县 | | | | | | | | | |
| **台州市** | **812** | **472** | **340** | **1582** | **900** | **682** | **2214** | **1256** | **958** |
| 椒江区 | 273 | 158 | 115 | 614 | 364 | 250 | 707 | 394 | 313 |
| 黄岩区 | 91 | 53 | 38 | 157 | 86 | 71 | 306 | 184 | 122 |
| 路桥区 | 122 | 60 | 62 | 187 | 118 | 69 | 241 | 134 | 107 |
| 三门县 | | | | | | | | | |
| 天台县 | | | | | | | | | |
| 仙居县 | | | | | | | | | |
| 温岭市 | 123 | 78 | 45 | 260 | 152 | 108 | 289 | 169 | 120 |
| 临海市 | 103 | 66 | 37 | 181 | 81 | 100 | 302 | 157 | 145 |
| 玉环市 | 100 | 57 | 43 | 183 | 99 | 84 | 369 | 218 | 151 |
| **丽水市** | **206** | **107** | **99** | **304** | **200** | **104** | **334** | **191** | **143** |
| 莲都区 | 193 | 100 | 93 | 286 | 188 | 98 | 303 | 169 | 134 |
| 青田县 | | | | | | | | | |
| 缙云县 | | | | | | | | | |
| 遂昌县 | | | | | | | | | |
| 松阳县 | | | | | | | | | |
| 云和县 | | | | | | | | | |
| 庆元县 | | | | | | | | | |
| 景宁畲族自治县 | | | | | | | | | |
| 龙泉市 | 13 | 7 | 6 | 18 | 12 | 6 | 31 | 22 | 9 |

7-3a 续表 6 单位：人

| 现住地 | 户口登记地 | | | | | | | | |
| --- | --- | --- | --- | --- | --- | --- | --- | --- | --- |
| | 黑龙江 | | | 上海 | | | 江苏 | | |
| | 小计 | 男 | 女 | 小计 | 男 | 女 | 小计 | 男 | 女 |
| **合计** | **96998** | **51123** | **45875** | **32273** | **18064** | **14209** | **306202** | **185439** | **120763** |
| **杭州市** | **41842** | **21392** | **20450** | **11251** | **6267** | **4984** | **126495** | **75244** | **51251** |
| 上城区 | 1017 | 483 | 534 | 577 | 282 | 295 | 4774 | 2624 | 2150 |
| 下城区 | 2240 | 1075 | 1165 | 704 | 388 | 316 | 8401 | 4518 | 3883 |
| 江干区 | 8931 | 4522 | 4409 | 1920 | 1111 | 809 | 27180 | 15739 | 11441 |
| 拱墅区 | 3038 | 1516 | 1522 | 917 | 518 | 399 | 9482 | 5361 | 4121 |
| 西湖区 | 5524 | 2847 | 2677 | 2038 | 1111 | 927 | 14874 | 8546 | 6328 |
| 滨江区 | 3191 | 1565 | 1626 | 1253 | 679 | 574 | 6675 | 3980 | 2695 |
| 萧山区 | 6717 | 3539 | 3178 | 1261 | 732 | 529 | 19419 | 12583 | 6836 |
| 余杭区 | 8981 | 4620 | 4361 | 1890 | 1056 | 834 | 28897 | 17295 | 11602 |
| 富阳区 | 1278 | 738 | 540 | 375 | 217 | 158 | 3846 | 2641 | 1205 |
| 临安区 | 728 | 376 | 352 | 258 | 145 | 113 | 2531 | 1667 | 864 |
| 桐庐县 | | | | | | | | | |
| 淳安县 | | | | | | | | | |
| 建德市 | 197 | 111 | 86 | 58 | 28 | 30 | 416 | 290 | 126 |
| **宁波市** | **18558** | **10058** | **8500** | **6609** | **3586** | **3023** | **56916** | **34427** | **22489** |
| 海曙区 | 2523 | 1317 | 1206 | 913 | 488 | 425 | 9410 | 5484 | 3926 |
| 江北区 | 1568 | 843 | 725 | 641 | 328 | 313 | 5019 | 3070 | 1949 |
| 北仑区 | 4850 | 2773 | 2077 | 578 | 342 | 236 | 8696 | 5617 | 3079 |
| 镇海区 | 1573 | 885 | 688 | 662 | 372 | 290 | 6214 | 3932 | 2282 |
| 鄞州区 | 4143 | 2039 | 2104 | 1908 | 1031 | 877 | 11215 | 6550 | 4665 |
| 奉化区 | 512 | 273 | 239 | 361 | 168 | 193 | 1782 | 1071 | 711 |
| 象山县 | | | | | | | | | |
| 宁海县 | | | | | | | | | |
| 余姚市 | 1888 | 1103 | 785 | 775 | 423 | 352 | 5223 | 3132 | 2091 |
| 慈溪市 | 1501 | 825 | 676 | 771 | 434 | 337 | 9357 | 5571 | 3786 |
| **温州市** | **5235** | **2817** | **2418** | **1618** | **900** | **718** | **18556** | **12079** | **6477** |
| 鹿城区 | 1384 | 717 | 667 | 629 | 351 | 278 | 4484 | 2873 | 1611 |
| 龙湾区 | 778 | 458 | 320 | 108 | 68 | 40 | 2100 | 1492 | 608 |
| 瓯海区 | 1101 | 587 | 514 | 299 | 162 | 137 | 3866 | 2509 | 1357 |
| 洞头区 | 69 | 36 | 33 | 40 | 18 | 22 | 223 | 172 | 51 |
| 永嘉县 | | | | | | | | | |
| 平阳县 | | | | | | | | | |
| 苍南县 | | | | | | | | | |
| 文成县 | | | | | | | | | |
| 泰顺县 | | | | | | | | | |
| 瑞安市 | 669 | 358 | 311 | 195 | 102 | 93 | 2970 | 1931 | 1039 |
| 乐清市 | 1004 | 545 | 459 | 277 | 157 | 120 | 4021 | 2487 | 1534 |
| 龙港市 | 230 | 116 | 114 | 70 | 42 | 28 | 892 | 615 | 277 |
| **嘉兴市** | **7719** | **4170** | **3549** | **5169** | **2960** | **2209** | **37007** | **22238** | **14769** |
| 南湖区 | 2968 | 1581 | 1387 | 2496 | 1422 | 1074 | 12162 | 7292 | 4870 |
| 秀洲区 | 1372 | 739 | 633 | 970 | 552 | 418 | 6190 | 3816 | 2374 |
| 嘉善县 | | | | | | | | | |
| 海盐县 | | | | | | | | | |
| 海宁市 | 1191 | 645 | 546 | 534 | 298 | 236 | 5308 | 3226 | 2082 |
| 平湖市 | 662 | 387 | 275 | 636 | 379 | 257 | 3191 | 2063 | 1128 |
| 桐乡市 | 1526 | 818 | 708 | 533 | 309 | 224 | 10156 | 5841 | 4315 |
| **湖州市** | **1573** | **859** | **714** | **1311** | **732** | **579** | **11708** | **7114** | **4594** |
| 吴兴区 | 939 | 501 | 438 | 1065 | 589 | 476 | 6751 | 4152 | 2599 |
| 南浔区 | 634 | 358 | 276 | 246 | 143 | 103 | 4957 | 2962 | 1995 |
| 德清县 | | | | | | | | | |
| 长兴县 | | | | | | | | | |
| 安吉县 | | | | | | | | | |

7-3a 续表 7

单位：人

| 现住地 | 户口登记地 | | | | | | | | |
|---|---|---|---|---|---|---|---|---|---|
| | 黑龙江 | | | 上海 | | | 江苏 | | |
| | 小计 | 男 | 女 | 小计 | 男 | 女 | 小计 | 男 | 女 |
| **绍兴市** | **5281** | **2890** | **2391** | **2493** | **1450** | **1043** | **20314** | **12556** | **7758** |
| 越城区 | 1512 | 841 | 671 | 596 | 352 | 244 | 6112 | 3667 | 2445 |
| 柯桥区 | 1818 | 1013 | 805 | 478 | 280 | 198 | 6984 | 4366 | 2618 |
| 上虞区 | 800 | 434 | 366 | 583 | 344 | 239 | 2960 | 1923 | 1037 |
| 新昌县 | | | | | | | | | |
| 诸暨市 | 867 | 461 | 406 | 665 | 368 | 297 | 3313 | 1959 | 1354 |
| 嵊州市 | 284 | 141 | 143 | 171 | 106 | 65 | 945 | 641 | 304 |
| **金华市** | **10654** | **5648** | **5006** | **1529** | **892** | **637** | **17465** | **10480** | **6985** |
| 婺城区 | 1398 | 724 | 674 | 387 | 233 | 154 | 2782 | 1647 | 1135 |
| 金东区 | 311 | 159 | 152 | 291 | 129 | 162 | 901 | 584 | 317 |
| 武义县 | | | | | | | | | |
| 浦江县 | | | | | | | | | |
| 磐安县 | | | | | | | | | |
| 兰溪市 | 167 | 85 | 82 | 86 | 51 | 35 | 506 | 299 | 207 |
| 义乌市 | 6796 | 3600 | 3196 | 458 | 298 | 160 | 9260 | 5511 | 3749 |
| 东阳市 | 1210 | 623 | 587 | 185 | 98 | 87 | 2202 | 1289 | 913 |
| 永康市 | 772 | 457 | 315 | 122 | 83 | 39 | 1814 | 1150 | 664 |
| **衢州市** | **634** | **339** | **295** | **283** | **178** | **105** | **2095** | **1379** | **716** |
| 柯城区 | 424 | 226 | 198 | 180 | 116 | 64 | 1368 | 910 | 458 |
| 衢江区 | 121 | 69 | 52 | 29 | 17 | 12 | 444 | 289 | 155 |
| 常山县 | | | | | | | | | |
| 开化县 | | | | | | | | | |
| 龙游县 | | | | | | | | | |
| 江山市 | 89 | 44 | 45 | 74 | 45 | 29 | 283 | 180 | 103 |
| **舟山市** | **1179** | **597** | **582** | **853** | **433** | **420** | **3470** | **2190** | **1280** |
| 定海区 | 673 | 352 | 321 | 666 | 338 | 328 | 2412 | 1519 | 893 |
| 普陀区 | 506 | 245 | 261 | 187 | 95 | 92 | 1058 | 671 | 387 |
| 岱山县 | | | | | | | | | |
| 嵊泗县 | | | | | | | | | |
| **台州市** | **3744** | **2029** | **1715** | **1006** | **577** | **429** | **10569** | **6681** | **3888** |
| 椒江区 | 1402 | 746 | 656 | 379 | 216 | 163 | 2926 | 1881 | 1045 |
| 黄岩区 | 429 | 232 | 197 | 152 | 79 | 73 | 1420 | 907 | 513 |
| 路桥区 | 395 | 221 | 174 | 109 | 65 | 44 | 1923 | 1232 | 691 |
| 三门县 | | | | | | | | | |
| 天台县 | | | | | | | | | |
| 仙居县 | | | | | | | | | |
| 温岭市 | 480 | 258 | 222 | 153 | 91 | 62 | 2084 | 1297 | 787 |
| 临海市 | 431 | 228 | 203 | 112 | 65 | 47 | 954 | 584 | 370 |
| 玉环市 | 607 | 344 | 263 | 101 | 61 | 40 | 1262 | 780 | 482 |
| **丽水市** | **579** | **324** | **255** | **151** | **89** | **62** | **1607** | **1051** | **556** |
| 莲都区 | 510 | 287 | 223 | 125 | 75 | 50 | 1439 | 929 | 510 |
| 青田县 | | | | | | | | | |
| 缙云县 | | | | | | | | | |
| 遂昌县 | | | | | | | | | |
| 松阳县 | | | | | | | | | |
| 云和县 | | | | | | | | | |
| 庆元县 | | | | | | | | | |
| 景宁畲族自治县 | | | | | | | | | |
| 龙泉市 | 69 | 37 | 32 | 26 | 14 | 12 | 168 | 122 | 46 |

7-3a 续表 8

单位：人

| 现住地 | 户口登记地 | | | | | | | | |
|---|---|---|---|---|---|---|---|---|---|
| | 安徽 | | | 福建 | | | 江西 | | |
| | 小计 | 男 | 女 | 小计 | 男 | 女 | 小计 | 男 | 女 |
| **合计** | **1999404** | **1147906** | **851498** | **171059** | **99550** | **71509** | **1074924** | **622419** | **452505** |
| **杭州市** | **641937** | **368725** | **273212** | **48107** | **27268** | **20839** | **295472** | **169335** | **126137** |
| 上城区 | 11176 | 5697 | 5479 | 1849 | 982 | 867 | 5542 | 3006 | 2536 |
| 下城区 | 19520 | 10066 | 9454 | 2488 | 1361 | 1127 | 9743 | 5106 | 4637 |
| 江干区 | 113041 | 63353 | 49688 | 10438 | 5809 | 4629 | 61921 | 35083 | 26838 |
| 拱墅区 | 29678 | 16153 | 13525 | 3047 | 1639 | 1408 | 16664 | 9077 | 7587 |
| 西湖区 | 53879 | 30609 | 23270 | 5723 | 3225 | 2498 | 24995 | 14574 | 10421 |
| 滨江区 | 24544 | 13839 | 10705 | 3530 | 1996 | 1534 | 11174 | 6478 | 4696 |
| 萧山区 | 164876 | 96847 | 68029 | 8413 | 4884 | 3529 | 45416 | 27062 | 18354 |
| 余杭区 | 176027 | 101726 | 74301 | 9655 | 5626 | 4029 | 102849 | 58541 | 44308 |
| 富阳区 | 23541 | 14730 | 8811 | 1781 | 1047 | 734 | 10663 | 6525 | 4138 |
| 临安区 | 23222 | 14260 | 8962 | 931 | 556 | 375 | 5008 | 3053 | 1955 |
| 桐庐县 | | | | | | | | | |
| 淳安县 | | | | | | | | | |
| 建德市 | 2433 | 1445 | 988 | 252 | 143 | 109 | 1497 | 830 | 667 |
| **宁波市** | **458110** | **258233** | **199877** | **20622** | **11710** | **8912** | **149672** | **85076** | **64596** |
| 海曙区 | 68854 | 38551 | 30303 | 4516 | 2595 | 1921 | 30184 | 16983 | 13201 |
| 江北区 | 32238 | 18432 | 13806 | 1713 | 1016 | 697 | 8646 | 5113 | 3533 |
| 北仑区 | 66546 | 38594 | 27952 | 1747 | 1040 | 707 | 13369 | 7923 | 5446 |
| 镇海区 | 45110 | 25906 | 19204 | 1700 | 951 | 749 | 9227 | 5466 | 3761 |
| 鄞州区 | 59448 | 33044 | 26404 | 5153 | 2912 | 2241 | 18952 | 10578 | 8374 |
| 奉化区 | 14814 | 8349 | 6465 | 654 | 334 | 320 | 5560 | 3210 | 2350 |
| 象山县 | | | | | | | | | |
| 宁海县 | | | | | | | | | |
| 余姚市 | 71338 | 39797 | 31541 | 2666 | 1462 | 1204 | 14758 | 8485 | 6273 |
| 慈溪市 | 99762 | 55560 | 44202 | 2473 | 1400 | 1073 | 48976 | 27318 | 21658 |
| **温州市** | **225214** | **132158** | **93056** | **26697** | **16275** | **10422** | **219817** | **130088** | **89729** |
| 鹿城区 | 44731 | 26457 | 18274 | 7075 | 4492 | 2583 | 44676 | 26323 | 18353 |
| 龙湾区 | 25237 | 15309 | 9928 | 2557 | 1608 | 949 | 16858 | 10385 | 6473 |
| 瓯海区 | 46122 | 27973 | 18149 | 7067 | 4332 | 2735 | 50077 | 30617 | 19460 |
| 洞头区 | 1283 | 795 | 488 | 167 | 90 | 77 | 731 | 470 | 261 |
| 永嘉县 | | | | | | | | | |
| 平阳县 | | | | | | | | | |
| 苍南县 | | | | | | | | | |
| 文成县 | | | | | | | | | |
| 泰顺县 | | | | | | | | | |
| 瑞安市 | 37259 | 21600 | 15659 | 4745 | 2829 | 1916 | 62017 | 35595 | 26422 |
| 乐清市 | 57834 | 32708 | 25126 | 2560 | 1455 | 1105 | 42400 | 24784 | 17616 |
| 龙港市 | 12748 | 7316 | 5432 | 2526 | 1469 | 1057 | 3058 | 1914 | 1144 |
| **嘉兴市** | **123321** | **71282** | **52039** | **13185** | **8031** | **5154** | **52561** | **30386** | **22175** |
| 南湖区 | 34260 | 19992 | 14268 | 5123 | 3075 | 2048 | 12964 | 7644 | 5320 |
| 秀洲区 | 16373 | 9632 | 6741 | 1914 | 1185 | 729 | 8244 | 4915 | 3329 |
| 嘉善县 | | | | | | | | | |
| 海盐县 | | | | | | | | | |
| 海宁市 | 20903 | 12349 | 8554 | 2556 | 1687 | 869 | 12396 | 7363 | 5033 |
| 平湖市 | 16867 | 9856 | 7011 | 1020 | 605 | 415 | 3590 | 2125 | 1465 |
| 桐乡市 | 34918 | 19453 | 15465 | 2572 | 1479 | 1093 | 15367 | 8339 | 7028 |
| **湖州市** | **49910** | **29192** | **20718** | **2523** | **1461** | **1062** | **6294** | **3824** | **2470** |
| 吴兴区 | 25468 | 15153 | 10315 | 1943 | 1121 | 822 | 4595 | 2764 | 1831 |
| 南浔区 | 24442 | 14039 | 10403 | 580 | 340 | 240 | 1699 | 1060 | 639 |
| 德清县 | | | | | | | | | |
| 长兴县 | | | | | | | | | |
| 安吉县 | | | | | | | | | |

7-3a　续表 9　　　　单位：人

| 现住地 | 户口登记地 | | | | | | | | |
|---|---|---|---|---|---|---|---|---|---|
| | 安徽 | | | 福建 | | | 江西 | | |
| | 小计 | 男 | 女 | 小计 | 男 | 女 | 小计 | 男 | 女 |
| **绍兴市** | **155888** | **89012** | **66876** | **16875** | **9907** | **6968** | **54170** | **31396** | **22774** |
| 越城区 | 32436 | 18485 | 13951 | 2811 | 1577 | 1234 | 11697 | 6587 | 5110 |
| 柯桥区 | 64896 | 37499 | 27397 | 9433 | 5665 | 3768 | 19503 | 11417 | 8086 |
| 上虞区 | 21100 | 12225 | 8875 | 1653 | 918 | 735 | 4599 | 2845 | 1754 |
| 新昌县 | | | | | | | | | |
| 诸暨市 | 31075 | 17110 | 13965 | 2511 | 1455 | 1056 | 14816 | 8473 | 6343 |
| 嵊州市 | 6381 | 3693 | 2688 | 467 | 292 | 175 | 3555 | 2074 | 1481 |
| **金华市** | **142192** | **80945** | **61247** | **27706** | **16209** | **11497** | **205056** | **118412** | **86644** |
| 婺城区 | 24145 | 13576 | 10569 | 3325 | 1917 | 1408 | 14760 | 8598 | 6162 |
| 金东区 | 4856 | 2908 | 1948 | 1163 | 704 | 459 | 2983 | 1799 | 1184 |
| 武义县 | | | | | | | | | |
| 浦江县 | | | | | | | | | |
| 磐安县 | | | | | | | | | |
| 兰溪市 | 3030 | 1797 | 1233 | 381 | 200 | 181 | 2265 | 1332 | 933 |
| 义乌市 | 72489 | 40757 | 31732 | 16459 | 9686 | 6773 | 120988 | 69095 | 51893 |
| 东阳市 | 18359 | 10305 | 8054 | 3682 | 2087 | 1595 | 33890 | 19052 | 14838 |
| 永康市 | 19313 | 11602 | 7711 | 2696 | 1615 | 1081 | 30170 | 18536 | 11634 |
| **衢州市** | **6849** | **4178** | **2671** | **3091** | **1698** | **1393** | **9721** | **5451** | **4270** |
| 柯城区 | 3702 | 2285 | 1417 | 1659 | 881 | 778 | 5137 | 2857 | 2280 |
| 衢江区 | 2155 | 1302 | 853 | 433 | 245 | 188 | 2297 | 1352 | 945 |
| 常山县 | | | | | | | | | |
| 开化县 | | | | | | | | | |
| 龙游县 | 8 | 5 | 3 | 2 | 2 | | 6 | 4 | 2 |
| 江山市 | 984 | 586 | 398 | 997 | 570 | 427 | 2281 | 1238 | 1043 |
| **舟山市** | **43341** | **24993** | **18348** | **1936** | **1021** | **915** | **4074** | **2304** | **1770** |
| 定海区 | 16638 | 10067 | 6571 | 1161 | 602 | 559 | 2430 | 1419 | 1011 |
| 普陀区 | 26703 | 14926 | 11777 | 775 | 419 | 356 | 1644 | 885 | 759 |
| 岱山县 | | | | | | | | | |
| 嵊泗县 | | | | | | | | | |
| **台州市** | **146463** | **85249** | **61214** | **8033** | **4681** | **3352** | **72069** | **42379** | **29690** |
| 椒江区 | 26728 | 15417 | 11311 | 2214 | 1333 | 881 | 7999 | 4741 | 3258 |
| 黄岩区 | 35565 | 20752 | 14813 | 901 | 513 | 388 | 7489 | 4574 | 2915 |
| 路桥区 | 19729 | 11420 | 8309 | 1122 | 672 | 450 | 8488 | 4944 | 3544 |
| 三门县 | | | | | | | | | |
| 天台县 | | | | | | | | | |
| 仙居县 | | | | | | | | | |
| 温岭市 | 30264 | 17784 | 12480 | 2010 | 1200 | 810 | 31440 | 18160 | 13280 |
| 临海市 | 8716 | 4989 | 3727 | 689 | 346 | 343 | 2837 | 1649 | 1188 |
| 玉环市 | 25461 | 14887 | 10574 | 1097 | 617 | 480 | 13816 | 8311 | 5505 |
| **丽水市** | **6179** | **3939** | **2240** | **2284** | **1289** | **995** | **6018** | **3768** | **2250** |
| 莲都区 | 5786 | 3688 | 2098 | 1549 | 852 | 697 | 5034 | 3147 | 1887 |
| 青田县 | | | | | | | | | |
| 缙云县 | | | | | | | | | |
| 遂昌县 | | | | | | | | | |
| 松阳县 | | | | | | | | | |
| 云和县 | | | | | | | | | |
| 庆元县 | | | | | | | | | |
| 景宁畲族自治县 | | | | | | | | | |
| 龙泉市 | 393 | 251 | 142 | 735 | 437 | 298 | 984 | 621 | 363 |

7-3a 续表 10

单位：人

| 现住地 | 户口登记地 | | | | | | | | |
|---|---|---|---|---|---|---|---|---|---|
| | 山东 | | | 河南 | | | 湖北 | | |
| | 小计 | 男 | 女 | 小计 | 男 | 女 | 小计 | 男 | 女 |
| **合计** | **167943** | **99797** | **68146** | **1605950** | **972222** | **633728** | **370142** | **206742** | **163400** |
| **杭州市** | **59863** | **35068** | **24795** | **549130** | **338542** | **210588** | **88280** | **48701** | **39579** |
| 上城区 | 1295 | 700 | 595 | 38991 | 24169 | 14822 | 1371 | 688 | 683 |
| 下城区 | 2309 | 1267 | 1042 | 16462 | 9995 | 6467 | 2871 | 1380 | 1491 |
| 江干区 | 14003 | 7996 | 6007 | 85030 | 51302 | 33728 | 14287 | 7813 | 6474 |
| 拱墅区 | 3210 | 1785 | 1425 | 25760 | 15733 | 10027 | 4159 | 2141 | 2018 |
| 西湖区 | 7987 | 4609 | 3378 | 65452 | 40270 | 25182 | 9975 | 5598 | 4377 |
| 滨江区 | 4082 | 2421 | 1661 | 28256 | 17567 | 10689 | 4797 | 2656 | 2141 |
| 萧山区 | 10336 | 6270 | 4066 | 133811 | 82803 | 51008 | 15180 | 8671 | 6509 |
| 余杭区 | 13032 | 7799 | 5233 | 117248 | 71973 | 45275 | 29129 | 15873 | 13256 |
| 富阳区 | 2355 | 1493 | 862 | 28231 | 18086 | 10145 | 2811 | 1691 | 1120 |
| 临安区 | 1050 | 604 | 446 | 8507 | 5737 | 2770 | 3356 | 2010 | 1346 |
| 桐庐县 | | | | | | | | | |
| 淳安县 | | | | | | | | | |
| 建德市 | 204 | 124 | 80 | 1382 | 907 | 475 | 344 | 180 | 164 |
| **宁波市** | **42182** | **25390** | **16792** | **258693** | **154653** | **104040** | **47238** | **25205** | **22033** |
| 海曙区 | 3774 | 2245 | 1529 | 36804 | 21722 | 15082 | 6483 | 3447 | 3036 |
| 江北区 | 3963 | 2282 | 1681 | 25756 | 16086 | 9670 | 3141 | 1711 | 1430 |
| 北仑区 | 14643 | 9059 | 5584 | 40671 | 25322 | 15349 | 9047 | 4934 | 4113 |
| 镇海区 | 4925 | 3136 | 1789 | 22513 | 14247 | 8266 | 3729 | 1985 | 1744 |
| 鄞州区 | 4633 | 2705 | 1928 | 22210 | 12944 | 9266 | 7640 | 3809 | 3831 |
| 奉化区 | 1916 | 1132 | 784 | 7216 | 4341 | 2875 | 1668 | 842 | 826 |
| 象山县 | | | | | | | | | |
| 宁海县 | | | | | | | | | |
| 余姚市 | 4036 | 2293 | 1743 | 49849 | 28779 | 21070 | 7872 | 4350 | 3522 |
| 慈溪市 | 4292 | 2538 | 1754 | 53674 | 31212 | 22462 | 7658 | 4127 | 3531 |
| **温州市** | **6575** | **4023** | **2552** | **160276** | **98621** | **61655** | **104308** | **60160** | **44148** |
| 鹿城区 | 1502 | 903 | 599 | 36866 | 22514 | 14352 | 27819 | 15416 | 12403 |
| 龙湾区 | 977 | 632 | 345 | 31695 | 20055 | 11640 | 15192 | 9222 | 5970 |
| 瓯海区 | 1650 | 970 | 680 | 25751 | 16057 | 9694 | 26254 | 15790 | 10464 |
| 洞头区 | 136 | 87 | 49 | 2591 | 1652 | 939 | 681 | 415 | 266 |
| 永嘉县 | | | | | | | | | |
| 平阳县 | | | | | | | | | |
| 苍南县 | | | | | | | | | |
| 文成县 | | | | | | | | | |
| 泰顺县 | | | | | | | | | |
| 瑞安市 | 850 | 511 | 339 | 19471 | 12007 | 7464 | 10099 | 5707 | 4392 |
| 乐清市 | 1105 | 694 | 411 | 36826 | 21953 | 14873 | 21317 | 11857 | 9460 |
| 龙港市 | 355 | 226 | 129 | 7076 | 4383 | 2693 | 2946 | 1753 | 1193 |
| **嘉兴市** | **20450** | **12068** | **8382** | **131941** | **77879** | **54062** | **16712** | **9405** | **7307** |
| 南湖区 | 8415 | 4879 | 3536 | 33129 | 20079 | 13050 | 4617 | 2607 | 2010 |
| 秀洲区 | 3348 | 2056 | 1292 | 20112 | 12544 | 7568 | 3378 | 1979 | 1399 |
| 嘉善县 | | | | | | | | | |
| 海盐县 | | | | | | | | | |
| 海宁市 | 3526 | 2087 | 1439 | 19953 | 12176 | 7777 | 3497 | 1978 | 1519 |
| 平湖市 | 1656 | 1040 | 616 | 14944 | 8879 | 6065 | 1543 | 866 | 677 |
| 桐乡市 | 3505 | 2006 | 1499 | 43803 | 24201 | 19602 | 3677 | 1975 | 1702 |
| **湖州市** | **3366** | **1953** | **1413** | **29815** | **18096** | **11719** | **4149** | **2380** | **1769** |
| 吴兴区 | 2391 | 1386 | 1005 | 19415 | 11844 | 7571 | 2237 | 1238 | 999 |
| 南浔区 | 975 | 567 | 408 | 10400 | 6252 | 4148 | 1912 | 1142 | 770 |
| 德清县 | | | | | | | | | |
| 长兴县 | | | | | | | | | |
| 安吉县 | | | | | | | | | |

7-3a　续表 11　　　　单位：人

| 现住地 | 户口登记地 山东 小计 | 山东 男 | 山东 女 | 河南 小计 | 河南 男 | 河南 女 | 湖北 小计 | 湖北 男 | 湖北 女 |
|---|---|---|---|---|---|---|---|---|---|
| **绍兴市** | **14751** | **8913** | **5838** | **111358** | **67214** | **44144** | **22700** | **12734** | **9966** |
| 越城区 | 4785 | 2805 | 1980 | 29044 | 17535 | 11509 | 7255 | 3961 | 3294 |
| 柯桥区 | 4143 | 2591 | 1552 | 43252 | 26390 | 16862 | 9844 | 5599 | 4245 |
| 上虞区 | 3766 | 2310 | 1456 | 14734 | 9104 | 5630 | 2334 | 1387 | 947 |
| 新昌县 | | | | | | | | | |
| 诸暨市 | 1600 | 955 | 645 | 19279 | 11067 | 8212 | 2318 | 1250 | 1068 |
| 嵊州市 | 457 | 252 | 205 | 5049 | 3118 | 1931 | 949 | 537 | 412 |
| **金华市** | **11487** | **6725** | **4762** | **208837** | **121587** | **87250** | **31255** | **17195** | **14060** |
| 婺城区 | 1672 | 897 | 775 | 26317 | 15399 | 10918 | 3375 | 1828 | 1547 |
| 金东区 | 477 | 297 | 180 | 5759 | 3610 | 2149 | 613 | 351 | 262 |
| 武义县 | | | | | | | | | |
| 浦江县 | | | | | | | | | |
| 磐安县 | | | | | | | | | |
| 兰溪市 | 314 | 185 | 129 | 2550 | 1618 | 932 | 637 | 375 | 262 |
| 义乌市 | 6814 | 4038 | 2776 | 134843 | 78075 | 56768 | 16147 | 8718 | 7429 |
| 东阳市 | 1132 | 642 | 490 | 20098 | 11282 | 8816 | 4256 | 2286 | 1970 |
| 永康市 | 1078 | 666 | 412 | 19270 | 11603 | 7667 | 6227 | 3637 | 2590 |
| **衢州市** | **1321** | **843** | **478** | **6837** | **4468** | **2369** | **1691** | **914** | **777** |
| 柯城区 | 907 | 579 | 328 | 4143 | 2782 | 1361 | 1023 | 552 | 471 |
| 衢江区 | 240 | 156 | 84 | 1826 | 1178 | 648 | 425 | 225 | 200 |
| 常山县 | | | | | | | | | |
| 开化县 | | | | | | | | | |
| 龙游县 | | | | 6 | 4 | 2 | 3 | | 3 |
| 江山市 | 174 | 108 | 66 | 862 | 504 | 358 | 240 | 137 | 103 |
| **舟山市** | **1987** | **1122** | **865** | **19480** | **11839** | **7641** | **2528** | **1223** | **1305** |
| 定海区 | 1340 | 748 | 592 | 12915 | 7896 | 5019 | 1664 | 831 | 833 |
| 普陀区 | 647 | 374 | 273 | 6565 | 3943 | 2622 | 864 | 392 | 472 |
| 岱山县 | | | | | | | | | |
| 嵊泗县 | | | | | | | | | |
| **台州市** | **5190** | **3224** | **1966** | **118487** | **72299** | **46188** | **48210** | **27027** | **21183** |
| 椒江区 | 1665 | 1046 | 619 | 32163 | 19969 | 12194 | 6119 | 3340 | 2779 |
| 黄岩区 | 694 | 455 | 239 | 15412 | 9505 | 5907 | 3159 | 1813 | 1346 |
| 路桥区 | 776 | 490 | 286 | 19312 | 11671 | 7641 | 3278 | 1769 | 1509 |
| 三门县 | | | | | | | | | |
| 天台县 | | | | | | | | | |
| 仙居县 | | | | | | | | | |
| 温岭市 | 838 | 519 | 319 | 36417 | 21881 | 14536 | 15056 | 8409 | 6647 |
| 临海市 | 595 | 341 | 254 | 6163 | 3751 | 2412 | 1496 | 784 | 712 |
| 玉环市 | 622 | 373 | 249 | 9020 | 5522 | 3498 | 19102 | 10912 | 8190 |
| **丽水市** | **771** | **468** | **303** | **11096** | **7024** | **4072** | **3071** | **1798** | **1273** |
| 莲都区 | 713 | 423 | 290 | 10666 | 6709 | 3957 | 2806 | 1652 | 1154 |
| 青田县 | | | | | | | | | |
| 缙云县 | | | | | | | | | |
| 遂昌县 | | | | | | | | | |
| 松阳县 | | | | | | | | | |
| 云和县 | | | | | | | | | |
| 庆元县 | | | | | | | | | |
| 景宁畲族自治县 | | | | | | | | | |
| 龙泉市 | 58 | 45 | 13 | 430 | 315 | 115 | 265 | 146 | 119 |

7-3a 续表 12

单位：人

| 现住地 | 户口登记地 | | | | | | | | |
|---|---|---|---|---|---|---|---|---|---|
| | 湖南 | | | 广东 | | | 广西 | | |
| | 小计 | 男 | 女 | 小计 | 男 | 女 | 小计 | 男 | 女 |
| **合计** | **424999** | **240446** | **184553** | **56689** | **32169** | **24520** | **111035** | **58688** | **52347** |
| **杭州市** | **88945** | **49999** | **38946** | **21653** | **12140** | **9513** | **33435** | **17368** | **16067** |
| 上城区 | 1093 | 550 | 543 | 613 | 347 | 266 | 564 | 295 | 269 |
| 下城区 | 2325 | 1157 | 1168 | 945 | 519 | 426 | 894 | 396 | 498 |
| 江干区 | 11751 | 6393 | 5358 | 4368 | 2373 | 1995 | 5625 | 2696 | 2929 |
| 拱墅区 | 3032 | 1555 | 1477 | 1412 | 776 | 636 | 1318 | 574 | 744 |
| 西湖区 | 7004 | 3864 | 3140 | 3521 | 2008 | 1513 | 3275 | 1631 | 1644 |
| 滨江区 | 3927 | 2164 | 1763 | 1941 | 1107 | 834 | 1872 | 922 | 950 |
| 萧山区 | 30223 | 17432 | 12791 | 3217 | 1840 | 1377 | 11723 | 6670 | 5053 |
| 余杭区 | 17167 | 9528 | 7639 | 4596 | 2566 | 2030 | 5255 | 2630 | 2625 |
| 富阳区 | 10267 | 6046 | 4221 | 622 | 370 | 252 | 2006 | 1100 | 906 |
| 临安区 | 1781 | 1096 | 685 | 310 | 174 | 136 | 788 | 406 | 382 |
| 桐庐县 | | | | | | | | | |
| 淳安县 | | | | | | | | | |
| 建德市 | 375 | 214 | 161 | 108 | 60 | 48 | 115 | 48 | 67 |
| **宁波市** | **89508** | **49034** | **40474** | **7222** | **4189** | **3033** | **17730** | **9411** | **8319** |
| 海曙区 | 15317 | 8210 | 7107 | 1115 | 638 | 477 | 2296 | 1134 | 1162 |
| 江北区 | 5100 | 2805 | 2295 | 485 | 267 | 218 | 922 | 475 | 447 |
| 北仑区 | 10228 | 5843 | 4385 | 553 | 304 | 249 | 1589 | 855 | 734 |
| 镇海区 | 7119 | 4095 | 3024 | 444 | 262 | 182 | 973 | 497 | 476 |
| 鄞州区 | 10543 | 5091 | 5452 | 1772 | 1019 | 753 | 2048 | 987 | 1061 |
| 奉化区 | 2866 | 1488 | 1378 | 230 | 126 | 104 | 446 | 213 | 233 |
| 象山县 | | | | | | | | | |
| 宁海县 | | | | | | | | | |
| 余姚市 | 22916 | 12843 | 10073 | 1464 | 879 | 585 | 3292 | 1856 | 1436 |
| 慈溪市 | 15419 | 8659 | 6760 | 1159 | 694 | 465 | 6164 | 3394 | 2770 |
| **温州市** | **75142** | **44588** | **30554** | **4574** | **2614** | **1960** | **12610** | **6896** | **5714** |
| 鹿城区 | 20782 | 12262 | 8520 | 1375 | 835 | 540 | 2043 | 1063 | 980 |
| 龙湾区 | 9951 | 6015 | 3936 | 498 | 297 | 201 | 1551 | 903 | 648 |
| 瓯海区 | 18271 | 11038 | 7233 | 1036 | 590 | 446 | 2540 | 1359 | 1181 |
| 洞头区 | 518 | 333 | 185 | 48 | 21 | 27 | 103 | 43 | 60 |
| 永嘉县 | | | | | | | | | |
| 平阳县 | | | | | | | | | |
| 苍南县 | | | | | | | | | |
| 文成县 | | | | | | | | | |
| 泰顺县 | | | | | | | | | |
| 瑞安市 | 12397 | 7252 | 5145 | 611 | 336 | 275 | 2177 | 1230 | 947 |
| 乐清市 | 10367 | 6017 | 4350 | 698 | 353 | 345 | 1925 | 1017 | 908 |
| 龙港市 | 2856 | 1671 | 1185 | 308 | 182 | 126 | 2271 | 1281 | 990 |
| **嘉兴市** | **29231** | **15994** | **13237** | **4041** | **2251** | **1790** | **5767** | **2955** | **2812** |
| 南湖区 | 4996 | 2844 | 2152 | 1217 | 692 | 525 | 1621 | 810 | 811 |
| 秀洲区 | 2895 | 1695 | 1200 | 535 | 315 | 220 | 660 | 361 | 299 |
| 嘉善县 | | | | | | | | | |
| 海盐县 | | | | | | | | | |
| 海宁市 | 3333 | 1829 | 1504 | 724 | 435 | 289 | 1037 | 567 | 470 |
| 平湖市 | 1835 | 1031 | 804 | 305 | 191 | 114 | 566 | 311 | 255 |
| 桐乡市 | 16172 | 8595 | 7577 | 1260 | 618 | 642 | 1883 | 906 | 977 |
| **湖州市** | **4076** | **2312** | **1764** | **950** | **562** | **388** | **1066** | **525** | **541** |
| 吴兴区 | 2050 | 1160 | 890 | 685 | 403 | 282 | 789 | 377 | 412 |
| 南浔区 | 2026 | 1152 | 874 | 265 | 159 | 106 | 277 | 148 | 129 |
| 德清县 | | | | | | | | | |
| 长兴县 | | | | | | | | | |
| 安吉县 | | | | | | | | | |

7-3a　续表 13　　　　单位：人

| 现住地 | 户口登记地 湖南 小计 | 湖南 男 | 湖南 女 | 广东 小计 | 广东 男 | 广东 女 | 广西 小计 | 广西 男 | 广西 女 |
|---|---|---|---|---|---|---|---|---|---|
| **绍兴市** | **39397** | **22267** | **17130** | **4254** | **2504** | **1750** | **14866** | **8138** | **6728** |
| 越城区 | 10367 | 5649 | 4718 | 859 | 495 | 364 | 2505 | 1305 | 1200 |
| 柯桥区 | 14909 | 8671 | 6238 | 2169 | 1325 | 844 | 7225 | 4121 | 3104 |
| 上虞区 | 6200 | 3486 | 2714 | 379 | 220 | 159 | 3034 | 1657 | 1377 |
| 新昌县 | | | | | | | | | |
| 诸暨市 | 6063 | 3408 | 2655 | 583 | 329 | 254 | 1544 | 801 | 743 |
| 嵊州市 | 1858 | 1053 | 805 | 264 | 135 | 129 | 558 | 254 | 304 |
| **金华市** | **58445** | **33207** | **25238** | **9783** | **5508** | **4275** | **15644** | **8348** | **7296** |
| 婺城区 | 7126 | 3922 | 3204 | 947 | 466 | 481 | 1987 | 953 | 1034 |
| 金东区 | 1056 | 629 | 427 | 297 | 164 | 133 | 342 | 165 | 177 |
| 武义县 | | | | | | | | | |
| 浦江县 | | | | | | | | | |
| 磐安县 | | | | | | | | | |
| 兰溪市 | 1145 | 665 | 480 | 148 | 89 | 59 | 408 | 199 | 209 |
| 义乌市 | 31164 | 17486 | 13678 | 6717 | 3848 | 2869 | 7692 | 4102 | 3590 |
| 东阳市 | 6703 | 3791 | 2912 | 883 | 481 | 402 | 2006 | 1081 | 925 |
| 永康市 | 11251 | 6714 | 4537 | 791 | 460 | 331 | 3209 | 1848 | 1361 |
| **衢州市** | **2265** | **1326** | **939** | **622** | **351** | **271** | **1115** | **526** | **589** |
| 柯城区 | 1339 | 773 | 566 | 385 | 215 | 170 | 612 | 269 | 343 |
| 衢江区 | 580 | 355 | 225 | 118 | 69 | 49 | 256 | 128 | 128 |
| 常山县 | | | | | | | | | |
| 开化县 | | | | | | | | | |
| 龙游县 | 6 | 4 | 2 | | | | | | |
| 江山市 | 340 | 194 | 146 | 119 | 67 | 52 | 247 | 129 | 118 |
| **舟山市** | **3038** | **1335** | **1703** | **638** | **389** | **249** | **672** | **287** | **385** |
| 定海区 | 1752 | 804 | 948 | 361 | 224 | 137 | 484 | 227 | 257 |
| 普陀区 | 1286 | 531 | 755 | 277 | 165 | 112 | 188 | 60 | 128 |
| 岱山县 | | | | | | | | | |
| 嵊泗县 | | | | | | | | | |
| **台州市** | **31732** | **18466** | **13266** | **2473** | **1399** | **1074** | **7309** | **3878** | **3431** |
| 椒江区 | 4734 | 2721 | 2013 | 581 | 343 | 238 | 1710 | 876 | 834 |
| 黄岩区 | 5622 | 3434 | 2188 | 422 | 267 | 155 | 688 | 397 | 291 |
| 路桥区 | 3649 | 2110 | 1539 | 346 | 191 | 155 | 957 | 519 | 438 |
| 三门县 | | | | | | | | | |
| 天台县 | | | | | | | | | |
| 仙居县 | | | | | | | | | |
| 温岭市 | 6730 | 3885 | 2845 | 561 | 321 | 240 | 1854 | 998 | 856 |
| 临海市 | 2551 | 1439 | 1112 | 233 | 127 | 106 | 807 | 386 | 421 |
| 玉环市 | 8446 | 4877 | 3569 | 330 | 150 | 180 | 1293 | 702 | 591 |
| **丽水市** | **3220** | **1918** | **1302** | **479** | **262** | **217** | **821** | **356** | **465** |
| 莲都区 | 2920 | 1736 | 1184 | 420 | 232 | 188 | 720 | 309 | 411 |
| 青田县 | | | | | | | | | |
| 缙云县 | | | | | | | | | |
| 遂昌县 | | | | | | | | | |
| 松阳县 | | | | | | | | | |
| 云和县 | | | | | | | | | |
| 庆元县 | | | | | | | | | |
| 景宁畲族自治县 | | | | | | | | | |
| 龙泉市 | 300 | 182 | 118 | 59 | 30 | 29 | 101 | 47 | 54 |

7-3a 续表 14 单位：人

| 现住地 | 户口登记地 海南 小计 | 海南 男 | 海南 女 | 重庆 小计 | 重庆 男 | 重庆 女 | 四川 小计 | 四川 男 | 四川 女 |
|---|---|---|---|---|---|---|---|---|---|
| **合计** | **7164** | **3228** | **3936** | **372818** | **213959** | **158859** | **817413** | **462584** | **354829** |
| **杭州市** | **2973** | **1401** | **1572** | **68448** | **39820** | **28628** | **123205** | **70107** | **53098** |
| 上城区 | 78 | 35 | 43 | 940 | 516 | 424 | 1491 | 784 | 707 |
| 下城区 | 184 | 72 | 112 | 1873 | 1031 | 842 | 2920 | 1484 | 1436 |
| 江干区 | 743 | 355 | 388 | 11902 | 6674 | 5228 | 14961 | 8286 | 6675 |
| 拱墅区 | 181 | 88 | 93 | 2426 | 1365 | 1061 | 4286 | 2308 | 1978 |
| 西湖区 | 432 | 214 | 218 | 4507 | 2556 | 1951 | 8370 | 4564 | 3806 |
| 滨江区 | 247 | 119 | 128 | 2441 | 1505 | 936 | 4458 | 2504 | 1954 |
| 萧山区 | 440 | 225 | 215 | 20109 | 11882 | 8227 | 39244 | 22684 | 16560 |
| 余杭区 | 512 | 224 | 288 | 15829 | 9212 | 6617 | 36510 | 21006 | 15504 |
| 富阳区 | 86 | 41 | 45 | 5280 | 3200 | 2080 | 7304 | 4327 | 2977 |
| 临安区 | 54 | 21 | 33 | 2927 | 1772 | 1155 | 3222 | 1915 | 1307 |
| 桐庐县 | | | | | | | | | |
| 淳安县 | | | | | | | | | |
| 建德市 | 16 | 7 | 9 | 214 | 107 | 107 | 439 | 245 | 194 |
| **宁波市** | **1292** | **564** | **728** | **48314** | **26802** | **21512** | **211042** | **117208** | **93834** |
| 海曙区 | 194 | 90 | 104 | 10537 | 5821 | 4716 | 33872 | 18775 | 15097 |
| 江北区 | 112 | 47 | 65 | 2304 | 1286 | 1018 | 11023 | 6262 | 4761 |
| 北仑区 | 128 | 58 | 70 | 8537 | 4893 | 3644 | 33098 | 18605 | 14493 |
| 镇海区 | 168 | 79 | 89 | 5639 | 3173 | 2466 | 28726 | 16171 | 12555 |
| 鄞州区 | 447 | 196 | 251 | 3949 | 2069 | 1880 | 19598 | 10321 | 9277 |
| 奉化区 | 57 | 19 | 38 | 1495 | 827 | 668 | 10389 | 5862 | 4527 |
| 象山县 | | | | | | | | | |
| 宁海县 | | | | | | | | | |
| 余姚市 | 101 | 44 | 57 | 6510 | 3618 | 2892 | 22056 | 12202 | 9854 |
| 慈溪市 | 85 | 31 | 54 | 9343 | 5115 | 4228 | 52280 | 29010 | 23270 |
| **温州市** | **470** | **201** | **269** | **97077** | **56421** | **40656** | **130601** | **75804** | **54797** |
| 鹿城区 | 124 | 52 | 72 | 11015 | 6435 | 4580 | 20823 | 12104 | 8719 |
| 龙湾区 | 57 | 29 | 28 | 32605 | 19316 | 13289 | 15080 | 9072 | 6008 |
| 瓯海区 | 117 | 53 | 64 | 10098 | 6080 | 4018 | 21085 | 12583 | 8502 |
| 洞头区 | 10 | 3 | 7 | 406 | 240 | 166 | 2795 | 1622 | 1173 |
| 永嘉县 | | | | | | | | | |
| 平阳县 | | | | | | | | | |
| 苍南县 | | | | | | | | | |
| 文成县 | | | | | | | | | |
| 泰顺县 | | | | | | | | | |
| 瑞安市 | 59 | 22 | 37 | 13944 | 7949 | 5995 | 41524 | 23721 | 17803 |
| 乐清市 | 72 | 29 | 43 | 25962 | 14578 | 11384 | 19499 | 10996 | 8503 |
| 龙港市 | 31 | 13 | 18 | 3047 | 1823 | 1224 | 9795 | 5706 | 4089 |
| **嘉兴市** | **521** | **230** | **291** | **38582** | **22000** | **16582** | **111124** | **62709** | **48415** |
| 南湖区 | 234 | 104 | 130 | 8604 | 4880 | 3724 | 37967 | 21370 | 16597 |
| 秀洲区 | 55 | 27 | 28 | 6050 | 3484 | 2566 | 20622 | 11967 | 8655 |
| 嘉善县 | | | | | | | | | |
| 海盐县 | | | | | | | | | |
| 海宁市 | 81 | 35 | 46 | 4508 | 2636 | 1872 | 17813 | 10104 | 7709 |
| 平湖市 | 36 | 11 | 25 | 1706 | 979 | 727 | 8201 | 4579 | 3622 |
| 桐乡市 | 115 | 53 | 62 | 17714 | 10021 | 7693 | 26521 | 14689 | 11832 |
| **湖州市** | **64** | **25** | **39** | **6580** | **3836** | **2744** | **21147** | **12128** | **9019** |
| 吴兴区 | 52 | 19 | 33 | 5952 | 3476 | 2476 | 11568 | 6619 | 4949 |
| 南浔区 | 12 | 6 | 6 | 628 | 360 | 268 | 9579 | 5509 | 4070 |
| 德清县 | | | | | | | | | |
| 长兴县 | | | | | | | | | |
| 安吉县 | | | | | | | | | |

7−3a　续表 15　　　　单位：人

| 现住地 | 户口登记地 | | | | | | | | |
|---|---|---|---|---|---|---|---|---|---|
| | 海南 | | | 重庆 | | | 四川 | | |
| | 小计 | 男 | 女 | 小计 | 男 | 女 | 小计 | 男 | 女 |
| **绍兴市** | **421** | **187** | **234** | **43768** | **24922** | **18846** | **66168** | **37232** | **28936** |
| 越城区 | 152 | 68 | 84 | 15636 | 8663 | 6973 | 14093 | 7722 | 6371 |
| 柯桥区 | 127 | 60 | 67 | 20149 | 11613 | 8536 | 35873 | 20280 | 15593 |
| 上虞区 | 57 | 28 | 29 | 3991 | 2304 | 1687 | 9940 | 5747 | 4193 |
| 新昌县 | | | | | | | | | |
| 诸暨市 | 65 | 25 | 40 | 3150 | 1808 | 1342 | 3994 | 2174 | 1820 |
| 嵊州市 | 20 | 6 | 14 | 842 | 534 | 308 | 2268 | 1309 | 959 |
| **金华市** | **812** | **358** | **454** | **29378** | **16855** | **12523** | **42210** | **23483** | **18727** |
| 婺城区 | 161 | 58 | 103 | 7700 | 4443 | 3257 | 8853 | 4875 | 3978 |
| 金东区 | 20 | 9 | 11 | 694 | 404 | 290 | 1364 | 819 | 545 |
| 武义县 | | | | | | | | | |
| 浦江县 | | | | | | | | | |
| 磐安县 | | | | | | | | | |
| 兰溪市 | 24 | 8 | 16 | 555 | 321 | 234 | 1523 | 886 | 637 |
| 义乌市 | 441 | 200 | 241 | 9703 | 5474 | 4229 | 17675 | 9588 | 8087 |
| 东阳市 | 79 | 37 | 42 | 4027 | 2252 | 1775 | 4524 | 2442 | 2082 |
| 永康市 | 87 | 46 | 41 | 6699 | 3961 | 2738 | 8271 | 4873 | 3398 |
| **衢州市** | **83** | **39** | **44** | **1127** | **665** | **462** | **2999** | **1805** | **1194** |
| 柯城区 | 44 | 20 | 24 | 643 | 367 | 276 | 1656 | 1016 | 640 |
| 衢江区 | 17 | 9 | 8 | 286 | 179 | 107 | 883 | 529 | 354 |
| 常山县 | | | | | | | | | |
| 开化县 | | | | | | | | | |
| 龙游县 | | | | 2 | 1 | 1 | 3 | 2 | 1 |
| 江山市 | 22 | 10 | 12 | 196 | 118 | 78 | 457 | 258 | 199 |
| **舟山市** | **99** | **51** | **48** | **953** | **494** | **459** | **5681** | **3093** | **2588** |
| 定海区 | 77 | 41 | 36 | 613 | 330 | 283 | 4154 | 2328 | 1826 |
| 普陀区 | 22 | 10 | 12 | 340 | 164 | 176 | 1527 | 765 | 762 |
| 岱山县 | | | | | | | | | |
| 嵊泗县 | | | | | | | | | |
| **台州市** | **366** | **144** | **222** | **36049** | **20538** | **15511** | **99424** | **56665** | **42759** |
| 椒江区 | 97 | 39 | 58 | 4424 | 2538 | 1886 | 21430 | 12164 | 9266 |
| 黄岩区 | 58 | 20 | 38 | 10744 | 5962 | 4782 | 6792 | 3853 | 2939 |
| 路桥区 | 52 | 18 | 34 | 4539 | 2564 | 1975 | 8950 | 5049 | 3901 |
| 三门县 | | | | | | | | | |
| 天台县 | | | | | | | | | |
| 仙居县 | | | | | | | | | |
| 温岭市 | 63 | 26 | 37 | 8314 | 4823 | 3491 | 24026 | 13805 | 10221 |
| 临海市 | 50 | 22 | 28 | 1490 | 835 | 655 | 5431 | 3027 | 2404 |
| 玉环市 | 46 | 19 | 27 | 6538 | 3816 | 2722 | 32795 | 18767 | 14028 |
| **丽水市** | **63** | **28** | **35** | **2542** | **1606** | **936** | **3812** | **2350** | **1462** |
| 莲都区 | 56 | 26 | 30 | 2244 | 1401 | 843 | 3226 | 1963 | 1263 |
| 青田县 | | | | | | | | | |
| 缙云县 | | | | | | | | | |
| 遂昌县 | | | | | | | | | |
| 松阳县 | | | | | | | | | |
| 云和县 | | | | | | | | | |
| 庆元县 | | | | | | | | | |
| 景宁畲族自治县 | | | | | | | | | |
| 龙泉市 | 7 | 2 | 5 | 298 | 205 | 93 | 586 | 387 | 199 |

7−3a 续表 16　　单位：人

| 现住地 | 户口登记地 贵州 小计 | 贵州 男 | 贵州 女 | 云南 小计 | 云南 男 | 云南 女 | 西藏 小计 | 西藏 男 | 西藏 女 |
|---|---|---|---|---|---|---|---|---|---|
| **合计** | **1406524** | **815927** | **590597** | **306800** | **169100** | **137700** | **1181** | **523** | **658** |
| **杭州市** | **160705** | **97132** | **63573** | **44176** | **25189** | **18987** | **659** | **296** | **363** |
| 上城区 | 10670 | 6526 | 4144 | 578 | 309 | 269 | 1 | | 1 |
| 下城区 | 4794 | 2898 | 1896 | 1092 | 570 | 522 | 16 | 4 | 12 |
| 江干区 | 18323 | 10913 | 7410 | 7412 | 4410 | 3002 | 182 | 84 | 98 |
| 拱墅区 | 5049 | 3174 | 1875 | 1354 | 751 | 603 | 4 | 3 | 1 |
| 西湖区 | 13453 | 8080 | 5373 | 3185 | 1814 | 1371 | 187 | 58 | 129 |
| 滨江区 | 6299 | 3868 | 2431 | 1963 | 1141 | 822 | 142 | 95 | 47 |
| 萧山区 | 48301 | 29287 | 19014 | 9801 | 5706 | 4095 | 24 | 13 | 11 |
| 余杭区 | 27175 | 16324 | 10851 | 13734 | 7679 | 6055 | 35 | 17 | 18 |
| 富阳区 | 16524 | 10017 | 6507 | 3108 | 1716 | 1392 | 10 | 5 | 5 |
| 临安区 | 9092 | 5469 | 3623 | 1513 | 854 | 659 | 57 | 17 | 40 |
| 桐庐县 | | | | | | | | | |
| 淳安县 | | | | | | | | | |
| 建德市 | 1025 | 576 | 449 | 436 | 239 | 197 | 1 | | 1 |
| **宁波市** | **269923** | **152734** | **117189** | **39151** | **21080** | **18071** | **97** | **37** | **60** |
| 海曙区 | 23140 | 12986 | 10154 | 3821 | 1948 | 1873 | 18 | 7 | 11 |
| 江北区 | 13818 | 8372 | 5446 | 1555 | 897 | 658 | 16 | 5 | 11 |
| 北仑区 | 23130 | 13138 | 9992 | 6948 | 3911 | 3037 | 11 | 6 | 5 |
| 镇海区 | 11310 | 6620 | 4690 | 2435 | 1347 | 1088 | 24 | 1 | 23 |
| 鄞州区 | 12563 | 6851 | 5712 | 3653 | 1851 | 1802 | 15 | 11 | 4 |
| 奉化区 | 14513 | 8143 | 6370 | 1921 | 1059 | 862 | 4 | 1 | 3 |
| 象山县 | | | | | | | | | |
| 宁海县 | | | | | | | | | |
| 余姚市 | 74503 | 42139 | 32364 | 7854 | 4238 | 3616 | 5 | 3 | 2 |
| 慈溪市 | 96946 | 54485 | 42461 | 10964 | 5829 | 5135 | 4 | 3 | 1 |
| **温州市** | **316684** | **186909** | **129775** | **37406** | **20603** | **16803** | **92** | **40** | **52** |
| 鹿城区 | 66409 | 39546 | 26863 | 8354 | 4541 | 3813 | 11 | 7 | 4 |
| 龙湾区 | 43747 | 27075 | 16672 | 2996 | 1735 | 1261 | 4 | 1 | 3 |
| 瓯海区 | 51676 | 31408 | 20268 | 5624 | 3131 | 2493 | 61 | 26 | 35 |
| 洞头区 | 2511 | 1551 | 960 | 137 | 73 | 64 | | | |
| 永嘉县 | | | | | | | | | |
| 平阳县 | | | | | | | | | |
| 苍南县 | | | | | | | | | |
| 文成县 | | | | | | | | | |
| 泰顺县 | | | | | | | | | |
| 瑞安市 | 81345 | 46670 | 34675 | 4575 | 2453 | 2122 | 3 | 1 | 2 |
| 乐清市 | 58409 | 33282 | 25127 | 11230 | 6148 | 5082 | 11 | 5 | 6 |
| 龙港市 | 12587 | 7377 | 5210 | 4490 | 2522 | 1968 | 2 | | 2 |
| **嘉兴市** | **58150** | **32493** | **25657** | **41950** | **23201** | **18749** | **44** | **21** | **23** |
| 南湖区 | 12112 | 6817 | 5295 | 7485 | 4089 | 3396 | 38 | 16 | 22 |
| 秀洲区 | 9078 | 5315 | 3763 | 4766 | 2747 | 2019 | 1 | 1 | |
| 嘉善县 | | | | | | | | | |
| 海盐县 | | | | | | | | | |
| 海宁市 | 11691 | 6684 | 5007 | 10107 | 5536 | 4571 | 1 | 1 | |
| 平湖市 | 6677 | 3700 | 2977 | 3597 | 2020 | 1577 | 1 | | 1 |
| 桐乡市 | 18592 | 9977 | 8615 | 15995 | 8809 | 7186 | 3 | 3 | |
| **湖州市** | **19031** | **10979** | **8052** | **4072** | **2326** | **1746** | **59** | **21** | **38** |
| 吴兴区 | 10002 | 5884 | 4118 | 2454 | 1413 | 1041 | 57 | 20 | 37 |
| 南浔区 | 9029 | 5095 | 3934 | 1618 | 913 | 705 | 2 | 1 | 1 |
| 德清县 | | | | | | | | | |
| 长兴县 | | | | | | | | | |
| 安吉县 | | | | | | | | | |

7-3a　续表 17　　　　　　　　　　　　　　　　　　　　　　　　　　　　单位：人

| 现 住 地 | 户口登记地 | | | | | | | | |
|---|---|---|---|---|---|---|---|---|---|
| | 贵　州 | | | 云　南 | | | 西　藏 | | |
| | 小计 | 男 | 女 | 小计 | 男 | 女 | 小计 | 男 | 女 |
| **绍兴市** | **130889** | **75307** | **55582** | **31022** | **17071** | **13951** | **36** | **22** | **14** |
| 越城区 | 25594 | 14589 | 11005 | 4058 | 2194 | 1864 | 17 | 13 | 4 |
| 柯桥区 | 43055 | 25127 | 17928 | 7301 | 4106 | 3195 | 7 | 3 | 4 |
| 上虞区 | 21285 | 12142 | 9143 | 7812 | 4368 | 3444 | 8 | 3 | 5 |
| 新昌县 | | | | | | | | | |
| 诸暨市 | 29895 | 17279 | 12616 | 9533 | 5192 | 4341 | 4 | 3 | 1 |
| 嵊州市 | 11060 | 6170 | 4890 | 2318 | 1211 | 1107 | | | |
| **金华市** | **279455** | **160924** | **118531** | **62657** | **34309** | **28348** | **118** | **50** | **68** |
| 婺城区 | 33541 | 19148 | 14393 | 6398 | 3450 | 2948 | 72 | 28 | 44 |
| 金东区 | 6224 | 3706 | 2518 | 1343 | 762 | 581 | | | |
| 武义县 | | | | | | | | | |
| 浦江县 | | | | | | | | | |
| 磐安县 | | | | | | | | | |
| 兰溪市 | 7219 | 4187 | 3032 | 2304 | 1325 | 979 | 4 | 2 | 2 |
| 义乌市 | 83742 | 48039 | 35703 | 16850 | 9031 | 7819 | 15 | 8 | 7 |
| 东阳市 | 49479 | 27572 | 21907 | 6404 | 3371 | 3033 | 10 | 4 | 6 |
| 永康市 | 99250 | 58272 | 40978 | 29358 | 16370 | 12988 | 17 | 8 | 9 |
| **衢州市** | **7722** | **4542** | **3180** | **2522** | **1397** | **1125** | **27** | **14** | **13** |
| 柯城区 | 3427 | 2059 | 1368 | 1196 | 645 | 551 | 21 | 12 | 9 |
| 衢江区 | 2518 | 1510 | 1008 | 909 | 531 | 378 | 1 | | 1 |
| 常山县 | | | | | | | | | |
| 开化县 | | | | | | | | | |
| 龙游县 | 25 | 14 | 11 | | | | | | |
| 江山市 | 1752 | 959 | 793 | 417 | 221 | 196 | 5 | 2 | 3 |
| **舟山市** | **4693** | **2690** | **2003** | **1560** | **781** | **779** | **5** | | **5** |
| 定海区 | 2719 | 1570 | 1149 | 815 | 437 | 378 | 4 | | 4 |
| 普陀区 | 1974 | 1120 | 854 | 745 | 344 | 401 | 1 | | 1 |
| 岱山县 | | | | | | | | | |
| 嵊泗县 | | | | | | | | | |
| **台州市** | **144678** | **83434** | **61244** | **39517** | **21688** | **17829** | **40** | **20** | **20** |
| 椒江区 | 14652 | 8576 | 6076 | 5656 | 3110 | 2546 | 8 | 4 | 4 |
| 黄岩区 | 15310 | 8842 | 6468 | 8467 | 4711 | 3756 | 2 | 2 | |
| 路桥区 | 8708 | 5120 | 3588 | 2863 | 1592 | 1271 | 2 | 1 | 1 |
| 三门县 | | | | | | | | | |
| 天台县 | | | | | | | | | |
| 仙居县 | | | | | | | | | |
| 温岭市 | 53995 | 31154 | 22841 | 12016 | 6604 | 5412 | 1 | 1 | |
| 临海市 | 12196 | 6872 | 5324 | 4358 | 2396 | 1962 | 26 | 11 | 15 |
| 玉环市 | 39817 | 22870 | 16947 | 6157 | 3275 | 2882 | 1 | 1 | |
| **丽水市** | **14594** | **8783** | **5811** | **2767** | **1455** | **1312** | **4** | **2** | **2** |
| 莲都区 | 13558 | 8150 | 5408 | 2432 | 1269 | 1163 | 4 | 2 | 2 |
| 青田县 | | | | | | | | | |
| 缙云县 | | | | | | | | | |
| 遂昌县 | | | | | | | | | |
| 松阳县 | | | | | | | | | |
| 云和县 | | | | | | | | | |
| 庆元县 | | | | | | | | | |
| 景宁畲族自治县 | | | | | | | | | |
| 龙泉市 | 1036 | 633 | 403 | 335 | 186 | 149 | | | |

7－3a　续表 18　　　　单位：人

| 现住地 | 户口登记地 | | | | | | | | |
|---|---|---|---|---|---|---|---|---|---|
| | 陕西 | | | 甘肃 | | | 青海 | | |
| | 小计 | 男 | 女 | 小计 | 男 | 女 | 小计 | 男 | 女 |
| **合计** | **149951** | **89042** | **60909** | **103229** | **58453** | **44776** | **10079** | **5395** | **4684** |
| **杭州市** | **41983** | **25539** | **16444** | **51790** | **29527** | **22263** | **2915** | **1532** | **1383** |
| 上城区 | 1231 | 684 | 547 | 1308 | 597 | 711 | 105 | 56 | 49 |
| 下城区 | 1451 | 782 | 669 | 1840 | 827 | 1013 | 164 | 83 | 81 |
| 江干区 | 9615 | 5833 | 3782 | 16564 | 9363 | 7201 | 700 | 352 | 348 |
| 拱墅区 | 1958 | 1134 | 824 | 2535 | 1421 | 1114 | 118 | 61 | 57 |
| 西湖区 | 5247 | 3249 | 1998 | 5462 | 3036 | 2426 | 440 | 233 | 207 |
| 滨江区 | 3346 | 2044 | 1302 | 3350 | 1831 | 1519 | 207 | 120 | 87 |
| 萧山区 | 7213 | 4470 | 2743 | 8404 | 5220 | 3184 | 511 | 272 | 239 |
| 余杭区 | 9084 | 5513 | 3571 | 9718 | 5641 | 4077 | 445 | 241 | 204 |
| 富阳区 | 1795 | 1175 | 620 | 1445 | 874 | 571 | 134 | 68 | 66 |
| 临安区 | 787 | 507 | 280 | 1022 | 640 | 382 | 59 | 26 | 33 |
| 桐庐县 | | | | | | | | | |
| 淳安县 | | | | | | | | | |
| 建德市 | 256 | 148 | 108 | 142 | 77 | 65 | 32 | 20 | 12 |
| **宁波市** | **37006** | **21583** | **15423** | **16081** | **9264** | **6817** | **2020** | **1109** | **911** |
| 海曙区 | 6395 | 3628 | 2767 | 2033 | 1097 | 936 | 289 | 158 | 131 |
| 江北区 | 3001 | 1747 | 1254 | 864 | 517 | 347 | 125 | 67 | 58 |
| 北仑区 | 6924 | 4326 | 2598 | 4983 | 3013 | 1970 | 390 | 213 | 177 |
| 镇海区 | 4093 | 2408 | 1685 | 1843 | 1154 | 689 | 211 | 116 | 95 |
| 鄞州区 | 6508 | 3664 | 2844 | 2254 | 1164 | 1090 | 434 | 221 | 213 |
| 奉化区 | 1868 | 1081 | 787 | 467 | 273 | 194 | 66 | 33 | 33 |
| 象山县 | | | | | | | | | |
| 宁海县 | | | | | | | | | |
| 余姚市 | 4625 | 2714 | 1911 | 1944 | 1083 | 861 | 245 | 153 | 92 |
| 慈溪市 | 3592 | 2015 | 1577 | 1693 | 963 | 730 | 260 | 148 | 112 |
| **温州市** | **15765** | **9265** | **6500** | **7302** | **4032** | **3270** | **940** | **505** | **435** |
| 鹿城区 | 2796 | 1557 | 1239 | 1037 | 534 | 503 | 308 | 158 | 150 |
| 龙湾区 | 1690 | 1046 | 644 | 698 | 427 | 271 | 121 | 70 | 51 |
| 瓯海区 | 2804 | 1724 | 1080 | 1339 | 750 | 589 | 211 | 108 | 103 |
| 洞头区 | 88 | 53 | 35 | 95 | 60 | 35 | 12 | 5 | 7 |
| 永嘉县 | | | | | | | | | |
| 平阳县 | | | | | | | | | |
| 苍南县 | | | | | | | | | |
| 文成县 | | | | | | | | | |
| 泰顺县 | | | | | | | | | |
| 瑞安市 | 3167 | 1825 | 1342 | 884 | 495 | 389 | 159 | 100 | 59 |
| 乐清市 | 4715 | 2764 | 1951 | 1196 | 658 | 538 | 111 | 57 | 54 |
| 龙港市 | 505 | 296 | 209 | 2053 | 1108 | 945 | 18 | 7 | 11 |
| **嘉兴市** | **9725** | **5934** | **3791** | **8458** | **4858** | **3600** | **892** | **485** | **407** |
| 南湖区 | 2975 | 1845 | 1130 | 3482 | 2120 | 1362 | 514 | 281 | 233 |
| 秀洲区 | 1872 | 1165 | 707 | 1247 | 733 | 514 | 123 | 66 | 57 |
| 嘉善县 | | | | | | | | | |
| 海盐县 | | | | | | | | | |
| 海宁市 | 1230 | 755 | 475 | 1210 | 671 | 539 | 103 | 52 | 51 |
| 平湖市 | 2267 | 1400 | 867 | 1215 | 681 | 534 | 42 | 26 | 16 |
| 桐乡市 | 1381 | 769 | 612 | 1304 | 653 | 651 | 110 | 60 | 50 |
| **湖州市** | **1565** | **974** | **591** | **1335** | **723** | **612** | **134** | **77** | **57** |
| 吴兴区 | 1055 | 673 | 382 | 1037 | 546 | 491 | 67 | 39 | 28 |
| 南浔区 | 510 | 301 | 209 | 298 | 177 | 121 | 67 | 38 | 29 |
| 德清县 | | | | | | | | | |
| 长兴县 | | | | | | | | | |
| 安吉县 | | | | | | | | | |

7-3a　续表 19　　　　单位：人

| 现住地 | 户口登记地 陕西 小计 | 陕西 男 | 陕西 女 | 甘肃 小计 | 甘肃 男 | 甘肃 女 | 青海 小计 | 青海 男 | 青海 女 |
|---|---|---|---|---|---|---|---|---|---|
| **绍兴市** | **8933** | **5308** | **3625** | **5049** | **2865** | **2184** | **462** | **261** | **201** |
| 越城区 | 2147 | 1267 | 880 | 1475 | 795 | 680 | 114 | 69 | 45 |
| 柯桥区 | 2968 | 1797 | 1171 | 1358 | 782 | 576 | 112 | 64 | 48 |
| 上虞区 | 1517 | 953 | 564 | 1097 | 702 | 395 | 100 | 58 | 42 |
| 新昌县 | | | | | | | | | |
| 诸暨市 | 1816 | 1012 | 804 | 812 | 405 | 407 | 103 | 50 | 53 |
| 嵊州市 | 485 | 279 | 206 | 307 | 181 | 126 | 33 | 20 | 13 |
| **金华市** | **12089** | **6970** | **5119** | **7080** | **3822** | **3258** | **1991** | **1046** | **945** |
| 婺城区 | 1715 | 969 | 746 | 1386 | 672 | 714 | 762 | 377 | 385 |
| 金东区 | 308 | 180 | 128 | 166 | 89 | 77 | 34 | 19 | 15 |
| 武义县 | | | | | | | | | |
| 浦江县 | | | | | | | | | |
| 磐安县 | | | | | | | | | |
| 兰溪市 | 324 | 191 | 133 | 152 | 90 | 62 | 19 | 11 | 8 |
| 义乌市 | 6658 | 3797 | 2861 | 4036 | 2198 | 1838 | 847 | 456 | 391 |
| 东阳市 | 1327 | 775 | 552 | 630 | 344 | 286 | 175 | 89 | 86 |
| 永康市 | 1757 | 1058 | 699 | 710 | 429 | 281 | 154 | 94 | 60 |
| **衢州市** | **918** | **534** | **384** | **644** | **389** | **255** | **132** | **74** | **58** |
| 柯城区 | 557 | 326 | 231 | 341 | 207 | 134 | 86 | 47 | 39 |
| 衢江区 | 223 | 136 | 87 | 210 | 133 | 77 | 15 | 8 | 7 |
| 常山县 | | | | | | | | | |
| 开化县 | | | | | | | | | |
| 龙游县 | | | | | | | | | |
| 江山市 | 138 | 72 | 66 | 93 | 49 | 44 | 31 | 19 | 12 |
| **舟山市** | **1152** | **618** | **534** | **768** | **417** | **351** | **121** | **58** | **63** |
| 定海区 | 740 | 408 | 332 | 592 | 329 | 263 | 74 | 37 | 37 |
| 普陀区 | 412 | 210 | 202 | 176 | 88 | 88 | 47 | 21 | 26 |
| 岱山县 | | | | | | | | | |
| 嵊泗县 | | | | | | | | | |
| **台州市** | **19766** | **11682** | **8084** | **4123** | **2232** | **1891** | **391** | **213** | **178** |
| 椒江区 | 5073 | 2981 | 2092 | 1036 | 547 | 489 | 103 | 59 | 44 |
| 黄岩区 | 2270 | 1388 | 882 | 605 | 338 | 267 | 44 | 22 | 22 |
| 路桥区 | 3714 | 2124 | 1590 | 380 | 206 | 174 | 38 | 21 | 17 |
| 三门县 | | | | | | | | | |
| 天台县 | | | | | | | | | |
| 仙居县 | | | | | | | | | |
| 温岭市 | 4574 | 2695 | 1879 | 1135 | 631 | 504 | 109 | 60 | 49 |
| 临海市 | 885 | 511 | 374 | 375 | 199 | 176 | 69 | 34 | 35 |
| 玉环市 | 3250 | 1983 | 1267 | 592 | 311 | 281 | 28 | 17 | 11 |
| **丽水市** | **1049** | **635** | **414** | **599** | **324** | **275** | **81** | **35** | **46** |
| 莲都区 | 982 | 594 | 388 | 543 | 293 | 250 | 74 | 31 | 43 |
| 青田县 | | | | | | | | | |
| 缙云县 | | | | | | | | | |
| 遂昌县 | | | | | | | | | |
| 松阳县 | | | | | | | | | |
| 云和县 | | | | | | | | | |
| 庆元县 | | | | | | | | | |
| 景宁畲族自治县 | | | | | | | | | |
| 龙泉市 | 67 | 41 | 26 | 56 | 31 | 25 | 7 | 4 | 3 |

7-3a 续表 20

单位：人

| 现住地 | 户口登记地 宁夏 小计 | 宁夏 男 | 宁夏 女 | 新疆 小计 | 新疆 男 | 新疆 女 |
|---|---|---|---|---|---|---|
| **合计** | **11561** | **6459** | **5102** | **21648** | **10301** | **11347** |
| **杭州市** | **3692** | **1936** | **1756** | **7276** | **3181** | **4095** |
| 上城区 | 102 | 59 | 43 | 179 | 81 | 98 |
| 下城区 | 154 | 85 | 69 | 283 | 111 | 172 |
| 江干区 | 1048 | 502 | 546 | 1739 | 753 | 986 |
| 拱墅区 | 224 | 123 | 101 | 428 | 188 | 240 |
| 西湖区 | 545 | 318 | 227 | 1045 | 460 | 585 |
| 滨江区 | 306 | 163 | 143 | 652 | 290 | 362 |
| 萧山区 | 408 | 223 | 185 | 1303 | 595 | 708 |
| 余杭区 | 660 | 346 | 314 | 1318 | 552 | 766 |
| 富阳区 | 111 | 59 | 52 | 111 | 54 | 57 |
| 临安区 | 126 | 54 | 72 | 189 | 81 | 108 |
| 桐庐县 | | | | | | |
| 淳安县 | | | | | | |
| 建德市 | 8 | 4 | 4 | 29 | 16 | 13 |
| **宁波市** | **837** | **489** | **348** | **3281** | **1519** | **1762** |
| 海曙区 | 92 | 47 | 45 | 335 | 166 | 169 |
| 江北区 | 56 | 32 | 24 | 175 | 85 | 90 |
| 北仑区 | 155 | 100 | 55 | 792 | 330 | 462 |
| 镇海区 | 82 | 50 | 32 | 214 | 96 | 118 |
| 鄞州区 | 213 | 124 | 89 | 993 | 423 | 570 |
| 奉化区 | 26 | 13 | 13 | 58 | 26 | 32 |
| 象山县 | | | | | | |
| 宁海县 | | | | | | |
| 余姚市 | 100 | 64 | 36 | 177 | 102 | 75 |
| 慈溪市 | 113 | 59 | 54 | 537 | 291 | 246 |
| **温州市** | **360** | **190** | **170** | **1590** | **739** | **851** |
| 鹿城区 | 99 | 44 | 55 | 309 | 148 | 161 |
| 龙湾区 | 52 | 36 | 16 | 126 | 66 | 60 |
| 瓯海区 | 79 | 42 | 37 | 754 | 317 | 437 |
| 洞头区 | 8 | 4 | 4 | 10 | 6 | 4 |
| 永嘉县 | | | | | | |
| 平阳县 | | | | | | |
| 苍南县 | | | | | | |
| 文成县 | | | | | | |
| 泰顺县 | | | | | | |
| 瑞安市 | 35 | 20 | 15 | 119 | 62 | 57 |
| 乐清市 | 73 | 35 | 38 | 221 | 111 | 110 |
| 龙港市 | 14 | 9 | 5 | 51 | 29 | 22 |
| **嘉兴市** | **964** | **599** | **365** | **2178** | **1022** | **1156** |
| 南湖区 | 523 | 338 | 185 | 550 | 267 | 283 |
| 秀洲区 | 125 | 80 | 45 | 636 | 278 | 358 |
| 嘉善县 | | | | | | |
| 海盐县 | | | | | | |
| 海宁市 | 54 | 33 | 21 | 533 | 230 | 303 |
| 平湖市 | 150 | 91 | 59 | 227 | 123 | 104 |
| 桐乡市 | 112 | 57 | 55 | 232 | 124 | 108 |
| **湖州市** | **78** | **47** | **31** | **333** | **151** | **182** |
| 吴兴区 | 69 | 41 | 28 | 256 | 108 | 148 |
| 南浔区 | 9 | 6 | 3 | 77 | 43 | 34 |
| 德清县 | | | | | | |
| 长兴县 | | | | | | |
| 安吉县 | | | | | | |

7–3a　续表 21　　　　单位：人

| 现住地 | 户口登记地 宁夏 小计 | 宁夏 男 | 宁夏 女 | 新疆 小计 | 新疆 男 | 新疆 女 |
|---|---|---|---|---|---|---|
| **绍兴市** | **267** | **159** | **108** | **1916** | **1152** | **764** |
| 越城区 | 48 | 29 | 19 | 414 | 230 | 184 |
| 柯桥区 | 84 | 45 | 39 | 1073 | 699 | 374 |
| 上虞区 | 57 | 41 | 16 | 195 | 107 | 88 |
| 新昌县 | | | | | | |
| 诸暨市 | 57 | 30 | 27 | 196 | 96 | 100 |
| 嵊州市 | 21 | 14 | 7 | 38 | 20 | 18 |
| **金华市** | **4927** | **2831** | **2096** | **3345** | **1712** | **1633** |
| 婺城区 | 195 | 75 | 120 | 537 | 188 | 349 |
| 金东区 | 18 | 9 | 9 | 80 | 38 | 42 |
| 武义县 | | | | | | |
| 浦江县 | | | | | | |
| 磐安县 | | | | | | |
| 兰溪市 | 11 | 5 | 6 | 170 | 93 | 77 |
| 义乌市 | 4512 | 2638 | 1874 | 2223 | 1215 | 1008 |
| 东阳市 | 116 | 60 | 56 | 197 | 100 | 97 |
| 永康市 | 75 | 44 | 31 | 138 | 78 | 60 |
| **衢州市** | **67** | **32** | **35** | **211** | **137** | **74** |
| 柯城区 | 42 | 23 | 19 | 174 | 110 | 64 |
| 衢江区 | 8 | 3 | 5 | 14 | 9 | 5 |
| 常山县 | | | | | | |
| 开化县 | | | | | | |
| 龙游县 | | | | | | |
| 江山市 | 17 | 6 | 11 | 23 | 18 | 5 |
| **舟山市** | **47** | **15** | **32** | **246** | **120** | **126** |
| 定海区 | 23 | 7 | 16 | 205 | 99 | 106 |
| 普陀区 | 24 | 8 | 16 | 41 | 21 | 20 |
| 岱山县 | | | | | | |
| 嵊泗县 | | | | | | |
| **台州市** | **263** | **129** | **134** | **1173** | **518** | **655** |
| 椒江区 | 72 | 28 | 44 | 629 | 252 | 377 |
| 黄岩区 | 27 | 16 | 11 | 84 | 49 | 35 |
| 路桥区 | 33 | 14 | 19 | 61 | 33 | 28 |
| 三门县 | | | | | | |
| 天台县 | | | | | | |
| 仙居县 | | | | | | |
| 温岭市 | 53 | 33 | 20 | 245 | 118 | 127 |
| 临海市 | 40 | 19 | 21 | 101 | 41 | 60 |
| 玉环市 | 38 | 19 | 19 | 53 | 25 | 28 |
| **丽水市** | **59** | **32** | **27** | **99** | **50** | **49** |
| 莲都区 | 54 | 31 | 23 | 96 | 47 | 49 |
| 青田县 | | | | | | |
| 缙云县 | | | | | | |
| 遂昌县 | | | | | | |
| 松阳县 | | | | | | |
| 云和县 | | | | | | |
| 庆元县 | | | | | | |
| 景宁畲族自治县 | | | | | | |
| 龙泉市 | 5 | 1 | 4 | 3 | 3 | |

# 7－3b 全省按现住地、性别分的户口登记地在外省的人口(镇)

单位：人

| 现住地 | 户口登记地 | | | | | |
|---|---|---|---|---|---|---|
| | 合计 | | | 北京 | | |
| | 合计 | 男 | 女 | 小计 | 男 | 女 |
| **合计** | **3390021** | **2002837** | **1387184** | **1034** | **619** | **415** |
| **杭州市** | **246918** | **148145** | **98773** | **164** | **89** | **75** |
| 上城区 | | | | | | |
| 下城区 | | | | | | |
| 江干区 | | | | | | |
| 拱墅区 | | | | | | |
| 西湖区 | 105 | 60 | 45 | | | |
| 滨江区 | | | | | | |
| 萧山区 | 56730 | 35716 | 21014 | 9 | 7 | 2 |
| 余杭区 | 93685 | 56204 | 37481 | 86 | 49 | 37 |
| 富阳区 | 4313 | 2761 | 1552 | 2 | 1 | 1 |
| 临安区 | 14380 | 8418 | 5962 | 2 | | 2 |
| 桐庐县 | 63718 | 37090 | 26628 | 31 | 16 | 15 |
| 淳安县 | 7559 | 4230 | 3329 | 26 | 13 | 13 |
| 建德市 | 6428 | 3666 | 2762 | 8 | 3 | 5 |
| **宁波市** | **663838** | **386573** | **277265** | **220** | **133** | **87** |
| 海曙区 | 5911 | 3272 | 2639 | | | |
| 江北区 | | | | | | |
| 北仑区 | 25560 | 16411 | 9149 | 4 | 3 | 1 |
| 镇海区 | 20668 | 12534 | 8134 | 3 | 2 | 1 |
| 鄞州区 | 119117 | 68039 | 51078 | 39 | 21 | 18 |
| 奉化区 | 9696 | 5646 | 4050 | 2 | 2 | |
| 象山县 | 75548 | 41936 | 33612 | 29 | 14 | 15 |
| 宁海县 | 105924 | 59538 | 46386 | 31 | 19 | 12 |
| 余姚市 | 90621 | 50868 | 39753 | 8 | 5 | 3 |
| 慈溪市 | 210793 | 128329 | 82464 | 104 | 67 | 37 |
| **温州市** | **402156** | **239965** | **162191** | **103** | **62** | **41** |
| 鹿城区 | 1447 | 847 | 600 | | | |
| 龙湾区 | 145313 | 87415 | 57898 | 18 | 14 | 4 |
| 瓯海区 | 6789 | 4097 | 2692 | | | |
| 洞头区 | 868 | 511 | 357 | | | |
| 永嘉县 | 102943 | 62319 | 40624 | 26 | 16 | 10 |
| 平阳县 | 62833 | 37237 | 25596 | 22 | 15 | 7 |
| 苍南县 | 42599 | 24950 | 17649 | 16 | 8 | 8 |
| 文成县 | 4026 | 2705 | 1321 | 10 | 6 | 4 |
| 泰顺县 | 3360 | 1916 | 1444 | 3 | 1 | 2 |
| 瑞安市 | 1940 | 1181 | 759 | 1 | 1 | |
| 乐清市 | 26266 | 14722 | 11544 | 7 | 1 | 6 |
| 龙港市 | 3772 | 2065 | 1707 | | | |
| **嘉兴市** | **617289** | **363926** | **253363** | **154** | **95** | **59** |
| 南湖区 | 23182 | 13426 | 9756 | 7 | 4 | 3 |
| 秀洲区 | 67104 | 37863 | 29241 | 5 | 3 | 2 |
| 嘉善县 | 209469 | 123239 | 86230 | 53 | 33 | 20 |
| 海盐县 | 76457 | 45071 | 31386 | 57 | 33 | 24 |
| 海宁市 | 138603 | 84659 | 53944 | 15 | 11 | 4 |
| 平湖市 | 58774 | 34672 | 24102 | 9 | 6 | 3 |
| 桐乡市 | 43700 | 24996 | 18704 | 8 | 5 | 3 |
| **湖州市** | **406522** | **235920** | **170602** | **99** | **62** | **37** |
| 吴兴区 | 135726 | 73847 | 61879 | 8 | 4 | 4 |
| 南浔区 | 24000 | 13968 | 10032 | 2 | 2 | |
| 德清县 | 85146 | 51708 | 33438 | 34 | 21 | 13 |
| 长兴县 | 64215 | 38489 | 25726 | 29 | 21 | 8 |
| 安吉县 | 97435 | 57908 | 39527 | 26 | 14 | 12 |

7-3b　续表 1　　单位：人

| 现住地 | 户口登记地 | | | | | |
|---|---|---|---|---|---|---|
| | 合计 | | | 北京 | | |
| | 合计 | 男 | 女 | 小计 | 男 | 女 |
| **绍兴市** | **141201** | **85616** | **55585** | **43** | **26** | **17** |
| 越城区 | 667 | 380 | 287 | | | |
| 柯桥区 | 66120 | 42016 | 24104 | 5 | 3 | 2 |
| 上虞区 | 7595 | 4330 | 3265 | 1 | 1 | |
| 新昌县 | 19660 | 11479 | 8181 | 26 | 16 | 10 |
| 诸暨市 | 43529 | 25201 | 18328 | 9 | 5 | 4 |
| 嵊州市 | 3630 | 2210 | 1420 | 2 | 1 | 1 |
| **金华市** | **571017** | **330211** | **240806** | **116** | **79** | **37** |
| 婺城区 | 10466 | 6356 | 4110 | 9 | 5 | 4 |
| 金东区 | 83951 | 49532 | 34419 | 8 | 5 | 3 |
| 武义县 | 109934 | 63743 | 46191 | 12 | 10 | 2 |
| 浦江县 | 44705 | 24698 | 20007 | 21 | 13 | 8 |
| 磐安县 | 9414 | 5705 | 3709 | 7 | 5 | 2 |
| 兰溪市 | 7691 | 4538 | 3153 | | | |
| 义乌市 | 168976 | 95623 | 73353 | 21 | 16 | 5 |
| 东阳市 | 94775 | 56300 | 38475 | 34 | 24 | 10 |
| 永康市 | 41105 | 23716 | 17389 | 4 | 1 | 3 |
| **衢州市** | **30256** | **18313** | **11943** | **30** | **15** | **15** |
| 柯城区 | 1217 | 783 | 434 | | | |
| 衢江区 | 1197 | 689 | 508 | | | |
| 常山县 | 6297 | 3723 | 2574 | 8 | 6 | 2 |
| 开化县 | 3971 | 2451 | 1520 | 6 | 2 | 4 |
| 龙游县 | 15342 | 9330 | 6012 | 16 | 7 | 9 |
| 江山市 | 2232 | 1337 | 895 | | | |
| **舟山市** | **61477** | **46378** | **15099** | **19** | **12** | **7** |
| 定海区 | 7425 | 4200 | 3225 | 2 | 1 | 1 |
| 普陀区 | 3396 | 1997 | 1399 | 4 | 2 | 2 |
| 岱山县 | 45799 | 37309 | 8490 | 12 | 9 | 3 |
| 嵊泗县 | 4857 | 2872 | 1985 | 1 | | 1 |
| **台州市** | **179694** | **106529** | **73165** | **34** | **21** | **13** |
| 椒江区 | 3543 | 2219 | 1324 | 1 | | 1 |
| 黄岩区 | 5007 | 2885 | 2122 | | | |
| 路桥区 | 34440 | 20374 | 14066 | | | |
| 三门县 | 21509 | 12688 | 8821 | 13 | 9 | 4 |
| 天台县 | 13171 | 7705 | 5466 | 4 | 2 | 2 |
| 仙居县 | 11426 | 6527 | 4899 | 2 | 1 | 1 |
| 温岭市 | 71781 | 43200 | 28581 | 7 | 4 | 3 |
| 临海市 | 13830 | 8018 | 5812 | 7 | 5 | 2 |
| 玉环市 | 4987 | 2913 | 2074 | | | |
| **丽水市** | **69653** | **41261** | **28392** | **52** | **25** | **27** |
| 莲都区 | 3579 | 2252 | 1327 | | | |
| 青田县 | 23481 | 13582 | 9899 | 21 | 7 | 14 |
| 缙云县 | 19717 | 11958 | 7759 | 11 | 4 | 7 |
| 遂昌县 | 3236 | 1991 | 1245 | 6 | 4 | 2 |
| 松阳县 | 6706 | 4028 | 2678 | 7 | 5 | 2 |
| 云和县 | 8889 | 5304 | 3585 | 1 | 1 | |
| 庆元县 | 2112 | 1085 | 1027 | 1 | 1 | |
| 景宁畲族自治县 | 1574 | 846 | 728 | 5 | 3 | 2 |
| 龙泉市 | 359 | 215 | 144 | | | |

7-3b 续表 2

单位：人

| 现住地 | 户口登记地 | | | | | | | | |
|---|---|---|---|---|---|---|---|---|---|
| | 天津 | | | 河北 | | | 山西 | | |
| | 小计 | 男 | 女 | 小计 | 男 | 女 | 小计 | 男 | 女 |
| **合计** | **1091** | **641** | **450** | **15251** | **9504** | **5747** | **13388** | **8526** | **4862** |
| **杭州市** | **81** | **52** | **29** | **1453** | **921** | **532** | **1486** | **929** | **557** |
| 上城区 | | | | | | | | | |
| 下城区 | | | | | | | | | |
| 江干区 | | | | | | | | | |
| 拱墅区 | | | | | | | | | |
| 西湖区 | | | | | | | 1 | | 1 |
| 滨江区 | | | | | | | | | |
| 萧山区 | 11 | 8 | 3 | 248 | 174 | 74 | 351 | 235 | 116 |
| 余杭区 | 33 | 20 | 13 | 740 | 450 | 290 | 451 | 282 | 169 |
| 富阳区 | 6 | 6 | | 39 | 31 | 8 | 17 | 13 | 4 |
| 临安区 | 2 | 2 | | 21 | 10 | 11 | 45 | 24 | 21 |
| 桐庐县 | 21 | 10 | 11 | 324 | 205 | 119 | 551 | 328 | 223 |
| 淳安县 | 7 | 6 | 1 | 48 | 27 | 21 | 45 | 28 | 17 |
| 建德市 | 1 | | 1 | 33 | 24 | 9 | 25 | 19 | 6 |
| **宁波市** | **284** | **161** | **123** | **2836** | **1701** | **1135** | **2485** | **1586** | **899** |
| 海曙区 | | | | 7 | 6 | 1 | 3 | 2 | 1 |
| 江北区 | | | | | | | | | |
| 北仑区 | 10 | 7 | 3 | 177 | 116 | 61 | 275 | 187 | 88 |
| 镇海区 | 2 | 2 | | 83 | 57 | 26 | 80 | 50 | 30 |
| 鄞州区 | 41 | 22 | 19 | 357 | 211 | 146 | 430 | 271 | 159 |
| 奉化区 | 5 | 1 | 4 | 22 | 13 | 9 | 54 | 34 | 20 |
| 象山县 | 29 | 13 | 16 | 227 | 122 | 105 | 201 | 133 | 68 |
| 宁海县 | 33 | 16 | 17 | 345 | 196 | 149 | 257 | 136 | 121 |
| 余姚市 | 13 | 8 | 5 | 190 | 110 | 80 | 145 | 83 | 62 |
| 慈溪市 | 151 | 92 | 59 | 1428 | 870 | 558 | 1040 | 690 | 350 |
| **温州市** | **92** | **52** | **40** | **967** | **550** | **417** | **944** | **518** | **426** |
| 鹿城区 | | | | 7 | 5 | 2 | 1 | 1 | |
| 龙湾区 | 6 | 3 | 3 | 286 | 175 | 111 | 225 | 136 | 89 |
| 瓯海区 | | | | 20 | 13 | 7 | 12 | 8 | 4 |
| 洞头区 | | | | 4 | 3 | 1 | 3 | | 3 |
| 永嘉县 | 16 | 10 | 6 | 235 | 122 | 113 | 201 | 109 | 92 |
| 平阳县 | 33 | 16 | 17 | 159 | 87 | 72 | 174 | 94 | 80 |
| 苍南县 | 21 | 11 | 10 | 155 | 90 | 65 | 233 | 118 | 115 |
| 文成县 | 10 | 7 | 3 | 32 | 18 | 14 | 18 | 12 | 6 |
| 泰顺县 | | | | 32 | 19 | 13 | 14 | 5 | 9 |
| 瑞安市 | | | | | | | 4 | 4 | |
| 乐清市 | 6 | 5 | 1 | 35 | 18 | 17 | 53 | 26 | 27 |
| 龙港市 | | | | 2 | | 2 | 6 | 5 | 1 |
| **嘉兴市** | **207** | **125** | **82** | **3093** | **1942** | **1151** | **3241** | **2091** | **1150** |
| 南湖区 | 5 | 3 | 2 | 91 | 56 | 35 | 75 | 42 | 33 |
| 秀洲区 | 3 | 2 | 1 | 177 | 106 | 71 | 129 | 79 | 50 |
| 嘉善县 | 46 | 27 | 19 | 1019 | 630 | 389 | 1404 | 920 | 484 |
| 海盐县 | 35 | 26 | 9 | 400 | 251 | 149 | 334 | 211 | 123 |
| 海宁市 | 73 | 38 | 35 | 784 | 496 | 288 | 1034 | 677 | 357 |
| 平湖市 | 27 | 17 | 10 | 228 | 171 | 57 | 183 | 117 | 66 |
| 桐乡市 | 18 | 12 | 6 | 394 | 232 | 162 | 82 | 45 | 37 |
| **湖州市** | **129** | **71** | **58** | **2053** | **1127** | **926** | **1479** | **883** | **596** |
| 吴兴区 | 19 | 12 | 7 | 1021 | 474 | 547 | 505 | 285 | 220 |
| 南浔区 | 3 | 1 | 2 | 91 | 53 | 38 | 152 | 104 | 48 |
| 德清县 | 33 | 25 | 8 | 353 | 231 | 122 | 358 | 217 | 141 |
| 长兴县 | 39 | 19 | 20 | 316 | 216 | 100 | 261 | 156 | 105 |
| 安吉县 | 35 | 14 | 21 | 272 | 153 | 119 | 203 | 121 | 82 |

7-3b 续表 3 单位：人

| 现住地 | 户口登记地 | | | | | | | | |
|---|---|---|---|---|---|---|---|---|---|
| | 天津 | | | 河北 | | | 山西 | | |
| | 小计 | 男 | 女 | 小计 | 男 | 女 | 小计 | 男 | 女 |
| **绍兴市** | **43** | **23** | **20** | **552** | **355** | **197** | **436** | **274** | **162** |
| 越城区 | 1 | | 1 | 1 | | 1 | 7 | 5 | 2 |
| 柯桥区 | 5 | 4 | 1 | 150 | 103 | 47 | 169 | 105 | 64 |
| 上虞区 | 5 | 4 | 1 | 18 | 11 | 7 | 14 | 10 | 4 |
| 新昌县 | 19 | 7 | 12 | 143 | 88 | 55 | 113 | 71 | 42 |
| 诸暨市 | 10 | 6 | 4 | 218 | 132 | 86 | 122 | 74 | 48 |
| 嵊州市 | 3 | 2 | 1 | 22 | 21 | 1 | 11 | 9 | 2 |
| **金华市** | **122** | **75** | **47** | **2116** | **1295** | **821** | **1733** | **1059** | **674** |
| 婺城区 | 9 | 5 | 4 | 67 | 35 | 32 | 44 | 28 | 16 |
| 金东区 | 7 | 4 | 3 | 406 | 246 | 160 | 343 | 217 | 126 |
| 武义县 | 5 | 2 | 3 | 205 | 114 | 91 | 157 | 89 | 68 |
| 浦江县 | 9 | 3 | 6 | 138 | 80 | 58 | 84 | 40 | 44 |
| 磐安县 | 4 | 3 | 1 | 33 | 21 | 12 | 72 | 37 | 35 |
| 兰溪市 | 2 | 2 | | 19 | 14 | 5 | 33 | 23 | 10 |
| 义乌市 | 46 | 34 | 12 | 458 | 277 | 181 | 591 | 358 | 233 |
| 东阳市 | 35 | 20 | 15 | 744 | 479 | 265 | 365 | 237 | 128 |
| 永康市 | 5 | 2 | 3 | 46 | 29 | 17 | 44 | 30 | 14 |
| **衢州市** | **22** | **14** | **8** | **213** | **127** | **86** | **237** | **155** | **82** |
| 柯城区 | 1 | | 1 | 10 | 8 | 2 | 8 | 6 | 2 |
| 衢江区 | | | | 3 | 3 | | 5 | 4 | 1 |
| 常山县 | 8 | 6 | 2 | 70 | 45 | 25 | 41 | 28 | 13 |
| 开化县 | 4 | 2 | 2 | 37 | 21 | 16 | 21 | 14 | 7 |
| 龙游县 | 8 | 6 | 2 | 87 | 47 | 40 | 151 | 98 | 53 |
| 江山市 | 1 | | 1 | 6 | 3 | 3 | 11 | 5 | 6 |
| **舟山市** | **44** | **27** | **17** | **1085** | **938** | **147** | **706** | **631** | **75** |
| 定海区 | 1 | | 1 | 34 | 21 | 13 | 15 | 12 | 3 |
| 普陀区 | 1 | 1 | | 18 | 13 | 5 | 19 | 11 | 8 |
| 岱山县 | 42 | 26 | 16 | 1011 | 892 | 119 | 667 | 605 | 62 |
| 嵊泗县 | | | | 22 | 12 | 10 | 5 | 3 | 2 |
| **台州市** | **40** | **25** | **15** | **548** | **347** | **201** | **440** | **268** | **172** |
| 椒江区 | 2 | 1 | 1 | 26 | 20 | 6 | 5 | 5 | |
| 黄岩区 | 3 | 1 | 2 | 8 | 6 | 2 | 10 | 7 | 3 |
| 路桥区 | 2 | 2 | | 67 | 41 | 26 | 52 | 30 | 22 |
| 三门县 | 6 | 3 | 3 | 78 | 45 | 33 | 86 | 50 | 36 |
| 天台县 | 15 | 11 | 4 | 93 | 59 | 34 | 67 | 34 | 33 |
| 仙居县 | 5 | 4 | 1 | 59 | 37 | 22 | 31 | 22 | 9 |
| 温岭市 | 5 | 2 | 3 | 145 | 98 | 47 | 105 | 66 | 39 |
| 临海市 | 2 | 1 | 1 | 54 | 32 | 22 | 62 | 43 | 19 |
| 玉环市 | | | | 18 | 9 | 9 | 22 | 11 | 11 |
| **丽水市** | **27** | **16** | **11** | **335** | **201** | **134** | **201** | **132** | **69** |
| 莲都区 | | | | 16 | 8 | 8 | 13 | 6 | 7 |
| 青田县 | 5 | 3 | 2 | 64 | 33 | 31 | 59 | 32 | 27 |
| 缙云县 | 4 | 3 | 1 | 76 | 47 | 29 | 56 | 38 | 18 |
| 遂昌县 | 2 | 2 | | 43 | 28 | 15 | 14 | 13 | 1 |
| 松阳县 | 3 | 3 | | 38 | 25 | 13 | 17 | 12 | 5 |
| 云和县 | 1 | | 1 | 46 | 29 | 17 | 14 | 10 | 4 |
| 庆元县 | 4 | 3 | 1 | 11 | 5 | 6 | 6 | 4 | 2 |
| 景宁畲族自治县 | 8 | 2 | 6 | 32 | 17 | 15 | 20 | 15 | 5 |
| 龙泉市 | | | | 9 | 9 | | 2 | 2 | |

7-3b 续表 4

单位：人

| 现住地 | 户口登记地 | | | | | | | | |
|---|---|---|---|---|---|---|---|---|---|
| | 内蒙古 | | | 辽宁 | | | 吉林 | | |
| | 小计 | 男 | 女 | 小计 | 男 | 女 | 小计 | 男 | 女 |
| **合计** | **6726** | **3998** | **2728** | **11298** | **6913** | **4385** | **17717** | **10536** | **7181** |
| **杭州市** | **730** | **425** | **305** | **1157** | **663** | **494** | **1572** | **887** | **685** |
| 上城区 | | | | | | | | | |
| 下城区 | | | | | | | | | |
| 江干区 | | | | | | | | | |
| 拱墅区 | | | | | | | | | |
| 西湖区 | 1 | 1 | | | | | | | |
| 滨江区 | | | | | | | | | |
| 萧山区 | 98 | 68 | 30 | 204 | 131 | 73 | 241 | 161 | 80 |
| 余杭区 | 279 | 161 | 118 | 505 | 289 | 216 | 642 | 339 | 303 |
| 富阳区 | 6 | 2 | 4 | 21 | 7 | 14 | 27 | 13 | 14 |
| 临安区 | 11 | 8 | 3 | 19 | 12 | 7 | 24 | 13 | 11 |
| 桐庐县 | 289 | 156 | 133 | 311 | 171 | 140 | 521 | 308 | 213 |
| 淳安县 | 22 | 13 | 9 | 59 | 38 | 21 | 95 | 42 | 53 |
| 建德市 | 24 | 16 | 8 | 38 | 15 | 23 | 22 | 11 | 11 |
| **宁波市** | **1393** | **844** | **549** | **2327** | **1366** | **961** | **3578** | **2094** | **1484** |
| 海曙区 | 6 | 4 | 2 | 8 | 5 | 3 | 19 | 8 | 11 |
| 江北区 | | | | | | | | | |
| 北仑区 | 84 | 57 | 27 | 153 | 94 | 59 | 249 | 164 | 85 |
| 镇海区 | 27 | 17 | 10 | 90 | 55 | 35 | 106 | 70 | 36 |
| 鄞州区 | 211 | 130 | 81 | 221 | 134 | 87 | 465 | 256 | 209 |
| 奉化区 | 14 | 11 | 3 | 28 | 14 | 14 | 22 | 13 | 9 |
| 象山县 | 225 | 121 | 104 | 296 | 183 | 113 | 321 | 179 | 142 |
| 宁海县 | 168 | 88 | 80 | 254 | 135 | 119 | 387 | 209 | 178 |
| 余姚市 | 74 | 42 | 32 | 116 | 67 | 49 | 129 | 71 | 58 |
| 慈溪市 | 584 | 374 | 210 | 1161 | 679 | 482 | 1880 | 1124 | 756 |
| **温州市** | **438** | **247** | **191** | **692** | **404** | **288** | **937** | **525** | **412** |
| 鹿城区 | 2 | 2 | | | | | 3 | 3 | |
| 龙湾区 | 111 | 69 | 42 | 186 | 120 | 66 | 262 | 155 | 107 |
| 瓯海区 | 6 | 3 | 3 | 2 | 1 | 1 | 7 | 3 | 4 |
| 洞头区 | | | | 6 | 4 | 2 | 9 | 7 | 2 |
| 永嘉县 | 116 | 64 | 52 | 157 | 86 | 71 | 222 | 117 | 105 |
| 平阳县 | 90 | 47 | 43 | 131 | 78 | 53 | 176 | 95 | 81 |
| 苍南县 | 55 | 30 | 25 | 123 | 61 | 62 | 153 | 86 | 67 |
| 文成县 | 11 | 3 | 8 | 50 | 29 | 21 | 46 | 29 | 17 |
| 泰顺县 | 11 | 8 | 3 | 6 | 5 | 1 | 18 | 9 | 9 |
| 瑞安市 | 2 | 2 | | | | | 6 | 2 | 4 |
| 乐清市 | 29 | 15 | 14 | 31 | 20 | 11 | 34 | 18 | 16 |
| 龙港市 | 5 | 4 | 1 | | | | 1 | 1 | |
| **嘉兴市** | **1430** | **867** | **563** | **2012** | **1215** | **797** | **2820** | **1682** | **1138** |
| 南湖区 | 30 | 18 | 12 | 34 | 20 | 14 | 42 | 21 | 21 |
| 秀洲区 | 67 | 43 | 24 | 140 | 84 | 56 | 178 | 106 | 72 |
| 嘉善县 | 523 | 310 | 213 | 559 | 329 | 230 | 1074 | 647 | 427 |
| 海盐县 | 244 | 144 | 100 | 291 | 176 | 115 | 376 | 217 | 159 |
| 海宁市 | 383 | 239 | 144 | 454 | 278 | 176 | 791 | 477 | 314 |
| 平湖市 | 94 | 59 | 35 | 267 | 178 | 89 | 262 | 158 | 104 |
| 桐乡市 | 89 | 54 | 35 | 267 | 150 | 117 | 97 | 56 | 41 |
| **湖州市** | **628** | **367** | **261** | **1561** | **925** | **636** | **1795** | **1020** | **775** |
| 吴兴区 | 130 | 79 | 51 | 807 | 447 | 360 | 534 | 299 | 235 |
| 南浔区 | 30 | 21 | 9 | 51 | 31 | 20 | 79 | 45 | 34 |
| 德清县 | 196 | 107 | 89 | 252 | 159 | 93 | 446 | 240 | 206 |
| 长兴县 | 146 | 87 | 59 | 273 | 177 | 96 | 367 | 217 | 150 |
| 安吉县 | 126 | 73 | 53 | 178 | 111 | 67 | 369 | 219 | 150 |

7–3b　续表 5　　　　单位：人

| 现住地 | 户口登记地 | | | | | | | | |
|---|---|---|---|---|---|---|---|---|---|
| | 内蒙古 | | | 辽宁 | | | 吉林 | | |
| | 小计 | 男 | 女 | 小计 | 男 | 女 | 小计 | 男 | 女 |
| **绍兴市** | **332** | **188** | **144** | **397** | **254** | **143** | **2894** | **1673** | **1221** |
| 越城区 | 1 | 1 | | 3 | 2 | 1 | 4 | 3 | 1 |
| 柯桥区 | 168 | 103 | 65 | 136 | 90 | 46 | 1985 | 1154 | 831 |
| 上虞区 | 11 | 5 | 6 | 31 | 23 | 8 | 16 | 13 | 3 |
| 新昌县 | 70 | 39 | 31 | 84 | 51 | 33 | 142 | 79 | 63 |
| 诸暨市 | 75 | 38 | 37 | 99 | 54 | 45 | 715 | 399 | 316 |
| 嵊州市 | 7 | 2 | 5 | 44 | 34 | 10 | 32 | 25 | 7 |
| **金华市** | **990** | **570** | **420** | **1287** | **746** | **541** | **1914** | **1111** | **803** |
| 婺城区 | 90 | 44 | 46 | 30 | 18 | 12 | 62 | 33 | 29 |
| 金东区 | 136 | 78 | 58 | 206 | 123 | 83 | 448 | 259 | 189 |
| 武义县 | 126 | 65 | 61 | 145 | 82 | 63 | 239 | 143 | 96 |
| 浦江县 | 31 | 19 | 12 | 65 | 37 | 28 | 115 | 60 | 55 |
| 磐安县 | 41 | 18 | 23 | 24 | 15 | 9 | 56 | 29 | 27 |
| 兰溪市 | 23 | 13 | 10 | 14 | 6 | 8 | 21 | 13 | 8 |
| 义乌市 | 175 | 100 | 75 | 354 | 193 | 161 | 458 | 256 | 202 |
| 东阳市 | 281 | 189 | 92 | 406 | 247 | 159 | 450 | 282 | 168 |
| 永康市 | 87 | 44 | 43 | 43 | 25 | 18 | 65 | 36 | 29 |
| **衢州市** | **87** | **52** | **35** | **107** | **65** | **42** | **178** | **95** | **83** |
| 柯城区 | 5 | 3 | 2 | 3 | 2 | 1 | 8 | 5 | 3 |
| 衢江区 | 9 | 6 | 3 | 4 | 4 | | 5 | 3 | 2 |
| 常山县 | 18 | 12 | 6 | 23 | 12 | 11 | 62 | 29 | 33 |
| 开化县 | 13 | 8 | 5 | 18 | 12 | 6 | 22 | 13 | 9 |
| 龙游县 | 37 | 20 | 17 | 53 | 32 | 21 | 73 | 41 | 32 |
| 江山市 | 5 | 3 | 2 | 6 | 3 | 3 | 8 | 4 | 4 |
| **舟山市** | **332** | **231** | **101** | **1137** | **910** | **227** | **1188** | **955** | **233** |
| 定海区 | 15 | 7 | 8 | 38 | 19 | 19 | 78 | 42 | 36 |
| 普陀区 | 25 | 12 | 13 | 40 | 21 | 19 | 38 | 17 | 21 |
| 岱山县 | 286 | 210 | 76 | 1042 | 861 | 181 | 1035 | 877 | 158 |
| 嵊泗县 | 6 | 2 | 4 | 17 | 9 | 8 | 37 | 19 | 18 |
| **台州市** | **218** | **125** | **93** | **396** | **234** | **162** | **518** | **306** | **212** |
| 椒江区 | 7 | 4 | 3 | 5 | 3 | 2 | 69 | 62 | 7 |
| 黄岩区 | 9 | 6 | 3 | 2 | 1 | 1 | 15 | 6 | 9 |
| 路桥区 | 24 | 16 | 8 | 41 | 26 | 15 | 73 | 39 | 34 |
| 三门县 | 44 | 28 | 16 | 67 | 44 | 23 | 74 | 38 | 36 |
| 天台县 | 42 | 18 | 24 | 74 | 42 | 32 | 70 | 33 | 37 |
| 仙居县 | 20 | 12 | 8 | 65 | 38 | 27 | 55 | 28 | 27 |
| 温岭市 | 38 | 22 | 16 | 92 | 57 | 35 | 106 | 69 | 37 |
| 临海市 | 21 | 12 | 9 | 43 | 21 | 22 | 43 | 24 | 19 |
| 玉环市 | 13 | 7 | 6 | 7 | 2 | 5 | 13 | 7 | 6 |
| **丽水市** | **148** | **82** | **66** | **225** | **131** | **94** | **323** | **188** | **135** |
| 莲都区 | 4 | 3 | 1 | 3 | 2 | 1 | 13 | 6 | 7 |
| 青田县 | 48 | 24 | 24 | 51 | 23 | 28 | 58 | 33 | 25 |
| 缙云县 | 29 | 17 | 12 | 65 | 37 | 28 | 76 | 47 | 29 |
| 遂昌县 | 13 | 6 | 7 | 14 | 8 | 6 | 37 | 20 | 17 |
| 松阳县 | 17 | 12 | 5 | 33 | 20 | 13 | 27 | 11 | 16 |
| 云和县 | 11 | 5 | 6 | 41 | 30 | 11 | 78 | 51 | 27 |
| 庆元县 | 9 | 4 | 5 | 9 | 7 | 2 | 18 | 9 | 9 |
| 景宁畲族自治县 | 16 | 11 | 5 | 9 | 4 | 5 | 15 | 10 | 5 |
| 龙泉市 | 1 | | 1 | | | | 1 | 1 | |

7-3b 续表 6 单位：人

| 现住地 | 户口登记地 | | | | | | | | |
|---|---|---|---|---|---|---|---|---|---|
| | 黑龙江 | | | 上海 | | | 江苏 | | |
| | 小计 | 男 | 女 | 小计 | 男 | 女 | 小计 | 男 | 女 |
| **合计** | **24694** | **14246** | **10448** | **8689** | **4936** | **3753** | **96494** | **62405** | **34089** |
| **杭州市** | **2837** | **1628** | **1209** | **457** | **242** | **215** | **8453** | **5339** | **3114** |
| 上城区 | | | | | | | | | |
| 下城区 | | | | | | | | | |
| 江干区 | | | | | | | | | |
| 拱墅区 | | | | | | | | | |
| 西湖区 | 2 | 1 | 1 | | | | 9 | 5 | 4 |
| 滨江区 | | | | | | | | | |
| 萧山区 | 447 | 306 | 141 | 36 | 23 | 13 | 1502 | 1038 | 464 |
| 余杭区 | 1394 | 788 | 606 | 202 | 108 | 94 | 4400 | 2711 | 1689 |
| 富阳区 | 40 | 21 | 19 | 6 | 3 | 3 | 142 | 114 | 28 |
| 临安区 | 49 | 31 | 18 | 18 | 12 | 6 | 269 | 167 | 102 |
| 桐庐县 | 712 | 385 | 327 | 133 | 66 | 67 | 1614 | 976 | 638 |
| 淳安县 | 145 | 73 | 72 | 40 | 19 | 21 | 382 | 236 | 146 |
| 建德市 | 48 | 23 | 25 | 22 | 11 | 11 | 135 | 92 | 43 |
| **宁波市** | **5827** | **3327** | **2500** | **1481** | **837** | **644** | **20391** | **12950** | **7441** |
| 海曙区 | 69 | 38 | 31 | 12 | 8 | 4 | 129 | 73 | 56 |
| 江北区 | | | | | | | | | |
| 北仑区 | 564 | 372 | 192 | 31 | 19 | 12 | 708 | 472 | 236 |
| 镇海区 | 242 | 134 | 108 | 35 | 21 | 14 | 992 | 658 | 334 |
| 鄞州区 | 832 | 466 | 366 | 251 | 134 | 117 | 5136 | 3077 | 2059 |
| 奉化区 | 60 | 29 | 31 | 54 | 27 | 27 | 182 | 128 | 54 |
| 象山县 | 602 | 340 | 262 | 217 | 119 | 98 | 1831 | 1175 | 656 |
| 宁海县 | 815 | 419 | 396 | 385 | 203 | 182 | 3099 | 1811 | 1288 |
| 余姚市 | 313 | 158 | 155 | 166 | 78 | 88 | 1879 | 1121 | 758 |
| 慈溪市 | 2330 | 1371 | 959 | 330 | 228 | 102 | 6435 | 4435 | 2000 |
| **温州市** | **1576** | **916** | **660** | **391** | **226** | **165** | **4805** | **3137** | **1668** |
| 鹿城区 | 2 | | 2 | 1 | 1 | | 14 | 11 | 3 |
| 龙湾区 | 558 | 352 | 206 | 33 | 25 | 8 | 1374 | 944 | 430 |
| 瓯海区 | 12 | 4 | 8 | | | | 54 | 31 | 23 |
| 洞头区 | 3 | 1 | 2 | 2 | 1 | 1 | 5 | 2 | 3 |
| 永嘉县 | 349 | 215 | 134 | 92 | 55 | 37 | 1444 | 931 | 513 |
| 平阳县 | 301 | 162 | 139 | 99 | 52 | 47 | 685 | 438 | 247 |
| 苍南县 | 228 | 118 | 110 | 110 | 62 | 48 | 752 | 489 | 263 |
| 文成县 | 38 | 17 | 21 | 15 | 5 | 10 | 107 | 71 | 36 |
| 泰顺县 | 30 | 13 | 17 | 28 | 17 | 11 | 70 | 31 | 39 |
| 瑞安市 | 6 | 4 | 2 | 6 | 4 | 2 | 27 | 18 | 9 |
| 乐清市 | 47 | 29 | 18 | 5 | 4 | 1 | 253 | 160 | 93 |
| 龙港市 | 2 | 1 | 1 | | | | 20 | 11 | 9 |
| **嘉兴市** | **4918** | **2818** | **2100** | **4253** | **2368** | **1885** | **27237** | **17528** | **9709** |
| 南湖区 | 121 | 61 | 60 | 312 | 163 | 149 | 698 | 416 | 282 |
| 秀洲区 | 288 | 163 | 125 | 173 | 88 | 85 | 3229 | 1924 | 1305 |
| 嘉善县 | 1924 | 1130 | 794 | 1838 | 1007 | 831 | 9311 | 6072 | 3239 |
| 海盐县 | 497 | 289 | 208 | 542 | 322 | 220 | 2922 | 1949 | 973 |
| 海宁市 | 1280 | 718 | 562 | 211 | 129 | 82 | 5609 | 3657 | 1952 |
| 平湖市 | 493 | 280 | 213 | 1078 | 610 | 468 | 3189 | 2099 | 1090 |
| 桐乡市 | 315 | 177 | 138 | 99 | 49 | 50 | 2279 | 1411 | 868 |
| **湖州市** | **2587** | **1417** | **1170** | **847** | **497** | **350** | **16427** | **10167** | **6260** |
| 吴兴区 | 561 | 289 | 272 | 77 | 53 | 24 | 5613 | 3352 | 2261 |
| 南浔区 | 149 | 89 | 60 | 145 | 84 | 61 | 1733 | 1036 | 697 |
| 德清县 | 645 | 359 | 286 | 207 | 130 | 77 | 3543 | 2385 | 1158 |
| 长兴县 | 579 | 328 | 251 | 240 | 128 | 112 | 3179 | 1965 | 1214 |
| 安吉县 | 653 | 352 | 301 | 178 | 102 | 76 | 2359 | 1429 | 930 |

7-3b　续表 7　　　　　　　　　　　　　　　　　　　　　　　　　　　　　　单位：人

| 现住地 | 户口登记地 | | | | | | | | |
|---|---|---|---|---|---|---|---|---|---|
| | 黑龙江 | | | 上海 | | | 江苏 | | |
| | 小计 | 男 | 女 | 小计 | 男 | 女 | 小计 | 男 | 女 |
| **绍兴市** | **991** | **586** | **405** | **298** | **168** | **130** | **2873** | **1959** | **914** |
| 越城区 | 3 | 2 | 1 | 9 | 4 | 5 | 13 | 7 | 6 |
| 柯桥区 | 542 | 324 | 218 | 23 | 15 | 8 | 1120 | 804 | 316 |
| 上虞区 | 17 | 12 | 5 | 51 | 23 | 28 | 201 | 136 | 65 |
| 新昌县 | 243 | 144 | 99 | 101 | 61 | 40 | 737 | 499 | 238 |
| 诸暨市 | 169 | 95 | 74 | 95 | 54 | 41 | 701 | 445 | 256 |
| 嵊州市 | 17 | 9 | 8 | 19 | 11 | 8 | 101 | 68 | 33 |
| **金华市** | **3122** | **1792** | **1330** | **308** | **200** | **108** | **6392** | **4077** | **2315** |
| 婺城区 | 86 | 45 | 41 | 29 | 17 | 12 | 269 | 189 | 80 |
| 金东区 | 753 | 424 | 329 | 31 | 24 | 7 | 1163 | 754 | 409 |
| 武义县 | 493 | 299 | 194 | 58 | 33 | 25 | 829 | 530 | 299 |
| 浦江县 | 173 | 87 | 86 | 50 | 30 | 20 | 605 | 365 | 240 |
| 磐安县 | 48 | 24 | 24 | 9 | 7 | 2 | 177 | 115 | 62 |
| 兰溪市 | 20 | 9 | 11 | 5 | 2 | 3 | 69 | 50 | 19 |
| 义乌市 | 789 | 441 | 348 | 60 | 39 | 21 | 1846 | 1175 | 671 |
| 东阳市 | 707 | 435 | 272 | 64 | 46 | 18 | 1293 | 814 | 479 |
| 永康市 | 53 | 28 | 25 | 2 | 2 | | 141 | 85 | 56 |
| **衢州市** | **259** | **128** | **131** | **59** | **34** | **25** | **885** | **556** | **329** |
| 柯城区 | 8 | 6 | 2 | 1 | | 1 | 55 | 37 | 18 |
| 衢江区 | 9 | 4 | 5 | 1 | 1 | | 48 | 30 | 18 |
| 常山县 | 47 | 16 | 31 | 10 | 3 | 7 | 171 | 106 | 65 |
| 开化县 | 49 | 28 | 21 | 13 | 7 | 6 | 193 | 126 | 67 |
| 龙游县 | 137 | 71 | 66 | 31 | 21 | 10 | 366 | 224 | 142 |
| 江山市 | 9 | 3 | 6 | 3 | 2 | 1 | 52 | 33 | 19 |
| **舟山市** | **1230** | **858** | **372** | **219** | **136** | **83** | **4138** | **3611** | **527** |
| 定海区 | 92 | 53 | 39 | 27 | 13 | 14 | 251 | 156 | 95 |
| 普陀区 | 66 | 35 | 31 | 14 | 8 | 6 | 273 | 203 | 70 |
| 岱山县 | 1019 | 741 | 278 | 102 | 64 | 38 | 3377 | 3075 | 302 |
| 嵊泗县 | 53 | 29 | 24 | 76 | 51 | 25 | 237 | 177 | 60 |
| **台州市** | **871** | **499** | **372** | **236** | **140** | **96** | **3620** | **2277** | **1343** |
| 椒江区 | 24 | 19 | 5 | | | | 38 | 26 | 12 |
| 黄岩区 | 10 | 8 | 2 | 2 | 1 | 1 | 40 | 22 | 18 |
| 路桥区 | 146 | 84 | 62 | 15 | 12 | 3 | 402 | 267 | 135 |
| 三门县 | 142 | 70 | 72 | 54 | 33 | 21 | 428 | 268 | 160 |
| 天台县 | 101 | 52 | 49 | 84 | 50 | 34 | 507 | 313 | 194 |
| 仙居县 | 82 | 37 | 45 | 32 | 15 | 17 | 340 | 222 | 118 |
| 温岭市 | 266 | 166 | 100 | 32 | 20 | 12 | 1637 | 1036 | 601 |
| 临海市 | 89 | 57 | 32 | 14 | 8 | 6 | 202 | 103 | 99 |
| 玉环市 | 11 | 6 | 5 | 3 | 1 | 2 | 26 | 20 | 6 |
| **丽水市** | **476** | **277** | **199** | **140** | **88** | **52** | **1273** | **804** | **469** |
| 莲都区 | 17 | 11 | 6 | 5 | 2 | 3 | 63 | 48 | 15 |
| 青田县 | 138 | 82 | 56 | 12 | 6 | 6 | 313 | 187 | 126 |
| 缙云县 | 130 | 74 | 56 | 40 | 30 | 10 | 383 | 250 | 133 |
| 遂昌县 | 51 | 25 | 26 | 24 | 18 | 6 | 105 | 67 | 38 |
| 松阳县 | 39 | 25 | 14 | 15 | 11 | 4 | 157 | 98 | 59 |
| 云和县 | 54 | 31 | 23 | 24 | 10 | 14 | 99 | 60 | 39 |
| 庆元县 | 21 | 13 | 8 | 7 | 4 | 3 | 74 | 49 | 25 |
| 景宁畲族自治县 | 25 | 15 | 10 | 12 | 7 | 5 | 68 | 39 | 29 |
| 龙泉市 | 1 | 1 | | 1 | | 1 | 11 | 6 | 5 |

7-3b 续表 8

单位：人

| 现住地 | 户口登记地 安徽 小计 | 安徽 男 | 安徽 女 | 福建 小计 | 福建 男 | 福建 女 | 江西 小计 | 江西 男 | 江西 女 |
|---|---|---|---|---|---|---|---|---|---|
| **合计** | **652716** | **379441** | **273275** | **50299** | **29382** | **20917** | **293598** | **173544** | **120054** |
| **杭州市** | **59476** | **35264** | **24212** | **3305** | **1985** | **1320** | **21911** | **12947** | **8964** |
| 上城区 | | | | | | | | | |
| 下城区 | | | | | | | | | |
| 江干区 | | | | | | | | | |
| 拱墅区 | | | | | | | | | |
| 西湖区 | 23 | 12 | 11 | 2 | 1 | 1 | 5 | 3 | 2 |
| 滨江区 | | | | | | | | | |
| 萧山区 | 11404 | 6924 | 4480 | 604 | 369 | 235 | 3745 | 2355 | 1390 |
| 余杭区 | 25301 | 15145 | 10156 | 1450 | 910 | 540 | 8585 | 5137 | 3448 |
| 富阳区 | 560 | 369 | 191 | 19 | 7 | 12 | 323 | 203 | 120 |
| 临安区 | 4992 | 2957 | 2035 | 82 | 49 | 33 | 723 | 432 | 291 |
| 桐庐县 | 13935 | 7977 | 5958 | 862 | 492 | 370 | 6350 | 3660 | 2690 |
| 淳安县 | 2125 | 1234 | 891 | 175 | 100 | 75 | 1137 | 610 | 527 |
| 建德市 | 1136 | 646 | 490 | 111 | 57 | 54 | 1043 | 547 | 496 |
| **宁波市** | **144945** | **83182** | **61763** | **5909** | **3393** | **2516** | **61589** | **35349** | **26240** |
| 海曙区 | 1148 | 637 | 511 | 57 | 29 | 28 | 567 | 319 | 248 |
| 江北区 | | | | | | | | | |
| 北仑区 | 4096 | 2485 | 1611 | 165 | 103 | 62 | 1445 | 938 | 507 |
| 镇海区 | 4245 | 2493 | 1752 | 218 | 139 | 79 | 1058 | 660 | 398 |
| 鄞州区 | 29052 | 16394 | 12658 | 1005 | 577 | 428 | 11345 | 6524 | 4821 |
| 奉化区 | 1733 | 1009 | 724 | 66 | 34 | 32 | 589 | 339 | 250 |
| 象山县 | 22117 | 12294 | 9823 | 889 | 473 | 416 | 19697 | 10534 | 9163 |
| 宁海县 | 17415 | 9923 | 7492 | 1750 | 991 | 759 | 7600 | 4402 | 3198 |
| 余姚市 | 20634 | 11502 | 9132 | 486 | 265 | 221 | 3419 | 1982 | 1437 |
| 慈溪市 | 44505 | 26445 | 18060 | 1273 | 782 | 491 | 15869 | 9651 | 6218 |
| **温州市** | **44395** | **26722** | **17673** | **15038** | **8597** | **6441** | **45621** | **27899** | **17722** |
| 鹿城区 | 151 | 95 | 56 | 25 | 14 | 11 | 164 | 105 | 59 |
| 龙湾区 | 16242 | 9676 | 6566 | 1505 | 916 | 589 | 13632 | 8424 | 5208 |
| 瓯海区 | 715 | 461 | 254 | 101 | 65 | 36 | 999 | 611 | 388 |
| 洞头区 | 33 | 19 | 14 | 1 | 1 | | 23 | 14 | 9 |
| 永嘉县 | 11367 | 7044 | 4323 | 3041 | 1881 | 1160 | 17158 | 10506 | 6652 |
| 平阳县 | 6011 | 3609 | 2402 | 1942 | 1076 | 866 | 7222 | 4379 | 2843 |
| 苍南县 | 4760 | 2887 | 1873 | 6840 | 3800 | 3040 | 2247 | 1434 | 813 |
| 文成县 | 353 | 237 | 116 | 224 | 123 | 101 | 424 | 297 | 127 |
| 泰顺县 | 275 | 175 | 100 | 995 | 519 | 476 | 220 | 143 | 77 |
| 瑞安市 | 178 | 110 | 68 | 33 | 21 | 12 | 231 | 140 | 91 |
| 乐清市 | 3679 | 2068 | 1611 | 203 | 110 | 93 | 3238 | 1812 | 1426 |
| 龙港市 | 631 | 341 | 290 | 128 | 71 | 57 | 63 | 34 | 29 |
| **嘉兴市** | **129251** | **75753** | **53498** | **7922** | **4671** | **3251** | **29363** | **17782** | **11581** |
| 南湖区 | 3082 | 1826 | 1256 | 226 | 128 | 98 | 885 | 533 | 352 |
| 秀洲区 | 11732 | 6526 | 5206 | 451 | 267 | 184 | 2022 | 1152 | 870 |
| 嘉善县 | 44284 | 25897 | 18387 | 3888 | 2234 | 1654 | 8231 | 5024 | 3207 |
| 海盐县 | 11956 | 7136 | 4820 | 773 | 480 | 293 | 2282 | 1453 | 829 |
| 海宁市 | 30653 | 18540 | 12113 | 1291 | 773 | 518 | 12189 | 7405 | 4784 |
| 平湖市 | 19649 | 11280 | 8369 | 884 | 540 | 344 | 2074 | 1238 | 836 |
| 桐乡市 | 7895 | 4548 | 3347 | 409 | 249 | 160 | 1680 | 977 | 703 |
| **湖州市** | **143734** | **80020** | **63714** | **3753** | **2287** | **1466** | **17595** | **10442** | **7153** |
| 吴兴区 | 74091 | 38438 | 35653 | 1383 | 856 | 527 | 8185 | 4623 | 3562 |
| 南浔区 | 5267 | 3102 | 2165 | 224 | 134 | 90 | 678 | 420 | 258 |
| 德清县 | 20199 | 12392 | 7807 | 767 | 450 | 317 | 4007 | 2521 | 1486 |
| 长兴县 | 18635 | 10842 | 7793 | 676 | 411 | 265 | 1791 | 1118 | 673 |
| 安吉县 | 25542 | 15246 | 10296 | 703 | 436 | 267 | 2934 | 1760 | 1174 |

7-3b　续表 9　　　　单位：人

| 现住地 | 户口登记地 | | | | | | | | |
|---|---|---|---|---|---|---|---|---|---|
| | 安徽 | | | 福建 | | | 江西 | | |
| | 小计 | 男 | 女 | 小计 | 男 | 女 | 小计 | 男 | 女 |
| **绍兴市** | **20024** | **12242** | **7782** | **1545** | **928** | **617** | **10719** | **6539** | **4180** |
| 越城区 | 85 | 48 | 37 | 1 | 1 | | 32 | 20 | 12 |
| 柯桥区 | 8975 | 5806 | 3169 | 529 | 364 | 165 | 2693 | 1765 | 928 |
| 上虞区 | 1140 | 667 | 473 | 70 | 37 | 33 | 304 | 179 | 125 |
| 新昌县 | 2427 | 1458 | 969 | 351 | 195 | 156 | 2813 | 1670 | 1143 |
| 诸暨市 | 7039 | 4047 | 2992 | 571 | 317 | 254 | 4709 | 2800 | 1909 |
| 嵊州市 | 358 | 216 | 142 | 23 | 14 | 9 | 168 | 105 | 63 |
| **金华市** | **61851** | **35638** | **26213** | **6501** | **3799** | **2702** | **77958** | **45285** | **32673** |
| 婺城区 | 1693 | 997 | 696 | 184 | 98 | 86 | 970 | 597 | 373 |
| 金东区 | 8813 | 5162 | 3651 | 1300 | 787 | 513 | 10128 | 5958 | 4170 |
| 武义县 | 8466 | 5075 | 3391 | 776 | 449 | 327 | 9792 | 5862 | 3930 |
| 浦江县 | 5758 | 3237 | 2521 | 569 | 326 | 243 | 4756 | 2650 | 2106 |
| 磐安县 | 1025 | 647 | 378 | 175 | 95 | 80 | 883 | 562 | 321 |
| 兰溪市 | 821 | 477 | 344 | 61 | 39 | 22 | 589 | 342 | 247 |
| 义乌市 | 21698 | 12074 | 9624 | 1963 | 1160 | 803 | 32144 | 18126 | 14018 |
| 东阳市 | 10042 | 5874 | 4168 | 1174 | 668 | 506 | 15980 | 9576 | 6404 |
| 永康市 | 3535 | 2095 | 1440 | 299 | 177 | 122 | 2716 | 1612 | 1104 |
| **衢州市** | **3869** | **2399** | **1470** | **895** | **533** | **362** | **4991** | **2872** | **2119** |
| 柯城区 | 83 | 45 | 38 | 18 | 10 | 8 | 186 | 116 | 70 |
| 衢江区 | 115 | 77 | 38 | 20 | 10 | 10 | 154 | 75 | 79 |
| 常山县 | 895 | 549 | 346 | 184 | 110 | 74 | 1352 | 724 | 628 |
| 开化县 | 642 | 405 | 237 | 115 | 70 | 45 | 834 | 475 | 359 |
| 龙游县 | 1907 | 1181 | 726 | 413 | 255 | 158 | 1963 | 1204 | 759 |
| 江山市 | 227 | 142 | 85 | 145 | 78 | 67 | 502 | 278 | 224 |
| **舟山市** | **16309** | **10836** | **5473** | **624** | **428** | **196** | **1505** | **1057** | **448** |
| 定海区 | 3508 | 1956 | 1552 | 69 | 42 | 27 | 258 | 152 | 106 |
| 普陀区 | 1202 | 676 | 526 | 107 | 70 | 37 | 97 | 57 | 40 |
| 岱山县 | 9664 | 6961 | 2703 | 370 | 276 | 94 | 1037 | 786 | 251 |
| 嵊泗县 | 1935 | 1243 | 692 | 78 | 40 | 38 | 113 | 62 | 51 |
| **台州市** | **22664** | **13591** | **9073** | **1750** | **994** | **756** | **15451** | **9223** | **6228** |
| 椒江区 | 511 | 301 | 210 | 29 | 23 | 6 | 148 | 88 | 60 |
| 黄岩区 | 1361 | 784 | 577 | 45 | 25 | 20 | 404 | 222 | 182 |
| 路桥区 | 5010 | 2933 | 2077 | 214 | 124 | 90 | 1614 | 981 | 633 |
| 三门县 | 3030 | 1764 | 1266 | 274 | 157 | 117 | 1136 | 661 | 475 |
| 天台县 | 2076 | 1284 | 792 | 299 | 158 | 141 | 981 | 594 | 387 |
| 仙居县 | 1326 | 817 | 509 | 163 | 82 | 81 | 1442 | 838 | 604 |
| 温岭市 | 7116 | 4337 | 2779 | 504 | 297 | 207 | 8364 | 5074 | 3290 |
| 临海市 | 1629 | 1003 | 626 | 182 | 105 | 77 | 1070 | 590 | 480 |
| 玉环市 | 605 | 368 | 237 | 40 | 23 | 17 | 292 | 175 | 117 |
| **丽水市** | **6198** | **3794** | **2404** | **3057** | **1767** | **1290** | **6895** | **4149** | **2746** |
| 莲都区 | 281 | 191 | 90 | 113 | 67 | 46 | 597 | 365 | 232 |
| 青田县 | 2244 | 1311 | 933 | 613 | 359 | 254 | 2745 | 1595 | 1150 |
| 缙云县 | 1840 | 1157 | 683 | 458 | 286 | 172 | 1830 | 1136 | 694 |
| 遂昌县 | 349 | 222 | 127 | 275 | 163 | 112 | 298 | 184 | 114 |
| 松阳县 | 624 | 405 | 219 | 206 | 108 | 98 | 532 | 334 | 198 |
| 云和县 | 553 | 332 | 221 | 475 | 316 | 159 | 627 | 388 | 239 |
| 庆元县 | 166 | 82 | 84 | 739 | 365 | 374 | 147 | 79 | 68 |
| 景宁畲族自治县 | 121 | 80 | 41 | 117 | 66 | 51 | 99 | 58 | 41 |
| 龙泉市 | 20 | 14 | 6 | 61 | 37 | 24 | 20 | 10 | 10 |

7-3b 续表 10 单位：人

| 现住地 | 户口登记地 | | | | | | | | |
|---|---|---|---|---|---|---|---|---|---|
| | 山东 | | | 河南 | | | 湖北 | | |
| | 小计 | 男 | 女 | 小计 | 男 | 女 | 小计 | 男 | 女 |
| **合计** | **52304** | **33251** | **19053** | **460501** | **285231** | **175270** | **108700** | **63616** | **45084** |
| **杭州市** | **6711** | **4096** | **2615** | **42054** | **26652** | **15402** | **8467** | **4995** | **3472** |
| 上城区 | | | | | | | | | |
| 下城区 | | | | | | | | | |
| 江干区 | | | | | | | | | |
| 拱墅区 | | | | | | | | | |
| 西湖区 | | | | 29 | 18 | 11 | 5 | 3 | 2 |
| 滨江区 | | | | | | | | | |
| 萧山区 | 891 | 587 | 304 | 10763 | 6983 | 3780 | 1762 | 1117 | 645 |
| 余杭区 | 4503 | 2708 | 1795 | 17328 | 10824 | 6504 | 3167 | 1836 | 1331 |
| 富阳区 | 79 | 60 | 19 | 750 | 514 | 236 | 104 | 77 | 27 |
| 临安区 | 103 | 65 | 38 | 1019 | 653 | 366 | 658 | 383 | 275 |
| 桐庐县 | 883 | 533 | 350 | 10525 | 6586 | 3939 | 2370 | 1367 | 1003 |
| 淳安县 | 175 | 98 | 77 | 912 | 584 | 328 | 272 | 136 | 136 |
| 建德市 | 77 | 45 | 32 | 728 | 490 | 238 | 129 | 76 | 53 |
| **宁波市** | **11602** | **7139** | **4463** | **82733** | **50336** | **32397** | **17880** | **10142** | **7738** |
| 海曙区 | 102 | 62 | 40 | 571 | 353 | 218 | 126 | 61 | 65 |
| 江北区 | | | | | | | | | |
| 北仑区 | 1439 | 936 | 503 | 5246 | 3380 | 1866 | 817 | 546 | 271 |
| 镇海区 | 709 | 466 | 243 | 3171 | 1993 | 1178 | 782 | 459 | 323 |
| 鄞州区 | 2406 | 1418 | 988 | 11804 | 7074 | 4730 | 2983 | 1623 | 1360 |
| 奉化区 | 155 | 91 | 64 | 988 | 636 | 352 | 193 | 106 | 87 |
| 象山县 | 1023 | 637 | 386 | 7093 | 4232 | 2861 | 1576 | 785 | 791 |
| 宁海县 | 1385 | 790 | 595 | 13433 | 7980 | 5453 | 5311 | 2905 | 2406 |
| 余姚市 | 863 | 503 | 360 | 9492 | 5551 | 3941 | 1398 | 754 | 644 |
| 慈溪市 | 3520 | 2236 | 1284 | 30935 | 19137 | 11798 | 4694 | 2903 | 1791 |
| **温州市** | **1875** | **1142** | **733** | **46199** | **28928** | **17271** | **27646** | **16382** | **11264** |
| 鹿城区 | 9 | 5 | 4 | 260 | 159 | 101 | 112 | 62 | 50 |
| 龙湾区 | 539 | 348 | 191 | 18554 | 11551 | 7003 | 10618 | 6484 | 4134 |
| 瓯海区 | 18 | 10 | 8 | 498 | 315 | 183 | 550 | 329 | 221 |
| 洞头区 | 2 | 1 | 1 | 167 | 115 | 52 | 13 | 7 | 6 |
| 永嘉县 | 454 | 260 | 194 | 7963 | 5062 | 2901 | 7705 | 4589 | 3116 |
| 平阳县 | 314 | 191 | 123 | 9333 | 5777 | 3556 | 4127 | 2374 | 1753 |
| 苍南县 | 313 | 187 | 126 | 4999 | 3219 | 1780 | 1697 | 935 | 762 |
| 文成县 | 41 | 30 | 11 | 588 | 444 | 144 | 240 | 164 | 76 |
| 泰顺县 | 27 | 10 | 17 | 417 | 292 | 125 | 146 | 94 | 52 |
| 瑞安市 | 7 | 4 | 3 | 145 | 96 | 49 | 51 | 35 | 16 |
| 乐清市 | 118 | 75 | 43 | 2730 | 1591 | 1139 | 2317 | 1266 | 1051 |
| 龙港市 | 33 | 21 | 12 | 545 | 307 | 238 | 70 | 43 | 27 |
| **嘉兴市** | **13727** | **8505** | **5222** | **101891** | **61122** | **40769** | **13808** | **8108** | **5700** |
| 南湖区 | 403 | 251 | 152 | 2708 | 1655 | 1053 | 351 | 195 | 156 |
| 秀洲区 | 965 | 557 | 408 | 13076 | 7456 | 5620 | 1327 | 735 | 592 |
| 嘉善县 | 3364 | 2076 | 1288 | 31727 | 18896 | 12831 | 4619 | 2812 | 1807 |
| 海盐县 | 1706 | 1089 | 617 | 16873 | 9955 | 6918 | 1372 | 818 | 554 |
| 海宁市 | 3323 | 2085 | 1238 | 21084 | 13321 | 7763 | 4444 | 2580 | 1864 |
| 平湖市 | 3274 | 2014 | 1260 | 11024 | 6553 | 4471 | 1041 | 602 | 439 |
| 桐乡市 | 692 | 433 | 259 | 5399 | 3286 | 2113 | 654 | 366 | 288 |
| **湖州市** | **6849** | **4048** | **2801** | **56704** | **35087** | **21617** | **8280** | **4810** | **3470** |
| 吴兴区 | 1215 | 698 | 517 | 15128 | 8743 | 6385 | 2766 | 1562 | 1204 |
| 南浔区 | 528 | 317 | 211 | 2398 | 1530 | 868 | 513 | 296 | 217 |
| 德清县 | 1308 | 800 | 508 | 15432 | 9740 | 5692 | 2312 | 1389 | 923 |
| 长兴县 | 2540 | 1499 | 1041 | 11879 | 7597 | 4282 | 1099 | 626 | 473 |
| 安吉县 | 1258 | 734 | 524 | 11867 | 7477 | 4390 | 1590 | 937 | 653 |

7-3b 续表 11

单位：人

| 现住地 | 户口登记地 山东 小计 | 山东 男 | 山东 女 | 河南 小计 | 河南 男 | 河南 女 | 湖北 小计 | 湖北 男 | 湖北 女 |
|---|---|---|---|---|---|---|---|---|---|
| **绍兴市** | **1498** | **944** | **554** | **20222** | **12869** | **7353** | **2906** | **1767** | **1139** |
| 越城区 | 38 | 19 | 19 | 191 | 111 | 80 | 8 | 4 | 4 |
| 柯桥区 | 492 | 344 | 148 | 11971 | 7879 | 4092 | 1372 | 892 | 480 |
| 上虞区 | 67 | 34 | 33 | 654 | 404 | 250 | 91 | 55 | 36 |
| 新昌县 | 314 | 192 | 122 | 3047 | 1862 | 1185 | 553 | 308 | 245 |
| 诸暨市 | 478 | 280 | 198 | 3990 | 2365 | 1625 | 746 | 425 | 321 |
| 嵊州市 | 109 | 75 | 34 | 369 | 248 | 121 | 136 | 83 | 53 |
| **金华市** | **3762** | **2311** | **1451** | **62415** | **37234** | **25181** | **13257** | **7645** | **5612** |
| 婺城区 | 123 | 67 | 56 | 1438 | 935 | 503 | 266 | 157 | 109 |
| 金东区 | 668 | 410 | 258 | 11051 | 6786 | 4265 | 2207 | 1302 | 905 |
| 武义县 | 401 | 248 | 153 | 5968 | 3693 | 2275 | 2884 | 1677 | 1207 |
| 浦江县 | 294 | 169 | 125 | 4147 | 2444 | 1703 | 716 | 377 | 339 |
| 磐安县 | 87 | 51 | 36 | 1088 | 711 | 377 | 219 | 128 | 91 |
| 兰溪市 | 70 | 46 | 24 | 686 | 464 | 222 | 206 | 131 | 75 |
| 义乌市 | 994 | 597 | 397 | 26915 | 15384 | 11531 | 4127 | 2349 | 1778 |
| 东阳市 | 1026 | 665 | 361 | 9486 | 5839 | 3647 | 1987 | 1140 | 847 |
| 永康市 | 99 | 58 | 41 | 1636 | 978 | 658 | 645 | 384 | 261 |
| **衢州市** | **382** | **260** | **122** | **3157** | **2125** | **1032** | **1025** | **645** | **380** |
| 柯城区 | 17 | 10 | 7 | 131 | 87 | 44 | 38 | 29 | 9 |
| 衢江区 | 46 | 29 | 17 | 208 | 134 | 74 | 29 | 18 | 11 |
| 常山县 | 84 | 52 | 32 | 714 | 500 | 214 | 172 | 93 | 79 |
| 开化县 | 65 | 46 | 19 | 393 | 278 | 115 | 196 | 129 | 67 |
| 龙游县 | 138 | 102 | 36 | 1570 | 1027 | 543 | 534 | 339 | 195 |
| 江山市 | 32 | 21 | 11 | 141 | 99 | 42 | 56 | 37 | 19 |
| **舟山市** | **4205** | **3755** | **450** | **11861** | **10064** | **1797** | **1357** | **919** | **438** |
| 定海区 | 168 | 96 | 72 | 1230 | 737 | 493 | 152 | 82 | 70 |
| 普陀区 | 81 | 51 | 30 | 532 | 338 | 194 | 111 | 54 | 57 |
| 岱山县 | 3677 | 3397 | 280 | 9515 | 8609 | 906 | 946 | 731 | 215 |
| 嵊泗县 | 279 | 211 | 68 | 584 | 380 | 204 | 148 | 52 | 96 |
| **台州市** | **1106** | **702** | **404** | **24652** | **15433** | **9219** | **10754** | **6246** | **4508** |
| 椒江区 | 20 | 14 | 6 | 655 | 406 | 249 | 156 | 96 | 60 |
| 黄岩区 | 20 | 12 | 8 | 679 | 395 | 284 | 128 | 66 | 62 |
| 路桥区 | 145 | 97 | 48 | 5135 | 3090 | 2045 | 1121 | 667 | 454 |
| 三门县 | 210 | 146 | 64 | 2846 | 1825 | 1021 | 968 | 569 | 399 |
| 天台县 | 175 | 101 | 74 | 1848 | 1206 | 642 | 585 | 274 | 311 |
| 仙居县 | 83 | 49 | 34 | 1138 | 765 | 373 | 362 | 175 | 187 |
| 温岭市 | 317 | 193 | 124 | 10395 | 6470 | 3925 | 6015 | 3571 | 2444 |
| 临海市 | 105 | 68 | 37 | 1546 | 1019 | 527 | 473 | 281 | 192 |
| 玉环市 | 31 | 22 | 9 | 410 | 257 | 153 | 946 | 547 | 399 |
| **丽水市** | **587** | **349** | **238** | **8613** | **5381** | **3232** | **3320** | **1957** | **1363** |
| 莲都区 | 23 | 13 | 10 | 464 | 312 | 152 | 269 | 173 | 96 |
| 青田县 | 222 | 125 | 97 | 4104 | 2484 | 1620 | 1554 | 899 | 655 |
| 缙云县 | 167 | 110 | 57 | 1943 | 1248 | 695 | 575 | 341 | 234 |
| 遂昌县 | 46 | 30 | 16 | 334 | 225 | 109 | 111 | 70 | 41 |
| 松阳县 | 51 | 27 | 24 | 856 | 522 | 334 | 344 | 205 | 139 |
| 云和县 | 44 | 26 | 18 | 561 | 363 | 198 | 311 | 192 | 119 |
| 庆元县 | 13 | 6 | 7 | 131 | 77 | 54 | 53 | 21 | 32 |
| 景宁畲族自治县 | 21 | 12 | 9 | 192 | 134 | 58 | 92 | 52 | 40 |
| 龙泉市 | | | | 28 | 16 | 12 | 11 | 4 | 7 |

7-3b 续表 12 单位：人

| 现住地 | 户口登记地 | | | | | | | | |
|---|---|---|---|---|---|---|---|---|---|
| | 湖南 | | | 广东 | | | 广西 | | |
| | 小计 | 男 | 女 | 小计 | 男 | 女 | 小计 | 男 | 女 |
| **合计** | **148622** | **87904** | **60718** | **13120** | **7426** | **5694** | **40063** | **22695** | **17368** |
| **杭州市** | **10251** | **6032** | **4219** | **1212** | **694** | **518** | **3521** | **1971** | **1550** |
| 上城区 | | | | | | | | | |
| 下城区 | | | | | | | | | |
| 江干区 | | | | | | | | | |
| 拱墅区 | | | | | | | | | |
| 西湖区 | 2 | 2 | | 1 | | 1 | | | |
| 滨江区 | | | | | | | | | |
| 萧山区 | 4087 | 2490 | 1597 | 229 | 150 | 79 | 1150 | 680 | 470 |
| 余杭区 | 2731 | 1597 | 1134 | 549 | 318 | 231 | 971 | 531 | 440 |
| 富阳区 | 273 | 177 | 96 | 8 | 3 | 5 | 63 | 43 | 20 |
| 临安区 | 343 | 188 | 155 | 36 | 18 | 18 | 163 | 89 | 74 |
| 桐庐县 | 2286 | 1301 | 985 | 299 | 163 | 136 | 919 | 502 | 417 |
| 淳安县 | 240 | 102 | 138 | 65 | 31 | 34 | 125 | 58 | 67 |
| 建德市 | 289 | 175 | 114 | 25 | 11 | 14 | 130 | 68 | 62 |
| **宁波市** | **31204** | **18018** | **13186** | **2128** | **1223** | **905** | **7884** | **4394** | **3490** |
| 海曙区 | 466 | 248 | 218 | 32 | 16 | 16 | 40 | 24 | 16 |
| 江北区 | | | | | | | | | |
| 北仑区 | 970 | 637 | 333 | 70 | 49 | 21 | 199 | 121 | 78 |
| 镇海区 | 1127 | 682 | 445 | 45 | 18 | 27 | 127 | 85 | 42 |
| 鄞州区 | 7388 | 4177 | 3211 | 346 | 202 | 144 | 902 | 482 | 420 |
| 奉化区 | 315 | 159 | 156 | 43 | 20 | 23 | 64 | 37 | 27 |
| 象山县 | 2408 | 1268 | 1140 | 220 | 107 | 113 | 406 | 206 | 200 |
| 宁海县 | 5589 | 3091 | 2498 | 394 | 209 | 185 | 1157 | 586 | 571 |
| 余姚市 | 4846 | 2751 | 2095 | 227 | 129 | 98 | 1520 | 822 | 698 |
| 慈溪市 | 8095 | 5005 | 3090 | 751 | 473 | 278 | 3469 | 2031 | 1438 |
| **温州市** | **22750** | **13671** | **9079** | **1507** | **784** | **723** | **5469** | **3083** | **2386** |
| 鹿城区 | 123 | 72 | 51 | 3 | | 3 | 73 | 38 | 35 |
| 龙湾区 | 8375 | 5113 | 3262 | 319 | 162 | 157 | 2657 | 1568 | 1089 |
| 瓯海区 | 762 | 471 | 291 | 14 | 8 | 6 | 95 | 56 | 39 |
| 洞头区 | 16 | 10 | 6 | | | | 2 | 1 | 1 |
| 永嘉县 | 7623 | 4533 | 3090 | 306 | 157 | 149 | 1219 | 681 | 538 |
| 平阳县 | 3274 | 1993 | 1281 | 334 | 163 | 171 | 603 | 329 | 274 |
| 苍南县 | 1097 | 615 | 482 | 398 | 228 | 170 | 528 | 253 | 275 |
| 文成县 | 233 | 165 | 68 | 50 | 24 | 26 | 51 | 28 | 23 |
| 泰顺县 | 74 | 44 | 30 | 25 | 14 | 11 | 27 | 9 | 18 |
| 瑞安市 | 88 | 52 | 36 | 4 | 1 | 3 | 19 | 10 | 9 |
| 乐清市 | 988 | 559 | 429 | 45 | 21 | 24 | 152 | 80 | 72 |
| 龙港市 | 97 | 44 | 53 | 9 | 6 | 3 | 43 | 30 | 13 |
| **嘉兴市** | **19501** | **11655** | **7846** | **2135** | **1276** | **859** | **5918** | **3433** | **2485** |
| 南湖区 | 490 | 290 | 200 | 67 | 35 | 32 | 127 | 72 | 55 |
| 秀洲区 | 1623 | 931 | 692 | 209 | 125 | 84 | 236 | 111 | 125 |
| 嘉善县 | 8185 | 4883 | 3302 | 765 | 449 | 316 | 1714 | 1010 | 704 |
| 海盐县 | 1557 | 962 | 595 | 231 | 140 | 91 | 532 | 313 | 219 |
| 海宁市 | 4565 | 2835 | 1730 | 486 | 304 | 182 | 2341 | 1380 | 961 |
| 平湖市 | 1522 | 891 | 631 | 209 | 131 | 78 | 642 | 362 | 280 |
| 桐乡市 | 1559 | 863 | 696 | 168 | 92 | 76 | 326 | 185 | 141 |
| **湖州市** | **8508** | **5075** | **3433** | **1524** | **841** | **683** | **2551** | **1410** | **1141** |
| 吴兴区 | 2639 | 1481 | 1158 | 532 | 302 | 230 | 506 | 249 | 257 |
| 南浔区 | 607 | 387 | 220 | 62 | 33 | 29 | 160 | 90 | 70 |
| 德清县 | 2414 | 1478 | 936 | 344 | 190 | 154 | 809 | 458 | 351 |
| 长兴县 | 1007 | 610 | 397 | 229 | 132 | 97 | 418 | 232 | 186 |
| 安吉县 | 1841 | 1119 | 722 | 357 | 184 | 173 | 658 | 381 | 277 |

7-3b　续表 13　　　　单位：人

| 现住地 | 户口登记地 | | | | | | | | |
|---|---|---|---|---|---|---|---|---|---|
| | 湖南 | | | 广东 | | | 广西 | | |
| | 小计 | 男 | 女 | 小计 | 男 | 女 | 小计 | 男 | 女 |
| **绍兴市** | **8629** | **5273** | **3356** | **507** | **307** | **200** | **2373** | **1460** | **913** |
| 越城区 | 30 | 18 | 12 | 4 | 3 | 1 | 3 | 2 | 1 |
| 柯桥区 | 3847 | 2537 | 1310 | 129 | 86 | 43 | 1446 | 960 | 486 |
| 上虞区 | 522 | 277 | 245 | 34 | 15 | 19 | 97 | 55 | 42 |
| 新昌县 | 971 | 531 | 440 | 119 | 60 | 59 | 188 | 95 | 93 |
| 诸暨市 | 3139 | 1830 | 1309 | 198 | 127 | 71 | 565 | 303 | 262 |
| 嵊州市 | 120 | 80 | 40 | 23 | 16 | 7 | 74 | 45 | 29 |
| **金华市** | **31990** | **18686** | **13304** | **2594** | **1484** | **1110** | **8426** | **4776** | **3650** |
| 婺城区 | 465 | 260 | 205 | 75 | 38 | 37 | 184 | 115 | 69 |
| 金东区 | 4939 | 2882 | 2057 | 421 | 241 | 180 | 1324 | 743 | 581 |
| 武义县 | 7002 | 4083 | 2919 | 268 | 131 | 137 | 2232 | 1263 | 969 |
| 浦江县 | 1620 | 906 | 714 | 155 | 82 | 73 | 503 | 269 | 234 |
| 磐安县 | 413 | 250 | 163 | 54 | 31 | 23 | 118 | 60 | 58 |
| 兰溪市 | 549 | 348 | 201 | 57 | 30 | 27 | 163 | 95 | 68 |
| 义乌市 | 9292 | 5379 | 3913 | 822 | 496 | 326 | 2091 | 1210 | 881 |
| 东阳市 | 6357 | 3779 | 2578 | 658 | 379 | 279 | 1258 | 707 | 551 |
| 永康市 | 1353 | 799 | 554 | 84 | 56 | 28 | 553 | 314 | 239 |
| **衢州市** | **1580** | **985** | **595** | **288** | **145** | **143** | **522** | **284** | **238** |
| 柯城区 | 85 | 62 | 23 | 25 | 14 | 11 | 7 | 6 | 1 |
| 衢江区 | 54 | 30 | 24 | 11 | 4 | 7 | 10 | 6 | 4 |
| 常山县 | 244 | 148 | 96 | 78 | 36 | 42 | 127 | 65 | 62 |
| 开化县 | 161 | 98 | 63 | 43 | 17 | 26 | 77 | 41 | 36 |
| 龙游县 | 944 | 585 | 359 | 106 | 56 | 50 | 253 | 139 | 114 |
| 江山市 | 92 | 62 | 30 | 25 | 18 | 7 | 48 | 27 | 21 |
| **舟山市** | **1862** | **1212** | **650** | **211** | **129** | **82** | **476** | **326** | **150** |
| 定海区 | 236 | 125 | 111 | 9 | 5 | 4 | 28 | 15 | 13 |
| 普陀区 | 81 | 38 | 43 | 23 | 4 | 19 | 23 | 13 | 10 |
| 岱山县 | 1393 | 1013 | 380 | 159 | 110 | 49 | 370 | 286 | 84 |
| 嵊泗县 | 152 | 36 | 116 | 20 | 10 | 10 | 55 | 12 | 43 |
| **台州市** | **8116** | **4775** | **3341** | **590** | **325** | **265** | **1939** | **1072** | **867** |
| 椒江区 | 187 | 131 | 56 | 3 | | 3 | 38 | 28 | 10 |
| 黄岩区 | 265 | 156 | 109 | 13 | 7 | 6 | 47 | 24 | 23 |
| 路桥区 | 1838 | 1107 | 731 | 47 | 32 | 15 | 339 | 206 | 133 |
| 三门县 | 943 | 564 | 379 | 72 | 37 | 35 | 178 | 87 | 91 |
| 天台县 | 409 | 204 | 205 | 105 | 51 | 54 | 158 | 78 | 80 |
| 仙居县 | 738 | 404 | 334 | 60 | 27 | 33 | 143 | 80 | 63 |
| 温岭市 | 2558 | 1534 | 1024 | 199 | 116 | 83 | 729 | 427 | 302 |
| 临海市 | 879 | 496 | 383 | 85 | 53 | 32 | 241 | 112 | 129 |
| 玉环市 | 299 | 179 | 120 | 6 | 2 | 4 | 66 | 30 | 36 |
| **丽水市** | **4231** | **2522** | **1709** | **424** | **218** | **206** | **984** | **486** | **498** |
| 莲都区 | 200 | 127 | 73 | 6 | 4 | 2 | 36 | 20 | 16 |
| 青田县 | 2006 | 1173 | 833 | 98 | 51 | 47 | 281 | 135 | 146 |
| 缙云县 | 1086 | 670 | 416 | 181 | 98 | 83 | 414 | 217 | 197 |
| 遂昌县 | 134 | 80 | 54 | 29 | 15 | 14 | 49 | 22 | 27 |
| 松阳县 | 292 | 173 | 119 | 46 | 22 | 24 | 79 | 33 | 46 |
| 云和县 | 382 | 231 | 151 | 20 | 12 | 8 | 78 | 39 | 39 |
| 庆元县 | 60 | 30 | 30 | 21 | 9 | 12 | 18 | 11 | 7 |
| 景宁畲族自治县 | 59 | 30 | 29 | 20 | 6 | 14 | 25 | 7 | 18 |
| 龙泉市 | 12 | 8 | 4 | 3 | 1 | 2 | 4 | 2 | 2 |

7-3b 续表 14 单位：人

| 现住地 | 户口登记地 | | | | | | | | |
|---|---|---|---|---|---|---|---|---|---|
| | 海南 | | | 重庆 | | | 四川 | | |
| | 小计 | 男 | 女 | 小计 | 男 | 女 | 小计 | 男 | 女 |
| **合计** | **1535** | **703** | **832** | **105526** | **61875** | **43651** | **286565** | **165969** | **120596** |
| **杭州市** | **128** | **56** | **72** | **7756** | **4596** | **3160** | **12408** | **7260** | **5148** |
| 上城区 | | | | | | | | | |
| 下城区 | | | | | | | | | |
| 江干区 | | | | | | | | | |
| 拱墅区 | | | | | | | | | |
| 西湖区 | | | | 5 | 3 | 2 | 6 | 4 | 2 |
| 滨江区 | | | | | | | | | |
| 萧山区 | 23 | 11 | 12 | 2033 | 1303 | 730 | 4188 | 2558 | 1630 |
| 余杭区 | 45 | 20 | 25 | 2724 | 1559 | 1165 | 4371 | 2507 | 1864 |
| 富阳区 | 3 | | 3 | 161 | 90 | 71 | 187 | 131 | 56 |
| 临安区 | 3 | 2 | 1 | 1541 | 873 | 668 | 579 | 339 | 240 |
| 桐庐县 | 35 | 19 | 16 | 1033 | 624 | 409 | 2541 | 1431 | 1110 |
| 淳安县 | 7 | 3 | 4 | 145 | 81 | 64 | 294 | 158 | 136 |
| 建德市 | 12 | 1 | 11 | 114 | 63 | 51 | 242 | 132 | 110 |
| **宁波市** | **330** | **148** | **182** | **13824** | **8012** | **5812** | **71991** | **41477** | **30514** |
| 海曙区 | 5 | 2 | 3 | 726 | 391 | 335 | 871 | 461 | 410 |
| 江北区 | | | | | | | | | |
| 北仑区 | 10 | 7 | 3 | 522 | 320 | 202 | 2032 | 1284 | 748 |
| 镇海区 | 4 | | 4 | 849 | 503 | 346 | 3653 | 2143 | 1510 |
| 鄞州区 | 51 | 29 | 22 | 2583 | 1450 | 1133 | 17083 | 9531 | 7552 |
| 奉化区 | 10 | 3 | 7 | 342 | 189 | 153 | 737 | 473 | 264 |
| 象山县 | 36 | 15 | 21 | 1743 | 988 | 755 | 4700 | 2624 | 2076 |
| 宁海县 | 70 | 20 | 50 | 1507 | 813 | 694 | 9238 | 5136 | 4102 |
| 余姚市 | 20 | 11 | 9 | 1730 | 963 | 767 | 7987 | 4490 | 3497 |
| 慈溪市 | 124 | 61 | 63 | 3822 | 2395 | 1427 | 25690 | 15335 | 10355 |
| **温州市** | **195** | **98** | **97** | **25343** | **14994** | **10349** | **30411** | **17860** | **12551** |
| 鹿城区 | | | | 37 | 21 | 16 | 70 | 33 | 37 |
| 龙湾区 | 56 | 32 | 24 | 12859 | 7692 | 5167 | 13352 | 7883 | 5469 |
| 瓯海区 | 2 | | 2 | 279 | 172 | 107 | 512 | 297 | 215 |
| 洞头区 | | | | 8 | 3 | 5 | 352 | 183 | 169 |
| 永嘉县 | 50 | 26 | 24 | 4313 | 2504 | 1809 | 6076 | 3605 | 2471 |
| 平阳县 | 30 | 15 | 15 | 2921 | 1729 | 1192 | 4396 | 2564 | 1832 |
| 苍南县 | 32 | 11 | 21 | 3198 | 1889 | 1309 | 2865 | 1714 | 1151 |
| 文成县 | 2 | 2 | | 127 | 87 | 40 | 224 | 146 | 78 |
| 泰顺县 | 5 | 2 | 3 | 123 | 80 | 43 | 107 | 50 | 57 |
| 瑞安市 | 1 | | 1 | 46 | 30 | 16 | 111 | 67 | 44 |
| 乐清市 | 17 | 10 | 7 | 1300 | 714 | 586 | 2090 | 1166 | 924 |
| 龙港市 | | | | 132 | 73 | 59 | 256 | 152 | 104 |
| **嘉兴市** | **234** | **110** | **124** | **22839** | **13153** | **9686** | **94562** | **53933** | **40629** |
| 南湖区 | 12 | 4 | 8 | 868 | 480 | 388 | 6288 | 3580 | 2708 |
| 秀洲区 | 7 | 4 | 3 | 2931 | 1639 | 1292 | 11078 | 6222 | 4856 |
| 嘉善县 | 88 | 43 | 45 | 10253 | 5816 | 4437 | 33346 | 18980 | 14366 |
| 海盐县 | 50 | 28 | 22 | 2429 | 1419 | 1010 | 18121 | 10185 | 7936 |
| 海宁市 | 48 | 23 | 25 | 3356 | 2042 | 1314 | 13974 | 8412 | 5562 |
| 平湖市 | 18 | 5 | 13 | 1416 | 846 | 570 | 4931 | 2755 | 2176 |
| 桐乡市 | 11 | 3 | 8 | 1586 | 911 | 675 | 6824 | 3799 | 3025 |
| **湖州市** | **145** | **64** | **81** | **8169** | **4790** | **3379** | **17161** | **9998** | **7163** |
| 吴兴区 | 23 | 7 | 16 | 1174 | 659 | 515 | 4593 | 2635 | 1958 |
| 南浔区 | 4 | 2 | 2 | 1162 | 658 | 504 | 1357 | 768 | 589 |
| 德清县 | 40 | 19 | 21 | 1890 | 1142 | 748 | 5244 | 3116 | 2128 |
| 长兴县 | 23 | 9 | 14 | 1584 | 934 | 650 | 3150 | 1832 | 1318 |
| 安吉县 | 55 | 27 | 28 | 2359 | 1397 | 962 | 2817 | 1647 | 1170 |

7-3b 续表 15 单位：人

| 现住地 | 户口登记地 | | | | | | | | |
|---|---|---|---|---|---|---|---|---|---|
| | 海南 | | | 重庆 | | | 四川 | | |
| | 小计 | 男 | 女 | 小计 | 男 | 女 | 小计 | 男 | 女 |
| **绍兴市** | **40** | **20** | **20** | **5362** | **3196** | **2166** | **8725** | **5276** | **3449** |
| 越城区 | | | | 28 | 15 | 13 | 34 | 19 | 15 |
| 柯桥区 | 9 | 6 | 3 | 4145 | 2523 | 1622 | 6111 | 3805 | 2306 |
| 上虞区 | 2 | 1 | 1 | 146 | 84 | 62 | 311 | 183 | 128 |
| 新昌县 | 16 | 7 | 9 | 361 | 199 | 162 | 745 | 417 | 328 |
| 诸暨市 | 13 | 6 | 7 | 630 | 344 | 286 | 1297 | 711 | 586 |
| 嵊州市 | | | | 52 | 31 | 21 | 227 | 141 | 86 |
| **金华市** | **264** | **124** | **140** | **11325** | **6627** | **4698** | **23313** | **13328** | **9985** |
| 婺城区 | 21 | 11 | 10 | 338 | 223 | 115 | 395 | 238 | 157 |
| 金东区 | 28 | 17 | 11 | 1611 | 994 | 617 | 3405 | 1965 | 1440 |
| 武义县 | 52 | 20 | 32 | 2403 | 1432 | 971 | 5737 | 3221 | 2516 |
| 浦江县 | 20 | 8 | 12 | 573 | 328 | 245 | 1507 | 838 | 669 |
| 磐安县 | 8 | 2 | 6 | 209 | 122 | 87 | 464 | 288 | 176 |
| 兰溪市 | 7 | 4 | 3 | 134 | 79 | 55 | 388 | 232 | 156 |
| 义乌市 | 66 | 37 | 29 | 2963 | 1661 | 1302 | 6371 | 3565 | 2806 |
| 东阳市 | 53 | 20 | 33 | 2286 | 1317 | 969 | 3993 | 2369 | 1624 |
| 永康市 | 9 | 5 | 4 | 808 | 471 | 337 | 1053 | 612 | 441 |
| **衢州市** | **35** | **11** | **24** | **665** | **393** | **272** | **1764** | **1044** | **720** |
| 柯城区 | | | | 24 | 18 | 6 | 44 | 28 | 16 |
| 衢江区 | | | | 8 | 2 | 6 | 75 | 41 | 34 |
| 常山县 | 12 | 2 | 10 | 160 | 91 | 69 | 415 | 224 | 191 |
| 开化县 | 4 | 3 | 1 | 112 | 66 | 46 | 259 | 159 | 100 |
| 龙游县 | 12 | 5 | 7 | 321 | 192 | 129 | 870 | 533 | 337 |
| 江山市 | 7 | 1 | 6 | 40 | 24 | 16 | 101 | 59 | 42 |
| **舟山市** | **22** | **12** | **10** | **774** | **536** | **238** | **4066** | **2810** | **1256** |
| 定海区 | 1 | 1 | | 56 | 33 | 23 | 627 | 345 | 282 |
| 普陀区 | | | | 85 | 46 | 39 | 230 | 134 | 96 |
| 岱山县 | 20 | 10 | 10 | 551 | 413 | 138 | 2908 | 2180 | 728 |
| 嵊泗县 | 1 | 1 | | 82 | 44 | 38 | 301 | 151 | 150 |
| **台州市** | **76** | **36** | **40** | **6646** | **3857** | **2789** | **17598** | **10241** | **7357** |
| 椒江区 | | | | 94 | 51 | 43 | 419 | 259 | 160 |
| 黄岩区 | 1 | 1 | | 147 | 83 | 64 | 290 | 159 | 131 |
| 路桥区 | 9 | 5 | 4 | 1922 | 1118 | 804 | 5786 | 3313 | 2473 |
| 三门县 | 14 | 6 | 8 | 785 | 472 | 313 | 2089 | 1255 | 834 |
| 天台县 | 13 | 6 | 7 | 376 | 182 | 194 | 901 | 515 | 386 |
| 仙居县 | 11 | 6 | 5 | 571 | 311 | 260 | 446 | 258 | 188 |
| 温岭市 | 11 | 7 | 4 | 2213 | 1322 | 891 | 5600 | 3333 | 2267 |
| 临海市 | 16 | 4 | 12 | 382 | 227 | 155 | 1566 | 864 | 702 |
| 玉环市 | 1 | 1 | | 156 | 91 | 65 | 501 | 285 | 216 |
| **丽水市** | **66** | **24** | **42** | **2823** | **1721** | **1102** | **4566** | **2742** | **1824** |
| 莲都区 | 3 | | 3 | 106 | 60 | 46 | 174 | 115 | 59 |
| 青田县 | 18 | 4 | 14 | 1081 | 624 | 457 | 1744 | 1004 | 740 |
| 缙云县 | 10 | 2 | 8 | 465 | 294 | 171 | 969 | 606 | 363 |
| 遂昌县 | | | | 149 | 100 | 49 | 177 | 110 | 67 |
| 松阳县 | 3 | 1 | 2 | 511 | 338 | 173 | 715 | 451 | 264 |
| 云和县 | 20 | 14 | 6 | 310 | 193 | 117 | 553 | 331 | 222 |
| 庆元县 | 2 | 1 | 1 | 102 | 55 | 47 | 103 | 53 | 50 |
| 景宁畲族自治县 | 9 | 2 | 7 | 65 | 34 | 31 | 106 | 57 | 49 |
| 龙泉市 | 1 | | 1 | 34 | 23 | 11 | 25 | 15 | 10 |

7-3b 续表 16

单位：人

| 现住地 | 户口登记地 | | | | | | | | |
|---|---|---|---|---|---|---|---|---|---|
| | 贵州 | | | 云南 | | | 西藏 | | |
| | 小计 | 男 | 女 | 小计 | 男 | 女 | 小计 | 男 | 女 |
| **合计** | **669891** | **389970** | **279921** | **204029** | **114735** | **89294** | **386** | **168** | **218** |
| **杭州市** | **31843** | **18743** | **13100** | **10369** | **6029** | **4340** | **14** | **8** | **6** |
| 上城区 | | | | | | | | | |
| 下城区 | | | | | | | | | |
| 江干区 | | | | | | | | | |
| 拱墅区 | | | | | | | | | |
| 西湖区 | 11 | 5 | 6 | | | | | | |
| 滨江区 | | | | | | | | | |
| 萧山区 | 7736 | 4771 | 2965 | 2692 | 1696 | 996 | | | |
| 余杭区 | 5982 | 3672 | 2310 | 3539 | 2012 | 1527 | | | |
| 富阳区 | 780 | 481 | 299 | 486 | 267 | 219 | | | |
| 临安区 | 2724 | 1566 | 1158 | 775 | 421 | 354 | | | |
| 桐庐县 | 12463 | 7028 | 5435 | 2371 | 1370 | 1001 | 12 | 7 | 5 |
| 淳安县 | 578 | 327 | 251 | 172 | 81 | 91 | 1 | | 1 |
| 建德市 | 1569 | 893 | 676 | 334 | 182 | 152 | 1 | 1 | |
| **宁波市** | **113386** | **65326** | **48060** | **25723** | **14537** | **11186** | **11** | **4** | **7** |
| 海曙区 | 701 | 399 | 302 | 121 | 62 | 59 | | | |
| 江北区 | | | | | | | | | |
| 北仑区 | 2118 | 1375 | 743 | 1163 | 734 | 429 | 3 | | 3 |
| 镇海区 | 1688 | 1009 | 679 | 401 | 240 | 161 | 1 | 1 | |
| 鄞州区 | 15409 | 8814 | 6595 | 2423 | 1349 | 1074 | 1 | 1 | |
| 奉化区 | 3465 | 1961 | 1504 | 271 | 152 | 119 | 1 | 1 | |
| 象山县 | 5885 | 3362 | 2523 | 2035 | 1067 | 968 | 1 | | 1 |
| 宁海县 | 17095 | 9647 | 7448 | 7365 | 3899 | 3466 | 1 | | 1 |
| 余姚市 | 28965 | 16076 | 12889 | 4497 | 2458 | 2039 | 1 | | 1 |
| 慈溪市 | 38060 | 22683 | 15377 | 7447 | 4576 | 2871 | 2 | 1 | 1 |
| **温州市** | **103494** | **61272** | **42222** | **12486** | **6731** | **5755** | **12** | **4** | **8** |
| 鹿城区 | 345 | 200 | 145 | 29 | 12 | 17 | | | |
| 龙湾区 | 37562 | 22045 | 15517 | 3176 | 1771 | 1405 | 2 | 1 | 1 |
| 瓯海区 | 1813 | 1064 | 749 | 228 | 122 | 106 | | | |
| 洞头区 | 211 | 133 | 78 | 2 | 1 | 1 | | | |
| 永嘉县 | 28916 | 17595 | 11321 | 2106 | 1111 | 995 | 3 | 2 | 1 |
| 平阳县 | 16830 | 9976 | 6854 | 2554 | 1380 | 1174 | 3 | 1 | 2 |
| 苍南县 | 7485 | 4387 | 3098 | 3076 | 1652 | 1424 | 3 | | 3 |
| 文成县 | 877 | 597 | 280 | 121 | 69 | 52 | | | |
| 泰顺县 | 573 | 306 | 267 | 49 | 23 | 26 | 1 | | 1 |
| 瑞安市 | 873 | 529 | 344 | 82 | 39 | 43 | | | |
| 乐清市 | 6773 | 3772 | 3001 | 589 | 308 | 281 | | | |
| 龙港市 | 1236 | 668 | 568 | 474 | 243 | 231 | | | |
| **嘉兴市** | **54027** | **31370** | **22657** | **52869** | **29980** | **22889** | **9** | **4** | **5** |
| 南湖区 | 1979 | 1143 | 836 | 3830 | 2161 | 1669 | | | |
| 秀洲区 | 9976 | 5509 | 4467 | 6195 | 3510 | 2685 | 2 | | 2 |
| 嘉善县 | 15699 | 9127 | 6572 | 17354 | 9867 | 7487 | 1 | 1 | |
| 海盐县 | 5396 | 3189 | 2207 | 5086 | 2852 | 2234 | 2 | 2 | |
| 海宁市 | 13846 | 8359 | 5487 | 10612 | 6146 | 4466 | 1 | | 1 |
| 平湖市 | 2791 | 1613 | 1178 | 1790 | 1074 | 716 | 3 | 1 | 2 |
| 桐乡市 | 4340 | 2430 | 1910 | 8002 | 4370 | 3632 | | | |
| **湖州市** | **70134** | **41077** | **29057** | **26114** | **14788** | **11326** | **310** | **127** | **183** |
| 吴兴区 | 9785 | 5714 | 4071 | 3084 | 1774 | 1310 | 12 | 10 | 2 |
| 南浔区 | 4756 | 2682 | 2074 | 3321 | 1824 | 1497 | 298 | 117 | 181 |
| 德清县 | 13560 | 7949 | 5611 | 8972 | 5032 | 3940 | | | |
| 长兴县 | 10257 | 6037 | 4220 | 4040 | 2384 | 1656 | | | |
| 安吉县 | 31776 | 18695 | 13081 | 6697 | 3774 | 2923 | | | |

7—3b　续表 17　　　　单位：人

| 现住地 | 户口登记地 | | | | | | | | |
|---|---|---|---|---|---|---|---|---|---|
| | 贵州 | | | 云南 | | | 西藏 | | |
| | 小计 | 男 | 女 | 小计 | 男 | 女 | 小计 | 男 | 女 |
| **绍兴市** | **36705** | **21540** | **15165** | **9061** | **5261** | **3800** | **2** | **2** | |
| 越城区 | 133 | 76 | 57 | 13 | 8 | 5 | | | |
| 柯桥区 | 12966 | 7969 | 4997 | 5313 | 3194 | 2119 | | | |
| 上虞区 | 2922 | 1630 | 1292 | 737 | 390 | 347 | 1 | 1 | |
| 新昌县 | 4819 | 2716 | 2103 | 826 | 454 | 372 | 1 | 1 | |
| 诸暨市 | 14433 | 8348 | 6085 | 1992 | 1113 | 879 | | | |
| 嵊州市 | 1432 | 801 | 631 | 180 | 102 | 78 | | | |
| **金华市** | **190860** | **109688** | **81172** | **47387** | **26210** | **21177** | **6** | **4** | **2** |
| 婺城区 | 2462 | 1497 | 965 | 792 | 496 | 296 | 1 | 1 | |
| 金东区 | 25806 | 15111 | 10695 | 6999 | 4009 | 2990 | 1 | 1 | |
| 武义县 | 44783 | 25795 | 18988 | 15281 | 8491 | 6790 | 1 | | 1 |
| 浦江县 | 14320 | 7858 | 6462 | 7861 | 4145 | 3716 | | | |
| 磐安县 | 3290 | 1972 | 1318 | 716 | 405 | 311 | 3 | 2 | 1 |
| 兰溪市 | 2679 | 1512 | 1167 | 866 | 482 | 384 | | | |
| 义乌市 | 42360 | 23859 | 18501 | 8335 | 4571 | 3764 | | | |
| 东阳市 | 31343 | 18448 | 12895 | 2801 | 1538 | 1263 | | | |
| 永康市 | 23817 | 13636 | 10181 | 3736 | 2073 | 1663 | | | |
| **衢州市** | **5509** | **3318** | **2191** | **2395** | **1369** | **1026** | **6** | **5** | **1** |
| 柯城区 | 416 | 264 | 152 | 16 | 9 | 7 | | | |
| 衢江区 | 303 | 162 | 141 | 48 | 26 | 22 | | | |
| 常山县 | 885 | 546 | 339 | 224 | 123 | 101 | | | |
| 开化县 | 411 | 257 | 154 | 124 | 73 | 51 | 3 | 2 | 1 |
| 龙游县 | 2974 | 1777 | 1197 | 1862 | 1067 | 795 | 3 | 3 | |
| 江山市 | 520 | 312 | 208 | 121 | 71 | 50 | | | |
| **舟山市** | **2917** | **2075** | **842** | **1377** | **919** | **458** | **2** | **2** | |
| 定海区 | 213 | 123 | 90 | 200 | 94 | 106 | | | |
| 普陀区 | 135 | 82 | 53 | 47 | 23 | 24 | | | |
| 岱山县 | 2245 | 1713 | 532 | 1046 | 768 | 278 | 1 | 1 | |
| 嵊泗县 | 324 | 157 | 167 | 84 | 34 | 50 | 1 | 1 | |
| **台州市** | **42305** | **24575** | **17730** | **11985** | **6686** | **5299** | **10** | **6** | **4** |
| 椒江区 | 543 | 333 | 210 | 350 | 203 | 147 | | | |
| 黄岩区 | 915 | 569 | 346 | 513 | 280 | 233 | | | |
| 路桥区 | 7102 | 4187 | 2915 | 2315 | 1353 | 962 | | | |
| 三门县 | 4926 | 2825 | 2101 | 2371 | 1307 | 1064 | | | |
| 天台县 | 2951 | 1750 | 1201 | 705 | 401 | 304 | 6 | 4 | 2 |
| 仙居县 | 3501 | 1955 | 1546 | 483 | 211 | 272 | 2 | 1 | 1 |
| 温岭市 | 17689 | 10324 | 7365 | 4130 | 2339 | 1791 | 2 | 1 | 1 |
| 临海市 | 3613 | 2015 | 1598 | 903 | 477 | 426 | | | |
| 玉环市 | 1065 | 617 | 448 | 215 | 115 | 100 | | | |
| **丽水市** | **18711** | **10986** | **7725** | **4263** | **2225** | **2038** | **4** | **2** | **2** |
| 莲都区 | 983 | 601 | 382 | 132 | 71 | 61 | | | |
| 青田县 | 4604 | 2679 | 1925 | 834 | 413 | 421 | 1 | | 1 |
| 缙云县 | 6264 | 3707 | 2557 | 2191 | 1257 | 934 | | | |
| 遂昌县 | 650 | 394 | 256 | 200 | 108 | 92 | | | |
| 松阳县 | 1476 | 873 | 603 | 429 | 206 | 223 | 2 | 2 | |
| 云和县 | 4186 | 2446 | 1740 | 239 | 103 | 136 | 1 | | 1 |
| 庆元县 | 226 | 119 | 107 | 99 | 37 | 62 | | | |
| 景宁畲族自治县 | 231 | 118 | 113 | 117 | 14 | 103 | | | |
| 龙泉市 | 91 | 49 | 42 | 22 | 16 | 6 | | | |

7-3b 续表 18 单位：人

| 现住地 | 户口登记地 | | | | | | | | |
|---|---|---|---|---|---|---|---|---|---|
| | 陕西 | | | 甘肃 | | | 青海 | | |
| | 小计 | 男 | 女 | 小计 | 男 | 女 | 小计 | 男 | 女 |
| **合计** | **64755** | **40022** | **24733** | **32932** | **19937** | **12995** | **2871** | **1615** | **1256** |
| **杭州市** | **4157** | **2680** | **1477** | **4324** | **2621** | **1703** | **197** | **105** | **92** |
| 上城区 | | | | | | | | | |
| 下城区 | | | | | | | | | |
| 江干区 | | | | | | | | | |
| 拱墅区 | | | | | | | | | |
| 西湖区 | | | | 2 | 2 | | | | |
| 滨江区 | | | | | | | | | |
| 萧山区 | 1103 | 785 | 318 | 1049 | 709 | 340 | 45 | 30 | 15 |
| 余杭区 | 1528 | 951 | 577 | 1967 | 1177 | 790 | 47 | 21 | 26 |
| 富阳区 | 148 | 100 | 48 | 46 | 19 | 27 | 11 | 6 | 5 |
| 临安区 | 93 | 56 | 37 | 63 | 33 | 30 | 5 | 2 | 3 |
| 桐庐县 | 1117 | 701 | 416 | 1027 | 597 | 430 | 56 | 32 | 24 |
| 淳安县 | 112 | 58 | 54 | 114 | 55 | 59 | 21 | 10 | 11 |
| 建德市 | 56 | 29 | 27 | 56 | 29 | 27 | 12 | 4 | 8 |
| **宁波市** | **23596** | **13943** | **9653** | **6427** | **3875** | **2552** | **785** | **451** | **334** |
| 海曙区 | 75 | 42 | 33 | 27 | 12 | 15 | 16 | 8 | 8 |
| 江北区 | | | | | | | | | |
| 北仑区 | 1474 | 1028 | 446 | 1114 | 684 | 430 | 233 | 155 | 78 |
| 镇海区 | 610 | 364 | 246 | 287 | 191 | 96 | 13 | 9 | 4 |
| 鄞州区 | 5337 | 3073 | 2264 | 712 | 430 | 282 | 96 | 50 | 46 |
| 奉化区 | 115 | 71 | 44 | 129 | 77 | 52 | 21 | 9 | 12 |
| 象山县 | 1198 | 680 | 518 | 400 | 193 | 207 | 61 | 29 | 32 |
| 宁海县 | 9386 | 5146 | 4240 | 1175 | 630 | 545 | 118 | 61 | 57 |
| 余姚市 | 1087 | 638 | 449 | 307 | 169 | 138 | 64 | 35 | 29 |
| 慈溪市 | 4314 | 2901 | 1413 | 2276 | 1489 | 787 | 163 | 95 | 68 |
| **温州市** | **5530** | **3396** | **2134** | **2567** | **1419** | **1148** | **191** | **106** | **85** |
| 鹿城区 | 4 | 1 | 3 | 8 | 6 | 2 | 2 | 1 | 1 |
| 龙湾区 | 1919 | 1239 | 680 | 746 | 435 | 311 | 67 | 39 | 28 |
| 瓯海区 | 70 | 47 | 23 | 17 | 6 | 11 | | | |
| 洞头区 | 2 | 2 | | 4 | 3 | 1 | | | |
| 永嘉县 | 1198 | 728 | 470 | 377 | 207 | 170 | 71 | 37 | 34 |
| 平阳县 | 514 | 320 | 194 | 455 | 232 | 223 | 10 | 2 | 8 |
| 苍南县 | 430 | 247 | 183 | 655 | 350 | 305 | 26 | 17 | 9 |
| 文成县 | 66 | 48 | 18 | 49 | 37 | 12 | 5 | 4 | 1 |
| 泰顺县 | 43 | 27 | 16 | 33 | 16 | 17 | 1 | | 1 |
| 瑞安市 | 11 | 9 | 2 | 2 | | 2 | | | |
| 乐清市 | 1261 | 723 | 538 | 215 | 123 | 92 | 9 | 6 | 3 |
| 龙港市 | 12 | 5 | 7 | 6 | 4 | 2 | | | |
| **嘉兴市** | **10161** | **6451** | **3710** | **8224** | **5050** | **3174** | **510** | **282** | **228** |
| 南湖区 | 205 | 128 | 77 | 195 | 112 | 83 | 6 | 5 | 1 |
| 秀洲区 | 485 | 293 | 192 | 274 | 159 | 115 | 60 | 31 | 29 |
| 嘉善县 | 5020 | 3138 | 1882 | 2724 | 1636 | 1088 | 130 | 65 | 65 |
| 海盐县 | 1034 | 648 | 386 | 1185 | 687 | 498 | 58 | 34 | 24 |
| 海宁市 | 2537 | 1692 | 845 | 2789 | 1786 | 1003 | 143 | 83 | 60 |
| 平湖市 | 606 | 392 | 214 | 881 | 571 | 310 | 91 | 51 | 40 |
| 桐乡市 | 274 | 160 | 114 | 176 | 99 | 77 | 22 | 13 | 9 |
| **湖州市** | **3622** | **2287** | **1335** | **3176** | **1895** | **1281** | **162** | **95** | **67** |
| 吴兴区 | 623 | 376 | 247 | 563 | 338 | 225 | 58 | 36 | 22 |
| 南浔区 | 120 | 75 | 45 | 89 | 54 | 35 | 6 | 4 | 2 |
| 德清县 | 955 | 610 | 345 | 709 | 478 | 231 | 32 | 18 | 14 |
| 长兴县 | 921 | 593 | 328 | 399 | 244 | 155 | 33 | 17 | 16 |
| 安吉县 | 1003 | 633 | 370 | 1416 | 781 | 635 | 33 | 20 | 13 |

7-3b　续表 19　　　　单位：人

| 现住地 | 户口登记地 陕西 小计 | 陕西 男 | 陕西 女 | 甘肃 小计 | 甘肃 男 | 甘肃 女 | 青海 小计 | 青海 男 | 青海 女 |
|---|---|---|---|---|---|---|---|---|---|
| **绍兴市** | **2645** | **1674** | **971** | **1111** | **663** | **448** | **91** | **48** | **43** |
| 越城区 | 14 | 7 | 7 | 11 | 5 | 6 | | | |
| 柯桥区 | 1388 | 917 | 471 | 368 | 231 | 137 | 24 | 12 | 12 |
| 上虞区 | 73 | 49 | 24 | 38 | 18 | 20 | 9 | 4 | 5 |
| 新昌县 | 200 | 122 | 78 | 144 | 91 | 53 | 19 | 10 | 9 |
| 诸暨市 | 911 | 530 | 381 | 519 | 302 | 217 | 37 | 21 | 16 |
| 嵊州市 | 59 | 49 | 10 | 31 | 16 | 15 | 2 | 1 | 1 |
| **金华市** | **6459** | **3826** | **2633** | **3249** | **1803** | **1446** | **456** | **241** | **215** |
| 婺城区 | 101 | 68 | 33 | 82 | 49 | 33 | 7 | 3 | 4 |
| 金东区 | 1085 | 648 | 437 | 461 | 269 | 192 | 90 | 46 | 44 |
| 武义县 | 1078 | 617 | 461 | 405 | 240 | 165 | 51 | 32 | 19 |
| 浦江县 | 314 | 165 | 149 | 204 | 114 | 90 | 62 | 29 | 33 |
| 磐安县 | 113 | 63 | 50 | 59 | 32 | 27 | 15 | 8 | 7 |
| 兰溪市 | 128 | 79 | 49 | 55 | 31 | 24 | 14 | 7 | 7 |
| 义乌市 | 2500 | 1447 | 1053 | 1191 | 606 | 585 | 119 | 65 | 54 |
| 东阳市 | 961 | 623 | 338 | 724 | 429 | 295 | 85 | 43 | 42 |
| 永康市 | 179 | 116 | 63 | 68 | 33 | 35 | 13 | 8 | 5 |
| **衢州市** | **652** | **412** | **240** | **288** | **193** | **95** | **57** | **26** | **31** |
| 柯城区 | 18 | 13 | 5 | 8 | 4 | 4 | | | |
| 衢江区 | 9 | 7 | 2 | 10 | 7 | 3 | 4 | 2 | 2 |
| 常山县 | 126 | 82 | 44 | 134 | 98 | 36 | 14 | 7 | 7 |
| 开化县 | 84 | 53 | 31 | 41 | 28 | 13 | 8 | 4 | 4 |
| 龙游县 | 373 | 225 | 148 | 72 | 41 | 31 | 31 | 13 | 18 |
| 江山市 | 42 | 32 | 10 | 23 | 15 | 8 | | | |
| **舟山市** | **1431** | **1144** | **287** | **1917** | **1505** | **412** | **121** | **85** | **36** |
| 定海区 | 74 | 45 | 29 | 28 | 15 | 13 | 4 | 2 | 2 |
| 普陀区 | 68 | 38 | 30 | 63 | 43 | 20 | 8 | 4 | 4 |
| 岱山县 | 1081 | 945 | 136 | 1803 | 1436 | 367 | 102 | 76 | 26 |
| 嵊泗县 | 208 | 116 | 92 | 23 | 11 | 12 | 7 | 3 | 4 |
| **台州市** | **5567** | **3640** | **1927** | **1135** | **639** | **496** | **208** | **125** | **83** |
| 椒江区 | 123 | 84 | 39 | 32 | 25 | 7 | 55 | 36 | 19 |
| 黄岩区 | 61 | 33 | 28 | 16 | 10 | 6 | | | |
| 路桥区 | 843 | 537 | 306 | 155 | 91 | 64 | 5 | 4 | 1 |
| 三门县 | 395 | 263 | 132 | 230 | 131 | 99 | 18 | 8 | 10 |
| 天台县 | 222 | 117 | 105 | 182 | 101 | 81 | 79 | 47 | 32 |
| 仙居县 | 120 | 66 | 54 | 94 | 40 | 54 | 16 | 8 | 8 |
| 温岭市 | 3172 | 2115 | 1057 | 268 | 157 | 111 | 22 | 15 | 7 |
| 临海市 | 420 | 303 | 117 | 134 | 71 | 63 | 13 | 7 | 6 |
| 玉环市 | 211 | 122 | 89 | 24 | 13 | 11 | | | |
| **丽水市** | **935** | **569** | **366** | **514** | **274** | **240** | **93** | **51** | **42** |
| 莲都区 | 32 | 28 | 4 | 21 | 16 | 5 | | | |
| 青田县 | 323 | 177 | 146 | 183 | 85 | 98 | 8 | 6 | 2 |
| 缙云县 | 245 | 166 | 79 | 144 | 84 | 60 | 28 | 12 | 16 |
| 遂昌县 | 52 | 34 | 18 | 39 | 20 | 19 | 13 | 9 | 4 |
| 松阳县 | 92 | 60 | 32 | 56 | 26 | 30 | 16 | 8 | 8 |
| 云和县 | 118 | 69 | 49 | 18 | 7 | 11 | 12 | 7 | 5 |
| 庆元县 | 31 | 17 | 14 | 25 | 15 | 10 | 10 | 5 | 5 |
| 景宁畲族自治县 | 41 | 17 | 24 | 28 | 21 | 7 | 6 | 4 | 2 |
| 龙泉市 | 1 | 1 | | | | | | | |

7-3b 续表 20 单位：人

| 现住地 | 户口登记地 | | | | | |
|---|---|---|---|---|---|---|
| | 宁夏 | | | 新疆 | | |
| | 小计 | 男 | 女 | 小计 | 男 | 女 |
| **合计** | **1853** | **1192** | **661** | **3373** | **1837** | **1536** |
| **杭州市** | **197** | **122** | **75** | **227** | **114** | **113** |
| 上城区 | | | | | | |
| 下城区 | | | | | | |
| 江干区 | | | | | | |
| 拱墅区 | | | | | | |
| 西湖区 | 1 | | 1 | | | |
| 滨江区 | | | | | | |
| 萧山区 | 33 | 23 | 10 | 46 | 24 | 22 |
| 余杭区 | 80 | 43 | 37 | 85 | 39 | 46 |
| 富阳区 | 1 | | 1 | 5 | 3 | 2 |
| 临安区 | 9 | 7 | 2 | 9 | 6 | 3 |
| 桐庐县 | 70 | 47 | 23 | 57 | 32 | 25 |
| 淳安县 | 2 | 2 | | 18 | 7 | 11 |
| 建德市 | 1 | | 1 | 7 | 3 | 4 |
| **宁波市** | **396** | **270** | **126** | **673** | **355** | **318** |
| 海曙区 | | | | 7 | 2 | 5 |
| 江北区 | | | | | | |
| 北仑区 | 142 | 108 | 34 | 47 | 30 | 17 |
| 镇海区 | 8 | 6 | 2 | 12 | 7 | 5 |
| 鄞州区 | 63 | 40 | 23 | 145 | 79 | 66 |
| 奉化区 | 5 | 1 | 4 | 11 | 6 | 5 |
| 象山县 | 19 | 12 | 7 | 63 | 31 | 32 |
| 宁海县 | 45 | 24 | 21 | 116 | 53 | 63 |
| 余姚市 | 14 | 10 | 4 | 31 | 16 | 15 |
| 慈溪市 | 100 | 69 | 31 | 241 | 131 | 110 |
| **温州市** | **113** | **59** | **54** | **369** | **181** | **188** |
| 鹿城区 | 1 | | 1 | 1 | | 1 |
| 龙湾区 | 25 | 16 | 9 | 49 | 27 | 22 |
| 瓯海区 | 1 | | 1 | 2 | | 2 |
| 洞头区 | | | | | | |
| 永嘉县 | 36 | 15 | 21 | 103 | 51 | 52 |
| 平阳县 | 17 | 12 | 5 | 73 | 31 | 42 |
| 苍南县 | 17 | 8 | 9 | 87 | 44 | 43 |
| 文成县 | | | | 14 | 6 | 8 |
| 泰顺县 | | | | 7 | 4 | 3 |
| 瑞安市 | | | | 6 | 3 | 3 |
| 乐清市 | 16 | 8 | 8 | 26 | 14 | 12 |
| 龙港市 | | | | 1 | 1 | |
| **嘉兴市** | **423** | **270** | **153** | **550** | **287** | **263** |
| 南湖区 | 12 | 8 | 4 | 33 | 16 | 17 |
| 秀洲区 | 12 | 7 | 5 | 54 | 31 | 23 |
| 嘉善县 | 126 | 80 | 46 | 200 | 100 | 100 |
| 海盐县 | 35 | 23 | 12 | 81 | 40 | 41 |
| 海宁市 | 184 | 120 | 64 | 103 | 53 | 50 |
| 平湖市 | 37 | 23 | 14 | 61 | 35 | 26 |
| 桐乡市 | 17 | 9 | 8 | 18 | 12 | 6 |
| **湖州市** | **164** | **107** | **57** | **262** | **136** | **126** |
| 吴兴区 | 34 | 23 | 11 | 57 | 29 | 28 |
| 南浔区 | 7 | 5 | 2 | 8 | 4 | 4 |
| 德清县 | 45 | 33 | 12 | 40 | 19 | 21 |
| 长兴县 | 31 | 18 | 13 | 74 | 40 | 34 |
| 安吉县 | 47 | 28 | 19 | 83 | 44 | 39 |

7-3b　续表 21　　　　单位：人

| 现住地 | 户口登记地 | | | | | |
|---|---|---|---|---|---|---|
| | 宁夏 | | | 新疆 | | |
| | 小计 | 男 | 女 | 小计 | 男 | 女 |
| **绍兴市** | **56** | **33** | **23** | **121** | **68** | **53** |
| 越城区 | | | | | | |
| 柯桥区 | 16 | 10 | 6 | 23 | 11 | 12 |
| 上虞区 | | | | 12 | 9 | 3 |
| 新昌县 | 30 | 18 | 12 | 38 | 18 | 20 |
| 诸暨市 | 9 | 4 | 5 | 40 | 26 | 14 |
| 嵊州市 | 1 | 1 | | 8 | 4 | 4 |
| **金华市** | **247** | **159** | **88** | **597** | **339** | **258** |
| 婺城区 | 4 | 2 | 2 | 170 | 85 | 85 |
| 金东区 | 54 | 34 | 20 | 59 | 33 | 26 |
| 武义县 | 21 | 12 | 9 | 64 | 35 | 29 |
| 浦江县 | 9 | 5 | 4 | 26 | 14 | 12 |
| 磐安县 | | | | 4 | 2 | 2 |
| 兰溪市 | 5 | 4 | 1 | 7 | 4 | 3 |
| 义乌市 | 95 | 65 | 30 | 132 | 83 | 49 |
| 东阳市 | 57 | 35 | 22 | 125 | 78 | 47 |
| 永康市 | 2 | 2 | | 10 | 5 | 5 |
| **衢州市** | **19** | **10** | **9** | **80** | **43** | **37** |
| 柯城区 | | | | 2 | 1 | 1 |
| 衢江区 | 1 | 1 | | 8 | 3 | 5 |
| 常山县 | 6 | 3 | 3 | 13 | 7 | 6 |
| 开化县 | 2 | 1 | 1 | 21 | 13 | 8 |
| 龙游县 | 7 | 4 | 3 | 30 | 15 | 15 |
| 江山市 | 3 | 1 | 2 | 6 | 4 | 2 |
| **舟山市** | **120** | **103** | **17** | **222** | **152** | **70** |
| 定海区 | 4 | 3 | 1 | 7 | 5 | 2 |
| 普陀区 | 2 | 2 | | 3 | 1 | 2 |
| 岱山县 | 114 | 98 | 16 | 204 | 140 | 64 |
| 嵊泗县 | | | | 8 | 6 | 2 |
| **台州市** | **77** | **39** | **38** | **144** | **82** | **62** |
| 椒江区 | | | | 3 | 1 | 2 |
| 黄岩区 | | | | 3 | 1 | 2 |
| 路桥区 | 6 | 2 | 4 | 12 | 10 | 2 |
| 三门县 | 17 | 11 | 6 | 15 | 12 | 3 |
| 天台县 | 18 | 7 | 11 | 25 | 11 | 14 |
| 仙居县 | 10 | 3 | 7 | 26 | 15 | 11 |
| 温岭市 | 14 | 9 | 5 | 30 | 19 | 11 |
| 临海市 | 12 | 7 | 5 | 24 | 10 | 14 |
| 玉环市 | | | | 6 | 3 | 3 |
| **丽水市** | **41** | **20** | **21** | **128** | **80** | **48** |
| 莲都区 | | | | 5 | 3 | 2 |
| 青田县 | 21 | 10 | 11 | 28 | 18 | 10 |
| 缙云县 | 6 | 3 | 3 | 31 | 17 | 14 |
| 遂昌县 | 2 | 1 | 1 | 20 | 13 | 7 |
| 松阳县 | 6 | 1 | 5 | 17 | 11 | 6 |
| 云和县 | 5 | 4 | 1 | 7 | 4 | 3 |
| 庆元县 | | | | 6 | 4 | 2 |
| 景宁畲族自治县 | 1 | 1 | | 14 | 10 | 4 |
| 龙泉市 | | | | | | |

# 7–3c 全省按现住地、性别分的户口登记地在外省的人口(乡村)

单位：人

| 现住地 | 户口登记地 | | | | | |
| --- | --- | --- | --- | --- | --- | --- |
| | 合计 | | | 北京 | | |
| | 合计 | 男 | 女 | 小计 | 男 | 女 |
| **合计** | **2913661** | **1752829** | **1160832** | **501** | **299** | **202** |
| **杭州市** | **331622** | **211545** | **120077** | **102** | **60** | **42** |
| 上城区 | | | | | | |
| 下城区 | | | | | | |
| 江干区 | | | | | | |
| 拱墅区 | | | | | | |
| 西湖区 | 5954 | 4070 | 1884 | 15 | 9 | 6 |
| 滨江区 | | | | | | |
| 萧山区 | 121766 | 75463 | 46303 | 14 | 7 | 7 |
| 余杭区 | 134093 | 86884 | 47209 | 38 | 26 | 12 |
| 富阳区 | 23838 | 15486 | 8352 | 3 | 3 | |
| 临安区 | 24715 | 16043 | 8672 | 16 | 7 | 9 |
| 桐庐县 | 7793 | 4928 | 2865 | 5 | 3 | 2 |
| 淳安县 | 2728 | 1860 | 868 | 5 | 2 | 3 |
| 建德市 | 10735 | 6811 | 3924 | 6 | 3 | 3 |
| **宁波市** | **628051** | **371092** | **256959** | **57** | **35** | **22** |
| 海曙区 | 44135 | 25494 | 18641 | 1 | | 1 |
| 江北区 | 42259 | 25135 | 17124 | | | |
| 北仑区 | 82131 | 50190 | 31941 | 12 | 5 | 7 |
| 镇海区 | 25499 | 15960 | 9539 | | | |
| 鄞州区 | 132143 | 76446 | 55697 | 7 | 5 | 2 |
| 奉化区 | 56022 | 33904 | 22118 | 10 | 6 | 4 |
| 象山县 | 24607 | 15159 | 9448 | 6 | 5 | 1 |
| 宁海县 | 33310 | 19619 | 13691 | 7 | 5 | 2 |
| 余姚市 | 51264 | 29921 | 21343 | 4 | 2 | 2 |
| 慈溪市 | 136681 | 79264 | 57417 | 10 | 7 | 3 |
| **温州市** | **408717** | **243968** | **164749** | **61** | **32** | **29** |
| 鹿城区 | 39313 | 24475 | 14838 | 1 | | 1 |
| 龙湾区 | 804 | 494 | 310 | | | |
| 瓯海区 | 50134 | 30524 | 19610 | 5 | 3 | 2 |
| 洞头区 | 16398 | 11170 | 5228 | 8 | 8 | |
| 永嘉县 | 27536 | 16935 | 10601 | 11 | 4 | 7 |
| 平阳县 | 47263 | 27725 | 19538 | 5 | 1 | 4 |
| 苍南县 | 28561 | 16416 | 12145 | 1 | 1 | |
| 文成县 | 2712 | 1878 | 834 | | | |
| 泰顺县 | 2272 | 1403 | 869 | 5 | 2 | 3 |
| 瑞安市 | 117017 | 68852 | 48165 | 7 | 3 | 4 |
| 乐清市 | 74772 | 42986 | 31786 | 18 | 10 | 8 |
| 龙港市 | 1935 | 1110 | 825 | | | |
| **嘉兴市** | **364275** | **213701** | **150574** | **60** | **37** | **23** |
| 南湖区 | 25348 | 15604 | 9744 | 18 | 14 | 4 |
| 秀洲区 | 73950 | 41362 | 32588 | 8 | 3 | 5 |
| 嘉善县 | 47875 | 29300 | 18575 | 7 | 5 | 2 |
| 海盐县 | 26439 | 15604 | 10835 | 2 | 1 | 1 |
| 海宁市 | 88413 | 51423 | 36990 | 7 | 3 | 4 |
| 平湖市 | 50873 | 30367 | 20506 | 4 | 2 | 2 |
| 桐乡市 | 51377 | 30041 | 21336 | 14 | 9 | 5 |
| **湖州市** | **180152** | **111186** | **68966** | **38** | **22** | **16** |
| 吴兴区 | 66657 | 41323 | 25334 | 14 | 9 | 5 |
| 南浔区 | 35437 | 21650 | 13787 | 4 | 2 | 2 |
| 德清县 | 30263 | 19252 | 11011 | 9 | 6 | 3 |
| 长兴县 | 15701 | 9471 | 6230 | 3 | | 3 |
| 安吉县 | 32094 | 19490 | 12604 | 8 | 5 | 3 |

7-3c　续表 1　　　　单位：人

| 现住地 | 户口登记地 | | | | | |
|---|---|---|---|---|---|---|
| | 合计 | | | 北京 | | |
| | 合计 | 男 | 女 | 小计 | 男 | 女 |
| **绍兴市** | **146758** | **86546** | **60212** | **23** | **15** | **8** |
| 越城区 | 28894 | 17292 | 11602 | 3 | 3 | |
| 柯桥区 | 34742 | 20712 | 14030 | 7 | 4 | 3 |
| 上虞区 | 23793 | 13771 | 10022 | 1 | | 1 |
| 新昌县 | 4307 | 2725 | 1582 | | | |
| 诸暨市 | 44957 | 26293 | 18664 | 10 | 6 | 4 |
| 嵊州市 | 10065 | 5753 | 4312 | 2 | 2 | |
| **金华市** | **402475** | **236709** | **165766** | **52** | **34** | **18** |
| 婺城区 | 16555 | 10366 | 6189 | 7 | 4 | 3 |
| 金东区 | 43203 | 26176 | 17027 | 4 | 3 | 1 |
| 武义县 | 35086 | 20830 | 14256 | 2 | 1 | 1 |
| 浦江县 | 55850 | 31225 | 24625 | 9 | 5 | 4 |
| 磐安县 | 2617 | 1729 | 888 | | | |
| 兰溪市 | 6432 | 3678 | 2754 | 3 | 2 | 1 |
| 义乌市 | 118129 | 69192 | 48937 | 8 | 5 | 3 |
| 东阳市 | 48367 | 28637 | 19730 | 16 | 12 | 4 |
| 永康市 | 76236 | 44876 | 31360 | 3 | 2 | 1 |
| **衢州市** | **18654** | **10848** | **7806** | **30** | **19** | **11** |
| 柯城区 | 2601 | 1662 | 939 | 2 | 1 | 1 |
| 衢江区 | 3942 | 2345 | 1597 | 1 | 1 | |
| 常山县 | 1847 | 1012 | 835 | 3 | 1 | 2 |
| 开化县 | 1322 | 704 | 618 | 2 | 2 | |
| 龙游县 | 6100 | 3684 | 2416 | 7 | 6 | 1 |
| 江山市 | 2842 | 1441 | 1401 | 15 | 8 | 7 |
| **舟山市** | **68913** | **48146** | **20767** | **13** | **11** | **2** |
| 定海区 | 25630 | 17199 | 8431 | 1 | 1 | |
| 普陀区 | 24941 | 16976 | 7965 | 12 | 10 | 2 |
| 岱山县 | 15436 | 11849 | 3587 | | | |
| 嵊泗县 | 2906 | 2122 | 784 | | | |
| **台州市** | **327633** | **195986** | **131647** | **54** | **27** | **27** |
| 椒江区 | 48736 | 29799 | 18937 | 6 | 3 | 3 |
| 黄岩区 | 26955 | 15991 | 10964 | 3 | 1 | 2 |
| 路桥区 | 59310 | 35014 | 24296 | 5 | 2 | 3 |
| 三门县 | 6719 | 4119 | 2600 | 4 | 2 | 2 |
| 天台县 | 6647 | 4127 | 2520 | 8 | 6 | 2 |
| 仙居县 | 6820 | 4286 | 2534 | 4 | 2 | 2 |
| 温岭市 | 72979 | 43158 | 29821 | 8 | 3 | 5 |
| 临海市 | 46589 | 28252 | 18337 | 10 | 5 | 5 |
| 玉环市 | 52878 | 31240 | 21638 | 6 | 3 | 3 |
| **丽水市** | **36411** | **23102** | **13309** | **11** | **7** | **4** |
| 莲都区 | 11785 | 7745 | 4040 | 3 | 2 | 1 |
| 青田县 | 6807 | 4366 | 2441 | 2 | | 2 |
| 缙云县 | 5110 | 3143 | 1967 | 3 | 2 | 1 |
| 遂昌县 | 1447 | 927 | 520 | 1 | 1 | |
| 松阳县 | 4422 | 2616 | 1806 | | | |
| 云和县 | 2254 | 1352 | 902 | | | |
| 庆元县 | 1346 | 829 | 517 | | | |
| 景宁畲族自治县 | 1458 | 1079 | 379 | 1 | 1 | |
| 龙泉市 | 1782 | 1045 | 737 | 1 | 1 | |

7-3c 续表 2 单位：人

| 现住地 | 户口登记地 | | | | | | | | |
|---|---|---|---|---|---|---|---|---|---|
| | 天津 | | | 河北 | | | 山西 | | |
| | 小计 | 男 | 女 | 小计 | 男 | 女 | 小计 | 男 | 女 |
| **合计** | **556** | **364** | **192** | **9067** | **5959** | **3108** | **6716** | **4486** | **2230** |
| **杭州市** | **123** | **84** | **39** | **1690** | **1176** | **514** | **1254** | **896** | **358** |
| 上城区 | | | | | | | | | |
| 下城区 | | | | | | | | | |
| 江干区 | | | | | | | | | |
| 拱墅区 | | | | | | | | | |
| 西湖区 | 17 | 7 | 10 | 61 | 42 | 19 | 28 | 18 | 10 |
| 滨江区 | | | | | | | | | |
| 萧山区 | 28 | 22 | 6 | 512 | 343 | 169 | 376 | 267 | 109 |
| 余杭区 | 31 | 25 | 6 | 735 | 514 | 221 | 449 | 324 | 125 |
| 富阳区 | 21 | 17 | 4 | 210 | 166 | 44 | 209 | 160 | 49 |
| 临安区 | 15 | 10 | 5 | 76 | 50 | 26 | 97 | 68 | 29 |
| 桐庐县 | 6 | 1 | 5 | 26 | 18 | 8 | 44 | 27 | 17 |
| 淳安县 | 2 | | 2 | 22 | 18 | 4 | 12 | 9 | 3 |
| 建德市 | 3 | 2 | 1 | 48 | 25 | 23 | 39 | 23 | 16 |
| **宁波市** | **91** | **56** | **35** | **1619** | **1026** | **593** | **1326** | **877** | **449** |
| 海曙区 | 2 | 1 | 1 | 98 | 57 | 41 | 56 | 31 | 25 |
| 江北区 | 8 | 2 | 6 | 125 | 77 | 48 | 44 | 26 | 18 |
| 北仑区 | 24 | 15 | 9 | 274 | 186 | 88 | 198 | 127 | 71 |
| 镇海区 | 3 | 2 | 1 | 68 | 58 | 10 | 43 | 28 | 15 |
| 鄞州区 | 8 | 6 | 2 | 305 | 190 | 115 | 289 | 178 | 111 |
| 奉化区 | 7 | 3 | 4 | 107 | 73 | 34 | 130 | 93 | 37 |
| 象山县 | 16 | 14 | 2 | 135 | 82 | 53 | 121 | 92 | 29 |
| 宁海县 | 17 | 10 | 7 | 98 | 51 | 47 | 108 | 69 | 39 |
| 余姚市 | 2 | 1 | 1 | 171 | 123 | 48 | 130 | 99 | 31 |
| 慈溪市 | 4 | 2 | 2 | 238 | 129 | 109 | 207 | 134 | 73 |
| **温州市** | **63** | **31** | **32** | **818** | **476** | **342** | **640** | **368** | **272** |
| 鹿城区 | 2 | 1 | 1 | 57 | 38 | 19 | 31 | 24 | 7 |
| 龙湾区 | | | | | | | | | |
| 瓯海区 | 4 | 4 | | 133 | 80 | 53 | 48 | 29 | 19 |
| 洞头区 | 5 | 4 | 1 | 63 | 53 | 10 | 70 | 43 | 27 |
| 永嘉县 | 6 | | 6 | 67 | 39 | 28 | 41 | 22 | 19 |
| 平阳县 | 8 | 3 | 5 | 77 | 41 | 36 | 97 | 51 | 46 |
| 苍南县 | 3 | 1 | 2 | 41 | 19 | 22 | 50 | 22 | 28 |
| 文成县 | 1 | 1 | | 14 | 10 | 4 | 22 | 17 | 5 |
| 泰顺县 | 1 | | 1 | 25 | 10 | 15 | 14 | 5 | 9 |
| 瑞安市 | 18 | 9 | 9 | 209 | 116 | 93 | 99 | 64 | 35 |
| 乐清市 | 15 | 8 | 7 | 130 | 69 | 61 | 165 | 89 | 76 |
| 龙港市 | | | | 2 | 1 | 1 | 3 | 2 | 1 |
| **嘉兴市** | **37** | **22** | **15** | **1368** | **842** | **526** | **954** | **607** | **347** |
| 南湖区 | 4 | 2 | 2 | 95 | 57 | 38 | 169 | 105 | 64 |
| 秀洲区 | | | | 111 | 66 | 45 | 46 | 27 | 19 |
| 嘉善县 | 6 | 5 | 1 | 219 | 139 | 80 | 212 | 134 | 78 |
| 海盐县 | 3 | 1 | 2 | 83 | 64 | 19 | 54 | 43 | 11 |
| 海宁市 | 6 | 2 | 4 | 279 | 164 | 115 | 286 | 176 | 110 |
| 平湖市 | 10 | 7 | 3 | 148 | 91 | 57 | 113 | 79 | 34 |
| 桐乡市 | 8 | 5 | 3 | 433 | 261 | 172 | 74 | 43 | 31 |
| **湖州市** | **26** | **20** | **6** | **574** | **405** | **169** | **408** | **296** | **112** |
| 吴兴区 | 13 | 9 | 4 | 271 | 192 | 79 | 172 | 122 | 50 |
| 南浔区 | 3 | 2 | 1 | 67 | 42 | 25 | 34 | 28 | 6 |
| 德清县 | 6 | 5 | 1 | 142 | 110 | 32 | 80 | 59 | 21 |
| 长兴县 | 3 | 3 | | 40 | 25 | 15 | 39 | 28 | 11 |
| 安吉县 | 1 | 1 | | 54 | 36 | 18 | 83 | 59 | 24 |

7-3c　续表 3　　单位：人

| 现住地 | 户口登记地 | | | | | | | | |
|---|---|---|---|---|---|---|---|---|---|
| | 天津 | | | 河北 | | | 山西 | | |
| | 小计 | 男 | 女 | 小计 | 男 | 女 | 小计 | 男 | 女 |
| **绍兴市** | **30** | **26** | **4** | **481** | **311** | **170** | **298** | **210** | **88** |
| 越城区 | 5 | 5 | | 140 | 104 | 36 | 75 | 61 | 14 |
| 柯桥区 | 2 | 1 | 1 | 99 | 53 | 46 | 48 | 27 | 21 |
| 上虞区 | 3 | 3 | | 74 | 49 | 25 | 47 | 37 | 10 |
| 新昌县 | 13 | 13 | | 16 | 14 | 2 | 5 | 3 | 2 |
| 诸暨市 | 4 | 3 | 1 | 117 | 65 | 52 | 102 | 69 | 33 |
| 嵊州市 | 3 | 1 | 2 | 35 | 26 | 9 | 21 | 13 | 8 |
| **金华市** | **66** | **38** | **28** | **975** | **642** | **333** | **702** | **446** | **256** |
| 婺城区 | 6 | 5 | 1 | 84 | 57 | 27 | 50 | 32 | 18 |
| 金东区 | 14 | 8 | 6 | 180 | 111 | 69 | 104 | 71 | 33 |
| 武义县 | 2 | | 2 | 54 | 35 | 19 | 67 | 43 | 24 |
| 浦江县 | | | | 97 | 57 | 40 | 56 | 28 | 28 |
| 磐安县 | | | | 21 | 18 | 3 | 14 | 11 | 3 |
| 兰溪市 | 2 | 2 | | 28 | 21 | 7 | 11 | 8 | 3 |
| 义乌市 | 17 | 10 | 7 | 290 | 201 | 89 | 271 | 164 | 107 |
| 东阳市 | 14 | 8 | 6 | 121 | 81 | 40 | 65 | 46 | 19 |
| 永康市 | 11 | 5 | 6 | 100 | 61 | 39 | 64 | 43 | 21 |
| **衢州市** | **13** | **9** | **4** | **146** | **96** | **50** | **101** | **79** | **22** |
| 柯城区 | 4 | 4 | | 47 | 35 | 12 | 30 | 27 | 3 |
| 衢江区 | 4 | 2 | 2 | 15 | 11 | 4 | 21 | 15 | 6 |
| 常山县 | | | | 9 | 4 | 5 | 16 | 13 | 3 |
| 开化县 | | | | 7 | 3 | 4 | 7 | 5 | 2 |
| 龙游县 | 4 | 3 | 1 | 50 | 31 | 19 | 17 | 12 | 5 |
| 江山市 | 1 | | 1 | 18 | 12 | 6 | 10 | 7 | 3 |
| **舟山市** | **29** | **23** | **6** | **488** | **372** | **116** | **234** | **177** | **57** |
| 定海区 | 9 | 7 | 2 | 148 | 107 | 41 | 71 | 56 | 15 |
| 普陀区 | 11 | 8 | 3 | 136 | 100 | 36 | 91 | 64 | 27 |
| 岱山县 | 7 | 6 | 1 | 177 | 145 | 32 | 66 | 55 | 11 |
| 嵊泗县 | 2 | 2 | | 27 | 20 | 7 | 6 | 2 | 4 |
| **台州市** | **71** | **50** | **21** | **791** | **527** | **264** | **700** | **459** | **241** |
| 椒江区 | 8 | 4 | 4 | 76 | 53 | 23 | 56 | 41 | 15 |
| 黄岩区 | 5 | 2 | 3 | 58 | 47 | 11 | 53 | 38 | 15 |
| 路桥区 | 9 | 7 | 2 | 141 | 90 | 51 | 121 | 83 | 38 |
| 三门县 | 2 | 1 | 1 | 49 | 28 | 21 | 22 | 15 | 7 |
| 天台县 | 4 | 4 | | 39 | 24 | 15 | 23 | 12 | 11 |
| 仙居县 | 20 | 18 | 2 | 58 | 51 | 7 | 15 | 13 | 2 |
| 温岭市 | 6 | 4 | 2 | 173 | 102 | 71 | 72 | 41 | 31 |
| 临海市 | 4 | 3 | 1 | 127 | 87 | 40 | 242 | 155 | 87 |
| 玉环市 | 13 | 7 | 6 | 70 | 45 | 25 | 96 | 61 | 35 |
| **丽水市** | **7** | **5** | **2** | **117** | **86** | **31** | **99** | **71** | **28** |
| 莲都区 | 2 | 1 | 1 | 19 | 13 | 6 | 18 | 13 | 5 |
| 青田县 | | | | 16 | 12 | 4 | 20 | 12 | 8 |
| 缙云县 | 3 | 3 | | 31 | 26 | 5 | 9 | 7 | 2 |
| 遂昌县 | | | | 13 | 9 | 4 | 3 | 1 | 2 |
| 松阳县 | 1 | 1 | | 8 | 5 | 3 | 18 | 13 | 5 |
| 云和县 | | | | 10 | 8 | 2 | 3 | 2 | 1 |
| 庆元县 | | | | 7 | 6 | 1 | 6 | 4 | 2 |
| 景宁畲族自治县 | 1 | | 1 | 10 | 5 | 5 | 20 | 17 | 3 |
| 龙泉市 | | | | 3 | 2 | 1 | 2 | 2 | |

7－3c 续表 4 单位：人

| 现住地 | 户口登记地 | | | | | | | | |
|---|---|---|---|---|---|---|---|---|---|
| | 内蒙古 | | | 辽宁 | | | 吉林 | | |
| | 小计 | 男 | 女 | 小计 | 男 | 女 | 小计 | 男 | 女 |
| **合计** | **3549** | **2162** | **1387** | **6714** | **4445** | **2269** | **8779** | **5544** | **3235** |
| **杭州市** | **509** | **327** | **182** | **1049** | **721** | **328** | **1338** | **892** | **446** |
| 上城区 | | | | | | | | | |
| 下城区 | | | | | | | | | |
| 江干区 | | | | | | | | | |
| 拱墅区 | | | | | | | | | |
| 西湖区 | 19 | 9 | 10 | 47 | 32 | 15 | 32 | 16 | 16 |
| 滨江区 | | | | | | | | | |
| 萧山区 | 157 | 99 | 58 | 272 | 181 | 91 | 326 | 218 | 108 |
| 余杭区 | 185 | 126 | 59 | 419 | 298 | 121 | 644 | 424 | 220 |
| 富阳区 | 66 | 45 | 21 | 125 | 91 | 34 | 116 | 88 | 28 |
| 临安区 | 36 | 20 | 16 | 91 | 56 | 35 | 101 | 71 | 30 |
| 桐庐县 | 27 | 15 | 12 | 26 | 16 | 10 | 58 | 37 | 21 |
| 淳安县 | 3 | 2 | 1 | 22 | 14 | 8 | 29 | 18 | 11 |
| 建德市 | 16 | 11 | 5 | 47 | 33 | 14 | 32 | 20 | 12 |
| **宁波市** | **815** | **476** | **339** | **1069** | **677** | **392** | **2214** | **1341** | **873** |
| 海曙区 | 33 | 19 | 14 | 23 | 14 | 9 | 140 | 75 | 65 |
| 江北区 | 28 | 19 | 9 | 57 | 29 | 28 | 105 | 67 | 38 |
| 北仑区 | 101 | 56 | 45 | 187 | 126 | 61 | 253 | 171 | 82 |
| 镇海区 | 21 | 10 | 11 | 68 | 44 | 24 | 95 | 78 | 17 |
| 鄞州区 | 165 | 99 | 66 | 194 | 123 | 71 | 411 | 226 | 185 |
| 奉化区 | 80 | 52 | 28 | 144 | 87 | 57 | 179 | 123 | 56 |
| 象山县 | 59 | 38 | 21 | 100 | 69 | 31 | 168 | 102 | 66 |
| 宁海县 | 66 | 34 | 32 | 98 | 64 | 34 | 179 | 103 | 76 |
| 余姚市 | 63 | 38 | 25 | 69 | 50 | 19 | 100 | 61 | 39 |
| 慈溪市 | 199 | 111 | 88 | 129 | 71 | 58 | 584 | 335 | 249 |
| **温州市** | **330** | **187** | **143** | **556** | **317** | **239** | **640** | **393** | **247** |
| 鹿城区 | 21 | 12 | 9 | 28 | 15 | 13 | 38 | 24 | 14 |
| 龙湾区 | | | | | | | | | |
| 瓯海区 | 34 | 23 | 11 | 92 | 52 | 40 | 74 | 57 | 17 |
| 洞头区 | 35 | 26 | 9 | 70 | 51 | 19 | 34 | 26 | 8 |
| 永嘉县 | 21 | 7 | 14 | 38 | 19 | 19 | 45 | 27 | 18 |
| 平阳县 | 45 | 25 | 20 | 62 | 38 | 24 | 84 | 42 | 42 |
| 苍南县 | 12 | 8 | 4 | 32 | 21 | 11 | 43 | 26 | 17 |
| 文成县 | 7 | 5 | 2 | 22 | 12 | 10 | 9 | 6 | 3 |
| 泰顺县 | 14 | 5 | 9 | 19 | 9 | 10 | 6 | 2 | 4 |
| 瑞安市 | 50 | 30 | 20 | 94 | 54 | 40 | 137 | 76 | 61 |
| 乐清市 | 91 | 46 | 45 | 95 | 45 | 50 | 170 | 107 | 63 |
| 龙港市 | | | | 4 | 1 | 3 | | | |
| **嘉兴市** | **392** | **241** | **151** | **921** | **569** | **352** | **932** | **574** | **358** |
| 南湖区 | 29 | 15 | 14 | 55 | 39 | 16 | 98 | 57 | 41 |
| 秀洲区 | 18 | 11 | 7 | 75 | 43 | 32 | 110 | 65 | 45 |
| 嘉善县 | 121 | 75 | 46 | 102 | 69 | 33 | 224 | 140 | 84 |
| 海盐县 | 23 | 17 | 6 | 41 | 26 | 15 | 69 | 40 | 29 |
| 海宁市 | 67 | 42 | 25 | 177 | 113 | 64 | 194 | 129 | 65 |
| 平湖市 | 51 | 37 | 14 | 113 | 85 | 28 | 119 | 69 | 50 |
| 桐乡市 | 83 | 44 | 39 | 358 | 194 | 164 | 118 | 74 | 44 |
| **湖州市** | **190** | **121** | **69** | **458** | **292** | **166** | **581** | **370** | **211** |
| 吴兴区 | 66 | 44 | 22 | 184 | 121 | 63 | 255 | 164 | 91 |
| 南浔区 | 32 | 20 | 12 | 63 | 43 | 20 | 81 | 46 | 35 |
| 德清县 | 35 | 17 | 18 | 102 | 68 | 34 | 135 | 97 | 38 |
| 长兴县 | 20 | 14 | 6 | 49 | 30 | 19 | 28 | 16 | 12 |
| 安吉县 | 37 | 26 | 11 | 60 | 30 | 30 | 82 | 47 | 35 |

7-3c　续表 5　　　　单位：人

| 现住地 | 户口登记地 | | | | | | | | |
|---|---|---|---|---|---|---|---|---|---|
| | 内蒙古 | | | 辽宁 | | | 吉林 | | |
| | 小计 | 男 | 女 | 小计 | 男 | 女 | 小计 | 男 | 女 |
| **绍兴市** | **200** | **118** | **82** | **252** | **178** | **74** | **597** | **343** | **254** |
| 越城区 | 30 | 19 | 11 | 40 | 24 | 16 | 91 | 61 | 30 |
| 柯桥区 | 28 | 19 | 9 | 54 | 41 | 13 | 303 | 163 | 140 |
| 上虞区 | 91 | 53 | 38 | 40 | 28 | 12 | 57 | 39 | 18 |
| 新昌县 | 6 | 4 | 2 | 23 | 20 | 3 | 16 | 13 | 3 |
| 诸暨市 | 36 | 17 | 19 | 57 | 38 | 19 | 100 | 51 | 49 |
| 嵊州市 | 9 | 6 | 3 | 38 | 27 | 11 | 30 | 16 | 14 |
| **金华市** | **511** | **314** | **197** | **669** | **425** | **244** | **790** | **474** | **316** |
| 婺城区 | 163 | 101 | 62 | 44 | 27 | 17 | 72 | 40 | 32 |
| 金东区 | 60 | 40 | 20 | 114 | 70 | 44 | 139 | 78 | 61 |
| 武义县 | 23 | 17 | 6 | 23 | 14 | 9 | 28 | 15 | 13 |
| 浦江县 | 39 | 23 | 16 | 62 | 40 | 22 | 62 | 34 | 28 |
| 磐安县 | 5 | 3 | 2 | 24 | 20 | 4 | 10 | 6 | 4 |
| 兰溪市 | 14 | 13 | 1 | 30 | 20 | 10 | 13 | 10 | 3 |
| 义乌市 | 122 | 74 | 48 | 244 | 157 | 87 | 307 | 200 | 107 |
| 东阳市 | 57 | 28 | 29 | 61 | 36 | 25 | 93 | 53 | 40 |
| 永康市 | 28 | 15 | 13 | 67 | 41 | 26 | 66 | 38 | 28 |
| **衢州市** | **61** | **36** | **25** | **93** | **58** | **35** | **111** | **66** | **45** |
| 柯城区 | 9 | 6 | 3 | 16 | 9 | 7 | 31 | 17 | 14 |
| 衢江区 | 9 | 6 | 3 | 18 | 11 | 7 | 23 | 18 | 5 |
| 常山县 | 4 | 2 | 2 | 6 | 6 | | 6 | 4 | 2 |
| 开化县 | 3 | | 3 | 4 | 3 | 1 | 21 | 10 | 11 |
| 龙游县 | 14 | 8 | 6 | 20 | 16 | 4 | 20 | 12 | 8 |
| 江山市 | 22 | 14 | 8 | 29 | 13 | 16 | 10 | 5 | 5 |
| **舟山市** | **216** | **146** | **70** | **945** | **745** | **200** | **774** | **582** | **192** |
| 定海区 | 42 | 24 | 18 | 242 | 190 | 52 | 212 | 156 | 56 |
| 普陀区 | 75 | 47 | 28 | 350 | 254 | 96 | 255 | 167 | 88 |
| 岱山县 | 97 | 74 | 23 | 340 | 293 | 47 | 296 | 253 | 43 |
| 嵊泗县 | 2 | 1 | 1 | 13 | 8 | 5 | 11 | 6 | 5 |
| **台州市** | **256** | **152** | **104** | **596** | **389** | **207** | **702** | **442** | **260** |
| 椒江区 | 43 | 30 | 13 | 86 | 60 | 26 | 101 | 70 | 31 |
| 黄岩区 | 23 | 16 | 7 | 109 | 81 | 28 | 40 | 20 | 20 |
| 路桥区 | 25 | 15 | 10 | 83 | 56 | 27 | 145 | 87 | 58 |
| 三门县 | 18 | 12 | 6 | 44 | 28 | 16 | 19 | 12 | 7 |
| 天台县 | 19 | 10 | 9 | 17 | 9 | 8 | 30 | 22 | 8 |
| 仙居县 | 9 | 4 | 5 | 19 | 10 | 9 | 14 | 10 | 4 |
| 温岭市 | 35 | 15 | 20 | 98 | 51 | 47 | 64 | 37 | 27 |
| 临海市 | 55 | 36 | 19 | 96 | 67 | 29 | 163 | 99 | 64 |
| 玉环市 | 29 | 14 | 15 | 44 | 27 | 17 | 126 | 85 | 41 |
| **丽水市** | **69** | **44** | **25** | **106** | **74** | **32** | **100** | **67** | **33** |
| 莲都区 | 21 | 13 | 8 | 18 | 16 | 2 | 34 | 25 | 9 |
| 青田县 | 12 | 6 | 6 | 39 | 29 | 10 | 15 | 10 | 5 |
| 缙云县 | 10 | 7 | 3 | 16 | 10 | 6 | 18 | 11 | 7 |
| 遂昌县 | 5 | 3 | 2 | 6 | 3 | 3 | 5 | 3 | 2 |
| 松阳县 | 3 | | 3 | 9 | 5 | 4 | 4 | 2 | 2 |
| 云和县 | 3 | 3 | | 9 | 7 | 2 | 4 | 3 | 1 |
| 庆元县 | 2 | 1 | 1 | 2 | | 2 | 1 | | 1 |
| 景宁畲族自治县 | 12 | 10 | 2 | 1 | | 1 | 12 | 7 | 5 |
| 龙泉市 | 1 | 1 | | 6 | 4 | 2 | 7 | 6 | 1 |

7−3c 续表 6 单位：人

| 现住地 | 户口登记地 | | | | | | | | |
|---|---|---|---|---|---|---|---|---|---|
| | 黑龙江 | | | 上海 | | | 江苏 | | |
| | 小计 | 男 | 女 | 小计 | 男 | 女 | 小计 | 男 | 女 |
| **合计** | **14115** | **8382** | **5733** | **4373** | **2354** | **2019** | **75123** | **49905** | **25218** |
| **杭州市** | **2280** | **1409** | **871** | **362** | **217** | **145** | **9842** | **7012** | **2830** |
| 上城区 | | | | | | | | | |
| 下城区 | | | | | | | | | |
| 江干区 | | | | | | | | | |
| 拱墅区 | | | | | | | | | |
| 西湖区 | 54 | 26 | 28 | 19 | 7 | 12 | 359 | 272 | 87 |
| 滨江区 | | | | | | | | | |
| 萧山区 | 628 | 391 | 237 | 100 | 69 | 31 | 2495 | 1755 | 740 |
| 余杭区 | 1099 | 697 | 402 | 84 | 51 | 33 | 5121 | 3668 | 1453 |
| 富阳区 | 154 | 95 | 59 | 46 | 21 | 25 | 616 | 416 | 200 |
| 临安区 | 148 | 83 | 65 | 58 | 36 | 22 | 551 | 400 | 151 |
| 桐庐县 | 57 | 37 | 20 | 30 | 23 | 7 | 176 | 115 | 61 |
| 淳安县 | 52 | 31 | 21 | 10 | 4 | 6 | 204 | 169 | 35 |
| 建德市 | 88 | 49 | 39 | 15 | 6 | 9 | 320 | 217 | 103 |
| **宁波市** | **3876** | **2240** | **1636** | **980** | **480** | **500** | **24331** | **15439** | **8892** |
| 海曙区 | 172 | 96 | 76 | 32 | 13 | 19 | 1242 | 753 | 489 |
| 江北区 | 258 | 150 | 108 | 43 | 16 | 27 | 1431 | 882 | 549 |
| 北仑区 | 615 | 376 | 239 | 81 | 41 | 40 | 3763 | 2456 | 1307 |
| 镇海区 | 194 | 114 | 80 | 23 | 12 | 11 | 1569 | 1052 | 517 |
| 鄞州区 | 624 | 353 | 271 | 215 | 98 | 117 | 6645 | 4084 | 2561 |
| 奉化区 | 301 | 168 | 133 | 123 | 61 | 62 | 1839 | 1295 | 544 |
| 象山县 | 256 | 154 | 102 | 66 | 41 | 25 | 848 | 591 | 257 |
| 宁海县 | 218 | 110 | 108 | 103 | 54 | 49 | 979 | 618 | 361 |
| 余姚市 | 143 | 95 | 48 | 139 | 66 | 73 | 883 | 611 | 272 |
| 慈溪市 | 1095 | 624 | 471 | 155 | 78 | 77 | 5132 | 3097 | 2035 |
| **温州市** | **1048** | **592** | **456** | **144** | **91** | **53** | **3188** | **2206** | **982** |
| 鹿城区 | 80 | 55 | 25 | 1 | 1 | | 387 | 296 | 91 |
| 龙湾区 | | | | | | | | | |
| 瓯海区 | 223 | 136 | 87 | 9 | 5 | 4 | 358 | 249 | 109 |
| 洞头区 | 76 | 53 | 23 | 25 | 19 | 6 | 386 | 322 | 64 |
| 永嘉县 | 61 | 33 | 28 | 16 | 7 | 9 | 229 | 150 | 79 |
| 平阳县 | 130 | 66 | 64 | 11 | 7 | 4 | 282 | 178 | 104 |
| 苍南县 | 56 | 30 | 26 | 9 | 8 | 1 | 189 | 124 | 65 |
| 文成县 | 14 | 8 | 6 | 7 | 4 | 3 | 48 | 35 | 13 |
| 泰顺县 | 27 | 13 | 14 | 11 | 8 | 3 | 55 | 38 | 17 |
| 瑞安市 | 192 | 100 | 92 | 20 | 12 | 8 | 651 | 417 | 234 |
| 乐清市 | 189 | 98 | 91 | 35 | 20 | 15 | 588 | 388 | 200 |
| 龙港市 | | | | | | | 15 | 9 | 6 |
| **嘉兴市** | **1766** | **1015** | **751** | **1448** | **763** | **685** | **14602** | **9277** | **5325** |
| 南湖区 | 207 | 125 | 82 | 87 | 47 | 40 | 871 | 572 | 299 |
| 秀洲区 | 191 | 126 | 65 | 37 | 19 | 18 | 2724 | 1569 | 1155 |
| 嘉善县 | 325 | 184 | 141 | 470 | 241 | 229 | 2390 | 1600 | 790 |
| 海盐县 | 28 | 17 | 11 | 91 | 51 | 40 | 803 | 527 | 276 |
| 海宁市 | 340 | 192 | 148 | 141 | 79 | 62 | 2856 | 1812 | 1044 |
| 平湖市 | 259 | 149 | 110 | 448 | 253 | 195 | 2362 | 1553 | 809 |
| 桐乡市 | 416 | 222 | 194 | 174 | 73 | 101 | 2596 | 1644 | 952 |
| **湖州市** | **808** | **506** | **302** | **400** | **218** | **182** | **7685** | **5042** | **2643** |
| 吴兴区 | 226 | 136 | 90 | 121 | 71 | 50 | 3149 | 2078 | 1071 |
| 南浔区 | 119 | 82 | 37 | 122 | 58 | 64 | 1724 | 1099 | 625 |
| 德清县 | 223 | 146 | 77 | 29 | 18 | 11 | 1274 | 867 | 407 |
| 长兴县 | 73 | 45 | 28 | 70 | 43 | 27 | 895 | 567 | 328 |
| 安吉县 | 167 | 97 | 70 | 58 | 28 | 30 | 643 | 431 | 212 |

7-3c　续表 7　　　　　　　　　　　　　　　　　　　　　　　　　　单位：人

| 现 住 地 | 户口登记地 | | | | | | | | |
|---|---|---|---|---|---|---|---|---|---|
| | 黑 龙 江 | | | 上　　海 | | | 江　　苏 | | |
| | 小计 | 男 | 女 | 小计 | 男 | 女 | 小计 | 男 | 女 |
| **绍兴市** | **453** | **257** | **196** | **438** | **216** | **222** | **2539** | **1633** | **906** |
| 越城区 | 111 | 72 | 39 | 56 | 30 | 26 | 768 | 494 | 274 |
| 柯桥区 | 54 | 25 | 29 | 46 | 24 | 22 | 496 | 310 | 186 |
| 上虞区 | 97 | 52 | 45 | 147 | 69 | 78 | 471 | 310 | 161 |
| 新昌县 | 25 | 17 | 8 | 10 | 5 | 5 | 91 | 66 | 25 |
| 诸暨市 | 135 | 72 | 63 | 130 | 66 | 64 | 560 | 362 | 198 |
| 嵊州市 | 31 | 19 | 12 | 49 | 22 | 27 | 153 | 91 | 62 |
| **金华市** | **1421** | **838** | **583** | **171** | **107** | **64** | **3696** | **2405** | **1291** |
| 婺城区 | 173 | 108 | 65 | 23 | 10 | 13 | 307 | 226 | 81 |
| 金东区 | 204 | 115 | 89 | 20 | 12 | 8 | 544 | 382 | 162 |
| 武义县 | 76 | 41 | 35 | 5 | 2 | 3 | 202 | 119 | 83 |
| 浦江县 | 175 | 103 | 72 | 35 | 23 | 12 | 388 | 224 | 164 |
| 磐安县 | 13 | 8 | 5 | 6 | 4 | 2 | 24 | 15 | 9 |
| 兰溪市 | 49 | 27 | 22 | 6 | 4 | 2 | 126 | 81 | 45 |
| 义乌市 | 481 | 285 | 196 | 37 | 23 | 14 | 1399 | 908 | 491 |
| 东阳市 | 114 | 65 | 49 | 31 | 21 | 10 | 405 | 261 | 144 |
| 永康市 | 136 | 86 | 50 | 8 | 8 | | 301 | 189 | 112 |
| **衢州市** | **125** | **71** | **54** | **45** | **26** | **19** | **418** | **241** | **177** |
| 柯城区 | 27 | 13 | 14 | 10 | 5 | 5 | 103 | 55 | 48 |
| 衢江区 | 23 | 14 | 9 | 5 | 2 | 3 | 74 | 43 | 31 |
| 常山县 | 7 | 4 | 3 | 4 | 3 | 1 | 66 | 32 | 34 |
| 开化县 | 11 | 7 | 4 | 4 | 4 | | 35 | 14 | 21 |
| 龙游县 | 43 | 27 | 16 | 11 | 6 | 5 | 90 | 69 | 21 |
| 江山市 | 14 | 6 | 8 | 11 | 6 | 5 | 50 | 28 | 22 |
| **舟山市** | **888** | **621** | **267** | **171** | **101** | **70** | **4323** | **3561** | **762** |
| 定海区 | 273 | 180 | 93 | 82 | 38 | 44 | 1214 | 982 | 232 |
| 普陀区 | 329 | 230 | 99 | 25 | 12 | 13 | 1698 | 1372 | 326 |
| 岱山县 | 270 | 205 | 65 | 19 | 14 | 5 | 1189 | 1013 | 176 |
| 嵊泗县 | 16 | 6 | 10 | 45 | 37 | 8 | 222 | 194 | 28 |
| **台州市** | **1257** | **710** | **547** | **161** | **105** | **56** | **3959** | **2671** | **1288** |
| 椒江区 | 190 | 114 | 76 | 8 | 7 | 1 | 625 | 462 | 163 |
| 黄岩区 | 74 | 40 | 34 | 21 | 15 | 6 | 270 | 179 | 91 |
| 路桥区 | 295 | 179 | 116 | 10 | 6 | 4 | 497 | 329 | 168 |
| 三门县 | 29 | 12 | 17 | 17 | 12 | 5 | 135 | 85 | 50 |
| 天台县 | 45 | 23 | 22 | 22 | 15 | 7 | 225 | 161 | 64 |
| 仙居县 | 51 | 28 | 23 | 6 | 3 | 3 | 119 | 80 | 39 |
| 温岭市 | 150 | 81 | 69 | 50 | 28 | 22 | 976 | 614 | 362 |
| 临海市 | 297 | 163 | 134 | 17 | 13 | 4 | 714 | 485 | 229 |
| 玉环市 | 126 | 70 | 56 | 10 | 6 | 4 | 398 | 276 | 122 |
| **丽水市** | **193** | **123** | **70** | **53** | **30** | **23** | **540** | **418** | **122** |
| 莲都区 | 65 | 40 | 25 | 21 | 11 | 10 | 170 | 146 | 24 |
| 青田县 | 33 | 21 | 12 | | | | 59 | 47 | 12 |
| 缙云县 | 28 | 19 | 9 | 11 | 7 | 4 | 116 | 85 | 31 |
| 遂昌县 | 6 | 5 | 1 | 2 | 2 | | 30 | 24 | 6 |
| 松阳县 | 33 | 18 | 15 | 6 | 4 | 2 | 67 | 49 | 18 |
| 云和县 | 5 | 2 | 3 | 1 | | 1 | 18 | 12 | 6 |
| 庆元县 | 4 | 3 | 1 | | | | 17 | 12 | 5 |
| 景宁畲族自治县 | 12 | 10 | 2 | 4 | 2 | 2 | 24 | 20 | 4 |
| 龙泉市 | 7 | 5 | 2 | 8 | 4 | 4 | 39 | 23 | 16 |

7−3c 续表 8 单位：人

| 现住地 | 户口登记地 | | | | | | | | |
|---|---|---|---|---|---|---|---|---|---|
| | 安徽 | | | 福建 | | | 江西 | | |
| | 小计 | 男 | 女 | 小计 | 男 | 女 | 小计 | 男 | 女 |
| **合计** | **486650** | **290961** | **195689** | **26228** | **16030** | **10198** | **211792** | **127685** | **84107** |
| **杭州市** | **73437** | **46455** | **26982** | **2809** | **1802** | **1007** | **24669** | **15635** | **9034** |
| 上城区 | | | | | | | | | |
| 下城区 | | | | | | | | | |
| 江干区 | | | | | | | | | |
| 拱墅区 | | | | | | | | | |
| 西湖区 | 1243 | 831 | 412 | 76 | 41 | 35 | 375 | 247 | 128 |
| 滨江区 | | | | | | | | | |
| 萧山区 | 25406 | 15401 | 10005 | 1055 | 683 | 372 | 6205 | 3996 | 2209 |
| 余杭区 | 34964 | 22544 | 12420 | 964 | 608 | 356 | 13410 | 8404 | 5006 |
| 富阳区 | 3090 | 2053 | 1037 | 271 | 175 | 96 | 1692 | 1055 | 637 |
| 临安区 | 5886 | 3787 | 2099 | 151 | 97 | 54 | 1285 | 869 | 416 |
| 桐庐县 | 911 | 573 | 338 | 139 | 92 | 47 | 578 | 374 | 204 |
| 淳安县 | 537 | 369 | 168 | 52 | 38 | 14 | 312 | 207 | 105 |
| 建德市 | 1400 | 897 | 503 | 101 | 68 | 33 | 812 | 483 | 329 |
| **宁波市** | **121317** | **70879** | **50438** | **3016** | **1852** | **1164** | **33833** | **20029** | **13804** |
| 海曙区 | 7680 | 4468 | 3212 | 247 | 156 | 91 | 3452 | 1966 | 1486 |
| 江北区 | 10886 | 6348 | 4538 | 138 | 90 | 48 | 1862 | 1144 | 718 |
| 北仑区 | 17768 | 10713 | 7055 | 353 | 227 | 126 | 3238 | 1987 | 1251 |
| 镇海区 | 4843 | 2969 | 1874 | 154 | 105 | 49 | 836 | 543 | 293 |
| 鄞州区 | 27007 | 15455 | 11552 | 552 | 321 | 231 | 10785 | 6180 | 4605 |
| 奉化区 | 7992 | 4872 | 3120 | 254 | 155 | 99 | 2347 | 1490 | 857 |
| 象山县 | 5939 | 3467 | 2472 | 208 | 132 | 76 | 1651 | 1018 | 633 |
| 宁海县 | 4323 | 2585 | 1738 | 327 | 198 | 129 | 1446 | 896 | 550 |
| 余姚市 | 7636 | 4446 | 3190 | 194 | 113 | 81 | 1653 | 996 | 657 |
| 慈溪市 | 27243 | 15556 | 11687 | 589 | 355 | 234 | 6563 | 3809 | 2754 |
| **温州市** | **41644** | **25087** | **16557** | **7876** | **4642** | **3234** | **49724** | **29882** | **19842** |
| 鹿城区 | 4527 | 2867 | 1660 | 499 | 327 | 172 | 5341 | 3350 | 1991 |
| 龙湾区 | 57 | 41 | 16 | 8 | 6 | 2 | 26 | 21 | 5 |
| 瓯海区 | 7954 | 4836 | 3118 | 1008 | 632 | 376 | 10579 | 6292 | 4287 |
| 洞头区 | 1914 | 1322 | 592 | 229 | 152 | 77 | 1157 | 779 | 378 |
| 永嘉县 | 2128 | 1302 | 826 | 276 | 174 | 102 | 3615 | 2172 | 1443 |
| 平阳县 | 3235 | 1956 | 1279 | 1137 | 698 | 439 | 4271 | 2585 | 1686 |
| 苍南县 | 2422 | 1434 | 988 | 2056 | 1115 | 941 | 944 | 587 | 357 |
| 文成县 | 173 | 130 | 43 | 130 | 64 | 66 | 188 | 120 | 68 |
| 泰顺县 | 188 | 132 | 56 | 458 | 248 | 210 | 121 | 86 | 35 |
| 瑞安市 | 8563 | 5052 | 3511 | 1447 | 856 | 591 | 16789 | 9916 | 6873 |
| 乐清市 | 10333 | 5929 | 4404 | 555 | 334 | 221 | 6630 | 3935 | 2695 |
| 龙港市 | 150 | 86 | 64 | 73 | 36 | 37 | 63 | 39 | 24 |
| **嘉兴市** | **79032** | **45874** | **33158** | **3141** | **1960** | **1181** | **22357** | **12989** | **9368** |
| 南湖区 | 4925 | 2987 | 1938 | 350 | 216 | 134 | 799 | 511 | 288 |
| 秀洲区 | 13422 | 7496 | 5926 | 361 | 217 | 144 | 1892 | 1109 | 783 |
| 嘉善县 | 9198 | 5593 | 3605 | 772 | 490 | 282 | 1457 | 939 | 518 |
| 海盐县 | 4450 | 2571 | 1879 | 134 | 85 | 49 | 681 | 463 | 218 |
| 海宁市 | 25198 | 14417 | 10781 | 578 | 345 | 233 | 13667 | 7658 | 6009 |
| 平湖市 | 14164 | 8292 | 5872 | 475 | 315 | 160 | 1357 | 854 | 503 |
| 桐乡市 | 7675 | 4518 | 3157 | 471 | 292 | 179 | 2504 | 1455 | 1049 |
| **湖州市** | **48044** | **28869** | **19175** | **1146** | **782** | **364** | **5475** | **3501** | **1974** |
| 吴兴区 | 24597 | 14462 | 10135 | 518 | 347 | 171 | 2448 | 1513 | 935 |
| 南浔区 | 6697 | 4141 | 2556 | 141 | 100 | 41 | 745 | 455 | 290 |
| 德清县 | 6023 | 3798 | 2225 | 258 | 178 | 80 | 1350 | 916 | 434 |
| 长兴县 | 4077 | 2410 | 1667 | 68 | 48 | 20 | 337 | 221 | 116 |
| 安吉县 | 6650 | 4058 | 2592 | 161 | 109 | 52 | 595 | 396 | 199 |

7-3c　续表 9　　单位：人

| 现住地 | 户口登记地 安徽 小计 | 安徽 男 | 安徽 女 | 福建 小计 | 福建 男 | 福建 女 | 江西 小计 | 江西 男 | 江西 女 |
|---|---|---|---|---|---|---|---|---|---|
| **绍兴市** | **23319** | **13489** | **9830** | **1182** | **733** | **449** | **7047** | **4171** | **2876** |
| 越城区 | 4594 | 2722 | 1872 | 228 | 149 | 79 | 1284 | 776 | 508 |
| 柯桥区 | 6839 | 3983 | 2856 | 336 | 212 | 124 | 1469 | 884 | 585 |
| 上虞区 | 2966 | 1715 | 1251 | 184 | 114 | 70 | 516 | 293 | 223 |
| 新昌县 | 317 | 191 | 126 | 40 | 24 | 16 | 178 | 100 | 78 |
| 诸暨市 | 7649 | 4293 | 3356 | 331 | 200 | 131 | 3196 | 1898 | 1298 |
| 嵊州市 | 954 | 585 | 369 | 63 | 34 | 29 | 404 | 220 | 184 |
| **金华市** | **36723** | **21650** | **15073** | **3343** | **1987** | **1356** | **43598** | **25984** | **17614** |
| 婺城区 | 2465 | 1541 | 924 | 148 | 86 | 62 | 1436 | 917 | 519 |
| 金东区 | 4966 | 2942 | 2024 | 482 | 295 | 187 | 4675 | 2845 | 1830 |
| 武义县 | 2132 | 1291 | 841 | 144 | 85 | 59 | 2518 | 1558 | 960 |
| 浦江县 | 4296 | 2440 | 1856 | 511 | 300 | 211 | 4742 | 2668 | 2074 |
| 磐安县 | 251 | 176 | 75 | 28 | 17 | 11 | 121 | 83 | 38 |
| 兰溪市 | 626 | 357 | 269 | 36 | 16 | 20 | 505 | 243 | 262 |
| 义乌市 | 14173 | 8250 | 5923 | 1277 | 772 | 505 | 19326 | 11348 | 7978 |
| 东阳市 | 3962 | 2340 | 1622 | 305 | 185 | 120 | 4674 | 2896 | 1778 |
| 永康市 | 3852 | 2313 | 1539 | 412 | 231 | 181 | 5601 | 3426 | 2175 |
| **衢州市** | **1897** | **1039** | **858** | **469** | **266** | **203** | **2856** | **1499** | **1357** |
| 柯城区 | 430 | 243 | 187 | 80 | 49 | 31 | 268 | 166 | 102 |
| 衢江区 | 257 | 151 | 106 | 79 | 46 | 33 | 337 | 167 | 170 |
| 常山县 | 192 | 92 | 100 | 64 | 36 | 28 | 341 | 155 | 186 |
| 开化县 | 150 | 68 | 82 | 19 | 10 | 9 | 288 | 149 | 139 |
| 龙游县 | 674 | 386 | 288 | 53 | 35 | 18 | 968 | 571 | 397 |
| 江山市 | 194 | 99 | 95 | 174 | 90 | 84 | 654 | 291 | 363 |
| **舟山市** | **18646** | **12081** | **6565** | **516** | **356** | **160** | **1611** | **1156** | **455** |
| 定海区 | 7936 | 4993 | 2943 | 151 | 105 | 46 | 637 | 442 | 195 |
| 普陀区 | 6990 | 4428 | 2562 | 268 | 183 | 85 | 501 | 348 | 153 |
| 岱山县 | 3085 | 2204 | 881 | 76 | 53 | 23 | 352 | 276 | 76 |
| 嵊泗县 | 635 | 456 | 179 | 21 | 15 | 6 | 121 | 90 | 31 |
| **台州市** | **40135** | **23903** | **16232** | **1644** | **989** | **655** | **18311** | **11267** | **7044** |
| 椒江区 | 6387 | 3813 | 2574 | 252 | 155 | 97 | 1943 | 1228 | 715 |
| 黄岩区 | 5080 | 2925 | 2155 | 153 | 89 | 64 | 1219 | 724 | 495 |
| 路桥区 | 7551 | 4463 | 3088 | 162 | 96 | 66 | 2217 | 1373 | 844 |
| 三门县 | 562 | 367 | 195 | 49 | 29 | 20 | 255 | 157 | 98 |
| 天台县 | 704 | 415 | 289 | 75 | 46 | 29 | 269 | 162 | 107 |
| 仙居县 | 508 | 338 | 170 | 66 | 42 | 24 | 495 | 298 | 197 |
| 温岭市 | 8306 | 4900 | 3406 | 387 | 230 | 157 | 5879 | 3567 | 2312 |
| 临海市 | 4908 | 3017 | 1891 | 343 | 202 | 141 | 2354 | 1481 | 873 |
| 玉环市 | 6129 | 3665 | 2464 | 157 | 100 | 57 | 3680 | 2277 | 1403 |
| **丽水市** | **2456** | **1635** | **821** | **1086** | **661** | **425** | **2311** | **1572** | **739** |
| 莲都区 | 1165 | 813 | 352 | 195 | 115 | 80 | 835 | 594 | 241 |
| 青田县 | 491 | 315 | 176 | 60 | 39 | 21 | 443 | 288 | 155 |
| 缙云县 | 257 | 152 | 105 | 97 | 59 | 38 | 325 | 214 | 111 |
| 遂昌县 | 110 | 72 | 38 | 78 | 61 | 17 | 143 | 98 | 45 |
| 松阳县 | 158 | 96 | 62 | 51 | 30 | 21 | 181 | 114 | 67 |
| 云和县 | 74 | 52 | 22 | 52 | 38 | 14 | 96 | 63 | 33 |
| 庆元县 | 67 | 44 | 23 | 336 | 193 | 143 | 97 | 68 | 29 |
| 景宁畲族自治县 | 69 | 55 | 14 | 64 | 47 | 17 | 93 | 73 | 20 |
| 龙泉市 | 65 | 36 | 29 | 153 | 79 | 74 | 98 | 60 | 38 |

7－3c 续表 10

单位：人

| 现住地 | 户口登记地 | | | | | | | | |
|---|---|---|---|---|---|---|---|---|---|
| | 山东 | | | 河南 | | | 湖北 | | |
| | 小计 | 男 | 女 | 小计 | 男 | 女 | 小计 | 男 | 女 |
| **合计** | **39858** | **25764** | **14094** | **399449** | **253863** | **145586** | **82243** | **49911** | **32332** |
| **杭州市** | **7617** | **4880** | **2737** | **62541** | **41888** | **20653** | **7606** | **5056** | **2550** |
| 上城区 | | | | | | | | | |
| 下城区 | | | | | | | | | |
| 江干区 | | | | | | | | | |
| 拱墅区 | | | | | | | | | |
| 西湖区 | 135 | 94 | 41 | 1671 | 1166 | 505 | 160 | 108 | 52 |
| 滨江区 | | | | | | | | | |
| 萧山区 | 1370 | 930 | 440 | 21749 | 14105 | 7644 | 2263 | 1495 | 768 |
| 余杭区 | 5267 | 3288 | 1979 | 27923 | 18668 | 9255 | 3432 | 2224 | 1208 |
| 富阳区 | 302 | 194 | 108 | 4786 | 3315 | 1471 | 437 | 314 | 123 |
| 临安区 | 241 | 169 | 72 | 3362 | 2432 | 930 | 741 | 504 | 237 |
| 桐庐县 | 95 | 58 | 37 | 1003 | 709 | 294 | 230 | 168 | 62 |
| 淳安县 | 78 | 64 | 14 | 506 | 368 | 138 | 52 | 34 | 18 |
| 建德市 | 129 | 83 | 46 | 1541 | 1125 | 416 | 291 | 209 | 82 |
| **宁波市** | **11900** | **7541** | **4359** | **82452** | **51010** | **31442** | **11876** | **7045** | **4831** |
| 海曙区 | 616 | 387 | 229 | 4798 | 3012 | 1786 | 859 | 473 | 386 |
| 江北区 | 938 | 565 | 373 | 7546 | 4698 | 2848 | 773 | 463 | 310 |
| 北仑区 | 3325 | 2190 | 1135 | 11211 | 7132 | 4079 | 2197 | 1317 | 880 |
| 镇海区 | 764 | 543 | 221 | 3107 | 2138 | 969 | 464 | 285 | 179 |
| 鄞州区 | 2002 | 1200 | 802 | 14421 | 8589 | 5832 | 2545 | 1461 | 1084 |
| 奉化区 | 1033 | 630 | 403 | 6061 | 3941 | 2120 | 912 | 557 | 355 |
| 象山县 | 816 | 536 | 280 | 3872 | 2384 | 1488 | 562 | 374 | 188 |
| 宁海县 | 543 | 335 | 208 | 4365 | 2741 | 1624 | 746 | 462 | 284 |
| 余姚市 | 378 | 239 | 139 | 5331 | 3310 | 2021 | 755 | 469 | 286 |
| 慈溪市 | 1485 | 916 | 569 | 21740 | 13065 | 8675 | 2063 | 1184 | 879 |
| **温州市** | **1283** | **805** | **478** | **39029** | **24561** | **14468** | **22233** | **13353** | **8880** |
| 鹿城区 | 101 | 64 | 37 | 4672 | 3005 | 1667 | 2944 | 1859 | 1085 |
| 龙湾区 | | | | 190 | 119 | 71 | 21 | 15 | 6 |
| 瓯海区 | 193 | 125 | 68 | 4018 | 2515 | 1503 | 3380 | 2052 | 1328 |
| 洞头区 | 169 | 124 | 45 | 3691 | 2497 | 1194 | 1260 | 816 | 444 |
| 永嘉县 | 75 | 42 | 33 | 2910 | 1902 | 1008 | 1421 | 872 | 549 |
| 平阳县 | 117 | 75 | 42 | 5130 | 3183 | 1947 | 2015 | 1148 | 867 |
| 苍南县 | 66 | 35 | 31 | 2834 | 1729 | 1105 | 1345 | 768 | 577 |
| 文成县 | 25 | 13 | 12 | 357 | 280 | 77 | 187 | 157 | 30 |
| 泰顺县 | 27 | 13 | 14 | 218 | 151 | 67 | 100 | 57 | 43 |
| 瑞安市 | 248 | 155 | 93 | 7246 | 4486 | 2760 | 4261 | 2550 | 1711 |
| 乐清市 | 258 | 158 | 100 | 7417 | 4492 | 2925 | 5250 | 3031 | 2219 |
| 龙港市 | 4 | 1 | 3 | 346 | 202 | 144 | 49 | 28 | 21 |
| **嘉兴市** | **6921** | **4308** | **2613** | **55129** | **33541** | **21588** | **7445** | **4277** | **3168** |
| 南湖区 | 519 | 337 | 182 | 4672 | 2978 | 1694 | 525 | 335 | 190 |
| 秀洲区 | 1157 | 654 | 503 | 10334 | 5923 | 4411 | 829 | 484 | 345 |
| 嘉善县 | 709 | 463 | 246 | 7094 | 4547 | 2547 | 934 | 585 | 349 |
| 海盐县 | 544 | 345 | 199 | 4122 | 2567 | 1555 | 340 | 211 | 129 |
| 海宁市 | 1410 | 886 | 524 | 10095 | 6119 | 3976 | 3245 | 1743 | 1502 |
| 平湖市 | 1678 | 1055 | 623 | 10940 | 6547 | 4393 | 754 | 447 | 307 |
| 桐乡市 | 904 | 568 | 336 | 7872 | 4860 | 3012 | 818 | 472 | 346 |
| **湖州市** | **3094** | **1973** | **1121** | **22421** | **14991** | **7430** | **2856** | **1848** | **1008** |
| 吴兴区 | 1051 | 682 | 369 | 9700 | 6302 | 3398 | 1142 | 718 | 424 |
| 南浔区 | 380 | 243 | 137 | 3485 | 2381 | 1104 | 494 | 309 | 185 |
| 德清县 | 386 | 266 | 120 | 4146 | 2875 | 1271 | 683 | 454 | 229 |
| 长兴县 | 933 | 561 | 372 | 2454 | 1651 | 803 | 194 | 128 | 66 |
| 安吉县 | 344 | 221 | 123 | 2636 | 1782 | 854 | 343 | 239 | 104 |

7-3c 续表 11 单位：人

| 现住地 | 户口登记地 | | | | | | | | |
|---|---|---|---|---|---|---|---|---|---|
| | 山东 | | | 河南 | | | 湖北 | | |
| | 小计 | 男 | 女 | 小计 | 男 | 女 | 小计 | 男 | 女 |
| **绍兴市** | **2415** | **1533** | **882** | **20097** | **12523** | **7574** | **2163** | **1326** | **837** |
| 越城区 | 712 | 448 | 264 | 4563 | 2855 | 1708 | 646 | 397 | 249 |
| 柯桥区 | 418 | 267 | 151 | 5409 | 3389 | 2020 | 459 | 285 | 174 |
| 上虞区 | 812 | 510 | 302 | 3139 | 1979 | 1160 | 287 | 166 | 121 |
| 新昌县 | 53 | 38 | 15 | 928 | 637 | 291 | 119 | 91 | 28 |
| 诸暨市 | 358 | 229 | 129 | 4845 | 2895 | 1950 | 491 | 292 | 199 |
| 嵊州市 | 62 | 41 | 21 | 1213 | 768 | 445 | 161 | 95 | 66 |
| **金华市** | **1848** | **1187** | **661** | **47028** | **28758** | **18270** | **7443** | **4370** | **3073** |
| 婺城区 | 130 | 89 | 41 | 3065 | 2023 | 1042 | 325 | 217 | 108 |
| 金东区 | 301 | 197 | 104 | 6362 | 4044 | 2318 | 1023 | 586 | 437 |
| 武义县 | 118 | 75 | 43 | 2115 | 1333 | 782 | 868 | 511 | 357 |
| 浦江县 | 209 | 137 | 72 | 3928 | 2302 | 1626 | 683 | 369 | 314 |
| 磐安县 | 14 | 9 | 5 | 370 | 291 | 79 | 63 | 46 | 17 |
| 兰溪市 | 41 | 24 | 17 | 774 | 518 | 256 | 165 | 90 | 75 |
| 义乌市 | 752 | 482 | 270 | 22443 | 13386 | 9057 | 2221 | 1309 | 912 |
| 东阳市 | 151 | 93 | 58 | 4111 | 2485 | 1626 | 667 | 404 | 263 |
| 永康市 | 132 | 81 | 51 | 3860 | 2376 | 1484 | 1428 | 838 | 590 |
| **衢州市** | **191** | **126** | **65** | **2186** | **1549** | **637** | **506** | **296** | **210** |
| 柯城区 | 49 | 33 | 16 | 495 | 371 | 124 | 60 | 38 | 22 |
| 衢江区 | 31 | 22 | 9 | 635 | 445 | 190 | 68 | 41 | 27 |
| 常山县 | 20 | 13 | 7 | 120 | 75 | 45 | 50 | 24 | 26 |
| 开化县 | 10 | 5 | 5 | 126 | 87 | 39 | 41 | 24 | 17 |
| 龙游县 | 55 | 38 | 17 | 611 | 427 | 184 | 234 | 143 | 91 |
| 江山市 | 26 | 15 | 11 | 199 | 144 | 55 | 53 | 26 | 27 |
| **舟山市** | **2485** | **1994** | **491** | **14527** | **10708** | **3819** | **2086** | **1515** | **571** |
| 定海区 | 605 | 476 | 129 | 5750 | 4095 | 1655 | 623 | 469 | 154 |
| 普陀区 | 1102 | 873 | 229 | 4872 | 3499 | 1373 | 888 | 608 | 280 |
| 岱山县 | 636 | 543 | 93 | 3320 | 2643 | 677 | 527 | 410 | 117 |
| 嵊泗县 | 142 | 102 | 40 | 585 | 471 | 114 | 48 | 28 | 20 |
| **台州市** | **1829** | **1212** | **617** | **47609** | **30037** | **17572** | **16710** | **9953** | **6757** |
| 椒江区 | 252 | 167 | 85 | 9083 | 5746 | 3337 | 1437 | 906 | 531 |
| 黄岩区 | 146 | 93 | 53 | 4420 | 2827 | 1593 | 625 | 373 | 252 |
| 路桥区 | 229 | 157 | 72 | 9219 | 5717 | 3502 | 1436 | 879 | 557 |
| 三门县 | 51 | 36 | 15 | 1295 | 882 | 413 | 186 | 114 | 72 |
| 天台县 | 99 | 58 | 41 | 1284 | 878 | 406 | 163 | 95 | 68 |
| 仙居县 | 39 | 31 | 8 | 827 | 587 | 240 | 318 | 230 | 88 |
| 温岭市 | 206 | 138 | 68 | 12218 | 7415 | 4803 | 4021 | 2380 | 1641 |
| 临海市 | 524 | 334 | 190 | 6160 | 4008 | 2152 | 1547 | 968 | 579 |
| 玉环市 | 283 | 198 | 85 | 3103 | 1977 | 1126 | 6977 | 4008 | 2969 |
| **丽水市** | **275** | **205** | **70** | **6430** | **4297** | **2133** | **1319** | **872** | **447** |
| 莲都区 | 68 | 51 | 17 | 3037 | 1950 | 1087 | 430 | 279 | 151 |
| 青田县 | 46 | 35 | 11 | 1413 | 937 | 476 | 366 | 240 | 126 |
| 缙云县 | 56 | 39 | 17 | 609 | 416 | 193 | 110 | 72 | 38 |
| 遂昌县 | 24 | 22 | 2 | 131 | 96 | 35 | 51 | 30 | 21 |
| 松阳县 | 41 | 31 | 10 | 447 | 291 | 156 | 111 | 75 | 36 |
| 云和县 | 4 | 4 | | 140 | 98 | 42 | 58 | 36 | 22 |
| 庆元县 | 9 | 6 | 3 | 161 | 119 | 42 | 26 | 18 | 8 |
| 景宁畲族自治县 | 14 | 6 | 8 | 249 | 222 | 27 | 111 | 92 | 19 |
| 龙泉市 | 13 | 11 | 2 | 243 | 168 | 75 | 56 | 30 | 26 |

7-3c 续表 12

单位：人

| 现住地 | 户口登记地 | | | | | | | | |
|---|---|---|---|---|---|---|---|---|---|
| | 湖南 | | | 广东 | | | 广西 | | |
| | 小计 | 男 | 女 | 小计 | 男 | 女 | 小计 | 男 | 女 |
| **合计** | **142594** | **86076** | **56518** | **7893** | **4466** | **3427** | **36047** | **20724** | **15323** |
| **杭州市** | **20312** | **12525** | **7787** | **1208** | **787** | **421** | **5785** | **3503** | **2282** |
| 上城区 | | | | | | | | | |
| 下城区 | | | | | | | | | |
| 江干区 | | | | | | | | | |
| 拱墅区 | | | | | | | | | |
| 西湖区 | 144 | 93 | 51 | 33 | 20 | 13 | 25 | 9 | 16 |
| 滨江区 | | | | | | | | | |
| 萧山区 | 13285 | 7912 | 5373 | 518 | 389 | 129 | 3041 | 1842 | 1199 |
| 余杭区 | 3672 | 2453 | 1219 | 375 | 228 | 147 | 1706 | 1078 | 628 |
| 富阳区 | 1526 | 944 | 582 | 74 | 31 | 43 | 412 | 235 | 177 |
| 临安区 | 806 | 549 | 257 | 88 | 48 | 40 | 279 | 147 | 132 |
| 桐庐县 | 322 | 210 | 112 | 34 | 20 | 14 | 74 | 48 | 26 |
| 淳安县 | 89 | 57 | 32 | 29 | 17 | 12 | 31 | 15 | 16 |
| 建德市 | 468 | 307 | 161 | 57 | 34 | 23 | 217 | 129 | 88 |
| **宁波市** | **33282** | **19620** | **13662** | **989** | **513** | **476** | **6720** | **3877** | **2843** |
| 海曙区 | 3733 | 2120 | 1613 | 75 | 41 | 34 | 370 | 208 | 162 |
| 江北区 | 1538 | 928 | 610 | 50 | 30 | 20 | 281 | 154 | 127 |
| 北仑区 | 3901 | 2396 | 1505 | 106 | 52 | 54 | 1003 | 611 | 392 |
| 镇海区 | 1941 | 1199 | 742 | 20 | 10 | 10 | 170 | 115 | 55 |
| 鄞州区 | 9824 | 5639 | 4185 | 209 | 107 | 102 | 1019 | 580 | 439 |
| 奉化区 | 2121 | 1259 | 862 | 58 | 34 | 24 | 419 | 235 | 184 |
| 象山县 | 1038 | 662 | 376 | 55 | 31 | 24 | 240 | 144 | 96 |
| 宁海县 | 1691 | 1009 | 682 | 111 | 55 | 56 | 458 | 265 | 193 |
| 余姚市 | 2836 | 1645 | 1191 | 77 | 43 | 34 | 867 | 495 | 372 |
| 慈溪市 | 4659 | 2763 | 1896 | 228 | 110 | 118 | 1893 | 1070 | 823 |
| **温州市** | **24380** | **14773** | **9607** | **1233** | **667** | **566** | **4616** | **2608** | **2008** |
| 鹿城区 | 3845 | 2364 | 1481 | 120 | 75 | 45 | 1135 | 672 | 463 |
| 龙湾区 | 12 | 7 | 5 | | | | 2 | 1 | 1 |
| 瓯海区 | 3159 | 1979 | 1180 | 136 | 78 | 58 | 388 | 232 | 156 |
| 洞头区 | 673 | 438 | 235 | 46 | 29 | 17 | 86 | 55 | 31 |
| 永嘉县 | 1815 | 1123 | 692 | 79 | 41 | 38 | 184 | 107 | 77 |
| 平阳县 | 2160 | 1302 | 858 | 170 | 108 | 62 | 513 | 289 | 224 |
| 苍南县 | 1049 | 645 | 404 | 130 | 68 | 62 | 458 | 246 | 212 |
| 文成县 | 179 | 144 | 35 | 14 | 5 | 9 | 52 | 32 | 20 |
| 泰顺县 | 96 | 71 | 25 | 29 | 16 | 13 | 32 | 12 | 20 |
| 瑞安市 | 8472 | 4948 | 3524 | 351 | 185 | 166 | 1213 | 694 | 519 |
| 乐清市 | 2859 | 1717 | 1142 | 155 | 60 | 95 | 538 | 260 | 278 |
| 龙港市 | 61 | 35 | 26 | 3 | 2 | 1 | 15 | 8 | 7 |
| **嘉兴市** | **11748** | **7005** | **4743** | **1062** | **617** | **445** | **3803** | **2168** | **1635** |
| 南湖区 | 752 | 467 | 285 | 62 | 30 | 32 | 183 | 111 | 72 |
| 秀洲区 | 2463 | 1381 | 1082 | 106 | 60 | 46 | 303 | 149 | 154 |
| 嘉善县 | 1709 | 1079 | 630 | 185 | 118 | 67 | 536 | 327 | 209 |
| 海盐县 | 437 | 285 | 152 | 65 | 35 | 30 | 189 | 120 | 69 |
| 海宁市 | 2858 | 1706 | 1152 | 305 | 183 | 122 | 1031 | 581 | 450 |
| 平湖市 | 1215 | 742 | 473 | 120 | 67 | 53 | 1149 | 637 | 512 |
| 桐乡市 | 2314 | 1345 | 969 | 219 | 124 | 95 | 412 | 243 | 169 |
| **湖州市** | **4427** | **2859** | **1568** | **465** | **278** | **187** | **1479** | **921** | **558** |
| 吴兴区 | 1491 | 977 | 514 | 195 | 129 | 66 | 441 | 284 | 157 |
| 南浔区 | 1153 | 722 | 431 | 71 | 40 | 31 | 299 | 198 | 101 |
| 德清县 | 1045 | 672 | 373 | 81 | 43 | 38 | 455 | 275 | 180 |
| 长兴县 | 223 | 145 | 78 | 41 | 20 | 21 | 102 | 61 | 41 |
| 安吉县 | 515 | 343 | 172 | 77 | 46 | 31 | 182 | 103 | 79 |

7-3c 续表 13 单位：人

| 现住地 | 户口登记地 | | | | | | | | |
|---|---|---|---|---|---|---|---|---|---|
| | 湖南 | | | 广东 | | | 广西 | | |
| | 小计 | 男 | 女 | 小计 | 男 | 女 | 小计 | 男 | 女 |
| **绍兴市** | **6438** | **3804** | **2634** | **322** | **176** | **146** | **3464** | **1908** | **1556** |
| 越城区 | 1712 | 1019 | 693 | 66 | 44 | 22 | 488 | 284 | 204 |
| 柯桥区 | 1204 | 719 | 485 | 58 | 35 | 23 | 1147 | 651 | 496 |
| 上虞区 | 916 | 504 | 412 | 42 | 16 | 26 | 957 | 491 | 466 |
| 新昌县 | 198 | 138 | 60 | 7 | 4 | 3 | 35 | 16 | 19 |
| 诸暨市 | 2022 | 1208 | 814 | 114 | 60 | 54 | 671 | 386 | 285 |
| 嵊州市 | 386 | 216 | 170 | 35 | 17 | 18 | 166 | 80 | 86 |
| **金华市** | **20308** | **12170** | **8138** | **1276** | **718** | **558** | **5234** | **2970** | **2264** |
| 婺城区 | 641 | 414 | 227 | 45 | 22 | 23 | 157 | 84 | 73 |
| 金东区 | 2224 | 1377 | 847 | 203 | 122 | 81 | 642 | 389 | 253 |
| 武义县 | 1975 | 1208 | 767 | 99 | 46 | 53 | 703 | 412 | 291 |
| 浦江县 | 2585 | 1476 | 1109 | 154 | 87 | 67 | 561 | 341 | 220 |
| 磐安县 | 106 | 62 | 44 | 6 | 3 | 3 | 32 | 12 | 20 |
| 兰溪市 | 269 | 158 | 111 | 30 | 13 | 17 | 128 | 64 | 64 |
| 义乌市 | 7434 | 4355 | 3079 | 426 | 251 | 175 | 1690 | 932 | 758 |
| 东阳市 | 2062 | 1279 | 783 | 219 | 131 | 88 | 483 | 274 | 209 |
| 永康市 | 3012 | 1841 | 1171 | 94 | 43 | 51 | 838 | 462 | 376 |
| **衢州市** | **903** | **571** | **332** | **154** | **73** | **81** | **340** | **158** | **182** |
| 柯城区 | 107 | 78 | 29 | 22 | 10 | 12 | 51 | 23 | 28 |
| 衢江区 | 112 | 65 | 47 | 22 | 8 | 14 | 52 | 20 | 32 |
| 常山县 | 112 | 62 | 50 | 20 | 11 | 9 | 39 | 15 | 24 |
| 开化县 | 76 | 50 | 26 | 11 | 3 | 8 | 33 | 15 | 18 |
| 龙游县 | 404 | 261 | 143 | 40 | 24 | 16 | 90 | 49 | 41 |
| 江山市 | 92 | 55 | 37 | 39 | 17 | 22 | 75 | 36 | 39 |
| **舟山市** | **2861** | **1787** | **1074** | **156** | **109** | **47** | **329** | **218** | **111** |
| 定海区 | 1142 | 673 | 469 | 52 | 26 | 26 | 127 | 86 | 41 |
| 普陀区 | 1106 | 647 | 459 | 58 | 46 | 12 | 103 | 66 | 37 |
| 岱山县 | 534 | 418 | 116 | 42 | 36 | 6 | 71 | 50 | 21 |
| 嵊泗县 | 79 | 49 | 30 | 4 | 1 | 3 | 28 | 16 | 12 |
| **台州市** | **16315** | **9893** | **6422** | **871** | **449** | **422** | **3865** | **2185** | **1680** |
| 椒江区 | 2164 | 1362 | 802 | 156 | 84 | 72 | 491 | 291 | 200 |
| 黄岩区 | 1494 | 876 | 618 | 49 | 26 | 23 | 126 | 65 | 61 |
| 路桥区 | 4163 | 2446 | 1717 | 93 | 38 | 55 | 588 | 344 | 244 |
| 三门县 | 185 | 115 | 70 | 21 | 9 | 12 | 101 | 58 | 43 |
| 天台县 | 215 | 140 | 75 | 88 | 44 | 44 | 93 | 51 | 42 |
| 仙居县 | 252 | 167 | 85 | 24 | 17 | 7 | 85 | 45 | 40 |
| 温岭市 | 2750 | 1685 | 1065 | 160 | 78 | 82 | 1113 | 625 | 488 |
| 临海市 | 2380 | 1477 | 903 | 205 | 112 | 93 | 548 | 304 | 244 |
| 玉环市 | 2712 | 1625 | 1087 | 75 | 41 | 34 | 720 | 402 | 318 |
| **丽水市** | **1620** | **1069** | **551** | **157** | **79** | **78** | **412** | **208** | **204** |
| 莲都区 | 512 | 341 | 171 | 32 | 19 | 13 | 155 | 84 | 71 |
| 青田县 | 416 | 284 | 132 | 20 | 11 | 9 | 79 | 49 | 30 |
| 缙云县 | 186 | 120 | 66 | 61 | 26 | 35 | 53 | 13 | 40 |
| 遂昌县 | 129 | 87 | 42 | 7 | | 7 | 27 | 17 | 10 |
| 松阳县 | 128 | 69 | 59 | 22 | 14 | 8 | 41 | 21 | 20 |
| 云和县 | 79 | 51 | 28 | 5 | 2 | 3 | 16 | 11 | 5 |
| 庆元县 | 55 | 40 | 15 | | | | 7 | 3 | 4 |
| 景宁畲族自治县 | 62 | 47 | 15 | 4 | 4 | | 14 | 4 | 10 |
| 龙泉市 | 53 | 30 | 23 | 6 | 3 | 3 | 20 | 6 | 14 |

7−3c 续表 14

单位：人

| 现住地 | 户口登记地 | | | | | | | | |
|---|---|---|---|---|---|---|---|---|---|
| | 海南 | | | 重庆 | | | 四川 | | |
| | 小计 | 男 | 女 | 小计 | 男 | 女 | 小计 | 男 | 女 |
| **合计** | **930** | **388** | **542** | **103613** | **61479** | **42134** | **254017** | **149862** | **104155** |
| **杭州市** | **115** | **48** | **67** | **15620** | **9439** | **6181** | **18774** | **11754** | **7020** |
| 上城区 | | | | | | | | | |
| 下城区 | | | | | | | | | |
| 江干区 | | | | | | | | | |
| 拱墅区 | | | | | | | | | |
| 西湖区 | 6 | 3 | 3 | 245 | 165 | 80 | 273 | 194 | 79 |
| 滨江区 | | | | | | | | | |
| 萧山区 | 28 | 13 | 15 | 4798 | 2844 | 1954 | 9089 | 5404 | 3685 |
| 余杭区 | 48 | 23 | 25 | 7868 | 4735 | 3133 | 5975 | 3898 | 2077 |
| 富阳区 | 12 | 3 | 9 | 1245 | 768 | 477 | 1190 | 793 | 397 |
| 临安区 | 12 | 5 | 7 | 863 | 533 | 330 | 1186 | 770 | 416 |
| 桐庐县 | 5 | 1 | 4 | 308 | 188 | 120 | 396 | 262 | 134 |
| 淳安县 | | | | 49 | 37 | 12 | 111 | 79 | 32 |
| 建德市 | 4 | | 4 | 244 | 169 | 75 | 554 | 354 | 200 |
| **宁波市** | **201** | **101** | **100** | **18118** | **10578** | **7540** | **82617** | **47818** | **34799** |
| 海曙区 | 12 | 7 | 5 | 3865 | 2156 | 1709 | 5237 | 2943 | 2294 |
| 江北区 | 9 | 4 | 5 | 1022 | 589 | 433 | 6451 | 3742 | 2709 |
| 北仑区 | 19 | 9 | 10 | 3177 | 1924 | 1253 | 12214 | 7241 | 4973 |
| 镇海区 | 8 | 2 | 6 | 1053 | 629 | 424 | 5290 | 3115 | 2175 |
| 鄞州区 | 49 | 27 | 22 | 3306 | 1897 | 1409 | 22012 | 12493 | 9519 |
| 奉化区 | 19 | 7 | 12 | 1333 | 830 | 503 | 5549 | 3391 | 2158 |
| 象山县 | 16 | 6 | 10 | 584 | 386 | 198 | 1509 | 961 | 548 |
| 宁海县 | 20 | 7 | 13 | 598 | 340 | 258 | 2881 | 1681 | 1200 |
| 余姚市 | 25 | 17 | 8 | 864 | 484 | 380 | 4395 | 2518 | 1877 |
| 慈溪市 | 24 | 15 | 9 | 2316 | 1343 | 973 | 17079 | 9733 | 7346 |
| **温州市** | **116** | **45** | **71** | **22371** | **13110** | **9261** | **32328** | **19090** | **13238** |
| 鹿城区 | 11 | 3 | 8 | 1336 | 826 | 510 | 2454 | 1526 | 928 |
| 龙湾区 | | | | 13 | 10 | 3 | 23 | 12 | 11 |
| 瓯海区 | 7 | 3 | 4 | 1992 | 1235 | 757 | 4029 | 2364 | 1665 |
| 洞头区 | 13 | 9 | 4 | 809 | 562 | 247 | 1075 | 761 | 314 |
| 永嘉县 | 6 | 2 | 4 | 669 | 406 | 263 | 914 | 601 | 313 |
| 平阳县 | 15 | 5 | 10 | 2178 | 1308 | 870 | 2985 | 1740 | 1245 |
| 苍南县 | 12 | 4 | 8 | 3473 | 1975 | 1498 | 2064 | 1201 | 863 |
| 文成县 | 1 | 1 | | 115 | 88 | 27 | 184 | 126 | 58 |
| 泰顺县 | 5 | 2 | 3 | 107 | 74 | 33 | 131 | 99 | 32 |
| 瑞安市 | 21 | 7 | 14 | 4385 | 2612 | 1773 | 12543 | 7391 | 5152 |
| 乐清市 | 25 | 9 | 16 | 7239 | 3984 | 3255 | 5826 | 3211 | 2615 |
| 龙港市 | | | | 55 | 30 | 25 | 100 | 58 | 42 |
| **嘉兴市** | **59** | **26** | **33** | **13986** | **8101** | **5885** | **44965** | **25986** | **18979** |
| 南湖区 | 6 | 1 | 5 | 834 | 514 | 320 | 3601 | 2129 | 1472 |
| 秀洲区 | 6 | 1 | 5 | 4016 | 2223 | 1793 | 10624 | 6069 | 4555 |
| 嘉善县 | 18 | 10 | 8 | 3408 | 1996 | 1412 | 5902 | 3484 | 2418 |
| 海盐县 | 1 | | 1 | 859 | 501 | 358 | 6105 | 3455 | 2650 |
| 海宁市 | 12 | 5 | 7 | 1624 | 969 | 655 | 7042 | 4123 | 2919 |
| 平湖市 | 5 | 3 | 2 | 1423 | 854 | 569 | 5523 | 3166 | 2357 |
| 桐乡市 | 11 | 6 | 5 | 1822 | 1044 | 778 | 6168 | 3560 | 2608 |
| **湖州市** | **35** | **14** | **21** | **4646** | **2895** | **1751** | **9906** | **6218** | **3688** |
| 吴兴区 | 9 | 7 | 2 | 1815 | 1142 | 673 | 4866 | 3065 | 1801 |
| 南浔区 | 8 | 4 | 4 | 1312 | 810 | 502 | 2106 | 1317 | 789 |
| 德清县 | 8 | 1 | 7 | 839 | 520 | 319 | 1548 | 975 | 573 |
| 长兴县 | 3 | 1 | 2 | 167 | 103 | 64 | 678 | 428 | 250 |
| 安吉县 | 7 | 1 | 6 | 513 | 320 | 193 | 708 | 433 | 275 |

7-3c　续表 15　　　　单位：人

| 现住地 | 户口登记地 海南 小计 | 海南 男 | 海南 女 | 重庆 小计 | 重庆 男 | 重庆 女 | 四川 小计 | 四川 男 | 四川 女 |
|---|---|---|---|---|---|---|---|---|---|
| **绍兴市** | **56** | **20** | **36** | **6506** | **3797** | **2709** | **10371** | **6062** | **4309** |
| 越城区 | 5 | 1 | 4 | 2858 | 1638 | 1220 | 2062 | 1217 | 845 |
| 柯桥区 | 8 | 3 | 5 | 2044 | 1228 | 816 | 3467 | 1997 | 1470 |
| 上虞区 | 10 | 4 | 6 | 676 | 388 | 288 | 2237 | 1254 | 983 |
| 新昌县 | 1 |  | 1 | 53 | 34 | 19 | 187 | 130 | 57 |
| 诸暨市 | 29 | 11 | 18 | 681 | 384 | 297 | 1728 | 998 | 730 |
| 嵊州市 | 3 | 1 | 2 | 194 | 125 | 69 | 690 | 466 | 224 |
| **金华市** | **152** | **64** | **88** | **6906** | **4192** | **2714** | **13179** | **7789** | **5390** |
| 婺城区 | 8 | 2 | 6 | 472 | 289 | 183 | 726 | 471 | 255 |
| 金东区 | 20 | 11 | 9 | 863 | 539 | 324 | 1504 | 955 | 549 |
| 武义县 | 15 | 1 | 14 | 630 | 396 | 234 | 1869 | 1080 | 789 |
| 浦江县 | 9 | 2 | 7 | 664 | 411 | 253 | 1737 | 1008 | 729 |
| 磐安县 | 7 | 1 | 6 | 98 | 72 | 26 | 123 | 80 | 43 |
| 兰溪市 | 11 | 3 | 8 | 80 | 41 | 39 | 372 | 196 | 176 |
| 义乌市 | 53 | 33 | 20 | 2135 | 1264 | 871 | 3697 | 2138 | 1559 |
| 东阳市 | 16 | 2 | 14 | 845 | 512 | 333 | 1243 | 746 | 497 |
| 永康市 | 13 | 9 | 4 | 1119 | 668 | 451 | 1908 | 1115 | 793 |
| **衢州市** | **39** | **14** | **25** | **373** | **212** | **161** | **1043** | **628** | **415** |
| 柯城区 | 11 | 8 | 3 | 37 | 25 | 12 | 69 | 42 | 27 |
| 衢江区 | 4 | 1 | 3 | 115 | 74 | 41 | 255 | 170 | 85 |
| 常山县 | 9 | 3 | 6 | 50 | 27 | 23 | 223 | 133 | 90 |
| 开化县 | 3 |  | 3 | 26 | 10 | 16 | 97 | 57 | 40 |
| 龙游县 | 2 | 1 | 1 | 100 | 60 | 40 | 305 | 183 | 122 |
| 江山市 | 10 | 1 | 9 | 45 | 16 | 29 | 94 | 43 | 51 |
| **舟山市** | **15** | **12** | **3** | **548** | **376** | **172** | **4827** | **3200** | **1627** |
| 定海区 | 9 | 8 | 1 | 198 | 134 | 64 | 2055 | 1280 | 775 |
| 普陀区 | 5 | 3 | 2 | 171 | 97 | 74 | 1387 | 897 | 490 |
| 岱山县 | 1 | 1 |  | 148 | 123 | 25 | 1053 | 786 | 267 |
| 嵊泗县 |  |  |  | 31 | 22 | 9 | 332 | 237 | 95 |
| **台州市** | **124** | **37** | **87** | **12761** | **7594** | **5167** | **33890** | **19959** | **13931** |
| 椒江区 | 7 | 3 | 4 | 1627 | 1007 | 620 | 6121 | 3777 | 2344 |
| 黄岩区 | 9 | 3 | 6 | 1198 | 732 | 466 | 1415 | 825 | 590 |
| 路桥区 | 14 | 3 | 11 | 3551 | 2058 | 1493 | 10553 | 6031 | 4522 |
| 三门县 | 9 | 2 | 7 | 194 | 126 | 68 | 522 | 311 | 211 |
| 天台县 | 6 | 1 | 5 | 165 | 102 | 63 | 388 | 251 | 137 |
| 仙居县 | 5 | 2 | 3 | 263 | 151 | 112 | 356 | 235 | 121 |
| 温岭市 | 24 | 4 | 20 | 2286 | 1303 | 983 | 5438 | 3134 | 2304 |
| 临海市 | 38 | 15 | 23 | 1919 | 1200 | 719 | 3604 | 2173 | 1431 |
| 玉环市 | 12 | 4 | 8 | 1558 | 915 | 643 | 5493 | 3222 | 2271 |
| **丽水市** | **18** | **7** | **11** | **1778** | **1185** | **593** | **2117** | **1358** | **759** |
| 莲都区 | 2 | 1 | 1 | 391 | 261 | 130 | 750 | 499 | 251 |
| 青田县 | 1 | 1 |  | 404 | 262 | 142 | 322 | 220 | 102 |
| 缙云县 | 10 | 4 | 6 | 123 | 86 | 37 | 256 | 161 | 95 |
| 遂昌县 |  |  |  | 53 | 36 | 17 | 85 | 51 | 34 |
| 松阳县 | 2 | 1 | 1 | 544 | 359 | 185 | 339 | 202 | 137 |
| 云和县 |  |  |  | 45 | 30 | 15 | 88 | 51 | 37 |
| 庆元县 | 2 |  | 2 | 47 | 29 | 18 | 60 | 43 | 17 |
| 景宁畲族自治县 |  |  |  | 115 | 89 | 26 | 73 | 54 | 19 |
| 龙泉市 | 1 |  | 1 | 56 | 33 | 23 | 144 | 77 | 67 |

7−3c　续表 16　　　　单位：人

| 现住地 | 户口登记地 | | | | | | | | |
|---|---|---|---|---|---|---|---|---|---|
| | 贵　州 | | | 云　南 | | | 西　藏 | | |
| | 小计 | 男 | 女 | 小计 | 男 | 女 | 小计 | 男 | 女 |
| **合计** | **751126** | **440445** | **310681** | **182785** | **103559** | **79226** | **64** | **26** | **38** |
| **杭州市** | **50329** | **30891** | **19438** | **13879** | **8248** | **5631** | **22** | **11** | **11** |
| 上城区 | | | | | | | | | |
| 下城区 | | | | | | | | | |
| 江干区 | | | | | | | | | |
| 拱墅区 | | | | | | | | | |
| 西湖区 | 636 | 479 | 157 | 95 | 46 | 49 | | | |
| 滨江区 | | | | | | | | | |
| 萧山区 | 21021 | 12653 | 8368 | 4309 | 2576 | 1733 | 2 | 2 | |
| 余杭区 | 10078 | 6495 | 3583 | 6082 | 3619 | 2463 | | | |
| 富阳区 | 5693 | 3425 | 2268 | 759 | 496 | 263 | 15 | 5 | 10 |
| 临安区 | 6605 | 4099 | 2506 | 1376 | 804 | 572 | 3 | 2 | 1 |
| 桐庐县 | 2667 | 1569 | 1098 | 382 | 225 | 157 | | | |
| 淳安县 | 369 | 231 | 138 | 82 | 32 | 50 | | | |
| 建德市 | 3260 | 1940 | 1320 | 794 | 450 | 344 | 2 | 2 | |
| **宁波市** | **144801** | **83833** | **60968** | **23820** | **13445** | **10375** | **6** | **2** | **4** |
| 海曙区 | 9016 | 5163 | 3853 | 1133 | 604 | 529 | 1 | | 1 |
| 江北区 | 6562 | 3853 | 2709 | 913 | 525 | 388 | | | |
| 北仑区 | 13108 | 7819 | 5289 | 2517 | 1415 | 1102 | 3 | 2 | 1 |
| 镇海区 | 3586 | 2178 | 1408 | 562 | 339 | 223 | | | |
| 鄞州区 | 22361 | 12889 | 9472 | 3021 | 1745 | 1276 | | | |
| 奉化区 | 21687 | 12527 | 9160 | 1921 | 1119 | 802 | | | |
| 象山县 | 4285 | 2631 | 1654 | 1192 | 701 | 491 | | | |
| 宁海县 | 8296 | 4794 | 3502 | 3771 | 2047 | 1724 | 1 | | 1 |
| 余姚市 | 21697 | 12302 | 9395 | 2159 | 1203 | 956 | | | |
| 慈溪市 | 34203 | 19677 | 14526 | 6631 | 3747 | 2884 | 1 | | 1 |
| **温州市** | **133425** | **78648** | **54777** | **14872** | **8268** | **6604** | **9** | **7** | **2** |
| 鹿城区 | 9768 | 5922 | 3846 | 1511 | 887 | 624 | | | |
| 龙湾区 | 447 | 258 | 189 | 2 | 1 | 1 | | | |
| 瓯海区 | 10874 | 6671 | 4203 | 922 | 519 | 403 | 2 | 2 | |
| 洞头区 | 3686 | 2444 | 1242 | 395 | 277 | 118 | | | |
| 永嘉县 | 11730 | 7218 | 4512 | 883 | 482 | 401 | | | |
| 平阳县 | 19833 | 11359 | 8474 | 2161 | 1178 | 983 | 1 | 1 | |
| 苍南县 | 7818 | 4434 | 3384 | 3112 | 1717 | 1395 | 1 | 1 | |
| 文成县 | 716 | 448 | 268 | 107 | 57 | 50 | 1 | 1 | |
| 泰顺县 | 433 | 249 | 184 | 75 | 49 | 26 | | | |
| 瑞安市 | 45119 | 26404 | 18715 | 2978 | 1643 | 1335 | | | |
| 乐清市 | 22226 | 12803 | 9423 | 2513 | 1328 | 1185 | 4 | 2 | 2 |
| 龙港市 | 775 | 438 | 337 | 213 | 130 | 83 | | | |
| **嘉兴市** | **43672** | **25205** | **18467** | **41717** | **23422** | **18295** | **4** | **2** | **2** |
| 南湖区 | 2487 | 1544 | 943 | 3029 | 1793 | 1236 | | | |
| 秀洲区 | 13123 | 7177 | 5946 | 11593 | 6256 | 5337 | 1 | | 1 |
| 嘉善县 | 5596 | 3365 | 2231 | 4852 | 2780 | 2072 | 1 | 1 | |
| 海盐县 | 3161 | 1775 | 1386 | 3789 | 2169 | 1620 | | | |
| 海宁市 | 8362 | 4950 | 3412 | 7068 | 4055 | 3013 | | | |
| 平湖市 | 5247 | 3109 | 2138 | 1757 | 1021 | 736 | 2 | 1 | 1 |
| 桐乡市 | 5696 | 3285 | 2411 | 9629 | 5348 | 4281 | | | |
| **湖州市** | **45039** | **26790** | **18249** | **17341** | **10124** | **7217** | **2** | | **2** |
| 吴兴区 | 8984 | 5603 | 3381 | 3906 | 2409 | 1497 | 1 | | 1 |
| 南浔区 | 11261 | 6592 | 4669 | 4769 | 2725 | 2044 | | | |
| 德清县 | 4931 | 3047 | 1884 | 5870 | 3408 | 2462 | | | |
| 长兴县 | 4316 | 2402 | 1914 | 638 | 350 | 288 | 1 | | 1 |
| 安吉县 | 15547 | 9146 | 6401 | 2158 | 1232 | 926 | | | |

7—3c　续表 17　　　　　　　　　　　　　　　　　　　　　单位：人

| 现住地 | 户口登记地 | | | | | | | | |
|---|---|---|---|---|---|---|---|---|---|
| | 贵州 | | | 云南 | | | 西藏 | | |
| | 小计 | 男 | 女 | 小计 | 男 | 女 | 小计 | 男 | 女 |
| **绍兴市** | **49302** | **28698** | **20604** | **7084** | **3972** | **3112** | **5** | | **5** |
| 越城区 | 7257 | 4179 | 3078 | 798 | 501 | 297 | | | |
| 柯桥区 | 8989 | 5374 | 3615 | 1467 | 835 | 632 | | | |
| 上虞区 | 7738 | 4436 | 3302 | 2011 | 1099 | 912 | 1 | | 1 |
| 新昌县 | 1776 | 1040 | 736 | 128 | 61 | 67 | | | |
| 诸暨市 | 18988 | 11203 | 7785 | 2010 | 1142 | 868 | 3 | | 3 |
| 嵊州市 | 4554 | 2466 | 2088 | 670 | 334 | 336 | 1 | | 1 |
| **金华市** | **169796** | **98588** | **71208** | **31610** | **17509** | **14101** | **6** | **1** | **5** |
| 婺城区 | 4733 | 2821 | 1912 | 939 | 572 | 367 | | | |
| 金东区 | 15375 | 9083 | 6292 | 2482 | 1461 | 1021 | | | |
| 武义县 | 16469 | 9746 | 6723 | 4560 | 2563 | 1997 | | | |
| 浦江县 | 25547 | 14234 | 11313 | 8706 | 4578 | 4128 | 1 | | 1 |
| 磐安县 | 1080 | 669 | 411 | 145 | 85 | 60 | | | |
| 兰溪市 | 2573 | 1457 | 1116 | 420 | 236 | 184 | 1 | | 1 |
| 义乌市 | 32901 | 18985 | 13916 | 4658 | 2572 | 2086 | 2 | | 2 |
| 东阳市 | 26360 | 15336 | 11024 | 1789 | 1024 | 765 | 1 | | 1 |
| 永康市 | 44758 | 26257 | 18501 | 7911 | 4418 | 3493 | 1 | 1 | |
| **衢州市** | **4936** | **2815** | **2121** | **1107** | **580** | **527** | **2** | **1** | **1** |
| 柯城区 | 535 | 332 | 203 | 47 | 29 | 18 | | | |
| 衢江区 | 1540 | 903 | 637 | 163 | 62 | 101 | | | |
| 常山县 | 324 | 191 | 133 | 88 | 54 | 34 | 1 | 1 | |
| 开化县 | 241 | 129 | 112 | 79 | 35 | 44 | | | |
| 龙游县 | 1475 | 849 | 626 | 609 | 333 | 276 | 1 | | 1 |
| 江山市 | 821 | 411 | 410 | 121 | 67 | 54 | | | |
| **舟山市** | **5646** | **3846** | **1800** | **4646** | **2997** | **1649** | | | |
| 定海区 | 2428 | 1587 | 841 | 1046 | 666 | 380 | | | |
| 普陀区 | 1459 | 983 | 476 | 2428 | 1563 | 865 | | | |
| 岱山县 | 1336 | 986 | 350 | 1114 | 737 | 377 | | | |
| 嵊泗县 | 423 | 290 | 133 | 58 | 31 | 27 | | | |
| **台州市** | **92013** | **53727** | **38286** | **24405** | **13824** | **10581** | **7** | **1** | **6** |
| 椒江区 | 11588 | 6778 | 4810 | 4547 | 2676 | 1871 | 1 | | 1 |
| 黄岩区 | 5952 | 3472 | 2480 | 4007 | 2265 | 1742 | 2 | 1 | 1 |
| 路桥区 | 13471 | 7799 | 5672 | 3509 | 1994 | 1515 | 1 | | 1 |
| 三门县 | 2319 | 1360 | 959 | 429 | 211 | 218 | 1 | | 1 |
| 天台县 | 2003 | 1191 | 812 | 344 | 217 | 127 | 1 | | 1 |
| 仙居县 | 2656 | 1561 | 1095 | 453 | 252 | 201 | | | |
| 温岭市 | 22905 | 13521 | 9384 | 4212 | 2305 | 1907 | | | |
| 临海市 | 13994 | 8133 | 5861 | 4315 | 2465 | 1850 | 1 | | 1 |
| 玉环市 | 17125 | 9912 | 7213 | 2589 | 1439 | 1150 | | | |
| **丽水市** | **12167** | **7404** | **4763** | **2304** | **1170** | **1134** | **1** | **1** | |
| 莲都区 | 3118 | 2016 | 1102 | 493 | 284 | 209 | 1 | 1 | |
| 青田县 | 2063 | 1265 | 798 | 387 | 221 | 166 | | | |
| 缙云县 | 2077 | 1229 | 848 | 523 | 283 | 240 | | | |
| 遂昌县 | 393 | 240 | 153 | 115 | 45 | 70 | | | |
| 松阳县 | 1845 | 1054 | 791 | 294 | 121 | 173 | | | |
| 云和县 | 1390 | 794 | 596 | 132 | 73 | 59 | | | |
| 庆元县 | 322 | 186 | 136 | 95 | 39 | 56 | | | |
| 景宁畲族自治县 | 317 | 230 | 87 | 127 | 44 | 83 | | | |
| 龙泉市 | 642 | 390 | 252 | 138 | 60 | 78 | | | |

7-3c 续表 18

单位：人

| 现住地 | 户口登记地 陕西 小计 | 陕西 男 | 陕西 女 | 甘肃 小计 | 甘肃 男 | 甘肃 女 | 青海 小计 | 青海 男 | 青海 女 |
|---|---|---|---|---|---|---|---|---|---|
| **合计** | **38025** | **24770** | **13255** | **17124** | **10848** | **6276** | **1130** | **613** | **517** |
| **杭州市** | **4142** | **3016** | **1126** | **3586** | **2451** | **1135** | **144** | **87** | **57** |
| 上城区 | | | | | | | | | |
| 下城区 | | | | | | | | | |
| 江干区 | | | | | | | | | |
| 拱墅区 | | | | | | | | | |
| 西湖区 | 88 | 66 | 22 | 77 | 57 | 20 | 3 | 2 | 1 |
| 滨江区 | | | | | | | | | |
| 萧山区 | 1494 | 1071 | 423 | 1097 | 713 | 384 | 44 | 25 | 19 |
| 余杭区 | 1527 | 1089 | 438 | 1753 | 1224 | 529 | 50 | 36 | 14 |
| 富阳区 | 419 | 346 | 73 | 213 | 159 | 54 | 20 | 13 | 7 |
| 临安区 | 318 | 225 | 93 | 267 | 177 | 90 | 11 | 4 | 7 |
| 桐庐县 | 134 | 102 | 32 | 48 | 32 | 16 | 3 | 2 | 1 |
| 淳安县 | 37 | 25 | 12 | 28 | 17 | 11 | 3 | 1 | 2 |
| 建德市 | 125 | 92 | 33 | 103 | 72 | 31 | 10 | 4 | 6 |
| **宁波市** | **12399** | **7680** | **4719** | **3605** | **2240** | **1365** | **245** | **121** | **124** |
| 海曙区 | 865 | 514 | 351 | 320 | 186 | 134 | 30 | 15 | 15 |
| 江北区 | 1005 | 623 | 382 | 152 | 95 | 57 | 10 | 4 | 6 |
| 北仑区 | 1639 | 1051 | 588 | 723 | 469 | 254 | 39 | 20 | 19 |
| 镇海区 | 462 | 292 | 170 | 120 | 81 | 39 | 10 | 6 | 4 |
| 鄞州区 | 3564 | 2150 | 1414 | 482 | 289 | 193 | 36 | 18 | 18 |
| 奉化区 | 1096 | 717 | 379 | 209 | 131 | 78 | 13 | 6 | 7 |
| 象山县 | 685 | 421 | 264 | 150 | 101 | 49 | 2 | | 2 |
| 宁海县 | 1197 | 728 | 469 | 598 | 336 | 262 | 24 | 9 | 15 |
| 余姚市 | 446 | 306 | 140 | 219 | 172 | 47 | 11 | 7 | 4 |
| 慈溪市 | 1440 | 878 | 562 | 632 | 380 | 252 | 70 | 36 | 34 |
| **温州市** | **4274** | **2703** | **1571** | **1390** | **791** | **599** | **122** | **71** | **51** |
| 鹿城区 | 273 | 187 | 86 | 107 | 63 | 44 | 9 | 5 | 4 |
| 龙湾区 | 2 | 2 | | | | | 1 | 1 | |
| 瓯海区 | 387 | 264 | 123 | 93 | 65 | 28 | 7 | 4 | 3 |
| 洞头区 | 262 | 195 | 67 | 114 | 74 | 40 | 10 | 5 | 5 |
| 永嘉县 | 142 | 100 | 42 | 84 | 48 | 36 | 21 | 13 | 8 |
| 平阳县 | 339 | 234 | 105 | 159 | 79 | 80 | 15 | 10 | 5 |
| 苍南县 | 122 | 73 | 49 | 200 | 113 | 87 | 4 | 3 | 1 |
| 文成县 | 99 | 85 | 14 | 38 | 28 | 10 | | | |
| 泰顺县 | 38 | 26 | 12 | 25 | 20 | 5 | 1 | 1 | |
| 瑞安市 | 1579 | 905 | 674 | 261 | 132 | 129 | 22 | 13 | 9 |
| 乐清市 | 1029 | 630 | 399 | 308 | 168 | 140 | 32 | 16 | 16 |
| 龙港市 | 2 | 2 | | 1 | 1 | | | | |
| **嘉兴市** | **3185** | **2096** | **1089** | **3125** | **1909** | **1216** | **150** | **83** | **67** |
| 南湖区 | 609 | 394 | 215 | 311 | 195 | 116 | 19 | 9 | 10 |
| 秀洲区 | 200 | 117 | 83 | 144 | 84 | 60 | 10 | 6 | 4 |
| 嘉善县 | 799 | 536 | 263 | 538 | 336 | 202 | 41 | 22 | 19 |
| 海盐县 | 151 | 105 | 46 | 186 | 113 | 73 | 6 | 4 | 2 |
| 海宁市 | 651 | 430 | 221 | 844 | 505 | 339 | 27 | 13 | 14 |
| 平湖市 | 484 | 329 | 155 | 858 | 537 | 321 | 32 | 20 | 12 |
| 桐乡市 | 291 | 185 | 106 | 244 | 139 | 105 | 15 | 9 | 6 |
| **湖州市** | **1308** | **937** | **371** | **1117** | **780** | **337** | **35** | **25** | **10** |
| 吴兴区 | 464 | 336 | 128 | 454 | 335 | 119 | 19 | 15 | 4 |
| 南浔区 | 140 | 102 | 38 | 110 | 77 | 33 | 2 | 2 | |
| 德清县 | 356 | 262 | 94 | 225 | 152 | 73 | 4 | 3 | 1 |
| 长兴县 | 131 | 94 | 37 | 96 | 67 | 29 | 8 | 4 | 4 |
| 安吉县 | 217 | 143 | 74 | 232 | 149 | 83 | 2 | 1 | 1 |

7-3c　续表 19　　　　　　　　　　　　　　　　　　　　　　　　　　　　　　单位：人

| 现 住 地 | 户口登记地 | | | | | | | | |
|---|---|---|---|---|---|---|---|---|---|
| | 陕　西 | | | 甘　肃 | | | 青　海 | | |
| | 小计 | 男 | 女 | 小计 | 男 | 女 | 小计 | 男 | 女 |
| **绍兴市** | **1007** | **656** | **351** | **521** | **296** | **225** | **44** | **20** | **24** |
| 越城区 | 196 | 131 | 65 | 87 | 46 | 41 | 3 | 2 | 1 |
| 柯桥区 | 195 | 116 | 79 | 73 | 51 | 22 | 6 | 3 | 3 |
| 上虞区 | 180 | 118 | 62 | 76 | 36 | 40 | 8 | 3 | 5 |
| 新昌县 | 58 | 50 | 8 | 17 | 12 | 5 | 3 | 1 | 2 |
| 诸暨市 | 318 | 199 | 119 | 220 | 122 | 98 | 16 | 7 | 9 |
| 嵊州市 | 60 | 42 | 18 | 48 | 29 | 19 | 8 | 4 | 4 |
| **金华市** | **3028** | **1918** | **1110** | **1402** | **839** | **563** | **181** | **98** | **83** |
| 婺城区 | 210 | 130 | 80 | 84 | 55 | 29 | 14 | 7 | 7 |
| 金东区 | 479 | 306 | 173 | 157 | 98 | 59 | 30 | 17 | 13 |
| 武义县 | 273 | 169 | 104 | 69 | 47 | 22 | 17 | 8 | 9 |
| 浦江县 | 261 | 156 | 105 | 275 | 151 | 124 | 19 | 10 | 9 |
| 磐安县 | 30 | 22 | 8 | 22 | 14 | 8 | | | |
| 兰溪市 | 86 | 59 | 27 | 20 | 10 | 10 | 4 | 1 | 3 |
| 义乌市 | 1059 | 673 | 386 | 528 | 308 | 220 | 59 | 35 | 24 |
| 东阳市 | 292 | 193 | 99 | 134 | 86 | 48 | 18 | 8 | 10 |
| 永康市 | 338 | 210 | 128 | 113 | 70 | 43 | 20 | 12 | 8 |
| **衢州市** | **303** | **197** | **106** | **141** | **88** | **53** | **21** | **8** | **13** |
| 柯城区 | 32 | 22 | 10 | 20 | 16 | 4 | | | |
| 衢江区 | 44 | 33 | 11 | 28 | 11 | 17 | 2 | | 2 |
| 常山县 | 31 | 21 | 10 | 33 | 26 | 7 | 4 | 1 | 3 |
| 开化县 | 18 | 11 | 7 | 5 | 1 | 4 | | | |
| 龙游县 | 147 | 95 | 52 | 34 | 23 | 11 | 10 | 6 | 4 |
| 江山市 | 31 | 15 | 16 | 21 | 11 | 10 | 5 | 1 | 4 |
| **舟山市** | **1139** | **886** | **253** | **624** | **447** | **177** | **78** | **54** | **24** |
| 定海区 | 418 | 311 | 107 | 118 | 81 | 37 | 23 | 16 | 7 |
| 普陀区 | 415 | 323 | 92 | 147 | 107 | 40 | 32 | 20 | 12 |
| 岱山县 | 272 | 227 | 45 | 343 | 248 | 95 | 21 | 17 | 4 |
| 嵊泗县 | 34 | 25 | 9 | 16 | 11 | 5 | 2 | 1 | 1 |
| **台州市** | **6838** | **4407** | **2431** | **1409** | **860** | **549** | **93** | **35** | **58** |
| 椒江区 | 1177 | 769 | 408 | 264 | 171 | 93 | 12 | 6 | 6 |
| 黄岩区 | 309 | 200 | 109 | 78 | 46 | 32 | 3 | 1 | 2 |
| 路桥区 | 988 | 624 | 364 | 195 | 114 | 81 | 6 | 2 | 4 |
| 三门县 | 148 | 104 | 44 | 32 | 22 | 10 | 9 | 2 | 7 |
| 天台县 | 153 | 105 | 48 | 120 | 67 | 53 | 23 | 8 | 15 |
| 仙居县 | 108 | 81 | 27 | 29 | 23 | 6 | 6 | 2 | 4 |
| 温岭市 | 1211 | 780 | 431 | 177 | 95 | 82 | 18 | 7 | 11 |
| 临海市 | 1606 | 1019 | 587 | 349 | 211 | 138 | 12 | 5 | 7 |
| 玉环市 | 1138 | 725 | 413 | 165 | 111 | 54 | 4 | 2 | 2 |
| **丽水市** | **402** | **274** | **128** | **204** | **147** | **57** | **17** | **11** | **6** |
| 莲都区 | 139 | 91 | 48 | 78 | 57 | 21 | | | |
| 青田县 | 52 | 36 | 16 | 35 | 21 | 14 | 2 | | 2 |
| 缙云县 | 70 | 53 | 17 | 40 | 30 | 10 | 7 | 6 | 1 |
| 遂昌县 | 19 | 16 | 3 | 6 | 3 | 3 | 1 | | 1 |
| 松阳县 | 53 | 32 | 21 | 14 | 9 | 5 | | | |
| 云和县 | 15 | 8 | 7 | 4 | 3 | 1 | | | |
| 庆元县 | 12 | 5 | 7 | 10 | 9 | 1 | 1 | 1 | |
| 景宁畲族自治县 | 32 | 27 | 5 | 11 | 9 | 2 | 5 | 3 | 2 |
| 龙泉市 | 10 | 6 | 4 | 6 | 6 | | 1 | 1 | |

7-3c 续表 20 单位：人

| 现住地 | 户口登记地 | | | | | |
|---|---|---|---|---|---|---|
| | 宁夏 | | | 新疆 | | |
| | 小计 | 男 | 女 | 小计 | 男 | 女 |
| **合计** | **948** | **595** | **353** | **1652** | **864** | **788** |
| **杭州市** | **187** | **130** | **57** | **291** | **145** | **146** |
| 上城区 | | | | | | |
| 下城区 | | | | | | |
| 江干区 | | | | | | |
| 拱墅区 | | | | | | |
| 西湖区 | 10 | 8 | 2 | 8 | 3 | 5 |
| 滨江区 | | | | | | |
| 萧山区 | 37 | 27 | 10 | 47 | 30 | 17 |
| 余杭区 | 97 | 65 | 32 | 97 | 52 | 45 |
| 富阳区 | 13 | 11 | 2 | 103 | 49 | 54 |
| 临安区 | 17 | 12 | 5 | 29 | 9 | 20 |
| 桐庐县 | 5 | 2 | 3 | 4 | 1 | 3 |
| 淳安县 | 1 | 1 | | 1 | 1 | |
| 建德市 | 7 | 4 | 3 | 2 | | 2 |
| **宁波市** | **143** | **84** | **59** | **333** | **177** | **156** |
| 海曙区 | 3 | 3 | | 24 | 13 | 11 |
| 江北区 | 11 | 5 | 6 | 13 | 7 | 6 |
| 北仑区 | 24 | 17 | 7 | 58 | 39 | 19 |
| 镇海区 | 13 | 6 | 7 | 12 | 7 | 5 |
| 鄞州区 | 33 | 17 | 16 | 52 | 27 | 25 |
| 奉化区 | 18 | 13 | 5 | 60 | 29 | 31 |
| 象山县 | 9 | 5 | 4 | 19 | 11 | 8 |
| 宁海县 | 10 | 3 | 7 | 31 | 10 | 21 |
| 余姚市 | 7 | 6 | 1 | 10 | 4 | 6 |
| 慈溪市 | 15 | 9 | 6 | 54 | 30 | 24 |
| **温州市** | **99** | **60** | **39** | **205** | **104** | **101** |
| 鹿城区 | 4 | 3 | 1 | 10 | 4 | 6 |
| 龙湾区 | | | | | | |
| 瓯海区 | 10 | 9 | 1 | 16 | 9 | 7 |
| 洞头区 | 10 | 8 | 2 | 27 | 18 | 9 |
| 永嘉县 | 10 | 4 | 6 | 39 | 18 | 21 |
| 平阳县 | 11 | 6 | 5 | 17 | 9 | 8 |
| 苍南县 | 6 | 5 | 1 | 9 | 3 | 6 |
| 文成县 | 1 | 1 | | 1 | | 1 |
| 泰顺县 | 4 | 2 | 2 | 7 | 3 | 4 |
| 瑞安市 | 9 | 4 | 5 | 33 | 18 | 15 |
| 乐清市 | 34 | 18 | 16 | 45 | 21 | 24 |
| 龙港市 | | | | 1 | 1 | |
| **嘉兴市** | **136** | **92** | **44** | **158** | **93** | **65** |
| 南湖区 | 23 | 15 | 8 | 9 | 5 | 4 |
| 秀洲区 | 13 | 8 | 5 | 33 | 19 | 14 |
| 嘉善县 | 30 | 20 | 10 | 20 | 17 | 3 |
| 海盐县 | 10 | 7 | 3 | 12 | 6 | 6 |
| 海宁市 | 19 | 14 | 5 | 24 | 9 | 15 |
| 平湖市 | 31 | 23 | 8 | 32 | 23 | 9 |
| 桐乡市 | 10 | 5 | 5 | 28 | 14 | 14 |
| **湖州市** | **73** | **46** | **27** | **75** | **43** | **32** |
| 吴兴区 | 44 | 27 | 17 | 41 | 24 | 17 |
| 南浔区 | 7 | 4 | 3 | 8 | 6 | 2 |
| 德清县 | 11 | 9 | 2 | 9 | 5 | 4 |
| 长兴县 | 6 | 2 | 4 | 8 | 4 | 4 |
| 安吉县 | 5 | 4 | 1 | 9 | 4 | 5 |

7–3c　续表 21　　　　单位：人

| 现住地 | 户口登记地 | | | | | |
| --- | --- | --- | --- | --- | --- | --- |
| | 宁夏 | | | 新疆 | | |
| | 小计 | 男 | 女 | 小计 | 男 | 女 |
| **绍兴市** | **27** | **15** | **12** | **77** | **40** | **37** |
| 越城区 | 5 | 4 | 1 | 11 | 6 | 5 |
| 柯桥区 | 2 | 1 | 1 | 15 | 12 | 3 |
| 上虞区 | 1 | | 1 | 8 | 5 | 3 |
| 新昌县 | 3 | 3 | | 1 | | 1 |
| 诸暨市 | 9 | 5 | 4 | 27 | 12 | 15 |
| 嵊州市 | 7 | 2 | 5 | 15 | 5 | 10 |
| **金华市** | **119** | **76** | **43** | **242** | **118** | **124** |
| 婺城区 | 18 | 11 | 7 | 10 | 5 | 5 |
| 金东区 | 8 | 5 | 3 | 24 | 14 | 10 |
| 武义县 | 7 | 6 | 1 | 23 | 8 | 15 |
| 浦江县 | 14 | 6 | 8 | 25 | 12 | 13 |
| 磐安县 | 3 | 1 | 2 | 1 | 1 | |
| 兰溪市 | 3 | 2 | 1 | 6 | 2 | 4 |
| 义乌市 | 41 | 32 | 9 | 78 | 40 | 38 |
| 东阳市 | 17 | 10 | 7 | 41 | 22 | 19 |
| 永康市 | 8 | 3 | 5 | 34 | 14 | 20 |
| **衢州市** | **22** | **14** | **8** | **22** | **13** | **9** |
| 柯城区 | 7 | 5 | 2 | 2 | | 2 |
| 衢江区 | 4 | 2 | 2 | 1 | 1 | |
| 常山县 | 1 | 1 | | 4 | 2 | 2 |
| 开化县 | 1 | | 1 | 4 | 2 | 2 |
| 龙游县 | 4 | 3 | 1 | 8 | 7 | 1 |
| 江山市 | 5 | 3 | 2 | 3 | 1 | 2 |
| **舟山市** | **27** | **21** | **6** | **65** | **44** | **21** |
| 定海区 | 3 | 3 | | 15 | 7 | 8 |
| 普陀区 | 10 | 9 | 1 | 17 | 12 | 5 |
| 岱山县 | 13 | 9 | 4 | 31 | 24 | 7 |
| 嵊泗县 | 1 | | 1 | 2 | 1 | 1 |
| **台州市** | **107** | **53** | **54** | **150** | **69** | **81** |
| 椒江区 | 8 | 6 | 2 | 20 | 10 | 10 |
| 黄岩区 | 5 | 4 | 1 | 9 | 5 | 4 |
| 路桥区 | 18 | 13 | 5 | 15 | 9 | 6 |
| 三门县 | 7 | 4 | 3 | 5 | 3 | 2 |
| 天台县 | 7 | 1 | 6 | 15 | 9 | 6 |
| 仙居县 | 10 | 4 | 6 | 5 | 1 | 4 |
| 温岭市 | 16 | 6 | 10 | 20 | 9 | 11 |
| 临海市 | 22 | 5 | 17 | 35 | 10 | 25 |
| 玉环市 | 14 | 10 | 4 | 26 | 13 | 13 |
| **丽水市** | **8** | **4** | **4** | **34** | **18** | **16** |
| 莲都区 | 2 | 1 | 1 | 11 | 8 | 3 |
| 青田县 | 1 | | 1 | 10 | 5 | 5 |
| 缙云县 | 3 | 2 | 1 | 2 | 1 | 1 |
| 遂昌县 | | | | 4 | 2 | 2 |
| 松阳县 | | | | 2 | | 2 |
| 云和县 | | | | 3 | 1 | 2 |
| 庆元县 | | | | | | |
| 景宁畲族自治县 | 1 | 1 | | | | |
| 龙泉市 | 1 | | 1 | 2 | 1 | 1 |

# 7-4 全省按现住地、离开户口登记地时间分的户口登记地在外乡镇街道的人口

单位：人

| 现住地 | 离开户口登记地时间<br>合计<br>合计 | 半年以上，不满一年 | 一年以上，不满二年 | 二年以上，不满三年 | 三年以上，不满四年 | 四年以上，不满五年 | 五年以上，不满十年 | 十年以上 |
|---|---|---|---|---|---|---|---|---|
| **合计** | **30107815** | **5826456** | **4075609** | **3734455** | **2913263** | **1998374** | **4966534** | **6593124** |
| **杭州市** | **6220973** | **1222557** | **894071** | **801757** | **617595** | **397635** | **994321** | **1293037** |
| 上城区 | 177688 | 42064 | 25255 | 19568 | 15023 | 10767 | 27691 | 37320 |
| 下城区 | 235382 | 42455 | 29749 | 26547 | 23525 | 15469 | 38791 | 58846 |
| 江干区 | 972638 | 152753 | 145442 | 127327 | 102068 | 64227 | 163451 | 217370 |
| 拱墅区 | 339370 | 66066 | 47674 | 47178 | 36090 | 24192 | 48248 | 69922 |
| 西湖区 | 575795 | 131240 | 92251 | 83289 | 59388 | 35892 | 83198 | 90537 |
| 滨江区 | 285902 | 66338 | 50600 | 40999 | 28154 | 18360 | 43651 | 37800 |
| 萧山区 | 1225505 | 255875 | 163572 | 144170 | 107704 | 74943 | 199170 | 280071 |
| 余杭区 | 1389268 | 252628 | 194579 | 179491 | 148175 | 89173 | 225484 | 299738 |
| 富阳区 | 380904 | 82633 | 54143 | 49478 | 33761 | 22831 | 62913 | 75145 |
| 临安区 | 267515 | 52926 | 39524 | 36392 | 28299 | 17088 | 40349 | 52937 |
| 桐庐县 | 176129 | 40884 | 24005 | 20293 | 16907 | 12069 | 29294 | 32677 |
| 淳安县 | 91797 | 16685 | 11562 | 12219 | 7738 | 6059 | 16371 | 21163 |
| 建德市 | 103080 | 20010 | 15715 | 14806 | 10763 | 6565 | 15710 | 19511 |
| **宁波市** | **5038559** | **737933** | **609966** | **601986** | **492350** | **373685** | **933475** | **1289164** |
| 海曙区 | 613007 | 71106 | 70212 | 78455 | 67200 | 46527 | 108844 | 170663 |
| 江北区 | 297419 | 48249 | 38958 | 37854 | 29122 | 22121 | 55223 | 65892 |
| 北仑区 | 500987 | 67899 | 55790 | 57855 | 48719 | 40255 | 95470 | 134999 |
| 镇海区 | 322474 | 38581 | 33458 | 34601 | 26757 | 21813 | 63088 | 104176 |
| 鄞州区 | 908026 | 121561 | 111912 | 111302 | 93144 | 64581 | 167509 | 238017 |
| 奉化区 | 249184 | 38665 | 31448 | 28919 | 22805 | 17160 | 41333 | 68854 |
| 象山县 | 233293 | 32262 | 26277 | 27429 | 22525 | 17769 | 43233 | 63798 |
| 宁海县 | 308223 | 48507 | 34972 | 32258 | 27565 | 21892 | 55147 | 87882 |
| 余姚市 | 619007 | 99508 | 74685 | 72620 | 58326 | 46130 | 125330 | 142408 |
| 慈溪市 | 986939 | 171595 | 132254 | 120693 | 96187 | 75437 | 178298 | 212475 |
| **温州市** | **4417751** | **858703** | **572254** | **535808** | **410602** | **298890** | **705181** | **1036313** |
| 鹿城区 | 700859 | 122857 | 89623 | 81095 | 62731 | 47925 | 121897 | 174731 |
| 龙湾区 | 504238 | 104628 | 62465 | 55918 | 47975 | 31565 | 84772 | 116915 |
| 瓯海区 | 633943 | 113065 | 91256 | 85466 | 63279 | 38846 | 87494 | 154537 |
| 洞头区 | 54577 | 15543 | 10762 | 5813 | 3860 | 2355 | 6761 | 9483 |
| 永嘉县 | 291352 | 63158 | 40698 | 43856 | 33316 | 20348 | 35569 | 54407 |
| 平阳县 | 298163 | 73483 | 38425 | 37432 | 24970 | 18124 | 40502 | 65227 |
| 苍南县 | 251750 | 33369 | 35314 | 38131 | 24981 | 15937 | 43783 | 60235 |
| 文成县 | 33178 | 11982 | 4340 | 2950 | 2338 | 1787 | 3290 | 6491 |
| 泰顺县 | 51164 | 17207 | 6315 | 5803 | 4189 | 2847 | 5637 | 9166 |
| 瑞安市 | 695836 | 142357 | 80689 | 72049 | 58749 | 47571 | 111177 | 183244 |
| 乐清市 | 610443 | 119635 | 79398 | 73359 | 58871 | 49602 | 107345 | 122233 |
| 龙港市 | 292248 | 41419 | 32969 | 33936 | 25343 | 21983 | 56954 | 79644 |
| **嘉兴市** | **2575153** | **399387** | **304879** | **284143** | **248686** | **173210** | **488157** | **676691** |
| 南湖区 | 457278 | 67100 | 56268 | 53136 | 45886 | 31302 | 85030 | 118556 |
| 秀洲区 | 355538 | 47007 | 37490 | 35840 | 32802 | 24805 | 69888 | 107706 |
| 嘉善县 | 346722 | 51996 | 37340 | 35146 | 32655 | 24381 | 68038 | 97166 |
| 海盐县 | 156559 | 25637 | 20128 | 18748 | 15960 | 11641 | 30061 | 34384 |
| 海宁市 | 517275 | 89168 | 65791 | 59839 | 50594 | 30771 | 89882 | 131230 |
| 平湖市 | 283029 | 40464 | 30598 | 28913 | 25521 | 18334 | 56559 | 82640 |
| 桐乡市 | 458752 | 78015 | 57264 | 52521 | 45268 | 31976 | 88699 | 105009 |
| **湖州市** | **1386855** | **321728** | **178306** | **168402** | **132246** | **92019** | **224892** | **269262** |
| 吴兴区 | 563890 | 120419 | 66823 | 65232 | 52987 | 37669 | 99595 | 121165 |
| 南浔区 | 173219 | 31833 | 19566 | 17220 | 15331 | 11282 | 29184 | 48803 |
| 德清县 | 212109 | 53773 | 28758 | 27935 | 21577 | 14030 | 32351 | 33685 |
| 长兴县 | 209374 | 49512 | 28691 | 28890 | 20785 | 15287 | 33992 | 32217 |
| 安吉县 | 228263 | 66191 | 34468 | 29125 | 21566 | 13751 | 29770 | 33392 |

7−4　续表 1　　单位：人

| 现住地 | 离开户口登记地时间 合计 合计 | 半年以上，不满一年 | 一年以上，不满二年 | 二年以上，不满三年 | 三年以上，不满四年 | 四年以上，不满五年 | 五年以上，不满十年 | 十年以上 |
|---|---|---|---|---|---|---|---|---|
| **绍兴市** | **2209933** | **407892** | **334430** | **308069** | **227381** | **146923** | **360606** | **424632** |
| 越城区 | 492866 | 97684 | 82827 | 68120 | 51848 | 31928 | 72389 | 88070 |
| 柯桥区 | 584354 | 87883 | 73475 | 74592 | 59181 | 42214 | 117142 | 129867 |
| 上虞区 | 280056 | 57573 | 41688 | 37437 | 28179 | 19139 | 45939 | 50101 |
| 新昌县 | 165193 | 23580 | 19675 | 21783 | 16421 | 9765 | 29405 | 44564 |
| 诸暨市 | 502715 | 105803 | 86345 | 77448 | 52584 | 31916 | 70792 | 77827 |
| 嵊州市 | 184749 | 35369 | 30420 | 28689 | 19168 | 11961 | 24939 | 34203 |
| **金华市** | **3599609** | **956321** | **549858** | **452063** | **344906** | **216228** | **501640** | **578593** |
| 婺城区 | 490850 | 92902 | 78450 | 71281 | 51996 | 31216 | 74082 | 90923 |
| 金东区 | 252875 | 74701 | 46608 | 36638 | 25690 | 12768 | 29093 | 27377 |
| 武义县 | 241060 | 45083 | 30453 | 29717 | 24086 | 17058 | 43085 | 51578 |
| 浦江县 | 185891 | 51013 | 30083 | 24127 | 15552 | 10455 | 24915 | 29746 |
| 磐安县 | 42730 | 11618 | 5452 | 5125 | 4170 | 2807 | 6021 | 7537 |
| 兰溪市 | 119145 | 26166 | 18044 | 18108 | 12531 | 7429 | 16762 | 20105 |
| 义乌市 | 1242891 | 354108 | 169907 | 138899 | 116109 | 75583 | 174805 | 213480 |
| 东阳市 | 518885 | 146416 | 78717 | 61900 | 47380 | 30273 | 74020 | 80179 |
| 永康市 | 505282 | 154314 | 92144 | 66268 | 47392 | 28639 | 58857 | 57668 |
| **衢州市** | **687948** | **149091** | **102294** | **93867** | **68401** | **46893** | **110323** | **117079** |
| 柯城区 | 242824 | 43327 | 40855 | 37574 | 24783 | 16638 | 38964 | 40683 |
| 衢江区 | 108872 | 28493 | 14477 | 13934 | 11281 | 7913 | 16676 | 16098 |
| 常山县 | 56428 | 13360 | 9621 | 7234 | 5483 | 3540 | 8155 | 9035 |
| 开化县 | 56728 | 9336 | 7343 | 6884 | 5148 | 4165 | 11649 | 12203 |
| 龙游县 | 98826 | 20136 | 14991 | 14718 | 11404 | 7325 | 16412 | 13840 |
| 江山市 | 124270 | 34439 | 15007 | 13523 | 10302 | 7312 | 18467 | 25220 |
| **舟山市** | **528031** | **87028** | **65552** | **58119** | **47301** | **35031** | **99095** | **135905** |
| 定海区 | 233323 | 35821 | 29806 | 29312 | 24040 | 15383 | 42043 | 56918 |
| 普陀区 | 182937 | 23039 | 19653 | 18926 | 15993 | 13485 | 38957 | 52884 |
| 岱山县 | 92680 | 25815 | 14633 | 8315 | 6010 | 4968 | 14379 | 18560 |
| 嵊泗县 | 19091 | 2353 | 1460 | 1566 | 1258 | 1195 | 3716 | 7543 |
| **台州市** | **2468723** | **507407** | **335395** | **306113** | **229692** | **155013** | **390482** | **544621** |
| 椒江区 | 407749 | 73910 | 58667 | 52903 | 42323 | 25135 | 62842 | 91969 |
| 黄岩区 | 274872 | 58986 | 36752 | 32978 | 24306 | 18797 | 42026 | 61027 |
| 路桥区 | 293579 | 66355 | 38230 | 37973 | 26978 | 18334 | 44899 | 60810 |
| 三门县 | 98956 | 16764 | 14580 | 14036 | 9505 | 6280 | 18206 | 19585 |
| 天台县 | 116911 | 23548 | 19364 | 16693 | 10386 | 8089 | 16891 | 21940 |
| 仙居县 | 133210 | 26868 | 19779 | 17038 | 11260 | 7430 | 17629 | 33206 |
| 温岭市 | 551663 | 123816 | 68882 | 65980 | 49628 | 33728 | 88614 | 121015 |
| 临海市 | 294298 | 69898 | 47860 | 39094 | 30249 | 17545 | 40931 | 48721 |
| 玉环市 | 297485 | 47262 | 31281 | 29418 | 25057 | 19675 | 58444 | 86348 |
| **丽水市** | **974280** | **178409** | **128604** | **124128** | **94103** | **62847** | **158362** | **227827** |
| 莲都区 | 325648 | 62343 | 46370 | 46888 | 33651 | 20134 | 49860 | 66402 |
| 青田县 | 127882 | 23009 | 14915 | 15823 | 12271 | 7972 | 20699 | 33193 |
| 缙云县 | 99974 | 26501 | 18801 | 14345 | 8703 | 5572 | 12646 | 13406 |
| 遂昌县 | 52135 | 9976 | 7133 | 6215 | 5134 | 3325 | 8452 | 11900 |
| 松阳县 | 59097 | 12174 | 8550 | 7878 | 5944 | 4072 | 9060 | 11419 |
| 云和县 | 71390 | 9216 | 6853 | 7690 | 6509 | 5216 | 15373 | 20533 |
| 庆元县 | 64934 | 5966 | 5852 | 7046 | 5321 | 3974 | 10826 | 25949 |
| 景宁畲族自治县 | 53733 | 8320 | 5394 | 5300 | 4623 | 3485 | 9961 | 16650 |
| 龙泉市 | 119487 | 20904 | 14736 | 12943 | 11947 | 9097 | 21485 | 28375 |

7-4 续表 2 单位：人

| 现住地 | 离开户口登记地时间 | | | | | | | |
|---|---|---|---|---|---|---|---|---|
| | 省内 | | | | | | | |
| | 小计 | 半年以上，不满一年 | 一年以上，不满二年 | 二年以上，不满三年 | 三年以上，不满四年 | 四年以上，不满五年 | 五年以上，不满十年 | 十年以上 |
| **合计** | **13921361** | **2433469** | **1939811** | **1874982** | **1385612** | **909849** | **2276567** | **3101071** |
| **杭州市** | **3015992** | **573893** | **439564** | **419468** | **315486** | **192786** | **477170** | **597625** |
| 上城区 | 89320 | 11663 | 10413 | 10581 | 8621 | 6446 | 17140 | 24456 |
| 下城区 | 146766 | 24033 | 17171 | 16535 | 14974 | 9685 | 24393 | 39975 |
| 江干区 | 506392 | 85794 | 79039 | 71311 | 54877 | 32060 | 80593 | 102718 |
| 拱墅区 | 211971 | 39706 | 28985 | 31399 | 23665 | 14931 | 29206 | 44079 |
| 西湖区 | 305864 | 68743 | 48362 | 44830 | 31576 | 18361 | 43520 | 50472 |
| 滨江区 | 157258 | 36462 | 28928 | 23788 | 15276 | 9641 | 22757 | 20406 |
| 萧山区 | 443696 | 92153 | 66159 | 62729 | 42820 | 26613 | 68934 | 84288 |
| 余杭区 | 508635 | 99285 | 70582 | 70235 | 59553 | 32776 | 81379 | 94825 |
| 富阳区 | 225589 | 39311 | 32755 | 32130 | 21877 | 14612 | 39561 | 45343 |
| 临安区 | 158905 | 27026 | 23458 | 22286 | 17375 | 10081 | 24296 | 34383 |
| 桐庐县 | 104618 | 22563 | 12606 | 11605 | 9936 | 7190 | 18820 | 21898 |
| 淳安县 | 81510 | 13744 | 10054 | 10981 | 6983 | 5469 | 14913 | 19366 |
| 建德市 | 75468 | 13410 | 11052 | 11058 | 7953 | 4921 | 11658 | 15416 |
| **宁波市** | **1905829** | **274124** | **239075** | **240355** | **182517** | **127538** | **330098** | **512122** |
| 海曙区 | 294862 | 34652 | 33963 | 38942 | 31184 | 19448 | 48926 | 87747 |
| 江北区 | 129715 | 18866 | 17709 | 17842 | 13134 | 9320 | 25903 | 26941 |
| 北仑区 | 128142 | 19521 | 13527 | 13915 | 10277 | 8192 | 22635 | 40075 |
| 镇海区 | 113243 | 17601 | 14810 | 14904 | 10086 | 7384 | 19383 | 29075 |
| 鄞州区 | 446822 | 72780 | 62624 | 59483 | 46436 | 29241 | 72551 | 103707 |
| 奉化区 | 113204 | 15222 | 12004 | 11846 | 9141 | 7232 | 18709 | 39050 |
| 象山县 | 133138 | 16937 | 15771 | 16710 | 13259 | 10017 | 25052 | 35392 |
| 宁海县 | 168989 | 25450 | 19713 | 18552 | 14755 | 11275 | 28422 | 50822 |
| 余姚市 | 169062 | 20484 | 20106 | 21281 | 15174 | 12228 | 32960 | 46829 |
| 慈溪市 | 208652 | 32611 | 28848 | 26880 | 19071 | 13201 | 35557 | 52484 |
| **温州市** | **2123431** | **358349** | **292312** | **280221** | **195293** | **135311** | **330158** | **531787** |
| 鹿城区 | 351733 | 51828 | 44909 | 44025 | 32914 | 23133 | 61226 | 93698 |
| 龙湾区 | 151604 | 26107 | 23138 | 22124 | 16841 | 10671 | 24228 | 28495 |
| 瓯海区 | 295990 | 46298 | 49600 | 48410 | 32880 | 16187 | 33935 | 68680 |
| 洞头区 | 24425 | 5261 | 5995 | 3066 | 1901 | 1027 | 3026 | 4149 |
| 永嘉县 | 160873 | 35462 | 21679 | 23232 | 15199 | 9859 | 19679 | 35763 |
| 平阳县 | 188067 | 38383 | 23178 | 24292 | 15607 | 12068 | 27246 | 47293 |
| 苍南县 | 180590 | 21202 | 26220 | 25695 | 15855 | 10994 | 32570 | 48054 |
| 文成县 | 26440 | 8673 | 2996 | 2452 | 1973 | 1496 | 2878 | 5972 |
| 泰顺县 | 45532 | 15076 | 5420 | 5147 | 3846 | 2639 | 5137 | 8267 |
| 瑞安市 | 275568 | 48136 | 36491 | 31574 | 23365 | 17126 | 41905 | 76971 |
| 乐清市 | 205013 | 36326 | 29971 | 26819 | 17011 | 13441 | 33052 | 48393 |
| 龙港市 | 217596 | 25597 | 22715 | 23385 | 17901 | 16670 | 45276 | 66052 |
| **嘉兴市** | **850813** | **137235** | **112368** | **107753** | **85431** | **57249** | **161646** | **189131** |
| 南湖区 | 202886 | 34706 | 28113 | 27112 | 21630 | 13835 | 36620 | 40870 |
| 秀洲区 | 99782 | 14819 | 13360 | 11872 | 9253 | 7155 | 19621 | 23702 |
| 嘉善县 | 89378 | 14368 | 9743 | 9693 | 8224 | 6366 | 18301 | 22683 |
| 海盐县 | 53663 | 8438 | 7241 | 7770 | 6422 | 4401 | 10279 | 9112 |
| 海宁市 | 162797 | 27431 | 23460 | 21624 | 16008 | 9100 | 28153 | 37021 |
| 平湖市 | 100685 | 14202 | 13052 | 12957 | 10671 | 7082 | 19790 | 22931 |
| 桐乡市 | 141622 | 23271 | 17399 | 16725 | 13223 | 9310 | 28882 | 32812 |
| **湖州市** | **624570** | **116770** | **80869** | **85315** | **64990** | **44206** | **112707** | **119713** |
| 吴兴区 | 257560 | 40855 | 34207 | 36029 | 27387 | 17761 | 50125 | 51196 |
| 南浔区 | 42118 | 6669 | 4610 | 4730 | 4017 | 2732 | 7554 | 11806 |
| 德清县 | 96700 | 18103 | 12153 | 13910 | 10550 | 6806 | 17156 | 18022 |
| 长兴县 | 129458 | 25481 | 15945 | 17539 | 13369 | 10717 | 24090 | 22317 |
| 安吉县 | 98734 | 25662 | 13954 | 13107 | 9667 | 6190 | 13782 | 16372 |

7-4 续表 3 单位：人

| 现住地 | 离开户口登记地时间 | | | | | | | |
|---|---|---|---|---|---|---|---|---|
| | 省内 | | | | | | | |
| | 小计 | 半年以上，不满一年 | 一年以上，不满二年 | 二年以上，不满三年 | 三年以上，不满四年 | 四年以上，不满五年 | 五年以上，不满十年 | 十年以上 |
| **绍兴市** | **1151194** | **192025** | **172974** | **171021** | **121023** | **76985** | **185969** | **231197** |
| 越城区 | 284507 | 57666 | 48102 | 41376 | 29831 | 17438 | 40755 | 49339 |
| 柯桥区 | 178171 | 22347 | 25302 | 26221 | 19822 | 13334 | 34867 | 36278 |
| 上虞区 | 137928 | 24134 | 22564 | 20697 | 14695 | 9404 | 22126 | 24308 |
| 新昌县 | 141226 | 17027 | 15743 | 18494 | 14015 | 8470 | 26462 | 41015 |
| 诸暨市 | 277617 | 48492 | 41686 | 45559 | 29501 | 19425 | 42114 | 50840 |
| 嵊州市 | 131745 | 22359 | 19577 | 18674 | 13159 | 8914 | 19645 | 29417 |
| **金华市** | **1413939** | **297017** | **209543** | **195218** | **144132** | **88766** | **208128** | **271135** |
| 婺城区 | 310179 | 56850 | 52395 | 47326 | 31814 | 18711 | 45280 | 57803 |
| 金东区 | 95463 | 19827 | 18144 | 15664 | 10723 | 5286 | 12148 | 13671 |
| 武义县 | 96040 | 12903 | 11490 | 12754 | 9945 | 6732 | 17344 | 24872 |
| 浦江县 | 85336 | 15503 | 14578 | 12976 | 8229 | 5215 | 12165 | 16670 |
| 磐安县 | 30699 | 7283 | 3749 | 3991 | 3187 | 2150 | 4524 | 5815 |
| 兰溪市 | 80522 | 14583 | 11285 | 13143 | 8851 | 5272 | 11887 | 15501 |
| 义乌市 | 362667 | 89808 | 46128 | 42486 | 36046 | 23485 | 51166 | 73548 |
| 东阳市 | 210589 | 46300 | 30934 | 26963 | 20724 | 13332 | 32763 | 39573 |
| 永康市 | 142444 | 33960 | 20840 | 19915 | 14613 | 8583 | 20851 | 23682 |
| **衢州市** | **583484** | **119692** | **84173** | **79604** | **59303** | **40984** | **96200** | **103528** |
| 柯城区 | 208123 | 34944 | 34072 | 32177 | 21688 | 14711 | 34304 | 36227 |
| 衢江区 | 89317 | 23377 | 11423 | 11379 | 9299 | 6692 | 13856 | 13291 |
| 常山县 | 48284 | 10678 | 7956 | 6212 | 4860 | 3191 | 7198 | 8189 |
| 开化县 | 51435 | 7984 | 6627 | 6375 | 4817 | 3881 | 10825 | 10926 |
| 龙游县 | 77319 | 13100 | 11328 | 11687 | 9575 | 6034 | 13634 | 11961 |
| 江山市 | 109006 | 29609 | 12767 | 11774 | 9064 | 6475 | 16383 | 22934 |
| **舟山市** | **296055** | **35358** | **31881** | **34202** | **27998** | **20781** | **61041** | **84794** |
| 定海区 | 145516 | 20326 | 18472 | 19304 | 15463 | 9594 | 26513 | 35844 |
| 普陀区 | 107766 | 10363 | 9674 | 10981 | 9280 | 8003 | 25037 | 34428 |
| 岱山县 | 31445 | 3656 | 2884 | 2887 | 2527 | 2440 | 7210 | 9841 |
| 嵊泗县 | 11328 | 1013 | 851 | 1030 | 728 | 744 | 2281 | 4681 |
| **台州市** | **1151421** | **195489** | **174706** | **159935** | **112122** | **72805** | **177985** | **258379** |
| 椒江区 | 210641 | 33713 | 32249 | 30163 | 23014 | 13023 | 31736 | 46743 |
| 黄岩区 | 125536 | 20370 | 18055 | 16688 | 10930 | 8642 | 19237 | 31614 |
| 路桥区 | 109266 | 16760 | 14622 | 15777 | 11544 | 7343 | 17459 | 25761 |
| 三门县 | 70728 | 10540 | 10771 | 10770 | 6675 | 4442 | 13588 | 13942 |
| 天台县 | 97093 | 16702 | 16077 | 13468 | 8653 | 7114 | 14793 | 20286 |
| 仙居县 | 114964 | 21189 | 16931 | 14728 | 9539 | 6402 | 15445 | 30730 |
| 温岭市 | 173050 | 30287 | 26843 | 25404 | 16260 | 10518 | 26354 | 37384 |
| 临海市 | 182230 | 35152 | 30119 | 24878 | 19703 | 11263 | 26711 | 34404 |
| 玉环市 | 67913 | 10776 | 9039 | 8059 | 5804 | 4058 | 12662 | 17515 |
| **丽水市** | **804633** | **133517** | **102346** | **101890** | **77317** | **52438** | **135465** | **201660** |
| 莲都区 | 252844 | 45141 | 35463 | 36223 | 26106 | 15468 | 39922 | 54521 |
| 青田县 | 97594 | 16005 | 11174 | 12029 | 9026 | 6037 | 15852 | 27471 |
| 缙云县 | 75147 | 18413 | 13796 | 11161 | 6438 | 4255 | 10098 | 10986 |
| 遂昌县 | 47452 | 8378 | 6171 | 5712 | 4767 | 3103 | 7961 | 11360 |
| 松阳县 | 47969 | 8808 | 6833 | 6672 | 4855 | 3425 | 7548 | 9828 |
| 云和县 | 60247 | 6612 | 5124 | 6258 | 5435 | 4424 | 13639 | 18755 |
| 庆元县 | 61476 | 5165 | 5404 | 6641 | 5061 | 3770 | 10270 | 25165 |
| 景宁畲族自治县 | 50701 | 7089 | 4646 | 5098 | 4456 | 3395 | 9732 | 16285 |
| 龙泉市 | 111203 | 17906 | 13735 | 12096 | 11173 | 8561 | 20443 | 27289 |

7-4 续表 4

单位：人

| 现住地 | 离开户口登记地时间 | | | | | | | |
|---|---|---|---|---|---|---|---|---|
| | 省外 | | | | | | | |
| | 小计 | 半年以上，不满一年 | 一年以上，不满二年 | 二年以上，不满三年 | 三年以上，不满四年 | 四年以上，不满五年 | 五年以上，不满十年 | 十年以上 |
| **合计** | **16186454** | **3392987** | **2135798** | **1859473** | **1527651** | **1088525** | **2689967** | **3492053** |
| **杭州市** | **3204981** | **648664** | **454507** | **382289** | **302109** | **204849** | **517151** | **695412** |
| 上城区 | 88368 | 30401 | 14842 | 8987 | 6402 | 4321 | 10551 | 12864 |
| 下城区 | 88616 | 18422 | 12578 | 10012 | 8551 | 5784 | 14398 | 18871 |
| 江干区 | 466246 | 66959 | 66403 | 56016 | 47191 | 32167 | 82858 | 114652 |
| 拱墅区 | 127399 | 26360 | 18689 | 15779 | 12425 | 9261 | 19042 | 25843 |
| 西湖区 | 269931 | 62497 | 43889 | 38459 | 27812 | 17531 | 39678 | 40065 |
| 滨江区 | 128644 | 29876 | 21672 | 17211 | 12878 | 8719 | 20894 | 17394 |
| 萧山区 | 781809 | 163722 | 97413 | 81441 | 64884 | 48330 | 130236 | 195783 |
| 余杭区 | 880633 | 153343 | 123997 | 109256 | 88622 | 56397 | 144105 | 204913 |
| 富阳区 | 155315 | 43322 | 21388 | 17348 | 11884 | 8219 | 23352 | 29802 |
| 临安区 | 108610 | 25900 | 16066 | 14106 | 10924 | 7007 | 16053 | 18554 |
| 桐庐县 | 71511 | 18321 | 11399 | 8688 | 6971 | 4879 | 10474 | 10779 |
| 淳安县 | 10287 | 2941 | 1508 | 1238 | 755 | 590 | 1458 | 1797 |
| 建德市 | 27612 | 6600 | 4663 | 3748 | 2810 | 1644 | 4052 | 4095 |
| **宁波市** | **3132730** | **463809** | **370891** | **361631** | **309833** | **246147** | **603377** | **777042** |
| 海曙区 | 318145 | 36454 | 36249 | 39513 | 36016 | 27079 | 59918 | 82916 |
| 江北区 | 167704 | 29383 | 21249 | 20012 | 15988 | 12801 | 29320 | 38951 |
| 北仑区 | 372845 | 48378 | 42263 | 43940 | 38442 | 32063 | 72835 | 94924 |
| 镇海区 | 209231 | 20980 | 18648 | 19697 | 16671 | 14429 | 43705 | 75101 |
| 鄞州区 | 461204 | 48781 | 49288 | 51819 | 46708 | 35340 | 94958 | 134310 |
| 奉化区 | 135980 | 23443 | 19444 | 17073 | 13664 | 9928 | 22624 | 29804 |
| 象山县 | 100155 | 15325 | 10506 | 10719 | 9266 | 7752 | 18181 | 28406 |
| 宁海县 | 139234 | 23057 | 15259 | 13706 | 12810 | 10617 | 26725 | 37060 |
| 余姚市 | 449945 | 79024 | 54579 | 51339 | 43152 | 33902 | 92370 | 95579 |
| 慈溪市 | 778287 | 138984 | 103406 | 93813 | 77116 | 62236 | 142741 | 159991 |
| **温州市** | **2294320** | **500354** | **279942** | **255587** | **215309** | **163579** | **375023** | **504526** |
| 鹿城区 | 349126 | 71029 | 44714 | 37070 | 29817 | 24792 | 60671 | 81033 |
| 龙湾区 | 352634 | 78521 | 39327 | 33794 | 31134 | 20894 | 60544 | 88420 |
| 瓯海区 | 337953 | 66767 | 41656 | 37056 | 30399 | 22659 | 53559 | 85857 |
| 洞头区 | 30152 | 10282 | 4767 | 2747 | 1959 | 1328 | 3735 | 5334 |
| 永嘉县 | 130479 | 27696 | 19019 | 20624 | 18117 | 10489 | 15890 | 18644 |
| 平阳县 | 110096 | 35100 | 15247 | 13140 | 9363 | 6056 | 13256 | 17934 |
| 苍南县 | 71160 | 12167 | 9094 | 12436 | 9126 | 4943 | 11213 | 12181 |
| 文成县 | 6738 | 3309 | 1344 | 498 | 365 | 291 | 412 | 519 |
| 泰顺县 | 5632 | 2131 | 895 | 656 | 343 | 208 | 500 | 899 |
| 瑞安市 | 420268 | 94221 | 44198 | 40475 | 35384 | 30445 | 69272 | 106273 |
| 乐清市 | 405430 | 83309 | 49427 | 46540 | 41860 | 36161 | 74293 | 73840 |
| 龙港市 | 74652 | 15822 | 10254 | 10551 | 7442 | 5313 | 11678 | 13592 |
| **嘉兴市** | **1724340** | **262152** | **192511** | **176390** | **163255** | **115961** | **326511** | **487560** |
| 南湖区 | 254392 | 32394 | 28155 | 26024 | 24256 | 17467 | 48410 | 77686 |
| 秀洲区 | 255756 | 32188 | 24130 | 23968 | 23549 | 17650 | 50267 | 84004 |
| 嘉善县 | 257344 | 37628 | 27597 | 25453 | 24431 | 18015 | 49737 | 74483 |
| 海盐县 | 102896 | 17199 | 12887 | 10978 | 9538 | 7240 | 19782 | 25272 |
| 海宁市 | 354478 | 61737 | 42331 | 38215 | 34586 | 21671 | 61729 | 94209 |
| 平湖市 | 182344 | 26262 | 17546 | 15956 | 14850 | 11252 | 36769 | 59709 |
| 桐乡市 | 317130 | 54744 | 39865 | 35796 | 32045 | 22666 | 59817 | 72197 |
| **湖州市** | **762285** | **204958** | **97437** | **83087** | **67256** | **47813** | **112185** | **149549** |
| 吴兴区 | 306330 | 79564 | 32616 | 29203 | 25600 | 19908 | 49470 | 69969 |
| 南浔区 | 131101 | 25164 | 14956 | 12490 | 11314 | 8550 | 21630 | 36997 |
| 德清县 | 115409 | 35670 | 16605 | 14025 | 11027 | 7224 | 15195 | 15663 |
| 长兴县 | 79916 | 24031 | 12746 | 11351 | 7416 | 4570 | 9902 | 9900 |
| 安吉县 | 129529 | 40529 | 20514 | 16018 | 11899 | 7561 | 15988 | 17020 |

7-4　续表 5　　单位：人

| 现住地 | 离开户口登记地时间 省外 小计 | 半年以上，不满一年 | 一年以上，不满二年 | 二年以上，不满三年 | 三年以上，不满四年 | 四年以上，不满五年 | 五年以上，不满十年 | 十年以上 |
|---|---|---|---|---|---|---|---|---|
| **绍兴市** | **1058739** | **215867** | **161456** | **137048** | **106358** | **69938** | **174637** | **193435** |
| 越城区 | 208359 | 40018 | 34725 | 26744 | 22017 | 14490 | 31634 | 38731 |
| 柯桥区 | 406183 | 65536 | 48173 | 48371 | 39359 | 28880 | 82275 | 93589 |
| 上虞区 | 142128 | 33439 | 19124 | 16740 | 13484 | 9735 | 23813 | 25793 |
| 新昌县 | 23967 | 6553 | 3932 | 3289 | 2406 | 1295 | 2943 | 3549 |
| 诸暨市 | 225098 | 57311 | 44659 | 31889 | 23083 | 12491 | 28678 | 26987 |
| 嵊州市 | 53004 | 13010 | 10843 | 10015 | 6009 | 3047 | 5294 | 4786 |
| **金华市** | **2185670** | **659304** | **340315** | **256845** | **200774** | **127462** | **293512** | **307458** |
| 婺城区 | 180671 | 36052 | 26055 | 23955 | 20182 | 12505 | 28802 | 33120 |
| 金东区 | 157412 | 54874 | 28464 | 20974 | 14967 | 7482 | 16945 | 13706 |
| 武义县 | 145020 | 32180 | 18963 | 16963 | 14141 | 10326 | 25741 | 26706 |
| 浦江县 | 100555 | 35510 | 15505 | 11151 | 7323 | 5240 | 12750 | 13076 |
| 磐安县 | 12031 | 4335 | 1703 | 1134 | 983 | 657 | 1497 | 1722 |
| 兰溪市 | 38623 | 11583 | 6759 | 4965 | 3680 | 2157 | 4875 | 4604 |
| 义乌市 | 880224 | 264300 | 123779 | 96413 | 80063 | 52098 | 123639 | 139932 |
| 东阳市 | 308296 | 100116 | 47783 | 34937 | 26656 | 16941 | 41257 | 40606 |
| 永康市 | 362838 | 120354 | 71304 | 46353 | 32779 | 20056 | 38006 | 33986 |
| **衢州市** | **104464** | **29399** | **18121** | **14263** | **9098** | **5909** | **14123** | **13551** |
| 柯城区 | 34701 | 8383 | 6783 | 5397 | 3095 | 1927 | 4660 | 4456 |
| 衢江区 | 19555 | 5116 | 3054 | 2555 | 1982 | 1221 | 2820 | 2807 |
| 常山县 | 8144 | 2682 | 1665 | 1022 | 623 | 349 | 957 | 846 |
| 开化县 | 5293 | 1352 | 716 | 509 | 331 | 284 | 824 | 1277 |
| 龙游县 | 21507 | 7036 | 3663 | 3031 | 1829 | 1291 | 2778 | 1879 |
| 江山市 | 15264 | 4830 | 2240 | 1749 | 1238 | 837 | 2084 | 2286 |
| **舟山市** | **231976** | **51670** | **33671** | **23917** | **19303** | **14250** | **38054** | **51111** |
| 定海区 | 87807 | 15495 | 11334 | 10008 | 8577 | 5789 | 15530 | 21074 |
| 普陀区 | 75171 | 12676 | 9979 | 7945 | 6713 | 5482 | 13920 | 18456 |
| 岱山县 | 61235 | 22159 | 11749 | 5428 | 3483 | 2528 | 7169 | 8719 |
| 嵊泗县 | 7763 | 1340 | 609 | 536 | 530 | 451 | 1435 | 2862 |
| **台州市** | **1317302** | **311918** | **160689** | **146178** | **117570** | **82208** | **212497** | **286242** |
| 椒江区 | 197108 | 40197 | 26418 | 22740 | 19309 | 12112 | 31106 | 45226 |
| 黄岩区 | 149336 | 38616 | 18697 | 16290 | 13376 | 10155 | 22789 | 29413 |
| 路桥区 | 184313 | 49595 | 23608 | 22196 | 15434 | 10991 | 27440 | 35049 |
| 三门县 | 28228 | 6224 | 3809 | 3266 | 2830 | 1838 | 4618 | 5643 |
| 天台县 | 19818 | 6846 | 3287 | 3225 | 1733 | 975 | 2098 | 1654 |
| 仙居县 | 18246 | 5679 | 2848 | 2310 | 1721 | 1028 | 2184 | 2476 |
| 温岭市 | 378613 | 93529 | 42039 | 40576 | 33368 | 23210 | 62260 | 83631 |
| 临海市 | 112068 | 34746 | 17741 | 14216 | 10546 | 6282 | 14220 | 14317 |
| 玉环市 | 229572 | 36486 | 22242 | 21359 | 19253 | 15617 | 45782 | 68833 |
| **丽水市** | **169647** | **44892** | **26258** | **22238** | **16786** | **10409** | **22897** | **26167** |
| 莲都区 | 72804 | 17202 | 10907 | 10665 | 7545 | 4666 | 9938 | 11881 |
| 青田县 | 30288 | 7004 | 3741 | 3794 | 3245 | 1935 | 4847 | 5722 |
| 缙云县 | 24827 | 8088 | 5005 | 3184 | 2265 | 1317 | 2548 | 2420 |
| 遂昌县 | 4683 | 1598 | 962 | 503 | 367 | 222 | 491 | 540 |
| 松阳县 | 11128 | 3366 | 1717 | 1206 | 1089 | 647 | 1512 | 1591 |
| 云和县 | 11143 | 2604 | 1729 | 1432 | 1074 | 792 | 1734 | 1778 |
| 庆元县 | 3458 | 801 | 448 | 405 | 260 | 204 | 556 | 784 |
| 景宁畲族自治县 | 3032 | 1231 | 748 | 202 | 167 | 90 | 229 | 365 |
| 龙泉市 | 8284 | 2998 | 1001 | 847 | 774 | 536 | 1042 | 1086 |

# 7-4a 全省按现住地、离开户口登记地时间分的户口登记地在外乡镇街道的人口(城市)

单位：人

| 现住地 | 离开户口登记地时间 | | | | | | | |
|---|---|---|---|---|---|---|---|---|
| | 合计 | | | | | | | |
| | 合计 | 半年以上，不满一年 | 一年以上，不满二年 | 二年以上，不满三年 | 三年以上，不满四年 | 四年以上，不满五年 | 五年以上，不满十年 | 十年以上 |
| **合计** | **19454456** | **3542342** | **2682379** | **2476936** | **1933906** | **1309437** | **3246326** | **4263130** |
| **杭州市** | **5228536** | **1004329** | **751604** | **678822** | **526247** | **337175** | **839569** | **1090790** |
| 上城区 | 177688 | 42064 | 25255 | 19568 | 15023 | 10767 | 27691 | 37320 |
| 下城区 | 235382 | 42455 | 29749 | 26547 | 23525 | 15469 | 38791 | 58846 |
| 江干区 | 972638 | 152753 | 145442 | 127327 | 102068 | 64227 | 163451 | 217370 |
| 拱墅区 | 339370 | 66066 | 47674 | 47178 | 36090 | 24192 | 48248 | 69922 |
| 西湖区 | 565207 | 127141 | 90662 | 81986 | 58564 | 35492 | 82208 | 89154 |
| 滨江区 | 285902 | 66338 | 50600 | 40999 | 28154 | 18360 | 43651 | 37800 |
| 萧山区 | 1004332 | 208100 | 137171 | 120395 | 88621 | 61186 | 161724 | 227135 |
| 余杭区 | 1071989 | 191392 | 143521 | 134660 | 115339 | 70047 | 178294 | 238736 |
| 富阳区 | 325336 | 63735 | 43178 | 43339 | 30153 | 20595 | 57118 | 67218 |
| 临安区 | 193707 | 34223 | 29598 | 28237 | 22295 | 13050 | 29630 | 36674 |
| 桐庐县 | | | | | | | | |
| 淳安县 | | | | | | | | |
| 建德市 | 56985 | 10062 | 8754 | 8586 | 6415 | 3790 | 8763 | 10615 |
| **宁波市** | **3163836** | **449814** | **393244** | **392966** | **316604** | **233637** | **587826** | **789745** |
| 海曙区 | 535692 | 63185 | 62195 | 69784 | 58764 | 40585 | 94559 | 146620 |
| 江北区 | 246096 | 41040 | 33055 | 32923 | 24733 | 17932 | 45555 | 50858 |
| 北仑区 | 368113 | 48412 | 42517 | 44638 | 36205 | 29403 | 68444 | 98494 |
| 镇海区 | 266766 | 32507 | 28556 | 29650 | 22413 | 18034 | 51815 | 83791 |
| 鄞州区 | 567531 | 88954 | 79932 | 74074 | 61469 | 38955 | 95413 | 128734 |
| 奉化区 | 157586 | 21628 | 18987 | 18266 | 14216 | 10988 | 26454 | 47047 |
| 象山县 | | | | | | | | |
| 宁海县 | | | | | | | | |
| 余姚市 | 445990 | 65179 | 54644 | 54696 | 42753 | 33343 | 94222 | 101153 |
| 慈溪市 | 576062 | 88909 | 73358 | 68935 | 56051 | 44397 | 111364 | 133048 |
| **温州市** | **2844561** | **490702** | **362703** | **337442** | **263898** | **200250** | **478366** | **711200** |
| 鹿城区 | 649244 | 107509 | 81042 | 75758 | 59243 | 45424 | 115183 | 165085 |
| 龙湾区 | 326405 | 59792 | 38635 | 36649 | 31092 | 21498 | 55555 | 83184 |
| 瓯海区 | 556891 | 93760 | 81139 | 76288 | 56476 | 34842 | 77662 | 136724 |
| 洞头区 | 26268 | 5196 | 4535 | 2334 | 2108 | 1311 | 4442 | 6342 |
| 永嘉县 | | | | | | | | |
| 平阳县 | | | | | | | | |
| 苍南县 | | | | | | | | |
| 文成县 | | | | | | | | |
| 泰顺县 | | | | | | | | |
| 瑞安市 | 535275 | 101637 | 62925 | 56389 | 45206 | 37009 | 86874 | 145235 |
| 乐清市 | 470081 | 82966 | 62862 | 57275 | 45704 | 39251 | 84581 | 97442 |
| 龙港市 | 280397 | 39842 | 31565 | 32749 | 24069 | 20915 | 54069 | 77188 |
| **嘉兴市** | **1316517** | **195428** | **159978** | **149265** | **126444** | **87596** | **254363** | **343443** |
| 南湖区 | 396268 | 59155 | 50433 | 46960 | 40024 | 26510 | 72748 | 100438 |
| 秀洲区 | 195078 | 25806 | 22520 | 20568 | 17463 | 13262 | 38723 | 56736 |
| 嘉善县 | | | | | | | | |
| 海盐县 | | | | | | | | |
| 海宁市 | 237277 | 33875 | 28592 | 26140 | 20120 | 13399 | 45356 | 69795 |
| 平湖市 | 150298 | 21944 | 18277 | 17748 | 15153 | 10160 | 29834 | 37182 |
| 桐乡市 | 337596 | 54648 | 40156 | 37849 | 33684 | 24265 | 67702 | 79292 |
| **湖州市** | **406831** | **65159** | **52211** | **52772** | **42005** | **27846** | **74685** | **92153** |
| 吴兴区 | 315691 | 53423 | 43428 | 44433 | 33381 | 21223 | 57294 | 62509 |
| 南浔区 | 91140 | 11736 | 8783 | 8339 | 8624 | 6623 | 17391 | 29644 |
| 德清县 | | | | | | | | |
| 长兴县 | | | | | | | | |
| 安吉县 | | | | | | | | |

7-4a　续表 1　　　　　　　　　　　　　　　　　　　　　　　　　　　　单位：人

| 现住地 | 离开户口登记地时间 | | | | | | | |
|---|---|---|---|---|---|---|---|---|
| | 合计 | | | | | | | |
| | 合计 | 半年以上，不满一年 | 一年以上，不满二年 | 二年以上，不满三年 | 三年以上，不满四年 | 四年以上，不满五年 | 五年以上，不满十年 | 十年以上 |
| **绍兴市** | **1668903** | **299175** | **260690** | **241258** | **176682** | **113650** | **271789** | **305659** |
| 越城区 | 453751 | 89527 | 77364 | 63606 | 48188 | 29876 | 66291 | 78899 |
| 柯桥区 | 462770 | 69119 | 57929 | 59507 | 47086 | 32948 | 93460 | 102721 |
| 上虞区 | 229319 | 42960 | 35514 | 32062 | 24072 | 16358 | 38065 | 40288 |
| 新昌县 | | | | | | | | |
| 诸暨市 | 368443 | 70966 | 63869 | 61482 | 40593 | 24250 | 52588 | 54695 |
| 嵊州市 | 154620 | 26603 | 26014 | 24601 | 16743 | 10218 | 21385 | 29056 |
| **金华市** | **2176927** | **549459** | **345784** | **286138** | **219425** | **133516** | **300033** | **342572** |
| 婺城区 | 421467 | 74816 | 67294 | 61566 | 45225 | 26807 | 65180 | 80579 |
| 金东区 | 90292 | 18966 | 19845 | 15364 | 10047 | 4494 | 10820 | 10756 |
| 武义县 | | | | | | | | |
| 浦江县 | | | | | | | | |
| 磐安县 | | | | | | | | |
| 兰溪市 | 91137 | 18379 | 14202 | 14048 | 10159 | 5872 | 13174 | 15303 |
| 义乌市 | 895529 | 251912 | 124019 | 103161 | 87108 | 56548 | 124223 | 148558 |
| 东阳市 | 310740 | 82252 | 50245 | 40173 | 30691 | 18594 | 43244 | 45541 |
| 永康市 | 367762 | 103134 | 70179 | 51826 | 36195 | 21201 | 43392 | 41835 |
| **衢州市** | **413588** | **88740** | **60128** | **57237** | **41821** | **28637** | **65894** | **71131** |
| 柯城区 | 226799 | 39330 | 38004 | 35338 | 23235 | 15821 | 36881 | 38190 |
| 衢江区 | 90043 | 22563 | 11847 | 12185 | 10099 | 6885 | 14048 | 12416 |
| 常山县 | | | | | | | | |
| 开化县 | | | | | | | | |
| 龙游县 | 221 | 69 | 29 | 42 | 9 | 13 | 16 | 43 |
| 江山市 | 96525 | 26778 | 10248 | 9672 | 8478 | 5918 | 14949 | 20482 |
| **舟山市** | **325546** | **41140** | **37382** | **38097** | **32022** | **23111** | **64995** | **88799** |
| 定海区 | 183772 | 26961 | 23475 | 23279 | 19052 | 11968 | 33302 | 45735 |
| 普陀区 | 141774 | 14179 | 13907 | 14818 | 12970 | 11143 | 31693 | 43064 |
| 岱山县 | | | | | | | | |
| 嵊泗县 | | | | | | | | |
| **台州市** | **1514097** | **287364** | **204138** | **188694** | **147363** | **97741** | **244848** | **343949** |
| 椒江区 | 343065 | 59570 | 50184 | 44956 | 35514 | 20878 | 53028 | 78935 |
| 黄岩区 | 220529 | 45029 | 28828 | 26366 | 20250 | 15633 | 34580 | 49843 |
| 路桥区 | 173672 | 34560 | 22191 | 23403 | 17782 | 11680 | 27027 | 37029 |
| 三门县 | | | | | | | | |
| 天台县 | | | | | | | | |
| 仙居县 | | | | | | | | |
| 温岭市 | 349009 | 73124 | 43583 | 42549 | 32591 | 22063 | 56637 | 78462 |
| 临海市 | 199514 | 40798 | 34690 | 28384 | 22036 | 12272 | 28328 | 33006 |
| 玉环市 | 228308 | 34283 | 24662 | 23036 | 19190 | 15215 | 45248 | 66674 |
| **丽水市** | **395114** | **71032** | **54517** | **54245** | **41395** | **26278** | **63958** | **83689** |
| 莲都区 | 288409 | 52417 | 41297 | 42367 | 30665 | 18170 | 44902 | 58591 |
| 青田县 | | | | | | | | |
| 缙云县 | | | | | | | | |
| 遂昌县 | | | | | | | | |
| 松阳县 | | | | | | | | |
| 云和县 | | | | | | | | |
| 庆元县 | | | | | | | | |
| 景宁畲族自治县 | | | | | | | | |
| 龙泉市 | 106705 | 18615 | 13220 | 11878 | 10730 | 8108 | 19056 | 25098 |

7-4a 续表 2

单位：人

| 现住地 | 离开户口登记地时间 | | | | | | | |
|---|---|---|---|---|---|---|---|---|
| | 省内 | | | | | | | |
| | 小计 | 半年以上，不满一年 | 一年以上，不满二年 | 二年以上，不满三年 | 三年以上，不满四年 | 四年以上，不满五年 | 五年以上，不满十年 | 十年以上 |
| **合计** | **9571684** | **1636097** | **1370911** | **1323137** | **988416** | **630300** | **1563552** | **2059271** |
| **杭州市** | **2602095** | **489637** | **383734** | **367840** | **277769** | **167285** | **409330** | **506500** |
| 上城区 | 89320 | 11663 | 10413 | 10581 | 8621 | 6446 | 17140 | 24456 |
| 下城区 | 146766 | 24033 | 17171 | 16535 | 14974 | 9685 | 24393 | 39975 |
| 江干区 | 506392 | 85794 | 79039 | 71311 | 54877 | 32060 | 80593 | 102718 |
| 拱墅区 | 211971 | 39706 | 28985 | 31399 | 23665 | 14931 | 29206 | 44079 |
| 西湖区 | 301335 | 67159 | 47789 | 44163 | 31105 | 18162 | 43059 | 49898 |
| 滨江区 | 157258 | 36462 | 28928 | 23788 | 15276 | 9641 | 22757 | 20406 |
| 萧山区 | 401019 | 84218 | 61267 | 57968 | 39385 | 23966 | 61647 | 72568 |
| 余杭区 | 419134 | 81303 | 57695 | 57689 | 49852 | 27471 | 67563 | 77561 |
| 富阳区 | 198172 | 31796 | 26295 | 28900 | 20089 | 13525 | 36729 | 40838 |
| 临安区 | 124192 | 19589 | 19181 | 18351 | 14596 | 8274 | 19028 | 25173 |
| 桐庐县 | | | | | | | | |
| 淳安县 | | | | | | | | |
| 建德市 | 46536 | 7914 | 6971 | 7155 | 5329 | 3124 | 7215 | 8828 |
| **宁波市** | **1322995** | **190461** | **171210** | **173533** | **131362** | **88519** | **228725** | **339185** |
| 海曙区 | 267593 | 32562 | 31602 | 36226 | 28911 | 17914 | 44207 | 76171 |
| 江北区 | 120651 | 17833 | 16556 | 16873 | 12381 | 8703 | 24337 | 23968 |
| 北仑区 | 102959 | 16197 | 11312 | 11605 | 8239 | 6370 | 17496 | 31740 |
| 镇海区 | 103702 | 16470 | 13885 | 13952 | 9323 | 6804 | 17750 | 25518 |
| 鄞州区 | 357587 | 61553 | 53308 | 48637 | 38974 | 23661 | 57380 | 74074 |
| 奉化区 | 87324 | 10753 | 9053 | 9216 | 6914 | 5729 | 14973 | 30686 |
| 象山县 | | | | | | | | |
| 宁海县 | | | | | | | | |
| 余姚市 | 137930 | 16035 | 16912 | 18086 | 12730 | 10072 | 27008 | 37087 |
| 慈溪市 | 145249 | 19058 | 18582 | 18938 | 13890 | 9266 | 25574 | 39941 |
| **温州市** | **1361114** | **202790** | **189310** | **179344** | **129939** | **89061** | **219987** | **350683** |
| 鹿城区 | 340878 | 49267 | 43476 | 42667 | 32122 | 22566 | 59827 | 90953 |
| 龙湾区 | 119888 | 17081 | 16962 | 17865 | 14227 | 9081 | 20472 | 24200 |
| 瓯海区 | 275861 | 42773 | 47133 | 45445 | 31273 | 15148 | 31402 | 62687 |
| 洞头区 | 13382 | 2006 | 2631 | 1005 | 1186 | 731 | 2454 | 3369 |
| 永嘉县 | | | | | | | | |
| 平阳县 | | | | | | | | |
| 苍南县 | | | | | | | | |
| 文成县 | | | | | | | | |
| 泰顺县 | | | | | | | | |
| 瑞安市 | 233964 | 39058 | 31606 | 27266 | 20018 | 14508 | 35612 | 65896 |
| 乐清市 | 165689 | 27603 | 25349 | 22272 | 13769 | 10898 | 26681 | 39117 |
| 龙港市 | 211452 | 25002 | 22153 | 22824 | 17344 | 16129 | 43539 | 64461 |
| **嘉兴市** | **573741** | **91001** | **78472** | **74553** | **58043** | **38213** | **109447** | **124012** |
| 南湖区 | 190406 | 33065 | 26910 | 25960 | 20520 | 12835 | 33894 | 37222 |
| 秀洲区 | 80376 | 12170 | 11347 | 9818 | 7437 | 5755 | 15906 | 17943 |
| 嘉善县 | | | | | | | | |
| 海盐县 | | | | | | | | |
| 海宁市 | 109815 | 16304 | 15828 | 14757 | 10229 | 6359 | 20610 | 25728 |
| 平湖市 | 77601 | 10620 | 10289 | 10458 | 8877 | 5656 | 15215 | 16486 |
| 桐乡市 | 115543 | 18842 | 14098 | 13560 | 10980 | 7608 | 23822 | 26633 |
| **湖州市** | **231220** | **33978** | **31335** | **33987** | **26017** | **16502** | **45309** | **44092** |
| 吴兴区 | 211744 | 31482 | 29439 | 31897 | 23931 | 15025 | 41450 | 38520 |
| 南浔区 | 19476 | 2496 | 1896 | 2090 | 2086 | 1477 | 3859 | 5572 |
| 德清县 | | | | | | | | |
| 长兴县 | | | | | | | | |
| 安吉县 | | | | | | | | |

7-4a　续表 3　　单位：人

| 现住地 | 离开户口登记地时间 | | | | | | | |
|---|---|---|---|---|---|---|---|---|
| | 省内 | | | | | | | |
| | 小计 | 半年以上，不满一年 | 一年以上，不满二年 | 二年以上，不满三年 | 三年以上，不满四年 | 四年以上，不满五年 | 五年以上，不满十年 | 十年以上 |
| **绍兴市** | **898123** | **151707** | **142414** | **137971** | **97634** | **61806** | **142249** | **164342** |
| 越城区 | 274953 | 55720 | 46624 | 40072 | 29023 | 16932 | 39268 | 47314 |
| 柯桥区 | 157449 | 19213 | 22436 | 23317 | 17593 | 11855 | 31231 | 31804 |
| 上虞区 | 118579 | 19856 | 20111 | 18367 | 13298 | 8336 | 19147 | 19464 |
| 新昌县 | | | | | | | | |
| 诸暨市 | 231831 | 38869 | 35773 | 39722 | 25746 | 16642 | 35052 | 40027 |
| 嵊州市 | 115311 | 18049 | 17470 | 16493 | 11974 | 8041 | 17551 | 25733 |
| **金华市** | **964749** | **201802** | **146371** | **135407** | **101037** | **60605** | **140640** | **178887** |
| 婺城区 | 267817 | 48216 | 45472 | 40803 | 27251 | 15793 | 39554 | 50728 |
| 金东区 | 60034 | 11033 | 13006 | 10848 | 6976 | 3269 | 6954 | 7948 |
| 武义县 | | | | | | | | |
| 浦江县 | | | | | | | | |
| 磐安县 | | | | | | | | |
| 兰溪市 | 66637 | 11710 | 9560 | 10935 | 7751 | 4511 | 9942 | 12228 |
| 义乌市 | 302410 | 73950 | 38267 | 35426 | 30631 | 19850 | 42769 | 61517 |
| 东阳市 | 145586 | 28822 | 21898 | 19631 | 15550 | 9786 | 23257 | 26642 |
| 永康市 | 122265 | 28071 | 18168 | 17764 | 12878 | 7396 | 18164 | 19824 |
| **衢州市** | **358034** | **75456** | **50300** | **49071** | **36528** | **25313** | **58097** | **63269** |
| 柯城区 | 195916 | 32315 | 31766 | 30393 | 20510 | 14076 | 32755 | 34101 |
| 衢江区 | 75627 | 19551 | 9636 | 10108 | 8423 | 5884 | 11811 | 10214 |
| 常山县 | | | | | | | | |
| 开化县 | | | | | | | | |
| 龙游县 | 156 | 31 | 23 | 31 | 6 | 12 | 15 | 38 |
| 江山市 | 86335 | 23559 | 8875 | 8539 | 7589 | 5341 | 13516 | 18916 |
| **舟山市** | **223960** | **26137** | **24729** | **26849** | **21940** | **15611** | **46114** | **62580** |
| 定海区 | 129020 | 17692 | 16314 | 17072 | 13697 | 8475 | 23846 | 31924 |
| 普陀区 | 94940 | 8445 | 8415 | 9777 | 8243 | 7136 | 22268 | 30656 |
| 岱山县 | | | | | | | | |
| 嵊泗县 | | | | | | | | |
| **台州市** | **704122** | **116653** | **108011** | **99621** | **73668** | **45460** | **108632** | **152077** |
| 椒江区 | 198236 | 31344 | 30579 | 28747 | 21716 | 12221 | 29788 | 43841 |
| 黄岩区 | 103155 | 16466 | 14638 | 13353 | 9429 | 7390 | 16079 | 25800 |
| 路桥区 | 83109 | 12131 | 10436 | 12044 | 9422 | 6010 | 13712 | 19354 |
| 三门县 | | | | | | | | |
| 天台县 | | | | | | | | |
| 仙居县 | | | | | | | | |
| 温岭市 | 115156 | 20663 | 19050 | 17708 | 11674 | 7221 | 16756 | 22084 |
| 临海市 | 147865 | 26991 | 25513 | 20967 | 16686 | 9279 | 21840 | 26589 |
| 玉环市 | 56601 | 9058 | 7795 | 6802 | 4741 | 3339 | 10457 | 14409 |
| **丽水市** | **331531** | **56475** | **45025** | **44961** | **34479** | **21925** | **55022** | **73644** |
| 莲都区 | 230969 | 40098 | 32544 | 33656 | 24306 | 14209 | 36762 | 49394 |
| 青田县 | | | | | | | | |
| 缙云县 | | | | | | | | |
| 遂昌县 | | | | | | | | |
| 松阳县 | | | | | | | | |
| 云和县 | | | | | | | | |
| 庆元县 | | | | | | | | |
| 景宁畲族自治县 | | | | | | | | |
| 龙泉市 | 100562 | 16377 | 12481 | 11305 | 10173 | 7716 | 18260 | 24250 |

7-4a 续表 4

单位：人

| 现住地 | 离开户口登记地时间 | | | | | | | |
|---|---|---|---|---|---|---|---|---|
| | 省外 | | | | | | | |
| | 小计 | 半年以上，不满一年 | 一年以上，不满二年 | 二年以上，不满三年 | 三年以上，不满四年 | 四年以上，不满五年 | 五年以上，不满十年 | 十年以上 |
| **合计** | **9882772** | **1906245** | **1311468** | **1153799** | **945490** | **679137** | **1682774** | **2203859** |
| **杭州市** | **2626441** | **514692** | **367870** | **310982** | **248478** | **169890** | **430239** | **584290** |
| 上城区 | 88368 | 30401 | 14842 | 8987 | 6402 | 4321 | 10551 | 12864 |
| 下城区 | 88616 | 18422 | 12578 | 10012 | 8551 | 5784 | 14398 | 18871 |
| 江干区 | 466246 | 66959 | 66403 | 56016 | 47191 | 32167 | 82858 | 114652 |
| 拱墅区 | 127399 | 26360 | 18689 | 15779 | 12425 | 9261 | 19042 | 25843 |
| 西湖区 | 263872 | 59982 | 42873 | 37823 | 27459 | 17330 | 39149 | 39256 |
| 滨江区 | 128644 | 29876 | 21672 | 17211 | 12878 | 8719 | 20894 | 17394 |
| 萧山区 | 603313 | 123882 | 75904 | 62427 | 49236 | 37220 | 100077 | 154567 |
| 余杭区 | 652855 | 110089 | 85826 | 76971 | 65487 | 42576 | 110731 | 161175 |
| 富阳区 | 127164 | 31939 | 16883 | 14439 | 10064 | 7070 | 20389 | 26380 |
| 临安区 | 69515 | 14634 | 10417 | 9886 | 7699 | 4776 | 10602 | 11501 |
| 桐庐县 | | | | | | | | |
| 淳安县 | | | | | | | | |
| 建德市 | 10449 | 2148 | 1783 | 1431 | 1086 | 666 | 1548 | 1787 |
| **宁波市** | **1840841** | **259353** | **222034** | **219433** | **185242** | **145118** | **359101** | **450560** |
| 海曙区 | 268099 | 30623 | 30593 | 33558 | 29853 | 22671 | 50352 | 70449 |
| 江北区 | 125445 | 23207 | 16499 | 16050 | 12352 | 9229 | 21218 | 26890 |
| 北仑区 | 265154 | 32215 | 31205 | 33033 | 27966 | 23033 | 50948 | 66754 |
| 镇海区 | 163064 | 16037 | 14671 | 15698 | 13090 | 11230 | 34065 | 58273 |
| 鄞州区 | 209944 | 27401 | 26624 | 25437 | 22495 | 15294 | 38033 | 54660 |
| 奉化区 | 70262 | 10875 | 9934 | 9050 | 7302 | 5259 | 11481 | 16361 |
| 象山县 | | | | | | | | |
| 宁海县 | | | | | | | | |
| 余姚市 | 308060 | 49144 | 37732 | 36610 | 30023 | 23271 | 67214 | 64066 |
| 慈溪市 | 430813 | 69851 | 54776 | 49997 | 42161 | 35131 | 85790 | 93107 |
| **温州市** | **1483447** | **287912** | **173393** | **158098** | **133959** | **111189** | **258379** | **360517** |
| 鹿城区 | 308366 | 58242 | 37566 | 33091 | 27121 | 22858 | 55356 | 74132 |
| 龙湾区 | 206517 | 42711 | 21673 | 18784 | 16865 | 12417 | 35083 | 58984 |
| 瓯海区 | 281030 | 50987 | 34006 | 30843 | 25203 | 19694 | 46260 | 74037 |
| 洞头区 | 12886 | 3190 | 1904 | 1329 | 922 | 580 | 1988 | 2973 |
| 永嘉县 | | | | | | | | |
| 平阳县 | | | | | | | | |
| 苍南县 | | | | | | | | |
| 文成县 | | | | | | | | |
| 泰顺县 | | | | | | | | |
| 瑞安市 | 301311 | 62579 | 31319 | 29123 | 25188 | 22501 | 51262 | 79339 |
| 乐清市 | 304392 | 55363 | 37513 | 35003 | 31935 | 28353 | 57900 | 58325 |
| 龙港市 | 68945 | 14840 | 9412 | 9925 | 6725 | 4786 | 10530 | 12727 |
| **嘉兴市** | **742776** | **104427** | **81506** | **74712** | **68401** | **49383** | **144916** | **219431** |
| 南湖区 | 205862 | 26090 | 23523 | 21000 | 19504 | 13675 | 38854 | 63216 |
| 秀洲区 | 114702 | 13636 | 11173 | 10750 | 10026 | 7507 | 22817 | 38793 |
| 嘉善县 | | | | | | | | |
| 海盐县 | | | | | | | | |
| 海宁市 | 127462 | 17571 | 12764 | 11383 | 9891 | 7040 | 24746 | 44067 |
| 平湖市 | 72697 | 11324 | 7988 | 7290 | 6276 | 4504 | 14619 | 20696 |
| 桐乡市 | 222053 | 35806 | 26058 | 24289 | 22704 | 16657 | 43880 | 52659 |
| **湖州市** | **175611** | **31181** | **20876** | **18785** | **15988** | **11344** | **29376** | **48061** |
| 吴兴区 | 103947 | 21941 | 13989 | 12536 | 9450 | 6198 | 15844 | 23989 |
| 南浔区 | 71664 | 9240 | 6887 | 6249 | 6538 | 5146 | 13532 | 24072 |
| 德清县 | | | | | | | | |
| 长兴县 | | | | | | | | |
| 安吉县 | | | | | | | | |

7-4a　续表 5　　　　单位：人

| 现 住 地 | 离开户口登记地时间 | | | | | | | |
|---|---|---|---|---|---|---|---|---|
| | 省　　外 | | | | | | | |
| | 小计 | 半年以上，不满一年 | 一年以上，不满二年 | 二年以上，不满三年 | 三年以上，不满四年 | 四年以上，不满五年 | 五年以上，不满十年 | 十年以上 |
| **绍兴市** | **770780** | **147468** | **118276** | **103287** | **79048** | **51844** | **129540** | **141317** |
| 越城区 | 178798 | 33807 | 30740 | 23534 | 19165 | 12944 | 27023 | 31585 |
| 柯桥区 | 305321 | 49906 | 35493 | 36190 | 29493 | 21093 | 62229 | 70917 |
| 上虞区 | 110740 | 23104 | 15403 | 13695 | 10774 | 8022 | 18918 | 20824 |
| 新昌县 | | | | | | | | |
| 诸暨市 | 136612 | 32097 | 28096 | 21760 | 14847 | 7608 | 17536 | 14668 |
| 嵊州市 | 39309 | 8554 | 8544 | 8108 | 4769 | 2177 | 3834 | 3323 |
| **金华市** | **1212178** | **347657** | **199413** | **150731** | **118388** | **72911** | **159393** | **163685** |
| 婺城区 | 153650 | 26600 | 21822 | 20763 | 17974 | 11014 | 25626 | 29851 |
| 金东区 | 30258 | 7933 | 6839 | 4516 | 3071 | 1225 | 3866 | 2808 |
| 武义县 | | | | | | | | |
| 浦江县 | | | | | | | | |
| 磐安县 | | | | | | | | |
| 兰溪市 | 24500 | 6669 | 4642 | 3113 | 2408 | 1361 | 3232 | 3075 |
| 义乌市 | 593119 | 177962 | 85752 | 67735 | 56477 | 36698 | 81454 | 87041 |
| 东阳市 | 165154 | 53430 | 28347 | 20542 | 15141 | 8808 | 19987 | 18899 |
| 永康市 | 245497 | 75063 | 52011 | 34062 | 23317 | 13805 | 25228 | 22011 |
| **衢州市** | **55554** | **13284** | **9828** | **8166** | **5293** | **3324** | **7797** | **7862** |
| 柯城区 | 30883 | 7015 | 6238 | 4945 | 2725 | 1745 | 4126 | 4089 |
| 衢江区 | 14416 | 3012 | 2211 | 2077 | 1676 | 1001 | 2237 | 2202 |
| 常山县 | | | | | | | | |
| 开化县 | | | | | | | | |
| 龙游县 | 65 | 38 | 6 | 11 | 3 | 1 | 1 | 5 |
| 江山市 | 10190 | 3219 | 1373 | 1133 | 889 | 577 | 1433 | 1566 |
| **舟山市** | **101586** | **15003** | **12653** | **11248** | **10082** | **7500** | **18881** | **26219** |
| 定海区 | 54752 | 9269 | 7161 | 6207 | 5355 | 3493 | 9456 | 13811 |
| 普陀区 | 46834 | 5734 | 5492 | 5041 | 4727 | 4007 | 9425 | 12408 |
| 岱山县 | | | | | | | | |
| 嵊泗县 | | | | | | | | |
| **台州市** | **809975** | **170711** | **96127** | **89073** | **73695** | **52281** | **136216** | **191872** |
| 椒江区 | 144829 | 28226 | 19605 | 16209 | 13798 | 8657 | 23240 | 35094 |
| 黄岩区 | 117374 | 28563 | 14190 | 13013 | 10821 | 8243 | 18501 | 24043 |
| 路桥区 | 90563 | 22429 | 11755 | 11359 | 8360 | 5670 | 13315 | 17675 |
| 三门县 | | | | | | | | |
| 天台县 | | | | | | | | |
| 仙居县 | | | | | | | | |
| 温岭市 | 233853 | 52461 | 24533 | 24841 | 20917 | 14842 | 39881 | 56378 |
| 临海市 | 51649 | 13807 | 9177 | 7417 | 5350 | 2993 | 6488 | 6417 |
| 玉环市 | 171707 | 25225 | 16867 | 16234 | 14449 | 11876 | 34791 | 52265 |
| **丽水市** | **63583** | **14557** | **9492** | **9284** | **6916** | **4353** | **8936** | **10045** |
| 莲都区 | 57440 | 12319 | 8753 | 8711 | 6359 | 3961 | 8140 | 9197 |
| 青田县 | | | | | | | | |
| 缙云县 | | | | | | | | |
| 遂昌县 | | | | | | | | |
| 松阳县 | | | | | | | | |
| 云和县 | | | | | | | | |
| 庆元县 | | | | | | | | |
| 景宁畲族自治县 | | | | | | | | |
| 龙泉市 | 6143 | 2238 | 739 | 573 | 557 | 392 | 796 | 848 |

# 7-4b 全省按现住地、离开户口登记地时间分的户口登记地在外乡镇街道的人口(镇)

单位：人

| 现住地 | 离开户口登记地时间 合计 合计 | 半年以上，不满一年 | 一年以上，不满二年 | 二年以上，不满三年 | 三年以上，不满四年 | 四年以上，不满五年 | 五年以上，不满十年 | 十年以上 |
|---|---|---|---|---|---|---|---|---|
| **合计** | **6593618** | **1295733** | **854902** | **805049** | **625544** | **444042** | **1097451** | **1470897** |
| **杭州市** | **518150** | **101252** | **69159** | **63351** | **49913** | **35128** | **90198** | **109149** |
| 上城区 | | | | | | | | |
| 下城区 | | | | | | | | |
| 江干区 | | | | | | | | |
| 拱墅区 | | | | | | | | |
| 西湖区 | 184 | 31 | 62 | 53 | 13 | 5 | 13 | 7 |
| 滨江区 | | | | | | | | |
| 萧山区 | 70685 | 15854 | 8417 | 7163 | 6161 | 4426 | 12235 | 16429 |
| 余杭区 | 147387 | 24258 | 21143 | 18708 | 15220 | 10162 | 25976 | 31920 |
| 富阳区 | 6856 | 2192 | 918 | 763 | 509 | 355 | 1082 | 1037 |
| 临安区 | 29095 | 4212 | 2909 | 3602 | 3038 | 2033 | 5458 | 7843 |
| 桐庐县 | 161153 | 37067 | 22210 | 18813 | 15786 | 11154 | 27063 | 29060 |
| 淳安县 | 79295 | 12926 | 9781 | 10823 | 6922 | 5500 | 14826 | 18517 |
| 建德市 | 23495 | 4712 | 3719 | 3426 | 2264 | 1493 | 3545 | 4336 |
| **宁波市** | **1071044** | **168165** | **121428** | **121458** | **101453** | **80674** | **195202** | **282664** |
| 海曙区 | 11495 | 1116 | 1395 | 1320 | 798 | 537 | 1907 | 4422 |
| 江北区 | | | | | | | | |
| 北仑区 | 34062 | 6882 | 3806 | 3471 | 3015 | 2479 | 6202 | 8207 |
| 镇海区 | 25206 | 2364 | 2163 | 2165 | 1774 | 1636 | 5188 | 9916 |
| 鄞州区 | 172869 | 16371 | 17632 | 20755 | 16324 | 13422 | 35854 | 52511 |
| 奉化区 | 16078 | 2582 | 1932 | 1683 | 1626 | 877 | 2576 | 4802 |
| 象山县 | 193220 | 22799 | 21135 | 22972 | 19241 | 15118 | 36803 | 55152 |
| 宁海县 | 252924 | 37326 | 26644 | 25853 | 23042 | 18607 | 46087 | 75365 |
| 余姚市 | 110004 | 21391 | 12758 | 12210 | 10533 | 8621 | 19887 | 24604 |
| 慈溪市 | 255186 | 57334 | 33963 | 31029 | 25100 | 19377 | 40698 | 47685 |
| **温州市** | **960587** | **206210** | **129603** | **131174** | **94394** | **61681** | **139981** | **197544** |
| 鹿城区 | 2145 | 766 | 313 | 194 | 135 | 95 | 240 | 402 |
| 龙湾区 | 176972 | 44506 | 23754 | 19207 | 16834 | 10033 | 29125 | 33513 |
| 瓯海区 | 8393 | 2486 | 962 | 951 | 323 | 266 | 921 | 2484 |
| 洞头区 | 1321 | 348 | 117 | 103 | 61 | 74 | 227 | 391 |
| 永嘉县 | 239686 | 46679 | 32925 | 38209 | 29402 | 17812 | 29485 | 45174 |
| 平阳县 | 215714 | 48457 | 27403 | 27719 | 18678 | 13887 | 30696 | 48874 |
| 苍南县 | 198342 | 25908 | 29215 | 31600 | 19110 | 12017 | 33576 | 46916 |
| 文成县 | 23786 | 8435 | 3046 | 2191 | 1835 | 1397 | 2504 | 4378 |
| 泰顺县 | 42801 | 14723 | 5228 | 5035 | 3603 | 2415 | 4634 | 7163 |
| 瑞安市 | 9239 | 2419 | 1291 | 1066 | 539 | 492 | 1199 | 2233 |
| 乐清市 | 33757 | 10530 | 4402 | 4125 | 3032 | 2372 | 5067 | 4229 |
| 龙港市 | 8431 | 953 | 947 | 774 | 842 | 821 | 2307 | 1787 |
| **嘉兴市** | **824043** | **130142** | **93550** | **86793** | **77228** | **56613** | **154827** | **224890** |
| 南湖区 | 29133 | 3724 | 2496 | 2598 | 2587 | 2263 | 6181 | 9284 |
| 秀洲区 | 78536 | 9144 | 6848 | 6811 | 6763 | 5595 | 15491 | 27884 |
| 嘉善县 | 290060 | 41439 | 30431 | 29584 | 27795 | 21027 | 57062 | 82722 |
| 海盐县 | 122715 | 19264 | 15490 | 14528 | 12462 | 9170 | 23446 | 28355 |
| 海宁市 | 176103 | 36238 | 23477 | 20624 | 17398 | 10885 | 28783 | 38698 |
| 平湖市 | 70704 | 9535 | 5930 | 5685 | 5531 | 4203 | 14538 | 25282 |
| 桐乡市 | 56792 | 10798 | 8878 | 6963 | 4692 | 3470 | 9326 | 12665 |
| **湖州市** | **740706** | **173135** | **93929** | **91172** | **72376** | **52446** | **120409** | **137239** |
| 吴兴区 | 163570 | 32996 | 13812 | 12649 | 13925 | 12720 | 32211 | 45257 |
| 南浔区 | 36787 | 8799 | 4739 | 4396 | 3070 | 1953 | 5282 | 8548 |
| 德清县 | 171335 | 40288 | 23166 | 23084 | 18023 | 11889 | 27416 | 27469 |
| 长兴县 | 183673 | 41172 | 24782 | 26188 | 18868 | 14125 | 30635 | 27903 |
| 安吉县 | 185341 | 49880 | 27430 | 24855 | 18490 | 11759 | 24865 | 28062 |

7-4b 续表 1 单位：人

| 现住地 | 离开户口登记地时间 | | | | | | | |
|---|---|---|---|---|---|---|---|---|
| | 合计 | | | | | | | |
| | 合计 | 半年以上，不满一年 | 一年以上，不满二年 | 二年以上，不满三年 | 三年以上，不满四年 | 四年以上，不满五年 | 五年以上，不满十年 | 十年以上 |
| **绍兴市** | **321592** | **52080** | **38610** | **40392** | **31525** | **21657** | **58336** | **78992** |
| 越城区 | 1016 | 132 | 152 | 121 | 88 | 62 | 155 | 306 |
| 柯桥区 | 79393 | 11890 | 8007 | 9612 | 8191 | 6187 | 16850 | 18656 |
| 上虞区 | 13353 | 2117 | 1786 | 1646 | 1146 | 914 | 2514 | 3230 |
| 新昌县 | 146824 | 19565 | 17231 | 19329 | 14659 | 8958 | 26723 | 40359 |
| 诸暨市 | 72261 | 15030 | 10193 | 8509 | 6843 | 5076 | 11354 | 15256 |
| 嵊州市 | 8745 | 3346 | 1241 | 1175 | 598 | 460 | 740 | 1185 |
| **金华市** | **895522** | **228992** | **129828** | **108683** | **83066** | **55187** | **133372** | **156394** |
| 婺城区 | 36775 | 7945 | 6079 | 5931 | 3786 | 2442 | 4983 | 5609 |
| 金东区 | 106910 | 37006 | 17545 | 14362 | 10892 | 5692 | 11973 | 9440 |
| 武义县 | 191994 | 33203 | 23471 | 23444 | 19842 | 14013 | 35412 | 42609 |
| 浦江县 | 113356 | 23897 | 19970 | 15867 | 10163 | 6680 | 16696 | 20083 |
| 磐安县 | 36543 | 9384 | 4756 | 4610 | 3789 | 2497 | 5179 | 6328 |
| 兰溪市 | 13502 | 3163 | 2221 | 2493 | 1251 | 842 | 1683 | 1849 |
| 义乌市 | 206038 | 57410 | 26390 | 20547 | 17451 | 11814 | 30528 | 41898 |
| 东阳市 | 143190 | 41281 | 20738 | 16069 | 11878 | 8249 | 21498 | 23477 |
| 永康市 | 47214 | 15703 | 8658 | 5360 | 4014 | 2958 | 5420 | 5101 |
| **衢州市** | **204045** | **41294** | **31632** | **28525** | **21427** | **14589** | **34441** | **32137** |
| 柯城区 | 3046 | 761 | 560 | 348 | 373 | 182 | 438 | 384 |
| 衢江区 | 5071 | 2041 | 714 | 474 | 280 | 257 | 513 | 792 |
| 常山县 | 49210 | 11250 | 8774 | 6587 | 5035 | 3214 | 7103 | 7247 |
| 开化县 | 51105 | 8037 | 6725 | 6272 | 4736 | 3836 | 10747 | 10752 |
| 龙游县 | 83828 | 16065 | 12864 | 13060 | 10229 | 6420 | 14075 | 11115 |
| 江山市 | 11785 | 3140 | 1995 | 1784 | 774 | 680 | 1565 | 1847 |
| **舟山市** | **107776** | **24753** | **15798** | **10637** | **8177** | **6463** | **17651** | **24297** |
| 定海区 | 12676 | 1746 | 1572 | 1860 | 1899 | 1058 | 2100 | 2441 |
| 普陀区 | 7014 | 933 | 733 | 694 | 578 | 479 | 1361 | 2236 |
| 岱山县 | 73727 | 20724 | 12366 | 6893 | 4789 | 4034 | 11309 | 13612 |
| 嵊泗县 | 14359 | 1350 | 1127 | 1190 | 911 | 892 | 2881 | 6008 |
| **台州市** | **492400** | **92158** | **72258** | **66719** | **43582** | **30858** | **77730** | **109095** |
| 椒江区 | 4207 | 423 | 301 | 364 | 677 | 257 | 816 | 1369 |
| 黄岩区 | 9933 | 1860 | 1222 | 1214 | 747 | 658 | 1519 | 2713 |
| 路桥区 | 47874 | 10981 | 6518 | 6088 | 3331 | 2432 | 7102 | 11422 |
| 三门县 | 84614 | 13070 | 12523 | 12514 | 8258 | 5442 | 16085 | 16722 |
| 天台县 | 97348 | 18246 | 16891 | 14466 | 8712 | 6996 | 14148 | 17889 |
| 仙居县 | 111458 | 20363 | 16785 | 14608 | 9433 | 6175 | 14965 | 29129 |
| 温岭市 | 102699 | 20795 | 13344 | 13249 | 8950 | 6388 | 17188 | 22785 |
| 临海市 | 28110 | 5630 | 3948 | 3456 | 2717 | 1961 | 4488 | 5910 |
| 玉环市 | 6157 | 790 | 726 | 760 | 757 | 549 | 1419 | 1156 |
| **丽水市** | **457753** | **77552** | **59107** | **56145** | **42403** | **28746** | **75304** | **118496** |
| 莲都区 | 9066 | 1777 | 969 | 889 | 881 | 617 | 1612 | 2321 |
| 青田县 | 110326 | 18650 | 13149 | 13517 | 10393 | 6909 | 18047 | 29661 |
| 缙云县 | 86025 | 21799 | 16568 | 12823 | 7836 | 4929 | 10864 | 11206 |
| 遂昌县 | 43521 | 7956 | 6062 | 5388 | 4562 | 2816 | 7032 | 9705 |
| 松阳县 | 45236 | 8862 | 6823 | 6357 | 4554 | 2997 | 6680 | 8963 |
| 云和县 | 60886 | 7930 | 5853 | 6424 | 5346 | 4065 | 12850 | 18418 |
| 庆元县 | 55864 | 4344 | 4975 | 6066 | 4565 | 3173 | 9279 | 23462 |
| 景宁畲族自治县 | 43318 | 5679 | 4154 | 4389 | 3834 | 2815 | 8355 | 14092 |
| 龙泉市 | 3511 | 555 | 554 | 292 | 432 | 425 | 585 | 668 |

7-4b 续表 2

单位：人

| 现住地 | 离开户口登记地时间 | | | | | | | |
| --- | --- | --- | --- | --- | --- | --- | --- | --- |
| | 省内 | | | | | | | |
| | 小计 | 半年以上，不满一年 | 一年以上，不满二年 | 二年以上，不满三年 | 三年以上，不满四年 | 四年以上，不满五年 | 五年以上，不满十年 | 十年以上 |
| **合计** | **3203597** | **560025** | **424885** | **422865** | **303423** | **212074** | **532679** | **747646** |
| **杭州市** | **271232** | **50175** | **34410** | **34349** | **26028** | **18241** | **48598** | **59431** |
| 上城区 | | | | | | | | |
| 下城区 | | | | | | | | |
| 江干区 | | | | | | | | |
| 拱墅区 | | | | | | | | |
| 西湖区 | 79 | 19 | 17 | 21 | 9 | 4 | 4 | 5 |
| 滨江区 | | | | | | | | |
| 萧山区 | 13955 | 2850 | 1840 | 1539 | 1029 | 790 | 2164 | 3743 |
| 余杭区 | 53702 | 9019 | 7636 | 7175 | 5877 | 3586 | 9418 | 10991 |
| 富阳区 | 2543 | 529 | 247 | 216 | 192 | 141 | 510 | 708 |
| 临安区 | 14715 | 2009 | 1339 | 1976 | 1555 | 909 | 2724 | 4203 |
| 桐庐县 | 97435 | 21461 | 11913 | 10923 | 9373 | 6712 | 17624 | 19429 |
| 淳安县 | 71736 | 10963 | 8684 | 9888 | 6336 | 5025 | 13685 | 17155 |
| 建德市 | 17067 | 3325 | 2734 | 2611 | 1657 | 1074 | 2469 | 3197 |
| **宁波市** | **407206** | **58537** | **49104** | **49302** | **37001** | **27827** | **70559** | **114876** |
| 海曙区 | 5584 | 543 | 803 | 784 | 349 | 214 | 757 | 2134 |
| 江北区 | | | | | | | | |
| 北仑区 | 8502 | 1168 | 747 | 743 | 644 | 592 | 1684 | 2924 |
| 镇海区 | 4538 | 656 | 571 | 534 | 350 | 292 | 712 | 1423 |
| 鄞州区 | 53752 | 6695 | 6342 | 7864 | 4767 | 3466 | 8955 | 15663 |
| 奉化区 | 6382 | 639 | 648 | 563 | 726 | 299 | 861 | 2646 |
| 象山县 | 117672 | 13848 | 14080 | 15063 | 11899 | 8892 | 22408 | 31482 |
| 宁海县 | 147000 | 21325 | 15885 | 15763 | 13099 | 10037 | 25329 | 45562 |
| 余姚市 | 19383 | 2738 | 2026 | 2085 | 1522 | 1351 | 3717 | 5944 |
| 慈溪市 | 44393 | 10925 | 8002 | 5903 | 3645 | 2684 | 6136 | 7098 |
| **温州市** | **558431** | **110789** | **77717** | **77583** | **49583** | **34349** | **80637** | **127773** |
| 鹿城区 | 698 | 120 | 59 | 65 | 55 | 29 | 114 | 256 |
| 龙湾区 | 31659 | 9019 | 6173 | 4257 | 2610 | 1587 | 3751 | 4262 |
| 瓯海区 | 1604 | 218 | 279 | 440 | 90 | 57 | 161 | 359 |
| 洞头区 | 453 | 75 | 45 | 54 | 28 | 46 | 98 | 107 |
| 永嘉县 | 136743 | 29007 | 19121 | 20537 | 13328 | 8506 | 16311 | 29933 |
| 平阳县 | 152881 | 29292 | 19438 | 20700 | 13248 | 10124 | 22479 | 37600 |
| 苍南县 | 155743 | 18505 | 23082 | 22748 | 13923 | 9398 | 27816 | 40271 |
| 文成县 | 19760 | 6570 | 2275 | 1852 | 1592 | 1176 | 2217 | 4078 |
| 泰顺县 | 39441 | 13558 | 4760 | 4621 | 3351 | 2279 | 4291 | 6581 |
| 瑞安市 | 7299 | 1776 | 1057 | 854 | 371 | 379 | 920 | 1942 |
| 乐清市 | 7491 | 2259 | 1010 | 1054 | 605 | 348 | 993 | 1222 |
| 龙港市 | 4659 | 390 | 418 | 401 | 382 | 420 | 1486 | 1162 |
| **嘉兴市** | **206754** | **34717** | **25545** | **25329** | **21348** | **14594** | **38898** | **46323** |
| 南湖区 | 5951 | 831 | 571 | 530 | 533 | 498 | 1286 | 1702 |
| 秀洲区 | 11432 | 1426 | 1071 | 1115 | 1137 | 865 | 2310 | 3508 |
| 嘉善县 | 80591 | 12999 | 8637 | 8839 | 7602 | 5879 | 16636 | 19999 |
| 海盐县 | 46258 | 7018 | 6308 | 6838 | 5794 | 3941 | 8873 | 7486 |
| 海宁市 | 37500 | 8652 | 5807 | 5061 | 4282 | 1837 | 4836 | 7025 |
| 平湖市 | 11930 | 1720 | 1323 | 1214 | 961 | 757 | 2566 | 3389 |
| 桐乡市 | 13092 | 2071 | 1828 | 1732 | 1039 | 817 | 2391 | 3214 |
| **湖州市** | **334184** | **67105** | **42071** | **45162** | **34130** | **24456** | **58174** | **63086** |
| 吴兴区 | 27844 | 4774 | 2251 | 1997 | 1942 | 1773 | 5472 | 9635 |
| 南浔区 | 12787 | 2229 | 1605 | 1782 | 1041 | 650 | 2116 | 3364 |
| 德清县 | 86189 | 15197 | 10920 | 12644 | 9607 | 6242 | 15678 | 15901 |
| 长兴县 | 119458 | 22807 | 14570 | 16564 | 12668 | 10176 | 22628 | 20045 |
| 安吉县 | 87906 | 22098 | 12725 | 12175 | 8872 | 5615 | 12280 | 14141 |

7-4b 续表 3

单位：人

| 现住地 | 离开户口登记地时间 省内 小计 | 半年以上，不满一年 | 一年以上，不满二年 | 二年以上，不满三年 | 三年以上，不满四年 | 四年以上，不满五年 | 五年以上，不满十年 | 十年以上 |
|---|---|---|---|---|---|---|---|---|
| **绍兴市** | **180391** | **24720** | **21151** | **24373** | **17513** | **11353** | **32301** | **48980** |
| 越城区 | 349 | 38 | 57 | 46 | 37 | 25 | 55 | 91 |
| 柯桥区 | 13273 | 2026 | 1854 | 2081 | 1605 | 983 | 2265 | 2459 |
| 上虞区 | 5758 | 709 | 742 | 749 | 526 | 397 | 944 | 1691 |
| 新昌县 | 127164 | 14662 | 13863 | 16602 | 12681 | 7779 | 24268 | 37309 |
| 诸暨市 | 28732 | 5249 | 3949 | 4200 | 2420 | 2002 | 4340 | 6572 |
| 嵊州市 | 5115 | 2036 | 686 | 695 | 244 | 167 | 429 | 858 |
| **金华市** | **324505** | **65574** | **46764** | **45262** | **32107** | **20829** | **48866** | **65103** |
| 婺城区 | 26309 | 5255 | 4548 | 4580 | 2789 | 1793 | 3489 | 3855 |
| 金东区 | 22959 | 6045 | 3518 | 3257 | 2556 | 1276 | 3180 | 3127 |
| 武义县 | 82060 | 10246 | 9490 | 10772 | 8856 | 5858 | 15124 | 21714 |
| 浦江县 | 68651 | 11770 | 12080 | 10689 | 6587 | 4196 | 9817 | 13512 |
| 磐安县 | 27129 | 6294 | 3373 | 3648 | 2932 | 1965 | 3964 | 4953 |
| 兰溪市 | 5811 | 1063 | 876 | 1398 | 403 | 303 | 715 | 1053 |
| 义乌市 | 37062 | 9669 | 4786 | 4443 | 3539 | 2421 | 4924 | 7280 |
| 东阳市 | 48415 | 13495 | 7182 | 5734 | 3869 | 2623 | 6979 | 8533 |
| 永康市 | 6109 | 1737 | 911 | 741 | 576 | 394 | 674 | 1076 |
| **衢州市** | **173789** | **32296** | **26141** | **24494** | **18866** | **12779** | **30543** | **28670** |
| 柯城区 | 1829 | 535 | 323 | 211 | 192 | 98 | 200 | 270 |
| 衢江区 | 3874 | 1699 | 478 | 308 | 181 | 171 | 347 | 690 |
| 常山县 | 42913 | 9239 | 7420 | 5798 | 4510 | 2919 | 6377 | 6650 |
| 开化县 | 47134 | 7175 | 6160 | 5897 | 4489 | 3627 | 10119 | 9667 |
| 龙游县 | 68486 | 11220 | 10164 | 10817 | 8872 | 5436 | 12220 | 9757 |
| 江山市 | 9553 | 2428 | 1596 | 1463 | 622 | 528 | 1280 | 1636 |
| **舟山市** | **46299** | **4808** | **4234** | **4688** | **4078** | **3603** | **10110** | **14778** |
| 定海区 | 5251 | 588 | 660 | 830 | 856 | 447 | 795 | 1075 |
| 普陀区 | 3618 | 475 | 347 | 399 | 301 | 266 | 675 | 1155 |
| 岱山县 | 27928 | 3034 | 2508 | 2597 | 2321 | 2255 | 6666 | 8547 |
| 嵊泗县 | 9502 | 711 | 719 | 862 | 600 | 635 | 1974 | 4001 |
| **台州市** | **312706** | **50890** | **49709** | **44780** | **27243** | **19571** | **48766** | **71747** |
| 椒江区 | 664 | 106 | 71 | 66 | 117 | 40 | 100 | 164 |
| 黄岩区 | 4926 | 557 | 640 | 638 | 337 | 334 | 766 | 1654 |
| 路桥区 | 13434 | 2115 | 2432 | 2278 | 983 | 616 | 1661 | 3349 |
| 三门县 | 63105 | 9305 | 9889 | 9957 | 6042 | 3966 | 12250 | 11696 |
| 天台县 | 84177 | 14094 | 14655 | 11980 | 7538 | 6299 | 12828 | 16783 |
| 仙居县 | 100032 | 17329 | 15006 | 13110 | 8325 | 5521 | 13439 | 27302 |
| 温岭市 | 30918 | 4526 | 4812 | 4792 | 2439 | 1758 | 5326 | 7265 |
| 临海市 | 14280 | 2697 | 2090 | 1810 | 1311 | 904 | 2133 | 3335 |
| 玉环市 | 1170 | 161 | 114 | 149 | 151 | 133 | 263 | 199 |
| **丽水市** | **388100** | **60414** | **48039** | **47543** | **35526** | **24472** | **65227** | **106879** |
| 莲都区 | 5487 | 1031 | 565 | 538 | 585 | 364 | 996 | 1408 |
| 青田县 | 86845 | 13874 | 10153 | 10589 | 7905 | 5333 | 14061 | 24930 |
| 缙云县 | 66308 | 15927 | 12573 | 10025 | 5862 | 3792 | 8820 | 9309 |
| 遂昌县 | 40285 | 6927 | 5416 | 5018 | 4271 | 2651 | 6688 | 9314 |
| 松阳县 | 38530 | 6990 | 5787 | 5700 | 3900 | 2667 | 5704 | 7782 |
| 云和县 | 51997 | 5950 | 4538 | 5343 | 4523 | 3490 | 11374 | 16779 |
| 庆元县 | 53752 | 4040 | 4717 | 5829 | 4392 | 3034 | 8869 | 22871 |
| 景宁畲族自治县 | 41744 | 5210 | 3769 | 4264 | 3734 | 2750 | 8173 | 13844 |
| 龙泉市 | 3152 | 465 | 521 | 237 | 354 | 391 | 542 | 642 |

7–4b　续表 4　　　　单位：人

| 现住地 | 离开户口登记地时间 | | | | | | | |
|---|---|---|---|---|---|---|---|---|
| | 省外 | | | | | | | |
| | 小计 | 半年以上，不满一年 | 一年以上，不满二年 | 二年以上，不满三年 | 三年以上，不满四年 | 四年以上，不满五年 | 五年以上，不满十年 | 十年以上 |
| **合计** | **3390021** | **735708** | **430017** | **382184** | **322121** | **231968** | **564772** | **723251** |
| **杭州市** | **246918** | **51077** | **34749** | **29002** | **23885** | **16887** | **41600** | **49718** |
| 上城区 | | | | | | | | |
| 下城区 | | | | | | | | |
| 江干区 | | | | | | | | |
| 拱墅区 | | | | | | | | |
| 西湖区 | 105 | 12 | 45 | 32 | 4 | 1 | 9 | 2 |
| 滨江区 | | | | | | | | |
| 萧山区 | 56730 | 13004 | 6577 | 5624 | 5132 | 3636 | 10071 | 12686 |
| 余杭区 | 93685 | 15239 | 13507 | 11533 | 9343 | 6576 | 16558 | 20929 |
| 富阳区 | 4313 | 1663 | 671 | 547 | 317 | 214 | 572 | 329 |
| 临安区 | 14380 | 2203 | 1570 | 1626 | 1483 | 1124 | 2734 | 3640 |
| 桐庐县 | 63718 | 15606 | 10297 | 7890 | 6413 | 4442 | 9439 | 9631 |
| 淳安县 | 7559 | 1963 | 1097 | 935 | 586 | 475 | 1141 | 1362 |
| 建德市 | 6428 | 1387 | 985 | 815 | 607 | 419 | 1076 | 1139 |
| **宁波市** | **663838** | **109628** | **72324** | **72156** | **64452** | **52847** | **124643** | **167788** |
| 海曙区 | 5911 | 573 | 592 | 536 | 449 | 323 | 1150 | 2288 |
| 江北区 | | | | | | | | |
| 北仑区 | 25560 | 5714 | 3059 | 2728 | 2371 | 1887 | 4518 | 5283 |
| 镇海区 | 20668 | 1708 | 1592 | 1631 | 1424 | 1344 | 4476 | 8493 |
| 鄞州区 | 119117 | 9676 | 11290 | 12891 | 11557 | 9956 | 26899 | 36848 |
| 奉化区 | 9696 | 1943 | 1284 | 1120 | 900 | 578 | 1715 | 2156 |
| 象山县 | 75548 | 8951 | 7055 | 7909 | 7342 | 6226 | 14395 | 23670 |
| 宁海县 | 105924 | 16001 | 10759 | 10090 | 9943 | 8570 | 20758 | 29803 |
| 余姚市 | 90621 | 18653 | 10732 | 10125 | 9011 | 7270 | 16170 | 18660 |
| 慈溪市 | 210793 | 46409 | 25961 | 25126 | 21455 | 16693 | 34562 | 40587 |
| **温州市** | **402156** | **95421** | **51886** | **53591** | **44811** | **27332** | **59344** | **69771** |
| 鹿城区 | 1447 | 646 | 254 | 129 | 80 | 66 | 126 | 146 |
| 龙湾区 | 145313 | 35487 | 17581 | 14950 | 14224 | 8446 | 25374 | 29251 |
| 瓯海区 | 6789 | 2268 | 683 | 511 | 233 | 209 | 760 | 2125 |
| 洞头区 | 868 | 273 | 72 | 49 | 33 | 28 | 129 | 284 |
| 永嘉县 | 102943 | 17672 | 13804 | 17672 | 16074 | 9306 | 13174 | 15241 |
| 平阳县 | 62833 | 19165 | 7965 | 7019 | 5430 | 3763 | 8217 | 11274 |
| 苍南县 | 42599 | 7403 | 6133 | 8852 | 5187 | 2619 | 5760 | 6645 |
| 文成县 | 4026 | 1865 | 771 | 339 | 243 | 221 | 287 | 300 |
| 泰顺县 | 3360 | 1165 | 468 | 414 | 252 | 136 | 343 | 582 |
| 瑞安市 | 1940 | 643 | 234 | 212 | 168 | 113 | 279 | 291 |
| 乐清市 | 26266 | 8271 | 3392 | 3071 | 2427 | 2024 | 4074 | 3007 |
| 龙港市 | 3772 | 563 | 529 | 373 | 460 | 401 | 821 | 625 |
| **嘉兴市** | **617289** | **95425** | **68005** | **61464** | **55880** | **42019** | **115929** | **178567** |
| 南湖区 | 23182 | 2893 | 1925 | 2068 | 2054 | 1765 | 4895 | 7582 |
| 秀洲区 | 67104 | 7718 | 5777 | 5696 | 5626 | 4730 | 13181 | 24376 |
| 嘉善县 | 209469 | 28440 | 21794 | 20745 | 20193 | 15148 | 40426 | 62723 |
| 海盐县 | 76457 | 12246 | 9182 | 7690 | 6668 | 5229 | 14573 | 20869 |
| 海宁市 | 138603 | 27586 | 17670 | 15563 | 13116 | 9048 | 23947 | 31673 |
| 平湖市 | 58774 | 7815 | 4607 | 4471 | 4570 | 3446 | 11972 | 21893 |
| 桐乡市 | 43700 | 8727 | 7050 | 5231 | 3653 | 2653 | 6935 | 9451 |
| **湖州市** | **406522** | **106030** | **51858** | **46010** | **38246** | **27990** | **62235** | **74153** |
| 吴兴区 | 135726 | 28222 | 11561 | 10652 | 11983 | 10947 | 26739 | 35622 |
| 南浔区 | 24000 | 6570 | 3134 | 2614 | 2029 | 1303 | 3166 | 5184 |
| 德清县 | 85146 | 25091 | 12246 | 10440 | 8416 | 5647 | 11738 | 11568 |
| 长兴县 | 64215 | 18365 | 10212 | 9624 | 6200 | 3949 | 8007 | 7858 |
| 安吉县 | 97435 | 27782 | 14705 | 12680 | 9618 | 6144 | 12585 | 13921 |

7-4b 续表 5

单位：人

| 现住地 | 离开户口登记地时间 | | | | | | | |
| --- | --- | --- | --- | --- | --- | --- | --- | --- |
| | 省外 | | | | | | | |
| | 小计 | 半年以上，不满一年 | 一年以上，不满二年 | 二年以上，不满三年 | 三年以上，不满四年 | 四年以上，不满五年 | 五年以上，不满十年 | 十年以上 |
| **绍兴市** | **141201** | **27360** | **17459** | **16019** | **14012** | **10304** | **26035** | **30012** |
| 越城区 | 667 | 94 | 95 | 75 | 51 | 37 | 100 | 215 |
| 柯桥区 | 66120 | 9864 | 6153 | 7531 | 6586 | 5204 | 14585 | 16197 |
| 上虞区 | 7595 | 1408 | 1044 | 897 | 620 | 517 | 1570 | 1539 |
| 新昌县 | 19660 | 4903 | 3368 | 2727 | 1978 | 1179 | 2455 | 3050 |
| 诸暨市 | 43529 | 9781 | 6244 | 4309 | 4423 | 3074 | 7014 | 8684 |
| 嵊州市 | 3630 | 1310 | 555 | 480 | 354 | 293 | 311 | 327 |
| **金华市** | **571017** | **163418** | **83064** | **63421** | **50959** | **34358** | **84506** | **91291** |
| 婺城区 | 10466 | 2690 | 1531 | 1351 | 997 | 649 | 1494 | 1754 |
| 金东区 | 83951 | 30961 | 14027 | 11105 | 8336 | 4416 | 8793 | 6313 |
| 武义县 | 109934 | 22957 | 13981 | 12672 | 10986 | 8155 | 20288 | 20895 |
| 浦江县 | 44705 | 12127 | 7890 | 5178 | 3576 | 2484 | 6879 | 6571 |
| 磐安县 | 9414 | 3090 | 1383 | 962 | 857 | 532 | 1215 | 1375 |
| 兰溪市 | 7691 | 2100 | 1345 | 1095 | 848 | 539 | 968 | 796 |
| 义乌市 | 168976 | 47741 | 21604 | 16104 | 13912 | 9393 | 25604 | 34618 |
| 东阳市 | 94775 | 27786 | 13556 | 10335 | 8009 | 5626 | 14519 | 14944 |
| 永康市 | 41105 | 13966 | 7747 | 4619 | 3438 | 2564 | 4746 | 4025 |
| **衢州市** | **30256** | **8998** | **5491** | **4031** | **2561** | **1810** | **3898** | **3467** |
| 柯城区 | 1217 | 226 | 237 | 137 | 181 | 84 | 238 | 114 |
| 衢江区 | 1197 | 342 | 236 | 166 | 99 | 86 | 166 | 102 |
| 常山县 | 6297 | 2011 | 1354 | 789 | 525 | 295 | 726 | 597 |
| 开化县 | 3971 | 862 | 565 | 375 | 247 | 209 | 628 | 1085 |
| 龙游县 | 15342 | 4845 | 2700 | 2243 | 1357 | 984 | 1855 | 1358 |
| 江山市 | 2232 | 712 | 399 | 321 | 152 | 152 | 285 | 211 |
| **舟山市** | **61477** | **19945** | **11564** | **5949** | **4099** | **2860** | **7541** | **9519** |
| 定海区 | 7425 | 1158 | 912 | 1030 | 1043 | 611 | 1305 | 1366 |
| 普陀区 | 3396 | 458 | 386 | 295 | 277 | 213 | 686 | 1081 |
| 岱山县 | 45799 | 17690 | 9858 | 4296 | 2468 | 1779 | 4643 | 5065 |
| 嵊泗县 | 4857 | 639 | 408 | 328 | 311 | 257 | 907 | 2007 |
| **台州市** | **179694** | **41268** | **22549** | **21939** | **16339** | **11287** | **28964** | **37348** |
| 椒江区 | 3543 | 317 | 230 | 298 | 560 | 217 | 716 | 1205 |
| 黄岩区 | 5007 | 1303 | 582 | 576 | 410 | 324 | 753 | 1059 |
| 路桥区 | 34440 | 8866 | 4086 | 3810 | 2348 | 1816 | 5441 | 8073 |
| 三门县 | 21509 | 3765 | 2634 | 2557 | 2216 | 1476 | 3835 | 5026 |
| 天台县 | 13171 | 4152 | 2236 | 2486 | 1174 | 697 | 1320 | 1106 |
| 仙居县 | 11426 | 3034 | 1779 | 1498 | 1108 | 654 | 1526 | 1827 |
| 温岭市 | 71781 | 16269 | 8532 | 8457 | 6511 | 4630 | 11862 | 15520 |
| 临海市 | 13830 | 2933 | 1858 | 1646 | 1406 | 1057 | 2355 | 2575 |
| 玉环市 | 4987 | 629 | 612 | 611 | 606 | 416 | 1156 | 957 |
| **丽水市** | **69653** | **17138** | **11068** | **8602** | **6877** | **4274** | **10077** | **11617** |
| 莲都区 | 3579 | 746 | 404 | 351 | 296 | 253 | 616 | 913 |
| 青田县 | 23481 | 4776 | 2996 | 2928 | 2488 | 1576 | 3986 | 4731 |
| 缙云县 | 19717 | 5872 | 3995 | 2798 | 1974 | 1137 | 2044 | 1897 |
| 遂昌县 | 3236 | 1029 | 646 | 370 | 291 | 165 | 344 | 391 |
| 松阳县 | 6706 | 1872 | 1036 | 657 | 654 | 330 | 976 | 1181 |
| 云和县 | 8889 | 1980 | 1315 | 1081 | 823 | 575 | 1476 | 1639 |
| 庆元县 | 2112 | 304 | 258 | 237 | 173 | 139 | 410 | 591 |
| 景宁畲族自治县 | 1574 | 469 | 385 | 125 | 100 | 65 | 182 | 248 |
| 龙泉市 | 359 | 90 | 33 | 55 | 78 | 34 | 43 | 26 |

# 7-4c 全省按现住地、离开户口登记地时间分的户口登记地在外乡镇街道的人口(乡村)

单位：人

| 现住地 | 离开户口登记地时间 合计 合计 | 半年以上，不满一年 | 一年以上，不满二年 | 二年以上，不满三年 | 三年以上，不满四年 | 四年以上，不满五年 | 五年以上，不满十年 | 十年以上 |
|---|---|---|---|---|---|---|---|---|
| **合计** | **4059741** | **988381** | **538328** | **452470** | **353813** | **244895** | **622757** | **859097** |
| **杭州市** | **474287** | **116976** | **73308** | **59584** | **41435** | **25332** | **64554** | **93098** |
| 上城区 | | | | | | | | |
| 下城区 | | | | | | | | |
| 江干区 | | | | | | | | |
| 拱墅区 | | | | | | | | |
| 西湖区 | 10404 | 4068 | 1527 | 1250 | 811 | 395 | 977 | 1376 |
| 滨江区 | | | | | | | | |
| 萧山区 | 150488 | 31921 | 17984 | 16612 | 12922 | 9331 | 25211 | 36507 |
| 余杭区 | 169892 | 36978 | 29915 | 26123 | 17616 | 8964 | 21214 | 29082 |
| 富阳区 | 48712 | 16706 | 10047 | 5376 | 3099 | 1881 | 4713 | 6890 |
| 临安区 | 44713 | 14491 | 7017 | 4553 | 2966 | 2005 | 5261 | 8420 |
| 桐庐县 | 14976 | 3817 | 1795 | 1480 | 1121 | 915 | 2231 | 3617 |
| 淳安县 | 12502 | 3759 | 1781 | 1396 | 816 | 559 | 1545 | 2646 |
| 建德市 | 22600 | 5236 | 3242 | 2794 | 2084 | 1282 | 3402 | 4560 |
| **宁波市** | **803679** | **119954** | **95294** | **87562** | **74293** | **59374** | **150447** | **216755** |
| 海曙区 | 65820 | 6805 | 6622 | 7351 | 7638 | 5405 | 12378 | 19621 |
| 江北区 | 51323 | 7209 | 5903 | 4931 | 4389 | 4189 | 9668 | 15034 |
| 北仑区 | 98812 | 12605 | 9467 | 9746 | 9499 | 8373 | 20824 | 28298 |
| 镇海区 | 30502 | 3710 | 2739 | 2786 | 2570 | 2143 | 6085 | 10469 |
| 鄞州区 | 167626 | 16236 | 14348 | 16473 | 15351 | 12204 | 36242 | 56772 |
| 奉化区 | 75520 | 14455 | 10529 | 8970 | 6963 | 5295 | 12303 | 17005 |
| 象山县 | 40073 | 9463 | 5142 | 4457 | 3284 | 2651 | 6430 | 8646 |
| 宁海县 | 55299 | 11181 | 8328 | 6405 | 4523 | 3285 | 9060 | 12517 |
| 余姚市 | 63013 | 12938 | 7283 | 5714 | 5040 | 4166 | 11221 | 16651 |
| 慈溪市 | 155691 | 25352 | 24933 | 20729 | 15036 | 11663 | 26236 | 31742 |
| **温州市** | **612603** | **161791** | **79948** | **67192** | **52310** | **36959** | **86834** | **127569** |
| 鹿城区 | 49470 | 14582 | 8268 | 5143 | 3353 | 2406 | 6474 | 9244 |
| 龙湾区 | 861 | 330 | 76 | 62 | 49 | 34 | 92 | 218 |
| 瓯海区 | 68659 | 16819 | 9155 | 8227 | 6480 | 3738 | 8911 | 15329 |
| 洞头区 | 26988 | 9999 | 6110 | 3376 | 1691 | 970 | 2092 | 2750 |
| 永嘉县 | 51666 | 16479 | 7773 | 5647 | 3914 | 2536 | 6084 | 9233 |
| 平阳县 | 82449 | 25026 | 11022 | 9713 | 6292 | 4237 | 9806 | 16353 |
| 苍南县 | 53408 | 7461 | 6099 | 6531 | 5871 | 3920 | 10207 | 13319 |
| 文成县 | 9392 | 3547 | 1294 | 759 | 503 | 390 | 786 | 2113 |
| 泰顺县 | 8363 | 2484 | 1087 | 768 | 586 | 432 | 1003 | 2003 |
| 瑞安市 | 151322 | 38301 | 16473 | 14594 | 13004 | 10070 | 23104 | 35776 |
| 乐清市 | 106605 | 26139 | 12134 | 11959 | 10135 | 7979 | 17697 | 20562 |
| 龙港市 | 3420 | 624 | 457 | 413 | 432 | 247 | 578 | 669 |
| **嘉兴市** | **434593** | **73817** | **51351** | **48085** | **45014** | **29001** | **78967** | **108358** |
| 南湖区 | 31877 | 4221 | 3339 | 3578 | 3275 | 2529 | 6101 | 8834 |
| 秀洲区 | 81924 | 12057 | 8122 | 8461 | 8576 | 5948 | 15674 | 23086 |
| 嘉善县 | 56662 | 10557 | 6909 | 5562 | 4860 | 3354 | 10976 | 14444 |
| 海盐县 | 33844 | 6373 | 4638 | 4220 | 3498 | 2471 | 6615 | 6029 |
| 海宁市 | 103895 | 19055 | 13722 | 13075 | 13076 | 6487 | 15743 | 22737 |
| 平湖市 | 62027 | 8985 | 6391 | 5480 | 4837 | 3971 | 12187 | 20176 |
| 桐乡市 | 64364 | 12569 | 8230 | 7709 | 6892 | 4241 | 11671 | 13052 |
| **湖州市** | **239318** | **83434** | **32166** | **24458** | **17865** | **11727** | **29798** | **39870** |
| 吴兴区 | 84629 | 34000 | 9583 | 8150 | 5681 | 3726 | 10090 | 13399 |
| 南浔区 | 45292 | 11298 | 6044 | 4485 | 3637 | 2706 | 6511 | 10611 |
| 德清县 | 40774 | 13485 | 5592 | 4851 | 3554 | 2141 | 4935 | 6216 |
| 长兴县 | 25701 | 8340 | 3909 | 2702 | 1917 | 1162 | 3357 | 4314 |
| 安吉县 | 42922 | 16311 | 7038 | 4270 | 3076 | 1992 | 4905 | 5330 |

7-4c　续表 1　　　　　　单位：人

| 现住地 | 离开户口登记地时间 合计 合计 | 半年以上，不满一年 | 一年以上，不满二年 | 二年以上，不满三年 | 三年以上，不满四年 | 四年以上，不满五年 | 五年以上，不满十年 | 十年以上 |
|---|---|---|---|---|---|---|---|---|
| **绍兴市** | **219438** | **56637** | **35130** | **26419** | **19174** | **11616** | **30481** | **39981** |
| 越城区 | 38099 | 8025 | 5311 | 4393 | 3572 | 1990 | 5943 | 8865 |
| 柯桥区 | 42191 | 6874 | 7539 | 5473 | 3904 | 3079 | 6832 | 8490 |
| 上虞区 | 37384 | 12496 | 4388 | 3729 | 2961 | 1867 | 5360 | 6583 |
| 新昌县 | 18369 | 4015 | 2444 | 2454 | 1762 | 807 | 2682 | 4205 |
| 诸暨市 | 62011 | 19807 | 12283 | 7457 | 5148 | 2590 | 6850 | 7876 |
| 嵊州市 | 21384 | 5420 | 3165 | 2913 | 1827 | 1283 | 2814 | 3962 |
| **金华市** | **527160** | **177870** | **74246** | **57242** | **42415** | **27525** | **68235** | **79627** |
| 婺城区 | 32608 | 10141 | 5077 | 3784 | 2985 | 1967 | 3919 | 4735 |
| 金东区 | 55673 | 18729 | 9218 | 6912 | 4751 | 2582 | 6300 | 7181 |
| 武义县 | 49066 | 11880 | 6982 | 6273 | 4244 | 3045 | 7673 | 8969 |
| 浦江县 | 72535 | 27116 | 10113 | 8260 | 5389 | 3775 | 8219 | 9663 |
| 磐安县 | 6187 | 2234 | 696 | 515 | 381 | 310 | 842 | 1209 |
| 兰溪市 | 14506 | 4624 | 1621 | 1567 | 1121 | 715 | 1905 | 2953 |
| 义乌市 | 141324 | 44786 | 19498 | 15191 | 11550 | 7221 | 20054 | 23024 |
| 东阳市 | 64955 | 22883 | 7734 | 5658 | 4811 | 3430 | 9278 | 11161 |
| 永康市 | 90306 | 35477 | 13307 | 9082 | 7183 | 4480 | 10045 | 10732 |
| **衢州市** | **70315** | **19057** | **10534** | **8105** | **5153** | **3667** | **9988** | **13811** |
| 柯城区 | 12979 | 3236 | 2291 | 1888 | 1175 | 635 | 1645 | 2109 |
| 衢江区 | 13758 | 3889 | 1916 | 1275 | 902 | 771 | 2115 | 2890 |
| 常山县 | 7218 | 2110 | 847 | 647 | 448 | 326 | 1052 | 1788 |
| 开化县 | 5623 | 1299 | 618 | 612 | 412 | 329 | 902 | 1451 |
| 龙游县 | 14777 | 4002 | 2098 | 1616 | 1166 | 892 | 2321 | 2682 |
| 江山市 | 15960 | 4521 | 2764 | 2067 | 1050 | 714 | 1953 | 2891 |
| **舟山市** | **94709** | **21135** | **12372** | **9385** | **7102** | **5457** | **16449** | **22809** |
| 定海区 | 36875 | 7114 | 4759 | 4173 | 3089 | 2357 | 6641 | 8742 |
| 普陀区 | 34149 | 7927 | 5013 | 3414 | 2445 | 1863 | 5903 | 7584 |
| 岱山县 | 18953 | 5091 | 2267 | 1422 | 1221 | 934 | 3070 | 4948 |
| 嵊泗县 | 4732 | 1003 | 333 | 376 | 347 | 303 | 835 | 1535 |
| **台州市** | **462226** | **127885** | **58999** | **50700** | **38747** | **26414** | **67904** | **91577** |
| 椒江区 | 60477 | 13917 | 8182 | 7583 | 6132 | 4000 | 8998 | 11665 |
| 黄岩区 | 44410 | 12097 | 6702 | 5398 | 3309 | 2506 | 5927 | 8471 |
| 路桥区 | 72033 | 20814 | 9521 | 8482 | 5865 | 4222 | 10770 | 12359 |
| 三门县 | 14342 | 3694 | 2057 | 1522 | 1247 | 838 | 2121 | 2863 |
| 天台县 | 19563 | 5302 | 2473 | 2227 | 1674 | 1093 | 2743 | 4051 |
| 仙居县 | 21752 | 6505 | 2994 | 2430 | 1827 | 1255 | 2664 | 4077 |
| 温岭市 | 99955 | 29897 | 11955 | 10182 | 8087 | 5277 | 14789 | 19768 |
| 临海市 | 66674 | 23470 | 9222 | 7254 | 5496 | 3312 | 8115 | 9805 |
| 玉环市 | 63020 | 12189 | 5893 | 5622 | 5110 | 3911 | 11777 | 18518 |
| **丽水市** | **121413** | **29825** | **14980** | **13738** | **10305** | **7823** | **19100** | **25642** |
| 莲都区 | 28173 | 8149 | 4104 | 3632 | 2105 | 1347 | 3346 | 5490 |
| 青田县 | 17556 | 4359 | 1766 | 2306 | 1878 | 1063 | 2652 | 3532 |
| 缙云县 | 13949 | 4702 | 2233 | 1522 | 867 | 643 | 1782 | 2200 |
| 遂昌县 | 8614 | 2020 | 1071 | 827 | 572 | 509 | 1420 | 2195 |
| 松阳县 | 13861 | 3312 | 1727 | 1521 | 1390 | 1075 | 2380 | 2456 |
| 云和县 | 10504 | 1286 | 1000 | 1266 | 1163 | 1151 | 2523 | 2115 |
| 庆元县 | 9070 | 1622 | 877 | 980 | 756 | 801 | 1547 | 2487 |
| 景宁畲族自治县 | 10415 | 2641 | 1240 | 911 | 789 | 670 | 1606 | 2558 |
| 龙泉市 | 9271 | 1734 | 962 | 773 | 785 | 564 | 1844 | 2609 |

7–4c 续表 2　　单位：人

| 现住地 | 离开户口登记地时间<br>省内<br>小计 | 半年以上，不满一年 | 一年以上，不满二年 | 二年以上，不满三年 | 三年以上，不满四年 | 四年以上，不满五年 | 五年以上，不满十年 | 十年以上 |
|---|---|---|---|---|---|---|---|---|
| **合计** | **1146080** | **237347** | **144015** | **128980** | **93773** | **67475** | **180336** | **294154** |
| **杭州市** | **142665** | **34081** | **21420** | **17279** | **11689** | **7260** | **19242** | **31694** |
| 上城区 | | | | | | | | |
| 下城区 | | | | | | | | |
| 江干区 | | | | | | | | |
| 拱墅区 | | | | | | | | |
| 西湖区 | 4450 | 1565 | 556 | 646 | 462 | 195 | 457 | 569 |
| 滨江区 | | | | | | | | |
| 萧山区 | 28722 | 5085 | 3052 | 3222 | 2406 | 1857 | 5123 | 7977 |
| 余杭区 | 35799 | 8963 | 5251 | 5371 | 3824 | 1719 | 4398 | 6273 |
| 富阳区 | 24874 | 6986 | 6213 | 3014 | 1596 | 946 | 2322 | 3797 |
| 临安区 | 19998 | 5428 | 2938 | 1959 | 1224 | 898 | 2544 | 5007 |
| 桐庐县 | 7183 | 1102 | 693 | 682 | 563 | 478 | 1196 | 2469 |
| 淳安县 | 9774 | 2781 | 1370 | 1093 | 647 | 444 | 1228 | 2211 |
| 建德市 | 11865 | 2171 | 1347 | 1292 | 967 | 723 | 1974 | 3391 |
| **宁波市** | **175628** | **25126** | **18761** | **17520** | **14154** | **11192** | **30814** | **58061** |
| 海曙区 | 21685 | 1547 | 1558 | 1932 | 1924 | 1320 | 3962 | 9442 |
| 江北区 | 9064 | 1033 | 1153 | 969 | 753 | 617 | 1566 | 2973 |
| 北仑区 | 16681 | 2156 | 1468 | 1567 | 1394 | 1230 | 3455 | 5411 |
| 镇海区 | 5003 | 475 | 354 | 418 | 413 | 288 | 921 | 2134 |
| 鄞州区 | 35483 | 4532 | 2974 | 2982 | 2695 | 2114 | 6216 | 13970 |
| 奉化区 | 19498 | 3830 | 2303 | 2067 | 1501 | 1204 | 2875 | 5718 |
| 象山县 | 15466 | 3089 | 1691 | 1647 | 1360 | 1125 | 2644 | 3910 |
| 宁海县 | 21989 | 4125 | 3828 | 2789 | 1656 | 1238 | 3093 | 5260 |
| 余姚市 | 11749 | 1711 | 1168 | 1110 | 922 | 805 | 2235 | 3798 |
| 慈溪市 | 19010 | 2628 | 2264 | 2039 | 1536 | 1251 | 3847 | 5445 |
| **温州市** | **203886** | **44770** | **25285** | **23294** | **15771** | **11901** | **29534** | **53331** |
| 鹿城区 | 10157 | 2441 | 1374 | 1293 | 737 | 538 | 1285 | 2489 |
| 龙湾区 | 57 | 7 | 3 | 2 | 4 | 3 | 5 | 33 |
| 瓯海区 | 18525 | 3307 | 2188 | 2525 | 1517 | 982 | 2372 | 5634 |
| 洞头区 | 10590 | 3180 | 3319 | 2007 | 687 | 250 | 474 | 673 |
| 永嘉县 | 24130 | 6455 | 2558 | 2695 | 1871 | 1353 | 3368 | 5830 |
| 平阳县 | 35186 | 9091 | 3740 | 3592 | 2359 | 1944 | 4767 | 9693 |
| 苍南县 | 24847 | 2697 | 3138 | 2947 | 1932 | 1596 | 4754 | 7783 |
| 文成县 | 6680 | 2103 | 721 | 600 | 381 | 320 | 661 | 1894 |
| 泰顺县 | 6091 | 1518 | 660 | 526 | 495 | 360 | 846 | 1686 |
| 瑞安市 | 34305 | 7302 | 3828 | 3454 | 2976 | 2239 | 5373 | 9133 |
| 乐清市 | 31833 | 6464 | 3612 | 3493 | 2637 | 2195 | 5378 | 8054 |
| 龙港市 | 1485 | 205 | 144 | 160 | 175 | 121 | 251 | 429 |
| **嘉兴市** | **70318** | **11517** | **8351** | **7871** | **6040** | **4442** | **13301** | **18796** |
| 南湖区 | 6529 | 810 | 632 | 622 | 577 | 502 | 1440 | 1946 |
| 秀洲区 | 7974 | 1223 | 942 | 939 | 679 | 535 | 1405 | 2251 |
| 嘉善县 | 8787 | 1369 | 1106 | 854 | 622 | 487 | 1665 | 2684 |
| 海盐县 | 7405 | 1420 | 933 | 932 | 628 | 460 | 1406 | 1626 |
| 海宁市 | 15482 | 2475 | 1825 | 1806 | 1497 | 904 | 2707 | 4268 |
| 平湖市 | 11154 | 1862 | 1440 | 1285 | 833 | 669 | 2009 | 3056 |
| 桐乡市 | 12987 | 2358 | 1473 | 1433 | 1204 | 885 | 2669 | 2965 |
| **湖州市** | **59166** | **15687** | **7463** | **6166** | **4843** | **3248** | **9224** | **12535** |
| 吴兴区 | 17972 | 4599 | 2517 | 2135 | 1514 | 963 | 3203 | 3041 |
| 南浔区 | 9855 | 1944 | 1109 | 858 | 890 | 605 | 1579 | 2870 |
| 德清县 | 10511 | 2906 | 1233 | 1266 | 943 | 564 | 1478 | 2121 |
| 长兴县 | 10000 | 2674 | 1375 | 975 | 701 | 541 | 1462 | 2272 |
| 安吉县 | 10828 | 3564 | 1229 | 932 | 795 | 575 | 1502 | 2231 |

7-4c　续表 3　　单位：人

| 现住地 | 离开户口登记地时间 | | | | | | | |
| --- | --- | --- | --- | --- | --- | --- | --- | --- |
| | 省内 | | | | | | | |
| | 小计 | 半年以上，不满一年 | 一年以上，不满二年 | 二年以上，不满三年 | 三年以上，不满四年 | 四年以上，不满五年 | 五年以上，不满十年 | 十年以上 |
| **绍兴市** | **72680** | **15598** | **9409** | **8677** | **5876** | **3826** | **11419** | **17875** |
| 越城区 | 9205 | 1908 | 1421 | 1258 | 771 | 481 | 1432 | 1934 |
| 柯桥区 | 7449 | 1108 | 1012 | 823 | 624 | 496 | 1371 | 2015 |
| 上虞区 | 13591 | 3569 | 1711 | 1581 | 871 | 671 | 2035 | 3153 |
| 新昌县 | 14062 | 2365 | 1880 | 1892 | 1334 | 691 | 2194 | 3706 |
| 诸暨市 | 17054 | 4374 | 1964 | 1637 | 1335 | 781 | 2722 | 4241 |
| 嵊州市 | 11319 | 2274 | 1421 | 1486 | 941 | 706 | 1665 | 2826 |
| **金华市** | **124685** | **29641** | **16408** | **14549** | **10988** | **7332** | **18622** | **27145** |
| 婺城区 | 16053 | 3379 | 2375 | 1943 | 1774 | 1125 | 2237 | 3220 |
| 金东区 | 12470 | 2749 | 1620 | 1559 | 1191 | 741 | 2014 | 2596 |
| 武义县 | 13980 | 2657 | 2000 | 1982 | 1089 | 874 | 2220 | 3158 |
| 浦江县 | 16685 | 3733 | 2498 | 2287 | 1642 | 1019 | 2348 | 3158 |
| 磐安县 | 3570 | 989 | 376 | 343 | 255 | 185 | 560 | 862 |
| 兰溪市 | 8074 | 1810 | 849 | 810 | 697 | 458 | 1230 | 2220 |
| 义乌市 | 23195 | 6189 | 3075 | 2617 | 1876 | 1214 | 3473 | 4751 |
| 东阳市 | 16588 | 3983 | 1854 | 1598 | 1305 | 923 | 2527 | 4398 |
| 永康市 | 14070 | 4152 | 1761 | 1410 | 1159 | 793 | 2013 | 2782 |
| **衢州市** | **51661** | **11940** | **7732** | **6039** | **3909** | **2892** | **7560** | **11589** |
| 柯城区 | 10378 | 2094 | 1983 | 1573 | 986 | 537 | 1349 | 1856 |
| 衢江区 | 9816 | 2127 | 1309 | 963 | 695 | 637 | 1698 | 2387 |
| 常山县 | 5371 | 1439 | 536 | 414 | 350 | 272 | 821 | 1539 |
| 开化县 | 4301 | 809 | 467 | 478 | 328 | 254 | 706 | 1259 |
| 龙游县 | 8677 | 1849 | 1141 | 839 | 697 | 586 | 1399 | 2166 |
| 江山市 | 13118 | 3622 | 2296 | 1772 | 853 | 606 | 1587 | 2382 |
| **舟山市** | **25796** | **4413** | **2918** | **2665** | **1980** | **1567** | **4817** | **7436** |
| 定海区 | 11245 | 2046 | 1498 | 1402 | 910 | 672 | 1872 | 2845 |
| 普陀区 | 9208 | 1443 | 912 | 805 | 736 | 601 | 2094 | 2617 |
| 岱山县 | 3517 | 622 | 376 | 290 | 206 | 185 | 544 | 1294 |
| 嵊泗县 | 1826 | 302 | 132 | 168 | 128 | 109 | 307 | 680 |
| **台州市** | **134593** | **27946** | **16986** | **15534** | **11211** | **7774** | **20587** | **34555** |
| 椒江区 | 11741 | 2263 | 1599 | 1350 | 1181 | 762 | 1848 | 2738 |
| 黄岩区 | 17455 | 3347 | 2777 | 2697 | 1164 | 918 | 2392 | 4160 |
| 路桥区 | 12723 | 2514 | 1754 | 1455 | 1139 | 717 | 2086 | 3058 |
| 三门县 | 7623 | 1235 | 882 | 813 | 633 | 476 | 1338 | 2246 |
| 天台县 | 12916 | 2608 | 1422 | 1488 | 1115 | 815 | 1965 | 3503 |
| 仙居县 | 14932 | 3860 | 1925 | 1618 | 1214 | 881 | 2006 | 3428 |
| 温岭市 | 26976 | 5098 | 2981 | 2904 | 2147 | 1539 | 4272 | 8035 |
| 临海市 | 20085 | 5464 | 2516 | 2101 | 1706 | 1080 | 2738 | 4480 |
| 玉环市 | 10142 | 1557 | 1130 | 1108 | 912 | 586 | 1942 | 2907 |
| **丽水市** | **85002** | **16628** | **9282** | **9386** | **7312** | **6041** | **15216** | **21137** |
| 莲都区 | 16388 | 4012 | 2354 | 2029 | 1215 | 895 | 2164 | 3719 |
| 青田县 | 10749 | 2131 | 1021 | 1440 | 1121 | 704 | 1791 | 2541 |
| 缙云县 | 8839 | 2486 | 1223 | 1136 | 576 | 463 | 1278 | 1677 |
| 遂昌县 | 7167 | 1451 | 755 | 694 | 496 | 452 | 1273 | 2046 |
| 松阳县 | 9439 | 1818 | 1046 | 972 | 955 | 758 | 1844 | 2046 |
| 云和县 | 8250 | 662 | 586 | 915 | 912 | 934 | 2265 | 1976 |
| 庆元县 | 7724 | 1125 | 687 | 812 | 669 | 736 | 1401 | 2294 |
| 景宁畲族自治县 | 8957 | 1879 | 877 | 834 | 722 | 645 | 1559 | 2441 |
| 龙泉市 | 7489 | 1064 | 733 | 554 | 646 | 454 | 1641 | 2397 |

7-4c 续表 4 单位：人

| 现住地 | 离开户口登记地时间 省外 小计 | 半年以上，不满一年 | 一年以上，不满二年 | 二年以上，不满三年 | 三年以上，不满四年 | 四年以上，不满五年 | 五年以上，不满十年 | 十年以上 |
|---|---|---|---|---|---|---|---|---|
| **合计** | **2913661** | **751034** | **394313** | **323490** | **260040** | **177420** | **442421** | **564943** |
| **杭州市** | **331622** | **82895** | **51888** | **42305** | **29746** | **18072** | **45312** | **61404** |
| 上城区 | | | | | | | | |
| 下城区 | | | | | | | | |
| 江干区 | | | | | | | | |
| 拱墅区 | | | | | | | | |
| 西湖区 | 5954 | 2503 | 971 | 604 | 349 | 200 | 520 | 807 |
| 滨江区 | | | | | | | | |
| 萧山区 | 121766 | 26836 | 14932 | 13390 | 10516 | 7474 | 20088 | 28530 |
| 余杭区 | 134093 | 28015 | 24664 | 20752 | 13792 | 7245 | 16816 | 22809 |
| 富阳区 | 23838 | 9720 | 3834 | 2362 | 1503 | 935 | 2391 | 3093 |
| 临安区 | 24715 | 9063 | 4079 | 2594 | 1742 | 1107 | 2717 | 3413 |
| 桐庐县 | 7793 | 2715 | 1102 | 798 | 558 | 437 | 1035 | 1148 |
| 淳安县 | 2728 | 978 | 411 | 303 | 169 | 115 | 317 | 435 |
| 建德市 | 10735 | 3065 | 1895 | 1502 | 1117 | 559 | 1428 | 1169 |
| **宁波市** | **628051** | **94828** | **76533** | **70042** | **60139** | **48182** | **119633** | **158694** |
| 海曙区 | 44135 | 5258 | 5064 | 5419 | 5714 | 4085 | 8416 | 10179 |
| 江北区 | 42259 | 6176 | 4750 | 3962 | 3636 | 3572 | 8102 | 12061 |
| 北仑区 | 82131 | 10449 | 7999 | 8179 | 8105 | 7143 | 17369 | 22887 |
| 镇海区 | 25499 | 3235 | 2385 | 2368 | 2157 | 1855 | 5164 | 8335 |
| 鄞州区 | 132143 | 11704 | 11374 | 13491 | 12656 | 10090 | 30026 | 42802 |
| 奉化区 | 56022 | 10625 | 8226 | 6903 | 5462 | 4091 | 9428 | 11287 |
| 象山县 | 24607 | 6374 | 3451 | 2810 | 1924 | 1526 | 3786 | 4736 |
| 宁海县 | 33310 | 7056 | 4500 | 3616 | 2867 | 2047 | 5967 | 7257 |
| 余姚市 | 51264 | 11227 | 6115 | 4604 | 4118 | 3361 | 8986 | 12853 |
| 慈溪市 | 136681 | 22724 | 22669 | 18690 | 13500 | 10412 | 22389 | 26297 |
| **温州市** | **408717** | **117021** | **54663** | **43898** | **36539** | **25058** | **57300** | **74238** |
| 鹿城区 | 39313 | 12141 | 6894 | 3850 | 2616 | 1868 | 5189 | 6755 |
| 龙湾区 | 804 | 323 | 73 | 60 | 45 | 31 | 87 | 185 |
| 瓯海区 | 50134 | 13512 | 6967 | 5702 | 4963 | 2756 | 6539 | 9695 |
| 洞头区 | 16398 | 6819 | 2791 | 1369 | 1004 | 720 | 1618 | 2077 |
| 永嘉县 | 27536 | 10024 | 5215 | 2952 | 2043 | 1183 | 2716 | 3403 |
| 平阳县 | 47263 | 15935 | 7282 | 6121 | 3933 | 2293 | 5039 | 6660 |
| 苍南县 | 28561 | 4764 | 2961 | 3584 | 3939 | 2324 | 5453 | 5536 |
| 文成县 | 2712 | 1444 | 573 | 159 | 122 | 70 | 125 | 219 |
| 泰顺县 | 2272 | 966 | 427 | 242 | 91 | 72 | 157 | 317 |
| 瑞安市 | 117017 | 30999 | 12645 | 11140 | 10028 | 7831 | 17731 | 26643 |
| 乐清市 | 74772 | 19675 | 8522 | 8466 | 7498 | 5784 | 12319 | 12508 |
| 龙港市 | 1935 | 419 | 313 | 253 | 257 | 126 | 327 | 240 |
| **嘉兴市** | **364275** | **62300** | **43000** | **40214** | **38974** | **24559** | **65666** | **89562** |
| 南湖区 | 25348 | 3411 | 2707 | 2956 | 2698 | 2027 | 4661 | 6888 |
| 秀洲区 | 73950 | 10834 | 7180 | 7522 | 7897 | 5413 | 14269 | 20835 |
| 嘉善县 | 47875 | 9188 | 5803 | 4708 | 4238 | 2867 | 9311 | 11760 |
| 海盐县 | 26439 | 4953 | 3705 | 3288 | 2870 | 2011 | 5209 | 4403 |
| 海宁市 | 88413 | 16580 | 11897 | 11269 | 11579 | 5583 | 13036 | 18469 |
| 平湖市 | 50873 | 7123 | 4951 | 4195 | 4004 | 3302 | 10178 | 17120 |
| 桐乡市 | 51377 | 10211 | 6757 | 6276 | 5688 | 3356 | 9002 | 10087 |
| **湖州市** | **180152** | **67747** | **24703** | **18292** | **13022** | **8479** | **20574** | **27335** |
| 吴兴区 | 66657 | 29401 | 7066 | 6015 | 4167 | 2763 | 6887 | 10358 |
| 南浔区 | 35437 | 9354 | 4935 | 3627 | 2747 | 2101 | 4932 | 7741 |
| 德清县 | 30263 | 10579 | 4359 | 3585 | 2611 | 1577 | 3457 | 4095 |
| 长兴县 | 15701 | 5666 | 2534 | 1727 | 1216 | 621 | 1895 | 2042 |
| 安吉县 | 32094 | 12747 | 5809 | 3338 | 2281 | 1417 | 3403 | 3099 |

7-4c 续表 5 单位：人

| 现住地 | 离开户口登记地时间 | | | | | | | |
|---|---|---|---|---|---|---|---|---|
| | 省外 | | | | | | | |
| | 小计 | 半年以上，不满一年 | 一年以上，不满二年 | 二年以上，不满三年 | 三年以上，不满四年 | 四年以上，不满五年 | 五年以上，不满十年 | 十年以上 |
| **绍兴市** | **146758** | **41039** | **25721** | **17742** | **13298** | **7790** | **19062** | **22106** |
| 越城区 | 28894 | 6117 | 3890 | 3135 | 2801 | 1509 | 4511 | 6931 |
| 柯桥区 | 34742 | 5766 | 6527 | 4650 | 3280 | 2583 | 5461 | 6475 |
| 上虞区 | 23793 | 8927 | 2677 | 2148 | 2090 | 1196 | 3325 | 3430 |
| 新昌县 | 4307 | 1650 | 564 | 562 | 428 | 116 | 488 | 499 |
| 诸暨市 | 44957 | 15433 | 10319 | 5820 | 3813 | 1809 | 4128 | 3635 |
| 嵊州市 | 10065 | 3146 | 1744 | 1427 | 886 | 577 | 1149 | 1136 |
| **金华市** | **402475** | **148229** | **57838** | **42693** | **31427** | **20193** | **49613** | **52482** |
| 婺城区 | 16555 | 6762 | 2702 | 1841 | 1211 | 842 | 1682 | 1515 |
| 金东区 | 43203 | 15980 | 7598 | 5353 | 3560 | 1841 | 4286 | 4585 |
| 武义县 | 35086 | 9223 | 4982 | 4291 | 3155 | 2171 | 5453 | 5811 |
| 浦江县 | 55850 | 23383 | 7615 | 5973 | 3747 | 2756 | 5871 | 6505 |
| 磐安县 | 2617 | 1245 | 320 | 172 | 126 | 125 | 282 | 347 |
| 兰溪市 | 6432 | 2814 | 772 | 757 | 424 | 257 | 675 | 733 |
| 义乌市 | 118129 | 38597 | 16423 | 12574 | 9674 | 6007 | 16581 | 18273 |
| 东阳市 | 48367 | 18900 | 5880 | 4060 | 3506 | 2507 | 6751 | 6763 |
| 永康市 | 76236 | 31325 | 11546 | 7672 | 6024 | 3687 | 8032 | 7950 |
| **衢州市** | **18654** | **7117** | **2802** | **2066** | **1244** | **775** | **2428** | **2222** |
| 柯城区 | 2601 | 1142 | 308 | 315 | 189 | 98 | 296 | 253 |
| 衢江区 | 3942 | 1762 | 607 | 312 | 207 | 134 | 417 | 503 |
| 常山县 | 1847 | 671 | 311 | 233 | 98 | 54 | 231 | 249 |
| 开化县 | 1322 | 490 | 151 | 134 | 84 | 75 | 196 | 192 |
| 龙游县 | 6100 | 2153 | 957 | 777 | 469 | 306 | 922 | 516 |
| 江山市 | 2842 | 899 | 468 | 295 | 197 | 108 | 366 | 509 |
| **舟山市** | **68913** | **16722** | **9454** | **6720** | **5122** | **3890** | **11632** | **15373** |
| 定海区 | 25630 | 5068 | 3261 | 2771 | 2179 | 1685 | 4769 | 5897 |
| 普陀区 | 24941 | 6484 | 4101 | 2609 | 1709 | 1262 | 3809 | 4967 |
| 岱山县 | 15436 | 4469 | 1891 | 1132 | 1015 | 749 | 2526 | 3654 |
| 嵊泗县 | 2906 | 701 | 201 | 208 | 219 | 194 | 528 | 855 |
| **台州市** | **327633** | **99939** | **42013** | **35166** | **27536** | **18640** | **47317** | **57022** |
| 椒江区 | 48736 | 11654 | 6583 | 6233 | 4951 | 3238 | 7150 | 8927 |
| 黄岩区 | 26955 | 8750 | 3925 | 2701 | 2145 | 1588 | 3535 | 4311 |
| 路桥区 | 59310 | 18300 | 7767 | 7027 | 4726 | 3505 | 8684 | 9301 |
| 三门县 | 6719 | 2459 | 1175 | 709 | 614 | 362 | 783 | 617 |
| 天台县 | 6647 | 2694 | 1051 | 739 | 559 | 278 | 778 | 548 |
| 仙居县 | 6820 | 2645 | 1069 | 812 | 613 | 374 | 658 | 649 |
| 温岭市 | 72979 | 24799 | 8974 | 7278 | 5940 | 3738 | 10517 | 11733 |
| 临海市 | 46589 | 18006 | 6706 | 5153 | 3790 | 2232 | 5377 | 5325 |
| 玉环市 | 52878 | 10632 | 4763 | 4514 | 4198 | 3325 | 9835 | 15611 |
| **丽水市** | **36411** | **13197** | **5698** | **4352** | **2993** | **1782** | **3884** | **4505** |
| 莲都区 | 11785 | 4137 | 1750 | 1603 | 890 | 452 | 1182 | 1771 |
| 青田县 | 6807 | 2228 | 745 | 866 | 757 | 359 | 861 | 991 |
| 缙云县 | 5110 | 2216 | 1010 | 386 | 291 | 180 | 504 | 523 |
| 遂昌县 | 1447 | 569 | 316 | 133 | 76 | 57 | 147 | 149 |
| 松阳县 | 4422 | 1494 | 681 | 549 | 435 | 317 | 536 | 410 |
| 云和县 | 2254 | 624 | 414 | 351 | 251 | 217 | 258 | 139 |
| 庆元县 | 1346 | 497 | 190 | 168 | 87 | 65 | 146 | 193 |
| 景宁畲族自治县 | 1458 | 762 | 363 | 77 | 67 | 25 | 47 | 117 |
| 龙泉市 | 1782 | 670 | 229 | 219 | 139 | 110 | 203 | 212 |

# 7-5 全省按户口登记地、性别、受教育程度分的户口登记地在外乡镇街道的人口

单位：人

| 受教育程度 | 合计 | | | 省内 | | |
|---|---|---|---|---|---|---|
| | 合计 | 男 | 女 | 小计 | 男 | 女 |
| **总　计** | **29525915** | **16117216** | **13408699** | **13593722** | **6782169** | **6811553** |
| 未上过学 | 584817 | 192646 | 392171 | 299602 | 91261 | 208341 |
| 学前教育 | 783584 | 414859 | 368725 | 417319 | 218293 | 199026 |
| 小　学 | 6134164 | 3074666 | 3059498 | 2434064 | 1121698 | 1312366 |
| 初　中 | 11403774 | 6651341 | 4752433 | 3407253 | 1762423 | 1644830 |
| 高　中 | 4988759 | 2885506 | 2103253 | 2873030 | 1538830 | 1334200 |
| 大学专科 | 2806835 | 1485706 | 1321129 | 1997570 | 1008964 | 988606 |
| 大学本科 | 2557698 | 1270001 | 1287697 | 1975891 | 940907 | 1034984 |
| 硕士研究生 | 240798 | 126399 | 114399 | 171425 | 88633 | 82792 |
| 博士研究生 | 25486 | 16092 | 9394 | 17568 | 11160 | 6408 |

7-5 续表

单位：人

| 受教育程度 | 省内 | | | 省外 | | |
|---|---|---|---|---|---|---|
| | 其中市辖区内人户分离 | | | | | |
| | 小计 | 男 | 女 | 小计 | 男 | 女 |
| **总　计** | **4431730** | **2141476** | **2290254** | **15932193** | **9335047** | **6597146** |
| 未上过学 | 85880 | 25761 | 60119 | 285215 | 101385 | 183830 |
| 学前教育 | 146965 | 76381 | 70584 | 366265 | 196566 | 169699 |
| 小　学 | 724932 | 322766 | 402166 | 3700100 | 1952968 | 1747132 |
| 初　中 | 1004895 | 494008 | 510887 | 7996521 | 4888918 | 3107603 |
| 高　中 | 926350 | 473443 | 452907 | 2115729 | 1346676 | 769053 |
| 大学专科 | 655582 | 322259 | 333323 | 809265 | 476742 | 332523 |
| 大学本科 | 775054 | 367648 | 407406 | 581807 | 329094 | 252713 |
| 硕士研究生 | 100116 | 51559 | 48557 | 69373 | 37766 | 31607 |
| 博士研究生 | 11956 | 7651 | 4305 | 7918 | 4932 | 2986 |

# 7–5a　全省按户口登记地、性别、受教育程度分的户口登记地在外乡镇街道的人口(城市)

单位：人

| 受教育程度 | 合计 | | | 省内 | | |
|---|---|---|---|---|---|---|
| | 合计 | 男 | 女 | 小计 | 男 | 女 |
| **总　计** | **19084234** | **10271648** | **8812586** | **9355288** | **4639016** | **4716272** |
| 未上过学 | 343003 | 110964 | 232039 | 177665 | 52146 | 125519 |
| 学前教育 | 492790 | 261465 | 231325 | 274117 | 143880 | 130237 |
| 小　学 | 3518073 | 1734562 | 1783511 | 1464618 | 659850 | 804768 |
| 初　中 | 6839354 | 3935393 | 2903961 | 2145165 | 1095396 | 1049769 |
| 高　中 | 3339631 | 1906961 | 1432670 | 1923900 | 1027381 | 896519 |
| 大学专科 | 2177329 | 1143331 | 1033998 | 1557066 | 789606 | 767460 |
| 大学本科 | 2131276 | 1049574 | 1081702 | 1639935 | 779540 | 860395 |
| 硕士研究生 | 218997 | 114440 | 104557 | 156491 | 80856 | 75635 |
| 博士研究生 | 23781 | 14958 | 8823 | 16331 | 10361 | 5970 |

7–5a　续表

单位：人

| 受教育程度 | 省内 | | | 省外 | | |
|---|---|---|---|---|---|---|
| | 其中市辖区内人户分离 | | | | | |
| | 小计 | 男 | 女 | 小计 | 男 | 女 |
| **总　计** | **4006341** | **1936717** | **2069624** | **9728946** | **5632632** | **4096314** |
| 未上过学 | 74326 | 21901 | 52425 | 165338 | 58818 | 106520 |
| 学前教育 | 132711 | 69158 | 63553 | 218673 | 117585 | 101088 |
| 小　学 | 634684 | 279738 | 354946 | 2053455 | 1074712 | 978743 |
| 初　中 | 887548 | 434421 | 453127 | 4694189 | 2839997 | 1854192 |
| 高　中 | 822966 | 421436 | 401530 | 1415731 | 879580 | 536151 |
| 大学专科 | 608156 | 301547 | 306609 | 620263 | 353725 | 266538 |
| 大学本科 | 736862 | 350859 | 386003 | 491341 | 270034 | 221307 |
| 硕士研究生 | 97429 | 50199 | 47230 | 62506 | 33584 | 28922 |
| 博士研究生 | 11659 | 7458 | 4201 | 7450 | 4597 | 2853 |

# 7-5b 全省按户口登记地、性别、受教育程度分的户口登记地在外乡镇街道的人口(镇)

单位：人

| 受教育程度 | 合计 | | | 省内 | | |
|---|---|---|---|---|---|---|
| | 合计 | 男 | 女 | 小计 | 男 | 女 |
| **总 计** | **6460503** | **3547023** | **2913480** | **3123028** | **1572182** | **1550846** |
| 未上过学 | 138313 | 45131 | 93182 | 80072 | 24478 | 55594 |
| 学前教育 | 189230 | 99959 | 89271 | 108608 | 56731 | 51877 |
| 小 学 | 1491555 | 742810 | 748745 | 681564 | 316011 | 365553 |
| 初 中 | 2678044 | 1553086 | 1124958 | 915049 | 476924 | 438125 |
| 高 中 | 1158668 | 676701 | 481967 | 730006 | 395358 | 334648 |
| 大学专科 | 459485 | 250721 | 208764 | 332031 | 168839 | 163192 |
| 大学本科 | 328098 | 169013 | 159085 | 264201 | 127731 | 136470 |
| 硕士研究生 | 16012 | 8849 | 7163 | 10709 | 5591 | 5118 |
| 博士研究生 | 1098 | 753 | 345 | 788 | 519 | 269 |

7-5b 续表

单位：人

| 受教育程度 | 省内 | | | 省外 | | |
|---|---|---|---|---|---|---|
| | 其中市辖区内人户分离 | | | | | |
| | 小计 | 男 | 女 | 小计 | 男 | 女 |
| **总 计** | **196101** | **95719** | **100382** | **3337475** | **1974841** | **1362634** |
| 未上过学 | 3582 | 1106 | 2476 | 58241 | 20653 | 37588 |
| 学前教育 | 6662 | 3418 | 3244 | 80622 | 43228 | 37394 |
| 小 学 | 37287 | 17184 | 20103 | 809991 | 426799 | 383192 |
| 初 中 | 53292 | 27244 | 26048 | 1762995 | 1076162 | 686833 |
| 高 中 | 50240 | 25481 | 24759 | 428662 | 281343 | 147319 |
| 大学专科 | 22138 | 10506 | 11632 | 127454 | 81882 | 45572 |
| 大学本科 | 21024 | 9794 | 11230 | 63897 | 41282 | 22615 |
| 硕士研究生 | 1691 | 864 | 827 | 5303 | 3258 | 2045 |
| 博士研究生 | 185 | 122 | 63 | 310 | 234 | 76 |

# 7–5c 全省按户口登记地、性别、受教育程度分的户口登记地在外乡镇街道的人口(乡村)

单位：人

| 受教育程度 | 合计 | | | 省内 | | |
|---|---|---|---|---|---|---|
| | 合计 | 男 | 女 | 小计 | 男 | 女 |
| **总　计** | **3981178** | **2298545** | **1682633** | **1115406** | **570971** | **544435** |
| 未上过学 | 103501 | 36551 | 66950 | 41865 | 14637 | 27228 |
| 学前教育 | 101564 | 53435 | 48129 | 34594 | 17682 | 16912 |
| 小　学 | 1124536 | 597294 | 527242 | 287882 | 145837 | 142045 |
| 初　中 | 1886376 | 1162862 | 723514 | 347039 | 190103 | 156936 |
| 高　中 | 490460 | 301844 | 188616 | 219124 | 116091 | 103033 |
| 大学专科 | 170021 | 91654 | 78367 | 108473 | 50519 | 57954 |
| 大学本科 | 98324 | 51414 | 46910 | 71755 | 33636 | 38119 |
| 硕士研究生 | 5789 | 3110 | 2679 | 4225 | 2186 | 2039 |
| 博士研究生 | 607 | 381 | 226 | 449 | 280 | 169 |

7–5c 续表

单位：人

| 受教育程度 | 省内 | | | 省外 | | |
|---|---|---|---|---|---|---|
| | 其中市辖区内人户分离 | | | | | |
| | 小计 | 男 | 女 | 小计 | 男 | 女 |
| **总　计** | **229288** | **109040** | **120248** | **2865772** | **1727574** | **1138198** |
| 未上过学 | 7972 | 2754 | 5218 | 61636 | 21914 | 39722 |
| 学前教育 | 7592 | 3805 | 3787 | 66970 | 35753 | 31217 |
| 小　学 | 52961 | 25844 | 27117 | 836654 | 451457 | 385197 |
| 初　中 | 64055 | 32343 | 31712 | 1539337 | 972759 | 566578 |
| 高　中 | 53144 | 26526 | 26618 | 271336 | 185753 | 85583 |
| 大学专科 | 25288 | 10206 | 15082 | 61548 | 41135 | 20413 |
| 大学本科 | 17168 | 6995 | 10173 | 26569 | 17778 | 8791 |
| 硕士研究生 | 996 | 496 | 500 | 1564 | 924 | 640 |
| 博士研究生 | 112 | 71 | 41 | 158 | 101 | 57 |

# 7-6 全省按现住地、受教育程度、性别分的户口登记地在本省其他乡镇街道的人口

单位：人

| 现住地 | 合计 | | | 未上过学 | | |
|---|---|---|---|---|---|---|
| | 合计 | 男 | 女 | 小计 | 男 | 女 |
| **合计** | **13593722** | **6782169** | **6811553** | **299602** | **91261** | **208341** |
| **杭州市** | **2948339** | **1471249** | **1477090** | **46210** | **12881** | **33329** |
| 上城区 | 87800 | 40956 | 46844 | 1265 | 311 | 954 |
| 下城区 | 144207 | 67764 | 76443 | 2738 | 655 | 2083 |
| 江干区 | 497052 | 245917 | 251135 | 6380 | 1755 | 4625 |
| 拱墅区 | 208034 | 100534 | 107500 | 3450 | 870 | 2580 |
| 西湖区 | 301086 | 150921 | 150165 | 3268 | 844 | 2424 |
| 滨江区 | 154697 | 77579 | 77118 | 1635 | 415 | 1220 |
| 萧山区 | 431071 | 215814 | 215257 | 8579 | 2240 | 6339 |
| 余杭区 | 495632 | 257650 | 237982 | 8106 | 2363 | 5743 |
| 富阳区 | 219296 | 110088 | 109208 | 3274 | 1179 | 2095 |
| 临安区 | 155278 | 79511 | 75767 | 1771 | 631 | 1140 |
| 桐庐县 | 101700 | 49958 | 51742 | 2200 | 618 | 1582 |
| 淳安县 | 79129 | 38714 | 40415 | 2406 | 657 | 1749 |
| 建德市 | 73357 | 35843 | 37514 | 1138 | 343 | 795 |
| **宁波市** | **1867134** | **918599** | **948535** | **29279** | **9268** | **20011** |
| 海曙区 | 289607 | 142832 | 146775 | 4802 | 1545 | 3257 |
| 江北区 | 127415 | 62954 | 64461 | 2295 | 747 | 1548 |
| 北仑区 | 125374 | 65633 | 59741 | 1754 | 616 | 1138 |
| 镇海区 | 111240 | 56015 | 55225 | 1653 | 451 | 1202 |
| 鄞州区 | 438336 | 212145 | 226191 | 6402 | 1945 | 4457 |
| 奉化区 | 111004 | 54693 | 56311 | 1978 | 613 | 1365 |
| 象山县 | 130248 | 63192 | 67056 | 2371 | 824 | 1547 |
| 宁海县 | 164349 | 83094 | 81255 | 2838 | 743 | 2095 |
| 余姚市 | 165397 | 79917 | 85480 | 2662 | 899 | 1763 |
| 慈溪市 | 204164 | 98124 | 106040 | 2524 | 885 | 1639 |
| **温州市** | **2073464** | **1062908** | **1010556** | **76980** | **23893** | **53087** |
| 鹿城区 | 345177 | 169941 | 175236 | 8530 | 2430 | 6100 |
| 龙湾区 | 147923 | 79601 | 68322 | 3712 | 1206 | 2506 |
| 瓯海区 | 289615 | 147258 | 142357 | 9823 | 2827 | 6996 |
| 洞头区 | 24062 | 13293 | 10769 | 521 | 140 | 381 |
| 永嘉县 | 157197 | 82558 | 74639 | 4515 | 1503 | 3012 |
| 平阳县 | 183247 | 93814 | 89433 | 8776 | 2741 | 6035 |
| 苍南县 | 175786 | 90203 | 85583 | 9463 | 3245 | 6218 |
| 文成县 | 25808 | 12719 | 13089 | 1143 | 433 | 710 |
| 泰顺县 | 44099 | 21936 | 22163 | 1708 | 625 | 1083 |
| 瑞安市 | 269263 | 139263 | 130000 | 13851 | 4204 | 9647 |
| 乐清市 | 199877 | 102239 | 97638 | 4653 | 1495 | 3158 |
| 龙港市 | 211410 | 110083 | 101327 | 10285 | 3044 | 7241 |
| **嘉兴市** | **827491** | **401047** | **426444** | **15737** | **3908** | **11829** |
| 南湖区 | 197751 | 93758 | 103993 | 3324 | 814 | 2510 |
| 秀洲区 | 96982 | 47606 | 49376 | 2241 | 569 | 1672 |
| 嘉善县 | 86870 | 42366 | 44504 | 2492 | 678 | 1814 |
| 海盐县 | 51876 | 25257 | 26619 | 1427 | 346 | 1081 |
| 海宁市 | 158657 | 78631 | 80026 | 2348 | 528 | 1820 |
| 平湖市 | 97657 | 47265 | 50392 | 1973 | 474 | 1499 |
| 桐乡市 | 137698 | 66164 | 71534 | 1932 | 499 | 1433 |
| **湖州市** | **608467** | **297962** | **310505** | **10088** | **2970** | **7118** |
| 吴兴区 | 251000 | 120910 | 130090 | 4612 | 1244 | 3368 |
| 南浔区 | 40985 | 20957 | 20028 | 861 | 270 | 591 |
| 德清县 | 94098 | 47317 | 46781 | 1340 | 420 | 920 |
| 长兴县 | 126063 | 61157 | 64906 | 1862 | 598 | 1264 |
| 安吉县 | 96321 | 47621 | 48700 | 1413 | 438 | 975 |

7-6　续表 1　　单位：人

| 现住地 | 合计 | | | 未上过学 | | |
|---|---|---|---|---|---|---|
| | 合计 | 男 | 女 | 小计 | 男 | 女 |
| **绍兴市** | **1125304** | **553133** | **572171** | **15919** | **5615** | **10304** |
| 越城区 | 278520 | 133217 | 145303 | 2587 | 881 | 1706 |
| 柯桥区 | 173446 | 86698 | 86748 | 3268 | 1084 | 2184 |
| 上虞区 | 134997 | 66104 | 68893 | 2705 | 833 | 1872 |
| 新昌县 | 137865 | 70656 | 67209 | 2356 | 770 | 1586 |
| 诸暨市 | 271338 | 132059 | 139279 | 3608 | 1582 | 2026 |
| 嵊州市 | 129138 | 64399 | 64739 | 1395 | 465 | 930 |
| **金华市** | **1377658** | **699781** | **677877** | **28102** | **9154** | **18948** |
| 婺城区 | 302650 | 150581 | 152069 | 6032 | 1750 | 4282 |
| 金东区 | 92989 | 48433 | 44556 | 1343 | 512 | 831 |
| 武义县 | 93355 | 47664 | 45691 | 2676 | 900 | 1776 |
| 浦江县 | 83407 | 41931 | 41476 | 2452 | 704 | 1748 |
| 磐安县 | 29932 | 14916 | 15016 | 843 | 284 | 559 |
| 兰溪市 | 78758 | 37728 | 41030 | 2136 | 531 | 1605 |
| 义乌市 | 352931 | 183844 | 169087 | 6324 | 2211 | 4113 |
| 东阳市 | 204900 | 103047 | 101853 | 3745 | 1239 | 2506 |
| 永康市 | 138736 | 71637 | 67099 | 2551 | 1023 | 1528 |
| **衢州市** | **567244** | **278086** | **289158** | **14131** | **4111** | **10020** |
| 柯城区 | 202281 | 98442 | 103839 | 3839 | 1013 | 2826 |
| 衢江区 | 86763 | 44665 | 42098 | 2814 | 898 | 1916 |
| 常山县 | 46924 | 22568 | 24356 | 1772 | 496 | 1276 |
| 开化县 | 49952 | 23378 | 26574 | 1775 | 434 | 1341 |
| 龙游县 | 75541 | 37551 | 37990 | 1810 | 648 | 1162 |
| 江山市 | 105783 | 51482 | 54301 | 2121 | 622 | 1499 |
| **舟山市** | **290726** | **143339** | **147387** | **4751** | **1383** | **3368** |
| 定海区 | 142901 | 69521 | 73380 | 1783 | 505 | 1278 |
| 普陀区 | 105674 | 51420 | 54254 | 1933 | 573 | 1360 |
| 岱山县 | 30982 | 16667 | 14315 | 657 | 206 | 451 |
| 嵊泗县 | 11169 | 5731 | 5438 | 378 | 99 | 279 |
| **台州市** | **1124057** | **562984** | **561073** | **31206** | **9405** | **21801** |
| 椒江区 | 205549 | 103928 | 101621 | 4993 | 1465 | 3528 |
| 黄岩区 | 122588 | 61423 | 61165 | 2552 | 798 | 1754 |
| 路桥区 | 106495 | 53740 | 52755 | 2665 | 795 | 1870 |
| 三门县 | 68834 | 35125 | 33709 | 2935 | 832 | 2103 |
| 天台县 | 94706 | 47049 | 47657 | 1864 | 623 | 1241 |
| 仙居县 | 112304 | 56405 | 55899 | 3663 | 1243 | 2420 |
| 温岭市 | 169133 | 84383 | 84750 | 3963 | 1228 | 2735 |
| 临海市 | 178186 | 88181 | 90005 | 4773 | 1305 | 3468 |
| 玉环市 | 66262 | 32750 | 33512 | 3798 | 1116 | 2682 |
| **丽水市** | **783838** | **393081** | **390757** | **27199** | **8673** | **18526** |
| 莲都区 | 246148 | 124358 | 121790 | 7768 | 2661 | 5107 |
| 青田县 | 95118 | 47187 | 47931 | 3828 | 1080 | 2748 |
| 缙云县 | 73173 | 36577 | 36596 | 1376 | 499 | 877 |
| 遂昌县 | 46366 | 23319 | 23047 | 1608 | 429 | 1179 |
| 松阳县 | 46637 | 22747 | 23890 | 1457 | 424 | 1033 |
| 云和县 | 58774 | 30239 | 28535 | 2248 | 787 | 1461 |
| 庆元县 | 59863 | 30129 | 29734 | 2913 | 810 | 2103 |
| 景宁畲族自治县 | 49464 | 24497 | 24967 | 2087 | 667 | 1420 |
| 龙泉市 | 108295 | 54028 | 54267 | 3914 | 1316 | 2598 |

7-6 续表 2 单位：人

| 现住地 | 学前教育 | | | 小学 | | |
|---|---|---|---|---|---|---|
| | 小计 | 男 | 女 | 小计 | 男 | 女 |
| **合计** | **417319** | **218293** | **199026** | **2434064** | **1121698** | **1312366** |
| **杭州市** | **74861** | **38943** | **35918** | **375378** | **168071** | **207307** |
| 上城区 | 1921 | 989 | 932 | 10538 | 4404 | 6134 |
| 下城区 | 3363 | 1724 | 1639 | 16502 | 7004 | 9498 |
| 江干区 | 10436 | 5426 | 5010 | 48532 | 21321 | 27211 |
| 拱墅区 | 4455 | 2285 | 2170 | 23583 | 10178 | 13405 |
| 西湖区 | 5335 | 2799 | 2536 | 26619 | 11324 | 15295 |
| 滨江区 | 2701 | 1400 | 1301 | 11413 | 4925 | 6488 |
| 萧山区 | 13871 | 7157 | 6714 | 63329 | 29117 | 34212 |
| 余杭区 | 13213 | 6901 | 6312 | 69551 | 32351 | 37200 |
| 富阳区 | 7193 | 3805 | 3388 | 36686 | 17018 | 19668 |
| 临安区 | 4368 | 2302 | 2066 | 21666 | 10152 | 11514 |
| 桐庐县 | 3217 | 1666 | 1551 | 17406 | 7943 | 9463 |
| 淳安县 | 2370 | 1215 | 1155 | 15954 | 6357 | 9597 |
| 建德市 | 2418 | 1274 | 1144 | 13599 | 5977 | 7622 |
| **宁波市** | **48143** | **25054** | **23089** | **319834** | **143269** | **176565** |
| 海曙区 | 6865 | 3573 | 3292 | 50058 | 22287 | 27771 |
| 江北区 | 3026 | 1633 | 1393 | 18959 | 8453 | 10506 |
| 北仑区 | 3118 | 1648 | 1470 | 19591 | 9060 | 10531 |
| 镇海区 | 2233 | 1143 | 1090 | 17972 | 8225 | 9747 |
| 鄞州区 | 9678 | 5016 | 4662 | 62310 | 27303 | 35007 |
| 奉化区 | 2554 | 1298 | 1256 | 25113 | 11268 | 13845 |
| 象山县 | 4011 | 2059 | 1952 | 29376 | 13046 | 16330 |
| 宁海县 | 5798 | 3089 | 2709 | 36339 | 16302 | 20037 |
| 余姚市 | 4887 | 2533 | 2354 | 28419 | 12849 | 15570 |
| 慈溪市 | 5973 | 3062 | 2911 | 31697 | 14476 | 17221 |
| **温州市** | **70407** | **37753** | **32654** | **499764** | **242343** | **257421** |
| 鹿城区 | 8679 | 4618 | 4061 | 60391 | 27098 | 33293 |
| 龙湾区 | 4973 | 2672 | 2301 | 28333 | 14387 | 13946 |
| 瓯海区 | 8105 | 4228 | 3877 | 53939 | 26391 | 27548 |
| 洞头区 | 449 | 252 | 197 | 3115 | 1447 | 1668 |
| 永嘉县 | 5592 | 3030 | 2562 | 39651 | 19760 | 19891 |
| 平阳县 | 7124 | 3826 | 3298 | 55668 | 27619 | 28049 |
| 苍南县 | 7576 | 4026 | 3550 | 59277 | 28821 | 30456 |
| 文成县 | 851 | 454 | 397 | 8035 | 3908 | 4127 |
| 泰顺县 | 1963 | 1035 | 928 | 14198 | 6847 | 7351 |
| 瑞安市 | 8545 | 4551 | 3994 | 68721 | 33786 | 34935 |
| 乐清市 | 7066 | 3816 | 3250 | 41951 | 20471 | 21480 |
| 龙港市 | 9484 | 5245 | 4239 | 66485 | 31808 | 34677 |
| **嘉兴市** | **26692** | **13782** | **12910** | **140149** | **59805** | **80344** |
| 南湖区 | 6481 | 3359 | 3122 | 28155 | 11804 | 16351 |
| 秀洲区 | 3474 | 1805 | 1669 | 15380 | 6762 | 8618 |
| 嘉善县 | 3351 | 1719 | 1632 | 17923 | 8077 | 9846 |
| 海盐县 | 1517 | 789 | 728 | 8512 | 3478 | 5034 |
| 海宁市 | 4342 | 2215 | 2127 | 25012 | 11070 | 13942 |
| 平湖市 | 2647 | 1377 | 1270 | 18321 | 7386 | 10935 |
| 桐乡市 | 4880 | 2518 | 2362 | 26846 | 11228 | 15618 |
| **湖州市** | **19703** | **10094** | **9609** | **113539** | **50856** | **62683** |
| 吴兴区 | 8014 | 4114 | 3900 | 45761 | 19884 | 25877 |
| 南浔区 | 1392 | 720 | 672 | 10193 | 4941 | 5252 |
| 德清县 | 3016 | 1541 | 1475 | 18374 | 8219 | 10155 |
| 长兴县 | 4473 | 2284 | 2189 | 23510 | 10732 | 12778 |
| 安吉县 | 2808 | 1435 | 1373 | 15701 | 7080 | 8621 |

7-6 续表 3 单位：人

| 现住地 | 学前教育 | | | 小学 | | |
|---|---|---|---|---|---|---|
| | 小计 | 男 | 女 | 小计 | 男 | 女 |
| **绍兴市** | **32959** | **16957** | **16002** | **173511** | **75893** | **97618** |
| 越城区 | 8801 | 4483 | 4318 | 42577 | 18062 | 24515 |
| 柯桥区 | 5281 | 2747 | 2534 | 29798 | 13210 | 16588 |
| 上虞区 | 3145 | 1570 | 1575 | 19419 | 8325 | 11094 |
| 新昌县 | 4501 | 2356 | 2145 | 23199 | 10269 | 12930 |
| 诸暨市 | 7861 | 4112 | 3749 | 38484 | 17165 | 21319 |
| 嵊州市 | 3370 | 1689 | 1681 | 20034 | 8862 | 11172 |
| **金华市** | **51018** | **27186** | **23832** | **208385** | **99734** | **108651** |
| 婺城区 | 10671 | 5676 | 4995 | 40714 | 18986 | 21728 |
| 金东区 | 3269 | 1710 | 1559 | 13019 | 6540 | 6479 |
| 武义县 | 3750 | 1949 | 1801 | 17819 | 8548 | 9271 |
| 浦江县 | 2182 | 1193 | 989 | 15050 | 6700 | 8350 |
| 磐安县 | 1130 | 590 | 540 | 5828 | 2722 | 3106 |
| 兰溪市 | 2411 | 1225 | 1186 | 12544 | 5751 | 6793 |
| 义乌市 | 13965 | 7538 | 6427 | 49360 | 23913 | 25447 |
| 东阳市 | 7908 | 4145 | 3763 | 31520 | 14973 | 16547 |
| 永康市 | 5732 | 3160 | 2572 | 22531 | 11601 | 10930 |
| **衢州市** | **22688** | **11694** | **10994** | **107407** | **47981** | **59426** |
| 柯城区 | 8161 | 4187 | 3974 | 31485 | 13669 | 17816 |
| 衢江区 | 3539 | 1862 | 1677 | 18236 | 8833 | 9403 |
| 常山县 | 2023 | 1047 | 976 | 9542 | 4188 | 5354 |
| 开化县 | 2334 | 1169 | 1165 | 12443 | 5251 | 7192 |
| 龙游县 | 2659 | 1366 | 1293 | 14305 | 6614 | 7691 |
| 江山市 | 3972 | 2063 | 1909 | 21396 | 9426 | 11970 |
| **舟山市** | **6507** | **3263** | **3244** | **58594** | **27054** | **31540** |
| 定海区 | 3033 | 1555 | 1478 | 24838 | 10801 | 14037 |
| 普陀区 | 2677 | 1333 | 1344 | 23173 | 10812 | 12361 |
| 岱山县 | 585 | 275 | 310 | 7379 | 3710 | 3669 |
| 嵊泗县 | 212 | 100 | 112 | 3204 | 1731 | 1473 |
| **台州市** | **36344** | **19192** | **17152** | **224092** | **103930** | **120162** |
| 椒江区 | 6456 | 3413 | 3043 | 33838 | 15605 | 18233 |
| 黄岩区 | 4021 | 2096 | 1925 | 24109 | 11076 | 13033 |
| 路桥区 | 3795 | 2028 | 1767 | 23187 | 10953 | 12234 |
| 三门县 | 2526 | 1406 | 1120 | 15516 | 7014 | 8502 |
| 天台县 | 3048 | 1618 | 1430 | 19253 | 8866 | 10387 |
| 仙居县 | 3724 | 1949 | 1775 | 22769 | 10912 | 11857 |
| 温岭市 | 5233 | 2745 | 2488 | 37670 | 17149 | 20521 |
| 临海市 | 5451 | 2872 | 2579 | 33603 | 15315 | 18288 |
| 玉环市 | 2090 | 1065 | 1025 | 14147 | 7040 | 7107 |
| **丽水市** | **27997** | **14375** | **13622** | **213411** | **102762** | **110649** |
| 莲都区 | 8120 | 4264 | 3856 | 50007 | 24397 | 25610 |
| 青田县 | 3879 | 1910 | 1969 | 33294 | 15671 | 17623 |
| 缙云县 | 2846 | 1480 | 1366 | 15309 | 7372 | 7937 |
| 遂昌县 | 1540 | 782 | 758 | 11376 | 5471 | 5905 |
| 松阳县 | 1704 | 890 | 814 | 11894 | 5752 | 6142 |
| 云和县 | 1828 | 959 | 869 | 19655 | 9804 | 9851 |
| 庆元县 | 2230 | 1136 | 1094 | 20660 | 9669 | 10991 |
| 景宁畲族自治县 | 1838 | 967 | 871 | 18913 | 8920 | 9993 |
| 龙泉市 | 4012 | 1987 | 2025 | 32303 | 15706 | 16597 |

7-6 续表 4　　单位：人

| 现住地 | 初中 | | | 高中 | | | 大学专科 | | |
|---|---|---|---|---|---|---|---|---|---|
| | 小计 | 男 | 女 | 小计 | 男 | 女 | 小计 | 男 | 女 |
| **合计** | **3407253** | **1762423** | **1644830** | **2873030** | **1538830** | **1334200** | **1997570** | **1008964** | **988606** |
| **杭州市** | **572336** | **292237** | **280099** | **562079** | **300554** | **261525** | **544629** | **279530** | **265099** |
| 上城区 | 19178 | 9055 | 10123 | 16542 | 8026 | 8516 | 13874 | 6891 | 6983 |
| 下城区 | 26417 | 12430 | 13987 | 26479 | 13109 | 13370 | 24251 | 11818 | 12433 |
| 江干区 | 80841 | 40747 | 40094 | 80851 | 43557 | 37294 | 114860 | 59132 | 55728 |
| 拱墅区 | 35395 | 17017 | 18378 | 36633 | 18970 | 17663 | 38009 | 19048 | 18961 |
| 西湖区 | 38340 | 19201 | 19139 | 51408 | 26800 | 24608 | 61711 | 31834 | 29877 |
| 滨江区 | 15748 | 7815 | 7933 | 19067 | 9568 | 9499 | 41868 | 21685 | 20183 |
| 萧山区 | 78876 | 41104 | 37772 | 82903 | 44828 | 38075 | 83912 | 42283 | 41629 |
| 余杭区 | 104514 | 56455 | 48059 | 90426 | 50737 | 39689 | 88432 | 47629 | 40803 |
| 富阳区 | 56326 | 28814 | 27512 | 57499 | 31006 | 26493 | 29642 | 14841 | 14801 |
| 临安区 | 41275 | 21471 | 19804 | 33923 | 18395 | 15528 | 20845 | 10835 | 10010 |
| 桐庐县 | 29998 | 15207 | 14791 | 25024 | 13473 | 11551 | 11080 | 5558 | 5522 |
| 淳安县 | 24407 | 12505 | 11902 | 20478 | 11280 | 9198 | 7879 | 3914 | 3965 |
| 建德市 | 21021 | 10416 | 10605 | 20846 | 10805 | 10041 | 8266 | 4062 | 4204 |
| **宁波市** | **474394** | **242438** | **231956** | **362462** | **193110** | **169352** | **297465** | **144343** | **153122** |
| 海曙区 | 73860 | 38451 | 35409 | 51740 | 27677 | 24063 | 46019 | 22453 | 23566 |
| 江北区 | 28369 | 14364 | 14005 | 21885 | 11687 | 10198 | 23980 | 12388 | 11592 |
| 北仑区 | 32475 | 16954 | 15521 | 24641 | 14022 | 10619 | 23787 | 13041 | 10746 |
| 镇海区 | 26749 | 13908 | 12841 | 18543 | 10393 | 8150 | 21557 | 10509 | 11048 |
| 鄞州区 | 88029 | 44208 | 43821 | 75352 | 39690 | 35662 | 82201 | 38789 | 43412 |
| 奉化区 | 35624 | 18130 | 17494 | 22509 | 12349 | 10160 | 13180 | 6380 | 6800 |
| 象山县 | 42552 | 21021 | 21531 | 27565 | 14306 | 13259 | 13698 | 6905 | 6793 |
| 宁海县 | 51159 | 26650 | 24509 | 36616 | 20327 | 16289 | 18549 | 9548 | 9001 |
| 余姚市 | 45631 | 22966 | 22665 | 39708 | 20256 | 19452 | 23198 | 11070 | 12128 |
| 慈溪市 | 49946 | 25786 | 24160 | 43903 | 22403 | 21500 | 31296 | 13260 | 18036 |
| **温州市** | **515284** | **279890** | **235394** | **425909** | **235442** | **190467** | **262942** | **135406** | **127536** |
| 鹿城区 | 86554 | 45111 | 41443 | 69167 | 36611 | 32556 | 57579 | 27813 | 29766 |
| 龙湾区 | 32928 | 18556 | 14372 | 34759 | 19957 | 14802 | 26377 | 14137 | 12240 |
| 瓯海区 | 61644 | 34646 | 26998 | 49719 | 28177 | 21542 | 45482 | 23539 | 21943 |
| 洞头区 | 4319 | 2321 | 1998 | 6948 | 3902 | 3046 | 4901 | 3427 | 1474 |
| 永嘉县 | 43380 | 23871 | 19509 | 38665 | 21263 | 17402 | 15270 | 7973 | 7297 |
| 平阳县 | 45529 | 24638 | 20891 | 39031 | 21443 | 17588 | 16360 | 8173 | 8187 |
| 苍南县 | 46252 | 25120 | 21132 | 32362 | 18136 | 14226 | 13990 | 7323 | 6667 |
| 文成县 | 7039 | 3560 | 3479 | 4731 | 2377 | 2354 | 2139 | 1081 | 1058 |
| 泰顺县 | 10593 | 5361 | 5232 | 9016 | 4674 | 4342 | 3851 | 1999 | 1852 |
| 瑞安市 | 72622 | 39897 | 32725 | 53108 | 29715 | 23393 | 28885 | 15148 | 13737 |
| 乐清市 | 50477 | 26900 | 23577 | 50838 | 27401 | 23437 | 25562 | 12587 | 12975 |
| 龙港市 | 53947 | 29909 | 24038 | 37565 | 21786 | 15779 | 22546 | 12206 | 10340 |
| **嘉兴市** | **215206** | **108474** | **106732** | **159717** | **85246** | **74471** | **130111** | **65694** | **64417** |
| 南湖区 | 40306 | 19705 | 20601 | 33674 | 17258 | 16416 | 34550 | 17002 | 17548 |
| 秀洲区 | 22583 | 11268 | 11315 | 16362 | 8776 | 7586 | 20485 | 10703 | 9782 |
| 嘉善县 | 24779 | 12759 | 12020 | 15194 | 8287 | 6907 | 11742 | 5782 | 5960 |
| 海盐县 | 15154 | 7692 | 7462 | 10453 | 5820 | 4633 | 7877 | 3912 | 3965 |
| 海宁市 | 43941 | 22636 | 21305 | 34361 | 18336 | 16025 | 22205 | 11822 | 10383 |
| 平湖市 | 27510 | 13903 | 13607 | 18601 | 10424 | 8177 | 16569 | 8280 | 8289 |
| 桐乡市 | 40933 | 20511 | 20422 | 31072 | 16345 | 14727 | 16683 | 8193 | 8490 |
| **湖州市** | **163851** | **83119** | **80732** | **133203** | **69936** | **63267** | **83469** | **41938** | **41531** |
| 吴兴区 | 62582 | 31389 | 31193 | 47339 | 24665 | 22674 | 39318 | 20410 | 18908 |
| 南浔区 | 13190 | 7182 | 6008 | 8191 | 4342 | 3849 | 3747 | 1902 | 1845 |
| 德清县 | 24695 | 12877 | 11818 | 21327 | 11766 | 9561 | 12296 | 6166 | 6130 |
| 长兴县 | 36046 | 17794 | 18252 | 30886 | 15723 | 15163 | 15686 | 7580 | 8106 |
| 安吉县 | 27338 | 13877 | 13461 | 25460 | 13440 | 12020 | 12422 | 5880 | 6542 |

7-6　续表 5　　单位：人

| 现住地 | 初中 | | | 高中 | | | 大学专科 | | |
|---|---|---|---|---|---|---|---|---|---|
| | 小计 | 男 | 女 | 小计 | 男 | 女 | 小计 | 男 | 女 |
| **绍兴市** | **312414** | **156025** | **156389** | **268588** | **142520** | **126068** | **149471** | **76072** | **73399** |
| 越城区 | 56286 | 27970 | 28316 | 53683 | 27606 | 26077 | 48488 | 24895 | 23593 |
| 柯桥区 | 46767 | 25207 | 21560 | 36458 | 19737 | 16721 | 21298 | 10139 | 11159 |
| 上虞区 | 35380 | 17025 | 18355 | 31330 | 16813 | 14517 | 22542 | 11885 | 10657 |
| 新昌县 | 43013 | 22151 | 20862 | 37436 | 20849 | 16587 | 15218 | 8231 | 6987 |
| 诸暨市 | 84371 | 40175 | 44196 | 75550 | 39260 | 36290 | 28633 | 14215 | 14418 |
| 嵊州市 | 46597 | 23497 | 23100 | 34131 | 18255 | 15876 | 13292 | 6707 | 6585 |
| **金华市** | **378552** | **197307** | **181245** | **341636** | **184444** | **157192** | **215992** | **108314** | **107678** |
| 婺城区 | 62506 | 32377 | 30129 | 73602 | 39162 | 34440 | 62948 | 31303 | 31645 |
| 金东区 | 23528 | 12864 | 10664 | 23193 | 12279 | 10914 | 15753 | 8723 | 7030 |
| 武义县 | 31027 | 16495 | 14532 | 22150 | 12033 | 10117 | 9593 | 4723 | 4870 |
| 浦江县 | 28117 | 14184 | 13933 | 21131 | 11999 | 9132 | 8043 | 3991 | 4052 |
| 磐安县 | 9547 | 4804 | 4743 | 7113 | 3839 | 3274 | 2970 | 1478 | 1492 |
| 兰溪市 | 21035 | 10467 | 10568 | 21866 | 11011 | 10855 | 7853 | 3944 | 3909 |
| 义乌市 | 96621 | 51210 | 45411 | 83016 | 46521 | 36495 | 65005 | 32767 | 32238 |
| 东阳市 | 62462 | 31607 | 30855 | 50823 | 27149 | 23674 | 28845 | 14179 | 14666 |
| 永康市 | 43709 | 23299 | 20410 | 38742 | 20451 | 18291 | 14982 | 7206 | 7776 |
| **衢州市** | **170555** | **85162** | **85393** | **140025** | **73022** | **67003** | **60166** | **30131** | **30035** |
| 柯城区 | 53293 | 26636 | 26657 | 47724 | 24383 | 23341 | 30441 | 15065 | 15376 |
| 衢江区 | 28209 | 14955 | 13254 | 21325 | 11604 | 9721 | 7292 | 3733 | 3559 |
| 常山县 | 13965 | 6812 | 7153 | 12462 | 6372 | 6090 | 3485 | 1815 | 1670 |
| 开化县 | 16180 | 7590 | 8590 | 10788 | 5735 | 5053 | 3402 | 1710 | 1692 |
| 龙游县 | 24435 | 11958 | 12477 | 19723 | 10537 | 9186 | 6748 | 3450 | 3298 |
| 江山市 | 34473 | 17211 | 17262 | 28003 | 14391 | 13612 | 8798 | 4358 | 4440 |
| **舟山市** | **83992** | **42385** | **41607** | **50627** | **25531** | **25096** | **41260** | **22105** | **19155** |
| 定海区 | 35145 | 17407 | 17738 | 26051 | 13056 | 12995 | 22157 | 11978 | 10179 |
| 普陀区 | 33787 | 16974 | 16813 | 18068 | 8932 | 9136 | 15036 | 7599 | 7437 |
| 岱山县 | 11347 | 6075 | 5272 | 5081 | 2850 | 2231 | 3148 | 2001 | 1147 |
| 嵊泗县 | 3713 | 1929 | 1784 | 1427 | 693 | 734 | 919 | 527 | 392 |
| **台州市** | **289166** | **151770** | **137396** | **278078** | **149044** | **129034** | **141528** | **70862** | **70666** |
| 椒江区 | 39188 | 20769 | 18419 | 40715 | 21826 | 18889 | 39975 | 20938 | 19037 |
| 黄岩区 | 32907 | 17543 | 15364 | 29636 | 15909 | 13727 | 18338 | 8873 | 9465 |
| 路桥区 | 28666 | 15391 | 13275 | 25045 | 13577 | 11468 | 12075 | 5862 | 6213 |
| 三门县 | 18762 | 9878 | 8884 | 17503 | 9879 | 7624 | 6623 | 3574 | 3049 |
| 天台县 | 32655 | 16759 | 15896 | 21461 | 11295 | 10166 | 8663 | 4180 | 4483 |
| 仙居县 | 32502 | 16701 | 15801 | 31910 | 17034 | 14876 | 10114 | 4928 | 5186 |
| 温岭市 | 42756 | 22598 | 20158 | 47016 | 24811 | 22205 | 18161 | 9039 | 9122 |
| 临海市 | 44226 | 22756 | 21470 | 49549 | 26815 | 22734 | 20078 | 10048 | 10030 |
| 玉环市 | 17504 | 9375 | 8129 | 15243 | 7898 | 7345 | 7501 | 3420 | 4081 |
| **丽水市** | **231503** | **123616** | **107887** | **150706** | **79981** | **70725** | **70537** | **34569** | **35968** |
| 莲都区 | 64787 | 34888 | 29899 | 52784 | 28337 | 24447 | 32065 | 15748 | 16317 |
| 青田县 | 25016 | 13439 | 11577 | 17371 | 9272 | 8099 | 5279 | 2671 | 2608 |
| 缙云县 | 27057 | 13801 | 13256 | 17349 | 9098 | 8251 | 5576 | 2645 | 2931 |
| 遂昌县 | 15063 | 8074 | 6989 | 10055 | 5320 | 4735 | 3965 | 1930 | 2035 |
| 松阳县 | 15318 | 7997 | 7321 | 9934 | 4830 | 5104 | 3829 | 1676 | 2153 |
| 云和县 | 18654 | 10191 | 8463 | 8892 | 4897 | 3995 | 4214 | 2090 | 2124 |
| 庆元县 | 18059 | 10150 | 7909 | 7899 | 4324 | 3575 | 4243 | 2177 | 2066 |
| 景宁畲族自治县 | 13911 | 7276 | 6635 | 7028 | 3864 | 3164 | 2896 | 1470 | 1426 |
| 龙泉市 | 33638 | 17800 | 15838 | 19394 | 10039 | 9355 | 8470 | 4162 | 4308 |

7-6 续表 6

单位：人

| 现住地 | 大学本科 | | | 硕士研究生 | | | 博士研究生 | | |
|---|---|---|---|---|---|---|---|---|---|
| | 小计 | 男 | 女 | 小计 | 男 | 女 | 小计 | 男 | 女 |
| **合计** | **1975891** | **940907** | **1034984** | **171425** | **88633** | **82792** | **17568** | **11160** | **6408** |
| **杭州市** | **666447** | **322682** | **343765** | **95114** | **49271** | **45843** | **11285** | **7080** | **4205** |
| 上城区 | 20100 | 9141 | 10959 | 3962 | 1884 | 2078 | 420 | 255 | 165 |
| 下城区 | 36307 | 16856 | 19451 | 7293 | 3621 | 3672 | 857 | 547 | 310 |
| 江干区 | 133608 | 63180 | 70428 | 19354 | 9513 | 9841 | 2190 | 1286 | 904 |
| 拱墅区 | 58304 | 27797 | 30507 | 7404 | 3868 | 3536 | 801 | 501 | 300 |
| 西湖区 | 93065 | 46379 | 46686 | 17614 | 9418 | 8196 | 3726 | 2322 | 1404 |
| 滨江区 | 51504 | 25942 | 25562 | 10050 | 5393 | 4657 | 711 | 436 | 275 |
| 萧山区 | 88055 | 42734 | 45321 | 10881 | 5904 | 4977 | 665 | 447 | 218 |
| 余杭区 | 105901 | 52918 | 52983 | 14054 | 7334 | 6720 | 1435 | 962 | 473 |
| 富阳区 | 26611 | 12327 | 14284 | 1871 | 960 | 911 | 194 | 138 | 56 |
| 临安区 | 29430 | 14650 | 14780 | 1796 | 941 | 855 | 204 | 134 | 70 |
| 桐庐县 | 12364 | 5288 | 7076 | 374 | 184 | 190 | 37 | 21 | 16 |
| 淳安县 | 5461 | 2697 | 2764 | 160 | 77 | 83 | 14 | 12 | 2 |
| 建德市 | 5737 | 2773 | 2964 | 301 | 174 | 127 | 31 | 19 | 12 |
| **宁波市** | **312435** | **148791** | **163644** | **21393** | **11182** | **10211** | **1729** | **1144** | **585** |
| 海曙区 | 53297 | 25268 | 28029 | 2785 | 1456 | 1329 | 181 | 122 | 59 |
| 江北区 | 25847 | 12034 | 13813 | 2821 | 1487 | 1334 | 233 | 161 | 72 |
| 北仑区 | 18668 | 9567 | 9101 | 1211 | 637 | 574 | 129 | 88 | 41 |
| 镇海区 | 20300 | 10180 | 10120 | 1975 | 1037 | 938 | 258 | 169 | 89 |
| 鄞州区 | 105174 | 50393 | 54781 | 8503 | 4371 | 4132 | 687 | 430 | 257 |
| 奉化区 | 9491 | 4383 | 5108 | 526 | 249 | 277 | 29 | 23 | 6 |
| 象山县 | 10360 | 4858 | 5502 | 291 | 159 | 132 | 24 | 14 | 10 |
| 宁海县 | 12616 | 6198 | 6418 | 415 | 222 | 193 | 19 | 15 | 4 |
| 余姚市 | 19800 | 8757 | 11043 | 1027 | 539 | 488 | 65 | 48 | 17 |
| 慈溪市 | 36882 | 17153 | 19729 | 1839 | 1025 | 814 | 104 | 74 | 30 |
| **温州市** | **205813** | **99646** | **106167** | **14938** | **7617** | **7321** | **1427** | **918** | **509** |
| 鹿城区 | 48687 | 23411 | 25276 | 5112 | 2552 | 2560 | 478 | 297 | 181 |
| 龙湾区 | 15638 | 8021 | 7617 | 1121 | 614 | 507 | 82 | 51 | 31 |
| 瓯海区 | 55494 | 24696 | 30798 | 4812 | 2356 | 2456 | 597 | 398 | 199 |
| 洞头区 | 3683 | 1743 | 1940 | 118 | 60 | 58 | 8 | 1 | 7 |
| 永嘉县 | 9593 | 4887 | 4706 | 492 | 249 | 243 | 39 | 22 | 17 |
| 平阳县 | 10340 | 5152 | 5188 | 399 | 209 | 190 | 20 | 13 | 7 |
| 苍南县 | 6593 | 3405 | 3188 | 252 | 112 | 140 | 21 | 15 | 6 |
| 文成县 | 1814 | 882 | 932 | 53 | 23 | 30 | 3 | 1 | 2 |
| 泰顺县 | 2678 | 1343 | 1335 | 88 | 50 | 38 | 4 | 2 | 2 |
| 瑞安市 | 22284 | 11240 | 11044 | 1155 | 659 | 496 | 92 | 63 | 29 |
| 乐清市 | 18236 | 8964 | 9272 | 1028 | 563 | 465 | 66 | 42 | 24 |
| 龙港市 | 10773 | 5902 | 4871 | 308 | 170 | 138 | 17 | 13 | 4 |
| **嘉兴市** | **133028** | **60462** | **72566** | **6334** | **3333** | **3001** | **517** | **343** | **174** |
| 南湖区 | 48272 | 22222 | 26050 | 2760 | 1432 | 1328 | 229 | 162 | 67 |
| 秀洲区 | 15372 | 7133 | 8239 | 1006 | 538 | 468 | 79 | 52 | 27 |
| 嘉善县 | 10966 | 4845 | 6121 | 397 | 204 | 193 | 26 | 15 | 11 |
| 海盐县 | 6724 | 3108 | 3616 | 201 | 105 | 96 | 11 | 7 | 4 |
| 海宁市 | 25313 | 11405 | 13908 | 1029 | 554 | 475 | 106 | 65 | 41 |
| 平湖市 | 11671 | 5210 | 6461 | 346 | 199 | 147 | 19 | 12 | 7 |
| 桐乡市 | 14710 | 6539 | 8171 | 595 | 301 | 294 | 47 | 30 | 17 |
| **湖州市** | **80305** | **36769** | **43536** | **4007** | **2084** | **1923** | **302** | **196** | **106** |
| 吴兴区 | 40723 | 17787 | 22936 | 2441 | 1279 | 1162 | 210 | 138 | 72 |
| 南浔区 | 3240 | 1511 | 1729 | 164 | 85 | 79 | 7 | 4 | 3 |
| 德清县 | 12491 | 6050 | 6441 | 526 | 257 | 269 | 33 | 21 | 12 |
| 长兴县 | 13035 | 6158 | 6877 | 543 | 274 | 269 | 22 | 14 | 8 |
| 安吉县 | 10816 | 5263 | 5553 | 333 | 189 | 144 | 30 | 19 | 11 |

7−6　续表 7

单位：人

| 现住地 | 大学本科 | | | 硕士研究生 | | | 博士研究生 | | |
|---|---|---|---|---|---|---|---|---|---|
| | 小计 | 男 | 女 | 小计 | 男 | 女 | 小计 | 男 | 女 |
| **绍兴市** | **163974** | **75566** | **88408** | **7844** | **4077** | **3767** | **624** | **408** | **216** |
| 越城区 | 61946 | 27152 | 34794 | 3837 | 1966 | 1871 | 315 | 202 | 113 |
| 柯桥区 | 29404 | 13962 | 15442 | 1099 | 568 | 531 | 73 | 44 | 29 |
| 上虞区 | 19511 | 9088 | 10423 | 885 | 511 | 374 | 80 | 54 | 26 |
| 新昌县 | 11556 | 5698 | 5858 | 535 | 289 | 246 | 51 | 43 | 8 |
| 诸暨市 | 31682 | 14952 | 16730 | 1069 | 546 | 523 | 80 | 52 | 28 |
| 嵊州市 | 9875 | 4714 | 5161 | 419 | 197 | 222 | 25 | 13 | 12 |
| **金华市** | **145077** | **69365** | **75712** | **8330** | **3935** | **4395** | **566** | **342** | **224** |
| 婺城区 | 42316 | 19576 | 22740 | 3580 | 1586 | 1994 | 281 | 165 | 116 |
| 金东区 | 12187 | 5452 | 6735 | 664 | 335 | 329 | 33 | 18 | 15 |
| 武义县 | 6100 | 2915 | 3185 | 222 | 93 | 129 | 18 | 8 | 10 |
| 浦江县 | 6162 | 3020 | 3142 | 253 | 127 | 126 | 17 | 13 | 4 |
| 磐安县 | 2409 | 1148 | 1261 | 88 | 50 | 38 | 4 | 1 | 3 |
| 兰溪市 | 10635 | 4663 | 5972 | 259 | 124 | 135 | 19 | 12 | 7 |
| 义乌市 | 36705 | 18705 | 18000 | 1831 | 916 | 915 | 104 | 63 | 41 |
| 东阳市 | 18534 | 9211 | 9323 | 1006 | 504 | 502 | 57 | 40 | 17 |
| 永康市 | 10029 | 4675 | 5354 | 427 | 200 | 227 | 33 | 22 | 11 |
| **衢州市** | **49937** | **24695** | **25242** | **2200** | **1200** | **1000** | **135** | **90** | **45** |
| 柯城区 | 25827 | 12669 | 13158 | 1430 | 766 | 664 | 81 | 54 | 27 |
| 衢江区 | 5126 | 2643 | 2483 | 208 | 126 | 82 | 14 | 11 | 3 |
| 常山县 | 3587 | 1785 | 1802 | 83 | 49 | 34 | 5 | 4 | 1 |
| 开化县 | 2935 | 1437 | 1498 | 90 | 48 | 42 | 5 | 4 | 1 |
| 龙游县 | 5664 | 2871 | 2793 | 184 | 102 | 82 | 13 | 5 | 8 |
| 江山市 | 6798 | 3290 | 3508 | 205 | 109 | 96 | 17 | 12 | 5 |
| **舟山市** | **42427** | **20249** | **22178** | **2301** | **1190** | **1111** | **267** | **179** | **88** |
| 定海区 | 27958 | 13180 | 14778 | 1701 | 882 | 819 | 235 | 157 | 78 |
| 普陀区 | 10500 | 4951 | 5549 | 475 | 228 | 247 | 25 | 18 | 7 |
| 岱山县 | 2699 | 1493 | 1206 | 81 | 54 | 27 | 5 | 3 | 2 |
| 嵊泗县 | 1270 | 625 | 645 | 44 | 26 | 18 | 2 | 1 | 1 |
| **台州市** | **116735** | **55023** | **61712** | **6403** | **3426** | **2977** | **505** | **332** | **173** |
| 椒江区 | 37503 | 18274 | 19229 | 2658 | 1485 | 1173 | 223 | 153 | 70 |
| 黄岩区 | 10415 | 4809 | 5606 | 549 | 288 | 261 | 61 | 31 | 30 |
| 路桥区 | 10571 | 4877 | 5694 | 472 | 247 | 225 | 19 | 10 | 9 |
| 三门县 | 4786 | 2448 | 2338 | 175 | 87 | 88 | 8 | 7 | 1 |
| 天台县 | 7449 | 3548 | 3901 | 278 | 137 | 141 | 35 | 23 | 12 |
| 仙居县 | 7299 | 3481 | 3818 | 294 | 138 | 156 | 29 | 19 | 10 |
| 温岭市 | 13638 | 6462 | 7176 | 662 | 330 | 332 | 34 | 21 | 13 |
| 临海市 | 19402 | 8451 | 10951 | 1023 | 563 | 460 | 81 | 56 | 25 |
| 玉环市 | 5672 | 2673 | 2999 | 292 | 151 | 141 | 15 | 12 | 3 |
| **丽水市** | **59713** | **27659** | **32054** | **2561** | **1318** | **1243** | **211** | **128** | **83** |
| 莲都区 | 28812 | 13107 | 15705 | 1662 | 866 | 796 | 143 | 90 | 53 |
| 青田县 | 6226 | 3029 | 3197 | 202 | 99 | 103 | 23 | 16 | 7 |
| 缙云县 | 3534 | 1629 | 1905 | 121 | 52 | 69 | 5 | 1 | 4 |
| 遂昌县 | 2677 | 1271 | 1406 | 73 | 38 | 35 | 9 | 4 | 5 |
| 松阳县 | 2384 | 1119 | 1265 | 110 | 56 | 54 | 7 | 3 | 4 |
| 云和县 | 3206 | 1474 | 1732 | 70 | 34 | 36 | 7 | 3 | 4 |
| 庆元县 | 3768 | 1815 | 1953 | 89 | 47 | 42 | 2 | 1 | 1 |
| 景宁畲族自治县 | 2723 | 1290 | 1433 | 64 | 40 | 24 | 4 | 3 | 1 |
| 龙泉市 | 6383 | 2925 | 3458 | 170 | 86 | 84 | 11 | 7 | 4 |

# 7-6a 全省按现住地、受教育程度、性别分的户口登记地在本省其他乡镇街道的人口(城市)

单位：人

| 现住地 | 合计 | | | 未上过学 | | |
|---|---|---|---|---|---|---|
| | 合计 | 男 | 女 | 小计 | 男 | 女 |
| **合计** | **9355288** | **4639016** | **4716272** | **177665** | **52146** | **125519** |
| **杭州市** | **2545384** | **1266353** | **1279031** | **37366** | **10102** | **27264** |
| 上城区 | 87800 | 40956 | 46844 | 1265 | 311 | 954 |
| 下城区 | 144207 | 67764 | 76443 | 2738 | 655 | 2083 |
| 江干区 | 497052 | 245917 | 251135 | 6380 | 1755 | 4625 |
| 拱墅区 | 208034 | 100534 | 107500 | 3450 | 870 | 2580 |
| 西湖区 | 296678 | 148605 | 148073 | 3161 | 806 | 2355 |
| 滨江区 | 154697 | 77579 | 77118 | 1635 | 415 | 1220 |
| 萧山区 | 389447 | 194510 | 194937 | 7614 | 1902 | 5712 |
| 余杭区 | 408386 | 210327 | 198059 | 6264 | 1705 | 4559 |
| 富阳区 | 192497 | 96447 | 96050 | 2895 | 1047 | 1848 |
| 临安区 | 121272 | 61859 | 59413 | 1335 | 471 | 864 |
| 桐庐县 | | | | | | |
| 淳安县 | | | | | | |
| 建德市 | 45314 | 21855 | 23459 | 629 | 165 | 464 |
| **宁波市** | **1298186** | **633408** | **664778** | **17997** | **5629** | **12368** |
| 海曙区 | 262834 | 129107 | 133727 | 3934 | 1256 | 2678 |
| 江北区 | 118464 | 58095 | 60369 | 1809 | 561 | 1248 |
| 北仑区 | 100800 | 52378 | 48422 | 1197 | 404 | 793 |
| 镇海区 | 101970 | 50974 | 50996 | 1420 | 364 | 1056 |
| 鄞州区 | 351167 | 167958 | 183209 | 4400 | 1316 | 3084 |
| 奉化区 | 85594 | 42051 | 43543 | 1505 | 453 | 1052 |
| 象山县 | | | | | | |
| 宁海县 | | | | | | |
| 余姚市 | 135056 | 65867 | 69189 | 2053 | 705 | 1348 |
| 慈溪市 | 142301 | 66978 | 75323 | 1679 | 570 | 1109 |
| **温州市** | **1330175** | **678683** | **651492** | **44143** | **13085** | **31058** |
| 鹿城区 | 334502 | 164540 | 169962 | 8065 | 2307 | 5758 |
| 龙湾区 | 116743 | 61282 | 55461 | 3133 | 996 | 2137 |
| 瓯海区 | 269880 | 136912 | 132968 | 8702 | 2486 | 6216 |
| 洞头区 | 13117 | 6364 | 6753 | 353 | 89 | 264 |
| 永嘉县 | | | | | | |
| 平阳县 | | | | | | |
| 苍南县 | | | | | | |
| 文成县 | | | | | | |
| 泰顺县 | | | | | | |
| 瑞安市 | 228680 | 118575 | 110105 | 11009 | 3288 | 7721 |
| 乐清市 | 161748 | 83865 | 77883 | 3139 | 1031 | 2108 |
| 龙港市 | 205505 | 107145 | 98360 | 9742 | 2888 | 6854 |
| **嘉兴市** | **558677** | **265996** | **292681** | **9486** | **2093** | **7393** |
| 南湖区 | 185649 | 87779 | 97870 | 3025 | 718 | 2307 |
| 秀洲区 | 78168 | 38067 | 40101 | 1784 | 423 | 1361 |
| 嘉善县 | | | | | | |
| 海盐县 | | | | | | |
| 海宁市 | 107062 | 50965 | 56097 | 1662 | 307 | 1355 |
| 平湖市 | 75486 | 35503 | 39983 | 1450 | 279 | 1171 |
| 桐乡市 | 112312 | 53682 | 58630 | 1565 | 366 | 1199 |
| **湖州市** | **225240** | **106593** | **118647** | **4007** | **1006** | **3001** |
| 吴兴区 | 206329 | 97034 | 109295 | 3595 | 882 | 2713 |
| 南浔区 | 18911 | 9559 | 9352 | 412 | 124 | 288 |
| 德清县 | | | | | | |
| 长兴县 | | | | | | |
| 安吉县 | | | | | | |

7-6a　续表 1　　　　单位：人

| 现住地 | 合计 | | | 未上过学 | | |
| --- | --- | --- | --- | --- | --- | --- |
| | 合计 | 男 | 女 | 小计 | 男 | 女 |
| **绍兴市** | **878411** | **428725** | **449686** | **11706** | **4143** | **7563** |
| 越城区 | 269232 | 128692 | 140540 | 2437 | 829 | 1608 |
| 柯桥区 | 153150 | 75812 | 77338 | 2992 | 987 | 2005 |
| 上虞区 | 116405 | 57773 | 58632 | 2230 | 655 | 1575 |
| 新昌县 | | | | | | |
| 诸暨市 | 226614 | 109843 | 116771 | 2896 | 1283 | 1613 |
| 嵊州市 | 113010 | 56605 | 56405 | 1151 | 389 | 762 |
| **金华市** | **940529** | **476727** | **463802** | **16147** | **5241** | **10906** |
| 婺城区 | 261530 | 129886 | 131644 | 4888 | 1414 | 3474 |
| 金东区 | 58588 | 30046 | 28542 | 647 | 214 | 433 |
| 武义县 | | | | | | |
| 浦江县 | | | | | | |
| 磐安县 | | | | | | |
| 兰溪市 | 65274 | 31443 | 33831 | 1699 | 405 | 1294 |
| 义乌市 | 294288 | 153062 | 141226 | 4760 | 1676 | 3084 |
| 东阳市 | 141728 | 70363 | 71365 | 2352 | 759 | 1593 |
| 永康市 | 119121 | 61927 | 57194 | 1801 | 773 | 1028 |
| **衢州市** | **347813** | **171629** | **176184** | **6794** | **1943** | **4851** |
| 柯城区 | 190468 | 92626 | 97842 | 3402 | 885 | 2517 |
| 衢江区 | 73452 | 38245 | 35207 | 2014 | 660 | 1354 |
| 常山县 | | | | | | |
| 开化县 | | | | | | |
| 龙游县 | 151 | 84 | 67 | 2 | 2 | |
| 江山市 | 83742 | 40674 | 43068 | 1376 | 396 | 980 |
| **舟山市** | **219855** | **105398** | **114457** | **3131** | **889** | **2242** |
| 定海区 | 126717 | 61011 | 65706 | 1473 | 404 | 1069 |
| 普陀区 | 93138 | 44387 | 48751 | 1658 | 485 | 1173 |
| 岱山县 | | | | | | |
| 嵊泗县 | | | | | | |
| **台州市** | **688279** | **344549** | **343730** | **16969** | **4690** | **12279** |
| 椒江区 | 193410 | 97180 | 96230 | 4363 | 1217 | 3146 |
| 黄岩区 | 100903 | 51144 | 49759 | 1753 | 548 | 1205 |
| 路桥区 | 80980 | 40841 | 40139 | 1927 | 558 | 1369 |
| 三门县 | | | | | | |
| 天台县 | | | | | | |
| 仙居县 | | | | | | |
| 温岭市 | 112912 | 56859 | 56053 | 2208 | 606 | 1602 |
| 临海市 | 144747 | 70971 | 73776 | 3757 | 939 | 2818 |
| 玉环市 | 55327 | 27554 | 27773 | 2961 | 822 | 2139 |
| **丽水市** | **322739** | **160955** | **161784** | **9919** | **3325** | **6594** |
| 莲都区 | 224797 | 112308 | 112489 | 6586 | 2196 | 4390 |
| 青田县 | | | | | | |
| 缙云县 | | | | | | |
| 遂昌县 | | | | | | |
| 松阳县 | | | | | | |
| 云和县 | | | | | | |
| 庆元县 | | | | | | |
| 景宁畲族自治县 | | | | | | |
| 龙泉市 | 97942 | 48647 | 49295 | 3333 | 1129 | 2204 |

7-6a 续表 2　　　　单位：人

| 现住地 | 学前教育 | | | 小学 | | |
|---|---|---|---|---|---|---|
| | 小计 | 男 | 女 | 小计 | 男 | 女 |
| **合计** | **274117** | **143880** | **130237** | **1464618** | **659850** | **804768** |
| **杭州市** | **63237** | **32986** | **30251** | **302453** | **133636** | **168817** |
| 上城区 | 1921 | 989 | 932 | 10538 | 4404 | 6134 |
| 下城区 | 3363 | 1724 | 1639 | 16502 | 7004 | 9498 |
| 江干区 | 10436 | 5426 | 5010 | 48532 | 21321 | 27211 |
| 拱墅区 | 4455 | 2285 | 2170 | 23583 | 10178 | 13405 |
| 西湖区 | 5229 | 2744 | 2485 | 25926 | 10961 | 14965 |
| 滨江区 | 2701 | 1400 | 1301 | 11413 | 4925 | 6488 |
| 萧山区 | 12612 | 6530 | 6082 | 55344 | 24915 | 30429 |
| 余杭区 | 10882 | 5720 | 5162 | 54345 | 24641 | 29704 |
| 富阳区 | 6745 | 3565 | 3180 | 33192 | 15165 | 18027 |
| 临安区 | 3450 | 1818 | 1632 | 15449 | 6983 | 8466 |
| 桐庐县 | | | | | | |
| 淳安县 | | | | | | |
| 建德市 | 1443 | 785 | 658 | 7629 | 3139 | 4490 |
| **宁波市** | **30959** | **16092** | **14867** | **192921** | **84211** | **108710** |
| 海曙区 | 6182 | 3227 | 2955 | 41893 | 18359 | 23534 |
| 江北区 | 2886 | 1557 | 1329 | 16402 | 7139 | 9263 |
| 北仑区 | 2487 | 1314 | 1173 | 14565 | 6634 | 7931 |
| 镇海区 | 1960 | 1017 | 943 | 15159 | 6739 | 8420 |
| 鄞州区 | 7311 | 3789 | 3522 | 41862 | 17607 | 24255 |
| 奉化区 | 2108 | 1087 | 1021 | 18517 | 8078 | 10439 |
| 象山县 | | | | | | |
| 宁海县 | | | | | | |
| 余姚市 | 3919 | 2020 | 1899 | 22274 | 9895 | 12379 |
| 慈溪市 | 4106 | 2081 | 2025 | 22249 | 9760 | 12489 |
| **温州市** | **42080** | **22614** | **19466** | **284951** | **136216** | **148735** |
| 鹿城区 | 8422 | 4484 | 3938 | 57950 | 25874 | 32076 |
| 龙湾区 | 4157 | 2225 | 1932 | 23478 | 11836 | 11642 |
| 瓯海区 | 7539 | 3916 | 3623 | 48648 | 23613 | 25035 |
| 洞头区 | 348 | 194 | 154 | 2231 | 974 | 1257 |
| 永嘉县 | | | | | | |
| 平阳县 | | | | | | |
| 苍南县 | | | | | | |
| 文成县 | | | | | | |
| 泰顺县 | | | | | | |
| 瑞安市 | 7038 | 3761 | 3277 | 55972 | 27341 | 28631 |
| 乐清市 | 5407 | 2954 | 2453 | 32460 | 15867 | 16593 |
| 龙港市 | 9169 | 5080 | 4089 | 64212 | 30711 | 33501 |
| **嘉兴市** | **17291** | **8964** | **8327** | **87688** | **35311** | **52377** |
| 南湖区 | 5991 | 3105 | 2886 | 25212 | 10386 | 14826 |
| 秀洲区 | 2770 | 1428 | 1342 | 10917 | 4587 | 6330 |
| 嘉善县 | | | | | | |
| 海盐县 | | | | | | |
| 海宁市 | 3019 | 1548 | 1471 | 16789 | 6782 | 10007 |
| 平湖市 | 1537 | 806 | 731 | 13556 | 5037 | 8519 |
| 桐乡市 | 3974 | 2077 | 1897 | 21214 | 8519 | 12695 |
| **湖州市** | **7089** | **3666** | **3423** | **39074** | **16505** | **22569** |
| 吴兴区 | 6396 | 3291 | 3105 | 34561 | 14418 | 20143 |
| 南浔区 | 693 | 375 | 318 | 4513 | 2087 | 2426 |
| 德清县 | | | | | | |
| 长兴县 | | | | | | |
| 安吉县 | | | | | | |

7–6a　续表 3　　　　单位：人

| 现住地 | 学前教育 | | | 小学 | | |
|---|---|---|---|---|---|---|
| | 小计 | 男 | 女 | 小计 | 男 | 女 |
| **绍兴市** | **25411** | **13076** | **12335** | **130872** | **56292** | **74580** |
| 越城区 | 8462 | 4295 | 4167 | 40421 | 17026 | 23395 |
| 柯桥区 | 4733 | 2505 | 2228 | 25817 | 11227 | 14590 |
| 上虞区 | 2345 | 1181 | 1164 | 15946 | 6671 | 9275 |
| 新昌县 | | | | | | |
| 诸暨市 | 6841 | 3578 | 3263 | 31613 | 13918 | 17695 |
| 嵊州市 | 3030 | 1517 | 1513 | 17075 | 7450 | 9625 |
| **金华市** | **35906** | **19275** | **16631** | **127434** | **60692** | **66742** |
| 婺城区 | 9140 | 4868 | 4272 | 33108 | 15345 | 17763 |
| 金东区 | 1999 | 1045 | 954 | 6363 | 3056 | 3307 |
| 武义县 | | | | | | |
| 浦江县 | | | | | | |
| 磐安县 | | | | | | |
| 兰溪市 | 2021 | 1045 | 976 | 9904 | 4447 | 5457 |
| 义乌市 | 11948 | 6460 | 5488 | 39611 | 19139 | 20472 |
| 东阳市 | 5753 | 3055 | 2698 | 20252 | 9347 | 10905 |
| 永康市 | 5045 | 2802 | 2243 | 18196 | 9358 | 8838 |
| **衢州市** | **14268** | **7422** | **6846** | **61026** | **27014** | **34012** |
| 柯城区 | 7767 | 3990 | 3777 | 29103 | 12467 | 16636 |
| 衢江区 | 3172 | 1674 | 1498 | 15318 | 7371 | 7947 |
| 常山县 | | | | | | |
| 开化县 | | | | | | |
| 龙游县 | 5 | 3 | 2 | 39 | 20 | 19 |
| 江山市 | 3324 | 1755 | 1569 | 16566 | 7156 | 9410 |
| **舟山市** | **5000** | **2545** | **2455** | **41224** | **18127** | **23097** |
| 定海区 | 2631 | 1365 | 1266 | 21048 | 8892 | 12156 |
| 普陀区 | 2369 | 1180 | 1189 | 20176 | 9235 | 10941 |
| 岱山县 | | | | | | |
| 嵊泗县 | | | | | | |
| **台州市** | **21692** | **11479** | **10213** | **124793** | **57184** | **67609** |
| 椒江区 | 6128 | 3260 | 2868 | 30814 | 14006 | 16808 |
| 黄岩区 | 3270 | 1736 | 1534 | 18166 | 8357 | 9809 |
| 路桥区 | 3068 | 1663 | 1405 | 17238 | 8116 | 9122 |
| 三门县 | | | | | | |
| 天台县 | | | | | | |
| 仙居县 | | | | | | |
| 温岭市 | 3227 | 1678 | 1549 | 21337 | 9555 | 11782 |
| 临海市 | 4322 | 2278 | 2044 | 25762 | 11496 | 14266 |
| 玉环市 | 1677 | 864 | 813 | 11476 | 5654 | 5822 |
| **丽水市** | **11184** | **5761** | **5423** | **72182** | **34662** | **37520** |
| 莲都区 | 7496 | 3927 | 3569 | 43986 | 21101 | 22885 |
| 青田县 | | | | | | |
| 缙云县 | | | | | | |
| 遂昌县 | | | | | | |
| 松阳县 | | | | | | |
| 云和县 | | | | | | |
| 庆元县 | | | | | | |
| 景宁畲族自治县 | | | | | | |
| 龙泉市 | 3688 | 1834 | 1854 | 28196 | 13561 | 14635 |

7-6a 续表 4

单位：人

| 现住地 | 初中 | | | 高中 | | | 大学专科 | | |
|---|---|---|---|---|---|---|---|---|---|
| | 小计 | 男 | 女 | 小计 | 男 | 女 | 小计 | 男 | 女 |
| **合计** | **2145165** | **1095396** | **1049769** | **1923900** | **1027381** | **896519** | **1557066** | **789606** | **767460** |
| **杭州市** | **457428** | **230800** | **226628** | **459749** | **244248** | **215501** | **498089** | **256793** | **241296** |
| 上城区 | 19178 | 9055 | 10123 | 16542 | 8026 | 8516 | 13874 | 6891 | 6983 |
| 下城区 | 26417 | 12430 | 13987 | 26479 | 13109 | 13370 | 24251 | 11818 | 12433 |
| 江干区 | 80841 | 40747 | 40094 | 80851 | 43557 | 37294 | 114860 | 59132 | 55728 |
| 拱墅区 | 35395 | 17017 | 18378 | 36633 | 18970 | 17663 | 38009 | 19048 | 18961 |
| 西湖区 | 37464 | 18677 | 18787 | 50729 | 26430 | 24299 | 60911 | 31437 | 29474 |
| 滨江区 | 15748 | 7815 | 7933 | 19067 | 9568 | 9499 | 41868 | 21685 | 20183 |
| 萧山区 | 67694 | 34714 | 32980 | 73880 | 39889 | 33991 | 77441 | 39396 | 38045 |
| 余杭区 | 81740 | 43275 | 38465 | 70191 | 39010 | 31181 | 75810 | 41157 | 34653 |
| 富阳区 | 51141 | 26012 | 25129 | 46227 | 24719 | 21508 | 27440 | 13895 | 13545 |
| 临安区 | 29550 | 15130 | 14420 | 26162 | 14259 | 11903 | 17648 | 9350 | 8298 |
| 桐庐县 | | | | | | | | | |
| 淳安县 | | | | | | | | | |
| 建德市 | 12260 | 5928 | 6332 | 12988 | 6711 | 6277 | 5977 | 2984 | 2993 |
| **宁波市** | **301631** | **151370** | **150261** | **247363** | **131325** | **116038** | **228123** | **111325** | **116798** |
| 海曙区 | 64972 | 33477 | 31495 | 46645 | 24934 | 21711 | 44154 | 21542 | 22612 |
| 江北区 | 25701 | 12799 | 12902 | 20194 | 10696 | 9498 | 23171 | 11987 | 11184 |
| 北仑区 | 25426 | 13040 | 12386 | 20698 | 11697 | 9001 | 20256 | 11079 | 9177 |
| 镇海区 | 23946 | 12280 | 11666 | 17204 | 9656 | 7548 | 20486 | 9915 | 10571 |
| 鄞州区 | 63536 | 30829 | 32707 | 59853 | 31351 | 28502 | 71406 | 33514 | 37892 |
| 奉化区 | 27361 | 13711 | 13650 | 17719 | 9790 | 7929 | 9776 | 4928 | 4848 |
| 象山县 | | | | | | | | | |
| 宁海县 | | | | | | | | | |
| 余姚市 | 35928 | 18037 | 17891 | 33020 | 17189 | 15831 | 19215 | 9548 | 9667 |
| 慈溪市 | 34761 | 17197 | 17564 | 32030 | 16012 | 16018 | 19659 | 8812 | 10847 |
| **温州市** | **321903** | **174527** | **147376** | **265441** | **147685** | **117756** | **190875** | **97332** | **93543** |
| 鹿城区 | 83226 | 43156 | 40070 | 66531 | 35467 | 31064 | 56627 | 27299 | 29328 |
| 龙湾区 | 26478 | 14591 | 11887 | 26243 | 14627 | 11616 | 18554 | 9595 | 8959 |
| 瓯海区 | 55810 | 31287 | 24523 | 45565 | 25851 | 19714 | 44335 | 22985 | 21350 |
| 洞头区 | 3031 | 1552 | 1479 | 2551 | 1433 | 1118 | 1413 | 703 | 710 |
| 永嘉县 | | | | | | | | | |
| 平阳县 | | | | | | | | | |
| 苍南县 | | | | | | | | | |
| 文成县 | | | | | | | | | |
| 泰顺县 | | | | | | | | | |
| 瑞安市 | 60893 | 33429 | 27464 | 45482 | 25665 | 19817 | 26135 | 13822 | 12313 |
| 乐清市 | 40135 | 21513 | 18622 | 42255 | 23266 | 18989 | 21582 | 10873 | 10709 |
| 龙港市 | 52330 | 28999 | 23331 | 36814 | 21376 | 15438 | 22229 | 12055 | 10174 |
| **嘉兴市** | **135890** | **66248** | **69642** | **111269** | **58483** | **52786** | **92964** | **46841** | **46123** |
| 南湖区 | 36697 | 17761 | 18936 | 31824 | 16259 | 15565 | 32834 | 16252 | 16582 |
| 秀洲区 | 15614 | 7508 | 8106 | 13572 | 7221 | 6351 | 18412 | 9780 | 8632 |
| 嘉善县 | | | | | | | | | |
| 海盐县 | | | | | | | | | |
| 海宁市 | 29735 | 14390 | 15345 | 25531 | 13185 | 12346 | 14666 | 7370 | 7296 |
| 平湖市 | 21154 | 10421 | 10733 | 14740 | 8214 | 6526 | 13222 | 6491 | 6731 |
| 桐乡市 | 32690 | 16168 | 16522 | 25602 | 13604 | 11998 | 13830 | 6948 | 6882 |
| **湖州市** | **52067** | **25526** | **26541** | **42623** | **21647** | **20976** | **37394** | **19313** | **18081** |
| 吴兴区 | 46411 | 22524 | 23887 | 38970 | 19652 | 19318 | 35411 | 18283 | 17128 |
| 南浔区 | 5656 | 3002 | 2654 | 3653 | 1995 | 1658 | 1983 | 1030 | 953 |
| 德清县 | | | | | | | | | |
| 长兴县 | | | | | | | | | |
| 安吉县 | | | | | | | | | |

7−6a　续表 5　　　　单位：人

| 现住地 | 初中 | | | 高中 | | | 大学专科 | | |
|---|---|---|---|---|---|---|---|---|---|
| | 小计 | 男 | 女 | 小计 | 男 | 女 | 小计 | 男 | 女 |
| **绍兴市** | **232469** | **114733** | **117736** | **200880** | **106282** | **94598** | **123723** | **63237** | **60486** |
| 越城区 | 53697 | 26596 | 27101 | 51236 | 26337 | 24899 | 47536 | 24522 | 23014 |
| 柯桥区 | 39631 | 20777 | 18854 | 32016 | 17264 | 14752 | 19170 | 9238 | 9932 |
| 上虞区 | 29790 | 14454 | 15336 | 26767 | 14774 | 11993 | 19863 | 10767 | 9096 |
| 新昌县 | | | | | | | | | |
| 诸暨市 | 68242 | 32106 | 36136 | 61945 | 32201 | 29744 | 24902 | 12479 | 12423 |
| 嵊州市 | 41109 | 20800 | 20309 | 28916 | 15706 | 13210 | 12252 | 6231 | 6021 |
| **金华市** | **234260** | **120867** | **113393** | **237033** | **127739** | **109294** | **169086** | **85649** | **83437** |
| 婺城区 | 52624 | 27196 | 25428 | 62180 | 33174 | 29006 | 58193 | 28935 | 29258 |
| 金东区 | 10764 | 5658 | 5106 | 16250 | 8505 | 7745 | 11498 | 6609 | 4889 |
| 武义县 | | | | | | | | | |
| 浦江县 | | | | | | | | | |
| 磐安县 | | | | | | | | | |
| 兰溪市 | 16767 | 8372 | 8395 | 18108 | 9378 | 8730 | 6692 | 3419 | 3273 |
| 义乌市 | 76542 | 40348 | 36194 | 69492 | 38932 | 30560 | 58668 | 29650 | 29018 |
| 东阳市 | 41192 | 19943 | 21249 | 36152 | 19184 | 16968 | 20712 | 10459 | 10253 |
| 永康市 | 36371 | 19350 | 17021 | 34851 | 18566 | 16285 | 13323 | 6577 | 6746 |
| **衢州市** | **101685** | **51522** | **50163** | **83446** | **43674** | **39772** | **43457** | **21733** | **21724** |
| 柯城区 | 49438 | 24655 | 24783 | 45364 | 23228 | 22136 | 29141 | 14463 | 14678 |
| 衢江区 | 24275 | 13043 | 11232 | 17529 | 9742 | 7787 | 6535 | 3394 | 3141 |
| 常山县 | | | | | | | | | |
| 开化县 | | | | | | | | | |
| 龙游县 | 63 | 37 | 26 | 28 | 15 | 13 | 13 | 7 | 6 |
| 江山市 | 27909 | 13787 | 14122 | 20525 | 10689 | 9836 | 7768 | 3869 | 3899 |
| **舟山市** | **60130** | **29448** | **30682** | **37862** | **18572** | **19290** | **34149** | **17819** | **16330** |
| 定海区 | 30369 | 14794 | 15575 | 21939 | 10852 | 11087 | 20450 | 11019 | 9431 |
| 普陀区 | 29761 | 14654 | 15107 | 15923 | 7720 | 8203 | 13699 | 6800 | 6899 |
| 岱山县 | | | | | | | | | |
| 嵊泗县 | | | | | | | | | |
| **台州市** | **160354** | **84202** | **76152** | **170961** | **92194** | **78767** | **100407** | **50568** | **49839** |
| 椒江区 | 35965 | 18766 | 17199 | 38615 | 20584 | 18031 | 38266 | 20010 | 18256 |
| 黄岩区 | 27096 | 14501 | 12595 | 23965 | 13154 | 10811 | 16666 | 8164 | 8502 |
| 路桥区 | 22024 | 11733 | 10291 | 17762 | 9738 | 8024 | 9626 | 4656 | 4970 |
| 三门县 | | | | | | | | | |
| 天台县 | | | | | | | | | |
| 仙居县 | | | | | | | | | |
| 温岭市 | 26731 | 14100 | 12631 | 35074 | 18858 | 16216 | 13122 | 6640 | 6482 |
| 临海市 | 34242 | 17366 | 16876 | 42050 | 22764 | 19286 | 16558 | 8221 | 8337 |
| 玉环市 | 14296 | 7736 | 6560 | 13495 | 7096 | 6399 | 6169 | 2877 | 3292 |
| **丽水市** | **87348** | **46153** | **41195** | **67273** | **35532** | **31741** | **38799** | **18996** | **19803** |
| 莲都区 | 57447 | 30414 | 27033 | 48848 | 26006 | 22842 | 30724 | 15038 | 15686 |
| 青田县 | | | | | | | | | |
| 缙云县 | | | | | | | | | |
| 遂昌县 | | | | | | | | | |
| 松阳县 | | | | | | | | | |
| 云和县 | | | | | | | | | |
| 庆元县 | | | | | | | | | |
| 景宁畲族自治县 | | | | | | | | | |
| 龙泉市 | 29901 | 15739 | 14162 | 18425 | 9526 | 8899 | 8075 | 3958 | 4117 |

7-6a 续表 6

单位：人

| 现住地 | 大学本科 | | | 硕士研究生 | | | 博士研究生 | | |
|---|---|---|---|---|---|---|---|---|---|
| | 小计 | 男 | 女 | 小计 | 男 | 女 | 小计 | 男 | 女 |
| **合计** | **1639935** | **779540** | **860395** | **156491** | **80856** | **75635** | **16331** | **10361** | **5970** |
| **杭州市** | **623406** | **302883** | **320523** | **92662** | **48013** | **44649** | **10994** | **6892** | **4102** |
| 上城区 | 20100 | 9141 | 10959 | 3962 | 1884 | 2078 | 420 | 255 | 165 |
| 下城区 | 36307 | 16856 | 19451 | 7293 | 3621 | 3672 | 857 | 547 | 310 |
| 江干区 | 133608 | 63180 | 70428 | 19354 | 9513 | 9841 | 2190 | 1286 | 904 |
| 拱墅区 | 58304 | 27797 | 30507 | 7404 | 3868 | 3536 | 801 | 501 | 300 |
| 西湖区 | 92115 | 45921 | 46194 | 17434 | 9314 | 8120 | 3709 | 2315 | 1394 |
| 滨江区 | 51504 | 25942 | 25562 | 10050 | 5393 | 4657 | 711 | 436 | 275 |
| 萧山区 | 83580 | 40944 | 42636 | 10636 | 5786 | 4850 | 646 | 434 | 212 |
| 余杭区 | 94931 | 47213 | 47718 | 12934 | 6740 | 6194 | 1289 | 866 | 423 |
| 富阳区 | 22996 | 11038 | 11958 | 1690 | 883 | 807 | 171 | 123 | 48 |
| 临安区 | 25788 | 12830 | 12958 | 1704 | 896 | 808 | 186 | 122 | 64 |
| 桐庐县 | | | | | | | | | |
| 淳安县 | | | | | | | | | |
| 建德市 | 4173 | 2021 | 2152 | 201 | 115 | 86 | 14 | 7 | 7 |
| **宁波市** | **258909** | **122712** | **136197** | **18743** | **9738** | **9005** | **1540** | **1006** | **534** |
| 海曙区 | 52181 | 24787 | 27394 | 2700 | 1410 | 1290 | 173 | 115 | 58 |
| 江北区 | 25294 | 11739 | 13555 | 2779 | 1461 | 1318 | 228 | 156 | 72 |
| 北仑区 | 15206 | 7685 | 7521 | 875 | 463 | 412 | 90 | 62 | 28 |
| 镇海区 | 19591 | 9815 | 9776 | 1947 | 1020 | 927 | 257 | 168 | 89 |
| 鄞州区 | 94233 | 45067 | 49166 | 7919 | 4081 | 3838 | 647 | 404 | 243 |
| 奉化区 | 8156 | 3781 | 4375 | 427 | 204 | 223 | 25 | 19 | 6 |
| 象山县 | | | | | | | | | |
| 宁海县 | | | | | | | | | |
| 余姚市 | 17651 | 7935 | 9716 | 942 | 499 | 443 | 54 | 39 | 15 |
| 慈溪市 | 26597 | 11903 | 14694 | 1154 | 600 | 554 | 66 | 43 | 23 |
| **温州市** | **166279** | **79640** | **86639** | **13204** | **6743** | **6461** | **1299** | **841** | **458** |
| 鹿城区 | 48146 | 23128 | 25018 | 5062 | 2530 | 2532 | 473 | 295 | 178 |
| 龙湾区 | 13628 | 6826 | 6802 | 998 | 542 | 456 | 74 | 44 | 30 |
| 瓯海区 | 53914 | 24040 | 29874 | 4770 | 2336 | 2434 | 597 | 398 | 199 |
| 洞头区 | 3109 | 1380 | 1729 | 76 | 39 | 37 | 5 | | 5 |
| 永嘉县 | | | | | | | | | |
| 平阳县 | | | | | | | | | |
| 苍南县 | | | | | | | | | |
| 文成县 | | | | | | | | | |
| 泰顺县 | | | | | | | | | |
| 瑞安市 | 20959 | 10576 | 10383 | 1103 | 631 | 472 | 89 | 62 | 27 |
| 乐清市 | 15837 | 7836 | 8001 | 889 | 496 | 393 | 44 | 29 | 15 |
| 龙港市 | 10686 | 5854 | 4832 | 306 | 169 | 137 | 17 | 13 | 4 |
| **嘉兴市** | **98583** | **45111** | **53472** | **5101** | **2677** | **2424** | **405** | **268** | **137** |
| 南湖区 | 47127 | 21729 | 25398 | 2713 | 1409 | 1304 | 226 | 160 | 66 |
| 秀洲区 | 14080 | 6569 | 7511 | 945 | 502 | 443 | 74 | 49 | 25 |
| 嘉善县 | | | | | | | | | |
| 海盐县 | | | | | | | | | |
| 海宁市 | 14934 | 6996 | 7938 | 668 | 356 | 312 | 58 | 31 | 27 |
| 平湖市 | 9551 | 4099 | 5452 | 266 | 151 | 115 | 10 | 5 | 5 |
| 桐乡市 | 12891 | 5718 | 7173 | 509 | 259 | 250 | 37 | 23 | 14 |
| **湖州市** | **40380** | **17545** | **22835** | **2400** | **1248** | **1152** | **206** | **137** | **69** |
| 吴兴区 | 38474 | 16651 | 21823 | 2307 | 1198 | 1109 | 204 | 135 | 69 |
| 南浔区 | 1906 | 894 | 1012 | 93 | 50 | 43 | 2 | 2 | |
| 德清县 | | | | | | | | | |
| 长兴县 | | | | | | | | | |
| 安吉县 | | | | | | | | | |

7-6a　续表 7　　　　单位：人

| 现住地 | 大学本科 | | | 硕士研究生 | | | 博士研究生 | | |
|---|---|---|---|---|---|---|---|---|---|
| | 小计 | 男 | 女 | 小计 | 男 | 女 | 小计 | 男 | 女 |
| **绍兴市** | **145828** | **67006** | **78822** | **6986** | **3608** | **3378** | **536** | **348** | **188** |
| 越城区 | 61316 | 26932 | 34384 | 3813 | 1954 | 1859 | 314 | 201 | 113 |
| 柯桥区 | 27752 | 13274 | 14478 | 982 | 504 | 478 | 57 | 36 | 21 |
| 上虞区 | 18539 | 8724 | 9815 | 850 | 493 | 357 | 75 | 54 | 21 |
| 新昌县 | | | | | | | | | |
| 诸暨市 | 29122 | 13743 | 15379 | 982 | 487 | 495 | 71 | 48 | 23 |
| 嵊州市 | 9099 | 4333 | 4766 | 359 | 170 | 189 | 19 | 9 | 10 |
| **金华市** | **113540** | **53888** | **59652** | **6667** | **3099** | **3568** | **456** | **277** | **179** |
| 婺城区 | 37919 | 17404 | 20515 | 3223 | 1402 | 1821 | 255 | 148 | 107 |
| 金东区 | 10486 | 4665 | 5821 | 556 | 279 | 277 | 25 | 15 | 10 |
| 武义县 | | | | | | | | | |
| 浦江县 | | | | | | | | | |
| 磐安县 | | | | | | | | | |
| 兰溪市 | 9867 | 4276 | 5591 | 204 | 93 | 111 | 12 | 8 | 4 |
| 义乌市 | 31578 | 15992 | 15586 | 1592 | 806 | 786 | 97 | 59 | 38 |
| 东阳市 | 14531 | 7228 | 7303 | 747 | 362 | 385 | 37 | 26 | 11 |
| 永康市 | 9159 | 4323 | 4836 | 345 | 157 | 188 | 30 | 21 | 9 |
| **衢州市** | **35368** | **17354** | **18014** | **1675** | **903** | **772** | **94** | **64** | **30** |
| 柯城区 | 24841 | 12168 | 12673 | 1339 | 720 | 619 | 73 | 50 | 23 |
| 衢江区 | 4436 | 2258 | 2178 | 165 | 98 | 67 | 8 | 5 | 3 |
| 常山县 | | | | | | | | | |
| 开化县 | | | | | | | | | |
| 龙游县 | 1 | | 1 | | | | | | |
| 江山市 | 6090 | 2928 | 3162 | 171 | 85 | 86 | 13 | 9 | 4 |
| **舟山市** | **36044** | **16776** | **19268** | **2059** | **1049** | **1010** | **256** | **173** | **83** |
| 定海区 | 26921 | 12670 | 14251 | 1652 | 858 | 794 | 234 | 157 | 77 |
| 普陀区 | 9123 | 4106 | 5017 | 407 | 191 | 216 | 22 | 16 | 6 |
| 岱山县 | | | | | | | | | |
| 嵊泗县 | | | | | | | | | |
| **台州市** | **87496** | **41120** | **46376** | **5210** | **2850** | **2360** | **397** | **262** | **135** |
| 椒江区 | 36465 | 17738 | 18727 | 2576 | 1450 | 1126 | 218 | 149 | 69 |
| 黄岩区 | 9415 | 4381 | 5034 | 515 | 273 | 242 | 57 | 30 | 27 |
| 路桥区 | 8902 | 4145 | 4757 | 417 | 223 | 194 | 16 | 9 | 7 |
| 三门县 | | | | | | | | | |
| 天台县 | | | | | | | | | |
| 仙居县 | | | | | | | | | |
| 温岭市 | 10654 | 5136 | 5518 | 534 | 270 | 264 | 25 | 16 | 9 |
| 临海市 | 17081 | 7353 | 9728 | 906 | 505 | 401 | 69 | 49 | 20 |
| 玉环市 | 4979 | 2367 | 2612 | 262 | 129 | 133 | 12 | 9 | 3 |
| **丽水市** | **34102** | **15505** | **18597** | **1784** | **928** | **856** | **148** | **93** | **55** |
| 莲都区 | 27948 | 12692 | 15256 | 1625 | 848 | 777 | 137 | 86 | 51 |
| 青田县 | | | | | | | | | |
| 缙云县 | | | | | | | | | |
| 遂昌县 | | | | | | | | | |
| 松阳县 | | | | | | | | | |
| 云和县 | | | | | | | | | |
| 庆元县 | | | | | | | | | |
| 景宁畲族自治县 | | | | | | | | | |
| 龙泉市 | 6154 | 2813 | 3341 | 159 | 80 | 79 | 11 | 7 | 4 |

# 7-6b 全省按现住地、受教育程度、性别分的户口登记地在本省其他乡镇街道的人口(镇)

单位：人

| 现住地 | 合计 | | | 未上过学 | | |
|---|---|---|---|---|---|---|
| | 合计 | 男 | 女 | 小计 | 男 | 女 |
| **合计** | **3123028** | **1572182** | **1550846** | **80072** | **24478** | **55594** |
| **杭州市** | **263898** | **131513** | **132385** | **5442** | **1527** | **3915** |
| 上城区 | | | | | | |
| 下城区 | | | | | | |
| 江干区 | | | | | | |
| 拱墅区 | | | | | | |
| 西湖区 | 78 | 31 | 47 | 1 | | 1 |
| 滨江区 | | | | | | |
| 萧山区 | 13688 | 7853 | 5835 | 203 | 75 | 128 |
| 余杭区 | 52269 | 27306 | 24963 | 802 | 208 | 594 |
| 富阳区 | 2442 | 1285 | 1157 | 72 | 23 | 49 |
| 临安区 | 14419 | 7112 | 7307 | 125 | 46 | 79 |
| 桐庐县 | 94809 | 46404 | 48405 | 1913 | 519 | 1394 |
| 淳安县 | 69622 | 33349 | 36273 | 2068 | 568 | 1500 |
| 建德市 | 16571 | 8173 | 8398 | 258 | 88 | 170 |
| **宁波市** | **397306** | **198101** | **199205** | **6459** | **2033** | **4426** |
| 海曙区 | 5484 | 2680 | 2804 | 80 | 28 | 52 |
| 江北区 | | | | | | |
| 北仑区 | 8262 | 4329 | 3933 | 96 | 35 | 61 |
| 镇海区 | 4397 | 2423 | 1974 | 146 | 56 | 90 |
| 鄞州区 | 52415 | 25965 | 26450 | 832 | 273 | 559 |
| 奉化区 | 6259 | 3136 | 3123 | 90 | 26 | 64 |
| 象山县 | 115307 | 55721 | 59586 | 1841 | 666 | 1175 |
| 宁海县 | 142889 | 71803 | 71086 | 2533 | 651 | 1882 |
| 余姚市 | 18901 | 9014 | 9887 | 346 | 116 | 230 |
| 慈溪市 | 43392 | 23030 | 20362 | 495 | 182 | 313 |
| **温州市** | **544339** | **281234** | **263105** | **20942** | **6647** | **14295** |
| 鹿城区 | 677 | 346 | 331 | 40 | 9 | 31 |
| 龙湾区 | 31123 | 18277 | 12846 | 579 | 210 | 369 |
| 瓯海区 | 1580 | 849 | 731 | 50 | 12 | 38 |
| 洞头区 | 438 | 189 | 249 | 16 | 3 | 13 |
| 永嘉县 | 133568 | 70206 | 63362 | 3511 | 1123 | 2388 |
| 平阳县 | 148924 | 75966 | 72958 | 6289 | 1873 | 4416 |
| 苍南县 | 151526 | 77713 | 73813 | 7284 | 2409 | 4875 |
| 文成县 | 19324 | 9351 | 9973 | 684 | 262 | 422 |
| 泰顺县 | 38194 | 18831 | 19363 | 1324 | 462 | 862 |
| 瑞安市 | 7167 | 3433 | 3734 | 574 | 130 | 444 |
| 乐清市 | 7342 | 3814 | 3528 | 179 | 45 | 134 |
| 龙港市 | 4476 | 2259 | 2217 | 412 | 109 | 303 |
| **嘉兴市** | **200720** | **100173** | **100547** | **4781** | **1267** | **3514** |
| 南湖区 | 5785 | 2863 | 2922 | 165 | 50 | 115 |
| 秀洲区 | 11068 | 5562 | 5506 | 286 | 83 | 203 |
| 嘉善县 | 78305 | 37908 | 40397 | 2210 | 589 | 1621 |
| 海盐县 | 44712 | 21633 | 23079 | 1242 | 262 | 980 |
| 海宁市 | 36584 | 19659 | 16925 | 435 | 136 | 299 |
| 平湖市 | 11486 | 6096 | 5390 | 232 | 70 | 162 |
| 桐乡市 | 12780 | 6452 | 6328 | 211 | 77 | 134 |
| **湖州市** | **325752** | **160728** | **165024** | **4826** | **1488** | **3338** |
| 吴兴区 | 27134 | 14066 | 13068 | 442 | 143 | 299 |
| 南浔区 | 12476 | 6205 | 6271 | 242 | 72 | 170 |
| 德清县 | 83870 | 41743 | 42127 | 1176 | 356 | 820 |
| 长兴县 | 116381 | 56314 | 60067 | 1728 | 545 | 1183 |
| 安吉县 | 85891 | 42400 | 43491 | 1238 | 372 | 866 |

7-6b 续表 1 单位：人

| 现住地 | 合计 | | | 未上过学 | | |
|---|---|---|---|---|---|---|
| | 合计 | 男 | 女 | 小计 | 男 | 女 |
| **绍兴市** | **176283** | **91041** | **85242** | **2446** | **844** | **1602** |
| 越城区 | 340 | 162 | 178 | 8 | 3 | 5 |
| 柯桥区 | 13069 | 7741 | 5328 | 123 | 44 | 79 |
| 上虞区 | 5604 | 2655 | 2949 | 159 | 59 | 100 |
| 新昌县 | 124000 | 63497 | 60503 | 1773 | 566 | 1207 |
| 诸暨市 | 28227 | 14493 | 13734 | 305 | 140 | 165 |
| 嵊州市 | 5043 | 2493 | 2550 | 78 | 32 | 46 |
| **金华市** | **316221** | **162484** | **153737** | **7314** | **2381** | **4933** |
| 婺城区 | 25417 | 12652 | 12765 | 560 | 150 | 410 |
| 金东区 | 22332 | 12224 | 10108 | 383 | 171 | 212 |
| 武义县 | 79742 | 40692 | 39050 | 1996 | 649 | 1347 |
| 浦江县 | 67209 | 34077 | 33132 | 1779 | 508 | 1271 |
| 磐安县 | 26460 | 13033 | 13427 | 719 | 246 | 473 |
| 兰溪市 | 5689 | 2721 | 2968 | 145 | 43 | 102 |
| 义乌市 | 36134 | 19402 | 16732 | 830 | 300 | 530 |
| 东阳市 | 47262 | 24507 | 22755 | 761 | 272 | 489 |
| 永康市 | 5976 | 3176 | 2800 | 141 | 42 | 99 |
| **衢州市** | **169432** | **81916** | **87516** | **4569** | **1266** | **3303** |
| 柯城区 | 1785 | 925 | 860 | 31 | 9 | 22 |
| 衢江区 | 3795 | 1807 | 1988 | 87 | 23 | 64 |
| 常山县 | 41774 | 20272 | 21502 | 1400 | 371 | 1029 |
| 开化县 | 45844 | 21178 | 24666 | 1501 | 348 | 1153 |
| 龙游县 | 66928 | 33189 | 33739 | 1317 | 435 | 882 |
| 江山市 | 9306 | 4545 | 4761 | 233 | 80 | 153 |
| **舟山市** | **45621** | **23767** | **21854** | **1080** | **324** | **756** |
| 定海区 | 5151 | 2542 | 2609 | 108 | 35 | 73 |
| 普陀区 | 3568 | 2122 | 1446 | 82 | 32 | 50 |
| 岱山县 | 27536 | 14431 | 13105 | 567 | 182 | 385 |
| 嵊泗县 | 9366 | 4672 | 4694 | 323 | 75 | 248 |
| **台州市** | **305143** | **153231** | **151912** | **8579** | **2695** | **5884** |
| 椒江区 | 656 | 443 | 213 | 39 | 22 | 17 |
| 黄岩区 | 4817 | 2254 | 2563 | 139 | 37 | 102 |
| 路桥区 | 13147 | 6696 | 6451 | 249 | 91 | 158 |
| 三门县 | 61451 | 31254 | 30197 | 2474 | 677 | 1797 |
| 天台县 | 82097 | 41016 | 41081 | 1454 | 472 | 982 |
| 仙居县 | 97807 | 48777 | 49030 | 2980 | 992 | 1988 |
| 温岭市 | 30125 | 15288 | 14837 | 742 | 251 | 491 |
| 临海市 | 13924 | 6978 | 6946 | 426 | 130 | 296 |
| 玉环市 | 1119 | 525 | 594 | 76 | 23 | 53 |
| **丽水市** | **378313** | **187994** | **190319** | **13634** | **4006** | **9628** |
| 莲都区 | 5373 | 2891 | 2482 | 276 | 96 | 180 |
| 青田县 | 84671 | 41683 | 42988 | 3475 | 945 | 2530 |
| 缙云县 | 64666 | 32360 | 32306 | 1143 | 389 | 754 |
| 遂昌县 | 39335 | 19522 | 19813 | 1196 | 322 | 874 |
| 松阳县 | 37496 | 18128 | 19368 | 1098 | 283 | 815 |
| 云和县 | 50700 | 25995 | 24705 | 2024 | 704 | 1320 |
| 庆元县 | 52325 | 26169 | 26156 | 2637 | 713 | 1924 |
| 景宁畲族自治县 | 40674 | 19706 | 20968 | 1660 | 521 | 1139 |
| 龙泉市 | 3073 | 1540 | 1533 | 125 | 33 | 92 |

7－6b　续表 2　　　　单位：人

| 现 住 地 | 学前教育 | | | 小　学 | | |
|---|---|---|---|---|---|---|
| | 小计 | 男 | 女 | 小计 | 男 | 女 |
| **合计** | **108608** | **56731** | **51877** | **681564** | **316011** | **365553** |
| **杭州市** | **8159** | **4200** | **3959** | **45904** | **20043** | **25861** |
| 上城区 | | | | | | |
| 下城区 | | | | | | |
| 江干区 | | | | | | |
| 拱墅区 | | | | | | |
| 西湖区 | 3 | | 3 | 17 | 5 | 12 |
| 滨江区 | | | | | | |
| 萧山区 | 333 | 176 | 157 | 2299 | 1214 | 1085 |
| 余杭区 | 1517 | 777 | 740 | 7665 | 3565 | 4100 |
| 富阳区 | 62 | 35 | 27 | 470 | 251 | 219 |
| 临安区 | 495 | 256 | 239 | 2459 | 1099 | 1360 |
| 桐庐县 | 2985 | 1545 | 1440 | 15711 | 7050 | 8661 |
| 淳安县 | 2164 | 1120 | 1044 | 14179 | 5436 | 8743 |
| 建德市 | 600 | 291 | 309 | 3104 | 1423 | 1681 |
| **宁波市** | **12748** | **6699** | **6049** | **80248** | **36146** | **44102** |
| 海曙区 | 112 | 79 | 33 | 1086 | 495 | 591 |
| 江北区 | | | | | | |
| 北仑区 | 266 | 134 | 132 | 1182 | 530 | 652 |
| 镇海区 | 123 | 63 | 60 | 998 | 538 | 460 |
| 鄞州区 | 1571 | 810 | 761 | 10459 | 4792 | 5667 |
| 奉化区 | 154 | 63 | 91 | 1371 | 639 | 732 |
| 象山县 | 3485 | 1794 | 1691 | 24859 | 10805 | 14054 |
| 宁海县 | 5269 | 2813 | 2456 | 31374 | 13959 | 17415 |
| 余姚市 | 589 | 314 | 275 | 3535 | 1687 | 1848 |
| 慈溪市 | 1179 | 629 | 550 | 5384 | 2701 | 2683 |
| **温州市** | **21365** | **11517** | **9848** | **153695** | **75121** | **78574** |
| 鹿城区 | 25 | 13 | 12 | 175 | 88 | 87 |
| 龙湾区 | 816 | 447 | 369 | 4829 | 2533 | 2296 |
| 瓯海区 | 37 | 22 | 15 | 316 | 162 | 154 |
| 洞头区 | 17 | 9 | 8 | 111 | 43 | 68 |
| 永嘉县 | 4818 | 2611 | 2207 | 32251 | 16076 | 16175 |
| 平阳县 | 5828 | 3157 | 2671 | 43348 | 21268 | 22080 |
| 苍南县 | 6720 | 3584 | 3136 | 50063 | 24199 | 25864 |
| 文成县 | 644 | 356 | 288 | 5561 | 2607 | 2954 |
| 泰顺县 | 1739 | 917 | 822 | 11955 | 5696 | 6259 |
| 瑞安市 | 213 | 122 | 91 | 1869 | 890 | 979 |
| 乐清市 | 257 | 146 | 111 | 1540 | 739 | 801 |
| 龙港市 | 251 | 133 | 118 | 1677 | 820 | 857 |
| **嘉兴市** | **6815** | **3477** | **3338** | **36457** | **16250** | **20207** |
| 南湖区 | 235 | 127 | 108 | 1369 | 647 | 722 |
| 秀洲区 | 455 | 235 | 220 | 2467 | 1131 | 1336 |
| 嘉善县 | 3102 | 1584 | 1518 | 15425 | 6801 | 8624 |
| 海盐县 | 1220 | 632 | 588 | 7007 | 2699 | 4308 |
| 海宁市 | 849 | 418 | 431 | 4960 | 2523 | 2437 |
| 平湖市 | 533 | 269 | 264 | 2367 | 1110 | 1257 |
| 桐乡市 | 421 | 212 | 209 | 2862 | 1339 | 1523 |
| **湖州市** | **10790** | **5511** | **5279** | **59638** | **26475** | **33163** |
| 吴兴区 | 968 | 490 | 478 | 6465 | 2988 | 3477 |
| 南浔区 | 418 | 218 | 200 | 2743 | 1307 | 1436 |
| 德清县 | 2759 | 1421 | 1338 | 15777 | 6740 | 9037 |
| 长兴县 | 4236 | 2167 | 2069 | 21273 | 9553 | 11720 |
| 安吉县 | 2409 | 1215 | 1194 | 13380 | 5887 | 7493 |

7-6b　续表 3　　单位：人

| 现住地 | 学前教育 | | | 小　学 | | |
|---|---|---|---|---|---|---|
| | 小计 | 男 | 女 | 小计 | 男 | 女 |
| **绍兴市** | **5339** | **2784** | **2555** | **28196** | **12613** | **15583** |
| 越城区 | 15 | 8 | 7 | 80 | 39 | 41 |
| 柯桥区 | 254 | 130 | 124 | 2347 | 1202 | 1145 |
| 上虞区 | 188 | 89 | 99 | 1093 | 518 | 575 |
| 新昌县 | 4152 | 2175 | 1977 | 20360 | 8852 | 11508 |
| 诸暨市 | 641 | 338 | 303 | 3581 | 1661 | 1920 |
| 嵊州市 | 89 | 44 | 45 | 735 | 341 | 394 |
| **金华市** | **11208** | **5862** | **5346** | **55331** | **26164** | **29167** |
| 婺城区 | 1148 | 604 | 544 | 4385 | 2066 | 2319 |
| 金东区 | 837 | 435 | 402 | 4151 | 2184 | 1967 |
| 武义县 | 3287 | 1703 | 1584 | 14881 | 7078 | 7803 |
| 浦江县 | 1698 | 911 | 787 | 11910 | 5191 | 6719 |
| 磐安县 | 1033 | 543 | 490 | 5076 | 2294 | 2782 |
| 兰溪市 | 136 | 65 | 71 | 911 | 463 | 448 |
| 义乌市 | 1256 | 666 | 590 | 5303 | 2610 | 2693 |
| 东阳市 | 1581 | 805 | 776 | 7415 | 3597 | 3818 |
| 永康市 | 232 | 130 | 102 | 1299 | 681 | 618 |
| **衢州市** | **6877** | **3530** | **3347** | **35002** | **15260** | **19742** |
| 柯城区 | 58 | 24 | 34 | 373 | 183 | 190 |
| 衢江区 | 93 | 53 | 40 | 588 | 280 | 308 |
| 常山县 | 1814 | 954 | 860 | 8320 | 3606 | 4714 |
| 开化县 | 2187 | 1109 | 1078 | 11317 | 4642 | 6675 |
| 龙游县 | 2421 | 1244 | 1177 | 12473 | 5689 | 6784 |
| 江山市 | 304 | 146 | 158 | 1931 | 860 | 1071 |
| **舟山市** | **895** | **420** | **475** | **10852** | **5430** | **5422** |
| 定海区 | 131 | 61 | 70 | 1195 | 555 | 640 |
| 普陀区 | 65 | 32 | 33 | 708 | 403 | 305 |
| 岱山县 | 516 | 242 | 274 | 6346 | 3106 | 3240 |
| 嵊泗县 | 183 | 85 | 98 | 2603 | 1366 | 1237 |
| **台州市** | **10339** | **5530** | **4809** | **63159** | **29116** | **34043** |
| 椒江区 | 12 | 4 | 8 | 155 | 95 | 60 |
| 黄岩区 | 156 | 81 | 75 | 1428 | 605 | 823 |
| 路桥区 | 351 | 178 | 173 | 2545 | 1189 | 1356 |
| 三门县 | 2307 | 1301 | 1006 | 13459 | 5929 | 7530 |
| 天台县 | 2705 | 1431 | 1274 | 15959 | 7318 | 8641 |
| 仙居县 | 3211 | 1678 | 1533 | 18517 | 8803 | 9714 |
| 温岭市 | 1038 | 559 | 479 | 7709 | 3614 | 4095 |
| 临海市 | 510 | 272 | 238 | 3123 | 1431 | 1692 |
| 玉环市 | 49 | 26 | 23 | 264 | 132 | 132 |
| **丽水市** | **14073** | **7201** | **6872** | **113082** | **53393** | **59689** |
| 莲都区 | 199 | 105 | 94 | 1876 | 958 | 918 |
| 青田县 | 3491 | 1715 | 1776 | 29698 | 13857 | 15841 |
| 缙云县 | 2508 | 1316 | 1192 | 13451 | 6380 | 7071 |
| 遂昌县 | 1353 | 703 | 650 | 8960 | 4177 | 4783 |
| 松阳县 | 1317 | 678 | 639 | 9151 | 4351 | 4800 |
| 云和县 | 1561 | 813 | 748 | 16376 | 8212 | 8164 |
| 庆元县 | 1973 | 1006 | 967 | 17575 | 8145 | 9430 |
| 景宁畲族自治县 | 1570 | 814 | 756 | 14860 | 6754 | 8106 |
| 龙泉市 | 101 | 51 | 50 | 1135 | 559 | 576 |

7-6b 续表 4

单位：人

| 现住地 | 初中 | | | 高中 | | | 大学专科 | | |
|---|---|---|---|---|---|---|---|---|---|
| | 小计 | 男 | 女 | 小计 | 男 | 女 | 小计 | 男 | 女 |
| **合计** | **915049** | **476924** | **438125** | **730006** | **395358** | **334648** | **332031** | **168839** | **163192** |
| **杭州市** | **75524** | **38544** | **36980** | **68910** | **37509** | **31401** | **29998** | **15445** | **14553** |
| 上城区 | | | | | | | | | |
| 下城区 | | | | | | | | | |
| 江干区 | | | | | | | | | |
| 拱墅区 | | | | | | | | | |
| 西湖区 | 11 | 7 | 4 | 13 | 5 | 8 | 14 | 6 | 8 |
| 滨江区 | | | | | | | | | |
| 萧山区 | 3919 | 2280 | 1639 | 3471 | 2082 | 1389 | 1998 | 1244 | 754 |
| 余杭区 | 12407 | 6689 | 5718 | 13013 | 7226 | 5787 | 7900 | 4174 | 3726 |
| 富阳区 | 793 | 445 | 348 | 404 | 217 | 187 | 360 | 164 | 196 |
| 临安区 | 5550 | 2782 | 2768 | 3899 | 2019 | 1880 | 1073 | 541 | 532 |
| 桐庐县 | 27360 | 13751 | 13609 | 23835 | 12869 | 10966 | 10519 | 5313 | 5206 |
| 淳安县 | 20756 | 10282 | 10474 | 18772 | 10180 | 8592 | 6784 | 3354 | 3430 |
| 建德市 | 4728 | 2308 | 2420 | 5503 | 2911 | 2592 | 1350 | 649 | 701 |
| **宁波市** | **119035** | **61518** | **57517** | **84662** | **45512** | **39150** | **51131** | **24929** | **26202** |
| 海曙区 | 1508 | 819 | 689 | 1948 | 911 | 1037 | 417 | 196 | 221 |
| 江北区 | | | | | | | | | |
| 北仑区 | 1982 | 1032 | 950 | 1400 | 813 | 587 | 1653 | 879 | 774 |
| 镇海区 | 1143 | 651 | 492 | 734 | 397 | 337 | 699 | 415 | 284 |
| 鄞州区 | 13435 | 7112 | 6323 | 11298 | 5875 | 5423 | 7270 | 3518 | 3752 |
| 奉化区 | 2101 | 1149 | 952 | 1253 | 660 | 593 | 669 | 315 | 354 |
| 象山县 | 37774 | 18518 | 19256 | 25280 | 13104 | 12176 | 12324 | 6262 | 6062 |
| 宁海县 | 45132 | 23373 | 21759 | 30189 | 16697 | 13492 | 16705 | 8641 | 8064 |
| 余姚市 | 6205 | 3139 | 3066 | 4484 | 2251 | 2233 | 2364 | 957 | 1407 |
| 慈溪市 | 9755 | 5725 | 4030 | 8076 | 4804 | 3272 | 9030 | 3746 | 5284 |
| **温州市** | **137779** | **74716** | **63063** | **123603** | **68014** | **55589** | **55208** | **28998** | **26210** |
| 鹿城区 | 222 | 125 | 97 | 108 | 59 | 49 | 73 | 39 | 34 |
| 龙湾区 | 6436 | 3954 | 2482 | 8511 | 5326 | 3185 | 7813 | 4535 | 3278 |
| 瓯海区 | 346 | 206 | 140 | 674 | 371 | 303 | 99 | 50 | 49 |
| 洞头区 | 124 | 59 | 65 | 46 | 17 | 29 | 65 | 25 | 40 |
| 永嘉县 | 36146 | 19864 | 16282 | 34557 | 18956 | 15601 | 13537 | 7124 | 6413 |
| 平阳县 | 36152 | 19493 | 16659 | 33080 | 18041 | 15039 | 14468 | 7267 | 7201 |
| 苍南县 | 39417 | 21354 | 18063 | 29393 | 16462 | 12931 | 12510 | 6543 | 5967 |
| 文成县 | 5124 | 2527 | 2597 | 4012 | 1999 | 2013 | 1751 | 872 | 879 |
| 泰顺县 | 8948 | 4475 | 4473 | 8325 | 4262 | 4063 | 3462 | 1786 | 1676 |
| 瑞安市 | 1463 | 795 | 668 | 2418 | 1166 | 1252 | 405 | 210 | 195 |
| 乐清市 | 2163 | 1155 | 1008 | 1894 | 1032 | 862 | 783 | 423 | 360 |
| 龙港市 | 1238 | 709 | 529 | 585 | 323 | 262 | 242 | 124 | 118 |
| **嘉兴市** | **56651** | **29733** | **26918** | **36656** | **20620** | **16036** | **28918** | **15175** | **13743** |
| 南湖区 | 1725 | 916 | 809 | 890 | 509 | 381 | 799 | 346 | 453 |
| 秀洲区 | 4067 | 2165 | 1902 | 1673 | 971 | 702 | 1261 | 585 | 676 |
| 嘉善县 | 21741 | 11087 | 10654 | 13966 | 7593 | 6373 | 10916 | 5404 | 5512 |
| 海盐县 | 12860 | 6482 | 6378 | 9223 | 5160 | 4063 | 6868 | 3479 | 3389 |
| 海宁市 | 8706 | 5041 | 3665 | 6121 | 3710 | 2411 | 5929 | 3732 | 2197 |
| 平湖市 | 3433 | 1850 | 1583 | 1756 | 1049 | 707 | 1893 | 1037 | 856 |
| 桐乡市 | 4119 | 2192 | 1927 | 3027 | 1628 | 1399 | 1252 | 592 | 660 |
| **湖州市** | **92758** | **46774** | **45984** | **79052** | **41996** | **37056** | **40513** | **19994** | **20519** |
| 吴兴区 | 10952 | 5847 | 5105 | 5018 | 2879 | 2139 | 2103 | 1125 | 978 |
| 南浔区 | 3796 | 2018 | 1778 | 3281 | 1646 | 1635 | 1089 | 531 | 558 |
| 德清县 | 21379 | 10845 | 10534 | 19015 | 10637 | 8378 | 11247 | 5659 | 5588 |
| 长兴县 | 32783 | 16080 | 16703 | 28460 | 14460 | 14000 | 14800 | 7255 | 7545 |
| 安吉县 | 23848 | 11984 | 11864 | 23278 | 12374 | 10904 | 11274 | 5424 | 5850 |

7-6b 续表 5

单位：人

| 现住地 | 初中 | | | 高中 | | | 大学专科 | | |
|---|---|---|---|---|---|---|---|---|---|
| | 小计 | 男 | 女 | 小计 | 男 | 女 | 小计 | 男 | 女 |
| **绍兴市** | **56770** | **29756** | **27014** | **50401** | **27851** | **22550** | **18262** | **9795** | **8467** |
| 越城区 | 108 | 50 | 58 | 68 | 36 | 32 | 39 | 16 | 23 |
| 柯桥区 | 4917 | 3218 | 1699 | 3192 | 1967 | 1225 | 1150 | 630 | 520 |
| 上虞区 | 1970 | 935 | 1035 | 1358 | 683 | 675 | 514 | 235 | 279 |
| 新昌县 | 39284 | 20174 | 19110 | 32934 | 18429 | 14505 | 14118 | 7637 | 6481 |
| 诸暨市 | 9216 | 4719 | 4497 | 10476 | 5561 | 4915 | 2192 | 1159 | 1033 |
| 嵊州市 | 1275 | 660 | 615 | 2373 | 1175 | 1198 | 249 | 118 | 131 |
| **金华市** | **102282** | **53976** | **48306** | **79665** | **43965** | **35700** | **34907** | **17421** | **17486** |
| 婺城区 | 5212 | 2691 | 2521 | 7449 | 3825 | 3624 | 3101 | 1561 | 1540 |
| 金东区 | 8351 | 4783 | 3568 | 4668 | 2637 | 2031 | 2916 | 1514 | 1402 |
| 武义县 | 26634 | 14003 | 12631 | 18627 | 10276 | 8351 | 8619 | 4280 | 4339 |
| 浦江县 | 22386 | 11262 | 11124 | 17811 | 10286 | 7525 | 6384 | 3294 | 3090 |
| 磐安县 | 8429 | 4194 | 4235 | 6344 | 3397 | 2947 | 2633 | 1305 | 1328 |
| 兰溪市 | 1564 | 828 | 736 | 2231 | 953 | 1278 | 408 | 218 | 190 |
| 义乌市 | 12130 | 6582 | 5548 | 8816 | 5122 | 3694 | 3759 | 1944 | 1815 |
| 东阳市 | 15168 | 8269 | 6899 | 12318 | 6725 | 5593 | 6772 | 3165 | 3607 |
| 永康市 | 2408 | 1364 | 1044 | 1401 | 744 | 657 | 315 | 140 | 175 |
| **衢州市** | **52980** | **25722** | **27258** | **45017** | **23537** | **21480** | **12928** | **6571** | **6357** |
| 柯城区 | 868 | 464 | 404 | 274 | 163 | 111 | 115 | 52 | 63 |
| 衢江区 | 1002 | 504 | 498 | 1764 | 816 | 948 | 144 | 72 | 72 |
| 常山县 | 12169 | 6035 | 6134 | 11482 | 5953 | 5529 | 3162 | 1646 | 1516 |
| 开化县 | 14754 | 6789 | 7965 | 10168 | 5375 | 4793 | 3120 | 1553 | 1567 |
| 龙游县 | 20989 | 10221 | 10768 | 18352 | 9815 | 8537 | 6005 | 3060 | 2945 |
| 江山市 | 3198 | 1709 | 1489 | 2977 | 1415 | 1562 | 382 | 188 | 194 |
| **舟山市** | **16015** | **8385** | **7630** | **7694** | **4081** | **3613** | **4619** | **2804** | **1815** |
| 定海区 | 1600 | 844 | 756 | 1211 | 599 | 612 | 550 | 294 | 256 |
| 普陀区 | 1188 | 726 | 462 | 612 | 388 | 224 | 431 | 271 | 160 |
| 岱山县 | 10103 | 5230 | 4873 | 4592 | 2494 | 2098 | 2859 | 1795 | 1064 |
| 嵊泗县 | 3124 | 1585 | 1539 | 1279 | 600 | 679 | 779 | 444 | 335 |
| **台州市** | **89760** | **46585** | **43175** | **82593** | **44284** | **38309** | **28575** | **14538** | **14037** |
| 椒江区 | 193 | 134 | 59 | 113 | 87 | 26 | 95 | 71 | 24 |
| 黄岩区 | 1330 | 696 | 634 | 1265 | 610 | 655 | 288 | 133 | 155 |
| 路桥区 | 3164 | 1780 | 1384 | 4660 | 2398 | 2262 | 1212 | 637 | 575 |
| 三门县 | 16529 | 8651 | 7878 | 16399 | 9320 | 7079 | 6027 | 3293 | 2734 |
| 天台县 | 28353 | 14651 | 13702 | 19296 | 10235 | 9061 | 7563 | 3707 | 3856 |
| 仙居县 | 27647 | 13953 | 13694 | 29412 | 15637 | 13775 | 9141 | 4451 | 4690 |
| 温岭市 | 8177 | 4441 | 3736 | 7811 | 4072 | 3739 | 2840 | 1519 | 1321 |
| 临海市 | 4003 | 2085 | 1918 | 3477 | 1858 | 1619 | 1286 | 679 | 607 |
| 玉环市 | 364 | 194 | 170 | 160 | 67 | 93 | 123 | 48 | 75 |
| **丽水市** | **115495** | **61215** | **54280** | **71753** | **37989** | **33764** | **26972** | **13169** | **13803** |
| 莲都区 | 1926 | 1125 | 801 | 646 | 368 | 278 | 294 | 159 | 135 |
| 青田县 | 21669 | 11653 | 10016 | 16041 | 8497 | 7544 | 4539 | 2249 | 2290 |
| 缙云县 | 23833 | 12159 | 11674 | 15485 | 8224 | 7261 | 4941 | 2375 | 2566 |
| 遂昌县 | 12435 | 6516 | 5919 | 9199 | 4852 | 4347 | 3626 | 1740 | 1886 |
| 松阳县 | 11872 | 6149 | 5723 | 8644 | 4203 | 4441 | 3247 | 1428 | 1819 |
| 云和县 | 15743 | 8512 | 7231 | 7973 | 4366 | 3607 | 3872 | 1937 | 1935 |
| 庆元县 | 15427 | 8660 | 6767 | 7257 | 3936 | 3321 | 3843 | 1974 | 1869 |
| 景宁畲族自治县 | 11265 | 5729 | 5536 | 6265 | 3417 | 2848 | 2526 | 1271 | 1255 |
| 龙泉市 | 1325 | 712 | 613 | 243 | 126 | 117 | 84 | 36 | 48 |

7-6b 续表 6 单位：人

| 现住地 | 大学本科 | | | 硕士研究生 | | | 博士研究生 | | |
|---|---|---|---|---|---|---|---|---|---|
| | 小计 | 男 | 女 | 小计 | 男 | 女 | 小计 | 男 | 女 |
| **合计** | **264201** | **127731** | **136470** | **10709** | **5591** | **5118** | **788** | **519** | **269** |
| **杭州市** | **28204** | **13315** | **14889** | **1564** | **802** | **762** | **193** | **128** | **65** |
| 上城区 | | | | | | | | | |
| 下城区 | | | | | | | | | |
| 江干区 | | | | | | | | | |
| 拱墅区 | | | | | | | | | |
| 西湖区 | 17 | 8 | 9 | 2 | | 2 | | | |
| 滨江区 | | | | | | | | | |
| 萧山区 | 1376 | 731 | 645 | 84 | 47 | 37 | 5 | 4 | 1 |
| 余杭区 | 7942 | 4112 | 3830 | 891 | 468 | 423 | 132 | 87 | 45 |
| 富阳区 | 245 | 135 | 110 | 31 | 12 | 19 | 5 | 3 | 2 |
| 临安区 | 801 | 360 | 441 | 17 | 9 | 8 | | | |
| 桐庐县 | 12083 | 5155 | 6928 | 368 | 182 | 186 | 35 | 20 | 15 |
| 淳安县 | 4762 | 2341 | 2421 | 130 | 61 | 69 | 7 | 7 | |
| 建德市 | 978 | 473 | 505 | 41 | 23 | 18 | 9 | 7 | 2 |
| **宁波市** | **41001** | **20133** | **20868** | **1911** | **1053** | **858** | **111** | **78** | **33** |
| 海曙区 | 309 | 140 | 169 | 22 | 10 | 12 | 2 | 2 | |
| 江北区 | | | | | | | | | |
| 北仑区 | 1605 | 870 | 735 | 76 | 35 | 41 | 2 | 1 | 1 |
| 镇海区 | 532 | 289 | 243 | 21 | 13 | 8 | 1 | 1 | |
| 鄞州区 | 7051 | 3334 | 3717 | 465 | 230 | 235 | 34 | 21 | 13 |
| 奉化区 | 572 | 261 | 311 | 47 | 21 | 26 | 2 | 2 | |
| 象山县 | 9470 | 4427 | 5043 | 253 | 134 | 119 | 21 | 11 | 10 |
| 宁海县 | 11331 | 5478 | 5853 | 344 | 182 | 162 | 12 | 9 | 3 |
| 余姚市 | 1320 | 520 | 800 | 51 | 24 | 27 | 7 | 6 | 1 |
| 慈溪市 | 8811 | 4814 | 3997 | 632 | 404 | 228 | 30 | 25 | 5 |
| **温州市** | **30471** | **15575** | **14896** | **1201** | **597** | **604** | **75** | **49** | **26** |
| 鹿城区 | 31 | 13 | 18 | 3 | | 3 | | | |
| 龙湾区 | 2009 | 1194 | 815 | 122 | 71 | 51 | 8 | 7 | 1 |
| 瓯海区 | 57 | 26 | 31 | 1 | | 1 | | | |
| 洞头区 | 52 | 30 | 22 | 7 | 3 | 4 | | | |
| 永嘉县 | 8342 | 4255 | 4087 | 378 | 182 | 196 | 28 | 15 | 13 |
| 平阳县 | 9394 | 4677 | 4717 | 348 | 179 | 169 | 17 | 11 | 6 |
| 苍南县 | 5917 | 3057 | 2860 | 207 | 94 | 113 | 15 | 11 | 4 |
| 文成县 | 1513 | 714 | 799 | 34 | 14 | 20 | 1 | | 1 |
| 泰顺县 | 2376 | 1198 | 1178 | 63 | 33 | 30 | 2 | 2 | |
| 瑞安市 | 215 | 114 | 101 | 10 | 6 | 4 | | | |
| 乐清市 | 496 | 257 | 239 | 26 | 14 | 12 | 4 | 3 | 1 |
| 龙港市 | 69 | 40 | 29 | 2 | 1 | 1 | | | |
| **嘉兴市** | **29329** | **13048** | **16281** | **1022** | **545** | **477** | **91** | **58** | **33** |
| 南湖区 | 575 | 254 | 321 | 27 | 14 | 13 | | | |
| 秀洲区 | 811 | 365 | 446 | 46 | 26 | 20 | 2 | 1 | 1 |
| 嘉善县 | 10541 | 4643 | 5898 | 380 | 194 | 186 | 24 | 13 | 11 |
| 海盐县 | 6114 | 2828 | 3286 | 167 | 84 | 83 | 11 | 7 | 4 |
| 海宁市 | 9232 | 3899 | 5333 | 308 | 170 | 138 | 44 | 30 | 14 |
| 平湖市 | 1223 | 675 | 548 | 44 | 32 | 12 | 5 | 4 | 1 |
| 桐乡市 | 833 | 384 | 449 | 50 | 25 | 25 | 5 | 3 | 2 |
| **湖州市** | **36657** | **17698** | **18959** | **1435** | **742** | **693** | **83** | **50** | **33** |
| 吴兴区 | 1125 | 560 | 565 | 58 | 33 | 25 | 3 | 1 | 2 |
| 南浔区 | 864 | 391 | 473 | 41 | 21 | 20 | 2 | 1 | 1 |
| 德清县 | 11965 | 5810 | 6155 | 522 | 256 | 266 | 30 | 19 | 11 |
| 长兴县 | 12570 | 5981 | 6589 | 511 | 261 | 250 | 20 | 12 | 8 |
| 安吉县 | 10133 | 4956 | 5177 | 303 | 171 | 132 | 28 | 17 | 11 |

7-6b 续表 7

单位：人

| 现住地 | 大学本科 | | | 硕士研究生 | | | 博士研究生 | | |
|---|---|---|---|---|---|---|---|---|---|
| | 小计 | 男 | 女 | 小计 | 男 | 女 | 小计 | 男 | 女 |
| **绍兴市** | **14148** | **6975** | **7173** | **656** | **372** | **284** | **65** | **51** | **14** |
| 越城区 | 20 | 8 | 12 | 1 | 1 | | 1 | 1 | |
| 柯桥区 | 989 | 496 | 493 | 86 | 47 | 39 | 11 | 7 | 4 |
| 上虞区 | 306 | 129 | 177 | 12 | 7 | 5 | 4 | | 4 |
| 新昌县 | 10852 | 5358 | 5494 | 485 | 268 | 217 | 42 | 38 | 4 |
| 诸暨市 | 1751 | 869 | 882 | 60 | 43 | 17 | 5 | 3 | 2 |
| 嵊州市 | 230 | 115 | 115 | 12 | 6 | 6 | 2 | 2 | |
| **金华市** | **24341** | **12116** | **12225** | **1114** | **561** | **553** | **59** | **38** | **21** |
| 婺城区 | 3308 | 1619 | 1689 | 240 | 126 | 114 | 14 | 10 | 4 |
| 金东区 | 982 | 475 | 507 | 43 | 24 | 19 | 1 | 1 | |
| 武义县 | 5501 | 2620 | 2881 | 185 | 78 | 107 | 12 | 5 | 7 |
| 浦江县 | 5069 | 2535 | 2534 | 166 | 86 | 80 | 6 | 4 | 2 |
| 磐安县 | 2159 | 1018 | 1141 | 66 | 35 | 31 | 1 | 1 | |
| 兰溪市 | 280 | 145 | 135 | 13 | 5 | 8 | 1 | 1 | |
| 义乌市 | 3844 | 2085 | 1759 | 189 | 89 | 100 | 7 | 4 | 3 |
| 东阳市 | 3032 | 1550 | 1482 | 199 | 112 | 87 | 16 | 12 | 4 |
| 永康市 | 166 | 69 | 97 | 13 | 6 | 7 | 1 | | 1 |
| **衢州市** | **11729** | **5844** | **5885** | **314** | **177** | **137** | **16** | **9** | **7** |
| 柯城区 | 62 | 27 | 35 | 4 | 3 | 1 | | | |
| 衢江区 | 113 | 56 | 57 | 3 | 2 | 1 | 1 | 1 | |
| 常山县 | 3351 | 1660 | 1691 | 73 | 44 | 29 | 3 | 3 | |
| 开化县 | 2724 | 1324 | 1400 | 71 | 36 | 35 | 2 | 2 | |
| 龙游县 | 5211 | 2639 | 2572 | 150 | 83 | 67 | 10 | 3 | 7 |
| 江山市 | 268 | 138 | 130 | 13 | 9 | 4 | | | |
| **舟山市** | **4328** | **2239** | **2089** | **133** | **81** | **52** | **5** | **3** | **2** |
| 定海区 | 341 | 146 | 195 | 15 | 8 | 7 | | | |
| 普陀区 | 462 | 261 | 201 | 18 | 8 | 10 | 2 | 1 | 1 |
| 岱山县 | 2480 | 1334 | 1146 | 71 | 46 | 25 | 2 | 2 | |
| 嵊泗县 | 1045 | 498 | 547 | 29 | 19 | 10 | 1 | | 1 |
| **台州市** | **21377** | **10118** | **11259** | **715** | **334** | **381** | **46** | **31** | **15** |
| 椒江区 | 47 | 29 | 18 | 2 | 1 | 1 | | | |
| 黄岩区 | 205 | 90 | 115 | 6 | 2 | 4 | | | |
| 路桥区 | 933 | 409 | 524 | 32 | 14 | 18 | 1 | | 1 |
| 三门县 | 4134 | 2023 | 2111 | 118 | 56 | 62 | 4 | 4 | |
| 天台县 | 6542 | 3094 | 3448 | 206 | 96 | 110 | 19 | 12 | 7 |
| 仙居县 | 6641 | 3140 | 3501 | 239 | 110 | 129 | 19 | 13 | 6 |
| 温岭市 | 1732 | 800 | 932 | 74 | 31 | 43 | 2 | 1 | 1 |
| 临海市 | 1062 | 500 | 562 | 37 | 23 | 14 | | | |
| 玉环市 | 81 | 33 | 48 | 1 | 1 | | 1 | 1 | |
| **丽水市** | **22616** | **10670** | **11946** | **644** | **327** | **317** | **44** | **24** | **20** |
| 莲都区 | 145 | 73 | 72 | 8 | 5 | 3 | 3 | 2 | 1 |
| 青田县 | 5582 | 2679 | 2903 | 163 | 79 | 84 | 13 | 9 | 4 |
| 缙云县 | 3200 | 1471 | 1729 | 101 | 45 | 56 | 4 | 1 | 3 |
| 遂昌县 | 2493 | 1174 | 1319 | 67 | 35 | 32 | 6 | 3 | 3 |
| 松阳县 | 2062 | 981 | 1081 | 100 | 53 | 47 | 5 | 2 | 3 |
| 云和县 | 3076 | 1416 | 1660 | 68 | 32 | 36 | 7 | 3 | 4 |
| 庆元县 | 3528 | 1689 | 1839 | 83 | 45 | 38 | 2 | 1 | 1 |
| 景宁畲族自治县 | 2471 | 1165 | 1306 | 53 | 32 | 21 | 4 | 3 | 1 |
| 龙泉市 | 59 | 22 | 37 | 1 | 1 | | | | |

# 7-6c 全省按现住地、受教育程度、性别分的户口登记地在本省其他乡镇街道的人口(乡村)

单位：人

| 现住地 | 合计 | | | 未上过学 | | |
|---|---|---|---|---|---|---|
| | 合计 | 男 | 女 | 小计 | 男 | 女 |
| **合计** | **1115406** | **570971** | **544435** | **41865** | **14637** | **27228** |
| **杭州市** | **139057** | **73383** | **65674** | **3402** | **1252** | **2150** |
| 上城区 | | | | | | |
| 下城区 | | | | | | |
| 江干区 | | | | | | |
| 拱墅区 | | | | | | |
| 西湖区 | 4330 | 2285 | 2045 | 106 | 38 | 68 |
| 滨江区 | | | | | | |
| 萧山区 | 27936 | 13451 | 14485 | 762 | 263 | 499 |
| 余杭区 | 34977 | 20017 | 14960 | 1040 | 450 | 590 |
| 富阳区 | 24357 | 12356 | 12001 | 307 | 109 | 198 |
| 临安区 | 19587 | 10540 | 9047 | 311 | 114 | 197 |
| 桐庐县 | 6891 | 3554 | 3337 | 287 | 99 | 188 |
| 淳安县 | 9507 | 5365 | 4142 | 338 | 89 | 249 |
| 建德市 | 11472 | 5815 | 5657 | 251 | 90 | 161 |
| **宁波市** | **171642** | **87090** | **84552** | **4823** | **1606** | **3217** |
| 海曙区 | 21289 | 11045 | 10244 | 788 | 261 | 527 |
| 江北区 | 8951 | 4859 | 4092 | 486 | 186 | 300 |
| 北仑区 | 16312 | 8926 | 7386 | 461 | 177 | 284 |
| 镇海区 | 4873 | 2618 | 2255 | 87 | 31 | 56 |
| 鄞州区 | 34754 | 18222 | 16532 | 1170 | 356 | 814 |
| 奉化区 | 19151 | 9506 | 9645 | 383 | 134 | 249 |
| 象山县 | 14941 | 7471 | 7470 | 530 | 158 | 372 |
| 宁海县 | 21460 | 11291 | 10169 | 305 | 92 | 213 |
| 余姚市 | 11440 | 5036 | 6404 | 263 | 78 | 185 |
| 慈溪市 | 18471 | 8116 | 10355 | 350 | 133 | 217 |
| **温州市** | **198950** | **102991** | **95959** | **11895** | **4161** | **7734** |
| 鹿城区 | 9998 | 5055 | 4943 | 425 | 114 | 311 |
| 龙湾区 | 57 | 42 | 15 | | | |
| 瓯海区 | 18155 | 9497 | 8658 | 1071 | 329 | 742 |
| 洞头区 | 10507 | 6740 | 3767 | 152 | 48 | 104 |
| 永嘉县 | 23629 | 12352 | 11277 | 1004 | 380 | 624 |
| 平阳县 | 34323 | 17848 | 16475 | 2487 | 868 | 1619 |
| 苍南县 | 24260 | 12490 | 11770 | 2179 | 836 | 1343 |
| 文成县 | 6484 | 3368 | 3116 | 459 | 171 | 288 |
| 泰顺县 | 5905 | 3105 | 2800 | 384 | 163 | 221 |
| 瑞安市 | 33416 | 17255 | 16161 | 2268 | 786 | 1482 |
| 乐清市 | 30787 | 14560 | 16227 | 1335 | 419 | 916 |
| 龙港市 | 1429 | 679 | 750 | 131 | 47 | 84 |
| **嘉兴市** | **68094** | **34878** | **33216** | **1470** | **548** | **922** |
| 南湖区 | 6317 | 3116 | 3201 | 134 | 46 | 88 |
| 秀洲区 | 7746 | 3977 | 3769 | 171 | 63 | 108 |
| 嘉善县 | 8565 | 4458 | 4107 | 282 | 89 | 193 |
| 海盐县 | 7164 | 3624 | 3540 | 185 | 84 | 101 |
| 海宁市 | 15011 | 8007 | 7004 | 251 | 85 | 166 |
| 平湖市 | 10685 | 5666 | 5019 | 291 | 125 | 166 |
| 桐乡市 | 12606 | 6030 | 6576 | 156 | 56 | 100 |
| **湖州市** | **57475** | **30641** | **26834** | **1255** | **476** | **779** |
| 吴兴区 | 17537 | 9810 | 7727 | 575 | 219 | 356 |
| 南浔区 | 9598 | 5193 | 4405 | 207 | 74 | 133 |
| 德清县 | 10228 | 5574 | 4654 | 164 | 64 | 100 |
| 长兴县 | 9682 | 4843 | 4839 | 134 | 53 | 81 |
| 安吉县 | 10430 | 5221 | 5209 | 175 | 66 | 109 |

7-6c　续表 1　　　　　　　　　　　　　　　　　　　　　单位：人

| 现 住 地 | 合　计 | | | 未上过学 | | |
|---|---|---|---|---|---|---|
| | 合计 | 男 | 女 | 小计 | 男 | 女 |
| **绍兴市** | **70610** | **33367** | **37243** | **1767** | **628** | **1139** |
| 越城区 | 8948 | 4363 | 4585 | 142 | 49 | 93 |
| 柯桥区 | 7227 | 3145 | 4082 | 153 | 53 | 100 |
| 上虞区 | 12988 | 5676 | 7312 | 316 | 119 | 197 |
| 新昌县 | 13865 | 7159 | 6706 | 583 | 204 | 379 |
| 诸暨市 | 16497 | 7723 | 8774 | 407 | 159 | 248 |
| 嵊州市 | 11085 | 5301 | 5784 | 166 | 44 | 122 |
| **金华市** | **120908** | **60570** | **60338** | **4641** | **1532** | **3109** |
| 婺城区 | 15703 | 8043 | 7660 | 584 | 186 | 398 |
| 金东区 | 12069 | 6163 | 5906 | 313 | 127 | 186 |
| 武义县 | 13613 | 6972 | 6641 | 680 | 251 | 429 |
| 浦江县 | 16198 | 7854 | 8344 | 673 | 196 | 477 |
| 磐安县 | 3472 | 1883 | 1589 | 124 | 38 | 86 |
| 兰溪市 | 7795 | 3564 | 4231 | 292 | 83 | 209 |
| 义乌市 | 22509 | 11380 | 11129 | 734 | 235 | 499 |
| 东阳市 | 15910 | 8177 | 7733 | 632 | 208 | 424 |
| 永康市 | 13639 | 6534 | 7105 | 609 | 208 | 401 |
| **衢州市** | **49999** | **24541** | **25458** | **2768** | **902** | **1866** |
| 柯城区 | 10028 | 4891 | 5137 | 406 | 119 | 287 |
| 衢江区 | 9516 | 4613 | 4903 | 713 | 215 | 498 |
| 常山县 | 5150 | 2296 | 2854 | 372 | 125 | 247 |
| 开化县 | 4108 | 2200 | 1908 | 274 | 86 | 188 |
| 龙游县 | 8462 | 4278 | 4184 | 491 | 211 | 280 |
| 江山市 | 12735 | 6263 | 6472 | 512 | 146 | 366 |
| **舟山市** | **25250** | **14174** | **11076** | **540** | **170** | **370** |
| 定海区 | 11033 | 5968 | 5065 | 202 | 66 | 136 |
| 普陀区 | 8968 | 4911 | 4057 | 193 | 56 | 137 |
| 岱山县 | 3446 | 2236 | 1210 | 90 | 24 | 66 |
| 嵊泗县 | 1803 | 1059 | 744 | 55 | 24 | 31 |
| **台州市** | **130635** | **65204** | **65431** | **5658** | **2020** | **3638** |
| 椒江区 | 11483 | 6305 | 5178 | 591 | 226 | 365 |
| 黄岩区 | 16868 | 8025 | 8843 | 660 | 213 | 447 |
| 路桥区 | 12368 | 6203 | 6165 | 489 | 146 | 343 |
| 三门县 | 7383 | 3871 | 3512 | 461 | 155 | 306 |
| 天台县 | 12609 | 6033 | 6576 | 410 | 151 | 259 |
| 仙居县 | 14497 | 7628 | 6869 | 683 | 251 | 432 |
| 温岭市 | 26096 | 12236 | 13860 | 1013 | 371 | 642 |
| 临海市 | 19515 | 10232 | 9283 | 590 | 236 | 354 |
| 玉环市 | 9816 | 4671 | 5145 | 761 | 271 | 490 |
| **丽水市** | **82786** | **44132** | **38654** | **3646** | **1342** | **2304** |
| 莲都区 | 15978 | 9159 | 6819 | 906 | 369 | 537 |
| 青田县 | 10447 | 5504 | 4943 | 353 | 135 | 218 |
| 缙云县 | 8507 | 4217 | 4290 | 233 | 110 | 123 |
| 遂昌县 | 7031 | 3797 | 3234 | 412 | 107 | 305 |
| 松阳县 | 9141 | 4619 | 4522 | 359 | 141 | 218 |
| 云和县 | 8074 | 4244 | 3830 | 224 | 83 | 141 |
| 庆元县 | 7538 | 3960 | 3578 | 276 | 97 | 179 |
| 景宁畲族自治县 | 8790 | 4791 | 3999 | 427 | 146 | 281 |
| 龙泉市 | 7280 | 3841 | 3439 | 456 | 154 | 302 |

7－6c 续表 2

单位：人

| 现住地 | 学前教育 | | | 小学 | | |
|---|---|---|---|---|---|---|
| | 小计 | 男 | 女 | 小计 | 男 | 女 |
| **合计** | **34594** | **17682** | **16912** | **287882** | **145837** | **142045** |
| **杭州市** | **3465** | **1757** | **1708** | **27021** | **14392** | **12629** |
| 上城区 | | | | | | |
| 下城区 | | | | | | |
| 江干区 | | | | | | |
| 拱墅区 | | | | | | |
| 西湖区 | 103 | 55 | 48 | 676 | 358 | 318 |
| 滨江区 | | | | | | |
| 萧山区 | 926 | 451 | 475 | 5686 | 2988 | 2698 |
| 余杭区 | 814 | 404 | 410 | 7541 | 4145 | 3396 |
| 富阳区 | 386 | 205 | 181 | 3024 | 1602 | 1422 |
| 临安区 | 423 | 228 | 195 | 3758 | 2070 | 1688 |
| 桐庐县 | 232 | 121 | 111 | 1695 | 893 | 802 |
| 淳安县 | 206 | 95 | 111 | 1775 | 921 | 854 |
| 建德市 | 375 | 198 | 177 | 2866 | 1415 | 1451 |
| **宁波市** | **4436** | **2263** | **2173** | **46665** | **22912** | **23753** |
| 海曙区 | 571 | 267 | 304 | 7079 | 3433 | 3646 |
| 江北区 | 140 | 76 | 64 | 2557 | 1314 | 1243 |
| 北仑区 | 365 | 200 | 165 | 3844 | 1896 | 1948 |
| 镇海区 | 150 | 63 | 87 | 1815 | 948 | 867 |
| 鄞州区 | 796 | 417 | 379 | 9989 | 4904 | 5085 |
| 奉化区 | 292 | 148 | 144 | 5225 | 2551 | 2674 |
| 象山县 | 526 | 265 | 261 | 4517 | 2241 | 2276 |
| 宁海县 | 529 | 276 | 253 | 4965 | 2343 | 2622 |
| 余姚市 | 379 | 199 | 180 | 2610 | 1267 | 1343 |
| 慈溪市 | 688 | 352 | 336 | 4064 | 2015 | 2049 |
| **温州市** | **6962** | **3622** | **3340** | **61118** | **31006** | **30112** |
| 鹿城区 | 232 | 121 | 111 | 2266 | 1136 | 1130 |
| 龙湾区 | | | | 26 | 18 | 8 |
| 瓯海区 | 529 | 290 | 239 | 4975 | 2616 | 2359 |
| 洞头区 | 84 | 49 | 35 | 773 | 430 | 343 |
| 永嘉县 | 774 | 419 | 355 | 7400 | 3684 | 3716 |
| 平阳县 | 1296 | 669 | 627 | 12320 | 6351 | 5969 |
| 苍南县 | 856 | 442 | 414 | 9214 | 4622 | 4592 |
| 文成县 | 207 | 98 | 109 | 2474 | 1301 | 1173 |
| 泰顺县 | 224 | 118 | 106 | 2243 | 1151 | 1092 |
| 瑞安市 | 1294 | 668 | 626 | 10880 | 5555 | 5325 |
| 乐清市 | 1402 | 716 | 686 | 7951 | 3865 | 4086 |
| 龙港市 | 64 | 32 | 32 | 596 | 277 | 319 |
| **嘉兴市** | **2586** | **1341** | **1245** | **16004** | **8244** | **7760** |
| 南湖区 | 255 | 127 | 128 | 1574 | 771 | 803 |
| 秀洲区 | 249 | 142 | 107 | 1996 | 1044 | 952 |
| 嘉善县 | 249 | 135 | 114 | 2498 | 1276 | 1222 |
| 海盐县 | 297 | 157 | 140 | 1505 | 779 | 726 |
| 海宁市 | 474 | 249 | 225 | 3263 | 1765 | 1498 |
| 平湖市 | 577 | 302 | 275 | 2398 | 1239 | 1159 |
| 桐乡市 | 485 | 229 | 256 | 2770 | 1370 | 1400 |
| **湖州市** | **1824** | **917** | **907** | **14827** | **7876** | **6951** |
| 吴兴区 | 650 | 333 | 317 | 4735 | 2478 | 2257 |
| 南浔区 | 281 | 127 | 154 | 2937 | 1547 | 1390 |
| 德清县 | 257 | 120 | 137 | 2597 | 1479 | 1118 |
| 长兴县 | 237 | 117 | 120 | 2237 | 1179 | 1058 |
| 安吉县 | 399 | 220 | 179 | 2321 | 1193 | 1128 |

7-6c　续表 3　　单位：人

| 现住地 | 学前教育 | | | 小学 | | |
|---|---|---|---|---|---|---|
| | 小计 | 男 | 女 | 小计 | 男 | 女 |
| **绍兴市** | **2209** | **1097** | **1112** | **14443** | **6988** | **7455** |
| 越城区 | 324 | 180 | 144 | 2076 | 997 | 1079 |
| 柯桥区 | 294 | 112 | 182 | 1634 | 781 | 853 |
| 上虞区 | 612 | 300 | 312 | 2380 | 1136 | 1244 |
| 新昌县 | 349 | 181 | 168 | 2839 | 1417 | 1422 |
| 诸暨市 | 379 | 196 | 183 | 3290 | 1586 | 1704 |
| 嵊州市 | 251 | 128 | 123 | 2224 | 1071 | 1153 |
| **金华市** | **3904** | **2049** | **1855** | **25620** | **12878** | **12742** |
| 婺城区 | 383 | 204 | 179 | 3221 | 1575 | 1646 |
| 金东区 | 433 | 230 | 203 | 2505 | 1300 | 1205 |
| 武义县 | 463 | 246 | 217 | 2938 | 1470 | 1468 |
| 浦江县 | 484 | 282 | 202 | 3140 | 1509 | 1631 |
| 磐安县 | 97 | 47 | 50 | 752 | 428 | 324 |
| 兰溪市 | 254 | 115 | 139 | 1729 | 841 | 888 |
| 义乌市 | 761 | 412 | 349 | 4446 | 2164 | 2282 |
| 东阳市 | 574 | 285 | 289 | 3853 | 2029 | 1824 |
| 永康市 | 455 | 228 | 227 | 3036 | 1562 | 1474 |
| **衢州市** | **1543** | **742** | **801** | **11379** | **5707** | **5672** |
| 柯城区 | 336 | 173 | 163 | 2009 | 1019 | 990 |
| 衢江区 | 274 | 135 | 139 | 2330 | 1182 | 1148 |
| 常山县 | 209 | 93 | 116 | 1222 | 582 | 640 |
| 开化县 | 147 | 60 | 87 | 1126 | 609 | 517 |
| 龙游县 | 233 | 119 | 114 | 1793 | 905 | 888 |
| 江山市 | 344 | 162 | 182 | 2899 | 1410 | 1489 |
| **舟山市** | **612** | **298** | **314** | **6518** | **3497** | **3021** |
| 定海区 | 271 | 129 | 142 | 2595 | 1354 | 1241 |
| 普陀区 | 243 | 121 | 122 | 2289 | 1174 | 1115 |
| 岱山县 | 69 | 33 | 36 | 1033 | 604 | 429 |
| 嵊泗县 | 29 | 15 | 14 | 601 | 365 | 236 |
| **台州市** | **4313** | **2183** | **2130** | **36140** | **17630** | **18510** |
| 椒江区 | 316 | 149 | 167 | 2869 | 1504 | 1365 |
| 黄岩区 | 595 | 279 | 316 | 4515 | 2114 | 2401 |
| 路桥区 | 376 | 187 | 189 | 3404 | 1648 | 1756 |
| 三门县 | 219 | 105 | 114 | 2057 | 1085 | 972 |
| 天台县 | 343 | 187 | 156 | 3294 | 1548 | 1746 |
| 仙居县 | 513 | 271 | 242 | 4252 | 2109 | 2143 |
| 温岭市 | 968 | 508 | 460 | 8624 | 3980 | 4644 |
| 临海市 | 619 | 322 | 297 | 4718 | 2388 | 2330 |
| 玉环市 | 364 | 175 | 189 | 2407 | 1254 | 1153 |
| **丽水市** | **2740** | **1413** | **1327** | **28147** | **14707** | **13440** |
| 莲都区 | 425 | 232 | 193 | 4145 | 2338 | 1807 |
| 青田县 | 388 | 195 | 193 | 3596 | 1814 | 1782 |
| 缙云县 | 338 | 164 | 174 | 1858 | 992 | 866 |
| 遂昌县 | 187 | 79 | 108 | 2416 | 1294 | 1122 |
| 松阳县 | 387 | 212 | 175 | 2743 | 1401 | 1342 |
| 云和县 | 267 | 146 | 121 | 3279 | 1592 | 1687 |
| 庆元县 | 257 | 130 | 127 | 3085 | 1524 | 1561 |
| 景宁畲族自治县 | 268 | 153 | 115 | 4053 | 2166 | 1887 |
| 龙泉市 | 223 | 102 | 121 | 2972 | 1586 | 1386 |

7-6c 续表 4

单位：人

| 现住地 | 初中 | | | 高中 | | | 大学专科 | | |
|---|---|---|---|---|---|---|---|---|---|
| | 小计 | 男 | 女 | 小计 | 男 | 女 | 小计 | 男 | 女 |
| **合计** | **347039** | **190103** | **156936** | **219124** | **116091** | **103033** | **108473** | **50519** | **57954** |
| **杭州市** | **39384** | **22893** | **16491** | **33420** | **18797** | **14623** | **16542** | **7292** | **9250** |
| 上城区 | | | | | | | | | |
| 下城区 | | | | | | | | | |
| 江干区 | | | | | | | | | |
| 拱墅区 | | | | | | | | | |
| 西湖区 | 865 | 517 | 348 | 666 | 365 | 301 | 786 | 391 | 395 |
| 滨江区 | | | | | | | | | |
| 萧山区 | 7263 | 4110 | 3153 | 5552 | 2857 | 2695 | 4473 | 1643 | 2830 |
| 余杭区 | 10367 | 6491 | 3876 | 7222 | 4501 | 2721 | 4722 | 2298 | 2424 |
| 富阳区 | 4392 | 2357 | 2035 | 10868 | 6070 | 4798 | 1842 | 782 | 1060 |
| 临安区 | 6175 | 3559 | 2616 | 3862 | 2117 | 1745 | 2124 | 944 | 1180 |
| 桐庐县 | 2638 | 1456 | 1182 | 1189 | 604 | 585 | 561 | 245 | 316 |
| 淳安县 | 3651 | 2223 | 1428 | 1706 | 1100 | 606 | 1095 | 560 | 535 |
| 建德市 | 4033 | 2180 | 1853 | 2355 | 1183 | 1172 | 939 | 429 | 510 |
| **宁波市** | **53728** | **29550** | **24178** | **30437** | **16273** | **14164** | **18211** | **8089** | **10122** |
| 海曙区 | 7380 | 4155 | 3225 | 3147 | 1832 | 1315 | 1448 | 715 | 733 |
| 江北区 | 2668 | 1565 | 1103 | 1691 | 991 | 700 | 809 | 401 | 408 |
| 北仑区 | 5067 | 2882 | 2185 | 2543 | 1512 | 1031 | 1878 | 1083 | 795 |
| 镇海区 | 1660 | 977 | 683 | 605 | 340 | 265 | 372 | 179 | 193 |
| 鄞州区 | 11058 | 6267 | 4791 | 4201 | 2464 | 1737 | 3525 | 1757 | 1768 |
| 奉化区 | 6162 | 3270 | 2892 | 3537 | 1899 | 1638 | 2735 | 1137 | 1598 |
| 象山县 | 4778 | 2503 | 2275 | 2285 | 1202 | 1083 | 1374 | 643 | 731 |
| 宁海县 | 6027 | 3277 | 2750 | 6427 | 3630 | 2797 | 1844 | 907 | 937 |
| 余姚市 | 3498 | 1790 | 1708 | 2204 | 816 | 1388 | 1619 | 565 | 1054 |
| 慈溪市 | 5430 | 2864 | 2566 | 3797 | 1587 | 2210 | 2607 | 702 | 1905 |
| **温州市** | **55602** | **30647** | **24955** | **36865** | **19743** | **17122** | **16859** | **9076** | **7783** |
| 鹿城区 | 3106 | 1830 | 1276 | 2528 | 1085 | 1443 | 879 | 475 | 404 |
| 龙湾区 | 14 | 11 | 3 | 5 | 4 | 1 | 10 | 7 | 3 |
| 瓯海区 | 5488 | 3153 | 2335 | 3480 | 1955 | 1525 | 1048 | 504 | 544 |
| 洞头区 | 1164 | 710 | 454 | 4351 | 2452 | 1899 | 3423 | 2699 | 724 |
| 永嘉县 | 7234 | 4007 | 3227 | 4108 | 2307 | 1801 | 1733 | 849 | 884 |
| 平阳县 | 9377 | 5145 | 4232 | 5951 | 3402 | 2549 | 1892 | 906 | 986 |
| 苍南县 | 6835 | 3766 | 3069 | 2969 | 1674 | 1295 | 1480 | 780 | 700 |
| 文成县 | 1915 | 1033 | 882 | 719 | 378 | 341 | 388 | 209 | 179 |
| 泰顺县 | 1645 | 886 | 759 | 691 | 412 | 279 | 389 | 213 | 176 |
| 瑞安市 | 10266 | 5673 | 4593 | 5208 | 2884 | 2324 | 2345 | 1116 | 1229 |
| 乐清市 | 8179 | 4232 | 3947 | 6689 | 3103 | 3586 | 3197 | 1291 | 1906 |
| 龙港市 | 379 | 201 | 178 | 166 | 87 | 79 | 75 | 27 | 48 |
| **嘉兴市** | **22665** | **12493** | **10172** | **11792** | **6143** | **5649** | **8229** | **3678** | **4551** |
| 南湖区 | 1884 | 1028 | 856 | 960 | 490 | 470 | 917 | 404 | 513 |
| 秀洲区 | 2902 | 1595 | 1307 | 1117 | 584 | 533 | 812 | 338 | 474 |
| 嘉善县 | 3038 | 1672 | 1366 | 1228 | 694 | 534 | 826 | 378 | 448 |
| 海盐县 | 2294 | 1210 | 1084 | 1230 | 660 | 570 | 1009 | 433 | 576 |
| 海宁市 | 5500 | 3205 | 2295 | 2709 | 1441 | 1268 | 1610 | 720 | 890 |
| 平湖市 | 2923 | 1632 | 1291 | 2105 | 1161 | 944 | 1454 | 752 | 702 |
| 桐乡市 | 4124 | 2151 | 1973 | 2443 | 1113 | 1330 | 1601 | 653 | 948 |
| **湖州市** | **19026** | **10819** | **8207** | **11528** | **6293** | **5235** | **5562** | **2631** | **2931** |
| 吴兴区 | 5219 | 3018 | 2201 | 3351 | 2134 | 1217 | 1804 | 1002 | 802 |
| 南浔区 | 3738 | 2162 | 1576 | 1257 | 701 | 556 | 675 | 341 | 334 |
| 德清县 | 3316 | 2032 | 1284 | 2312 | 1129 | 1183 | 1049 | 507 | 542 |
| 长兴县 | 3263 | 1714 | 1549 | 2426 | 1263 | 1163 | 886 | 325 | 561 |
| 安吉县 | 3490 | 1893 | 1597 | 2182 | 1066 | 1116 | 1148 | 456 | 692 |

7-6c　续表 5　　单位：人

| 现住地 | 初中 | | | 高中 | | | 大学专科 | | |
|---|---|---|---|---|---|---|---|---|---|
| | 小计 | 男 | 女 | 小计 | 男 | 女 | 小计 | 男 | 女 |
| **绍兴市** | **23175** | **11536** | **11639** | **17307** | **8387** | **8920** | **7486** | **3040** | **4446** |
| 越城区 | 2481 | 1324 | 1157 | 2379 | 1233 | 1146 | 913 | 357 | 556 |
| 柯桥区 | 2219 | 1212 | 1007 | 1250 | 506 | 744 | 978 | 271 | 707 |
| 上虞区 | 3620 | 1636 | 1984 | 3205 | 1356 | 1849 | 2165 | 883 | 1282 |
| 新昌县 | 3729 | 1977 | 1752 | 4502 | 2420 | 2082 | 1100 | 594 | 506 |
| 诸暨市 | 6913 | 3350 | 3563 | 3129 | 1498 | 1631 | 1539 | 577 | 962 |
| 嵊州市 | 4213 | 2037 | 2176 | 2842 | 1374 | 1468 | 791 | 358 | 433 |
| **金华市** | **42010** | **22464** | **19546** | **24938** | **12740** | **12198** | **11999** | **5244** | **6755** |
| 婺城区 | 4670 | 2490 | 2180 | 3973 | 2163 | 1810 | 1654 | 807 | 847 |
| 金东区 | 4413 | 2423 | 1990 | 2275 | 1137 | 1138 | 1339 | 600 | 739 |
| 武义县 | 4393 | 2492 | 1901 | 3523 | 1757 | 1766 | 974 | 443 | 531 |
| 浦江县 | 5731 | 2922 | 2809 | 3320 | 1713 | 1607 | 1659 | 697 | 962 |
| 磐安县 | 1118 | 610 | 508 | 769 | 442 | 327 | 337 | 173 | 164 |
| 兰溪市 | 2704 | 1267 | 1437 | 1527 | 680 | 847 | 753 | 307 | 446 |
| 义乌市 | 7949 | 4280 | 3669 | 4708 | 2467 | 2241 | 2578 | 1173 | 1405 |
| 东阳市 | 6102 | 3395 | 2707 | 2353 | 1240 | 1113 | 1361 | 555 | 806 |
| 永康市 | 4930 | 2585 | 2345 | 2490 | 1141 | 1349 | 1344 | 489 | 855 |
| **衢州市** | **15890** | **7918** | **7972** | **11562** | **5811** | **5751** | **3781** | **1827** | **1954** |
| 柯城区 | 2987 | 1517 | 1470 | 2086 | 992 | 1094 | 1185 | 550 | 635 |
| 衢江区 | 2932 | 1408 | 1524 | 2032 | 1046 | 986 | 613 | 267 | 346 |
| 常山县 | 1796 | 777 | 1019 | 980 | 419 | 561 | 323 | 169 | 154 |
| 开化县 | 1426 | 801 | 625 | 620 | 360 | 260 | 282 | 157 | 125 |
| 龙游县 | 3383 | 1700 | 1683 | 1343 | 707 | 636 | 730 | 383 | 347 |
| 江山市 | 3366 | 1715 | 1651 | 4501 | 2287 | 2214 | 648 | 301 | 347 |
| **舟山市** | **7847** | **4552** | **3295** | **5071** | **2878** | **2193** | **2492** | **1482** | **1010** |
| 定海区 | 3176 | 1769 | 1407 | 2901 | 1605 | 1296 | 1157 | 665 | 492 |
| 普陀区 | 2838 | 1594 | 1244 | 1533 | 824 | 709 | 906 | 528 | 378 |
| 岱山县 | 1244 | 845 | 399 | 489 | 356 | 133 | 289 | 206 | 83 |
| 嵊泗县 | 589 | 344 | 245 | 148 | 93 | 55 | 140 | 83 | 57 |
| **台州市** | **39052** | **20983** | **18069** | **24524** | **12566** | **11958** | **12546** | **5756** | **6790** |
| 椒江区 | 3030 | 1869 | 1161 | 1987 | 1155 | 832 | 1614 | 857 | 757 |
| 黄岩区 | 4481 | 2346 | 2135 | 4406 | 2145 | 2261 | 1384 | 576 | 808 |
| 路桥区 | 3478 | 1878 | 1600 | 2623 | 1441 | 1182 | 1237 | 569 | 668 |
| 三门县 | 2233 | 1227 | 1006 | 1104 | 559 | 545 | 596 | 281 | 315 |
| 天台县 | 4302 | 2108 | 2194 | 2165 | 1060 | 1105 | 1100 | 473 | 627 |
| 仙居县 | 4855 | 2748 | 2107 | 2498 | 1397 | 1101 | 973 | 477 | 496 |
| 温岭市 | 7848 | 4057 | 3791 | 4131 | 1881 | 2250 | 2199 | 880 | 1319 |
| 临海市 | 5981 | 3305 | 2676 | 4022 | 2193 | 1829 | 2234 | 1148 | 1086 |
| 玉环市 | 2844 | 1445 | 1399 | 1588 | 735 | 853 | 1209 | 495 | 714 |
| **丽水市** | **28660** | **16248** | **12412** | **11680** | **6460** | **5220** | **4766** | **2404** | **2362** |
| 莲都区 | 5414 | 3349 | 2065 | 3290 | 1963 | 1327 | 1047 | 551 | 496 |
| 青田县 | 3347 | 1786 | 1561 | 1330 | 775 | 555 | 740 | 422 | 318 |
| 缙云县 | 3224 | 1642 | 1582 | 1864 | 874 | 990 | 635 | 270 | 365 |
| 遂昌县 | 2628 | 1558 | 1070 | 856 | 468 | 388 | 339 | 190 | 149 |
| 松阳县 | 3446 | 1848 | 1598 | 1290 | 627 | 663 | 582 | 248 | 334 |
| 云和县 | 2911 | 1679 | 1232 | 919 | 531 | 388 | 342 | 153 | 189 |
| 庆元县 | 2632 | 1490 | 1142 | 642 | 388 | 254 | 400 | 203 | 197 |
| 景宁畲族自治县 | 2646 | 1547 | 1099 | 763 | 447 | 316 | 370 | 199 | 171 |
| 龙泉市 | 2412 | 1349 | 1063 | 726 | 387 | 339 | 311 | 168 | 143 |

7-6c 续表 6

单位：人

| 现住地 | 大学本科 | | | 硕士研究生 | | | 博士研究生 | | |
|---|---|---|---|---|---|---|---|---|---|
| | 小计 | 男 | 女 | 小计 | 男 | 女 | 小计 | 男 | 女 |
| **合计** | **71755** | **33636** | **38119** | **4225** | **2186** | **2039** | **449** | **280** | **169** |
| **杭州市** | **14837** | **6484** | **8353** | **888** | **456** | **432** | **98** | **60** | **38** |
| 上城区 | | | | | | | | | |
| 下城区 | | | | | | | | | |
| 江干区 | | | | | | | | | |
| 拱墅区 | | | | | | | | | |
| 西湖区 | 933 | 450 | 483 | 178 | 104 | 74 | 17 | 7 | 10 |
| 滨江区 | | | | | | | | | |
| 萧山区 | 3099 | 1059 | 2040 | 161 | 71 | 90 | 14 | 9 | 5 |
| 余杭区 | 3028 | 1593 | 1435 | 229 | 126 | 103 | 14 | 9 | 5 |
| 富阳区 | 3370 | 1154 | 2216 | 150 | 65 | 85 | 18 | 12 | 6 |
| 临安区 | 2841 | 1460 | 1381 | 75 | 36 | 39 | 18 | 12 | 6 |
| 桐庐县 | 281 | 133 | 148 | 6 | 2 | 4 | 2 | 1 | 1 |
| 淳安县 | 699 | 356 | 343 | 30 | 16 | 14 | 7 | 5 | 2 |
| 建德市 | 586 | 279 | 307 | 59 | 36 | 23 | 8 | 5 | 3 |
| **宁波市** | **12525** | **5946** | **6579** | **739** | **391** | **348** | **78** | **60** | **18** |
| 海曙区 | 807 | 341 | 466 | 63 | 36 | 27 | 6 | 5 | 1 |
| 江北区 | 553 | 295 | 258 | 42 | 26 | 16 | 5 | 5 | |
| 北仑区 | 1857 | 1012 | 845 | 260 | 139 | 121 | 37 | 25 | 12 |
| 镇海区 | 177 | 76 | 101 | 7 | 4 | 3 | | | |
| 鄞州区 | 3890 | 1992 | 1898 | 119 | 60 | 59 | 6 | 5 | 1 |
| 奉化区 | 763 | 341 | 422 | 52 | 24 | 28 | 2 | 2 | |
| 象山县 | 890 | 431 | 459 | 38 | 25 | 13 | 3 | 3 | |
| 宁海县 | 1285 | 720 | 565 | 71 | 40 | 31 | 7 | 6 | 1 |
| 余姚市 | 829 | 302 | 527 | 34 | 16 | 18 | 4 | 3 | 1 |
| 慈溪市 | 1474 | 436 | 1038 | 53 | 21 | 32 | 8 | 6 | 2 |
| **温州市** | **9063** | **4431** | **4632** | **533** | **277** | **256** | **53** | **28** | **25** |
| 鹿城区 | 510 | 270 | 240 | 47 | 22 | 25 | 5 | 2 | 3 |
| 龙湾区 | 1 | 1 | | 1 | 1 | | | | |
| 瓯海区 | 1523 | 630 | 893 | 41 | 20 | 21 | | | |
| 洞头区 | 522 | 333 | 189 | 35 | 18 | 17 | 3 | 1 | 2 |
| 永嘉县 | 1251 | 632 | 619 | 114 | 67 | 47 | 11 | 7 | 4 |
| 平阳县 | 946 | 475 | 471 | 51 | 30 | 21 | 3 | 2 | 1 |
| 苍南县 | 676 | 348 | 328 | 45 | 18 | 27 | 6 | 4 | 2 |
| 文成县 | 301 | 168 | 133 | 19 | 9 | 10 | 2 | 1 | 1 |
| 泰顺县 | 302 | 145 | 157 | 25 | 17 | 8 | 2 | | 2 |
| 瑞安市 | 1110 | 550 | 560 | 42 | 22 | 20 | 3 | 1 | 2 |
| 乐清市 | 1903 | 871 | 1032 | 113 | 53 | 60 | 18 | 10 | 8 |
| 龙港市 | 18 | 8 | 10 | | | | | | |
| **嘉兴市** | **5116** | **2303** | **2813** | **211** | **111** | **100** | **21** | **17** | **4** |
| 南湖区 | 570 | 239 | 331 | 20 | 9 | 11 | 3 | 2 | 1 |
| 秀洲区 | 481 | 199 | 282 | 15 | 10 | 5 | 3 | 2 | 1 |
| 嘉善县 | 425 | 202 | 223 | 17 | 10 | 7 | 2 | 2 | |
| 海盐县 | 610 | 280 | 330 | 34 | 21 | 13 | | | |
| 海宁市 | 1147 | 510 | 637 | 53 | 28 | 25 | 4 | 4 | |
| 平湖市 | 897 | 436 | 461 | 36 | 16 | 20 | 4 | 3 | 1 |
| 桐乡市 | 986 | 437 | 549 | 36 | 17 | 19 | 5 | 4 | 1 |
| **湖州市** | **3268** | **1526** | **1742** | **172** | **94** | **78** | **13** | **9** | **4** |
| 吴兴区 | 1124 | 576 | 548 | 76 | 48 | 28 | 3 | 2 | 1 |
| 南浔区 | 470 | 226 | 244 | 30 | 14 | 16 | 3 | 1 | 2 |
| 德清县 | 526 | 240 | 286 | 4 | 1 | 3 | 3 | 2 | 1 |
| 长兴县 | 465 | 177 | 288 | 32 | 13 | 19 | 2 | 2 | |
| 安吉县 | 683 | 307 | 376 | 30 | 18 | 12 | 2 | 2 | |

7-6c 续表 7

单位：人

| 现住地 | 大学本科 | | | 硕士研究生 | | | 博士研究生 | | |
|---|---|---|---|---|---|---|---|---|---|
| | 小计 | 男 | 女 | 小计 | 男 | 女 | 小计 | 男 | 女 |
| **绍兴市** | **3998** | **1585** | **2413** | **202** | **97** | **105** | **23** | **9** | **14** |
| 越城区 | 610 | 212 | 398 | 23 | 11 | 12 | | | |
| 柯桥区 | 663 | 192 | 471 | 31 | 17 | 14 | 5 | 1 | 4 |
| 上虞区 | 666 | 235 | 431 | 23 | 11 | 12 | 1 | | 1 |
| 新昌县 | 704 | 340 | 364 | 50 | 21 | 29 | 9 | 5 | 4 |
| 诸暨市 | 809 | 340 | 469 | 27 | 16 | 11 | 4 | 1 | 3 |
| 嵊州市 | 546 | 266 | 280 | 48 | 21 | 27 | 4 | 2 | 2 |
| **金华市** | **7196** | **3361** | **3835** | **549** | **275** | **274** | **51** | **27** | **24** |
| 婺城区 | 1089 | 553 | 536 | 117 | 58 | 59 | 12 | 7 | 5 |
| 金东区 | 719 | 312 | 407 | 65 | 32 | 33 | 7 | 2 | 5 |
| 武义县 | 599 | 295 | 304 | 37 | 15 | 22 | 6 | 3 | 3 |
| 浦江县 | 1093 | 485 | 608 | 87 | 41 | 46 | 11 | 9 | 2 |
| 磐安县 | 250 | 130 | 120 | 22 | 15 | 7 | 3 | | 3 |
| 兰溪市 | 488 | 242 | 246 | 42 | 26 | 16 | 6 | 3 | 3 |
| 义乌市 | 1283 | 628 | 655 | 50 | 21 | 29 | | | |
| 东阳市 | 971 | 433 | 538 | 60 | 30 | 30 | 4 | 2 | 2 |
| 永康市 | 704 | 283 | 421 | 69 | 37 | 32 | 2 | 1 | 1 |
| **衢州市** | **2840** | **1497** | **1343** | **211** | **120** | **91** | **25** | **17** | **8** |
| 柯城区 | 924 | 474 | 450 | 87 | 43 | 44 | 8 | 4 | 4 |
| 衢江区 | 577 | 329 | 248 | 40 | 26 | 14 | 5 | 5 | |
| 常山县 | 236 | 125 | 111 | 10 | 5 | 5 | 2 | 1 | 1 |
| 开化县 | 211 | 113 | 98 | 19 | 12 | 7 | 3 | 2 | 1 |
| 龙游县 | 452 | 232 | 220 | 34 | 19 | 15 | 3 | 2 | 1 |
| 江山市 | 440 | 224 | 216 | 21 | 15 | 6 | 4 | 3 | 1 |
| **舟山市** | **2055** | **1234** | **821** | **109** | **60** | **49** | **6** | **3** | **3** |
| 定海区 | 696 | 364 | 332 | 34 | 16 | 18 | 1 | | 1 |
| 普陀区 | 915 | 584 | 331 | 50 | 29 | 21 | 1 | 1 | |
| 岱山县 | 219 | 159 | 60 | 10 | 8 | 2 | 3 | 1 | 2 |
| 嵊泗县 | 225 | 127 | 98 | 15 | 7 | 8 | 1 | 1 | |
| **台州市** | **7862** | **3785** | **4077** | **478** | **242** | **236** | **62** | **39** | **23** |
| 椒江区 | 991 | 507 | 484 | 80 | 34 | 46 | 5 | 4 | 1 |
| 黄岩区 | 795 | 338 | 457 | 28 | 13 | 15 | 4 | 1 | 3 |
| 路桥区 | 736 | 323 | 413 | 23 | 10 | 13 | 2 | 1 | 1 |
| 三门县 | 652 | 425 | 227 | 57 | 31 | 26 | 4 | 3 | 1 |
| 天台县 | 907 | 454 | 453 | 72 | 41 | 31 | 16 | 11 | 5 |
| 仙居县 | 658 | 341 | 317 | 55 | 28 | 27 | 10 | 6 | 4 |
| 温岭市 | 1252 | 526 | 726 | 54 | 29 | 25 | 7 | 4 | 3 |
| 临海市 | 1259 | 598 | 661 | 80 | 35 | 45 | 12 | 7 | 5 |
| 玉环市 | 612 | 273 | 339 | 29 | 21 | 8 | 2 | 2 | |
| **丽水市** | **2995** | **1484** | **1511** | **133** | **63** | **70** | **19** | **11** | **8** |
| 莲都区 | 719 | 342 | 377 | 29 | 13 | 16 | 3 | 2 | 1 |
| 青田县 | 644 | 350 | 294 | 39 | 20 | 19 | 10 | 7 | 3 |
| 缙云县 | 334 | 158 | 176 | 20 | 7 | 13 | 1 | | 1 |
| 遂昌县 | 184 | 97 | 87 | 6 | 3 | 3 | 3 | 1 | 2 |
| 松阳县 | 322 | 138 | 184 | 10 | 3 | 7 | 2 | 1 | 1 |
| 云和县 | 130 | 58 | 72 | 2 | 2 | | | | |
| 庆元县 | 240 | 126 | 114 | 6 | 2 | 4 | | | |
| 景宁畲族自治县 | 252 | 125 | 127 | 11 | 8 | 3 | | | |
| 龙泉市 | 170 | 90 | 80 | 10 | 5 | 5 | | | |

# 7-7 全省按现住地、受教育程度、性别分的户口登记地在外省的人口

单位：人

| 现住地 | 合计 | | | 未上过学 | | |
|---|---|---|---|---|---|---|
| | 合计 | 男 | 女 | 小计 | 男 | 女 |
| **合计** | **15932193** | **9335047** | **6597146** | **285215** | **101385** | **183830** |
| **杭州市** | **3160300** | **1863794** | **1296506** | **42784** | **14411** | **28373** |
| 上城区 | 87182 | 50309 | 36873 | 1279 | 394 | 885 |
| 下城区 | 87578 | 47185 | 40393 | 1360 | 375 | 985 |
| 江干区 | 460360 | 261758 | 198602 | 5862 | 1846 | 4016 |
| 拱墅区 | 125436 | 70184 | 55252 | 1861 | 549 | 1312 |
| 西湖区 | 266909 | 155285 | 111624 | 2869 | 932 | 1937 |
| 滨江区 | 127318 | 73879 | 53439 | 1178 | 358 | 820 |
| 萧山区 | 769435 | 464386 | 305049 | 10914 | 3934 | 6980 |
| 余杭区 | 868122 | 515406 | 352716 | 11363 | 3822 | 7541 |
| 富阳区 | 152904 | 95322 | 57582 | 2588 | 991 | 1597 |
| 临安区 | 107324 | 66296 | 41028 | 1443 | 536 | 907 |
| 桐庐县 | 70382 | 41413 | 28969 | 1523 | 502 | 1021 |
| 淳安县 | 10140 | 6008 | 4132 | 197 | 55 | 142 |
| 建德市 | 27210 | 16363 | 10847 | 347 | 117 | 230 |
| **宁波市** | **3079267** | **1775088** | **1304179** | **51106** | **18623** | **32483** |
| 海曙区 | 312595 | 176146 | 136449 | 4815 | 1790 | 3025 |
| 江北区 | 164600 | 97143 | 67457 | 2994 | 1092 | 1902 |
| 北仑区 | 367071 | 219547 | 147524 | 6011 | 2048 | 3963 |
| 镇海区 | 205465 | 121940 | 83525 | 3593 | 1206 | 2387 |
| 鄞州区 | 453416 | 255024 | 198392 | 8323 | 2844 | 5479 |
| 奉化区 | 133696 | 78035 | 55661 | 2530 | 898 | 1632 |
| 象山县 | 98516 | 56215 | 42301 | 1685 | 669 | 1016 |
| 宁海县 | 136763 | 77850 | 58913 | 1983 | 743 | 1240 |
| 余姚市 | 442119 | 250773 | 191346 | 8591 | 3305 | 5286 |
| 慈溪市 | 765026 | 442415 | 322611 | 10581 | 4028 | 6553 |
| **温州市** | **2261894** | **1340845** | **921049** | **47894** | **18298** | **29596** |
| 鹿城区 | 345805 | 204918 | 140887 | 5113 | 1944 | 3169 |
| 龙湾区 | 347661 | 211670 | 135991 | 7834 | 3028 | 4806 |
| 瓯海区 | 334530 | 202761 | 131769 | 5930 | 2426 | 3504 |
| 洞头区 | 29773 | 19360 | 10413 | 644 | 272 | 372 |
| 永嘉县 | 129017 | 78470 | 50547 | 1947 | 903 | 1044 |
| 平阳县 | 108161 | 63939 | 44222 | 3019 | 1044 | 1975 |
| 苍南县 | 69825 | 40650 | 29175 | 1817 | 664 | 1153 |
| 文成县 | 6658 | 4543 | 2115 | 103 | 44 | 59 |
| 泰顺县 | 5551 | 3278 | 2273 | 174 | 70 | 104 |
| 瑞安市 | 413529 | 240372 | 173157 | 12101 | 4475 | 7626 |
| 乐清市 | 398115 | 228003 | 170112 | 7308 | 2749 | 4559 |
| 龙港市 | 73269 | 42881 | 30388 | 1904 | 679 | 1225 |
| **嘉兴市** | **1695342** | **988959** | **706383** | **27669** | **9107** | **18562** |
| 南湖区 | 249932 | 146020 | 103912 | 3996 | 1189 | 2807 |
| 秀洲区 | 250575 | 144569 | 106006 | 5622 | 1867 | 3755 |
| 嘉善县 | 252919 | 150272 | 102647 | 4835 | 1686 | 3149 |
| 海盐县 | 101161 | 59726 | 41435 | 2162 | 714 | 1448 |
| 海宁市 | 349762 | 208101 | 141661 | 5023 | 1619 | 3404 |
| 平湖市 | 179393 | 105920 | 73473 | 2846 | 869 | 1977 |
| 桐乡市 | 311600 | 174351 | 137249 | 3185 | 1163 | 2022 |
| **湖州市** | **750717** | **443686** | **307031** | **12383** | **4347** | **8036** |
| 吴兴区 | 302321 | 174245 | 128076 | 3734 | 1197 | 2537 |
| 南浔区 | 128734 | 75918 | 52816 | 3068 | 1034 | 2034 |
| 德清县 | 113736 | 70051 | 43685 | 1517 | 619 | 898 |
| 长兴县 | 78602 | 47265 | 31337 | 1247 | 517 | 730 |
| 安吉县 | 127324 | 76207 | 51117 | 2817 | 980 | 1837 |

7-7 续表 1

单位：人

| 现住地 | 合计 | | | 未上过学 | | |
|---|---|---|---|---|---|---|
| | 合计 | 男 | 女 | 小计 | 男 | 女 |
| **绍兴市** | **1041188** | **607504** | **433684** | **16112** | **6138** | **9974** |
| 越城区 | 204984 | 117647 | 87337 | 1955 | 759 | 1196 |
| 柯桥区 | 399349 | 237515 | 161834 | 6188 | 2212 | 3976 |
| 上虞区 | 139798 | 81702 | 58096 | 2942 | 1110 | 1832 |
| 新昌县 | 23642 | 14031 | 9611 | 366 | 115 | 251 |
| 诸暨市 | 221274 | 126459 | 94815 | 3886 | 1625 | 2261 |
| 嵊州市 | 52141 | 30150 | 21991 | 775 | 317 | 458 |
| **金华市** | **2147472** | **1239513** | **907959** | **48998** | **16791** | **32207** |
| 婺城区 | 177345 | 101515 | 75830 | 4663 | 1631 | 3032 |
| 金东区 | 154796 | 92396 | 62400 | 2646 | 1079 | 1567 |
| 武义县 | 142537 | 83260 | 59277 | 4574 | 1361 | 3213 |
| 浦江县 | 98849 | 55005 | 43844 | 3015 | 1127 | 1888 |
| 磐安县 | 11872 | 7351 | 4521 | 234 | 74 | 160 |
| 兰溪市 | 38154 | 22261 | 15893 | 733 | 229 | 504 |
| 义乌市 | 864652 | 493653 | 370999 | 14817 | 5058 | 9759 |
| 东阳市 | 302679 | 173882 | 128797 | 8416 | 2673 | 5743 |
| 永康市 | 356588 | 210190 | 146398 | 9900 | 3559 | 6341 |
| **衢州市** | **102761** | **61155** | **41606** | **1901** | **597** | **1304** |
| 柯城区 | 34095 | 20533 | 13562 | 480 | 167 | 313 |
| 衢江区 | 19230 | 11567 | 7663 | 442 | 127 | 315 |
| 常山县 | 8015 | 4670 | 3345 | 160 | 56 | 104 |
| 开化县 | 5195 | 3106 | 2089 | 81 | 24 | 57 |
| 龙游县 | 21224 | 12900 | 8324 | 435 | 136 | 299 |
| 江山市 | 15002 | 8379 | 6623 | 303 | 87 | 216 |
| **舟山市** | **228918** | **150747** | **78171** | **3631** | **1299** | **2332** |
| 定海区 | 86341 | 52538 | 33803 | 1267 | 445 | 822 |
| 普陀区 | 74071 | 44307 | 29764 | 1658 | 526 | 1132 |
| 岱山县 | 60832 | 48951 | 11881 | 522 | 257 | 265 |
| 嵊泗县 | 7674 | 4951 | 2723 | 184 | 71 | 113 |
| **台州市** | **1297347** | **762238** | **535109** | **29174** | **10549** | **18625** |
| 椒江区 | 193960 | 115039 | 78921 | 4178 | 1475 | 2703 |
| 黄岩区 | 146782 | 86237 | 60545 | 2730 | 1010 | 1720 |
| 路桥区 | 181340 | 106540 | 74800 | 4219 | 1487 | 2732 |
| 三门县 | 27803 | 16574 | 11229 | 886 | 304 | 582 |
| 天台县 | 19550 | 11694 | 7856 | 300 | 105 | 195 |
| 仙居县 | 17961 | 10663 | 7298 | 502 | 168 | 334 |
| 温岭市 | 373577 | 219288 | 154289 | 6428 | 2321 | 4107 |
| 临海市 | 110337 | 64595 | 45742 | 1918 | 734 | 1184 |
| 玉环市 | 226037 | 131608 | 94429 | 8013 | 2945 | 5068 |
| **丽水市** | **166987** | **101518** | **65469** | **3563** | **1225** | **2338** |
| 莲都区 | 71718 | 44148 | 27570 | 1532 | 579 | 953 |
| 青田县 | 29822 | 17698 | 12124 | 424 | 149 | 275 |
| 缙云县 | 24438 | 14900 | 9538 | 434 | 137 | 297 |
| 遂昌县 | 4622 | 2886 | 1736 | 89 | 30 | 59 |
| 松阳县 | 10891 | 6523 | 4368 | 362 | 107 | 255 |
| 云和县 | 10923 | 6529 | 4394 | 413 | 131 | 282 |
| 庆元县 | 3412 | 1891 | 1521 | 63 | 16 | 47 |
| 景宁畲族自治县 | 3005 | 1911 | 1094 | 65 | 15 | 50 |
| 龙泉市 | 8156 | 5032 | 3124 | 181 | 61 | 120 |

7-7 续表 2 单位：人

| 现住地 | 学前教育 | | | 小学 | | |
|---|---|---|---|---|---|---|
| | 小计 | 男 | 女 | 小计 | 男 | 女 |
| **合计** | **366265** | **196566** | **169699** | **3700100** | **1952968** | **1747132** |
| **杭州市** | **54895** | **29425** | **25470** | **572501** | **308190** | **264311** |
| 上城区 | 1679 | 866 | 813 | 14476 | 7365 | 7111 |
| 下城区 | 1489 | 726 | 763 | 11590 | 5687 | 5903 |
| 江干区 | 7690 | 4141 | 3549 | 57461 | 30636 | 26825 |
| 拱墅区 | 2586 | 1393 | 1193 | 17271 | 8965 | 8306 |
| 西湖区 | 3788 | 2001 | 1787 | 31650 | 16660 | 14990 |
| 滨江区 | 1664 | 896 | 768 | 13098 | 7029 | 6069 |
| 萧山区 | 15258 | 8147 | 7111 | 175802 | 93976 | 81826 |
| 余杭区 | 12492 | 6812 | 5680 | 164409 | 88816 | 75593 |
| 富阳区 | 3513 | 1899 | 1614 | 36599 | 20967 | 15632 |
| 临安区 | 2193 | 1164 | 1029 | 25422 | 14944 | 10478 |
| 桐庐县 | 1723 | 952 | 771 | 16294 | 8634 | 7660 |
| 淳安县 | 193 | 97 | 96 | 1945 | 1078 | 867 |
| 建德市 | 627 | 331 | 296 | 6484 | 3433 | 3051 |
| **宁波市** | **77065** | **41271** | **35794** | **749438** | **384107** | **365331** |
| 海曙区 | 7829 | 4238 | 3591 | 73231 | 36880 | 36351 |
| 江北区 | 4042 | 2169 | 1873 | 36116 | 18919 | 17197 |
| 北仑区 | 7339 | 3969 | 3370 | 64900 | 33420 | 31480 |
| 镇海区 | 4750 | 2532 | 2218 | 50416 | 26484 | 23932 |
| 鄞州区 | 10230 | 5419 | 4811 | 102238 | 51450 | 50788 |
| 奉化区 | 3592 | 1862 | 1730 | 40434 | 21407 | 19027 |
| 象山县 | 2832 | 1496 | 1336 | 28625 | 14923 | 13702 |
| 宁海县 | 4080 | 2222 | 1858 | 39506 | 19785 | 19721 |
| 余姚市 | 12763 | 6799 | 5964 | 121008 | 61683 | 59325 |
| 慈溪市 | 19608 | 10565 | 9043 | 192964 | 99156 | 93808 |
| **温州市** | **53606** | **28805** | **24801** | **574202** | **309066** | **265136** |
| 鹿城区 | 4791 | 2538 | 2253 | 68057 | 36849 | 31208 |
| 龙湾区 | 8200 | 4424 | 3776 | 89841 | 48798 | 41043 |
| 瓯海区 | 6007 | 3306 | 2701 | 72781 | 40301 | 32480 |
| 洞头区 | 575 | 305 | 270 | 7208 | 4353 | 2855 |
| 永嘉县 | 2473 | 1319 | 1154 | 33003 | 18941 | 14062 |
| 平阳县 | 3144 | 1699 | 1445 | 32888 | 17699 | 15189 |
| 苍南县 | 2191 | 1135 | 1056 | 21987 | 11673 | 10314 |
| 文成县 | 87 | 49 | 38 | 1596 | 1015 | 581 |
| 泰顺县 | 120 | 57 | 63 | 1697 | 982 | 715 |
| 瑞安市 | 10651 | 5776 | 4875 | 119518 | 63053 | 56465 |
| 乐清市 | 12887 | 6897 | 5990 | 102000 | 52708 | 49292 |
| 龙港市 | 2480 | 1300 | 1180 | 23626 | 12694 | 10932 |
| **嘉兴市** | **36464** | **19441** | **17023** | **383399** | **196117** | **187282** |
| 南湖区 | 5537 | 2937 | 2600 | 52169 | 26378 | 25791 |
| 秀洲区 | 5581 | 3030 | 2551 | 60099 | 29845 | 30254 |
| 嘉善县 | 6291 | 3337 | 2954 | 57002 | 29812 | 27190 |
| 海盐县 | 2772 | 1491 | 1281 | 27712 | 14543 | 13169 |
| 海宁市 | 4576 | 2392 | 2184 | 75969 | 40001 | 35968 |
| 平湖市 | 4111 | 2154 | 1957 | 41005 | 20848 | 20157 |
| 桐乡市 | 7596 | 4100 | 3496 | 69443 | 34690 | 34753 |
| **湖州市** | **16671** | **8864** | **7807** | **190655** | **102371** | **88284** |
| 吴兴区 | 5741 | 3048 | 2693 | 60854 | 31192 | 29662 |
| 南浔区 | 3609 | 1904 | 1705 | 40206 | 21562 | 18644 |
| 德清县 | 2322 | 1241 | 1081 | 31144 | 17653 | 13491 |
| 长兴县 | 2046 | 1088 | 958 | 20714 | 11467 | 9247 |
| 安吉县 | 2953 | 1583 | 1370 | 37737 | 20497 | 17240 |

7-7　续表 3　　　　单位：人

| 现住地 | 学前教育 | | | 小　学 | | |
|---|---|---|---|---|---|---|
| | 小计 | 男 | 女 | 小计 | 男 | 女 |
| **绍兴市** | **23920** | **12680** | **11240** | **234986** | **121333** | **113653** |
| 越城区 | 6113 | 3201 | 2912 | 47929 | 25191 | 22738 |
| 柯桥区 | 7700 | 4098 | 3602 | 88063 | 44636 | 43427 |
| 上虞区 | 3449 | 1802 | 1647 | 33273 | 17171 | 16102 |
| 新昌县 | 589 | 319 | 270 | 5312 | 2889 | 2423 |
| 诸暨市 | 4584 | 2458 | 2126 | 49152 | 25645 | 23507 |
| 嵊州市 | 1485 | 802 | 683 | 11257 | 5801 | 5456 |
| **金华市** | **60358** | **32855** | **27503** | **494759** | **260262** | **234497** |
| 婺城区 | 5158 | 2802 | 2356 | 41555 | 22417 | 19138 |
| 金东区 | 4253 | 2331 | 1922 | 35771 | 19628 | 16143 |
| 武义县 | 4380 | 2398 | 1982 | 40998 | 21190 | 19808 |
| 浦江县 | 2827 | 1540 | 1287 | 29631 | 15340 | 14291 |
| 磐安县 | 249 | 131 | 118 | 3045 | 1685 | 1360 |
| 兰溪市 | 866 | 467 | 399 | 9833 | 5296 | 4537 |
| 义乌市 | 23071 | 12394 | 10677 | 152338 | 76819 | 75519 |
| 东阳市 | 8642 | 4706 | 3936 | 76704 | 40258 | 36446 |
| 永康市 | 10912 | 6086 | 4826 | 104884 | 57629 | 47255 |
| **衢州市** | **2763** | **1463** | **1300** | **21846** | **11736** | **10110** |
| 柯城区 | 836 | 428 | 408 | 5960 | 3258 | 2702 |
| 衢江区 | 552 | 291 | 261 | 4332 | 2329 | 2003 |
| 常山县 | 188 | 97 | 91 | 1759 | 942 | 817 |
| 开化县 | 106 | 61 | 45 | 1092 | 621 | 471 |
| 龙游县 | 543 | 281 | 262 | 5339 | 2940 | 2399 |
| 江山市 | 538 | 305 | 233 | 3364 | 1646 | 1718 |
| **舟山市** | **4980** | **2664** | **2316** | **62371** | **37260** | **25111** |
| 定海区 | 2283 | 1223 | 1060 | 22865 | 12764 | 10101 |
| 普陀区 | 1819 | 946 | 873 | 22098 | 11934 | 10164 |
| 岱山县 | 713 | 404 | 309 | 14902 | 10956 | 3946 |
| 嵊泗县 | 165 | 91 | 74 | 2506 | 1606 | 900 |
| **台州市** | **31357** | **16842** | **14515** | **372607** | **198531** | **174076** |
| 椒江区 | 4902 | 2646 | 2256 | 49510 | 26618 | 22892 |
| 黄岩区 | 3911 | 2126 | 1785 | 43797 | 22883 | 20914 |
| 路桥区 | 4569 | 2421 | 2148 | 53333 | 28177 | 25156 |
| 三门县 | 694 | 371 | 323 | 8181 | 4423 | 3758 |
| 天台县 | 404 | 216 | 188 | 4614 | 2558 | 2056 |
| 仙居县 | 530 | 262 | 268 | 4748 | 2536 | 2212 |
| 温岭市 | 7631 | 4085 | 3546 | 108377 | 58023 | 50354 |
| 临海市 | 2736 | 1505 | 1231 | 28113 | 15032 | 13081 |
| 玉环市 | 5980 | 3210 | 2770 | 71934 | 38281 | 33653 |
| **丽水市** | **4186** | **2256** | **1930** | **43336** | **23995** | **19341** |
| 莲都区 | 1503 | 831 | 672 | 17191 | 9867 | 7324 |
| 青田县 | 872 | 485 | 387 | 7894 | 4151 | 3743 |
| 缙云县 | 697 | 376 | 321 | 5822 | 3163 | 2659 |
| 遂昌县 | 95 | 50 | 45 | 1066 | 577 | 489 |
| 松阳县 | 341 | 171 | 170 | 3295 | 1797 | 1498 |
| 云和县 | 318 | 169 | 149 | 3985 | 2129 | 1856 |
| 庆元县 | 69 | 28 | 41 | 935 | 486 | 449 |
| 景宁畲族自治县 | 49 | 19 | 30 | 918 | 515 | 403 |
| 龙泉市 | 242 | 127 | 115 | 2230 | 1310 | 920 |

7-7 续表 4

单位：人

| 现住地 | 初中 | | | 高中 | | | 大学专科 | | |
|---|---|---|---|---|---|---|---|---|---|
| | 小计 | 男 | 女 | 小计 | 男 | 女 | 小计 | 男 | 女 |
| **合计** | **7996521** | **4888918** | **3107603** | **2115729** | **1346676** | **769053** | **809265** | **476742** | **332523** |
| **杭州市** | **1280734** | **801582** | **479152** | **538624** | **338665** | **199959** | **319872** | **179783** | **140089** |
| 上城区 | 40646 | 25558 | 15088 | 14848 | 8877 | 5971 | 6936 | 3671 | 3265 |
| 下城区 | 28045 | 16950 | 11095 | 18655 | 10518 | 8137 | 12823 | 6135 | 6688 |
| 江干区 | 150877 | 91544 | 59333 | 97026 | 58752 | 38274 | 64785 | 34909 | 29876 |
| 拱墅区 | 36245 | 22605 | 13640 | 25480 | 15140 | 10340 | 19776 | 10227 | 9549 |
| 西湖区 | 73514 | 46073 | 27441 | 50541 | 31307 | 19234 | 42496 | 24001 | 18495 |
| 滨江区 | 29225 | 18399 | 10826 | 19678 | 12005 | 7673 | 23892 | 13191 | 10701 |
| 萧山区 | 354313 | 224950 | 129363 | 113078 | 74553 | 38525 | 56655 | 33456 | 23199 |
| 余杭区 | 392139 | 242439 | 149700 | 143324 | 91437 | 51887 | 75138 | 43627 | 31511 |
| 富阳区 | 73506 | 48205 | 25301 | 23723 | 15373 | 8350 | 7127 | 4358 | 2769 |
| 临安区 | 50339 | 32678 | 17661 | 15365 | 9975 | 5390 | 4631 | 2877 | 1754 |
| 桐庐县 | 34536 | 21157 | 13379 | 10499 | 6700 | 3799 | 3423 | 2154 | 1269 |
| 淳安县 | 4167 | 2687 | 1480 | 2100 | 1246 | 854 | 940 | 482 | 458 |
| 建德市 | 13182 | 8337 | 4845 | 4307 | 2782 | 1525 | 1250 | 695 | 555 |
| **宁波市** | **1602798** | **956964** | **645834** | **369479** | **235250** | **134229** | **134023** | **81809** | **52214** |
| 海曙区 | 152084 | 89262 | 62822 | 45444 | 27773 | 17671 | 16952 | 9430 | 7522 |
| 江北区 | 81547 | 50506 | 31041 | 22104 | 14049 | 8055 | 9353 | 5641 | 3712 |
| 北仑区 | 193999 | 117722 | 76277 | 59880 | 39450 | 20430 | 24165 | 15877 | 8288 |
| 镇海区 | 100194 | 62067 | 38127 | 26243 | 17242 | 9001 | 11494 | 7183 | 4311 |
| 鄞州区 | 207082 | 122664 | 84418 | 66396 | 40225 | 26171 | 30739 | 16873 | 13866 |
| 奉化区 | 66412 | 40664 | 25748 | 14368 | 9170 | 5198 | 4303 | 2672 | 1631 |
| 象山县 | 51434 | 30254 | 21180 | 10111 | 6445 | 3666 | 2582 | 1620 | 962 |
| 宁海县 | 68186 | 40508 | 27678 | 15898 | 10089 | 5809 | 4737 | 2937 | 1800 |
| 余姚市 | 244635 | 143802 | 100833 | 39372 | 24748 | 14624 | 10538 | 6926 | 3612 |
| 慈溪市 | 437225 | 259515 | 177710 | 69663 | 46059 | 23604 | 19160 | 12650 | 6510 |
| **温州市** | **1193487** | **736144** | **457343** | **291991** | **188307** | **103684** | **66403** | **40777** | **25626** |
| 鹿城区 | 205809 | 126430 | 79379 | 44311 | 27483 | 16828 | 11950 | 6521 | 5429 |
| 龙湾区 | 178421 | 113227 | 65194 | 45790 | 30696 | 15094 | 12966 | 8494 | 4472 |
| 瓯海区 | 179502 | 113186 | 66316 | 46442 | 30556 | 15886 | 11447 | 7016 | 4431 |
| 洞头区 | 14836 | 9983 | 4853 | 3975 | 2801 | 1174 | 1466 | 1035 | 431 |
| 永嘉县 | 64852 | 40455 | 24397 | 22194 | 14022 | 8172 | 3352 | 2073 | 1279 |
| 平阳县 | 53190 | 33416 | 19774 | 11788 | 7531 | 4257 | 2849 | 1739 | 1110 |
| 苍南县 | 30169 | 18480 | 11689 | 10545 | 6795 | 3750 | 2225 | 1344 | 881 |
| 文成县 | 2988 | 2110 | 878 | 1238 | 908 | 330 | 400 | 266 | 134 |
| 泰顺县 | 2197 | 1357 | 840 | 855 | 529 | 326 | 274 | 144 | 130 |
| 瑞安市 | 217650 | 132292 | 85358 | 43026 | 27977 | 15049 | 7860 | 5011 | 2849 |
| 乐清市 | 209746 | 124108 | 85638 | 53045 | 33295 | 19750 | 9911 | 6136 | 3775 |
| 龙港市 | 34127 | 21100 | 13027 | 8782 | 5714 | 3068 | 1703 | 998 | 705 |
| **嘉兴市** | **894137** | **538668** | **355469** | **227524** | **147923** | **79601** | **75936** | **48103** | **27833** |
| 南湖区 | 112317 | 69643 | 42674 | 39721 | 24921 | 14800 | 17732 | 10624 | 7108 |
| 秀洲区 | 132038 | 79288 | 52750 | 30560 | 20145 | 10415 | 11061 | 6921 | 4140 |
| 嘉善县 | 126327 | 76848 | 49479 | 40226 | 26520 | 13706 | 12806 | 8652 | 4154 |
| 海盐县 | 49818 | 30678 | 19140 | 12880 | 8394 | 4486 | 3652 | 2407 | 1245 |
| 海宁市 | 195741 | 119486 | 76255 | 45871 | 30531 | 15340 | 14089 | 8974 | 5115 |
| 平湖市 | 96319 | 58824 | 37495 | 23400 | 15421 | 7979 | 8015 | 5284 | 2731 |
| 桐乡市 | 181577 | 103901 | 77676 | 34866 | 21991 | 12875 | 8581 | 5241 | 3340 |
| **湖州市** | **396436** | **243178** | **153258** | **91249** | **58954** | **32295** | **25357** | **15505** | **9852** |
| 吴兴区 | 174256 | 103358 | 70898 | 35968 | 23080 | 12888 | 11874 | 7153 | 4721 |
| 南浔区 | 63907 | 39813 | 24094 | 12681 | 8290 | 4391 | 3390 | 2078 | 1312 |
| 德清县 | 56824 | 36250 | 20574 | 15790 | 10314 | 5476 | 3454 | 2190 | 1264 |
| 长兴县 | 38356 | 23926 | 14430 | 11788 | 7483 | 4305 | 2941 | 1811 | 1130 |
| 安吉县 | 63093 | 39831 | 23262 | 15022 | 9787 | 5235 | 3698 | 2273 | 1425 |

7-7 续表 5

单位：人

| 现住地 | 初中 | | | 高中 | | | 大学专科 | | |
|---|---|---|---|---|---|---|---|---|---|
| | 小计 | 男 | 女 | 小计 | 男 | 女 | 小计 | 男 | 女 |
| **绍兴市** | **580565** | **352771** | **227794** | **124006** | **78578** | **45428** | **34201** | **20566** | **13635** |
| 越城区 | 104151 | 62260 | 41891 | 26650 | 16433 | 10217 | 9461 | 5405 | 4056 |
| 柯桥区 | 232682 | 145358 | 87324 | 45118 | 29648 | 15470 | 11442 | 6841 | 4601 |
| 上虞区 | 73475 | 44482 | 28993 | 16125 | 10361 | 5764 | 5972 | 3940 | 2032 |
| 新昌县 | 11728 | 7251 | 4477 | 3374 | 2050 | 1324 | 1011 | 602 | 409 |
| 诸暨市 | 129917 | 76423 | 53494 | 25357 | 15536 | 9821 | 4590 | 2665 | 1925 |
| 嵊州市 | 28612 | 16997 | 11615 | 7382 | 4550 | 2832 | 1725 | 1113 | 612 |
| **金华市** | **1136616** | **685091** | **451525** | **270167** | **168627** | **101540** | **95569** | **53796** | **41773** |
| 婺城区 | 77553 | 47528 | 30025 | 27576 | 16740 | 10836 | 11949 | 6565 | 5384 |
| 金东区 | 87077 | 53916 | 33161 | 17400 | 11129 | 6271 | 4618 | 2771 | 1847 |
| 武义县 | 75539 | 47190 | 28349 | 12882 | 8547 | 4335 | 3181 | 1957 | 1224 |
| 浦江县 | 54382 | 31559 | 22823 | 6939 | 4247 | 2692 | 1444 | 826 | 618 |
| 磐安县 | 6448 | 4212 | 2236 | 1290 | 861 | 429 | 392 | 249 | 143 |
| 兰溪市 | 19451 | 11970 | 7481 | 4475 | 2853 | 1622 | 1142 | 642 | 500 |
| 义乌市 | 459505 | 270972 | 188533 | 136333 | 84244 | 52089 | 58536 | 32588 | 25948 |
| 东阳市 | 164221 | 98837 | 65384 | 31781 | 20064 | 11717 | 8991 | 5099 | 3892 |
| 永康市 | 192440 | 118907 | 73533 | 31491 | 19942 | 11549 | 5316 | 3099 | 2217 |
| **衢州市** | **44923** | **28138** | **16785** | **17267** | **10706** | **6561** | **7143** | **4119** | **3024** |
| 柯城区 | 13149 | 8377 | 4772 | 6133 | 3730 | 2403 | 3406 | 1936 | 1470 |
| 衢江区 | 8696 | 5476 | 3220 | 3396 | 2167 | 1229 | 1124 | 712 | 412 |
| 常山县 | 3579 | 2195 | 1384 | 1396 | 839 | 557 | 530 | 283 | 247 |
| 开化县 | 2401 | 1509 | 892 | 808 | 474 | 334 | 360 | 204 | 156 |
| 龙游县 | 10638 | 6783 | 3855 | 2904 | 1928 | 976 | 808 | 489 | 319 |
| 江山市 | 6460 | 3798 | 2662 | 2630 | 1568 | 1062 | 915 | 495 | 420 |
| **舟山市** | **113498** | **79514** | **33984** | **22551** | **15237** | **7314** | **10744** | **7394** | **3350** |
| 定海区 | 40367 | 26110 | 14257 | 9266 | 5804 | 3462 | 3669 | 2234 | 1435 |
| 普陀区 | 37712 | 24256 | 13456 | 6830 | 4234 | 2596 | 2441 | 1420 | 1021 |
| 岱山县 | 31688 | 26648 | 5040 | 5795 | 4789 | 1006 | 4411 | 3593 | 818 |
| 嵊泗县 | 3731 | 2500 | 1231 | 660 | 410 | 250 | 223 | 147 | 76 |
| **台州市** | **670413** | **413281** | **257132** | **142234** | **91159** | **51075** | **33333** | **20770** | **12563** |
| 椒江区 | 92682 | 57986 | 34696 | 26596 | 16628 | 9968 | 8791 | 5378 | 3413 |
| 黄岩区 | 75246 | 46592 | 28654 | 15616 | 10225 | 5391 | 3986 | 2441 | 1545 |
| 路桥区 | 92042 | 56859 | 35183 | 20610 | 13383 | 7227 | 4767 | 3078 | 1689 |
| 三门县 | 13489 | 8515 | 4974 | 3111 | 2023 | 1088 | 852 | 543 | 309 |
| 天台县 | 10222 | 6319 | 3903 | 2749 | 1679 | 1070 | 723 | 432 | 291 |
| 仙居县 | 8503 | 5401 | 3102 | 2412 | 1507 | 905 | 700 | 444 | 256 |
| 温岭市 | 207658 | 127169 | 80489 | 35829 | 22914 | 12915 | 5792 | 3546 | 2246 |
| 临海市 | 58177 | 35395 | 22782 | 13352 | 8406 | 4946 | 3394 | 2125 | 1269 |
| 玉环市 | 112394 | 69045 | 43349 | 21959 | 14394 | 7565 | 4328 | 2783 | 1545 |
| **丽水市** | **82914** | **53587** | **29327** | **20637** | **13270** | **7367** | **6684** | **4120** | **2564** |
| 莲都区 | 34594 | 22765 | 11829 | 9765 | 6245 | 3520 | 3404 | 2041 | 1363 |
| 青田县 | 15657 | 9735 | 5922 | 3654 | 2379 | 1275 | 829 | 522 | 307 |
| 缙云县 | 13647 | 8648 | 4999 | 2631 | 1765 | 866 | 835 | 548 | 287 |
| 遂昌县 | 2381 | 1609 | 772 | 559 | 338 | 221 | 244 | 153 | 91 |
| 松阳县 | 5194 | 3389 | 1805 | 1168 | 734 | 434 | 349 | 211 | 138 |
| 云和县 | 4787 | 3157 | 1630 | 1033 | 721 | 312 | 238 | 133 | 105 |
| 庆元县 | 1606 | 940 | 666 | 413 | 221 | 192 | 183 | 106 | 77 |
| 景宁畲族自治县 | 1241 | 865 | 376 | 399 | 251 | 148 | 201 | 145 | 56 |
| 龙泉市 | 3807 | 2479 | 1328 | 1015 | 616 | 399 | 401 | 261 | 140 |

7—7 续表 6

单位：人

| 现住地 | 大学本科 | | | 硕士研究生 | | | 博士研究生 | | |
|---|---|---|---|---|---|---|---|---|---|
| | 小计 | 男 | 女 | 小计 | 男 | 女 | 小计 | 男 | 女 |
| **合计** | **581807** | **329094** | **252713** | **69373** | **37766** | **31607** | **7918** | **4932** | **2986** |
| **杭州市** | **300671** | **164270** | **136401** | **44743** | **24177** | **20566** | **5476** | **3291** | **2185** |
| 上城区 | 6209 | 3071 | 3138 | 1006 | 450 | 556 | 103 | 57 | 46 |
| 下城区 | 11158 | 5478 | 5680 | 2302 | 1215 | 1087 | 156 | 101 | 55 |
| 江干区 | 66166 | 34475 | 31691 | 9743 | 5038 | 4705 | 750 | 417 | 333 |
| 拱墅区 | 19961 | 10041 | 9920 | 2125 | 1175 | 950 | 131 | 89 | 42 |
| 西湖区 | 49148 | 27179 | 21969 | 9794 | 5337 | 4457 | 3109 | 1795 | 1314 |
| 滨江区 | 32167 | 18147 | 14020 | 6119 | 3653 | 2466 | 297 | 201 | 96 |
| 萧山区 | 39214 | 22909 | 16305 | 3985 | 2312 | 1673 | 216 | 149 | 67 |
| 余杭区 | 60934 | 33996 | 26938 | 7766 | 4080 | 3686 | 557 | 377 | 180 |
| 富阳区 | 5206 | 3194 | 2012 | 572 | 285 | 287 | 70 | 50 | 20 |
| 临安区 | 6856 | 3634 | 3222 | 1008 | 449 | 559 | 67 | 39 | 28 |
| 桐庐县 | 2215 | 1231 | 984 | 160 | 77 | 83 | 9 | 6 | 3 |
| 淳安县 | 536 | 319 | 217 | 61 | 43 | 18 | 1 | 1 | |
| 建德市 | 901 | 596 | 305 | 102 | 63 | 39 | 10 | 9 | 1 |
| **宁波市** | **85618** | **51432** | **34186** | **8842** | **5034** | **3808** | **898** | **598** | **300** |
| 海曙区 | 11672 | 6468 | 5204 | 528 | 274 | 254 | 40 | 31 | 9 |
| 江北区 | 6955 | 3962 | 2993 | 1397 | 744 | 653 | 92 | 61 | 31 |
| 北仑区 | 9862 | 6520 | 3342 | 821 | 478 | 343 | 94 | 63 | 31 |
| 镇海区 | 7307 | 4464 | 2843 | 1276 | 633 | 643 | 192 | 129 | 63 |
| 鄞州区 | 25971 | 14183 | 11788 | 2150 | 1206 | 944 | 287 | 160 | 127 |
| 奉化区 | 1866 | 1241 | 625 | 171 | 106 | 65 | 20 | 15 | 5 |
| 象山县 | 1128 | 727 | 401 | 113 | 76 | 37 | 6 | 5 | 1 |
| 宁海县 | 2239 | 1490 | 749 | 127 | 70 | 57 | 7 | 6 | 1 |
| 余姚市 | 4643 | 3137 | 1506 | 518 | 335 | 183 | 51 | 38 | 13 |
| 慈溪市 | 13975 | 9240 | 4735 | 1741 | 1112 | 629 | 109 | 90 | 19 |
| **温州市** | **30829** | **17818** | **13011** | **3185** | **1445** | **1740** | **297** | **185** | **112** |
| 鹿城区 | 4999 | 2820 | 2179 | 709 | 298 | 411 | 66 | 35 | 31 |
| 龙湾区 | 4312 | 2841 | 1471 | 269 | 145 | 124 | 28 | 17 | 11 |
| 瓯海区 | 10584 | 5164 | 5420 | 1675 | 699 | 976 | 162 | 107 | 55 |
| 洞头区 | 1006 | 579 | 427 | 62 | 31 | 31 | 1 | 1 | |
| 永嘉县 | 1164 | 740 | 424 | 28 | 14 | 14 | 4 | 3 | 1 |
| 平阳县 | 1212 | 773 | 439 | 69 | 37 | 32 | 2 | 1 | 1 |
| 苍南县 | 845 | 529 | 316 | 44 | 29 | 15 | 2 | 1 | 1 |
| 文成县 | 234 | 143 | 91 | 12 | 8 | 4 | | | |
| 泰顺县 | 216 | 132 | 84 | 14 | 5 | 9 | 4 | 2 | 2 |
| 瑞安市 | 2549 | 1691 | 858 | 156 | 86 | 70 | 18 | 11 | 7 |
| 乐清市 | 3089 | 2030 | 1059 | 119 | 73 | 46 | 10 | 7 | 3 |
| 龙港市 | 619 | 376 | 243 | 28 | 20 | 8 | | | |
| **嘉兴市** | **46812** | **27474** | **19338** | **3088** | **1894** | **1194** | **313** | **232** | **81** |
| 南湖区 | 17241 | 9583 | 7658 | 1076 | 635 | 441 | 143 | 110 | 33 |
| 秀洲区 | 5144 | 3188 | 1956 | 425 | 255 | 170 | 45 | 30 | 15 |
| 嘉善县 | 5102 | 3212 | 1890 | 311 | 192 | 119 | 19 | 13 | 6 |
| 海盐县 | 2018 | 1407 | 611 | 143 | 88 | 55 | 4 | 4 | |
| 海宁市 | 7887 | 4723 | 3164 | 542 | 332 | 210 | 64 | 43 | 21 |
| 平湖市 | 3402 | 2315 | 1087 | 277 | 189 | 88 | 18 | 16 | 2 |
| 桐乡市 | 6018 | 3046 | 2972 | 314 | 203 | 111 | 20 | 16 | 4 |
| **湖州市** | **16263** | **9471** | **6792** | **1556** | **896** | **660** | **147** | **100** | **47** |
| 吴兴区 | 8832 | 4642 | 4190 | 961 | 506 | 455 | 101 | 69 | 32 |
| 南浔区 | 1750 | 1160 | 590 | 117 | 73 | 44 | 6 | 4 | 2 |
| 德清县 | 2460 | 1628 | 832 | 202 | 138 | 64 | 23 | 18 | 5 |
| 长兴县 | 1347 | 863 | 484 | 150 | 104 | 46 | 13 | 6 | 7 |
| 安吉县 | 1874 | 1178 | 696 | 126 | 75 | 51 | 4 | 3 | 1 |

7–7　续表 7　　　　单位：人

| 现住地 | 大学本科 | | | 硕士研究生 | | | 博士研究生 | | |
|---|---|---|---|---|---|---|---|---|---|
| | 小计 | 男 | 女 | 小计 | 男 | 女 | 小计 | 男 | 女 |
| **绍兴市** | **25036** | **13997** | **11039** | **2176** | **1305** | **871** | **186** | **136** | **50** |
| 越城区 | 7919 | 3952 | 3967 | 721 | 390 | 331 | 85 | 56 | 29 |
| 柯桥区 | 7820 | 4513 | 3307 | 310 | 189 | 121 | 26 | 20 | 6 |
| 上虞区 | 3991 | 2441 | 1550 | 535 | 367 | 168 | 36 | 28 | 8 |
| 新昌县 | 1001 | 636 | 365 | 249 | 159 | 90 | 12 | 10 | 2 |
| 诸暨市 | 3476 | 1927 | 1549 | 296 | 168 | 128 | 16 | 12 | 4 |
| 嵊州市 | 829 | 528 | 301 | 65 | 32 | 33 | 11 | 10 | 1 |
| **金华市** | **38301** | **20848** | **17453** | **2478** | **1115** | **1363** | **226** | **128** | **98** |
| 婺城区 | 7608 | 3358 | 4250 | 1138 | 394 | 744 | 145 | 80 | 65 |
| 金东区 | 2901 | 1469 | 1432 | 120 | 68 | 52 | 10 | 5 | 5 |
| 武义县 | 933 | 586 | 347 | 47 | 28 | 19 | 3 | 3 | |
| 浦江县 | 582 | 349 | 233 | 29 | 17 | 12 | | | |
| 磐安县 | 199 | 133 | 66 | 14 | 6 | 8 | 1 | | 1 |
| 兰溪市 | 1584 | 769 | 815 | 68 | 34 | 34 | 2 | 1 | 1 |
| 义乌市 | 19301 | 11182 | 8119 | 714 | 375 | 339 | 37 | 21 | 16 |
| 东阳市 | 3642 | 2094 | 1548 | 266 | 142 | 124 | 16 | 9 | 7 |
| 永康市 | 1551 | 908 | 643 | 82 | 51 | 31 | 12 | 9 | 3 |
| **衢州市** | **6223** | **4000** | **2223** | **664** | **372** | **292** | **31** | **24** | **7** |
| 柯城区 | 3704 | 2396 | 1308 | 403 | 223 | 180 | 24 | 18 | 6 |
| 衢江区 | 629 | 427 | 202 | 58 | 37 | 21 | 1 | 1 | |
| 常山县 | 362 | 237 | 125 | 41 | 21 | 20 | | | |
| 开化县 | 313 | 195 | 118 | 33 | 17 | 16 | 1 | 1 | |
| 龙游县 | 501 | 314 | 187 | 53 | 27 | 26 | 3 | 2 | 1 |
| 江山市 | 714 | 431 | 283 | 76 | 47 | 29 | 2 | 2 | |
| **舟山市** | **9855** | **6639** | **3216** | **1149** | **640** | **509** | **139** | **100** | **39** |
| 定海区 | 5605 | 3401 | 2204 | 899 | 471 | 428 | 120 | 86 | 34 |
| 普陀区 | 1363 | 899 | 464 | 136 | 83 | 53 | 14 | 9 | 5 |
| 岱山县 | 2694 | 2220 | 474 | 102 | 79 | 23 | 5 | 5 | |
| 嵊泗县 | 193 | 119 | 74 | 12 | 7 | 5 | | | |
| **台州市** | **16921** | **10314** | **6607** | **1142** | **681** | **461** | **166** | **111** | **55** |
| 椒江区 | 6726 | 3957 | 2769 | 496 | 298 | 198 | 79 | 53 | 26 |
| 黄岩区 | 1373 | 880 | 493 | 106 | 69 | 37 | 17 | 11 | 6 |
| 路桥区 | 1725 | 1089 | 636 | 69 | 42 | 27 | 6 | 4 | 2 |
| 三门县 | 554 | 376 | 178 | 34 | 17 | 17 | 2 | 2 | |
| 天台县 | 501 | 363 | 138 | 32 | 18 | 14 | 5 | 4 | 1 |
| 仙居县 | 513 | 314 | 199 | 47 | 27 | 20 | 6 | 4 | 2 |
| 温岭市 | 1754 | 1161 | 593 | 103 | 65 | 38 | 5 | 4 | 1 |
| 临海市 | 2429 | 1282 | 1147 | 180 | 92 | 88 | 38 | 24 | 14 |
| 玉环市 | 1346 | 892 | 454 | 75 | 53 | 22 | 8 | 5 | 3 |
| **丽水市** | **5278** | **2831** | **2447** | **350** | **207** | **143** | **39** | **27** | **12** |
| 莲都区 | 3503 | 1685 | 1818 | 197 | 115 | 82 | 29 | 20 | 9 |
| 青田县 | 473 | 265 | 208 | 17 | 12 | 5 | 2 | | 2 |
| 缙云县 | 352 | 251 | 101 | 19 | 11 | 8 | 1 | 1 | |
| 遂昌县 | 154 | 106 | 48 | 31 | 20 | 11 | 3 | 3 | |
| 松阳县 | 159 | 103 | 56 | 22 | 11 | 11 | 1 | | 1 |
| 云和县 | 134 | 80 | 54 | 15 | 9 | 6 | | | |
| 庆元县 | 126 | 83 | 43 | 15 | 9 | 6 | 2 | 2 | |
| 景宁畲族自治县 | 122 | 93 | 29 | 10 | 8 | 2 | | | |
| 龙泉市 | 255 | 165 | 90 | 24 | 12 | 12 | 1 | 1 | |

# 7－7a 全省按现住地、受教育程度、性别分的户口登记地在外省的人口(城市)

单位：人

| 现住地 | 合计 | | | 未上过学 | | |
|---|---|---|---|---|---|---|
| | 合计 | 男 | 女 | 小计 | 男 | 女 |
| **合计** | **9728946** | **5632632** | **4096314** | **165338** | **58818** | **106520** |
| **杭州市** | **2590417** | **1508582** | **1081835** | **34289** | **11288** | **23001** |
| 上城区 | 87182 | 50309 | 36873 | 1279 | 394 | 885 |
| 下城区 | 87578 | 47185 | 40393 | 1360 | 375 | 985 |
| 江干区 | 460360 | 261758 | 198602 | 5862 | 1846 | 4016 |
| 拱墅区 | 125436 | 70184 | 55252 | 1861 | 549 | 1312 |
| 西湖区 | 260941 | 151202 | 109739 | 2808 | 897 | 1911 |
| 滨江区 | 127318 | 73879 | 53439 | 1178 | 358 | 820 |
| 萧山区 | 593656 | 354611 | 239045 | 8347 | 2985 | 5362 |
| 余杭区 | 643814 | 374092 | 269722 | 8334 | 2662 | 5672 |
| 富阳区 | 125125 | 77253 | 47872 | 2156 | 812 | 1344 |
| 临安区 | 68725 | 42097 | 26628 | 988 | 367 | 621 |
| 桐庐县 | | | | | | |
| 淳安县 | | | | | | |
| 建德市 | 10282 | 6012 | 4270 | 116 | 43 | 73 |
| **宁波市** | **1810015** | **1029456** | **780559** | **29044** | **10566** | **18478** |
| 海曙区 | 263492 | 147888 | 115604 | 3929 | 1433 | 2496 |
| 江北区 | 123145 | 72426 | 50719 | 2131 | 766 | 1365 |
| 北仑区 | 261146 | 153864 | 107282 | 3880 | 1313 | 2567 |
| 镇海区 | 160152 | 93911 | 66241 | 2943 | 972 | 1971 |
| 鄞州区 | 206863 | 113030 | 93833 | 3433 | 1099 | 2334 |
| 奉化区 | 69095 | 39090 | 30005 | 1293 | 478 | 815 |
| 象山县 | | | | | | |
| 宁海县 | | | | | | |
| 余姚市 | 302973 | 171420 | 131553 | 5555 | 2167 | 3388 |
| 慈溪市 | 423149 | 237827 | 185322 | 5880 | 2338 | 3542 |
| **温州市** | **1463137** | **863396** | **599741** | **30423** | **11603** | **18820** |
| 鹿城区 | 305499 | 179824 | 125675 | 4539 | 1740 | 2799 |
| 龙湾区 | 203513 | 124842 | 78671 | 4916 | 1857 | 3059 |
| 瓯海区 | 278255 | 168507 | 109748 | 4833 | 2014 | 2819 |
| 洞头区 | 12690 | 7771 | 4919 | 297 | 103 | 194 |
| 永嘉县 | | | | | | |
| 平阳县 | | | | | | |
| 苍南县 | | | | | | |
| 文成县 | | | | | | |
| 泰顺县 | | | | | | |
| 瑞安市 | 296576 | 171411 | 125165 | 8970 | 3326 | 5644 |
| 乐清市 | 298881 | 171246 | 127635 | 5137 | 1924 | 3213 |
| 龙港市 | 67723 | 39795 | 27928 | 1731 | 639 | 1092 |
| **嘉兴市** | **730148** | **419931** | **310217** | **10909** | **3357** | **7552** |
| 南湖区 | 202165 | 117386 | 84779 | 3133 | 909 | 2224 |
| 秀洲区 | 112837 | 67083 | 45754 | 2369 | 707 | 1662 |
| 嘉善县 | | | | | | |
| 海盐县 | | | | | | |
| 海宁市 | 125500 | 73474 | 52026 | 2072 | 607 | 1465 |
| 平湖市 | 71548 | 41830 | 29718 | 1083 | 300 | 783 |
| 桐乡市 | 218098 | 120158 | 97940 | 2252 | 834 | 1418 |
| **湖州市** | **172361** | **101017** | **71344** | **3435** | **1113** | **2322** |
| 吴兴区 | 102072 | 60188 | 41884 | 1466 | 477 | 989 |
| 南浔区 | 70289 | 40829 | 29460 | 1969 | 636 | 1333 |
| 德清县 | | | | | | |
| 长兴县 | | | | | | |
| 安吉县 | | | | | | |

7-7a　续表 1　　　　单位：人

| 现住地 | 合计 | | | 未上过学 | | |
|---|---|---|---|---|---|---|
| | 合计 | 男 | 女 | 小计 | 男 | 女 |
| **绍兴市** | **757546** | **437605** | **319941** | **11783** | **4554** | **7229** |
| 越城区 | 175953 | 100249 | 75704 | 1624 | 641 | 983 |
| 柯桥区 | 299517 | 175340 | 124177 | 5105 | 1851 | 3254 |
| 上虞区 | 108945 | 63883 | 45062 | 2176 | 849 | 1327 |
| 新昌县 | | | | | | |
| 诸暨市 | 134434 | 75820 | 58614 | 2281 | 956 | 1325 |
| 嵊州市 | 38697 | 22313 | 16384 | 597 | 257 | 340 |
| **金华市** | **1190398** | **681386** | **509012** | **23888** | **8459** | **15429** |
| 婺城区 | 150758 | 85011 | 65747 | 3920 | 1359 | 2561 |
| 金东区 | 29662 | 17761 | 11901 | 474 | 176 | 298 |
| 武义县 | | | | | | |
| 浦江县 | | | | | | |
| 磐安县 | | | | | | |
| 兰溪市 | 24213 | 14151 | 10062 | 411 | 155 | 256 |
| 义乌市 | 582071 | 331300 | 250771 | 8982 | 3194 | 5788 |
| 东阳市 | 162283 | 90437 | 71846 | 4209 | 1352 | 2857 |
| 永康市 | 241411 | 142726 | 98685 | 5892 | 2223 | 3669 |
| **衢州市** | **54627** | **32393** | **22234** | **842** | **283** | **559** |
| 柯城区 | 30356 | 18131 | 12225 | 398 | 143 | 255 |
| 衢江区 | 14175 | 8572 | 5603 | 285 | 90 | 195 |
| 常山县 | | | | | | |
| 开化县 | | | | | | |
| 龙游县 | 62 | 37 | 25 | 1 | | 1 |
| 江山市 | 10034 | 5653 | 4381 | 158 | 50 | 108 |
| **舟山市** | **99903** | **56940** | **42963** | **1824** | **638** | **1186** |
| 定海区 | 53858 | 31443 | 22415 | 712 | 248 | 464 |
| 普陀区 | 46045 | 25497 | 20548 | 1112 | 390 | 722 |
| 岱山县 | | | | | | |
| 嵊泗县 | | | | | | |
| **台州市** | **797765** | **463873** | **333892** | **17655** | **6476** | **11179** |
| 椒江区 | 142426 | 83421 | 59005 | 2881 | 1015 | 1866 |
| 黄岩区 | 115386 | 67672 | 47714 | 1996 | 763 | 1233 |
| 路桥区 | 89069 | 51931 | 37138 | 1792 | 647 | 1145 |
| 三门县 | | | | | | |
| 天台县 | | | | | | |
| 仙居县 | | | | | | |
| 温岭市 | 231052 | 134139 | 96913 | 3867 | 1345 | 2522 |
| 临海市 | 50740 | 28752 | 21988 | 1090 | 410 | 680 |
| 玉环市 | 169092 | 97958 | 71134 | 6029 | 2296 | 3733 |
| **丽水市** | **62629** | **38053** | **24576** | **1246** | **481** | **765** |
| 莲都区 | 56576 | 34262 | 22314 | 1131 | 436 | 695 |
| 青田县 | | | | | | |
| 缙云县 | | | | | | |
| 遂昌县 | | | | | | |
| 松阳县 | | | | | | |
| 云和县 | | | | | | |
| 庆元县 | | | | | | |
| 景宁畲族自治县 | | | | | | |
| 龙泉市 | 6053 | 3791 | 2262 | 115 | 45 | 70 |

7-7a 续表 2

单位：人

| 现住地 | 学前教育 | | | 小学 | | |
|---|---|---|---|---|---|---|
| | 小计 | 男 | 女 | 小计 | 男 | 女 |
| **合计** | **218673** | **117585** | **101088** | **2053455** | **1074712** | **978743** |
| **杭州市** | **44176** | **23725** | **20451** | **432362** | **230387** | **201975** |
| 上城区 | 1679 | 866 | 813 | 14476 | 7365 | 7111 |
| 下城区 | 1489 | 726 | 763 | 11590 | 5687 | 5903 |
| 江干区 | 7690 | 4141 | 3549 | 57461 | 30636 | 26825 |
| 拱墅区 | 2586 | 1393 | 1193 | 17271 | 8965 | 8306 |
| 西湖区 | 3681 | 1937 | 1744 | 30392 | 15855 | 14537 |
| 滨江区 | 1664 | 896 | 768 | 13098 | 7029 | 6069 |
| 萧山区 | 11709 | 6256 | 5453 | 130663 | 69956 | 60707 |
| 余杭区 | 9066 | 4988 | 4078 | 111885 | 58781 | 53104 |
| 富阳区 | 2990 | 1625 | 1365 | 28789 | 16333 | 12456 |
| 临安区 | 1372 | 756 | 616 | 14687 | 8709 | 5978 |
| 桐庐县 | | | | | | |
| 淳安县 | | | | | | |
| 建德市 | 250 | 141 | 109 | 2050 | 1071 | 979 |
| **宁波市** | **44060** | **23677** | **20383** | **398977** | **202189** | **196788** |
| 海曙区 | 6550 | 3553 | 2997 | 57842 | 29055 | 28787 |
| 江北区 | 3103 | 1655 | 1448 | 24772 | 12964 | 11808 |
| 北仑区 | 5357 | 2908 | 2449 | 43841 | 22053 | 21788 |
| 镇海区 | 3662 | 1953 | 1709 | 36607 | 18946 | 17661 |
| 鄞州区 | 3804 | 2026 | 1778 | 33187 | 16294 | 16893 |
| 奉化区 | 1933 | 1000 | 933 | 18801 | 9616 | 9185 |
| 象山县 | | | | | | |
| 宁海县 | | | | | | |
| 余姚市 | 8402 | 4517 | 3885 | 76966 | 39134 | 37832 |
| 慈溪市 | 11249 | 6065 | 5184 | 106961 | 54127 | 52834 |
| **温州市** | **33676** | **18119** | **15557** | **359274** | **192964** | **166310** |
| 鹿城区 | 4043 | 2140 | 1903 | 58979 | 31805 | 27174 |
| 龙湾区 | 4618 | 2482 | 2136 | 54383 | 30018 | 24365 |
| 瓯海区 | 4885 | 2685 | 2200 | 59158 | 32908 | 26250 |
| 洞头区 | 292 | 151 | 141 | 3551 | 2096 | 1455 |
| 永嘉县 | | | | | | |
| 平阳县 | | | | | | |
| 苍南县 | | | | | | |
| 文成县 | | | | | | |
| 泰顺县 | | | | | | |
| 瑞安市 | 7763 | 4207 | 3556 | 86227 | 45584 | 40643 |
| 乐清市 | 9855 | 5288 | 4567 | 75498 | 38965 | 36533 |
| 龙港市 | 2220 | 1166 | 1054 | 21478 | 11588 | 9890 |
| **嘉兴市** | **15529** | **8287** | **7242** | **144308** | **72041** | **72267** |
| 南湖区 | 4607 | 2446 | 2161 | 39263 | 19685 | 19578 |
| 秀洲区 | 2195 | 1171 | 1024 | 20862 | 10527 | 10335 |
| 嘉善县 | | | | | | |
| 海盐县 | | | | | | |
| 海宁市 | 1837 | 946 | 891 | 26094 | 13320 | 12774 |
| 平湖市 | 1465 | 751 | 714 | 13448 | 6722 | 6726 |
| 桐乡市 | 5425 | 2973 | 2452 | 44641 | 21787 | 22854 |
| **湖州市** | **4660** | **2454** | **2206** | **42266** | **22400** | **19866** |
| 吴兴区 | 2553 | 1365 | 1188 | 22079 | 11705 | 10374 |
| 南浔区 | 2107 | 1089 | 1018 | 20187 | 10695 | 9492 |
| 德清县 | | | | | | |
| 长兴县 | | | | | | |
| 安吉县 | | | | | | |

7—7a　续表 3　　　　单位：人

| 现住地 | 学前教育 | | | 小学 | | |
|---|---|---|---|---|---|---|
| | 小计 | 男 | 女 | 小计 | 男 | 女 |
| **绍兴市** | **17668** | **9363** | **8305** | **162745** | **83259** | **79486** |
| 越城区 | 5112 | 2682 | 2430 | 39315 | 20553 | 18762 |
| 柯桥区 | 6406 | 3401 | 3005 | 63520 | 31782 | 31738 |
| 上虞区 | 2534 | 1337 | 1197 | 24312 | 12584 | 11728 |
| 新昌县 | | | | | | |
| 诸暨市 | 2574 | 1383 | 1191 | 27604 | 14116 | 13488 |
| 嵊州市 | 1042 | 560 | 482 | 7994 | 4224 | 3770 |
| **金华市** | **33953** | **18532** | **15421** | **238307** | **124860** | **113447** |
| 婺城区 | 4452 | 2422 | 2030 | 33682 | 17850 | 15832 |
| 金东区 | 875 | 508 | 367 | 6119 | 3421 | 2698 |
| 武义县 | | | | | | |
| 浦江县 | | | | | | |
| 磐安县 | | | | | | |
| 兰溪市 | 534 | 287 | 247 | 5608 | 3119 | 2489 |
| 义乌市 | 16219 | 8753 | 7466 | 92304 | 46522 | 45782 |
| 东阳市 | 4482 | 2427 | 2055 | 36132 | 18236 | 17896 |
| 永康市 | 7391 | 4135 | 3256 | 64462 | 35712 | 28750 |
| **衢州市** | **1468** | **776** | **692** | **10334** | **5523** | **4811** |
| 柯城区 | 744 | 387 | 357 | 5153 | 2803 | 2350 |
| 衢江区 | 418 | 226 | 192 | 3070 | 1666 | 1404 |
| 常山县 | | | | | | |
| 开化县 | | | | | | |
| 龙游县 | 1 | 1 | | 8 | 3 | 5 |
| 江山市 | 305 | 162 | 143 | 2103 | 1051 | 1052 |
| **舟山市** | **2773** | **1459** | **1314** | **27319** | **14510** | **12809** |
| 定海区 | 1352 | 728 | 624 | 12972 | 7099 | 5873 |
| 普陀区 | 1421 | 731 | 690 | 14347 | 7411 | 6936 |
| 岱山县 | | | | | | |
| 嵊泗县 | | | | | | |
| **台州市** | **19340** | **10435** | **8905** | **223010** | **118193** | **104817** |
| 椒江区 | 3648 | 1996 | 1652 | 35125 | 18741 | 16384 |
| 黄岩区 | 3112 | 1696 | 1416 | 33411 | 17418 | 15993 |
| 路桥区 | 2346 | 1246 | 1100 | 23925 | 12553 | 11372 |
| 三门县 | | | | | | |
| 天台县 | | | | | | |
| 仙居县 | | | | | | |
| 温岭市 | 4372 | 2339 | 2033 | 63574 | 33683 | 29891 |
| 临海市 | 1367 | 752 | 615 | 13321 | 7063 | 6258 |
| 玉环市 | 4495 | 2406 | 2089 | 53654 | 28735 | 24919 |
| **丽水市** | **1370** | **758** | **612** | **14553** | **8386** | **6167** |
| 莲都区 | 1177 | 655 | 522 | 12967 | 7430 | 5537 |
| 青田县 | | | | | | |
| 缙云县 | | | | | | |
| 遂昌县 | | | | | | |
| 松阳县 | | | | | | |
| 云和县 | | | | | | |
| 庆元县 | | | | | | |
| 景宁畲族自治县 | | | | | | |
| 龙泉市 | 193 | 103 | 90 | 1586 | 956 | 630 |

7-7a 续表 4 单位：人

| 现住地 | 初中 | | | 高中 | | | 大学专科 | | |
|---|---|---|---|---|---|---|---|---|---|
| | 小计 | 男 | 女 | 小计 | 男 | 女 | 小计 | 男 | 女 |
| **合计** | **4694189** | **2839997** | **1854192** | **1415731** | **879580** | **536151** | **620263** | **353725** | **266538** |
| **杭州市** | **997733** | **618143** | **379590** | **453140** | **280064** | **173076** | **293397** | **162692** | **130705** |
| 上城区 | 40646 | 25558 | 15088 | 14848 | 8877 | 5971 | 6936 | 3671 | 3265 |
| 下城区 | 28045 | 16950 | 11095 | 18655 | 10518 | 8137 | 12823 | 6135 | 6688 |
| 江干区 | 150877 | 91544 | 59333 | 97026 | 58752 | 38274 | 64785 | 34909 | 29876 |
| 拱墅区 | 36245 | 22605 | 13640 | 25480 | 15140 | 10340 | 19776 | 10227 | 9549 |
| 西湖区 | 70796 | 44028 | 26768 | 49618 | 30674 | 18944 | 42006 | 23725 | 18281 |
| 滨江区 | 29225 | 18399 | 10826 | 19678 | 12005 | 7673 | 23892 | 13191 | 10701 |
| 萧山区 | 263183 | 166140 | 97043 | 90059 | 57815 | 32244 | 49428 | 28325 | 21103 |
| 余杭区 | 283074 | 171285 | 111789 | 105525 | 65817 | 39708 | 63131 | 36081 | 27050 |
| 富阳区 | 60904 | 39365 | 21539 | 19608 | 12495 | 7113 | 6167 | 3736 | 2431 |
| 临安区 | 30168 | 19472 | 10696 | 10706 | 6793 | 3913 | 3759 | 2323 | 1436 |
| 桐庐县 | | | | | | | | | |
| 淳安县 | | | | | | | | | |
| 建德市 | 4570 | 2797 | 1773 | 1937 | 1178 | 759 | 694 | 369 | 325 |
| **宁波市** | **934909** | **549813** | **385096** | **238062** | **146730** | **91332** | **93985** | **55605** | **38380** |
| 海曙区 | 127024 | 74121 | 52903 | 40174 | 24298 | 15876 | 16009 | 8829 | 7180 |
| 江北区 | 59149 | 36545 | 22604 | 17437 | 10894 | 6543 | 8385 | 5011 | 3374 |
| 北仑区 | 136759 | 81380 | 55379 | 44466 | 28688 | 15778 | 19056 | 12392 | 6664 |
| 镇海区 | 77795 | 47460 | 30335 | 21168 | 13719 | 7449 | 9789 | 6031 | 3758 |
| 鄞州区 | 79306 | 45690 | 33616 | 39942 | 22840 | 17102 | 22707 | 11976 | 10731 |
| 奉化区 | 33427 | 19608 | 13819 | 9375 | 5728 | 3647 | 2854 | 1745 | 1109 |
| 象山县 | | | | | | | | | |
| 宁海县 | | | | | | | | | |
| 余姚市 | 171497 | 100158 | 71339 | 28374 | 17475 | 10899 | 7816 | 5027 | 2789 |
| 慈溪市 | 249952 | 144851 | 105101 | 37126 | 23088 | 14038 | 7369 | 4594 | 2775 |
| **温州市** | **778159** | **478062** | **300097** | **190162** | **121281** | **68881** | **45310** | **27175** | **18135** |
| 鹿城区 | 181317 | 110729 | 70588 | 39852 | 24360 | 15492 | 11186 | 6017 | 5169 |
| 龙湾区 | 102778 | 66311 | 36467 | 26335 | 17484 | 8851 | 7591 | 4859 | 2732 |
| 瓯海区 | 147140 | 92688 | 54452 | 39978 | 26194 | 13784 | 10604 | 6444 | 4160 |
| 洞头区 | 6039 | 3942 | 2097 | 1485 | 972 | 513 | 379 | 223 | 156 |
| 永嘉县 | | | | | | | | | |
| 平阳县 | | | | | | | | | |
| 苍南县 | | | | | | | | | |
| 文成县 | | | | | | | | | |
| 泰顺县 | | | | | | | | | |
| 瑞安市 | 152436 | 91886 | 60550 | 32591 | 20923 | 11668 | 6278 | 3964 | 2314 |
| 乐清市 | 156824 | 92917 | 63907 | 41532 | 25886 | 15646 | 7629 | 4707 | 2922 |
| 龙港市 | 31625 | 19589 | 12036 | 8389 | 5462 | 2927 | 1643 | 961 | 682 |
| **嘉兴市** | **377147** | **224277** | **152870** | **108576** | **68681** | **39895** | **40405** | **24465** | **15940** |
| 南湖区 | 86827 | 53561 | 33266 | 34304 | 21211 | 13093 | 16200 | 9644 | 6556 |
| 秀洲区 | 55913 | 34382 | 21531 | 18640 | 12221 | 6419 | 8147 | 5141 | 3006 |
| 嘉善县 | | | | | | | | | |
| 海盐县 | | | | | | | | | |
| 海宁市 | 68947 | 41960 | 26987 | 17782 | 11440 | 6342 | 5474 | 3213 | 2261 |
| 平湖市 | 37501 | 22612 | 14889 | 12293 | 7820 | 4473 | 3860 | 2382 | 1478 |
| 桐乡市 | 127959 | 71762 | 56197 | 25557 | 15989 | 9568 | 6724 | 4085 | 2639 |
| **湖州市** | **79246** | **49694** | **29552** | **23944** | **15036** | **8908** | **9597** | **5605** | **3992** |
| 吴兴区 | 44595 | 28473 | 16122 | 16193 | 10051 | 6142 | 7258 | 4214 | 3044 |
| 南浔区 | 34651 | 21221 | 13430 | 7751 | 4985 | 2766 | 2339 | 1391 | 948 |
| 德清县 | | | | | | | | | |
| 长兴县 | | | | | | | | | |
| 安吉县 | | | | | | | | | |

7—7a　续表 5　　　　单位：人

| 现住地 | 初中 | | | 高中 | | | 大学专科 | | |
|---|---|---|---|---|---|---|---|---|---|
| | 小计 | 男 | 女 | 小计 | 男 | 女 | 小计 | 男 | 女 |
| **绍兴市** | **413670** | **248682** | **164988** | **97841** | **60799** | **37042** | **29255** | **17389** | **11866** |
| 越城区 | 88164 | 52297 | 35867 | 24180 | 14725 | 9455 | 9032 | 5096 | 3936 |
| 柯桥区 | 170299 | 104789 | 65510 | 36322 | 23150 | 13172 | 10124 | 5939 | 4185 |
| 上虞区 | 56480 | 34121 | 22359 | 13641 | 8709 | 4932 | 5428 | 3580 | 1848 |
| 新昌县 | | | | | | | | | |
| 诸暨市 | 77715 | 45071 | 32644 | 17813 | 10683 | 7130 | 3246 | 1877 | 1369 |
| 嵊州市 | 21012 | 12404 | 8608 | 5885 | 3532 | 2353 | 1425 | 897 | 528 |
| **金华市** | **606639** | **361635** | **245004** | **182361** | **111261** | **71100** | **73044** | **40075** | **32969** |
| 婺城区 | 65258 | 39474 | 25784 | 24149 | 14473 | 9676 | 10990 | 5964 | 5026 |
| 金东区 | 13636 | 8732 | 4904 | 4485 | 2798 | 1687 | 1826 | 1079 | 747 |
| 武义县 | | | | | | | | | |
| 浦江县 | | | | | | | | | |
| 磐安县 | | | | | | | | | |
| 兰溪市 | 12171 | 7424 | 4747 | 3173 | 2025 | 1148 | 794 | 422 | 372 |
| 义乌市 | 291074 | 171336 | 119738 | 107135 | 65059 | 42076 | 49884 | 27192 | 22692 |
| 东阳市 | 91641 | 53039 | 38602 | 18480 | 11282 | 7198 | 5133 | 2867 | 2266 |
| 永康市 | 132859 | 81630 | 51229 | 24939 | 15624 | 9315 | 4417 | 2551 | 1866 |
| **衢州市** | **21680** | **13438** | **8242** | **10262** | **6281** | **3981** | **4865** | **2782** | **2083** |
| 柯城区 | 11329 | 7139 | 4190 | 5589 | 3347 | 2242 | 3192 | 1792 | 1400 |
| 衢江区 | 6137 | 3827 | 2310 | 2760 | 1781 | 979 | 940 | 598 | 342 |
| 常山县 | | | | | | | | | |
| 开化县 | | | | | | | | | |
| 龙游县 | 34 | 20 | 14 | 15 | 12 | 3 | 2 | 1 | 1 |
| 江山市 | 4180 | 2452 | 1728 | 1898 | 1141 | 757 | 731 | 391 | 340 |
| **舟山市** | **45724** | **27560** | **18164** | **10686** | **6115** | **4571** | **4455** | **2472** | **1983** |
| 定海区 | 23368 | 14341 | 9027 | 6335 | 3670 | 2665 | 2890 | 1686 | 1204 |
| 普陀区 | 22356 | 13219 | 9137 | 4351 | 2445 | 1906 | 1565 | 786 | 779 |
| 岱山县 | | | | | | | | | |
| 嵊泗县 | | | | | | | | | |
| **台州市** | **409880** | **249608** | **160272** | **91774** | **57804** | **33970** | **22620** | **13501** | **9119** |
| 椒江区 | 65730 | 40446 | 25284 | 20540 | 12684 | 7856 | 7634 | 4551 | 3083 |
| 黄岩区 | 59150 | 36431 | 22719 | 13003 | 8476 | 4527 | 3418 | 2064 | 1354 |
| 路桥区 | 45175 | 27635 | 17540 | 11846 | 7453 | 4393 | 2889 | 1725 | 1164 |
| 三门县 | | | | | | | | | |
| 天台县 | | | | | | | | | |
| 仙居县 | | | | | | | | | |
| 温岭市 | 130732 | 79076 | 51656 | 23404 | 14634 | 8770 | 3835 | 2249 | 1586 |
| 临海市 | 25050 | 14847 | 10203 | 6315 | 3814 | 2501 | 1705 | 990 | 715 |
| 玉环市 | 84043 | 51173 | 32870 | 16666 | 10743 | 5923 | 3139 | 1922 | 1217 |
| **丽水市** | **29402** | **19085** | **10317** | **8923** | **5528** | **3395** | **3330** | **1964** | **1366** |
| 莲都区 | 26655 | 17268 | 9387 | 8076 | 5017 | 3059 | 2991 | 1745 | 1246 |
| 青田县 | | | | | | | | | |
| 缙云县 | | | | | | | | | |
| 遂昌县 | | | | | | | | | |
| 松阳县 | | | | | | | | | |
| 云和县 | | | | | | | | | |
| 庆元县 | | | | | | | | | |
| 景宁畲族自治县 | | | | | | | | | |
| 龙泉市 | 2747 | 1817 | 930 | 847 | 511 | 336 | 339 | 219 | 120 |

7–7a 续表 6

单位：人

| 现住地 | 大学本科 | | | 硕士研究生 | | | 博士研究生 | | |
|---|---|---|---|---|---|---|---|---|---|
| | 小计 | 男 | 女 | 小计 | 男 | 女 | 小计 | 男 | 女 |
| **合计** | **491341** | **270034** | **221307** | **62506** | **33584** | **28922** | **7450** | **4597** | **2853** |
| **杭州市** | **286188** | **155443** | **130745** | **43715** | **23588** | **20127** | **5417** | **3252** | **2165** |
| 上城区 | 6209 | 3071 | 3138 | 1006 | 450 | 556 | 103 | 57 | 46 |
| 下城区 | 11158 | 5478 | 5680 | 2302 | 1215 | 1087 | 156 | 101 | 55 |
| 江干区 | 66166 | 34475 | 31691 | 9743 | 5038 | 4705 | 750 | 417 | 333 |
| 拱墅区 | 19961 | 10041 | 9920 | 2125 | 1175 | 950 | 131 | 89 | 42 |
| 西湖区 | 48783 | 26977 | 21806 | 9750 | 5316 | 4434 | 3107 | 1793 | 1314 |
| 滨江区 | 32167 | 18147 | 14020 | 6119 | 3653 | 2466 | 297 | 201 | 96 |
| 萧山区 | 36236 | 20784 | 15452 | 3826 | 2206 | 1620 | 205 | 144 | 61 |
| 余杭区 | 54962 | 30315 | 24647 | 7303 | 3803 | 3500 | 534 | 360 | 174 |
| 富阳区 | 3963 | 2590 | 1373 | 485 | 251 | 234 | 63 | 46 | 17 |
| 临安区 | 6004 | 3202 | 2802 | 977 | 437 | 540 | 64 | 38 | 26 |
| 桐庐县 | | | | | | | | | |
| 淳安县 | | | | | | | | | |
| 建德市 | 579 | 363 | 216 | 79 | 44 | 35 | 7 | 6 | 1 |
| **宁波市** | **63841** | **36872** | **26969** | **6416** | **3536** | **2880** | **721** | **468** | **253** |
| 海曙区 | 11405 | 6299 | 5106 | 522 | 270 | 252 | 37 | 30 | 7 |
| 江北区 | 6702 | 3800 | 2902 | 1375 | 731 | 644 | 91 | 60 | 31 |
| 北仑区 | 7294 | 4817 | 2477 | 448 | 281 | 167 | 45 | 32 | 13 |
| 镇海区 | 6743 | 4080 | 2663 | 1256 | 624 | 632 | 189 | 126 | 63 |
| 鄞州区 | 22245 | 11864 | 10381 | 1966 | 1088 | 878 | 273 | 153 | 120 |
| 奉化区 | 1273 | 829 | 444 | 122 | 72 | 50 | 17 | 14 | 3 |
| 象山县 | | | | | | | | | |
| 宁海县 | | | | | | | | | |
| 余姚市 | 3825 | 2584 | 1241 | 491 | 323 | 168 | 47 | 35 | 12 |
| 慈溪市 | 4354 | 2599 | 1755 | 236 | 147 | 89 | 22 | 18 | 4 |
| **温州市** | **23012** | **12764** | **10248** | **2847** | **1255** | **1592** | **274** | **173** | **101** |
| 鹿城区 | 4816 | 2702 | 2114 | 701 | 296 | 405 | 66 | 35 | 31 |
| 龙湾区 | 2680 | 1716 | 964 | 187 | 99 | 88 | 25 | 16 | 9 |
| 瓯海区 | 9840 | 4776 | 5064 | 1658 | 692 | 966 | 159 | 106 | 53 |
| 洞头区 | 621 | 274 | 347 | 26 | 10 | 16 | | | |
| 永嘉县 | | | | | | | | | |
| 平阳县 | | | | | | | | | |
| 苍南县 | | | | | | | | | |
| 文成县 | | | | | | | | | |
| 泰顺县 | | | | | | | | | |
| 瑞安市 | 2146 | 1429 | 717 | 149 | 82 | 67 | 16 | 10 | 6 |
| 乐清市 | 2300 | 1497 | 803 | 98 | 56 | 42 | 8 | 6 | 2 |
| 龙港市 | 609 | 370 | 239 | 28 | 20 | 8 | | | |
| **嘉兴市** | **30814** | **17290** | **13524** | **2210** | **1348** | **862** | **250** | **185** | **65** |
| 南湖区 | 16653 | 9210 | 7443 | 1039 | 614 | 425 | 139 | 106 | 33 |
| 秀洲区 | 4276 | 2669 | 1607 | 396 | 239 | 157 | 39 | 26 | 13 |
| 嘉善县 | | | | | | | | | |
| 海盐县 | | | | | | | | | |
| 海宁市 | 2925 | 1762 | 1163 | 325 | 196 | 129 | 44 | 30 | 14 |
| 平湖市 | 1699 | 1105 | 594 | 186 | 127 | 59 | 13 | 11 | 2 |
| 桐乡市 | 5261 | 2544 | 2717 | 264 | 172 | 92 | 15 | 12 | 3 |
| **湖州市** | **8183** | **4173** | **4010** | **932** | **477** | **455** | **98** | **65** | **33** |
| 吴兴区 | 6978 | 3408 | 3570 | 855 | 432 | 423 | 95 | 63 | 32 |
| 南浔区 | 1205 | 765 | 440 | 77 | 45 | 32 | 3 | 2 | 1 |
| 德清县 | | | | | | | | | |
| 长兴县 | | | | | | | | | |
| 安吉县 | | | | | | | | | |

7-7a　续表 7　　　　　　　　　　单位：人

| 现住地 | 大学本科 | | | 硕士研究生 | | | 博士研究生 | | |
|---|---|---|---|---|---|---|---|---|---|
| | 小计 | 男 | 女 | 小计 | 男 | 女 | 小计 | 男 | 女 |
| **绍兴市** | **22585** | **12359** | **10226** | **1834** | **1082** | **752** | **165** | **118** | **47** |
| 越城区 | 7729 | 3814 | 3915 | 712 | 385 | 327 | 85 | 56 | 29 |
| 柯桥区 | 7432 | 4239 | 3193 | 286 | 171 | 115 | 23 | 18 | 5 |
| 上虞区 | 3811 | 2312 | 1499 | 528 | 364 | 164 | 35 | 27 | 8 |
| 新昌县 | | | | | | | | | |
| 诸暨市 | 2942 | 1594 | 1348 | 246 | 131 | 115 | 13 | 9 | 4 |
| 嵊州市 | 671 | 400 | 271 | 62 | 31 | 31 | 9 | 8 | 1 |
| **金华市** | **30051** | **15619** | **14432** | **1951** | **832** | **1119** | **204** | **113** | **91** |
| 婺城区 | 7067 | 3013 | 4054 | 1098 | 378 | 720 | 142 | 78 | 64 |
| 金东区 | 2141 | 989 | 1152 | 96 | 53 | 43 | 10 | 5 | 5 |
| 武义县 | | | | | | | | | |
| 浦江县 | | | | | | | | | |
| 磐安县 | | | | | | | | | |
| 兰溪市 | 1458 | 687 | 771 | 63 | 31 | 32 | 1 | 1 | |
| 义乌市 | 15962 | 8978 | 6984 | 479 | 249 | 230 | 32 | 17 | 15 |
| 东阳市 | 2058 | 1156 | 902 | 138 | 73 | 65 | 10 | 5 | 5 |
| 永康市 | 1365 | 796 | 569 | 77 | 48 | 29 | 9 | 7 | 2 |
| **衢州市** | **4675** | **3018** | **1657** | **478** | **275** | **203** | **23** | **17** | **6** |
| 柯城区 | 3558 | 2300 | 1258 | 373 | 206 | 167 | 20 | 14 | 6 |
| 衢江区 | 512 | 349 | 163 | 52 | 34 | 18 | 1 | 1 | |
| 常山县 | | | | | | | | | |
| 开化县 | | | | | | | | | |
| 龙游县 | 1 | | 1 | | | | | | |
| 江山市 | 604 | 369 | 235 | 53 | 35 | 18 | 2 | 2 | |
| **舟山市** | **6017** | **3584** | **2433** | **978** | **511** | **467** | **127** | **91** | **36** |
| 定海区 | 5228 | 3124 | 2104 | 883 | 462 | 421 | 118 | 85 | 33 |
| 普陀区 | 789 | 460 | 329 | 95 | 49 | 46 | 9 | 6 | 3 |
| 岱山县 | | | | | | | | | |
| 嵊泗县 | | | | | | | | | |
| **台州市** | **12415** | **7204** | **5211** | **930** | **558** | **372** | **141** | **94** | **47** |
| 椒江区 | 6306 | 3643 | 2663 | 485 | 293 | 192 | 77 | 52 | 25 |
| 黄岩区 | 1185 | 751 | 434 | 96 | 62 | 34 | 15 | 11 | 4 |
| 路桥区 | 1042 | 641 | 401 | 50 | 29 | 21 | 4 | 2 | 2 |
| 三门县 | | | | | | | | | |
| 天台县 | | | | | | | | | |
| 仙居县 | | | | | | | | | |
| 温岭市 | 1180 | 756 | 424 | 85 | 55 | 30 | 3 | 2 | 1 |
| 临海市 | 1704 | 775 | 929 | 154 | 79 | 75 | 34 | 22 | 12 |
| 玉环市 | 998 | 638 | 360 | 60 | 40 | 20 | 8 | 5 | 3 |
| **丽水市** | **3560** | **1708** | **1852** | **215** | **122** | **93** | **30** | **21** | **9** |
| 莲都区 | 3358 | 1581 | 1777 | 192 | 110 | 82 | 29 | 20 | 9 |
| 青田县 | | | | | | | | | |
| 缙云县 | | | | | | | | | |
| 遂昌县 | | | | | | | | | |
| 松阳县 | | | | | | | | | |
| 云和县 | | | | | | | | | |
| 庆元县 | | | | | | | | | |
| 景宁畲族自治县 | | | | | | | | | |
| 龙泉市 | 202 | 127 | 75 | 23 | 12 | 11 | 1 | 1 | |

# 7-7b 全省按现住地、受教育程度、性别分的户口登记地在外省的人口(镇)

单位：人

| 现住地 | 合计 | | | 未上过学 | | |
|---|---|---|---|---|---|---|
| | 合计 | 男 | 女 | 小计 | 男 | 女 |
| **合计** | **3337475** | **1974841** | **1362634** | **58241** | **20653** | **37588** |
| **杭州市** | **243029** | **146112** | **96917** | **3585** | **1219** | **2366** |
| 上城区 | | | | | | |
| 下城区 | | | | | | |
| 江干区 | | | | | | |
| 拱墅区 | | | | | | |
| 西湖区 | 104 | 60 | 44 | 4 | 2 | 2 |
| 滨江区 | | | | | | |
| 萧山区 | 55996 | 35344 | 20652 | 564 | 200 | 364 |
| 余杭区 | 92046 | 55346 | 36700 | 1241 | 416 | 825 |
| 富阳区 | 4255 | 2735 | 1520 | 41 | 17 | 24 |
| 临安区 | 14171 | 8301 | 5870 | 188 | 63 | 125 |
| 桐庐县 | 62704 | 36555 | 26149 | 1311 | 447 | 864 |
| 淳安县 | 7443 | 4165 | 3278 | 140 | 43 | 97 |
| 建德市 | 6310 | 3606 | 2704 | 96 | 31 | 65 |
| **宁波市** | **652437** | **380505** | **271932** | **10118** | **3752** | **6366** |
| 海曙区 | 5800 | 3213 | 2587 | 115 | 45 | 70 |
| 江北区 | | | | | | |
| 北仑区 | 25205 | 16223 | 8982 | 253 | 66 | 187 |
| 镇海区 | 20255 | 12309 | 7946 | 291 | 97 | 194 |
| 鄞州区 | 116895 | 66836 | 50059 | 1959 | 725 | 1234 |
| 奉化区 | 9542 | 5559 | 3983 | 189 | 62 | 127 |
| 象山县 | 74273 | 41252 | 33021 | 1249 | 518 | 731 |
| 宁海县 | 103963 | 58505 | 45458 | 1461 | 558 | 903 |
| 余姚市 | 88928 | 50002 | 38926 | 1828 | 694 | 1134 |
| 慈溪市 | 207576 | 126606 | 80970 | 2773 | 987 | 1786 |
| **温州市** | **396561** | **236922** | **159639** | **7491** | **2966** | **4525** |
| 鹿城区 | 1420 | 832 | 588 | 13 | 4 | 9 |
| 龙湾区 | 143361 | 86340 | 57021 | 2898 | 1168 | 1730 |
| 瓯海区 | 6727 | 4064 | 2663 | 68 | 20 | 48 |
| 洞头区 | 852 | 504 | 348 | 16 | 3 | 13 |
| 永嘉县 | 101811 | 61707 | 40104 | 1280 | 596 | 684 |
| 平阳县 | 61783 | 36665 | 25118 | 1624 | 579 | 1045 |
| 苍南县 | 41863 | 24559 | 17304 | 927 | 348 | 579 |
| 文成县 | 3972 | 2675 | 1297 | 61 | 32 | 29 |
| 泰顺县 | 3298 | 1885 | 1413 | 96 | 36 | 60 |
| 瑞安市 | 1907 | 1164 | 743 | 32 | 9 | 23 |
| 乐清市 | 25912 | 14530 | 11382 | 358 | 151 | 207 |
| 龙港市 | 3655 | 1997 | 1658 | 118 | 20 | 98 |
| **嘉兴市** | **606770** | **358417** | **248353** | **10565** | **3557** | **7008** |
| 南湖区 | 22721 | 13187 | 9534 | 508 | 170 | 338 |
| 秀洲区 | 65576 | 37056 | 28520 | 1441 | 506 | 935 |
| 嘉善县 | 205819 | 121353 | 84466 | 3967 | 1377 | 2590 |
| 海盐县 | 75177 | 44370 | 30807 | 1658 | 550 | 1108 |
| 海宁市 | 136775 | 83716 | 53059 | 1655 | 548 | 1107 |
| 平湖市 | 57701 | 34104 | 23597 | 892 | 274 | 618 |
| 桐乡市 | 43001 | 24631 | 18370 | 444 | 132 | 312 |
| **湖州市** | **400902** | **232955** | **167947** | **6029** | **2149** | **3880** |
| 吴兴区 | 134411 | 73154 | 61257 | 1474 | 415 | 1059 |
| 南浔区 | 23573 | 13736 | 9837 | 419 | 144 | 275 |
| 德清县 | 83906 | 51049 | 32857 | 1188 | 481 | 707 |
| 长兴县 | 63167 | 37940 | 25227 | 1021 | 433 | 588 |
| 安吉县 | 95845 | 57076 | 38769 | 1927 | 676 | 1251 |

7-7b　续表 1　　单位：人

| 现住地 | 合计 | | | 未上过学 | | |
|---|---|---|---|---|---|---|
| | 合计 | 男 | 女 | 小计 | 男 | 女 |
| **绍兴市** | **139536** | **84726** | **54810** | **1676** | **610** | **1066** |
| 越城区 | 657 | 372 | 285 | 19 | 5 | 14 |
| 柯桥区 | 65708 | 41798 | 23910 | 470 | 145 | 325 |
| 上虞区 | 7471 | 4256 | 3215 | 205 | 73 | 132 |
| 新昌县 | 19367 | 11323 | 8044 | 282 | 92 | 190 |
| 诸暨市 | 42746 | 24792 | 17954 | 658 | 280 | 378 |
| 嵊州市 | 3587 | 2185 | 1402 | 42 | 15 | 27 |
| **金华市** | **561829** | **325217** | **236612** | **12798** | **4222** | **8576** |
| 婺城区 | 10288 | 6266 | 4022 | 341 | 127 | 214 |
| 金东区 | 82650 | 48828 | 33822 | 1291 | 550 | 741 |
| 武义县 | 108099 | 62797 | 45302 | 3399 | 987 | 2412 |
| 浦江县 | 43884 | 24244 | 19640 | 1030 | 360 | 670 |
| 磐安县 | 9279 | 5636 | 3643 | 188 | 64 | 124 |
| 兰溪市 | 7584 | 4473 | 3111 | 139 | 33 | 106 |
| 义乌市 | 166679 | 94337 | 72342 | 2911 | 899 | 2012 |
| 东阳市 | 93043 | 55348 | 37695 | 2137 | 710 | 1427 |
| 永康市 | 40323 | 23288 | 17035 | 1362 | 492 | 870 |
| **衢州市** | **29815** | **18084** | **11731** | **539** | **179** | **360** |
| 柯城区 | 1190 | 769 | 421 | 15 | 8 | 7 |
| 衢江区 | 1174 | 677 | 497 | 25 | 8 | 17 |
| 常山县 | 6203 | 3678 | 2525 | 112 | 38 | 74 |
| 开化县 | 3907 | 2419 | 1488 | 51 | 16 | 35 |
| 龙游县 | 15149 | 9226 | 5923 | 290 | 90 | 200 |
| 江山市 | 2192 | 1315 | 877 | 46 | 19 | 27 |
| **舟山市** | **60963** | **46113** | **14850** | **678** | **285** | **393** |
| 定海区 | 7270 | 4120 | 3150 | 170 | 58 | 112 |
| 普陀区 | 3360 | 1978 | 1382 | 63 | 9 | 54 |
| 岱山县 | 45538 | 37175 | 8363 | 336 | 176 | 160 |
| 嵊泗县 | 4795 | 2840 | 1955 | 109 | 42 | 67 |
| **台州市** | **177134** | **105141** | **71993** | **3388** | **1261** | **2127** |
| 椒江区 | 3499 | 2192 | 1307 | 84 | 29 | 55 |
| 黄岩区 | 4920 | 2836 | 2084 | 129 | 51 | 78 |
| 路桥区 | 33938 | 20100 | 13838 | 518 | 183 | 335 |
| 三门县 | 21173 | 12500 | 8673 | 689 | 238 | 451 |
| 天台县 | 12994 | 7613 | 5381 | 167 | 59 | 108 |
| 仙居县 | 11237 | 6431 | 4806 | 300 | 93 | 207 |
| 温岭市 | 70856 | 42698 | 28158 | 1172 | 484 | 688 |
| 临海市 | 13634 | 7917 | 5717 | 191 | 79 | 112 |
| 玉环市 | 4883 | 2854 | 2029 | 138 | 45 | 93 |
| **丽水市** | **68499** | **40649** | **27850** | **1374** | **453** | **921** |
| 莲都区 | 3534 | 2229 | 1305 | 78 | 30 | 48 |
| 青田县 | 23115 | 13377 | 9738 | 328 | 116 | 212 |
| 缙云县 | 19400 | 11794 | 7606 | 306 | 104 | 202 |
| 遂昌县 | 3183 | 1962 | 1221 | 66 | 25 | 41 |
| 松阳县 | 6570 | 3960 | 2610 | 156 | 47 | 109 |
| 云和县 | 8707 | 5204 | 3503 | 357 | 110 | 247 |
| 庆元县 | 2078 | 1070 | 1008 | 50 | 13 | 37 |
| 景宁畲族自治县 | 1554 | 838 | 716 | 23 | 5 | 18 |
| 龙泉市 | 358 | 215 | 143 | 10 | 3 | 7 |

7-7b 续表 2

单位：人

| 现住地 | 学前教育 | | | 小学 | | |
|---|---|---|---|---|---|---|
| | 小计 | 男 | 女 | 小计 | 男 | 女 |
| **合计** | **80622** | **43228** | **37394** | **809991** | **426799** | **383192** |
| **杭州市** | **5173** | **2721** | **2452** | **49767** | **26271** | **23496** |
| 上城区 | | | | | | |
| 下城区 | | | | | | |
| 江干区 | | | | | | |
| 拱墅区 | | | | | | |
| 西湖区 | 3 | | 3 | 31 | 17 | 14 |
| 滨江区 | | | | | | |
| 萧山区 | 1054 | 554 | 500 | 10615 | 5480 | 5135 |
| 余杭区 | 1699 | 889 | 810 | 17199 | 9213 | 7986 |
| 富阳区 | 92 | 46 | 46 | 1074 | 631 | 443 |
| 临安区 | 435 | 205 | 230 | 3794 | 2026 | 1768 |
| 桐庐县 | 1565 | 863 | 702 | 13932 | 7316 | 6616 |
| 淳安县 | 153 | 80 | 73 | 1374 | 730 | 644 |
| 建德市 | 172 | 84 | 88 | 1748 | 858 | 890 |
| **宁波市** | **17726** | **9543** | **8183** | **166738** | **85431** | **81307** |
| 海曙区 | 172 | 90 | 82 | 1648 | 765 | 883 |
| 江北区 | | | | | | |
| 北仑区 | 399 | 223 | 176 | 2324 | 1176 | 1148 |
| 镇海区 | 536 | 288 | 248 | 5746 | 3024 | 2722 |
| 鄞州区 | 3196 | 1701 | 1495 | 30280 | 15443 | 14837 |
| 奉化区 | 234 | 127 | 107 | 2907 | 1500 | 1407 |
| 象山县 | 2285 | 1196 | 1089 | 21288 | 10823 | 10465 |
| 宁海县 | 3245 | 1786 | 1459 | 29127 | 14500 | 14627 |
| 余姚市 | 2782 | 1462 | 1320 | 27432 | 13944 | 13488 |
| 慈溪市 | 4877 | 2670 | 2207 | 45986 | 24256 | 21730 |
| **温州市** | **9753** | **5238** | **4515** | **99817** | **54168** | **45649** |
| 鹿城区 | 29 | 15 | 14 | 365 | 191 | 174 |
| 龙湾区 | 3563 | 1930 | 1633 | 35220 | 18666 | 16554 |
| 瓯海区 | 94 | 45 | 49 | 1570 | 835 | 735 |
| 洞头区 | 24 | 10 | 14 | 274 | 149 | 125 |
| 永嘉县 | 1929 | 1043 | 886 | 24813 | 14304 | 10509 |
| 平阳县 | 1756 | 964 | 792 | 17601 | 9455 | 8146 |
| 苍南县 | 1275 | 663 | 612 | 11772 | 6237 | 5535 |
| 文成县 | 57 | 30 | 27 | 839 | 533 | 306 |
| 泰顺县 | 80 | 39 | 41 | 878 | 478 | 400 |
| 瑞安市 | 40 | 19 | 21 | 574 | 308 | 266 |
| 乐清市 | 715 | 384 | 331 | 4515 | 2302 | 2213 |
| 龙港市 | 191 | 96 | 95 | 1396 | 710 | 686 |
| **嘉兴市** | **14025** | **7470** | **6555** | **140096** | **72324** | **67772** |
| 南湖区 | 512 | 262 | 250 | 6834 | 3471 | 3363 |
| 秀洲区 | 1749 | 966 | 783 | 16932 | 8163 | 8769 |
| 嘉善县 | 5221 | 2760 | 2461 | 43983 | 22743 | 21240 |
| 海盐县 | 1971 | 1075 | 896 | 19471 | 10256 | 9215 |
| 海宁市 | 1878 | 1011 | 867 | 28572 | 15351 | 13221 |
| 平湖市 | 1558 | 804 | 754 | 13162 | 6619 | 6543 |
| 桐乡市 | 1136 | 592 | 544 | 11142 | 5721 | 5421 |
| **湖州市** | **8257** | **4377** | **3880** | **92871** | **48748** | **44123** |
| 吴兴区 | 2024 | 1069 | 955 | 21795 | 9707 | 12088 |
| 南浔区 | 678 | 354 | 324 | 7278 | 3805 | 3473 |
| 德清县 | 1690 | 902 | 788 | 21299 | 12049 | 9250 |
| 长兴县 | 1696 | 909 | 787 | 15749 | 8747 | 7002 |
| 安吉县 | 2169 | 1143 | 1026 | 26750 | 14440 | 12310 |

7-7b　续表 3　　　　单位：人

| 现住地 | 学前教育 | | | 小学 | | |
|---|---|---|---|---|---|---|
| | 小计 | 男 | 女 | 小计 | 男 | 女 |
| **绍兴市** | **2380** | **1257** | **1123** | **32448** | **16948** | **15500** |
| 越城区 | 14 | 9 | 5 | 166 | 90 | 76 |
| 柯桥区 | 487 | 262 | 225 | 15769 | 8204 | 7565 |
| 上虞区 | 199 | 83 | 116 | 2372 | 1224 | 1148 |
| 新昌县 | 515 | 286 | 229 | 4103 | 2194 | 1909 |
| 诸暨市 | 1073 | 564 | 509 | 9243 | 4825 | 4418 |
| 嵊州市 | 92 | 53 | 39 | 795 | 411 | 384 |
| **金华市** | **15514** | **8409** | **7105** | **138200** | **72054** | **66146** |
| 婺城区 | 318 | 171 | 147 | 2983 | 1707 | 1276 |
| 金东区 | 2224 | 1198 | 1026 | 17953 | 9734 | 8219 |
| 武义县 | 3408 | 1892 | 1516 | 30764 | 15854 | 14910 |
| 浦江县 | 1340 | 735 | 605 | 11819 | 6061 | 5758 |
| 磐安县 | 200 | 106 | 94 | 2223 | 1205 | 1018 |
| 兰溪市 | 190 | 100 | 90 | 2197 | 1143 | 1054 |
| 义乌市 | 3733 | 1981 | 1752 | 32191 | 15746 | 16445 |
| 东阳市 | 2738 | 1488 | 1250 | 23776 | 12938 | 10838 |
| 永康市 | 1363 | 738 | 625 | 14294 | 7666 | 6628 |
| **衢州市** | **835** | **456** | **379** | **7014** | **3917** | **3097** |
| 柯城区 | 36 | 18 | 18 | 266 | 139 | 127 |
| 衢江区 | 34 | 17 | 17 | 266 | 130 | 136 |
| 常山县 | 145 | 79 | 66 | 1287 | 694 | 593 |
| 开化县 | 75 | 43 | 32 | 759 | 446 | 313 |
| 龙游县 | 397 | 198 | 199 | 3938 | 2245 | 1693 |
| 江山市 | 148 | 101 | 47 | 498 | 263 | 235 |
| **舟山市** | **978** | **544** | **434** | **15558** | **10734** | **4824** |
| 定海区 | 291 | 154 | 137 | 2348 | 1232 | 1116 |
| 普陀区 | 51 | 31 | 20 | 750 | 370 | 380 |
| 岱山县 | 520 | 294 | 226 | 10898 | 8212 | 2686 |
| 嵊泗县 | 116 | 65 | 51 | 1562 | 920 | 642 |
| **台州市** | **4021** | **2166** | **1855** | **49171** | **26452** | **22719** |
| 椒江区 | 87 | 42 | 45 | 872 | 485 | 387 |
| 黄岩区 | 123 | 56 | 67 | 1483 | 773 | 710 |
| 路桥区 | 738 | 412 | 326 | 9215 | 4787 | 4428 |
| 三门县 | 550 | 288 | 262 | 6268 | 3369 | 2899 |
| 天台县 | 273 | 143 | 130 | 2893 | 1612 | 1281 |
| 仙居县 | 334 | 158 | 176 | 3063 | 1627 | 1436 |
| 温岭市 | 1430 | 796 | 634 | 20801 | 11408 | 9393 |
| 临海市 | 324 | 174 | 150 | 3214 | 1686 | 1528 |
| 玉环市 | 162 | 97 | 65 | 1362 | 705 | 657 |
| **丽水市** | **1960** | **1047** | **913** | **18311** | **9752** | **8559** |
| 莲都区 | 112 | 62 | 50 | 1029 | 568 | 461 |
| 青田县 | 697 | 385 | 312 | 6238 | 3230 | 3008 |
| 缙云县 | 547 | 298 | 249 | 4449 | 2400 | 2049 |
| 遂昌县 | 80 | 44 | 36 | 714 | 399 | 315 |
| 松阳县 | 174 | 86 | 88 | 1766 | 965 | 801 |
| 云和县 | 268 | 140 | 128 | 3042 | 1695 | 1347 |
| 庆元县 | 43 | 17 | 26 | 579 | 286 | 293 |
| 景宁畲族自治县 | 35 | 12 | 23 | 412 | 165 | 247 |
| 龙泉市 | 4 | 3 | 1 | 82 | 44 | 38 |

7-7b 续表 4

单位：人

| 现住地 | 初中 | | | 高中 | | | 大学专科 | | |
|---|---|---|---|---|---|---|---|---|---|
| | 小计 | 男 | 女 | 小计 | 男 | 女 | 小计 | 男 | 女 |
| **合计** | **1762995** | **1076162** | **686833** | **428662** | **281343** | **147319** | **127454** | **81882** | **45572** |
| **杭州市** | **118501** | **73458** | **45043** | **42080** | **27685** | **14395** | **15352** | **9600** | **5752** |
| 上城区 | | | | | | | | | |
| 下城区 | | | | | | | | | |
| 江干区 | | | | | | | | | |
| 拱墅区 | | | | | | | | | |
| 西湖区 | 39 | 25 | 14 | 16 | 11 | 5 | 4 | 3 | 1 |
| 滨江区 | | | | | | | | | |
| 萧山区 | 30043 | 19147 | 10896 | 8633 | 6314 | 2319 | 3529 | 2540 | 989 |
| 余杭区 | 42341 | 26206 | 16135 | 18832 | 12188 | 6644 | 7076 | 4241 | 2835 |
| 富阳区 | 2033 | 1404 | 629 | 544 | 397 | 147 | 223 | 119 | 104 |
| 临安区 | 7736 | 4746 | 2990 | 1561 | 996 | 565 | 298 | 178 | 120 |
| 桐庐县 | 30450 | 18358 | 12092 | 9929 | 6287 | 3642 | 3231 | 2033 | 1198 |
| 淳安县 | 2857 | 1725 | 1132 | 1678 | 936 | 742 | 749 | 368 | 381 |
| 建德市 | 3002 | 1847 | 1155 | 887 | 556 | 331 | 242 | 118 | 124 |
| **宁波市** | **335598** | **200639** | **134959** | **76665** | **51115** | **25550** | **27301** | **17791** | **9510** |
| 海曙区 | 2944 | 1734 | 1210 | 680 | 422 | 258 | 179 | 121 | 58 |
| 江北区 | | | | | | | | | |
| 北仑区 | 11563 | 7339 | 4224 | 6421 | 4505 | 1916 | 2926 | 2020 | 906 |
| 镇海区 | 9142 | 5810 | 3332 | 2783 | 1897 | 886 | 1298 | 885 | 413 |
| 鄞州区 | 59569 | 35135 | 24434 | 14605 | 9359 | 5246 | 4929 | 2990 | 1939 |
| 奉化区 | 4608 | 2846 | 1762 | 1006 | 650 | 356 | 321 | 195 | 126 |
| 象山县 | 38649 | 22092 | 16557 | 7888 | 4856 | 3032 | 1932 | 1155 | 777 |
| 宁海县 | 52343 | 30701 | 21642 | 12507 | 7752 | 4755 | 3725 | 2227 | 1498 |
| 余姚市 | 47645 | 27965 | 19680 | 7173 | 4613 | 2560 | 1590 | 1017 | 573 |
| 慈溪市 | 109135 | 67017 | 42118 | 23602 | 17061 | 6541 | 10401 | 7181 | 3220 |
| **温州市** | **199779** | **123216** | **76563** | **60787** | **39324** | **21463** | **13605** | **8581** | **5024** |
| 鹿城区 | 776 | 475 | 301 | 203 | 126 | 77 | 32 | 20 | 12 |
| 龙湾区 | 75209 | 46612 | 28597 | 19392 | 13167 | 6225 | 5364 | 3627 | 1737 |
| 瓯海区 | 4178 | 2621 | 1557 | 705 | 479 | 226 | 73 | 43 | 30 |
| 洞头区 | 435 | 281 | 154 | 74 | 43 | 31 | 16 | 8 | 8 |
| 永嘉县 | 50665 | 31380 | 19285 | 19287 | 12063 | 7224 | 2825 | 1708 | 1117 |
| 平阳县 | 30313 | 19107 | 11206 | 7468 | 4717 | 2751 | 2035 | 1231 | 804 |
| 苍南县 | 17694 | 10893 | 6801 | 7748 | 4951 | 2797 | 1687 | 982 | 705 |
| 文成县 | 1698 | 1188 | 510 | 836 | 583 | 253 | 298 | 202 | 96 |
| 泰顺县 | 1269 | 774 | 495 | 594 | 359 | 235 | 198 | 93 | 105 |
| 瑞安市 | 988 | 658 | 330 | 220 | 144 | 76 | 38 | 21 | 17 |
| 乐清市 | 14938 | 8268 | 6670 | 3981 | 2514 | 1467 | 991 | 616 | 375 |
| 龙港市 | 1616 | 959 | 657 | 279 | 178 | 101 | 48 | 30 | 18 |
| **嘉兴市** | **314722** | **191098** | **123624** | **84946** | **56244** | **28702** | **28202** | **18815** | **9387** |
| 南湖区 | 11220 | 6908 | 4312 | 2505 | 1665 | 840 | 818 | 511 | 307 |
| 秀洲区 | 36061 | 21286 | 14775 | 6943 | 4623 | 2320 | 1848 | 1153 | 695 |
| 嘉善县 | 102732 | 61882 | 40850 | 33898 | 22051 | 11847 | 11199 | 7540 | 3659 |
| 海盐县 | 36462 | 22270 | 14192 | 10424 | 6743 | 3681 | 3224 | 2126 | 1098 |
| 海宁市 | 73047 | 45592 | 27455 | 19695 | 13575 | 6120 | 7183 | 4838 | 2345 |
| 平湖市 | 31003 | 18853 | 12150 | 6768 | 4585 | 2183 | 2980 | 2051 | 929 |
| 桐乡市 | 24197 | 14307 | 9890 | 4713 | 3002 | 1711 | 950 | 596 | 354 |
| **湖州市** | **221926** | **132163** | **89763** | **52465** | **33400** | **19065** | **12279** | **7545** | **4734** |
| 吴兴区 | 90819 | 50450 | 40369 | 13967 | 8865 | 5102 | 3175 | 1922 | 1253 |
| 南浔区 | 11549 | 7129 | 4420 | 2740 | 1713 | 1027 | 601 | 384 | 217 |
| 德清县 | 41459 | 25880 | 15579 | 13116 | 8381 | 4735 | 2749 | 1735 | 1014 |
| 长兴县 | 30389 | 18859 | 11530 | 10241 | 6447 | 3794 | 2670 | 1646 | 1024 |
| 安吉县 | 47710 | 29845 | 17865 | 12401 | 7994 | 4407 | 3084 | 1858 | 1226 |

7-7b 续表 5

单位：人

| 现住地 | 初中 | | | 高中 | | | 大学专科 | | |
|---|---|---|---|---|---|---|---|---|---|
| | 小计 | 男 | 女 | 小计 | 男 | 女 | 小计 | 男 | 女 |
| **绍兴市** | **83047** | **52474** | **30573** | **14863** | **10143** | **4720** | **3040** | **1928** | **1112** |
| 越城区 | 382 | 220 | 162 | 62 | 38 | 24 | 7 | 6 | 1 |
| 柯桥区 | 41303 | 27460 | 13843 | 6424 | 4833 | 1591 | 973 | 689 | 284 |
| 上虞区 | 3964 | 2398 | 1566 | 547 | 353 | 194 | 134 | 91 | 43 |
| 新昌县 | 9451 | 5722 | 3729 | 2888 | 1726 | 1162 | 899 | 520 | 379 |
| 诸暨市 | 26000 | 15460 | 10540 | 4387 | 2816 | 1571 | 909 | 535 | 374 |
| 嵊州市 | 1947 | 1214 | 733 | 555 | 377 | 178 | 118 | 87 | 31 |
| **金华市** | **316374** | **190307** | **126067** | **57660** | **37297** | **20363** | **14994** | **9051** | **5943** |
| 婺城区 | 4248 | 2802 | 1446 | 1570 | 958 | 612 | 504 | 302 | 202 |
| 金东区 | 49671 | 30103 | 19568 | 9096 | 5801 | 3295 | 1940 | 1155 | 785 |
| 武义县 | 56948 | 35285 | 21663 | 10142 | 6677 | 3465 | 2615 | 1595 | 1020 |
| 浦江县 | 24402 | 13937 | 10465 | 3980 | 2391 | 1589 | 920 | 527 | 393 |
| 磐安县 | 5139 | 3279 | 1860 | 1102 | 733 | 369 | 289 | 173 | 116 |
| 兰溪市 | 4019 | 2501 | 1518 | 767 | 521 | 246 | 198 | 135 | 63 |
| 义乌市 | 102615 | 59417 | 43198 | 17711 | 11553 | 6158 | 5013 | 3129 | 1884 |
| 东阳市 | 48919 | 30477 | 18442 | 10702 | 6965 | 3737 | 3265 | 1880 | 1385 |
| 永康市 | 20413 | 12506 | 7907 | 2590 | 1698 | 892 | 250 | 155 | 95 |
| **衢州市** | **13901** | **8849** | **5052** | **4795** | **3079** | **1716** | **1536** | **886** | **650** |
| 柯城区 | 588 | 391 | 197 | 213 | 159 | 54 | 57 | 46 | 11 |
| 衢江区 | 635 | 404 | 231 | 161 | 90 | 71 | 41 | 22 | 19 |
| 常山县 | 2752 | 1736 | 1016 | 1130 | 692 | 438 | 425 | 220 | 205 |
| 开化县 | 1738 | 1135 | 603 | 679 | 415 | 264 | 308 | 184 | 124 |
| 龙游县 | 7185 | 4563 | 2622 | 2269 | 1502 | 767 | 636 | 373 | 263 |
| 江山市 | 1003 | 620 | 383 | 343 | 221 | 122 | 69 | 41 | 28 |
| **舟山市** | **30362** | **24154** | **6208** | **6235** | **4795** | **1440** | **4380** | **3417** | **963** |
| 定海区 | 3507 | 2071 | 1436 | 662 | 421 | 241 | 195 | 122 | 73 |
| 普陀区 | 1590 | 1030 | 560 | 560 | 343 | 217 | 218 | 128 | 90 |
| 岱山县 | 22981 | 19666 | 3315 | 4553 | 3774 | 779 | 3834 | 3081 | 753 |
| 嵊泗县 | 2284 | 1387 | 897 | 460 | 257 | 203 | 133 | 86 | 47 |
| **台州市** | **93917** | **57942** | **35975** | **19922** | **13014** | **6908** | **4452** | **2870** | **1582** |
| 椒江区 | 1819 | 1139 | 680 | 360 | 267 | 93 | 248 | 210 | 38 |
| 黄岩区 | 2641 | 1612 | 1029 | 431 | 282 | 149 | 84 | 47 | 37 |
| 路桥区 | 18678 | 11543 | 7135 | 3762 | 2510 | 1252 | 698 | 455 | 243 |
| 三门县 | 10112 | 6324 | 3788 | 2474 | 1600 | 874 | 688 | 436 | 252 |
| 天台县 | 6680 | 3997 | 2683 | 2122 | 1284 | 838 | 512 | 297 | 215 |
| 仙居县 | 5027 | 3081 | 1946 | 1618 | 974 | 644 | 450 | 247 | 203 |
| 温岭市 | 39052 | 24321 | 14731 | 6853 | 4606 | 2247 | 1178 | 813 | 365 |
| 临海市 | 7295 | 4326 | 2969 | 1831 | 1171 | 660 | 482 | 294 | 188 |
| 玉环市 | 2613 | 1599 | 1014 | 471 | 320 | 151 | 112 | 71 | 41 |
| **丽水市** | **34868** | **21862** | **13006** | **8244** | **5247** | **2997** | **2313** | **1398** | **915** |
| 莲都区 | 1755 | 1164 | 591 | 420 | 307 | 113 | 100 | 69 | 31 |
| 青田县 | 11900 | 7231 | 4669 | 2913 | 1828 | 1085 | 619 | 361 | 258 |
| 缙云县 | 11024 | 6954 | 4070 | 2134 | 1419 | 715 | 656 | 429 | 227 |
| 遂昌县 | 1498 | 988 | 510 | 450 | 270 | 180 | 209 | 127 | 82 |
| 松阳县 | 3215 | 2102 | 1113 | 848 | 514 | 334 | 270 | 154 | 116 |
| 云和县 | 3772 | 2437 | 1335 | 907 | 620 | 287 | 215 | 116 | 99 |
| 庆元县 | 840 | 453 | 387 | 300 | 146 | 154 | 137 | 74 | 63 |
| 景宁畲族自治县 | 636 | 388 | 248 | 246 | 129 | 117 | 103 | 66 | 37 |
| 龙泉市 | 228 | 145 | 83 | 26 | 14 | 12 | 4 | 2 | 2 |

7—7b 续表 6

单位：人

| 现 住 地 | 大学本科 | | | 硕士研究生 | | | 博士研究生 | | |
|---|---|---|---|---|---|---|---|---|---|
| | 小计 | 男 | 女 | 小计 | 男 | 女 | 小计 | 男 | 女 |
| **合计** | **63897** | **41282** | **22615** | **5303** | **3258** | **2045** | **310** | **234** | **76** |
| **杭州市** | **7926** | **4789** | **3137** | **616** | **348** | **268** | **29** | **21** | **8** |
| 上城区 | | | | | | | | | |
| 下城区 | | | | | | | | | |
| 江干区 | | | | | | | | | |
| 拱墅区 | | | | | | | | | |
| 西湖区 | 7 | 2 | 5 | | | | | | |
| 滨江区 | | | | | | | | | |
| 萧山区 | 1470 | 1049 | 421 | 85 | 57 | 28 | 3 | 3 | |
| 余杭区 | 3379 | 2035 | 1344 | 265 | 149 | 116 | 14 | 9 | 5 |
| 富阳区 | 212 | 105 | 107 | 35 | 15 | 20 | 1 | 1 | |
| 临安区 | 150 | 83 | 67 | 9 | 4 | 5 | | | |
| 桐庐县 | 2122 | 1171 | 951 | 155 | 74 | 81 | 9 | 6 | 3 |
| 淳安县 | 439 | 245 | 194 | 52 | 37 | 15 | 1 | 1 | |
| 建德市 | 147 | 99 | 48 | 15 | 12 | 3 | 1 | 1 | |
| **宁波市** | **16244** | **10913** | **5331** | **1939** | **1232** | **707** | **108** | **89** | **19** |
| 海曙区 | 60 | 36 | 24 | 2 | | 2 | | | |
| 江北区 | | | | | | | | | |
| 北仑区 | 1257 | 855 | 402 | 61 | 38 | 23 | 1 | 1 | |
| 镇海区 | 436 | 296 | 140 | 20 | 9 | 11 | 3 | 3 | |
| 鄞州区 | 2216 | 1393 | 823 | 131 | 84 | 47 | 10 | 6 | 4 |
| 奉化区 | 250 | 160 | 90 | 26 | 18 | 8 | 1 | 1 | |
| 象山县 | 877 | 540 | 337 | 100 | 68 | 32 | 5 | 4 | 1 |
| 宁海县 | 1462 | 929 | 533 | 88 | 48 | 40 | 5 | 4 | 1 |
| 余姚市 | 462 | 299 | 163 | 16 | 8 | 8 | | | |
| 慈溪市 | 9224 | 6405 | 2819 | 1495 | 959 | 536 | 83 | 70 | 13 |
| **温州市** | **5082** | **3287** | **1795** | **233** | **134** | **99** | **14** | **8** | **6** |
| 鹿城区 | 2 | 1 | 1 | | | | | | |
| 龙湾区 | 1630 | 1123 | 507 | 82 | 46 | 36 | 3 | 1 | 2 |
| 瓯海区 | 38 | 21 | 17 | 1 | | 1 | | | |
| 洞头区 | 12 | 10 | 2 | 1 | | 1 | | | |
| 永嘉县 | 986 | 600 | 386 | 23 | 11 | 12 | 3 | 2 | 1 |
| 平阳县 | 930 | 583 | 347 | 54 | 28 | 26 | 2 | 1 | 1 |
| 苍南县 | 717 | 455 | 262 | 42 | 29 | 13 | 1 | 1 | |
| 文成县 | 171 | 99 | 72 | 12 | 8 | 4 | | | |
| 泰顺县 | 173 | 102 | 71 | 7 | 2 | 5 | 3 | 2 | 1 |
| 瑞安市 | 15 | 5 | 10 | | | | | | |
| 乐清市 | 401 | 284 | 117 | 11 | 10 | 1 | 2 | 1 | 1 |
| 龙港市 | 7 | 4 | 3 | | | | | | |
| **嘉兴市** | **13412** | **8398** | **5014** | **750** | **474** | **276** | **52** | **37** | **15** |
| 南湖区 | 301 | 184 | 117 | 20 | 13 | 7 | 3 | 3 | |
| 秀洲区 | 578 | 343 | 235 | 22 | 15 | 7 | 2 | 1 | 1 |
| 嘉善县 | 4510 | 2805 | 1705 | 291 | 183 | 108 | 18 | 12 | 6 |
| 海盐县 | 1835 | 1268 | 567 | 128 | 78 | 50 | 4 | 4 | |
| 海宁市 | 4527 | 2666 | 1861 | 198 | 122 | 76 | 20 | 13 | 7 |
| 平湖市 | 1272 | 871 | 401 | 63 | 44 | 19 | 3 | 3 | |
| 桐乡市 | 389 | 261 | 128 | 28 | 19 | 9 | 2 | 1 | 1 |
| **湖州市** | **6530** | **4212** | **2318** | **500** | **329** | **171** | **45** | **32** | **13** |
| 吴兴区 | 1135 | 709 | 426 | 18 | 13 | 5 | 4 | 4 | |
| 南浔区 | 282 | 192 | 90 | 25 | 14 | 11 | 1 | 1 | |
| 德清县 | 2184 | 1467 | 717 | 198 | 136 | 62 | 23 | 18 | 5 |
| 长兴县 | 1246 | 794 | 452 | 142 | 99 | 43 | 13 | 6 | 7 |
| 安吉县 | 1683 | 1050 | 633 | 117 | 67 | 50 | 4 | 3 | 1 |

7-7b　续表 7　　　　单位：人

| 现住地 | 大学本科 | | | 硕士研究生 | | | 博士研究生 | | |
|---|---|---|---|---|---|---|---|---|---|
| | 小计 | 男 | 女 | 小计 | 男 | 女 | 小计 | 男 | 女 |
| **绍兴市** | **1754** | **1146** | **608** | **311** | **205** | **106** | **17** | **15** | **2** |
| 越城区 | 5 | 3 | 2 | 2 | 1 | 1 | | | |
| 柯桥区 | 263 | 191 | 72 | 18 | 13 | 5 | 1 | 1 | |
| 上虞区 | 47 | 32 | 15 | 2 | 1 | 1 | 1 | 1 | |
| 新昌县 | 975 | 617 | 358 | 242 | 156 | 86 | 12 | 10 | 2 |
| 诸暨市 | 427 | 275 | 152 | 46 | 34 | 12 | 3 | 3 | |
| 嵊州市 | 37 | 28 | 9 | 1 | | 1 | | | |
| **金华市** | **5808** | **3618** | **2190** | **466** | **248** | **218** | **15** | **11** | **4** |
| 婺城区 | 292 | 186 | 106 | 32 | 13 | 19 | | | |
| 金东区 | 461 | 278 | 183 | 14 | 9 | 5 | | | |
| 武义县 | 778 | 479 | 299 | 43 | 26 | 17 | 2 | 2 | |
| 浦江县 | 371 | 221 | 150 | 22 | 12 | 10 | | | |
| 磐安县 | 125 | 71 | 54 | 12 | 5 | 7 | 1 | | 1 |
| 兰溪市 | 68 | 37 | 31 | 5 | 3 | 2 | 1 | | 1 |
| 义乌市 | 2286 | 1494 | 792 | 214 | 114 | 100 | 5 | 4 | 1 |
| 东阳市 | 1379 | 822 | 557 | 122 | 64 | 58 | 5 | 4 | 1 |
| 永康市 | 48 | 30 | 18 | 2 | 2 | | 1 | 1 | |
| **衢州市** | **1054** | **646** | **408** | **139** | **71** | **68** | **2** | **1** | **1** |
| 柯城区 | 15 | 8 | 7 | | | | | | |
| 衢江区 | 11 | 6 | 5 | 1 | | 1 | | | |
| 常山县 | 311 | 198 | 113 | 41 | 21 | 20 | | | |
| 开化县 | 263 | 162 | 101 | 33 | 17 | 16 | 1 | 1 | |
| 龙游县 | 387 | 233 | 154 | 46 | 22 | 24 | 1 | | 1 |
| 江山市 | 67 | 39 | 28 | 18 | 11 | 7 | | | |
| **舟山市** | **2655** | **2098** | **557** | **110** | **80** | **30** | **7** | **6** | **1** |
| 定海区 | 90 | 58 | 32 | 6 | 3 | 3 | 1 | 1 | |
| 普陀区 | 112 | 57 | 55 | 15 | 10 | 5 | 1 | | 1 |
| 岱山县 | 2327 | 1904 | 423 | 84 | 63 | 21 | 5 | 5 | |
| 嵊泗县 | 126 | 79 | 47 | 5 | 4 | 1 | | | |
| **台州市** | **2131** | **1362** | **769** | **118** | **64** | **54** | **14** | **10** | **4** |
| 椒江区 | 29 | 20 | 9 | | | | | | |
| 黄岩区 | 27 | 13 | 14 | 2 | 2 | | | | |
| 路桥区 | 320 | 204 | 116 | 8 | 5 | 3 | 1 | 1 | |
| 三门县 | 366 | 230 | 136 | 24 | 13 | 11 | 2 | 2 | |
| 天台县 | 322 | 207 | 115 | 22 | 12 | 10 | 3 | 2 | 1 |
| 仙居县 | 398 | 226 | 172 | 41 | 21 | 20 | 6 | 4 | 2 |
| 温岭市 | 357 | 262 | 95 | 12 | 7 | 5 | 1 | 1 | |
| 临海市 | 288 | 184 | 104 | 8 | 3 | 5 | 1 | | 1 |
| 玉环市 | 24 | 16 | 8 | 1 | 1 | | | | |
| **丽水市** | **1301** | **813** | **488** | **121** | **73** | **48** | **7** | **4** | **3** |
| 莲都区 | 40 | 29 | 11 | | | | | | |
| 青田县 | 406 | 218 | 188 | 12 | 8 | 4 | 2 | | 2 |
| 缙云县 | 267 | 181 | 86 | 16 | 8 | 8 | 1 | 1 | |
| 遂昌县 | 134 | 88 | 46 | 31 | 20 | 11 | 1 | 1 | |
| 松阳县 | 118 | 81 | 37 | 22 | 11 | 11 | 1 | | 1 |
| 云和县 | 131 | 77 | 54 | 15 | 9 | 6 | | | |
| 庆元县 | 112 | 70 | 42 | 15 | 9 | 6 | 2 | 2 | |
| 景宁畲族自治县 | 89 | 65 | 24 | 10 | 8 | 2 | | | |
| 龙泉市 | 4 | 4 | | | | | | | |

# 7-7c 全省按现住地、受教育程度、性别分的户口登记地在外省的人口(乡村)

单位：人

| 现住地 | 合计 | | | 未上过学 | | |
|---|---|---|---|---|---|---|
| | 合计 | 男 | 女 | 小计 | 男 | 女 |
| **合计** | **2865772** | **1727574** | **1138198** | **61636** | **21914** | **39722** |
| **杭州市** | **326854** | **209100** | **117754** | **4910** | **1904** | **3006** |
| 上城区 | | | | | | |
| 下城区 | | | | | | |
| 江干区 | | | | | | |
| 拱墅区 | | | | | | |
| 西湖区 | 5864 | 4023 | 1841 | 57 | 33 | 24 |
| 滨江区 | | | | | | |
| 萧山区 | 119783 | 74431 | 45352 | 2003 | 749 | 1254 |
| 余杭区 | 132262 | 85968 | 46294 | 1788 | 744 | 1044 |
| 富阳区 | 23524 | 15334 | 8190 | 391 | 162 | 229 |
| 临安区 | 24428 | 15898 | 8530 | 267 | 106 | 161 |
| 桐庐县 | 7678 | 4858 | 2820 | 212 | 55 | 157 |
| 淳安县 | 2697 | 1843 | 854 | 57 | 12 | 45 |
| 建德市 | 10618 | 6745 | 3873 | 135 | 43 | 92 |
| **宁波市** | **616815** | **365127** | **251688** | **11944** | **4305** | **7639** |
| 海曙区 | 43303 | 25045 | 18258 | 771 | 312 | 459 |
| 江北区 | 41455 | 24717 | 16738 | 863 | 326 | 537 |
| 北仑区 | 80720 | 49460 | 31260 | 1878 | 669 | 1209 |
| 镇海区 | 25058 | 15720 | 9338 | 359 | 137 | 222 |
| 鄞州区 | 129658 | 75158 | 54500 | 2931 | 1020 | 1911 |
| 奉化区 | 55059 | 33386 | 21673 | 1048 | 358 | 690 |
| 象山县 | 24243 | 14963 | 9280 | 436 | 151 | 285 |
| 宁海县 | 32800 | 19345 | 13455 | 522 | 185 | 337 |
| 余姚市 | 50218 | 29351 | 20867 | 1208 | 444 | 764 |
| 慈溪市 | 134301 | 77982 | 56319 | 1928 | 703 | 1225 |
| **温州市** | **402196** | **240527** | **161669** | **9980** | **3729** | **6251** |
| 鹿城区 | 38886 | 24262 | 14624 | 561 | 200 | 361 |
| 龙湾区 | 787 | 488 | 299 | 20 | 3 | 17 |
| 瓯海区 | 49548 | 30190 | 19358 | 1029 | 392 | 637 |
| 洞头区 | 16231 | 11085 | 5146 | 331 | 166 | 165 |
| 永嘉县 | 27206 | 16763 | 10443 | 667 | 307 | 360 |
| 平阳县 | 46378 | 27274 | 19104 | 1395 | 465 | 930 |
| 苍南县 | 27962 | 16091 | 11871 | 890 | 316 | 574 |
| 文成县 | 2686 | 1868 | 818 | 42 | 12 | 30 |
| 泰顺县 | 2253 | 1393 | 860 | 78 | 34 | 44 |
| 瑞安市 | 115046 | 67797 | 47249 | 3099 | 1140 | 1959 |
| 乐清市 | 73322 | 42227 | 31095 | 1813 | 674 | 1139 |
| 龙港市 | 1891 | 1089 | 802 | 55 | 20 | 35 |
| **嘉兴市** | **358424** | **210611** | **147813** | **6195** | **2193** | **4002** |
| 南湖区 | 25046 | 15447 | 9599 | 355 | 110 | 245 |
| 秀洲区 | 72162 | 40430 | 31732 | 1812 | 654 | 1158 |
| 嘉善县 | 47100 | 28919 | 18181 | 868 | 309 | 559 |
| 海盐县 | 25984 | 15356 | 10628 | 504 | 164 | 340 |
| 海宁市 | 87487 | 50911 | 36576 | 1296 | 464 | 832 |
| 平湖市 | 50144 | 29986 | 20158 | 871 | 295 | 576 |
| 桐乡市 | 50501 | 29562 | 20939 | 489 | 197 | 292 |
| **湖州市** | **177454** | **109714** | **67740** | **2919** | **1085** | **1834** |
| 吴兴区 | 65838 | 40903 | 24935 | 794 | 305 | 489 |
| 南浔区 | 34872 | 21353 | 13519 | 680 | 254 | 426 |
| 德清县 | 29830 | 19002 | 10828 | 329 | 138 | 191 |
| 长兴县 | 15435 | 9325 | 6110 | 226 | 84 | 142 |
| 安吉县 | 31479 | 19131 | 12348 | 890 | 304 | 586 |

7–7c　续表 1　　　　单位：人

| 现 住 地 | 合计 |  |  | 未上过学 |  |  |
| --- | --- | --- | --- | --- | --- | --- |
|  | 合计 | 男 | 女 | 小计 | 男 | 女 |
| **绍兴市** | **144106** | **85173** | **58933** | **2653** | **974** | **1679** |
| 越城区 | 28374 | 17026 | 11348 | 312 | 113 | 199 |
| 柯桥区 | 34124 | 20377 | 13747 | 613 | 216 | 397 |
| 上虞区 | 23382 | 13563 | 9819 | 561 | 188 | 373 |
| 新昌县 | 4275 | 2708 | 1567 | 84 | 23 | 61 |
| 诸暨市 | 44094 | 25847 | 18247 | 947 | 389 | 558 |
| 嵊州市 | 9857 | 5652 | 4205 | 136 | 45 | 91 |
| **金华市** | **395245** | **232910** | **162335** | **12312** | **4110** | **8202** |
| 婺城区 | 16299 | 10238 | 6061 | 402 | 145 | 257 |
| 金东区 | 42484 | 25807 | 16677 | 881 | 353 | 528 |
| 武义县 | 34438 | 20463 | 13975 | 1175 | 374 | 801 |
| 浦江县 | 54965 | 30761 | 24204 | 1985 | 767 | 1218 |
| 磐安县 | 2593 | 1715 | 878 | 46 | 10 | 36 |
| 兰溪市 | 6357 | 3637 | 2720 | 183 | 41 | 142 |
| 义乌市 | 115902 | 68016 | 47886 | 2924 | 965 | 1959 |
| 东阳市 | 47353 | 28097 | 19256 | 2070 | 611 | 1459 |
| 永康市 | 74854 | 44176 | 30678 | 2646 | 844 | 1802 |
| **衢州市** | **18319** | **10678** | **7641** | **520** | **135** | **385** |
| 柯城区 | 2549 | 1633 | 916 | 67 | 16 | 51 |
| 衢江区 | 3881 | 2318 | 1563 | 132 | 29 | 103 |
| 常山县 | 1812 | 992 | 820 | 48 | 18 | 30 |
| 开化县 | 1288 | 687 | 601 | 30 | 8 | 22 |
| 龙游县 | 6013 | 3637 | 2376 | 144 | 46 | 98 |
| 江山市 | 2776 | 1411 | 1365 | 99 | 18 | 81 |
| **舟山市** | **68052** | **47694** | **20358** | **1129** | **376** | **753** |
| 定海区 | 25213 | 16975 | 8238 | 385 | 139 | 246 |
| 普陀区 | 24666 | 16832 | 7834 | 483 | 127 | 356 |
| 岱山县 | 15294 | 11776 | 3518 | 186 | 81 | 105 |
| 嵊泗县 | 2879 | 2111 | 768 | 75 | 29 | 46 |
| **台州市** | **322448** | **193224** | **129224** | **8131** | **2812** | **5319** |
| 椒江区 | 48035 | 29426 | 18609 | 1213 | 431 | 782 |
| 黄岩区 | 26476 | 15729 | 10747 | 605 | 196 | 409 |
| 路桥区 | 58333 | 34509 | 23824 | 1909 | 657 | 1252 |
| 三门县 | 6630 | 4074 | 2556 | 197 | 66 | 131 |
| 天台县 | 6556 | 4081 | 2475 | 133 | 46 | 87 |
| 仙居县 | 6724 | 4232 | 2492 | 202 | 75 | 127 |
| 温岭市 | 71669 | 42451 | 29218 | 1389 | 492 | 897 |
| 临海市 | 45963 | 27926 | 18037 | 637 | 245 | 392 |
| 玉环市 | 52062 | 30796 | 21266 | 1846 | 604 | 1242 |
| **丽水市** | **35859** | **22816** | **13043** | **943** | **291** | **652** |
| 莲都区 | 11608 | 7657 | 3951 | 323 | 113 | 210 |
| 青田县 | 6707 | 4321 | 2386 | 96 | 33 | 63 |
| 缙云县 | 5038 | 3106 | 1932 | 128 | 33 | 95 |
| 遂昌县 | 1439 | 924 | 515 | 23 | 5 | 18 |
| 松阳县 | 4321 | 2563 | 1758 | 206 | 60 | 146 |
| 云和县 | 2216 | 1325 | 891 | 56 | 21 | 35 |
| 庆元县 | 1334 | 821 | 513 | 13 | 3 | 10 |
| 景宁畲族自治县 | 1451 | 1073 | 378 | 42 | 10 | 32 |
| 龙泉市 | 1745 | 1026 | 719 | 56 | 13 | 43 |

7—7c 续表 2

单位：人

| 现住地 | 学前教育 | | | 小学 | | |
| --- | --- | --- | --- | --- | --- | --- |
| | 小计 | 男 | 女 | 小计 | 男 | 女 |
| **合计** | **66970** | **35753** | **31217** | **836654** | **451457** | **385197** |
| **杭州市** | **5546** | **2979** | **2567** | **90372** | **51532** | **38840** |
| 上城区 | | | | | | |
| 下城区 | | | | | | |
| 江干区 | | | | | | |
| 拱墅区 | | | | | | |
| 西湖区 | 104 | 64 | 40 | 1227 | 788 | 439 |
| 滨江区 | | | | | | |
| 萧山区 | 2495 | 1337 | 1158 | 34524 | 18540 | 15984 |
| 余杭区 | 1727 | 935 | 792 | 35325 | 20822 | 14503 |
| 富阳区 | 431 | 228 | 203 | 6736 | 4003 | 2733 |
| 临安区 | 386 | 203 | 183 | 6941 | 4209 | 2732 |
| 桐庐县 | 158 | 89 | 69 | 2362 | 1318 | 1044 |
| 淳安县 | 40 | 17 | 23 | 571 | 348 | 223 |
| 建德市 | 205 | 106 | 99 | 2686 | 1504 | 1182 |
| **宁波市** | **15279** | **8051** | **7228** | **183723** | **96487** | **87236** |
| 海曙区 | 1107 | 595 | 512 | 13741 | 7060 | 6681 |
| 江北区 | 939 | 514 | 425 | 11344 | 5955 | 5389 |
| 北仑区 | 1583 | 838 | 745 | 18735 | 10191 | 8544 |
| 镇海区 | 552 | 291 | 261 | 8063 | 4514 | 3549 |
| 鄞州区 | 3230 | 1692 | 1538 | 38771 | 19713 | 19058 |
| 奉化区 | 1425 | 735 | 690 | 18726 | 10291 | 8435 |
| 象山县 | 547 | 300 | 247 | 7337 | 4100 | 3237 |
| 宁海县 | 835 | 436 | 399 | 10379 | 5285 | 5094 |
| 余姚市 | 1579 | 820 | 759 | 16610 | 8605 | 8005 |
| 慈溪市 | 3482 | 1830 | 1652 | 40017 | 20773 | 19244 |
| **温州市** | **10177** | **5448** | **4729** | **115111** | **61934** | **53177** |
| 鹿城区 | 719 | 383 | 336 | 8713 | 4853 | 3860 |
| 龙湾区 | 19 | 12 | 7 | 238 | 114 | 124 |
| 瓯海区 | 1028 | 576 | 452 | 12053 | 6558 | 5495 |
| 洞头区 | 259 | 144 | 115 | 3383 | 2108 | 1275 |
| 永嘉县 | 544 | 276 | 268 | 8190 | 4637 | 3553 |
| 平阳县 | 1388 | 735 | 653 | 15287 | 8244 | 7043 |
| 苍南县 | 916 | 472 | 444 | 10215 | 5436 | 4779 |
| 文成县 | 30 | 19 | 11 | 757 | 482 | 275 |
| 泰顺县 | 40 | 18 | 22 | 819 | 504 | 315 |
| 瑞安市 | 2848 | 1550 | 1298 | 32717 | 17161 | 15556 |
| 乐清市 | 2317 | 1225 | 1092 | 21987 | 11441 | 10546 |
| 龙港市 | 69 | 38 | 31 | 752 | 396 | 356 |
| **嘉兴市** | **6910** | **3684** | **3226** | **98995** | **51752** | **47243** |
| 南湖区 | 418 | 229 | 189 | 6072 | 3222 | 2850 |
| 秀洲区 | 1637 | 893 | 744 | 22305 | 11155 | 11150 |
| 嘉善县 | 1070 | 577 | 493 | 13019 | 7069 | 5950 |
| 海盐县 | 801 | 416 | 385 | 8241 | 4287 | 3954 |
| 海宁市 | 861 | 435 | 426 | 21303 | 11330 | 9973 |
| 平湖市 | 1088 | 599 | 489 | 14395 | 7507 | 6888 |
| 桐乡市 | 1035 | 535 | 500 | 13660 | 7182 | 6478 |
| **湖州市** | **3754** | **2033** | **1721** | **55518** | **31223** | **24295** |
| 吴兴区 | 1164 | 614 | 550 | 16980 | 9780 | 7200 |
| 南浔区 | 824 | 461 | 363 | 12741 | 7062 | 5679 |
| 德清县 | 632 | 339 | 293 | 9845 | 5604 | 4241 |
| 长兴县 | 350 | 179 | 171 | 4965 | 2720 | 2245 |
| 安吉县 | 784 | 440 | 344 | 10987 | 6057 | 4930 |

7−7c　续表 3　　单位：人

| 现住地 | 学前教育 | | | 小学 | | |
|---|---|---|---|---|---|---|
| | 小计 | 男 | 女 | 小计 | 男 | 女 |
| **绍兴市** | **3872** | **2060** | **1812** | **39793** | **21126** | **18667** |
| 越城区 | 987 | 510 | 477 | 8448 | 4548 | 3900 |
| 柯桥区 | 807 | 435 | 372 | 8774 | 4650 | 4124 |
| 上虞区 | 716 | 382 | 334 | 6589 | 3363 | 3226 |
| 新昌县 | 74 | 33 | 41 | 1209 | 695 | 514 |
| 诸暨市 | 937 | 511 | 426 | 12305 | 6704 | 5601 |
| 嵊州市 | 351 | 189 | 162 | 2468 | 1166 | 1302 |
| **金华市** | **10891** | **5914** | **4977** | **118252** | **63348** | **54904** |
| 婺城区 | 388 | 209 | 179 | 4890 | 2860 | 2030 |
| 金东区 | 1154 | 625 | 529 | 11699 | 6473 | 5226 |
| 武义县 | 972 | 506 | 466 | 10234 | 5336 | 4898 |
| 浦江县 | 1487 | 805 | 682 | 17812 | 9279 | 8533 |
| 磐安县 | 49 | 25 | 24 | 822 | 480 | 342 |
| 兰溪市 | 142 | 80 | 62 | 2028 | 1034 | 994 |
| 义乌市 | 3119 | 1660 | 1459 | 27843 | 14551 | 13292 |
| 东阳市 | 1422 | 791 | 631 | 16796 | 9084 | 7712 |
| 永康市 | 2158 | 1213 | 945 | 26128 | 14251 | 11877 |
| **衢州市** | **460** | **231** | **229** | **4498** | **2296** | **2202** |
| 柯城区 | 56 | 23 | 33 | 541 | 316 | 225 |
| 衢江区 | 100 | 48 | 52 | 996 | 533 | 463 |
| 常山县 | 43 | 18 | 25 | 472 | 248 | 224 |
| 开化县 | 31 | 18 | 13 | 333 | 175 | 158 |
| 龙游县 | 145 | 82 | 63 | 1393 | 692 | 701 |
| 江山市 | 85 | 42 | 43 | 763 | 332 | 431 |
| **舟山市** | **1229** | **661** | **568** | **19494** | **12016** | **7478** |
| 定海区 | 640 | 341 | 299 | 7545 | 4433 | 3112 |
| 普陀区 | 347 | 184 | 163 | 7001 | 4153 | 2848 |
| 岱山县 | 193 | 110 | 83 | 4004 | 2744 | 1260 |
| 嵊泗县 | 49 | 26 | 23 | 944 | 686 | 258 |
| **台州市** | **7996** | **4241** | **3755** | **100426** | **53886** | **46540** |
| 椒江区 | 1167 | 608 | 559 | 13513 | 7392 | 6121 |
| 黄岩区 | 676 | 374 | 302 | 8903 | 4692 | 4211 |
| 路桥区 | 1485 | 763 | 722 | 20193 | 10837 | 9356 |
| 三门县 | 144 | 83 | 61 | 1913 | 1054 | 859 |
| 天台县 | 131 | 73 | 58 | 1721 | 946 | 775 |
| 仙居县 | 196 | 104 | 92 | 1685 | 909 | 776 |
| 温岭市 | 1829 | 950 | 879 | 24002 | 12932 | 11070 |
| 临海市 | 1045 | 579 | 466 | 11578 | 6283 | 5295 |
| 玉环市 | 1323 | 707 | 616 | 16918 | 8841 | 8077 |
| **丽水市** | **856** | **451** | **405** | **10472** | **5857** | **4615** |
| 莲都区 | 214 | 114 | 100 | 3195 | 1869 | 1326 |
| 青田县 | 175 | 100 | 75 | 1656 | 921 | 735 |
| 缙云县 | 150 | 78 | 72 | 1373 | 763 | 610 |
| 遂昌县 | 15 | 6 | 9 | 352 | 178 | 174 |
| 松阳县 | 167 | 85 | 82 | 1529 | 832 | 697 |
| 云和县 | 50 | 29 | 21 | 943 | 434 | 509 |
| 庆元县 | 26 | 11 | 15 | 356 | 200 | 156 |
| 景宁畲族自治县 | 14 | 7 | 7 | 506 | 350 | 156 |
| 龙泉市 | 45 | 21 | 24 | 562 | 310 | 252 |

7–7c 续表 4

单位：人

| 现住地 | 初中 小计 | 初中 男 | 初中 女 | 高中 小计 | 高中 男 | 高中 女 | 大学专科 小计 | 大学专科 男 | 大学专科 女 |
|---|---|---|---|---|---|---|---|---|---|
| **合计** | **1539337** | **972759** | **566578** | **271336** | **185753** | **85583** | **61548** | **41135** | **20413** |
| **杭州市** | **164500** | **109981** | **54519** | **43404** | **30916** | **12488** | **11123** | **7491** | **3632** |
| 上城区 | | | | | | | | | |
| 下城区 | | | | | | | | | |
| 江干区 | | | | | | | | | |
| 拱墅区 | | | | | | | | | |
| 西湖区 | 2679 | 2020 | 659 | 907 | 622 | 285 | 486 | 273 | 213 |
| 滨江区 | | | | | | | | | |
| 萧山区 | 61087 | 39663 | 21424 | 14386 | 10424 | 3962 | 3698 | 2591 | 1107 |
| 余杭区 | 66724 | 44948 | 21776 | 18967 | 13432 | 5535 | 4931 | 3305 | 1626 |
| 富阳区 | 10569 | 7436 | 3133 | 3571 | 2481 | 1090 | 737 | 503 | 234 |
| 临安区 | 12435 | 8460 | 3975 | 3098 | 2186 | 912 | 574 | 376 | 198 |
| 桐庐县 | 4086 | 2799 | 1287 | 570 | 413 | 157 | 192 | 121 | 71 |
| 淳安县 | 1310 | 962 | 348 | 422 | 310 | 112 | 191 | 114 | 77 |
| 建德市 | 5610 | 3693 | 1917 | 1483 | 1048 | 435 | 314 | 208 | 106 |
| **宁波市** | **332291** | **206512** | **125779** | **54752** | **37405** | **17347** | **12737** | **8413** | **4324** |
| 海曙区 | 22116 | 13407 | 8709 | 4590 | 3053 | 1537 | 764 | 480 | 284 |
| 江北区 | 22398 | 13961 | 8437 | 4667 | 3155 | 1512 | 968 | 630 | 338 |
| 北仑区 | 45677 | 29003 | 16674 | 8993 | 6257 | 2736 | 2183 | 1465 | 718 |
| 镇海区 | 13257 | 8797 | 4460 | 2292 | 1626 | 666 | 407 | 267 | 140 |
| 鄞州区 | 68207 | 41839 | 26368 | 11849 | 8026 | 3823 | 3103 | 1907 | 1196 |
| 奉化区 | 28377 | 18210 | 10167 | 3987 | 2792 | 1195 | 1128 | 732 | 396 |
| 象山县 | 12785 | 8162 | 4623 | 2223 | 1589 | 634 | 650 | 465 | 185 |
| 宁海县 | 15843 | 9807 | 6036 | 3391 | 2337 | 1054 | 1012 | 710 | 302 |
| 余姚市 | 25493 | 15679 | 9814 | 3825 | 2660 | 1165 | 1132 | 882 | 250 |
| 慈溪市 | 78138 | 47647 | 30491 | 8935 | 5910 | 3025 | 1390 | 875 | 515 |
| **温州市** | **215549** | **134866** | **80683** | **41042** | **27702** | **13340** | **7488** | **5021** | **2467** |
| 鹿城区 | 23716 | 15226 | 8490 | 4256 | 2997 | 1259 | 732 | 484 | 248 |
| 龙湾区 | 434 | 304 | 130 | 63 | 45 | 18 | 11 | 8 | 3 |
| 瓯海区 | 28184 | 17877 | 10307 | 5759 | 3883 | 1876 | 770 | 529 | 241 |
| 洞头区 | 8362 | 5760 | 2602 | 2416 | 1786 | 630 | 1071 | 804 | 267 |
| 永嘉县 | 14187 | 9075 | 5112 | 2907 | 1959 | 948 | 527 | 365 | 162 |
| 平阳县 | 22877 | 14309 | 8568 | 4320 | 2814 | 1506 | 814 | 508 | 306 |
| 苍南县 | 12475 | 7587 | 4888 | 2797 | 1844 | 953 | 538 | 362 | 176 |
| 文成县 | 1290 | 922 | 368 | 402 | 325 | 77 | 102 | 64 | 38 |
| 泰顺县 | 928 | 583 | 345 | 261 | 170 | 91 | 76 | 51 | 25 |
| 瑞安市 | 64226 | 39748 | 24478 | 10215 | 6910 | 3305 | 1544 | 1026 | 518 |
| 乐清市 | 37984 | 22923 | 15061 | 7532 | 4895 | 2637 | 1291 | 813 | 478 |
| 龙港市 | 886 | 552 | 334 | 114 | 74 | 40 | 12 | 7 | 5 |
| **嘉兴市** | **202268** | **123293** | **78975** | **34002** | **22998** | **11004** | **7329** | **4823** | **2506** |
| 南湖区 | 14270 | 9174 | 5096 | 2912 | 2045 | 867 | 714 | 469 | 245 |
| 秀洲区 | 40064 | 23620 | 16444 | 4977 | 3301 | 1676 | 1066 | 627 | 439 |
| 嘉善县 | 23595 | 14966 | 8629 | 6328 | 4469 | 1859 | 1607 | 1112 | 495 |
| 海盐县 | 13356 | 8408 | 4948 | 2456 | 1651 | 805 | 428 | 281 | 147 |
| 海宁市 | 53747 | 31934 | 21813 | 8394 | 5516 | 2878 | 1432 | 923 | 509 |
| 平湖市 | 27815 | 17359 | 10456 | 4339 | 3016 | 1323 | 1175 | 851 | 324 |
| 桐乡市 | 29421 | 17832 | 11589 | 4596 | 3000 | 1596 | 907 | 560 | 347 |
| **湖州市** | **95264** | **61321** | **33943** | **14840** | **10518** | **4322** | **3481** | **2355** | **1126** |
| 吴兴区 | 38842 | 24435 | 14407 | 5808 | 4164 | 1644 | 1441 | 1017 | 424 |
| 南浔区 | 17707 | 11463 | 6244 | 2190 | 1592 | 598 | 450 | 303 | 147 |
| 德清县 | 15365 | 10370 | 4995 | 2674 | 1933 | 741 | 705 | 455 | 250 |
| 长兴县 | 7967 | 5067 | 2900 | 1547 | 1036 | 511 | 271 | 165 | 106 |
| 安吉县 | 15383 | 9986 | 5397 | 2621 | 1793 | 828 | 614 | 415 | 199 |

7-7c　续表 5　　单位：人

| 现住地 | 初中 | | | 高中 | | | 大学专科 | | |
| --- | --- | --- | --- | --- | --- | --- | --- | --- | --- |
| | 小计 | 男 | 女 | 小计 | 男 | 女 | 小计 | 男 | 女 |
| **绍兴市** | **83848** | **51615** | **32233** | **11302** | **7636** | **3666** | **1906** | **1249** | **657** |
| 越城区 | 15605 | 9743 | 5862 | 2408 | 1670 | 738 | 422 | 303 | 119 |
| 柯桥区 | 21080 | 13109 | 7971 | 2372 | 1665 | 707 | 345 | 213 | 132 |
| 上虞区 | 13031 | 7963 | 5068 | 1937 | 1299 | 638 | 410 | 269 | 141 |
| 新昌县 | 2277 | 1529 | 748 | 486 | 324 | 162 | 112 | 82 | 30 |
| 诸暨市 | 26202 | 15892 | 10310 | 3157 | 2037 | 1120 | 435 | 253 | 182 |
| 嵊州市 | 5653 | 3379 | 2274 | 942 | 641 | 301 | 182 | 129 | 53 |
| **金华市** | **213603** | **133149** | **80454** | **30146** | **20069** | **10077** | **7531** | **4670** | **2861** |
| 婺城区 | 8047 | 5252 | 2795 | 1857 | 1309 | 548 | 455 | 299 | 156 |
| 金东区 | 23770 | 15081 | 8689 | 3819 | 2530 | 1289 | 852 | 537 | 315 |
| 武义县 | 18591 | 11905 | 6686 | 2740 | 1870 | 870 | 566 | 362 | 204 |
| 浦江县 | 29980 | 17622 | 12358 | 2959 | 1856 | 1103 | 524 | 299 | 225 |
| 磐安县 | 1309 | 933 | 376 | 188 | 128 | 60 | 103 | 76 | 27 |
| 兰溪市 | 3261 | 2045 | 1216 | 535 | 307 | 228 | 150 | 85 | 65 |
| 义乌市 | 65816 | 40219 | 25597 | 11487 | 7632 | 3855 | 3639 | 2267 | 1372 |
| 东阳市 | 23661 | 15321 | 8340 | 2599 | 1817 | 782 | 593 | 352 | 241 |
| 永康市 | 39168 | 24771 | 14397 | 3962 | 2620 | 1342 | 649 | 393 | 256 |
| **衢州市** | **9342** | **5851** | **3491** | **2210** | **1346** | **864** | **742** | **451** | **291** |
| 柯城区 | 1232 | 847 | 385 | 331 | 224 | 107 | 157 | 98 | 59 |
| 衢江区 | 1924 | 1245 | 679 | 475 | 296 | 179 | 143 | 92 | 51 |
| 常山县 | 827 | 459 | 368 | 266 | 147 | 119 | 105 | 63 | 42 |
| 开化县 | 663 | 374 | 289 | 129 | 59 | 70 | 52 | 20 | 32 |
| 龙游县 | 3419 | 2200 | 1219 | 620 | 414 | 206 | 170 | 115 | 55 |
| 江山市 | 1277 | 726 | 551 | 389 | 206 | 183 | 115 | 63 | 52 |
| **舟山市** | **37412** | **27800** | **9612** | **5630** | **4327** | **1303** | **1909** | **1505** | **404** |
| 定海区 | 13492 | 9698 | 3794 | 2269 | 1713 | 556 | 584 | 426 | 158 |
| 普陀区 | 13766 | 10007 | 3759 | 1919 | 1446 | 473 | 658 | 506 | 152 |
| 岱山县 | 8707 | 6982 | 1725 | 1242 | 1015 | 227 | 577 | 512 | 65 |
| 嵊泗县 | 1447 | 1113 | 334 | 200 | 153 | 47 | 90 | 61 | 29 |
| **台州市** | **166616** | **105731** | **60885** | **30538** | **20341** | **10197** | **6261** | **4399** | **1862** |
| 椒江区 | 25133 | 16401 | 8732 | 5696 | 3677 | 2019 | 909 | 617 | 292 |
| 黄岩区 | 13455 | 8549 | 4906 | 2182 | 1467 | 715 | 484 | 330 | 154 |
| 路桥区 | 28189 | 17681 | 10508 | 5002 | 3420 | 1582 | 1180 | 898 | 282 |
| 三门县 | 3377 | 2191 | 1186 | 637 | 423 | 214 | 164 | 107 | 57 |
| 天台县 | 3542 | 2322 | 1220 | 627 | 395 | 232 | 211 | 135 | 76 |
| 仙居县 | 3476 | 2320 | 1156 | 794 | 533 | 261 | 250 | 197 | 53 |
| 温岭市 | 37874 | 23772 | 14102 | 5572 | 3674 | 1898 | 779 | 484 | 295 |
| 临海市 | 25832 | 16222 | 9610 | 5206 | 3421 | 1785 | 1207 | 841 | 366 |
| 玉环市 | 25738 | 16273 | 9465 | 4822 | 3331 | 1491 | 1077 | 790 | 287 |
| **丽水市** | **18644** | **12640** | **6004** | **3470** | **2495** | **975** | **1041** | **758** | **283** |
| 莲都区 | 6184 | 4333 | 1851 | 1269 | 921 | 348 | 313 | 227 | 86 |
| 青田县 | 3757 | 2504 | 1253 | 741 | 551 | 190 | 210 | 161 | 49 |
| 缙云县 | 2623 | 1694 | 929 | 497 | 346 | 151 | 179 | 119 | 60 |
| 遂昌县 | 883 | 621 | 262 | 109 | 68 | 41 | 35 | 26 | 9 |
| 松阳县 | 1979 | 1287 | 692 | 320 | 220 | 100 | 79 | 57 | 22 |
| 云和县 | 1015 | 720 | 295 | 126 | 101 | 25 | 23 | 17 | 6 |
| 庆元县 | 766 | 487 | 279 | 113 | 75 | 38 | 46 | 32 | 14 |
| 景宁畲族自治县 | 605 | 477 | 128 | 153 | 122 | 31 | 98 | 79 | 19 |
| 龙泉市 | 832 | 517 | 315 | 142 | 91 | 51 | 58 | 40 | 18 |

7-7c　续表 6　　　　单位：人

| 现住地 | 大学本科 | | | 硕士研究生 | | | 博士研究生 | | |
|---|---|---|---|---|---|---|---|---|---|
| | 小计 | 男 | 女 | 小计 | 男 | 女 | 小计 | 男 | 女 |
| **合计** | **26569** | **17778** | **8791** | **1564** | **924** | **640** | **158** | **101** | **57** |
| **杭州市** | **6557** | **4038** | **2519** | **412** | **241** | **171** | **30** | **18** | **12** |
| 上城区 | | | | | | | | | |
| 下城区 | | | | | | | | | |
| 江干区 | | | | | | | | | |
| 拱墅区 | | | | | | | | | |
| 西湖区 | 358 | 200 | 158 | 44 | 21 | 23 | 2 | 2 | |
| 滨江区 | | | | | | | | | |
| 萧山区 | 1508 | 1076 | 432 | 74 | 49 | 25 | 8 | 2 | 6 |
| 余杭区 | 2593 | 1646 | 947 | 198 | 128 | 70 | 9 | 8 | 1 |
| 富阳区 | 1031 | 499 | 532 | 52 | 19 | 33 | 6 | 3 | 3 |
| 临安区 | 702 | 349 | 353 | 22 | 8 | 14 | 3 | 1 | 2 |
| 桐庐县 | 93 | 60 | 33 | 5 | 3 | 2 | | | |
| 淳安县 | 97 | 74 | 23 | 9 | 6 | 3 | | | |
| 建德市 | 175 | 134 | 41 | 8 | 7 | 1 | 2 | 2 | |
| **宁波市** | **5533** | **3647** | **1886** | **487** | **266** | **221** | **69** | **41** | **28** |
| 海曙区 | 207 | 133 | 74 | 4 | 4 | | 3 | 1 | 2 |
| 江北区 | 253 | 162 | 91 | 22 | 13 | 9 | 1 | 1 | |
| 北仑区 | 1311 | 848 | 463 | 312 | 159 | 153 | 48 | 30 | 18 |
| 镇海区 | 128 | 88 | 40 | | | | | | |
| 鄞州区 | 1510 | 926 | 584 | 53 | 34 | 19 | 4 | 1 | 3 |
| 奉化区 | 343 | 252 | 91 | 23 | 16 | 7 | 2 | | 2 |
| 象山县 | 251 | 187 | 64 | 13 | 8 | 5 | 1 | 1 | |
| 宁海县 | 777 | 561 | 216 | 39 | 22 | 17 | 2 | 2 | |
| 余姚市 | 356 | 254 | 102 | 11 | 4 | 7 | 4 | 3 | 1 |
| 慈溪市 | 397 | 236 | 161 | 10 | 6 | 4 | 4 | 2 | 2 |
| **温州市** | **2735** | **1767** | **968** | **105** | **56** | **49** | **9** | **4** | **5** |
| 鹿城区 | 181 | 117 | 64 | 8 | 2 | 6 | | | |
| 龙湾区 | 2 | 2 | | | | | | | |
| 瓯海区 | 706 | 367 | 339 | 16 | 7 | 9 | 3 | 1 | 2 |
| 洞头区 | 373 | 295 | 78 | 35 | 21 | 14 | 1 | 1 | |
| 永嘉县 | 178 | 140 | 38 | 5 | 3 | 2 | 1 | 1 | |
| 平阳县 | 282 | 190 | 92 | 15 | 9 | 6 | | | |
| 苍南县 | 128 | 74 | 54 | 2 | | 2 | 1 | | 1 |
| 文成县 | 63 | 44 | 19 | | | | | | |
| 泰顺县 | 43 | 30 | 13 | 7 | 3 | 4 | 1 | | 1 |
| 瑞安市 | 388 | 257 | 131 | 7 | 4 | 3 | 2 | 1 | 1 |
| 乐清市 | 388 | 249 | 139 | 10 | 7 | 3 | | | |
| 龙港市 | 3 | 2 | 1 | | | | | | |
| **嘉兴市** | **2586** | **1786** | **800** | **128** | **72** | **56** | **11** | **10** | **1** |
| 南湖区 | 287 | 189 | 98 | 17 | 8 | 9 | 1 | 1 | |
| 秀洲区 | 290 | 176 | 114 | 7 | 1 | 6 | 4 | 3 | 1 |
| 嘉善县 | 592 | 407 | 185 | 20 | 9 | 11 | 1 | 1 | |
| 海盐县 | 183 | 139 | 44 | 15 | 10 | 5 | | | |
| 海宁市 | 435 | 295 | 140 | 19 | 14 | 5 | | | |
| 平湖市 | 431 | 339 | 92 | 28 | 18 | 10 | 2 | 2 | |
| 桐乡市 | 368 | 241 | 127 | 22 | 12 | 10 | 3 | 3 | |
| **湖州市** | **1550** | **1086** | **464** | **124** | **90** | **34** | **4** | **3** | **1** |
| 吴兴区 | 719 | 525 | 194 | 88 | 61 | 27 | 2 | 2 | |
| 南浔区 | 263 | 203 | 60 | 15 | 14 | 1 | 2 | 1 | 1 |
| 德清县 | 276 | 161 | 115 | 4 | 2 | 2 | | | |
| 长兴县 | 101 | 69 | 32 | 8 | 5 | 3 | | | |
| 安吉县 | 191 | 128 | 63 | 9 | 8 | 1 | | | |

7-7c　续表 7　　　　单位：人

| 现 住 地 | 大学本科 | | | 硕士研究生 | | | 博士研究生 | | |
|---|---|---|---|---|---|---|---|---|---|
| | 小计 | 男 | 女 | 小计 | 男 | 女 | 小计 | 男 | 女 |
| **绍兴市** | **697** | **492** | **205** | **31** | **18** | **13** | **4** | **3** | **1** |
| 越城区 | 185 | 135 | 50 | 7 | 4 | 3 | | | |
| 柯桥区 | 125 | 83 | 42 | 6 | 5 | 1 | 2 | 1 | 1 |
| 上虞区 | 133 | 97 | 36 | 5 | 2 | 3 | | | |
| 新昌县 | 26 | 19 | 7 | 7 | 3 | 4 | | | |
| 诸暨市 | 107 | 58 | 49 | 4 | 3 | 1 | | | |
| 嵊州市 | 121 | 100 | 21 | 2 | 1 | 1 | 2 | 2 | |
| **金华市** | **2442** | **1611** | **831** | **61** | **35** | **26** | **7** | **4** | **3** |
| 婺城区 | 249 | 159 | 90 | 8 | 3 | 5 | 3 | 2 | 1 |
| 金东区 | 299 | 202 | 97 | 10 | 6 | 4 | | | |
| 武义县 | 155 | 107 | 48 | 4 | 2 | 2 | 1 | 1 | |
| 浦江县 | 211 | 128 | 83 | 7 | 5 | 2 | | | |
| 磐安县 | 74 | 62 | 12 | 2 | 1 | 1 | | | |
| 兰溪市 | 58 | 45 | 13 | | | | | | |
| 义乌市 | 1053 | 710 | 343 | 21 | 12 | 9 | | | |
| 东阳市 | 205 | 116 | 89 | 6 | 5 | 1 | 1 | | 1 |
| 永康市 | 138 | 82 | 56 | 3 | 1 | 2 | 2 | 1 | 1 |
| **衢州市** | **494** | **336** | **158** | **47** | **26** | **21** | **6** | **6** | |
| 柯城区 | 131 | 88 | 43 | 30 | 17 | 13 | 4 | 4 | |
| 衢江区 | 106 | 72 | 34 | 5 | 3 | 2 | | | |
| 常山县 | 51 | 39 | 12 | | | | | | |
| 开化县 | 50 | 33 | 17 | | | | | | |
| 龙游县 | 113 | 81 | 32 | 7 | 5 | 2 | 2 | 2 | |
| 江山市 | 43 | 23 | 20 | 5 | 1 | 4 | | | |
| **舟山市** | **1183** | **957** | **226** | **61** | **49** | **12** | **5** | **3** | **2** |
| 定海区 | 287 | 219 | 68 | 10 | 6 | 4 | 1 | | 1 |
| 普陀区 | 462 | 382 | 80 | 26 | 24 | 2 | 4 | 3 | 1 |
| 岱山县 | 367 | 316 | 51 | 18 | 16 | 2 | | | |
| 嵊泗县 | 67 | 40 | 27 | 7 | 3 | 4 | | | |
| **台州市** | **2375** | **1748** | **627** | **94** | **59** | **35** | **11** | **7** | **4** |
| 椒江区 | 391 | 294 | 97 | 11 | 5 | 6 | 2 | 1 | 1 |
| 黄岩区 | 161 | 116 | 45 | 8 | 5 | 3 | 2 | | 2 |
| 路桥区 | 363 | 244 | 119 | 11 | 8 | 3 | 1 | 1 | |
| 三门县 | 188 | 146 | 42 | 10 | 4 | 6 | | | |
| 天台县 | 179 | 156 | 23 | 10 | 6 | 4 | 2 | 2 | |
| 仙居县 | 115 | 88 | 27 | 6 | 6 | | | | |
| 温岭市 | 217 | 143 | 74 | 6 | 3 | 3 | 1 | 1 | |
| 临海市 | 437 | 323 | 114 | 18 | 10 | 8 | 3 | 2 | 1 |
| 玉环市 | 324 | 238 | 86 | 14 | 12 | 2 | | | |
| **丽水市** | **417** | **310** | **107** | **14** | **12** | **2** | **2** | **2** | |
| 莲都区 | 105 | 75 | 30 | 5 | 5 | | | | |
| 青田县 | 67 | 47 | 20 | 5 | 4 | 1 | | | |
| 缙云县 | 85 | 70 | 15 | 3 | 3 | | | | |
| 遂昌县 | 20 | 18 | 2 | | | | 2 | 2 | |
| 松阳县 | 41 | 22 | 19 | | | | | | |
| 云和县 | 3 | 3 | | | | | | | |
| 庆元县 | 14 | 13 | 1 | | | | | | |
| 景宁畲族自治县 | 33 | 28 | 5 | | | | | | |
| 龙泉市 | 49 | 34 | 15 | 1 | | 1 | | | |

# 7-8 全省分年龄、性别、迁移原因的户口登记地在外乡镇街道的人口

单位：人

| 年 龄 | 合 计 | | | 工作就业 | | |
|---|---|---|---|---|---|---|
| | 合计 | 男 | 女 | 小计 | 男 | 女 |
| **总 计** | **30107815** | **16424000** | **13683815** | **18070026** | **10721365** | **7348661** |
| **0-4岁** | **1130773** | **597995** | **532778** | | | |
| 0 | 129536 | 67988 | 61548 | | | |
| 1 | 217448 | 114770 | 102678 | | | |
| 2 | 234916 | 124026 | 110890 | | | |
| 3 | 279483 | 147624 | 131859 | | | |
| 4 | 269390 | 143587 | 125803 | | | |
| **5-9岁** | **1242497** | **674596** | **567901** | | | |
| 5 | 247649 | 132978 | 114671 | | | |
| 6 | 251825 | 136099 | 115726 | | | |
| 7 | 241894 | 131115 | 110779 | | | |
| 8 | 261109 | 142954 | 118155 | | | |
| 9 | 240020 | 131450 | 108570 | | | |
| **10-14岁** | **1035426** | **566547** | **468879** | | | |
| 10 | 222422 | 122546 | 99876 | | | |
| 11 | 222982 | 122523 | 100459 | | | |
| 12 | 203199 | 110810 | 92389 | | | |
| 13 | 196241 | 106658 | 89583 | | | |
| 14 | 190582 | 104010 | 86572 | | | |
| **15-19岁** | **1921176** | **1046395** | **874781** | **450522** | **285807** | **164715** |
| 15 | 291709 | 156837 | 134872 | 17569 | 10796 | 6773 |
| 16 | 412730 | 222790 | 189940 | 44467 | 28328 | 16139 |
| 17 | 396217 | 217356 | 178861 | 85866 | 54934 | 30932 |
| 18 | 367204 | 203807 | 163397 | 125681 | 79904 | 45777 |
| 19 | 453316 | 245605 | 207711 | 176939 | 111845 | 65094 |
| **20-24岁** | **2600746** | **1440837** | **1159909** | **1816229** | **1070959** | **745270** |
| 20 | 485122 | 264129 | 220993 | 232013 | 143144 | 88869 |
| 21 | 479008 | 264153 | 214855 | 290314 | 175227 | 115087 |
| 22 | 518741 | 290707 | 228034 | 388893 | 228437 | 160456 |
| 23 | 542232 | 303267 | 238965 | 435521 | 252772 | 182749 |
| 24 | 575643 | 318581 | 257062 | 469488 | 271379 | 198109 |
| **25-29岁** | **3224590** | **1766960** | **1457630** | **2616509** | **1523071** | **1093438** |
| 25 | 629770 | 347375 | 282395 | 514049 | 298201 | 215848 |
| 26 | 605907 | 331724 | 274183 | 492016 | 285004 | 207012 |
| 27 | 649850 | 354660 | 295190 | 526523 | 306273 | 220250 |
| 28 | 657425 | 359203 | 298222 | 531800 | 310203 | 221597 |
| 29 | 681638 | 373998 | 307640 | 552121 | 323390 | 228731 |

7-8　续表 1　　　　单位：人

| 年　龄 | 合　计 | | | 工作就业 | | |
|---|---|---|---|---|---|---|
| | 合计 | 男 | 女 | 小计 | 男 | 女 |
| **30-34岁** | **3887962** | **2141706** | **1746256** | **3106382** | **1829541** | **1276841** |
| 30 | 832378 | 459832 | 372546 | 678440 | 399262 | 279178 |
| 31 | 804520 | 442440 | 362080 | 646577 | 379736 | 266841 |
| 32 | 754073 | 414535 | 339538 | 600899 | 353564 | 247335 |
| 33 | 813881 | 447157 | 366724 | 640234 | 377578 | 262656 |
| 34 | 683110 | 377742 | 305368 | 540232 | 319401 | 220831 |
| **35-39岁** | **2914852** | **1617023** | **1297829** | **2255844** | **1339491** | **916353** |
| 35 | 577358 | 321623 | 255735 | 459833 | 273077 | 186756 |
| 36 | 577336 | 321403 | 255933 | 451233 | 268567 | 182666 |
| 37 | 569685 | 315733 | 253952 | 435936 | 259081 | 176855 |
| 38 | 641462 | 354533 | 286929 | 486530 | 288960 | 197570 |
| 39 | 549011 | 303731 | 245280 | 422312 | 249806 | 172506 |
| **40-44岁** | **2692449** | **1476516** | **1215933** | **2077437** | **1206468** | **870969** |
| 40 | 493111 | 273044 | 220067 | 384547 | 226097 | 158450 |
| 41 | 554691 | 305744 | 248947 | 424200 | 248921 | 175279 |
| 42 | 543057 | 296274 | 246783 | 415960 | 240636 | 175324 |
| 43 | 526499 | 287084 | 239415 | 404124 | 232913 | 171211 |
| 44 | 575091 | 314370 | 260721 | 448606 | 257901 | 190705 |
| **45-49岁** | **2994088** | **1636552** | **1357536** | **2345043** | **1347473** | **997570** |
| 45 | 573230 | 312101 | 261129 | 451835 | 258051 | 193784 |
| 46 | 603782 | 329593 | 274189 | 482512 | 275787 | 206725 |
| 47 | 616839 | 336787 | 280052 | 482672 | 276874 | 205798 |
| 48 | 603683 | 329700 | 273983 | 471372 | 270663 | 200709 |
| 49 | 596554 | 328371 | 268183 | 456652 | 266098 | 190554 |
| **50-54岁** | **2564791** | **1415958** | **1148833** | **1857063** | **1115758** | **741305** |
| 50 | 599059 | 327844 | 271215 | 453897 | 264186 | 189711 |
| 51 | 544570 | 299698 | 244872 | 398705 | 236817 | 161888 |
| 52 | 541486 | 300209 | 241277 | 395748 | 238574 | 157174 |
| 53 | 426144 | 235568 | 190576 | 300939 | 183508 | 117431 |
| 54 | 453532 | 252639 | 200893 | 307774 | 192673 | 115101 |
| **55-59岁** | **1656244** | **904066** | **752178** | **951379** | **613916** | **337463** |
| 55 | 418234 | 230753 | 187481 | 265467 | 167673 | 97794 |
| 56 | 379312 | 207205 | 172107 | 226967 | 144753 | 82214 |
| 57 | 406711 | 223155 | 183556 | 227283 | 149085 | 78198 |
| 58 | 298125 | 161945 | 136180 | 158715 | 104858 | 53857 |
| 59 | 153862 | 81008 | 72854 | 72947 | 47547 | 25400 |
| **60-64岁** | **862490** | **453197** | **409293** | **319454** | **213139** | **106315** |
| 60 | 175924 | 92586 | 83338 | 72484 | 47837 | 24647 |
| 61 | 149604 | 79154 | 70450 | 56886 | 38161 | 18725 |
| 62 | 178329 | 95111 | 83218 | 66950 | 45297 | 21653 |
| 63 | 193645 | 101521 | 92124 | 68397 | 45796 | 22601 |
| 64 | 164988 | 84825 | 80163 | 54737 | 36048 | 18689 |
| **65岁及以上** | **1379731** | **685652** | **694079** | **272227** | **174586** | **97641** |

7－8　续表 2　　单位：人

| 年　龄 | 学习培训 | | | 随同离开/投亲靠友 | | | 拆迁/搬家 | | |
|---|---|---|---|---|---|---|---|---|---|
| | 小计 | 男 | 女 | 小计 | 男 | 女 | 小计 | 男 | 女 |
| **总　计** | **2380581** | **1224223** | **1156358** | **2873285** | **1408962** | **1464323** | **3886838** | **1986244** | **1900594** |
| **0－4岁** | **16452** | **8692** | **7760** | **767705** | **406138** | **361567** | **127595** | **67469** | **60126** |
| 0 | 326 | 170 | 156 | 85480 | 44829 | 40651 | 14693 | 7714 | 6979 |
| 1 | 947 | 500 | 447 | 148945 | 78524 | 70421 | 22685 | 12071 | 10614 |
| 2 | 1802 | 976 | 826 | 161055 | 85160 | 75895 | 26068 | 13769 | 12299 |
| 3 | 5883 | 3128 | 2755 | 189082 | 99910 | 89172 | 33084 | 17382 | 15702 |
| 4 | 7494 | 3918 | 3576 | 183143 | 97715 | 85428 | 31065 | 16533 | 14532 |
| **5－9岁** | **272876** | **150021** | **122855** | **697528** | **378503** | **319025** | **144058** | **77270** | **66788** |
| 5 | 7815 | 4255 | 3560 | 168785 | 90804 | 77981 | 28367 | 15029 | 13338 |
| 6 | 57241 | 31317 | 25924 | 140888 | 76226 | 64662 | 28681 | 15285 | 13396 |
| 7 | 65111 | 35686 | 29425 | 128900 | 69592 | 59308 | 27464 | 14830 | 12634 |
| 8 | 73380 | 40458 | 32922 | 135870 | 74420 | 61450 | 30873 | 16693 | 14180 |
| 9 | 69329 | 38305 | 31024 | 123085 | 67461 | 55624 | 28673 | 15433 | 13240 |
| **10－14岁** | **327797** | **180759** | **147038** | **487203** | **267118** | **220085** | **141855** | **75991** | **65864** |
| 10 | 65812 | 36701 | 29111 | 111929 | 61773 | 50156 | 27426 | 14764 | 12662 |
| 11 | 67361 | 37384 | 29977 | 110582 | 60828 | 49754 | 28155 | 15164 | 12991 |
| 12 | 64049 | 35234 | 28815 | 95256 | 51948 | 43308 | 28425 | 15188 | 13237 |
| 13 | 64716 | 35267 | 29449 | 87669 | 47829 | 39840 | 29174 | 15552 | 13622 |
| 14 | 65859 | 36173 | 29686 | 81767 | 44740 | 37027 | 28675 | 15323 | 13352 |
| **15－19岁** | **1186599** | **606063** | **580536** | **161710** | **89195** | **72515** | **79660** | **42613** | **37047** |
| 15 | 193557 | 102144 | 91413 | 49440 | 27234 | 22206 | 21323 | 11439 | 9884 |
| 16 | 305035 | 160202 | 144833 | 37035 | 20463 | 16572 | 17636 | 9288 | 8348 |
| 17 | 255491 | 132840 | 122651 | 30944 | 16863 | 14081 | 15730 | 8370 | 7360 |
| 18 | 195669 | 98724 | 96945 | 24190 | 13448 | 10742 | 13613 | 7321 | 6292 |
| 19 | 236847 | 112153 | 124694 | 20101 | 11187 | 8914 | 11358 | 6195 | 5163 |
| **20－24岁** | **483004** | **229062** | **253942** | **107544** | **53369** | **54175** | **117737** | **60863** | **56874** |
| 20 | 209990 | 98105 | 111885 | 20220 | 10881 | 9339 | 13793 | 7564 | 6229 |
| 21 | 142682 | 65797 | 76885 | 18873 | 9791 | 9082 | 17086 | 9108 | 7978 |
| 22 | 69740 | 34041 | 35699 | 22371 | 10880 | 11491 | 24086 | 12286 | 11800 |
| 23 | 35854 | 18389 | 17465 | 23265 | 11134 | 12131 | 29208 | 14944 | 14264 |
| 24 | 24738 | 12730 | 12008 | 22815 | 10683 | 12132 | 33564 | 16961 | 16603 |
| **25－29岁** | **51423** | **27102** | **24321** | **97891** | **43606** | **54285** | **235062** | **120533** | **114529** |
| 25 | 18420 | 9575 | 8845 | 23081 | 10835 | 12246 | 40132 | 20363 | 19769 |
| 26 | 11627 | 6176 | 5451 | 19941 | 9297 | 10644 | 43067 | 22096 | 20971 |
| 27 | 8945 | 4685 | 4260 | 19595 | 8624 | 10971 | 48072 | 24445 | 23627 |
| 28 | 6867 | 3666 | 3201 | 18057 | 7683 | 10374 | 50309 | 25922 | 24387 |
| 29 | 5564 | 3000 | 2564 | 17217 | 7167 | 10050 | 53482 | 27707 | 25775 |

7-8　续表 3　　单位：人

| 年　龄 | 学习培训 | | | 随同离开/投亲靠友 | | | 拆迁/搬家 | | |
|---|---|---|---|---|---|---|---|---|---|
| | 小计 | 男 | 女 | 小计 | 男 | 女 | 小计 | 男 | 女 |
| **30-34岁** | **19270** | **10399** | **8871** | **83393** | **30651** | **52742** | **363066** | **186241** | **176825** |
| 30 | 5552 | 2979 | 2573 | 19030 | 7473 | 11557 | 65892 | 34201 | 31691 |
| 31 | 4196 | 2251 | 1945 | 17620 | 6621 | 10999 | 71528 | 37151 | 34377 |
| 32 | 3514 | 1930 | 1584 | 15959 | 5820 | 10139 | 71619 | 36610 | 35009 |
| 33 | 3367 | 1817 | 1550 | 16856 | 5969 | 10887 | 83470 | 42372 | 41098 |
| 34 | 2641 | 1422 | 1219 | 13928 | 4768 | 9160 | 70557 | 35907 | 34650 |
| **35-39岁** | **9164** | **4915** | **4249** | **57433** | **18385** | **39048** | **356677** | **178846** | **177831** |
| 35 | 1871 | 1025 | 846 | 11288 | 3791 | 7497 | 60023 | 30447 | 29576 |
| 36 | 1979 | 1071 | 908 | 11761 | 3902 | 7859 | 66638 | 33533 | 33105 |
| 37 | 1879 | 984 | 895 | 11341 | 3638 | 7703 | 72499 | 36552 | 35947 |
| 38 | 2009 | 1046 | 963 | 12733 | 4009 | 8724 | 85959 | 42724 | 43235 |
| 39 | 1426 | 789 | 637 | 10310 | 3045 | 7265 | 71558 | 35590 | 35968 |
| **40-44岁** | **5228** | **2746** | **2482** | **49583** | **13328** | **36255** | **371117** | **185330** | **185787** |
| 40 | 1135 | 608 | 527 | 8927 | 2498 | 6429 | 62247 | 31288 | 30959 |
| 41 | 1202 | 642 | 560 | 10533 | 2971 | 7562 | 77347 | 38444 | 38903 |
| 42 | 1083 | 554 | 529 | 10116 | 2738 | 7378 | 76729 | 38338 | 38391 |
| 43 | 905 | 464 | 441 | 9792 | 2611 | 7181 | 75687 | 37703 | 37984 |
| 44 | 903 | 478 | 425 | 10215 | 2510 | 7705 | 79107 | 39557 | 39550 |
| **45-49岁** | **3568** | **1844** | **1724** | **55971** | **12984** | **42987** | **421240** | **209145** | **212095** |
| 45 | 800 | 403 | 397 | 10323 | 2515 | 7808 | 76770 | 38012 | 38758 |
| 46 | 775 | 400 | 375 | 10711 | 2475 | 8236 | 77438 | 38383 | 39055 |
| 47 | 720 | 382 | 338 | 11280 | 2633 | 8647 | 87578 | 43373 | 44205 |
| 48 | 651 | 336 | 315 | 11584 | 2650 | 8934 | 86900 | 43073 | 43827 |
| 49 | 622 | 323 | 299 | 12073 | 2711 | 9362 | 92554 | 46304 | 46250 |
| **50-54岁** | **2189** | **1145** | **1044** | **65584** | **15122** | **50462** | **432044** | **217423** | **214621** |
| 50 | 583 | 308 | 275 | 13047 | 2853 | 10194 | 94119 | 47179 | 46940 |
| 51 | 465 | 232 | 233 | 13310 | 3097 | 10213 | 92420 | 46342 | 46078 |
| 52 | 475 | 255 | 220 | 13595 | 3103 | 10492 | 88808 | 44760 | 44048 |
| 53 | 314 | 172 | 142 | 11781 | 2733 | 9048 | 73800 | 37236 | 36564 |
| 54 | 352 | 178 | 174 | 13851 | 3336 | 10515 | 82897 | 41906 | 40991 |
| **55-59岁** | **1225** | **606** | **619** | **62813** | **16557** | **46256** | **376298** | **193345** | **182953** |
| 55 | 304 | 154 | 150 | 13886 | 3479 | 10407 | 85504 | 43678 | 41826 |
| 56 | 282 | 143 | 139 | 13864 | 3486 | 10378 | 82638 | 42352 | 40286 |
| 57 | 292 | 148 | 144 | 15726 | 4215 | 11511 | 95227 | 49163 | 46064 |
| 58 | 233 | 111 | 122 | 12373 | 3398 | 8975 | 71719 | 36976 | 34743 |
| 59 | 114 | 50 | 64 | 6964 | 1979 | 4985 | 41210 | 21176 | 20034 |
| **60-64岁** | **734** | **358** | **376** | **49316** | **16247** | **33069** | **253662** | **133207** | **120455** |
| 60 | 150 | 71 | 79 | 8789 | 2681 | 6108 | 51421 | 27123 | 24298 |
| 61 | 120 | 60 | 60 | 8188 | 2614 | 5574 | 44801 | 23696 | 21105 |
| 62 | 148 | 83 | 65 | 10076 | 3378 | 6698 | 51749 | 27471 | 24278 |
| 63 | 175 | 73 | 102 | 11640 | 4002 | 7638 | 56573 | 29575 | 26998 |
| 64 | 141 | 71 | 70 | 10623 | 3572 | 7051 | 49118 | 25342 | 23776 |
| **65岁及以上** | **1052** | **511** | **541** | **129611** | **47759** | **81852** | **466767** | **237968** | **228799** |

7—8　续表 4　　单位：人

| 年　龄 | 寄挂户口 | | | 婚姻嫁娶 | | | 照料孙子女 | | |
|---|---|---|---|---|---|---|---|---|---|
| | 小计 | 男 | 女 | 小计 | 男 | 女 | 小计 | 男 | 女 |
| **总　计** | **117373** | **64169** | **53204** | **714298** | **123349** | **590949** | **554921** | **161662** | **393259** |
| **0—4岁** | **10304** | **5393** | **4911** | | | | | | |
| 0 | 1290 | 680 | 610 | | | | | | |
| 1 | 2283 | 1169 | 1114 | | | | | | |
| 2 | 2276 | 1189 | 1087 | | | | | | |
| 3 | 2335 | 1217 | 1118 | | | | | | |
| 4 | 2120 | 1138 | 982 | | | | | | |
| **5—9岁** | **7380** | **3831** | **3549** | | | | | | |
| 5 | 1829 | 958 | 871 | | | | | | |
| 6 | 1539 | 791 | 748 | | | | | | |
| 7 | 1321 | 696 | 625 | | | | | | |
| 8 | 1423 | 722 | 701 | | | | | | |
| 9 | 1268 | 664 | 604 | | | | | | |
| **10—14岁** | **5527** | **2915** | **2612** | **25** | **12** | **13** | | | |
| 10 | 1166 | 622 | 544 | 5 | 4 | 1 | | | |
| 11 | 1101 | 567 | 534 | 2 | 1 | 1 | | | |
| 12 | 1101 | 603 | 498 | 5 | 1 | 4 | | | |
| 13 | 1126 | 589 | 537 | 5 | 1 | 4 | | | |
| 14 | 1033 | 534 | 499 | 8 | 5 | 3 | | | |
| **15—19岁** | **2815** | **1473** | **1342** | **1242** | **110** | **1132** | **18** | **4** | **14** |
| 15 | 653 | 323 | 330 | 51 | 18 | 33 | 2 | 2 | |
| 16 | 574 | 294 | 280 | 86 | 21 | 65 | 1 | | 1 |
| 17 | 551 | 274 | 277 | 137 | 14 | 123 | 5 | 2 | 3 |
| 18 | 508 | 288 | 220 | 310 | 34 | 276 | 1 | | 1 |
| 19 | 529 | 294 | 235 | 658 | 23 | 635 | 9 | | 9 |
| **20—24岁** | **6185** | **3284** | **2901** | **27875** | **1637** | **26238** | **104** | **6** | **98** |
| 20 | 708 | 397 | 311 | 1281 | 51 | 1230 | 12 | | 12 |
| 21 | 846 | 428 | 418 | 2262 | 84 | 2178 | 22 | 2 | 20 |
| 22 | 1109 | 610 | 499 | 4110 | 186 | 3924 | 16 | | 16 |
| 23 | 1560 | 821 | 739 | 7363 | 452 | 6911 | 24 | 2 | 22 |
| 24 | 1962 | 1028 | 934 | 12859 | 864 | 11995 | 30 | 2 | 28 |
| **25—29岁** | **12674** | **6556** | **6118** | **148400** | **16132** | **132268** | **177** | **11** | **166** |
| 25 | 2397 | 1241 | 1156 | 20168 | 1580 | 18588 | 37 | | 37 |
| 26 | 2510 | 1304 | 1206 | 25442 | 2300 | 23142 | 26 | 1 | 25 |
| 27 | 2673 | 1355 | 1318 | 31497 | 3307 | 28190 | 45 | 2 | 43 |
| 28 | 2640 | 1341 | 1299 | 34570 | 4114 | 30456 | 24 | 3 | 21 |
| 29 | 2454 | 1315 | 1139 | 36723 | 4831 | 31892 | 45 | 5 | 40 |

7-8　续表 5　　单位：人

| 年　龄 | 寄挂户口 | | | 婚姻嫁娶 | | | 照料孙子女 | | |
|---|---|---|---|---|---|---|---|---|---|
| | 小计 | 男 | 女 | 小计 | 男 | 女 | 小计 | 男 | 女 |
| **30-34岁** | **13029** | **6977** | **6052** | **199008** | **30957** | **168051** | **1830** | **360** | **1470** |
| 30 | 2831 | 1532 | 1299 | 42685 | 6139 | 36546 | 358 | 60 | 298 |
| 31 | 2733 | 1469 | 1264 | 42216 | 6293 | 35923 | 387 | 65 | 322 |
| 32 | 2524 | 1355 | 1169 | 39219 | 6167 | 33052 | 333 | 59 | 274 |
| 33 | 2623 | 1410 | 1213 | 42765 | 6831 | 35934 | 409 | 95 | 314 |
| 34 | 2318 | 1211 | 1107 | 32123 | 5527 | 26596 | 343 | 81 | 262 |
| **35-39岁** | **10667** | **5663** | **5004** | **116088** | **20573** | **95515** | **1456** | **319** | **1137** |
| 35 | 2007 | 1068 | 939 | 23894 | 3994 | 19900 | 272 | 65 | 207 |
| 36 | 2086 | 1142 | 944 | 23352 | 3999 | 19353 | 318 | 74 | 244 |
| 37 | 2251 | 1139 | 1112 | 23528 | 4236 | 19292 | 299 | 83 | 216 |
| 38 | 2426 | 1279 | 1147 | 25695 | 4776 | 20919 | 309 | 51 | 258 |
| 39 | 1897 | 1035 | 862 | 19619 | 3568 | 16051 | 258 | 46 | 212 |
| **40-44岁** | **8402** | **4552** | **3850** | **74019** | **14565** | **59454** | **2223** | **482** | **1741** |
| 40 | 1523 | 834 | 689 | 15508 | 2896 | 12612 | 245 | 52 | 193 |
| 41 | 1765 | 944 | 821 | 16893 | 3320 | 13573 | 367 | 102 | 265 |
| 42 | 1757 | 914 | 843 | 15330 | 2980 | 12350 | 403 | 85 | 318 |
| 43 | 1675 | 914 | 761 | 13359 | 2699 | 10660 | 499 | 119 | 380 |
| 44 | 1682 | 946 | 736 | 12929 | 2670 | 10259 | 709 | 124 | 585 |
| **45-49岁** | **8013** | **4477** | **3536** | **51661** | **11421** | **40240** | **12503** | **1548** | **10955** |
| 45 | 1555 | 889 | 666 | 11405 | 2460 | 8945 | 891 | 128 | 763 |
| 46 | 1556 | 851 | 705 | 10535 | 2250 | 8285 | 1374 | 193 | 1181 |
| 47 | 1697 | 974 | 723 | 10646 | 2277 | 8369 | 2105 | 260 | 1845 |
| 48 | 1541 | 841 | 700 | 9677 | 2239 | 7438 | 3120 | 362 | 2758 |
| 49 | 1664 | 922 | 742 | 9398 | 2195 | 7203 | 5013 | 605 | 4408 |
| **50-54岁** | **7272** | **4096** | **3176** | **35135** | **8683** | **26452** | **75333** | **11069** | **64264** |
| 50 | 1576 | 899 | 677 | 8737 | 2102 | 6635 | 7795 | 946 | 6849 |
| 51 | 1562 | 867 | 695 | 7743 | 1838 | 5905 | 11342 | 1487 | 9855 |
| 52 | 1518 | 854 | 664 | 7078 | 1753 | 5325 | 15606 | 2201 | 13405 |
| 53 | 1169 | 653 | 516 | 5682 | 1443 | 4239 | 16863 | 2494 | 14369 |
| 54 | 1447 | 823 | 624 | 5895 | 1547 | 4348 | 23727 | 3941 | 19786 |
| **55-59岁** | **6713** | **3941** | **2772** | **22775** | **6253** | **16522** | **149157** | **30676** | **118481** |
| 55 | 1467 | 858 | 609 | 5712 | 1473 | 4239 | 27528 | 5067 | 22461 |
| 56 | 1460 | 866 | 594 | 5093 | 1402 | 3691 | 30726 | 5900 | 24826 |
| 57 | 1685 | 980 | 705 | 5596 | 1544 | 4052 | 38814 | 8078 | 30736 |
| 58 | 1359 | 790 | 569 | 4115 | 1168 | 2947 | 32737 | 7097 | 25640 |
| 59 | 742 | 447 | 295 | 2259 | 666 | 1593 | 19352 | 4534 | 14818 |
| **60-64岁** | **4552** | **2735** | **1817** | **13139** | **4208** | **8931** | **144106** | **46022** | **98084** |
| 60 | 911 | 562 | 349 | 2757 | 877 | 1880 | 25486 | 6850 | 18636 |
| 61 | 837 | 508 | 329 | 2221 | 733 | 1488 | 23635 | 7167 | 16468 |
| 62 | 919 | 562 | 357 | 2711 | 931 | 1780 | 30075 | 9790 | 20285 |
| 63 | 1045 | 617 | 428 | 2900 | 879 | 2021 | 34675 | 11757 | 22918 |
| 64 | 840 | 486 | 354 | 2550 | 788 | 1762 | 30235 | 10458 | 19777 |
| **65岁及以上** | **13840** | **8276** | **5564** | **24931** | **8798** | **16133** | **168014** | **71165** | **96849** |

7-8 续表 6

单位：人

| 年龄 | 为子女就学 | | | 养老/康养 | | | 其他 | | |
|---|---|---|---|---|---|---|---|---|---|
| | 小计 | 男 | 女 | 小计 | 男 | 女 | 小计 | 男 | 女 |
| **总计** | **197645** | **82669** | **114976** | **282014** | **121411** | **160603** | **1030834** | **529946** | **500888** |
| **0–4岁** | | | | | | | **208717** | **110303** | **98414** |
| 0 | | | | | | | 27747 | 14595 | 13152 |
| 1 | | | | | | | 42588 | 22506 | 20082 |
| 2 | | | | | | | 43715 | 22932 | 20783 |
| 3 | | | | | | | 49099 | 25987 | 23112 |
| 4 | | | | | | | 45568 | 24283 | 21285 |
| **5–9岁** | | | | | | | **120655** | **64971** | **55684** |
| 5 | | | | | | | 40853 | 21932 | 18921 |
| 6 | | | | | | | 23476 | 12480 | 10996 |
| 7 | | | | | | | 19098 | 10311 | 8787 |
| 8 | | | | | | | 19563 | 10661 | 8902 |
| 9 | | | | | | | 17665 | 9587 | 8078 |
| **10–14岁** | | | | **26** | **16** | **10** | **71056** | **38580** | **32476** |
| 10 | | | | 2 | 2 | | 15753 | 8494 | 7259 |
| 11 | | | | 3 | 2 | 1 | 15433 | 8379 | 7054 |
| 12 | | | | 6 | 4 | 2 | 14029 | 7632 | 6397 |
| 13 | | | | 8 | 4 | 4 | 13197 | 7207 | 5990 |
| 14 | | | | 7 | 4 | 3 | 12644 | 6868 | 5776 |
| **15–19岁** | **582** | **305** | **277** | **28** | **19** | **9** | **38000** | **20806** | **17194** |
| 15 | 165 | 98 | 67 | 5 | 3 | 2 | 8944 | 4780 | 4164 |
| 16 | 155 | 79 | 76 | 7 | 4 | 3 | 7734 | 4111 | 3623 |
| 17 | 106 | 60 | 46 | 4 | 2 | 2 | 7383 | 3997 | 3386 |
| 18 | 77 | 33 | 44 | 6 | 6 | | 7149 | 4049 | 3100 |
| 19 | 79 | 35 | 44 | 6 | 4 | 2 | 6790 | 3869 | 2921 |
| **20–24岁** | **1132** | **244** | **888** | **56** | **41** | **15** | **40880** | **21372** | **19508** |
| 20 | 136 | 47 | 89 | 11 | 8 | 3 | 6958 | 3932 | 3026 |
| 21 | 141 | 43 | 98 | 7 | 7 | | 6775 | 3666 | 3109 |
| 22 | 200 | 47 | 153 | 16 | 12 | 4 | 8200 | 4208 | 3992 |
| 23 | 285 | 53 | 232 | 8 | 5 | 3 | 9144 | 4695 | 4449 |
| 24 | 370 | 54 | 316 | 14 | 9 | 5 | 9803 | 4871 | 4932 |
| **25–29岁** | **6695** | **1629** | **5066** | **86** | **55** | **31** | **55673** | **28265** | **27408** |
| 25 | 560 | 117 | 443 | 19 | 10 | 9 | 10907 | 5453 | 5454 |
| 26 | 773 | 157 | 616 | 16 | 9 | 7 | 10489 | 5380 | 5109 |
| 27 | 1144 | 257 | 887 | 18 | 15 | 3 | 11338 | 5697 | 5641 |
| 28 | 1756 | 444 | 1312 | 19 | 13 | 6 | 11383 | 5814 | 5569 |
| 29 | 2462 | 654 | 1808 | 14 | 8 | 6 | 11556 | 5921 | 5635 |

7-8　续表 7　　　　　　　　　　　　　　　　　　　　　　　　单位：人

| 年　龄 | 为子女就学 | | | 养老/康养 | | | 其　他 | | |
|---|---|---|---|---|---|---|---|---|---|
| | 小计 | 男 | 女 | 小计 | 男 | 女 | 小计 | 男 | 女 |
| **30—34岁** | **34038** | **12013** | **22025** | **107** | **67** | **40** | **67839** | **34500** | **33339** |
| 30 | 3954 | 1202 | 2752 | 21 | 15 | 6 | 13615 | 6969 | 6646 |
| 31 | 5447 | 1800 | 3647 | 17 | 9 | 8 | 13799 | 7045 | 6754 |
| 32 | 6687 | 2299 | 4388 | 19 | 11 | 8 | 13300 | 6720 | 6580 |
| 33 | 9416 | 3507 | 5909 | 24 | 14 | 10 | 14717 | 7564 | 7153 |
| 34 | 8534 | 3205 | 5329 | 26 | 18 | 8 | 12408 | 6202 | 6206 |
| **35—39岁** | **49728** | **19436** | **30292** | **113** | **70** | **43** | **57682** | **29325** | **28357** |
| 35 | 7768 | 2837 | 4931 | 20 | 15 | 5 | 10382 | 5304 | 5078 |
| 36 | 8662 | 3323 | 5339 | 27 | 17 | 10 | 11280 | 5775 | 5505 |
| 37 | 10172 | 4051 | 6121 | 22 | 13 | 9 | 11758 | 5956 | 5802 |
| 38 | 12493 | 4956 | 7537 | 21 | 8 | 13 | 13287 | 6724 | 6563 |
| 39 | 10633 | 4269 | 6364 | 23 | 17 | 6 | 10975 | 5566 | 5409 |
| **40—44岁** | **47907** | **20681** | **27226** | **146** | **94** | **52** | **56387** | **28270** | **28117** |
| 40 | 9076 | 3776 | 5300 | 23 | 16 | 7 | 9880 | 4979 | 4901 |
| 41 | 10830 | 4597 | 6233 | 21 | 12 | 9 | 11533 | 5791 | 5742 |
| 42 | 10123 | 4282 | 5841 | 28 | 16 | 12 | 11528 | 5731 | 5797 |
| 43 | 9039 | 4009 | 5030 | 35 | 20 | 15 | 11384 | 5632 | 5752 |
| 44 | 8839 | 4017 | 4822 | 39 | 30 | 9 | 12062 | 6137 | 5925 |
| **45—49岁** | **30305** | **14920** | **15385** | **373** | **181** | **192** | **65411** | **32559** | **32852** |
| 45 | 7636 | 3654 | 3982 | 43 | 21 | 22 | 11972 | 5968 | 6004 |
| 46 | 6589 | 3168 | 3421 | 51 | 26 | 25 | 12241 | 6060 | 6181 |
| 47 | 6292 | 3123 | 3169 | 67 | 33 | 34 | 13782 | 6858 | 6924 |
| 48 | 5189 | 2613 | 2576 | 93 | 46 | 47 | 13556 | 6877 | 6679 |
| 49 | 4599 | 2362 | 2237 | 119 | 55 | 64 | 13860 | 6796 | 7064 |
| **50—54岁** | **13485** | **6964** | **6521** | **10290** | **3390** | **6900** | **66396** | **32308** | **34088** |
| 50 | 3950 | 2052 | 1898 | 1150 | 348 | 802 | 14205 | 6971 | 7234 |
| 51 | 3234 | 1672 | 1562 | 1851 | 593 | 1258 | 13938 | 6753 | 7185 |
| 52 | 2583 | 1322 | 1261 | 2216 | 706 | 1510 | 13859 | 6681 | 7178 |
| 53 | 1902 | 993 | 909 | 2164 | 729 | 1435 | 11530 | 5607 | 5923 |
| 54 | 1816 | 925 | 891 | 2909 | 1014 | 1895 | 12864 | 6296 | 6568 |
| **55—59岁** | **6020** | **2847** | **3173** | **21863** | **7971** | **13892** | **58001** | **27954** | **30047** |
| 55 | 1661 | 808 | 853 | 3721 | 1288 | 2433 | 12984 | 6275 | 6709 |
| 56 | 1328 | 647 | 681 | 4252 | 1520 | 2732 | 12702 | 6136 | 6566 |
| 57 | 1480 | 692 | 788 | 5761 | 2090 | 3671 | 14847 | 7160 | 7687 |
| 58 | 988 | 463 | 525 | 4836 | 1759 | 3077 | 11050 | 5325 | 5725 |
| 59 | 563 | 237 | 326 | 3293 | 1314 | 1979 | 6418 | 3058 | 3360 |
| **60—64岁** | **3395** | **1499** | **1896** | **33387** | **15621** | **17766** | **40745** | **20161** | **20584** |
| 60 | 631 | 277 | 354 | 5159 | 2327 | 2832 | 8136 | 3981 | 4155 |
| 61 | 613 | 270 | 343 | 5330 | 2494 | 2836 | 6973 | 3451 | 3522 |
| 62 | 671 | 304 | 367 | 6808 | 3199 | 3609 | 8222 | 4096 | 4126 |
| 63 | 836 | 356 | 480 | 8196 | 3841 | 4355 | 9208 | 4625 | 4583 |
| 64 | 644 | 292 | 352 | 7894 | 3760 | 4134 | 8206 | 4008 | 4198 |
| **65岁及以上** | **4358** | **2131** | **2227** | **215539** | **93886** | **121653** | **83392** | **40572** | **42820** |

# 7-8a 全省分年龄、性别、迁移原因的户口登记地在外乡镇街道的人口(城市)

单位：人

| 年 龄 | 合 计 | | | 工作就业 | | |
|---|---|---|---|---|---|---|
| | 合计 | 男 | 女 | 小计 | 男 | 女 |
| **总 计** | **19454456** | **10466564** | **8987892** | **11325754** | **6612986** | **4712768** |
| **0-4岁** | **717175** | **379071** | **338104** | | | |
| 0 | 84367 | 44172 | 40195 | | | |
| 1 | 138235 | 72829 | 65406 | | | |
| 2 | 147620 | 77915 | 69705 | | | |
| 3 | 176026 | 93038 | 82988 | | | |
| 4 | 170927 | 91117 | 79810 | | | |
| **5-9岁** | **763522** | **415125** | **348397** | | | |
| 5 | 154544 | 83166 | 71378 | | | |
| 6 | 156193 | 84577 | 71616 | | | |
| 7 | 147691 | 80215 | 67476 | | | |
| 8 | 159168 | 87140 | 72028 | | | |
| 9 | 145926 | 80027 | 65899 | | | |
| **10-14岁** | **628136** | **344573** | **283563** | | | |
| 10 | 134807 | 74443 | 60364 | | | |
| 11 | 134193 | 73868 | 60325 | | | |
| 12 | 123032 | 67168 | 55864 | | | |
| 13 | 120287 | 65638 | 54649 | | | |
| 14 | 115817 | 63456 | 52361 | | | |
| **15-19岁** | **1295006** | **693781** | **601225** | **281502** | **175047** | **106455** |
| 15 | 177797 | 95614 | 82183 | 11082 | 6768 | 4314 |
| 16 | 257909 | 138957 | 118952 | 27841 | 17560 | 10281 |
| 17 | 252272 | 137822 | 114450 | 53687 | 33754 | 19933 |
| 18 | 258835 | 139505 | 119330 | 77744 | 48501 | 29243 |
| 19 | 348193 | 181883 | 166310 | 111148 | 68464 | 42684 |
| **20-24岁** | **1885396** | **1011235** | **874161** | **1237622** | **704253** | **533369** |
| 20 | 373942 | 195996 | 177946 | 150732 | 90320 | 60412 |
| 21 | 357130 | 189622 | 167508 | 193242 | 112646 | 80596 |
| 22 | 369784 | 200509 | 169275 | 265232 | 149947 | 115285 |
| 23 | 382626 | 207992 | 174634 | 302399 | 169212 | 133187 |
| 24 | 401914 | 217116 | 184798 | 326017 | 182128 | 143889 |
| **25-29岁** | **2181893** | **1183195** | **998698** | **1774912** | **1011129** | **763783** |
| 25 | 435583 | 236130 | 199453 | 355705 | 200545 | 155160 |
| 26 | 414346 | 223997 | 190349 | 337929 | 191069 | 146860 |
| 27 | 440268 | 238042 | 202226 | 358302 | 204211 | 154091 |
| 28 | 439644 | 238743 | 200901 | 356950 | 204494 | 152456 |
| 29 | 452052 | 246283 | 205769 | 366026 | 210810 | 155216 |

7-8a　续表 1　　单位：人

| 年　龄 | 合　　计 | | | 工作就业 | | |
|---|---|---|---|---|---|---|
| | 合计 | 男 | 女 | 小计 | 男 | 女 |
| **30-34岁** | **2516410** | **1376448** | **1139962** | **1991188** | **1156898** | **834290** |
| 30 | 545267 | 299033 | 246234 | 442793 | 256712 | 186081 |
| 31 | 523081 | 285789 | 237292 | 417304 | 241716 | 175588 |
| 32 | 488136 | 266580 | 221556 | 384961 | 223511 | 161450 |
| 33 | 524084 | 285688 | 238396 | 406183 | 236423 | 169760 |
| 34 | 435842 | 239358 | 196484 | 339947 | 198536 | 141411 |
| **35-39岁** | **1849703** | **1018894** | **830809** | **1399914** | **823275** | **576639** |
| 35 | 366461 | 202427 | 164034 | 286970 | 168477 | 118493 |
| 36 | 367574 | 203244 | 164330 | 281344 | 165764 | 115580 |
| 37 | 363233 | 199857 | 163376 | 271598 | 159743 | 111855 |
| 38 | 407632 | 223446 | 184186 | 301114 | 177060 | 124054 |
| 39 | 344803 | 189920 | 154883 | 258888 | 152231 | 106657 |
| **40-44岁** | **1669133** | **911396** | **757737** | **1252727** | **724169** | **528558** |
| 40 | 306571 | 168971 | 137600 | 233078 | 136358 | 96720 |
| 41 | 347749 | 190327 | 157422 | 258642 | 150655 | 107987 |
| 42 | 337477 | 183492 | 153985 | 251432 | 144856 | 106576 |
| 43 | 325710 | 176925 | 148785 | 242784 | 139454 | 103330 |
| 44 | 351626 | 191681 | 159945 | 266791 | 152846 | 113945 |
| **45-49岁** | **1822695** | **987754** | **834941** | **1386835** | **790469** | **596366** |
| 45 | 348693 | 188882 | 159811 | 267510 | 151931 | 115579 |
| 46 | 364539 | 197544 | 166995 | 283885 | 161028 | 122857 |
| 47 | 376047 | 203542 | 172505 | 285994 | 162713 | 123281 |
| 48 | 368289 | 199312 | 168977 | 279168 | 158989 | 120179 |
| 49 | 365127 | 198474 | 166653 | 270278 | 155808 | 114470 |
| **50-54岁** | **1575347** | **851921** | **723426** | **1093366** | **648166** | **445200** |
| 50 | 366638 | 197762 | 168876 | 267958 | 154238 | 113720 |
| 51 | 334516 | 180784 | 153732 | 235377 | 138036 | 97341 |
| 52 | 332048 | 180041 | 152007 | 232288 | 138108 | 94180 |
| 53 | 261913 | 141497 | 120416 | 176933 | 106382 | 70551 |
| 54 | 280232 | 151837 | 128395 | 180810 | 111402 | 69408 |
| **55-59岁** | **1062154** | **559588** | **502566** | **563117** | **357670** | **205447** |
| 55 | 261716 | 140103 | 121613 | 156038 | 97116 | 58922 |
| 56 | 241586 | 127490 | 114096 | 134348 | 84306 | 50042 |
| 57 | 263326 | 139073 | 124253 | 135190 | 87240 | 47950 |
| 58 | 193543 | 101278 | 92265 | 94045 | 61146 | 32899 |
| 59 | 101983 | 51644 | 50339 | 43496 | 27862 | 15634 |
| **60-64岁** | **580457** | **293767** | **286690** | **187704** | **123168** | **64536** |
| 60 | 117624 | 59299 | 58325 | 42781 | 27623 | 15158 |
| 61 | 100606 | 51225 | 49381 | 33409 | 22091 | 11318 |
| 62 | 119925 | 61617 | 58308 | 39217 | 26173 | 13044 |
| 63 | 130236 | 65845 | 64391 | 40019 | 26352 | 13667 |
| 64 | 112066 | 55781 | 56285 | 32278 | 20929 | 11349 |
| **65岁及以上** | **907429** | **439816** | **467613** | **155674** | **98024** | **57650** |

7−8a 续表 2

单位：人

| 年 龄 | 学习培训 | | | 随同离开/投亲靠友 | | | 拆迁/搬家 | | |
|---|---|---|---|---|---|---|---|---|---|
| | 小计 | 男 | 女 | 小计 | 男 | 女 | 小计 | 男 | 女 |
| **总 计** | **1714387** | **869679** | **844708** | **1777034** | **870412** | **906622** | **2747940** | **1398691** | **1349249** |
| **0−4岁** | **10920** | **5738** | **5182** | **476499** | **251896** | **224603** | **88337** | **46684** | **41653** |
| 0 | 222 | 116 | 106 | 54380 | 28432 | 25948 | 10041 | 5241 | 4800 |
| 1 | 645 | 346 | 299 | 92831 | 48803 | 44028 | 15689 | 8358 | 7331 |
| 2 | 1237 | 668 | 569 | 99154 | 52443 | 46711 | 18003 | 9502 | 8501 |
| 3 | 3862 | 2053 | 1809 | 116441 | 61594 | 54847 | 22889 | 12003 | 10886 |
| 4 | 4954 | 2555 | 2399 | 113693 | 60624 | 53069 | 21715 | 11580 | 10135 |
| **5−9岁** | **163463** | **90017** | **73446** | **420612** | **228600** | **192012** | **98673** | **53053** | **45620** |
| 5 | 4970 | 2718 | 2252 | 103022 | 55527 | 47495 | 19655 | 10479 | 9176 |
| 6 | 34896 | 19140 | 15756 | 85528 | 46381 | 39147 | 19779 | 10581 | 9198 |
| 7 | 38882 | 21350 | 17532 | 77304 | 41781 | 35523 | 18737 | 10186 | 8551 |
| 8 | 43748 | 24099 | 19649 | 81329 | 44625 | 36704 | 20936 | 11263 | 9673 |
| 9 | 40967 | 22710 | 18257 | 73429 | 40286 | 33143 | 19566 | 10544 | 9022 |
| **10−14岁** | **192382** | **106733** | **85649** | **291191** | **159972** | **131219** | **95749** | **51313** | **44436** |
| 10 | 38767 | 21767 | 17000 | 66618 | 36829 | 29789 | 18661 | 10027 | 8634 |
| 11 | 39406 | 21935 | 17471 | 65388 | 36023 | 29365 | 18964 | 10233 | 8731 |
| 12 | 37357 | 20654 | 16703 | 56937 | 31106 | 25831 | 19113 | 10165 | 8948 |
| 13 | 38250 | 21033 | 17217 | 52955 | 29057 | 23898 | 19878 | 10557 | 9321 |
| 14 | 38602 | 21344 | 17258 | 49293 | 26957 | 22336 | 19133 | 10331 | 8802 |
| **15−19岁** | **823886** | **416129** | **407757** | **104981** | **57644** | **47337** | **57343** | **30529** | **26814** |
| 15 | 114287 | 60198 | 54089 | 31038 | 17183 | 13855 | 14897 | 8019 | 6878 |
| 16 | 187151 | 98333 | 88818 | 24454 | 13397 | 11057 | 12821 | 6715 | 6106 |
| 17 | 161412 | 84141 | 77271 | 20671 | 11159 | 9512 | 11369 | 6033 | 5336 |
| 18 | 150863 | 74616 | 76247 | 15615 | 8625 | 6990 | 9762 | 5193 | 4569 |
| 19 | 210173 | 98841 | 111332 | 13203 | 7280 | 5923 | 8494 | 4569 | 3925 |
| **20−24岁** | **445323** | **210041** | **235282** | **71528** | **35578** | **35950** | **85892** | **43980** | **41912** |
| 20 | 193585 | 89890 | 103695 | 13485 | 7250 | 6235 | 10258 | 5528 | 4730 |
| 21 | 132701 | 60951 | 71750 | 12524 | 6526 | 5998 | 12540 | 6675 | 5865 |
| 22 | 64080 | 31194 | 32886 | 14730 | 7199 | 7531 | 17476 | 8803 | 8673 |
| 23 | 32521 | 16561 | 15960 | 15662 | 7477 | 8185 | 21381 | 10874 | 10507 |
| 24 | 22436 | 11445 | 10991 | 15127 | 7126 | 8001 | 24237 | 12100 | 12137 |
| **25−29岁** | **44465** | **23085** | **21380** | **63343** | **28582** | **34761** | **169606** | **86559** | **83047** |
| 25 | 16420 | 8455 | 7965 | 15286 | 7223 | 8063 | 28744 | 14479 | 14265 |
| 26 | 10071 | 5269 | 4802 | 12901 | 6052 | 6849 | 31009 | 15747 | 15262 |
| 27 | 7599 | 3899 | 3700 | 12681 | 5681 | 7000 | 34672 | 17520 | 17152 |
| 28 | 5752 | 3024 | 2728 | 11475 | 4980 | 6495 | 36303 | 18714 | 17589 |
| 29 | 4623 | 2438 | 2185 | 11000 | 4646 | 6354 | 38878 | 20099 | 18779 |

7-8a　续表 3　　　　单位：人

| 年　龄 | 学习培训 | | | 随同离开/投亲靠友 | | | 拆迁/搬家 | | |
|---|---|---|---|---|---|---|---|---|---|
| | 小计 | 男 | 女 | 小计 | 男 | 女 | 小计 | 男 | 女 |
| **30—34岁** | **15830** | **8429** | **7401** | **52461** | **19380** | **33081** | **263251** | **135229** | **128022** |
| 30 | 4595 | 2419 | 2176 | 12119 | 4772 | 7347 | 47745 | 24694 | 23051 |
| 31 | 3493 | 1839 | 1654 | 11089 | 4133 | 6956 | 51896 | 27061 | 24835 |
| 32 | 2858 | 1571 | 1287 | 9969 | 3667 | 6302 | 52031 | 26654 | 25377 |
| 33 | 2781 | 1494 | 1287 | 10637 | 3780 | 6857 | 60978 | 30987 | 29991 |
| 34 | 2103 | 1106 | 997 | 8647 | 3028 | 5619 | 50601 | 25833 | 24768 |
| **35—39岁** | **7312** | **3882** | **3430** | **35780** | **11653** | **24127** | **256543** | **128655** | **127888** |
| 35 | 1501 | 807 | 694 | 6997 | 2370 | 4627 | 43152 | 21813 | 21339 |
| 36 | 1571 | 842 | 729 | 7370 | 2465 | 4905 | 47984 | 24303 | 23681 |
| 37 | 1497 | 773 | 724 | 7095 | 2341 | 4754 | 52331 | 26374 | 25957 |
| 38 | 1592 | 814 | 778 | 7957 | 2549 | 5408 | 62236 | 30861 | 31375 |
| 39 | 1151 | 646 | 505 | 6361 | 1928 | 4433 | 50840 | 25304 | 25536 |
| **40—44岁** | **4159** | **2206** | **1953** | **30576** | **8489** | **22087** | **262372** | **130826** | **131546** |
| 40 | 873 | 473 | 400 | 5471 | 1605 | 3866 | 44064 | 22033 | 22031 |
| 41 | 975 | 517 | 458 | 6551 | 1882 | 4669 | 55100 | 27295 | 27805 |
| 42 | 857 | 436 | 421 | 6293 | 1776 | 4517 | 54142 | 27026 | 27116 |
| 43 | 733 | 387 | 346 | 6043 | 1633 | 4410 | 53531 | 26669 | 26862 |
| 44 | 721 | 393 | 328 | 6218 | 1593 | 4625 | 55535 | 27803 | 27732 |
| **45—49岁** | **2807** | **1471** | **1336** | **34232** | **8220** | **26012** | **296266** | **146389** | **149877** |
| 45 | 648 | 330 | 318 | 6272 | 1608 | 4664 | 53841 | 26561 | 27280 |
| 46 | 613 | 319 | 294 | 6375 | 1562 | 4813 | 54177 | 26737 | 27440 |
| 47 | 559 | 302 | 257 | 6950 | 1651 | 5299 | 61475 | 30320 | 31155 |
| 48 | 500 | 264 | 236 | 7090 | 1669 | 5421 | 61369 | 30259 | 31110 |
| 49 | 487 | 256 | 231 | 7545 | 1730 | 5815 | 65404 | 32512 | 32892 |
| **50—54岁** | **1660** | **870** | **790** | **41627** | **9912** | **31715** | **301805** | **151085** | **150720** |
| 50 | 455 | 244 | 211 | 8098 | 1847 | 6251 | 66482 | 33113 | 33369 |
| 51 | 344 | 173 | 171 | 8413 | 2007 | 6406 | 64887 | 32338 | 32549 |
| 52 | 364 | 190 | 174 | 8737 | 2042 | 6695 | 62316 | 31228 | 31088 |
| 53 | 231 | 125 | 106 | 7542 | 1794 | 5748 | 50958 | 25664 | 25294 |
| 54 | 266 | 138 | 128 | 8837 | 2222 | 6615 | 57162 | 28742 | 28420 |
| **55—59岁** | **892** | **456** | **436** | **41693** | **11081** | **30612** | **265891** | **136010** | **129881** |
| 55 | 215 | 116 | 99 | 9036 | 2247 | 6789 | 59456 | 30275 | 29181 |
| 56 | 211 | 106 | 105 | 9206 | 2358 | 6848 | 58125 | 29576 | 28549 |
| 57 | 216 | 113 | 103 | 10520 | 2814 | 7706 | 67736 | 34803 | 32933 |
| 58 | 168 | 84 | 84 | 8237 | 2309 | 5928 | 50987 | 26229 | 24758 |
| 59 | 82 | 37 | 45 | 4694 | 1353 | 3341 | 29587 | 15127 | 14460 |
| **60—64岁** | **541** | **261** | **280** | **33182** | **11000** | **22182** | **180185** | **93627** | **86558** |
| 60 | 107 | 50 | 57 | 5978 | 1866 | 4112 | 36597 | 19108 | 17489 |
| 61 | 99 | 45 | 54 | 5517 | 1745 | 3772 | 31922 | 16717 | 15205 |
| 62 | 106 | 59 | 47 | 6793 | 2297 | 4496 | 36797 | 19263 | 17534 |
| 63 | 128 | 55 | 73 | 7764 | 2673 | 5091 | 39892 | 20668 | 19224 |
| 64 | 101 | 52 | 49 | 7130 | 2419 | 4711 | 34977 | 17871 | 17106 |
| **65岁及以上** | **747** | **361** | **386** | **79329** | **28405** | **50924** | **326027** | **164752** | **161275** |

7—8a　续表 4　　单位：人

| 年龄 | 寄挂户口 | | | 婚姻嫁娶 | | | 照料孙子女 | | |
|---|---|---|---|---|---|---|---|---|---|
| | 小计 | 男 | 女 | 小计 | 男 | 女 | 小计 | 男 | 女 |
| **总　计** | **65230** | **35144** | **30086** | **389901** | **72147** | **317754** | **440805** | **131044** | **309761** |
| **0—4岁** | **6177** | **3237** | **2940** | | | | | | |
| 0 | 807 | 433 | 374 | | | | | | |
| 1 | 1396 | 705 | 691 | | | | | | |
| 2 | 1328 | 689 | 639 | | | | | | |
| 3 | 1392 | 732 | 660 | | | | | | |
| 4 | 1254 | 678 | 576 | | | | | | |
| **5—9岁** | **4420** | **2315** | **2105** | | | | | | |
| 5 | 1072 | 564 | 508 | | | | | | |
| 6 | 919 | 476 | 443 | | | | | | |
| 7 | 789 | 421 | 368 | | | | | | |
| 8 | 863 | 434 | 429 | | | | | | |
| 9 | 777 | 420 | 357 | | | | | | |
| **10—14岁** | **3257** | **1703** | **1554** | **18** | **10** | **8** | | | |
| 10 | 715 | 377 | 338 | 2 | 2 | | | | |
| 11 | 675 | 341 | 334 | 2 | 1 | 1 | | | |
| 12 | 627 | 336 | 291 | 4 | 1 | 3 | | | |
| 13 | 652 | 346 | 306 | 4 | 1 | 3 | | | |
| 14 | 588 | 303 | 285 | 6 | 5 | 1 | | | |
| **15—19岁** | **1750** | **920** | **830** | **579** | **78** | **501** | **8** | **1** | **7** |
| 15 | 392 | 192 | 200 | 40 | 13 | 27 | | | |
| 16 | 352 | 187 | 165 | 46 | 14 | 32 | 1 | | 1 |
| 17 | 341 | 160 | 181 | 62 | 10 | 52 | 2 | 1 | 1 |
| 18 | 318 | 184 | 134 | 142 | 24 | 118 | | | |
| 19 | 347 | 197 | 150 | 289 | 17 | 272 | 5 | | 5 |
| **20—24岁** | **3635** | **1953** | **1682** | **12647** | **859** | **11788** | **56** | **5** | **51** |
| 20 | 417 | 237 | 180 | 536 | 32 | 504 | 7 | | 7 |
| 21 | 513 | 283 | 230 | 903 | 37 | 866 | 12 | 1 | 11 |
| 22 | 699 | 388 | 311 | 1754 | 96 | 1658 | 10 | | 10 |
| 23 | 894 | 477 | 417 | 3371 | 225 | 3146 | 11 | 2 | 9 |
| 24 | 1112 | 568 | 544 | 6083 | 469 | 5614 | 16 | 2 | 14 |
| **25—29岁** | **7532** | **3887** | **3645** | **79905** | **9856** | **70049** | **123** | **10** | **113** |
| 25 | 1409 | 725 | 684 | 10223 | 920 | 9303 | 23 | | 23 |
| 26 | 1498 | 773 | 725 | 13325 | 1375 | 11950 | 18 | 1 | 17 |
| 27 | 1546 | 759 | 787 | 16985 | 1960 | 15025 | 35 | 2 | 33 |
| 28 | 1578 | 809 | 769 | 18792 | 2527 | 16265 | 14 | 3 | 11 |
| 29 | 1501 | 821 | 680 | 20580 | 3074 | 17506 | 33 | 4 | 29 |

7-8a　续表 5　　　　单位：人

| 年　龄 | 寄挂户口 | | | 婚姻嫁娶 | | | 照料孙子女 | | |
|---|---|---|---|---|---|---|---|---|---|
| | 小计 | 男 | 女 | 小计 | 男 | 女 | 小计 | 男 | 女 |
| **30-34岁** | **7827** | **4165** | **3662** | **114673** | **20100** | **94573** | **1182** | **262** | **920** |
| 30 | 1736 | 957 | 779 | 24161 | 3944 | 20217 | 229 | 40 | 189 |
| 31 | 1607 | 869 | 738 | 24330 | 4131 | 20199 | 251 | 48 | 203 |
| 32 | 1525 | 800 | 725 | 22807 | 4071 | 18736 | 211 | 42 | 169 |
| 33 | 1567 | 830 | 737 | 25010 | 4421 | 20589 | 266 | 75 | 191 |
| 34 | 1392 | 709 | 683 | 18365 | 3533 | 14832 | 225 | 57 | 168 |
| **35-39岁** | **6468** | **3413** | **3055** | **68115** | **13612** | **54503** | **964** | **237** | **727** |
| 35 | 1192 | 609 | 583 | 13916 | 2624 | 11292 | 189 | 50 | 139 |
| 36 | 1277 | 693 | 584 | 13922 | 2721 | 11201 | 220 | 59 | 161 |
| 37 | 1391 | 702 | 689 | 13740 | 2797 | 10943 | 198 | 58 | 140 |
| 38 | 1484 | 794 | 690 | 15111 | 3128 | 11983 | 206 | 42 | 164 |
| 39 | 1124 | 615 | 509 | 11426 | 2342 | 9084 | 151 | 28 | 123 |
| **40-44岁** | **5015** | **2716** | **2299** | **41797** | **8977** | **32820** | **1449** | **335** | **1114** |
| 40 | 953 | 525 | 428 | 8881 | 1837 | 7044 | 158 | 35 | 123 |
| 41 | 1054 | 561 | 493 | 9777 | 2124 | 7653 | 255 | 72 | 183 |
| 42 | 1032 | 533 | 499 | 8660 | 1825 | 6835 | 264 | 64 | 200 |
| 43 | 971 | 527 | 444 | 7481 | 1621 | 5860 | 332 | 84 | 248 |
| 44 | 1005 | 570 | 435 | 6998 | 1570 | 5428 | 440 | 80 | 360 |
| **45-49岁** | **4521** | **2513** | **2008** | **26732** | **6494** | **20238** | **8780** | **1136** | **7644** |
| 45 | 900 | 506 | 394 | 5982 | 1420 | 4562 | 576 | 98 | 478 |
| 46 | 891 | 493 | 398 | 5449 | 1284 | 4165 | 920 | 130 | 790 |
| 47 | 980 | 546 | 434 | 5531 | 1301 | 4230 | 1440 | 187 | 1253 |
| 48 | 828 | 450 | 378 | 4956 | 1236 | 3720 | 2193 | 261 | 1932 |
| 49 | 922 | 518 | 404 | 4814 | 1253 | 3561 | 3651 | 460 | 3191 |
| **50-54岁** | **3888** | **2171** | **1717** | **16925** | **4314** | **12611** | **57652** | **8548** | **49104** |
| 50 | 886 | 497 | 389 | 4398 | 1137 | 3261 | 5816 | 703 | 5113 |
| 51 | 848 | 464 | 384 | 3748 | 915 | 2833 | 8537 | 1126 | 7411 |
| 52 | 833 | 467 | 366 | 3405 | 863 | 2542 | 11905 | 1675 | 10230 |
| 53 | 570 | 318 | 252 | 2629 | 670 | 1959 | 12973 | 1943 | 11030 |
| 54 | 751 | 425 | 326 | 2745 | 729 | 2016 | 18421 | 3101 | 15320 |
| **55-59岁** | **3341** | **1891** | **1450** | **11134** | **2948** | **8186** | **118648** | **24532** | **94116** |
| 55 | 717 | 423 | 294 | 2679 | 684 | 1995 | 21575 | 3985 | 17590 |
| 56 | 742 | 420 | 322 | 2454 | 658 | 1796 | 24362 | 4720 | 19642 |
| 57 | 849 | 473 | 376 | 2826 | 751 | 2075 | 31044 | 6426 | 24618 |
| 58 | 666 | 365 | 301 | 2033 | 546 | 1487 | 26043 | 5699 | 20344 |
| 59 | 367 | 210 | 157 | 1142 | 309 | 833 | 15624 | 3702 | 11922 |
| **60-64岁** | **2200** | **1281** | **919** | **6464** | **1907** | **4557** | **117649** | **38024** | **79625** |
| 60 | 483 | 277 | 206 | 1370 | 409 | 961 | 20813 | 5594 | 15219 |
| 61 | 384 | 227 | 157 | 1097 | 347 | 750 | 19315 | 5954 | 13361 |
| 62 | 457 | 265 | 192 | 1355 | 451 | 904 | 24562 | 8091 | 16471 |
| 63 | 483 | 287 | 196 | 1404 | 374 | 1030 | 28294 | 9731 | 18563 |
| 64 | 393 | 225 | 168 | 1238 | 326 | 912 | 24665 | 8654 | 16011 |
| **65岁及以上** | **5199** | **2979** | **2220** | **10912** | **2992** | **7920** | **134294** | **57954** | **76340** |

7-8a 续表 6 单位：人

| 年 龄 | 为子女就学 | | | 养老/康养 | | | 其 他 | | |
|---|---|---|---|---|---|---|---|---|---|
| | 小计 | 男 | 女 | 小计 | 男 | 女 | 小计 | 男 | 女 |
| **总 计** | **137678** | **60013** | **77665** | **187175** | **77004** | **110171** | **668552** | **339444** | **329108** |
| **0-4岁** | | | | | | | **135242** | **71516** | **63726** |
| 0 | | | | | | | 18917 | 9950 | 8967 |
| 1 | | | | | | | 27674 | 14617 | 13057 |
| 2 | | | | | | | 27898 | 14613 | 13285 |
| 3 | | | | | | | 31442 | 16656 | 14786 |
| 4 | | | | | | | 29311 | 15680 | 13631 |
| **5-9岁** | | | | | | | **76354** | **41140** | **35214** |
| 5 | | | | | | | 25825 | 13878 | 11947 |
| 6 | | | | | | | 15071 | 7999 | 7072 |
| 7 | | | | | | | 11979 | 6477 | 5502 |
| 8 | | | | | | | 12292 | 6719 | 5573 |
| 9 | | | | | | | 11187 | 6067 | 5120 |
| **10-14岁** | | | | **7** | **2** | **5** | **44339** | **24122** | **20217** |
| 10 | | | | 1 | 1 | | 9831 | 5326 | 4505 |
| 11 | | | | 1 | | 1 | 9559 | 5224 | 4335 |
| 12 | | | | 2 | 1 | 1 | 8793 | 4777 | 4016 |
| 13 | | | | 2 | | 2 | 8320 | 4505 | 3815 |
| 14 | | | | 1 | | 1 | 7836 | 4290 | 3546 |
| **15-19岁** | **470** | **247** | **223** | **8** | **6** | **2** | **24479** | **13180** | **11299** |
| 15 | 138 | 79 | 59 | 1 | | 1 | 5922 | 3162 | 2760 |
| 16 | 126 | 67 | 59 | 2 | 2 | | 5115 | 2682 | 2433 |
| 17 | 84 | 47 | 37 | 2 | 2 | | 4642 | 2515 | 2127 |
| 18 | 57 | 24 | 33 | 1 | 1 | | 4333 | 2337 | 1996 |
| 19 | 65 | 30 | 35 | 2 | 1 | 1 | 4467 | 2484 | 1983 |
| **20-24岁** | **726** | **174** | **552** | **25** | **17** | **8** | **27942** | **14375** | **13567** |
| 20 | 102 | 38 | 64 | 2 | 1 | 1 | 4818 | 2700 | 2118 |
| 21 | 97 | 30 | 67 | 4 | 4 | | 4594 | 2469 | 2125 |
| 22 | 127 | 29 | 98 | 6 | 4 | 2 | 5670 | 2849 | 2821 |
| 23 | 178 | 39 | 139 | 3 | 1 | 2 | 6206 | 3124 | 3082 |
| 24 | 222 | 38 | 184 | 10 | 7 | 3 | 6654 | 3233 | 3421 |
| **25-29岁** | **4268** | **1133** | **3135** | **42** | **25** | **17** | **37697** | **18929** | **18768** |
| 25 | 344 | 74 | 270 | 6 | 2 | 4 | 7423 | 3707 | 3716 |
| 26 | 492 | 117 | 375 | 7 | 4 | 3 | 7096 | 3590 | 3506 |
| 27 | 688 | 166 | 522 | 10 | 8 | 2 | 7750 | 3836 | 3914 |
| 28 | 1122 | 317 | 805 | 13 | 9 | 4 | 7645 | 3866 | 3779 |
| 29 | 1622 | 459 | 1163 | 6 | 2 | 4 | 7783 | 3930 | 3853 |

7-8a　续表 7　　　　单位：人

| 年　龄 | 为子女就学 | | | 养老/康养 | | | 其　他 | | |
|---|---|---|---|---|---|---|---|---|---|
| | 小计 | 男 | 女 | 小计 | 男 | 女 | 小计 | 男 | 女 |
| **30—34岁** | **24155** | **8999** | **15156** | **59** | **38** | **21** | **45784** | **22948** | **22836** |
| 30 | 2662 | 873 | 1789 | 10 | 6 | 4 | 9217 | 4616 | 4601 |
| 31 | 3823 | 1325 | 2498 | 10 | 7 | 3 | 9278 | 4660 | 4618 |
| 32 | 4746 | 1730 | 3016 | 15 | 8 | 7 | 9013 | 4526 | 4487 |
| 33 | 6758 | 2660 | 4098 | 14 | 9 | 5 | 9890 | 5009 | 4881 |
| 34 | 6166 | 2411 | 3755 | 10 | 8 | 2 | 8386 | 4137 | 4249 |
| **35—39岁** | **35610** | **14666** | **20944** | **60** | **36** | **24** | **38937** | **19465** | **19472** |
| 35 | 5513 | 2145 | 3368 | 12 | 8 | 4 | 7019 | 3524 | 3495 |
| 36 | 6187 | 2526 | 3661 | 14 | 9 | 5 | 7685 | 3862 | 3823 |
| 37 | 7368 | 3098 | 4270 | 16 | 10 | 6 | 7999 | 3961 | 4038 |
| 38 | 9003 | 3726 | 5277 | 10 | 2 | 8 | 8919 | 4470 | 4449 |
| 39 | 7539 | 3171 | 4368 | 8 | 7 | 1 | 7315 | 3648 | 3667 |
| **40—44岁** | **33936** | **15256** | **18680** | **77** | **46** | **31** | **37025** | **18376** | **18649** |
| 40 | 6431 | 2803 | 3628 | 12 | 7 | 5 | 6650 | 3295 | 3355 |
| 41 | 7775 | 3438 | 4337 | 13 | 7 | 6 | 7607 | 3776 | 3831 |
| 42 | 7216 | 3158 | 4058 | 14 | 8 | 6 | 7567 | 3810 | 3757 |
| 43 | 6347 | 2919 | 3428 | 16 | 8 | 8 | 7472 | 3623 | 3849 |
| 44 | 6167 | 2938 | 3229 | 22 | 16 | 6 | 7729 | 3872 | 3857 |
| **45—49岁** | **20525** | **10594** | **9931** | **220** | **104** | **116** | **41777** | **20364** | **21413** |
| 45 | 5272 | 2641 | 2631 | 30 | 13 | 17 | 7662 | 3774 | 3888 |
| 46 | 4416 | 2220 | 2196 | 22 | 12 | 10 | 7791 | 3759 | 4032 |
| 47 | 4274 | 2237 | 2037 | 39 | 19 | 20 | 8805 | 4266 | 4539 |
| 48 | 3502 | 1863 | 1639 | 53 | 27 | 26 | 8630 | 4294 | 4336 |
| 49 | 3061 | 1633 | 1428 | 76 | 33 | 43 | 8889 | 4271 | 4618 |
| **50—54岁** | **8900** | **4683** | **4217** | **7181** | **2207** | **4974** | **42343** | **19965** | **22378** |
| 50 | 2673 | 1423 | 1250 | 787 | 210 | 577 | 9085 | 4350 | 4735 |
| 51 | 2136 | 1115 | 1021 | 1307 | 400 | 907 | 8919 | 4210 | 4709 |
| 52 | 1689 | 875 | 814 | 1591 | 481 | 1110 | 8920 | 4112 | 4808 |
| 53 | 1258 | 663 | 595 | 1493 | 469 | 1024 | 7326 | 3469 | 3857 |
| 54 | 1144 | 607 | 537 | 2003 | 647 | 1356 | 8093 | 3824 | 4269 |
| **55—59岁** | **3864** | **1828** | **2036** | **15419** | **5370** | **10049** | **38155** | **17802** | **20353** |
| 55 | 1023 | 507 | 516 | 2574 | 835 | 1739 | 8403 | 3915 | 4488 |
| 56 | 854 | 415 | 439 | 2986 | 1018 | 1968 | 8298 | 3913 | 4385 |
| 57 | 982 | 463 | 519 | 4096 | 1427 | 2669 | 9867 | 4563 | 5304 |
| 58 | 641 | 291 | 350 | 3403 | 1176 | 2227 | 7320 | 3433 | 3887 |
| 59 | 364 | 152 | 212 | 2360 | 914 | 1446 | 4267 | 1978 | 2289 |
| **60—64岁** | **2274** | **1007** | **1267** | **23313** | **10604** | **12709** | **26945** | **12888** | **14057** |
| 60 | 423 | 195 | 228 | 3655 | 1593 | 2062 | 5417 | 2584 | 2833 |
| 61 | 415 | 178 | 237 | 3795 | 1710 | 2085 | 4653 | 2211 | 2442 |
| 62 | 450 | 200 | 250 | 4741 | 2176 | 2565 | 5447 | 2642 | 2805 |
| 63 | 567 | 240 | 327 | 5667 | 2564 | 3103 | 6018 | 2901 | 3117 |
| 64 | 419 | 194 | 225 | 5455 | 2561 | 2894 | 5410 | 2550 | 2860 |
| **65岁及以上** | **2950** | **1426** | **1524** | **140764** | **58549** | **82215** | **51533** | **24374** | **27159** |

# 7-8b 全省分年龄、性别、迁移原因的户口登记地在外乡镇街道的人口(镇)

单位：人

| 年 龄 | 合 计 | | | 工作就业 | | |
|---|---|---|---|---|---|---|
| | 合计 | 男 | 女 | 小计 | 男 | 女 |
| **总 计** | **6593618** | **3617406** | **2976212** | **3908053** | **2334233** | **1573820** |
| **0-4岁** | **263324** | **139479** | **123845** | | | |
| 0 | 29112 | 15382 | 13730 | | | |
| 1 | 49488 | 26125 | 23363 | | | |
| 2 | 54515 | 28876 | 25639 | | | |
| 3 | 67145 | 35440 | 31705 | | | |
| 4 | 63064 | 33656 | 29408 | | | |
| **5-9岁** | **313387** | **169466** | **143921** | | | |
| 5 | 59557 | 31855 | 27702 | | | |
| 6 | 62235 | 33533 | 28702 | | | |
| 7 | 61581 | 33120 | 28461 | | | |
| 8 | 67461 | 36878 | 30583 | | | |
| 9 | 62553 | 34080 | 28473 | | | |
| **10-14岁** | **278929** | **151176** | **127753** | | | |
| 10 | 58373 | 32051 | 26322 | | | |
| 11 | 59255 | 32323 | 26932 | | | |
| 12 | 54938 | 29680 | 25258 | | | |
| 13 | 53333 | 28631 | 24702 | | | |
| 14 | 53030 | 28491 | 24539 | | | |
| **15-19岁** | **450848** | **248234** | **202614** | **97060** | **62898** | **34162** |
| 15 | 88192 | 46890 | 41302 | 3580 | 2201 | 1379 |
| 16 | 120789 | 64333 | 56456 | 9232 | 5939 | 3293 |
| 17 | 107773 | 58283 | 49490 | 18207 | 11838 | 6369 |
| 18 | 70183 | 40848 | 29335 | 27560 | 17824 | 9736 |
| 19 | 63911 | 37880 | 26031 | 38481 | 25096 | 13385 |
| **20-24岁** | **434351** | **256346** | **178005** | **345459** | **214459** | **131000** |
| 20 | 67085 | 40192 | 26893 | 47714 | 30529 | 17185 |
| 21 | 73666 | 44130 | 29536 | 57347 | 36317 | 21030 |
| 22 | 90347 | 53638 | 36709 | 73548 | 45619 | 27929 |
| 23 | 97481 | 57126 | 40355 | 80280 | 49161 | 31119 |
| 24 | 105772 | 61260 | 44512 | 86570 | 52833 | 33737 |
| **25-29岁** | **634003** | **354313** | **279690** | **508531** | **303935** | **204596** |
| 25 | 118146 | 67322 | 50824 | 95722 | 57924 | 37798 |
| 26 | 116734 | 65633 | 51101 | 93426 | 55957 | 37469 |
| 27 | 127303 | 70786 | 56517 | 101631 | 60608 | 41023 |
| 28 | 132389 | 73188 | 59201 | 105658 | 62816 | 42842 |
| 29 | 139431 | 77384 | 62047 | 112094 | 66630 | 45464 |

7-8b　续表 1　　单位：人

| 年龄 | 合计 |  |  | 工作就业 |  |  |
|---|---|---|---|---|---|---|
|  | 合计 | 男 | 女 | 小计 | 男 | 女 |
| **30-34岁** | **832928** | **459327** | **373601** | **664099** | **392250** | **271849** |
| 30 | 173142 | 96282 | 76860 | 140427 | 83348 | 57079 |
| 31 | 170145 | 93832 | 76313 | 136410 | 80382 | 56028 |
| 32 | 161486 | 88782 | 72704 | 128553 | 75853 | 52700 |
| 33 | 176897 | 97237 | 79660 | 139543 | 82388 | 57155 |
| 34 | 151258 | 83194 | 68064 | 119166 | 70279 | 48887 |
| **35-39岁** | **653661** | **359514** | **294147** | **504579** | **297661** | **206918** |
| 35 | 128244 | 71159 | 57085 | 101814 | 60303 | 41511 |
| 36 | 128075 | 70768 | 57307 | 99825 | 59262 | 40563 |
| 37 | 127210 | 69786 | 57424 | 97365 | 57351 | 40014 |
| 38 | 144485 | 79287 | 65198 | 109615 | 64692 | 44923 |
| 39 | 125647 | 68514 | 57133 | 95960 | 56053 | 39907 |
| **40-44岁** | **622996** | **337040** | **285956** | **476387** | **273185** | **203202** |
| 40 | 113836 | 62263 | 51573 | 88073 | 51189 | 36884 |
| 41 | 127288 | 69387 | 57901 | 96692 | 56175 | 40517 |
| 42 | 125763 | 67451 | 58312 | 95423 | 54276 | 41147 |
| 43 | 121985 | 65673 | 56312 | 92773 | 52789 | 39984 |
| 44 | 134124 | 72266 | 61858 | 103426 | 58756 | 44670 |
| **45-49岁** | **686660** | **372845** | **313815** | **531450** | **303487** | **227963** |
| 45 | 132358 | 71261 | 61097 | 102952 | 58184 | 44768 |
| 46 | 139595 | 75623 | 63972 | 110097 | 62524 | 47573 |
| 47 | 141732 | 76873 | 64859 | 109569 | 62419 | 47150 |
| 48 | 137487 | 74586 | 62901 | 106221 | 60649 | 45572 |
| 49 | 135488 | 74502 | 60986 | 102611 | 59711 | 42900 |
| **50-54岁** | **581883** | **322914** | **258969** | **417945** | **251765** | **166180** |
| 50 | 135866 | 74546 | 61320 | 102128 | 59493 | 42635 |
| 51 | 124056 | 68661 | 55395 | 89958 | 53638 | 36320 |
| 52 | 121918 | 68010 | 53908 | 88614 | 53581 | 35033 |
| 53 | 96975 | 53876 | 43099 | 67888 | 41521 | 26367 |
| 54 | 103068 | 57821 | 45247 | 69357 | 43532 | 25825 |
| **55-59岁** | **365879** | **202148** | **163731** | **216745** | **139602** | **77143** |
| 55 | 94806 | 52785 | 42021 | 60615 | 38318 | 22297 |
| 56 | 84062 | 46539 | 37523 | 51335 | 32766 | 18569 |
| 57 | 88831 | 49483 | 39348 | 51741 | 33789 | 17952 |
| 58 | 65314 | 35786 | 29528 | 36330 | 23866 | 12464 |
| 59 | 32866 | 17555 | 15311 | 16724 | 10863 | 5861 |
| **60-64岁** | **183797** | **98862** | **84935** | **76871** | **50903** | **25968** |
| 60 | 38065 | 20687 | 17378 | 17598 | 11606 | 5992 |
| 61 | 31998 | 17326 | 14672 | 13661 | 9076 | 4585 |
| 62 | 37910 | 20734 | 17176 | 16025 | 10765 | 5260 |
| 63 | 41249 | 22034 | 19215 | 16396 | 10848 | 5548 |
| 64 | 34575 | 18081 | 16494 | 13191 | 8608 | 4583 |
| **65岁及以上** | **290972** | **145742** | **145230** | **68417** | **43786** | **24631** |

7-8b 续表 2

单位：人

| 年 龄 | 学习培训 | | | 随同离开/投亲靠友 | | | 拆迁/搬家 | | |
|---|---|---|---|---|---|---|---|---|---|
| | 小计 | 男 | 女 | 小计 | 男 | 女 | 小计 | 男 | 女 |
| **总 计** | **503322** | **265023** | **238299** | **672487** | **328228** | **344259** | **897411** | **460563** | **436848** |
| **0-4岁** | **4367** | **2333** | **2034** | **173734** | **92028** | **81706** | **32165** | **17065** | **15100** |
| 0 | 82 | 42 | 40 | 18787 | 9906 | 8881 | 3666 | 1962 | 1704 |
| 1 | 223 | 110 | 113 | 32891 | 17366 | 15525 | 5668 | 2967 | 2701 |
| 2 | 459 | 252 | 207 | 36193 | 19193 | 17000 | 6604 | 3488 | 3116 |
| 3 | 1643 | 881 | 762 | 44143 | 23229 | 20914 | 8490 | 4520 | 3970 |
| 4 | 1960 | 1048 | 912 | 41720 | 22334 | 19386 | 7737 | 4128 | 3609 |
| **5-9岁** | **76748** | **41859** | **34889** | **167206** | **90441** | **76765** | **37364** | **20002** | **17362** |
| 5 | 2144 | 1126 | 1018 | 39714 | 21327 | 18387 | 7045 | 3706 | 3339 |
| 6 | 15604 | 8458 | 7146 | 33135 | 17953 | 15182 | 7379 | 3899 | 3480 |
| 7 | 18250 | 9905 | 8345 | 30950 | 16605 | 14345 | 7181 | 3831 | 3350 |
| 8 | 20877 | 11470 | 9407 | 33007 | 17978 | 15029 | 8197 | 4511 | 3686 |
| 9 | 19873 | 10900 | 8973 | 30400 | 16578 | 13822 | 7562 | 4055 | 3507 |
| **10-14岁** | **97744** | **53029** | **44715** | **122558** | **66753** | **55805** | **38232** | **20408** | **17824** |
| 10 | 19000 | 10471 | 8529 | 27600 | 15252 | 12348 | 7327 | 3971 | 3356 |
| 11 | 19654 | 10806 | 8848 | 27610 | 15092 | 12518 | 7623 | 4048 | 3575 |
| 12 | 19226 | 10425 | 8801 | 24032 | 12925 | 11107 | 7654 | 4117 | 3537 |
| 13 | 19452 | 10355 | 9097 | 22357 | 12051 | 10306 | 7719 | 4147 | 3572 |
| 14 | 20412 | 10972 | 9440 | 20959 | 11433 | 9526 | 7909 | 4125 | 3784 |
| **15-19岁** | **286677** | **148648** | **138029** | **37184** | **20492** | **16692** | **18648** | **10036** | **8612** |
| 15 | 64616 | 33946 | 30670 | 12110 | 6587 | 5523 | 5444 | 2875 | 2569 |
| 16 | 96563 | 50248 | 46315 | 8585 | 4754 | 3831 | 4218 | 2245 | 1973 |
| 17 | 76630 | 39477 | 37153 | 6957 | 3775 | 3182 | 3676 | 1982 | 1694 |
| 18 | 31642 | 16807 | 14835 | 5458 | 3060 | 2398 | 3113 | 1702 | 1411 |
| 19 | 17226 | 8170 | 9056 | 4074 | 2316 | 1758 | 2197 | 1232 | 965 |
| **20-24岁** | **25839** | **12528** | **13311** | **22540** | **11143** | **11397** | **24567** | **12837** | **11730** |
| 20 | 10827 | 5108 | 5719 | 4011 | 2162 | 1849 | 2689 | 1533 | 1156 |
| 21 | 6846 | 3174 | 3672 | 3877 | 1973 | 1904 | 3451 | 1817 | 1634 |
| 22 | 4054 | 2000 | 2054 | 4812 | 2334 | 2478 | 5124 | 2672 | 2452 |
| 23 | 2409 | 1294 | 1115 | 4908 | 2366 | 2542 | 6033 | 3066 | 2967 |
| 24 | 1703 | 952 | 751 | 4932 | 2308 | 2624 | 7270 | 3749 | 3521 |
| **25-29岁** | **5432** | **3098** | **2334** | **21735** | **9624** | **12111** | **52735** | **27181** | **25554** |
| 25 | 1506 | 832 | 674 | 4999 | 2354 | 2645 | 8912 | 4553 | 4359 |
| 26 | 1199 | 692 | 507 | 4493 | 2139 | 2354 | 9616 | 5004 | 4612 |
| 27 | 1087 | 627 | 460 | 4366 | 1869 | 2497 | 10749 | 5551 | 5198 |
| 28 | 888 | 501 | 387 | 4032 | 1691 | 2341 | 11489 | 5867 | 5622 |
| 29 | 752 | 446 | 306 | 3845 | 1571 | 2274 | 11969 | 6206 | 5763 |

7-8b　续表 3　　　　单位：人

| 年　龄 | 学习培训 | | | 随同离开/投亲靠友 | | | 拆迁/搬家 | | |
|---|---|---|---|---|---|---|---|---|---|
| | 小计 | 男 | 女 | 小计 | 男 | 女 | 小计 | 男 | 女 |
| **30–34岁** | **2763** | **1567** | **1196** | **18649** | **6891** | **11758** | **82934** | **42063** | **40871** |
| 30 | 761 | 439 | 322 | 4173 | 1654 | 2519 | 14975 | 7757 | 7218 |
| 31 | 567 | 332 | 235 | 3959 | 1540 | 2419 | 16179 | 8278 | 7901 |
| 32 | 532 | 283 | 249 | 3549 | 1290 | 2259 | 16273 | 8202 | 8071 |
| 33 | 476 | 263 | 213 | 3804 | 1340 | 2464 | 18827 | 9471 | 9356 |
| 34 | 427 | 250 | 177 | 3164 | 1067 | 2097 | 16680 | 8355 | 8325 |
| **35–39岁** | **1415** | **785** | **630** | **13369** | **4119** | **9250** | **83914** | **41707** | **42207** |
| 35 | 297 | 170 | 127 | 2574 | 877 | 1697 | 14108 | 7156 | 6952 |
| 36 | 322 | 179 | 143 | 2746 | 891 | 1855 | 15590 | 7639 | 7951 |
| 37 | 291 | 163 | 128 | 2655 | 791 | 1864 | 16768 | 8389 | 8379 |
| 38 | 295 | 156 | 139 | 2979 | 890 | 2089 | 19972 | 9931 | 10041 |
| 39 | 210 | 117 | 93 | 2415 | 670 | 1745 | 17476 | 8592 | 8884 |
| **40–44岁** | **803** | **419** | **384** | **11792** | **2968** | **8824** | **91020** | **45381** | **45639** |
| 40 | 183 | 97 | 86 | 2153 | 537 | 1616 | 15390 | 7806 | 7584 |
| 41 | 172 | 98 | 74 | 2491 | 674 | 1817 | 18716 | 9279 | 9437 |
| 42 | 183 | 97 | 86 | 2365 | 613 | 1752 | 18927 | 9419 | 9508 |
| 43 | 131 | 61 | 70 | 2318 | 589 | 1729 | 18448 | 9152 | 9296 |
| 44 | 134 | 66 | 68 | 2465 | 555 | 1910 | 19539 | 9725 | 9814 |
| **45–49岁** | **540** | **266** | **274** | **13250** | **2865** | **10385** | **102250** | **51223** | **51027** |
| 45 | 115 | 56 | 59 | 2488 | 555 | 1933 | 18950 | 9444 | 9506 |
| 46 | 117 | 58 | 59 | 2652 | 561 | 2091 | 19092 | 9530 | 9562 |
| 47 | 101 | 52 | 49 | 2678 | 608 | 2070 | 21312 | 10656 | 10656 |
| 48 | 119 | 58 | 61 | 2670 | 557 | 2113 | 20767 | 10370 | 10397 |
| 49 | 88 | 42 | 46 | 2762 | 584 | 2178 | 22129 | 11223 | 10906 |
| **50–54岁** | **400** | **203** | **197** | **15324** | **3327** | **11997** | **103593** | **52710** | **50883** |
| 50 | 102 | 51 | 51 | 3060 | 644 | 2416 | 22281 | 11338 | 10943 |
| 51 | 89 | 41 | 48 | 3160 | 695 | 2465 | 22082 | 11202 | 10880 |
| 52 | 82 | 48 | 34 | 3082 | 663 | 2419 | 21076 | 10683 | 10393 |
| 53 | 63 | 35 | 28 | 2725 | 608 | 2117 | 17971 | 9111 | 8860 |
| 54 | 64 | 28 | 36 | 3297 | 717 | 2580 | 20183 | 10376 | 9807 |
| **55–59岁** | **246** | **112** | **134** | **14193** | **3529** | **10664** | **83830** | **43193** | **40637** |
| 55 | 68 | 29 | 39 | 3230 | 769 | 2461 | 20101 | 10304 | 9797 |
| 56 | 49 | 26 | 23 | 3054 | 713 | 2341 | 18731 | 9717 | 9014 |
| 57 | 58 | 26 | 32 | 3491 | 918 | 2573 | 20819 | 10770 | 10049 |
| 58 | 49 | 23 | 26 | 2856 | 720 | 2136 | 15601 | 8008 | 7593 |
| 59 | 22 | 8 | 14 | 1562 | 409 | 1153 | 8578 | 4394 | 4184 |
| **60–64岁** | **145** | **77** | **68** | **11000** | **3477** | **7523** | **53069** | **28401** | **24668** |
| 60 | 32 | 16 | 16 | 1930 | 540 | 1390 | 10878 | 5861 | 5017 |
| 61 | 18 | 13 | 5 | 1849 | 582 | 1267 | 9392 | 5051 | 4341 |
| 62 | 31 | 17 | 14 | 2235 | 700 | 1535 | 10844 | 5919 | 4925 |
| 63 | 35 | 16 | 19 | 2623 | 901 | 1722 | 11955 | 6323 | 5632 |
| 64 | 29 | 15 | 14 | 2363 | 754 | 1609 | 10000 | 5247 | 4753 |
| **65岁及以上** | **203** | **99** | **104** | **29953** | **10571** | **19382** | **93090** | **48356** | **44734** |

7–8b 续表 4 单位：人

| 年 龄 | 寄挂户口 | | | 婚姻嫁娶 | | | 照料孙子女 | | |
|---|---|---|---|---|---|---|---|---|---|
| | 小计 | 男 | 女 | 小计 | 男 | 女 | 小计 | 男 | 女 |
| **总 计** | **22224** | **11957** | **10267** | **146267** | **22770** | **123497** | **96001** | **26737** | **69264** |
| **0–4岁** | **2234** | **1165** | **1069** | | | | | | |
| 0 | 277 | 135 | 142 | | | | | | |
| 1 | 482 | 242 | 240 | | | | | | |
| 2 | 506 | 274 | 232 | | | | | | |
| 3 | 521 | 271 | 250 | | | | | | |
| 4 | 448 | 243 | 205 | | | | | | |
| **5–9岁** | **1560** | **793** | **767** | | | | | | |
| 5 | 404 | 211 | 193 | | | | | | |
| 6 | 330 | 165 | 165 | | | | | | |
| 7 | 278 | 143 | 135 | | | | | | |
| 8 | 289 | 149 | 140 | | | | | | |
| 9 | 259 | 125 | 134 | | | | | | |
| **10–14岁** | **1139** | **614** | **525** | **5** | **2** | **3** | | | |
| 10 | 224 | 110 | 114 | 2 | 2 | | | | |
| 11 | 223 | 124 | 99 | | | | | | |
| 12 | 235 | 138 | 97 | | | | | | |
| 13 | 236 | 135 | 101 | 1 | | 1 | | | |
| 14 | 221 | 107 | 114 | 2 | | 2 | | | |
| **15–19岁** | **559** | **295** | **264** | **277** | **20** | **257** | **9** | **3** | **6** |
| 15 | 135 | 65 | 70 | 5 | 3 | 2 | 2 | 2 | |
| 16 | 138 | 70 | 68 | 15 | 4 | 11 | | | |
| 17 | 112 | 59 | 53 | 34 | 3 | 31 | 2 | 1 | 1 |
| 18 | 90 | 53 | 37 | 68 | 6 | 62 | 1 | | 1 |
| 19 | 84 | 48 | 36 | 155 | 4 | 151 | 4 | | 4 |
| **20–24岁** | **1141** | **578** | **563** | **6131** | **352** | **5779** | **32** | **1** | **31** |
| 20 | 118 | 67 | 51 | 310 | 10 | 300 | 2 | | 2 |
| 21 | 146 | 64 | 82 | 518 | 20 | 498 | 8 | 1 | 7 |
| 22 | 176 | 92 | 84 | 926 | 40 | 886 | 4 | | 4 |
| 23 | 304 | 141 | 163 | 1570 | 91 | 1479 | 9 | | 9 |
| 24 | 397 | 214 | 183 | 2807 | 191 | 2616 | 9 | | 9 |
| **25–29岁** | **2227** | **1129** | **1098** | **29733** | **2972** | **26761** | **33** | **1** | **32** |
| 25 | 407 | 207 | 200 | 4156 | 287 | 3869 | 8 | | 8 |
| 26 | 421 | 227 | 194 | 5154 | 447 | 4707 | 6 | | 6 |
| 27 | 505 | 254 | 251 | 6293 | 639 | 5654 | 7 | | 7 |
| 28 | 470 | 228 | 242 | 6905 | 744 | 6161 | 5 | | 5 |
| 29 | 424 | 213 | 211 | 7225 | 855 | 6370 | 7 | 1 | 6 |

7-8b　续表 5　　单位：人

| 年　龄 | 寄挂户口 | | | 婚姻嫁娶 | | | 照料孙子女 | | |
|---|---|---|---|---|---|---|---|---|---|
| | 小计 | 男 | 女 | 小计 | 男 | 女 | 小计 | 男 | 女 |
| **30-34岁** | **2254** | **1219** | **1035** | **38961** | **5383** | **33578** | **446** | **67** | **379** |
| 30 | 490 | 258 | 232 | 8342 | 1060 | 7282 | 87 | 12 | 75 |
| 31 | 503 | 267 | 236 | 8134 | 1116 | 7018 | 95 | 11 | 84 |
| 32 | 418 | 235 | 183 | 7649 | 1046 | 6603 | 88 | 13 | 75 |
| 33 | 456 | 241 | 215 | 8222 | 1157 | 7065 | 92 | 13 | 79 |
| 34 | 387 | 218 | 169 | 6614 | 1004 | 5610 | 84 | 18 | 66 |
| **35-39岁** | **1792** | **963** | **829** | **23057** | **3420** | **19637** | **376** | **67** | **309** |
| 35 | 334 | 196 | 138 | 4803 | 661 | 4142 | 67 | 13 | 54 |
| 36 | 358 | 190 | 168 | 4622 | 641 | 3981 | 76 | 14 | 62 |
| 37 | 357 | 183 | 174 | 4699 | 736 | 3963 | 77 | 19 | 58 |
| 38 | 399 | 208 | 191 | 5023 | 775 | 4248 | 74 | 7 | 67 |
| 39 | 344 | 186 | 158 | 3910 | 607 | 3303 | 82 | 14 | 68 |
| **40-44岁** | **1495** | **820** | **675** | **15337** | **2727** | **12610** | **586** | **122** | **464** |
| 40 | 243 | 134 | 109 | 3198 | 515 | 2683 | 69 | 11 | 58 |
| 41 | 303 | 162 | 141 | 3401 | 576 | 2825 | 91 | 28 | 63 |
| 42 | 321 | 177 | 144 | 3201 | 571 | 2630 | 100 | 16 | 84 |
| 43 | 315 | 177 | 138 | 2789 | 547 | 2242 | 122 | 29 | 93 |
| 44 | 313 | 170 | 143 | 2748 | 518 | 2230 | 204 | 38 | 166 |
| **45-49岁** | **1586** | **890** | **696** | **11087** | **2285** | **8802** | **2733** | **343** | **2390** |
| 45 | 285 | 168 | 117 | 2395 | 480 | 1915 | 224 | 25 | 199 |
| 46 | 304 | 159 | 145 | 2306 | 458 | 1848 | 308 | 52 | 256 |
| 47 | 317 | 193 | 124 | 2233 | 440 | 1793 | 502 | 65 | 437 |
| 48 | 340 | 187 | 153 | 2123 | 469 | 1654 | 692 | 78 | 614 |
| 49 | 340 | 183 | 157 | 2030 | 438 | 1592 | 1007 | 123 | 884 |
| **50-54岁** | **1371** | **774** | **597** | **7919** | **1850** | **6069** | **14249** | **2161** | **12088** |
| 50 | 305 | 182 | 123 | 1871 | 425 | 1446 | 1527 | 197 | 1330 |
| 51 | 292 | 165 | 127 | 1768 | 420 | 1348 | 2207 | 304 | 1903 |
| 52 | 288 | 154 | 134 | 1545 | 367 | 1178 | 2953 | 453 | 2500 |
| 53 | 221 | 120 | 101 | 1352 | 305 | 1047 | 3155 | 468 | 2687 |
| 54 | 265 | 153 | 112 | 1383 | 333 | 1050 | 4407 | 739 | 3668 |
| **55-59岁** | **1104** | **617** | **487** | **5235** | **1288** | **3947** | **26159** | **5493** | **20666** |
| 55 | 266 | 149 | 117 | 1331 | 321 | 1010 | 5036 | 960 | 4076 |
| 56 | 238 | 143 | 95 | 1202 | 298 | 904 | 5446 | 1051 | 4395 |
| 57 | 285 | 160 | 125 | 1249 | 295 | 954 | 6661 | 1490 | 5171 |
| 58 | 214 | 112 | 102 | 943 | 247 | 696 | 5792 | 1248 | 4544 |
| 59 | 101 | 53 | 48 | 510 | 127 | 383 | 3224 | 744 | 2480 |
| **60-64岁** | **722** | **415** | **307** | **2892** | **802** | **2090** | **23066** | **7105** | **15961** |
| 60 | 130 | 78 | 52 | 616 | 173 | 443 | 4084 | 1133 | 2951 |
| 61 | 134 | 79 | 55 | 493 | 144 | 349 | 3787 | 1071 | 2716 |
| 62 | 142 | 83 | 59 | 574 | 155 | 419 | 4791 | 1517 | 3274 |
| 63 | 170 | 93 | 77 | 632 | 164 | 468 | 5588 | 1801 | 3787 |
| 64 | 146 | 82 | 64 | 577 | 166 | 411 | 4816 | 1583 | 3233 |
| **65岁及以上** | **3040** | **1685** | **1355** | **5633** | **1669** | **3964** | **28312** | **11374** | **16938** |

7-8b 续表 6

单位：人

| 年 龄 | 为子女就学 | | | 养老/康养 | | | 其 他 | | |
|---|---|---|---|---|---|---|---|---|---|
| | 小计 | 男 | 女 | 小计 | 男 | 女 | 小计 | 男 | 女 |
| **总 计** | **54028** | **20730** | **33298** | **58342** | **25255** | **33087** | **235483** | **121910** | **113573** |
| **0-4岁** | | | | | | | **50824** | **26888** | **23936** |
| 0 | | | | | | | 6300 | 3337 | 2963 |
| 1 | | | | | | | 10224 | 5440 | 4784 |
| 2 | | | | | | | 10753 | 5669 | 5084 |
| 3 | | | | | | | 12348 | 6539 | 5809 |
| 4 | | | | | | | 11199 | 5903 | 5296 |
| **5-9岁** | | | | | | | **30509** | **16371** | **14138** |
| 5 | | | | | | | 10250 | 5485 | 4765 |
| 6 | | | | | | | 5787 | 3058 | 2729 |
| 7 | | | | | | | 4922 | 2636 | 2286 |
| 8 | | | | | | | 5091 | 2770 | 2321 |
| 9 | | | | | | | 4459 | 2422 | 2037 |
| **10-14岁** | | | | **3** | **1** | **2** | **18738** | **10067** | **8671** |
| 10 | | | | | | | 4136 | 2190 | 1946 |
| 11 | | | | | | | 4044 | 2190 | 1854 |
| 12 | | | | 1 | 1 | | 3696 | 2020 | 1676 |
| 13 | | | | 2 | | 2 | 3486 | 1902 | 1584 |
| 14 | | | | | | | 3376 | 1765 | 1611 |
| **15-19岁** | **92** | **52** | **40** | **6** | **3** | **3** | **10336** | **5787** | **4549** |
| 15 | 24 | 18 | 6 | | | | 2276 | 1193 | 1083 |
| 16 | 27 | 10 | 17 | 1 | | 1 | 2010 | 1063 | 947 |
| 17 | 16 | 11 | 5 | 1 | | 1 | 2138 | 1137 | 1001 |
| 18 | 15 | 8 | 7 | 3 | 3 | | 2233 | 1385 | 848 |
| 19 | 10 | 5 | 5 | 1 | | 1 | 1679 | 1009 | 670 |
| **20-24岁** | **280** | **54** | **226** | **7** | **4** | **3** | **8355** | **4390** | **3965** |
| 20 | 18 | 5 | 13 | | | | 1396 | 778 | 618 |
| 21 | 27 | 11 | 16 | 2 | 2 | | 1444 | 751 | 693 |
| 22 | 56 | 16 | 40 | 4 | 2 | 2 | 1643 | 863 | 780 |
| 23 | 79 | 9 | 70 | 1 | | 1 | 1888 | 998 | 890 |
| 24 | 100 | 13 | 87 | | | | 1984 | 1000 | 984 |
| **25-29岁** | **1943** | **412** | **1531** | **10** | **7** | **3** | **11624** | **5954** | **5670** |
| 25 | 173 | 35 | 138 | 6 | 4 | 2 | 2257 | 1126 | 1131 |
| 26 | 221 | 34 | 187 | 2 | 1 | 1 | 2196 | 1132 | 1064 |
| 27 | 347 | 71 | 276 | 1 | 1 | | 2317 | 1166 | 1151 |
| 28 | 521 | 107 | 414 | 1 | 1 | | 2420 | 1233 | 1187 |
| 29 | 681 | 165 | 516 | | | | 2434 | 1297 | 1137 |

7-8b　续表 7　　单位：人

| 年　龄 | 为子女就学 | | | 养老/康养 | | | 其　他 | | |
|---|---|---|---|---|---|---|---|---|---|
| | 小计 | 男 | 女 | 小计 | 男 | 女 | 小计 | 男 | 女 |
| **30-34岁** | **8602** | **2693** | **5909** | **14** | **5** | **9** | **14206** | **7189** | **7017** |
| 30 | 1069 | 278 | 791 | 4 | 3 | 1 | 2814 | 1473 | 1341 |
| 31 | 1398 | 418 | 980 | 4 | | 4 | 2896 | 1488 | 1408 |
| 32 | 1660 | 511 | 1149 | | | | 2764 | 1349 | 1415 |
| 33 | 2364 | 774 | 1590 | 4 | 2 | 2 | 3109 | 1588 | 1521 |
| 34 | 2111 | 712 | 1399 | 2 | | 2 | 2623 | 1291 | 1332 |
| **35-39岁** | **12939** | **4432** | **8507** | **10** | **6** | **4** | **12210** | **6354** | **5856** |
| 35 | 2039 | 630 | 1409 | 1 | 1 | | 2207 | 1152 | 1055 |
| 36 | 2226 | 734 | 1492 | 2 | 1 | 1 | 2308 | 1217 | 1091 |
| 37 | 2583 | 889 | 1694 | 1 | | 1 | 2414 | 1265 | 1149 |
| 38 | 3225 | 1143 | 2082 | 4 | 3 | 1 | 2899 | 1482 | 1417 |
| 39 | 2866 | 1036 | 1830 | 2 | 1 | 1 | 2382 | 1238 | 1144 |
| **40-44岁** | **12902** | **5050** | **7852** | **24** | **11** | **13** | **12650** | **6357** | **6293** |
| 40 | 2444 | 906 | 1538 | 3 | 2 | 1 | 2080 | 1066 | 1014 |
| 41 | 2842 | 1086 | 1756 | 2 | 1 | 1 | 2578 | 1308 | 1270 |
| 42 | 2659 | 1041 | 1618 | 3 | 1 | 2 | 2581 | 1240 | 1341 |
| 43 | 2507 | 1026 | 1481 | 9 | 2 | 7 | 2573 | 1301 | 1272 |
| 44 | 2450 | 991 | 1459 | 7 | 5 | 2 | 2838 | 1442 | 1396 |
| **45-49岁** | **9017** | **4012** | **5005** | **56** | **20** | **36** | **14691** | **7454** | **7237** |
| 45 | 2191 | 943 | 1248 | 4 | 2 | 2 | 2754 | 1404 | 1350 |
| 46 | 1980 | 872 | 1108 | 8 | 4 | 4 | 2731 | 1405 | 1326 |
| 47 | 1872 | 830 | 1042 | 9 | 3 | 6 | 3139 | 1607 | 1532 |
| 48 | 1565 | 699 | 866 | 17 | 5 | 12 | 2973 | 1514 | 1459 |
| 49 | 1409 | 668 | 741 | 18 | 6 | 12 | 3094 | 1524 | 1570 |
| **50-54岁** | **4171** | **2093** | **2078** | **2203** | **735** | **1468** | **14708** | **7296** | **7412** |
| 50 | 1161 | 569 | 592 | 249 | 83 | 166 | 3182 | 1564 | 1618 |
| 51 | 1004 | 517 | 487 | 398 | 117 | 281 | 3098 | 1562 | 1536 |
| 52 | 807 | 400 | 407 | 419 | 128 | 291 | 3052 | 1533 | 1519 |
| 53 | 597 | 315 | 282 | 482 | 172 | 310 | 2521 | 1221 | 1300 |
| 54 | 602 | 292 | 310 | 655 | 235 | 420 | 2855 | 1416 | 1439 |
| **55-59岁** | **1912** | **920** | **992** | **4538** | **1627** | **2911** | **11917** | **5767** | **6150** |
| 55 | 568 | 275 | 293 | 822 | 283 | 539 | 2769 | 1377 | 1392 |
| 56 | 425 | 209 | 216 | 896 | 318 | 578 | 2686 | 1298 | 1388 |
| 57 | 441 | 208 | 233 | 1161 | 410 | 751 | 2925 | 1417 | 1508 |
| 58 | 313 | 155 | 158 | 1012 | 368 | 644 | 2204 | 1039 | 1165 |
| 59 | 165 | 73 | 92 | 647 | 248 | 399 | 1333 | 636 | 697 |
| **60-64岁** | **992** | **431** | **561** | **6911** | **3170** | **3741** | **8129** | **4081** | **4048** |
| 60 | 185 | 75 | 110 | 1037 | 463 | 574 | 1575 | 742 | 833 |
| 61 | 180 | 85 | 95 | 1088 | 515 | 573 | 1396 | 710 | 686 |
| 62 | 193 | 89 | 104 | 1434 | 658 | 776 | 1641 | 831 | 810 |
| 63 | 232 | 98 | 134 | 1702 | 791 | 911 | 1916 | 999 | 917 |
| 64 | 202 | 84 | 118 | 1650 | 743 | 907 | 1601 | 799 | 802 |
| **65岁及以上** | **1178** | **581** | **597** | **44560** | **19666** | **24894** | **16586** | **7955** | **8631** |

# 7-8c 全省分年龄、性别、迁移原因的户口登记地在外乡镇街道的人口(乡村)

单位：人

| 年 龄 | 合 计 | | | 工作就业 | | |
|---|---|---|---|---|---|---|
| | 合计 | 男 | 女 | 小计 | 男 | 女 |
| **总 计** | **4059741** | **2340030** | **1719711** | **2836219** | **1774146** | **1062073** |
| **0-4岁** | **150274** | **79445** | **70829** | | | |
| 0 | 16057 | 8434 | 7623 | | | |
| 1 | 29725 | 15816 | 13909 | | | |
| 2 | 32781 | 17235 | 15546 | | | |
| 3 | 36312 | 19146 | 17166 | | | |
| 4 | 35399 | 18814 | 16585 | | | |
| **5-9岁** | **165588** | **90005** | **75583** | | | |
| 5 | 33548 | 17957 | 15591 | | | |
| 6 | 33397 | 17989 | 15408 | | | |
| 7 | 32622 | 17780 | 14842 | | | |
| 8 | 34480 | 18936 | 15544 | | | |
| 9 | 31541 | 17343 | 14198 | | | |
| **10-14岁** | **128361** | **70798** | **57563** | | | |
| 10 | 29242 | 16052 | 13190 | | | |
| 11 | 29534 | 16332 | 13202 | | | |
| 12 | 25229 | 13962 | 11267 | | | |
| 13 | 22621 | 12389 | 10232 | | | |
| 14 | 21735 | 12063 | 9672 | | | |
| **15-19岁** | **175322** | **104380** | **70942** | **71960** | **47862** | **24098** |
| 15 | 25720 | 14333 | 11387 | 2907 | 1827 | 1080 |
| 16 | 34032 | 19500 | 14532 | 7394 | 4829 | 2565 |
| 17 | 36172 | 21251 | 14921 | 13972 | 9342 | 4630 |
| 18 | 38186 | 23454 | 14732 | 20377 | 13579 | 6798 |
| 19 | 41212 | 25842 | 15370 | 27310 | 18285 | 9025 |
| **20-24岁** | **280999** | **173256** | **107743** | **233148** | **152247** | **80901** |
| 20 | 44095 | 27941 | 16154 | 33567 | 22295 | 11272 |
| 21 | 48212 | 30401 | 17811 | 39725 | 26264 | 13461 |
| 22 | 58610 | 36560 | 22050 | 50113 | 32871 | 17242 |
| 23 | 62125 | 38149 | 23976 | 52842 | 34399 | 18443 |
| 24 | 67957 | 40205 | 27752 | 56901 | 36418 | 20483 |
| **25-29岁** | **408694** | **229452** | **179242** | **333066** | **208007** | **125059** |
| 25 | 76041 | 43923 | 32118 | 62622 | 39732 | 22890 |
| 26 | 74827 | 42094 | 32733 | 60661 | 37978 | 22683 |
| 27 | 82279 | 45832 | 36447 | 66590 | 41454 | 25136 |
| 28 | 85392 | 47272 | 38120 | 69192 | 42893 | 26299 |
| 29 | 90155 | 50331 | 39824 | 74001 | 45950 | 28051 |

7-8c　续表 1　　　　单位：人

| 年　龄 | 合　计 | | | 工作就业 | | |
|---|---|---|---|---|---|---|
| | 合计 | 男 | 女 | 小计 | 男 | 女 |
| **30-34岁** | **538624** | **305931** | **232693** | **451095** | **280393** | **170702** |
| 30 | 113969 | 64517 | 49452 | 95220 | 59202 | 36018 |
| 31 | 111294 | 62819 | 48475 | 92863 | 57638 | 35225 |
| 32 | 104451 | 59173 | 45278 | 87385 | 54200 | 33185 |
| 33 | 112900 | 64232 | 48668 | 94508 | 58767 | 35741 |
| 34 | 96010 | 55190 | 40820 | 81119 | 50586 | 30533 |
| **35-39岁** | **411488** | **238615** | **172873** | **351351** | **218555** | **132796** |
| 35 | 82653 | 48037 | 34616 | 71049 | 44297 | 26752 |
| 36 | 81687 | 47391 | 34296 | 70064 | 43541 | 26523 |
| 37 | 79242 | 46090 | 33152 | 66973 | 41987 | 24986 |
| 38 | 89345 | 51800 | 37545 | 75801 | 47208 | 28593 |
| 39 | 78561 | 45297 | 33264 | 67464 | 41522 | 25942 |
| **40-44岁** | **400320** | **228080** | **172240** | **348323** | **209114** | **139209** |
| 40 | 72704 | 41810 | 30894 | 63396 | 38550 | 24846 |
| 41 | 79654 | 46030 | 33624 | 68866 | 42091 | 26775 |
| 42 | 79817 | 45331 | 34486 | 69105 | 41504 | 27601 |
| 43 | 78804 | 44486 | 34318 | 68567 | 40670 | 27897 |
| 44 | 89341 | 50423 | 38918 | 78389 | 46299 | 32090 |
| **45-49岁** | **484733** | **275953** | **208780** | **426758** | **253517** | **173241** |
| 45 | 92179 | 51958 | 40221 | 81373 | 47936 | 33437 |
| 46 | 99648 | 56426 | 43222 | 88530 | 52235 | 36295 |
| 47 | 99060 | 56372 | 42688 | 87109 | 51742 | 35367 |
| 48 | 97907 | 55802 | 42105 | 85983 | 51025 | 34958 |
| 49 | 95939 | 55395 | 40544 | 83763 | 50579 | 33184 |
| **50-54岁** | **407561** | **241123** | **166438** | **345752** | **215827** | **129925** |
| 50 | 96555 | 55536 | 41019 | 83811 | 50455 | 33356 |
| 51 | 85998 | 50253 | 35745 | 73370 | 45143 | 28227 |
| 52 | 87520 | 52158 | 35362 | 74846 | 46885 | 27961 |
| 53 | 67256 | 40195 | 27061 | 56118 | 35605 | 20513 |
| 54 | 70232 | 42981 | 27251 | 57607 | 37739 | 19868 |
| **55-59岁** | **228211** | **142330** | **85881** | **171517** | **116644** | **54873** |
| 55 | 61712 | 37865 | 23847 | 48814 | 32239 | 16575 |
| 56 | 53664 | 33176 | 20488 | 41284 | 27681 | 13603 |
| 57 | 54554 | 34599 | 19955 | 40352 | 28056 | 12296 |
| 58 | 39268 | 24881 | 14387 | 28340 | 19846 | 8494 |
| 59 | 19013 | 11809 | 7204 | 12727 | 8822 | 3905 |
| **60-64岁** | **98236** | **60568** | **37668** | **54879** | **39068** | **15811** |
| 60 | 20235 | 12600 | 7635 | 12105 | 8608 | 3497 |
| 61 | 17000 | 10603 | 6397 | 9816 | 6994 | 2822 |
| 62 | 20494 | 12760 | 7734 | 11708 | 8359 | 3349 |
| 63 | 22160 | 13642 | 8518 | 11982 | 8596 | 3386 |
| 64 | 18347 | 10963 | 7384 | 9268 | 6511 | 2757 |
| **65岁及以上** | **181330** | **100094** | **81236** | **48136** | **32776** | **15360** |

7-8c 续表 2 单位：人

| 年龄 | 学习培训 | | | 随同离开/投亲靠友 | | | 拆迁/搬家 | | |
|---|---|---|---|---|---|---|---|---|---|
| | 小计 | 男 | 女 | 小计 | 男 | 女 | 小计 | 男 | 女 |
| **总计** | **162872** | **89521** | **73351** | **423764** | **210322** | **213442** | **241487** | **126990** | **114497** |
| **0-4岁** | **1165** | **621** | **544** | **117472** | **62214** | **55258** | **7093** | **3720** | **3373** |
| 0 | 22 | 12 | 10 | 12313 | 6491 | 5822 | 986 | 511 | 475 |
| 1 | 79 | 44 | 35 | 23223 | 12355 | 10868 | 1328 | 746 | 582 |
| 2 | 106 | 56 | 50 | 25708 | 13524 | 12184 | 1461 | 779 | 682 |
| 3 | 378 | 194 | 184 | 28498 | 15087 | 13411 | 1705 | 859 | 846 |
| 4 | 580 | 315 | 265 | 27730 | 14757 | 12973 | 1613 | 825 | 788 |
| **5-9岁** | **32665** | **18145** | **14520** | **109710** | **59462** | **50248** | **8021** | **4215** | **3806** |
| 5 | 701 | 411 | 290 | 26049 | 13950 | 12099 | 1667 | 844 | 823 |
| 6 | 6741 | 3719 | 3022 | 22225 | 11892 | 10333 | 1523 | 805 | 718 |
| 7 | 7979 | 4431 | 3548 | 20646 | 11206 | 9440 | 1546 | 813 | 733 |
| 8 | 8755 | 4889 | 3866 | 21534 | 11817 | 9717 | 1740 | 919 | 821 |
| 9 | 8489 | 4695 | 3794 | 19256 | 10597 | 8659 | 1545 | 834 | 711 |
| **10-14岁** | **37671** | **20997** | **16674** | **73454** | **40393** | **33061** | **7874** | **4270** | **3604** |
| 10 | 8045 | 4463 | 3582 | 17711 | 9692 | 8019 | 1438 | 766 | 672 |
| 11 | 8301 | 4643 | 3658 | 17584 | 9713 | 7871 | 1568 | 883 | 685 |
| 12 | 7466 | 4155 | 3311 | 14287 | 7917 | 6370 | 1658 | 906 | 752 |
| 13 | 7014 | 3879 | 3135 | 12357 | 6721 | 5636 | 1577 | 848 | 729 |
| 14 | 6845 | 3857 | 2988 | 11515 | 6350 | 5165 | 1633 | 867 | 766 |
| **15-19岁** | **76036** | **41286** | **34750** | **19545** | **11059** | **8486** | **3669** | **2048** | **1621** |
| 15 | 14654 | 8000 | 6654 | 6292 | 3464 | 2828 | 982 | 545 | 437 |
| 16 | 21321 | 11621 | 9700 | 3996 | 2312 | 1684 | 597 | 328 | 269 |
| 17 | 17449 | 9222 | 8227 | 3316 | 1929 | 1387 | 685 | 355 | 330 |
| 18 | 13164 | 7301 | 5863 | 3117 | 1763 | 1354 | 738 | 426 | 312 |
| 19 | 9448 | 5142 | 4306 | 2824 | 1591 | 1233 | 667 | 394 | 273 |
| **20-24岁** | **11842** | **6493** | **5349** | **13476** | **6648** | **6828** | **7278** | **4046** | **3232** |
| 20 | 5578 | 3107 | 2471 | 2724 | 1469 | 1255 | 846 | 503 | 343 |
| 21 | 3135 | 1672 | 1463 | 2472 | 1292 | 1180 | 1095 | 616 | 479 |
| 22 | 1606 | 847 | 759 | 2829 | 1347 | 1482 | 1486 | 811 | 675 |
| 23 | 924 | 534 | 390 | 2695 | 1291 | 1404 | 1794 | 1004 | 790 |
| 24 | 599 | 333 | 266 | 2756 | 1249 | 1507 | 2057 | 1112 | 945 |
| **25-29岁** | **1526** | **919** | **607** | **12813** | **5400** | **7413** | **12721** | **6793** | **5928** |
| 25 | 494 | 288 | 206 | 2796 | 1258 | 1538 | 2476 | 1331 | 1145 |
| 26 | 357 | 215 | 142 | 2547 | 1106 | 1441 | 2442 | 1345 | 1097 |
| 27 | 259 | 159 | 100 | 2548 | 1074 | 1474 | 2651 | 1374 | 1277 |
| 28 | 227 | 141 | 86 | 2550 | 1012 | 1538 | 2517 | 1341 | 1176 |
| 29 | 189 | 116 | 73 | 2372 | 950 | 1422 | 2635 | 1402 | 1233 |

7-8c 续表 3

单位：人

| 年 龄 | 学习培训 | | | 随同离开/投亲靠友 | | | 拆迁/搬家 | | |
|---|---|---|---|---|---|---|---|---|---|
| | 小计 | 男 | 女 | 小计 | 男 | 女 | 小计 | 男 | 女 |
| **30—34岁** | **677** | **403** | **274** | **12283** | **4380** | **7903** | **16881** | **8949** | **7932** |
| 30 | 196 | 121 | 75 | 2738 | 1047 | 1691 | 3172 | 1750 | 1422 |
| 31 | 136 | 80 | 56 | 2572 | 948 | 1624 | 3453 | 1812 | 1641 |
| 32 | 124 | 76 | 48 | 2441 | 863 | 1578 | 3315 | 1754 | 1561 |
| 33 | 110 | 60 | 50 | 2415 | 849 | 1566 | 3665 | 1914 | 1751 |
| 34 | 111 | 66 | 45 | 2117 | 673 | 1444 | 3276 | 1719 | 1557 |
| **35—39岁** | **437** | **248** | **189** | **8284** | **2613** | **5671** | **16220** | **8484** | **7736** |
| 35 | 73 | 48 | 25 | 1717 | 544 | 1173 | 2763 | 1478 | 1285 |
| 36 | 86 | 50 | 36 | 1645 | 546 | 1099 | 3064 | 1591 | 1473 |
| 37 | 91 | 48 | 43 | 1591 | 506 | 1085 | 3400 | 1789 | 1611 |
| 38 | 122 | 76 | 46 | 1797 | 570 | 1227 | 3751 | 1932 | 1819 |
| 39 | 65 | 26 | 39 | 1534 | 447 | 1087 | 3242 | 1694 | 1548 |
| **40—44岁** | **266** | **121** | **145** | **7215** | **1871** | **5344** | **17725** | **9123** | **8602** |
| 40 | 79 | 38 | 41 | 1303 | 356 | 947 | 2793 | 1449 | 1344 |
| 41 | 55 | 27 | 28 | 1491 | 415 | 1076 | 3531 | 1870 | 1661 |
| 42 | 43 | 21 | 22 | 1458 | 349 | 1109 | 3660 | 1893 | 1767 |
| 43 | 41 | 16 | 25 | 1431 | 389 | 1042 | 3708 | 1882 | 1826 |
| 44 | 48 | 19 | 29 | 1532 | 362 | 1170 | 4033 | 2029 | 2004 |
| **45—49岁** | **221** | **107** | **114** | **8489** | **1899** | **6590** | **22724** | **11533** | **11191** |
| 45 | 37 | 17 | 20 | 1563 | 352 | 1211 | 3979 | 2007 | 1972 |
| 46 | 45 | 23 | 22 | 1684 | 352 | 1332 | 4169 | 2116 | 2053 |
| 47 | 60 | 28 | 32 | 1652 | 374 | 1278 | 4791 | 2397 | 2394 |
| 48 | 32 | 14 | 18 | 1824 | 424 | 1400 | 4764 | 2444 | 2320 |
| 49 | 47 | 25 | 22 | 1766 | 397 | 1369 | 5021 | 2569 | 2452 |
| **50—54岁** | **129** | **72** | **57** | **8633** | **1883** | **6750** | **26646** | **13628** | **13018** |
| 50 | 26 | 13 | 13 | 1889 | 362 | 1527 | 5356 | 2728 | 2628 |
| 51 | 32 | 18 | 14 | 1737 | 395 | 1342 | 5451 | 2802 | 2649 |
| 52 | 29 | 17 | 12 | 1776 | 398 | 1378 | 5416 | 2849 | 2567 |
| 53 | 20 | 12 | 8 | 1514 | 331 | 1183 | 4871 | 2461 | 2410 |
| 54 | 22 | 12 | 10 | 1717 | 397 | 1320 | 5552 | 2788 | 2764 |
| **55—59岁** | **87** | **38** | **49** | **6927** | **1947** | **4980** | **26577** | **14142** | **12435** |
| 55 | 21 | 9 | 12 | 1620 | 463 | 1157 | 5947 | 3099 | 2848 |
| 56 | 22 | 11 | 11 | 1604 | 415 | 1189 | 5782 | 3059 | 2723 |
| 57 | 18 | 9 | 9 | 1715 | 483 | 1232 | 6672 | 3590 | 3082 |
| 58 | 16 | 4 | 12 | 1280 | 369 | 911 | 5131 | 2739 | 2392 |
| 59 | 10 | 5 | 5 | 708 | 217 | 491 | 3045 | 1655 | 1390 |
| **60—64岁** | **48** | **20** | **28** | **5134** | **1770** | **3364** | **20408** | **11179** | **9229** |
| 60 | 11 | 5 | 6 | 881 | 275 | 606 | 3946 | 2154 | 1792 |
| 61 | 3 | 2 | 1 | 822 | 287 | 535 | 3487 | 1928 | 1559 |
| 62 | 11 | 7 | 4 | 1048 | 381 | 667 | 4108 | 2289 | 1819 |
| 63 | 12 | 2 | 10 | 1253 | 428 | 825 | 4726 | 2584 | 2142 |
| 64 | 11 | 4 | 7 | 1130 | 399 | 731 | 4141 | 2224 | 1917 |
| **65岁及以上** | **102** | **51** | **51** | **20329** | **8783** | **11546** | **47650** | **24860** | **22790** |

7－8c 续表 4

单位：人

| 年 龄 | 寄挂户口 | | | 婚姻嫁娶 | | | 照料孙子女 | | |
|---|---|---|---|---|---|---|---|---|---|
| | 小计 | 男 | 女 | 小计 | 男 | 女 | 小计 | 男 | 女 |
| **总 计** | **29919** | **17068** | **12851** | **178130** | **28432** | **149698** | **18115** | **3881** | **14234** |
| **0－4岁** | **1893** | **991** | **902** | | | | | | |
| 0 | 206 | 112 | 94 | | | | | | |
| 1 | 405 | 222 | 183 | | | | | | |
| 2 | 442 | 226 | 216 | | | | | | |
| 3 | 422 | 214 | 208 | | | | | | |
| 4 | 418 | 217 | 201 | | | | | | |
| **5－9岁** | **1400** | **723** | **677** | | | | | | |
| 5 | 353 | 183 | 170 | | | | | | |
| 6 | 290 | 150 | 140 | | | | | | |
| 7 | 254 | 132 | 122 | | | | | | |
| 8 | 271 | 139 | 132 | | | | | | |
| 9 | 232 | 119 | 113 | | | | | | |
| **10－14岁** | **1131** | **598** | **533** | **2** | | **2** | | | |
| 10 | 227 | 135 | 92 | 1 | | 1 | | | |
| 11 | 203 | 102 | 101 | | | | | | |
| 12 | 239 | 129 | 110 | 1 | | 1 | | | |
| 13 | 238 | 108 | 130 | | | | | | |
| 14 | 224 | 124 | 100 | | | | | | |
| **15－19岁** | **506** | **258** | **248** | **386** | **12** | **374** | **1** | | **1** |
| 15 | 126 | 66 | 60 | 6 | 2 | 4 | | | |
| 16 | 84 | 37 | 47 | 25 | 3 | 22 | | | |
| 17 | 98 | 55 | 43 | 41 | 1 | 40 | 1 | | 1 |
| 18 | 100 | 51 | 49 | 100 | 4 | 96 | | | |
| 19 | 98 | 49 | 49 | 214 | 2 | 212 | | | |
| **20－24岁** | **1409** | **753** | **656** | **9097** | **426** | **8671** | **16** | | **16** |
| 20 | 173 | 93 | 80 | 435 | 9 | 426 | 3 | | 3 |
| 21 | 187 | 81 | 106 | 841 | 27 | 814 | 2 | | 2 |
| 22 | 234 | 130 | 104 | 1430 | 50 | 1380 | 2 | | 2 |
| 23 | 362 | 203 | 159 | 2422 | 136 | 2286 | 4 | | 4 |
| 24 | 453 | 246 | 207 | 3969 | 204 | 3765 | 5 | | 5 |
| **25－29岁** | **2915** | **1540** | **1375** | **38762** | **3304** | **35458** | **21** | | **21** |
| 25 | 581 | 309 | 272 | 5789 | 373 | 5416 | 6 | | 6 |
| 26 | 591 | 304 | 287 | 6963 | 478 | 6485 | 2 | | 2 |
| 27 | 622 | 342 | 280 | 8219 | 708 | 7511 | 3 | | 3 |
| 28 | 592 | 304 | 288 | 8873 | 843 | 8030 | 5 | | 5 |
| 29 | 529 | 281 | 248 | 8918 | 902 | 8016 | 5 | | 5 |

7−8c　续表 5　　　　单位：人

| 年　龄 | 寄挂户口 | | | 婚姻嫁娶 | | | 照料孙子女 | | |
|---|---|---|---|---|---|---|---|---|---|
| | 小计 | 男 | 女 | 小计 | 男 | 女 | 小计 | 男 | 女 |
| **30−34岁** | **2948** | **1593** | **1355** | **45374** | **5474** | **39900** | **202** | **31** | **171** |
| 30 | 605 | 317 | 288 | 10182 | 1135 | 9047 | 42 | 8 | 34 |
| 31 | 623 | 333 | 290 | 9752 | 1046 | 8706 | 41 | 6 | 35 |
| 32 | 581 | 320 | 261 | 8763 | 1050 | 7713 | 34 | 4 | 30 |
| 33 | 600 | 339 | 261 | 9533 | 1253 | 8280 | 51 | 7 | 44 |
| 34 | 539 | 284 | 255 | 7144 | 990 | 6154 | 34 | 6 | 28 |
| **35−39岁** | **2407** | **1287** | **1120** | **24916** | **3541** | **21375** | **116** | **15** | **101** |
| 35 | 481 | 263 | 218 | 5175 | 709 | 4466 | 16 | 2 | 14 |
| 36 | 451 | 259 | 192 | 4808 | 637 | 4171 | 22 | 1 | 21 |
| 37 | 503 | 254 | 249 | 5089 | 703 | 4386 | 24 | 6 | 18 |
| 38 | 543 | 277 | 266 | 5561 | 873 | 4688 | 29 | 2 | 27 |
| 39 | 429 | 234 | 195 | 4283 | 619 | 3664 | 25 | 4 | 21 |
| **40−44岁** | **1892** | **1016** | **876** | **16885** | **2861** | **14024** | **188** | **25** | **163** |
| 40 | 327 | 175 | 152 | 3429 | 544 | 2885 | 18 | 6 | 12 |
| 41 | 408 | 221 | 187 | 3715 | 620 | 3095 | 21 | 2 | 19 |
| 42 | 404 | 204 | 200 | 3469 | 584 | 2885 | 39 | 5 | 34 |
| 43 | 389 | 210 | 179 | 3089 | 531 | 2558 | 45 | 6 | 39 |
| 44 | 364 | 206 | 158 | 3183 | 582 | 2601 | 65 | 6 | 59 |
| **45−49岁** | **1906** | **1074** | **832** | **13842** | **2642** | **11200** | **990** | **69** | **921** |
| 45 | 370 | 215 | 155 | 3028 | 560 | 2468 | 91 | 5 | 86 |
| 46 | 361 | 199 | 162 | 2780 | 508 | 2272 | 146 | 11 | 135 |
| 47 | 400 | 235 | 165 | 2882 | 536 | 2346 | 163 | 8 | 155 |
| 48 | 373 | 204 | 169 | 2598 | 534 | 2064 | 235 | 23 | 212 |
| 49 | 402 | 221 | 181 | 2554 | 504 | 2050 | 355 | 22 | 333 |
| **50−54岁** | **2013** | **1151** | **862** | **10291** | **2519** | **7772** | **3432** | **360** | **3072** |
| 50 | 385 | 220 | 165 | 2468 | 540 | 1928 | 452 | 46 | 406 |
| 51 | 422 | 238 | 184 | 2227 | 503 | 1724 | 598 | 57 | 541 |
| 52 | 397 | 233 | 164 | 2128 | 523 | 1605 | 748 | 73 | 675 |
| 53 | 378 | 215 | 163 | 1701 | 468 | 1233 | 735 | 83 | 652 |
| 54 | 431 | 245 | 186 | 1767 | 485 | 1282 | 899 | 101 | 798 |
| **55−59岁** | **2268** | **1433** | **835** | **6406** | **2017** | **4389** | **4350** | **651** | **3699** |
| 55 | 484 | 286 | 198 | 1702 | 468 | 1234 | 917 | 122 | 795 |
| 56 | 480 | 303 | 177 | 1437 | 446 | 991 | 918 | 129 | 789 |
| 57 | 551 | 347 | 204 | 1521 | 498 | 1023 | 1109 | 162 | 947 |
| 58 | 479 | 313 | 166 | 1139 | 375 | 764 | 902 | 150 | 752 |
| 59 | 274 | 184 | 90 | 607 | 230 | 377 | 504 | 88 | 416 |
| **60−64岁** | **1630** | **1039** | **591** | **3783** | **1499** | **2284** | **3391** | **893** | **2498** |
| 60 | 298 | 207 | 91 | 771 | 295 | 476 | 589 | 123 | 466 |
| 61 | 319 | 202 | 117 | 631 | 242 | 389 | 533 | 142 | 391 |
| 62 | 320 | 214 | 106 | 782 | 325 | 457 | 722 | 182 | 540 |
| 63 | 392 | 237 | 155 | 864 | 341 | 523 | 793 | 225 | 568 |
| 64 | 301 | 179 | 122 | 735 | 296 | 439 | 754 | 221 | 533 |
| **65岁及以上** | **5601** | **3612** | **1989** | **8386** | **4137** | **4249** | **5408** | **1837** | **3571** |

7-8c 续表 6

单位：人

| 年龄 | 为子女就学 | | | 养老/康养 | | | 其他 | | |
|---|---|---|---|---|---|---|---|---|---|
| | 小计 | 男 | 女 | 小计 | 男 | 女 | 小计 | 男 | 女 |
| **总计** | **5939** | **1926** | **4013** | **36497** | **19152** | **17345** | **126799** | **68592** | **58207** |
| **0-4岁** | | | | | | | **22651** | **11899** | **10752** |
| 0 | | | | | | | 2530 | 1308 | 1222 |
| 1 | | | | | | | 4690 | 2449 | 2241 |
| 2 | | | | | | | 5064 | 2650 | 2414 |
| 3 | | | | | | | 5309 | 2792 | 2517 |
| 4 | | | | | | | 5058 | 2700 | 2358 |
| **5-9岁** | | | | | | | **13792** | **7460** | **6332** |
| 5 | | | | | | | 4778 | 2569 | 2209 |
| 6 | | | | | | | 2618 | 1423 | 1195 |
| 7 | | | | | | | 2197 | 1198 | 999 |
| 8 | | | | | | | 2180 | 1172 | 1008 |
| 9 | | | | | | | 2019 | 1098 | 921 |
| **10-14岁** | | | | **16** | **13** | **3** | **7979** | **4391** | **3588** |
| 10 | | | | 1 | 1 | | 1786 | 978 | 808 |
| 11 | | | | 2 | 2 | | 1830 | 965 | 865 |
| 12 | | | | 3 | 2 | 1 | 1540 | 835 | 705 |
| 13 | | | | 4 | 4 | | 1391 | 800 | 591 |
| 14 | | | | 6 | 4 | 2 | 1432 | 813 | 619 |
| **15-19岁** | **20** | **6** | **14** | **14** | **10** | **4** | **3185** | **1839** | **1346** |
| 15 | 3 | 1 | 2 | 4 | 3 | 1 | 746 | 425 | 321 |
| 16 | 2 | 2 | | 4 | 2 | 2 | 609 | 366 | 243 |
| 17 | 6 | 2 | 4 | 1 | | 1 | 603 | 345 | 258 |
| 18 | 5 | 1 | 4 | 2 | 2 | | 583 | 327 | 256 |
| 19 | 4 | | 4 | 3 | 3 | | 644 | 376 | 268 |
| **20-24岁** | **126** | **16** | **110** | **24** | **20** | **4** | **4583** | **2607** | **1976** |
| 20 | 16 | 4 | 12 | 9 | 7 | 2 | 744 | 454 | 290 |
| 21 | 17 | 2 | 15 | 1 | 1 | | 737 | 446 | 291 |
| 22 | 17 | 2 | 15 | 6 | 6 | | 887 | 496 | 391 |
| 23 | 28 | 5 | 23 | 4 | 4 | | 1050 | 573 | 477 |
| 24 | 48 | 3 | 45 | 4 | 2 | 2 | 1165 | 638 | 527 |
| **25-29岁** | **484** | **84** | **400** | **34** | **23** | **11** | **6352** | **3382** | **2970** |
| 25 | 43 | 8 | 35 | 7 | 4 | 3 | 1227 | 620 | 607 |
| 26 | 60 | 6 | 54 | 7 | 4 | 3 | 1197 | 658 | 539 |
| 27 | 109 | 20 | 89 | 7 | 6 | 1 | 1271 | 695 | 576 |
| 28 | 113 | 20 | 93 | 5 | 3 | 2 | 1318 | 715 | 603 |
| 29 | 159 | 30 | 129 | 8 | 6 | 2 | 1339 | 694 | 645 |

7-8c　续表 7　　单位：人

| 年　龄 | 为子女就学 | | | 养老/康养 | | | 其　他 | | |
|---|---|---|---|---|---|---|---|---|---|
| | 小计 | 男 | 女 | 小计 | 男 | 女 | 小计 | 男 | 女 |
| **30-34岁** | **1281** | **321** | **960** | **34** | **24** | **10** | **7849** | **4363** | **3486** |
| 30 | 223 | 51 | 172 | 7 | 6 | 1 | 1584 | 880 | 704 |
| 31 | 226 | 57 | 169 | 3 | 2 | 1 | 1625 | 897 | 728 |
| 32 | 281 | 58 | 223 | 4 | 3 | 1 | 1523 | 845 | 678 |
| 33 | 294 | 73 | 221 | 6 | 3 | 3 | 1718 | 967 | 751 |
| 34 | 257 | 82 | 175 | 14 | 10 | 4 | 1399 | 774 | 625 |
| **35-39岁** | **1179** | **338** | **841** | **43** | **28** | **15** | **6535** | **3506** | **3029** |
| 35 | 216 | 62 | 154 | 7 | 6 | 1 | 1156 | 628 | 528 |
| 36 | 249 | 63 | 186 | 11 | 7 | 4 | 1287 | 696 | 591 |
| 37 | 221 | 64 | 157 | 5 | 3 | 2 | 1345 | 730 | 615 |
| 38 | 265 | 87 | 178 | 7 | 3 | 4 | 1469 | 772 | 697 |
| 39 | 228 | 62 | 166 | 13 | 9 | 4 | 1278 | 680 | 598 |
| **40-44岁** | **1069** | **375** | **694** | **45** | **37** | **8** | **6712** | **3537** | **3175** |
| 40 | 201 | 67 | 134 | 8 | 7 | 1 | 1150 | 618 | 532 |
| 41 | 213 | 73 | 140 | 6 | 4 | 2 | 1348 | 707 | 641 |
| 42 | 248 | 83 | 165 | 11 | 7 | 4 | 1380 | 681 | 699 |
| 43 | 185 | 64 | 121 | 10 | 10 | | 1339 | 708 | 631 |
| 44 | 222 | 88 | 134 | 10 | 9 | 1 | 1495 | 823 | 672 |
| **45-49岁** | **763** | **314** | **449** | **97** | **57** | **40** | **8943** | **4741** | **4202** |
| 45 | 173 | 70 | 103 | 9 | 6 | 3 | 1556 | 790 | 766 |
| 46 | 193 | 76 | 117 | 21 | 10 | 11 | 1719 | 896 | 823 |
| 47 | 146 | 56 | 90 | 19 | 11 | 8 | 1838 | 985 | 853 |
| 48 | 122 | 51 | 71 | 23 | 14 | 9 | 1953 | 1069 | 884 |
| 49 | 129 | 61 | 68 | 25 | 16 | 9 | 1877 | 1001 | 876 |
| **50-54岁** | **414** | **188** | **226** | **906** | **448** | **458** | **9345** | **5047** | **4298** |
| 50 | 116 | 60 | 56 | 114 | 55 | 59 | 1938 | 1057 | 881 |
| 51 | 94 | 40 | 54 | 146 | 76 | 70 | 1921 | 981 | 940 |
| 52 | 87 | 47 | 40 | 206 | 97 | 109 | 1887 | 1036 | 851 |
| 53 | 47 | 15 | 32 | 189 | 88 | 101 | 1683 | 917 | 766 |
| 54 | 70 | 26 | 44 | 251 | 132 | 119 | 1916 | 1056 | 860 |
| **55-59岁** | **244** | **99** | **145** | **1906** | **974** | **932** | **7929** | **4385** | **3544** |
| 55 | 70 | 26 | 44 | 325 | 170 | 155 | 1812 | 983 | 829 |
| 56 | 49 | 23 | 26 | 370 | 184 | 186 | 1718 | 925 | 793 |
| 57 | 57 | 21 | 36 | 504 | 253 | 251 | 2055 | 1180 | 875 |
| 58 | 34 | 17 | 17 | 421 | 215 | 206 | 1526 | 853 | 673 |
| 59 | 34 | 12 | 22 | 286 | 152 | 134 | 818 | 444 | 374 |
| **60-64岁** | **129** | **61** | **68** | **3163** | **1847** | **1316** | **5671** | **3192** | **2479** |
| 60 | 23 | 7 | 16 | 467 | 271 | 196 | 1144 | 655 | 489 |
| 61 | 18 | 7 | 11 | 447 | 269 | 178 | 924 | 530 | 394 |
| 62 | 28 | 15 | 13 | 633 | 365 | 268 | 1134 | 623 | 511 |
| 63 | 37 | 18 | 19 | 827 | 486 | 341 | 1274 | 725 | 549 |
| 64 | 23 | 14 | 9 | 789 | 456 | 333 | 1195 | 659 | 536 |
| **65岁及以上** | **230** | **124** | **106** | **30215** | **15671** | **14544** | **15273** | **8243** | **7030** |

# 7—9 全省按现住地、性别、迁移原因分的户口登记地在本省其他乡镇街道的人口

单位：人

| 现住地 | 合计 | | | 工作就业 | | |
|---|---|---|---|---|---|---|
| | 合计 | 男 | 女 | 小计 | 男 | 女 |
| **合计** | **13921361** | **6954151** | **6967210** | **4768300** | **2659164** | **2109136** |
| **杭州市** | **3015992** | **1506255** | **1509737** | **1219145** | **671841** | **547304** |
| 上城区 | 89320 | 41783 | 47537 | 30213 | 14934 | 15279 |
| 下城区 | 146766 | 69098 | 77668 | 56080 | 27675 | 28405 |
| 江干区 | 506392 | 250881 | 255511 | 200850 | 106067 | 94783 |
| 拱墅区 | 211971 | 102548 | 109423 | 82897 | 43080 | 39817 |
| 西湖区 | 305864 | 153363 | 152501 | 121888 | 65794 | 56094 |
| 滨江区 | 157258 | 78910 | 78348 | 72435 | 39478 | 32957 |
| 萧山区 | 443696 | 222264 | 221432 | 163237 | 94685 | 68552 |
| 余杭区 | 508635 | 264325 | 244310 | 253803 | 145618 | 108185 |
| 富阳区 | 225589 | 113418 | 112171 | 71387 | 41060 | 30327 |
| 临安区 | 158905 | 81384 | 77521 | 66623 | 38418 | 28205 |
| 桐庐县 | 104618 | 51460 | 53158 | 35919 | 19877 | 16042 |
| 淳安县 | 81510 | 39950 | 41560 | 36016 | 19493 | 16523 |
| 建德市 | 75468 | 36871 | 38597 | 27797 | 15662 | 12135 |
| **宁波市** | **1905829** | **938783** | **967046** | **654149** | **367575** | **286574** |
| 海曙区 | 294862 | 145553 | 149309 | 97706 | 53524 | 44182 |
| 江北区 | 129715 | 64204 | 65511 | 35356 | 19878 | 15478 |
| 北仑区 | 128142 | 67038 | 61104 | 59043 | 35108 | 23935 |
| 镇海区 | 113243 | 57030 | 56213 | 41544 | 24825 | 16719 |
| 鄞州区 | 446822 | 216620 | 230202 | 154550 | 83207 | 71343 |
| 奉化区 | 113204 | 55828 | 57376 | 38163 | 21970 | 16193 |
| 象山县 | 133138 | 64738 | 68400 | 49241 | 26846 | 22395 |
| 宁海县 | 168989 | 85571 | 83418 | 71608 | 39416 | 32192 |
| 余姚市 | 169062 | 81832 | 87230 | 46623 | 26737 | 19886 |
| 慈溪市 | 208652 | 100369 | 108283 | 60315 | 36064 | 24251 |
| **温州市** | **2123431** | **1089838** | **1033593** | **549313** | **313676** | **235637** |
| 鹿城区 | 351733 | 173426 | 178307 | 88570 | 48530 | 40040 |
| 龙湾区 | 151604 | 81650 | 69954 | 44025 | 27320 | 16705 |
| 瓯海区 | 295990 | 150576 | 145414 | 75499 | 43930 | 31569 |
| 洞头区 | 24425 | 13488 | 10937 | 4400 | 2882 | 1518 |
| 永嘉县 | 160873 | 84554 | 76319 | 66949 | 37898 | 29051 |
| 平阳县 | 188067 | 96425 | 91642 | 30056 | 17504 | 12552 |
| 苍南县 | 180590 | 92784 | 87806 | 37646 | 21015 | 16631 |
| 文成县 | 26440 | 13077 | 13363 | 7788 | 4385 | 3403 |
| 泰顺县 | 45532 | 22695 | 22837 | 12460 | 6687 | 5773 |
| 瑞安市 | 275568 | 142678 | 132890 | 81773 | 46414 | 35359 |
| 乐清市 | 205013 | 105004 | 100009 | 62470 | 35883 | 26587 |
| 龙港市 | 217596 | 113481 | 104115 | 37677 | 21228 | 16449 |
| **嘉兴市** | **850813** | **413225** | **437588** | **262723** | **147010** | **115713** |
| 南湖区 | 202886 | 96422 | 106464 | 54696 | 29479 | 25217 |
| 秀洲区 | 99782 | 49102 | 50680 | 30304 | 16795 | 13509 |
| 嘉善县 | 89378 | 43704 | 45674 | 25322 | 14354 | 10968 |
| 海盐县 | 53663 | 26209 | 27454 | 15813 | 9135 | 6678 |
| 海宁市 | 162797 | 80781 | 82016 | 54694 | 31647 | 23047 |
| 平湖市 | 100685 | 48818 | 51867 | 27421 | 15724 | 11697 |
| 桐乡市 | 141622 | 68189 | 73433 | 54473 | 29876 | 24597 |
| **湖州市** | **624570** | **306241** | **318329** | **195656** | **108646** | **87010** |
| 吴兴区 | 257560 | 124296 | 133264 | 66187 | 36383 | 29804 |
| 南浔区 | 42118 | 21536 | 20582 | 14578 | 8668 | 5910 |
| 德清县 | 96700 | 48674 | 48026 | 35962 | 20481 | 15481 |
| 长兴县 | 129458 | 62871 | 66587 | 38334 | 20866 | 17468 |
| 安吉县 | 98734 | 48864 | 49870 | 40595 | 22248 | 18347 |

7-9　续表 1　　　　单位：人

| 现住地 | 合计 | | | 工作就业 | | |
|---|---|---|---|---|---|---|
| | 合计 | 男 | 女 | 小计 | 男 | 女 |
| **绍兴市** | **1151194** | **566809** | **584385** | **349972** | **194242** | **155730** |
| 越城区 | 284507 | 136336 | 148171 | 59014 | 32347 | 26667 |
| 柯桥区 | 178171 | 89189 | 88982 | 70393 | 40267 | 30126 |
| 上虞区 | 137928 | 67660 | 70268 | 31402 | 19091 | 12311 |
| 新昌县 | 141226 | 72405 | 68821 | 51460 | 29284 | 22176 |
| 诸暨市 | 277617 | 135399 | 142218 | 89204 | 46623 | 42581 |
| 嵊州市 | 131745 | 65820 | 65925 | 48499 | 26630 | 21869 |
| **金华市** | **1413939** | **718892** | **695047** | **635231** | **348190** | **287041** |
| 婺城区 | 310179 | 154479 | 155700 | 128478 | 70199 | 58279 |
| 金东区 | 95463 | 49721 | 45742 | 42153 | 24367 | 17786 |
| 武义县 | 96040 | 49097 | 46943 | 37852 | 21648 | 16204 |
| 浦江县 | 85336 | 42963 | 42373 | 31736 | 17222 | 14514 |
| 磐安县 | 30699 | 15314 | 15385 | 15035 | 8038 | 6997 |
| 兰溪市 | 80522 | 38663 | 41859 | 19360 | 11039 | 8321 |
| 义乌市 | 362667 | 189050 | 173617 | 205423 | 111607 | 93816 |
| 东阳市 | 210589 | 106002 | 104587 | 89969 | 48154 | 41815 |
| 永康市 | 142444 | 73603 | 68841 | 65225 | 35916 | 29309 |
| **衢州市** | **583484** | **286536** | **296948** | **201170** | **111380** | **89790** |
| 柯城区 | 208123 | 101445 | 106678 | 69572 | 38124 | 31448 |
| 衢江区 | 89317 | 45993 | 43324 | 40563 | 23121 | 17442 |
| 常山县 | 48284 | 23280 | 25004 | 13205 | 7469 | 5736 |
| 开化县 | 51435 | 24181 | 27254 | 14726 | 7745 | 6981 |
| 龙游县 | 77319 | 38474 | 38845 | 25664 | 14479 | 11185 |
| 江山市 | 109006 | 53163 | 55843 | 37440 | 20442 | 16998 |
| **舟山市** | **296055** | **146136** | **149919** | **72912** | **44114** | **28798** |
| 定海区 | 145516 | 70906 | 74610 | 32373 | 18891 | 13482 |
| 普陀区 | 107766 | 52514 | 55252 | 27164 | 15984 | 11180 |
| 岱山县 | 31445 | 16911 | 14534 | 9245 | 6616 | 2629 |
| 嵊泗县 | 11328 | 5805 | 5523 | 4130 | 2623 | 1507 |
| **台州市** | **1151421** | **577492** | **573929** | **348647** | **195731** | **152916** |
| 椒江区 | 210641 | 106625 | 104016 | 77741 | 43517 | 34224 |
| 黄岩区 | 125536 | 62967 | 62569 | 35207 | 20354 | 14853 |
| 路桥区 | 109266 | 55225 | 54041 | 39767 | 22279 | 17488 |
| 三门县 | 70728 | 36090 | 34638 | 19774 | 11532 | 8242 |
| 天台县 | 97093 | 48324 | 48769 | 22488 | 12628 | 9860 |
| 仙居县 | 114964 | 57844 | 57120 | 32493 | 17662 | 14831 |
| 温岭市 | 173050 | 86482 | 86568 | 51426 | 28595 | 22831 |
| 临海市 | 182230 | 90320 | 91910 | 51014 | 28177 | 22837 |
| 玉环市 | 67913 | 33615 | 34298 | 18737 | 10987 | 7750 |
| **丽水市** | **804633** | **403944** | **400689** | **279382** | **156759** | **122623** |
| 莲都区 | 252844 | 127828 | 125016 | 99245 | 55891 | 43354 |
| 青田县 | 97594 | 48466 | 49128 | 31616 | 17204 | 14412 |
| 缙云县 | 75147 | 37588 | 37559 | 27793 | 15701 | 12092 |
| 遂昌县 | 47452 | 23890 | 23562 | 17118 | 9737 | 7381 |
| 松阳县 | 47969 | 23456 | 24513 | 14626 | 8393 | 6233 |
| 云和县 | 60247 | 31014 | 29233 | 22520 | 12811 | 9709 |
| 庆元县 | 61476 | 31008 | 30468 | 16840 | 9731 | 7109 |
| 景宁畲族自治县 | 50701 | 25132 | 25569 | 16892 | 9427 | 7465 |
| 龙泉市 | 111203 | 55562 | 55641 | 32732 | 17864 | 14868 |

7–9 续表 2

单位：人

| 现住地 | 学习培训 | | | 随同离开/投亲靠友 | | | 拆迁/搬家 | | |
|---|---|---|---|---|---|---|---|---|---|
| | 小计 | 男 | 女 | 小计 | 男 | 女 | 小计 | 男 | 女 |
| **合计** | **1749951** | **881470** | **868481** | **1478704** | **705109** | **773595** | **3715390** | **1895259** | **1820131** |
| **杭州市** | **447356** | **223820** | **223536** | **230597** | **110354** | **120243** | **631972** | **314013** | **317959** |
| 上城区 | 5564 | 2523 | 3041 | 7262 | 3411 | 3851 | 26630 | 13044 | 13586 |
| 下城区 | 10770 | 5432 | 5338 | 10472 | 5056 | 5416 | 35343 | 17392 | 17951 |
| 江干区 | 115066 | 57267 | 57799 | 38249 | 18690 | 19559 | 94205 | 46645 | 47560 |
| 拱墅区 | 26345 | 12974 | 13371 | 14791 | 6810 | 7981 | 47250 | 23449 | 23801 |
| 西湖区 | 65900 | 34327 | 31573 | 16652 | 7941 | 8711 | 47908 | 23790 | 24118 |
| 滨江区 | 35513 | 17412 | 18101 | 6388 | 3115 | 3273 | 18256 | 9151 | 9105 |
| 萧山区 | 52947 | 26658 | 26289 | 25236 | 12145 | 13091 | 124060 | 61485 | 62575 |
| 余杭区 | 47942 | 23889 | 24053 | 38737 | 18456 | 20281 | 92752 | 46252 | 46500 |
| 富阳区 | 30235 | 15033 | 15202 | 25780 | 12354 | 13426 | 61112 | 30897 | 30215 |
| 临安区 | 27709 | 13747 | 13962 | 16387 | 7846 | 8541 | 25519 | 12943 | 12576 |
| 桐庐县 | 12127 | 5767 | 6360 | 11813 | 5669 | 6144 | 28897 | 14343 | 14554 |
| 淳安县 | 8083 | 3985 | 4098 | 10037 | 4666 | 5371 | 15752 | 7501 | 8251 |
| 建德市 | 9155 | 4806 | 4349 | 8793 | 4195 | 4598 | 14288 | 7121 | 7167 |
| **宁波市** | **211073** | **104187** | **106886** | **195737** | **91950** | **103787** | **533107** | **269858** | **263249** |
| 海曙区 | 32733 | 15803 | 16930 | 33048 | 15494 | 17554 | 90747 | 45870 | 44877 |
| 江北区 | 14105 | 6996 | 7109 | 12572 | 5901 | 6671 | 46121 | 22998 | 23123 |
| 北仑区 | 13270 | 7350 | 5920 | 11749 | 5648 | 6101 | 22128 | 11256 | 10872 |
| 镇海区 | 16415 | 8035 | 8380 | 9591 | 4456 | 5135 | 25508 | 12784 | 12724 |
| 鄞州区 | 50648 | 23570 | 27078 | 42146 | 19737 | 22409 | 128836 | 64741 | 64095 |
| 奉化区 | 8217 | 3885 | 4332 | 11054 | 5111 | 5943 | 34783 | 17697 | 17086 |
| 象山县 | 12069 | 6189 | 5880 | 16377 | 7601 | 8776 | 34400 | 17204 | 17196 |
| 宁海县 | 20909 | 11387 | 9522 | 16959 | 8199 | 8760 | 36534 | 18814 | 17720 |
| 余姚市 | 13002 | 6672 | 6330 | 19946 | 9367 | 10579 | 56884 | 29236 | 27648 |
| 慈溪市 | 29705 | 14300 | 15405 | 22295 | 10436 | 11859 | 57166 | 29258 | 27908 |
| **温州市** | **229081** | **120217** | **108864** | **262556** | **126340** | **136216** | **816579** | **433973** | **382606** |
| 鹿城区 | 19587 | 9050 | 10537 | 35533 | 16366 | 19167 | 148419 | 76491 | 71928 |
| 龙湾区 | 20219 | 10890 | 9329 | 17567 | 7863 | 9704 | 53170 | 28541 | 24629 |
| 瓯海区 | 64325 | 30889 | 33436 | 31065 | 14494 | 16571 | 97804 | 51815 | 45989 |
| 洞头区 | 9772 | 6015 | 3757 | 2667 | 1275 | 1392 | 5402 | 2779 | 2623 |
| 永嘉县 | 20678 | 11170 | 9508 | 22785 | 11465 | 11320 | 32273 | 17175 | 15098 |
| 平阳县 | 19812 | 10879 | 8933 | 18326 | 9061 | 9265 | 97363 | 51312 | 46051 |
| 苍南县 | 12682 | 7146 | 5536 | 24947 | 12129 | 12818 | 77540 | 41941 | 35599 |
| 文成县 | 2481 | 1247 | 1234 | 3903 | 1830 | 2073 | 8278 | 4216 | 4062 |
| 泰顺县 | 6412 | 3194 | 3218 | 5608 | 2735 | 2873 | 14501 | 7360 | 7141 |
| 瑞安市 | 22468 | 12317 | 10151 | 33018 | 15933 | 17085 | 107612 | 57433 | 50179 |
| 乐清市 | 22288 | 12251 | 10037 | 29992 | 14851 | 15141 | 64164 | 34128 | 30036 |
| 龙港市 | 8357 | 5169 | 3188 | 37145 | 18338 | 18807 | 110053 | 60782 | 49271 |
| **嘉兴市** | **98407** | **48126** | **50281** | **78203** | **37426** | **40777** | **231905** | **115896** | **116009** |
| 南湖区 | 33682 | 16375 | 17307 | 16511 | 7789 | 8722 | 57843 | 28706 | 29137 |
| 秀洲区 | 10889 | 6078 | 4811 | 9564 | 4560 | 5004 | 28939 | 14501 | 14438 |
| 嘉善县 | 5178 | 2686 | 2492 | 10253 | 4886 | 5367 | 28189 | 14174 | 14015 |
| 海盐县 | 3303 | 1667 | 1636 | 4485 | 2135 | 2350 | 15698 | 8008 | 7690 |
| 海宁市 | 21611 | 10090 | 11521 | 14270 | 6932 | 7338 | 41464 | 20774 | 20690 |
| 平湖市 | 9433 | 4393 | 5040 | 9258 | 4418 | 4840 | 28537 | 14370 | 14167 |
| 桐乡市 | 14311 | 6837 | 7474 | 13862 | 6706 | 7156 | 31235 | 15363 | 15872 |
| **湖州市** | **65470** | **32383** | **33087** | **60521** | **27975** | **32546** | **184706** | **92315** | **92391** |
| 吴兴区 | 28831 | 13383 | 15448 | 23773 | 10919 | 12854 | 92750 | 46243 | 46507 |
| 南浔区 | 3034 | 1433 | 1601 | 5980 | 2772 | 3208 | 12460 | 6337 | 6123 |
| 德清县 | 9815 | 5479 | 4336 | 7113 | 3348 | 3765 | 23505 | 11617 | 11888 |
| 长兴县 | 10445 | 5161 | 5284 | 15038 | 6855 | 8183 | 37647 | 19115 | 18532 |
| 安吉县 | 13345 | 6927 | 6418 | 8617 | 4081 | 4536 | 18344 | 9003 | 9341 |

7-9　续表 3　　　　单位：人

| 现住地 | 学习培训 | | | 随同离开/投亲靠友 | | | 拆迁/搬家 | | |
|---|---|---|---|---|---|---|---|---|---|
| | 小计 | 男 | 女 | 小计 | 男 | 女 | 小计 | 男 | 女 |
| **绍兴市** | **156524** | **76187** | **80337** | **126697** | **60499** | **66198** | **319940** | **161727** | **158213** |
| 越城区 | 52022 | 23539 | 28483 | 24939 | 11741 | 13198 | 88925 | 44274 | 44651 |
| 柯桥区 | 21126 | 10274 | 10852 | 26356 | 12723 | 13633 | 30075 | 15518 | 14557 |
| 上虞区 | 20101 | 10227 | 9874 | 15178 | 7120 | 8058 | 47146 | 23829 | 23317 |
| 新昌县 | 10857 | 5641 | 5216 | 17530 | 8339 | 9191 | 43519 | 22550 | 20969 |
| 诸暨市 | 39987 | 20146 | 19841 | 31755 | 15314 | 16441 | 72005 | 35871 | 36134 |
| 嵊州市 | 12431 | 6360 | 6071 | 10939 | 5262 | 5677 | 38270 | 19685 | 18585 |
| **金华市** | **195622** | **99792** | **95830** | **165053** | **81936** | **83117** | **216840** | **110801** | **106039** |
| 婺城区 | 58863 | 28340 | 30523 | 31843 | 15416 | 16427 | 41384 | 20913 | 20471 |
| 金东区 | 18480 | 9586 | 8894 | 11647 | 5846 | 5801 | 12347 | 6188 | 6159 |
| 武义县 | 7326 | 3763 | 3563 | 12818 | 6119 | 6699 | 22213 | 11429 | 10784 |
| 浦江县 | 10781 | 5986 | 4795 | 6928 | 3348 | 3580 | 18856 | 9818 | 9038 |
| 磐安县 | 3645 | 1879 | 1766 | 3830 | 1798 | 2032 | 3336 | 1736 | 1600 |
| 兰溪市 | 14779 | 6522 | 8257 | 7821 | 3779 | 4042 | 23395 | 11929 | 11466 |
| 义乌市 | 37059 | 20206 | 16853 | 46280 | 23989 | 22291 | 35255 | 18228 | 17027 |
| 东阳市 | 31164 | 16421 | 14743 | 26677 | 12897 | 13780 | 33084 | 16656 | 16428 |
| 永康市 | 13525 | 7089 | 6436 | 17209 | 8744 | 8465 | 26970 | 13904 | 13066 |
| **衢州市** | **74890** | **38238** | **36652** | **72103** | **33828** | **38275** | **135511** | **68001** | **67510** |
| 柯城区 | 24673 | 12275 | 12398 | 28598 | 13340 | 15258 | 51227 | 25590 | 25637 |
| 衢江区 | 11453 | 6106 | 5347 | 10833 | 5118 | 5715 | 11130 | 5852 | 5278 |
| 常山县 | 6495 | 3290 | 3205 | 5316 | 2519 | 2797 | 14187 | 7127 | 7060 |
| 开化县 | 8250 | 4260 | 3990 | 5029 | 2393 | 2636 | 13183 | 6323 | 6860 |
| 龙游县 | 9138 | 4832 | 4306 | 11137 | 5071 | 6066 | 19299 | 9703 | 9596 |
| 江山市 | 14881 | 7475 | 7406 | 11190 | 5387 | 5803 | 26485 | 13406 | 13079 |
| **舟山市** | **25763** | **13093** | **12670** | **29072** | **12845** | **16227** | **116912** | **58775** | **58137** |
| 定海区 | 18651 | 9849 | 8802 | 12145 | 5534 | 6611 | 55564 | 27765 | 27799 |
| 普陀区 | 5066 | 2152 | 2914 | 12643 | 5625 | 7018 | 46293 | 23283 | 23010 |
| 岱山县 | 1541 | 850 | 691 | 2812 | 1135 | 1677 | 11589 | 5903 | 5686 |
| 嵊泗县 | 505 | 242 | 263 | 1472 | 551 | 921 | 3466 | 1824 | 1642 |
| **台州市** | **155493** | **81097** | **74396** | **143940** | **69147** | **74793** | **333495** | **170683** | **162812** |
| 椒江区 | 29434 | 15411 | 14023 | 25575 | 12275 | 13300 | 48607 | 24726 | 23881 |
| 黄岩区 | 14482 | 6767 | 7715 | 16979 | 8280 | 8699 | 43265 | 21692 | 21573 |
| 路桥区 | 9217 | 4800 | 4417 | 15136 | 7246 | 7890 | 31204 | 16029 | 15175 |
| 三门县 | 9697 | 5339 | 4358 | 11000 | 5253 | 5747 | 21043 | 10951 | 10092 |
| 天台县 | 12648 | 6768 | 5880 | 12169 | 6009 | 6160 | 30630 | 15582 | 15048 |
| 仙居县 | 18980 | 10199 | 8781 | 14036 | 6756 | 7280 | 33802 | 17190 | 16612 |
| 温岭市 | 22436 | 11818 | 10618 | 22951 | 10850 | 12101 | 51020 | 26402 | 24618 |
| 临海市 | 32807 | 17039 | 15768 | 17178 | 8220 | 8958 | 49929 | 25578 | 24351 |
| 玉环市 | 5792 | 2956 | 2836 | 8916 | 4258 | 4658 | 23995 | 12533 | 11462 |
| **丽水市** | **90272** | **44330** | **45942** | **114225** | **52809** | **61416** | **194423** | **99217** | **95206** |
| 莲都区 | 28670 | 13581 | 15089 | 31026 | 14836 | 16190 | 57649 | 28668 | 28981 |
| 青田县 | 11609 | 5906 | 5703 | 15931 | 7385 | 8546 | 21276 | 10833 | 10443 |
| 缙云县 | 12264 | 6317 | 5947 | 9726 | 4415 | 5311 | 10302 | 5302 | 5000 |
| 遂昌县 | 4231 | 2150 | 2081 | 7494 | 3344 | 4150 | 10997 | 5737 | 5260 |
| 松阳县 | 6128 | 2616 | 3512 | 6839 | 3146 | 3693 | 12420 | 6465 | 5955 |
| 云和县 | 3420 | 1729 | 1691 | 11028 | 5234 | 5794 | 16962 | 8858 | 8104 |
| 庆元县 | 5168 | 2667 | 2501 | 11323 | 4901 | 6422 | 19462 | 10249 | 9213 |
| 景宁畲族自治县 | 8288 | 4207 | 4081 | 5124 | 2349 | 2775 | 8000 | 3949 | 4051 |
| 龙泉市 | 10494 | 5157 | 5337 | 15734 | 7199 | 8535 | 37355 | 19156 | 18199 |

7-9 续表 4　　单位：人

| 现住地 | 寄挂户口 | | | 婚姻嫁娶 | | | 照料孙子女 | | |
|---|---|---|---|---|---|---|---|---|---|
| | 小计 | 男 | 女 | 小计 | 男 | 女 | 小计 | 男 | 女 |
| **合计** | **110460** | **60641** | **49819** | **595436** | **104824** | **490612** | **363880** | **107411** | **256469** |
| **杭州市** | **25132** | **13730** | **11402** | **102370** | **22774** | **79596** | **115492** | **35024** | **80468** |
| 上城区 | 1239 | 674 | 565 | 3794 | 966 | 2828 | 3800 | 1313 | 2487 |
| 下城区 | 1392 | 732 | 660 | 5518 | 1404 | 4114 | 6855 | 2296 | 4559 |
| 江干区 | 4232 | 2331 | 1901 | 8391 | 2349 | 6042 | 21164 | 6356 | 14808 |
| 拱墅区 | 1878 | 1000 | 878 | 6142 | 1547 | 4595 | 9467 | 3001 | 6466 |
| 西湖区 | 3241 | 1737 | 1504 | 7596 | 2029 | 5567 | 14561 | 4753 | 9808 |
| 滨江区 | 1407 | 773 | 634 | 3027 | 767 | 2260 | 9010 | 2984 | 6026 |
| 萧山区 | 3360 | 1846 | 1514 | 25710 | 4531 | 21179 | 13492 | 3772 | 9720 |
| 余杭区 | 3610 | 1946 | 1664 | 13205 | 3841 | 9364 | 19715 | 5618 | 14097 |
| 富阳区 | 1421 | 795 | 626 | 9882 | 1652 | 8230 | 5349 | 1645 | 3704 |
| 临安区 | 1229 | 708 | 521 | 7366 | 1687 | 5679 | 3478 | 913 | 2565 |
| 桐庐县 | 591 | 337 | 254 | 4926 | 1011 | 3915 | 2577 | 753 | 1824 |
| 淳安县 | 701 | 372 | 329 | 1775 | 286 | 1489 | 3288 | 867 | 2421 |
| 建德市 | 831 | 479 | 352 | 5038 | 704 | 4334 | 2736 | 753 | 1983 |
| **宁波市** | **15460** | **8417** | **7043** | **104106** | **16934** | **87172** | **51237** | **14722** | **36515** |
| 海曙区 | 2461 | 1303 | 1158 | 12171 | 2658 | 9513 | 7016 | 2085 | 4931 |
| 江北区 | 1116 | 634 | 482 | 4570 | 1061 | 3509 | 4072 | 1222 | 2850 |
| 北仑区 | 974 | 537 | 437 | 5568 | 919 | 4649 | 4337 | 1210 | 3127 |
| 镇海区 | 719 | 414 | 305 | 5836 | 1055 | 4781 | 4632 | 1315 | 3317 |
| 鄞州区 | 3610 | 1928 | 1682 | 18738 | 4278 | 14460 | 18035 | 5359 | 12676 |
| 奉化区 | 1130 | 599 | 531 | 7378 | 1044 | 6334 | 2249 | 661 | 1588 |
| 象山县 | 712 | 372 | 340 | 4904 | 557 | 4347 | 2879 | 718 | 2161 |
| 宁海县 | 769 | 439 | 330 | 6885 | 693 | 6192 | 2865 | 760 | 2105 |
| 余姚市 | 1808 | 971 | 837 | 15818 | 2304 | 13514 | 2796 | 746 | 2050 |
| 慈溪市 | 2161 | 1220 | 941 | 22238 | 2365 | 19873 | 2356 | 646 | 1710 |
| **温州市** | **17198** | **9295** | **7903** | **81317** | **8329** | **72988** | **21258** | **6328** | **14930** |
| 鹿城区 | 3422 | 1797 | 1625 | 15560 | 2840 | 12720 | 5708 | 1780 | 3928 |
| 龙湾区 | 1025 | 609 | 416 | 4108 | 425 | 3683 | 1017 | 280 | 737 |
| 瓯海区 | 1650 | 884 | 766 | 8191 | 804 | 7387 | 2476 | 670 | 1806 |
| 洞头区 | 252 | 146 | 106 | 1223 | 99 | 1124 | 124 | 26 | 98 |
| 永嘉县 | 1939 | 1029 | 910 | 4383 | 500 | 3883 | 1996 | 583 | 1413 |
| 平阳县 | 984 | 525 | 459 | 8040 | 559 | 7481 | 1251 | 381 | 870 |
| 苍南县 | 1091 | 584 | 507 | 7483 | 652 | 6831 | 1149 | 360 | 789 |
| 文成县 | 255 | 145 | 110 | 1230 | 152 | 1078 | 477 | 151 | 326 |
| 泰顺县 | 473 | 245 | 228 | 1048 | 144 | 904 | 678 | 203 | 475 |
| 瑞安市 | 2270 | 1201 | 1069 | 9680 | 982 | 8698 | 3924 | 1202 | 2722 |
| 乐清市 | 2685 | 1508 | 1177 | 11269 | 782 | 10487 | 1354 | 358 | 996 |
| 龙港市 | 1152 | 622 | 530 | 9102 | 390 | 8712 | 1104 | 334 | 770 |
| **嘉兴市** | **6138** | **3344** | **2794** | **63498** | **17070** | **46428** | **38341** | **10070** | **28271** |
| 南湖区 | 1172 | 605 | 567 | 11582 | 2634 | 8948 | 9318 | 2512 | 6806 |
| 秀洲区 | 561 | 313 | 248 | 6920 | 1711 | 5209 | 4827 | 1335 | 3492 |
| 嘉善县 | 788 | 452 | 336 | 7389 | 1890 | 5499 | 2969 | 872 | 2097 |
| 海盐县 | 359 | 208 | 151 | 5228 | 1443 | 3785 | 2741 | 630 | 2111 |
| 海宁市 | 1375 | 759 | 616 | 12740 | 3870 | 8870 | 6050 | 1496 | 4554 |
| 平湖市 | 920 | 480 | 440 | 8733 | 2765 | 5968 | 6077 | 1598 | 4479 |
| 桐乡市 | 963 | 527 | 436 | 10906 | 2757 | 8149 | 6359 | 1627 | 4732 |
| **湖州市** | **6343** | **3429** | **2914** | **32223** | **7662** | **24561** | **20915** | **6021** | **14894** |
| 吴兴区 | 2043 | 1129 | 914 | 10929 | 2767 | 8162 | 10926 | 3235 | 7691 |
| 南浔区 | 439 | 255 | 184 | 3088 | 956 | 2132 | 577 | 154 | 423 |
| 德清县 | 609 | 334 | 275 | 5114 | 1263 | 3851 | 4118 | 1121 | 2997 |
| 长兴县 | 2677 | 1381 | 1296 | 7344 | 1430 | 5914 | 3062 | 940 | 2122 |
| 安吉县 | 575 | 330 | 245 | 5748 | 1246 | 4502 | 2232 | 571 | 1661 |

7–9　续表 5　　　　单位：人

| 现住地 | 寄挂户口 | | | 婚姻嫁娶 | | | 照料孙子女 | | |
|---|---|---|---|---|---|---|---|---|---|
| | 小计 | 男 | 女 | 小计 | 男 | 女 | 小计 | 男 | 女 |
| **绍兴市** | **7476** | **4092** | **3384** | **52414** | **8619** | **43795** | **28992** | **8810** | **20182** |
| 越城区 | 1583 | 843 | 740 | 12418 | 2601 | 9817 | 5745 | 1852 | 3893 |
| 柯桥区 | 982 | 537 | 445 | 10243 | 1458 | 8785 | 5069 | 1538 | 3531 |
| 上虞区 | 1117 | 609 | 508 | 10344 | 1619 | 8725 | 4388 | 1211 | 3177 |
| 新昌县 | 1394 | 734 | 660 | 4738 | 664 | 4074 | 2967 | 913 | 2054 |
| 诸暨市 | 1611 | 936 | 675 | 8989 | 1344 | 7645 | 7062 | 2192 | 4870 |
| 嵊州市 | 789 | 433 | 356 | 5682 | 933 | 4749 | 3761 | 1104 | 2657 |
| **金华市** | **10700** | **6032** | **4668** | **44380** | **6380** | **38000** | **26813** | **8198** | **18615** |
| 婺城区 | 1953 | 1088 | 865 | 8646 | 1554 | 7092 | 8406 | 2588 | 5818 |
| 金东区 | 681 | 392 | 289 | 3351 | 470 | 2881 | 1923 | 574 | 1349 |
| 武义县 | 774 | 435 | 339 | 4160 | 667 | 3493 | 1703 | 496 | 1207 |
| 浦江县 | 1058 | 609 | 449 | 3941 | 362 | 3579 | 1577 | 521 | 1056 |
| 磐安县 | 342 | 200 | 142 | 1201 | 231 | 970 | 580 | 163 | 417 |
| 兰溪市 | 875 | 485 | 390 | 4661 | 565 | 4096 | 1216 | 404 | 812 |
| 义乌市 | 2166 | 1212 | 954 | 8876 | 1139 | 7737 | 5031 | 1497 | 3534 |
| 东阳市 | 1533 | 890 | 643 | 5281 | 837 | 4444 | 4758 | 1431 | 3327 |
| 永康市 | 1318 | 721 | 597 | 4263 | 555 | 3708 | 1619 | 524 | 1095 |
| **衢州市** | **3606** | **2098** | **1508** | **26786** | **3538** | **23248** | **16588** | **4773** | **11815** |
| 柯城区 | 1279 | 717 | 562 | 8338 | 1172 | 7166 | 7487 | 2322 | 5165 |
| 衢江区 | 572 | 323 | 249 | 3799 | 471 | 3328 | 1912 | 519 | 1393 |
| 常山县 | 352 | 203 | 149 | 3552 | 401 | 3151 | 1060 | 290 | 770 |
| 开化县 | 258 | 165 | 93 | 2088 | 287 | 1801 | 1725 | 424 | 1301 |
| 龙游县 | 661 | 389 | 272 | 4031 | 530 | 3501 | 1326 | 388 | 938 |
| 江山市 | 484 | 301 | 183 | 4978 | 677 | 4301 | 3078 | 830 | 2248 |
| **舟山市** | **1935** | **1072** | **863** | **15347** | **2181** | **13166** | **7325** | **2009** | **5316** |
| 定海区 | 955 | 545 | 410 | 7780 | 1017 | 6763 | 4608 | 1264 | 3344 |
| 普陀区 | 526 | 288 | 238 | 5455 | 798 | 4657 | 2073 | 572 | 1501 |
| 岱山县 | 242 | 131 | 111 | 1454 | 242 | 1212 | 403 | 108 | 295 |
| 嵊泗县 | 212 | 108 | 104 | 658 | 124 | 534 | 241 | 65 | 176 |
| **台州市** | **10992** | **6118** | **4874** | **50106** | **7244** | **42862** | **20000** | **5965** | **14035** |
| 椒江区 | 1591 | 907 | 684 | 6770 | 1006 | 5764 | 5763 | 1661 | 4102 |
| 黄岩区 | 1078 | 571 | 507 | 6018 | 1186 | 4832 | 1083 | 306 | 777 |
| 路桥区 | 962 | 539 | 423 | 4722 | 628 | 4094 | 1079 | 269 | 810 |
| 三门县 | 717 | 401 | 316 | 2795 | 291 | 2504 | 1378 | 418 | 960 |
| 天台县 | 1106 | 607 | 499 | 5444 | 883 | 4561 | 1669 | 556 | 1113 |
| 仙居县 | 1073 | 574 | 499 | 4047 | 861 | 3186 | 1565 | 470 | 1095 |
| 温岭市 | 2246 | 1234 | 1012 | 7936 | 925 | 7011 | 2726 | 875 | 1851 |
| 临海市 | 1577 | 912 | 665 | 6981 | 891 | 6090 | 4371 | 1319 | 3052 |
| 玉环市 | 642 | 373 | 269 | 5393 | 573 | 4820 | 366 | 91 | 275 |
| **丽水市** | **5480** | **3014** | **2466** | **22889** | **4093** | **18796** | **16919** | **5491** | **11428** |
| 莲都区 | 1838 | 985 | 853 | 5133 | 1012 | 4121 | 6643 | 2182 | 4461 |
| 青田县 | 1229 | 690 | 539 | 1878 | 258 | 1620 | 2343 | 789 | 1554 |
| 缙云县 | 553 | 315 | 238 | 3478 | 717 | 2761 | 1544 | 458 | 1086 |
| 遂昌县 | 291 | 170 | 121 | 2049 | 393 | 1656 | 759 | 221 | 538 |
| 松阳县 | 349 | 191 | 158 | 2735 | 462 | 2273 | 700 | 199 | 501 |
| 云和县 | 252 | 144 | 108 | 2170 | 425 | 1745 | 573 | 186 | 387 |
| 庆元县 | 405 | 214 | 191 | 1882 | 264 | 1618 | 1108 | 382 | 726 |
| 景宁畲族自治县 | 145 | 77 | 68 | 1296 | 191 | 1105 | 1895 | 645 | 1250 |
| 龙泉市 | 418 | 228 | 190 | 2268 | 371 | 1897 | 1354 | 429 | 925 |

7-9　续表 6　　　　　　　　　　　　　　　　　　　　　　　　　　　　　单位：人

| 现住地 | 为子女就学 | | | 养老/康养 | | | 其他 | | |
|---|---|---|---|---|---|---|---|---|---|
| | 小计 | 男 | 女 | 小计 | 男 | 女 | 小计 | 男 | 女 |
| **合计** | **183087** | **78297** | **104790** | **254873** | **109693** | **145180** | **701280** | **352283** | **348997** |
| **杭州市** | **33961** | **14936** | **19025** | **67480** | **29065** | **38415** | **142487** | **70698** | **71789** |
| 上城区 | 2248 | 1003 | 1245 | 2415 | 944 | 1471 | 6155 | 2971 | 3184 |
| 下城区 | 2947 | 1333 | 1614 | 7258 | 2914 | 4344 | 10131 | 4864 | 5267 |
| 江干区 | 2663 | 1115 | 1548 | 8098 | 3441 | 4657 | 13474 | 6620 | 6854 |
| 拱墅区 | 2836 | 1267 | 1569 | 6850 | 2740 | 4110 | 13515 | 6680 | 6835 |
| 西湖区 | 4147 | 1856 | 2291 | 7407 | 3107 | 4300 | 16564 | 8029 | 8535 |
| 滨江区 | 1632 | 705 | 927 | 2858 | 1185 | 1673 | 6732 | 3340 | 3392 |
| 萧山区 | 7267 | 3379 | 3888 | 7616 | 3329 | 4287 | 20771 | 10434 | 10337 |
| 余杭区 | 3185 | 1357 | 1828 | 10762 | 4732 | 6030 | 24924 | 12616 | 12308 |
| 富阳区 | 3404 | 1556 | 1848 | 4561 | 2166 | 2395 | 12458 | 6260 | 6198 |
| 临安区 | 968 | 392 | 576 | 3395 | 1610 | 1785 | 6231 | 3120 | 3111 |
| 桐庐县 | 1267 | 519 | 748 | 1999 | 906 | 1093 | 4502 | 2278 | 2224 |
| 淳安县 | 509 | 128 | 381 | 2012 | 976 | 1036 | 3337 | 1676 | 1661 |
| 建德市 | 888 | 326 | 562 | 2249 | 1015 | 1234 | 3693 | 1810 | 1883 |
| **宁波市** | **24361** | **10450** | **13911** | **37116** | **15342** | **21774** | **79483** | **39348** | **40135** |
| 海曙区 | 2307 | 1061 | 1246 | 5269 | 2067 | 3202 | 11404 | 5688 | 5716 |
| 江北区 | 1249 | 565 | 684 | 4028 | 1742 | 2286 | 6526 | 3207 | 3319 |
| 北仑区 | 1630 | 739 | 891 | 2999 | 1279 | 1720 | 6444 | 2992 | 3452 |
| 镇海区 | 2486 | 1105 | 1381 | 2340 | 944 | 1396 | 4172 | 2097 | 2075 |
| 鄞州区 | 4643 | 2118 | 2525 | 9443 | 3765 | 5678 | 16173 | 7917 | 8256 |
| 奉化区 | 1613 | 721 | 892 | 3092 | 1320 | 1772 | 5525 | 2820 | 2705 |
| 象山县 | 4014 | 1309 | 2705 | 2537 | 1035 | 1502 | 6005 | 2907 | 3098 |
| 宁海县 | 2639 | 1105 | 1534 | 2196 | 944 | 1252 | 7625 | 3814 | 3811 |
| 余姚市 | 1851 | 846 | 1005 | 2869 | 1169 | 1700 | 7465 | 3784 | 3681 |
| 慈溪市 | 1929 | 881 | 1048 | 2343 | 1077 | 1266 | 8144 | 4122 | 4022 |
| **温州市** | **15613** | **6847** | **8766** | **25470** | **10609** | **14861** | **105046** | **54224** | **50822** |
| 鹿城区 | 4435 | 2271 | 2164 | 6939 | 2683 | 4256 | 23560 | 11618 | 11942 |
| 龙湾区 | 522 | 238 | 284 | 936 | 382 | 554 | 9015 | 5102 | 3913 |
| 瓯海区 | 1136 | 501 | 635 | 2883 | 1165 | 1718 | 10961 | 5424 | 5537 |
| 洞头区 | 63 | 21 | 42 | 163 | 59 | 104 | 359 | 186 | 173 |
| 永嘉县 | 1670 | 527 | 1143 | 2263 | 1066 | 1197 | 5937 | 3141 | 2796 |
| 平阳县 | 1154 | 508 | 646 | 1763 | 735 | 1028 | 9318 | 4961 | 4357 |
| 苍南县 | 1308 | 515 | 793 | 2226 | 995 | 1231 | 14518 | 7447 | 7071 |
| 文成县 | 249 | 84 | 165 | 616 | 286 | 330 | 1163 | 581 | 582 |
| 泰顺县 | 786 | 287 | 499 | 525 | 248 | 277 | 3041 | 1592 | 1449 |
| 瑞安市 | 2806 | 1288 | 1518 | 3405 | 1454 | 1951 | 8612 | 4454 | 4158 |
| 乐清市 | 896 | 375 | 521 | 1559 | 652 | 907 | 8336 | 4216 | 4120 |
| 龙港市 | 588 | 232 | 356 | 2192 | 884 | 1308 | 10226 | 5502 | 4724 |
| **嘉兴市** | **18583** | **8806** | **9777** | **16031** | **7074** | **8957** | **36984** | **18403** | **18581** |
| 南湖区 | 3412 | 1590 | 1822 | 4512 | 1865 | 2647 | 10158 | 4867 | 5291 |
| 秀洲区 | 1530 | 707 | 823 | 2103 | 961 | 1142 | 4145 | 2141 | 2004 |
| 嘉善县 | 1864 | 858 | 1006 | 2482 | 1060 | 1422 | 4944 | 2472 | 2472 |
| 海盐县 | 1396 | 670 | 726 | 936 | 465 | 471 | 3704 | 1848 | 1856 |
| 海宁市 | 3025 | 1400 | 1625 | 2352 | 1154 | 1198 | 5216 | 2659 | 2557 |
| 平湖市 | 5309 | 2601 | 2708 | 1661 | 752 | 909 | 3336 | 1717 | 1619 |
| 桐乡市 | 2047 | 980 | 1067 | 1985 | 817 | 1168 | 5481 | 2699 | 2782 |
| **湖州市** | **9412** | **4190** | **5222** | **10537** | **4548** | **5989** | **38787** | **19072** | **19715** |
| 吴兴区 | 4497 | 2011 | 2486 | 4167 | 1702 | 2465 | 13457 | 6524 | 6933 |
| 南浔区 | 236 | 101 | 135 | 491 | 220 | 271 | 1235 | 640 | 595 |
| 德清县 | 1047 | 476 | 571 | 2244 | 958 | 1286 | 7173 | 3597 | 3576 |
| 长兴县 | 2535 | 1110 | 1425 | 1804 | 848 | 956 | 10572 | 5165 | 5407 |
| 安吉县 | 1097 | 492 | 605 | 1831 | 820 | 1011 | 6350 | 3146 | 3204 |

7-9　续表 7　　　　单位：人

| 现住地 | 为子女就学 | | | 养老/康养 | | | 其他 | | |
| --- | --- | --- | --- | --- | --- | --- | --- | --- | --- |
| | 小计 | 男 | 女 | 小计 | 男 | 女 | 小计 | 男 | 女 |
| **绍兴市** | **14096** | **6406** | **7690** | **20559** | **9022** | **11537** | **74524** | **37205** | **37319** |
| 越城区 | 3305 | 1527 | 1778 | 4989 | 2158 | 2831 | 31567 | 15454 | 16113 |
| 柯桥区 | 2254 | 1092 | 1162 | 2368 | 1052 | 1316 | 9305 | 4730 | 4575 |
| 上虞区 | 1960 | 904 | 1056 | 2180 | 974 | 1206 | 4112 | 2076 | 2036 |
| 新昌县 | 1033 | 486 | 547 | 2808 | 1224 | 1584 | 4920 | 2570 | 2350 |
| 诸暨市 | 3461 | 1463 | 1998 | 5101 | 2274 | 2827 | 18442 | 9236 | 9206 |
| 嵊州市 | 2083 | 934 | 1149 | 3113 | 1340 | 1773 | 6178 | 3139 | 3039 |
| **金华市** | **15072** | **6418** | **8654** | **25013** | **11046** | **13967** | **79215** | **40099** | **39116** |
| 婺城区 | 4176 | 1800 | 2376 | 5497 | 2293 | 3204 | 20933 | 10288 | 10645 |
| 金东区 | 811 | 303 | 508 | 1284 | 577 | 707 | 2786 | 1418 | 1368 |
| 武义县 | 1072 | 474 | 598 | 1898 | 869 | 1029 | 6224 | 3197 | 3027 |
| 浦江县 | 1381 | 641 | 740 | 2220 | 934 | 1286 | 6858 | 3522 | 3336 |
| 磐安县 | 446 | 127 | 319 | 538 | 256 | 282 | 1746 | 886 | 860 |
| 兰溪市 | 1513 | 682 | 831 | 2292 | 963 | 1329 | 4610 | 2295 | 2315 |
| 义乌市 | 1416 | 627 | 789 | 5022 | 2213 | 2809 | 16139 | 8332 | 7807 |
| 东阳市 | 2580 | 969 | 1611 | 4352 | 2095 | 2257 | 11191 | 5652 | 5539 |
| 永康市 | 1677 | 795 | 882 | 1910 | 846 | 1064 | 8728 | 4509 | 4219 |
| **衢州市** | **12321** | **4698** | **7623** | **11583** | **5220** | **6363** | **28926** | **14762** | **14164** |
| 柯城区 | 4112 | 1813 | 2299 | 4182 | 1780 | 2402 | 8655 | 4312 | 4343 |
| 衢江区 | 1346 | 564 | 782 | 1554 | 778 | 776 | 6155 | 3141 | 3014 |
| 常山县 | 953 | 365 | 588 | 670 | 364 | 306 | 2494 | 1252 | 1242 |
| 开化县 | 2575 | 736 | 1839 | 827 | 404 | 423 | 2774 | 1444 | 1330 |
| 龙游县 | 1000 | 374 | 626 | 1454 | 659 | 795 | 3609 | 2049 | 1560 |
| 江山市 | 2335 | 846 | 1489 | 2896 | 1235 | 1661 | 5239 | 2564 | 2675 |
| **舟山市** | **7827** | **3272** | **4555** | **5945** | **2421** | **3524** | **13017** | **6354** | **6663** |
| 定海区 | 3848 | 1631 | 2217 | 3163 | 1326 | 1837 | 6429 | 3084 | 3345 |
| 普陀区 | 2121 | 860 | 1261 | 2077 | 844 | 1233 | 4348 | 2108 | 2240 |
| 岱山县 | 1611 | 698 | 913 | 563 | 208 | 355 | 1985 | 1020 | 965 |
| 嵊泗县 | 247 | 83 | 164 | 142 | 43 | 99 | 255 | 142 | 113 |
| **台州市** | **16470** | **6255** | **10215** | **17646** | **7196** | **10450** | **54632** | **28056** | **26576** |
| 椒江区 | 2393 | 1005 | 1388 | 3542 | 1421 | 2121 | 9225 | 4696 | 4529 |
| 黄岩区 | 908 | 382 | 526 | 1927 | 695 | 1232 | 4589 | 2734 | 1855 |
| 路桥区 | 395 | 153 | 242 | 1271 | 507 | 764 | 5513 | 2775 | 2738 |
| 三门县 | 1771 | 630 | 1141 | 917 | 419 | 498 | 1636 | 856 | 780 |
| 天台县 | 2268 | 902 | 1366 | 1418 | 604 | 814 | 7253 | 3785 | 3468 |
| 仙居县 | 1463 | 517 | 946 | 1630 | 685 | 945 | 5875 | 2930 | 2945 |
| 温岭市 | 1753 | 751 | 1002 | 2851 | 1153 | 1698 | 7705 | 3879 | 3826 |
| 临海市 | 5271 | 1823 | 3448 | 3254 | 1421 | 1833 | 9848 | 4940 | 4908 |
| 玉环市 | 248 | 92 | 156 | 836 | 291 | 545 | 2988 | 1461 | 1527 |
| **丽水市** | **15371** | **6019** | **9352** | **17493** | **8150** | **9343** | **48179** | **24062** | **24117** |
| 莲都区 | 1359 | 493 | 866 | 4400 | 1910 | 2490 | 16881 | 8270 | 8611 |
| 青田县 | 981 | 302 | 679 | 4621 | 2081 | 2540 | 6110 | 3018 | 3092 |
| 缙云县 | 2841 | 978 | 1863 | 1142 | 608 | 534 | 5504 | 2777 | 2727 |
| 遂昌县 | 693 | 256 | 437 | 986 | 473 | 513 | 2834 | 1409 | 1425 |
| 松阳县 | 886 | 338 | 548 | 748 | 386 | 362 | 2538 | 1260 | 1278 |
| 云和县 | 356 | 157 | 199 | 891 | 455 | 436 | 2075 | 1015 | 1060 |
| 庆元县 | 1963 | 902 | 1061 | 1096 | 526 | 570 | 2229 | 1172 | 1057 |
| 景宁畲族自治县 | 2992 | 1194 | 1798 | 2022 | 986 | 1036 | 4047 | 2107 | 1940 |
| 龙泉市 | 3300 | 1399 | 1901 | 1587 | 725 | 862 | 5961 | 3034 | 2927 |

# 7-9a 全省按现住地、性别、迁移原因分的户口登记地在本省其他乡镇街道的人口(城市)

单位：人

| 现住地 | 合计 | | | 工作就业 | | |
|---|---|---|---|---|---|---|
| | 合计 | 男 | 女 | 小计 | 男 | 女 |
| **合计** | **9571684** | **4752381** | **4819303** | **3268870** | **1789265** | **1479605** |
| **杭州市** | **2602095** | **1295769** | **1306326** | **1058859** | **576407** | **482452** |
| 上城区 | 89320 | 41783 | 47537 | 30213 | 14934 | 15279 |
| 下城区 | 146766 | 69098 | 77668 | 56080 | 27675 | 28405 |
| 江干区 | 506392 | 250881 | 255511 | 200850 | 106067 | 94783 |
| 拱墅区 | 211971 | 102548 | 109423 | 82897 | 43080 | 39817 |
| 西湖区 | 301335 | 150990 | 150345 | 119936 | 64582 | 55354 |
| 滨江区 | 157258 | 78910 | 78348 | 72435 | 39478 | 32957 |
| 萧山区 | 401019 | 200432 | 200587 | 145112 | 82350 | 62762 |
| 余杭区 | 419134 | 215863 | 203271 | 213593 | 120452 | 93141 |
| 富阳区 | 198172 | 99441 | 98731 | 65968 | 37345 | 28623 |
| 临安区 | 124192 | 63375 | 60817 | 53237 | 30291 | 22946 |
| 桐庐县 | | | | | | |
| 淳安县 | | | | | | |
| 建德市 | 46536 | 22448 | 24088 | 18538 | 10153 | 8385 |
| **宁波市** | **1322995** | **646197** | **676798** | **420972** | **231755** | **189217** |
| 海曙区 | 267593 | 131551 | 136042 | 87093 | 47268 | 39825 |
| 江北区 | 120651 | 59287 | 61364 | 31493 | 17413 | 14080 |
| 北仑区 | 102959 | 53459 | 49500 | 46983 | 27448 | 19535 |
| 镇海区 | 103702 | 51851 | 51851 | 36383 | 21511 | 14872 |
| 鄞州区 | 357587 | 171314 | 186273 | 118409 | 61966 | 56443 |
| 奉化区 | 87324 | 42934 | 44390 | 28918 | 16149 | 12769 |
| 象山县 | | | | | | |
| 宁海县 | | | | | | |
| 余姚市 | 137930 | 67367 | 70563 | 36504 | 20589 | 15915 |
| 慈溪市 | 145249 | 68434 | 76815 | 35189 | 19411 | 15778 |
| **温州市** | **1361114** | **695330** | **665784** | **340062** | **192911** | **147151** |
| 鹿城区 | 340878 | 167927 | 172951 | 84547 | 45990 | 38557 |
| 龙湾区 | 119888 | 63024 | 56864 | 30558 | 18482 | 12076 |
| 瓯海区 | 275861 | 140022 | 135839 | 68790 | 39832 | 28958 |
| 洞头区 | 13382 | 6504 | 6878 | 2175 | 1341 | 834 |
| 永嘉县 | | | | | | |
| 平阳县 | | | | | | |
| 苍南县 | | | | | | |
| 文成县 | | | | | | |
| 泰顺县 | | | | | | |
| 瑞安市 | 233964 | 121435 | 112529 | 66044 | 37363 | 28681 |
| 乐清市 | 165689 | 85994 | 79695 | 50896 | 29033 | 21863 |
| 龙港市 | 211452 | 110424 | 101028 | 37052 | 20870 | 16182 |
| **嘉兴市** | **573741** | **273843** | **299898** | **167065** | **90146** | **76919** |
| 南湖区 | 190406 | 90256 | 100150 | 50485 | 26927 | 23558 |
| 秀洲区 | 80376 | 39224 | 41152 | 21536 | 11758 | 9778 |
| 嘉善县 | | | | | | |
| 海盐县 | | | | | | |
| 海宁市 | 109815 | 52424 | 57391 | 30645 | 16678 | 13967 |
| 平湖市 | 77601 | 36585 | 41016 | 19712 | 10746 | 8966 |
| 桐乡市 | 115543 | 55354 | 60189 | 44687 | 24037 | 20650 |
| **湖州市** | **231220** | **109679** | **121541** | **51136** | **27666** | **23470** |
| 吴兴区 | 211744 | 99835 | 111909 | 44361 | 23745 | 20616 |
| 南浔区 | 19476 | 9844 | 9632 | 6775 | 3921 | 2854 |
| 德清县 | | | | | | |
| 长兴县 | | | | | | |
| 安吉县 | | | | | | |

7—9a　续表 1　　单位：人

| 现住地 | 合计 | | | 工作就业 | | |
|---|---|---|---|---|---|---|
| | 合计 | 男 | 女 | 小计 | 男 | 女 |
| **绍兴市** | **898123** | **439142** | **458981** | **260829** | **142053** | **118776** |
| 越城区 | 274953 | 131667 | 143286 | 56249 | 30606 | 25643 |
| 柯桥区 | 157449 | 78102 | 79347 | 61410 | 34003 | 27407 |
| 上虞区 | 118579 | 58915 | 59664 | 27645 | 16795 | 10850 |
| 新昌县 | | | | | | |
| 诸暨市 | 231831 | 112601 | 119230 | 71326 | 36558 | 34768 |
| 嵊州市 | 115311 | 57857 | 57454 | 44199 | 24091 | 20108 |
| **金华市** | **964749** | **489463** | **475286** | **442647** | **238205** | **204442** |
| 婺城区 | 267817 | 133125 | 134692 | 114419 | 62135 | 52284 |
| 金东区 | 60034 | 30792 | 29242 | 22502 | 12533 | 9969 |
| 武义县 | | | | | | |
| 浦江县 | | | | | | |
| 磐安县 | | | | | | |
| 兰溪市 | 66637 | 32167 | 34470 | 15301 | 8437 | 6864 |
| 义乌市 | 302410 | 157394 | 145016 | 174282 | 93603 | 80679 |
| 东阳市 | 145586 | 72378 | 73208 | 59826 | 30769 | 29057 |
| 永康市 | 122265 | 63607 | 58658 | 56317 | 30728 | 25589 |
| **衢州市** | **358034** | **176930** | **181104** | **135635** | **74329** | **61306** |
| 柯城区 | 195916 | 95419 | 100497 | 66432 | 36130 | 30302 |
| 衢江区 | 75627 | 39376 | 36251 | 37694 | 21249 | 16445 |
| 常山县 | | | | | | |
| 开化县 | | | | | | |
| 龙游县 | 156 | 87 | 69 | 34 | 23 | 11 |
| 江山市 | 86335 | 42048 | 44287 | 31475 | 16927 | 14548 |
| **舟山市** | **223960** | **107549** | **116411** | **48913** | **27379** | **21534** |
| 定海区 | 129020 | 62222 | 66798 | 27679 | 15510 | 12169 |
| 普陀区 | 94940 | 45327 | 49613 | 21234 | 11869 | 9365 |
| 岱山县 | | | | | | |
| 嵊泗县 | | | | | | |
| **台州市** | **704122** | **352961** | **351161** | **222386** | **122250** | **100136** |
| 椒江区 | 198236 | 99746 | 98490 | 71123 | 39221 | 31902 |
| 黄岩区 | 103155 | 52317 | 50838 | 29619 | 17135 | 12484 |
| 路桥区 | 83109 | 41968 | 41141 | 31171 | 16953 | 14218 |
| 三门县 | | | | | | |
| 天台县 | | | | | | |
| 仙居县 | | | | | | |
| 温岭市 | 115156 | 58071 | 57085 | 36837 | 19882 | 16955 |
| 临海市 | 147865 | 72631 | 75234 | 38256 | 20272 | 17984 |
| 玉环市 | 56601 | 28228 | 28373 | 15380 | 8787 | 6593 |
| **丽水市** | **331531** | **165518** | **166013** | **120366** | **66164** | **54202** |
| 莲都区 | 230969 | 115487 | 115482 | 89859 | 49683 | 40176 |
| 青田县 | | | | | | |
| 缙云县 | | | | | | |
| 遂昌县 | | | | | | |
| 松阳县 | | | | | | |
| 云和县 | | | | | | |
| 庆元县 | | | | | | |
| 景宁畲族自治县 | | | | | | |
| 龙泉市 | 100562 | 50031 | 50531 | 30507 | 16481 | 14026 |

7-9a 续表 2 单位：人

| 现住地 | 学习培训 | | | 随同离开/投亲靠友 | | | 拆迁/搬家 | | |
|---|---|---|---|---|---|---|---|---|---|
| | 小计 | 男 | 女 | 小计 | 男 | 女 | 小计 | 男 | 女 |
| **合计** | **1267972** | **631445** | **636527** | **956724** | **455927** | **500797** | **2630576** | **1336504** | **1294072** |
| **杭州市** | **395160** | **197768** | **197392** | **188060** | **89974** | **98086** | **550630** | **273490** | **277140** |
| 上城区 | 5564 | 2523 | 3041 | 7262 | 3411 | 3851 | 26630 | 13044 | 13586 |
| 下城区 | 10770 | 5432 | 5338 | 10472 | 5056 | 5416 | 35343 | 17392 | 17951 |
| 江干区 | 115066 | 57267 | 57799 | 38249 | 18690 | 19559 | 94205 | 46645 | 47560 |
| 拱墅区 | 26345 | 12974 | 13371 | 14791 | 6810 | 7981 | 47250 | 23449 | 23801 |
| 西湖区 | 65804 | 34291 | 31513 | 16378 | 7811 | 8567 | 46834 | 23252 | 23582 |
| 滨江区 | 35513 | 17412 | 18101 | 6388 | 3115 | 3273 | 18256 | 9151 | 9105 |
| 萧山区 | 49988 | 25220 | 24768 | 21609 | 10351 | 11258 | 118548 | 58633 | 59915 |
| 余杭区 | 38792 | 19140 | 19652 | 31517 | 15073 | 16444 | 75562 | 37614 | 37948 |
| 富阳区 | 18950 | 9256 | 9694 | 23588 | 11249 | 12339 | 58382 | 29467 | 28915 |
| 临安区 | 22343 | 11160 | 11183 | 12761 | 6031 | 6730 | 21716 | 10946 | 10770 |
| 桐庐县 | | | | | | | | | |
| 淳安县 | | | | | | | | | |
| 建德市 | 6025 | 3093 | 2932 | 5045 | 2377 | 2668 | 7904 | 3897 | 4007 |
| **宁波市** | **148873** | **72553** | **76320** | **129377** | **60608** | **68769** | **409422** | **206637** | **202785** |
| 海曙区 | 30658 | 14766 | 15892 | 29062 | 13677 | 15385 | 84691 | 42627 | 42064 |
| 江北区 | 13548 | 6707 | 6841 | 11681 | 5462 | 6219 | 45007 | 22432 | 22575 |
| 北仑区 | 11617 | 6470 | 5147 | 9124 | 4361 | 4763 | 17997 | 9152 | 8845 |
| 镇海区 | 16171 | 7891 | 8280 | 8343 | 3884 | 4459 | 24214 | 12138 | 12076 |
| 鄞州区 | 42785 | 19641 | 23144 | 30243 | 14238 | 16005 | 107841 | 54085 | 53756 |
| 奉化区 | 4775 | 2409 | 2366 | 8490 | 3907 | 4583 | 29399 | 14901 | 14498 |
| 象山县 | | | | | | | | | |
| 宁海县 | | | | | | | | | |
| 余姚市 | 11153 | 5740 | 5413 | 16140 | 7572 | 8568 | 50541 | 25925 | 24616 |
| 慈溪市 | 18166 | 8929 | 9237 | 16294 | 7507 | 8787 | 49732 | 25377 | 24355 |
| **温州市** | **140668** | **71798** | **68870** | **168044** | **79835** | **88209** | **549603** | **292376** | **257227** |
| 鹿城区 | 18258 | 8683 | 9575 | 34289 | 15813 | 18476 | 145789 | 75051 | 70738 |
| 龙湾区 | 11975 | 6349 | 5626 | 15152 | 6623 | 8529 | 48999 | 26377 | 22622 |
| 瓯海区 | 61481 | 29350 | 32131 | 28729 | 13358 | 15371 | 92103 | 48736 | 43367 |
| 洞头区 | 2953 | 1433 | 1520 | 2188 | 1042 | 1146 | 4639 | 2378 | 2261 |
| 永嘉县 | | | | | | | | | |
| 平阳县 | | | | | | | | | |
| 苍南县 | | | | | | | | | |
| 文成县 | | | | | | | | | |
| 泰顺县 | | | | | | | | | |
| 瑞安市 | 18752 | 10344 | 8408 | 27714 | 13298 | 14416 | 97013 | 51951 | 45062 |
| 乐清市 | 18971 | 10517 | 8454 | 24255 | 11999 | 12256 | 54256 | 28931 | 25325 |
| 龙港市 | 8278 | 5122 | 3156 | 35717 | 17702 | 18015 | 106804 | 58952 | 47852 |
| **嘉兴市** | **77248** | **37684** | **39564** | **48969** | **23228** | **25741** | **167597** | **83168** | **84429** |
| 南湖区 | 33430 | 16235 | 17195 | 15060 | 7103 | 7957 | 54823 | 27152 | 27671 |
| 秀洲区 | 10463 | 5842 | 4621 | 7041 | 3317 | 3724 | 25590 | 12773 | 12817 |
| 嘉善县 | | | | | | | | | |
| 海盐县 | | | | | | | | | |
| 海宁市 | 12231 | 5732 | 6499 | 9775 | 4644 | 5131 | 36356 | 18115 | 18241 |
| 平湖市 | 8132 | 3727 | 4405 | 5978 | 2776 | 3202 | 24257 | 12157 | 12100 |
| 桐乡市 | 12992 | 6148 | 6844 | 11115 | 5388 | 5727 | 26571 | 12971 | 13600 |
| **湖州市** | **27687** | **12451** | **15236** | **21594** | **9814** | **11780** | **87743** | **43673** | **44070** |
| 吴兴区 | 26557 | 11915 | 14642 | 18564 | 8419 | 10145 | 81303 | 40427 | 40876 |
| 南浔区 | 1130 | 536 | 594 | 3030 | 1395 | 1635 | 6440 | 3246 | 3194 |
| 德清县 | | | | | | | | | |
| 长兴县 | | | | | | | | | |
| 安吉县 | | | | | | | | | |

7–9a　续表 3　　　　单位：人

| 现住地 | 学习培训 | | | 随同离开/投亲靠友 | | | 拆迁/搬家 | | |
|---|---|---|---|---|---|---|---|---|---|
| | 小计 | 男 | 女 | 小计 | 男 | 女 | 小计 | 男 | 女 |
| **绍兴市** | **130634** | **62887** | **67747** | **96044** | **45689** | **50355** | **256884** | **129140** | **127744** |
| 越城区 | 50734 | 22802 | 27932 | 23651 | 11092 | 12559 | 87241 | 43380 | 43861 |
| 柯桥区 | 19925 | 9714 | 10211 | 24565 | 11887 | 12678 | 26170 | 13519 | 12651 |
| 上虞区 | 17409 | 8774 | 8635 | 12226 | 5653 | 6573 | 43117 | 21845 | 21272 |
| 新昌县 | | | | | | | | | |
| 诸暨市 | 32974 | 16606 | 16368 | 26242 | 12593 | 13649 | 65545 | 32522 | 33023 |
| 嵊州市 | 9592 | 4991 | 4601 | 9360 | 4464 | 4896 | 34811 | 17874 | 16937 |
| **金华市** | **145940** | **74132** | **71808** | **112631** | **56321** | **56310** | **142109** | **72270** | **69839** |
| 婺城区 | 52537 | 24954 | 27583 | 26664 | 12916 | 13748 | 33735 | 17056 | 16679 |
| 金东区 | 16255 | 8469 | 7786 | 6763 | 3354 | 3409 | 8431 | 4225 | 4206 |
| 武义县 | | | | | | | | | |
| 浦江县 | | | | | | | | | |
| 磐安县 | | | | | | | | | |
| 兰溪市 | 13137 | 5906 | 7231 | 6257 | 3008 | 3249 | 20890 | 10626 | 10264 |
| 义乌市 | 30645 | 16641 | 14004 | 38617 | 20067 | 18550 | 28816 | 14905 | 13911 |
| 东阳市 | 20742 | 11504 | 9238 | 19730 | 9520 | 10210 | 26025 | 13019 | 13006 |
| 永康市 | 12624 | 6658 | 5966 | 14600 | 7456 | 7144 | 24212 | 12439 | 11773 |
| **衢州市** | **43086** | **21828** | **21258** | **44360** | **20778** | **23582** | **80123** | **40323** | **39800** |
| 柯城区 | 24052 | 11964 | 12088 | 27100 | 12580 | 14520 | 48140 | 24005 | 24135 |
| 衢江区 | 9211 | 4922 | 4289 | 9068 | 4277 | 4791 | 8964 | 4710 | 4254 |
| 常山县 | | | | | | | | | |
| 开化县 | | | | | | | | | |
| 龙游县 | | | | 56 | 32 | 24 | 34 | 20 | 14 |
| 江山市 | 9823 | 4942 | 4881 | 8136 | 3889 | 4247 | 22985 | 11588 | 11397 |
| **舟山市** | **21188** | **10707** | **10481** | **21681** | **9737** | **11944** | **94608** | **47275** | **47333** |
| 定海区 | 16609 | 8754 | 7855 | 10318 | 4679 | 5639 | 51364 | 25553 | 25811 |
| 普陀区 | 4579 | 1953 | 2626 | 11363 | 5058 | 6305 | 43244 | 21722 | 21522 |
| 岱山县 | | | | | | | | | |
| 嵊泗县 | | | | | | | | | |
| **台州市** | **100101** | **51833** | **48268** | **83223** | **39782** | **43441** | **205543** | **104866** | **100677** |
| 椒江区 | 29144 | 15249 | 13895 | 24241 | 11645 | 12596 | 47205 | 23986 | 23219 |
| 黄岩区 | 11527 | 5375 | 6152 | 13841 | 6735 | 7106 | 37616 | 18822 | 18794 |
| 路桥区 | 5399 | 2847 | 2552 | 11812 | 5620 | 6192 | 25355 | 13016 | 12339 |
| 三门县 | | | | | | | | | |
| 天台县 | | | | | | | | | |
| 仙居县 | | | | | | | | | |
| 温岭市 | 18281 | 9903 | 8378 | 13396 | 6324 | 7072 | 31303 | 16100 | 15203 |
| 临海市 | 30120 | 15600 | 14520 | 13113 | 6252 | 6861 | 42758 | 21813 | 20945 |
| 玉环市 | 5630 | 2859 | 2771 | 6820 | 3206 | 3614 | 21306 | 11129 | 10177 |
| **丽水市** | **37387** | **17804** | **19583** | **42741** | **20161** | **22580** | **86314** | **43286** | **43028** |
| 莲都区 | 27127 | 12764 | 14363 | 28389 | 13549 | 14840 | 53810 | 26698 | 27112 |
| 青田县 | | | | | | | | | |
| 缙云县 | | | | | | | | | |
| 遂昌县 | | | | | | | | | |
| 松阳县 | | | | | | | | | |
| 云和县 | | | | | | | | | |
| 庆元县 | | | | | | | | | |
| 景宁畲族自治县 | | | | | | | | | |
| 龙泉市 | 10260 | 5040 | 5220 | 14352 | 6612 | 7740 | 32504 | 16588 | 15916 |

7−9a 续表 4

单位：人

| 现住地 | 寄挂户口 | | | 婚姻嫁娶 | | | 照料孙子女 | | |
|---|---|---|---|---|---|---|---|---|---|
| | 小计 | 男 | 女 | 小计 | 男 | 女 | 小计 | 男 | 女 |
| **合计** | **61264** | **33110** | **28154** | **333109** | **62233** | **270876** | **291833** | **86874** | **204959** |
| **杭州市** | **20231** | **10914** | **9317** | **71917** | **16653** | **55264** | **106584** | **32559** | **74025** |
| 上城区 | 1239 | 674 | 565 | 3794 | 966 | 2828 | 3800 | 1313 | 2487 |
| 下城区 | 1392 | 732 | 660 | 5518 | 1404 | 4114 | 6855 | 2296 | 4559 |
| 江干区 | 4232 | 2331 | 1901 | 8391 | 2349 | 6042 | 21164 | 6356 | 14808 |
| 拱墅区 | 1878 | 1000 | 878 | 6142 | 1547 | 4595 | 9467 | 3001 | 6466 |
| 西湖区 | 3126 | 1679 | 1447 | 7314 | 1950 | 5364 | 14502 | 4734 | 9768 |
| 滨江区 | 1407 | 773 | 634 | 3027 | 767 | 2260 | 9010 | 2984 | 6026 |
| 萧山区 | 2678 | 1437 | 1241 | 17588 | 3391 | 14197 | 13205 | 3691 | 9514 |
| 余杭区 | 2707 | 1456 | 1251 | 8126 | 2227 | 5899 | 17700 | 5038 | 12662 |
| 富阳区 | 932 | 495 | 437 | 6498 | 1065 | 5433 | 5280 | 1629 | 3651 |
| 临安区 | 453 | 243 | 210 | 3342 | 658 | 2684 | 3198 | 851 | 2347 |
| 桐庐县 | | | | | | | | | |
| 淳安县 | | | | | | | | | |
| 建德市 | 187 | 94 | 93 | 2177 | 329 | 1848 | 2403 | 666 | 1737 |
| **宁波市** | **9981** | **5404** | **4577** | **66890** | **12638** | **54252** | **42001** | **12403** | **29598** |
| 海曙区 | 2089 | 1111 | 978 | 10665 | 2426 | 8239 | 6846 | 2046 | 4800 |
| 江北区 | 919 | 508 | 411 | 4089 | 985 | 3104 | 4031 | 1209 | 2822 |
| 北仑区 | 713 | 386 | 327 | 4050 | 723 | 3327 | 3858 | 1097 | 2761 |
| 镇海区 | 613 | 359 | 254 | 5225 | 988 | 4237 | 4540 | 1297 | 3243 |
| 鄞州区 | 2529 | 1346 | 1183 | 14088 | 3522 | 10566 | 16254 | 4931 | 11323 |
| 奉化区 | 565 | 294 | 271 | 4936 | 794 | 4142 | 2110 | 620 | 1490 |
| 象山县 | | | | | | | | | |
| 宁海县 | | | | | | | | | |
| 余姚市 | 1189 | 642 | 547 | 9981 | 1578 | 8403 | 2637 | 704 | 1933 |
| 慈溪市 | 1364 | 758 | 606 | 13856 | 1622 | 12234 | 1725 | 499 | 1226 |
| **温州市** | **9606** | **5134** | **4472** | **49436** | **5602** | **43834** | **14939** | **4460** | **10479** |
| 鹿城区 | 3208 | 1675 | 1533 | 14988 | 2767 | 12221 | 5676 | 1773 | 3903 |
| 龙湾区 | 681 | 408 | 273 | 3627 | 394 | 3233 | 866 | 243 | 623 |
| 瓯海区 | 1395 | 740 | 655 | 7141 | 729 | 6412 | 2411 | 654 | 1757 |
| 洞头区 | 115 | 68 | 47 | 844 | 69 | 775 | 109 | 25 | 84 |
| 永嘉县 | | | | | | | | | |
| 平阳县 | | | | | | | | | |
| 苍南县 | | | | | | | | | |
| 文成县 | | | | | | | | | |
| 泰顺县 | | | | | | | | | |
| 瑞安市 | 1591 | 814 | 777 | 7219 | 711 | 6508 | 3647 | 1135 | 2512 |
| 乐清市 | 1530 | 848 | 682 | 6874 | 552 | 6322 | 1152 | 302 | 850 |
| 龙港市 | 1086 | 581 | 505 | 8743 | 380 | 8363 | 1078 | 328 | 750 |
| **嘉兴市** | **2877** | **1526** | **1351** | **32087** | **8009** | **24078** | **31071** | **8163** | **22908** |
| 南湖区 | 987 | 507 | 480 | 9557 | 2150 | 7407 | 9220 | 2489 | 6731 |
| 秀洲区 | 293 | 168 | 125 | 4249 | 941 | 3308 | 4669 | 1296 | 3373 |
| 嘉善县 | | | | | | | | | |
| 海盐县 | | | | | | | | | |
| 海宁市 | 763 | 403 | 360 | 7520 | 2105 | 5415 | 5252 | 1291 | 3961 |
| 平湖市 | 249 | 136 | 113 | 5024 | 1463 | 3561 | 5796 | 1522 | 4274 |
| 桐乡市 | 585 | 312 | 273 | 5737 | 1350 | 4387 | 6134 | 1565 | 4569 |
| **湖州市** | **1590** | **876** | **714** | **9936** | **2522** | **7414** | **10871** | **3205** | **7666** |
| 吴兴区 | 1501 | 825 | 676 | 9015 | 2249 | 6766 | 10488 | 3113 | 7375 |
| 南浔区 | 89 | 51 | 38 | 921 | 273 | 648 | 383 | 92 | 291 |
| 德清县 | | | | | | | | | |
| 长兴县 | | | | | | | | | |
| 安吉县 | | | | | | | | | |

7–9a　续表 5　　　　单位：人

| 现 住 地 | 寄挂户口 | | | 婚姻嫁娶 | | | 照料孙子女 | | |
|---|---|---|---|---|---|---|---|---|---|
| | 小计 | 男 | 女 | 小计 | 男 | 女 | 小计 | 男 | 女 |
| **绍兴市** | **3941** | **2136** | **1805** | **33660** | **6125** | **27535** | **25349** | **7714** | **17635** |
| 越城区 | 1350 | 719 | 631 | 10782 | 2383 | 8399 | 5696 | 1838 | 3858 |
| 柯桥区 | 655 | 362 | 293 | 7500 | 1085 | 6415 | 4994 | 1519 | 3475 |
| 上虞区 | 715 | 377 | 338 | 6439 | 1128 | 5311 | 4298 | 1186 | 3112 |
| 新昌县 | | | | | | | | | |
| 诸暨市 | 923 | 511 | 412 | 5193 | 870 | 4323 | 6689 | 2092 | 4597 |
| 嵊州市 | 298 | 167 | 131 | 3746 | 659 | 3087 | 3672 | 1079 | 2593 |
| **金华市** | **4627** | **2528** | **2099** | **20074** | **3409** | **16665** | **20030** | **6168** | **13862** |
| 婺城区 | 1271 | 695 | 576 | 6364 | 1231 | 5133 | 7487 | 2316 | 5171 |
| 金东区 | 209 | 116 | 93 | 1247 | 273 | 974 | 1479 | 440 | 1039 |
| 武义县 | | | | | | | | | |
| 浦江县 | | | | | | | | | |
| 磐安县 | | | | | | | | | |
| 兰溪市 | 376 | 209 | 167 | 2500 | 369 | 2131 | 1140 | 377 | 763 |
| 义乌市 | 1412 | 768 | 644 | 5510 | 841 | 4669 | 4460 | 1345 | 3115 |
| 东阳市 | 600 | 330 | 270 | 2490 | 379 | 2111 | 3932 | 1195 | 2737 |
| 永康市 | 759 | 410 | 349 | 1963 | 316 | 1647 | 1532 | 495 | 1037 |
| **衢州市** | **1305** | **715** | **590** | **10836** | **1403** | **9433** | **12047** | **3534** | **8513** |
| 柯城区 | 966 | 527 | 439 | 6438 | 860 | 5578 | 7354 | 2278 | 5076 |
| 衢江区 | 184 | 103 | 81 | 1644 | 196 | 1448 | 1814 | 487 | 1327 |
| 常山县 | | | | | | | | | |
| 开化县 | | | | | | | | | |
| 龙游县 | 1 | | 1 | 12 | 1 | 11 | 1 | | 1 |
| 江山市 | 154 | 85 | 69 | 2742 | 346 | 2396 | 2878 | 769 | 2109 |
| **舟山市** | **1010** | **563** | **447** | **10560** | **1493** | **9067** | **6508** | **1794** | **4714** |
| 定海区 | 654 | 373 | 281 | 6002 | 842 | 5160 | 4508 | 1240 | 3268 |
| 普陀区 | 356 | 190 | 166 | 4558 | 651 | 3907 | 2000 | 554 | 1446 |
| 岱山县 | | | | | | | | | |
| 嵊泗县 | | | | | | | | | |
| **台州市** | **4494** | **2468** | **2026** | **22083** | **3472** | **18611** | **14695** | **4345** | **10350** |
| 椒江区 | 1222 | 693 | 529 | 5783 | 876 | 4907 | 5715 | 1646 | 4069 |
| 黄岩区 | 663 | 340 | 323 | 3535 | 703 | 2832 | 975 | 272 | 703 |
| 路桥区 | 470 | 268 | 202 | 2444 | 427 | 2017 | 1019 | 256 | 763 |
| 三门县 | | | | | | | | | |
| 天台县 | | | | | | | | | |
| 仙居县 | | | | | | | | | |
| 温岭市 | 1163 | 627 | 536 | 3158 | 504 | 2654 | 2530 | 828 | 1702 |
| 临海市 | 570 | 314 | 256 | 3813 | 545 | 3268 | 4112 | 1255 | 2857 |
| 玉环市 | 406 | 226 | 180 | 3350 | 417 | 2933 | 344 | 88 | 256 |
| **丽水市** | **1602** | **846** | **756** | **5630** | **907** | **4723** | **7738** | **2529** | **5209** |
| 莲都区 | 1371 | 728 | 643 | 3908 | 665 | 3243 | 6427 | 2113 | 4314 |
| 青田县 | | | | | | | | | |
| 缙云县 | | | | | | | | | |
| 遂昌县 | | | | | | | | | |
| 松阳县 | | | | | | | | | |
| 云和县 | | | | | | | | | |
| 庆元县 | | | | | | | | | |
| 景宁畲族自治县 | | | | | | | | | |
| 龙泉市 | 231 | 118 | 113 | 1722 | 242 | 1480 | 1311 | 416 | 895 |

7-9a 续表 6 单位：人

| 现住地 | 为子女就学 | | | 养老/康养 | | | 其他 | | |
|---|---|---|---|---|---|---|---|---|---|
| | 小计 | 男 | 女 | 小计 | 男 | 女 | 小计 | 男 | 女 |
| **合计** | **127759** | **56828** | **70931** | **168915** | **69366** | **99549** | **464662** | **230829** | **233833** |
| **杭州市** | **31197** | **13899** | **17298** | **56333** | **23512** | **32821** | **123124** | **60593** | **62531** |
| 上城区 | 2248 | 1003 | 1245 | 2415 | 944 | 1471 | 6155 | 2971 | 3184 |
| 下城区 | 2947 | 1333 | 1614 | 7258 | 2914 | 4344 | 10131 | 4864 | 5267 |
| 江干区 | 2663 | 1115 | 1548 | 8098 | 3441 | 4657 | 13474 | 6620 | 6854 |
| 拱墅区 | 2836 | 1267 | 1569 | 6850 | 2740 | 4110 | 13515 | 6680 | 6835 |
| 西湖区 | 4133 | 1851 | 2282 | 6936 | 2908 | 4028 | 16372 | 7932 | 8440 |
| 滨江区 | 1632 | 705 | 927 | 2858 | 1185 | 1673 | 6732 | 3340 | 3392 |
| 萧山区 | 7165 | 3335 | 3830 | 6436 | 2676 | 3760 | 18690 | 9348 | 9342 |
| 余杭区 | 2662 | 1108 | 1554 | 7998 | 3498 | 4500 | 20477 | 10257 | 10220 |
| 富阳区 | 3371 | 1549 | 1822 | 3919 | 1775 | 2144 | 11284 | 5611 | 5673 |
| 临安区 | 785 | 344 | 441 | 2244 | 899 | 1345 | 4113 | 1952 | 2161 |
| 桐庐县 | | | | | | | | | |
| 淳安县 | | | | | | | | | |
| 建德市 | 755 | 289 | 466 | 1321 | 532 | 789 | 2181 | 1018 | 1163 |
| **宁波市** | **16338** | **7474** | **8864** | **25416** | **10244** | **15172** | **53725** | **26481** | **27244** |
| 海曙区 | 2238 | 1032 | 1206 | 4456 | 1723 | 2733 | 9795 | 4875 | 4920 |
| 江北区 | 1240 | 562 | 678 | 2559 | 1044 | 1515 | 6084 | 2965 | 3119 |
| 北仑区 | 1428 | 650 | 778 | 2261 | 935 | 1326 | 4928 | 2237 | 2691 |
| 镇海区 | 2472 | 1103 | 1369 | 2002 | 796 | 1206 | 3739 | 1884 | 1855 |
| 鄞州区 | 4240 | 1962 | 2278 | 7850 | 3132 | 4718 | 13348 | 6491 | 6857 |
| 奉化区 | 1437 | 644 | 793 | 2246 | 944 | 1302 | 4448 | 2272 | 2176 |
| 象山县 | | | | | | | | | |
| 宁海县 | | | | | | | | | |
| 余姚市 | 1708 | 777 | 931 | 2247 | 879 | 1368 | 5830 | 2961 | 2869 |
| 慈溪市 | 1575 | 744 | 831 | 1795 | 791 | 1004 | 5553 | 2796 | 2757 |
| **温州市** | **10017** | **4788** | **5229** | **15959** | **6351** | **9608** | **62780** | **32075** | **30705** |
| 鹿城区 | 4424 | 2267 | 2157 | 6807 | 2626 | 4181 | 22892 | 11282 | 11610 |
| 龙湾区 | 497 | 227 | 270 | 834 | 342 | 492 | 6699 | 3579 | 3120 |
| 瓯海区 | 1111 | 493 | 618 | 2622 | 1035 | 1587 | 10078 | 5095 | 4983 |
| 洞头区 | 40 | 11 | 29 | 123 | 46 | 77 | 196 | 91 | 105 |
| 永嘉县 | | | | | | | | | |
| 平阳县 | | | | | | | | | |
| 苍南县 | | | | | | | | | |
| 文成县 | | | | | | | | | |
| 泰顺县 | | | | | | | | | |
| 瑞安市 | 2592 | 1220 | 1372 | 2532 | 1050 | 1482 | 6860 | 3549 | 3311 |
| 乐清市 | 771 | 343 | 428 | 976 | 402 | 574 | 6008 | 3067 | 2941 |
| 龙港市 | 582 | 227 | 355 | 2065 | 850 | 1215 | 10047 | 5412 | 4635 |
| **嘉兴市** | **14406** | **6863** | **7543** | **10449** | **4316** | **6133** | **21972** | **10740** | **11232** |
| 南湖区 | 3346 | 1560 | 1786 | 4323 | 1786 | 2537 | 9175 | 4347 | 4828 |
| 秀洲区 | 1461 | 678 | 783 | 1909 | 852 | 1057 | 3165 | 1599 | 1566 |
| 嘉善县 | | | | | | | | | |
| 海盐县 | | | | | | | | | |
| 海宁市 | 2847 | 1327 | 1520 | 1379 | 565 | 814 | 3047 | 1564 | 1483 |
| 平湖市 | 4825 | 2375 | 2450 | 1258 | 505 | 753 | 2370 | 1178 | 1192 |
| 桐乡市 | 1927 | 923 | 1004 | 1580 | 608 | 972 | 4215 | 2052 | 2163 |
| **湖州市** | **4485** | **2001** | **2484** | **3860** | **1533** | **2327** | **12318** | **5938** | **6380** |
| 吴兴区 | 4402 | 1970 | 2432 | 3704 | 1468 | 2236 | 11849 | 5704 | 6145 |
| 南浔区 | 83 | 31 | 52 | 156 | 65 | 91 | 469 | 234 | 235 |
| 德清县 | | | | | | | | | |
| 长兴县 | | | | | | | | | |
| 安吉县 | | | | | | | | | |

7-9a　续表 7　　　　单位：人

| 现住地 | 为子女就学 | | | 养老/康养 | | | 其他 | | |
|---|---|---|---|---|---|---|---|---|---|
| | 小计 | 男 | 女 | 小计 | 男 | 女 | 小计 | 男 | 女 |
| **绍兴市** | **12547** | **5729** | **6818** | **14989** | **6324** | **8665** | **63246** | **31345** | **31901** |
| 越城区 | 3268 | 1515 | 1753 | 4732 | 2044 | 2688 | 31250 | 15288 | 15962 |
| 柯桥区 | 2147 | 1043 | 1104 | 1798 | 773 | 1025 | 8285 | 4197 | 4088 |
| 上虞区 | 1804 | 851 | 953 | 1752 | 722 | 1030 | 3174 | 1584 | 1590 |
| 新昌县 | | | | | | | | | |
| 诸暨市 | 3285 | 1406 | 1879 | 4108 | 1709 | 2399 | 15546 | 7734 | 7812 |
| 嵊州市 | 2043 | 914 | 1129 | 2599 | 1076 | 1523 | 4991 | 2542 | 2449 |
| **金华市** | **10868** | **4714** | **6154** | **15017** | **6222** | **8795** | **50806** | **25494** | **25312** |
| 婺城区 | 3532 | 1531 | 2001 | 4558 | 1849 | 2709 | 17250 | 8442 | 8808 |
| 金东区 | 743 | 283 | 460 | 831 | 342 | 489 | 1574 | 757 | 817 |
| 武义县 | | | | | | | | | |
| 浦江县 | | | | | | | | | |
| 磐安县 | | | | | | | | | |
| 兰溪市 | 1470 | 671 | 799 | 1961 | 762 | 1199 | 3605 | 1802 | 1803 |
| 义乌市 | 1219 | 545 | 674 | 3993 | 1715 | 2278 | 13456 | 6964 | 6492 |
| 东阳市 | 2251 | 897 | 1354 | 2551 | 1067 | 1484 | 7439 | 3698 | 3741 |
| 永康市 | 1653 | 787 | 866 | 1123 | 487 | 636 | 7482 | 3831 | 3651 |
| **衢州市** | **7534** | **3137** | **4397** | **6717** | **2754** | **3963** | **16391** | **8129** | **8262** |
| 柯城区 | 4066 | 1799 | 2267 | 3751 | 1551 | 2200 | 7617 | 3725 | 3892 |
| 衢江区 | 1294 | 546 | 748 | 883 | 380 | 503 | 4871 | 2506 | 2365 |
| 常山县 | | | | | | | | | |
| 开化县 | | | | | | | | | |
| 龙游县 | | | | 1 | 1 | | 17 | 10 | 7 |
| 江山市 | 2174 | 792 | 1382 | 2082 | 822 | 1260 | 3886 | 1888 | 1998 |
| **舟山市** | **5650** | **2374** | **3276** | **4613** | **1823** | **2790** | **9229** | **4404** | **4825** |
| 定海区 | 3688 | 1578 | 2110 | 2668 | 1039 | 1629 | 5530 | 2654 | 2876 |
| 普陀区 | 1962 | 796 | 1166 | 1945 | 784 | 1161 | 3699 | 1750 | 1949 |
| 岱山县 | | | | | | | | | |
| 嵊泗县 | | | | | | | | | |
| **台州市** | **10261** | **4028** | **6233** | **10195** | **4002** | **6193** | **31141** | **15915** | **15226** |
| 椒江区 | 2364 | 997 | 1367 | 3155 | 1250 | 1905 | 8284 | 4183 | 4101 |
| 黄岩区 | 803 | 356 | 447 | 1021 | 364 | 657 | 3555 | 2215 | 1340 |
| 路桥区 | 372 | 146 | 226 | 887 | 352 | 535 | 4180 | 2083 | 2097 |
| 三门县 | | | | | | | | | |
| 天台县 | | | | | | | | | |
| 仙居县 | | | | | | | | | |
| 温岭市 | 1566 | 693 | 873 | 1771 | 689 | 1082 | 5151 | 2521 | 2630 |
| 临海市 | 4938 | 1754 | 3184 | 2668 | 1118 | 1550 | 7517 | 3708 | 3809 |
| 玉环市 | 218 | 82 | 136 | 693 | 229 | 464 | 2454 | 1205 | 1249 |
| **丽水市** | **4456** | **1821** | **2635** | **5367** | **2285** | **3082** | **19930** | **9715** | **10215** |
| 莲都区 | 1218 | 450 | 768 | 3883 | 1618 | 2265 | 14977 | 7219 | 7758 |
| 青田县 | | | | | | | | | |
| 缙云县 | | | | | | | | | |
| 遂昌县 | | | | | | | | | |
| 松阳县 | | | | | | | | | |
| 云和县 | | | | | | | | | |
| 庆元县 | | | | | | | | | |
| 景宁畲族自治县 | | | | | | | | | |
| 龙泉市 | 3238 | 1371 | 1867 | 1484 | 667 | 817 | 4953 | 2496 | 2457 |

# 7-9b 全省按现住地、性别、迁移原因分的户口登记地在本省其他乡镇街道的人口(镇)

单位：人

| 现住地 | 合计 | | | 工作就业 | | |
|---|---|---|---|---|---|---|
| | 合计 | 男 | 女 | 小计 | 男 | 女 |
| **合计** | **3203597** | **1614569** | **1589028** | **1107052** | **622757** | **484295** |
| **杭州市** | **271232** | **135287** | **135945** | **110551** | **61960** | **48591** |
| 上城区 | | | | | | |
| 下城区 | | | | | | |
| 江干区 | | | | | | |
| 拱墅区 | | | | | | |
| 西湖区 | 79 | 31 | 48 | 43 | 23 | 20 |
| 滨江区 | | | | | | |
| 萧山区 | 13955 | 7979 | 5976 | 8268 | 5560 | 2708 |
| 余杭区 | 53702 | 28049 | 25653 | 22577 | 13372 | 9205 |
| 富阳区 | 2543 | 1337 | 1206 | 1175 | 736 | 439 |
| 临安区 | 14715 | 7266 | 7449 | 7418 | 3972 | 3446 |
| 桐庐县 | 97435 | 47753 | 49682 | 33756 | 18418 | 15338 |
| 淳安县 | 71736 | 34442 | 37294 | 32128 | 17007 | 15121 |
| 建德市 | 17067 | 8430 | 8637 | 5186 | 2872 | 2314 |
| **宁波市** | **407206** | **203378** | **203828** | **160284** | **90480** | **69804** |
| 海曙区 | 5584 | 2739 | 2845 | 1315 | 755 | 560 |
| 江北区 | | | | | | |
| 北仑区 | 8502 | 4464 | 4038 | 3831 | 2350 | 1481 |
| 镇海区 | 4538 | 2486 | 2052 | 2227 | 1458 | 769 |
| 鄞州区 | 53752 | 26680 | 27072 | 18986 | 11041 | 7945 |
| 奉化区 | 6382 | 3208 | 3174 | 2297 | 1402 | 895 |
| 象山县 | 117672 | 56977 | 60695 | 42667 | 22660 | 20007 |
| 宁海县 | 147000 | 73990 | 73010 | 63004 | 33935 | 29069 |
| 余姚市 | 19383 | 9278 | 10105 | 6932 | 4055 | 2877 |
| 慈溪市 | 44393 | 23556 | 20837 | 19025 | 12824 | 6201 |
| **温州市** | **558431** | **288811** | **269620** | **148657** | **84202** | **64455** |
| 鹿城区 | 698 | 358 | 340 | 222 | 142 | 80 |
| 龙湾区 | 31659 | 18584 | 13075 | 13424 | 8805 | 4619 |
| 瓯海区 | 1604 | 861 | 743 | 434 | 280 | 154 |
| 洞头区 | 453 | 196 | 257 | 102 | 57 | 45 |
| 永嘉县 | 136743 | 71919 | 64824 | 58050 | 32621 | 25429 |
| 平阳县 | 152881 | 78093 | 74788 | 22280 | 12777 | 9503 |
| 苍南县 | 155743 | 79979 | 75764 | 31295 | 17271 | 14024 |
| 文成县 | 19760 | 9597 | 10163 | 6303 | 3400 | 2903 |
| 泰顺县 | 39441 | 19490 | 19951 | 11162 | 5845 | 5317 |
| 瑞安市 | 7299 | 3495 | 3804 | 1902 | 953 | 949 |
| 乐清市 | 7491 | 3888 | 3603 | 3101 | 1827 | 1274 |
| 龙港市 | 4659 | 2351 | 2308 | 382 | 224 | 158 |
| **嘉兴市** | **206754** | **103374** | **103380** | **70815** | **41210** | **29605** |
| 南湖区 | 5951 | 2936 | 3015 | 2118 | 1204 | 914 |
| 秀洲区 | 11432 | 5781 | 5651 | 5407 | 3008 | 2399 |
| 嘉善县 | 80591 | 39130 | 41461 | 22025 | 12258 | 9767 |
| 海盐县 | 46258 | 22460 | 23798 | 13876 | 7873 | 6003 |
| 海宁市 | 37500 | 20126 | 17374 | 17499 | 10872 | 6627 |
| 平湖市 | 11930 | 6320 | 5610 | 4608 | 2929 | 1679 |
| 桐乡市 | 13092 | 6621 | 6471 | 5282 | 3066 | 2216 |
| **湖州市** | **334184** | **165049** | **169135** | **122005** | **66390** | **55615** |
| 吴兴区 | 27844 | 14434 | 13410 | 15422 | 8470 | 6952 |
| 南浔区 | 12787 | 6370 | 6417 | 3511 | 2053 | 1458 |
| 德清县 | 86189 | 42948 | 43241 | 31378 | 17335 | 14043 |
| 长兴县 | 119458 | 57868 | 61590 | 35234 | 18938 | 16296 |
| 安吉县 | 87906 | 43429 | 44477 | 36460 | 19594 | 16866 |

7–9b　续表 1　　　　单位：人

| 现住地 | 合计 | | | 工作就业 | | |
|---|---|---|---|---|---|---|
| | 合计 | 男 | 女 | 小计 | 男 | 女 |
| **绍兴市** | **180391** | **93143** | **87248** | **69311** | **40352** | **28959** |
| 越城区 | 349 | 168 | 181 | 111 | 61 | 50 |
| 柯桥区 | 13273 | 7838 | 5435 | 6747 | 4869 | 1878 |
| 上虞区 | 5758 | 2730 | 3028 | 1302 | 753 | 549 |
| 新昌县 | 127164 | 65139 | 62025 | 48257 | 27421 | 20836 |
| 诸暨市 | 28732 | 14742 | 13990 | 11505 | 6438 | 5067 |
| 嵊州市 | 5115 | 2526 | 2589 | 1389 | 810 | 579 |
| **金华市** | **324505** | **166864** | **157641** | **144762** | **80840** | **63922** |
| 婺城区 | 26309 | 13120 | 13189 | 9184 | 4960 | 4224 |
| 金东区 | 22959 | 12549 | 10410 | 13615 | 8074 | 5541 |
| 武义县 | 82060 | 41933 | 40127 | 32895 | 18582 | 14313 |
| 浦江县 | 68651 | 34847 | 33804 | 25781 | 13792 | 11989 |
| 磐安县 | 27129 | 13381 | 13748 | 13952 | 7305 | 6647 |
| 兰溪市 | 5811 | 2788 | 3023 | 2072 | 1268 | 804 |
| 义乌市 | 37062 | 19892 | 17170 | 19715 | 11203 | 8512 |
| 东阳市 | 48415 | 25113 | 23302 | 24227 | 13738 | 10489 |
| 永康市 | 6109 | 3241 | 2868 | 3321 | 1918 | 1403 |
| **衢州市** | **173789** | **84214** | **89575** | **53650** | **29383** | **24267** |
| 柯城区 | 1829 | 944 | 885 | 1052 | 620 | 432 |
| 衢江区 | 3874 | 1857 | 2017 | 965 | 560 | 405 |
| 常山县 | 42913 | 20879 | 22034 | 12037 | 6704 | 5333 |
| 开化县 | 47134 | 21866 | 25268 | 13726 | 7074 | 6652 |
| 龙游县 | 68486 | 33995 | 34491 | 22745 | 12619 | 10126 |
| 江山市 | 9553 | 4673 | 4880 | 3125 | 1806 | 1319 |
| **舟山市** | **46299** | **24111** | **22188** | **14185** | **9329** | **4856** |
| 定海区 | 5251 | 2598 | 2653 | 1199 | 750 | 449 |
| 普陀区 | 3618 | 2144 | 1474 | 2306 | 1494 | 812 |
| 岱山县 | 27928 | 14631 | 13297 | 7494 | 5149 | 2345 |
| 嵊泗县 | 9502 | 4738 | 4764 | 3186 | 1936 | 1250 |
| **台州市** | **312706** | **157253** | **155453** | **82527** | **46081** | **36446** |
| 椒江区 | 664 | 447 | 217 | 415 | 307 | 108 |
| 黄岩区 | 4926 | 2312 | 2614 | 1322 | 692 | 630 |
| 路桥区 | 13434 | 6848 | 6586 | 3831 | 2386 | 1445 |
| 三门县 | 63105 | 32102 | 31003 | 16412 | 9326 | 7086 |
| 天台县 | 84177 | 42130 | 42047 | 18768 | 10400 | 8368 |
| 仙居县 | 100032 | 49988 | 50044 | 28138 | 14906 | 13232 |
| 温岭市 | 30918 | 15717 | 15201 | 8057 | 4870 | 3187 |
| 临海市 | 14280 | 7160 | 7120 | 5232 | 2987 | 2245 |
| 玉环市 | 1170 | 549 | 621 | 352 | 207 | 145 |
| **丽水市** | **388100** | **193085** | **195015** | **130305** | **72530** | **57775** |
| 莲都区 | 5487 | 2948 | 2539 | 2490 | 1594 | 896 |
| 青田县 | 86845 | 42798 | 44047 | 28660 | 15349 | 13311 |
| 缙云县 | 66308 | 33197 | 33111 | 25413 | 14202 | 11211 |
| 遂昌县 | 40285 | 20017 | 20268 | 14895 | 8206 | 6689 |
| 松阳县 | 38530 | 18664 | 19866 | 11837 | 6693 | 5144 |
| 云和县 | 51997 | 26677 | 25320 | 19315 | 10955 | 8360 |
| 庆元县 | 53752 | 26953 | 26799 | 13777 | 7884 | 5893 |
| 景宁畲族自治县 | 41744 | 20252 | 21492 | 13362 | 7307 | 6055 |
| 龙泉市 | 3152 | 1579 | 1573 | 556 | 340 | 216 |

7-9b 续表 2

单位：人

| 现住地 | 学习培训 | | | 随同离开/投亲靠友 | | | 拆迁/搬家 | | |
|---|---|---|---|---|---|---|---|---|---|
| | 小计 | 男 | 女 | 小计 | 男 | 女 | 小计 | 男 | 女 |
| **合计** | **390153** | **201070** | **189083** | **377298** | **178425** | **198873** | **854857** | **437999** | **416858** |
| **杭州市** | **30716** | **15378** | **15338** | **29489** | **13765** | **15724** | **60754** | **29821** | **30933** |
| 上城区 | | | | | | | | | |
| 下城区 | | | | | | | | | |
| 江干区 | | | | | | | | | |
| 拱墅区 | | | | | | | | | |
| 西湖区 | | | | 16 | | 16 | 10 | 4 | 6 |
| 滨江区 | | | | | | | | | |
| 萧山区 | 1435 | 688 | 747 | 818 | 393 | 425 | 1333 | 680 | 653 |
| 余杭区 | 5848 | 3121 | 2727 | 4730 | 2178 | 2552 | 10996 | 5506 | 5490 |
| 富阳区 | 46 | 24 | 22 | 335 | 163 | 172 | 344 | 188 | 156 |
| 临安区 | 2041 | 1013 | 1028 | 1720 | 813 | 907 | 1341 | 677 | 664 |
| 桐庐县 | 12000 | 5693 | 6307 | 10612 | 5047 | 5565 | 27781 | 13700 | 14081 |
| 淳安县 | 6395 | 3227 | 3168 | 9136 | 4180 | 4956 | 14812 | 7004 | 7808 |
| 建德市 | 2951 | 1612 | 1339 | 2122 | 991 | 1131 | 4137 | 2062 | 2075 |
| **宁波市** | **48167** | **24310** | **23857** | **44140** | **20853** | **23287** | **95535** | **48410** | **47125** |
| 海曙区 | 1420 | 652 | 768 | 447 | 236 | 211 | 1131 | 587 | 544 |
| 江北区 | | | | | | | | | |
| 北仑区 | 366 | 197 | 169 | 864 | 425 | 439 | 1581 | 801 | 780 |
| 镇海区 | 137 | 85 | 52 | 565 | 256 | 309 | 860 | 423 | 437 |
| 鄞州区 | 5469 | 2592 | 2877 | 7198 | 3295 | 3903 | 14696 | 7317 | 7379 |
| 奉化区 | 455 | 228 | 227 | 543 | 244 | 299 | 1995 | 1024 | 971 |
| 象山县 | 11500 | 5871 | 5629 | 14208 | 6611 | 7597 | 32221 | 16110 | 16111 |
| 宁海县 | 16844 | 9095 | 7749 | 14471 | 7041 | 7430 | 33941 | 17424 | 16517 |
| 余姚市 | 1332 | 704 | 628 | 2402 | 1112 | 1290 | 4326 | 2244 | 2082 |
| 慈溪市 | 10644 | 4886 | 5758 | 3442 | 1633 | 1809 | 4784 | 2480 | 2304 |
| **温州市** | **68851** | **37286** | **31565** | **68079** | **33552** | **34527** | **204486** | **108319** | **96167** |
| 鹿城区 | 11 | 7 | 4 | 103 | 41 | 62 | 212 | 121 | 91 |
| 龙湾区 | 8244 | 4541 | 3703 | 2410 | 1236 | 1174 | 4167 | 2161 | 2006 |
| 瓯海区 | 281 | 274 | 7 | 214 | 101 | 113 | 305 | 163 | 142 |
| 洞头区 | 13 | 10 | 3 | 107 | 46 | 61 | 108 | 54 | 54 |
| 永嘉县 | 19294 | 10396 | 8898 | 19422 | 9802 | 9620 | 26807 | 14280 | 12527 |
| 平阳县 | 17455 | 9504 | 7951 | 14508 | 7168 | 7340 | 81180 | 42684 | 38496 |
| 苍南县 | 12140 | 6835 | 5305 | 20586 | 10044 | 10542 | 68152 | 36777 | 31375 |
| 文成县 | 2280 | 1142 | 1138 | 3243 | 1515 | 1728 | 5385 | 2718 | 2667 |
| 泰顺县 | 6175 | 3082 | 3093 | 4804 | 2330 | 2474 | 12106 | 6123 | 5983 |
| 瑞安市 | 2017 | 971 | 1046 | 652 | 315 | 337 | 1849 | 919 | 930 |
| 乐清市 | 883 | 491 | 392 | 822 | 413 | 409 | 1692 | 873 | 819 |
| 龙港市 | 58 | 33 | 25 | 1208 | 541 | 667 | 2523 | 1446 | 1077 |
| **嘉兴市** | **19319** | **9487** | **9832** | **20308** | **9671** | **10637** | **53758** | **27217** | **26541** |
| 南湖区 | 125 | 66 | 59 | 684 | 315 | 369 | 1799 | 920 | 879 |
| 秀洲区 | 320 | 169 | 151 | 1575 | 740 | 835 | 2190 | 1142 | 1048 |
| 嘉善县 | 5013 | 2591 | 2422 | 8984 | 4262 | 4722 | 26483 | 13280 | 13203 |
| 海盐县 | 3173 | 1599 | 1574 | 3485 | 1639 | 1846 | 14433 | 7342 | 7091 |
| 海宁市 | 9031 | 4198 | 4833 | 2598 | 1273 | 1325 | 3449 | 1789 | 1660 |
| 平湖市 | 500 | 259 | 241 | 1648 | 818 | 830 | 2539 | 1313 | 1226 |
| 桐乡市 | 1157 | 605 | 552 | 1334 | 624 | 710 | 2865 | 1431 | 1434 |
| **湖州市** | **34624** | **18008** | **16616** | **32211** | **14888** | **17323** | **86013** | **42950** | **43063** |
| 吴兴区 | 999 | 534 | 465 | 3343 | 1635 | 1708 | 5741 | 2898 | 2843 |
| 南浔区 | 1752 | 819 | 933 | 1664 | 751 | 913 | 4182 | 2120 | 2062 |
| 德清县 | 8936 | 5137 | 3799 | 6146 | 2886 | 3260 | 22537 | 11110 | 11427 |
| 长兴县 | 9743 | 4660 | 5083 | 13815 | 6253 | 7562 | 36323 | 18388 | 17935 |
| 安吉县 | 13194 | 6858 | 6336 | 7243 | 3363 | 3880 | 17230 | 8434 | 8796 |

7-9b　续表 3　　　　单位：人

| 现住地 | 学习培训 | | | 随同离开/投亲靠友 | | | 拆迁/搬家 | | |
|---|---|---|---|---|---|---|---|---|---|
| | 小计 | 男 | 女 | 小计 | 男 | 女 | 小计 | 男 | 女 |
| **绍兴市** | **18596** | **9391** | **9205** | **21292** | **10072** | **11220** | **49280** | **25431** | **23849** |
| 越城区 | 6 | 3 | 3 | 31 | 18 | 13 | 150 | 74 | 76 |
| 柯桥区 | 1083 | 495 | 588 | 830 | 366 | 464 | 2965 | 1500 | 1465 |
| 上虞区 | 567 | 277 | 290 | 688 | 318 | 370 | 2082 | 1030 | 1052 |
| 新昌县 | 8289 | 4290 | 3999 | 16055 | 7626 | 8429 | 39523 | 20454 | 19069 |
| 诸暨市 | 6766 | 3418 | 3348 | 3316 | 1568 | 1748 | 3974 | 2059 | 1915 |
| 嵊州市 | 1885 | 908 | 977 | 372 | 176 | 196 | 586 | 314 | 272 |
| **金华市** | **42689** | **21943** | **20746** | **36464** | **17718** | **18746** | **55069** | **28365** | **26704** |
| 婺城区 | 4957 | 2546 | 2411 | 3311 | 1585 | 1726 | 4953 | 2505 | 2448 |
| 金东区 | 1924 | 948 | 976 | 3132 | 1599 | 1533 | 2492 | 1258 | 1234 |
| 武义县 | 5433 | 2857 | 2576 | 11099 | 5306 | 5793 | 20134 | 10334 | 9800 |
| 浦江县 | 9473 | 5312 | 4161 | 5265 | 2507 | 2758 | 15293 | 7967 | 7326 |
| 磐安县 | 3361 | 1708 | 1653 | 3470 | 1632 | 1838 | 2608 | 1350 | 1258 |
| 兰溪市 | 1524 | 558 | 966 | 527 | 256 | 271 | 764 | 395 | 369 |
| 义乌市 | 5471 | 3055 | 2416 | 4341 | 2215 | 2126 | 3690 | 1932 | 1758 |
| 东阳市 | 9965 | 4677 | 5288 | 4508 | 2215 | 2293 | 4506 | 2294 | 2212 |
| 永康市 | 581 | 282 | 299 | 811 | 403 | 408 | 629 | 330 | 299 |
| **衢州市** | **27139** | **13841** | **13298** | **20349** | **9345** | **11004** | **45975** | **22714** | **23261** |
| 柯城区 | 54 | 28 | 26 | 199 | 96 | 103 | 242 | 118 | 124 |
| 衢江区 | 1465 | 670 | 795 | 367 | 176 | 191 | 476 | 263 | 213 |
| 常山县 | 6267 | 3180 | 3087 | 4452 | 2084 | 2368 | 13329 | 6642 | 6687 |
| 开化县 | 8168 | 4223 | 3945 | 4283 | 1986 | 2297 | 12447 | 5926 | 6521 |
| 龙游县 | 9005 | 4767 | 4238 | 9934 | 4466 | 5468 | 17758 | 8903 | 8855 |
| 江山市 | 2180 | 973 | 1207 | 1114 | 537 | 577 | 1723 | 862 | 861 |
| **舟山市** | **2566** | **1339** | **1227** | **4345** | **1750** | **2595** | **16825** | **8639** | **8186** |
| 定海区 | 489 | 228 | 261 | 459 | 204 | 255 | 2134 | 1102 | 1032 |
| 普陀区 | 82 | 47 | 35 | 146 | 59 | 87 | 662 | 348 | 314 |
| 岱山县 | 1510 | 833 | 677 | 2489 | 1001 | 1488 | 10914 | 5554 | 5360 |
| 嵊泗县 | 485 | 231 | 254 | 1251 | 486 | 765 | 3115 | 1635 | 1480 |
| **台州市** | **49130** | **25893** | **23237** | **41427** | **20017** | **21410** | **98356** | **50410** | **47946** |
| 椒江区 | 4 | 2 | 2 | 53 | 26 | 27 | 67 | 39 | 28 |
| 黄岩区 | 853 | 378 | 475 | 710 | 332 | 378 | 1290 | 659 | 631 |
| 路桥区 | 3026 | 1466 | 1560 | 1408 | 678 | 730 | 3674 | 1873 | 1801 |
| 三门县 | 9489 | 5227 | 4262 | 9992 | 4794 | 5198 | 20007 | 10420 | 9587 |
| 天台县 | 12199 | 6522 | 5677 | 10643 | 5254 | 5389 | 27978 | 14228 | 13750 |
| 仙居县 | 17992 | 9655 | 8337 | 12189 | 5878 | 6311 | 30040 | 15216 | 14824 |
| 温岭市 | 3717 | 1723 | 1994 | 4487 | 2125 | 2362 | 11603 | 6064 | 5539 |
| 临海市 | 1829 | 907 | 922 | 1706 | 805 | 901 | 3358 | 1741 | 1617 |
| 玉环市 | 21 | 13 | 8 | 239 | 125 | 114 | 339 | 170 | 169 |
| **丽水市** | **48356** | **24194** | **24162** | **59194** | **26794** | **32400** | **88806** | **45723** | **43083** |
| 莲都区 | 315 | 149 | 166 | 764 | 340 | 424 | 1019 | 526 | 493 |
| 青田县 | 11172 | 5692 | 5480 | 14506 | 6673 | 7833 | 17861 | 9039 | 8822 |
| 缙云县 | 11371 | 5891 | 5480 | 8241 | 3691 | 4550 | 9203 | 4711 | 4492 |
| 遂昌县 | 4154 | 2112 | 2042 | 6699 | 2992 | 3707 | 9037 | 4695 | 4342 |
| 松阳县 | 5781 | 2438 | 3343 | 5401 | 2428 | 2973 | 10159 | 5254 | 4905 |
| 云和县 | 3265 | 1654 | 1611 | 9188 | 4334 | 4854 | 14878 | 7743 | 7135 |
| 庆元县 | 4831 | 2480 | 2351 | 9851 | 4302 | 5549 | 17834 | 9384 | 8450 |
| 景宁畲族自治县 | 7386 | 3742 | 3644 | 4188 | 1908 | 2280 | 7015 | 3437 | 3578 |
| 龙泉市 | 81 | 36 | 45 | 356 | 126 | 230 | 1800 | 934 | 866 |

7-9b 续表 4

单位：人

| 现住地 | 寄挂户口 | | | 婚姻嫁娶 | | | 照料孙子女 | | |
|---|---|---|---|---|---|---|---|---|---|
| | 小计 | 男 | 女 | 小计 | 男 | 女 | 小计 | 男 | 女 |
| **合计** | **20776** | **11237** | **9539** | **121215** | **19134** | **102081** | **65672** | **18772** | **46900** |
| **杭州市** | **1724** | **948** | **776** | **9706** | **1832** | **7874** | **8148** | **2261** | **5887** |
| 上城区 | | | | | | | | | |
| 下城区 | | | | | | | | | |
| 江干区 | | | | | | | | | |
| 拱墅区 | | | | | | | | | |
| 西湖区 | 1 | | 1 | 3 | | 3 | | | |
| 滨江区 | | | | | | | | | |
| 萧山区 | 136 | 83 | 53 | 1087 | 134 | 953 | 100 | 24 | 76 |
| 余杭区 | 415 | 218 | 197 | 1748 | 491 | 1257 | 1828 | 535 | 1293 |
| 富阳区 | 37 | 31 | 6 | 353 | 67 | 286 | 13 | 3 | 10 |
| 临安区 | 124 | 72 | 52 | 777 | 157 | 620 | 202 | 42 | 160 |
| 桐庐县 | 424 | 237 | 187 | 3448 | 718 | 2730 | 2538 | 743 | 1795 |
| 淳安县 | 419 | 204 | 215 | 1258 | 108 | 1150 | 3188 | 841 | 2347 |
| 建德市 | 168 | 103 | 65 | 1032 | 157 | 875 | 279 | 73 | 206 |
| **宁波市** | **2178** | **1164** | **1014** | **18225** | **2258** | **15967** | **8157** | **2054** | **6103** |
| 海曙区 | 56 | 32 | 24 | 393 | 95 | 298 | 44 | 11 | 33 |
| 江北区 | | | | | | | | | |
| 北仑区 | 46 | 24 | 22 | 397 | 46 | 351 | 257 | 56 | 201 |
| 镇海区 | 46 | 24 | 22 | 216 | 22 | 194 | 72 | 14 | 58 |
| 鄞州区 | 441 | 239 | 202 | 2570 | 472 | 2098 | 1418 | 346 | 1072 |
| 奉化区 | 101 | 60 | 41 | 531 | 49 | 482 | 68 | 19 | 49 |
| 象山县 | 469 | 240 | 229 | 3191 | 401 | 2790 | 2834 | 707 | 2127 |
| 宁海县 | 377 | 208 | 169 | 4774 | 497 | 4277 | 2799 | 743 | 2056 |
| 余姚市 | 299 | 155 | 144 | 2763 | 372 | 2391 | 109 | 30 | 79 |
| 慈溪市 | 343 | 182 | 161 | 3390 | 304 | 3086 | 556 | 128 | 428 |
| **温州市** | **3202** | **1705** | **1497** | **18162** | **1566** | **16596** | **5421** | **1627** | **3794** |
| 鹿城区 | 15 | 9 | 6 | 61 | 4 | 57 | 3 | 1 | 2 |
| 龙湾区 | 343 | 201 | 142 | 479 | 31 | 448 | 151 | 37 | 114 |
| 瓯海区 | 13 | 11 | 2 | 75 | 9 | 66 | 6 | 1 | 5 |
| 洞头区 | 20 | 12 | 8 | 78 | 6 | 72 | 2 | | 2 |
| 永嘉县 | 1070 | 556 | 514 | 3043 | 375 | 2668 | 1871 | 548 | 1323 |
| 平阳县 | 563 | 289 | 274 | 6009 | 414 | 5595 | 1167 | 362 | 805 |
| 苍南县 | 685 | 353 | 332 | 6008 | 508 | 5500 | 1018 | 316 | 702 |
| 文成县 | 82 | 49 | 33 | 799 | 84 | 715 | 436 | 137 | 299 |
| 泰顺县 | 186 | 88 | 98 | 734 | 90 | 644 | 635 | 191 | 444 |
| 瑞安市 | 43 | 27 | 16 | 180 | 15 | 165 | 59 | 16 | 43 |
| 乐清市 | 130 | 76 | 54 | 451 | 21 | 430 | 58 | 17 | 41 |
| 龙港市 | 52 | 34 | 18 | 245 | 9 | 236 | 15 | 1 | 14 |
| **嘉兴市** | **1538** | **863** | **675** | **15459** | **4151** | **11308** | **6867** | **1793** | **5074** |
| 南湖区 | 65 | 39 | 26 | 589 | 118 | 471 | 49 | 8 | 41 |
| 秀洲区 | 113 | 59 | 54 | 984 | 260 | 724 | 118 | 27 | 91 |
| 嘉善县 | 601 | 344 | 257 | 5939 | 1523 | 4416 | 2927 | 860 | 2067 |
| 海盐县 | 182 | 104 | 78 | 3341 | 841 | 2500 | 2705 | 621 | 2084 |
| 海宁市 | 248 | 147 | 101 | 1899 | 639 | 1260 | 704 | 179 | 525 |
| 平湖市 | 186 | 94 | 92 | 1396 | 421 | 975 | 203 | 52 | 151 |
| 桐乡市 | 143 | 76 | 67 | 1311 | 349 | 962 | 161 | 46 | 115 |
| **湖州市** | **3442** | **1771** | **1671** | **13485** | **2918** | **10567** | **9743** | **2738** | **7005** |
| 吴兴区 | 208 | 104 | 104 | 691 | 166 | 525 | 293 | 84 | 209 |
| 南浔区 | 112 | 64 | 48 | 882 | 257 | 625 | 152 | 49 | 103 |
| 德清县 | 414 | 221 | 193 | 3502 | 848 | 2654 | 4085 | 1112 | 2973 |
| 长兴县 | 2392 | 1210 | 1182 | 4999 | 937 | 4062 | 3035 | 934 | 2101 |
| 安吉县 | 316 | 172 | 144 | 3411 | 710 | 2701 | 2178 | 559 | 1619 |

7-9b　续表 5　　　　单位：人

| 现住地 | 寄挂户口 | | | 婚姻嫁娶 | | | 照料孙子女 | | |
|---|---|---|---|---|---|---|---|---|---|
| | 小计 | 男 | 女 | 小计 | 男 | 女 | 小计 | 男 | 女 |
| **绍兴市** | **1211** | **667** | **544** | **6384** | **838** | **5546** | **3316** | **997** | **2319** |
| 越城区 | 6 | 3 | 3 | 33 | 6 | 27 | 2 | 1 | 1 |
| 柯桥区 | 85 | 40 | 45 | 585 | 71 | 514 | 54 | 13 | 41 |
| 上虞区 | 70 | 43 | 27 | 548 | 63 | 485 | 38 | 9 | 29 |
| 新昌县 | 824 | 443 | 381 | 4136 | 544 | 3592 | 2887 | 886 | 2001 |
| 诸暨市 | 163 | 102 | 61 | 755 | 100 | 655 | 287 | 73 | 214 |
| 嵊州市 | 63 | 36 | 27 | 327 | 54 | 273 | 48 | 15 | 33 |
| **金华市** | **2234** | **1260** | **974** | **9141** | **1263** | **7878** | **6032** | **1816** | **4216** |
| 婺城区 | 193 | 109 | 84 | 637 | 120 | 517 | 832 | 246 | 586 |
| 金东区 | 138 | 74 | 64 | 460 | 42 | 418 | 331 | 105 | 226 |
| 武义县 | 426 | 243 | 183 | 2824 | 424 | 2400 | 1631 | 482 | 1149 |
| 浦江县 | 522 | 294 | 228 | 2116 | 230 | 1886 | 1491 | 497 | 994 |
| 磐安县 | 123 | 69 | 54 | 735 | 120 | 615 | 567 | 162 | 405 |
| 兰溪市 | 84 | 49 | 35 | 382 | 38 | 344 | 37 | 11 | 26 |
| 义乌市 | 331 | 181 | 150 | 893 | 97 | 796 | 410 | 106 | 304 |
| 东阳市 | 342 | 203 | 139 | 854 | 156 | 698 | 704 | 196 | 508 |
| 永康市 | 75 | 38 | 37 | 240 | 36 | 204 | 29 | 11 | 18 |
| **衢州市** | **695** | **402** | **293** | **7059** | **820** | **6239** | **4143** | **1121** | **3022** |
| 柯城区 | 18 | 8 | 10 | 142 | 20 | 122 | 12 | 2 | 10 |
| 衢江区 | 53 | 33 | 20 | 298 | 34 | 264 | 37 | 12 | 25 |
| 常山县 | 168 | 97 | 71 | 2146 | 251 | 1895 | 1029 | 285 | 744 |
| 开化县 | 98 | 58 | 40 | 1420 | 151 | 1269 | 1680 | 411 | 1269 |
| 龙游县 | 284 | 159 | 125 | 2555 | 290 | 2265 | 1286 | 380 | 906 |
| 江山市 | 74 | 47 | 27 | 498 | 74 | 424 | 99 | 31 | 68 |
| **舟山市** | **366** | **191** | **175** | **2094** | **314** | **1780** | **696** | **188** | **508** |
| 定海区 | 44 | 26 | 18 | 311 | 22 | 289 | 52 | 13 | 39 |
| 普陀区 | 20 | 13 | 7 | 91 | 27 | 64 | 14 | 3 | 11 |
| 岱山县 | 142 | 73 | 69 | 1193 | 187 | 1006 | 395 | 108 | 287 |
| 嵊泗县 | 160 | 79 | 81 | 499 | 78 | 421 | 235 | 64 | 171 |
| **台州市** | **2281** | **1206** | **1075** | **11041** | **1579** | **9462** | **4669** | **1451** | **3218** |
| 椒江区 | 8 | 4 | 4 | 6 | 3 | 3 | | | |
| 黄岩区 | 86 | 49 | 37 | 252 | 49 | 203 | 30 | 8 | 22 |
| 路桥区 | 173 | 81 | 92 | 690 | 57 | 633 | 20 | 3 | 17 |
| 三门县 | 406 | 211 | 195 | 1813 | 182 | 1631 | 1359 | 413 | 946 |
| 天台县 | 523 | 278 | 245 | 3380 | 573 | 2807 | 1599 | 538 | 1061 |
| 仙居县 | 546 | 289 | 257 | 2805 | 532 | 2273 | 1419 | 427 | 992 |
| 温岭市 | 363 | 194 | 169 | 1319 | 116 | 1203 | 110 | 30 | 80 |
| 临海市 | 167 | 95 | 72 | 600 | 49 | 551 | 129 | 32 | 97 |
| 玉环市 | 9 | 5 | 4 | 176 | 18 | 158 | 3 | | 3 |
| **丽水市** | **1905** | **1060** | **845** | **10459** | **1595** | **8864** | **8480** | **2726** | **5754** |
| 莲都区 | 59 | 33 | 26 | 170 | 38 | 132 | 96 | 24 | 72 |
| 青田县 | 721 | 409 | 312 | 1322 | 162 | 1160 | 2257 | 765 | 1492 |
| 缙云县 | 258 | 149 | 109 | 1979 | 411 | 1568 | 1494 | 442 | 1052 |
| 遂昌县 | 121 | 68 | 53 | 1326 | 220 | 1106 | 742 | 216 | 526 |
| 松阳县 | 192 | 103 | 89 | 1468 | 211 | 1257 | 627 | 179 | 448 |
| 云和县 | 184 | 102 | 82 | 1706 | 291 | 1415 | 538 | 176 | 362 |
| 庆元县 | 290 | 159 | 131 | 1448 | 167 | 1281 | 1036 | 356 | 680 |
| 景宁畲族自治县 | 63 | 29 | 34 | 964 | 83 | 881 | 1673 | 562 | 1111 |
| 龙泉市 | 17 | 8 | 9 | 76 | 12 | 64 | 17 | 6 | 11 |

7-9b 续表 6 单位：人

| 现住地 | 为子女就学 | | | 养老/康养 | | | 其他 | | |
|---|---|---|---|---|---|---|---|---|---|
| | 小计 | 男 | 女 | 小计 | 男 | 女 | 小计 | 男 | 女 |
| **合计** | **50573** | **19768** | **30805** | **52214** | **22467** | **29747** | **163787** | **82940** | **80847** |
| **杭州市** | **2466** | **937** | **1529** | **6207** | **2650** | **3557** | **11471** | **5735** | **5736** |
| 上城区 | | | | | | | | | |
| 下城区 | | | | | | | | | |
| 江干区 | | | | | | | | | |
| 拱墅区 | | | | | | | | | |
| 西湖区 | | | | | | | 6 | 4 | 2 |
| 滨江区 | | | | | | | | | |
| 萧山区 | 32 | 13 | 19 | 219 | 126 | 93 | 527 | 278 | 249 |
| 余杭区 | 471 | 226 | 245 | 2256 | 989 | 1267 | 2833 | 1413 | 1420 |
| 富阳区 | 1 | | 1 | 98 | 42 | 56 | 141 | 83 | 58 |
| 临安区 | 128 | 33 | 95 | 272 | 139 | 133 | 692 | 348 | 344 |
| 桐庐县 | 1245 | 512 | 733 | 1659 | 691 | 968 | 3972 | 1994 | 1978 |
| 淳安县 | 470 | 121 | 349 | 1279 | 464 | 815 | 2651 | 1286 | 1365 |
| 建德市 | 119 | 32 | 87 | 424 | 199 | 225 | 649 | 329 | 320 |
| **宁波市** | **7455** | **2775** | **4680** | **5670** | **2397** | **3273** | **17395** | **8677** | **8718** |
| 海曙区 | 48 | 23 | 25 | 140 | 58 | 82 | 590 | 290 | 300 |
| 江北区 | | | | | | | | | |
| 北仑区 | 158 | 72 | 86 | 212 | 89 | 123 | 790 | 404 | 386 |
| 镇海区 | 8 | 1 | 7 | 234 | 115 | 119 | 173 | 88 | 85 |
| 鄞州区 | 286 | 107 | 179 | 841 | 353 | 488 | 1847 | 918 | 929 |
| 奉化区 | 67 | 32 | 35 | 159 | 65 | 94 | 166 | 85 | 81 |
| 象山县 | 3907 | 1286 | 2621 | 1853 | 738 | 1115 | 4822 | 2353 | 2469 |
| 宁海县 | 2598 | 1094 | 1504 | 1626 | 656 | 970 | 6566 | 3297 | 3269 |
| 余姚市 | 109 | 57 | 52 | 285 | 135 | 150 | 826 | 414 | 412 |
| 慈溪市 | 274 | 103 | 171 | 320 | 188 | 132 | 1615 | 828 | 787 |
| **温州市** | **4979** | **1869** | **3110** | **5552** | **2307** | **3245** | **31042** | **16378** | **14664** |
| 鹿城区 | 1 | | 1 | 6 | 2 | 4 | 64 | 31 | 33 |
| 龙湾区 | 25 | 11 | 14 | 102 | 40 | 62 | 2314 | 1521 | 793 |
| 瓯海区 | 3 | | 3 | 11 | 6 | 5 | 262 | 16 | 246 |
| 洞头区 | 11 | 4 | 7 | 1 | | 1 | 11 | 7 | 4 |
| 永嘉县 | 1555 | 496 | 1059 | 1538 | 679 | 859 | 4093 | 2166 | 1927 |
| 平阳县 | 1069 | 475 | 594 | 1276 | 508 | 768 | 7374 | 3912 | 3462 |
| 苍南县 | 1256 | 493 | 763 | 1477 | 632 | 845 | 13126 | 6750 | 6376 |
| 文成县 | 204 | 71 | 133 | 387 | 151 | 236 | 641 | 330 | 311 |
| 泰顺县 | 748 | 277 | 471 | 418 | 173 | 245 | 2473 | 1291 | 1182 |
| 瑞安市 | 75 | 31 | 44 | 199 | 78 | 121 | 323 | 170 | 153 |
| 乐清市 | 28 | 8 | 20 | 54 | 22 | 32 | 272 | 140 | 132 |
| 龙港市 | 4 | 3 | 1 | 83 | 16 | 67 | 89 | 44 | 45 |
| **嘉兴市** | **3666** | **1712** | **1954** | **4081** | **1835** | **2246** | **10943** | **5435** | **5508** |
| 南湖区 | 24 | 10 | 14 | 118 | 49 | 69 | 380 | 207 | 173 |
| 秀洲区 | 55 | 25 | 30 | 102 | 53 | 49 | 568 | 298 | 270 |
| 嘉善县 | 1848 | 852 | 996 | 2325 | 972 | 1353 | 4446 | 2188 | 2258 |
| 海盐县 | 1323 | 638 | 685 | 728 | 317 | 411 | 3012 | 1486 | 1526 |
| 海宁市 | 106 | 41 | 65 | 493 | 278 | 215 | 1473 | 710 | 763 |
| 平湖市 | 243 | 114 | 129 | 135 | 71 | 64 | 472 | 249 | 223 |
| 桐乡市 | 67 | 32 | 35 | 180 | 95 | 85 | 592 | 297 | 295 |
| **湖州市** | **4785** | **2136** | **2649** | **5553** | **2337** | **3216** | **22323** | **10913** | **11410** |
| 吴兴区 | 39 | 20 | 19 | 253 | 115 | 138 | 855 | 408 | 447 |
| 南浔区 | 140 | 65 | 75 | 143 | 68 | 75 | 249 | 124 | 125 |
| 德清县 | 1033 | 470 | 563 | 2037 | 827 | 1210 | 6121 | 3002 | 3119 |
| 长兴县 | 2522 | 1106 | 1416 | 1521 | 652 | 869 | 9874 | 4790 | 5084 |
| 安吉县 | 1051 | 475 | 576 | 1599 | 675 | 924 | 5224 | 2589 | 2635 |

7-9b 续表 7

单位：人

| 现 住 地 | 为子女就学 | | | 养老/康养 | | | 其 他 | | |
|---|---|---|---|---|---|---|---|---|---|
| | 小计 | 男 | 女 | 小计 | 男 | 女 | 小计 | 男 | 女 |
| **绍兴市** | **1305** | **577** | **728** | **2824** | **1269** | **1555** | **6872** | **3549** | **3323** |
| 越城区 | | | | 1 | | 1 | 9 | 2 | 7 |
| 柯桥区 | 86 | 41 | 45 | 149 | 83 | 66 | 689 | 360 | 329 |
| 上虞区 | 44 | 12 | 32 | 157 | 91 | 66 | 262 | 134 | 128 |
| 新昌县 | 998 | 467 | 531 | 2078 | 867 | 1211 | 4117 | 2141 | 1976 |
| 诸暨市 | 160 | 50 | 110 | 284 | 153 | 131 | 1522 | 781 | 741 |
| 嵊州市 | 17 | 7 | 10 | 155 | 75 | 80 | 273 | 131 | 142 |
| **金华市** | **3834** | **1599** | **2235** | **5561** | **2512** | **3049** | **18719** | **9548** | **9171** |
| 婺城区 | 584 | 255 | 329 | 432 | 199 | 233 | 1226 | 595 | 631 |
| 金东区 | 53 | 14 | 39 | 205 | 108 | 97 | 609 | 327 | 282 |
| 武义县 | 1033 | 463 | 570 | 1362 | 599 | 763 | 5223 | 2643 | 2580 |
| 浦江县 | 1273 | 601 | 672 | 1759 | 742 | 1017 | 5678 | 2905 | 2773 |
| 磐安县 | 437 | 124 | 313 | 406 | 176 | 230 | 1470 | 735 | 735 |
| 兰溪市 | 17 | 5 | 12 | 136 | 77 | 59 | 268 | 131 | 137 |
| 义乌市 | 177 | 76 | 101 | 490 | 230 | 260 | 1544 | 797 | 747 |
| 东阳市 | 252 | 58 | 194 | 713 | 355 | 358 | 2344 | 1221 | 1123 |
| 永康市 | 8 | 3 | 5 | 58 | 26 | 32 | 357 | 194 | 163 |
| **衢州市** | **4616** | **1514** | **3102** | **2438** | **1031** | **1407** | **7725** | **4043** | **3682** |
| 柯城区 | 5 | 1 | 4 | 31 | 16 | 15 | 74 | 35 | 39 |
| 衢江区 | 35 | 13 | 22 | 33 | 20 | 13 | 145 | 76 | 69 |
| 常山县 | 933 | 363 | 570 | 424 | 204 | 220 | 2128 | 1069 | 1059 |
| 开化县 | 2553 | 734 | 1819 | 561 | 216 | 345 | 2198 | 1087 | 1111 |
| 龙游县 | 987 | 372 | 615 | 1164 | 461 | 703 | 2768 | 1578 | 1190 |
| 江山市 | 103 | 31 | 72 | 225 | 114 | 111 | 412 | 198 | 214 |
| **舟山市** | **1972** | **825** | **1147** | **749** | **281** | **468** | **2501** | **1255** | **1246** |
| 定海区 | 74 | 24 | 50 | 132 | 61 | 71 | 357 | 168 | 189 |
| 普陀区 | 62 | 28 | 34 | 8 | 3 | 5 | 227 | 122 | 105 |
| 岱山县 | 1595 | 692 | 903 | 477 | 176 | 301 | 1719 | 858 | 861 |
| 嵊泗县 | 241 | 81 | 160 | 132 | 41 | 91 | 198 | 107 | 91 |
| **台州市** | **5483** | **1999** | **3484** | **3773** | **1486** | **2287** | **14019** | **7131** | **6888** |
| 椒江区 | | | | 3 | 2 | 1 | 108 | 64 | 44 |
| 黄岩区 | 25 | 4 | 21 | 205 | 67 | 138 | 153 | 74 | 79 |
| 路桥区 | 10 | 4 | 6 | 55 | 23 | 32 | 547 | 277 | 270 |
| 三门县 | 1707 | 611 | 1096 | 693 | 285 | 408 | 1227 | 633 | 594 |
| 天台县 | 2153 | 859 | 1294 | 1026 | 406 | 620 | 5908 | 3072 | 2836 |
| 仙居县 | 1284 | 445 | 839 | 1382 | 544 | 838 | 4237 | 2096 | 2141 |
| 温岭市 | 112 | 40 | 72 | 228 | 96 | 132 | 922 | 459 | 463 |
| 临海市 | 192 | 36 | 156 | 178 | 63 | 115 | 889 | 445 | 444 |
| 玉环市 | | | | 3 | | 3 | 28 | 11 | 17 |
| **丽水市** | **10012** | **3825** | **6187** | **9806** | **4362** | **5444** | **20777** | **10276** | **10501** |
| 莲都区 | 119 | 39 | 80 | 129 | 58 | 71 | 326 | 147 | 179 |
| 青田县 | 866 | 271 | 595 | 4374 | 1927 | 2447 | 5106 | 2511 | 2595 |
| 缙云县 | 2777 | 959 | 1818 | 861 | 394 | 467 | 4711 | 2347 | 2364 |
| 遂昌县 | 685 | 254 | 431 | 644 | 283 | 361 | 1982 | 971 | 1011 |
| 松阳县 | 839 | 320 | 519 | 492 | 207 | 285 | 1734 | 831 | 903 |
| 云和县 | 349 | 155 | 194 | 790 | 405 | 385 | 1784 | 862 | 922 |
| 庆元县 | 1853 | 839 | 1014 | 905 | 380 | 525 | 1927 | 1002 | 925 |
| 景宁畲族自治县 | 2499 | 976 | 1523 | 1584 | 695 | 889 | 3010 | 1513 | 1497 |
| 龙泉市 | 25 | 12 | 13 | 27 | 13 | 14 | 197 | 92 | 105 |

# 7－9c　全省按现住地、性别、迁移原因分的户口登记地在本省其他乡镇街道的人口(乡村)

单位：人

| 现住地 | 合计 | | | 工作就业 | | |
| --- | --- | --- | --- | --- | --- | --- |
| | 合计 | 男 | 女 | 小计 | 男 | 女 |
| **合计** | **1146080** | **587201** | **558879** | **392378** | **247142** | **145236** |
| **杭州市** | **142665** | **75199** | **67466** | **49735** | **33474** | **16261** |
| 上城区 | | | | | | |
| 下城区 | | | | | | |
| 江干区 | | | | | | |
| 拱墅区 | | | | | | |
| 西湖区 | 4450 | 2342 | 2108 | 1909 | 1189 | 720 |
| 滨江区 | | | | | | |
| 萧山区 | 28722 | 13853 | 14869 | 9857 | 6775 | 3082 |
| 余杭区 | 35799 | 20413 | 15386 | 17633 | 11794 | 5839 |
| 富阳区 | 24874 | 12640 | 12234 | 4244 | 2979 | 1265 |
| 临安区 | 19998 | 10743 | 9255 | 5968 | 4155 | 1813 |
| 桐庐县 | 7183 | 3707 | 3476 | 2163 | 1459 | 704 |
| 淳安县 | 9774 | 5508 | 4266 | 3888 | 2486 | 1402 |
| 建德市 | 11865 | 5993 | 5872 | 4073 | 2637 | 1436 |
| **宁波市** | **175628** | **89208** | **86420** | **72893** | **45340** | **27553** |
| 海曙区 | 21685 | 11263 | 10422 | 9298 | 5501 | 3797 |
| 江北区 | 9064 | 4917 | 4147 | 3863 | 2465 | 1398 |
| 北仑区 | 16681 | 9115 | 7566 | 8229 | 5310 | 2919 |
| 镇海区 | 5003 | 2693 | 2310 | 2934 | 1856 | 1078 |
| 鄞州区 | 35483 | 18626 | 16857 | 17155 | 10200 | 6955 |
| 奉化区 | 19498 | 9686 | 9812 | 6948 | 4419 | 2529 |
| 象山县 | 15466 | 7761 | 7705 | 6574 | 4186 | 2388 |
| 宁海县 | 21989 | 11581 | 10408 | 8604 | 5481 | 3123 |
| 余姚市 | 11749 | 5187 | 6562 | 3187 | 2093 | 1094 |
| 慈溪市 | 19010 | 8379 | 10631 | 6101 | 3829 | 2272 |
| **温州市** | **203886** | **105697** | **98189** | **60594** | **36563** | **24031** |
| 鹿城区 | 10157 | 5141 | 5016 | 3801 | 2398 | 1403 |
| 龙湾区 | 57 | 42 | 15 | 43 | 33 | 10 |
| 瓯海区 | 18525 | 9693 | 8832 | 6275 | 3818 | 2457 |
| 洞头区 | 10590 | 6788 | 3802 | 2123 | 1484 | 639 |
| 永嘉县 | 24130 | 12635 | 11495 | 8899 | 5277 | 3622 |
| 平阳县 | 35186 | 18332 | 16854 | 7776 | 4727 | 3049 |
| 苍南县 | 24847 | 12805 | 12042 | 6351 | 3744 | 2607 |
| 文成县 | 6680 | 3480 | 3200 | 1485 | 985 | 500 |
| 泰顺县 | 6091 | 3205 | 2886 | 1298 | 842 | 456 |
| 瑞安市 | 34305 | 17748 | 16557 | 13827 | 8098 | 5729 |
| 乐清市 | 31833 | 15122 | 16711 | 8473 | 5023 | 3450 |
| 龙港市 | 1485 | 706 | 779 | 243 | 134 | 109 |
| **嘉兴市** | **70318** | **36008** | **34310** | **24843** | **15654** | **9189** |
| 南湖区 | 6529 | 3230 | 3299 | 2093 | 1348 | 745 |
| 秀洲区 | 7974 | 4097 | 3877 | 3361 | 2029 | 1332 |
| 嘉善县 | 8787 | 4574 | 4213 | 3297 | 2096 | 1201 |
| 海盐县 | 7405 | 3749 | 3656 | 1937 | 1262 | 675 |
| 海宁市 | 15482 | 8231 | 7251 | 6550 | 4097 | 2453 |
| 平湖市 | 11154 | 5913 | 5241 | 3101 | 2049 | 1052 |
| 桐乡市 | 12987 | 6214 | 6773 | 4504 | 2773 | 1731 |
| **湖州市** | **59166** | **31513** | **27653** | **22515** | **14590** | **7925** |
| 吴兴区 | 17972 | 10027 | 7945 | 6404 | 4168 | 2236 |
| 南浔区 | 9855 | 5322 | 4533 | 4292 | 2694 | 1598 |
| 德清县 | 10511 | 5726 | 4785 | 4584 | 3146 | 1438 |
| 长兴县 | 10000 | 5003 | 4997 | 3100 | 1928 | 1172 |
| 安吉县 | 10828 | 5435 | 5393 | 4135 | 2654 | 1481 |

7–9c 续表 1 单位：人

| 现住地 | 合计 | | | 工作就业 | | |
|---|---|---|---|---|---|---|
| | 合计 | 男 | 女 | 小计 | 男 | 女 |
| **绍兴市** | **72680** | **34524** | **38156** | **19832** | **11837** | **7995** |
| 越城区 | 9205 | 4501 | 4704 | 2654 | 1680 | 974 |
| 柯桥区 | 7449 | 3249 | 4200 | 2236 | 1395 | 841 |
| 上虞区 | 13591 | 6015 | 7576 | 2455 | 1543 | 912 |
| 新昌县 | 14062 | 7266 | 6796 | 3203 | 1863 | 1340 |
| 诸暨市 | 17054 | 8056 | 8998 | 6373 | 3627 | 2746 |
| 嵊州市 | 11319 | 5437 | 5882 | 2911 | 1729 | 1182 |
| **金华市** | **124685** | **62565** | **62120** | **47822** | **29145** | **18677** |
| 婺城区 | 16053 | 8234 | 7819 | 4875 | 3104 | 1771 |
| 金东区 | 12470 | 6380 | 6090 | 6036 | 3760 | 2276 |
| 武义县 | 13980 | 7164 | 6816 | 4957 | 3066 | 1891 |
| 浦江县 | 16685 | 8116 | 8569 | 5955 | 3430 | 2525 |
| 磐安县 | 3570 | 1933 | 1637 | 1083 | 733 | 350 |
| 兰溪市 | 8074 | 3708 | 4366 | 1987 | 1334 | 653 |
| 义乌市 | 23195 | 11764 | 11431 | 11426 | 6801 | 4625 |
| 东阳市 | 16588 | 8511 | 8077 | 5916 | 3647 | 2269 |
| 永康市 | 14070 | 6755 | 7315 | 5587 | 3270 | 2317 |
| **衢州市** | **51661** | **25392** | **26269** | **11885** | **7668** | **4217** |
| 柯城区 | 10378 | 5082 | 5296 | 2088 | 1374 | 714 |
| 衢江区 | 9816 | 4760 | 5056 | 1904 | 1312 | 592 |
| 常山县 | 5371 | 2401 | 2970 | 1168 | 765 | 403 |
| 开化县 | 4301 | 2315 | 1986 | 1000 | 671 | 329 |
| 龙游县 | 8677 | 4392 | 4285 | 2885 | 1837 | 1048 |
| 江山市 | 13118 | 6442 | 6676 | 2840 | 1709 | 1131 |
| **舟山市** | **25796** | **14476** | **11320** | **9814** | **7406** | **2408** |
| 定海区 | 11245 | 6086 | 5159 | 3495 | 2631 | 864 |
| 普陀区 | 9208 | 5043 | 4165 | 3624 | 2621 | 1003 |
| 岱山县 | 3517 | 2280 | 1237 | 1751 | 1467 | 284 |
| 嵊泗县 | 1826 | 1067 | 759 | 944 | 687 | 257 |
| **台州市** | **134593** | **67278** | **67315** | **43734** | **27400** | **16334** |
| 椒江区 | 11741 | 6432 | 5309 | 6203 | 3989 | 2214 |
| 黄岩区 | 17455 | 8338 | 9117 | 4266 | 2527 | 1739 |
| 路桥区 | 12723 | 6409 | 6314 | 4765 | 2940 | 1825 |
| 三门县 | 7623 | 3988 | 3635 | 3362 | 2206 | 1156 |
| 天台县 | 12916 | 6194 | 6722 | 3720 | 2228 | 1492 |
| 仙居县 | 14932 | 7856 | 7076 | 4355 | 2756 | 1599 |
| 温岭市 | 26976 | 12694 | 14282 | 6532 | 3843 | 2689 |
| 临海市 | 20085 | 10529 | 9556 | 7526 | 4918 | 2608 |
| 玉环市 | 10142 | 4838 | 5304 | 3005 | 1993 | 1012 |
| **丽水市** | **85002** | **45341** | **39661** | **28711** | **18065** | **10646** |
| 莲都区 | 16388 | 9393 | 6995 | 6896 | 4614 | 2282 |
| 青田县 | 10749 | 5668 | 5081 | 2956 | 1855 | 1101 |
| 缙云县 | 8839 | 4391 | 4448 | 2380 | 1499 | 881 |
| 遂昌县 | 7167 | 3873 | 3294 | 2223 | 1531 | 692 |
| 松阳县 | 9439 | 4792 | 4647 | 2789 | 1700 | 1089 |
| 云和县 | 8250 | 4337 | 3913 | 3205 | 1856 | 1349 |
| 庆元县 | 7724 | 4055 | 3669 | 3063 | 1847 | 1216 |
| 景宁畲族自治县 | 8957 | 4880 | 4077 | 3530 | 2120 | 1410 |
| 龙泉市 | 7489 | 3952 | 3537 | 1669 | 1043 | 626 |

7-9c 续表 2

单位：人

| 现住地 | 学习培训 | | | 随同离开/投亲靠友 | | | 拆迁/搬家 | | |
|---|---|---|---|---|---|---|---|---|---|
| | 小计 | 男 | 女 | 小计 | 男 | 女 | 小计 | 男 | 女 |
| **合计** | **91826** | **48955** | **42871** | **144682** | **70757** | **73925** | **229957** | **120756** | **109201** |
| **杭州市** | **21480** | **10674** | **10806** | **13048** | **6615** | **6433** | **20588** | **10702** | **9886** |
| 上城区 | | | | | | | | | |
| 下城区 | | | | | | | | | |
| 江干区 | | | | | | | | | |
| 拱墅区 | | | | | | | | | |
| 西湖区 | 96 | 36 | 60 | 258 | 130 | 128 | 1064 | 534 | 530 |
| 滨江区 | | | | | | | | | |
| 萧山区 | 1524 | 750 | 774 | 2809 | 1401 | 1408 | 4179 | 2172 | 2007 |
| 余杭区 | 3302 | 1628 | 1674 | 2490 | 1205 | 1285 | 6194 | 3132 | 3062 |
| 富阳区 | 11239 | 5753 | 5486 | 1857 | 942 | 915 | 2386 | 1242 | 1144 |
| 临安区 | 3325 | 1574 | 1751 | 1906 | 1002 | 904 | 2462 | 1320 | 1142 |
| 桐庐县 | 127 | 74 | 53 | 1201 | 622 | 579 | 1116 | 643 | 473 |
| 淳安县 | 1688 | 758 | 930 | 901 | 486 | 415 | 940 | 497 | 443 |
| 建德市 | 179 | 101 | 78 | 1626 | 827 | 799 | 2247 | 1162 | 1085 |
| **宁波市** | **14033** | **7324** | **6709** | **22220** | **10489** | **11731** | **28150** | **14811** | **13339** |
| 海曙区 | 655 | 385 | 270 | 3539 | 1581 | 1958 | 4925 | 2656 | 2269 |
| 江北区 | 557 | 289 | 268 | 891 | 439 | 452 | 1114 | 566 | 548 |
| 北仑区 | 1287 | 683 | 604 | 1761 | 862 | 899 | 2550 | 1303 | 1247 |
| 镇海区 | 107 | 59 | 48 | 683 | 316 | 367 | 434 | 223 | 211 |
| 鄞州区 | 2394 | 1337 | 1057 | 4705 | 2204 | 2501 | 6299 | 3339 | 2960 |
| 奉化区 | 2987 | 1248 | 1739 | 2021 | 960 | 1061 | 3389 | 1772 | 1617 |
| 象山县 | 569 | 318 | 251 | 2169 | 990 | 1179 | 2179 | 1094 | 1085 |
| 宁海县 | 4065 | 2292 | 1773 | 2488 | 1158 | 1330 | 2593 | 1390 | 1203 |
| 余姚市 | 517 | 228 | 289 | 1404 | 683 | 721 | 2017 | 1067 | 950 |
| 慈溪市 | 895 | 485 | 410 | 2559 | 1296 | 1263 | 2650 | 1401 | 1249 |
| **温州市** | **19562** | **11133** | **8429** | **26433** | **12953** | **13480** | **62490** | **33278** | **29212** |
| 鹿城区 | 1318 | 360 | 958 | 1141 | 512 | 629 | 2418 | 1319 | 1099 |
| 龙湾区 | | | | 5 | 4 | 1 | 4 | 3 | 1 |
| 瓯海区 | 2563 | 1265 | 1298 | 2122 | 1035 | 1087 | 5396 | 2916 | 2480 |
| 洞头区 | 6806 | 4572 | 2234 | 372 | 187 | 185 | 655 | 347 | 308 |
| 永嘉县 | 1384 | 774 | 610 | 3363 | 1663 | 1700 | 5466 | 2895 | 2571 |
| 平阳县 | 2357 | 1375 | 982 | 3818 | 1893 | 1925 | 16183 | 8628 | 7555 |
| 苍南县 | 542 | 311 | 231 | 4361 | 2085 | 2276 | 9388 | 5164 | 4224 |
| 文成县 | 201 | 105 | 96 | 660 | 315 | 345 | 2893 | 1498 | 1395 |
| 泰顺县 | 237 | 112 | 125 | 804 | 405 | 399 | 2395 | 1237 | 1158 |
| 瑞安市 | 1699 | 1002 | 697 | 4652 | 2320 | 2332 | 8750 | 4563 | 4187 |
| 乐清市 | 2434 | 1243 | 1191 | 4915 | 2439 | 2476 | 8216 | 4324 | 3892 |
| 龙港市 | 21 | 14 | 7 | 220 | 95 | 125 | 726 | 384 | 342 |
| **嘉兴市** | **1840** | **955** | **885** | **8926** | **4527** | **4399** | **10550** | **5511** | **5039** |
| 南湖区 | 127 | 74 | 53 | 767 | 371 | 396 | 1221 | 634 | 587 |
| 秀洲区 | 106 | 67 | 39 | 948 | 503 | 445 | 1159 | 586 | 573 |
| 嘉善县 | 165 | 95 | 70 | 1269 | 624 | 645 | 1706 | 894 | 812 |
| 海盐县 | 130 | 68 | 62 | 1000 | 496 | 504 | 1265 | 666 | 599 |
| 海宁市 | 349 | 160 | 189 | 1897 | 1015 | 882 | 1659 | 870 | 789 |
| 平湖市 | 801 | 407 | 394 | 1632 | 824 | 808 | 1741 | 900 | 841 |
| 桐乡市 | 162 | 84 | 78 | 1413 | 694 | 719 | 1799 | 961 | 838 |
| **湖州市** | **3159** | **1924** | **1235** | **6716** | **3273** | **3443** | **10950** | **5692** | **5258** |
| 吴兴区 | 1275 | 934 | 341 | 1866 | 865 | 1001 | 5706 | 2918 | 2788 |
| 南浔区 | 152 | 78 | 74 | 1286 | 626 | 660 | 1838 | 971 | 867 |
| 德清县 | 879 | 342 | 537 | 967 | 462 | 505 | 968 | 507 | 461 |
| 长兴县 | 702 | 501 | 201 | 1223 | 602 | 621 | 1324 | 727 | 597 |
| 安吉县 | 151 | 69 | 82 | 1374 | 718 | 656 | 1114 | 569 | 545 |

7-9c　续表 3　　　　单位：人

| 现住地 | 学习培训 | | | 随同离开/投亲靠友 | | | 拆迁/搬家 | | |
|---|---|---|---|---|---|---|---|---|---|
| | 小计 | 男 | 女 | 小计 | 男 | 女 | 小计 | 男 | 女 |
| **绍兴市** | **7294** | **3909** | **3385** | **9361** | **4738** | **4623** | **13776** | **7156** | **6620** |
| 越城区 | 1282 | 734 | 548 | 1257 | 631 | 626 | 1534 | 820 | 714 |
| 柯桥区 | 118 | 65 | 53 | 961 | 470 | 491 | 940 | 499 | 441 |
| 上虞区 | 2125 | 1176 | 949 | 2264 | 1149 | 1115 | 1947 | 954 | 993 |
| 新昌县 | 2568 | 1351 | 1217 | 1475 | 713 | 762 | 3996 | 2096 | 1900 |
| 诸暨市 | 247 | 122 | 125 | 2197 | 1153 | 1044 | 2486 | 1290 | 1196 |
| 嵊州市 | 954 | 461 | 493 | 1207 | 622 | 585 | 2873 | 1497 | 1376 |
| **金华市** | **6993** | **3717** | **3276** | **15958** | **7897** | **8061** | **19662** | **10166** | **9496** |
| 婺城区 | 1369 | 840 | 529 | 1868 | 915 | 953 | 2696 | 1352 | 1344 |
| 金东区 | 301 | 169 | 132 | 1752 | 893 | 859 | 1424 | 705 | 719 |
| 武义县 | 1893 | 906 | 987 | 1719 | 813 | 906 | 2079 | 1095 | 984 |
| 浦江县 | 1308 | 674 | 634 | 1663 | 841 | 822 | 3563 | 1851 | 1712 |
| 磐安县 | 284 | 171 | 113 | 360 | 166 | 194 | 728 | 386 | 342 |
| 兰溪市 | 118 | 58 | 60 | 1037 | 515 | 522 | 1741 | 908 | 833 |
| 义乌市 | 943 | 510 | 433 | 3322 | 1707 | 1615 | 2749 | 1391 | 1358 |
| 东阳市 | 457 | 240 | 217 | 2439 | 1162 | 1277 | 2553 | 1343 | 1210 |
| 永康市 | 320 | 149 | 171 | 1798 | 885 | 913 | 2129 | 1135 | 994 |
| **衢州市** | **4665** | **2569** | **2096** | **7394** | **3705** | **3689** | **9413** | **4964** | **4449** |
| 柯城区 | 567 | 283 | 284 | 1299 | 664 | 635 | 2845 | 1467 | 1378 |
| 衢江区 | 777 | 514 | 263 | 1398 | 665 | 733 | 1690 | 879 | 811 |
| 常山县 | 228 | 110 | 118 | 864 | 435 | 429 | 858 | 485 | 373 |
| 开化县 | 82 | 37 | 45 | 746 | 407 | 339 | 736 | 397 | 339 |
| 龙游县 | 133 | 65 | 68 | 1147 | 573 | 574 | 1507 | 780 | 727 |
| 江山市 | 2878 | 1560 | 1318 | 1940 | 961 | 979 | 1777 | 956 | 821 |
| **舟山市** | **2009** | **1047** | **962** | **3046** | **1358** | **1688** | **5479** | **2861** | **2618** |
| 定海区 | 1553 | 867 | 686 | 1368 | 651 | 717 | 2066 | 1110 | 956 |
| 普陀区 | 405 | 152 | 253 | 1134 | 508 | 626 | 2387 | 1213 | 1174 |
| 岱山县 | 31 | 17 | 14 | 323 | 134 | 189 | 675 | 349 | 326 |
| 嵊泗县 | 20 | 11 | 9 | 221 | 65 | 156 | 351 | 189 | 162 |
| **台州市** | **6262** | **3371** | **2891** | **19290** | **9348** | **9942** | **29596** | **15407** | **14189** |
| 椒江区 | 286 | 160 | 126 | 1281 | 604 | 677 | 1335 | 701 | 634 |
| 黄岩区 | 2102 | 1014 | 1088 | 2428 | 1213 | 1215 | 4359 | 2211 | 2148 |
| 路桥区 | 792 | 487 | 305 | 1916 | 948 | 968 | 2175 | 1140 | 1035 |
| 三门县 | 208 | 112 | 96 | 1008 | 459 | 549 | 1036 | 531 | 505 |
| 天台县 | 449 | 246 | 203 | 1526 | 755 | 771 | 2652 | 1354 | 1298 |
| 仙居县 | 988 | 544 | 444 | 1847 | 878 | 969 | 3762 | 1974 | 1788 |
| 温岭市 | 438 | 192 | 246 | 5068 | 2401 | 2667 | 8114 | 4238 | 3876 |
| 临海市 | 858 | 532 | 326 | 2359 | 1163 | 1196 | 3813 | 2024 | 1789 |
| 玉环市 | 141 | 84 | 57 | 1857 | 927 | 930 | 2350 | 1234 | 1116 |
| **丽水市** | **4529** | **2332** | **2197** | **12290** | **5854** | **6436** | **19303** | **10208** | **9095** |
| 莲都区 | 1228 | 668 | 560 | 1873 | 947 | 926 | 2820 | 1444 | 1376 |
| 青田县 | 437 | 214 | 223 | 1425 | 712 | 713 | 3415 | 1794 | 1621 |
| 缙云县 | 893 | 426 | 467 | 1485 | 724 | 761 | 1099 | 591 | 508 |
| 遂昌县 | 77 | 38 | 39 | 795 | 352 | 443 | 1960 | 1042 | 918 |
| 松阳县 | 347 | 178 | 169 | 1438 | 718 | 720 | 2261 | 1211 | 1050 |
| 云和县 | 155 | 75 | 80 | 1840 | 900 | 940 | 2084 | 1115 | 969 |
| 庆元县 | 337 | 187 | 150 | 1472 | 599 | 873 | 1628 | 865 | 763 |
| 景宁畲族自治县 | 902 | 465 | 437 | 936 | 441 | 495 | 985 | 512 | 473 |
| 龙泉市 | 153 | 81 | 72 | 1026 | 461 | 565 | 3051 | 1634 | 1417 |

7－9c 续表 4

单位：人

| 现住地 | 寄挂户口 | | | 婚姻嫁娶 | | | 照料孙子女 | | |
|---|---|---|---|---|---|---|---|---|---|
| | 小计 | 男 | 女 | 小计 | 男 | 女 | 小计 | 男 | 女 |
| **合计** | **28420** | **16294** | **12126** | **141112** | **23457** | **117655** | **6375** | **1765** | **4610** |
| **杭州市** | **3177** | **1868** | **1309** | **20747** | **4289** | **16458** | **760** | **204** | **556** |
| 上城区 | | | | | | | | | |
| 下城区 | | | | | | | | | |
| 江干区 | | | | | | | | | |
| 拱墅区 | | | | | | | | | |
| 西湖区 | 114 | 58 | 56 | 279 | 79 | 200 | 59 | 19 | 40 |
| 滨江区 | | | | | | | | | |
| 萧山区 | 546 | 326 | 220 | 7035 | 1006 | 6029 | 187 | 57 | 130 |
| 余杭区 | 488 | 272 | 216 | 3331 | 1123 | 2208 | 187 | 45 | 142 |
| 富阳区 | 452 | 269 | 183 | 3031 | 520 | 2511 | 56 | 13 | 43 |
| 临安区 | 652 | 393 | 259 | 3247 | 872 | 2375 | 78 | 20 | 58 |
| 桐庐县 | 167 | 100 | 67 | 1478 | 293 | 1185 | 39 | 10 | 29 |
| 淳安县 | 282 | 168 | 114 | 517 | 178 | 339 | 100 | 26 | 74 |
| 建德市 | 476 | 282 | 194 | 1829 | 218 | 1611 | 54 | 14 | 40 |
| **宁波市** | **3301** | **1849** | **1452** | **18991** | **2038** | **16953** | **1079** | **265** | **814** |
| 海曙区 | 316 | 160 | 156 | 1113 | 137 | 976 | 126 | 28 | 98 |
| 江北区 | 197 | 126 | 71 | 481 | 76 | 405 | 41 | 13 | 28 |
| 北仑区 | 215 | 127 | 88 | 1121 | 150 | 971 | 222 | 57 | 165 |
| 镇海区 | 60 | 31 | 29 | 395 | 45 | 350 | 20 | 4 | 16 |
| 鄞州区 | 640 | 343 | 297 | 2080 | 284 | 1796 | 363 | 82 | 281 |
| 奉化区 | 464 | 245 | 219 | 1911 | 201 | 1710 | 71 | 22 | 49 |
| 象山县 | 243 | 132 | 111 | 1713 | 156 | 1557 | 45 | 11 | 34 |
| 宁海县 | 392 | 231 | 161 | 2111 | 196 | 1915 | 66 | 17 | 49 |
| 余姚市 | 320 | 174 | 146 | 3074 | 354 | 2720 | 50 | 12 | 38 |
| 慈溪市 | 454 | 280 | 174 | 4992 | 439 | 4553 | 75 | 19 | 56 |
| **温州市** | **4390** | **2456** | **1934** | **13719** | **1161** | **12558** | **898** | **241** | **657** |
| 鹿城区 | 199 | 113 | 86 | 511 | 69 | 442 | 29 | 6 | 23 |
| 龙湾区 | 1 | | 1 | 2 | | 2 | | | |
| 瓯海区 | 242 | 133 | 109 | 975 | 66 | 909 | 59 | 15 | 44 |
| 洞头区 | 117 | 66 | 51 | 301 | 24 | 277 | 13 | 1 | 12 |
| 永嘉县 | 869 | 473 | 396 | 1340 | 125 | 1215 | 125 | 35 | 90 |
| 平阳县 | 421 | 236 | 185 | 2031 | 145 | 1886 | 84 | 19 | 65 |
| 苍南县 | 406 | 231 | 175 | 1475 | 144 | 1331 | 131 | 44 | 87 |
| 文成县 | 173 | 96 | 77 | 431 | 68 | 363 | 41 | 14 | 27 |
| 泰顺县 | 287 | 157 | 130 | 314 | 54 | 260 | 43 | 12 | 31 |
| 瑞安市 | 636 | 360 | 276 | 2281 | 256 | 2025 | 218 | 51 | 167 |
| 乐清市 | 1025 | 584 | 441 | 3944 | 209 | 3735 | 144 | 39 | 105 |
| 龙港市 | 14 | 7 | 7 | 114 | 1 | 113 | 11 | 5 | 6 |
| **嘉兴市** | **1723** | **955** | **768** | **15952** | **4910** | **11042** | **403** | **114** | **289** |
| 南湖区 | 120 | 59 | 61 | 1436 | 366 | 1070 | 49 | 15 | 34 |
| 秀洲区 | 155 | 86 | 69 | 1687 | 510 | 1177 | 40 | 12 | 28 |
| 嘉善县 | 187 | 108 | 79 | 1450 | 367 | 1083 | 42 | 12 | 30 |
| 海盐县 | 177 | 104 | 73 | 1887 | 602 | 1285 | 36 | 9 | 27 |
| 海宁市 | 364 | 209 | 155 | 3321 | 1126 | 2195 | 94 | 26 | 68 |
| 平湖市 | 485 | 250 | 235 | 2313 | 881 | 1432 | 78 | 24 | 54 |
| 桐乡市 | 235 | 139 | 96 | 3858 | 1058 | 2800 | 64 | 16 | 48 |
| **湖州市** | **1311** | **782** | **529** | **8802** | **2222** | **6580** | **301** | **78** | **223** |
| 吴兴区 | 334 | 200 | 134 | 1223 | 352 | 871 | 145 | 38 | 107 |
| 南浔区 | 238 | 140 | 98 | 1285 | 426 | 859 | 42 | 13 | 29 |
| 德清县 | 195 | 113 | 82 | 1612 | 415 | 1197 | 33 | 9 | 24 |
| 长兴县 | 285 | 171 | 114 | 2345 | 493 | 1852 | 27 | 6 | 21 |
| 安吉县 | 259 | 158 | 101 | 2337 | 536 | 1801 | 54 | 12 | 42 |

7–9c　续表 5　　　　单位：人

| 现住地 | 寄挂户口 | | | 婚姻嫁娶 | | | 照料孙子女 | | |
|---|---|---|---|---|---|---|---|---|---|
| | 小计 | 男 | 女 | 小计 | 男 | 女 | 小计 | 男 | 女 |
| **绍兴市** | **2324** | **1289** | **1035** | **12370** | **1656** | **10714** | **327** | **99** | **228** |
| 越城区 | 227 | 121 | 106 | 1603 | 212 | 1391 | 47 | 13 | 34 |
| 柯桥区 | 242 | 135 | 107 | 2158 | 302 | 1856 | 21 | 6 | 15 |
| 上虞区 | 332 | 189 | 143 | 3357 | 428 | 2929 | 52 | 16 | 36 |
| 新昌县 | 570 | 291 | 279 | 602 | 120 | 482 | 80 | 27 | 53 |
| 诸暨市 | 525 | 323 | 202 | 3041 | 374 | 2667 | 86 | 27 | 59 |
| 嵊州市 | 428 | 230 | 198 | 1609 | 220 | 1389 | 41 | 10 | 31 |
| **金华市** | **3839** | **2244** | **1595** | **15165** | **1708** | **13457** | **751** | **214** | **537** |
| 婺城区 | 489 | 284 | 205 | 1645 | 203 | 1442 | 87 | 26 | 61 |
| 金东区 | 334 | 202 | 132 | 1644 | 155 | 1489 | 113 | 29 | 84 |
| 武义县 | 348 | 192 | 156 | 1336 | 243 | 1093 | 72 | 14 | 58 |
| 浦江县 | 536 | 315 | 221 | 1825 | 132 | 1693 | 86 | 24 | 62 |
| 磐安县 | 219 | 131 | 88 | 466 | 111 | 355 | 13 | 1 | 12 |
| 兰溪市 | 415 | 227 | 188 | 1779 | 158 | 1621 | 39 | 16 | 23 |
| 义乌市 | 423 | 263 | 160 | 2473 | 201 | 2272 | 161 | 46 | 115 |
| 东阳市 | 591 | 357 | 234 | 1937 | 302 | 1635 | 122 | 40 | 82 |
| 永康市 | 484 | 273 | 211 | 2060 | 203 | 1857 | 58 | 18 | 40 |
| **衢州市** | **1606** | **981** | **625** | **8891** | **1315** | **7576** | **398** | **118** | **280** |
| 柯城区 | 295 | 182 | 113 | 1758 | 292 | 1466 | 121 | 42 | 79 |
| 衢江区 | 335 | 187 | 148 | 1857 | 241 | 1616 | 61 | 20 | 41 |
| 常山县 | 184 | 106 | 78 | 1406 | 150 | 1256 | 31 | 5 | 26 |
| 开化县 | 160 | 107 | 53 | 668 | 136 | 532 | 45 | 13 | 32 |
| 龙游县 | 376 | 230 | 146 | 1464 | 239 | 1225 | 39 | 8 | 31 |
| 江山市 | 256 | 169 | 87 | 1738 | 257 | 1481 | 101 | 30 | 71 |
| **舟山市** | **559** | **318** | **241** | **2693** | **374** | **2319** | **121** | **27** | **94** |
| 定海区 | 257 | 146 | 111 | 1467 | 153 | 1314 | 48 | 11 | 37 |
| 普陀区 | 150 | 85 | 65 | 806 | 120 | 686 | 59 | 15 | 44 |
| 岱山县 | 100 | 58 | 42 | 261 | 55 | 206 | 8 | | 8 |
| 嵊泗县 | 52 | 29 | 23 | 159 | 46 | 113 | 6 | 1 | 5 |
| **台州市** | **4217** | **2444** | **1773** | **16982** | **2193** | **14789** | **636** | **169** | **467** |
| 椒江区 | 361 | 210 | 151 | 981 | 127 | 854 | 48 | 15 | 33 |
| 黄岩区 | 329 | 182 | 147 | 2231 | 434 | 1797 | 78 | 26 | 52 |
| 路桥区 | 319 | 190 | 129 | 1588 | 144 | 1444 | 40 | 10 | 30 |
| 三门县 | 311 | 190 | 121 | 982 | 109 | 873 | 19 | 5 | 14 |
| 天台县 | 583 | 329 | 254 | 2064 | 310 | 1754 | 70 | 18 | 52 |
| 仙居县 | 527 | 285 | 242 | 1242 | 329 | 913 | 146 | 43 | 103 |
| 温岭市 | 720 | 413 | 307 | 3459 | 305 | 3154 | 86 | 17 | 69 |
| 临海市 | 840 | 503 | 337 | 2568 | 297 | 2271 | 130 | 32 | 98 |
| 玉环市 | 227 | 142 | 85 | 1867 | 138 | 1729 | 19 | 3 | 16 |
| **丽水市** | **1973** | **1108** | **865** | **6800** | **1591** | **5209** | **701** | **236** | **465** |
| 莲都区 | 408 | 224 | 184 | 1055 | 309 | 746 | 120 | 45 | 75 |
| 青田县 | 508 | 281 | 227 | 556 | 96 | 460 | 86 | 24 | 62 |
| 缙云县 | 295 | 166 | 129 | 1499 | 306 | 1193 | 50 | 16 | 34 |
| 遂昌县 | 170 | 102 | 68 | 723 | 173 | 550 | 17 | 5 | 12 |
| 松阳县 | 157 | 88 | 69 | 1267 | 251 | 1016 | 73 | 20 | 53 |
| 云和县 | 68 | 42 | 26 | 464 | 134 | 330 | 35 | 10 | 25 |
| 庆元县 | 115 | 55 | 60 | 434 | 97 | 337 | 72 | 26 | 46 |
| 景宁畲族自治县 | 82 | 48 | 34 | 332 | 108 | 224 | 222 | 83 | 139 |
| 龙泉市 | 170 | 102 | 68 | 470 | 117 | 353 | 26 | 7 | 19 |

7-9c 续表 6

单位：人

| 现住地 | 为子女就学 | | | 养老/康养 | | | 其他 | | |
|---|---|---|---|---|---|---|---|---|---|
| | 小计 | 男 | 女 | 小计 | 男 | 女 | 小计 | 男 | 女 |
| **合计** | **4755** | **1701** | **3054** | **33744** | **17860** | **15884** | **72831** | **38514** | **34317** |
| **杭州市** | **298** | **100** | **198** | **4940** | **2903** | **2037** | **7892** | **4370** | **3522** |
| 上城区 | | | | | | | | | |
| 下城区 | | | | | | | | | |
| 江干区 | | | | | | | | | |
| 拱墅区 | | | | | | | | | |
| 西湖区 | 14 | 5 | 9 | 471 | 199 | 272 | 186 | 93 | 93 |
| 滨江区 | | | | | | | | | |
| 萧山区 | 70 | 31 | 39 | 961 | 527 | 434 | 1554 | 808 | 746 |
| 余杭区 | 52 | 23 | 29 | 508 | 245 | 263 | 1614 | 946 | 668 |
| 富阳区 | 32 | 7 | 25 | 544 | 349 | 195 | 1033 | 566 | 467 |
| 临安区 | 55 | 15 | 40 | 879 | 572 | 307 | 1426 | 820 | 606 |
| 桐庐县 | 22 | 7 | 15 | 340 | 215 | 125 | 530 | 284 | 246 |
| 淳安县 | 39 | 7 | 32 | 733 | 512 | 221 | 686 | 390 | 296 |
| 建德市 | 14 | 5 | 9 | 504 | 284 | 220 | 863 | 463 | 400 |
| **宁波市** | **568** | **201** | **367** | **6030** | **2701** | **3329** | **8363** | **4190** | **4173** |
| 海曙区 | 21 | 6 | 15 | 673 | 286 | 387 | 1019 | 523 | 496 |
| 江北区 | 9 | 3 | 6 | 1469 | 698 | 771 | 442 | 242 | 200 |
| 北仑区 | 44 | 17 | 27 | 526 | 255 | 271 | 726 | 351 | 375 |
| 镇海区 | 6 | 1 | 5 | 104 | 33 | 71 | 260 | 125 | 135 |
| 鄞州区 | 117 | 49 | 68 | 752 | 280 | 472 | 978 | 508 | 470 |
| 奉化区 | 109 | 45 | 64 | 687 | 311 | 376 | 911 | 463 | 448 |
| 象山县 | 107 | 23 | 84 | 684 | 297 | 387 | 1183 | 554 | 629 |
| 宁海县 | 41 | 11 | 30 | 570 | 288 | 282 | 1059 | 517 | 542 |
| 余姚市 | 34 | 12 | 22 | 337 | 155 | 182 | 809 | 409 | 400 |
| 慈溪市 | 80 | 34 | 46 | 228 | 98 | 130 | 976 | 498 | 478 |
| **温州市** | **617** | **190** | **427** | **3959** | **1951** | **2008** | **11224** | **5771** | **5453** |
| 鹿城区 | 10 | 4 | 6 | 126 | 55 | 71 | 604 | 305 | 299 |
| 龙湾区 | | | | | | | 2 | 2 | |
| 瓯海区 | 22 | 8 | 14 | 250 | 124 | 126 | 621 | 313 | 308 |
| 洞头区 | 12 | 6 | 6 | 39 | 13 | 26 | 152 | 88 | 64 |
| 永嘉县 | 115 | 31 | 84 | 725 | 387 | 338 | 1844 | 975 | 869 |
| 平阳县 | 85 | 33 | 52 | 487 | 227 | 260 | 1944 | 1049 | 895 |
| 苍南县 | 52 | 22 | 30 | 749 | 363 | 386 | 1392 | 697 | 695 |
| 文成县 | 45 | 13 | 32 | 229 | 135 | 94 | 522 | 251 | 271 |
| 泰顺县 | 38 | 10 | 28 | 107 | 75 | 32 | 568 | 301 | 267 |
| 瑞安市 | 139 | 37 | 102 | 674 | 326 | 348 | 1429 | 735 | 694 |
| 乐清市 | 97 | 24 | 73 | 529 | 228 | 301 | 2056 | 1009 | 1047 |
| 龙港市 | 2 | 2 | | 44 | 18 | 26 | 90 | 46 | 44 |
| **嘉兴市** | **511** | **231** | **280** | **1501** | **923** | **578** | **4069** | **2228** | **1841** |
| 南湖区 | 42 | 20 | 22 | 71 | 30 | 41 | 603 | 313 | 290 |
| 秀洲区 | 14 | 4 | 10 | 92 | 56 | 36 | 412 | 244 | 168 |
| 嘉善县 | 16 | 6 | 10 | 157 | 88 | 69 | 498 | 284 | 214 |
| 海盐县 | 73 | 32 | 41 | 208 | 148 | 60 | 692 | 362 | 330 |
| 海宁市 | 72 | 32 | 40 | 480 | 311 | 169 | 696 | 385 | 311 |
| 平湖市 | 241 | 112 | 129 | 268 | 176 | 92 | 494 | 290 | 204 |
| 桐乡市 | 53 | 25 | 28 | 225 | 114 | 111 | 674 | 350 | 324 |
| **湖州市** | **142** | **53** | **89** | **1124** | **678** | **446** | **4146** | **2221** | **1925** |
| 吴兴区 | 56 | 21 | 35 | 210 | 119 | 91 | 753 | 412 | 341 |
| 南浔区 | 13 | 5 | 8 | 192 | 87 | 105 | 517 | 282 | 235 |
| 德清县 | 14 | 6 | 8 | 207 | 131 | 76 | 1052 | 595 | 457 |
| 长兴县 | 13 | 4 | 9 | 283 | 196 | 87 | 698 | 375 | 323 |
| 安吉县 | 46 | 17 | 29 | 232 | 145 | 87 | 1126 | 557 | 569 |

7–9c　续表 7　　　　单位：人

| 现住地 | 为子女就学 | | | 养老/康养 | | | 其他 | | |
|---|---|---|---|---|---|---|---|---|---|
| | 小计 | 男 | 女 | 小计 | 男 | 女 | 小计 | 男 | 女 |
| **绍兴市** | **244** | **100** | **144** | **2746** | **1429** | **1317** | **4406** | **2311** | **2095** |
| 越城区 | 37 | 12 | 25 | 256 | 114 | 142 | 308 | 164 | 144 |
| 柯桥区 | 21 | 8 | 13 | 421 | 196 | 225 | 331 | 173 | 158 |
| 上虞区 | 112 | 41 | 71 | 271 | 161 | 110 | 676 | 358 | 318 |
| 新昌县 | 35 | 19 | 16 | 730 | 357 | 373 | 803 | 429 | 374 |
| 诸暨市 | 16 | 7 | 9 | 709 | 412 | 297 | 1374 | 721 | 653 |
| 嵊州市 | 23 | 13 | 10 | 359 | 189 | 170 | 914 | 466 | 448 |
| **金华市** | **370** | **105** | **265** | **4435** | **2312** | **2123** | **9690** | **5057** | **4633** |
| 婺城区 | 60 | 14 | 46 | 507 | 245 | 262 | 2457 | 1251 | 1206 |
| 金东区 | 15 | 6 | 9 | 248 | 127 | 121 | 603 | 334 | 269 |
| 武义县 | 39 | 11 | 28 | 536 | 270 | 266 | 1001 | 554 | 447 |
| 浦江县 | 108 | 40 | 68 | 461 | 192 | 269 | 1180 | 617 | 563 |
| 磐安县 | 9 | 3 | 6 | 132 | 80 | 52 | 276 | 151 | 125 |
| 兰溪市 | 26 | 6 | 20 | 195 | 124 | 71 | 737 | 362 | 375 |
| 义乌市 | 20 | 6 | 14 | 539 | 268 | 271 | 1139 | 571 | 568 |
| 东阳市 | 77 | 14 | 63 | 1088 | 673 | 415 | 1408 | 733 | 675 |
| 永康市 | 16 | 5 | 11 | 729 | 333 | 396 | 889 | 484 | 405 |
| **衢州市** | **171** | **47** | **124** | **2428** | **1435** | **993** | **4810** | **2590** | **2220** |
| 柯城区 | 41 | 13 | 28 | 400 | 213 | 187 | 964 | 552 | 412 |
| 衢江区 | 17 | 5 | 12 | 638 | 378 | 260 | 1139 | 559 | 580 |
| 常山县 | 20 | 2 | 18 | 246 | 160 | 86 | 366 | 183 | 183 |
| 开化县 | 22 | 2 | 20 | 266 | 188 | 78 | 576 | 357 | 219 |
| 龙游县 | 13 | 2 | 11 | 289 | 197 | 92 | 824 | 461 | 363 |
| 江山市 | 58 | 23 | 35 | 589 | 299 | 290 | 941 | 478 | 463 |
| **舟山市** | **205** | **73** | **132** | **583** | **317** | **266** | **1287** | **695** | **592** |
| 定海区 | 86 | 29 | 57 | 363 | 226 | 137 | 542 | 262 | 280 |
| 普陀区 | 97 | 36 | 61 | 124 | 57 | 67 | 422 | 236 | 186 |
| 岱山县 | 16 | 6 | 10 | 86 | 32 | 54 | 266 | 162 | 104 |
| 嵊泗县 | 6 | 2 | 4 | 10 | 2 | 8 | 57 | 35 | 22 |
| **台州市** | **726** | **228** | **498** | **3678** | **1708** | **1970** | **9472** | **5010** | **4462** |
| 椒江区 | 29 | 8 | 21 | 384 | 169 | 215 | 833 | 449 | 384 |
| 黄岩区 | 80 | 22 | 58 | 701 | 264 | 437 | 881 | 445 | 436 |
| 路桥区 | 13 | 3 | 10 | 329 | 132 | 197 | 786 | 415 | 371 |
| 三门县 | 64 | 19 | 45 | 224 | 134 | 90 | 409 | 223 | 186 |
| 天台县 | 115 | 43 | 72 | 392 | 198 | 194 | 1345 | 713 | 632 |
| 仙居县 | 179 | 72 | 107 | 248 | 141 | 107 | 1638 | 834 | 804 |
| 温岭市 | 75 | 18 | 57 | 852 | 368 | 484 | 1632 | 899 | 733 |
| 临海市 | 141 | 33 | 108 | 408 | 240 | 168 | 1442 | 787 | 655 |
| 玉环市 | 30 | 10 | 20 | 140 | 62 | 78 | 506 | 245 | 261 |
| **丽水市** | **903** | **373** | **530** | **2320** | **1503** | **817** | **7472** | **4071** | **3401** |
| 莲都区 | 22 | 4 | 18 | 388 | 234 | 154 | 1578 | 904 | 674 |
| 青田县 | 115 | 31 | 84 | 247 | 154 | 93 | 1004 | 507 | 497 |
| 缙云县 | 64 | 19 | 45 | 281 | 214 | 67 | 793 | 430 | 363 |
| 遂昌县 | 8 | 2 | 6 | 342 | 190 | 152 | 852 | 438 | 414 |
| 松阳县 | 47 | 18 | 29 | 256 | 179 | 77 | 804 | 429 | 375 |
| 云和县 | 7 | 2 | 5 | 101 | 50 | 51 | 291 | 153 | 138 |
| 庆元县 | 110 | 63 | 47 | 191 | 146 | 45 | 302 | 170 | 132 |
| 景宁畲族自治县 | 493 | 218 | 275 | 438 | 291 | 147 | 1037 | 594 | 443 |
| 龙泉市 | 37 | 16 | 21 | 76 | 45 | 31 | 811 | 446 | 365 |

# 7–10 全省按现住地、性别、迁移原因分的户口登记地在外省的人口

单位：人

| 现住地 | 合计 | | | 工作就业 | | |
|---|---|---|---|---|---|---|
| | 合计 | 男 | 女 | 小计 | 男 | 女 |
| **合计** | **16186454** | **9469849** | **6716605** | **13301726** | **8062201** | **5239525** |
| **杭州市** | **3204981** | **1887242** | **1317739** | **2616794** | **1607195** | **1009599** |
| 上城区 | 88368 | 50916 | 37452 | 69629 | 42020 | 27609 |
| 下城区 | 88616 | 47695 | 40921 | 70862 | 39570 | 31292 |
| 江干区 | 466246 | 264928 | 201318 | 358349 | 212831 | 145518 |
| 拱墅区 | 127399 | 71219 | 56180 | 96801 | 56804 | 39997 |
| 西湖区 | 269931 | 156869 | 113062 | 208427 | 126912 | 81515 |
| 滨江区 | 128644 | 74564 | 54080 | 104419 | 63625 | 40794 |
| 萧山区 | 781809 | 470878 | 310931 | 665410 | 414377 | 251033 |
| 余杭区 | 880633 | 521915 | 358718 | 751468 | 461632 | 289836 |
| 富阳区 | 155315 | 96568 | 58747 | 123418 | 81285 | 42133 |
| 临安区 | 108610 | 67005 | 41605 | 85144 | 55789 | 29355 |
| 桐庐县 | 71511 | 42018 | 29493 | 55111 | 34148 | 20963 |
| 淳安县 | 10287 | 6090 | 4197 | 7476 | 4885 | 2591 |
| 建德市 | 27612 | 16577 | 11035 | 20280 | 13317 | 6963 |
| **宁波市** | **3132730** | **1803366** | **1329364** | **2561029** | **1521245** | **1039784** |
| 海曙区 | 318145 | 179107 | 139038 | 249375 | 145018 | 104357 |
| 江北区 | 167704 | 98734 | 68970 | 130753 | 80583 | 50170 |
| 北仑区 | 372845 | 222568 | 150277 | 316124 | 195197 | 120927 |
| 镇海区 | 209231 | 123907 | 85324 | 167658 | 104142 | 63516 |
| 鄞州区 | 461204 | 259159 | 202045 | 362023 | 211482 | 150541 |
| 奉化区 | 135980 | 79253 | 56727 | 109112 | 66162 | 42950 |
| 象山县 | 100155 | 57095 | 43060 | 80916 | 47877 | 33039 |
| 宁海县 | 139234 | 79157 | 60077 | 113247 | 66323 | 46924 |
| 余姚市 | 449945 | 254962 | 194983 | 363020 | 210738 | 152282 |
| 慈溪市 | 778287 | 449424 | 328863 | 668801 | 393723 | 275078 |
| **温州市** | **2294320** | **1358137** | **936183** | **1921853** | **1177434** | **744419** |
| 鹿城区 | 349126 | 206687 | 142439 | 308001 | 186591 | 121410 |
| 龙湾区 | 352634 | 214341 | 138293 | 300363 | 188395 | 111968 |
| 瓯海区 | 337953 | 204603 | 133350 | 286336 | 180209 | 106127 |
| 洞头区 | 30152 | 19548 | 10604 | 23812 | 16542 | 7270 |
| 永嘉县 | 130479 | 79254 | 51225 | 113513 | 70753 | 42760 |
| 平阳县 | 110096 | 64962 | 45134 | 85088 | 52885 | 32203 |
| 苍南县 | 71160 | 41366 | 29794 | 50060 | 31063 | 18997 |
| 文成县 | 6738 | 4583 | 2155 | 5315 | 4074 | 1241 |
| 泰顺县 | 5632 | 3319 | 2313 | 3460 | 2412 | 1048 |
| 瑞安市 | 420268 | 243993 | 176275 | 359484 | 214162 | 145322 |
| 乐清市 | 405430 | 231864 | 173566 | 330601 | 195848 | 134753 |
| 龙港市 | 74652 | 43617 | 31035 | 55820 | 34500 | 21320 |
| **嘉兴市** | **1724340** | **1004236** | **720104** | **1414382** | **852704** | **561678** |
| 南湖区 | 254392 | 148348 | 106044 | 191345 | 118063 | 73282 |
| 秀洲区 | 255756 | 147322 | 108434 | 208953 | 124396 | 84557 |
| 嘉善县 | 257344 | 152539 | 104805 | 209420 | 129147 | 80273 |
| 海盐县 | 102896 | 60675 | 42221 | 77432 | 47999 | 29433 |
| 海宁市 | 354478 | 210560 | 143918 | 310722 | 189373 | 121349 |
| 平湖市 | 182344 | 107477 | 74867 | 148605 | 90660 | 57945 |
| 桐乡市 | 317130 | 177315 | 139815 | 267905 | 153066 | 114839 |
| **湖州市** | **762285** | **449901** | **312384** | **618261** | **379506** | **238755** |
| 吴兴区 | 306330 | 176371 | 129959 | 258984 | 153652 | 105332 |
| 南浔区 | 131101 | 77212 | 53889 | 100432 | 62310 | 38122 |
| 德清县 | 115409 | 70960 | 44449 | 95039 | 60559 | 34480 |
| 长兴县 | 79916 | 47960 | 31956 | 60310 | 38660 | 21650 |
| 安吉县 | 129529 | 77398 | 52131 | 103496 | 64325 | 39171 |

7-10　续表 1　　单位：人

| 现住地 | 合计 | | | 工作就业 | | |
|---|---|---|---|---|---|---|
| | 合计 | 男 | 女 | 小计 | 男 | 女 |
| **绍兴市** | **1058739** | **616841** | **441898** | **854328** | **515704** | **338624** |
| 越城区 | 208359 | 119452 | 88907 | 157413 | 94419 | 62994 |
| 柯桥区 | 406183 | 241153 | 165030 | 345013 | 211256 | 133757 |
| 上虞区 | 142128 | 82953 | 59175 | 111391 | 67868 | 43523 |
| 新昌县 | 23967 | 14204 | 9763 | 18121 | 11523 | 6598 |
| 诸暨市 | 225098 | 128471 | 96627 | 181059 | 105668 | 75391 |
| 嵊州市 | 53004 | 30608 | 22396 | 41331 | 24970 | 16361 |
| **金华市** | **2185670** | **1259996** | **925674** | **1822697** | **1074788** | **747909** |
| 婺城区 | 180671 | 103275 | 77396 | 136676 | 82368 | 54308 |
| 金东区 | 157412 | 93784 | 63628 | 131020 | 80424 | 50596 |
| 武义县 | 145020 | 84573 | 60447 | 121197 | 72511 | 48686 |
| 浦江县 | 100555 | 55923 | 44632 | 81434 | 46041 | 35393 |
| 磐安县 | 12031 | 7434 | 4597 | 9647 | 6343 | 3304 |
| 兰溪市 | 38623 | 22519 | 16104 | 30003 | 18819 | 11184 |
| 义乌市 | 880224 | 502005 | 378219 | 761852 | 441195 | 320657 |
| 东阳市 | 308296 | 176968 | 131328 | 251516 | 148076 | 103440 |
| 永康市 | 362838 | 213515 | 149323 | 299352 | 179011 | 120341 |
| **衢州市** | **104464** | **62036** | **42428** | **74548** | **49222** | **25326** |
| 柯城区 | 34701 | 20849 | 13852 | 23944 | 15807 | 8137 |
| 衢江区 | 19555 | 11725 | 7830 | 14616 | 9654 | 4962 |
| 常山县 | 8144 | 4735 | 3409 | 5763 | 3913 | 1850 |
| 开化县 | 5293 | 3155 | 2138 | 3656 | 2591 | 1065 |
| 龙游县 | 21507 | 13051 | 8456 | 16455 | 10815 | 5640 |
| 江山市 | 15264 | 8521 | 6743 | 10114 | 6442 | 3672 |
| **舟山市** | **231976** | **152319** | **79657** | **184802** | **130450** | **54352** |
| 定海区 | 87807 | 53292 | 34515 | 64298 | 42243 | 22055 |
| 普陀区 | 75171 | 44875 | 30296 | 59783 | 37837 | 21946 |
| 岱山县 | 61235 | 49158 | 12077 | 54697 | 46104 | 8593 |
| 嵊泗县 | 7763 | 4994 | 2769 | 6024 | 4266 | 1758 |
| **台州市** | **1317302** | **772877** | **544425** | **1100644** | **667590** | **433054** |
| 椒江区 | 197108 | 116730 | 80378 | 160713 | 98920 | 61793 |
| 黄岩区 | 149336 | 87620 | 61716 | 124031 | 74731 | 49300 |
| 路桥区 | 184313 | 108116 | 76197 | 152305 | 92066 | 60239 |
| 三门县 | 28228 | 16807 | 11421 | 22241 | 14173 | 8068 |
| 天台县 | 19818 | 11832 | 7986 | 14448 | 9388 | 5060 |
| 仙居县 | 18246 | 10813 | 7433 | 13822 | 8877 | 4945 |
| 温岭市 | 378613 | 221961 | 156652 | 327520 | 196999 | 130521 |
| 临海市 | 112068 | 65495 | 46573 | 91222 | 55867 | 35355 |
| 玉环市 | 229572 | 133503 | 96069 | 194342 | 116569 | 77773 |
| **丽水市** | **169647** | **102898** | **66749** | **132388** | **86363** | **46025** |
| 莲都区 | 72804 | 44696 | 28108 | 58862 | 38270 | 20592 |
| 青田县 | 30288 | 17948 | 12340 | 23808 | 14965 | 8843 |
| 缙云县 | 24827 | 15101 | 9726 | 19469 | 12740 | 6729 |
| 遂昌县 | 4683 | 2918 | 1765 | 3389 | 2471 | 918 |
| 松阳县 | 11128 | 6644 | 4484 | 8238 | 5468 | 2770 |
| 云和县 | 11143 | 6656 | 4487 | 8598 | 5446 | 3152 |
| 庆元县 | 3458 | 1914 | 1544 | 2085 | 1409 | 676 |
| 景宁畲族自治县 | 3032 | 1925 | 1107 | 2122 | 1585 | 537 |
| 龙泉市 | 8284 | 5096 | 3188 | 5817 | 4009 | 1808 |

7-10 续表 2

单位：人

| 现住地 | 学习培训 | | | 随同离开/投亲靠友 | | | 拆迁/搬家 | | |
|---|---|---|---|---|---|---|---|---|---|
| | 小计 | 男 | 女 | 小计 | 男 | 女 | 小计 | 男 | 女 |
| **合计** | **630630** | **342753** | **287877** | **1394581** | **703853** | **690728** | **171448** | **90985** | **80463** |
| **杭州市** | **188326** | **100459** | **87867** | **195463** | **98406** | **97057** | **30447** | **15627** | **14820** |
| 上城区 | 4131 | 2136 | 1995 | 6722 | 3402 | 3320 | 925 | 441 | 484 |
| 下城区 | 4781 | 2568 | 2213 | 5193 | 2538 | 2655 | 895 | 454 | 441 |
| 江干区 | 51233 | 26509 | 24724 | 26842 | 13777 | 13065 | 5486 | 2786 | 2700 |
| 拱墅区 | 9916 | 5324 | 4592 | 8261 | 4100 | 4161 | 1440 | 729 | 711 |
| 西湖区 | 27512 | 15090 | 12422 | 13538 | 6713 | 6825 | 1971 | 936 | 1035 |
| 滨江区 | 9645 | 4792 | 4853 | 5101 | 2500 | 2601 | 811 | 409 | 402 |
| 萧山区 | 31491 | 17506 | 13985 | 47421 | 24069 | 23352 | 5039 | 2499 | 2540 |
| 余杭区 | 28580 | 15504 | 13076 | 46360 | 23251 | 23109 | 7888 | 4222 | 3666 |
| 富阳区 | 7337 | 3956 | 3381 | 15577 | 7750 | 7827 | 2004 | 1041 | 963 |
| 临安区 | 8653 | 4395 | 4258 | 8817 | 4450 | 4367 | 1046 | 582 | 464 |
| 桐庐县 | 3389 | 1785 | 1604 | 7696 | 3916 | 3780 | 1769 | 923 | 846 |
| 淳安县 | 405 | 204 | 201 | 872 | 416 | 456 | 416 | 225 | 191 |
| 建德市 | 1253 | 690 | 563 | 3063 | 1524 | 1539 | 757 | 380 | 377 |
| **宁波市** | **114829** | **63910** | **50919** | **299952** | **152001** | **147951** | **32732** | **17441** | **15291** |
| 海曙区 | 13620 | 7566 | 6054 | 33961 | 17137 | 16824 | 6501 | 3440 | 3061 |
| 江北区 | 7307 | 4033 | 3274 | 18136 | 9133 | 9003 | 2719 | 1437 | 1282 |
| 北仑区 | 10913 | 6319 | 4594 | 25419 | 12730 | 12689 | 2060 | 1185 | 875 |
| 镇海区 | 8608 | 4538 | 4070 | 20297 | 9987 | 10310 | 1940 | 1053 | 887 |
| 鄞州区 | 21912 | 11488 | 10424 | 47162 | 23384 | 23778 | 7531 | 4036 | 3495 |
| 奉化区 | 5495 | 3069 | 2426 | 14516 | 7269 | 7247 | 1407 | 715 | 692 |
| 象山县 | 3254 | 1848 | 1406 | 11123 | 5502 | 5621 | 1211 | 587 | 624 |
| 宁海县 | 7393 | 4120 | 3273 | 11949 | 6181 | 5768 | 1047 | 511 | 536 |
| 余姚市 | 15603 | 9130 | 6473 | 49898 | 25595 | 24303 | 5098 | 2673 | 2425 |
| 慈溪市 | 20724 | 11799 | 8925 | 67491 | 35083 | 32408 | 3218 | 1804 | 1414 |
| **温州市** | **60338** | **32611** | **27727** | **205329** | **100338** | **104991** | **25552** | **13810** | **11742** |
| 鹿城区 | 6822 | 3509 | 3313 | 17817 | 8910 | 8907 | 4092 | 2232 | 1860 |
| 龙湾区 | 8413 | 4827 | 3586 | 29105 | 14114 | 14991 | 2456 | 1314 | 1142 |
| 瓯海区 | 15955 | 7722 | 8233 | 23655 | 10924 | 12731 | 2916 | 1587 | 1329 |
| 洞头区 | 1588 | 879 | 709 | 3067 | 1356 | 1711 | 289 | 160 | 129 |
| 永嘉县 | 2804 | 1566 | 1238 | 9708 | 5143 | 4565 | 489 | 265 | 224 |
| 平阳县 | 3655 | 2142 | 1513 | 9891 | 4869 | 5022 | 4328 | 2236 | 2092 |
| 苍南县 | 1430 | 820 | 610 | 10184 | 5035 | 5149 | 3759 | 2122 | 1637 |
| 文成县 | 110 | 66 | 44 | 447 | 215 | 232 | 111 | 54 | 57 |
| 泰顺县 | 247 | 119 | 128 | 481 | 220 | 261 | 524 | 295 | 229 |
| 瑞安市 | 8879 | 5099 | 3780 | 38366 | 19157 | 19209 | 2314 | 1212 | 1102 |
| 乐清市 | 8878 | 4967 | 3911 | 51399 | 25021 | 26378 | 1757 | 957 | 800 |
| 龙港市 | 1557 | 895 | 662 | 11209 | 5374 | 5835 | 2517 | 1376 | 1141 |
| **嘉兴市** | **62604** | **33988** | **28616** | **144433** | **73497** | **70936** | **23297** | **12813** | **10484** |
| 南湖区 | 17176 | 8995 | 8181 | 21913 | 10963 | 10950 | 5902 | 3259 | 2643 |
| 秀洲区 | 6854 | 3901 | 2953 | 23972 | 12320 | 11652 | 3446 | 1903 | 1543 |
| 嘉善县 | 8389 | 4588 | 3801 | 23991 | 12172 | 11819 | 3641 | 1926 | 1715 |
| 海盐县 | 5556 | 3106 | 2450 | 11280 | 5784 | 5496 | 1571 | 838 | 733 |
| 海宁市 | 9034 | 4944 | 4090 | 21056 | 10506 | 10550 | 2537 | 1438 | 1099 |
| 平湖市 | 6587 | 3907 | 2680 | 16750 | 8523 | 8227 | 2104 | 1179 | 925 |
| 桐乡市 | 9008 | 4547 | 4461 | 25471 | 13229 | 12242 | 4096 | 2270 | 1826 |
| **湖州市** | **24902** | **13242** | **11660** | **70548** | **35226** | **35322** | **14937** | **8079** | **6858** |
| 吴兴区 | 9041 | 4204 | 4837 | 21496 | 10754 | 10742 | 5142 | 2715 | 2427 |
| 南浔区 | 3609 | 1956 | 1653 | 18437 | 9077 | 9360 | 4283 | 2326 | 1957 |
| 德清县 | 4658 | 2749 | 1909 | 7856 | 3995 | 3861 | 1995 | 1122 | 873 |
| 长兴县 | 2816 | 1639 | 1177 | 9385 | 4598 | 4787 | 1807 | 959 | 848 |
| 安吉县 | 4778 | 2694 | 2084 | 13374 | 6802 | 6572 | 1710 | 957 | 753 |

7-10　续表 3　　　　　　　　　　　　　　　　　　　　　　单位：人

| 现住地 | 学习培训 | | | 随同离开/投亲靠友 | | | 拆迁/搬家 | | |
|---|---|---|---|---|---|---|---|---|---|
| | 小计 | 男 | 女 | 小计 | 男 | 女 | 小计 | 男 | 女 |
| **绍兴市** | **41052** | **22105** | **18947** | **103198** | **53117** | **50081** | **13834** | **7302** | **6532** |
| 越城区 | 12990 | 6562 | 6428 | 23589 | 12142 | 11447 | 3907 | 2062 | 1845 |
| 柯桥区 | 9656 | 5324 | 4332 | 33452 | 16863 | 16589 | 2675 | 1458 | 1217 |
| 上虞区 | 5833 | 3151 | 2682 | 16902 | 8590 | 8312 | 2760 | 1510 | 1250 |
| 新昌县 | 876 | 479 | 397 | 2658 | 1318 | 1340 | 473 | 219 | 254 |
| 诸暨市 | 10011 | 5680 | 4331 | 20942 | 11158 | 9784 | 3066 | 1581 | 1485 |
| 嵊州市 | 1686 | 909 | 777 | 5655 | 3046 | 2609 | 953 | 472 | 481 |
| **金华市** | **81601** | **44779** | **36822** | **193851** | **102050** | **91801** | **10342** | **5660** | **4682** |
| 婺城区 | 13739 | 6243 | 7496 | 17981 | 9241 | 8740 | 2250 | 1226 | 1024 |
| 金东区 | 5400 | 2824 | 2576 | 14824 | 7710 | 7114 | 1333 | 749 | 584 |
| 武义县 | 5252 | 3021 | 2231 | 12688 | 6541 | 6147 | 385 | 216 | 169 |
| 浦江县 | 4020 | 2287 | 1733 | 9217 | 4836 | 4381 | 675 | 367 | 308 |
| 磐安县 | 498 | 293 | 205 | 1031 | 536 | 495 | 44 | 20 | 24 |
| 兰溪市 | 2212 | 1080 | 1132 | 3497 | 1763 | 1734 | 614 | 302 | 312 |
| 义乌市 | 21423 | 12327 | 9096 | 68497 | 36160 | 32337 | 1832 | 1035 | 797 |
| 东阳市 | 14332 | 7990 | 6342 | 29241 | 15108 | 14133 | 1878 | 997 | 881 |
| 永康市 | 14725 | 8714 | 6011 | 36875 | 20155 | 16720 | 1331 | 748 | 583 |
| **衢州市** | **5891** | **3428** | **2463** | **10400** | **4972** | **5428** | **2974** | **1481** | **1493** |
| 柯城区 | 2646 | 1623 | 1023 | 3667 | 1719 | 1948 | 1209 | 619 | 590 |
| 衢江区 | 884 | 524 | 360 | 1836 | 877 | 959 | 334 | 160 | 174 |
| 常山县 | 252 | 137 | 115 | 783 | 374 | 409 | 268 | 120 | 148 |
| 开化县 | 236 | 122 | 114 | 413 | 200 | 213 | 170 | 72 | 98 |
| 龙游县 | 845 | 492 | 353 | 2185 | 1056 | 1129 | 332 | 163 | 169 |
| 江山市 | 1028 | 530 | 498 | 1516 | 746 | 770 | 661 | 347 | 314 |
| **舟山市** | **8985** | **5258** | **3727** | **23250** | **10529** | **12721** | **5293** | **2670** | **2623** |
| 定海区 | 6376 | 3699 | 2677 | 10529 | 4750 | 5779 | 2079 | 1035 | 1044 |
| 普陀区 | 1809 | 1063 | 746 | 8202 | 3780 | 4422 | 2384 | 1221 | 1163 |
| 岱山县 | 640 | 410 | 230 | 3437 | 1509 | 1928 | 717 | 354 | 363 |
| 嵊泗县 | 160 | 86 | 74 | 1082 | 490 | 592 | 113 | 60 | 53 |
| **台州市** | **33984** | **18830** | **15154** | **132231** | **65944** | **66287** | **10038** | **5142** | **4896** |
| 椒江区 | 7391 | 3949 | 3442 | 20222 | 10225 | 9997 | 1658 | 857 | 801 |
| 黄岩区 | 3889 | 2202 | 1687 | 16452 | 8587 | 7865 | 1366 | 703 | 663 |
| 路桥区 | 5032 | 2821 | 2211 | 19168 | 9676 | 9492 | 1807 | 948 | 859 |
| 三门县 | 940 | 543 | 397 | 3272 | 1554 | 1718 | 421 | 221 | 200 |
| 天台县 | 697 | 358 | 339 | 1934 | 957 | 977 | 437 | 195 | 242 |
| 仙居县 | 832 | 447 | 385 | 2024 | 981 | 1043 | 212 | 106 | 106 |
| 温岭市 | 7673 | 4456 | 3217 | 33621 | 16427 | 17194 | 1737 | 875 | 862 |
| 临海市 | 4507 | 2333 | 2174 | 10138 | 5087 | 5051 | 852 | 413 | 439 |
| 玉环市 | 3023 | 1721 | 1302 | 25400 | 12450 | 12950 | 1548 | 824 | 724 |
| **丽水市** | **8118** | **4143** | **3975** | **15926** | **7773** | **8153** | **2002** | **960** | **1042** |
| 莲都区 | 4238 | 1978 | 2260 | 5632 | 2864 | 2768 | 750 | 363 | 387 |
| 青田县 | 1521 | 831 | 690 | 3346 | 1640 | 1706 | 214 | 95 | 119 |
| 缙云县 | 891 | 514 | 377 | 2516 | 1160 | 1356 | 142 | 79 | 63 |
| 遂昌县 | 98 | 50 | 48 | 516 | 228 | 288 | 108 | 53 | 55 |
| 松阳县 | 449 | 230 | 219 | 1241 | 582 | 659 | 117 | 53 | 64 |
| 云和县 | 322 | 201 | 121 | 1307 | 679 | 628 | 122 | 68 | 54 |
| 庆元县 | 128 | 67 | 61 | 404 | 180 | 224 | 253 | 124 | 129 |
| 景宁畲族自治县 | 140 | 74 | 66 | 122 | 45 | 77 | 42 | 9 | 33 |
| 龙泉市 | 331 | 198 | 133 | 842 | 395 | 447 | 254 | 116 | 138 |

7–10　续表 4

单位：人

| 现住地 | 寄挂户口 | | | 婚姻嫁娶 | | | 照料孙子女 | | |
|---|---|---|---|---|---|---|---|---|---|
| | 小计 | 男 | 女 | 小计 | 男 | 女 | 小计 | 男 | 女 |
| **合计** | **6913** | **3528** | **3385** | **118862** | **18525** | **100337** | **191041** | **54251** | **136790** |
| **杭州市** | **1026** | **499** | **527** | **22915** | **4502** | **18413** | **73879** | **22719** | **51160** |
| 上城区 | 59 | 26 | 33 | 1006 | 123 | 883 | 1551 | 489 | 1062 |
| 下城区 | 54 | 25 | 29 | 899 | 167 | 732 | 2697 | 869 | 1828 |
| 江干区 | 135 | 67 | 68 | 2068 | 472 | 1596 | 14146 | 4593 | 9553 |
| 拱墅区 | 55 | 19 | 36 | 1253 | 249 | 1004 | 4855 | 1522 | 3333 |
| 西湖区 | 78 | 39 | 39 | 2076 | 445 | 1631 | 8440 | 2845 | 5595 |
| 滨江区 | 134 | 66 | 68 | 754 | 167 | 587 | 4665 | 1529 | 3136 |
| 萧山区 | 179 | 84 | 95 | 4379 | 874 | 3505 | 11057 | 2974 | 8083 |
| 余杭区 | 179 | 100 | 79 | 5230 | 1196 | 4034 | 22121 | 6727 | 15394 |
| 富阳区 | 36 | 22 | 14 | 1518 | 210 | 1308 | 1700 | 433 | 1267 |
| 临安区 | 17 | 9 | 8 | 1429 | 281 | 1148 | 1131 | 302 | 829 |
| 桐庐县 | 40 | 16 | 24 | 933 | 146 | 787 | 856 | 238 | 618 |
| 淳安县 | 20 | 11 | 9 | 366 | 50 | 316 | 235 | 69 | 166 |
| 建德市 | 40 | 15 | 25 | 1004 | 122 | 882 | 425 | 129 | 296 |
| **宁波市** | **2026** | **1107** | **919** | **17949** | **2520** | **15429** | **38603** | **11078** | **27525** |
| 海曙区 | 202 | 112 | 90 | 2157 | 346 | 1811 | 4201 | 1192 | 3009 |
| 江北区 | 147 | 74 | 73 | 1150 | 157 | 993 | 2768 | 808 | 1960 |
| 北仑区 | 420 | 251 | 169 | 1583 | 225 | 1358 | 7773 | 2331 | 5442 |
| 镇海区 | 58 | 25 | 33 | 1100 | 162 | 938 | 4628 | 1480 | 3148 |
| 鄞州区 | 550 | 295 | 255 | 2654 | 551 | 2103 | 9472 | 2883 | 6589 |
| 奉化区 | 122 | 62 | 60 | 1316 | 104 | 1212 | 935 | 214 | 721 |
| 象山县 | 42 | 25 | 17 | 976 | 74 | 902 | 718 | 154 | 564 |
| 宁海县 | 22 | 12 | 10 | 1425 | 94 | 1331 | 810 | 198 | 612 |
| 余姚市 | 313 | 176 | 137 | 2633 | 331 | 2302 | 2563 | 620 | 1943 |
| 慈溪市 | 150 | 75 | 75 | 2955 | 476 | 2479 | 4735 | 1198 | 3537 |
| **温州市** | **1055** | **486** | **569** | **15962** | **1522** | **14440** | **9483** | **1882** | **7601** |
| 鹿城区 | 187 | 95 | 92 | 1865 | 301 | 1564 | 1633 | 429 | 1204 |
| 龙湾区 | 96 | 35 | 61 | 1132 | 99 | 1033 | 1476 | 269 | 1207 |
| 瓯海区 | 82 | 47 | 35 | 1247 | 153 | 1094 | 1549 | 350 | 1199 |
| 洞头区 | 15 | 6 | 9 | 429 | 29 | 400 | 116 | 17 | 99 |
| 永嘉县 | 179 | 85 | 94 | 1037 | 61 | 976 | 355 | 85 | 270 |
| 平阳县 | 99 | 41 | 58 | 1943 | 109 | 1834 | 440 | 85 | 355 |
| 苍南县 | 64 | 32 | 32 | 1924 | 198 | 1726 | 202 | 45 | 157 |
| 文成县 | 11 | 5 | 6 | 409 | 12 | 397 | 27 | 9 | 18 |
| 泰顺县 | 14 | 4 | 10 | 484 | 76 | 408 | 48 | 15 | 33 |
| 瑞安市 | 154 | 67 | 87 | 2088 | 163 | 1925 | 1718 | 272 | 1446 |
| 乐清市 | 81 | 33 | 48 | 2513 | 239 | 2274 | 1642 | 248 | 1394 |
| 龙港市 | 73 | 36 | 37 | 891 | 82 | 809 | 277 | 58 | 219 |
| **嘉兴市** | **731** | **370** | **361** | **14322** | **3567** | **10755** | **25315** | **7222** | **18093** |
| 南湖区 | 128 | 60 | 68 | 2720 | 614 | 2106 | 6366 | 1963 | 4403 |
| 秀洲区 | 117 | 65 | 52 | 2054 | 453 | 1601 | 4530 | 1280 | 3250 |
| 嘉善县 | 95 | 50 | 45 | 1850 | 369 | 1481 | 3086 | 834 | 2252 |
| 海盐县 | 26 | 7 | 19 | 1273 | 310 | 963 | 1779 | 531 | 1248 |
| 海宁市 | 132 | 69 | 63 | 2121 | 628 | 1493 | 4009 | 1087 | 2922 |
| 平湖市 | 144 | 78 | 66 | 1825 | 550 | 1275 | 2770 | 739 | 2031 |
| 桐乡市 | 89 | 41 | 48 | 2479 | 643 | 1836 | 2775 | 788 | 1987 |
| **湖州市** | **298** | **159** | **139** | **7567** | **1649** | **5918** | **6724** | **1886** | **4838** |
| 吴兴区 | 59 | 33 | 26 | 1773 | 456 | 1317 | 3163 | 970 | 2193 |
| 南浔区 | 51 | 28 | 23 | 1439 | 343 | 1096 | 1031 | 265 | 766 |
| 德清县 | 48 | 29 | 19 | 967 | 227 | 740 | 953 | 238 | 715 |
| 长兴县 | 107 | 54 | 53 | 1975 | 342 | 1633 | 654 | 171 | 483 |
| 安吉县 | 33 | 15 | 18 | 1413 | 281 | 1132 | 923 | 242 | 681 |

7-10　续表 5　　　　单位：人

| 现住地 | 寄挂户口 | | | 婚姻嫁娶 | | | 照料孙子女 | | |
|---|---|---|---|---|---|---|---|---|---|
| | 小计 | 男 | 女 | 小计 | 男 | 女 | 小计 | 男 | 女 |
| **绍兴市** | **405** | **208** | **197** | **8061** | **1187** | **6874** | **10033** | **2608** | **7425** |
| 越城区 | 72 | 40 | 32 | 1468 | 305 | 1163 | 2474 | 628 | 1846 |
| 柯桥区 | 100 | 50 | 50 | 1550 | 307 | 1243 | 4578 | 1225 | 3353 |
| 上虞区 | 54 | 27 | 27 | 1618 | 229 | 1389 | 1190 | 280 | 910 |
| 新昌县 | 28 | 7 | 21 | 625 | 52 | 573 | 237 | 76 | 161 |
| 诸暨市 | 133 | 76 | 57 | 1618 | 208 | 1410 | 1195 | 296 | 899 |
| 嵊州市 | 18 | 8 | 10 | 1182 | 86 | 1096 | 359 | 103 | 256 |
| **金华市** | **620** | **326** | **294** | **10410** | **1354** | **9056** | **14957** | **3679** | **11278** |
| 婺城区 | 59 | 32 | 27 | 1310 | 259 | 1051 | 2293 | 698 | 1595 |
| 金东区 | 15 | 6 | 9 | 707 | 92 | 615 | 1125 | 321 | 804 |
| 武义县 | 15 | 8 | 7 | 790 | 93 | 697 | 837 | 161 | 676 |
| 浦江县 | 67 | 34 | 33 | 772 | 68 | 704 | 405 | 89 | 316 |
| 磐安县 | 2 | 1 | 1 | 380 | 34 | 346 | 50 | 9 | 41 |
| 兰溪市 | 29 | 13 | 16 | 1259 | 59 | 1200 | 190 | 46 | 144 |
| 义乌市 | 237 | 135 | 102 | 2369 | 354 | 2015 | 6711 | 1559 | 5152 |
| 东阳市 | 101 | 44 | 57 | 1518 | 218 | 1300 | 2285 | 595 | 1690 |
| 永康市 | 95 | 53 | 42 | 1305 | 177 | 1128 | 1061 | 201 | 860 |
| **衢州市** | **118** | **54** | **64** | **5116** | **483** | **4633** | **1762** | **537** | **1225** |
| 柯城区 | 64 | 31 | 33 | 1087 | 144 | 943 | 941 | 314 | 627 |
| 衢江区 | 17 | 10 | 7 | 894 | 61 | 833 | 259 | 74 | 185 |
| 常山县 | 8 | 2 | 6 | 734 | 57 | 677 | 99 | 27 | 72 |
| 开化县 | 3 | 2 | 1 | 508 | 46 | 462 | 69 | 19 | 50 |
| 龙游县 | 12 | 6 | 6 | 843 | 73 | 770 | 132 | 28 | 104 |
| 江山市 | 14 | 3 | 11 | 1050 | 102 | 948 | 262 | 75 | 187 |
| **舟山市** | **49** | **22** | **27** | **2385** | **217** | **2168** | **2499** | **731** | **1768** |
| 定海区 | 22 | 7 | 15 | 907 | 97 | 810 | 1612 | 481 | 1131 |
| 普陀区 | 18 | 8 | 10 | 905 | 73 | 832 | 573 | 147 | 426 |
| 岱山县 | 2 | 2 | | 345 | 28 | 317 | 284 | 97 | 187 |
| 嵊泗县 | 7 | 5 | 2 | 228 | 19 | 209 | 30 | 6 | 24 |
| **台州市** | **502** | **259** | **243** | **9997** | **1122** | **8875** | **6482** | **1531** | **4951** |
| 椒江区 | 79 | 35 | 44 | 1070 | 156 | 914 | 2092 | 582 | 1510 |
| 黄岩区 | 71 | 35 | 36 | 923 | 131 | 792 | 584 | 129 | 455 |
| 路桥区 | 46 | 24 | 22 | 769 | 102 | 667 | 882 | 207 | 675 |
| 三门县 | 43 | 27 | 16 | 693 | 35 | 658 | 198 | 56 | 142 |
| 天台县 | 23 | 11 | 12 | 857 | 104 | 753 | 80 | 19 | 61 |
| 仙居县 | 18 | 10 | 8 | 609 | 67 | 542 | 101 | 29 | 72 |
| 温岭市 | 131 | 74 | 57 | 1825 | 182 | 1643 | 1056 | 188 | 868 |
| 临海市 | 39 | 23 | 16 | 1703 | 135 | 1568 | 755 | 184 | 571 |
| 玉环市 | 52 | 20 | 32 | 1548 | 210 | 1338 | 734 | 137 | 597 |
| **丽水市** | **83** | **38** | **45** | **4178** | **402** | **3776** | **1304** | **378** | **926** |
| 莲都区 | 25 | 8 | 17 | 713 | 94 | 619 | 638 | 195 | 443 |
| 青田县 | 20 | 10 | 10 | 477 | 23 | 454 | 200 | 55 | 145 |
| 缙云县 | 8 | 5 | 3 | 793 | 99 | 694 | 127 | 32 | 95 |
| 遂昌县 | 4 | 2 | 2 | 386 | 42 | 344 | 57 | 17 | 40 |
| 松阳县 | 3 | 3 | | 483 | 33 | 450 | 85 | 21 | 64 |
| 云和县 | 1 | 1 | | 318 | 20 | 298 | 72 | 21 | 51 |
| 庆元县 | 10 | 3 | 7 | 378 | 47 | 331 | 50 | 14 | 36 |
| 景宁畲族自治县 | | | | 271 | 7 | 264 | 24 | 6 | 18 |
| 龙泉市 | 12 | 6 | 6 | 359 | 37 | 322 | 51 | 17 | 34 |

7-10 续表 6 单位：人

| 现住地 | 为子女就学 | | | 养老/康养 | | | 其他 | | |
|---|---|---|---|---|---|---|---|---|---|
| | 小计 | 男 | 女 | 小计 | 男 | 女 | 小计 | 男 | 女 |
| **合计** | **14558** | **4372** | **10186** | **27141** | **11718** | **15423** | **329554** | **177663** | **151891** |
| **杭州市** | **3819** | **1044** | **2775** | **8169** | **3332** | **4837** | **64143** | **33459** | **30684** |
| 上城区 | 179 | 52 | 127 | 249 | 103 | 146 | 3917 | 2124 | 1793 |
| 下城区 | 182 | 57 | 125 | 437 | 188 | 249 | 2616 | 1259 | 1357 |
| 江干区 | 479 | 134 | 345 | 1003 | 417 | 586 | 6505 | 3342 | 3163 |
| 拱墅区 | 312 | 105 | 207 | 481 | 191 | 290 | 4025 | 2176 | 1849 |
| 西湖区 | 456 | 142 | 314 | 965 | 385 | 580 | 6468 | 3362 | 3106 |
| 滨江区 | 178 | 47 | 131 | 515 | 208 | 307 | 2422 | 1221 | 1201 |
| 萧山区 | 667 | 136 | 531 | 958 | 383 | 575 | 15208 | 7976 | 7232 |
| 余杭区 | 887 | 229 | 658 | 2534 | 1015 | 1519 | 15386 | 8039 | 7347 |
| 富阳区 | 165 | 41 | 124 | 321 | 139 | 182 | 3239 | 1691 | 1548 |
| 临安区 | 107 | 34 | 73 | 317 | 129 | 188 | 1949 | 1034 | 915 |
| 桐庐县 | 114 | 42 | 72 | 136 | 62 | 74 | 1467 | 742 | 725 |
| 淳安县 | 33 | 6 | 27 | 86 | 42 | 44 | 378 | 182 | 196 |
| 建德市 | 60 | 19 | 41 | 167 | 70 | 97 | 563 | 311 | 252 |
| **宁波市** | **2269** | **747** | **1522** | **4855** | **2023** | **2832** | **58486** | **31294** | **27192** |
| 海曙区 | 272 | 95 | 177 | 565 | 237 | 328 | 7291 | 3964 | 3327 |
| 江北区 | 139 | 47 | 92 | 316 | 130 | 186 | 4269 | 2332 | 1937 |
| 北仑区 | 481 | 161 | 320 | 924 | 378 | 546 | 7148 | 3791 | 3357 |
| 镇海区 | 262 | 105 | 157 | 576 | 231 | 345 | 4104 | 2184 | 1920 |
| 鄞州区 | 398 | 131 | 267 | 1084 | 442 | 642 | 8418 | 4467 | 3951 |
| 奉化区 | 76 | 28 | 48 | 240 | 105 | 135 | 2761 | 1525 | 1236 |
| 象山县 | 74 | 14 | 60 | 113 | 59 | 54 | 1728 | 955 | 773 |
| 宁海县 | 102 | 20 | 82 | 139 | 67 | 72 | 3100 | 1631 | 1469 |
| 余姚市 | 153 | 60 | 93 | 378 | 171 | 207 | 10286 | 5468 | 4818 |
| 慈溪市 | 312 | 86 | 226 | 520 | 203 | 317 | 9381 | 4977 | 4404 |
| **温州市** | **1226** | **348** | **878** | **1158** | **478** | **680** | **52364** | **29228** | **23136** |
| 鹿城区 | 243 | 104 | 139 | 211 | 82 | 129 | 8255 | 4434 | 3821 |
| 龙湾区 | 171 | 34 | 137 | 136 | 53 | 83 | 9286 | 5201 | 4085 |
| 瓯海区 | 183 | 58 | 125 | 131 | 45 | 86 | 5899 | 3508 | 2391 |
| 洞头区 | 14 | 3 | 11 | 11 | 6 | 5 | 811 | 550 | 261 |
| 永嘉县 | 80 | 14 | 66 | 60 | 31 | 29 | 2254 | 1251 | 1003 |
| 平阳县 | 83 | 25 | 58 | 71 | 35 | 36 | 4498 | 2535 | 1963 |
| 苍南县 | 51 | 19 | 32 | 139 | 74 | 65 | 3347 | 1958 | 1389 |
| 文成县 | 10 | 3 | 7 | 34 | 14 | 20 | 264 | 131 | 133 |
| 泰顺县 | 28 | 7 | 21 | 24 | 8 | 16 | 322 | 163 | 159 |
| 瑞安市 | 177 | 32 | 145 | 147 | 55 | 92 | 6941 | 3774 | 3167 |
| 乐清市 | 115 | 17 | 98 | 154 | 59 | 95 | 8290 | 4475 | 3815 |
| 龙港市 | 71 | 32 | 39 | 40 | 16 | 24 | 2197 | 1248 | 949 |
| **嘉兴市** | **1925** | **740** | **1185** | **6323** | **2900** | **3423** | **31008** | **16435** | **14573** |
| 南湖区 | 340 | 140 | 200 | 1792 | 778 | 1014 | 6710 | 3513 | 3197 |
| 秀洲区 | 258 | 98 | 160 | 860 | 388 | 472 | 4712 | 2518 | 2194 |
| 嘉善县 | 454 | 139 | 315 | 1140 | 533 | 607 | 5278 | 2781 | 2497 |
| 海盐县 | 141 | 41 | 100 | 479 | 226 | 253 | 3359 | 1833 | 1526 |
| 海宁市 | 237 | 103 | 134 | 547 | 256 | 291 | 4083 | 2156 | 1927 |
| 平湖市 | 317 | 144 | 173 | 1067 | 535 | 532 | 2175 | 1162 | 1013 |
| 桐乡市 | 178 | 75 | 103 | 438 | 184 | 254 | 4691 | 2472 | 2219 |
| **湖州市** | **765** | **267** | **498** | **1199** | **527** | **672** | **17084** | **9360** | **7724** |
| 吴兴区 | 301 | 114 | 187 | 480 | 222 | 258 | 5891 | 3251 | 2640 |
| 南浔区 | 121 | 32 | 89 | 275 | 110 | 165 | 1423 | 765 | 658 |
| 德清县 | 121 | 47 | 74 | 164 | 63 | 101 | 3608 | 1931 | 1677 |
| 长兴县 | 132 | 44 | 88 | 138 | 68 | 70 | 2592 | 1425 | 1167 |
| 安吉县 | 90 | 30 | 60 | 142 | 64 | 78 | 3570 | 1988 | 1582 |

7-10　续表 7　　单位：人

| 现住地 | 为子女就学 | | | 养老/康养 | | | 其他 | | |
|---|---|---|---|---|---|---|---|---|---|
| | 小计 | 男 | 女 | 小计 | 男 | 女 | 小计 | 男 | 女 |
| **绍兴市** | **967** | **300** | **667** | **1657** | **745** | **912** | **25204** | **13565** | **11639** |
| 越城区 | 186 | 64 | 122 | 420 | 193 | 227 | 5840 | 3037 | 2803 |
| 柯桥区 | 455 | 139 | 316 | 528 | 214 | 314 | 8176 | 4317 | 3859 |
| 上虞区 | 84 | 30 | 54 | 202 | 102 | 100 | 2094 | 1166 | 928 |
| 新昌县 | 29 | 10 | 19 | 59 | 28 | 31 | 861 | 492 | 369 |
| 诸暨市 | 180 | 45 | 135 | 328 | 146 | 182 | 6566 | 3613 | 2953 |
| 嵊州市 | 33 | 12 | 21 | 120 | 62 | 58 | 1667 | 940 | 727 |
| **金华市** | **1616** | **447** | **1169** | **2064** | **939** | **1125** | **47512** | **25974** | **21538** |
| 婺城区 | 367 | 105 | 262 | 435 | 186 | 249 | 5561 | 2917 | 2644 |
| 金东区 | 99 | 25 | 74 | 179 | 79 | 100 | 2710 | 1554 | 1156 |
| 武义县 | 96 | 15 | 81 | 95 | 41 | 54 | 3665 | 1966 | 1699 |
| 浦江县 | 62 | 20 | 42 | 72 | 38 | 34 | 3831 | 2143 | 1688 |
| 磐安县 | 29 | 9 | 20 | 15 | 7 | 8 | 335 | 182 | 153 |
| 兰溪市 | 39 | 14 | 25 | 72 | 32 | 40 | 708 | 391 | 317 |
| 义乌市 | 459 | 161 | 298 | 621 | 262 | 359 | 16223 | 8817 | 7406 |
| 东阳市 | 301 | 63 | 238 | 407 | 215 | 192 | 6717 | 3662 | 3055 |
| 永康市 | 164 | 35 | 129 | 168 | 79 | 89 | 7762 | 4342 | 3420 |
| **衢州市** | **402** | **120** | **282** | **403** | **189** | **214** | **2850** | **1550** | **1300** |
| 柯城区 | 150 | 57 | 93 | 136 | 59 | 77 | 857 | 476 | 381 |
| 衢江区 | 54 | 23 | 31 | 48 | 24 | 24 | 613 | 318 | 295 |
| 常山县 | 20 | 3 | 17 | 24 | 15 | 9 | 193 | 87 | 106 |
| 开化县 | 44 | 5 | 39 | 15 | 7 | 8 | 179 | 91 | 88 |
| 龙游县 | 43 | 12 | 31 | 58 | 29 | 29 | 602 | 377 | 225 |
| 江山市 | 91 | 20 | 71 | 122 | 55 | 67 | 406 | 201 | 205 |
| **舟山市** | **300** | **82** | **218** | **306** | **131** | **175** | **4107** | **2229** | **1878** |
| 定海区 | 148 | 44 | 104 | 196 | 82 | 114 | 1640 | 854 | 786 |
| 普陀区 | 105 | 28 | 77 | 80 | 32 | 48 | 1312 | 686 | 626 |
| 岱山县 | 45 | 10 | 35 | 19 | 12 | 7 | 1049 | 632 | 417 |
| 嵊泗县 | 2 | | 2 | 11 | 5 | 6 | 106 | 57 | 49 |
| **台州市** | **835** | **207** | **628** | **706** | **324** | **382** | **21883** | **11928** | **9955** |
| 椒江区 | 212 | 64 | 148 | 205 | 92 | 113 | 3466 | 1850 | 1616 |
| 黄岩区 | 69 | 26 | 43 | 53 | 24 | 29 | 1898 | 1052 | 846 |
| 路桥区 | 79 | 22 | 57 | 70 | 32 | 38 | 4155 | 2218 | 1937 |
| 三门县 | 63 | 12 | 51 | 30 | 15 | 15 | 327 | 171 | 156 |
| 天台县 | 53 | 12 | 41 | 34 | 20 | 14 | 1255 | 768 | 487 |
| 仙居县 | 33 | 2 | 31 | 24 | 9 | 15 | 571 | 285 | 286 |
| 温岭市 | 110 | 25 | 85 | 104 | 50 | 54 | 4836 | 2685 | 2151 |
| 临海市 | 150 | 26 | 124 | 116 | 54 | 62 | 2586 | 1373 | 1213 |
| 玉环市 | 66 | 18 | 48 | 70 | 28 | 42 | 2789 | 1526 | 1263 |
| **丽水市** | **434** | **70** | **364** | **301** | **130** | **171** | **4913** | **2641** | **2272** |
| 莲都区 | 78 | 12 | 66 | 110 | 40 | 70 | 1758 | 872 | 886 |
| 青田县 | 65 | 2 | 63 | 60 | 27 | 33 | 577 | 300 | 277 |
| 缙云县 | 67 | 8 | 59 | 36 | 13 | 23 | 778 | 451 | 327 |
| 遂昌县 | 16 | 3 | 13 | 15 | 5 | 10 | 94 | 47 | 47 |
| 松阳县 | 31 | 3 | 28 | 16 | 6 | 10 | 465 | 245 | 220 |
| 云和县 | 14 | 2 | 12 | 18 | 9 | 9 | 371 | 209 | 162 |
| 庆元县 | 26 | 6 | 20 | 14 | 9 | 5 | 110 | 55 | 55 |
| 景宁畲族自治县 | 41 | 5 | 36 | 3 | 2 | 1 | 267 | 192 | 75 |
| 龙泉市 | 96 | 29 | 67 | 29 | 19 | 10 | 493 | 270 | 223 |

# 7－10a 全省按现住地、性别、迁移原因分的户口登记地在外省的人口(城市)

单位：人

| 现住地 | 合计 | | | 工作就业 | | |
|---|---|---|---|---|---|---|
| | 合计 | 男 | 女 | 小计 | 男 | 女 |
| **合计** | **9882772** | **5714183** | **4168589** | **8056884** | **4823721** | **3233163** |
| **杭州市** | **2626441** | **1527552** | **1098889** | **2131192** | **1292290** | **838902** |
| 上城区 | 88368 | 50916 | 37452 | 69629 | 42020 | 27609 |
| 下城区 | 88616 | 47695 | 40921 | 70862 | 39570 | 31292 |
| 江干区 | 466246 | 264928 | 201318 | 358349 | 212831 | 145518 |
| 拱墅区 | 127399 | 71219 | 56180 | 96801 | 56804 | 39997 |
| 西湖区 | 263872 | 152739 | 111133 | 203183 | 123155 | 80028 |
| 滨江区 | 128644 | 74564 | 54080 | 104419 | 63625 | 40794 |
| 萧山区 | 603313 | 359699 | 243614 | 511288 | 315331 | 195957 |
| 余杭区 | 652855 | 378827 | 274028 | 554698 | 333623 | 221075 |
| 富阳区 | 127164 | 78321 | 48843 | 101707 | 66139 | 35568 |
| 临安区 | 69515 | 42544 | 26971 | 52862 | 34489 | 18373 |
| 桐庐县 | | | | | | |
| 淳安县 | | | | | | |
| 建德市 | 10449 | 6100 | 4349 | 7394 | 4703 | 2691 |
| **宁波市** | **1840841** | **1045701** | **795140** | **1487863** | **871222** | **616641** |
| 海曙区 | 268099 | 150341 | 117758 | 210207 | 121709 | 88498 |
| 江北区 | 125445 | 73599 | 51846 | 94996 | 58672 | 36324 |
| 北仑区 | 265154 | 155967 | 109187 | 222388 | 135483 | 86905 |
| 镇海区 | 163064 | 95413 | 67651 | 129032 | 79146 | 49886 |
| 鄞州区 | 209944 | 114674 | 95270 | 158621 | 90319 | 68302 |
| 奉化区 | 70262 | 39703 | 30559 | 56268 | 32885 | 23383 |
| 象山县 | | | | | | |
| 宁海县 | | | | | | |
| 余姚市 | 308060 | 174173 | 133887 | 249128 | 143907 | 105221 |
| 慈溪市 | 430813 | 241831 | 188982 | 367223 | 209101 | 158122 |
| **温州市** | **1483447** | **874204** | **609243** | **1249498** | **761318** | **488180** |
| 鹿城区 | 308366 | 181365 | 127001 | 272094 | 163773 | 108321 |
| 龙湾区 | 206517 | 126432 | 80085 | 173699 | 110660 | 63039 |
| 瓯海区 | 281030 | 169982 | 111048 | 236968 | 149280 | 87688 |
| 洞头区 | 12886 | 7867 | 5019 | 9412 | 6384 | 3028 |
| 永嘉县 | | | | | | |
| 平阳县 | | | | | | |
| 苍南县 | | | | | | |
| 文成县 | | | | | | |
| 泰顺县 | | | | | | |
| 瑞安市 | 301311 | 173960 | 127351 | 256782 | 151998 | 104784 |
| 乐清市 | 304392 | 174156 | 130236 | 248328 | 146957 | 101371 |
| 龙港市 | 68945 | 40442 | 28503 | 52215 | 32266 | 19949 |
| **嘉兴市** | **742776** | **426609** | **316167** | **596351** | **355539** | **240812** |
| 南湖区 | 205862 | 119318 | 86544 | 150898 | 92960 | 57938 |
| 秀洲区 | 114702 | 68097 | 46605 | 92072 | 57384 | 34688 |
| 嘉善县 | | | | | | |
| 海盐县 | | | | | | |
| 海宁市 | 127462 | 74478 | 52984 | 107584 | 64751 | 42833 |
| 平湖市 | 72697 | 42438 | 30259 | 58741 | 35507 | 23234 |
| 桐乡市 | 222053 | 122278 | 99775 | 187056 | 104937 | 82119 |
| **湖州市** | **175611** | **102795** | **72816** | **128265** | **80448** | **47817** |
| 吴兴区 | 103947 | 61201 | 42746 | 74990 | 47768 | 27222 |
| 南浔区 | 71664 | 41594 | 30070 | 53275 | 32680 | 20595 |
| 德清县 | | | | | | |
| 长兴县 | | | | | | |
| 安吉县 | | | | | | |

7-10a　续表 1　　　　单位：人

| 现住地 | 合计 | | | 工作就业 | | |
|---|---|---|---|---|---|---|
| | 合计 | 男 | 女 | 小计 | 男 | 女 |
| **绍兴市** | **770780** | **444679** | **326101** | **611958** | **365548** | **246410** |
| 越城区 | 178798 | 101780 | 77018 | 133815 | 79733 | 54082 |
| 柯桥区 | 305321 | 178425 | 126896 | 252359 | 152477 | 99882 |
| 上虞区 | 110740 | 64852 | 45888 | 86778 | 52896 | 33882 |
| 新昌县 | | | | | | |
| 诸暨市 | 136612 | 76977 | 59635 | 107790 | 61895 | 45895 |
| 嵊州市 | 39309 | 22645 | 16664 | 31216 | 18547 | 12669 |
| **金华市** | **1212178** | **693076** | **519102** | **1009038** | **589262** | **419776** |
| 婺城区 | 153650 | 86553 | 67097 | 115624 | 68548 | 47076 |
| 金东区 | 30258 | 18076 | 12182 | 22781 | 14350 | 8431 |
| 武义县 | | | | | | |
| 浦江县 | | | | | | |
| 磐安县 | | | | | | |
| 兰溪市 | 24500 | 14303 | 10197 | 18944 | 11753 | 7191 |
| 义乌市 | 593119 | 337190 | 255929 | 512756 | 296076 | 216680 |
| 东阳市 | 165154 | 92031 | 73123 | 136924 | 77648 | 59276 |
| 永康市 | 245497 | 144923 | 100574 | 202009 | 120887 | 81122 |
| **衢州市** | **55554** | **32875** | **22679** | **39468** | **25384** | **14084** |
| 柯城区 | 30883 | 18404 | 12479 | 21211 | 13815 | 7396 |
| 衢江区 | 14416 | 8691 | 5725 | 11069 | 7129 | 3940 |
| 常山县 | | | | | | |
| 开化县 | | | | | | |
| 龙游县 | 65 | 37 | 28 | 49 | 32 | 17 |
| 江山市 | 10190 | 5743 | 4447 | 7139 | 4408 | 2731 |
| **舟山市** | **101586** | **57795** | **43791** | **73810** | **44628** | **29182** |
| 定海区 | 54752 | 31893 | 22859 | 38544 | 24017 | 14527 |
| 普陀区 | 46834 | 25902 | 20932 | 35266 | 20611 | 14655 |
| 岱山县 | | | | | | |
| 嵊泗县 | | | | | | |
| **台州市** | **809975** | **470362** | **339613** | **679216** | **405687** | **273529** |
| 椒江区 | 144829 | 84712 | 60117 | 116023 | 70697 | 45326 |
| 黄岩区 | 117374 | 68744 | 48630 | 97943 | 58708 | 39235 |
| 路桥区 | 90563 | 52728 | 37835 | 73772 | 44344 | 29428 |
| 三门县 | | | | | | |
| 天台县 | | | | | | |
| 仙居县 | | | | | | |
| 温岭市 | 233853 | 135603 | 98250 | 206337 | 121890 | 84447 |
| 临海市 | 51649 | 29225 | 22424 | 40365 | 23862 | 16503 |
| 玉环市 | 171707 | 99350 | 72357 | 144776 | 86186 | 58590 |
| **丽水市** | **63583** | **38535** | **25048** | **50225** | **32395** | **17830** |
| 莲都区 | 57440 | 34699 | 22741 | 45825 | 29363 | 16462 |
| 青田县 | | | | | | |
| 缙云县 | | | | | | |
| 遂昌县 | | | | | | |
| 松阳县 | | | | | | |
| 云和县 | | | | | | |
| 庆元县 | | | | | | |
| 景宁畲族自治县 | | | | | | |
| 龙泉市 | 6143 | 3836 | 2307 | 4400 | 3032 | 1368 |

7－10a 续表 2

单位：人

| 现住地 | 学习培训 | | | 随同离开/投亲靠友 | | | 拆迁/搬家 | | |
|---|---|---|---|---|---|---|---|---|---|
| | 小计 | 男 | 女 | 小计 | 男 | 女 | 小计 | 男 | 女 |
| **合计** | **446415** | **238234** | **208181** | **820310** | **414485** | **405825** | **117364** | **62187** | **55177** |
| **杭州市** | **166780** | **88315** | **78465** | **152458** | **76797** | **75661** | **25643** | **13055** | **12588** |
| 上城区 | 4131 | 2136 | 1995 | 6722 | 3402 | 3320 | 925 | 441 | 484 |
| 下城区 | 4781 | 2568 | 2213 | 5193 | 2538 | 2655 | 895 | 454 | 441 |
| 江干区 | 51233 | 26509 | 24724 | 26842 | 13777 | 13065 | 5486 | 2786 | 2700 |
| 拱墅区 | 9916 | 5324 | 4592 | 8261 | 4100 | 4161 | 1440 | 729 | 711 |
| 西湖区 | 27406 | 15042 | 12364 | 13164 | 6523 | 6641 | 1952 | 930 | 1022 |
| 滨江区 | 9645 | 4792 | 4853 | 5101 | 2500 | 2601 | 811 | 409 | 402 |
| 萧山区 | 25162 | 13852 | 11310 | 35122 | 17843 | 17279 | 4582 | 2252 | 2330 |
| 余杭区 | 22351 | 11798 | 10553 | 32091 | 16120 | 15971 | 6356 | 3372 | 2984 |
| 富阳区 | 4585 | 2466 | 2119 | 13140 | 6529 | 6611 | 1951 | 1011 | 940 |
| 临安区 | 6960 | 3506 | 3454 | 5601 | 2840 | 2761 | 927 | 514 | 413 |
| 桐庐县 | | | | | | | | | |
| 淳安县 | | | | | | | | | |
| 建德市 | 610 | 322 | 288 | 1221 | 625 | 596 | 318 | 157 | 161 |
| **宁波市** | **75629** | **41562** | **34067** | **171761** | **87676** | **84085** | **23281** | **12439** | **10842** |
| 海曙区 | 12133 | 6658 | 5475 | 27454 | 13922 | 13532 | 5748 | 3031 | 2717 |
| 江北区 | 6333 | 3472 | 2861 | 13808 | 6956 | 6852 | 2632 | 1383 | 1249 |
| 北仑区 | 8196 | 4672 | 3524 | 18398 | 9250 | 9148 | 1729 | 994 | 735 |
| 镇海区 | 7617 | 3982 | 3635 | 15353 | 7728 | 7625 | 1789 | 977 | 812 |
| 鄞州区 | 15138 | 7669 | 7469 | 17208 | 8637 | 8571 | 4560 | 2412 | 2148 |
| 奉化区 | 2919 | 1638 | 1281 | 6912 | 3465 | 3447 | 861 | 439 | 422 |
| 象山县 | | | | | | | | | |
| 宁海县 | | | | | | | | | |
| 余姚市 | 11016 | 6526 | 4490 | 32448 | 16741 | 15707 | 4000 | 2086 | 1914 |
| 慈溪市 | 12277 | 6945 | 5332 | 40180 | 20977 | 19203 | 1962 | 1117 | 845 |
| **温州市** | **40724** | **21420** | **19304** | **132396** | **63820** | **68576** | **14886** | **8038** | **6848** |
| 鹿城区 | 5991 | 3025 | 2966 | 15462 | 7727 | 7735 | 3973 | 2168 | 1805 |
| 龙湾区 | 4781 | 2764 | 2017 | 18769 | 8724 | 10045 | 2212 | 1180 | 1032 |
| 瓯海区 | 14553 | 6989 | 7564 | 18915 | 8588 | 10327 | 2741 | 1494 | 1247 |
| 洞头区 | 757 | 339 | 418 | 1867 | 822 | 1045 | 225 | 120 | 105 |
| 永嘉县 | | | | | | | | | |
| 平阳县 | | | | | | | | | |
| 苍南县 | | | | | | | | | |
| 文成县 | | | | | | | | | |
| 泰顺县 | | | | | | | | | |
| 瑞安市 | 6849 | 3919 | 2930 | 28059 | 13949 | 14110 | 1946 | 1016 | 930 |
| 乐清市 | 6375 | 3563 | 2812 | 39650 | 19321 | 20329 | 1486 | 807 | 679 |
| 龙港市 | 1418 | 821 | 597 | 9674 | 4689 | 4985 | 2303 | 1253 | 1050 |
| **嘉兴市** | **34581** | **18298** | **16283** | **58730** | **29841** | **28889** | **13962** | **7811** | **6151** |
| 南湖区 | 16235 | 8472 | 7763 | 17773 | 8860 | 8913 | 5418 | 2985 | 2433 |
| 秀洲区 | 4179 | 2331 | 1848 | 7670 | 3878 | 3792 | 2479 | 1398 | 1081 |
| 嘉善县 | | | | | | | | | |
| 海盐县 | | | | | | | | | |
| 海宁市 | 3898 | 2177 | 1721 | 9516 | 4746 | 4770 | 1754 | 998 | 756 |
| 平湖市 | 3031 | 1796 | 1235 | 6138 | 3138 | 3000 | 1233 | 696 | 537 |
| 桐乡市 | 7238 | 3522 | 3716 | 17633 | 9219 | 8414 | 3078 | 1734 | 1344 |
| **湖州市** | **8332** | **3781** | **4551** | **21741** | **10607** | **11134** | **7639** | **4098** | **3541** |
| 吴兴区 | 6610 | 2814 | 3796 | 10611 | 5246 | 5365 | 4325 | 2293 | 2032 |
| 南浔区 | 1722 | 967 | 755 | 11130 | 5361 | 5769 | 3314 | 1805 | 1509 |
| 德清县 | | | | | | | | | |
| 长兴县 | | | | | | | | | |
| 安吉县 | | | | | | | | | |

7-10a　续表 3　　　　单位：人

| 现住地 | 学习培训 | | | 随同离开/投亲靠友 | | | 拆迁/搬家 | | |
|---|---|---|---|---|---|---|---|---|---|
| | 小计 | 男 | 女 | 小计 | 男 | 女 | 小计 | 男 | 女 |
| **绍兴市** | **34724** | **18510** | **16214** | **76062** | **39190** | **36872** | **12038** | **6378** | **5660** |
| 越城区 | 12115 | 6059 | 6056 | 19403 | 10001 | 9402 | 3823 | 2023 | 1800 |
| 柯桥区 | 8664 | 4723 | 3941 | 28161 | 14298 | 13863 | 2340 | 1282 | 1058 |
| 上虞区 | 4852 | 2591 | 2261 | 12798 | 6540 | 6258 | 2516 | 1380 | 1136 |
| 新昌县 | | | | | | | | | |
| 诸暨市 | 7839 | 4446 | 3393 | 11656 | 6166 | 5490 | 2575 | 1314 | 1261 |
| 嵊州市 | 1254 | 691 | 563 | 4044 | 2185 | 1859 | 784 | 379 | 405 |
| **金华市** | **48961** | **26137** | **22824** | **105199** | **55849** | **49350** | **6344** | **3462** | **2882** |
| 婺城区 | 12389 | 5486 | 6903 | 15222 | 7848 | 7374 | 1905 | 1035 | 870 |
| 金东区 | 2906 | 1428 | 1478 | 3258 | 1738 | 1520 | 224 | 131 | 93 |
| 武义县 | | | | | | | | | |
| 浦江县 | | | | | | | | | |
| 磐安县 | | | | | | | | | |
| 兰溪市 | 1856 | 895 | 961 | 2134 | 1067 | 1067 | 556 | 273 | 283 |
| 义乌市 | 14384 | 8160 | 6224 | 45370 | 24073 | 21297 | 1269 | 717 | 552 |
| 东阳市 | 5873 | 3279 | 2594 | 15471 | 7985 | 7486 | 1234 | 654 | 580 |
| 永康市 | 11553 | 6889 | 4664 | 23744 | 13138 | 10606 | 1156 | 652 | 504 |
| **衢州市** | **3917** | **2310** | **1607** | **5550** | **2652** | **2898** | **1912** | **982** | **930** |
| 柯城区 | 2553 | 1561 | 992 | 3275 | 1535 | 1740 | 1181 | 604 | 577 |
| 衢江区 | 677 | 404 | 273 | 1372 | 664 | 708 | 293 | 143 | 150 |
| 常山县 | | | | | | | | | |
| 开化县 | | | | | | | | | |
| 龙游县 | | | | 5 | 2 | 3 | | | |
| 江山市 | 687 | 345 | 342 | 898 | 451 | 447 | 438 | 235 | 203 |
| **舟山市** | **6685** | **3821** | **2864** | **11655** | **5521** | **6134** | **3760** | **1888** | **1872** |
| 定海区 | 5490 | 3168 | 2322 | 5670 | 2697 | 2973 | 1595 | 777 | 818 |
| 普陀区 | 1195 | 653 | 542 | 5985 | 2824 | 3161 | 2165 | 1111 | 1054 |
| 岱山县 | | | | | | | | | |
| 嵊泗县 | | | | | | | | | |
| **台州市** | **21903** | **12124** | **9779** | **79793** | **40023** | **39770** | **7018** | **3622** | **3396** |
| 椒江区 | 6312 | 3351 | 2961 | 15046 | 7566 | 7480 | 1600 | 825 | 775 |
| 黄岩区 | 3022 | 1707 | 1315 | 12802 | 6693 | 6109 | 1266 | 656 | 610 |
| 路桥区 | 2527 | 1447 | 1080 | 9510 | 4764 | 4746 | 1281 | 670 | 611 |
| 三门县 | | | | | | | | | |
| 天台县 | | | | | | | | | |
| 仙居县 | | | | | | | | | |
| 温岭市 | 4665 | 2769 | 1896 | 18335 | 8995 | 9340 | 809 | 408 | 401 |
| 临海市 | 3005 | 1493 | 1512 | 5005 | 2531 | 2474 | 643 | 315 | 328 |
| 玉环市 | 2372 | 1357 | 1015 | 19095 | 9474 | 9621 | 1419 | 748 | 671 |
| **丽水市** | **4179** | **1956** | **2223** | **4965** | **2509** | **2456** | **881** | **414** | **467** |
| 莲都区 | 3904 | 1791 | 2113 | 4339 | 2211 | 2128 | 661 | 313 | 348 |
| 青田县 | | | | | | | | | |
| 缙云县 | | | | | | | | | |
| 遂昌县 | | | | | | | | | |
| 松阳县 | | | | | | | | | |
| 云和县 | | | | | | | | | |
| 庆元县 | | | | | | | | | |
| 景宁畲族自治县 | | | | | | | | | |
| 龙泉市 | 275 | 165 | 110 | 626 | 298 | 328 | 220 | 101 | 119 |

7—10a 续表 4 单位：人

| 现住地 | 寄挂户口 | | | 婚姻嫁娶 | | | 照料孙子女 | | |
|---|---|---|---|---|---|---|---|---|---|
| | 小计 | 男 | 女 | 小计 | 男 | 女 | 小计 | 男 | 女 |
| **合计** | **3966** | **2034** | **1932** | **56792** | **9914** | **46878** | **148972** | **44170** | **104802** |
| **杭州市** | **809** | **393** | **416** | **16222** | **3231** | **12991** | **68469** | **21347** | **47122** |
| 上城区 | 59 | 26 | 33 | 1006 | 123 | 883 | 1551 | 489 | 1062 |
| 下城区 | 54 | 25 | 29 | 899 | 167 | 732 | 2697 | 869 | 1828 |
| 江干区 | 135 | 67 | 68 | 2068 | 472 | 1596 | 14146 | 4593 | 9553 |
| 拱墅区 | 55 | 19 | 36 | 1253 | 249 | 1004 | 4855 | 1522 | 3333 |
| 西湖区 | 75 | 38 | 37 | 2000 | 422 | 1578 | 8364 | 2823 | 5541 |
| 滨江区 | 134 | 66 | 68 | 754 | 167 | 587 | 4665 | 1529 | 3136 |
| 萧山区 | 141 | 64 | 77 | 3082 | 624 | 2458 | 10099 | 2799 | 7300 |
| 余杭区 | 113 | 66 | 47 | 3349 | 716 | 2633 | 19244 | 5939 | 13305 |
| 富阳区 | 31 | 18 | 13 | 929 | 138 | 791 | 1584 | 411 | 1173 |
| 临安区 | 6 | 2 | 4 | 608 | 111 | 497 | 939 | 270 | 669 |
| 桐庐县 | | | | | | | | | |
| 淳安县 | | | | | | | | | |
| 建德市 | 6 | 2 | 4 | 274 | 42 | 232 | 325 | 103 | 222 |
| **宁波市** | **1259** | **685** | **574** | **10237** | **1685** | **8552** | **28273** | **8557** | **19716** |
| 海曙区 | 156 | 79 | 77 | 1797 | 299 | 1498 | 3896 | 1135 | 2761 |
| 江北区 | 139 | 72 | 67 | 969 | 138 | 831 | 2563 | 770 | 1793 |
| 北仑区 | 314 | 197 | 117 | 1126 | 155 | 971 | 6499 | 2002 | 4497 |
| 镇海区 | 47 | 20 | 27 | 997 | 152 | 845 | 4176 | 1359 | 2817 |
| 鄞州区 | 236 | 118 | 118 | 1753 | 433 | 1320 | 6669 | 2221 | 4448 |
| 奉化区 | 61 | 29 | 32 | 631 | 58 | 573 | 691 | 169 | 522 |
| 象山县 | | | | | | | | | |
| 宁海县 | | | | | | | | | |
| 余姚市 | 241 | 139 | 102 | 1436 | 188 | 1248 | 1926 | 491 | 1435 |
| 慈溪市 | 65 | 31 | 34 | 1528 | 262 | 1266 | 1853 | 410 | 1443 |
| **温州市** | **510** | **247** | **263** | **7152** | **819** | **6333** | **6571** | **1346** | **5225** |
| 鹿城区 | 170 | 87 | 83 | 1719 | 281 | 1438 | 1542 | 417 | 1125 |
| 龙湾区 | 52 | 24 | 28 | 911 | 82 | 829 | 866 | 153 | 713 |
| 瓯海区 | 68 | 40 | 28 | 1028 | 126 | 902 | 1363 | 312 | 1051 |
| 洞头区 | 11 | 4 | 7 | 271 | 18 | 253 | 60 | 10 | 50 |
| 永嘉县 | | | | | | | | | |
| 平阳县 | | | | | | | | | |
| 苍南县 | | | | | | | | | |
| 文成县 | | | | | | | | | |
| 泰顺县 | | | | | | | | | |
| 瑞安市 | 99 | 42 | 57 | 1160 | 102 | 1058 | 1287 | 209 | 1078 |
| 乐清市 | 46 | 20 | 26 | 1267 | 135 | 1132 | 1212 | 193 | 1019 |
| 龙港市 | 64 | 30 | 34 | 796 | 75 | 721 | 241 | 52 | 189 |
| **嘉兴市** | **406** | **200** | **206** | **5945** | **1391** | **4554** | **15292** | **4625** | **10667** |
| 南湖区 | 113 | 48 | 65 | 2136 | 490 | 1646 | 5964 | 1868 | 4096 |
| 秀洲区 | 75 | 37 | 38 | 1036 | 200 | 836 | 3730 | 1115 | 2615 |
| 嘉善县 | | | | | | | | | |
| 海盐县 | | | | | | | | | |
| 海宁市 | 79 | 41 | 38 | 958 | 261 | 697 | 1873 | 535 | 1338 |
| 平湖市 | 80 | 46 | 34 | 729 | 185 | 544 | 1475 | 434 | 1041 |
| 桐乡市 | 59 | 28 | 31 | 1086 | 255 | 831 | 2250 | 673 | 1577 |
| **湖州市** | **64** | **36** | **28** | **1663** | **419** | **1244** | **3064** | **933** | **2131** |
| 吴兴区 | 46 | 26 | 20 | 1142 | 293 | 849 | 2364 | 750 | 1614 |
| 南浔区 | 18 | 10 | 8 | 521 | 126 | 395 | 700 | 183 | 517 |
| 德清县 | | | | | | | | | |
| 长兴县 | | | | | | | | | |
| 安吉县 | | | | | | | | | |

7−10a　续表 5　　　　单位：人

| 现住地 | 寄挂户口 | | | 婚姻嫁娶 | | | 照料孙子女 | | |
|---|---|---|---|---|---|---|---|---|---|
| | 小计 | 男 | 女 | 小计 | 男 | 女 | 小计 | 男 | 女 |
| **绍兴市** | **245** | **128** | **117** | **4439** | **807** | **3632** | **8818** | **2362** | **6456** |
| 越城区 | 66 | 37 | 29 | 1244 | 255 | 989 | 2313 | 610 | 1703 |
| 柯桥区 | 85 | 40 | 45 | 1156 | 229 | 927 | 4328 | 1181 | 3147 |
| 上虞区 | 41 | 22 | 19 | 860 | 152 | 708 | 1037 | 256 | 781 |
| 新昌县 | | | | | | | | | |
| 诸暨市 | 48 | 25 | 23 | 686 | 120 | 566 | 818 | 218 | 600 |
| 嵊州市 | 5 | 4 | 1 | 493 | 51 | 442 | 322 | 97 | 225 |
| **金华市** | **273** | **149** | **124** | **4192** | **640** | **3552** | **9833** | **2574** | **7259** |
| 婺城区 | 20 | 11 | 9 | 919 | 200 | 719 | 1973 | 600 | 1373 |
| 金东区 | 4 | 3 | 1 | 185 | 30 | 155 | 387 | 126 | 261 |
| 武义县 | | | | | | | | | |
| 浦江县 | | | | | | | | | |
| 磐安县 | | | | | | | | | |
| 兰溪市 | 15 | 6 | 9 | 387 | 28 | 359 | 144 | 40 | 104 |
| 义乌市 | 132 | 71 | 61 | 1574 | 230 | 1344 | 5182 | 1247 | 3935 |
| 东阳市 | 40 | 19 | 21 | 529 | 74 | 455 | 1413 | 408 | 1005 |
| 永康市 | 62 | 39 | 23 | 598 | 78 | 520 | 734 | 153 | 581 |
| **衢州市** | **74** | **35** | **39** | **1454** | **178** | **1276** | **1373** | **439** | **934** |
| 柯城区 | 62 | 30 | 32 | 769 | 98 | 671 | 905 | 303 | 602 |
| 衢江区 | 7 | 4 | 3 | 279 | 26 | 253 | 233 | 67 | 166 |
| 常山县 | | | | | | | | | |
| 开化县 | | | | | | | | | |
| 龙游县 | | | | 6 | 1 | 5 | | | |
| 江山市 | 5 | 1 | 4 | 400 | 53 | 347 | 235 | 69 | 166 |
| **舟山市** | **34** | **14** | **20** | **1229** | **120** | **1109** | **1910** | **580** | **1330** |
| 定海区 | 17 | 6 | 11 | 575 | 74 | 501 | 1423 | 451 | 972 |
| 普陀区 | 17 | 8 | 9 | 654 | 46 | 608 | 487 | 129 | 358 |
| 岱山县 | | | | | | | | | |
| 嵊泗县 | | | | | | | | | |
| **台州市** | **265** | **136** | **129** | **3574** | **535** | **3039** | **4747** | **1205** | **3542** |
| 椒江区 | 69 | 31 | 38 | 799 | 128 | 671 | 1914 | 555 | 1359 |
| 黄岩区 | 40 | 20 | 20 | 413 | 76 | 337 | 478 | 106 | 372 |
| 路桥区 | 19 | 13 | 6 | 372 | 52 | 320 | 632 | 164 | 468 |
| 三门县 | | | | | | | | | |
| 天台县 | | | | | | | | | |
| 仙居县 | | | | | | | | | |
| 温岭市 | 75 | 43 | 32 | 500 | 66 | 434 | 652 | 131 | 521 |
| 临海市 | 17 | 11 | 6 | 477 | 63 | 414 | 511 | 137 | 374 |
| 玉环市 | 45 | 18 | 27 | 1013 | 150 | 863 | 560 | 112 | 448 |
| **丽水市** | **27** | **11** | **16** | **685** | **89** | **596** | **622** | **202** | **420** |
| 莲都区 | 20 | 7 | 13 | 501 | 64 | 437 | 577 | 186 | 391 |
| 青田县 | | | | | | | | | |
| 缙云县 | | | | | | | | | |
| 遂昌县 | | | | | | | | | |
| 松阳县 | | | | | | | | | |
| 云和县 | | | | | | | | | |
| 庆元县 | | | | | | | | | |
| 景宁畲族自治县 | | | | | | | | | |
| 龙泉市 | 7 | 4 | 3 | 184 | 25 | 159 | 45 | 16 | 29 |

7−10a　续表 6　　　　单位：人

| 现住地 | 为子女就学 | | | 养老/康养 | | | 其　他 | | |
|---|---|---|---|---|---|---|---|---|---|
| | 小计 | 男 | 女 | 小计 | 男 | 女 | 小计 | 男 | 女 |
| **合计** | **9919** | **3185** | **6734** | **18260** | **7638** | **10622** | **203890** | **108615** | **95275** |
| **杭州市** | **3336** | **915** | **2421** | **7141** | **2897** | **4244** | **54391** | **28312** | **26079** |
| 上城区 | 179 | 52 | 127 | 249 | 103 | 146 | 3917 | 2124 | 1793 |
| 下城区 | 182 | 57 | 125 | 437 | 188 | 249 | 2616 | 1259 | 1357 |
| 江干区 | 479 | 134 | 345 | 1003 | 417 | 586 | 6505 | 3342 | 3163 |
| 拱墅区 | 312 | 105 | 207 | 481 | 191 | 290 | 4025 | 2176 | 1849 |
| 西湖区 | 452 | 141 | 311 | 937 | 376 | 561 | 6339 | 3289 | 3050 |
| 滨江区 | 178 | 47 | 131 | 515 | 208 | 307 | 2422 | 1221 | 1201 |
| 萧山区 | 576 | 121 | 455 | 835 | 336 | 499 | 12426 | 6477 | 5949 |
| 余杭区 | 703 | 178 | 525 | 2056 | 818 | 1238 | 11894 | 6197 | 5697 |
| 富阳区 | 151 | 36 | 115 | 298 | 126 | 172 | 2788 | 1447 | 1341 |
| 临安区 | 91 | 32 | 59 | 252 | 101 | 151 | 1269 | 679 | 590 |
| 桐庐县 | | | | | | | | | |
| 淳安县 | | | | | | | | | |
| 建德市 | 33 | 12 | 21 | 78 | 33 | 45 | 190 | 101 | 89 |
| **宁波市** | **1560** | **567** | **993** | **3471** | **1447** | **2024** | **37507** | **19861** | **17646** |
| 海曙区 | 243 | 87 | 156 | 506 | 214 | 292 | 5959 | 3207 | 2752 |
| 江北区 | 128 | 45 | 83 | 263 | 111 | 152 | 3614 | 1980 | 1634 |
| 北仑区 | 381 | 123 | 258 | 767 | 313 | 454 | 5356 | 2778 | 2578 |
| 镇海区 | 241 | 100 | 141 | 508 | 205 | 303 | 3304 | 1744 | 1560 |
| 鄞州区 | 274 | 107 | 167 | 730 | 310 | 420 | 4755 | 2448 | 2307 |
| 奉化区 | 36 | 11 | 25 | 151 | 65 | 86 | 1732 | 944 | 788 |
| 象山县 | | | | | | | | | |
| 宁海县 | | | | | | | | | |
| 余姚市 | 118 | 48 | 70 | 258 | 116 | 142 | 7489 | 3931 | 3558 |
| 慈溪市 | 139 | 46 | 93 | 288 | 113 | 175 | 5298 | 2829 | 2469 |
| **温州市** | **824** | **255** | **569** | **677** | **245** | **432** | **30209** | **16696** | **13513** |
| 鹿城区 | 233 | 100 | 133 | 198 | 76 | 122 | 6984 | 3711 | 3273 |
| 龙湾区 | 131 | 30 | 101 | 92 | 38 | 54 | 5004 | 2777 | 2227 |
| 瓯海区 | 172 | 56 | 116 | 126 | 43 | 83 | 5096 | 3054 | 2042 |
| 洞头区 | 5 | 1 | 4 | 6 | 4 | 2 | 272 | 165 | 107 |
| 永嘉县 | | | | | | | | | |
| 平阳县 | | | | | | | | | |
| 苍南县 | | | | | | | | | |
| 文成县 | | | | | | | | | |
| 泰顺县 | | | | | | | | | |
| 瑞安市 | 146 | 26 | 120 | 93 | 28 | 65 | 4890 | 2671 | 2219 |
| 乐清市 | 69 | 11 | 58 | 124 | 42 | 82 | 5835 | 3107 | 2728 |
| 龙港市 | 68 | 31 | 37 | 38 | 14 | 24 | 2128 | 1211 | 917 |
| **嘉兴市** | **902** | **400** | **502** | **2866** | **1244** | **1622** | **13741** | **7260** | **6481** |
| 南湖区 | 325 | 138 | 187 | 1417 | 606 | 811 | 5583 | 2891 | 2692 |
| 秀洲区 | 146 | 51 | 95 | 704 | 317 | 387 | 2611 | 1386 | 1225 |
| 嘉善县 | | | | | | | | | |
| 海盐县 | | | | | | | | | |
| 海宁市 | 124 | 64 | 60 | 230 | 103 | 127 | 1446 | 802 | 644 |
| 平湖市 | 158 | 77 | 81 | 183 | 77 | 106 | 929 | 482 | 447 |
| 桐乡市 | 149 | 70 | 79 | 332 | 141 | 191 | 3172 | 1699 | 1473 |
| **湖州市** | **324** | **124** | **200** | **556** | **240** | **316** | **3963** | **2109** | **1854** |
| 吴兴区 | 248 | 102 | 146 | 397 | 180 | 217 | 3214 | 1729 | 1485 |
| 南浔区 | 76 | 22 | 54 | 159 | 60 | 99 | 749 | 380 | 369 |
| 德清县 | | | | | | | | | |
| 长兴县 | | | | | | | | | |
| 安吉县 | | | | | | | | | |

7-10a　续表 7　　　　单位：人

| 现住地 | 为子女就学 | | | 养老/康养 | | | 其他 | | |
|---|---|---|---|---|---|---|---|---|---|
| | 小计 | 男 | 女 | 小计 | 男 | 女 | 小计 | 男 | 女 |
| **绍兴市** | **851** | **281** | **570** | **1302** | **579** | **723** | **20343** | **10896** | **9447** |
| 越城区 | 183 | 64 | 119 | 398 | 181 | 217 | 5438 | 2817 | 2621 |
| 柯桥区 | 426 | 137 | 289 | 489 | 203 | 286 | 7313 | 3855 | 3458 |
| 上虞区 | 73 | 28 | 45 | 145 | 74 | 71 | 1640 | 913 | 727 |
| 新昌县 | | | | | | | | | |
| 诸暨市 | 140 | 41 | 99 | 187 | 78 | 109 | 4873 | 2674 | 2199 |
| 嵊州市 | 29 | 11 | 18 | 83 | 43 | 40 | 1079 | 637 | 442 |
| **金华市** | **965** | **294** | **671** | **1215** | **525** | **690** | **26158** | **14184** | **11974** |
| 婺城区 | 310 | 88 | 222 | 385 | 165 | 220 | 4903 | 2572 | 2331 |
| 金东区 | 35 | 9 | 26 | 58 | 26 | 32 | 420 | 235 | 185 |
| 武义县 | | | | | | | | | |
| 浦江县 | | | | | | | | | |
| 磐安县 | | | | | | | | | |
| 兰溪市 | 30 | 12 | 18 | 42 | 16 | 26 | 392 | 213 | 179 |
| 义乌市 | 286 | 106 | 180 | 435 | 180 | 255 | 11731 | 6330 | 5401 |
| 东阳市 | 166 | 50 | 116 | 194 | 89 | 105 | 3310 | 1825 | 1485 |
| 永康市 | 138 | 29 | 109 | 101 | 49 | 52 | 5402 | 3009 | 2393 |
| **衢州市** | **262** | **91** | **171** | **227** | **104** | **123** | **1317** | **700** | **617** |
| 柯城区 | 141 | 55 | 86 | 125 | 53 | 72 | 661 | 350 | 311 |
| 衢江区 | 49 | 20 | 29 | 37 | 17 | 20 | 400 | 217 | 183 |
| 常山县 | | | | | | | | | |
| 开化县 | | | | | | | | | |
| 龙游县 | | | | | | | 5 | 2 | 3 |
| 江山市 | 72 | 16 | 56 | 65 | 34 | 31 | 251 | 131 | 120 |
| **舟山市** | **196** | **63** | **133** | **221** | **93** | **128** | **2086** | **1067** | **1019** |
| 定海区 | 116 | 40 | 76 | 162 | 71 | 91 | 1160 | 592 | 568 |
| 普陀区 | 80 | 23 | 57 | 59 | 22 | 37 | 926 | 475 | 451 |
| 岱山县 | | | | | | | | | |
| 嵊泗县 | | | | | | | | | |
| **台州市** | **545** | **155** | **390** | **471** | **218** | **253** | **12443** | **6657** | **5786** |
| 椒江区 | 194 | 62 | 132 | 184 | 84 | 100 | 2688 | 1413 | 1275 |
| 黄岩区 | 56 | 21 | 35 | 32 | 17 | 15 | 1322 | 740 | 582 |
| 路桥区 | 63 | 20 | 43 | 58 | 27 | 31 | 2329 | 1227 | 1102 |
| 三门县 | | | | | | | | | |
| 天台县 | | | | | | | | | |
| 仙居县 | | | | | | | | | |
| 温岭市 | 64 | 17 | 47 | 61 | 31 | 30 | 2355 | 1253 | 1102 |
| 临海市 | 117 | 19 | 98 | 74 | 34 | 40 | 1435 | 760 | 675 |
| 玉环市 | 51 | 16 | 35 | 62 | 25 | 37 | 2314 | 1264 | 1050 |
| **丽水市** | **154** | **40** | **114** | **113** | **46** | **67** | **1732** | **873** | **859** |
| 莲都区 | 62 | 11 | 51 | 95 | 33 | 62 | 1456 | 720 | 736 |
| 青田县 | | | | | | | | | |
| 缙云县 | | | | | | | | | |
| 遂昌县 | | | | | | | | | |
| 松阳县 | | | | | | | | | |
| 云和县 | | | | | | | | | |
| 庆元县 | | | | | | | | | |
| 景宁畲族自治县 | | | | | | | | | |
| 龙泉市 | 92 | 29 | 63 | 18 | 13 | 5 | 276 | 153 | 123 |

# 7－10b 全省按现住地、性别、迁移原因分的户口登记地在外省的人口(镇)

单位：人

| 现住地 | 合计 | | | 工作就业 | | |
|---|---|---|---|---|---|---|
| | 合计 | 男 | 女 | 小计 | 男 | 女 |
| **合计** | **3390021** | **2002837** | **1387184** | **2801001** | **1711476** | **1089525** |
| **杭州市** | **246918** | **148145** | **98773** | **200270** | **125672** | **74598** |
| 上城区 | | | | | | |
| 下城区 | | | | | | |
| 江干区 | | | | | | |
| 拱墅区 | | | | | | |
| 西湖区 | 105 | 60 | 45 | 74 | 42 | 32 |
| 滨江区 | | | | | | |
| 萧山区 | 56730 | 35716 | 21014 | 49870 | 32276 | 17594 |
| 余杭区 | 93685 | 56204 | 37481 | 76444 | 47980 | 28464 |
| 富阳区 | 4313 | 2761 | 1552 | 3676 | 2446 | 1230 |
| 临安区 | 14380 | 8418 | 5962 | 11757 | 7135 | 4622 |
| 桐庐县 | 63718 | 37090 | 26628 | 48925 | 29908 | 19017 |
| 淳安县 | 7559 | 4230 | 3329 | 5346 | 3242 | 2104 |
| 建德市 | 6428 | 3666 | 2762 | 4178 | 2643 | 1535 |
| **宁波市** | **663838** | **386573** | **277265** | **546380** | **328549** | **217831** |
| 海曙区 | 5911 | 3272 | 2639 | 4207 | 2426 | 1781 |
| 江北区 | | | | | | |
| 北仑区 | 25560 | 16411 | 9149 | 22236 | 14737 | 7499 |
| 镇海区 | 20668 | 12534 | 8134 | 16511 | 10653 | 5858 |
| 鄞州区 | 119117 | 68039 | 51078 | 93221 | 55466 | 37755 |
| 奉化区 | 9696 | 5646 | 4050 | 7481 | 4573 | 2908 |
| 象山县 | 75548 | 41936 | 33612 | 60453 | 34555 | 25898 |
| 宁海县 | 105924 | 59538 | 46386 | 86371 | 49686 | 36685 |
| 余姚市 | 90621 | 50868 | 39753 | 72931 | 42011 | 30920 |
| 慈溪市 | 210793 | 128329 | 82464 | 182969 | 114442 | 68527 |
| **温州市** | **402156** | **239965** | **162191** | **333006** | **205509** | **127497** |
| 鹿城区 | 1447 | 847 | 600 | 1174 | 705 | 469 |
| 龙湾区 | 145313 | 87415 | 57898 | 126001 | 77310 | 48691 |
| 瓯海区 | 6789 | 4097 | 2692 | 6017 | 3717 | 2300 |
| 洞头区 | 868 | 511 | 357 | 610 | 403 | 207 |
| 永嘉县 | 102943 | 62319 | 40624 | 89899 | 55621 | 34278 |
| 平阳县 | 62833 | 37237 | 25596 | 48098 | 30156 | 17942 |
| 苍南县 | 42599 | 24950 | 17649 | 29465 | 18537 | 10928 |
| 文成县 | 4026 | 2705 | 1321 | 3185 | 2357 | 828 |
| 泰顺县 | 3360 | 1916 | 1444 | 2068 | 1355 | 713 |
| 瑞安市 | 1940 | 1181 | 759 | 1554 | 1007 | 547 |
| 乐清市 | 26266 | 14722 | 11544 | 22683 | 12949 | 9734 |
| 龙港市 | 3772 | 2065 | 1707 | 2252 | 1392 | 860 |
| **嘉兴市** | **617289** | **363926** | **253363** | **503590** | **307811** | **195779** |
| 南湖区 | 23182 | 13426 | 9756 | 18502 | 11129 | 7373 |
| 秀洲区 | 67104 | 37863 | 29241 | 54089 | 31311 | 22778 |
| 嘉善县 | 209469 | 123239 | 86230 | 169329 | 103502 | 65827 |
| 海盐县 | 76457 | 45071 | 31386 | 56832 | 35272 | 21560 |
| 海宁市 | 138603 | 84659 | 53944 | 121965 | 76646 | 45319 |
| 平湖市 | 58774 | 34672 | 24102 | 46486 | 28543 | 17943 |
| 桐乡市 | 43700 | 24996 | 18704 | 36387 | 21408 | 14979 |
| **湖州市** | **406522** | **235920** | **170602** | **339118** | **202190** | **136928** |
| 吴兴区 | 135726 | 73847 | 61879 | 125743 | 68821 | 56922 |
| 南浔区 | 24000 | 13968 | 10032 | 17867 | 10987 | 6880 |
| 德清县 | 85146 | 51708 | 33438 | 69027 | 43413 | 25614 |
| 长兴县 | 64215 | 38489 | 25726 | 48664 | 30942 | 17722 |
| 安吉县 | 97435 | 57908 | 39527 | 77817 | 48027 | 29790 |

7–10b　续表 1　　　　单位：人

| 现住地 | 合　计 | | | 工作就业 | | |
|---|---|---|---|---|---|---|
| | 合计 | 男 | 女 | 小计 | 男 | 女 |
| **绍兴市** | **141201** | **85616** | **55585** | **121974** | **76207** | **45767** |
| 越城区 | 667 | 380 | 287 | 508 | 303 | 205 |
| 柯桥区 | 66120 | 42016 | 24104 | 62472 | 40294 | 22178 |
| 上虞区 | 7595 | 4330 | 3265 | 5838 | 3490 | 2348 |
| 新昌县 | 19660 | 11479 | 8181 | 14754 | 9175 | 5579 |
| 诸暨市 | 43529 | 25201 | 18328 | 35673 | 21166 | 14507 |
| 嵊州市 | 3630 | 2210 | 1420 | 2729 | 1779 | 950 |
| **金华市** | **571017** | **330211** | **240806** | **479302** | **282715** | **196587** |
| 婺城区 | 10466 | 6356 | 4110 | 7632 | 4961 | 2671 |
| 金东区 | 83951 | 49532 | 34419 | 71977 | 43355 | 28622 |
| 武义县 | 109934 | 63743 | 46191 | 91849 | 54471 | 37378 |
| 浦江县 | 44705 | 24698 | 20007 | 35247 | 19798 | 15449 |
| 磐安县 | 9414 | 5705 | 3709 | 7520 | 4784 | 2736 |
| 兰溪市 | 7691 | 4538 | 3153 | 6355 | 3912 | 2443 |
| 义乌市 | 168976 | 95623 | 73353 | 148290 | 84744 | 63546 |
| 东阳市 | 94775 | 56300 | 38475 | 76752 | 46979 | 29773 |
| 永康市 | 41105 | 23716 | 17389 | 33680 | 19711 | 13969 |
| **衢州市** | **30256** | **18313** | **11943** | **22715** | **15079** | **7636** |
| 柯城区 | 1217 | 783 | 434 | 994 | 671 | 323 |
| 衢江区 | 1197 | 689 | 508 | 813 | 549 | 264 |
| 常山县 | 6297 | 3723 | 2574 | 4722 | 3106 | 1616 |
| 开化县 | 3971 | 2451 | 1520 | 2880 | 2033 | 847 |
| 龙游县 | 15342 | 9330 | 6012 | 11801 | 7672 | 4129 |
| 江山市 | 2232 | 1337 | 895 | 1505 | 1048 | 457 |
| **舟山市** | **61477** | **46378** | **15099** | **52507** | **42231** | **10276** |
| 定海区 | 7425 | 4200 | 3225 | 5133 | 3155 | 1978 |
| 普陀区 | 3396 | 1997 | 1399 | 2699 | 1661 | 1038 |
| 岱山县 | 45799 | 37309 | 8490 | 41007 | 35049 | 5958 |
| 嵊泗县 | 4857 | 2872 | 1985 | 3668 | 2366 | 1302 |
| **台州市** | **179694** | **106529** | **73165** | **148571** | **91405** | **57166** |
| 椒江区 | 3543 | 2219 | 1324 | 3149 | 2023 | 1126 |
| 黄岩区 | 5007 | 2885 | 2122 | 3980 | 2382 | 1598 |
| 路桥区 | 34440 | 20374 | 14066 | 28748 | 17438 | 11310 |
| 三门县 | 21509 | 12688 | 8821 | 16896 | 10559 | 6337 |
| 天台县 | 13171 | 7705 | 5466 | 9618 | 6007 | 3611 |
| 仙居县 | 11426 | 6527 | 4899 | 8488 | 5204 | 3284 |
| 温岭市 | 71781 | 43200 | 28581 | 62030 | 38370 | 23660 |
| 临海市 | 13830 | 8018 | 5812 | 11515 | 6949 | 4566 |
| 玉环市 | 4987 | 2913 | 2074 | 4147 | 2473 | 1674 |
| **丽水市** | **69653** | **41261** | **28392** | **53568** | **34108** | **19460** |
| 莲都区 | 3579 | 2252 | 1327 | 2871 | 1911 | 960 |
| 青田县 | 23481 | 13582 | 9899 | 18281 | 11164 | 7117 |
| 缙云县 | 19717 | 11958 | 7759 | 15830 | 10173 | 5657 |
| 遂昌县 | 3236 | 1991 | 1245 | 2302 | 1627 | 675 |
| 松阳县 | 6706 | 4028 | 2678 | 5211 | 3440 | 1771 |
| 云和县 | 8889 | 5304 | 3585 | 6784 | 4300 | 2484 |
| 庆元县 | 2112 | 1085 | 1027 | 1097 | 710 | 387 |
| 景宁畲族自治县 | 1574 | 846 | 728 | 934 | 603 | 331 |
| 龙泉市 | 359 | 215 | 144 | 258 | 180 | 78 |

7−10b 续表 2

单位：人

| 现住地 | 学习培训 | | | 随同离开/投亲靠友 | | | 拆迁/搬家 | | |
|---|---|---|---|---|---|---|---|---|---|
| | 小计 | 男 | 女 | 小计 | 男 | 女 | 小计 | 男 | 女 |
| **合计** | **113169** | **63953** | **49216** | **295189** | **149803** | **145386** | **42554** | **22564** | **19990** |
| **杭州市** | **10085** | **5670** | **4415** | **20289** | **10153** | **10136** | **4121** | **2177** | **1944** |
| 上城区 | | | | | | | | | |
| 下城区 | | | | | | | | | |
| 江干区 | | | | | | | | | |
| 拱墅区 | | | | | | | | | |
| 西湖区 | 3 | 3 | | 22 | 12 | 10 | 2 | 1 | 1 |
| 滨江区 | | | | | | | | | |
| 萧山区 | 2235 | 1277 | 958 | 2866 | 1462 | 1404 | 223 | 109 | 114 |
| 余杭区 | 3154 | 1861 | 1293 | 7266 | 3574 | 3692 | 1372 | 753 | 619 |
| 富阳区 | 111 | 69 | 42 | 363 | 191 | 172 | 10 | 7 | 3 |
| 临安区 | 694 | 391 | 303 | 1303 | 647 | 656 | 75 | 43 | 32 |
| 桐庐县 | 3226 | 1692 | 1534 | 6822 | 3483 | 3339 | 1710 | 888 | 822 |
| 淳安县 | 287 | 151 | 136 | 716 | 343 | 373 | 394 | 212 | 182 |
| 建德市 | 375 | 226 | 149 | 931 | 441 | 490 | 335 | 164 | 171 |
| **宁波市** | **23138** | **13122** | **10016** | **63933** | **32204** | **31729** | **6894** | **3627** | **3267** |
| 海曙区 | 382 | 202 | 180 | 730 | 376 | 354 | 80 | 40 | 40 |
| 江北区 | | | | | | | | | |
| 北仑区 | 483 | 294 | 189 | 1250 | 650 | 600 | 88 | 63 | 25 |
| 镇海区 | 563 | 313 | 250 | 2690 | 1214 | 1476 | 142 | 72 | 70 |
| 鄞州区 | 3605 | 2046 | 1559 | 15191 | 7446 | 7745 | 2348 | 1282 | 1066 |
| 奉化区 | 636 | 356 | 280 | 871 | 462 | 409 | 288 | 139 | 149 |
| 象山县 | 2520 | 1432 | 1088 | 9035 | 4544 | 4491 | 1070 | 518 | 552 |
| 宁海县 | 5961 | 3314 | 2647 | 8542 | 4453 | 4089 | 950 | 463 | 487 |
| 余姚市 | 3222 | 1852 | 1370 | 10740 | 5420 | 5320 | 810 | 437 | 373 |
| 慈溪市 | 5766 | 3313 | 2453 | 14884 | 7639 | 7245 | 1118 | 613 | 505 |
| **温州市** | **10154** | **5760** | **4394** | **33171** | **16915** | **16256** | **7581** | **4074** | **3507** |
| 鹿城区 | 38 | 24 | 14 | 142 | 78 | 64 | 10 | 5 | 5 |
| 龙湾区 | 3603 | 2048 | 1555 | 10266 | 5354 | 4912 | 242 | 134 | 108 |
| 瓯海区 | 61 | 49 | 12 | 535 | 259 | 276 | 75 | 43 | 32 |
| 洞头区 | 21 | 11 | 10 | 186 | 74 | 112 | 7 | 5 | 2 |
| 永嘉县 | 2298 | 1260 | 1038 | 7513 | 4043 | 3470 | 378 | 195 | 183 |
| 平阳县 | 2247 | 1323 | 924 | 5340 | 2615 | 2725 | 3050 | 1559 | 1491 |
| 苍南县 | 948 | 533 | 415 | 5239 | 2549 | 2690 | 3035 | 1705 | 1330 |
| 文成县 | 56 | 34 | 22 | 311 | 148 | 163 | 68 | 34 | 34 |
| 泰顺县 | 131 | 60 | 71 | 309 | 150 | 159 | 383 | 208 | 175 |
| 瑞安市 | 59 | 32 | 27 | 164 | 82 | 82 | 62 | 34 | 28 |
| 乐清市 | 600 | 335 | 265 | 2028 | 1071 | 957 | 98 | 51 | 47 |
| 龙港市 | 92 | 51 | 41 | 1138 | 492 | 646 | 173 | 101 | 72 |
| **嘉兴市** | **21832** | **12089** | **9743** | **54439** | **27945** | **26494** | **8149** | **4397** | **3752** |
| 南湖区 | 593 | 328 | 265 | 2431 | 1254 | 1177 | 363 | 215 | 148 |
| 秀洲区 | 1590 | 928 | 662 | 8037 | 4164 | 3873 | 889 | 467 | 422 |
| 嘉善县 | 7550 | 4087 | 3463 | 19012 | 9766 | 9246 | 3276 | 1741 | 1535 |
| 海盐县 | 4614 | 2583 | 2031 | 7906 | 4060 | 3846 | 1472 | 785 | 687 |
| 海宁市 | 4209 | 2233 | 1976 | 7176 | 3675 | 3501 | 674 | 381 | 293 |
| 平湖市 | 2315 | 1372 | 943 | 6030 | 3060 | 2970 | 722 | 404 | 318 |
| 桐乡市 | 961 | 558 | 403 | 3847 | 1966 | 1881 | 753 | 404 | 349 |
| **湖州市** | **12877** | **7321** | **5556** | **31873** | **16076** | **15797** | **6509** | **3557** | **2952** |
| 吴兴区 | 1403 | 774 | 629 | 5999 | 3113 | 2886 | 609 | 310 | 299 |
| 南浔区 | 1283 | 646 | 637 | 3160 | 1618 | 1542 | 727 | 395 | 332 |
| 德清县 | 3787 | 2291 | 1496 | 5611 | 2825 | 2786 | 1910 | 1078 | 832 |
| 长兴县 | 2409 | 1376 | 1033 | 7394 | 3627 | 3767 | 1704 | 902 | 802 |
| 安吉县 | 3995 | 2234 | 1761 | 9709 | 4893 | 4816 | 1559 | 872 | 687 |

7-10b　续表 3　　　　单位：人

| 现住地 | 学习培训 | | | 随同离开/投亲靠友 | | | 拆迁/搬家 | | |
|---|---|---|---|---|---|---|---|---|---|
| | 小计 | 男 | 女 | 小计 | 男 | 女 | 小计 | 男 | 女 |
| **绍兴市** | **3082** | **1741** | **1341** | **10815** | **5478** | **5337** | **1167** | **584** | **583** |
| 越城区 | 18 | 9 | 9 | 81 | 49 | 32 | 31 | 14 | 17 |
| 柯桥区 | 501 | 301 | 200 | 2298 | 1071 | 1227 | 136 | 67 | 69 |
| 上虞区 | 231 | 127 | 104 | 1076 | 545 | 531 | 147 | 76 | 71 |
| 新昌县 | 719 | 398 | 321 | 2270 | 1143 | 1127 | 445 | 206 | 239 |
| 诸暨市 | 1444 | 816 | 628 | 4729 | 2483 | 2246 | 391 | 215 | 176 |
| 嵊州市 | 169 | 90 | 79 | 361 | 187 | 174 | 17 | 6 | 11 |
| **金华市** | **21442** | **12304** | **9138** | **48161** | **25288** | **22873** | **2945** | **1608** | **1337** |
| 婺城区 | 859 | 464 | 395 | 1116 | 563 | 553 | 203 | 109 | 94 |
| 金东区 | 1681 | 942 | 739 | 7240 | 3753 | 3487 | 910 | 496 | 414 |
| 武义县 | 4112 | 2379 | 1733 | 9432 | 4915 | 4517 | 367 | 209 | 158 |
| 浦江县 | 2220 | 1264 | 956 | 3996 | 2076 | 1920 | 341 | 190 | 151 |
| 磐安县 | 429 | 252 | 177 | 863 | 454 | 409 | 42 | 20 | 22 |
| 兰溪市 | 205 | 108 | 97 | 752 | 390 | 362 | 43 | 20 | 23 |
| 义乌市 | 4871 | 2955 | 1916 | 11788 | 6217 | 5571 | 429 | 241 | 188 |
| 东阳市 | 5906 | 3267 | 2639 | 8064 | 4254 | 3810 | 539 | 286 | 253 |
| 永康市 | 1159 | 673 | 486 | 4910 | 2666 | 2244 | 71 | 37 | 34 |
| **衢州市** | **1310** | **724** | **586** | **2862** | **1380** | **1482** | **809** | **368** | **441** |
| 柯城区 | 19 | 12 | 7 | 122 | 64 | 58 | 13 | 9 | 4 |
| 衢江区 | 63 | 31 | 32 | 141 | 60 | 81 | 27 | 12 | 15 |
| 常山县 | 201 | 106 | 95 | 567 | 280 | 287 | 221 | 95 | 126 |
| 开化县 | 196 | 102 | 94 | 272 | 131 | 141 | 154 | 64 | 90 |
| 龙游县 | 645 | 373 | 272 | 1549 | 743 | 806 | 307 | 147 | 160 |
| 江山市 | 186 | 100 | 86 | 211 | 102 | 109 | 87 | 41 | 46 |
| **舟山市** | **1127** | **695** | **432** | **4511** | **2017** | **2494** | **1169** | **579** | **590** |
| 定海区 | 283 | 155 | 128 | 1241 | 549 | 692 | 359 | 189 | 170 |
| 普陀区 | 225 | 143 | 82 | 203 | 98 | 105 | 84 | 36 | 48 |
| 岱山县 | 500 | 330 | 170 | 2325 | 1032 | 1293 | 659 | 320 | 339 |
| 嵊泗县 | 119 | 67 | 52 | 742 | 338 | 404 | 67 | 34 | 33 |
| **台州市** | **5069** | **2828** | **2241** | **17679** | **8813** | **8866** | **2282** | **1143** | **1139** |
| 椒江区 | 41 | 19 | 22 | 309 | 160 | 149 | 3 | 1 | 2 |
| 黄岩区 | 189 | 115 | 74 | 647 | 310 | 337 | 32 | 16 | 16 |
| 路桥区 | 1085 | 596 | 489 | 3318 | 1729 | 1589 | 446 | 235 | 211 |
| 三门县 | 767 | 452 | 315 | 2654 | 1255 | 1399 | 391 | 203 | 188 |
| 天台县 | 515 | 260 | 255 | 1303 | 651 | 652 | 415 | 180 | 235 |
| 仙居县 | 618 | 339 | 279 | 1273 | 616 | 657 | 177 | 90 | 87 |
| 温岭市 | 1416 | 804 | 612 | 6281 | 3119 | 3162 | 615 | 317 | 298 |
| 临海市 | 381 | 210 | 171 | 1210 | 607 | 603 | 170 | 82 | 88 |
| 玉环市 | 57 | 33 | 24 | 684 | 366 | 318 | 33 | 19 | 14 |
| **丽水市** | **3053** | **1699** | **1354** | **7456** | **3534** | **3922** | **928** | **450** | **478** |
| 莲都区 | 113 | 67 | 46 | 429 | 219 | 210 | 34 | 21 | 13 |
| 青田县 | 1281 | 691 | 590 | 2713 | 1318 | 1395 | 190 | 88 | 102 |
| 缙云县 | 795 | 465 | 330 | 1796 | 837 | 959 | 120 | 65 | 55 |
| 遂昌县 | 84 | 43 | 41 | 410 | 190 | 220 | 97 | 48 | 49 |
| 松阳县 | 250 | 124 | 126 | 681 | 292 | 389 | 103 | 45 | 58 |
| 云和县 | 285 | 182 | 103 | 1023 | 518 | 505 | 115 | 64 | 51 |
| 庆元县 | 111 | 58 | 53 | 283 | 115 | 168 | 222 | 107 | 115 |
| 景宁畲族自治县 | 128 | 67 | 61 | 81 | 27 | 54 | 33 | 6 | 27 |
| 龙泉市 | 6 | 2 | 4 | 40 | 18 | 22 | 14 | 6 | 8 |

7-10b 续表 4 单位：人

| 现住地 | 寄挂户口 | | | 婚姻嫁娶 | | | 照料孙子女 | | |
|---|---|---|---|---|---|---|---|---|---|
| | 小计 | 男 | 女 | 小计 | 男 | 女 | 小计 | 男 | 女 |
| **合计** | **1448** | **720** | **728** | **25052** | **3636** | **21416** | **30329** | **7965** | **22364** |
| **杭州市** | **124** | **59** | **65** | **2189** | **382** | **1807** | **3974** | **1109** | **2865** |
| 上城区 | | | | | | | | | |
| 下城区 | | | | | | | | | |
| 江干区 | | | | | | | | | |
| 拱墅区 | | | | | | | | | |
| 西湖区 | | | | 1 | 1 | | 1 | | 1 |
| 滨江区 | | | | | | | | | |
| 萧山区 | 9 | 5 | 4 | 221 | 37 | 184 | 367 | 63 | 304 |
| 余杭区 | 36 | 18 | 18 | 678 | 141 | 537 | 2383 | 713 | 1670 |
| 富阳区 | 1 | 1 | | 44 | 6 | 38 | 21 | 4 | 17 |
| 临安区 | 4 | 3 | 1 | 159 | 23 | 136 | 93 | 16 | 77 |
| 桐庐县 | 32 | 13 | 19 | 623 | 103 | 520 | 811 | 228 | 583 |
| 淳安县 | 16 | 9 | 7 | 211 | 31 | 180 | 222 | 66 | 156 |
| 建德市 | 26 | 10 | 16 | 252 | 40 | 212 | 76 | 19 | 57 |
| **宁波市** | **251** | **127** | **124** | **3485** | **405** | **3080** | **7185** | **1965** | **5220** |
| 海曙区 | | | | 62 | 12 | 50 | 72 | 18 | 54 |
| 江北区 | | | | | | | | | |
| 北仑区 | 4 | 2 | 2 | 149 | 25 | 124 | 600 | 204 | 396 |
| 镇海区 | 6 | 2 | 4 | 44 | 3 | 41 | 344 | 97 | 247 |
| 鄞州区 | 66 | 33 | 33 | 506 | 73 | 433 | 1903 | 503 | 1400 |
| 奉化区 | 11 | 4 | 7 | 186 | 15 | 171 | 46 | 12 | 34 |
| 象山县 | 39 | 22 | 17 | 553 | 57 | 496 | 596 | 130 | 466 |
| 宁海县 | 11 | 6 | 5 | 757 | 59 | 698 | 709 | 180 | 529 |
| 余姚市 | 60 | 31 | 29 | 593 | 79 | 514 | 473 | 90 | 383 |
| 慈溪市 | 54 | 27 | 27 | 635 | 82 | 553 | 2442 | 731 | 1711 |
| **温州市** | **283** | **115** | **168** | **3889** | **348** | **3541** | **1565** | **332** | **1233** |
| 鹿城区 | 1 | | 1 | 20 | 2 | 18 | 4 | 1 | 3 |
| 龙湾区 | 44 | 11 | 33 | 217 | 17 | 200 | 606 | 116 | 490 |
| 瓯海区 | | | | 32 | 6 | 26 | 20 | 4 | 16 |
| 洞头区 | | | | 23 | 3 | 20 | | | |
| 永嘉县 | 129 | 60 | 69 | 563 | 38 | 525 | 281 | 76 | 205 |
| 平阳县 | 60 | 23 | 37 | 1124 | 73 | 1051 | 288 | 60 | 228 |
| 苍南县 | 29 | 12 | 17 | 1279 | 136 | 1143 | 127 | 31 | 96 |
| 文成县 | 2 | 2 | | 153 | 6 | 147 | 21 | 6 | 15 |
| 泰顺县 | 6 | | 6 | 225 | 44 | 181 | 43 | 15 | 28 |
| 瑞安市 | | | | 61 | 4 | 57 | 8 | 1 | 7 |
| 乐清市 | 3 | 1 | 2 | 133 | 14 | 119 | 146 | 17 | 129 |
| 龙港市 | 9 | 6 | 3 | 59 | 5 | 54 | 21 | 5 | 16 |
| **嘉兴市** | **201** | **101** | **100** | **4074** | **913** | **3161** | **8563** | **2305** | **6258** |
| 南湖区 | 3 | 3 | | 199 | 35 | 164 | 264 | 66 | 198 |
| 秀洲区 | 31 | 23 | 8 | 400 | 72 | 328 | 586 | 131 | 455 |
| 嘉善县 | 81 | 39 | 42 | 1315 | 255 | 1060 | 2850 | 788 | 2062 |
| 海盐县 | 18 | 4 | 14 | 753 | 161 | 592 | 1637 | 499 | 1138 |
| 海宁市 | 41 | 21 | 20 | 491 | 139 | 352 | 1855 | 492 | 1363 |
| 平湖市 | 7 | 2 | 5 | 478 | 144 | 334 | 1023 | 248 | 775 |
| 桐乡市 | 20 | 9 | 11 | 438 | 107 | 331 | 348 | 81 | 267 |
| **湖州市** | **188** | **102** | **86** | **3005** | **613** | **2392** | **3113** | **848** | **2265** |
| 吴兴区 | 5 | 3 | 2 | 239 | 50 | 189 | 600 | 172 | 428 |
| 南浔区 | 18 | 10 | 8 | 352 | 77 | 275 | 225 | 59 | 166 |
| 德清县 | 39 | 25 | 14 | 639 | 142 | 497 | 861 | 225 | 636 |
| 长兴县 | 99 | 51 | 48 | 996 | 178 | 818 | 615 | 168 | 447 |
| 安吉县 | 27 | 13 | 14 | 779 | 166 | 613 | 812 | 224 | 588 |

7-10b　续表 5　　　　单位：人

| 现 住 地 | 寄挂户口 | | | 婚姻嫁娶 | | | 照料孙子女 | | |
|---|---|---|---|---|---|---|---|---|---|
| | 小计 | 男 | 女 | 小计 | 男 | 女 | 小计 | 男 | 女 |
| **绍兴市** | **88** | **46** | **42** | **1002** | **114** | **888** | **653** | **158** | **495** |
| 越城区 | | | | 19 | 3 | 16 | 5 | | 5 |
| 柯桥区 | 7 | 4 | 3 | 111 | 23 | 88 | 118 | 22 | 96 |
| 上虞区 | 6 | 2 | 4 | 114 | 9 | 105 | 52 | 10 | 42 |
| 新昌县 | 23 | 6 | 17 | 433 | 43 | 390 | 225 | 71 | 154 |
| 诸暨市 | 50 | 33 | 17 | 223 | 27 | 196 | 245 | 54 | 191 |
| 嵊州市 | 2 | 1 | 1 | 102 | 9 | 93 | 8 | 1 | 7 |
| **金华市** | **145** | **75** | **70** | **2154** | **303** | **1851** | **3377** | **755** | **2622** |
| 婺城区 | 12 | 6 | 6 | 110 | 21 | 89 | 220 | 71 | 149 |
| 金东区 | 5 | 3 | 2 | 158 | 32 | 126 | 505 | 132 | 373 |
| 武义县 | 6 | 2 | 4 | 433 | 56 | 377 | 697 | 138 | 559 |
| 浦江县 | 28 | 16 | 12 | 306 | 30 | 276 | 221 | 49 | 172 |
| 磐安县 | 2 | 1 | 1 | 199 | 21 | 178 | 45 | 9 | 36 |
| 兰溪市 | 1 | | 1 | 143 | 10 | 133 | 22 | 5 | 17 |
| 义乌市 | 62 | 38 | 24 | 319 | 47 | 272 | 960 | 201 | 759 |
| 东阳市 | 21 | 6 | 15 | 373 | 69 | 304 | 611 | 135 | 476 |
| 永康市 | 8 | 3 | 5 | 113 | 17 | 96 | 96 | 15 | 81 |
| **衢州市** | **11** | **5** | **6** | **1216** | **145** | **1071** | **318** | **78** | **240** |
| 柯城区 | | | | 30 | 11 | 19 | 11 | 2 | 9 |
| 衢江区 | 2 | 1 | 1 | 93 | 9 | 84 | 3 | | 3 |
| 常山县 | 1 | 1 | | 324 | 38 | 286 | 93 | 26 | 67 |
| 开化县 | | | | 229 | 29 | 200 | 69 | 19 | 50 |
| 龙游县 | 7 | 3 | 4 | 382 | 40 | 342 | 127 | 28 | 99 |
| 江山市 | 1 | | 1 | 158 | 18 | 140 | 15 | 3 | 12 |
| **舟山市** | **6** | **6** | | **515** | **40** | **475** | **361** | **112** | **249** |
| 定海区 | | | | 70 | 5 | 65 | 67 | 12 | 55 |
| 普陀区 | | | | 57 | 4 | 53 | 18 | 3 | 15 |
| 岱山县 | 1 | 1 | | 251 | 19 | 232 | 251 | 92 | 159 |
| 嵊泗县 | 5 | 5 | | 137 | 12 | 125 | 25 | 5 | 20 |
| **台州市** | **113** | **63** | **50** | **1719** | **207** | **1512** | **677** | **148** | **529** |
| 椒江区 | | | | 6 | | 6 | 10 | 1 | 9 |
| 黄岩区 | 10 | 5 | 5 | 43 | 7 | 36 | 19 | 2 | 17 |
| 路桥区 | 9 | 2 | 7 | 119 | 13 | 106 | 96 | 20 | 76 |
| 三门县 | 39 | 25 | 14 | 305 | 19 | 286 | 143 | 35 | 108 |
| 天台县 | 14 | 6 | 8 | 361 | 69 | 292 | 57 | 15 | 42 |
| 仙居县 | 5 | 5 | | 337 | 47 | 290 | 87 | 25 | 62 |
| 温岭市 | 30 | 17 | 13 | 335 | 35 | 300 | 193 | 34 | 159 |
| 临海市 | 6 | 3 | 3 | 178 | 9 | 169 | 66 | 15 | 51 |
| 玉环市 | | | | 35 | 8 | 27 | 6 | 1 | 5 |
| **丽水市** | **38** | **21** | **17** | **1804** | **166** | **1638** | **543** | **155** | **388** |
| 莲都区 | 3 | 1 | 2 | 44 | 1 | 43 | 10 | 1 | 9 |
| 青田县 | 17 | 9 | 8 | 287 | 19 | 268 | 176 | 54 | 122 |
| 缙云县 | 5 | 4 | 1 | 406 | 61 | 345 | 110 | 28 | 82 |
| 遂昌县 | 2 | 2 | | 192 | 25 | 167 | 55 | 17 | 38 |
| 松阳县 | 1 | 1 | | 215 | 18 | 197 | 62 | 17 | 45 |
| 云和县 | 1 | 1 | | 242 | 16 | 226 | 62 | 19 | 43 |
| 庆元县 | 9 | 3 | 6 | 227 | 23 | 204 | 46 | 13 | 33 |
| 景宁畲族自治县 | | | | 168 | 3 | 165 | 21 | 6 | 15 |
| 龙泉市 | | | | 23 | | 23 | 1 | | 1 |

7－10b 续表 6 单位：人

| 现住地 | 为子女就学 | | | 养老/康养 | | | 其他 | | |
|---|---|---|---|---|---|---|---|---|---|
| | 小计 | 男 | 女 | 小计 | 男 | 女 | 小计 | 男 | 女 |
| **合计** | **3455** | **962** | **2493** | **6128** | **2788** | **3340** | **71696** | **38970** | **32726** |
| **杭州市** | **342** | **102** | **240** | **717** | **298** | **419** | **4807** | **2523** | **2284** |
| 上城区 | | | | | | | | | |
| 下城区 | | | | | | | | | |
| 江干区 | | | | | | | | | |
| 拱墅区 | | | | | | | | | |
| 西湖区 | | | | 1 | | 1 | 1 | 1 | |
| 滨江区 | | | | | | | | | |
| 萧山区 | 32 | 7 | 25 | 36 | 11 | 25 | 871 | 469 | 402 |
| 余杭区 | 148 | 45 | 103 | 422 | 175 | 247 | 1782 | 944 | 838 |
| 富阳区 | 1 | | 1 | 4 | 2 | 2 | 82 | 35 | 47 |
| 临安区 | 10 | | 10 | 23 | 7 | 16 | 262 | 153 | 109 |
| 桐庐县 | 110 | 42 | 68 | 110 | 51 | 59 | 1349 | 682 | 667 |
| 淳安县 | 21 | 3 | 18 | 58 | 28 | 30 | 288 | 145 | 143 |
| 建德市 | 20 | 5 | 15 | 63 | 24 | 39 | 172 | 94 | 78 |
| **宁波市** | **501** | **141** | **360** | **752** | **323** | **429** | **11319** | **6110** | **5209** |
| 海曙区 | 13 | 5 | 8 | 13 | 6 | 7 | 352 | 187 | 165 |
| 江北区 | | | | | | | | | |
| 北仑区 | 51 | 30 | 21 | 55 | 27 | 28 | 644 | 379 | 265 |
| 镇海区 | 19 | 4 | 15 | 55 | 22 | 33 | 294 | 154 | 140 |
| 鄞州区 | 80 | 18 | 62 | 188 | 72 | 116 | 2009 | 1100 | 909 |
| 奉化区 | 12 | 5 | 7 | 21 | 9 | 12 | 144 | 71 | 73 |
| 象山县 | 57 | 12 | 45 | 79 | 39 | 40 | 1146 | 627 | 519 |
| 宁海县 | 91 | 19 | 72 | 90 | 47 | 43 | 2442 | 1311 | 1131 |
| 余姚市 | 26 | 9 | 17 | 74 | 33 | 41 | 1692 | 906 | 786 |
| 慈溪市 | 152 | 39 | 113 | 177 | 68 | 109 | 2596 | 1375 | 1221 |
| **温州市** | **252** | **67** | **185** | **257** | **117** | **140** | **11998** | **6728** | **5270** |
| 鹿城区 | | | | | | | 58 | 32 | 26 |
| 龙湾区 | 40 | 4 | 36 | 43 | 14 | 29 | 4251 | 2407 | 1844 |
| 瓯海区 | | | | | | | 49 | 19 | 30 |
| 洞头区 | | | | 2 | 1 | 1 | 19 | 14 | 5 |
| 永嘉县 | 66 | 13 | 53 | 33 | 16 | 17 | 1783 | 997 | 786 |
| 平阳县 | 67 | 25 | 42 | 54 | 27 | 27 | 2505 | 1376 | 1129 |
| 苍南县 | 41 | 16 | 25 | 73 | 40 | 33 | 2363 | 1391 | 972 |
| 文成县 | 7 | 2 | 5 | 24 | 8 | 16 | 199 | 108 | 91 |
| 泰顺县 | 23 | 7 | 16 | 19 | 6 | 13 | 153 | 71 | 82 |
| 瑞安市 | 1 | | 1 | 1 | | 1 | 30 | 21 | 9 |
| 乐清市 | 5 | | 5 | 6 | 3 | 3 | 564 | 281 | 283 |
| 龙港市 | 2 | | 2 | 2 | 2 | | 24 | 11 | 13 |
| **嘉兴市** | **844** | **282** | **562** | **2955** | **1410** | **1545** | **12642** | **6673** | **5969** |
| 南湖区 | 10 | | 10 | 300 | 136 | 164 | 517 | 260 | 257 |
| 秀洲区 | 40 | 15 | 25 | 122 | 58 | 64 | 1320 | 694 | 626 |
| 嘉善县 | 425 | 136 | 289 | 1069 | 499 | 570 | 4562 | 2426 | 2136 |
| 海盐县 | 136 | 40 | 96 | 450 | 210 | 240 | 2639 | 1457 | 1182 |
| 海宁市 | 93 | 32 | 61 | 250 | 116 | 134 | 1849 | 924 | 925 |
| 平湖市 | 127 | 54 | 73 | 729 | 378 | 351 | 857 | 467 | 390 |
| 桐乡市 | 13 | 5 | 8 | 35 | 13 | 22 | 898 | 445 | 453 |
| **湖州市** | **377** | **131** | **246** | **501** | **214** | **287** | **8961** | **4868** | **4093** |
| 吴兴区 | 22 | 6 | 16 | 42 | 17 | 25 | 1064 | 581 | 483 |
| 南浔区 | 40 | 10 | 30 | 75 | 33 | 42 | 253 | 133 | 120 |
| 德清县 | 107 | 45 | 62 | 147 | 58 | 89 | 3018 | 1606 | 1412 |
| 长兴县 | 130 | 42 | 88 | 120 | 56 | 64 | 2084 | 1147 | 937 |
| 安吉县 | 78 | 28 | 50 | 117 | 50 | 67 | 2542 | 1401 | 1141 |

7-10b　续表 7　　单位：人

| 现住地 | 为子女就学 | | | 养老/康养 | | | 其他 | | |
|---|---|---|---|---|---|---|---|---|---|
| | 小计 | 男 | 女 | 小计 | 男 | 女 | 小计 | 男 | 女 |
| **绍兴市** | **76** | **12** | **64** | **143** | **59** | **84** | **2201** | **1217** | **984** |
| 越城区 | | | | | | | 5 | 2 | 3 |
| 柯桥区 | 15 | 1 | 14 | 11 | 1 | 10 | 451 | 232 | 219 |
| 上虞区 | 1 | | 1 | 22 | 10 | 12 | 108 | 61 | 47 |
| 新昌县 | 29 | 10 | 19 | 52 | 25 | 27 | 710 | 402 | 308 |
| 诸暨市 | 28 | 1 | 27 | 49 | 19 | 30 | 697 | 387 | 310 |
| 嵊州市 | 3 | | 3 | 9 | 4 | 5 | 230 | 133 | 97 |
| **金华市** | **479** | **131** | **348** | **452** | **208** | **244** | **12560** | **6824** | **5736** |
| 婺城区 | 34 | 15 | 19 | 21 | 9 | 12 | 259 | 137 | 122 |
| 金东区 | 45 | 12 | 33 | 72 | 28 | 44 | 1358 | 779 | 579 |
| 武义县 | 72 | 13 | 59 | 81 | 33 | 48 | 2885 | 1527 | 1358 |
| 浦江县 | 50 | 18 | 32 | 41 | 21 | 20 | 2255 | 1236 | 1019 |
| 磐安县 | 29 | 9 | 20 | 9 | 4 | 5 | 276 | 151 | 125 |
| 兰溪市 | 4 | 1 | 3 | 11 | 5 | 6 | 155 | 87 | 68 |
| 义乌市 | 141 | 50 | 91 | 93 | 40 | 53 | 2023 | 1090 | 933 |
| 东阳市 | 97 | 11 | 86 | 111 | 62 | 49 | 2301 | 1231 | 1070 |
| 永康市 | 7 | 2 | 5 | 13 | 6 | 7 | 1048 | 586 | 462 |
| **衢州市** | **116** | **21** | **95** | **82** | **39** | **43** | **817** | **474** | **343** |
| 柯城区 | 2 | | 2 | 1 | 1 | | 25 | 13 | 12 |
| 衢江区 | | | | 1 | 1 | | 54 | 26 | 28 |
| 常山县 | 18 | 3 | 15 | 18 | 10 | 8 | 132 | 58 | 74 |
| 开化县 | 42 | 4 | 38 | 11 | 5 | 6 | 118 | 64 | 54 |
| 龙游县 | 41 | 10 | 31 | 36 | 16 | 20 | 447 | 298 | 149 |
| 江山市 | 13 | 4 | 9 | 15 | 6 | 9 | 41 | 15 | 26 |
| **舟山市** | **66** | **17** | **49** | **42** | **20** | **22** | **1173** | **661** | **512** |
| 定海区 | 13 | 4 | 9 | 12 | 3 | 9 | 247 | 128 | 119 |
| 普陀区 | 10 | 3 | 7 | 5 | 3 | 2 | 95 | 46 | 49 |
| 岱山县 | 41 | 10 | 31 | 16 | 10 | 6 | 748 | 446 | 302 |
| 嵊泗县 | 2 | | 2 | 9 | 4 | 5 | 83 | 41 | 42 |
| **台州市** | **174** | **31** | **143** | **89** | **39** | **50** | **3321** | **1852** | **1469** |
| 椒江区 | 1 | | 1 | | | | 24 | 15 | 9 |
| 黄岩区 | 2 | 1 | 1 | 3 | | 3 | 82 | 47 | 35 |
| 路桥区 | 1 | | 1 | 5 | 1 | 4 | 613 | 340 | 273 |
| 三门县 | 60 | 11 | 49 | 19 | 9 | 10 | 235 | 120 | 115 |
| 天台县 | 50 | 12 | 38 | 25 | 14 | 11 | 813 | 491 | 322 |
| 仙居县 | 28 | 1 | 27 | 11 | 4 | 7 | 402 | 196 | 206 |
| 温岭市 | 21 | 6 | 15 | 13 | 5 | 8 | 847 | 493 | 354 |
| 临海市 | 11 | | 11 | 12 | 6 | 6 | 281 | 137 | 144 |
| 玉环市 | | | | 1 | | 1 | 24 | 13 | 11 |
| **丽水市** | **228** | **27** | **201** | **138** | **61** | **77** | **1897** | **1040** | **857** |
| 莲都区 | 14 | 1 | 13 | 3 | 1 | 2 | 58 | 29 | 29 |
| 青田县 | 52 | 1 | 51 | 47 | 23 | 24 | 437 | 215 | 222 |
| 缙云县 | 64 | 8 | 56 | 27 | 9 | 18 | 564 | 308 | 256 |
| 遂昌县 | 14 | 2 | 12 | 12 | 4 | 8 | 68 | 33 | 35 |
| 松阳县 | 15 | 3 | 12 | 14 | 5 | 9 | 154 | 83 | 71 |
| 云和县 | 14 | 2 | 12 | 18 | 9 | 9 | 345 | 193 | 152 |
| 庆元县 | 20 | 6 | 14 | 13 | 8 | 5 | 84 | 42 | 42 |
| 景宁畲族自治县 | 33 | 4 | 29 | 3 | 2 | 1 | 173 | 128 | 45 |
| 龙泉市 | 2 | | 2 | 1 | | 1 | 14 | 9 | 5 |

# 7-10c 全省按现住地、性别、迁移原因分的户口登记地在外省的人口(乡村)

单位：人

| 现住地 | 合计 | | | 工作就业 | | |
|---|---|---|---|---|---|---|
| | 合计 | 男 | 女 | 小计 | 男 | 女 |
| **合计** | **2913661** | **1752829** | **1160832** | **2443841** | **1527004** | **916837** |
| **杭州市** | **331622** | **211545** | **120077** | **285332** | **189233** | **96099** |
| 上城区 | | | | | | |
| 下城区 | | | | | | |
| 江干区 | | | | | | |
| 拱墅区 | | | | | | |
| 西湖区 | 5954 | 4070 | 1884 | 5170 | 3715 | 1455 |
| 滨江区 | | | | | | |
| 萧山区 | 121766 | 75463 | 46303 | 104252 | 66770 | 37482 |
| 余杭区 | 134093 | 86884 | 47209 | 120326 | 80029 | 40297 |
| 富阳区 | 23838 | 15486 | 8352 | 18035 | 12700 | 5335 |
| 临安区 | 24715 | 16043 | 8672 | 20525 | 14165 | 6360 |
| 桐庐县 | 7793 | 4928 | 2865 | 6186 | 4240 | 1946 |
| 淳安县 | 2728 | 1860 | 868 | 2130 | 1643 | 487 |
| 建德市 | 10735 | 6811 | 3924 | 8708 | 5971 | 2737 |
| **宁波市** | **628051** | **371092** | **256959** | **526786** | **321474** | **205312** |
| 海曙区 | 44135 | 25494 | 18641 | 34961 | 20883 | 14078 |
| 江北区 | 42259 | 25135 | 17124 | 35757 | 21911 | 13846 |
| 北仑区 | 82131 | 50190 | 31941 | 71500 | 44977 | 26523 |
| 镇海区 | 25499 | 15960 | 9539 | 22115 | 14343 | 7772 |
| 鄞州区 | 132143 | 76446 | 55697 | 110181 | 65697 | 44484 |
| 奉化区 | 56022 | 33904 | 22118 | 45363 | 28704 | 16659 |
| 象山县 | 24607 | 15159 | 9448 | 20463 | 13322 | 7141 |
| 宁海县 | 33310 | 19619 | 13691 | 26876 | 16637 | 10239 |
| 余姚市 | 51264 | 29921 | 21343 | 40961 | 24820 | 16141 |
| 慈溪市 | 136681 | 79264 | 57417 | 118609 | 70180 | 48429 |
| **温州市** | **408717** | **243968** | **164749** | **339349** | **210607** | **128742** |
| 鹿城区 | 39313 | 24475 | 14838 | 34733 | 22113 | 12620 |
| 龙湾区 | 804 | 494 | 310 | 663 | 425 | 238 |
| 瓯海区 | 50134 | 30524 | 19610 | 43351 | 27212 | 16139 |
| 洞头区 | 16398 | 11170 | 5228 | 13790 | 9755 | 4035 |
| 永嘉县 | 27536 | 16935 | 10601 | 23614 | 15132 | 8482 |
| 平阳县 | 47263 | 27725 | 19538 | 36990 | 22729 | 14261 |
| 苍南县 | 28561 | 16416 | 12145 | 20595 | 12526 | 8069 |
| 文成县 | 2712 | 1878 | 834 | 2130 | 1717 | 413 |
| 泰顺县 | 2272 | 1403 | 869 | 1392 | 1057 | 335 |
| 瑞安市 | 117017 | 68852 | 48165 | 101148 | 61157 | 39991 |
| 乐清市 | 74772 | 42986 | 31786 | 59590 | 35942 | 23648 |
| 龙港市 | 1935 | 1110 | 825 | 1353 | 842 | 511 |
| **嘉兴市** | **364275** | **213701** | **150574** | **314441** | **189354** | **125087** |
| 南湖区 | 25348 | 15604 | 9744 | 21945 | 13974 | 7971 |
| 秀洲区 | 73950 | 41362 | 32588 | 62792 | 35701 | 27091 |
| 嘉善县 | 47875 | 29300 | 18575 | 40091 | 25645 | 14446 |
| 海盐县 | 26439 | 15604 | 10835 | 20600 | 12727 | 7873 |
| 海宁市 | 88413 | 51423 | 36990 | 81173 | 47976 | 33197 |
| 平湖市 | 50873 | 30367 | 20506 | 43378 | 26610 | 16768 |
| 桐乡市 | 51377 | 30041 | 21336 | 44462 | 26721 | 17741 |
| **湖州市** | **180152** | **111186** | **68966** | **150878** | **96868** | **54010** |
| 吴兴区 | 66657 | 41323 | 25334 | 58251 | 37063 | 21188 |
| 南浔区 | 35437 | 21650 | 13787 | 29290 | 18643 | 10647 |
| 德清县 | 30263 | 19252 | 11011 | 26012 | 17146 | 8866 |
| 长兴县 | 15701 | 9471 | 6230 | 11646 | 7718 | 3928 |
| 安吉县 | 32094 | 19490 | 12604 | 25679 | 16298 | 9381 |

7-10c　续表 1　　　　单位：人

| 现住地 | 合计 | | | 工作就业 | | |
|---|---|---|---|---|---|---|
| | 合计 | 男 | 女 | 小计 | 男 | 女 |
| **绍兴市** | **146758** | **86546** | **60212** | **120396** | **73949** | **46447** |
| 越城区 | 28894 | 17292 | 11602 | 23090 | 14383 | 8707 |
| 柯桥区 | 34742 | 20712 | 14030 | 30182 | 18485 | 11697 |
| 上虞区 | 23793 | 13771 | 10022 | 18775 | 11482 | 7293 |
| 新昌县 | 4307 | 2725 | 1582 | 3367 | 2348 | 1019 |
| 诸暨市 | 44957 | 26293 | 18664 | 37596 | 22607 | 14989 |
| 嵊州市 | 10065 | 5753 | 4312 | 7386 | 4644 | 2742 |
| **金华市** | **402475** | **236709** | **165766** | **334357** | **202811** | **131546** |
| 婺城区 | 16555 | 10366 | 6189 | 13420 | 8859 | 4561 |
| 金东区 | 43203 | 26176 | 17027 | 36262 | 22719 | 13543 |
| 武义县 | 35086 | 20830 | 14256 | 29348 | 18040 | 11308 |
| 浦江县 | 55850 | 31225 | 24625 | 46187 | 26243 | 19944 |
| 磐安县 | 2617 | 1729 | 888 | 2127 | 1559 | 568 |
| 兰溪市 | 6432 | 3678 | 2754 | 4704 | 3154 | 1550 |
| 义乌市 | 118129 | 69192 | 48937 | 100806 | 60375 | 40431 |
| 东阳市 | 48367 | 28637 | 19730 | 37840 | 23449 | 14391 |
| 永康市 | 76236 | 44876 | 31360 | 63663 | 38413 | 25250 |
| **衢州市** | **18654** | **10848** | **7806** | **12365** | **8759** | **3606** |
| 柯城区 | 2601 | 1662 | 939 | 1739 | 1321 | 418 |
| 衢江区 | 3942 | 2345 | 1597 | 2734 | 1976 | 758 |
| 常山县 | 1847 | 1012 | 835 | 1041 | 807 | 234 |
| 开化县 | 1322 | 704 | 618 | 776 | 558 | 218 |
| 龙游县 | 6100 | 3684 | 2416 | 4605 | 3111 | 1494 |
| 江山市 | 2842 | 1441 | 1401 | 1470 | 986 | 484 |
| **舟山市** | **68913** | **48146** | **20767** | **58485** | **43591** | **14894** |
| 定海区 | 25630 | 17199 | 8431 | 20621 | 15071 | 5550 |
| 普陀区 | 24941 | 16976 | 7965 | 21818 | 15565 | 6253 |
| 岱山县 | 15436 | 11849 | 3587 | 13690 | 11055 | 2635 |
| 嵊泗县 | 2906 | 2122 | 784 | 2356 | 1900 | 456 |
| **台州市** | **327633** | **195986** | **131647** | **272857** | **170498** | **102359** |
| 椒江区 | 48736 | 29799 | 18937 | 41541 | 26200 | 15341 |
| 黄岩区 | 26955 | 15991 | 10964 | 22108 | 13641 | 8467 |
| 路桥区 | 59310 | 35014 | 24296 | 49785 | 30284 | 19501 |
| 三门县 | 6719 | 4119 | 2600 | 5345 | 3614 | 1731 |
| 天台县 | 6647 | 4127 | 2520 | 4830 | 3381 | 1449 |
| 仙居县 | 6820 | 4286 | 2534 | 5334 | 3673 | 1661 |
| 温岭市 | 72979 | 43158 | 29821 | 59153 | 36739 | 22414 |
| 临海市 | 46589 | 28252 | 18337 | 39342 | 25056 | 14286 |
| 玉环市 | 52878 | 31240 | 21638 | 45419 | 27910 | 17509 |
| **丽水市** | **36411** | **23102** | **13309** | **28595** | **19860** | **8735** |
| 莲都区 | 11785 | 7745 | 4040 | 10166 | 6996 | 3170 |
| 青田县 | 6807 | 4366 | 2441 | 5527 | 3801 | 1726 |
| 缙云县 | 5110 | 3143 | 1967 | 3639 | 2567 | 1072 |
| 遂昌县 | 1447 | 927 | 520 | 1087 | 844 | 243 |
| 松阳县 | 4422 | 2616 | 1806 | 3027 | 2028 | 999 |
| 云和县 | 2254 | 1352 | 902 | 1814 | 1146 | 668 |
| 庆元县 | 1346 | 829 | 517 | 988 | 699 | 289 |
| 景宁畲族自治县 | 1458 | 1079 | 379 | 1188 | 982 | 206 |
| 龙泉市 | 1782 | 1045 | 737 | 1159 | 797 | 362 |

7-10c 续表 2

单位：人

| 现 住 地 | 学习培训 | | | 随同离开/投亲靠友 | | | 拆迁/搬家 | | |
|---|---|---|---|---|---|---|---|---|---|
| | 小计 | 男 | 女 | 小计 | 男 | 女 | 小计 | 男 | 女 |
| **合计** | **71046** | **40566** | **30480** | **279082** | **139565** | **139517** | **11530** | **6234** | **5296** |
| **杭州市** | **11461** | **6474** | **4987** | **22716** | **11456** | **11260** | **683** | **395** | **288** |
| 上城区 | | | | | | | | | |
| 下城区 | | | | | | | | | |
| 江干区 | | | | | | | | | |
| 拱墅区 | | | | | | | | | |
| 西湖区 | 103 | 45 | 58 | 352 | 178 | 174 | 17 | 5 | 12 |
| 滨江区 | | | | | | | | | |
| 萧山区 | 4094 | 2377 | 1717 | 9433 | 4764 | 4669 | 234 | 138 | 96 |
| 余杭区 | 3075 | 1845 | 1230 | 7003 | 3557 | 3446 | 160 | 97 | 63 |
| 富阳区 | 2641 | 1421 | 1220 | 2074 | 1030 | 1044 | 43 | 23 | 20 |
| 临安区 | 999 | 498 | 501 | 1913 | 963 | 950 | 44 | 25 | 19 |
| 桐庐县 | 163 | 93 | 70 | 874 | 433 | 441 | 59 | 35 | 24 |
| 淳安县 | 118 | 53 | 65 | 156 | 73 | 83 | 22 | 13 | 9 |
| 建德市 | 268 | 142 | 126 | 911 | 458 | 453 | 104 | 59 | 45 |
| **宁波市** | **16062** | **9226** | **6836** | **64258** | **32121** | **32137** | **2557** | **1375** | **1182** |
| 海曙区 | 1105 | 706 | 399 | 5777 | 2839 | 2938 | 673 | 369 | 304 |
| 江北区 | 974 | 561 | 413 | 4328 | 2177 | 2151 | 87 | 54 | 33 |
| 北仑区 | 2234 | 1353 | 881 | 5771 | 2830 | 2941 | 243 | 128 | 115 |
| 镇海区 | 428 | 243 | 185 | 2254 | 1045 | 1209 | 9 | 4 | 5 |
| 鄞州区 | 3169 | 1773 | 1396 | 14763 | 7301 | 7462 | 623 | 342 | 281 |
| 奉化区 | 1940 | 1075 | 865 | 6733 | 3342 | 3391 | 258 | 137 | 121 |
| 象山县 | 734 | 416 | 318 | 2088 | 958 | 1130 | 141 | 69 | 72 |
| 宁海县 | 1432 | 806 | 626 | 3407 | 1728 | 1679 | 97 | 48 | 49 |
| 余姚市 | 1365 | 752 | 613 | 6710 | 3434 | 3276 | 288 | 150 | 138 |
| 慈溪市 | 2681 | 1541 | 1140 | 12427 | 6467 | 5960 | 138 | 74 | 64 |
| **温州市** | **9460** | **5431** | **4029** | **39762** | **19603** | **20159** | **3085** | **1698** | **1387** |
| 鹿城区 | 793 | 460 | 333 | 2213 | 1105 | 1108 | 109 | 59 | 50 |
| 龙湾区 | 29 | 15 | 14 | 70 | 36 | 34 | 2 | | 2 |
| 瓯海区 | 1341 | 684 | 657 | 4205 | 2077 | 2128 | 100 | 50 | 50 |
| 洞头区 | 810 | 529 | 281 | 1014 | 460 | 554 | 57 | 35 | 22 |
| 永嘉县 | 506 | 306 | 200 | 2195 | 1100 | 1095 | 111 | 70 | 41 |
| 平阳县 | 1408 | 819 | 589 | 4551 | 2254 | 2297 | 1278 | 677 | 601 |
| 苍南县 | 482 | 287 | 195 | 4945 | 2486 | 2459 | 724 | 417 | 307 |
| 文成县 | 54 | 32 | 22 | 136 | 67 | 69 | 43 | 20 | 23 |
| 泰顺县 | 116 | 59 | 57 | 172 | 70 | 102 | 141 | 87 | 54 |
| 瑞安市 | 1971 | 1148 | 823 | 10143 | 5126 | 5017 | 306 | 162 | 144 |
| 乐清市 | 1903 | 1069 | 834 | 9721 | 4629 | 5092 | 173 | 99 | 74 |
| 龙港市 | 47 | 23 | 24 | 397 | 193 | 204 | 41 | 22 | 19 |
| **嘉兴市** | **6191** | **3601** | **2590** | **31264** | **15711** | **15553** | **1186** | **605** | **581** |
| 南湖区 | 348 | 195 | 153 | 1709 | 849 | 860 | 121 | 59 | 62 |
| 秀洲区 | 1085 | 642 | 443 | 8265 | 4278 | 3987 | 78 | 38 | 40 |
| 嘉善县 | 839 | 501 | 338 | 4979 | 2406 | 2573 | 365 | 185 | 180 |
| 海盐县 | 942 | 523 | 419 | 3374 | 1724 | 1650 | 99 | 53 | 46 |
| 海宁市 | 927 | 534 | 393 | 4364 | 2085 | 2279 | 109 | 59 | 50 |
| 平湖市 | 1241 | 739 | 502 | 4582 | 2325 | 2257 | 149 | 79 | 70 |
| 桐乡市 | 809 | 467 | 342 | 3991 | 2044 | 1947 | 265 | 132 | 133 |
| **湖州市** | **3693** | **2140** | **1553** | **16934** | **8543** | **8391** | **789** | **424** | **365** |
| 吴兴区 | 1028 | 616 | 412 | 4886 | 2395 | 2491 | 208 | 112 | 96 |
| 南浔区 | 604 | 343 | 261 | 4147 | 2098 | 2049 | 242 | 126 | 116 |
| 德清县 | 871 | 458 | 413 | 2245 | 1170 | 1075 | 85 | 44 | 41 |
| 长兴县 | 407 | 263 | 144 | 1991 | 971 | 1020 | 103 | 57 | 46 |
| 安吉县 | 783 | 460 | 323 | 3665 | 1909 | 1756 | 151 | 85 | 66 |

7-10c 续表 3 单位：人

| 现住地 | 学习培训 | | | 随同离开/投亲靠友 | | | 拆迁/搬家 | | |
|---|---|---|---|---|---|---|---|---|---|
| | 小计 | 男 | 女 | 小计 | 男 | 女 | 小计 | 男 | 女 |
| **绍兴市** | **3246** | **1854** | **1392** | **16321** | **8449** | **7872** | **629** | **340** | **289** |
| 越城区 | 857 | 494 | 363 | 4105 | 2092 | 2013 | 53 | 25 | 28 |
| 柯桥区 | 491 | 300 | 191 | 2993 | 1494 | 1499 | 199 | 109 | 90 |
| 上虞区 | 750 | 433 | 317 | 3028 | 1505 | 1523 | 97 | 54 | 43 |
| 新昌县 | 157 | 81 | 76 | 388 | 175 | 213 | 28 | 13 | 15 |
| 诸暨市 | 728 | 418 | 310 | 4557 | 2509 | 2048 | 100 | 52 | 48 |
| 嵊州市 | 263 | 128 | 135 | 1250 | 674 | 576 | 152 | 87 | 65 |
| **金华市** | **11198** | **6338** | **4860** | **40491** | **20913** | **19578** | **1053** | **590** | **463** |
| 婺城区 | 491 | 293 | 198 | 1643 | 830 | 813 | 142 | 82 | 60 |
| 金东区 | 813 | 454 | 359 | 4326 | 2219 | 2107 | 199 | 122 | 77 |
| 武义县 | 1140 | 642 | 498 | 3256 | 1626 | 1630 | 18 | 7 | 11 |
| 浦江县 | 1800 | 1023 | 777 | 5221 | 2760 | 2461 | 334 | 177 | 157 |
| 磐安县 | 69 | 41 | 28 | 168 | 82 | 86 | 2 | | 2 |
| 兰溪市 | 151 | 77 | 74 | 611 | 306 | 305 | 15 | 9 | 6 |
| 义乌市 | 2168 | 1212 | 956 | 11339 | 5870 | 5469 | 134 | 77 | 57 |
| 东阳市 | 2553 | 1444 | 1109 | 5706 | 2869 | 2837 | 105 | 57 | 48 |
| 永康市 | 2013 | 1152 | 861 | 8221 | 4351 | 3870 | 104 | 59 | 45 |
| **衢州市** | **664** | **394** | **270** | **1988** | **940** | **1048** | **253** | **131** | **122** |
| 柯城区 | 74 | 50 | 24 | 270 | 120 | 150 | 15 | 6 | 9 |
| 衢江区 | 144 | 89 | 55 | 323 | 153 | 170 | 14 | 5 | 9 |
| 常山县 | 51 | 31 | 20 | 216 | 94 | 122 | 47 | 25 | 22 |
| 开化县 | 40 | 20 | 20 | 141 | 69 | 72 | 16 | 8 | 8 |
| 龙游县 | 200 | 119 | 81 | 631 | 311 | 320 | 25 | 16 | 9 |
| 江山市 | 155 | 85 | 70 | 407 | 193 | 214 | 136 | 71 | 65 |
| **舟山市** | **1173** | **742** | **431** | **7084** | **2991** | **4093** | **364** | **203** | **161** |
| 定海区 | 603 | 376 | 227 | 3618 | 1504 | 2114 | 125 | 69 | 56 |
| 普陀区 | 389 | 267 | 122 | 2014 | 858 | 1156 | 135 | 74 | 61 |
| 岱山县 | 140 | 80 | 60 | 1112 | 477 | 635 | 58 | 34 | 24 |
| 嵊泗县 | 41 | 19 | 22 | 340 | 152 | 188 | 46 | 26 | 20 |
| **台州市** | **7012** | **3878** | **3134** | **34759** | **17108** | **17651** | **738** | **377** | **361** |
| 椒江区 | 1038 | 579 | 459 | 4867 | 2499 | 2368 | 55 | 31 | 24 |
| 黄岩区 | 678 | 380 | 298 | 3003 | 1584 | 1419 | 68 | 31 | 37 |
| 路桥区 | 1420 | 778 | 642 | 6340 | 3183 | 3157 | 80 | 43 | 37 |
| 三门县 | 173 | 91 | 82 | 618 | 299 | 319 | 30 | 18 | 12 |
| 天台县 | 182 | 98 | 84 | 631 | 306 | 325 | 22 | 15 | 7 |
| 仙居县 | 214 | 108 | 106 | 751 | 365 | 386 | 35 | 16 | 19 |
| 温岭市 | 1592 | 883 | 709 | 9005 | 4313 | 4692 | 313 | 150 | 163 |
| 临海市 | 1121 | 630 | 491 | 3923 | 1949 | 1974 | 39 | 16 | 23 |
| 玉环市 | 594 | 331 | 263 | 5621 | 2610 | 3011 | 96 | 57 | 39 |
| **丽水市** | **886** | **488** | **398** | **3505** | **1730** | **1775** | **193** | **96** | **97** |
| 莲都区 | 221 | 120 | 101 | 864 | 434 | 430 | 55 | 29 | 26 |
| 青田县 | 240 | 140 | 100 | 633 | 322 | 311 | 24 | 7 | 17 |
| 缙云县 | 96 | 49 | 47 | 720 | 323 | 397 | 22 | 14 | 8 |
| 遂昌县 | 14 | 7 | 7 | 106 | 38 | 68 | 11 | 5 | 6 |
| 松阳县 | 199 | 106 | 93 | 560 | 290 | 270 | 14 | 8 | 6 |
| 云和县 | 37 | 19 | 18 | 284 | 161 | 123 | 7 | 4 | 3 |
| 庆元县 | 17 | 9 | 8 | 121 | 65 | 56 | 31 | 17 | 14 |
| 景宁畲族自治县 | 12 | 7 | 5 | 41 | 18 | 23 | 9 | 3 | 6 |
| 龙泉市 | 50 | 31 | 19 | 176 | 79 | 97 | 20 | 9 | 11 |

7-10c 续表 4

单位：人

| 现住地 | 寄挂户口 | | | 婚姻嫁娶 | | | 照料孙子女 | | |
|---|---|---|---|---|---|---|---|---|---|
| | 小计 | 男 | 女 | 小计 | 男 | 女 | 小计 | 男 | 女 |
| **合计** | **1499** | **774** | **725** | **37018** | **4975** | **32043** | **11740** | **2116** | **9624** |
| **杭州市** | **93** | **47** | **46** | **4504** | **889** | **3615** | **1436** | **263** | **1173** |
| 上城区 | | | | | | | | | |
| 下城区 | | | | | | | | | |
| 江干区 | | | | | | | | | |
| 拱墅区 | | | | | | | | | |
| 西湖区 | 3 | 1 | 2 | 75 | 22 | 53 | 75 | 22 | 53 |
| 滨江区 | | | | | | | | | |
| 萧山区 | 29 | 15 | 14 | 1076 | 213 | 863 | 591 | 112 | 479 |
| 余杭区 | 30 | 16 | 14 | 1203 | 339 | 864 | 494 | 75 | 419 |
| 富阳区 | 4 | 3 | 1 | 545 | 66 | 479 | 95 | 18 | 77 |
| 临安区 | 7 | 4 | 3 | 662 | 147 | 515 | 99 | 16 | 83 |
| 桐庐县 | 8 | 3 | 5 | 310 | 43 | 267 | 45 | 10 | 35 |
| 淳安县 | 4 | 2 | 2 | 155 | 19 | 136 | 13 | 3 | 10 |
| 建德市 | 8 | 3 | 5 | 478 | 40 | 438 | 24 | 7 | 17 |
| **宁波市** | **516** | **295** | **221** | **4227** | **430** | **3797** | **3145** | **556** | **2589** |
| 海曙区 | 46 | 33 | 13 | 298 | 35 | 263 | 233 | 39 | 194 |
| 江北区 | 8 | 2 | 6 | 181 | 19 | 162 | 205 | 38 | 167 |
| 北仑区 | 102 | 52 | 50 | 308 | 45 | 263 | 674 | 125 | 549 |
| 镇海区 | 5 | 3 | 2 | 59 | 7 | 52 | 108 | 24 | 84 |
| 鄞州区 | 248 | 144 | 104 | 395 | 45 | 350 | 900 | 159 | 741 |
| 奉化区 | 50 | 29 | 21 | 499 | 31 | 468 | 198 | 33 | 165 |
| 象山县 | 3 | 3 | | 423 | 17 | 406 | 122 | 24 | 98 |
| 宁海县 | 11 | 6 | 5 | 668 | 35 | 633 | 101 | 18 | 83 |
| 余姚市 | 12 | 6 | 6 | 604 | 64 | 540 | 164 | 39 | 125 |
| 慈溪市 | 31 | 17 | 14 | 792 | 132 | 660 | 440 | 57 | 383 |
| **温州市** | **262** | **124** | **138** | **4921** | **355** | **4566** | **1347** | **204** | **1143** |
| 鹿城区 | 16 | 8 | 8 | 126 | 18 | 108 | 87 | 11 | 76 |
| 龙湾区 | | | | 4 | | 4 | 4 | | 4 |
| 瓯海区 | 14 | 7 | 7 | 187 | 21 | 166 | 166 | 34 | 132 |
| 洞头区 | 4 | 2 | 2 | 135 | 8 | 127 | 56 | 7 | 49 |
| 永嘉县 | 50 | 25 | 25 | 474 | 23 | 451 | 74 | 9 | 65 |
| 平阳县 | 39 | 18 | 21 | 819 | 36 | 783 | 152 | 25 | 127 |
| 苍南县 | 35 | 20 | 15 | 645 | 62 | 583 | 75 | 14 | 61 |
| 文成县 | 9 | 3 | 6 | 256 | 6 | 250 | 6 | 3 | 3 |
| 泰顺县 | 8 | 4 | 4 | 259 | 32 | 227 | 5 | | 5 |
| 瑞安市 | 55 | 25 | 30 | 867 | 57 | 810 | 423 | 62 | 361 |
| 乐清市 | 32 | 12 | 20 | 1113 | 90 | 1023 | 284 | 38 | 246 |
| 龙港市 | | | | 36 | 2 | 34 | 15 | 1 | 14 |
| **嘉兴市** | **124** | **69** | **55** | **4303** | **1263** | **3040** | **1460** | **292** | **1168** |
| 南湖区 | 12 | 9 | 3 | 385 | 89 | 296 | 138 | 29 | 109 |
| 秀洲区 | 11 | 5 | 6 | 618 | 181 | 437 | 214 | 34 | 180 |
| 嘉善县 | 14 | 11 | 3 | 535 | 114 | 421 | 236 | 46 | 190 |
| 海盐县 | 8 | 3 | 5 | 520 | 149 | 371 | 142 | 32 | 110 |
| 海宁市 | 12 | 7 | 5 | 672 | 228 | 444 | 281 | 60 | 221 |
| 平湖市 | 57 | 30 | 27 | 618 | 221 | 397 | 272 | 57 | 215 |
| 桐乡市 | 10 | 4 | 6 | 955 | 281 | 674 | 177 | 34 | 143 |
| **湖州市** | **46** | **21** | **25** | **2899** | **617** | **2282** | **547** | **105** | **442** |
| 吴兴区 | 8 | 4 | 4 | 392 | 113 | 279 | 199 | 48 | 151 |
| 南浔区 | 15 | 8 | 7 | 566 | 140 | 426 | 106 | 23 | 83 |
| 德清县 | 9 | 4 | 5 | 328 | 85 | 243 | 92 | 13 | 79 |
| 长兴县 | 8 | 3 | 5 | 979 | 164 | 815 | 39 | 3 | 36 |
| 安吉县 | 6 | 2 | 4 | 634 | 115 | 519 | 111 | 18 | 93 |

7−10c　续表 5　　　　单位：人

| 现住地 | 寄挂户口 | | | 婚姻嫁娶 | | | 照料孙子女 | | |
|---|---|---|---|---|---|---|---|---|---|
| | 小计 | 男 | 女 | 小计 | 男 | 女 | 小计 | 男 | 女 |
| **绍兴市** | **72** | **34** | **38** | **2620** | **266** | **2354** | **562** | **88** | **474** |
| 越城区 | 6 | 3 | 3 | 205 | 47 | 158 | 156 | 18 | 138 |
| 柯桥区 | 8 | 6 | 2 | 283 | 55 | 228 | 132 | 22 | 110 |
| 上虞区 | 7 | 3 | 4 | 644 | 68 | 576 | 101 | 14 | 87 |
| 新昌县 | 5 | 1 | 4 | 192 | 9 | 183 | 12 | 5 | 7 |
| 诸暨市 | 35 | 18 | 17 | 709 | 61 | 648 | 132 | 24 | 108 |
| 嵊州市 | 11 | 3 | 8 | 587 | 26 | 561 | 29 | 5 | 24 |
| **金华市** | **202** | **102** | **100** | **4064** | **411** | **3653** | **1747** | **350** | **1397** |
| 婺城区 | 27 | 15 | 12 | 281 | 38 | 243 | 100 | 27 | 73 |
| 金东区 | 6 | | 6 | 364 | 30 | 334 | 233 | 63 | 170 |
| 武义县 | 9 | 6 | 3 | 357 | 37 | 320 | 140 | 23 | 117 |
| 浦江县 | 39 | 18 | 21 | 466 | 38 | 428 | 184 | 40 | 144 |
| 磐安县 | | | | 181 | 13 | 168 | 5 | | 5 |
| 兰溪市 | 13 | 7 | 6 | 729 | 21 | 708 | 24 | 1 | 23 |
| 义乌市 | 43 | 26 | 17 | 476 | 77 | 399 | 569 | 111 | 458 |
| 东阳市 | 40 | 19 | 21 | 616 | 75 | 541 | 261 | 52 | 209 |
| 永康市 | 25 | 11 | 14 | 594 | 82 | 512 | 231 | 33 | 198 |
| **衢州市** | **33** | **14** | **19** | **2446** | **160** | **2286** | **71** | **20** | **51** |
| 柯城区 | 2 | 1 | 1 | 288 | 35 | 253 | 25 | 9 | 16 |
| 衢江区 | 8 | 5 | 3 | 522 | 26 | 496 | 23 | 7 | 16 |
| 常山县 | 7 | 1 | 6 | 410 | 19 | 391 | 6 | 1 | 5 |
| 开化县 | 3 | 2 | 1 | 279 | 17 | 262 | | | |
| 龙游县 | 5 | 3 | 2 | 455 | 32 | 423 | 5 | | 5 |
| 江山市 | 8 | 2 | 6 | 492 | 31 | 461 | 12 | 3 | 9 |
| **舟山市** | **9** | **2** | **7** | **641** | **57** | **584** | **228** | **39** | **189** |
| 定海区 | 5 | 1 | 4 | 262 | 18 | 244 | 122 | 18 | 104 |
| 普陀区 | 1 | | 1 | 194 | 23 | 171 | 68 | 15 | 53 |
| 岱山县 | 1 | 1 | | 94 | 9 | 85 | 33 | 5 | 28 |
| 嵊泗县 | 2 | | 2 | 91 | 7 | 84 | 5 | 1 | 4 |
| **台州市** | **124** | **60** | **64** | **4704** | **380** | **4324** | **1058** | **178** | **880** |
| 椒江区 | 10 | 4 | 6 | 265 | 28 | 237 | 168 | 26 | 142 |
| 黄岩区 | 21 | 10 | 11 | 467 | 48 | 419 | 87 | 21 | 66 |
| 路桥区 | 18 | 9 | 9 | 278 | 37 | 241 | 154 | 23 | 131 |
| 三门县 | 4 | 2 | 2 | 388 | 16 | 372 | 55 | 21 | 34 |
| 天台县 | 9 | 5 | 4 | 496 | 35 | 461 | 23 | 4 | 19 |
| 仙居县 | 13 | 5 | 8 | 272 | 20 | 252 | 14 | 4 | 10 |
| 温岭市 | 26 | 14 | 12 | 990 | 81 | 909 | 211 | 23 | 188 |
| 临海市 | 16 | 9 | 7 | 1048 | 63 | 985 | 178 | 32 | 146 |
| 玉环市 | 7 | 2 | 5 | 500 | 52 | 448 | 168 | 24 | 144 |
| **丽水市** | **18** | **6** | **12** | **1689** | **147** | **1542** | **139** | **21** | **118** |
| 莲都区 | 2 | | 2 | 168 | 29 | 139 | 51 | 8 | 43 |
| 青田县 | 3 | 1 | 2 | 190 | 4 | 186 | 24 | 1 | 23 |
| 缙云县 | 3 | 1 | 2 | 387 | 38 | 349 | 17 | 4 | 13 |
| 遂昌县 | 2 | | 2 | 194 | 17 | 177 | 2 | | 2 |
| 松阳县 | 2 | 2 | | 268 | 15 | 253 | 23 | 4 | 19 |
| 云和县 | | | | 76 | 4 | 72 | 10 | 2 | 8 |
| 庆元县 | 1 | | 1 | 151 | 24 | 127 | 4 | 1 | 3 |
| 景宁畲族自治县 | | | | 103 | 4 | 99 | 3 | | 3 |
| 龙泉市 | 5 | 2 | 3 | 152 | 12 | 140 | 5 | 1 | 4 |

7−10c　续表 6　　　　　　　　　　　　　　　　　　　　　　　　单位：人

| 现住地 | 为子女就学 | | | 养老/康养 | | | 其　他 | | |
|---|---|---|---|---|---|---|---|---|---|
| | 小计 | 男 | 女 | 小计 | 男 | 女 | 小计 | 男 | 女 |
| **合计** | **1184** | **225** | **959** | **2753** | **1292** | **1461** | **53968** | **30078** | **23890** |
| **杭州市** | **141** | **27** | **114** | **311** | **137** | **174** | **4945** | **2624** | **2321** |
| 上城区 | | | | | | | | | |
| 下城区 | | | | | | | | | |
| 江干区 | | | | | | | | | |
| 拱墅区 | | | | | | | | | |
| 西湖区 | 4 | 1 | 3 | 27 | 9 | 18 | 128 | 72 | 56 |
| 滨江区 | | | | | | | | | |
| 萧山区 | 59 | 8 | 51 | 87 | 36 | 51 | 1911 | 1030 | 881 |
| 余杭区 | 36 | 6 | 30 | 56 | 22 | 34 | 1710 | 898 | 812 |
| 富阳区 | 13 | 5 | 8 | 19 | 11 | 8 | 369 | 209 | 160 |
| 临安区 | 6 | 2 | 4 | 42 | 21 | 21 | 418 | 202 | 216 |
| 桐庐县 | 4 | | 4 | 26 | 11 | 15 | 118 | 60 | 58 |
| 淳安县 | 12 | 3 | 9 | 28 | 14 | 14 | 90 | 37 | 53 |
| 建德市 | 7 | 2 | 5 | 26 | 13 | 13 | 201 | 116 | 85 |
| **宁波市** | **208** | **39** | **169** | **632** | **253** | **379** | **9660** | **5323** | **4337** |
| 海曙区 | 16 | 3 | 13 | 46 | 17 | 29 | 980 | 570 | 410 |
| 江北区 | 11 | 2 | 9 | 53 | 19 | 34 | 655 | 352 | 303 |
| 北仑区 | 49 | 8 | 41 | 102 | 38 | 64 | 1148 | 634 | 514 |
| 镇海区 | 2 | 1 | 1 | 13 | 4 | 9 | 506 | 286 | 220 |
| 鄞州区 | 44 | 6 | 38 | 166 | 60 | 106 | 1654 | 919 | 735 |
| 奉化区 | 28 | 12 | 16 | 68 | 31 | 37 | 885 | 510 | 375 |
| 象山县 | 17 | 2 | 15 | 34 | 20 | 14 | 582 | 328 | 254 |
| 宁海县 | 11 | 1 | 10 | 49 | 20 | 29 | 658 | 320 | 338 |
| 余姚市 | 9 | 3 | 6 | 46 | 22 | 24 | 1105 | 631 | 474 |
| 慈溪市 | 21 | 1 | 20 | 55 | 22 | 33 | 1487 | 773 | 714 |
| **温州市** | **150** | **26** | **124** | **224** | **116** | **108** | **10157** | **5804** | **4353** |
| 鹿城区 | 10 | 4 | 6 | 13 | 6 | 7 | 1213 | 691 | 522 |
| 龙湾区 | | | | 1 | 1 | | 31 | 17 | 14 |
| 瓯海区 | 11 | 2 | 9 | 5 | 2 | 3 | 754 | 435 | 319 |
| 洞头区 | 9 | 2 | 7 | 3 | 1 | 2 | 520 | 371 | 149 |
| 永嘉县 | 14 | 1 | 13 | 27 | 15 | 12 | 471 | 254 | 217 |
| 平阳县 | 16 | | 16 | 17 | 8 | 9 | 1993 | 1159 | 834 |
| 苍南县 | 10 | 3 | 7 | 66 | 34 | 32 | 984 | 567 | 417 |
| 文成县 | 3 | 1 | 2 | 10 | 6 | 4 | 65 | 23 | 42 |
| 泰顺县 | 5 | | 5 | 5 | 2 | 3 | 169 | 92 | 77 |
| 瑞安市 | 30 | 6 | 24 | 53 | 27 | 26 | 2021 | 1082 | 939 |
| 乐清市 | 41 | 6 | 35 | 24 | 14 | 10 | 1891 | 1087 | 804 |
| 龙港市 | 1 | 1 | | | | | 45 | 26 | 19 |
| **嘉兴市** | **179** | **58** | **121** | **502** | **246** | **256** | **4625** | **2502** | **2123** |
| 南湖区 | 5 | 2 | 3 | 75 | 36 | 39 | 610 | 362 | 248 |
| 秀洲区 | 72 | 32 | 40 | 34 | 13 | 21 | 781 | 438 | 343 |
| 嘉善县 | 29 | 3 | 26 | 71 | 34 | 37 | 716 | 355 | 361 |
| 海盐县 | 5 | 1 | 4 | 29 | 16 | 13 | 720 | 376 | 344 |
| 海宁市 | 20 | 7 | 13 | 67 | 37 | 30 | 788 | 430 | 358 |
| 平湖市 | 32 | 13 | 19 | 155 | 80 | 75 | 389 | 213 | 176 |
| 桐乡市 | 16 | | 16 | 71 | 30 | 41 | 621 | 328 | 293 |
| **湖州市** | **64** | **12** | **52** | **142** | **73** | **69** | **4160** | **2383** | **1777** |
| 吴兴区 | 31 | 6 | 25 | 41 | 25 | 16 | 1613 | 941 | 672 |
| 南浔区 | 5 | | 5 | 41 | 17 | 24 | 421 | 252 | 169 |
| 德清县 | 14 | 2 | 12 | 17 | 5 | 12 | 590 | 325 | 265 |
| 长兴县 | 2 | 2 | | 18 | 12 | 6 | 508 | 278 | 230 |
| 安吉县 | 12 | 2 | 10 | 25 | 14 | 11 | 1028 | 587 | 441 |

7-10c　续表 7　　　　单位：人

| 现住地 | 为子女就学 | | | 养老/康养 | | | 其　他 | | |
|---|---|---|---|---|---|---|---|---|---|
| | 小计 | 男 | 女 | 小计 | 男 | 女 | 小计 | 男 | 女 |
| **绍兴市** | **40** | **7** | **33** | **212** | **107** | **105** | **2660** | **1452** | **1208** |
| 越城区 | 3 | | 3 | 22 | 12 | 10 | 397 | 218 | 179 |
| 柯桥区 | 14 | 1 | 13 | 28 | 10 | 18 | 412 | 230 | 182 |
| 上虞区 | 10 | 2 | 8 | 35 | 18 | 17 | 346 | 192 | 154 |
| 新昌县 | | | | 7 | 3 | 4 | 151 | 90 | 61 |
| 诸暨市 | 12 | 3 | 9 | 92 | 49 | 43 | 996 | 552 | 444 |
| 嵊州市 | 1 | 1 | | 28 | 15 | 13 | 358 | 170 | 188 |
| **金华市** | **172** | **22** | **150** | **397** | **206** | **191** | **8794** | **4966** | **3828** |
| 婺城区 | 23 | 2 | 21 | 29 | 12 | 17 | 399 | 208 | 191 |
| 金东区 | 19 | 4 | 15 | 49 | 25 | 24 | 932 | 540 | 392 |
| 武义县 | 24 | 2 | 22 | 14 | 8 | 6 | 780 | 439 | 341 |
| 浦江县 | 12 | 2 | 10 | 31 | 17 | 14 | 1576 | 907 | 669 |
| 磐安县 | | | | 6 | 3 | 3 | 59 | 31 | 28 |
| 兰溪市 | 5 | 1 | 4 | 19 | 11 | 8 | 161 | 91 | 70 |
| 义乌市 | 32 | 5 | 27 | 93 | 42 | 51 | 2469 | 1397 | 1072 |
| 东阳市 | 38 | 2 | 36 | 102 | 64 | 38 | 1106 | 606 | 500 |
| 永康市 | 19 | 4 | 15 | 54 | 24 | 30 | 1312 | 747 | 565 |
| **衢州市** | **24** | **8** | **16** | **94** | **46** | **48** | **716** | **376** | **340** |
| 柯城区 | 7 | 2 | 5 | 10 | 5 | 5 | 171 | 113 | 58 |
| 衢江区 | 5 | 3 | 2 | 10 | 6 | 4 | 159 | 75 | 84 |
| 常山县 | 2 | | 2 | 6 | 5 | 1 | 61 | 29 | 32 |
| 开化县 | 2 | 1 | 1 | 4 | 2 | 2 | 61 | 27 | 34 |
| 龙游县 | 2 | 2 | | 22 | 13 | 9 | 150 | 77 | 73 |
| 江山市 | 6 | | 6 | 42 | 15 | 27 | 114 | 55 | 59 |
| **舟山市** | **38** | **2** | **36** | **43** | **18** | **25** | **848** | **501** | **347** |
| 定海区 | 19 | | 19 | 22 | 8 | 14 | 233 | 134 | 99 |
| 普陀区 | 15 | 2 | 13 | 16 | 7 | 9 | 291 | 165 | 126 |
| 岱山县 | 4 | | 4 | 3 | 2 | 1 | 301 | 186 | 115 |
| 嵊泗县 | | | | 2 | 1 | 1 | 23 | 16 | 7 |
| **台州市** | **116** | **21** | **95** | **146** | **67** | **79** | **6119** | **3419** | **2700** |
| 椒江区 | 17 | 2 | 15 | 21 | 8 | 13 | 754 | 422 | 332 |
| 黄岩区 | 11 | 4 | 7 | 18 | 7 | 11 | 494 | 265 | 229 |
| 路桥区 | 15 | 2 | 13 | 7 | 4 | 3 | 1213 | 651 | 562 |
| 三门县 | 3 | 1 | 2 | 11 | 6 | 5 | 92 | 51 | 41 |
| 天台县 | 3 | | 3 | 9 | 6 | 3 | 442 | 277 | 165 |
| 仙居县 | 5 | 1 | 4 | 13 | 5 | 8 | 169 | 89 | 80 |
| 温岭市 | 25 | 2 | 23 | 30 | 14 | 16 | 1634 | 939 | 695 |
| 临海市 | 22 | 7 | 15 | 30 | 14 | 16 | 870 | 476 | 394 |
| 玉环市 | 15 | 2 | 13 | 7 | 3 | 4 | 451 | 249 | 202 |
| **丽水市** | **52** | **3** | **49** | **50** | **23** | **27** | **1284** | **728** | **556** |
| 莲都区 | 2 | | 2 | 12 | 6 | 6 | 244 | 123 | 121 |
| 青田县 | 13 | 1 | 12 | 13 | 4 | 9 | 140 | 85 | 55 |
| 缙云县 | 3 | | 3 | 9 | 4 | 5 | 214 | 143 | 71 |
| 遂昌县 | 2 | 1 | 1 | 3 | 1 | 2 | 26 | 14 | 12 |
| 松阳县 | 16 | | 16 | 2 | 1 | 1 | 311 | 162 | 149 |
| 云和县 | | | | | | | 26 | 16 | 10 |
| 庆元县 | 6 | | 6 | 1 | 1 | | 26 | 13 | 13 |
| 景宁畲族自治县 | 8 | 1 | 7 | | | | 94 | 64 | 30 |
| 龙泉市 | 2 | | 2 | 10 | 6 | 4 | 203 | 108 | 95 |

# 第一部分　全部数据资料

## 第八卷　住房

# 8-1　各地区按住房间数分的家庭户户数

单位：户

| 地　　区 | 家庭户户　数 | 住房间数 | | | | |
|---|---|---|---|---|---|---|
| | | 一间 | 二间 | 三间 | 四间 | 五间 |
| **合计** | **22921213** | **6410801** | **5257459** | **6091241** | **2472152** | **925895** |
| **杭州市** | **4113283** | **1238571** | **920784** | **1122381** | **395933** | **169352** |
| 上城区 | 119261 | 26129 | 57900 | 28400 | 5664 | 883 |
| 下城区 | 177364 | 34766 | 87657 | 47045 | 6859 | 789 |
| 江干区 | 469934 | 167864 | 138458 | 131313 | 28140 | 3259 |
| 拱墅区 | 227512 | 46215 | 99347 | 66815 | 12495 | 2054 |
| 西湖区 | 351221 | 108089 | 97650 | 101882 | 27180 | 6590 |
| 滨江区 | 154535 | 48391 | 35921 | 51290 | 15081 | 2663 |
| 萧山区 | 734107 | 266646 | 111184 | 166982 | 86944 | 40862 |
| 余杭区 | 896760 | 386026 | 130894 | 238077 | 79418 | 28109 |
| 富阳区 | 283695 | 50597 | 49292 | 87295 | 38674 | 22568 |
| 临安区 | 232775 | 51922 | 27593 | 66772 | 33355 | 21649 |
| 桐庐县 | 165757 | 30035 | 29131 | 48588 | 20998 | 11486 |
| 淳安县 | 137090 | 11334 | 22296 | 37433 | 17705 | 12325 |
| 建德市 | 163272 | 10557 | 33461 | 50489 | 23420 | 16115 |
| **宁波市** | **3618432** | **1249685** | **974151** | **946643** | **280784** | **77974** |
| 海曙区 | 403390 | 126636 | 144332 | 108557 | 18391 | 3749 |
| 江北区 | 182219 | 48802 | 63115 | 53290 | 12617 | 2806 |
| 北仑区 | 315476 | 129198 | 62517 | 88091 | 21268 | 7217 |
| 镇海区 | 199399 | 64101 | 61533 | 56458 | 11283 | 3355 |
| 鄞州区 | 604496 | 173805 | 194325 | 183975 | 42125 | 6949 |
| 奉化区 | 223185 | 63220 | 80495 | 52868 | 19845 | 3500 |
| 象山县 | 226644 | 53566 | 43662 | 72272 | 30804 | 12398 |
| 宁海县 | 281139 | 95161 | 64392 | 65686 | 33678 | 11312 |
| 余姚市 | 474465 | 162235 | 113815 | 124579 | 40468 | 13281 |
| 慈溪市 | 708019 | 332961 | 145965 | 140867 | 50305 | 13407 |
| **温州市** | **3280096** | **929466** | **745313** | **848897** | **420407** | **90973** |
| 鹿城区 | 392647 | 129442 | 118119 | 104949 | 28637 | 5379 |
| 龙湾区 | 210011 | 101061 | 26116 | 48390 | 18767 | 5514 |
| 瓯海区 | 292329 | 119454 | 54944 | 71581 | 31055 | 5328 |
| 洞头区 | 46799 | 6932 | 11489 | 15300 | 6762 | 2218 |
| 永嘉县 | 295843 | 70431 | 59431 | 81931 | 45038 | 12627 |
| 平阳县 | 303036 | 43027 | 79344 | 90565 | 55909 | 7912 |
| 苍南县 | 296199 | 43292 | 87371 | 90839 | 43926 | 6763 |
| 文成县 | 101502 | 12531 | 17332 | 20128 | 20352 | 5482 |
| 泰顺县 | 100940 | 6192 | 17610 | 18706 | 24789 | 6954 |
| 瑞安市 | 524730 | 172255 | 130435 | 130116 | 58940 | 5804 |
| 乐清市 | 563303 | 199244 | 102770 | 116537 | 73054 | 23566 |
| 龙港市 | 152757 | 25605 | 40352 | 59855 | 13178 | 3426 |
| **嘉兴市** | **1878292** | **508507** | **373333** | **534151** | **179158** | **93018** |
| 南湖区 | 298432 | 48313 | 99249 | 111324 | 20942 | 6679 |
| 秀洲区 | 237635 | 67026 | 48477 | 70667 | 23118 | 9400 |
| 嘉善县 | 241579 | 86800 | 53966 | 65395 | 17686 | 6773 |
| 海盐县 | 152098 | 16177 | 30645 | 52810 | 16913 | 10752 |
| 海宁市 | 366753 | 132682 | 53247 | 76658 | 39858 | 22407 |
| 平湖市 | 236120 | 47930 | 42699 | 75216 | 23377 | 15824 |
| 桐乡市 | 345675 | 109579 | 45050 | 82081 | 37264 | 21183 |
| **湖州市** | **1081250** | **173751** | **227831** | **346543** | **153987** | **82397** |
| 吴兴区 | 293436 | 43746 | 93363 | 106447 | 28970 | 10881 |
| 南浔区 | 190135 | 36390 | 37785 | 59260 | 29695 | 11754 |
| 德清县 | 170684 | 25228 | 22688 | 56866 | 25456 | 17806 |
| 长兴县 | 234434 | 26794 | 46091 | 72526 | 35946 | 21778 |
| 安吉县 | 192561 | 41593 | 27904 | 51444 | 33920 | 20178 |

注：本表数据为居住在普通住宅的家庭户。

8-1 续表 1 单位：户

| 地　区 | 家庭户户　数 | 住房间数 | | | | |
|---|---|---|---|---|---|---|
| | | 一间 | 二间 | 三间 | 四间 | 五间 |
| **绍兴市** | **1849255** | **332827** | **456092** | **620099** | **230771** | **73721** |
| 越城区 | 348871 | 58294 | 120770 | 125040 | 30691 | 6532 |
| 柯桥区 | 355224 | 102731 | 68486 | 107576 | 45419 | 13156 |
| 上虞区 | 302042 | 46265 | 73558 | 114015 | 43336 | 10807 |
| 新昌县 | 164357 | 26224 | 38757 | 59125 | 17679 | 8059 |
| 诸暨市 | 417817 | 66752 | 99160 | 131465 | 59710 | 16946 |
| 嵊州市 | 260944 | 32561 | 55361 | 82878 | 33936 | 18221 |
| **金华市** | **2534182** | **947736** | **505897** | **561078** | **234784** | **92877** |
| 婺城区 | 359390 | 106609 | 91772 | 100254 | 28549 | 11832 |
| 金东区 | 168787 | 54197 | 34527 | 43459 | 18003 | 5916 |
| 武义县 | 173252 | 61399 | 29518 | 31796 | 16155 | 6322 |
| 浦江县 | 154835 | 39400 | 42452 | 34559 | 19796 | 6229 |
| 磐安县 | 72353 | 15488 | 18428 | 13898 | 8969 | 3638 |
| 兰溪市 | 206479 | 18920 | 52765 | 60788 | 29333 | 18270 |
| 义乌市 | 652191 | 346445 | 115148 | 123556 | 38775 | 10916 |
| 东阳市 | 389287 | 135404 | 57851 | 90463 | 48986 | 20602 |
| 永康市 | 357608 | 169874 | 63436 | 62305 | 26218 | 9152 |
| **衢州市** | **858808** | **76280** | **186728** | **230680** | **115295** | **85483** |
| 柯城区 | 188640 | 22429 | 55111 | 60046 | 20692 | 9371 |
| 衢江区 | 134877 | 13152 | 24527 | 31326 | 20036 | 16498 |
| 常山县 | 103072 | 7375 | 21786 | 19826 | 15131 | 13590 |
| 开化县 | 104433 | 7365 | 23779 | 22919 | 16331 | 12715 |
| 龙游县 | 143842 | 14040 | 35722 | 50309 | 20555 | 8726 |
| 江山市 | 183944 | 11919 | 25803 | 46254 | 22550 | 24583 |
| **舟山市** | **453938** | **82367** | **185427** | **128406** | **35123** | **11134** |
| 定海区 | 195495 | 33579 | 76318 | 61774 | 14499 | 4729 |
| 普陀区 | 152239 | 27358 | 58533 | 43001 | 12578 | 5079 |
| 岱山县 | 76485 | 14568 | 38094 | 15818 | 6230 | 907 |
| 嵊泗县 | 29719 | 6862 | 12482 | 7813 | 1816 | 419 |
| **台州市** | **2334623** | **700263** | **460499** | **493112** | **315069** | **101273** |
| 椒江区 | 267358 | 84800 | 61385 | 70176 | 27297 | 6805 |
| 黄岩区 | 245962 | 69594 | 55667 | 54891 | 36846 | 8019 |
| 路桥区 | 210087 | 74511 | 41932 | 49251 | 23836 | 7247 |
| 三门县 | 136713 | 20972 | 29196 | 28894 | 29548 | 6033 |
| 天台县 | 169677 | 28049 | 41070 | 45322 | 24564 | 10682 |
| 仙居县 | 148533 | 30588 | 36342 | 30499 | 22763 | 7574 |
| 温岭市 | 526542 | 202144 | 92282 | 89093 | 59729 | 27589 |
| 临海市 | 381967 | 68115 | 65315 | 85743 | 69022 | 18475 |
| 玉环市 | 247784 | 121490 | 37310 | 39243 | 21464 | 8849 |
| **丽水市** | **919054** | **171348** | **221404** | **259251** | **110841** | **47693** |
| 莲都区 | 187592 | 46776 | 46618 | 59213 | 15932 | 5365 |
| 青田县 | 182544 | 42282 | 48026 | 55279 | 18826 | 5657 |
| 缙云县 | 158353 | 36108 | 40025 | 35411 | 18777 | 7445 |
| 遂昌县 | 74258 | 6683 | 14246 | 19032 | 10562 | 6326 |
| 松阳县 | 76531 | 9474 | 17472 | 14551 | 11495 | 8413 |
| 云和县 | 49488 | 10198 | 12917 | 15458 | 5689 | 2032 |
| 庆元县 | 55815 | 4433 | 10158 | 15883 | 9379 | 3853 |
| 景宁畲族自治县 | 43534 | 5902 | 11113 | 12546 | 6526 | 2720 |
| 龙泉市 | 90939 | 9492 | 20829 | 31878 | 13655 | 5882 |

8-1　续表 2　　单位：户

| 地　区 | 住房间数 | | | | |
|---|---|---|---|---|---|
| | 六间 | 七间 | 八间 | 九间 | 十间及以上 |
| **合计** | **958740** | **183971** | **296668** | **150213** | **174073** |
| **杭州市** | **136431** | **33088** | **41430** | **28833** | **26480** |
| 上城区 | 196 | 38 | 20 | 12 | 19 |
| 下城区 | 168 | 32 | 24 | 4 | 20 |
| 江干区 | 568 | 109 | 95 | 35 | 93 |
| 拱墅区 | 422 | 81 | 41 | 7 | 35 |
| 西湖区 | 5009 | 1063 | 1320 | 1417 | 1021 |
| 滨江区 | 737 | 208 | 145 | 24 | 75 |
| 萧山区 | 30432 | 7681 | 8229 | 8245 | 6902 |
| 余杭区 | 18156 | 4012 | 5574 | 2507 | 3987 |
| 富阳区 | 19462 | 4016 | 6158 | 2885 | 2748 |
| 临安区 | 17524 | 3497 | 4588 | 3221 | 2654 |
| 桐庐县 | 12941 | 2622 | 4992 | 2274 | 2690 |
| 淳安县 | 15715 | 4878 | 6488 | 4236 | 4680 |
| 建德市 | 15101 | 4851 | 3756 | 3966 | 1556 |
| **宁波市** | **59947** | **7572** | **9666** | **5602** | **6408** |
| 海曙区 | 1167 | 174 | 189 | 22 | 173 |
| 江北区 | 1107 | 161 | 221 | 38 | 62 |
| 北仑区 | 4718 | 793 | 804 | 274 | 596 |
| 镇海区 | 1582 | 295 | 403 | 108 | 281 |
| 鄞州区 | 2163 | 442 | 414 | 105 | 193 |
| 奉化区 | 2492 | 233 | 295 | 73 | 164 |
| 象山县 | 7345 | 1744 | 2104 | 672 | 2077 |
| 宁海县 | 7197 | 872 | 1621 | 389 | 831 |
| 余姚市 | 14889 | 1390 | 1793 | 1158 | 857 |
| 慈溪市 | 17287 | 1468 | 1822 | 2763 | 1174 |
| **温州市** | **158970** | **16337** | **47393** | **5077** | **17263** |
| 鹿城区 | 3572 | 544 | 1130 | 130 | 745 |
| 龙湾区 | 5099 | 956 | 2049 | 603 | 1456 |
| 瓯海区 | 6608 | 669 | 1770 | 199 | 721 |
| 洞头区 | 2540 | 464 | 626 | 154 | 314 |
| 永嘉县 | 15669 | 1901 | 5548 | 1005 | 2262 |
| 平阳县 | 20495 | 1494 | 3656 | 137 | 497 |
| 苍南县 | 17561 | 1043 | 4161 | 156 | 1087 |
| 文成县 | 17369 | 1496 | 5084 | 323 | 1405 |
| 泰顺县 | 17921 | 1656 | 5170 | 384 | 1558 |
| 瑞安市 | 18944 | 809 | 5803 | 345 | 1279 |
| 乐清市 | 27644 | 3851 | 9801 | 1468 | 5368 |
| 龙港市 | 5548 | 1454 | 2595 | 173 | 571 |
| **嘉兴市** | **94725** | **22490** | **31610** | **18269** | **23031** |
| 南湖区 | 7165 | 968 | 1287 | 1597 | 908 |
| 秀洲区 | 10178 | 1901 | 3352 | 1523 | 1993 |
| 嘉善县 | 6171 | 765 | 1388 | 977 | 1658 |
| 海盐县 | 12835 | 3370 | 3516 | 3094 | 1986 |
| 海宁市 | 20583 | 6492 | 7350 | 3043 | 4433 |
| 平湖市 | 15714 | 4119 | 4343 | 4504 | 2394 |
| 桐乡市 | 22079 | 4875 | 10374 | 3531 | 9659 |
| **湖州市** | **54725** | **11519** | **14138** | **6656** | **9703** |
| 吴兴区 | 6021 | 1234 | 1330 | 457 | 987 |
| 南浔区 | 8437 | 1838 | 2442 | 804 | 1730 |
| 德清县 | 11980 | 2500 | 4051 | 1655 | 2454 |
| 长兴县 | 17740 | 3773 | 4228 | 2846 | 2712 |
| 安吉县 | 10547 | 2174 | 2087 | 894 | 1820 |

8-1 续表 3 单位：户

| 地　区 | 住房间数 | | | | |
|---|---|---|---|---|---|
| | 六间 | 七间 | 八间 | 九间 | 十间及以上 |
| **绍兴市** | **77897** | **12094** | **15374** | **20576** | **9804** |
| 越城区 | 5174 | 877 | 733 | 467 | 293 |
| 柯桥区 | 11268 | 1632 | 1777 | 2078 | 1101 |
| 上虞区 | 10144 | 1123 | 1413 | 775 | 606 |
| 新昌县 | 7930 | 1781 | 2282 | 1113 | 1407 |
| 诸暨市 | 22553 | 2730 | 3954 | 11536 | 3011 |
| 嵊州市 | 20828 | 3951 | 5215 | 4607 | 3386 |
| **金华市** | **95385** | **18714** | **28754** | **24730** | **24227** |
| 婺城区 | 9459 | 2762 | 2633 | 3465 | 2055 |
| 金东区 | 6023 | 1035 | 1845 | 2208 | 1574 |
| 武义县 | 11237 | 2152 | 5137 | 4305 | 5231 |
| 浦江县 | 7795 | 1084 | 1839 | 616 | 1065 |
| 磐安县 | 6191 | 813 | 2586 | 1102 | 1240 |
| 兰溪市 | 14814 | 3415 | 3332 | 3267 | 1575 |
| 义乌市 | 8733 | 1644 | 2307 | 2432 | 2235 |
| 东阳市 | 18266 | 3849 | 4502 | 4729 | 4635 |
| 永康市 | 12867 | 1960 | 4573 | 2606 | 4617 |
| **衢州市** | **80417** | **27335** | **23815** | **20459** | **12316** |
| 柯城区 | 8245 | 2532 | 3099 | 4025 | 3090 |
| 衢江区 | 14164 | 4998 | 3759 | 4455 | 1962 |
| 常山县 | 12363 | 5325 | 4276 | 2170 | 1230 |
| 开化县 | 11819 | 3276 | 2430 | 2369 | 1430 |
| 龙游县 | 10348 | 1540 | 1220 | 998 | 384 |
| 江山市 | 23478 | 9664 | 9031 | 6442 | 4220 |
| **舟山市** | **7270** | **1431** | **1392** | **564** | **824** |
| 定海区 | 3037 | 637 | 504 | 178 | 240 |
| 普陀区 | 3416 | 695 | 720 | 358 | 501 |
| 岱山县 | 591 | 64 | 132 | 21 | 60 |
| 嵊泗县 | 226 | 35 | 36 | 7 | 23 |
| **台州市** | **142355** | **19306** | **64348** | **9544** | **28854** |
| 椒江区 | 8589 | 1079 | 4679 | 654 | 1894 |
| 黄岩区 | 12187 | 983 | 5407 | 496 | 1872 |
| 路桥区 | 7739 | 767 | 3011 | 440 | 1353 |
| 三门县 | 12280 | 1043 | 6395 | 439 | 1913 |
| 天台县 | 10710 | 1905 | 3511 | 2227 | 1637 |
| 仙居县 | 10876 | 1604 | 4963 | 682 | 2642 |
| 温岭市 | 30570 | 5441 | 12165 | 1162 | 6367 |
| 临海市 | 39606 | 4390 | 19710 | 2869 | 8722 |
| 玉环市 | 9798 | 2094 | 4507 | 575 | 2454 |
| **丽水市** | **50618** | **14085** | **18748** | **9903** | **15163** |
| 莲都区 | 6254 | 1382 | 1968 | 2002 | 2082 |
| 青田县 | 6382 | 1023 | 2472 | 628 | 1969 |
| 缙云县 | 10356 | 1620 | 3661 | 1990 | 2960 |
| 遂昌县 | 7466 | 3541 | 2821 | 1767 | 1814 |
| 松阳县 | 7367 | 2888 | 2332 | 1286 | 1253 |
| 云和县 | 1589 | 382 | 620 | 228 | 375 |
| 庆元县 | 4619 | 1479 | 2317 | 1125 | 2569 |
| 景宁畲族自治县 | 1936 | 771 | 849 | 300 | 871 |
| 龙泉市 | 4649 | 999 | 1708 | 577 | 1270 |

# 8-1a　各地区按住房间数分的家庭户户数(城市)

单位：户

| 地　　区 | 家庭户户　数 | 住房间数 | | | | |
|---|---|---|---|---|---|---|
| | | 一间 | 二间 | 三间 | 四间 | 五间 |
| **合计** | **11614658** | **3807204** | **2916325** | **3433709** | **870032** | **232761** |
| **杭州市** | **3041725** | **1023549** | **776957** | **892131** | **221538** | **55711** |
| 上城区 | 119261 | 26129 | 57900 | 28400 | 5664 | 883 |
| 下城区 | 177364 | 34766 | 87657 | 47045 | 6859 | 789 |
| 江干区 | 469934 | 167864 | 138458 | 131313 | 28140 | 3259 |
| 拱墅区 | 227512 | 46215 | 99347 | 66815 | 12495 | 2054 |
| 西湖区 | 342513 | 106956 | 96343 | 100094 | 25572 | 5700 |
| 滨江区 | 154535 | 48391 | 35921 | 51290 | 15081 | 2663 |
| 萧山区 | 558708 | 221465 | 95741 | 142817 | 49513 | 18287 |
| 余杭区 | 643374 | 289545 | 94976 | 189943 | 49722 | 10803 |
| 富阳区 | 188631 | 43031 | 37437 | 69744 | 16727 | 6994 |
| 临安区 | 106311 | 34327 | 15698 | 43259 | 7642 | 2431 |
| 桐庐县 | | | | | | |
| 淳安县 | | | | | | |
| 建德市 | 53582 | 4860 | 17479 | 21411 | 4123 | 1848 |
| **宁波市** | **2069559** | **695683** | **586858** | **589598** | **133516** | **31017** |
| 海曙区 | 336368 | 99774 | 121171 | 96598 | 14786 | 2820 |
| 江北区 | 148457 | 33664 | 54088 | 47988 | 9905 | 1971 |
| 北仑区 | 216897 | 87751 | 42747 | 67726 | 12030 | 3994 |
| 镇海区 | 163822 | 49873 | 51350 | 49080 | 8952 | 2660 |
| 鄞州区 | 373613 | 77809 | 120348 | 137719 | 31778 | 4402 |
| 奉化区 | 106073 | 27184 | 37693 | 33007 | 5731 | 1457 |
| 象山县 | | | | | | |
| 宁海县 | | | | | | |
| 余姚市 | 294554 | 113373 | 70668 | 75237 | 20889 | 6298 |
| 慈溪市 | 429775 | 206255 | 88793 | 82243 | 29445 | 7415 |
| **温州市** | **1565866** | **560199** | **352871** | **429563** | **136167** | **29485** |
| 鹿城区 | 359304 | 118312 | 111200 | 98819 | 24432 | 3811 |
| 龙湾区 | 140107 | 59608 | 19440 | 37238 | 14069 | 3697 |
| 瓯海区 | 231785 | 95496 | 44013 | 61051 | 22003 | 3397 |
| 洞头区 | 23497 | 3183 | 6320 | 9424 | 2371 | 760 |
| 永嘉县 | | | | | | |
| 平阳县 | | | | | | |
| 苍南县 | | | | | | |
| 文成县 | | | | | | |
| 泰顺县 | | | | | | |
| 瑞安市 | 335108 | 124207 | 81480 | 89656 | 25065 | 3040 |
| 乐清市 | 335901 | 135997 | 55826 | 76702 | 35908 | 11507 |
| 龙港市 | 140164 | 23396 | 34592 | 56673 | 12319 | 3273 |
| **嘉兴市** | **791820** | **204944** | **204442** | **286806** | **55606** | **18114** |
| 南湖区 | 241562 | 33784 | 90622 | 98099 | 13367 | 2893 |
| 秀洲区 | 109204 | 26615 | 25732 | 45381 | 9061 | 1713 |
| 嘉善县 | | | | | | |
| 海盐县 | | | | | | |
| 海宁市 | 146392 | 42715 | 34219 | 42692 | 12067 | 5887 |
| 平湖市 | 103840 | 20041 | 25734 | 45324 | 7282 | 2319 |
| 桐乡市 | 190822 | 81789 | 28135 | 55310 | 13829 | 5302 |
| **湖州市** | **257547** | **44458** | **86446** | **99610** | **18225** | **4431** |
| 吴兴区 | 195061 | 23636 | 75238 | 77585 | 12859 | 3195 |
| 南浔区 | 62486 | 20822 | 11208 | 22025 | 5366 | 1236 |
| 德清县 | | | | | | |
| 长兴县 | | | | | | |
| 安吉县 | | | | | | |

注：本表数据为居住在普通住宅的家庭户。

8-1a 续表 1

单位：户

| 地区 | 家庭户户数 | 住房间数 一间 | 二间 | 三间 | 四间 | 五间 |
|---|---|---|---|---|---|---|
| **绍兴市** | **1027016** | **211599** | **257627** | **387044** | **104899** | **26992** |
| 越城区 | 291616 | 47483 | 103887 | 109397 | 22066 | 4699 |
| 柯桥区 | 261239 | 81730 | 47223 | 82709 | 30119 | 8074 |
| 上虞区 | 176535 | 30390 | 44297 | 73942 | 18610 | 4429 |
| 新昌县 | | | | | | |
| 诸暨市 | 181168 | 32001 | 39913 | 72806 | 23413 | 4893 |
| 嵊州市 | 116458 | 19995 | 22307 | 48190 | 10691 | 4897 |
| **金华市** | **1177088** | **548612** | **237756** | **269618** | **70418** | **21563** |
| 婺城区 | 252565 | 90617 | 68291 | 71992 | 14294 | 3668 |
| 金东区 | 48138 | 16903 | 8955 | 15102 | 4346 | 1024 |
| 武义县 | | | | | | |
| 浦江县 | | | | | | |
| 磐安县 | | | | | | |
| 兰溪市 | 84406 | 7891 | 29540 | 29858 | 7081 | 4124 |
| 义乌市 | 433790 | 253945 | 76371 | 74568 | 20226 | 5261 |
| 东阳市 | 157057 | 69749 | 22980 | 40146 | 12878 | 4256 |
| 永康市 | 201132 | 109507 | 31619 | 37952 | 11593 | 3230 |
| **衢州市** | **257651** | **32195** | **71372** | **100301** | **19841** | **11295** |
| 柯城区 | 138824 | 19510 | 47836 | 50181 | 10317 | 3783 |
| 衢江区 | 42510 | 6199 | 9160 | 16579 | 3592 | 2436 |
| 常山县 | | | | | | |
| 开化县 | | | | | | |
| 龙游县 | 534 | 33 | 116 | 81 | 114 | 29 |
| 江山市 | 75783 | 6453 | 14260 | 33460 | 5818 | 5047 |
| **舟山市** | **230209** | **35529** | **102942** | **75035** | **10411** | **3356** |
| 定海区 | 132171 | 18596 | 57821 | 45195 | 6410 | 2202 |
| 普陀区 | 98038 | 16933 | 45121 | 29840 | 4001 | 1154 |
| 岱山县 | | | | | | |
| 嵊泗县 | | | | | | |
| **台州市** | **1014527** | **405879** | **192382** | **235968** | **84857** | **26657** |
| 椒江区 | 205854 | 65729 | 47877 | 59878 | 16601 | 4787 |
| 黄岩区 | 142663 | 53453 | 34283 | 32670 | 12226 | 2732 |
| 路桥区 | 106242 | 37693 | 21146 | 28344 | 10272 | 2826 |
| 三门县 | | | | | | |
| 天台县 | | | | | | |
| 仙居县 | | | | | | |
| 温岭市 | 246090 | 128081 | 34647 | 39635 | 16935 | 6465 |
| 临海市 | 137904 | 31084 | 29008 | 46133 | 15569 | 4084 |
| 玉环市 | 175774 | 89839 | 25421 | 29308 | 13254 | 5763 |
| **丽水市** | **181650** | **44557** | **46672** | **68035** | **14554** | **4140** |
| 莲都区 | 133288 | 38155 | 34055 | 47922 | 9784 | 1890 |
| 青田县 | | | | | | |
| 缙云县 | | | | | | |
| 遂昌县 | | | | | | |
| 松阳县 | | | | | | |
| 云和县 | | | | | | |
| 庆元县 | | | | | | |
| 景宁畲族自治县 | | | | | | |
| 龙泉市 | 48362 | 6402 | 12617 | 20113 | 4770 | 2250 |

8-1a　续表 2　　　　单位：户

| 地　区 | 住房间数 | | | | |
|---|---|---|---|---|---|
| | 六间 | 七间 | 八间 | 九间 | 十间及以上 |
| **合计** | **190448** | **35499** | **59616** | **29149** | **39915** |
| **杭州市** | **34831** | **8250** | **10753** | **8726** | **9279** |
| 上城区 | 196 | 38 | 20 | 12 | 19 |
| 下城区 | 168 | 32 | 24 | 4 | 20 |
| 江干区 | 568 | 109 | 95 | 35 | 93 |
| 拱墅区 | 422 | 81 | 41 | 7 | 35 |
| 西湖区 | 3908 | 777 | 1029 | 1296 | 838 |
| 滨江区 | 737 | 208 | 145 | 24 | 75 |
| 萧山区 | 13772 | 3675 | 4398 | 4498 | 4542 |
| 余杭区 | 4543 | 919 | 1278 | 540 | 1105 |
| 富阳区 | 7334 | 1418 | 2814 | 1356 | 1776 |
| 临安区 | 1629 | 448 | 402 | 152 | 323 |
| 桐庐县 | | | | | |
| 淳安县 | | | | | |
| 建德市 | 1554 | 545 | 507 | 802 | 453 |
| **宁波市** | **22270** | **2593** | **3048** | **2817** | **2159** |
| 海曙区 | 844 | 104 | 126 | 14 | 131 |
| 江北区 | 567 | 85 | 132 | 27 | 30 |
| 北仑区 | 1610 | 317 | 343 | 96 | 283 |
| 镇海区 | 1128 | 196 | 274 | 92 | 217 |
| 鄞州区 | 928 | 254 | 237 | 61 | 77 |
| 奉化区 | 716 | 105 | 84 | 19 | 77 |
| 象山县 | | | | | |
| 宁海县 | | | | | |
| 余姚市 | 6055 | 551 | 675 | 403 | 405 |
| 慈溪市 | 10422 | 981 | 1177 | 2105 | 939 |
| **温州市** | **33101** | **5070** | **12460** | **1536** | **5414** |
| 鹿城区 | 1574 | 323 | 472 | 52 | 309 |
| 龙湾区 | 3114 | 625 | 1221 | 304 | 791 |
| 瓯海区 | 4071 | 382 | 849 | 123 | 400 |
| 洞头区 | 922 | 153 | 198 | 42 | 124 |
| 永嘉县 | | | | | |
| 平阳县 | | | | | |
| 苍南县 | | | | | |
| 文成县 | | | | | |
| 泰顺县 | | | | | |
| 瑞安市 | 6865 | 500 | 3269 | 223 | 803 |
| 乐清市 | 11370 | 1650 | 3898 | 620 | 2423 |
| 龙港市 | 5185 | 1437 | 2553 | 172 | 564 |
| **嘉兴市** | **12826** | **2986** | **2590** | **1793** | **1713** |
| 南湖区 | 1913 | 212 | 152 | 279 | 241 |
| 秀洲区 | 500 | 65 | 73 | 24 | 40 |
| 嘉善县 | | | | | |
| 海盐县 | | | | | |
| 海宁市 | 4539 | 1950 | 1209 | 565 | 549 |
| 平湖市 | 1806 | 342 | 325 | 396 | 271 |
| 桐乡市 | 4068 | 417 | 831 | 529 | 612 |
| **湖州市** | **2575** | **639** | **545** | **350** | **268** |
| 吴兴区 | 1554 | 413 | 255 | 146 | 180 |
| 南浔区 | 1021 | 226 | 290 | 204 | 88 |
| 德清县 | | | | | |
| 长兴县 | | | | | |
| 安吉县 | | | | | |

8–1a 续表 3

单位：户

| 地 区 | 住房间数 | | | | |
|---|---|---|---|---|---|
| | 六间 | 七间 | 八间 | 九间 | 十间及以上 |
| **绍兴市** | **21360** | **3685** | **4692** | **5411** | **3707** |
| 越城区 | 2698 | 571 | 429 | 221 | 165 |
| 柯桥区 | 6962 | 996 | 1236 | 1503 | 687 |
| 上虞区 | 3030 | 513 | 705 | 197 | 422 |
| 新昌县 | | | | | |
| 诸暨市 | 4020 | 529 | 669 | 2073 | 851 |
| 嵊州市 | 4650 | 1076 | 1653 | 1417 | 1582 |
| **金华市** | **15983** | **2732** | **4204** | **2274** | **3928** |
| 婺城区 | 1971 | 223 | 553 | 408 | 548 |
| 金东区 | 930 | 134 | 257 | 244 | 243 |
| 武义县 | | | | | |
| 浦江县 | | | | | |
| 磐安县 | | | | | |
| 兰溪市 | 3133 | 832 | 908 | 434 | 605 |
| 义乌市 | 2304 | 369 | 403 | 126 | 217 |
| 东阳市 | 3953 | 736 | 959 | 638 | 762 |
| 永康市 | 3692 | 438 | 1124 | 424 | 1553 |
| **衢州市** | **9714** | **3199** | **3663** | **3650** | **2421** |
| 柯城区 | 2911 | 845 | 1009 | 1608 | 824 |
| 衢江区 | 1812 | 693 | 704 | 730 | 605 |
| 常山县 | | | | | |
| 开化县 | | | | | |
| 龙游县 | 114 | 20 | 8 | 18 | 1 |
| 江山市 | 4877 | 1641 | 1942 | 1294 | 991 |
| **舟山市** | **1614** | **463** | **437** | **149** | **273** |
| 定海区 | 1084 | 354 | 280 | 79 | 150 |
| 普陀区 | 530 | 109 | 157 | 70 | 123 |
| 岱山县 | | | | | |
| 嵊泗县 | | | | | |
| **台州市** | **34291** | **5427** | **16690** | **2218** | **10158** |
| 椒江区 | 5476 | 844 | 2924 | 362 | 1376 |
| 黄岩区 | 3942 | 376 | 1804 | 252 | 925 |
| 路桥区 | 3431 | 225 | 1586 | 124 | 595 |
| 三门县 | | | | | |
| 天台县 | | | | | |
| 仙居县 | | | | | |
| 温岭市 | 9480 | 1541 | 5134 | 514 | 3658 |
| 临海市 | 6015 | 1023 | 2568 | 570 | 1850 |
| 玉环市 | 5947 | 1418 | 2674 | 396 | 1754 |
| **丽水市** | **1883** | **455** | **534** | **225** | **595** |
| 莲都区 | 899 | 166 | 145 | 110 | 162 |
| 青田县 | | | | | |
| 缙云县 | | | | | |
| 遂昌县 | | | | | |
| 松阳县 | | | | | |
| 云和县 | | | | | |
| 庆元县 | | | | | |
| 景宁畲族自治县 | | | | | |
| 龙泉市 | 984 | 289 | 389 | 115 | 433 |

# 8-1b　各地区按住房间数分的家庭户户数(镇)

单位：户

| 地　区 | 家庭户户　数 | 住房间数 | | | | |
| --- | --- | --- | --- | --- | --- | --- |
| | | 一间 | 二间 | 三间 | 四间 | 五间 |
| **合计** | **4567655** | **1178206** | **987761** | **1355603** | **489051** | **188840** |
| **杭州市** | **364546** | **85491** | **76777** | **118817** | **37323** | **17661** |
| 上城区 | | | | | | |
| 下城区 | | | | | | |
| 江干区 | | | | | | |
| 拱墅区 | | | | | | |
| 西湖区 | 189 | 20 | 39 | 27 | 19 | 23 |
| 滨江区 | | | | | | |
| 萧山区 | 28183 | 7295 | 3718 | 5115 | 5782 | 2713 |
| 余杭区 | 97871 | 32023 | 23362 | 28912 | 8274 | 2824 |
| 富阳区 | 9951 | 1335 | 1232 | 1732 | 2245 | 1349 |
| 临安区 | 28184 | 8515 | 4349 | 5807 | 3444 | 2276 |
| 桐庐县 | 113115 | 27278 | 22269 | 38426 | 10647 | 4620 |
| 淳安县 | 55652 | 7198 | 14348 | 26877 | 3589 | 1324 |
| 建德市 | 31401 | 1827 | 7460 | 11921 | 3323 | 2532 |
| **宁波市** | **697207** | **250411** | **163023** | **187585** | **57782** | **18296** |
| 海曙区 | 10644 | 4097 | 4165 | 1941 | 273 | 137 |
| 江北区 | | | | | | |
| 北仑区 | 14628 | 4958 | 3007 | 5254 | 903 | 375 |
| 镇海区 | 15011 | 5432 | 4344 | 4099 | 717 | 181 |
| 鄞州区 | 112183 | 38840 | 37654 | 27791 | 5786 | 1352 |
| 奉化区 | 19285 | 3137 | 5985 | 5352 | 4103 | 445 |
| 象山县 | 136960 | 39122 | 27644 | 48766 | 11878 | 4339 |
| 宁海县 | 172117 | 66910 | 33239 | 43255 | 17144 | 6285 |
| 余姚市 | 89923 | 29898 | 19704 | 23800 | 8511 | 2850 |
| 慈溪市 | 126456 | 58017 | 27281 | 27327 | 8467 | 2332 |
| **温州市** | **722830** | **151335** | **135382** | **240397** | **97212** | **22986** |
| 鹿城区 | 2139 | 211 | 367 | 495 | 388 | 84 |
| 龙湾区 | 69758 | 41366 | 6670 | 11152 | 4693 | 1817 |
| 瓯海区 | 5133 | 2646 | 674 | 1058 | 370 | 102 |
| 洞头区 | 2819 | 142 | 432 | 910 | 816 | 187 |
| 永嘉县 | 145318 | 41485 | 23493 | 48567 | 17334 | 4380 |
| 平阳县 | 178551 | 19814 | 38457 | 71088 | 27249 | 5372 |
| 苍南县 | 192280 | 22222 | 43361 | 74537 | 27937 | 5099 |
| 文成县 | 39861 | 3880 | 6164 | 11012 | 4994 | 1743 |
| 泰顺县 | 39872 | 2678 | 6534 | 11718 | 7623 | 3061 |
| 瑞安市 | 10944 | 835 | 2477 | 3812 | 1850 | 186 |
| 乐清市 | 29281 | 14756 | 4386 | 3652 | 3559 | 851 |
| 龙港市 | 6874 | 1300 | 2367 | 2396 | 399 | 104 |
| **嘉兴市** | **562768** | **169448** | **119046** | **164871** | **42501** | **22967** |
| 南湖区 | 21552 | 5991 | 5090 | 6974 | 1843 | 723 |
| 秀洲区 | 49911 | 15747 | 13026 | 12721 | 3223 | 1712 |
| 嘉善县 | 178584 | 68921 | 42553 | 47777 | 10059 | 4126 |
| 海盐县 | 100189 | 9681 | 26402 | 44082 | 7921 | 4229 |
| 海宁市 | 105605 | 44312 | 12468 | 20308 | 9971 | 6282 |
| 平湖市 | 54644 | 12721 | 9681 | 18633 | 4035 | 3208 |
| 桐乡市 | 52283 | 12075 | 9826 | 14376 | 5449 | 2687 |
| **湖州市** | **450000** | **90553** | **94750** | **156311** | **52835** | **25391** |
| 吴兴区 | 28034 | 7766 | 5728 | 8911 | 3863 | 912 |
| 南浔区 | 46867 | 7283 | 14419 | 16278 | 5362 | 1399 |
| 德清县 | 108361 | 19388 | 18643 | 46944 | 11625 | 5869 |
| 长兴县 | 150903 | 21969 | 35466 | 51427 | 17843 | 9483 |
| 安吉县 | 115835 | 34147 | 20494 | 32751 | 14142 | 7728 |

注：本表数据为居住在普通住宅的家庭户。

8–1b 续表 1

单位：户

| 地　区 | 家庭户户数 | 住房间数 | | | | |
|---|---|---|---|---|---|---|
| | | 一间 | 二间 | 三间 | 四间 | 五间 |
| **绍兴市** | **210338** | **30478** | **45088** | **80335** | **25471** | **9258** |
| 越城区 | 1429 | 149 | 423 | 555 | 170 | 34 |
| 柯桥区 | 21045 | 5071 | 4839 | 7394 | 2432 | 504 |
| 上虞区 | 17614 | 2120 | 4814 | 5834 | 3054 | 543 |
| 新昌县 | 91834 | 10654 | 16881 | 44182 | 8286 | 4016 |
| 诸暨市 | 53681 | 9993 | 12185 | 16350 | 7436 | 2152 |
| 嵊州市 | 24735 | 2491 | 5946 | 6020 | 4093 | 2009 |
| **金华市** | **516566** | **206320** | **93348** | **112337** | **46543** | **16730** |
| 婺城区 | 24912 | 3473 | 6217 | 9512 | 2970 | 1049 |
| 金东区 | 45637 | 19592 | 8735 | 10724 | 3464 | 1199 |
| 武义县 | 101761 | 43064 | 17666 | 21323 | 7482 | 2110 |
| 浦江县 | 68317 | 19334 | 16631 | 18003 | 7993 | 2324 |
| 磐安县 | 34026 | 7822 | 8954 | 8015 | 3507 | 1119 |
| 兰溪市 | 22198 | 2870 | 4529 | 5059 | 4049 | 2433 |
| 义乌市 | 86043 | 47171 | 12530 | 16716 | 4758 | 1234 |
| 东阳市 | 98490 | 43513 | 12055 | 19204 | 10128 | 4371 |
| 永康市 | 35182 | 19481 | 6031 | 3781 | 2192 | 891 |
| **衢州市** | **199514** | **18479** | **53607** | **57418** | **24068** | **17610** |
| 柯城区 | 3879 | 285 | 608 | 735 | 729 | 436 |
| 衢江区 | 12878 | 1440 | 2550 | 2565 | 2257 | 1801 |
| 常山县 | 45852 | 3870 | 12791 | 12284 | 5373 | 4242 |
| 开化县 | 47459 | 4388 | 15761 | 13938 | 4642 | 3154 |
| 龙游县 | 64745 | 6750 | 19119 | 24653 | 6852 | 2940 |
| 江山市 | 24701 | 1746 | 2778 | 3243 | 4215 | 5037 |
| **舟山市** | **88086** | **15967** | **43702** | **20749** | **5463** | **1129** |
| 定海区 | 12796 | 2770 | 5326 | 2907 | 1164 | 323 |
| 普陀区 | 7832 | 1430 | 3078 | 2455 | 590 | 113 |
| 岱山县 | 48283 | 7376 | 27079 | 10403 | 2634 | 424 |
| 嵊泗县 | 19175 | 4391 | 8219 | 4984 | 1075 | 269 |
| **台州市** | **412085** | **99128** | **80777** | **102653** | **60391** | **21554** |
| 椒江区 | 1829 | 1621 | 119 | 73 | 12 | 2 |
| 黄岩区 | 11848 | 2033 | 2150 | 2294 | 2597 | 724 |
| 路桥区 | 32995 | 11923 | 6247 | 7217 | 3597 | 1366 |
| 三门县 | 67532 | 10954 | 15224 | 20302 | 11449 | 2464 |
| 天台县 | 81684 | 14989 | 18048 | 25526 | 11214 | 4226 |
| 仙居县 | 72143 | 16272 | 15380 | 18811 | 10463 | 3515 |
| 温岭市 | 93262 | 29288 | 17167 | 18448 | 11225 | 6493 |
| 临海市 | 44544 | 8724 | 5648 | 9135 | 9369 | 2574 |
| 玉环市 | 6248 | 3324 | 794 | 847 | 465 | 190 |
| **丽水市** | **343715** | **60596** | **82261** | **114130** | **39462** | **15258** |
| 莲都区 | 6155 | 1185 | 1493 | 1191 | 672 | 333 |
| 青田县 | 87092 | 13591 | 20936 | 36349 | 9012 | 2259 |
| 缙云县 | 82137 | 20783 | 20692 | 21067 | 8592 | 3230 |
| 遂昌县 | 38208 | 4547 | 7879 | 12970 | 4078 | 2283 |
| 松阳县 | 33618 | 5071 | 8461 | 8149 | 4716 | 2883 |
| 云和县 | 34763 | 7537 | 8654 | 11846 | 3595 | 1080 |
| 庆元县 | 32837 | 3542 | 6914 | 12066 | 5034 | 1765 |
| 景宁畲族自治县 | 23173 | 3814 | 6120 | 8301 | 2603 | 1088 |
| 龙泉市 | 5732 | 526 | 1112 | 2191 | 1160 | 337 |

8-1b　续表 2　　　　单位：户

| 地　区 | 住房间数 | | | | |
|---|---|---|---|---|---|
| | 六间 | 七间 | 八间 | 九间 | 十间及以上 |
| **合计** | **210267** | **35452** | **61928** | **24092** | **36455** |
| **杭州市** | **14890** | **3330** | **4704** | **2397** | **3156** |
| 上城区 | | | | | |
| 下城区 | | | | | |
| 江干区 | | | | | |
| 拱墅区 | | | | | |
| 西湖区 | 48 | 5 | 8 | | |
| 滨江区 | | | | | |
| 萧山区 | 2269 | 337 | 496 | 275 | 183 |
| 余杭区 | 1353 | 367 | 311 | 98 | 347 |
| 富阳区 | 1107 | 282 | 406 | 194 | 69 |
| 临安区 | 2081 | 444 | 592 | 289 | 387 |
| 桐庐县 | 4819 | 901 | 1808 | 942 | 1405 |
| 淳安县 | 992 | 237 | 378 | 200 | 509 |
| 建德市 | 2221 | 757 | 705 | 399 | 256 |
| **宁波市** | **12927** | **1723** | **2444** | **1002** | **2014** |
| 海曙区 | 23 | | 5 | | 3 |
| 江北区 | | | | | |
| 北仑区 | 84 | 20 | 13 | 5 | 9 |
| 镇海区 | 123 | 37 | 56 | 10 | 12 |
| 鄞州区 | 526 | 89 | 71 | 17 | 57 |
| 奉化区 | 209 | 11 | 27 | 7 | 9 |
| 象山县 | 2521 | 581 | 702 | 255 | 1152 |
| 宁海县 | 3211 | 427 | 931 | 194 | 521 |
| 余姚市 | 4044 | 347 | 349 | 285 | 135 |
| 慈溪市 | 2186 | 211 | 290 | 229 | 116 |
| **温州市** | **52176** | **4572** | **13667** | **1177** | **3926** |
| 鹿城区 | 415 | 55 | 82 | 17 | 25 |
| 龙湾区 | 1985 | 329 | 817 | 264 | 665 |
| 瓯海区 | 102 | 73 | 91 | 7 | 10 |
| 洞头区 | 208 | 19 | 77 | 5 | 23 |
| 永嘉县 | 6021 | 737 | 2149 | 306 | 846 |
| 平阳县 | 12852 | 1008 | 2289 | 105 | 317 |
| 苍南县 | 13544 | 817 | 3591 | 146 | 1026 |
| 文成县 | 8287 | 833 | 2282 | 170 | 496 |
| 泰顺县 | 5956 | 451 | 1489 | 107 | 255 |
| 瑞安市 | 1239 | 62 | 455 | 4 | 24 |
| 乐清市 | 1298 | 176 | 325 | 45 | 233 |
| 龙港市 | 269 | 12 | 20 | 1 | 6 |
| **嘉兴市** | **21362** | **5005** | **8248** | **3190** | **6130** |
| 南湖区 | 605 | 67 | 104 | 105 | 50 |
| 秀洲区 | 1662 | 320 | 1005 | 209 | 286 |
| 嘉善县 | 2525 | 456 | 807 | 428 | 932 |
| 海盐县 | 4232 | 858 | 1443 | 546 | 795 |
| 海宁市 | 5984 | 1698 | 2450 | 785 | 1347 |
| 平湖市 | 3176 | 991 | 813 | 699 | 687 |
| 桐乡市 | 3178 | 615 | 1626 | 418 | 2033 |
| **湖州市** | **16919** | **3293** | **4545** | **2422** | **2981** |
| 吴兴区 | 449 | 67 | 139 | 18 | 181 |
| 南浔区 | 1155 | 183 | 389 | 89 | 310 |
| 德清县 | 3332 | 561 | 927 | 398 | 674 |
| 长兴县 | 7949 | 1682 | 2261 | 1536 | 1287 |
| 安吉县 | 4034 | 800 | 829 | 381 | 529 |

8-1b 续表 3

单位：户

| 地区 | 住房间数 | | | | |
|---|---|---|---|---|---|
| | 六间 | 七间 | 八间 | 九间 | 十间及以上 |
| **绍兴市** | **11358** | **1771** | **2467** | **2581** | **1531** |
| 越城区 | 89 | 1 | 4 | 4 | |
| 柯桥区 | 656 | 51 | 31 | 55 | 12 |
| 上虞区 | 891 | 62 | 94 | 176 | 26 |
| 新昌县 | 4084 | 984 | 1313 | 505 | 929 |
| 诸暨市 | 2901 | 322 | 493 | 1537 | 312 |
| 嵊州市 | 2737 | 351 | 532 | 304 | 252 |
| **金华市** | **19762** | **3178** | **6920** | **5116** | **6312** |
| 婺城区 | 851 | 191 | 197 | 260 | 192 |
| 金东区 | 971 | 181 | 280 | 198 | 293 |
| 武义县 | 4154 | 573 | 2279 | 1201 | 1909 |
| 浦江县 | 2565 | 388 | 615 | 142 | 322 |
| 磐安县 | 2283 | 329 | 863 | 558 | 576 |
| 兰溪市 | 2042 | 330 | 370 | 339 | 177 |
| 义乌市 | 1623 | 272 | 437 | 717 | 585 |
| 东阳市 | 3971 | 794 | 1287 | 1456 | 1711 |
| 永康市 | 1302 | 120 | 592 | 245 | 547 |
| **衢州市** | **15767** | **4834** | **3818** | **2126** | **1787** |
| 柯城区 | 521 | 92 | 202 | 70 | 201 |
| 衢江区 | 1262 | 461 | 262 | 132 | 148 |
| 常山县 | 3587 | 1430 | 1255 | 609 | 411 |
| 开化县 | 3356 | 954 | 583 | 396 | 287 |
| 龙游县 | 3191 | 359 | 326 | 348 | 207 |
| 江山市 | 3850 | 1538 | 1190 | 571 | 533 |
| **舟山市** | **705** | **129** | **139** | **23** | **80** |
| 定海区 | 208 | 33 | 43 | 9 | 13 |
| 普陀区 | 76 | 38 | 18 | 5 | 29 |
| 岱山县 | 260 | 31 | 49 | 5 | 22 |
| 嵊泗县 | 161 | 27 | 29 | 4 | 16 |
| **台州市** | **28916** | **3908** | **9062** | **1474** | **4222** |
| 椒江区 | 1 | | 1 | | |
| 黄岩区 | 1514 | 62 | 364 | 17 | 93 |
| 路桥区 | 1320 | 147 | 631 | 136 | 411 |
| 三门县 | 4812 | 516 | 1274 | 79 | 458 |
| 天台县 | 4149 | 607 | 1562 | 566 | 797 |
| 仙居县 | 4613 | 511 | 1529 | 242 | 807 |
| 温岭市 | 6533 | 1378 | 1791 | 130 | 809 |
| 临海市 | 5512 | 648 | 1808 | 298 | 828 |
| 玉环市 | 462 | 39 | 102 | 6 | 19 |
| **丽水市** | **15485** | **3709** | **5914** | **2584** | **4316** |
| 莲都区 | 665 | 75 | 183 | 161 | 197 |
| 青田县 | 2624 | 307 | 1128 | 176 | 710 |
| 缙云县 | 3585 | 636 | 1508 | 748 | 1296 |
| 遂昌县 | 2773 | 1113 | 1077 | 719 | 769 |
| 松阳县 | 2410 | 635 | 733 | 264 | 296 |
| 云和县 | 1003 | 225 | 440 | 122 | 261 |
| 庆元县 | 1619 | 500 | 592 | 272 | 533 |
| 景宁畲族自治县 | 550 | 171 | 196 | 111 | 219 |
| 龙泉市 | 256 | 47 | 57 | 11 | 35 |

# 8-1c　各地区按住房间数分的家庭户户数(乡村)

单位：户

| 地　　区 | 家庭户户　数 | 住房间数 | | | | |
| --- | --- | --- | --- | --- | --- | --- |
| | | 一间 | 二间 | 三间 | 四间 | 五间 |
| **合计** | **6738900** | **1425391** | **1353373** | **1301929** | **1113069** | **504294** |
| **杭州市** | **707012** | **129531** | **67050** | **111433** | **137072** | **95980** |
| 上城区 | | | | | | |
| 下城区 | | | | | | |
| 江干区 | | | | | | |
| 拱墅区 | | | | | | |
| 西湖区 | 8519 | 1113 | 1268 | 1761 | 1589 | 867 |
| 滨江区 | | | | | | |
| 萧山区 | 147216 | 37886 | 11725 | 19050 | 31649 | 19862 |
| 余杭区 | 155515 | 64458 | 12556 | 19222 | 21422 | 14482 |
| 富阳区 | 85113 | 6231 | 10623 | 15819 | 19702 | 14225 |
| 临安区 | 98280 | 9080 | 7546 | 17706 | 22269 | 16942 |
| 桐庐县 | 52642 | 2757 | 6862 | 10162 | 10351 | 6866 |
| 淳安县 | 81438 | 4136 | 7948 | 10556 | 14116 | 11001 |
| 建德市 | 78289 | 3870 | 8522 | 17157 | 15974 | 11735 |
| **宁波市** | **851666** | **303591** | **224270** | **169460** | **89486** | **28661** |
| 海曙区 | 56378 | 22765 | 18996 | 10018 | 3332 | 792 |
| 江北区 | 33762 | 15138 | 9027 | 5302 | 2712 | 835 |
| 北仑区 | 83951 | 36489 | 16763 | 15111 | 8335 | 2848 |
| 镇海区 | 20566 | 8796 | 5839 | 3279 | 1614 | 514 |
| 鄞州区 | 118700 | 57156 | 36323 | 18465 | 4561 | 1195 |
| 奉化区 | 97827 | 32899 | 36817 | 14509 | 10011 | 1598 |
| 象山县 | 89684 | 14444 | 16018 | 23506 | 18926 | 8059 |
| 宁海县 | 109022 | 28251 | 31153 | 22431 | 16534 | 5027 |
| 余姚市 | 89988 | 18964 | 23443 | 25542 | 11068 | 4133 |
| 慈溪市 | 151788 | 68689 | 29891 | 31297 | 12393 | 3660 |
| **温州市** | **991400** | **217932** | **257060** | **178937** | **187028** | **38502** |
| 鹿城区 | 31204 | 10919 | 6552 | 5635 | 3817 | 1484 |
| 龙湾区 | 146 | 87 | 6 | | 5 | |
| 瓯海区 | 55411 | 21312 | 10257 | 9472 | 8682 | 1829 |
| 洞头区 | 20483 | 3607 | 4737 | 4966 | 3575 | 1271 |
| 永嘉县 | 150525 | 28946 | 35938 | 33364 | 27704 | 8247 |
| 平阳县 | 124485 | 23213 | 40887 | 19477 | 28660 | 2540 |
| 苍南县 | 103919 | 21070 | 44010 | 16302 | 15989 | 1664 |
| 文成县 | 61641 | 8651 | 11168 | 9116 | 15358 | 3739 |
| 泰顺县 | 61068 | 3514 | 11076 | 6988 | 17166 | 3893 |
| 瑞安市 | 178678 | 47213 | 46478 | 36648 | 32025 | 2578 |
| 乐清市 | 198121 | 48491 | 42558 | 36183 | 33587 | 11208 |
| 龙港市 | 5719 | 909 | 3393 | 786 | 460 | 49 |
| **嘉兴市** | **523704** | **134115** | **49845** | **82474** | **81051** | **51937** |
| 南湖区 | 35318 | 8538 | 3537 | 6251 | 5732 | 3063 |
| 秀洲区 | 78520 | 24664 | 9719 | 12565 | 10834 | 5975 |
| 嘉善县 | 62995 | 17879 | 11413 | 17618 | 7627 | 2647 |
| 海盐县 | 51909 | 6496 | 4243 | 8728 | 8992 | 6523 |
| 海宁市 | 114756 | 45655 | 6560 | 13658 | 17820 | 10238 |
| 平湖市 | 77636 | 15168 | 7284 | 11259 | 12060 | 10297 |
| 桐乡市 | 102570 | 15715 | 7089 | 12395 | 17986 | 13194 |
| **湖州市** | **373703** | **38740** | **46635** | **90622** | **82927** | **52575** |
| 吴兴区 | 70341 | 12344 | 12397 | 19951 | 12248 | 6774 |
| 南浔区 | 80782 | 8285 | 12158 | 20957 | 18967 | 9119 |
| 德清县 | 62323 | 5840 | 4045 | 9922 | 13831 | 11937 |
| 长兴县 | 83531 | 4825 | 10625 | 21099 | 18103 | 12295 |
| 安吉县 | 76726 | 7446 | 7410 | 18693 | 19778 | 12450 |

注：本表数据为居住在普通住宅的家庭户。

8-1c 续表 1

单位：户

| 地区 | 家庭户户数 | 住房间数 一间 | 二间 | 三间 | 四间 | 五间 |
|---|---|---|---|---|---|---|
| **绍兴市** | **611901** | **90750** | **153377** | **152720** | **100401** | **37471** |
| 越城区 | 55826 | 10662 | 16460 | 15088 | 8455 | 1799 |
| 柯桥区 | 72940 | 15930 | 16424 | 17473 | 12868 | 4578 |
| 上虞区 | 107893 | 13755 | 24447 | 34239 | 21672 | 5835 |
| 新昌县 | 72523 | 15570 | 21876 | 14943 | 9393 | 4043 |
| 诸暨市 | 182968 | 24758 | 47062 | 42309 | 28861 | 9901 |
| 嵊州市 | 119751 | 10075 | 27108 | 28668 | 19152 | 11315 |
| **金华市** | **840528** | **192804** | **174793** | **179123** | **117823** | **54584** |
| 婺城区 | 81913 | 12519 | 17264 | 18750 | 11285 | 7115 |
| 金东区 | 75012 | 17702 | 16837 | 17633 | 10193 | 3693 |
| 武义县 | 71491 | 18335 | 11852 | 10473 | 8673 | 4212 |
| 浦江县 | 86518 | 20066 | 25821 | 16556 | 11803 | 3905 |
| 磐安县 | 38327 | 7666 | 9474 | 5883 | 5462 | 2519 |
| 兰溪市 | 99875 | 8159 | 18696 | 25871 | 18203 | 11713 |
| 义乌市 | 132358 | 45329 | 26247 | 32272 | 13791 | 4421 |
| 东阳市 | 133740 | 22142 | 22816 | 31113 | 25980 | 11975 |
| 永康市 | 121294 | 40886 | 25786 | 20572 | 12433 | 5031 |
| **衢州市** | **401643** | **25606** | **61749** | **72961** | **71386** | **56578** |
| 柯城区 | 45937 | 2634 | 6667 | 9130 | 9646 | 5152 |
| 衢江区 | 79489 | 5513 | 12817 | 12182 | 14187 | 12261 |
| 常山县 | 57220 | 3505 | 8995 | 7542 | 9758 | 9348 |
| 开化县 | 56974 | 2977 | 8018 | 8981 | 11689 | 9561 |
| 龙游县 | 78563 | 7257 | 16487 | 25575 | 13589 | 5757 |
| 江山市 | 83460 | 3720 | 8765 | 9551 | 12517 | 14499 |
| **舟山市** | **135643** | **30871** | **38783** | **32622** | **19249** | **6649** |
| 定海区 | 50528 | 12213 | 13171 | 13672 | 6925 | 2204 |
| 普陀区 | 46369 | 8995 | 10334 | 10706 | 7987 | 3812 |
| 岱山县 | 28202 | 7192 | 11015 | 5415 | 3596 | 483 |
| 嵊泗县 | 10544 | 2471 | 4263 | 2829 | 741 | 150 |
| **台州市** | **908011** | **195256** | **187340** | **154491** | **169821** | **53062** |
| 椒江区 | 59675 | 17450 | 13389 | 10225 | 10684 | 2016 |
| 黄岩区 | 91451 | 14108 | 19234 | 19927 | 22023 | 4563 |
| 路桥区 | 70850 | 24895 | 14539 | 13690 | 9967 | 3055 |
| 三门县 | 69181 | 10018 | 13972 | 8592 | 18099 | 3569 |
| 天台县 | 87993 | 13060 | 23022 | 19796 | 13350 | 6456 |
| 仙居县 | 76390 | 14316 | 20962 | 11688 | 12300 | 4059 |
| 温岭市 | 187190 | 44775 | 40468 | 31010 | 31569 | 14631 |
| 临海市 | 199519 | 28307 | 30659 | 30475 | 44084 | 11817 |
| 玉环市 | 65762 | 28327 | 11095 | 9088 | 7745 | 2896 |
| **丽水市** | **393689** | **66195** | **92471** | **77086** | **56825** | **28295** |
| 莲都区 | 48149 | 7436 | 11070 | 10100 | 5476 | 3142 |
| 青田县 | 95452 | 28691 | 27090 | 18930 | 9814 | 3398 |
| 缙云县 | 76216 | 15325 | 19333 | 14344 | 10185 | 4215 |
| 遂昌县 | 36050 | 2136 | 6367 | 6062 | 6484 | 4043 |
| 松阳县 | 42913 | 4403 | 9011 | 6402 | 6779 | 5530 |
| 云和县 | 14725 | 2661 | 4263 | 3612 | 2094 | 952 |
| 庆元县 | 22978 | 891 | 3244 | 3817 | 4345 | 2088 |
| 景宁畲族自治县 | 20361 | 2088 | 4993 | 4245 | 3923 | 1632 |
| 龙泉市 | 36845 | 2564 | 7100 | 9574 | 7725 | 3295 |

8-1c　续表 2　　单位：户

| 地　　区 | 住房间数 | | | | |
|---|---|---|---|---|---|
| | 六间 | 七间 | 八间 | 九间 | 十间及以上 |
| **合计** | **558025** | **113020** | **175124** | **96972** | **97703** |
| **杭州市** | **86710** | **21508** | **25973** | **17710** | **14045** |
| 上城区 | | | | | |
| 下城区 | | | | | |
| 江干区 | | | | | |
| 拱墅区 | | | | | |
| 西湖区 | 1053 | 281 | 283 | 121 | 183 |
| 滨江区 | | | | | |
| 萧山区 | 14391 | 3669 | 3335 | 3472 | 2177 |
| 余杭区 | 12260 | 2726 | 3985 | 1869 | 2535 |
| 富阳区 | 11021 | 2316 | 2938 | 1335 | 903 |
| 临安区 | 13814 | 2605 | 3594 | 2780 | 1944 |
| 桐庐县 | 8122 | 1721 | 3184 | 1332 | 1285 |
| 淳安县 | 14723 | 4641 | 6110 | 4036 | 4171 |
| 建德市 | 11326 | 3549 | 2544 | 2765 | 847 |
| **宁波市** | **24750** | **3256** | **4174** | **1783** | **2235** |
| 海曙区 | 300 | 70 | 58 | 8 | 39 |
| 江北区 | 540 | 76 | 89 | 11 | 32 |
| 北仑区 | 3024 | 456 | 448 | 173 | 304 |
| 镇海区 | 331 | 62 | 73 | 6 | 52 |
| 鄞州区 | 709 | 99 | 106 | 27 | 59 |
| 奉化区 | 1567 | 117 | 184 | 47 | 78 |
| 象山县 | 4824 | 1163 | 1402 | 417 | 925 |
| 宁海县 | 3986 | 445 | 690 | 195 | 310 |
| 余姚市 | 4790 | 492 | 769 | 470 | 317 |
| 慈溪市 | 4679 | 276 | 355 | 429 | 119 |
| **温州市** | **73693** | **6695** | **21266** | **2364** | **7923** |
| 鹿城区 | 1583 | 166 | 576 | 61 | 411 |
| 龙湾区 | | 2 | 11 | 35 | |
| 瓯海区 | 2435 | 214 | 830 | 69 | 311 |
| 洞头区 | 1410 | 292 | 351 | 107 | 167 |
| 永嘉县 | 9648 | 1164 | 3399 | 699 | 1416 |
| 平阳县 | 7643 | 486 | 1367 | 32 | 180 |
| 苍南县 | 4017 | 226 | 570 | 10 | 61 |
| 文成县 | 9082 | 663 | 2802 | 153 | 909 |
| 泰顺县 | 11965 | 1205 | 3681 | 277 | 1303 |
| 瑞安市 | 10840 | 247 | 2079 | 118 | 452 |
| 乐清市 | 14976 | 2025 | 5578 | 803 | 2712 |
| 龙港市 | 94 | 5 | 22 | | 1 |
| **嘉兴市** | **60537** | **14499** | **20772** | **13286** | **15188** |
| 南湖区 | 4647 | 689 | 1031 | 1213 | 617 |
| 秀洲区 | 8016 | 1516 | 2274 | 1290 | 1667 |
| 嘉善县 | 3646 | 309 | 581 | 549 | 726 |
| 海盐县 | 8603 | 2512 | 2073 | 2548 | 1191 |
| 海宁市 | 10060 | 2844 | 3691 | 1693 | 2537 |
| 平湖市 | 10732 | 2786 | 3205 | 3409 | 1436 |
| 桐乡市 | 14833 | 3843 | 7917 | 2584 | 7014 |
| **湖州市** | **35231** | **7587** | **9048** | **3884** | **6454** |
| 吴兴区 | 4018 | 754 | 936 | 293 | 626 |
| 南浔区 | 6261 | 1429 | 1763 | 511 | 1332 |
| 德清县 | 8648 | 1939 | 3124 | 1257 | 1780 |
| 长兴县 | 9791 | 2091 | 1967 | 1310 | 1425 |
| 安吉县 | 6513 | 1374 | 1258 | 513 | 1291 |

8-1c 续表 3 单位：户

| 地　区 | 住房间数 | | | | |
|---|---|---|---|---|---|
| | 六间 | 七间 | 八间 | 九间 | 十间及以上 |
| **绍兴市** | **45179** | **6638** | **8215** | **12584** | **4566** |
| 越城区 | 2387 | 305 | 300 | 242 | 128 |
| 柯桥区 | 3650 | 585 | 510 | 520 | 402 |
| 上虞区 | 6223 | 548 | 614 | 402 | 158 |
| 新昌县 | 3846 | 797 | 969 | 608 | 478 |
| 诸暨市 | 15632 | 1879 | 2792 | 7926 | 1848 |
| 嵊州市 | 13441 | 2524 | 3030 | 2886 | 1552 |
| **金华市** | **59640** | **12804** | **17630** | **17340** | **13987** |
| 婺城区 | 6637 | 2348 | 1883 | 2797 | 1315 |
| 金东区 | 4122 | 720 | 1308 | 1766 | 1038 |
| 武义县 | 7083 | 1579 | 2858 | 3104 | 3322 |
| 浦江县 | 5230 | 696 | 1224 | 474 | 743 |
| 磐安县 | 3908 | 484 | 1723 | 544 | 664 |
| 兰溪市 | 9639 | 2253 | 2054 | 2494 | 793 |
| 义乌市 | 4806 | 1003 | 1467 | 1589 | 1433 |
| 东阳市 | 10342 | 2319 | 2256 | 2635 | 2162 |
| 永康市 | 7873 | 1402 | 2857 | 1937 | 2517 |
| **衢州市** | **54936** | **19302** | **16334** | **14683** | **8108** |
| 柯城区 | 4813 | 1595 | 1888 | 2347 | 2065 |
| 衢江区 | 11090 | 3844 | 2793 | 3593 | 1209 |
| 常山县 | 8776 | 3895 | 3021 | 1561 | 819 |
| 开化县 | 8463 | 2322 | 1847 | 1973 | 1143 |
| 龙游县 | 7043 | 1161 | 886 | 632 | 176 |
| 江山市 | 14751 | 6485 | 5899 | 4577 | 2696 |
| **舟山市** | **4951** | **839** | **816** | **392** | **471** |
| 定海区 | 1745 | 250 | 181 | 90 | 77 |
| 普陀区 | 2810 | 548 | 545 | 283 | 349 |
| 岱山县 | 331 | 33 | 83 | 16 | 38 |
| 嵊泗县 | 65 | 8 | 7 | 3 | 7 |
| **台州市** | **79148** | **9971** | **38596** | **5852** | **14474** |
| 椒江区 | 3112 | 235 | 1754 | 292 | 518 |
| 黄岩区 | 6731 | 545 | 3239 | 227 | 854 |
| 路桥区 | 2988 | 395 | 794 | 180 | 347 |
| 三门县 | 7468 | 527 | 5121 | 360 | 1455 |
| 天台县 | 6561 | 1298 | 1949 | 1661 | 840 |
| 仙居县 | 6263 | 1093 | 3434 | 440 | 1835 |
| 温岭市 | 14557 | 2522 | 5240 | 518 | 1900 |
| 临海市 | 28079 | 2719 | 15334 | 2001 | 6044 |
| 玉环市 | 3389 | 637 | 1731 | 173 | 681 |
| **丽水市** | **33250** | **9921** | **12300** | **7094** | **10252** |
| 莲都区 | 4690 | 1141 | 1640 | 1731 | 1723 |
| 青田县 | 3758 | 716 | 1344 | 452 | 1259 |
| 缙云县 | 6771 | 984 | 2153 | 1242 | 1664 |
| 遂昌县 | 4693 | 2428 | 1744 | 1048 | 1045 |
| 松阳县 | 4957 | 2253 | 1599 | 1022 | 957 |
| 云和县 | 586 | 157 | 180 | 106 | 114 |
| 庆元县 | 3000 | 979 | 1725 | 853 | 2036 |
| 景宁畲族自治县 | 1386 | 600 | 653 | 189 | 652 |
| 龙泉市 | 3409 | 663 | 1262 | 451 | 802 |

# 8-2　各地区按人均住房建筑面积分的家庭户户数

单位：户

| 地　区 | 家庭户户　数 | 人均住房建筑面积(平方米) | | | |
|---|---|---|---|---|---|
| | | 8及以下 | 9-12 | 13-16 | 17-19 |
| **合计** | **22921213** | **920876** | **1518261** | **1465703** | **564132** |
| **杭州市** | **4113283** | **181784** | **292522** | **311747** | **143936** |
| 上城区 | 119261 | 3091 | 7399 | 11427 | 7879 |
| 下城区 | 177364 | 1975 | 7583 | 13991 | 11617 |
| 江干区 | 469934 | 30006 | 33001 | 49184 | 23281 |
| 拱墅区 | 227512 | 3318 | 10094 | 17798 | 13761 |
| 西湖区 | 351221 | 15452 | 36048 | 36555 | 15507 |
| 滨江区 | 154535 | 3586 | 9710 | 13046 | 3905 |
| 萧山区 | 734107 | 57223 | 70458 | 56459 | 20483 |
| 余杭区 | 896760 | 50717 | 88164 | 76235 | 30812 |
| 富阳区 | 283695 | 5285 | 9650 | 12372 | 5401 |
| 临安区 | 232775 | 6392 | 10620 | 11416 | 3551 |
| 桐庐县 | 165757 | 3401 | 6100 | 6998 | 2764 |
| 淳安县 | 137090 | 821 | 2066 | 3167 | 2704 |
| 建德市 | 163272 | 517 | 1629 | 3099 | 2271 |
| **宁波市** | **3618432** | **196214** | **301758** | **265604** | **86124** |
| 海曙区 | 403390 | 14870 | 29152 | 28502 | 14600 |
| 江北区 | 182219 | 8117 | 13219 | 12896 | 7132 |
| 北仑区 | 315476 | 27614 | 35991 | 31380 | 9189 |
| 镇海区 | 199399 | 12800 | 19620 | 16593 | 7023 |
| 鄞州区 | 604496 | 17623 | 35560 | 36516 | 20529 |
| 奉化区 | 223185 | 4659 | 8413 | 10658 | 3280 |
| 象山县 | 226644 | 9705 | 13291 | 11075 | 3595 |
| 宁海县 | 281139 | 14462 | 21617 | 18773 | 3632 |
| 余姚市 | 474465 | 29449 | 42510 | 34102 | 7709 |
| 慈溪市 | 708019 | 56915 | 82385 | 65109 | 9435 |
| **温州市** | **3280096** | **159870** | **245370** | **220810** | **64235** |
| 鹿城区 | 392647 | 32956 | 46401 | 27501 | 13505 |
| 龙湾区 | 210011 | 22645 | 30097 | 23481 | 5061 |
| 瓯海区 | 292329 | 20961 | 32899 | 28513 | 8434 |
| 洞头区 | 46799 | 505 | 1173 | 1385 | 459 |
| 永嘉县 | 295843 | 7878 | 16686 | 18172 | 3875 |
| 平阳县 | 303036 | 2731 | 6831 | 10442 | 4351 |
| 苍南县 | 296199 | 1753 | 5815 | 11492 | 4932 |
| 文成县 | 101502 | 915 | 2254 | 3355 | 1226 |
| 泰顺县 | 100940 | 227 | 853 | 1666 | 673 |
| 瑞安市 | 524730 | 28863 | 42934 | 39419 | 10448 |
| 乐清市 | 563303 | 39158 | 54918 | 48126 | 8474 |
| 龙港市 | 152757 | 1278 | 4509 | 7258 | 2797 |
| **嘉兴市** | **1878292** | **63481** | **127291** | **117792** | **44403** |
| 南湖区 | 298432 | 2583 | 7509 | 12310 | 10464 |
| 秀洲区 | 237635 | 10166 | 18161 | 15455 | 5656 |
| 嘉善县 | 241579 | 14564 | 21987 | 22424 | 6707 |
| 海盐县 | 152098 | 2748 | 4560 | 5916 | 3171 |
| 海宁市 | 366753 | 16927 | 38572 | 25125 | 9345 |
| 平湖市 | 236120 | 7282 | 11087 | 13806 | 4505 |
| 桐乡市 | 345675 | 9211 | 25415 | 22756 | 4555 |
| **湖州市** | **1081250** | **21613** | **39011** | **42847** | **20570** |
| 吴兴区 | 293436 | 5252 | 11061 | 13297 | 9496 |
| 南浔区 | 190135 | 3144 | 7613 | 8304 | 3114 |
| 德清县 | 170684 | 3234 | 6067 | 5940 | 2581 |
| 长兴县 | 234434 | 1847 | 3955 | 5879 | 2635 |
| 安吉县 | 192561 | 8136 | 10315 | 9427 | 2744 |

注：本表数据为居住在普通住宅的家庭户。

8-2 续表 1

单位：户

| 地 区 | 家庭户户 数 | 人均住房建筑面积(平方米) | | | |
| --- | --- | --- | --- | --- | --- |
| | | 8及以下 | 9-12 | 13-16 | 17-19 |
| **绍兴市** | **1849255** | **31324** | **57013** | **72463** | **33285** |
| 越城区 | 348871 | 4462 | 11291 | 15271 | 10021 |
| 柯桥区 | 355224 | 16026 | 21046 | 23052 | 8016 |
| 上虞区 | 302042 | 4269 | 6775 | 8760 | 5044 |
| 新昌县 | 164357 | 1377 | 3595 | 5757 | 2342 |
| 诸暨市 | 417817 | 2785 | 8300 | 12641 | 4180 |
| 嵊州市 | 260944 | 2405 | 6006 | 6982 | 3682 |
| **金华市** | **2534182** | **131819** | **236178** | **202561** | **93103** |
| 婺城区 | 359390 | 13936 | 22030 | 28641 | 9997 |
| 金东区 | 168787 | 5302 | 11728 | 10814 | 2124 |
| 武义县 | 173252 | 14958 | 15559 | 14360 | 4949 |
| 浦江县 | 154835 | 4366 | 8251 | 9026 | 3880 |
| 磐安县 | 72353 | 284 | 1315 | 1707 | 2150 |
| 兰溪市 | 206479 | 639 | 2127 | 4138 | 3088 |
| 义乌市 | 652191 | 38211 | 98355 | 66351 | 42929 |
| 东阳市 | 389287 | 20097 | 30711 | 28241 | 15798 |
| 永康市 | 357608 | 34026 | 46102 | 39283 | 8188 |
| **衢州市** | **858808** | **2394** | **6945** | **15450** | **11807** |
| 柯城区 | 188640 | 494 | 2128 | 4768 | 4791 |
| 衢江区 | 134877 | 298 | 897 | 1969 | 1135 |
| 常山县 | 103072 | 289 | 633 | 1392 | 844 |
| 开化县 | 104433 | 210 | 751 | 1638 | 1100 |
| 龙游县 | 143842 | 372 | 917 | 2139 | 1519 |
| 江山市 | 183944 | 731 | 1619 | 3544 | 2418 |
| **舟山市** | **453938** | **10625** | **17045** | **17881** | **9455** |
| 定海区 | 195495 | 4463 | 7479 | 7983 | 4418 |
| 普陀区 | 152239 | 5176 | 6900 | 6672 | 3724 |
| 岱山县 | 76485 | 481 | 1361 | 2059 | 875 |
| 嵊泗县 | 29719 | 505 | 1305 | 1167 | 438 |
| **台州市** | **2334623** | **104190** | **160700** | **147541** | **38648** |
| 椒江区 | 267358 | 6958 | 17310 | 15111 | 4937 |
| 黄岩区 | 245962 | 11275 | 16895 | 14717 | 3501 |
| 路桥区 | 210087 | 8328 | 17382 | 14890 | 3042 |
| 三门县 | 136713 | 1079 | 2767 | 4569 | 1568 |
| 天台县 | 169677 | 1910 | 4791 | 7231 | 3294 |
| 仙居县 | 148533 | 1643 | 4752 | 7019 | 2272 |
| 温岭市 | 526542 | 34590 | 49028 | 42168 | 10042 |
| 临海市 | 381967 | 6309 | 14372 | 15771 | 5463 |
| 玉环市 | 247784 | 32098 | 33403 | 26065 | 4529 |
| **丽水市** | **919054** | **17562** | **34428** | **51007** | **18566** |
| 莲都区 | 187592 | 6903 | 11370 | 16551 | 7206 |
| 青田县 | 182544 | 2885 | 6149 | 9062 | 3016 |
| 缙云县 | 158353 | 3786 | 7148 | 10119 | 2408 |
| 遂昌县 | 74258 | 351 | 936 | 1681 | 818 |
| 松阳县 | 76531 | 866 | 1768 | 2647 | 961 |
| 云和县 | 49488 | 939 | 2066 | 2728 | 1022 |
| 庆元县 | 55815 | 331 | 1226 | 2022 | 769 |
| 景宁畲族自治县 | 43534 | 824 | 1649 | 2414 | 831 |
| 龙泉市 | 90939 | 677 | 2116 | 3783 | 1535 |

8-2 续表 2

单位：户

| 地　区 | 人均住房建筑面积(平方米) | | | | | |
|---|---|---|---|---|---|---|
| | 20–29 | 30–39 | 40–49 | 50–59 | 60–69 | 70及以上 |
| **合计** | **4030976** | **3024643** | **2643943** | **1634581** | **1695883** | **5422215** |
| **杭州市** | **873942** | **485840** | **453922** | **236743** | **248570** | **884277** |
| 上城区 | 29030 | 19760 | 14188 | 8624 | 6521 | 11342 |
| 下城区 | 46684 | 30373 | 24541 | 14241 | 9504 | 16855 |
| 江干区 | 130633 | 61796 | 58183 | 20947 | 21510 | 41393 |
| 拱墅区 | 61506 | 36962 | 30461 | 13981 | 14726 | 24905 |
| 西湖区 | 77087 | 44543 | 40082 | 20074 | 19886 | 45987 |
| 滨江区 | 40948 | 20977 | 21875 | 13176 | 6957 | 20355 |
| 萧山区 | 131169 | 68891 | 65347 | 43013 | 43861 | 177203 |
| 余杭区 | 233171 | 95847 | 101802 | 37785 | 42153 | 140074 |
| 富阳区 | 44130 | 34556 | 30725 | 18650 | 24604 | 98322 |
| 临安区 | 28272 | 22720 | 21424 | 12885 | 18350 | 97145 |
| 桐庐县 | 21388 | 18618 | 16497 | 12535 | 14931 | 62525 |
| 淳安县 | 14060 | 13528 | 12279 | 8187 | 9515 | 70763 |
| 建德市 | 15864 | 17269 | 16518 | 12645 | 16052 | 77408 |
| **宁波市** | **661354** | **514363** | **452476** | **265151** | **267463** | **607925** |
| 海曙区 | 87789 | 72127 | 52802 | 31385 | 24498 | 47665 |
| 江北区 | 37456 | 30566 | 23228 | 14983 | 11515 | 23107 |
| 北仑区 | 56483 | 42893 | 35903 | 20366 | 19975 | 35682 |
| 镇海区 | 44012 | 30188 | 24074 | 14073 | 11174 | 19842 |
| 鄞州区 | 121740 | 108775 | 86820 | 52145 | 44311 | 80477 |
| 奉化区 | 35590 | 37046 | 34954 | 20507 | 21957 | 46121 |
| 象山县 | 31646 | 26768 | 25033 | 18808 | 19362 | 67361 |
| 宁海县 | 49762 | 35619 | 29627 | 21119 | 24973 | 61555 |
| 余姚市 | 75839 | 57810 | 59144 | 32008 | 40314 | 95580 |
| 慈溪市 | 121037 | 72571 | 80891 | 39757 | 49384 | 130535 |
| **温州市** | **565357** | **463570** | **407653** | **254054** | **238061** | **661116** |
| 鹿城区 | 72264 | 54968 | 43794 | 29886 | 21070 | 50302 |
| 龙湾区 | 40472 | 25720 | 18048 | 11754 | 8474 | 24259 |
| 瓯海区 | 61152 | 40275 | 30870 | 18179 | 15138 | 35908 |
| 洞头区 | 5799 | 6736 | 6234 | 4739 | 4921 | 14848 |
| 永嘉县 | 48263 | 44644 | 36564 | 24936 | 25416 | 69409 |
| 平阳县 | 41494 | 48572 | 47062 | 27197 | 31633 | 82723 |
| 苍南县 | 52452 | 48942 | 49695 | 24239 | 25488 | 71391 |
| 文成县 | 11570 | 12295 | 11099 | 10558 | 10250 | 37980 |
| 泰顺县 | 10344 | 12055 | 11233 | 12177 | 10990 | 40722 |
| 瑞安市 | 99154 | 74638 | 67342 | 36673 | 33512 | 91747 |
| 乐清市 | 92518 | 66934 | 62530 | 39712 | 38755 | 112178 |
| 龙港市 | 29875 | 27791 | 23182 | 14004 | 12414 | 29649 |
| **嘉兴市** | **336062** | **250226** | **199477** | **130503** | **140758** | **468299** |
| 南湖区 | 61474 | 55132 | 41136 | 28120 | 26253 | 53451 |
| 秀洲区 | 43196 | 34488 | 27157 | 14512 | 18459 | 50385 |
| 嘉善县 | 49210 | 28184 | 24184 | 15288 | 14830 | 44201 |
| 海盐县 | 21303 | 19483 | 18022 | 13273 | 14976 | 48646 |
| 海宁市 | 70771 | 37799 | 32682 | 23788 | 23290 | 88454 |
| 平湖市 | 36377 | 28969 | 25884 | 16050 | 20045 | 72115 |
| 桐乡市 | 53731 | 46171 | 30412 | 19472 | 22905 | 111047 |
| **湖州市** | **159869** | **153989** | **132095** | **87502** | **105931** | **317823** |
| 吴兴区 | 59651 | 53371 | 36787 | 27400 | 24703 | 52418 |
| 南浔区 | 27479 | 26700 | 21268 | 14800 | 17936 | 59777 |
| 德清县 | 22460 | 20531 | 19305 | 12379 | 14552 | 63635 |
| 长兴县 | 25347 | 31822 | 32608 | 18285 | 28690 | 83366 |
| 安吉县 | 24932 | 21565 | 22127 | 14638 | 20050 | 58627 |

8-2 续表 3 单位：户

| 地　区 | 人均住房建筑面积(平方米) | | | | | |
|---|---|---|---|---|---|---|
| | 20-29 | 30-39 | 40-49 | 50-59 | 60-69 | 70及以上 |
| **绍兴市** | **261536** | **254174** | **255626** | **148154** | **164657** | **571023** |
| 越城区 | 65265 | 58198 | 56061 | 29987 | 27940 | 70375 |
| 柯桥区 | 53507 | 47544 | 43848 | 25253 | 26429 | 90503 |
| 上虞区 | 34545 | 40166 | 41996 | 24342 | 26576 | 109569 |
| 新昌县 | 24344 | 24858 | 20956 | 15533 | 16121 | 49474 |
| 诸暨市 | 51876 | 51739 | 60169 | 30753 | 43337 | 152037 |
| 嵊州市 | 31999 | 31669 | 32596 | 22286 | 24254 | 99065 |
| **金华市** | **481448** | **308763** | **214133** | **141411** | **143440** | **581326** |
| 婺城区 | 69363 | 49110 | 39227 | 24638 | 25205 | 77243 |
| 金东区 | 32144 | 23419 | 16496 | 12692 | 11556 | 42512 |
| 武义县 | 26581 | 16900 | 15574 | 9358 | 10155 | 44858 |
| 浦江县 | 24716 | 19069 | 19140 | 8810 | 12930 | 44647 |
| 磐安县 | 7242 | 10695 | 7061 | 4120 | 4787 | 32992 |
| 兰溪市 | 20916 | 23248 | 20462 | 19558 | 19671 | 92632 |
| 义乌市 | 168381 | 87554 | 43859 | 27106 | 21360 | 58085 |
| 东阳市 | 52552 | 43919 | 24003 | 19842 | 20306 | 133818 |
| 永康市 | 79553 | 34849 | 28311 | 15287 | 17470 | 54539 |
| **衢州市** | **85385** | **99580** | **93012** | **75375** | **79312** | **389548** |
| 柯城区 | 28996 | 31029 | 25926 | 18305 | 16648 | 55555 |
| 衢江区 | 10628 | 13180 | 13149 | 10155 | 12974 | 70492 |
| 常山县 | 7160 | 8651 | 8612 | 8842 | 9119 | 57530 |
| 开化县 | 8274 | 8876 | 8998 | 7285 | 8895 | 58406 |
| 龙游县 | 13864 | 19395 | 18616 | 15884 | 15855 | 55281 |
| 江山市 | 16463 | 18449 | 17711 | 14904 | 15821 | 92284 |
| **舟山市** | **76772** | **77189** | **64084** | **38267** | **40524** | **102096** |
| 定海区 | 34322 | 32790 | 27290 | 15881 | 17210 | 43659 |
| 普陀区 | 26887 | 24826 | 19923 | 12706 | 12348 | 33077 |
| 岱山县 | 11060 | 14344 | 12467 | 6747 | 8058 | 19033 |
| 嵊泗县 | 4503 | 5229 | 4404 | 2933 | 2908 | 6327 |
| **台州市** | **381104** | **290735** | **262915** | **181412** | **188023** | **579355** |
| 椒江区 | 55814 | 40698 | 30599 | 26828 | 18399 | 50704 |
| 黄岩区 | 39330 | 30748 | 36167 | 13523 | 24084 | 55722 |
| 路桥区 | 40740 | 28036 | 25551 | 14772 | 17918 | 39428 |
| 三门县 | 16815 | 18132 | 17012 | 12779 | 13373 | 48619 |
| 天台县 | 23546 | 23115 | 18968 | 14271 | 15467 | 57084 |
| 仙居县 | 22781 | 17850 | 20457 | 9819 | 12432 | 49508 |
| 温岭市 | 86473 | 60572 | 52643 | 37960 | 39619 | 113447 |
| 临海市 | 54362 | 45356 | 41670 | 37122 | 32338 | 129204 |
| 玉环市 | 41243 | 26228 | 19848 | 14338 | 14393 | 35639 |
| **丽水市** | **148147** | **126214** | **108550** | **76009** | **79144** | **259427** |
| 莲都区 | 37887 | 27864 | 21355 | 11603 | 12005 | 34848 |
| 青田县 | 29812 | 27517 | 20957 | 17843 | 15563 | 49740 |
| 缙云县 | 25525 | 19746 | 18693 | 11514 | 13786 | 45628 |
| 遂昌县 | 7482 | 7489 | 7956 | 6069 | 7058 | 34418 |
| 松阳县 | 9177 | 8587 | 8277 | 6750 | 6948 | 30550 |
| 云和县 | 9200 | 7608 | 6420 | 4369 | 4645 | 10491 |
| 庆元县 | 7896 | 7848 | 6943 | 5392 | 5006 | 18382 |
| 景宁畲族自治县 | 7625 | 6346 | 5071 | 4616 | 3944 | 10214 |
| 龙泉市 | 13543 | 13209 | 12878 | 7853 | 10189 | 25156 |

# 8-2a　各地区按人均住房建筑面积分的家庭户户数(城市)

单位：户

| 地　　区 | 家庭户户　数 | 人均住房建筑面积(平方米) | | | |
|---|---|---|---|---|---|
| | | 8及以下 | 9-12 | 13-16 | 17-19 |
| **合计** | **11614658** | **596985** | **953721** | **906796** | **387752** |
| **杭州市** | **3041725** | **151022** | **242055** | **265701** | **127425** |
| 上城区 | 119261 | 3091 | 7399 | 11427 | 7879 |
| 下城区 | 177364 | 1975 | 7583 | 13991 | 11617 |
| 江干区 | 469934 | 30006 | 33001 | 49184 | 23281 |
| 拱墅区 | 227512 | 3318 | 10094 | 17798 | 13761 |
| 西湖区 | 342513 | 15342 | 35838 | 36259 | 15398 |
| 滨江区 | 154535 | 3586 | 9710 | 13046 | 3905 |
| 萧山区 | 558708 | 47132 | 57999 | 47633 | 18500 |
| 余杭区 | 643374 | 37318 | 63465 | 55874 | 24103 |
| 富阳区 | 188631 | 4832 | 8753 | 10836 | 4764 |
| 临安区 | 106311 | 4146 | 7145 | 7858 | 2722 |
| 桐庐县 | | | | | |
| 淳安县 | | | | | |
| 建德市 | 53582 | 276 | 1068 | 1795 | 1495 |
| **宁波市** | **2069559** | **114822** | **173685** | **156574** | **61418** |
| 海曙区 | 336368 | 13587 | 25847 | 24646 | 13466 |
| 江北区 | 148457 | 4878 | 8464 | 9328 | 6362 |
| 北仑区 | 216897 | 19919 | 24388 | 21471 | 7070 |
| 镇海区 | 163822 | 10313 | 15191 | 13163 | 6247 |
| 鄞州区 | 373613 | 4354 | 11809 | 16941 | 14142 |
| 奉化区 | 106073 | 2926 | 4710 | 5488 | 1997 |
| 象山县 | | | | | |
| 宁海县 | | | | | |
| 余姚市 | 294554 | 22119 | 32171 | 24189 | 6138 |
| 慈溪市 | 429775 | 36726 | 51105 | 41348 | 5996 |
| **温州市** | **1565866** | **117107** | **167175** | **131222** | **38131** |
| 鹿城区 | 359304 | 31272 | 43393 | 24816 | 12899 |
| 龙湾区 | 140107 | 14117 | 18995 | 14951 | 3036 |
| 瓯海区 | 231785 | 16747 | 26634 | 22559 | 7214 |
| 洞头区 | 23497 | 224 | 434 | 647 | 241 |
| 永嘉县 | | | | | |
| 平阳县 | | | | | |
| 苍南县 | | | | | |
| 文成县 | | | | | |
| 泰顺县 | | | | | |
| 瑞安市 | 335108 | 23604 | 33232 | 28634 | 7079 |
| 乐清市 | 335901 | 29955 | 40336 | 33072 | 5137 |
| 龙港市 | 140164 | 1188 | 4151 | 6543 | 2525 |
| **嘉兴市** | **791820** | **19288** | **45534** | **48133** | **23394** |
| 南湖区 | 241562 | 940 | 4258 | 9005 | 9418 |
| 秀洲区 | 109204 | 3602 | 5609 | 6412 | 3686 |
| 嘉善县 | | | | | |
| 海盐县 | | | | | |
| 海宁市 | 146392 | 4917 | 11765 | 9746 | 4121 |
| 平湖市 | 103840 | 3000 | 4892 | 5871 | 2733 |
| 桐乡市 | 190822 | 6829 | 19010 | 17099 | 3436 |
| **湖州市** | **257547** | **4297** | **10211** | **13021** | **9302** |
| 吴兴区 | 195061 | 2350 | 5616 | 8580 | 7754 |
| 南浔区 | 62486 | 1947 | 4595 | 4441 | 1548 |
| 德清县 | | | | | |
| 长兴县 | | | | | |
| 安吉县 | | | | | |

注：本表数据为居住在普通住宅的家庭户。

8-2a 续表 1

单位：户

| 地　区 | 家庭户户　数 | 人均住房建筑面积(平方米) | | | |
|---|---|---|---|---|---|
| | | 8及以下 | 9-12 | 13-16 | 17-19 |
| **绍兴市** | **1027016** | **25049** | **42415** | **52060** | **24750** |
| 越城区 | 291616 | 3989 | 9672 | 13565 | 8986 |
| 柯桥区 | 261239 | 14088 | 17279 | 19226 | 6469 |
| 上虞区 | 176535 | 3471 | 5396 | 6610 | 3856 |
| 新昌县 | | | | | |
| 诸暨市 | 181168 | 1625 | 5374 | 7587 | 2777 |
| 嵊州市 | 116458 | 1876 | 4694 | 5072 | 2662 |
| **金华市** | **1177088** | **73478** | **143859** | **117501** | **59493** |
| 婺城区 | 252565 | 13211 | 20286 | 25655 | 8835 |
| 金东区 | 48138 | 1200 | 3294 | 3635 | 665 |
| 武义县 | | | | | |
| 浦江县 | | | | | |
| 磐安县 | | | | | |
| 兰溪市 | 84406 | 363 | 1309 | 2709 | 2440 |
| 义乌市 | 433790 | 24149 | 72067 | 44036 | 34647 |
| 东阳市 | 157057 | 11558 | 17587 | 16385 | 7571 |
| 永康市 | 201132 | 22997 | 29316 | 25081 | 5335 |
| **衢州市** | **257651** | **1238** | **3900** | **8518** | **7468** |
| 柯城区 | 138824 | 428 | 1977 | 4351 | 4567 |
| 衢江区 | 42510 | 225 | 656 | 1439 | 869 |
| 常山县 | | | | | |
| 开化县 | | | | | |
| 龙游县 | 534 | | 2 | | 6 |
| 江山市 | 75783 | 585 | 1265 | 2728 | 2026 |
| **舟山市** | **230209** | **7496** | **9857** | **10200** | **7115** |
| 定海区 | 132171 | 3295 | 5111 | 5547 | 3879 |
| 普陀区 | 98038 | 4201 | 4746 | 4653 | 3236 |
| 岱山县 | | | | | |
| 嵊泗县 | | | | | |
| **台州市** | **1014527** | **76173** | **103329** | **86586** | **21740** |
| 椒江区 | 205854 | 5241 | 13585 | 11546 | 4420 |
| 黄岩区 | 142663 | 10051 | 14415 | 11718 | 2598 |
| 路桥区 | 106242 | 4730 | 9370 | 7107 | 1560 |
| 三门县 | | | | | |
| 天台县 | | | | | |
| 仙居县 | | | | | |
| 温岭市 | 246090 | 27136 | 34148 | 28096 | 6495 |
| 临海市 | 137904 | 3759 | 6897 | 8777 | 3393 |
| 玉环市 | 175774 | 25256 | 24914 | 19342 | 3274 |
| **丽水市** | **181650** | **7015** | **11701** | **17280** | **7516** |
| 莲都区 | 133288 | 6426 | 9955 | 14282 | 6249 |
| 青田县 | | | | | |
| 缙云县 | | | | | |
| 遂昌县 | | | | | |
| 松阳县 | | | | | |
| 云和县 | | | | | |
| 庆元县 | | | | | |
| 景宁畲族自治县 | | | | | |
| 龙泉市 | 48362 | 589 | 1746 | 2998 | 1267 |

8-2a 续表 2 单位：户

| 地区 | 人均住房建筑面积(平方米) | | | | | |
| --- | --- | --- | --- | --- | --- | --- |
| | 20-29 | 30-39 | 40-49 | 50-59 | 60-69 | 70及以上 |
| **合计** | **2492120** | **1700059** | **1409982** | **777766** | **711437** | **1678040** |
| **杭州市** | **750384** | **399430** | **367434** | **171348** | **161336** | **405590** |
| 上城区 | 29030 | 19760 | 14188 | 8624 | 6521 | 11342 |
| 下城区 | 46684 | 30373 | 24541 | 14241 | 9504 | 16855 |
| 江干区 | 130633 | 61796 | 58183 | 20947 | 21510 | 41393 |
| 拱墅区 | 61506 | 36962 | 30461 | 13981 | 14726 | 24905 |
| 西湖区 | 76063 | 43833 | 39022 | 19268 | 19057 | 42433 |
| 滨江区 | 40948 | 20977 | 21875 | 13176 | 6957 | 20355 |
| 萧山区 | 115457 | 60337 | 55776 | 32145 | 29517 | 94212 |
| 余杭区 | 181181 | 71170 | 78995 | 24849 | 25865 | 80554 |
| 富阳区 | 38421 | 28291 | 22761 | 12943 | 14521 | 42509 |
| 临安区 | 20997 | 16672 | 14170 | 6447 | 8030 | 18124 |
| 桐庐县 | | | | | | |
| 淳安县 | | | | | | |
| 建德市 | 9464 | 9259 | 7462 | 4727 | 5128 | 12908 |
| **宁波市** | **413309** | **317930** | **272224** | **147473** | **136880** | **275244** |
| 海曙区 | 76048 | 61524 | 42766 | 24790 | 19030 | 34664 |
| 江北区 | 32226 | 27136 | 20401 | 12351 | 9244 | 18067 |
| 北仑区 | 39994 | 30949 | 25824 | 13815 | 12432 | 21035 |
| 镇海区 | 36872 | 25697 | 20070 | 11719 | 9285 | 15265 |
| 鄞州区 | 79237 | 73371 | 60916 | 34067 | 27512 | 51264 |
| 奉化区 | 20204 | 18919 | 17221 | 9751 | 9083 | 15774 |
| 象山县 | | | | | | |
| 宁海县 | | | | | | |
| 余姚市 | 53039 | 36427 | 35516 | 17547 | 21443 | 45965 |
| 慈溪市 | 75689 | 43907 | 49510 | 23433 | 28851 | 73210 |
| **温州市** | **301080** | **215711** | **175724** | **113117** | **84828** | **221771** |
| 鹿城区 | 66758 | 50503 | 40375 | 27415 | 18377 | 43496 |
| 龙湾区 | 26834 | 17611 | 13623 | 8195 | 6242 | 16503 |
| 瓯海区 | 50542 | 32029 | 25027 | 14032 | 11187 | 25814 |
| 洞头区 | 3261 | 3764 | 3594 | 2449 | 2257 | 6626 |
| 永嘉县 | | | | | | |
| 平阳县 | | | | | | |
| 苍南县 | | | | | | |
| 文成县 | | | | | | |
| 泰顺县 | | | | | | |
| 瑞安市 | 67644 | 47084 | 39839 | 24337 | 16987 | 46668 |
| 乐清市 | 58620 | 39017 | 32354 | 23359 | 18478 | 55573 |
| 龙港市 | 27421 | 25703 | 20912 | 13330 | 11300 | 27091 |
| **嘉兴市** | **166573** | **145196** | **106471** | **61445** | **58519** | **117267** |
| 南湖区 | 53205 | 49070 | 36031 | 23649 | 21661 | 34325 |
| 秀洲区 | 23040 | 20846 | 15510 | 7866 | 7778 | 14855 |
| 嘉善县 | | | | | | |
| 海盐县 | | | | | | |
| 海宁市 | 29003 | 23176 | 18505 | 10667 | 9956 | 24536 |
| 平湖市 | 22273 | 17657 | 15931 | 7386 | 8639 | 15458 |
| 桐乡市 | 39052 | 34447 | 20494 | 11877 | 10485 | 28093 |
| **湖州市** | **56677** | **50617** | **33273** | **23121** | **21423** | **35605** |
| 吴兴区 | 43109 | 39421 | 25885 | 19484 | 16252 | 26610 |
| 南浔区 | 13568 | 11196 | 7388 | 3637 | 5171 | 8995 |
| 德清县 | | | | | | |
| 长兴县 | | | | | | |
| 安吉县 | | | | | | |

8-2a 续表 3

单位：户

| 地 区 | 人均住房建筑面积(平方米) | | | | | |
|---|---|---|---|---|---|---|
| | 20-29 | 30-39 | 40-49 | 50-59 | 60-69 | 70及以上 |
| **绍兴市** | **182408** | **163684** | **156020** | **80793** | **83245** | **216592** |
| 越城区 | 59114 | 49853 | 49156 | 25047 | 24010 | 48224 |
| 柯桥区 | 44259 | 37577 | 34128 | 17980 | 18181 | 52052 |
| 上虞区 | 26258 | 27500 | 28741 | 13487 | 15079 | 46137 |
| 新昌县 | | | | | | |
| 诸暨市 | 31678 | 30873 | 27342 | 15137 | 17042 | 41733 |
| 嵊州市 | 21099 | 17881 | 16653 | 9142 | 8933 | 28446 |
| **金华市** | **283959** | **158436** | **96864** | **59590** | **51103** | **132805** |
| 婺城区 | 58361 | 36351 | 27136 | 16056 | 14616 | 32058 |
| 金东区 | 11437 | 8514 | 5680 | 3836 | 2641 | 7236 |
| 武义县 | | | | | | |
| 浦江县 | | | | | | |
| 磐安县 | | | | | | |
| 兰溪市 | 13851 | 13735 | 10399 | 8979 | 8179 | 22442 |
| 义乌市 | 122840 | 58900 | 26243 | 16389 | 10112 | 24407 |
| 东阳市 | 28720 | 22135 | 12214 | 7406 | 7917 | 25564 |
| 永康市 | 48750 | 18801 | 15192 | 6924 | 7638 | 21098 |
| **衢州市** | **45802** | **47213** | **37757** | **24425** | **20534** | **60796** |
| 柯城区 | 26451 | 27358 | 21945 | 13940 | 11618 | 26189 |
| 衢江区 | 7147 | 7462 | 5914 | 3354 | 3582 | 11862 |
| 常山县 | | | | | | |
| 开化县 | | | | | | |
| 龙游县 | 13 | 49 | 55 | 55 | 67 | 287 |
| 江山市 | 12191 | 12344 | 9843 | 7076 | 5267 | 22458 |
| **舟山市** | **48539** | **44333** | **32353** | **19149** | **17372** | **33795** |
| 定海区 | 26962 | 25608 | 18621 | 10751 | 10629 | 21768 |
| 普陀区 | 21577 | 18725 | 13732 | 8398 | 6743 | 12027 |
| 岱山县 | | | | | | |
| 嵊泗县 | | | | | | |
| **台州市** | **202577** | **127944** | **108241** | **66547** | **64153** | **157237** |
| 椒江区 | 45991 | 32134 | 26313 | 17056 | 14571 | 34997 |
| 黄岩区 | 28692 | 18560 | 18692 | 7792 | 9516 | 20629 |
| 路桥区 | 21835 | 14268 | 13036 | 6590 | 9745 | 18001 |
| 三门县 | | | | | | |
| 天台县 | | | | | | |
| 仙居县 | | | | | | |
| 温岭市 | 47836 | 23254 | 19345 | 13610 | 11857 | 34313 |
| 临海市 | 27926 | 21445 | 16900 | 12257 | 9289 | 27261 |
| 玉环市 | 30297 | 18283 | 13955 | 9242 | 9175 | 22036 |
| **丽水市** | **40812** | **29565** | **23621** | **10758** | **12044** | **21338** |
| 莲都区 | 31071 | 20899 | 16298 | 6871 | 7466 | 13771 |
| 青田县 | | | | | | |
| 缙云县 | | | | | | |
| 遂昌县 | | | | | | |
| 松阳县 | | | | | | |
| 云和县 | | | | | | |
| 庆元县 | | | | | | |
| 景宁畲族自治县 | | | | | | |
| 龙泉市 | 9741 | 8666 | 7323 | 3887 | 4578 | 7567 |

# 8-2b 各地区按人均住房建筑面积分的家庭户户数(镇)

单位：户

| 地　　区 | 家庭户户　数 | 人均住房建筑面积(平方米) | | | |
|---|---|---|---|---|---|
| | | 8及以下 | 9-12 | 13-16 | 17-19 |
| **合计** | **4567655** | **171105** | **282654** | **272635** | **98324** |
| **杭州市** | **364546** | **10985** | **19665** | **20098** | **9778** |
| 上城区 | | | | | |
| 下城区 | | | | | |
| 江干区 | | | | | |
| 拱墅区 | | | | | |
| 西湖区 | 189 | 2 | 2 | 6 | |
| 滨江区 | | | | | |
| 萧山区 | 28183 | 1759 | 2055 | 1512 | 310 |
| 余杭区 | 97871 | 3920 | 7901 | 6693 | 3120 |
| 富阳区 | 9951 | 80 | 135 | 173 | 163 |
| 临安区 | 28184 | 1220 | 1857 | 1755 | 506 |
| 桐庐县 | 113115 | 3327 | 5900 | 6619 | 2677 |
| 淳安县 | 55652 | 591 | 1539 | 2607 | 2394 |
| 建德市 | 31401 | 86 | 276 | 733 | 608 |
| **宁波市** | **697207** | **43191** | **65438** | **51549** | **12991** |
| 海曙区 | 10644 | 84 | 253 | 384 | 153 |
| 江北区 | | | | | |
| 北仑区 | 14628 | 436 | 1420 | 1052 | 487 |
| 镇海区 | 15011 | 1099 | 1596 | 1367 | 354 |
| 鄞州区 | 112183 | 5723 | 10265 | 8571 | 3523 |
| 奉化区 | 19285 | 248 | 518 | 604 | 243 |
| 象山县 | 136960 | 8708 | 11147 | 8966 | 3016 |
| 宁海县 | 172117 | 11841 | 17375 | 13935 | 2796 |
| 余姚市 | 89923 | 5379 | 7338 | 6521 | 862 |
| 慈溪市 | 126456 | 9673 | 15526 | 10149 | 1557 |
| **温州市** | **722830** | **21368** | **35642** | **37588** | **12127** |
| 鹿城区 | 2139 | 170 | 174 | 161 | 42 |
| 龙湾区 | 69758 | 8512 | 11072 | 8528 | 2025 |
| 瓯海区 | 5133 | 453 | 591 | 473 | 136 |
| 洞头区 | 2819 | 3 | 15 | 49 | 24 |
| 永嘉县 | 145318 | 5717 | 11740 | 10835 | 2367 |
| 平阳县 | 178551 | 1265 | 3260 | 4709 | 2244 |
| 苍南县 | 192280 | 1005 | 3191 | 6549 | 3067 |
| 文成县 | 39861 | 338 | 847 | 1318 | 509 |
| 泰顺县 | 39872 | 109 | 435 | 739 | 444 |
| 瑞安市 | 10944 | 42 | 103 | 292 | 123 |
| 乐清市 | 29281 | 3697 | 4006 | 3548 | 1004 |
| 龙港市 | 6874 | 57 | 208 | 387 | 142 |
| **嘉兴市** | **562768** | **25813** | **44372** | **42121** | **15816** |
| 南湖区 | 21552 | 731 | 1352 | 1469 | 645 |
| 秀洲区 | 49911 | 2755 | 4542 | 3962 | 1360 |
| 嘉善县 | 178584 | 12781 | 17951 | 18722 | 5884 |
| 海盐县 | 100189 | 1474 | 2659 | 4003 | 2961 |
| 海宁市 | 105605 | 5232 | 12608 | 7759 | 2963 |
| 平湖市 | 54644 | 1790 | 2438 | 3709 | 1260 |
| 桐乡市 | 52283 | 1050 | 2822 | 2497 | 743 |
| **湖州市** | **450000** | **13859** | **20727** | **21335** | **8385** |
| 吴兴区 | 28034 | 1878 | 2271 | 1928 | 663 |
| 南浔区 | 46867 | 575 | 1494 | 2077 | 1026 |
| 德清县 | 108361 | 2426 | 4609 | 4640 | 2263 |
| 长兴县 | 150903 | 1731 | 3638 | 5300 | 2308 |
| 安吉县 | 115835 | 7249 | 8715 | 7390 | 2125 |

注：本表数据为居住在普通住宅的家庭户。

8－2b 续表 1

单位：户

| 地 区 | 家庭户户 数 | 人均住房建筑面积(平方米) | | | |
|---|---|---|---|---|---|
| | | 8及以下 | 9－12 | 13－16 | 17－19 |
| **绍兴市** | **210338** | **2439** | **5460** | **7034** | **3079** |
| 越城区 | 1429 | 4 | 16 | 11 | 14 |
| 柯桥区 | 21045 | 528 | 1188 | 950 | 351 |
| 上虞区 | 17614 | 119 | 199 | 336 | 169 |
| 新昌县 | 91834 | 1024 | 2458 | 3414 | 1851 |
| 诸暨市 | 53681 | 647 | 1361 | 1826 | 485 |
| 嵊州市 | 24735 | 117 | 238 | 497 | 209 |
| **金华市** | **516566** | **35437** | **51451** | **43897** | **17875** |
| 婺城区 | 24912 | 167 | 467 | 784 | 436 |
| 金东区 | 45637 | 2476 | 5019 | 4015 | 740 |
| 武义县 | 101761 | 11315 | 11341 | 10069 | 3801 |
| 浦江县 | 68317 | 2282 | 4147 | 4512 | 1678 |
| 磐安县 | 34026 | 222 | 906 | 1238 | 1252 |
| 兰溪市 | 22198 | 139 | 315 | 441 | 170 |
| 义乌市 | 86043 | 8729 | 13572 | 10304 | 3712 |
| 东阳市 | 98490 | 6374 | 9942 | 8484 | 5366 |
| 永康市 | 35182 | 3733 | 5742 | 4050 | 720 |
| **衢州市** | **199514** | **890** | **2192** | **4646** | **3107** |
| 柯城区 | 3879 | 26 | 40 | 83 | 34 |
| 衢江区 | 12878 | 20 | 70 | 145 | 60 |
| 常山县 | 45852 | 250 | 508 | 1135 | 754 |
| 开化县 | 47459 | 196 | 665 | 1469 | 1022 |
| 龙游县 | 64745 | 317 | 737 | 1511 | 1132 |
| 江山市 | 24701 | 81 | 172 | 303 | 105 |
| **舟山市** | **88086** | **1157** | **2719** | **2953** | **1454** |
| 定海区 | 12796 | 312 | 568 | 623 | 265 |
| 普陀区 | 7832 | 138 | 244 | 235 | 128 |
| 岱山县 | 48283 | 257 | 820 | 1295 | 710 |
| 嵊泗县 | 19175 | 450 | 1087 | 800 | 351 |
| **台州市** | **412085** | **9017** | **21068** | **21454** | **6693** |
| 椒江区 | 1829 | 184 | 529 | 86 | 34 |
| 黄岩区 | 11848 | 142 | 355 | 399 | 91 |
| 路桥区 | 32995 | 1082 | 2755 | 2303 | 358 |
| 三门县 | 67532 | 672 | 1720 | 2839 | 1011 |
| 天台县 | 81684 | 1270 | 3096 | 4374 | 2135 |
| 仙居县 | 72143 | 1239 | 3333 | 4369 | 1271 |
| 温岭市 | 93262 | 3312 | 6473 | 5163 | 1114 |
| 临海市 | 44544 | 557 | 1850 | 1359 | 478 |
| 玉环市 | 6248 | 559 | 957 | 562 | 201 |
| **丽水市** | **343715** | **6949** | **13920** | **19960** | **7019** |
| 莲都区 | 6155 | 107 | 233 | 362 | 149 |
| 青田县 | 87092 | 1222 | 2914 | 4234 | 1789 |
| 缙云县 | 82137 | 3115 | 5057 | 6849 | 1772 |
| 遂昌县 | 38208 | 312 | 807 | 1387 | 703 |
| 松阳县 | 33618 | 551 | 1136 | 1555 | 581 |
| 云和县 | 34763 | 673 | 1426 | 2149 | 735 |
| 庆元县 | 32837 | 268 | 977 | 1523 | 612 |
| 景宁畲族自治县 | 23173 | 679 | 1274 | 1733 | 635 |
| 龙泉市 | 5732 | 22 | 96 | 168 | 43 |

8-2b　续表 2　　　　单位：户

| 地　区 | 人均住房建筑面积(平方米) | | | | | |
|---|---|---|---|---|---|---|
| | 20-29 | 30-39 | 40-49 | 50-59 | 60-69 | 70及以上 |
| **合计** | **790225** | **632744** | **546555** | **339825** | **360322** | **1073266** |
| **杭州市** | **67208** | **49264** | **43062** | **24849** | **27386** | **92251** |
| 上城区 | | | | | | |
| 下城区 | | | | | | |
| 江干区 | | | | | | |
| 拱墅区 | | | | | | |
| 西湖区 | 19 | 14 | 13 | 14 | 13 | 106 |
| 滨江区 | | | | | | |
| 萧山区 | 2790 | 1783 | 1937 | 1700 | 2123 | 12214 |
| 余杭区 | 24779 | 12609 | 13120 | 5045 | 5457 | 15227 |
| 富阳区 | 602 | 877 | 838 | 645 | 967 | 5471 |
| 临安区 | 3647 | 2911 | 2275 | 1526 | 2289 | 10198 |
| 桐庐县 | 19783 | 16294 | 13135 | 8844 | 9716 | 26820 |
| 淳安县 | 11609 | 10361 | 7926 | 4138 | 3635 | 10852 |
| 建德市 | 3979 | 4415 | 3818 | 2937 | 3186 | 11363 |
| **宁波市** | **127808** | **93801** | **79616** | **50770** | **49844** | **122199** |
| 海曙区 | 1759 | 1829 | 1928 | 1233 | 862 | 2159 |
| 江北区 | | | | | | |
| 北仑区 | 2941 | 2887 | 2143 | 1256 | 710 | 1296 |
| 镇海区 | 3044 | 2133 | 1876 | 984 | 708 | 1850 |
| 鄞州区 | 21672 | 18458 | 13592 | 9368 | 7339 | 13672 |
| 奉化区 | 2605 | 2975 | 2795 | 2185 | 1862 | 5250 |
| 象山县 | 24196 | 18318 | 16105 | 10587 | 9548 | 26369 |
| 宁海县 | 36255 | 22015 | 16078 | 11566 | 12161 | 28095 |
| 余姚市 | 13428 | 10867 | 11171 | 6320 | 8290 | 19747 |
| 慈溪市 | 21908 | 14319 | 13928 | 7271 | 8364 | 23761 |
| **温州市** | **115903** | **111798** | **97403** | **60575** | **61621** | **168805** |
| 鹿城区 | 344 | 261 | 297 | 151 | 175 | 364 |
| 龙湾区 | 13601 | 8104 | 4403 | 3554 | 2227 | 7732 |
| 瓯海区 | 882 | 800 | 490 | 391 | 324 | 593 |
| 洞头区 | 229 | 399 | 353 | 234 | 464 | 1049 |
| 永嘉县 | 26792 | 23167 | 16736 | 11515 | 10466 | 25983 |
| 平阳县 | 23036 | 29400 | 29883 | 16027 | 19395 | 49332 |
| 苍南县 | 33138 | 33525 | 29397 | 17966 | 16914 | 47528 |
| 文成县 | 5051 | 5448 | 4722 | 3840 | 3888 | 13900 |
| 泰顺县 | 5551 | 5679 | 5471 | 4062 | 4349 | 13033 |
| 瑞安市 | 1409 | 1509 | 1684 | 948 | 1319 | 3515 |
| 乐清市 | 4470 | 2489 | 2615 | 1440 | 1588 | 4424 |
| 龙港市 | 1400 | 1017 | 1352 | 447 | 512 | 1352 |
| **嘉兴市** | **113890** | **72377** | **60232** | **36463** | **39317** | **112367** |
| 南湖区 | 4014 | 3315 | 2365 | 1806 | 1458 | 4397 |
| 秀洲区 | 9791 | 7263 | 5142 | 2736 | 3704 | 8656 |
| 嘉善县 | 40725 | 22787 | 18454 | 9993 | 9323 | 21964 |
| 海盐县 | 18433 | 16590 | 14700 | 9023 | 9517 | 20829 |
| 海宁市 | 24360 | 9331 | 8438 | 5765 | 6139 | 23010 |
| 平湖市 | 8788 | 7109 | 6109 | 3701 | 4745 | 14995 |
| 桐乡市 | 7779 | 5982 | 5024 | 3439 | 4431 | 18516 |
| **湖州市** | **70956** | **67549** | **59956** | **33763** | **42577** | **110893** |
| 吴兴区 | 5992 | 4422 | 3611 | 1640 | 1910 | 3719 |
| 南浔区 | 7669 | 8058 | 6014 | 4283 | 4177 | 11494 |
| 德清县 | 18849 | 16940 | 15102 | 8126 | 9681 | 25725 |
| 长兴县 | 20809 | 24144 | 22100 | 11432 | 16962 | 42479 |
| 安吉县 | 17637 | 13985 | 13129 | 8282 | 9847 | 27476 |

8-2b 续表 3 单位：户

| 地 区 | 人均住房建筑面积(平方米) | | | | | |
| --- | --- | --- | --- | --- | --- | --- |
| | 20－29 | 30－39 | 40－49 | 50－59 | 60－69 | 70及以上 |
| **绍兴市** | **28604** | **29201** | **28965** | **17557** | **19810** | **68189** |
| 越城区 | 116 | 196 | 256 | 72 | 196 | 548 |
| 柯桥区 | 2780 | 3036 | 2783 | 1589 | 2083 | 5757 |
| 上虞区 | 1740 | 2245 | 2524 | 1654 | 1941 | 6687 |
| 新昌县 | 15903 | 15049 | 12681 | 8036 | 7029 | 24389 |
| 诸暨市 | 5978 | 6231 | 7817 | 3917 | 5952 | 19467 |
| 嵊州市 | 2087 | 2444 | 2904 | 2289 | 2609 | 11341 |
| **金华市** | **95414** | **58692** | **47198** | **26690** | **28750** | **111162** |
| 婺城区 | 4257 | 3475 | 3964 | 1991 | 2187 | 7184 |
| 金东区 | 11016 | 6413 | 4164 | 2559 | 2512 | 6723 |
| 武义县 | 18151 | 10603 | 9234 | 4782 | 4822 | 17643 |
| 浦江县 | 12637 | 8578 | 9238 | 4157 | 5459 | 15629 |
| 磐安县 | 4966 | 5773 | 4038 | 2100 | 2299 | 11232 |
| 兰溪市 | 1624 | 2090 | 2074 | 1987 | 2155 | 11203 |
| 义乌市 | 18388 | 9468 | 6271 | 3238 | 3347 | 9014 |
| 东阳市 | 16264 | 9446 | 5609 | 4519 | 4546 | 27940 |
| 永康市 | 8111 | 2846 | 2606 | 1357 | 1423 | 4594 |
| **衢州市** | **23931** | **26486** | **23784** | **17911** | **19308** | **77259** |
| 柯城区 | 359 | 363 | 421 | 380 | 391 | 1782 |
| 衢江区 | 626 | 959 | 1164 | 978 | 1329 | 7527 |
| 常山县 | 5567 | 5934 | 4953 | 4490 | 4090 | 18171 |
| 开化县 | 6957 | 6788 | 5959 | 3806 | 4315 | 16282 |
| 龙游县 | 9210 | 10949 | 9435 | 6396 | 6667 | 18391 |
| 江山市 | 1212 | 1493 | 1852 | 1861 | 2516 | 15106 |
| **舟山市** | **15098** | **16583** | **14404** | **7573** | **7608** | **18537** |
| 定海区 | 2653 | 1820 | 1953 | 811 | 913 | 2878 |
| 普陀区 | 1046 | 1234 | 1551 | 628 | 643 | 1985 |
| 岱山县 | 8235 | 10140 | 8057 | 4383 | 4505 | 9881 |
| 嵊泗县 | 3164 | 3389 | 2843 | 1751 | 1547 | 3793 |
| **台州市** | **68771** | **55823** | **51164** | **33401** | **36060** | **108634** |
| 椒江区 | 677 | 28 | 56 | 167 | 11 | 57 |
| 黄岩区 | 1421 | 1580 | 1889 | 715 | 1621 | 3635 |
| 路桥区 | 6319 | 4353 | 3553 | 2766 | 2430 | 7076 |
| 三门县 | 10483 | 10474 | 9511 | 6043 | 6692 | 18087 |
| 天台县 | 13811 | 12329 | 9903 | 6670 | 6423 | 21673 |
| 仙居县 | 13205 | 9896 | 9305 | 4741 | 5748 | 19036 |
| 温岭市 | 14566 | 11579 | 11073 | 7728 | 8556 | 23698 |
| 临海市 | 7004 | 4988 | 5411 | 4190 | 4231 | 14476 |
| 玉环市 | 1285 | 596 | 463 | 381 | 348 | 896 |
| **丽水市** | **62642** | **51170** | **40771** | **30273** | **28041** | **82970** |
| 莲都区 | 928 | 874 | 551 | 573 | 421 | 1957 |
| 青田县 | 16086 | 13626 | 10121 | 8841 | 6929 | 21330 |
| 缙云县 | 15814 | 11208 | 9076 | 5797 | 6082 | 17367 |
| 遂昌县 | 5856 | 5089 | 4961 | 3121 | 3442 | 12530 |
| 松阳县 | 5140 | 4425 | 3871 | 2779 | 2966 | 10614 |
| 云和县 | 7313 | 5873 | 4647 | 2932 | 3130 | 5885 |
| 庆元县 | 5771 | 5522 | 4261 | 3451 | 2618 | 7834 |
| 景宁畲族自治县 | 4923 | 3818 | 2519 | 2201 | 1688 | 3703 |
| 龙泉市 | 811 | 735 | 764 | 578 | 765 | 1750 |

# 8－2c 各地区按人均住房建筑面积分的家庭户户数(乡村)

单位：户

| 地 区 | 家庭户户 数 | 人均住房建筑面积(平方米) | | | |
| --- | --- | --- | --- | --- | --- |
| | | 8及以下 | 9－12 | 13－16 | 17－19 |
| **合计** | **6738900** | **152786** | **281886** | **286272** | **78056** |
| **杭州市** | **707012** | **19777** | **30802** | **25948** | **6733** |
| 上城区 | | | | | |
| 下城区 | | | | | |
| 江干区 | | | | | |
| 拱墅区 | | | | | |
| 西湖区 | 8519 | 108 | 208 | 290 | 109 |
| 滨江区 | | | | | |
| 萧山区 | 147216 | 8332 | 10404 | 7314 | 1673 |
| 余杭区 | 155515 | 9479 | 16798 | 13668 | 3589 |
| 富阳区 | 85113 | 373 | 762 | 1363 | 474 |
| 临安区 | 98280 | 1026 | 1618 | 1803 | 323 |
| 桐庐县 | 52642 | 74 | 200 | 379 | 87 |
| 淳安县 | 81438 | 230 | 527 | 560 | 310 |
| 建德市 | 78289 | 155 | 285 | 571 | 168 |
| **宁波市** | **851666** | **38201** | **62635** | **57481** | **11715** |
| 海曙区 | 56378 | 1199 | 3052 | 3472 | 981 |
| 江北区 | 33762 | 3239 | 4755 | 3568 | 770 |
| 北仑区 | 83951 | 7259 | 10183 | 8857 | 1632 |
| 镇海区 | 20566 | 1388 | 2833 | 2063 | 422 |
| 鄞州区 | 118700 | 7546 | 13486 | 11004 | 2864 |
| 奉化区 | 97827 | 1485 | 3185 | 4566 | 1040 |
| 象山县 | 89684 | 997 | 2144 | 2109 | 579 |
| 宁海县 | 109022 | 2621 | 4242 | 4838 | 836 |
| 余姚市 | 89988 | 1951 | 3001 | 3392 | 709 |
| 慈溪市 | 151788 | 10516 | 15754 | 13612 | 1882 |
| **温州市** | **991400** | **21395** | **42553** | **52000** | **13977** |
| 鹿城区 | 31204 | 1514 | 2834 | 2524 | 564 |
| 龙湾区 | 146 | 16 | 30 | 2 | |
| 瓯海区 | 55411 | 3761 | 5674 | 5481 | 1084 |
| 洞头区 | 20483 | 278 | 724 | 689 | 194 |
| 永嘉县 | 150525 | 2161 | 4946 | 7337 | 1508 |
| 平阳县 | 124485 | 1466 | 3571 | 5733 | 2107 |
| 苍南县 | 103919 | 748 | 2624 | 4943 | 1865 |
| 文成县 | 61641 | 577 | 1407 | 2037 | 717 |
| 泰顺县 | 61068 | 118 | 418 | 927 | 229 |
| 瑞安市 | 178678 | 5217 | 9599 | 10493 | 3246 |
| 乐清市 | 198121 | 5506 | 10576 | 11506 | 2333 |
| 龙港市 | 5719 | 33 | 150 | 328 | 130 |
| **嘉兴市** | **523704** | **18380** | **37385** | **27538** | **5193** |
| 南湖区 | 35318 | 912 | 1899 | 1836 | 401 |
| 秀洲区 | 78520 | 3809 | 8010 | 5081 | 610 |
| 嘉善县 | 62995 | 1783 | 4036 | 3702 | 823 |
| 海盐县 | 51909 | 1274 | 1901 | 1913 | 210 |
| 海宁市 | 114756 | 6778 | 14199 | 7620 | 2261 |
| 平湖市 | 77636 | 2492 | 3757 | 4226 | 512 |
| 桐乡市 | 102570 | 1332 | 3583 | 3160 | 376 |
| **湖州市** | **373703** | **3457** | **8073** | **8491** | **2883** |
| 吴兴区 | 70341 | 1024 | 3174 | 2789 | 1079 |
| 南浔区 | 80782 | 622 | 1524 | 1786 | 540 |
| 德清县 | 62323 | 808 | 1458 | 1300 | 318 |
| 长兴县 | 83531 | 116 | 317 | 579 | 327 |
| 安吉县 | 76726 | 887 | 1600 | 2037 | 619 |

注：本表数据为居住在普通住宅的家庭户。

8-2c 续表 1

单位：户

| 地　　区 | 家庭户户　数 | 人均住房建筑面积(平方米) | | | |
|---|---|---|---|---|---|
| | | 8及以下 | 9-12 | 13-16 | 17-19 |
| **绍兴市** | **611901** | **3836** | **9138** | **13369** | **5456** |
| 越城区 | 55826 | 469 | 1603 | 1695 | 1021 |
| 柯桥区 | 72940 | 1410 | 2579 | 2876 | 1196 |
| 上虞区 | 107893 | 679 | 1180 | 1814 | 1019 |
| 新昌县 | 72523 | 353 | 1137 | 2343 | 491 |
| 诸暨市 | 182968 | 513 | 1565 | 3228 | 918 |
| 嵊州市 | 119751 | 412 | 1074 | 1413 | 811 |
| **金华市** | **840528** | **22904** | **40868** | **41163** | **15735** |
| 婺城区 | 81913 | 558 | 1277 | 2202 | 726 |
| 金东区 | 75012 | 1626 | 3415 | 3164 | 719 |
| 武义县 | 71491 | 3643 | 4218 | 4291 | 1148 |
| 浦江县 | 86518 | 2084 | 4104 | 4514 | 2202 |
| 磐安县 | 38327 | 62 | 409 | 469 | 898 |
| 兰溪市 | 99875 | 137 | 503 | 988 | 478 |
| 义乌市 | 132358 | 5333 | 12716 | 12011 | 4570 |
| 东阳市 | 133740 | 2165 | 3182 | 3372 | 2861 |
| 永康市 | 121294 | 7296 | 11044 | 10152 | 2133 |
| **衢州市** | **401643** | **266** | **853** | **2286** | **1232** |
| 柯城区 | 45937 | 40 | 111 | 334 | 190 |
| 衢江区 | 79489 | 53 | 171 | 385 | 206 |
| 常山县 | 57220 | 39 | 125 | 257 | 90 |
| 开化县 | 56974 | 14 | 86 | 169 | 78 |
| 龙游县 | 78563 | 55 | 178 | 628 | 381 |
| 江山市 | 83460 | 65 | 182 | 513 | 287 |
| **舟山市** | **135643** | **1972** | **4469** | **4728** | **886** |
| 定海区 | 50528 | 856 | 1800 | 1813 | 274 |
| 普陀区 | 46369 | 837 | 1910 | 1784 | 360 |
| 岱山县 | 28202 | 224 | 541 | 764 | 165 |
| 嵊泗县 | 10544 | 55 | 218 | 367 | 87 |
| **台州市** | **908011** | **19000** | **36303** | **39501** | **10215** |
| 椒江区 | 59675 | 1533 | 3196 | 3479 | 483 |
| 黄岩区 | 91451 | 1082 | 2125 | 2600 | 812 |
| 路桥区 | 70850 | 2516 | 5257 | 5480 | 1124 |
| 三门县 | 69181 | 407 | 1047 | 1730 | 557 |
| 天台县 | 87993 | 640 | 1695 | 2857 | 1159 |
| 仙居县 | 76390 | 404 | 1419 | 2650 | 1001 |
| 温岭市 | 187190 | 4142 | 8407 | 8909 | 2433 |
| 临海市 | 199519 | 1993 | 5625 | 5635 | 1592 |
| 玉环市 | 65762 | 6283 | 7532 | 6161 | 1054 |
| **丽水市** | **393689** | **3598** | **8807** | **13767** | **4031** |
| 莲都区 | 48149 | 370 | 1182 | 1907 | 808 |
| 青田县 | 95452 | 1663 | 3235 | 4828 | 1227 |
| 缙云县 | 76216 | 671 | 2091 | 3270 | 636 |
| 遂昌县 | 36050 | 39 | 129 | 294 | 115 |
| 松阳县 | 42913 | 315 | 632 | 1092 | 380 |
| 云和县 | 14725 | 266 | 640 | 579 | 287 |
| 庆元县 | 22978 | 63 | 249 | 499 | 157 |
| 景宁畲族自治县 | 20361 | 145 | 375 | 681 | 196 |
| 龙泉市 | 36845 | 66 | 274 | 617 | 225 |

8-2c　续表 2　　　　　　　　　　　　　　　　　　　　单位：户

| 地　　区 | 人均住房建筑面积(平方米) | | | | | |
|---|---|---|---|---|---|---|
| | 20–29 | 30–39 | 40–49 | 50–59 | 60–69 | 70及以上 |
| **合计** | **748631** | **691840** | **687406** | **516990** | **624124** | **2670909** |
| **杭州市** | **56350** | **37146** | **43426** | **40546** | **59848** | **386436** |
| 上城区 | | | | | | |
| 下城区 | | | | | | |
| 江干区 | | | | | | |
| 拱墅区 | | | | | | |
| 西湖区 | 1005 | 696 | 1047 | 792 | 816 | 3448 |
| 滨江区 | | | | | | |
| 萧山区 | 12922 | 6771 | 7634 | 9168 | 12221 | 70777 |
| 余杭区 | 27211 | 12068 | 9687 | 7891 | 10831 | 44293 |
| 富阳区 | 5107 | 5388 | 7126 | 5062 | 9116 | 50342 |
| 临安区 | 3628 | 3137 | 4979 | 4912 | 8031 | 68823 |
| 桐庐县 | 1605 | 2324 | 3362 | 3691 | 5215 | 35705 |
| 淳安县 | 2451 | 3167 | 4353 | 4049 | 5880 | 59911 |
| 建德市 | 2421 | 3595 | 5238 | 4981 | 7738 | 53137 |
| **宁波市** | **120237** | **102632** | **100636** | **66908** | **80739** | **210482** |
| 海曙区 | 9982 | 8774 | 8108 | 5362 | 4606 | 10842 |
| 江北区 | 5230 | 3430 | 2827 | 2632 | 2271 | 5040 |
| 北仑区 | 13548 | 9057 | 7936 | 5295 | 6833 | 13351 |
| 镇海区 | 4096 | 2358 | 2128 | 1370 | 1181 | 2727 |
| 鄞州区 | 20831 | 16946 | 12312 | 8710 | 9460 | 15541 |
| 奉化区 | 12781 | 15152 | 14938 | 8571 | 11012 | 25097 |
| 象山县 | 7450 | 8450 | 8928 | 8221 | 9814 | 40992 |
| 宁海县 | 13507 | 13604 | 13549 | 9553 | 12812 | 33460 |
| 余姚市 | 9372 | 10516 | 12457 | 8141 | 10581 | 29868 |
| 慈溪市 | 23440 | 14345 | 17453 | 9053 | 12169 | 33564 |
| **温州市** | **148374** | **136061** | **134526** | **80362** | **91612** | **270540** |
| 鹿城区 | 5162 | 4204 | 3122 | 2320 | 2518 | 6442 |
| 龙湾区 | 37 | 5 | 22 | 5 | 5 | 24 |
| 瓯海区 | 9728 | 7446 | 5353 | 3756 | 3627 | 9501 |
| 洞头区 | 2309 | 2573 | 2287 | 2056 | 2200 | 7173 |
| 永嘉县 | 21471 | 21477 | 19828 | 13421 | 14950 | 43426 |
| 平阳县 | 18458 | 19172 | 17179 | 11170 | 12238 | 33391 |
| 苍南县 | 19314 | 15417 | 20298 | 6273 | 8574 | 23863 |
| 文成县 | 6519 | 6847 | 6377 | 6718 | 6362 | 24080 |
| 泰顺县 | 4793 | 6376 | 5762 | 8115 | 6641 | 27689 |
| 瑞安市 | 30101 | 26045 | 25819 | 11388 | 15206 | 41564 |
| 乐清市 | 29428 | 25428 | 27561 | 14913 | 18689 | 52181 |
| 龙港市 | 1054 | 1071 | 918 | 227 | 602 | 1206 |
| **嘉兴市** | **55599** | **32653** | **32774** | **32595** | **42922** | **238665** |
| 南湖区 | 4255 | 2747 | 2740 | 2665 | 3134 | 14729 |
| 秀洲区 | 10365 | 6379 | 6505 | 3910 | 6977 | 26874 |
| 嘉善县 | 8485 | 5397 | 5730 | 5295 | 5507 | 22237 |
| 海盐县 | 2870 | 2893 | 3322 | 4250 | 5459 | 27817 |
| 海宁市 | 17408 | 5292 | 5739 | 7356 | 7195 | 40908 |
| 平湖市 | 5316 | 4203 | 3844 | 4963 | 6661 | 41662 |
| 桐乡市 | 6900 | 5742 | 4894 | 4156 | 7989 | 64438 |
| **湖州市** | **32236** | **35823** | **38866** | **30618** | **41931** | **171325** |
| 吴兴区 | 10550 | 9528 | 7291 | 6276 | 6541 | 22089 |
| 南浔区 | 6242 | 7446 | 7866 | 6880 | 8588 | 39288 |
| 德清县 | 3611 | 3591 | 4203 | 4253 | 4871 | 37910 |
| 长兴县 | 4538 | 7678 | 10508 | 6853 | 11728 | 40887 |
| 安吉县 | 7295 | 7580 | 8998 | 6356 | 10203 | 31151 |

8-2c 续表 3 单位：户

| 地区 | 人均住房建筑面积(平方米) | | | | | |
|---|---|---|---|---|---|---|
| | 20-29 | 30-39 | 40-49 | 50-59 | 60-69 | 70及以上 |
| **绍兴市** | **50524** | **61289** | **70641** | **49804** | **61602** | **286242** |
| 越城区 | 6035 | 8149 | 6649 | 4868 | 3734 | 21603 |
| 柯桥区 | 6468 | 6931 | 6937 | 5684 | 6165 | 32694 |
| 上虞区 | 6547 | 10421 | 10731 | 9201 | 9556 | 56745 |
| 新昌县 | 8441 | 9809 | 8275 | 7497 | 9092 | 25085 |
| 诸暨市 | 14220 | 14635 | 25010 | 11699 | 20343 | 90837 |
| 嵊州市 | 8813 | 11344 | 13039 | 10855 | 12712 | 59278 |
| **金华市** | **102075** | **91635** | **70071** | **55131** | **63587** | **337359** |
| 婺城区 | 6745 | 9284 | 8127 | 6591 | 8402 | 38001 |
| 金东区 | 9691 | 8492 | 6652 | 6297 | 6403 | 28553 |
| 武义县 | 8430 | 6297 | 6340 | 4576 | 5333 | 27215 |
| 浦江县 | 12079 | 10491 | 9902 | 4653 | 7471 | 29018 |
| 磐安县 | 2276 | 4922 | 3023 | 2020 | 2488 | 21760 |
| 兰溪市 | 5441 | 7423 | 7989 | 8592 | 9337 | 58987 |
| 义乌市 | 27153 | 19186 | 11345 | 7479 | 7901 | 24664 |
| 东阳市 | 7568 | 12338 | 6180 | 7917 | 7843 | 80314 |
| 永康市 | 22692 | 13202 | 10513 | 7006 | 8409 | 28847 |
| **衢州市** | **15652** | **25881** | **31471** | **33039** | **39470** | **251493** |
| 柯城区 | 2186 | 3308 | 3560 | 3985 | 4639 | 27584 |
| 衢江区 | 2855 | 4759 | 6071 | 5823 | 8063 | 51103 |
| 常山县 | 1593 | 2717 | 3659 | 4352 | 5029 | 39359 |
| 开化县 | 1317 | 2088 | 3039 | 3479 | 4580 | 42124 |
| 龙游县 | 4641 | 8397 | 9126 | 9433 | 9121 | 36603 |
| 江山市 | 3060 | 4612 | 6016 | 5967 | 8038 | 54720 |
| **舟山市** | **13135** | **16273** | **17327** | **11545** | **15544** | **49764** |
| 定海区 | 4707 | 5362 | 6716 | 4319 | 5668 | 19013 |
| 普陀区 | 4264 | 4867 | 4640 | 3680 | 4962 | 19065 |
| 岱山县 | 2825 | 4204 | 4410 | 2364 | 3553 | 9152 |
| 嵊泗县 | 1339 | 1840 | 1561 | 1182 | 1361 | 2534 |
| **台州市** | **109756** | **106968** | **103510** | **81464** | **87810** | **313484** |
| 椒江区 | 9146 | 8536 | 4230 | 9605 | 3817 | 15650 |
| 黄岩区 | 9217 | 10608 | 15586 | 5016 | 12947 | 31458 |
| 路桥区 | 12586 | 9415 | 8962 | 5416 | 5743 | 14351 |
| 三门县 | 6332 | 7658 | 7501 | 6736 | 6681 | 30532 |
| 天台县 | 9735 | 10786 | 9065 | 7601 | 9044 | 35411 |
| 仙居县 | 9576 | 7954 | 11152 | 5078 | 6684 | 30472 |
| 温岭市 | 24071 | 25739 | 22225 | 16622 | 19206 | 55436 |
| 临海市 | 19432 | 18923 | 19359 | 20675 | 18818 | 87467 |
| 玉环市 | 9661 | 7349 | 5430 | 4715 | 4870 | 12707 |
| **丽水市** | **44693** | **45479** | **44158** | **34978** | **39059** | **155119** |
| 莲都区 | 5888 | 6091 | 4506 | 4159 | 4118 | 19120 |
| 青田县 | 13726 | 13891 | 10836 | 9002 | 8634 | 28410 |
| 缙云县 | 9711 | 8538 | 9617 | 5717 | 7704 | 28261 |
| 遂昌县 | 1626 | 2400 | 2995 | 2948 | 3616 | 21888 |
| 松阳县 | 4037 | 4162 | 4406 | 3971 | 3982 | 19936 |
| 云和县 | 1887 | 1735 | 1773 | 1437 | 1515 | 4606 |
| 庆元县 | 2125 | 2326 | 2682 | 1941 | 2388 | 10548 |
| 景宁畲族自治县 | 2702 | 2528 | 2552 | 2415 | 2256 | 6511 |
| 龙泉市 | 2991 | 3808 | 4791 | 3388 | 4846 | 15839 |

# 8–3　各地区按家庭户类别和住房间数分的家庭户户数

单位：户

| 地　区 | 家庭户户　数 | 一代户 | | | | |
|---|---|---|---|---|---|---|
| | | 一间 | 二间 | 三间 | 四间 | 五间及以上 |
| **合计** | **22921213** | **5593708** | **2947909** | **2439323** | **961393** | **1021917** |
| **杭州市** | **4113283** | **1119251** | **491851** | **431382** | **141671** | **164338** |
| 上城区 | 119261 | 20357 | 29961 | 11363 | 1916 | 378 |
| 下城区 | 177364 | 28820 | 47066 | 20140 | 2615 | 447 |
| 江干区 | 469934 | 149861 | 69377 | 43170 | 7919 | 1450 |
| 拱墅区 | 227512 | 40653 | 53003 | 25324 | 4296 | 914 |
| 西湖区 | 351221 | 99086 | 46262 | 35617 | 7797 | 4178 |
| 滨江区 | 154535 | 45575 | 18911 | 17994 | 4624 | 2018 |
| 萧山区 | 734107 | 238184 | 59931 | 58504 | 25961 | 26177 |
| 余杭区 | 896760 | 358132 | 69698 | 86105 | 21342 | 14859 |
| 富阳区 | 283695 | 45624 | 28236 | 35630 | 16092 | 22718 |
| 临安区 | 232775 | 46560 | 16162 | 30255 | 16893 | 26390 |
| 桐庐县 | 165757 | 26940 | 17906 | 21945 | 9762 | 15531 |
| 淳安县 | 137090 | 9992 | 14468 | 19885 | 11296 | 29037 |
| 建德市 | 163272 | 9467 | 20870 | 25450 | 11158 | 20241 |
| **宁波市** | **3618432** | **1084358** | **561327** | **390193** | **113400** | **66848** |
| 海曙区 | 403390 | 108046 | 83819 | 44872 | 7333 | 2401 |
| 江北区 | 182219 | 43019 | 36424 | 22192 | 4907 | 1925 |
| 北仑区 | 315476 | 117023 | 35525 | 36169 | 8909 | 6518 |
| 镇海区 | 199399 | 56076 | 34562 | 21410 | 4409 | 2522 |
| 鄞州区 | 604496 | 153690 | 111420 | 72998 | 15530 | 4462 |
| 奉化区 | 223185 | 51920 | 47447 | 22805 | 10134 | 3365 |
| 象山县 | 226644 | 46685 | 26367 | 34115 | 14673 | 12314 |
| 宁海县 | 281139 | 80322 | 37143 | 28439 | 14586 | 9122 |
| 余姚市 | 474465 | 140433 | 65817 | 52918 | 15048 | 12100 |
| 慈溪市 | 708019 | 287144 | 82803 | 54275 | 17871 | 12119 |
| **温州市** | **3280096** | **790986** | **402180** | **310130** | **163285** | **130167** |
| 鹿城区 | 392647 | 116340 | 60015 | 37836 | 9623 | 4310 |
| 龙湾区 | 210011 | 86069 | 11666 | 14982 | 5291 | 5051 |
| 瓯海区 | 292329 | 106863 | 27634 | 23868 | 9235 | 4587 |
| 洞头区 | 46799 | 5972 | 6636 | 6565 | 3091 | 2579 |
| 永嘉县 | 295843 | 56812 | 32950 | 32238 | 18507 | 16000 |
| 平阳县 | 303036 | 35431 | 47824 | 36127 | 24006 | 13621 |
| 苍南县 | 296199 | 33999 | 49982 | 33007 | 18029 | 12004 |
| 文成县 | 101502 | 8889 | 10290 | 9299 | 9908 | 13665 |
| 泰顺县 | 100940 | 5273 | 11324 | 8575 | 12371 | 15587 |
| 瑞安市 | 524730 | 143646 | 66901 | 42830 | 21922 | 12033 |
| 乐清市 | 563303 | 171175 | 55442 | 45647 | 26592 | 25770 |
| 龙港市 | 152757 | 20517 | 21516 | 19156 | 4710 | 4960 |
| **嘉兴市** | **1878292** | **458460** | **208759** | **204154** | **57448** | **82538** |
| 南湖区 | 298432 | 44867 | 60479 | 44777 | 6918 | 6038 |
| 秀洲区 | 237635 | 57850 | 26126 | 26014 | 7158 | 8451 |
| 嘉善县 | 241579 | 77827 | 28113 | 24456 | 5277 | 5391 |
| 海盐县 | 152098 | 14168 | 17273 | 21374 | 6697 | 13377 |
| 海宁市 | 366753 | 123232 | 28855 | 29157 | 11404 | 15340 |
| 平湖市 | 236120 | 44118 | 23663 | 28972 | 9023 | 16628 |
| 桐乡市 | 345675 | 96398 | 24250 | 29404 | 10971 | 17313 |
| **湖州市** | **1081250** | **155075** | **133601** | **139733** | **56617** | **61798** |
| 吴兴区 | 293436 | 39338 | 52774 | 38918 | 8990 | 6551 |
| 南浔区 | 190135 | 32101 | 22543 | 24213 | 11455 | 10344 |
| 德清县 | 170684 | 22710 | 13474 | 22783 | 8825 | 12549 |
| 长兴县 | 234434 | 24351 | 28991 | 31111 | 13946 | 18621 |
| 安吉县 | 192561 | 36575 | 15819 | 22708 | 13401 | 13733 |

注：本表数据为居住在普通住宅的家庭户。

8-3 续表 1 单位：户

| 地　　区 | 家庭户户　数 | 一代户 | | | | |
|---|---|---|---|---|---|---|
| | | 一间 | 二间 | 三间 | 四间 | 五间及以上 |
| **绍兴市** | **1849255** | **289740** | **275427** | **267242** | **96643** | **88224** |
| 越城区 | 348871 | 49530 | 67522 | 48919 | 10652 | 5159 |
| 柯桥区 | 355224 | 90701 | 38422 | 39499 | 14499 | 9444 |
| 上虞区 | 302042 | 40723 | 44642 | 49692 | 18466 | 10282 |
| 新昌县 | 164357 | 22362 | 25546 | 28962 | 9445 | 11348 |
| 诸暨市 | 417817 | 57479 | 63867 | 60378 | 27363 | 27133 |
| 嵊州市 | 260944 | 28945 | 35428 | 39792 | 16218 | 24858 |
| **金华市** | **2534182** | **823520** | **275962** | **227350** | **91760** | **110709** |
| 婺城区 | 359390 | 93819 | 50866 | 42194 | 11785 | 13164 |
| 金东区 | 168787 | 47643 | 20642 | 19132 | 7405 | 7363 |
| 武义县 | 173252 | 52039 | 17657 | 14837 | 7851 | 15124 |
| 浦江县 | 154835 | 32630 | 22400 | 14222 | 7670 | 6950 |
| 磐安县 | 72353 | 13119 | 11838 | 7103 | 4858 | 8084 |
| 兰溪市 | 206479 | 16741 | 32224 | 27782 | 12471 | 17668 |
| 义乌市 | 652191 | 304820 | 56588 | 41733 | 11009 | 9063 |
| 东阳市 | 389287 | 117775 | 31078 | 36850 | 20065 | 21979 |
| 永康市 | 357608 | 144934 | 32669 | 23497 | 8646 | 11314 |
| **衢州市** | **858808** | **67651** | **120469** | **115185** | **59182** | **114633** |
| 柯城区 | 188640 | 19988 | 31791 | 25723 | 8415 | 11454 |
| 衢江区 | 134877 | 11761 | 16544 | 15326 | 10009 | 19487 |
| 常山县 | 103072 | 6598 | 15137 | 11129 | 8360 | 18652 |
| 开化县 | 104433 | 6155 | 14671 | 12039 | 8921 | 17268 |
| 龙游县 | 143842 | 12581 | 25274 | 28947 | 11559 | 12222 |
| 江山市 | 183944 | 10568 | 17052 | 22021 | 11918 | 35550 |
| **舟山市** | **453938** | **74889** | **112285** | **60849** | **18630** | **11488** |
| 定海区 | 195495 | 30612 | 43679 | 27605 | 6835 | 4411 |
| 普陀区 | 152239 | 24614 | 34227 | 19816 | 6562 | 5474 |
| 岱山县 | 76485 | 13287 | 25916 | 9250 | 4186 | 1182 |
| 嵊泗县 | 29719 | 6376 | 8463 | 4178 | 1047 | 421 |
| **台州市** | **2334623** | **591128** | **239550** | **176093** | **110261** | **119672** |
| 椒江区 | 267358 | 69673 | 27709 | 21695 | 7089 | 5659 |
| 黄岩区 | 245962 | 58685 | 28905 | 18708 | 12491 | 9362 |
| 路桥区 | 210087 | 61330 | 19703 | 15362 | 6339 | 6165 |
| 三门县 | 136713 | 17807 | 17351 | 11603 | 12658 | 11055 |
| 天台县 | 169677 | 22862 | 22402 | 18069 | 9324 | 11095 |
| 仙居县 | 148533 | 23644 | 18104 | 11196 | 7842 | 8943 |
| 温岭市 | 526542 | 174749 | 52483 | 34731 | 23398 | 29331 |
| 临海市 | 381967 | 58391 | 35030 | 32126 | 24991 | 31017 |
| 玉环市 | 247784 | 103987 | 17863 | 12603 | 6129 | 7045 |
| **丽水市** | **919054** | **138650** | **126498** | **117012** | **52496** | **71502** |
| 莲都区 | 187592 | 40170 | 24741 | 23166 | 6157 | 7895 |
| 青田县 | 182544 | 29712 | 25942 | 25004 | 8033 | 7490 |
| 缙云县 | 158353 | 29796 | 23537 | 16384 | 8753 | 12438 |
| 遂昌县 | 74258 | 5839 | 9224 | 9745 | 5803 | 10652 |
| 松阳县 | 76531 | 8070 | 10704 | 7089 | 5520 | 9881 |
| 云和县 | 49488 | 8808 | 7220 | 6429 | 2366 | 2258 |
| 庆元县 | 55815 | 3645 | 6300 | 8205 | 5367 | 8970 |
| 景宁畲族自治县 | 43534 | 4501 | 6627 | 6291 | 3711 | 4275 |
| 龙泉市 | 90939 | 8109 | 12203 | 14699 | 6786 | 7643 |

8-3　续表 2　　单位：户

| 地　区 | 二代户 | | | | |
| --- | --- | --- | --- | --- | --- |
| | 一间 | 二间 | 三间 | 四间 | 五间及以上 |
| **合计** | **761632** | **1925586** | **2674580** | **946363** | **924596** |
| **杭州市** | **111348** | **341216** | **473780** | **143124** | **134627** |
| 上城区 | 5135 | 22183 | 12538 | 2744 | 514 |
| 下城区 | 5305 | 32472 | 19637 | 2887 | 368 |
| 江干区 | 16683 | 53713 | 58565 | 11702 | 1356 |
| 拱墅区 | 5045 | 37277 | 29950 | 5680 | 975 |
| 西湖区 | 8099 | 40769 | 45368 | 11545 | 4994 |
| 滨江区 | 2545 | 13072 | 22574 | 6183 | 1034 |
| 萧山区 | 27050 | 40169 | 71057 | 31466 | 32496 |
| 余杭区 | 26324 | 47796 | 97927 | 26379 | 17095 |
| 富阳区 | 4760 | 17665 | 37587 | 13920 | 18805 |
| 临安区 | 5175 | 9723 | 27084 | 10425 | 15864 |
| 桐庐县 | 2943 | 9538 | 20053 | 7447 | 12827 |
| 淳安县 | 1250 | 6409 | 13073 | 4808 | 13682 |
| 建德市 | 1034 | 10430 | 18367 | 7938 | 14617 |
| **宁波市** | **157157** | **354769** | **426364** | **113835** | **60032** |
| 海曙区 | 17132 | 52335 | 50869 | 8217 | 2159 |
| 江北区 | 5600 | 23140 | 24955 | 6087 | 1777 |
| 北仑区 | 11639 | 22721 | 39701 | 8340 | 4814 |
| 镇海区 | 7730 | 23160 | 27018 | 4822 | 2194 |
| 鄞州区 | 18864 | 71739 | 87849 | 20303 | 4173 |
| 奉化区 | 10365 | 28429 | 23624 | 7003 | 2204 |
| 象山县 | 6674 | 15378 | 30656 | 10681 | 8364 |
| 宁海县 | 14225 | 23904 | 29597 | 13763 | 8491 |
| 余姚市 | 21069 | 41230 | 51560 | 14945 | 11599 |
| 慈溪市 | 43859 | 52733 | 60535 | 19674 | 14257 |
| **温州市** | **125458** | **289776** | **423175** | **177103** | **126820** |
| 鹿城区 | 11891 | 49586 | 52847 | 13829 | 4387 |
| 龙湾区 | 14077 | 11683 | 25048 | 8564 | 5130 |
| 瓯海区 | 11708 | 23016 | 36093 | 14032 | 5636 |
| 洞头区 | 869 | 4197 | 6955 | 2358 | 2095 |
| 永嘉县 | 12198 | 22837 | 40320 | 19376 | 14916 |
| 平阳县 | 6439 | 26600 | 43438 | 21682 | 12537 |
| 苍南县 | 7657 | 31318 | 45590 | 17190 | 11366 |
| 文成县 | 3127 | 6063 | 8661 | 7671 | 11415 |
| 泰顺县 | 861 | 5672 | 8231 | 9563 | 12707 |
| 瑞安市 | 25232 | 50830 | 64478 | 22572 | 11287 |
| 乐清市 | 26970 | 42529 | 59159 | 34812 | 30380 |
| 龙港市 | 4429 | 15445 | 32355 | 5454 | 4964 |
| **嘉兴市** | **47478** | **132923** | **219621** | **62753** | **84096** |
| 南湖区 | 3256 | 31897 | 47552 | 8751 | 6037 |
| 秀洲区 | 8603 | 17762 | 29987 | 8718 | 8573 |
| 嘉善县 | 8628 | 21193 | 27369 | 6179 | 5527 |
| 海盐县 | 1907 | 10970 | 21093 | 5963 | 10827 |
| 海宁市 | 9010 | 19317 | 30471 | 12268 | 16931 |
| 平湖市 | 3652 | 15288 | 29876 | 8320 | 15135 |
| 桐乡市 | 12422 | 16496 | 33273 | 12554 | 21066 |
| **湖州市** | **17696** | **77227** | **139669** | **53924** | **58257** |
| 吴兴区 | 4126 | 32817 | 43826 | 10599 | 6138 |
| 南浔区 | 4028 | 11966 | 21650 | 9620 | 8365 |
| 德清县 | 2356 | 7496 | 22523 | 8637 | 12678 |
| 长兴县 | 2306 | 14913 | 30914 | 13330 | 18974 |
| 安吉县 | 4880 | 10035 | 20756 | 11738 | 12102 |

8−3 续表 3　　　　单位：户

| 地　区 | 二代户 | | | | |
|---|---|---|---|---|---|
| | 一间 | 二间 | 三间 | 四间 | 五间及以上 |
| **绍兴市** | **39751** | **149113** | **261377** | **87329** | **72897** |
| 越城区 | 7964 | 43494 | 56987 | 13310 | 5357 |
| 柯桥区 | 11198 | 23995 | 48033 | 18450 | 11370 |
| 上虞区 | 5193 | 23549 | 45499 | 15123 | 8140 |
| 新昌县 | 3584 | 11644 | 24380 | 6194 | 7456 |
| 诸暨市 | 8414 | 29770 | 53499 | 22420 | 21354 |
| 嵊州市 | 3398 | 16661 | 32979 | 11832 | 19220 |
| **金华市** | **118111** | **193692** | **249599** | **93595** | **104500** |
| 婺城区 | 12150 | 35151 | 45231 | 11868 | 12396 |
| 金东区 | 6203 | 11935 | 18762 | 7241 | 7188 |
| 武义县 | 9076 | 10197 | 13247 | 5658 | 11789 |
| 浦江县 | 6295 | 16423 | 15381 | 8046 | 7179 |
| 磐安县 | 2200 | 5871 | 5520 | 3212 | 5729 |
| 兰溪市 | 1969 | 16974 | 24026 | 10687 | 15850 |
| 义乌市 | 39491 | 48837 | 58992 | 16723 | 10120 |
| 东阳市 | 16857 | 21801 | 37959 | 17708 | 19478 |
| 永康市 | 23870 | 26503 | 30481 | 12452 | 14771 |
| **衢州市** | **8246** | **57457** | **91229** | **40246** | **88578** |
| 柯城区 | 2338 | 19767 | 26313 | 8182 | 11281 |
| 衢江区 | 1318 | 6939 | 12416 | 7165 | 16979 |
| 常山县 | 739 | 5866 | 7121 | 5192 | 14574 |
| 开化县 | 1155 | 7891 | 8453 | 5277 | 11325 |
| 龙游县 | 1413 | 9376 | 17901 | 7067 | 8263 |
| 江山市 | 1283 | 7618 | 19025 | 7363 | 26156 |
| **舟山市** | **7229** | **64924** | **52604** | **11246** | **6892** |
| 定海区 | 2902 | 28981 | 26468 | 5225 | 3029 |
| 普陀区 | 2633 | 21212 | 17951 | 3965 | 3236 |
| 岱山县 | 1224 | 11082 | 5363 | 1535 | 432 |
| 嵊泗县 | 470 | 3649 | 2822 | 521 | 195 |
| **台州市** | **98629** | **182354** | **227248** | **121542** | **132538** |
| 椒江区 | 13082 | 27306 | 34529 | 11090 | 8506 |
| 黄岩区 | 10200 | 22596 | 24764 | 13204 | 9483 |
| 路桥区 | 11110 | 17922 | 22931 | 8716 | 6872 |
| 三门县 | 2899 | 10316 | 13547 | 12380 | 10978 |
| 天台县 | 4733 | 15506 | 20045 | 9774 | 11480 |
| 仙居县 | 5966 | 14266 | 13828 | 9154 | 11117 |
| 温岭市 | 24963 | 32899 | 39285 | 21644 | 29545 |
| 临海市 | 8819 | 25130 | 38482 | 26597 | 34221 |
| 玉环市 | 16857 | 16413 | 19837 | 8983 | 10336 |
| **丽水市** | **30529** | **82135** | **109914** | **41666** | **55359** |
| 莲都区 | 6268 | 18157 | 25687 | 6175 | 6364 |
| 青田县 | 11309 | 18862 | 23988 | 8179 | 7394 |
| 缙云县 | 6041 | 14844 | 15741 | 7427 | 10449 |
| 遂昌县 | 803 | 4405 | 7430 | 3525 | 8129 |
| 松阳县 | 1337 | 5926 | 5945 | 4157 | 8920 |
| 云和县 | 1352 | 4991 | 6865 | 2279 | 1899 |
| 庆元县 | 764 | 3517 | 6403 | 3065 | 5025 |
| 景宁畲族自治县 | 1334 | 3869 | 4684 | 2039 | 2164 |
| 龙泉市 | 1321 | 7564 | 13171 | 4820 | 5015 |

8−3　续表 4　　　　单位：户

| 地　　区 | 三代户 | | | | |
|---|---|---|---|---|---|
| | 一间 | 二间 | 三间 | 四间 | 五间及以上 |
| **合计** | **54586** | **379205** | **953644** | **536444** | **689205** |
| **杭州市** | **7795** | **86675** | **210621** | **103359** | **124658** |
| 上城区 | 633 | 5691 | 4413 | 986 | 263 |
| 下城区 | 636 | 8043 | 7128 | 1311 | 205 |
| 江干区 | 1296 | 15179 | 28768 | 7890 | 1168 |
| 拱墅区 | 513 | 8970 | 11269 | 2432 | 704 |
| 西湖区 | 866 | 10480 | 20176 | 7288 | 6484 |
| 滨江区 | 270 | 3903 | 10487 | 4076 | 766 |
| 萧山区 | 1395 | 10946 | 36317 | 27814 | 40003 |
| 余杭区 | 1493 | 13189 | 51579 | 28065 | 26075 |
| 富阳区 | 212 | 3361 | 13839 | 8303 | 15279 |
| 临安区 | 186 | 1693 | 9224 | 5801 | 10226 |
| 桐庐县 | 150 | 1676 | 6492 | 3659 | 8231 |
| 淳安县 | 92 | 1408 | 4424 | 1564 | 5373 |
| 建德市 | 53 | 2136 | 6505 | 4170 | 9881 |
| **宁波市** | **8105** | **57459** | **127646** | **51475** | **38127** |
| 海曙区 | 1443 | 8116 | 12701 | 2799 | 902 |
| 江北区 | 183 | 3525 | 6077 | 1600 | 682 |
| 北仑区 | 532 | 4237 | 12056 | 3921 | 2949 |
| 镇海区 | 293 | 3772 | 7943 | 2000 | 1256 |
| 鄞州区 | 1241 | 11109 | 22940 | 6198 | 1597 |
| 奉化区 | 928 | 4561 | 6331 | 2637 | 1136 |
| 象山县 | 204 | 1908 | 7425 | 5333 | 5468 |
| 宁海县 | 608 | 3296 | 7500 | 5202 | 4434 |
| 余姚市 | 728 | 6681 | 19481 | 9873 | 8957 |
| 慈溪市 | 1945 | 10254 | 25192 | 11912 | 10746 |
| **温州市** | **12779** | **52566** | **113828** | **77879** | **76090** |
| 鹿城区 | 1201 | 8442 | 14102 | 5089 | 2700 |
| 龙湾区 | 892 | 2717 | 8195 | 4728 | 5154 |
| 瓯海区 | 870 | 4227 | 11449 | 7518 | 4745 |
| 洞头区 | 90 | 646 | 1756 | 1269 | 1552 |
| 永嘉县 | 1399 | 3582 | 9228 | 6987 | 7868 |
| 平阳县 | 1142 | 4849 | 10866 | 9979 | 7789 |
| 苍南县 | 1588 | 5980 | 12071 | 8501 | 7220 |
| 文成县 | 508 | 971 | 2143 | 2739 | 5958 |
| 泰顺县 | 57 | 607 | 1861 | 2785 | 5116 |
| 瑞安市 | 3302 | 12464 | 22353 | 13931 | 9177 |
| 乐清市 | 1083 | 4748 | 11558 | 11411 | 15059 |
| 龙港市 | 647 | 3333 | 8246 | 2942 | 3752 |
| **嘉兴市** | **2510** | **31182** | **106044** | **53067** | **99027** |
| 南湖区 | 188 | 6805 | 18562 | 4989 | 5838 |
| 秀洲区 | 566 | 4519 | 14137 | 6640 | 9883 |
| 嘉善县 | 338 | 4592 | 13082 | 5643 | 6005 |
| 海盐县 | 100 | 2347 | 9836 | 3881 | 10017 |
| 海宁市 | 421 | 4997 | 16271 | 14114 | 25954 |
| 平湖市 | 160 | 3697 | 15607 | 5552 | 13195 |
| 桐乡市 | 737 | 4225 | 18549 | 12248 | 28135 |
| **湖州市** | **954** | **16670** | **64242** | **39956** | **52412** |
| 吴兴区 | 276 | 7650 | 22699 | 8624 | 7147 |
| 南浔区 | 249 | 3172 | 12602 | 7660 | 7086 |
| 德清县 | 157 | 1689 | 11026 | 7224 | 13085 |
| 长兴县 | 134 | 2146 | 10168 | 8097 | 14112 |
| 安吉县 | 138 | 2013 | 7747 | 8351 | 10982 |

8-3 续表 5

单位：户

| 地　区 | 三代户 | | | | |
|---|---|---|---|---|---|
| | 一间 | 二间 | 三间 | 四间 | 五间及以上 |
| **绍兴市** | **3306** | **31192** | **89949** | **45347** | **46577** |
| 越城区 | 792 | 9641 | 18842 | 6563 | 3442 |
| 柯桥区 | 821 | 6002 | 19688 | 12049 | 9712 |
| 上虞区 | 345 | 5283 | 18351 | 9285 | 6121 |
| 新昌县 | 277 | 1561 | 5738 | 2000 | 3657 |
| 诸暨市 | 857 | 5463 | 17339 | 9688 | 11845 |
| 嵊州市 | 214 | 3242 | 9991 | 5762 | 11800 |
| **金华市** | **6055** | **35865** | **82569** | **47888** | **66691** |
| 婺城区 | 634 | 5710 | 12654 | 4788 | 6419 |
| 金东区 | 349 | 1933 | 5475 | 3279 | 3915 |
| 武义县 | 282 | 1653 | 3655 | 2587 | 7238 |
| 浦江县 | 471 | 3589 | 4892 | 4011 | 4380 |
| 磐安县 | 166 | 713 | 1260 | 885 | 1711 |
| 兰溪市 | 209 | 3527 | 8815 | 6013 | 10792 |
| 义乌市 | 2121 | 9641 | 22367 | 10610 | 8583 |
| 东阳市 | 761 | 4893 | 15237 | 10734 | 14308 |
| 永康市 | 1062 | 4206 | 8214 | 4981 | 9345 |
| **衢州市** | **374** | **8716** | **23837** | **15377** | **44783** |
| 柯城区 | 103 | 3521 | 7892 | 3932 | 7213 |
| 衢江区 | 71 | 1035 | 3500 | 2753 | 8941 |
| 常山县 | 36 | 778 | 1556 | 1540 | 5558 |
| 开化县 | 54 | 1206 | 2391 | 2091 | 5269 |
| 龙游县 | 45 | 1055 | 3406 | 1884 | 2650 |
| 江山市 | 65 | 1121 | 5092 | 3177 | 15152 |
| **舟山市** | **248** | **8157** | **14762** | **5071** | **4050** |
| 定海区 | 65 | 3634 | 7595 | 2365 | 1805 |
| 普陀区 | 110 | 3063 | 5168 | 1967 | 1958 |
| 岱山县 | 57 | 1091 | 1192 | 499 | 159 |
| 嵊泗县 | 16 | 369 | 807 | 240 | 128 |
| **台州市** | **10304** | **38084** | **88405** | **80846** | **108614** |
| 椒江区 | 2005 | 6277 | 13763 | 8766 | 8879 |
| 黄岩区 | 695 | 4124 | 11220 | 10752 | 9566 |
| 路桥区 | 2021 | 4237 | 10752 | 8463 | 7104 |
| 三门县 | 263 | 1513 | 3699 | 4435 | 5892 |
| 天台县 | 452 | 3127 | 7111 | 5357 | 7898 |
| 仙居县 | 969 | 3914 | 5391 | 5670 | 8015 |
| 温岭市 | 2373 | 6800 | 14872 | 14284 | 23515 |
| 临海市 | 890 | 5080 | 14900 | 16956 | 27339 |
| 玉环市 | 636 | 3012 | 6697 | 6163 | 10406 |
| **丽水市** | **2156** | **12639** | **31741** | **16179** | **28176** |
| 莲都区 | 337 | 3684 | 10166 | 3466 | 4517 |
| 青田县 | 1254 | 3186 | 6197 | 2573 | 3184 |
| 缙云县 | 270 | 1632 | 3251 | 2537 | 5020 |
| 遂昌县 | 40 | 609 | 1826 | 1192 | 4707 |
| 松阳县 | 66 | 832 | 1483 | 1769 | 4563 |
| 云和县 | 38 | 702 | 2110 | 998 | 1006 |
| 庆元县 | 24 | 339 | 1253 | 921 | 1914 |
| 景宁畲族自治县 | 65 | 602 | 1533 | 738 | 948 |
| 龙泉市 | 62 | 1053 | 3922 | 1985 | 2317 |

8-3　续表 6　　　　单位：户

| 地　区 | 四代户 | | | | |
| --- | --- | --- | --- | --- | --- |
| | 一间 | 二间 | 三间 | 四间 | 五间及以上 |
| **合计** | **874** | **4755** | **23683** | **27936** | **53766** |
| **杭州市** | **177** | **1040** | **6594** | **7775** | **11981** |
| 上城区 | 4 | 65 | 85 | 18 | 13 |
| 下城区 | 5 | 76 | 140 | 46 | 17 |
| 江干区 | 24 | 188 | 809 | 629 | 185 |
| 拱墅区 | 4 | 97 | 272 | 86 | 47 |
| 西湖区 | 38 | 139 | 721 | 550 | 763 |
| 滨江区 | 1 | 35 | 235 | 198 | 34 |
| 萧山区 | 17 | 138 | 1103 | 1702 | 3670 |
| 余杭区 | 77 | 210 | 2466 | 3630 | 4314 |
| 富阳区 | 1 | 30 | 239 | 359 | 1034 |
| 临安区 | 1 | 15 | 209 | 236 | 653 |
| 桐庐县 | 2 | 11 | 98 | 130 | 416 |
| 淳安县 | | 11 | 51 | 37 | 230 |
| 建德市 | 3 | 25 | 166 | 154 | 605 |
| **宁波市** | **65** | **596** | **2439** | **2072** | **2160** |
| 海曙区 | 15 | 62 | 115 | 42 | 12 |
| 江北区 | | 26 | 66 | 23 | 11 |
| 北仑区 | 4 | 34 | 164 | 98 | 121 |
| 镇海区 | 2 | 39 | 87 | 52 | 52 |
| 鄞州区 | 10 | 57 | 188 | 94 | 34 |
| 奉化区 | 7 | 58 | 108 | 71 | 52 |
| 象山县 | 3 | 9 | 76 | 117 | 194 |
| 宁海县 | 6 | 49 | 150 | 127 | 174 |
| 余姚市 | 5 | 87 | 620 | 600 | 711 |
| 慈溪市 | 13 | 175 | 865 | 848 | 799 |
| **温州市** | **243** | **791** | **1764** | **2140** | **2932** |
| 鹿城区 | 10 | 76 | 164 | 96 | 103 |
| 龙湾区 | 23 | 50 | 165 | 184 | 341 |
| 瓯海区 | 13 | 67 | 171 | 270 | 327 |
| 洞头区 | 1 | 10 | 24 | 44 | 90 |
| 永嘉县 | 22 | 62 | 145 | 168 | 228 |
| 平阳县 | 15 | 71 | 134 | 242 | 243 |
| 苍南县 | 48 | 91 | 171 | 206 | 181 |
| 文成县 | 7 | 8 | 25 | 34 | 121 |
| 泰顺县 | 1 | 7 | 39 | 70 | 233 |
| 瑞安市 | 75 | 240 | 455 | 515 | 485 |
| 乐清市 | 16 | 51 | 173 | 239 | 489 |
| 龙港市 | 12 | 58 | 98 | 72 | 91 |
| **嘉兴市** | **58** | **469** | **4330** | **5885** | **17440** |
| 南湖区 | 2 | 68 | 433 | 284 | 691 |
| 秀洲区 | 7 | 70 | 529 | 602 | 1438 |
| 嘉善县 | 7 | 68 | 488 | 587 | 807 |
| 海盐县 | 2 | 55 | 507 | 372 | 1331 |
| 海宁市 | 19 | 78 | 759 | 2068 | 6062 |
| 平湖市 | | 51 | 760 | 482 | 1938 |
| 桐乡市 | 21 | 79 | 854 | 1490 | 5173 |
| **湖州市** | **26** | **333** | **2899** | **3487** | **6662** |
| 吴兴区 | 6 | 122 | 1004 | 756 | 1072 |
| 南浔区 | 12 | 104 | 795 | 958 | 1206 |
| 德清县 | 5 | 29 | 534 | 770 | 2133 |
| 长兴县 | 3 | 41 | 333 | 573 | 1369 |
| 安吉县 | | 37 | 233 | 430 | 882 |

8−3 续表 7　　单位：户

| 地　　区 | 四代户 | | | | |
|---|---|---|---|---|---|
| | 一间 | 二间 | 三间 | 四间 | 五间及以上 |
| **绍兴市** | **30** | **360** | **1531** | **1452** | **1768** |
| 越城区 | 8 | 113 | 292 | 166 | 118 |
| 柯桥区 | 11 | 67 | 356 | 421 | 486 |
| 上虞区 | 4 | 84 | 473 | 462 | 325 |
| 新昌县 | 1 | 6 | 45 | 40 | 111 |
| 诸暨市 | 2 | 60 | 249 | 239 | 398 |
| 嵊州市 | 4 | 30 | 116 | 124 | 330 |
| **金华市** | **50** | **377** | **1558** | **1540** | **2784** |
| 婺城区 | 6 | 45 | 175 | 108 | 227 |
| 金东区 | 2 | 17 | 90 | 78 | 135 |
| 武义县 | 2 | 11 | 57 | 59 | 233 |
| 浦江县 | 4 | 40 | 64 | 69 | 119 |
| 磐安县 | 3 | 6 | 15 | 14 | 46 |
| 兰溪市 | 1 | 40 | 165 | 162 | 363 |
| 义乌市 | 13 | 81 | 464 | 433 | 500 |
| 东阳市 | 11 | 79 | 415 | 478 | 816 |
| 永康市 | 8 | 58 | 113 | 139 | 345 |
| **衢州市** | **9** | **86** | **428** | **490** | **1829** |
| 柯城区 | | 32 | 117 | 163 | 413 |
| 衢江区 | 2 | 9 | 84 | 109 | 429 |
| 常山县 | 2 | 5 | 20 | 39 | 170 |
| 开化县 | 1 | 11 | 36 | 42 | 177 |
| 龙游县 | 1 | 17 | 55 | 45 | 81 |
| 江山市 | 3 | 12 | 116 | 92 | 559 |
| **舟山市** | **1** | **61** | **191** | **176** | **185** |
| 定海区 | | 24 | 106 | 74 | 80 |
| 普陀区 | 1 | 31 | 66 | 84 | 101 |
| 岱山县 | | 5 | 13 | 10 | 2 |
| 嵊泗县 | | 1 | 6 | 8 | 2 |
| **台州市** | **202** | **510** | **1366** | **2419** | **4854** |
| 椒江区 | 40 | 93 | 189 | 352 | 655 |
| 黄岩区 | 14 | 42 | 199 | 399 | 553 |
| 路桥区 | 50 | 70 | 206 | 317 | 416 |
| 三门县 | 3 | 16 | 45 | 75 | 178 |
| 天台县 | 2 | 35 | 97 | 109 | 199 |
| 仙居县 | 9 | 58 | 84 | 97 | 266 |
| 温岭市 | 59 | 100 | 205 | 403 | 903 |
| 临海市 | 15 | 74 | 235 | 478 | 1195 |
| 玉环市 | 10 | 22 | 106 | 189 | 489 |
| **丽水市** | **13** | **132** | **583** | **500** | **1171** |
| 莲都区 | 1 | 36 | 193 | 134 | 277 |
| 青田县 | 7 | 36 | 90 | 41 | 63 |
| 缙云县 | 1 | 12 | 35 | 60 | 125 |
| 遂昌县 | 1 | 8 | 31 | 42 | 247 |
| 松阳县 | 1 | 10 | 34 | 49 | 175 |
| 云和县 | | 4 | 54 | 46 | 63 |
| 庆元县 | | 2 | 22 | 26 | 53 |
| 景宁畲族自治县 | 2 | 15 | 38 | 38 | 59 |
| 龙泉市 | | 9 | 86 | 64 | 109 |

8−3 续表 8

单位：户

| 地 区 | 五代及以上户 | | | | |
| --- | --- | --- | --- | --- | --- |
| | 一间 | 二间 | 三间 | 四间 | 五间及以上 |
| **合计** | **1** | **4** | **11** | **16** | **76** |
| **杭州市** | | **2** | **4** | **4** | **10** |
| 上城区 | | | 1 | | |
| 下城区 | | | | | |
| 江干区 | | 1 | 1 | | |
| 拱墅区 | | | | 1 | |
| 西湖区 | | | | | 1 |
| 滨江区 | | | | | |
| 萧山区 | | | 1 | 1 | 5 |
| 余杭区 | | 1 | | 2 | 2 |
| 富阳区 | | | | | 1 |
| 临安区 | | | | | |
| 桐庐县 | | | | | |
| 淳安县 | | | | | |
| 建德市 | | | 1 | | 1 |
| **宁波市** | | | **1** | **2** | **2** |
| 海曙区 | | | | | |
| 江北区 | | | | | |
| 北仑区 | | | 1 | | |
| 镇海区 | | | | | |
| 鄞州区 | | | | | |
| 奉化区 | | | | | |
| 象山县 | | | | | |
| 宁海县 | | | | | 1 |
| 余姚市 | | | | 2 | 1 |
| 慈溪市 | | | | | |
| **温州市** | | | | | **4** |
| 鹿城区 | | | | | |
| 龙湾区 | | | | | 1 |
| 瓯海区 | | | | | |
| 洞头区 | | | | | |
| 永嘉县 | | | | | |
| 平阳县 | | | | | 1 |
| 苍南县 | | | | | |
| 文成县 | | | | | |
| 泰顺县 | | | | | |
| 瑞安市 | | | | | 2 |
| 乐清市 | | | | | |
| 龙港市 | | | | | |
| **嘉兴市** | **1** | | **2** | **5** | **42** |
| 南湖区 | | | | | |
| 秀洲区 | | | | | 2 |
| 嘉善县 | | | | | 2 |
| 海盐县 | | | | | 1 |
| 海宁市 | | | | 4 | 21 |
| 平湖市 | | | 1 | | 2 |
| 桐乡市 | 1 | | 1 | 1 | 14 |
| **湖州市** | | | | **3** | **9** |
| 吴兴区 | | | | 1 | 2 |
| 南浔区 | | | | 2 | 4 |
| 德清县 | | | | | 1 |
| 长兴县 | | | | | 1 |
| 安吉县 | | | | | 1 |

8-3　续表 9　　单位：户

| 地　区 | 五代及以上户 | | | | |
|---|---|---|---|---|---|
| | 一间 | 二间 | 三间 | 四间 | 五间及以上 |
| **绍兴市** | | | | | |
| 越城区 | | | | | |
| 柯桥区 | | | | | |
| 上虞区 | | | | | |
| 新昌县 | | | | | |
| 诸暨市 | | | | | |
| 嵊州市 | | | | | |
| **金华市** | | **1** | **2** | **1** | **3** |
| 婺城区 | | | | | |
| 金东区 | | | | | |
| 武义县 | | | | | |
| 浦江县 | | | | | |
| 磐安县 | | | | | |
| 兰溪市 | | | | | |
| 义乌市 | | 1 | | | 1 |
| 东阳市 | | | 2 | 1 | 2 |
| 永康市 | | | | | |
| **衢州市** | | | **1** | | **2** |
| 柯城区 | | | 1 | | 1 |
| 衢江区 | | | | | |
| 常山县 | | | | | |
| 开化县 | | | | | |
| 龙游县 | | | | | |
| 江山市 | | | | | 1 |
| **舟山市** | | | | | |
| 定海区 | | | | | |
| 普陀区 | | | | | |
| 岱山县 | | | | | |
| 嵊泗县 | | | | | |
| **台州市** | | **1** | | **1** | **2** |
| 椒江区 | | | | | 1 |
| 黄岩区 | | | | | |
| 路桥区 | | | | 1 | |
| 三门县 | | | | | |
| 天台县 | | | | | |
| 仙居县 | | | | | |
| 温岭市 | | | | | |
| 临海市 | | 1 | | | |
| 玉环市 | | | | | 1 |
| **丽水市** | | | **1** | | **2** |
| 莲都区 | | | 1 | | |
| 青田县 | | | | | |
| 缙云县 | | | | | |
| 遂昌县 | | | | | |
| 松阳县 | | | | | |
| 云和县 | | | | | |
| 庆元县 | | | | | |
| 景宁畲族自治县 | | | | | 1 |
| 龙泉市 | | | | | 1 |

# 8-3a　各地区按家庭户类别和住房间数分的家庭户户数(城市)

单位：户

| 地　区 | 家庭户户　数 | 一代户 | | | | |
|---|---|---|---|---|---|---|
| | | 一间 | 二间 | 三间 | 四间 | 五间及以上 |
| **合计** | **11614658** | **3356664** | **1535113** | **1248443** | **270626** | **179981** |
| **杭州市** | **3041725** | **926518** | **403517** | **322623** | **65066** | **35159** |
| 上城区 | 119261 | 20357 | 29961 | 11363 | 1916 | 378 |
| 下城区 | 177364 | 28820 | 47066 | 20140 | 2615 | 447 |
| 江干区 | 469934 | 149861 | 69377 | 43170 | 7919 | 1450 |
| 拱墅区 | 227512 | 40653 | 53003 | 25324 | 4296 | 914 |
| 西湖区 | 342513 | 98031 | 45319 | 34980 | 7302 | 3571 |
| 滨江区 | 154535 | 45575 | 18911 | 17994 | 4624 | 2018 |
| 萧山区 | 558708 | 198852 | 51190 | 48777 | 13599 | 11039 |
| 余杭区 | 643374 | 270444 | 51063 | 69111 | 13070 | 4932 |
| 富阳区 | 188631 | 38816 | 19680 | 25738 | 5464 | 6642 |
| 临安区 | 106311 | 30672 | 7878 | 16367 | 2628 | 1631 |
| 桐庐县 | | | | | | |
| 淳安县 | | | | | | |
| 建德市 | 53582 | 4437 | 10069 | 9659 | 1633 | 2137 |
| **宁波市** | **2069559** | **607054** | **326193** | **227324** | **46802** | **22726** |
| 海曙区 | 336368 | 86178 | 68824 | 38474 | 5391 | 1614 |
| 江北区 | 148457 | 29690 | 30458 | 19202 | 3496 | 1115 |
| 北仑区 | 216897 | 79191 | 22739 | 25925 | 4279 | 2800 |
| 镇海区 | 163822 | 43573 | 28219 | 17971 | 3240 | 1791 |
| 鄞州区 | 373613 | 71379 | 68663 | 52764 | 10540 | 2237 |
| 奉化区 | 106073 | 21858 | 19452 | 12292 | 2203 | 986 |
| 象山县 | | | | | | |
| 宁海县 | | | | | | |
| 余姚市 | 294554 | 98119 | 38400 | 29848 | 7182 | 5003 |
| 慈溪市 | 429775 | 177066 | 49438 | 30848 | 10471 | 7180 |
| **温州市** | **1565866** | **488906** | **175432** | **142634** | **42974** | **29853** |
| 鹿城区 | 359304 | 107331 | 56401 | 35426 | 8053 | 2526 |
| 龙湾区 | 140107 | 51823 | 8836 | 11441 | 3988 | 3184 |
| 瓯海区 | 231785 | 85699 | 21425 | 19600 | 6310 | 2609 |
| 洞头区 | 23497 | 2728 | 3302 | 3450 | 930 | 913 |
| 永嘉县 | | | | | | |
| 平阳县 | | | | | | |
| 苍南县 | | | | | | |
| 文成县 | | | | | | |
| 泰顺县 | | | | | | |
| 瑞安市 | 335108 | 105597 | 39588 | 26204 | 7695 | 4773 |
| 乐清市 | 335901 | 116795 | 27778 | 28525 | 11672 | 11126 |
| 龙港市 | 140164 | 18933 | 18102 | 17988 | 4326 | 4722 |
| **嘉兴市** | **791820** | **184542** | **115287** | **104925** | **15497** | **10069** |
| 南湖区 | 241562 | 31389 | 55206 | 38690 | 4100 | 1926 |
| 秀洲区 | 109204 | 24408 | 13880 | 16257 | 2548 | 752 |
| 嘉善县 | | | | | | |
| 海盐县 | | | | | | |
| 海宁市 | 146392 | 38825 | 18263 | 15302 | 2981 | 3075 |
| 平湖市 | 103840 | 18570 | 13834 | 15967 | 2144 | 1616 |
| 桐乡市 | 190822 | 71350 | 14104 | 18709 | 3724 | 2700 |
| **湖州市** | **257547** | **39419** | **47774** | **35183** | **4887** | **2206** |
| 吴兴区 | 195061 | 21201 | 42154 | 27746 | 3348 | 1393 |
| 南浔区 | 62486 | 18218 | 5620 | 7437 | 1539 | 813 |
| 德清县 | | | | | | |
| 长兴县 | | | | | | |
| 安吉县 | | | | | | |

注：本表数据为居住在普通住宅的家庭户。

8－3a 续表 1 单位：户

| 地区 | 家庭户户数 | 一代户 | | | | |
|---|---|---|---|---|---|---|
| | | 一间 | 二间 | 三间 | 四间 | 五间及以上 |
| **绍兴市** | **1027016** | **184092** | **143028** | **148840** | **34830** | **21921** |
| 越城区 | 291616 | 40081 | 57755 | 42566 | 7193 | 3161 |
| 柯桥区 | 261239 | 71800 | 25410 | 28325 | 8490 | 5286 |
| 上虞区 | 176535 | 26250 | 24648 | 29051 | 6767 | 3390 |
| 新昌县 | | | | | | |
| 诸暨市 | 181168 | 28136 | 22940 | 28927 | 8385 | 4783 |
| 嵊州市 | 116458 | 17825 | 12275 | 19971 | 3995 | 5301 |
| **金华市** | **1177088** | **481396** | **117620** | **95923** | **20961** | **14829** |
| 婺城区 | 252565 | 79450 | 34843 | 28103 | 5096 | 2479 |
| 金东区 | 48138 | 14691 | 4502 | 5570 | 1296 | 763 |
| 武义县 | | | | | | |
| 浦江县 | | | | | | |
| 磐安县 | | | | | | |
| 兰溪市 | 84406 | 6901 | 17035 | 12390 | 2555 | 3185 |
| 义乌市 | 433790 | 224027 | 35831 | 22677 | 4609 | 1892 |
| 东阳市 | 157057 | 61361 | 10135 | 13438 | 4089 | 3485 |
| 永康市 | 201132 | 94966 | 15274 | 13745 | 3316 | 3025 |
| **衢州市** | **257651** | **28521** | **39593** | **40350** | **7433** | **12111** |
| 柯城区 | 138824 | 17385 | 26545 | 20411 | 3570 | 3347 |
| 衢江区 | 42510 | 5493 | 4767 | 5873 | 1333 | 2369 |
| 常山县 | | | | | | |
| 开化县 | | | | | | |
| 龙游县 | 534 | 31 | 101 | 60 | 75 | 123 |
| 江山市 | 75783 | 5612 | 8180 | 14006 | 2455 | 6272 |
| **舟山市** | **230209** | **31850** | **55794** | **29705** | **3918** | **2559** |
| 定海区 | 132171 | 16884 | 31235 | 18132 | 2476 | 1736 |
| 普陀区 | 98038 | 14966 | 24559 | 11573 | 1442 | 823 |
| 岱山县 | | | | | | |
| 嵊泗县 | | | | | | |
| **台州市** | **1014527** | **346344** | **88608** | **76563** | **23674** | **25954** |
| 椒江区 | 205854 | 54959 | 21846 | 19002 | 4322 | 3745 |
| 黄岩区 | 142663 | 44708 | 16249 | 10413 | 3287 | 2517 |
| 路桥区 | 106242 | 31886 | 9519 | 8910 | 2752 | 2814 |
| 三门县 | | | | | | |
| 天台县 | | | | | | |
| 仙居县 | | | | | | |
| 温岭市 | 246090 | 111456 | 15909 | 13139 | 5267 | 8116 |
| 临海市 | 137904 | 26784 | 13733 | 15965 | 4358 | 4300 |
| 玉环市 | 175774 | 76551 | 11352 | 9134 | 3688 | 4462 |
| **丽水市** | **181650** | **38022** | **22267** | **24373** | **4584** | **2594** |
| 莲都区 | 133288 | 32741 | 16207 | 16999 | 2999 | 970 |
| 青田县 | | | | | | |
| 缙云县 | | | | | | |
| 遂昌县 | | | | | | |
| 松阳县 | | | | | | |
| 云和县 | | | | | | |
| 庆元县 | | | | | | |
| 景宁畲族自治县 | | | | | | |
| 龙泉市 | 48362 | 5281 | 6060 | 7374 | 1585 | 1624 |

8-3a　续表 2　　　　单位：户

| 地　区 | 二代户 | | | | |
|---|---|---|---|---|---|
| | 一间 | 二间 | 三间 | 四间 | 五间及以上 |
| **合计** | **423266** | **1146359** | **1605035** | **376296** | **209479** |
| **杭州市** | **90181** | **296047** | **391668** | **88483** | **40369** |
| 上城区 | 5135 | 22183 | 12538 | 2744 | 514 |
| 下城区 | 5305 | 32472 | 19637 | 2887 | 368 |
| 江干区 | 16683 | 53713 | 58565 | 11702 | 1356 |
| 拱墅区 | 5045 | 37277 | 29950 | 5680 | 975 |
| 西湖区 | 8029 | 40467 | 44651 | 11022 | 4211 |
| 滨江区 | 2545 | 13072 | 22574 | 6183 | 1034 |
| 萧山区 | 21460 | 34937 | 62370 | 19171 | 15486 |
| 余杭区 | 17990 | 34266 | 80215 | 17516 | 5374 |
| 富阳区 | 4070 | 14898 | 32092 | 6706 | 7283 |
| 临安区 | 3516 | 6629 | 20320 | 3187 | 1801 |
| 桐庐县 | | | | | |
| 淳安县 | | | | | |
| 建德市 | 403 | 6133 | 8756 | 1685 | 1967 |
| **宁波市** | **84386** | **223748** | **282061** | **60937** | **24813** |
| 海曙区 | 12701 | 45253 | 46632 | 7074 | 1714 |
| 江北区 | 3824 | 20380 | 23112 | 5117 | 1265 |
| 北仑区 | 8197 | 16919 | 32284 | 5325 | 2369 |
| 镇海区 | 6085 | 19870 | 24139 | 4058 | 1731 |
| 鄞州区 | 6039 | 44675 | 68246 | 16561 | 2750 |
| 奉化区 | 4908 | 15679 | 16386 | 2415 | 923 |
| 象山县 | | | | | |
| 宁海县 | | | | | |
| 余姚市 | 14777 | 28084 | 33902 | 8403 | 5287 |
| 慈溪市 | 27855 | 32888 | 37360 | 11984 | 8774 |
| **温州市** | **66597** | **150457** | **224518** | **63603** | **32952** |
| 鹿城区 | 10093 | 46911 | 50026 | 12141 | 2684 |
| 龙湾区 | 7363 | 8714 | 19627 | 6620 | 3193 |
| 瓯海区 | 9161 | 19090 | 31563 | 10466 | 3543 |
| 洞头区 | 415 | 2634 | 4750 | 915 | 724 |
| 永嘉县 | | | | | |
| 平阳县 | | | | | |
| 苍南县 | | | | | |
| 文成县 | | | | | |
| 泰顺县 | | | | | |
| 瑞安市 | 16983 | 34176 | 47678 | 10479 | 5187 |
| 乐清市 | 18649 | 25302 | 40117 | 17835 | 12878 |
| 龙港市 | 3933 | 13630 | 30757 | 5147 | 4743 |
| **嘉兴市** | **19356** | **72072** | **125146** | **23560** | **12367** |
| 南湖区 | 2251 | 29095 | 42981 | 6377 | 2146 |
| 秀洲区 | 2123 | 9502 | 20569 | 4359 | 923 |
| 嘉善县 | | | | | |
| 海盐县 | | | | | |
| 海宁市 | 3739 | 12753 | 18456 | 4436 | 3924 |
| 平湖市 | 1401 | 9554 | 19365 | 3116 | 1817 |
| 桐乡市 | 9842 | 11168 | 23775 | 5272 | 3557 |
| **湖州市** | **4749** | **31174** | **42356** | **7550** | **2817** |
| 吴兴区 | 2279 | 26860 | 33605 | 5707 | 1971 |
| 南浔区 | 2470 | 4314 | 8751 | 1843 | 846 |
| 德清县 | | | | | |
| 长兴县 | | | | | |
| 安吉县 | | | | | |

8-3a 续表 3 单位：户

| 地区 | 二代户 | | | | |
|---|---|---|---|---|---|
| | 一间 | 二间 | 三间 | 四间 | 五间及以上 |
| **绍兴市** | **25562** | **95162** | **178285** | **46205** | **25015** |
| 越城区 | 6721 | 38267 | 51074 | 10417 | 3594 |
| 柯桥区 | 9257 | 17554 | 38900 | 13278 | 7446 |
| 上虞区 | 3912 | 16138 | 32690 | 7456 | 3291 |
| 新昌县 | | | | | |
| 诸暨市 | 3581 | 14531 | 33483 | 10671 | 5190 |
| 嵊州市 | 2091 | 8672 | 22138 | 4383 | 5494 |
| **金华市** | **63939** | **101972** | **132263** | **32474** | **19556** |
| 婺城区 | 10615 | 28764 | 34457 | 6616 | 3170 |
| 金东区 | 2099 | 3808 | 7264 | 2084 | 1089 |
| 武义县 | | | | | |
| 浦江县 | | | | | |
| 磐安县 | | | | | |
| 兰溪市 | 892 | 10714 | 13472 | 2869 | 3697 |
| 义乌市 | 28324 | 34014 | 38530 | 9740 | 3507 |
| 东阳市 | 8032 | 10578 | 19200 | 5195 | 3966 |
| 永康市 | 13977 | 14094 | 19340 | 5970 | 4127 |
| **衢州市** | **3525** | **27102** | **46508** | **8507** | **12574** |
| 柯城区 | 2040 | 18027 | 22912 | 4642 | 4282 |
| 衢江区 | 672 | 3794 | 8243 | 1574 | 2758 |
| 常山县 | | | | | |
| 开化县 | | | | | |
| 龙游县 | 2 | 14 | 20 | 36 | 58 |
| 江山市 | 811 | 5267 | 15333 | 2255 | 5476 |
| **舟山市** | **3561** | **41373** | **35161** | **4349** | **2225** |
| 定海区 | 1672 | 23476 | 21069 | 2692 | 1461 |
| 普陀区 | 1889 | 17897 | 14092 | 1657 | 764 |
| 岱山县 | | | | | |
| 嵊泗县 | | | | | |
| **台州市** | **55172** | **86675** | **115238** | **34129** | **33710** |
| 椒江区 | 9417 | 21325 | 29746 | 6988 | 5699 |
| 黄岩区 | 8278 | 15176 | 15499 | 4697 | 3401 |
| 路桥区 | 5156 | 9615 | 13887 | 3945 | 2903 |
| 三门县 | | | | | |
| 天台县 | | | | | |
| 仙居县 | | | | | |
| 温岭市 | 15463 | 15552 | 19007 | 6542 | 9370 |
| 临海市 | 4047 | 13122 | 21993 | 6409 | 5970 |
| 玉环市 | 12811 | 11885 | 15106 | 5548 | 6367 |
| **丽水市** | **6238** | **20577** | **31831** | **6499** | **3081** |
| 莲都区 | 5164 | 14838 | 22116 | 4297 | 1231 |
| 青田县 | | | | | |
| 缙云县 | | | | | |
| 遂昌县 | | | | | |
| 松阳县 | | | | | |
| 云和县 | | | | | |
| 庆元县 | | | | | |
| 景宁畲族自治县 | | | | | |
| 龙泉市 | 1074 | 5739 | 9715 | 2202 | 1850 |

8-3a　续表 4　　　　单位：户

| 地　区 | 三代户 | | | | |
|---|---|---|---|---|---|
| | 一间 | 二间 | 三间 | 四间 | 五间及以上 |
| **合计** | **26892** | **232326** | **567939** | **212401** | **183882** |
| **杭州市** | **6710** | **76518** | **172765** | **63095** | **47022** |
| 上城区 | 633 | 5691 | 4413 | 986 | 263 |
| 下城区 | 636 | 8043 | 7128 | 1311 | 205 |
| 江干区 | 1296 | 15179 | 28768 | 7890 | 1168 |
| 拱墅区 | 513 | 8970 | 11269 | 2432 | 704 |
| 西湖区 | 858 | 10419 | 19765 | 6741 | 5155 |
| 滨江区 | 270 | 3903 | 10487 | 4076 | 766 |
| 萧山区 | 1139 | 9503 | 30792 | 15824 | 20719 |
| 余杭区 | 1061 | 9519 | 39003 | 16924 | 7505 |
| 富阳区 | 145 | 2840 | 11726 | 4371 | 7188 |
| 临安区 | 139 | 1185 | 6460 | 1757 | 1821 |
| 桐庐县 | | | | | |
| 淳安县 | | | | | |
| 建德市 | 20 | 1266 | 2954 | 783 | 1528 |
| **宁波市** | **4210** | **36580** | **78972** | **24916** | **15537** |
| 海曙区 | 885 | 7041 | 11393 | 2290 | 703 |
| 江北区 | 150 | 3224 | 5616 | 1274 | 426 |
| 北仑区 | 359 | 3062 | 9400 | 2381 | 1416 |
| 镇海区 | 214 | 3229 | 6896 | 1612 | 999 |
| 鄞州区 | 390 | 6980 | 16585 | 4618 | 956 |
| 奉化区 | 413 | 2540 | 4249 | 1081 | 516 |
| 象山县 | | | | | |
| 宁海县 | | | | | |
| 余姚市 | 475 | 4145 | 11202 | 5030 | 3864 |
| 慈溪市 | 1324 | 6359 | 13631 | 6630 | 6657 |
| **温州市** | **4634** | **26630** | **61568** | **28808** | **23217** |
| 鹿城区 | 882 | 7827 | 13227 | 4173 | 1289 |
| 龙湾区 | 413 | 1855 | 6069 | 3353 | 3186 |
| 瓯海区 | 628 | 3451 | 9767 | 5066 | 2889 |
| 洞头区 | 40 | 381 | 1215 | 512 | 544 |
| 永嘉县 | | | | | |
| 平阳县 | | | | | |
| 苍南县 | | | | | |
| 文成县 | | | | | |
| 泰顺县 | | | | | |
| 瑞安市 | 1600 | 7591 | 15518 | 6657 | 4497 |
| 乐清市 | 547 | 2712 | 7941 | 6269 | 7179 |
| 龙港市 | 524 | 2813 | 7831 | 2778 | 3633 |
| **嘉兴市** | **1026** | **16881** | **55195** | **15347** | **15055** |
| 南湖区 | 142 | 6266 | 16103 | 2810 | 1516 |
| 秀洲区 | 83 | 2319 | 8380 | 2063 | 684 |
| 嘉善县 | | | | | |
| 海盐县 | | | | | |
| 海宁市 | 150 | 3155 | 8698 | 4166 | 6370 |
| 平湖市 | 70 | 2317 | 9651 | 1917 | 1801 |
| 桐乡市 | 581 | 2824 | 12363 | 4391 | 4684 |
| **湖州市** | **280** | **7394** | **21248** | **5408** | **3325** |
| 吴兴区 | 154 | 6147 | 15712 | 3615 | 2118 |
| 南浔区 | 126 | 1247 | 5536 | 1793 | 1207 |
| 德清县 | | | | | |
| 长兴县 | | | | | |
| 安吉县 | | | | | |

8-3a 续表 5 单位：户

| 地区 | 三代户 | | | | |
|---|---|---|---|---|---|
| | 一间 | 二间 | 三间 | 四间 | 五间及以上 |
| **绍兴市** | **1927** | **19237** | **59018** | **23163** | **18174** |
| 越城区 | 674 | 7779 | 15534 | 4372 | 1956 |
| 柯桥区 | 666 | 4219 | 15242 | 8081 | 6436 |
| 上虞区 | 224 | 3463 | 11941 | 4189 | 2487 |
| 新昌县 | | | | | |
| 诸暨市 | 284 | 2423 | 10281 | 4271 | 2969 |
| 嵊州市 | 79 | 1353 | 6020 | 2250 | 4326 |
| **金华市** | **3258** | **18000** | **40790** | **16402** | **15476** |
| 婺城区 | 547 | 4648 | 9309 | 2526 | 1637 |
| 金东区 | 113 | 642 | 2233 | 935 | 936 |
| 武义县 | | | | | |
| 浦江县 | | | | | |
| 磐安县 | | | | | |
| 兰溪市 | 97 | 1773 | 3938 | 1609 | 3056 |
| 义乌市 | 1587 | 6482 | 13136 | 5653 | 3061 |
| 东阳市 | 353 | 2238 | 7351 | 3434 | 3607 |
| 永康市 | 561 | 2217 | 4823 | 2245 | 3179 |
| **衢州市** | **149** | **4642** | **13214** | **3772** | **8819** |
| 柯城区 | 85 | 3239 | 6774 | 2035 | 3177 |
| 衢江区 | 34 | 596 | 2407 | 658 | 1767 |
| 常山县 | | | | | |
| 开化县 | | | | | |
| 龙游县 | | 1 | 1 | 3 | 9 |
| 江山市 | 30 | 806 | 4032 | 1076 | 3866 |
| **舟山市** | **117** | **5732** | **10039** | **2064** | **1433** |
| 定海区 | 40 | 3093 | 5914 | 1197 | 902 |
| 普陀区 | 77 | 2639 | 4125 | 867 | 531 |
| 岱山县 | | | | | |
| 嵊泗县 | | | | | |
| **台州市** | **4285** | **16912** | **43505** | **26048** | **33767** |
| 椒江区 | 1324 | 4653 | 10995 | 5070 | 5854 |
| 黄岩区 | 458 | 2833 | 6648 | 4080 | 3883 |
| 路桥区 | 643 | 1983 | 5450 | 3437 | 2879 |
| 三门县 | | | | | |
| 天台县 | | | | | |
| 仙居县 | | | | | |
| 温岭市 | 1138 | 3140 | 7368 | 4927 | 8820 |
| 临海市 | 248 | 2138 | 8059 | 4650 | 5545 |
| 玉环市 | 474 | 2165 | 4985 | 3884 | 6786 |
| **丽水市** | **296** | **3800** | **11625** | **3378** | **2057** |
| 莲都区 | 249 | 2989 | 8661 | 2412 | 1110 |
| 青田县 | | | | | |
| 缙云县 | | | | | |
| 遂昌县 | | | | | |
| 松阳县 | | | | | |
| 云和县 | | | | | |
| 庆元县 | | | | | |
| 景宁畲族自治县 | | | | | |
| 龙泉市 | 47 | 811 | 2964 | 966 | 947 |

8-3a 续表 6

单位：户

| 地区 | 四代户 | | | | |
| --- | --- | --- | --- | --- | --- |
| | 一间 | 二间 | 三间 | 四间 | 五间及以上 |
| **合计** | **382** | **2525** | **12286** | **10702** | **14027** |
| **杭州市** | **140** | **873** | **5072** | **4892** | **4996** |
| 上城区 | 4 | 65 | 85 | 18 | 13 |
| 下城区 | 5 | 76 | 140 | 46 | 17 |
| 江干区 | 24 | 188 | 809 | 629 | 185 |
| 拱墅区 | 4 | 97 | 272 | 86 | 47 |
| 西湖区 | 38 | 138 | 698 | 507 | 610 |
| 滨江区 | 1 | 35 | 235 | 198 | 34 |
| 萧山区 | 14 | 111 | 877 | 918 | 1926 |
| 余杭区 | 50 | 127 | 1614 | 2212 | 1376 |
| 富阳区 | | 19 | 188 | 186 | 579 |
| 临安区 | | 6 | 112 | 70 | 132 |
| 桐庐县 | | | | | |
| 淳安县 | | | | | |
| 建德市 | | 11 | 42 | 22 | 77 |
| **宁波市** | **33** | **337** | **1241** | **860** | **828** |
| 海曙区 | 10 | 53 | 99 | 31 | 8 |
| 江北区 | | 26 | 58 | 18 | 6 |
| 北仑区 | 4 | 27 | 117 | 45 | 58 |
| 镇海区 | 1 | 32 | 74 | 42 | 46 |
| 鄞州区 | 1 | 30 | 124 | 59 | 16 |
| 奉化区 | 5 | 22 | 80 | 32 | 33 |
| 象山县 | | | | | |
| 宁海县 | | | | | |
| 余姚市 | 2 | 39 | 285 | 273 | 233 |
| 慈溪市 | 10 | 108 | 404 | 360 | 428 |
| **温州市** | **62** | **352** | **843** | **782** | **1042** |
| 鹿城区 | 6 | 61 | 140 | 65 | 42 |
| 龙湾区 | 9 | 35 | 101 | 108 | 189 |
| 瓯海区 | 8 | 47 | 121 | 161 | 181 |
| 洞头区 | | 3 | 9 | 14 | 18 |
| 永嘉县 | | | | | |
| 平阳县 | | | | | |
| 苍南县 | | | | | |
| 文成县 | | | | | |
| 泰顺县 | | | | | |
| 瑞安市 | 27 | 125 | 256 | 234 | 241 |
| 乐清市 | 6 | 34 | 119 | 132 | 285 |
| 龙港市 | 6 | 47 | 97 | 68 | 86 |
| **嘉兴市** | **20** | **202** | **1539** | **1202** | **2525** |
| 南湖区 | 2 | 55 | 325 | 80 | 102 |
| 秀洲区 | 1 | 31 | 175 | 91 | 56 |
| 嘉善县 | | | | | |
| 海盐县 | | | | | |
| 海宁市 | 1 | 48 | 236 | 484 | 1325 |
| 平湖市 | | 29 | 340 | 105 | 225 |
| 桐乡市 | 16 | 39 | 463 | 442 | 817 |
| **湖州市** | **10** | **104** | **823** | **378** | **458** |
| 吴兴区 | 2 | 77 | 522 | 188 | 261 |
| 南浔区 | 8 | 27 | 301 | 190 | 197 |
| 德清县 | | | | | |
| 长兴县 | | | | | |
| 安吉县 | | | | | |

8-3a 续表 7 单位：户

| 地区 | 四代户 | | | | |
|---|---|---|---|---|---|
| | 一间 | 二间 | 三间 | 四间 | 五间及以上 |
| **绍兴市** | **18** | **200** | **901** | **701** | **737** |
| 越城区 | 7 | 86 | 223 | 84 | 72 |
| 柯桥区 | 7 | 40 | 242 | 270 | 290 |
| 上虞区 | 4 | 48 | 260 | 198 | 128 |
| 新昌县 | | | | | |
| 诸暨市 | | 19 | 115 | 86 | 93 |
| 嵊州市 | | 7 | 61 | 63 | 154 |
| **金华市** | **19** | **164** | **641** | **580** | **822** |
| 婺城区 | 5 | 36 | 123 | 56 | 85 |
| 金东区 | | 3 | 35 | 31 | 44 |
| 武义县 | | | | | |
| 浦江县 | | | | | |
| 磐安县 | | | | | |
| 兰溪市 | 1 | 18 | 58 | 48 | 98 |
| 义乌市 | 7 | 44 | 225 | 224 | 220 |
| 东阳市 | 3 | 29 | 156 | 159 | 245 |
| 永康市 | 3 | 34 | 44 | 62 | 130 |
| **衢州市** | | **35** | **229** | **129** | **437** |
| 柯城区 | | 25 | 84 | 70 | 173 |
| 衢江区 | | 3 | 56 | 27 | 86 |
| 常山县 | | | | | |
| 开化县 | | | | | |
| 龙游县 | | | | | |
| 江山市 | | 7 | 89 | 32 | 178 |
| **舟山市** | **1** | **43** | **130** | **80** | **75** |
| 定海区 | | 17 | 80 | 45 | 50 |
| 普陀区 | 1 | 26 | 50 | 35 | 25 |
| 岱山县 | | | | | |
| 嵊泗县 | | | | | |
| **台州市** | **78** | **187** | **662** | **1005** | **2008** |
| 椒江区 | 29 | 53 | 135 | 221 | 470 |
| 黄岩区 | 9 | 25 | 110 | 162 | 230 |
| 路桥区 | 8 | 29 | 97 | 137 | 191 |
| 三门县 | | | | | |
| 天台县 | | | | | |
| 仙居县 | | | | | |
| 温岭市 | 24 | 46 | 121 | 199 | 486 |
| 临海市 | 5 | 15 | 116 | 152 | 295 |
| 玉环市 | 3 | 19 | 83 | 134 | 336 |
| **丽水市** | **1** | **28** | **205** | **93** | **99** |
| 莲都区 | 1 | 21 | 145 | 76 | 61 |
| 青田县 | | | | | |
| 缙云县 | | | | | |
| 遂昌县 | | | | | |
| 松阳县 | | | | | |
| 云和县 | | | | | |
| 庆元县 | | | | | |
| 景宁畲族自治县 | | | | | |
| 龙泉市 | | 7 | 60 | 17 | 38 |

8-3a　续表 8　　　　　　　　单位：户

| 地　区 | 五代及以上户 | | | | |
|---|---|---|---|---|---|
| | 一间 | 二间 | 三间 | 四间 | 五间及以上 |
| **合计** | | **2** | **6** | **7** | **19** |
| **杭州市** | | **2** | **3** | **2** | **4** |
| 上城区 | | | 1 | | |
| 下城区 | | | | | |
| 江干区 | | 1 | 1 | | |
| 拱墅区 | | | | 1 | |
| 西湖区 | | | | | 1 |
| 滨江区 | | | | | |
| 萧山区 | | | 1 | 1 | 2 |
| 余杭区 | | 1 | | | 1 |
| 富阳区 | | | | | |
| 临安区 | | | | | |
| 桐庐县 | | | | | |
| 淳安县 | | | | | |
| 建德市 | | | | | |
| **宁波市** | | | | **1** | |
| 海曙区 | | | | | |
| 江北区 | | | | | |
| 北仑区 | | | | | |
| 镇海区 | | | | | |
| 鄞州区 | | | | | |
| 奉化区 | | | | | |
| 象山县 | | | | | |
| 宁海县 | | | | | |
| 余姚市 | | | | 1 | |
| 慈溪市 | | | | | |
| **温州市** | | | | | **2** |
| 鹿城区 | | | | | |
| 龙湾区 | | | | | |
| 瓯海区 | | | | | |
| 洞头区 | | | | | |
| 永嘉县 | | | | | |
| 平阳县 | | | | | |
| 苍南县 | | | | | |
| 文成县 | | | | | |
| 泰顺县 | | | | | |
| 瑞安市 | | | | | 2 |
| 乐清市 | | | | | |
| 龙港市 | | | | | |
| **嘉兴市** | | | **1** | | **6** |
| 南湖区 | | | | | |
| 秀洲区 | | | | | |
| 嘉善县 | | | | | |
| 海盐县 | | | | | |
| 海宁市 | | | | | 5 |
| 平湖市 | | | 1 | | |
| 桐乡市 | | | | | 1 |
| **湖州市** | | | | **2** | **2** |
| 吴兴区 | | | | 1 | |
| 南浔区 | | | | 1 | 2 |
| 德清县 | | | | | |
| 长兴县 | | | | | |
| 安吉县 | | | | | |

8-3a 续表 9

单位：户

| 地　区 | 五代及以上户 | | | | |
|---|---|---|---|---|---|
| | 一间 | 二间 | 三间 | 四间 | 五间及以上 |
| **绍兴市** | | | | | |
| 越城区 | | | | | |
| 柯桥区 | | | | | |
| 上虞区 | | | | | |
| 新昌县 | | | | | |
| 诸暨市 | | | | | |
| 嵊州市 | | | | | |
| **金华市** | | | **1** | **1** | **1** |
| 婺城区 | | | | | |
| 金东区 | | | | | |
| 武义县 | | | | | |
| 浦江县 | | | | | |
| 磐安县 | | | | | |
| 兰溪市 | | | | | |
| 义乌市 | | | | | |
| 东阳市 | | | 1 | 1 | 1 |
| 永康市 | | | | | |
| **衢州市** | | | | | **1** |
| 柯城区 | | | | | 1 |
| 衢江区 | | | | | |
| 常山县 | | | | | |
| 开化县 | | | | | |
| 龙游县 | | | | | |
| 江山市 | | | | | |
| **舟山市** | | | | | |
| 定海区 | | | | | |
| 普陀区 | | | | | |
| 岱山县 | | | | | |
| 嵊泗县 | | | | | |
| **台州市** | | | | **1** | **2** |
| 椒江区 | | | | | 1 |
| 黄岩区 | | | | | |
| 路桥区 | | | | 1 | |
| 三门县 | | | | | |
| 天台县 | | | | | |
| 仙居县 | | | | | |
| 温岭市 | | | | | |
| 临海市 | | | | | |
| 玉环市 | | | | | 1 |
| **丽水市** | | | **1** | | **1** |
| 莲都区 | | | 1 | | |
| 青田县 | | | | | |
| 缙云县 | | | | | |
| 遂昌县 | | | | | |
| 松阳县 | | | | | |
| 云和县 | | | | | |
| 庆元县 | | | | | |
| 景宁畲族自治县 | | | | | |
| 龙泉市 | | | | | 1 |

# 8—3b 各地区按家庭户类别和住房间数分的家庭户户数(镇)

单位：户

| 地 区 | 家庭户户 数 | 一代户 | | | | |
|---|---|---|---|---|---|---|
| | | 一间 | 二间 | 三间 | 四间 | 五间及以上 |
| **合计** | **4567655** | **1014347** | **545201** | **543866** | **187576** | **206050** |
| **杭州市** | **364546** | **76391** | **43201** | **50813** | **14574** | **17764** |
| 上城区 | | | | | | |
| 下城区 | | | | | | |
| 江干区 | | | | | | |
| 拱墅区 | | | | | | |
| 西湖区 | 189 | 19 | 27 | 14 | 12 | 44 |
| 滨江区 | | | | | | |
| 萧山区 | 28183 | 6302 | 2017 | 2118 | 2092 | 2000 |
| 余杭区 | 97871 | 29270 | 12371 | 10721 | 2399 | 1373 |
| 富阳区 | 9951 | 1182 | 911 | 985 | 1061 | 1442 |
| 临安区 | 28184 | 7475 | 2516 | 2953 | 1699 | 2973 |
| 桐庐县 | 113115 | 24403 | 12642 | 15578 | 4129 | 5085 |
| 淳安县 | 55652 | 6199 | 8007 | 12572 | 1697 | 1892 |
| 建德市 | 31401 | 1541 | 4710 | 5872 | 1485 | 2955 |
| **宁波市** | **697207** | **213640** | **89904** | **75806** | **22506** | **14297** |
| 海曙区 | 10644 | 3233 | 2656 | 998 | 135 | 82 |
| 江北区 | | | | | | |
| 北仑区 | 14628 | 4463 | 1519 | 1946 | 282 | 155 |
| 镇海区 | 15011 | 4746 | 2577 | 1752 | 397 | 229 |
| 鄞州区 | 112183 | 33789 | 21042 | 11317 | 2620 | 997 |
| 奉化区 | 19285 | 2550 | 3520 | 2375 | 1933 | 348 |
| 象山县 | 136960 | 33408 | 15110 | 20142 | 4571 | 3855 |
| 宁海县 | 172117 | 55855 | 16487 | 16292 | 6240 | 4047 |
| 余姚市 | 89923 | 25679 | 11516 | 10161 | 3214 | 2801 |
| 慈溪市 | 126456 | 49917 | 15477 | 10823 | 3114 | 1783 |
| **温州市** | **722830** | **127240** | **73080** | **87615** | **37733** | **38694** |
| 鹿城区 | 2139 | 189 | 203 | 191 | 164 | 283 |
| 龙湾区 | 69758 | 34182 | 2829 | 3541 | 1300 | 1855 |
| 瓯海区 | 5133 | 2475 | 371 | 379 | 106 | 109 |
| 洞头区 | 2819 | 133 | 288 | 471 | 413 | 223 |
| 永嘉县 | 145318 | 35158 | 11517 | 16414 | 5779 | 5230 |
| 平阳县 | 178551 | 17158 | 22320 | 27137 | 10926 | 8548 |
| 苍南县 | 192280 | 18492 | 23568 | 26100 | 11014 | 9309 |
| 文成县 | 39861 | 2873 | 3195 | 4545 | 2142 | 5706 |
| 泰顺县 | 39872 | 2266 | 3691 | 4726 | 3336 | 5251 |
| 瑞安市 | 10944 | 634 | 1421 | 1745 | 851 | 918 |
| 乐清市 | 29281 | 12745 | 2290 | 1485 | 1526 | 1100 |
| 龙港市 | 6874 | 935 | 1387 | 881 | 176 | 162 |
| **嘉兴市** | **562768** | **152706** | **64683** | **63055** | **13346** | **18172** |
| 南湖区 | 21552 | 5429 | 2976 | 3040 | 678 | 601 |
| 秀洲区 | 49911 | 13168 | 7106 | 4655 | 987 | 1272 |
| 嘉善县 | 178584 | 61586 | 21253 | 16833 | 2626 | 2353 |
| 海盐县 | 100189 | 8581 | 14890 | 17124 | 2922 | 4086 |
| 海宁市 | 105605 | 41376 | 6888 | 8125 | 2918 | 4318 |
| 平湖市 | 54644 | 11702 | 5483 | 7255 | 1604 | 3121 |
| 桐乡市 | 52283 | 10864 | 6087 | 6023 | 1611 | 2421 |
| **湖州市** | **450000** | **80751** | **54970** | **61733** | **18390** | **18794** |
| 吴兴区 | 28034 | 6836 | 2818 | 2905 | 1032 | 557 |
| 南浔区 | 46867 | 6515 | 8994 | 6675 | 1939 | 1263 |
| 德清县 | 108361 | 17466 | 10972 | 18380 | 3768 | 3447 |
| 长兴县 | 150903 | 20023 | 21217 | 20543 | 6637 | 8505 |
| 安吉县 | 115835 | 29911 | 10969 | 13230 | 5014 | 5022 |

注：本表数据为居住在普通住宅的家庭户。

8-3b 续表 1

单位：户

| 地 区 | 家庭户户数 | 一代户 | | | | |
| --- | --- | --- | --- | --- | --- | --- |
| | | 一间 | 二间 | 三间 | 四间 | 五间及以上 |
| **绍兴市** | **210338** | **26223** | **27243** | **37077** | **11813** | **12884** |
| 越城区 | 1429 | 134 | 250 | 274 | 88 | 68 |
| 柯桥区 | 21045 | 4590 | 2846 | 3176 | 979 | 474 |
| 上虞区 | 17614 | 1842 | 3174 | 3000 | 1471 | 782 |
| 新昌县 | 91834 | 9073 | 9304 | 19396 | 3611 | 4964 |
| 诸暨市 | 53681 | 8385 | 7563 | 7691 | 3493 | 3431 |
| 嵊州市 | 24735 | 2199 | 4106 | 3540 | 2171 | 3165 |
| **金华市** | **516566** | **176130** | **47937** | **44102** | **17316** | **21445** |
| 婺城区 | 24912 | 3053 | 3490 | 3588 | 1119 | 1105 |
| 金东区 | 45637 | 17143 | 5000 | 4530 | 1402 | 1312 |
| 武义县 | 101761 | 35966 | 8815 | 8238 | 2854 | 4408 |
| 浦江县 | 68317 | 16000 | 8043 | 6875 | 2770 | 2058 |
| 磐安县 | 34026 | 6552 | 4765 | 3406 | 1554 | 2718 |
| 兰溪市 | 22198 | 2487 | 2829 | 2571 | 1859 | 2329 |
| 义乌市 | 86043 | 41252 | 6235 | 6129 | 1419 | 1656 |
| 东阳市 | 98490 | 37617 | 5794 | 7396 | 3614 | 4746 |
| 永康市 | 35182 | 16060 | 2966 | 1369 | 725 | 1113 |
| **衢州市** | **199514** | **15638** | **32476** | **28031** | **11866** | **20960** |
| 柯城区 | 3879 | 233 | 388 | 355 | 366 | 672 |
| 衢江区 | 12878 | 1246 | 1842 | 1544 | 1149 | 1821 |
| 常山县 | 45852 | 3371 | 7953 | 6067 | 2735 | 5384 |
| 开化县 | 47459 | 3413 | 8413 | 6171 | 2106 | 3737 |
| 龙游县 | 64745 | 5840 | 11950 | 12026 | 3361 | 3628 |
| 江山市 | 24701 | 1535 | 1930 | 1868 | 2149 | 5718 |
| **舟山市** | **88086** | **14430** | **27922** | **10773** | **3305** | **1319** |
| 定海区 | 12796 | 2497 | 3060 | 1344 | 614 | 310 |
| 普陀区 | 7832 | 1302 | 2306 | 1490 | 422 | 210 |
| 岱山县 | 48283 | 6597 | 17290 | 5524 | 1677 | 514 |
| 嵊泗县 | 19175 | 4034 | 5266 | 2415 | 592 | 285 |
| **台州市** | **412085** | **82673** | **41208** | **36585** | **20589** | **23283** |
| 椒江区 | 1829 | 1281 | 55 | 36 | 4 | 1 |
| 黄岩区 | 11848 | 1704 | 1166 | 827 | 903 | 985 |
| 路桥区 | 32995 | 9953 | 3039 | 2147 | 866 | 1318 |
| 三门县 | 67532 | 9211 | 8128 | 7320 | 4137 | 3481 |
| 天台县 | 81684 | 12185 | 8301 | 8564 | 3409 | 3566 |
| 仙居县 | 72143 | 13009 | 6733 | 6296 | 2997 | 3004 |
| 温岭市 | 93262 | 25053 | 10540 | 7883 | 4876 | 6787 |
| 临海市 | 44544 | 7523 | 2937 | 3270 | 3293 | 3919 |
| 玉环市 | 6248 | 2754 | 309 | 242 | 104 | 222 |
| **丽水市** | **343715** | **48525** | **42577** | **48276** | **16138** | **18438** |
| 莲都区 | 6155 | 909 | 819 | 554 | 318 | 667 |
| 青田县 | 87092 | 10107 | 10815 | 15713 | 3393 | 2489 |
| 缙云县 | 82137 | 16738 | 10306 | 8439 | 3464 | 4275 |
| 遂昌县 | 38208 | 3896 | 4386 | 5763 | 1831 | 3428 |
| 松阳县 | 33618 | 4312 | 4416 | 3240 | 1961 | 2709 |
| 云和县 | 34763 | 6541 | 4486 | 4410 | 1283 | 1196 |
| 庆元县 | 32837 | 2849 | 3736 | 5571 | 2258 | 2318 |
| 景宁畲族自治县 | 23173 | 2706 | 2883 | 3461 | 1078 | 989 |
| 龙泉市 | 5732 | 467 | 730 | 1125 | 552 | 367 |

8-3b　续表 2　　　　单位：户

| 地　区 | 二代户 | | | | |
|---|---|---|---|---|---|
| | 一间 | 二间 | 三间 | 四间 | 五间及以上 |
| **合计** | **154709** | **376866** | **609009** | **189793** | **195448** |
| **杭州市** | **8641** | **27759** | **48840** | **13230** | **15176** |
| 上城区 | | | | | |
| 下城区 | | | | | |
| 江干区 | | | | | |
| 拱墅区 | | | | | |
| 西湖区 | 1 | 10 | 11 | 5 | 24 |
| 滨江区 | | | | | |
| 萧山区 | 960 | 1375 | 1927 | 1887 | 1992 |
| 余杭区 | 2597 | 8864 | 11858 | 2760 | 1561 |
| 富阳区 | 138 | 283 | 562 | 761 | 1157 |
| 临安区 | 1011 | 1610 | 2203 | 1065 | 1809 |
| 桐庐县 | 2738 | 8180 | 17216 | 4284 | 5313 |
| 淳安县 | 921 | 5115 | 10500 | 1314 | 1137 |
| 建德市 | 275 | 2322 | 4563 | 1154 | 2183 |
| **宁波市** | **35217** | **63227** | **85466** | **23123** | **13866** |
| 海曙区 | 759 | 1284 | 699 | 97 | 61 |
| 江北区 | | | | | |
| 北仑区 | 439 | 1224 | 2455 | 398 | 219 |
| 镇海区 | 647 | 1495 | 1787 | 242 | 143 |
| 鄞州区 | 4812 | 14463 | 12388 | 2211 | 752 |
| 奉化区 | 528 | 2161 | 2451 | 1543 | 222 |
| 象山县 | 5565 | 11224 | 23529 | 4846 | 3104 |
| 宁海县 | 10646 | 14614 | 21390 | 7553 | 4647 |
| 余姚市 | 4055 | 6929 | 9375 | 2972 | 2693 |
| 慈溪市 | 7766 | 9833 | 11392 | 3261 | 2025 |
| **温州市** | **21941** | **53501** | **121959** | **40114** | **36110** |
| 鹿城区 | 18 | 139 | 245 | 161 | 229 |
| 龙湾区 | 6693 | 2965 | 5421 | 1942 | 1916 |
| 瓯海区 | 165 | 266 | 524 | 162 | 146 |
| 洞头区 | 7 | 136 | 382 | 260 | 153 |
| 永嘉县 | 5796 | 10383 | 26051 | 8101 | 5427 |
| 平阳县 | 2330 | 13946 | 35455 | 10869 | 8030 |
| 苍南县 | 3298 | 17067 | 38578 | 11117 | 8938 |
| 文成县 | 900 | 2570 | 5175 | 1972 | 5121 |
| 泰顺县 | 392 | 2570 | 5634 | 3171 | 4108 |
| 瑞安市 | 161 | 821 | 1485 | 593 | 595 |
| 乐清市 | 1902 | 1861 | 1787 | 1628 | 1292 |
| 龙港市 | 279 | 777 | 1222 | 138 | 155 |
| **嘉兴市** | **15955** | **44253** | **68169** | **14645** | **19774** |
| 南湖区 | 541 | 1759 | 2633 | 602 | 476 |
| 秀洲区 | 2410 | 4731 | 5417 | 1037 | 1513 |
| 嘉善县 | 7068 | 17519 | 21367 | 3776 | 2920 |
| 海盐县 | 1039 | 9473 | 18428 | 3213 | 3778 |
| 海宁市 | 2781 | 4407 | 7920 | 2922 | 4867 |
| 平湖市 | 972 | 3367 | 7026 | 1361 | 3165 |
| 桐乡市 | 1144 | 2997 | 5378 | 1734 | 3055 |
| **湖州市** | **9409** | **33421** | **67141** | **19602** | **18841** |
| 吴兴区 | 883 | 2323 | 3484 | 1198 | 461 |
| 南浔区 | 729 | 4358 | 6069 | 1780 | 1085 |
| 德清县 | 1788 | 6241 | 19290 | 4142 | 3687 |
| 长兴县 | 1885 | 12482 | 23666 | 7074 | 8979 |
| 安吉县 | 4124 | 8017 | 14632 | 5408 | 4629 |

8–3b 续表 3　　　　单位：户

| 地　区 | 二代户 | | | | |
|---|---|---|---|---|---|
| | 一间 | 二间 | 三间 | 四间 | 五间及以上 |
| **绍兴市** | **3960** | **15153** | **33623** | **9203** | **9819** |
| 越城区 | 15 | 118 | 198 | 45 | 38 |
| 柯桥区 | 456 | 1630 | 3030 | 882 | 488 |
| 上虞区 | 250 | 1381 | 2070 | 1005 | 573 |
| 新昌县 | 1515 | 6680 | 19898 | 3371 | 4153 |
| 诸暨市 | 1453 | 3878 | 6584 | 2639 | 2649 |
| 嵊州市 | 271 | 1466 | 1843 | 1261 | 1918 |
| **金华市** | **28922** | **38298** | **51425** | **18682** | **21016** |
| 婺城区 | 407 | 2309 | 4654 | 1343 | 1046 |
| 金东区 | 2341 | 3194 | 4865 | 1355 | 1119 |
| 武义县 | 6877 | 7571 | 10222 | 3002 | 4384 |
| 浦江县 | 3166 | 7302 | 8653 | 3341 | 2411 |
| 磐安县 | 1177 | 3754 | 3698 | 1476 | 2165 |
| 兰溪市 | 358 | 1372 | 1779 | 1426 | 2047 |
| 义乌市 | 5653 | 5194 | 7637 | 1990 | 1700 |
| 东阳市 | 5667 | 5014 | 8103 | 3763 | 4603 |
| 永康市 | 3276 | 2588 | 1814 | 986 | 1541 |
| **衢州市** | **2725** | **18462** | **23524** | **8800** | **16462** |
| 柯城区 | 49 | 186 | 299 | 242 | 501 |
| 衢江区 | 187 | 624 | 782 | 809 | 1464 |
| 常山县 | 471 | 4179 | 4967 | 1976 | 4358 |
| 开化县 | 941 | 6320 | 5960 | 1719 | 3112 |
| 龙游县 | 878 | 6381 | 10432 | 2661 | 2670 |
| 江山市 | 199 | 772 | 1084 | 1393 | 4357 |
| **舟山市** | **1479** | **14360** | **8018** | **1527** | **574** |
| 定海区 | 265 | 2049 | 1210 | 416 | 208 |
| 普陀区 | 124 | 702 | 813 | 129 | 49 |
| 岱山县 | 745 | 8935 | 4017 | 674 | 190 |
| 嵊泗县 | 345 | 2674 | 1978 | 308 | 127 |
| **台州市** | **15062** | **33563** | **48839** | **24362** | **25784** |
| 椒江区 | 309 | 34 | 20 | 2 | |
| 黄岩区 | 290 | 851 | 937 | 934 | 925 |
| 路桥区 | 1785 | 2664 | 3325 | 1320 | 1384 |
| 三门县 | 1629 | 6294 | 10158 | 5162 | 3892 |
| 天台县 | 2614 | 8261 | 12484 | 4788 | 4574 |
| 仙居县 | 2961 | 7252 | 9248 | 4411 | 4347 |
| 温岭市 | 3832 | 5499 | 7992 | 3895 | 6079 |
| 临海市 | 1107 | 2284 | 4231 | 3656 | 4276 |
| 玉环市 | 535 | 424 | 444 | 194 | 307 |
| **丽水市** | **11398** | **34869** | **52005** | **16505** | **18026** |
| 莲都区 | 261 | 576 | 457 | 210 | 554 |
| 青田县 | 3113 | 8564 | 15957 | 4028 | 3038 |
| 缙云县 | 3919 | 9459 | 10529 | 3695 | 4300 |
| 遂昌县 | 628 | 3098 | 5805 | 1651 | 3137 |
| 松阳县 | 731 | 3573 | 3953 | 1897 | 2735 |
| 云和县 | 964 | 3621 | 5620 | 1570 | 1221 |
| 庆元县 | 673 | 2895 | 5384 | 2016 | 1949 |
| 景宁畲族自治县 | 1052 | 2740 | 3509 | 1027 | 846 |
| 龙泉市 | 57 | 343 | 791 | 411 | 246 |

8-3b　续表 4　　　　单位：户

| 地　　区 | 三代户 | | | | |
|---|---|---|---|---|---|
| | 一间 | 二间 | 三间 | 四间 | 五间及以上 |
| **合计** | **9006** | **64848** | **197830** | **106567** | **144523** |
| **杭州市** | **448** | **5757** | **18710** | **8970** | **12279** |
| 上城区 | | | | | |
| 下城区 | | | | | |
| 江干区 | | | | | |
| 拱墅区 | | | | | |
| 西湖区 | | 2 | 2 | 2 | 16 |
| 滨江区 | | | | | |
| 萧山区 | 32 | 322 | 1029 | 1697 | 2124 |
| 余杭区 | 148 | 2099 | 6095 | 2825 | 2055 |
| 富阳区 | 15 | 37 | 183 | 406 | 768 |
| 临安区 | 29 | 221 | 640 | 660 | 1213 |
| 桐庐县 | 135 | 1436 | 5553 | 2158 | 3894 |
| 淳安县 | 78 | 1216 | 3767 | 564 | 585 |
| 建德市 | 11 | 424 | 1441 | 658 | 1624 |
| **宁波市** | **1540** | **9771** | **25785** | **11700** | **9670** |
| 海曙区 | 103 | 221 | 240 | 40 | 25 |
| 江北区 | | | | | |
| 北仑区 | 56 | 263 | 837 | 217 | 129 |
| 镇海区 | 38 | 269 | 553 | 77 | 45 |
| 鄞州区 | 237 | 2135 | 4047 | 934 | 356 |
| 奉化区 | 59 | 293 | 516 | 607 | 134 |
| 象山县 | 148 | 1306 | 5055 | 2422 | 2506 |
| 宁海县 | 404 | 2104 | 5461 | 3267 | 2746 |
| 余姚市 | 162 | 1234 | 4104 | 2172 | 2285 |
| 慈溪市 | 333 | 1946 | 4972 | 1964 | 1444 |
| **温州市** | **2105** | **8676** | **30391** | **18868** | **22951** |
| 鹿城区 | 4 | 25 | 57 | 63 | 158 |
| 龙湾区 | 477 | 861 | 2126 | 1375 | 1954 |
| 瓯海区 | 6 | 37 | 150 | 95 | 125 |
| 洞头区 | 2 | 8 | 57 | 140 | 138 |
| 永嘉县 | 520 | 1566 | 6014 | 3361 | 3673 |
| 平阳县 | 322 | 2162 | 8400 | 5319 | 5225 |
| 苍南县 | 423 | 2693 | 9739 | 5682 | 5839 |
| 文成县 | 106 | 395 | 1279 | 865 | 2925 |
| 泰顺县 | 20 | 272 | 1334 | 1093 | 1871 |
| 瑞安市 | 36 | 227 | 566 | 396 | 428 |
| 乐清市 | 108 | 234 | 376 | 397 | 524 |
| 龙港市 | 81 | 196 | 293 | 82 | 91 |
| **嘉兴市** | **774** | **9946** | **32188** | **13054** | **24328** |
| 南湖区 | 21 | 345 | 1253 | 516 | 502 |
| 秀洲区 | 169 | 1170 | 2529 | 1101 | 2044 |
| 嘉善县 | 263 | 3731 | 9304 | 3321 | 3493 |
| 海盐县 | 60 | 1990 | 8134 | 1668 | 3702 |
| 海宁市 | 148 | 1162 | 4075 | 3589 | 7508 |
| 平湖市 | 47 | 818 | 4035 | 963 | 2797 |
| 桐乡市 | 66 | 730 | 2858 | 1896 | 4282 |
| **湖州市** | **387** | **6251** | **26484** | **13763** | **16018** |
| 吴兴区 | 46 | 574 | 2386 | 1459 | 629 |
| 南浔区 | 39 | 1037 | 3350 | 1479 | 985 |
| 德清县 | 130 | 1411 | 8925 | 3419 | 3982 |
| 长兴县 | 60 | 1740 | 7042 | 3852 | 6096 |
| 安吉县 | 112 | 1489 | 4781 | 3554 | 4326 |

8-3b 续表 5

单位：户

| 地 区 | 三代户 | | | | |
|---|---|---|---|---|---|
| | 一间 | 二间 | 三间 | 四间 | 五间及以上 |
| **绍兴市** | **293** | **2672** | **9514** | **4328** | **6011** |
| 越城区 | | 54 | 80 | 36 | 23 |
| 柯桥区 | 25 | 360 | 1159 | 557 | 324 |
| 上虞区 | 28 | 257 | 747 | 550 | 413 |
| 新昌县 | 66 | 892 | 4851 | 1267 | 2613 |
| 诸暨市 | 154 | 740 | 2050 | 1265 | 1564 |
| 嵊州市 | 20 | 369 | 627 | 653 | 1074 |
| **金华市** | **1257** | **7040** | **16469** | **10232** | **14922** |
| 婺城区 | 13 | 416 | 1258 | 501 | 573 |
| 金东区 | 108 | 534 | 1301 | 687 | 663 |
| 武义县 | 221 | 1273 | 2825 | 1587 | 3324 |
| 浦江县 | 166 | 1279 | 2447 | 1849 | 1822 |
| 磐安县 | 91 | 431 | 900 | 469 | 816 |
| 兰溪市 | 25 | 324 | 700 | 748 | 1270 |
| 义乌市 | 265 | 1094 | 2875 | 1299 | 1441 |
| 东阳市 | 224 | 1217 | 3573 | 2626 | 4002 |
| 永康市 | 144 | 472 | 590 | 466 | 1011 |
| **衢州市** | **111** | **2642** | **5768** | **3321** | **8240** |
| 柯城区 | 3 | 33 | 80 | 117 | 336 |
| 衢江区 | 7 | 82 | 231 | 288 | 745 |
| 常山县 | 27 | 656 | 1234 | 650 | 1738 |
| 开化县 | 33 | 1019 | 1778 | 800 | 1819 |
| 龙游县 | 31 | 777 | 2162 | 816 | 1043 |
| 江山市 | 10 | 75 | 283 | 650 | 2559 |
| **舟山市** | **58** | **1412** | **1936** | **616** | **304** |
| 定海区 | 8 | 216 | 346 | 131 | 109 |
| 普陀区 | 4 | 68 | 152 | 39 | 18 |
| 岱山县 | 34 | 850 | 853 | 278 | 85 |
| 嵊泗县 | 12 | 278 | 585 | 168 | 92 |
| **台州市** | **1366** | **5928** | **16991** | **15107** | **19395** |
| 椒江区 | 31 | 28 | 17 | 5 | 3 |
| 黄岩区 | 39 | 133 | 521 | 735 | 821 |
| 路桥区 | 183 | 534 | 1705 | 1364 | 1236 |
| 三门县 | 111 | 794 | 2795 | 2119 | 2173 |
| 天台县 | 188 | 1467 | 4416 | 2948 | 3665 |
| 仙居县 | 298 | 1378 | 3220 | 3000 | 3732 |
| 温岭市 | 389 | 1117 | 2551 | 2405 | 4146 |
| 临海市 | 93 | 416 | 1608 | 2364 | 3334 |
| 玉环市 | 34 | 61 | 158 | 167 | 285 |
| **丽水市** | **667** | **4753** | **13594** | **6608** | **10405** |
| 莲都区 | 15 | 95 | 176 | 136 | 370 |
| 青田县 | 366 | 1530 | 4602 | 1559 | 1636 |
| 缙云县 | 126 | 922 | 2081 | 1392 | 2360 |
| 遂昌县 | 22 | 391 | 1379 | 577 | 2065 |
| 松阳县 | 28 | 465 | 932 | 832 | 1712 |
| 云和县 | 32 | 544 | 1768 | 712 | 676 |
| 庆元县 | 20 | 282 | 1092 | 737 | 986 |
| 景宁畲族自治县 | 56 | 485 | 1295 | 475 | 477 |
| 龙泉市 | 2 | 39 | 269 | 188 | 123 |

8-3b　续表 6　　单位：户

| 地　区 | 四代户 | | | | |
|---|---|---|---|---|---|
| | 一间 | 二间 | 三间 | 四间 | 五间及以上 |
| **合计** | **144** | **846** | **4896** | **5113** | **10993** |
| **杭州市** | **11** | **60** | **453** | **549** | **919** |
| 上城区 | | | | | |
| 下城区 | | | | | |
| 江干区 | | | | | |
| 拱墅区 | | | | | |
| 西湖区 | | | | | |
| 滨江区 | | | | | |
| 萧山区 | 1 | 4 | 41 | 106 | 157 |
| 余杭区 | 8 | 28 | 238 | 290 | 311 |
| 富阳区 | | 1 | 2 | 17 | 40 |
| 临安区 | | 2 | 11 | 20 | 74 |
| 桐庐县 | 2 | 11 | 79 | 76 | 203 |
| 淳安县 | | 10 | 38 | 14 | 26 |
| 建德市 | | 4 | 44 | 26 | 108 |
| **宁波市** | **14** | **121** | **528** | **452** | **572** |
| 海曙区 | 2 | 4 | 4 | 1 | |
| 江北区 | | | | | |
| 北仑区 | | 1 | 16 | 6 | 3 |
| 镇海区 | 1 | 3 | 7 | 1 | 2 |
| 鄞州区 | 2 | 14 | 39 | 21 | 7 |
| 奉化区 | | 11 | 10 | 20 | 4 |
| 象山县 | 1 | 4 | 40 | 39 | 85 |
| 宁海县 | 5 | 34 | 112 | 84 | 128 |
| 余姚市 | 2 | 25 | 160 | 152 | 231 |
| 慈溪市 | 1 | 25 | 140 | 128 | 112 |
| **温州市** | **49** | **125** | **432** | **497** | **747** |
| 鹿城区 | | | 2 | | 8 |
| 龙湾区 | 14 | 15 | 64 | 76 | 151 |
| 瓯海区 | | | 5 | 7 | 5 |
| 洞头区 | | | | 3 | 5 |
| 永嘉县 | 11 | 27 | 88 | 93 | 109 |
| 平阳县 | 4 | 29 | 96 | 135 | 139 |
| 苍南县 | 9 | 33 | 120 | 124 | 137 |
| 文成县 | 1 | 4 | 13 | 15 | 59 |
| 泰顺县 | | 1 | 24 | 23 | 89 |
| 瑞安市 | 4 | 8 | 16 | 10 | 29 |
| 乐清市 | 1 | 1 | 4 | 8 | 12 |
| 龙港市 | 5 | 7 | | 3 | 4 |
| **嘉兴市** | **13** | **164** | **1458** | **1455** | **4615** |
| 南湖区 | | 10 | 48 | 47 | 75 |
| 秀洲区 | | 19 | 120 | 98 | 364 |
| 嘉善县 | 4 | 50 | 273 | 336 | 506 |
| 海盐县 | 1 | 49 | 396 | 118 | 536 |
| 海宁市 | 7 | 11 | 188 | 541 | 1845 |
| 平湖市 | | 13 | 317 | 107 | 491 |
| 桐乡市 | 1 | 12 | 116 | 208 | 798 |
| **湖州市** | **6** | **108** | **953** | **1080** | **1896** |
| 吴兴区 | 1 | 13 | 136 | 174 | 119 |
| 南浔区 | | 30 | 184 | 164 | 192 |
| 德清县 | 4 | 19 | 349 | 296 | 645 |
| 长兴县 | 1 | 27 | 176 | 280 | 617 |
| 安吉县 | | 19 | 108 | 166 | 323 |

8-3b 续表 7 单位：户

| 地　　区 | 四代户 | | | | |
|---|---|---|---|---|---|
| | 一间 | 二间 | 三间 | 四间 | 五间及以上 |
| **绍兴市** | **2** | **20** | **121** | **127** | **252** |
| 越城区 | | 1 | 3 | 1 | 3 |
| 柯桥区 | | 3 | 29 | 14 | 23 |
| 上虞区 | | 2 | 17 | 28 | 24 |
| 新昌县 | | 5 | 37 | 37 | 101 |
| 诸暨市 | 1 | 4 | 25 | 39 | 73 |
| 嵊州市 | 1 | 5 | 10 | 8 | 28 |
| **金华市** | **11** | **73** | **341** | **313** | **634** |
| 婺城区 | | 2 | 12 | 7 | 16 |
| 金东区 | | 7 | 28 | 20 | 28 |
| 武义县 | | 7 | 38 | 39 | 110 |
| 浦江县 | 2 | 7 | 28 | 33 | 65 |
| 磐安县 | 2 | 4 | 11 | 8 | 29 |
| 兰溪市 | | 4 | 9 | 16 | 45 |
| 义乌市 | 1 | 7 | 75 | 50 | 71 |
| 东阳市 | 5 | 30 | 132 | 125 | 238 |
| 永康市 | 1 | 5 | 8 | 15 | 32 |
| **衢州市** | **5** | **27** | **95** | **81** | **279** |
| 柯城区 | | 1 | 1 | 4 | 13 |
| 衢江区 | | 2 | 8 | 11 | 36 |
| 常山县 | 1 | 3 | 16 | 12 | 54 |
| 开化县 | 1 | 9 | 29 | 17 | 62 |
| 龙游县 | 1 | 11 | 33 | 14 | 30 |
| 江山市 | 2 | 1 | 8 | 23 | 84 |
| **舟山市** | | **8** | **22** | **15** | **8** |
| 定海区 | | 1 | 7 | 3 | 2 |
| 普陀区 | | 2 | | | 2 |
| 岱山县 | | 4 | 9 | 5 | 2 |
| 嵊泗县 | | 1 | 6 | 7 | 2 |
| **台州市** | **27** | **78** | **238** | **333** | **674** |
| 椒江区 | | 2 | | 1 | |
| 黄岩区 | | | 9 | 25 | 43 |
| 路桥区 | 2 | 10 | 40 | 47 | 73 |
| 三门县 | 3 | 8 | 29 | 31 | 57 |
| 天台县 | 2 | 19 | 62 | 69 | 102 |
| 仙居县 | 4 | 17 | 47 | 55 | 134 |
| 温岭市 | 14 | 11 | 22 | 49 | 122 |
| 临海市 | 1 | 11 | 26 | 56 | 139 |
| 玉环市 | 1 | | 3 | | 4 |
| **丽水市** | **6** | **62** | **255** | **211** | **397** |
| 莲都区 | | 3 | 4 | 8 | 23 |
| 青田县 | 5 | 27 | 77 | 32 | 41 |
| 缙云县 | | 5 | 18 | 41 | 68 |
| 遂昌县 | 1 | 4 | 23 | 19 | 104 |
| 松阳县 | | 7 | 24 | 26 | 65 |
| 云和县 | | 3 | 48 | 30 | 38 |
| 庆元县 | | 1 | 19 | 23 | 28 |
| 景宁畲族自治县 | | 12 | 36 | 23 | 23 |
| 龙泉市 | | | 6 | 9 | 7 |

8-3b　续表 8　　　　单位：户

| 地　区 | 五代及以上户 | | | | |
|---|---|---|---|---|---|
| | 一间 | 二间 | 三间 | 四间 | 五间及以上 |
| **合计** | | | **2** | **2** | **20** |
| **杭州市** | | | **1** | | |
| 上城区 | | | | | |
| 下城区 | | | | | |
| 江干区 | | | | | |
| 拱墅区 | | | | | |
| 西湖区 | | | | | |
| 滨江区 | | | | | |
| 萧山区 | | | | | |
| 余杭区 | | | | | |
| 富阳区 | | | | | |
| 临安区 | | | | | |
| 桐庐县 | | | | | |
| 淳安县 | | | | | |
| 建德市 | | | 1 | | |
| **宁波市** | | | | **1** | **1** |
| 海曙区 | | | | | |
| 江北区 | | | | | |
| 北仑区 | | | | | |
| 镇海区 | | | | | |
| 鄞州区 | | | | | |
| 奉化区 | | | | | |
| 象山县 | | | | | |
| 宁海县 | | | | | 1 |
| 余姚市 | | | | 1 | |
| 慈溪市 | | | | | |
| **温州市** | | | | | **2** |
| 鹿城区 | | | | | |
| 龙湾区 | | | | | 1 |
| 瓯海区 | | | | | |
| 洞头区 | | | | | |
| 永嘉县 | | | | | |
| 平阳县 | | | | | 1 |
| 苍南县 | | | | | |
| 文成县 | | | | | |
| 泰顺县 | | | | | |
| 瑞安市 | | | | | |
| 乐清市 | | | | | |
| 龙港市 | | | | | |
| **嘉兴市** | | | **1** | **1** | **13** |
| 南湖区 | | | | | |
| 秀洲区 | | | | | 1 |
| 嘉善县 | | | | | 2 |
| 海盐县 | | | | | 1 |
| 海宁市 | | | | 1 | 8 |
| 平湖市 | | | | | |
| 桐乡市 | | | 1 | | 1 |
| **湖州市** | | | | | **2** |
| 吴兴区 | | | | | |
| 南浔区 | | | | | |
| 德清县 | | | | | |
| 长兴县 | | | | | 1 |
| 安吉县 | | | | | 1 |

8-3b 续表 9 单位：户

| 地 区 | 五代及以上户 | | | | |
|---|---|---|---|---|---|
| | 一间 | 二间 | 三间 | 四间 | 五间及以上 |
| **绍兴市** | | | | | |
| 越城区 | | | | | |
| 柯桥区 | | | | | |
| 上虞区 | | | | | |
| 新昌县 | | | | | |
| 诸暨市 | | | | | |
| 嵊州市 | | | | | |
| **金华市** | | | | | **1** |
| 婺城区 | | | | | |
| 金东区 | | | | | |
| 武义县 | | | | | |
| 浦江县 | | | | | |
| 磐安县 | | | | | |
| 兰溪市 | | | | | |
| 义乌市 | | | | | |
| 东阳市 | | | | | 1 |
| 永康市 | | | | | |
| **衢州市** | | | | | **1** |
| 柯城区 | | | | | |
| 衢江区 | | | | | |
| 常山县 | | | | | |
| 开化县 | | | | | |
| 龙游县 | | | | | |
| 江山市 | | | | | 1 |
| **舟山市** | | | | | |
| 定海区 | | | | | |
| 普陀区 | | | | | |
| 岱山县 | | | | | |
| 嵊泗县 | | | | | |
| **台州市** | | | | | |
| 椒江区 | | | | | |
| 黄岩区 | | | | | |
| 路桥区 | | | | | |
| 三门县 | | | | | |
| 天台县 | | | | | |
| 仙居县 | | | | | |
| 温岭市 | | | | | |
| 临海市 | | | | | |
| 玉环市 | | | | | |
| **丽水市** | | | | | |
| 莲都区 | | | | | |
| 青田县 | | | | | |
| 缙云县 | | | | | |
| 遂昌县 | | | | | |
| 松阳县 | | | | | |
| 云和县 | | | | | |
| 庆元县 | | | | | |
| 景宁畲族自治县 | | | | | |
| 龙泉市 | | | | | |

# 8-3c 各地区按家庭户类别和住房间数分的家庭户户数(乡村)

单位：户

| 地区 | 家庭户户数 | 一代户 | | | | |
|---|---|---|---|---|---|---|
| | | 一间 | 二间 | 三间 | 四间 | 五间及以上 |
| **合计** | **6738900** | **1222697** | **867595** | **647014** | **503191** | **635886** |
| **杭州市** | **707012** | **116342** | **45133** | **57946** | **62031** | **111415** |
| 上城区 | | | | | | |
| 下城区 | | | | | | |
| 江干区 | | | | | | |
| 拱墅区 | | | | | | |
| 西湖区 | 8519 | 1036 | 916 | 623 | 483 | 563 |
| 滨江区 | | | | | | |
| 萧山区 | 147216 | 33030 | 6724 | 7609 | 10270 | 13138 |
| 余杭区 | 155515 | 58418 | 6264 | 6273 | 5873 | 8554 |
| 富阳区 | 85113 | 5626 | 7645 | 8907 | 9567 | 14634 |
| 临安区 | 98280 | 8413 | 5768 | 10935 | 12566 | 21786 |
| 桐庐县 | 52642 | 2537 | 5264 | 6367 | 5633 | 10446 |
| 淳安县 | 81438 | 3793 | 6461 | 7313 | 9599 | 27145 |
| 建德市 | 78289 | 3489 | 6091 | 9919 | 8040 | 15149 |
| **宁波市** | **851666** | **263664** | **145230** | **87063** | **44092** | **29825** |
| 海曙区 | 56378 | 18635 | 12339 | 5400 | 1807 | 705 |
| 江北区 | 33762 | 13329 | 5966 | 2990 | 1411 | 810 |
| 北仑区 | 83951 | 33369 | 11267 | 8298 | 4348 | 3563 |
| 镇海区 | 20566 | 7757 | 3766 | 1687 | 772 | 502 |
| 鄞州区 | 118700 | 48522 | 21715 | 8917 | 2370 | 1228 |
| 奉化区 | 97827 | 27512 | 24475 | 8138 | 5998 | 2031 |
| 象山县 | 89684 | 13277 | 11257 | 13973 | 10102 | 8459 |
| 宁海县 | 109022 | 24467 | 20656 | 12147 | 8346 | 5075 |
| 余姚市 | 89988 | 16635 | 15901 | 12909 | 4652 | 4296 |
| 慈溪市 | 151788 | 60161 | 17888 | 12604 | 4286 | 3156 |
| **温州市** | **991400** | **174840** | **153668** | **79881** | **82578** | **61620** |
| 鹿城区 | 31204 | 8820 | 3411 | 2219 | 1406 | 1501 |
| 龙湾区 | 146 | 64 | 1 | | 3 | 12 |
| 瓯海区 | 55411 | 18689 | 5838 | 3889 | 2819 | 1869 |
| 洞头区 | 20483 | 3111 | 3046 | 2644 | 1748 | 1443 |
| 永嘉县 | 150525 | 21654 | 21433 | 15824 | 12728 | 10770 |
| 平阳县 | 124485 | 18273 | 25504 | 8990 | 13080 | 5073 |
| 苍南县 | 103919 | 15507 | 26414 | 6907 | 7015 | 2695 |
| 文成县 | 61641 | 6016 | 7095 | 4754 | 7766 | 7959 |
| 泰顺县 | 61068 | 3007 | 7633 | 3849 | 9035 | 10336 |
| 瑞安市 | 178678 | 37415 | 25892 | 14881 | 13376 | 6342 |
| 乐清市 | 198121 | 41635 | 25374 | 15637 | 13394 | 13544 |
| 龙港市 | 5719 | 649 | 2027 | 287 | 208 | 76 |
| **嘉兴市** | **523704** | **121212** | **28789** | **36174** | **28605** | **54297** |
| 南湖区 | 35318 | 8049 | 2297 | 3047 | 2140 | 3511 |
| 秀洲区 | 78520 | 20274 | 5140 | 5102 | 3623 | 6427 |
| 嘉善县 | 62995 | 16241 | 6860 | 7623 | 2651 | 3038 |
| 海盐县 | 51909 | 5587 | 2383 | 4250 | 3775 | 9291 |
| 海宁市 | 114756 | 43031 | 3704 | 5730 | 5505 | 7947 |
| 平湖市 | 77636 | 13846 | 4346 | 5750 | 5275 | 11891 |
| 桐乡市 | 102570 | 14184 | 4059 | 4672 | 5636 | 12192 |
| **湖州市** | **373703** | **34905** | **30857** | **42817** | **33340** | **40798** |
| 吴兴区 | 70341 | 11301 | 7802 | 8267 | 4610 | 4601 |
| 南浔区 | 80782 | 7368 | 7929 | 10101 | 7977 | 8268 |
| 德清县 | 62323 | 5244 | 2502 | 4403 | 5057 | 9102 |
| 长兴县 | 83531 | 4328 | 7774 | 10568 | 7309 | 10116 |
| 安吉县 | 76726 | 6664 | 4850 | 9478 | 8387 | 8711 |

注：本表数据为居住在普通住宅的家庭户。

8-3c 续表 1 单位：户

| 地　　区 | 家庭户户　数 | 一代户 | | | | |
|---|---|---|---|---|---|---|
| | | 一间 | 二间 | 三间 | 四间 | 五间及以上 |
| **绍兴市** | **611901** | **79425** | **105156** | **81325** | **50000** | **53419** |
| 越城区 | 55826 | 9315 | 9517 | 6079 | 3371 | 1930 |
| 柯桥区 | 72940 | 14311 | 10166 | 7998 | 5030 | 3684 |
| 上虞区 | 107893 | 12631 | 16820 | 17641 | 10228 | 6110 |
| 新昌县 | 72523 | 13289 | 16242 | 9566 | 5834 | 6384 |
| 诸暨市 | 182968 | 20958 | 33364 | 23760 | 15485 | 18919 |
| 嵊州市 | 119751 | 8921 | 19047 | 16281 | 10052 | 16392 |
| **金华市** | **840528** | **165994** | **110405** | **87325** | **53483** | **74435** |
| 婺城区 | 81913 | 11316 | 12533 | 10503 | 5570 | 9580 |
| 金东区 | 75012 | 15809 | 11140 | 9032 | 4707 | 5288 |
| 武义县 | 71491 | 16073 | 8842 | 6599 | 4997 | 10716 |
| 浦江县 | 86518 | 16630 | 14357 | 7347 | 4900 | 4892 |
| 磐安县 | 38327 | 6567 | 7073 | 3697 | 3304 | 5366 |
| 兰溪市 | 99875 | 7353 | 12360 | 12821 | 8057 | 12154 |
| 义乌市 | 132358 | 39541 | 14522 | 12927 | 4981 | 5515 |
| 东阳市 | 133740 | 18797 | 15149 | 16016 | 12362 | 13748 |
| 永康市 | 121294 | 33908 | 14429 | 8383 | 4605 | 7176 |
| **衢州市** | **401643** | **23492** | **48400** | **46804** | **39883** | **81562** |
| 柯城区 | 45937 | 2370 | 4858 | 4957 | 4479 | 7435 |
| 衢江区 | 79489 | 5022 | 9935 | 7909 | 7527 | 15297 |
| 常山县 | 57220 | 3227 | 7184 | 5062 | 5625 | 13268 |
| 开化县 | 56974 | 2742 | 6258 | 5868 | 6815 | 13531 |
| 龙游县 | 78563 | 6710 | 13223 | 16861 | 8123 | 8471 |
| 江山市 | 83460 | 3421 | 6942 | 6147 | 7314 | 23560 |
| **舟山市** | **135643** | **28609** | **28569** | **20371** | **11407** | **7610** |
| 定海区 | 50528 | 11231 | 9384 | 8129 | 3745 | 2365 |
| 普陀区 | 46369 | 8346 | 7362 | 6753 | 4698 | 4441 |
| 岱山县 | 28202 | 6690 | 8626 | 3726 | 2509 | 668 |
| 嵊泗县 | 10544 | 2342 | 3197 | 1763 | 455 | 136 |
| **台州市** | **908011** | **162111** | **109734** | **62945** | **65998** | **70435** |
| 椒江区 | 59675 | 13433 | 5808 | 2657 | 2763 | 1913 |
| 黄岩区 | 91451 | 12273 | 11490 | 7468 | 8301 | 5860 |
| 路桥区 | 70850 | 19491 | 7145 | 4305 | 2721 | 2033 |
| 三门县 | 69181 | 8596 | 9223 | 4283 | 8521 | 7574 |
| 天台县 | 87993 | 10677 | 14101 | 9505 | 5915 | 7529 |
| 仙居县 | 76390 | 10635 | 11371 | 4900 | 4845 | 5939 |
| 温岭市 | 187190 | 38240 | 26034 | 13709 | 13255 | 14428 |
| 临海市 | 199519 | 24084 | 18360 | 12891 | 17340 | 22798 |
| 玉环市 | 65762 | 24682 | 6202 | 3227 | 2337 | 2361 |
| **丽水市** | **393689** | **52103** | **61654** | **44363** | **31774** | **50470** |
| 莲都区 | 48149 | 6520 | 7715 | 5613 | 2840 | 6258 |
| 青田县 | 95452 | 19605 | 15127 | 9291 | 4640 | 5001 |
| 缙云县 | 76216 | 13058 | 13231 | 7945 | 5289 | 8163 |
| 遂昌县 | 36050 | 1943 | 4838 | 3982 | 3972 | 7224 |
| 松阳县 | 42913 | 3758 | 6288 | 3849 | 3559 | 7172 |
| 云和县 | 14725 | 2267 | 2734 | 2019 | 1083 | 1062 |
| 庆元县 | 22978 | 796 | 2564 | 2634 | 3109 | 6652 |
| 景宁畲族自治县 | 20361 | 1795 | 3744 | 2830 | 2633 | 3286 |
| 龙泉市 | 36845 | 2361 | 5413 | 6200 | 4649 | 5652 |

8−3c　续表 2　　　　单位：户

| 地　　区 | 二代户 | | | | |
|---|---|---|---|---|---|
| | 一间 | 二间 | 三间 | 四间 | 五间及以上 |
| **合计** | **183657** | **402361** | **460536** | **380274** | **519669** |
| **杭州市** | **12526** | **17410** | **33272** | **41411** | **79082** |
| 上城区 | | | | | |
| 下城区 | | | | | |
| 江干区 | | | | | |
| 拱墅区 | | | | | |
| 西湖区 | 69 | 292 | 706 | 518 | 759 |
| 滨江区 | | | | | |
| 萧山区 | 4630 | 3857 | 6760 | 10408 | 15018 |
| 余杭区 | 5737 | 4666 | 5854 | 6103 | 10160 |
| 富阳区 | 552 | 2484 | 4933 | 6453 | 10365 |
| 临安区 | 648 | 1484 | 4561 | 6173 | 12254 |
| 桐庐县 | 205 | 1358 | 2837 | 3163 | 7514 |
| 淳安县 | 329 | 1294 | 2573 | 3494 | 12545 |
| 建德市 | 356 | 1975 | 5048 | 5099 | 10467 |
| **宁波市** | **37554** | **67794** | **58837** | **29775** | **21353** |
| 海曙区 | 3672 | 5798 | 3538 | 1046 | 384 |
| 江北区 | 1776 | 2760 | 1843 | 970 | 512 |
| 北仑区 | 3003 | 4578 | 4962 | 2617 | 2226 |
| 镇海区 | 998 | 1795 | 1092 | 522 | 320 |
| 鄞州区 | 8013 | 12601 | 7215 | 1531 | 671 |
| 奉化区 | 4929 | 10589 | 4787 | 3045 | 1059 |
| 象山县 | 1109 | 4154 | 7127 | 5835 | 5260 |
| 宁海县 | 3579 | 9290 | 8207 | 6210 | 3844 |
| 余姚市 | 2237 | 6217 | 8283 | 3570 | 3619 |
| 慈溪市 | 8238 | 10012 | 11783 | 4429 | 3458 |
| **温州市** | **36920** | **85818** | **76698** | **73386** | **57758** |
| 鹿城区 | 1780 | 2536 | 2576 | 1527 | 1474 |
| 龙湾区 | 21 | 4 | | 2 | 21 |
| 瓯海区 | 2382 | 3660 | 4006 | 3404 | 1947 |
| 洞头区 | 447 | 1427 | 1823 | 1183 | 1218 |
| 永嘉县 | 6402 | 12454 | 14269 | 11275 | 9489 |
| 平阳县 | 4109 | 12654 | 7983 | 10813 | 4507 |
| 苍南县 | 4359 | 14251 | 7012 | 6073 | 2428 |
| 文成县 | 2227 | 3493 | 3486 | 5699 | 6294 |
| 泰顺县 | 469 | 3102 | 2597 | 6392 | 8599 |
| 瑞安市 | 8088 | 15833 | 15315 | 11500 | 5505 |
| 乐清市 | 6419 | 15366 | 17255 | 15349 | 16210 |
| 龙港市 | 217 | 1038 | 376 | 169 | 66 |
| **嘉兴市** | **12167** | **16598** | **26306** | **24548** | **51955** |
| 南湖区 | 464 | 1043 | 1938 | 1772 | 3415 |
| 秀洲区 | 4070 | 3529 | 4001 | 3322 | 6137 |
| 嘉善县 | 1560 | 3674 | 6002 | 2403 | 2607 |
| 海盐县 | 868 | 1497 | 2665 | 2750 | 7049 |
| 海宁市 | 2490 | 2157 | 4095 | 4910 | 8140 |
| 平湖市 | 1279 | 2367 | 3485 | 3843 | 10153 |
| 桐乡市 | 1436 | 2331 | 4120 | 5548 | 14454 |
| **湖州市** | **3538** | **12632** | **30172** | **26772** | **36599** |
| 吴兴区 | 964 | 3634 | 6737 | 3694 | 3706 |
| 南浔区 | 829 | 3294 | 6830 | 5997 | 6434 |
| 德清县 | 568 | 1255 | 3233 | 4495 | 8991 |
| 长兴县 | 421 | 2431 | 7248 | 6256 | 9995 |
| 安吉县 | 756 | 2018 | 6124 | 6330 | 7473 |

8−3c 续表 3 单位：户

| 地　　区 | 二代户 | | | | |
|---|---|---|---|---|---|
| | 一间 | 二间 | 三间 | 四间 | 五间及以上 |
| **绍兴市** | **10229** | **38798** | **49469** | **31921** | **38063** |
| 越城区 | 1228 | 5109 | 5715 | 2848 | 1725 |
| 柯桥区 | 1485 | 4811 | 6103 | 4290 | 3436 |
| 上虞区 | 1031 | 6030 | 10739 | 6662 | 4276 |
| 新昌县 | 2069 | 4964 | 4482 | 2823 | 3303 |
| 诸暨市 | 3380 | 11361 | 13432 | 9110 | 13515 |
| 嵊州市 | 1036 | 6523 | 8998 | 6188 | 11808 |
| **金华市** | **25250** | **53422** | **65911** | **42439** | **63928** |
| 婺城区 | 1128 | 4078 | 6120 | 3909 | 8180 |
| 金东区 | 1763 | 4933 | 6633 | 3802 | 4980 |
| 武义县 | 2199 | 2626 | 3025 | 2656 | 7405 |
| 浦江县 | 3129 | 9121 | 6728 | 4705 | 4768 |
| 磐安县 | 1023 | 2117 | 1822 | 1736 | 3564 |
| 兰溪市 | 719 | 4888 | 8775 | 6392 | 10106 |
| 义乌市 | 5514 | 9629 | 12825 | 4993 | 4913 |
| 东阳市 | 3158 | 6209 | 10656 | 8750 | 10909 |
| 永康市 | 6617 | 9821 | 9327 | 5496 | 9103 |
| **衢州市** | **1996** | **11893** | **21197** | **22939** | **59542** |
| 柯城区 | 249 | 1554 | 3102 | 3298 | 6498 |
| 衢江区 | 459 | 2521 | 3391 | 4782 | 12757 |
| 常山县 | 268 | 1687 | 2154 | 3216 | 10216 |
| 开化县 | 214 | 1571 | 2493 | 3558 | 8213 |
| 龙游县 | 533 | 2981 | 7449 | 4370 | 5535 |
| 江山市 | 273 | 1579 | 2608 | 3715 | 16323 |
| **舟山市** | **2189** | **9191** | **9425** | **5370** | **4093** |
| 定海区 | 965 | 3456 | 4189 | 2117 | 1360 |
| 普陀区 | 620 | 2613 | 3046 | 2179 | 2423 |
| 岱山县 | 479 | 2147 | 1346 | 861 | 242 |
| 嵊泗县 | 125 | 975 | 844 | 213 | 68 |
| **台州市** | **28395** | **62116** | **63171** | **63051** | **73044** |
| 椒江区 | 3356 | 5947 | 4763 | 4100 | 2807 |
| 黄岩区 | 1632 | 6569 | 8328 | 7573 | 5157 |
| 路桥区 | 4169 | 5643 | 5719 | 3451 | 2585 |
| 三门县 | 1270 | 4022 | 3389 | 7218 | 7086 |
| 天台县 | 2119 | 7245 | 7561 | 4986 | 6906 |
| 仙居县 | 3005 | 7014 | 4580 | 4743 | 6770 |
| 温岭市 | 5668 | 11848 | 12286 | 11207 | 14096 |
| 临海市 | 3665 | 9724 | 12258 | 16532 | 23975 |
| 玉环市 | 3511 | 4104 | 4287 | 3241 | 3662 |
| **丽水市** | **12893** | **26689** | **26078** | **18662** | **34252** |
| 莲都区 | 843 | 2743 | 3114 | 1668 | 4579 |
| 青田县 | 8196 | 10298 | 8031 | 4151 | 4356 |
| 缙云县 | 2122 | 5385 | 5212 | 3732 | 6149 |
| 遂昌县 | 175 | 1307 | 1625 | 1874 | 4992 |
| 松阳县 | 606 | 2353 | 1992 | 2260 | 6185 |
| 云和县 | 388 | 1370 | 1245 | 709 | 678 |
| 庆元县 | 91 | 622 | 1019 | 1049 | 3076 |
| 景宁畲族自治县 | 282 | 1129 | 1175 | 1012 | 1318 |
| 龙泉市 | 190 | 1482 | 2665 | 2207 | 2919 |

8-3c　续表 4　　　　单位：户

| 地　　区 | 三代户 | | | | |
|---|---|---|---|---|---|
| | 一间 | 二间 | 三间 | 四间 | 五间及以上 |
| **合计** | **18688** | **82031** | **187875** | **217476** | **360800** |
| **杭州市** | **637** | **4400** | **19146** | **31294** | **65357** |
| 上城区 | | | | | |
| 下城区 | | | | | |
| 江干区 | | | | | |
| 拱墅区 | | | | | |
| 西湖区 | 8 | 59 | 409 | 545 | 1313 |
| 滨江区 | | | | | |
| 萧山区 | 224 | 1121 | 4496 | 10293 | 17160 |
| 余杭区 | 284 | 1571 | 6481 | 8316 | 16515 |
| 富阳区 | 52 | 484 | 1930 | 3526 | 7323 |
| 临安区 | 18 | 287 | 2124 | 3384 | 7192 |
| 桐庐县 | 15 | 240 | 939 | 1501 | 4337 |
| 淳安县 | 14 | 192 | 657 | 1000 | 4788 |
| 建德市 | 22 | 446 | 2110 | 2729 | 6729 |
| **宁波市** | **2355** | **11108** | **22889** | **14859** | **12920** |
| 海曙区 | 455 | 854 | 1068 | 469 | 174 |
| 江北区 | 33 | 301 | 461 | 326 | 256 |
| 北仑区 | 117 | 912 | 1819 | 1323 | 1404 |
| 镇海区 | 41 | 274 | 494 | 311 | 212 |
| 鄞州区 | 614 | 1994 | 2308 | 646 | 285 |
| 奉化区 | 456 | 1728 | 1566 | 949 | 486 |
| 象山县 | 56 | 602 | 2370 | 2911 | 2962 |
| 宁海县 | 204 | 1192 | 2039 | 1935 | 1688 |
| 余姚市 | 91 | 1302 | 4175 | 2671 | 2808 |
| 慈溪市 | 288 | 1949 | 6589 | 3318 | 2645 |
| **温州市** | **6040** | **17260** | **21869** | **30203** | **29922** |
| 鹿城区 | 315 | 590 | 818 | 853 | 1253 |
| 龙湾区 | 2 | 1 | | | 14 |
| 瓯海区 | 236 | 739 | 1532 | 2357 | 1731 |
| 洞头区 | 48 | 257 | 484 | 617 | 870 |
| 永嘉县 | 879 | 2016 | 3214 | 3626 | 4195 |
| 平阳县 | 820 | 2687 | 2466 | 4660 | 2564 |
| 苍南县 | 1165 | 3287 | 2332 | 2819 | 1381 |
| 文成县 | 402 | 576 | 864 | 1874 | 3033 |
| 泰顺县 | 37 | 335 | 527 | 1692 | 3245 |
| 瑞安市 | 1666 | 4646 | 6269 | 6878 | 4252 |
| 乐清市 | 428 | 1802 | 3241 | 4745 | 7356 |
| 龙港市 | 42 | 324 | 122 | 82 | 28 |
| **嘉兴市** | **710** | **4355** | **18661** | **24666** | **59644** |
| 南湖区 | 25 | 194 | 1206 | 1663 | 3820 |
| 秀洲区 | 314 | 1030 | 3228 | 3476 | 7155 |
| 嘉善县 | 75 | 861 | 3778 | 2322 | 2512 |
| 海盐县 | 40 | 357 | 1702 | 2213 | 6315 |
| 海宁市 | 123 | 680 | 3498 | 6359 | 12076 |
| 平湖市 | 43 | 562 | 1921 | 2672 | 8597 |
| 桐乡市 | 90 | 671 | 3328 | 5961 | 19169 |
| **湖州市** | **287** | **3025** | **16510** | **20785** | **33069** |
| 吴兴区 | 76 | 929 | 4601 | 3550 | 4400 |
| 南浔区 | 84 | 888 | 3716 | 4388 | 4894 |
| 德清县 | 27 | 278 | 2101 | 3805 | 9103 |
| 长兴县 | 74 | 406 | 3126 | 4245 | 8016 |
| 安吉县 | 26 | 524 | 2966 | 4797 | 6656 |

8-3c 续表 5 单位：户

| 地　　区 | 三代户 | | | | |
|---|---|---|---|---|---|
| | 一间 | 二间 | 三间 | 四间 | 五间及以上 |
| **绍兴市** | **1086** | **9283** | **21417** | **17856** | **22392** |
| 越城区 | 118 | 1808 | 3228 | 2155 | 1463 |
| 柯桥区 | 130 | 1423 | 3287 | 3411 | 2952 |
| 上虞区 | 93 | 1563 | 5663 | 4546 | 3221 |
| 新昌县 | 211 | 669 | 887 | 733 | 1044 |
| 诸暨市 | 419 | 2300 | 5008 | 4152 | 7312 |
| 嵊州市 | 115 | 1520 | 3344 | 2859 | 6400 |
| **金华市** | **1540** | **10825** | **25310** | **21254** | **36293** |
| 婺城区 | 74 | 646 | 2087 | 1761 | 4209 |
| 金东区 | 128 | 757 | 1941 | 1657 | 2316 |
| 武义县 | 61 | 380 | 830 | 1000 | 3914 |
| 浦江县 | 305 | 2310 | 2445 | 2162 | 2558 |
| 磐安县 | 75 | 282 | 360 | 416 | 895 |
| 兰溪市 | 87 | 1430 | 4177 | 3656 | 6466 |
| 义乌市 | 269 | 2065 | 6356 | 3658 | 4081 |
| 东阳市 | 184 | 1438 | 4313 | 4674 | 6699 |
| 永康市 | 357 | 1517 | 2801 | 2270 | 5155 |
| **衢州市** | **114** | **1432** | **4855** | **8284** | **27724** |
| 柯城区 | 15 | 249 | 1038 | 1780 | 3700 |
| 衢江区 | 30 | 357 | 862 | 1807 | 6429 |
| 常山县 | 9 | 122 | 322 | 890 | 3820 |
| 开化县 | 21 | 187 | 613 | 1291 | 3450 |
| 龙游县 | 14 | 277 | 1243 | 1065 | 1598 |
| 江山市 | 25 | 240 | 777 | 1451 | 8727 |
| **舟山市** | **73** | **1013** | **2787** | **2391** | **2313** |
| 定海区 | 17 | 325 | 1335 | 1037 | 794 |
| 普陀区 | 29 | 356 | 891 | 1061 | 1409 |
| 岱山县 | 23 | 241 | 339 | 221 | 74 |
| 嵊泗县 | 4 | 91 | 222 | 72 | 36 |
| **台州市** | **4653** | **15244** | **27909** | **39691** | **55452** |
| 椒江区 | 650 | 1596 | 2751 | 3691 | 3022 |
| 黄岩区 | 198 | 1158 | 4051 | 5937 | 4862 |
| 路桥区 | 1195 | 1720 | 3597 | 3662 | 2989 |
| 三门县 | 152 | 719 | 904 | 2316 | 3719 |
| 天台县 | 264 | 1660 | 2695 | 2409 | 4233 |
| 仙居县 | 671 | 2536 | 2171 | 2670 | 4283 |
| 温岭市 | 846 | 2543 | 4953 | 6952 | 10549 |
| 临海市 | 549 | 2526 | 5233 | 9942 | 18460 |
| 玉环市 | 128 | 786 | 1554 | 2112 | 3335 |
| **丽水市** | **1193** | **4086** | **6522** | **6193** | **15714** |
| 莲都区 | 73 | 600 | 1329 | 918 | 3037 |
| 青田县 | 888 | 1656 | 1595 | 1014 | 1548 |
| 缙云县 | 144 | 710 | 1170 | 1145 | 2660 |
| 遂昌县 | 18 | 218 | 447 | 615 | 2642 |
| 松阳县 | 38 | 367 | 551 | 937 | 2851 |
| 云和县 | 6 | 158 | 342 | 286 | 330 |
| 庆元县 | 4 | 57 | 161 | 184 | 928 |
| 景宁畲族自治县 | 9 | 117 | 238 | 263 | 471 |
| 龙泉市 | 13 | 203 | 689 | 831 | 1247 |

8−3c　续表 6　　　　单位：户

| 地　区 | 四代户 | | | | |
|---|---|---|---|---|---|
| | 一间 | 二间 | 三间 | 四间 | 五间及以上 |
| **合计** | **348** | **1384** | **6501** | **12121** | **28746** |
| **杭州市** | **26** | **107** | **1069** | **2334** | **6066** |
| 上城区 | | | | | |
| 下城区 | | | | | |
| 江干区 | | | | | |
| 拱墅区 | | | | | |
| 西湖区 | | 1 | 23 | 43 | 153 |
| 滨江区 | | | | | |
| 萧山区 | 2 | 23 | 185 | 678 | 1587 |
| 余杭区 | 19 | 55 | 614 | 1128 | 2627 |
| 富阳区 | 1 | 10 | 49 | 156 | 415 |
| 临安区 | 1 | 7 | 86 | 146 | 447 |
| 桐庐县 | | | 19 | 54 | 213 |
| 淳安县 | | 1 | 13 | 23 | 204 |
| 建德市 | 3 | 10 | 80 | 106 | 420 |
| **宁波市** | **18** | **138** | **670** | **760** | **760** |
| 海曙区 | 3 | 5 | 12 | 10 | 4 |
| 江北区 | | | 8 | 5 | 5 |
| 北仑区 | | 6 | 31 | 47 | 60 |
| 镇海区 | | 4 | 6 | 9 | 4 |
| 鄞州区 | 7 | 13 | 25 | 14 | 11 |
| 奉化区 | 2 | 25 | 18 | 19 | 15 |
| 象山县 | 2 | 5 | 36 | 78 | 109 |
| 宁海县 | 1 | 15 | 38 | 43 | 46 |
| 余姚市 | 1 | 23 | 175 | 175 | 247 |
| 慈溪市 | 2 | 42 | 321 | 360 | 259 |
| **温州市** | **132** | **314** | **489** | **861** | **1143** |
| 鹿城区 | 4 | 15 | 22 | 31 | 53 |
| 龙湾区 | | | | | 1 |
| 瓯海区 | 5 | 20 | 45 | 102 | 141 |
| 洞头区 | 1 | 7 | 15 | 27 | 67 |
| 永嘉县 | 11 | 35 | 57 | 75 | 119 |
| 平阳县 | 11 | 42 | 38 | 107 | 104 |
| 苍南县 | 39 | 58 | 51 | 82 | 44 |
| 文成县 | 6 | 4 | 12 | 19 | 62 |
| 泰顺县 | 1 | 6 | 15 | 47 | 144 |
| 瑞安市 | 44 | 107 | 183 | 271 | 215 |
| 乐清市 | 9 | 16 | 50 | 99 | 192 |
| 龙港市 | 1 | 4 | 1 | 1 | 1 |
| **嘉兴市** | **25** | **103** | **1333** | **3228** | **10300** |
| 南湖区 | | 3 | 60 | 157 | 514 |
| 秀洲区 | 6 | 20 | 234 | 413 | 1018 |
| 嘉善县 | 3 | 18 | 215 | 251 | 301 |
| 海盐县 | 1 | 6 | 111 | 254 | 795 |
| 海宁市 | 11 | 19 | 335 | 1043 | 2892 |
| 平湖市 | | 9 | 103 | 270 | 1222 |
| 桐乡市 | 4 | 28 | 275 | 840 | 3558 |
| **湖州市** | **10** | **121** | **1123** | **2029** | **4308** |
| 吴兴区 | 3 | 32 | 346 | 394 | 692 |
| 南浔区 | 4 | 47 | 310 | 604 | 817 |
| 德清县 | 1 | 10 | 185 | 474 | 1488 |
| 长兴县 | 2 | 14 | 157 | 293 | 752 |
| 安吉县 | | 18 | 125 | 264 | 559 |

8−3c 续表 7 单位：户

| 地 区 | 四代户 | | | | |
|---|---|---|---|---|---|
| | 一间 | 二间 | 三间 | 四间 | 五间及以上 |
| **绍兴市** | **10** | **140** | **509** | **624** | **779** |
| 越城区 | 1 | 26 | 66 | 81 | 43 |
| 柯桥区 | 4 | 24 | 85 | 137 | 173 |
| 上虞区 | | 34 | 196 | 236 | 173 |
| 新昌县 | 1 | 1 | 8 | 3 | 10 |
| 诸暨市 | 1 | 37 | 109 | 114 | 232 |
| 嵊州市 | 3 | 18 | 45 | 53 | 148 |
| **金华市** | **20** | **140** | **576** | **647** | **1328** |
| 婺城区 | 1 | 7 | 40 | 45 | 126 |
| 金东区 | 2 | 7 | 27 | 27 | 63 |
| 武义县 | 2 | 4 | 19 | 20 | 123 |
| 浦江县 | 2 | 33 | 36 | 36 | 54 |
| 磐安县 | 1 | 2 | 4 | 6 | 17 |
| 兰溪市 | | 18 | 98 | 98 | 220 |
| 义乌市 | 5 | 30 | 164 | 159 | 209 |
| 东阳市 | 3 | 20 | 127 | 194 | 333 |
| 永康市 | 4 | 19 | 61 | 62 | 183 |
| **衢州市** | **4** | **24** | **104** | **280** | **1113** |
| 柯城区 | | 6 | 32 | 89 | 227 |
| 衢江区 | 2 | 4 | 20 | 71 | 307 |
| 常山县 | 1 | 2 | 4 | 27 | 116 |
| 开化县 | | 2 | 7 | 25 | 115 |
| 龙游县 | | 6 | 22 | 31 | 51 |
| 江山市 | 1 | 4 | 19 | 37 | 297 |
| **舟山市** | | **10** | **39** | **81** | **102** |
| 定海区 | | 6 | 19 | 26 | 28 |
| 普陀区 | | 3 | 16 | 49 | 74 |
| 岱山县 | | 1 | 4 | 5 | |
| 嵊泗县 | | | | 1 | |
| **台州市** | **97** | **245** | **466** | **1081** | **2172** |
| 椒江区 | 11 | 38 | 54 | 130 | 185 |
| 黄岩区 | 5 | 17 | 80 | 212 | 280 |
| 路桥区 | 40 | 31 | 69 | 133 | 152 |
| 三门县 | | 8 | 16 | 44 | 121 |
| 天台县 | | 16 | 35 | 40 | 97 |
| 仙居县 | 5 | 41 | 37 | 42 | 132 |
| 温岭市 | 21 | 43 | 62 | 155 | 295 |
| 临海市 | 9 | 48 | 93 | 270 | 761 |
| 玉环市 | 6 | 3 | 20 | 55 | 149 |
| **丽水市** | **6** | **42** | **123** | **196** | **675** |
| 莲都区 | | 12 | 44 | 50 | 193 |
| 青田县 | 2 | 9 | 13 | 9 | 22 |
| 缙云县 | 1 | 7 | 17 | 19 | 57 |
| 遂昌县 | | 4 | 8 | 23 | 143 |
| 松阳县 | 1 | 3 | 10 | 23 | 110 |
| 云和县 | | 1 | 6 | 16 | 25 |
| 庆元县 | | 1 | 3 | 3 | 25 |
| 景宁畲族自治县 | 2 | 3 | 2 | 15 | 36 |
| 龙泉市 | | 2 | 20 | 38 | 64 |

8-3c　续表 8　　　　单位：户

| 地　　区 | 五代及以上户 | | | | |
|---|---|---|---|---|---|
| | 一间 | 二间 | 三间 | 四间 | 五间及以上 |
| **合计** | **1** | **2** | **3** | **7** | **37** |
| **杭州市** | | | | **2** | **6** |
| 上城区 | | | | | |
| 下城区 | | | | | |
| 江干区 | | | | | |
| 拱墅区 | | | | | |
| 西湖区 | | | | | |
| 滨江区 | | | | | |
| 萧山区 | | | | | 3 |
| 余杭区 | | | | 2 | 1 |
| 富阳区 | | | | | 1 |
| 临安区 | | | | | |
| 桐庐县 | | | | | |
| 淳安县 | | | | | |
| 建德市 | | | | | 1 |
| **宁波市** | | | **1** | | **1** |
| 海曙区 | | | | | |
| 江北区 | | | | | |
| 北仑区 | | | 1 | | |
| 镇海区 | | | | | |
| 鄞州区 | | | | | |
| 奉化区 | | | | | |
| 象山县 | | | | | |
| 宁海县 | | | | | |
| 余姚市 | | | | | 1 |
| 慈溪市 | | | | | |
| **温州市** | | | | | |
| 鹿城区 | | | | | |
| 龙湾区 | | | | | |
| 瓯海区 | | | | | |
| 洞头区 | | | | | |
| 永嘉县 | | | | | |
| 平阳县 | | | | | |
| 苍南县 | | | | | |
| 文成县 | | | | | |
| 泰顺县 | | | | | |
| 瑞安市 | | | | | |
| 乐清市 | | | | | |
| 龙港市 | | | | | |
| **嘉兴市** | **1** | | | **4** | **23** |
| 南湖区 | | | | | |
| 秀洲区 | | | | | 1 |
| 嘉善县 | | | | | |
| 海盐县 | | | | | |
| 海宁市 | | | | 3 | 8 |
| 平湖市 | | | | | 2 |
| 桐乡市 | 1 | | | 1 | 12 |
| **湖州市** | | | | **1** | **5** |
| 吴兴区 | | | | | 2 |
| 南浔区 | | | | 1 | 2 |
| 德清县 | | | | | 1 |
| 长兴县 | | | | | |
| 安吉县 | | | | | |

8-3c 续表 9 单位：户

| 地 区 | 五代及以上户 | | | | |
| --- | --- | --- | --- | --- | --- |
| | 一间 | 二间 | 三间 | 四间 | 五间及以上 |
| **绍兴市** | | | | | |
| 越城区 | | | | | |
| 柯桥区 | | | | | |
| 上虞区 | | | | | |
| 新昌县 | | | | | |
| 诸暨市 | | | | | |
| 嵊州市 | | | | | |
| **金华市** | | **1** | **1** | | **1** |
| 婺城区 | | | | | |
| 金东区 | | | | | |
| 武义县 | | | | | |
| 浦江县 | | | | | |
| 磐安县 | | | | | |
| 兰溪市 | | | | | |
| 义乌市 | | 1 | | | 1 |
| 东阳市 | | | 1 | | |
| 永康市 | | | | | |
| **衢州市** | | | **1** | | |
| 柯城区 | | | 1 | | |
| 衢江区 | | | | | |
| 常山县 | | | | | |
| 开化县 | | | | | |
| 龙游县 | | | | | |
| 江山市 | | | | | |
| **舟山市** | | | | | |
| 定海区 | | | | | |
| 普陀区 | | | | | |
| 岱山县 | | | | | |
| 嵊泗县 | | | | | |
| **台州市** | | **1** | | | |
| 椒江区 | | | | | |
| 黄岩区 | | | | | |
| 路桥区 | | | | | |
| 三门县 | | | | | |
| 天台县 | | | | | |
| 仙居县 | | | | | |
| 温岭市 | | | | | |
| 临海市 | | 1 | | | |
| 玉环市 | | | | | |
| **丽水市** | | | | | **1** |
| 莲都区 | | | | | |
| 青田县 | | | | | |
| 缙云县 | | | | | |
| 遂昌县 | | | | | |
| 松阳县 | | | | | |
| 云和县 | | | | | |
| 庆元县 | | | | | |
| 景宁畲族自治县 | | | | | 1 |
| 龙泉市 | | | | | |

# 8–4　全省按户主的受教育程度分的家庭户住房状况

| 受教育程度 | 户　数<br>(户) | 人　数<br>(人) | 平均每户住房间数<br>(间/户) | 人均住房建筑面积<br>(平方米/人) | 人均住房间　数<br>(间/人) |
|---|---|---|---|---|---|
| **总　计** | **21265556** | **52505039** | **2.70** | **44.54** | **1.09** |
| 未上过学 | 753810 | 1545410 | 2.63 | 51.86 | 1.28 |
| 学前教育 | 45446 | 94045 | 2.78 | 54.34 | 1.34 |
| 小　学 | 5803614 | 14510569 | 2.96 | 50.02 | 1.18 |
| 初　中 | 8022662 | 19711891 | 2.61 | 42.63 | 1.06 |
| 高　中 | 3008817 | 7403018 | 2.60 | 42.01 | 1.05 |
| 大学专科 | 1731720 | 4318351 | 2.54 | 40.22 | 1.02 |
| 大学本科 | 1685408 | 4369447 | 2.65 | 41.18 | 1.02 |
| 硕士研究生 | 189962 | 488364 | 2.61 | 40.93 | 1.02 |
| 博士研究生 | 24117 | 63944 | 2.74 | 41.82 | 1.03 |

注：本表数据为居住在普通住宅的家庭户。

# 8–4a　全省按户主的受教育程度分的家庭户住房状况(城市)

| 受教育程度 | 户　数<br>(户) | 人　数<br>(人) | 平均每户住房间数<br>(间/户) | 人均住房建筑面积<br>(平方米/人) | 人均住房间　数<br>(间/人) |
|---|---|---|---|---|---|
| **总　计** | **10949275** | **26646333** | **2.33** | **36.21** | **0.96** |
| 未上过学 | 221480 | 469231 | 2.33 | 41.64 | 1.10 |
| 学前教育 | 12340 | 25292 | 2.35 | 42.10 | 1.15 |
| 小　学 | 2016758 | 4991339 | 2.44 | 37.97 | 0.99 |
| 初　中 | 3898852 | 9217418 | 2.14 | 32.64 | 0.90 |
| 高　中 | 1871689 | 4518201 | 2.32 | 36.20 | 0.96 |
| 大学专科 | 1318849 | 3266289 | 2.44 | 37.95 | 0.98 |
| 大学本科 | 1408357 | 3638027 | 2.59 | 39.95 | 1.00 |
| 硕士研究生 | 177789 | 458721 | 2.60 | 40.38 | 1.01 |
| 博士研究生 | 23161 | 61815 | 2.73 | 41.30 | 1.02 |

注：本表数据为居住在普通住宅的家庭户。

## 8-4b 全省按户主的受教育程度分的家庭户住房状况(镇)

| 受教育程度 | 户 数 (户) | 人 数 (人) | 平均每户住房间数 (间/户) | 人均住房建筑面积 (平方米/人) | 人均住房间 数 (间/人) |
|---|---|---|---|---|---|
| **总 计** | **4288077** | **10757648** | **2.78** | **44.71** | **1.11** |
| 未上过学 | 139593 | 290952 | 2.68 | 50.58 | 1.29 |
| 学前教育 | 8362 | 17560 | 2.75 | 51.50 | 1.31 |
| 小 学 | 1166660 | 2941823 | 2.94 | 47.52 | 1.17 |
| 初 中 | 1757197 | 4384000 | 2.67 | 42.44 | 1.07 |
| 高 中 | 646108 | 1623434 | 2.75 | 43.94 | 1.10 |
| 大学专科 | 316128 | 817434 | 2.81 | 44.61 | 1.09 |
| 大学本科 | 242591 | 653864 | 2.93 | 46.26 | 1.09 |
| 硕士研究生 | 10690 | 26857 | 2.78 | 48.74 | 1.10 |
| 博士研究生 | 748 | 1724 | 2.80 | 54.62 | 1.22 |

注：本表数据为居住在普通住宅的家庭户。

## 8-4c 全省按户主的受教育程度分的家庭户住房状况(乡村)

| 受教育程度 | 户 数 (户) | 人 数 (人) | 平均每户住房间数 (间/户) | 人均住房建筑面积 (平方米/人) | 人均住房间 数 (间/人) |
|---|---|---|---|---|---|
| **总 计** | **6028204** | **15101058** | **3.31** | **59.13** | **1.32** |
| 未上过学 | 392737 | 785227 | 2.78 | 58.45 | 1.39 |
| 学前教育 | 24744 | 51193 | 3.00 | 61.37 | 1.45 |
| 小 学 | 2620196 | 6577407 | 3.37 | 60.27 | 1.34 |
| 初 中 | 2366613 | 6110473 | 3.34 | 57.86 | 1.29 |
| 高 中 | 491020 | 1261383 | 3.42 | 60.34 | 1.33 |
| 大学专科 | 96743 | 234628 | 3.10 | 56.59 | 1.28 |
| 大学本科 | 34460 | 77556 | 2.89 | 56.40 | 1.29 |
| 硕士研究生 | 1483 | 2786 | 2.55 | 55.54 | 1.36 |
| 博士研究生 | 208 | 405 | 2.94 | 66.87 | 1.51 |

注：本表数据为居住在普通住宅的家庭户。

# 8–5 全省按户主受教育程度、人均住房建筑面积分的家庭户户数

单位：户

| 受教育程度 | 户 数 | 人均住房建筑面积(平方米) | | | |
|---|---|---|---|---|---|
| | | 8及以下 | 9–12 | 13–16 | 17–19 |
| **总 计** | **21265556** | **909571** | **1480359** | **1402943** | **542334** |
| 未上过学 | 753810 | 13627 | 28201 | 33722 | 11380 |
| 学前教育 | 45446 | 862 | 1623 | 1858 | 720 |
| 小 学 | 5803614 | 228001 | 361817 | 332904 | 103587 |
| 初 中 | 8022662 | 530477 | 796240 | 658470 | 206946 |
| 高 中 | 3008817 | 103315 | 187420 | 205327 | 94023 |
| 大学专科 | 1731720 | 24149 | 64406 | 94284 | 61764 |
| 大学本科 | 1685408 | 8571 | 37236 | 68419 | 56215 |
| 硕士研究生 | 189962 | 520 | 3126 | 7188 | 6887 |
| 博士研究生 | 24117 | 49 | 290 | 771 | 812 |

注：本表数据为居住在普通住宅的家庭户。

8–5 续表

单位：户

| 受教育程度 | 人均住房建筑面积(平方米) | | | | |
|---|---|---|---|---|---|
| | 20–29 | 30–39 | 40–49 | 50–59 | 60及以上 |
| **总 计** | **3847416** | **2882200** | **2501308** | **1527100** | **6172325** |
| 未上过学 | 103500 | 100886 | 92148 | 68081 | 302265 |
| 学前教育 | 5829 | 5852 | 5374 | 4046 | 19282 |
| 小 学 | 828052 | 703415 | 652834 | 468743 | 2124261 |
| 初 中 | 1461739 | 983967 | 792363 | 505787 | 2086673 |
| 高 中 | 627111 | 454687 | 368706 | 209887 | 758341 |
| 大学专科 | 397208 | 299052 | 257165 | 124864 | 408828 |
| 大学本科 | 375258 | 298925 | 293366 | 128635 | 418783 |
| 硕士研究生 | 43821 | 31465 | 34686 | 15025 | 47244 |
| 博士研究生 | 4898 | 3951 | 4666 | 2032 | 6648 |

# 8-5a 全省按户主受教育程度、人均住房建筑面积分的家庭户户数(城市)

单位：户

| 受教育程度 | 户　数 | 人均住房建筑面积(平方米) | | | |
|---|---|---|---|---|---|
| | | 8及以下 | 9-12 | 13-16 | 17-19 |
| **总　计** | **10949275** | **590239** | **930067** | **868482** | **373163** |
| 未上过学 | 221480 | 7811 | 13893 | 14576 | 5109 |
| 学前教育 | 12340 | 507 | 829 | 778 | 323 |
| 小　学 | 2016758 | 138408 | 200354 | 166410 | 53207 |
| 初　中 | 3898852 | 344656 | 493968 | 394463 | 132732 |
| 高　中 | 1871689 | 72453 | 131333 | 144535 | 71279 |
| 大学专科 | 1318849 | 18671 | 52819 | 78471 | 52378 |
| 大学本科 | 1408357 | 7185 | 33594 | 61555 | 50691 |
| 硕士研究生 | 177789 | 501 | 3001 | 6946 | 6650 |
| 博士研究生 | 23161 | 47 | 276 | 748 | 794 |

注：本表数据为居住在普通住宅的家庭户。

8-5a 续表

单位：户

| 受教育程度 | 人均住房建筑面积(平方米) | | | | |
|---|---|---|---|---|---|
| | 20-29 | 30-39 | 40-49 | 50-59 | 60及以上 |
| **总　计** | **2382375** | **1622727** | **1338458** | **725577** | **2118187** |
| 未上过学 | 38071 | 31432 | 26252 | 19930 | 64406 |
| 学前教育 | 2141 | 1666 | 1327 | 1046 | 3723 |
| 小　学 | 370105 | 264183 | 219466 | 147539 | 457086 |
| 初　中 | 838804 | 511257 | 374565 | 216377 | 592030 |
| 高　中 | 437885 | 301122 | 236333 | 125886 | 350863 |
| 大学专科 | 321689 | 230398 | 197349 | 92817 | 274257 |
| 大学本科 | 327137 | 249368 | 246056 | 106012 | 326759 |
| 硕士研究生 | 41771 | 29451 | 32591 | 14021 | 42857 |
| 博士研究生 | 4772 | 3850 | 4519 | 1949 | 6206 |

# 8−5b　全省按户主受教育程度、人均住房建筑面积分的家庭户户数(镇)

单位：户

| 受教育程度 | 户　数 | 人均住房建筑面积(平方米) | | | |
|---|---|---|---|---|---|
| | | 8及以下 | 9−12 | 13−16 | 17−19 |
| **总　计** | **4288077** | **169079** | **276270** | **261737** | **94805** |
| 未上过学 | 139593 | 2514 | 5496 | 6622 | 2252 |
| 学前教育 | 8362 | 194 | 351 | 392 | 176 |
| 小　学 | 1166660 | 43957 | 73127 | 69157 | 21611 |
| 初　中 | 1757197 | 100115 | 154863 | 132046 | 41807 |
| 高　中 | 646108 | 17909 | 32303 | 36837 | 16008 |
| 大学专科 | 316128 | 3439 | 7509 | 11118 | 7773 |
| 大学本科 | 242591 | 937 | 2536 | 5359 | 4959 |
| 硕士研究生 | 10690 | 13 | 78 | 189 | 206 |
| 博士研究生 | 748 | 1 | 7 | 17 | 13 |

注：本表数据为居住在普通住宅的家庭户。

8−5b　续表

单位：户

| 受教育程度 | 人均住房建筑面积(平方米) | | | | |
|---|---|---|---|---|---|
| | 20−29 | 30−39 | 40−49 | 50−59 | 60及以上 |
| **总　计** | **758138** | **607663** | **520820** | **321189** | **1278376** |
| 未上过学 | 20312 | 18783 | 16809 | 12163 | 54642 |
| 学前教育 | 1183 | 1150 | 921 | 723 | 3272 |
| 小　学 | 179041 | 149819 | 134112 | 95883 | 399953 |
| 初　中 | 326190 | 232655 | 189582 | 119010 | 460929 |
| 高　中 | 126923 | 101699 | 84338 | 47736 | 182355 |
| 大学专科 | 60529 | 56543 | 49548 | 24724 | 94945 |
| 大学本科 | 42117 | 45085 | 43485 | 19987 | 78126 |
| 硕士研究生 | 1741 | 1849 | 1902 | 893 | 3819 |
| 博士研究生 | 102 | 80 | 123 | 70 | 335 |

# 8–5c 全省按户主受教育程度、人均住房建筑面积分的家庭户户数(乡村)

单位：户

| 受教育程度 | 户 数 | 人均住房建筑面积(平方米) | | | |
|---|---|---|---|---|---|
| | | 8及以下 | 9–12 | 13–16 | 17–19 |
| **总 计** | **6028204** | **150253** | **274022** | **272724** | **74366** |
| 未上过学 | 392737 | 3302 | 8812 | 12524 | 4019 |
| 学前教育 | 24744 | 161 | 443 | 688 | 221 |
| 小 学 | 2620196 | 45636 | 88336 | 97337 | 28769 |
| 初 中 | 2366613 | 85706 | 147409 | 131961 | 32407 |
| 高 中 | 491020 | 12953 | 23784 | 23955 | 6736 |
| 大学专科 | 96743 | 2039 | 4078 | 4695 | 1613 |
| 大学本科 | 34460 | 449 | 1106 | 1505 | 565 |
| 硕士研究生 | 1483 | 6 | 47 | 53 | 31 |
| 博士研究生 | 208 | 1 | 7 | 6 | 5 |

注：本表数据为居住在普通住宅的家庭户。

8–5c 续表

单位：户

| 受教育程度 | 人均住房建筑面积(平方米) | | | | |
|---|---|---|---|---|---|
| | 20–29 | 30–39 | 40–49 | 50–59 | 60及以上 |
| **总 计** | **706903** | **651810** | **642030** | **480334** | **2775762** |
| 未上过学 | 45117 | 50671 | 49087 | 35988 | 183217 |
| 学前教育 | 2505 | 3036 | 3126 | 2277 | 12287 |
| 小 学 | 278906 | 289413 | 299256 | 225321 | 1267222 |
| 初 中 | 296745 | 240055 | 228216 | 170400 | 1033714 |
| 高 中 | 62303 | 51866 | 48035 | 36265 | 225123 |
| 大学专科 | 14990 | 12111 | 10268 | 7323 | 39626 |
| 大学本科 | 6004 | 4472 | 3825 | 2636 | 13898 |
| 硕士研究生 | 309 | 165 | 193 | 111 | 568 |
| 博士研究生 | 24 | 21 | 24 | 13 | 107 |

# 第二部分　长表数据资料

## 第一卷　概要

# 1-1 各地区户数、

| 地区 | 户数 | | | | | | |
|---|---|---|---|---|---|---|---|
| | | | | 合计 | | | |
| | 合计 | 家庭户 | 集体户 | 合计 | 男 | 女 | 性别比(女=100) |
| **合计** | **2590784** | **2451512** | **139272** | **6467791** | **3389194** | **3078597** | **110.09** |
| **杭州市** | **485410** | **445485** | **39925** | **1214878** | **636723** | **578155** | **110.13** |
| 上城区 | 12097 | 11590 | 507 | 31043 | 15208 | 15835 | 96.04 |
| 下城区 | 18806 | 17517 | 1289 | 46764 | 22932 | 23832 | 96.22 |
| 江干区 | 61569 | 52108 | 9461 | 154626 | 80592 | 74034 | 108.86 |
| 拱墅区 | 25884 | 23932 | 1952 | 63082 | 31699 | 31383 | 101.01 |
| 西湖区 | 43040 | 36933 | 6107 | 112143 | 58056 | 54087 | 107.34 |
| 滨江区 | 18820 | 16252 | 2568 | 49576 | 25630 | 23946 | 107.03 |
| 萧山区 | 93459 | 86056 | 7403 | 233408 | 125551 | 107857 | 116.41 |
| 余杭区 | 107252 | 100406 | 6846 | 257791 | 138919 | 118872 | 116.86 |
| 富阳区 | 31756 | 30208 | 1548 | 85768 | 45497 | 40271 | 112.98 |
| 临安区 | 24734 | 23902 | 832 | 63279 | 33144 | 30135 | 109.99 |
| 桐庐县 | 18125 | 17360 | 765 | 44812 | 23027 | 21785 | 105.70 |
| 淳安县 | 13801 | 13534 | 267 | 31146 | 15398 | 15748 | 97.78 |
| 建德市 | 16067 | 15687 | 380 | 41440 | 21070 | 20370 | 103.44 |
| **宁波市** | **416948** | **397681** | **19267** | **967638** | **507183** | **460455** | **110.15** |
| 海曙区 | 44847 | 43062 | 1785 | 105885 | 54328 | 51557 | 105.37 |
| 江北区 | 21237 | 20152 | 1085 | 48978 | 25833 | 23145 | 111.61 |
| 北仑区 | 39603 | 36935 | 2668 | 88324 | 48383 | 39941 | 121.14 |
| 镇海区 | 24126 | 22800 | 1326 | 56466 | 30505 | 25961 | 117.50 |
| 鄞州区 | 70139 | 66315 | 3824 | 164190 | 84140 | 80050 | 105.11 |
| 奉化区 | 24469 | 23524 | 945 | 57452 | 30199 | 27253 | 110.81 |
| 象山县 | 24355 | 23654 | 701 | 55290 | 27898 | 27392 | 101.85 |
| 宁海县 | 29416 | 28724 | 692 | 67159 | 34655 | 32504 | 106.62 |
| 余姚市 | 53569 | 51884 | 1685 | 128683 | 67088 | 61595 | 108.92 |
| 慈溪市 | 85187 | 80631 | 4556 | 195211 | 104154 | 91057 | 114.38 |
| **温州市** | **361475** | **342051** | **19424** | **918026** | **489384** | **428642** | **114.17** |
| 鹿城区 | 46755 | 43418 | 3337 | 115895 | 60579 | 55316 | 109.51 |
| 龙湾区 | 29012 | 25903 | 3109 | 71975 | 40866 | 31109 | 131.36 |
| 瓯海区 | 38125 | 33814 | 4311 | 93713 | 51431 | 42282 | 121.64 |
| 洞头区 | 5210 | 4683 | 527 | 13775 | 7457 | 6318 | 118.03 |
| 永嘉县 | 30083 | 28443 | 1640 | 77187 | 41433 | 35754 | 115.88 |
| 平阳县 | 31754 | 30610 | 1144 | 84376 | 44271 | 40105 | 110.39 |
| 苍南县 | 28734 | 28067 | 667 | 79883 | 41715 | 38168 | 109.29 |
| 文成县 | 8099 | 7949 | 150 | 21069 | 11110 | 9959 | 111.56 |
| 泰顺县 | 8799 | 8701 | 98 | 21690 | 11275 | 10415 | 108.26 |
| 瑞安市 | 57023 | 54741 | 2282 | 145057 | 76753 | 68304 | 112.37 |
| 乐清市 | 61940 | 60310 | 1630 | 148361 | 78647 | 69714 | 112.81 |
| 龙港市 | 15941 | 15412 | 529 | 45045 | 23847 | 21198 | 112.50 |
| **嘉兴市** | **218587** | **207593** | **10994** | **567644** | **297657** | **269987** | **110.25** |
| 南湖区 | 34565 | 32378 | 2187 | 87562 | 45404 | 42158 | 107.70 |
| 秀洲区 | 26819 | 25725 | 1094 | 71284 | 37498 | 33786 | 110.99 |
| 嘉善县 | 27549 | 26305 | 1244 | 68277 | 36769 | 31508 | 116.70 |
| 海盐县 | 17290 | 16650 | 640 | 47902 | 24797 | 23105 | 107.32 |
| 海宁市 | 45588 | 42767 | 2821 | 116105 | 61560 | 54545 | 112.86 |
| 平湖市 | 27628 | 26287 | 1341 | 71509 | 37527 | 33982 | 110.43 |
| 桐乡市 | 39148 | 37481 | 1667 | 105005 | 54102 | 50903 | 106.28 |
| **湖州市** | **124380** | **117639** | **6741** | **345807** | **179696** | **166111** | **108.18** |
| 吴兴区 | 37122 | 33555 | 3567 | 107885 | 55893 | 51992 | 107.50 |
| 南浔区 | 20867 | 20312 | 555 | 54756 | 28545 | 26211 | 108.90 |
| 德清县 | 19667 | 18350 | 1317 | 57164 | 30155 | 27009 | 111.65 |
| 长兴县 | 25036 | 24537 | 499 | 69269 | 35645 | 33624 | 106.01 |
| 安吉县 | 21688 | 20885 | 803 | 56733 | 29458 | 27275 | 108.00 |

# 人口数和性别比

单位：户、人

| 人口数 | | | | | | | | 平均家庭户规模（人/户） |
|---|---|---|---|---|---|---|---|---|
| 家庭户 | | | | 集体户 | | | | |
| 小计 | 男 | 女 | 性别比（女=100） | 小计 | 男 | 女 | 性别比（女=100） | |
| **5959007** | **3062892** | **2896115** | **105.76** | **508784** | **326302** | **182482** | **178.81** | **2.43** |
| **1081333** | **552124** | **529209** | **104.33** | **133545** | **84599** | **48946** | **172.84** | **2.43** |
| 29135 | 13971 | 15164 | 92.13 | 1908 | 1237 | 671 | 184.35 | 2.51 |
| 42756 | 20599 | 22157 | 92.97 | 4008 | 2333 | 1675 | 139.28 | 2.44 |
| 124216 | 62877 | 61339 | 102.51 | 30410 | 17715 | 12695 | 139.54 | 2.38 |
| 57171 | 28222 | 28949 | 97.49 | 5911 | 3477 | 2434 | 142.85 | 2.39 |
| 91495 | 46017 | 45478 | 101.19 | 20648 | 12039 | 8609 | 139.84 | 2.48 |
| 40084 | 20067 | 20017 | 100.25 | 9492 | 5563 | 3929 | 141.59 | 2.47 |
| 211246 | 109683 | 101563 | 108.00 | 22162 | 15868 | 6294 | 252.11 | 2.45 |
| 237085 | 124677 | 112408 | 110.91 | 20706 | 14242 | 6464 | 220.33 | 2.36 |
| 79306 | 40948 | 38358 | 106.75 | 6462 | 4549 | 1913 | 237.79 | 2.63 |
| 57316 | 29294 | 28022 | 104.54 | 5963 | 3850 | 2113 | 182.21 | 2.40 |
| 42377 | 21471 | 20906 | 102.70 | 2435 | 1556 | 879 | 177.02 | 2.44 |
| 29765 | 14598 | 15167 | 96.25 | 1381 | 800 | 581 | 137.69 | 2.20 |
| 39381 | 19700 | 19681 | 100.10 | 2059 | 1370 | 689 | 198.84 | 2.51 |
| **903151** | **465263** | **437888** | **106.25** | **64487** | **41920** | **22567** | **185.76** | **2.27** |
| 98833 | 50263 | 48570 | 103.49 | 7052 | 4065 | 2987 | 136.09 | 2.30 |
| 45390 | 23417 | 21973 | 106.57 | 3588 | 2416 | 1172 | 206.14 | 2.25 |
| 80498 | 42848 | 37650 | 113.81 | 7826 | 5535 | 2291 | 241.60 | 2.18 |
| 51999 | 27467 | 24532 | 111.96 | 4467 | 3038 | 1429 | 212.60 | 2.28 |
| 151495 | 76577 | 74918 | 102.21 | 12695 | 7563 | 5132 | 147.37 | 2.28 |
| 53933 | 27688 | 26245 | 105.50 | 3519 | 2511 | 1008 | 249.11 | 2.29 |
| 53219 | 26524 | 26695 | 99.36 | 2071 | 1374 | 697 | 197.13 | 2.25 |
| 64818 | 33089 | 31729 | 104.29 | 2341 | 1566 | 775 | 202.06 | 2.26 |
| 122182 | 63017 | 59165 | 106.51 | 6501 | 4071 | 2430 | 167.53 | 2.35 |
| 180784 | 94373 | 86411 | 109.21 | 14427 | 9781 | 4646 | 210.53 | 2.24 |
| **844114** | **441302** | **402812** | **109.56** | **73912** | **48082** | **25830** | **186.15** | **2.47** |
| 102125 | 52038 | 50087 | 103.90 | 13770 | 8541 | 5229 | 163.34 | 2.35 |
| 61437 | 33578 | 27859 | 120.53 | 10538 | 7288 | 3250 | 224.25 | 2.37 |
| 77426 | 41603 | 35823 | 116.13 | 16287 | 9828 | 6459 | 152.16 | 2.29 |
| 11289 | 5640 | 5649 | 99.84 | 2486 | 1817 | 669 | 271.60 | 2.41 |
| 70531 | 36986 | 33545 | 110.26 | 6656 | 4447 | 2209 | 201.31 | 2.48 |
| 79884 | 41333 | 38551 | 107.22 | 4492 | 2938 | 1554 | 189.06 | 2.61 |
| 76875 | 39704 | 37171 | 106.81 | 3008 | 2011 | 997 | 201.71 | 2.74 |
| 20504 | 10648 | 9856 | 108.04 | 565 | 462 | 103 | 448.54 | 2.58 |
| 20918 | 10784 | 10134 | 106.41 | 772 | 491 | 281 | 174.73 | 2.40 |
| 137375 | 71660 | 65715 | 109.05 | 7682 | 5093 | 2589 | 196.72 | 2.51 |
| 142558 | 74822 | 67736 | 110.46 | 5803 | 3825 | 1978 | 193.38 | 2.36 |
| 43192 | 22506 | 20686 | 108.80 | 1853 | 1341 | 512 | 261.91 | 2.80 |
| **531347** | **273698** | **257649** | **106.23** | **36297** | **23959** | **12338** | **194.19** | **2.56** |
| 80016 | 40841 | 39175 | 104.25 | 7546 | 4563 | 2983 | 152.97 | 2.47 |
| 67673 | 35004 | 32669 | 107.15 | 3611 | 2494 | 1117 | 223.28 | 2.63 |
| 63535 | 33359 | 30176 | 110.55 | 4742 | 3410 | 1332 | 256.01 | 2.42 |
| 45835 | 23269 | 22566 | 103.12 | 2067 | 1528 | 539 | 283.49 | 2.75 |
| 107620 | 55859 | 51761 | 107.92 | 8485 | 5701 | 2784 | 204.78 | 2.52 |
| 67393 | 34550 | 32843 | 105.20 | 4116 | 2977 | 1139 | 261.37 | 2.56 |
| 99275 | 50816 | 48459 | 104.86 | 5730 | 3286 | 2444 | 134.45 | 2.65 |
| **312979** | **159153** | **153826** | **103.46** | **32828** | **20543** | **12285** | **167.22** | **2.66** |
| 89003 | 44812 | 44191 | 101.41 | 18882 | 11081 | 7801 | 142.05 | 2.65 |
| 52641 | 27006 | 25635 | 105.35 | 2115 | 1539 | 576 | 267.19 | 2.59 |
| 51026 | 26036 | 24990 | 104.19 | 6138 | 4119 | 2019 | 204.01 | 2.78 |
| 66805 | 33935 | 32870 | 103.24 | 2464 | 1710 | 754 | 226.79 | 2.72 |
| 53504 | 27364 | 26140 | 104.68 | 3229 | 2094 | 1135 | 184.49 | 2.56 |

1-1 续表

| 地区 | 户数 | | | 合计 | | | |
|---|---|---|---|---|---|---|---|
| | 合计 | 家庭户 | 集体户 | 合计 | 男 | 女 | 性别比(女=100) |
| **绍兴市** | **206472** | **197315** | **9157** | **527086** | **271781** | **255305** | **106.45** |
| 越城区 | 38259 | 36426 | 1833 | 100692 | 51133 | 49559 | 103.18 |
| 柯桥区 | 46449 | 43306 | 3143 | 117942 | 63324 | 54618 | 115.94 |
| 上虞区 | 33599 | 32017 | 1582 | 84286 | 42718 | 41568 | 102.77 |
| 新昌县 | 16241 | 15937 | 304 | 39164 | 20138 | 19026 | 105.84 |
| 诸暨市 | 44968 | 43127 | 1841 | 118485 | 60282 | 58203 | 103.57 |
| 嵊州市 | 26956 | 26502 | 454 | 66517 | 34186 | 32331 | 105.74 |
| **金华市** | **295315** | **278255** | **17060** | **705844** | **372618** | **333226** | **111.82** |
| 婺城区 | 38500 | 36242 | 2258 | 93035 | 47794 | 45241 | 105.64 |
| 金东区 | 21456 | 19567 | 1889 | 51683 | 27877 | 23806 | 117.10 |
| 武义县 | 20568 | 19895 | 673 | 46702 | 24880 | 21822 | 114.01 |
| 浦江县 | 18513 | 17895 | 618 | 46382 | 24295 | 22087 | 110.00 |
| 磐安县 | 7532 | 7366 | 166 | 17230 | 8852 | 8378 | 105.66 |
| 兰溪市 | 21733 | 21088 | 645 | 55786 | 28400 | 27386 | 103.70 |
| 义乌市 | 84957 | 77779 | 7178 | 195307 | 105359 | 89948 | 117.13 |
| 东阳市 | 44637 | 42707 | 1930 | 108427 | 55673 | 52754 | 105.53 |
| 永康市 | 37419 | 35716 | 1703 | 91292 | 49488 | 41804 | 118.38 |
| **衢州市** | **88522** | **86415** | **2107** | **217964** | **110232** | **107732** | **102.32** |
| 柯城区 | 19814 | 18994 | 820 | 52067 | 26246 | 25821 | 101.65 |
| 衢江区 | 13806 | 13543 | 263 | 34899 | 18188 | 16711 | 108.84 |
| 常山县 | 10512 | 10313 | 199 | 24789 | 12579 | 12210 | 103.02 |
| 开化县 | 10140 | 9940 | 200 | 24093 | 11788 | 12305 | 95.80 |
| 龙游县 | 15523 | 15159 | 364 | 35279 | 18038 | 17241 | 104.62 |
| 江山市 | 18727 | 18466 | 261 | 46837 | 23393 | 23444 | 99.78 |
| **舟山市** | **50933** | **48160** | **2773** | **119252** | **64426** | **54826** | **117.51** |
| 定海区 | 21596 | 20615 | 981 | 50249 | 25849 | 24400 | 105.94 |
| 普陀区 | 17302 | 16591 | 711 | 38958 | 20248 | 18710 | 108.22 |
| 岱山县 | 8850 | 7862 | 988 | 23339 | 14864 | 8475 | 175.39 |
| 嵊泗县 | 3185 | 3092 | 93 | 6706 | 3465 | 3241 | 106.91 |
| **台州市** | **254080** | **244648** | **9432** | **660046** | **344187** | **315859** | **108.97** |
| 椒江区 | 30767 | 28583 | 2184 | 83116 | 43874 | 39242 | 111.80 |
| 黄岩区 | 26424 | 25403 | 1021 | 70396 | 36361 | 34035 | 106.83 |
| 路桥区 | 24202 | 23191 | 1011 | 63913 | 33768 | 30145 | 112.02 |
| 三门县 | 14296 | 13940 | 356 | 36641 | 18856 | 17785 | 106.02 |
| 天台县 | 16378 | 16073 | 305 | 44872 | 22874 | 21998 | 103.98 |
| 仙居县 | 14019 | 13690 | 329 | 40645 | 20713 | 19932 | 103.92 |
| 温岭市 | 60317 | 58004 | 2313 | 144017 | 75770 | 68247 | 111.02 |
| 临海市 | 39631 | 38422 | 1209 | 109672 | 56323 | 53349 | 105.57 |
| 玉环市 | 28046 | 27342 | 704 | 66774 | 35648 | 31126 | 114.53 |
| **丽水市** | **88662** | **86270** | **2392** | **223606** | **115307** | **108299** | **106.47** |
| 莲都区 | 20588 | 19495 | 1093 | 53503 | 28109 | 25394 | 110.69 |
| 青田县 | 13540 | 13196 | 344 | 35130 | 17971 | 17159 | 104.73 |
| 缙云县 | 16171 | 15854 | 317 | 38351 | 19598 | 18753 | 104.51 |
| 遂昌县 | 7342 | 7255 | 87 | 18363 | 9508 | 8855 | 107.37 |
| 松阳县 | 7874 | 7739 | 135 | 20092 | 10288 | 9804 | 104.94 |
| 云和县 | 4998 | 4936 | 62 | 12389 | 6508 | 5881 | 110.66 |
| 庆元县 | 5180 | 5106 | 74 | 13178 | 6688 | 6490 | 103.05 |
| 景宁畲族自治县 | 3928 | 3829 | 99 | 9820 | 4996 | 4824 | 103.57 |
| 龙泉市 | 9041 | 8860 | 181 | 22780 | 11641 | 11139 | 104.51 |

单位：户、人

| 人口数 | | | | | | | | 平均家庭户规模（人/户） |
|---|---|---|---|---|---|---|---|---|
| 家庭户 | | | | 集体户 | | | | |
| 小计 | 男 | 女 | 性别比（女=100） | 小计 | 男 | 女 | 性别比（女=100） | |
| **487966** | **247274** | **240692** | **102.73** | **39120** | **24507** | **14613** | **167.71** | **2.47** |
| 92805 | 46318 | 46487 | 99.64 | 7887 | 4815 | 3072 | 156.74 | 2.55 |
| 108163 | 56502 | 51661 | 109.37 | 9779 | 6822 | 2957 | 230.71 | 2.50 |
| 78941 | 39316 | 39625 | 99.22 | 5345 | 3402 | 1943 | 175.09 | 2.47 |
| 37077 | 18842 | 18235 | 103.33 | 2087 | 1296 | 791 | 163.84 | 2.33 |
| 106645 | 53474 | 53171 | 100.57 | 11840 | 6808 | 5032 | 135.29 | 2.47 |
| 64335 | 32822 | 31513 | 104.15 | 2182 | 1364 | 818 | 166.75 | 2.43 |
| **647656** | **337172** | **310484** | **108.60** | **58188** | **35446** | **22742** | **155.86** | **2.33** |
| 84812 | 43336 | 41476 | 104.48 | 8223 | 4458 | 3765 | 118.41 | 2.34 |
| 44841 | 23549 | 21292 | 110.60 | 6842 | 4328 | 2514 | 172.16 | 2.29 |
| 44775 | 23614 | 21161 | 111.59 | 1927 | 1266 | 661 | 191.53 | 2.25 |
| 43551 | 22649 | 20902 | 108.36 | 2831 | 1646 | 1185 | 138.90 | 2.43 |
| 16599 | 8418 | 8181 | 102.90 | 631 | 434 | 197 | 220.30 | 2.25 |
| 53185 | 27068 | 26117 | 103.64 | 2601 | 1332 | 1269 | 104.96 | 2.52 |
| 174422 | 92292 | 82130 | 112.37 | 20885 | 13067 | 7818 | 167.14 | 2.24 |
| 101601 | 51482 | 50119 | 102.72 | 6826 | 4191 | 2635 | 159.05 | 2.38 |
| 83870 | 44764 | 39106 | 114.47 | 7422 | 4724 | 2698 | 175.09 | 2.35 |
| **208745** | **104562** | **104183** | **100.36** | **9219** | **5670** | **3549** | **159.76** | **2.42** |
| 48399 | 24022 | 24377 | 98.54 | 3668 | 2224 | 1444 | 154.02 | 2.55 |
| 33764 | 17415 | 16349 | 106.52 | 1135 | 773 | 362 | 213.54 | 2.49 |
| 24030 | 12110 | 11920 | 101.59 | 759 | 469 | 290 | 161.72 | 2.33 |
| 23185 | 11240 | 11945 | 94.10 | 908 | 548 | 360 | 152.22 | 2.33 |
| 33826 | 17073 | 16753 | 101.91 | 1453 | 965 | 488 | 197.75 | 2.23 |
| 45541 | 22702 | 22839 | 99.40 | 1296 | 691 | 605 | 114.21 | 2.47 |
| **106044** | **53479** | **52565** | **101.74** | **13208** | **10947** | **2261** | **484.17** | **2.20** |
| 46913 | 23553 | 23360 | 100.83 | 3336 | 2296 | 1040 | 220.77 | 2.28 |
| 36709 | 18565 | 18144 | 102.32 | 2249 | 1683 | 566 | 297.35 | 2.21 |
| 16073 | 8164 | 7909 | 103.22 | 7266 | 6700 | 566 | 1183.75 | 2.04 |
| 6349 | 3197 | 3152 | 101.43 | 357 | 268 | 89 | 301.12 | 2.05 |
| **623674** | **320964** | **302710** | **106.03** | **36372** | **23223** | **13149** | **176.61** | **2.55** |
| 74797 | 38317 | 36480 | 105.04 | 8319 | 5557 | 2762 | 201.19 | 2.62 |
| 66275 | 33909 | 32366 | 104.77 | 4121 | 2452 | 1669 | 146.91 | 2.61 |
| 60099 | 31228 | 28871 | 108.16 | 3814 | 2540 | 1274 | 199.37 | 2.59 |
| 35356 | 18006 | 17350 | 103.78 | 1285 | 850 | 435 | 195.40 | 2.54 |
| 42799 | 21596 | 21203 | 101.85 | 2073 | 1278 | 795 | 160.75 | 2.66 |
| 38326 | 19360 | 18966 | 102.08 | 2319 | 1353 | 966 | 140.06 | 2.80 |
| 136635 | 70952 | 65683 | 108.02 | 7382 | 4818 | 2564 | 187.91 | 2.36 |
| 104749 | 53439 | 51310 | 104.15 | 4923 | 2884 | 2039 | 141.44 | 2.73 |
| 64638 | 34157 | 30481 | 112.06 | 2136 | 1491 | 645 | 231.16 | 2.36 |
| **211998** | **107901** | **104097** | **103.65** | **11608** | **7406** | **4202** | **176.25** | **2.46** |
| 48536 | 24864 | 23672 | 105.04 | 4967 | 3245 | 1722 | 188.44 | 2.49 |
| 33546 | 17007 | 16539 | 102.83 | 1584 | 964 | 620 | 155.48 | 2.54 |
| 36982 | 18747 | 18235 | 102.81 | 1369 | 851 | 518 | 164.29 | 2.33 |
| 17733 | 9073 | 8660 | 104.77 | 630 | 435 | 195 | 223.08 | 2.44 |
| 19385 | 9843 | 9542 | 103.15 | 707 | 445 | 262 | 169.85 | 2.50 |
| 12157 | 6364 | 5793 | 109.86 | 232 | 144 | 88 | 163.64 | 2.46 |
| 12593 | 6339 | 6254 | 101.36 | 585 | 349 | 236 | 147.88 | 2.47 |
| 9272 | 4627 | 4645 | 99.61 | 548 | 369 | 179 | 206.15 | 2.42 |
| 21794 | 11037 | 10757 | 102.60 | 986 | 604 | 382 | 158.12 | 2.46 |

# 1-1a 各地区户数、

| 地 区 | 户数 | | | 合计 | | | |
|---|---|---|---|---|---|---|---|
| | 合计 | 家庭户 | 集体户 | 合计 | 男 | 女 | 性别比(女=100) |
| **合计** | **1353571** | **1264652** | **88919** | **3357273** | **1749966** | **1607307** | **108.88** |
| **杭州市** | **364289** | **330172** | **34117** | **906653** | **473754** | **432899** | **109.44** |
| 上城区 | 12097 | 11590 | 507 | 31043 | 15208 | 15835 | 96.04 |
| 下城区 | 18806 | 17517 | 1289 | 46764 | 22932 | 23832 | 96.22 |
| 江干区 | 61569 | 52108 | 9461 | 154626 | 80592 | 74034 | 108.86 |
| 拱墅区 | 25884 | 23932 | 1952 | 63082 | 31699 | 31383 | 101.01 |
| 西湖区 | 42050 | 36060 | 5990 | 108881 | 56278 | 52603 | 106.99 |
| 滨江区 | 18820 | 16252 | 2568 | 49576 | 25630 | 23946 | 107.03 |
| 萧山区 | 69867 | 64395 | 5472 | 171470 | 92110 | 79360 | 116.07 |
| 余杭区 | 77294 | 72145 | 5149 | 179143 | 95716 | 83427 | 114.73 |
| 富阳区 | 21135 | 20083 | 1052 | 57438 | 30490 | 26948 | 113.14 |
| 临安区 | 11513 | 10982 | 531 | 30764 | 16183 | 14581 | 110.99 |
| 桐庐县 | | | | | | | |
| 淳安县 | | | | | | | |
| 建德市 | 5254 | 5108 | 146 | 13866 | 6916 | 6950 | 99.51 |
| **宁波市** | **238572** | **227377** | **11195** | **562147** | **291196** | **270951** | **107.47** |
| 海曙区 | 37659 | 36028 | 1631 | 89569 | 45773 | 43796 | 104.51 |
| 江北区 | 17057 | 16180 | 877 | 40357 | 21015 | 19342 | 108.65 |
| 北仑区 | 27382 | 25609 | 1773 | 62073 | 33613 | 28460 | 118.11 |
| 镇海区 | 19603 | 18529 | 1074 | 46446 | 24719 | 21727 | 113.77 |
| 鄞州区 | 42551 | 39842 | 2709 | 102148 | 50854 | 51294 | 99.14 |
| 奉化区 | 11863 | 11464 | 399 | 29438 | 15146 | 14292 | 105.98 |
| 象山县 | | | | | | | |
| 宁海县 | | | | | | | |
| 余姚市 | 33807 | 32588 | 1219 | 80332 | 41982 | 38350 | 109.47 |
| 慈溪市 | 48650 | 47137 | 1513 | 111784 | 58094 | 53690 | 108.20 |
| **温州市** | **186044** | **174184** | **11860** | **464587** | **247881** | **216706** | **114.39** |
| 鹿城区 | 43029 | 40083 | 2946 | 104990 | 54530 | 50460 | 108.07 |
| 龙湾区 | 17899 | 16313 | 1586 | 45569 | 25452 | 20117 | 126.52 |
| 瓯海区 | 31685 | 27871 | 3814 | 77568 | 42560 | 35008 | 121.57 |
| 洞头区 | 2465 | 2331 | 134 | 6583 | 3322 | 3261 | 101.87 |
| 永嘉县 | | | | | | | |
| 平阳县 | | | | | | | |
| 苍南县 | | | | | | | |
| 文成县 | | | | | | | |
| 泰顺县 | | | | | | | |
| 瑞安市 | 37647 | 35945 | 1702 | 95547 | 50485 | 45062 | 112.03 |
| 乐清市 | 38613 | 37450 | 1163 | 92481 | 49308 | 43173 | 114.21 |
| 龙港市 | 14706 | 14191 | 515 | 41849 | 22224 | 19625 | 113.24 |
| **嘉兴市** | **91620** | **86152** | **5468** | **233081** | **120421** | **112660** | **106.89** |
| 南湖区 | 27853 | 25899 | 1954 | 70696 | 36400 | 34296 | 106.13 |
| 秀洲区 | 12654 | 11854 | 800 | 32563 | 17262 | 15301 | 112.82 |
| 嘉善县 | | | | | | | |
| 海盐县 | | | | | | | |
| 海宁市 | 17347 | 16372 | 975 | 44633 | 23080 | 21553 | 107.08 |
| 平湖市 | 11775 | 11187 | 588 | 30558 | 15608 | 14950 | 104.40 |
| 桐乡市 | 21991 | 20840 | 1151 | 54631 | 28071 | 26560 | 105.69 |
| **湖州市** | **28384** | **26957** | **1427** | **76266** | **38704** | **37562** | **103.04** |
| 吴兴区 | 21402 | 20208 | 1194 | 57452 | 28789 | 28663 | 100.44 |
| 南浔区 | 6982 | 6749 | 233 | 18814 | 9915 | 8899 | 111.42 |
| 德清县 | | | | | | | |
| 长兴县 | | | | | | | |
| 安吉县 | | | | | | | |

# 人口数和性别比(城市)

单位：户、人

| 人口数 | | | | | | | | 平均家庭户规模（人/户） |
|---|---|---|---|---|---|---|---|---|
| 家庭户 | | | | 集体户 | | | | |
| 小计 | 男 | 女 | 性别比（女=100） | 小计 | 男 | 女 | 性别比（女=100） | |
| **3043708** | **1557777** | **1485931** | **104.84** | **313565** | **192189** | **121376** | **158.34** | **2.41** |
| **793298** | **403642** | **389656** | **103.59** | **113355** | **70112** | **43243** | **162.13** | **2.40** |
| 29135 | 13971 | 15164 | 92.13 | 1908 | 1237 | 671 | 184.35 | 2.51 |
| 42756 | 20599 | 22157 | 92.97 | 4008 | 2333 | 1675 | 139.28 | 2.44 |
| 124216 | 62877 | 61339 | 102.51 | 30410 | 17715 | 12695 | 139.54 | 2.38 |
| 57171 | 28222 | 28949 | 97.49 | 5911 | 3477 | 2434 | 142.85 | 2.39 |
| 88815 | 44670 | 44145 | 101.19 | 20066 | 11608 | 8458 | 137.24 | 2.46 |
| 40084 | 20067 | 20017 | 100.25 | 9492 | 5563 | 3929 | 141.59 | 2.47 |
| 154541 | 80240 | 74301 | 107.99 | 16929 | 11870 | 5059 | 234.63 | 2.40 |
| 163720 | 85541 | 78179 | 109.42 | 15423 | 10175 | 5248 | 193.88 | 2.27 |
| 53116 | 27346 | 25770 | 106.12 | 4322 | 3144 | 1178 | 266.89 | 2.64 |
| 26689 | 13678 | 13011 | 105.13 | 4075 | 2505 | 1570 | 159.55 | 2.43 |
| 13055 | 6431 | 6624 | 97.09 | 811 | 485 | 326 | 148.77 | 2.56 |
| **523374** | **267628** | **255746** | **104.65** | **38773** | **23568** | **15205** | **155.00** | **2.30** |
| 83238 | 42182 | 41056 | 102.74 | 6331 | 3591 | 2740 | 131.06 | 2.31 |
| 37411 | 19048 | 18363 | 103.73 | 2946 | 1967 | 979 | 200.92 | 2.31 |
| 56672 | 29961 | 26711 | 112.17 | 5401 | 3652 | 1749 | 208.81 | 2.21 |
| 42811 | 22404 | 20407 | 109.79 | 3635 | 2315 | 1320 | 175.38 | 2.31 |
| 93282 | 45891 | 47391 | 96.83 | 8866 | 4963 | 3903 | 127.16 | 2.34 |
| 27867 | 14070 | 13797 | 101.98 | 1571 | 1076 | 495 | 217.37 | 2.43 |
| 75728 | 39195 | 36533 | 107.29 | 4604 | 2787 | 1817 | 153.38 | 2.32 |
| 106365 | 54877 | 51488 | 106.58 | 5419 | 3217 | 2202 | 146.09 | 2.26 |
| **420602** | **219995** | **200607** | **109.66** | **43985** | **27886** | **16099** | **173.22** | **2.41** |
| 93610 | 47501 | 46109 | 103.02 | 11380 | 7029 | 4351 | 161.55 | 2.34 |
| 39611 | 21414 | 18197 | 117.68 | 5958 | 4038 | 1920 | 210.31 | 2.43 |
| 63136 | 33919 | 29217 | 116.09 | 14432 | 8641 | 5791 | 149.21 | 2.27 |
| 5953 | 2901 | 3052 | 95.05 | 630 | 421 | 209 | 201.44 | 2.55 |
| 90012 | 46853 | 43159 | 108.56 | 5535 | 3632 | 1903 | 190.86 | 2.50 |
| 88236 | 46497 | 41739 | 111.40 | 4245 | 2811 | 1434 | 196.03 | 2.36 |
| 40044 | 20910 | 19134 | 109.28 | 1805 | 1314 | 491 | 267.62 | 2.82 |
| **214554** | **109171** | **105383** | **103.59** | **18527** | **11250** | **7277** | **154.60** | **2.49** |
| 63703 | 32274 | 31429 | 102.69 | 6993 | 4126 | 2867 | 143.91 | 2.46 |
| 29985 | 15480 | 14505 | 106.72 | 2578 | 1782 | 796 | 223.87 | 2.53 |
| 41403 | 21013 | 20390 | 103.06 | 3230 | 2067 | 1163 | 177.73 | 2.53 |
| 28707 | 14416 | 14291 | 100.87 | 1851 | 1192 | 659 | 180.88 | 2.57 |
| 50756 | 25988 | 24768 | 104.93 | 3875 | 2083 | 1792 | 116.24 | 2.44 |
| **71127** | **35568** | **35559** | **100.03** | **5139** | **3136** | **2003** | **156.57** | **2.64** |
| 53147 | 26288 | 26859 | 97.87 | 4305 | 2501 | 1804 | 138.64 | 2.63 |
| 17980 | 9280 | 8700 | 106.67 | 834 | 635 | 199 | 319.10 | 2.66 |

1-1a 续表

| 地区 | 户数 | | | 合计 | | | |
| --- | --- | --- | --- | --- | --- | --- | --- |
| | 合计 | 家庭户 | 集体户 | 合计 | 男 | 女 | 性别比(女=100) |
| **绍兴市** | **117731** | **111661** | **6070** | **309743** | **159120** | **150623** | **105.64** |
| 越城区 | 32124 | 30449 | 1675 | 84880 | 43053 | 41827 | 102.93 |
| 柯桥区 | 32384 | 30726 | 1658 | 84456 | 44902 | 39554 | 113.52 |
| 上虞区 | 20669 | 19366 | 1303 | 52982 | 27059 | 25923 | 104.38 |
| 新昌县 | | | | | | | |
| 诸暨市 | 20387 | 19302 | 1085 | 55701 | 28130 | 27571 | 102.03 |
| 嵊州市 | 12167 | 11818 | 349 | 31724 | 15976 | 15748 | 101.45 |
| **金华市** | **139672** | **129284** | **10388** | **330130** | **174231** | **155899** | **111.76** |
| 婺城区 | 27367 | 25465 | 1902 | 65159 | 33283 | 31876 | 104.41 |
| 金东区 | 5481 | 4912 | 569 | 14136 | 7472 | 6664 | 112.12 |
| 武义县 | | | | | | | |
| 浦江县 | | | | | | | |
| 磐安县 | | | | | | | |
| 兰溪市 | 9380 | 8861 | 519 | 24670 | 12323 | 12347 | 99.81 |
| 义乌市 | 55465 | 50654 | 4811 | 125064 | 67437 | 57627 | 117.02 |
| 东阳市 | 19377 | 18168 | 1209 | 46973 | 24039 | 22934 | 104.82 |
| 永康市 | 22602 | 21224 | 1378 | 54128 | 29677 | 24451 | 121.37 |
| **衢州市** | **27314** | **26204** | **1110** | **71306** | **35674** | **35632** | **100.12** |
| 柯城区 | 14704 | 13957 | 747 | 38615 | 19288 | 19327 | 99.80 |
| 衢江区 | 4574 | 4367 | 207 | 12074 | 6298 | 5776 | 109.04 |
| 常山县 | | | | | | | |
| 开化县 | | | | | | | |
| 龙游县 | 61 | 59 | 2 | 117 | 58 | 59 | 98.31 |
| 江山市 | 7975 | 7821 | 154 | 20500 | 10030 | 10470 | 95.80 |
| **舟山市** | **25052** | **24201** | **851** | **59646** | **29841** | **29805** | **100.12** |
| 定海区 | 14489 | 13863 | 626 | 34724 | 17355 | 17369 | 99.92 |
| 普陀区 | 10563 | 10338 | 225 | 24922 | 12486 | 12436 | 100.40 |
| 岱山县 | | | | | | | |
| 嵊泗县 | | | | | | | |
| **台州市** | **114878** | **109475** | **5403** | **290201** | **151600** | **138601** | **109.38** |
| 椒江区 | 23269 | 21663 | 1606 | 61852 | 32245 | 29607 | 108.91 |
| 黄岩区 | 15909 | 15088 | 821 | 41460 | 21673 | 19787 | 109.53 |
| 路桥区 | 11925 | 11457 | 468 | 31001 | 16248 | 14753 | 110.13 |
| 三门县 | | | | | | | |
| 天台县 | | | | | | | |
| 仙居县 | | | | | | | |
| 温岭市 | 29416 | 27986 | 1430 | 68362 | 36184 | 32178 | 112.45 |
| 临海市 | 14654 | 14010 | 644 | 40683 | 20350 | 20333 | 100.08 |
| 玉环市 | 19705 | 19271 | 434 | 46843 | 24900 | 21943 | 113.48 |
| **丽水市** | **20015** | **18985** | **1030** | **53513** | **27544** | **25969** | **106.06** |
| 莲都区 | 14908 | 14046 | 862 | 39544 | 20509 | 19035 | 107.74 |
| 青田县 | | | | | | | |
| 缙云县 | | | | | | | |
| 遂昌县 | | | | | | | |
| 松阳县 | | | | | | | |
| 云和县 | | | | | | | |
| 庆元县 | | | | | | | |
| 景宁畲族自治县 | | | | | | | |
| 龙泉市 | 5107 | 4939 | 168 | 13969 | 7035 | 6934 | 101.46 |

单位：户、人

| 人口数 | | | | | | | | 平均家庭户规模（人/户） |
|---|---|---|---|---|---|---|---|---|
| 家庭户 | | | | 集体户 | | | | |
| 小计 | 男 | 女 | 性别比（女=100） | 小计 | 男 | 女 | 性别比（女=100） | |
| **284009** | **143506** | **140503** | **102.14** | **25734** | **15614** | **10120** | **154.29** | **2.54** |
| 77631 | 38700 | 38931 | 99.41 | 7249 | 4353 | 2896 | 150.31 | 2.55 |
| 78730 | 41248 | 37482 | 110.05 | 5726 | 3654 | 2072 | 176.35 | 2.56 |
| 48523 | 24243 | 24280 | 99.85 | 4459 | 2816 | 1643 | 171.39 | 2.51 |
| 49025 | 24355 | 24670 | 98.72 | 6676 | 3775 | 2901 | 130.13 | 2.54 |
| 30100 | 14960 | 15140 | 98.81 | 1624 | 1016 | 608 | 167.11 | 2.55 |
| **295303** | **153835** | **141468** | **108.74** | **34827** | **20396** | **14431** | **141.33** | **2.28** |
| 58454 | 29881 | 28573 | 104.58 | 6705 | 3402 | 3303 | 103.00 | 2.30 |
| 11833 | 6115 | 5718 | 106.94 | 2303 | 1357 | 946 | 143.45 | 2.41 |
| 22660 | 11332 | 11328 | 100.04 | 2010 | 991 | 1019 | 97.25 | 2.56 |
| 111122 | 58823 | 52299 | 112.47 | 13942 | 8614 | 5328 | 161.67 | 2.19 |
| 42923 | 21682 | 21241 | 102.08 | 4050 | 2357 | 1693 | 139.22 | 2.36 |
| 48311 | 26002 | 22309 | 116.55 | 5817 | 3675 | 2142 | 171.57 | 2.28 |
| **66597** | **32873** | **33724** | **97.48** | **4709** | **2801** | **1908** | **146.80** | **2.54** |
| 35251 | 17300 | 17951 | 96.37 | 3364 | 1988 | 1376 | 144.48 | 2.53 |
| 11347 | 5797 | 5550 | 104.45 | 727 | 501 | 226 | 221.68 | 2.60 |
| 109 | 55 | 54 | 101.85 | 8 | 3 | 5 | 60.00 | 1.85 |
| 19890 | 9721 | 10169 | 95.59 | 610 | 309 | 301 | 102.66 | 2.54 |
| **56686** | **28033** | **28653** | **97.84** | **2960** | **1808** | **1152** | **156.94** | **2.34** |
| 32518 | 16002 | 16516 | 96.89 | 2206 | 1353 | 853 | 158.62 | 2.35 |
| 24168 | 12031 | 12137 | 99.13 | 754 | 455 | 299 | 152.17 | 2.34 |
| **269531** | **139015** | **130516** | **106.51** | **20670** | **12585** | **8085** | **155.66** | **2.46** |
| 55461 | 28175 | 27286 | 103.26 | 6391 | 4070 | 2321 | 175.36 | 2.56 |
| 38240 | 19737 | 18503 | 106.67 | 3220 | 1936 | 1284 | 150.78 | 2.53 |
| 29054 | 14952 | 14102 | 106.03 | 1947 | 1296 | 651 | 199.08 | 2.54 |
| 63614 | 33245 | 30369 | 109.47 | 4748 | 2939 | 1809 | 162.47 | 2.27 |
| 37841 | 18988 | 18853 | 100.72 | 2842 | 1362 | 1480 | 92.03 | 2.70 |
| 45321 | 23918 | 21403 | 111.75 | 1522 | 982 | 540 | 181.85 | 2.35 |
| **48627** | **24511** | **24116** | **101.64** | **4886** | **3033** | **1853** | **163.68** | **2.56** |
| 35557 | 18017 | 17540 | 102.72 | 3987 | 2492 | 1495 | 166.69 | 2.53 |
| 13070 | 6494 | 6576 | 98.75 | 899 | 541 | 358 | 151.12 | 2.65 |

# 1-1b 各地区户数、

| 地区 | 户数 | | | 合计 | | | |
|---|---|---|---|---|---|---|---|
| | 合计 | 家庭户 | 集体户 | 合计 | 男 | 女 | 性别比(女=100) |
| **合计** | **536313** | **504881** | **31432** | **1365999** | **719769** | **646230** | **111.38** |
| **杭州市** | **43501** | **40817** | **2684** | **108200** | **56629** | **51571** | **109.81** |
| 上城区 | | | | | | | |
| 下城区 | | | | | | | |
| 江干区 | | | | | | | |
| 拱墅区 | | | | | | | |
| 西湖区 | 13 | 13 | | 35 | 17 | 18 | 94.44 |
| 滨江区 | | | | | | | |
| 萧山区 | 5630 | 4692 | 938 | 13372 | 7676 | 5696 | 134.76 |
| 余杭区 | 11443 | 10819 | 624 | 29227 | 15683 | 13544 | 115.79 |
| 富阳区 | 1208 | 1173 | 35 | 2995 | 1586 | 1409 | 112.56 |
| 临安区 | 3029 | 2953 | 76 | 7049 | 3591 | 3458 | 103.85 |
| 桐庐县 | 12856 | 12160 | 696 | 31938 | 16430 | 15508 | 105.95 |
| 淳安县 | 6084 | 5868 | 216 | 15002 | 7338 | 7664 | 95.75 |
| 建德市 | 3238 | 3139 | 99 | 8582 | 4308 | 4274 | 100.80 |
| **宁波市** | **84001** | **78888** | **5113** | **196390** | **104252** | **92138** | **113.15** |
| 海曙区 | 1147 | 1093 | 54 | 2782 | 1399 | 1383 | 101.16 |
| 江北区 | | | | | | | |
| 北仑区 | 2430 | 1898 | 532 | 5818 | 3350 | 2468 | 135.74 |
| 镇海区 | 1885 | 1769 | 116 | 4368 | 2485 | 1883 | 131.97 |
| 鄞州区 | 13515 | 12941 | 574 | 31584 | 16714 | 14870 | 112.40 |
| 奉化区 | 2139 | 2037 | 102 | 5379 | 2809 | 2570 | 109.30 |
| 象山县 | 14817 | 14440 | 377 | 34326 | 17187 | 17139 | 100.28 |
| 宁海县 | 18275 | 17830 | 445 | 43016 | 22105 | 20911 | 105.71 |
| 余姚市 | 10370 | 10114 | 256 | 25256 | 13142 | 12114 | 108.49 |
| 慈溪市 | 19423 | 16766 | 2657 | 43861 | 25061 | 18800 | 133.30 |
| **温州市** | **79866** | **75321** | **4545** | **214991** | **113971** | **101020** | **112.82** |
| 鹿城区 | 234 | 225 | 9 | 631 | 338 | 293 | 115.36 |
| 龙湾区 | 11084 | 9563 | 1521 | 26343 | 15375 | 10968 | 140.18 |
| 瓯海区 | 733 | 673 | 60 | 1597 | 868 | 729 | 119.07 |
| 洞头区 | 279 | 279 | | 718 | 350 | 368 | 95.11 |
| 永嘉县 | 16903 | 15705 | 1198 | 45271 | 24304 | 20967 | 115.92 |
| 平阳县 | 19345 | 18522 | 823 | 53067 | 27664 | 25403 | 108.90 |
| 苍南县 | 18802 | 18269 | 533 | 54472 | 28247 | 26225 | 107.71 |
| 文成县 | 3612 | 3507 | 105 | 10153 | 5200 | 4953 | 104.99 |
| 泰顺县 | 3740 | 3665 | 75 | 10301 | 5171 | 5130 | 100.80 |
| 瑞安市 | 1063 | 1023 | 40 | 3078 | 1517 | 1561 | 97.18 |
| 乐清市 | 3400 | 3223 | 177 | 7570 | 4032 | 3538 | 113.96 |
| 龙港市 | 671 | 667 | 4 | 1790 | 905 | 885 | 102.26 |
| **嘉兴市** | **67773** | **63826** | **3947** | **173402** | **92810** | **80592** | **115.16** |
| 南湖区 | 2483 | 2437 | 46 | 6001 | 3184 | 2817 | 113.03 |
| 秀洲区 | 5743 | 5563 | 180 | 15178 | 8044 | 7134 | 112.76 |
| 嘉善县 | 20520 | 19488 | 1032 | 50796 | 27334 | 23462 | 116.50 |
| 海盐县 | 11545 | 11006 | 539 | 31428 | 16311 | 15117 | 107.90 |
| 海宁市 | 14814 | 13332 | 1482 | 36412 | 20113 | 16299 | 123.40 |
| 平湖市 | 6659 | 6268 | 391 | 17319 | 9385 | 7934 | 118.29 |
| 桐乡市 | 6009 | 5732 | 277 | 16268 | 8439 | 7829 | 107.79 |
| **湖州市** | **54570** | **50686** | **3884** | **150478** | **78303** | **72175** | **108.49** |
| 吴兴区 | 7041 | 5420 | 1621 | 25299 | 13380 | 11919 | 112.26 |
| 南浔区 | 5193 | 5058 | 135 | 13184 | 6734 | 6450 | 104.40 |
| 德清县 | 12707 | 11646 | 1061 | 35088 | 18496 | 16592 | 111.48 |
| 长兴县 | 16198 | 15814 | 384 | 43252 | 22188 | 21064 | 105.34 |
| 安吉县 | 13431 | 12748 | 683 | 33655 | 17505 | 16150 | 108.39 |

# 人口数和性别比(镇)

单位：户、人

| 人口数 | | | | | | | | 平均家庭户规模（人/户） |
|---|---|---|---|---|---|---|---|---|
| 家庭户 | | | | 集体户 | | | | |
| 小计 | 男 | 女 | 性别比（女=100） | 小计 | 男 | 女 | 性别比（女=100） | |
| **1244164** | **638900** | **605264** | **105.56** | **121835** | **80869** | **40966** | **197.41** | **2.46** |
| **99423** | **50746** | **48677** | **104.25** | **8777** | **5883** | **2894** | **203.28** | **2.44** |
| 35 | 17 | 18 | 94.44 | | | | | 2.69 |
| 10853 | 5783 | 5070 | 114.06 | 2519 | 1893 | 626 | 302.40 | 2.31 |
| 27022 | 14137 | 12885 | 109.72 | 2205 | 1546 | 659 | 234.60 | 2.50 |
| 2881 | 1516 | 1365 | 111.06 | 114 | 70 | 44 | 159.09 | 2.46 |
| 6691 | 3390 | 3301 | 102.70 | 358 | 201 | 157 | 128.03 | 2.27 |
| 29884 | 15148 | 14736 | 102.80 | 2054 | 1282 | 772 | 166.06 | 2.46 |
| 13995 | 6794 | 7201 | 94.35 | 1007 | 544 | 463 | 117.49 | 2.38 |
| 8062 | 3961 | 4101 | 96.59 | 520 | 347 | 173 | 200.58 | 2.57 |
| **180376** | **93034** | **87342** | **106.52** | **16014** | **11218** | **4796** | **233.90** | **2.29** |
| 2504 | 1255 | 1249 | 100.48 | 278 | 144 | 134 | 107.46 | 2.29 |
| 4420 | 2303 | 2117 | 108.79 | 1398 | 1047 | 351 | 298.29 | 2.33 |
| 4003 | 2178 | 1825 | 119.34 | 365 | 307 | 58 | 529.31 | 2.26 |
| 29394 | 15309 | 14085 | 108.69 | 2190 | 1405 | 785 | 178.98 | 2.27 |
| 5027 | 2545 | 2482 | 102.54 | 352 | 264 | 88 | 300.00 | 2.47 |
| 33174 | 16379 | 16795 | 97.52 | 1152 | 808 | 344 | 234.88 | 2.30 |
| 41482 | 21114 | 20368 | 103.66 | 1534 | 991 | 543 | 182.50 | 2.33 |
| 24262 | 12539 | 11723 | 106.96 | 994 | 603 | 391 | 154.22 | 2.40 |
| 36110 | 19412 | 16698 | 116.25 | 7751 | 5649 | 2102 | 268.74 | 2.15 |
| **197698** | **102571** | **95127** | **107.83** | **17293** | **11400** | **5893** | **193.45** | **2.62** |
| 590 | 310 | 280 | 110.71 | 41 | 28 | 13 | 215.38 | 2.62 |
| 21770 | 12132 | 9638 | 125.88 | 4573 | 3243 | 1330 | 243.83 | 2.28 |
| 1370 | 736 | 634 | 116.09 | 227 | 132 | 95 | 138.95 | 2.04 |
| 718 | 350 | 368 | 95.11 | | | | | 2.57 |
| 40318 | 21091 | 19227 | 109.69 | 4953 | 3213 | 1740 | 184.66 | 2.57 |
| 49729 | 25517 | 24212 | 105.39 | 3338 | 2147 | 1191 | 180.27 | 2.68 |
| 52020 | 26665 | 25355 | 105.17 | 2452 | 1582 | 870 | 181.84 | 2.85 |
| 9792 | 4923 | 4869 | 101.11 | 361 | 277 | 84 | 329.76 | 2.79 |
| 9782 | 4882 | 4900 | 99.63 | 519 | 289 | 230 | 125.65 | 2.67 |
| 2821 | 1373 | 1448 | 94.82 | 257 | 144 | 113 | 127.43 | 2.76 |
| 7009 | 3690 | 3319 | 111.18 | 561 | 342 | 219 | 156.16 | 2.17 |
| 1779 | 902 | 877 | 102.85 | 11 | 3 | 8 | 37.50 | 2.67 |
| **160494** | **83680** | **76814** | **108.94** | **12908** | **9130** | **3778** | **241.66** | **2.51** |
| 5881 | 3096 | 2785 | 111.17 | 120 | 88 | 32 | 275.00 | 2.41 |
| 14621 | 7633 | 6988 | 109.23 | 557 | 411 | 146 | 281.51 | 2.63 |
| 46758 | 24524 | 22234 | 110.30 | 4038 | 2810 | 1228 | 228.83 | 2.40 |
| 29732 | 15066 | 14666 | 102.73 | 1696 | 1245 | 451 | 276.05 | 2.70 |
| 32083 | 17120 | 14963 | 114.42 | 4329 | 2993 | 1336 | 224.03 | 2.41 |
| 16073 | 8363 | 7710 | 108.47 | 1246 | 1022 | 224 | 456.25 | 2.56 |
| 15346 | 7878 | 7468 | 105.49 | 922 | 561 | 361 | 155.40 | 2.68 |
| **129925** | **66007** | **63918** | **103.27** | **20553** | **12296** | **8257** | **148.92** | **2.56** |
| 14114 | 7204 | 6910 | 104.25 | 11185 | 6176 | 5009 | 123.30 | 2.60 |
| 12675 | 6433 | 6242 | 103.06 | 509 | 301 | 208 | 144.71 | 2.51 |
| 30711 | 15600 | 15111 | 103.24 | 4377 | 2896 | 1481 | 195.54 | 2.64 |
| 41410 | 20940 | 20470 | 102.30 | 1842 | 1248 | 594 | 210.10 | 2.62 |
| 31015 | 15830 | 15185 | 104.25 | 2640 | 1675 | 965 | 173.58 | 2.43 |

1-1b 续表

| 地区 | 户数 | | | 合计 | | | |
|---|---|---|---|---|---|---|---|
| | 合计 | 家庭户 | 集体户 | 合计 | 男 | 女 | 性别比(女=100) |
| **绍兴市** | **26700** | **24433** | **2267** | **68147** | **36094** | **32053** | **112.61** |
| 越城区 | 169 | 165 | 4 | 402 | 212 | 190 | 111.58 |
| 柯桥区 | 5941 | 4550 | 1391 | 13297 | 7979 | 5318 | 150.04 |
| 上虞区 | 1931 | 1848 | 83 | 4817 | 2456 | 2361 | 104.02 |
| 新昌县 | 9613 | 9350 | 263 | 25793 | 13153 | 12640 | 104.06 |
| 诸暨市 | 6339 | 5888 | 451 | 17485 | 9031 | 8454 | 106.83 |
| 嵊州市 | 2707 | 2632 | 75 | 6353 | 3263 | 3090 | 105.60 |
| **金华市** | **67752** | **63143** | **4609** | **160331** | **85435** | **74896** | **114.07** |
| 婺城区 | 2822 | 2635 | 187 | 7481 | 3866 | 3615 | 106.94 |
| 金东区 | 7444 | 6402 | 1042 | 17618 | 9765 | 7853 | 124.35 |
| 武义县 | 12924 | 12408 | 516 | 29963 | 16034 | 13929 | 115.11 |
| 浦江县 | 8414 | 8117 | 297 | 21391 | 11081 | 10310 | 107.48 |
| 磐安县 | 3745 | 3616 | 129 | 9057 | 4617 | 4440 | 103.99 |
| 兰溪市 | 2612 | 2534 | 78 | 6420 | 3266 | 3154 | 103.55 |
| 义乌市 | 14467 | 12828 | 1639 | 31849 | 17232 | 14617 | 117.89 |
| 东阳市 | 11681 | 11095 | 586 | 27943 | 14942 | 13001 | 114.93 |
| 永康市 | 3643 | 3508 | 135 | 8609 | 4632 | 3977 | 116.47 |
| **衢州市** | **21590** | **20870** | **720** | **53377** | **26836** | **26541** | **101.11** |
| 柯城区 | 456 | 436 | 20 | 1147 | 597 | 550 | 108.55 |
| 衢江区 | 1341 | 1323 | 18 | 3404 | 1739 | 1665 | 104.44 |
| 常山县 | 4906 | 4730 | 176 | 11924 | 5974 | 5950 | 100.40 |
| 开化县 | 4880 | 4703 | 177 | 12649 | 6213 | 6436 | 96.54 |
| 龙游县 | 7383 | 7101 | 282 | 17621 | 8975 | 8646 | 103.81 |
| 江山市 | 2624 | 2577 | 47 | 6632 | 3338 | 3294 | 101.34 |
| **舟山市** | **10048** | **9240** | **808** | **26018** | **15624** | **10394** | **150.32** |
| 定海区 | 1392 | 1363 | 29 | 3141 | 1634 | 1507 | 108.43 |
| 普陀区 | 1031 | 965 | 66 | 1975 | 1032 | 943 | 109.44 |
| 岱山县 | 5585 | 4919 | 666 | 16473 | 10742 | 5731 | 187.44 |
| 嵊泗县 | 2040 | 1993 | 47 | 4429 | 2216 | 2213 | 100.14 |
| **台州市** | **45777** | **43816** | **1961** | **123669** | **63771** | **59898** | **106.47** |
| 椒江区 | 296 | 254 | 42 | 588 | 361 | 227 | 159.03 |
| 黄岩区 | 1240 | 1213 | 27 | 3599 | 1783 | 1816 | 98.18 |
| 路桥区 | 4178 | 3899 | 279 | 10853 | 5798 | 5055 | 114.70 |
| 三门县 | 7431 | 7135 | 296 | 19764 | 10129 | 9635 | 105.13 |
| 天台县 | 8318 | 8061 | 257 | 24636 | 12429 | 12207 | 101.82 |
| 仙居县 | 7147 | 6886 | 261 | 21749 | 10894 | 10855 | 100.36 |
| 温岭市 | 11603 | 10985 | 618 | 27288 | 14571 | 12717 | 114.58 |
| 临海市 | 4871 | 4703 | 168 | 13489 | 6897 | 6592 | 104.63 |
| 玉环市 | 693 | 680 | 13 | 1703 | 909 | 794 | 114.48 |
| **丽水市** | **34735** | **33841** | **894** | **90996** | **46044** | **44952** | **102.43** |
| 莲都区 | 841 | 815 | 26 | 1962 | 1068 | 894 | 119.46 |
| 青田县 | 7884 | 7595 | 289 | 21620 | 10897 | 10723 | 101.62 |
| 缙云县 | 8986 | 8728 | 258 | 22268 | 11220 | 11048 | 101.56 |
| 遂昌县 | 3742 | 3704 | 38 | 9912 | 5054 | 4858 | 104.03 |
| 松阳县 | 3679 | 3564 | 115 | 9870 | 5002 | 4868 | 102.75 |
| 云和县 | 3592 | 3542 | 50 | 9169 | 4797 | 4372 | 109.72 |
| 庆元县 | 3222 | 3170 | 52 | 8732 | 4336 | 4396 | 98.64 |
| 景宁畲族自治县 | 2216 | 2156 | 60 | 6069 | 2958 | 3111 | 95.08 |
| 龙泉市 | 573 | 567 | 6 | 1394 | 712 | 682 | 104.40 |

单位：户、人

| 人口数 | | | | | | | | 平均家庭户规模（人/户） |
|---|---|---|---|---|---|---|---|---|
| 家庭户 | | | | 集体户 | | | | |
| 小计 | 男 | 女 | 性别比（女=100） | 小计 | 男 | 女 | 性别比（女=100） | |
| **59109** | **30034** | **29075** | **103.30** | **9038** | **6060** | **2978** | **203.49** | **2.42** |
| 392 | 209 | 183 | 114.21 | 10 | 3 | 7 | 42.86 | 2.38 |
| 9562 | 5050 | 4512 | 111.92 | 3735 | 2929 | 806 | 363.40 | 2.10 |
| 4548 | 2273 | 2275 | 99.91 | 269 | 183 | 86 | 212.79 | 2.46 |
| 24120 | 12116 | 12004 | 100.93 | 1673 | 1037 | 636 | 163.05 | 2.58 |
| 14490 | 7333 | 7157 | 102.46 | 2995 | 1698 | 1297 | 130.92 | 2.46 |
| 5997 | 3053 | 2944 | 103.70 | 356 | 210 | 146 | 143.84 | 2.28 |
| **145325** | **76063** | **69262** | **109.82** | **15006** | **9372** | **5634** | **166.35** | **2.30** |
| 6720 | 3373 | 3347 | 100.78 | 761 | 493 | 268 | 183.96 | 2.55 |
| 14051 | 7488 | 6563 | 114.09 | 3567 | 2277 | 1290 | 176.51 | 2.19 |
| 28449 | 15045 | 13404 | 112.24 | 1514 | 989 | 525 | 188.38 | 2.29 |
| 20058 | 10275 | 9783 | 105.03 | 1333 | 806 | 527 | 152.94 | 2.47 |
| 8610 | 4324 | 4286 | 100.89 | 447 | 293 | 154 | 190.26 | 2.38 |
| 6063 | 3088 | 2975 | 103.80 | 357 | 178 | 179 | 99.44 | 2.39 |
| 27318 | 14467 | 12851 | 112.57 | 4531 | 2765 | 1766 | 156.57 | 2.13 |
| 25884 | 13653 | 12231 | 111.63 | 2059 | 1289 | 770 | 167.40 | 2.33 |
| 8172 | 4350 | 3822 | 113.81 | 437 | 282 | 155 | 181.94 | 2.33 |
| **50209** | **24932** | **25277** | **98.64** | **3168** | **1904** | **1264** | **150.63** | **2.41** |
| 1088 | 549 | 539 | 101.86 | 59 | 48 | 11 | 436.36 | 2.50 |
| 3223 | 1658 | 1565 | 105.94 | 181 | 81 | 100 | 81.00 | 2.44 |
| 11234 | 5555 | 5679 | 97.82 | 690 | 419 | 271 | 154.61 | 2.38 |
| 11833 | 5738 | 6095 | 94.14 | 816 | 475 | 341 | 139.30 | 2.52 |
| 16487 | 8248 | 8239 | 100.11 | 1134 | 727 | 407 | 178.62 | 2.32 |
| 6344 | 3184 | 3160 | 100.76 | 288 | 154 | 134 | 114.93 | 2.46 |
| **19648** | **9877** | **9771** | **101.08** | **6370** | **5747** | **623** | **922.47** | **2.13** |
| 3045 | 1583 | 1462 | 108.28 | 96 | 51 | 45 | 113.33 | 2.23 |
| 1784 | 919 | 865 | 106.24 | 191 | 113 | 78 | 144.87 | 1.85 |
| 10542 | 5259 | 5283 | 99.55 | 5931 | 5483 | 448 | 1223.88 | 2.14 |
| 4277 | 2116 | 2161 | 97.92 | 152 | 100 | 52 | 192.31 | 2.15 |
| **115333** | **58539** | **56794** | **103.07** | **8336** | **5232** | **3104** | **168.56** | **2.63** |
| 496 | 282 | 214 | 131.78 | 92 | 79 | 13 | 607.69 | 1.95 |
| 3430 | 1695 | 1735 | 97.69 | 169 | 88 | 81 | 108.64 | 2.83 |
| 9872 | 5182 | 4690 | 110.49 | 981 | 616 | 365 | 168.77 | 2.53 |
| 18657 | 9423 | 9234 | 102.05 | 1107 | 706 | 401 | 176.06 | 2.61 |
| 22859 | 11364 | 11495 | 98.86 | 1777 | 1065 | 712 | 149.58 | 2.84 |
| 19936 | 9915 | 10021 | 98.94 | 1813 | 979 | 834 | 117.39 | 2.90 |
| 25534 | 13324 | 12210 | 109.12 | 1754 | 1247 | 507 | 245.96 | 2.32 |
| 12873 | 6464 | 6409 | 100.86 | 616 | 433 | 183 | 236.61 | 2.74 |
| 1676 | 890 | 786 | 113.23 | 27 | 19 | 8 | 237.50 | 2.46 |
| **86624** | **43417** | **43207** | **100.49** | **4372** | **2627** | **1745** | **150.54** | **2.56** |
| 1861 | 989 | 872 | 113.42 | 101 | 79 | 22 | 359.09 | 2.28 |
| 20327 | 10141 | 10186 | 99.56 | 1293 | 756 | 537 | 140.78 | 2.68 |
| 21162 | 10537 | 10625 | 99.17 | 1106 | 683 | 423 | 161.47 | 2.42 |
| 9542 | 4808 | 4734 | 101.56 | 370 | 246 | 124 | 198.39 | 2.58 |
| 9289 | 4651 | 4638 | 100.28 | 581 | 351 | 230 | 152.61 | 2.61 |
| 8991 | 4697 | 4294 | 109.39 | 178 | 100 | 78 | 128.21 | 2.54 |
| 8388 | 4167 | 4221 | 98.72 | 344 | 169 | 175 | 96.57 | 2.65 |
| 5722 | 2750 | 2972 | 92.53 | 347 | 208 | 139 | 149.64 | 2.65 |
| 1342 | 677 | 665 | 101.80 | 52 | 35 | 17 | 205.88 | 2.37 |

# 1－1c 各地区户数、

| 地　区 | 户　数 |  |  | 合　计 |  |  |  |
|---|---|---|---|---|---|---|---|
|  | 合计 | 家庭户 | 集体户 | 合计 | 男 | 女 | 性别比(女=100) |
| **合计** | **700900** | **681979** | **18921** | **1744519** | **919459** | **825060** | **111.44** |
| **杭州市** | **77620** | **74496** | **3124** | **200025** | **106340** | **93685** | **113.51** |
| 上城区 |  |  |  |  |  |  |  |
| 下城区 |  |  |  |  |  |  |  |
| 江干区 |  |  |  |  |  |  |  |
| 拱墅区 |  |  |  |  |  |  |  |
| 西湖区 | 977 | 860 | 117 | 3227 | 1761 | 1466 | 120.12 |
| 滨江区 |  |  |  |  |  |  |  |
| 萧山区 | 17962 | 16969 | 993 | 48566 | 25765 | 22801 | 113.00 |
| 余杭区 | 18515 | 17442 | 1073 | 49421 | 27520 | 21901 | 125.66 |
| 富阳区 | 9413 | 8952 | 461 | 25335 | 13421 | 11914 | 112.65 |
| 临安区 | 10192 | 9967 | 225 | 25466 | 13370 | 12096 | 110.53 |
| 桐庐县 | 5269 | 5200 | 69 | 12874 | 6597 | 6277 | 105.10 |
| 淳安县 | 7717 | 7666 | 51 | 16144 | 8060 | 8084 | 99.70 |
| 建德市 | 7575 | 7440 | 135 | 18992 | 9846 | 9146 | 107.65 |
| **宁波市** | **94375** | **91416** | **2959** | **209101** | **111735** | **97366** | **114.76** |
| 海曙区 | 6041 | 5941 | 100 | 13534 | 7156 | 6378 | 112.20 |
| 江北区 | 4180 | 3972 | 208 | 8621 | 4818 | 3803 | 126.69 |
| 北仑区 | 9791 | 9428 | 363 | 20433 | 11420 | 9013 | 126.71 |
| 镇海区 | 2638 | 2502 | 136 | 5652 | 3301 | 2351 | 140.41 |
| 鄞州区 | 14073 | 13532 | 541 | 30458 | 16572 | 13886 | 119.34 |
| 奉化区 | 10467 | 10023 | 444 | 22635 | 12244 | 10391 | 117.83 |
| 象山县 | 9538 | 9214 | 324 | 20964 | 10711 | 10253 | 104.47 |
| 宁海县 | 11141 | 10894 | 247 | 24143 | 12550 | 11593 | 108.25 |
| 余姚市 | 9392 | 9182 | 210 | 23095 | 11964 | 11131 | 107.48 |
| 慈溪市 | 17114 | 16728 | 386 | 39566 | 20999 | 18567 | 113.10 |
| **温州市** | **95565** | **92546** | **3019** | **238448** | **127532** | **110916** | **114.98** |
| 鹿城区 | 3492 | 3110 | 382 | 10274 | 5711 | 4563 | 125.16 |
| 龙湾区 | 29 | 27 | 2 | 63 | 39 | 24 | 162.50 |
| 瓯海区 | 5707 | 5270 | 437 | 14548 | 8003 | 6545 | 122.28 |
| 洞头区 | 2466 | 2073 | 393 | 6474 | 3785 | 2689 | 140.76 |
| 永嘉县 | 13180 | 12738 | 442 | 31916 | 17129 | 14787 | 115.84 |
| 平阳县 | 12409 | 12088 | 321 | 31309 | 16607 | 14702 | 112.96 |
| 苍南县 | 9932 | 9798 | 134 | 25411 | 13468 | 11943 | 112.77 |
| 文成县 | 4487 | 4442 | 45 | 10916 | 5910 | 5006 | 118.06 |
| 泰顺县 | 5059 | 5036 | 23 | 11389 | 6104 | 5285 | 115.50 |
| 瑞安市 | 18313 | 17773 | 540 | 46432 | 24751 | 21681 | 114.16 |
| 乐清市 | 19927 | 19637 | 290 | 48310 | 25307 | 23003 | 110.02 |
| 龙港市 | 564 | 554 | 10 | 1406 | 718 | 688 | 104.36 |
| **嘉兴市** | **59194** | **57615** | **1579** | **161161** | **84426** | **76735** | **110.02** |
| 南湖区 | 4229 | 4042 | 187 | 10865 | 5820 | 5045 | 115.36 |
| 秀洲区 | 8422 | 8308 | 114 | 23543 | 12192 | 11351 | 107.41 |
| 嘉善县 | 7029 | 6817 | 212 | 17481 | 9435 | 8046 | 117.26 |
| 海盐县 | 5745 | 5644 | 101 | 16474 | 8486 | 7988 | 106.23 |
| 海宁市 | 13427 | 13063 | 364 | 35060 | 18367 | 16693 | 110.03 |
| 平湖市 | 9194 | 8832 | 362 | 23632 | 12534 | 11098 | 112.94 |
| 桐乡市 | 11148 | 10909 | 239 | 34106 | 17592 | 16514 | 106.53 |
| **湖州市** | **41426** | **39996** | **1430** | **119063** | **62689** | **56374** | **111.20** |
| 吴兴区 | 8679 | 7927 | 752 | 25134 | 13724 | 11410 | 120.28 |
| 南浔区 | 8692 | 8505 | 187 | 22758 | 11896 | 10862 | 109.52 |
| 德清县 | 6960 | 6704 | 256 | 22076 | 11659 | 10417 | 111.92 |
| 长兴县 | 8838 | 8723 | 115 | 26017 | 13457 | 12560 | 107.14 |
| 安吉县 | 8257 | 8137 | 120 | 23078 | 11953 | 11125 | 107.44 |

# 人口数和性别比(乡村)

单位：户、人

| 人口数 | | | | | | | | 平均家庭户规模(人/户) |
|---|---|---|---|---|---|---|---|---|
| 家庭户 | | | | 集体户 | | | | |
| 小计 | 男 | 女 | 性别比(女=100) | 小计 | 男 | 女 | 性别比(女=100) | |
| **1671135** | **866215** | **804920** | **107.62** | **73384** | **53244** | **20140** | **264.37** | **2.45** |
| **188612** | **97736** | **90876** | **107.55** | **11413** | **8604** | **2809** | **306.30** | **2.53** |
| 2645 | 1330 | 1315 | 101.14 | 582 | 431 | 151 | 285.43 | 3.08 |
| 45852 | 23660 | 22192 | 106.61 | 2714 | 2105 | 609 | 345.65 | 2.70 |
| 46343 | 24999 | 21344 | 117.12 | 3078 | 2521 | 557 | 452.60 | 2.66 |
| 23309 | 12086 | 11223 | 107.69 | 2026 | 1335 | 691 | 193.20 | 2.60 |
| 23936 | 12226 | 11710 | 104.41 | 1530 | 1144 | 386 | 296.37 | 2.40 |
| 12493 | 6323 | 6170 | 102.48 | 381 | 274 | 107 | 256.07 | 2.40 |
| 15770 | 7804 | 7966 | 97.97 | 374 | 256 | 118 | 216.95 | 2.06 |
| 18264 | 9308 | 8956 | 103.93 | 728 | 538 | 190 | 283.16 | 2.45 |
| **199401** | **104601** | **94800** | **110.34** | **9700** | **7134** | **2566** | **278.02** | **2.18** |
| 13091 | 6826 | 6265 | 108.95 | 443 | 330 | 113 | 292.04 | 2.20 |
| 7979 | 4369 | 3610 | 121.02 | 642 | 449 | 193 | 232.64 | 2.01 |
| 19406 | 10584 | 8822 | 119.97 | 1027 | 836 | 191 | 437.70 | 2.06 |
| 5185 | 2885 | 2300 | 125.43 | 467 | 416 | 51 | 815.69 | 2.07 |
| 28819 | 15377 | 13442 | 114.40 | 1639 | 1195 | 444 | 269.14 | 2.13 |
| 21039 | 11073 | 9966 | 111.11 | 1596 | 1171 | 425 | 275.53 | 2.10 |
| 20045 | 10145 | 9900 | 102.47 | 919 | 566 | 353 | 160.34 | 2.18 |
| 23336 | 11975 | 11361 | 105.40 | 807 | 575 | 232 | 247.84 | 2.14 |
| 22192 | 11283 | 10909 | 103.43 | 903 | 681 | 222 | 306.76 | 2.42 |
| 38309 | 20084 | 18225 | 110.20 | 1257 | 915 | 342 | 267.54 | 2.29 |
| **225814** | **118736** | **107078** | **110.89** | **12634** | **8796** | **3838** | **229.18** | **2.44** |
| 7925 | 4227 | 3698 | 114.31 | 2349 | 1484 | 865 | 171.56 | 2.55 |
| 56 | 32 | 24 | 133.33 | 7 | 7 | | | 2.07 |
| 12920 | 6948 | 5972 | 116.34 | 1628 | 1055 | 573 | 184.12 | 2.45 |
| 4618 | 2389 | 2229 | 107.18 | 1856 | 1396 | 460 | 303.48 | 2.23 |
| 30213 | 15895 | 14318 | 111.01 | 1703 | 1234 | 469 | 263.11 | 2.37 |
| 30155 | 15816 | 14339 | 110.30 | 1154 | 791 | 363 | 217.91 | 2.49 |
| 24855 | 13039 | 11816 | 110.35 | 556 | 429 | 127 | 337.80 | 2.54 |
| 10712 | 5725 | 4987 | 114.80 | 204 | 185 | 19 | 973.68 | 2.41 |
| 11136 | 5902 | 5234 | 112.76 | 253 | 202 | 51 | 396.08 | 2.21 |
| 44542 | 23434 | 21108 | 111.02 | 1890 | 1317 | 573 | 229.84 | 2.51 |
| 47313 | 24635 | 22678 | 108.63 | 997 | 672 | 325 | 206.77 | 2.41 |
| 1369 | 694 | 675 | 102.81 | 37 | 24 | 13 | 184.62 | 2.47 |
| **156299** | **80847** | **75452** | **107.15** | **4862** | **3579** | **1283** | **278.96** | **2.71** |
| 10432 | 5471 | 4961 | 110.28 | 433 | 349 | 84 | 415.48 | 2.58 |
| 23067 | 11891 | 11176 | 106.40 | 476 | 301 | 175 | 172.00 | 2.78 |
| 16777 | 8835 | 7942 | 111.24 | 704 | 600 | 104 | 576.92 | 2.46 |
| 16103 | 8203 | 7900 | 103.84 | 371 | 283 | 88 | 321.59 | 2.85 |
| 34134 | 17726 | 16408 | 108.03 | 926 | 641 | 285 | 224.91 | 2.61 |
| 22613 | 11771 | 10842 | 108.57 | 1019 | 763 | 256 | 298.05 | 2.56 |
| 33173 | 16950 | 16223 | 104.48 | 933 | 642 | 291 | 220.62 | 3.04 |
| **111927** | **57578** | **54349** | **105.94** | **7136** | **5111** | **2025** | **252.40** | **2.80** |
| 21742 | 11320 | 10422 | 108.62 | 3392 | 2404 | 988 | 243.32 | 2.74 |
| 21986 | 11293 | 10693 | 105.61 | 772 | 603 | 169 | 356.80 | 2.59 |
| 20315 | 10436 | 9879 | 105.64 | 1761 | 1223 | 538 | 227.32 | 3.03 |
| 25395 | 12995 | 12400 | 104.80 | 622 | 462 | 160 | 288.75 | 2.91 |
| 22489 | 11534 | 10955 | 105.29 | 589 | 419 | 170 | 246.47 | 2.76 |

1-1c 续表

| 地区 | 户数 | | | 合计 | | | |
|---|---|---|---|---|---|---|---|
| | 合计 | 家庭户 | 集体户 | 合计 | 男 | 女 | 性别比(女=100) |
| **绍兴市** | **62041** | **61221** | **820** | **149196** | **76567** | **72629** | **105.42** |
| 越城区 | 5966 | 5812 | 154 | 15410 | 7868 | 7542 | 104.32 |
| 柯桥区 | 8124 | 8030 | 94 | 20189 | 10443 | 9746 | 107.15 |
| 上虞区 | 10999 | 10803 | 196 | 26487 | 13203 | 13284 | 99.39 |
| 新昌县 | 6628 | 6587 | 41 | 13371 | 6985 | 6386 | 109.38 |
| 诸暨市 | 18242 | 17937 | 305 | 45299 | 23121 | 22178 | 104.25 |
| 嵊州市 | 12082 | 12052 | 30 | 28440 | 14947 | 13493 | 110.78 |
| **金华市** | **87891** | **85828** | **2063** | **215383** | **112952** | **102431** | **110.27** |
| 婺城区 | 8311 | 8142 | 169 | 20395 | 10645 | 9750 | 109.18 |
| 金东区 | 8531 | 8253 | 278 | 19929 | 10640 | 9289 | 114.54 |
| 武义县 | 7644 | 7487 | 157 | 16739 | 8846 | 7893 | 112.07 |
| 浦江县 | 10099 | 9778 | 321 | 24991 | 13214 | 11777 | 112.20 |
| 磐安县 | 3787 | 3750 | 37 | 8173 | 4235 | 3938 | 107.54 |
| 兰溪市 | 9741 | 9693 | 48 | 24696 | 12811 | 11885 | 107.79 |
| 义乌市 | 15025 | 14297 | 728 | 38394 | 20690 | 17704 | 116.87 |
| 东阳市 | 13579 | 13444 | 135 | 33511 | 16692 | 16819 | 99.24 |
| 永康市 | 11174 | 10984 | 190 | 28555 | 15179 | 13376 | 113.48 |
| **衢州市** | **39618** | **39341** | **277** | **93281** | **47722** | **45559** | **104.75** |
| 柯城区 | 4654 | 4601 | 53 | 12305 | 6361 | 5944 | 107.02 |
| 衢江区 | 7891 | 7853 | 38 | 19421 | 10151 | 9270 | 109.50 |
| 常山县 | 5606 | 5583 | 23 | 12865 | 6605 | 6260 | 105.51 |
| 开化县 | 5260 | 5237 | 23 | 11444 | 5575 | 5869 | 94.99 |
| 龙游县 | 8079 | 7999 | 80 | 17541 | 9005 | 8536 | 105.49 |
| 江山市 | 8128 | 8068 | 60 | 19705 | 10025 | 9680 | 103.56 |
| **舟山市** | **15833** | **14719** | **1114** | **33588** | **18961** | **14627** | **129.63** |
| 定海区 | 5715 | 5389 | 326 | 12384 | 6860 | 5524 | 124.19 |
| 普陀区 | 5708 | 5288 | 420 | 12061 | 6730 | 5331 | 126.24 |
| 岱山县 | 3265 | 2943 | 322 | 6866 | 4122 | 2744 | 150.22 |
| 嵊泗县 | 1145 | 1099 | 46 | 2277 | 1249 | 1028 | 121.50 |
| **台州市** | **93425** | **91357** | **2068** | **246176** | **128816** | **117360** | **109.76** |
| 椒江区 | 7202 | 6666 | 536 | 20676 | 11268 | 9408 | 119.77 |
| 黄岩区 | 9275 | 9102 | 173 | 25337 | 12905 | 12432 | 103.80 |
| 路桥区 | 8099 | 7835 | 264 | 22059 | 11722 | 10337 | 113.40 |
| 三门县 | 6865 | 6805 | 60 | 16877 | 8727 | 8150 | 107.08 |
| 天台县 | 8060 | 8012 | 48 | 20236 | 10445 | 9791 | 106.68 |
| 仙居县 | 6872 | 6804 | 68 | 18896 | 9819 | 9077 | 108.17 |
| 温岭市 | 19298 | 19033 | 265 | 48367 | 25015 | 23352 | 107.12 |
| 临海市 | 20106 | 19709 | 397 | 55500 | 29076 | 26424 | 110.04 |
| 玉环市 | 7648 | 7391 | 257 | 18228 | 9839 | 8389 | 117.28 |
| **丽水市** | **33912** | **33444** | **468** | **79097** | **41719** | **37378** | **111.61** |
| 莲都区 | 4839 | 4634 | 205 | 11997 | 6532 | 5465 | 119.52 |
| 青田县 | 5656 | 5601 | 55 | 13510 | 7074 | 6436 | 109.91 |
| 缙云县 | 7185 | 7126 | 59 | 16083 | 8378 | 7705 | 108.73 |
| 遂昌县 | 3600 | 3551 | 49 | 8451 | 4454 | 3997 | 111.43 |
| 松阳县 | 4195 | 4175 | 20 | 10222 | 5286 | 4936 | 107.09 |
| 云和县 | 1406 | 1394 | 12 | 3220 | 1711 | 1509 | 113.39 |
| 庆元县 | 1958 | 1936 | 22 | 4446 | 2352 | 2094 | 112.32 |
| 景宁畲族自治县 | 1712 | 1673 | 39 | 3751 | 2038 | 1713 | 118.97 |
| 龙泉市 | 3361 | 3354 | 7 | 7417 | 3894 | 3523 | 110.53 |

单位：户、人

| 人口数 | | | | | | | | 平均家庭户规模（人/户） |
|---|---|---|---|---|---|---|---|---|
| 家庭户 | | | | 集体户 | | | | |
| 小计 | 男 | 女 | 性别比（女=100） | 小计 | 男 | 女 | 性别比（女=100） | |
| **144848** | **73734** | **71114** | **103.68** | **4348** | **2833** | **1515** | **187.00** | **2.37** |
| 14782 | 7409 | 7373 | 100.49 | 628 | 459 | 169 | 271.60 | 2.54 |
| 19871 | 10204 | 9667 | 105.55 | 318 | 239 | 79 | 302.53 | 2.47 |
| 25870 | 12800 | 13070 | 97.93 | 617 | 403 | 214 | 188.32 | 2.39 |
| 12957 | 6726 | 6231 | 107.94 | 414 | 259 | 155 | 167.10 | 1.97 |
| 43130 | 21786 | 21344 | 102.07 | 2169 | 1335 | 834 | 160.07 | 2.40 |
| 28238 | 14809 | 13429 | 110.28 | 202 | 138 | 64 | 215.63 | 2.34 |
| **207028** | **107274** | **99754** | **107.54** | **8355** | **5678** | **2677** | **212.10** | **2.41** |
| 19638 | 10082 | 9556 | 105.50 | 757 | 563 | 194 | 290.21 | 2.41 |
| 18957 | 9946 | 9011 | 110.38 | 972 | 694 | 278 | 249.64 | 2.30 |
| 16326 | 8569 | 7757 | 110.47 | 413 | 277 | 136 | 203.68 | 2.18 |
| 23493 | 12374 | 11119 | 111.29 | 1498 | 840 | 658 | 127.66 | 2.40 |
| 7989 | 4094 | 3895 | 105.11 | 184 | 141 | 43 | 327.91 | 2.13 |
| 24462 | 12648 | 11814 | 107.06 | 234 | 163 | 71 | 229.58 | 2.52 |
| 35982 | 19002 | 16980 | 111.91 | 2412 | 1688 | 724 | 233.15 | 2.52 |
| 32794 | 16147 | 16647 | 97.00 | 717 | 545 | 172 | 316.86 | 2.44 |
| 27387 | 14412 | 12975 | 111.08 | 1168 | 767 | 401 | 191.27 | 2.49 |
| **91939** | **46757** | **45182** | **103.49** | **1342** | **965** | **377** | **255.97** | **2.34** |
| 12060 | 6173 | 5887 | 104.86 | 245 | 188 | 57 | 329.82 | 2.62 |
| 19194 | 9960 | 9234 | 107.86 | 227 | 191 | 36 | 530.56 | 2.44 |
| 12796 | 6555 | 6241 | 105.03 | 69 | 50 | 19 | 263.16 | 2.29 |
| 11352 | 5502 | 5850 | 94.05 | 92 | 73 | 19 | 384.21 | 2.17 |
| 17230 | 8770 | 8460 | 103.66 | 311 | 235 | 76 | 309.21 | 2.15 |
| 19307 | 9797 | 9510 | 103.02 | 398 | 228 | 170 | 134.12 | 2.39 |
| **29710** | **15569** | **14141** | **110.10** | **3878** | **3392** | **486** | **697.94** | **2.02** |
| 11350 | 5968 | 5382 | 110.89 | 1034 | 892 | 142 | 628.17 | 2.11 |
| 10757 | 5615 | 5142 | 109.20 | 1304 | 1115 | 189 | 589.95 | 2.03 |
| 5531 | 2905 | 2626 | 110.62 | 1335 | 1217 | 118 | 1031.36 | 1.88 |
| 2072 | 1081 | 991 | 109.08 | 205 | 168 | 37 | 454.05 | 1.89 |
| **238810** | **123410** | **115400** | **106.94** | **7366** | **5406** | **1960** | **275.82** | **2.61** |
| 18840 | 9860 | 8980 | 109.80 | 1836 | 1408 | 428 | 328.97 | 2.83 |
| 24605 | 12477 | 12128 | 102.88 | 732 | 428 | 304 | 140.79 | 2.70 |
| 21173 | 11094 | 10079 | 110.07 | 886 | 628 | 258 | 243.41 | 2.70 |
| 16699 | 8583 | 8116 | 105.75 | 178 | 144 | 34 | 423.53 | 2.45 |
| 19940 | 10232 | 9708 | 105.40 | 296 | 213 | 83 | 256.63 | 2.49 |
| 18390 | 9445 | 8945 | 105.59 | 506 | 374 | 132 | 283.33 | 2.70 |
| 47487 | 24383 | 23104 | 105.54 | 880 | 632 | 248 | 254.84 | 2.49 |
| 54035 | 27987 | 26048 | 107.44 | 1465 | 1089 | 376 | 289.63 | 2.74 |
| 17641 | 9349 | 8292 | 112.75 | 587 | 490 | 97 | 505.15 | 2.39 |
| **76747** | **39973** | **36774** | **108.70** | **2350** | **1746** | **604** | **289.07** | **2.29** |
| 11118 | 5858 | 5260 | 111.37 | 879 | 674 | 205 | 328.78 | 2.40 |
| 13219 | 6866 | 6353 | 108.07 | 291 | 208 | 83 | 250.60 | 2.36 |
| 15820 | 8210 | 7610 | 107.88 | 263 | 168 | 95 | 176.84 | 2.22 |
| 8191 | 4265 | 3926 | 108.63 | 260 | 189 | 71 | 266.20 | 2.31 |
| 10096 | 5192 | 4904 | 105.87 | 126 | 94 | 32 | 293.75 | 2.42 |
| 3166 | 1667 | 1499 | 111.21 | 54 | 44 | 10 | 440.00 | 2.27 |
| 4205 | 2172 | 2033 | 106.84 | 241 | 180 | 61 | 295.08 | 2.17 |
| 3550 | 1877 | 1673 | 112.19 | 201 | 161 | 40 | 402.50 | 2.12 |
| 7382 | 3866 | 3516 | 109.95 | 35 | 28 | 7 | 400.00 | 2.20 |

# 1-2 各地区分性别、

| 地区 | 人口数 | | | 居住本乡、镇、街道，户口在本乡、镇、街道 | | |
|---|---|---|---|---|---|---|
| | 合计 | 男 | 女 | 小计 | 男 | 女 |
| **合计** | **6467791** | **3389194** | **3078597** | **3327138** | **1659380** | **1667758** |
| **杭州市** | **1214878** | **636723** | **578155** | **568006** | **279887** | **288119** |
| 上城区 | 31043 | 15208 | 15835 | 17698 | 8554 | 9144 |
| 下城区 | 46764 | 22932 | 23832 | 23679 | 11491 | 12188 |
| 江干区 | 154626 | 80592 | 74034 | 52036 | 25521 | 26515 |
| 拱墅区 | 63082 | 31699 | 31383 | 29375 | 14426 | 14949 |
| 西湖区 | 112143 | 58056 | 54087 | 53883 | 26463 | 27420 |
| 滨江区 | 49576 | 25630 | 23946 | 21725 | 10627 | 11098 |
| 萧山区 | 233408 | 125551 | 107857 | 102905 | 50823 | 52082 |
| 余杭区 | 257791 | 138919 | 118872 | 102402 | 49917 | 52485 |
| 富阳区 | 85768 | 45497 | 40271 | 46489 | 23415 | 23074 |
| 临安区 | 63279 | 33144 | 30135 | 36290 | 17992 | 18298 |
| 桐庐县 | 44812 | 23027 | 21785 | 27540 | 13731 | 13809 |
| 淳安县 | 31146 | 15398 | 15748 | 22529 | 11114 | 11415 |
| 建德市 | 41440 | 21070 | 20370 | 31455 | 15813 | 15642 |
| **宁波市** | **967638** | **507183** | **460455** | **426758** | **210909** | **215849** |
| 海曙区 | 105885 | 54328 | 51557 | 41899 | 20373 | 21526 |
| 江北区 | 48978 | 25833 | 23145 | 19207 | 9401 | 9806 |
| 北仑区 | 88324 | 48383 | 39941 | 32250 | 15815 | 16435 |
| 镇海区 | 56466 | 30505 | 25961 | 20698 | 10185 | 10513 |
| 鄞州区 | 164190 | 84140 | 80050 | 67838 | 33267 | 34571 |
| 奉化区 | 57452 | 30199 | 27253 | 31355 | 15841 | 15514 |
| 象山县 | 55290 | 27898 | 27392 | 31356 | 15266 | 16090 |
| 宁海县 | 67159 | 34655 | 32504 | 37098 | 18642 | 18456 |
| 余姚市 | 128683 | 67088 | 61595 | 62300 | 31040 | 31260 |
| 慈溪市 | 195211 | 104154 | 91057 | 82757 | 41079 | 41678 |
| **温州市** | **918026** | **489384** | **428642** | **462008** | **234978** | **227030** |
| 鹿城区 | 115895 | 60579 | 55316 | 42935 | 20969 | 21966 |
| 龙湾区 | 71975 | 40866 | 31109 | 20853 | 10714 | 10139 |
| 瓯海区 | 93713 | 51431 | 42282 | 25277 | 12616 | 12661 |
| 洞头区 | 13775 | 7457 | 6318 | 8439 | 4071 | 4368 |
| 永嘉县 | 77187 | 41433 | 35754 | 48845 | 25149 | 23696 |
| 平阳县 | 84376 | 44271 | 40105 | 54459 | 27867 | 26592 |
| 苍南县 | 79883 | 41715 | 38168 | 58463 | 30204 | 28259 |
| 文成县 | 21069 | 11110 | 9959 | 16124 | 8387 | 7737 |
| 泰顺县 | 21690 | 11275 | 10415 | 17521 | 9149 | 8372 |
| 瑞安市 | 145057 | 76753 | 68304 | 72675 | 36577 | 36098 |
| 乐清市 | 148361 | 78647 | 69714 | 79477 | 40527 | 38950 |
| 龙港市 | 45045 | 23847 | 21198 | 16940 | 8748 | 8192 |
| **嘉兴市** | **567644** | **297657** | **269987** | **284562** | **140224** | **144338** |
| 南湖区 | 87562 | 45404 | 42158 | 39089 | 19157 | 19932 |
| 秀洲区 | 71284 | 37498 | 33786 | 32571 | 16012 | 16559 |
| 嘉善县 | 68277 | 36769 | 31508 | 29683 | 14641 | 15042 |
| 海盐县 | 47902 | 24797 | 23105 | 30638 | 15120 | 15518 |
| 海宁市 | 116105 | 61560 | 54545 | 56722 | 27842 | 28880 |
| 平湖市 | 71509 | 37527 | 33982 | 39660 | 19552 | 20108 |
| 桐乡市 | 105005 | 54102 | 50903 | 56199 | 27900 | 28299 |
| **湖州市** | **345807** | **179696** | **166111** | **200132** | **99383** | **100749** |
| 吴兴区 | 107885 | 55893 | 51992 | 45318 | 22165 | 23153 |
| 南浔区 | 54756 | 28545 | 26211 | 35729 | 17675 | 18054 |
| 德清县 | 57164 | 30155 | 27009 | 34590 | 17169 | 17421 |
| 长兴县 | 69269 | 35645 | 33624 | 48928 | 24703 | 24225 |
| 安吉县 | 56733 | 29458 | 27275 | 35567 | 17671 | 17896 |

# 户口登记状况的人口

单位：人

| 居住本乡、镇、街道，户口在外乡、镇、街道，离开户口登记地半年以上 | | | 居住本乡、镇、街道，户口待定 | | | 原住本乡、镇、街道，现在港澳台或国外工作学习 | | |
|---|---|---|---|---|---|---|---|---|
| 小计 | 男 | 女 | 小计 | 男 | 女 | 小计 | 男 | 女 |
| **3105848** | **1711786** | **1394062** | **14629** | **7600** | **7029** | **20176** | **10428** | **9748** |
| **642868** | **354848** | **288020** | **2036** | **1053** | **983** | **1968** | **935** | **1033** |
| 13147 | 6563 | 6584 | 29 | 16 | 13 | 169 | 75 | 94 |
| 22759 | 11287 | 11472 | 77 | 42 | 35 | 249 | 112 | 137 |
| 102162 | 54865 | 47297 | 191 | 99 | 92 | 237 | 107 | 130 |
| 33487 | 17166 | 16321 | 91 | 48 | 43 | 129 | 59 | 70 |
| 57490 | 31166 | 26324 | 258 | 173 | 85 | 512 | 254 | 258 |
| 27641 | 14894 | 12747 | 149 | 79 | 70 | 61 | 30 | 31 |
| 129888 | 74410 | 55478 | 453 | 238 | 215 | 162 | 80 | 82 |
| 154867 | 88769 | 66098 | 411 | 181 | 230 | 111 | 52 | 59 |
| 39030 | 21958 | 17072 | 155 | 79 | 76 | 94 | 45 | 49 |
| 26855 | 15102 | 11753 | 86 | 32 | 54 | 48 | 18 | 30 |
| 17172 | 9246 | 7926 | 54 | 27 | 27 | 46 | 23 | 23 |
| 8536 | 4241 | 4295 | 27 | 16 | 11 | 54 | 27 | 27 |
| 9834 | 5181 | 4653 | 55 | 23 | 32 | 96 | 53 | 43 |
| **537866** | **294680** | **243186** | **1934** | **1033** | **901** | **1080** | **561** | **519** |
| 63582 | 33741 | 29841 | 201 | 113 | 88 | 203 | 101 | 102 |
| 29597 | 16345 | 13252 | 106 | 52 | 54 | 68 | 35 | 33 |
| 55760 | 32367 | 23393 | 261 | 176 | 85 | 53 | 25 | 28 |
| 35585 | 20217 | 15368 | 105 | 61 | 44 | 78 | 42 | 36 |
| 95804 | 50604 | 45200 | 301 | 136 | 165 | 247 | 133 | 114 |
| 25962 | 14293 | 11669 | 85 | 42 | 43 | 50 | 23 | 27 |
| 23753 | 12537 | 11216 | 94 | 49 | 45 | 87 | 46 | 41 |
| 29883 | 15935 | 13948 | 124 | 53 | 71 | 54 | 25 | 29 |
| 66007 | 35853 | 30154 | 269 | 134 | 135 | 107 | 61 | 46 |
| 111933 | 62788 | 49145 | 388 | 217 | 171 | 133 | 70 | 63 |
| **443121** | **247649** | **195472** | **3634** | **1896** | **1738** | **9263** | **4861** | **4402** |
| 71197 | 38682 | 32515 | 377 | 215 | 162 | 1386 | 713 | 673 |
| 50578 | 29860 | 20718 | 358 | 195 | 163 | 186 | 97 | 89 |
| 66163 | 37634 | 28529 | 381 | 208 | 173 | 1892 | 973 | 919 |
| 5236 | 3335 | 1901 | 37 | 20 | 17 | 63 | 31 | 32 |
| 27309 | 15718 | 11591 | 506 | 283 | 223 | 527 | 283 | 244 |
| 29599 | 16241 | 13358 | 226 | 114 | 112 | 92 | 49 | 43 |
| 21144 | 11356 | 9788 | 210 | 109 | 101 | 66 | 46 | 20 |
| 2730 | 1544 | 1186 | 144 | 62 | 82 | 2071 | 1117 | 954 |
| 4083 | 2082 | 2001 | 51 | 25 | 26 | 35 | 19 | 16 |
| 69220 | 38550 | 30670 | 574 | 286 | 288 | 2588 | 1340 | 1248 |
| 68000 | 37672 | 30328 | 560 | 276 | 284 | 324 | 172 | 152 |
| 27862 | 14975 | 12887 | 210 | 103 | 107 | 33 | 21 | 12 |
| **281067** | **156438** | **124629** | **1232** | **624** | **608** | **783** | **371** | **412** |
| 48196 | 26112 | 22084 | 148 | 74 | 74 | 129 | 61 | 68 |
| 38424 | 21331 | 17093 | 194 | 99 | 95 | 95 | 56 | 39 |
| 38346 | 22015 | 16331 | 174 | 77 | 97 | 74 | 36 | 38 |
| 17060 | 9563 | 7497 | 113 | 72 | 41 | 91 | 42 | 49 |
| 59026 | 33543 | 25483 | 221 | 103 | 118 | 136 | 72 | 64 |
| 31631 | 17868 | 13763 | 116 | 63 | 53 | 102 | 44 | 58 |
| 48384 | 26006 | 22378 | 266 | 136 | 130 | 156 | 60 | 96 |
| **144696** | **79806** | **64890** | **657** | **351** | **306** | **322** | **156** | **166** |
| 62210 | 33535 | 28675 | 231 | 129 | 102 | 126 | 64 | 62 |
| 18866 | 10792 | 8074 | 123 | 59 | 64 | 38 | 19 | 19 |
| 22391 | 12892 | 9499 | 115 | 62 | 53 | 68 | 32 | 36 |
| 20232 | 10894 | 9338 | 54 | 23 | 31 | 55 | 25 | 30 |
| 20997 | 11693 | 9304 | 134 | 78 | 56 | 35 | 16 | 19 |

1-2 续表

| 地区 | 人口数 | | | 居住本乡、镇、街道，户口在本乡、镇、街道 | | |
|---|---|---|---|---|---|---|
| | 合计 | 男 | 女 | 小计 | 男 | 女 |
| **绍兴市** | **527086** | **271781** | **255305** | **304066** | **150715** | **153351** |
| 越城区 | 100692 | 51133 | 49559 | 52466 | 25497 | 26969 |
| 柯桥区 | 117942 | 63324 | 54618 | 52043 | 25735 | 26308 |
| 上虞区 | 84286 | 42718 | 41568 | 55145 | 26866 | 28279 |
| 新昌县 | 39164 | 20138 | 19026 | 23945 | 12117 | 11828 |
| 诸暨市 | 118485 | 60282 | 58203 | 72017 | 35786 | 36231 |
| 嵊州市 | 66517 | 34186 | 32331 | 48450 | 24714 | 23736 |
| **金华市** | **705844** | **372618** | **333226** | **333517** | **167183** | **166334** |
| 婺城区 | 93035 | 47794 | 45241 | 44797 | 22227 | 22570 |
| 金东区 | 51683 | 27877 | 23806 | 24971 | 12575 | 12396 |
| 武义县 | 46702 | 24880 | 21822 | 21278 | 10682 | 10596 |
| 浦江县 | 46382 | 24295 | 22087 | 27052 | 14025 | 13027 |
| 磐安县 | 17230 | 8852 | 8378 | 13210 | 6648 | 6562 |
| 兰溪市 | 55786 | 28400 | 27386 | 44330 | 22593 | 21737 |
| 义乌市 | 195307 | 105359 | 89948 | 60086 | 30353 | 29733 |
| 东阳市 | 108427 | 55673 | 52754 | 55976 | 26880 | 29096 |
| 永康市 | 91292 | 49488 | 41804 | 41817 | 21200 | 20617 |
| **衢州市** | **217964** | **110232** | **107732** | **154502** | **77785** | **76717** |
| 柯城区 | 52067 | 26246 | 25821 | 28747 | 14397 | 14350 |
| 衢江区 | 34899 | 18188 | 16711 | 25819 | 13336 | 12483 |
| 常山县 | 24789 | 12579 | 12210 | 19598 | 10021 | 9577 |
| 开化县 | 24093 | 11788 | 12305 | 18788 | 9227 | 9561 |
| 龙游县 | 35279 | 18038 | 17241 | 25512 | 12890 | 12622 |
| 江山市 | 46837 | 23393 | 23444 | 36038 | 17914 | 18124 |
| **舟山市** | **119252** | **64426** | **54826** | **61654** | **30411** | **31243** |
| 定海区 | 50249 | 25849 | 24400 | 26475 | 13060 | 13415 |
| 普陀区 | 38958 | 20248 | 18710 | 19533 | 9633 | 9900 |
| 岱山县 | 23339 | 14864 | 8475 | 10900 | 5384 | 5516 |
| 嵊泗县 | 6706 | 3465 | 3241 | 4746 | 2334 | 2412 |
| **台州市** | **660046** | **344187** | **315859** | **405153** | **203445** | **201708** |
| 椒江区 | 83116 | 43874 | 39242 | 40957 | 20465 | 20492 |
| 黄岩区 | 70396 | 36361 | 34035 | 42738 | 21274 | 21464 |
| 路桥区 | 63913 | 33768 | 30145 | 32847 | 16320 | 16527 |
| 三门县 | 36641 | 18856 | 17785 | 27728 | 14027 | 13701 |
| 天台县 | 44872 | 22874 | 21998 | 33976 | 17226 | 16750 |
| 仙居县 | 40645 | 20713 | 19932 | 28176 | 14238 | 13938 |
| 温岭市 | 144017 | 75770 | 68247 | 84052 | 41911 | 42141 |
| 临海市 | 109672 | 56323 | 53349 | 81318 | 41187 | 40131 |
| 玉环市 | 66774 | 35648 | 31126 | 33361 | 16797 | 16564 |
| **丽水市** | **223606** | **115307** | **108299** | **126780** | **64460** | **62320** |
| 莲都区 | 53503 | 28109 | 25394 | 21686 | 10927 | 10759 |
| 青田县 | 35130 | 17971 | 17159 | 18959 | 9631 | 9328 |
| 缙云县 | 38351 | 19598 | 18753 | 28815 | 14514 | 14301 |
| 遂昌县 | 18363 | 9508 | 8855 | 13781 | 7093 | 6688 |
| 松阳县 | 20092 | 10288 | 9804 | 14170 | 7218 | 6952 |
| 云和县 | 12389 | 6508 | 5881 | 5538 | 2839 | 2699 |
| 庆元县 | 13178 | 6688 | 6490 | 6863 | 3500 | 3363 |
| 景宁畲族自治县 | 9820 | 4996 | 4824 | 4920 | 2549 | 2371 |
| 龙泉市 | 22780 | 11641 | 11139 | 12048 | 6189 | 5859 |

单位：人

| 居住本乡、镇、街道，户口在外乡、镇、街道，离开户口登记地半年以上 | | | 居住本乡、镇、街道，户口待定 | | | 原住本乡、镇、街道，现在港澳台或国外工作学习 | | |
|---|---|---|---|---|---|---|---|---|
| 小计 | 男 | 女 | 小计 | 男 | 女 | 小计 | 男 | 女 |
| **221819** | **120418** | **101401** | **731** | **384** | **347** | **470** | **264** | **206** |
| 47999 | 25511 | 22488 | 110 | 62 | 48 | 117 | 63 | 54 |
| 65637 | 37456 | 28181 | 204 | 102 | 102 | 58 | 31 | 27 |
| 28957 | 15755 | 13202 | 104 | 46 | 58 | 80 | 51 | 29 |
| 15138 | 7972 | 7166 | 51 | 33 | 18 | 30 | 16 | 14 |
| 46166 | 24329 | 21837 | 177 | 97 | 80 | 125 | 70 | 55 |
| 17922 | 9395 | 8527 | 85 | 44 | 41 | 60 | 33 | 27 |
| **369751** | **204040** | **165711** | **1972** | **1049** | **923** | **604** | **346** | **258** |
| 47977 | 25435 | 22542 | 151 | 76 | 75 | 110 | 56 | 54 |
| 26597 | 15248 | 11349 | 67 | 29 | 38 | 48 | 25 | 23 |
| 25177 | 14069 | 11108 | 222 | 118 | 104 | 25 | 11 | 14 |
| 19177 | 10181 | 8996 | 89 | 49 | 40 | 64 | 40 | 24 |
| 3956 | 2159 | 1797 | 42 | 31 | 11 | 22 | 14 | 8 |
| 11316 | 5734 | 5582 | 38 | 14 | 24 | 102 | 59 | 43 |
| 134286 | 74483 | 59803 | 851 | 469 | 382 | 84 | 54 | 30 |
| 52085 | 28589 | 23496 | 254 | 139 | 115 | 112 | 65 | 47 |
| 49180 | 28142 | 21038 | 258 | 124 | 134 | 37 | 22 | 15 |
| **62827** | **32133** | **30694** | **285** | **128** | **157** | **350** | **186** | **164** |
| 23146 | 11755 | 11391 | 66 | 37 | 29 | 108 | 57 | 51 |
| 8998 | 4816 | 4182 | 55 | 22 | 33 | 27 | 14 | 13 |
| 5124 | 2529 | 2595 | 34 | 16 | 18 | 33 | 13 | 20 |
| 5278 | 2551 | 2727 | 16 | 7 | 9 | 11 | 3 | 8 |
| 9674 | 5105 | 4569 | 45 | 18 | 27 | 48 | 25 | 23 |
| 10607 | 5377 | 5230 | 69 | 28 | 41 | 123 | 74 | 49 |
| **57228** | **33825** | **23403** | **181** | **107** | **74** | **189** | **83** | **106** |
| 23555 | 12674 | 10881 | 106 | 63 | 43 | 113 | 52 | 61 |
| 19312 | 10556 | 8756 | 57 | 36 | 21 | 56 | 23 | 33 |
| 12412 | 9468 | 2944 | 14 | 6 | 8 | 13 | 6 | 7 |
| 1949 | 1127 | 822 | 4 | 2 | 2 | 7 | 2 | 5 |
| **252890** | **139673** | **113217** | **1410** | **706** | **704** | **593** | **363** | **230** |
| 41780 | 23200 | 18580 | 327 | 185 | 142 | 52 | 24 | 28 |
| 27435 | 14977 | 12458 | 174 | 80 | 94 | 49 | 30 | 19 |
| 30851 | 17319 | 13532 | 166 | 91 | 75 | 49 | 38 | 11 |
| 8850 | 4804 | 4046 | 44 | 15 | 29 | 19 | 10 | 9 |
| 10793 | 5593 | 5200 | 66 | 29 | 37 | 37 | 26 | 11 |
| 12345 | 6411 | 5934 | 71 | 30 | 41 | 53 | 34 | 19 |
| 59487 | 33586 | 25901 | 275 | 135 | 140 | 203 | 138 | 65 |
| 28167 | 15047 | 13120 | 90 | 44 | 46 | 97 | 45 | 52 |
| 33182 | 18736 | 14446 | 197 | 97 | 100 | 34 | 18 | 16 |
| **91715** | **48276** | **43439** | **557** | **269** | **288** | **4554** | **2302** | **2252** |
| 31500 | 17009 | 14491 | 96 | 53 | 43 | 221 | 120 | 101 |
| 11851 | 6177 | 5674 | 194 | 90 | 104 | 4126 | 2073 | 2053 |
| 9390 | 5004 | 4386 | 87 | 46 | 41 | 59 | 34 | 25 |
| 4518 | 2386 | 2132 | 32 | 11 | 21 | 32 | 18 | 14 |
| 5854 | 3033 | 2821 | 34 | 17 | 17 | 34 | 20 | 14 |
| 6800 | 3642 | 3158 | 34 | 18 | 16 | 17 | 9 | 8 |
| 6279 | 3171 | 3108 | 20 | 11 | 9 | 16 | 6 | 10 |
| 4867 | 2433 | 2434 | 18 | 6 | 12 | 15 | 8 | 7 |
| 10656 | 5421 | 5235 | 42 | 17 | 25 | 34 | 14 | 20 |

# 1-2a 各地区分性别、

| 地区 | 人口数 | | | 居住本乡、镇、街道，户口在本乡、镇、街道 | | |
|---|---|---|---|---|---|---|
| | 合计 | 男 | 女 | 小计 | 男 | 女 |
| **合计** | **3357273** | **1749966** | **1607307** | **1344308** | **659888** | **684420** |
| **杭州市** | **906653** | **473754** | **432899** | **365254** | **178783** | **186471** |
| 上城区 | 31043 | 15208 | 15835 | 17698 | 8554 | 9144 |
| 下城区 | 46764 | 22932 | 23832 | 23679 | 11491 | 12188 |
| 江干区 | 154626 | 80592 | 74034 | 52036 | 25521 | 26515 |
| 拱墅区 | 63082 | 31699 | 31383 | 29375 | 14426 | 14949 |
| 西湖区 | 108881 | 56278 | 52603 | 51768 | 25414 | 26354 |
| 滨江区 | 49576 | 25630 | 23946 | 21725 | 10627 | 11098 |
| 萧山区 | 171470 | 92110 | 79360 | 65530 | 32287 | 33243 |
| 余杭区 | 179143 | 95716 | 83427 | 60438 | 29323 | 31115 |
| 富阳区 | 57438 | 30490 | 26948 | 23602 | 11682 | 11920 |
| 临安区 | 30764 | 16183 | 14581 | 11047 | 5340 | 5707 |
| 桐庐县 | | | | | | |
| 淳安县 | | | | | | |
| 建德市 | 13866 | 6916 | 6950 | 8356 | 4118 | 4238 |
| **宁波市** | **562147** | **291196** | **270951** | **226343** | **111094** | **115249** |
| 海曙区 | 89569 | 45773 | 43796 | 33787 | 16386 | 17401 |
| 江北区 | 40357 | 21015 | 19342 | 16053 | 7814 | 8239 |
| 北仑区 | 62073 | 33613 | 28460 | 21431 | 10430 | 11001 |
| 镇海区 | 46446 | 24719 | 21727 | 17318 | 8490 | 8828 |
| 鄞州区 | 102148 | 50854 | 51294 | 44580 | 21764 | 22816 |
| 奉化区 | 29438 | 15146 | 14292 | 13222 | 6607 | 6615 |
| 象山县 | | | | | | |
| 宁海县 | | | | | | |
| 余姚市 | 80332 | 41982 | 38350 | 32484 | 16124 | 16360 |
| 慈溪市 | 111784 | 58094 | 53690 | 47468 | 23479 | 23989 |
| **温州市** | **464587** | **247881** | **216706** | **170210** | **84950** | **85260** |
| 鹿城区 | 104990 | 54530 | 50460 | 37968 | 18427 | 19541 |
| 龙湾区 | 45569 | 25452 | 20117 | 13984 | 7144 | 6840 |
| 瓯海区 | 77568 | 42560 | 35008 | 18326 | 9088 | 9238 |
| 洞头区 | 6583 | 3322 | 3261 | 4251 | 2031 | 2220 |
| 永嘉县 | | | | | | |
| 平阳县 | | | | | | |
| 苍南县 | | | | | | |
| 文成县 | | | | | | |
| 泰顺县 | | | | | | |
| 瑞安市 | 95547 | 50485 | 45062 | 41184 | 20553 | 20631 |
| 乐清市 | 92481 | 49308 | 43173 | 39497 | 19941 | 19556 |
| 龙港市 | 41849 | 22224 | 19625 | 15000 | 7766 | 7234 |
| **嘉兴市** | **233081** | **120421** | **112660** | **93710** | **45613** | **48097** |
| 南湖区 | 70696 | 36400 | 34296 | 29265 | 14264 | 15001 |
| 秀洲区 | 32563 | 17262 | 15301 | 11906 | 5759 | 6147 |
| 嘉善县 | | | | | | |
| 海盐县 | | | | | | |
| 海宁市 | 44633 | 23080 | 21553 | 18877 | 9197 | 9680 |
| 平湖市 | 30558 | 15608 | 14950 | 14627 | 7087 | 7540 |
| 桐乡市 | 54631 | 28071 | 26560 | 19035 | 9306 | 9729 |
| **湖州市** | **76266** | **38704** | **37562** | **33908** | **16360** | **17548** |
| 吴兴区 | 57452 | 28789 | 28663 | 25597 | 12370 | 13227 |
| 南浔区 | 18814 | 9915 | 8899 | 8311 | 3990 | 4321 |
| 德清县 | | | | | | |
| 长兴县 | | | | | | |
| 安吉县 | | | | | | |

# 户口登记状况的人口(城市)

单位：人

| 居住本乡、镇、街道，户口在外乡、镇、街道，离开户口登记地半年以上 | | | 居住本乡、镇、街道，户口待定 | | | 原住本乡、镇、街道，现在港澳台或国外工作学习 | | |
|---|---|---|---|---|---|---|---|---|
| 小计 | 男 | 女 | 小计 | 男 | 女 | 小计 | 男 | 女 |
| **1997914** | **1082229** | **915685** | **8043** | **4300** | **3743** | **7008** | **3549** | **3459** |
| **538138** | **293342** | **244796** | **1612** | **858** | **754** | **1649** | **771** | **878** |
| 13147 | 6563 | 6584 | 29 | 16 | 13 | 169 | 75 | 94 |
| 22759 | 11287 | 11472 | 77 | 42 | 35 | 249 | 112 | 137 |
| 102162 | 54865 | 47297 | 191 | 99 | 92 | 237 | 107 | 130 |
| 33487 | 17166 | 16321 | 91 | 48 | 43 | 129 | 59 | 70 |
| 56351 | 30441 | 25910 | 253 | 169 | 84 | 509 | 254 | 255 |
| 27641 | 14894 | 12747 | 149 | 79 | 70 | 61 | 30 | 31 |
| 105430 | 59564 | 45866 | 389 | 199 | 190 | 121 | 60 | 61 |
| 118387 | 66241 | 52146 | 255 | 121 | 134 | 63 | 31 | 32 |
| 33686 | 18738 | 14948 | 97 | 51 | 46 | 53 | 19 | 34 |
| 19624 | 10810 | 8814 | 66 | 23 | 43 | 27 | 10 | 17 |
| 5464 | 2773 | 2691 | 15 | 11 | 4 | 31 | 14 | 17 |
| **333931** | **179099** | **154832** | **1114** | **596** | **518** | **759** | **407** | **352** |
| 55414 | 29191 | 26223 | 172 | 99 | 73 | 196 | 97 | 99 |
| 24160 | 13128 | 11032 | 79 | 39 | 40 | 65 | 34 | 31 |
| 40479 | 23086 | 17393 | 129 | 79 | 50 | 34 | 18 | 16 |
| 28977 | 16148 | 12829 | 75 | 41 | 34 | 76 | 40 | 36 |
| 57169 | 28885 | 28284 | 177 | 84 | 93 | 222 | 121 | 101 |
| 16151 | 8503 | 7648 | 46 | 26 | 20 | 19 | 10 | 9 |
| 47583 | 25718 | 21865 | 201 | 98 | 103 | 64 | 42 | 22 |
| 63998 | 34440 | 29558 | 235 | 130 | 105 | 83 | 45 | 38 |
| **289465** | **160392** | **129073** | **1874** | **988** | **886** | **3038** | **1551** | **1487** |
| 65841 | 35473 | 30368 | 335 | 193 | 142 | 846 | 437 | 409 |
| 31261 | 18136 | 13125 | 215 | 114 | 101 | 109 | 58 | 51 |
| 57875 | 32750 | 25125 | 323 | 180 | 143 | 1044 | 542 | 502 |
| 2295 | 1272 | 1023 | 20 | 12 | 8 | 17 | 7 | 10 |
| 53103 | 29308 | 23795 | 387 | 196 | 191 | 873 | 428 | 445 |
| 52468 | 29110 | 23358 | 398 | 197 | 201 | 118 | 60 | 58 |
| 26622 | 14343 | 12279 | 196 | 96 | 100 | 31 | 19 | 12 |
| **138510** | **74366** | **64144** | **539** | **278** | **261** | **322** | **164** | **158** |
| 41191 | 22013 | 19178 | 125 | 65 | 60 | 115 | 58 | 57 |
| 20526 | 11422 | 9104 | 81 | 49 | 32 | 50 | 32 | 18 |
| 25579 | 13804 | 11775 | 108 | 47 | 61 | 69 | 32 | 37 |
| 15824 | 8460 | 7364 | 58 | 33 | 25 | 49 | 28 | 21 |
| 35390 | 18667 | 16723 | 167 | 84 | 83 | 39 | 14 | 25 |
| **42076** | **22194** | **19882** | **189** | **100** | **89** | **93** | **50** | **43** |
| 31654 | 16312 | 15342 | 118 | 64 | 54 | 83 | 43 | 40 |
| 10422 | 5882 | 4540 | 71 | 36 | 35 | 10 | 7 | 3 |

1－2a　续表

| 地　　区 | 人　口　数 | | | 居住本乡、镇、街道，户口在本乡、镇、街道 | | |
|---|---|---|---|---|---|---|
| | 合计 | 男 | 女 | 小计 | 男 | 女 |
| **绍兴市** | **309743** | **159120** | **150623** | **140707** | **68530** | **72177** |
| 越城区 | 84880 | 43053 | 41827 | 40693 | 19773 | 20920 |
| 柯桥区 | 84456 | 44902 | 39554 | 32725 | 16074 | 16651 |
| 上虞区 | 52982 | 27059 | 25923 | 28914 | 13967 | 14947 |
| 新昌县 | | | | | | |
| 诸暨市 | 55701 | 28130 | 27571 | 22058 | 10775 | 11283 |
| 嵊州市 | 31724 | 15976 | 15748 | 16317 | 7941 | 8376 |
| **金华市** | **330130** | **174231** | **155899** | **105512** | **51947** | **53565** |
| 婺城区 | 65159 | 33283 | 31876 | 23741 | 11559 | 12182 |
| 金东区 | 14136 | 7472 | 6664 | 5308 | 2621 | 2687 |
| 武义县 | | | | | | |
| 浦江县 | | | | | | |
| 磐安县 | | | | | | |
| 兰溪市 | 24670 | 12323 | 12347 | 15900 | 7887 | 8013 |
| 义乌市 | 125064 | 67437 | 57627 | 28147 | 14036 | 14111 |
| 东阳市 | 46973 | 24039 | 22934 | 15257 | 7294 | 7963 |
| 永康市 | 54128 | 29677 | 24451 | 17159 | 8550 | 8609 |
| **衢州市** | **71306** | **35674** | **35632** | **33480** | **16280** | **17200** |
| 柯城区 | 38615 | 19288 | 19327 | 16728 | 8209 | 8519 |
| 衢江区 | 12074 | 6298 | 5776 | 4493 | 2217 | 2276 |
| 常山县 | | | | | | |
| 开化县 | | | | | | |
| 龙游县 | 117 | 58 | 59 | 91 | 46 | 45 |
| 江山市 | 20500 | 10030 | 10470 | 12168 | 5808 | 6360 |
| **舟山市** | **59646** | **29841** | **29805** | **27160** | **13295** | **13865** |
| 定海区 | 34724 | 17355 | 17369 | 16691 | 8149 | 8542 |
| 普陀区 | 24922 | 12486 | 12436 | 10469 | 5146 | 5323 |
| 岱山县 | | | | | | |
| 嵊泗县 | | | | | | |
| **台州市** | **290201** | **151600** | **138601** | **132306** | **65258** | **67048** |
| 椒江区 | 61852 | 32245 | 29607 | 27064 | 13386 | 13678 |
| 黄岩区 | 41460 | 21673 | 19787 | 18998 | 9354 | 9644 |
| 路桥区 | 31001 | 16248 | 14753 | 12890 | 6268 | 6622 |
| 三门县 | | | | | | |
| 天台县 | | | | | | |
| 仙居县 | | | | | | |
| 温岭市 | 68362 | 36184 | 32178 | 30074 | 14799 | 15275 |
| 临海市 | 40683 | 20350 | 20333 | 21660 | 10703 | 10957 |
| 玉环市 | 46843 | 24900 | 21943 | 21620 | 10748 | 10872 |
| **丽水市** | **53513** | **27544** | **25969** | **15718** | **7778** | **7940** |
| 莲都区 | 39544 | 20509 | 19035 | 11391 | 5643 | 5748 |
| 青田县 | | | | | | |
| 缙云县 | | | | | | |
| 遂昌县 | | | | | | |
| 松阳县 | | | | | | |
| 云和县 | | | | | | |
| 庆元县 | | | | | | |
| 景宁畲族自治县 | | | | | | |
| 龙泉市 | 13969 | 7035 | 6934 | 4327 | 2135 | 2192 |

单位：人

| 居住本乡、镇、街道，户口在外乡、镇、街道，离开户口登记地半年以上 | | | 居住本乡、镇、街道，户口待定 | | | 原住本乡、镇、街道，现在港澳台或国外工作学习 | | |
|---|---|---|---|---|---|---|---|---|
| 小计 | 男 | 女 | 小计 | 男 | 女 | 小计 | 男 | 女 |
| **168257** | **90177** | **78080** | **508** | **266** | **242** | **271** | **147** | **124** |
| 43979 | 23162 | 20817 | 105 | 61 | 44 | 103 | 57 | 46 |
| 51520 | 28720 | 22800 | 174 | 89 | 85 | 37 | 19 | 18 |
| 23946 | 13028 | 10918 | 64 | 26 | 38 | 58 | 38 | 20 |
| 33499 | 17279 | 16220 | 109 | 58 | 51 | 35 | 18 | 17 |
| 15313 | 7988 | 7325 | 56 | 32 | 24 | 38 | 15 | 23 |
| **223297** | **121570** | **101727** | **1091** | **597** | **494** | **230** | **117** | **113** |
| 41217 | 21619 | 19598 | 120 | 67 | 53 | 81 | 38 | 43 |
| 8795 | 4832 | 3963 | 11 | 6 | 5 | 22 | 13 | 9 |
| 8730 | 4417 | 4313 | 10 | 5 | 5 | 30 | 14 | 16 |
| 96226 | 53010 | 43216 | 637 | 359 | 278 | 54 | 32 | 22 |
| 31554 | 16663 | 14891 | 135 | 72 | 63 | 27 | 10 | 17 |
| 36775 | 21029 | 15746 | 178 | 88 | 90 | 16 | 10 | 6 |
| **37588** | **19267** | **18321** | **101** | **57** | **44** | **137** | **70** | **67** |
| 21736 | 10998 | 10738 | 56 | 32 | 24 | 95 | 49 | 46 |
| 7549 | 4062 | 3487 | 28 | 16 | 12 | 4 | 3 | 1 |
| 26 | 12 | 14 | | | | | | |
| 8277 | 4195 | 4082 | 17 | 9 | 8 | 38 | 18 | 20 |
| **32244** | **16411** | **15833** | **117** | **79** | **38** | **125** | **56** | **69** |
| 17875 | 9116 | 8759 | 69 | 49 | 20 | 89 | 41 | 48 |
| 14369 | 7295 | 7074 | 48 | 30 | 18 | 36 | 15 | 21 |
| **156852** | **85779** | **71073** | **813** | **431** | **382** | **230** | **132** | **98** |
| 34490 | 18696 | 15794 | 261 | 144 | 117 | 37 | 19 | 18 |
| 22307 | 12244 | 10063 | 127 | 58 | 69 | 28 | 17 | 11 |
| 17996 | 9909 | 8087 | 91 | 54 | 37 | 24 | 17 | 7 |
| 38056 | 21256 | 16800 | 146 | 75 | 71 | 86 | 54 | 32 |
| 18948 | 9613 | 9335 | 42 | 21 | 21 | 33 | 13 | 20 |
| 25055 | 14061 | 10994 | 146 | 79 | 67 | 22 | 12 | 10 |
| **37556** | **19632** | **17924** | **85** | **50** | **35** | **154** | **84** | **70** |
| 27944 | 14747 | 13197 | 73 | 43 | 30 | 136 | 76 | 60 |
| 9612 | 4885 | 4727 | 12 | 7 | 5 | 18 | 8 | 10 |

# 1-2b 各地区分性别、

| 地区 | 人口数 | | | 居住本乡、镇、街道，户口在本乡、镇、街道 | | |
|---|---|---|---|---|---|---|
| | 合计 | 男 | 女 | 小计 | 男 | 女 |
| **合计** | **1365999** | **719769** | **646230** | **674278** | **334959** | **339319** |
| **杭州市** | **108200** | **56629** | **51571** | **54057** | **26627** | **27430** |
| 上城区 | | | | | | |
| 下城区 | | | | | | |
| 江干区 | | | | | | |
| 拱墅区 | | | | | | |
| 西湖区 | 35 | 17 | 18 | 22 | 10 | 12 |
| 滨江区 | | | | | | |
| 萧山区 | 13372 | 7676 | 5696 | 5247 | 2623 | 2624 |
| 余杭区 | 29227 | 15683 | 13544 | 12504 | 6055 | 6449 |
| 富阳区 | 2995 | 1586 | 1409 | 2232 | 1117 | 1115 |
| 临安区 | 7049 | 3591 | 3458 | 4195 | 2048 | 2147 |
| 桐庐县 | 31938 | 16430 | 15508 | 16043 | 7924 | 8119 |
| 淳安县 | 15002 | 7338 | 7664 | 7523 | 3749 | 3774 |
| 建德市 | 8582 | 4308 | 4274 | 6291 | 3101 | 3190 |
| **宁波市** | **196390** | **104252** | **92138** | **80343** | **39562** | **40781** |
| 海曙区 | 2782 | 1399 | 1383 | 1626 | 788 | 838 |
| 江北区 | | | | | | |
| 北仑区 | 5818 | 3350 | 2468 | 1805 | 880 | 925 |
| 镇海区 | 4368 | 2485 | 1883 | 1323 | 655 | 668 |
| 鄞州区 | 31584 | 16714 | 14870 | 11875 | 5853 | 6022 |
| 奉化区 | 5379 | 2809 | 2570 | 3618 | 1811 | 1807 |
| 象山县 | 34326 | 17187 | 17139 | 14777 | 7025 | 7752 |
| 宁海县 | 43016 | 22105 | 20911 | 18250 | 9081 | 9169 |
| 余姚市 | 25256 | 13142 | 12114 | 13226 | 6607 | 6619 |
| 慈溪市 | 43861 | 25061 | 18800 | 13843 | 6862 | 6981 |
| **温州市** | **214991** | **113971** | **101020** | **120894** | **61405** | **59489** |
| 鹿城区 | 631 | 338 | 293 | 435 | 229 | 206 |
| 龙湾区 | 26343 | 15375 | 10968 | 6849 | 3559 | 3290 |
| 瓯海区 | 1597 | 868 | 729 | 655 | 328 | 327 |
| 洞头区 | 718 | 350 | 368 | 632 | 309 | 323 |
| 永嘉县 | 45271 | 24304 | 20967 | 22364 | 11281 | 11083 |
| 平阳县 | 53067 | 27664 | 25403 | 31186 | 15770 | 15416 |
| 苍南县 | 54472 | 28247 | 26225 | 37951 | 19469 | 18482 |
| 文成县 | 10153 | 5200 | 4953 | 7455 | 3758 | 3697 |
| 泰顺县 | 10301 | 5171 | 5130 | 6940 | 3514 | 3426 |
| 瑞安市 | 3078 | 1517 | 1561 | 2165 | 1035 | 1130 |
| 乐清市 | 7570 | 4032 | 3538 | 3369 | 1702 | 1667 |
| 龙港市 | 1790 | 905 | 885 | 893 | 451 | 442 |
| **嘉兴市** | **173402** | **92810** | **80592** | **79992** | **39199** | **40793** |
| 南湖区 | 6001 | 3184 | 2817 | 2726 | 1327 | 1399 |
| 秀洲区 | 15178 | 8044 | 7134 | 6442 | 3182 | 3260 |
| 嘉善县 | 50796 | 27334 | 23462 | 18485 | 8978 | 9507 |
| 海盐县 | 31428 | 16311 | 15117 | 17847 | 8752 | 9095 |
| 海宁市 | 36412 | 20113 | 16299 | 15514 | 7588 | 7926 |
| 平湖市 | 17319 | 9385 | 7934 | 8713 | 4289 | 4424 |
| 桐乡市 | 16268 | 8439 | 7829 | 10265 | 5083 | 5182 |
| **湖州市** | **150478** | **78303** | **72175** | **72556** | **35715** | **36841** |
| 吴兴区 | 25299 | 13380 | 11919 | 4449 | 2147 | 2302 |
| 南浔区 | 13184 | 6734 | 6450 | 9350 | 4624 | 4726 |
| 德清县 | 35088 | 18496 | 16592 | 17163 | 8418 | 8745 |
| 长兴县 | 43252 | 22188 | 21064 | 25227 | 12578 | 12649 |
| 安吉县 | 33655 | 17505 | 16150 | 16367 | 7948 | 8419 |

# 户口登记状况的人口(镇)

单位：人

| 居住本乡、镇、街道，户口在外乡、镇、街道，离开户口登记地半年以上 | | | 居住本乡、镇、街道，户口待定 | | | 原住本乡、镇、街道，现在港澳台或国外工作学习 | | |
|---|---|---|---|---|---|---|---|---|
| 小计 | 男 | 女 | 小计 | 男 | 女 | 小计 | 男 | 女 |
| **684174** | **380954** | **303220** | **3397** | **1748** | **1649** | **4150** | **2108** | **2042** |
| **53832** | **29864** | **23968** | **209** | **92** | **117** | **102** | **46** | **56** |
| | | | | | | | | |
| | | | | | | | | |
| | | | | | | | | |
| | | | | | | | | |
| 13 | 7 | 6 | | | | | | |
| | | | | | | | | |
| 8097 | 5041 | 3056 | 24 | 12 | 12 | 4 | | 4 |
| 16607 | 9576 | 7031 | 88 | 39 | 49 | 28 | 13 | 15 |
| 756 | 467 | 289 | 2 | | 2 | 5 | 2 | 3 |
| 2846 | 1540 | 1306 | 6 | 2 | 4 | 2 | 1 | 1 |
| 15825 | 8472 | 7353 | 42 | 20 | 22 | 28 | 14 | 14 |
| 7435 | 3567 | 3868 | 19 | 11 | 8 | 25 | 11 | 14 |
| 2253 | 1194 | 1059 | 28 | 8 | 20 | 10 | 5 | 5 |
| **115527** | **64432** | **51095** | **396** | **201** | **195** | **124** | **57** | **67** |
| 1149 | 606 | 543 | 7 | 5 | 2 | | | |
| | | | | | | | | |
| 4001 | 2462 | 1539 | 10 | 7 | 3 | 2 | 1 | 1 |
| 3029 | 1817 | 1212 | 15 | 12 | 3 | 1 | 1 | |
| 19630 | 10823 | 8807 | 64 | 31 | 33 | 15 | 7 | 8 |
| 1749 | 992 | 757 | 11 | 5 | 6 | 1 | 1 | |
| 19441 | 10110 | 9331 | 63 | 29 | 34 | 45 | 23 | 22 |
| 24644 | 12971 | 11673 | 98 | 45 | 53 | 24 | 8 | 16 |
| 11975 | 6505 | 5470 | 40 | 21 | 19 | 15 | 9 | 6 |
| 29909 | 18146 | 11763 | 88 | 46 | 42 | 21 | 7 | 14 |
| **91944** | **51441** | **40503** | **859** | **456** | **403** | **1294** | **669** | **625** |
| 174 | 98 | 76 | 1 | | 1 | 21 | 11 | 10 |
| 19274 | 11696 | 7578 | 143 | 81 | 62 | 77 | 39 | 38 |
| 933 | 537 | 396 | 5 | 2 | 3 | 4 | 1 | 3 |
| 82 | 40 | 42 | 3 | 1 | 2 | 1 | | 1 |
| 22380 | 12730 | 9650 | 314 | 182 | 132 | 213 | 111 | 102 |
| 21689 | 11800 | 9889 | 149 | 72 | 77 | 43 | 22 | 21 |
| 16362 | 8692 | 7670 | 131 | 67 | 64 | 28 | 19 | 9 |
| 1903 | 1033 | 870 | 65 | 28 | 37 | 730 | 381 | 349 |
| 3342 | 1648 | 1694 | 15 | 7 | 8 | 4 | 2 | 2 |
| 780 | 421 | 359 | 11 | 5 | 6 | 122 | 56 | 66 |
| 4134 | 2295 | 1839 | 16 | 8 | 8 | 51 | 27 | 24 |
| 891 | 451 | 440 | 6 | 3 | 3 | | | |
| **92776** | **53284** | **39492** | **463** | **238** | **225** | **171** | **89** | **82** |
| 3261 | 1851 | 1410 | 13 | 6 | 7 | 1 | | 1 |
| 8673 | 4828 | 3845 | 54 | 29 | 25 | 9 | 5 | 4 |
| 32113 | 18267 | 13846 | 152 | 64 | 88 | 46 | 25 | 21 |
| 13437 | 7475 | 5962 | 92 | 61 | 31 | 52 | 23 | 29 |
| 20801 | 12468 | 8333 | 68 | 36 | 32 | 29 | 21 | 8 |
| 8554 | 5076 | 3478 | 37 | 17 | 20 | 15 | 3 | 12 |
| 5937 | 3319 | 2618 | 47 | 25 | 22 | 19 | 12 | 7 |
| **77491** | **42364** | **35127** | **330** | **178** | **152** | **101** | **46** | **55** |
| 20785 | 11195 | 9590 | 64 | 38 | 26 | 1 | | 1 |
| 3799 | 2094 | 1705 | 25 | 12 | 13 | 10 | 4 | 6 |
| 17798 | 10008 | 7790 | 98 | 54 | 44 | 29 | 16 | 13 |
| 17942 | 9577 | 8365 | 45 | 17 | 28 | 38 | 16 | 22 |
| 17167 | 9490 | 7677 | 98 | 57 | 41 | 23 | 10 | 13 |

1-2b 续表

| 地区 | 人口数 | | | 居住本乡、镇、街道，户口在本乡、镇、街道 | | |
|---|---|---|---|---|---|---|
| | 合计 | 男 | 女 | 小计 | 男 | 女 |
| **绍兴市** | **68147** | **36094** | **32053** | **34779** | **17210** | **17569** |
| 越城区 | 402 | 212 | 190 | 307 | 156 | 151 |
| 柯桥区 | 13297 | 7979 | 5318 | 3617 | 1768 | 1849 |
| 上虞区 | 4817 | 2456 | 2361 | 3341 | 1659 | 1682 |
| 新昌县 | 25793 | 13153 | 12640 | 11691 | 5754 | 5937 |
| 诸暨市 | 17485 | 9031 | 8454 | 10310 | 5069 | 5241 |
| 嵊州市 | 6353 | 3263 | 3090 | 5513 | 2804 | 2709 |
| **金华市** | **160331** | **85435** | **74896** | **65375** | **32428** | **32947** |
| 婺城区 | 7481 | 3866 | 3615 | 3824 | 1904 | 1920 |
| 金东区 | 17618 | 9765 | 7853 | 5557 | 2745 | 2812 |
| 武义县 | 29963 | 16034 | 13929 | 9519 | 4716 | 4803 |
| 浦江县 | 21391 | 11081 | 10310 | 9768 | 4956 | 4812 |
| 磐安县 | 9057 | 4617 | 4440 | 5584 | 2747 | 2837 |
| 兰溪市 | 6420 | 3266 | 3154 | 4980 | 2503 | 2477 |
| 义乌市 | 31849 | 17232 | 14617 | 8875 | 4426 | 4449 |
| 东阳市 | 27943 | 14942 | 13001 | 13249 | 6425 | 6824 |
| 永康市 | 8609 | 4632 | 3977 | 4019 | 2006 | 2013 |
| **衢州市** | **53377** | **26836** | **26541** | **33938** | **17016** | **16922** |
| 柯城区 | 1147 | 597 | 550 | 876 | 442 | 434 |
| 衢江区 | 3404 | 1739 | 1665 | 2924 | 1504 | 1420 |
| 常山县 | 11924 | 5974 | 5950 | 7386 | 3718 | 3668 |
| 开化县 | 12649 | 6213 | 6436 | 7859 | 3928 | 3931 |
| 龙游县 | 17621 | 8975 | 8646 | 9349 | 4667 | 4682 |
| 江山市 | 6632 | 3338 | 3294 | 5544 | 2757 | 2787 |
| **舟山市** | **26018** | **15624** | **10394** | **12557** | **6182** | **6375** |
| 定海区 | 3141 | 1634 | 1507 | 1716 | 864 | 852 |
| 普陀区 | 1975 | 1032 | 943 | 1175 | 575 | 600 |
| 岱山县 | 16473 | 10742 | 5731 | 6645 | 3267 | 3378 |
| 嵊泗县 | 4429 | 2216 | 2213 | 3021 | 1476 | 1545 |
| **台州市** | **123669** | **63771** | **59898** | **74380** | **37046** | **37334** |
| 椒江区 | 588 | 361 | 227 | 99 | 48 | 51 |
| 黄岩区 | 3599 | 1783 | 1816 | 2657 | 1305 | 1352 |
| 路桥区 | 10853 | 5798 | 5055 | 5692 | 2867 | 2825 |
| 三门县 | 19764 | 10129 | 9635 | 12039 | 6007 | 6032 |
| 天台县 | 24636 | 12429 | 12207 | 15196 | 7552 | 7644 |
| 仙居县 | 21749 | 10894 | 10855 | 11137 | 5511 | 5626 |
| 温岭市 | 27288 | 14571 | 12717 | 15965 | 7943 | 8022 |
| 临海市 | 13489 | 6897 | 6592 | 10705 | 5354 | 5351 |
| 玉环市 | 1703 | 909 | 794 | 890 | 459 | 431 |
| **丽水市** | **90996** | **46044** | **44952** | **45407** | **22569** | **22838** |
| 莲都区 | 1962 | 1068 | 894 | 1066 | 528 | 538 |
| 青田县 | 21620 | 10897 | 10723 | 9086 | 4530 | 4556 |
| 缙云县 | 22268 | 11220 | 11048 | 13947 | 6804 | 7143 |
| 遂昌县 | 9912 | 5054 | 4858 | 6213 | 3149 | 3064 |
| 松阳县 | 9870 | 5002 | 4868 | 5292 | 2638 | 2654 |
| 云和县 | 9169 | 4797 | 4372 | 3372 | 1711 | 1661 |
| 庆元县 | 8732 | 4336 | 4396 | 3317 | 1655 | 1662 |
| 景宁畲族自治县 | 6069 | 2958 | 3111 | 2046 | 1009 | 1037 |
| 龙泉市 | 1394 | 712 | 682 | 1068 | 545 | 523 |

单位：人

| 居住本乡、镇、街道，户口在外乡、镇、街道，离开户口登记地半年以上 | | | 居住本乡、镇、街道，户口待定 | | | 原住本乡、镇、街道，现在港澳台或国外工作学习 | | |
|---|---|---|---|---|---|---|---|---|
| 小计 | 男 | 女 | 小计 | 男 | 女 | 小计 | 男 | 女 |
| **33237** | **18814** | **14423** | **85** | **48** | **37** | **46** | **22** | **24** |
| 95 | 56 | 39 | | | | | | |
| 9659 | 6200 | 3459 | 15 | 7 | 8 | 6 | 4 | 2 |
| 1465 | 791 | 674 | 9 | 5 | 4 | 2 | 1 | 1 |
| 14046 | 7369 | 6677 | 31 | 18 | 13 | 25 | 12 | 13 |
| 7138 | 3943 | 3195 | 26 | 16 | 10 | 11 | 3 | 8 |
| 834 | 455 | 379 | 4 | 2 | 2 | 2 | 2 | |
| **94357** | **52673** | **41684** | **507** | **276** | **231** | **92** | **58** | **34** |
| 3628 | 1950 | 1678 | 19 | 7 | 12 | 10 | 5 | 5 |
| 12030 | 7006 | 5024 | 27 | 11 | 16 | 4 | 3 | 1 |
| 20263 | 11220 | 9043 | 172 | 94 | 78 | 9 | 4 | 5 |
| 11556 | 6088 | 5468 | 41 | 22 | 19 | 26 | 15 | 11 |
| 3427 | 1834 | 1593 | 39 | 30 | 9 | 7 | 6 | 1 |
| 1421 | 752 | 669 | 8 | 2 | 6 | 11 | 9 | 2 |
| 22864 | 12742 | 10122 | 107 | 62 | 45 | 3 | 2 | 1 |
| 14605 | 8464 | 6141 | 72 | 41 | 31 | 17 | 12 | 5 |
| 4563 | 2617 | 1946 | 22 | 7 | 15 | 5 | 2 | 3 |
| **19303** | **9756** | **9547** | **70** | **31** | **39** | **66** | **33** | **33** |
| 268 | 154 | 114 | 1 | | 1 | 2 | 1 | 1 |
| 474 | 234 | 240 | 3 | | 3 | 3 | 1 | 2 |
| 4498 | 2241 | 2257 | 23 | 11 | 12 | 17 | 4 | 13 |
| 4781 | 2280 | 2501 | 6 | 4 | 2 | 3 | 1 | 2 |
| 8218 | 4281 | 3937 | 32 | 15 | 17 | 22 | 12 | 10 |
| 1064 | 566 | 498 | 5 | 1 | 4 | 19 | 14 | 5 |
| **13416** | **9429** | **3987** | **29** | **10** | **19** | **16** | **3** | **13** |
| 1412 | 767 | 645 | 13 | 3 | 10 | | | |
| 797 | 457 | 340 | | | | 3 | | 3 |
| 9809 | 7469 | 2340 | 13 | 5 | 8 | 6 | 1 | 5 |
| 1398 | 736 | 662 | 3 | 2 | 1 | 7 | 2 | 5 |
| **49012** | **26578** | **22434** | **188** | **87** | **101** | **89** | **60** | **29** |
| 481 | 309 | 172 | 8 | 4 | 4 | | | |
| 936 | 474 | 462 | 6 | 4 | 2 | | | |
| 5130 | 2917 | 2213 | 26 | 11 | 15 | 5 | 3 | 2 |
| 7698 | 4109 | 3589 | 19 | 8 | 11 | 8 | 5 | 3 |
| 9396 | 4852 | 4544 | 34 | 18 | 16 | 10 | 7 | 3 |
| 10551 | 5347 | 5204 | 38 | 19 | 19 | 23 | 17 | 6 |
| 11261 | 6594 | 4667 | 39 | 15 | 24 | 23 | 19 | 4 |
| 2756 | 1529 | 1227 | 12 | 7 | 5 | 16 | 7 | 9 |
| 803 | 447 | 356 | 6 | 1 | 5 | 4 | 2 | 2 |
| **43279** | **22319** | **20960** | **261** | **131** | **130** | **2049** | **1025** | **1024** |
| 886 | 536 | 350 | 3 | 1 | 2 | 7 | 3 | 4 |
| 10459 | 5331 | 5128 | 113 | 58 | 55 | 1962 | 978 | 984 |
| 8246 | 4378 | 3868 | 49 | 23 | 26 | 26 | 15 | 11 |
| 3664 | 1892 | 1772 | 17 | 6 | 11 | 18 | 7 | 11 |
| 4554 | 2345 | 2209 | 12 | 10 | 2 | 12 | 9 | 3 |
| 5759 | 3068 | 2691 | 29 | 15 | 14 | 9 | 3 | 6 |
| 5394 | 2669 | 2725 | 15 | 8 | 7 | 6 | 4 | 2 |
| 4005 | 1939 | 2066 | 12 | 5 | 7 | 6 | 5 | 1 |
| 312 | 161 | 151 | 11 | 5 | 6 | 3 | 1 | 2 |

# 1-2c 各地区分性别、

| 地　　区 | 人　口　数 | | | 居住本乡、镇、街道，户口在本乡、镇、街道 | | |
|---|---|---|---|---|---|---|
| | 合计 | 男 | 女 | 小计 | 男 | 女 |
| **合计** | **1744519** | **919459** | **825060** | **1308552** | **664533** | **644019** |
| **杭州市** | **200025** | **106340** | **93685** | **148695** | **74477** | **74218** |
| 上城区 | | | | | | |
| 下城区 | | | | | | |
| 江干区 | | | | | | |
| 拱墅区 | | | | | | |
| 西湖区 | 3227 | 1761 | 1466 | 2093 | 1039 | 1054 |
| 滨江区 | | | | | | |
| 萧山区 | 48566 | 25765 | 22801 | 32128 | 15913 | 16215 |
| 余杭区 | 49421 | 27520 | 21901 | 29460 | 14539 | 14921 |
| 富阳区 | 25335 | 13421 | 11914 | 20655 | 10616 | 10039 |
| 临安区 | 25466 | 13370 | 12096 | 21048 | 10604 | 10444 |
| 桐庐县 | 12874 | 6597 | 6277 | 11497 | 5807 | 5690 |
| 淳安县 | 16144 | 8060 | 8084 | 15006 | 7365 | 7641 |
| 建德市 | 18992 | 9846 | 9146 | 16808 | 8594 | 8214 |
| **宁波市** | **209101** | **111735** | **97366** | **120072** | **60253** | **59819** |
| 海曙区 | 13534 | 7156 | 6378 | 6486 | 3199 | 3287 |
| 江北区 | 8621 | 4818 | 3803 | 3154 | 1587 | 1567 |
| 北仑区 | 20433 | 11420 | 9013 | 9014 | 4505 | 4509 |
| 镇海区 | 5652 | 3301 | 2351 | 2057 | 1040 | 1017 |
| 鄞州区 | 30458 | 16572 | 13886 | 11383 | 5650 | 5733 |
| 奉化区 | 22635 | 12244 | 10391 | 14515 | 7423 | 7092 |
| 象山县 | 20964 | 10711 | 10253 | 16579 | 8241 | 8338 |
| 宁海县 | 24143 | 12550 | 11593 | 18848 | 9561 | 9287 |
| 余姚市 | 23095 | 11964 | 11131 | 16590 | 8309 | 8281 |
| 慈溪市 | 39566 | 20999 | 18567 | 21446 | 10738 | 10708 |
| **温州市** | **238448** | **127532** | **110916** | **170904** | **88623** | **82281** |
| 鹿城区 | 10274 | 5711 | 4563 | 4532 | 2313 | 2219 |
| 龙湾区 | 63 | 39 | 24 | 20 | 11 | 9 |
| 瓯海区 | 14548 | 8003 | 6545 | 6296 | 3200 | 3096 |
| 洞头区 | 6474 | 3785 | 2689 | 3556 | 1731 | 1825 |
| 永嘉县 | 31916 | 17129 | 14787 | 26481 | 13868 | 12613 |
| 平阳县 | 31309 | 16607 | 14702 | 23273 | 12097 | 11176 |
| 苍南县 | 25411 | 13468 | 11943 | 20512 | 10735 | 9777 |
| 文成县 | 10916 | 5910 | 5006 | 8669 | 4629 | 4040 |
| 泰顺县 | 11389 | 6104 | 5285 | 10581 | 5635 | 4946 |
| 瑞安市 | 46432 | 24751 | 21681 | 29326 | 14989 | 14337 |
| 乐清市 | 48310 | 25307 | 23003 | 36611 | 18884 | 17727 |
| 龙港市 | 1406 | 718 | 688 | 1047 | 531 | 516 |
| **嘉兴市** | **161161** | **84426** | **76735** | **110860** | **55412** | **55448** |
| 南湖区 | 10865 | 5820 | 5045 | 7098 | 3566 | 3532 |
| 秀洲区 | 23543 | 12192 | 11351 | 14223 | 7071 | 7152 |
| 嘉善县 | 17481 | 9435 | 8046 | 11198 | 5663 | 5535 |
| 海盐县 | 16474 | 8486 | 7988 | 12791 | 6368 | 6423 |
| 海宁市 | 35060 | 18367 | 16693 | 22331 | 11057 | 11274 |
| 平湖市 | 23632 | 12534 | 11098 | 16320 | 8176 | 8144 |
| 桐乡市 | 34106 | 17592 | 16514 | 26899 | 13511 | 13388 |
| **湖州市** | **119063** | **62689** | **56374** | **93668** | **47308** | **46360** |
| 吴兴区 | 25134 | 13724 | 11410 | 15272 | 7648 | 7624 |
| 南浔区 | 22758 | 11896 | 10862 | 18068 | 9061 | 9007 |
| 德清县 | 22076 | 11659 | 10417 | 17427 | 8751 | 8676 |
| 长兴县 | 26017 | 13457 | 12560 | 23701 | 12125 | 11576 |
| 安吉县 | 23078 | 11953 | 11125 | 19200 | 9723 | 9477 |

# 户口登记状况的人口(乡村)

单位：人

| 居住本乡、镇、街道，户口在外乡、镇、街道，离开户口登记地半年以上 | | | 居住本乡、镇、街道，户口待定 | | | 原住本乡、镇、街道，现在港澳台或国外工作学习 | | |
|---|---|---|---|---|---|---|---|---|
| 小计 | 男 | 女 | 小计 | 男 | 女 | 小计 | 男 | 女 |
| **423760** | **248603** | **175157** | **3189** | **1552** | **1637** | **9018** | **4771** | **4247** |
| **50898** | **31642** | **19256** | **215** | **103** | **112** | **217** | **118** | **99** |
| 1126 | 718 | 408 | 5 | 4 | 1 | 3 | | 3 |
| 16361 | 9805 | 6556 | 40 | 27 | 13 | 37 | 20 | 17 |
| 19873 | 12952 | 6921 | 68 | 21 | 47 | 20 | 8 | 12 |
| 4588 | 2753 | 1835 | 56 | 28 | 28 | 36 | 24 | 12 |
| 4385 | 2752 | 1633 | 14 | 7 | 7 | 19 | 7 | 12 |
| 1347 | 774 | 573 | 12 | 7 | 5 | 18 | 9 | 9 |
| 1101 | 674 | 427 | 8 | 5 | 3 | 29 | 16 | 13 |
| 2117 | 1214 | 903 | 12 | 4 | 8 | 55 | 34 | 21 |
| **88408** | **51149** | **37259** | **424** | **236** | **188** | **197** | **97** | **100** |
| 7019 | 3944 | 3075 | 22 | 9 | 13 | 7 | 4 | 3 |
| 5437 | 3217 | 2220 | 27 | 13 | 14 | 3 | 1 | 2 |
| 11280 | 6819 | 4461 | 122 | 90 | 32 | 17 | 6 | 11 |
| 3579 | 2252 | 1327 | 15 | 8 | 7 | 1 | 1 | |
| 19005 | 10896 | 8109 | 60 | 21 | 39 | 10 | 5 | 5 |
| 8062 | 4798 | 3264 | 28 | 11 | 17 | 30 | 12 | 18 |
| 4312 | 2427 | 1885 | 31 | 20 | 11 | 42 | 23 | 19 |
| 5239 | 2964 | 2275 | 26 | 8 | 18 | 30 | 17 | 13 |
| 6449 | 3630 | 2819 | 28 | 15 | 13 | 28 | 10 | 18 |
| 18026 | 10202 | 7824 | 65 | 41 | 24 | 29 | 18 | 11 |
| **61712** | **35816** | **25896** | **901** | **452** | **449** | **4931** | **2641** | **2290** |
| 5182 | 3111 | 2071 | 41 | 22 | 19 | 519 | 265 | 254 |
| 43 | 28 | 15 | | | | | | |
| 7355 | 4347 | 3008 | 53 | 26 | 27 | 844 | 430 | 414 |
| 2859 | 2023 | 836 | 14 | 7 | 7 | 45 | 24 | 21 |
| 4929 | 2988 | 1941 | 192 | 101 | 91 | 314 | 172 | 142 |
| 7910 | 4441 | 3469 | 77 | 42 | 35 | 49 | 27 | 22 |
| 4782 | 2664 | 2118 | 79 | 42 | 37 | 38 | 27 | 11 |
| 827 | 511 | 316 | 79 | 34 | 45 | 1341 | 736 | 605 |
| 741 | 434 | 307 | 36 | 18 | 18 | 31 | 17 | 14 |
| 15337 | 8821 | 6516 | 176 | 85 | 91 | 1593 | 856 | 737 |
| 11398 | 6267 | 5131 | 146 | 71 | 75 | 155 | 85 | 70 |
| 349 | 181 | 168 | 8 | 4 | 4 | 2 | 2 | |
| **49781** | **28788** | **20993** | **230** | **108** | **122** | **290** | **118** | **172** |
| 3744 | 2248 | 1496 | 10 | 3 | 7 | 13 | 3 | 10 |
| 9225 | 5081 | 4144 | 59 | 21 | 38 | 36 | 19 | 17 |
| 6233 | 3748 | 2485 | 22 | 13 | 9 | 28 | 11 | 17 |
| 3623 | 2088 | 1535 | 21 | 11 | 10 | 39 | 19 | 20 |
| 12646 | 7271 | 5375 | 45 | 20 | 25 | 38 | 19 | 19 |
| 7253 | 4332 | 2921 | 21 | 13 | 8 | 38 | 13 | 25 |
| 7057 | 4020 | 3037 | 52 | 27 | 25 | 98 | 34 | 64 |
| **25129** | **15248** | **9881** | **138** | **73** | **65** | **128** | **60** | **68** |
| 9771 | 6028 | 3743 | 49 | 27 | 22 | 42 | 21 | 21 |
| 4645 | 2816 | 1829 | 27 | 11 | 16 | 18 | 8 | 10 |
| 4593 | 2884 | 1709 | 17 | 8 | 9 | 39 | 16 | 23 |
| 2290 | 1317 | 973 | 9 | 6 | 3 | 17 | 9 | 8 |
| 3830 | 2203 | 1627 | 36 | 21 | 15 | 12 | 6 | 6 |

1-2c 续表

| 地区 | 人口数 | | | 居住本乡、镇、街道，户口在本乡、镇、街道 | | |
|---|---|---|---|---|---|---|
| | 合计 | 男 | 女 | 小计 | 男 | 女 |
| **绍兴市** | **149196** | **76567** | **72629** | **128580** | **64975** | **63605** |
| 越城区 | 15410 | 7868 | 7542 | 11466 | 5568 | 5898 |
| 柯桥区 | 20189 | 10443 | 9746 | 15701 | 7893 | 7808 |
| 上虞区 | 26487 | 13203 | 13284 | 22890 | 11240 | 11650 |
| 新昌县 | 13371 | 6985 | 6386 | 12254 | 6363 | 5891 |
| 诸暨市 | 45299 | 23121 | 22178 | 39649 | 19942 | 19707 |
| 嵊州市 | 28440 | 14947 | 13493 | 26620 | 13969 | 12651 |
| **金华市** | **215383** | **112952** | **102431** | **162630** | **82808** | **79822** |
| 婺城区 | 20395 | 10645 | 9750 | 17232 | 8764 | 8468 |
| 金东区 | 19929 | 10640 | 9289 | 14106 | 7209 | 6897 |
| 武义县 | 16739 | 8846 | 7893 | 11759 | 5966 | 5793 |
| 浦江县 | 24991 | 13214 | 11777 | 17284 | 9069 | 8215 |
| 磐安县 | 8173 | 4235 | 3938 | 7626 | 3901 | 3725 |
| 兰溪市 | 24696 | 12811 | 11885 | 23450 | 12203 | 11247 |
| 义乌市 | 38394 | 20690 | 17704 | 23064 | 11891 | 11173 |
| 东阳市 | 33511 | 16692 | 16819 | 27470 | 13161 | 14309 |
| 永康市 | 28555 | 15179 | 13376 | 20639 | 10644 | 9995 |
| **衢州市** | **93281** | **47722** | **45559** | **87084** | **44489** | **42595** |
| 柯城区 | 12305 | 6361 | 5944 | 11143 | 5746 | 5397 |
| 衢江区 | 19421 | 10151 | 9270 | 18402 | 9615 | 8787 |
| 常山县 | 12865 | 6605 | 6260 | 12212 | 6303 | 5909 |
| 开化县 | 11444 | 5575 | 5869 | 10929 | 5299 | 5630 |
| 龙游县 | 17541 | 9005 | 8536 | 16072 | 8177 | 7895 |
| 江山市 | 19705 | 10025 | 9680 | 18326 | 9349 | 8977 |
| **舟山市** | **33588** | **18961** | **14627** | **21937** | **10934** | **11003** |
| 定海区 | 12384 | 6860 | 5524 | 8068 | 4047 | 4021 |
| 普陀区 | 12061 | 6730 | 5331 | 7889 | 3912 | 3977 |
| 岱山县 | 6866 | 4122 | 2744 | 4255 | 2117 | 2138 |
| 嵊泗县 | 2277 | 1249 | 1028 | 1725 | 858 | 867 |
| **台州市** | **246176** | **128816** | **117360** | **198467** | **101141** | **97326** |
| 椒江区 | 20676 | 11268 | 9408 | 13794 | 7031 | 6763 |
| 黄岩区 | 25337 | 12905 | 12432 | 21083 | 10615 | 10468 |
| 路桥区 | 22059 | 11722 | 10337 | 14265 | 7185 | 7080 |
| 三门县 | 16877 | 8727 | 8150 | 15689 | 8020 | 7669 |
| 天台县 | 20236 | 10445 | 9791 | 18780 | 9674 | 9106 |
| 仙居县 | 18896 | 9819 | 9077 | 17039 | 8727 | 8312 |
| 温岭市 | 48367 | 25015 | 23352 | 38013 | 19169 | 18844 |
| 临海市 | 55500 | 29076 | 26424 | 48953 | 25130 | 23823 |
| 玉环市 | 18228 | 9839 | 8389 | 10851 | 5590 | 5261 |
| **丽水市** | **79097** | **41719** | **37378** | **65655** | **34113** | **31542** |
| 莲都区 | 11997 | 6532 | 5465 | 9229 | 4756 | 4473 |
| 青田县 | 13510 | 7074 | 6436 | 9873 | 5101 | 4772 |
| 缙云县 | 16083 | 8378 | 7705 | 14868 | 7710 | 7158 |
| 遂昌县 | 8451 | 4454 | 3997 | 7568 | 3944 | 3624 |
| 松阳县 | 10222 | 5286 | 4936 | 8878 | 4580 | 4298 |
| 云和县 | 3220 | 1711 | 1509 | 2166 | 1128 | 1038 |
| 庆元县 | 4446 | 2352 | 2094 | 3546 | 1845 | 1701 |
| 景宁畲族自治县 | 3751 | 2038 | 1713 | 2874 | 1540 | 1334 |
| 龙泉市 | 7417 | 3894 | 3523 | 6653 | 3509 | 3144 |

单位：人

| 居住本乡、镇、街道，户口在外乡、镇、街道，离开户口登记地半年以上 | | | 居住本乡、镇、街道，户口待定 | | | 原住本乡、镇、街道，现在港澳台或国外工作学习 | | |
|---|---|---|---|---|---|---|---|---|
| 小计 | 男 | 女 | 小计 | 男 | 女 | 小计 | 男 | 女 |
| **20325** | **11427** | **8898** | **138** | **70** | **68** | **153** | **95** | **58** |
| 3925 | 2293 | 1632 | 5 | 1 | 4 | 14 | 6 | 8 |
| 4458 | 2536 | 1922 | 15 | 6 | 9 | 15 | 8 | 7 |
| 3546 | 1936 | 1610 | 31 | 15 | 16 | 20 | 12 | 8 |
| 1092 | 603 | 489 | 20 | 15 | 5 | 5 | 4 | 1 |
| 5529 | 3107 | 2422 | 42 | 23 | 19 | 79 | 49 | 30 |
| 1775 | 952 | 823 | 25 | 10 | 15 | 20 | 16 | 4 |
| **52097** | **29797** | **22300** | **374** | **176** | **198** | **282** | **171** | **111** |
| 3132 | 1866 | 1266 | 12 | 2 | 10 | 19 | 13 | 6 |
| 5772 | 3410 | 2362 | 29 | 12 | 17 | 22 | 9 | 13 |
| 4914 | 2849 | 2065 | 50 | 24 | 26 | 16 | 7 | 9 |
| 7621 | 4093 | 3528 | 48 | 27 | 21 | 38 | 25 | 13 |
| 529 | 325 | 204 | 3 | 1 | 2 | 15 | 8 | 7 |
| 1165 | 565 | 600 | 20 | 7 | 13 | 61 | 36 | 25 |
| 15196 | 8731 | 6465 | 107 | 48 | 59 | 27 | 20 | 7 |
| 5926 | 3462 | 2464 | 47 | 26 | 21 | 68 | 43 | 25 |
| 7842 | 4496 | 3346 | 58 | 29 | 29 | 16 | 10 | 6 |
| **5936** | **3110** | **2826** | **114** | **40** | **74** | **147** | **83** | **64** |
| 1142 | 603 | 539 | 9 | 5 | 4 | 11 | 7 | 4 |
| 975 | 520 | 455 | 24 | 6 | 18 | 20 | 10 | 10 |
| 626 | 288 | 338 | 11 | 5 | 6 | 16 | 9 | 7 |
| 497 | 271 | 226 | 10 | 3 | 7 | 8 | 2 | 6 |
| 1430 | 812 | 618 | 13 | 3 | 10 | 26 | 13 | 13 |
| 1266 | 616 | 650 | 47 | 18 | 29 | 66 | 42 | 24 |
| **11568** | **7985** | **3583** | **35** | **18** | **17** | **48** | **24** | **24** |
| 4268 | 2791 | 1477 | 24 | 11 | 13 | 24 | 11 | 13 |
| 4146 | 2804 | 1342 | 9 | 6 | 3 | 17 | 8 | 9 |
| 2603 | 1999 | 604 | 1 | 1 | | 7 | 5 | 2 |
| 551 | 391 | 160 | 1 | | 1 | | | |
| **47026** | **27316** | **19710** | **409** | **188** | **221** | **274** | **171** | **103** |
| 6809 | 4195 | 2614 | 58 | 37 | 21 | 15 | 5 | 10 |
| 4192 | 2259 | 1933 | 41 | 18 | 23 | 21 | 13 | 8 |
| 7725 | 4493 | 3232 | 49 | 26 | 23 | 20 | 18 | 2 |
| 1152 | 695 | 457 | 25 | 7 | 18 | 11 | 5 | 6 |
| 1397 | 741 | 656 | 32 | 11 | 21 | 27 | 19 | 8 |
| 1794 | 1064 | 730 | 33 | 11 | 22 | 30 | 17 | 13 |
| 10170 | 5736 | 4434 | 90 | 45 | 45 | 94 | 65 | 29 |
| 6463 | 3905 | 2558 | 36 | 16 | 20 | 48 | 25 | 23 |
| 7324 | 4228 | 3096 | 45 | 17 | 28 | 8 | 4 | 4 |
| **10880** | **6325** | **4555** | **211** | **88** | **123** | **2351** | **1193** | **1158** |
| 2670 | 1726 | 944 | 20 | 9 | 11 | 78 | 41 | 37 |
| 1392 | 846 | 546 | 81 | 32 | 49 | 2164 | 1095 | 1069 |
| 1144 | 626 | 518 | 38 | 23 | 15 | 33 | 19 | 14 |
| 854 | 494 | 360 | 15 | 5 | 10 | 14 | 11 | 3 |
| 1300 | 688 | 612 | 22 | 7 | 15 | 22 | 11 | 11 |
| 1041 | 574 | 467 | 5 | 3 | 2 | 8 | 6 | 2 |
| 885 | 502 | 383 | 5 | 3 | 2 | 10 | 2 | 8 |
| 862 | 494 | 368 | 6 | 1 | 5 | 9 | 3 | 6 |
| 732 | 375 | 357 | 19 | 5 | 14 | 13 | 5 | 8 |

# 1-3 各地区分年龄、性别的人口

单位：人

| 地区 | 合计 | | | 0岁 | | |
|---|---|---|---|---|---|---|
| | 合计 | 男 | 女 | 小计 | 男 | 女 |
| **合计** | **6467791** | **3389194** | **3078597** | **40999** | **21470** | **19529** |
| **杭州市** | **1214878** | **636723** | **578155** | **8052** | **4163** | **3889** |
| 上城区 | 31043 | 15208 | 15835 | 176 | 104 | 72 |
| 下城区 | 46764 | 22932 | 23832 | 239 | 132 | 107 |
| 江干区 | 154626 | 80592 | 74034 | 932 | 476 | 456 |
| 拱墅区 | 63082 | 31699 | 31383 | 377 | 197 | 180 |
| 西湖区 | 112143 | 58056 | 54087 | 688 | 357 | 331 |
| 滨江区 | 49576 | 25630 | 23946 | 373 | 195 | 178 |
| 萧山区 | 233408 | 125551 | 107857 | 1554 | 814 | 740 |
| 余杭区 | 257791 | 138919 | 118872 | 1825 | 889 | 936 |
| 富阳区 | 85768 | 45497 | 40271 | 647 | 337 | 310 |
| 临安区 | 63279 | 33144 | 30135 | 377 | 189 | 188 |
| 桐庐县 | 44812 | 23027 | 21785 | 320 | 174 | 146 |
| 淳安县 | 31146 | 15398 | 15748 | 242 | 135 | 107 |
| 建德市 | 41440 | 21070 | 20370 | 302 | 164 | 138 |
| **宁波市** | **967638** | **507183** | **460455** | **5464** | **2863** | **2601** |
| 海曙区 | 105885 | 54328 | 51557 | 575 | 290 | 285 |
| 江北区 | 48978 | 25833 | 23145 | 326 | 161 | 165 |
| 北仑区 | 88324 | 48383 | 39941 | 493 | 257 | 236 |
| 镇海区 | 56466 | 30505 | 25961 | 388 | 210 | 178 |
| 鄞州区 | 164190 | 84140 | 80050 | 993 | 526 | 467 |
| 奉化区 | 57452 | 30199 | 27253 | 241 | 137 | 104 |
| 象山县 | 55290 | 27898 | 27392 | 322 | 157 | 165 |
| 宁海县 | 67159 | 34655 | 32504 | 516 | 283 | 233 |
| 余姚市 | 128683 | 67088 | 61595 | 675 | 364 | 311 |
| 慈溪市 | 195211 | 104154 | 91057 | 935 | 478 | 457 |
| **温州市** | **918026** | **489384** | **428642** | **6250** | **3391** | **2859** |
| 鹿城区 | 115895 | 60579 | 55316 | 608 | 340 | 268 |
| 龙湾区 | 71975 | 40866 | 31109 | 427 | 240 | 187 |
| 瓯海区 | 93713 | 51431 | 42282 | 466 | 251 | 215 |
| 洞头区 | 13775 | 7457 | 6318 | 86 | 51 | 35 |
| 永嘉县 | 77187 | 41433 | 35754 | 681 | 366 | 315 |
| 平阳县 | 84376 | 44271 | 40105 | 568 | 318 | 250 |
| 苍南县 | 79883 | 41715 | 38168 | 612 | 342 | 270 |
| 文成县 | 21069 | 11110 | 9959 | 180 | 100 | 80 |
| 泰顺县 | 21690 | 11275 | 10415 | 246 | 138 | 108 |
| 瑞安市 | 145057 | 76753 | 68304 | 909 | 476 | 433 |
| 乐清市 | 148361 | 78647 | 69714 | 1109 | 582 | 527 |
| 龙港市 | 45045 | 23847 | 21198 | 358 | 187 | 171 |
| **嘉兴市** | **567644** | **297657** | **269987** | **3460** | **1762** | **1698** |
| 南湖区 | 87562 | 45404 | 42158 | 550 | 284 | 266 |
| 秀洲区 | 71284 | 37498 | 33786 | 470 | 219 | 251 |
| 嘉善县 | 68277 | 36769 | 31508 | 361 | 185 | 176 |
| 海盐县 | 47902 | 24797 | 23105 | 279 | 157 | 122 |
| 海宁市 | 116105 | 61560 | 54545 | 695 | 326 | 369 |
| 平湖市 | 71509 | 37527 | 33982 | 425 | 227 | 198 |
| 桐乡市 | 105005 | 54102 | 50903 | 680 | 364 | 316 |
| **湖州市** | **345807** | **179696** | **166111** | **1967** | **1025** | **942** |
| 吴兴区 | 107885 | 55893 | 51992 | 516 | 279 | 237 |
| 南浔区 | 54756 | 28545 | 26211 | 312 | 164 | 148 |
| 德清县 | 57164 | 30155 | 27009 | 328 | 175 | 153 |
| 长兴县 | 69269 | 35645 | 33624 | 457 | 240 | 217 |
| 安吉县 | 56733 | 29458 | 27275 | 354 | 167 | 187 |

1-3　续表 1　　单位：人

| 地　　区 | 合　　计 | | | 0岁 | | |
|---|---|---|---|---|---|---|
| | 合计 | 男 | 女 | 小计 | 男 | 女 |
| **绍兴市** | **527086** | **271781** | **255305** | **2950** | **1500** | **1450** |
| 越城区 | 100692 | 51133 | 49559 | 501 | 232 | 269 |
| 柯桥区 | 117942 | 63324 | 54618 | 696 | 358 | 338 |
| 上虞区 | 84286 | 42718 | 41568 | 466 | 238 | 228 |
| 新昌县 | 39164 | 20138 | 19026 | 215 | 112 | 103 |
| 诸暨市 | 118485 | 60282 | 58203 | 730 | 373 | 357 |
| 嵊州市 | 66517 | 34186 | 32331 | 342 | 187 | 155 |
| **金华市** | **705844** | **372618** | **333226** | **4676** | **2452** | **2224** |
| 婺城区 | 93035 | 47794 | 45241 | 588 | 327 | 261 |
| 金东区 | 51683 | 27877 | 23806 | 294 | 140 | 154 |
| 武义县 | 46702 | 24880 | 21822 | 363 | 197 | 166 |
| 浦江县 | 46382 | 24295 | 22087 | 286 | 158 | 128 |
| 磐安县 | 17230 | 8852 | 8378 | 114 | 53 | 61 |
| 兰溪市 | 55786 | 28400 | 27386 | 366 | 201 | 165 |
| 义乌市 | 195307 | 105359 | 89948 | 1287 | 676 | 611 |
| 东阳市 | 108427 | 55673 | 52754 | 779 | 401 | 378 |
| 永康市 | 91292 | 49488 | 41804 | 599 | 299 | 300 |
| **衢州市** | **217964** | **110232** | **107732** | **1673** | **891** | **782** |
| 柯城区 | 52067 | 26246 | 25821 | 364 | 165 | 199 |
| 衢江区 | 34899 | 18188 | 16711 | 258 | 134 | 124 |
| 常山县 | 24789 | 12579 | 12210 | 206 | 115 | 91 |
| 开化县 | 24093 | 11788 | 12305 | 211 | 121 | 90 |
| 龙游县 | 35279 | 18038 | 17241 | 218 | 118 | 100 |
| 江山市 | 46837 | 23393 | 23444 | 416 | 238 | 178 |
| **舟山市** | **119252** | **64426** | **54826** | **523** | **278** | **245** |
| 定海区 | 50249 | 25849 | 24400 | 259 | 137 | 122 |
| 普陀区 | 38958 | 20248 | 18710 | 189 | 99 | 90 |
| 岱山县 | 23339 | 14864 | 8475 | 51 | 25 | 26 |
| 嵊泗县 | 6706 | 3465 | 3241 | 24 | 17 | 7 |
| **台州市** | **660046** | **344187** | **315859** | **4378** | **2313** | **2065** |
| 椒江区 | 83116 | 43874 | 39242 | 602 | 320 | 282 |
| 黄岩区 | 70396 | 36361 | 34035 | 486 | 246 | 240 |
| 路桥区 | 63913 | 33768 | 30145 | 361 | 190 | 171 |
| 三门县 | 36641 | 18856 | 17785 | 273 | 144 | 129 |
| 天台县 | 44872 | 22874 | 21998 | 343 | 189 | 154 |
| 仙居县 | 40645 | 20713 | 19932 | 313 | 166 | 147 |
| 温岭市 | 144017 | 75770 | 68247 | 771 | 413 | 358 |
| 临海市 | 109672 | 56323 | 53349 | 793 | 420 | 373 |
| 玉环市 | 66774 | 35648 | 31126 | 436 | 225 | 211 |
| **丽水市** | **223606** | **115307** | **108299** | **1606** | **832** | **774** |
| 莲都区 | 53503 | 28109 | 25394 | 341 | 180 | 161 |
| 青田县 | 35130 | 17971 | 17159 | 227 | 113 | 114 |
| 缙云县 | 38351 | 19598 | 18753 | 277 | 152 | 125 |
| 遂昌县 | 18363 | 9508 | 8855 | 129 | 70 | 59 |
| 松阳县 | 20092 | 10288 | 9804 | 172 | 87 | 85 |
| 云和县 | 12389 | 6508 | 5881 | 81 | 39 | 42 |
| 庆元县 | 13178 | 6688 | 6490 | 99 | 46 | 53 |
| 景宁畲族自治县 | 9820 | 4996 | 4824 | 104 | 55 | 49 |
| 龙泉市 | 22780 | 11641 | 11139 | 176 | 90 | 86 |

1-3 续表 2

单位：人

| 地区 | 1-4岁 | | | 5-9岁 | | | 10-14岁 | | |
|---|---|---|---|---|---|---|---|---|---|
| | 小计 | 男 | 女 | 小计 | 男 | 女 | 小计 | 男 | 女 |
| **合计** | **242542** | **127727** | **114815** | **295411** | **157589** | **137822** | **256288** | **137181** | **119107** |
| **杭州市** | **48671** | **25418** | **23253** | **54221** | **28520** | **25701** | **40894** | **21514** | **19380** |
| 上城区 | 989 | 523 | 466 | 1398 | 731 | 667 | 1123 | 598 | 525 |
| 下城区 | 1576 | 820 | 756 | 2034 | 1078 | 956 | 1664 | 847 | 817 |
| 江干区 | 6311 | 3285 | 3026 | 6935 | 3661 | 3274 | 5048 | 2652 | 2396 |
| 拱墅区 | 2567 | 1320 | 1247 | 3190 | 1717 | 1473 | 2241 | 1177 | 1064 |
| 西湖区 | 4423 | 2261 | 2162 | 5676 | 3049 | 2627 | 4022 | 2124 | 1898 |
| 滨江区 | 2278 | 1154 | 1124 | 2506 | 1280 | 1226 | 1493 | 785 | 708 |
| 萧山区 | 9251 | 4940 | 4311 | 9644 | 5072 | 4572 | 7242 | 3844 | 3398 |
| 余杭区 | 11154 | 5820 | 5334 | 11239 | 5887 | 5352 | 7999 | 4260 | 3739 |
| 富阳区 | 3354 | 1799 | 1555 | 3857 | 2077 | 1780 | 3461 | 1804 | 1657 |
| 临安区 | 2141 | 1108 | 1033 | 2514 | 1283 | 1231 | 2146 | 1088 | 1058 |
| 桐庐县 | 1804 | 941 | 863 | 2064 | 1065 | 999 | 1736 | 921 | 815 |
| 淳安县 | 1205 | 619 | 586 | 1322 | 686 | 636 | 1244 | 639 | 605 |
| 建德市 | 1618 | 828 | 790 | 1842 | 934 | 908 | 1475 | 775 | 700 |
| **宁波市** | **32753** | **17253** | **15500** | **41710** | **22280** | **19430** | **34679** | **18513** | **16166** |
| 海曙区 | 3597 | 1878 | 1719 | 4423 | 2324 | 2099 | 3795 | 1994 | 1801 |
| 江北区 | 1771 | 958 | 813 | 2300 | 1231 | 1069 | 1778 | 931 | 847 |
| 北仑区 | 3100 | 1622 | 1478 | 3612 | 1979 | 1633 | 2704 | 1419 | 1285 |
| 镇海区 | 2205 | 1179 | 1026 | 2527 | 1356 | 1171 | 1980 | 1102 | 878 |
| 鄞州区 | 6418 | 3418 | 3000 | 7744 | 4104 | 3640 | 6086 | 3225 | 2861 |
| 奉化区 | 1534 | 794 | 740 | 2171 | 1164 | 1007 | 2142 | 1108 | 1034 |
| 象山县 | 1736 | 896 | 840 | 2591 | 1329 | 1262 | 2513 | 1315 | 1198 |
| 宁海县 | 2638 | 1424 | 1214 | 3312 | 1763 | 1549 | 3389 | 1837 | 1552 |
| 余姚市 | 3941 | 2026 | 1915 | 5451 | 2926 | 2525 | 4541 | 2445 | 2096 |
| 慈溪市 | 5813 | 3058 | 2755 | 7579 | 4104 | 3475 | 5751 | 3137 | 2614 |
| **温州市** | **35715** | **19174** | **16541** | **47607** | **26031** | **21576** | **43793** | **24137** | **19656** |
| 鹿城区 | 3823 | 1994 | 1829 | 4992 | 2652 | 2340 | 4718 | 2509 | 2209 |
| 龙湾区 | 2531 | 1371 | 1160 | 3277 | 1801 | 1476 | 2786 | 1562 | 1224 |
| 瓯海区 | 2956 | 1577 | 1379 | 3748 | 2025 | 1723 | 3271 | 1727 | 1544 |
| 洞头区 | 461 | 235 | 226 | 559 | 310 | 249 | 582 | 314 | 268 |
| 永嘉县 | 3050 | 1636 | 1414 | 3813 | 2104 | 1709 | 3928 | 2151 | 1777 |
| 平阳县 | 3313 | 1770 | 1543 | 4658 | 2535 | 2123 | 4461 | 2440 | 2021 |
| 苍南县 | 3436 | 1822 | 1614 | 4743 | 2653 | 2090 | 4857 | 2776 | 2081 |
| 文成县 | 926 | 510 | 416 | 1253 | 664 | 589 | 1250 | 634 | 616 |
| 泰顺县 | 1071 | 584 | 487 | 1386 | 733 | 653 | 1275 | 633 | 642 |
| 瑞安市 | 5725 | 3124 | 2601 | 7322 | 4031 | 3291 | 6463 | 3569 | 2894 |
| 乐清市 | 6344 | 3403 | 2941 | 8834 | 4840 | 3994 | 7537 | 4292 | 3245 |
| 龙港市 | 2079 | 1148 | 931 | 3022 | 1683 | 1339 | 2665 | 1530 | 1135 |
| **嘉兴市** | **20571** | **10727** | **9844** | **23843** | **12637** | **11206** | **18765** | **9883** | **8882** |
| 南湖区 | 3484 | 1817 | 1667 | 4063 | 2177 | 1886 | 3117 | 1645 | 1472 |
| 秀洲区 | 2841 | 1519 | 1322 | 3322 | 1785 | 1537 | 2519 | 1321 | 1198 |
| 嘉善县 | 2255 | 1209 | 1046 | 2890 | 1543 | 1347 | 2387 | 1233 | 1154 |
| 海盐县 | 1716 | 902 | 814 | 2075 | 1114 | 961 | 1830 | 955 | 875 |
| 海宁市 | 3902 | 2040 | 1862 | 4319 | 2209 | 2110 | 3412 | 1838 | 1574 |
| 平湖市 | 2451 | 1237 | 1214 | 2815 | 1499 | 1316 | 2319 | 1250 | 1069 |
| 桐乡市 | 3922 | 2003 | 1919 | 4359 | 2310 | 2049 | 3181 | 1641 | 1540 |
| **湖州市** | **12030** | **6267** | **5763** | **14422** | **7531** | **6891** | **11822** | **6039** | **5783** |
| 吴兴区 | 3652 | 1926 | 1726 | 4580 | 2325 | 2255 | 3432 | 1762 | 1670 |
| 南浔区 | 1756 | 922 | 834 | 2166 | 1172 | 994 | 1734 | 907 | 827 |
| 德清县 | 1943 | 1007 | 936 | 2258 | 1177 | 1081 | 1840 | 946 | 894 |
| 长兴县 | 2530 | 1307 | 1223 | 2955 | 1559 | 1396 | 2711 | 1355 | 1356 |
| 安吉县 | 2149 | 1105 | 1044 | 2463 | 1298 | 1165 | 2105 | 1069 | 1036 |

1-3 续表 3 单位：人

| 地 区 | 1-4岁 | | | 5-9岁 | | | 10-14岁 | | |
|---|---|---|---|---|---|---|---|---|---|
| | 小计 | 男 | 女 | 小计 | 男 | 女 | 小计 | 男 | 女 |
| **绍兴市** | **18140** | **9565** | **8575** | **21500** | **11297** | **10203** | **19208** | **10151** | **9057** |
| 越城区 | 3645 | 1920 | 1725 | 4367 | 2288 | 2079 | 3928 | 2100 | 1828 |
| 柯桥区 | 4369 | 2335 | 2034 | 4586 | 2449 | 2137 | 3826 | 2093 | 1733 |
| 上虞区 | 2697 | 1403 | 1294 | 3259 | 1718 | 1541 | 2804 | 1481 | 1323 |
| 新昌县 | 1358 | 721 | 637 | 1644 | 826 | 818 | 1637 | 852 | 785 |
| 诸暨市 | 4164 | 2194 | 1970 | 5045 | 2686 | 2359 | 4532 | 2355 | 2177 |
| 嵊州市 | 1907 | 992 | 915 | 2599 | 1330 | 1269 | 2481 | 1270 | 1211 |
| **金华市** | **29246** | **15526** | **13720** | **33900** | **18482** | **15418** | **28420** | **15563** | **12857** |
| 婺城区 | 3957 | 2087 | 1870 | 4616 | 2427 | 2189 | 4022 | 2153 | 1869 |
| 金东区 | 2136 | 1145 | 991 | 2322 | 1230 | 1092 | 1806 | 959 | 847 |
| 武义县 | 2001 | 1042 | 959 | 2366 | 1258 | 1108 | 1911 | 989 | 922 |
| 浦江县 | 1633 | 887 | 746 | 2233 | 1257 | 976 | 2218 | 1285 | 933 |
| 磐安县 | 754 | 401 | 353 | 812 | 424 | 388 | 832 | 448 | 384 |
| 兰溪市 | 2057 | 1048 | 1009 | 2278 | 1219 | 1059 | 2407 | 1276 | 1131 |
| 义乌市 | 8103 | 4352 | 3751 | 8957 | 5032 | 3925 | 6565 | 3731 | 2834 |
| 东阳市 | 4576 | 2367 | 2209 | 5510 | 2983 | 2527 | 4832 | 2594 | 2238 |
| 永康市 | 4029 | 2197 | 1832 | 4806 | 2652 | 2154 | 3827 | 2128 | 1699 |
| **衢州市** | **9008** | **4652** | **4356** | **10707** | **5473** | **5234** | **10574** | **5462** | **5112** |
| 柯城区 | 2295 | 1193 | 1102 | 2543 | 1292 | 1251 | 2294 | 1219 | 1075 |
| 衢江区 | 1331 | 667 | 664 | 1653 | 835 | 818 | 1641 | 838 | 803 |
| 常山县 | 1137 | 566 | 571 | 1342 | 704 | 638 | 1330 | 695 | 635 |
| 开化县 | 1089 | 598 | 491 | 1243 | 668 | 575 | 1372 | 688 | 684 |
| 龙游县 | 1178 | 597 | 581 | 1421 | 700 | 721 | 1595 | 846 | 749 |
| 江山市 | 1978 | 1031 | 947 | 2505 | 1274 | 1231 | 2342 | 1176 | 1166 |
| **舟山市** | **2949** | **1519** | **1430** | **4016** | **2073** | **1943** | **3608** | **1887** | **1721** |
| 定海区 | 1554 | 794 | 760 | 2125 | 1086 | 1039 | 1777 | 948 | 829 |
| 普陀区 | 918 | 478 | 440 | 1290 | 692 | 598 | 1228 | 625 | 603 |
| 岱山县 | 357 | 190 | 167 | 449 | 216 | 233 | 428 | 224 | 204 |
| 嵊泗县 | 120 | 57 | 63 | 152 | 79 | 73 | 175 | 90 | 85 |
| **台州市** | **24343** | **12893** | **11450** | **31895** | **17318** | **14577** | **32367** | **17763** | **14604** |
| 椒江区 | 3219 | 1720 | 1499 | 4206 | 2300 | 1906 | 3656 | 2015 | 1641 |
| 黄岩区 | 2640 | 1373 | 1267 | 3258 | 1759 | 1499 | 3093 | 1592 | 1501 |
| 路桥区 | 2336 | 1242 | 1094 | 3166 | 1671 | 1495 | 2959 | 1566 | 1393 |
| 三门县 | 1644 | 838 | 806 | 2032 | 1107 | 925 | 2072 | 1178 | 894 |
| 天台县 | 1778 | 941 | 837 | 2212 | 1208 | 1004 | 2660 | 1466 | 1194 |
| 仙居县 | 1679 | 897 | 782 | 2067 | 1112 | 955 | 2745 | 1504 | 1241 |
| 温岭市 | 4555 | 2437 | 2118 | 6243 | 3371 | 2872 | 5943 | 3246 | 2697 |
| 临海市 | 4104 | 2177 | 1927 | 5401 | 2994 | 2407 | 6250 | 3613 | 2637 |
| 玉环市 | 2388 | 1268 | 1120 | 3310 | 1796 | 1514 | 2989 | 1583 | 1406 |
| **丽水市** | **9116** | **4733** | **4383** | **11590** | **5947** | **5643** | **12158** | **6269** | **5889** |
| 莲都区 | 2333 | 1232 | 1101 | 2805 | 1444 | 1361 | 2676 | 1394 | 1282 |
| 青田县 | 1318 | 658 | 660 | 1995 | 1037 | 958 | 2208 | 1128 | 1080 |
| 缙云县 | 1672 | 873 | 799 | 2076 | 1049 | 1027 | 2171 | 1158 | 1013 |
| 遂昌县 | 659 | 335 | 324 | 695 | 367 | 328 | 855 | 440 | 415 |
| 松阳县 | 838 | 438 | 400 | 1031 | 532 | 499 | 1027 | 535 | 492 |
| 云和县 | 507 | 261 | 246 | 610 | 313 | 297 | 594 | 310 | 284 |
| 庆元县 | 565 | 306 | 259 | 668 | 333 | 335 | 773 | 383 | 390 |
| 景宁畲族自治县 | 371 | 194 | 177 | 550 | 281 | 269 | 659 | 319 | 340 |
| 龙泉市 | 853 | 436 | 417 | 1160 | 591 | 569 | 1195 | 602 | 593 |

1-3 续表 4

单位：人

| 地 区 | 15—19岁 | | | 20—24岁 | | | 25—29岁 | | |
|---|---|---|---|---|---|---|---|---|---|
| | 小计 | 男 | 女 | 小计 | 男 | 女 | 小计 | 男 | 女 |
| **合计** | **286245** | **153696** | **132549** | **370072** | **201042** | **169030** | **493561** | **266709** | **226852** |
| **杭州市** | **50592** | **26580** | **24012** | **94375** | **49818** | **44557** | **115681** | **62071** | **53610** |
| 上城区 | 919 | 471 | 448 | 1751 | 859 | 892 | 2275 | 1087 | 1188 |
| 下城区 | 1415 | 740 | 675 | 3041 | 1548 | 1493 | 4125 | 1958 | 2167 |
| 江干区 | 8573 | 4496 | 4077 | 20526 | 10418 | 10108 | 17539 | 9023 | 8516 |
| 拱墅区 | 2326 | 1182 | 1144 | 5453 | 2622 | 2831 | 6122 | 3073 | 3049 |
| 西湖区 | 6090 | 3105 | 2985 | 12708 | 6671 | 6037 | 12622 | 6998 | 5624 |
| 滨江区 | 2647 | 1336 | 1311 | 6219 | 3223 | 2996 | 7478 | 4076 | 3402 |
| 萧山区 | 8909 | 4769 | 4140 | 15623 | 8748 | 6875 | 22716 | 12674 | 10042 |
| 余杭区 | 8566 | 4657 | 3909 | 17748 | 9701 | 8047 | 27557 | 15022 | 12535 |
| 富阳区 | 3941 | 2120 | 1821 | 3913 | 2140 | 1773 | 5824 | 3198 | 2626 |
| 临安区 | 2719 | 1379 | 1340 | 3658 | 1892 | 1766 | 3685 | 2011 | 1674 |
| 桐庐县 | 1729 | 918 | 811 | 1934 | 1062 | 872 | 2757 | 1459 | 1298 |
| 淳安县 | 1188 | 571 | 617 | 637 | 311 | 326 | 1108 | 508 | 600 |
| 建德市 | 1570 | 836 | 734 | 1164 | 623 | 541 | 1873 | 984 | 889 |
| **宁波市** | **38689** | **21192** | **17497** | **57263** | **31753** | **25510** | **75806** | **41347** | **34459** |
| 海曙区 | 4335 | 2312 | 2023 | 7137 | 3609 | 3528 | 8402 | 4448 | 3954 |
| 江北区 | 2150 | 1227 | 923 | 2969 | 1629 | 1340 | 3766 | 2025 | 1741 |
| 北仑区 | 3152 | 1808 | 1344 | 5840 | 3526 | 2314 | 8480 | 4920 | 3560 |
| 镇海区 | 2466 | 1325 | 1141 | 3602 | 2068 | 1534 | 4739 | 2670 | 2069 |
| 鄞州区 | 7052 | 3649 | 3403 | 11372 | 5895 | 5477 | 13926 | 7212 | 6714 |
| 奉化区 | 2072 | 1119 | 953 | 2563 | 1463 | 1100 | 3436 | 1860 | 1576 |
| 象山县 | 1851 | 973 | 878 | 1652 | 889 | 763 | 2681 | 1400 | 1281 |
| 宁海县 | 2607 | 1450 | 1157 | 2592 | 1463 | 1129 | 3903 | 2098 | 1805 |
| 余姚市 | 5182 | 2892 | 2290 | 7019 | 3968 | 3051 | 9936 | 5456 | 4480 |
| 慈溪市 | 7822 | 4437 | 3385 | 12517 | 7243 | 5274 | 16537 | 9258 | 7279 |
| **温州市** | **44514** | **24663** | **19851** | **45130** | **25331** | **19799** | **68163** | **37466** | **30697** |
| 鹿城区 | 4572 | 2416 | 2156 | 6720 | 3587 | 3133 | 9548 | 5105 | 4443 |
| 龙湾区 | 3943 | 2394 | 1549 | 4737 | 2926 | 1811 | 6574 | 3911 | 2663 |
| 瓯海区 | 5329 | 2767 | 2562 | 8131 | 4273 | 3858 | 8291 | 4626 | 3665 |
| 洞头区 | 1204 | 713 | 491 | 640 | 413 | 227 | 786 | 462 | 324 |
| 永嘉县 | 4375 | 2409 | 1966 | 3435 | 1974 | 1461 | 5149 | 2802 | 2347 |
| 平阳县 | 4423 | 2421 | 2002 | 2713 | 1546 | 1167 | 5426 | 2935 | 2491 |
| 苍南县 | 4064 | 2277 | 1787 | 2636 | 1511 | 1125 | 5271 | 2767 | 2504 |
| 文成县 | 888 | 461 | 427 | 589 | 305 | 284 | 888 | 456 | 432 |
| 泰顺县 | 1075 | 497 | 578 | 579 | 309 | 270 | 1020 | 526 | 494 |
| 瑞安市 | 6039 | 3328 | 2711 | 6405 | 3555 | 2850 | 10415 | 5696 | 4719 |
| 乐清市 | 6881 | 3948 | 2933 | 6769 | 3874 | 2895 | 11280 | 6250 | 5030 |
| 龙港市 | 1721 | 1032 | 689 | 1776 | 1058 | 718 | 3515 | 1930 | 1585 |
| **嘉兴市** | **20970** | **11150** | **9820** | **33279** | **18462** | **14817** | **47711** | **25835** | **21876** |
| 南湖区 | 4277 | 2234 | 2043 | 6652 | 3557 | 3095 | 7430 | 3945 | 3485 |
| 秀洲区 | 2680 | 1469 | 1211 | 4419 | 2545 | 1874 | 6276 | 3360 | 2916 |
| 嘉善县 | 2301 | 1358 | 943 | 4228 | 2493 | 1735 | 6172 | 3536 | 2636 |
| 海盐县 | 1634 | 832 | 802 | 2016 | 1119 | 897 | 3376 | 1859 | 1517 |
| 海宁市 | 3830 | 1961 | 1869 | 6494 | 3536 | 2958 | 9838 | 5283 | 4555 |
| 平湖市 | 2353 | 1284 | 1069 | 3499 | 1975 | 1524 | 5697 | 3132 | 2565 |
| 桐乡市 | 3895 | 2012 | 1883 | 5971 | 3237 | 2734 | 8922 | 4720 | 4202 |
| **湖州市** | **13614** | **7181** | **6433** | **17227** | **9300** | **7927** | **25816** | **13598** | **12218** |
| 吴兴区 | 4483 | 2379 | 2104 | 6758 | 3610 | 3148 | 9656 | 5088 | 4568 |
| 南浔区 | 1547 | 772 | 775 | 2100 | 1156 | 944 | 3473 | 1882 | 1591 |
| 德清县 | 2067 | 1146 | 921 | 2747 | 1555 | 1192 | 3914 | 2070 | 1844 |
| 长兴县 | 3018 | 1625 | 1393 | 3052 | 1608 | 1444 | 4699 | 2407 | 2292 |
| 安吉县 | 2499 | 1259 | 1240 | 2570 | 1371 | 1199 | 4074 | 2151 | 1923 |

1—3 续表 5 单位：人

| 地区 | 15—19岁 | | | 20—24岁 | | | 25—29岁 | | |
|---|---|---|---|---|---|---|---|---|---|
| | 小计 | 男 | 女 | 小计 | 男 | 女 | 小计 | 男 | 女 |
| **绍兴市** | **23061** | **12121** | **10940** | **26042** | **14050** | **11992** | **34793** | **18612** | **16181** |
| 越城区 | 5095 | 2659 | 2436 | 6016 | 3118 | 2898 | 6911 | 3618 | 3293 |
| 柯桥区 | 4780 | 2553 | 2227 | 7113 | 4071 | 3042 | 10242 | 5716 | 4526 |
| 上虞区 | 3574 | 1896 | 1678 | 3956 | 2047 | 1909 | 5470 | 2852 | 2618 |
| 新昌县 | 1723 | 885 | 838 | 1118 | 602 | 516 | 1634 | 874 | 760 |
| 诸暨市 | 5109 | 2687 | 2422 | 5564 | 3007 | 2557 | 7316 | 3871 | 3445 |
| 嵊州市 | 2780 | 1441 | 1339 | 2275 | 1205 | 1070 | 3220 | 1681 | 1539 |
| **金华市** | **36530** | **19946** | **16584** | **44963** | **24488** | **20475** | **57954** | **31576** | **26378** |
| 婺城区 | 6382 | 3235 | 3147 | 6376 | 3166 | 3210 | 6401 | 3358 | 3043 |
| 金东区 | 2946 | 1673 | 1273 | 3370 | 1896 | 1474 | 3962 | 2280 | 1682 |
| 武义县 | 1910 | 1054 | 856 | 2517 | 1446 | 1071 | 3436 | 1903 | 1533 |
| 浦江县 | 2293 | 1317 | 976 | 2052 | 1116 | 936 | 3308 | 1808 | 1500 |
| 磐安县 | 755 | 410 | 345 | 521 | 280 | 241 | 740 | 390 | 350 |
| 兰溪市 | 2746 | 1342 | 1404 | 2114 | 1087 | 1027 | 2384 | 1259 | 1125 |
| 义乌市 | 8862 | 4965 | 3897 | 16409 | 8952 | 7457 | 22351 | 12195 | 10156 |
| 东阳市 | 5464 | 3011 | 2453 | 5228 | 2820 | 2408 | 7982 | 4213 | 3769 |
| 永康市 | 5172 | 2939 | 2233 | 6376 | 3725 | 2651 | 7390 | 4170 | 3220 |
| **衢州市** | **10341** | **5284** | **5057** | **7209** | **3674** | **3535** | **10006** | **5060** | **4946** |
| 柯城区 | 2853 | 1451 | 1402 | 2640 | 1318 | 1322 | 3129 | 1597 | 1532 |
| 衢江区 | 1589 | 876 | 713 | 1170 | 634 | 536 | 1699 | 917 | 782 |
| 常山县 | 1068 | 540 | 528 | 554 | 276 | 278 | 901 | 450 | 451 |
| 开化县 | 1016 | 504 | 512 | 526 | 249 | 277 | 828 | 378 | 450 |
| 龙游县 | 1713 | 908 | 805 | 1072 | 553 | 519 | 1436 | 717 | 719 |
| 江山市 | 2102 | 1005 | 1097 | 1247 | 644 | 603 | 2013 | 1001 | 1012 |
| **舟山市** | **3728** | **1949** | **1779** | **4675** | **2688** | **1987** | **6343** | **3749** | **2594** |
| 定海区 | 2077 | 1097 | 980 | 2518 | 1383 | 1135 | 2717 | 1479 | 1238 |
| 普陀区 | 1084 | 550 | 534 | 1232 | 669 | 563 | 2044 | 1137 | 907 |
| 岱山县 | 431 | 240 | 191 | 800 | 571 | 229 | 1297 | 976 | 321 |
| 嵊泗县 | 136 | 62 | 74 | 125 | 65 | 60 | 285 | 157 | 128 |
| **台州市** | **33102** | **17940** | **15162** | **31392** | **17167** | **14225** | **40505** | **21852** | **18653** |
| 椒江区 | 4269 | 2357 | 1912 | 5494 | 3027 | 2467 | 6155 | 3314 | 2841 |
| 黄岩区 | 3172 | 1691 | 1481 | 3588 | 1965 | 1623 | 4396 | 2373 | 2023 |
| 路桥区 | 2735 | 1566 | 1169 | 3272 | 1842 | 1430 | 4514 | 2465 | 2049 |
| 三门县 | 1772 | 949 | 823 | 1139 | 643 | 496 | 1515 | 818 | 697 |
| 天台县 | 3166 | 1668 | 1498 | 1873 | 1004 | 869 | 2201 | 1122 | 1079 |
| 仙居县 | 3273 | 1737 | 1536 | 1649 | 829 | 820 | 2223 | 1143 | 1080 |
| 温岭市 | 6276 | 3403 | 2873 | 6678 | 3731 | 2947 | 9598 | 5284 | 4314 |
| 临海市 | 6120 | 3295 | 2825 | 4951 | 2576 | 2375 | 5611 | 2952 | 2659 |
| 玉环市 | 2319 | 1274 | 1045 | 2748 | 1550 | 1198 | 4292 | 2381 | 1911 |
| **丽水市** | **11104** | **5690** | **5414** | **8517** | **4311** | **4206** | **10783** | **5543** | **5240** |
| 莲都区 | 2959 | 1509 | 1450 | 3100 | 1545 | 1555 | 3446 | 1850 | 1596 |
| 青田县 | 1769 | 940 | 829 | 1350 | 697 | 653 | 1973 | 1013 | 960 |
| 缙云县 | 1982 | 1026 | 956 | 1217 | 619 | 598 | 1595 | 830 | 765 |
| 遂昌县 | 756 | 419 | 337 | 483 | 261 | 222 | 684 | 344 | 340 |
| 松阳县 | 869 | 406 | 463 | 563 | 284 | 279 | 809 | 389 | 420 |
| 云和县 | 502 | 252 | 250 | 434 | 216 | 218 | 592 | 306 | 286 |
| 庆元县 | 609 | 308 | 301 | 326 | 164 | 162 | 463 | 212 | 251 |
| 景宁畲族自治县 | 506 | 261 | 245 | 254 | 123 | 131 | 307 | 137 | 170 |
| 龙泉市 | 1152 | 569 | 583 | 790 | 402 | 388 | 914 | 462 | 452 |

1－3 续表 6

单位：人

| 地区 | 30－34岁 | | | 35－39岁 | | | 40－44岁 | | |
| --- | --- | --- | --- | --- | --- | --- | --- | --- | --- |
| | 小计 | 男 | 女 | 小计 | 男 | 女 | 小计 | 男 | 女 |
| **合计** | **640418** | **342183** | **298235** | **524128** | **279078** | **245050** | **496128** | **261799** | **234329** |
| **杭州市** | **138718** | **73968** | **64750** | **102699** | **54811** | **47888** | **86902** | **46736** | **40166** |
| 上城区 | 2818 | 1335 | 1483 | 2606 | 1241 | 1365 | 2115 | 1028 | 1087 |
| 下城区 | 4613 | 2224 | 2389 | 4059 | 1931 | 2128 | 3302 | 1584 | 1718 |
| 江干区 | 19921 | 10597 | 9324 | 14199 | 7593 | 6606 | 10564 | 5859 | 4705 |
| 拱墅区 | 7152 | 3585 | 3567 | 5921 | 2977 | 2944 | 4315 | 2267 | 2048 |
| 西湖区 | 11924 | 6210 | 5714 | 10292 | 5144 | 5148 | 7880 | 4168 | 3712 |
| 滨江区 | 6335 | 3362 | 2973 | 4387 | 2274 | 2113 | 3050 | 1651 | 1399 |
| 萧山区 | 27293 | 15196 | 12097 | 18446 | 10329 | 8117 | 17115 | 9355 | 7760 |
| 余杭区 | 36840 | 20065 | 16775 | 25192 | 14173 | 11019 | 20100 | 11236 | 8864 |
| 富阳区 | 7541 | 4002 | 3539 | 6473 | 3397 | 3076 | 6609 | 3554 | 3055 |
| 临安区 | 5410 | 2866 | 2544 | 4414 | 2403 | 2011 | 4327 | 2342 | 1985 |
| 桐庐县 | 4120 | 2158 | 1962 | 3055 | 1570 | 1485 | 3073 | 1566 | 1507 |
| 淳安县 | 1758 | 804 | 954 | 1356 | 623 | 733 | 1984 | 927 | 1057 |
| 建德市 | 2993 | 1564 | 1429 | 2299 | 1156 | 1143 | 2468 | 1199 | 1269 |
| **宁波市** | **100742** | **53668** | **47074** | **83244** | **44022** | **39222** | **76632** | **40267** | **36365** |
| 海曙区 | 10790 | 5586 | 5204 | 9243 | 4781 | 4462 | 8442 | 4376 | 4066 |
| 江北区 | 5271 | 2833 | 2438 | 4679 | 2447 | 2232 | 3821 | 2087 | 1734 |
| 北仑区 | 11559 | 6489 | 5070 | 8725 | 4866 | 3859 | 7345 | 4054 | 3291 |
| 镇海区 | 6373 | 3472 | 2901 | 4943 | 2708 | 2235 | 4522 | 2453 | 2069 |
| 鄞州区 | 18289 | 9298 | 8991 | 15320 | 7797 | 7523 | 13139 | 6758 | 6381 |
| 奉化区 | 4696 | 2523 | 2173 | 4162 | 2170 | 1992 | 4268 | 2299 | 1969 |
| 象山县 | 4264 | 2172 | 2092 | 4543 | 2253 | 2290 | 4328 | 2166 | 2162 |
| 宁海县 | 5611 | 2902 | 2709 | 5291 | 2710 | 2581 | 5418 | 2712 | 2706 |
| 余姚市 | 12827 | 6801 | 6026 | 9947 | 5253 | 4694 | 9766 | 5087 | 4679 |
| 慈溪市 | 21062 | 11592 | 9470 | 16391 | 9037 | 7354 | 15583 | 8275 | 7308 |
| **温州市** | **86836** | **47194** | **39642** | **82138** | **44169** | **37969** | **80478** | **42819** | **37659** |
| 鹿城区 | 12950 | 7016 | 5934 | 12216 | 6499 | 5717 | 10939 | 5840 | 5099 |
| 龙湾区 | 8087 | 4620 | 3467 | 7144 | 4095 | 3049 | 6652 | 3741 | 2911 |
| 瓯海区 | 10620 | 6012 | 4608 | 9306 | 5298 | 4008 | 8812 | 5021 | 3791 |
| 洞头区 | 1072 | 638 | 434 | 991 | 561 | 430 | 988 | 528 | 460 |
| 永嘉县 | 6204 | 3392 | 2812 | 6317 | 3480 | 2837 | 6441 | 3481 | 2960 |
| 平阳县 | 6666 | 3588 | 3078 | 6629 | 3471 | 3158 | 7207 | 3692 | 3515 |
| 苍南县 | 5641 | 2886 | 2755 | 6437 | 3174 | 3263 | 6832 | 3457 | 3375 |
| 文成县 | 1194 | 630 | 564 | 1417 | 769 | 648 | 1572 | 849 | 723 |
| 泰顺县 | 1207 | 623 | 584 | 1382 | 709 | 673 | 1581 | 782 | 799 |
| 瑞安市 | 14203 | 7568 | 6635 | 12840 | 6873 | 5967 | 13039 | 6886 | 6153 |
| 乐清市 | 14953 | 8084 | 6869 | 13362 | 7134 | 6228 | 12257 | 6437 | 5820 |
| 龙港市 | 4039 | 2137 | 1902 | 4097 | 2106 | 1991 | 4158 | 2105 | 2053 |
| **嘉兴市** | **64016** | **34389** | **29627** | **45204** | **24426** | **20778** | **40635** | **21634** | **19001** |
| 南湖区 | 9599 | 5084 | 4515 | 6888 | 3612 | 3276 | 5563 | 2892 | 2671 |
| 秀洲区 | 8435 | 4527 | 3908 | 6003 | 3176 | 2827 | 5166 | 2738 | 2428 |
| 嘉善县 | 7850 | 4275 | 3575 | 5447 | 3050 | 2397 | 4871 | 2661 | 2210 |
| 海盐县 | 4379 | 2284 | 2095 | 3297 | 1774 | 1523 | 3076 | 1670 | 1406 |
| 海宁市 | 14146 | 7770 | 6376 | 10204 | 5631 | 4573 | 9492 | 5214 | 4278 |
| 平湖市 | 7923 | 4340 | 3583 | 5128 | 2741 | 2387 | 4586 | 2435 | 2151 |
| 桐乡市 | 11684 | 6109 | 5575 | 8237 | 4442 | 3795 | 7881 | 4024 | 3857 |
| **湖州市** | **35611** | **18925** | **16686** | **25300** | **13547** | **11753** | **23596** | **12360** | **11236** |
| 吴兴区 | 14272 | 7575 | 6697 | 9276 | 4998 | 4278 | 7695 | 4046 | 3649 |
| 南浔区 | 4690 | 2523 | 2167 | 3348 | 1828 | 1520 | 3590 | 1899 | 1691 |
| 德清县 | 5532 | 2975 | 2557 | 4056 | 2218 | 1838 | 3673 | 1977 | 1696 |
| 长兴县 | 5800 | 3063 | 2737 | 4494 | 2279 | 2215 | 4725 | 2400 | 2325 |
| 安吉县 | 5317 | 2789 | 2528 | 4126 | 2224 | 1902 | 3913 | 2038 | 1875 |

1-3 续表 7

单位：人

| 地区 | 30-34岁 | | | 35-39岁 | | | 40-44岁 | | |
|---|---|---|---|---|---|---|---|---|---|
| | 小计 | 男 | 女 | 小计 | 男 | 女 | 小计 | 男 | 女 |
| **绍兴市** | **45987** | **24430** | **21557** | **36300** | **19001** | **17299** | **38894** | **20044** | **18850** |
| 越城区 | 9371 | 4825 | 4546 | 7314 | 3741 | 3573 | 7030 | 3570 | 3460 |
| 柯桥区 | 12920 | 7203 | 5717 | 9142 | 5123 | 4019 | 9295 | 5062 | 4233 |
| 上虞区 | 6996 | 3699 | 3297 | 5147 | 2652 | 2495 | 6036 | 3051 | 2985 |
| 新昌县 | 2559 | 1330 | 1229 | 2952 | 1482 | 1470 | 3057 | 1541 | 1516 |
| 诸暨市 | 9912 | 5110 | 4802 | 7766 | 3935 | 3831 | 8388 | 4202 | 4186 |
| 嵊州市 | 4229 | 2263 | 1966 | 3979 | 2068 | 1911 | 5088 | 2618 | 2470 |
| **金华市** | **73401** | **39321** | **34080** | **59953** | **32318** | **27635** | **58494** | **31042** | **27452** |
| 婺城区 | 8090 | 4142 | 3948 | 7301 | 3723 | 3578 | 7741 | 4020 | 3721 |
| 金东区 | 5254 | 2896 | 2358 | 4338 | 2399 | 1939 | 4451 | 2414 | 2037 |
| 武义县 | 4506 | 2379 | 2127 | 3612 | 1965 | 1647 | 3858 | 2093 | 1765 |
| 浦江县 | 3869 | 2062 | 1807 | 3777 | 2030 | 1747 | 4024 | 2065 | 1959 |
| 磐安县 | 918 | 458 | 460 | 1022 | 499 | 523 | 1343 | 647 | 696 |
| 兰溪市 | 3244 | 1664 | 1580 | 3125 | 1546 | 1579 | 3992 | 2012 | 1980 |
| 义乌市 | 27138 | 14803 | 12335 | 19816 | 11041 | 8775 | 16143 | 8750 | 7393 |
| 东阳市 | 10508 | 5499 | 5009 | 8948 | 4620 | 4328 | 8814 | 4608 | 4206 |
| 永康市 | 9874 | 5418 | 4456 | 8014 | 4495 | 3519 | 8128 | 4433 | 3695 |
| **衢州市** | **12926** | **6377** | **6549** | **13378** | **6592** | **6786** | **14950** | **7255** | **7695** |
| 柯城区 | 3875 | 1903 | 1972 | 4036 | 1999 | 2037 | 3861 | 1908 | 1953 |
| 衢江区 | 2037 | 1033 | 1004 | 2098 | 1084 | 1014 | 2194 | 1105 | 1089 |
| 常山县 | 1386 | 682 | 704 | 1438 | 719 | 719 | 1752 | 839 | 913 |
| 开化县 | 1113 | 525 | 588 | 1260 | 574 | 686 | 1626 | 735 | 891 |
| 龙游县 | 2094 | 1056 | 1038 | 2083 | 1048 | 1035 | 2500 | 1243 | 1257 |
| 江山市 | 2421 | 1178 | 1243 | 2463 | 1168 | 1295 | 3017 | 1425 | 1592 |
| **舟山市** | **10452** | **6046** | **4406** | **9699** | **5462** | **4237** | **8851** | **4962** | **3889** |
| 定海区 | 4489 | 2258 | 2231 | 4204 | 2123 | 2081 | 3601 | 1880 | 1721 |
| 普陀区 | 3116 | 1689 | 1427 | 3202 | 1719 | 1483 | 2965 | 1548 | 1417 |
| 岱山县 | 2439 | 1874 | 565 | 1859 | 1387 | 472 | 1862 | 1298 | 564 |
| 嵊泗县 | 408 | 225 | 183 | 434 | 233 | 201 | 423 | 236 | 187 |
| **台州市** | **56716** | **30284** | **26432** | **51813** | **27408** | **24405** | **49955** | **26024** | **23931** |
| 椒江区 | 8271 | 4354 | 3917 | 7277 | 3849 | 3428 | 6334 | 3369 | 2965 |
| 黄岩区 | 6015 | 3192 | 2823 | 5401 | 2878 | 2523 | 5068 | 2612 | 2456 |
| 路桥区 | 6061 | 3296 | 2765 | 5349 | 2833 | 2516 | 5241 | 2794 | 2447 |
| 三门县 | 2459 | 1267 | 1192 | 2758 | 1400 | 1358 | 2563 | 1284 | 1279 |
| 天台县 | 2959 | 1496 | 1463 | 2941 | 1525 | 1416 | 3132 | 1568 | 1564 |
| 仙居县 | 2211 | 1129 | 1082 | 2030 | 996 | 1034 | 2264 | 1104 | 1160 |
| 温岭市 | 14790 | 8114 | 6676 | 12075 | 6622 | 5453 | 11598 | 6097 | 5501 |
| 临海市 | 7349 | 3806 | 3543 | 7801 | 3977 | 3824 | 7610 | 3860 | 3750 |
| 玉环市 | 6601 | 3630 | 2971 | 6181 | 3328 | 2853 | 6145 | 3336 | 2809 |
| **丽水市** | **15013** | **7581** | **7432** | **14400** | **7322** | **7078** | **16741** | **8656** | **8085** |
| 莲都区 | 4667 | 2488 | 2179 | 4168 | 2153 | 2015 | 3954 | 2125 | 1829 |
| 青田县 | 2390 | 1245 | 1145 | 2377 | 1222 | 1155 | 2537 | 1276 | 1261 |
| 缙云县 | 2362 | 1171 | 1191 | 2453 | 1216 | 1237 | 3038 | 1550 | 1488 |
| 遂昌县 | 988 | 471 | 517 | 1012 | 499 | 513 | 1277 | 649 | 628 |
| 松阳县 | 1305 | 651 | 654 | 1046 | 534 | 512 | 1442 | 737 | 705 |
| 云和县 | 877 | 449 | 428 | 868 | 456 | 412 | 1050 | 564 | 486 |
| 庆元县 | 646 | 305 | 341 | 757 | 383 | 374 | 1024 | 532 | 492 |
| 景宁畲族自治县 | 494 | 209 | 285 | 531 | 243 | 288 | 769 | 390 | 379 |
| 龙泉市 | 1284 | 592 | 692 | 1188 | 616 | 572 | 1650 | 833 | 817 |

1-3 续表 8

单位：人

| 地区 | 45-49岁 | | | 50-54岁 | | | 55-59岁 | | |
|---|---|---|---|---|---|---|---|---|---|
| | 小计 | 男 | 女 | 小计 | 男 | 女 | 小计 | 男 | 女 |
| **合计** | **575686** | **301418** | **274268** | **586614** | **307143** | **279471** | **483086** | **250720** | **232366** |
| **杭州市** | **94314** | **50841** | **43473** | **95711** | **50812** | **44899** | **85655** | **44507** | **41148** |
| 上城区 | 2083 | 1046 | 1037 | 2108 | 1070 | 1038 | 2427 | 1203 | 1224 |
| 下城区 | 3221 | 1663 | 1558 | 3031 | 1533 | 1498 | 3300 | 1634 | 1666 |
| 江干区 | 9931 | 5448 | 4483 | 9174 | 4853 | 4321 | 8186 | 4115 | 4071 |
| 拱墅区 | 4086 | 2094 | 1992 | 4120 | 2119 | 2001 | 4193 | 2068 | 2125 |
| 西湖区 | 7124 | 3802 | 3322 | 6670 | 3473 | 3197 | 6143 | 3089 | 3054 |
| 滨江区 | 2522 | 1366 | 1156 | 2554 | 1303 | 1251 | 2481 | 1179 | 1302 |
| 萧山区 | 20890 | 11483 | 9407 | 20947 | 11164 | 9783 | 16928 | 8999 | 7929 |
| 余杭区 | 22213 | 12253 | 9960 | 20650 | 11349 | 9301 | 16371 | 8672 | 7699 |
| 富阳区 | 7856 | 4293 | 3563 | 8246 | 4469 | 3777 | 7184 | 3865 | 3319 |
| 临安区 | 5429 | 2908 | 2521 | 6319 | 3416 | 2903 | 6198 | 3333 | 2865 |
| 桐庐县 | 3680 | 1885 | 1795 | 4214 | 2176 | 2038 | 4078 | 2115 | 1963 |
| 淳安县 | 2343 | 1143 | 1200 | 3249 | 1654 | 1595 | 3555 | 1852 | 1703 |
| 建德市 | 2936 | 1457 | 1479 | 4429 | 2233 | 2196 | 4611 | 2383 | 2228 |
| **宁波市** | **90703** | **47171** | **43532** | **90980** | **47793** | **43187** | **70380** | **36506** | **33874** |
| 海曙区 | 9439 | 4888 | 4551 | 9450 | 4877 | 4573 | 7594 | 3836 | 3758 |
| 江北区 | 4184 | 2226 | 1958 | 4177 | 2223 | 1954 | 3400 | 1758 | 1642 |
| 北仑区 | 7981 | 4314 | 3667 | 7573 | 4134 | 3439 | 5531 | 2948 | 2583 |
| 镇海区 | 5395 | 2938 | 2457 | 5333 | 2969 | 2364 | 3935 | 2089 | 1846 |
| 鄞州区 | 14229 | 7455 | 6774 | 13589 | 7108 | 6481 | 10884 | 5504 | 5380 |
| 奉化区 | 5465 | 2889 | 2576 | 6279 | 3330 | 2949 | 5235 | 2722 | 2513 |
| 象山县 | 5184 | 2572 | 2612 | 5774 | 2928 | 2846 | 4891 | 2477 | 2414 |
| 宁海县 | 6332 | 3202 | 3130 | 6623 | 3426 | 3197 | 5204 | 2659 | 2545 |
| 余姚市 | 12448 | 6362 | 6086 | 12464 | 6460 | 6004 | 9783 | 5135 | 4648 |
| 慈溪市 | 20046 | 10325 | 9721 | 19718 | 10338 | 9380 | 13923 | 7378 | 6545 |
| **温州市** | **87213** | **46285** | **40928** | **78072** | **41211** | **36861** | **61635** | **31975** | **29660** |
| 鹿城区 | 10681 | 5689 | 4992 | 8616 | 4495 | 4121 | 7289 | 3706 | 3583 |
| 龙湾区 | 7966 | 4454 | 3512 | 6630 | 3736 | 2894 | 4298 | 2502 | 1796 |
| 瓯海区 | 9385 | 5352 | 4033 | 7476 | 4189 | 3287 | 5276 | 2940 | 2336 |
| 洞头区 | 1247 | 643 | 604 | 1366 | 744 | 622 | 1106 | 580 | 526 |
| 永嘉县 | 6897 | 3761 | 3136 | 6195 | 3373 | 2822 | 5304 | 2759 | 2545 |
| 平阳县 | 7754 | 3956 | 3798 | 7565 | 3829 | 3736 | 6447 | 3299 | 3148 |
| 苍南县 | 7263 | 3687 | 3576 | 6857 | 3503 | 3354 | 5740 | 2879 | 2861 |
| 文成县 | 1628 | 866 | 762 | 1748 | 897 | 851 | 1692 | 863 | 829 |
| 泰顺县 | 1879 | 1003 | 876 | 1968 | 1030 | 938 | 1730 | 846 | 884 |
| 瑞安市 | 14682 | 7655 | 7027 | 13027 | 6841 | 6186 | 10122 | 5256 | 4866 |
| 乐清市 | 13577 | 7052 | 6525 | 12612 | 6570 | 6042 | 9537 | 4783 | 4754 |
| 龙港市 | 4254 | 2167 | 2087 | 4012 | 2004 | 2008 | 3094 | 1562 | 1532 |
| **嘉兴市** | **50070** | **26069** | **24001** | **52220** | **27420** | **24800** | **43578** | **22814** | **20764** |
| 南湖区 | 6589 | 3463 | 3126 | 7390 | 3811 | 3579 | 6591 | 3391 | 3200 |
| 秀洲区 | 6357 | 3261 | 3096 | 6454 | 3413 | 3041 | 5178 | 2677 | 2501 |
| 嘉善县 | 6055 | 3195 | 2860 | 6325 | 3396 | 2929 | 5197 | 2755 | 2442 |
| 海盐县 | 4230 | 2150 | 2080 | 4969 | 2614 | 2355 | 4412 | 2281 | 2131 |
| 海宁市 | 10926 | 5880 | 5046 | 9880 | 5330 | 4550 | 8429 | 4456 | 3973 |
| 平湖市 | 6190 | 3222 | 2968 | 7294 | 3877 | 3417 | 5982 | 3158 | 2824 |
| 桐乡市 | 9723 | 4898 | 4825 | 9908 | 4979 | 4929 | 7789 | 4096 | 3693 |
| **湖州市** | **29903** | **15400** | **14503** | **34575** | **18070** | **16505** | **29480** | **15642** | **13838** |
| 吴兴区 | 8356 | 4258 | 4098 | 9434 | 4724 | 4710 | 8070 | 4120 | 3950 |
| 南浔区 | 4701 | 2416 | 2285 | 5820 | 3010 | 2810 | 5089 | 2681 | 2408 |
| 德清县 | 5282 | 2769 | 2513 | 5995 | 3218 | 2777 | 5196 | 2843 | 2353 |
| 长兴县 | 6356 | 3254 | 3102 | 7241 | 3818 | 3423 | 6211 | 3365 | 2846 |
| 安吉县 | 5208 | 2703 | 2505 | 6085 | 3300 | 2785 | 4914 | 2633 | 2281 |

1-3　续表 9　　单位：人

| 地　区 | 45-49岁 | | | 50-54岁 | | | 55-59岁 | | |
|---|---|---|---|---|---|---|---|---|---|
| | 小计 | 男 | 女 | 小计 | 男 | 女 | 小计 | 男 | 女 |
| **绍兴市** | **47789** | **24264** | **23525** | **52251** | **26374** | **25877** | **44409** | **22747** | **21662** |
| 越城区 | 8514 | 4340 | 4174 | 9523 | 4695 | 4828 | 7865 | 3843 | 4022 |
| 柯桥区 | 11571 | 6140 | 5431 | 12296 | 6390 | 5906 | 8942 | 4708 | 4234 |
| 上虞区 | 7495 | 3726 | 3769 | 8419 | 4205 | 4214 | 7291 | 3699 | 3592 |
| 新昌县 | 3408 | 1725 | 1683 | 3830 | 1954 | 1876 | 3746 | 1962 | 1784 |
| 诸暨市 | 10715 | 5235 | 5480 | 11785 | 5832 | 5953 | 10304 | 5252 | 5052 |
| 嵊州市 | 6086 | 3098 | 2988 | 6398 | 3298 | 3100 | 6261 | 3283 | 2978 |
| **金华市** | **61761** | **32119** | **29642** | **61012** | **31611** | **29401** | **47432** | **24380** | **23052** |
| 婺城区 | 7890 | 4128 | 3762 | 7810 | 4107 | 3703 | 6553 | 3449 | 3104 |
| 金东区 | 4542 | 2513 | 2029 | 4407 | 2391 | 2016 | 3653 | 1919 | 1734 |
| 武义县 | 4281 | 2279 | 2002 | 4631 | 2455 | 2176 | 3482 | 1904 | 1578 |
| 浦江县 | 4133 | 2117 | 2016 | 4464 | 2254 | 2210 | 3539 | 1776 | 1763 |
| 磐安县 | 1689 | 868 | 821 | 1910 | 980 | 930 | 1618 | 857 | 761 |
| 兰溪市 | 4643 | 2310 | 2333 | 5992 | 3060 | 2932 | 5554 | 2851 | 2703 |
| 义乌市 | 16382 | 8539 | 7843 | 14636 | 7563 | 7073 | 10230 | 5249 | 4981 |
| 东阳市 | 9789 | 4937 | 4852 | 9487 | 4733 | 4754 | 7365 | 3602 | 3763 |
| 永康市 | 8412 | 4428 | 3984 | 7675 | 4068 | 3607 | 5438 | 2773 | 2665 |
| **衢州市** | **19529** | **9950** | **9579** | **22063** | **11263** | **10800** | **19805** | **10131** | **9674** |
| 柯城区 | 4644 | 2413 | 2231 | 4774 | 2454 | 2320 | 4227 | 2134 | 2093 |
| 衢江区 | 3021 | 1592 | 1429 | 3635 | 1927 | 1708 | 3185 | 1686 | 1499 |
| 常山县 | 2251 | 1147 | 1104 | 2490 | 1281 | 1209 | 2306 | 1205 | 1101 |
| 开化县 | 1965 | 935 | 1030 | 2335 | 1147 | 1188 | 2392 | 1167 | 1225 |
| 龙游县 | 3271 | 1712 | 1559 | 3931 | 2061 | 1870 | 3437 | 1774 | 1663 |
| 江山市 | 4377 | 2151 | 2226 | 4898 | 2393 | 2505 | 4258 | 2165 | 2093 |
| **舟山市** | **11624** | **6616** | **5008** | **12959** | **7401** | **5558** | **11379** | **6171** | **5208** |
| 定海区 | 4590 | 2396 | 2194 | 4785 | 2551 | 2234 | 4395 | 2267 | 2128 |
| 普陀区 | 3805 | 2061 | 1744 | 4499 | 2428 | 2071 | 3853 | 2050 | 1803 |
| 岱山县 | 2586 | 1825 | 761 | 2841 | 1962 | 879 | 2339 | 1418 | 921 |
| 嵊泗县 | 643 | 334 | 309 | 834 | 460 | 374 | 792 | 436 | 356 |
| **台州市** | **62082** | **31800** | **30282** | **64499** | **33465** | **31034** | **50386** | **26089** | **24297** |
| 椒江区 | 7624 | 3995 | 3629 | 7932 | 4216 | 3716 | 5643 | 2950 | 2693 |
| 黄岩区 | 6348 | 3192 | 3156 | 6745 | 3438 | 3307 | 5690 | 2901 | 2789 |
| 路桥区 | 6587 | 3382 | 3205 | 6632 | 3474 | 3158 | 4452 | 2360 | 2092 |
| 三门县 | 3513 | 1790 | 1723 | 3659 | 1949 | 1710 | 2998 | 1517 | 1481 |
| 天台县 | 3483 | 1720 | 1763 | 3900 | 1951 | 1949 | 3602 | 1839 | 1763 |
| 仙居县 | 3424 | 1721 | 1703 | 3879 | 1963 | 1916 | 3444 | 1717 | 1727 |
| 温岭市 | 13607 | 6962 | 6645 | 13955 | 7282 | 6673 | 10777 | 5568 | 5209 |
| 临海市 | 10211 | 5195 | 5016 | 10703 | 5393 | 5310 | 8803 | 4469 | 4334 |
| 玉环市 | 7285 | 3843 | 3442 | 7094 | 3799 | 3295 | 4977 | 2768 | 2209 |
| **丽水市** | **20698** | **10903** | **9795** | **22272** | **11723** | **10549** | **18947** | **9758** | **9189** |
| 莲都区 | 4583 | 2495 | 2088 | 4845 | 2656 | 2189 | 4202 | 2226 | 1976 |
| 青田县 | 2853 | 1504 | 1349 | 2985 | 1544 | 1441 | 2688 | 1344 | 1344 |
| 缙云县 | 3419 | 1781 | 1638 | 3617 | 1867 | 1750 | 3075 | 1562 | 1513 |
| 遂昌县 | 1812 | 959 | 853 | 2097 | 1104 | 993 | 1788 | 938 | 850 |
| 松阳县 | 2039 | 1077 | 962 | 2326 | 1199 | 1127 | 1823 | 954 | 869 |
| 云和县 | 1227 | 644 | 583 | 1376 | 721 | 655 | 1155 | 619 | 536 |
| 庆元县 | 1514 | 768 | 746 | 1428 | 755 | 673 | 1144 | 540 | 604 |
| 景宁畲族自治县 | 949 | 468 | 481 | 991 | 537 | 454 | 863 | 442 | 421 |
| 龙泉市 | 2302 | 1207 | 1095 | 2607 | 1340 | 1267 | 2209 | 1133 | 1076 |

1-3 续表 10

单位：人

| 地　区 | 60-64岁 | | | 65-69岁 | | | 70-74岁 | | |
|---|---|---|---|---|---|---|---|---|---|
| | 小计 | 男 | 女 | 小计 | 男 | 女 | 小计 | 男 | 女 |
| **合计** | **345068** | **176962** | **168106** | **318048** | **158428** | **159620** | **222904** | **110045** | **112859** |
| **杭州市** | **62099** | **31598** | **30501** | **54012** | **26767** | **27245** | **35071** | **17274** | **17797** |
| 上城区 | 2465 | 1207 | 1258 | 2173 | 1041 | 1132 | 1334 | 671 | 663 |
| 下城区 | 3059 | 1451 | 1608 | 2933 | 1356 | 1577 | 1901 | 964 | 937 |
| 江干区 | 6068 | 2939 | 3129 | 4707 | 2358 | 2349 | 2497 | 1237 | 1260 |
| 拱墅区 | 3559 | 1750 | 1809 | 2845 | 1397 | 1448 | 1841 | 905 | 936 |
| 西湖区 | 4859 | 2359 | 2500 | 4276 | 2052 | 2224 | 2685 | 1292 | 1393 |
| 滨江区 | 1879 | 873 | 1006 | 1486 | 710 | 776 | 858 | 401 | 457 |
| 萧山区 | 11376 | 5873 | 5503 | 9800 | 4905 | 4895 | 7108 | 3477 | 3631 |
| 余杭区 | 10389 | 5446 | 4943 | 8269 | 4082 | 4187 | 5220 | 2540 | 2680 |
| 富阳区 | 5099 | 2706 | 2393 | 4715 | 2405 | 2310 | 3102 | 1559 | 1543 |
| 临安区 | 4439 | 2347 | 2092 | 3947 | 1971 | 1976 | 2451 | 1205 | 1246 |
| 桐庐县 | 2849 | 1503 | 1346 | 2894 | 1439 | 1455 | 1985 | 950 | 1035 |
| 淳安县 | 2833 | 1467 | 1366 | 2792 | 1434 | 1358 | 1835 | 915 | 920 |
| 建德市 | 3225 | 1677 | 1548 | 3175 | 1617 | 1558 | 2254 | 1158 | 1096 |
| **宁波市** | **51866** | **26069** | **25797** | **45678** | **22660** | **23018** | **32370** | **15671** | **16699** |
| 海曙区 | 5668 | 2833 | 2835 | 5127 | 2552 | 2575 | 3590 | 1735 | 1855 |
| 江北区 | 2609 | 1295 | 1314 | 2357 | 1130 | 1227 | 1546 | 779 | 767 |
| 北仑区 | 3840 | 1929 | 1911 | 3457 | 1716 | 1741 | 2251 | 1120 | 1131 |
| 镇海区 | 2557 | 1292 | 1265 | 2192 | 1080 | 1112 | 1505 | 726 | 779 |
| 鄞州区 | 7939 | 3916 | 4023 | 7025 | 3442 | 3583 | 4750 | 2253 | 2497 |
| 奉化区 | 3853 | 2004 | 1849 | 3759 | 1856 | 1903 | 2688 | 1331 | 1357 |
| 象山县 | 3933 | 1986 | 1947 | 3298 | 1651 | 1647 | 2413 | 1188 | 1225 |
| 宁海县 | 4170 | 2147 | 2023 | 3563 | 1731 | 1832 | 2509 | 1242 | 1267 |
| 余姚市 | 7534 | 3663 | 3871 | 6505 | 3195 | 3310 | 4970 | 2368 | 2602 |
| 慈溪市 | 9763 | 5004 | 4759 | 8395 | 4307 | 4088 | 6148 | 2929 | 3219 |
| **温州市** | **43918** | **22680** | **21238** | **40234** | **20008** | **20226** | **27426** | **13929** | **13497** |
| 鹿城区 | 5666 | 2877 | 2789 | 4783 | 2296 | 2487 | 3362 | 1601 | 1761 |
| 龙湾区 | 2318 | 1251 | 1067 | 1927 | 974 | 953 | 1189 | 598 | 591 |
| 瓯海区 | 3408 | 1805 | 1603 | 2881 | 1457 | 1424 | 1892 | 947 | 945 |
| 洞头区 | 825 | 413 | 412 | 657 | 331 | 326 | 473 | 219 | 254 |
| 永嘉县 | 4141 | 2115 | 2026 | 3994 | 1958 | 2036 | 2942 | 1527 | 1415 |
| 平阳县 | 4744 | 2476 | 2268 | 4469 | 2282 | 2187 | 2943 | 1520 | 1423 |
| 苍南县 | 4447 | 2320 | 2127 | 4106 | 2106 | 2000 | 2751 | 1461 | 1290 |
| 文成县 | 1339 | 684 | 655 | 1590 | 751 | 839 | 1127 | 675 | 452 |
| 泰顺县 | 1415 | 734 | 681 | 1374 | 709 | 665 | 952 | 554 | 398 |
| 瑞安市 | 7112 | 3649 | 3463 | 6449 | 3198 | 3251 | 4391 | 2176 | 2215 |
| 乐清市 | 6637 | 3359 | 3278 | 6237 | 3032 | 3205 | 4306 | 2107 | 2199 |
| 龙港市 | 1866 | 997 | 869 | 1767 | 914 | 853 | 1098 | 544 | 554 |
| **嘉兴市** | **28548** | **14841** | **13707** | **28472** | **14316** | **14156** | **20524** | **9874** | **10650** |
| 南湖区 | 4488 | 2237 | 2251 | 4167 | 2080 | 2087 | 2861 | 1391 | 1470 |
| 秀洲区 | 3106 | 1615 | 1491 | 3101 | 1570 | 1531 | 2204 | 1027 | 1177 |
| 嘉善县 | 2946 | 1562 | 1384 | 3344 | 1670 | 1674 | 2511 | 1232 | 1279 |
| 海盐县 | 2906 | 1499 | 1407 | 2899 | 1430 | 1469 | 2167 | 1026 | 1141 |
| 海宁市 | 5905 | 3076 | 2829 | 5715 | 2944 | 2771 | 4017 | 1960 | 2057 |
| 平湖市 | 3960 | 2052 | 1908 | 4069 | 2056 | 2013 | 2946 | 1385 | 1561 |
| 桐乡市 | 5237 | 2800 | 2437 | 5177 | 2566 | 2611 | 3818 | 1853 | 1965 |
| **湖州市** | **19602** | **10458** | **9144** | **19691** | **9886** | **9805** | **13580** | **6651** | **6929** |
| 吴兴区 | 5184 | 2789 | 2395 | 4907 | 2436 | 2471 | 3230 | 1565 | 1665 |
| 南浔区 | 3522 | 1980 | 1542 | 4064 | 2112 | 1952 | 3018 | 1482 | 1536 |
| 德清县 | 3742 | 1944 | 1798 | 3299 | 1690 | 1609 | 2292 | 1116 | 1176 |
| 长兴县 | 3942 | 2101 | 1841 | 4293 | 2095 | 2198 | 2954 | 1466 | 1488 |
| 安吉县 | 3212 | 1644 | 1568 | 3128 | 1553 | 1575 | 2086 | 1022 | 1064 |

1-3　续表 11　　单位：人

| 地　区 | 60-64岁 | | | 65-69岁 | | | 70-74岁 | | |
|---|---|---|---|---|---|---|---|---|---|
| | 小计 | 男 | 女 | 小计 | 男 | 女 | 小计 | 男 | 女 |
| **绍兴市** | **33089** | **16901** | **16188** | **32126** | **15992** | **16134** | **23795** | **11850** | **11945** |
| 越城区 | 5840 | 2865 | 2975 | 5713 | 2776 | 2937 | 4178 | 2110 | 2068 |
| 柯桥区 | 5299 | 2736 | 2563 | 5058 | 2543 | 2515 | 3702 | 1812 | 1890 |
| 上虞区 | 5793 | 2895 | 2898 | 5615 | 2733 | 2882 | 4220 | 2091 | 2129 |
| 新昌县 | 3231 | 1681 | 1550 | 2706 | 1397 | 1309 | 1983 | 1061 | 922 |
| 诸暨市 | 7481 | 3883 | 3598 | 7672 | 3812 | 3860 | 5692 | 2794 | 2898 |
| 嵊州市 | 5445 | 2841 | 2604 | 5362 | 2731 | 2631 | 4020 | 1982 | 2038 |
| **金华市** | **30325** | **15668** | **14657** | **29538** | **14816** | **14722** | **21033** | **10386** | **10647** |
| 婺城区 | 4567 | 2343 | 2224 | 4232 | 2052 | 2180 | 2906 | 1382 | 1524 |
| 金东区 | 2338 | 1209 | 1129 | 2343 | 1188 | 1155 | 1553 | 758 | 795 |
| 武义县 | 2274 | 1187 | 1087 | 2077 | 1033 | 1044 | 1499 | 753 | 746 |
| 浦江县 | 2200 | 1104 | 1096 | 2398 | 1139 | 1259 | 1758 | 843 | 915 |
| 磐安县 | 1146 | 585 | 561 | 1125 | 574 | 551 | 819 | 406 | 413 |
| 兰溪市 | 3887 | 2059 | 1828 | 4118 | 2084 | 2034 | 3099 | 1561 | 1538 |
| 义乌市 | 5619 | 3010 | 2609 | 5027 | 2631 | 2396 | 3367 | 1682 | 1685 |
| 东阳市 | 5112 | 2490 | 2622 | 4966 | 2447 | 2519 | 3842 | 1917 | 1925 |
| 永康市 | 3182 | 1681 | 1501 | 3252 | 1668 | 1584 | 2190 | 1084 | 1106 |
| **衢州市** | **15358** | **8000** | **7358** | **15435** | **7683** | **7752** | **11212** | **5660** | **5552** |
| 柯城区 | 3117 | 1605 | 1512 | 2720 | 1352 | 1368 | 2041 | 974 | 1067 |
| 衢江区 | 2562 | 1375 | 1187 | 2612 | 1326 | 1286 | 1887 | 1003 | 884 |
| 常山县 | 1844 | 960 | 884 | 1880 | 928 | 952 | 1318 | 672 | 646 |
| 开化县 | 2020 | 1010 | 1010 | 2055 | 1019 | 1036 | 1321 | 634 | 687 |
| 龙游县 | 2408 | 1266 | 1142 | 2635 | 1278 | 1357 | 1981 | 987 | 994 |
| 江山市 | 3407 | 1784 | 1623 | 3533 | 1780 | 1753 | 2664 | 1390 | 1274 |
| **舟山市** | **8919** | **4573** | **4346** | **7425** | **3586** | **3839** | **5257** | **2472** | **2785** |
| 定海区 | 3444 | 1759 | 1685 | 2931 | 1426 | 1505 | 2153 | 1059 | 1094 |
| 普陀区 | 3122 | 1574 | 1548 | 2493 | 1214 | 1279 | 1616 | 744 | 872 |
| 岱山县 | 1706 | 908 | 798 | 1426 | 663 | 763 | 1097 | 486 | 611 |
| 嵊泗县 | 647 | 332 | 315 | 575 | 283 | 292 | 391 | 183 | 208 |
| **台州市** | **37485** | **19055** | **18430** | **31408** | **15591** | **15817** | **23411** | **11463** | **11948** |
| 椒江区 | 3725 | 1877 | 1848 | 3166 | 1575 | 1591 | 2278 | 1114 | 1164 |
| 黄岩区 | 4082 | 2124 | 1958 | 3636 | 1814 | 1822 | 2725 | 1315 | 1410 |
| 路桥区 | 2943 | 1508 | 1435 | 2677 | 1309 | 1368 | 1956 | 1029 | 927 |
| 三门县 | 2567 | 1286 | 1281 | 1964 | 981 | 983 | 1500 | 718 | 782 |
| 天台县 | 3113 | 1555 | 1558 | 2687 | 1359 | 1328 | 2082 | 1035 | 1047 |
| 仙居县 | 2777 | 1419 | 1358 | 2402 | 1185 | 1217 | 1754 | 917 | 837 |
| 温岭市 | 7792 | 3979 | 3813 | 6540 | 3245 | 3295 | 5021 | 2429 | 2592 |
| 临海市 | 7145 | 3560 | 3585 | 5923 | 2907 | 3016 | 4502 | 2155 | 2347 |
| 玉环市 | 3341 | 1747 | 1594 | 2413 | 1216 | 1197 | 1593 | 751 | 842 |
| **丽水市** | **13859** | **7119** | **6740** | **14029** | **7123** | **6906** | **9225** | **4815** | **4410** |
| 莲都区 | 2916 | 1513 | 1403 | 2598 | 1351 | 1247 | 1638 | 812 | 826 |
| 青田县 | 2262 | 1114 | 1148 | 2208 | 1096 | 1112 | 1484 | 780 | 704 |
| 缙云县 | 2481 | 1278 | 1203 | 2431 | 1242 | 1189 | 1786 | 896 | 890 |
| 遂昌县 | 1480 | 766 | 714 | 1477 | 756 | 721 | 881 | 464 | 417 |
| 松阳县 | 1293 | 671 | 622 | 1341 | 662 | 679 | 978 | 529 | 449 |
| 云和县 | 703 | 387 | 316 | 714 | 363 | 351 | 424 | 242 | 182 |
| 庆元县 | 809 | 383 | 426 | 1026 | 531 | 495 | 583 | 318 | 265 |
| 景宁畲族自治县 | 647 | 340 | 307 | 721 | 366 | 355 | 450 | 260 | 190 |
| 龙泉市 | 1268 | 667 | 601 | 1513 | 756 | 757 | 1001 | 514 | 487 |

1-3 续表 12

单位：人

| 地区 | 75-79岁 | | | 80-84岁 | | | 85-89岁 | | |
|---|---|---|---|---|---|---|---|---|---|
| | 小计 | 男 | 女 | 小计 | 男 | 女 | 小计 | 男 | 女 |
| **合计** | **124053** | **61069** | **62984** | **88439** | **42024** | **46415** | **56248** | **24563** | **31685** |
| **杭州市** | **19354** | **9053** | **10301** | **14339** | **6514** | **7825** | **9680** | **4295** | **5385** |
| 上城区 | 798 | 358 | 440 | 688 | 290 | 398 | 553 | 256 | 297 |
| 下城区 | 1157 | 556 | 601 | 1015 | 419 | 596 | 752 | 348 | 404 |
| 江干区 | 1415 | 651 | 764 | 1053 | 479 | 574 | 713 | 323 | 390 |
| 拱墅区 | 1051 | 500 | 551 | 824 | 355 | 469 | 653 | 287 | 366 |
| 西湖区 | 1539 | 735 | 804 | 1314 | 604 | 710 | 877 | 439 | 438 |
| 滨江区 | 479 | 218 | 261 | 300 | 145 | 155 | 188 | 78 | 110 |
| 萧山区 | 3819 | 1767 | 2052 | 2361 | 1125 | 1236 | 1658 | 743 | 915 |
| 余杭区 | 2927 | 1321 | 1606 | 1843 | 833 | 1010 | 1220 | 546 | 674 |
| 富阳区 | 1586 | 731 | 855 | 1123 | 530 | 593 | 889 | 390 | 499 |
| 临安区 | 1243 | 590 | 653 | 1046 | 483 | 563 | 607 | 253 | 354 |
| 桐庐县 | 981 | 480 | 501 | 812 | 378 | 434 | 532 | 196 | 336 |
| 淳安县 | 992 | 481 | 511 | 888 | 384 | 504 | 473 | 189 | 284 |
| 建德市 | 1367 | 665 | 702 | 1072 | 489 | 583 | 565 | 247 | 318 |
| **宁波市** | **17208** | **8366** | **8842** | **10794** | **5182** | **5612** | **7647** | **3449** | **4198** |
| 海曙区 | 1854 | 920 | 934 | 1213 | 588 | 625 | 870 | 372 | 498 |
| 江北区 | 830 | 423 | 407 | 496 | 227 | 269 | 386 | 182 | 204 |
| 北仑区 | 1233 | 633 | 600 | 677 | 323 | 354 | 517 | 232 | 285 |
| 镇海区 | 800 | 380 | 420 | 501 | 253 | 248 | 368 | 174 | 194 |
| 鄞州区 | 2428 | 1185 | 1243 | 1540 | 723 | 817 | 1053 | 499 | 554 |
| 奉化区 | 1285 | 664 | 621 | 807 | 407 | 400 | 592 | 280 | 312 |
| 象山县 | 1357 | 629 | 728 | 1064 | 523 | 541 | 663 | 298 | 365 |
| 宁海县 | 1512 | 718 | 794 | 1041 | 486 | 555 | 666 | 296 | 370 |
| 余姚市 | 2627 | 1285 | 1342 | 1514 | 741 | 773 | 1107 | 498 | 609 |
| 慈溪市 | 3282 | 1529 | 1753 | 1941 | 911 | 1030 | 1425 | 618 | 807 |
| **温州市** | **16033** | **8310** | **7723** | **12520** | **6110** | **6410** | **7243** | **3229** | **4014** |
| 鹿城区 | 1792 | 831 | 961 | 1495 | 659 | 836 | 790 | 331 | 459 |
| 龙湾区 | 645 | 325 | 320 | 452 | 204 | 248 | 294 | 115 | 179 |
| 瓯海区 | 997 | 505 | 492 | 789 | 360 | 429 | 490 | 219 | 271 |
| 洞头区 | 319 | 142 | 177 | 221 | 101 | 120 | 150 | 48 | 102 |
| 永嘉县 | 1793 | 946 | 847 | 1403 | 688 | 715 | 754 | 365 | 389 |
| 平阳县 | 1747 | 957 | 790 | 1452 | 732 | 720 | 842 | 353 | 489 |
| 苍南县 | 1726 | 952 | 774 | 1314 | 647 | 667 | 789 | 354 | 435 |
| 文成县 | 696 | 423 | 273 | 551 | 304 | 247 | 362 | 188 | 174 |
| 泰顺县 | 608 | 354 | 254 | 498 | 280 | 218 | 288 | 160 | 128 |
| 瑞安市 | 2508 | 1291 | 1217 | 1917 | 928 | 989 | 1076 | 477 | 599 |
| 乐清市 | 2515 | 1224 | 1291 | 1930 | 959 | 971 | 1170 | 518 | 652 |
| 龙港市 | 687 | 360 | 327 | 498 | 248 | 250 | 238 | 101 | 137 |
| **嘉兴市** | **12054** | **5805** | **6249** | **7547** | **3381** | **4166** | **4447** | **1704** | **2743** |
| 南湖区 | 1768 | 888 | 880 | 1161 | 535 | 626 | 693 | 280 | 413 |
| 秀洲区 | 1296 | 649 | 647 | 832 | 408 | 424 | 442 | 167 | 275 |
| 嘉善县 | 1508 | 759 | 749 | 865 | 393 | 472 | 550 | 202 | 348 |
| 海盐县 | 1209 | 583 | 626 | 758 | 319 | 439 | 476 | 178 | 298 |
| 海宁市 | 2219 | 1017 | 1202 | 1448 | 637 | 811 | 846 | 330 | 516 |
| 平湖市 | 1887 | 890 | 997 | 1062 | 460 | 602 | 678 | 237 | 441 |
| 桐乡市 | 2167 | 1019 | 1148 | 1421 | 629 | 792 | 762 | 310 | 452 |
| **湖州市** | **7772** | **3592** | **4180** | **5327** | **2412** | **2915** | **3244** | **1374** | **1870** |
| 吴兴区 | 1922 | 913 | 1009 | 1376 | 650 | 726 | 794 | 351 | 443 |
| 南浔区 | 1561 | 719 | 842 | 1245 | 541 | 704 | 741 | 285 | 456 |
| 德清县 | 1313 | 569 | 744 | 890 | 404 | 486 | 575 | 262 | 313 |
| 长兴县 | 1840 | 858 | 982 | 1079 | 484 | 595 | 667 | 269 | 398 |
| 安吉县 | 1136 | 533 | 603 | 737 | 333 | 404 | 467 | 207 | 260 |

1-3 续表 13 单位：人

| 地区 | 75-79岁 | | | 80-84岁 | | | 85-89岁 | | |
|---|---|---|---|---|---|---|---|---|---|
| | 小计 | 男 | 女 | 小计 | 男 | 女 | 小计 | 男 | 女 |
| **绍兴市** | **12042** | **6124** | **5918** | **7623** | **3785** | **3838** | **5255** | **2266** | **2989** |
| 越城区 | 2257 | 1187 | 1070 | 1383 | 699 | 684 | 908 | 402 | 506 |
| 柯桥区 | 1852 | 1007 | 845 | 1178 | 585 | 593 | 778 | 332 | 446 |
| 上虞区 | 2271 | 1107 | 1164 | 1384 | 668 | 716 | 1043 | 446 | 597 |
| 新昌县 | 1012 | 514 | 498 | 721 | 356 | 365 | 484 | 200 | 284 |
| 诸暨市 | 2784 | 1399 | 1385 | 1791 | 909 | 882 | 1278 | 565 | 713 |
| 嵊州市 | 1866 | 910 | 956 | 1166 | 568 | 598 | 764 | 321 | 443 |
| **金华市** | **11447** | **5729** | **5718** | **8580** | **4211** | **4369** | **5208** | **2255** | **2953** |
| 婺城区 | 1409 | 665 | 744 | 1196 | 580 | 616 | 721 | 340 | 381 |
| 金东区 | 838 | 380 | 458 | 596 | 294 | 302 | 376 | 145 | 231 |
| 武义县 | 764 | 393 | 371 | 685 | 304 | 381 | 411 | 199 | 212 |
| 浦江县 | 943 | 481 | 462 | 643 | 343 | 300 | 429 | 185 | 244 |
| 磐安县 | 490 | 248 | 242 | 361 | 197 | 164 | 192 | 92 | 100 |
| 兰溪市 | 1662 | 881 | 781 | 1167 | 555 | 612 | 697 | 297 | 400 |
| 义乌市 | 1887 | 1006 | 881 | 1388 | 730 | 658 | 810 | 334 | 476 |
| 东阳市 | 2260 | 1109 | 1151 | 1570 | 740 | 830 | 1002 | 440 | 562 |
| 永康市 | 1194 | 566 | 628 | 974 | 468 | 506 | 570 | 223 | 347 |
| **衢州市** | **5725** | **2972** | **2753** | **4446** | **2250** | **2196** | **2633** | **1201** | **1432** |
| 柯城区 | 1077 | 542 | 535 | 855 | 392 | 463 | 527 | 242 | 285 |
| 衢江区 | 1014 | 518 | 496 | 715 | 369 | 346 | 439 | 203 | 236 |
| 常山县 | 709 | 372 | 337 | 503 | 264 | 239 | 283 | 129 | 154 |
| 开化县 | 715 | 374 | 341 | 599 | 297 | 302 | 286 | 117 | 169 |
| 龙游县 | 939 | 517 | 422 | 762 | 393 | 369 | 470 | 219 | 251 |
| 江山市 | 1271 | 649 | 622 | 1012 | 535 | 477 | 628 | 291 | 337 |
| **舟山市** | **2977** | **1368** | **1609** | **2022** | **897** | **1125** | **1379** | **568** | **811** |
| 定海区 | 1107 | 528 | 579 | 775 | 363 | 412 | 549 | 240 | 309 |
| 普陀区 | 1033 | 452 | 581 | 672 | 293 | 379 | 447 | 179 | 268 |
| 岱山县 | 604 | 286 | 318 | 411 | 184 | 227 | 267 | 103 | 164 |
| 嵊泗县 | 233 | 102 | 131 | 164 | 57 | 107 | 116 | 46 | 70 |
| **台州市** | **14283** | **6972** | **7311** | **10700** | **4939** | **5761** | **6756** | **2850** | **3906** |
| 椒江区 | 1414 | 693 | 721 | 979 | 459 | 520 | 616 | 279 | 337 |
| 黄岩区 | 1546 | 758 | 788 | 1329 | 658 | 671 | 837 | 342 | 495 |
| 路桥区 | 1052 | 538 | 514 | 848 | 388 | 460 | 531 | 226 | 305 |
| 三门县 | 931 | 420 | 511 | 713 | 331 | 382 | 445 | 191 | 254 |
| 天台县 | 1201 | 580 | 621 | 851 | 381 | 470 | 513 | 203 | 310 |
| 仙居县 | 996 | 489 | 507 | 848 | 387 | 461 | 490 | 222 | 268 |
| 温岭市 | 3292 | 1669 | 1623 | 2330 | 1038 | 1292 | 1572 | 648 | 924 |
| 临海市 | 2701 | 1319 | 1382 | 1989 | 929 | 1060 | 1229 | 528 | 701 |
| 玉环市 | 1150 | 506 | 644 | 813 | 368 | 445 | 523 | 211 | 312 |
| **丽水市** | **5158** | **2778** | **2380** | **4541** | **2343** | **2198** | **2756** | **1372** | **1384** |
| 莲都区 | 838 | 431 | 407 | 759 | 392 | 367 | 473 | 233 | 240 |
| 青田县 | 1009 | 516 | 493 | 813 | 426 | 387 | 490 | 232 | 258 |
| 缙云县 | 1077 | 550 | 527 | 858 | 426 | 432 | 532 | 253 | 279 |
| 遂昌县 | 462 | 254 | 208 | 421 | 217 | 204 | 289 | 146 | 143 |
| 松阳县 | 448 | 251 | 197 | 429 | 205 | 224 | 230 | 112 | 118 |
| 云和县 | 236 | 139 | 97 | 237 | 132 | 105 | 150 | 69 | 81 |
| 庆元县 | 297 | 179 | 118 | 248 | 132 | 116 | 154 | 87 | 67 |
| 景宁畲族自治县 | 249 | 155 | 94 | 228 | 128 | 100 | 118 | 61 | 57 |
| 龙泉市 | 542 | 303 | 239 | 548 | 285 | 263 | 320 | 179 | 141 |

1–3 续表 14 单位：人

| 地区 | 90–94岁 | | | 95–99岁 | | | 100岁及以上 | | |
|---|---|---|---|---|---|---|---|---|---|
| | 小计 | 男 | 女 | 小计 | 男 | 女 | 小计 | 男 | 女 |
| **合计** | **18167** | **7122** | **11045** | **3384** | **1133** | **2251** | **302** | **93** | **209** |
| **杭州市** | **3194** | **1238** | **1956** | **592** | **210** | **382** | **52** | **15** | **37** |
| 上城区 | 200 | 77 | 123 | 39 | 9 | 30 | 5 | 3 | 2 |
| 下城区 | 278 | 129 | 149 | 45 | 17 | 28 | 4 | | 4 |
| 江干区 | 273 | 107 | 166 | 56 | 20 | 36 | 5 | 2 | 3 |
| 拱墅区 | 202 | 90 | 112 | 40 | 16 | 24 | 4 | 1 | 3 |
| 西湖区 | 275 | 101 | 174 | 51 | 20 | 31 | 5 | 3 | 2 |
| 滨江区 | 54 | 18 | 36 | 8 | 3 | 5 | 1 | | 1 |
| 萧山区 | 593 | 223 | 370 | 125 | 48 | 77 | 10 | 3 | 7 |
| 余杭区 | 390 | 143 | 247 | 77 | 23 | 54 | 2 | 1 | 1 |
| 富阳区 | 286 | 104 | 182 | 54 | 16 | 38 | 8 | 1 | 7 |
| 临安区 | 183 | 67 | 116 | 24 | 10 | 14 | 2 | | 2 |
| 桐庐县 | 165 | 60 | 105 | 26 | 10 | 16 | 4 | 1 | 3 |
| 淳安县 | 129 | 54 | 75 | 12 | 2 | 10 | 1 | | 1 |
| 建德市 | 166 | 65 | 101 | 35 | 16 | 19 | 1 | | 1 |
| **宁波市** | **2536** | **1008** | **1528** | **466** | **143** | **323** | **28** | **7** | **21** |
| 海曙区 | 291 | 115 | 176 | 48 | 13 | 35 | 2 | 1 | 1 |
| 江北区 | 129 | 51 | 78 | 30 | 8 | 22 | 3 | 2 | 1 |
| 北仑区 | 210 | 79 | 131 | 44 | 15 | 29 | | | |
| 镇海区 | 113 | 55 | 58 | 20 | 6 | 14 | 2 | | 2 |
| 鄞州区 | 348 | 151 | 197 | 60 | 21 | 39 | 6 | 1 | 5 |
| 奉化区 | 176 | 73 | 103 | 27 | 6 | 21 | 1 | | 1 |
| 象山县 | 202 | 84 | 118 | 29 | 12 | 17 | 1 | | 1 |
| 宁海县 | 219 | 92 | 127 | 38 | 12 | 26 | 5 | 2 | 3 |
| 余姚市 | 368 | 137 | 231 | 76 | 25 | 51 | 2 | 1 | 1 |
| 慈溪市 | 480 | 171 | 309 | 94 | 25 | 69 | 6 | | 6 |
| **温州市** | **2511** | **1053** | **1458** | **533** | **199** | **334** | **64** | **20** | **44** |
| 鹿城区 | 270 | 117 | 153 | 60 | 19 | 41 | 5 | | 5 |
| 龙湾区 | 80 | 38 | 42 | 17 | 8 | 9 | 1 | | 1 |
| 瓯海区 | 152 | 66 | 86 | 31 | 10 | 21 | 6 | 4 | 2 |
| 洞头区 | 36 | 8 | 28 | 5 | 3 | 2 | 1 | | 1 |
| 永嘉县 | 297 | 119 | 178 | 62 | 22 | 40 | 12 | 5 | 7 |
| 平阳县 | 273 | 122 | 151 | 70 | 27 | 43 | 6 | 2 | 4 |
| 苍南县 | 302 | 121 | 181 | 56 | 19 | 37 | 3 | 1 | 2 |
| 文成县 | 146 | 69 | 77 | 29 | 12 | 17 | 4 | | 4 |
| 泰顺县 | 118 | 54 | 64 | 33 | 14 | 19 | 5 | 3 | 2 |
| 瑞安市 | 340 | 147 | 193 | 65 | 28 | 37 | 8 | 1 | 7 |
| 乐清市 | 417 | 162 | 255 | 86 | 33 | 53 | 11 | 4 | 7 |
| 龙港市 | 80 | 30 | 50 | 19 | 4 | 15 | 2 | | 2 |
| **嘉兴市** | **1466** | **465** | **1001** | **243** | **58** | **185** | **21** | **5** | **16** |
| 南湖区 | 202 | 73 | 129 | 27 | 8 | 19 | 2 | | 2 |
| 秀洲区 | 149 | 44 | 105 | 32 | 8 | 24 | 2 | | 2 |
| 嘉善县 | 183 | 54 | 129 | 27 | 8 | 19 | 4 | | 4 |
| 海盐县 | 173 | 43 | 130 | 24 | 8 | 16 | 1 | | 1 |
| 海宁市 | 315 | 105 | 210 | 68 | 17 | 51 | 5 | | 5 |
| 平湖市 | 211 | 67 | 144 | 30 | 1 | 29 | 4 | 2 | 2 |
| 桐乡市 | 233 | 79 | 154 | 35 | 8 | 27 | 3 | 3 | |
| **湖州市** | **1019** | **377** | **642** | **199** | **58** | **141** | **10** | **3** | **7** |
| 吴兴区 | 243 | 82 | 161 | 46 | 16 | 30 | 3 | 1 | 2 |
| 南浔区 | 235 | 83 | 152 | 41 | 10 | 31 | 3 | 1 | 2 |
| 德清县 | 186 | 86 | 100 | 36 | 8 | 28 | | | |
| 长兴县 | 197 | 79 | 118 | 44 | 12 | 32 | 4 | 1 | 3 |
| 安吉县 | 158 | 47 | 111 | 32 | 12 | 20 | | | |

1-3　续表 15　　　　单位：人

| 地　　区 | 90-94岁 | | | 95-99岁 | | | 100岁及以上 | | |
|---|---|---|---|---|---|---|---|---|---|
| | 小计 | 男 | 女 | 小计 | 男 | 女 | 小计 | 男 | 女 |
| **绍兴市** | **1540** | **626** | **914** | **269** | **74** | **195** | **23** | **7** | **16** |
| 越城区 | 282 | 130 | 152 | 46 | 13 | 33 | 5 | 2 | 3 |
| 柯桥区 | 253 | 95 | 158 | 40 | 12 | 28 | 4 | 1 | 3 |
| 上虞区 | 297 | 96 | 201 | 50 | 14 | 36 | 3 | 1 | 2 |
| 新昌县 | 118 | 56 | 62 | 25 | 5 | 20 | 3 | 2 | 1 |
| 诸暨市 | 373 | 157 | 216 | 79 | 23 | 56 | 5 | 1 | 4 |
| 嵊州市 | 217 | 92 | 125 | 29 | 7 | 22 | 3 | | 3 |
| **金华市** | **1666** | **622** | **1044** | **281** | **100** | **181** | **24** | **7** | **17** |
| 婺城区 | 238 | 99 | 139 | 34 | 9 | 25 | 5 | 2 | 3 |
| 金东区 | 133 | 40 | 93 | 24 | 8 | 16 | 1 | | 1 |
| 武义县 | 104 | 38 | 66 | 13 | 9 | 4 | 1 | | 1 |
| 浦江县 | 154 | 56 | 98 | 26 | 12 | 14 | 2 | | 2 |
| 磐安县 | 59 | 31 | 28 | 8 | 2 | 6 | 2 | 2 | |
| 兰溪市 | 212 | 78 | 134 | 37 | 9 | 28 | 5 | 1 | 4 |
| 义乌市 | 266 | 97 | 169 | 60 | 20 | 40 | 4 | 1 | 3 |
| 东阳市 | 341 | 124 | 217 | 49 | 17 | 32 | 3 | 1 | 2 |
| 永康市 | 159 | 59 | 100 | 30 | 14 | 16 | 1 | | 1 |
| **衢州市** | **843** | **354** | **489** | **133** | **46** | **87** | **10** | **2** | **8** |
| 柯城区 | 164 | 77 | 87 | 29 | 16 | 13 | 2 | | 2 |
| 衢江区 | 135 | 58 | 77 | 21 | 7 | 14 | 3 | 1 | 2 |
| 常山县 | 79 | 35 | 44 | 11 | | 11 | 1 | | 1 |
| 开化县 | 105 | 42 | 63 | 16 | 6 | 10 | | | |
| 龙游县 | 120 | 43 | 77 | 14 | 2 | 12 | 1 | | 1 |
| 江山市 | 240 | 99 | 141 | 42 | 15 | 27 | 3 | 1 | 2 |
| **舟山市** | **399** | **137** | **262** | **65** | **24** | **41** | **3** | | **3** |
| 定海区 | 170 | 64 | 106 | 28 | 11 | 17 | 1 | | 1 |
| 普陀区 | 132 | 41 | 91 | 17 | 6 | 11 | 1 | | 1 |
| 岱山县 | 73 | 22 | 51 | 16 | 6 | 10 | | | |
| 嵊泗县 | 24 | 10 | 14 | 4 | 1 | 3 | 1 | | 1 |
| **台州市** | **2091** | **830** | **1261** | **435** | **153** | **282** | **44** | **18** | **26** |
| 椒江区 | 213 | 79 | 134 | 39 | 11 | 28 | 4 | 1 | 3 |
| 黄岩区 | 283 | 113 | 170 | 52 | 22 | 30 | 6 | 3 | 3 |
| 路桥区 | 193 | 73 | 120 | 43 | 14 | 29 | 5 | 2 | 3 |
| 三门县 | 96 | 35 | 61 | 26 | 9 | 17 | 2 | 1 | 1 |
| 天台县 | 147 | 54 | 93 | 25 | 9 | 16 | 3 | 1 | 2 |
| 仙居县 | 154 | 67 | 87 | 20 | 6 | 14 | 3 | 3 | |
| 温岭市 | 477 | 183 | 294 | 120 | 45 | 75 | 7 | 4 | 3 |
| 临海市 | 389 | 171 | 218 | 79 | 26 | 53 | 8 | 1 | 7 |
| 玉环市 | 139 | 55 | 84 | 31 | 11 | 20 | 6 | 2 | 4 |
| **丽水市** | **902** | **412** | **490** | **168** | **68** | **100** | **23** | **9** | **14** |
| 莲都区 | 165 | 65 | 100 | 36 | 15 | 21 | 1 | | 1 |
| 青田县 | 153 | 71 | 82 | 34 | 12 | 22 | 7 | 3 | 4 |
| 缙云县 | 178 | 77 | 101 | 46 | 19 | 27 | 8 | 3 | 5 |
| 遂昌县 | 106 | 45 | 61 | 11 | 4 | 7 | 1 | | 1 |
| 松阳县 | 70 | 31 | 39 | 11 | 4 | 7 | 2 | | 2 |
| 云和县 | 45 | 21 | 24 | 6 | 4 | 2 | 1 | 1 | |
| 庆元县 | 38 | 19 | 19 | 7 | 4 | 3 | | | |
| 景宁畲族自治县 | 46 | 22 | 24 | 10 | 3 | 7 | 3 | 2 | 1 |
| 龙泉市 | 101 | 61 | 40 | 7 | 3 | 4 | | | |

# 1－3a 各地区分年龄、性别的人口(城市)

单位：人

| 地 区 | 合 计 | | | 0岁 | | |
|---|---|---|---|---|---|---|
| | 合计 | 男 | 女 | 小计 | 男 | 女 |
| **合计** | **3357273** | **1749966** | **1607307** | **20263** | **10539** | **9724** |
| **杭州市** | **906653** | **473754** | **432899** | **5927** | **3075** | **2852** |
| 上城区 | 31043 | 15208 | 15835 | 176 | 104 | 72 |
| 下城区 | 46764 | 22932 | 23832 | 239 | 132 | 107 |
| 江干区 | 154626 | 80592 | 74034 | 932 | 476 | 456 |
| 拱墅区 | 63082 | 31699 | 31383 | 377 | 197 | 180 |
| 西湖区 | 108881 | 56278 | 52603 | 652 | 335 | 317 |
| 滨江区 | 49576 | 25630 | 23946 | 373 | 195 | 178 |
| 萧山区 | 171470 | 92110 | 79360 | 1203 | 643 | 560 |
| 余杭区 | 179143 | 95716 | 83427 | 1326 | 651 | 675 |
| 富阳区 | 57438 | 30490 | 26948 | 410 | 219 | 191 |
| 临安区 | 30764 | 16183 | 14581 | 158 | 72 | 86 |
| 桐庐县 | | | | | | |
| 淳安县 | | | | | | |
| 建德市 | 13866 | 6916 | 6950 | 81 | 51 | 30 |
| **宁波市** | **562147** | **291196** | **270951** | **3189** | **1670** | **1519** |
| 海曙区 | 89569 | 45773 | 43796 | 492 | 249 | 243 |
| 江北区 | 40357 | 21015 | 19342 | 274 | 134 | 140 |
| 北仑区 | 62073 | 33613 | 28460 | 352 | 183 | 169 |
| 镇海区 | 46446 | 24719 | 21727 | 325 | 173 | 152 |
| 鄞州区 | 102148 | 50854 | 51294 | 678 | 367 | 311 |
| 奉化区 | 29438 | 15146 | 14292 | 134 | 78 | 56 |
| 象山县 | | | | | | |
| 宁海县 | | | | | | |
| 余姚市 | 80332 | 41982 | 38350 | 422 | 223 | 199 |
| 慈溪市 | 111784 | 58094 | 53690 | 512 | 263 | 249 |
| **温州市** | **464587** | **247881** | **216706** | **2743** | **1491** | **1252** |
| 鹿城区 | 104990 | 54530 | 50460 | 541 | 306 | 235 |
| 龙湾区 | 45569 | 25452 | 20117 | 284 | 155 | 129 |
| 瓯海区 | 77568 | 42560 | 35008 | 377 | 201 | 176 |
| 洞头区 | 6583 | 3322 | 3261 | 41 | 27 | 14 |
| 永嘉县 | | | | | | |
| 平阳县 | | | | | | |
| 苍南县 | | | | | | |
| 文成县 | | | | | | |
| 泰顺县 | | | | | | |
| 瑞安市 | 95547 | 50485 | 45062 | 560 | 299 | 261 |
| 乐清市 | 92481 | 49308 | 43173 | 619 | 332 | 287 |
| 龙港市 | 41849 | 22224 | 19625 | 321 | 171 | 150 |
| **嘉兴市** | **233081** | **120421** | **112660** | **1473** | **761** | **712** |
| 南湖区 | 70696 | 36400 | 34296 | 454 | 234 | 220 |
| 秀洲区 | 32563 | 17262 | 15301 | 208 | 108 | 100 |
| 嘉善县 | | | | | | |
| 海盐县 | | | | | | |
| 海宁市 | 44633 | 23080 | 21553 | 317 | 144 | 173 |
| 平湖市 | 30558 | 15608 | 14950 | 179 | 98 | 81 |
| 桐乡市 | 54631 | 28071 | 26560 | 315 | 177 | 138 |
| **湖州市** | **76266** | **38704** | **37562** | **419** | **212** | **207** |
| 吴兴区 | 57452 | 28789 | 28663 | 303 | 161 | 142 |
| 南浔区 | 18814 | 9915 | 8899 | 116 | 51 | 65 |
| 德清县 | | | | | | |
| 长兴县 | | | | | | |
| 安吉县 | | | | | | |

1-3a　续表 1　　　　单位：人

| 地　区 | 合　计 | | | 0岁 | | |
|---|---|---|---|---|---|---|
| | 合计 | 男 | 女 | 小计 | 男 | 女 |
| **绍兴市** | **309743** | **159120** | **150623** | **1684** | **848** | **836** |
| 越城区 | 84880 | 43053 | 41827 | 414 | 193 | 221 |
| 柯桥区 | 84456 | 44902 | 39554 | 515 | 268 | 247 |
| 上虞区 | 52982 | 27059 | 25923 | 282 | 144 | 138 |
| 新昌县 | | | | | | |
| 诸暨市 | 55701 | 28130 | 27571 | 304 | 155 | 149 |
| 嵊州市 | 31724 | 15976 | 15748 | 169 | 88 | 81 |
| **金华市** | **330130** | **174231** | **155899** | **1987** | **1023** | **964** |
| 婺城区 | 65159 | 33283 | 31876 | 344 | 192 | 152 |
| 金东区 | 14136 | 7472 | 6664 | 85 | 48 | 37 |
| 武义县 | | | | | | |
| 浦江县 | | | | | | |
| 磐安县 | | | | | | |
| 兰溪市 | 24670 | 12323 | 12347 | 129 | 60 | 69 |
| 义乌市 | 125064 | 67437 | 57627 | 807 | 427 | 380 |
| 东阳市 | 46973 | 24039 | 22934 | 292 | 141 | 151 |
| 永康市 | 54128 | 29677 | 24451 | 330 | 155 | 175 |
| **衢州市** | **71306** | **35674** | **35632** | **444** | **214** | **230** |
| 柯城区 | 38615 | 19288 | 19327 | 235 | 105 | 130 |
| 衢江区 | 12074 | 6298 | 5776 | 46 | 21 | 25 |
| 常山县 | | | | | | |
| 开化县 | | | | | | |
| 龙游县 | 117 | 58 | 59 | | | |
| 江山市 | 20500 | 10030 | 10470 | 163 | 88 | 75 |
| **舟山市** | **59646** | **29841** | **29805** | **323** | **172** | **151** |
| 定海区 | 34724 | 17355 | 17369 | 191 | 103 | 88 |
| 普陀区 | 24922 | 12486 | 12436 | 132 | 69 | 63 |
| 岱山县 | | | | | | |
| 嵊泗县 | | | | | | |
| **台州市** | **290201** | **151600** | **138601** | **1770** | **925** | **845** |
| 椒江区 | 61852 | 32245 | 29607 | 428 | 229 | 199 |
| 黄岩区 | 41460 | 21673 | 19787 | 282 | 136 | 146 |
| 路桥区 | 31001 | 16248 | 14753 | 171 | 89 | 82 |
| 三门县 | | | | | | |
| 天台县 | | | | | | |
| 仙居县 | | | | | | |
| 温岭市 | 68362 | 36184 | 32178 | 345 | 191 | 154 |
| 临海市 | 40683 | 20350 | 20333 | 258 | 127 | 131 |
| 玉环市 | 46843 | 24900 | 21943 | 286 | 153 | 133 |
| **丽水市** | **53513** | **27544** | **25969** | **304** | **148** | **156** |
| 莲都区 | 39544 | 20509 | 19035 | 223 | 115 | 108 |
| 青田县 | | | | | | |
| 缙云县 | | | | | | |
| 遂昌县 | | | | | | |
| 松阳县 | | | | | | |
| 云和县 | | | | | | |
| 庆元县 | | | | | | |
| 景宁畲族自治县 | | | | | | |
| 龙泉市 | 13969 | 7035 | 6934 | 81 | 33 | 48 |

1-3a 续表 2 单位：人

| 地区 | 1-4岁 | | | 5-9岁 | | | 10-14岁 | | |
|---|---|---|---|---|---|---|---|---|---|
| | 小计 | 男 | 女 | 小计 | 男 | 女 | 小计 | 男 | 女 |
| **合计** | **133495** | **70243** | **63252** | **162565** | **86732** | **75833** | **130204** | **69933** | **60271** |
| **杭州市** | **37472** | **19530** | **17942** | **42079** | **22275** | **19804** | **30530** | **16134** | **14396** |
| 上城区 | 989 | 523 | 466 | 1398 | 731 | 667 | 1123 | 598 | 525 |
| 下城区 | 1576 | 820 | 756 | 2034 | 1078 | 956 | 1664 | 847 | 817 |
| 江干区 | 6311 | 3285 | 3026 | 6935 | 3661 | 3274 | 5048 | 2652 | 2396 |
| 拱墅区 | 2567 | 1320 | 1247 | 3190 | 1717 | 1473 | 2241 | 1177 | 1064 |
| 西湖区 | 4299 | 2195 | 2104 | 5535 | 2966 | 2569 | 3926 | 2072 | 1854 |
| 滨江区 | 2278 | 1154 | 1124 | 2506 | 1280 | 1226 | 1493 | 785 | 708 |
| 萧山区 | 7103 | 3801 | 3302 | 7352 | 3864 | 3488 | 5340 | 2874 | 2466 |
| 余杭区 | 8077 | 4203 | 3874 | 8011 | 4229 | 3782 | 5455 | 2926 | 2529 |
| 富阳区 | 2436 | 1284 | 1152 | 2874 | 1591 | 1283 | 2481 | 1305 | 1176 |
| 临安区 | 1208 | 623 | 585 | 1478 | 759 | 719 | 1202 | 601 | 601 |
| 桐庐县 | | | | | | | | | |
| 淳安县 | | | | | | | | | |
| 建德市 | 628 | 322 | 306 | 766 | 399 | 367 | 557 | 297 | 260 |
| **宁波市** | **20552** | **10845** | **9707** | **26036** | **13857** | **12179** | **20514** | **10915** | **9599** |
| 海曙区 | 3180 | 1694 | 1486 | 3883 | 2039 | 1844 | 3288 | 1727 | 1561 |
| 江北区 | 1551 | 837 | 714 | 2063 | 1106 | 957 | 1551 | 787 | 764 |
| 北仑区 | 2396 | 1276 | 1120 | 2850 | 1549 | 1301 | 2107 | 1100 | 1007 |
| 镇海区 | 1889 | 999 | 890 | 2178 | 1169 | 1009 | 1698 | 956 | 742 |
| 鄞州区 | 4399 | 2333 | 2066 | 5381 | 2840 | 2541 | 4049 | 2107 | 1942 |
| 奉化区 | 999 | 517 | 482 | 1314 | 687 | 627 | 1215 | 641 | 574 |
| 象山县 | | | | | | | | | |
| 宁海县 | | | | | | | | | |
| 余姚市 | 2668 | 1375 | 1293 | 3692 | 1960 | 1732 | 2986 | 1638 | 1348 |
| 慈溪市 | 3470 | 1814 | 1656 | 4675 | 2507 | 2168 | 3620 | 1959 | 1661 |
| **温州市** | **17908** | **9603** | **8305** | **23769** | **12932** | **10837** | **20694** | **11422** | **9272** |
| 鹿城区 | 3521 | 1836 | 1685 | 4606 | 2442 | 2164 | 4319 | 2286 | 2033 |
| 龙湾区 | 1629 | 887 | 742 | 2140 | 1149 | 991 | 1901 | 1053 | 848 |
| 瓯海区 | 2510 | 1351 | 1159 | 3109 | 1681 | 1428 | 2639 | 1407 | 1232 |
| 洞头区 | 282 | 134 | 148 | 319 | 175 | 144 | 352 | 188 | 164 |
| 永嘉县 | | | | | | | | | |
| 平阳县 | | | | | | | | | |
| 苍南县 | | | | | | | | | |
| 文成县 | | | | | | | | | |
| 泰顺县 | | | | | | | | | |
| 瑞安市 | 4021 | 2208 | 1813 | 5138 | 2825 | 2313 | 4414 | 2440 | 1974 |
| 乐清市 | 4015 | 2121 | 1894 | 5640 | 3088 | 2552 | 4577 | 2607 | 1970 |
| 龙港市 | 1930 | 1066 | 864 | 2817 | 1572 | 1245 | 2492 | 1441 | 1051 |
| **嘉兴市** | **9564** | **4953** | **4611** | **11284** | **5956** | **5328** | **8495** | **4526** | **3969** |
| 南湖区 | 2933 | 1555 | 1378 | 3463 | 1850 | 1613 | 2632 | 1391 | 1241 |
| 秀洲区 | 1415 | 746 | 669 | 1796 | 941 | 855 | 1292 | 683 | 609 |
| 嘉善县 | | | | | | | | | |
| 海盐县 | | | | | | | | | |
| 海宁市 | 1698 | 887 | 811 | 1933 | 983 | 950 | 1551 | 842 | 709 |
| 平湖市 | 1299 | 652 | 647 | 1498 | 804 | 694 | 1228 | 678 | 550 |
| 桐乡市 | 2219 | 1113 | 1106 | 2594 | 1378 | 1216 | 1792 | 932 | 860 |
| **湖州市** | **3143** | **1654** | **1489** | **4063** | **2078** | **1985** | **2979** | **1567** | **1412** |
| 吴兴区 | 2364 | 1244 | 1120 | 3037 | 1532 | 1505 | 2258 | 1177 | 1081 |
| 南浔区 | 779 | 410 | 369 | 1026 | 546 | 480 | 721 | 390 | 331 |
| 德清县 | | | | | | | | | |
| 长兴县 | | | | | | | | | |
| 安吉县 | | | | | | | | | |

1-3a 续表 3 单位：人

| 地区 | 1-4岁 | | | 5-9岁 | | | 10-14岁 | | |
|---|---|---|---|---|---|---|---|---|---|
| | 小计 | 男 | 女 | 小计 | 男 | 女 | 小计 | 男 | 女 |
| **绍兴市** | **12089** | **6367** | **5722** | **14512** | **7629** | **6883** | **12220** | **6536** | **5684** |
| 越城区 | 3180 | 1682 | 1498 | 3840 | 2010 | 1830 | 3406 | 1824 | 1582 |
| 柯桥区 | 3543 | 1880 | 1663 | 3803 | 2032 | 1771 | 3098 | 1712 | 1386 |
| 上虞区 | 1924 | 1000 | 924 | 2426 | 1277 | 1149 | 2010 | 1063 | 947 |
| 新昌县 | | | | | | | | | |
| 诸暨市 | 2288 | 1213 | 1075 | 2819 | 1479 | 1340 | 2276 | 1194 | 1082 |
| 嵊州市 | 1154 | 592 | 562 | 1624 | 831 | 793 | 1430 | 743 | 687 |
| **金华市** | **14298** | **7647** | **6651** | **16653** | **9180** | **7473** | **12974** | **7140** | **5834** |
| 婺城区 | 2804 | 1490 | 1314 | 3350 | 1791 | 1559 | 2861 | 1524 | 1337 |
| 金东区 | 647 | 344 | 303 | 663 | 366 | 297 | 536 | 279 | 257 |
| 武义县 | | | | | | | | | |
| 浦江县 | | | | | | | | | |
| 磐安县 | | | | | | | | | |
| 兰溪市 | 960 | 500 | 460 | 1102 | 583 | 519 | 1076 | 581 | 495 |
| 义乌市 | 5391 | 2900 | 2491 | 6099 | 3450 | 2649 | 4273 | 2470 | 1803 |
| 东阳市 | 2151 | 1134 | 1017 | 2533 | 1370 | 1163 | 2097 | 1107 | 990 |
| 永康市 | 2345 | 1279 | 1066 | 2906 | 1620 | 1286 | 2131 | 1179 | 952 |
| **衢州市** | **3300** | **1721** | **1579** | **4127** | **2108** | **2019** | **3586** | **1872** | **1714** |
| 柯城区 | 1736 | 915 | 821 | 2058 | 1031 | 1027 | 1826 | 960 | 866 |
| 衢江区 | 553 | 277 | 276 | 742 | 393 | 349 | 646 | 337 | 309 |
| 常山县 | | | | | | | | | |
| 开化县 | | | | | | | | | |
| 龙游县 | 4 | 2 | 2 | 5 | | 5 | 5 | 4 | 1 |
| 江山市 | 1007 | 527 | 480 | 1322 | 684 | 638 | 1109 | 571 | 538 |
| **舟山市** | **1865** | **950** | **915** | **2601** | **1368** | **1233** | **2339** | **1217** | **1122** |
| 定海区 | 1164 | 584 | 580 | 1605 | 821 | 784 | 1403 | 741 | 662 |
| 普陀区 | 701 | 366 | 335 | 996 | 547 | 449 | 936 | 476 | 460 |
| 岱山县 | | | | | | | | | |
| 嵊泗县 | | | | | | | | | |
| **台州市** | **10914** | **5718** | **5196** | **14416** | **7806** | **6610** | **13034** | **7126** | **5908** |
| 椒江区 | 2459 | 1314 | 1145 | 3210 | 1746 | 1464 | 2689 | 1464 | 1225 |
| 黄岩区 | 1624 | 845 | 779 | 2042 | 1097 | 945 | 1808 | 951 | 857 |
| 路桥区 | 1247 | 636 | 611 | 1631 | 866 | 765 | 1493 | 813 | 680 |
| 三门县 | | | | | | | | | |
| 天台县 | | | | | | | | | |
| 仙居县 | | | | | | | | | |
| 温岭市 | 2242 | 1186 | 1056 | 3066 | 1677 | 1389 | 2704 | 1518 | 1186 |
| 临海市 | 1674 | 843 | 831 | 2106 | 1129 | 977 | 2195 | 1234 | 961 |
| 玉环市 | 1668 | 894 | 774 | 2361 | 1291 | 1070 | 2145 | 1146 | 999 |
| **丽水市** | **2390** | **1255** | **1135** | **3025** | **1543** | **1482** | **2839** | **1478** | **1361** |
| 莲都区 | 1826 | 956 | 870 | 2194 | 1119 | 1075 | 2024 | 1069 | 955 |
| 青田县 | | | | | | | | | |
| 缙云县 | | | | | | | | | |
| 遂昌县 | | | | | | | | | |
| 松阳县 | | | | | | | | | |
| 云和县 | | | | | | | | | |
| 庆元县 | | | | | | | | | |
| 景宁畲族自治县 | | | | | | | | | |
| 龙泉市 | 564 | 299 | 265 | 831 | 424 | 407 | 815 | 409 | 406 |

1－3a 续表 4

单位：人

| 地区 | 15－19岁 | | | 20－24岁 | | | 25－29岁 | | |
|---|---|---|---|---|---|---|---|---|---|
| | 小计 | 男 | 女 | 小计 | 男 | 女 | 小计 | 男 | 女 |
| **合计** | **164763** | **87681** | **77082** | **237531** | **125672** | **111859** | **296315** | **157749** | **138566** |
| **杭州市** | **40340** | **21051** | **19289** | **81636** | **42462** | **39174** | **96721** | **51445** | **45276** |
| 上城区 | 919 | 471 | 448 | 1751 | 859 | 892 | 2275 | 1087 | 1188 |
| 下城区 | 1415 | 740 | 675 | 3041 | 1548 | 1493 | 4125 | 1958 | 2167 |
| 江干区 | 8573 | 4496 | 4077 | 20526 | 10418 | 10108 | 17539 | 9023 | 8516 |
| 拱墅区 | 2326 | 1182 | 1144 | 5453 | 2622 | 2831 | 6122 | 3073 | 3049 |
| 西湖区 | 6004 | 3062 | 2942 | 12551 | 6589 | 5962 | 12362 | 6861 | 5501 |
| 滨江区 | 2647 | 1336 | 1311 | 6219 | 3223 | 2996 | 7478 | 4076 | 3402 |
| 萧山区 | 7203 | 3827 | 3376 | 12423 | 6789 | 5634 | 18089 | 9929 | 8160 |
| 余杭区 | 6095 | 3275 | 2820 | 13647 | 7233 | 6414 | 21041 | 11309 | 9732 |
| 富阳区 | 2561 | 1333 | 1228 | 2756 | 1530 | 1226 | 4585 | 2496 | 2089 |
| 临安区 | 1801 | 911 | 890 | 2839 | 1438 | 1401 | 2332 | 1245 | 1087 |
| 桐庐县 | | | | | | | | | |
| 淳安县 | | | | | | | | | |
| 建德市 | 796 | 418 | 378 | 430 | 213 | 217 | 773 | 388 | 385 |
| **宁波市** | **24690** | **13307** | **11383** | **37700** | **20148** | **17552** | **47420** | **25191** | **22229** |
| 海曙区 | 3689 | 1953 | 1736 | 6516 | 3235 | 3281 | 7347 | 3848 | 3499 |
| 江北区 | 1832 | 1045 | 787 | 2519 | 1351 | 1168 | 3087 | 1614 | 1473 |
| 北仑区 | 2469 | 1401 | 1068 | 4121 | 2443 | 1678 | 5914 | 3335 | 2579 |
| 镇海区 | 2232 | 1194 | 1038 | 3114 | 1754 | 1360 | 3942 | 2185 | 1757 |
| 鄞州区 | 4908 | 2454 | 2454 | 8107 | 3980 | 4127 | 9079 | 4495 | 4584 |
| 奉化区 | 1151 | 652 | 499 | 1489 | 834 | 655 | 2109 | 1111 | 998 |
| 象山县 | | | | | | | | | |
| 宁海县 | | | | | | | | | |
| 余姚市 | 3661 | 2034 | 1627 | 4875 | 2745 | 2130 | 6891 | 3760 | 3131 |
| 慈溪市 | 4748 | 2574 | 2174 | 6959 | 3806 | 3153 | 9051 | 4843 | 4208 |
| **温州市** | **22231** | **12337** | **9894** | **26973** | **14795** | **12178** | **38008** | **20815** | **17193** |
| 鹿城区 | 4147 | 2213 | 1934 | 6211 | 3261 | 2950 | 8706 | 4624 | 4082 |
| 龙湾区 | 2416 | 1428 | 988 | 2634 | 1606 | 1028 | 3816 | 2212 | 1604 |
| 瓯海区 | 4608 | 2382 | 2226 | 7268 | 3796 | 3472 | 7022 | 3882 | 3140 |
| 洞头区 | 445 | 242 | 203 | 252 | 129 | 123 | 338 | 179 | 159 |
| 永嘉县 | | | | | | | | | |
| 平阳县 | | | | | | | | | |
| 苍南县 | | | | | | | | | |
| 文成县 | | | | | | | | | |
| 泰顺县 | | | | | | | | | |
| 瑞安市 | 4129 | 2276 | 1853 | 4340 | 2405 | 1935 | 7413 | 4037 | 3376 |
| 乐清市 | 4846 | 2808 | 2038 | 4606 | 2605 | 2001 | 7419 | 4067 | 3352 |
| 龙港市 | 1640 | 988 | 652 | 1662 | 993 | 669 | 3294 | 1814 | 1480 |
| **嘉兴市** | **11622** | **6115** | **5507** | **15390** | **8330** | **7060** | **20382** | **10738** | **9644** |
| 南湖区 | 3938 | 2048 | 1890 | 5781 | 3052 | 2729 | 6031 | 3163 | 2868 |
| 秀洲区 | 1571 | 882 | 689 | 2092 | 1245 | 847 | 2927 | 1601 | 1326 |
| 嘉善县 | | | | | | | | | |
| 海盐县 | | | | | | | | | |
| 海宁市 | 2009 | 1018 | 991 | 2265 | 1207 | 1058 | 3702 | 1945 | 1757 |
| 平湖市 | 1457 | 785 | 672 | 1709 | 902 | 807 | 2674 | 1408 | 1266 |
| 桐乡市 | 2647 | 1382 | 1265 | 3543 | 1924 | 1619 | 5048 | 2621 | 2427 |
| **湖州市** | **3497** | **1752** | **1745** | **4576** | **2278** | **2298** | **5711** | **2917** | **2794** |
| 吴兴区 | 2863 | 1428 | 1435 | 3610 | 1761 | 1849 | 4160 | 2098 | 2062 |
| 南浔区 | 634 | 324 | 310 | 966 | 517 | 449 | 1551 | 819 | 732 |
| 德清县 | | | | | | | | | |
| 长兴县 | | | | | | | | | |
| 安吉县 | | | | | | | | | |

1-3a　续表 5　　　　单位：人

| 地　区 | 15-19岁 | | | 20-24岁 | | | 25-29岁 | | |
|---|---|---|---|---|---|---|---|---|---|
| | 小计 | 男 | 女 | 小计 | 男 | 女 | 小计 | 男 | 女 |
| **绍兴市** | **15450** | **8111** | **7339** | **18385** | **9782** | **8603** | **23591** | **12387** | **11204** |
| 越城区 | 4623 | 2407 | 2216 | 5366 | 2784 | 2582 | 5878 | 3037 | 2841 |
| 柯桥区 | 3839 | 2014 | 1825 | 5481 | 3065 | 2416 | 7591 | 4126 | 3465 |
| 上虞区 | 2675 | 1425 | 1250 | 2966 | 1532 | 1434 | 3892 | 2027 | 1865 |
| 新昌县 | | | | | | | | | |
| 诸暨市 | 2791 | 1459 | 1332 | 3292 | 1738 | 1554 | 4334 | 2256 | 2078 |
| 嵊州市 | 1522 | 806 | 716 | 1280 | 663 | 617 | 1896 | 941 | 955 |
| **金华市** | **21015** | **11327** | **9688** | **26963** | **14242** | **12721** | **32280** | **17265** | **15015** |
| 婺城区 | 5027 | 2481 | 2546 | 5586 | 2735 | 2851 | 5096 | 2638 | 2458 |
| 金东区 | 1589 | 862 | 727 | 1170 | 568 | 602 | 1055 | 606 | 449 |
| 武义县 | | | | | | | | | |
| 浦江县 | | | | | | | | | |
| 磐安县 | | | | | | | | | |
| 兰溪市 | 1679 | 818 | 861 | 1283 | 620 | 663 | 1137 | 559 | 578 |
| 义乌市 | 6087 | 3396 | 2691 | 11754 | 6241 | 5513 | 15767 | 8534 | 7233 |
| 东阳市 | 3030 | 1694 | 1336 | 2817 | 1482 | 1335 | 4187 | 2125 | 2062 |
| 永康市 | 3603 | 2076 | 1527 | 4353 | 2596 | 1757 | 5038 | 2803 | 2235 |
| **衢州市** | **4184** | **2149** | **2035** | **3449** | **1741** | **1708** | **4399** | **2216** | **2183** |
| 柯城区 | 2479 | 1267 | 1212 | 2213 | 1098 | 1115 | 2449 | 1238 | 1211 |
| 衢江区 | 708 | 421 | 287 | 554 | 292 | 262 | 867 | 456 | 411 |
| 常山县 | | | | | | | | | |
| 开化县 | | | | | | | | | |
| 龙游县 | 3 | 2 | 1 | 3 | 1 | 2 | 3 | 1 | 2 |
| 江山市 | 994 | 459 | 535 | 679 | 350 | 329 | 1080 | 521 | 559 |
| **舟山市** | **2414** | **1243** | **1171** | **2890** | **1509** | **1381** | **3378** | **1752** | **1626** |
| 定海区 | 1543 | 808 | 735 | 2011 | 1061 | 950 | 1963 | 1030 | 933 |
| 普陀区 | 871 | 435 | 436 | 879 | 448 | 431 | 1415 | 722 | 693 |
| 岱山县 | | | | | | | | | |
| 嵊泗县 | | | | | | | | | |
| **台州市** | **15851** | **8558** | **7293** | **16302** | **8772** | **7530** | **20830** | **11129** | **9701** |
| 椒江区 | 3445 | 1850 | 1595 | 4235 | 2277 | 1958 | 4644 | 2451 | 2193 |
| 黄岩区 | 2039 | 1116 | 923 | 2427 | 1366 | 1061 | 2991 | 1621 | 1370 |
| 路桥区 | 1295 | 756 | 539 | 1682 | 902 | 780 | 2277 | 1202 | 1075 |
| 三门县 | | | | | | | | | |
| 天台县 | | | | | | | | | |
| 仙居县 | | | | | | | | | |
| 温岭市 | 3993 | 2170 | 1823 | 3872 | 2136 | 1736 | 5492 | 2990 | 2502 |
| 临海市 | 3187 | 1643 | 1544 | 2115 | 980 | 1135 | 2349 | 1189 | 1160 |
| 玉环市 | 1892 | 1023 | 869 | 1971 | 1111 | 860 | 3077 | 1676 | 1401 |
| **丽水市** | **3469** | **1731** | **1738** | **3267** | **1613** | **1654** | **3595** | **1894** | **1701** |
| 莲都区 | 2495 | 1253 | 1242 | 2646 | 1300 | 1346 | 2890 | 1539 | 1351 |
| 青田县 | | | | | | | | | |
| 缙云县 | | | | | | | | | |
| 遂昌县 | | | | | | | | | |
| 松阳县 | | | | | | | | | |
| 云和县 | | | | | | | | | |
| 庆元县 | | | | | | | | | |
| 景宁畲族自治县 | | | | | | | | | |
| 龙泉市 | 974 | 478 | 496 | 621 | 313 | 308 | 705 | 355 | 350 |

1-3a 续表 6

单位：人

| 地区 | 30-34岁 | | | 35-39岁 | | | 40-44岁 | | |
|---|---|---|---|---|---|---|---|---|---|
| | 小计 | 男 | 女 | 小计 | 男 | 女 | 小计 | 男 | 女 |
| **合计** | **380233** | **200142** | **180091** | **305494** | **160358** | **145136** | **271452** | **142837** | **128615** |
| **杭州市** | **112343** | **59502** | **52841** | **82887** | **43912** | **38975** | **66427** | **35789** | **30638** |
| 上城区 | 2818 | 1335 | 1483 | 2606 | 1241 | 1365 | 2115 | 1028 | 1087 |
| 下城区 | 4613 | 2224 | 2389 | 4059 | 1931 | 2128 | 3302 | 1584 | 1718 |
| 江干区 | 19921 | 10597 | 9324 | 14199 | 7593 | 6606 | 10564 | 5859 | 4705 |
| 拱墅区 | 7152 | 3585 | 3567 | 5921 | 2977 | 2944 | 4315 | 2267 | 2048 |
| 西湖区 | 11582 | 6021 | 5561 | 10060 | 5013 | 5047 | 7639 | 4023 | 3616 |
| 滨江区 | 6335 | 3362 | 2973 | 4387 | 2274 | 2113 | 3050 | 1651 | 1399 |
| 萧山区 | 21390 | 11859 | 9531 | 14168 | 7871 | 6297 | 12798 | 7010 | 5788 |
| 余杭区 | 27852 | 14939 | 12913 | 18728 | 10491 | 8237 | 14252 | 7944 | 6308 |
| 富阳区 | 5947 | 3144 | 2803 | 4985 | 2557 | 2428 | 4878 | 2586 | 2292 |
| 临安区 | 3438 | 1799 | 1639 | 2729 | 1463 | 1266 | 2524 | 1369 | 1155 |
| 桐庐县 | | | | | | | | | |
| 淳安县 | | | | | | | | | |
| 建德市 | 1295 | 637 | 658 | 1045 | 501 | 544 | 990 | 468 | 522 |
| **宁波市** | **62932** | **32757** | **30175** | **51937** | **26879** | **25058** | **45621** | **23770** | **21851** |
| 海曙区 | 9573 | 4927 | 4646 | 8224 | 4220 | 4004 | 7309 | 3787 | 3522 |
| 江北区 | 4415 | 2327 | 2088 | 4060 | 2094 | 1966 | 3128 | 1685 | 1443 |
| 北仑区 | 8487 | 4639 | 3848 | 6554 | 3577 | 2977 | 5445 | 2965 | 2480 |
| 镇海区 | 5370 | 2844 | 2526 | 4136 | 2231 | 1905 | 3721 | 1973 | 1748 |
| 鄞州区 | 11755 | 5730 | 6025 | 10130 | 4956 | 5174 | 7977 | 3977 | 4000 |
| 奉化区 | 2883 | 1462 | 1421 | 2473 | 1215 | 1258 | 2413 | 1265 | 1148 |
| 象山县 | | | | | | | | | |
| 宁海县 | | | | | | | | | |
| 余姚市 | 8868 | 4699 | 4169 | 6819 | 3553 | 3266 | 6433 | 3336 | 3097 |
| 慈溪市 | 11581 | 6129 | 5452 | 9541 | 5033 | 4508 | 9195 | 4782 | 4413 |
| **温州市** | **50233** | **27229** | **23004** | **45686** | **24524** | **21162** | **42979** | **23044** | **19935** |
| 鹿城区 | 11834 | 6360 | 5474 | 11094 | 5846 | 5248 | 9913 | 5261 | 4652 |
| 龙湾区 | 4681 | 2642 | 2039 | 4415 | 2456 | 1959 | 4210 | 2356 | 1854 |
| 瓯海区 | 9001 | 5132 | 3869 | 7780 | 4410 | 3370 | 7278 | 4142 | 3136 |
| 洞头区 | 532 | 277 | 255 | 502 | 251 | 251 | 520 | 260 | 260 |
| 永嘉县 | | | | | | | | | |
| 平阳县 | | | | | | | | | |
| 苍南县 | | | | | | | | | |
| 文成县 | | | | | | | | | |
| 泰顺县 | | | | | | | | | |
| 瑞安市 | 10281 | 5388 | 4893 | 9128 | 4846 | 4282 | 8950 | 4709 | 4241 |
| 乐清市 | 10092 | 5419 | 4673 | 8904 | 4739 | 4165 | 8179 | 4326 | 3853 |
| 龙港市 | 3812 | 2011 | 1801 | 3863 | 1976 | 1887 | 3929 | 1990 | 1939 |
| **嘉兴市** | **28443** | **14776** | **13667** | **21223** | **11096** | **10127** | **18212** | **9462** | **8750** |
| 南湖区 | 7917 | 4133 | 3784 | 5842 | 3032 | 2810 | 4561 | 2333 | 2228 |
| 秀洲区 | 4390 | 2307 | 2083 | 3365 | 1806 | 1559 | 2556 | 1378 | 1178 |
| 嘉善县 | | | | | | | | | |
| 海盐县 | | | | | | | | | |
| 海宁市 | 5263 | 2772 | 2491 | 4130 | 2148 | 1982 | 3962 | 2104 | 1858 |
| 平湖市 | 3661 | 1895 | 1766 | 2586 | 1309 | 1277 | 2215 | 1134 | 1081 |
| 桐乡市 | 7212 | 3669 | 3543 | 5300 | 2801 | 2499 | 4918 | 2513 | 2405 |
| **湖州市** | **8503** | **4358** | **4145** | **6116** | **3169** | **2947** | **5503** | **2850** | **2653** |
| 吴兴区 | 6345 | 3205 | 3140 | 4637 | 2361 | 2276 | 3983 | 2041 | 1942 |
| 南浔区 | 2158 | 1153 | 1005 | 1479 | 808 | 671 | 1520 | 809 | 711 |
| 德清县 | | | | | | | | | |
| 长兴县 | | | | | | | | | |
| 安吉县 | | | | | | | | | |

1-3a 续表 7

单位：人

| 地区 | 30-34岁 | | | 35-39岁 | | | 40-44岁 | | |
|---|---|---|---|---|---|---|---|---|---|
| | 小计 | 男 | 女 | 小计 | 男 | 女 | 小计 | 男 | 女 |
| **绍兴市** | **31853** | **16584** | **15269** | **24629** | **12665** | **11964** | **24904** | **12729** | **12175** |
| 越城区 | 8230 | 4173 | 4057 | 6487 | 3291 | 3196 | 6082 | 3078 | 3004 |
| 柯桥区 | 9811 | 5333 | 4478 | 7109 | 3902 | 3207 | 6774 | 3646 | 3128 |
| 上虞区 | 5157 | 2675 | 2482 | 3889 | 1985 | 1904 | 4472 | 2272 | 2200 |
| 新昌县 | | | | | | | | | |
| 诸暨市 | 5893 | 2981 | 2912 | 4583 | 2233 | 2350 | 4552 | 2242 | 2310 |
| 嵊州市 | 2762 | 1422 | 1340 | 2561 | 1254 | 1307 | 3024 | 1491 | 1533 |
| **金华市** | **40338** | **21418** | **18920** | **31278** | **16821** | **14457** | **28520** | **15026** | **13494** |
| 婺城区 | 6264 | 3235 | 3029 | 5551 | 2828 | 2723 | 5665 | 2908 | 2757 |
| 金东区 | 1372 | 751 | 621 | 1117 | 593 | 524 | 1197 | 613 | 584 |
| 武义县 | | | | | | | | | |
| 浦江县 | | | | | | | | | |
| 磐安县 | | | | | | | | | |
| 兰溪市 | 1742 | 840 | 902 | 1686 | 821 | 865 | 2095 | 1031 | 1064 |
| 义乌市 | 18840 | 10211 | 8629 | 13145 | 7298 | 5847 | 10256 | 5540 | 4716 |
| 东阳市 | 5696 | 2899 | 2797 | 4532 | 2300 | 2232 | 4221 | 2190 | 2031 |
| 永康市 | 6424 | 3482 | 2942 | 5247 | 2981 | 2266 | 5086 | 2744 | 2342 |
| **衢州市** | **5730** | **2768** | **2962** | **5818** | **2765** | **3053** | **5808** | **2831** | **2977** |
| 柯城区 | 3169 | 1526 | 1643 | 3292 | 1562 | 1730 | 3132 | 1544 | 1588 |
| 衢江区 | 1099 | 552 | 547 | 1101 | 562 | 539 | 1015 | 525 | 490 |
| 常山县 | | | | | | | | | |
| 开化县 | | | | | | | | | |
| 龙游县 | 8 | 4 | 4 | 6 | 4 | 2 | 6 | 3 | 3 |
| 江山市 | 1454 | 686 | 768 | 1419 | 637 | 782 | 1655 | 759 | 896 |
| **舟山市** | **5366** | **2581** | **2785** | **5399** | **2603** | **2796** | **4659** | **2276** | **2383** |
| 定海区 | 3239 | 1519 | 1720 | 3201 | 1526 | 1675 | 2669 | 1318 | 1351 |
| 普陀区 | 2127 | 1062 | 1065 | 2198 | 1077 | 1121 | 1990 | 958 | 1032 |
| 岱山县 | | | | | | | | | |
| 嵊泗县 | | | | | | | | | |
| **台州市** | **29644** | **15670** | **13974** | **26252** | **13758** | **12494** | **24517** | **12819** | **11698** |
| 椒江区 | 6290 | 3250 | 3040 | 5688 | 2928 | 2760 | 4843 | 2555 | 2288 |
| 黄岩区 | 4187 | 2208 | 1979 | 3584 | 1892 | 1692 | 3359 | 1750 | 1609 |
| 路桥区 | 3231 | 1688 | 1543 | 2776 | 1455 | 1321 | 2679 | 1419 | 1260 |
| 三门县 | | | | | | | | | |
| 天台县 | | | | | | | | | |
| 仙居县 | | | | | | | | | |
| 温岭市 | 8132 | 4444 | 3688 | 6511 | 3532 | 2979 | 6166 | 3237 | 2929 |
| 临海市 | 3116 | 1537 | 1579 | 3299 | 1618 | 1681 | 3096 | 1503 | 1593 |
| 玉环市 | 4688 | 2543 | 2145 | 4394 | 2333 | 2061 | 4374 | 2355 | 2019 |
| **丽水市** | **4848** | **2499** | **2349** | **4269** | **2166** | **2103** | **4302** | **2241** | **2061** |
| 莲都区 | 3839 | 2027 | 1812 | 3389 | 1712 | 1677 | 3132 | 1669 | 1463 |
| 青田县 | | | | | | | | | |
| 缙云县 | | | | | | | | | |
| 遂昌县 | | | | | | | | | |
| 松阳县 | | | | | | | | | |
| 云和县 | | | | | | | | | |
| 庆元县 | | | | | | | | | |
| 景宁畲族自治县 | | | | | | | | | |
| 龙泉市 | 1009 | 472 | 537 | 880 | 454 | 426 | 1170 | 572 | 598 |

1-3a 续表 8

单位：人

| 地区 | 45-49岁 | | | 50-54岁 | | | 55-59岁 | | |
|---|---|---|---|---|---|---|---|---|---|
| | 小计 | 男 | 女 | 小计 | 男 | 女 | 小计 | 男 | 女 |
| **合计** | **293835** | **154235** | **139600** | **275854** | **143814** | **132040** | **218983** | **112076** | **106907** |
| **杭州市** | **67972** | **36819** | **31153** | **64185** | **34053** | **30132** | **55812** | **28515** | **27297** |
| 上城区 | 2083 | 1046 | 1037 | 2108 | 1070 | 1038 | 2427 | 1203 | 1224 |
| 下城区 | 3221 | 1663 | 1558 | 3031 | 1533 | 1498 | 3300 | 1634 | 1666 |
| 江干区 | 9931 | 5448 | 4483 | 9174 | 4853 | 4321 | 8186 | 4115 | 4071 |
| 拱墅区 | 4086 | 2094 | 1992 | 4120 | 2119 | 2001 | 4193 | 2068 | 2125 |
| 西湖区 | 6851 | 3631 | 3220 | 6372 | 3308 | 3064 | 5874 | 2929 | 2945 |
| 滨江区 | 2522 | 1366 | 1156 | 2554 | 1303 | 1251 | 2481 | 1179 | 1302 |
| 萧山区 | 15012 | 8323 | 6689 | 14618 | 7838 | 6780 | 11646 | 6158 | 5488 |
| 余杭区 | 14857 | 8115 | 6742 | 12804 | 6958 | 5846 | 9980 | 5139 | 4841 |
| 富阳区 | 5566 | 3061 | 2505 | 5412 | 2935 | 2477 | 4292 | 2286 | 2006 |
| 临安区 | 2746 | 1517 | 1229 | 2640 | 1470 | 1170 | 2176 | 1181 | 995 |
| 桐庐县 | | | | | | | | | |
| 淳安县 | | | | | | | | | |
| 建德市 | 1097 | 555 | 542 | 1352 | 666 | 686 | 1257 | 623 | 634 |
| **宁波市** | **51010** | **26357** | **24653** | **48889** | **25459** | **23430** | **37454** | **19040** | **18414** |
| 海曙区 | 7913 | 4087 | 3826 | 7674 | 3946 | 3728 | 6069 | 3039 | 3030 |
| 江北区 | 3273 | 1723 | 1550 | 3191 | 1695 | 1496 | 2736 | 1371 | 1365 |
| 北仑区 | 5663 | 3044 | 2619 | 5059 | 2754 | 2305 | 3607 | 1885 | 1722 |
| 镇海区 | 4237 | 2266 | 1971 | 4150 | 2268 | 1882 | 3087 | 1605 | 1482 |
| 鄞州区 | 7775 | 4018 | 3757 | 7298 | 3724 | 3574 | 6212 | 3011 | 3201 |
| 奉化区 | 2916 | 1496 | 1420 | 3052 | 1556 | 1496 | 2356 | 1176 | 1180 |
| 象山县 | | | | | | | | | |
| 宁海县 | | | | | | | | | |
| 余姚市 | 7840 | 4005 | 3835 | 7374 | 3817 | 3557 | 5465 | 2862 | 2603 |
| 慈溪市 | 11393 | 5718 | 5675 | 11091 | 5699 | 5392 | 7922 | 4091 | 3831 |
| **温州市** | **45908** | **24418** | **21490** | **39112** | **20760** | **18352** | **29199** | **15348** | **13851** |
| 鹿城区 | 9597 | 5062 | 4535 | 7677 | 3952 | 3725 | 6602 | 3345 | 3257 |
| 龙湾区 | 5139 | 2809 | 2330 | 4383 | 2462 | 1921 | 2937 | 1722 | 1215 |
| 瓯海区 | 7751 | 4400 | 3351 | 6134 | 3437 | 2697 | 4315 | 2423 | 1892 |
| 洞头区 | 640 | 307 | 333 | 699 | 363 | 336 | 531 | 256 | 275 |
| 永嘉县 | | | | | | | | | |
| 平阳县 | | | | | | | | | |
| 苍南县 | | | | | | | | | |
| 文成县 | | | | | | | | | |
| 泰顺县 | | | | | | | | | |
| 瑞安市 | 9859 | 5126 | 4733 | 8569 | 4484 | 4085 | 6398 | 3305 | 3093 |
| 乐清市 | 8942 | 4681 | 4261 | 7945 | 4203 | 3742 | 5550 | 2841 | 2709 |
| 龙港市 | 3980 | 2033 | 1947 | 3705 | 1859 | 1846 | 2866 | 1456 | 1410 |
| **嘉兴市** | **20124** | **10401** | **9723** | **18712** | **9639** | **9073** | **15316** | **7734** | **7582** |
| 南湖区 | 5181 | 2731 | 2450 | 5440 | 2785 | 2655 | 4968 | 2494 | 2474 |
| 秀洲区 | 2725 | 1409 | 1316 | 2462 | 1301 | 1161 | 2019 | 1021 | 998 |
| 嘉善县 | | | | | | | | | |
| 海盐县 | | | | | | | | | |
| 海宁市 | 4307 | 2274 | 2033 | 3663 | 1903 | 1760 | 3018 | 1531 | 1487 |
| 平湖市 | 2622 | 1317 | 1305 | 2614 | 1345 | 1269 | 2109 | 1041 | 1068 |
| 桐乡市 | 5289 | 2670 | 2619 | 4533 | 2305 | 2228 | 3202 | 1647 | 1555 |
| **湖州市** | **5995** | **3086** | **2909** | **6812** | **3436** | **3376** | **5945** | **2980** | **2965** |
| 吴兴区 | 4108 | 2080 | 2028 | 4914 | 2422 | 2492 | 4613 | 2267 | 2346 |
| 南浔区 | 1887 | 1006 | 881 | 1898 | 1014 | 884 | 1332 | 713 | 619 |
| 德清县 | | | | | | | | | |
| 长兴县 | | | | | | | | | |
| 安吉县 | | | | | | | | | |

1-3a　续表 9　　　　单位：人

| 地　区 | 45-49岁 | | | 50-54岁 | | | 55-59岁 | | |
|---|---|---|---|---|---|---|---|---|---|
| | 小计 | 男 | 女 | 小计 | 男 | 女 | 小计 | 男 | 女 |
| **绍兴市** | **28781** | **14737** | **14044** | **28731** | **14521** | **14210** | **22744** | **11472** | **11272** |
| 越城区 | 7235 | 3714 | 3521 | 7786 | 3857 | 3929 | 6354 | 3087 | 3267 |
| 柯桥区 | 7975 | 4216 | 3759 | 8143 | 4197 | 3946 | 5808 | 2994 | 2814 |
| 上虞区 | 5036 | 2586 | 2450 | 4914 | 2485 | 2429 | 3881 | 2010 | 1871 |
| 新昌县 | | | | | | | | | |
| 诸暨市 | 5246 | 2560 | 2686 | 5026 | 2518 | 2508 | 4178 | 2082 | 2096 |
| 嵊州市 | 3289 | 1661 | 1628 | 2862 | 1464 | 1398 | 2523 | 1299 | 1224 |
| **金华市** | **28121** | **14754** | **13367** | **24970** | **12961** | **12009** | **17935** | **9062** | **8873** |
| 婺城区 | 5535 | 2862 | 2673 | 5022 | 2611 | 2411 | 4016 | 2075 | 1941 |
| 金东区 | 1136 | 651 | 485 | 1045 | 557 | 488 | 844 | 426 | 418 |
| 武义县 | | | | | | | | | |
| 浦江县 | | | | | | | | | |
| 磐安县 | | | | | | | | | |
| 兰溪市 | 2199 | 1126 | 1073 | 2333 | 1183 | 1150 | 2065 | 1044 | 1021 |
| 义乌市 | 10046 | 5349 | 4697 | 8556 | 4452 | 4104 | 5683 | 2837 | 2846 |
| 东阳市 | 4116 | 2068 | 2048 | 3694 | 1810 | 1884 | 2609 | 1274 | 1335 |
| 永康市 | 5089 | 2698 | 2391 | 4320 | 2348 | 1972 | 2718 | 1406 | 1312 |
| **衢州市** | **6902** | **3513** | **3389** | **6385** | **3285** | **3100** | **5306** | **2665** | **2641** |
| 柯城区 | 3551 | 1842 | 1709 | 3250 | 1699 | 1551 | 2836 | 1438 | 1398 |
| 衢江区 | 1200 | 629 | 571 | 1063 | 573 | 490 | 811 | 415 | 396 |
| 常山县 | | | | | | | | | |
| 开化县 | | | | | | | | | |
| 龙游县 | 22 | 9 | 13 | 16 | 9 | 7 | 7 | 4 | 3 |
| 江山市 | 2129 | 1033 | 1096 | 2056 | 1004 | 1052 | 1652 | 808 | 844 |
| **舟山市** | **5757** | **2932** | **2825** | **6095** | **3127** | **2968** | **5307** | **2702** | **2605** |
| 定海区 | 3235 | 1634 | 1601 | 3205 | 1652 | 1553 | 2896 | 1449 | 1447 |
| 普陀区 | 2522 | 1298 | 1224 | 2890 | 1475 | 1415 | 2411 | 1253 | 1158 |
| 岱山县 | | | | | | | | | |
| 嵊泗县 | | | | | | | | | |
| **台州市** | **28350** | **14603** | **13747** | **27058** | **14023** | **13035** | **19909** | **10453** | **9456** |
| 椒江区 | 5497 | 2849 | 2648 | 5732 | 3015 | 2717 | 4103 | 2139 | 1964 |
| 黄岩区 | 3924 | 2029 | 1895 | 3775 | 1940 | 1835 | 3004 | 1541 | 1463 |
| 路桥区 | 3075 | 1599 | 1476 | 3056 | 1561 | 1495 | 2085 | 1114 | 971 |
| 三门县 | | | | | | | | | |
| 天台县 | | | | | | | | | |
| 仙居县 | | | | | | | | | |
| 温岭市 | 6671 | 3408 | 3263 | 5820 | 3034 | 2786 | 4338 | 2217 | 2121 |
| 临海市 | 3947 | 1966 | 1981 | 3693 | 1838 | 1855 | 2953 | 1511 | 1442 |
| 玉环市 | 5236 | 2752 | 2484 | 4982 | 2635 | 2347 | 3426 | 1931 | 1495 |
| **丽水市** | **4915** | **2615** | **2300** | **4905** | **2550** | **2355** | **4056** | **2105** | **1951** |
| 莲都区 | 3432 | 1852 | 1580 | 3391 | 1789 | 1602 | 2818 | 1474 | 1344 |
| 青田县 | | | | | | | | | |
| 缙云县 | | | | | | | | | |
| 遂昌县 | | | | | | | | | |
| 松阳县 | | | | | | | | | |
| 云和县 | | | | | | | | | |
| 庆元县 | | | | | | | | | |
| 景宁畲族自治县 | | | | | | | | | |
| 龙泉市 | 1483 | 763 | 720 | 1514 | 761 | 753 | 1238 | 631 | 607 |

1–3a 续表 10 单位：人

| 地区 | 60–64岁 | | | 65–69岁 | | | 70–74岁 | | |
|---|---|---|---|---|---|---|---|---|---|
| | 小计 | 男 | 女 | 小计 | 男 | 女 | 小计 | 男 | 女 |
| **合计** | **149613** | **75348** | **74265** | **126216** | **62096** | **64120** | **83642** | **40724** | **42918** |
| **杭州市** | **40295** | **20012** | **20283** | **33088** | **16209** | **16879** | **20458** | **10029** | **10429** |
| 上城区 | 2465 | 1207 | 1258 | 2173 | 1041 | 1132 | 1334 | 671 | 663 |
| 下城区 | 3059 | 1451 | 1608 | 2933 | 1356 | 1577 | 1901 | 964 | 937 |
| 江干区 | 6068 | 2939 | 3129 | 4707 | 2358 | 2349 | 2497 | 1237 | 1260 |
| 拱墅区 | 3559 | 1750 | 1809 | 2845 | 1397 | 1448 | 1841 | 905 | 936 |
| 西湖区 | 4679 | 2264 | 2415 | 4084 | 1956 | 2128 | 2560 | 1235 | 1325 |
| 滨江区 | 1879 | 873 | 1006 | 1486 | 710 | 776 | 858 | 401 | 457 |
| 萧山区 | 7474 | 3835 | 3639 | 6152 | 3020 | 3132 | 4245 | 2052 | 2193 |
| 余杭区 | 6207 | 3150 | 3057 | 4707 | 2339 | 2368 | 2758 | 1332 | 1426 |
| 富阳区 | 2749 | 1465 | 1284 | 2304 | 1171 | 1133 | 1417 | 725 | 692 |
| 临安区 | 1324 | 669 | 655 | 981 | 499 | 482 | 541 | 265 | 276 |
| 桐庐县 | | | | | | | | | |
| 淳安县 | | | | | | | | | |
| 建德市 | 832 | 409 | 423 | 716 | 362 | 354 | 506 | 242 | 264 |
| **宁波市** | **26936** | **13328** | **13608** | **23079** | **11365** | **11714** | **15731** | **7619** | **8112** |
| 海曙区 | 4511 | 2241 | 2270 | 3886 | 1938 | 1948 | 2750 | 1317 | 1433 |
| 江北区 | 2151 | 1056 | 1095 | 1901 | 912 | 989 | 1200 | 596 | 604 |
| 北仑区 | 2376 | 1172 | 1204 | 2009 | 980 | 1029 | 1253 | 632 | 621 |
| 镇海区 | 2018 | 987 | 1031 | 1744 | 851 | 893 | 1171 | 570 | 601 |
| 鄞州区 | 4714 | 2243 | 2471 | 4052 | 1973 | 2079 | 2537 | 1213 | 1324 |
| 奉化区 | 1610 | 824 | 786 | 1420 | 675 | 745 | 951 | 471 | 480 |
| 象山县 | | | | | | | | | |
| 宁海县 | | | | | | | | | |
| 余姚市 | 3911 | 1904 | 2007 | 3308 | 1621 | 1687 | 2356 | 1138 | 1218 |
| 慈溪市 | 5645 | 2901 | 2744 | 4759 | 2415 | 2344 | 3513 | 1682 | 1831 |
| **温州市** | **19002** | **9832** | **9170** | **16080** | **7942** | **8138** | **10538** | **5109** | **5429** |
| 鹿城区 | 5148 | 2615 | 2533 | 4209 | 2004 | 2205 | 2991 | 1417 | 1574 |
| 龙湾区 | 1629 | 857 | 772 | 1413 | 715 | 698 | 879 | 456 | 423 |
| 瓯海区 | 2616 | 1392 | 1224 | 2134 | 1076 | 1058 | 1363 | 681 | 682 |
| 洞头区 | 384 | 194 | 190 | 272 | 139 | 133 | 183 | 88 | 95 |
| 永嘉县 | | | | | | | | | |
| 平阳县 | | | | | | | | | |
| 苍南县 | | | | | | | | | |
| 文成县 | | | | | | | | | |
| 泰顺县 | | | | | | | | | |
| 瑞安市 | 4154 | 2152 | 2002 | 3384 | 1688 | 1696 | 2122 | 1009 | 1113 |
| 乐清市 | 3370 | 1716 | 1654 | 3089 | 1501 | 1588 | 2046 | 978 | 1068 |
| 龙港市 | 1701 | 906 | 795 | 1579 | 819 | 760 | 954 | 480 | 474 |
| **嘉兴市** | **10096** | **5029** | **5067** | **9003** | **4411** | **4592** | **6088** | **2988** | **3100** |
| 南湖区 | 3416 | 1668 | 1748 | 3086 | 1506 | 1580 | 2108 | 1041 | 1067 |
| 秀洲区 | 1228 | 613 | 615 | 1049 | 534 | 515 | 669 | 328 | 341 |
| 嘉善县 | | | | | | | | | |
| 海盐县 | | | | | | | | | |
| 海宁市 | 2126 | 1083 | 1043 | 1896 | 943 | 953 | 1310 | 637 | 673 |
| 平湖市 | 1427 | 691 | 736 | 1287 | 617 | 670 | 891 | 431 | 460 |
| 桐乡市 | 1899 | 974 | 925 | 1685 | 811 | 874 | 1110 | 551 | 559 |
| **湖州市** | **3879** | **2013** | **1866** | **3668** | **1768** | **1900** | **2365** | **1152** | **1213** |
| 吴兴区 | 3143 | 1623 | 1520 | 2857 | 1371 | 1486 | 1798 | 867 | 931 |
| 南浔区 | 736 | 390 | 346 | 811 | 397 | 414 | 567 | 285 | 282 |
| 德清县 | | | | | | | | | |
| 长兴县 | | | | | | | | | |
| 安吉县 | | | | | | | | | |

1-3a 续表 11

单位：人

| 地 区 | 60-64岁 | | | 65-69岁 | | | 70-74岁 | | |
|---|---|---|---|---|---|---|---|---|---|
| | 小计 | 男 | 女 | 小计 | 男 | 女 | 小计 | 男 | 女 |
| **绍兴市** | **15274** | **7629** | **7645** | **13965** | **6778** | **7187** | **9925** | **4924** | **5001** |
| 越城区 | 4664 | 2303 | 2361 | 4444 | 2142 | 2302 | 3172 | 1613 | 1559 |
| 柯桥区 | 3315 | 1668 | 1647 | 3101 | 1539 | 1562 | 2193 | 1081 | 1112 |
| 上虞区 | 2825 | 1383 | 1442 | 2603 | 1244 | 1359 | 1834 | 922 | 912 |
| 新昌县 | | | | | | | | | |
| 诸暨市 | 2591 | 1334 | 1257 | 2290 | 1109 | 1181 | 1610 | 773 | 837 |
| 嵊州市 | 1879 | 941 | 938 | 1527 | 744 | 783 | 1116 | 535 | 581 |
| **金华市** | **10691** | **5510** | **5181** | **8943** | **4552** | **4391** | **5913** | **2856** | **3057** |
| 婺城区 | 2689 | 1373 | 1316 | 2115 | 1022 | 1093 | 1379 | 653 | 726 |
| 金东区 | 560 | 271 | 289 | 492 | 251 | 241 | 281 | 139 | 142 |
| 武义县 | | | | | | | | | |
| 浦江县 | | | | | | | | | |
| 磐安县 | | | | | | | | | |
| 兰溪市 | 1455 | 721 | 734 | 1437 | 723 | 714 | 1029 | 503 | 526 |
| 义乌市 | 2925 | 1570 | 1355 | 2327 | 1236 | 1091 | 1410 | 701 | 709 |
| 东阳市 | 1609 | 788 | 821 | 1289 | 653 | 636 | 951 | 443 | 508 |
| 永康市 | 1453 | 787 | 666 | 1283 | 667 | 616 | 863 | 417 | 446 |
| **衢州市** | **3641** | **1865** | **1776** | **3171** | **1511** | **1660** | **2202** | **1058** | **1144** |
| 柯城区 | 1974 | 984 | 990 | 1644 | 769 | 875 | 1192 | 554 | 638 |
| 衢江区 | 546 | 297 | 249 | 485 | 240 | 245 | 282 | 139 | 143 |
| 常山县 | | | | | | | | | |
| 开化县 | | | | | | | | | |
| 龙游县 | 4 | 1 | 3 | 8 | 3 | 5 | 6 | 3 | 3 |
| 江山市 | 1117 | 583 | 534 | 1034 | 499 | 535 | 722 | 362 | 360 |
| **舟山市** | **3920** | **1969** | **1951** | **2844** | **1371** | **1473** | **1948** | **928** | **1020** |
| 定海区 | 2167 | 1097 | 1070 | 1629 | 793 | 836 | 1156 | 560 | 596 |
| 普陀区 | 1753 | 872 | 881 | 1215 | 578 | 637 | 792 | 368 | 424 |
| 岱山县 | | | | | | | | | |
| 嵊泗县 | | | | | | | | | |
| **台州市** | **13387** | **6875** | **6512** | **10415** | **5170** | **5245** | **7279** | **3504** | **3775** |
| 椒江区 | 2726 | 1357 | 1369 | 2188 | 1092 | 1096 | 1476 | 710 | 766 |
| 黄岩区 | 2021 | 1068 | 953 | 1651 | 814 | 837 | 1191 | 585 | 606 |
| 路桥区 | 1319 | 692 | 627 | 1145 | 551 | 594 | 823 | 430 | 393 |
| 三门县 | | | | | | | | | |
| 天台县 | | | | | | | | | |
| 仙居县 | | | | | | | | | |
| 温岭市 | 2877 | 1478 | 1399 | 2164 | 1073 | 1091 | 1572 | 767 | 805 |
| 临海市 | 2237 | 1148 | 1089 | 1653 | 814 | 839 | 1212 | 538 | 674 |
| 玉环市 | 2207 | 1132 | 1075 | 1614 | 826 | 788 | 1005 | 474 | 531 |
| **丽水市** | **2492** | **1286** | **1206** | **1960** | **1019** | **941** | **1195** | **557** | **638** |
| 莲都区 | 1903 | 965 | 938 | 1397 | 738 | 659 | 825 | 382 | 443 |
| 青田县 | | | | | | | | | |
| 缙云县 | | | | | | | | | |
| 遂昌县 | | | | | | | | | |
| 松阳县 | | | | | | | | | |
| 云和县 | | | | | | | | | |
| 庆元县 | | | | | | | | | |
| 景宁畲族自治县 | | | | | | | | | |
| 龙泉市 | 589 | 321 | 268 | 563 | 281 | 282 | 370 | 175 | 195 |

1—3a 续表 12

单位：人

| 地 区 | 75—79岁 | | | 80—84岁 | | | 85—89岁 | | |
|---|---|---|---|---|---|---|---|---|---|
| | 小计 | 男 | 女 | 小计 | 男 | 女 | 小计 | 男 | 女 |
| **合计** | **45551** | **22241** | **23310** | **32066** | **14891** | **17175** | **20993** | **9444** | **11549** |
| **杭州市** | **11474** | **5358** | **6116** | **8529** | **3842** | **4687** | **5997** | **2780** | **3217** |
| 上城区 | 798 | 358 | 440 | 688 | 290 | 398 | 553 | 256 | 297 |
| 下城区 | 1157 | 556 | 601 | 1015 | 419 | 596 | 752 | 348 | 404 |
| 江干区 | 1415 | 651 | 764 | 1053 | 479 | 574 | 713 | 323 | 390 |
| 拱墅区 | 1051 | 500 | 551 | 824 | 355 | 469 | 653 | 287 | 366 |
| 西湖区 | 1461 | 699 | 762 | 1255 | 579 | 676 | 828 | 423 | 405 |
| 滨江区 | 479 | 218 | 261 | 300 | 145 | 155 | 188 | 78 | 110 |
| 萧山区 | 2344 | 1100 | 1244 | 1468 | 692 | 776 | 1008 | 463 | 545 |
| 余杭区 | 1498 | 679 | 819 | 959 | 430 | 529 | 633 | 286 | 347 |
| 富阳区 | 712 | 314 | 398 | 508 | 243 | 265 | 400 | 186 | 214 |
| 临安区 | 266 | 133 | 133 | 204 | 92 | 112 | 127 | 57 | 70 |
| 桐庐县 | | | | | | | | | |
| 淳安县 | | | | | | | | | |
| 建德市 | 293 | 150 | 143 | 255 | 118 | 137 | 142 | 73 | 69 |
| **宁波市** | **8293** | **4033** | **4260** | **5083** | **2408** | **2675** | **3655** | **1706** | **1949** |
| 海曙区 | 1417 | 700 | 717 | 937 | 455 | 482 | 654 | 281 | 373 |
| 江北区 | 658 | 335 | 323 | 377 | 176 | 201 | 275 | 123 | 152 |
| 北仑区 | 667 | 356 | 311 | 358 | 162 | 196 | 259 | 121 | 138 |
| 镇海区 | 625 | 298 | 327 | 416 | 204 | 212 | 298 | 148 | 150 |
| 鄞州区 | 1346 | 625 | 721 | 904 | 416 | 488 | 606 | 292 | 314 |
| 奉化区 | 431 | 226 | 205 | 267 | 138 | 129 | 200 | 95 | 105 |
| 象山县 | | | | | | | | | |
| 宁海县 | | | | | | | | | |
| 余姚市 | 1260 | 610 | 650 | 730 | 350 | 380 | 562 | 268 | 294 |
| 慈溪市 | 1889 | 883 | 1006 | 1094 | 507 | 587 | 801 | 378 | 423 |
| **温州市** | **5773** | **2857** | **2916** | **4373** | **2015** | **2358** | **2430** | **1021** | **1409** |
| 鹿城区 | 1579 | 730 | 849 | 1318 | 563 | 755 | 687 | 287 | 400 |
| 龙湾区 | 441 | 218 | 223 | 340 | 148 | 192 | 210 | 85 | 125 |
| 瓯海区 | 686 | 342 | 344 | 529 | 233 | 296 | 326 | 141 | 185 |
| 洞头区 | 120 | 48 | 72 | 93 | 41 | 52 | 62 | 20 | 42 |
| 永嘉县 | | | | | | | | | |
| 平阳县 | | | | | | | | | |
| 苍南县 | | | | | | | | | |
| 文成县 | | | | | | | | | |
| 泰顺县 | | | | | | | | | |
| 瑞安市 | 1203 | 614 | 589 | 852 | 402 | 450 | 467 | 203 | 264 |
| 乐清市 | 1141 | 582 | 559 | 819 | 415 | 404 | 478 | 201 | 277 |
| 龙港市 | 603 | 323 | 280 | 422 | 213 | 209 | 200 | 84 | 116 |
| **嘉兴市** | **3454** | **1730** | **1724** | **2291** | **1019** | **1272** | **1369** | **574** | **795** |
| 南湖区 | 1331 | 673 | 658 | 901 | 414 | 487 | 534 | 229 | 305 |
| 秀洲区 | 346 | 174 | 172 | 246 | 106 | 140 | 142 | 60 | 82 |
| 嘉善县 | | | | | | | | | |
| 海盐县 | | | | | | | | | |
| 海宁市 | 669 | 322 | 347 | 437 | 192 | 245 | 254 | 105 | 149 |
| 平湖市 | 501 | 255 | 246 | 306 | 138 | 168 | 208 | 81 | 127 |
| 桐乡市 | 607 | 306 | 301 | 401 | 169 | 232 | 231 | 99 | 132 |
| **湖州市** | **1318** | **638** | **680** | **975** | **458** | **517** | **582** | **253** | **329** |
| 吴兴区 | 1053 | 509 | 544 | 774 | 371 | 403 | 457 | 203 | 254 |
| 南浔区 | 265 | 129 | 136 | 201 | 87 | 114 | 125 | 50 | 75 |
| 德清县 | | | | | | | | | |
| 长兴县 | | | | | | | | | |
| 安吉县 | | | | | | | | | |

1-3a　续表 13　　　　单位：人

| 地　区 | 75-79岁 | | | 80-84岁 | | | 85-89岁 | | |
|---|---|---|---|---|---|---|---|---|---|
| | 小计 | 男 | 女 | 小计 | 男 | 女 | 小计 | 男 | 女 |
| **绍兴市** | **5078** | **2626** | **2452** | **3103** | **1547** | **1556** | **2086** | **965** | **1121** |
| 越城区 | 1731 | 909 | 822 | 1048 | 524 | 524 | 694 | 316 | 378 |
| 柯桥区 | 1102 | 626 | 476 | 668 | 346 | 322 | 415 | 196 | 219 |
| 上虞区 | 1002 | 484 | 518 | 613 | 304 | 309 | 433 | 192 | 241 |
| 新昌县 | | | | | | | | | |
| 诸暨市 | 755 | 394 | 361 | 447 | 217 | 230 | 325 | 155 | 170 |
| 嵊州市 | 488 | 213 | 275 | 327 | 156 | 171 | 219 | 106 | 113 |
| **金华市** | **2994** | **1540** | **1454** | **2290** | **1075** | **1215** | **1395** | **605** | **790** |
| 婺城区 | 731 | 345 | 386 | 597 | 269 | 328 | 378 | 182 | 196 |
| 金东区 | 141 | 63 | 78 | 104 | 46 | 58 | 71 | 26 | 45 |
| 武义县 | | | | | | | | | |
| 浦江县 | | | | | | | | | |
| 磐安县 | | | | | | | | | |
| 兰溪市 | 523 | 278 | 245 | 405 | 187 | 218 | 238 | 107 | 131 |
| 义乌市 | 722 | 401 | 321 | 535 | 262 | 273 | 306 | 117 | 189 |
| 东阳市 | 487 | 264 | 223 | 342 | 160 | 182 | 227 | 99 | 128 |
| 永康市 | 390 | 189 | 201 | 307 | 151 | 156 | 175 | 74 | 101 |
| **衢州市** | **1155** | **575** | **580** | **901** | **436** | **465** | **573** | **270** | **303** |
| 柯城区 | 627 | 299 | 328 | 520 | 244 | 276 | 315 | 152 | 163 |
| 衢江区 | 148 | 79 | 69 | 107 | 46 | 61 | 71 | 31 | 40 |
| 常山县 | | | | | | | | | |
| 开化县 | | | | | | | | | |
| 龙游县 | 3 | 2 | 1 | 7 | 5 | 2 | 1 | 1 | |
| 江山市 | 377 | 195 | 182 | 267 | 141 | 126 | 186 | 86 | 100 |
| **舟山市** | **1087** | **495** | **592** | **775** | **345** | **430** | **517** | **234** | **283** |
| 定海区 | 599 | 275 | 324 | 441 | 202 | 239 | 306 | 138 | 168 |
| 普陀区 | 488 | 220 | 268 | 334 | 143 | 191 | 211 | 96 | 115 |
| 岱山县 | | | | | | | | | |
| 嵊泗县 | | | | | | | | | |
| **台州市** | **4299** | **2071** | **2228** | **3186** | **1465** | **1721** | **2029** | **856** | **1173** |
| 椒江区 | 946 | 443 | 503 | 683 | 332 | 351 | 407 | 189 | 218 |
| 黄岩区 | 621 | 299 | 322 | 504 | 259 | 245 | 317 | 112 | 205 |
| 路桥区 | 397 | 206 | 191 | 338 | 144 | 194 | 183 | 84 | 99 |
| 三门县 | | | | | | | | | |
| 天台县 | | | | | | | | | |
| 仙居县 | | | | | | | | | |
| 温岭市 | 1025 | 528 | 497 | 705 | 321 | 384 | 499 | 216 | 283 |
| 临海市 | 627 | 308 | 319 | 509 | 224 | 285 | 326 | 134 | 192 |
| 玉环市 | 683 | 287 | 396 | 447 | 185 | 262 | 297 | 121 | 176 |
| **丽水市** | **626** | **318** | **308** | **560** | **281** | **279** | **360** | **180** | **180** |
| 莲都区 | 425 | 214 | 211 | 358 | 182 | 176 | 245 | 114 | 131 |
| 青田县 | | | | | | | | | |
| 缙云县 | | | | | | | | | |
| 遂昌县 | | | | | | | | | |
| 松阳县 | | | | | | | | | |
| 云和县 | | | | | | | | | |
| 庆元县 | | | | | | | | | |
| 景宁畲族自治县 | | | | | | | | | |
| 龙泉市 | 201 | 104 | 97 | 202 | 99 | 103 | 115 | 66 | 49 |

1−3a 续表 14

单位：人

| 地区 | 90−94岁 | | | 95−99岁 | | | 100岁及以上 | | |
|---|---|---|---|---|---|---|---|---|---|
| | 小计 | 男 | 女 | 小计 | 男 | 女 | 小计 | 男 | 女 |
| **合计** | **6788** | **2741** | **4047** | **1302** | **432** | **870** | **115** | **38** | **77** |
| **杭州市** | **2050** | **810** | **1240** | **394** | **139** | **255** | **37** | **13** | **24** |
| 上城区 | 200 | 77 | 123 | 39 | 9 | 30 | 5 | 3 | 2 |
| 下城区 | 278 | 129 | 149 | 45 | 17 | 28 | 4 | | 4 |
| 江干区 | 273 | 107 | 166 | 56 | 20 | 36 | 5 | 2 | 3 |
| 拱墅区 | 202 | 90 | 112 | 40 | 16 | 24 | 4 | 1 | 3 |
| 西湖区 | 257 | 96 | 161 | 45 | 18 | 27 | 5 | 3 | 2 |
| 滨江区 | 54 | 18 | 36 | 8 | 3 | 5 | 1 | | 1 |
| 萧山区 | 346 | 130 | 216 | 82 | 29 | 53 | 6 | 3 | 3 |
| 余杭区 | 214 | 76 | 138 | 41 | 12 | 29 | 1 | | 1 |
| 富阳区 | 133 | 49 | 84 | 26 | 9 | 17 | 6 | 1 | 5 |
| 临安区 | 44 | 18 | 26 | 6 | 2 | 4 | | | |
| 桐庐县 | | | | | | | | | |
| 淳安县 | | | | | | | | | |
| 建德市 | 49 | 20 | 29 | 6 | 4 | 2 | | | |
| **宁波市** | **1177** | **469** | **708** | **239** | **69** | **170** | **10** | **4** | **6** |
| 海曙区 | 220 | 80 | 140 | 35 | 9 | 26 | 2 | 1 | 1 |
| 江北区 | 93 | 40 | 53 | 21 | 7 | 14 | 1 | 1 | |
| 北仑区 | 104 | 32 | 72 | 23 | 7 | 16 | | | |
| 镇海区 | 81 | 39 | 42 | 14 | 5 | 9 | | | |
| 鄞州区 | 197 | 87 | 110 | 41 | 12 | 29 | 3 | 1 | 2 |
| 奉化区 | 46 | 25 | 21 | 9 | 2 | 7 | | | |
| 象山县 | | | | | | | | | |
| 宁海县 | | | | | | | | | |
| 余姚市 | 172 | 70 | 102 | 38 | 13 | 25 | 1 | 1 | |
| 慈溪市 | 264 | 96 | 168 | 58 | 14 | 44 | 3 | | 3 |
| **温州市** | **782** | **330** | **452** | **150** | **53** | **97** | **16** | **4** | **12** |
| 鹿城区 | 236 | 105 | 131 | 51 | 15 | 36 | 3 | | 3 |
| 龙湾区 | 58 | 28 | 30 | 13 | 8 | 5 | 1 | | 1 |
| 瓯海区 | 95 | 42 | 53 | 21 | 5 | 16 | 6 | 4 | 2 |
| 洞头区 | 14 | 4 | 10 | 1 | | 1 | 1 | | 1 |
| 永嘉县 | | | | | | | | | |
| 平阳县 | | | | | | | | | |
| 苍南县 | | | | | | | | | |
| 文成县 | | | | | | | | | |
| 泰顺县 | | | | | | | | | |
| 瑞安市 | 143 | 61 | 82 | 21 | 8 | 13 | 1 | | 1 |
| 乐清市 | 171 | 65 | 106 | 30 | 13 | 17 | 3 | | 3 |
| 龙港市 | 65 | 25 | 40 | 13 | 4 | 9 | 1 | | 1 |
| **嘉兴市** | **450** | **165** | **285** | **80** | **15** | **65** | **10** | **3** | **7** |
| 南湖区 | 159 | 62 | 97 | 19 | 6 | 13 | 1 | | 1 |
| 秀洲区 | 46 | 16 | 30 | 17 | 3 | 14 | 2 | | 2 |
| 嘉善县 | | | | | | | | | |
| 海盐县 | | | | | | | | | |
| 海宁市 | 99 | 37 | 62 | 22 | 3 | 19 | 2 | | 2 |
| 平湖市 | 69 | 25 | 44 | 15 | 1 | 14 | 3 | 1 | 2 |
| 桐乡市 | 77 | 25 | 52 | 7 | 2 | 5 | 2 | 2 | |
| **湖州市** | **182** | **70** | **112** | **33** | **14** | **19** | **2** | **1** | **1** |
| 吴兴区 | 147 | 56 | 91 | 26 | 11 | 15 | 2 | 1 | 1 |
| 南浔区 | 35 | 14 | 21 | 7 | 3 | 4 | | | |
| 德清县 | | | | | | | | | |
| 长兴县 | | | | | | | | | |
| 安吉县 | | | | | | | | | |

1-3a 续表 15

单位：人

| 地区 | 90-94岁 | | | 95-99岁 | | | 100岁及以上 | | |
|---|---|---|---|---|---|---|---|---|---|
| | 小计 | 男 | 女 | 小计 | 男 | 女 | 小计 | 男 | 女 |
| **绍兴市** | **617** | **248** | **369** | **112** | **31** | **81** | **10** | **4** | **6** |
| 越城区 | 209 | 97 | 112 | 34 | 10 | 24 | 3 | 2 | 1 |
| 柯桥区 | 143 | 52 | 91 | 26 | 8 | 18 | 3 | 1 | 2 |
| 上虞区 | 127 | 43 | 84 | 18 | 5 | 13 | 3 | 1 | 2 |
| 新昌县 | | | | | | | | | |
| 诸暨市 | 78 | 33 | 45 | 23 | 5 | 18 | | | |
| 嵊州市 | 60 | 23 | 37 | 11 | 3 | 8 | 1 | | 1 |
| **金华市** | **476** | **193** | **283** | **90** | **32** | **58** | **6** | **2** | **4** |
| 婺城区 | 132 | 63 | 69 | 16 | 5 | 11 | 1 | 1 | |
| 金东区 | 27 | 10 | 17 | 4 | 2 | 2 | | | |
| 武义县 | | | | | | | | | |
| 浦江县 | | | | | | | | | |
| 磐安县 | | | | | | | | | |
| 兰溪市 | 78 | 33 | 45 | 16 | 4 | 12 | 3 | 1 | 2 |
| 义乌市 | 102 | 36 | 66 | 31 | 9 | 22 | 2 | | 2 |
| 东阳市 | 84 | 35 | 49 | 9 | 3 | 6 | | | |
| 永康市 | 53 | 16 | 37 | 14 | 9 | 5 | | | |
| **衢州市** | **188** | **94** | **94** | **34** | **17** | **17** | **3** | | **3** |
| 柯城区 | 100 | 51 | 49 | 16 | 10 | 6 | 1 | | 1 |
| 衢江区 | 24 | 12 | 12 | 5 | 1 | 4 | 1 | | 1 |
| 常山县 | | | | | | | | | |
| 开化县 | | | | | | | | | |
| 龙游县 | | | | | | | | | |
| 江山市 | 64 | 31 | 33 | 13 | 6 | 7 | 1 | | 1 |
| **舟山市** | **140** | **59** | **81** | **20** | **8** | **12** | **2** | | **2** |
| 定海区 | 85 | 38 | 47 | 15 | 6 | 9 | 1 | | 1 |
| 普陀区 | 55 | 21 | 34 | 5 | 2 | 3 | 1 | | 1 |
| 岱山县 | | | | | | | | | |
| 嵊泗县 | | | | | | | | | |
| **台州市** | **609** | **244** | **365** | **131** | **48** | **83** | **19** | **7** | **12** |
| 椒江区 | 137 | 51 | 86 | 24 | 4 | 20 | 2 | | 2 |
| 黄岩区 | 86 | 33 | 53 | 19 | 9 | 10 | 4 | 2 | 2 |
| 路桥区 | 80 | 33 | 47 | 15 | 6 | 9 | 3 | 2 | 1 |
| 三门县 | | | | | | | | | |
| 天台县 | | | | | | | | | |
| 仙居县 | | | | | | | | | |
| 温岭市 | 127 | 44 | 83 | 38 | 16 | 22 | 3 | 1 | 2 |
| 临海市 | 103 | 56 | 47 | 24 | 9 | 15 | 4 | 1 | 3 |
| 玉环市 | 76 | 27 | 49 | 11 | 4 | 7 | 3 | 1 | 2 |
| **丽水市** | **117** | **59** | **58** | **19** | **6** | **13** | | | |
| 莲都区 | 75 | 35 | 40 | 17 | 5 | 12 | | | |
| 青田县 | | | | | | | | | |
| 缙云县 | | | | | | | | | |
| 遂昌县 | | | | | | | | | |
| 松阳县 | | | | | | | | | |
| 云和县 | | | | | | | | | |
| 庆元县 | | | | | | | | | |
| 景宁畲族自治县 | | | | | | | | | |
| 龙泉市 | 42 | 24 | 18 | 2 | 1 | 1 | | | |

# 1-3b 各地区分年龄、性别的人口(镇)

单位：人

| 地区 | 合计 | | | 0岁 | | |
|---|---|---|---|---|---|---|
| | 合计 | 男 | 女 | 小计 | 男 | 女 |
| **合计** | **1365999** | **719769** | **646230** | **8095** | **4310** | **3785** |
| **杭州市** | **108200** | **56629** | **51571** | **659** | **345** | **314** |
| 上城区 | | | | | | |
| 下城区 | | | | | | |
| 江干区 | | | | | | |
| 拱墅区 | | | | | | |
| 西湖区 | 35 | 17 | 18 | 1 | 1 | |
| 滨江区 | | | | | | |
| 萧山区 | 13372 | 7676 | 5696 | 55 | 24 | 31 |
| 余杭区 | 29227 | 15683 | 13544 | 181 | 98 | 83 |
| 富阳区 | 2995 | 1586 | 1409 | 21 | 13 | 8 |
| 临安区 | 7049 | 3591 | 3458 | 41 | 20 | 21 |
| 桐庐县 | 31938 | 16430 | 15508 | 207 | 111 | 96 |
| 淳安县 | 15002 | 7338 | 7664 | 97 | 49 | 48 |
| 建德市 | 8582 | 4308 | 4274 | 56 | 29 | 27 |
| **宁波市** | **196390** | **104252** | **92138** | **1104** | **585** | **519** |
| 海曙区 | 2782 | 1399 | 1383 | 7 | 6 | 1 |
| 江北区 | | | | | | |
| 北仑区 | 5818 | 3350 | 2468 | 25 | 12 | 13 |
| 镇海区 | 4368 | 2485 | 1883 | 25 | 16 | 9 |
| 鄞州区 | 31584 | 16714 | 14870 | 190 | 105 | 85 |
| 奉化区 | 5379 | 2809 | 2570 | 24 | 16 | 8 |
| 象山县 | 34326 | 17187 | 17139 | 183 | 80 | 103 |
| 宁海县 | 43016 | 22105 | 20911 | 300 | 168 | 132 |
| 余姚市 | 25256 | 13142 | 12114 | 127 | 73 | 54 |
| 慈溪市 | 43861 | 25061 | 18800 | 223 | 109 | 114 |
| **温州市** | **214991** | **113971** | **101020** | **1475** | **826** | **649** |
| 鹿城区 | 631 | 338 | 293 | 10 | 4 | 6 |
| 龙湾区 | 26343 | 15375 | 10968 | 142 | 85 | 57 |
| 瓯海区 | 1597 | 868 | 729 | 10 | 5 | 5 |
| 洞头区 | 718 | 350 | 368 | 6 | 4 | 2 |
| 永嘉县 | 45271 | 24304 | 20967 | 317 | 175 | 142 |
| 平阳县 | 53067 | 27664 | 25403 | 354 | 201 | 153 |
| 苍南县 | 54472 | 28247 | 26225 | 394 | 227 | 167 |
| 文成县 | 10153 | 5200 | 4953 | 67 | 38 | 29 |
| 泰顺县 | 10301 | 5171 | 5130 | 86 | 46 | 40 |
| 瑞安市 | 3078 | 1517 | 1561 | 23 | 10 | 13 |
| 乐清市 | 7570 | 4032 | 3538 | 48 | 24 | 24 |
| 龙港市 | 1790 | 905 | 885 | 18 | 7 | 11 |
| **嘉兴市** | **173402** | **92810** | **80592** | **976** | **502** | **474** |
| 南湖区 | 6001 | 3184 | 2817 | 33 | 21 | 12 |
| 秀洲区 | 15178 | 8044 | 7134 | 99 | 49 | 50 |
| 嘉善县 | 50796 | 27334 | 23462 | 265 | 136 | 129 |
| 海盐县 | 31428 | 16311 | 15117 | 169 | 100 | 69 |
| 海宁市 | 36412 | 20113 | 16299 | 192 | 94 | 98 |
| 平湖市 | 17319 | 9385 | 7934 | 103 | 53 | 50 |
| 桐乡市 | 16268 | 8439 | 7829 | 115 | 49 | 66 |
| **湖州市** | **150478** | **78303** | **72175** | **809** | **423** | **386** |
| 吴兴区 | 25299 | 13380 | 11919 | 81 | 53 | 28 |
| 南浔区 | 13184 | 6734 | 6450 | 76 | 38 | 38 |
| 德清县 | 35088 | 18496 | 16592 | 188 | 99 | 89 |
| 长兴县 | 43252 | 22188 | 21064 | 260 | 131 | 129 |
| 安吉县 | 33655 | 17505 | 16150 | 204 | 102 | 102 |

1－3b　续表 1　　　　单位：人

| 地　区 | 合　计 | | | 0岁 | | |
|---|---|---|---|---|---|---|
| | 合计 | 男 | 女 | 小计 | 男 | 女 |
| **绍兴市** | **68147** | **36094** | **32053** | **345** | **174** | **171** |
| 越城区 | 402 | 212 | 190 | 4 | 2 | 2 |
| 柯桥区 | 13297 | 7979 | 5318 | 40 | 19 | 21 |
| 上虞区 | 4817 | 2456 | 2361 | 22 | 14 | 8 |
| 新昌县 | 25793 | 13153 | 12640 | 143 | 74 | 69 |
| 诸暨市 | 17485 | 9031 | 8454 | 106 | 47 | 59 |
| 嵊州市 | 6353 | 3263 | 3090 | 30 | 18 | 12 |
| **金华市** | **160331** | **85435** | **74896** | **984** | **520** | **464** |
| 婺城区 | 7481 | 3866 | 3615 | 63 | 37 | 26 |
| 金东区 | 17618 | 9765 | 7853 | 80 | 39 | 41 |
| 武义县 | 29963 | 16034 | 13929 | 202 | 112 | 90 |
| 浦江县 | 21391 | 11081 | 10310 | 134 | 75 | 59 |
| 磐安县 | 9057 | 4617 | 4440 | 53 | 26 | 27 |
| 兰溪市 | 6420 | 3266 | 3154 | 37 | 24 | 13 |
| 义乌市 | 31849 | 17232 | 14617 | 183 | 89 | 94 |
| 东阳市 | 27943 | 14942 | 13001 | 183 | 93 | 90 |
| 永康市 | 8609 | 4632 | 3977 | 49 | 25 | 24 |
| **衢州市** | **53377** | **26836** | **26541** | **367** | **209** | **158** |
| 柯城区 | 1147 | 597 | 550 | 11 | 4 | 7 |
| 衢江区 | 3404 | 1739 | 1665 | 30 | 19 | 11 |
| 常山县 | 11924 | 5974 | 5950 | 82 | 44 | 38 |
| 开化县 | 12649 | 6213 | 6436 | 88 | 56 | 32 |
| 龙游县 | 17621 | 8975 | 8646 | 100 | 52 | 48 |
| 江山市 | 6632 | 3338 | 3294 | 56 | 34 | 22 |
| **舟山市** | **26018** | **15624** | **10394** | **84** | **48** | **36** |
| 定海区 | 3141 | 1634 | 1507 | 20 | 12 | 8 |
| 普陀区 | 1975 | 1032 | 943 | 7 | 1 | 6 |
| 岱山县 | 16473 | 10742 | 5731 | 39 | 22 | 17 |
| 嵊泗县 | 4429 | 2216 | 2213 | 18 | 13 | 5 |
| **台州市** | **123669** | **63771** | **59898** | **743** | **410** | **333** |
| 椒江区 | 588 | 361 | 227 | 5 | 3 | 2 |
| 黄岩区 | 3599 | 1783 | 1816 | 19 | 12 | 7 |
| 路桥区 | 10853 | 5798 | 5055 | 57 | 33 | 24 |
| 三门县 | 19764 | 10129 | 9635 | 131 | 74 | 57 |
| 天台县 | 24636 | 12429 | 12207 | 161 | 92 | 69 |
| 仙居县 | 21749 | 10894 | 10855 | 135 | 67 | 68 |
| 温岭市 | 27288 | 14571 | 12717 | 111 | 57 | 54 |
| 临海市 | 13489 | 6897 | 6592 | 108 | 65 | 43 |
| 玉环市 | 1703 | 909 | 794 | 16 | 7 | 9 |
| **丽水市** | **90996** | **46044** | **44952** | **549** | **268** | **281** |
| 莲都区 | 1962 | 1068 | 894 | 14 | 7 | 7 |
| 青田县 | 21620 | 10897 | 10723 | 111 | 48 | 63 |
| 缙云县 | 22268 | 11220 | 11048 | 143 | 75 | 68 |
| 遂昌县 | 9912 | 5054 | 4858 | 55 | 32 | 23 |
| 松阳县 | 9870 | 5002 | 4868 | 63 | 32 | 31 |
| 云和县 | 9169 | 4797 | 4372 | 57 | 26 | 31 |
| 庆元县 | 8732 | 4336 | 4396 | 53 | 22 | 31 |
| 景宁畲族自治县 | 6069 | 2958 | 3111 | 46 | 22 | 24 |
| 龙泉市 | 1394 | 712 | 682 | 7 | 4 | 3 |

1-3b 续表 2

单位：人

| 地区 | 1-4岁 | | | 5-9岁 | | | 10-14岁 | | |
|---|---|---|---|---|---|---|---|---|---|
| | 小计 | 男 | 女 | 小计 | 男 | 女 | 小计 | 男 | 女 |
| **合计** | **52121** | **27584** | **24537** | **66002** | **35228** | **30774** | **60690** | **32332** | **28358** |
| **杭州市** | **4337** | **2260** | **2077** | **5092** | **2631** | **2461** | **4280** | **2263** | **2017** |
| 上城区 | | | | | | | | | |
| 下城区 | | | | | | | | | |
| 江干区 | | | | | | | | | |
| 拱墅区 | | | | | | | | | |
| 西湖区 | 2 | | 2 | 3 | 2 | 1 | | | |
| 滨江区 | | | | | | | | | |
| 萧山区 | 388 | 199 | 189 | 474 | 261 | 213 | 407 | 232 | 175 |
| 余杭区 | 1244 | 662 | 582 | 1370 | 714 | 656 | 1104 | 597 | 507 |
| 富阳区 | 81 | 40 | 41 | 113 | 54 | 59 | 120 | 56 | 64 |
| 临安区 | 224 | 122 | 102 | 311 | 167 | 144 | 292 | 135 | 157 |
| 桐庐县 | 1398 | 731 | 667 | 1651 | 845 | 806 | 1313 | 713 | 600 |
| 淳安县 | 686 | 345 | 341 | 791 | 394 | 397 | 691 | 348 | 343 |
| 建德市 | 314 | 161 | 153 | 379 | 194 | 185 | 353 | 182 | 171 |
| **宁波市** | **6732** | **3581** | **3151** | **8989** | **4820** | **4169** | **7972** | **4293** | **3679** |
| 海曙区 | 67 | 32 | 35 | 93 | 43 | 50 | 104 | 49 | 55 |
| 江北区 | | | | | | | | | |
| 北仑区 | 176 | 74 | 102 | 219 | 130 | 89 | 167 | 88 | 79 |
| 镇海区 | 157 | 87 | 70 | 210 | 116 | 94 | 174 | 94 | 80 |
| 鄞州区 | 1188 | 642 | 546 | 1381 | 739 | 642 | 1145 | 632 | 513 |
| 奉化区 | 135 | 66 | 69 | 225 | 131 | 94 | 260 | 124 | 136 |
| 象山县 | 1212 | 634 | 578 | 1920 | 979 | 941 | 1758 | 931 | 827 |
| 宁海县 | 1858 | 999 | 859 | 2356 | 1240 | 1116 | 2374 | 1302 | 1072 |
| 余姚市 | 687 | 357 | 330 | 1060 | 587 | 473 | 905 | 472 | 433 |
| 慈溪市 | 1252 | 690 | 562 | 1525 | 855 | 670 | 1085 | 601 | 484 |
| **温州市** | **9252** | **4994** | **4258** | **12471** | **6915** | **5556** | **11673** | **6402** | **5271** |
| 鹿城区 | 25 | 17 | 8 | 39 | 21 | 18 | 26 | 19 | 7 |
| 龙湾区 | 900 | 483 | 417 | 1135 | 650 | 485 | 883 | 508 | 375 |
| 瓯海区 | 44 | 20 | 24 | 44 | 23 | 21 | 46 | 24 | 22 |
| 洞头区 | 31 | 15 | 16 | 38 | 19 | 19 | 38 | 20 | 18 |
| 永嘉县 | 1900 | 1028 | 872 | 2439 | 1341 | 1098 | 2386 | 1296 | 1090 |
| 平阳县 | 2248 | 1218 | 1030 | 3133 | 1720 | 1413 | 2931 | 1594 | 1337 |
| 苍南县 | 2531 | 1349 | 1182 | 3514 | 1961 | 1553 | 3450 | 1957 | 1493 |
| 文成县 | 525 | 271 | 254 | 693 | 385 | 308 | 661 | 351 | 310 |
| 泰顺县 | 552 | 314 | 238 | 744 | 396 | 348 | 667 | 327 | 340 |
| 瑞安市 | 103 | 52 | 51 | 150 | 89 | 61 | 160 | 84 | 76 |
| 乐清市 | 293 | 169 | 124 | 411 | 240 | 171 | 327 | 174 | 153 |
| 龙港市 | 100 | 58 | 42 | 131 | 70 | 61 | 98 | 48 | 50 |
| **嘉兴市** | **6212** | **3326** | **2886** | **7466** | **3972** | **3494** | **6307** | **3264** | **3043** |
| 南湖区 | 230 | 115 | 115 | 261 | 140 | 121 | 229 | 110 | 119 |
| 秀洲区 | 633 | 356 | 277 | 699 | 393 | 306 | 604 | 304 | 300 |
| 嘉善县 | 1851 | 1002 | 849 | 2397 | 1283 | 1114 | 1992 | 1019 | 973 |
| 海盐县 | 1229 | 649 | 580 | 1518 | 822 | 696 | 1376 | 708 | 668 |
| 海宁市 | 1145 | 619 | 526 | 1280 | 650 | 630 | 973 | 523 | 450 |
| 平湖市 | 570 | 288 | 282 | 705 | 371 | 334 | 589 | 319 | 270 |
| 桐乡市 | 554 | 297 | 257 | 606 | 313 | 293 | 544 | 281 | 263 |
| **湖州市** | **5257** | **2734** | **2523** | **6388** | **3385** | **3003** | **5321** | **2680** | **2641** |
| 吴兴区 | 577 | 312 | 265 | 688 | 340 | 348 | 514 | 256 | 258 |
| 南浔区 | 427 | 228 | 199 | 540 | 296 | 244 | 441 | 212 | 229 |
| 德清县 | 1273 | 666 | 607 | 1544 | 820 | 724 | 1272 | 640 | 632 |
| 长兴县 | 1609 | 817 | 792 | 1999 | 1072 | 927 | 1782 | 895 | 887 |
| 安吉县 | 1371 | 711 | 660 | 1617 | 857 | 760 | 1312 | 677 | 635 |

1-3b　续表 3　　　　单位：人

| 地　　区 | 1-4岁 | | | 5-9岁 | | | 10-14岁 | | |
|---|---|---|---|---|---|---|---|---|---|
| | 小计 | 男 | 女 | 小计 | 男 | 女 | 小计 | 男 | 女 |
| **绍兴市** | **2118** | **1119** | **999** | **2652** | **1392** | **1260** | **2585** | **1346** | **1239** |
| 越城区 | 14 | 8 | 6 | 11 | 6 | 5 | 14 | 10 | 4 |
| 柯桥区 | 237 | 119 | 118 | 234 | 127 | 107 | 221 | 129 | 92 |
| 上虞区 | 118 | 59 | 59 | 154 | 84 | 70 | 167 | 91 | 76 |
| 新昌县 | 1070 | 574 | 496 | 1327 | 671 | 656 | 1286 | 659 | 627 |
| 诸暨市 | 555 | 296 | 259 | 758 | 417 | 341 | 717 | 380 | 337 |
| 嵊州市 | 124 | 63 | 61 | 168 | 87 | 81 | 180 | 77 | 103 |
| **金华市** | **6442** | **3393** | **3049** | **7921** | **4213** | **3708** | **6646** | **3633** | **3013** |
| 婺城区 | 386 | 212 | 174 | 457 | 217 | 240 | 391 | 213 | 178 |
| 金东区 | 657 | 352 | 305 | 784 | 388 | 396 | 540 | 289 | 251 |
| 武义县 | 1364 | 706 | 658 | 1645 | 896 | 749 | 1308 | 677 | 631 |
| 浦江县 | 828 | 461 | 367 | 1174 | 644 | 530 | 1123 | 652 | 471 |
| 磐安县 | 427 | 214 | 213 | 481 | 248 | 233 | 489 | 254 | 235 |
| 兰溪市 | 232 | 103 | 129 | 270 | 138 | 132 | 264 | 142 | 122 |
| 义乌市 | 1102 | 598 | 504 | 1232 | 664 | 568 | 896 | 485 | 411 |
| 东阳市 | 1083 | 554 | 529 | 1424 | 785 | 639 | 1271 | 723 | 548 |
| 永康市 | 363 | 193 | 170 | 454 | 233 | 221 | 364 | 198 | 166 |
| **衢州市** | **2218** | **1138** | **1080** | **2772** | **1448** | **1324** | **2741** | **1416** | **1325** |
| 柯城区 | 47 | 25 | 22 | 46 | 23 | 23 | 34 | 20 | 14 |
| 衢江区 | 123 | 61 | 62 | 133 | 68 | 65 | 138 | 68 | 70 |
| 常山县 | 530 | 251 | 279 | 668 | 355 | 313 | 626 | 311 | 315 |
| 开化县 | 615 | 332 | 283 | 754 | 409 | 345 | 761 | 392 | 369 |
| 龙游县 | 647 | 344 | 303 | 847 | 431 | 416 | 858 | 468 | 390 |
| 江山市 | 256 | 125 | 131 | 324 | 162 | 162 | 324 | 157 | 167 |
| **舟山市** | **530** | **277** | **253** | **698** | **348** | **350** | **665** | **347** | **318** |
| 定海区 | 106 | 57 | 49 | 139 | 76 | 63 | 119 | 65 | 54 |
| 普陀区 | 31 | 15 | 16 | 54 | 24 | 30 | 56 | 32 | 24 |
| 岱山县 | 293 | 156 | 137 | 381 | 183 | 198 | 345 | 180 | 165 |
| 嵊泗县 | 100 | 49 | 51 | 124 | 65 | 59 | 145 | 70 | 75 |
| **台州市** | **4973** | **2674** | **2299** | **6290** | **3399** | **2891** | **6856** | **3712** | **3144** |
| 椒江区 | 29 | 16 | 13 | 11 | 6 | 5 | 6 | 2 | 4 |
| 黄岩区 | 132 | 57 | 75 | 169 | 87 | 82 | 190 | 100 | 90 |
| 路桥区 | 360 | 204 | 156 | 516 | 267 | 249 | 516 | 265 | 251 |
| 三门县 | 924 | 482 | 442 | 1170 | 624 | 546 | 1159 | 634 | 525 |
| 天台县 | 1101 | 586 | 515 | 1334 | 723 | 611 | 1510 | 828 | 682 |
| 仙居县 | 993 | 551 | 442 | 1176 | 630 | 546 | 1467 | 805 | 662 |
| 温岭市 | 829 | 460 | 369 | 1121 | 609 | 512 | 1087 | 566 | 521 |
| 临海市 | 533 | 283 | 250 | 695 | 398 | 297 | 838 | 463 | 375 |
| 玉环市 | 72 | 35 | 37 | 98 | 55 | 43 | 83 | 49 | 34 |
| **丽水市** | **4050** | **2088** | **1962** | **5263** | **2705** | **2558** | **5644** | **2976** | **2668** |
| 莲都区 | 57 | 31 | 26 | 116 | 66 | 50 | 111 | 62 | 49 |
| 青田县 | 897 | 451 | 446 | 1369 | 717 | 652 | 1462 | 774 | 688 |
| 缙云县 | 1042 | 534 | 508 | 1316 | 664 | 652 | 1407 | 757 | 650 |
| 遂昌县 | 401 | 204 | 197 | 451 | 231 | 220 | 544 | 285 | 259 |
| 松阳县 | 471 | 255 | 216 | 556 | 288 | 268 | 516 | 273 | 243 |
| 云和县 | 418 | 213 | 205 | 477 | 243 | 234 | 471 | 253 | 218 |
| 庆元县 | 447 | 237 | 210 | 516 | 263 | 253 | 572 | 291 | 281 |
| 景宁畲族自治县 | 271 | 145 | 126 | 391 | 201 | 190 | 488 | 243 | 245 |
| 龙泉市 | 46 | 18 | 28 | 71 | 32 | 39 | 73 | 38 | 35 |

1-3b 续表 4

单位：人

| 地 区 | 15-19岁 | | | 20-24岁 | | | 25-29岁 | | |
|---|---|---|---|---|---|---|---|---|---|
| | 小计 | 男 | 女 | 小计 | 男 | 女 | 小计 | 男 | 女 |
| **合计** | **68834** | **37159** | **31675** | **66473** | **37889** | **28584** | **100496** | **54868** | **45628** |
| **杭州市** | **4838** | **2549** | **2289** | **5128** | **2897** | **2231** | **7911** | **4277** | **3634** |
| 上城区 | | | | | | | | | |
| 下城区 | | | | | | | | | |
| 江干区 | | | | | | | | | |
| 拱墅区 | | | | | | | | | |
| 西湖区 | | | | | | | 4 | | 4 |
| 滨江区 | | | | | | | | | |
| 萧山区 | 438 | 251 | 187 | 833 | 532 | 301 | 1290 | 838 | 452 |
| 余杭区 | 1257 | 678 | 579 | 1677 | 984 | 693 | 2548 | 1389 | 1159 |
| 富阳区 | 60 | 37 | 23 | 118 | 66 | 52 | 174 | 92 | 82 |
| 临安区 | 294 | 150 | 144 | 212 | 115 | 97 | 384 | 196 | 188 |
| 桐庐县 | 1495 | 781 | 714 | 1635 | 889 | 746 | 2304 | 1194 | 1110 |
| 淳安县 | 843 | 405 | 438 | 408 | 180 | 228 | 789 | 364 | 425 |
| 建德市 | 451 | 247 | 204 | 245 | 131 | 114 | 418 | 204 | 214 |
| **宁波市** | **8412** | **4731** | **3681** | **10575** | **6301** | **4274** | **15167** | **8561** | **6606** |
| 海曙区 | 246 | 124 | 122 | 68 | 39 | 29 | 155 | 89 | 66 |
| 江北区 | | | | | | | | | |
| 北仑区 | 202 | 137 | 65 | 665 | 443 | 222 | 869 | 555 | 314 |
| 镇海区 | 103 | 64 | 39 | 225 | 145 | 80 | 413 | 245 | 168 |
| 鄞州区 | 1377 | 735 | 642 | 1603 | 937 | 666 | 2557 | 1401 | 1156 |
| 奉化区 | 209 | 109 | 100 | 224 | 131 | 93 | 296 | 160 | 136 |
| 象山县 | 1440 | 760 | 680 | 1184 | 620 | 564 | 1998 | 1026 | 972 |
| 宁海县 | 1896 | 1038 | 858 | 1911 | 1070 | 841 | 2905 | 1532 | 1373 |
| 余姚市 | 926 | 517 | 409 | 1250 | 687 | 563 | 1688 | 938 | 750 |
| 慈溪市 | 2013 | 1247 | 766 | 3445 | 2229 | 1216 | 4286 | 2615 | 1671 |
| **温州市** | **13218** | **7299** | **5919** | **9123** | **5292** | **3831** | **15824** | **8587** | **7237** |
| 鹿城区 | 18 | 8 | 10 | 20 | 14 | 6 | 33 | 20 | 13 |
| 龙湾区 | 1526 | 965 | 561 | 2101 | 1319 | 782 | 2755 | 1697 | 1058 |
| 瓯海区 | 130 | 66 | 64 | 79 | 47 | 32 | 141 | 78 | 63 |
| 洞头区 | 20 | 11 | 9 | 19 | 10 | 9 | 18 | 10 | 8 |
| 永嘉县 | 3183 | 1734 | 1449 | 2199 | 1259 | 940 | 3421 | 1867 | 1554 |
| 平阳县 | 3278 | 1804 | 1474 | 1654 | 943 | 711 | 3572 | 1892 | 1680 |
| 苍南县 | 3218 | 1800 | 1418 | 1775 | 1000 | 775 | 3813 | 1959 | 1854 |
| 文成县 | 477 | 253 | 224 | 298 | 148 | 150 | 476 | 228 | 248 |
| 泰顺县 | 679 | 298 | 381 | 312 | 163 | 149 | 547 | 278 | 269 |
| 瑞安市 | 303 | 147 | 156 | 109 | 47 | 62 | 129 | 60 | 69 |
| 乐清市 | 342 | 186 | 156 | 483 | 300 | 183 | 781 | 427 | 354 |
| 龙港市 | 44 | 27 | 17 | 74 | 42 | 32 | 138 | 71 | 67 |
| **嘉兴市** | **5818** | **3156** | **2662** | **10606** | **6100** | **4506** | **15516** | **8707** | **6809** |
| 南湖区 | 133 | 77 | 56 | 316 | 195 | 121 | 508 | 269 | 239 |
| 秀洲区 | 415 | 225 | 190 | 1024 | 582 | 442 | 1433 | 782 | 651 |
| 嘉善县 | 1953 | 1129 | 824 | 3380 | 1999 | 1381 | 4992 | 2834 | 2158 |
| 海盐县 | 1267 | 644 | 623 | 1419 | 806 | 613 | 2333 | 1299 | 1034 |
| 海宁市 | 1146 | 594 | 552 | 2724 | 1531 | 1193 | 3444 | 1952 | 1492 |
| 平湖市 | 380 | 220 | 160 | 891 | 531 | 360 | 1477 | 856 | 621 |
| 桐乡市 | 524 | 267 | 257 | 852 | 456 | 396 | 1329 | 715 | 614 |
| **湖州市** | **6991** | **3727** | **3264** | **7845** | **4312** | **3533** | **12742** | **6683** | **6059** |
| 吴兴区 | 835 | 470 | 365 | 1912 | 1129 | 783 | 3534 | 1891 | 1643 |
| 南浔区 | 539 | 253 | 286 | 454 | 242 | 212 | 810 | 429 | 381 |
| 德清县 | 1506 | 848 | 658 | 1802 | 1009 | 793 | 2549 | 1348 | 1201 |
| 长兴县 | 2180 | 1168 | 1012 | 1977 | 1031 | 946 | 3190 | 1626 | 1564 |
| 安吉县 | 1931 | 988 | 943 | 1700 | 901 | 799 | 2659 | 1389 | 1270 |

1-3b 续表 5 单位：人

| 地区 | 15-19岁 | | | 20-24岁 | | | 25-29岁 | | |
|---|---|---|---|---|---|---|---|---|---|
| | 小计 | 男 | 女 | 小计 | 男 | 女 | 小计 | 男 | 女 |
| **绍兴市** | **3352** | **1780** | **1572** | **2793** | **1636** | **1157** | **4107** | **2294** | **1813** |
| 越城区 | 3 | 3 | | 18 | 12 | 6 | 17 | 11 | 6 |
| 柯桥区 | 435 | 262 | 173 | 794 | 530 | 264 | 1203 | 770 | 433 |
| 上虞区 | 174 | 93 | 81 | 183 | 85 | 98 | 242 | 116 | 126 |
| 新昌县 | 1227 | 643 | 584 | 879 | 470 | 409 | 1347 | 714 | 633 |
| 诸暨市 | 1128 | 584 | 544 | 745 | 437 | 308 | 1060 | 556 | 504 |
| 嵊州市 | 385 | 195 | 190 | 174 | 102 | 72 | 238 | 127 | 111 |
| **金华市** | **8727** | **4861** | **3866** | **9531** | **5480** | **4051** | **13325** | **7368** | **5957** |
| 婺城区 | 679 | 366 | 313 | 206 | 107 | 99 | 416 | 228 | 188 |
| 金东区 | 867 | 510 | 357 | 1412 | 864 | 548 | 1704 | 991 | 713 |
| 武义县 | 1350 | 769 | 581 | 1807 | 1031 | 776 | 2525 | 1383 | 1142 |
| 浦江县 | 1382 | 794 | 588 | 980 | 525 | 455 | 1558 | 803 | 755 |
| 磐安县 | 479 | 261 | 218 | 304 | 160 | 144 | 485 | 251 | 234 |
| 兰溪市 | 339 | 137 | 202 | 175 | 102 | 73 | 316 | 171 | 145 |
| 义乌市 | 1632 | 935 | 697 | 2544 | 1498 | 1046 | 3455 | 1916 | 1539 |
| 东阳市 | 1590 | 863 | 727 | 1502 | 851 | 651 | 2204 | 1238 | 966 |
| 永康市 | 409 | 226 | 183 | 601 | 342 | 259 | 662 | 387 | 275 |
| **衢州市** | **3244** | **1661** | **1583** | **1585** | **782** | **803** | **2492** | **1227** | **1265** |
| 柯城区 | 30 | 18 | 12 | 46 | 25 | 21 | 63 | 31 | 32 |
| 衢江区 | 252 | 119 | 133 | 94 | 52 | 42 | 125 | 64 | 61 |
| 常山县 | 665 | 337 | 328 | 319 | 152 | 167 | 525 | 263 | 262 |
| 开化县 | 776 | 378 | 398 | 363 | 173 | 190 | 614 | 292 | 322 |
| 龙游县 | 1199 | 662 | 537 | 578 | 285 | 293 | 876 | 435 | 441 |
| 江山市 | 322 | 147 | 175 | 185 | 95 | 90 | 289 | 142 | 147 |
| **舟山市** | **639** | **328** | **311** | **905** | **608** | **297** | **1513** | **1039** | **474** |
| 定海区 | 143 | 65 | 78 | 114 | 67 | 47 | 174 | 97 | 77 |
| 普陀区 | 20 | 10 | 10 | 50 | 24 | 26 | 95 | 58 | 37 |
| 岱山县 | 358 | 198 | 160 | 646 | 467 | 179 | 1044 | 782 | 262 |
| 嵊泗县 | 118 | 55 | 63 | 95 | 50 | 45 | 200 | 102 | 98 |
| **台州市** | **8450** | **4448** | **4002** | **5161** | **2856** | **2305** | **7300** | **3838** | **3462** |
| 椒江区 | 23 | 21 | 2 | 71 | 45 | 26 | 65 | 43 | 22 |
| 黄岩区 | 159 | 69 | 90 | 144 | 69 | 75 | 184 | 91 | 93 |
| 路桥区 | 688 | 360 | 328 | 544 | 334 | 210 | 789 | 443 | 346 |
| 三门县 | 1276 | 690 | 586 | 678 | 381 | 297 | 970 | 503 | 467 |
| 天台县 | 2292 | 1206 | 1086 | 1057 | 557 | 500 | 1358 | 671 | 687 |
| 仙居县 | 2288 | 1180 | 1108 | 875 | 436 | 439 | 1321 | 648 | 673 |
| 温岭市 | 1011 | 528 | 483 | 1132 | 684 | 448 | 1735 | 989 | 746 |
| 临海市 | 668 | 364 | 304 | 586 | 312 | 274 | 766 | 396 | 370 |
| 玉环市 | 45 | 30 | 15 | 74 | 38 | 36 | 112 | 54 | 58 |
| **丽水市** | **5145** | **2619** | **2526** | **3221** | **1625** | **1596** | **4599** | **2287** | **2312** |
| 莲都区 | 30 | 16 | 14 | 76 | 40 | 36 | 79 | 42 | 37 |
| 青田县 | 1277 | 659 | 618 | 913 | 474 | 439 | 1370 | 688 | 682 |
| 缙云县 | 1353 | 697 | 656 | 802 | 399 | 403 | 1094 | 574 | 520 |
| 遂昌县 | 550 | 313 | 237 | 336 | 180 | 156 | 450 | 215 | 235 |
| 松阳县 | 610 | 265 | 345 | 309 | 156 | 153 | 468 | 228 | 240 |
| 云和县 | 381 | 192 | 189 | 341 | 167 | 174 | 491 | 255 | 236 |
| 庆元县 | 499 | 249 | 250 | 236 | 112 | 124 | 370 | 167 | 203 |
| 景宁畲族自治县 | 420 | 217 | 203 | 181 | 81 | 100 | 233 | 95 | 138 |
| 龙泉市 | 25 | 11 | 14 | 27 | 16 | 11 | 44 | 23 | 21 |

1-3b 续表 6

单位：人

| 地区 | 30-34岁 | | | 35-39岁 | | | 40-44岁 | | |
|---|---|---|---|---|---|---|---|---|---|
| | 小计 | 男 | 女 | 小计 | 男 | 女 | 小计 | 男 | 女 |
| **合计** | **136055** | **72726** | **63329** | **113671** | **60225** | **53446** | **112796** | **58952** | **53844** |
| **杭州市** | **11599** | **6157** | **5442** | **8692** | **4554** | **4138** | **8589** | **4415** | **4174** |
| 上城区 | | | | | | | | | |
| 下城区 | | | | | | | | | |
| 江干区 | | | | | | | | | |
| 拱墅区 | | | | | | | | | |
| 西湖区 | 3 | 2 | 1 | 2 | 1 | 1 | | | |
| 滨江区 | | | | | | | | | |
| 萧山区 | 1621 | 957 | 664 | 1163 | 693 | 470 | 1094 | 601 | 493 |
| 余杭区 | 3846 | 2107 | 1739 | 2759 | 1490 | 1269 | 2328 | 1262 | 1066 |
| 富阳区 | 188 | 104 | 84 | 206 | 113 | 93 | 243 | 137 | 106 |
| 临安区 | 563 | 279 | 284 | 538 | 257 | 281 | 545 | 279 | 266 |
| 桐庐县 | 3447 | 1792 | 1655 | 2548 | 1301 | 1247 | 2436 | 1243 | 1193 |
| 淳安县 | 1305 | 596 | 709 | 973 | 440 | 533 | 1365 | 627 | 738 |
| 建德市 | 626 | 320 | 306 | 503 | 259 | 244 | 578 | 266 | 312 |
| **宁波市** | **20715** | **11143** | **9572** | **17454** | **9243** | **8211** | **16534** | **8640** | **7894** |
| 海曙区 | 159 | 74 | 85 | 138 | 65 | 73 | 188 | 95 | 93 |
| 江北区 | | | | | | | | | |
| 北仑区 | 1020 | 598 | 422 | 570 | 333 | 237 | 363 | 205 | 158 |
| 镇海区 | 482 | 299 | 183 | 384 | 215 | 169 | 357 | 209 | 148 |
| 鄞州区 | 3531 | 1865 | 1666 | 2924 | 1580 | 1344 | 2606 | 1376 | 1230 |
| 奉化区 | 423 | 225 | 198 | 416 | 204 | 212 | 403 | 210 | 193 |
| 象山县 | 3089 | 1512 | 1577 | 3338 | 1592 | 1746 | 3165 | 1547 | 1618 |
| 宁海县 | 4140 | 2108 | 2032 | 3915 | 1949 | 1966 | 3842 | 1912 | 1930 |
| 余姚市 | 2364 | 1231 | 1133 | 1903 | 1009 | 894 | 2047 | 1088 | 959 |
| 慈溪市 | 5507 | 3231 | 2276 | 3866 | 2296 | 1570 | 3563 | 1998 | 1565 |
| **温州市** | **19212** | **10242** | **8970** | **18917** | **9927** | **8990** | **19248** | **9943** | **9305** |
| 鹿城区 | 54 | 28 | 26 | 64 | 31 | 33 | 65 | 33 | 32 |
| 龙湾区 | 3395 | 1971 | 1424 | 2726 | 1636 | 1090 | 2436 | 1381 | 1055 |
| 瓯海区 | 149 | 78 | 71 | 157 | 95 | 62 | 146 | 78 | 68 |
| 洞头区 | 34 | 15 | 19 | 45 | 23 | 22 | 55 | 27 | 28 |
| 永嘉县 | 4309 | 2303 | 2006 | 4264 | 2295 | 1969 | 4275 | 2275 | 2000 |
| 平阳县 | 4504 | 2398 | 2106 | 4417 | 2257 | 2160 | 4768 | 2385 | 2383 |
| 苍南县 | 4203 | 2117 | 2086 | 4731 | 2307 | 2424 | 4870 | 2450 | 2420 |
| 文成县 | 640 | 332 | 308 | 723 | 379 | 344 | 816 | 416 | 400 |
| 泰顺县 | 668 | 318 | 350 | 751 | 368 | 383 | 839 | 386 | 453 |
| 瑞安市 | 175 | 91 | 84 | 196 | 95 | 101 | 213 | 104 | 109 |
| 乐清市 | 943 | 514 | 429 | 703 | 362 | 341 | 622 | 339 | 283 |
| 龙港市 | 138 | 77 | 61 | 140 | 79 | 61 | 143 | 69 | 74 |
| **嘉兴市** | **20777** | **11361** | **9416** | **14383** | **7958** | **6425** | **12914** | **7075** | **5839** |
| 南湖区 | 652 | 348 | 304 | 436 | 236 | 200 | 424 | 231 | 193 |
| 秀洲区 | 1815 | 982 | 833 | 1209 | 638 | 571 | 1108 | 580 | 528 |
| 嘉善县 | 6371 | 3406 | 2965 | 4512 | 2497 | 2015 | 3854 | 2102 | 1752 |
| 海盐县 | 3190 | 1649 | 1541 | 2466 | 1301 | 1165 | 2254 | 1224 | 1030 |
| 海宁市 | 4825 | 2792 | 2033 | 3285 | 1909 | 1376 | 2966 | 1704 | 1262 |
| 平湖市 | 2215 | 1256 | 959 | 1310 | 725 | 585 | 1175 | 643 | 532 |
| 桐乡市 | 1709 | 928 | 781 | 1165 | 652 | 513 | 1133 | 591 | 542 |
| **湖州市** | **17896** | **9413** | **8483** | **12726** | **6704** | **6022** | **11463** | **6011** | **5452** |
| 吴兴区 | 5219 | 2809 | 2410 | 2973 | 1646 | 1327 | 2121 | 1123 | 998 |
| 南浔区 | 1112 | 580 | 532 | 816 | 428 | 388 | 910 | 449 | 461 |
| 德清县 | 3781 | 1988 | 1793 | 2840 | 1499 | 1341 | 2605 | 1412 | 1193 |
| 长兴县 | 4049 | 2085 | 1964 | 3218 | 1617 | 1601 | 3192 | 1648 | 1544 |
| 安吉县 | 3735 | 1951 | 1784 | 2879 | 1514 | 1365 | 2635 | 1379 | 1256 |

1-3b 续表 7 单位：人

| 地 区 | 30-34岁 | | | 35-39岁 | | | 40-44岁 | | |
|---|---|---|---|---|---|---|---|---|---|
| | 小计 | 男 | 女 | 小计 | 男 | 女 | 小计 | 男 | 女 |
| **绍兴市** | **5782** | **3181** | **2601** | **5229** | **2769** | **2460** | **5973** | **3169** | **2804** |
| 越城区 | 32 | 19 | 13 | 19 | 10 | 9 | 35 | 15 | 20 |
| 柯桥区 | 1536 | 985 | 551 | 1048 | 655 | 393 | 1380 | 812 | 568 |
| 上虞区 | 321 | 174 | 147 | 278 | 141 | 137 | 356 | 190 | 166 |
| 新昌县 | 2115 | 1076 | 1039 | 2394 | 1182 | 1212 | 2408 | 1201 | 1207 |
| 诸暨市 | 1512 | 775 | 737 | 1215 | 634 | 581 | 1376 | 720 | 656 |
| 嵊州市 | 266 | 152 | 114 | 275 | 147 | 128 | 418 | 231 | 187 |
| **金华市** | **17302** | **9202** | **8100** | **14679** | **7858** | **6821** | **14550** | **7763** | **6787** |
| 婺城区 | 649 | 304 | 345 | 661 | 316 | 345 | 664 | 344 | 320 |
| 金东区 | 2210 | 1219 | 991 | 1802 | 1032 | 770 | 1664 | 925 | 739 |
| 武义县 | 3264 | 1700 | 1564 | 2637 | 1421 | 1216 | 2742 | 1474 | 1268 |
| 浦江县 | 1960 | 994 | 966 | 1860 | 936 | 924 | 1965 | 970 | 995 |
| 磐安县 | 597 | 285 | 312 | 648 | 317 | 331 | 823 | 399 | 424 |
| 兰溪市 | 394 | 208 | 186 | 386 | 181 | 205 | 468 | 247 | 221 |
| 义乌市 | 4491 | 2456 | 2035 | 3474 | 1917 | 1557 | 2990 | 1623 | 1367 |
| 东阳市 | 2778 | 1510 | 1268 | 2462 | 1331 | 1131 | 2433 | 1326 | 1107 |
| 永康市 | 959 | 526 | 433 | 749 | 407 | 342 | 801 | 455 | 346 |
| **衢州市** | **3510** | **1720** | **1790** | **3553** | **1726** | **1827** | **4203** | **1977** | **2226** |
| 柯城区 | 77 | 46 | 31 | 75 | 40 | 35 | 71 | 39 | 32 |
| 衢江区 | 156 | 81 | 75 | 145 | 68 | 77 | 197 | 94 | 103 |
| 常山县 | 855 | 408 | 447 | 833 | 412 | 421 | 961 | 451 | 510 |
| 开化县 | 802 | 384 | 418 | 864 | 379 | 485 | 1051 | 463 | 588 |
| 龙游县 | 1353 | 662 | 691 | 1324 | 667 | 657 | 1538 | 756 | 782 |
| 江山市 | 267 | 139 | 128 | 312 | 160 | 152 | 385 | 174 | 211 |
| **舟山市** | **2699** | **1865** | **834** | **2162** | **1433** | **729** | **2123** | **1371** | **752** |
| 定海区 | 297 | 156 | 141 | 250 | 136 | 114 | 238 | 126 | 112 |
| 普陀区 | 152 | 79 | 73 | 177 | 95 | 82 | 147 | 88 | 59 |
| 岱山县 | 1945 | 1476 | 469 | 1421 | 1044 | 377 | 1432 | 998 | 434 |
| 嵊泗县 | 305 | 154 | 151 | 314 | 158 | 156 | 306 | 159 | 147 |
| **台州市** | **10056** | **5240** | **4816** | **9415** | **4857** | **4558** | **9569** | **4793** | **4776** |
| 椒江区 | 75 | 41 | 34 | 54 | 34 | 20 | 46 | 28 | 18 |
| 黄岩区 | 253 | 130 | 123 | 261 | 137 | 124 | 249 | 120 | 129 |
| 路桥区 | 1057 | 612 | 445 | 930 | 513 | 417 | 903 | 479 | 424 |
| 三门县 | 1540 | 776 | 764 | 1693 | 829 | 864 | 1573 | 789 | 784 |
| 天台县 | 1865 | 881 | 984 | 1866 | 940 | 926 | 1985 | 955 | 1030 |
| 仙居县 | 1371 | 676 | 695 | 1270 | 582 | 688 | 1389 | 651 | 738 |
| 温岭市 | 2760 | 1529 | 1231 | 2218 | 1266 | 952 | 2274 | 1199 | 1075 |
| 临海市 | 957 | 487 | 470 | 950 | 462 | 488 | 990 | 490 | 500 |
| 玉环市 | 178 | 108 | 70 | 173 | 94 | 79 | 160 | 82 | 78 |
| **丽水市** | **6507** | **3202** | **3305** | **6461** | **3196** | **3265** | **7630** | **3795** | **3835** |
| 莲都区 | 155 | 85 | 70 | 155 | 95 | 60 | 138 | 76 | 62 |
| 青田县 | 1564 | 827 | 737 | 1575 | 797 | 778 | 1628 | 794 | 834 |
| 缙云县 | 1618 | 763 | 855 | 1667 | 802 | 865 | 2035 | 1012 | 1023 |
| 遂昌县 | 701 | 336 | 365 | 700 | 336 | 364 | 825 | 406 | 419 |
| 松阳县 | 828 | 407 | 421 | 632 | 321 | 311 | 791 | 385 | 406 |
| 云和县 | 724 | 373 | 351 | 699 | 369 | 330 | 815 | 429 | 386 |
| 庆元县 | 513 | 236 | 277 | 582 | 277 | 305 | 745 | 378 | 367 |
| 景宁畲族自治县 | 356 | 154 | 202 | 384 | 165 | 219 | 552 | 263 | 289 |
| 龙泉市 | 48 | 21 | 27 | 67 | 34 | 33 | 101 | 52 | 49 |

1—3b 续表 8 单位：人

| 地　区 | 45—49岁 | | | 50—54岁 | | | 55—59岁 | | |
|---|---|---|---|---|---|---|---|---|---|
| | 小计 | 男 | 女 | 小计 | 男 | 女 | 小计 | 男 | 女 |
| **合计** | **130268** | **68056** | **62212** | **129050** | **67840** | **61210** | **101741** | **53548** | **48193** |
| **杭州市** | **9590** | **5073** | **4517** | **10005** | **5299** | **4706** | **8918** | **4675** | **4243** |
| 上城区 | | | | | | | | | |
| 下城区 | | | | | | | | | |
| 江干区 | | | | | | | | | |
| 拱墅区 | | | | | | | | | |
| 西湖区 | 1 | 1 | | 6 | 4 | 2 | 4 | 2 | 2 |
| 滨江区 | | | | | | | | | |
| 萧山区 | 1389 | 785 | 604 | 1280 | 747 | 533 | 890 | 503 | 387 |
| 余杭区 | 2534 | 1398 | 1136 | 2412 | 1309 | 1103 | 2047 | 1064 | 983 |
| 富阳区 | 254 | 153 | 101 | 324 | 168 | 156 | 285 | 167 | 118 |
| 临安区 | 692 | 363 | 329 | 732 | 383 | 349 | 696 | 371 | 325 |
| 桐庐县 | 2721 | 1386 | 1335 | 2821 | 1455 | 1366 | 2585 | 1347 | 1238 |
| 淳安县 | 1357 | 670 | 687 | 1518 | 781 | 737 | 1447 | 752 | 695 |
| 建德市 | 642 | 317 | 325 | 912 | 452 | 460 | 964 | 469 | 495 |
| **宁波市** | **19674** | **10231** | **9443** | **19228** | **10080** | **9148** | **14136** | **7469** | **6667** |
| 海曙区 | 214 | 112 | 102 | 292 | 151 | 141 | 266 | 134 | 132 |
| 江北区 | | | | | | | | | |
| 北仑区 | 342 | 175 | 167 | 308 | 163 | 145 | 274 | 127 | 147 |
| 镇海区 | 461 | 268 | 193 | 458 | 260 | 198 | 319 | 170 | 149 |
| 鄞州区 | 2998 | 1590 | 1408 | 2955 | 1549 | 1406 | 2267 | 1169 | 1098 |
| 奉化区 | 540 | 285 | 255 | 614 | 331 | 283 | 546 | 279 | 267 |
| 象山县 | 3548 | 1750 | 1798 | 3556 | 1776 | 1780 | 2671 | 1414 | 1257 |
| 宁海县 | 4310 | 2148 | 2162 | 4128 | 2126 | 2002 | 2943 | 1500 | 1443 |
| 余姚市 | 2621 | 1331 | 1290 | 2613 | 1359 | 1254 | 1978 | 1044 | 934 |
| 慈溪市 | 4640 | 2572 | 2068 | 4304 | 2365 | 1939 | 2872 | 1632 | 1240 |
| **温州市** | **20124** | **10603** | **9521** | **18099** | **9353** | **8746** | **14423** | **7370** | **7053** |
| 鹿城区 | 45 | 27 | 18 | 52 | 30 | 22 | 42 | 17 | 25 |
| 龙湾区 | 2819 | 1640 | 1179 | 2240 | 1272 | 968 | 1355 | 775 | 580 |
| 瓯海区 | 178 | 110 | 68 | 147 | 89 | 58 | 85 | 39 | 46 |
| 洞头区 | 66 | 32 | 34 | 73 | 37 | 36 | 78 | 35 | 43 |
| 永嘉县 | 4338 | 2369 | 1969 | 3530 | 1916 | 1614 | 2748 | 1432 | 1316 |
| 平阳县 | 4886 | 2494 | 2392 | 4714 | 2338 | 2376 | 3985 | 2043 | 1942 |
| 苍南县 | 4928 | 2472 | 2456 | 4612 | 2303 | 2309 | 3782 | 1883 | 1899 |
| 文成县 | 802 | 422 | 380 | 856 | 420 | 436 | 799 | 399 | 400 |
| 泰顺县 | 941 | 480 | 461 | 946 | 466 | 480 | 789 | 381 | 408 |
| 瑞安市 | 283 | 132 | 151 | 253 | 141 | 112 | 225 | 111 | 114 |
| 乐清市 | 684 | 352 | 332 | 514 | 263 | 251 | 417 | 203 | 214 |
| 龙港市 | 154 | 73 | 81 | 162 | 78 | 84 | 118 | 52 | 66 |
| **嘉兴市** | **16096** | **8456** | **7640** | **16170** | **8619** | **7551** | **12621** | **6700** | **5921** |
| 南湖区 | 512 | 265 | 247 | 670 | 347 | 323 | 490 | 272 | 218 |
| 秀洲区 | 1494 | 757 | 737 | 1549 | 823 | 726 | 1042 | 546 | 496 |
| 嘉善县 | 4592 | 2411 | 2181 | 4452 | 2374 | 2078 | 3364 | 1777 | 1587 |
| 海盐县 | 2934 | 1477 | 1457 | 3078 | 1618 | 1460 | 2588 | 1313 | 1275 |
| 海宁市 | 3541 | 1969 | 1572 | 3049 | 1737 | 1312 | 2438 | 1344 | 1094 |
| 平湖市 | 1526 | 822 | 704 | 1763 | 941 | 822 | 1363 | 746 | 617 |
| 桐乡市 | 1497 | 755 | 742 | 1609 | 779 | 830 | 1336 | 702 | 634 |
| **湖州市** | **13904** | **7173** | **6731** | **14390** | **7521** | **6869** | **11512** | **6142** | **5370** |
| 吴兴区 | 2196 | 1072 | 1124 | 1841 | 846 | 995 | 1205 | 640 | 565 |
| 南浔区 | 1168 | 595 | 573 | 1408 | 714 | 694 | 1279 | 651 | 628 |
| 德清县 | 3407 | 1806 | 1601 | 3555 | 1918 | 1637 | 2894 | 1565 | 1329 |
| 长兴县 | 3997 | 2054 | 1943 | 4302 | 2251 | 2051 | 3644 | 1958 | 1686 |
| 安吉县 | 3136 | 1646 | 1490 | 3284 | 1792 | 1492 | 2490 | 1328 | 1162 |

1-3b 续表 9

单位：人

| 地区 | 45-49岁 | | | 50-54岁 | | | 55-59岁 | | |
|---|---|---|---|---|---|---|---|---|---|
| | 小计 | 男 | 女 | 小计 | 男 | 女 | 小计 | 男 | 女 |
| **绍兴市** | **7186** | **3748** | **3438** | **7315** | **3837** | **3478** | **5772** | **3114** | **2658** |
| 越城区 | 41 | 19 | 22 | 50 | 25 | 25 | 40 | 23 | 17 |
| 柯桥区 | 1937 | 1118 | 819 | 1821 | 1065 | 756 | 1062 | 672 | 390 |
| 上虞区 | 446 | 214 | 232 | 548 | 273 | 275 | 455 | 239 | 216 |
| 新昌县 | 2496 | 1267 | 1229 | 2519 | 1281 | 1238 | 2160 | 1103 | 1057 |
| 诸暨市 | 1717 | 846 | 871 | 1730 | 877 | 853 | 1384 | 719 | 665 |
| 嵊州市 | 549 | 284 | 265 | 647 | 316 | 331 | 671 | 358 | 313 |
| **金华市** | **15170** | **7910** | **7260** | **14414** | **7561** | **6853** | **10402** | **5523** | **4879** |
| 婺城区 | 670 | 366 | 304 | 614 | 340 | 274 | 517 | 273 | 244 |
| 金东区 | 1645 | 905 | 740 | 1441 | 794 | 647 | 997 | 551 | 446 |
| 武义县 | 2968 | 1564 | 1404 | 2934 | 1580 | 1354 | 1942 | 1071 | 871 |
| 浦江县 | 1911 | 972 | 939 | 1954 | 980 | 974 | 1540 | 782 | 758 |
| 磐安县 | 950 | 480 | 470 | 983 | 502 | 481 | 815 | 433 | 382 |
| 兰溪市 | 515 | 266 | 249 | 742 | 365 | 377 | 682 | 366 | 316 |
| 义乌市 | 2967 | 1479 | 1488 | 2561 | 1290 | 1271 | 1623 | 876 | 747 |
| 东阳市 | 2720 | 1443 | 1277 | 2424 | 1297 | 1127 | 1761 | 917 | 844 |
| 永康市 | 824 | 435 | 389 | 761 | 413 | 348 | 525 | 254 | 271 |
| **衢州市** | **4980** | **2543** | **2437** | **5397** | **2774** | **2623** | **4727** | **2425** | **2302** |
| 柯城区 | 103 | 53 | 50 | 121 | 59 | 62 | 123 | 58 | 65 |
| 衢江区 | 239 | 129 | 110 | 380 | 203 | 177 | 343 | 167 | 176 |
| 常山县 | 1140 | 584 | 556 | 1155 | 594 | 561 | 1022 | 538 | 484 |
| 开化县 | 1192 | 578 | 614 | 1180 | 606 | 574 | 1105 | 563 | 542 |
| 龙游县 | 1705 | 894 | 811 | 1818 | 949 | 869 | 1485 | 752 | 733 |
| 江山市 | 601 | 305 | 296 | 743 | 363 | 380 | 649 | 347 | 302 |
| **舟山市** | **2902** | **1865** | **1037** | **3181** | **2040** | **1141** | **2596** | **1536** | **1060** |
| 定海区 | 288 | 144 | 144 | 321 | 160 | 161 | 293 | 163 | 130 |
| 普陀区 | 191 | 103 | 88 | 241 | 129 | 112 | 239 | 128 | 111 |
| 岱山县 | 1974 | 1393 | 581 | 2071 | 1467 | 604 | 1594 | 993 | 601 |
| 嵊泗县 | 449 | 225 | 224 | 548 | 284 | 264 | 470 | 252 | 218 |
| **台州市** | **11719** | **5884** | **5835** | **12074** | **6256** | **5818** | **9481** | **4936** | **4545** |
| 椒江区 | 59 | 37 | 22 | 65 | 38 | 27 | 40 | 30 | 10 |
| 黄岩区 | 308 | 148 | 160 | 369 | 181 | 188 | 336 | 177 | 159 |
| 路桥区 | 1130 | 558 | 572 | 1132 | 608 | 524 | 704 | 363 | 341 |
| 三门县 | 1964 | 968 | 996 | 1924 | 1025 | 899 | 1496 | 777 | 719 |
| 天台县 | 2047 | 986 | 1061 | 2013 | 1011 | 1002 | 1792 | 922 | 870 |
| 仙居县 | 1958 | 955 | 1003 | 2048 | 1015 | 1033 | 1646 | 829 | 817 |
| 温岭市 | 2808 | 1483 | 1325 | 3032 | 1624 | 1408 | 2264 | 1218 | 1046 |
| 临海市 | 1284 | 664 | 620 | 1322 | 662 | 660 | 1082 | 557 | 525 |
| 玉环市 | 161 | 85 | 76 | 169 | 92 | 77 | 121 | 63 | 58 |
| **丽水市** | **8923** | **4570** | **4353** | **8777** | **4500** | **4277** | **7153** | **3658** | **3495** |
| 莲都区 | 189 | 100 | 89 | 204 | 120 | 84 | 190 | 107 | 83 |
| 青田县 | 1829 | 949 | 880 | 1790 | 893 | 897 | 1530 | 736 | 794 |
| 缙云县 | 2114 | 1076 | 1038 | 2085 | 1064 | 1021 | 1617 | 822 | 795 |
| 遂昌县 | 1040 | 535 | 505 | 1015 | 535 | 480 | 862 | 453 | 409 |
| 松阳县 | 1034 | 556 | 478 | 1024 | 524 | 500 | 805 | 444 | 361 |
| 云和县 | 926 | 483 | 443 | 1019 | 520 | 499 | 829 | 448 | 381 |
| 庆元县 | 1026 | 512 | 514 | 891 | 453 | 438 | 702 | 331 | 371 |
| 景宁畲族自治县 | 604 | 282 | 322 | 557 | 288 | 269 | 464 | 234 | 230 |
| 龙泉市 | 161 | 77 | 84 | 192 | 103 | 89 | 154 | 83 | 71 |

1-3b 续表 10 单位：人

| 地区 | 60-64岁 | | | 65-69岁 | | | 70-74岁 | | |
|---|---|---|---|---|---|---|---|---|---|
| | 小计 | 男 | 女 | 小计 | 男 | 女 | 小计 | 男 | 女 |
| **合计** | **67269** | **34886** | **32383** | **59688** | **29650** | **30038** | **40943** | **20280** | **20663** |
| **杭州市** | **5722** | **3025** | **2697** | **5146** | **2537** | **2609** | **3381** | **1710** | **1671** |
| 上城区 | | | | | | | | | |
| 下城区 | | | | | | | | | |
| 江干区 | | | | | | | | | |
| 拱墅区 | | | | | | | | | |
| 西湖区 | 3 | 1 | 2 | 3 | 2 | 1 | 2 | 1 | 1 |
| 滨江区 | | | | | | | | | |
| 萧山区 | 630 | 339 | 291 | 562 | 288 | 274 | 404 | 198 | 206 |
| 余杭区 | 1249 | 660 | 589 | 1043 | 500 | 543 | 725 | 376 | 349 |
| 富阳区 | 203 | 103 | 100 | 225 | 110 | 115 | 172 | 87 | 85 |
| 临安区 | 500 | 273 | 227 | 403 | 196 | 207 | 263 | 131 | 132 |
| 桐庐县 | 1633 | 847 | 786 | 1510 | 741 | 769 | 968 | 476 | 492 |
| 淳安县 | 916 | 483 | 433 | 793 | 395 | 398 | 445 | 241 | 204 |
| 建德市 | 588 | 319 | 269 | 607 | 305 | 302 | 402 | 200 | 202 |
| **宁波市** | **9722** | **4929** | **4793** | **7950** | **3995** | **3955** | **5580** | **2611** | **2969** |
| 海曙区 | 210 | 106 | 104 | 231 | 105 | 126 | 162 | 93 | 69 |
| 江北区 | | | | | | | | | |
| 北仑区 | 218 | 106 | 112 | 193 | 109 | 84 | 90 | 42 | 48 |
| 镇海区 | 196 | 108 | 88 | 147 | 77 | 70 | 125 | 48 | 77 |
| 鄞州区 | 1546 | 773 | 773 | 1370 | 686 | 684 | 1014 | 450 | 564 |
| 奉化区 | 346 | 178 | 168 | 299 | 151 | 148 | 213 | 110 | 103 |
| 象山县 | 1783 | 899 | 884 | 1348 | 678 | 670 | 933 | 423 | 510 |
| 宁海县 | 2177 | 1121 | 1056 | 1599 | 779 | 820 | 1004 | 487 | 517 |
| 余姚市 | 1542 | 745 | 797 | 1334 | 668 | 666 | 1047 | 492 | 555 |
| 慈溪市 | 1704 | 893 | 811 | 1429 | 742 | 687 | 992 | 466 | 526 |
| **温州市** | **9887** | **5169** | **4718** | **8744** | **4339** | **4405** | **5624** | **2873** | **2751** |
| 鹿城区 | 34 | 20 | 14 | 37 | 18 | 19 | 33 | 15 | 18 |
| 龙湾区 | 686 | 392 | 294 | 508 | 256 | 252 | 310 | 142 | 168 |
| 瓯海区 | 57 | 29 | 28 | 57 | 30 | 27 | 53 | 24 | 29 |
| 洞头区 | 50 | 26 | 24 | 60 | 28 | 32 | 30 | 12 | 18 |
| 永嘉县 | 1874 | 975 | 899 | 1622 | 803 | 819 | 1101 | 556 | 545 |
| 平阳县 | 2691 | 1403 | 1288 | 2400 | 1208 | 1192 | 1478 | 746 | 732 |
| 苍南县 | 2788 | 1463 | 1325 | 2395 | 1212 | 1183 | 1508 | 797 | 711 |
| 文成县 | 562 | 272 | 290 | 648 | 284 | 364 | 410 | 225 | 185 |
| 泰顺县 | 593 | 314 | 279 | 457 | 234 | 223 | 280 | 161 | 119 |
| 瑞安市 | 196 | 92 | 104 | 197 | 96 | 101 | 156 | 69 | 87 |
| 乐清市 | 276 | 139 | 137 | 268 | 123 | 145 | 196 | 94 | 102 |
| 龙港市 | 80 | 44 | 36 | 95 | 47 | 48 | 69 | 32 | 37 |
| **嘉兴市** | **7815** | **4124** | **3691** | **7573** | **3818** | **3755** | **5472** | **2682** | **2790** |
| 南湖区 | 332 | 178 | 154 | 314 | 163 | 151 | 204 | 101 | 103 |
| 秀洲区 | 596 | 300 | 296 | 569 | 306 | 263 | 403 | 184 | 219 |
| 嘉善县 | 1892 | 999 | 893 | 1903 | 926 | 977 | 1383 | 689 | 694 |
| 海盐县 | 1603 | 832 | 771 | 1494 | 716 | 778 | 1094 | 531 | 563 |
| 海宁市 | 1588 | 849 | 739 | 1514 | 789 | 725 | 1027 | 511 | 516 |
| 平湖市 | 862 | 455 | 407 | 918 | 469 | 449 | 665 | 321 | 344 |
| 桐乡市 | 942 | 511 | 431 | 861 | 449 | 412 | 696 | 345 | 351 |
| **湖州市** | **6989** | **3656** | **3333** | **6431** | **3190** | **3241** | **4341** | **2110** | **2231** |
| 吴兴区 | 525 | 274 | 251 | 480 | 247 | 233 | 265 | 124 | 141 |
| 南浔区 | 889 | 499 | 390 | 881 | 452 | 429 | 642 | 316 | 326 |
| 德清县 | 1909 | 983 | 926 | 1596 | 818 | 778 | 1027 | 503 | 524 |
| 长兴县 | 2164 | 1135 | 1029 | 2146 | 1031 | 1115 | 1566 | 777 | 789 |
| 安吉县 | 1502 | 765 | 737 | 1328 | 642 | 686 | 841 | 390 | 451 |

1-3b 续表 11 单位：人

| 地区 | 60-64岁 | | | 65-69岁 | | | 70-74岁 | | |
|---|---|---|---|---|---|---|---|---|---|
| | 小计 | 男 | 女 | 小计 | 男 | 女 | 小计 | 男 | 女 |
| **绍兴市** | **4101** | **2183** | **1918** | **3457** | **1742** | **1715** | **2596** | **1291** | **1305** |
| 越城区 | 22 | 11 | 11 | 26 | 12 | 14 | 30 | 14 | 16 |
| 柯桥区 | 458 | 279 | 179 | 350 | 186 | 164 | 262 | 124 | 138 |
| 上虞区 | 415 | 223 | 192 | 366 | 194 | 172 | 263 | 128 | 135 |
| 新昌县 | 1649 | 863 | 786 | 1146 | 563 | 583 | 755 | 389 | 366 |
| 诸暨市 | 975 | 506 | 469 | 951 | 460 | 491 | 779 | 397 | 382 |
| 嵊州市 | 582 | 301 | 281 | 618 | 327 | 291 | 507 | 239 | 268 |
| **金华市** | **6015** | **3159** | **2856** | **5597** | **2751** | **2846** | **3809** | **1938** | **1871** |
| 婺城区 | 331 | 166 | 165 | 305 | 144 | 161 | 219 | 105 | 114 |
| 金东区 | 573 | 301 | 272 | 520 | 261 | 259 | 340 | 168 | 172 |
| 武义县 | 1108 | 583 | 525 | 917 | 452 | 465 | 579 | 304 | 275 |
| 浦江县 | 860 | 438 | 422 | 858 | 396 | 462 | 624 | 305 | 319 |
| 磐安县 | 467 | 254 | 213 | 424 | 205 | 219 | 273 | 152 | 121 |
| 兰溪市 | 433 | 240 | 193 | 439 | 230 | 209 | 306 | 154 | 152 |
| 义乌市 | 823 | 459 | 364 | 737 | 372 | 365 | 479 | 233 | 246 |
| 东阳市 | 1120 | 571 | 549 | 1097 | 535 | 562 | 797 | 417 | 380 |
| 永康市 | 300 | 147 | 153 | 300 | 156 | 144 | 192 | 100 | 92 |
| **衢州市** | **3369** | **1736** | **1633** | **3227** | **1603** | **1624** | **2278** | **1135** | **1143** |
| 柯城区 | 90 | 44 | 46 | 87 | 51 | 36 | 68 | 35 | 33 |
| 衢江区 | 281 | 152 | 129 | 281 | 144 | 137 | 231 | 121 | 110 |
| 常山县 | 771 | 391 | 380 | 717 | 341 | 376 | 474 | 251 | 223 |
| 开化县 | 788 | 392 | 396 | 707 | 358 | 349 | 421 | 188 | 233 |
| 龙游县 | 943 | 493 | 450 | 901 | 431 | 470 | 663 | 318 | 345 |
| 江山市 | 496 | 264 | 232 | 534 | 278 | 256 | 421 | 222 | 199 |
| **舟山市** | **1736** | **909** | **827** | **1376** | **645** | **731** | **989** | **448** | **541** |
| 定海区 | 194 | 108 | 86 | 178 | 82 | 96 | 125 | 59 | 66 |
| 普陀区 | 202 | 110 | 92 | 121 | 59 | 62 | 78 | 30 | 48 |
| 岱山县 | 966 | 509 | 457 | 742 | 340 | 402 | 542 | 244 | 298 |
| 嵊泗县 | 374 | 182 | 192 | 335 | 164 | 171 | 244 | 115 | 129 |
| **台州市** | **6862** | **3469** | **3393** | **5442** | **2691** | **2751** | **3908** | **1945** | **1963** |
| 椒江区 | 6 | 4 | 2 | 12 | 6 | 6 | 7 | 2 | 5 |
| 黄岩区 | 231 | 121 | 110 | 207 | 101 | 106 | 141 | 76 | 65 |
| 路桥区 | 420 | 215 | 205 | 430 | 210 | 220 | 289 | 156 | 133 |
| 三门县 | 1128 | 577 | 551 | 792 | 394 | 398 | 549 | 263 | 286 |
| 天台县 | 1435 | 719 | 716 | 1117 | 554 | 563 | 782 | 389 | 393 |
| 仙居县 | 1228 | 616 | 612 | 977 | 472 | 505 | 693 | 364 | 329 |
| 温岭市 | 1511 | 784 | 727 | 1175 | 592 | 583 | 903 | 417 | 486 |
| 临海市 | 828 | 397 | 431 | 673 | 334 | 339 | 500 | 256 | 244 |
| 玉环市 | 75 | 36 | 39 | 59 | 28 | 31 | 44 | 22 | 22 |
| **丽水市** | **5051** | **2527** | **2524** | **4745** | **2339** | **2406** | **2965** | **1537** | **1428** |
| 莲都区 | 114 | 58 | 56 | 134 | 67 | 67 | 68 | 29 | 39 |
| 青田县 | 1220 | 576 | 644 | 1128 | 547 | 581 | 731 | 364 | 367 |
| 缙云县 | 1149 | 600 | 549 | 1064 | 512 | 552 | 748 | 377 | 371 |
| 遂昌县 | 655 | 334 | 321 | 547 | 272 | 275 | 332 | 166 | 166 |
| 松阳县 | 538 | 259 | 279 | 509 | 247 | 262 | 301 | 164 | 137 |
| 云和县 | 468 | 258 | 210 | 434 | 222 | 212 | 245 | 137 | 108 |
| 庆元县 | 454 | 217 | 237 | 489 | 255 | 234 | 284 | 153 | 131 |
| 景宁畲族自治县 | 351 | 174 | 177 | 322 | 159 | 163 | 185 | 104 | 81 |
| 龙泉市 | 102 | 51 | 51 | 118 | 58 | 60 | 71 | 43 | 28 |

1-3b 续表 12

单位：人

| 地区 | 75-79岁 | | | 80-84岁 | | | 85-89岁 | | |
|---|---|---|---|---|---|---|---|---|---|
| | 小计 | 男 | 女 | 小计 | 男 | 女 | 小计 | 男 | 女 |
| **合计** | **22552** | **11147** | **11405** | **15789** | **7454** | **8335** | **9606** | **4160** | **5446** |
| **杭州市** | **1808** | **862** | **946** | **1360** | **636** | **724** | **822** | **335** | **487** |
| 上城区 | | | | | | | | | |
| 下城区 | | | | | | | | | |
| 江干区 | | | | | | | | | |
| 拱墅区 | | | | | | | | | |
| 西湖区 | | | | 1 | | 1 | | | |
| 滨江区 | | | | | | | | | |
| 萧山区 | 223 | 113 | 110 | 116 | 64 | 52 | 78 | 36 | 42 |
| 余杭区 | 433 | 193 | 240 | 253 | 119 | 134 | 154 | 62 | 92 |
| 富阳区 | 89 | 41 | 48 | 61 | 27 | 34 | 41 | 15 | 26 |
| 临安区 | 126 | 56 | 70 | 142 | 68 | 74 | 79 | 27 | 52 |
| 桐庐县 | 492 | 234 | 258 | 399 | 185 | 214 | 265 | 112 | 153 |
| 淳安县 | 214 | 110 | 104 | 207 | 88 | 119 | 111 | 48 | 63 |
| 建德市 | 231 | 115 | 116 | 181 | 85 | 96 | 94 | 35 | 59 |
| **宁波市** | **2896** | **1442** | **1454** | **1835** | **865** | **970** | **1217** | **525** | **692** |
| 海曙区 | 79 | 36 | 43 | 47 | 18 | 29 | 41 | 22 | 19 |
| 江北区 | | | | | | | | | |
| 北仑区 | 55 | 24 | 31 | 21 | 10 | 11 | 23 | 11 | 12 |
| 镇海区 | 59 | 32 | 27 | 26 | 15 | 11 | 28 | 9 | 19 |
| 鄞州区 | 455 | 262 | 193 | 258 | 123 | 135 | 160 | 73 | 87 |
| 奉化区 | 92 | 48 | 44 | 61 | 27 | 34 | 42 | 20 | 22 |
| 象山县 | 538 | 245 | 293 | 360 | 178 | 182 | 230 | 106 | 124 |
| 宁海县 | 562 | 265 | 297 | 417 | 196 | 221 | 260 | 111 | 149 |
| 余姚市 | 533 | 275 | 258 | 317 | 150 | 167 | 218 | 88 | 130 |
| 慈溪市 | 523 | 255 | 268 | 328 | 148 | 180 | 215 | 85 | 130 |
| **温州市** | **3304** | **1785** | **1519** | **2455** | **1204** | **1251** | **1319** | **608** | **711** |
| 鹿城区 | 14 | 6 | 8 | 12 | 5 | 7 | 4 | 2 | 2 |
| 龙湾区 | 204 | 107 | 97 | 112 | 56 | 56 | 84 | 30 | 54 |
| 瓯海区 | 30 | 18 | 12 | 24 | 6 | 18 | 14 | 8 | 6 |
| 洞头区 | 20 | 13 | 7 | 18 | 10 | 8 | 16 | 3 | 13 |
| 永嘉县 | 618 | 321 | 297 | 436 | 218 | 218 | 205 | 102 | 103 |
| 平阳县 | 871 | 461 | 410 | 685 | 336 | 349 | 350 | 156 | 194 |
| 苍南县 | 860 | 490 | 370 | 599 | 292 | 307 | 351 | 153 | 198 |
| 文成县 | 286 | 163 | 123 | 226 | 117 | 109 | 125 | 70 | 55 |
| 泰顺县 | 187 | 104 | 83 | 143 | 75 | 68 | 78 | 43 | 35 |
| 瑞安市 | 82 | 43 | 39 | 73 | 31 | 42 | 37 | 18 | 19 |
| 乐清市 | 101 | 48 | 53 | 94 | 46 | 48 | 38 | 17 | 21 |
| 龙港市 | 31 | 11 | 20 | 33 | 12 | 21 | 17 | 6 | 11 |
| **嘉兴市** | **3150** | **1554** | **1596** | **1895** | **853** | **1042** | **1155** | **441** | **714** |
| 南湖区 | 122 | 66 | 56 | 76 | 30 | 46 | 47 | 16 | 31 |
| 秀洲区 | 240 | 129 | 111 | 152 | 79 | 73 | 61 | 20 | 41 |
| 嘉善县 | 806 | 412 | 394 | 444 | 202 | 242 | 277 | 101 | 176 |
| 海盐县 | 640 | 312 | 328 | 410 | 181 | 229 | 253 | 100 | 153 |
| 海宁市 | 554 | 259 | 295 | 374 | 157 | 217 | 236 | 93 | 143 |
| 平湖市 | 425 | 210 | 215 | 202 | 99 | 103 | 137 | 50 | 87 |
| 桐乡市 | 363 | 166 | 197 | 237 | 105 | 132 | 144 | 61 | 83 |
| **湖州市** | **2444** | **1124** | **1320** | **1628** | **728** | **900** | **989** | **428** | **561** |
| 吴兴区 | 138 | 65 | 73 | 104 | 52 | 52 | 63 | 23 | 40 |
| 南浔区 | 316 | 152 | 164 | 260 | 119 | 141 | 146 | 56 | 90 |
| 德清县 | 581 | 246 | 335 | 412 | 173 | 239 | 241 | 112 | 129 |
| 长兴县 | 961 | 449 | 512 | 560 | 245 | 315 | 332 | 144 | 188 |
| 安吉县 | 448 | 212 | 236 | 292 | 139 | 153 | 207 | 93 | 114 |

1-3b　续表 13　　　　单位：人

| 地　区 | 75-79岁 | | | 80-84岁 | | | 85-89岁 | | |
|---|---|---|---|---|---|---|---|---|---|
| | 小计 | 男 | 女 | 小计 | 男 | 女 | 小计 | 男 | 女 |
| **绍兴市** | **1235** | **612** | **623** | **819** | **391** | **428** | **556** | **248** | **308** |
| 越城区 | 14 | 6 | 8 | 6 | 4 | 2 | 4 | 1 | 3 |
| 柯桥区 | 134 | 71 | 63 | 79 | 28 | 51 | 50 | 24 | 26 |
| 上虞区 | 141 | 69 | 72 | 73 | 31 | 42 | 76 | 30 | 46 |
| 新昌县 | 365 | 182 | 183 | 278 | 139 | 139 | 174 | 79 | 95 |
| 诸暨市 | 343 | 173 | 170 | 231 | 116 | 115 | 150 | 70 | 80 |
| 嵊州市 | 238 | 111 | 127 | 152 | 73 | 79 | 102 | 44 | 58 |
| **金华市** | **2076** | **1014** | **1062** | **1449** | **735** | **714** | **930** | **409** | **521** |
| 婺城区 | 110 | 54 | 56 | 80 | 45 | 35 | 50 | 23 | 27 |
| 金东区 | 153 | 75 | 78 | 115 | 56 | 59 | 76 | 32 | 44 |
| 武义县 | 266 | 131 | 135 | 220 | 97 | 123 | 139 | 62 | 77 |
| 浦江县 | 297 | 161 | 136 | 196 | 108 | 88 | 131 | 61 | 70 |
| 磐安县 | 172 | 79 | 93 | 100 | 56 | 44 | 67 | 35 | 32 |
| 兰溪市 | 196 | 91 | 105 | 120 | 55 | 65 | 83 | 38 | 45 |
| 义乌市 | 276 | 150 | 126 | 201 | 111 | 90 | 126 | 56 | 70 |
| 东阳市 | 473 | 210 | 263 | 327 | 162 | 165 | 205 | 83 | 122 |
| 永康市 | 133 | 63 | 70 | 90 | 45 | 45 | 53 | 19 | 34 |
| **衢州市** | **1124** | **562** | **562** | **911** | **452** | **459** | **495** | **235** | **260** |
| 柯城区 | 22 | 16 | 6 | 17 | 6 | 11 | 11 | 3 | 8 |
| 衢江区 | 118 | 59 | 59 | 79 | 41 | 38 | 45 | 24 | 21 |
| 常山县 | 247 | 128 | 119 | 197 | 101 | 96 | 103 | 50 | 53 |
| 开化县 | 229 | 117 | 112 | 209 | 96 | 113 | 91 | 38 | 53 |
| 龙游县 | 315 | 154 | 161 | 264 | 126 | 138 | 157 | 78 | 79 |
| 江山市 | 193 | 88 | 105 | 145 | 82 | 63 | 88 | 42 | 46 |
| **舟山市** | **545** | **251** | **294** | **360** | **157** | **203** | **239** | **83** | **156** |
| 定海区 | 64 | 29 | 35 | 35 | 18 | 17 | 33 | 12 | 21 |
| 普陀区 | 51 | 24 | 27 | 31 | 13 | 18 | 28 | 7 | 21 |
| 岱山县 | 310 | 143 | 167 | 204 | 91 | 113 | 120 | 42 | 78 |
| 嵊泗县 | 120 | 55 | 65 | 90 | 35 | 55 | 58 | 22 | 36 |
| **台州市** | **2262** | **1047** | **1215** | **1691** | **753** | **938** | **1035** | **429** | **606** |
| 椒江区 | 6 | 2 | 4 | 4 | 2 | 2 | 2 | 1 | 1 |
| 黄岩区 | 86 | 37 | 49 | 84 | 37 | 47 | 62 | 29 | 33 |
| 路桥区 | 176 | 83 | 93 | 113 | 55 | 58 | 68 | 29 | 39 |
| 三门县 | 324 | 144 | 180 | 249 | 114 | 135 | 180 | 74 | 106 |
| 天台县 | 403 | 200 | 203 | 293 | 124 | 169 | 156 | 60 | 96 |
| 仙居县 | 351 | 159 | 192 | 299 | 137 | 162 | 191 | 86 | 105 |
| 温岭市 | 602 | 272 | 330 | 404 | 173 | 231 | 231 | 91 | 140 |
| 临海市 | 283 | 135 | 148 | 226 | 100 | 126 | 136 | 54 | 82 |
| 玉环市 | 31 | 15 | 16 | 19 | 11 | 8 | 9 | 5 | 4 |
| **丽水市** | **1708** | **894** | **814** | **1386** | **680** | **706** | **849** | **419** | **430** |
| 莲都区 | 45 | 21 | 24 | 45 | 26 | 19 | 24 | 14 | 10 |
| 青田县 | 501 | 251 | 250 | 397 | 205 | 192 | 233 | 108 | 125 |
| 缙云县 | 424 | 208 | 216 | 300 | 149 | 151 | 196 | 97 | 99 |
| 遂昌县 | 161 | 85 | 76 | 153 | 74 | 79 | 92 | 44 | 48 |
| 松阳县 | 154 | 85 | 69 | 149 | 56 | 93 | 78 | 44 | 34 |
| 云和县 | 134 | 82 | 52 | 126 | 70 | 56 | 84 | 40 | 44 |
| 庆元县 | 149 | 81 | 68 | 111 | 54 | 57 | 71 | 37 | 34 |
| 景宁畲族自治县 | 106 | 60 | 46 | 77 | 35 | 42 | 53 | 24 | 29 |
| 龙泉市 | 34 | 21 | 13 | 28 | 11 | 17 | 18 | 11 | 7 |

1-3b 续表 14　　　　单位：人

| 地　区 | 90-94岁 | | | 95-99岁 | | | 100岁及以上 | | |
|---|---|---|---|---|---|---|---|---|---|
| | 小计 | 男 | 女 | 小计 | 男 | 女 | 小计 | 男 | 女 |
| **合计** | **3198** | **1260** | **1938** | **597** | **195** | **402** | **65** | **20** | **45** |
| **杭州市** | **277** | **109** | **168** | **41** | **18** | **23** | **5** | **2** | **3** |
| 上城区 | | | | | | | | | |
| 下城区 | | | | | | | | | |
| 江干区 | | | | | | | | | |
| 拱墅区 | | | | | | | | | |
| 西湖区 | | | | | | | | | |
| 滨江区 | | | | | | | | | |
| 萧山区 | 31 | 11 | 20 | 6 | 4 | 2 | | | |
| 余杭区 | 52 | 18 | 34 | 10 | 2 | 8 | 1 | 1 | |
| 富阳区 | 17 | 3 | 14 | | | | | | |
| 临安区 | 8 | 1 | 7 | 3 | 2 | 1 | 1 | | 1 |
| 桐庐县 | 94 | 39 | 55 | 14 | 7 | 7 | 2 | 1 | 1 |
| 淳安县 | 44 | 22 | 22 | 2 | | 2 | | | |
| 建德市 | 31 | 15 | 16 | 6 | 3 | 3 | 1 | | 1 |
| **宁波市** | **425** | **183** | **242** | **64** | **23** | **41** | **9** | **1** | **8** |
| 海曙区 | 12 | 6 | 6 | 3 | | 3 | | | |
| 江北区 | | | | | | | | | |
| 北仑区 | 13 | 6 | 7 | 5 | 2 | 3 | | | |
| 镇海区 | 16 | 8 | 8 | 1 | | 1 | 2 | | 2 |
| 鄞州区 | 50 | 22 | 28 | 8 | 5 | 3 | 1 | | 1 |
| 奉化区 | 10 | 4 | 6 | 1 | | 1 | | | |
| 象山县 | 65 | 35 | 30 | 7 | 2 | 5 | | | |
| 宁海县 | 104 | 50 | 54 | 13 | 3 | 10 | 2 | 1 | 1 |
| 余姚市 | 77 | 23 | 54 | 18 | 8 | 10 | 1 | | 1 |
| 慈溪市 | 78 | 29 | 49 | 8 | 3 | 5 | 3 | | 3 |
| **温州市** | **490** | **204** | **286** | **93** | **29** | **64** | **16** | **7** | **9** |
| 鹿城区 | 3 | 3 | | 1 | | 1 | | | |
| 龙湾区 | 22 | 10 | 12 | 4 | | 4 | | | |
| 瓯海区 | 3 | | 3 | 3 | 1 | 2 | | | |
| 洞头区 | 3 | | 3 | | | | | | |
| 永嘉县 | 88 | 32 | 56 | 13 | 4 | 9 | 5 | 3 | 2 |
| 平阳县 | 121 | 60 | 61 | 25 | 7 | 18 | 2 | | 2 |
| 苍南县 | 126 | 47 | 79 | 22 | 8 | 14 | 2 | | 2 |
| 文成县 | 55 | 22 | 33 | 7 | 5 | 2 | 1 | | 1 |
| 泰顺县 | 35 | 18 | 17 | 5 | | 5 | 2 | 1 | 1 |
| 瑞安市 | 11 | 4 | 7 | 4 | 1 | 3 | | | |
| 乐清市 | 17 | 6 | 11 | 8 | 3 | 5 | 4 | 3 | 1 |
| 龙港市 | 6 | 2 | 4 | 1 | | 1 | | | |
| **嘉兴市** | **407** | **124** | **283** | **67** | **18** | **49** | **6** | | **6** |
| 南湖区 | 9 | 4 | 5 | 2 | | 2 | 1 | | 1 |
| 秀洲区 | 28 | 7 | 21 | 5 | 2 | 3 | | | |
| 嘉善县 | 102 | 30 | 72 | 11 | 6 | 5 | 3 | | 3 |
| 海盐县 | 96 | 25 | 71 | 16 | 4 | 12 | 1 | | 1 |
| 海宁市 | 92 | 32 | 60 | 18 | 5 | 13 | 1 | | 1 |
| 平湖市 | 38 | 10 | 28 | 5 | | 5 | | | |
| 桐乡市 | 42 | 16 | 26 | 10 | 1 | 9 | | | |
| **湖州市** | **323** | **127** | **196** | **85** | **31** | **54** | **4** | **1** | **3** |
| 吴兴区 | 23 | 6 | 17 | 5 | 2 | 3 | | | |
| 南浔区 | 54 | 20 | 34 | 15 | 5 | 10 | 1 | | 1 |
| 德清县 | 85 | 36 | 49 | 21 | 7 | 14 | | | |
| 长兴县 | 94 | 44 | 50 | 27 | 9 | 18 | 3 | 1 | 2 |
| 安吉县 | 67 | 21 | 46 | 17 | 8 | 9 | | | |

1−3b　续表 15　　　　单位：人

| 地　区 | 90−94岁 | | | 95−99岁 | | | 100岁及以上 | | |
|---|---|---|---|---|---|---|---|---|---|
| | 小计 | 男 | 女 | 小计 | 男 | 女 | 小计 | 男 | 女 |
| **绍兴市** | **138** | **61** | **77** | **31** | **6** | **25** | **5** | **1** | **4** |
| 越城区 | 1 | 1 | | | | | 1 | | 1 |
| 柯桥区 | 15 | 4 | 11 | 1 | | 1 | | | |
| 上虞区 | 17 | 6 | 11 | 2 | 2 | | | | |
| 新昌县 | 41 | 20 | 21 | 12 | 2 | 10 | 2 | 1 | 1 |
| 诸暨市 | 42 | 20 | 22 | 10 | 1 | 9 | 1 | | 1 |
| 嵊州市 | 22 | 10 | 12 | 6 | 1 | 5 | 1 | | 1 |
| **金华市** | **305** | **121** | **184** | **54** | **23** | **31** | **3** | | **3** |
| 婺城区 | 12 | 6 | 6 | 1 | | 1 | | | |
| 金东区 | 34 | 13 | 21 | 3 | | 3 | 1 | | 1 |
| 武义县 | 40 | 16 | 24 | 6 | 5 | 1 | | | |
| 浦江县 | 46 | 19 | 27 | 10 | 5 | 5 | | | |
| 磐安县 | 16 | 4 | 12 | 4 | 2 | 2 | | | |
| 兰溪市 | 21 | 8 | 13 | 1 | | 1 | 1 | | 1 |
| 义乌市 | 44 | 19 | 25 | 12 | 6 | 6 | 1 | | 1 |
| 东阳市 | 75 | 28 | 47 | 14 | 5 | 9 | | | |
| 永康市 | 17 | 8 | 9 | 3 | | 3 | | | |
| **衢州市** | **160** | **62** | **98** | **22** | **4** | **18** | **2** | **1** | **1** |
| 柯城区 | 5 | 1 | 4 | | | | | | |
| 衢江区 | 9 | 4 | 5 | 5 | 1 | 4 | | | |
| 常山县 | 28 | 12 | 16 | 6 | | 6 | | | |
| 开化县 | 36 | 17 | 19 | 3 | 2 | 1 | | | |
| 龙游县 | 46 | 18 | 28 | 3 | | 3 | 1 | | 1 |
| 江山市 | 36 | 10 | 26 | 5 | 1 | 4 | 1 | 1 | |
| **舟山市** | **63** | **20** | **43** | **13** | **6** | **7** | | | |
| 定海区 | 10 | 2 | 8 | | | | | | |
| 普陀区 | 3 | 2 | 1 | 1 | 1 | | | | |
| 岱山县 | 35 | 10 | 25 | 11 | 4 | 7 | | | |
| 嵊泗县 | 15 | 6 | 9 | 1 | 1 | | | | |
| **台州市** | **318** | **114** | **204** | **59** | **17** | **42** | **5** | **3** | **2** |
| 椒江区 | 2 | | 2 | | | | | | |
| 黄岩区 | 13 | 3 | 10 | 2 | 1 | 1 | | | |
| 路桥区 | 22 | 7 | 15 | 7 | 4 | 3 | 2 | | 2 |
| 三门县 | 31 | 7 | 24 | 13 | 4 | 9 | | | |
| 天台县 | 59 | 21 | 38 | 10 | 4 | 6 | | | |
| 仙居县 | 63 | 30 | 33 | 7 | 2 | 5 | 3 | 3 | |
| 温岭市 | 70 | 29 | 41 | 10 | 1 | 9 | | | |
| 临海市 | 56 | 17 | 39 | 8 | 1 | 7 | | | |
| 玉环市 | 2 | | 2 | 2 | | 2 | | | |
| **丽水市** | **292** | **135** | **157** | **68** | **20** | **48** | **10** | **4** | **6** |
| 莲都区 | 14 | 5 | 9 | 3 | 1 | 2 | 1 | | 1 |
| 青田县 | 76 | 30 | 46 | 17 | 7 | 10 | 2 | 2 | |
| 缙云县 | 69 | 33 | 36 | 21 | 3 | 18 | 4 | 2 | 2 |
| 遂昌县 | 37 | 17 | 20 | 5 | 1 | 4 | | | |
| 松阳县 | 27 | 12 | 15 | 5 | 1 | 4 | 2 | | 2 |
| 云和县 | 24 | 13 | 11 | 6 | 4 | 2 | | | |
| 庆元县 | 18 | 9 | 9 | 4 | 2 | 2 | | | |
| 景宁畲族自治县 | 20 | 11 | 9 | 7 | 1 | 6 | 1 | | 1 |
| 龙泉市 | 7 | 5 | 2 | | | | | | |

# 1-3c 各地区分年龄、性别的人口(乡村)

单位：人

| 地区 | 合计 | | | 0岁 | | |
|---|---|---|---|---|---|---|
| | 合计 | 男 | 女 | 小计 | 男 | 女 |
| **合计** | **1744519** | **919459** | **825060** | **12641** | **6621** | **6020** |
| **杭州市** | **200025** | **106340** | **93685** | **1466** | **743** | **723** |
| 上城区 | | | | | | |
| 下城区 | | | | | | |
| 江干区 | | | | | | |
| 拱墅区 | | | | | | |
| 西湖区 | 3227 | 1761 | 1466 | 35 | 21 | 14 |
| 滨江区 | | | | | | |
| 萧山区 | 48566 | 25765 | 22801 | 296 | 147 | 149 |
| 余杭区 | 49421 | 27520 | 21901 | 318 | 140 | 178 |
| 富阳区 | 25335 | 13421 | 11914 | 216 | 105 | 111 |
| 临安区 | 25466 | 13370 | 12096 | 178 | 97 | 81 |
| 桐庐县 | 12874 | 6597 | 6277 | 113 | 63 | 50 |
| 淳安县 | 16144 | 8060 | 8084 | 145 | 86 | 59 |
| 建德市 | 18992 | 9846 | 9146 | 165 | 84 | 81 |
| **宁波市** | **209101** | **111735** | **97366** | **1171** | **608** | **563** |
| 海曙区 | 13534 | 7156 | 6378 | 76 | 35 | 41 |
| 江北区 | 8621 | 4818 | 3803 | 52 | 27 | 25 |
| 北仑区 | 20433 | 11420 | 9013 | 116 | 62 | 54 |
| 镇海区 | 5652 | 3301 | 2351 | 38 | 21 | 17 |
| 鄞州区 | 30458 | 16572 | 13886 | 125 | 54 | 71 |
| 奉化区 | 22635 | 12244 | 10391 | 83 | 43 | 40 |
| 象山县 | 20964 | 10711 | 10253 | 139 | 77 | 62 |
| 宁海县 | 24143 | 12550 | 11593 | 216 | 115 | 101 |
| 余姚市 | 23095 | 11964 | 11131 | 126 | 68 | 58 |
| 慈溪市 | 39566 | 20999 | 18567 | 200 | 106 | 94 |
| **温州市** | **238448** | **127532** | **110916** | **2032** | **1074** | **958** |
| 鹿城区 | 10274 | 5711 | 4563 | 57 | 30 | 27 |
| 龙湾区 | 63 | 39 | 24 | 1 | | 1 |
| 瓯海区 | 14548 | 8003 | 6545 | 79 | 45 | 34 |
| 洞头区 | 6474 | 3785 | 2689 | 39 | 20 | 19 |
| 永嘉县 | 31916 | 17129 | 14787 | 364 | 191 | 173 |
| 平阳县 | 31309 | 16607 | 14702 | 214 | 117 | 97 |
| 苍南县 | 25411 | 13468 | 11943 | 218 | 115 | 103 |
| 文成县 | 10916 | 5910 | 5006 | 113 | 62 | 51 |
| 泰顺县 | 11389 | 6104 | 5285 | 160 | 92 | 68 |
| 瑞安市 | 46432 | 24751 | 21681 | 326 | 167 | 159 |
| 乐清市 | 48310 | 25307 | 23003 | 442 | 226 | 216 |
| 龙港市 | 1406 | 718 | 688 | 19 | 9 | 10 |
| **嘉兴市** | **161161** | **84426** | **76735** | **1011** | **499** | **512** |
| 南湖区 | 10865 | 5820 | 5045 | 63 | 29 | 34 |
| 秀洲区 | 23543 | 12192 | 11351 | 163 | 62 | 101 |
| 嘉善县 | 17481 | 9435 | 8046 | 96 | 49 | 47 |
| 海盐县 | 16474 | 8486 | 7988 | 110 | 57 | 53 |
| 海宁市 | 35060 | 18367 | 16693 | 186 | 88 | 98 |
| 平湖市 | 23632 | 12534 | 11098 | 143 | 76 | 67 |
| 桐乡市 | 34106 | 17592 | 16514 | 250 | 138 | 112 |
| **湖州市** | **119063** | **62689** | **56374** | **739** | **390** | **349** |
| 吴兴区 | 25134 | 13724 | 11410 | 132 | 65 | 67 |
| 南浔区 | 22758 | 11896 | 10862 | 120 | 75 | 45 |
| 德清县 | 22076 | 11659 | 10417 | 140 | 76 | 64 |
| 长兴县 | 26017 | 13457 | 12560 | 197 | 109 | 88 |
| 安吉县 | 23078 | 11953 | 11125 | 150 | 65 | 85 |

1-3c 续表 1

单位：人

| 地 区 | 合 计 | | | 0岁 | | |
|---|---|---|---|---|---|---|
| | 合计 | 男 | 女 | 小计 | 男 | 女 |
| **绍兴市** | **149196** | **76567** | **72629** | **921** | **478** | **443** |
| 越城区 | 15410 | 7868 | 7542 | 83 | 37 | 46 |
| 柯桥区 | 20189 | 10443 | 9746 | 141 | 71 | 70 |
| 上虞区 | 26487 | 13203 | 13284 | 162 | 80 | 82 |
| 新昌县 | 13371 | 6985 | 6386 | 72 | 38 | 34 |
| 诸暨市 | 45299 | 23121 | 22178 | 320 | 171 | 149 |
| 嵊州市 | 28440 | 14947 | 13493 | 143 | 81 | 62 |
| **金华市** | **215383** | **112952** | **102431** | **1705** | **909** | **796** |
| 婺城区 | 20395 | 10645 | 9750 | 181 | 98 | 83 |
| 金东区 | 19929 | 10640 | 9289 | 129 | 53 | 76 |
| 武义县 | 16739 | 8846 | 7893 | 161 | 85 | 76 |
| 浦江县 | 24991 | 13214 | 11777 | 152 | 83 | 69 |
| 磐安县 | 8173 | 4235 | 3938 | 61 | 27 | 34 |
| 兰溪市 | 24696 | 12811 | 11885 | 200 | 117 | 83 |
| 义乌市 | 38394 | 20690 | 17704 | 297 | 160 | 137 |
| 东阳市 | 33511 | 16692 | 16819 | 304 | 167 | 137 |
| 永康市 | 28555 | 15179 | 13376 | 220 | 119 | 101 |
| **衢州市** | **93281** | **47722** | **45559** | **862** | **468** | **394** |
| 柯城区 | 12305 | 6361 | 5944 | 118 | 56 | 62 |
| 衢江区 | 19421 | 10151 | 9270 | 182 | 94 | 88 |
| 常山县 | 12865 | 6605 | 6260 | 124 | 71 | 53 |
| 开化县 | 11444 | 5575 | 5869 | 123 | 65 | 58 |
| 龙游县 | 17541 | 9005 | 8536 | 118 | 66 | 52 |
| 江山市 | 19705 | 10025 | 9680 | 197 | 116 | 81 |
| **舟山市** | **33588** | **18961** | **14627** | **116** | **58** | **58** |
| 定海区 | 12384 | 6860 | 5524 | 48 | 22 | 26 |
| 普陀区 | 12061 | 6730 | 5331 | 50 | 29 | 21 |
| 岱山县 | 6866 | 4122 | 2744 | 12 | 3 | 9 |
| 嵊泗县 | 2277 | 1249 | 1028 | 6 | 4 | 2 |
| **台州市** | **246176** | **128816** | **117360** | **1865** | **978** | **887** |
| 椒江区 | 20676 | 11268 | 9408 | 169 | 88 | 81 |
| 黄岩区 | 25337 | 12905 | 12432 | 185 | 98 | 87 |
| 路桥区 | 22059 | 11722 | 10337 | 133 | 68 | 65 |
| 三门县 | 16877 | 8727 | 8150 | 142 | 70 | 72 |
| 天台县 | 20236 | 10445 | 9791 | 182 | 97 | 85 |
| 仙居县 | 18896 | 9819 | 9077 | 178 | 99 | 79 |
| 温岭市 | 48367 | 25015 | 23352 | 315 | 165 | 150 |
| 临海市 | 55500 | 29076 | 26424 | 427 | 228 | 199 |
| 玉环市 | 18228 | 9839 | 8389 | 134 | 65 | 69 |
| **丽水市** | **79097** | **41719** | **37378** | **753** | **416** | **337** |
| 莲都区 | 11997 | 6532 | 5465 | 104 | 58 | 46 |
| 青田县 | 13510 | 7074 | 6436 | 116 | 65 | 51 |
| 缙云县 | 16083 | 8378 | 7705 | 134 | 77 | 57 |
| 遂昌县 | 8451 | 4454 | 3997 | 74 | 38 | 36 |
| 松阳县 | 10222 | 5286 | 4936 | 109 | 55 | 54 |
| 云和县 | 3220 | 1711 | 1509 | 24 | 13 | 11 |
| 庆元县 | 4446 | 2352 | 2094 | 46 | 24 | 22 |
| 景宁畲族自治县 | 3751 | 2038 | 1713 | 58 | 33 | 25 |
| 龙泉市 | 7417 | 3894 | 3523 | 88 | 53 | 35 |

1-3c 续表 2

单位：人

| 地区 | 1-4岁 | | | 5-9岁 | | | 10-14岁 | | |
|---|---|---|---|---|---|---|---|---|---|
| | 小计 | 男 | 女 | 小计 | 男 | 女 | 小计 | 男 | 女 |
| **合计** | **56926** | **29900** | **27026** | **66844** | **35629** | **31215** | **65394** | **34916** | **30478** |
| **杭州市** | **6862** | **3628** | **3234** | **7050** | **3614** | **3436** | **6084** | **3117** | **2967** |
| 上城区 | | | | | | | | | |
| 下城区 | | | | | | | | | |
| 江干区 | | | | | | | | | |
| 拱墅区 | | | | | | | | | |
| 西湖区 | 122 | 66 | 56 | 138 | 81 | 57 | 96 | 52 | 44 |
| 滨江区 | | | | | | | | | |
| 萧山区 | 1760 | 940 | 820 | 1818 | 947 | 871 | 1495 | 738 | 757 |
| 余杭区 | 1833 | 955 | 878 | 1858 | 944 | 914 | 1440 | 737 | 703 |
| 富阳区 | 837 | 475 | 362 | 870 | 432 | 438 | 860 | 443 | 417 |
| 临安区 | 709 | 363 | 346 | 725 | 357 | 368 | 652 | 352 | 300 |
| 桐庐县 | 406 | 210 | 196 | 413 | 220 | 193 | 423 | 208 | 215 |
| 淳安县 | 519 | 274 | 245 | 531 | 292 | 239 | 553 | 291 | 262 |
| 建德市 | 676 | 345 | 331 | 697 | 341 | 356 | 565 | 296 | 269 |
| **宁波市** | **5469** | **2827** | **2642** | **6685** | **3603** | **3082** | **6193** | **3305** | **2888** |
| 海曙区 | 350 | 152 | 198 | 447 | 242 | 205 | 403 | 218 | 185 |
| 江北区 | 220 | 121 | 99 | 237 | 125 | 112 | 227 | 144 | 83 |
| 北仑区 | 528 | 272 | 256 | 543 | 300 | 243 | 430 | 231 | 199 |
| 镇海区 | 159 | 93 | 66 | 139 | 71 | 68 | 108 | 52 | 56 |
| 鄞州区 | 831 | 443 | 388 | 982 | 525 | 457 | 892 | 486 | 406 |
| 奉化区 | 400 | 211 | 189 | 632 | 346 | 286 | 667 | 343 | 324 |
| 象山县 | 524 | 262 | 262 | 671 | 350 | 321 | 755 | 384 | 371 |
| 宁海县 | 780 | 425 | 355 | 956 | 523 | 433 | 1015 | 535 | 480 |
| 余姚市 | 586 | 294 | 292 | 699 | 379 | 320 | 650 | 335 | 315 |
| 慈溪市 | 1091 | 554 | 537 | 1379 | 742 | 637 | 1046 | 577 | 469 |
| **温州市** | **8555** | **4577** | **3978** | **11367** | **6184** | **5183** | **11426** | **6313** | **5113** |
| 鹿城区 | 277 | 141 | 136 | 347 | 189 | 158 | 373 | 204 | 169 |
| 龙湾区 | 2 | 1 | 1 | 2 | 2 | | 2 | 1 | 1 |
| 瓯海区 | 402 | 206 | 196 | 595 | 321 | 274 | 586 | 296 | 290 |
| 洞头区 | 148 | 86 | 62 | 202 | 116 | 86 | 192 | 106 | 86 |
| 永嘉县 | 1150 | 608 | 542 | 1374 | 763 | 611 | 1542 | 855 | 687 |
| 平阳县 | 1065 | 552 | 513 | 1525 | 815 | 710 | 1530 | 846 | 684 |
| 苍南县 | 905 | 473 | 432 | 1229 | 692 | 537 | 1407 | 819 | 588 |
| 文成县 | 401 | 239 | 162 | 560 | 279 | 281 | 589 | 283 | 306 |
| 泰顺县 | 519 | 270 | 249 | 642 | 337 | 305 | 608 | 306 | 302 |
| 瑞安市 | 1601 | 864 | 737 | 2034 | 1117 | 917 | 1889 | 1045 | 844 |
| 乐清市 | 2036 | 1113 | 923 | 2783 | 1512 | 1271 | 2633 | 1511 | 1122 |
| 龙港市 | 49 | 24 | 25 | 74 | 41 | 33 | 75 | 41 | 34 |
| **嘉兴市** | **4795** | **2448** | **2347** | **5093** | **2709** | **2384** | **3963** | **2093** | **1870** |
| 南湖区 | 321 | 147 | 174 | 339 | 187 | 152 | 256 | 144 | 112 |
| 秀洲区 | 793 | 417 | 376 | 827 | 451 | 376 | 623 | 334 | 289 |
| 嘉善县 | 404 | 207 | 197 | 493 | 260 | 233 | 395 | 214 | 181 |
| 海盐县 | 487 | 253 | 234 | 557 | 292 | 265 | 454 | 247 | 207 |
| 海宁市 | 1059 | 534 | 525 | 1106 | 576 | 530 | 888 | 473 | 415 |
| 平湖市 | 582 | 297 | 285 | 612 | 324 | 288 | 502 | 253 | 249 |
| 桐乡市 | 1149 | 593 | 556 | 1159 | 619 | 540 | 845 | 428 | 417 |
| **湖州市** | **3630** | **1879** | **1751** | **3971** | **2068** | **1903** | **3522** | **1792** | **1730** |
| 吴兴区 | 711 | 370 | 341 | 855 | 453 | 402 | 660 | 329 | 331 |
| 南浔区 | 550 | 284 | 266 | 600 | 330 | 270 | 572 | 305 | 267 |
| 德清县 | 670 | 341 | 329 | 714 | 357 | 357 | 568 | 306 | 262 |
| 长兴县 | 921 | 490 | 431 | 956 | 487 | 469 | 929 | 460 | 469 |
| 安吉县 | 778 | 394 | 384 | 846 | 441 | 405 | 793 | 392 | 401 |

1-3c 续表 3 单位：人

| 地区 | 1-4岁 | | | 5-9岁 | | | 10-14岁 | | |
|---|---|---|---|---|---|---|---|---|---|
| | 小计 | 男 | 女 | 小计 | 男 | 女 | 小计 | 男 | 女 |
| **绍兴市** | **3933** | **2079** | **1854** | **4336** | **2276** | **2060** | **4403** | **2269** | **2134** |
| 越城区 | 451 | 230 | 221 | 516 | 272 | 244 | 508 | 266 | 242 |
| 柯桥区 | 589 | 336 | 253 | 549 | 290 | 259 | 507 | 252 | 255 |
| 上虞区 | 655 | 344 | 311 | 679 | 357 | 322 | 627 | 327 | 300 |
| 新昌县 | 288 | 147 | 141 | 317 | 155 | 162 | 351 | 193 | 158 |
| 诸暨市 | 1321 | 685 | 636 | 1468 | 790 | 678 | 1539 | 781 | 758 |
| 嵊州市 | 629 | 337 | 292 | 807 | 412 | 395 | 871 | 450 | 421 |
| **金华市** | **8506** | **4486** | **4020** | **9326** | **5089** | **4237** | **8800** | **4790** | **4010** |
| 婺城区 | 767 | 385 | 382 | 809 | 419 | 390 | 770 | 416 | 354 |
| 金东区 | 832 | 449 | 383 | 875 | 476 | 399 | 730 | 391 | 339 |
| 武义县 | 637 | 336 | 301 | 721 | 362 | 359 | 603 | 312 | 291 |
| 浦江县 | 805 | 426 | 379 | 1059 | 613 | 446 | 1095 | 633 | 462 |
| 磐安县 | 327 | 187 | 140 | 331 | 176 | 155 | 343 | 194 | 149 |
| 兰溪市 | 865 | 445 | 420 | 906 | 498 | 408 | 1067 | 553 | 514 |
| 义乌市 | 1610 | 854 | 756 | 1626 | 918 | 708 | 1396 | 776 | 620 |
| 东阳市 | 1342 | 679 | 663 | 1553 | 828 | 725 | 1464 | 764 | 700 |
| 永康市 | 1321 | 725 | 596 | 1446 | 799 | 647 | 1332 | 751 | 581 |
| **衢州市** | **3490** | **1793** | **1697** | **3808** | **1917** | **1891** | **4247** | **2174** | **2073** |
| 柯城区 | 512 | 253 | 259 | 439 | 238 | 201 | 434 | 239 | 195 |
| 衢江区 | 655 | 329 | 326 | 778 | 374 | 404 | 857 | 433 | 424 |
| 常山县 | 607 | 315 | 292 | 674 | 349 | 325 | 704 | 384 | 320 |
| 开化县 | 474 | 266 | 208 | 489 | 259 | 230 | 611 | 296 | 315 |
| 龙游县 | 527 | 251 | 276 | 569 | 269 | 300 | 732 | 374 | 358 |
| 江山市 | 715 | 379 | 336 | 859 | 428 | 431 | 909 | 448 | 461 |
| **舟山市** | **554** | **292** | **262** | **717** | **357** | **360** | **604** | **323** | **281** |
| 定海区 | 284 | 153 | 131 | 381 | 189 | 192 | 255 | 142 | 113 |
| 普陀区 | 186 | 97 | 89 | 240 | 121 | 119 | 236 | 117 | 119 |
| 岱山县 | 64 | 34 | 30 | 68 | 33 | 35 | 83 | 44 | 39 |
| 嵊泗县 | 20 | 8 | 12 | 28 | 14 | 14 | 30 | 20 | 10 |
| **台州市** | **8456** | **4501** | **3955** | **11189** | **6113** | **5076** | **12477** | **6925** | **5552** |
| 椒江区 | 731 | 390 | 341 | 985 | 548 | 437 | 961 | 549 | 412 |
| 黄岩区 | 884 | 471 | 413 | 1047 | 575 | 472 | 1095 | 541 | 554 |
| 路桥区 | 729 | 402 | 327 | 1019 | 538 | 481 | 950 | 488 | 462 |
| 三门县 | 720 | 356 | 364 | 862 | 483 | 379 | 913 | 544 | 369 |
| 天台县 | 677 | 355 | 322 | 878 | 485 | 393 | 1150 | 638 | 512 |
| 仙居县 | 686 | 346 | 340 | 891 | 482 | 409 | 1278 | 699 | 579 |
| 温岭市 | 1484 | 791 | 693 | 2056 | 1085 | 971 | 2152 | 1162 | 990 |
| 临海市 | 1897 | 1051 | 846 | 2600 | 1467 | 1133 | 3217 | 1916 | 1301 |
| 玉环市 | 648 | 339 | 309 | 851 | 450 | 401 | 761 | 388 | 373 |
| **丽水市** | **2676** | **1390** | **1286** | **3302** | **1699** | **1603** | **3675** | **1815** | **1860** |
| 莲都区 | 450 | 245 | 205 | 495 | 259 | 236 | 541 | 263 | 278 |
| 青田县 | 421 | 207 | 214 | 626 | 320 | 306 | 746 | 354 | 392 |
| 缙云县 | 630 | 339 | 291 | 760 | 385 | 375 | 764 | 401 | 363 |
| 遂昌县 | 258 | 131 | 127 | 244 | 136 | 108 | 311 | 155 | 156 |
| 松阳县 | 367 | 183 | 184 | 475 | 244 | 231 | 511 | 262 | 249 |
| 云和县 | 89 | 48 | 41 | 133 | 70 | 63 | 123 | 57 | 66 |
| 庆元县 | 118 | 69 | 49 | 152 | 70 | 82 | 201 | 92 | 109 |
| 景宁畲族自治县 | 100 | 49 | 51 | 159 | 80 | 79 | 171 | 76 | 95 |
| 龙泉市 | 243 | 119 | 124 | 258 | 135 | 123 | 307 | 155 | 152 |

1-3c 续表 4

单位：人

| 地　区 | 15-19岁 | | | 20-24岁 | | | 25-29岁 | | |
|---|---|---|---|---|---|---|---|---|---|
| | 小计 | 男 | 女 | 小计 | 男 | 女 | 小计 | 男 | 女 |
| **合计** | **52648** | **28856** | **23792** | **66068** | **37481** | **28587** | **96750** | **54092** | **42658** |
| **杭州市** | **5414** | **2980** | **2434** | **7611** | **4459** | **3152** | **11049** | **6349** | **4700** |
| 上城区 | | | | | | | | | |
| 下城区 | | | | | | | | | |
| 江干区 | | | | | | | | | |
| 拱墅区 | | | | | | | | | |
| 西湖区 | 86 | 43 | 43 | 157 | 82 | 75 | 256 | 137 | 119 |
| 滨江区 | | | | | | | | | |
| 萧山区 | 1268 | 691 | 577 | 2367 | 1427 | 940 | 3337 | 1907 | 1430 |
| 余杭区 | 1214 | 704 | 510 | 2424 | 1484 | 940 | 3968 | 2324 | 1644 |
| 富阳区 | 1320 | 750 | 570 | 1039 | 544 | 495 | 1065 | 610 | 455 |
| 临安区 | 624 | 318 | 306 | 607 | 339 | 268 | 969 | 570 | 399 |
| 桐庐县 | 234 | 137 | 97 | 299 | 173 | 126 | 453 | 265 | 188 |
| 淳安县 | 345 | 166 | 179 | 229 | 131 | 98 | 319 | 144 | 175 |
| 建德市 | 323 | 171 | 152 | 489 | 279 | 210 | 682 | 392 | 290 |
| **宁波市** | **5587** | **3154** | **2433** | **8988** | **5304** | **3684** | **13219** | **7595** | **5624** |
| 海曙区 | 400 | 235 | 165 | 553 | 335 | 218 | 900 | 511 | 389 |
| 江北区 | 318 | 182 | 136 | 450 | 278 | 172 | 679 | 411 | 268 |
| 北仑区 | 481 | 270 | 211 | 1054 | 640 | 414 | 1697 | 1030 | 667 |
| 镇海区 | 131 | 67 | 64 | 263 | 169 | 94 | 384 | 240 | 144 |
| 鄞州区 | 767 | 460 | 307 | 1662 | 978 | 684 | 2290 | 1316 | 974 |
| 奉化区 | 712 | 358 | 354 | 850 | 498 | 352 | 1031 | 589 | 442 |
| 象山县 | 411 | 213 | 198 | 468 | 269 | 199 | 683 | 374 | 309 |
| 宁海县 | 711 | 412 | 299 | 681 | 393 | 288 | 998 | 566 | 432 |
| 余姚市 | 595 | 341 | 254 | 894 | 536 | 358 | 1357 | 758 | 599 |
| 慈溪市 | 1061 | 616 | 445 | 2113 | 1208 | 905 | 3200 | 1800 | 1400 |
| **温州市** | **9065** | **5027** | **4038** | **9034** | **5244** | **3790** | **14331** | **8064** | **6267** |
| 鹿城区 | 407 | 195 | 212 | 489 | 312 | 177 | 809 | 461 | 348 |
| 龙湾区 | 1 | 1 | | 2 | 1 | 1 | 3 | 2 | 1 |
| 瓯海区 | 591 | 319 | 272 | 784 | 430 | 354 | 1128 | 666 | 462 |
| 洞头区 | 739 | 460 | 279 | 369 | 274 | 95 | 430 | 273 | 157 |
| 永嘉县 | 1192 | 675 | 517 | 1236 | 715 | 521 | 1728 | 935 | 793 |
| 平阳县 | 1145 | 617 | 528 | 1059 | 603 | 456 | 1854 | 1043 | 811 |
| 苍南县 | 846 | 477 | 369 | 861 | 511 | 350 | 1458 | 808 | 650 |
| 文成县 | 411 | 208 | 203 | 291 | 157 | 134 | 412 | 228 | 184 |
| 泰顺县 | 396 | 199 | 197 | 267 | 146 | 121 | 473 | 248 | 225 |
| 瑞安市 | 1607 | 905 | 702 | 1956 | 1103 | 853 | 2873 | 1599 | 1274 |
| 乐清市 | 1693 | 954 | 739 | 1680 | 969 | 711 | 3080 | 1756 | 1324 |
| 龙港市 | 37 | 17 | 20 | 40 | 23 | 17 | 83 | 45 | 38 |
| **嘉兴市** | **3530** | **1879** | **1651** | **7283** | **4032** | **3251** | **11813** | **6390** | **5423** |
| 南湖区 | 206 | 109 | 97 | 555 | 310 | 245 | 891 | 513 | 378 |
| 秀洲区 | 694 | 362 | 332 | 1303 | 718 | 585 | 1916 | 977 | 939 |
| 嘉善县 | 348 | 229 | 119 | 848 | 494 | 354 | 1180 | 702 | 478 |
| 海盐县 | 367 | 188 | 179 | 597 | 313 | 284 | 1043 | 560 | 483 |
| 海宁市 | 675 | 349 | 326 | 1505 | 798 | 707 | 2692 | 1386 | 1306 |
| 平湖市 | 516 | 279 | 237 | 899 | 542 | 357 | 1546 | 868 | 678 |
| 桐乡市 | 724 | 363 | 361 | 1576 | 857 | 719 | 2545 | 1384 | 1161 |
| **湖州市** | **3126** | **1702** | **1424** | **4806** | **2710** | **2096** | **7363** | **3998** | **3365** |
| 吴兴区 | 785 | 481 | 304 | 1236 | 720 | 516 | 1962 | 1099 | 863 |
| 南浔区 | 374 | 195 | 179 | 680 | 397 | 283 | 1112 | 634 | 478 |
| 德清县 | 561 | 298 | 263 | 945 | 546 | 399 | 1365 | 722 | 643 |
| 长兴县 | 838 | 457 | 381 | 1075 | 577 | 498 | 1509 | 781 | 728 |
| 安吉县 | 568 | 271 | 297 | 870 | 470 | 400 | 1415 | 762 | 653 |

1−3c　续表 5　　　　单位：人

| 地　区 | 15−19岁 | | | 20−24岁 | | | 25−29岁 | | |
|---|---|---|---|---|---|---|---|---|---|
| | 小计 | 男 | 女 | 小计 | 男 | 女 | 小计 | 男 | 女 |
| **绍兴市** | **4259** | **2230** | **2029** | **4864** | **2632** | **2232** | **7095** | **3931** | **3164** |
| 越城区 | 469 | 249 | 220 | 632 | 322 | 310 | 1016 | 570 | 446 |
| 柯桥区 | 506 | 277 | 229 | 838 | 476 | 362 | 1448 | 820 | 628 |
| 上虞区 | 725 | 378 | 347 | 807 | 430 | 377 | 1336 | 709 | 627 |
| 新昌县 | 496 | 242 | 254 | 239 | 132 | 107 | 287 | 160 | 127 |
| 诸暨市 | 1190 | 644 | 546 | 1527 | 832 | 695 | 1922 | 1059 | 863 |
| 嵊州市 | 873 | 440 | 433 | 821 | 440 | 381 | 1086 | 613 | 473 |
| **金华市** | **6788** | **3758** | **3030** | **8469** | **4766** | **3703** | **12349** | **6943** | **5406** |
| 婺城区 | 676 | 388 | 288 | 584 | 324 | 260 | 889 | 492 | 397 |
| 金东区 | 490 | 301 | 189 | 788 | 464 | 324 | 1203 | 683 | 520 |
| 武义县 | 560 | 285 | 275 | 710 | 415 | 295 | 911 | 520 | 391 |
| 浦江县 | 911 | 523 | 388 | 1072 | 591 | 481 | 1750 | 1005 | 745 |
| 磐安县 | 276 | 149 | 127 | 217 | 120 | 97 | 255 | 139 | 116 |
| 兰溪市 | 728 | 387 | 341 | 656 | 365 | 291 | 931 | 529 | 402 |
| 义乌市 | 1143 | 634 | 509 | 2111 | 1213 | 898 | 3129 | 1745 | 1384 |
| 东阳市 | 844 | 454 | 390 | 909 | 487 | 422 | 1591 | 850 | 741 |
| 永康市 | 1160 | 637 | 523 | 1422 | 787 | 635 | 1690 | 980 | 710 |
| **衢州市** | **2913** | **1474** | **1439** | **2175** | **1151** | **1024** | **3115** | **1617** | **1498** |
| 柯城区 | 344 | 166 | 178 | 381 | 195 | 186 | 617 | 328 | 289 |
| 衢江区 | 629 | 336 | 293 | 522 | 290 | 232 | 707 | 397 | 310 |
| 常山县 | 403 | 203 | 200 | 235 | 124 | 111 | 376 | 187 | 189 |
| 开化县 | 240 | 126 | 114 | 163 | 76 | 87 | 214 | 86 | 128 |
| 龙游县 | 511 | 244 | 267 | 491 | 267 | 224 | 557 | 281 | 276 |
| 江山市 | 786 | 399 | 387 | 383 | 199 | 184 | 644 | 338 | 306 |
| **舟山市** | **675** | **378** | **297** | **880** | **571** | **309** | **1452** | **958** | **494** |
| 定海区 | 391 | 224 | 167 | 393 | 255 | 138 | 580 | 352 | 228 |
| 普陀区 | 193 | 105 | 88 | 303 | 197 | 106 | 534 | 357 | 177 |
| 岱山县 | 73 | 42 | 31 | 154 | 104 | 50 | 253 | 194 | 59 |
| 嵊泗县 | 18 | 7 | 11 | 30 | 15 | 15 | 85 | 55 | 30 |
| **台州市** | **8801** | **4934** | **3867** | **9929** | **5539** | **4390** | **12375** | **6885** | **5490** |
| 椒江区 | 801 | 486 | 315 | 1188 | 705 | 483 | 1446 | 820 | 626 |
| 黄岩区 | 974 | 506 | 468 | 1017 | 530 | 487 | 1221 | 661 | 560 |
| 路桥区 | 752 | 450 | 302 | 1046 | 606 | 440 | 1448 | 820 | 628 |
| 三门县 | 496 | 259 | 237 | 461 | 262 | 199 | 545 | 315 | 230 |
| 天台县 | 874 | 462 | 412 | 816 | 447 | 369 | 843 | 451 | 392 |
| 仙居县 | 985 | 557 | 428 | 774 | 393 | 381 | 902 | 495 | 407 |
| 温岭市 | 1272 | 705 | 567 | 1674 | 911 | 763 | 2371 | 1305 | 1066 |
| 临海市 | 2265 | 1288 | 977 | 2250 | 1284 | 966 | 2496 | 1367 | 1129 |
| 玉环市 | 382 | 221 | 161 | 703 | 401 | 302 | 1103 | 651 | 452 |
| **丽水市** | **2490** | **1340** | **1150** | **2029** | **1073** | **956** | **2589** | **1362** | **1227** |
| 莲都区 | 434 | 240 | 194 | 378 | 205 | 173 | 477 | 269 | 208 |
| 青田县 | 492 | 281 | 211 | 437 | 223 | 214 | 603 | 325 | 278 |
| 缙云县 | 629 | 329 | 300 | 415 | 220 | 195 | 501 | 256 | 245 |
| 遂昌县 | 206 | 106 | 100 | 147 | 81 | 66 | 234 | 129 | 105 |
| 松阳县 | 259 | 141 | 118 | 254 | 128 | 126 | 341 | 161 | 180 |
| 云和县 | 121 | 60 | 61 | 93 | 49 | 44 | 101 | 51 | 50 |
| 庆元县 | 110 | 59 | 51 | 90 | 52 | 38 | 93 | 45 | 48 |
| 景宁畲族自治县 | 86 | 44 | 42 | 73 | 42 | 31 | 74 | 42 | 32 |
| 龙泉市 | 153 | 80 | 73 | 142 | 73 | 69 | 165 | 84 | 81 |

1-3c 续表 6

单位：人

| 地区 | 30-34岁 | | | 35-39岁 | | | 40-44岁 | | |
|---|---|---|---|---|---|---|---|---|---|
| | 小计 | 男 | 女 | 小计 | 男 | 女 | 小计 | 男 | 女 |
| **合计** | **124130** | **69315** | **54815** | **104963** | **58495** | **46468** | **111880** | **60010** | **51870** |
| **杭州市** | **14776** | **8309** | **6467** | **11120** | **6345** | **4775** | **11886** | **6532** | **5354** |
| 上城区 | | | | | | | | | |
| 下城区 | | | | | | | | | |
| 江干区 | | | | | | | | | |
| 拱墅区 | | | | | | | | | |
| 西湖区 | 339 | 187 | 152 | 230 | 130 | 100 | 241 | 145 | 96 |
| 滨江区 | | | | | | | | | |
| 萧山区 | 4282 | 2380 | 1902 | 3115 | 1765 | 1350 | 3223 | 1744 | 1479 |
| 余杭区 | 5142 | 3019 | 2123 | 3705 | 2192 | 1513 | 3520 | 2030 | 1490 |
| 富阳区 | 1406 | 754 | 652 | 1282 | 727 | 555 | 1488 | 831 | 657 |
| 临安区 | 1409 | 788 | 621 | 1147 | 683 | 464 | 1258 | 694 | 564 |
| 桐庐县 | 673 | 366 | 307 | 507 | 269 | 238 | 637 | 323 | 314 |
| 淳安县 | 453 | 208 | 245 | 383 | 183 | 200 | 619 | 300 | 319 |
| 建德市 | 1072 | 607 | 465 | 751 | 396 | 355 | 900 | 465 | 435 |
| **宁波市** | **17095** | **9768** | **7327** | **13853** | **7900** | **5953** | **14477** | **7857** | **6620** |
| 海曙区 | 1058 | 585 | 473 | 881 | 496 | 385 | 945 | 494 | 451 |
| 江北区 | 856 | 506 | 350 | 619 | 353 | 266 | 693 | 402 | 291 |
| 北仑区 | 2052 | 1252 | 800 | 1601 | 956 | 645 | 1537 | 884 | 653 |
| 镇海区 | 521 | 329 | 192 | 423 | 262 | 161 | 444 | 271 | 173 |
| 鄞州区 | 3003 | 1703 | 1300 | 2266 | 1261 | 1005 | 2556 | 1405 | 1151 |
| 奉化区 | 1390 | 836 | 554 | 1273 | 751 | 522 | 1452 | 824 | 628 |
| 象山县 | 1175 | 660 | 515 | 1205 | 661 | 544 | 1163 | 619 | 544 |
| 宁海县 | 1471 | 794 | 677 | 1376 | 761 | 615 | 1576 | 800 | 776 |
| 余姚市 | 1595 | 871 | 724 | 1225 | 691 | 534 | 1286 | 663 | 623 |
| 慈溪市 | 3974 | 2232 | 1742 | 2984 | 1708 | 1276 | 2825 | 1495 | 1330 |
| **温州市** | **17391** | **9723** | **7668** | **17535** | **9718** | **7817** | **18251** | **9832** | **8419** |
| 鹿城区 | 1062 | 628 | 434 | 1058 | 622 | 436 | 961 | 546 | 415 |
| 龙湾区 | 11 | 7 | 4 | 3 | 3 | | 6 | 4 | 2 |
| 瓯海区 | 1470 | 802 | 668 | 1369 | 793 | 576 | 1388 | 801 | 587 |
| 洞头区 | 506 | 346 | 160 | 444 | 287 | 157 | 413 | 241 | 172 |
| 永嘉县 | 1895 | 1089 | 806 | 2053 | 1185 | 868 | 2166 | 1206 | 960 |
| 平阳县 | 2162 | 1190 | 972 | 2212 | 1214 | 998 | 2439 | 1307 | 1132 |
| 苍南县 | 1438 | 769 | 669 | 1706 | 867 | 839 | 1962 | 1007 | 955 |
| 文成县 | 554 | 298 | 256 | 694 | 390 | 304 | 756 | 433 | 323 |
| 泰顺县 | 539 | 305 | 234 | 631 | 341 | 290 | 742 | 396 | 346 |
| 瑞安市 | 3747 | 2089 | 1658 | 3516 | 1932 | 1584 | 3876 | 2073 | 1803 |
| 乐清市 | 3918 | 2151 | 1767 | 3755 | 2033 | 1722 | 3456 | 1772 | 1684 |
| 龙港市 | 89 | 49 | 40 | 94 | 51 | 43 | 86 | 46 | 40 |
| **嘉兴市** | **14796** | **8252** | **6544** | **9598** | **5372** | **4226** | **9509** | **5097** | **4412** |
| 南湖区 | 1030 | 603 | 427 | 610 | 344 | 266 | 578 | 328 | 250 |
| 秀洲区 | 2230 | 1238 | 992 | 1429 | 732 | 697 | 1502 | 780 | 722 |
| 嘉善县 | 1479 | 869 | 610 | 935 | 553 | 382 | 1017 | 559 | 458 |
| 海盐县 | 1189 | 635 | 554 | 831 | 473 | 358 | 822 | 446 | 376 |
| 海宁市 | 4058 | 2206 | 1852 | 2789 | 1574 | 1215 | 2564 | 1406 | 1158 |
| 平湖市 | 2047 | 1189 | 858 | 1232 | 707 | 525 | 1196 | 658 | 538 |
| 桐乡市 | 2763 | 1512 | 1251 | 1772 | 989 | 783 | 1830 | 920 | 910 |
| **湖州市** | **9212** | **5154** | **4058** | **6458** | **3674** | **2784** | **6630** | **3499** | **3131** |
| 吴兴区 | 2708 | 1561 | 1147 | 1666 | 991 | 675 | 1591 | 882 | 709 |
| 南浔区 | 1420 | 790 | 630 | 1053 | 592 | 461 | 1160 | 641 | 519 |
| 德清县 | 1751 | 987 | 764 | 1216 | 719 | 497 | 1068 | 565 | 503 |
| 长兴县 | 1751 | 978 | 773 | 1276 | 662 | 614 | 1533 | 752 | 781 |
| 安吉县 | 1582 | 838 | 744 | 1247 | 710 | 537 | 1278 | 659 | 619 |

1–3c　续表 7　　　　　　单位：人

| 地　区 | 30–34岁 | | | 35–39岁 | | | 40–44岁 | | |
|---|---|---|---|---|---|---|---|---|---|
| | 小计 | 男 | 女 | 小计 | 男 | 女 | 小计 | 男 | 女 |
| **绍兴市** | **8352** | **4665** | **3687** | **6442** | **3567** | **2875** | **8017** | **4146** | **3871** |
| 越城区 | 1109 | 633 | 476 | 808 | 440 | 368 | 913 | 477 | 436 |
| 柯桥区 | 1573 | 885 | 688 | 985 | 566 | 419 | 1141 | 604 | 537 |
| 上虞区 | 1518 | 850 | 668 | 980 | 526 | 454 | 1208 | 589 | 619 |
| 新昌县 | 444 | 254 | 190 | 558 | 300 | 258 | 649 | 340 | 309 |
| 诸暨市 | 2507 | 1354 | 1153 | 1968 | 1068 | 900 | 2460 | 1240 | 1220 |
| 嵊州市 | 1201 | 689 | 512 | 1143 | 667 | 476 | 1646 | 896 | 750 |
| **金华市** | **15761** | **8701** | **7060** | **13996** | **7639** | **6357** | **15424** | **8253** | **7171** |
| 婺城区 | 1177 | 603 | 574 | 1089 | 579 | 510 | 1412 | 768 | 644 |
| 金东区 | 1672 | 926 | 746 | 1419 | 774 | 645 | 1590 | 876 | 714 |
| 武义县 | 1242 | 679 | 563 | 975 | 544 | 431 | 1116 | 619 | 497 |
| 浦江县 | 1909 | 1068 | 841 | 1917 | 1094 | 823 | 2059 | 1095 | 964 |
| 磐安县 | 321 | 173 | 148 | 374 | 182 | 192 | 520 | 248 | 272 |
| 兰溪市 | 1108 | 616 | 492 | 1053 | 544 | 509 | 1429 | 734 | 695 |
| 义乌市 | 3807 | 2136 | 1671 | 3197 | 1826 | 1371 | 2897 | 1587 | 1310 |
| 东阳市 | 2034 | 1090 | 944 | 1954 | 989 | 965 | 2160 | 1092 | 1068 |
| 永康市 | 2491 | 1410 | 1081 | 2018 | 1107 | 911 | 2241 | 1234 | 1007 |
| **衢州市** | **3686** | **1889** | **1797** | **4007** | **2101** | **1906** | **4939** | **2447** | **2492** |
| 柯城区 | 629 | 331 | 298 | 669 | 397 | 272 | 658 | 325 | 333 |
| 衢江区 | 782 | 400 | 382 | 852 | 454 | 398 | 982 | 486 | 496 |
| 常山县 | 531 | 274 | 257 | 605 | 307 | 298 | 791 | 388 | 403 |
| 开化县 | 311 | 141 | 170 | 396 | 195 | 201 | 575 | 272 | 303 |
| 龙游县 | 733 | 390 | 343 | 753 | 377 | 376 | 956 | 484 | 472 |
| 江山市 | 700 | 353 | 347 | 732 | 371 | 361 | 977 | 492 | 485 |
| **舟山市** | **2387** | **1600** | **787** | **2138** | **1426** | **712** | **2069** | **1315** | **754** |
| 定海区 | 953 | 583 | 370 | 753 | 461 | 292 | 694 | 436 | 258 |
| 普陀区 | 837 | 548 | 289 | 827 | 547 | 280 | 828 | 502 | 326 |
| 岱山县 | 494 | 398 | 96 | 438 | 343 | 95 | 430 | 300 | 130 |
| 嵊泗县 | 103 | 71 | 32 | 120 | 75 | 45 | 117 | 77 | 40 |
| **台州市** | **17016** | **9374** | **7642** | **16146** | **8793** | **7353** | **15869** | **8412** | **7457** |
| 椒江区 | 1906 | 1063 | 843 | 1535 | 887 | 648 | 1445 | 786 | 659 |
| 黄岩区 | 1575 | 854 | 721 | 1556 | 849 | 707 | 1460 | 742 | 718 |
| 路桥区 | 1773 | 996 | 777 | 1643 | 865 | 778 | 1659 | 896 | 763 |
| 三门县 | 919 | 491 | 428 | 1065 | 571 | 494 | 990 | 495 | 495 |
| 天台县 | 1094 | 615 | 479 | 1075 | 585 | 490 | 1147 | 613 | 534 |
| 仙居县 | 840 | 453 | 387 | 760 | 414 | 346 | 875 | 453 | 422 |
| 温岭市 | 3898 | 2141 | 1757 | 3346 | 1824 | 1522 | 3158 | 1661 | 1497 |
| 临海市 | 3276 | 1782 | 1494 | 3552 | 1897 | 1655 | 3524 | 1867 | 1657 |
| 玉环市 | 1735 | 979 | 756 | 1614 | 901 | 713 | 1611 | 899 | 712 |
| **丽水市** | **3658** | **1880** | **1778** | **3670** | **1960** | **1710** | **4809** | **2620** | **2189** |
| 莲都区 | 673 | 376 | 297 | 624 | 346 | 278 | 684 | 380 | 304 |
| 青田县 | 826 | 418 | 408 | 802 | 425 | 377 | 909 | 482 | 427 |
| 缙云县 | 744 | 408 | 336 | 786 | 414 | 372 | 1003 | 538 | 465 |
| 遂昌县 | 287 | 135 | 152 | 312 | 163 | 149 | 452 | 243 | 209 |
| 松阳县 | 477 | 244 | 233 | 414 | 213 | 201 | 651 | 352 | 299 |
| 云和县 | 153 | 76 | 77 | 169 | 87 | 82 | 235 | 135 | 100 |
| 庆元县 | 133 | 69 | 64 | 175 | 106 | 69 | 279 | 154 | 125 |
| 景宁畲族自治县 | 138 | 55 | 83 | 147 | 78 | 69 | 217 | 127 | 90 |
| 龙泉市 | 227 | 99 | 128 | 241 | 128 | 113 | 379 | 209 | 170 |

1–3c 续表 8

单位：人

| 地区 | 45–49岁 | | | 50–54岁 | | | 55–59岁 | | |
|---|---|---|---|---|---|---|---|---|---|
| | 小计 | 男 | 女 | 小计 | 男 | 女 | 小计 | 男 | 女 |
| **合计** | **151583** | **79127** | **72456** | **181710** | **95489** | **86221** | **162362** | **85096** | **77266** |
| **杭州市** | **16752** | **8949** | **7803** | **21521** | **11460** | **10061** | **20925** | **11317** | **9608** |
| 上城区 | | | | | | | | | |
| 下城区 | | | | | | | | | |
| 江干区 | | | | | | | | | |
| 拱墅区 | | | | | | | | | |
| 西湖区 | 272 | 170 | 102 | 292 | 161 | 131 | 265 | 158 | 107 |
| 滨江区 | | | | | | | | | |
| 萧山区 | 4489 | 2375 | 2114 | 5049 | 2579 | 2470 | 4392 | 2338 | 2054 |
| 余杭区 | 4822 | 2740 | 2082 | 5434 | 3082 | 2352 | 4344 | 2469 | 1875 |
| 富阳区 | 2036 | 1079 | 957 | 2510 | 1366 | 1144 | 2607 | 1412 | 1195 |
| 临安区 | 1991 | 1028 | 963 | 2947 | 1563 | 1384 | 3326 | 1781 | 1545 |
| 桐庐县 | 959 | 499 | 460 | 1393 | 721 | 672 | 1493 | 768 | 725 |
| 淳安县 | 986 | 473 | 513 | 1731 | 873 | 858 | 2108 | 1100 | 1008 |
| 建德市 | 1197 | 585 | 612 | 2165 | 1115 | 1050 | 2390 | 1291 | 1099 |
| **宁波市** | **20019** | **10583** | **9436** | **22863** | **12254** | **10609** | **18790** | **9997** | **8793** |
| 海曙区 | 1312 | 689 | 623 | 1484 | 780 | 704 | 1259 | 663 | 596 |
| 江北区 | 911 | 503 | 408 | 986 | 528 | 458 | 664 | 387 | 277 |
| 北仑区 | 1976 | 1095 | 881 | 2206 | 1217 | 989 | 1650 | 936 | 714 |
| 镇海区 | 697 | 404 | 293 | 725 | 441 | 284 | 529 | 314 | 215 |
| 鄞州区 | 3456 | 1847 | 1609 | 3336 | 1835 | 1501 | 2405 | 1324 | 1081 |
| 奉化区 | 2009 | 1108 | 901 | 2613 | 1443 | 1170 | 2333 | 1267 | 1066 |
| 象山县 | 1636 | 822 | 814 | 2218 | 1152 | 1066 | 2220 | 1063 | 1157 |
| 宁海县 | 2022 | 1054 | 968 | 2495 | 1300 | 1195 | 2261 | 1159 | 1102 |
| 余姚市 | 1987 | 1026 | 961 | 2477 | 1284 | 1193 | 2340 | 1229 | 1111 |
| 慈溪市 | 4013 | 2035 | 1978 | 4323 | 2274 | 2049 | 3129 | 1655 | 1474 |
| **温州市** | **21181** | **11264** | **9917** | **20861** | **11098** | **9763** | **18013** | **9257** | **8756** |
| 鹿城区 | 1039 | 600 | 439 | 887 | 513 | 374 | 645 | 344 | 301 |
| 龙湾区 | 8 | 5 | 3 | 7 | 2 | 5 | 6 | 5 | 1 |
| 瓯海区 | 1456 | 842 | 614 | 1195 | 663 | 532 | 876 | 478 | 398 |
| 洞头区 | 541 | 304 | 237 | 594 | 344 | 250 | 497 | 289 | 208 |
| 永嘉县 | 2559 | 1392 | 1167 | 2665 | 1457 | 1208 | 2556 | 1327 | 1229 |
| 平阳县 | 2868 | 1462 | 1406 | 2851 | 1491 | 1360 | 2462 | 1256 | 1206 |
| 苍南县 | 2335 | 1215 | 1120 | 2245 | 1200 | 1045 | 1958 | 996 | 962 |
| 文成县 | 826 | 444 | 382 | 892 | 477 | 415 | 893 | 464 | 429 |
| 泰顺县 | 938 | 523 | 415 | 1022 | 564 | 458 | 941 | 465 | 476 |
| 瑞安市 | 4540 | 2397 | 2143 | 4205 | 2216 | 1989 | 3499 | 1840 | 1659 |
| 乐清市 | 3951 | 2019 | 1932 | 4153 | 2104 | 2049 | 3570 | 1739 | 1831 |
| 龙港市 | 120 | 61 | 59 | 145 | 67 | 78 | 110 | 54 | 56 |
| **嘉兴市** | **13850** | **7212** | **6638** | **17338** | **9162** | **8176** | **15641** | **8380** | **7261** |
| 南湖区 | 896 | 467 | 429 | 1280 | 679 | 601 | 1133 | 625 | 508 |
| 秀洲区 | 2138 | 1095 | 1043 | 2443 | 1289 | 1154 | 2117 | 1110 | 1007 |
| 嘉善县 | 1463 | 784 | 679 | 1873 | 1022 | 851 | 1833 | 978 | 855 |
| 海盐县 | 1296 | 673 | 623 | 1891 | 996 | 895 | 1824 | 968 | 856 |
| 海宁市 | 3078 | 1637 | 1441 | 3168 | 1690 | 1478 | 2973 | 1581 | 1392 |
| 平湖市 | 2042 | 1083 | 959 | 2917 | 1591 | 1326 | 2510 | 1371 | 1139 |
| 桐乡市 | 2937 | 1473 | 1464 | 3766 | 1895 | 1871 | 3251 | 1747 | 1504 |
| **湖州市** | **10004** | **5141** | **4863** | **13373** | **7113** | **6260** | **12023** | **6520** | **5503** |
| 吴兴区 | 2052 | 1106 | 946 | 2679 | 1456 | 1223 | 2252 | 1213 | 1039 |
| 南浔区 | 1646 | 815 | 831 | 2514 | 1282 | 1232 | 2478 | 1317 | 1161 |
| 德清县 | 1875 | 963 | 912 | 2440 | 1300 | 1140 | 2302 | 1278 | 1024 |
| 长兴县 | 2359 | 1200 | 1159 | 2939 | 1567 | 1372 | 2567 | 1407 | 1160 |
| 安吉县 | 2072 | 1057 | 1015 | 2801 | 1508 | 1293 | 2424 | 1305 | 1119 |

1-3c 续表 9

单位：人

| 地区 | 45-49岁 | | | 50-54岁 | | | 55-59岁 | | |
|---|---|---|---|---|---|---|---|---|---|
| | 小计 | 男 | 女 | 小计 | 男 | 女 | 小计 | 男 | 女 |
| **绍兴市** | **11822** | **5779** | **6043** | **16205** | **8016** | **8189** | **15893** | **8161** | **7732** |
| 越城区 | 1238 | 607 | 631 | 1687 | 813 | 874 | 1471 | 733 | 738 |
| 柯桥区 | 1659 | 806 | 853 | 2332 | 1128 | 1204 | 2072 | 1042 | 1030 |
| 上虞区 | 2013 | 926 | 1087 | 2957 | 1447 | 1510 | 2955 | 1450 | 1505 |
| 新昌县 | 912 | 458 | 454 | 1311 | 673 | 638 | 1586 | 859 | 727 |
| 诸暨市 | 3752 | 1829 | 1923 | 5029 | 2437 | 2592 | 4742 | 2451 | 2291 |
| 嵊州市 | 2248 | 1153 | 1095 | 2889 | 1518 | 1371 | 3067 | 1626 | 1441 |
| **金华市** | **18470** | **9455** | **9015** | **21628** | **11089** | **10539** | **19095** | **9795** | **9300** |
| 婺城区 | 1685 | 900 | 785 | 2174 | 1156 | 1018 | 2020 | 1101 | 919 |
| 金东区 | 1761 | 957 | 804 | 1921 | 1040 | 881 | 1812 | 942 | 870 |
| 武义县 | 1313 | 715 | 598 | 1697 | 875 | 822 | 1540 | 833 | 707 |
| 浦江县 | 2222 | 1145 | 1077 | 2510 | 1274 | 1236 | 1999 | 994 | 1005 |
| 磐安县 | 739 | 388 | 351 | 927 | 478 | 449 | 803 | 424 | 379 |
| 兰溪市 | 1929 | 918 | 1011 | 2917 | 1512 | 1405 | 2807 | 1441 | 1366 |
| 义乌市 | 3369 | 1711 | 1658 | 3519 | 1821 | 1698 | 2924 | 1536 | 1388 |
| 东阳市 | 2953 | 1426 | 1527 | 3369 | 1626 | 1743 | 2995 | 1411 | 1584 |
| 永康市 | 2499 | 1295 | 1204 | 2594 | 1307 | 1287 | 2195 | 1113 | 1082 |
| **衢州市** | **7647** | **3894** | **3753** | **10281** | **5204** | **5077** | **9772** | **5041** | **4731** |
| 柯城区 | 990 | 518 | 472 | 1403 | 696 | 707 | 1268 | 638 | 630 |
| 衢江区 | 1582 | 834 | 748 | 2192 | 1151 | 1041 | 2031 | 1104 | 927 |
| 常山县 | 1111 | 563 | 548 | 1335 | 687 | 648 | 1284 | 667 | 617 |
| 开化县 | 773 | 357 | 416 | 1155 | 541 | 614 | 1287 | 604 | 683 |
| 龙游县 | 1544 | 809 | 735 | 2097 | 1103 | 994 | 1945 | 1018 | 927 |
| 江山市 | 1647 | 813 | 834 | 2099 | 1026 | 1073 | 1957 | 1010 | 947 |
| **舟山市** | **2965** | **1819** | **1146** | **3683** | **2234** | **1449** | **3476** | **1933** | **1543** |
| 定海区 | 1067 | 618 | 449 | 1259 | 739 | 520 | 1206 | 655 | 551 |
| 普陀区 | 1092 | 660 | 432 | 1368 | 824 | 544 | 1203 | 669 | 534 |
| 岱山县 | 612 | 432 | 180 | 770 | 495 | 275 | 745 | 425 | 320 |
| 嵊泗县 | 194 | 109 | 85 | 286 | 176 | 110 | 322 | 184 | 138 |
| **台州市** | **22013** | **11313** | **10700** | **25367** | **13186** | **12181** | **20996** | **10700** | **10296** |
| 椒江区 | 2068 | 1109 | 959 | 2135 | 1163 | 972 | 1500 | 781 | 719 |
| 黄岩区 | 2116 | 1015 | 1101 | 2601 | 1317 | 1284 | 2350 | 1183 | 1167 |
| 路桥区 | 2382 | 1225 | 1157 | 2444 | 1305 | 1139 | 1663 | 883 | 780 |
| 三门县 | 1549 | 822 | 727 | 1735 | 924 | 811 | 1502 | 740 | 762 |
| 天台县 | 1436 | 734 | 702 | 1887 | 940 | 947 | 1810 | 917 | 893 |
| 仙居县 | 1466 | 766 | 700 | 1831 | 948 | 883 | 1798 | 888 | 910 |
| 温岭市 | 4128 | 2071 | 2057 | 5103 | 2624 | 2479 | 4175 | 2133 | 2042 |
| 临海市 | 4980 | 2565 | 2415 | 5688 | 2893 | 2795 | 4768 | 2401 | 2367 |
| 玉环市 | 1888 | 1006 | 882 | 1943 | 1072 | 871 | 1430 | 774 | 656 |
| **丽水市** | **6860** | **3718** | **3142** | **8590** | **4673** | **3917** | **7738** | **3995** | **3743** |
| 莲都区 | 962 | 543 | 419 | 1250 | 747 | 503 | 1194 | 645 | 549 |
| 青田县 | 1024 | 555 | 469 | 1195 | 651 | 544 | 1158 | 608 | 550 |
| 缙云县 | 1305 | 705 | 600 | 1532 | 803 | 729 | 1458 | 740 | 718 |
| 遂昌县 | 772 | 424 | 348 | 1082 | 569 | 513 | 926 | 485 | 441 |
| 松阳县 | 1005 | 521 | 484 | 1302 | 675 | 627 | 1018 | 510 | 508 |
| 云和县 | 301 | 161 | 140 | 357 | 201 | 156 | 326 | 171 | 155 |
| 庆元县 | 488 | 256 | 232 | 537 | 302 | 235 | 442 | 209 | 233 |
| 景宁畲族自治县 | 345 | 186 | 159 | 434 | 249 | 185 | 399 | 208 | 191 |
| 龙泉市 | 658 | 367 | 291 | 901 | 476 | 425 | 817 | 419 | 398 |

1—3c 续表 10

单位：人

| 地区 | 60—64岁 | | | 65—69岁 | | | 70—74岁 | | |
|---|---|---|---|---|---|---|---|---|---|
| | 小计 | 男 | 女 | 小计 | 男 | 女 | 小计 | 男 | 女 |
| **合计** | **128186** | **66728** | **61458** | **132144** | **66682** | **65462** | **98319** | **49041** | **49278** |
| **杭州市** | **16082** | **8561** | **7521** | **15778** | **8021** | **7757** | **11232** | **5535** | **5697** |
| 上城区 | | | | | | | | | |
| 下城区 | | | | | | | | | |
| 江干区 | | | | | | | | | |
| 拱墅区 | | | | | | | | | |
| 西湖区 | 177 | 94 | 83 | 189 | 94 | 95 | 123 | 56 | 67 |
| 滨江区 | | | | | | | | | |
| 萧山区 | 3272 | 1699 | 1573 | 3086 | 1597 | 1489 | 2459 | 1227 | 1232 |
| 余杭区 | 2933 | 1636 | 1297 | 2519 | 1243 | 1276 | 1737 | 832 | 905 |
| 富阳区 | 2147 | 1138 | 1009 | 2186 | 1124 | 1062 | 1513 | 747 | 766 |
| 临安区 | 2615 | 1405 | 1210 | 2563 | 1276 | 1287 | 1647 | 809 | 838 |
| 桐庐县 | 1216 | 656 | 560 | 1384 | 698 | 686 | 1017 | 474 | 543 |
| 淳安县 | 1917 | 984 | 933 | 1999 | 1039 | 960 | 1390 | 674 | 716 |
| 建德市 | 1805 | 949 | 856 | 1852 | 950 | 902 | 1346 | 716 | 630 |
| **宁波市** | **15208** | **7812** | **7396** | **14649** | **7300** | **7349** | **11059** | **5441** | **5618** |
| 海曙区 | 947 | 486 | 461 | 1010 | 509 | 501 | 678 | 325 | 353 |
| 江北区 | 458 | 239 | 219 | 456 | 218 | 238 | 346 | 183 | 163 |
| 北仑区 | 1246 | 651 | 595 | 1255 | 627 | 628 | 908 | 446 | 462 |
| 镇海区 | 343 | 197 | 146 | 301 | 152 | 149 | 209 | 108 | 101 |
| 鄞州区 | 1679 | 900 | 779 | 1603 | 783 | 820 | 1199 | 590 | 609 |
| 奉化区 | 1897 | 1002 | 895 | 2040 | 1030 | 1010 | 1524 | 750 | 774 |
| 象山县 | 2150 | 1087 | 1063 | 1950 | 973 | 977 | 1480 | 765 | 715 |
| 宁海县 | 1993 | 1026 | 967 | 1964 | 952 | 1012 | 1505 | 755 | 750 |
| 余姚市 | 2081 | 1014 | 1067 | 1863 | 906 | 957 | 1567 | 738 | 829 |
| 慈溪市 | 2414 | 1210 | 1204 | 2207 | 1150 | 1057 | 1643 | 781 | 862 |
| **温州市** | **15029** | **7679** | **7350** | **15410** | **7727** | **7683** | **11264** | **5947** | **5317** |
| 鹿城区 | 484 | 242 | 242 | 537 | 274 | 263 | 338 | 169 | 169 |
| 龙湾区 | 3 | 2 | 1 | 6 | 3 | 3 | | | |
| 瓯海区 | 735 | 384 | 351 | 690 | 351 | 339 | 476 | 242 | 234 |
| 洞头区 | 391 | 193 | 198 | 325 | 164 | 161 | 260 | 119 | 141 |
| 永嘉县 | 2267 | 1140 | 1127 | 2372 | 1155 | 1217 | 1841 | 971 | 870 |
| 平阳县 | 2053 | 1073 | 980 | 2069 | 1074 | 995 | 1465 | 774 | 691 |
| 苍南县 | 1659 | 857 | 802 | 1711 | 894 | 817 | 1243 | 664 | 579 |
| 文成县 | 777 | 412 | 365 | 942 | 467 | 475 | 717 | 450 | 267 |
| 泰顺县 | 822 | 420 | 402 | 917 | 475 | 442 | 672 | 393 | 279 |
| 瑞安市 | 2762 | 1405 | 1357 | 2868 | 1414 | 1454 | 2113 | 1098 | 1015 |
| 乐清市 | 2991 | 1504 | 1487 | 2880 | 1408 | 1472 | 2064 | 1035 | 1029 |
| 龙港市 | 85 | 47 | 38 | 93 | 48 | 45 | 75 | 32 | 43 |
| **嘉兴市** | **10637** | **5688** | **4949** | **11896** | **6087** | **5809** | **8964** | **4204** | **4760** |
| 南湖区 | 740 | 391 | 349 | 767 | 411 | 356 | 549 | 249 | 300 |
| 秀洲区 | 1282 | 702 | 580 | 1483 | 730 | 753 | 1132 | 515 | 617 |
| 嘉善县 | 1054 | 563 | 491 | 1441 | 744 | 697 | 1128 | 543 | 585 |
| 海盐县 | 1303 | 667 | 636 | 1405 | 714 | 691 | 1073 | 495 | 578 |
| 海宁市 | 2191 | 1144 | 1047 | 2305 | 1212 | 1093 | 1680 | 812 | 868 |
| 平湖市 | 1671 | 906 | 765 | 1864 | 970 | 894 | 1390 | 633 | 757 |
| 桐乡市 | 2396 | 1315 | 1081 | 2631 | 1306 | 1325 | 2012 | 957 | 1055 |
| **湖州市** | **8734** | **4789** | **3945** | **9592** | **4928** | **4664** | **6874** | **3389** | **3485** |
| 吴兴区 | 1516 | 892 | 624 | 1570 | 818 | 752 | 1167 | 574 | 593 |
| 南浔区 | 1897 | 1091 | 806 | 2372 | 1263 | 1109 | 1809 | 881 | 928 |
| 德清县 | 1833 | 961 | 872 | 1703 | 872 | 831 | 1265 | 613 | 652 |
| 长兴县 | 1778 | 966 | 812 | 2147 | 1064 | 1083 | 1388 | 689 | 699 |
| 安吉县 | 1710 | 879 | 831 | 1800 | 911 | 889 | 1245 | 632 | 613 |

1-3c　续表 11　　　　单位：人

| 地　区 | 60-64岁 | | | 65-69岁 | | | 70-74岁 | | |
|---|---|---|---|---|---|---|---|---|---|
| | 小计 | 男 | 女 | 小计 | 男 | 女 | 小计 | 男 | 女 |
| **绍兴市** | **13714** | **7089** | **6625** | **14704** | **7472** | **7232** | **11274** | **5635** | **5639** |
| 越城区 | 1154 | 551 | 603 | 1243 | 622 | 621 | 976 | 483 | 493 |
| 柯桥区 | 1526 | 789 | 737 | 1607 | 818 | 789 | 1247 | 607 | 640 |
| 上虞区 | 2553 | 1289 | 1264 | 2646 | 1295 | 1351 | 2123 | 1041 | 1082 |
| 新昌县 | 1582 | 818 | 764 | 1560 | 834 | 726 | 1228 | 672 | 556 |
| 诸暨市 | 3915 | 2043 | 1872 | 4431 | 2243 | 2188 | 3303 | 1624 | 1679 |
| 嵊州市 | 2984 | 1599 | 1385 | 3217 | 1660 | 1557 | 2397 | 1208 | 1189 |
| **金华市** | **13619** | **6999** | **6620** | **14998** | **7513** | **7485** | **11311** | **5592** | **5719** |
| 婺城区 | 1547 | 804 | 743 | 1812 | 886 | 926 | 1308 | 624 | 684 |
| 金东区 | 1205 | 637 | 568 | 1331 | 676 | 655 | 932 | 451 | 481 |
| 武义县 | 1166 | 604 | 562 | 1160 | 581 | 579 | 920 | 449 | 471 |
| 浦江县 | 1340 | 666 | 674 | 1540 | 743 | 797 | 1134 | 538 | 596 |
| 磐安县 | 679 | 331 | 348 | 701 | 369 | 332 | 546 | 254 | 292 |
| 兰溪市 | 1999 | 1098 | 901 | 2242 | 1131 | 1111 | 1764 | 904 | 860 |
| 义乌市 | 1871 | 981 | 890 | 1963 | 1023 | 940 | 1478 | 748 | 730 |
| 东阳市 | 2383 | 1131 | 1252 | 2580 | 1259 | 1321 | 2094 | 1057 | 1037 |
| 永康市 | 1429 | 747 | 682 | 1669 | 845 | 824 | 1135 | 567 | 568 |
| **衢州市** | **8348** | **4399** | **3949** | **9037** | **4569** | **4468** | **6732** | **3467** | **3265** |
| 柯城区 | 1053 | 577 | 476 | 989 | 532 | 457 | 781 | 385 | 396 |
| 衢江区 | 1735 | 926 | 809 | 1846 | 942 | 904 | 1374 | 743 | 631 |
| 常山县 | 1073 | 569 | 504 | 1163 | 587 | 576 | 844 | 421 | 423 |
| 开化县 | 1232 | 618 | 614 | 1348 | 661 | 687 | 900 | 446 | 454 |
| 龙游县 | 1461 | 772 | 689 | 1726 | 844 | 882 | 1312 | 666 | 646 |
| 江山市 | 1794 | 937 | 857 | 1965 | 1003 | 962 | 1521 | 806 | 715 |
| **舟山市** | **3263** | **1695** | **1568** | **3205** | **1570** | **1635** | **2320** | **1096** | **1224** |
| 定海区 | 1083 | 554 | 529 | 1124 | 551 | 573 | 872 | 440 | 432 |
| 普陀区 | 1167 | 592 | 575 | 1157 | 577 | 580 | 746 | 346 | 400 |
| 岱山县 | 740 | 399 | 341 | 684 | 323 | 361 | 555 | 242 | 313 |
| 嵊泗县 | 273 | 150 | 123 | 240 | 119 | 121 | 147 | 68 | 79 |
| **台州市** | **17236** | **8711** | **8525** | **15551** | **7730** | **7821** | **12224** | **6014** | **6210** |
| 椒江区 | 993 | 516 | 477 | 966 | 477 | 489 | 795 | 402 | 393 |
| 黄岩区 | 1830 | 935 | 895 | 1778 | 899 | 879 | 1393 | 654 | 739 |
| 路桥区 | 1204 | 601 | 603 | 1102 | 548 | 554 | 844 | 443 | 401 |
| 三门县 | 1439 | 709 | 730 | 1172 | 587 | 585 | 951 | 455 | 496 |
| 天台县 | 1678 | 836 | 842 | 1570 | 805 | 765 | 1300 | 646 | 654 |
| 仙居县 | 1549 | 803 | 746 | 1425 | 713 | 712 | 1061 | 553 | 508 |
| 温岭市 | 3404 | 1717 | 1687 | 3201 | 1580 | 1621 | 2546 | 1245 | 1301 |
| 临海市 | 4080 | 2015 | 2065 | 3597 | 1759 | 1838 | 2790 | 1361 | 1429 |
| 玉环市 | 1059 | 579 | 480 | 740 | 362 | 378 | 544 | 255 | 289 |
| **丽水市** | **6316** | **3306** | **3010** | **7324** | **3765** | **3559** | **5065** | **2721** | **2344** |
| 莲都区 | 899 | 490 | 409 | 1067 | 546 | 521 | 745 | 401 | 344 |
| 青田县 | 1042 | 538 | 504 | 1080 | 549 | 531 | 753 | 416 | 337 |
| 缙云县 | 1332 | 678 | 654 | 1367 | 730 | 637 | 1038 | 519 | 519 |
| 遂昌县 | 825 | 432 | 393 | 930 | 484 | 446 | 549 | 298 | 251 |
| 松阳县 | 755 | 412 | 343 | 832 | 415 | 417 | 677 | 365 | 312 |
| 云和县 | 235 | 129 | 106 | 280 | 141 | 139 | 179 | 105 | 74 |
| 庆元县 | 355 | 166 | 189 | 537 | 276 | 261 | 299 | 165 | 134 |
| 景宁畲族自治县 | 296 | 166 | 130 | 399 | 207 | 192 | 265 | 156 | 109 |
| 龙泉市 | 577 | 295 | 282 | 832 | 417 | 415 | 560 | 296 | 264 |

1-3c 续表 12

单位：人

| 地区 | 75-79岁 | | | 80-84岁 | | | 85-89岁 | | |
|---|---|---|---|---|---|---|---|---|---|
| | 小计 | 男 | 女 | 小计 | 男 | 女 | 小计 | 男 | 女 |
| **合计** | **55950** | **27681** | **28269** | **40584** | **19679** | **20905** | **25649** | **10959** | **14690** |
| **杭州市** | **6072** | **2833** | **3239** | **4450** | **2036** | **2414** | **2861** | **1180** | **1681** |
| 上城区 | | | | | | | | | |
| 下城区 | | | | | | | | | |
| 江干区 | | | | | | | | | |
| 拱墅区 | | | | | | | | | |
| 西湖区 | 78 | 36 | 42 | 58 | 25 | 33 | 49 | 16 | 33 |
| 滨江区 | | | | | | | | | |
| 萧山区 | 1252 | 554 | 698 | 777 | 369 | 408 | 572 | 244 | 328 |
| 余杭区 | 996 | 449 | 547 | 631 | 284 | 347 | 433 | 198 | 235 |
| 富阳区 | 785 | 376 | 409 | 554 | 260 | 294 | 448 | 189 | 259 |
| 临安区 | 851 | 401 | 450 | 700 | 323 | 377 | 401 | 169 | 232 |
| 桐庐县 | 489 | 246 | 243 | 413 | 193 | 220 | 267 | 84 | 183 |
| 淳安县 | 778 | 371 | 407 | 681 | 296 | 385 | 362 | 141 | 221 |
| 建德市 | 843 | 400 | 443 | 636 | 286 | 350 | 329 | 139 | 190 |
| **宁波市** | **6019** | **2891** | **3128** | **3876** | **1909** | **1967** | **2775** | **1218** | **1557** |
| 海曙区 | 358 | 184 | 174 | 229 | 115 | 114 | 175 | 69 | 106 |
| 江北区 | 172 | 88 | 84 | 119 | 51 | 68 | 111 | 59 | 52 |
| 北仑区 | 511 | 253 | 258 | 298 | 151 | 147 | 235 | 100 | 135 |
| 镇海区 | 116 | 50 | 66 | 59 | 34 | 25 | 42 | 17 | 25 |
| 鄞州区 | 627 | 298 | 329 | 378 | 184 | 194 | 287 | 134 | 153 |
| 奉化区 | 762 | 390 | 372 | 479 | 242 | 237 | 350 | 165 | 185 |
| 象山县 | 819 | 384 | 435 | 704 | 345 | 359 | 433 | 192 | 241 |
| 宁海县 | 950 | 453 | 497 | 624 | 290 | 334 | 406 | 185 | 221 |
| 余姚市 | 834 | 400 | 434 | 467 | 241 | 226 | 327 | 142 | 185 |
| 慈溪市 | 870 | 391 | 479 | 519 | 256 | 263 | 409 | 155 | 254 |
| **温州市** | **6956** | **3668** | **3288** | **5692** | **2891** | **2801** | **3494** | **1600** | **1894** |
| 鹿城区 | 199 | 95 | 104 | 165 | 91 | 74 | 99 | 42 | 57 |
| 龙湾区 | | | | | | | | | |
| 瓯海区 | 281 | 145 | 136 | 236 | 121 | 115 | 150 | 70 | 80 |
| 洞头区 | 179 | 81 | 98 | 110 | 50 | 60 | 72 | 25 | 47 |
| 永嘉县 | 1175 | 625 | 550 | 967 | 470 | 497 | 549 | 263 | 286 |
| 平阳县 | 876 | 496 | 380 | 767 | 396 | 371 | 492 | 197 | 295 |
| 苍南县 | 866 | 462 | 404 | 715 | 355 | 360 | 438 | 201 | 237 |
| 文成县 | 410 | 260 | 150 | 325 | 187 | 138 | 237 | 118 | 119 |
| 泰顺县 | 421 | 250 | 171 | 355 | 205 | 150 | 210 | 117 | 93 |
| 瑞安市 | 1223 | 634 | 589 | 992 | 495 | 497 | 572 | 256 | 316 |
| 乐清市 | 1273 | 594 | 679 | 1017 | 498 | 519 | 654 | 300 | 354 |
| 龙港市 | 53 | 26 | 27 | 43 | 23 | 20 | 21 | 11 | 10 |
| **嘉兴市** | **5450** | **2521** | **2929** | **3361** | **1509** | **1852** | **1923** | **689** | **1234** |
| 南湖区 | 315 | 149 | 166 | 184 | 91 | 93 | 112 | 35 | 77 |
| 秀洲区 | 710 | 346 | 364 | 434 | 223 | 211 | 239 | 87 | 152 |
| 嘉善县 | 702 | 347 | 355 | 421 | 191 | 230 | 273 | 101 | 172 |
| 海盐县 | 569 | 271 | 298 | 348 | 138 | 210 | 223 | 78 | 145 |
| 海宁市 | 996 | 436 | 560 | 637 | 288 | 349 | 356 | 132 | 224 |
| 平湖市 | 961 | 425 | 536 | 554 | 223 | 331 | 333 | 106 | 227 |
| 桐乡市 | 1197 | 547 | 650 | 783 | 355 | 428 | 387 | 150 | 237 |
| **湖州市** | **4010** | **1830** | **2180** | **2724** | **1226** | **1498** | **1673** | **693** | **980** |
| 吴兴区 | 731 | 339 | 392 | 498 | 227 | 271 | 274 | 125 | 149 |
| 南浔区 | 980 | 438 | 542 | 784 | 335 | 449 | 470 | 179 | 291 |
| 德清县 | 732 | 323 | 409 | 478 | 231 | 247 | 334 | 150 | 184 |
| 长兴县 | 879 | 409 | 470 | 519 | 239 | 280 | 335 | 125 | 210 |
| 安吉县 | 688 | 321 | 367 | 445 | 194 | 251 | 260 | 114 | 146 |

1-3c　续表 13　　单位：人

| 地　区 | 75–79岁 | | | 80–84岁 | | | 85–89岁 | | |
|---|---|---|---|---|---|---|---|---|---|
| | 小计 | 男 | 女 | 小计 | 男 | 女 | 小计 | 男 | 女 |
| **绍兴市** | **5729** | **2886** | **2843** | **3701** | **1847** | **1854** | **2613** | **1053** | **1560** |
| 越城区 | 512 | 272 | 240 | 329 | 171 | 158 | 210 | 85 | 125 |
| 柯桥区 | 616 | 310 | 306 | 431 | 211 | 220 | 313 | 112 | 201 |
| 上虞区 | 1128 | 554 | 574 | 698 | 333 | 365 | 534 | 224 | 310 |
| 新昌县 | 647 | 332 | 315 | 443 | 217 | 226 | 310 | 121 | 189 |
| 诸暨市 | 1686 | 832 | 854 | 1113 | 576 | 537 | 803 | 340 | 463 |
| 嵊州市 | 1140 | 586 | 554 | 687 | 339 | 348 | 443 | 171 | 272 |
| **金华市** | **6377** | **3175** | **3202** | **4841** | **2401** | **2440** | **2883** | **1241** | **1642** |
| 婺城区 | 568 | 266 | 302 | 519 | 266 | 253 | 293 | 135 | 158 |
| 金东区 | 544 | 242 | 302 | 377 | 192 | 185 | 229 | 87 | 142 |
| 武义县 | 498 | 262 | 236 | 465 | 207 | 258 | 272 | 137 | 135 |
| 浦江县 | 646 | 320 | 326 | 447 | 235 | 212 | 298 | 124 | 174 |
| 磐安县 | 318 | 169 | 149 | 261 | 141 | 120 | 125 | 57 | 68 |
| 兰溪市 | 943 | 512 | 431 | 642 | 313 | 329 | 376 | 152 | 224 |
| 义乌市 | 889 | 455 | 434 | 652 | 357 | 295 | 378 | 161 | 217 |
| 东阳市 | 1300 | 635 | 665 | 901 | 418 | 483 | 570 | 258 | 312 |
| 永康市 | 671 | 314 | 357 | 577 | 272 | 305 | 342 | 130 | 212 |
| **衢州市** | **3446** | **1835** | **1611** | **2634** | **1362** | **1272** | **1565** | **696** | **869** |
| 柯城区 | 428 | 227 | 201 | 318 | 142 | 176 | 201 | 87 | 114 |
| 衢江区 | 748 | 380 | 368 | 529 | 282 | 247 | 323 | 148 | 175 |
| 常山县 | 462 | 244 | 218 | 306 | 163 | 143 | 180 | 79 | 101 |
| 开化县 | 486 | 257 | 229 | 390 | 201 | 189 | 195 | 79 | 116 |
| 龙游县 | 621 | 361 | 260 | 491 | 262 | 229 | 312 | 140 | 172 |
| 江山市 | 701 | 366 | 335 | 600 | 312 | 288 | 354 | 163 | 191 |
| **舟山市** | **1345** | **622** | **723** | **887** | **395** | **492** | **623** | **251** | **372** |
| 定海区 | 444 | 224 | 220 | 299 | 143 | 156 | 210 | 90 | 120 |
| 普陀区 | 494 | 208 | 286 | 307 | 137 | 170 | 208 | 76 | 132 |
| 岱山县 | 294 | 143 | 151 | 207 | 93 | 114 | 147 | 61 | 86 |
| 嵊泗县 | 113 | 47 | 66 | 74 | 22 | 52 | 58 | 24 | 34 |
| **台州市** | **7722** | **3854** | **3868** | **5823** | **2721** | **3102** | **3692** | **1565** | **2127** |
| 椒江区 | 462 | 248 | 214 | 292 | 125 | 167 | 207 | 89 | 118 |
| 黄岩区 | 839 | 422 | 417 | 741 | 362 | 379 | 458 | 201 | 257 |
| 路桥区 | 479 | 249 | 230 | 397 | 189 | 208 | 280 | 113 | 167 |
| 三门县 | 607 | 276 | 331 | 464 | 217 | 247 | 265 | 117 | 148 |
| 天台县 | 798 | 380 | 418 | 558 | 257 | 301 | 357 | 143 | 214 |
| 仙居县 | 645 | 330 | 315 | 549 | 250 | 299 | 299 | 136 | 163 |
| 温岭市 | 1665 | 869 | 796 | 1221 | 544 | 677 | 842 | 341 | 501 |
| 临海市 | 1791 | 876 | 915 | 1254 | 605 | 649 | 767 | 340 | 427 |
| 玉环市 | 436 | 204 | 232 | 347 | 172 | 175 | 217 | 85 | 132 |
| **丽水市** | **2824** | **1566** | **1258** | **2595** | **1382** | **1213** | **1547** | **773** | **774** |
| 莲都区 | 368 | 196 | 172 | 356 | 184 | 172 | 204 | 105 | 99 |
| 青田县 | 508 | 265 | 243 | 416 | 221 | 195 | 257 | 124 | 133 |
| 缙云县 | 653 | 342 | 311 | 558 | 277 | 281 | 336 | 156 | 180 |
| 遂昌县 | 301 | 169 | 132 | 268 | 143 | 125 | 197 | 102 | 95 |
| 松阳县 | 294 | 166 | 128 | 280 | 149 | 131 | 152 | 68 | 84 |
| 云和县 | 102 | 57 | 45 | 111 | 62 | 49 | 66 | 29 | 37 |
| 庆元县 | 148 | 98 | 50 | 137 | 78 | 59 | 83 | 50 | 33 |
| 景宁畲族自治县 | 143 | 95 | 48 | 151 | 93 | 58 | 65 | 37 | 28 |
| 龙泉市 | 307 | 178 | 129 | 318 | 175 | 143 | 187 | 102 | 85 |

1-3c 续表 14

单位：人

| 地区 | 90—94岁 | | | 95—99岁 | | | 100岁及以上 | | |
|---|---|---|---|---|---|---|---|---|---|
| | 小计 | 男 | 女 | 小计 | 男 | 女 | 小计 | 男 | 女 |
| **合计** | **8181** | **3121** | **5060** | **1485** | **506** | **979** | **122** | **35** | **87** |
| **杭州市** | **867** | **319** | **548** | **157** | **53** | **104** | **10** | | **10** |
| 上城区 | | | | | | | | | |
| 下城区 | | | | | | | | | |
| 江干区 | | | | | | | | | |
| 拱墅区 | | | | | | | | | |
| 西湖区 | 18 | 5 | 13 | 6 | 2 | 4 | | | |
| 滨江区 | | | | | | | | | |
| 萧山区 | 216 | 82 | 134 | 37 | 15 | 22 | 4 | | 4 |
| 余杭区 | 124 | 49 | 75 | 26 | 9 | 17 | | | |
| 富阳区 | 136 | 52 | 84 | 28 | 7 | 21 | 2 | | 2 |
| 临安区 | 131 | 48 | 83 | 15 | 6 | 9 | 1 | | 1 |
| 桐庐县 | 71 | 21 | 50 | 12 | 3 | 9 | 2 | | 2 |
| 淳安县 | 85 | 32 | 53 | 10 | 2 | 8 | 1 | | 1 |
| 建德市 | 86 | 30 | 56 | 23 | 9 | 14 | | | |
| **宁波市** | **934** | **356** | **578** | **163** | **51** | **112** | **9** | **2** | **7** |
| 海曙区 | 59 | 29 | 30 | 10 | 4 | 6 | | | |
| 江北区 | 36 | 11 | 25 | 9 | 1 | 8 | 2 | 1 | 1 |
| 北仑区 | 93 | 41 | 52 | 16 | 6 | 10 | | | |
| 镇海区 | 16 | 8 | 8 | 5 | 1 | 4 | | | |
| 鄞州区 | 101 | 42 | 59 | 11 | 4 | 7 | 2 | | 2 |
| 奉化区 | 120 | 44 | 76 | 17 | 4 | 13 | 1 | | 1 |
| 象山县 | 137 | 49 | 88 | 22 | 10 | 12 | 1 | | 1 |
| 宁海县 | 115 | 42 | 73 | 25 | 9 | 16 | 3 | 1 | 2 |
| 余姚市 | 119 | 44 | 75 | 20 | 4 | 16 | | | |
| 慈溪市 | 138 | 46 | 92 | 28 | 8 | 20 | | | |
| **温州市** | **1239** | **519** | **720** | **290** | **117** | **173** | **32** | **9** | **23** |
| 鹿城区 | 31 | 9 | 22 | 8 | 4 | 4 | 2 | | 2 |
| 龙湾区 | | | | | | | | | |
| 瓯海区 | 54 | 24 | 30 | 7 | 4 | 3 | | | |
| 洞头区 | 19 | 4 | 15 | 4 | 3 | 1 | | | |
| 永嘉县 | 209 | 87 | 122 | 49 | 18 | 31 | 7 | 2 | 5 |
| 平阳县 | 152 | 62 | 90 | 45 | 20 | 25 | 4 | 2 | 2 |
| 苍南县 | 176 | 74 | 102 | 34 | 11 | 23 | 1 | 1 | |
| 文成县 | 91 | 47 | 44 | 22 | 7 | 15 | 3 | | 3 |
| 泰顺县 | 83 | 36 | 47 | 28 | 14 | 14 | 3 | 2 | 1 |
| 瑞安市 | 186 | 82 | 104 | 40 | 19 | 21 | 7 | 1 | 6 |
| 乐清市 | 229 | 91 | 138 | 48 | 17 | 31 | 4 | 1 | 3 |
| 龙港市 | 9 | 3 | 6 | 5 | | 5 | 1 | | 1 |
| **嘉兴市** | **609** | **176** | **433** | **96** | **25** | **71** | **5** | **2** | **3** |
| 南湖区 | 34 | 7 | 27 | 6 | 2 | 4 | | | |
| 秀洲区 | 75 | 21 | 54 | 10 | 3 | 7 | | | |
| 嘉善县 | 81 | 24 | 57 | 16 | 2 | 14 | 1 | | 1 |
| 海盐县 | 77 | 18 | 59 | 8 | 4 | 4 | | | |
| 海宁市 | 124 | 36 | 88 | 28 | 9 | 19 | 2 | | 2 |
| 平湖市 | 104 | 32 | 72 | 10 | | 10 | 1 | 1 | |
| 桐乡市 | 114 | 38 | 76 | 18 | 5 | 13 | 1 | 1 | |
| **湖州市** | **514** | **180** | **334** | **81** | **13** | **68** | **4** | **1** | **3** |
| 吴兴区 | 73 | 20 | 53 | 15 | 3 | 12 | 1 | | 1 |
| 南浔区 | 146 | 49 | 97 | 19 | 2 | 17 | 2 | 1 | 1 |
| 德清县 | 101 | 50 | 51 | 15 | 1 | 14 | | | |
| 长兴县 | 103 | 35 | 68 | 17 | 3 | 14 | 1 | | 1 |
| 安吉县 | 91 | 26 | 65 | 15 | 4 | 11 | | | |

1-3c　续表 15　　　　单位：人

| 地　区 | 90-94岁 | | | 95-99岁 | | | 100岁及以上 | | |
|---|---|---|---|---|---|---|---|---|---|
| | 小计 | 男 | 女 | 小计 | 男 | 女 | 小计 | 男 | 女 |
| **绍兴市** | **785** | **317** | **468** | **126** | **37** | **89** | **8** | **2** | **6** |
| 越城区 | 72 | 32 | 40 | 12 | 3 | 9 | 1 | | 1 |
| 柯桥区 | 95 | 39 | 56 | 13 | 4 | 9 | 1 | | 1 |
| 上虞区 | 153 | 47 | 106 | 30 | 7 | 23 | | | |
| 新昌县 | 77 | 36 | 41 | 13 | 3 | 10 | 1 | 1 | |
| 诸暨市 | 253 | 104 | 149 | 46 | 17 | 29 | 4 | 1 | 3 |
| 嵊州市 | 135 | 59 | 76 | 12 | 3 | 9 | 1 | | 1 |
| **金华市** | **885** | **308** | **577** | **137** | **45** | **92** | **15** | **5** | **10** |
| 婺城区 | 94 | 30 | 64 | 17 | 4 | 13 | 4 | 1 | 3 |
| 金东区 | 72 | 17 | 55 | 17 | 6 | 11 | | | |
| 武义县 | 64 | 22 | 42 | 7 | 4 | 3 | 1 | | 1 |
| 浦江县 | 108 | 37 | 71 | 16 | 7 | 9 | 2 | | 2 |
| 磐安县 | 43 | 27 | 16 | 4 | | 4 | 2 | 2 | |
| 兰溪市 | 113 | 37 | 76 | 20 | 5 | 15 | 1 | | 1 |
| 义乌市 | 120 | 42 | 78 | 17 | 5 | 12 | 1 | 1 | |
| 东阳市 | 182 | 61 | 121 | 26 | 9 | 17 | 3 | 1 | 2 |
| 永康市 | 89 | 35 | 54 | 13 | 5 | 8 | 1 | | 1 |
| **衢州市** | **495** | **198** | **297** | **77** | **25** | **52** | **5** | **1** | **4** |
| 柯城区 | 59 | 25 | 34 | 13 | 6 | 7 | 1 | | 1 |
| 衢江区 | 102 | 42 | 60 | 11 | 5 | 6 | 2 | 1 | 1 |
| 常山县 | 51 | 23 | 28 | 5 | | 5 | 1 | | 1 |
| 开化县 | 69 | 25 | 44 | 13 | 4 | 9 | | | |
| 龙游县 | 74 | 25 | 49 | 11 | 2 | 9 | | | |
| 江山市 | 140 | 58 | 82 | 24 | 8 | 16 | 1 | | 1 |
| **舟山市** | **196** | **58** | **138** | **32** | **10** | **22** | **1** | | **1** |
| 定海区 | 75 | 24 | 51 | 13 | 5 | 8 | | | |
| 普陀区 | 74 | 18 | 56 | 11 | 3 | 8 | | | |
| 岱山县 | 38 | 12 | 26 | 5 | 2 | 3 | | | |
| 嵊泗县 | 9 | 4 | 5 | 3 | | 3 | 1 | | 1 |
| **台州市** | **1164** | **472** | **692** | **245** | **88** | **157** | **20** | **8** | **12** |
| 椒江区 | 74 | 28 | 46 | 15 | 7 | 8 | 2 | 1 | 1 |
| 黄岩区 | 184 | 77 | 107 | 31 | 12 | 19 | 2 | 1 | 1 |
| 路桥区 | 91 | 33 | 58 | 21 | 4 | 17 | | | |
| 三门县 | 65 | 28 | 37 | 13 | 5 | 8 | 2 | 1 | 1 |
| 天台县 | 88 | 33 | 55 | 15 | 5 | 10 | 3 | 1 | 2 |
| 仙居县 | 91 | 37 | 54 | 13 | 4 | 9 | | | |
| 温岭市 | 280 | 110 | 170 | 72 | 28 | 44 | 4 | 3 | 1 |
| 临海市 | 230 | 98 | 132 | 47 | 16 | 31 | 4 | | 4 |
| 玉环市 | 61 | 28 | 33 | 18 | 7 | 11 | 3 | 1 | 2 |
| **丽水市** | **493** | **218** | **275** | **81** | **42** | **39** | **13** | **5** | **8** |
| 莲都区 | 76 | 25 | 51 | 16 | 9 | 7 | | | |
| 青田县 | 77 | 41 | 36 | 17 | 5 | 12 | 5 | 1 | 4 |
| 缙云县 | 109 | 44 | 65 | 25 | 16 | 9 | 4 | 1 | 3 |
| 遂昌县 | 69 | 28 | 41 | 6 | 3 | 3 | 1 | | 1 |
| 松阳县 | 43 | 19 | 24 | 6 | 3 | 3 | | | |
| 云和县 | 21 | 8 | 13 | | | | 1 | 1 | |
| 庆元县 | 20 | 10 | 10 | 3 | 2 | 1 | | | |
| 景宁畲族自治县 | 26 | 11 | 15 | 3 | 2 | 1 | 2 | 2 | |
| 龙泉市 | 52 | 32 | 20 | 5 | 2 | 3 | | | |

# 1-4　全省分年龄、性别的人口

单位：人、%

| 年　龄 | 人　口　数 | | | 占总人口比重 | | | 性别比 |
|---|---|---|---|---|---|---|---|
| | 合计 | 男 | 女 | 合计 | 男 | 女 | (女=100) |
| **总　计** | **6467791** | **3389194** | **3078597** | **100.00** | **52.40** | **47.60** | **110.09** |
| **0–4岁** | **283541** | **149197** | **134344** | **4.38** | **2.31** | **2.08** | **111.06** |
| 0 | 40999 | 21470 | 19529 | 0.63 | 0.33 | 0.30 | 109.94 |
| 1 | 53063 | 27937 | 25126 | 0.82 | 0.43 | 0.39 | 111.19 |
| 2 | 56578 | 29693 | 26885 | 0.87 | 0.46 | 0.42 | 110.44 |
| 3 | 69154 | 36457 | 32697 | 1.07 | 0.56 | 0.51 | 111.50 |
| 4 | 63747 | 33640 | 30107 | 0.99 | 0.52 | 0.47 | 111.73 |
| **5–9岁** | **295411** | **157589** | **137822** | **4.57** | **2.44** | **2.13** | **114.34** |
| 5 | 57493 | 30558 | 26935 | 0.89 | 0.47 | 0.42 | 113.45 |
| 6 | 61585 | 32917 | 28668 | 0.95 | 0.51 | 0.44 | 114.82 |
| 7 | 57732 | 30758 | 26974 | 0.89 | 0.48 | 0.42 | 114.03 |
| 8 | 62301 | 33345 | 28956 | 0.96 | 0.52 | 0.45 | 115.16 |
| 9 | 56300 | 30011 | 26289 | 0.87 | 0.46 | 0.41 | 114.16 |
| **10–14岁** | **256288** | **137181** | **119107** | **3.96** | **2.12** | **1.84** | **115.17** |
| 10 | 52596 | 28372 | 24224 | 0.81 | 0.44 | 0.37 | 117.12 |
| 11 | 53605 | 28660 | 24945 | 0.83 | 0.44 | 0.39 | 114.89 |
| 12 | 50838 | 27060 | 23778 | 0.79 | 0.42 | 0.37 | 113.80 |
| 13 | 50214 | 26752 | 23462 | 0.78 | 0.41 | 0.36 | 114.02 |
| 14 | 49035 | 26337 | 22698 | 0.76 | 0.41 | 0.35 | 116.03 |
| **15–19岁** | **286245** | **153696** | **132549** | **4.43** | **2.38** | **2.05** | **115.95** |
| 15 | 51779 | 27233 | 24546 | 0.80 | 0.42 | 0.38 | 110.95 |
| 16 | 65359 | 34869 | 30490 | 1.01 | 0.54 | 0.47 | 114.36 |
| 17 | 59932 | 32431 | 27501 | 0.93 | 0.50 | 0.43 | 117.93 |
| 18 | 48836 | 26954 | 21882 | 0.76 | 0.42 | 0.34 | 123.18 |
| 19 | 60339 | 32209 | 28130 | 0.93 | 0.50 | 0.43 | 114.50 |
| **20–24岁** | **370072** | **201042** | **169030** | **5.72** | **3.11** | **2.61** | **118.94** |
| 20 | 65474 | 35346 | 30128 | 1.01 | 0.55 | 0.47 | 117.32 |
| 21 | 66199 | 35980 | 30219 | 1.02 | 0.56 | 0.47 | 119.06 |
| 22 | 73369 | 40280 | 33089 | 1.13 | 0.62 | 0.51 | 121.73 |
| 23 | 79490 | 43206 | 36284 | 1.23 | 0.67 | 0.56 | 119.08 |
| 24 | 85540 | 46230 | 39310 | 1.32 | 0.71 | 0.61 | 117.60 |
| **25–29岁** | **493561** | **266709** | **226852** | **7.63** | **4.12** | **3.51** | **117.57** |
| 25 | 95036 | 51700 | 43336 | 1.47 | 0.80 | 0.67 | 119.30 |
| 26 | 92201 | 50037 | 42164 | 1.43 | 0.77 | 0.65 | 118.67 |
| 27 | 99634 | 53561 | 46073 | 1.54 | 0.83 | 0.71 | 116.25 |
| 28 | 101201 | 54596 | 46605 | 1.56 | 0.84 | 0.72 | 117.15 |
| 29 | 105489 | 56815 | 48674 | 1.63 | 0.88 | 0.75 | 116.73 |

1-4　续表 1

单位：人、%

| 年　龄 | 人　口　数 | | | 占总人口比重 | | | 性别比 |
|---|---|---|---|---|---|---|---|
| | 合计 | 男 | 女 | 合计 | 男 | 女 | (女=100) |
| **30-34岁** | **640418** | **342183** | **298235** | **9.90** | **5.29** | **4.61** | **114.74** |
| 30 | 130234 | 70012 | 60222 | 2.01 | 1.08 | 0.93 | 116.26 |
| 31 | 129293 | 69045 | 60248 | 2.00 | 1.07 | 0.93 | 114.60 |
| 32 | 123831 | 66205 | 57626 | 1.91 | 1.02 | 0.89 | 114.89 |
| 33 | 139468 | 74148 | 65320 | 2.16 | 1.15 | 1.01 | 113.52 |
| 34 | 117592 | 62773 | 54819 | 1.82 | 0.97 | 0.85 | 114.51 |
| **35-39岁** | **524128** | **279078** | **245050** | **8.10** | **4.31** | **3.79** | **113.89** |
| 35 | 98737 | 52654 | 46083 | 1.53 | 0.81 | 0.71 | 114.26 |
| 36 | 102141 | 54566 | 47575 | 1.58 | 0.84 | 0.74 | 114.69 |
| 37 | 103794 | 55068 | 48726 | 1.60 | 0.85 | 0.75 | 113.02 |
| 38 | 119094 | 63246 | 55848 | 1.84 | 0.98 | 0.86 | 113.25 |
| 39 | 100362 | 53544 | 46818 | 1.55 | 0.83 | 0.72 | 114.37 |
| **40-44岁** | **496128** | **261799** | **234329** | **7.67** | **4.05** | **3.62** | **111.72** |
| 40 | 88774 | 47361 | 41413 | 1.37 | 0.73 | 0.64 | 114.36 |
| 41 | 102941 | 54489 | 48452 | 1.59 | 0.84 | 0.75 | 112.46 |
| 42 | 100925 | 53269 | 47656 | 1.56 | 0.82 | 0.74 | 111.78 |
| 43 | 97928 | 51249 | 46679 | 1.51 | 0.79 | 0.72 | 109.79 |
| 44 | 105560 | 55431 | 50129 | 1.63 | 0.86 | 0.78 | 110.58 |
| **45-49岁** | **575686** | **301418** | **274268** | **8.90** | **4.66** | **4.24** | **109.90** |
| 45 | 105119 | 55230 | 49889 | 1.63 | 0.85 | 0.77 | 110.71 |
| 46 | 110168 | 57571 | 52597 | 1.70 | 0.89 | 0.81 | 109.46 |
| 47 | 119421 | 62315 | 57106 | 1.85 | 0.96 | 0.88 | 109.12 |
| 48 | 118397 | 61920 | 56477 | 1.83 | 0.96 | 0.87 | 109.64 |
| 49 | 122581 | 64382 | 58199 | 1.90 | 1.00 | 0.90 | 110.62 |
| **50-54岁** | **586614** | **307143** | **279471** | **9.07** | **4.75** | **4.32** | **109.90** |
| 50 | 126559 | 65934 | 60625 | 1.96 | 1.02 | 0.94 | 108.76 |
| 51 | 122681 | 64266 | 58415 | 1.90 | 0.99 | 0.90 | 110.02 |
| 52 | 121091 | 63502 | 57589 | 1.87 | 0.98 | 0.89 | 110.27 |
| 53 | 101989 | 53386 | 48603 | 1.58 | 0.83 | 0.75 | 109.84 |
| 54 | 114294 | 60055 | 54239 | 1.77 | 0.93 | 0.84 | 110.72 |
| **55-59岁** | **483086** | **250720** | **232366** | **7.47** | **3.88** | **3.59** | **107.90** |
| 55 | 113239 | 59278 | 53961 | 1.75 | 0.92 | 0.83 | 109.85 |
| 56 | 106879 | 55507 | 51372 | 1.65 | 0.86 | 0.79 | 108.05 |
| 57 | 120610 | 62680 | 57930 | 1.86 | 0.97 | 0.90 | 108.20 |
| 58 | 92704 | 47967 | 44737 | 1.43 | 0.74 | 0.69 | 107.22 |
| 59 | 49654 | 25288 | 24366 | 0.77 | 0.39 | 0.38 | 103.78 |
| **60-64岁** | **345068** | **176962** | **168106** | **5.34** | **2.74** | **2.60** | **105.27** |
| 60 | 64445 | 32986 | 31459 | 1.00 | 0.51 | 0.49 | 104.85 |
| 61 | 57544 | 29804 | 27740 | 0.89 | 0.46 | 0.43 | 107.44 |
| 62 | 71090 | 36511 | 34579 | 1.10 | 0.56 | 0.53 | 105.59 |
| 63 | 79962 | 41144 | 38818 | 1.24 | 0.64 | 0.60 | 105.99 |
| 64 | 72027 | 36517 | 35510 | 1.11 | 0.56 | 0.55 | 102.84 |

1-4 续表 2

单位：人、%

| 年龄 | 人口数 | | | 占总人口比重 | | | 性别比 |
|---|---|---|---|---|---|---|---|
| | 合计 | 男 | 女 | 合计 | 男 | 女 | (女=100) |
| **65-69岁** | **318048** | **158428** | **159620** | **4.92** | **2.45** | **2.47** | **99.25** |
| 65 | 69642 | 35314 | 34328 | 1.08 | 0.55 | 0.53 | 102.87 |
| 66 | 71963 | 36147 | 35816 | 1.11 | 0.56 | 0.55 | 100.92 |
| 67 | 61025 | 30165 | 30860 | 0.94 | 0.47 | 0.48 | 97.75 |
| 68 | 61644 | 30487 | 31157 | 0.95 | 0.47 | 0.48 | 97.85 |
| 69 | 53774 | 26315 | 27459 | 0.83 | 0.41 | 0.42 | 95.83 |
| **70-74岁** | **222904** | **110045** | **112859** | **3.45** | **1.70** | **1.74** | **97.51** |
| 70 | 49659 | 24618 | 25041 | 0.77 | 0.38 | 0.39 | 98.31 |
| 71 | 49406 | 24672 | 24734 | 0.76 | 0.38 | 0.38 | 99.75 |
| 72 | 46947 | 23252 | 23695 | 0.73 | 0.36 | 0.37 | 98.13 |
| 73 | 41000 | 20146 | 20854 | 0.63 | 0.31 | 0.32 | 96.60 |
| 74 | 35892 | 17357 | 18535 | 0.55 | 0.27 | 0.29 | 93.64 |
| **75-79岁** | **124053** | **61069** | **62984** | **1.92** | **0.94** | **0.97** | **96.96** |
| 75 | 30301 | 15040 | 15261 | 0.47 | 0.23 | 0.24 | 98.55 |
| 76 | 28073 | 13901 | 14172 | 0.43 | 0.21 | 0.22 | 98.09 |
| 77 | 24207 | 11807 | 12400 | 0.37 | 0.18 | 0.19 | 95.22 |
| 78 | 20256 | 9867 | 10389 | 0.31 | 0.15 | 0.16 | 94.98 |
| 79 | 21216 | 10454 | 10762 | 0.33 | 0.16 | 0.17 | 97.14 |
| **80-84岁** | **88439** | **42024** | **46415** | **1.37** | **0.65** | **0.72** | **90.54** |
| 80 | 18203 | 8788 | 9415 | 0.28 | 0.14 | 0.15 | 93.34 |
| 81 | 16904 | 8126 | 8778 | 0.26 | 0.13 | 0.14 | 92.57 |
| 82 | 19924 | 9512 | 10412 | 0.31 | 0.15 | 0.16 | 91.36 |
| 83 | 17736 | 8362 | 9374 | 0.27 | 0.13 | 0.14 | 89.20 |
| 84 | 15672 | 7236 | 8436 | 0.24 | 0.11 | 0.13 | 85.78 |
| **85-89岁** | **56248** | **24563** | **31685** | **0.87** | **0.38** | **0.49** | **77.52** |
| 85 | 14920 | 6811 | 8109 | 0.23 | 0.11 | 0.13 | 83.99 |
| 86 | 12869 | 5664 | 7205 | 0.20 | 0.09 | 0.11 | 78.61 |
| 87 | 11889 | 5103 | 6786 | 0.18 | 0.08 | 0.10 | 75.20 |
| 88 | 9668 | 4122 | 5546 | 0.15 | 0.06 | 0.09 | 74.32 |
| 89 | 6902 | 2863 | 4039 | 0.11 | 0.04 | 0.06 | 70.88 |
| **90-94岁** | **18167** | **7122** | **11045** | **0.28** | **0.11** | **0.17** | **64.48** |
| 90 | 5622 | 2256 | 3366 | 0.09 | 0.03 | 0.05 | 67.02 |
| 91 | 4259 | 1716 | 2543 | 0.07 | 0.03 | 0.04 | 67.48 |
| 92 | 3860 | 1491 | 2369 | 0.06 | 0.02 | 0.04 | 62.94 |
| 93 | 2602 | 987 | 1615 | 0.04 | 0.02 | 0.02 | 61.11 |
| 94 | 1824 | 672 | 1152 | 0.03 | 0.01 | 0.02 | 58.33 |
| **95-99岁** | **3384** | **1133** | **2251** | **0.05** | **0.02** | **0.03** | **50.33** |
| 95 | 1286 | 472 | 814 | 0.02 | 0.01 | 0.01 | 57.99 |
| 96 | 879 | 272 | 607 | 0.01 | | 0.01 | 44.81 |
| 97 | 573 | 181 | 392 | 0.01 | | 0.01 | 46.17 |
| 98 | 408 | 122 | 286 | 0.01 | | | 42.66 |
| 99 | 238 | 86 | 152 | | | | 56.58 |
| **100岁及以上** | **302** | **93** | **209** | | | | **44.50** |

# 1－4a　全省分年龄、性别的人口(城市)

单位：人、%

| 年　龄 | 人口数 | | | 占总人口比重 | | | 性别比 |
|---|---|---|---|---|---|---|---|
| | 合计 | 男 | 女 | 合计 | 男 | 女 | (女=100) |
| **总　计** | **3357273** | **1749966** | **1607307** | **100.00** | **52.12** | **47.88** | **108.88** |
| **0－4岁** | **153758** | **80782** | **72976** | **4.58** | **2.41** | **2.17** | **110.70** |
| 0 | 20263 | 10539 | 9724 | 0.60 | 0.31 | 0.29 | 108.38 |
| 1 | 28637 | 15046 | 13591 | 0.85 | 0.45 | 0.40 | 110.71 |
| 2 | 30673 | 16127 | 14546 | 0.91 | 0.48 | 0.43 | 110.87 |
| 3 | 38216 | 20164 | 18052 | 1.14 | 0.60 | 0.54 | 111.70 |
| 4 | 35969 | 18906 | 17063 | 1.07 | 0.56 | 0.51 | 110.80 |
| **5－9岁** | **162565** | **86732** | **75833** | **4.84** | **2.58** | **2.26** | **114.37** |
| 5 | 32120 | 17070 | 15050 | 0.96 | 0.51 | 0.45 | 113.42 |
| 6 | 34553 | 18506 | 16047 | 1.03 | 0.55 | 0.48 | 115.32 |
| 7 | 31686 | 16836 | 14850 | 0.94 | 0.50 | 0.44 | 113.37 |
| 8 | 34038 | 18201 | 15837 | 1.01 | 0.54 | 0.47 | 114.93 |
| 9 | 30168 | 16119 | 14049 | 0.90 | 0.48 | 0.42 | 114.73 |
| **10－14岁** | **130204** | **69933** | **60271** | **3.88** | **2.08** | **1.80** | **116.03** |
| 10 | 27630 | 14987 | 12643 | 0.82 | 0.45 | 0.38 | 118.54 |
| 11 | 27425 | 14786 | 12639 | 0.82 | 0.44 | 0.38 | 116.99 |
| 12 | 25803 | 13653 | 12150 | 0.77 | 0.41 | 0.36 | 112.37 |
| 13 | 25431 | 13579 | 11852 | 0.76 | 0.40 | 0.35 | 114.57 |
| 14 | 23915 | 12928 | 10987 | 0.71 | 0.39 | 0.33 | 117.67 |
| **15－19岁** | **164763** | **87681** | **77082** | **4.91** | **2.61** | **2.30** | **113.75** |
| 15 | 26006 | 13732 | 12274 | 0.77 | 0.41 | 0.37 | 111.88 |
| 16 | 35827 | 19162 | 16665 | 1.07 | 0.57 | 0.50 | 114.98 |
| 17 | 33715 | 18232 | 15483 | 1.00 | 0.54 | 0.46 | 117.75 |
| 18 | 28275 | 15458 | 12817 | 0.84 | 0.46 | 0.38 | 120.61 |
| 19 | 40940 | 21097 | 19843 | 1.22 | 0.63 | 0.59 | 106.32 |
| **20－24岁** | **237531** | **125672** | **111859** | **7.08** | **3.74** | **3.33** | **112.35** |
| 20 | 45235 | 23547 | 21688 | 1.35 | 0.70 | 0.65 | 108.57 |
| 21 | 43828 | 23083 | 20745 | 1.31 | 0.69 | 0.62 | 111.27 |
| 22 | 46413 | 24852 | 21561 | 1.38 | 0.74 | 0.64 | 115.26 |
| 23 | 49552 | 26371 | 23181 | 1.48 | 0.79 | 0.69 | 113.76 |
| 24 | 52503 | 27819 | 24684 | 1.56 | 0.83 | 0.74 | 112.70 |
| **25－29岁** | **296315** | **157749** | **138566** | **8.83** | **4.70** | **4.13** | **113.84** |
| 25 | 57668 | 30758 | 26910 | 1.72 | 0.92 | 0.80 | 114.30 |
| 26 | 55421 | 29589 | 25832 | 1.65 | 0.88 | 0.77 | 114.54 |
| 27 | 59557 | 31553 | 28004 | 1.77 | 0.94 | 0.83 | 112.67 |
| 28 | 60504 | 32212 | 28292 | 1.80 | 0.96 | 0.84 | 113.86 |
| 29 | 63165 | 33637 | 29528 | 1.88 | 1.00 | 0.88 | 113.92 |

1-4a　续表 1　　　　单位：人、%

| 年　龄 | 人　口　数 | | | 占总人口比重 | | | 性别比 |
|---|---|---|---|---|---|---|---|
| | 合计 | 男 | 女 | 合计 | 男 | 女 | (女=100) |
| **30—34岁** | **380233** | **200142** | **180091** | **11.33** | **5.96** | **5.36** | **111.13** |
| 30 | 77861 | 41345 | 36516 | 2.32 | 1.23 | 1.09 | 113.22 |
| 31 | 77089 | 40456 | 36633 | 2.30 | 1.21 | 1.09 | 110.44 |
| 32 | 73656 | 38751 | 34905 | 2.19 | 1.15 | 1.04 | 111.02 |
| 33 | 82388 | 43196 | 39192 | 2.45 | 1.29 | 1.17 | 110.22 |
| 34 | 69239 | 36394 | 32845 | 2.06 | 1.08 | 0.98 | 110.81 |
| **35—39岁** | **305494** | **160358** | **145136** | **9.10** | **4.78** | **4.32** | **110.49** |
| 35 | 58260 | 30551 | 27709 | 1.74 | 0.91 | 0.83 | 110.26 |
| 36 | 60372 | 31795 | 28577 | 1.80 | 0.95 | 0.85 | 111.26 |
| 37 | 60928 | 31964 | 28964 | 1.81 | 0.95 | 0.86 | 110.36 |
| 38 | 68924 | 36027 | 32897 | 2.05 | 1.07 | 0.98 | 109.51 |
| 39 | 57010 | 30021 | 26989 | 1.70 | 0.89 | 0.80 | 111.23 |
| **40—44岁** | **271452** | **142837** | **128615** | **8.09** | **4.25** | **3.83** | **111.06** |
| 40 | 49687 | 26330 | 23357 | 1.48 | 0.78 | 0.70 | 112.73 |
| 41 | 57344 | 29968 | 27376 | 1.71 | 0.89 | 0.82 | 109.47 |
| 42 | 55325 | 29192 | 26133 | 1.65 | 0.87 | 0.78 | 111.71 |
| 43 | 53009 | 27705 | 25304 | 1.58 | 0.83 | 0.75 | 109.49 |
| 44 | 56087 | 29642 | 26445 | 1.67 | 0.88 | 0.79 | 112.09 |
| **45—49岁** | **293835** | **154235** | **139600** | **8.75** | **4.59** | **4.16** | **110.48** |
| 45 | 55064 | 28977 | 26087 | 1.64 | 0.86 | 0.78 | 111.08 |
| 46 | 56974 | 29913 | 27061 | 1.70 | 0.89 | 0.81 | 110.54 |
| 47 | 61055 | 32010 | 29045 | 1.82 | 0.95 | 0.87 | 110.21 |
| 48 | 59569 | 31151 | 28418 | 1.77 | 0.93 | 0.85 | 109.62 |
| 49 | 61173 | 32184 | 28989 | 1.82 | 0.96 | 0.86 | 111.02 |
| **50—54岁** | **275854** | **143814** | **132040** | **8.22** | **4.28** | **3.93** | **108.92** |
| 50 | 61821 | 32083 | 29738 | 1.84 | 0.96 | 0.89 | 107.89 |
| 51 | 58328 | 30509 | 27819 | 1.74 | 0.91 | 0.83 | 109.67 |
| 52 | 57411 | 30003 | 27408 | 1.71 | 0.89 | 0.82 | 109.47 |
| 53 | 46500 | 24213 | 22287 | 1.39 | 0.72 | 0.66 | 108.64 |
| 54 | 51794 | 27006 | 24788 | 1.54 | 0.80 | 0.74 | 108.95 |
| **55—59岁** | **218983** | **112076** | **106907** | **6.52** | **3.34** | **3.18** | **104.84** |
| 55 | 50731 | 26311 | 24420 | 1.51 | 0.78 | 0.73 | 107.74 |
| 56 | 48371 | 24811 | 23560 | 1.44 | 0.74 | 0.70 | 105.31 |
| 57 | 55411 | 28363 | 27048 | 1.65 | 0.84 | 0.81 | 104.86 |
| 58 | 41790 | 21339 | 20451 | 1.24 | 0.64 | 0.61 | 104.34 |
| 59 | 22680 | 11252 | 11428 | 0.68 | 0.34 | 0.34 | 98.46 |
| **60—64岁** | **149613** | **75348** | **74265** | **4.46** | **2.24** | **2.21** | **101.46** |
| 60 | 28861 | 14474 | 14387 | 0.86 | 0.43 | 0.43 | 100.60 |
| 61 | 25623 | 13027 | 12596 | 0.76 | 0.39 | 0.38 | 103.42 |
| 62 | 31039 | 15725 | 15314 | 0.92 | 0.47 | 0.46 | 102.68 |
| 63 | 34051 | 17159 | 16892 | 1.01 | 0.51 | 0.50 | 101.58 |
| 64 | 30039 | 14963 | 15076 | 0.89 | 0.45 | 0.45 | 99.25 |

1-4a 续表 2　　单位：人、%

| 年龄 | 人口数 合计 | 人口数 男 | 人口数 女 | 占总人口比重 合计 | 占总人口比重 男 | 占总人口比重 女 | 性别比(女=100) |
|---|---|---|---|---|---|---|---|
| **65-69岁** | **126216** | **62096** | **64120** | **3.76** | **1.85** | **1.91** | **96.84** |
| 65 | 28679 | 14301 | 14378 | 0.85 | 0.43 | 0.43 | 99.46 |
| 66 | 28984 | 14395 | 14589 | 0.86 | 0.43 | 0.43 | 98.67 |
| 67 | 23876 | 11610 | 12266 | 0.71 | 0.35 | 0.37 | 94.65 |
| 68 | 23967 | 11746 | 12221 | 0.71 | 0.35 | 0.36 | 96.11 |
| 69 | 20710 | 10044 | 10666 | 0.62 | 0.30 | 0.32 | 94.17 |
| **70-74岁** | **83642** | **40724** | **42918** | **2.49** | **1.21** | **1.28** | **94.89** |
| 70 | 19081 | 9385 | 9696 | 0.57 | 0.28 | 0.29 | 96.79 |
| 71 | 18707 | 9107 | 9600 | 0.56 | 0.27 | 0.29 | 94.86 |
| 72 | 17185 | 8288 | 8897 | 0.51 | 0.25 | 0.27 | 93.15 |
| 73 | 15361 | 7516 | 7845 | 0.46 | 0.22 | 0.23 | 95.81 |
| 74 | 13308 | 6428 | 6880 | 0.40 | 0.19 | 0.20 | 93.43 |
| **75-79岁** | **45551** | **22241** | **23310** | **1.36** | **0.66** | **0.69** | **95.41** |
| 75 | 11067 | 5511 | 5556 | 0.33 | 0.16 | 0.17 | 99.19 |
| 76 | 10259 | 5056 | 5203 | 0.31 | 0.15 | 0.15 | 97.17 |
| 77 | 9070 | 4367 | 4703 | 0.27 | 0.13 | 0.14 | 92.86 |
| 78 | 7587 | 3578 | 4009 | 0.23 | 0.11 | 0.12 | 89.25 |
| 79 | 7568 | 3729 | 3839 | 0.23 | 0.11 | 0.11 | 97.13 |
| **80-84岁** | **32066** | **14891** | **17175** | **0.96** | **0.44** | **0.51** | **86.70** |
| 80 | 6594 | 3043 | 3551 | 0.20 | 0.09 | 0.11 | 85.69 |
| 81 | 6130 | 2849 | 3281 | 0.18 | 0.08 | 0.10 | 86.83 |
| 82 | 7067 | 3299 | 3768 | 0.21 | 0.10 | 0.11 | 87.55 |
| 83 | 6426 | 2991 | 3435 | 0.19 | 0.09 | 0.10 | 87.07 |
| 84 | 5849 | 2709 | 3140 | 0.17 | 0.08 | 0.09 | 86.27 |
| **85-89岁** | **20993** | **9444** | **11549** | **0.63** | **0.28** | **0.34** | **81.77** |
| 85 | 5596 | 2597 | 2999 | 0.17 | 0.08 | 0.09 | 86.60 |
| 86 | 4788 | 2140 | 2648 | 0.14 | 0.06 | 0.08 | 80.82 |
| 87 | 4367 | 1950 | 2417 | 0.13 | 0.06 | 0.07 | 80.68 |
| 88 | 3639 | 1657 | 1982 | 0.11 | 0.05 | 0.06 | 83.60 |
| 89 | 2603 | 1100 | 1503 | 0.08 | 0.03 | 0.04 | 73.19 |
| **90-94岁** | **6788** | **2741** | **4047** | **0.20** | **0.08** | **0.12** | **67.73** |
| 90 | 2103 | 876 | 1227 | 0.06 | 0.03 | 0.04 | 71.39 |
| 91 | 1545 | 646 | 899 | 0.05 | 0.02 | 0.03 | 71.86 |
| 92 | 1480 | 588 | 892 | 0.04 | 0.02 | 0.03 | 65.92 |
| 93 | 979 | 385 | 594 | 0.03 | 0.01 | 0.02 | 64.81 |
| 94 | 681 | 246 | 435 | 0.02 | 0.01 | 0.01 | 56.55 |
| **95-99岁** | **1302** | **432** | **870** | **0.04** | **0.01** | **0.03** | **49.66** |
| 95 | 500 | 170 | 330 | 0.01 | 0.01 | 0.01 | 51.52 |
| 96 | 331 | 104 | 227 | 0.01 |  | 0.01 | 45.81 |
| 97 | 208 | 75 | 133 | 0.01 |  |  | 56.39 |
| 98 | 161 | 49 | 112 |  |  |  | 43.75 |
| 99 | 102 | 34 | 68 |  |  |  | 50.00 |
| **100岁及以上** | **115** | **38** | **77** |  |  |  | **49.35** |

# 1-4b 全省分年龄、性别的人口(镇)

单位：人、%

| 年 龄 | 人口数 | | | 占总人口比重 | | | 性别比 |
|---|---|---|---|---|---|---|---|
| | 合计 | 男 | 女 | 合计 | 男 | 女 | (女=100) |
| **总 计** | **1365999** | **719769** | **646230** | **100.00** | **52.69** | **47.31** | **111.38** |
| **0-4岁** | **60216** | **31894** | **28322** | **4.41** | **2.33** | **2.07** | **112.61** |
| 0 | 8095 | 4310 | 3785 | 0.59 | 0.32 | 0.28 | 113.87 |
| 1 | 11238 | 5898 | 5340 | 0.82 | 0.43 | 0.39 | 110.45 |
| 2 | 12177 | 6444 | 5733 | 0.89 | 0.47 | 0.42 | 112.40 |
| 3 | 15079 | 7934 | 7145 | 1.10 | 0.58 | 0.52 | 111.04 |
| 4 | 13627 | 7308 | 6319 | 1.00 | 0.53 | 0.46 | 115.65 |
| **5-9岁** | **66002** | **35228** | **30774** | **4.83** | **2.58** | **2.25** | **114.47** |
| 5 | 12403 | 6642 | 5761 | 0.91 | 0.49 | 0.42 | 115.29 |
| 6 | 13489 | 7163 | 6326 | 0.99 | 0.52 | 0.46 | 113.23 |
| 7 | 12957 | 6897 | 6060 | 0.95 | 0.50 | 0.44 | 113.81 |
| 8 | 14171 | 7616 | 6555 | 1.04 | 0.56 | 0.48 | 116.19 |
| 9 | 12982 | 6910 | 6072 | 0.95 | 0.51 | 0.44 | 113.80 |
| **10-14岁** | **60690** | **32332** | **28358** | **4.44** | **2.37** | **2.08** | **114.01** |
| 10 | 12138 | 6477 | 5661 | 0.89 | 0.47 | 0.41 | 114.41 |
| 11 | 12607 | 6664 | 5943 | 0.92 | 0.49 | 0.44 | 112.13 |
| 12 | 12082 | 6481 | 5601 | 0.88 | 0.47 | 0.41 | 115.71 |
| 13 | 11936 | 6367 | 5569 | 0.87 | 0.47 | 0.41 | 114.33 |
| 14 | 11927 | 6343 | 5584 | 0.87 | 0.46 | 0.41 | 113.59 |
| **15-19岁** | **68834** | **37159** | **31675** | **5.04** | **2.72** | **2.32** | **117.31** |
| 15 | 13966 | 7303 | 6663 | 1.02 | 0.53 | 0.49 | 109.61 |
| 16 | 18338 | 9658 | 8680 | 1.34 | 0.71 | 0.64 | 111.27 |
| 17 | 16257 | 8733 | 7524 | 1.19 | 0.64 | 0.55 | 116.07 |
| 18 | 10496 | 5918 | 4578 | 0.77 | 0.43 | 0.34 | 129.27 |
| 19 | 9777 | 5547 | 4230 | 0.72 | 0.41 | 0.31 | 131.13 |
| **20-24岁** | **66473** | **37889** | **28584** | **4.87** | **2.77** | **2.09** | **132.55** |
| 20 | 10112 | 5923 | 4189 | 0.74 | 0.43 | 0.31 | 141.39 |
| 21 | 11308 | 6484 | 4824 | 0.83 | 0.47 | 0.35 | 134.41 |
| 22 | 13580 | 7791 | 5789 | 0.99 | 0.57 | 0.42 | 134.58 |
| 23 | 15006 | 8472 | 6534 | 1.10 | 0.62 | 0.48 | 129.66 |
| 24 | 16467 | 9219 | 7248 | 1.21 | 0.67 | 0.53 | 127.19 |
| **25-29岁** | **100496** | **54868** | **45628** | **7.36** | **4.02** | **3.34** | **120.25** |
| 25 | 18770 | 10469 | 8301 | 1.37 | 0.77 | 0.61 | 126.12 |
| 26 | 18554 | 10165 | 8389 | 1.36 | 0.74 | 0.61 | 121.17 |
| 27 | 20391 | 11010 | 9381 | 1.49 | 0.81 | 0.69 | 117.36 |
| 28 | 20788 | 11314 | 9474 | 1.52 | 0.83 | 0.69 | 119.42 |
| 29 | 21993 | 11910 | 10083 | 1.61 | 0.87 | 0.74 | 118.12 |

1-4b　续表 1　　　　单位：人、%

| 年　龄 | 人口数 | | | 占总人口比重 | | | 性别比 |
|---|---|---|---|---|---|---|---|
| | 合计 | 男 | 女 | 合计 | 男 | 女 | (女=100) |
| **30-34岁** | **136055** | **72726** | **63329** | **9.96** | **5.32** | **4.64** | **114.84** |
| 30 | 27387 | 14619 | 12768 | 2.00 | 1.07 | 0.93 | 114.50 |
| 31 | 27203 | 14623 | 12580 | 1.99 | 1.07 | 0.92 | 116.24 |
| 32 | 26299 | 14089 | 12210 | 1.93 | 1.03 | 0.89 | 115.39 |
| 33 | 29706 | 15713 | 13993 | 2.17 | 1.15 | 1.02 | 112.29 |
| 34 | 25460 | 13682 | 11778 | 1.86 | 1.00 | 0.86 | 116.17 |
| **35-39岁** | **113671** | **60225** | **53446** | **8.32** | **4.41** | **3.91** | **112.68** |
| 35 | 21271 | 11377 | 9894 | 1.56 | 0.83 | 0.72 | 114.99 |
| 36 | 21874 | 11754 | 10120 | 1.60 | 0.86 | 0.74 | 116.15 |
| 37 | 22141 | 11560 | 10581 | 1.62 | 0.85 | 0.77 | 109.25 |
| 38 | 25962 | 13712 | 12250 | 1.90 | 1.00 | 0.90 | 111.93 |
| 39 | 22423 | 11822 | 10601 | 1.64 | 0.87 | 0.78 | 111.52 |
| **40-44岁** | **112796** | **58952** | **53844** | **8.26** | **4.32** | **3.94** | **109.49** |
| 40 | 20259 | 10673 | 9586 | 1.48 | 0.78 | 0.70 | 111.34 |
| 41 | 23205 | 12277 | 10928 | 1.70 | 0.90 | 0.80 | 112.34 |
| 42 | 22905 | 11875 | 11030 | 1.68 | 0.87 | 0.81 | 107.66 |
| 43 | 22161 | 11591 | 10570 | 1.62 | 0.85 | 0.77 | 109.66 |
| 44 | 24266 | 12536 | 11730 | 1.78 | 0.92 | 0.86 | 106.87 |
| **45-49岁** | **130268** | **68056** | **62212** | **9.54** | **4.98** | **4.55** | **109.39** |
| 45 | 24105 | 12635 | 11470 | 1.76 | 0.92 | 0.84 | 110.16 |
| 46 | 25036 | 13044 | 11992 | 1.83 | 0.95 | 0.88 | 108.77 |
| 47 | 26920 | 14039 | 12881 | 1.97 | 1.03 | 0.94 | 108.99 |
| 48 | 26858 | 14034 | 12824 | 1.97 | 1.03 | 0.94 | 109.44 |
| 49 | 27349 | 14304 | 13045 | 2.00 | 1.05 | 0.95 | 109.65 |
| **50-54岁** | **129050** | **67840** | **61210** | **9.45** | **4.97** | **4.48** | **110.83** |
| 50 | 28231 | 14714 | 13517 | 2.07 | 1.08 | 0.99 | 108.86 |
| 51 | 26950 | 14191 | 12759 | 1.97 | 1.04 | 0.93 | 111.22 |
| 52 | 26629 | 14055 | 12574 | 1.95 | 1.03 | 0.92 | 111.78 |
| 53 | 22604 | 11861 | 10743 | 1.65 | 0.87 | 0.79 | 110.41 |
| 54 | 24636 | 13019 | 11617 | 1.80 | 0.95 | 0.85 | 112.07 |
| **55-59岁** | **101741** | **53548** | **48193** | **7.45** | **3.92** | **3.53** | **111.11** |
| 55 | 24565 | 13088 | 11477 | 1.80 | 0.96 | 0.84 | 114.04 |
| 56 | 22583 | 11880 | 10703 | 1.65 | 0.87 | 0.78 | 111.00 |
| 57 | 25103 | 13245 | 11858 | 1.84 | 0.97 | 0.87 | 111.70 |
| 58 | 19290 | 10059 | 9231 | 1.41 | 0.74 | 0.68 | 108.97 |
| 59 | 10200 | 5276 | 4924 | 0.75 | 0.39 | 0.36 | 107.15 |
| **60-64岁** | **67269** | **34886** | **32383** | **4.92** | **2.55** | **2.37** | **107.73** |
| 60 | 12937 | 6789 | 6148 | 0.95 | 0.50 | 0.45 | 110.43 |
| 61 | 11491 | 6036 | 5455 | 0.84 | 0.44 | 0.40 | 110.65 |
| 62 | 13821 | 7130 | 6691 | 1.01 | 0.52 | 0.49 | 106.56 |
| 63 | 15352 | 7994 | 7358 | 1.12 | 0.59 | 0.54 | 108.64 |
| 64 | 13668 | 6937 | 6731 | 1.00 | 0.51 | 0.49 | 103.06 |

1–4b 续表 2

单位：人、%

| 年 龄 | 人 口 数 | | | 占总人口比重 | | | 性别比 |
|---|---|---|---|---|---|---|---|
| | 合计 | 男 | 女 | 合计 | 男 | 女 | (女=100) |
| **65–69岁** | **59688** | **29650** | **30038** | **4.37** | **2.17** | **2.20** | **98.71** |
| 65 | 13110 | 6664 | 6446 | 0.96 | 0.49 | 0.47 | 103.38 |
| 66 | 13623 | 6838 | 6785 | 1.00 | 0.50 | 0.50 | 100.78 |
| 67 | 11449 | 5668 | 5781 | 0.84 | 0.41 | 0.42 | 98.05 |
| 68 | 11546 | 5625 | 5921 | 0.85 | 0.41 | 0.43 | 95.00 |
| 69 | 9960 | 4855 | 5105 | 0.73 | 0.36 | 0.37 | 95.10 |
| **70–74岁** | **40943** | **20280** | **20663** | **3.00** | **1.48** | **1.51** | **98.15** |
| 70 | 9149 | 4514 | 4635 | 0.67 | 0.33 | 0.34 | 97.39 |
| 71 | 8968 | 4527 | 4441 | 0.66 | 0.33 | 0.33 | 101.94 |
| 72 | 8779 | 4322 | 4457 | 0.64 | 0.32 | 0.33 | 96.97 |
| 73 | 7563 | 3753 | 3810 | 0.55 | 0.27 | 0.28 | 98.50 |
| 74 | 6484 | 3164 | 3320 | 0.47 | 0.23 | 0.24 | 95.30 |
| **75–79岁** | **22552** | **11147** | **11405** | **1.65** | **0.82** | **0.83** | **97.74** |
| 75 | 5501 | 2773 | 2728 | 0.40 | 0.20 | 0.20 | 101.65 |
| 76 | 5132 | 2561 | 2571 | 0.38 | 0.19 | 0.19 | 99.61 |
| 77 | 4343 | 2141 | 2202 | 0.32 | 0.16 | 0.16 | 97.23 |
| 78 | 3695 | 1758 | 1937 | 0.27 | 0.13 | 0.14 | 90.76 |
| 79 | 3881 | 1914 | 1967 | 0.28 | 0.14 | 0.14 | 97.31 |
| **80–84岁** | **15789** | **7454** | **8335** | **1.16** | **0.55** | **0.61** | **89.43** |
| 80 | 3303 | 1596 | 1707 | 0.24 | 0.12 | 0.12 | 93.50 |
| 81 | 3017 | 1492 | 1525 | 0.22 | 0.11 | 0.11 | 97.84 |
| 82 | 3574 | 1673 | 1901 | 0.26 | 0.12 | 0.14 | 88.01 |
| 83 | 3109 | 1410 | 1699 | 0.23 | 0.10 | 0.12 | 82.99 |
| 84 | 2786 | 1283 | 1503 | 0.20 | 0.09 | 0.11 | 85.36 |
| **85–89岁** | **9606** | **4160** | **5446** | **0.70** | **0.30** | **0.40** | **76.39** |
| 85 | 2492 | 1121 | 1371 | 0.18 | 0.08 | 0.10 | 81.77 |
| 86 | 2224 | 967 | 1257 | 0.16 | 0.07 | 0.09 | 76.93 |
| 87 | 2023 | 875 | 1148 | 0.15 | 0.06 | 0.08 | 76.22 |
| 88 | 1618 | 682 | 936 | 0.12 | 0.05 | 0.07 | 72.86 |
| 89 | 1249 | 515 | 734 | 0.09 | 0.04 | 0.05 | 70.16 |
| **90–94岁** | **3198** | **1260** | **1938** | **0.23** | **0.09** | **0.14** | **65.02** |
| 90 | 977 | 379 | 598 | 0.07 | 0.03 | 0.04 | 63.38 |
| 91 | 731 | 287 | 444 | 0.05 | 0.02 | 0.03 | 64.64 |
| 92 | 698 | 292 | 406 | 0.05 | 0.02 | 0.03 | 71.92 |
| 93 | 464 | 171 | 293 | 0.03 | 0.01 | 0.02 | 58.36 |
| 94 | 328 | 131 | 197 | 0.02 | 0.01 | 0.01 | 66.50 |
| **95–99岁** | **597** | **195** | **402** | **0.04** | **0.01** | **0.03** | **48.51** |
| 95 | 215 | 78 | 137 | 0.02 | 0.01 | 0.01 | 56.93 |
| 96 | 154 | 42 | 112 | 0.01 | | 0.01 | 37.50 |
| 97 | 98 | 32 | 66 | 0.01 | | | 48.48 |
| 98 | 81 | 23 | 58 | 0.01 | | | 39.66 |
| 99 | 49 | 20 | 29 | | | | 68.97 |
| **100岁及以上** | **65** | **20** | **45** | | | | **44.44** |

# 1-4c　全省分年龄、性别的人口(乡村)

单位：人、%

| 年　龄 | 人　口　数 | | | 占总人口比重 | | | 性别比 |
|---|---|---|---|---|---|---|---|
| | 合计 | 男 | 女 | 合计 | 男 | 女 | (女=100) |
| **总　计** | **1744519** | **919459** | **825060** | **100.00** | **52.71** | **47.29** | **111.44** |
| **0—4岁** | **69567** | **36521** | **33046** | **3.99** | **2.09** | **1.89** | **110.52** |
| 0 | 12641 | 6621 | 6020 | 0.72 | 0.38 | 0.35 | 109.98 |
| 1 | 13188 | 6993 | 6195 | 0.76 | 0.40 | 0.36 | 112.88 |
| 2 | 13728 | 7122 | 6606 | 0.79 | 0.41 | 0.38 | 107.81 |
| 3 | 15859 | 8359 | 7500 | 0.91 | 0.48 | 0.43 | 111.45 |
| 4 | 14151 | 7426 | 6725 | 0.81 | 0.43 | 0.39 | 110.42 |
| **5—9岁** | **66844** | **35629** | **31215** | **3.83** | **2.04** | **1.79** | **114.14** |
| 5 | 12970 | 6846 | 6124 | 0.74 | 0.39 | 0.35 | 111.79 |
| 6 | 13543 | 7248 | 6295 | 0.78 | 0.42 | 0.36 | 115.14 |
| 7 | 13089 | 7025 | 6064 | 0.75 | 0.40 | 0.35 | 115.85 |
| 8 | 14092 | 7528 | 6564 | 0.81 | 0.43 | 0.38 | 114.69 |
| 9 | 13150 | 6982 | 6168 | 0.75 | 0.40 | 0.35 | 113.20 |
| **10—14岁** | **65394** | **34916** | **30478** | **3.75** | **2.00** | **1.75** | **114.56** |
| 10 | 12828 | 6908 | 5920 | 0.74 | 0.40 | 0.34 | 116.69 |
| 11 | 13573 | 7210 | 6363 | 0.78 | 0.41 | 0.36 | 113.31 |
| 12 | 12953 | 6926 | 6027 | 0.74 | 0.40 | 0.35 | 114.92 |
| 13 | 12847 | 6806 | 6041 | 0.74 | 0.39 | 0.35 | 112.66 |
| 14 | 13193 | 7066 | 6127 | 0.76 | 0.41 | 0.35 | 115.33 |
| **15—19岁** | **52648** | **28856** | **23792** | **3.02** | **1.65** | **1.36** | **121.28** |
| 15 | 11807 | 6198 | 5609 | 0.68 | 0.36 | 0.32 | 110.50 |
| 16 | 11194 | 6049 | 5145 | 0.64 | 0.35 | 0.29 | 117.57 |
| 17 | 9960 | 5466 | 4494 | 0.57 | 0.31 | 0.26 | 121.63 |
| 18 | 10065 | 5578 | 4487 | 0.58 | 0.32 | 0.26 | 124.31 |
| 19 | 9622 | 5565 | 4057 | 0.55 | 0.32 | 0.23 | 137.17 |
| **20—24岁** | **66068** | **37481** | **28587** | **3.79** | **2.15** | **1.64** | **131.11** |
| 20 | 10127 | 5876 | 4251 | 0.58 | 0.34 | 0.24 | 138.23 |
| 21 | 11063 | 6413 | 4650 | 0.63 | 0.37 | 0.27 | 137.91 |
| 22 | 13376 | 7637 | 5739 | 0.77 | 0.44 | 0.33 | 133.07 |
| 23 | 14932 | 8363 | 6569 | 0.86 | 0.48 | 0.38 | 127.31 |
| 24 | 16570 | 9192 | 7378 | 0.95 | 0.53 | 0.42 | 124.59 |
| **25—29岁** | **96750** | **54092** | **42658** | **5.55** | **3.10** | **2.45** | **126.80** |
| 25 | 18598 | 10473 | 8125 | 1.07 | 0.60 | 0.47 | 128.90 |
| 26 | 18226 | 10283 | 7943 | 1.04 | 0.59 | 0.46 | 129.46 |
| 27 | 19686 | 10998 | 8688 | 1.13 | 0.63 | 0.50 | 126.59 |
| 28 | 19909 | 11070 | 8839 | 1.14 | 0.63 | 0.51 | 125.24 |
| 29 | 20331 | 11268 | 9063 | 1.17 | 0.65 | 0.52 | 124.33 |

1-4c 续表 1

单位：人、%

| 年 龄 | 人 口 数 | | | 占总人口比重 | | | 性别比 |
| --- | --- | --- | --- | --- | --- | --- | --- |
| | 合计 | 男 | 女 | 合计 | 男 | 女 | (女=100) |
| **30-34岁** | **124130** | **69315** | **54815** | **7.12** | **3.97** | **3.14** | **126.45** |
| 30 | 24986 | 14048 | 10938 | 1.43 | 0.81 | 0.63 | 128.43 |
| 31 | 25001 | 13966 | 11035 | 1.43 | 0.80 | 0.63 | 126.56 |
| 32 | 23876 | 13365 | 10511 | 1.37 | 0.77 | 0.60 | 127.15 |
| 33 | 27374 | 15239 | 12135 | 1.57 | 0.87 | 0.70 | 125.58 |
| 34 | 22893 | 12697 | 10196 | 1.31 | 0.73 | 0.58 | 124.53 |
| **35-39岁** | **104963** | **58495** | **46468** | **6.02** | **3.35** | **2.66** | **125.88** |
| 35 | 19206 | 10726 | 8480 | 1.10 | 0.61 | 0.49 | 126.49 |
| 36 | 19895 | 11017 | 8878 | 1.14 | 0.63 | 0.51 | 124.09 |
| 37 | 20725 | 11544 | 9181 | 1.19 | 0.66 | 0.53 | 125.74 |
| 38 | 24208 | 13507 | 10701 | 1.39 | 0.77 | 0.61 | 126.22 |
| 39 | 20929 | 11701 | 9228 | 1.20 | 0.67 | 0.53 | 126.80 |
| **40-44岁** | **111880** | **60010** | **51870** | **6.41** | **3.44** | **2.97** | **115.69** |
| 40 | 18828 | 10358 | 8470 | 1.08 | 0.59 | 0.49 | 122.29 |
| 41 | 22392 | 12244 | 10148 | 1.28 | 0.70 | 0.58 | 120.65 |
| 42 | 22695 | 12202 | 10493 | 1.30 | 0.70 | 0.60 | 116.29 |
| 43 | 22758 | 11953 | 10805 | 1.30 | 0.69 | 0.62 | 110.62 |
| 44 | 25207 | 13253 | 11954 | 1.44 | 0.76 | 0.69 | 110.87 |
| **45-49岁** | **151583** | **79127** | **72456** | **8.69** | **4.54** | **4.15** | **109.21** |
| 45 | 25950 | 13618 | 12332 | 1.49 | 0.78 | 0.71 | 110.43 |
| 46 | 28158 | 14614 | 13544 | 1.61 | 0.84 | 0.78 | 107.90 |
| 47 | 31446 | 16266 | 15180 | 1.80 | 0.93 | 0.87 | 107.15 |
| 48 | 31970 | 16735 | 15235 | 1.83 | 0.96 | 0.87 | 109.85 |
| 49 | 34059 | 17894 | 16165 | 1.95 | 1.03 | 0.93 | 110.70 |
| **50-54岁** | **181710** | **95489** | **86221** | **10.42** | **5.47** | **4.94** | **110.75** |
| 50 | 36507 | 19137 | 17370 | 2.09 | 1.10 | 1.00 | 110.17 |
| 51 | 37403 | 19566 | 17837 | 2.14 | 1.12 | 1.02 | 109.69 |
| 52 | 37051 | 19444 | 17607 | 2.12 | 1.11 | 1.01 | 110.43 |
| 53 | 32885 | 17312 | 15573 | 1.89 | 0.99 | 0.89 | 111.17 |
| 54 | 37864 | 20030 | 17834 | 2.17 | 1.15 | 1.02 | 112.31 |
| **55-59岁** | **162362** | **85096** | **77266** | **9.31** | **4.88** | **4.43** | **110.13** |
| 55 | 37943 | 19879 | 18064 | 2.17 | 1.14 | 1.04 | 110.05 |
| 56 | 35925 | 18816 | 17109 | 2.06 | 1.08 | 0.98 | 109.98 |
| 57 | 40096 | 21072 | 19024 | 2.30 | 1.21 | 1.09 | 110.77 |
| 58 | 31624 | 16569 | 15055 | 1.81 | 0.95 | 0.86 | 110.06 |
| 59 | 16774 | 8760 | 8014 | 0.96 | 0.50 | 0.46 | 109.31 |
| **60-64岁** | **128186** | **66728** | **61458** | **7.35** | **3.83** | **3.52** | **108.57** |
| 60 | 22647 | 11723 | 10924 | 1.30 | 0.67 | 0.63 | 107.31 |
| 61 | 20430 | 10741 | 9689 | 1.17 | 0.62 | 0.56 | 110.86 |
| 62 | 26230 | 13656 | 12574 | 1.50 | 0.78 | 0.72 | 108.61 |
| 63 | 30559 | 15991 | 14568 | 1.75 | 0.92 | 0.84 | 109.77 |
| 64 | 28320 | 14617 | 13703 | 1.62 | 0.84 | 0.79 | 106.67 |

1-4c　续表 2　　　　　　　　　　　　　　　　　　　　　　　　　单位：人、%

| 年　龄 | 人　口　数 | | | 占总人口比重 | | | 性别比 |
|---|---|---|---|---|---|---|---|
| | 合计 | 男 | 女 | 合计 | 男 | 女 | (女=100) |
| **65–69岁** | **132144** | **66682** | **65462** | **7.57** | **3.82** | **3.75** | **101.86** |
| 65 | 27853 | 14349 | 13504 | 1.60 | 0.82 | 0.77 | 106.26 |
| 66 | 29356 | 14914 | 14442 | 1.68 | 0.85 | 0.83 | 103.27 |
| 67 | 25700 | 12887 | 12813 | 1.47 | 0.74 | 0.73 | 100.58 |
| 68 | 26131 | 13116 | 13015 | 1.50 | 0.75 | 0.75 | 100.78 |
| 69 | 23104 | 11416 | 11688 | 1.32 | 0.65 | 0.67 | 97.67 |
| **70–74岁** | **98319** | **49041** | **49278** | **5.64** | **2.81** | **2.82** | **99.52** |
| 70 | 21429 | 10719 | 10710 | 1.23 | 0.61 | 0.61 | 100.08 |
| 71 | 21731 | 11038 | 10693 | 1.25 | 0.63 | 0.61 | 103.23 |
| 72 | 20983 | 10642 | 10341 | 1.20 | 0.61 | 0.59 | 102.91 |
| 73 | 18076 | 8877 | 9199 | 1.04 | 0.51 | 0.53 | 96.50 |
| 74 | 16100 | 7765 | 8335 | 0.92 | 0.45 | 0.48 | 93.16 |
| **75–79岁** | **55950** | **27681** | **28269** | **3.21** | **1.59** | **1.62** | **97.92** |
| 75 | 13733 | 6756 | 6977 | 0.79 | 0.39 | 0.40 | 96.83 |
| 76 | 12682 | 6284 | 6398 | 0.73 | 0.36 | 0.37 | 98.22 |
| 77 | 10794 | 5299 | 5495 | 0.62 | 0.30 | 0.31 | 96.43 |
| 78 | 8974 | 4531 | 4443 | 0.51 | 0.26 | 0.25 | 101.98 |
| 79 | 9767 | 4811 | 4956 | 0.56 | 0.28 | 0.28 | 97.07 |
| **80–84岁** | **40584** | **19679** | **20905** | **2.33** | **1.13** | **1.20** | **94.14** |
| 80 | 8306 | 4149 | 4157 | 0.48 | 0.24 | 0.24 | 99.81 |
| 81 | 7757 | 3785 | 3972 | 0.44 | 0.22 | 0.23 | 95.29 |
| 82 | 9283 | 4540 | 4743 | 0.53 | 0.26 | 0.27 | 95.72 |
| 83 | 8201 | 3961 | 4240 | 0.47 | 0.23 | 0.24 | 93.42 |
| 84 | 7037 | 3244 | 3793 | 0.40 | 0.19 | 0.22 | 85.53 |
| **85–89岁** | **25649** | **10959** | **14690** | **1.47** | **0.63** | **0.84** | **74.60** |
| 85 | 6832 | 3093 | 3739 | 0.39 | 0.18 | 0.21 | 82.72 |
| 86 | 5857 | 2557 | 3300 | 0.34 | 0.15 | 0.19 | 77.48 |
| 87 | 5499 | 2278 | 3221 | 0.32 | 0.13 | 0.18 | 70.72 |
| 88 | 4411 | 1783 | 2628 | 0.25 | 0.10 | 0.15 | 67.85 |
| 89 | 3050 | 1248 | 1802 | 0.17 | 0.07 | 0.10 | 69.26 |
| **90–94岁** | **8181** | **3121** | **5060** | **0.47** | **0.18** | **0.29** | **61.68** |
| 90 | 2542 | 1001 | 1541 | 0.15 | 0.06 | 0.09 | 64.96 |
| 91 | 1983 | 783 | 1200 | 0.11 | 0.04 | 0.07 | 65.25 |
| 92 | 1682 | 611 | 1071 | 0.10 | 0.04 | 0.06 | 57.05 |
| 93 | 1159 | 431 | 728 | 0.07 | 0.02 | 0.04 | 59.20 |
| 94 | 815 | 295 | 520 | 0.05 | 0.02 | 0.03 | 56.73 |
| **95–99岁** | **1485** | **506** | **979** | **0.09** | **0.03** | **0.06** | **51.69** |
| 95 | 571 | 224 | 347 | 0.03 | 0.01 | 0.02 | 64.55 |
| 96 | 394 | 126 | 268 | 0.02 | 0.01 | 0.02 | 47.01 |
| 97 | 267 | 74 | 193 | 0.02 | | 0.01 | 38.34 |
| 98 | 166 | 50 | 116 | 0.01 | | 0.01 | 43.10 |
| 99 | 87 | 32 | 55 | | | | 58.18 |
| **100岁及以上** | **122** | **35** | **87** | **0.01** | | | **40.23** |

# 第二部分　长表数据资料

## 第二卷　民族

# 2-1　全省各民族分性别、行业的人口

单位：人

| 民族 | 人口数 | | | 农、林、牧、渔业 | | | 采矿业 | | |
|---|---|---|---|---|---|---|---|---|---|
| | 合计 | 男 | 女 | 小计 | 男 | 女 | 小计 | 男 | 女 |
| **总　计** | **3643820** | **2189765** | **1454055** | **196974** | **125168** | **71806** | **3622** | **3198** | **424** |
| 汉　族 | 3486244 | 2097791 | 1388453 | 193331 | 123125 | 70206 | 3489 | 3078 | 411 |
| 蒙古族 | 1450 | 882 | 568 | 8 | 3 | 5 | 1 | 1 | |
| 回　族 | 6416 | 3872 | 2544 | 47 | 34 | 13 | 3 | 3 | |
| 藏　族 | 494 | 305 | 189 | 4 | | 4 | | | |
| 维吾尔族 | 389 | 258 | 131 | 1 | 1 | | | | |
| 苗　族 | 42462 | 24936 | 17526 | 736 | 419 | 317 | 39 | 35 | 4 |
| 彝　族 | 12792 | 7329 | 5463 | 128 | 64 | 64 | 5 | 5 | |
| 壮　族 | 9883 | 5188 | 4695 | 129 | 50 | 79 | 2 | 1 | 1 |
| 布依族 | 19078 | 10845 | 8233 | 172 | 79 | 93 | 13 | 11 | 2 |
| 朝鲜族 | 717 | 414 | 303 | 2 | | 2 | | | |
| 满　族 | 2257 | 1354 | 903 | 14 | 8 | 6 | 1 | 1 | |
| 侗　族 | 10071 | 6160 | 3911 | 65 | 36 | 29 | 7 | 7 | |
| 瑶　族 | 1537 | 858 | 679 | 43 | 26 | 17 | | | |
| 白　族 | 1979 | 1103 | 876 | 36 | 18 | 18 | | | |
| 土家族 | 26893 | 16158 | 10735 | 290 | 176 | 114 | 18 | 17 | 1 |
| 哈尼族 | 1452 | 810 | 642 | 24 | 3 | 21 | | | |
| 哈萨克族 | 20 | 10 | 10 | | | | | | |
| 傣　族 | 701 | 364 | 337 | 6 | 1 | 5 | 1 | | 1 |
| 黎　族 | 1060 | 558 | 502 | 8 | 2 | 6 | | | |
| 傈僳族 | 362 | 174 | 188 | 8 | 3 | 5 | | | |
| 佤　族 | 516 | 255 | 261 | 10 | 4 | 6 | | | |
| 畲　族 | 8313 | 4988 | 3325 | 1802 | 1070 | 732 | 37 | 35 | 2 |
| 高山族 | 8 | 6 | 2 | | | | | | |
| 拉祜族 | 315 | 135 | 180 | 22 | 4 | 18 | | | |
| 水　族 | 2036 | 1156 | 880 | 26 | 8 | 18 | 4 | 2 | 2 |
| 东乡族 | 237 | 152 | 85 | | | | | | |
| 纳西族 | 55 | 18 | 37 | 4 | 1 | 3 | | | |
| 景颇族 | 151 | 73 | 78 | 1 | | 1 | | | |
| 柯尔克孜族 | 4 | 1 | 3 | | | | | | |
| 土　族 | 274 | 171 | 103 | 5 | 3 | 2 | | | |
| 达斡尔族 | 63 | 39 | 24 | | | | | | |
| 仫佬族 | 490 | 298 | 192 | 1 | | 1 | | | |
| 羌　族 | 144 | 83 | 61 | | | | | | |
| 布朗族 | 83 | 38 | 45 | 2 | | 2 | | | |
| 撒拉族 | 58 | 36 | 22 | | | | | | |
| 毛南族 | 216 | 130 | 86 | | | | | | |
| 仡佬族 | 2168 | 1332 | 836 | 22 | 8 | 14 | 1 | 1 | |
| 锡伯族 | 29 | 18 | 11 | | | | | | |
| 阿昌族 | 20 | 13 | 7 | | | | | | |
| 普米族 | 16 | 11 | 5 | | | | | | |
| 塔吉克族 | | | | | | | | | |
| 怒　族 | 22 | 11 | 11 | 4 | 3 | 1 | | | |
| 乌孜别克族 | 1 | 1 | | | | | | | |
| 俄罗斯族 | 8 | 4 | 4 | | | | | | |
| 鄂温克族 | 7 | 4 | 3 | | | | | | |
| 德昂族 | 25 | 11 | 14 | | | | | | |
| 保安族 | 8 | 7 | 1 | | | | | | |
| 裕固族 | 3 | 1 | 2 | | | | | | |
| 京　族 | 18 | 8 | 10 | | | | | | |
| 塔塔尔族 | 2 | 1 | 1 | | | | | | |
| 独龙族 | 2 | 1 | 1 | | | | | | |
| 鄂伦春族 | 5 | 3 | 2 | | | | | | |
| 赫哲族 | 6 | 2 | 4 | | | | | | |
| 门巴族 | 1 | 1 | | | | | | | |
| 珞巴族 | 1 | 1 | | | | | | | |
| 基诺族 | 4 | | 4 | | | | | | |
| 未定族称人口 | 2186 | 1347 | 839 | 23 | 19 | 4 | 1 | 1 | |
| 入　籍 | 68 | 40 | 28 | | | | | | |

2－1　续表 1　　　　单位：人

| 民　族 | 制造业 | | | 电力、热力、燃气及水生产和供应业 | | | 建筑业 | | |
|---|---|---|---|---|---|---|---|---|---|
| | 小计 | 男 | 女 | 小计 | 男 | 女 | 小计 | 男 | 女 |
| **总　计** | **1390551** | **798161** | **592390** | **25225** | **19381** | **5844** | **370391** | **325312** | **45079** |
| 汉　族 | 1286140 | 739760 | 546380 | 24936 | 19154 | 5782 | 354953 | 312513 | 42440 |
| 蒙古族 | 617 | 393 | 224 | 6 | 4 | 2 | 125 | 109 | 16 |
| 回　族 | 2980 | 1779 | 1201 | 18 | 13 | 5 | 303 | 254 | 49 |
| 藏　族 | 301 | 179 | 122 | 1 | 1 | | 49 | 43 | 6 |
| 维吾尔族 | 67 | 36 | 31 | 1 | | 1 | 6 | 4 | 2 |
| 苗　族 | 30366 | 16954 | 13412 | 42 | 33 | 9 | 4673 | 3759 | 914 |
| 彝　族 | 8956 | 4866 | 4090 | 19 | 17 | 2 | 1504 | 1258 | 246 |
| 壮　族 | 7202 | 3815 | 3387 | 18 | 14 | 4 | 534 | 439 | 95 |
| 布依族 | 14934 | 8266 | 6668 | 11 | 7 | 4 | 1251 | 1019 | 232 |
| 朝鲜族 | 154 | 97 | 57 | 1 | 1 | | 9 | 6 | 3 |
| 满　族 | 677 | 443 | 234 | 23 | 19 | 4 | 179 | 140 | 39 |
| 侗　族 | 7361 | 4359 | 3002 | 17 | 13 | 4 | 823 | 724 | 99 |
| 瑶　族 | 1003 | 557 | 446 | 3 | 2 | 1 | 92 | 75 | 17 |
| 白　族 | 1418 | 790 | 628 | 4 | 2 | 2 | 148 | 110 | 38 |
| 土家族 | 17381 | 9782 | 7599 | 44 | 33 | 11 | 3617 | 3051 | 566 |
| 哈尼族 | 1088 | 593 | 495 | 2 | 2 | | 92 | 67 | 25 |
| 哈萨克族 | 4 | 2 | 2 | | | | | | |
| 傣　族 | 509 | 271 | 238 | 1 | | 1 | 55 | 42 | 13 |
| 黎　族 | 769 | 415 | 354 | 2 | 2 | | 48 | 41 | 7 |
| 傈僳族 | 274 | 132 | 142 | | | | 24 | 18 | 6 |
| 佤　族 | 332 | 146 | 186 | 1 | 1 | | 84 | 65 | 19 |
| 畲　族 | 1951 | 1106 | 845 | 68 | 57 | 11 | 858 | 790 | 68 |
| 高山族 | 4 | 4 | | | | | 1 | 1 | |
| 拉祜族 | 207 | 89 | 118 | | | | 21 | 16 | 5 |
| 水　族 | 1650 | 901 | 749 | | | | 127 | 111 | 16 |
| 东乡族 | 90 | 63 | 27 | | | | 6 | 3 | 3 |
| 纳西族 | 27 | 10 | 17 | | | | 2 | 1 | 1 |
| 景颇族 | 97 | 49 | 48 | | | | 9 | 7 | 2 |
| 柯尔克孜族 | 2 | | 2 | | | | | | |
| 土　族 | 168 | 101 | 67 | | | | 48 | 40 | 8 |
| 达斡尔族 | 18 | 10 | 8 | 1 | 1 | | 1 | 1 | |
| 仫佬族 | 366 | 217 | 149 | | | | 35 | 28 | 7 |
| 羌　族 | 91 | 47 | 44 | | | | 24 | 17 | 7 |
| 布朗族 | 49 | 24 | 25 | | | | 12 | 9 | 3 |
| 撒拉族 | 12 | 6 | 6 | | | | 1 | 1 | |
| 毛南族 | 162 | 97 | 65 | 1 | 1 | | 21 | 13 | 8 |
| 仡佬族 | 1331 | 752 | 579 | 2 | 2 | | 476 | 376 | 100 |
| 锡伯族 | 5 | 4 | 1 | 1 | 1 | | 2 | 1 | 1 |
| 阿昌族 | 16 | 12 | 4 | | | | 2 | 1 | 1 |
| 普米族 | 14 | 9 | 5 | | | | | | |
| 塔吉克族 | | | | | | | | | |
| 怒　族 | 16 | 6 | 10 | | | | 1 | 1 | |
| 乌孜别克族 | 1 | 1 | | | | | | | |
| 俄罗斯族 | 1 | | 1 | | | | 1 | 1 | |
| 鄂温克族 | 2 | 2 | | | | | | | |
| 德昂族 | 24 | 10 | 14 | | | | | | |
| 保安族 | 6 | 5 | 1 | | | | | | |
| 裕固族 | 1 | | 1 | 1 | 1 | | | | |
| 京　族 | 13 | 6 | 7 | | | | 1 | 1 | |
| 塔塔尔族 | 1 | | 1 | | | | | | |
| 独龙族 | 2 | 1 | 1 | | | | | | |
| 鄂伦春族 | 3 | 2 | 1 | | | | | | |
| 赫哲族 | 2 | 2 | | | | | | | |
| 门巴族 | 1 | 1 | | | | | | | |
| 珞巴族 | 1 | 1 | | | | | | | |
| 基诺族 | 3 | | 3 | | | | | | |
| 未定族称人口 | 1642 | 963 | 679 | 1 | | 1 | 171 | 154 | 17 |
| 入　籍 | 39 | 25 | 14 | | | | 2 | 2 | |

2-1 续表 2

单位：人

| 民族 | 批发和零售业 | | | 交通运输、仓储和邮政业 | | | 住宿和餐饮业 | | |
|---|---|---|---|---|---|---|---|---|---|
| | 小计 | 男 | 女 | 小计 | 男 | 女 | 小计 | 男 | 女 |
| **总 计** | **541655** | **283465** | **258190** | **157710** | **130834** | **26876** | **156333** | **82531** | **73802** |
| 汉 族 | 530596 | 277752 | 252844 | 153376 | 127306 | 26070 | 150913 | 79739 | 71174 |
| 蒙古族 | 159 | 89 | 70 | 65 | 45 | 20 | 72 | 38 | 34 |
| 回 族 | 921 | 543 | 378 | 336 | 268 | 68 | 905 | 508 | 397 |
| 藏 族 | 29 | 16 | 13 | 10 | 7 | 3 | 16 | 8 | 8 |
| 维吾尔族 | 105 | 77 | 28 | 23 | 21 | 2 | 137 | 96 | 41 |
| 苗 族 | 2315 | 1236 | 1079 | 987 | 801 | 186 | 972 | 497 | 475 |
| 彝 族 | 622 | 271 | 351 | 321 | 249 | 72 | 344 | 174 | 170 |
| 壮 族 | 701 | 284 | 417 | 229 | 178 | 51 | 338 | 139 | 199 |
| 布依族 | 1038 | 538 | 500 | 418 | 333 | 85 | 413 | 218 | 195 |
| 朝鲜族 | 329 | 192 | 137 | 27 | 20 | 7 | 40 | 21 | 19 |
| 满 族 | 332 | 168 | 164 | 111 | 85 | 26 | 91 | 55 | 36 |
| 侗 族 | 615 | 319 | 296 | 304 | 254 | 50 | 268 | 136 | 132 |
| 瑶 族 | 131 | 64 | 67 | 49 | 37 | 12 | 71 | 32 | 39 |
| 白 族 | 116 | 51 | 65 | 46 | 41 | 5 | 50 | 18 | 32 |
| 土家族 | 1828 | 935 | 893 | 868 | 725 | 143 | 801 | 383 | 418 |
| 哈尼族 | 74 | 42 | 32 | 43 | 40 | 3 | 49 | 29 | 20 |
| 哈萨克族 | 7 | 3 | 4 | | | | 5 | 4 | 1 |
| 傣 族 | 38 | 12 | 26 | 14 | 12 | 2 | 23 | 10 | 13 |
| 黎 族 | 86 | 32 | 54 | 34 | 28 | 6 | 39 | 13 | 26 |
| 傈僳族 | 19 | 5 | 14 | 5 | 3 | 2 | 7 | 2 | 5 |
| 佤 族 | 26 | 10 | 16 | 9 | 7 | 2 | 16 | 5 | 11 |
| 畲 族 | 1094 | 567 | 527 | 252 | 216 | 36 | 397 | 208 | 189 |
| 高山族 | 1 | | 1 | | | | | | |
| 拉祜族 | 28 | 10 | 18 | 7 | 6 | 1 | 9 | | 9 |
| 水 族 | 97 | 61 | 36 | 25 | 21 | 4 | 40 | 27 | 13 |
| 东乡族 | 12 | 10 | 2 | 1 | 1 | | 124 | 72 | 52 |
| 纳西族 | 5 | 1 | 4 | | | | 5 | 1 | 4 |
| 景颇族 | 7 | 1 | 6 | 2 | 2 | | 2 | 1 | 1 |
| 柯尔克孜族 | 2 | 1 | 1 | | | | | | |
| 土 族 | 11 | 7 | 4 | 5 | 5 | | 9 | 2 | 7 |
| 达斡尔族 | 10 | 5 | 5 | 1 | 1 | | 8 | 5 | 3 |
| 仫佬族 | 24 | 13 | 11 | 13 | 11 | 2 | 12 | 8 | 4 |
| 羌 族 | 12 | 7 | 5 | 3 | 3 | | 3 | 1 | 2 |
| 布朗族 | 4 | | 4 | 2 | 2 | | 5 | | 5 |
| 撒拉族 | 5 | 4 | 1 | | | | 40 | 25 | 15 |
| 毛南族 | 7 | 5 | 2 | 8 | 7 | 1 | 1 | 1 | |
| 仡佬族 | 99 | 50 | 49 | 53 | 47 | 6 | 56 | 25 | 31 |
| 锡伯族 | 2 | 2 | | 2 | 1 | 1 | | | |
| 阿昌族 | | | | 1 | | 1 | | | |
| 普米族 | | | | | | | | | |
| 塔吉克族 | | | | | | | | | |
| 怒 族 | | | | 1 | 1 | | | | |
| 乌孜别克族 | | | | | | | | | |
| 俄罗斯族 | 2 | | 2 | | | | | | |
| 鄂温克族 | 2 | | 2 | 1 | | 1 | 1 | 1 | |
| 德昂族 | 1 | 1 | | | | | | | |
| 保安族 | | | | | | | 2 | 2 | |
| 裕固族 | 1 | | 1 | | | | | | |
| 京 族 | 1 | | 1 | 1 | | 1 | | | |
| 塔塔尔族 | | | | 1 | 1 | | | | |
| 独龙族 | | | | | | | | | |
| 鄂伦春族 | | | | 1 | 1 | | 1 | | 1 |
| 赫哲族 | 2 | | 2 | | | | | | |
| 门巴族 | | | | | | | | | |
| 珞巴族 | | | | | | | | | |
| 基诺族 | | | | | | | | | |
| 未定族称人口 | 131 | 78 | 53 | 53 | 47 | 6 | 46 | 26 | 20 |
| 入 籍 | 8 | 3 | 5 | 2 | 1 | 1 | 2 | 1 | 1 |

2-1　续表 3　　　　单位：人

| 民　族 | 信息传输、软件和信息技术服务业 | | | 金融业 | | | 房地产业 | | |
|---|---|---|---|---|---|---|---|---|---|
| | 小计 | 男 | 女 | 小计 | 男 | 女 | 小计 | 男 | 女 |
| **总　计** | **70561** | **45112** | **25449** | **53304** | **25081** | **28223** | **67702** | **42172** | **25530** |
| 汉　族 | 69391 | 44445 | 24946 | 52919 | 24928 | 27991 | 66396 | 41280 | 25116 |
| 蒙古族 | 62 | 34 | 28 | 23 | 9 | 14 | 26 | 19 | 7 |
| 回　族 | 115 | 66 | 49 | 54 | 23 | 31 | 96 | 69 | 27 |
| 藏　族 | 4 | 2 | 2 | 1 | 1 | | 9 | 6 | 3 |
| 维吾尔族 | 12 | 10 | 2 | 1 | 1 | | 2 | 1 | 1 |
| 苗　族 | 157 | 92 | 65 | 25 | 11 | 14 | 347 | 249 | 98 |
| 彝　族 | 41 | 25 | 16 | 10 | 5 | 5 | 87 | 65 | 22 |
| 壮　族 | 91 | 46 | 45 | 24 | 6 | 18 | 52 | 22 | 30 |
| 布依族 | 57 | 35 | 22 | 9 | 5 | 4 | 61 | 42 | 19 |
| 朝鲜族 | 29 | 16 | 13 | 8 | 2 | 6 | 12 | 9 | 3 |
| 满　族 | 143 | 72 | 71 | 38 | 14 | 24 | 71 | 51 | 20 |
| 侗　族 | 42 | 31 | 11 | 12 | 1 | 11 | 89 | 66 | 23 |
| 瑶　族 | 19 | 12 | 7 | 4 | 2 | 2 | 13 | 5 | 8 |
| 白　族 | 18 | 8 | 10 | 5 | 1 | 4 | 19 | 11 | 8 |
| 土家族 | 194 | 109 | 85 | 41 | 18 | 23 | 257 | 181 | 76 |
| 哈尼族 | 5 | 4 | 1 | 1 | | 1 | 6 | 3 | 3 |
| 哈萨克族 | | | | | | | | | |
| 傣　族 | 1 | | 1 | 1 | | 1 | 3 | | 3 |
| 黎　族 | 4 | 1 | 3 | 2 | | 2 | 5 | 3 | 2 |
| 傈僳族 | | | | | | | 1 | | 1 |
| 佤　族 | 1 | 1 | | 1 | | 1 | 7 | 4 | 3 |
| 畲　族 | 127 | 69 | 58 | 109 | 45 | 64 | 79 | 46 | 33 |
| 高山族 | 1 | 1 | | | | | | | |
| 拉祜族 | 1 | 1 | | | | | 4 | 2 | 2 |
| 水　族 | 6 | 4 | 2 | 1 | | 1 | 4 | 3 | 1 |
| 东乡族 | | | | | | | | | |
| 纳西族 | 1 | 1 | | 1 | 1 | | | | |
| 景颇族 | | | | | | | 1 | | 1 |
| 柯尔克孜族 | | | | | | | | | |
| 土　族 | 2 | 1 | 1 | 2 | 1 | 1 | 4 | 2 | 2 |
| 达斡尔族 | 4 | 2 | 2 | 1 | 1 | | 4 | 4 | |
| 仫佬族 | 5 | 3 | 2 | | | | 7 | 6 | 1 |
| 羌　族 | 1 | 1 | | | | | 2 | 2 | |
| 布朗族 | | | | | | | | | |
| 撒拉族 | | | | | | | | | |
| 毛南族 | | | | 1 | | 1 | 5 | 4 | 1 |
| 仡佬族 | 6 | 4 | 2 | 5 | 2 | 3 | 26 | 12 | 14 |
| 锡伯族 | 3 | 1 | 2 | 2 | 1 | 1 | | | |
| 阿昌族 | | | | | | | | | |
| 普米族 | | | | | | | | | |
| 塔吉克族 | | | | | | | | | |
| 怒　族 | | | | | | | | | |
| 乌孜别克族 | | | | | | | | | |
| 俄罗斯族 | 1 | 1 | | | | | 1 | | 1 |
| 鄂温克族 | | | | | | | | | |
| 德昂族 | | | | | | | | | |
| 保安族 | | | | | | | | | |
| 裕固族 | | | | | | | | | |
| 京　族 | 1 | 1 | | | | | | | |
| 塔塔尔族 | | | | | | | | | |
| 独龙族 | | | | | | | | | |
| 鄂伦春族 | | | | | | | | | |
| 赫哲族 | 2 | | 2 | | | | | | |
| 门巴族 | | | | | | | | | |
| 珞巴族 | | | | | | | | | |
| 基诺族 | | | | | | | | | |
| 未定族称人口 | 6 | 6 | | 3 | 3 | | 5 | 5 | |
| 入　籍 | 8 | 7 | 1 | | | | 1 | | 1 |

2-1 续表 4

单位：人

| 民 族 | 租赁和商务服务业 | | | 科学研究和技术服务业 | | | 水利、环境和公共设施管理业 | | |
|---|---|---|---|---|---|---|---|---|---|
| | 小计 | 男 | 女 | 小计 | 男 | 女 | 小计 | 男 | 女 |
| **总 计** | **100265** | **61137** | **39128** | **51309** | **34222** | **17087** | **26560** | **17821** | **8739** |
| 汉 族 | 98499 | 60049 | 38450 | 50405 | 33658 | 16747 | 26125 | 17542 | 8583 |
| 蒙古族 | 55 | 30 | 25 | 44 | 25 | 19 | 7 | 4 | 3 |
| 回 族 | 125 | 69 | 56 | 69 | 41 | 28 | 27 | 19 | 8 |
| 藏 族 | 12 | 9 | 3 | 9 | 5 | 4 | 1 | 1 | |
| 维吾尔族 | 5 | 2 | 3 | 2 | 2 | | 1 | 1 | |
| 苗 族 | 315 | 200 | 115 | 179 | 113 | 66 | 124 | 74 | 50 |
| 彝 族 | 121 | 85 | 36 | 43 | 26 | 17 | 34 | 20 | 14 |
| 壮 族 | 99 | 36 | 63 | 64 | 39 | 25 | 16 | 6 | 10 |
| 布依族 | 108 | 72 | 36 | 35 | 22 | 13 | 32 | 20 | 12 |
| 朝鲜族 | 23 | 7 | 16 | 16 | 12 | 4 | 1 | 1 | |
| 满 族 | 114 | 68 | 46 | 104 | 69 | 35 | 17 | 12 | 5 |
| 侗 族 | 95 | 55 | 40 | 25 | 20 | 5 | 17 | 12 | 5 |
| 瑶 族 | 14 | 10 | 4 | 12 | 6 | 6 | 9 | 6 | 3 |
| 白 族 | 25 | 13 | 12 | 10 | 6 | 4 | 2 | 1 | 1 |
| 土家族 | 323 | 219 | 104 | 141 | 86 | 55 | 63 | 49 | 14 |
| 哈尼族 | 10 | 6 | 4 | 6 | 5 | 1 | 2 | 1 | 1 |
| 哈萨克族 | 2 | | 2 | | | | | | |
| 傣 族 | 10 | 5 | 5 | 2 | | 2 | | | |
| 黎 族 | 7 | 3 | 4 | 4 | 1 | 3 | 1 | 1 | |
| 傈僳族 | 4 | 4 | | | | | | | |
| 佤 族 | 6 | 2 | 4 | | | | 3 | 3 | |
| 畲 族 | 200 | 128 | 72 | 104 | 60 | 44 | 63 | 40 | 23 |
| 高山族 | 1 | | 1 | | | | | | |
| 拉祜族 | 7 | 5 | 2 | | | | 1 | 1 | |
| 水 族 | 7 | 3 | 4 | 5 | 4 | 1 | 1 | | 1 |
| 东乡族 | 1 | 1 | | | | | | | |
| 纳西族 | 1 | | 1 | 2 | | 2 | | | |
| 景颇族 | 11 | 8 | 3 | 4 | 4 | | | | |
| 柯尔克孜族 | | | | | | | | | |
| 土 族 | 2 | 1 | 1 | | | | 3 | 3 | |
| 达斡尔族 | 1 | | 1 | 1 | 1 | | | | |
| 仫佬族 | 5 | 5 | | | | | 2 | 2 | |
| 羌 族 | 3 | 1 | 2 | 1 | 1 | | 1 | | 1 |
| 布朗族 | 2 | 1 | 1 | | | | | | |
| 撒拉族 | | | | | | | | | |
| 毛南族 | 4 | 2 | 2 | | | | | | |
| 仡佬族 | 30 | 25 | 5 | 6 | 5 | 1 | 5 | 1 | 4 |
| 锡伯族 | | | | 4 | 2 | 2 | | | |
| 阿昌族 | 1 | | 1 | | | | | | |
| 普米族 | | | | | | | | | |
| 塔吉克族 | | | | | | | | | |
| 怒 族 | | | | | | | | | |
| 乌孜别克族 | | | | | | | | | |
| 俄罗斯族 | 1 | 1 | | 1 | 1 | | | | |
| 鄂温克族 | | | | | | | | | |
| 德昂族 | | | | | | | | | |
| 保安族 | | | | | | | | | |
| 裕固族 | | | | | | | | | |
| 京 族 | | | | | | | | | |
| 塔塔尔族 | | | | | | | | | |
| 独龙族 | | | | | | | | | |
| 鄂伦春族 | | | | | | | | | |
| 赫哲族 | | | | | | | | | |
| 门巴族 | | | | | | | | | |
| 珞巴族 | | | | | | | | | |
| 基诺族 | | | | | | | | | |
| 未定族称人口 | 14 | 11 | 3 | 10 | 8 | 2 | 2 | 1 | 1 |
| 入 籍 | 2 | 1 | 1 | 1 | | 1 | | | |

2-1 续表 5

单位：人

| 民　　族 | 居民服务、修理和其他服务业 | | | 教　　育 | | | 卫生和社会工作 | | |
|---|---|---|---|---|---|---|---|---|---|
| | 小计 | 男 | 女 | 小计 | 男 | 女 | 小计 | 男 | 女 |
| **总　计** | **105604** | **49289** | **56315** | **118337** | **38096** | **80241** | **64352** | **20383** | **43969** |
| 汉　族 | 102358 | 48031 | 54327 | 117102 | 37646 | 79456 | 63774 | 20193 | 43581 |
| 蒙古族 | 32 | 11 | 21 | 74 | 28 | 46 | 19 | 6 | 13 |
| 回　族 | 110 | 53 | 57 | 123 | 40 | 83 | 55 | 20 | 35 |
| 藏　族 | 11 | 5 | 6 | 9 | 3 | 6 | 3 | | 3 |
| 维吾尔族 | 5 | 1 | 4 | 8 | | 8 | 4 | 2 | 2 |
| 苗　族 | 754 | 293 | 461 | 111 | 43 | 68 | 60 | 23 | 37 |
| 彝　族 | 400 | 130 | 270 | 33 | 18 | 15 | 14 | 1 | 13 |
| 壮　族 | 181 | 59 | 122 | 70 | 18 | 52 | 25 | 4 | 21 |
| 布依族 | 332 | 128 | 204 | 45 | 15 | 30 | 18 | 2 | 16 |
| 朝鲜族 | 15 | 6 | 9 | 28 | 10 | 18 | 7 | 4 | 3 |
| 满　族 | 59 | 29 | 30 | 136 | 52 | 84 | 52 | 18 | 34 |
| 侗　族 | 193 | 79 | 114 | 47 | 16 | 31 | 29 | 12 | 17 |
| 瑶　族 | 33 | 12 | 21 | 13 | 3 | 10 | 6 | 1 | 5 |
| 白　族 | 40 | 18 | 22 | 14 | 5 | 9 | 4 | | 4 |
| 土家族 | 542 | 222 | 320 | 144 | 53 | 91 | 88 | 21 | 67 |
| 哈尼族 | 32 | 11 | 21 | 6 | 2 | 4 | 2 | 1 | 1 |
| 哈萨克族 | | | | 2 | 1 | 1 | | | |
| 傣　族 | 19 | 7 | 12 | 3 | 2 | 1 | 2 | | 2 |
| 黎　族 | 24 | 6 | 18 | 9 | 6 | 3 | 2 | | 2 |
| 傈僳族 | 16 | 5 | 11 | | | | | | |
| 佤　族 | 8 | 2 | 6 | 3 | 1 | 2 | | | |
| 畲　族 | 276 | 135 | 141 | 313 | 120 | 193 | 173 | 66 | 107 |
| 高山族 | | | | | | | | | |
| 拉祜族 | 4 | 1 | 3 | 1 | | 1 | | | |
| 水　族 | 28 | 7 | 21 | 5 | | 5 | 2 | 1 | 1 |
| 东乡族 | 1 | | 1 | 2 | 2 | | | | |
| 纳西族 | 4 | | 4 | 1 | | 1 | | | |
| 景颇族 | 12 | 1 | 11 | | | | | | |
| 柯尔克孜族 | | | | | | | | | |
| 土　族 | 7 | 1 | 6 | 5 | 2 | 3 | 1 | 1 | |
| 达斡尔族 | 2 | 1 | 1 | 8 | 4 | 4 | 2 | 2 | |
| 仫佬族 | 8 | 3 | 5 | 4 | | 4 | | | |
| 羌　族 | 1 | 1 | | | | | | | |
| 布朗族 | 5 | 2 | 3 | 1 | | 1 | | | |
| 撒拉族 | | | | | | | | | |
| 毛南族 | 4 | | 4 | 1 | | 1 | | | |
| 仡佬族 | 30 | 13 | 17 | 3 | 1 | 2 | 4 | 2 | 2 |
| 锡伯族 | | | | 5 | 2 | 3 | 1 | 1 | |
| 阿昌族 | | | | | | | | | |
| 普米族 | | | | 1 | 1 | | | | |
| 塔吉克族 | | | | | | | | | |
| 怒　族 | | | | | | | | | |
| 乌孜别克族 | | | | | | | | | |
| 俄罗斯族 | | | | | | | | | |
| 鄂温克族 | | | | | | | 1 | 1 | |
| 德昂族 | | | | | | | | | |
| 保安族 | | | | | | | | | |
| 裕固族 | | | | | | | | | |
| 京　族 | 1 | | 1 | | | | | | |
| 塔塔尔族 | | | | | | | | | |
| 独龙族 | | | | | | | | | |
| 鄂伦春族 | | | | | | | | | |
| 赫哲族 | | | | | | | | | |
| 门巴族 | | | | | | | | | |
| 珞巴族 | | | | | | | | | |
| 基诺族 | 1 | | 1 | | | | | | |
| 未定族称人口 | 54 | 16 | 38 | 7 | 2 | 5 | 3 | 1 | 2 |
| 入　籍 | 2 | | 2 | | | | 1 | | 1 |

2-1　续表 6　　　　单位：人

| 民　族 | 文化、体育和娱乐业 | | | 公共管理、社会保障和社会组织 | | | 国际组织 | | |
|---|---|---|---|---|---|---|---|---|---|
| | 小计 | 男 | 女 | 小计 | 男 | 女 | 小计 | 男 | 女 |
| **总　计** | **32850** | **16174** | **16676** | **110511** | **72225** | **38286** | **4** | **3** | **1** |
| 汉　族 | 31734 | 15779 | 15955 | 109803 | 71810 | 37993 | 4 | 3 | 1 |
| 蒙古族 | 27 | 19 | 8 | 28 | 15 | 13 | | | |
| 回　族 | 57 | 26 | 31 | 72 | 44 | 28 | | | |
| 藏　族 | 19 | 14 | 5 | 6 | 5 | 1 | | | |
| 维吾尔族 | 4 | 1 | 3 | 5 | 2 | 3 | | | |
| 苗　族 | 216 | 72 | 144 | 44 | 32 | 12 | | | |
| 彝　族 | 90 | 36 | 54 | 20 | 14 | 6 | | | |
| 壮　族 | 80 | 18 | 62 | 28 | 14 | 14 | | | |
| 布依族 | 115 | 25 | 90 | 16 | 8 | 8 | | | |
| 朝鲜族 | 10 | 6 | 4 | 6 | 4 | 2 | | | |
| 满　族 | 42 | 22 | 20 | 53 | 28 | 25 | | | |
| 侗　族 | 55 | 18 | 37 | 7 | 2 | 5 | | | |
| 瑶　族 | 16 | 4 | 12 | 6 | 4 | 2 | | | |
| 白　族 | 19 | 8 | 11 | 5 | 2 | 3 | | | |
| 土家族 | 204 | 68 | 136 | 49 | 30 | 19 | | | |
| 哈尼族 | 10 | 1 | 9 | | | | | | |
| 哈萨克族 | | | | | | | | | |
| 傣　族 | 12 | 2 | 10 | 1 | | 1 | | | |
| 黎　族 | 15 | 3 | 12 | 1 | 1 | | | | |
| 傈僳族 | 3 | 1 | 2 | 1 | 1 | | | | |
| 佤　族 | 8 | 4 | 4 | 1 | | 1 | | | |
| 畲　族 | 63 | 30 | 33 | 347 | 200 | 147 | | | |
| 高山族 | | | | | | | | | |
| 拉祜族 | 3 | | 3 | | | | | | |
| 水　族 | 6 | 2 | 4 | 2 | 1 | 1 | | | |
| 东乡族 | | | | | | | | | |
| 纳西族 | | | | 2 | 2 | | | | |
| 景颇族 | 5 | | 5 | | | | | | |
| 柯尔克孜族 | | | | | | | | | |
| 土　族 | 2 | 1 | 1 | | | | | | |
| 达斡尔族 | | | | 1 | 1 | | | | |
| 仫佬族 | 8 | 2 | 6 | | | | | | |
| 羌　族 | 1 | 1 | | 1 | 1 | | | | |
| 布朗族 | 1 | | 1 | | | | | | |
| 撒拉族 | | | | | | | | | |
| 毛南族 | 1 | | 1 | | | | | | |
| 仡佬族 | 10 | 5 | 5 | 3 | 1 | 2 | | | |
| 锡伯族 | 2 | 2 | | | | | | | |
| 阿昌族 | | | | | | | | | |
| 普米族 | | | | 1 | 1 | | | | |
| 塔吉克族 | | | | | | | | | |
| 怒　族 | | | | | | | | | |
| 乌孜别克族 | | | | | | | | | |
| 俄罗斯族 | | | | | | | | | |
| 鄂温克族 | | | | | | | | | |
| 德昂族 | | | | | | | | | |
| 保安族 | | | | | | | | | |
| 裕固族 | | | | | | | | | |
| 京　族 | | | | | | | | | |
| 塔塔尔族 | | | | | | | | | |
| 独龙族 | | | | | | | | | |
| 鄂伦春族 | | | | | | | | | |
| 赫哲族 | | | | | | | | | |
| 门巴族 | | | | | | | | | |
| 珞巴族 | | | | | | | | | |
| 基诺族 | | | | | | | | | |
| 未定族称人口 | 12 | 4 | 8 | 2 | 2 | | | | |
| 入　籍 | | | | | | | | | |

# 2－2 全省各民族分性别、职业的人口

单位：人

| 民族 | 人口数 | | | 党的机关、国家机关、群众团体和社会组织、企事业单位负责人 | | |
|---|---|---|---|---|---|---|
| | 合计 | 男 | 女 | 小计 | 男 | 女 |
| **总计** | **3643820** | **2189765** | **1454055** | **105763** | **79115** | **26648** |
| 汉族 | 3486244 | 2097791 | 1388453 | 104647 | 78363 | 26284 |
| 蒙古族 | 1450 | 882 | 568 | 44 | 24 | 20 |
| 回族 | 6416 | 3872 | 2544 | 151 | 102 | 49 |
| 藏族 | 494 | 305 | 189 | | | |
| 维吾尔族 | 389 | 258 | 131 | 11 | 7 | 4 |
| 苗族 | 42462 | 24936 | 17526 | 121 | 89 | 32 |
| 彝族 | 12792 | 7329 | 5463 | 35 | 21 | 14 |
| 壮族 | 9883 | 5188 | 4695 | 54 | 35 | 19 |
| 布依族 | 19078 | 10845 | 8233 | 61 | 41 | 20 |
| 朝鲜族 | 717 | 414 | 303 | 71 | 53 | 18 |
| 满族 | 2257 | 1354 | 903 | 95 | 62 | 33 |
| 侗族 | 10071 | 6160 | 3911 | 51 | 37 | 14 |
| 瑶族 | 1537 | 858 | 679 | 10 | 5 | 5 |
| 白族 | 1979 | 1103 | 876 | 8 | 5 | 3 |
| 土家族 | 26893 | 16158 | 10735 | 177 | 126 | 51 |
| 哈尼族 | 1452 | 810 | 642 | 2 | | 2 |
| 哈萨克族 | 20 | 10 | 10 | 1 | | 1 |
| 傣族 | 701 | 364 | 337 | 4 | 1 | 3 |
| 黎族 | 1060 | 558 | 502 | 6 | 2 | 4 |
| 傈僳族 | 362 | 174 | 188 | | | |
| 佤族 | 516 | 255 | 261 | | | |
| 畲族 | 8313 | 4988 | 3325 | 168 | 111 | 57 |
| 高山族 | 8 | 6 | 2 | | | |
| 拉祜族 | 315 | 135 | 180 | | | |
| 水族 | 2036 | 1156 | 880 | 5 | 3 | 2 |
| 东乡族 | 237 | 152 | 85 | 9 | 7 | 2 |
| 纳西族 | 55 | 18 | 37 | | | |
| 景颇族 | 151 | 73 | 78 | 1 | | 1 |
| 柯尔克孜族 | 4 | 1 | 3 | | | |
| 土族 | 274 | 171 | 103 | 1 | 1 | |
| 达斡尔族 | 63 | 39 | 24 | 2 | 1 | 1 |
| 仫佬族 | 490 | 298 | 192 | 5 | 4 | 1 |
| 羌族 | 144 | 83 | 61 | | | |
| 布朗族 | 83 | 38 | 45 | 1 | | 1 |
| 撒拉族 | 58 | 36 | 22 | | | |
| 毛南族 | 216 | 130 | 86 | | | |
| 仡佬族 | 2168 | 1332 | 836 | 10 | 7 | 3 |
| 锡伯族 | 29 | 18 | 11 | 1 | 1 | |
| 阿昌族 | 20 | 13 | 7 | | | |
| 普米族 | 16 | 11 | 5 | | | |
| 塔吉克族 | | | | | | |
| 怒族 | 22 | 11 | 11 | | | |
| 乌孜别克族 | 1 | 1 | | | | |
| 俄罗斯族 | 8 | 4 | 4 | | | |
| 鄂温克族 | 7 | 4 | 3 | | | |
| 德昂族 | 25 | 11 | 14 | | | |
| 保安族 | 8 | 7 | 1 | | | |
| 裕固族 | 3 | 1 | 2 | | | |
| 京族 | 18 | 8 | 10 | | | |
| 塔塔尔族 | 2 | 1 | 1 | | | |
| 独龙族 | 2 | 1 | 1 | | | |
| 鄂伦春族 | 5 | 3 | 2 | | | |
| 赫哲族 | 6 | 2 | 4 | 1 | | 1 |
| 门巴族 | 1 | 1 | | | | |
| 珞巴族 | 1 | 1 | | | | |
| 基诺族 | 4 | | 4 | | | |
| 未定族称人口 | 2186 | 1347 | 839 | 10 | 7 | 3 |
| 入籍 | 68 | 40 | 28 | | | |

2-2　续表 1　　　　单位：人

| 民　　族 | 专业技术人员 | | | 办事人员和有关人员 | | | 社会生产服务和生活服务人员 | | |
|---|---|---|---|---|---|---|---|---|---|
| | 小计 | 男 | 女 | 小计 | 男 | 女 | 小计 | 男 | 女 |
| **总　计** | **376679** | **164869** | **211810** | **209438** | **129638** | **79800** | **1279136** | **743291** | **535845** |
| 汉　族 | 371487 | 162155 | 209332 | 207116 | 128299 | 78817 | 1249080 | 726348 | 522732 |
| 蒙古族 | 252 | 127 | 125 | 65 | 35 | 30 | 502 | 297 | 205 |
| 回　族 | 546 | 260 | 286 | 178 | 113 | 65 | 2452 | 1483 | 969 |
| 藏　族 | 32 | 18 | 14 | 12 | 10 | 2 | 97 | 58 | 39 |
| 维吾尔族 | 28 | 10 | 18 | 9 | 7 | 2 | 268 | 193 | 75 |
| 苗　族 | 758 | 488 | 270 | 365 | 230 | 135 | 6424 | 3690 | 2734 |
| 彝　族 | 211 | 136 | 75 | 122 | 74 | 48 | 2135 | 1146 | 989 |
| 壮　族 | 335 | 157 | 178 | 129 | 50 | 79 | 1858 | 862 | 996 |
| 布依族 | 292 | 169 | 123 | 140 | 82 | 58 | 2592 | 1472 | 1120 |
| 朝鲜族 | 116 | 49 | 67 | 33 | 22 | 11 | 432 | 248 | 184 |
| 满　族 | 475 | 234 | 241 | 131 | 76 | 55 | 915 | 535 | 380 |
| 侗　族 | 263 | 151 | 112 | 112 | 64 | 48 | 1734 | 1003 | 731 |
| 瑶　族 | 73 | 36 | 37 | 14 | 9 | 5 | 381 | 201 | 180 |
| 白　族 | 64 | 30 | 34 | 30 | 15 | 15 | 367 | 191 | 176 |
| 土家族 | 687 | 340 | 347 | 378 | 211 | 167 | 5257 | 3051 | 2206 |
| 哈尼族 | 19 | 10 | 9 | 8 | 4 | 4 | 239 | 133 | 106 |
| 哈萨克族 | 3 | 1 | 2 | | | | 14 | 8 | 6 |
| 傣　族 | 23 | 9 | 14 | 10 | 6 | 4 | 123 | 52 | 71 |
| 黎　族 | 25 | 11 | 14 | 12 | 3 | 9 | 227 | 99 | 128 |
| 傈僳族 | 3 | 3 | | 3 | 2 | 1 | 57 | 20 | 37 |
| 佤　族 | 9 | 6 | 3 | 3 | 2 | 1 | 69 | 26 | 43 |
| 畲　族 | 786 | 357 | 429 | 477 | 273 | 204 | 2491 | 1376 | 1115 |
| 高山族 | 1 | | 1 | | | | 3 | 2 | 1 |
| 拉祜族 | 5 | 4 | 1 | 1 | | 1 | 59 | 20 | 39 |
| 水　族 | 21 | 12 | 9 | 12 | 6 | 6 | 219 | 123 | 96 |
| 东乡族 | 2 | 1 | 1 | | | | 135 | 81 | 54 |
| 纳西族 | 3 | | 3 | 3 | 2 | 1 | 20 | 6 | 14 |
| 景颇族 | 1 | 1 | | | | | 33 | 8 | 25 |
| 柯尔克孜族 | | | | | | | 4 | 1 | 3 |
| 土　族 | 16 | 7 | 9 | 2 | 2 | | 46 | 23 | 23 |
| 达斡尔族 | 12 | 8 | 4 | 5 | 4 | 1 | 24 | 15 | 9 |
| 仫佬族 | 11 | 6 | 5 | 6 | 4 | 2 | 79 | 49 | 30 |
| 羌　族 | 6 | 3 | 3 | 1 | | 1 | 24 | 17 | 7 |
| 布朗族 | 6 | 3 | 3 | 1 | | 1 | 20 | 8 | 12 |
| 撒拉族 | | | | | | | 48 | 28 | 20 |
| 毛南族 | 6 | 1 | 5 | 1 | | 1 | 25 | 14 | 11 |
| 仡佬族 | 44 | 30 | 14 | 29 | 17 | 12 | 297 | 180 | 117 |
| 锡伯族 | 11 | 7 | 4 | 2 | 1 | 1 | 9 | 5 | 4 |
| 阿昌族 | | | | | | | 4 | 1 | 3 |
| 普米族 | 2 | 2 | | 1 | 1 | | 1 | 1 | |
| 塔吉克族 | | | | | | | | | |
| 怒　族 | | | | 1 | | 1 | 1 | 1 | |
| 乌孜别克族 | | | | | | | 1 | 1 | |
| 俄罗斯族 | 2 | 2 | | | | | 5 | 2 | 3 |
| 鄂温克族 | 3 | 1 | 2 | 1 | | 1 | 1 | 1 | |
| 德昂族 | 1 | | 1 | | | | 2 | 2 | |
| 保安族 | | | | | | | 2 | 2 | |
| 裕固族 | 1 | 1 | | | | | 1 | | 1 |
| 京　族 | | | | | | | 4 | 1 | 3 |
| 塔塔尔族 | | | | | | | 1 | 1 | |
| 独龙族 | | | | | | | | | |
| 鄂伦春族 | | | | | | | 2 | 1 | 1 |
| 赫哲族 | 2 | 1 | 1 | | | | 2 | | 2 |
| 门巴族 | | | | | | | | | |
| 珞巴族 | | | | | | | | | |
| 基诺族 | | | | | | | 1 | | 1 |
| 未定族称人口 | 34 | 21 | 13 | 25 | 14 | 11 | 325 | 193 | 132 |
| 入　籍 | 2 | 1 | 1 | | | | 24 | 12 | 12 |

2-2 续表 2

单位：人

| 民 族 | 农、林、牧、渔业生产及辅助人员 | | | 生产制造及有关人员 | | | 不便分类的其他从业人员 | | |
|---|---|---|---|---|---|---|---|---|---|
| | 小计 | 男 | 女 | 小计 | 男 | 女 | 小计 | 男 | 女 |
| **总 计** | **194902** | **123296** | **71606** | **1475661** | **948140** | **527521** | **2241** | **1416** | **825** |
| 汉 族 | 191229 | 121227 | 70002 | 1360515 | 880021 | 480494 | 2170 | 1378 | 792 |
| 蒙古族 | 8 | 3 | 5 | 579 | 396 | 183 | | | |
| 回 族 | 43 | 32 | 11 | 3044 | 1882 | 1162 | 2 | | 2 |
| 藏 族 | 4 | | 4 | 348 | 219 | 129 | 1 | | 1 |
| 维吾尔族 | 1 | 1 | | 72 | 40 | 32 | | | |
| 苗 族 | 761 | 437 | 324 | 34015 | 19993 | 14022 | 18 | 9 | 9 |
| 彝 族 | 135 | 68 | 67 | 10150 | 5882 | 4268 | 4 | 2 | 2 |
| 壮 族 | 130 | 51 | 79 | 7372 | 4030 | 3342 | 5 | 3 | 2 |
| 布依族 | 166 | 76 | 90 | 15823 | 9002 | 6821 | 4 | 3 | 1 |
| 朝鲜族 | 1 | | 1 | 64 | 42 | 22 | | | |
| 满 族 | 11 | 7 | 4 | 630 | 440 | 190 | | | |
| 侗 族 | 71 | 37 | 34 | 7839 | 4868 | 2971 | 1 | | 1 |
| 瑶 族 | 41 | 26 | 15 | 1018 | 581 | 437 | | | |
| 白 族 | 39 | 18 | 21 | 1470 | 843 | 627 | 1 | 1 | |
| 土家族 | 307 | 194 | 113 | 20071 | 12225 | 7846 | 16 | 11 | 5 |
| 哈尼族 | 23 | 3 | 20 | 1161 | 660 | 501 | | | |
| 哈萨克族 | | | | 2 | 1 | 1 | | | |
| 傣 族 | 6 | 1 | 5 | 535 | 295 | 240 | | | |
| 黎 族 | 7 | 1 | 6 | 783 | 442 | 341 | | | |
| 傈僳族 | 9 | 3 | 6 | 290 | 146 | 144 | | | |
| 佤 族 | 15 | 8 | 7 | 420 | 213 | 207 | | | |
| 畲 族 | 1794 | 1059 | 735 | 2582 | 1804 | 778 | 15 | 8 | 7 |
| 高山族 | | | | 4 | 4 | | | | |
| 拉祜族 | 21 | 4 | 17 | 228 | 107 | 121 | 1 | | 1 |
| 水 族 | 18 | 6 | 12 | 1761 | 1006 | 755 | | | |
| 东乡族 | | | | 91 | 63 | 28 | | | |
| 纳西族 | 4 | 1 | 3 | 25 | 9 | 16 | | | |
| 景颇族 | 1 | | 1 | 115 | 64 | 51 | | | |
| 柯尔克孜族 | | | | | | | | | |
| 土 族 | 5 | 3 | 2 | 204 | 135 | 69 | | | |
| 达斡尔族 | | | | 20 | 11 | 9 | | | |
| 仫佬族 | 1 | | 1 | 388 | 235 | 153 | | | |
| 羌 族 | | | | 113 | 63 | 50 | | | |
| 布朗族 | 2 | | 2 | 52 | 27 | 25 | 1 | | 1 |
| 撒拉族 | | | | 10 | 8 | 2 | | | |
| 毛南族 | | | | 184 | 115 | 69 | | | |
| 仡佬族 | 23 | 8 | 15 | 1764 | 1090 | 674 | 1 | | 1 |
| 锡伯族 | | | | 6 | 4 | 2 | | | |
| 阿昌族 | | | | 16 | 12 | 4 | | | |
| 普米族 | | | | 12 | 7 | 5 | | | |
| 塔吉克族 | | | | | | | | | |
| 怒 族 | 4 | 3 | 1 | 16 | 7 | 9 | | | |
| 乌孜别克族 | | | | | | | | | |
| 俄罗斯族 | | | | 1 | | 1 | | | |
| 鄂温克族 | | | | 2 | 2 | | | | |
| 德昂族 | | | | 22 | 9 | 13 | | | |
| 保安族 | | | | 6 | 5 | 1 | | | |
| 裕固族 | | | | 1 | | 1 | | | |
| 京 族 | | | | 14 | 7 | 7 | | | |
| 塔塔尔族 | | | | 1 | | 1 | | | |
| 独龙族 | | | | 2 | 1 | 1 | | | |
| 鄂伦春族 | | | | 3 | 2 | 1 | | | |
| 赫哲族 | | | | 1 | 1 | | | | |
| 门巴族 | | | | 1 | 1 | | | | |
| 珞巴族 | | | | 1 | 1 | | | | |
| 基诺族 | | | | 3 | | 3 | | | |
| 未定族称人口 | 22 | 19 | 3 | 1769 | 1092 | 677 | 1 | 1 | |
| 入 籍 | | | | 42 | 27 | 15 | | | |

# 2-3 全省各民族分性别、主要生活来源的15岁及以上人口

单位：人

| 民族 | 15岁及以上人口 | | | 劳动收入 | | |
|---|---|---|---|---|---|---|
| | 合计 | 男 | 女 | 小计 | 男 | 女 |
| **总 计** | **5632551** | **2945227** | **2687324** | **3642114** | **2195320** | **1446794** |
| 汉 族 | 5446511 | 2844438 | 2602073 | 3483577 | 2102707 | 1380870 |
| 蒙古族 | 1863 | 1009 | 854 | 1461 | 885 | 576 |
| 回 族 | 8080 | 4475 | 3605 | 6453 | 3894 | 2559 |
| 藏 族 | 725 | 390 | 335 | 494 | 304 | 190 |
| 维吾尔族 | 856 | 423 | 433 | 391 | 260 | 131 |
| 苗 族 | 47937 | 26362 | 21575 | 42732 | 25102 | 17630 |
| 彝 族 | 14434 | 7798 | 6636 | 12880 | 7381 | 5499 |
| 壮 族 | 11705 | 5631 | 6074 | 9916 | 5210 | 4706 |
| 布依族 | 21609 | 11543 | 10066 | 19223 | 10939 | 8284 |
| 朝鲜族 | 1010 | 516 | 494 | 716 | 414 | 302 |
| 满 族 | 2992 | 1633 | 1359 | 2258 | 1355 | 903 |
| 侗 族 | 11401 | 6553 | 4848 | 10122 | 6204 | 3918 |
| 瑶 族 | 1818 | 932 | 886 | 1538 | 859 | 679 |
| 白 族 | 2270 | 1191 | 1079 | 1982 | 1110 | 872 |
| 土家族 | 30591 | 17299 | 13292 | 27059 | 16256 | 10803 |
| 哈尼族 | 1626 | 845 | 781 | 1464 | 820 | 644 |
| 哈萨克族 | 73 | 37 | 36 | 20 | 10 | 10 |
| 傣 族 | 826 | 392 | 434 | 708 | 370 | 338 |
| 黎 族 | 1264 | 613 | 651 | 1075 | 564 | 511 |
| 傈僳族 | 430 | 194 | 236 | 367 | 178 | 189 |
| 佤 族 | 597 | 266 | 331 | 519 | 256 | 263 |
| 畲 族 | 13848 | 7187 | 6661 | 8376 | 5058 | 3318 |
| 高山族 | 12 | 8 | 4 | 8 | 6 | 2 |
| 拉祜族 | 396 | 143 | 253 | 316 | 136 | 180 |
| 水 族 | 2325 | 1224 | 1101 | 2052 | 1169 | 883 |
| 东乡族 | 257 | 157 | 100 | 237 | 151 | 86 |
| 纳西族 | 86 | 22 | 64 | 54 | 18 | 36 |
| 景颇族 | 185 | 82 | 103 | 153 | 73 | 80 |
| 柯尔克孜族 | 17 | 5 | 12 | 4 | 1 | 3 |
| 土 族 | 302 | 184 | 118 | 272 | 171 | 101 |
| 达斡尔族 | 78 | 42 | 36 | 63 | 39 | 24 |
| 仫佬族 | 562 | 317 | 245 | 491 | 298 | 193 |
| 羌 族 | 165 | 87 | 78 | 146 | 84 | 62 |
| 布朗族 | 95 | 41 | 54 | 84 | 38 | 46 |
| 撒拉族 | 69 | 41 | 28 | 60 | 37 | 23 |
| 毛南族 | 244 | 139 | 105 | 218 | 132 | 86 |
| 仡佬族 | 2473 | 1417 | 1056 | 2177 | 1339 | 838 |
| 锡伯族 | 40 | 21 | 19 | 28 | 18 | 10 |
| 阿昌族 | 24 | 14 | 10 | 21 | 14 | 7 |
| 普米族 | 18 | 11 | 7 | 16 | 11 | 5 |
| 塔吉克族 | 3 | 2 | 1 | | | |
| 怒 族 | 24 | 11 | 13 | 21 | 10 | 11 |
| 乌孜别克族 | 1 | 1 | | 1 | 1 | |
| 俄罗斯族 | 13 | 6 | 7 | 8 | 4 | 4 |
| 鄂温克族 | 11 | 5 | 6 | 7 | 4 | 3 |
| 德昂族 | 27 | 11 | 16 | 25 | 11 | 14 |
| 保安族 | 9 | 7 | 2 | 9 | 7 | 2 |
| 裕固族 | 4 | 1 | 3 | 3 | 1 | 2 |
| 京 族 | 21 | 8 | 13 | 18 | 8 | 10 |
| 塔塔尔族 | 2 | 1 | 1 | 2 | 1 | 1 |
| 独龙族 | 4 | 1 | 3 | 2 | 1 | 1 |
| 鄂伦春族 | 6 | 4 | 2 | 5 | 3 | 2 |
| 赫哲族 | 8 | 4 | 4 | 6 | 2 | 4 |
| 门巴族 | 3 | 2 | 1 | 1 | 1 | |
| 珞巴族 | 1 | 1 | | 1 | 1 | |
| 基诺族 | 6 | | 6 | 4 | | 4 |
| 未定族称人口 | 2501 | 1434 | 1067 | 2202 | 1354 | 848 |
| 入 籍 | 93 | 46 | 47 | 68 | 40 | 28 |

2–3 续表 1

单位：人

| 民族 | 离退休金/养老金 | | | 最低生活保障金 | | | 失业保险金 | | |
|---|---|---|---|---|---|---|---|---|---|
| | 小计 | 男 | 女 | 小计 | 男 | 女 | 小计 | 男 | 女 |
| **总　计** | **701275** | **283198** | **418077** | **54731** | **29921** | **24810** | **2283** | **1241** | **1042** |
| 汉　族 | 699400 | 282490 | 416910 | 54293 | 29685 | 24608 | 2258 | 1229 | 1029 |
| 蒙古族 | 59 | 14 | 45 | 1 | | 1 | 2 | 1 | 1 |
| 回　族 | 314 | 138 | 176 | 15 | 7 | 8 | 2 | 2 | |
| 藏　族 | 9 | 4 | 5 | 1 | | 1 | | | |
| 维吾尔族 | 14 | 4 | 10 | | | | | | |
| 苗　族 | 98 | 26 | 72 | 19 | 5 | 14 | 4 | 1 | 3 |
| 彝　族 | 28 | 5 | 23 | 7 | | 7 | 1 | | 1 |
| 壮　族 | 114 | 14 | 100 | 13 | 2 | 11 | | | |
| 布依族 | 41 | 8 | 33 | 17 | 3 | 14 | 2 | 2 | |
| 朝鲜族 | 76 | 31 | 45 | 1 | 1 | | | | |
| 满　族 | 193 | 82 | 111 | 4 | 2 | 2 | 3 | 1 | 2 |
| 侗　族 | 22 | 1 | 21 | 11 | 2 | 9 | | | |
| 瑶　族 | 19 | 8 | 11 | 2 | | 2 | 1 | | 1 |
| 白　族 | 13 | 4 | 9 | 2 | 1 | 1 | | | |
| 土家族 | 115 | 29 | 86 | 17 | 8 | 9 | 6 | 4 | 2 |
| 哈尼族 | 1 | | 1 | 1 | | 1 | | | |
| 哈萨克族 | | | | | | | | | |
| 傣　族 | 2 | | 2 | 1 | | 1 | | | |
| 黎　族 | 9 | 2 | 7 | | | | | | |
| 傈僳族 | | | | | | | | | |
| 佤　族 | 3 | 1 | 2 | | | | | | |
| 畲　族 | 700 | 325 | 375 | 321 | 204 | 117 | 1 | | 1 |
| 高山族 | 1 | 1 | | | | | | | |
| 拉祜族 | | | | 1 | | 1 | | | |
| 水　族 | 3 | 1 | 2 | | | | 1 | 1 | |
| 东乡族 | 1 | | 1 | | | | | | |
| 纳西族 | 11 | | 11 | 1 | | 1 | 1 | | 1 |
| 景颇族 | | | | | | | | | |
| 柯尔克孜族 | | | | | | | | | |
| 土　族 | | | | | | | 1 | | 1 |
| 达斡尔族 | 6 | 2 | 4 | | | | | | |
| 仫佬族 | 1 | | 1 | 1 | | 1 | | | |
| 羌　族 | 2 | 1 | 1 | | | | | | |
| 布朗族 | | | | | | | | | |
| 撒拉族 | | | | | | | | | |
| 毛南族 | 1 | | 1 | | | | | | |
| 仡佬族 | 7 | 3 | 4 | | | | | | |
| 锡伯族 | 3 | 1 | 2 | | | | | | |
| 阿昌族 | | | | | | | | | |
| 普米族 | | | | | | | | | |
| 塔吉克族 | | | | | | | | | |
| 怒　族 | | | | | | | | | |
| 乌孜别克族 | | | | | | | | | |
| 俄罗斯族 | 1 | | 1 | | | | | | |
| 鄂温克族 | 2 | | 2 | | | | | | |
| 德昂族 | | | | | | | | | |
| 保安族 | | | | | | | | | |
| 裕固族 | | | | | | | | | |
| 京　族 | | | | | | | | | |
| 塔塔尔族 | | | | | | | | | |
| 独龙族 | | | | | | | | | |
| 鄂伦春族 | | | | | | | | | |
| 赫哲族 | 1 | 1 | | | | | | | |
| 门巴族 | | | | | | | | | |
| 珞巴族 | | | | | | | | | |
| 基诺族 | | | | | | | | | |
| 未定族称人口 | 4 | 2 | 2 | 2 | 1 | 1 | | | |
| 入　籍 | 1 | | 1 | | | | | | |

2-3　续表 2　　　　　　　　　　　　　　　　　　　　　　　　　　单位：人

| 民　族 | 财产性收入 | | | 家庭其他成员供养 | | | 其　他 | | |
|---|---|---|---|---|---|---|---|---|---|
| | 小计 | 男 | 女 | 小计 | 男 | 女 | 小计 | 男 | 女 |
| **总　计** | **43414** | **23507** | **19907** | **982400** | **312205** | **670195** | **206334** | **99835** | **106499** |
| 汉　族 | 43087 | 23351 | 19736 | 962046 | 307124 | 654922 | 201850 | 97852 | 103998 |
| 蒙古族 | 5 | 3 | 2 | 285 | 85 | 200 | 50 | 21 | 29 |
| 回　族 | 23 | 11 | 12 | 1067 | 321 | 746 | 206 | 102 | 104 |
| 藏　族 | 1 | | 1 | 204 | 78 | 126 | 16 | 4 | 12 |
| 维吾尔族 | | | | 407 | 147 | 260 | 44 | 12 | 32 |
| 苗　族 | 62 | 32 | 30 | 4046 | 786 | 3260 | 976 | 410 | 566 |
| 彝　族 | 17 | 8 | 9 | 1193 | 263 | 930 | 308 | 141 | 167 |
| 壮　族 | 18 | 6 | 12 | 1381 | 304 | 1077 | 263 | 95 | 168 |
| 布依族 | 19 | 7 | 12 | 1793 | 351 | 1442 | 514 | 233 | 281 |
| 朝鲜族 | 12 | 6 | 6 | 177 | 49 | 128 | 28 | 15 | 13 |
| 满　族 | 13 | 7 | 6 | 449 | 150 | 299 | 72 | 36 | 36 |
| 侗　族 | 18 | 8 | 10 | 1019 | 241 | 778 | 209 | 97 | 112 |
| 瑶　族 | 3 | 2 | 1 | 224 | 50 | 174 | 31 | 13 | 18 |
| 白　族 | 1 | 1 | | 233 | 65 | 168 | 39 | 10 | 29 |
| 土家族 | 30 | 14 | 16 | 2773 | 702 | 2071 | 591 | 286 | 305 |
| 哈尼族 | 3 | 1 | 2 | 128 | 14 | 114 | 29 | 10 | 19 |
| 哈萨克族 | | | | 45 | 23 | 22 | 8 | 4 | 4 |
| 傣　族 | 2 | 1 | 1 | 89 | 13 | 76 | 24 | 8 | 16 |
| 黎　族 | 3 | | 3 | 139 | 35 | 104 | 38 | 12 | 26 |
| 傈僳族 | | | | 56 | 14 | 42 | 7 | 2 | 5 |
| 佤　族 | | | | 67 | 8 | 59 | 8 | 1 | 7 |
| 畲　族 | 83 | 44 | 39 | 3563 | 1175 | 2388 | 804 | 381 | 423 |
| 高山族 | | | | 3 | 1 | 2 | | | |
| 拉祜族 | 1 | | 1 | 61 | 3 | 58 | 17 | 4 | 13 |
| 水　族 | 9 | 5 | 4 | 211 | 27 | 184 | 49 | 21 | 28 |
| 东乡族 | | | | 13 | 5 | 8 | 6 | 1 | 5 |
| 纳西族 | | | | 19 | 4 | 15 | | | |
| 景颇族 | | | | 26 | 7 | 19 | 6 | 2 | 4 |
| 柯尔克孜族 | | | | 13 | 4 | 9 | | | |
| 土　族 | | | | 21 | 9 | 12 | 8 | 4 | 4 |
| 达斡尔族 | | | | 9 | 1 | 8 | | | |
| 仫佬族 | 2 | | 2 | 58 | 16 | 42 | 9 | 3 | 6 |
| 羌　族 | | | | 16 | 2 | 14 | 1 | | 1 |
| 布朗族 | | | | 9 | 2 | 7 | 2 | 1 | 1 |
| 撒拉族 | | | | 6 | 2 | 4 | 3 | 2 | 1 |
| 毛南族 | | | | 17 | 5 | 12 | 8 | 2 | 6 |
| 仡佬族 | | | | 252 | 59 | 193 | 37 | 16 | 21 |
| 锡伯族 | | | | 8 | 1 | 7 | 1 | 1 | |
| 阿昌族 | | | | 2 | | 2 | 1 | | 1 |
| 普米族 | | | | 2 | | 2 | | | |
| 塔吉克族 | | | | 2 | 1 | 1 | 1 | 1 | |
| 怒　族 | | | | 2 | | 2 | 1 | 1 | |
| 乌孜别克族 | | | | | | | | | |
| 俄罗斯族 | | | | 4 | 2 | 2 | | | |
| 鄂温克族 | | | | 2 | 1 | 1 | | | |
| 德昂族 | | | | 2 | | 2 | | | |
| 保安族 | | | | | | | | | |
| 裕固族 | | | | 1 | | 1 | | | |
| 京　族 | | | | | | | 3 | | 3 |
| 塔塔尔族 | | | | | | | | | |
| 独龙族 | | | | 1 | | 1 | 1 | | 1 |
| 鄂伦春族 | | | | 1 | 1 | | | | |
| 赫哲族 | | | | 1 | 1 | | | | |
| 门巴族 | | | | 1 | 1 | | 1 | | 1 |
| 珞巴族 | | | | | | | | | |
| 基诺族 | | | | 2 | | 2 | | | |
| 未定族称人口 | 2 | | 2 | 233 | 49 | 184 | 58 | 28 | 30 |
| 入　籍 | | | | 18 | 3 | 15 | 6 | 3 | 3 |

# 2–4 全省各民族分性别、婚姻状况的15岁及以上人口

单位：人

| 民族 | 15岁及以上人口 | | | 未婚 | | |
|---|---|---|---|---|---|---|
| | 合计 | 男 | 女 | 小计 | 男 | 女 |
| **总计** | **5632551** | **2945227** | **2687324** | **1013698** | **628317** | **385381** |
| 汉族 | 5446511 | 2844438 | 2602073 | 968802 | 597365 | 371437 |
| 蒙古族 | 1863 | 1009 | 854 | 654 | 390 | 264 |
| 回族 | 8080 | 4475 | 3605 | 2240 | 1460 | 780 |
| 藏族 | 725 | 390 | 335 | 389 | 234 | 155 |
| 维吾尔族 | 856 | 423 | 433 | 560 | 263 | 297 |
| 苗族 | 47937 | 26362 | 21575 | 11050 | 7923 | 3127 |
| 彝族 | 14434 | 7798 | 6636 | 4224 | 2909 | 1315 |
| 壮族 | 11705 | 5631 | 6074 | 2824 | 1843 | 981 |
| 布依族 | 21609 | 11543 | 10066 | 4945 | 3526 | 1419 |
| 朝鲜族 | 1010 | 516 | 494 | 248 | 122 | 126 |
| 满族 | 2992 | 1633 | 1359 | 950 | 556 | 394 |
| 侗族 | 11401 | 6553 | 4848 | 2475 | 1897 | 578 |
| 瑶族 | 1818 | 932 | 886 | 437 | 287 | 150 |
| 白族 | 2270 | 1191 | 1079 | 588 | 412 | 176 |
| 土家族 | 30591 | 17299 | 13292 | 6276 | 4499 | 1777 |
| 哈尼族 | 1626 | 845 | 781 | 460 | 330 | 130 |
| 哈萨克族 | 73 | 37 | 36 | 62 | 32 | 30 |
| 傣族 | 826 | 392 | 434 | 238 | 172 | 66 |
| 黎族 | 1264 | 613 | 651 | 356 | 225 | 131 |
| 傈僳族 | 430 | 194 | 236 | 135 | 86 | 49 |
| 佤族 | 597 | 266 | 331 | 175 | 111 | 64 |
| 畲族 | 13848 | 7187 | 6661 | 2950 | 1811 | 1139 |
| 高山族 | 12 | 8 | 4 | 5 | 3 | 2 |
| 拉祜族 | 396 | 143 | 253 | 101 | 68 | 33 |
| 水族 | 2325 | 1224 | 1101 | 551 | 395 | 156 |
| 东乡族 | 257 | 157 | 100 | 90 | 67 | 23 |
| 纳西族 | 86 | 22 | 64 | 20 | 9 | 11 |
| 景颇族 | 185 | 82 | 103 | 69 | 40 | 29 |
| 柯尔克孜族 | 17 | 5 | 12 | 15 | 4 | 11 |
| 土族 | 302 | 184 | 118 | 85 | 63 | 22 |
| 达斡尔族 | 78 | 42 | 36 | 32 | 20 | 12 |
| 仫佬族 | 562 | 317 | 245 | 154 | 105 | 49 |
| 羌族 | 165 | 87 | 78 | 32 | 24 | 8 |
| 布朗族 | 95 | 41 | 54 | 33 | 20 | 13 |
| 撒拉族 | 69 | 41 | 28 | 10 | 9 | 1 |
| 毛南族 | 244 | 139 | 105 | 63 | 50 | 13 |
| 仡佬族 | 2473 | 1417 | 1056 | 575 | 419 | 156 |
| 锡伯族 | 40 | 21 | 19 | 13 | 6 | 7 |
| 阿昌族 | 24 | 14 | 10 | 10 | 6 | 4 |
| 普米族 | 18 | 11 | 7 | 8 | 6 | 2 |
| 塔吉克族 | 3 | 2 | 1 | 3 | 2 | 1 |
| 怒族 | 24 | 11 | 13 | 13 | 8 | 5 |
| 乌孜别克族 | 1 | 1 | | | | |
| 俄罗斯族 | 13 | 6 | 7 | 4 | 4 | |
| 鄂温克族 | 11 | 5 | 6 | 5 | 4 | 1 |
| 德昂族 | 27 | 11 | 16 | 10 | 5 | 5 |
| 保安族 | 9 | 7 | 2 | 2 | 2 | |
| 裕固族 | 4 | 1 | 3 | 2 | 1 | 1 |
| 京族 | 21 | 8 | 13 | 5 | 3 | 2 |
| 塔塔尔族 | 2 | 1 | 1 | | | |
| 独龙族 | 4 | 1 | 3 | 1 | | 1 |
| 鄂伦春族 | 6 | 4 | 2 | 2 | 2 | |
| 赫哲族 | 8 | 4 | 4 | 3 | 2 | 1 |
| 门巴族 | 3 | 2 | 1 | 1 | 1 | |
| 珞巴族 | 1 | 1 | | 1 | 1 | |
| 基诺族 | 6 | | 6 | 3 | | 3 |
| 未定族称人口 | 2501 | 1434 | 1067 | 703 | 494 | 209 |
| 入籍 | 93 | 46 | 47 | 36 | 21 | 15 |

2-4　续表

单位：人

| 民　族 | 有配偶 | | | 离　婚 | | | 丧　偶 | | |
|---|---|---|---|---|---|---|---|---|---|
| | 小计 | 男 | 女 | 小计 | 男 | 女 | 小计 | 男 | 女 |
| **总　计** | **4228430** | **2186950** | **2041480** | **129742** | **70555** | **59187** | **260681** | **59405** | **201276** |
| 汉　族 | 4092432 | 2119396 | 1973036 | 126585 | 68822 | 57763 | 258692 | 58855 | 199837 |
| 蒙古族 | 1158 | 602 | 556 | 39 | 16 | 23 | 12 | 1 | 11 |
| 回　族 | 5593 | 2924 | 2669 | 148 | 67 | 81 | 99 | 24 | 75 |
| 藏　族 | 325 | 154 | 171 | 8 | 1 | 7 | 3 | 1 | 2 |
| 维吾尔族 | 288 | 157 | 131 | 7 | 3 | 4 | 1 | | 1 |
| 苗　族 | 35929 | 17979 | 17950 | 683 | 394 | 289 | 275 | 66 | 209 |
| 彝　族 | 9924 | 4772 | 5152 | 209 | 102 | 107 | 77 | 15 | 62 |
| 壮　族 | 8585 | 3663 | 4922 | 208 | 110 | 98 | 88 | 15 | 73 |
| 布依族 | 16187 | 7787 | 8400 | 352 | 199 | 153 | 125 | 31 | 94 |
| 朝鲜族 | 710 | 381 | 329 | 31 | 12 | 19 | 21 | 1 | 20 |
| 满　族 | 1926 | 1019 | 907 | 76 | 43 | 33 | 40 | 15 | 25 |
| 侗　族 | 8640 | 4505 | 4135 | 202 | 120 | 82 | 84 | 31 | 53 |
| 瑶　族 | 1327 | 625 | 702 | 41 | 17 | 24 | 13 | 3 | 10 |
| 白　族 | 1645 | 758 | 887 | 32 | 20 | 12 | 5 | 1 | 4 |
| 土家族 | 23580 | 12416 | 11164 | 546 | 315 | 231 | 189 | 69 | 120 |
| 哈尼族 | 1138 | 497 | 641 | 25 | 18 | 7 | 3 | | 3 |
| 哈萨克族 | 10 | 5 | 5 | 1 | | 1 | | | |
| 傣　族 | 562 | 210 | 352 | 24 | 10 | 14 | 2 | | 2 |
| 黎　族 | 879 | 379 | 500 | 20 | 8 | 12 | 9 | 1 | 8 |
| 傈僳族 | 286 | 103 | 183 | 9 | 5 | 4 | | | |
| 佤　族 | 401 | 152 | 249 | 11 | 2 | 9 | 10 | 1 | 9 |
| 畲　族 | 9687 | 4916 | 4771 | 322 | 194 | 128 | 889 | 266 | 623 |
| 高山族 | 7 | 5 | 2 | | | | | | |
| 拉祜族 | 284 | 72 | 212 | 10 | 3 | 7 | 1 | | 1 |
| 水　族 | 1736 | 816 | 920 | 30 | 11 | 19 | 8 | 2 | 6 |
| 东乡族 | 166 | 90 | 76 | 1 | | 1 | | | |
| 纳西族 | 59 | 12 | 47 | 3 | 1 | 2 | 4 | | 4 |
| 景颇族 | 110 | 40 | 70 | 6 | 2 | 4 | | | |
| 柯尔克孜族 | 2 | 1 | 1 | | | | | | |
| 土　族 | 210 | 116 | 94 | 7 | 5 | 2 | | | |
| 达斡尔族 | 42 | 21 | 21 | 4 | 1 | 3 | | | |
| 仫佬族 | 395 | 204 | 191 | 11 | 7 | 4 | 2 | 1 | 1 |
| 羌　族 | 126 | 61 | 65 | 4 | 1 | 3 | 3 | 1 | 2 |
| 布朗族 | 60 | 20 | 40 | 1 | 1 | | 1 | | 1 |
| 撒拉族 | 58 | 31 | 27 | 1 | 1 | | | | |
| 毛南族 | 173 | 86 | 87 | 7 | 3 | 4 | 1 | | 1 |
| 仡佬族 | 1856 | 979 | 877 | 30 | 16 | 14 | 12 | 3 | 9 |
| 锡伯族 | 25 | 15 | 10 | 2 | | 2 | | | |
| 阿昌族 | 14 | 8 | 6 | | | | | | |
| 普米族 | 10 | 5 | 5 | | | | | | |
| 塔吉克族 | | | | | | | | | |
| 怒　族 | 10 | 3 | 7 | 1 | | 1 | | | |
| 乌孜别克族 | 1 | 1 | | | | | | | |
| 俄罗斯族 | 9 | 2 | 7 | | | | | | |
| 鄂温克族 | 6 | 1 | 5 | | | | | | |
| 德昂族 | 15 | 5 | 10 | 2 | 1 | 1 | | | |
| 保安族 | 7 | 5 | 2 | | | | | | |
| 裕固族 | 2 | | 2 | | | | | | |
| 京　族 | 16 | 5 | 11 | | | | | | |
| 塔塔尔族 | 2 | 1 | 1 | | | | | | |
| 独龙族 | 3 | 1 | 2 | | | | | | |
| 鄂伦春族 | 4 | 2 | 2 | | | | | | |
| 赫哲族 | 5 | 2 | 3 | | | | | | |
| 门巴族 | 2 | 1 | 1 | | | | | | |
| 珞巴族 | | | | | | | | | |
| 基诺族 | 3 | | 3 | | | | | | |
| 未定族称人口 | 1745 | 914 | 831 | 41 | 24 | 17 | 12 | 2 | 10 |
| 入　籍 | 55 | 25 | 30 | 2 | | 2 | | | |

# 2－5 全省各民族分性别、初婚年龄的人口

单位：人

| 民族 | 合计 | | | 15岁以下 | | |
|---|---|---|---|---|---|---|
| | 合计 | 男 | 女 | 小计 | 男 | 女 |
| **总 计** | **4618853** | **2316910** | **2301943** | **5459** | **899** | **4560** |
| 汉 族 | 4477709 | 2247073 | 2230636 | 5062 | 826 | 4236 |
| 蒙古族 | 1209 | 619 | 590 | | | |
| 回 族 | 5840 | 3015 | 2825 | 4 | | 4 |
| 藏 族 | 336 | 156 | 180 | | | |
| 维吾尔族 | 296 | 160 | 136 | | | |
| 苗 族 | 36887 | 18439 | 18448 | 167 | 23 | 144 |
| 彝 族 | 10210 | 4889 | 5321 | 41 | 5 | 36 |
| 壮 族 | 8881 | 3788 | 5093 | 20 | 4 | 16 |
| 布依族 | 16664 | 8017 | 8647 | 41 | 9 | 32 |
| 朝鲜族 | 762 | 394 | 368 | | | |
| 满 族 | 2042 | 1077 | 965 | 1 | | 1 |
| 侗 族 | 8926 | 4656 | 4270 | 20 | 6 | 14 |
| 瑶 族 | 1381 | 645 | 736 | 3 | 1 | 2 |
| 白 族 | 1682 | 779 | 903 | 1 | | 1 |
| 土家族 | 24315 | 12800 | 11515 | 36 | 12 | 24 |
| 哈尼族 | 1166 | 515 | 651 | 8 | 3 | 5 |
| 哈萨克族 | 11 | 5 | 6 | | | |
| 傣 族 | 588 | 220 | 368 | 3 | | 3 |
| 黎 族 | 908 | 388 | 520 | | | |
| 傈僳族 | 295 | 108 | 187 | 2 | | 2 |
| 佤 族 | 422 | 155 | 267 | 3 | | 3 |
| 畲 族 | 10898 | 5376 | 5522 | 26 | 6 | 20 |
| 高山族 | 7 | 5 | 2 | | | |
| 拉祜族 | 295 | 75 | 220 | 3 | 1 | 2 |
| 水 族 | 1774 | 829 | 945 | 7 | 3 | 4 |
| 东乡族 | 167 | 90 | 77 | 1 | | 1 |
| 纳西族 | 66 | 13 | 53 | | | |
| 景颇族 | 116 | 42 | 74 | | | |
| 柯尔克孜族 | 2 | 1 | 1 | | | |
| 土 族 | 217 | 121 | 96 | | | |
| 达斡尔族 | 46 | 22 | 24 | | | |
| 仫佬族 | 408 | 212 | 196 | | | |
| 羌 族 | 133 | 63 | 70 | | | |
| 布朗族 | 62 | 21 | 41 | | | |
| 撒拉族 | 59 | 32 | 27 | 1 | | 1 |
| 毛南族 | 181 | 89 | 92 | | | |
| 仡佬族 | 1898 | 998 | 900 | 4 | | 4 |
| 锡伯族 | 27 | 15 | 12 | | | |
| 阿昌族 | 14 | 8 | 6 | | | |
| 普米族 | 10 | 5 | 5 | | | |
| 塔吉克族 | | | | | | |
| 怒 族 | 11 | 3 | 8 | | | |
| 乌孜别克族 | 1 | 1 | | | | |
| 俄罗斯族 | 9 | 2 | 7 | | | |
| 鄂温克族 | 6 | 1 | 5 | | | |
| 德昂族 | 17 | 6 | 11 | | | |
| 保安族 | 7 | 5 | 2 | | | |
| 裕固族 | 2 | | 2 | | | |
| 京 族 | 16 | 5 | 11 | | | |
| 塔塔尔族 | 2 | 1 | 1 | | | |
| 独龙族 | 3 | 1 | 2 | | | |
| 鄂伦春族 | 4 | 2 | 2 | | | |
| 赫哲族 | 5 | 2 | 3 | | | |
| 门巴族 | 2 | 1 | 1 | | | |
| 珞巴族 | | | | | | |
| 基诺族 | 3 | | 3 | | | |
| 未定族称人口 | 1798 | 940 | 858 | 5 | | 5 |
| 入 籍 | 57 | 25 | 32 | | | |

2-5　续表 1　　　　单位：人

| 民　　族 | 15岁 | | | 16岁 | | |
|---|---|---|---|---|---|---|
| | 小计 | 男 | 女 | 小计 | 男 | 女 |
| **总　计** | **30356** | **5278** | **25078** | **55154** | **8344** | **46810** |
| 汉　族 | 28509 | 4820 | 23689 | 52111 | 7598 | 44513 |
| 蒙古族 | 6 | 3 | 3 | 12 | 3 | 9 |
| 回　族 | 68 | 18 | 50 | 120 | 20 | 100 |
| 藏　族 | 5 | | 5 | 7 | 1 | 6 |
| 维吾尔族 | 3 | 1 | 2 | 5 | | 5 |
| 苗　族 | 664 | 158 | 506 | 1008 | 259 | 749 |
| 彝　族 | 203 | 58 | 145 | 345 | 85 | 260 |
| 壮　族 | 113 | 27 | 86 | 135 | 39 | 96 |
| 布依族 | 212 | 58 | 154 | 376 | 103 | 273 |
| 朝鲜族 | | | | 2 | | 2 |
| 满　族 | 10 | 3 | 7 | 14 | 3 | 11 |
| 侗　族 | 76 | 20 | 56 | 129 | 33 | 96 |
| 瑶　族 | 18 | 5 | 13 | 27 | 10 | 17 |
| 白　族 | 21 | 5 | 16 | 28 | 10 | 18 |
| 土家族 | 153 | 41 | 112 | 323 | 79 | 244 |
| 哈尼族 | 20 | 2 | 18 | 45 | 9 | 36 |
| 哈萨克族 | | | | 1 | | 1 |
| 傣　族 | 14 | 4 | 10 | 13 | 3 | 10 |
| 黎　族 | 11 | 1 | 10 | 27 | 5 | 22 |
| 傈僳族 | 3 | | 3 | 9 | 1 | 8 |
| 佤　族 | 4 | | 4 | 10 | 1 | 9 |
| 畲　族 | 139 | 22 | 117 | 243 | 33 | 210 |
| 高山族 | | | | | | |
| 拉祜族 | 9 | | 9 | 10 | 1 | 9 |
| 水　族 | 24 | 10 | 14 | 45 | 9 | 36 |
| 东乡族 | 9 | 3 | 6 | 7 | 1 | 6 |
| 纳西族 | | | | 1 | | 1 |
| 景颇族 | | | | 4 | 2 | 2 |
| 柯尔克孜族 | | | | | | |
| 土　族 | 2 | 2 | | 2 | | 2 |
| 达斡尔族 | | | | | | |
| 仫佬族 | 3 | | 3 | 7 | 2 | 5 |
| 羌　族 | 1 | | 1 | | | |
| 布朗族 | 2 | | 2 | 1 | 1 | |
| 撒拉族 | | | | 6 | 3 | 3 |
| 毛南族 | 1 | 1 | | 2 | 1 | 1 |
| 仡佬族 | 15 | 2 | 13 | 22 | 8 | 14 |
| 锡伯族 | | | | | | |
| 阿昌族 | 1 | | 1 | | | |
| 普米族 | | | | | | |
| 塔吉克族 | | | | | | |
| 怒　族 | 1 | | 1 | | | |
| 乌孜别克族 | | | | | | |
| 俄罗斯族 | | | | | | |
| 鄂温克族 | | | | | | |
| 德昂族 | | | | 1 | | 1 |
| 保安族 | 1 | | 1 | | | |
| 裕固族 | | | | | | |
| 京　族 | | | | 1 | | 1 |
| 塔塔尔族 | | | | | | |
| 独龙族 | | | | | | |
| 鄂伦春族 | | | | 1 | | 1 |
| 赫哲族 | | | | | | |
| 门巴族 | | | | | | |
| 珞巴族 | | | | | | |
| 基诺族 | | | | | | |
| 未定族称人口 | 35 | 14 | 21 | 54 | 21 | 33 |
| 入　籍 | | | | | | |

2-5 续表 2

单位：人

| 民族 | 17岁 | | | 18岁 | | | 19岁 | | |
|---|---|---|---|---|---|---|---|---|---|
| | 小计 | 男 | 女 | 小计 | 男 | 女 | 小计 | 男 | 女 |
| **总 计** | **94742** | **16063** | **78679** | **148781** | **31409** | **117372** | **239899** | **63618** | **176281** |
| 汉 族 | 89892 | 14746 | 75146 | 141444 | 29144 | 112300 | 228889 | 59807 | 169082 |
| 蒙古族 | 15 | 3 | 12 | 36 | 13 | 23 | 72 | 27 | 45 |
| 回 族 | 183 | 40 | 143 | 253 | 86 | 167 | 426 | 169 | 257 |
| 藏 族 | 8 | 4 | 4 | 21 | 7 | 14 | 28 | 12 | 16 |
| 维吾尔族 | 3 | 1 | 2 | 15 | 3 | 12 | 20 | 10 | 10 |
| 苗 族 | 1544 | 457 | 1087 | 2178 | 722 | 1456 | 3112 | 1138 | 1974 |
| 彝 族 | 537 | 161 | 376 | 773 | 252 | 521 | 966 | 351 | 615 |
| 壮 族 | 268 | 72 | 196 | 438 | 130 | 308 | 617 | 196 | 421 |
| 布依族 | 606 | 171 | 435 | 934 | 301 | 633 | 1392 | 524 | 868 |
| 朝鲜族 | 11 | 5 | 6 | 4 | | 4 | 9 | 4 | 5 |
| 满 族 | 16 | 6 | 10 | 39 | 15 | 24 | 83 | 29 | 54 |
| 侗 族 | 201 | 54 | 147 | 359 | 115 | 244 | 636 | 193 | 443 |
| 瑶 族 | 40 | 12 | 28 | 62 | 15 | 47 | 93 | 27 | 66 |
| 白 族 | 62 | 12 | 50 | 77 | 25 | 52 | 120 | 33 | 87 |
| 土家族 | 568 | 144 | 424 | 997 | 276 | 721 | 1798 | 576 | 1222 |
| 哈尼族 | 60 | 17 | 43 | 90 | 28 | 62 | 116 | 40 | 76 |
| 哈萨克族 | | | | 1 | 1 | | | | |
| 傣 族 | 28 | 8 | 20 | 39 | 10 | 29 | 53 | 17 | 36 |
| 黎 族 | 38 | 10 | 28 | 47 | 14 | 33 | 95 | 28 | 67 |
| 傈僳族 | 15 | 2 | 13 | 20 | 7 | 13 | 30 | 7 | 23 |
| 佤 族 | 23 | 7 | 16 | 28 | 7 | 21 | 29 | 6 | 23 |
| 畲 族 | 338 | 59 | 279 | 482 | 108 | 374 | 645 | 164 | 481 |
| 高山族 | | | | 1 | 1 | | | | |
| 拉祜族 | 16 | | 16 | 19 | 3 | 16 | 27 | 6 | 21 |
| 水 族 | 71 | 16 | 55 | 108 | 30 | 78 | 157 | 65 | 92 |
| 东乡族 | 7 | 2 | 5 | 15 | 5 | 10 | 22 | 10 | 12 |
| 纳西族 | 3 | | 3 | 6 | | 6 | 4 | 2 | 2 |
| 景颇族 | 5 | 1 | 4 | 10 | 2 | 8 | 3 | 1 | 2 |
| 柯尔克孜族 | | | | 1 | | 1 | | | |
| 土 族 | 5 | 3 | 2 | 8 | 3 | 5 | 7 | 4 | 3 |
| 达斡尔族 | 1 | | 1 | 4 | 2 | 2 | 3 | | 3 |
| 仫佬族 | 17 | 4 | 13 | 18 | 5 | 13 | 23 | 6 | 17 |
| 羌 族 | | | | 9 | 4 | 5 | 6 | 2 | 4 |
| 布朗族 | 4 | | 4 | 3 | 1 | 2 | 5 | 2 | 3 |
| 撒拉族 | 3 | 1 | 2 | 8 | 1 | 7 | 6 | 4 | 2 |
| 毛南族 | 4 | 1 | 3 | 4 | | 4 | 13 | 5 | 8 |
| 仡佬族 | 55 | 18 | 37 | 87 | 29 | 58 | 191 | 66 | 125 |
| 锡伯族 | 1 | | 1 | | | | | | |
| 阿昌族 | 1 | | 1 | 2 | | 2 | | | |
| 普米族 | | | | 1 | 1 | | 2 | | 2 |
| 塔吉克族 | | | | | | | | | |
| 怒 族 | 1 | | 1 | | | | | | |
| 乌孜别克族 | | | | | | | | | |
| 俄罗斯族 | | | | | | | 2 | | 2 |
| 鄂温克族 | | | | | | | | | |
| 德昂族 | 1 | | 1 | 2 | 1 | 1 | 2 | 1 | 1 |
| 保安族 | | | | | | | 1 | 1 | |
| 裕固族 | | | | | | | | | |
| 京 族 | 2 | | 2 | 2 | 1 | 1 | 3 | 1 | 2 |
| 塔塔尔族 | | | | | | | | | |
| 独龙族 | | | | | | | | | |
| 鄂伦春族 | | | | | | | 1 | 1 | |
| 赫哲族 | | | | | | | 1 | | 1 |
| 门巴族 | | | | | | | | | |
| 珞巴族 | | | | | | | | | |
| 基诺族 | 1 | | 1 | | | | | | |
| 未定族称人口 | 85 | 26 | 59 | 135 | 41 | 94 | 182 | 78 | 104 |
| 入 籍 | 3 | | 3 | 1 | | 1 | 9 | 5 | 4 |

2-5　续表 3　　　　单位：人

| 民　族 | 20岁 | | | 21岁 | | | 22岁 | | |
|---|---|---|---|---|---|---|---|---|---|
| | 小计 | 男 | 女 | 小计 | 男 | 女 | 小计 | 男 | 女 |
| **总　计** | **343676** | **104612** | **239064** | **426716** | **163152** | **263564** | **529990** | **242945** | **287045** |
| 汉　族 | 328863 | 99096 | 229767 | 411411 | 156376 | 255035 | 513822 | 234522 | 279300 |
| 蒙古族 | 81 | 32 | 49 | 97 | 45 | 52 | 121 | 58 | 63 |
| 回　族 | 553 | 233 | 320 | 635 | 303 | 332 | 667 | 360 | 307 |
| 藏　族 | 24 | 10 | 14 | 42 | 17 | 25 | 41 | 21 | 20 |
| 维吾尔族 | 21 | 11 | 10 | 19 | 14 | 5 | 28 | 16 | 12 |
| 苗　族 | 4082 | 1649 | 2433 | 4036 | 1886 | 2150 | 4259 | 2320 | 1939 |
| 彝　族 | 1226 | 500 | 726 | 1121 | 516 | 605 | 1042 | 555 | 487 |
| 壮　族 | 951 | 329 | 622 | 917 | 349 | 568 | 1024 | 445 | 579 |
| 布依族 | 1859 | 749 | 1110 | 1891 | 822 | 1069 | 1899 | 961 | 938 |
| 朝鲜族 | 24 | 4 | 20 | 35 | 12 | 23 | 33 | 10 | 23 |
| 满　族 | 105 | 44 | 61 | 161 | 72 | 89 | 175 | 85 | 90 |
| 侗　族 | 887 | 291 | 596 | 1015 | 454 | 561 | 1084 | 557 | 527 |
| 瑶　族 | 146 | 45 | 101 | 129 | 53 | 76 | 134 | 66 | 68 |
| 白　族 | 174 | 52 | 122 | 203 | 74 | 129 | 183 | 97 | 86 |
| 土家族 | 2607 | 898 | 1709 | 2841 | 1274 | 1567 | 3208 | 1764 | 1444 |
| 哈尼族 | 138 | 56 | 82 | 117 | 57 | 60 | 125 | 68 | 57 |
| 哈萨克族 | 1 | | 1 | 1 | | 1 | 1 | 1 | |
| 傣　族 | 61 | 22 | 39 | 68 | 25 | 43 | 49 | 23 | 26 |
| 黎　族 | 106 | 31 | 75 | 102 | 48 | 54 | 100 | 52 | 48 |
| 傈僳族 | 43 | 13 | 30 | 25 | 9 | 16 | 33 | 21 | 12 |
| 佤　族 | 33 | 10 | 23 | 51 | 18 | 33 | 43 | 14 | 29 |
| 畲　族 | 847 | 212 | 635 | 962 | 334 | 628 | 1088 | 491 | 597 |
| 高山族 | | | | | | | | | |
| 拉祜族 | 32 | 10 | 22 | 18 | 2 | 16 | 32 | 7 | 25 |
| 水　族 | 218 | 72 | 146 | 181 | 81 | 100 | 220 | 104 | 116 |
| 东乡族 | 12 | 7 | 5 | 23 | 13 | 10 | 10 | 6 | 4 |
| 纳西族 | 6 | | 6 | 4 | | 4 | 8 | | 8 |
| 景颇族 | 6 | 2 | 4 | 17 | 4 | 13 | 12 | 6 | 6 |
| 柯尔克孜族 | | | | | | | 1 | 1 | |
| 土　族 | 19 | 8 | 11 | 21 | 9 | 12 | 30 | 16 | 14 |
| 达斡尔族 | 1 | 1 | | 6 | 2 | 4 | 4 | 1 | 3 |
| 仫佬族 | 48 | 22 | 26 | 45 | 23 | 22 | 50 | 26 | 24 |
| 羌　族 | 16 | 2 | 14 | 8 | 3 | 5 | 13 | 5 | 8 |
| 布朗族 | 6 | 1 | 5 | 9 | 3 | 6 | 7 | 3 | 4 |
| 撒拉族 | 5 | 3 | 2 | 5 | 4 | 1 | 3 | | 3 |
| 毛南族 | 20 | 5 | 15 | 24 | 9 | 15 | 19 | 9 | 10 |
| 仡佬族 | 205 | 83 | 122 | 252 | 122 | 130 | 245 | 144 | 101 |
| 锡伯族 | | | | 2 | 1 | 1 | 3 | 2 | 1 |
| 阿昌族 | 2 | 1 | 1 | 2 | 1 | 1 | 1 | 1 | |
| 普米族 | 1 | | 1 | | | | | | |
| 塔吉克族 | | | | | | | | | |
| 怒　族 | 1 | | 1 | | | | 1 | 1 | |
| 乌孜别克族 | | | | | | | | | |
| 俄罗斯族 | | | | 1 | | 1 | | | |
| 鄂温克族 | 2 | | 2 | | | | | | |
| 德昂族 | 3 | 1 | 2 | 2 | 1 | 1 | 1 | 1 | |
| 保安族 | | | | 1 | 1 | | | | |
| 裕固族 | | | | | | | | | |
| 京　族 | | | | 2 | 2 | | | | |
| 塔塔尔族 | | | | | | | | | |
| 独龙族 | | | | 1 | | 1 | | | |
| 鄂伦春族 | | | | | | | | | |
| 赫哲族 | | | | | | | 1 | 1 | |
| 门巴族 | | | | | | | | | |
| 珞巴族 | | | | | | | | | |
| 基诺族 | | | | | | | | | |
| 未定族称人口 | 238 | 107 | 131 | 205 | 111 | 94 | 167 | 103 | 64 |
| 入　籍 | 3 | | 3 | 8 | 2 | 6 | 3 | 1 | 2 |

2–5 续表 4

单位：人

| 民族 | 23岁 | | | 24岁 | | | 25岁 | | |
|---|---|---|---|---|---|---|---|---|---|
| | 小计 | 男 | 女 | 小计 | 男 | 女 | 小计 | 男 | 女 |
| **总　计** | **553815** | **277333** | **276482** | **519073** | **293534** | **225539** | **437389** | **269057** | **168332** |
| 汉　族 | 539854 | 269416 | 270438 | 506733 | 286271 | 220462 | 427791 | 263107 | 164684 |
| 蒙古族 | 106 | 63 | 43 | 103 | 52 | 51 | 108 | 67 | 41 |
| 回　族 | 591 | 335 | 256 | 560 | 334 | 226 | 471 | 283 | 188 |
| 藏　族 | 26 | 16 | 10 | 34 | 16 | 18 | 19 | 12 | 7 |
| 维吾尔族 | 25 | 14 | 11 | 30 | 18 | 12 | 28 | 13 | 15 |
| 苗　族 | 3544 | 2052 | 1492 | 3003 | 1814 | 1189 | 2296 | 1470 | 826 |
| 彝　族 | 878 | 513 | 365 | 791 | 476 | 315 | 531 | 338 | 193 |
| 壮　族 | 880 | 427 | 453 | 744 | 331 | 413 | 620 | 317 | 303 |
| 布依族 | 1614 | 846 | 768 | 1477 | 844 | 633 | 1037 | 624 | 413 |
| 朝鲜族 | 63 | 31 | 32 | 62 | 28 | 34 | 57 | 28 | 29 |
| 满　族 | 182 | 98 | 84 | 196 | 99 | 97 | 203 | 105 | 98 |
| 侗　族 | 1014 | 594 | 420 | 825 | 529 | 296 | 618 | 416 | 202 |
| 瑶　族 | 152 | 80 | 72 | 121 | 69 | 52 | 121 | 63 | 58 |
| 白　族 | 174 | 97 | 77 | 152 | 82 | 70 | 121 | 67 | 54 |
| 土家族 | 2711 | 1663 | 1048 | 2312 | 1454 | 858 | 1765 | 1187 | 578 |
| 哈尼族 | 83 | 48 | 35 | 86 | 43 | 43 | 64 | 30 | 34 |
| 哈萨克族 | | | | | | | | | |
| 傣　族 | 54 | 28 | 26 | 43 | 18 | 25 | 43 | 18 | 25 |
| 黎　族 | 85 | 41 | 44 | 65 | 38 | 27 | 54 | 25 | 29 |
| 傈僳族 | 20 | 7 | 13 | 21 | 10 | 11 | 12 | 6 | 6 |
| 佤　族 | 33 | 16 | 17 | 30 | 15 | 15 | 21 | 8 | 13 |
| 畲　族 | 1067 | 573 | 494 | 1080 | 627 | 453 | 948 | 598 | 350 |
| 高山族 | | | | | | | 2 | 1 | 1 |
| 拉祜族 | 20 | 8 | 12 | 23 | 10 | 13 | 14 | 3 | 11 |
| 水　族 | 153 | 96 | 57 | 138 | 74 | 64 | 105 | 58 | 47 |
| 东乡族 | 15 | 11 | 4 | 12 | 11 | 1 | 7 | 4 | 3 |
| 纳西族 | 7 | 1 | 6 | 3 | 1 | 2 | 1 | | 1 |
| 景颇族 | 11 | 4 | 7 | 9 | 4 | 5 | 7 | 4 | 3 |
| 柯尔克孜族 | | | | | | | | | |
| 土　族 | 24 | 16 | 8 | 25 | 18 | 7 | 20 | 10 | 10 |
| 达斡尔族 | 6 | 3 | 3 | 4 | 3 | 1 | 4 | 2 | 2 |
| 仫佬族 | 41 | 23 | 18 | 33 | 18 | 15 | 32 | 25 | 7 |
| 羌　族 | 12 | 6 | 6 | 14 | 8 | 6 | 10 | 6 | 4 |
| 布朗族 | 3 | 1 | 2 | 6 | 2 | 4 | 3 | 1 | 2 |
| 撒拉族 | 6 | 5 | 1 | 4 | 3 | 1 | 1 | 1 | |
| 毛南族 | 20 | 13 | 7 | 13 | 6 | 7 | 13 | 8 | 5 |
| 仡佬族 | 196 | 111 | 85 | 161 | 108 | 53 | 124 | 80 | 44 |
| 锡伯族 | 1 | | 1 | 1 | | 1 | 2 | 1 | 1 |
| 阿昌族 | 3 | 3 | | | | | 1 | 1 | |
| 普米族 | | | | 4 | 2 | 2 | 1 | 1 | |
| 塔吉克族 | | | | | | | | | |
| 怒　族 | | | | 1 | 1 | | 1 | | 1 |
| 乌孜别克族 | | | | | | | | | |
| 俄罗斯族 | 2 | 1 | 1 | | | | 2 | | 2 |
| 鄂温克族 | | | | 1 | | 1 | 1 | | 1 |
| 德昂族 | 1 | | 1 | 1 | 1 | | 1 | | 1 |
| 保安族 | | | | | | | 1 | 1 | |
| 裕固族 | | | | 1 | | 1 | 1 | | 1 |
| 京　族 | 1 | | 1 | 2 | 1 | 1 | 1 | | 1 |
| 塔塔尔族 | | | | 1 | | 1 | | | |
| 独龙族 | 1 | | 1 | | | | | | |
| 鄂伦春族 | 1 | | 1 | | | | | | |
| 赫哲族 | 1 | 1 | | | | | 1 | | 1 |
| 门巴族 | | | | 1 | | 1 | | | |
| 珞巴族 | | | | | | | | | |
| 基诺族 | | | | | | | | | |
| 未定族称人口 | 129 | 69 | 60 | 137 | 90 | 47 | 102 | 65 | 37 |
| 入　籍 | 5 | 3 | 2 | 10 | 5 | 5 | 3 | 3 | |

2-5　续表 5　　　　　　单位：人

| 民　族 | 26岁 | | | 27岁 | | | 28岁 | | |
|---|---|---|---|---|---|---|---|---|---|
| | 小计 | 男 | 女 | 小计 | 男 | 女 | 小计 | 男 | 女 |
| **总　计** | **333947** | **216696** | **117251** | **245523** | **167151** | **78372** | **174555** | **122801** | **51754** |
| 汉　族 | 326763 | 212197 | 114566 | 240084 | 163680 | 76404 | 170507 | 120162 | 50345 |
| 蒙古族 | 109 | 63 | 46 | 100 | 60 | 40 | 66 | 28 | 38 |
| 回　族 | 347 | 201 | 146 | 278 | 178 | 100 | 173 | 105 | 68 |
| 藏　族 | 22 | 12 | 10 | 17 | 8 | 9 | 13 | 7 | 6 |
| 维吾尔族 | 24 | 12 | 12 | 19 | 12 | 7 | 14 | 8 | 6 |
| 苗　族 | 1634 | 1042 | 592 | 1222 | 816 | 406 | 966 | 670 | 296 |
| 彝　族 | 393 | 250 | 143 | 294 | 192 | 102 | 228 | 152 | 76 |
| 壮　族 | 508 | 267 | 241 | 363 | 174 | 189 | 284 | 141 | 143 |
| 布依族 | 777 | 477 | 300 | 583 | 357 | 226 | 460 | 268 | 192 |
| 朝鲜族 | 76 | 33 | 43 | 78 | 35 | 43 | 59 | 38 | 21 |
| 满　族 | 188 | 94 | 94 | 173 | 101 | 72 | 122 | 71 | 51 |
| 侗　族 | 460 | 306 | 154 | 344 | 232 | 112 | 277 | 210 | 67 |
| 瑶　族 | 80 | 46 | 34 | 64 | 37 | 27 | 38 | 23 | 15 |
| 白　族 | 110 | 72 | 38 | 74 | 38 | 36 | 32 | 20 | 12 |
| 土家族 | 1202 | 803 | 399 | 921 | 642 | 279 | 619 | 448 | 171 |
| 哈尼族 | 46 | 31 | 15 | 40 | 20 | 20 | 26 | 11 | 15 |
| 哈萨克族 | 3 | 1 | 2 | | | | | | |
| 傣　族 | 20 | 5 | 15 | 18 | 7 | 11 | 17 | 9 | 8 |
| 黎　族 | 42 | 22 | 20 | 34 | 20 | 14 | 24 | 12 | 12 |
| 傈僳族 | 12 | 8 | 4 | 10 | 5 | 5 | 8 | 5 | 3 |
| 佤　族 | 24 | 17 | 7 | 11 | 4 | 7 | 21 | 9 | 12 |
| 畲　族 | 763 | 514 | 249 | 551 | 382 | 169 | 403 | 281 | 122 |
| 高山族 | 1 | | 1 | | | | 1 | 1 | |
| 拉祜族 | 8 | 2 | 6 | 11 | 3 | 8 | 6 | 2 | 4 |
| 水　族 | 84 | 50 | 34 | 58 | 36 | 22 | 51 | 36 | 15 |
| 东乡族 | 7 | 5 | 2 | 6 | 4 | 2 | 3 | 1 | 2 |
| 纳西族 | 5 | 2 | 3 | 5 | 2 | 3 | 3 | 2 | 1 |
| 景颇族 | 8 | 3 | 5 | 5 | 2 | 3 | 6 | 4 | 2 |
| 柯尔克孜族 | | | | | | | | | |
| 土　族 | 18 | 13 | 5 | 8 | 3 | 5 | 4 | 2 | 2 |
| 达斡尔族 | 4 | 2 | 2 | 2 | 1 | 1 | | | |
| 仫佬族 | 29 | 21 | 8 | 13 | 8 | 5 | 6 | 2 | 4 |
| 羌　族 | 11 | 7 | 4 | 9 | 5 | 4 | 4 | 1 | 3 |
| 布朗族 | 2 | 1 | 1 | 2 | 1 | 1 | 2 | 1 | 1 |
| 撒拉族 | 2 | 2 | | 1 | 1 | | 2 | 1 | 1 |
| 毛南族 | 11 | 7 | 4 | 10 | 6 | 4 | 9 | 5 | 4 |
| 仡佬族 | 78 | 60 | 18 | 49 | 35 | 14 | 58 | 35 | 23 |
| 锡伯族 | 2 | 2 | | 2 | | 2 | 2 | 2 | |
| 阿昌族 | | | | | | | | | |
| 普米族 | | | | | | | | | |
| 塔吉克族 | | | | | | | | | |
| 怒　族 | 2 | 1 | 1 | | | | 1 | | 1 |
| 乌孜别克族 | | | | | | | | | |
| 俄罗斯族 | | | | | | | | | |
| 鄂温克族 | | | | | | | | | |
| 德昂族 | 1 | | 1 | | | | | | |
| 保安族 | | | | | | | | | |
| 裕固族 | | | | | | | | | |
| 京　族 | | | | 1 | | 1 | | | |
| 塔塔尔族 | | | | | | | 1 | 1 | |
| 独龙族 | | | | | | | | | |
| 鄂伦春族 | | | | | | | | | |
| 赫哲族 | | | | | | | 1 | | 1 |
| 门巴族 | | | | | | | 1 | 1 | |
| 珞巴族 | | | | | | | | | |
| 基诺族 | 1 | | 1 | | | | | | |
| 未定族称人口 | 67 | 44 | 23 | 59 | 42 | 17 | 35 | 25 | 10 |
| 入　籍 | 3 | 1 | 2 | 4 | 2 | 2 | 2 | 1 | 1 |

2－5 续表 6

单位：人

| 民　族 | 29岁 | | | 30岁 | | | 31岁 | | |
|---|---|---|---|---|---|---|---|---|---|
| | 小计 | 男 | 女 | 小计 | 男 | 女 | 小计 | 男 | 女 |
| **总　计** | **121060** | **86334** | **34726** | **84870** | **60377** | **24493** | **60092** | **41756** | **18336** |
| 汉　族 | 118005 | 84321 | 33684 | 82411 | 58753 | 23658 | 58405 | 40694 | 17711 |
| 蒙古族 | 39 | 23 | 16 | 32 | 18 | 14 | 23 | 12 | 11 |
| 回　族 | 127 | 90 | 37 | 106 | 74 | 32 | 60 | 46 | 14 |
| 藏　族 | 4 | 2 | 2 | 5 | 3 | 2 | 1 | | 1 |
| 维吾尔族 | 14 | 12 | 2 | 8 | 7 | 1 | 3 | 3 | |
| 苗　族 | 633 | 407 | 226 | 577 | 388 | 189 | 385 | 225 | 160 |
| 彝　族 | 184 | 114 | 70 | 152 | 91 | 61 | 107 | 65 | 42 |
| 壮　族 | 203 | 125 | 78 | 174 | 89 | 85 | 125 | 75 | 50 |
| 布依族 | 353 | 217 | 136 | 268 | 173 | 95 | 182 | 108 | 74 |
| 朝鲜族 | 62 | 39 | 23 | 59 | 37 | 22 | 28 | 19 | 9 |
| 满　族 | 101 | 64 | 37 | 66 | 46 | 20 | 46 | 35 | 11 |
| 侗　族 | 216 | 149 | 67 | 175 | 127 | 48 | 122 | 87 | 35 |
| 瑶　族 | 41 | 27 | 14 | 22 | 16 | 6 | 19 | 11 | 8 |
| 白　族 | 38 | 24 | 14 | 26 | 18 | 8 | 17 | 9 | 8 |
| 土家族 | 501 | 352 | 149 | 398 | 286 | 112 | 277 | 187 | 90 |
| 哈尼族 | 19 | 10 | 9 | 20 | 8 | 12 | 12 | 8 | 4 |
| 哈萨克族 | 1 | | 1 | 1 | 1 | | | | |
| 傣　族 | 6 | 2 | 4 | 14 | 3 | 11 | 5 | 3 | 2 |
| 黎　族 | 15 | 11 | 4 | 16 | 5 | 11 | 5 | 2 | 3 |
| 傈僳族 | 5 | | 5 | 5 | 2 | 3 | 7 | 1 | 6 |
| 佤　族 | 10 | 5 | 5 | 13 | 5 | 8 | 12 | 5 | 7 |
| 畲　族 | 321 | 238 | 83 | 216 | 163 | 53 | 167 | 117 | 50 |
| 高山族 | | | | 1 | 1 | | | | |
| 拉祜族 | 11 | 5 | 6 | 1 | | 1 | 7 | 3 | 4 |
| 水　族 | 34 | 23 | 11 | 28 | 14 | 14 | 21 | 10 | 11 |
| 东乡族 | 3 | 1 | 2 | 3 | 2 | 1 | | | |
| 纳西族 | 2 | | 2 | | | | 2 | 1 | 1 |
| 景颇族 | 4 | | 4 | 3 | 1 | 2 | 2 | | 2 |
| 柯尔克孜族 | | | | | | | | | |
| 土　族 | 4 | 1 | 3 | 4 | 3 | 1 | 3 | 1 | 2 |
| 达斡尔族 | 2 | 2 | | 2 | 1 | 1 | 1 | | 1 |
| 仫佬族 | 10 | 7 | 3 | 5 | 3 | 2 | 6 | 5 | 1 |
| 羌　族 | 2 | 2 | | 4 | 2 | 2 | 2 | 1 | 1 |
| 布朗族 | 2 | | 2 | 2 | 2 | | | | |
| 撒拉族 | 1 | | 1 | 2 | 1 | 1 | | | |
| 毛南族 | 2 | 2 | | 3 | 2 | 1 | 5 | 3 | 2 |
| 仡佬族 | 43 | 25 | 18 | 23 | 17 | 6 | 15 | 8 | 7 |
| 锡伯族 | 2 | 1 | 1 | | | | 1 | 1 | |
| 阿昌族 | | | | | | | | | |
| 普米族 | | | | | | | 1 | 1 | |
| 塔吉克族 | | | | | | | | | |
| 怒　族 | | | | | | | 1 | | 1 |
| 乌孜别克族 | 1 | 1 | | | | | | | |
| 俄罗斯族 | 1 | 1 | | | | | | | |
| 鄂温克族 | 1 | 1 | | | | | 1 | | 1 |
| 德昂族 | 1 | | 1 | | | | | | |
| 保安族 | 2 | 1 | 1 | | | | | | |
| 裕固族 | | | | | | | | | |
| 京　族 | 1 | | 1 | | | | | | |
| 塔塔尔族 | | | | | | | | | |
| 独龙族 | | | | | | | | | |
| 鄂伦春族 | | | | | | | 1 | 1 | |
| 赫哲族 | | | | | | | | | |
| 门巴族 | | | | | | | | | |
| 珞巴族 | | | | | | | | | |
| 基诺族 | | | | | | | 1 | | 1 |
| 未定族称人口 | 32 | 28 | 4 | 24 | 15 | 9 | 14 | 9 | 5 |
| 入　籍 | 1 | 1 | | 1 | | 1 | | | |

2-5　续表 7　　　　单位：人

| 民　族 | 32岁 | | | 33岁 | | | 34岁 | | |
|---|---|---|---|---|---|---|---|---|---|
| | 小计 | 男 | 女 | 小计 | 男 | 女 | 小计 | 男 | 女 |
| **总　计** | **45271** | **31317** | **13954** | **34580** | **23767** | **10813** | **26185** | **17849** | **8336** |
| 汉　族 | 43842 | 30429 | 13413 | 33496 | 23083 | 10413 | 25354 | 17345 | 8009 |
| 蒙古族 | 12 | 5 | 7 | 18 | 15 | 3 | 14 | 6 | 8 |
| 回　族 | 51 | 34 | 17 | 29 | 21 | 8 | 25 | 13 | 12 |
| 藏　族 | 5 | 2 | 3 | 3 | 1 | 2 | 3 | 1 | 2 |
| 维吾尔族 | 4 | | 4 | 2 | 2 | | 3 | 2 | 1 |
| 苗　族 | 327 | 198 | 129 | 248 | 154 | 94 | 201 | 119 | 82 |
| 彝　族 | 84 | 49 | 35 | 70 | 39 | 31 | 62 | 37 | 25 |
| 壮　族 | 118 | 63 | 55 | 70 | 39 | 31 | 73 | 34 | 39 |
| 布依族 | 153 | 84 | 69 | 132 | 78 | 54 | 83 | 46 | 37 |
| 朝鲜族 | 28 | 17 | 11 | 16 | 10 | 6 | 15 | 11 | 4 |
| 满　族 | 36 | 28 | 8 | 40 | 29 | 11 | 12 | 6 | 6 |
| 侗　族 | 111 | 75 | 36 | 86 | 53 | 33 | 59 | 40 | 19 |
| 瑶　族 | 14 | 8 | 6 | 7 | 3 | 4 | 13 | 6 | 7 |
| 白　族 | 18 | 12 | 6 | 10 | 5 | 5 | 7 | 5 | 2 |
| 土家族 | 236 | 152 | 84 | 169 | 117 | 52 | 135 | 92 | 43 |
| 哈尼族 | 14 | 7 | 7 | 11 | 8 | 3 | 3 | 1 | 2 |
| 哈萨克族 | | | | 1 | 1 | | | | |
| 傣　族 | 11 | 7 | 4 | 4 | 1 | 3 | 10 | 4 | 6 |
| 黎　族 | 9 | 6 | 3 | 7 | 3 | 4 | 8 | 4 | 4 |
| 傈僳族 | 4 | 2 | 2 | | | | 2 | | 2 |
| 佤　族 | 7 | 2 | 5 | 6 | 3 | 3 | 2 | 1 | 1 |
| 畲　族 | 118 | 88 | 30 | 98 | 77 | 21 | 63 | 48 | 15 |
| 高山族 | | | | | | | | | |
| 拉祜族 | 8 | 3 | 5 | 9 | 2 | 7 | 1 | | 1 |
| 水　族 | 19 | 16 | 3 | 13 | 5 | 8 | 5 | 4 | 1 |
| 东乡族 | | | | 1 | 1 | | 1 | 1 | |
| 纳西族 | | | | 3 | 1 | 2 | | | |
| 景颇族 | | | | 1 | 1 | | 1 | | 1 |
| 柯尔克孜族 | | | | | | | | | |
| 土　族 | 8 | 6 | 2 | | | | | | |
| 达斡尔族 | 2 | 2 | | | | | | | |
| 仫佬族 | 4 | 3 | 1 | 6 | 3 | 3 | 1 | 1 | |
| 羌　族 | 4 | 4 | | 2 | | 2 | 1 | | 1 |
| 布朗族 | | | | | | | | | |
| 撒拉族 | 1 | 1 | | | | | | | |
| 毛南族 | 1 | | 1 | 1 | | 1 | 3 | 3 | |
| 仡佬族 | 10 | 7 | 3 | 8 | 5 | 3 | 6 | 6 | |
| 锡伯族 | | | | | | | 2 | 2 | |
| 阿昌族 | | | | | | | | | |
| 普米族 | | | | | | | | | |
| 塔吉克族 | | | | | | | | | |
| 怒　族 | | | | 1 | | 1 | | | |
| 乌孜别克族 | | | | | | | | | |
| 俄罗斯族 | | | | | | | | | |
| 鄂温克族 | | | | | | | | | |
| 德昂族 | | | | | | | | | |
| 保安族 | | | | | | | | | |
| 裕固族 | | | | | | | | | |
| 京　族 | | | | | | | | | |
| 塔塔尔族 | | | | | | | | | |
| 独龙族 | | | | | | | | | |
| 鄂伦春族 | | | | | | | | | |
| 赫哲族 | | | | | | | | | |
| 门巴族 | | | | | | | | | |
| 珞巴族 | | | | | | | | | |
| 基诺族 | | | | | | | | | |
| 未定族称人口 | 12 | 7 | 5 | 12 | 7 | 5 | 17 | 11 | 6 |
| 入　籍 | | | | | | | | | |

2-5 续表 8

单位：人

| 民族 | 35岁 | | | 36岁 | | | 37岁 | | |
|---|---|---|---|---|---|---|---|---|---|
| | 小计 | 男 | 女 | 小计 | 男 | 女 | 小计 | 男 | 女 |
| **总计** | **20184** | **13932** | **6252** | **15655** | **10723** | **4932** | **12218** | **8452** | **3766** |
| 汉族 | 19540 | 13540 | 6000 | 15124 | 10380 | 4744 | 11801 | 8190 | 3611 |
| 蒙古族 | 9 | 2 | 7 | 6 | 4 | 2 | 4 | 2 | 2 |
| 回族 | 19 | 12 | 7 | 23 | 13 | 10 | 16 | 12 | 4 |
| 藏族 | 3 | 2 | 1 | 1 | | 1 | 2 | 1 | 1 |
| 维吾尔族 | 1 | | 1 | 2 | | 2 | 1 | 1 | |
| 苗族 | 171 | 115 | 56 | 137 | 86 | 51 | 107 | 62 | 45 |
| 彝族 | 35 | 13 | 22 | 31 | 20 | 11 | 25 | 14 | 11 |
| 壮族 | 42 | 20 | 22 | 44 | 23 | 21 | 34 | 22 | 12 |
| 布依族 | 63 | 42 | 21 | 68 | 45 | 23 | 41 | 27 | 14 |
| 朝鲜族 | 13 | 10 | 3 | 4 | 4 | | 5 | 4 | 1 |
| 满族 | 23 | 15 | 8 | 13 | 9 | 4 | 8 | 5 | 3 |
| 侗族 | 38 | 19 | 19 | 37 | 27 | 10 | 20 | 8 | 12 |
| 瑶族 | 7 | 5 | 2 | 7 | 5 | 2 | 1 | 1 | |
| 白族 | 5 | 1 | 4 | 6 | 5 | 1 | 5 | 2 | 3 |
| 土家族 | 91 | 62 | 29 | 77 | 54 | 23 | 69 | 50 | 19 |
| 哈尼族 | 10 | 5 | 5 | | | | | | |
| 哈萨克族 | | | | | | | | | |
| 傣族 | 2 | 1 | 1 | 2 | | 2 | 4 | 1 | 3 |
| 黎族 | 7 | 5 | 2 | 1 | | 1 | 1 | | 1 |
| 傈僳族 | 3 | | 3 | 1 | 1 | | 1 | | 1 |
| 佤族 | 1 | | 1 | 1 | | 1 | 1 | 1 | |
| 畲族 | 57 | 39 | 18 | 39 | 28 | 11 | 42 | 29 | 13 |
| 高山族 | | | | 1 | 1 | | | | |
| 拉祜族 | 3 | 1 | 2 | 1 | 1 | | 2 | 1 | 1 |
| 水族 | 9 | 3 | 6 | 2 | 1 | 1 | 6 | 4 | 2 |
| 东乡族 | 1 | 1 | | | | | 1 | 1 | |
| 纳西族 | 1 | | 1 | 1 | | 1 | | | |
| 景颇族 | | | | 1 | | 1 | | | |
| 柯尔克孜族 | | | | | | | | | |
| 土族 | | | | 1 | 1 | | 1 | 1 | |
| 达斡尔族 | | | | | | | | | |
| 仫佬族 | 3 | 2 | 1 | 3 | 2 | 1 | 1 | | 1 |
| 羌族 | 1 | 1 | | 1 | 1 | | | | |
| 布朗族 | 2 | 1 | 1 | | | | | | |
| 撒拉族 | 1 | 1 | | 1 | | 1 | | | |
| 毛南族 | 1 | 1 | | 1 | 1 | | 1 | 1 | |
| 仡佬族 | 12 | 8 | 4 | 7 | 3 | 4 | 8 | 7 | 1 |
| 锡伯族 | 1 | 1 | | | | | 3 | 2 | 1 |
| 阿昌族 | | | | 1 | 1 | | | | |
| 普米族 | | | | | | | | | |
| 塔吉克族 | | | | | | | | | |
| 怒族 | | | | | | | | | |
| 乌孜别克族 | | | | | | | | | |
| 俄罗斯族 | | | | | | | 1 | | 1 |
| 鄂温克族 | | | | | | | | | |
| 德昂族 | | | | | | | | | |
| 保安族 | | | | | | | | | |
| 裕固族 | | | | | | | | | |
| 京族 | | | | | | | | | |
| 塔塔尔族 | | | | | | | | | |
| 独龙族 | | | | | | | | | |
| 鄂伦春族 | | | | | | | | | |
| 赫哲族 | | | | | | | | | |
| 门巴族 | | | | | | | | | |
| 珞巴族 | | | | | | | | | |
| 基诺族 | | | | | | | | | |
| 未定族称人口 | 9 | 4 | 5 | 9 | 6 | 3 | 6 | 3 | 3 |
| 入籍 | | | | 1 | 1 | | | | |

2–5　续表 9　　　　单位：人

| 民　族 | 38岁 | | | 39岁 | | | 40岁及以上 | | |
|---|---|---|---|---|---|---|---|---|---|
| | 小计 | 男 | 女 | 小计 | 男 | 女 | 小计 | 男 | 女 |
| **总　计** | **9773** | **6712** | **3061** | **7830** | **5348** | **2482** | **42060** | **27451** | **14609** |
| 汉　族 | 9457 | 6514 | 2943 | 7548 | 5202 | 2346 | 40991 | 26854 | 14137 |
| 蒙古族 | 5 | 5 | | 2 | 1 | 1 | 13 | 9 | 4 |
| 回　族 | 11 | 7 | 4 | 10 | 7 | 3 | 34 | 21 | 13 |
| 藏　族 | | | | | | | 2 | 1 | 1 |
| 维吾尔族 | | | | 3 | | 3 | 1 | | 1 |
| 苗　族 | 90 | 59 | 31 | 61 | 28 | 33 | 235 | 122 | 113 |
| 彝　族 | 17 | 6 | 11 | 18 | 8 | 10 | 56 | 29 | 27 |
| 壮　族 | 22 | 9 | 13 | 20 | 4 | 16 | 74 | 37 | 37 |
| 布依族 | 30 | 17 | 13 | 25 | 9 | 16 | 108 | 57 | 51 |
| 朝鲜族 | 6 | 4 | 2 | 3 | 3 | | 10 | 8 | 2 |
| 满　族 | 7 | 5 | 2 | 5 | 1 | 4 | 17 | 9 | 8 |
| 侗　族 | 20 | 12 | 8 | 20 | 10 | 10 | 77 | 39 | 38 |
| 瑶　族 | 3 | 2 | 1 | 3 | 1 | 2 | 16 | 8 | 8 |
| 白　族 | 4 | 4 | | 5 | 5 | | 9 | 5 | 4 |
| 土家族 | 43 | 28 | 15 | 55 | 34 | 21 | 203 | 125 | 78 |
| 哈尼族 | 2 | 1 | 1 | 4 | 2 | 2 | 7 | 2 | 5 |
| 哈萨克族 | | | | | | | | | |
| 傣　族 | 1 | | 1 | 2 | | 2 | 4 | 1 | 3 |
| 黎　族 | 2 | 1 | 1 | 2 | 1 | 1 | 5 | 3 | 2 |
| 傈僳族 | 1 | 1 | | 1 | | 1 | 2 | | 2 |
| 佤　族 | 1 | | 1 | | | | 4 | 1 | 3 |
| 畲　族 | 31 | 25 | 6 | 26 | 24 | 2 | 138 | 96 | 42 |
| 高山族 | | | | | | | | | |
| 拉祜族 | | | | 1 | | 1 | 3 | 1 | 2 |
| 水　族 | 4 | 4 | | 2 | 1 | 1 | 11 | 4 | 7 |
| 东乡族 | | | | | | | 1 | | 1 |
| 纳西族 | | | | | | | 1 | 1 | |
| 景颇族 | | | | 1 | 1 | | | | |
| 柯尔克孜族 | | | | | | | | | |
| 土　族 | | | | | | | 3 | 1 | 2 |
| 达斡尔族 | | | | | | | | | |
| 仫佬族 | 1 | | 1 | 1 | | 1 | 2 | 1 | 1 |
| 羌　族 | 1 | 1 | | | | | 2 | 2 | |
| 布朗族 | | | | | | | 1 | | 1 |
| 撒拉族 | | | | | | | | | |
| 毛南族 | | | | | | | | | |
| 仡佬族 | 4 | 2 | 2 | 4 | 1 | 3 | 16 | 8 | 8 |
| 锡伯族 | | | | 1 | | 1 | 1 | | 1 |
| 阿昌族 | | | | | | | | | |
| 普米族 | | | | | | | | | |
| 塔吉克族 | | | | | | | | | |
| 怒　族 | | | | | | | | | |
| 乌孜别克族 | | | | | | | | | |
| 俄罗斯族 | | | | | | | | | |
| 鄂温克族 | | | | | | | | | |
| 德昂族 | | | | | | | | | |
| 保安族 | 1 | 1 | | | | | | | |
| 裕固族 | | | | | | | | | |
| 京　族 | | | | | | | | | |
| 塔塔尔族 | | | | | | | | | |
| 独龙族 | | | | | | | 1 | 1 | |
| 鄂伦春族 | | | | | | | | | |
| 赫哲族 | | | | | | | | | |
| 门巴族 | | | | | | | | | |
| 珞巴族 | | | | | | | | | |
| 基诺族 | | | | | | | | | |
| 未定族称人口 | 9 | 4 | 5 | 7 | 5 | 2 | 12 | 5 | 7 |
| 入　籍 | | | | | | | | | |

# 2—6 全省按民族、生育孩次分的育龄妇女人数

## (2019.11.1—2020.10.31)

单位：人

| 民族 | 合计 | 生男孩的妇女人数 | 生女孩的妇女人数 | 一孩 | | | 二孩 | | |
|---|---|---|---|---|---|---|---|---|---|
| | | | | 小计 | 男 | 女 | 小计 | 男 | 女 |
| **总计** | **49119** | **25820** | **23299** | **24842** | **13018** | **11824** | **21525** | **11190** | **10335** |
| 汉族 | 46677 | 24506 | 22171 | 23707 | 12429 | 11278 | 20496 | 10627 | 9869 |
| 蒙古族 | 23 | 11 | 12 | 12 | 6 | 6 | 9 | 5 | 4 |
| 回族 | 106 | 58 | 48 | 49 | 29 | 20 | 44 | 21 | 23 |
| 藏族 | 7 | 6 | 1 | 4 | 4 | | 2 | 2 | |
| 维吾尔族 | 4 | 1 | 3 | 3 | | 3 | | | |
| 苗族 | 648 | 345 | 303 | 284 | 136 | 148 | 266 | 152 | 114 |
| 彝族 | 214 | 117 | 97 | 104 | 54 | 50 | 87 | 48 | 39 |
| 壮族 | 175 | 80 | 95 | 80 | 33 | 47 | 83 | 42 | 41 |
| 布依族 | 340 | 189 | 151 | 147 | 80 | 67 | 149 | 82 | 67 |
| 朝鲜族 | 16 | 8 | 8 | 11 | 5 | 6 | 5 | 3 | 2 |
| 满族 | 43 | 25 | 18 | 25 | 13 | 12 | 17 | 11 | 6 |
| 侗族 | 111 | 63 | 48 | 50 | 31 | 19 | 50 | 27 | 23 |
| 瑶族 | 27 | 15 | 12 | 12 | 7 | 5 | 14 | 8 | 6 |
| 白族 | 33 | 14 | 19 | 12 | 4 | 8 | 16 | 8 | 8 |
| 土家族 | 344 | 186 | 158 | 166 | 92 | 74 | 141 | 74 | 67 |
| 哈尼族 | 16 | 10 | 6 | 6 | 3 | 3 | 6 | 4 | 2 |
| 哈萨克族 | 1 | 1 | | | | | 1 | 1 | |
| 傣族 | 7 | 5 | 2 | 4 | 3 | 1 | 2 | 1 | 1 |
| 黎族 | 23 | 14 | 9 | 11 | 5 | 6 | 7 | 5 | 2 |
| 傈僳族 | 9 | 5 | 4 | 7 | 4 | 3 | 2 | 1 | 1 |
| 佤族 | 10 | 6 | 4 | 7 | 3 | 4 | 2 | 2 | |
| 畲族 | 115 | 54 | 61 | 55 | 27 | 28 | 58 | 26 | 32 |
| 高山族 | | | | | | | | | |
| 拉祜族 | 15 | 10 | 5 | 6 | 2 | 4 | 7 | 6 | 1 |
| 水族 | 35 | 21 | 14 | 21 | 13 | 8 | 12 | 6 | 6 |
| 东乡族 | 3 | 2 | 1 | 2 | 2 | | 1 | | 1 |
| 纳西族 | 2 | | 2 | | | | 2 | | 2 |
| 景颇族 | 3 | | 3 | 1 | | 1 | 1 | | 1 |
| 柯尔克孜族 | | | | | | | | | |
| 土族 | 3 | 2 | 1 | 1 | 1 | | 2 | 1 | 1 |
| 达斡尔族 | | | | | | | | | |
| 仫佬族 | 4 | 3 | 1 | 3 | 3 | | 1 | | 1 |
| 羌族 | 4 | 2 | 2 | 3 | 1 | 2 | 1 | 1 | |
| 布朗族 | | | | | | | | | |
| 撒拉族 | 4 | 2 | 2 | 2 | 1 | 1 | 1 | 1 | |
| 毛南族 | 3 | 3 | | 3 | 3 | | | | |
| 仡佬族 | 42 | 25 | 17 | 18 | 8 | 10 | 21 | 15 | 6 |
| 锡伯族 | 1 | 1 | | | | | 1 | 1 | |
| 阿昌族 | | | | | | | | | |
| 普米族 | | | | | | | | | |
| 塔吉克族 | | | | | | | | | |
| 怒族 | 1 | | 1 | 1 | | 1 | | | |
| 乌孜别克族 | | | | | | | | | |
| 俄罗斯族 | | | | | | | | | |
| 鄂温克族 | 1 | 1 | | 1 | 1 | | | | |
| 德昂族 | | | | | | | | | |
| 保安族 | 1 | | 1 | | | | | | |
| 裕固族 | | | | | | | | | |
| 京族 | 1 | 1 | | 1 | 1 | | | | |
| 塔塔尔族 | | | | | | | | | |
| 独龙族 | | | | | | | | | |
| 鄂伦春族 | | | | | | | | | |
| 赫哲族 | | | | | | | | | |
| 门巴族 | | | | | | | | | |
| 珞巴族 | | | | | | | | | |
| 基诺族 | | | | | | | | | |
| 未定族称人口 | 43 | 27 | 16 | 21 | 14 | 7 | 17 | 9 | 8 |
| 入籍 | 4 | 1 | 3 | 2 | | 2 | 1 | | 1 |

2–6　续表　　　　　　　　　　　　　　　　　　　　　　　　单位：人

| 民　　族 | 三　　孩 | | | 四　　孩 | | | 五孩及以上 | | |
|---|---|---|---|---|---|---|---|---|---|
| | 小计 | 男 | 女 | 小计 | 男 | 女 | 小计 | 男 | 女 |
| **总　计** | **2414** | **1421** | **993** | **274** | **150** | **124** | **64** | **41** | **23** |
| 汉　族 | 2186 | 1293 | 893 | 233 | 123 | 110 | 55 | 34 | 21 |
| 蒙古族 | 1 | | 1 | 1 | | 1 | | | |
| 回　族 | 9 | 5 | 4 | 3 | 2 | 1 | 1 | 1 | |
| 藏　族 | | | | 1 | | 1 | | | |
| 维吾尔族 | 1 | 1 | | | | | | | |
| 苗　族 | 76 | 40 | 36 | 17 | 13 | 4 | 5 | 4 | 1 |
| 彝　族 | 17 | 11 | 6 | 4 | 3 | 1 | 2 | 1 | 1 |
| 壮　族 | 11 | 4 | 7 | 1 | 1 | | | | |
| 布依族 | 39 | 24 | 15 | 5 | 3 | 2 | | | |
| 朝鲜族 | | | | | | | | | |
| 满　族 | 1 | 1 | | | | | | | |
| 侗　族 | 11 | 5 | 6 | | | | | | |
| 瑶　族 | | | | 1 | | 1 | | | |
| 白　族 | 5 | 2 | 3 | | | | | | |
| 土家族 | 32 | 16 | 16 | 4 | 3 | 1 | 1 | 1 | |
| 哈尼族 | 2 | 2 | | 2 | 1 | 1 | | | |
| 哈萨克族 | | | | | | | | | |
| 傣　族 | 1 | 1 | | | | | | | |
| 黎　族 | 5 | 4 | 1 | | | | | | |
| 傈僳族 | | | | | | | | | |
| 佤　族 | 1 | 1 | | | | | | | |
| 畲　族 | 2 | 1 | 1 | | | | | | |
| 高山族 | | | | | | | | | |
| 拉祜族 | 2 | 2 | | | | | | | |
| 水　族 | 2 | 2 | | | | | | | |
| 东乡族 | | | | | | | | | |
| 纳西族 | | | | | | | | | |
| 景颇族 | | | | 1 | | 1 | | | |
| 柯尔克孜族 | | | | | | | | | |
| 土　族 | | | | | | | | | |
| 达斡尔族 | | | | | | | | | |
| 仫佬族 | | | | | | | | | |
| 羌　族 | | | | | | | | | |
| 布朗族 | | | | | | | | | |
| 撒拉族 | 1 | | 1 | | | | | | |
| 毛南族 | | | | | | | | | |
| 仡佬族 | 3 | 2 | 1 | | | | | | |
| 锡伯族 | | | | | | | | | |
| 阿昌族 | | | | | | | | | |
| 普米族 | | | | | | | | | |
| 塔吉克族 | | | | | | | | | |
| 怒　族 | | | | | | | | | |
| 乌孜别克族 | | | | | | | | | |
| 俄罗斯族 | | | | | | | | | |
| 鄂温克族 | | | | | | | | | |
| 德昂族 | | | | | | | | | |
| 保安族 | 1 | | 1 | | | | | | |
| 裕固族 | | | | | | | | | |
| 京　族 | | | | | | | | | |
| 塔塔尔族 | | | | | | | | | |
| 独龙族 | | | | | | | | | |
| 鄂伦春族 | | | | | | | | | |
| 赫哲族 | | | | | | | | | |
| 门巴族 | | | | | | | | | |
| 珞巴族 | | | | | | | | | |
| 基诺族 | | | | | | | | | |
| 未定族称人口 | 4 | 3 | 1 | 1 | 1 | | | | |
| 入　籍 | 1 | 1 | | | | | | | |

# 2-7 全省各民族15—64岁妇女平均活产子女数和平均存活子女数

单位：人、%

| 民 族 | 15—64岁妇女人数 | 活产子女总数 | | | 存活子女总数 | | | 存活子女数占活产子女数的百分比 | 妇女平均活产子女数 | 妇女平均存活子女数 |
|---|---|---|---|---|---|---|---|---|---|---|
| | | 小计 | 男 | 女 | 小计 | 男 | 女 | | | |
| **总 计** | **2260256** | **2808053** | **1525869** | **1282184** | **2724942** | **1476554** | **1248388** | **97.04** | **1.24** | **1.21** |
| 汉 族 | 2176902 | 2686136 | 1458678 | 1227458 | 2606807 | 1411647 | 1195160 | 97.05 | 1.23 | 1.20 |
| 蒙古族 | 826 | 737 | 401 | 336 | 719 | 386 | 333 | 97.56 | 0.89 | 0.87 |
| 回 族 | 3482 | 4527 | 2509 | 2018 | 4413 | 2447 | 1966 | 97.48 | 1.30 | 1.27 |
| 藏 族 | 333 | 275 | 153 | 122 | 266 | 148 | 118 | 96.73 | 0.83 | 0.80 |
| 维吾尔族 | 429 | 225 | 122 | 103 | 219 | 117 | 102 | 97.33 | 0.52 | 0.51 |
| 苗 族 | 21431 | 34113 | 18767 | 15346 | 32986 | 18074 | 14912 | 96.70 | 1.59 | 1.54 |
| 彝 族 | 6609 | 9537 | 5281 | 4256 | 9221 | 5098 | 4123 | 96.69 | 1.44 | 1.40 |
| 壮 族 | 6020 | 8017 | 4369 | 3648 | 7827 | 4255 | 3572 | 97.63 | 1.33 | 1.30 |
| 布依族 | 10009 | 15444 | 8595 | 6849 | 14922 | 8279 | 6643 | 96.62 | 1.54 | 1.49 |
| 朝鲜族 | 451 | 377 | 193 | 184 | 370 | 189 | 181 | 98.14 | 0.84 | 0.82 |
| 满 族 | 1292 | 1071 | 614 | 457 | 1041 | 591 | 450 | 97.20 | 0.83 | 0.81 |
| 侗 族 | 4804 | 7280 | 4124 | 3156 | 7057 | 3985 | 3072 | 96.94 | 1.52 | 1.47 |
| 瑶 族 | 875 | 1210 | 662 | 548 | 1173 | 642 | 531 | 96.94 | 1.38 | 1.34 |
| 白 族 | 1075 | 1522 | 840 | 682 | 1472 | 808 | 664 | 96.71 | 1.42 | 1.37 |
| 土家族 | 13177 | 20373 | 11195 | 9178 | 19754 | 10829 | 8925 | 96.96 | 1.55 | 1.50 |
| 哈尼族 | 776 | 1125 | 636 | 489 | 1095 | 622 | 473 | 97.33 | 1.45 | 1.41 |
| 哈萨克族 | 36 | 7 | 5 | 2 | 7 | 5 | 2 | 100.00 | 0.19 | 0.19 |
| 傣 族 | 432 | 503 | 263 | 240 | 492 | 256 | 236 | 97.81 | 1.16 | 1.14 |
| 黎 族 | 639 | 957 | 513 | 444 | 923 | 492 | 431 | 96.45 | 1.50 | 1.44 |
| 傈僳族 | 236 | 257 | 139 | 118 | 247 | 133 | 114 | 96.11 | 1.09 | 1.05 |
| 佤 族 | 328 | 386 | 226 | 160 | 377 | 218 | 159 | 97.67 | 1.18 | 1.15 |
| 畲 族 | 5539 | 7190 | 3841 | 3349 | 6963 | 3706 | 3257 | 96.84 | 1.30 | 1.26 |
| 高山族 | 4 | 3 | 2 | 1 | 3 | 2 | 1 | 100.00 | 0.75 | 0.75 |
| 拉祜族 | 253 | 302 | 164 | 138 | 292 | 156 | 136 | 96.69 | 1.19 | 1.15 |
| 水 族 | 1096 | 1690 | 965 | 725 | 1655 | 940 | 715 | 97.93 | 1.54 | 1.51 |
| 东乡族 | 100 | 130 | 75 | 55 | 129 | 75 | 54 | 99.23 | 1.30 | 1.29 |
| 纳西族 | 60 | 75 | 37 | 38 | 74 | 37 | 37 | 98.67 | 1.25 | 1.23 |
| 景颇族 | 103 | 113 | 54 | 59 | 110 | 51 | 59 | 97.35 | 1.10 | 1.07 |
| 柯尔克孜族 | 12 | | | | | | | | | |
| 土 族 | 118 | 161 | 98 | 63 | 155 | 94 | 61 | 96.27 | 1.36 | 1.31 |
| 达斡尔族 | 34 | 24 | 15 | 9 | 23 | 14 | 9 | 95.83 | 0.71 | 0.68 |
| 仫佬族 | 245 | 335 | 187 | 148 | 327 | 183 | 144 | 97.61 | 1.37 | 1.33 |
| 羌 族 | 75 | 93 | 49 | 44 | 85 | 46 | 39 | 91.40 | 1.24 | 1.13 |
| 布朗族 | 54 | 61 | 36 | 25 | 59 | 35 | 24 | 96.72 | 1.13 | 1.09 |
| 撒拉族 | 28 | 53 | 35 | 18 | 46 | 29 | 17 | 86.79 | 1.89 | 1.64 |
| 毛南族 | 105 | 142 | 81 | 61 | 141 | 80 | 61 | 99.30 | 1.35 | 1.34 |
| 仡佬族 | 1046 | 1692 | 915 | 777 | 1639 | 884 | 755 | 96.87 | 1.62 | 1.57 |
| 锡伯族 | 19 | 13 | 7 | 6 | 13 | 7 | 6 | 100.00 | 0.68 | 0.68 |
| 阿昌族 | 10 | 12 | 6 | 6 | 12 | 6 | 6 | 100.00 | 1.20 | 1.20 |
| 普米族 | 7 | 9 | 3 | 6 | 9 | 3 | 6 | 100.00 | 1.29 | 1.29 |
| 塔吉克族 | 1 | | | | | | | | | |
| 怒 族 | 13 | 13 | 6 | 7 | 7 | 4 | 3 | 53.85 | 1.00 | 0.54 |
| 乌孜别克族 | | | | | | | | | | |
| 俄罗斯族 | 7 | 7 | 3 | 4 | 7 | 3 | 4 | 100.00 | 1.00 | 1.00 |
| 鄂温克族 | 5 | 4 | 2 | 2 | 4 | 2 | 2 | 100.00 | 0.80 | 0.80 |
| 德昂族 | 16 | 17 | 9 | 8 | 17 | 9 | 8 | 100.00 | 1.06 | 1.06 |
| 保安族 | 2 | 4 | | 4 | 4 | | 4 | 100.00 | 2.00 | 2.00 |
| 裕固族 | 3 | 2 | 1 | 1 | 2 | 1 | 1 | 100.00 | 0.67 | 0.67 |
| 京 族 | 13 | 20 | 12 | 8 | 20 | 12 | 8 | 100.00 | 1.54 | 1.54 |
| 塔塔尔族 | 1 | 1 | 1 | | 1 | 1 | | 100.00 | 1.00 | 1.00 |
| 独龙族 | 3 | 2 | 1 | 1 | 2 | 1 | 1 | 100.00 | 0.67 | 0.67 |
| 鄂伦春族 | 2 | 4 | 3 | 1 | 4 | 3 | 1 | 100.00 | 2.00 | 2.00 |
| 赫哲族 | 4 | 4 | 2 | 2 | 2 | 1 | 1 | 50.00 | 1.00 | 0.50 |
| 门巴族 | 1 | 1 | | 1 | 1 | | 1 | 100.00 | 1.00 | 1.00 |
| 珞巴族 | | | | | | | | | | |
| 基诺族 | 6 | 4 | 2 | 2 | 4 | 2 | 2 | 100.00 | 0.67 | 0.67 |
| 未定族称人口 | 1063 | 1743 | 947 | 796 | 1695 | 922 | 773 | 97.25 | 1.64 | 1.59 |
| 入 籍 | 46 | 50 | 25 | 25 | 49 | 24 | 25 | 98.00 | 1.09 | 1.07 |

# 第二部分  长表数据资料

## 第三卷  教育

# 3-1 全省分学业完成情况、性别、受教育程度的3岁及以上人口

单位：人

| 学业完成情况 | 合计 | | | 小学 | | |
|---|---|---|---|---|---|---|
| | 合计 | 男 | 女 | 小计 | 男 | 女 |
| **总　计** | **5891848** | **3145741** | **2746107** | **1681161** | **810274** | **870887** |
| 在　校 | 771276 | 403340 | 367936 | 332592 | 178021 | 154571 |
| 毕　业 | 4686959 | 2525584 | 2161375 | 1087190 | 519557 | 567633 |
| 肄　业 | 84090 | 41635 | 42455 | 51595 | 21704 | 29891 |
| 辍　学 | 242182 | 120050 | 122132 | 157240 | 67280 | 89960 |
| 其　他 | 107341 | 55132 | 52209 | 52544 | 23712 | 28832 |

3-1 续表 1

单位：人

| 学业完成情况 | 初中 | | | 高中 | | | 大学专科 | | |
|---|---|---|---|---|---|---|---|---|---|
| | 小计 | 男 | 女 | 小计 | 男 | 女 | 小计 | 男 | 女 |
| **总　计** | **2137512** | **1207406** | **930106** | **950100** | **546890** | **403210** | **559363** | **296239** | **263124** |
| 在　校 | 148307 | 78985 | 69322 | 154770 | 81205 | 73565 | 54172 | 27853 | 26319 |
| 毕　业 | 1859358 | 1050557 | 808801 | 763917 | 445611 | 318306 | 498150 | 264326 | 233824 |
| 肄　业 | 24503 | 14745 | 9758 | 6078 | 4010 | 2068 | 1287 | 808 | 479 |
| 辍　学 | 69774 | 42600 | 27174 | 14045 | 9383 | 4662 | 965 | 681 | 284 |
| 其　他 | 35570 | 20519 | 15051 | 11290 | 6681 | 4609 | 4789 | 2571 | 2218 |

3-1 续表 2

单位：人

| 学业完成情况 | 大学本科 | | | 硕士研究生 | | | 博士研究生 | | |
|---|---|---|---|---|---|---|---|---|---|
| | 小计 | 男 | 女 | 小计 | 男 | 女 | 小计 | 男 | 女 |
| **总　计** | **507241** | **254596** | **252645** | **50203** | **26350** | **23853** | **6268** | **3986** | **2282** |
| 在　校 | 70899 | 31943 | 38956 | 8772 | 4338 | 4434 | 1764 | 995 | 769 |
| 毕　业 | 432696 | 220695 | 212001 | 41180 | 21873 | 19307 | 4468 | 2965 | 1503 |
| 肄　业 | 585 | 340 | 245 | 39 | 26 | 13 | 3 | 2 | 1 |
| 辍　学 | 155 | 103 | 52 | 2 | 2 | | 1 | 1 | |
| 其　他 | 2906 | 1515 | 1391 | 210 | 111 | 99 | 32 | 23 | 9 |

# 3－1a 全省分学业完成情况、性别、受教育程度的3岁及以上人口(城市)

单位：人

| 学业完成情况 | 合计 | | | 小学 | | |
|---|---|---|---|---|---|---|
| | 合计 | 男 | 女 | 小计 | 男 | 女 |
| **总 计** | **3091531** | **1629965** | **1461566** | **688944** | **330207** | **358737** |
| 在 校 | 441807 | 229826 | 211981 | 177905 | 95472 | 82433 |
| 毕 业 | 2491384 | 1320289 | 1171095 | 430268 | 200804 | 229464 |
| 肄 业 | 32072 | 16062 | 16010 | 16800 | 6834 | 9966 |
| 辍 学 | 87018 | 43766 | 43252 | 48592 | 20334 | 28258 |
| 其 他 | 39250 | 20022 | 19228 | 15379 | 6763 | 8616 |

3－1a 续表 1

单位：人

| 学业完成情况 | 初中 | | | 高中 | | | 大学专科 | | |
|---|---|---|---|---|---|---|---|---|---|
| | 小计 | 男 | 女 | 小计 | 男 | 女 | 小计 | 男 | 女 |
| **总 计** | **1043411** | **578543** | **464868** | **541180** | **301991** | **239189** | **374829** | **195943** | **178886** |
| 在 校 | 73905 | 39426 | 34479 | 84226 | 44293 | 39933 | 38211 | 19753 | 18458 |
| 毕 业 | 913688 | 506196 | 407492 | 441541 | 248228 | 193313 | 332807 | 173995 | 158812 |
| 肄 业 | 10918 | 6486 | 4432 | 3157 | 2030 | 1127 | 748 | 461 | 287 |
| 辍 学 | 30764 | 18478 | 12286 | 7055 | 4521 | 2534 | 521 | 377 | 144 |
| 其 他 | 14136 | 7957 | 6179 | 5201 | 2919 | 2282 | 2542 | 1357 | 1185 |

3－1a 续表 2

单位：人

| 学业完成情况 | 大学本科 | | | 硕士研究生 | | | 博士研究生 | | |
|---|---|---|---|---|---|---|---|---|---|
| | 小计 | 男 | 女 | 小计 | 男 | 女 | 小计 | 男 | 女 |
| **总 计** | **392439** | **196051** | **196388** | **44888** | **23502** | **21386** | **5840** | **3728** | **2112** |
| 在 校 | 58353 | 26193 | 32160 | 7597 | 3769 | 3828 | 1610 | 920 | 690 |
| 毕 业 | 331793 | 168661 | 163132 | 37088 | 19619 | 17469 | 4199 | 2786 | 1413 |
| 肄 业 | 414 | 227 | 187 | 33 | 23 | 10 | 2 | 1 | 1 |
| 辍 学 | 85 | 55 | 30 | 1 | 1 | | | | |
| 其 他 | 1794 | 915 | 879 | 169 | 90 | 79 | 29 | 21 | 8 |

# 3-1b 全省分学业完成情况、性别、受教育程度的3岁及以上人口(镇)

单位：人

| 学业完成情况 | 合计 | | | 小学 | | |
|---|---|---|---|---|---|---|
| | 合计 | 男 | 女 | 小计 | 男 | 女 |
| **总　计** | **1248793** | **669152** | **579641** | **354027** | **169596** | **184431** |
| 在　校 | 170401 | 89527 | 80874 | 75809 | 40400 | 35409 |
| 毕　业 | 988302 | 534154 | 454148 | 227876 | 107617 | 120259 |
| 肄　业 | 16797 | 8354 | 8443 | 9630 | 4024 | 5606 |
| 辍　学 | 50531 | 25390 | 25141 | 30751 | 13057 | 17694 |
| 其　他 | 22762 | 11727 | 11035 | 9961 | 4498 | 5463 |

3-1b 续表 1

单位：人

| 学业完成情况 | 初中 | | | 高中 | | | 大学专科 | | |
|---|---|---|---|---|---|---|---|---|---|
| | 小计 | 男 | 女 | 小计 | 男 | 女 | 小计 | 男 | 女 |
| **总　计** | **489244** | **274167** | **215077** | **218278** | **125954** | **92324** | **105146** | **57081** | **48065** |
| 在　校 | 35612 | 18998 | 16614 | 44208 | 22992 | 21216 | 7049 | 3518 | 3531 |
| 毕　业 | 423729 | 237427 | 186302 | 166701 | 98228 | 68473 | 96504 | 52647 | 43857 |
| 肄　业 | 5447 | 3198 | 2249 | 1365 | 900 | 465 | 254 | 163 | 91 |
| 辍　学 | 16235 | 9907 | 6328 | 3308 | 2261 | 1047 | 200 | 142 | 58 |
| 其　他 | 8221 | 4637 | 3584 | 2696 | 1573 | 1123 | 1139 | 611 | 528 |

3-1b 续表 2

单位：人

| 学业完成情况 | 大学本科 | | | 硕士研究生 | | | 博士研究生 | | |
|---|---|---|---|---|---|---|---|---|---|
| | 小计 | 男 | 女 | 小计 | 男 | 女 | 小计 | 男 | 女 |
| **总　计** | **78031** | **40123** | **37908** | **3791** | **2062** | **1729** | **276** | **169** | **107** |
| 在　校 | 6981 | 3255 | 3726 | 656 | 322 | 334 | 86 | 42 | 44 |
| 毕　业 | 70200 | 36386 | 33814 | 3103 | 1723 | 1380 | 189 | 126 | 63 |
| 肄　业 | 97 | 67 | 30 | 4 | 2 | 2 | | | |
| 辍　学 | 36 | 22 | 14 | | | | 1 | 1 | |
| 其　他 | 717 | 393 | 324 | 28 | 15 | 13 | | | |

# 3-1c 全省分学业完成情况、性别、受教育程度的3岁及以上人口(乡村)

单位：人

| 学业完成情况 | 合计 | | | 小学 | | |
|---|---|---|---|---|---|---|
| | 合计 | 男 | 女 | 小计 | 男 | 女 |
| **总 计** | **1551524** | **846624** | **704900** | **638190** | **310471** | **327719** |
| 在 校 | 159068 | 83987 | 75081 | 78878 | 42149 | 36729 |
| 毕 业 | 1207273 | 671141 | 536132 | 429046 | 211136 | 217910 |
| 肄 业 | 35221 | 17219 | 18002 | 25165 | 10846 | 14319 |
| 辍 学 | 104633 | 50894 | 53739 | 77897 | 33889 | 44008 |
| 其 他 | 45329 | 23383 | 21946 | 27204 | 12451 | 14753 |

3-1c 续表 1

单位：人

| 学业完成情况 | 初中 | | | 高中 | | | 大学专科 | | |
|---|---|---|---|---|---|---|---|---|---|
| | 小计 | 男 | 女 | 小计 | 男 | 女 | 小计 | 男 | 女 |
| **总 计** | **604857** | **354696** | **250161** | **190642** | **118945** | **71697** | **79388** | **43215** | **36173** |
| 在 校 | 38790 | 20561 | 18229 | 26336 | 13920 | 12416 | 8912 | 4582 | 4330 |
| 毕 业 | 521941 | 306934 | 215007 | 155675 | 99155 | 56520 | 68839 | 37684 | 31155 |
| 肄 业 | 8138 | 5061 | 3077 | 1556 | 1080 | 476 | 285 | 184 | 101 |
| 辍 学 | 22775 | 14215 | 8560 | 3682 | 2601 | 1081 | 244 | 162 | 82 |
| 其 他 | 13213 | 7925 | 5288 | 3393 | 2189 | 1204 | 1108 | 603 | 505 |

3-1c 续表 2

单位：人

| 学业完成情况 | 大学本科 | | | 硕士研究生 | | | 博士研究生 | | |
|---|---|---|---|---|---|---|---|---|---|
| | 小计 | 男 | 女 | 小计 | 男 | 女 | 小计 | 男 | 女 |
| **总 计** | **36771** | **18422** | **18349** | **1524** | **786** | **738** | **152** | **89** | **63** |
| 在 校 | 5565 | 2495 | 3070 | 519 | 247 | 272 | 68 | 33 | 35 |
| 毕 业 | 30703 | 15648 | 15055 | 989 | 531 | 458 | 80 | 53 | 27 |
| 肄 业 | 74 | 46 | 28 | 2 | 1 | 1 | 1 | 1 | |
| 辍 学 | 34 | 26 | 8 | 1 | 1 | | | | |
| 其 他 | 395 | 207 | 188 | 13 | 6 | 7 | 3 | 2 | 1 |

# 3-2　全省分年龄、性别、学业完成情况的3岁及以上各种受教育程度人口

单位：人

| 年　龄 | 合　计 | | | | | | | | |
|---|---|---|---|---|---|---|---|---|---|
| | 合　计 | | | 在　校 | | | 毕　业 | | |
| | 合计 | 男 | 女 | 小计 | 男 | 女 | 小计 | 男 | 女 |
| **总　计** | **5891848** | **3145741** | **2746107** | **771276** | **403340** | **367936** | **4686959** | **2525584** | **2161375** |
| 3 | | | | | | | | | |
| 4 | | | | | | | | | |
| **5-9岁** | **217215** | **116104** | **101111** | **211318** | **112860** | **98458** | **5019** | **2778** | **2241** |
| 5 | 2924 | 1589 | 1335 | 2784 | 1502 | 1282 | 94 | 58 | 36 |
| 6 | 42191 | 22568 | 19623 | 41118 | 21973 | 19145 | 901 | 507 | 394 |
| 7 | 55196 | 29464 | 25732 | 53765 | 28673 | 25092 | 1216 | 680 | 536 |
| 8 | 61240 | 32811 | 28429 | 59545 | 31876 | 27669 | 1465 | 819 | 646 |
| 9 | 55664 | 29672 | 25992 | 54106 | 28836 | 25270 | 1343 | 714 | 629 |
| **10-14岁** | **254385** | **136176** | **118209** | **244602** | **130704** | **113898** | **8552** | **4790** | **3762** |
| 10 | 52055 | 28101 | 23954 | 50604 | 27306 | 23298 | 1255 | 685 | 570 |
| 11 | 53160 | 28434 | 24726 | 51523 | 27521 | 24002 | 1443 | 810 | 633 |
| 12 | 50531 | 26876 | 23655 | 48551 | 25754 | 22797 | 1761 | 995 | 766 |
| 13 | 49900 | 26595 | 23305 | 47749 | 25399 | 22350 | 1892 | 1058 | 834 |
| 14 | 48739 | 26170 | 22569 | 46175 | 24724 | 21451 | 2201 | 1242 | 959 |
| **15-19岁** | **285849** | **153480** | **132369** | **226867** | **116696** | **110171** | **53691** | **33466** | **20225** |
| 15 | 51675 | 27179 | 24496 | 49325 | 25765 | 23560 | 1907 | 1153 | 754 |
| 16 | 65274 | 34813 | 30461 | 59377 | 31180 | 28197 | 5123 | 3166 | 1957 |
| 17 | 59870 | 32405 | 27465 | 49143 | 25606 | 23537 | 9604 | 6083 | 3521 |
| 18 | 48755 | 26908 | 21847 | 32337 | 16586 | 15751 | 15132 | 9501 | 5631 |
| 19 | 60275 | 32175 | 28100 | 36685 | 17559 | 19126 | 21925 | 13563 | 8362 |
| **20-24岁** | **369632** | **200797** | **168835** | **79184** | **38189** | **40995** | **278328** | **155077** | **123251** |
| 20 | 65397 | 35308 | 30089 | 33540 | 15956 | 17584 | 29941 | 18109 | 11832 |
| 21 | 66116 | 35931 | 30185 | 22902 | 10810 | 12092 | 41145 | 23802 | 17343 |
| 22 | 73282 | 40222 | 33060 | 11976 | 5895 | 6081 | 58843 | 32809 | 26034 |
| 23 | 79398 | 43159 | 36239 | 6513 | 3375 | 3138 | 70222 | 38172 | 32050 |
| 24 | 85439 | 46177 | 39262 | 4253 | 2153 | 2100 | 78177 | 42185 | 35992 |
| **25-29岁** | **492896** | **266396** | **226500** | **6088** | **3165** | **2923** | **469000** | **252325** | **216675** |
| 25 | 94921 | 51631 | 43290 | 2646 | 1358 | 1288 | 89013 | 48225 | 40788 |
| 26 | 92080 | 49984 | 42096 | 1410 | 742 | 668 | 87428 | 47212 | 40216 |
| 27 | 99500 | 53499 | 46001 | 925 | 496 | 429 | 95014 | 50826 | 44188 |
| 28 | 101067 | 54538 | 46529 | 600 | 316 | 284 | 96704 | 51964 | 44740 |
| 29 | 105328 | 56744 | 48584 | 507 | 253 | 254 | 100841 | 54098 | 46743 |
| **30-34岁** | **639321** | **341669** | **297652** | **1353** | **681** | **672** | **613413** | **326776** | **286637** |
| 30 | 130065 | 69924 | 60141 | 409 | 223 | 186 | 124649 | 66774 | 57875 |
| 31 | 129094 | 68951 | 60143 | 307 | 154 | 153 | 123903 | 65935 | 57968 |
| 32 | 123587 | 66102 | 57485 | 233 | 104 | 129 | 118666 | 63274 | 55392 |
| 33 | 139210 | 74024 | 65186 | 245 | 126 | 119 | 133712 | 70928 | 62784 |
| 34 | 117365 | 62668 | 54697 | 159 | 74 | 85 | 112483 | 59865 | 52618 |
| **35-39岁** | **522550** | **278520** | **244030** | **626** | **330** | **296** | **499134** | **265508** | **233626** |
| 35 | 98488 | 52561 | 45927 | 132 | 66 | 66 | 94212 | 50135 | 44077 |
| 36 | 101879 | 54462 | 47417 | 123 | 68 | 55 | 97366 | 51937 | 45429 |
| 37 | 103501 | 54970 | 48531 | 122 | 65 | 57 | 98922 | 52399 | 46523 |
| 38 | 118716 | 63116 | 55600 | 149 | 77 | 72 | 113330 | 60151 | 53179 |
| 39 | 99966 | 53411 | 46555 | 100 | 54 | 46 | 95304 | 50886 | 44418 |
| **40-44岁** | **492936** | **260954** | **231982** | **366** | **201** | **165** | **464992** | **246205** | **218787** |
| 40 | 88334 | 47231 | 41103 | 81 | 37 | 44 | 83881 | 44845 | 39036 |
| 41 | 102373 | 54325 | 48048 | 79 | 42 | 37 | 96973 | 51455 | 45518 |
| 42 | 100298 | 53091 | 47207 | 81 | 49 | 32 | 94623 | 50082 | 44541 |
| 43 | 97244 | 51076 | 46168 | 63 | 33 | 30 | 91526 | 48029 | 43497 |
| 44 | 104687 | 55231 | 49456 | 62 | 40 | 22 | 97989 | 51794 | 46195 |
| **45-49岁** | **568601** | **299776** | **268825** | **248** | **142** | **106** | **527524** | **279331** | **248193** |
| 45 | 104109 | 54985 | 49124 | 58 | 38 | 20 | 97152 | 51400 | 45752 |
| 46 | 108969 | 57300 | 51669 | 49 | 20 | 29 | 101219 | 53472 | 47747 |
| 47 | 117953 | 61972 | 55981 | 50 | 31 | 19 | 109434 | 57730 | 51704 |
| 48 | 116775 | 61551 | 55224 | 49 | 33 | 16 | 108042 | 57246 | 50796 |
| 49 | 120795 | 63968 | 56827 | 42 | 20 | 22 | 111677 | 59483 | 52194 |
| **50岁及以上** | **2048463** | **1091869** | **956594** | **624** | **372** | **252** | **1767306** | **959328** | **807978** |

3-2 续表 1

单位：人

| 年 龄 | 合计 | | | | | | | | |
|---|---|---|---|---|---|---|---|---|---|
| | 肄 业 | | | 辍 学 | | | 其 他 | | |
| | 小计 | 男 | 女 | 小计 | 男 | 女 | 小计 | 男 | 女 |
| **总 计** | **84090** | **41635** | **42455** | **242182** | **120050** | **122132** | **107341** | **55132** | **52209** |
| 3 | | | | | | | | | |
| 4 | | | | | | | | | |
| **5-9岁** | **114** | **57** | **57** | **71** | **44** | **27** | **693** | **365** | **328** |
| 5 | | | | 4 | 1 | 3 | 42 | 28 | 14 |
| 6 | 20 | 8 | 12 | 7 | 5 | 2 | 145 | 75 | 70 |
| 7 | 27 | 14 | 13 | 22 | 10 | 12 | 166 | 87 | 79 |
| 8 | 32 | 13 | 19 | 21 | 13 | 8 | 177 | 90 | 87 |
| 9 | 35 | 22 | 13 | 17 | 15 | 2 | 163 | 85 | 78 |
| **10-14岁** | **180** | **106** | **74** | **344** | **195** | **149** | **707** | **381** | **326** |
| 10 | 33 | 21 | 12 | 26 | 15 | 11 | 137 | 74 | 63 |
| 11 | 24 | 12 | 12 | 28 | 17 | 11 | 142 | 74 | 68 |
| 12 | 36 | 21 | 15 | 40 | 26 | 14 | 143 | 80 | 63 |
| 13 | 39 | 22 | 17 | 84 | 46 | 38 | 136 | 70 | 66 |
| 14 | 48 | 30 | 18 | 166 | 91 | 75 | 149 | 83 | 66 |
| **15-19岁** | **837** | **531** | **306** | **3116** | **1978** | **1138** | **1338** | **809** | **529** |
| 15 | 56 | 32 | 24 | 280 | 169 | 111 | 107 | 60 | 47 |
| 16 | 122 | 79 | 43 | 483 | 300 | 183 | 169 | 88 | 81 |
| 17 | 171 | 114 | 57 | 663 | 420 | 243 | 289 | 182 | 107 |
| 18 | 213 | 135 | 78 | 735 | 478 | 257 | 338 | 208 | 130 |
| 19 | 275 | 171 | 104 | 955 | 611 | 344 | 435 | 271 | 164 |
| **20-24岁** | **2170** | **1361** | **809** | **6118** | **3968** | **2150** | **3832** | **2202** | **1630** |
| 20 | 329 | 205 | 124 | 1019 | 689 | 330 | 568 | 349 | 219 |
| 21 | 397 | 249 | 148 | 1063 | 690 | 373 | 609 | 380 | 229 |
| 22 | 454 | 280 | 174 | 1215 | 788 | 427 | 794 | 450 | 344 |
| 23 | 454 | 278 | 176 | 1364 | 875 | 489 | 845 | 459 | 386 |
| 24 | 536 | 349 | 187 | 1457 | 926 | 531 | 1016 | 564 | 452 |
| **25-29岁** | **3130** | **1934** | **1196** | **8697** | **5587** | **3110** | **5981** | **3385** | **2596** |
| 25 | 582 | 361 | 221 | 1574 | 1050 | 524 | 1106 | 637 | 469 |
| 26 | 558 | 361 | 197 | 1607 | 1055 | 552 | 1077 | 614 | 463 |
| 27 | 601 | 378 | 223 | 1711 | 1099 | 612 | 1249 | 700 | 549 |
| 28 | 676 | 415 | 261 | 1869 | 1141 | 728 | 1218 | 702 | 516 |
| 29 | 713 | 419 | 294 | 1936 | 1242 | 694 | 1331 | 732 | 599 |
| **30-34岁** | **4345** | **2622** | **1723** | **12053** | **7145** | **4908** | **8157** | **4445** | **3712** |
| 30 | 929 | 563 | 366 | 2468 | 1496 | 972 | 1610 | 868 | 742 |
| 31 | 860 | 524 | 336 | 2412 | 1451 | 961 | 1612 | 887 | 725 |
| 32 | 790 | 490 | 300 | 2273 | 1355 | 918 | 1625 | 879 | 746 |
| 33 | 930 | 538 | 392 | 2561 | 1469 | 1092 | 1762 | 963 | 799 |
| 34 | 836 | 507 | 329 | 2339 | 1374 | 965 | 1548 | 848 | 700 |
| **35-39岁** | **3812** | **2197** | **1615** | **11548** | **6496** | **5052** | **7430** | **3989** | **3441** |
| 35 | 682 | 390 | 292 | 2111 | 1251 | 860 | 1351 | 719 | 632 |
| 36 | 734 | 442 | 292 | 2184 | 1225 | 959 | 1472 | 790 | 682 |
| 37 | 779 | 448 | 331 | 2202 | 1265 | 937 | 1476 | 793 | 683 |
| 38 | 915 | 510 | 405 | 2618 | 1432 | 1186 | 1704 | 946 | 758 |
| 39 | 702 | 407 | 295 | 2433 | 1323 | 1110 | 1427 | 741 | 686 |
| **40-44岁** | **4695** | **2497** | **2198** | **14831** | **7889** | **6942** | **8052** | **4162** | **3890** |
| 40 | 756 | 418 | 338 | 2304 | 1244 | 1060 | 1312 | 687 | 625 |
| 41 | 888 | 475 | 413 | 2801 | 1526 | 1275 | 1632 | 827 | 805 |
| 42 | 919 | 476 | 443 | 2986 | 1625 | 1361 | 1689 | 859 | 830 |
| 43 | 1002 | 532 | 470 | 3063 | 1632 | 1431 | 1590 | 850 | 740 |
| 44 | 1130 | 596 | 534 | 3677 | 1862 | 1815 | 1829 | 939 | 890 |
| **45-49岁** | **7147** | **3572** | **3575** | **23132** | **11350** | **11782** | **10550** | **5381** | **5169** |
| 45 | 1223 | 647 | 576 | 3880 | 1965 | 1915 | 1796 | 935 | 861 |
| 46 | 1341 | 651 | 690 | 4308 | 2122 | 2186 | 2052 | 1035 | 1017 |
| 47 | 1431 | 716 | 715 | 4784 | 2364 | 2420 | 2254 | 1131 | 1123 |
| 48 | 1535 | 763 | 772 | 4967 | 2421 | 2546 | 2182 | 1088 | 1094 |
| 49 | 1617 | 795 | 822 | 5193 | 2478 | 2715 | 2266 | 1192 | 1074 |
| **50岁及以上** | **57660** | **26758** | **30902** | **162272** | **75398** | **86874** | **60601** | **30013** | **30588** |

3-2 续表 2

单位：人

| 年龄 | 小学 | | | | | | | | |
|---|---|---|---|---|---|---|---|---|---|
| | 合计 | | | 在校 | | | 毕业 | | |
| | 合计 | 男 | 女 | 小计 | 男 | 女 | 小计 | 男 | 女 |
| **总计** | **1681161** | **810274** | **870887** | **332592** | **178021** | **154571** | **1087190** | **519557** | **567633** |
| 3 | | | | | | | | | |
| 4 | | | | | | | | | |
| **5—9岁** | **215607** | **115194** | **100413** | **209889** | **112063** | **97826** | **4865** | **2677** | **2188** |
| 5 | 2924 | 1589 | 1335 | 2784 | 1502 | 1282 | 94 | 58 | 36 |
| 6 | 41935 | 22422 | 19513 | 40891 | 21842 | 19049 | 874 | 492 | 382 |
| 7 | 54854 | 29253 | 25601 | 53469 | 28496 | 24973 | 1175 | 649 | 526 |
| 8 | 60775 | 32558 | 28217 | 59136 | 31658 | 27478 | 1417 | 789 | 628 |
| 9 | 55119 | 29372 | 25747 | 53609 | 28565 | 25044 | 1305 | 689 | 616 |
| **10—14岁** | **126652** | **68182** | **58470** | **122213** | **65698** | **56515** | **3829** | **2143** | **1686** |
| 10 | 51129 | 27589 | 23540 | 49767 | 26842 | 22925 | 1173 | 641 | 532 |
| 11 | 50604 | 27072 | 23532 | 49122 | 26248 | 22874 | 1303 | 730 | 573 |
| 12 | 18138 | 9859 | 8279 | 17264 | 9346 | 7918 | 756 | 442 | 314 |
| 13 | 4954 | 2694 | 2260 | 4523 | 2456 | 2067 | 356 | 194 | 162 |
| 14 | 1827 | 968 | 859 | 1537 | 806 | 731 | 241 | 136 | 105 |
| **15—19岁** | **2737** | **1610** | **1127** | **174** | **91** | **83** | **2205** | **1296** | **909** |
| 15 | 265 | 150 | 115 | 75 | 41 | 34 | 142 | 81 | 61 |
| 16 | 399 | 223 | 176 | 32 | 16 | 16 | 308 | 171 | 137 |
| 17 | 550 | 348 | 202 | 28 | 15 | 13 | 445 | 285 | 160 |
| 18 | 647 | 379 | 268 | 19 | 12 | 7 | 556 | 326 | 230 |
| 19 | 876 | 510 | 366 | 20 | 7 | 13 | 754 | 433 | 321 |
| **20—24岁** | **7102** | **4148** | **2954** | **28** | **11** | **17** | **6316** | **3703** | **2613** |
| 20 | 1022 | 599 | 423 | 14 | 4 | 10 | 870 | 517 | 353 |
| 21 | 1162 | 712 | 450 | 4 | 2 | 2 | 1042 | 642 | 400 |
| 22 | 1531 | 888 | 643 | 6 | 3 | 3 | 1383 | 809 | 574 |
| 23 | 1567 | 927 | 640 | 2 | 1 | 1 | 1410 | 834 | 576 |
| 24 | 1820 | 1022 | 798 | 2 | 1 | 1 | 1611 | 901 | 710 |
| **25—29岁** | **13710** | **7381** | **6329** | **12** | **6** | **6** | **12309** | **6624** | **5685** |
| 25 | 2173 | 1225 | 948 | 3 | 2 | 1 | 1939 | 1099 | 840 |
| 26 | 2204 | 1204 | 1000 | 2 | 2 | | 1977 | 1072 | 905 |
| 27 | 2657 | 1426 | 1231 | 4 | 1 | 3 | 2384 | 1269 | 1115 |
| 28 | 3170 | 1664 | 1506 | 3 | 1 | 2 | 2857 | 1511 | 1346 |
| 29 | 3506 | 1862 | 1644 | | | | 3152 | 1673 | 1479 |
| **30—34岁** | **28689** | **14185** | **14504** | **3** | **2** | **1** | **25708** | **12739** | **12969** |
| 30 | 4741 | 2410 | 2331 | | | | 4267 | 2174 | 2093 |
| 31 | 5433 | 2806 | 2627 | 1 | 1 | | 4887 | 2527 | 2360 |
| 32 | 5539 | 2737 | 2802 | | | | 4971 | 2463 | 2508 |
| 33 | 6589 | 3189 | 3400 | | | | 5905 | 2864 | 3041 |
| 34 | 6387 | 3043 | 3344 | 2 | 1 | 1 | 5678 | 2711 | 2967 |
| **35—39岁** | **36710** | **16703** | **20007** | **7** | **2** | **5** | **32199** | **14701** | **17498** |
| 35 | 6129 | 2854 | 3275 | 4 | 1 | 3 | 5458 | 2538 | 2920 |
| 36 | 6602 | 3004 | 3598 | 1 | 1 | | 5849 | 2680 | 3169 |
| 37 | 6791 | 3119 | 3672 | | | | 5920 | 2720 | 3200 |
| 38 | 8477 | 3829 | 4648 | | | | 7395 | 3341 | 4054 |
| 39 | 8711 | 3897 | 4814 | 2 | | 2 | 7577 | 3422 | 4155 |
| **40—44岁** | **72427** | **32076** | **40351** | **17** | **10** | **7** | **63201** | **28109** | **35092** |
| 40 | 9497 | 4176 | 5321 | 5 | 2 | 3 | 8348 | 3711 | 4637 |
| 41 | 12920 | 5849 | 7071 | 2 | 1 | 1 | 11264 | 5144 | 6120 |
| 42 | 14506 | 6374 | 8132 | 4 | 4 | | 12624 | 5537 | 7087 |
| 43 | 15845 | 7032 | 8813 | 3 | 2 | 1 | 13891 | 6132 | 7759 |
| 44 | 19659 | 8645 | 11014 | 3 | 1 | 2 | 17074 | 7585 | 9489 |
| **45—49岁** | **139379** | **60902** | **78477** | **26** | **11** | **15** | **120585** | **53232** | **67353** |
| 45 | 21767 | 9491 | 12276 | 1 | 1 | | 18968 | 8286 | 10682 |
| 46 | 24916 | 10757 | 14159 | 3 | | 3 | 21580 | 9429 | 12151 |
| 47 | 28353 | 12499 | 15854 | 6 | 4 | 2 | 24510 | 10958 | 13552 |
| 48 | 30761 | 13388 | 17373 | 9 | 5 | 4 | 26573 | 11663 | 14910 |
| 49 | 33582 | 14767 | 18815 | 7 | 1 | 6 | 28954 | 12896 | 16058 |
| **50岁及以上** | **1038148** | **489893** | **548255** | **223** | **127** | **96** | **815973** | **394333** | **421640** |

3-2 续表 3

单位：人

| 年 龄 | 小学 | | | | | | | | |
|---|---|---|---|---|---|---|---|---|---|
| | 肄业 | | | 辍学 | | | 其他 | | |
| | 小计 | 男 | 女 | 小计 | 男 | 女 | 小计 | 男 | 女 |
| **总 计** | **51595** | **21704** | **29891** | **157240** | **67280** | **89960** | **52544** | **23712** | **28832** |
| 3 | | | | | | | | | |
| 4 | | | | | | | | | |
| **5-9岁** | **112** | **57** | **55** | **68** | **41** | **27** | **673** | **356** | **317** |
| 5 | | | | 4 | 1 | 3 | 42 | 28 | 14 |
| 6 | 20 | 8 | 12 | 7 | 5 | 2 | 143 | 75 | 68 |
| 7 | 27 | 14 | 13 | 21 | 9 | 12 | 162 | 85 | 77 |
| 8 | 31 | 13 | 18 | 20 | 12 | 8 | 171 | 86 | 85 |
| 9 | 34 | 22 | 12 | 16 | 14 | 2 | 155 | 82 | 73 |
| **10-14岁** | **91** | **56** | **35** | **121** | **69** | **52** | **398** | **216** | **182** |
| 10 | 32 | 20 | 12 | 26 | 15 | 11 | 131 | 71 | 60 |
| 11 | 24 | 12 | 12 | 22 | 13 | 9 | 133 | 69 | 64 |
| 12 | 20 | 12 | 8 | 24 | 15 | 9 | 74 | 44 | 30 |
| 13 | 10 | 9 | 1 | 24 | 15 | 9 | 41 | 20 | 21 |
| 14 | 5 | 3 | 2 | 25 | 11 | 14 | 19 | 12 | 7 |
| **15-19岁** | **44** | **28** | **16** | **198** | **121** | **77** | **116** | **74** | **42** |
| 15 | 4 | 2 | 2 | 21 | 13 | 8 | 23 | 13 | 10 |
| 16 | 6 | 5 | 1 | 35 | 20 | 15 | 18 | 11 | 7 |
| 17 | 8 | 3 | 5 | 43 | 29 | 14 | 26 | 16 | 10 |
| 18 | 13 | 9 | 4 | 44 | 21 | 23 | 15 | 11 | 4 |
| 19 | 13 | 9 | 4 | 55 | 38 | 17 | 34 | 23 | 11 |
| **20-24岁** | **136** | **73** | **63** | **420** | **235** | **185** | **202** | **126** | **76** |
| 20 | 26 | 12 | 14 | 76 | 40 | 36 | 36 | 26 | 10 |
| 21 | 24 | 17 | 7 | 61 | 28 | 33 | 31 | 23 | 8 |
| 22 | 25 | 11 | 14 | 79 | 41 | 38 | 38 | 24 | 14 |
| 23 | 29 | 15 | 14 | 81 | 53 | 28 | 45 | 24 | 21 |
| 24 | 32 | 18 | 14 | 123 | 73 | 50 | 52 | 29 | 23 |
| **25-29岁** | **216** | **106** | **110** | **790** | **433** | **357** | **383** | **212** | **171** |
| 25 | 36 | 18 | 18 | 127 | 69 | 58 | 68 | 37 | 31 |
| 26 | 31 | 19 | 12 | 122 | 70 | 52 | 72 | 41 | 31 |
| 27 | 40 | 22 | 18 | 159 | 89 | 70 | 70 | 45 | 25 |
| 28 | 51 | 25 | 26 | 179 | 87 | 92 | 80 | 40 | 40 |
| 29 | 58 | 22 | 36 | 203 | 118 | 85 | 93 | 49 | 44 |
| **30-34岁** | **485** | **235** | **250** | **1777** | **827** | **950** | **716** | **382** | **334** |
| 30 | 63 | 33 | 30 | 302 | 145 | 157 | 109 | 58 | 51 |
| 31 | 95 | 41 | 54 | 317 | 165 | 152 | 133 | 72 | 61 |
| 32 | 97 | 54 | 43 | 333 | 144 | 189 | 138 | 76 | 62 |
| 33 | 112 | 51 | 61 | 426 | 202 | 224 | 146 | 72 | 74 |
| 34 | 118 | 56 | 62 | 399 | 171 | 228 | 190 | 104 | 86 |
| **35-39岁** | **717** | **323** | **394** | **2854** | **1269** | **1585** | **933** | **408** | **525** |
| 35 | 101 | 43 | 58 | 413 | 208 | 205 | 153 | 64 | 89 |
| 36 | 113 | 52 | 61 | 479 | 211 | 268 | 160 | 60 | 100 |
| 37 | 154 | 71 | 83 | 520 | 240 | 280 | 197 | 88 | 109 |
| 38 | 184 | 83 | 101 | 679 | 293 | 386 | 219 | 112 | 107 |
| 39 | 165 | 74 | 91 | 763 | 317 | 446 | 204 | 84 | 120 |
| **40-44岁** | **1525** | **653** | **872** | **5819** | **2506** | **3313** | **1865** | **798** | **1067** |
| 40 | 192 | 76 | 116 | 737 | 303 | 434 | 215 | 84 | 131 |
| 41 | 277 | 118 | 159 | 1023 | 447 | 576 | 354 | 139 | 215 |
| 42 | 318 | 139 | 179 | 1186 | 527 | 659 | 374 | 167 | 207 |
| 43 | 331 | 148 | 183 | 1242 | 572 | 670 | 378 | 178 | 200 |
| 44 | 407 | 172 | 235 | 1631 | 657 | 974 | 544 | 230 | 314 |
| **45-49岁** | **3130** | **1229** | **1901** | **11874** | **4797** | **7077** | **3764** | **1633** | **2131** |
| 45 | 455 | 212 | 243 | 1787 | 747 | 1040 | 556 | 245 | 311 |
| 46 | 543 | 182 | 361 | 2096 | 839 | 1257 | 694 | 307 | 387 |
| 47 | 616 | 231 | 385 | 2447 | 990 | 1457 | 774 | 316 | 458 |
| 48 | 722 | 296 | 426 | 2624 | 1068 | 1556 | 833 | 356 | 477 |
| 49 | 794 | 308 | 486 | 2920 | 1153 | 1767 | 907 | 409 | 498 |
| **50岁及以上** | **45139** | **18944** | **26195** | **133319** | **56982** | **76337** | **43494** | **19507** | **23987** |

3-2　续表 4　　　　单位：人

| 年　龄 | 初中 | | | | | | | | |
| --- | --- | --- | --- | --- | --- | --- | --- | --- | --- |
| | 合　计 | | | 在　校 | | | 毕　业 | | |
| | 合计 | 男 | 女 | 小计 | 男 | 女 | 小计 | 男 | 女 |
| **总　计** | **2137512** | **1207406** | **930106** | **148307** | **78985** | **69322** | **1859358** | **1050557** | **808801** |
| 3 | | | | | | | | | |
| 4 | | | | | | | | | |
| **5–9岁** | **1606** | **909** | **697** | **1427** | **796** | **631** | **154** | **101** | **53** |
| 5 | | | | | | | | | |
| 6 | 256 | 146 | 110 | 227 | 131 | 96 | 27 | 15 | 12 |
| 7 | 342 | 211 | 131 | 296 | 177 | 119 | 41 | 31 | 10 |
| 8 | 464 | 252 | 212 | 408 | 217 | 191 | 48 | 30 | 18 |
| 9 | 544 | 300 | 244 | 496 | 271 | 225 | 38 | 25 | 13 |
| **10–14岁** | **125518** | **66809** | **58709** | **120359** | **63925** | **56434** | **4564** | **2558** | **2006** |
| 10 | 925 | 512 | 413 | 837 | 464 | 373 | 81 | 44 | 37 |
| 11 | 2551 | 1358 | 1193 | 2397 | 1269 | 1128 | 139 | 80 | 59 |
| 12 | 32389 | 17015 | 15374 | 31284 | 16407 | 14877 | 1004 | 552 | 452 |
| 13 | 44456 | 23636 | 20820 | 42779 | 22707 | 20072 | 1498 | 838 | 660 |
| 14 | 45197 | 24288 | 20909 | 43062 | 23078 | 19984 | 1842 | 1044 | 798 |
| **15–19岁** | **61173** | **36090** | **25083** | **26067** | **14002** | **12065** | **32308** | **20321** | **11987** |
| 15 | 18906 | 10260 | 8646 | 17025 | 9127 | 7898 | 1552 | 939 | 613 |
| 16 | 9925 | 5742 | 4183 | 5551 | 2996 | 2555 | 3927 | 2465 | 1462 |
| 17 | 9140 | 5648 | 3492 | 2082 | 1146 | 936 | 6514 | 4150 | 2364 |
| 18 | 10437 | 6486 | 3951 | 888 | 455 | 433 | 8888 | 5613 | 3275 |
| 19 | 12765 | 7954 | 4811 | 521 | 278 | 243 | 11427 | 7154 | 4273 |
| **20–24岁** | **91634** | **55462** | **36172** | **88** | **55** | **33** | **85470** | **51519** | **33951** |
| 20 | 14076 | 8780 | 5296 | 38 | 23 | 15 | 13095 | 8114 | 4981 |
| 21 | 16006 | 9858 | 6148 | 15 | 9 | 6 | 14985 | 9198 | 5787 |
| 22 | 19081 | 11635 | 7446 | 14 | 11 | 3 | 17827 | 10839 | 6988 |
| 23 | 20147 | 11988 | 8159 | 14 | 9 | 5 | 18755 | 11128 | 7627 |
| 24 | 22324 | 13201 | 9123 | 7 | 3 | 4 | 20808 | 12240 | 8568 |
| **25–29岁** | **148254** | **85010** | **63244** | **32** | **18** | **14** | **139067** | **79300** | **59767** |
| 25 | 26018 | 15297 | 10721 | 8 | 4 | 4 | 24416 | 14262 | 10154 |
| 26 | 26218 | 15180 | 11038 | 4 | 1 | 3 | 24573 | 14110 | 10463 |
| 27 | 29516 | 16871 | 12645 | 5 | 2 | 3 | 27684 | 15747 | 11937 |
| 28 | 31409 | 17893 | 13516 | 7 | 5 | 2 | 29452 | 16716 | 12736 |
| 29 | 35093 | 19769 | 15324 | 8 | 6 | 2 | 32942 | 18465 | 14477 |
| **30–34岁** | **233934** | **129563** | **104371** | **29** | **14** | **15** | **220198** | **121529** | **98669** |
| 30 | 45503 | 25420 | 20083 | 5 | 3 | 2 | 42747 | 23797 | 18950 |
| 31 | 45907 | 25490 | 20417 | 6 | 4 | 2 | 43200 | 23893 | 19307 |
| 32 | 45043 | 25095 | 19948 | 6 | 2 | 4 | 42427 | 23544 | 18883 |
| 33 | 51430 | 28243 | 23187 | 6 | 2 | 4 | 48461 | 26564 | 21897 |
| 34 | 46051 | 25315 | 20736 | 6 | 3 | 3 | 43363 | 23731 | 19632 |
| **35–39岁** | **227973** | **124778** | **103195** | **50** | **29** | **21** | **214872** | **117236** | **97636** |
| 35 | 41084 | 22588 | 18496 | 9 | 5 | 4 | 38671 | 21189 | 17482 |
| 36 | 43199 | 23744 | 19455 | 9 | 6 | 3 | 40631 | 22262 | 18369 |
| 37 | 44898 | 24551 | 20347 | 12 | 8 | 4 | 42331 | 23065 | 19266 |
| 38 | 52533 | 28586 | 23947 | 8 | 3 | 5 | 49531 | 26872 | 22659 |
| 39 | 46259 | 25309 | 20950 | 12 | 7 | 5 | 43708 | 23848 | 19860 |
| **40–44岁** | **248573** | **134585** | **113988** | **46** | **28** | **18** | **233642** | **126069** | **107573** |
| 40 | 42448 | 23252 | 19196 | 4 | 3 | 1 | 39952 | 21807 | 18145 |
| 41 | 50323 | 27337 | 22986 | 7 | 3 | 4 | 47404 | 25668 | 21736 |
| 42 | 50689 | 27454 | 23235 | 9 | 5 | 4 | 47661 | 25734 | 21927 |
| 43 | 50349 | 27000 | 23349 | 16 | 9 | 7 | 47291 | 25265 | 22026 |
| 44 | 54764 | 29542 | 25222 | 10 | 8 | 2 | 51334 | 27595 | 23739 |
| **45–49岁** | **298779** | **162988** | **135791** | **55** | **31** | **24** | **279693** | **152235** | **127458** |
| 45 | 55246 | 29933 | 25313 | 7 | 4 | 3 | 51741 | 27977 | 23764 |
| 46 | 58348 | 31670 | 26678 | 12 | 6 | 6 | 54566 | 29552 | 25014 |
| 47 | 62525 | 33866 | 28659 | 10 | 6 | 4 | 58524 | 31594 | 26930 |
| 48 | 60867 | 33417 | 27450 | 11 | 7 | 4 | 56962 | 31235 | 25727 |
| 49 | 61793 | 34102 | 27691 | 15 | 8 | 7 | 57900 | 31877 | 26023 |
| **50岁及以上** | **700068** | **411212** | **288856** | **154** | **87** | **67** | **649390** | **379689** | **269701** |

3–2 续表 5

单位：人

| 年龄 | 初中 | | | | | | | | |
|---|---|---|---|---|---|---|---|---|---|
| | 肄业 | | | 辍学 | | | 其他 | | |
| | 小计 | 男 | 女 | 小计 | 男 | 女 | 小计 | 男 | 女 |
| **总计** | **24503** | **14745** | **9758** | **69774** | **42600** | **27174** | **35570** | **20519** | **15051** |
| 3 | | | | | | | | | |
| 4 | | | | | | | | | |
| **5–9岁** | **2** | | **2** | **3** | **3** | | **20** | **9** | **11** |
| 5 | | | | | | | | | |
| 6 | | | | | | | 2 | | 2 |
| 7 | | | | 1 | 1 | | 4 | 2 | 2 |
| 8 | 1 | | 1 | 1 | 1 | | 6 | 4 | 2 |
| 9 | 1 | | 1 | 1 | 1 | | 8 | 3 | 5 |
| **10–14岁** | **86** | **48** | **38** | **214** | **120** | **94** | **295** | **158** | **137** |
| 10 | 1 | 1 | | | | | 6 | 3 | 3 |
| 11 | | | | 6 | 4 | 2 | 9 | 5 | 4 |
| 12 | 16 | 9 | 7 | 16 | 11 | 5 | 69 | 36 | 33 |
| 13 | 29 | 13 | 16 | 58 | 30 | 28 | 92 | 48 | 44 |
| 14 | 40 | 25 | 15 | 134 | 75 | 59 | 119 | 66 | 53 |
| **15–19岁** | **437** | **278** | **159** | **1763** | **1136** | **627** | **598** | **353** | **245** |
| 15 | 45 | 27 | 18 | 224 | 134 | 90 | 60 | 33 | 27 |
| 16 | 70 | 43 | 27 | 291 | 188 | 103 | 86 | 50 | 36 |
| 17 | 85 | 58 | 27 | 340 | 220 | 120 | 119 | 74 | 45 |
| 18 | 107 | 69 | 38 | 400 | 266 | 134 | 154 | 83 | 71 |
| 19 | 130 | 81 | 49 | 508 | 328 | 180 | 179 | 113 | 66 |
| **20–24岁** | **1042** | **661** | **381** | **3554** | **2328** | **1226** | **1480** | **899** | **581** |
| 20 | 148 | 95 | 53 | 571 | 397 | 174 | 224 | 151 | 73 |
| 21 | 186 | 119 | 67 | 588 | 384 | 204 | 232 | 148 | 84 |
| 22 | 223 | 138 | 85 | 703 | 462 | 241 | 314 | 185 | 129 |
| 23 | 230 | 142 | 88 | 831 | 532 | 299 | 317 | 177 | 140 |
| 24 | 255 | 167 | 88 | 861 | 553 | 308 | 393 | 238 | 155 |
| **25–29岁** | **1607** | **992** | **615** | **5227** | **3329** | **1898** | **2321** | **1371** | **950** |
| 25 | 286 | 177 | 109 | 905 | 606 | 299 | 403 | 248 | 155 |
| 26 | 287 | 191 | 96 | 967 | 637 | 330 | 387 | 241 | 146 |
| 27 | 296 | 189 | 107 | 1054 | 663 | 391 | 477 | 270 | 207 |
| 28 | 359 | 216 | 143 | 1097 | 655 | 442 | 494 | 301 | 193 |
| 29 | 379 | 219 | 160 | 1204 | 768 | 436 | 560 | 311 | 249 |
| **30–34岁** | **2375** | **1419** | **956** | **7578** | **4511** | **3067** | **3754** | **2090** | **1664** |
| 30 | 527 | 307 | 220 | 1496 | 916 | 580 | 728 | 397 | 331 |
| 31 | 449 | 280 | 169 | 1539 | 912 | 627 | 713 | 401 | 312 |
| 32 | 426 | 256 | 170 | 1446 | 880 | 566 | 738 | 413 | 325 |
| 33 | 510 | 290 | 220 | 1608 | 898 | 710 | 845 | 489 | 356 |
| 34 | 463 | 286 | 177 | 1489 | 905 | 584 | 730 | 390 | 340 |
| **35–39岁** | **2165** | **1282** | **883** | **7001** | **4096** | **2905** | **3885** | **2135** | **1750** |
| 35 | 394 | 227 | 167 | 1336 | 798 | 538 | 674 | 369 | 305 |
| 36 | 437 | 270 | 167 | 1378 | 793 | 585 | 744 | 413 | 331 |
| 37 | 437 | 255 | 182 | 1349 | 807 | 542 | 769 | 416 | 353 |
| 38 | 502 | 291 | 211 | 1567 | 891 | 676 | 925 | 529 | 396 |
| 39 | 395 | 239 | 156 | 1371 | 807 | 564 | 773 | 408 | 365 |
| **40–44岁** | **2539** | **1439** | **1100** | **7886** | **4627** | **3259** | **4460** | **2422** | **2038** |
| 40 | 436 | 260 | 176 | 1329 | 785 | 544 | 727 | 397 | 330 |
| 41 | 478 | 272 | 206 | 1541 | 915 | 626 | 893 | 479 | 414 |
| 42 | 477 | 264 | 213 | 1583 | 951 | 632 | 959 | 500 | 459 |
| 43 | 551 | 306 | 245 | 1604 | 924 | 680 | 887 | 496 | 391 |
| 44 | 597 | 337 | 260 | 1829 | 1052 | 777 | 994 | 550 | 444 |
| **45–49岁** | **3492** | **1996** | **1496** | **10200** | **5825** | **4375** | **5339** | **2901** | **2438** |
| 45 | 644 | 349 | 295 | 1880 | 1081 | 799 | 974 | 522 | 452 |
| 46 | 696 | 406 | 290 | 2010 | 1136 | 874 | 1064 | 570 | 494 |
| 47 | 719 | 423 | 296 | 2108 | 1217 | 891 | 1164 | 626 | 538 |
| 48 | 714 | 405 | 309 | 2127 | 1209 | 918 | 1053 | 561 | 492 |
| 49 | 719 | 413 | 306 | 2075 | 1182 | 893 | 1084 | 622 | 462 |
| **50岁及以上** | **10758** | **6630** | **4128** | **26348** | **16625** | **9723** | **13418** | **8181** | **5237** |

3-2 续表 6

单位：人

| 年龄 | 高中 | | | | | | | | |
|---|---|---|---|---|---|---|---|---|---|
| | 合计 | | | 在校 | | | 毕业 | | |
| | 合计 | 男 | 女 | 小计 | 男 | 女 | 小计 | 男 | 女 |
| **总计** | **950100** | **546890** | **403210** | **154770** | **81205** | **73565** | **763917** | **445611** | **318306** |
| 3 | | | | | | | | | |
| 4 | | | | | | | | | |
| **5—9岁** | | | | | | | | | |
| 5 | | | | | | | | | |
| 6 | | | | | | | | | |
| 7 | | | | | | | | | |
| 8 | | | | | | | | | |
| 9 | | | | | | | | | |
| **10—14岁** | **2205** | **1182** | **1023** | **2027** | **1080** | **947** | **153** | **87** | **66** |
| 10 | | | | | | | | | |
| 11 | 3 | 3 | | 3 | 3 | | | | |
| 12 | 3 | 1 | 2 | 3 | 1 | 2 | | | |
| 13 | 488 | 265 | 223 | 445 | 236 | 209 | 38 | 26 | 12 |
| 14 | 1711 | 913 | 798 | 1576 | 840 | 736 | 115 | 61 | 54 |
| **15—19岁** | **166299** | **89005** | **77294** | **148599** | **77879** | **70720** | **15834** | **9966** | **5868** |
| 15 | 32241 | 16619 | 15622 | 31977 | 16454 | 15523 | 198 | 126 | 72 |
| 16 | 54268 | 28475 | 25793 | 53193 | 27845 | 25348 | 816 | 485 | 331 |
| 17 | 47657 | 25057 | 22600 | 44765 | 23240 | 21525 | 2413 | 1518 | 895 |
| 18 | 20011 | 11484 | 8527 | 14635 | 8041 | 6594 | 4902 | 3133 | 1769 |
| 19 | 12122 | 7370 | 4752 | 4029 | 2299 | 1730 | 7505 | 4704 | 2801 |
| **20—24岁** | **73613** | **45180** | **28433** | **3973** | **2158** | **1815** | **66167** | **40801** | **25366** |
| 20 | 12292 | 7590 | 4702 | 1980 | 1055 | 925 | 9756 | 6173 | 3583 |
| 21 | 12748 | 7900 | 4848 | 889 | 496 | 393 | 11211 | 6973 | 4238 |
| 22 | 14710 | 8995 | 5715 | 500 | 270 | 230 | 13503 | 8270 | 5233 |
| 23 | 16162 | 9873 | 6289 | 354 | 200 | 154 | 15051 | 9203 | 5848 |
| 24 | 17701 | 10822 | 6879 | 250 | 137 | 113 | 16646 | 10182 | 6464 |
| **25—29岁** | **108154** | **64256** | **43898** | **47** | **28** | **19** | **103192** | **61030** | **42162** |
| 25 | 20135 | 12208 | 7927 | 14 | 5 | 9 | 19172 | 11582 | 7590 |
| 26 | 20119 | 12106 | 8013 | 12 | 9 | 3 | 19224 | 11520 | 7704 |
| 27 | 21841 | 12950 | 8891 | 10 | 5 | 5 | 20876 | 12327 | 8549 |
| 28 | 22569 | 13304 | 9265 | 5 | 4 | 1 | 21477 | 12585 | 8892 |
| 29 | 23490 | 13688 | 9802 | 6 | 5 | 1 | 22443 | 13016 | 9427 |
| **30—34岁** | **140651** | **80429** | **60222** | **30** | **12** | **18** | **135184** | **76974** | **58210** |
| 30 | 29379 | 17022 | 12357 | 7 | 1 | 6 | 28134 | 16228 | 11906 |
| 31 | 28568 | 16373 | 12195 | 4 | 1 | 3 | 27444 | 15671 | 11773 |
| 32 | 27576 | 15713 | 11863 | 5 | 2 | 3 | 26533 | 15065 | 11468 |
| 33 | 30587 | 17454 | 13133 | 12 | 7 | 5 | 29445 | 16727 | 12718 |
| 34 | 24541 | 13867 | 10674 | 2 | 1 | 1 | 23628 | 13283 | 10345 |
| **35—39岁** | **101995** | **57601** | **44394** | **21** | **10** | **11** | **98256** | **55268** | **42988** |
| 35 | 19149 | 10842 | 8307 | 4 | 2 | 2 | 18395 | 10368 | 8027 |
| 36 | 19599 | 11081 | 8518 | 5 | 3 | 2 | 18850 | 10620 | 8230 |
| 37 | 20095 | 11355 | 8740 | 3 | 2 | 1 | 19376 | 10892 | 8484 |
| 38 | 23408 | 13165 | 10243 | 5 | | 5 | 22579 | 12658 | 9921 |
| 39 | 19744 | 11158 | 8586 | 4 | 3 | 1 | 19056 | 10730 | 8326 |
| **40—44岁** | **82867** | **46875** | **35992** | **15** | **7** | **8** | **80153** | **45200** | **34953** |
| 40 | 16793 | 9514 | 7279 | 4 | 3 | 1 | 16215 | 9159 | 7056 |
| 41 | 18639 | 10472 | 8167 | 7 | 4 | 3 | 18068 | 10109 | 7959 |
| 42 | 16924 | 9551 | 7373 | 2 | | 2 | 16390 | 9229 | 7161 |
| 43 | 15361 | 8710 | 6651 | 1 | | 1 | 14834 | 8395 | 6439 |
| 44 | 15150 | 8628 | 6522 | 1 | | 1 | 14646 | 8308 | 6338 |
| **45—49岁** | **71051** | **41618** | **29433** | **17** | **9** | **8** | **68580** | **40034** | **28546** |
| 45 | 14178 | 8283 | 5895 | 5 | 3 | 2 | 13673 | 7953 | 5720 |
| 46 | 13775 | 8071 | 5704 | 6 | 3 | 3 | 13289 | 7763 | 5526 |
| 47 | 14617 | 8353 | 6264 | 3 | 1 | 2 | 14082 | 8014 | 6068 |
| 48 | 14022 | 8233 | 5789 | 2 | 1 | 1 | 13533 | 7931 | 5602 |
| 49 | 14459 | 8678 | 5781 | 1 | 1 | | 14003 | 8373 | 5630 |
| **50岁及以上** | **203263** | **120743** | **82520** | **39** | **21** | **18** | **196398** | **116251** | **80147** |

3-2 续表 7 单位：人

| 年龄 | 高中 | | | | | | | | |
|---|---|---|---|---|---|---|---|---|---|
| | 肄业 | | | 辍学 | | | 其他 | | |
| | 小计 | 男 | 女 | 小计 | 男 | 女 | 小计 | 男 | 女 |
| **总计** | **6078** | **4010** | **2068** | **14045** | **9383** | **4662** | **11290** | **6681** | **4609** |
| 3 | | | | | | | | | |
| 4 | | | | | | | | | |
| **5—9岁** | | | | | | | | | |
| 5 | | | | | | | | | |
| 6 | | | | | | | | | |
| 7 | | | | | | | | | |
| 8 | | | | | | | | | |
| 9 | | | | | | | | | |
| **10—14岁** | **3** | **2** | **1** | **9** | **6** | **3** | **13** | **7** | **6** |
| 10 | | | | | | | | | |
| 11 | | | | | | | | | |
| 12 | | | | | | | | | |
| 13 | | | | 2 | 1 | 1 | 3 | 2 | 1 |
| 14 | 3 | 2 | 1 | 7 | 5 | 2 | 10 | 5 | 5 |
| **15—19岁** | **312** | **199** | **113** | **1099** | **683** | **416** | **455** | **278** | **177** |
| 15 | 7 | 3 | 4 | 35 | 22 | 13 | 24 | 14 | 10 |
| 16 | 42 | 29 | 13 | 155 | 91 | 64 | 62 | 25 | 37 |
| 17 | 74 | 50 | 24 | 277 | 168 | 109 | 128 | 81 | 47 |
| 18 | 78 | 49 | 29 | 279 | 182 | 97 | 117 | 79 | 38 |
| 19 | 111 | 68 | 43 | 353 | 220 | 133 | 124 | 79 | 45 |
| **20—24岁** | **630** | **421** | **209** | **1872** | **1233** | **639** | **971** | **567** | **404** |
| 20 | 106 | 70 | 36 | 319 | 220 | 99 | 131 | 72 | 59 |
| 21 | 117 | 76 | 41 | 362 | 248 | 114 | 169 | 107 | 62 |
| 22 | 126 | 82 | 44 | 372 | 242 | 130 | 209 | 131 | 78 |
| 23 | 127 | 84 | 43 | 407 | 262 | 145 | 223 | 124 | 99 |
| 24 | 154 | 109 | 45 | 412 | 261 | 151 | 239 | 133 | 106 |
| **25—29岁** | **893** | **585** | **308** | **2423** | **1646** | **777** | **1599** | **967** | **632** |
| 25 | 170 | 113 | 57 | 483 | 331 | 152 | 296 | 177 | 119 |
| 26 | 155 | 98 | 57 | 455 | 308 | 147 | 273 | 171 | 102 |
| 27 | 168 | 102 | 66 | 455 | 313 | 142 | 332 | 203 | 129 |
| 28 | 200 | 135 | 65 | 547 | 371 | 176 | 340 | 209 | 131 |
| 29 | 200 | 137 | 63 | 483 | 323 | 160 | 358 | 207 | 151 |
| **30—34岁** | **1065** | **714** | **351** | **2438** | **1614** | **824** | **1934** | **1115** | **819** |
| 30 | 225 | 159 | 66 | 620 | 399 | 221 | 393 | 235 | 158 |
| 31 | 227 | 145 | 82 | 495 | 329 | 166 | 398 | 227 | 171 |
| 32 | 203 | 135 | 68 | 454 | 300 | 154 | 381 | 211 | 170 |
| 33 | 231 | 158 | 73 | 465 | 322 | 143 | 434 | 240 | 194 |
| 34 | 179 | 117 | 62 | 404 | 264 | 140 | 328 | 202 | 126 |
| **35—39岁** | **690** | **449** | **241** | **1584** | **1052** | **532** | **1444** | **822** | **622** |
| 35 | 137 | 92 | 45 | 334 | 224 | 110 | 279 | 156 | 123 |
| 36 | 135 | 85 | 50 | 311 | 208 | 103 | 298 | 165 | 133 |
| 37 | 134 | 94 | 40 | 317 | 208 | 109 | 265 | 159 | 106 |
| 38 | 169 | 104 | 65 | 338 | 222 | 116 | 317 | 181 | 136 |
| 39 | 115 | 74 | 41 | 284 | 190 | 94 | 285 | 161 | 124 |
| **40—44岁** | **501** | **328** | **173** | **1084** | **726** | **358** | **1114** | **614** | **500** |
| 40 | 105 | 66 | 39 | 231 | 152 | 79 | 238 | 134 | 104 |
| 41 | 102 | 66 | 36 | 226 | 156 | 70 | 236 | 137 | 99 |
| 42 | 94 | 57 | 37 | 209 | 142 | 67 | 229 | 123 | 106 |
| 43 | 102 | 69 | 33 | 211 | 130 | 81 | 213 | 116 | 97 |
| 44 | 98 | 70 | 28 | 207 | 146 | 61 | 198 | 104 | 94 |
| **45—49岁** | **442** | **292** | **150** | **1014** | **694** | **320** | **998** | **589** | **409** |
| 45 | 105 | 75 | 30 | 203 | 131 | 72 | 192 | 121 | 71 |
| 46 | 83 | 53 | 30 | 196 | 141 | 55 | 201 | 111 | 90 |
| 47 | 85 | 54 | 31 | 220 | 149 | 71 | 227 | 135 | 92 |
| 48 | 84 | 51 | 33 | 207 | 137 | 70 | 196 | 113 | 83 |
| 49 | 85 | 59 | 26 | 188 | 136 | 52 | 182 | 109 | 73 |
| **50岁及以上** | **1542** | **1020** | **522** | **2522** | **1729** | **793** | **2762** | **1722** | **1040** |

3-2　续表 8　　　　　　　　　　　　　　　　　　　　　　　　　　　　单位：人

| 年　龄 | 大学专科 | | | | | | | | |
|---|---|---|---|---|---|---|---|---|---|
| | 合　　计 | | | 在　　校 | | | 毕　　业 | | |
| | 合计 | 男 | 女 | 小计 | 男 | 女 | 小计 | 男 | 女 |
| **总　计** | **559363** | **296239** | **263124** | **54172** | **27853** | **26319** | **498150** | **264326** | **233824** |
| 3 | | | | | | | | | |
| 4 | | | | | | | | | |
| **5—9岁** | | | | | | | | | |
| 5 | | | | | | | | | |
| 6 | | | | | | | | | |
| 7 | | | | | | | | | |
| 8 | | | | | | | | | |
| 9 | | | | | | | | | |
| **10—14岁** | **6** | **2** | **4** | **2** | **1** | **1** | **4** | **1** | **3** |
| 10 | 1 | | 1 | | | | 1 | | 1 |
| 11 | 1 | 1 | | 1 | 1 | | | | |
| 12 | | | | | | | | | |
| 13 | 1 | | 1 | 1 | | 1 | | | |
| 14 | 3 | 1 | 2 | | | | 3 | 1 | 2 |
| **15—19岁** | **31867** | **16359** | **15508** | **28669** | **14529** | **14140** | **2973** | **1688** | **1285** |
| 15 | 206 | 116 | 90 | 195 | 110 | 85 | 11 | 6 | 5 |
| 16 | 579 | 322 | 257 | 507 | 277 | 230 | 63 | 40 | 23 |
| 17 | 1899 | 1086 | 813 | 1670 | 952 | 718 | 207 | 117 | 90 |
| 18 | 10023 | 5186 | 4837 | 9273 | 4771 | 4502 | 689 | 377 | 312 |
| 19 | 19160 | 9649 | 9511 | 17024 | 8419 | 8605 | 2003 | 1148 | 855 |
| **20—24岁** | **99686** | **51777** | **47909** | **23601** | **12313** | **11288** | **74796** | **38736** | **36060** |
| 20 | 19661 | 10197 | 9464 | 13891 | 7085 | 6806 | 5525 | 2971 | 2554 |
| 21 | 17622 | 9174 | 8448 | 5788 | 3084 | 2704 | 11594 | 5948 | 5646 |
| 22 | 19486 | 10312 | 9174 | 2350 | 1306 | 1044 | 16876 | 8857 | 8019 |
| 23 | 21136 | 10922 | 10214 | 1042 | 573 | 469 | 19850 | 10213 | 9637 |
| 24 | 21781 | 11172 | 10609 | 530 | 265 | 265 | 20951 | 10747 | 10204 |
| **25—29岁** | **107165** | **54972** | **52193** | **982** | **503** | **479** | **104703** | **53633** | **51070** |
| 25 | 23021 | 11957 | 11064 | 360 | 166 | 194 | 22344 | 11601 | 10743 |
| 26 | 21159 | 10955 | 10204 | 233 | 133 | 100 | 20621 | 10651 | 9970 |
| 27 | 21631 | 11041 | 10590 | 155 | 92 | 63 | 21154 | 10769 | 10385 |
| 28 | 20679 | 10545 | 10134 | 118 | 57 | 61 | 20291 | 10344 | 9947 |
| 29 | 20675 | 10474 | 10201 | 116 | 55 | 61 | 20293 | 10268 | 10025 |
| **30—34岁** | **115153** | **58385** | **56768** | **394** | **198** | **196** | **113229** | **57343** | **55886** |
| 30 | 24455 | 12479 | 11976 | 109 | 60 | 49 | 23989 | 12224 | 11765 |
| 31 | 24186 | 12246 | 11940 | 84 | 50 | 34 | 23774 | 11998 | 11776 |
| 32 | 22127 | 11173 | 10954 | 66 | 27 | 39 | 21774 | 10987 | 10787 |
| 33 | 24840 | 12482 | 12358 | 81 | 39 | 42 | 24464 | 12293 | 12171 |
| 34 | 19545 | 10005 | 9540 | 54 | 22 | 32 | 19228 | 9841 | 9387 |
| **35—39岁** | **72459** | **37019** | **35440** | **208** | **110** | **98** | **71316** | **36390** | **34926** |
| 35 | 14961 | 7616 | 7345 | 38 | 19 | 19 | 14741 | 7495 | 7246 |
| 36 | 14863 | 7653 | 7210 | 45 | 22 | 23 | 14614 | 7508 | 7106 |
| 37 | 14687 | 7398 | 7289 | 36 | 20 | 16 | 14460 | 7285 | 7175 |
| 38 | 16005 | 8160 | 7845 | 54 | 33 | 21 | 15720 | 7999 | 7721 |
| 39 | 11943 | 6192 | 5751 | 35 | 16 | 19 | 11781 | 6103 | 5678 |
| **40—44岁** | **42392** | **22325** | **20067** | **138** | **84** | **54** | **41795** | **21974** | **19821** |
| 40 | 9221 | 4795 | 4426 | 33 | 14 | 19 | 9098 | 4726 | 4372 |
| 41 | 9795 | 5100 | 4695 | 34 | 18 | 16 | 9643 | 5015 | 4628 |
| 42 | 8660 | 4558 | 4102 | 26 | 19 | 7 | 8541 | 4489 | 4052 |
| 43 | 7464 | 3883 | 3581 | 23 | 15 | 8 | 7356 | 3816 | 3540 |
| 44 | 7252 | 3989 | 3263 | 22 | 18 | 4 | 7157 | 3928 | 3229 |
| **45—49岁** | **29190** | **16488** | **12702** | **62** | **36** | **26** | **28787** | **16249** | **12538** |
| 45 | 6248 | 3475 | 2773 | 20 | 13 | 7 | 6165 | 3425 | 2740 |
| 46 | 5767 | 3208 | 2559 | 12 | 4 | 8 | 5689 | 3169 | 2520 |
| 47 | 6110 | 3461 | 2649 | 13 | 7 | 6 | 6029 | 3410 | 2619 |
| 48 | 5495 | 3178 | 2317 | 11 | 8 | 3 | 5420 | 3131 | 2289 |
| 49 | 5570 | 3166 | 2404 | 6 | 4 | 2 | 5484 | 3114 | 2370 |
| **50岁及以上** | **61445** | **38912** | **22533** | **116** | **79** | **37** | **60547** | **38312** | **22235** |

3−2 续表 9

单位：人

| 年龄 | 大学专科 | | | | | | | | |
|---|---|---|---|---|---|---|---|---|---|
| | 肄业 | | | 辍学 | | | 其他 | | |
| | 小计 | 男 | 女 | 小计 | 男 | 女 | 小计 | 男 | 女 |
| **总计** | **1287** | **808** | **479** | **965** | **681** | **284** | **4789** | **2571** | **2218** |
| 3 | | | | | | | | | |
| 4 | | | | | | | | | |
| **5−9岁** | | | | | | | | | |
| 5 | | | | | | | | | |
| 6 | | | | | | | | | |
| 7 | | | | | | | | | |
| 8 | | | | | | | | | |
| 9 | | | | | | | | | |
| **10−14岁** | | | | | | | | | |
| 10 | | | | | | | | | |
| 11 | | | | | | | | | |
| 12 | | | | | | | | | |
| 13 | | | | | | | | | |
| 14 | | | | | | | | | |
| **15−19岁** | **38** | **21** | **17** | **52** | **36** | **16** | **135** | **85** | **50** |
| 15 | | | | | | | | | |
| 16 | 4 | 2 | 2 | 2 | 1 | 1 | 3 | 2 | 1 |
| 17 | 4 | 3 | 1 | 3 | 3 | | 15 | 11 | 4 |
| 18 | 12 | 5 | 7 | 12 | 9 | 3 | 37 | 24 | 13 |
| 19 | 18 | 11 | 7 | 35 | 23 | 12 | 80 | 48 | 32 |
| **20−24岁** | **268** | **157** | **111** | **237** | **148** | **89** | **784** | **423** | **361** |
| 20 | 46 | 26 | 20 | 46 | 28 | 18 | 153 | 87 | 66 |
| 21 | 58 | 32 | 26 | 47 | 27 | 20 | 135 | 83 | 52 |
| 22 | 58 | 38 | 20 | 53 | 37 | 16 | 149 | 74 | 75 |
| 23 | 48 | 28 | 20 | 39 | 23 | 16 | 157 | 85 | 72 |
| 24 | 58 | 33 | 25 | 52 | 33 | 19 | 190 | 94 | 96 |
| **25−29岁** | **256** | **156** | **100** | **223** | **157** | **66** | **1001** | **523** | **478** |
| 25 | 61 | 36 | 25 | 52 | 38 | 14 | 204 | 116 | 88 |
| 26 | 50 | 33 | 17 | 56 | 36 | 20 | 199 | 102 | 97 |
| 27 | 59 | 41 | 18 | 37 | 29 | 8 | 226 | 110 | 116 |
| 28 | 39 | 24 | 15 | 41 | 25 | 16 | 190 | 95 | 95 |
| 29 | 47 | 22 | 25 | 37 | 29 | 8 | 182 | 100 | 82 |
| **30−34岁** | **268** | **174** | **94** | **227** | **170** | **57** | **1035** | **500** | **535** |
| 30 | 77 | 49 | 28 | 47 | 33 | 14 | 233 | 113 | 120 |
| 31 | 60 | 43 | 17 | 52 | 39 | 13 | 216 | 116 | 100 |
| 32 | 38 | 29 | 9 | 37 | 29 | 8 | 212 | 101 | 111 |
| 33 | 49 | 25 | 24 | 51 | 39 | 12 | 195 | 86 | 109 |
| 34 | 44 | 28 | 16 | 40 | 30 | 10 | 179 | 84 | 95 |
| **35−39岁** | **149** | **88** | **61** | **96** | **69** | **27** | **690** | **362** | **328** |
| 35 | 29 | 18 | 11 | 24 | 17 | 7 | 129 | 67 | 62 |
| 36 | 30 | 19 | 11 | 14 | 13 | 1 | 160 | 91 | 69 |
| 37 | 35 | 18 | 17 | 13 | 8 | 5 | 143 | 67 | 76 |
| 38 | 42 | 23 | 19 | 30 | 22 | 8 | 159 | 83 | 76 |
| 39 | 13 | 10 | 3 | 15 | 9 | 6 | 99 | 54 | 45 |
| **40−44岁** | **90** | **58** | **32** | **32** | **24** | **8** | **337** | **185** | **152** |
| 40 | 17 | 14 | 3 | 5 | 3 | 2 | 68 | 38 | 30 |
| 41 | 22 | 13 | 9 | 9 | 7 | 2 | 87 | 47 | 40 |
| 42 | 21 | 13 | 8 | 5 | 3 | 2 | 67 | 34 | 33 |
| 43 | 11 | 7 | 4 | 6 | 6 | | 68 | 39 | 29 |
| 44 | 19 | 11 | 8 | 7 | 5 | 2 | 47 | 27 | 20 |
| **45−49岁** | **58** | **39** | **19** | **37** | **30** | **7** | **246** | **134** | **112** |
| 45 | 13 | 7 | 6 | 8 | 5 | 3 | 42 | 25 | 17 |
| 46 | 13 | 6 | 7 | 6 | 6 | | 47 | 23 | 24 |
| 47 | 6 | 6 | | 9 | 8 | 1 | 53 | 30 | 23 |
| 48 | 9 | 7 | 2 | 8 | 6 | 2 | 47 | 26 | 21 |
| 49 | 17 | 13 | 4 | 6 | 5 | 1 | 57 | 30 | 27 |
| **50岁及以上** | **160** | **115** | **45** | **61** | **47** | **14** | **561** | **359** | **202** |

3-2　续表 10　　　　单位：人

| 年龄 | 大学本科 | | | | | | | | |
|---|---|---|---|---|---|---|---|---|---|
| | 合计 | | | 在校 | | | 毕业 | | |
| | 合计 | 男 | 女 | 小计 | 男 | 女 | 小计 | 男 | 女 |
| **总计** | **507241** | **254596** | **252645** | **70899** | **31943** | **38956** | **432696** | **220695** | **212001** |
| 3 | | | | | | | | | |
| 4 | | | | | | | | | |
| **5-9岁** | | | | | | | | | |
| 5 | | | | | | | | | |
| 6 | | | | | | | | | |
| 7 | | | | | | | | | |
| 8 | | | | | | | | | |
| 9 | | | | | | | | | |
| **10-14岁** | **4** | **1** | **3** | **1** | | **1** | **2** | **1** | **1** |
| 10 | | | | | | | | | |
| 11 | 1 | | 1 | | | | 1 | | 1 |
| 12 | 1 | 1 | | | | | 1 | 1 | |
| 13 | 1 | | 1 | 1 | | 1 | | | |
| 14 | 1 | | 1 | | | | | | |
| **15-19岁** | **23740** | **10402** | **13338** | **23329** | **10185** | **13144** | **367** | **191** | **176** |
| 15 | 57 | 34 | 23 | 53 | 33 | 20 | 4 | 1 | 3 |
| 16 | 103 | 51 | 52 | 94 | 46 | 48 | 9 | 5 | 4 |
| 17 | 621 | 263 | 358 | 595 | 250 | 345 | 25 | 13 | 12 |
| 18 | 7626 | 3370 | 4256 | 7511 | 3304 | 4207 | 97 | 52 | 45 |
| 19 | 15333 | 6684 | 8649 | 15076 | 6552 | 8524 | 232 | 120 | 112 |
| **20-24岁** | **90305** | **40803** | **49502** | **45335** | **20629** | **24706** | **44470** | **19923** | **24547** |
| 20 | 18298 | 8117 | 10181 | 17578 | 7770 | 9808 | 687 | 329 | 358 |
| 21 | 18360 | 8197 | 10163 | 15999 | 7135 | 8864 | 2302 | 1035 | 1267 |
| 22 | 17014 | 7684 | 9330 | 7721 | 3629 | 4092 | 9185 | 4003 | 5182 |
| 23 | 17846 | 8252 | 9594 | 2861 | 1493 | 1368 | 14863 | 6697 | 8166 |
| 24 | 18787 | 8553 | 10234 | 1176 | 602 | 574 | 17433 | 7859 | 9574 |
| **25-29岁** | **101423** | **47909** | **53514** | **1420** | **704** | **716** | **99208** | **46821** | **52387** |
| 25 | 20379 | 9434 | 10945 | 602 | 320 | 282 | 19619 | 9041 | 10578 |
| 26 | 19630 | 9215 | 10415 | 320 | 136 | 184 | 19142 | 9004 | 10138 |
| 27 | 21013 | 9841 | 11172 | 231 | 116 | 115 | 20610 | 9634 | 10976 |
| 28 | 20513 | 9819 | 10694 | 140 | 74 | 66 | 20236 | 9676 | 10560 |
| 29 | 19888 | 9600 | 10288 | 127 | 58 | 69 | 19601 | 9466 | 10135 |
| **30-34岁** | **106870** | **52027** | **54843** | **359** | **175** | **184** | **105680** | **51428** | **54252** |
| 30 | 22844 | 11025 | 11819 | 105 | 53 | 52 | 22573 | 10900 | 11673 |
| 31 | 21970 | 10569 | 11401 | 78 | 36 | 42 | 21719 | 10447 | 11272 |
| 32 | 20581 | 10049 | 10532 | 68 | 35 | 33 | 20344 | 9925 | 10419 |
| 33 | 22970 | 11183 | 11787 | 66 | 31 | 35 | 22735 | 11062 | 11673 |
| 34 | 18505 | 9201 | 9304 | 42 | 20 | 22 | 18309 | 9094 | 9215 |
| **35-39岁** | **73920** | **37163** | **36757** | **206** | **109** | **97** | **73183** | **36755** | **36428** |
| 35 | 15217 | 7603 | 7614 | 42 | 20 | 22 | 15047 | 7513 | 7534 |
| 36 | 15616 | 7892 | 7724 | 38 | 21 | 17 | 15460 | 7800 | 7660 |
| 37 | 15144 | 7507 | 7637 | 42 | 18 | 24 | 14988 | 7419 | 7569 |
| 38 | 16186 | 8206 | 7980 | 51 | 27 | 24 | 16036 | 8128 | 7908 |
| 39 | 11757 | 5955 | 5802 | 33 | 23 | 10 | 11652 | 5895 | 5757 |
| **40-44岁** | **41700** | **22057** | **19643** | **98** | **45** | **53** | **41296** | **21858** | **19438** |
| 40 | 9146 | 4758 | 4388 | 18 | 7 | 11 | 9063 | 4720 | 4343 |
| 41 | 9494 | 4852 | 4642 | 18 | 8 | 10 | 9406 | 4814 | 4592 |
| 42 | 8573 | 4574 | 3999 | 27 | 14 | 13 | 8477 | 4521 | 3956 |
| 43 | 7417 | 3953 | 3464 | 14 | 6 | 8 | 7358 | 3928 | 3430 |
| 44 | 7070 | 3920 | 3150 | 21 | 10 | 11 | 6992 | 3875 | 3117 |
| **45-49岁** | **27371** | **15859** | **11512** | **67** | **44** | **23** | **27083** | **15682** | **11401** |
| 45 | 6015 | 3345 | 2670 | 19 | 14 | 5 | 5961 | 3308 | 2653 |
| 46 | 5587 | 3201 | 2386 | 11 | 4 | 7 | 5525 | 3169 | 2356 |
| 47 | 5748 | 3393 | 2355 | 15 | 10 | 5 | 5695 | 3359 | 2336 |
| 48 | 5134 | 3001 | 2133 | 13 | 11 | 2 | 5064 | 2956 | 2108 |
| 49 | 4887 | 2919 | 1968 | 9 | 5 | 4 | 4838 | 2890 | 1948 |
| **50岁及以上** | **41908** | **28375** | **13533** | **84** | **52** | **32** | **41407** | **28036** | **13371** |

3-2 续表 11

单位：人

| 年龄 | 大学本科 | | | | | | | | |
|---|---|---|---|---|---|---|---|---|---|
| | 肄业 | | | 辍学 | | | 其他 | | |
| | 小计 | 男 | 女 | 小计 | 男 | 女 | 小计 | 男 | 女 |
| **总计** | **585** | **340** | **245** | **155** | **103** | **52** | **2906** | **1515** | **1391** |
| 3 | | | | | | | | | |
| 4 | | | | | | | | | |
| **5-9岁** | | | | | | | | | |
| 5 | | | | | | | | | |
| 6 | | | | | | | | | |
| 7 | | | | | | | | | |
| 8 | | | | | | | | | |
| 9 | | | | | | | | | |
| **10-14岁** | | | | | | | **1** | | **1** |
| 10 | | | | | | | | | |
| 11 | | | | | | | | | |
| 12 | | | | | | | | | |
| 13 | | | | | | | | | |
| 14 | | | | | | | 1 | | 1 |
| **15-19岁** | **6** | **5** | **1** | **4** | **2** | **2** | **34** | **19** | **15** |
| 15 | | | | | | | | | |
| 16 | | | | | | | | | |
| 17 | | | | | | | 1 | | 1 |
| 18 | 3 | 3 | | | | | 15 | 11 | 4 |
| 19 | 3 | 2 | 1 | 4 | 2 | 2 | 18 | 8 | 10 |
| **20-24岁** | **93** | **48** | **45** | **34** | **23** | **11** | **373** | **180** | **193** |
| 20 | 3 | 2 | 1 | 6 | 3 | 3 | 24 | 13 | 11 |
| 21 | 12 | 5 | 7 | 5 | 3 | 2 | 42 | 19 | 23 |
| 22 | 21 | 10 | 11 | 8 | 6 | 2 | 79 | 36 | 43 |
| 23 | 20 | 9 | 11 | 6 | 5 | 1 | 96 | 48 | 48 |
| 24 | 37 | 22 | 15 | 9 | 6 | 3 | 132 | 64 | 68 |
| **25-29岁** | **150** | **88** | **62** | **34** | **22** | **12** | **611** | **274** | **337** |
| 25 | 28 | 16 | 12 | 7 | 6 | 1 | 123 | 51 | 72 |
| 26 | 31 | 17 | 14 | 7 | 4 | 3 | 130 | 54 | 76 |
| 27 | 37 | 23 | 14 | 6 | 5 | 1 | 129 | 63 | 66 |
| 28 | 26 | 14 | 12 | 5 | 3 | 2 | 106 | 52 | 54 |
| 29 | 28 | 18 | 10 | 9 | 4 | 5 | 123 | 54 | 69 |
| **30-34岁** | **139** | **76** | **63** | **33** | **23** | **10** | **659** | **325** | **334** |
| 30 | 31 | 13 | 18 | 3 | 3 | | 132 | 56 | 76 |
| 31 | 26 | 14 | 12 | 9 | 6 | 3 | 138 | 66 | 72 |
| 32 | 25 | 16 | 9 | 3 | 2 | 1 | 141 | 71 | 70 |
| 33 | 25 | 13 | 12 | 11 | 8 | 3 | 133 | 69 | 64 |
| 34 | 32 | 20 | 12 | 7 | 4 | 3 | 115 | 63 | 52 |
| **35-39岁** | **79** | **47** | **32** | **12** | **9** | **3** | **440** | **243** | **197** |
| 35 | 18 | 9 | 9 | 4 | 4 | | 106 | 57 | 49 |
| 36 | 17 | 14 | 3 | 2 | | 2 | 99 | 57 | 42 |
| 37 | 17 | 10 | 7 | 3 | 2 | 1 | 94 | 58 | 36 |
| 38 | 17 | 8 | 9 | 3 | 3 | | 79 | 40 | 39 |
| 39 | 10 | 6 | 4 | | | | 62 | 31 | 31 |
| **40-44岁** | **38** | **17** | **21** | **10** | **6** | **4** | **258** | **131** | **127** |
| 40 | 5 | 1 | 4 | 2 | 1 | 1 | 58 | 29 | 29 |
| 41 | 9 | 6 | 3 | 2 | 1 | 1 | 59 | 23 | 36 |
| 42 | 9 | 3 | 6 | 3 | 2 | 1 | 57 | 34 | 23 |
| 43 | 6 | 1 | 5 | | | | 39 | 18 | 21 |
| 44 | 9 | 6 | 3 | 3 | 2 | 1 | 45 | 27 | 18 |
| **45-49岁** | **23** | **14** | **9** | **7** | **4** | **3** | **191** | **115** | **76** |
| 45 | 5 | 3 | 2 | 2 | 1 | 1 | 28 | 19 | 9 |
| 46 | 6 | 4 | 2 | | | | 45 | 24 | 21 |
| 47 | 4 | 1 | 3 | | | | 34 | 23 | 11 |
| 48 | 6 | 4 | 2 | 1 | 1 | | 50 | 29 | 21 |
| 49 | 2 | 2 | | 4 | 2 | 2 | 34 | 20 | 14 |
| **50岁及以上** | **57** | **45** | **12** | **21** | **14** | **7** | **339** | **228** | **111** |

3-2　续表 12　　　　单位：人

| 年　龄 | 硕士研究生 | | | | | | | | |
|---|---|---|---|---|---|---|---|---|---|
| | 合　计 | | | 在　校 | | | 毕　业 | | |
| | 合计 | 男 | 女 | 小计 | 男 | 女 | 小计 | 男 | 女 |
| **总　计** | **50203** | **26350** | **23853** | **8772** | **4338** | **4434** | **41180** | **21873** | **19307** |
| 3 | | | | | | | | | |
| 4 | | | | | | | | | |
| **5-9岁** | | | | | | | | | |
| 5 | | | | | | | | | |
| 6 | | | | | | | | | |
| 7 | | | | | | | | | |
| 8 | | | | | | | | | |
| 9 | | | | | | | | | |
| **10-14岁** | | | | | | | | | |
| 10 | | | | | | | | | |
| 11 | | | | | | | | | |
| 12 | | | | | | | | | |
| 13 | | | | | | | | | |
| 14 | | | | | | | | | |
| **15-19岁** | | | | | | | | | |
| 15 | | | | | | | | | |
| 16 | | | | | | | | | |
| 17 | | | | | | | | | |
| 18 | | | | | | | | | |
| 19 | | | | | | | | | |
| **20-24岁** | **6820** | **3166** | **3654** | **5718** | **2781** | **2937** | **1078** | **376** | **702** |
| 20 | 43 | 21 | 22 | 36 | 16 | 20 | 6 | 4 | 2 |
| 21 | 190 | 73 | 117 | 181 | 69 | 112 | 9 | 4 | 5 |
| 22 | 1365 | 658 | 707 | 1295 | 629 | 666 | 64 | 28 | 36 |
| 23 | 2394 | 1118 | 1276 | 2101 | 1025 | 1076 | 286 | 92 | 194 |
| 24 | 2828 | 1296 | 1532 | 2105 | 1042 | 1063 | 713 | 248 | 465 |
| **25-29岁** | **12840** | **6100** | **6740** | **2649** | **1365** | **1284** | **10123** | **4694** | **5429** |
| 25 | 2929 | 1367 | 1562 | 1427 | 731 | 696 | 1490 | 628 | 862 |
| 26 | 2481 | 1176 | 1305 | 609 | 332 | 277 | 1852 | 836 | 1016 |
| 27 | 2563 | 1205 | 1358 | 305 | 151 | 154 | 2244 | 1045 | 1199 |
| 28 | 2479 | 1169 | 1310 | 172 | 89 | 83 | 2298 | 1074 | 1224 |
| 29 | 2388 | 1183 | 1205 | 136 | 62 | 74 | 2239 | 1111 | 1128 |
| **30-34岁** | **12580** | **6185** | **6395** | **269** | **125** | **144** | **12246** | **6029** | **6217** |
| 30 | 2840 | 1382 | 1458 | 78 | 39 | 39 | 2744 | 1334 | 1410 |
| 31 | 2722 | 1310 | 1412 | 67 | 30 | 37 | 2639 | 1275 | 1364 |
| 32 | 2451 | 1176 | 1275 | 47 | 17 | 30 | 2388 | 1152 | 1236 |
| 33 | 2489 | 1267 | 1222 | 45 | 24 | 21 | 2435 | 1238 | 1197 |
| 34 | 2078 | 1050 | 1028 | 32 | 15 | 17 | 2040 | 1030 | 1010 |
| **35-39岁** | **8407** | **4561** | **3846** | **67** | **39** | **28** | **8296** | **4499** | **3797** |
| 35 | 1756 | 934 | 822 | 17 | 8 | 9 | 1726 | 919 | 807 |
| 36 | 1786 | 952 | 834 | 17 | 10 | 7 | 1758 | 937 | 821 |
| 37 | 1676 | 905 | 771 | 14 | 10 | 4 | 1654 | 891 | 763 |
| 38 | 1844 | 1006 | 838 | 14 | 9 | 5 | 1825 | 996 | 829 |
| 39 | 1345 | 764 | 581 | 5 | 2 | 3 | 1333 | 756 | 577 |
| **40-44岁** | **4214** | **2530** | **1684** | **22** | **8** | **14** | **4175** | **2510** | **1665** |
| 40 | 1059 | 621 | 438 | 10 | 4 | 6 | 1043 | 612 | 431 |
| 41 | 1025 | 599 | 426 | 3 | 2 | 1 | 1020 | 596 | 424 |
| 42 | 784 | 474 | 310 | 4 | 1 | 3 | 778 | 472 | 306 |
| 43 | 685 | 418 | 267 | 3 | | 3 | 676 | 414 | 262 |
| 44 | 661 | 418 | 243 | 2 | 1 | 1 | 658 | 416 | 242 |
| **45-49岁** | **2300** | **1559** | **741** | **13** | **6** | **7** | **2278** | **1545** | **733** |
| 45 | 539 | 375 | 164 | 4 | 1 | 3 | 531 | 371 | 160 |
| 46 | 466 | 319 | 147 | 1 | 1 | | 465 | 318 | 147 |
| 47 | 491 | 326 | 165 | 2 | 2 | | 487 | 322 | 165 |
| 48 | 398 | 266 | 132 | 2 | 1 | 1 | 394 | 263 | 131 |
| 49 | 406 | 273 | 133 | 4 | 1 | 3 | 401 | 271 | 130 |
| **50岁及以上** | **3012** | **2237** | **775** | **6** | **4** | **2** | **2982** | **2218** | **764** |

3-2 续表 13

单位：人

| 年龄 | 硕士研究生 | | | | | | | | |
|---|---|---|---|---|---|---|---|---|---|
| | 肄业 | | | 辍学 | | | 其他 | | |
| | 小计 | 男 | 女 | 小计 | 男 | 女 | 小计 | 男 | 女 |
| **总计** | **39** | **26** | **13** | **2** | **2** | | **210** | **111** | **99** |
| 3 | | | | | | | | | |
| 4 | | | | | | | | | |
| **5-9岁** | | | | | | | | | |
| 5 | | | | | | | | | |
| 6 | | | | | | | | | |
| 7 | | | | | | | | | |
| 8 | | | | | | | | | |
| 9 | | | | | | | | | |
| **10-14岁** | | | | | | | | | |
| 10 | | | | | | | | | |
| 11 | | | | | | | | | |
| 12 | | | | | | | | | |
| 13 | | | | | | | | | |
| 14 | | | | | | | | | |
| **15-19岁** | | | | | | | | | |
| 15 | | | | | | | | | |
| 16 | | | | | | | | | |
| 17 | | | | | | | | | |
| 18 | | | | | | | | | |
| 19 | | | | | | | | | |
| **20-24岁** | **1** | **1** | | **1** | **1** | | **22** | **7** | **15** |
| 20 | | | | 1 | 1 | | | | |
| 21 | | | | | | | | | |
| 22 | 1 | 1 | | | | | 5 | | 5 |
| 23 | | | | | | | 7 | 1 | 6 |
| 24 | | | | | | | 10 | 6 | 4 |
| **25-29岁** | **8** | **7** | **1** | | | | **60** | **34** | **26** |
| 25 | 1 | 1 | | | | | 11 | 7 | 4 |
| 26 | 4 | 3 | 1 | | | | 16 | 5 | 11 |
| 27 | 1 | 1 | | | | | 13 | 8 | 5 |
| 28 | 1 | 1 | | | | | 8 | 5 | 3 |
| 29 | 1 | 1 | | | | | 12 | 9 | 3 |
| **30-34岁** | **12** | **3** | **9** | | | | **53** | **28** | **25** |
| 30 | 6 | 2 | 4 | | | | 12 | 7 | 5 |
| 31 | 2 | | 2 | | | | 14 | 5 | 9 |
| 32 | 1 | | 1 | | | | 15 | 7 | 8 |
| 33 | 3 | 1 | 2 | | | | 6 | 4 | 2 |
| 34 | | | | | | | 6 | 5 | 1 |
| **35-39岁** | **11** | **8** | **3** | | | | **33** | **15** | **18** |
| 35 | 3 | 1 | 2 | | | | 10 | 6 | 4 |
| 36 | 2 | 2 | | | | | 9 | 3 | 6 |
| 37 | 1 | | 1 | | | | 7 | 4 | 3 |
| 38 | 1 | 1 | | | | | 4 | | 4 |
| 39 | 4 | 4 | | | | | 3 | 2 | 1 |
| **40-44岁** | **2** | **2** | | | | | **15** | **10** | **5** |
| 40 | 1 | 1 | | | | | 5 | 4 | 1 |
| 41 | | | | | | | 2 | 1 | 1 |
| 42 | | | | | | | 2 | 1 | 1 |
| 43 | 1 | 1 | | | | | 5 | 3 | 2 |
| 44 | | | | | | | 1 | 1 | |
| **45-49岁** | **1** | **1** | | | | | **8** | **7** | **1** |
| 45 | | | | | | | 4 | 3 | 1 |
| 46 | | | | | | | | | |
| 47 | 1 | 1 | | | | | 1 | 1 | |
| 48 | | | | | | | 2 | 2 | |
| 49 | | | | | | | 1 | 1 | |
| **50岁及以上** | **4** | **4** | | **1** | **1** | | **19** | **10** | **9** |

3-2　续表 14　　　　单位：人

| 年　龄 | 博士研究生 | | | | | | | | |
|---|---|---|---|---|---|---|---|---|---|
| | 合　　计 | | | 在　　校 | | | 毕　　业 | | |
| | 合计 | 男 | 女 | 小计 | 男 | 女 | 小计 | 男 | 女 |
| **总　计** | **6268** | **3986** | **2282** | **1764** | **995** | **769** | **4468** | **2965** | **1503** |
| 3 | | | | | | | | | |
| 4 | | | | | | | | | |
| **5-9岁** | | | | | | | | | |
| 5 | | | | | | | | | |
| 6 | | | | | | | | | |
| 7 | | | | | | | | | |
| 8 | | | | | | | | | |
| 9 | | | | | | | | | |
| **10-14岁** | | | | | | | | | |
| 10 | | | | | | | | | |
| 11 | | | | | | | | | |
| 12 | | | | | | | | | |
| 13 | | | | | | | | | |
| 14 | | | | | | | | | |
| **15-19岁** | | | | | | | | | |
| 15 | | | | | | | | | |
| 16 | | | | | | | | | |
| 17 | | | | | | | | | |
| 18 | | | | | | | | | |
| 19 | | | | | | | | | |
| **20-24岁** | **472** | **261** | **211** | **441** | **242** | **199** | **31** | **19** | **12** |
| 20 | 5 | 4 | 1 | 3 | 3 | | 2 | 1 | 1 |
| 21 | 28 | 17 | 11 | 26 | 15 | 11 | 2 | 2 | |
| 22 | 95 | 50 | 45 | 90 | 47 | 43 | 5 | 3 | 2 |
| 23 | 146 | 79 | 67 | 139 | 74 | 65 | 7 | 5 | 2 |
| 24 | 198 | 111 | 87 | 183 | 103 | 80 | 15 | 8 | 7 |
| **25-29岁** | **1350** | **768** | **582** | **946** | **541** | **405** | **398** | **223** | **175** |
| 25 | 266 | 143 | 123 | 232 | 130 | 102 | 33 | 12 | 21 |
| 26 | 269 | 148 | 121 | 230 | 129 | 101 | 39 | 19 | 20 |
| 27 | 279 | 165 | 114 | 215 | 129 | 86 | 62 | 35 | 27 |
| 28 | 248 | 144 | 104 | 155 | 86 | 69 | 93 | 58 | 35 |
| 29 | 288 | 168 | 120 | 114 | 67 | 47 | 171 | 99 | 72 |
| **30-34岁** | **1444** | **895** | **549** | **269** | **155** | **114** | **1168** | **734** | **434** |
| 30 | 303 | 186 | 117 | 105 | 67 | 38 | 195 | 117 | 78 |
| 31 | 308 | 157 | 151 | 67 | 32 | 35 | 240 | 124 | 116 |
| 32 | 270 | 159 | 111 | 41 | 21 | 20 | 229 | 138 | 91 |
| 33 | 305 | 206 | 99 | 35 | 23 | 12 | 267 | 180 | 87 |
| 34 | 258 | 187 | 71 | 21 | 12 | 9 | 237 | 175 | 62 |
| **35-39岁** | **1086** | **695** | **391** | **67** | **31** | **36** | **1012** | **659** | **353** |
| 35 | 192 | 124 | 68 | 18 | 11 | 7 | 174 | 113 | 61 |
| 36 | 214 | 136 | 78 | 8 | 5 | 3 | 204 | 130 | 74 |
| 37 | 210 | 135 | 75 | 15 | 7 | 8 | 193 | 127 | 66 |
| 38 | 263 | 164 | 99 | 17 | 5 | 12 | 244 | 157 | 87 |
| 39 | 207 | 136 | 71 | 9 | 3 | 6 | 197 | 132 | 65 |
| **40-44岁** | **763** | **506** | **257** | **30** | **19** | **11** | **730** | **485** | **245** |
| 40 | 170 | 115 | 55 | 7 | 4 | 3 | 162 | 110 | 52 |
| 41 | 177 | 116 | 61 | 8 | 6 | 2 | 168 | 109 | 59 |
| 42 | 162 | 106 | 56 | 9 | 6 | 3 | 152 | 100 | 52 |
| 43 | 123 | 80 | 43 | 3 | 1 | 2 | 120 | 79 | 41 |
| 44 | 131 | 89 | 42 | 3 | 2 | 1 | 128 | 87 | 41 |
| **45-49岁** | **531** | **362** | **169** | **8** | **5** | **3** | **518** | **354** | **164** |
| 45 | 116 | 83 | 33 | 2 | 2 | | 113 | 80 | 33 |
| 46 | 110 | 74 | 36 | 4 | 2 | 2 | 105 | 72 | 33 |
| 47 | 109 | 74 | 35 | 1 | 1 | | 107 | 73 | 34 |
| 48 | 98 | 68 | 30 | 1 | | 1 | 96 | 67 | 29 |
| 49 | 98 | 63 | 35 | | | | 97 | 62 | 35 |
| **50岁及以上** | **619** | **497** | **122** | **2** | **2** | | **609** | **489** | **120** |

3–2 续表 15 单位：人

| 年龄 | 博士研究生 | | | | | | | | |
|---|---|---|---|---|---|---|---|---|---|
| | 肄业 | | | 辍学 | | | 其他 | | |
| | 小计 | 男 | 女 | 小计 | 男 | 女 | 小计 | 男 | 女 |
| **总计** | **3** | **2** | **1** | **1** | **1** | | **32** | **23** | **9** |
| 3 | | | | | | | | | |
| 4 | | | | | | | | | |
| **5–9岁** | | | | | | | | | |
| 5 | | | | | | | | | |
| 6 | | | | | | | | | |
| 7 | | | | | | | | | |
| 8 | | | | | | | | | |
| 9 | | | | | | | | | |
| **10–14岁** | | | | | | | | | |
| 10 | | | | | | | | | |
| 11 | | | | | | | | | |
| 12 | | | | | | | | | |
| 13 | | | | | | | | | |
| 14 | | | | | | | | | |
| **15–19岁** | | | | | | | | | |
| 15 | | | | | | | | | |
| 16 | | | | | | | | | |
| 17 | | | | | | | | | |
| 18 | | | | | | | | | |
| 19 | | | | | | | | | |
| **20–24岁** | | | | | | | | | |
| 20 | | | | | | | | | |
| 21 | | | | | | | | | |
| 22 | | | | | | | | | |
| 23 | | | | | | | | | |
| 24 | | | | | | | | | |
| **25–29岁** | | | | | | | **6** | **4** | **2** |
| 25 | | | | | | | 1 | 1 | |
| 26 | | | | | | | | | |
| 27 | | | | | | | 2 | 1 | 1 |
| 28 | | | | | | | | | |
| 29 | | | | | | | 3 | 2 | 1 |
| **30–34岁** | **1** | **1** | | | | | **6** | **5** | **1** |
| 30 | | | | | | | 3 | 2 | 1 |
| 31 | 1 | 1 | | | | | | | |
| 32 | | | | | | | | | |
| 33 | | | | | | | 3 | 3 | |
| 34 | | | | | | | | | |
| **35–39岁** | **1** | | **1** | **1** | **1** | | **5** | **4** | **1** |
| 35 | | | | | | | | | |
| 36 | | | | | | | 2 | 1 | 1 |
| 37 | 1 | | 1 | | | | 1 | 1 | |
| 38 | | | | 1 | 1 | | 1 | 1 | |
| 39 | | | | | | | 1 | 1 | |
| **40–44岁** | | | | | | | **3** | **2** | **1** |
| 40 | | | | | | | 1 | 1 | |
| 41 | | | | | | | 1 | 1 | |
| 42 | | | | | | | 1 | | 1 |
| 43 | | | | | | | | | |
| 44 | | | | | | | | | |
| **45–49岁** | **1** | **1** | | | | | **4** | **2** | **2** |
| 45 | 1 | 1 | | | | | | | |
| 46 | | | | | | | 1 | | 1 |
| 47 | | | | | | | 1 | | 1 |
| 48 | | | | | | | 1 | 1 | |
| 49 | | | | | | | 1 | 1 | |
| **50岁及以上** | | | | | | | **8** | **6** | **2** |

# 3-2a　全省分年龄、性别、学业完成情况的3岁及以上各种受教育程度人口(城市)

单位：人

| 年　龄 | 合　计 | | | | | | | | |
|---|---|---|---|---|---|---|---|---|---|
| | 合　计 | | | 在　校 | | | 毕　业 | | |
| | 合计 | 男 | 女 | 小计 | 男 | 女 | 小计 | 男 | 女 |
| **总　计** | **3091531** | **1629965** | **1461566** | **441807** | **229826** | **211981** | **2491384** | **1320289** | **1171095** |
| 3 | | | | | | | | | |
| 4 | | | | | | | | | |
| **5-9岁** | **119553** | **63928** | **55625** | **116391** | **62222** | **54169** | **2797** | **1516** | **1281** |
| 5 | 1520 | 841 | 679 | 1445 | 793 | 652 | 54 | 35 | 19 |
| 6 | 24172 | 12964 | 11208 | 23570 | 12630 | 10940 | 532 | 293 | 239 |
| 7 | 30481 | 16224 | 14257 | 29706 | 15797 | 13909 | 681 | 381 | 300 |
| 8 | 33532 | 17949 | 15583 | 32626 | 17470 | 15156 | 813 | 437 | 376 |
| 9 | 29848 | 15950 | 13898 | 29044 | 15532 | 13512 | 717 | 370 | 347 |
| **10-14岁** | **129326** | **69471** | **59855** | **124404** | **66713** | **57691** | **4435** | **2485** | **1950** |
| 10 | 27359 | 14855 | 12504 | 26606 | 14443 | 12163 | 667 | 362 | 305 |
| 11 | 27218 | 14674 | 12544 | 26378 | 14223 | 12155 | 767 | 413 | 354 |
| 12 | 25670 | 13585 | 12085 | 24698 | 13008 | 11690 | 893 | 523 | 370 |
| 13 | 25293 | 13504 | 11789 | 24213 | 12903 | 11310 | 985 | 555 | 430 |
| 14 | 23786 | 12853 | 10933 | 22509 | 12136 | 10373 | 1123 | 632 | 491 |
| **15-19岁** | **164594** | **87600** | **76994** | **131313** | **67203** | **64110** | **30649** | **18802** | **11847** |
| 15 | 25956 | 13711 | 12245 | 24725 | 12957 | 11768 | 1016 | 629 | 387 |
| 16 | 35789 | 19139 | 16650 | 32481 | 17114 | 15367 | 2915 | 1797 | 1118 |
| 17 | 33699 | 18224 | 15475 | 27615 | 14434 | 13181 | 5533 | 3458 | 2075 |
| 18 | 28242 | 15443 | 12799 | 19026 | 9773 | 9253 | 8584 | 5268 | 3316 |
| 19 | 40908 | 21083 | 19825 | 27466 | 12925 | 14541 | 12601 | 7650 | 4951 |
| **20-24岁** | **237355** | **125574** | **111781** | **62770** | **30076** | **32694** | **168417** | **91733** | **76684** |
| 20 | 45205 | 23531 | 21674 | 26887 | 12647 | 14240 | 17315 | 10244 | 7071 |
| 21 | 43798 | 23068 | 20730 | 18342 | 8582 | 9760 | 24387 | 13814 | 10573 |
| 22 | 46373 | 24828 | 21545 | 9265 | 4556 | 4709 | 35821 | 19486 | 16335 |
| 23 | 49511 | 26349 | 23162 | 4968 | 2574 | 2394 | 43176 | 22959 | 20217 |
| 24 | 52468 | 27798 | 24670 | 3308 | 1717 | 1591 | 47718 | 25230 | 22488 |
| **25-29岁** | **296073** | **157634** | **138439** | **4746** | **2487** | **2259** | **282513** | **149750** | **132763** |
| 25 | 57631 | 30734 | 26897 | 2119 | 1101 | 1018 | 53861 | 28611 | 25250 |
| 26 | 55369 | 29570 | 25799 | 1083 | 571 | 512 | 52709 | 27990 | 24719 |
| 27 | 59515 | 31534 | 27981 | 716 | 390 | 326 | 57016 | 30062 | 26954 |
| 28 | 60450 | 32187 | 28263 | 446 | 236 | 210 | 58180 | 30858 | 27322 |
| 29 | 63108 | 33609 | 29499 | 382 | 189 | 193 | 60747 | 32229 | 28518 |
| **30-34岁** | **379794** | **199933** | **179861** | **1038** | **513** | **525** | **366617** | **192446** | **174171** |
| 30 | 77804 | 41315 | 36489 | 312 | 164 | 148 | 75008 | 39727 | 35281 |
| 31 | 77007 | 40416 | 36591 | 238 | 121 | 117 | 74320 | 38871 | 35449 |
| 32 | 73556 | 38708 | 34848 | 176 | 76 | 100 | 71017 | 37275 | 33742 |
| 33 | 82282 | 43147 | 39135 | 185 | 94 | 91 | 79547 | 41590 | 37957 |
| 34 | 69145 | 36347 | 32798 | 127 | 58 | 69 | 66725 | 34983 | 31742 |
| **35-39岁** | **304863** | **160133** | **144730** | **453** | **232** | **221** | **294033** | **154059** | **139974** |
| 35 | 58164 | 30511 | 27653 | 98 | 47 | 51 | 56105 | 29347 | 26758 |
| 36 | 60267 | 31755 | 28512 | 83 | 46 | 37 | 58112 | 30524 | 27588 |
| 37 | 60814 | 31923 | 28891 | 96 | 49 | 47 | 58644 | 30684 | 27960 |
| 38 | 68766 | 35974 | 32792 | 104 | 51 | 53 | 66343 | 34628 | 31715 |
| 39 | 56852 | 29970 | 26882 | 72 | 39 | 33 | 54829 | 28876 | 25953 |
| **40-44岁** | **270176** | **142516** | **127660** | **236** | **121** | **115** | **257878** | **136034** | **121844** |
| 40 | 49520 | 26282 | 23238 | 53 | 21 | 32 | 47498 | 25219 | 22279 |
| 41 | 57136 | 29907 | 27229 | 53 | 30 | 23 | 54768 | 28629 | 26139 |
| 42 | 55055 | 29119 | 25936 | 52 | 29 | 23 | 52560 | 27807 | 24753 |
| 43 | 52754 | 27644 | 25110 | 38 | 18 | 20 | 50254 | 26310 | 23944 |
| 44 | 55711 | 29564 | 26147 | 40 | 23 | 17 | 52798 | 28069 | 24729 |
| **45-49岁** | **290727** | **153506** | **137221** | **159** | **87** | **72** | **273369** | **144795** | **128574** |
| 45 | 54624 | 28878 | 25746 | 42 | 25 | 17 | 51582 | 27274 | 24308 |
| 46 | 56440 | 29784 | 26656 | 31 | 12 | 19 | 53051 | 28101 | 24950 |
| 47 | 60407 | 31849 | 28558 | 27 | 18 | 9 | 56784 | 30038 | 26746 |
| 48 | 58870 | 30996 | 27874 | 31 | 21 | 10 | 55287 | 29183 | 26104 |
| 49 | 60386 | 31999 | 28387 | 28 | 11 | 17 | 56665 | 30199 | 26466 |
| **50岁及以上** | **899070** | **469670** | **429400** | **297** | **172** | **125** | **810676** | **428669** | **382007** |

3—2a 续表 1

单位：人

| 年 龄 | 合计 | | | | | | | | |
|---|---|---|---|---|---|---|---|---|---|
| | 肄业 | | | 辍学 | | | 其他 | | |
| | 小计 | 男 | 女 | 小计 | 男 | 女 | 小计 | 男 | 女 |
| **总 计** | **32072** | **16062** | **16010** | **87018** | **43766** | **43252** | **39250** | **20022** | **19228** |
| 3 | | | | | | | | | |
| 4 | | | | | | | | | |
| **5—9岁** | **41** | **17** | **24** | **29** | **19** | **10** | **295** | **154** | **141** |
| 5 | | | | 2 | 1 | 1 | 19 | 12 | 7 |
| 6 | 6 | 2 | 4 | 5 | 4 | 1 | 59 | 35 | 24 |
| 7 | 8 | 3 | 5 | 9 | 4 | 5 | 77 | 39 | 38 |
| 8 | 16 | 6 | 10 | 8 | 5 | 3 | 69 | 31 | 38 |
| 9 | 11 | 6 | 5 | 5 | 5 | | 71 | 37 | 34 |
| **10—14岁** | **69** | **41** | **28** | **151** | **84** | **67** | **267** | **148** | **119** |
| 10 | 18 | 11 | 7 | 12 | 7 | 5 | 56 | 32 | 24 |
| 11 | 9 | 5 | 4 | 9 | 6 | 3 | 55 | 27 | 28 |
| 12 | 10 | 7 | 3 | 14 | 10 | 4 | 55 | 37 | 18 |
| 13 | 15 | 7 | 8 | 35 | 17 | 18 | 45 | 22 | 23 |
| 14 | 17 | 11 | 6 | 81 | 44 | 37 | 56 | 30 | 26 |
| **15—19岁** | **388** | **244** | **144** | **1576** | **965** | **611** | **668** | **386** | **282** |
| 15 | 31 | 17 | 14 | 125 | 72 | 53 | 59 | 36 | 23 |
| 16 | 67 | 43 | 24 | 238 | 141 | 97 | 88 | 44 | 44 |
| 17 | 83 | 56 | 27 | 328 | 194 | 134 | 140 | 82 | 58 |
| 18 | 85 | 57 | 28 | 379 | 248 | 131 | 168 | 97 | 71 |
| 19 | 122 | 71 | 51 | 506 | 310 | 196 | 213 | 127 | 86 |
| **20—24岁** | **1105** | **689** | **416** | **3151** | **1992** | **1159** | **1912** | **1084** | **828** |
| 20 | 168 | 102 | 66 | 529 | 350 | 179 | 306 | 188 | 118 |
| 21 | 200 | 122 | 78 | 563 | 361 | 202 | 306 | 189 | 117 |
| 22 | 250 | 160 | 90 | 644 | 402 | 242 | 393 | 224 | 169 |
| 23 | 257 | 162 | 95 | 692 | 429 | 263 | 418 | 225 | 193 |
| 24 | 230 | 143 | 87 | 723 | 450 | 273 | 489 | 258 | 231 |
| **25—29岁** | **1611** | **1000** | **611** | **4433** | **2848** | **1585** | **2770** | **1549** | **1221** |
| 25 | 305 | 183 | 122 | 814 | 533 | 281 | 532 | 306 | 226 |
| 26 | 273 | 175 | 98 | 822 | 555 | 267 | 482 | 279 | 203 |
| 27 | 320 | 192 | 128 | 887 | 574 | 313 | 576 | 316 | 260 |
| 28 | 336 | 215 | 121 | 931 | 567 | 364 | 557 | 311 | 246 |
| 29 | 377 | 235 | 142 | 979 | 619 | 360 | 623 | 337 | 286 |
| **30—34岁** | **2169** | **1297** | **872** | **6015** | **3556** | **2459** | **3955** | **2121** | **1834** |
| 30 | 484 | 292 | 192 | 1217 | 736 | 481 | 783 | 396 | 387 |
| 31 | 445 | 264 | 181 | 1224 | 720 | 504 | 780 | 440 | 340 |
| 32 | 396 | 244 | 152 | 1188 | 707 | 481 | 779 | 406 | 373 |
| 33 | 440 | 263 | 177 | 1257 | 734 | 523 | 853 | 466 | 387 |
| 34 | 404 | 234 | 170 | 1129 | 659 | 470 | 760 | 413 | 347 |
| **35—39岁** | **1809** | **1069** | **740** | **5249** | **2972** | **2277** | **3319** | **1801** | **1518** |
| 35 | 326 | 196 | 130 | 994 | 582 | 412 | 641 | 339 | 302 |
| 36 | 361 | 228 | 133 | 1043 | 593 | 450 | 668 | 364 | 304 |
| 37 | 401 | 222 | 179 | 1007 | 602 | 405 | 666 | 366 | 300 |
| 38 | 410 | 247 | 163 | 1193 | 654 | 539 | 716 | 394 | 322 |
| 39 | 311 | 176 | 135 | 1012 | 541 | 471 | 628 | 338 | 290 |
| **40—44岁** | **2156** | **1156** | **1000** | **6601** | **3502** | **3099** | **3305** | **1703** | **1602** |
| 40 | 344 | 193 | 151 | 1064 | 553 | 511 | 561 | 296 | 265 |
| 41 | 418 | 223 | 195 | 1235 | 693 | 542 | 662 | 332 | 330 |
| 42 | 418 | 223 | 195 | 1312 | 702 | 610 | 713 | 358 | 355 |
| 43 | 466 | 241 | 225 | 1372 | 742 | 630 | 624 | 333 | 291 |
| 44 | 510 | 276 | 234 | 1618 | 812 | 806 | 745 | 384 | 361 |
| **45—49岁** | **3111** | **1588** | **1523** | **9922** | **4930** | **4992** | **4166** | **2106** | **2060** |
| 45 | 526 | 287 | 239 | 1729 | 892 | 837 | 745 | 400 | 345 |
| 46 | 621 | 312 | 309 | 1890 | 938 | 952 | 847 | 421 | 426 |
| 47 | 606 | 305 | 301 | 2091 | 1035 | 1056 | 899 | 453 | 446 |
| 48 | 632 | 322 | 310 | 2099 | 1066 | 1033 | 821 | 404 | 417 |
| 49 | 726 | 362 | 364 | 2113 | 999 | 1114 | 854 | 428 | 426 |
| **50岁及以上** | **19613** | **8961** | **10652** | **49891** | **22898** | **26993** | **18593** | **8970** | **9623** |

3-2a 续表 2　　单位：人

| 年龄 | 小学 | | | | | | | | |
|---|---|---|---|---|---|---|---|---|---|
| | 合计 | | | 在校 | | | 毕业 | | |
| | 合计 | 男 | 女 | 小计 | 男 | 女 | 小计 | 男 | 女 |
| **总计** | **688944** | **330207** | **358737** | **177905** | **95472** | **82433** | **430268** | **200804** | **229464** |
| 3 | | | | | | | | | |
| 4 | | | | | | | | | |
| **5-9岁** | **118710** | **63436** | **55274** | **115635** | **61780** | **53855** | **2721** | **1471** | **1250** |
| 5 | 1520 | 841 | 679 | 1445 | 793 | 652 | 54 | 35 | 19 |
| 6 | 24035 | 12880 | 11155 | 23449 | 12553 | 10896 | 517 | 286 | 231 |
| 7 | 30309 | 16116 | 14193 | 29556 | 15706 | 13850 | 661 | 366 | 295 |
| 8 | 33261 | 17793 | 15468 | 32386 | 17331 | 15055 | 786 | 422 | 364 |
| 9 | 29585 | 15806 | 13779 | 28799 | 15397 | 13402 | 703 | 362 | 341 |
| **10-14岁** | **64259** | **34797** | **29462** | **62082** | **33599** | **28483** | **1945** | **1067** | **878** |
| 10 | 26900 | 14597 | 12303 | 26195 | 14211 | 11984 | 622 | 338 | 284 |
| 11 | 25999 | 14004 | 11995 | 25229 | 13593 | 11636 | 701 | 376 | 325 |
| 12 | 8461 | 4633 | 3828 | 8064 | 4396 | 3668 | 357 | 211 | 146 |
| 13 | 2133 | 1148 | 985 | 1946 | 1046 | 900 | 166 | 90 | 76 |
| 14 | 766 | 415 | 351 | 648 | 353 | 295 | 99 | 52 | 47 |
| **15-19岁** | **1325** | **775** | **550** | **84** | **37** | **47** | **1100** | **650** | **450** |
| 15 | 124 | 70 | 54 | 32 | 15 | 17 | 69 | 41 | 28 |
| 16 | 213 | 113 | 100 | 18 | 5 | 13 | 170 | 92 | 78 |
| 17 | 260 | 162 | 98 | 14 | 6 | 8 | 218 | 138 | 80 |
| 18 | 308 | 178 | 130 | 12 | 8 | 4 | 267 | 155 | 112 |
| 19 | 420 | 252 | 168 | 8 | 3 | 5 | 376 | 224 | 152 |
| **20-24岁** | **3478** | **2069** | **1409** | **11** | **5** | **6** | **3156** | **1879** | **1277** |
| 20 | 482 | 290 | 192 | 4 | 1 | 3 | 422 | 253 | 169 |
| 21 | 571 | 362 | 209 | | | | 521 | 332 | 189 |
| 22 | 756 | 446 | 310 | 3 | 2 | 1 | 691 | 412 | 279 |
| 23 | 788 | 474 | 314 | 2 | 1 | 1 | 721 | 432 | 289 |
| 24 | 881 | 497 | 384 | 2 | 1 | 1 | 801 | 450 | 351 |
| **25-29岁** | **6505** | **3582** | **2923** | **8** | **5** | **3** | **5941** | **3265** | **2676** |
| 25 | 1053 | 606 | 447 | 2 | 2 | | 965 | 554 | 411 |
| 26 | 1044 | 570 | 474 | 2 | 2 | | 950 | 518 | 432 |
| 27 | 1216 | 673 | 543 | 1 | | 1 | 1106 | 609 | 497 |
| 28 | 1518 | 824 | 694 | 3 | 1 | 2 | 1388 | 762 | 626 |
| 29 | 1674 | 909 | 765 | | | | 1532 | 822 | 710 |
| **30-34岁** | **13723** | **6939** | **6784** | **2** | **1** | **1** | **12445** | **6324** | **6121** |
| 30 | 2259 | 1216 | 1043 | | | | 2043 | 1111 | 932 |
| 31 | 2650 | 1372 | 1278 | 1 | 1 | | 2424 | 1251 | 1173 |
| 32 | 2652 | 1338 | 1314 | | | | 2401 | 1219 | 1182 |
| 33 | 3103 | 1539 | 1564 | | | | 2816 | 1403 | 1413 |
| 34 | 3059 | 1474 | 1585 | 1 | | 1 | 2761 | 1340 | 1421 |
| **35-39岁** | **16550** | **7699** | **8851** | **4** | **1** | **3** | **14742** | **6875** | **7867** |
| 35 | 2829 | 1314 | 1515 | 2 | 1 | 1 | 2550 | 1179 | 1371 |
| 36 | 3015 | 1407 | 1608 | | | | 2704 | 1272 | 1432 |
| 37 | 3065 | 1441 | 1624 | | | | 2694 | 1275 | 1419 |
| 38 | 3824 | 1781 | 2043 | | | | 3409 | 1590 | 1819 |
| 39 | 3817 | 1756 | 2061 | 2 | | 2 | 3385 | 1559 | 1826 |
| **40-44岁** | **32607** | **14696** | **17911** | **9** | **6** | **3** | **28851** | **13117** | **15734** |
| 40 | 4244 | 1885 | 2359 | 1 | 1 | | 3763 | 1704 | 2059 |
| 41 | 5833 | 2691 | 3142 | 1 | | 1 | 5201 | 2422 | 2779 |
| 42 | 6526 | 2905 | 3621 | 3 | 3 | | 5753 | 2571 | 3182 |
| 43 | 7113 | 3196 | 3917 | 1 | 1 | | 6309 | 2823 | 3486 |
| 44 | 8891 | 4019 | 4872 | 3 | 1 | 2 | 7825 | 3597 | 4228 |
| **45-49岁** | **62300** | **27552** | **34748** | **12** | **5** | **7** | **54729** | **24450** | **30279** |
| 45 | 9839 | 4390 | 5449 | | | | 8684 | 3883 | 4801 |
| 46 | 11367 | 4960 | 6407 | 3 | | 3 | 9979 | 4408 | 5571 |
| 47 | 12861 | 5752 | 7109 | 1 | 1 | | 11285 | 5128 | 6157 |
| 48 | 13593 | 5950 | 7643 | 5 | 4 | 1 | 11946 | 5240 | 6706 |
| 49 | 14640 | 6500 | 8140 | 3 | | 3 | 12835 | 5791 | 7044 |
| **50岁及以上** | **369487** | **168662** | **200825** | **58** | **33** | **25** | **304638** | **141706** | **162932** |

3-2a 续表 3

单位：人

| 年 龄 | 小学 | | | | | | | | |
|---|---|---|---|---|---|---|---|---|---|
| | 肄业 | | | 辍学 | | | 其他 | | |
| | 小计 | 男 | 女 | 小计 | 男 | 女 | 小计 | 男 | 女 |
| **总 计** | **16800** | **6834** | **9966** | **48592** | **20334** | **28258** | **15379** | **6763** | **8616** |
| 3 | | | | | | | | | |
| 4 | | | | | | | | | |
| **5-9岁** | **40** | **17** | **23** | **27** | **17** | **10** | **287** | **151** | **136** |
| 5 | | | | 2 | 1 | 1 | 19 | 12 | 7 |
| 6 | 6 | 2 | 4 | 5 | 4 | 1 | 58 | 35 | 23 |
| 7 | 8 | 3 | 5 | 8 | 3 | 5 | 76 | 38 | 38 |
| 8 | 15 | 6 | 9 | 7 | 4 | 3 | 67 | 30 | 37 |
| 9 | 11 | 6 | 5 | 5 | 5 | | 67 | 36 | 31 |
| **10-14岁** | **34** | **22** | **12** | **43** | **26** | **17** | **155** | **83** | **72** |
| 10 | 17 | 10 | 7 | 12 | 7 | 5 | 54 | 31 | 23 |
| 11 | 9 | 5 | 4 | 8 | 5 | 3 | 52 | 25 | 27 |
| 12 | 4 | 3 | 1 | 8 | 6 | 2 | 28 | 17 | 11 |
| 13 | 3 | 3 | | 4 | 2 | 2 | 14 | 7 | 7 |
| 14 | 1 | 1 | | 11 | 6 | 5 | 7 | 3 | 4 |
| **15-19岁** | **18** | **12** | **6** | **65** | **36** | **29** | **58** | **40** | **18** |
| 15 | 3 | 2 | 1 | 7 | 4 | 3 | 13 | 8 | 5 |
| 16 | 3 | 3 | | 13 | 8 | 5 | 9 | 5 | 4 |
| 17 | 4 | 1 | 3 | 12 | 8 | 4 | 12 | 9 | 3 |
| 18 | 6 | 4 | 2 | 14 | 4 | 10 | 9 | 7 | 2 |
| 19 | 2 | 2 | | 19 | 12 | 7 | 15 | 11 | 4 |
| **20-24岁** | **51** | **29** | **22** | **165** | **93** | **72** | **95** | **63** | **32** |
| 20 | 9 | 5 | 4 | 25 | 12 | 13 | 22 | 19 | 3 |
| 21 | 12 | 7 | 5 | 23 | 10 | 13 | 15 | 13 | 2 |
| 22 | 9 | 3 | 6 | 34 | 16 | 18 | 19 | 13 | 6 |
| 23 | 14 | 10 | 4 | 36 | 24 | 12 | 15 | 7 | 8 |
| 24 | 7 | 4 | 3 | 47 | 31 | 16 | 24 | 11 | 13 |
| **25-29岁** | **96** | **52** | **44** | **310** | **172** | **138** | **150** | **88** | **62** |
| 25 | 12 | 7 | 5 | 46 | 26 | 20 | 28 | 17 | 11 |
| 26 | 16 | 8 | 8 | 51 | 27 | 24 | 25 | 15 | 10 |
| 27 | 21 | 13 | 8 | 61 | 34 | 27 | 27 | 17 | 10 |
| 28 | 23 | 11 | 12 | 72 | 32 | 40 | 32 | 18 | 14 |
| 29 | 24 | 13 | 11 | 80 | 53 | 27 | 38 | 21 | 17 |
| **30-34岁** | **192** | **85** | **107** | **771** | **352** | **419** | **313** | **177** | **136** |
| 30 | 23 | 13 | 10 | 140 | 65 | 75 | 53 | 27 | 26 |
| 31 | 37 | 14 | 23 | 131 | 71 | 60 | 57 | 35 | 22 |
| 32 | 44 | 22 | 22 | 154 | 64 | 90 | 53 | 33 | 20 |
| 33 | 46 | 23 | 23 | 176 | 82 | 94 | 65 | 31 | 34 |
| 34 | 42 | 13 | 29 | 170 | 70 | 100 | 85 | 51 | 34 |
| **35-39岁** | **296** | **138** | **158** | **1163** | **525** | **638** | **345** | **160** | **185** |
| 35 | 41 | 16 | 25 | 182 | 95 | 87 | 54 | 23 | 31 |
| 36 | 49 | 22 | 27 | 209 | 96 | 113 | 53 | 17 | 36 |
| 37 | 76 | 31 | 45 | 212 | 98 | 114 | 83 | 37 | 46 |
| 38 | 70 | 36 | 34 | 269 | 114 | 155 | 76 | 41 | 35 |
| 39 | 60 | 33 | 27 | 291 | 122 | 169 | 79 | 42 | 37 |
| **40-44岁** | **640** | **267** | **373** | **2401** | **995** | **1406** | **706** | **311** | **395** |
| 40 | 79 | 32 | 47 | 318 | 115 | 203 | 83 | 33 | 50 |
| 41 | 113 | 46 | 67 | 385 | 165 | 220 | 133 | 58 | 75 |
| 42 | 137 | 62 | 75 | 490 | 208 | 282 | 143 | 61 | 82 |
| 43 | 145 | 61 | 84 | 521 | 245 | 276 | 137 | 66 | 71 |
| 44 | 166 | 66 | 100 | 687 | 262 | 425 | 210 | 93 | 117 |
| **45-49岁** | **1284** | **513** | **771** | **4875** | **1981** | **2894** | **1400** | **603** | **797** |
| 45 | 182 | 92 | 90 | 757 | 321 | 436 | 216 | 94 | 122 |
| 46 | 242 | 85 | 157 | 877 | 354 | 523 | 266 | 113 | 153 |
| 47 | 260 | 96 | 164 | 1022 | 408 | 614 | 293 | 119 | 174 |
| 48 | 276 | 116 | 160 | 1073 | 453 | 620 | 293 | 137 | 156 |
| 49 | 324 | 124 | 200 | 1146 | 445 | 701 | 332 | 140 | 192 |
| **50岁及以上** | **14149** | **5699** | **8450** | **38772** | **16137** | **22635** | **11870** | **5087** | **6783** |

3–2a　续表 4　　　　　　　　　　　　　　　　　　　　　　　单位：人

| 年　龄 | 初中 | | | | | | | | |
|---|---|---|---|---|---|---|---|---|---|
| | 合　计 | | | 在　校 | | | 毕　业 | | |
| | 合计 | 男 | 女 | 小计 | 男 | 女 | 小计 | 男 | 女 |
| **总　计** | **1043411** | **578543** | **464868** | **73905** | **39426** | **34479** | **913688** | **506196** | **407492** |
| 3 | | | | | | | | | |
| 4 | | | | | | | | | |
| **5–9岁** | **843** | **492** | **351** | **756** | **442** | **314** | **76** | **45** | **31** |
| 5 | | | | | | | | | |
| 6 | 137 | 84 | 53 | 121 | 77 | 44 | 15 | 7 | 8 |
| 7 | 172 | 108 | 64 | 150 | 91 | 59 | 20 | 15 | 5 |
| 8 | 271 | 156 | 115 | 240 | 139 | 101 | 27 | 15 | 12 |
| 9 | 263 | 144 | 119 | 245 | 135 | 110 | 14 | 8 | 6 |
| **10–14岁** | **63994** | **34121** | **29873** | **61350** | **32619** | **28731** | **2401** | **1367** | **1034** |
| 10 | 459 | 258 | 201 | 411 | 232 | 179 | 45 | 24 | 21 |
| 11 | 1216 | 668 | 548 | 1147 | 628 | 519 | 65 | 37 | 28 |
| 12 | 17206 | 8950 | 8256 | 16632 | 8611 | 8021 | 535 | 311 | 224 |
| 13 | 22905 | 12225 | 10680 | 22033 | 11739 | 10294 | 799 | 453 | 346 |
| 14 | 22208 | 12020 | 10188 | 21127 | 11409 | 9718 | 957 | 542 | 415 |
| **15–19岁** | **31584** | **18618** | **12966** | **11604** | **6256** | **5348** | **18541** | **11487** | **7054** |
| 15 | 8632 | 4743 | 3889 | 7641 | 4138 | 3503 | 828 | 512 | 316 |
| 16 | 4807 | 2793 | 2014 | 2369 | 1265 | 1104 | 2205 | 1386 | 819 |
| 17 | 4963 | 3015 | 1948 | 908 | 483 | 425 | 3778 | 2367 | 1411 |
| 18 | 5854 | 3600 | 2254 | 422 | 230 | 192 | 5100 | 3159 | 1941 |
| 19 | 7328 | 4467 | 2861 | 264 | 140 | 124 | 6630 | 4063 | 2567 |
| **20–24岁** | **51116** | **30580** | **20536** | **32** | **23** | **9** | **48011** | **28620** | **19391** |
| 20 | 7962 | 4892 | 3070 | 10 | 8 | 2 | 7457 | 4558 | 2899 |
| 21 | 8996 | 5468 | 3528 | 6 | 4 | 2 | 8491 | 5139 | 3352 |
| 22 | 10723 | 6496 | 4227 | 5 | 3 | 2 | 10067 | 6087 | 3980 |
| 23 | 11162 | 6565 | 4597 | 9 | 6 | 3 | 10433 | 6114 | 4319 |
| 24 | 12273 | 7159 | 5114 | 2 | 2 | | 11563 | 6722 | 4841 |
| **25–29岁** | **80274** | **45739** | **34535** | **19** | **12** | **7** | **75709** | **42885** | **32824** |
| 25 | 14282 | 8312 | 5970 | 4 | 1 | 3 | 13450 | 7785 | 5665 |
| 26 | 14191 | 8134 | 6057 | 1 | | 1 | 13398 | 7595 | 5803 |
| 27 | 16007 | 9115 | 6892 | 3 | 2 | 1 | 15073 | 8540 | 6533 |
| 28 | 16887 | 9572 | 7315 | 4 | 4 | | 15952 | 9005 | 6947 |
| 29 | 18907 | 10606 | 8301 | 7 | 5 | 2 | 17836 | 9960 | 7876 |
| **30–34岁** | **122226** | **67668** | **54558** | **14** | **7** | **7** | **115382** | **63663** | **51719** |
| 30 | 24494 | 13617 | 10877 | 1 | 1 | | 23115 | 12812 | 10303 |
| 31 | 24263 | 13447 | 10816 | 3 | 3 | | 22898 | 12653 | 10245 |
| 32 | 23573 | 13137 | 10436 | 4 | 2 | 2 | 22237 | 12357 | 9880 |
| 33 | 26502 | 14551 | 11951 | 3 | | 3 | 25055 | 13716 | 11339 |
| 34 | 23394 | 12916 | 10478 | 3 | 1 | 2 | 22077 | 12125 | 9952 |
| **35–39岁** | **111147** | **60871** | **50276** | **30** | **17** | **13** | **105303** | **57467** | **47836** |
| 35 | 20692 | 11428 | 9264 | 6 | 3 | 3 | 19597 | 10789 | 8808 |
| 36 | 21465 | 11854 | 9611 | 6 | 4 | 2 | 20292 | 11157 | 9135 |
| 37 | 21823 | 12002 | 9821 | 8 | 6 | 2 | 20653 | 11297 | 9356 |
| 38 | 25084 | 13625 | 11459 | 4 | 1 | 3 | 23781 | 12876 | 10905 |
| 39 | 22083 | 11962 | 10121 | 6 | 3 | 3 | 20980 | 11348 | 9632 |
| **40–44岁** | **118550** | **64109** | **54441** | **17** | **9** | **8** | **112018** | **60368** | **51650** |
| 40 | 20282 | 11079 | 9203 | 2 | 1 | 1 | 19166 | 10430 | 8736 |
| 41 | 23989 | 12857 | 11132 | 5 | 2 | 3 | 22690 | 12103 | 10587 |
| 42 | 24135 | 13137 | 10998 | 2 | 1 | 1 | 22830 | 12402 | 10428 |
| 43 | 24070 | 12901 | 11169 | 6 | 3 | 3 | 22755 | 12150 | 10605 |
| 44 | 26074 | 14135 | 11939 | 2 | 2 | | 24577 | 13283 | 11294 |
| **45–49岁** | **139828** | **75766** | **64062** | **22** | **11** | **11** | **131707** | **71176** | **60531** |
| 45 | 26254 | 14163 | 12091 | 1 | | 1 | 24703 | 13272 | 11431 |
| 46 | 27554 | 14903 | 12651 | 2 | 1 | 1 | 25918 | 13989 | 11929 |
| 47 | 29085 | 15706 | 13379 | 6 | 5 | 1 | 27379 | 14724 | 12655 |
| 48 | 28367 | 15421 | 12946 | 4 | 2 | 2 | 26745 | 14513 | 12232 |
| 49 | 28568 | 15573 | 12995 | 9 | 3 | 6 | 26962 | 14678 | 12284 |
| **50岁及以上** | **323849** | **180579** | **143270** | **61** | **30** | **31** | **304540** | **169118** | **135422** |

3-2a 续表 5 单位：人

| 年龄 | 初中 | | | | | | | | |
|---|---|---|---|---|---|---|---|---|---|
| | 肄业 | | | 辍学 | | | 其他 | | |
| | 小计 | 男 | 女 | 小计 | 男 | 女 | 小计 | 男 | 女 |
| **总计** | **10918** | **6486** | **4432** | **30764** | **18478** | **12286** | **14136** | **7957** | **6179** |
| 3 | | | | | | | | | |
| 4 | | | | | | | | | |
| **5-9岁** | **1** | | **1** | **2** | **2** | | **8** | **3** | **5** |
| 5 | | | | | | | | | |
| 6 | | | | | | | 1 | | 1 |
| 7 | | | | 1 | 1 | | 1 | 1 | |
| 8 | 1 | | 1 | 1 | 1 | | 2 | 1 | 1 |
| 9 | | | | | | | 4 | 1 | 3 |
| **10-14岁** | **34** | **18** | **16** | **103** | **54** | **49** | **106** | **63** | **43** |
| 10 | 1 | 1 | | | | | 2 | 1 | 1 |
| 11 | | | | 1 | 1 | | 3 | 2 | 1 |
| 12 | 6 | 4 | 2 | 6 | 4 | 2 | 27 | 20 | 7 |
| 13 | 12 | 4 | 8 | 30 | 14 | 16 | 31 | 15 | 16 |
| 14 | 15 | 9 | 6 | 66 | 35 | 31 | 43 | 25 | 18 |
| **15-19岁** | **215** | **133** | **82** | **917** | **564** | **353** | **307** | **178** | **129** |
| 15 | 25 | 13 | 12 | 104 | 59 | 45 | 34 | 21 | 13 |
| 16 | 46 | 28 | 18 | 146 | 90 | 56 | 41 | 24 | 17 |
| 17 | 36 | 23 | 13 | 178 | 105 | 73 | 63 | 37 | 26 |
| 18 | 47 | 33 | 14 | 211 | 143 | 68 | 74 | 35 | 39 |
| 19 | 61 | 36 | 25 | 278 | 167 | 111 | 95 | 61 | 34 |
| **20-24岁** | **519** | **335** | **184** | **1806** | **1152** | **654** | **748** | **450** | **298** |
| 20 | 76 | 48 | 28 | 299 | 203 | 96 | 120 | 75 | 45 |
| 21 | 90 | 59 | 31 | 288 | 187 | 101 | 121 | 79 | 42 |
| 22 | 121 | 81 | 40 | 372 | 231 | 141 | 158 | 94 | 64 |
| 23 | 129 | 82 | 47 | 425 | 266 | 159 | 166 | 97 | 69 |
| 24 | 103 | 65 | 38 | 422 | 265 | 157 | 183 | 105 | 78 |
| **25-29岁** | **795** | **495** | **300** | **2685** | **1723** | **962** | **1066** | **624** | **442** |
| 25 | 148 | 87 | 61 | 489 | 324 | 165 | 191 | 115 | 76 |
| 26 | 135 | 90 | 45 | 487 | 337 | 150 | 170 | 112 | 58 |
| 27 | 153 | 90 | 63 | 555 | 359 | 196 | 223 | 124 | 99 |
| 28 | 166 | 106 | 60 | 528 | 317 | 211 | 237 | 140 | 97 |
| 29 | 193 | 122 | 71 | 626 | 386 | 240 | 245 | 133 | 112 |
| **30-34岁** | **1179** | **706** | **473** | **3882** | **2318** | **1564** | **1769** | **974** | **795** |
| 30 | 283 | 164 | 119 | 754 | 467 | 287 | 341 | 173 | 168 |
| 31 | 236 | 151 | 85 | 803 | 455 | 348 | 323 | 185 | 138 |
| 32 | 201 | 119 | 82 | 771 | 467 | 304 | 360 | 192 | 168 |
| 33 | 232 | 133 | 99 | 815 | 472 | 343 | 397 | 230 | 167 |
| 34 | 227 | 139 | 88 | 739 | 457 | 282 | 348 | 194 | 154 |
| **35-39岁** | **1007** | **602** | **405** | **3240** | **1895** | **1345** | **1567** | **890** | **677** |
| 35 | 175 | 110 | 65 | 622 | 365 | 257 | 292 | 161 | 131 |
| 36 | 203 | 134 | 69 | 656 | 374 | 282 | 308 | 185 | 123 |
| 37 | 219 | 124 | 95 | 633 | 394 | 239 | 310 | 181 | 129 |
| 38 | 226 | 135 | 91 | 736 | 417 | 319 | 337 | 196 | 141 |
| 39 | 184 | 99 | 85 | 593 | 345 | 248 | 320 | 167 | 153 |
| **40-44岁** | **1167** | **668** | **499** | **3634** | **2142** | **1492** | **1714** | **922** | **792** |
| 40 | 199 | 118 | 81 | 627 | 368 | 259 | 288 | 162 | 126 |
| 41 | 231 | 130 | 101 | 724 | 447 | 277 | 339 | 175 | 164 |
| 42 | 208 | 117 | 91 | 712 | 421 | 291 | 383 | 196 | 187 |
| 43 | 260 | 144 | 116 | 743 | 433 | 310 | 306 | 171 | 135 |
| 44 | 269 | 159 | 110 | 828 | 473 | 355 | 398 | 218 | 180 |
| **45-49岁** | **1514** | **875** | **639** | **4533** | **2605** | **1928** | **2052** | **1099** | **953** |
| 45 | 275 | 149 | 126 | 879 | 514 | 365 | 396 | 228 | 168 |
| 46 | 311 | 186 | 125 | 905 | 508 | 397 | 418 | 219 | 199 |
| 47 | 293 | 176 | 117 | 953 | 552 | 401 | 454 | 249 | 205 |
| 48 | 302 | 173 | 129 | 922 | 544 | 378 | 394 | 189 | 205 |
| 49 | 333 | 191 | 142 | 874 | 487 | 387 | 390 | 214 | 176 |
| **50岁及以上** | **4487** | **2654** | **1833** | **9962** | **6023** | **3939** | **4799** | **2754** | **2045** |

3-2a　续表 6　　　　单位：人

| 年　龄 | 高中 | | | | | | | | |
|---|---|---|---|---|---|---|---|---|---|
| | 合　计 | | | 在　校 | | | 毕　业 | | |
| | 合计 | 男 | 女 | 小计 | 男 | 女 | 小计 | 男 | 女 |
| **总　计** | **541180** | **301991** | **239189** | **84226** | **44293** | **39933** | **441541** | **248228** | **193313** |
| 3 | | | | | | | | | |
| 4 | | | | | | | | | |
| **5-9岁** | | | | | | | | | |
| 5 | | | | | | | | | |
| 6 | | | | | | | | | |
| 7 | | | | | | | | | |
| 8 | | | | | | | | | |
| 9 | | | | | | | | | |
| **10-14岁** | **1066** | **550** | **516** | **970** | **494** | **476** | **85** | **49** | **36** |
| 10 | | | | | | | | | |
| 11 | 1 | 1 | | 1 | 1 | | | | |
| 12 | 2 | 1 | 1 | 2 | 1 | 1 | | | |
| 13 | 254 | 131 | 123 | 233 | 118 | 115 | 20 | 12 | 8 |
| 14 | 809 | 417 | 392 | 734 | 374 | 360 | 65 | 37 | 28 |
| **15-19岁** | **91255** | **48853** | **42402** | **81434** | **42813** | **38621** | **8906** | **5490** | **3416** |
| 15 | 17035 | 8794 | 8241 | 16896 | 8705 | 8191 | 110 | 71 | 39 |
| 16 | 30257 | 15944 | 14313 | 29639 | 15589 | 14050 | 489 | 289 | 200 |
| 17 | 26854 | 14184 | 12670 | 25228 | 13178 | 12050 | 1390 | 864 | 526 |
| 18 | 10733 | 6125 | 4608 | 7785 | 4282 | 3503 | 2721 | 1694 | 1027 |
| 19 | 6376 | 3806 | 2570 | 1886 | 1059 | 827 | 4196 | 2572 | 1624 |
| **20-24岁** | **40315** | **24263** | **16052** | **1727** | **936** | **791** | **36807** | **22230** | **14577** |
| 20 | 6643 | 4013 | 2630 | 869 | 448 | 421 | 5486 | 3384 | 2102 |
| 21 | 7113 | 4314 | 2799 | 374 | 219 | 155 | 6369 | 3860 | 2509 |
| 22 | 8181 | 4870 | 3311 | 239 | 127 | 112 | 7574 | 4511 | 3063 |
| 23 | 8902 | 5363 | 3539 | 139 | 82 | 57 | 8388 | 5057 | 3331 |
| 24 | 9476 | 5703 | 3773 | 106 | 60 | 46 | 8990 | 5418 | 3572 |
| **25-29岁** | **57860** | **33932** | **23928** | **23** | **13** | **10** | **55405** | **32377** | **23028** |
| 25 | 10786 | 6374 | 4412 | 5 | 2 | 3 | 10317 | 6085 | 4232 |
| 26 | 10593 | 6328 | 4265 | 7 | 5 | 2 | 10158 | 6046 | 4112 |
| 27 | 11655 | 6790 | 4865 | 8 | 4 | 4 | 11171 | 6495 | 4676 |
| 28 | 12082 | 7086 | 4996 | 2 | 1 | 1 | 11537 | 6730 | 4807 |
| 29 | 12744 | 7354 | 5390 | 1 | 1 | | 12222 | 7021 | 5201 |
| **30-34岁** | **76641** | **43087** | **33554** | **18** | **8** | **10** | **73984** | **41451** | **32533** |
| 30 | 15962 | 9123 | 6839 | 5 | 1 | 4 | 15376 | 8760 | 6616 |
| 31 | 15501 | 8717 | 6784 | 3 | 1 | 2 | 14935 | 8371 | 6564 |
| 32 | 15050 | 8408 | 6642 | 2 | 1 | 1 | 14533 | 8086 | 6447 |
| 33 | 16553 | 9330 | 7223 | 7 | 5 | 2 | 16003 | 8977 | 7026 |
| 34 | 13575 | 7509 | 6066 | 1 | | 1 | 13137 | 7257 | 5880 |
| **35-39岁** | **57847** | **31776** | **26071** | **14** | **8** | **6** | **56006** | **30638** | **25368** |
| 35 | 10744 | 5914 | 4830 | 4 | 2 | 2 | 10348 | 5672 | 4676 |
| 36 | 11052 | 6073 | 4979 | 3 | 2 | 1 | 10659 | 5825 | 4834 |
| 37 | 11422 | 6349 | 5073 | 2 | 2 | | 11077 | 6130 | 4947 |
| 38 | 13274 | 7208 | 6066 | 2 | | 2 | 12863 | 6958 | 5905 |
| 39 | 11355 | 6232 | 5123 | 3 | 2 | 1 | 11059 | 6053 | 5006 |
| **40-44岁** | **49850** | **27365** | **22485** | **11** | **6** | **5** | **48511** | **26565** | **21946** |
| 40 | 9841 | 5455 | 4386 | 2 | 2 | | 9559 | 5295 | 4264 |
| 41 | 11359 | 6186 | 5173 | 6 | 4 | 2 | 11071 | 6012 | 5059 |
| 42 | 10199 | 5601 | 4598 | 2 | | 2 | 9927 | 5439 | 4488 |
| 43 | 9337 | 5120 | 4217 | | | | 9080 | 4972 | 4108 |
| 44 | 9114 | 5003 | 4111 | 1 | | 1 | 8874 | 4847 | 4027 |
| **45-49岁** | **43088** | **24380** | **18708** | **10** | **5** | **5** | **41869** | **23619** | **18250** |
| 45 | 8544 | 4800 | 3744 | 4 | 2 | 2 | 8304 | 4650 | 3654 |
| 46 | 8391 | 4803 | 3588 | 4 | 2 | 2 | 8113 | 4632 | 3481 |
| 47 | 8901 | 4913 | 3988 | 1 | | 1 | 8639 | 4756 | 3883 |
| 48 | 8506 | 4799 | 3707 | | | | 8286 | 4660 | 3626 |
| 49 | 8746 | 5065 | 3681 | 1 | 1 | | 8527 | 4921 | 3606 |
| **50岁及以上** | **123258** | **67785** | **55473** | **19** | **10** | **9** | **119968** | **65809** | **54159** |

3–2a 续表 7 单位：人

| 年龄 | 高中 | | | | | | | | |
|---|---|---|---|---|---|---|---|---|---|
| | 肄业 | | | 辍学 | | | 其他 | | |
| | 小计 | 男 | 女 | 小计 | 男 | 女 | 小计 | 男 | 女 |
| **总计** | **3157** | **2030** | **1127** | **7055** | **4521** | **2534** | **5201** | **2919** | **2282** |
| 3 | | | | | | | | | |
| 4 | | | | | | | | | |
| **5–9岁** | | | | | | | | | |
| 5 | | | | | | | | | |
| 6 | | | | | | | | | |
| 7 | | | | | | | | | |
| 8 | | | | | | | | | |
| 9 | | | | | | | | | |
| **10–14岁** | **1** | **1** | | **5** | **4** | **1** | **5** | **2** | **3** |
| 10 | | | | | | | | | |
| 11 | | | | | | | | | |
| 12 | | | | | | | | | |
| 13 | | | | 1 | 1 | | | | |
| 14 | 1 | 1 | | 4 | 3 | 1 | 5 | 2 | 3 |
| **15–19岁** | **136** | **90** | **46** | **569** | **345** | **224** | **210** | **115** | **95** |
| 15 | 3 | 2 | 1 | 14 | 9 | 5 | 12 | 7 | 5 |
| 16 | 14 | 10 | 4 | 78 | 42 | 36 | 37 | 14 | 23 |
| 17 | 41 | 31 | 10 | 137 | 80 | 57 | 58 | 31 | 27 |
| 18 | 27 | 18 | 9 | 148 | 97 | 51 | 52 | 34 | 18 |
| 19 | 51 | 29 | 22 | 192 | 117 | 75 | 51 | 29 | 22 |
| **20–24岁** | **320** | **204** | **116** | **1026** | **650** | **376** | **435** | **243** | **192** |
| 20 | 53 | 32 | 21 | 175 | 118 | 57 | 60 | 31 | 29 |
| 21 | 66 | 39 | 27 | 224 | 148 | 76 | 80 | 48 | 32 |
| 22 | 69 | 44 | 25 | 203 | 129 | 74 | 96 | 59 | 37 |
| 23 | 67 | 45 | 22 | 206 | 124 | 82 | 102 | 55 | 47 |
| 24 | 65 | 44 | 21 | 218 | 131 | 87 | 97 | 50 | 47 |
| **25–29岁** | **460** | **295** | **165** | **1296** | **851** | **445** | **676** | **396** | **280** |
| 25 | 89 | 54 | 35 | 248 | 160 | 88 | 127 | 73 | 54 |
| 26 | 71 | 46 | 25 | 246 | 166 | 80 | 111 | 65 | 46 |
| 27 | 83 | 49 | 34 | 246 | 160 | 86 | 147 | 82 | 65 |
| 28 | 106 | 73 | 33 | 307 | 203 | 104 | 130 | 79 | 51 |
| 29 | 111 | 73 | 38 | 249 | 162 | 87 | 161 | 97 | 64 |
| **30–34岁** | **545** | **366** | **179** | **1215** | **774** | **441** | **879** | **488** | **391** |
| 30 | 117 | 81 | 36 | 298 | 186 | 112 | 166 | 95 | 71 |
| 31 | 117 | 68 | 49 | 257 | 169 | 88 | 189 | 108 | 81 |
| 32 | 109 | 75 | 34 | 237 | 157 | 80 | 169 | 89 | 80 |
| 33 | 114 | 86 | 28 | 233 | 153 | 80 | 196 | 109 | 87 |
| 34 | 88 | 56 | 32 | 190 | 109 | 81 | 159 | 87 | 72 |
| **35–39岁** | **353** | **235** | **118** | **793** | **514** | **279** | **681** | **381** | **300** |
| 35 | 79 | 53 | 26 | 174 | 110 | 64 | 139 | 77 | 62 |
| 36 | 79 | 50 | 29 | 172 | 119 | 53 | 139 | 77 | 62 |
| 37 | 69 | 46 | 23 | 155 | 104 | 51 | 119 | 67 | 52 |
| 38 | 78 | 55 | 23 | 171 | 110 | 61 | 160 | 85 | 75 |
| 39 | 48 | 31 | 17 | 121 | 71 | 50 | 124 | 75 | 49 |
| **40–44岁** | **256** | **169** | **87** | **540** | **346** | **194** | **532** | **279** | **253** |
| 40 | 50 | 32 | 18 | 114 | 68 | 46 | 116 | 58 | 58 |
| 41 | 52 | 33 | 19 | 121 | 77 | 44 | 109 | 60 | 49 |
| 42 | 52 | 34 | 18 | 103 | 68 | 35 | 115 | 60 | 55 |
| 43 | 49 | 31 | 18 | 104 | 60 | 44 | 104 | 57 | 47 |
| 44 | 53 | 39 | 14 | 98 | 73 | 25 | 88 | 44 | 44 |
| **45–49岁** | **252** | **164** | **88** | **492** | **327** | **165** | **465** | **265** | **200** |
| 45 | 56 | 41 | 15 | 89 | 55 | 34 | 91 | 52 | 39 |
| 46 | 54 | 34 | 20 | 105 | 73 | 32 | 115 | 62 | 53 |
| 47 | 45 | 28 | 17 | 112 | 71 | 41 | 104 | 58 | 46 |
| 48 | 45 | 27 | 18 | 96 | 63 | 33 | 79 | 49 | 30 |
| 49 | 52 | 34 | 18 | 90 | 65 | 25 | 76 | 44 | 32 |
| **50岁及以上** | **834** | **506** | **328** | **1119** | **710** | **409** | **1318** | **750** | **568** |

3-2a　续表 8　　　　单位：人

| 年龄 | 大学专科 | | | | | | | | |
|---|---|---|---|---|---|---|---|---|---|
| | 合计 | | | 在校 | | | 毕业 | | |
| | 合计 | 男 | 女 | 小计 | 男 | 女 | 小计 | 男 | 女 |
| **总计** | **374829** | **195943** | **178886** | **38211** | **19753** | **18458** | **332807** | **173995** | **158812** |
| 3 | | | | | | | | | |
| 4 | | | | | | | | | |
| **5-9岁** | | | | | | | | | |
| 5 | | | | | | | | | |
| 6 | | | | | | | | | |
| 7 | | | | | | | | | |
| 8 | | | | | | | | | |
| 9 | | | | | | | | | |
| **10-14岁** | **4** | **2** | **2** | **2** | **1** | **1** | **2** | **1** | **1** |
| 10 | | | | | | | | | |
| 11 | 1 | 1 | | 1 | 1 | | | | |
| 12 | | | | | | | | | |
| 13 | 1 | | 1 | 1 | | 1 | | | |
| 14 | 2 | 1 | 1 | | | | 2 | 1 | 1 |
| **15-19岁** | **22031** | **11355** | **10676** | **20068** | **10241** | **9827** | **1857** | **1050** | **807** |
| 15 | 126 | 76 | 50 | 119 | 71 | 48 | 7 | 5 | 2 |
| 16 | 438 | 253 | 185 | 388 | 223 | 165 | 44 | 26 | 18 |
| 17 | 1200 | 695 | 505 | 1058 | 607 | 451 | 133 | 81 | 52 |
| 18 | 6067 | 3221 | 2846 | 5607 | 2976 | 2631 | 430 | 228 | 202 |
| 19 | 14200 | 7110 | 7090 | 12896 | 6364 | 6532 | 1243 | 710 | 533 |
| **20-24岁** | **65087** | **33692** | **31395** | **17015** | **8922** | **8093** | **47386** | **24371** | **23015** |
| 20 | 14285 | 7327 | 6958 | 10658 | 5422 | 5236 | 3482 | 1820 | 1662 |
| 21 | 11546 | 5997 | 5549 | 4026 | 2168 | 1858 | 7398 | 3759 | 3639 |
| 22 | 12439 | 6550 | 5889 | 1425 | 830 | 595 | 10881 | 5634 | 5247 |
| 23 | 13308 | 6876 | 6432 | 603 | 345 | 258 | 12578 | 6460 | 6118 |
| 24 | 13509 | 6942 | 6567 | 303 | 157 | 146 | 13047 | 6698 | 6349 |
| **25-29岁** | **65183** | **33349** | **31834** | **530** | **277** | **253** | **63910** | **32644** | **31266** |
| 25 | 13896 | 7230 | 6666 | 192 | 94 | 98 | 13535 | 7030 | 6505 |
| 26 | 12876 | 6644 | 6232 | 110 | 63 | 47 | 12618 | 6496 | 6122 |
| 27 | 12996 | 6648 | 6348 | 94 | 60 | 34 | 12746 | 6495 | 6251 |
| 28 | 12596 | 6352 | 6244 | 69 | 30 | 39 | 12393 | 6253 | 6140 |
| 29 | 12819 | 6475 | 6344 | 65 | 30 | 35 | 12618 | 6370 | 6248 |
| **30-34岁** | **74196** | **37027** | **37169** | **255** | **124** | **131** | **73113** | **36451** | **36662** |
| 30 | 15364 | 7806 | 7558 | 72 | 37 | 35 | 15109 | 7674 | 7435 |
| 31 | 15383 | 7714 | 7669 | 53 | 35 | 18 | 15154 | 7570 | 7584 |
| 32 | 14300 | 7094 | 7206 | 39 | 15 | 24 | 14103 | 6990 | 7113 |
| 33 | 16237 | 8003 | 8234 | 51 | 20 | 31 | 16023 | 7901 | 8122 |
| 34 | 12912 | 6410 | 6502 | 40 | 17 | 23 | 12724 | 6316 | 6408 |
| **35-39岁** | **50887** | **25399** | **25488** | **134** | **66** | **68** | **50219** | **25045** | **25174** |
| 35 | 10145 | 5052 | 5093 | 25 | 11 | 14 | 10013 | 4982 | 5031 |
| 36 | 10330 | 5171 | 5159 | 23 | 10 | 13 | 10193 | 5099 | 5094 |
| 37 | 10433 | 5175 | 5258 | 23 | 12 | 11 | 10302 | 5108 | 5194 |
| 38 | 11452 | 5657 | 5795 | 39 | 20 | 19 | 11280 | 5564 | 5716 |
| 39 | 8527 | 4344 | 4183 | 24 | 13 | 11 | 8431 | 4292 | 4139 |
| **40-44岁** | **31039** | **15907** | **15132** | **77** | **42** | **35** | **30694** | **15708** | **14986** |
| 40 | 6627 | 3331 | 3296 | 19 | 5 | 14 | 6557 | 3295 | 3262 |
| 41 | 7135 | 3590 | 3545 | 18 | 10 | 8 | 7055 | 3544 | 3511 |
| 42 | 6400 | 3291 | 3109 | 11 | 8 | 3 | 6336 | 3251 | 3085 |
| 43 | 5538 | 2802 | 2736 | 16 | 9 | 7 | 5463 | 2759 | 2704 |
| 44 | 5339 | 2893 | 2446 | 13 | 10 | 3 | 5283 | 2859 | 2424 |
| **45-49岁** | **21193** | **11622** | **9571** | **43** | **23** | **20** | **20978** | **11498** | **9480** |
| 45 | 4615 | 2501 | 2114 | 16 | 10 | 6 | 4566 | 2474 | 2092 |
| 46 | 4173 | 2250 | 1923 | 9 | 3 | 6 | 4130 | 2228 | 1902 |
| 47 | 4444 | 2443 | 2001 | 5 | 2 | 3 | 4410 | 2423 | 1987 |
| 48 | 3907 | 2179 | 1728 | 8 | 5 | 3 | 3870 | 2155 | 1715 |
| 49 | 4054 | 2249 | 1805 | 5 | 3 | 2 | 4002 | 2218 | 1784 |
| **50岁及以上** | **45209** | **27590** | **17619** | **87** | **57** | **30** | **44648** | **27227** | **17421** |

3－2a 续表 9

单位：人

| 年 龄 | 大学专科 | | | | | | | | |
|---|---|---|---|---|---|---|---|---|---|
| | 肄 业 | | | 辍 学 | | | 其 他 | | |
| | 小计 | 男 | 女 | 小计 | 男 | 女 | 小计 | 男 | 女 |
| **总 计** | **748** | **461** | **287** | **521** | **377** | **144** | **2542** | **1357** | **1185** |
| 3 | | | | | | | | | |
| 4 | | | | | | | | | |
| **5－9岁** | | | | | | | | | |
| 5 | | | | | | | | | |
| 6 | | | | | | | | | |
| 7 | | | | | | | | | |
| 8 | | | | | | | | | |
| 9 | | | | | | | | | |
| **10－14岁** | | | | | | | | | |
| 10 | | | | | | | | | |
| 11 | | | | | | | | | |
| 12 | | | | | | | | | |
| 13 | | | | | | | | | |
| 14 | | | | | | | | | |
| **15－19岁** | **18** | **8** | **10** | **23** | **18** | **5** | **65** | **38** | **27** |
| 15 | | | | | | | | | |
| 16 | 4 | 2 | 2 | 1 | 1 | | 1 | 1 | |
| 17 | 2 | 1 | 1 | 1 | 1 | | 6 | 5 | 1 |
| 18 | 4 | 1 | 3 | 6 | 4 | 2 | 20 | 12 | 8 |
| 19 | 8 | 4 | 4 | 15 | 12 | 3 | 38 | 20 | 18 |
| **20－24岁** | **155** | **90** | **65** | **132** | **84** | **48** | **399** | **225** | **174** |
| 20 | 29 | 17 | 12 | 25 | 14 | 11 | 91 | 54 | 37 |
| 21 | 28 | 16 | 12 | 25 | 14 | 11 | 69 | 40 | 29 |
| 22 | 35 | 23 | 12 | 31 | 24 | 7 | 67 | 39 | 28 |
| 23 | 32 | 19 | 13 | 22 | 13 | 9 | 73 | 39 | 34 |
| 24 | 31 | 15 | 16 | 29 | 19 | 10 | 99 | 53 | 46 |
| **25－29岁** | **139** | **87** | **52** | **127** | **93** | **34** | **477** | **248** | **229** |
| 25 | 34 | 22 | 12 | 27 | 19 | 8 | 108 | 65 | 43 |
| 26 | 23 | 15 | 8 | 34 | 24 | 10 | 91 | 46 | 45 |
| 27 | 34 | 23 | 11 | 22 | 18 | 4 | 100 | 52 | 48 |
| 28 | 20 | 13 | 7 | 24 | 15 | 9 | 90 | 41 | 49 |
| 29 | 28 | 14 | 14 | 20 | 17 | 3 | 88 | 44 | 44 |
| **30－34岁** | **146** | **90** | **56** | **128** | **98** | **30** | **554** | **264** | **290** |
| 30 | 35 | 22 | 13 | 24 | 17 | 7 | 124 | 56 | 68 |
| 31 | 34 | 22 | 12 | 28 | 21 | 7 | 114 | 66 | 48 |
| 32 | 23 | 18 | 5 | 24 | 18 | 6 | 111 | 53 | 58 |
| 33 | 29 | 13 | 16 | 27 | 23 | 4 | 107 | 46 | 61 |
| 34 | 25 | 15 | 10 | 25 | 19 | 6 | 98 | 43 | 55 |
| **35－39岁** | **92** | **58** | **34** | **46** | **34** | **12** | **396** | **196** | **200** |
| 35 | 17 | 12 | 5 | 13 | 9 | 4 | 77 | 38 | 39 |
| 36 | 18 | 11 | 7 | 4 | 4 | | 92 | 47 | 45 |
| 37 | 22 | 14 | 8 | 6 | 6 | | 80 | 35 | 45 |
| 38 | 26 | 15 | 11 | 16 | 12 | 4 | 91 | 46 | 45 |
| 39 | 9 | 6 | 3 | 7 | 3 | 4 | 56 | 30 | 26 |
| **40－44岁** | **60** | **38** | **22** | **20** | **15** | **5** | **188** | **104** | **84** |
| 40 | 11 | 9 | 2 | 4 | 2 | 2 | 36 | 20 | 16 |
| 41 | 15 | 10 | 5 | 4 | 3 | 1 | 43 | 23 | 20 |
| 42 | 15 | 9 | 6 | 4 | 3 | 1 | 34 | 20 | 14 |
| 43 | 5 | 3 | 2 | 4 | 4 | | 50 | 27 | 23 |
| 44 | 14 | 7 | 7 | 4 | 3 | 1 | 25 | 14 | 11 |
| **45－49岁** | **40** | **24** | **16** | **17** | **14** | **3** | **115** | **63** | **52** |
| 45 | 9 | 3 | 6 | 2 | 1 | 1 | 22 | 13 | 9 |
| 46 | 9 | 4 | 5 | 3 | 3 | | 22 | 12 | 10 |
| 47 | 3 | 3 | | 4 | 4 | | 22 | 11 | 11 |
| 48 | 4 | 3 | 1 | 7 | 5 | 2 | 18 | 11 | 7 |
| 49 | 15 | 11 | 4 | 1 | 1 | | 31 | 16 | 15 |
| **50岁及以上** | **98** | **66** | **32** | **28** | **21** | **7** | **348** | **219** | **129** |

3-2a 续表 10

单位：人

| 年 龄 | 大学本科 | | | | | | | | |
|---|---|---|---|---|---|---|---|---|---|
| | 合 计 | | | 在 校 | | | 毕 业 | | |
| | 合计 | 男 | 女 | 小计 | 男 | 女 | 小计 | 男 | 女 |
| **总 计** | **392439** | **196051** | **196388** | **58353** | **26193** | **32160** | **331793** | **168661** | **163132** |
| 3 | | | | | | | | | |
| 4 | | | | | | | | | |
| **5-9岁** | | | | | | | | | |
| 5 | | | | | | | | | |
| 6 | | | | | | | | | |
| 7 | | | | | | | | | |
| 8 | | | | | | | | | |
| 9 | | | | | | | | | |
| **10-14岁** | **3** | **1** | **2** | | | | **2** | **1** | **1** |
| 10 | | | | | | | | | |
| 11 | 1 | | 1 | | | | 1 | | 1 |
| 12 | 1 | 1 | | | | | 1 | 1 | |
| 13 | | | | | | | | | |
| 14 | 1 | | 1 | | | | | | |
| **15-19岁** | **18372** | **7988** | **10384** | **18098** | **7847** | **10251** | **243** | **123** | **120** |
| 15 | 39 | 28 | 11 | 37 | 28 | 9 | 2 | | 2 |
| 16 | 74 | 36 | 38 | 67 | 32 | 35 | 7 | 4 | 3 |
| 17 | 420 | 166 | 254 | 405 | 158 | 247 | 14 | 8 | 6 |
| 18 | 5271 | 2316 | 2955 | 5191 | 2274 | 2917 | 66 | 32 | 34 |
| 19 | 12568 | 5442 | 7126 | 12398 | 5355 | 7043 | 154 | 79 | 75 |
| **20-24岁** | **71072** | **31989** | **39083** | **38658** | **17550** | **21108** | **32116** | **14299** | **17817** |
| 20 | 15792 | 6989 | 8803 | 15313 | 6753 | 8560 | 461 | 225 | 236 |
| 21 | 15396 | 6850 | 8546 | 13768 | 6118 | 7650 | 1600 | 720 | 880 |
| 22 | 13057 | 5874 | 7183 | 6432 | 3024 | 3408 | 6557 | 2821 | 3736 |
| 23 | 13166 | 6043 | 7123 | 2273 | 1191 | 1082 | 10818 | 4818 | 6000 |
| 24 | 13661 | 6233 | 7428 | 872 | 464 | 408 | 12680 | 5715 | 6965 |
| **25-29岁** | **73802** | **35007** | **38795** | **992** | **487** | **505** | **72334** | **34286** | **38048** |
| 25 | 14827 | 6877 | 7950 | 438 | 228 | 210 | 14295 | 6604 | 7691 |
| 26 | 14286 | 6752 | 7534 | 233 | 97 | 136 | 13953 | 6604 | 7349 |
| 27 | 15166 | 7126 | 8040 | 151 | 76 | 75 | 14916 | 6998 | 7918 |
| 28 | 14969 | 7198 | 7771 | 89 | 49 | 40 | 14798 | 7108 | 7690 |
| 29 | 14554 | 7054 | 7500 | 81 | 37 | 44 | 14372 | 6972 | 7400 |
| **30-34岁** | **80452** | **38925** | **41527** | **264** | **129** | **135** | **79677** | **38544** | **41133** |
| 30 | 16903 | 8156 | 8747 | 75 | 36 | 39 | 16719 | 8072 | 8647 |
| 31 | 16488 | 7866 | 8622 | 57 | 27 | 30 | 16321 | 7784 | 8537 |
| 32 | 15536 | 7534 | 8002 | 50 | 25 | 25 | 15391 | 7465 | 7926 |
| 33 | 17397 | 8413 | 8984 | 48 | 25 | 23 | 17245 | 8332 | 8913 |
| 34 | 14128 | 6956 | 7172 | 34 | 16 | 18 | 14001 | 6891 | 7110 |
| **35-39岁** | **59663** | **29567** | **30096** | **150** | **76** | **74** | **59158** | **29300** | **29858** |
| 35 | 11973 | 5844 | 6129 | 29 | 12 | 17 | 11858 | 5789 | 6069 |
| 36 | 12550 | 6242 | 6308 | 28 | 16 | 12 | 12444 | 6183 | 6261 |
| 37 | 12329 | 6011 | 6318 | 34 | 12 | 22 | 12214 | 5950 | 6264 |
| 38 | 13194 | 6629 | 6565 | 34 | 20 | 14 | 13102 | 6578 | 6524 |
| 39 | 9617 | 4841 | 4776 | 25 | 16 | 9 | 9540 | 4800 | 4740 |
| **40-44岁** | **33471** | **17615** | **15856** | **75** | **35** | **40** | **33211** | **17488** | **15723** |
| 40 | 7391 | 3853 | 3538 | 13 | 5 | 8 | 7341 | 3829 | 3512 |
| 41 | 7682 | 3911 | 3771 | 13 | 7 | 6 | 7626 | 3885 | 3741 |
| 42 | 6908 | 3649 | 3259 | 24 | 12 | 12 | 6840 | 3614 | 3226 |
| 43 | 5939 | 3157 | 2782 | 9 | 4 | 5 | 5901 | 3142 | 2759 |
| 44 | 5551 | 3045 | 2506 | 16 | 7 | 9 | 5503 | 3018 | 2485 |
| **45-49岁** | **21683** | **12410** | **9273** | **51** | **32** | **19** | **21484** | **12296** | **9188** |
| 45 | 4770 | 2605 | 2165 | 15 | 10 | 5 | 4733 | 2582 | 2151 |
| 46 | 4420 | 2502 | 1918 | 8 | 3 | 5 | 4382 | 2481 | 1901 |
| 47 | 4549 | 2660 | 1889 | 11 | 7 | 4 | 4510 | 2637 | 1873 |
| 48 | 4037 | 2339 | 1698 | 11 | 9 | 2 | 3985 | 2310 | 1675 |
| 49 | 3907 | 2304 | 1603 | 6 | 3 | 3 | 3874 | 2286 | 1588 |
| **50岁及以上** | **33921** | **22549** | **11372** | **65** | **37** | **28** | **33568** | **22324** | **11244** |

3－2a　续表 11　　　　单位：人

| 年龄 | 大学本科 | | | | | | | | |
|---|---|---|---|---|---|---|---|---|---|
| | 肄业 | | | 辍学 | | | 其他 | | |
| | 小计 | 男 | 女 | 小计 | 男 | 女 | 小计 | 男 | 女 |
| **总计** | **414** | **227** | **187** | **85** | **55** | **30** | **1794** | **915** | **879** |
| 3 | | | | | | | | | |
| 4 | | | | | | | | | |
| **5－9岁** | | | | | | | | | |
| 5 | | | | | | | | | |
| 6 | | | | | | | | | |
| 7 | | | | | | | | | |
| 8 | | | | | | | | | |
| 9 | | | | | | | | | |
| **10－14岁** | | | | | | | **1** | | **1** |
| 10 | | | | | | | | | |
| 11 | | | | | | | | | |
| 12 | | | | | | | | | |
| 13 | | | | | | | | | |
| 14 | | | | | | | 1 | | 1 |
| **15－19岁** | **1** | **1** | | **2** | **2** | | **28** | **15** | **13** |
| 15 | | | | | | | | | |
| 16 | | | | | | | | | |
| 17 | | | | | | | 1 | | 1 |
| 18 | 1 | 1 | | | | | 13 | 9 | 4 |
| 19 | | | | 2 | 2 | | 14 | 6 | 8 |
| **20－24岁** | **59** | **30** | **29** | **21** | **12** | **9** | **218** | **98** | **120** |
| 20 | 1 | | 1 | 4 | 2 | 2 | 13 | 9 | 4 |
| 21 | 4 | 1 | 3 | 3 | 2 | 1 | 21 | 9 | 12 |
| 22 | 15 | 8 | 7 | 4 | 2 | 2 | 49 | 19 | 30 |
| 23 | 15 | 6 | 9 | 3 | 2 | 1 | 57 | 26 | 31 |
| 24 | 24 | 15 | 9 | 7 | 4 | 3 | 78 | 35 | 43 |
| **25－29岁** | **115** | **66** | **49** | **15** | **9** | **6** | **346** | **159** | **187** |
| 25 | 22 | 13 | 9 | 4 | 4 | | 68 | 28 | 40 |
| 26 | 24 | 13 | 11 | 4 | 1 | 3 | 72 | 37 | 35 |
| 27 | 28 | 16 | 12 | 3 | 3 | | 68 | 33 | 35 |
| 28 | 21 | 12 | 9 | | | | 61 | 29 | 32 |
| 29 | 20 | 12 | 8 | 4 | 1 | 3 | 77 | 32 | 45 |
| **30－34岁** | **98** | **47** | **51** | **19** | **14** | **5** | **394** | **191** | **203** |
| 30 | 22 | 10 | 12 | 1 | 1 | | 86 | 37 | 49 |
| 31 | 19 | 9 | 10 | 5 | 4 | 1 | 86 | 42 | 44 |
| 32 | 19 | 10 | 9 | 2 | 1 | 1 | 74 | 33 | 41 |
| 33 | 16 | 7 | 9 | 6 | 4 | 2 | 82 | 45 | 37 |
| 34 | 22 | 11 | 11 | 5 | 4 | 1 | 66 | 34 | 32 |
| **35－39岁** | **50** | **29** | **21** | **7** | **4** | **3** | **298** | **158** | **140** |
| 35 | 12 | 5 | 7 | 3 | 3 | | 71 | 35 | 36 |
| 36 | 10 | 9 | 1 | 2 | | 2 | 66 | 34 | 32 |
| 37 | 13 | 7 | 6 | 1 | | 1 | 67 | 42 | 25 |
| 38 | 9 | 5 | 4 | 1 | 1 | | 48 | 25 | 23 |
| 39 | 6 | 3 | 3 | | | | 46 | 22 | 24 |
| **40－44岁** | **31** | **12** | **19** | **6** | **4** | **2** | **148** | **76** | **72** |
| 40 | 4 | 1 | 3 | 1 | | 1 | 32 | 18 | 14 |
| 41 | 7 | 4 | 3 | 1 | 1 | | 35 | 14 | 21 |
| 42 | 6 | 1 | 5 | 3 | 2 | 1 | 35 | 20 | 15 |
| 43 | 6 | 1 | 5 | | | | 23 | 10 | 13 |
| 44 | 8 | 5 | 3 | 1 | 1 | | 23 | 14 | 9 |
| **45－49岁** | **19** | **10** | **9** | **5** | **3** | **2** | **124** | **69** | **55** |
| 45 | 3 | 1 | 2 | 2 | 1 | 1 | 17 | 11 | 6 |
| 46 | 5 | 3 | 2 | | | | 25 | 15 | 10 |
| 47 | 4 | 1 | 3 | | | | 24 | 15 | 9 |
| 48 | 5 | 3 | 2 | 1 | 1 | | 35 | 16 | 19 |
| 49 | 2 | 2 | | 2 | 1 | 1 | 23 | 12 | 11 |
| **50岁及以上** | **41** | **32** | **9** | **10** | **7** | **3** | **237** | **149** | **88** |

3-2a 续表 12

单位：人

| 年龄 | 硕士研究生 | | | | | | | | |
|---|---|---|---|---|---|---|---|---|---|
| | 合计 | | | 在校 | | | 毕业 | | |
| | 合计 | 男 | 女 | 小计 | 男 | 女 | 小计 | 男 | 女 |
| **总计** | **44888** | **23502** | **21386** | **7597** | **3769** | **3828** | **37088** | **19619** | **17469** |
| 3 | | | | | | | | | |
| 4 | | | | | | | | | |
| **5—9岁** | | | | | | | | | |
| 5 | | | | | | | | | |
| 6 | | | | | | | | | |
| 7 | | | | | | | | | |
| 8 | | | | | | | | | |
| 9 | | | | | | | | | |
| **10—14岁** | | | | | | | | | |
| 10 | | | | | | | | | |
| 11 | | | | | | | | | |
| 12 | | | | | | | | | |
| 13 | | | | | | | | | |
| 14 | | | | | | | | | |
| **15—19岁** | | | | | | | | | |
| 15 | | | | | | | | | |
| 16 | | | | | | | | | |
| 17 | | | | | | | | | |
| 18 | | | | | | | | | |
| 19 | | | | | | | | | |
| **20—24岁** | **5860** | **2740** | **3120** | **4923** | **2413** | **2510** | **918** | **320** | **598** |
| 20 | 38 | 18 | 20 | 31 | 13 | 18 | 6 | 4 | 2 |
| 21 | 155 | 62 | 93 | 148 | 59 | 89 | 7 | 3 | 4 |
| 22 | 1134 | 547 | 587 | 1082 | 528 | 554 | 47 | 18 | 29 |
| 23 | 2049 | 955 | 1094 | 1812 | 880 | 932 | 232 | 74 | 158 |
| 24 | 2484 | 1158 | 1326 | 1850 | 933 | 917 | 626 | 221 | 405 |
| **25—29岁** | **11238** | **5329** | **5909** | **2317** | **1196** | **1121** | **8865** | **4098** | **4767** |
| 25 | 2548 | 1203 | 1345 | 1264 | 653 | 611 | 1275 | 543 | 732 |
| 26 | 2141 | 1010 | 1131 | 523 | 286 | 237 | 1601 | 717 | 884 |
| 27 | 2228 | 1038 | 1190 | 268 | 134 | 134 | 1949 | 896 | 1053 |
| 28 | 2181 | 1026 | 1155 | 143 | 72 | 71 | 2031 | 950 | 1081 |
| 29 | 2140 | 1052 | 1088 | 119 | 51 | 68 | 2009 | 992 | 1017 |
| **30—34岁** | **11214** | **5457** | **5757** | **237** | **103** | **134** | **10927** | **5328** | **5599** |
| 30 | 2546 | 1227 | 1319 | 65 | 30 | 35 | 2466 | 1188 | 1278 |
| 31 | 2437 | 1155 | 1282 | 58 | 24 | 34 | 2366 | 1127 | 1239 |
| 32 | 2188 | 1047 | 1141 | 44 | 14 | 30 | 2132 | 1027 | 1105 |
| 33 | 2204 | 1118 | 1086 | 42 | 22 | 20 | 2156 | 1093 | 1063 |
| 34 | 1839 | 910 | 929 | 28 | 13 | 15 | 1807 | 893 | 914 |
| **35—39岁** | **7730** | **4152** | **3578** | **60** | **34** | **26** | **7633** | **4099** | **3534** |
| 35 | 1596 | 838 | 758 | 15 | 7 | 8 | 1571 | 826 | 745 |
| 36 | 1651 | 876 | 775 | 16 | 9 | 7 | 1625 | 862 | 763 |
| 37 | 1539 | 813 | 726 | 14 | 10 | 4 | 1518 | 800 | 718 |
| 38 | 1689 | 920 | 769 | 10 | 6 | 4 | 1675 | 913 | 762 |
| 39 | 1255 | 705 | 550 | 5 | 2 | 3 | 1244 | 698 | 546 |
| **40—44岁** | **3925** | **2341** | **1584** | **18** | **5** | **13** | **3891** | **2325** | **1566** |
| 40 | 971 | 570 | 401 | 9 | 3 | 6 | 956 | 562 | 394 |
| 41 | 967 | 560 | 407 | 2 | 1 | 1 | 963 | 558 | 405 |
| 42 | 733 | 438 | 295 | 2 | | 2 | 729 | 437 | 292 |
| 43 | 639 | 391 | 248 | 3 | | 3 | 631 | 388 | 243 |
| 44 | 615 | 382 | 233 | 2 | 1 | 1 | 612 | 380 | 232 |
| **45—49岁** | **2126** | **1431** | **695** | **13** | **6** | **7** | **2106** | **1419** | **687** |
| 45 | 494 | 342 | 152 | 4 | 1 | 3 | 487 | 339 | 148 |
| 46 | 428 | 293 | 135 | 1 | 1 | | 427 | 292 | 135 |
| 47 | 463 | 306 | 157 | 2 | 2 | | 459 | 302 | 157 |
| 48 | 364 | 242 | 122 | 2 | 1 | 1 | 361 | 240 | 121 |
| 49 | 377 | 248 | 129 | 4 | 1 | 3 | 372 | 246 | 126 |
| **50岁及以上** | **2770** | **2042** | **728** | **5** | **3** | **2** | **2747** | **2029** | **718** |

3-2a 续表 13 单位：人

| 年龄 | 硕士研究生 | | | | | | | | |
|---|---|---|---|---|---|---|---|---|---|
| | 肄业 | | | 辍学 | | | 其他 | | |
| | 小计 | 男 | 女 | 小计 | 男 | 女 | 小计 | 男 | 女 |
| **总计** | **33** | **23** | **10** | **1** | **1** | | **169** | **90** | **79** |
| 3 | | | | | | | | | |
| 4 | | | | | | | | | |
| **5-9岁** | | | | | | | | | |
| 5 | | | | | | | | | |
| 6 | | | | | | | | | |
| 7 | | | | | | | | | |
| 8 | | | | | | | | | |
| 9 | | | | | | | | | |
| **10-14岁** | | | | | | | | | |
| 10 | | | | | | | | | |
| 11 | | | | | | | | | |
| 12 | | | | | | | | | |
| 13 | | | | | | | | | |
| 14 | | | | | | | | | |
| **15-19岁** | | | | | | | | | |
| 15 | | | | | | | | | |
| 16 | | | | | | | | | |
| 17 | | | | | | | | | |
| 18 | | | | | | | | | |
| 19 | | | | | | | | | |
| **20-24岁** | **1** | **1** | | **1** | **1** | | **17** | **5** | **12** |
| 20 | | | | 1 | 1 | | | | |
| 21 | | | | | | | | | |
| 22 | 1 | 1 | | | | | 4 | | 4 |
| 23 | | | | | | | 5 | 1 | 4 |
| 24 | | | | | | | 8 | 4 | 4 |
| **25-29岁** | **6** | **5** | **1** | | | | **50** | **30** | **20** |
| 25 | | | | | | | 9 | 7 | 2 |
| 26 | 4 | 3 | 1 | | | | 13 | 4 | 9 |
| 27 | 1 | 1 | | | | | 10 | 7 | 3 |
| 28 | | | | | | | 7 | 4 | 3 |
| 29 | 1 | 1 | | | | | 11 | 8 | 3 |
| **30-34岁** | **9** | **3** | **6** | | | | **41** | **23** | **18** |
| 30 | 4 | 2 | 2 | | | | 11 | 7 | 4 |
| 31 | 2 | | 2 | | | | 11 | 4 | 7 |
| 32 | | | | | | | 12 | 6 | 6 |
| 33 | 3 | 1 | 2 | | | | 3 | 2 | 1 |
| 34 | | | | | | | 4 | 4 | |
| **35-39岁** | **10** | **7** | **3** | | | | **27** | **12** | **15** |
| 35 | 2 | | 2 | | | | 8 | 5 | 3 |
| 36 | 2 | 2 | | | | | 8 | 3 | 5 |
| 37 | 1 | | 1 | | | | 6 | 3 | 3 |
| 38 | 1 | 1 | | | | | 3 | | 3 |
| 39 | 4 | 4 | | | | | 2 | 1 | 1 |
| **40-44岁** | **2** | **2** | | | | | **14** | **9** | **5** |
| 40 | 1 | 1 | | | | | 5 | 4 | 1 |
| 41 | | | | | | | 2 | 1 | 1 |
| 42 | | | | | | | 2 | 1 | 1 |
| 43 | 1 | 1 | | | | | 4 | 2 | 2 |
| 44 | | | | | | | 1 | 1 | |
| **45-49岁** | **1** | **1** | | | | | **6** | **5** | **1** |
| 45 | | | | | | | 3 | 2 | 1 |
| 46 | | | | | | | | | |
| 47 | 1 | 1 | | | | | 1 | 1 | |
| 48 | | | | | | | 1 | 1 | |
| 49 | | | | | | | 1 | 1 | |
| **50岁及以上** | **4** | **4** | | | | | **14** | **6** | **8** |

3-2a　续表 14

单位：人

| 年　龄 | 博士研究生 | | | | | | | | |
|---|---|---|---|---|---|---|---|---|---|
| | 合　计 | | | 在　校 | | | 毕　业 | | |
| | 合计 | 男 | 女 | 小计 | 男 | 女 | 小计 | 男 | 女 |
| **总　计** | **5840** | **3728** | **2112** | **1610** | **920** | **690** | **4199** | **2786** | **1413** |
| 3 | | | | | | | | | |
| 4 | | | | | | | | | |
| **5—9岁** | | | | | | | | | |
| 5 | | | | | | | | | |
| 6 | | | | | | | | | |
| 7 | | | | | | | | | |
| 8 | | | | | | | | | |
| 9 | | | | | | | | | |
| **10—14岁** | | | | | | | | | |
| 10 | | | | | | | | | |
| 11 | | | | | | | | | |
| 12 | | | | | | | | | |
| 13 | | | | | | | | | |
| 14 | | | | | | | | | |
| **15—19岁** | | | | | | | | | |
| 15 | | | | | | | | | |
| 16 | | | | | | | | | |
| 17 | | | | | | | | | |
| 18 | | | | | | | | | |
| 19 | | | | | | | | | |
| **20—24岁** | **427** | **241** | **186** | **404** | **227** | **177** | **23** | **14** | **9** |
| 20 | 3 | 2 | 1 | 2 | 2 | | 1 | | 1 |
| 21 | 21 | 15 | 6 | 20 | 14 | 6 | 1 | 1 | |
| 22 | 83 | 45 | 38 | 79 | 42 | 37 | 4 | 3 | 1 |
| 23 | 136 | 73 | 63 | 130 | 69 | 61 | 6 | 4 | 2 |
| 24 | 184 | 106 | 78 | 173 | 100 | 73 | 11 | 6 | 5 |
| **25—29岁** | **1211** | **696** | **515** | **857** | **497** | **360** | **349** | **195** | **154** |
| 25 | 239 | 132 | 107 | 214 | 121 | 93 | 24 | 10 | 14 |
| 26 | 238 | 132 | 106 | 207 | 118 | 89 | 31 | 14 | 17 |
| 27 | 247 | 144 | 103 | 191 | 114 | 77 | 55 | 29 | 26 |
| 28 | 217 | 129 | 88 | 136 | 79 | 57 | 81 | 50 | 31 |
| 29 | 270 | 159 | 111 | 109 | 65 | 44 | 158 | 92 | 66 |
| **30—34岁** | **1342** | **830** | **512** | **248** | **141** | **107** | **1089** | **685** | **404** |
| 30 | 276 | 170 | 106 | 94 | 59 | 35 | 180 | 110 | 70 |
| 31 | 285 | 145 | 140 | 63 | 30 | 33 | 222 | 115 | 107 |
| 32 | 257 | 150 | 107 | 37 | 19 | 18 | 220 | 131 | 89 |
| 33 | 286 | 193 | 93 | 34 | 22 | 12 | 249 | 168 | 81 |
| 34 | 238 | 172 | 66 | 20 | 11 | 9 | 218 | 161 | 57 |
| **35—39岁** | **1039** | **669** | **370** | **61** | **30** | **31** | **972** | **635** | **337** |
| 35 | 185 | 121 | 64 | 17 | 11 | 6 | 168 | 110 | 58 |
| 36 | 204 | 132 | 72 | 7 | 5 | 2 | 195 | 126 | 69 |
| 37 | 203 | 132 | 71 | 15 | 7 | 8 | 186 | 124 | 62 |
| 38 | 249 | 154 | 95 | 15 | 4 | 11 | 233 | 149 | 84 |
| 39 | 198 | 130 | 68 | 7 | 3 | 4 | 190 | 126 | 64 |
| **40—44岁** | **734** | **483** | **251** | **29** | **18** | **11** | **702** | **463** | **239** |
| 40 | 164 | 109 | 55 | 7 | 4 | 3 | 156 | 104 | 52 |
| 41 | 171 | 112 | 59 | 8 | 6 | 2 | 162 | 105 | 57 |
| 42 | 154 | 98 | 56 | 8 | 5 | 3 | 145 | 93 | 52 |
| 43 | 118 | 77 | 41 | 3 | 1 | 2 | 115 | 76 | 39 |
| 44 | 127 | 87 | 40 | 3 | 2 | 1 | 124 | 85 | 39 |
| **45—49岁** | **509** | **345** | **164** | **8** | **5** | **3** | **496** | **337** | **159** |
| 45 | 108 | 77 | 31 | 2 | 2 | | 105 | 74 | 31 |
| 46 | 107 | 73 | 34 | 4 | 2 | 2 | 102 | 71 | 31 |
| 47 | 104 | 69 | 35 | 1 | 1 | | 102 | 68 | 34 |
| 48 | 96 | 66 | 30 | 1 | | 1 | 94 | 65 | 29 |
| 49 | 94 | 60 | 34 | | | | 93 | 59 | 34 |
| **50岁及以上** | **576** | **463** | **113** | **2** | **2** | | **567** | **456** | **111** |

3–2a 续表 15 单位：人

| 年 龄 | 博士研究生 | | | | | | | | |
|---|---|---|---|---|---|---|---|---|---|
| | 肄 业 | | | 辍 学 | | | 其 他 | | |
| | 小计 | 男 | 女 | 小计 | 男 | 女 | 小计 | 男 | 女 |
| **总 计** | **2** | **1** | **1** | | | | **29** | **21** | **8** |
| 3 | | | | | | | | | |
| 4 | | | | | | | | | |
| **5–9岁** | | | | | | | | | |
| 5 | | | | | | | | | |
| 6 | | | | | | | | | |
| 7 | | | | | | | | | |
| 8 | | | | | | | | | |
| 9 | | | | | | | | | |
| **10–14岁** | | | | | | | | | |
| 10 | | | | | | | | | |
| 11 | | | | | | | | | |
| 12 | | | | | | | | | |
| 13 | | | | | | | | | |
| 14 | | | | | | | | | |
| **15–19岁** | | | | | | | | | |
| 15 | | | | | | | | | |
| 16 | | | | | | | | | |
| 17 | | | | | | | | | |
| 18 | | | | | | | | | |
| 19 | | | | | | | | | |
| **20–24岁** | | | | | | | | | |
| 20 | | | | | | | | | |
| 21 | | | | | | | | | |
| 22 | | | | | | | | | |
| 23 | | | | | | | | | |
| 24 | | | | | | | | | |
| **25–29岁** | | | | | | | **5** | **4** | **1** |
| 25 | | | | | | | 1 | 1 | |
| 26 | | | | | | | | | |
| 27 | | | | | | | 1 | 1 | |
| 28 | | | | | | | | | |
| 29 | | | | | | | 3 | 2 | 1 |
| **30–34岁** | | | | | | | **5** | **4** | **1** |
| 30 | | | | | | | 2 | 1 | 1 |
| 31 | | | | | | | | | |
| 32 | | | | | | | | | |
| 33 | | | | | | | 3 | 3 | |
| 34 | | | | | | | | | |
| **35–39岁** | **1** | | **1** | | | | **5** | **4** | **1** |
| 35 | | | | | | | | | |
| 36 | | | | | | | 2 | 1 | 1 |
| 37 | 1 | | 1 | | | | 1 | 1 | |
| 38 | | | | | | | 1 | 1 | |
| 39 | | | | | | | 1 | 1 | |
| **40–44岁** | | | | | | | **3** | **2** | **1** |
| 40 | | | | | | | 1 | 1 | |
| 41 | | | | | | | 1 | 1 | |
| 42 | | | | | | | 1 | | 1 |
| 43 | | | | | | | | | |
| 44 | | | | | | | | | |
| **45–49岁** | **1** | **1** | | | | | **4** | **2** | **2** |
| 45 | 1 | 1 | | | | | | | |
| 46 | | | | | | | 1 | | 1 |
| 47 | | | | | | | 1 | | 1 |
| 48 | | | | | | | 1 | 1 | |
| 49 | | | | | | | 1 | 1 | |
| **50岁及以上** | | | | | | | **7** | **5** | **2** |

# 3-2b 全省分年龄、性别、学业完成情况的3岁及以上各种受教育程度人口(镇)

单位：人

| 年龄 | 合计 | | | | | | | | |
|---|---|---|---|---|---|---|---|---|---|
| | 合计 | | | 在校 | | | 毕业 | | |
| | 合计 | 男 | 女 | 小计 | 男 | 女 | 小计 | 男 | 女 |
| **总计** | **1248793** | **669152** | **579641** | **170401** | **89527** | **80874** | **988302** | **534154** | **454148** |
| 3 | | | | | | | | | |
| 4 | | | | | | | | | |
| **5-9岁** | **49091** | **26208** | **22883** | **47675** | **25395** | **22280** | **1168** | **667** | **501** |
| 5 | 664 | 376 | 288 | 632 | 355 | 277 | 21 | 13 | 8 |
| 6 | 9312 | 4927 | 4385 | 9077 | 4788 | 4289 | 190 | 114 | 76 |
| 7 | 12368 | 6604 | 5764 | 12035 | 6423 | 5612 | 266 | 143 | 123 |
| 8 | 13910 | 7478 | 6432 | 13500 | 7224 | 6276 | 344 | 216 | 128 |
| 9 | 12837 | 6823 | 6014 | 12431 | 6605 | 5826 | 347 | 181 | 166 |
| **10-14岁** | **60150** | **32062** | **28088** | **57751** | **30724** | **27027** | **2095** | **1167** | **928** |
| 10 | 11988 | 6402 | 5586 | 11638 | 6214 | 5424 | 302 | 160 | 142 |
| 11 | 12490 | 6612 | 5878 | 12103 | 6387 | 5716 | 343 | 200 | 143 |
| 12 | 11994 | 6427 | 5567 | 11486 | 6147 | 5339 | 454 | 252 | 202 |
| 13 | 11835 | 6317 | 5518 | 11307 | 6026 | 5281 | 462 | 257 | 205 |
| 14 | 11843 | 6304 | 5539 | 11217 | 5950 | 5267 | 534 | 298 | 236 |
| **15-19岁** | **68748** | **37115** | **31633** | **55531** | **28674** | **26857** | **11958** | **7620** | **4338** |
| 15 | 13944 | 7291 | 6653 | 13427 | 6982 | 6445 | 427 | 254 | 173 |
| 16 | 18321 | 9647 | 8674 | 17055 | 8844 | 8211 | 1099 | 700 | 399 |
| 17 | 16239 | 8727 | 7512 | 13817 | 7153 | 6664 | 2149 | 1384 | 765 |
| 18 | 10478 | 5908 | 4570 | 6784 | 3535 | 3249 | 3378 | 2168 | 1210 |
| 19 | 9766 | 5542 | 4224 | 4448 | 2160 | 2288 | 4905 | 3114 | 1791 |
| **20-24岁** | **66387** | **37845** | **28542** | **8204** | **4059** | **4145** | **55301** | **31956** | **23345** |
| 20 | 10094 | 5915 | 4179 | 3213 | 1589 | 1624 | 6426 | 4022 | 2404 |
| 21 | 11295 | 6476 | 4819 | 2330 | 1122 | 1208 | 8487 | 5048 | 3439 |
| 22 | 13565 | 7779 | 5786 | 1364 | 688 | 676 | 11662 | 6761 | 4901 |
| 23 | 14985 | 8461 | 6524 | 790 | 428 | 362 | 13548 | 7639 | 5909 |
| 24 | 16448 | 9214 | 7234 | 507 | 232 | 275 | 15178 | 8486 | 6692 |
| **25-29岁** | **100327** | **54799** | **45528** | **720** | **372** | **348** | **95154** | **51696** | **43458** |
| 25 | 18736 | 10452 | 8284 | 268 | 137 | 131 | 17682 | 9802 | 7880 |
| 26 | 18528 | 10154 | 8374 | 179 | 99 | 80 | 17517 | 9540 | 7977 |
| 27 | 20354 | 10993 | 9361 | 114 | 59 | 55 | 19381 | 10421 | 8960 |
| 28 | 20755 | 11302 | 9453 | 83 | 41 | 42 | 19722 | 10684 | 9038 |
| 29 | 21954 | 11898 | 10056 | 76 | 36 | 40 | 20852 | 11249 | 9603 |
| **30-34岁** | **135808** | **72624** | **63184** | **182** | **97** | **85** | **129649** | **69071** | **60578** |
| 30 | 27343 | 14596 | 12747 | 55 | 33 | 22 | 26060 | 13837 | 12223 |
| 31 | 27158 | 14603 | 12555 | 40 | 19 | 21 | 25980 | 13913 | 12067 |
| 32 | 26244 | 14069 | 12175 | 31 | 16 | 15 | 25095 | 13416 | 11679 |
| 33 | 29649 | 15689 | 13960 | 35 | 19 | 16 | 28283 | 14919 | 13364 |
| 34 | 25414 | 13667 | 11747 | 21 | 10 | 11 | 24231 | 12986 | 11245 |
| **35-39岁** | **113285** | **60092** | **53193** | **113** | **61** | **52** | **107450** | **56936** | **50514** |
| 35 | 21210 | 11357 | 9853 | 25 | 14 | 11 | 20132 | 10742 | 9390 |
| 36 | 21799 | 11722 | 10077 | 28 | 13 | 15 | 20696 | 11109 | 9587 |
| 37 | 22076 | 11541 | 10535 | 12 | 6 | 6 | 20995 | 10972 | 10023 |
| 38 | 25870 | 13678 | 12192 | 29 | 16 | 13 | 24508 | 12964 | 11544 |
| 39 | 22330 | 11794 | 10536 | 19 | 12 | 7 | 21119 | 11149 | 9970 |
| **40-44岁** | **112054** | **58762** | **53292** | **76** | **51** | **25** | **105308** | **55212** | **50096** |
| 40 | 20152 | 10643 | 9509 | 19 | 12 | 7 | 19053 | 10061 | 8992 |
| 41 | 23069 | 12244 | 10825 | 12 | 6 | 6 | 21671 | 11520 | 10151 |
| 42 | 22771 | 11841 | 10930 | 18 | 13 | 5 | 21424 | 11119 | 10305 |
| 43 | 21996 | 11546 | 10450 | 15 | 10 | 5 | 20667 | 10838 | 9829 |
| 44 | 24066 | 12488 | 11578 | 12 | 10 | 2 | 22493 | 11674 | 10819 |
| **45-49岁** | **128757** | **67727** | **61030** | **42** | **27** | **15** | **119210** | **63017** | **56193** |
| 45 | 23872 | 12579 | 11293 | 9 | 6 | 3 | 22207 | 11739 | 10468 |
| 46 | 24785 | 12998 | 11787 | 9 | 3 | 6 | 23002 | 12131 | 10871 |
| 47 | 26612 | 13969 | 12643 | 10 | 8 | 2 | 24657 | 12984 | 11673 |
| 48 | 26483 | 13942 | 12541 | 8 | 5 | 3 | 24412 | 12944 | 11468 |
| 49 | 27005 | 14239 | 12766 | 6 | 5 | 1 | 24932 | 13219 | 11713 |
| **50岁及以上** | **414186** | **221918** | **192268** | **107** | **67** | **40** | **361009** | **196812** | **164197** |

3–2b 续表 1

单位：人

| 年 龄 | 合计 | | | | | | | | |
| --- | --- | --- | --- | --- | --- | --- | --- | --- | --- |
| | 肄业 | | | 辍学 | | | 其他 | | |
| | 小计 | 男 | 女 | 小计 | 男 | 女 | 小计 | 男 | 女 |
| **总 计** | **16797** | **8354** | **8443** | **50531** | **25390** | **25141** | **22762** | **11727** | **11035** |
| 3 | | | | | | | | | |
| 4 | | | | | | | | | |
| **5–9岁** | **40** | **24** | **16** | **9** | **5** | **4** | **199** | **117** | **82** |
| 5 | | | | | | | 11 | 8 | 3 |
| 6 | 6 | 4 | 2 | 2 | 1 | 1 | 37 | 20 | 17 |
| 7 | 11 | 6 | 5 | 3 | 2 | 1 | 53 | 30 | 23 |
| 8 | 6 | 2 | 4 | 2 | 1 | 1 | 58 | 35 | 23 |
| 9 | 17 | 12 | 5 | 2 | 1 | 1 | 40 | 24 | 16 |
| **10–14岁** | **41** | **28** | **13** | **80** | **51** | **29** | **183** | **92** | **91** |
| 10 | 5 | 4 | 1 | 4 | 2 | 2 | 39 | 22 | 17 |
| 11 | 8 | 3 | 5 | 9 | 6 | 3 | 27 | 16 | 11 |
| 12 | 9 | 6 | 3 | 9 | 6 | 3 | 36 | 16 | 20 |
| 13 | 5 | 4 | 1 | 17 | 10 | 7 | 44 | 20 | 24 |
| 14 | 14 | 11 | 3 | 41 | 27 | 14 | 37 | 18 | 19 |
| **15–19岁** | **217** | **138** | **79** | **740** | **490** | **250** | **302** | **193** | **109** |
| 15 | 14 | 10 | 4 | 60 | 37 | 23 | 16 | 8 | 8 |
| 16 | 24 | 14 | 10 | 100 | 64 | 36 | 43 | 25 | 18 |
| 17 | 39 | 30 | 9 | 167 | 115 | 52 | 67 | 45 | 22 |
| 18 | 63 | 38 | 25 | 177 | 116 | 61 | 76 | 51 | 25 |
| 19 | 77 | 46 | 31 | 236 | 158 | 78 | 100 | 64 | 36 |
| **20–24岁** | **526** | **321** | **205** | **1529** | **1021** | **508** | **827** | **488** | **339** |
| 20 | 81 | 52 | 29 | 254 | 175 | 79 | 120 | 77 | 43 |
| 21 | 92 | 54 | 38 | 250 | 170 | 80 | 136 | 82 | 54 |
| 22 | 100 | 58 | 42 | 276 | 185 | 91 | 163 | 87 | 76 |
| 23 | 102 | 57 | 45 | 360 | 234 | 126 | 185 | 103 | 82 |
| 24 | 151 | 100 | 51 | 389 | 257 | 132 | 223 | 139 | 84 |
| **25–29岁** | **778** | **470** | **308** | **2210** | **1429** | **781** | **1465** | **832** | **633** |
| 25 | 148 | 92 | 56 | 399 | 283 | 116 | 239 | 138 | 101 |
| 26 | 145 | 99 | 46 | 409 | 263 | 146 | 278 | 153 | 125 |
| 27 | 136 | 86 | 50 | 422 | 259 | 163 | 301 | 168 | 133 |
| 28 | 165 | 96 | 69 | 475 | 301 | 174 | 310 | 180 | 130 |
| 29 | 184 | 97 | 87 | 505 | 323 | 182 | 337 | 193 | 144 |
| **30–34岁** | **1072** | **640** | **432** | **2951** | **1753** | **1198** | **1954** | **1063** | **891** |
| 30 | 210 | 129 | 81 | 633 | 384 | 249 | 385 | 213 | 172 |
| 31 | 213 | 130 | 83 | 555 | 344 | 211 | 370 | 197 | 173 |
| 32 | 196 | 120 | 76 | 525 | 310 | 215 | 397 | 207 | 190 |
| 33 | 253 | 143 | 110 | 654 | 370 | 284 | 424 | 238 | 186 |
| 34 | 200 | 118 | 82 | 584 | 345 | 239 | 378 | 208 | 170 |
| **35–39岁** | **932** | **530** | **402** | **2897** | **1572** | **1325** | **1893** | **993** | **900** |
| 35 | 181 | 107 | 74 | 533 | 323 | 210 | 339 | 171 | 168 |
| 36 | 183 | 107 | 76 | 524 | 288 | 236 | 368 | 205 | 163 |
| 37 | 167 | 99 | 68 | 537 | 277 | 260 | 365 | 187 | 178 |
| 38 | 223 | 115 | 108 | 663 | 345 | 318 | 447 | 238 | 209 |
| 39 | 178 | 102 | 76 | 640 | 339 | 301 | 374 | 192 | 182 |
| **40–44岁** | **1066** | **566** | **500** | **3600** | **1912** | **1688** | **2004** | **1021** | **983** |
| 40 | 175 | 93 | 82 | 569 | 309 | 260 | 336 | 168 | 168 |
| 41 | 218 | 112 | 106 | 728 | 383 | 345 | 440 | 223 | 217 |
| 42 | 194 | 103 | 91 | 728 | 403 | 325 | 407 | 203 | 204 |
| 43 | 223 | 118 | 105 | 712 | 383 | 329 | 379 | 197 | 182 |
| 44 | 256 | 140 | 116 | 863 | 434 | 429 | 442 | 230 | 212 |
| **45–49岁** | **1563** | **777** | **786** | **5403** | **2596** | **2807** | **2539** | **1310** | **1229** |
| 45 | 292 | 154 | 138 | 922 | 446 | 476 | 442 | 234 | 208 |
| 46 | 271 | 136 | 135 | 1012 | 487 | 525 | 491 | 241 | 250 |
| 47 | 323 | 162 | 161 | 1093 | 541 | 552 | 529 | 274 | 255 |
| 48 | 347 | 170 | 177 | 1161 | 534 | 627 | 555 | 289 | 266 |
| 49 | 330 | 155 | 175 | 1215 | 588 | 627 | 522 | 272 | 250 |
| **50岁及以上** | **10562** | **4860** | **5702** | **31112** | **14561** | **16551** | **11396** | **5618** | **5778** |

3-2b 续表 2

单位：人

| 年龄 | 小学 | | | | | | | | |
|---|---|---|---|---|---|---|---|---|---|
| | 合计 | | | 在校 | | | 毕业 | | |
| | 合计 | 男 | 女 | 小计 | 男 | 女 | 小计 | 男 | 女 |
| **总计** | **354027** | **169596** | **184431** | **75809** | **40400** | **35409** | **227876** | **107617** | **120259** |
| 3 | | | | | | | | | |
| 4 | | | | | | | | | |
| **5-9岁** | **48696** | **26001** | **22695** | **47323** | **25213** | **22110** | **1130** | **644** | **486** |
| 5 | 664 | 376 | 288 | 632 | 355 | 277 | 21 | 13 | 8 |
| 6 | 9262 | 4901 | 4361 | 9031 | 4766 | 4265 | 186 | 110 | 76 |
| 7 | 12274 | 6551 | 5723 | 11952 | 6374 | 5578 | 257 | 139 | 118 |
| 8 | 13806 | 7430 | 6376 | 13408 | 7183 | 6225 | 333 | 210 | 123 |
| 9 | 12690 | 6743 | 5947 | 12300 | 6535 | 5765 | 333 | 172 | 161 |
| **10-14岁** | **29450** | **15739** | **13711** | **28405** | **15144** | **13261** | **912** | **518** | **394** |
| 10 | 11755 | 6281 | 5474 | 11429 | 6106 | 5323 | 280 | 148 | 132 |
| 11 | 11874 | 6304 | 5570 | 11529 | 6097 | 5432 | 308 | 185 | 123 |
| 12 | 4244 | 2282 | 1962 | 4034 | 2159 | 1875 | 184 | 109 | 75 |
| 13 | 1118 | 632 | 486 | 1024 | 580 | 444 | 80 | 44 | 36 |
| 14 | 459 | 240 | 219 | 389 | 202 | 187 | 60 | 32 | 28 |
| **15-19岁** | **642** | **382** | **260** | **30** | **16** | **14** | **522** | **311** | **211** |
| 15 | 54 | 29 | 25 | 12 | 6 | 6 | 32 | 19 | 13 |
| 16 | 87 | 52 | 35 | 6 | 4 | 2 | 62 | 37 | 25 |
| 17 | 137 | 90 | 47 | 6 | 5 | 1 | 113 | 72 | 41 |
| 18 | 147 | 86 | 61 | 1 | 1 | | 128 | 76 | 52 |
| 19 | 217 | 125 | 92 | 5 | | 5 | 187 | 107 | 80 |
| **20-24岁** | **1668** | **957** | **711** | **9** | **4** | **5** | **1495** | **872** | **623** |
| 20 | 249 | 141 | 108 | 6 | 3 | 3 | 214 | 127 | 87 |
| 21 | 268 | 160 | 108 | 1 | | 1 | 244 | 150 | 94 |
| 22 | 352 | 195 | 157 | 2 | 1 | 1 | 325 | 182 | 143 |
| 23 | 353 | 207 | 146 | | | | 316 | 188 | 128 |
| 24 | 446 | 254 | 192 | | | | 396 | 225 | 171 |
| **25-29岁** | **3476** | **1853** | **1623** | **3** | **1** | **2** | **3101** | **1654** | **1447** |
| 25 | 520 | 290 | 230 | | | | 458 | 257 | 201 |
| 26 | 560 | 290 | 270 | | | | 503 | 256 | 247 |
| 27 | 689 | 370 | 319 | 3 | 1 | 2 | 615 | 328 | 287 |
| 28 | 809 | 428 | 381 | | | | 732 | 388 | 344 |
| 29 | 898 | 475 | 423 | | | | 793 | 425 | 368 |
| **30-34岁** | **7148** | **3488** | **3660** | | | | **6369** | **3097** | **3272** |
| 30 | 1158 | 547 | 611 | | | | 1044 | 488 | 556 |
| 31 | 1341 | 688 | 653 | | | | 1201 | 620 | 581 |
| 32 | 1371 | 655 | 716 | | | | 1220 | 585 | 635 |
| 33 | 1680 | 807 | 873 | | | | 1490 | 712 | 778 |
| 34 | 1598 | 791 | 807 | | | | 1414 | 692 | 722 |
| **35-39岁** | **9160** | **4079** | **5081** | **1** | | **1** | **7963** | **3573** | **4390** |
| 35 | 1505 | 713 | 792 | 1 | | 1 | 1322 | 627 | 695 |
| 36 | 1630 | 743 | 887 | | | | 1443 | 661 | 782 |
| 37 | 1735 | 778 | 957 | | | | 1509 | 678 | 831 |
| 38 | 2079 | 898 | 1181 | | | | 1781 | 762 | 1019 |
| 39 | 2211 | 947 | 1264 | | | | 1908 | 845 | 1063 |
| **40-44岁** | **17786** | **7692** | **10094** | **2** | **1** | **1** | **15540** | **6717** | **8823** |
| 40 | 2386 | 1022 | 1364 | 2 | 1 | 1 | 2094 | 901 | 1193 |
| 41 | 3255 | 1443 | 1812 | | | | 2787 | 1252 | 1535 |
| 42 | 3641 | 1592 | 2049 | | | | 3171 | 1370 | 1801 |
| 43 | 3816 | 1653 | 2163 | | | | 3386 | 1467 | 1919 |
| 44 | 4688 | 1982 | 2706 | | | | 4102 | 1727 | 2375 |
| **45-49岁** | **32104** | **13907** | **18197** | **5** | **2** | **3** | **27778** | **12165** | **15613** |
| 45 | 5208 | 2248 | 2960 | | | | 4510 | 1955 | 2555 |
| 46 | 5676 | 2464 | 3212 | | | | 4920 | 2153 | 2767 |
| 47 | 6407 | 2804 | 3603 | 1 | 1 | | 5535 | 2442 | 3093 |
| 48 | 7168 | 3109 | 4059 | 4 | 1 | 3 | 6175 | 2731 | 3444 |
| 49 | 7645 | 3282 | 4363 | | | | 6638 | 2884 | 3754 |
| **50岁及以上** | **203897** | **95498** | **108399** | **31** | **19** | **12** | **163066** | **78066** | **85000** |

3-2b 续表 3

单位：人

| 年 龄 | 小学 | | | | | | | | |
|---|---|---|---|---|---|---|---|---|---|
| | 肄业 | | | 辍学 | | | 其他 | | |
| | 小计 | 男 | 女 | 小计 | 男 | 女 | 小计 | 男 | 女 |
| **总 计** | **9630** | **4024** | **5606** | **30751** | **13057** | **17694** | **9961** | **4498** | **5463** |
| 3 | | | | | | | | | |
| 4 | | | | | | | | | |
| **5-9岁** | **39** | **24** | **15** | **9** | **5** | **4** | **195** | **115** | **80** |
| 5 | | | | | | | 11 | 8 | 3 |
| 6 | 6 | 4 | 2 | 2 | 1 | 1 | 37 | 20 | 17 |
| 7 | 11 | 6 | 5 | 3 | 2 | 1 | 51 | 30 | 21 |
| 8 | 6 | 2 | 4 | 2 | 1 | 1 | 57 | 34 | 23 |
| 9 | 16 | 12 | 4 | 2 | 1 | 1 | 39 | 23 | 16 |
| **10-14岁** | **19** | **12** | **7** | **27** | **16** | **11** | **87** | **49** | **38** |
| 10 | 5 | 4 | 1 | 4 | 2 | 2 | 37 | 21 | 16 |
| 11 | 8 | 3 | 5 | 6 | 4 | 2 | 23 | 15 | 8 |
| 12 | 3 | 2 | 1 | 7 | 4 | 3 | 16 | 8 | 8 |
| 13 | 2 | 2 | | 4 | 3 | 1 | 8 | 3 | 5 |
| 14 | 1 | 1 | | 6 | 3 | 3 | 3 | 2 | 1 |
| **15-19岁** | **16** | **11** | **5** | **50** | **30** | **20** | **24** | **14** | **10** |
| 15 | 1 | | 1 | 5 | 2 | 3 | 4 | 2 | 2 |
| 16 | 2 | 1 | 1 | 10 | 6 | 4 | 7 | 4 | 3 |
| 17 | 3 | 2 | 1 | 12 | 9 | 3 | 3 | 2 | 1 |
| 18 | 4 | 3 | 1 | 10 | 3 | 7 | 4 | 3 | 1 |
| 19 | 6 | 5 | 1 | 13 | 10 | 3 | 6 | 3 | 3 |
| **20-24岁** | **28** | **11** | **17** | **97** | **46** | **51** | **39** | **24** | **15** |
| 20 | 4 | | 4 | 21 | 10 | 11 | 4 | 1 | 3 |
| 21 | 2 | 1 | 1 | 16 | 5 | 11 | 5 | 4 | 1 |
| 22 | 4 | 1 | 3 | 13 | 6 | 7 | 8 | 5 | 3 |
| 23 | 9 | 4 | 5 | 16 | 7 | 9 | 12 | 8 | 4 |
| 24 | 9 | 5 | 4 | 31 | 18 | 13 | 10 | 6 | 4 |
| **25-29岁** | **46** | **19** | **27** | **218** | **115** | **103** | **108** | **64** | **44** |
| 25 | 10 | 5 | 5 | 35 | 18 | 17 | 17 | 10 | 7 |
| 26 | 4 | 3 | 1 | 27 | 15 | 12 | 26 | 16 | 10 |
| 27 | 7 | 3 | 4 | 50 | 26 | 24 | 14 | 12 | 2 |
| 28 | 8 | 5 | 3 | 45 | 24 | 21 | 24 | 11 | 13 |
| 29 | 17 | 3 | 14 | 61 | 32 | 29 | 27 | 15 | 12 |
| **30-34岁** | **134** | **72** | **62** | **464** | **224** | **240** | **181** | **95** | **86** |
| 30 | 15 | 8 | 7 | 72 | 36 | 36 | 27 | 15 | 12 |
| 31 | 26 | 12 | 14 | 78 | 39 | 39 | 36 | 17 | 19 |
| 32 | 26 | 14 | 12 | 87 | 38 | 49 | 38 | 18 | 20 |
| 33 | 32 | 15 | 17 | 127 | 62 | 65 | 31 | 18 | 13 |
| 34 | 35 | 23 | 12 | 100 | 49 | 51 | 49 | 27 | 22 |
| **35-39岁** | **176** | **78** | **98** | **753** | **311** | **442** | **267** | **117** | **150** |
| 35 | 25 | 12 | 13 | 108 | 53 | 55 | 49 | 21 | 28 |
| 36 | 29 | 15 | 14 | 115 | 49 | 66 | 43 | 18 | 25 |
| 37 | 30 | 14 | 16 | 145 | 64 | 81 | 51 | 22 | 29 |
| 38 | 43 | 18 | 25 | 187 | 81 | 106 | 68 | 37 | 31 |
| 39 | 49 | 19 | 30 | 198 | 64 | 134 | 56 | 19 | 37 |
| **40-44岁** | **352** | **150** | **202** | **1430** | **633** | **797** | **462** | **191** | **271** |
| 40 | 47 | 14 | 33 | 184 | 87 | 97 | 59 | 19 | 40 |
| 41 | 74 | 30 | 44 | 296 | 120 | 176 | 98 | 41 | 57 |
| 42 | 67 | 27 | 40 | 310 | 150 | 160 | 93 | 45 | 48 |
| 43 | 70 | 30 | 40 | 275 | 121 | 154 | 85 | 35 | 50 |
| 44 | 94 | 49 | 45 | 365 | 155 | 210 | 127 | 51 | 76 |
| **45-49岁** | **686** | **272** | **414** | **2748** | **1063** | **1685** | **887** | **405** | **482** |
| 45 | 125 | 57 | 68 | 433 | 169 | 264 | 140 | 67 | 73 |
| 46 | 94 | 30 | 64 | 492 | 200 | 292 | 170 | 81 | 89 |
| 47 | 135 | 52 | 83 | 547 | 218 | 329 | 189 | 91 | 98 |
| 48 | 162 | 70 | 92 | 622 | 226 | 396 | 205 | 81 | 124 |
| 49 | 170 | 63 | 107 | 654 | 250 | 404 | 183 | 85 | 98 |
| **50岁及以上** | **8134** | **3375** | **4759** | **24955** | **10614** | **14341** | **7711** | **3424** | **4287** |

3-2b　续表 4　　　　　　　　　　　　　　　　　　　　　　　　　　单位：人

| 年　龄 | 初　中 | | | | | | | | |
|---|---|---|---|---|---|---|---|---|---|
| | 合　计 | | | 在　校 | | | 毕　业 | | |
| | 合计 | 男 | 女 | 小计 | 男 | 女 | 小计 | 男 | 女 |
| **总　计** | **489244** | **274167** | **215077** | **35612** | **18998** | **16614** | **423729** | **237427** | **186302** |
| 3 | | | | | | | | | |
| 4 | | | | | | | | | |
| **5-9岁** | **393** | **206** | **187** | **350** | **181** | **169** | **38** | **23** | **15** |
| 5 | | | | | | | | | |
| 6 | 50 | 26 | 24 | 46 | 22 | 24 | 4 | 4 | |
| 7 | 94 | 53 | 41 | 83 | 49 | 34 | 9 | 4 | 5 |
| 8 | 103 | 47 | 56 | 91 | 40 | 51 | 11 | 6 | 5 |
| 9 | 146 | 80 | 66 | 130 | 70 | 60 | 14 | 9 | 5 |
| **10-14岁** | **30075** | **15991** | **14084** | **28770** | **15274** | **13496** | **1140** | **626** | **514** |
| 10 | 233 | 121 | 112 | 209 | 108 | 101 | 22 | 12 | 10 |
| 11 | 614 | 306 | 308 | 572 | 288 | 284 | 35 | 15 | 20 |
| 12 | 7749 | 4145 | 3604 | 7451 | 3988 | 3463 | 270 | 143 | 127 |
| 13 | 10593 | 5621 | 4972 | 10173 | 5392 | 4781 | 370 | 204 | 166 |
| 14 | 10886 | 5798 | 5088 | 10365 | 5498 | 4867 | 443 | 252 | 191 |
| **15-19岁** | **14347** | **8594** | **5753** | **6394** | **3485** | **2909** | **7288** | **4668** | **2620** |
| 15 | 4563 | 2492 | 2071 | 4154 | 2242 | 1912 | 343 | 203 | 140 |
| 16 | 2336 | 1363 | 973 | 1394 | 762 | 632 | 853 | 546 | 307 |
| 17 | 2100 | 1334 | 766 | 534 | 317 | 217 | 1434 | 923 | 511 |
| 18 | 2387 | 1494 | 893 | 195 | 103 | 92 | 2028 | 1290 | 738 |
| 19 | 2961 | 1911 | 1050 | 117 | 61 | 56 | 2630 | 1706 | 924 |
| **20-24岁** | **21277** | **13066** | **8211** | **24** | **14** | **10** | **19688** | **12028** | **7660** |
| 20 | 3266 | 2076 | 1190 | 12 | 6 | 6 | 3018 | 1902 | 1116 |
| 21 | 3772 | 2365 | 1407 | | | | 3527 | 2199 | 1328 |
| 22 | 4400 | 2696 | 1704 | 7 | 6 | 1 | 4098 | 2506 | 1592 |
| 23 | 4706 | 2840 | 1866 | 1 | 1 | | 4340 | 2617 | 1723 |
| 24 | 5133 | 3089 | 2044 | 4 | 1 | 3 | 4705 | 2804 | 1901 |
| **25-29岁** | **34802** | **20012** | **14790** | **4** | **2** | **2** | **32407** | **18516** | **13891** |
| 25 | 6086 | 3614 | 2472 | 1 | 1 | | 5679 | 3335 | 2344 |
| 26 | 6104 | 3563 | 2541 | 1 | | 1 | 5666 | 3277 | 2389 |
| 27 | 6965 | 3976 | 2989 | | | | 6505 | 3705 | 2800 |
| 28 | 7297 | 4147 | 3150 | 1 | | 1 | 6783 | 3838 | 2945 |
| 29 | 8350 | 4712 | 3638 | 1 | 1 | | 7774 | 4361 | 3413 |
| **30-34岁** | **55379** | **30152** | **25227** | **8** | **5** | **3** | **51970** | **28174** | **23796** |
| 30 | 10747 | 5879 | 4868 | 3 | 1 | 2 | 10040 | 5467 | 4573 |
| 31 | 10709 | 5824 | 4885 | 1 | 1 | | 10058 | 5434 | 4624 |
| 32 | 10688 | 5876 | 4812 | 1 | | 1 | 10059 | 5496 | 4563 |
| 33 | 12214 | 6617 | 5597 | 1 | 1 | | 11473 | 6206 | 5267 |
| 34 | 11021 | 5956 | 5065 | 2 | 2 | | 10340 | 5571 | 4769 |
| **35-39岁** | **55474** | **29663** | **25811** | **10** | **6** | **4** | **52182** | **27819** | **24363** |
| 35 | 9875 | 5301 | 4574 | 2 | 1 | 1 | 9250 | 4937 | 4313 |
| 36 | 10424 | 5645 | 4779 | 2 | 1 | 1 | 9793 | 5284 | 4509 |
| 37 | 10827 | 5689 | 5138 | | | | 10212 | 5364 | 4848 |
| 38 | 12860 | 6824 | 6036 | 2 | 1 | 1 | 12105 | 6422 | 5683 |
| 39 | 11488 | 6204 | 5284 | 4 | 3 | 1 | 10822 | 5812 | 5010 |
| **40-44岁** | **59907** | **31917** | **27990** | **14** | **11** | **3** | **56360** | **29918** | **26442** |
| 40 | 10494 | 5599 | 4895 | 2 | 2 | | 9892 | 5264 | 4628 |
| 41 | 12176 | 6596 | 5580 | 1 | | 1 | 11456 | 6188 | 5268 |
| 42 | 12223 | 6435 | 5788 | 1 | | 1 | 11531 | 6042 | 5489 |
| 43 | 11951 | 6400 | 5551 | 6 | 5 | 1 | 11225 | 5984 | 5241 |
| 44 | 13063 | 6887 | 6176 | 4 | 4 | | 12256 | 6440 | 5816 |
| **45-49岁** | **69207** | **37505** | **31702** | **10** | **5** | **5** | **64791** | **35050** | **29741** |
| 45 | 12981 | 6938 | 6043 | 2 | | 2 | 12182 | 6507 | 5675 |
| 46 | 13705 | 7389 | 6316 | 4 | 1 | 3 | 12807 | 6906 | 5901 |
| 47 | 14542 | 7864 | 6678 | 1 | 1 | | 13629 | 7346 | 6283 |
| 48 | 13941 | 7592 | 6349 | | | | 13036 | 7088 | 5948 |
| 49 | 14038 | 7722 | 6316 | 3 | 3 | | 13137 | 7203 | 5934 |
| **50岁及以上** | **148383** | **87061** | **61322** | **28** | **15** | **13** | **137865** | **80605** | **57260** |

3-2b 续表 5

单位：人

| 年龄 | 初中 | | | | | | | | |
|---|---|---|---|---|---|---|---|---|---|
| | 肄业 | | | 辍学 | | | 其他 | | |
| | 小计 | 男 | 女 | 小计 | 男 | 女 | 小计 | 男 | 女 |
| **总计** | **5447** | **3198** | **2249** | **16235** | **9907** | **6328** | **8221** | **4637** | **3584** |
| 3 | | | | | | | | | |
| 4 | | | | | | | | | |
| **5-9岁** | **1** | | **1** | | | | **4** | **2** | **2** |
| 5 | | | | | | | | | |
| 6 | | | | | | | | | |
| 7 | | | | | | | 2 | | 2 |
| 8 | | | | | | | 1 | 1 | |
| 9 | 1 | | 1 | | | | 1 | 1 | |
| **10-14岁** | **21** | **15** | **6** | **51** | **35** | **16** | **93** | **41** | **52** |
| 10 | | | | | | | 2 | 1 | 1 |
| 11 | | | | 3 | 2 | 1 | 4 | 1 | 3 |
| 12 | 6 | 4 | 2 | 2 | 2 | | 20 | 8 | 12 |
| 13 | 3 | 2 | 1 | 12 | 7 | 5 | 35 | 16 | 19 |
| 14 | 12 | 9 | 3 | 34 | 24 | 10 | 32 | 15 | 17 |
| **15-19岁** | **108** | **68** | **40** | **415** | **290** | **125** | **142** | **83** | **59** |
| 15 | 10 | 9 | 1 | 47 | 33 | 14 | 9 | 5 | 4 |
| 16 | 9 | 5 | 4 | 59 | 37 | 22 | 21 | 13 | 8 |
| 17 | 23 | 18 | 5 | 82 | 60 | 22 | 27 | 16 | 11 |
| 18 | 32 | 17 | 15 | 97 | 66 | 31 | 35 | 18 | 17 |
| 19 | 34 | 19 | 15 | 130 | 94 | 36 | 50 | 31 | 19 |
| **20-24岁** | **270** | **163** | **107** | **947** | **640** | **307** | **348** | **221** | **127** |
| 20 | 38 | 26 | 12 | 148 | 104 | 44 | 50 | 38 | 12 |
| 21 | 43 | 26 | 17 | 148 | 105 | 43 | 54 | 35 | 19 |
| 22 | 52 | 27 | 25 | 171 | 115 | 56 | 72 | 42 | 30 |
| 23 | 58 | 31 | 27 | 235 | 152 | 83 | 72 | 39 | 33 |
| 24 | 79 | 53 | 26 | 245 | 164 | 81 | 100 | 67 | 33 |
| **25-29岁** | **441** | **263** | **178** | **1368** | **882** | **486** | **582** | **349** | **233** |
| 25 | 78 | 48 | 30 | 230 | 170 | 60 | 98 | 60 | 38 |
| 26 | 83 | 60 | 23 | 259 | 166 | 93 | 95 | 60 | 35 |
| 27 | 74 | 50 | 24 | 263 | 156 | 107 | 123 | 65 | 58 |
| 28 | 102 | 53 | 49 | 299 | 184 | 115 | 112 | 72 | 40 |
| 29 | 104 | 52 | 52 | 317 | 206 | 111 | 154 | 92 | 62 |
| **30-34岁** | **612** | **349** | **263** | **1850** | **1096** | **754** | **939** | **528** | **411** |
| 30 | 129 | 74 | 55 | 384 | 233 | 151 | 191 | 104 | 87 |
| 31 | 112 | 65 | 47 | 361 | 226 | 135 | 177 | 98 | 79 |
| 32 | 118 | 70 | 48 | 333 | 206 | 127 | 177 | 104 | 73 |
| 33 | 141 | 77 | 64 | 394 | 209 | 185 | 205 | 124 | 81 |
| 34 | 112 | 63 | 49 | 378 | 222 | 156 | 189 | 98 | 91 |
| **35-39岁** | **554** | **329** | **225** | **1740** | **986** | **754** | **988** | **523** | **465** |
| 35 | 120 | 70 | 50 | 345 | 211 | 134 | 158 | 82 | 76 |
| 36 | 113 | 68 | 45 | 329 | 187 | 142 | 187 | 105 | 82 |
| 37 | 99 | 61 | 38 | 318 | 166 | 152 | 198 | 98 | 100 |
| 38 | 123 | 67 | 56 | 387 | 206 | 181 | 243 | 128 | 115 |
| 39 | 99 | 63 | 36 | 361 | 216 | 145 | 202 | 110 | 92 |
| **40-44岁** | **570** | **326** | **244** | **1900** | **1091** | **809** | **1063** | **571** | **492** |
| 40 | 93 | 59 | 34 | 326 | 181 | 145 | 181 | 93 | 88 |
| 41 | 109 | 61 | 48 | 383 | 225 | 158 | 227 | 122 | 105 |
| 42 | 106 | 65 | 41 | 366 | 217 | 149 | 219 | 111 | 108 |
| 43 | 124 | 68 | 56 | 381 | 225 | 156 | 215 | 118 | 97 |
| 44 | 138 | 73 | 65 | 444 | 243 | 201 | 221 | 127 | 94 |
| **45-49岁** | **778** | **438** | **340** | **2395** | **1348** | **1047** | **1233** | **664** | **569** |
| 45 | 137 | 76 | 61 | 436 | 240 | 196 | 224 | 115 | 109 |
| 46 | 165 | 100 | 65 | 473 | 251 | 222 | 256 | 131 | 125 |
| 47 | 170 | 98 | 72 | 492 | 287 | 205 | 250 | 132 | 118 |
| 48 | 164 | 84 | 80 | 492 | 272 | 220 | 249 | 148 | 101 |
| 49 | 142 | 80 | 62 | 502 | 298 | 204 | 254 | 138 | 116 |
| **50岁及以上** | **2092** | **1247** | **845** | **5569** | **3539** | **2030** | **2829** | **1655** | **1174** |

3-2b　续表 6　　　　单位：人

| 年龄 | 高中 | | | | | | | | |
|---|---|---|---|---|---|---|---|---|---|
| | 合计 | | | 在校 | | | 毕业 | | |
| | 合计 | 男 | 女 | 小计 | 男 | 女 | 小计 | 男 | 女 |
| **总　计** | **218278** | **125954** | **92324** | **44208** | **22992** | **21216** | **166701** | **98228** | **68473** |
| 3 | | | | | | | | | |
| 4 | | | | | | | | | |
| **5—9岁** | | | | | | | | | |
| 5 | | | | | | | | | |
| 6 | | | | | | | | | |
| 7 | | | | | | | | | |
| 8 | | | | | | | | | |
| 9 | | | | | | | | | |
| **10—14岁** | **624** | **332** | **292** | **576** | **306** | **270** | **42** | **23** | **19** |
| 10 | | | | | | | | | |
| 11 | 2 | 2 | | 2 | 2 | | | | |
| 12 | 1 | | 1 | 1 | | 1 | | | |
| 13 | 124 | 64 | 60 | 110 | 54 | 56 | 12 | 9 | 3 |
| 14 | 497 | 266 | 231 | 463 | 250 | 213 | 30 | 14 | 16 |
| **15—19岁** | **46671** | **24749** | **21922** | **42708** | **22177** | **20531** | **3511** | **2279** | **1232** |
| 15 | 9279 | 4745 | 4534 | 9215 | 4710 | 4505 | 50 | 31 | 19 |
| 16 | 15814 | 8188 | 7626 | 15582 | 8043 | 7539 | 175 | 109 | 66 |
| 17 | 13611 | 7096 | 6515 | 12941 | 6650 | 6291 | 553 | 368 | 185 |
| 18 | 5231 | 3026 | 2205 | 4049 | 2230 | 1819 | 1061 | 711 | 350 |
| 19 | 2736 | 1694 | 1042 | 921 | 544 | 377 | 1672 | 1060 | 612 |
| **20—24岁** | **15592** | **9790** | **5802** | **882** | **487** | **395** | **13903** | **8778** | **5125** |
| 20 | 2595 | 1651 | 944 | 402 | 227 | 175 | 2065 | 1337 | 728 |
| 21 | 2651 | 1690 | 961 | 209 | 117 | 92 | 2300 | 1479 | 821 |
| 22 | 3126 | 1981 | 1145 | 109 | 58 | 51 | 2861 | 1823 | 1038 |
| 23 | 3365 | 2097 | 1268 | 97 | 54 | 43 | 3089 | 1930 | 1159 |
| 24 | 3855 | 2371 | 1484 | 65 | 31 | 34 | 3588 | 2209 | 1379 |
| **25—29岁** | **23548** | **13923** | **9625** | **10** | **7** | **3** | **22373** | **13163** | **9210** |
| 25 | 4275 | 2643 | 1632 | 5 | 3 | 2 | 4041 | 2488 | 1553 |
| 26 | 4410 | 2600 | 1810 | 2 | 2 | | 4197 | 2464 | 1733 |
| 27 | 4690 | 2778 | 1912 | | | | 4476 | 2641 | 1835 |
| 28 | 5017 | 2929 | 2088 | | | | 4753 | 2756 | 1997 |
| 29 | 5156 | 2973 | 2183 | 3 | 2 | 1 | 4906 | 2814 | 2092 |
| **30—34岁** | **31401** | **17858** | **13543** | **7** | **3** | **4** | **30114** | **17033** | **13081** |
| 30 | 6567 | 3791 | 2776 | 1 | | 1 | 6258 | 3590 | 2668 |
| 31 | 6417 | 3698 | 2719 | 1 | | 1 | 6169 | 3541 | 2628 |
| 32 | 6147 | 3508 | 2639 | 1 | 1 | | 5923 | 3378 | 2545 |
| 33 | 6859 | 3817 | 3042 | 3 | 1 | 2 | 6561 | 3625 | 2936 |
| 34 | 5411 | 3044 | 2367 | 1 | 1 | | 5203 | 2899 | 2304 |
| **35—39岁** | **23138** | **13044** | **10094** | **6** | **2** | **4** | **22238** | **12496** | **9742** |
| 35 | 4350 | 2482 | 1868 | | | | 4187 | 2380 | 1807 |
| 36 | 4434 | 2523 | 1911 | 2 | 1 | 1 | 4250 | 2414 | 1836 |
| 37 | 4527 | 2532 | 1995 | 1 | | 1 | 4358 | 2425 | 1933 |
| 38 | 5347 | 3003 | 2344 | 2 | | 2 | 5148 | 2890 | 2258 |
| 39 | 4480 | 2504 | 1976 | 1 | 1 | | 4295 | 2387 | 1908 |
| **40—44岁** | **18795** | **10710** | **8085** | **3** | **1** | **2** | **18124** | **10293** | **7831** |
| 40 | 3868 | 2192 | 1676 | 2 | 1 | 1 | 3726 | 2100 | 1626 |
| 41 | 4129 | 2350 | 1779 | | | | 3989 | 2258 | 1731 |
| 42 | 3796 | 2119 | 1677 | | | | 3670 | 2049 | 1621 |
| 43 | 3477 | 2009 | 1468 | 1 | | 1 | 3342 | 1925 | 1417 |
| 44 | 3525 | 2040 | 1485 | | | | 3397 | 1961 | 1436 |
| **45—49岁** | **16070** | **9571** | **6499** | **3** | **3** | | **15454** | **9173** | **6281** |
| 45 | 3286 | 1990 | 1296 | 1 | 1 | | 3152 | 1899 | 1253 |
| 46 | 3094 | 1790 | 1304 | 1 | 1 | | 3000 | 1730 | 1270 |
| 47 | 3282 | 1902 | 1380 | 1 | 1 | | 3153 | 1823 | 1330 |
| 48 | 3135 | 1879 | 1256 | | | | 3000 | 1790 | 1210 |
| 49 | 3273 | 2010 | 1263 | | | | 3149 | 1931 | 1218 |
| **50岁及以上** | **42437** | **25976** | **16461** | **11** | **5** | **6** | **40942** | **24990** | **15952** |

3-2b 续表 7

单位：人

| 年 龄 | 高中 | | | | | | | | |
|---|---|---|---|---|---|---|---|---|---|
| | 肄业 | | | 辍学 | | | 其他 | | |
| | 小计 | 男 | 女 | 小计 | 男 | 女 | 小计 | 男 | 女 |
| **总 计** | **1365** | **900** | **465** | **3308** | **2261** | **1047** | **2696** | **1573** | **1123** |
| 3 | | | | | | | | | |
| 4 | | | | | | | | | |
| **5-9岁** | | | | | | | | | |
| 5 | | | | | | | | | |
| 6 | | | | | | | | | |
| 7 | | | | | | | | | |
| 8 | | | | | | | | | |
| 9 | | | | | | | | | |
| **10-14岁** | **1** | **1** | | **2** | | **2** | **3** | **2** | **1** |
| 10 | | | | | | | | | |
| 11 | | | | | | | | | |
| 12 | | | | | | | | | |
| 13 | | | | 1 | | 1 | 1 | 1 | |
| 14 | 1 | 1 | | 1 | | 1 | 2 | 1 | 1 |
| **15-19岁** | **82** | **51** | **31** | **261** | **165** | **96** | **109** | **77** | **32** |
| 15 | 3 | 1 | 2 | 8 | 2 | 6 | 3 | 1 | 2 |
| 16 | 13 | 8 | 5 | 30 | 21 | 9 | 14 | 7 | 7 |
| 17 | 12 | 9 | 3 | 72 | 45 | 27 | 33 | 24 | 9 |
| 18 | 22 | 15 | 7 | 70 | 47 | 23 | 29 | 23 | 6 |
| 19 | 32 | 18 | 14 | 81 | 50 | 31 | 30 | 22 | 8 |
| **20-24岁** | **159** | **104** | **55** | **437** | **304** | **133** | **211** | **117** | **94** |
| 20 | 28 | 19 | 9 | 73 | 52 | 21 | 27 | 16 | 11 |
| 21 | 29 | 18 | 11 | 77 | 55 | 22 | 36 | 21 | 15 |
| 22 | 32 | 21 | 11 | 84 | 59 | 25 | 40 | 20 | 20 |
| 23 | 23 | 14 | 9 | 103 | 70 | 33 | 53 | 29 | 24 |
| 24 | 47 | 32 | 15 | 100 | 68 | 32 | 55 | 31 | 24 |
| **25-29岁** | **212** | **139** | **73** | **567** | **393** | **174** | **386** | **221** | **165** |
| 25 | 41 | 29 | 12 | 121 | 86 | 35 | 67 | 37 | 30 |
| 26 | 42 | 25 | 17 | 107 | 72 | 35 | 62 | 37 | 25 |
| 27 | 37 | 20 | 17 | 102 | 72 | 30 | 75 | 45 | 30 |
| 28 | 46 | 32 | 14 | 121 | 85 | 36 | 97 | 56 | 41 |
| 29 | 46 | 33 | 13 | 116 | 78 | 38 | 85 | 46 | 39 |
| **30-34岁** | **252** | **167** | **85** | **587** | **395** | **192** | **441** | **260** | **181** |
| 30 | 45 | 35 | 10 | 167 | 106 | 61 | 96 | 60 | 36 |
| 31 | 58 | 39 | 19 | 104 | 70 | 34 | 85 | 48 | 37 |
| 32 | 40 | 26 | 14 | 96 | 59 | 37 | 87 | 44 | 43 |
| 33 | 68 | 43 | 25 | 122 | 91 | 31 | 105 | 57 | 48 |
| 34 | 41 | 24 | 17 | 98 | 69 | 29 | 68 | 51 | 17 |
| **35-39岁** | **153** | **97** | **56** | **374** | **251** | **123** | **367** | **198** | **169** |
| 35 | 23 | 16 | 7 | 73 | 53 | 20 | 67 | 33 | 34 |
| 36 | 33 | 20 | 13 | 76 | 49 | 27 | 73 | 39 | 34 |
| 37 | 28 | 21 | 7 | 70 | 44 | 26 | 70 | 42 | 28 |
| 38 | 43 | 23 | 20 | 80 | 50 | 30 | 74 | 40 | 34 |
| 39 | 26 | 17 | 9 | 75 | 55 | 20 | 83 | 44 | 39 |
| **40-44岁** | **126** | **79** | **47** | **264** | **185** | **79** | **278** | **152** | **126** |
| 40 | 32 | 18 | 14 | 58 | 40 | 18 | 50 | 33 | 17 |
| 41 | 30 | 19 | 11 | 47 | 37 | 10 | 63 | 36 | 27 |
| 42 | 19 | 9 | 10 | 51 | 36 | 15 | 56 | 25 | 31 |
| 43 | 26 | 19 | 7 | 56 | 37 | 19 | 52 | 28 | 24 |
| 44 | 19 | 14 | 5 | 52 | 35 | 17 | 57 | 30 | 27 |
| **45-49岁** | **89** | **58** | **31** | **249** | **176** | **73** | **275** | **161** | **114** |
| 45 | 27 | 18 | 9 | 51 | 35 | 16 | 55 | 37 | 18 |
| 46 | 11 | 6 | 5 | 47 | 36 | 11 | 35 | 17 | 18 |
| 47 | 17 | 11 | 6 | 52 | 34 | 18 | 59 | 33 | 26 |
| 48 | 18 | 13 | 5 | 46 | 35 | 11 | 71 | 41 | 30 |
| 49 | 16 | 10 | 6 | 53 | 36 | 17 | 55 | 33 | 22 |
| **50岁及以上** | **291** | **204** | **87** | **567** | **392** | **175** | **626** | **385** | **241** |

3-2b　续表 8　　　　单位：人

| 年　龄 | 大学专科 | | | | | | | | |
|---|---|---|---|---|---|---|---|---|---|
| | 合　计 | | | 在　校 | | | 毕　业 | | |
| | 合计 | 男 | 女 | 小计 | 男 | 女 | 小计 | 男 | 女 |
| **总　计** | **105146** | **57081** | **48065** | **7049** | **3518** | **3531** | **96504** | **52647** | **43857** |
| 3 | | | | | | | | | |
| 4 | | | | | | | | | |
| **5-9岁** | | | | | | | | | |
| 5 | | | | | | | | | |
| 6 | | | | | | | | | |
| 7 | | | | | | | | | |
| 8 | | | | | | | | | |
| 9 | | | | | | | | | |
| **10-14岁** | **1** | | **1** | | | | **1** | | **1** |
| 10 | | | | | | | | | |
| 11 | | | | | | | | | |
| 12 | | | | | | | | | |
| 13 | | | | | | | | | |
| 14 | 1 | | 1 | | | | 1 | | 1 |
| **15-19岁** | **4259** | **2113** | **2146** | **3648** | **1760** | **1888** | **565** | **326** | **239** |
| 15 | 40 | 22 | 18 | 39 | 22 | 17 | 1 | | 1 |
| 16 | 63 | 34 | 29 | 52 | 25 | 27 | 9 | 8 | 1 |
| 17 | 285 | 158 | 127 | 237 | 134 | 103 | 42 | 19 | 23 |
| 18 | 1582 | 785 | 797 | 1426 | 696 | 730 | 146 | 82 | 64 |
| 19 | 2289 | 1114 | 1175 | 1894 | 883 | 1011 | 367 | 217 | 150 |
| **20-24岁** | **16528** | **8813** | **7715** | **2985** | **1535** | **1450** | **13294** | **7134** | **6160** |
| 20 | 2530 | 1372 | 1158 | 1470 | 738 | 732 | 1008 | 602 | 406 |
| 21 | 2864 | 1483 | 1381 | 786 | 408 | 378 | 2026 | 1047 | 979 |
| 22 | 3417 | 1868 | 1549 | 424 | 223 | 201 | 2943 | 1618 | 1325 |
| 23 | 3737 | 1969 | 1768 | 192 | 105 | 87 | 3501 | 1836 | 1665 |
| 24 | 3980 | 2121 | 1859 | 113 | 61 | 52 | 3816 | 2031 | 1785 |
| **25-29岁** | **21069** | **10882** | **10187** | **226** | **110** | **116** | **20504** | **10579** | **9925** |
| 25 | 4458 | 2348 | 2110 | 77 | 33 | 44 | 4324 | 2279 | 2045 |
| 26 | 4095 | 2141 | 1954 | 64 | 36 | 28 | 3947 | 2061 | 1886 |
| 27 | 4329 | 2174 | 2155 | 31 | 16 | 15 | 4222 | 2116 | 2106 |
| 28 | 4085 | 2132 | 1953 | 24 | 13 | 11 | 4000 | 2083 | 1917 |
| 29 | 4102 | 2087 | 2015 | 30 | 12 | 18 | 4011 | 2040 | 1971 |
| **30-34岁** | **22941** | **11815** | **11126** | **74** | **38** | **36** | **22536** | **11594** | **10942** |
| 30 | 4885 | 2497 | 2388 | 19 | 13 | 6 | 4792 | 2439 | 2353 |
| 31 | 4858 | 2514 | 2344 | 16 | 7 | 9 | 4773 | 2465 | 2308 |
| 32 | 4387 | 2222 | 2165 | 14 | 6 | 8 | 4300 | 2180 | 2120 |
| 33 | 4840 | 2471 | 2369 | 16 | 10 | 6 | 4764 | 2428 | 2336 |
| 34 | 3971 | 2111 | 1860 | 9 | 2 | 7 | 3907 | 2082 | 1825 |
| **35-39岁** | **13799** | **7195** | **6604** | **46** | **27** | **19** | **13540** | **7048** | **6492** |
| 35 | 2929 | 1510 | 1419 | 11 | 7 | 4 | 2869 | 1475 | 1394 |
| 36 | 2869 | 1540 | 1329 | 16 | 8 | 8 | 2806 | 1504 | 1302 |
| 37 | 2674 | 1322 | 1352 | 6 | 3 | 3 | 2632 | 1302 | 1330 |
| 38 | 3034 | 1639 | 1395 | 7 | 7 | | 2976 | 1602 | 1374 |
| 39 | 2293 | 1184 | 1109 | 6 | 2 | 4 | 2257 | 1165 | 1092 |
| **40-44岁** | **8181** | **4508** | **3673** | **36** | **25** | **11** | **8025** | **4416** | **3609** |
| 40 | 1820 | 1025 | 795 | 8 | 5 | 3 | 1787 | 1005 | 782 |
| 41 | 1893 | 1036 | 857 | 8 | 4 | 4 | 1847 | 1012 | 835 |
| 42 | 1641 | 883 | 758 | 12 | 9 | 3 | 1608 | 864 | 744 |
| 43 | 1410 | 764 | 646 | 4 | 3 | 1 | 1390 | 752 | 638 |
| 44 | 1417 | 800 | 617 | 4 | 4 | | 1393 | 783 | 610 |
| **45-49岁** | **6129** | **3592** | **2537** | **13** | **8** | **5** | **6010** | **3525** | **2485** |
| 45 | 1243 | 724 | 519 | 4 | 3 | 1 | 1222 | 710 | 512 |
| 46 | 1234 | 721 | 513 | 2 | | 2 | 1217 | 715 | 502 |
| 47 | 1293 | 748 | 545 | 5 | 3 | 2 | 1262 | 730 | 532 |
| 48 | 1218 | 746 | 472 | 2 | 2 | | 1194 | 731 | 463 |
| 49 | 1141 | 653 | 488 | | | | 1115 | 639 | 476 |
| **50岁及以上** | **12239** | **8163** | **4076** | **21** | **15** | **6** | **12029** | **8025** | **4004** |

3—2b 续表 9 单位：人

| 年 龄 | 大学专科 | | | | | | | | |
|---|---|---|---|---|---|---|---|---|---|
| | 肄 业 | | | 辍 学 | | | 其 他 | | |
| | 小计 | 男 | 女 | 小计 | 男 | 女 | 小计 | 男 | 女 |
| **总 计** | **254** | **163** | **91** | **200** | **142** | **58** | **1139** | **611** | **528** |
| 3 | | | | | | | | | |
| 4 | | | | | | | | | |
| **5—9岁** | | | | | | | | | |
| 5 | | | | | | | | | |
| 6 | | | | | | | | | |
| 7 | | | | | | | | | |
| 8 | | | | | | | | | |
| 9 | | | | | | | | | |
| **10—14岁** | | | | | | | | | |
| 10 | | | | | | | | | |
| 11 | | | | | | | | | |
| 12 | | | | | | | | | |
| 13 | | | | | | | | | |
| 14 | | | | | | | | | |
| **15—19岁** | **8** | **5** | **3** | **13** | **5** | **8** | **25** | **17** | **8** |
| 15 | | | | | | | | | |
| 16 | | | | 1 | | 1 | 1 | 1 | |
| 17 | 1 | 1 | | 1 | 1 | | 4 | 3 | 1 |
| 18 | 3 | 1 | 2 | | | | 7 | 6 | 1 |
| 19 | 4 | 3 | 1 | 11 | 4 | 7 | 13 | 7 | 6 |
| **20—24岁** | **51** | **34** | **17** | **40** | **24** | **16** | **158** | **86** | **72** |
| 20 | 9 | 5 | 4 | 10 | 8 | 2 | 33 | 19 | 14 |
| 21 | 12 | 6 | 6 | 8 | 4 | 4 | 32 | 18 | 14 |
| 22 | 10 | 8 | 2 | 7 | 4 | 3 | 33 | 15 | 18 |
| 23 | 9 | 7 | 2 | 4 | 3 | 1 | 31 | 18 | 13 |
| 24 | 11 | 8 | 3 | 11 | 5 | 6 | 29 | 16 | 13 |
| **25—29岁** | **59** | **35** | **24** | **44** | **30** | **14** | **236** | **128** | **108** |
| 25 | 14 | 7 | 7 | 11 | 8 | 3 | 32 | 21 | 11 |
| 26 | 12 | 8 | 4 | 15 | 9 | 6 | 57 | 27 | 30 |
| 27 | 13 | 9 | 4 | 4 | 3 | 1 | 59 | 30 | 29 |
| 28 | 9 | 6 | 3 | 6 | 5 | 1 | 46 | 25 | 21 |
| 29 | 11 | 5 | 6 | 8 | 5 | 3 | 42 | 25 | 17 |
| **30—34岁** | **55** | **38** | **17** | **45** | **37** | **8** | **231** | **108** | **123** |
| 30 | 17 | 11 | 6 | 10 | 9 | 1 | 47 | 25 | 22 |
| 31 | 15 | 12 | 3 | 11 | 9 | 2 | 43 | 21 | 22 |
| 32 | 7 | 6 | 1 | 9 | 7 | 2 | 57 | 23 | 34 |
| 33 | 7 | 4 | 3 | 9 | 7 | 2 | 44 | 22 | 22 |
| 34 | 9 | 5 | 4 | 6 | 5 | 1 | 40 | 17 | 23 |
| **35—39岁** | **27** | **13** | **14** | **27** | **21** | **6** | **159** | **86** | **73** |
| 35 | 7 | 5 | 2 | 6 | 5 | 1 | 36 | 18 | 18 |
| 36 | 5 | 2 | 3 | 4 | 3 | 1 | 38 | 23 | 15 |
| 37 | 8 | 2 | 6 | 3 | 2 | 1 | 25 | 13 | 12 |
| 38 | 7 | 4 | 3 | 8 | 7 | 1 | 36 | 19 | 17 |
| 39 | | | | 6 | 4 | 2 | 24 | 13 | 11 |
| **40—44岁** | **15** | **8** | **7** | **4** | **2** | **2** | **101** | **57** | **44** |
| 40 | 3 | 2 | 1 | | | | 22 | 13 | 9 |
| 41 | 4 | 1 | 3 | 2 | 1 | 1 | 32 | 18 | 14 |
| 42 | 1 | 1 | | 1 | | 1 | 19 | 9 | 10 |
| 43 | 3 | 1 | 2 | | | | 13 | 8 | 5 |
| 44 | 4 | 3 | 1 | 1 | 1 | | 15 | 9 | 6 |
| **45—49岁** | **8** | **7** | **1** | **9** | **8** | **1** | **89** | **44** | **45** |
| 45 | 2 | 2 | | 2 | 2 | | 13 | 7 | 6 |
| 46 | 1 | | 1 | | | | 14 | 6 | 8 |
| 47 | 1 | 1 | | 2 | 2 | | 23 | 12 | 11 |
| 48 | 2 | 2 | | 1 | 1 | | 19 | 10 | 9 |
| 49 | 2 | 2 | | 4 | 3 | 1 | 20 | 9 | 11 |
| **50岁及以上** | **31** | **23** | **8** | **18** | **15** | **3** | **140** | **85** | **55** |

3-2b 续表 10 单位：人

| 年龄 | 大学本科 | | | | | | | | |
|---|---|---|---|---|---|---|---|---|---|
| | 合计 | | | 在校 | | | 毕业 | | |
| | 合计 | 男 | 女 | 小计 | 男 | 女 | 小计 | 男 | 女 |
| **总计** | **78031** | **40123** | **37908** | **6981** | **3255** | **3726** | **70200** | **36386** | **33814** |
| 3 | | | | | | | | | |
| 4 | | | | | | | | | |
| **5—9岁** | | | | | | | | | |
| 5 | | | | | | | | | |
| 6 | | | | | | | | | |
| 7 | | | | | | | | | |
| 8 | | | | | | | | | |
| 9 | | | | | | | | | |
| **10—14岁** | | | | | | | | | |
| 10 | | | | | | | | | |
| 11 | | | | | | | | | |
| 12 | | | | | | | | | |
| 13 | | | | | | | | | |
| 14 | | | | | | | | | |
| **15—19岁** | **2825** | **1276** | **1549** | **2747** | **1235** | **1512** | **72** | **36** | **36** |
| 15 | 8 | 3 | 5 | 7 | 2 | 5 | 1 | 1 | |
| 16 | 21 | 10 | 11 | 21 | 10 | 11 | | | |
| 17 | 105 | 48 | 57 | 98 | 46 | 52 | 7 | 2 | 5 |
| 18 | 1129 | 517 | 612 | 1111 | 505 | 606 | 15 | 9 | 6 |
| 19 | 1562 | 698 | 864 | 1510 | 672 | 838 | 49 | 24 | 25 |
| **20—24岁** | **10722** | **4954** | **5768** | **3830** | **1798** | **2032** | **6798** | **3101** | **3697** |
| 20 | 1451 | 673 | 778 | 1321 | 614 | 707 | 120 | 53 | 67 |
| 21 | 1710 | 767 | 943 | 1307 | 588 | 719 | 387 | 171 | 216 |
| 22 | 2126 | 973 | 1153 | 690 | 339 | 351 | 1423 | 627 | 796 |
| 23 | 2618 | 1243 | 1375 | 337 | 177 | 160 | 2261 | 1054 | 1207 |
| 24 | 2817 | 1298 | 1519 | 175 | 80 | 95 | 2607 | 1196 | 1411 |
| **25—29岁** | **16312** | **7588** | **8724** | **253** | **134** | **119** | **15880** | **7365** | **8515** |
| 25 | 3154 | 1451 | 1703 | 86 | 49 | 37 | 3039 | 1389 | 1650 |
| 26 | 3120 | 1445 | 1675 | 48 | 26 | 22 | 3029 | 1402 | 1627 |
| 27 | 3448 | 1572 | 1876 | 56 | 29 | 27 | 3356 | 1522 | 1834 |
| 28 | 3334 | 1571 | 1763 | 32 | 16 | 16 | 3268 | 1537 | 1731 |
| 29 | 3256 | 1549 | 1707 | 31 | 14 | 17 | 3188 | 1515 | 1673 |
| **30—34岁** | **17841** | **8728** | **9113** | **63** | **33** | **30** | **17603** | **8612** | **8991** |
| 30 | 3751 | 1762 | 1989 | 18 | 11 | 7 | 3707 | 1741 | 1966 |
| 31 | 3611 | 1756 | 1855 | 14 | 6 | 8 | 3568 | 1736 | 1832 |
| 32 | 3449 | 1712 | 1737 | 12 | 7 | 5 | 3395 | 1683 | 1712 |
| 33 | 3831 | 1862 | 1969 | 14 | 6 | 8 | 3774 | 1836 | 1938 |
| 34 | 3199 | 1636 | 1563 | 5 | 3 | 2 | 3159 | 1616 | 1543 |
| **35—39岁** | **11118** | **5751** | **5367** | **45** | **25** | **20** | **10941** | **5644** | **5297** |
| 35 | 2418 | 1274 | 1144 | 10 | 6 | 4 | 2375 | 1248 | 1127 |
| 36 | 2322 | 1205 | 1117 | 7 | 3 | 4 | 2285 | 1180 | 1105 |
| 37 | 2193 | 1138 | 1055 | 5 | 3 | 2 | 2164 | 1121 | 1043 |
| 38 | 2407 | 1232 | 1175 | 16 | 7 | 9 | 2359 | 1208 | 1151 |
| 39 | 1778 | 902 | 876 | 7 | 6 | 1 | 1758 | 887 | 871 |
| **40—44岁** | **7128** | **3759** | **3369** | **17** | **9** | **8** | **7007** | **3697** | **3310** |
| 40 | 1510 | 759 | 751 | 4 | 2 | 2 | 1481 | 746 | 735 |
| 41 | 1564 | 785 | 779 | 2 | 1 | 1 | 1541 | 777 | 764 |
| 42 | 1423 | 775 | 648 | 3 | 2 | 1 | 1399 | 759 | 640 |
| 43 | 1300 | 694 | 606 | 4 | 2 | 2 | 1283 | 685 | 598 |
| 44 | 1331 | 746 | 585 | 4 | 2 | 2 | 1303 | 730 | 573 |
| **45—49岁** | **5075** | **3025** | **2050** | **11** | **9** | **2** | **5007** | **2979** | **2028** |
| 45 | 1104 | 642 | 462 | 2 | 2 | | 1092 | 632 | 460 |
| 46 | 1040 | 610 | 430 | 2 | 1 | 1 | 1022 | 603 | 419 |
| 47 | 1059 | 629 | 430 | 2 | 2 | | 1049 | 621 | 428 |
| 48 | 991 | 595 | 396 | 2 | 2 | | 978 | 584 | 394 |
| 49 | 881 | 549 | 332 | 3 | 2 | 1 | 866 | 539 | 327 |
| **50岁及以上** | **7010** | **5042** | **1968** | **15** | **12** | **3** | **6892** | **4952** | **1940** |

3－2b　续表 11　　　　　　　　　　　　　　　　　　　　　　　　　　单位：人

| 年　龄 | 大学本科 | | | | | | | | |
|---|---|---|---|---|---|---|---|---|---|
| | 肄　业 | | | 辍　学 | | | 其　他 | | |
| | 小计 | 男 | 女 | 小计 | 男 | 女 | 小计 | 男 | 女 |
| **总　计** | **97** | **67** | **30** | **36** | **22** | **14** | **717** | **393** | **324** |
| 3 | | | | | | | | | |
| 4 | | | | | | | | | |
| **5－9岁** | | | | | | | | | |
| 5 | | | | | | | | | |
| 6 | | | | | | | | | |
| 7 | | | | | | | | | |
| 8 | | | | | | | | | |
| 9 | | | | | | | | | |
| **10－14岁** | | | | | | | | | |
| 10 | | | | | | | | | |
| 11 | | | | | | | | | |
| 12 | | | | | | | | | |
| 13 | | | | | | | | | |
| 14 | | | | | | | | | |
| **15－19岁** | **3** | **3** | | **1** | | **1** | **2** | **2** | |
| 15 | | | | | | | | | |
| 16 | | | | | | | | | |
| 17 | | | | | | | | | |
| 18 | 2 | 2 | | | | | 1 | 1 | |
| 19 | 1 | 1 | | 1 | | 1 | 1 | 1 | |
| **20－24岁** | **18** | **9** | **9** | **8** | **7** | **1** | **68** | **39** | **29** |
| 20 | 2 | 2 | | 2 | 1 | 1 | 6 | 3 | 3 |
| 21 | 6 | 3 | 3 | 1 | 1 | | 9 | 4 | 5 |
| 22 | 2 | 1 | 1 | 1 | 1 | | 10 | 5 | 5 |
| 23 | 3 | 1 | 2 | 2 | 2 | | 15 | 9 | 6 |
| 24 | 5 | 2 | 3 | 2 | 2 | | 28 | 18 | 10 |
| **25－29岁** | **19** | **13** | **6** | **13** | **9** | **4** | **147** | **67** | **80** |
| 25 | 4 | 2 | 2 | 2 | 1 | 1 | 23 | 10 | 13 |
| 26 | 4 | 3 | 1 | 1 | 1 | | 38 | 13 | 25 |
| 27 | 5 | 4 | 1 | 3 | 2 | 1 | 28 | 15 | 13 |
| 28 | | | | 4 | 3 | 1 | 30 | 15 | 15 |
| 29 | 6 | 4 | 2 | 3 | 2 | 1 | 28 | 14 | 14 |
| **30－34岁** | **17** | **14** | **3** | **5** | **1** | **4** | **153** | **68** | **85** |
| 30 | 3 | 1 | 2 | | | | 23 | 9 | 14 |
| 31 | 2 | 2 | | 1 | | 1 | 26 | 12 | 14 |
| 32 | 4 | 4 | | | | | 38 | 18 | 20 |
| 33 | 5 | 4 | 1 | 2 | 1 | 1 | 36 | 15 | 21 |
| 34 | 3 | 3 | | 2 | | 2 | 30 | 14 | 16 |
| **35－39岁** | **21** | **12** | **9** | **2** | **2** | | **109** | **68** | **41** |
| 35 | 5 | 3 | 2 | 1 | 1 | | 27 | 16 | 11 |
| 36 | 3 | 2 | 1 | | | | 27 | 20 | 7 |
| 37 | 2 | 1 | 1 | 1 | 1 | | 21 | 12 | 9 |
| 38 | 7 | 3 | 4 | | | | 25 | 14 | 11 |
| 39 | 4 | 3 | 1 | | | | 9 | 6 | 3 |
| **40－44岁** | **3** | **3** | | **2** | **1** | **1** | **99** | **49** | **50** |
| 40 | | | | 1 | 1 | | 24 | 10 | 14 |
| 41 | 1 | 1 | | | | | 20 | 6 | 14 |
| 42 | 1 | 1 | | | | | 20 | 13 | 7 |
| 43 | | | | | | | 13 | 7 | 6 |
| 44 | 1 | 1 | | 1 | | 1 | 22 | 13 | 9 |
| **45－49岁** | **2** | **2** | | **2** | **1** | **1** | **53** | **34** | **19** |
| 45 | 1 | 1 | | | | | 9 | 7 | 2 |
| 46 | | | | | | | 16 | 6 | 10 |
| 47 | | | | | | | 8 | 6 | 2 |
| 48 | 1 | 1 | | | | | 10 | 8 | 2 |
| 49 | | | | 2 | 1 | 1 | 10 | 7 | 3 |
| **50岁及以上** | **14** | **11** | **3** | **3** | **1** | **2** | **86** | **66** | **20** |

3-2b　续表 12　　　　单位：人

| 年　龄 | 硕士研究生 | | | | | | | | |
|---|---|---|---|---|---|---|---|---|---|
| | 合　计 | | | 在　校 | | | 毕　业 | | |
| | 合计 | 男 | 女 | 小计 | 男 | 女 | 小计 | 男 | 女 |
| **总　计** | **3791** | **2062** | **1729** | **656** | **322** | **334** | **3103** | **1723** | **1380** |
| 3 | | | | | | | | | |
| 4 | | | | | | | | | |
| **5—9岁** | | | | | | | | | |
| 5 | | | | | | | | | |
| 6 | | | | | | | | | |
| 7 | | | | | | | | | |
| 8 | | | | | | | | | |
| 9 | | | | | | | | | |
| **10—14岁** | | | | | | | | | |
| 10 | | | | | | | | | |
| 11 | | | | | | | | | |
| 12 | | | | | | | | | |
| 13 | | | | | | | | | |
| 14 | | | | | | | | | |
| **15—19岁** | | | | | | | | | |
| 15 | | | | | | | | | |
| 16 | | | | | | | | | |
| 17 | | | | | | | | | |
| 18 | | | | | | | | | |
| 19 | | | | | | | | | |
| **20—24岁** | **572** | **253** | **319** | **453** | **213** | **240** | **116** | **39** | **77** |
| 20 | 2 | 1 | 1 | 2 | 1 | 1 | | | |
| 21 | 26 | 10 | 16 | 24 | 9 | 15 | 2 | 1 | 1 |
| 22 | 139 | 64 | 75 | 128 | 59 | 69 | 11 | 5 | 6 |
| 23 | 199 | 101 | 98 | 156 | 87 | 69 | 41 | 14 | 27 |
| 24 | 206 | 77 | 129 | 143 | 57 | 86 | 62 | 19 | 43 |
| **25—29岁** | **1040** | **497** | **543** | **175** | **92** | **83** | **858** | **401** | **457** |
| 25 | 225 | 96 | 129 | 86 | 42 | 44 | 136 | 53 | 83 |
| 26 | 219 | 104 | 115 | 50 | 28 | 22 | 169 | 76 | 93 |
| 27 | 221 | 114 | 107 | 17 | 8 | 9 | 202 | 105 | 97 |
| 28 | 192 | 86 | 106 | 14 | 8 | 6 | 177 | 77 | 100 |
| 29 | 183 | 97 | 86 | 8 | 6 | 2 | 174 | 90 | 84 |
| **30—34岁** | **1033** | **543** | **490** | **19** | **11** | **8** | **1003** | **528** | **475** |
| 30 | 219 | 113 | 106 | 9 | 5 | 4 | 208 | 108 | 100 |
| 31 | 210 | 117 | 93 | 6 | 4 | 2 | 201 | 112 | 89 |
| 32 | 195 | 91 | 104 | 1 | 1 | | 193 | 90 | 103 |
| 33 | 213 | 107 | 106 | | | | 210 | 105 | 105 |
| 34 | 196 | 115 | 81 | 3 | 1 | 2 | 191 | 113 | 78 |
| **35—39岁** | **562** | **342** | **220** | **1** | **1** | | **557** | **339** | **218** |
| 35 | 129 | 76 | 53 | | | | 126 | 74 | 52 |
| 36 | 112 | 62 | 50 | | | | 112 | 62 | 50 |
| 37 | 116 | 81 | 35 | | | | 116 | 81 | 35 |
| 38 | 132 | 75 | 57 | 1 | 1 | | 130 | 74 | 56 |
| 39 | 73 | 48 | 25 | | | | 73 | 48 | 25 |
| **40—44岁** | **237** | **159** | **78** | **3** | **3** | | **233** | **155** | **78** |
| 40 | 70 | 42 | 28 | 1 | 1 | | 69 | 41 | 28 |
| 41 | 49 | 32 | 17 | 1 | 1 | | 48 | 31 | 17 |
| 42 | 40 | 30 | 10 | 1 | 1 | | 39 | 29 | 10 |
| 43 | 38 | 24 | 14 | | | | 37 | 23 | 14 |
| 44 | 40 | 31 | 9 | | | | 40 | 31 | 9 |
| **45—49岁** | **153** | **112** | **41** | | | | **151** | **110** | **41** |
| 45 | 42 | 31 | 11 | | | | 41 | 30 | 11 |
| 46 | 35 | 24 | 11 | | | | 35 | 24 | 11 |
| 47 | 25 | 18 | 7 | | | | 25 | 18 | 7 |
| 48 | 28 | 19 | 9 | | | | 27 | 18 | 9 |
| 49 | 23 | 20 | 3 | | | | 23 | 20 | 3 |
| **50岁及以上** | **190** | **155** | **35** | **1** | **1** | | **185** | **151** | **34** |

3－2b 续表 13 单位：人

| 年龄 | 硕士研究生 | | | | | | | | |
|---|---|---|---|---|---|---|---|---|---|
| | 肄业 | | | 辍学 | | | 其他 | | |
| | 小计 | 男 | 女 | 小计 | 男 | 女 | 小计 | 男 | 女 |
| **总计** | **4** | **2** | **2** | | | | **28** | **15** | **13** |
| 3 | | | | | | | | | |
| 4 | | | | | | | | | |
| **5－9岁** | | | | | | | | | |
| 5 | | | | | | | | | |
| 6 | | | | | | | | | |
| 7 | | | | | | | | | |
| 8 | | | | | | | | | |
| 9 | | | | | | | | | |
| **10－14岁** | | | | | | | | | |
| 10 | | | | | | | | | |
| 11 | | | | | | | | | |
| 12 | | | | | | | | | |
| 13 | | | | | | | | | |
| 14 | | | | | | | | | |
| **15－19岁** | | | | | | | | | |
| 15 | | | | | | | | | |
| 16 | | | | | | | | | |
| 17 | | | | | | | | | |
| 18 | | | | | | | | | |
| 19 | | | | | | | | | |
| **20－24岁** | | | | | | | **3** | **1** | **2** |
| 20 | | | | | | | | | |
| 21 | | | | | | | | | |
| 22 | | | | | | | | | |
| 23 | | | | | | | 2 | | 2 |
| 24 | | | | | | | 1 | 1 | |
| **25－29岁** | **1** | **1** | | | | | **6** | **3** | **3** |
| 25 | 1 | 1 | | | | | 2 | | 2 |
| 26 | | | | | | | | | |
| 27 | | | | | | | 2 | 1 | 1 |
| 28 | | | | | | | 1 | 1 | |
| 29 | | | | | | | 1 | 1 | |
| **30－34岁** | **2** | | **2** | | | | **9** | **4** | **5** |
| 30 | 1 | | 1 | | | | 1 | | 1 |
| 31 | | | | | | | 3 | 1 | 2 |
| 32 | 1 | | 1 | | | | | | |
| 33 | | | | | | | 3 | 2 | 1 |
| 34 | | | | | | | 2 | 1 | 1 |
| **35－39岁** | **1** | **1** | | | | | **3** | **1** | **2** |
| 35 | 1 | 1 | | | | | 2 | 1 | 1 |
| 36 | | | | | | | | | |
| 37 | | | | | | | | | |
| 38 | | | | | | | 1 | | 1 |
| 39 | | | | | | | | | |
| **40－44岁** | | | | | | | **1** | **1** | |
| 40 | | | | | | | | | |
| 41 | | | | | | | | | |
| 42 | | | | | | | | | |
| 43 | | | | | | | 1 | 1 | |
| 44 | | | | | | | | | |
| **45－49岁** | | | | | | | **2** | **2** | |
| 45 | | | | | | | 1 | 1 | |
| 46 | | | | | | | | | |
| 47 | | | | | | | | | |
| 48 | | | | | | | 1 | 1 | |
| 49 | | | | | | | | | |
| **50岁及以上** | | | | | | | **4** | **3** | **1** |

3-2b　续表 14　　　　单位：人

| 年龄 | 博士研究生 | | | | | | | | |
|---|---|---|---|---|---|---|---|---|---|
| | 合计 | | | 在校 | | | 毕业 | | |
| | 合计 | 男 | 女 | 小计 | 男 | 女 | 小计 | 男 | 女 |
| **总　计** | **276** | **169** | **107** | **86** | **42** | **44** | **189** | **126** | **63** |
| 3 | | | | | | | | | |
| 4 | | | | | | | | | |
| **5-9岁** | | | | | | | | | |
| 5 | | | | | | | | | |
| 6 | | | | | | | | | |
| 7 | | | | | | | | | |
| 8 | | | | | | | | | |
| 9 | | | | | | | | | |
| **10-14岁** | | | | | | | | | |
| 10 | | | | | | | | | |
| 11 | | | | | | | | | |
| 12 | | | | | | | | | |
| 13 | | | | | | | | | |
| 14 | | | | | | | | | |
| **15-19岁** | | | | | | | | | |
| 15 | | | | | | | | | |
| 16 | | | | | | | | | |
| 17 | | | | | | | | | |
| 18 | | | | | | | | | |
| 19 | | | | | | | | | |
| **20-24岁** | **28** | **12** | **16** | **21** | **8** | **13** | **7** | **4** | **3** |
| 20 | 1 | 1 | | | | | 1 | 1 | |
| 21 | 4 | 1 | 3 | 3 | | 3 | 1 | 1 | |
| 22 | 5 | 2 | 3 | 4 | 2 | 2 | 1 | | 1 |
| 23 | 7 | 4 | 3 | 7 | 4 | 3 | | | |
| 24 | 11 | 4 | 7 | 7 | 2 | 5 | 4 | 2 | 2 |
| **25-29岁** | **80** | **44** | **36** | **49** | **26** | **23** | **31** | **18** | **13** |
| 25 | 18 | 10 | 8 | 13 | 9 | 4 | 5 | 1 | 4 |
| 26 | 20 | 11 | 9 | 14 | 7 | 7 | 6 | 4 | 2 |
| 27 | 12 | 9 | 3 | 7 | 5 | 2 | 5 | 4 | 1 |
| 28 | 21 | 9 | 12 | 12 | 4 | 8 | 9 | 5 | 4 |
| 29 | 9 | 5 | 4 | 3 | 1 | 2 | 6 | 4 | 2 |
| **30-34岁** | **65** | **40** | **25** | **11** | **7** | **4** | **54** | **33** | **21** |
| 30 | 16 | 7 | 9 | 5 | 3 | 2 | 11 | 4 | 7 |
| 31 | 12 | 6 | 6 | 2 | 1 | 1 | 10 | 5 | 5 |
| 32 | 7 | 5 | 2 | 2 | 1 | 1 | 5 | 4 | 1 |
| 33 | 12 | 8 | 4 | 1 | 1 | | 11 | 7 | 4 |
| 34 | 18 | 14 | 4 | 1 | 1 | | 17 | 13 | 4 |
| **35-39岁** | **34** | **18** | **16** | **4** | | **4** | **29** | **17** | **12** |
| 35 | 4 | 1 | 3 | 1 | | 1 | 3 | 1 | 2 |
| 36 | 8 | 4 | 4 | 1 | | 1 | 7 | 4 | 3 |
| 37 | 4 | 1 | 3 | | | | 4 | 1 | 3 |
| 38 | 11 | 7 | 4 | 1 | | 1 | 9 | 6 | 3 |
| 39 | 7 | 5 | 2 | 1 | | 1 | 6 | 5 | 1 |
| **40-44岁** | **20** | **17** | **3** | **1** | **1** | | **19** | **16** | **3** |
| 40 | 4 | 4 | | | | | 4 | 4 | |
| 41 | 3 | 2 | 1 | | | | 3 | 2 | 1 |
| 42 | 7 | 7 | | 1 | 1 | | 6 | 6 | |
| 43 | 4 | 2 | 2 | | | | 4 | 2 | 2 |
| 44 | 2 | 2 | | | | | 2 | 2 | |
| **45-49岁** | **19** | **15** | **4** | | | | **19** | **15** | **4** |
| 45 | 8 | 6 | 2 | | | | 8 | 6 | 2 |
| 46 | 1 | | 1 | | | | 1 | | 1 |
| 47 | 4 | 4 | | | | | 4 | 4 | |
| 48 | 2 | 2 | | | | | 2 | 2 | |
| 49 | 4 | 3 | 1 | | | | 4 | 3 | 1 |
| **50岁及以上** | **30** | **23** | **7** | | | | **30** | **23** | **7** |

3-2b 续表 15

单位：人

| 年 龄 | 博士研究生 | | | | | | | | |
|---|---|---|---|---|---|---|---|---|---|
| | 肄 业 | | | 辍 学 | | | 其 他 | | |
| | 小计 | 男 | 女 | 小计 | 男 | 女 | 小计 | 男 | 女 |
| **总 计** | | | | **1** | **1** | | | | |
| 3 | | | | | | | | | |
| 4 | | | | | | | | | |
| **5—9岁** | | | | | | | | | |
| 5 | | | | | | | | | |
| 6 | | | | | | | | | |
| 7 | | | | | | | | | |
| 8 | | | | | | | | | |
| 9 | | | | | | | | | |
| **10—14岁** | | | | | | | | | |
| 10 | | | | | | | | | |
| 11 | | | | | | | | | |
| 12 | | | | | | | | | |
| 13 | | | | | | | | | |
| 14 | | | | | | | | | |
| **15—19岁** | | | | | | | | | |
| 15 | | | | | | | | | |
| 16 | | | | | | | | | |
| 17 | | | | | | | | | |
| 18 | | | | | | | | | |
| 19 | | | | | | | | | |
| **20—24岁** | | | | | | | | | |
| 20 | | | | | | | | | |
| 21 | | | | | | | | | |
| 22 | | | | | | | | | |
| 23 | | | | | | | | | |
| 24 | | | | | | | | | |
| **25—29岁** | | | | | | | | | |
| 25 | | | | | | | | | |
| 26 | | | | | | | | | |
| 27 | | | | | | | | | |
| 28 | | | | | | | | | |
| 29 | | | | | | | | | |
| **30—34岁** | | | | | | | | | |
| 30 | | | | | | | | | |
| 31 | | | | | | | | | |
| 32 | | | | | | | | | |
| 33 | | | | | | | | | |
| 34 | | | | | | | | | |
| **35—39岁** | | | | **1** | **1** | | | | |
| 35 | | | | | | | | | |
| 36 | | | | | | | | | |
| 37 | | | | | | | | | |
| 38 | | | | 1 | 1 | | | | |
| 39 | | | | | | | | | |
| **40—44岁** | | | | | | | | | |
| 40 | | | | | | | | | |
| 41 | | | | | | | | | |
| 42 | | | | | | | | | |
| 43 | | | | | | | | | |
| 44 | | | | | | | | | |
| **45—49岁** | | | | | | | | | |
| 45 | | | | | | | | | |
| 46 | | | | | | | | | |
| 47 | | | | | | | | | |
| 48 | | | | | | | | | |
| 49 | | | | | | | | | |
| **50岁及以上** | | | | | | | | | |

# 3-2c　全省分年龄、性别、学业完成情况的3岁及以上各种受教育程度人口(乡村)

单位：人

| 年　龄 | 合计 | | | | | | | | |
|---|---|---|---|---|---|---|---|---|---|
| | 合　计 | | | 在　校 | | | 毕　业 | | |
| | 合计 | 男 | 女 | 小计 | 男 | 女 | 小计 | 男 | 女 |
| **总　计** | **1551524** | **846624** | **704900** | **159068** | **83987** | **75081** | **1207273** | **671141** | **536132** |
| 3 | | | | | | | | | |
| 4 | | | | | | | | | |
| **5-9岁** | **48571** | **25968** | **22603** | **47252** | **25243** | **22009** | **1054** | **595** | **459** |
| 5 | 740 | 372 | 368 | 707 | 354 | 353 | 19 | 10 | 9 |
| 6 | 8707 | 4677 | 4030 | 8471 | 4555 | 3916 | 179 | 100 | 79 |
| 7 | 12347 | 6636 | 5711 | 12024 | 6453 | 5571 | 269 | 156 | 113 |
| 8 | 13798 | 7384 | 6414 | 13419 | 7182 | 6237 | 308 | 166 | 142 |
| 9 | 12979 | 6899 | 6080 | 12631 | 6699 | 5932 | 279 | 163 | 116 |
| **10-14岁** | **64909** | **34643** | **30266** | **62447** | **33267** | **29180** | **2022** | **1138** | **884** |
| 10 | 12708 | 6844 | 5864 | 12360 | 6649 | 5711 | 286 | 163 | 123 |
| 11 | 13452 | 7148 | 6304 | 13042 | 6911 | 6131 | 333 | 197 | 136 |
| 12 | 12867 | 6864 | 6003 | 12367 | 6599 | 5768 | 414 | 220 | 194 |
| 13 | 12772 | 6774 | 5998 | 12229 | 6470 | 5759 | 445 | 246 | 199 |
| 14 | 13110 | 7013 | 6097 | 12449 | 6638 | 5811 | 544 | 312 | 232 |
| **15-19岁** | **52507** | **28765** | **23742** | **40023** | **20819** | **19204** | **11084** | **7044** | **4040** |
| 15 | 11775 | 6177 | 5598 | 11173 | 5826 | 5347 | 464 | 270 | 194 |
| 16 | 11164 | 6027 | 5137 | 9841 | 5222 | 4619 | 1109 | 669 | 440 |
| 17 | 9932 | 5454 | 4478 | 7711 | 4019 | 3692 | 1922 | 1241 | 681 |
| 18 | 10035 | 5557 | 4478 | 6527 | 3278 | 3249 | 3170 | 2065 | 1105 |
| 19 | 9601 | 5550 | 4051 | 4771 | 2474 | 2297 | 4419 | 2799 | 1620 |
| **20-24岁** | **65890** | **37378** | **28512** | **8210** | **4054** | **4156** | **54610** | **31388** | **23222** |
| 20 | 10098 | 5862 | 4236 | 3440 | 1720 | 1720 | 6200 | 3843 | 2357 |
| 21 | 11023 | 6387 | 4636 | 2230 | 1106 | 1124 | 8271 | 4940 | 3331 |
| 22 | 13344 | 7615 | 5729 | 1347 | 651 | 696 | 11360 | 6562 | 4798 |
| 23 | 14902 | 8349 | 6553 | 755 | 373 | 382 | 13498 | 7574 | 5924 |
| 24 | 16523 | 9165 | 7358 | 438 | 204 | 234 | 15281 | 8469 | 6812 |
| **25-29岁** | **96496** | **53963** | **42533** | **622** | **306** | **316** | **91333** | **50879** | **40454** |
| 25 | 18554 | 10445 | 8109 | 259 | 120 | 139 | 17470 | 9812 | 7658 |
| 26 | 18183 | 10260 | 7923 | 148 | 72 | 76 | 17202 | 9682 | 7520 |
| 27 | 19631 | 10972 | 8659 | 95 | 47 | 48 | 18617 | 10343 | 8274 |
| 28 | 19862 | 11049 | 8813 | 71 | 39 | 32 | 18802 | 10422 | 8380 |
| 29 | 20266 | 11237 | 9029 | 49 | 28 | 21 | 19242 | 10620 | 8622 |
| **30-34岁** | **123719** | **69112** | **54607** | **133** | **71** | **62** | **117147** | **65259** | **51888** |
| 30 | 24918 | 14013 | 10905 | 42 | 26 | 16 | 23581 | 13210 | 10371 |
| 31 | 24929 | 13932 | 10997 | 29 | 14 | 15 | 23603 | 13151 | 10452 |
| 32 | 23787 | 13325 | 10462 | 26 | 12 | 14 | 22554 | 12583 | 9971 |
| 33 | 27279 | 15188 | 12091 | 25 | 13 | 12 | 25882 | 14419 | 11463 |
| 34 | 22806 | 12654 | 10152 | 11 | 6 | 5 | 21527 | 11896 | 9631 |
| **35-39岁** | **104402** | **58295** | **46107** | **60** | **37** | **23** | **97651** | **54513** | **43138** |
| 35 | 19114 | 10693 | 8421 | 9 | 5 | 4 | 17975 | 10046 | 7929 |
| 36 | 19813 | 10985 | 8828 | 12 | 9 | 3 | 18558 | 10304 | 8254 |
| 37 | 20611 | 11506 | 9105 | 14 | 10 | 4 | 19283 | 10743 | 8540 |
| 38 | 24080 | 13464 | 10616 | 16 | 10 | 6 | 22479 | 12559 | 9920 |
| 39 | 20784 | 11647 | 9137 | 9 | 3 | 6 | 19356 | 10861 | 8495 |
| **40-44岁** | **110706** | **59676** | **51030** | **54** | **29** | **25** | **101806** | **54959** | **46847** |
| 40 | 18662 | 10306 | 8356 | 9 | 4 | 5 | 17330 | 9565 | 7765 |
| 41 | 22168 | 12174 | 9994 | 14 | 6 | 8 | 20534 | 11306 | 9228 |
| 42 | 22472 | 12131 | 10341 | 11 | 7 | 4 | 20639 | 11156 | 9483 |
| 43 | 22494 | 11886 | 10608 | 10 | 5 | 5 | 20605 | 10881 | 9724 |
| 44 | 24910 | 13179 | 11731 | 10 | 7 | 3 | 22698 | 12051 | 10647 |
| **45-49岁** | **149117** | **78543** | **70574** | **47** | **28** | **19** | **134945** | **71519** | **63426** |
| 45 | 25613 | 13528 | 12085 | 7 | 7 | | 23363 | 12387 | 10976 |
| 46 | 27744 | 14518 | 13226 | 9 | 5 | 4 | 25166 | 13240 | 11926 |
| 47 | 30934 | 16154 | 14780 | 13 | 5 | 8 | 27993 | 14708 | 13285 |
| 48 | 31422 | 16613 | 14809 | 10 | 7 | 3 | 28343 | 15119 | 13224 |
| 49 | 33404 | 17730 | 15674 | 8 | 4 | 4 | 30080 | 16065 | 14015 |
| **50岁及以上** | **735207** | **400281** | **334926** | **220** | **133** | **87** | **595621** | **333847** | **261774** |

3-2c 续表 1　　单位：人

| 年龄 | 合计 | | | | | | | | |
|---|---|---|---|---|---|---|---|---|---|
| | 肄业 | | | 辍学 | | | 其他 | | |
| | 小计 | 男 | 女 | 小计 | 男 | 女 | 小计 | 男 | 女 |
| **总计** | **35221** | **17219** | **18002** | **104633** | **50894** | **53739** | **45329** | **23383** | **21946** |
| 3 | | | | | | | | | |
| 4 | | | | | | | | | |
| **5-9岁** | **33** | **16** | **17** | **33** | **20** | **13** | **199** | **94** | **105** |
| 5 | | | | 2 | | 2 | 12 | 8 | 4 |
| 6 | 8 | 2 | 6 | | | | 49 | 20 | 29 |
| 7 | 8 | 5 | 3 | 10 | 4 | 6 | 36 | 18 | 18 |
| 8 | 10 | 5 | 5 | 11 | 7 | 4 | 50 | 24 | 26 |
| 9 | 7 | 4 | 3 | 10 | 9 | 1 | 52 | 24 | 28 |
| **10-14岁** | **70** | **37** | **33** | **113** | **60** | **53** | **257** | **141** | **116** |
| 10 | 10 | 6 | 4 | 10 | 6 | 4 | 42 | 20 | 22 |
| 11 | 7 | 4 | 3 | 10 | 5 | 5 | 60 | 31 | 29 |
| 12 | 17 | 8 | 9 | 17 | 10 | 7 | 52 | 27 | 25 |
| 13 | 19 | 11 | 8 | 32 | 19 | 13 | 47 | 28 | 19 |
| 14 | 17 | 8 | 9 | 44 | 20 | 24 | 56 | 35 | 21 |
| **15-19岁** | **232** | **149** | **83** | **800** | **523** | **277** | **368** | **230** | **138** |
| 15 | 11 | 5 | 6 | 95 | 60 | 35 | 32 | 16 | 16 |
| 16 | 31 | 22 | 9 | 145 | 95 | 50 | 38 | 19 | 19 |
| 17 | 49 | 28 | 21 | 168 | 111 | 57 | 82 | 55 | 27 |
| 18 | 65 | 40 | 25 | 179 | 114 | 65 | 94 | 60 | 34 |
| 19 | 76 | 54 | 22 | 213 | 143 | 70 | 122 | 80 | 42 |
| **20-24岁** | **539** | **351** | **188** | **1438** | **955** | **483** | **1093** | **630** | **463** |
| 20 | 80 | 51 | 29 | 236 | 164 | 72 | 142 | 84 | 58 |
| 21 | 105 | 73 | 32 | 250 | 159 | 91 | 167 | 109 | 58 |
| 22 | 104 | 62 | 42 | 295 | 201 | 94 | 238 | 139 | 99 |
| 23 | 95 | 59 | 36 | 312 | 212 | 100 | 242 | 131 | 111 |
| 24 | 155 | 106 | 49 | 345 | 219 | 126 | 304 | 167 | 137 |
| **25-29岁** | **741** | **464** | **277** | **2054** | **1310** | **744** | **1746** | **1004** | **742** |
| 25 | 129 | 86 | 43 | 361 | 234 | 127 | 335 | 193 | 142 |
| 26 | 140 | 87 | 53 | 376 | 237 | 139 | 317 | 182 | 135 |
| 27 | 145 | 100 | 45 | 402 | 266 | 136 | 372 | 216 | 156 |
| 28 | 175 | 104 | 71 | 463 | 273 | 190 | 351 | 211 | 140 |
| 29 | 152 | 87 | 65 | 452 | 300 | 152 | 371 | 202 | 169 |
| **30-34岁** | **1104** | **685** | **419** | **3087** | **1836** | **1251** | **2248** | **1261** | **987** |
| 30 | 235 | 142 | 93 | 618 | 376 | 242 | 442 | 259 | 183 |
| 31 | 202 | 130 | 72 | 633 | 387 | 246 | 462 | 250 | 212 |
| 32 | 198 | 126 | 72 | 560 | 338 | 222 | 449 | 266 | 183 |
| 33 | 237 | 132 | 105 | 650 | 365 | 285 | 485 | 259 | 226 |
| 34 | 232 | 155 | 77 | 626 | 370 | 256 | 410 | 227 | 183 |
| **35-39岁** | **1071** | **598** | **473** | **3402** | **1952** | **1450** | **2218** | **1195** | **1023** |
| 35 | 175 | 87 | 88 | 584 | 346 | 238 | 371 | 209 | 162 |
| 36 | 190 | 107 | 83 | 617 | 344 | 273 | 436 | 221 | 215 |
| 37 | 211 | 127 | 84 | 658 | 386 | 272 | 445 | 240 | 205 |
| 38 | 282 | 148 | 134 | 762 | 433 | 329 | 541 | 314 | 227 |
| 39 | 213 | 129 | 84 | 781 | 443 | 338 | 425 | 211 | 214 |
| **40-44岁** | **1473** | **775** | **698** | **4630** | **2475** | **2155** | **2743** | **1438** | **1305** |
| 40 | 237 | 132 | 105 | 671 | 382 | 289 | 415 | 223 | 192 |
| 41 | 252 | 140 | 112 | 838 | 450 | 388 | 530 | 272 | 258 |
| 42 | 307 | 150 | 157 | 946 | 520 | 426 | 569 | 298 | 271 |
| 43 | 313 | 173 | 140 | 979 | 507 | 472 | 587 | 320 | 267 |
| 44 | 364 | 180 | 184 | 1196 | 616 | 580 | 642 | 325 | 317 |
| **45-49岁** | **2473** | **1207** | **1266** | **7807** | **3824** | **3983** | **3845** | **1965** | **1880** |
| 45 | 405 | 206 | 199 | 1229 | 627 | 602 | 609 | 301 | 308 |
| 46 | 449 | 203 | 246 | 1406 | 697 | 709 | 714 | 373 | 341 |
| 47 | 502 | 249 | 253 | 1600 | 788 | 812 | 826 | 404 | 422 |
| 48 | 556 | 271 | 285 | 1707 | 821 | 886 | 806 | 395 | 411 |
| 49 | 561 | 278 | 283 | 1865 | 891 | 974 | 890 | 492 | 398 |
| **50岁及以上** | **27485** | **12937** | **14548** | **81269** | **37939** | **43330** | **30612** | **15425** | **15187** |

3-2c　续表 2　　单位：人

| 年龄 | 小学 | | | | | | | | |
|---|---|---|---|---|---|---|---|---|---|
| | 合计 | | | 在校 | | | 毕业 | | |
| | 合计 | 男 | 女 | 小计 | 男 | 女 | 小计 | 男 | 女 |
| **总计** | **638190** | **310471** | **327719** | **78878** | **42149** | **36729** | **429046** | **211136** | **217910** |
| 3 | | | | | | | | | |
| 4 | | | | | | | | | |
| **5-9岁** | **48201** | **25757** | **22444** | **46931** | **25070** | **21861** | **1014** | **562** | **452** |
| 5 | 740 | 372 | 368 | 707 | 354 | 353 | 19 | 10 | 9 |
| 6 | 8638 | 4641 | 3997 | 8411 | 4523 | 3888 | 171 | 96 | 75 |
| 7 | 12271 | 6586 | 5685 | 11961 | 6416 | 5545 | 257 | 144 | 113 |
| 8 | 13708 | 7335 | 6373 | 13342 | 7144 | 6198 | 298 | 157 | 141 |
| 9 | 12844 | 6823 | 6021 | 12510 | 6633 | 5877 | 269 | 155 | 114 |
| **10-14岁** | **32943** | **17646** | **15297** | **31726** | **16955** | **14771** | **972** | **558** | **414** |
| 10 | 12474 | 6711 | 5763 | 12143 | 6525 | 5618 | 271 | 155 | 116 |
| 11 | 12731 | 6764 | 5967 | 12364 | 6558 | 5806 | 294 | 169 | 125 |
| 12 | 5433 | 2944 | 2489 | 5166 | 2791 | 2375 | 215 | 122 | 93 |
| 13 | 1703 | 914 | 789 | 1553 | 830 | 723 | 110 | 60 | 50 |
| 14 | 602 | 313 | 289 | 500 | 251 | 249 | 82 | 52 | 30 |
| **15-19岁** | **770** | **453** | **317** | **60** | **38** | **22** | **583** | **335** | **248** |
| 15 | 87 | 51 | 36 | 31 | 20 | 11 | 41 | 21 | 20 |
| 16 | 99 | 58 | 41 | 8 | 7 | 1 | 76 | 42 | 34 |
| 17 | 153 | 96 | 57 | 8 | 4 | 4 | 114 | 75 | 39 |
| 18 | 192 | 115 | 77 | 6 | 3 | 3 | 161 | 95 | 66 |
| 19 | 239 | 133 | 106 | 7 | 4 | 3 | 191 | 102 | 89 |
| **20-24岁** | **1956** | **1122** | **834** | **8** | **2** | **6** | **1665** | **952** | **713** |
| 20 | 291 | 168 | 123 | 4 | | 4 | 234 | 137 | 97 |
| 21 | 323 | 190 | 133 | 3 | 2 | 1 | 277 | 160 | 117 |
| 22 | 423 | 247 | 176 | 1 | | 1 | 367 | 215 | 152 |
| 23 | 426 | 246 | 180 | | | | 373 | 214 | 159 |
| 24 | 493 | 271 | 222 | | | | 414 | 226 | 188 |
| **25-29岁** | **3729** | **1946** | **1783** | **1** | | **1** | **3267** | **1705** | **1562** |
| 25 | 600 | 329 | 271 | 1 | | 1 | 516 | 288 | 228 |
| 26 | 600 | 344 | 256 | | | | 524 | 298 | 226 |
| 27 | 752 | 383 | 369 | | | | 663 | 332 | 331 |
| 28 | 843 | 412 | 431 | | | | 737 | 361 | 376 |
| 29 | 934 | 478 | 456 | | | | 827 | 426 | 401 |
| **30-34岁** | **7818** | **3758** | **4060** | **1** | **1** | | **6894** | **3318** | **3576** |
| 30 | 1324 | 647 | 677 | | | | 1180 | 575 | 605 |
| 31 | 1442 | 746 | 696 | | | | 1262 | 656 | 606 |
| 32 | 1516 | 744 | 772 | | | | 1350 | 659 | 691 |
| 33 | 1806 | 843 | 963 | | | | 1599 | 749 | 850 |
| 34 | 1730 | 778 | 952 | 1 | 1 | | 1503 | 679 | 824 |
| **35-39岁** | **11000** | **4925** | **6075** | **2** | **1** | **1** | **9494** | **4253** | **5241** |
| 35 | 1795 | 827 | 968 | 1 | | 1 | 1586 | 732 | 854 |
| 36 | 1957 | 854 | 1103 | 1 | 1 | | 1702 | 747 | 955 |
| 37 | 1991 | 900 | 1091 | | | | 1717 | 767 | 950 |
| 38 | 2574 | 1150 | 1424 | | | | 2205 | 989 | 1216 |
| 39 | 2683 | 1194 | 1489 | | | | 2284 | 1018 | 1266 |
| **40-44岁** | **22034** | **9688** | **12346** | **6** | **3** | **3** | **18810** | **8275** | **10535** |
| 40 | 2867 | 1269 | 1598 | 2 | | 2 | 2491 | 1106 | 1385 |
| 41 | 3832 | 1715 | 2117 | 1 | 1 | | 3276 | 1470 | 1806 |
| 42 | 4339 | 1877 | 2462 | 1 | 1 | | 3700 | 1596 | 2104 |
| 43 | 4916 | 2183 | 2733 | 2 | 1 | 1 | 4196 | 1842 | 2354 |
| 44 | 6080 | 2644 | 3436 | | | | 5147 | 2261 | 2886 |
| **45-49岁** | **44975** | **19443** | **25532** | **9** | **4** | **5** | **38078** | **16617** | **21461** |
| 45 | 6720 | 2853 | 3867 | 1 | 1 | | 5774 | 2448 | 3326 |
| 46 | 7873 | 3333 | 4540 | | | | 6681 | 2868 | 3813 |
| 47 | 9085 | 3943 | 5142 | 4 | 2 | 2 | 7690 | 3388 | 4302 |
| 48 | 10000 | 4329 | 5671 | | | | 8452 | 3692 | 4760 |
| 49 | 11297 | 4985 | 6312 | 4 | 1 | 3 | 9481 | 4221 | 5260 |
| **50岁及以上** | **464764** | **225733** | **239031** | **134** | **75** | **59** | **348269** | **174561** | **173708** |

3-2c 续表 3

单位：人

| 年 龄 | 小学 | | | | | | | | |
|---|---|---|---|---|---|---|---|---|---|
| | 肄业 | | | 辍学 | | | 其他 | | |
| | 小计 | 男 | 女 | 小计 | 男 | 女 | 小计 | 男 | 女 |
| **总 计** | **25165** | **10846** | **14319** | **77897** | **33889** | **44008** | **27204** | **12451** | **14753** |
| 3 | | | | | | | | | |
| 4 | | | | | | | | | |
| **5-9岁** | **33** | **16** | **17** | **32** | **19** | **13** | **191** | **90** | **101** |
| 5 | | | | 2 | | 2 | 12 | 8 | 4 |
| 6 | 8 | 2 | 6 | | | | 48 | 20 | 28 |
| 7 | 8 | 5 | 3 | 10 | 4 | 6 | 35 | 17 | 18 |
| 8 | 10 | 5 | 5 | 11 | 7 | 4 | 47 | 22 | 25 |
| 9 | 7 | 4 | 3 | 9 | 8 | 1 | 49 | 23 | 26 |
| **10-14岁** | **38** | **22** | **16** | **51** | **27** | **24** | **156** | **84** | **72** |
| 10 | 10 | 6 | 4 | 10 | 6 | 4 | 40 | 19 | 21 |
| 11 | 7 | 4 | 3 | 8 | 4 | 4 | 58 | 29 | 29 |
| 12 | 13 | 7 | 6 | 9 | 5 | 4 | 30 | 19 | 11 |
| 13 | 5 | 4 | 1 | 16 | 10 | 6 | 19 | 10 | 9 |
| 14 | 3 | 1 | 2 | 8 | 2 | 6 | 9 | 7 | 2 |
| **15-19岁** | **10** | **5** | **5** | **83** | **55** | **28** | **34** | **20** | **14** |
| 15 | | | | 9 | 7 | 2 | 6 | 3 | 3 |
| 16 | 1 | 1 | | 12 | 6 | 6 | 2 | 2 | |
| 17 | 1 | | 1 | 19 | 12 | 7 | 11 | 5 | 6 |
| 18 | 3 | 2 | 1 | 20 | 14 | 6 | 2 | 1 | 1 |
| 19 | 5 | 2 | 3 | 23 | 16 | 7 | 13 | 9 | 4 |
| **20-24岁** | **57** | **33** | **24** | **158** | **96** | **62** | **68** | **39** | **29** |
| 20 | 13 | 7 | 6 | 30 | 18 | 12 | 10 | 6 | 4 |
| 21 | 10 | 9 | 1 | 22 | 13 | 9 | 11 | 6 | 5 |
| 22 | 12 | 7 | 5 | 32 | 19 | 13 | 11 | 6 | 5 |
| 23 | 6 | 1 | 5 | 29 | 22 | 7 | 18 | 9 | 9 |
| 24 | 16 | 9 | 7 | 45 | 24 | 21 | 18 | 12 | 6 |
| **25-29岁** | **74** | **35** | **39** | **262** | **146** | **116** | **125** | **60** | **65** |
| 25 | 14 | 6 | 8 | 46 | 25 | 21 | 23 | 10 | 13 |
| 26 | 11 | 8 | 3 | 44 | 28 | 16 | 21 | 10 | 11 |
| 27 | 12 | 6 | 6 | 48 | 29 | 19 | 29 | 16 | 13 |
| 28 | 20 | 9 | 11 | 62 | 31 | 31 | 24 | 11 | 13 |
| 29 | 17 | 6 | 11 | 62 | 33 | 29 | 28 | 13 | 15 |
| **30-34岁** | **159** | **78** | **81** | **542** | **251** | **291** | **222** | **110** | **112** |
| 30 | 25 | 12 | 13 | 90 | 44 | 46 | 29 | 16 | 13 |
| 31 | 32 | 15 | 17 | 108 | 55 | 53 | 40 | 20 | 20 |
| 32 | 27 | 18 | 9 | 92 | 42 | 50 | 47 | 25 | 22 |
| 33 | 34 | 13 | 21 | 123 | 58 | 65 | 50 | 23 | 27 |
| 34 | 41 | 20 | 21 | 129 | 52 | 77 | 56 | 26 | 30 |
| **35-39岁** | **245** | **107** | **138** | **938** | **433** | **505** | **321** | **131** | **190** |
| 35 | 35 | 15 | 20 | 123 | 60 | 63 | 50 | 20 | 30 |
| 36 | 35 | 15 | 20 | 155 | 66 | 89 | 64 | 25 | 39 |
| 37 | 48 | 26 | 22 | 163 | 78 | 85 | 63 | 29 | 34 |
| 38 | 71 | 29 | 42 | 223 | 98 | 125 | 75 | 34 | 41 |
| 39 | 56 | 22 | 34 | 274 | 131 | 143 | 69 | 23 | 46 |
| **40-44岁** | **533** | **236** | **297** | **1988** | **878** | **1110** | **697** | **296** | **401** |
| 40 | 66 | 30 | 36 | 235 | 101 | 134 | 73 | 32 | 41 |
| 41 | 90 | 42 | 48 | 342 | 162 | 180 | 123 | 40 | 83 |
| 42 | 114 | 50 | 64 | 386 | 169 | 217 | 138 | 61 | 77 |
| 43 | 116 | 57 | 59 | 446 | 206 | 240 | 156 | 77 | 79 |
| 44 | 147 | 57 | 90 | 579 | 240 | 339 | 207 | 86 | 121 |
| **45-49岁** | **1160** | **444** | **716** | **4251** | **1753** | **2498** | **1477** | **625** | **852** |
| 45 | 148 | 63 | 85 | 597 | 257 | 340 | 200 | 84 | 116 |
| 46 | 207 | 67 | 140 | 727 | 285 | 442 | 258 | 113 | 145 |
| 47 | 221 | 83 | 138 | 878 | 364 | 514 | 292 | 106 | 186 |
| 48 | 284 | 110 | 174 | 929 | 389 | 540 | 335 | 138 | 197 |
| 49 | 300 | 121 | 179 | 1120 | 458 | 662 | 392 | 184 | 208 |
| **50岁及以上** | **22856** | **9870** | **12986** | **69592** | **30231** | **39361** | **23913** | **10996** | **12917** |

3-2c 续表 4　　　　单位：人

| 年龄 | 初中 | | | | | | | | |
|---|---|---|---|---|---|---|---|---|---|
| | 合计 | | | 在校 | | | 毕业 | | |
| | 合计 | 男 | 女 | 小计 | 男 | 女 | 小计 | 男 | 女 |
| **总计** | **604857** | **354696** | **250161** | **38790** | **20561** | **18229** | **521941** | **306934** | **215007** |
| 3 | | | | | | | | | |
| 4 | | | | | | | | | |
| **5-9岁** | **370** | **211** | **159** | **321** | **173** | **148** | **40** | **33** | **7** |
| 5 | | | | | | | | | |
| 6 | 69 | 36 | 33 | 60 | 32 | 28 | 8 | 4 | 4 |
| 7 | 76 | 50 | 26 | 63 | 37 | 26 | 12 | 12 | |
| 8 | 90 | 49 | 41 | 77 | 38 | 39 | 10 | 9 | 1 |
| 9 | 135 | 76 | 59 | 121 | 66 | 55 | 10 | 8 | 2 |
| **10-14岁** | **31449** | **16697** | **14752** | **30239** | **16032** | **14207** | **1023** | **565** | **458** |
| 10 | 233 | 133 | 100 | 217 | 124 | 93 | 14 | 8 | 6 |
| 11 | 721 | 384 | 337 | 678 | 353 | 325 | 39 | 28 | 11 |
| 12 | 7434 | 3920 | 3514 | 7201 | 3808 | 3393 | 199 | 98 | 101 |
| 13 | 10958 | 5790 | 5168 | 10573 | 5576 | 4997 | 329 | 181 | 148 |
| 14 | 12103 | 6470 | 5633 | 11570 | 6171 | 5399 | 442 | 250 | 192 |
| **15-19岁** | **15242** | **8878** | **6364** | **8069** | **4261** | **3808** | **6479** | **4166** | **2313** |
| 15 | 5711 | 3025 | 2686 | 5230 | 2747 | 2483 | 381 | 224 | 157 |
| 16 | 2782 | 1586 | 1196 | 1788 | 969 | 819 | 869 | 533 | 336 |
| 17 | 2077 | 1299 | 778 | 640 | 346 | 294 | 1302 | 860 | 442 |
| 18 | 2196 | 1392 | 804 | 271 | 122 | 149 | 1760 | 1164 | 596 |
| 19 | 2476 | 1576 | 900 | 140 | 77 | 63 | 2167 | 1385 | 782 |
| **20-24岁** | **19241** | **11816** | **7425** | **32** | **18** | **14** | **17771** | **10871** | **6900** |
| 20 | 2848 | 1812 | 1036 | 16 | 9 | 7 | 2620 | 1654 | 966 |
| 21 | 3238 | 2025 | 1213 | 9 | 5 | 4 | 2967 | 1860 | 1107 |
| 22 | 3958 | 2443 | 1515 | 2 | 2 | | 3662 | 2246 | 1416 |
| 23 | 4279 | 2583 | 1696 | 4 | 2 | 2 | 3982 | 2397 | 1585 |
| 24 | 4918 | 2953 | 1965 | 1 | | 1 | 4540 | 2714 | 1826 |
| **25-29岁** | **33178** | **19259** | **13919** | **9** | **4** | **5** | **30951** | **17899** | **13052** |
| 25 | 5650 | 3371 | 2279 | 3 | 2 | 1 | 5287 | 3142 | 2145 |
| 26 | 5923 | 3483 | 2440 | 2 | 1 | 1 | 5509 | 3238 | 2271 |
| 27 | 6544 | 3780 | 2764 | 2 | | 2 | 6106 | 3502 | 2604 |
| 28 | 7225 | 4174 | 3051 | 2 | 1 | 1 | 6717 | 3873 | 2844 |
| 29 | 7836 | 4451 | 3385 | | | | 7332 | 4144 | 3188 |
| **30-34岁** | **56329** | **31743** | **24586** | **7** | **2** | **5** | **52846** | **29692** | **23154** |
| 30 | 10262 | 5924 | 4338 | 1 | 1 | | 9592 | 5518 | 4074 |
| 31 | 10935 | 6219 | 4716 | 2 | | 2 | 10244 | 5806 | 4438 |
| 32 | 10782 | 6082 | 4700 | 1 | | 1 | 10131 | 5691 | 4440 |
| 33 | 12714 | 7075 | 5639 | 2 | 1 | 1 | 11933 | 6642 | 5291 |
| 34 | 11636 | 6443 | 5193 | 1 | | 1 | 10946 | 6035 | 4911 |
| **35-39岁** | **61352** | **34244** | **27108** | **10** | **6** | **4** | **57387** | **31950** | **25437** |
| 35 | 10517 | 5859 | 4658 | 1 | 1 | | 9824 | 5463 | 4361 |
| 36 | 11310 | 6245 | 5065 | 1 | 1 | | 10546 | 5821 | 4725 |
| 37 | 12248 | 6860 | 5388 | 4 | 2 | 2 | 11466 | 6404 | 5062 |
| 38 | 14589 | 8137 | 6452 | 2 | 1 | 1 | 13645 | 7574 | 6071 |
| 39 | 12688 | 7143 | 5545 | 2 | 1 | 1 | 11906 | 6688 | 5218 |
| **40-44岁** | **70116** | **38559** | **31557** | **15** | **8** | **7** | **65264** | **35783** | **29481** |
| 40 | 11672 | 6574 | 5098 | | | | 10894 | 6113 | 4781 |
| 41 | 14158 | 7884 | 6274 | 1 | 1 | | 13258 | 7377 | 5881 |
| 42 | 14331 | 7882 | 6449 | 6 | 4 | 2 | 13300 | 7290 | 6010 |
| 43 | 14328 | 7699 | 6629 | 4 | 1 | 3 | 13311 | 7131 | 6180 |
| 44 | 15627 | 8520 | 7107 | 4 | 2 | 2 | 14501 | 7872 | 6629 |
| **45-49岁** | **89744** | **49717** | **40027** | **23** | **15** | **8** | **83195** | **46009** | **37186** |
| 45 | 16011 | 8832 | 7179 | 4 | 4 | | 14856 | 8198 | 6658 |
| 46 | 17089 | 9378 | 7711 | 6 | 4 | 2 | 15841 | 8657 | 7184 |
| 47 | 18898 | 10296 | 8602 | 3 | | 3 | 17516 | 9524 | 7992 |
| 48 | 18559 | 10404 | 8155 | 7 | 5 | 2 | 17181 | 9634 | 7547 |
| 49 | 19187 | 10807 | 8380 | 3 | 2 | 1 | 17801 | 9996 | 7805 |
| **50岁及以上** | **227836** | **143572** | **84264** | **65** | **42** | **23** | **206985** | **129966** | **77019** |

3−2c 续表 5

单位：人

| 年龄 | 初中 | | | | | | | | |
|---|---|---|---|---|---|---|---|---|---|
| | 肄业 | | | 辍学 | | | 其他 | | |
| | 小计 | 男 | 女 | 小计 | 男 | 女 | 小计 | 男 | 女 |
| **总计** | **8138** | **5061** | **3077** | **22775** | **14215** | **8560** | **13213** | **7925** | **5288** |
| 3 | | | | | | | | | |
| 4 | | | | | | | | | |
| **5−9岁** | | | | **1** | **1** | | **8** | **4** | **4** |
| 5 | | | | | | | | | |
| 6 | | | | | | | 1 | | 1 |
| 7 | | | | | | | 1 | 1 | |
| 8 | | | | | | | 3 | 2 | 1 |
| 9 | | | | 1 | 1 | | 3 | 1 | 2 |
| **10−14岁** | **31** | **15** | **16** | **60** | **31** | **29** | **96** | **54** | **42** |
| 10 | | | | | | | 2 | 1 | 1 |
| 11 | | | | 2 | 1 | 1 | 2 | 2 | |
| 12 | 4 | 1 | 3 | 8 | 5 | 3 | 22 | 8 | 14 |
| 13 | 14 | 7 | 7 | 16 | 9 | 7 | 26 | 17 | 9 |
| 14 | 13 | 7 | 6 | 34 | 16 | 18 | 44 | 26 | 18 |
| **15−19岁** | **114** | **77** | **37** | **431** | **282** | **149** | **149** | **92** | **57** |
| 15 | 10 | 5 | 5 | 73 | 42 | 31 | 17 | 7 | 10 |
| 16 | 15 | 10 | 5 | 86 | 61 | 25 | 24 | 13 | 11 |
| 17 | 26 | 17 | 9 | 80 | 55 | 25 | 29 | 21 | 8 |
| 18 | 28 | 19 | 9 | 92 | 57 | 35 | 45 | 30 | 15 |
| 19 | 35 | 26 | 9 | 100 | 67 | 33 | 34 | 21 | 13 |
| **20−24岁** | **253** | **163** | **90** | **801** | **536** | **265** | **384** | **228** | **156** |
| 20 | 34 | 21 | 13 | 124 | 90 | 34 | 54 | 38 | 16 |
| 21 | 53 | 34 | 19 | 152 | 92 | 60 | 57 | 34 | 23 |
| 22 | 50 | 30 | 20 | 160 | 116 | 44 | 84 | 49 | 35 |
| 23 | 43 | 29 | 14 | 171 | 114 | 57 | 79 | 41 | 38 |
| 24 | 73 | 49 | 24 | 194 | 124 | 70 | 110 | 66 | 44 |
| **25−29岁** | **371** | **234** | **137** | **1174** | **724** | **450** | **673** | **398** | **275** |
| 25 | 60 | 42 | 18 | 186 | 112 | 74 | 114 | 73 | 41 |
| 26 | 69 | 41 | 28 | 221 | 134 | 87 | 122 | 69 | 53 |
| 27 | 69 | 49 | 20 | 236 | 148 | 88 | 131 | 81 | 50 |
| 28 | 91 | 57 | 34 | 270 | 154 | 116 | 145 | 89 | 56 |
| 29 | 82 | 45 | 37 | 261 | 176 | 85 | 161 | 86 | 75 |
| **30−34岁** | **584** | **364** | **220** | **1846** | **1097** | **749** | **1046** | **588** | **458** |
| 30 | 115 | 69 | 46 | 358 | 216 | 142 | 196 | 120 | 76 |
| 31 | 101 | 64 | 37 | 375 | 231 | 144 | 213 | 118 | 95 |
| 32 | 107 | 67 | 40 | 342 | 207 | 135 | 201 | 117 | 84 |
| 33 | 137 | 80 | 57 | 399 | 217 | 182 | 243 | 135 | 108 |
| 34 | 124 | 84 | 40 | 372 | 226 | 146 | 193 | 98 | 95 |
| **35−39岁** | **604** | **351** | **253** | **2021** | **1215** | **806** | **1330** | **722** | **608** |
| 35 | 99 | 47 | 52 | 369 | 222 | 147 | 224 | 126 | 98 |
| 36 | 121 | 68 | 53 | 393 | 232 | 161 | 249 | 123 | 126 |
| 37 | 119 | 70 | 49 | 398 | 247 | 151 | 261 | 137 | 124 |
| 38 | 153 | 89 | 64 | 444 | 268 | 176 | 345 | 205 | 140 |
| 39 | 112 | 77 | 35 | 417 | 246 | 171 | 251 | 131 | 120 |
| **40−44岁** | **802** | **445** | **357** | **2352** | **1394** | **958** | **1683** | **929** | **754** |
| 40 | 144 | 83 | 61 | 376 | 236 | 140 | 258 | 142 | 116 |
| 41 | 138 | 81 | 57 | 434 | 243 | 191 | 327 | 182 | 145 |
| 42 | 163 | 82 | 81 | 505 | 313 | 192 | 357 | 193 | 164 |
| 43 | 167 | 94 | 73 | 480 | 266 | 214 | 366 | 207 | 159 |
| 44 | 190 | 105 | 85 | 557 | 336 | 221 | 375 | 205 | 170 |
| **45−49岁** | **1200** | **683** | **517** | **3272** | **1872** | **1400** | **2054** | **1138** | **916** |
| 45 | 232 | 124 | 108 | 565 | 327 | 238 | 354 | 179 | 175 |
| 46 | 220 | 120 | 100 | 632 | 377 | 255 | 390 | 220 | 170 |
| 47 | 256 | 149 | 107 | 663 | 378 | 285 | 460 | 245 | 215 |
| 48 | 248 | 148 | 100 | 713 | 393 | 320 | 410 | 224 | 186 |
| 49 | 244 | 142 | 102 | 699 | 397 | 302 | 440 | 270 | 170 |
| **50岁及以上** | **4179** | **2729** | **1450** | **10817** | **7063** | **3754** | **5790** | **3772** | **2018** |

3-2c　续表 6　　　　　　　　　　　　　　　　　　　　　　　单位：人

| 年龄 | 高中 | | | | | | | | |
|---|---|---|---|---|---|---|---|---|---|
| | 合计 | | | 在校 | | | 毕业 | | |
| | 合计 | 男 | 女 | 小计 | 男 | 女 | 小计 | 男 | 女 |
| **总　计** | **190642** | **118945** | **71697** | **26336** | **13920** | **12416** | **155675** | **99155** | **56520** |
| 3 | | | | | | | | | |
| 4 | | | | | | | | | |
| **5-9岁** | | | | | | | | | |
| 5 | | | | | | | | | |
| 6 | | | | | | | | | |
| 7 | | | | | | | | | |
| 8 | | | | | | | | | |
| 9 | | | | | | | | | |
| **10-14岁** | **515** | **300** | **215** | **481** | **280** | **201** | **26** | **15** | **11** |
| 10 | | | | | | | | | |
| 11 | | | | | | | | | |
| 12 | | | | | | | | | |
| 13 | 110 | 70 | 40 | 102 | 64 | 38 | 6 | 5 | 1 |
| 14 | 405 | 230 | 175 | 379 | 216 | 163 | 20 | 10 | 10 |
| **15-19岁** | **28373** | **15403** | **12970** | **24457** | **12889** | **11568** | **3417** | **2197** | **1220** |
| 15 | 5927 | 3080 | 2847 | 5866 | 3039 | 2827 | 38 | 24 | 14 |
| 16 | 8197 | 4343 | 3854 | 7972 | 4213 | 3759 | 152 | 87 | 65 |
| 17 | 7192 | 3777 | 3415 | 6596 | 3412 | 3184 | 470 | 286 | 184 |
| 18 | 4047 | 2333 | 1714 | 2801 | 1529 | 1272 | 1120 | 728 | 392 |
| 19 | 3010 | 1870 | 1140 | 1222 | 696 | 526 | 1637 | 1072 | 565 |
| **20-24岁** | **17706** | **11127** | **6579** | **1364** | **735** | **629** | **15457** | **9793** | **5664** |
| 20 | 3054 | 1926 | 1128 | 709 | 380 | 329 | 2205 | 1452 | 753 |
| 21 | 2984 | 1896 | 1088 | 306 | 160 | 146 | 2542 | 1634 | 908 |
| 22 | 3403 | 2144 | 1259 | 152 | 85 | 67 | 3068 | 1936 | 1132 |
| 23 | 3895 | 2413 | 1482 | 118 | 64 | 54 | 3574 | 2216 | 1358 |
| 24 | 4370 | 2748 | 1622 | 79 | 46 | 33 | 4068 | 2555 | 1513 |
| **25-29岁** | **26746** | **16401** | **10345** | **14** | **8** | **6** | **25414** | **15490** | **9924** |
| 25 | 5074 | 3191 | 1883 | 4 | | 4 | 4814 | 3009 | 1805 |
| 26 | 5116 | 3178 | 1938 | 3 | 2 | 1 | 4869 | 3010 | 1859 |
| 27 | 5496 | 3382 | 2114 | 2 | 1 | 1 | 5229 | 3191 | 2038 |
| 28 | 5470 | 3289 | 2181 | 3 | 3 | | 5187 | 3099 | 2088 |
| 29 | 5590 | 3361 | 2229 | 2 | 2 | | 5315 | 3181 | 2134 |
| **30-34岁** | **32609** | **19484** | **13125** | **5** | **1** | **4** | **31086** | **18490** | **12596** |
| 30 | 6850 | 4108 | 2742 | 1 | | 1 | 6500 | 3878 | 2622 |
| 31 | 6650 | 3958 | 2692 | | | | 6340 | 3759 | 2581 |
| 32 | 6379 | 3797 | 2582 | 2 | | 2 | 6077 | 3601 | 2476 |
| 33 | 7175 | 4307 | 2868 | 2 | 1 | 1 | 6881 | 4125 | 2756 |
| 34 | 5555 | 3314 | 2241 | | | | 5288 | 3127 | 2161 |
| **35-39岁** | **21010** | **12781** | **8229** | **1** | | **1** | **20012** | **12134** | **7878** |
| 35 | 4055 | 2446 | 1609 | | | | 3860 | 2316 | 1544 |
| 36 | 4113 | 2485 | 1628 | | | | 3941 | 2381 | 1560 |
| 37 | 4146 | 2474 | 1672 | | | | 3941 | 2337 | 1604 |
| 38 | 4787 | 2954 | 1833 | 1 | | 1 | 4568 | 2810 | 1758 |
| 39 | 3909 | 2422 | 1487 | | | | 3702 | 2290 | 1412 |
| **40-44岁** | **14222** | **8800** | **5422** | **1** | | **1** | **13518** | **8342** | **5176** |
| 40 | 3084 | 1867 | 1217 | | | | 2930 | 1764 | 1166 |
| 41 | 3151 | 1936 | 1215 | 1 | | 1 | 3008 | 1839 | 1169 |
| 42 | 2929 | 1831 | 1098 | | | | 2793 | 1741 | 1052 |
| 43 | 2547 | 1581 | 966 | | | | 2412 | 1498 | 914 |
| 44 | 2511 | 1585 | 926 | | | | 2375 | 1500 | 875 |
| **45-49岁** | **11893** | **7667** | **4226** | **4** | **1** | **3** | **11257** | **7242** | **4015** |
| 45 | 2348 | 1493 | 855 | | | | 2217 | 1404 | 813 |
| 46 | 2290 | 1478 | 812 | 1 | | 1 | 2176 | 1401 | 775 |
| 47 | 2434 | 1538 | 896 | 1 | | 1 | 2290 | 1435 | 855 |
| 48 | 2381 | 1555 | 826 | 2 | 1 | 1 | 2247 | 1481 | 766 |
| 49 | 2440 | 1603 | 837 | | | | 2327 | 1521 | 806 |
| **50岁及以上** | **37568** | **26982** | **10586** | **9** | **6** | **3** | **35488** | **25452** | **10036** |

3－2c 续表 7 单位：人

| 年龄 | 高中 | | | | | | | | |
|---|---|---|---|---|---|---|---|---|---|
| | 肄业 | | | 辍学 | | | 其他 | | |
| | 小计 | 男 | 女 | 小计 | 男 | 女 | 小计 | 男 | 女 |
| **总计** | **1556** | **1080** | **476** | **3682** | **2601** | **1081** | **3393** | **2189** | **1204** |
| 3 | | | | | | | | | |
| 4 | | | | | | | | | |
| **5－9岁** | | | | | | | | | |
| 5 | | | | | | | | | |
| 6 | | | | | | | | | |
| 7 | | | | | | | | | |
| 8 | | | | | | | | | |
| 9 | | | | | | | | | |
| **10－14岁** | **1** | | **1** | **2** | **2** | | **5** | **3** | **2** |
| 10 | | | | | | | | | |
| 11 | | | | | | | | | |
| 12 | | | | | | | | | |
| 13 | | | | | | | 2 | 1 | 1 |
| 14 | 1 | | 1 | 2 | 2 | | 3 | 2 | 1 |
| **15－19岁** | **94** | **58** | **36** | **269** | **173** | **96** | **136** | **86** | **50** |
| 15 | 1 | | 1 | 13 | 11 | 2 | 9 | 6 | 3 |
| 16 | 15 | 11 | 4 | 47 | 28 | 19 | 11 | 4 | 7 |
| 17 | 21 | 10 | 11 | 68 | 43 | 25 | 37 | 26 | 11 |
| 18 | 29 | 16 | 13 | 61 | 38 | 23 | 36 | 22 | 14 |
| 19 | 28 | 21 | 7 | 80 | 53 | 27 | 43 | 28 | 15 |
| **20－24岁** | **151** | **113** | **38** | **409** | **279** | **130** | **325** | **207** | **118** |
| 20 | 25 | 19 | 6 | 71 | 50 | 21 | 44 | 25 | 19 |
| 21 | 22 | 19 | 3 | 61 | 45 | 16 | 53 | 38 | 15 |
| 22 | 25 | 17 | 8 | 85 | 54 | 31 | 73 | 52 | 21 |
| 23 | 37 | 25 | 12 | 98 | 68 | 30 | 68 | 40 | 28 |
| 24 | 42 | 33 | 9 | 94 | 62 | 32 | 87 | 52 | 35 |
| **25－29岁** | **221** | **151** | **70** | **560** | **402** | **158** | **537** | **350** | **187** |
| 25 | 40 | 30 | 10 | 114 | 85 | 29 | 102 | 67 | 35 |
| 26 | 42 | 27 | 15 | 102 | 70 | 32 | 100 | 69 | 31 |
| 27 | 48 | 33 | 15 | 107 | 81 | 26 | 110 | 76 | 34 |
| 28 | 48 | 30 | 18 | 119 | 83 | 36 | 113 | 74 | 39 |
| 29 | 43 | 31 | 12 | 118 | 83 | 35 | 112 | 64 | 48 |
| **30－34岁** | **268** | **181** | **87** | **636** | **445** | **191** | **614** | **367** | **247** |
| 30 | 63 | 43 | 20 | 155 | 107 | 48 | 131 | 80 | 51 |
| 31 | 52 | 38 | 14 | 134 | 90 | 44 | 124 | 71 | 53 |
| 32 | 54 | 34 | 20 | 121 | 84 | 37 | 125 | 78 | 47 |
| 33 | 49 | 29 | 20 | 110 | 78 | 32 | 133 | 74 | 59 |
| 34 | 50 | 37 | 13 | 116 | 86 | 30 | 101 | 64 | 37 |
| **35－39岁** | **184** | **117** | **67** | **417** | **287** | **130** | **396** | **243** | **153** |
| 35 | 35 | 23 | 12 | 87 | 61 | 26 | 73 | 46 | 27 |
| 36 | 23 | 15 | 8 | 63 | 40 | 23 | 86 | 49 | 37 |
| 37 | 37 | 27 | 10 | 92 | 60 | 32 | 76 | 50 | 26 |
| 38 | 48 | 26 | 22 | 87 | 62 | 25 | 83 | 56 | 27 |
| 39 | 41 | 26 | 15 | 88 | 64 | 24 | 78 | 42 | 36 |
| **40－44岁** | **119** | **80** | **39** | **280** | **195** | **85** | **304** | **183** | **121** |
| 40 | 23 | 16 | 7 | 59 | 44 | 15 | 72 | 43 | 29 |
| 41 | 20 | 14 | 6 | 58 | 42 | 16 | 64 | 41 | 23 |
| 42 | 23 | 14 | 9 | 55 | 38 | 17 | 58 | 38 | 20 |
| 43 | 27 | 19 | 8 | 51 | 33 | 18 | 57 | 31 | 26 |
| 44 | 26 | 17 | 9 | 57 | 38 | 19 | 53 | 30 | 23 |
| **45－49岁** | **101** | **70** | **31** | **273** | **191** | **82** | **258** | **163** | **95** |
| 45 | 22 | 16 | 6 | 63 | 41 | 22 | 46 | 32 | 14 |
| 46 | 18 | 13 | 5 | 44 | 32 | 12 | 51 | 32 | 19 |
| 47 | 23 | 15 | 8 | 56 | 44 | 12 | 64 | 44 | 20 |
| 48 | 21 | 11 | 10 | 65 | 39 | 26 | 46 | 23 | 23 |
| 49 | 17 | 15 | 2 | 45 | 35 | 10 | 51 | 32 | 19 |
| **50岁及以上** | **417** | **310** | **107** | **836** | **627** | **209** | **818** | **587** | **231** |

3-2c　续表 8　　　　单位：人

| 年　龄 | 大学专科 | | | | | | | | |
|---|---|---|---|---|---|---|---|---|---|
| | 合　计 | | | 在　校 | | | 毕　业 | | |
| | 合计 | 男 | 女 | 小计 | 男 | 女 | 小计 | 男 | 女 |
| **总　计** | **79388** | **43215** | **36173** | **8912** | **4582** | **4330** | **68839** | **37684** | **31155** |
| 3 | | | | | | | | | |
| 4 | | | | | | | | | |
| **5-9岁** | | | | | | | | | |
| 5 | | | | | | | | | |
| 6 | | | | | | | | | |
| 7 | | | | | | | | | |
| 8 | | | | | | | | | |
| 9 | | | | | | | | | |
| **10-14岁** | **1** | | **1** | | | | **1** | | **1** |
| 10 | 1 | | 1 | | | | 1 | | 1 |
| 11 | | | | | | | | | |
| 12 | | | | | | | | | |
| 13 | | | | | | | | | |
| 14 | | | | | | | | | |
| **15-19岁** | **5577** | **2891** | **2686** | **4953** | **2528** | **2425** | **551** | **312** | **239** |
| 15 | 40 | 18 | 22 | 37 | 17 | 20 | 3 | 1 | 2 |
| 16 | 78 | 35 | 43 | 67 | 29 | 38 | 10 | 6 | 4 |
| 17 | 414 | 233 | 181 | 375 | 211 | 164 | 32 | 17 | 15 |
| 18 | 2374 | 1180 | 1194 | 2240 | 1099 | 1141 | 113 | 67 | 46 |
| 19 | 2671 | 1425 | 1246 | 2234 | 1172 | 1062 | 393 | 221 | 172 |
| **20-24岁** | **18071** | **9272** | **8799** | **3601** | **1856** | **1745** | **14116** | **7231** | **6885** |
| 20 | 2846 | 1498 | 1348 | 1763 | 925 | 838 | 1035 | 549 | 486 |
| 21 | 3212 | 1694 | 1518 | 976 | 508 | 468 | 2170 | 1142 | 1028 |
| 22 | 3630 | 1894 | 1736 | 501 | 253 | 248 | 3052 | 1605 | 1447 |
| 23 | 4091 | 2077 | 2014 | 247 | 123 | 124 | 3771 | 1917 | 1854 |
| 24 | 4292 | 2109 | 2183 | 114 | 47 | 67 | 4088 | 2018 | 2070 |
| **25-29岁** | **20913** | **10741** | **10172** | **226** | **116** | **110** | **20289** | **10410** | **9879** |
| 25 | 4667 | 2379 | 2288 | 91 | 39 | 52 | 4485 | 2292 | 2193 |
| 26 | 4188 | 2170 | 2018 | 59 | 34 | 25 | 4056 | 2094 | 1962 |
| 27 | 4306 | 2219 | 2087 | 30 | 16 | 14 | 4186 | 2158 | 2028 |
| 28 | 3998 | 2061 | 1937 | 25 | 14 | 11 | 3898 | 2008 | 1890 |
| 29 | 3754 | 1912 | 1842 | 21 | 13 | 8 | 3664 | 1858 | 1806 |
| **30-34岁** | **18016** | **9543** | **8473** | **65** | **36** | **29** | **17580** | **9298** | **8282** |
| 30 | 4206 | 2176 | 2030 | 18 | 10 | 8 | 4088 | 2111 | 1977 |
| 31 | 3945 | 2018 | 1927 | 15 | 8 | 7 | 3847 | 1963 | 1884 |
| 32 | 3440 | 1857 | 1583 | 13 | 6 | 7 | 3371 | 1817 | 1554 |
| 33 | 3763 | 2008 | 1755 | 14 | 9 | 5 | 3677 | 1964 | 1713 |
| 34 | 2662 | 1484 | 1178 | 5 | 3 | 2 | 2597 | 1443 | 1154 |
| **35-39岁** | **7773** | **4425** | **3348** | **28** | **17** | **11** | **7557** | **4297** | **3260** |
| 35 | 1887 | 1054 | 833 | 2 | 1 | 1 | 1859 | 1038 | 821 |
| 36 | 1664 | 942 | 722 | 6 | 4 | 2 | 1615 | 905 | 710 |
| 37 | 1580 | 901 | 679 | 7 | 5 | 2 | 1526 | 875 | 651 |
| 38 | 1519 | 864 | 655 | 8 | 6 | 2 | 1464 | 833 | 631 |
| 39 | 1123 | 664 | 459 | 5 | 1 | 4 | 1093 | 646 | 447 |
| **40-44岁** | **3172** | **1910** | **1262** | **25** | **17** | **8** | **3076** | **1850** | **1226** |
| 40 | 774 | 439 | 335 | 6 | 4 | 2 | 754 | 426 | 328 |
| 41 | 767 | 474 | 293 | 8 | 4 | 4 | 741 | 459 | 282 |
| 42 | 619 | 384 | 235 | 3 | 2 | 1 | 597 | 374 | 223 |
| 43 | 516 | 317 | 199 | 3 | 3 | | 503 | 305 | 198 |
| 44 | 496 | 296 | 200 | 5 | 4 | 1 | 481 | 286 | 195 |
| **45-49岁** | **1868** | **1274** | **594** | **6** | **5** | **1** | **1799** | **1226** | **573** |
| 45 | 390 | 250 | 140 | | | | 377 | 241 | 136 |
| 46 | 360 | 237 | 123 | 1 | 1 | | 342 | 226 | 116 |
| 47 | 373 | 270 | 103 | 3 | 2 | 1 | 357 | 257 | 100 |
| 48 | 370 | 253 | 117 | 1 | 1 | | 356 | 245 | 111 |
| 49 | 375 | 264 | 111 | 1 | 1 | | 367 | 257 | 110 |
| **50岁及以上** | **3997** | **3159** | **838** | **8** | **7** | **1** | **3870** | **3060** | **810** |

3-2c 续表 9

单位：人

| 年龄 | 大学专科 | | | | | | | | |
|---|---|---|---|---|---|---|---|---|---|
| | 肄业 | | | 辍学 | | | 其他 | | |
| | 小计 | 男 | 女 | 小计 | 男 | 女 | 小计 | 男 | 女 |
| **总计** | **285** | **184** | **101** | **244** | **162** | **82** | **1108** | **603** | **505** |
| 3 | | | | | | | | | |
| 4 | | | | | | | | | |
| **5—9岁** | | | | | | | | | |
| 5 | | | | | | | | | |
| 6 | | | | | | | | | |
| 7 | | | | | | | | | |
| 8 | | | | | | | | | |
| 9 | | | | | | | | | |
| **10—14岁** | | | | | | | | | |
| 10 | | | | | | | | | |
| 11 | | | | | | | | | |
| 12 | | | | | | | | | |
| 13 | | | | | | | | | |
| 14 | | | | | | | | | |
| **15—19岁** | **12** | **8** | **4** | **16** | **13** | **3** | **45** | **30** | **15** |
| 15 | | | | | | | | | |
| 16 | | | | | | | 1 | | 1 |
| 17 | 1 | 1 | | 1 | 1 | | 5 | 3 | 2 |
| 18 | 5 | 3 | 2 | 6 | 5 | 1 | 10 | 6 | 4 |
| 19 | 6 | 4 | 2 | 9 | 7 | 2 | 29 | 21 | 8 |
| **20—24岁** | **62** | **33** | **29** | **65** | **40** | **25** | **227** | **112** | **115** |
| 20 | 8 | 4 | 4 | 11 | 6 | 5 | 29 | 14 | 15 |
| 21 | 18 | 10 | 8 | 14 | 9 | 5 | 34 | 25 | 9 |
| 22 | 13 | 7 | 6 | 15 | 9 | 6 | 49 | 20 | 29 |
| 23 | 7 | 2 | 5 | 13 | 7 | 6 | 53 | 28 | 25 |
| 24 | 16 | 10 | 6 | 12 | 9 | 3 | 62 | 25 | 37 |
| **25—29岁** | **58** | **34** | **24** | **52** | **34** | **18** | **288** | **147** | **141** |
| 25 | 13 | 7 | 6 | 14 | 11 | 3 | 64 | 30 | 34 |
| 26 | 15 | 10 | 5 | 7 | 3 | 4 | 51 | 29 | 22 |
| 27 | 12 | 9 | 3 | 11 | 8 | 3 | 67 | 28 | 39 |
| 28 | 10 | 5 | 5 | 11 | 5 | 6 | 54 | 29 | 25 |
| 29 | 8 | 3 | 5 | 9 | 7 | 2 | 52 | 31 | 21 |
| **30—34岁** | **67** | **46** | **21** | **54** | **35** | **19** | **250** | **128** | **122** |
| 30 | 25 | 16 | 9 | 13 | 7 | 6 | 62 | 32 | 30 |
| 31 | 11 | 9 | 2 | 13 | 9 | 4 | 59 | 29 | 30 |
| 32 | 8 | 5 | 3 | 4 | 4 | | 44 | 25 | 19 |
| 33 | 13 | 8 | 5 | 15 | 9 | 6 | 44 | 18 | 26 |
| 34 | 10 | 8 | 2 | 9 | 6 | 3 | 41 | 24 | 17 |
| **35—39岁** | **30** | **17** | **13** | **23** | **14** | **9** | **135** | **80** | **55** |
| 35 | 5 | 1 | 4 | 5 | 3 | 2 | 16 | 11 | 5 |
| 36 | 7 | 6 | 1 | 6 | 6 | | 30 | 21 | 9 |
| 37 | 5 | 2 | 3 | 4 | | 4 | 38 | 19 | 19 |
| 38 | 9 | 4 | 5 | 6 | 3 | 3 | 32 | 18 | 14 |
| 39 | 4 | 4 | | 2 | 2 | | 19 | 11 | 8 |
| **40—44岁** | **15** | **12** | **3** | **8** | **7** | **1** | **48** | **24** | **24** |
| 40 | 3 | 3 | | 1 | 1 | | 10 | 5 | 5 |
| 41 | 3 | 2 | 1 | 3 | 3 | | 12 | 6 | 6 |
| 42 | 5 | 3 | 2 | | | | 14 | 5 | 9 |
| 43 | 3 | 3 | | 2 | 2 | | 5 | 4 | 1 |
| 44 | 1 | 1 | | 2 | 1 | 1 | 7 | 4 | 3 |
| **45—49岁** | **10** | **8** | **2** | **11** | **8** | **3** | **42** | **27** | **15** |
| 45 | 2 | 2 | | 4 | 2 | 2 | 7 | 5 | 2 |
| 46 | 3 | 2 | 1 | 3 | 3 | | 11 | 5 | 6 |
| 47 | 2 | 2 | | 3 | 2 | 1 | 8 | 7 | 1 |
| 48 | 3 | 2 | 1 | | | | 10 | 5 | 5 |
| 49 | | | | 1 | 1 | | 6 | 5 | 1 |
| **50岁及以上** | **31** | **26** | **5** | **15** | **11** | **4** | **73** | **55** | **18** |

3–2c　续表 10　　　　　　　　　　　　　　　　　　　　　　　　　　　　　单位：人

| 年　龄 | 大学本科 | | | | | | | | |
|---|---|---|---|---|---|---|---|---|---|
| | 合　计 | | | 在　校 | | | 毕　业 | | |
| | 合计 | 男 | 女 | 小计 | 男 | 女 | 小计 | 男 | 女 |
| **总　计** | **36771** | **18422** | **18349** | **5565** | **2495** | **3070** | **30703** | **15648** | **15055** |
| 3 | | | | | | | | | |
| 4 | | | | | | | | | |
| **5–9岁** | | | | | | | | | |
| 5 | | | | | | | | | |
| 6 | | | | | | | | | |
| 7 | | | | | | | | | |
| 8 | | | | | | | | | |
| 9 | | | | | | | | | |
| **10–14岁** | **1** | | **1** | **1** | | **1** | | | |
| 10 | | | | | | | | | |
| 11 | | | | | | | | | |
| 12 | | | | | | | | | |
| 13 | 1 | | 1 | 1 | | 1 | | | |
| 14 | | | | | | | | | |
| **15–19岁** | **2543** | **1138** | **1405** | **2484** | **1103** | **1381** | **52** | **32** | **20** |
| 15 | 10 | 3 | 7 | 9 | 3 | 6 | 1 | | 1 |
| 16 | 8 | 5 | 3 | 6 | 4 | 2 | 2 | 1 | 1 |
| 17 | 96 | 49 | 47 | 92 | 46 | 46 | 4 | 3 | 1 |
| 18 | 1226 | 537 | 689 | 1209 | 525 | 684 | 16 | 11 | 5 |
| 19 | 1203 | 544 | 659 | 1168 | 525 | 643 | 29 | 17 | 12 |
| **20–24岁** | **8511** | **3860** | **4651** | **2847** | **1281** | **1566** | **5556** | **2523** | **3033** |
| 20 | 1055 | 455 | 600 | 944 | 403 | 541 | 106 | 51 | 55 |
| 21 | 1254 | 580 | 674 | 924 | 429 | 495 | 315 | 144 | 171 |
| 22 | 1831 | 837 | 994 | 599 | 266 | 333 | 1205 | 555 | 650 |
| 23 | 2062 | 966 | 1096 | 251 | 125 | 126 | 1784 | 825 | 959 |
| 24 | 2309 | 1022 | 1287 | 129 | 58 | 71 | 2146 | 948 | 1198 |
| **25–29岁** | **11309** | **5314** | **5995** | **175** | **83** | **92** | **10994** | **5170** | **5824** |
| 25 | 2398 | 1106 | 1292 | 78 | 43 | 35 | 2285 | 1048 | 1237 |
| 26 | 2224 | 1018 | 1206 | 39 | 13 | 26 | 2160 | 998 | 1162 |
| 27 | 2399 | 1143 | 1256 | 24 | 11 | 13 | 2338 | 1114 | 1224 |
| 28 | 2210 | 1050 | 1160 | 19 | 9 | 10 | 2170 | 1031 | 1139 |
| 29 | 2078 | 997 | 1081 | 15 | 7 | 8 | 2041 | 979 | 1062 |
| **30–34岁** | **8577** | **4374** | **4203** | **32** | **13** | **19** | **8400** | **4272** | **4128** |
| 30 | 2190 | 1107 | 1083 | 12 | 6 | 6 | 2147 | 1087 | 1060 |
| 31 | 1871 | 947 | 924 | 7 | 3 | 4 | 1830 | 927 | 903 |
| 32 | 1596 | 803 | 793 | 6 | 3 | 3 | 1558 | 777 | 781 |
| 33 | 1742 | 908 | 834 | 4 | | 4 | 1716 | 894 | 822 |
| 34 | 1178 | 609 | 569 | 3 | 1 | 2 | 1149 | 587 | 562 |
| **35–39岁** | **3139** | **1845** | **1294** | **11** | **8** | **3** | **3084** | **1811** | **1273** |
| 35 | 826 | 485 | 341 | 3 | 2 | 1 | 814 | 476 | 338 |
| 36 | 744 | 445 | 299 | 3 | 2 | 1 | 731 | 437 | 294 |
| 37 | 622 | 358 | 264 | 3 | 3 | | 610 | 348 | 262 |
| 38 | 585 | 345 | 240 | 1 | | 1 | 575 | 342 | 233 |
| 39 | 362 | 212 | 150 | 1 | 1 | | 354 | 208 | 146 |
| **40–44岁** | **1101** | **683** | **418** | **6** | **1** | **5** | **1078** | **673** | **405** |
| 40 | 245 | 146 | 99 | 1 | | 1 | 241 | 145 | 96 |
| 41 | 248 | 156 | 92 | 3 | | 3 | 239 | 152 | 87 |
| 42 | 242 | 150 | 92 | | | | 238 | 148 | 90 |
| 43 | 178 | 102 | 76 | 1 | | 1 | 174 | 101 | 73 |
| 44 | 188 | 129 | 59 | 1 | 1 | | 186 | 127 | 59 |
| **45–49岁** | **613** | **424** | **189** | **5** | **3** | **2** | **592** | **407** | **185** |
| 45 | 141 | 98 | 43 | 2 | 2 | | 136 | 94 | 42 |
| 46 | 127 | 89 | 38 | 1 | | 1 | 121 | 85 | 36 |
| 47 | 140 | 104 | 36 | 2 | 1 | 1 | 136 | 101 | 35 |
| 48 | 106 | 67 | 39 | | | | 101 | 62 | 39 |
| 49 | 99 | 66 | 33 | | | | 98 | 65 | 33 |
| **50岁及以上** | **977** | **784** | **193** | **4** | **3** | **1** | **947** | **760** | **187** |

3－2c 续表 11 单位：人

| 年龄 | 大学本科 | | | | | | | | |
|---|---|---|---|---|---|---|---|---|---|
| | 肄业 | | | 辍学 | | | 其他 | | |
| | 小计 | 男 | 女 | 小计 | 男 | 女 | 小计 | 男 | 女 |
| **总计** | **74** | **46** | **28** | **34** | **26** | **8** | **395** | **207** | **188** |
| 3 | | | | | | | | | |
| 4 | | | | | | | | | |
| **5－9岁** | | | | | | | | | |
| 5 | | | | | | | | | |
| 6 | | | | | | | | | |
| 7 | | | | | | | | | |
| 8 | | | | | | | | | |
| 9 | | | | | | | | | |
| **10－14岁** | | | | | | | | | |
| 10 | | | | | | | | | |
| 11 | | | | | | | | | |
| 12 | | | | | | | | | |
| 13 | | | | | | | | | |
| 14 | | | | | | | | | |
| **15－19岁** | **2** | **1** | **1** | **1** | | **1** | **4** | **2** | **2** |
| 15 | | | | | | | | | |
| 16 | | | | | | | | | |
| 17 | | | | | | | | | |
| 18 | | | | | | | 1 | 1 | |
| 19 | 2 | 1 | 1 | 1 | | 1 | 3 | 1 | 2 |
| **20－24岁** | **16** | **9** | **7** | **5** | **4** | **1** | **87** | **43** | **44** |
| 20 | | | | | | | 5 | 1 | 4 |
| 21 | 2 | 1 | 1 | 1 | | 1 | 12 | 6 | 6 |
| 22 | 4 | 1 | 3 | 3 | 3 | | 20 | 12 | 8 |
| 23 | 2 | 2 | | 1 | 1 | | 24 | 13 | 11 |
| 24 | 8 | 5 | 3 | | | | 26 | 11 | 15 |
| **25－29岁** | **16** | **9** | **7** | **6** | **4** | **2** | **118** | **48** | **70** |
| 25 | 2 | 1 | 1 | 1 | 1 | | 32 | 13 | 19 |
| 26 | 3 | 1 | 2 | 2 | 2 | | 20 | 4 | 16 |
| 27 | 4 | 3 | 1 | | | | 33 | 15 | 18 |
| 28 | 5 | 2 | 3 | 1 | | 1 | 15 | 8 | 7 |
| 29 | 2 | 2 | | 2 | 1 | 1 | 18 | 8 | 10 |
| **30－34岁** | **24** | **15** | **9** | **9** | **8** | **1** | **112** | **66** | **46** |
| 30 | 6 | 2 | 4 | 2 | 2 | | 23 | 10 | 13 |
| 31 | 5 | 3 | 2 | 3 | 2 | 1 | 26 | 12 | 14 |
| 32 | 2 | 2 | | 1 | 1 | | 29 | 20 | 9 |
| 33 | 4 | 2 | 2 | 3 | 3 | | 15 | 9 | 6 |
| 34 | 7 | 6 | 1 | | | | 19 | 15 | 4 |
| **35－39岁** | **8** | **6** | **2** | **3** | **3** | | **33** | **17** | **16** |
| 35 | 1 | 1 | | | | | 8 | 6 | 2 |
| 36 | 4 | 3 | 1 | | | | 6 | 3 | 3 |
| 37 | 2 | 2 | | 1 | 1 | | 6 | 4 | 2 |
| 38 | 1 | | 1 | 2 | 2 | | 6 | 1 | 5 |
| 39 | | | | | | | 7 | 3 | 4 |
| **40－44岁** | **4** | **2** | **2** | **2** | **1** | **1** | **11** | **6** | **5** |
| 40 | 1 | | 1 | | | | 2 | 1 | 1 |
| 41 | 1 | 1 | | 1 | | 1 | 4 | 3 | 1 |
| 42 | 2 | 1 | 1 | | | | 2 | 1 | 1 |
| 43 | | | | | | | 3 | 1 | 2 |
| 44 | | | | 1 | 1 | | | | |
| **45－49岁** | **2** | **2** | | | | | **14** | **12** | **2** |
| 45 | 1 | 1 | | | | | 2 | 1 | 1 |
| 46 | 1 | 1 | | | | | 4 | 3 | 1 |
| 47 | | | | | | | 2 | 2 | |
| 48 | | | | | | | 5 | 5 | |
| 49 | | | | | | | 1 | 1 | |
| **50岁及以上** | **2** | **2** | | **8** | **6** | **2** | **16** | **13** | **3** |

3-2c　续表 12　　　　单位：人

| 年　龄 | 硕士研究生 | | | | | | | | |
|---|---|---|---|---|---|---|---|---|---|
| | 合　计 | | | 在　校 | | | 毕　业 | | |
| | 合计 | 男 | 女 | 小计 | 男 | 女 | 小计 | 男 | 女 |
| **总　计** | **1524** | **786** | **738** | **519** | **247** | **272** | **989** | **531** | **458** |
| 3 | | | | | | | | | |
| 4 | | | | | | | | | |
| **5-9岁** | | | | | | | | | |
| 5 | | | | | | | | | |
| 6 | | | | | | | | | |
| 7 | | | | | | | | | |
| 8 | | | | | | | | | |
| 9 | | | | | | | | | |
| **10-14岁** | | | | | | | | | |
| 10 | | | | | | | | | |
| 11 | | | | | | | | | |
| 12 | | | | | | | | | |
| 13 | | | | | | | | | |
| 14 | | | | | | | | | |
| **15-19岁** | | | | | | | | | |
| 15 | | | | | | | | | |
| 16 | | | | | | | | | |
| 17 | | | | | | | | | |
| 18 | | | | | | | | | |
| 19 | | | | | | | | | |
| **20-24岁** | **388** | **173** | **215** | **342** | **155** | **187** | **44** | **17** | **27** |
| 20 | 3 | 2 | 1 | 3 | 2 | 1 | | | |
| 21 | 9 | 1 | 8 | 9 | 1 | 8 | | | |
| 22 | 92 | 47 | 45 | 85 | 42 | 43 | 6 | 5 | 1 |
| 23 | 146 | 62 | 84 | 133 | 58 | 75 | 13 | 4 | 9 |
| 24 | 138 | 61 | 77 | 112 | 52 | 60 | 25 | 8 | 17 |
| **25-29岁** | **562** | **274** | **288** | **157** | **77** | **80** | **400** | **195** | **205** |
| 25 | 156 | 68 | 88 | 77 | 36 | 41 | 79 | 32 | 47 |
| 26 | 121 | 62 | 59 | 36 | 18 | 18 | 82 | 43 | 39 |
| 27 | 114 | 53 | 61 | 20 | 9 | 11 | 93 | 44 | 49 |
| 28 | 106 | 57 | 49 | 15 | 9 | 6 | 90 | 47 | 43 |
| 29 | 65 | 34 | 31 | 9 | 5 | 4 | 56 | 29 | 27 |
| **30-34岁** | **333** | **185** | **148** | **13** | **11** | **2** | **316** | **173** | **143** |
| 30 | 75 | 42 | 33 | 4 | 4 | | 70 | 38 | 32 |
| 31 | 75 | 38 | 37 | 3 | 2 | 1 | 72 | 36 | 36 |
| 32 | 68 | 38 | 30 | 2 | 2 | | 63 | 35 | 28 |
| 33 | 72 | 42 | 30 | 3 | 2 | 1 | 69 | 40 | 29 |
| 34 | 43 | 25 | 18 | 1 | 1 | | 42 | 24 | 18 |
| **35-39岁** | **115** | **67** | **48** | **6** | **4** | **2** | **106** | **61** | **45** |
| 35 | 31 | 20 | 11 | 2 | 1 | 1 | 29 | 19 | 10 |
| 36 | 23 | 14 | 9 | 1 | 1 | | 21 | 13 | 8 |
| 37 | 21 | 11 | 10 | | | | 20 | 10 | 10 |
| 38 | 23 | 11 | 12 | 3 | 2 | 1 | 20 | 9 | 11 |
| 39 | 17 | 11 | 6 | | | | 16 | 10 | 6 |
| **40-44岁** | **52** | **30** | **22** | **1** | | **1** | **51** | **30** | **21** |
| 40 | 18 | 9 | 9 | | | | 18 | 9 | 9 |
| 41 | 9 | 7 | 2 | | | | 9 | 7 | 2 |
| 42 | 11 | 6 | 5 | 1 | | 1 | 10 | 6 | 4 |
| 43 | 8 | 3 | 5 | | | | 8 | 3 | 5 |
| 44 | 6 | 5 | 1 | | | | 6 | 5 | 1 |
| **45-49岁** | **21** | **16** | **5** | | | | **21** | **16** | **5** |
| 45 | 3 | 2 | 1 | | | | 3 | 2 | 1 |
| 46 | 3 | 2 | 1 | | | | 3 | 2 | 1 |
| 47 | 3 | 2 | 1 | | | | 3 | 2 | 1 |
| 48 | 6 | 5 | 1 | | | | 6 | 5 | 1 |
| 49 | 6 | 5 | 1 | | | | 6 | 5 | 1 |
| **50岁及以上** | **52** | **40** | **12** | | | | **50** | **38** | **12** |

3-2c 续表 13

单位：人

| 年龄 | 硕士研究生 | | | | | | | | |
|---|---|---|---|---|---|---|---|---|---|
| | 肄业 | | | 辍学 | | | 其他 | | |
| | 小计 | 男 | 女 | 小计 | 男 | 女 | 小计 | 男 | 女 |
| **总计** | **2** | **1** | **1** | **1** | **1** | | **13** | **6** | **7** |
| 3 | | | | | | | | | |
| 4 | | | | | | | | | |
| **5-9岁** | | | | | | | | | |
| 5 | | | | | | | | | |
| 6 | | | | | | | | | |
| 7 | | | | | | | | | |
| 8 | | | | | | | | | |
| 9 | | | | | | | | | |
| **10-14岁** | | | | | | | | | |
| 10 | | | | | | | | | |
| 11 | | | | | | | | | |
| 12 | | | | | | | | | |
| 13 | | | | | | | | | |
| 14 | | | | | | | | | |
| **15-19岁** | | | | | | | | | |
| 15 | | | | | | | | | |
| 16 | | | | | | | | | |
| 17 | | | | | | | | | |
| 18 | | | | | | | | | |
| 19 | | | | | | | | | |
| **20-24岁** | | | | | | | **2** | **1** | **1** |
| 20 | | | | | | | | | |
| 21 | | | | | | | | | |
| 22 | | | | | | | 1 | | 1 |
| 23 | | | | | | | | | |
| 24 | | | | | | | 1 | 1 | |
| **25-29岁** | **1** | **1** | | | | | **4** | **1** | **3** |
| 25 | | | | | | | | | |
| 26 | | | | | | | 3 | 1 | 2 |
| 27 | | | | | | | 1 | | 1 |
| 28 | 1 | 1 | | | | | | | |
| 29 | | | | | | | | | |
| **30-34岁** | **1** | | **1** | | | | **3** | **1** | **2** |
| 30 | 1 | | 1 | | | | | | |
| 31 | | | | | | | | | |
| 32 | | | | | | | 3 | 1 | 2 |
| 33 | | | | | | | | | |
| 34 | | | | | | | | | |
| **35-39岁** | | | | | | | **3** | **2** | **1** |
| 35 | | | | | | | | | |
| 36 | | | | | | | 1 | | 1 |
| 37 | | | | | | | 1 | 1 | |
| 38 | | | | | | | | | |
| 39 | | | | | | | 1 | 1 | |
| **40-44岁** | | | | | | | | | |
| 40 | | | | | | | | | |
| 41 | | | | | | | | | |
| 42 | | | | | | | | | |
| 43 | | | | | | | | | |
| 44 | | | | | | | | | |
| **45-49岁** | | | | | | | | | |
| 45 | | | | | | | | | |
| 46 | | | | | | | | | |
| 47 | | | | | | | | | |
| 48 | | | | | | | | | |
| 49 | | | | | | | | | |
| **50岁及以上** | | | | **1** | **1** | | **1** | **1** | |

3-2c　续表 14　　　　单位：人

| 年龄 | 博士研究生 | | | | | | | | |
|---|---|---|---|---|---|---|---|---|---|
| | 合计 | | | 在校 | | | 毕业 | | |
| | 合计 | 男 | 女 | 小计 | 男 | 女 | 小计 | 男 | 女 |
| **总计** | **152** | **89** | **63** | **68** | **33** | **35** | **80** | **53** | **27** |
| 3 | | | | | | | | | |
| 4 | | | | | | | | | |
| **5-9岁** | | | | | | | | | |
| 5 | | | | | | | | | |
| 6 | | | | | | | | | |
| 7 | | | | | | | | | |
| 8 | | | | | | | | | |
| 9 | | | | | | | | | |
| **10-14岁** | | | | | | | | | |
| 10 | | | | | | | | | |
| 11 | | | | | | | | | |
| 12 | | | | | | | | | |
| 13 | | | | | | | | | |
| 14 | | | | | | | | | |
| **15-19岁** | | | | | | | | | |
| 15 | | | | | | | | | |
| 16 | | | | | | | | | |
| 17 | | | | | | | | | |
| 18 | | | | | | | | | |
| 19 | | | | | | | | | |
| **20-24岁** | **17** | **8** | **9** | **16** | **7** | **9** | **1** | **1** | |
| 20 | 1 | 1 | | 1 | 1 | | | | |
| 21 | 3 | 1 | 2 | 3 | 1 | 2 | | | |
| 22 | 7 | 3 | 4 | 7 | 3 | 4 | | | |
| 23 | 3 | 2 | 1 | 2 | 1 | 1 | 1 | 1 | |
| 24 | 3 | 1 | 2 | 3 | 1 | 2 | | | |
| **25-29岁** | **59** | **28** | **31** | **40** | **18** | **22** | **18** | **10** | **8** |
| 25 | 9 | 1 | 8 | 5 | | 5 | 4 | 1 | 3 |
| 26 | 11 | 5 | 6 | 9 | 4 | 5 | 2 | 1 | 1 |
| 27 | 20 | 12 | 8 | 17 | 10 | 7 | 2 | 2 | |
| 28 | 10 | 6 | 4 | 7 | 3 | 4 | 3 | 3 | |
| 29 | 9 | 4 | 5 | 2 | 1 | 1 | 7 | 3 | 4 |
| **30-34岁** | **37** | **25** | **12** | **10** | **7** | **3** | **25** | **16** | **9** |
| 30 | 11 | 9 | 2 | 6 | 5 | 1 | 4 | 3 | 1 |
| 31 | 11 | 6 | 5 | 2 | 1 | 1 | 8 | 4 | 4 |
| 32 | 6 | 4 | 2 | 2 | 1 | 1 | 4 | 3 | 1 |
| 33 | 7 | 5 | 2 | | | | 7 | 5 | 2 |
| 34 | 2 | 1 | 1 | | | | 2 | 1 | 1 |
| **35-39岁** | **13** | **8** | **5** | **2** | **1** | **1** | **11** | **7** | **4** |
| 35 | 3 | 2 | 1 | | | | 3 | 2 | 1 |
| 36 | 2 | | 2 | | | | 2 | | 2 |
| 37 | 3 | 2 | 1 | | | | 3 | 2 | 1 |
| 38 | 3 | 3 | | 1 | 1 | | 2 | 2 | |
| 39 | 2 | 1 | 1 | 1 | | 1 | 1 | 1 | |
| **40-44岁** | **9** | **6** | **3** | | | | **9** | **6** | **3** |
| 40 | 2 | 2 | | | | | 2 | 2 | |
| 41 | 3 | 2 | 1 | | | | 3 | 2 | 1 |
| 42 | 1 | 1 | | | | | 1 | 1 | |
| 43 | 1 | 1 | | | | | 1 | 1 | |
| 44 | 2 | | 2 | | | | 2 | | 2 |
| **45-49岁** | **3** | **2** | **1** | | | | **3** | **2** | **1** |
| 45 | | | | | | | | | |
| 46 | 2 | 1 | 1 | | | | 2 | 1 | 1 |
| 47 | 1 | 1 | | | | | 1 | 1 | |
| 48 | | | | | | | | | |
| 49 | | | | | | | | | |
| **50岁及以上** | **13** | **11** | **2** | | | | **12** | **10** | **2** |

3-2c 续表 15 单位：人

| 年 龄 | 博士研究生 | | | | | | | | |
|---|---|---|---|---|---|---|---|---|---|
| | 肄 业 | | | 辍 学 | | | 其 他 | | |
| | 小计 | 男 | 女 | 小计 | 男 | 女 | 小计 | 男 | 女 |
| **总 计** | **1** | **1** | | | | | **3** | **2** | **1** |
| 3 | | | | | | | | | |
| 4 | | | | | | | | | |
| **5-9岁** | | | | | | | | | |
| 5 | | | | | | | | | |
| 6 | | | | | | | | | |
| 7 | | | | | | | | | |
| 8 | | | | | | | | | |
| 9 | | | | | | | | | |
| **10-14岁** | | | | | | | | | |
| 10 | | | | | | | | | |
| 11 | | | | | | | | | |
| 12 | | | | | | | | | |
| 13 | | | | | | | | | |
| 14 | | | | | | | | | |
| **15-19岁** | | | | | | | | | |
| 15 | | | | | | | | | |
| 16 | | | | | | | | | |
| 17 | | | | | | | | | |
| 18 | | | | | | | | | |
| 19 | | | | | | | | | |
| **20-24岁** | | | | | | | | | |
| 20 | | | | | | | | | |
| 21 | | | | | | | | | |
| 22 | | | | | | | | | |
| 23 | | | | | | | | | |
| 24 | | | | | | | | | |
| **25-29岁** | | | | | | | **1** | | **1** |
| 25 | | | | | | | | | |
| 26 | | | | | | | | | |
| 27 | | | | | | | 1 | | 1 |
| 28 | | | | | | | | | |
| 29 | | | | | | | | | |
| **30-34岁** | **1** | **1** | | | | | **1** | **1** | |
| 30 | | | | | | | 1 | 1 | |
| 31 | 1 | 1 | | | | | | | |
| 32 | | | | | | | | | |
| 33 | | | | | | | | | |
| 34 | | | | | | | | | |
| **35-39岁** | | | | | | | | | |
| 35 | | | | | | | | | |
| 36 | | | | | | | | | |
| 37 | | | | | | | | | |
| 38 | | | | | | | | | |
| 39 | | | | | | | | | |
| **40-44岁** | | | | | | | | | |
| 40 | | | | | | | | | |
| 41 | | | | | | | | | |
| 42 | | | | | | | | | |
| 43 | | | | | | | | | |
| 44 | | | | | | | | | |
| **45-49岁** | | | | | | | | | |
| 45 | | | | | | | | | |
| 46 | | | | | | | | | |
| 47 | | | | | | | | | |
| 48 | | | | | | | | | |
| 49 | | | | | | | | | |
| **50岁及以上** | | | | | | | **1** | **1** | |